# NOVI

# ENGLESKO-HRVATSKI
## —i—
# HRVATSKO-ENGLESKI

# RJEČNIK

Priredio
## F. A. BOGADEK
Odvjetnik

### Sa Prıdodatkom:

Kratka gramatika engleskog jezika; Strane riječi i fraze; Krsna imena;
Kamatnjak u Sjedinjenim Državama; Predsjednici Sjedinjenih
Država; Banovi, kraljevi i ostali vladari u Hrvatskoj,
Srbiji, Crnoj Gori, Sloveniji itd.; Stanovništvo
Kraljevine Srba, Hrvata i Slovenaca;
Pitanja i odgovori za molitelje
Američkog Građanstva.

---

## ENGLESKO-HRVATSKI DIO

---

## Macmillan Publishing Company
### New York

# CASSELL'S

## NEW ENGLISH-CROATIAN

### AND

## CROATIAN-ENGLISH

# DICTIONARY

BY F. A. BOGADEK

Third Edition, Enlarged and Corrected

WITH AN APPENDIX

Comprising a Short Grammar of the English Language
Foreign Words and Phrases; Christian Names
and Other Information

MACMILLAN PUBLISHING COMPANY
NEW YORK

Macmillan Publishing Company
866 Third Avenue, New York, N.Y. 10022
Collier Macmillan Canada, Inc.

Library of Congress Cataloging-in-Publication Data

Bogadek, F. A. (Francis Aloysius), 1882–
Cassell's New English-Croatian and Croatian-English dictionary.

Originally published: New York : Hafner Pub. Co., 1949, c1944.
1. English language—Dictionaries—Serbo-Croatian.
2. Serbo-Croatian language—Dictionaries—English.
I. Title.   II. Title: New English-Croatian and Croatian-English dictionary.
PG1377.B72   1985      491.8'2321      85-23140
ISBN 0-02-512140-5

10  9  8  7  6  5  4  3  2

Printed in the United States of America

# PREDGOVOR

Sa izdanjem ovog rječnika namjerava se udovoljiti jednoj od najvećih odgojnih potreba hrvatskih, srpskih i slovenačkih iseljenika u Sjedinjenim Državama i ostalim zemljama, gdje prevlađuje engleski jezik.

Od više godina nema na prodaji ENGLESKO-HRVATSKOG ni HRVATSKO-ENGLESKOG RJEČNIKA. Sa druge strane naš iseljeni narod nikad prije nije osjećao veće potrebe za takovu knjigu. Nakon svjetskog rata Hrvati, Srbi i Slovenci sve se većma ustaljuju u Sjedinjenim Državama. Poznavanje engleskog jezika u govoru, čitanju i pisanju, glavni je preduslov njihove materijalne dobrobiti u ovoj zemlji. Ovaj Rječnik sa svojom kratkom gramatikom engleskog jezika pruža im sredstvo, kako da dođu do ovog znanja. Sveopća važnost engleskog jezika na poljima svjetske privrede i kulture, traži također od svakog pojedinca, koji teži za napretkom, da se upozna sa ovim svjetskim jezikom.

Ja ovaj Rječnik—plod mnogogodišnjeg truda—predajem svojim zemljacima u želji, da se pomoću istoga uzmognu osposobiti za čim vrijednije građane Sjedinjenih Država i bolje članove ljudske zajednice.

AUTOR.

# PREFACE

The publication of this Dictionary is intended to meet one of the greatest educational needs of the Croatian, Serbian and Slovenian immigrants in the United States and other countries where the English language predominates.

For several years there has been no ENGLISH-CROATIAN and CROATIAN-ENGLISH DICTIONARY on the market. Yet our immigrants have never felt the lack of such a book so much as at present. Since the World War, Croatians, Serbians and Slovenians have been settling in increasing numbers in the United States. The chief prerequisite of their material welfare in this country is the ability to speak, read and write the English language. This Dictionary, with its short grammar of the English language, offers a means of acquiring this knowledge. The world-wide importance of the English language in industry, commerce and general culture, requires that each individual who wishes to progress should have a knowledge of this predominant language.

I am presenting this Dictionary— the fruit of many years of labor—to my countrymen in the hope that by its assistance they may be able to fit themselves to become worthier citizens of the United States and better members of the human race.

AUTHOR.

# TUMAČ K IZGOVORU

U englesko-hrvatskom dijelu ovoga rječnika nalazi se iza svake engleske riječi točan izgovor te riječi u zaporkama. Engleski **th** u nekim riječima zvuči više kao **t**, pa sam stoga taj zvuk u izgovoru označio sa **t**; dočim kod riječi, gdje se **th** glasovno više približuje hrvatskom **d**, označio sam takav izgovor sa **d**. Inače za točan izgovor slova **th** zahtijeva se mnogo vježbe, a izgovara se tako, da se vršak jezika stavi između gornjih i doljnih zubi, koji se lagano dotiču jezika.

Osobito treba pripaziti na naglašivanje riječi. Svaka slovka, iza koje se nalazi naglasak ', mora biti naglašena.

*Znakovi*

| a | izgovaraj kao obično | a, | na primjer: art (art), arm (arm) |
|---|---|---|---|
| ā | izgovaraj kao dugo | a, | na primjer: father (fā'dör), carver (kā'rvör) |
| a̱ | izgovaraj kao kratko | a, | na primjer: but (ba̱t), cut (ka̱t) |
| à | izgovaraj glas između | a i o, | na primjer: law (là), maw (mà) |
| ă | izgovaraj glas između | a i e, | na primjer: man (măn), lap (lăp) |
| e | izgovaraj kao obično | e, | na primjer: ten (ten), men (men) |
| ē | izgovaraj kao dugo | e, | na primjer: state (stēt), bail (bēl) |
| e̱ | izgovaraj kao kratko | e, | na primjer: get (ge̱t), set (se̱t) |
| i | izgovaraj kao obično | i, | na primjer: sea (si), greet (grit) |
| ī | izgovaraj kao dugo | i, | na primjer: seek (sīk), deed (dīd) |
| i̱ | izgovaraj kao kratko | i, | na primjer: pin (pi̱n), hit (hi̱t) |
| o | izgovaraj kao obično | o, | na primjer: go (go), obey (obe'j) |
| ö | izgovaraj glas između | o i e, | na primjer: cur (kör), sir (sör) |
| ō | izgovaraj kao dugo | o, | na primjer: bone (bōn), stone (stōn) |
| o̱ | izgovaraj kao kratko | o, | na primjer: pony (po̱'ni), (tobacco to̱bă'ko̱) |
| u | izgovaraj kao obično | u, | na primjer: true (tru), who (hu) |
| ū | izgovaraj kao dugo | u, | na primjer: moon (mūn), rule (rūl) |
| u̱ | izgovaraj kao kratko | u, | na primjer: put (pu̱t), push (pu̱š) |

## POKRAĆENICE

| | |
|---|---|
| *a.* | adjective, pridjev. |
| *adv.* | adverb, prilog. |
| *anat.* | anatomy, anatomija, razudba. |
| *art.* | article, spolnik, član. |
| *astron.* | astronomy, astronomija, zvjez-doznanstvo. |
| *bil.* | bilina, bilinstvo. |
| *bilj.* | biljka. |
| *bot.* | botany, bilinstvo. |
| *coll.* | collective, skupna imenica. |
| *comp.* | comparative, komparativ. |
| *conj.* | conjunction, konjunkcija, vez-nik. |
| *etc.* | et cetera, i tako dalje. |
| *geom.* | geometry, geometrija, mjerstvo. |
| *gram.* | grammar, gramatika, slovnica. |
| *interj.* | interjection, interjekcija, uzvik. |
| *med.* | medicine, ljekarstvo. |
| *n.* | noun, imenica. |
| *n. pr.* | na primjer. |
| *num.* | number, broj. |
| *pa.* | participial adjective, glagolski pridjev. |
| *pl.* | plural, množina. |
| *poet.* | poetry, pjesništvo. |
| *pp.* | past participle, glagolski pridjev prošlosti. |
| *prep.* | preposition, prepozicija, prijedlog. |
| *pron.* | pronoun, zamjenica. |
| *v.* | verb, glagol. |

## ENGLISH ALPHABET
## (ENGLESKA ALFABETA)

| | | | |
|---|---|---|---|
| A a | (ej), | N n | (en), |
| B b | (bi), | O o | (o), |
| C c | (si), | P p | (pi), |
| D d | (di), | Q q | (kju), |
| E e | (i), | R r | (ar), |
| F f | (ef), | S s | (es), |
| G g | (đi), | T t | (ti), |
| H h | (ejč), | U u | (ju), |
| I i | (aj), | V v | (vi), |
| J j | (đej), | W w | (da̱'blju), |
| K k | (kej), | X x | (eks), |
| L l | (el), | Y y | (ua̱'j), |
| M m | (em), | Z z | (zi). |

## HRVATSKA ALFABETA
## (CROATIAN ALPHABET)

| | |
|---|---|
| A a, | L l, |
| B b, | Lj lj, |
| C c, | M m, |
| Č č, | N n, |
| Ć ć, | Nj nj, |
| D d, | O o, |
| Dž, dž, | P p, |
| Đ đ, | R r, |
| E e, | S s, |
| F f, | Š š, |
| G g, | T t, |
| H h, | U u, |
| I i, | V v, |
| J j, | Z z, |
| K k, | Ž ž. |

**A, a** (ej), *slovo* A, a.

**a** (e, *i* ă), *art.* jedan, neki.

**aba** (ă′ba), *n.* aba; haljetak.

**aback** (ăbă′k), *adv.* natrag; nauznak.

**abacus** (ă′băkas), *n.* računalo.

**abaft** (ăbă′ft), *adv.* straga; na krmi.

**abandon** (ăbă′ndön), *v.* napustiti, zapustiti, zabaciti.

**abandoned** (ăbă′ndönd), *a.* napušten, zapušten; zabačen.

**abandonment** (ăbă′ndönment), *n.* zapuštenje, ostavljenje.

**abase** (ăbe′js), *v.* poniziti, osramotiti; skinuti, smanjiti (*cijenu*).

**abasement** (ăbe′jsment), *n.* smanjenje, sniženje; skinuće.

**abash** (ăbă′š), *v.* smesti; posramiti.

**abashedly** (ăbă′šedli), *adv.* smeteno; stidljivo.

**abashment** (ăbă′šment), *n.* smetenost; stid.

**abate** (ăbe′jt), *v.* smanjiti (se), popustiti, jenjati; ukinuti.

**abatement** (ăbe′jtment), *n.* smanjenje; ukinuće.

**abatis, abattis** (ă′bătis), *n.* prosjeka.

**abattoir** (ă′bă′tuă′r), *n.* javna klaonica.

**Abba** (ă′ba), *n.* otac (saziv Boga); abaš.

**abbatial** (ăbe′jšöl), *a.* opatski.

**abbacy** (ă′basi), *n.* opatija; opatstvo.

**abbess** (ă′bes), *n.* glavarica ženskog samostana, opatica.

**abbey** (ă′bi), *n.* opatija, samostan.

**ъbbot** (ă′böt), *n.* opat, upravitelj opatije.

**abbreviate** (ăbri′viejt), *v.* skratiti, pokratiti, stegnuti.

**abbreviation** (ăbri′vie′jšön), *n.* skraćivanje; kratica.

**abbreviator** (ăbri′vie′jtör), *n.* pokratitelj; časnik u Vatikanu, koji sastavlja papinska pisma.

**a-b-c** (e′jbi′si′), *n.* azbuka; početnica; prvi počeci.

**abdicate** (ă′bdikejt), *v.* odstupiti sa prijestolja; odreći se (*časti ili službe*).

**abdication** (ă′bdike′jšön), *n.* odstup sa prijestolja; napuštenje (*službe ili časti*); ostavka.

**abdomen** (ăbdö′men), *n.* trbuh.

**abdominal** (ăbdă′minöl), *a.* trbušni.

**abduct** (ăbdạ′kt), *v.* silom oteti, ugrabiti; ukrasti.

**abduction** (ăbdạ′kšön), *n.* otmica; odvedenje.

**abductor** (ăbdạ′ktör), *n.* otmičar.

**abeam** (ăbī′m), *a. i adv.* postran; sa strane broda.

**abear** (ăbē′r), *v.* snašati.

**abed** (ăbe′d), *adv.* na krevetu, u postelji.

**aberrance** (ăbe′röns), *n.* zastranjenje; zabluda.

**aberrant** (ăbe′rönt), *a.* lutajući, zastranjujući.

**aberration** (ă′böre′jšön), *n.* zastranjivanje, odstup; zabluda.

**abet** (ăbe′t), *v.* poticati, podbadati.

**abetment** (ăbe′tment), *n.* poticanje, podbadanje.

**abettor** (ăbe′tor), *n.* poticatelj; podbadač.

**abeyance** (ăbe′jăns), *n.* iščekivanje; nerad.

**abhor** (ăbhă′r), *v.* mrziti; zgražati se; oduravati.

**abhorrence** (ăbhă′rens), *n.* zgražanje; odvratnost; mržnja.

**abhorrent** (ăbhă′rent), *a.* odvratan, mrzak.

**abide** (ăba′jd), *v.* držati se, ostati; stanovati; ustrajati; čekati.

**ability** (ăbi′liti), *n.* sposobnost, vještina; moć.

**abiogenesis** (ă′biođe′nisis), *n.* stvaranje života iz mrtvih tvari.

**abject** (ă′bđekt), *a.* oduran, nizak; ropski.

**abjuration** (ă′bđure′jšön), *n.* odreknuće pod prisegom.

**abjure** (ăbđu'r), *v.* odreći se pod prisegom; zabaciti.

**ablation** (ăble'jšön), *n.* uklonjenje; trošenje.

**ablative** (ă'blătiv), *n.* ablativ.

**ablaze** (ăble'jz), *adv.* u plamenu, u vatri.

**able** (ejbl), *a.* sposoban, vješt; jak.

**able-bodied** (e'jblba̱'did), *a.* snažan, tjelesno jak.

**abloom** (ăblū'm), *a. i adv.* u cvatu.

**abluent** (ă'blue̱nt), *a.* što čisti; — *n.* čistilo.

**ablush** (ăbla̱'š), *a.* zasramljen; — *adv.* stidljivo.

**ablution** (ăblju'šön), *n.* umivanje, pranje.

**ably** (e'jbli), *adv.* vješto, sposobno.

**abnegate** (ă'bnigejt), *v.* odreći se, zatajiti.

**abnegation** (ă'bnige'jšön), *n.* povicanje, zanijekanje.

**abnormal** (ăbnă'rmöl), *a.* nenaravan; nepravilan; abnormalan.

**abnormality** (ă'bnărmă'liti), *n.* nenaravnost; nepravilnost; abnormalnost.

**abnormally** (ăbnă'rmöli), *adv.* nenaravno; nezgrapno; abnormalno.

**aboard** (ăbō'rd), *adv.* gore, na; na brodu.

**abode** (ăbō'd), *n.* obitavalište, boravak.

**abolish** (ăba̱'liš), *v.* dokinuti, uništiti; odstraniti.

**abolition** (ă'boli'šön), *n.* uništenje, ukinuće; odstranjenje.

**abolitionist** (ă'boli'šönist), *n.* pristaša ukinuća ropstva.

**abominable** (ăbă'minöbl), *a.* oduran; grozan.

**abominableness** (ăbă'minöblnes), *n.* odurnost, ogavnost; grozota.

**abominably** (ăbă'minöbli), *adv.* odurno, ogavno, gnusno.

**abominate** (ăbă'minejt), *v.* silno mrziti, prezirati.

**abomination** (ăbă'mine'jšön), *n.* odvratnost, odurnost; velika mržnja.

**aboriginal** (ă'bori'đinöl), *a.* prvotan, početan; — *n.* prasjedioc.

**aborigines** (ă'bori'điniz), *n.* prasjedioci.

**abort** (ăbo'rt), *v.* pometnuti; prerano roditi; izbaciti plod.

**abortion** (ăbo'ršön), *n.* pometnuće; prerani porod; izjalovljenje.

**abortive** (ăbo'rtiv), *a.* nedozrio; nerazvijen; kržljav; promašen; neuspješan.

**abortively** (ăbo'rtivli), *adv.* prerano; bezuspješno.

**abortiveness** (ăbo'rtivnes), *n.* pometnuće; neuspjeh.

**abound** (ăba̱'und), *v.* obilovati.

**about** (ăba̱'ut), *prep. i adv.* o, oko, po prilici, nekako, u nakani.

**above** (ăba̱'v), *prep. i adv.* gore, nad, iznad; više nego.

**aboveboard** (ăba̱'vbō'rd), *adv.* otvoreno, na očigled, očigledno.

**abovesaid** (ăba̱'vse'd), *a.* gore spomenut.

**abrade** (ăbre'jd), *v.* izglodati, ribati; istrošiti, strugati.

**abrasion** (ăbre'jžön), *n.* ribanje; ostružina; struganje.

**abreast** (ăbre'st), *adv.* usporedo, rame uz rame.

**abridge** (ăbri'đ), *v.* skratiti, umanjiti.

**abridgment** (ăbri'đment), *n.* skraćivanje, stegnuće; izvadak.

**abroach** (ăbrō'č), *adv.* načeto; u tijeku.

**abroad** (ăbră'd), *adv.* vani; u inozemstvu.

**abrogate** (ă'brogejt), *v.* dokinuti; opozvati.

**abrogation** (ă'broge'jšön), *n.* ukinuće, uništenje.

**abrupt** (ăbra̱'pt), *a.* prekinut; nenadan; strm.

**abruptly** (ăbra̱'ptli), *adv.* naglo; iznenada.

**abruptness** (ăbra̱'ptnes), *n.* naglost; iznenađenost.

**abscess** (ă'bses), *n.* čir, bula, tvor.

**abscind** (ăbsi'nd), *v.* odrezati, odsjeći.

**abscission** (ăbsi'žön), *n.* odrezanje; odstranjenje.

**abscond** (ăbskă'nd), *v.* krišom otići; pobjeći; sakriti se.

**absconder** (ăbskă'ndör), *n.* onaj, koji krišom pobjegne.

**absence** (ă'bsens), *n.* odsutnost; pomanjkanje.

**absent** (ăbse'nt), *v.* uklanjati se; biti odsutan; — (ă'bsent), *a.* odsutan.

**absentee** (ă'bsenti')  *n.* odsutnik.

**absently** (ă'bsentli), *adv.* rastrešeno.

**absent-minded** (ă'bsentma'jnded), *a*. rastrešen.

**absinth (e)** (ă'bsint), *n*. pelin; apsint.

**absolute** (ă'bsoljut), *a*. neograničen; bezuvjetan; stalan; samovoljan; apsolutan.

**absolutely** (ă'bsoljutli), *adv*. sigurno; bezuvjetno; posvema; apsolutno.

**absoluteness** (ă'bsoljutnes), *n*. sigurnost, odlučnost; neograničenost.

**absolution** (ă'bsolju'šön), *n*. odrješenje; oproštenje grijeha.

**absolutism** (ă'bsoljutizm), *n*. nasilje; samovlada; apsolutizam.

**absolutist** (ă'bsoljutist), *n*. pristaša samovlade; nasilnik, apsolutista.

**absolve** (ăbsă'lv), *v*. odriješiti, riješiti; oprostiti.

**absolver** (ăbsă'lvör), *n*. odrješitelj.

**absorb** (ăbso'rb), *v*. upijati, upiti, usrkati; progutati.

**absorbability** (ăbso'rböbi'liti), *n*. upojnost.

**absorbable** (ăbso'rböbl), *a*. upojan.

**absorbent** (ăbso'rbent), *n*. ono, što upija.

**absorption** (ăbso'rpšön), *n*. upijanje, sisanje.

**absorptive** (ăbso'rptiv), *a*. upojni.

**abstain** (ăbste'jn), *v*. suzdržati se, ustegnuti se.

**abstainer** (ăbste'jnör), *n*. apstinent; vodopija.

**abstemious** (ăbsti'mias), *a*. umjeren, uzdržljiv.

**abstemiously** (ăbsti'miasli), *adv*. umjereno, uzdržljivo.

**abstemiousness** (ăbsti'miasnes), *n*. umjerenost, suzdržljivost.

**abstention** (ăbste'nšön), *n*. suzdržljivost, ustegnuće.

**abstentious** (ăbste'nšös), *a*. uzdržljiv, sustežljiv.

**absterge** (ăbstö'rđ), *v*. obrisati, čistiti.

**abstergent** (ăbstö'rđent), *a*. otirajući; čisteći; — *n* čistilo.

**abstersion** (ăbstö'ršön), *n*. otiranje, brisanje, čišćenje; pranje.

**abstinence** (ă'bstinens), *n*. uzdržljivost; neuživanje.

**abstinent** (ă'bstinent), *a*. usprežan, uzdržan.

**abstinently** (ă'bstinentli), *adv*. suspregljivo, uzdržljivo.

**abstract** (ăbstră'kt), *v*. uzimati, oduzeti; odstraniti; odijeliti (se), odvojiti (se); izvaditi; — (ă'bstrăkt), *a*. odijeljen; općenit; nestvaran, pojmovan; — *n*. izvadak; odludžba.

**abstracted** (ăbstră'kted), *a*. odijeljen; nejasan; rastrešen.

**abstractedly** (ăbstră'ktedli), *adv*. rastrešeno; bez obzira, ne gledeć na.

**abstractedness** (ăbstră'ktednes), *n*. rastrešenost; odijeljenost, izlučenje.

**abstraction** (ăbstră'kšön), *n*. odijeljenje; nepažnja, rastrešenost; odludžba.

**abstractive** (ăbstră'ktiv), *a*. izlučen; pojmovan.

**abstractly** (ăbstră'ktli), *adv*. posebno; pojmovno.

**abstractness** (ăbstră'ktnes), *n*. odijeljenost; pojmovnost.

**abstruse** (ăbstru's), *a*. dubok; taman; nerazumljiv.

**abstrusely** (ăbstru'sli), *adv*. duboko; nejasno, nerazumljivo.

**abstruseness** (ăbstru'snes), *n*. neshvatljivost, nejasnost.

**absurd** (ăbsö'rd), *a*. smiješan, bezuman, nesmislen.

**absurdity** (ăbsö'rditi), *n*. smiješnost, nesmislenost.

**absurdly** (ăbsö'rdli), *adv*. smiješno, nesmisleno, ludo.

**abundance** (ăba'ndens), *n*. obilje; preimućstvo, pretek.

**abundant** (ăba'ndent), *a*. obilan, velik; bogat.

**abundantly** (ăba'ndentli), *adv*. obiljno; bogato.

**abuse** (ăbjū'z), *v*. zlorabiti; raniti, ozlijediti; zlo postupati; grditi; zavesti; — (ăbju's), *n*. zloporaba; zao postupak; pogrda; napad.

**abuser** (ăbju'zör), *n*. zlorabnik; opadač; napadač.

**abusive** (ăbju'siv), *a*. uvrjedljiv, pogrdan; ražalan.

**abusively** (ăbju'sivli), *adv*. pogrdno, uvrjedljivo; zlorabno.

**abusiveness** (ăbju'sivnes), *n*. pogrda; zloraba; ražaljenje.

**abut** (ăba̱'t), *v*. ograničiti, međašiti.

**abutment** (ăba̱'tment), *n*. međašenje; međa; međaš.

**abuttal** (ăba̱'töl), *n*. međašenje; međa.

**abysmal** (ăbi'zmöl), *a*. bez dna; nedokučiv.

**abyss** (ăbi's), *n*. bezdan.
**acacia** (ăke'jšö), *n*. bagrena, akacija.
**academic** (ă'kăde'mik), *n*. akademičar.
**academic** (ă'kăde'mik), **academical** (ă'kăde'miköl), *a*. akademski, akademički.
**academically** (ă'kăde'miköli), *adv*. akademički.
**academician** (ă'kădemi'šön), *n*. član akademije.
**academy** (ăkă'dimi), *n*. akademija.
**acanaceous** (ă'köne'jšąs), *a*. bodljikav, trnovit.
**acanthus** (ăkă'ntas), *n*. bodljika, trn.
**acatalectic** (ăkă'tăle'ktik), *a*. potpun.
**acaudate** (ăkă'det), *a*. bez repa.
**accede** (ăksī'd), *v*. privoliti, pristati; naslijediti.
**accelerate** (ăkse'lörejt), *v*. pospješiti.
**acceleration** (ăkse'löre'jšön), *n*. pospješenje.
**accelerative** (ăkse'löretiv), *a*. pospješan.
**accelerator** (ăkse'löre'jtör), *n*. sprava za pospješivanje, akcelerator.
**accent** (ăkse'nt), *v*. naglasiti, naglašivati; — (ă'ksent), *n*. naglasak; naglašenje.
**accentual** (ăkse'nćual), *a*. naglasan.
**accentuate** (ăkse'nćuejt), *v*. naglasiti, naglašivati.
**accentuation** (ăkse'nćue'jšön), *n*. naglašivanje, naglašenje.
**accept** (ăkse'pt), *v*. primiti, prihvatiti; privoliti; vjerovati.
**acceptability** (ăkse'ptöbi'liti), *n*. prihvatnost; prijatnost.
**acceptable** (ăkse'ptöbl), *a*. prihvatljiv; dobrodošao; prijatan.
**acceptably** (ăkse'ptöbli), *adv*. prihvatno; prijatno.
**acceptance** (ăkse'ptöns), *n*. prihvat, primanje.
**acceptation** (ă'ksepte'jšön), *n*. usvojeno značenje riječi; primanje.
**accepter** (ăkse'ptör), **acceptor** (ăkse'ptor), *n*. primaoc, primatelj, prihvatnik.
**access** (ă'kses), *n*. pristup; prolaz, put; porast.
**accessibility** (ăkse'sibi'liti), *n*. pristupačnost.
**accessible** (ăkse'sibl), *a*. pristupačan.
**accessibly** (ăkse'sibli), *adv*. pristupačno.

**accession** (ăkse'šön), *n*. pridodatak; nastup; privoljenje; nasljedstvo (*prijestolja*).
**accessional** (ăkse'šönöl), *a*. učestan; pridodajan.
**accessory** (ăkse'sori), *a*. pripadan; uzgredan; sukriv; — *n*. pomagač; učesnik; sukrivac; pripadak.
**accidence** (ă'ksidens), *n*. početnica; počela; događaj; nesreća.
**accident** (ă'ksident), *n*. događaj; nezgoda, nesreća.
**accidental** (ă'kside'ntöl), *a*. slučajan; nuzgredan; — *n*. nuzgrednost.
**accidentally** (ă'kside'ntöli), *adv*. slučajno; po nesreći.
**acclaim** (ăkle'jm), *v*. proglasiti glasno; pozdraviti pljeskanjem; odobravati.
**acclamation** (ă'klăme'jšön), *n*. proglašenje (*jednoglasno*); pljesak.
**acclimate** (ăkla'jmet), *v*. priučiti podneblju; udomaćiti.
**acclimation** (ă'klime'jšön), *n*. priviknuće podneblju; prilagođenje.
**acclimatize** (ăkla'jmătajz), *v*. vidi: **acclimate**.
**acclivity** (ăkli'viti), *n*. uspon, uzbrdica.
**acclivous** (ăkla'jvas), *a*. uzbrdan; uzlazan.
**accolade** (ă'kole'jd), *n*. zagrljaj.
**accommodate** (ăkă'modejt), *v*. poslužiti; snabdjeti; smijestiti; prilagoditi; urediti.
**accommodating** (ăkă'mode'jting), *a*. uslužan.
**accommodatingly** (ăkă'mode'jtingli), *adv*. uslužno.
**accommodation** (ăkă'mode'jšön), *n*. uređenje; pomirba; uslužnost; udobnost, prilagođenje; pomoć; zajam.
**accompaniment** (ăka'mpöniment), *n*. pratnja.
**accompanist** (ăka'mpönist), *n*. pratilac.
**accompany** (ăka'mpöni), *v*. pratiti; pridružiti se.
**accomplice** (ăkă'mplis), *n*. sukrivac.
**accomplish** (ăkă'mpliš), *v*. postići; izvršiti, dogotoviti.
**accomplishable** (ăkă'mplišöbl), *a*. što se može postići, izvršiti.
**accomplished** (ăkă'mplišt), *a*. krasan, lijep; dogotovljen; izobražen.
**accomplishment** (ăkă'mplišment), *n*. polučenje; izvršenje; ukrašenost.

**accord** (ăko'rd), v. udesiti; dopustiti; podudarati se; — n. sklad; dogovor; volja.

**accordance** (ăko'rdöns), n. suglasje, sklad.

**accordant** (ăko'rdönt), a. suglasan, skladan.

**according** (ăko'rding), pa. skladan, suglasan; — adv. prema, po.

**accordingly** (ăko'rdingli), adv. prema tomu; dosljedno.

**accordion** (ăkà'rdiön), n. harmonika.

**accost** (ăkà'st), v. nagovoriti; osloviti.

**accouchement** (a'ku'šma'n), n.porod, babinje.

**account** (ăka'unt), v. računati; misliti; držati, cijeniti; odgovoriti, protumačiti; — n. izvješće; računanje, račun; vrijednost, važnost.

**accountability** (ăka'untöbi'liti), n. odgovornost, račun.

**accountable** (ăka'untöbl), a. odgovoran.

**accountably** (ăka'untöbli), adv. odgovorno.

**accountant** (ăka'untönt), n. računar.

**accountantship** (ăka'untöntšip), n. računarstvo.

**accouter** (ăku'tör), v. opremiti, oskrbiti.

**accouterment, accoutrement** (ăku'-törment), n. vojna oprema; odijelo.

**accredit** (ăkre'dit), v. opunovlastiti; dati vjerodajnicu; primiti (kao izaslanika); uobičajiti.

**accredited** (ăkre'dited), pa. ovlašten; potvrđen.

**accresce** (ăkre's), v. rasti.

**accrescent** (ăkre'sent), a. rastući.

**accretion** (ăkri'šön), n. porast, povećavanje.

**accretive** (ăkri'tiv), a. rastući.

**accrue** (ăkru'), v. nadoći, prirasti, nadodati.

**accumbent** (ăka'mbent), a. naslonjen; ležeći.

**accumulate** (ăkju'mjulejt), v. gomilati, zgrtati; povećavati.

**accumulation** (ăkju'mjule'jšön), n. gomilanje; hrpa; sabiranje.

**accumulative** (ăkju'mjuletiv), a. gomilajući; što povećava.

**accumulator** (ăkju'mjule'jtör), n. stroj za prikupljanje električne snage; gomilatelj.

**accuracy** (ă'kjuresi), n. točnost; ispravnost.

**accurate** (ă'kjuret), a. točan; bezpogrješan.

**accurately** (ă'kjuretli), adv. točno; bez pogrješke.

**accursed** (ăkö'rsed), a. zaklet, proklet.

**accusable** (ăkju'zöbl), a. tuživ; prijekoran.

**accusation** (ă'kjuze'jšön) n. optuživanje, optužba.

**accusative** (ăkju'zötiv), n. akuzativ, četvrti padež.

**accuse** (ăkju'z), v. tužiti, optužiti, okriviti.

**accused** (ăkju'zd), n. optuženik, tuženi; okrivljenik.

**accuser** (ăkju'zör), n. tužitelj.

**accustom** (ăka'stöm), v. uobičajiti, priviknuti, priučiti.

**accustomed** (ăka'stömd), a. običan; priviknut, priučen.

**ace** (ejs), n. as (karta); jedinica; prvak (zrakoplovac).

**acentric** (ese'ntrik), a. bez središta.

**acephalous** (ăse'falas), a. bezglav.

**acerbity** (ăsö'rbiti), n. jetkost, gorkost, oštrina; strogost.

**acescence** (ăse'sens), n. nakiselost.

**acescent** (ăse'sent), a. nakiseo.

**acetic** (ăse'tik), a. octast, kiseo.

**acetify** (ăse'tifaj), v. ciknuti, okiseliti se.

**acetous** (ăsi'tas), a. ciknut, kiseo.

**acetylene** (ăse'tilin), n. acetilin (vrst plina).

**ache** (ejk), v. boljeti; — n. bol.

**achieve** (ăčī'v), v. polučiti, postići; steći.

**achievement** (ăčī'vment), n. postignuće; čin, djelo; pobjeda.

**aching** (e'jking), pa. bolan; — n. bol.

**achromatic** (ă'kromă'tik), a. bezbojan.

**achromatism** (ăkro'mătizm), n. bezbojnost.

**acid** (ă'sid), a. kiseo, gorak, jedak; — n. kiselina.

**acidifiable** (ăsi'difa'ebl), a. što se može okiseliti.

**acidification** (ăsi'difike'jšön), n. okiselost.

**acidify** (ăsi'difaj), v. kiseliti; okiseliti se.

**acidity** (ăsi'diti), n. kiselost.

**acidulate** (ăsi'djulejt), v. nakiseliti.

**acidulous** (ăsi'djulas), a. kiselkast.

**acknowledge** (ăknă'leđ), v. priznati, pripoznati, ispovjedati; ovjeriti, potvrditi.

**acknowledgment** (ăknă'leđment), n. priznanje; ispovjest; ovjerenje, potvrda.

**acme** (ă'kmi), n. vrhunac; savršenstvo.

**acock** (ăkă'k), a. budan.

**acolyte** (ă'kolajt), n. pratilac; pomoćnik.

**aconite** (ă'konajt), n. svolina (ljekovita biljka).

**acorn** (e'jkărn), n. žir, želud.

**acorned** (e'jkărnd), a. želudan, pun žira.

**acouphone** (ăku'fon), n. stroj za proizvađanje i pojačavanje glasa.

**acoustic** (ăku'stik), a. akustičan, sluhovan.

**acoustics** (ăku'stiks), n. akustika, nauka o zvuku.

**acquaint** (ăkue'jnt), v. upoznati, uputiti.

**acquaintance** (ăkue'jntöns), n. poznanstvo; znanac.

**acquaintanceship** (ăkue'jntönsšip), n. poznanstvo.

**acquiesce** (ă'kuie's), v. privoliti; podati se; sljubiti se.

**acquiescence** (ă'kuie'sens), n. privola, pristajanje.

**acquiescent** (ă'kuie'sent), a. privoljan, podatan.

**acquirable** (ăkua'jröbl), a. dobitan, dobavan.

**acquire** (ăkua'er), v. dobiti, steći.

**acquirement** (ăkua'erment), n. dobivanje; stečevina; postignuće.

**acquisition** (ă'kuizi'šön), n. sticanje; tečevina; dobitak.

**acquit** (ăkui't), v. osloboditi; proglasiti nevinim; rasteretiti; riješiti; vladati se.

**acquittal** (ăkui'töl), n. riješenje; oslobođenje.

**acquittance** (ăkui'töns), n. podmirenje (duga), oduženje; namira.

**acre** (e'jkör), n. ral, jutro (zemlje).

**acreage** (e'jköređ), n. broj jutara (zemljišta).

**acred** (e'jkörd), a. koji posjeduje jutra (zemljišta).

**acrid** (ă'krid), a. oštar, jedak; osoran.

**acridity** (ăkri'diti), n. oštrina, jetkost; surovost.

**acrimonious** (ă'krimo'nias), a. jedak; ljut; sarkastičan.

**acrimoniously** (ă'krimo'niasli), adv. jetko; surovo; sarkastično.

**acrimony** (ă'krimoni), n. oštrina; surovost; sarkastičnost.

**acrobat** (ă'krobăt), n. pelivan, klaun.

**acrobatic** (ă'krobă'tik), a. pelivanski.

**acrospire** (ă'krospaer), n. klica.

**across** (ăkră's), prep. ili adv. unakrst; preko; kroz; iznad.

**acrostic** (ăkră'stik), n. akrostih.

**act** (ăkt), v. predstavljati, glumiti; činiti, raditi; vladati se, ponašati se; — n. čin, djelo; predstava.

**acta** (ă'ktö), n. spisi, zapisnici.

**acting** (ă'kting), n. djelo; čin.

**action** (ă'kšön), n. rad; djelovanje; djelo; ponašanje; bitka; tužba; gibanje.

**actionable** (ă'kšönöbl), a. utuživ, parben.

**active** (ă'ktiv), a. uposlen; djelatan; brz; marljiv; nemiran.

**actively** (ă'ktivli), adv. marno, živo.

**activity** (ăkti'viti), n. djelatnost; radinost; okretnost; gibanje.

**actor** (ă'ktör), n. glumac, predstavljač; činitelj.

**actress** (ă'ktres), n. glumica, predstavljačica.

**actual** (ă'kćuöl), a. istinit, pravi; stvaran; siguran.

**actuality** (ă'kćuă'liti), n. istinitost; stvarnost; sigurnost.

**actually** (ă'kćuöli), adv. zapravo, u istinu.

**actuary** (ă'kćuöri), n. računarski vještak; perovođa.

**actuate** (ă'kćuejt), v. sklonuti; poticati.

**aculeate** (ăkju'liet), a. bodljikav.

**acumen** (ăkju'men), n. oštroumnost, pronicavost.

**acuminate** (ăkju'minejt), v. zaoštriti, zašiljiti.

**acumination** (ăkju'mine'jšön), n. zaoštrenost.

**acute** (ăkju't), a. zaoštren, oštar, šiljast; osjetan; žestok.

**acutely** (ăkju'tli), adv. oštro; žestoko.

**acuteness** (ăkju'tnes), n. oštrina; oštroumnost, oštrovidnost.

**adage** (ă'deđ), n. poslovica, riječ.

**adagio** (ăda'đo), *a.* lagan; — *adv.* polagano.

**adamant** (ă'dömönt), *n.* dijamant.

**adamantine** (ă'dămă'ntin), *a.* od *ili* poput dijamanta; veoma tvrd.

**Adamite** (ă'dămajt), *n.* Adamov potomak; čovjek.

**Adam's-apple** (ă'dămză'pl), *n.* jabučica *(na grlu)*.

**adapt** (ădă'pt), *v.* udesiti; prilagoditi.

**adaptability** (ădă'ptăbi'liti), *n.* uporavljivost; prilagodivost.

**adaptable** (ădă'ptöbl), *a.* uporavljiv; prilagodiv.

**adaptation** (ă'dăpte'jšön), *n.* prilagođivanje; udešenje.

**add** (ăd), *v.* dodati; pripojiti; pridomijetiti.

**addendum** (ăde'ndöm), *n.* pridodatak, nadodatak.

**adder** (ă'dör), *n.* ljutica, guja; zbrajatelj; stroj za zbrajanje.

**addict** (ădi'kt), *v.* podati se; priviknuti se; — *n.* podatnik.

**addicted** (ădi'kted), *pa.* podan, odan, sklon.

**addiction** (ădi'kšön), *n.* podatnost, odanost, nagnuće, sklonost.

**addition** (ădi'šön), *n.* zbrojidba, nadodavanje; dodatak.

**additional** (ădi'šönöl), *a.* dodat, primetnut, naknadan.

**additive** (ă'ditiv), *a.* pridodajan, dodatan.

**addle** (ădl), *v.* pokvariti (se); — *a.* gnjio; prazan.

**addle-headed** (ă'dlhe'ded), *a.* praznoglav.

**address** (ădre's), *v.* osloviti, nagovoriti, nasloviti; prionuti; gađati; zaprositi; — *n.* nagovor; govor; udvoravanje; molba; napis, naslov.

**addressee** (ă'dresi'), *n.* naslovnik.

**adduce** (ădju's), *v.* iznijeti; navesti.

**adducible** (ădju'sibl), *a.* navodljiv.

**adductor** (ăda'ktör), *n.* mišica steznica.

**adenoid** (ă'dinojd), *a.* žljezdast.

**adept** (ăde'pt), *a.* vrlo vješt; savršen; — *n.* vještak.

**adequacy** (ă'dikụẹsi), *n.* jednakost; dostatnost; primjerenost.

**adequate** (ă'dikuẹt), *a.* jednak; primjeren; dostatan.

**adequately** (ă'dikụẹtli), *adv.* dostatno; primjereno.

**adhere** (ădhī'r), *v.* prianjati; biti odan; pripadati.

**adherence** (ădhī'rens), *n.* prianjanje; privrženost, vjernost.

**adherent** (ădhī'rent), *a.* prionut; privržen; vjeran; — *n.* sljedbenik; privrženik, pristaša.

**adhesion** (ădhī'žön), *n.* prianjanje.

**adhesive** (ădhī'siv), *a.* prianjav; priljepčiv.

**adieu** (ădju'), *interj.* do viđenja, s Bogom.

**adipose** (ă'dipos), *a.* mastan, tučan.

**adit** (ă'dit), *n.* pristup, ulaz ( *u rudnik*).

**adjacence** (ădđe'jsens), **adjacency** (ădđe'jsensi), *n.* međašenje, pograničnost.

**adjacent** (ădđe'jsent), *a.* međašan, pograničan; susjedan.

**adjectival** (ă'dđektival), *a.* pridjevan.

**adjective** (ă'dđektiv), *n.* pridjev.

**adjoin** (ădđo'jn), *v.* pripojiti; graničiti.

**adjoining** (ădđo'jning) *pa.* pogranični, susjedni.

**adjourn** (ădjö'rn), *v.* odgoditi; odložiti.

**adjournment** (ădđö'rnment), *n.* odgođenje, odgoda.

**adjudge** (ădđa'đ), *v.* dosuditi; odlučiti.

**adjudicate** (ădđu'dikejt), *v.* dosuditi; presuditi.

**adjudication** (ădđu'dike'jšön), *n.* osuda; presuda.

**adjudicator** (ădđu'dike'jtör), *n.* presudnik.

**adjunct** (ă'dđankt), *a.* spojen; pripomoćan; — *n.* dometak; pomoćnik; pristav.

**adjuration** (ă'dđure'jšön), *n.* zaklinjanje; svečana prisega.

**adjure** (ădđu'r), *v.* svečano zaklinjati; ozbiljno sazivati.

**adjust** (ădđa'st), *v.* udesiti; urediti, prilagoditi; smjestiti.

**adjustable** (ădđa'stöbl), *a.* prilagodiv; nagodiv; što se može urediti, smjestiti.

**adjuster** (ădđa'stör), *n.* uređivač; udešavatelj; ispravljač.

**adjustment** (ădđa'stment), *n.* prilagođivanje; udešenje; uređenje; namirenje; nagoda.

**adjutancy** (ă'đutönsi), *n.* čast *ili* služba pobočnika.

**adjutant** (ă'đutönt), *a.* pobočni, pomoćni; — *n.* pobočnik, pomoćnik; strvinar.

**adjuvant** (ă'đuvönt), *a.* pomoćni; — *n.* pomagač, pomoćnik.

**admeasure** (ădme'žur), *v.* odmjeriti; dopitati.

**admeasurement** (ădme'žurment), *n.* odmjerenje; dopitanje; mjera; veličina.

**adminicle** (ădmi'nikl), *n.* potpora, pomoć.

**administer** (ădmi'nistör), *v.* voditi brigu; upravljati; dati; oskrbiti; zadati; odmjeriti; doprinijeti.

**administration** (ădmi'nistre'jšön), *n.* upravljanje; uprava; vlada, administracija.

**administrative** (ădmi'nistre'jtiv), *a.* upravni; izvršni; administrativni.

**administrator** (ădmi'nistre'jtör), *n.* administrator, upravitelj ostavštine.

**administratorship** (ădmi'nistre'jtöršip), *n.* administratorstvo, upravljanje ostavštinom.

**administratrix** (ădmi'nistre'jtriks), *n.* administratorica, upraviteljica ostavštine.

**admirable** (ă'dmiröbl), *a.* divan; izvrstan.

**admirableness** (ă'dmiröblnes), *n.* divota.

**admirably** (ă'dmiröbli), *adv.* divno; izvrsno.

**admiral** (ă'dmiröl), *n.* admiral, zapovjednik flote.

**admiralty** (ă'dmirölti), *n.* admiralstvo.

**admiration** (ă'dmire'jšön), *n.* udivljenje; čuđenje.

**admire** (ădma'er), *v.* diviti se; obožavati; poštovati.

**admirer** (ădma'jrör), *n.* onaj, koji se divi; obožavatelj; štovatelj.

**admiringly** (ădma'jringli), *adv.* s udivljenjem; zanosno.

**admissibility** (ădmi'sibi'liti), *n.* dopustivost, pripustivost.

**admissible** (ădmi'sibl), *a.* dopustiv, pripustiv.

**admission** (ădmi'šön), *n.* dopust, dopuštenje; priznanje; pristup; ulaz; ulaznina.

**admissive** (ădmi'siv), *a.* dopustan, pripustiv.

**admit** (ădmi't), *v.* dopustiti, dozvoliti; pustiti; priznati.

**admittance** (ădmi'töns), *n.* pristup; ulaz; dopuštenje.

**admittedly** (ădmi'tedli), *adv.* očito.

**admix** (ădmi'ks), *v.* primiješati.

**admixture** (ădmi'ksćur), *n.* primjesa; mješavina.

**admonish** (ădmà'niš), *v.* opomenuti; ukoriti; podsjetiti; savjetovati.

**admonisher** (ădmà'nišör), *n.* opominjalac; koritelj.

**admonition** (ă'dmoni'šön), *n.* opomena; ukor.

**admonitory** (ădmà'nitori), *a.* opomenben; potsjetan.

**adnascent** (ădnă'sent), *a.* nametan.

**ado** (ădu'), *n.* buka, vika; poteškoća.

**adolescence** (ă'dole'sens), *n.* mladenaštvo, mladost.

**adolescent** (ă'dole'sent), *a.* mlad; — *n.* mladič.

**adopt** (ădă'pt), *v.* prisvojiti; uzeti pod svoje, posiniti; pokćeriti.

**adopter** (ădă'ptör), *n.* posvojitelj; poočim.

**adoption** (ădă'pšön), *n.* posvojenje.

**adoptive** (ădă'ptiv), *a.* posinjen; pokćeren.

**adorable** (ădo'rabl), *a.* častan, poštovanja vrijedan.

**adorably** (ădo'rabli), *adv.* časno, poštovanjem.

**adoration** (ă'dore'jšön), *n.* obožavanje; klanjanje; odanost; molitva.

**adore** (ădō'r), *v.* obožavati; poštovati; neizmjerno ljubiti.

**adorer** (ădō'rör), *n.* obožavatelj.

**adorn** (ădō'rn), *v.* iskititi, ukrasiti, poljepšati.

**adornment** (ădo'rnment), *n.* kićenje; ukras, nakit.

**adosculation** (ădă'skjule'jšön), *n.* oplođivanje cvijeća prašnicima.

**adown** (ăda'un), *adv. i prep.* niže; dolje.

**Adriatic sea** (e'jdriă'tik si'), jadransko more.

**adrift** (ădri'ft), *adv.* ploveći nasumce; na milosti.

**adroit** (ădro'jt), *a.* vješt; lukav; okretan.

**adroitly** (ădro'jtli), *adv.* vješto; okretno.

**adroitness** (ădro'jtnes), *n.* vještina; okretnost.

**adscititious** (ă'dsiti'šös), *a.* dopunbeni; naknadni; dodat.

**adulate** (ă'djulejt), *v.* laskati; ulagivati se.

**adulation** (ă'djule'jšön), *n.* laskanje, ulagivanje.

**adulator** (ă'djule'jtör), *n.* laskavac, ulizica.

**adulatory** (ă'djuletori), *a.* laskav.

**adult** (ădạ'lt), *a.* odrasao; — *n.* odrasla osoba.

**adulterate** (ăda'ltörejt), *v.* pokvariti, izopačiti; — *a.* pokvaren, izopačen.

**adulteration** (ăda'ltöre'jšön), *n.* kvarenje; pokvarenost.

**adulterer** (ăda'ltörör), *n.* preljubnik.

**adulteress** (ăda'ltöres), *n.* preljubnica.

**adulterine** (ăda'ltörin *ili* ăda'ltörajn), *a.* krivotvoren; nezakonit.

**adulterous** (ăda'ltöras), *a.* preljubnički.

**adulterously** (ăda'ltörasli), *adv.* na preljuban način.

**adultery** (ăda'ltöri), *n.* preljub.

**adultness** (ăda'ltnes), *n.* odraslost, zrelost.

**adumbrate** (ăda'mbrejt), *v.* zasjeniti; opisivati.

**adumbration** (ă'dambre'jšön), *n.* obris, zasjenjivanje.

**aduncate** (ăda'nkejt), *v.* zakriviti, zakučiti; — *a.* zavinut, zakučast.

**adust** (ăda'st), *adv.* u prah; — *a.* zagorio, opaljen, ožgan; prašan.

**advance** (ădvă'ns), *v.* unaprijediti; pomaknuti; predložiti; platiti unaprijed; promaknuti; uzdići; napredovati; porasti; — *n.* napredovanje; napredak; predujam; predlog; promaknuće.

**advanced** (ădvă'nst), *a.* promaknut; unaprijeđen; zastario.

**advancement** (ădvă'nsment), *n.* napredovanje; napredak; unaprijeđenje; promaknuće; prednost.

**advantage** (ădvă'nted), *v.* koristiti; promicati; okoristiti se; — *n.* zgodan položaj; pretežnost; korist, dobit.

**advantageous** (ă'dvănte'jđas), *a.* dobar; koristonosan; zgodan.

**advantageously** (ă'dvănte'jđasli), *adv.* korisno; zgodno.

**advent** (ă'dvent), *n.* dolazak; prišašće.

**adventitious** (ă'dventi'šas), *a.* prigodan; izvanji; slučajan.

**adventure** (ădve'nčur), *v.* pokušati; usuditi se; — *n.* pustolovina; smion čin.

**adventurer** (ădve'nćurör), *n.* pustolov; špekulant.

**adventuress** (ădve'nćures), *n.* pustolovka.

**adventurous** (ădve'nćuras), *a.* pustolovan; smion; opasan.

**adventurously** (ădve'nćurasli), *adv.* smiono; srčano.

**adverb** (ă'dvörb), *n.* prislov.

**adverbial** (ădvö'rbiöl), *a.* prislovni.

**adverbially** (ădvö'rbiöli), *adv.* prislovno.

**adversary** (ă'dvörseri), *n.* protivnik, neprijatelj; suparnik.

**adversative** (ădvö'rsötiv), *a.* protivan; — *n.* oprječna riječ.

**adverse** (ă'dvörs), *a.* oprječan, protivan; štetan.

**adversely** (ădvö'rsli), *adv.* oprječno, zlosretno.

**adversity** (ădvö'rsiti), *n.* nesreća, bijeda.

**advert** (ădvö'rt), *v.* skrenuti pažnju; natuknuti; paziti.

**advertence** (ădvö'rtens), *n.* pažnja.

**advertent** (ădvö'rtent), *a.* pažljiv, poman.

**advertise** (ă'dvörtajz), *v.* oglasiti, oglašivati; objaviti.

**advertisement** (ădvö'rtizment), *n.* oglas; obznana, objava.

**advertiser** (a'dvörta'jzör), *n.* oglašivač.

**advertising** (ă'dvörta'jzing), *pa.* oglasni.

**advice** (ădva'js), *n.* savjet; primjedba; uputa.

**advisability** (ădva'jzăbi'liti), *n.* shodnost, poželjnost; probitačnost.

**advisable** (ădva'jzăbl), *a.* shodan, valjan; poželjan; probitačan.

**advise** (ădva'jz), *v.* savjetovati; opomenuti; uputiti; posavjetovati se.

**advised** (ădva'jzd), *a.* oprezan.

**advisedly** (ădva'jzedli), *adv.* promišljeno, oprezno.

**adviser** (ădva'jzör), *n.* savjetnik.

**advisory** (ădva'jzöri), *a.* savjetujući.

**advocacy** (ă'dvokesi), *n.* zagovaranje; obrana.

**advocate** (ă'dvokejt), *v.* braniti, zagovarati; — *n.* branitelj, advokat.

**advocateship** (ă'dvoketšip), *n.* advokatstvo.

**advowee** (ă'dvaui'), *n.* patron, pokrovitelj.

**advowson** (ădva'uzön), *n.* patronat, zavjetničko pravo.

**adynamia** (ă'dine'jmiö),, *n.* tjelesna slabost (*od bolesti*).

**adynamic** (ă'dină'mik), *a.* slab, nemoćan.

**adz** (ădz), *v.* tesati; — *n.* tesla.

**aerate** (e'örejt), *v.* napuniti zrakom *ili* plinom; zračiti.

**aeration** (e'öre'jšön), *n.* punjenje zrakom.

**aerator** (e'öre'jtör), *n.* stroj za zračno punjenje.

**aerial** (ei'riöl), *a.* zračni; uzdušni.

**aerie** (e'öri), *n.* gnijezdo ptice grabilice.

**aeriform** (e'öriform), *a.* zračan, uzdušast.

**aerify** (e'örifaj), *v.* napuniti zrakom.

**aerodrome** (e'örodrom), *n.* spremište za zrakoplove.

**aerogram** (e'örogrăm), *n.* bezična brzojavka.

**aerogun** (e'öroga'n), *n.* top protiv zrakoplova.

**aerolite** (e'örolajt), *n.* meteorski kamen.

**aerology** (e'örà'lađi), *n.* nauka o zračnim pojavama.

**aerometer** (e'örà'mitör), *n.* zrakomjer, plinomjer.

**aerometry** (e'örà'metri), *n.* zrakomjerstvo.

**aeronaut** (e'öronàt), *n.* zrakoplovac.

**aeronautic** (e'öronà'tik), *a.* zrakoplovni.

**aeronautics** (e'öronà'tiks), *n.* zrakoplovstvo.

**aeroplane** (ē'rple'jn), *n.* zrakoplov.

**aeroplanist** (ē'rplă'nist), *n.* zrakoplovac.

**aerostat** (ē'rostăt), *n.* balun, zrakoplov.

**aerostatics** (e'örostă'tiks), *n.* miroslovje zraka.

**aeroview** (e'örovju'), *n.* zračni vidik sa zrakoplova.

**aery** (e'öri), *a.* zračan; uzdušan; visok.

**aesthetic, aesthetics, aether, aetiology,** *vidi:* **esthetic, ether, etiology.**

**afar** (afa'r), *adv.* daleko, iz daleka.

**afebrile** (ăfe'bril), *a.* prost odgroznice.

**affability** (ă'făbi'liti), *n.* udvornost; učtivost.

**affable** (ă'făbl), *a.* učtiv, prijatan.

**affably** (ă'făbli), *adv.* učtivo, prijatno.

**affair** (ăfē'r), *n.* posao; stvar; afera.

**affect** (ăfe'kt), *v.* djelovati, uplivisati; dirnuti se; pretvarati se; afektirati; voljeti; ljubiti; žuditi; posjećivati.

**affectation** (ă'fekte'jšön), *n.* pretvaranje, prečinjanje, afektiranje.

**affected** (ăfe'kted), *a.* usiljen; ganut; dirnut; afektiran; sklon; ljubljen.

**affectedly** (ăfe'ktedli), *adv.* prividno, na oko.

**affecting** (ăfe'kting), *a.* dirljiv.

**affectingly** (ăfe'ktingli), *adv.* dirljivo, ganutljivo.

**affection** (ăfe'kšön), *n.* uplivanje; raspoloženje; bol; ljubav; strast; prijateljstvo.

**affectionate** (ăfe'kšönet), *a.* ljubezan, nježan.

**affectionately** (ăfe'kšönetli), *adv.* nježno, ljubezno.

**affectioned** (ăfe'kšönd), *a.* sklon, raspoložen.

**affective** (ăfe'ktiv), *a.* ganutljiv.

**afferent** (ă'ferent), *a.* unašajući, uvađajući.

**affiance** (ăfa'ens), *v.* zavjeriti se; zaručiti; — *n.* zaruke; vjeridba; pouzdanje.

**affianced** (ăfa'enst), *pa.* zaručen.

**affiant** (ăfa'ent), *n.* zaprisežnik; očitovatelj.

**affidavit** (ă'fide'jvit), *n.* zaprisežno očitovanje; zaprisegnuta potvrda.

**affiliate** (ăfi'liejt), *v.* posvojiti; uzeti (*dijete*) pod svoje; pridružiti se; biti u vezi, srodstvu.

**affiliation** (ăfi'lie'jšön), *n.* posvojenje; pridruženje; veza; prijateljski odnosi.

**affinity** (ăfi'niti), *n.* nagnuće; privlačivost; srodnost; svojta.

**affirm** (ăfö'rm), *v.* potvrditi, izjaviti.

**affirmable** (ăfö'rmabl), *a.* što se može tvrditi.

**affirmation** (ă'förme'jšön), *n.* potvrđenje; potvrda; izjava (*svečana*); svjedočanstvo.

**affirmative** (ăfö'rmötiv), *a.* potvrdni; jestan, pozitivan; — *n.* pozitivnost, jesnost.

**affirmatively** (ăfö'rmötivli), *adv.* jesno, pozitivno.

**affix** (ăfi'ks), *v.* pričvrstiti; pridati; prikopčati; staviti; — *n.* primetak, dodatak.

**afflation** (ăfle'jšön), *n.* udihanje; nadahnuće.

**afflatus** (ăfle'jtas), *n.* zanos; huk.

**afflict** (ăfli'kt), *v.* zadati boli, muke; mučiti; rastužiti; žalostiti.

**afflicting** (ăfli'kting), *a.* bolan, mučan.

**affliction** (ăfli'kšön), *n.* rastuženost; tuga; bol; bijeda, nesreća; kušnja.

**afflictive** (ăfli'ktiv), *a.* bolan, tužan, bijedan.

**affluence** (ă'fluens), *n.* izobilje; bogatstvo; stjecanje.

**affluent** (ă'fluent), *a.* izobilan; bogat; tekući; što utječe; — *n.* pritoka (*rijeke*).

**affluently** (ă'fluentli), *adv.* obilno.

**afflux** (ă'flaks), *n.* utjecanje, stjecanje; navala.

**afford** (ăfo'rd), *v.* moći; imati; uzdržati, snašati, podnositi; dati;- pru žati.

**afforest** (ăfă'rest), *v.* pošumiti.

**affranchise** (ăfră'nčiz), *v.* osloboditi.

**affray** (ăfre'j), *n.* gungula; kavga; bitka, tučnjava.

**affront** (ăfra̲'nt), *v.* vrijeđati; biti drzovit; izazivati; — *n.* uvrjeda, bezobraština.

**affusion** (ăfju'žön), *n.* polijevanje; škropljenje.

**afield** (ăfi'ld), *adv.* na polje, na polja.

**afire** (ăfa'er), *adv.* u vatri.

**aflame** (ăfle'jm), *adv.* u plamenu.

**afloat** (ăflō't), *adv.* plivajući; nasumce.

**afoot** (ăfu̲'t), *adv.* pješke; na nogama.

**afore** (ăfō'r), *adv. prep. i conj.* prije.

**aforehand** (ăfo'rhă'nd), *a.* pripravan, spremljen.

**aforementioned** (ăfo'rme'nćönd), *a.* prije̲ spomenut.

**aforenamed** (ăfo'rne'jmd), *a.* prije imenovan.

**aforesaid** (ăfo'rse'd), *a.* prije rečen.

**aforethought** (ăfo'rtă't), *a.* promišljen, prosuđen.

**aforetime** (ăfo'rta'jm), *adv.* prije, njekada.

**afraid** (ăfre'jd), *a.* u strahu, prestrašen.

**afresh** (ăfre'š), *adv.* na novo, s nova; opet.

**afront** (ăfra̲'nt), *adv.* nasuprot, licem u lice.

**aft** (ăft), *adv.* straga; na krmi.

**after** (ă'ftör), *adv.* poslije, kasnije; iza; za.

**after all** (ă'ftără'l), napokon.

**after-birth** (ă'ftörbö'rt), *n.* posteljica.

**after-crop** (ă'ftörkra'p), *n.* paljetkovanje.

**aftermath** (ă'ftörmă't), *n.* otava.

**aftermost** (ă'ftörmost), *a.* najzadnji.

**afternoon** (ă'ftörnū'n), *n.* popodne.

**after-piece** (ă'ftörpi's), *n.* lakrdija.

**after-thought** (ă'ftörtă't), *n.* kasnija misao.

**afterward** (ă'ftöru̲örd), **afterwards** (ă'ftöru̲ördz), *adv.* poslije, naknadno.

**again** (ăge'n), *adv.* opet, ponovno.

**against** (ăge'nst), *prep.* proti, protiv.

**agape** (ăge'jp), *a.* akat, bezdrak.

**agate** (ă'get), *n.* akat, bezdrak.

**age** (ejđ), *v.* starjeti; — *n.* doba; starost; vijek; punoljetnost.

**aged** (e'jđd), *a.* star.

**agency** (e'jđensi), *n.* sredstvo; zastupstvo, agentura; agencija.

**agenda** (ăde'ndö), *n. pl.* poslovnik; predmet.

**agent** (e'jđent), *n.* zastupnik; izaslanik; agenat.

**agger** (ă'đör), *n.* nasip, kup; bedem.

**agglomerate** (ăglă'mörejt), *v.* nagrnuti; nagomilati (se); — *a.* nagomilan; — *n.* gomila, kup.

**agglomeration** (ăglă'möre'jšön), *n.* gomilanje; gromada.

**agglutinant** (ăglju'tinănt), *n.* ljepilo.

**agglutinate** (ăglju'tinejt), *v.* prilijepiti.

**agglutination** (ăglju'tine'jšön), *n.* lijepljenje; prianjanje.

**aggrandize** (ă'grandajz), *v.* veličati; povećavati.

**aggrandizement** (ă'grănda'jzment), *n.* veličanje; povećavanje.

**aggravate** (ă'grăvejt), *v.* pogoršati; pojačati; srditi; izazivati.

**aggravating** (ă'grăve'jting), *pa.* pogoršavajući; izazovan.

**aggravation** (ă'grăve'jšön), *n.* pogoršenje; oteščavanje; izazivanje.

**aggregate** (ă'grigejt), *v.* skupiti; sastati se; sabrati se; — (ă'griget), *a.* skupni; ukupni; — *n.* ukupna svota; skupina.

**aggregately** (ă'grigetli), *adv.* skupno; zajedno.

**aggregation** (ă'grige'jšön), *n.* skupina; skupljanje.

**aggregative** (ă'grige'jtiv), *a.* skupni, ukupni.

**aggress** (ăgre's), *v.* navaliti prvi; nasrnuti.

**aggression** (ăgre'šön), *n.* neizazovni napadaj; navala.

**aggressive** (ăgre'siv), *a.* napadan; djelatan.

**aggressor** (ăgre'sor), *n.* napadač.

**aggrieve** (ăgrī'v), *v.* rastužiti; izrabljivati.

**aggroup** (ăgru'p), *v.* metnuti u gomile, skupiti.

**aghast** (ăgă'st), *a. ili adv.* zablenut, zapanjen.

**agile** (ă'dil), *a.* radin; marljiv; okretan.

**agility** (ădi'liti), *n.* okretnost; radinost.

**agio** (ă'dio, *ili* e'jdio), *n.* prid.

**agitate** (ă'ditejt), *v.* uzrujati, uznemiriti; uzburkati; agitirati.

**agitated** (ă'dite'jted), *pa.* uznemiren.

**agitation** (ă'dite'jšön), *n.* uzbuđenost; uzrujanost; raspravljanje; agitacija.

**agitator** (ă'dite'jtör), *n.* bundžija; pokretač, agitator.

**aglet** (ă'glet), *n.* naperak; prašnica.

**aglow** (ăglō'), *adv. i a.* u žaru; zažaren.

**agnail** (ă'gnēl), *n.* zanoktica.

**agnate** (ă'gnēt), *a.* u rodu po ocu; — *n.* rođak po ocu.

**agnation** (ăgne'jšön), *n.* srodstvo po ocu.

**agnomen** (ăgno'men), *n.* pridjevak, nadimak.

**agnostic** (ăgnă'stik), *a.* neznabožan; — *n.* neznabožac.

**agnosticism** (ăgnă'stisizm), *n.* neznaboštvo.

**ago** (ăgō'), *a. i adv.* prošli; prije; pred.

**agog** (ăgă'g), *adv. i a.* požudno; uzrujan.

**agoing** (ăgo'ing), *adv.* u gibanju.

**agonist** (ă'gonist), *n.* natjecatelj, borac.

**agonize** (ă'gonajz), *v.* mučiti (se); previjati se od boli.

**agony** (ă'goni), *n.* užasna bol, smrtni strah, agonija.

**agraffe** (ăgră'f), *n.* kopča.

**agrarian** (ăgre'jriön), *a.* zemljišni, zemljoradnički, ratarski; — *n.* zemljoradnik, ratar.

**agrarianism** (ăgre'jriönizm), *n.* zemljoradništvo.

**agree** (ăgrī'), *v.* složiti se, slagati se; privoliti; ugovoriti.

**agreeable** (ăgri'öbl), *a.* skladan; ugodan; prijatan; sklon, voljan.

**agreeableness** (ăgri'öblnes), *n.* suglasnost; prijatnost.

**agreeably** (ăgri'öbli), *adv.* skladno; ugodno.

**agreement** (ăgrī'ment), *n.* sklad; sporazum; nagoda; ugovor.

**agrestial** (ăgre'sčöl), *a.* seoski; priprost.

**agricultural** (ă'grika'lćuröl), *a.* poljodjelski, ratarski.

**agriculture** (ă'grika'lćur), *n.* poljodjelstvo, ratarstvo.

**agriculturist** (ă'grika'lćurist), *n.* poljodjelac, ratar.

**agrimony** (ă'grimoni), *n.* turica (*biljka*).

**agronomy** (ăgră'nomi), *n.* nauka o ratarstvu.

**aground** (ăgra'und), *adv. i a.* na cjedilu; nasukan; nasjeo.

**ague** (e'jgju), *n.* groznica, zimica.

**agued** (e'jgjud), *a.* grozničav.

**aguish** (e'jgjuiš), *a.* grozničav; tresući se.

**ah** (ā), *interj.* ha! ah!

**aha** (aha'), *interj.* haha! aha!

**ahead** (ăhe'd), *adv.* naprijed; naprvo; sprijeda.

**ahoy** (ăho'j), *interj.* hej tamo!

**ahull** (ăhạ'l), *adv.* s ubranim jedrima i s rudom pod vjetar.

**aid** (ejd), *v.* pomoći; ispraviti; — *n.* pomoć; podupiranje; potpora; saradnja; saradnik; pomoćnik.

**aide-de-camp** (e'jdika'mp), *n.* pobočnik.

**aidless** (e'jdles), *a.* bez pomoći.

**aigret** (e'jgret), *n.* čaplja.
**ail** (ejl), *v.* uznemirivati; boljeti; mučiti.
**ailment** (e'jlment), *n.* bol; bolest.
**aim** (ejm), *v.* ciljati, gađati, nišaniti; naperiti; nastojati; — *n.* nišanj; cilj; nakana.
**aimer** (e'jmör), *n.* gađač.
**aimless** (e'jmles), *a.* bez cilja.
**ain't** (e'jnt), nisam, nisu.
**air** (ēr), *v.* zračiti, prozračiti; provjetriti; — *n.* zrak; plin; povjetarac, lahor; pjesma, melodija; ponašanje.
**air-bladder** (ē'rblă'dör), *n.* riblji mjehur.
**air-brake** (ē'rbre'jk), *n.* zračni zavor.
**air-castle** (ē'rkă'sl), *n.* zračna kula; sanjarija.
**aircraft** (ē'rkră'ft), *n.* nauka o zrakoplovstvu; zrakoplov.
**air-cushion** (ē'rku'šön), *n.* zračni jastuk; zračno pero.
**air-gun** (ē'rga̱'n), *n.* puška vjetrenjača
**air-hole** (ē'rhō'l), *n.* oduška.
**airily** (ē'rili), *adv.* lako; vjetrenjasto.
**airiness** (ē'rines), *n.* otvorenost; veselost, živahnost.
**airing** (ē'ring), *n.* zračenje; sušenje, topljenje; vježbanje na zraku.
**airless** (ē'rles), *a.* bez zraka.
**air-machine** (ē'rmăši'n), *n.* stroj za zračenje.
**air-man** (ē'rmă'n), *n.* zrakoplovac, avijatičar.
**air-plane** (ē'rple'jn), *n.* zrakoplov.
**air-pipe** (ē'rpa'jp), *n.* zračna cijev
**air-pump** (ē'rpa̱'mp), *n.* uzdušna sisaljka.
**air-raid** (ē'rre'jd), *n.* navala sa zraka.
**air-sac** (ē'rsă'k), *n.* dušenka.
**air-shaft** (ē'ršă'ft), *n.* zračni prolaz (*u rudniku*).
**air-ship** (ē'ršip), *n.* zrakoplov (*napunjen plinom*).
**air-tight** (ē'rtajt), *a.* neprodušan.
**air-vessel** (ē'rve'sl), *n.* zračnik.
**air-woman** (ē'ru̱u'măn), *n.* zrakoplovka, avijatičarka.
**airy** (ē'ri), *a.* zračan; lak; tanak; tašt; veseo, živahan.
**aisle** (ajl), *n.* pokrajna lađa (*u crkvi*).
**ait** (ejt), *n.* otočić.
**ajar** (ăđa'r), *adv. i a.* priprto; priprt; nezložan.
**akimbo** (ăki'mbo), *adv.* podbočeno.

**akin** (ăki'n), *a. i adv.* srodan; u rodu po krvi; sličan.
**alabaster** (ă'lăbă'stör), *n.* ubjelak.
**a-la-carte** (a'la'ka'rt), prema jestvioniku.
**alacritous** (ălă'krita̱s), *a.* pripravan.
**alacrity** (ălă'kriti), *n.* pripravnost; lakoća; veselost.
**alamode** (a'lamō'd), *a.* pomodan; — *adv.* po modi.
**alamort** (ă'lămo'rt), *adv.* do smrti, smȑtno.
**alarm** (ala'rm), *v.* uplašiti (se), uzbuniti (se); — *n.* strah; uzbuna; poziv na oružje.
**alarm-bell** (ala'rmbe'l), *n.* zvonjenje na uzbunu.
**alarm-clock** (ala'rmkla̱'k), *n.* ura budilica.
**alarming** (ala'rming), *pa.* nemiran, zastrašujući.
**alarmingly** (ala'rmingli), *adv.* sa strepnjom; opasno.
**alarmist** (ala'rmist), *n.* plašitelj; uzrujavatelj.
**alary** (e'jlöri), *a.* krilat.
**alas** (ăla's), *interj.* jao! kuku!
**alate** (e'jlet), *a.* krilat.
**alb** (ălb), *n.* alba, misna košulja.
**albata** (ălbe'jtă), *a.* njemačko srebro.
**albatross** (ă'lbătràs), *n.* togajka (*ptica*).
**albeit** (àlbi'it), *adv.* akoprem, ako i, sve da.
**albescent** (ălbe'sent), *a.* bjelkast.
**albino** (ălba'jno), *n.* albin, bjeloš.
**album** (ă'lba̱m), *n.* album, spomenar.
**albumen** (ălbju'men), *n.* bjelanjak; bjelančevina.
**albuminous** (ălbju'mina̱s), *a.* bjelančast.
**alburnum** (ălbö'rna̱m), *n.* bjelika (*drvo*).
**alchemic** (ălke'mik), *a.* alkemijski.
**alchemist** (a'lkemist), *n.* alkimista; zlatotvorac.
**alchemy** (ă'lkemi), *n.* alkemija; zlatotvorba.
**alcohol** (ă'lkohăl), *n.* alkohol, žesta.
**alcoholic** (ă'lkohà'lik), *a.* alkoholan; žestok.
**alcoholism** (ă'lkohălizm), *n.* alkoholizam.
**alcove** (ă'lkov), *n.* prisoblje; ložnica.
**alder** (a'ldör), *n.* jalša, joša.

**alderman** (å'ldörmăn), *n.* gradski mirovni sudac; vijećnik.
**ale** (ejl), *n.* pivo.
**alee** (ăli'), *adv.* ispod vjetra.
**alembic** (ăle'mbik), *n.* kotao (*za pečenje žeste*).
**alert** (ălö'rt), *a.* budan; hitar, okretan; — *n.* straža.
**alertly** (ălö'rtli), *adv.* budno; okretno.
**alertness** (ălö'rtnes), *n.* budnost; pažljivost; okretnost.
**alexipharmic** (ăle'ksifa'rmik), *a.* protuotrovan; — *n.* protuotrov.
**alexiteric** (ăle'ksite'rik), *a.* raskužljiv; — *n.* raskužljivo sredstvo.
**alfalfa** (ălfă'lfa), *n.* alfalfa, meteljka.
**alfaqui** (ă'lfăki'), *n.* učitelj muhamedanskog prava *ili* korana, svećenik.
**alga** (ă'lga), *n.* resina (*morska trava*).
**algebra** (ă'ldebrö), *n.* slovna računica, algebra.
**algebraic** (ă'ldibre'ik), *a.* algebrički.
**algebraist** (ă'ldibr:e'ist), *n.* algebričar.
**algid** (ă'ldid), *a.* hladan, studen.
**algidity** (ăldi'diti), *n.* hladnoća, studen.
**alias** (e'jliös), *a.* drugi; — *n.* ponovni sudbeni nalog; usvojeno ime; — *adv.* drukčije, inače zvani.
**alibi** (ă'libaj), *n.* dokazivanje (*optuženika*), da je bio negdje drugdje u vrijeme, kada je zločin bio počinjen.
**alible** (ă'libl), *a.* hraniv.
**alien** (e'jljen), *a.* tuđ, inostran, stran; — *n.* tuđinac, inostranci.
**alienability** (e'jljenöbi'liti), *n.* otuđivost, prenosljivost.
**alienable** (e'jljenöbl), *a.* otuđiv; prenosan.
**alienate** (e'jljenejt), *v.* otuđiti; prenijeti; prodati.
**alienation** (e'jljene'jšön), *n.* otuđenje; prodaja; umno poremećenje.
**aliform** (ă'lifărm), *a.* krilast.
**alight** (ăla'jt), *v.* saći; sjašiti; nadoći; spustiti se; — *a i adv.* rasvijetljen, upaljen.
**alike** (ăla'jk), *a.* sličan, naličan; — *adv.* isto tako, jednako.
**aliment** (ă'liment), *n.* hrana; uzdržavanje.
**alimental** (ă'lime'ntöl), *a.* hraniv.
**alimentary** (ă'lime'ntöri), *a.* hranivan.
**alimentary canal** (ă'lime'ntöri kănă'l), *n.* prohod.

**alimentation** (ă'limente'jšön), *n.* alimentacija, izdržavanje.
**alimony** (ă'limoni), *n.* ženi dosuđena novčana potpora.
**aline, align** (ăla'jn), *v.* poredati (se), uvrstiti (se).
**alinement** (ăla'jnment), *n.* mjesto u vrsti; red.
**aliped** (ă'liped), *a.* krilonog; — *n.* šišmiš.
**aliquot** (ă'likuăt), *a.* takmodjel.
**alive** (ăla'jv), *a.* živ; živahan; jak; radin.
**alkalescent** (ă'lkăle'sent), *a.* lužnast.
**alkali** (ă'lkolaj, *ili* ă'lkali), *n.* lužna sol, luživo.
**alkaline** (ă'lkölajn), *a.* lužan.
**Alkoran** (ălko'răn), *n.* koran.
**all** (ál), *a.* sav, svaki; — *n.* sve, cijelo; — *adv.* sasvim, potpuno.
**Allah** (ă'la), *n.* Alah, Bog.
**allay** (ăle'j), *v.* smiriti, stišati, ublažiti, olakšati, smanjiti; utažiti.
**allegation** (ă'lige'jšön), *n.* tvrdnja, navod, izjava.
**allege** (ăle'd), *v.* navađati, tvrditi, izjaviti.
**alleged** (ăle'dd), *a.* navodni.
**allegiance** (ăli'döns), *n.* vjernost; pokornost; odanost.
**allegiant** (ăli'dönt), *a.* vjeran, odan.
**allegoric** (ă'ligă'rik), **allegorical** (ă'ligă'riköl), *a.* inokazan, alegorički, figurativan.
**allegorically** (ă'legă'riköli), *adv.* alegorički, figurativno.
**allegorist** (ă'ligorist), *n.* pisac alegorije.
**allegorize** (ă'ligorajz), *v.* inokazno pisati; govoriti figurativno.
**allegory** (ă'ligori), *n.* inokaz, alegorija.
**allegretto** (ă'ligre'to), *adv.* polaganije od **allegro.**
**allegro** (ăli'gro), *adv.* brzo; živahno.
**alleluia** (ă'lilu'ja), *n.* haleluja.
**alleviate** (ăli'viejt), *v.* olakšati; ublažiti; umekšati.
**alleviation** (ăli'vie'jšön), *n.* olakšanje; ublaženje; smanjenje.
**alleviative** (ăli'vietiv), *a.* olakšujući, ublažujući.
**alley** (ă'li), *n.* uličica; prolaz.
**All-fools' Day** (a'lfu'lzde'j), *n.* prvi travnja.

**alliaceous** (á'lie'jšạs), *a.* kao luk, kao češnjak.

**alliance** (ăla'ens), *n.* savez; tijesni odnos; srodstvo; ugovor.

**allied** (ăla'jd), *a.* savezni, saveznički; srodan.

**alligator** (ă'lige'jtör), *n.* aligator (*vrst američkog krokodila*).

**alliteration** (ăli'töre'jšön), *n.* opetovanje istog slova *ili* glasa u početku dviju ili više riječi, koje dolaze jedna za drugom.

**allocate** (ă'lokejt), *v.* smjestiti; doznačiti; porazdijeliti.

**allocation** (ă'loke'jšön), *n.* doznačenje; porazdjelba.

**allocatur** (ă'loke'jtör), *n.* sudbeno odobrenje naloga.

**allocution** (ă'lokju'šön), *n.* govor, besjeda.

**allodial** (ălō'dial), *a.* vlazbinski.

**allodium** *(ălō'diạm), *n.* vlazbina; slobodni posjed.

**allopathic** (ă'làpă'tik), *a.* alopatski.

**allopathy** (ălà'păti), *n.* alopatija (*vrst liječenja*).

**allot** (ălà't), *v.* doznačiti, opredijeliti.

**allotment** (ălà'tment), *n.* doznačivanje; opredijeljeni dio; komad zemlje.

**allow** (ăla'u), *v.* dozvoliti, dopustiti; odobriti; dati, podijeliti. priznati.

**allowable** (ălạ'uöbl), *a.* dopustiv, dozvoljiv.

**allowably** (ălạ'uöbli), *adv.* dopustivo.

**allowance** (ălạ'uöns), *n.* dozvola; stanovita svota; određeni obrok; plaća; potpora.

**alloy** (ălo'j), *v.* primiješati; pomiješati; izopačiti; — *n.* primjesa, smjesa; iskvarenje.

**all-round** (ả'lra'und), *a.* opsežan, svestran; okretan; izvrstan.

**All-saints' Day** (ả'lse'jncde'j), *n.* svi sveti.

**All-souls' Day** (à'lsō'lzde'j), *n.* dušni dan.

**allude** (ălju'd), *v.* smjerati; pozivati se; natuknuti.

**allure** (ălju'r), *v.* vabiti; privlačiti; napastovati.

**allurement** (ălju'rment), *n.* vabilo, napast; privlačivost.

**alluring** (ălju'ring), *a.* privlačiv, zamaman.

**alluringly** (ălju'ringli), *adv.* privlačivo, zamamno.

**allusion** (ălju'žön), *n.* smjeranje, natuknuće; odnos.

**allusive** (ălju'siv), *a.* smjerajući; odnosan; figurativan.

**alluvial** (ălju'viöl), *a.* naplavljen.

**alluvion** (ălju'viạn), *n.* naplavina.

**alluvium** (ălju'viạm), *n.* naplavljena zemlja, naplavina.

**ally** (ăla'j), *v.* svezati; udružiti se; — *n.* saveznik, drug.

**alma mater** (ă'lma me'jtör), *n.* sveučilište.

**almanac** (à'lmănăk), *n.* koledar, almanak.

**almightiness** (àlma'jtines), *n.* svemožnost.

**almighty** (àlma'jti), *a.* svemožan, svemoguć.

**almond** (ă'mönd), *n.* mendula; bademak; sve, što maliči menduli.

**almoner** (ă'lmönör), *n.* dijelitelj milostinje, milostinjar.

**almonry** (à'lmönri), *n.* mjesto, gdje se dijeli milostinja.

**almost** (à'lmōst), *adv.* skoro, gotovo.

**alms** (āmz), *n. sing. i pl.* milostinja, dar.

**alms-deed** (a'mzdī'd), *n.* milosrđe.

**almshouse** (a'mzha'us), *n.* ubožnica, sirotište.

**almsman** (a'mzmă'n), *n.* ubogar, bogac.

**almswoman** (a'mzụụ'măn), *n.* ubogarka.

**aloe** (ă'lo), *n.* aloj; — *pl.* alopatić.

**aloft** (ălà'ft), *adv.* visoko, gore.

**alone** (ălō'n), *a.* sam, jedini; — *adv.* samo, jedino.

**along** (ală'ng), *adv.* uzduž, uz; naprijed.

**aloof** (ălu'f), *adv.* daleko; odijeljeno, na strani.

**aloud** (ăla'ud), *adv.* glasno.

**alp** (ălp), *n.* planina; **Alps** (ălps), *n. alpe.*

**alpaca** (ălpă'kö), *n.* lama.

**alpenstock** (ă'lpenstă'k), *n.* motka za uspinjanje.

**alpha** (ă'lfa), *a.* alfa (*prvo slovo u grčkoj azbuci*).

**alphabet** (ă'lfăbet), *n.* azbuka.

**alphabetic** (ă'lfăbe'tik), **alphabetical** (ă'lfăbe'tiköl), *a.* abecedan, alfabetičan.

**alphabetically** (ă'lfăbe'tiköli), *adv.* alfabetički, abecednim redom.
**Alpine** (ălpin *ili* ă'lpajn), *a.* alpski.
**already** (álre'di), *adv.* već.
**also** (á'lso), *adv.* također, ısto tako.
**altar** (á'ltör), *n.* oltar; žrtvenik.
**altar-cloth** (á'ltörklá't), *n.* oltarnjak.
**altar-piece** (á'ltörpi's), *n.* oltarska slika.
**alter** (á'ltör), *v.* mijenjati, promijeniti.
**alterable** (á'ltöröbl), *a.* promjenljiv.
**alteration** (á'ltöre'jšön), *n.* mijenjanje, promjena.
**alterative** (á'ltöretiv), *a.* mijenjajući; — *n.* sredstvo za promjenu; lijek.
**altercate** (á'ltörkejt), *v.* prepirati se.
**altercation** (á'ltörke'jšön), *n.* prepiranje, prepirka, svađa.
**alternate** (ă'ltörnejt), *v.* izmjenjivati (se); — (ăltö'rnet), *a.* izmjeničan, zamjenit; — *n.* zamjenik.
**alternately** (ăltö'rnetli), *adv.* izmjenično.
**alternation** (ă'ltörne'jšön), *n.* izmjenjivanje, izmjena.
**alternative** (ăltö'rnötiv), *a.* što pruža izbor između dvije stvari; — *n.* izbor (*jedno od dvojega*).
**alternatively** (ăltö'rnötivli), *adv.* na izmjence.
**although** (áldō'), *conj.* prem (da); akoprem.
**altimeter** (ălti'mitör), *n.* visomjer.
**altitude** (ă'ltitjud), *n.* visina.
**alto** (ă'lto), *a.* visok; — *n.* alt, visok glas.
**altogether** (á'ltöge'dör), *adv.* sasvim, potpuno.
**altruism** (ă'ltruizm), *n.* nesebičnost, altruizam.
**altruist** (ă'ltruist), *n.* nesebičnik.
**altruistic** (ă'ltrui'stik), *a.* nesebičan, altruističan.
**altruistically** (ă'ltrui'stiköli), *adv.* nesebično.
**alum** (ă'lam), *n.* kocelj.
**alumina** (ălju'minö), *n.* glinac.
**aluminous** (ălju'minas), *a.* glinen, glinast.
**alumnus** (ăla'mnös), *n.* pitomac; đak, koji je svršio višu školu.
**alveolar** (ălvi'olör), *a.* staničan; šupljikav.
**alvine** (ă'lvin, *ili* ă'lvajn), *a.* trbušni.

**always** (á'luez), *adv.* uvijek; nepres tano; redovito.
**am** (ăm), *prvo lice singulara od* to be.
**amain** (ăme'jn), *adv.* žestoko, jako.
**amalgam** (ămă'lgöm), *n.* mješavina; smjesa rude sa živom.
**amalgamate** (ămă'lgömejt), *v.* pomiješati živu sa kojom drugom rudom; spojiti, ujediniti se.
**amalgamation** (ămă'lgöme'išön), *n.* sjedinjenje, udruženje; m'‿anje.
**amanous** (ă'mănös), *a.* bez ruku.
**amanuensis** (ămă'njue'nsis), *n.* pisar; prepisivač.
**amaranth** (ă'mărănt), *n.* trator (*biljka*).
**amaranthine** (ă'mără'ntin), *a.* tratorast.
**amass** (ămă's), *v.* gomilati, nakupljati, sabirati.
**amateur** (ă'măću'r), *n.* novajlija; prijatelj umjetnosti; ljubitelj igre.
**amatory** (ă'mători), *a.* ljubavan.
**amaurosis** (ă'măro'sis), *n.* mrena, posvemašnji *ili* djelomični gubitak vida.
**amaze** (ăme'jz), *v.* zapanjiti, začuditi.
**amazedly** (ăme'jzedli), *adv.* zapanjeno, začuđeno.
**amazement** (ăme'jzment), *n.* zapanjenost, začuđenost.
**amazing** (ăme'jzing), *a.* čudnovat; izvanredan.
**amazingly** (ăme'jzingli), *adv.* čudnovato; izvanredno.
**Amazon** (ă'măzàn), *n.* amazonka.
**Amazonian** (ă'măzo'niön), *a.* amazonski.
**ambassador** (ămbă'sădör), *n.* poslanik; poklisar.
**ambassadorial** (ămbă'sădo'riöl), *a.* poslanički; poklisarski.
**ambassadress** (ămbă'sădres), *n.* poslanikova žena; poklisarica.
**amber** (ă'mbör), *v.* pojantariti; — *n.* jantar.
**ambergris** (ă'mbörgris), *n.* sivi jantar.
**ambidexter** (ă'mbide'kstör), *a.* dvodesan; dvoličan; — *n.* dvodesnik; dvoličnik.
**ambidexterity** (ă'mbidekste'riti), *n.* dvodesnost; dvoličnost.
**ambidextrous** (ă'mbide'kstras), *a.* dvodesan; dvoličan.
**ambient** (ă'mbient), *a.* obuhvatan; opsezan; — *n.* obuhvatnost.

**ambiguity** (ă'mbigju'iti), *n.* dvoumnost; dvoznačnost.

**ambiguous** (ămbi'gjuas), *a.* dvouman; dvojben.

**ambiguously** (ămbi'gjuasli), *adv.* dvoumno; neizvjesno.

**ambit** (ă'mbit), *n.* opseg; djelokrug.

**ambition** (ămbi'šön), *n.* polet, ambicija; častohleplje.

**ambitious** (ămbi'šas), *n.* ambicijozan, poletan; častohlepan.

**ambitiously** (ămbi'šasli), *adv.* poletno, častohlepno.

**amble** (ămbl), *v.* kasati, kljusati; — *n.* kas.

**ambler** (ă'mblör), *n.* kasač (*konj*), prusac.

**ambling** (ă'mbling), *pa.* kasajući.

**amblingly** (ă'mblingli), *adv.* kasom.

**amblyopia** (ă'mblio'piö), *n.* potamnjelost vida.

**ambrosia** (ămbro'žiö), *n.* ambrozija, bogovska hrana.

**ambrosial** (ămbro'žiöl), *a.* ambrozijski; slastan.

**ambry** (ă'mbri), *n.* sahranište, spremište.

**ambulance** (ă'mbjulöns), *n.* bolnička kola.

**ambulant** (ă'mbjulönt), *a.* obilazni.

**ambulatory** (ă'mbjulötori), *a.* šetni; promjenljiv; gibiv; — *n.* šetalište.

**ambuscade** (ă'mbaske'jd), *v.* napasti iz zasjede; vrebati; — *n.* zasjeda, busija.

**ambush** (ă'mbuš), *v.* vrebati; navaliti iz busije; — *n.* vrebanje; zasjeda; busija.

**ameliorable** (ămi'ljoröbl), *a.* popravljiv.

**ameliorate** (ămi'ljorejt), *v.* poboljšati (se), popraviti (se).

**amelioration** (ămi'ljore'jšön), *n.* poboljšica; popravljenje.

**amen** (e'jme'n), *interj.* amen.

**amenable** (ămi'nöbl), *a.* odgovoran.

**amenableness** (ămi'nöblnes), *n.* odgovornost.

**amend** (ăme'nd), *v.* popraviti, nadopuniti, ispraviti; promijeniti; poboljšati se.

**amendment** (ăme'ndment), *n.* poboljšanje; promjena; nadopunjak; ispravak.

**amends** (ăme'ndz), *n.* naknada, odšteta.

**amenity** (ăme'niti), *n.* ugodnost, prijatnost.

**ament** (ă'ment), *n.* maca, resa.

**amerce** (ămö'rs), *v.* kazniti globom, oporezovati.

**amercement** (ămö'rsment), *n.* kazna na novčanu globu.

**America** (ăme'rikö), *n.* Amerika.

**American** (ăme'rikăn), *a.* amerikanski; američki; — *n.* Amerikanac.

**Americanism** (ăme'rikönizm), *n.* amerikanstvo.

**americanize** (ăme'rikönajz), *v.* amerikanizirati.

**amethyst** (ă'mitist), *n.* ljubičnjak.

**amethystine** (ă'miti'stin), *a.* od ametista; ljubičast.

**amiability** (e'jmiöbi'liti), *n.* ljupkost, prijatnost; dobroćudnost.

**amiable** (e'jmiöbl), *a.* ljubak, prijatan; dobroćudan.

**amiably** (e'jmiöbli), *adv.* prijatno, ljubazno; dobroćudno.

**amianthus** (ă'miă'ntas), *n.* osinac, kameno vlakno.

**amicable** (ă'miköbl), *a.* prijateljski.

**amicably** (ă'miköbli), *adv.* prijateljski; dobrovoljno.

**amice** (ă'mis), *n.* naglavnik (*svečenika*).

**amid** (ămi'd), *prep.* usred.

**amidships** (ămi'dšips), *adv.* usred broda.

**amidst** (ămi'dst), *prep.* usred; među.

**amiss** (ămi's), *a.* pogrješan; krivi; — *adv.* pogrješno, krivo; **to take amiss,** uvrijediti se, zamjeriti.

**amity** (ă'miti), *n.* mirni odnosi; prijateljstvo; sloga.

**ammonia** (ămo'niö), *n.* amonijak, nišador.

**ammoniac** (ămo'niök), *a.* nišadorov.

**ammonium** (ămo'niam), *n.* amonij.

**ammunition** (ă'mjuni'šön), *n.* strjelivo.

**amnesia** (ămni'siö), *n.* gubitak pamćenja; boležljiva zaboravnost.

**amnesty** (ă'mnesti), *n.* opće pomilovanje, amnestija.

**among** (ăma'ng), *prep.* među, između.

**amongst** (ăma'ngst), *prep.* *vidi* **among.**

**amorous** (ă'moras), *a.* ljuvem; zaljubljen.

**amorously** (ă'morasli), *adv.* ljuveno; zaljubljeno.

**amorousness** (ă'morạsnes), *n.* ljubenost; zaljubljenost; milovanje.

**amorphous** (ămả'rfös), *a.* bez oblika; nepravilan.

**amort** (ămả'rt), *a. i adv.* bez života; snužden.

**amortization** (ămả'rtize'jšön), *n.* prenos u mrtve ruke; usmrtba (*duga ili bankovne knjižice*), amortizacija.

**amortize** (ămả'rtiz), *v.* prenesti u mrtve ruke; usmrtiti (*dug odužnom zakladom*), amortizirati; iskupiti.

**amount** (ămạ'unt), *v.* iznašati; vrijediti; — *n.* iznos; svota; vrijednost.

**amour** (amu'r), *n.* ljubavni posao; spletka.

**ampere** (ămpī'r), *n.* ampirij, jedinica jakosti električne struje.

**ampersand** (ă'mpörsănd), *n.* znak &; i.

**Amphibia** (ămfi'biö), *n. pl.* vodozemci.

**amphibian** (ămfi'biön), *a.* vodozemni; — *n.* vodozemac.

**amphibious** (ămfi'biạs), *a.* vodozemni.

**amphibion** (ămfi'biön), *n.* amfibijon, zrakoplov, koji se može uzdići sa zemlje *ili* vode, kao i saći na zemlju *ili* vodu.

**amphibole** (ă'mfibōl), *n.* rogovac, inoraz.

**amphibolic** (ă'mfibả'lik), *a.* dvouman, dvojben.

**amphibology** (ă'mfibả'lồđi), *n.* dvoumna izreka; dvoumnost.

**amphiboly** (ămfi'boli), *n.* dvoumlje, dvojbenost.

**amphisbaena** (ă'mfisbi'nö), *n.* dvouška (*zmija*).

**amphitheater, amphitheatre** (ă'mfiti'ătör), *n.* polukružno kazalište, amfiteater.

**ample** (ămpl), *a.* prostran; velik; pun; potpun; dostatan; obilan.

**ampleness** (ă'mplnes), *n.* prostranost, veličina; dostatnost.

**amplectant** (ămple'ktönt), *a.* ovojni; obuhvatan.

**ampliative** (ă'mplietiv), *a.* nadodatan, pridodajni.

**amplification** (ă'mplifike'jšön), *n.* uvečanje; pojačanje; rasprostranjenje; izradba.

**amplifier** (ă'mplifa'ör), *n.* povečatelj; pojačalo.

**amplify** (ă'mplifaj), *v.* povečati; pojačati; razviti; pridodati; opširno razlagati; raširiti se.

**amplitude** (ă'mplitjud), *n.* prostranost; veličina; potpunost.

**amply** (ă'mpli), *adv.* puno, mnogo, dovoljno.

**amputate** (ă'mpjutejt), *v.* odsijecati udo, amputovati.

**amputation** (ă'mpjute'jšön), *n.* amputacija, odsijecanje (*uda*).

**amuck** (ămạ'k), *adv.* **to run amuck,** navaljivati na sve pred sobom u divljem bijegu.

**amulet** (ă'mjulet), *n.* zapis, amajlija.

**amuse** (ămjū'z), *v.* zabavljati.

**amusement** (ămjū'zment), *n.* zabava.

**amusing** (ămjū'zing), *a.* zabavan.

**amusingly** (ămjū'zingli), *adv.* zabavno.

**amygdalate** (ămi'gdălejt), *n.* mlijeko od badema, bademovica.

**amygdaloid** (ămi'gdălojd), *n.* bademovac (*ruda*).

**an** (ăn), *indef. art.* jedan, neki.

**Anabaptist** (ă'năbă'ptist), *n.* anabaptist, dvokrštenik.

**anabolism** (ănă'bolizm), *n.* probavljanje hrane.

**anachronic** (ă'năkrả'nik), *a.* pogrješan u datumu.

**anachronism** (ănă'kronizm), *n.* anahronizam, zabuna u vremenu.

**anaemia** (ăni'miö), *n.* slabokrvnost, beskrvnost.

**anaesthetic** (ă'neste'tik), *a.* uspavljiv, omrtvio; — *n.* uspavljujuće *ili* omrtvujuće sredstvo.

**anagoge** (ă'năgo'đi), *n.* duhovno *ili* tajanstveno značenje.

**anagram** (ă'năgrăm), *n.* premjena pismena.

**anal** (e'jnol), *a.* guzični; prohodni.

**analogical** (ă'nălả'điköl), *a.* naličan; odnosan; srodan.

**analogous** (ănă'logạs), *a.* sličan, nalik.

**analogy** (ănă'lồđi), *n.* analogija, naličnost; srodstvo; odnos.

**analysis** (ănă'lisis), *n.* razludžba, analiza.

**analyst** (ă'nălist), *n.* razlučivatelj, raščinjatelj; razglabač.

**analytic** (ă'năli'tik), **analytical** (ă'năli'tiköl), *a.* razludžbeni; rastvorni; razglobni.

**analytics** (ă'năli'tiks), *n.* znanost o analizi.

**analyze** (ă'nălajz), *v.* analizirati; razlučivati, raščiniti, razglabati, rastvoriti.

**ananthous** (ănă'ntas), *a.* bescvjetan.

**anaphora** (ănă'forö), *n.* anafora, opetovanje.

**anarchic** (ănö'rkik), *a.* bezvladan.

**anarchism** (ă'nörkizm), *n.* anarhizam.

**anarchist** (ă'nörkist), *n.* anarhist, bezvladnik.

**anarchy** (ă'nörki), *n.* anarhija, bezvlađe.

**anathema** (ănă'temö), *n.* prokletstvo; crkveno izopćenje; izopćena osoba *ili* stvar.

**anathematize** (ănă'temătajz), *v.* prokleti, izopćiti iz crkve.

**anatomical** (ă'năto'miköl), *a.* anatomijski, razudan.

**anatomist** (ănă'tomist), *n.* anatomičar, razudnik.

**anatomization** (ănă'tomize'jšön), *n.* razuđivanje.

**anatomize** (ănă'tomajz), *v.* razuditi lešinu.

**anatomy** (ănă'tomi), *n.* anatomija, razudba; lešina; okosnica; tjelesni sustav.

**ancestor** (ă'nsestör), *n.* pradjed, praotac.

**ancestral** (ănse'ströl), *a.* pradjedovski, starinski.

**ancestry** (ă'nsestri), *n.* pređi, stari; loza, pokoljenje.

**anchor** (ă'nkör), *v.* usidriti se, spustiti sidro; — *n.* sidro, mačka, kotva.

**anchorage** (ă'nköređ), *n.* pristanište; sidra sa spravama za usidrenje; sidrovina.

**anchoret** (ă'nkoret), *n.* pustinjak.

**anchovy** (ănčo'vi), *n.* inćun (*riba*).

**ancient** (e'jnćent), *a.* stari, starodrevni, davni; — *n.* starac.

**anciently** (e'jnćentli), *adv.* u stara vremena.

**ancientness** (e'jnćentnes), *n.* starost; starina.

**ancillary** (ă'nsileri), *a.* podređen, podložan.

**ancipital** (ănsi'pitöl), *a.* dvoličan; dvoglav.

**ancoral** (ă'nkoröl), *a.* sidrast.

**and** (ănd), *conj.* i.

**andante** (anda'nte), *adv.* lagano.

**andiron** (ă'nda'jörn), *n.* konj (*za ražanj*).

**anecdote** (ă'nekdōt), *n.* anegdota, pričica.

**anemia** (ăni'miö), *n.* slabokrvnost, beskrvnost.

**anemometer** (ă'nema'mitör), *n.* vjetromjer.

**anemone** (ăne'moni), *n.* sasa (*biljka*).

**anent** (ăne'nt), *prep.* o, glede.

**anesthesia** (ă'nesti'žiö), *n.* nećutljivost, neosjećajnost; obamrlost.

**anesthetic** (ă'neste'tik), *a.* neosjetan, obamro; — *n.* sredstvo za prouzročenje neosjetljivosti *ili* obamrlosti.

**aneurism** (ă'njurizm), *n.* nabreklost kucavice.

**anew** (ănju'), *adv.* s nova; na novo.

**angel** (e'jnđel), *n.* anđeo.

**angel-fish** (e'jnđelfi'š), *n.* sklać (*riba*).

**angelhood** (e'jnđelhud), *n.* anđeostvo.

**angelic** (ănđe'lik), *a.* anđeoski.

**angelica** (ănđe'likö), *n.* kravojac (*biljka*).

**angelus** (ă'nđelas), *n.* pozdravljenje anđeosko.

**anger** (ă'ngör), *v.* srditi, rasrditi; — *n.* srdžba, gnjev.

**angina** (ănđa'jnö), *n.* bolest grla, angina.

**angle** (ăngl), *v.* loviti udicom; vabiti; — *n.* kut, ugao; točka; udica; prutilo.

**angler** (ă'nglör), *n.* ribar udicom.

**angleworm** (ă'ngluö'rm), *n.* crv za meku.

**anglican** (ă'nglikön), *n.* anglikanski, engleski; — *n.* anglikanac.

**Anglicism** (ă'nglisizm), *n.* anglicizam.

**Anglicize** (ă'nglisajz), *v.* poengleziti.

**angling** (ă'ngling), *n.* ribnja udicom.

**Anglomania** (ă'nglome'niö), *n.* prevelika privrženost za sve, što je englesko.

**Anglophobia** (ă'nglofo'biö), *n.* prevelika mržnja na sve, što je englesko.

**angrily** (ă'ngrili), *adv.* srdito, ljutito.

**angry** (ă'ngri), *a.* srdit, ljutit.

**anguish** (ă'ngui̱š), v. zadavati boli, mučiti; — n. tjeskoba, muka.

**angular** (ă'ngjulör), a. uglat, kutni.

**angularity** (ă'ngjulă'riti), n. uglovitost.

**anhelation** (ă'nhele'jšön), n. teško disanje.

**anigh** (ăna'j), adv. i prep. blizu; skoro.

**anight** (ăna'jt), adv. noću, po noći.

**anil** (ă'nil), n. čivit (biljka).

**anile** (ă'nil, ili ă'najl), a. bapski; slabouman, mator.

**anilin (e)** (ă'nilin), n. anilin (boja).

**anility** (ăni'liti), n. bapstvo; slaboumnost.

**animadversion** (ă'nimădvö'ršön), n. presuda, prijekor, ukor.

**animadversive** (ă'nimădvö'rsiv), a. pažljiv, zamjetljiv.

**animadvert** (ă'nimădvö'rt), v. koriti; zamijetiti.

**animal** (ă'nimöl), a. životinjski; — n. životinja, živina.

**animalcule** (ă'nimă'lkjul), n. živinica.

**animalism** (ă'nimölizm), n. živinstvo.

**animate** (ă'nimejt), v. oživiti, oduševiti; pokrenuti; obodriti; — a. živ.

**animated** (ă'nime'jted), a. živahan; živ; oduševljen.

**animating** (ă'nime'jting), pa. oživljujući.

**animation** (ă'nime'jšön), n. oživljenje; živahnost; oduševljenost.

**animosity** (ă'nimă'siti), n. silno neprijateljstvo; mržnja.

**animus** (ă'nimas), n. nakana; duh; zla ćud.

**anise** (ă'nis), n. januš (biljka).

**ankle** (ănkl), n. gležanj.

**ankled** (ănkld), a. gležnat.

**anklet** (ă'nklet), n. vezanka za gležanj.

**annalist** (ă'nölist), n. ljetopisac.

**annalistic** (ă'nöli'stik), a. ljetopisni.

**annals** (ă'nölz), n. pl. ljetopis.

**annat** (ă'nöt), n. prvi plodovi; prvogodišnji biskupski dohodak.

**anneal** (ănī'l), v. usjati i hladiti.

**annelid** (ă'nelid), n. vitičnjak.

**annex** (ăne'ks), v. dodati, pripojiti; priložiti; spojiti; — (ăne'ks, ili ă'neks), n. dodatak, nadodatak; prilog.

**annexation** (ă'nekse'jšön), n. pripojenje; nadodatak.

**annexive** (ăne'ksiv), a. dodatan; pripojiv.

**annihilable** (ăna'jhilöbl), a. uništiv, istrijebiv.

**annihilate** (ăna'jhilejt), v. uništiti, istrijebiti; razoriti.

**annihilation** (ăna'jhile'jšön), n. uništenje; razor.

**annihilator** (ăna'jhile'jtör), n. uništitelj; razarač.

**anniversary** (ă'nivörsöri), a. godišnji; — n. godišnjica.

**anno Domini** (ă'no dà'minaj), ljeta Gospodnjega.

**annotate** (ă'notejt), v. bilježiti, pobilježiti.

**annotation** (ă'note'jšön), n. bilježenje; zabilježba, bilješka.

**annotator** (ă'note'jtör), n. bilježitelj; tumač.

**announce** (ăna'uns), v. objaviti, oglasiti, obznaniti.

**announcement** (ăna'unsment), n. oglašenje, proglas, objava.

**annoy** (ăno'j), v. dodijavati; uznemirivati, mučiti.

**annoyance** (ăno'jöns), n. dodijavanje; dosadnost; nemir.

**annual** (ă'nju̱öl), a. godišnji; — n. godišnjik (smotra); jednoljetnica (biljka).

**annually** (ă'nju̱öli), adv. godišnje, svaku godinu.

**annuitant** (ănju'itönt), n. primalac godištine (godišnjeg prihoda).

**annuity** (ănju'iti), n. godiština, godišnji prihod.

**annul** (ănạ'l), v. poništiti, uništiti, dokinuti; opozvati.

**annular** (ă'njulör), a. kolutast, vitičast.

**annulary** (ă'njulöri), a. okićen prstenom.

**annulate** (ă'njulet), a. imajući prstene; kolutast.

**annulable** (ănạ'löbl), a. poništiv.

**annulment** (ănạ'lment), n. poništenje, ukinuće.

**annulose** (ă'njulōs), a. kolutičast.

**annum** (ă'nöm), n. godina, ljeto.

**annunciate** (ănă'nšiejt), v. navijestiti, objaviti.

annunciation (ăna'nsie'jšön), n. navi-ještanje, objavljenje; Marijina bla-govjest.

annunciator (ăna'nšie'jtör), n. nav-jestitelj.

anode (ă'nōd), n. anoda.

anodyne (ă'nodajn), a. ublažujući bol; — n. ublažujuće sredstvo.

anoint (ăno'jnt), v. (po) mazati ul-jem; posvetiti.

Anointed (ăno'jnted), n. Mesija.

anointment (ăno'jntment), n. poma-zanje.

anomalous (ănă'mölạs), a. nepravi-lan, izniman; abnormalan.

anomaly (ănă'möli), n. nepravilnost, neredovitost, abnormalnost.

anon (ănă'n), adv. do mala, uskoro, odmah; opet.

anonym (ă'nonim), n. bezimena osoba ili pisac.

anonymous (ănă'nimạs), a. bezimen.

anonymously (ănă'nimạsli), adv. be-zimeno.

another (ăna'dör), a. i pron. drugi.

anserine (ă'nsörin), a. guščji.

answer (ă'ncör), v. odgovoriti; od-vratiti; slagati se, sudarati se; — n. odgovor; riješenje.

answerable (ă'ncöröbl), a. odgovoran; primjeren.

answerableness (ă'ncöröblnes), n. od-govornost; primjerenost.

answerably (ă'ncöröbli), adv. prim-jereno.

ant (ănt, ili ant), n. mrav.

antagonism (ăntă'gonizm), n. opira-nje, protimba, suparništvo.

antagonist (ăntă'gonist), n. protiv-nik, suparnik.

antagonistic (ăntă'goni'stik), a. pro-tivnički, neprijateljski, suparnički.

antagonize (ăntă'gonajz), v. protiviti se, opirati se; boriti se.

antalgic (ăntă'ldik), a. tažeći bol; — n. ublažujuće sredstvo.

antarctic (ăntă'rktik), a. južni.

ant-bear (ă'ntbă'r), n. mravožder.

ant-eater (ă'ntī'tör), n. mravožder.

antecede (ă'ntisī'd), v. prethoditi.

antecedent (ă'ntisī'dent), a. predi-dući, prethodni; — n. prijašnje; pl. prijašnji život.

antecedently (ă'ntisi'dentli), adv. pre-thodno, prije.

antecessor (ă'ntise'sör), n. pretša-snik; vođa.

antechamber (ă'ntiče'mbör), n. pred-soblje.

antedate (ă'ntidejt), v. datirati unat-rag, staviti prijašnji datum; zbiti se prije nego.

antediluvian (ă'ntidilju'viön), a. pret-potopni; — n. pretpotopni čovjek, životinja ili bilina.

antelope (ă'ntilop), n. antelopa, sajga.

antemeridian (ă'ntimiri'diön), a. pretpodnevni.

antemetic (ă'ntime'tik), a. sprečujući bljuvanje; — n. sredstvo, što spre-čava bljuvanje.

antemundane (ă'ntimạ'ndejn), a. prasvjetni; pretporodni.

antenatal (ă'ntine'jtöl), a. pretporod-ni.

antenna (ănte'nö), n. ticalo; žica, koja prima ili odašilje električne valove u radiju.

antenuptial (ă'ntinạ'pšöl), a. pred-bračni, prije ženidbe.

anterior (ănti'riör), a. pređašnji, prednji; pročelni.

anteroom (ă'ntirum), n. čekaonica, predsoblje.

anthelminthic (ă'ntelmi'ntik), a. što protjeruje gliste; — n. lijek protiv glista.

anthem (ă'ntem), n. napjev, himna.

anther (ă'ntör), n. prašnica.

anthological (ă'ntolă'điköl), a. biran.

anthology (ăntă'lođi), n. zbirka (lije-pih književnih izvadaka).

anthracite (ă'ntrăsajt), n. tvrdi ug-ljen, ugljac.

anthrax (ă'ntröks), n. zlić, crni prišt.

anthropoid (ă'ntropojd), a. nalik čovjeku (kao majmuni).

anthropological (ă'ntropolă'điköl), a. čovjekoslovan.

anthropologist (ă'ntropă'lođist), n. čovjekoslovac.

anthropology (ă'ntropă'lođi), n. an-tropologija, čovjekoslovlje.

anthropometry (ă'ntropă'mitri), n. objem čovječjeg tijela.

anthropophagi (ă'ntropă'făđi), n. pl. ljudožderi.

anthropophagy (ă'ntropă'făđi), n. ljudožderstvo.

anti (ă'nti), prefix. proti, protu.

**antic** (ă'ntik), *a.* čudnovat; nagrdan; smiješan; — *n.* budalaština; lakrdijaš.

**Antichrist** (ă'ntikrajst), *n.* antikrist, lažni Krist.

**antichristian** (ă'ntikri'sčön), *a.* protukršćanski.

**anticipate** (ănti'sipejt), *v.* predviđati; očekivati; preteći.

**anticipation** (ănti'sipe'jšön), *n.* predviđanje; očekivanje.

**anticipator** (ănti'sipejtör), *n.* predvidjelac; predusretalac.

**anticlimax** (ă'ntikla'jmăks), *n.* silaženje, opadanje.

**anticonstitutional** (ă'ntika'nstitju'šönöl), *a.* protuustavan.

**antidotal** (ă'ntidō'töl), *a.* protuotrovan.

**antidote** (ă'ntidōt), *n.* protuotrov, ustuk.

**antifebrile** (ă'ntife'bril), *a.* protugrozničav.

**antilogy** (ănti'lođi), *n.* nedosljednost u riječima *ili* idejama, protuslovlje.

**anti-macassar** (ă'ntimăkă'sör), *n.* pokrivalo za stolceve, divane, *itd.*

**antimonarchic** ; (ă'ntimonă'rkik), *a.* protumonarhijski, protivan kraljevstvu.

**antimonial** (ă'ntimō'niöl), *a.* rastočit, surmovit.

**antimony** (ă'ntimoni), *n.* rastok, surma, antimonij.

**antipathetic** (ă'ntipăte'tik), *a.* antipatičan, mrzak, odvratan.

**antipathy** (ănti'păti), *n.* antipatija, mrzost, odvratnost.

**antiphlogistic** (ă'ntiflođi'stik), *a.* protuupalan; — *n.* sredstvo protiv upale.

**antiphon** (ă'ntifăn), *n.* pretpijev, odgovor.

**antiphrasis** (ănti'frăsis), *n.* proturijek, ironija.

**antipodes** (ănti'podīz), *n.* protunošci.

**antipope** (ă'ntipōp), *n.* protupapa.

**antipyrin (e)** (ă'ntipa'jrin), *n.* antipirin, protugrozničav lijek.

**antiquarian** (ă'ntikue'jriön), *a.* starinarski; starinski; — *n.* starinar; staroznanac.

**antiquarianism** (ă'ntikue'jriönizm), *n.* staroznanstvo.

**antiquary** (ă'ntikueri), *n.* starinar; staroznanac.

**antiquate** (ă'ntikuejt), *v.* učiniti starim *ili* zastarjelim.

**antiquated** (ă'ntikue'jted), *a.* zastario; izvan porabe *ili* mode.

**antique** (ănti'k), *a.* stari; starinski; — *n.* starost; starinska umjetnina.

**antiquity** (ănti'kuiti), *n.* starina; starodrevnost, starost.

**anti-Semite** (ă'ntise'majt), *n.* antisemita, protivnik židova.

**antiseptic** (ă'ntise'ptik), *a.* antiseptičan, što ubija bakcile; — *n.* svako sredstvo, koje ubija bakcile.

**antithesis** (ănti'tisis), *n.* suprotnost, oprijeka.

**antithetical** (ă'ntite'tiköl), *a.* suprotan, oprječan.

**antitoxic** (ă'ntită'ksik), *a.* protuotrovan.

**antitoxin** (ă'ntită'ksin), *n.* antitoksin, protuotrov.

**antitype** (ă'ntitajp), *n.* protutip.

**antizymic** (ă'ntizi'mik), *a.* što sprečava vrenje; protuzarazan; — *n.* sredstvo, što sprečava vrenje; protuzarazan lijek.

**antler** (ă'ntlör), *n.* paroščić.

**antlered** (ă'ntlörd), *a.* sa paroščićima.

**antonym** (ă'ntonim), *n.* oprječna riječ, riječ u značenju izravno protivna drugoj riječi.

**anus** (e'jnas), *n.* prohod, zadnjica.

**anvil** (ă'nvil), *n.* nakovanj.

**anxiety** (ăngza'eti), *n.* zabrinutost, tjeskoba; gorljivost; živo nastojanje.

**anxious** (ă'nkšas), *a.* zabrinut; nevoljan; nakan, željan; gorljiv, revan.

**anxiously** (ă'nkšasli), *adv.* željno; tjeskobno; zabrinuto; gorljivo.

**anxiousness** (ă'nkšasnes), *n. vidi* anxiety.

**any** (e'ni), *a.* kojigod, štogod; neki; kolikogod, štogod; — *adv.* nješto, bilo što, barem.

**anybody** (e'nibă'di), *pron.* kogod, svatko, ikoji.

**anyhow** (e'niha'u), *adv.* usprkos, svejedno; bilo kako; svakako.

**anyone** (e'niua'n), *pron.* kojigod, ikoji, svako.

**anything** (e'niting), *pron.* bilo što, ma što, što, išta.

**anyway** (e'niuej), *adv.* bilo što mu drago, u svakom slučaju; svakako; svejedno; kakogod; to ipak; doklegod.

**anywhere** (e'nihue'r), *adv.* gdjegod, ma bilo gdje, igdje.

**anywise** (e'niuajz), *adv.* kakogod, bilo kako, ikako.

**aorist** (e'orist), *n.* aorist.

**aorta** (eo'rtö), *n.* žila srčanica.

**apace** (ăpe'js), *adv.* naglo, brzo, žurno.

**apart** (apa'rt), *adv.* nastran; odijeljeno; jedno od drugoga.

**apartment** (ăpa'rtment), *n.* soba, niz soba.

**apathetic** (ă'păte'tik), *a.* ravnodušan, beščutan, nemaran, apatičan.

**apathy** (ă'pöti), *n.* ravnodušnost, nemarnost, apatija.

**ape** (ejp), *v.* oponašati, majmunisati; — *n.* jopica, majmun; oponašalac.

**apeak** (ăpi'k), *adv.* okomice.

**aperient** (ăpi'rient), *a.* što otvara, čisti (*crijeva*); — *n.* lijek za čišćenje.

**aperture** (ă'pörćur), *n.* otvor, pukotina, luknja.

**apetalous** (ăpe'tölas), *a.* bezlatičan.

**apex** (e'jpeks), *n.* vrhunac, vršak.

**aphasia** (ăfe'jžiö), *n.* gubitak *ili* narušenje moći govorenja.

**aphelion** (ăfi'lian), *n.* najudaljenija točka od sunca, ovoje.

**apheresis** (ăfe'risis), *n.* odsuvak, nasjek.

**aphorism** (ă'forizm), *n.* aforizam, poučak.

**aphtha** (ă'ftö), *n.* žabica (*u ustima*).

**aphyllous** (ăfi'las), *a.* bezlistan.

**apiarian** (e'jpie'riön), *a.* pčelarski.

**apiarist** (e'jpierist), *n.* pčelar.

**apiary** (e'jpieri), *n.* pčelinjak.

**apices** (ă'pisīz), *n. plural od* **apex**.

**apiculture** (e'jpika'lćur), *n.* gojenje pčela, pčelarstvo.

**apiculturist** (e'jpika'lćurist), *n.* pčelar.

**apiculus** (ăpi'kjulös), *n.* vršak lista.

**apiece** (ăpi's), *adv.* svakoj osobi, za svaku stvar; svakome; svaki.

**apiology** (e'jpiă'löđi), *n.* pčelarstvo.

**apish** (e'jpiš), *a.* kao jopac, majmunski.

**apishness** (e'jpišnes), *n.* majmunstvo.

**aplomb** (a'plă'n), *n.* sigurnost; samopouzdanje; prisutnost duha; uspravnost.

**apocalypse** (ăpă'kölips), *n.* objavljenje; zadnja knjiga novog zavjeta, apokalipsa.

**apocalyptic** (ăpă'köli'ptik), *a.* apokaliptičan.

**apocope** (ăpă'kopi), *n.* sasuvak.

**Apocrypha** (ăpă'krifö), *n.* apokrif, podmetnute knjige (*starog zavjeta*).

**Apocryphal** (ăpă'krifal), *a.* apokrifni, podmetnut, neprav, izmišljen.

**apod** (ă'păd), *a.* beznog; — *n.* beznoga životinja.

**apodal** (ă'pădöl), *a.* beznožan.

**apodictic** (ă'podi'ktik), *a.* apodiktičan, jasno dokazan; bezuslovan.

**apogee** (ă'pođi), *n.* odzemlje.

**apologetic** (ăpă'löđe'tik), *a.* izgovoran, isprični; braniteljan.

**apologetics** (ăpă'löđe'tiks),*n.* apologetika (*ona grana bogoslovije, koja brani kršćanstvo*).

**apologist** (ăpă'löđist), *n.* zagovornik; branitelj.

**apologize** (ăpă'löđajz), *v.* moliti za oproštenje, ispričati se; opravdati.

**apologue** (ă'polăg), *n.* basna.

**apology** (ăpă'löđi), *n.* isprika, opravdanje, obrana.

**apophthegm** (ă'potem), *n. vidi* **apothem.**

**apoplectic** (ă'pople'ktik), *a.* udaren od kapi, što se tiče kapi, naginjući kapi.

**apoplexy** (ă'popleksi), *n.* kap.

**apostasy** (ăpă'stösi), *n.* odmetništvo.

**apostate** (ăpă'stet), *a.* odmetnički, otpadan; lažan; — *n.* otpadnik, odmetnik.

**apostatize** (ăpă'stötajz), *v.* odmetnuti se, otpasti.

**apostil** (ăpă'stil), *n.* bilješka; pribilježenje.

**apostle** (ăpă'sl), *n.* apoštol.

**apostleship** (ăpă'slšip), *n.* apoštolstvo.

**apostolic(al)** (ă'păstă'lik(öl), *a.* apoštolski.

**apostrophe** (ăpă'strofi), *n.* apostrof, znak ('); besjeda ( *o kome odsutnom*).

**apostrophize** (ăpă'strofajz), *v.* apostrofirati; staviti znak pokraćenja ('); progovoriti (*prema kome*).

**apothecary** (ăpà'tikeri), *n.* ljekarnik.
**apothem** (ă'potem), *n.* mudra riječ.
**apotheosis** (ă'poti'osis), *n.* obožavanje.
**appal** (ăpà'l), *v.* zgroziti, prestrašiti.
**appalling** (ăpà'ling), *a.* užasan, strašan.
**appallingly** (ăpà'lingli), *adv.* grozno, užasno.
**appanage** (ă'păneđ), *n.* apanaža, dohodak; učestina.
**apparatus** (ă'păre'jtös), *n.* sprava, aparat.
**apparel** (ăpă'rel), *v.* obući; opremiti; — *n.* odijelo; oprema.
**apparency** (ăpă'rensi), *n.* prividnost; očevidnost.
**apparent** (ăpă'rent), *a.* prividan; očevidan.
**apparently** (ăpă'rentli), *adv.* prividno, očevidno.
**apparition** (ă'pări'šön), *n.* utvara; prikaza, pomol.
**apparitional** (ă'pări'šönöl), *a.* utvaran; prikazan, pomolan.
**appeal** (ăpī'l), *v.* prizvati; apelirati; prositi; uteći se; — *n.* priziv, apel; prošnja, molba.
**appealable** (ăpī'löbl), *a.* prizivni.
**appear** (ăpī'r), *v.* pojaviti se, pokazati se; činiti se.
**appearance** (ăpī'ıöns), *n.* pojava, izgled, spoljašnost; prilike; dolazak; objelodanjenje; nastup.
**appeasable** (ăpī'zöbl), *a.* utaživ; pomirljiv.
**appeasably** (ăpī'zöbli), *adv.* pomirljivo.
**appease** (ăpī'z), *v.* umiriti, ublažiti, utažiti; utišati.
**appeasement** (ăpī'zment), *n.* umirenje.
**appellable** (ăpe'löbl), *a.* prizivni.
**appellancy** (ăpe'lönsi), *n.* prizivnost.
**appellant** (ăpe'lönt), *a.* prizivni; — *n.* prizivnik; tužitelj.
**appellate** (ăpe'let), *a.* prizivni.
**appellation** (ă'pele'jšön), *n.* naziv, naslov.
**appellative** (ăpe'lătiv), *a.* naslovni; nazivni; — *n.* naziv, ime.
**appellatory** (ăpe'lători), *a.* prizivni.
**appellee** (ă'peli'), *n.* prizvanik; optuženik.
**append** (ăpe'nd), *v.* pridodati; privjesiti; pripojiti.

**appendage** (ăpe'ndeđ), *n.* pridodatak; privjesak.
**appendant** (ăpe'ndönt), *a.* pridodan; spojen.
**appendices** (ăpe'ndisiz), *n.* *plural od* **appendix.**
**appendicitis** (ăpe'ndisa'jtis), *n.* upala slijepog crijeva.
**appendix** (ăpe'ndiks), *n.* dometak, nadopunjak; slijepo crijevo.
**apperception** (ă'pörse'pšön), *n.* samosvijest.
**appertain** (ă'pörte'jn), *v.* pripadati; odnositi se.
**appetence** (ă'pitens), **appetency** (ă'pitensi), *n.* pohlepa, požuda; nagon.
**appetent** (a'pitent), *a.* pohlepan, požudan.
**appetite** (ă'pitajt),.*n.* tek; žudnja.
**appetize** (ă'pitajz), *v.* dati tek.
**appetizer** (ă'pita'jzör), *n.* sve, što podražuje na tek.
**applaud** (ăplà'd), *v.* odobravati plješkanjem, pljeskati; veličati.
**applauder** (ăplă'dör), *n.* pljeskalac.
**applause** (ăplà'z), *n.* pljeskanje; povlađivanje, odobravanje.
**apple** (ăpl), *n.* jabuka; — **apple of the eye,** zjenica.
**appliance** (ăpla'ens), *n.* uporaba; sprava, oruđe, sredstvo.
**applicability** (ă'plikăbi'liti), *n.* uporavljivost, prilagodivost, pristalost.
**applicable** (ă'pliköbl), *a.* uporavljiv; pristao, što pristaje; odnosan.
**applicant** (ă'plikönt), *n.* molitelj, tražitelj; kandidat.
**application** (ă'plike'jšön), *n.* primjena; uporaba; molba; proučavanje; pomnja; sredstvo.
**applied** (ăpla'jd), *pa.* upotrebljen; primijenjen.
**apply** (ăpl'j), *v.* primijeniti; prionuti; priviti; rabiti; moliti; tražiti; uteći se.
**appoint** (ăpo'jnt), *v.* imenovati; odrediti; doznačiti; narediti; oskrbiti; snabdjeti; postaviti.
**appointed** (ăpo'jnted), *a.* imenovan, određen; oskrbljen.
**appointee** (ăpo'jntī'), *n.* onaj, koji je imenovan, namještenik.
**appointer** (ăpo'jntör), *n.* imenovatelj.

**appointment** (ăpo'jntment), *n.* imenovanje; mjesto; služba; ročište; dogovor.

**apportion** (ăpo'ršön), *v.* razmjerno podijeliti; dopitati.

**apportionment** (ăpo'ršönment), *n.* porazdijeljenje; dio.

**apposite** (ă'pozit), *a.* primjeren; prilagođen, zgodan.

**appositely** (ă'pozitli), *adv.* zgodno.

**appositeness** (ă'pozitnes), *n.* primjerenost, prikladnost.

**apposition** (ă'pozi'šön), *n.* pridatak; prilaganje.

**appraisal** (ăpre'jzöl), *n.* procjenba.

**appraise** (ăpre'jz), *v.* procijeniti.

**appraisement** (ăpre'jzment), *n.* procjenba.

**appraiser** (ăpre'jzör), *n.* procjenitelj.

**appreciable** (ăpri'šiöbl), *a.* znatan; procjenljiv.

**appreciably** (ăpri'šiöbli), *adv.* znatno.

**appreciate** (ăpri'šiejt), *v.* cijeniti; dizati (se) u cijeni; procijeniti.

**appreciation** (ăpri'šie'jšön), *n.* cijenjenje; cjenidba.

**apprehend** (ă'prihe'nd), *v.* uhvatiti, ugrabiti; shvatiti; bojati se; nagađati; slutiti; zatvoriti.

**apprehensible** (ă'prihe'nsibl), *a.* uhvatljiv; pojmljiv.

**apprehension** (ă'prihe'nšön), *n.* bojazan; slutnja; misao, shvaćanje; zatvor.

**apprehensive** (ă'prihe'nsiv), *a.* naslućujući zlo; bojažljiv; shvaćajući.

**apprehensiveness** (ă'prihe'nsivnes), *n.* bojazan, naslućivanje zla; shvaćanje; osjetljivost.

**apprentice** (ăpre'ntis), *n.* šegrt, naučnik, djetić; — *v.* dati u nauku kao šegrta.

**apprenticeship** (ăpre'ntisšip), *n.* šegrtstvo, naukovanje.

**apprize** (ăpra'jz), *v.* uputiti, podučiti, obavijestiti.

**approach** (ăprō'č), *v.* približiti se, primaknuti se; — *n.* približenje; pristup; dolazak.

**approachable** (ăprō'čöbl), *a.* približiv, pristupan.

**approbate** (ă'probejt), *v.* odobriti, potvrditi.

**approbation** (ă'probe'jšön), *n.* odobrenje, potvrda.

**appropriable** (ăpro'priöbl), *a.* prisvojiv.

**appropriate** (ăpro'priejt), *v.* opredijeliti; ustupiti; prisvojiti; — (ăpro'priet), *a.* opredijeljen, određen; vlastit; zgodan.

**appropriately** (ăpro'prietli), *adv.* zgodno; primjereno.

**appropriateness** (ăpro'prietnes), *n.* prikladnost; vlastitost.

**appropriation** (ăpro'prie'jšön), *n.* opredjeljenje; prisvojenje.

**appropriator** (ăpro'prie'jtör), *n.* prisvojitelj.

**approvable** (ăpru'vöbl), *a.* odobriv.

**approval** (ăpru'völ), *n.* odobrenje.

**approve** (ăpru'v), *v.* odobriti, potvrditi; pohvaliti.

**approver** (ăpru'vör), *n.* odobravatelj.

**approximate** (ăprá'ksimejt), *v.* primaći; približiti se; — (ăprá'ksimet), *a.* probližni.

**approximately** (ăprá'ksimetli), *adv.* približno.

**approximation** (ăprá'ksime'jšön), *n.* približavanje; približnost.

**appurtenance** (ăpö'rtinöns), *n.* pripadak, dodatak.

**appurtenant** (ăpö'rtinönt), *a.* pripadan.

**apricot** (e'jprikàt), *n.* kajsija.

**April** (e'jpril), *n.* travanj.

**apron** (e'jprön), *n.* pregača.

**apropos** (ă'propo'), *a.* zgodan; — *adv.* baš; zbilja; zgodno.

**apse** (ăps), *n.* polusvod, absida; moćnica.

**apsis** (ă'psis), *n.* obratna točka, absida; moćnica.

**apt** (ăpt), *a.* kadar; sklon; vješt; sposoban; prikladan; pripravan.

**apteral** (ă'ptöröl), *a.* beskrili.

**apterous** (ă'ptöras), *a.* beskrili.

**aptitude** (ăptitjud), *n.* sposobnost; vještina; sklonost.

**aptly** (ă'ptli), *adv.* vješto; zgodno; pripravno.

**aptness** (ă'ptnes), *n. vidi* **aptitude.**

**aqua** (e'jkuö), *n.* voda; — **aqua fortis**, jetka voda; — **aqua pura**, čista voda; — **aqua vitae**, rakija.

**aquamarine** (e'jkuămări'n), *n.* jasnozelen kamen.

**aquarelle** (ă'kuăre'l), *n.* vodena boja.

**aquarium** (ăkue'jriam), *n.* vodenik, akvarij.

**aquatic** (ăku̯ă'tik), *a.* voden; — *n.* vodena životinja *ili* biljka; *pl.* vodene igre.

**aqueduct** (ă'kuidakt), *n.* vodovod, kanal.

**aqueous** (e'jkuias), *a.* voden.

**aquiform** (e'jkuifàrm), *a.* vodenast.

**aquiline** (ă'kuilin, *ili* ă'kuilajn), *a.* orlov; kukast.

**Arab** (ă'röb), *n.* arapin.

**arabesque** (ă'răbe'sk), *n.* arapska slikarija, arabeska.

**Arabian** (ăre'jbiön), *a.* arapski; — *n.* Arapin.

**Arabic** (ă'răbik), *a.* arapski; — *n.* arapski jezik.

**arable** (ă'röbl), *a.* oraći.

**Arachnida** (ără'knidö), *n.* paukovci.

**araneous** (ăre'jnias), *a.* paučinast.

**arbiter** (a'rbitör), *n.* obranik, sudac.

**arbitrable** (a'rbitröbl), *a.* rasudiv, presudiv.

**arbitrament** (arbi'trăment), *n.* obranička presuda; odluka.

**arbitrarily** (a'rbitrerili), *adv.* samovoljno; po volji, slobodno.

**arbitrariness** (a'rbitrerines), *n.* samovolja.

**arbitrary** (a'rbitreri), *a.* samovoljan, apsolutan; zakonom neproviđen; po volji.

**arbitrate** (a'rbitrejt), *v.* rasuditi; presuditi; uredovati kao obranik; uteći se obraničkom sudu.

**arbitration** (a'rbitre'jšön), *n.* obranička rasuda; rasuđivanje.

**arbitrator** (a'rbitre'jtör), *n.* obranik, sudac; neograničeni gospodar.

**arbitratrix** (a'bitre'jtriks), **arbitress** (a'rbitres), *n.* obranica, rasudnica.

**arbor** (a'rbör), *n.* drvo, stablo; sjenica; vreteno.

**arboreal** (arbö'riöl), *a.* stablast; što živi *ili* se nalazi među drvećem.

**arboreous** (arbö'rias), *a.* stablast.

**arborescent** (a'rbore'sent), *a.* kao stablo; razgranjujući.

**arboretum** (a'rbori'tam), *n.* botanički vrt.

**arboriculture** (a'rborika'lćur), *n.* šumarstvo, stablarstvo.

**arboriculturist** (a'rborika'lćurist), *n.* šumar.

**arbuscle** (a'rbösl), *n.* drvce, stabalce.

**arbute** (a'rbjut), *n.* maginja.

**arc** (ark), *n.* luk; obluk.

**arcade** (arke'jd), *n.* arkada, svodište.

**Arcadian** (arke'jdiön), *a.* arkadijski; seoski; pastirski.

**arcanum** (arke'jnam), *n.* tajna; misterij.

**arch** (arč), *v.* posvoditi, urediti poput luka; zaokružiti; — *a.* glavni, prvi; lukav; vragolast; — *n.* luk; svod.

**archaeology** (a'rkià'lođi), *n.* *vidi* **archeology.**

**archaic** (arke'ik), *a.* zastario.

**archaism** (a'rkeizm), *n.* zastarjela riječ; zastarjela stvar.

**archangel** (arke'jnđel), *n.* arkanđeo.

**archangelic** (a'rkănđe'lik), *a.* arkanđeoski.

**archbishop** (a'rčbi'šöp), *n.* nadbiskup.

**archbishopric** (a'rčbi'šöprik), *n.* nadbiskupija.

**archdeacon** (a'rčdi'kn), *n.* arhiđakon.

**archdeaconate** (a'rčdi'könet), **archdeaconry** (a'rčdi'könri), *n.* arhiđakonstvo; arhiđakonija.

**archdiocese** (a'rčda'jösis), *n.* nadbiskupija.

**archducal** (a'rčdju'köl), *a.* nadvojvodski.

**archduchess** (a'rčda'čes), *n.* nadvojvotkinja.

**archduchy** (a'rčda'či), *n.* nadvojvodina.

**archduke** (a'rčdju'k), *n.* nadvojvoda.

**archeologic (al)** (a'rkiolà'đik(öl), *a.* starinarski, arheologijski.

**archeologist** (a'rkià'lođist), *n.* poznavalac starina, arheolog.

**archeology** (a'rkià'lođi), *n.* nauka o starinama, arheologija.

**archer** (a'rčör), *n.* strijelac.

**archery** (a'rčöri), *n.* strijeljanje.

**archetype** (a'rkitajp), *n.* pralik, izvornik.

**archfiend** (a'rčfī'nd), *n.* glavni zlotvor, vrag.

**archiepiscopacy** (a'rkiipi'skopăsi), *n.* nadbiskupstvo.

**archiepiscopal** (a'rkiipi'skopöl), *a.* nadbiskupski.

**arching** (a'rčing), *n.* luk; svodovi.

**archipelago** (a'rkipe'lăgo), *n.* ostrvlje.

**architect** (a'rkitekt), *n.* arhitekt, graditelj.

**architectonic** (a'rkitektà'nik), a. arhitektonski, graditeljski.

**architectural** (a'rkite'kćural) a. graditeljski.

**architecture** (a'rkite'kćur), n. arhitektura, graditeljstvo; graditeljski oblik.

**architrave** (a'rkitrejv), n. glavna greda; gornji prag.

**archive** (a'rkajv), n. arkiv, pismohrana.

**archly** (a'rčli), adv. lukavo; vragolasto, nestašno.

**archness** (a'rčnes), n. nestašnost, vragolanstvo.

**archway** (a'rčue'j), n. oblučnik.

**arctic** (a'rktik), a. sjeverni; — n. sjeverni krajevi; **arctic circle**, polarnica.

**arcuate** (a'rkjuejt), a. oblučast, poput svoda.

**arcuation** (a'rkjue'jšön), n. savijanje; posvođenost.

**ardency** (a'rdensi), n. vatrenost, žar; toplota.

**ardent** (a'rdent), a. gorući, žarki; usrdan.

**ardently** (a'rdentli) adv. sa žarom; usrdno.

**ardor** (a'rdör), n. žar, žestina, vatrenost.

**arduous** (a'rđuas, ili a'rdjuas), a. mučan, težak.

**arduously** (a'rđuasli, ili a'rdjuasli), adv. mučno, uz napor.

**arduousness** (a'rdjuasnes), n. napornost, teškoća.

**are** (are), drugo lice plurala (rabi se kao singular), kao i prvo, drugo i treće lice plurala sadašnjeg vremena od **to be**.

**area** (e'jriö), n. površina, ploha; ograničen prostor.

**areal** (e'jriöl), a. prostoran, površan.

**arena** (ări'nö), n. arena, pozornica.

**arenaceous** (ă'rine'jšas), a. pjeskovit, pješčan.

**areola** (ări'olö), n. crveni kolutić oko prištića; udubina, stanica.

**areometer** (ă'riă'mitör), n. gustomjer.

**Areopagus** (e'jriă'păgas), n. areopag, brežuljak, na kojem je najviši sud u staroj Ateni držao svoja zasijedanja.

**Areopagite** (ejriă'păđajt), n. sudac u areopagu.

**argent** (a'rđent), a. srebrnast; bijel; — n. srebro; srebrnost; bjelina.

**argentan** (a'rđentön), n. njemačko srebro.

**argentate** (a'rđentet), a. srebrnast.

**argentation** (a'rđente'jšön), n. posrebrnjenje.

**argentine** (a'rđentin, ili a'rđentajn), a. srebrnast.

**argil** (a'rđil), n. glina; bijela ilovača.

**argillaceous** (a'rđile'jšas), a. glinast.

**argilliferous** (a'rđili'föras), a. glinen.

**argillite** (a'rđilajt), n. brusilovac, škriljevac.

**argillous** (arđi'las), a. glinen.

**argosy** (a'rgosi), n. velika i bogatstvom opterećena lađa.

**arguable** (a'rgjuöbl), a. prijeporni; raspravni.

**argue** (a'rgju), v. raspravljati, pretresati, dokazivati; prepirati se.

**arguer** (a'rgjuör), n. pretresatelj; prepirač; dokazivač.

**argument** (a'rgjument), n. razlog, tvrdnja; dokaz; razlaganje; pretresanje; sadržaj.

**argumentation** (a'rgjumente'jšön) n. razlaganje, pretresanje, dokazivanje.

**argumentative** (a'rgjume'ntötiv), a. izvodni; dokazni.

**Argus** (a'rgus), n. argus, orijaš sa stotinu očiju; oštrovidna osoba; čuvar.

**argute** (argju't), a. brz; oštar; lukav.

**aria** (a'ria, ili e'jriö), n. arija, melodija, napjev.

**Arian** (e'jriön), a. arijski; — n. arij; onaj, koji niječe božanstvo Isusa.

**arid** (ă'rid), a. vrući, suh; neplodan.

**aridity** (ări'diti), n. suhoća; neplodnost.

**Aries** (e'jriiz), n. ovan (zvježđe).

**aright** (ăra'jt), adv. pravo; ispravno, točno.

**aril** (ă'ril), n. (bil.) zavijač.

**arise** (ăra'jz), v. nastati, pojaviti se; ustati se, dignuti se (od mrtvih).

**aristate** (ări'stet), a. osjav.

**aristocracy** (ă'ristă'krösi), n. aristokracija, plemstvo, velikaši.

**aristocrat** (ări'stokrăt), n. velikaš.

**aristocratic** (ă'ristokră'tik), a. aristokratski, velikaški.

**aristocratically** (ă'ristokră'tiköli), adv. aristokratski.

**arithmetic** (ǎri'tmetik), *n.* aritmetika, računstvo.

**arithmetical** (ǎ'ritme'tiköl), *a.* aritmetski, računični.

**arithmetician** (ǎri'tmeti'šön), *n.* aritmetičar, računar.

**ark** (ark), *n.* lađa; kovčeg, škrinja.

**arles** (arlz), *n.* predujam, kapara.

**arm** (arm), *v.* naoružati; oskrbiti oružjem; oboružati se; — *n.* ruka, mišica; oružje; oklop; *pl.* vojska, rat.

**armada** (arme'jdö, *ili* arma'dö), *n.* armada, brodovlje.

**armadillo** (a'rmǎdi'lo), *n.* pasanac (*živ.*).

**armament** (a'rmöment), *n.* kopnena *ili* pomorska sila; oboružanje; zaira.

**armature** (a'rmöćur), *n.* kotva (*magneta*); oružje.

**armchair** (a'rmče'r), *n.* naslonjač.

**armful** (a'rmful), *n.* naručaj, puna šaka (*nječesa*).

**armhole** (a'rmhö'l), *n.* rukavište.

**armiger** (a'rmiđör), *n.* štitonoša.

**armillary** (a'rmileri), *a.* kolutast.

**armistice** (a'rmistis), *n.* primirje.

**armless** (a'rmles), *a.* bez ruku, kljast.

**armlet** (a'rmlet), *n.* narukvica, grivna.

**armor** (a'rmör), *v.* oskrbiti oklopom, obući oklop; — *n.* oklop.

**armor-bearer** (a'rmörbe'rör), *n.* štitonoša.

**armorer** (a'rmörör), *n.* oružar; stražar oružare.

**armorial** (armo'riöl), *a.* oklopni; što se odnosi na obiteljski grb.

**armory** (a'rmöri), *n.* oružana.

**armour**, *isto kao* **armor.**

**armpit** (a'rmpit), *n.* pazuho.

**arms** (arms), *n.* oružje; vojna služba; rat; grb.

**army** (a'rmi), *n.* vojska; velik broj; — **standing army,** stajaća vojska.

**arnica** (a'rnikö), *n.* arnika (*ljekovita biljka*); izvanjski lijek za ublaženje boli.

**aroma** (ǎrō'mö), *n.* miris.

**aromatic** (ǎ'romǎ'tik), *a.* aromatičan, mirisav.

**aromatize** (ǎro'mǎtajz), *v.* napuniti mirisom, učiniti što da miriše, namirisati; začiniti mirodijom; pokaditi.

**arose** (ǎrō'z), *imp. od* **arise.**

**around** (ǎra̦'und), *adv.* okolo; tuj i tamo; — *prep.* posvuda; po prilici, oko.

**arousal** (ǎra̦'uzöl), *n.* uzbuna; probuđenje.

**arouse** (ǎra̦'uz), *v.* probuditi, dignuti; razdražiti; oduševiti.

**arow** (ǎrō'), *adv.* redomice; u redu.

**arquebus,** *n. isto kao* **harquebus.**

**arrack** (ǎ'rǎk), *n.* arak (*rakija*).

**arraign** (ǎre'jn), *v.* optužiti, okriviti.

**arraignment** (ǎre'jnment), *n.* optužba; optuživanje.

**arrange** (ǎre'jnđ), *v.* urediti; dogovoriti se; pripraviti (se); nagoditi se; poredati.

**arrangement** (ǎre'jnđment), *n.* uređenje, poredak, red; priprava, plan; nagoda.

**arrant** (ǎ'rönt), *a.* zao; ovejan.

**arras** (a'ra's), *n.* sag.

**array** (ǎre'j), *v.* poredati; obući; — *n.* red, vrsta; povorka; vojska; odijelo.

**arrear** (ǎrī'r), *n.* zaostatak (*u plaćanju*).

**arrest** (ǎre'st), *v.* zaustaviti; uapsiti, zatvoriti; — *n.* aps, zatvor; obustava.

**arret** (are'j, *ili* ǎre't), *n.* sudačka presuda; aps, uhvat.

**arris** (ǎ'ris), *n.* brid, oštar kut.

**arrival** (ǎra'jvöl), *n.* dolazak.

**arrive** (ǎra'jv), *v.* stići, doći.

**arrogance** (ǎ'rogöns), *n.* drskost, preuzetnost; nadutost.

**arrogant** (ǎ'rogönt), *a.* drzak, preuzetan; nadut.

**arrogantly** (ǎ'rogöntli), *adv.* drzovito, preuzetno; naduto.

**arrogate** (ǎ'rogejt), *v.* prisvajati si, preuzetno tražiti.

**arrogation** (ǎ'roge'jšön), *n.* preuzetno traženje, drsko prisvajanje.

**arrow** (ǎ'rō), *n.* strjelica.

**arrow-head** (ǎ'rōhe'd), *n.* šiljak strjelice.

**arrowroot** (ǎ'rōru't), *n.* škrob od nekih tropskih američkih biljka.

**arrowy** (ǎ'ro̦i), *a.* kao strjelica.

**arse** (ars), *n.* zadnjica, dupe.

**arsenal** (a'rsinöl), *n.* arzenal, oružnica, oružana.

**arsenic** (a'rsinik), *n.* arzenik, mišomor, sičan.

**arsenical** (arsi'niköl), *a.* sičanov.

arson (a'rsön), *n.* palež.
art (art), *drugo lice sadašnjeg vremena od* to be; — *n.* umjetnost, vještina, lukavstvo; slikarstvo.
arterial (arte'riöl), *a.* arterijski.
artery (a'rtöri), *n.* arterija, žila kucavica.
Artesian (arti'žön), *a.* arteški; — Artesian well, arteški zdenac.
artful (a'rtful), *a.* lukav. hitar; prijevaran; umjetan; vješt.
artfully (a'rtfuli), *adv.* lukavo; vješto.
artfulness (a'rtfulnes), *n.* lukavstvo, vještina.
arthritis (artra'jtis), *n.* upala zgloba; kostobolja.
artichoke (a'rtičok), *n.* artičok, gardun.
article (a'rtikl), *v.* obvezati ugovorom, staviti uslove; — *n.* članak, član, zglob; roba; rasprava; spis; spolnik.
articular (arti'kjulör), *a.* zglobni.
articulate (arti'kjulejt), *v.* razgovjetno izgovarati; zglobiti; — (arti'-kjulet), *a.* člankovit; razgovijetan, jasan.
articulately (arti'kjuletli), *adv.* razgovjetno, jasno.
articulation (arti'kjule'jšön), *n.* izgovaranje (*riječi*).
artifice (a'rtifis), *n.* prijevara, varka.
artificer (arti'fisör), *n.* rukotvorac; umjetnik.
artificial (a'rtifi'šöl), *a.* umjetni; umjetnički; patvoren.
artificially (a'rtifi'šöli), *adv.* umjetno.
artillery (arti'löri), *n.* topništvo, artilerija.
artilleryman (arti'lörimăn), artillerist (arti'lörist), *n.* topnik, artilerist.
artisan (a'rtizön), *n.* mekanik, rukotvorac.
artist (a'rtist), *n.* umjetnik; slikar.
artiste (a'rti'st), *n.* pjevač (*umjetnik*), plesač (*vješt*).
artistic (arti'stik), *a.* umjetnički.
artistically (arti'stiköli), *adv.* umjetnički, vješto.
artizan, *vidi* artisan.
artless (a'rtles), *a.* prirođen; bezazlen.
artlessly (a'rtlesli), *adv.* bezazleno, naravno.
artlessness (a'rtlesnes), *n.* bezazlenost, jednostavnost.
as (äz), *adv. i conj.* kao, dapače, jednako, dok, pošto, na primjer.

asbestos (äsbe'stös), *n.* azbest, osinac.
ascend (äse'nd), *v.* dizati se, uzlaziti, penjati se, uspinjati se.
ascendancy, ascendency (äse'ndensi), *n.* nadmoć, pretežnost; uticaj.
ascendant (äse'ndönt), *a.* uzlazan, nadmoćan; pretežan; — *n.* uzlaz; nadmoć, pretežnost.
ascension (äse'nšön), *n.* uzlaz, uzašašće.
ascent (äse'nt), *n.* dizanje, uspon, penjanje.
ascertain (ä'sörte'jn), *v.* pronaći, ustanoviti, razabrati.
ascertainable (ä'sörte'jnöbl), *a.* razaberiv, što se može ustanoviti.
ascetic (äse'tik), *a.* ascetan, pobožan; — *n.* asceta, trapnik.
asceticism (äse'tisizm), *n.* nauka i provađanje života asceta.
ascribable (äskra'jböbl), *a.* pripisiv.
ascribe (äskra'jb), *v.* pripisati.
ascription (äskri'pšön), *n.* pripisivanje.
aseptic (äse'ptik), *a.* aseptičan, što ne može gnjiliti.
ash (äš), *n.* jasen.
ashamed (äše'jmd), *a.* zasramljen, zastiđen.
ashen (ä'šen), *a.* jasenov.
ashes (ä'šez), *n.* pepeo, prah.
ashlar, ashler (ä'šlör), *n.* škrila, ploča.
ashore (äšö'r), *adv.* na obali, na obalu.
Ash Wednesday (ä'šu̱e'nzdi), *n.* pepelnica, čista srijeda.
ashy (ä'ši), *a.* pepeljast.
Asiatic (e'jžiä'tik), *a.* azijski; — *n.* Azijat.
aside (äsa'jd), *adv.* na stranu, s jedne strane, sa strane; uz, mimo.
asinine (ä'sinajn), *a.* magareći.
ask (äsk), *v.* moliti, pitati, tražiti; pozvati.
askance (äskä'ns), *adv.* postrance, koso.
askew (äskju'), *adv.* nakrivo, nahero, koso.
aslant (äslă'nt), *adv.* upoprijeko, koso, postrance.
asleep (äsli'p), *a. i adv.* spavajući, u snu; spokojan.
aslope (äslö'p), *adv.* strmo, koso.
asp (äsp), *n.* zmija ljutica.
asparagus (äspă'rögạs), *n.* šparoga.

**aspect** (ă'spekt), *n.* izgled, obličje; položaj.

**aspen** (ă'spen), *n.* topola.

**asperity** (ăspe'riti), *n.* hrapavost, osornost.

**asperse** (ăspö'rs), *v.* objeđivati, ogovarati, ocrnjivati.

**aspersion** (ăspö'ršön), *n.* ogovaranje, kleveta.

**asphalt** (ă'sfălt), *n.* asfalt, paklina.

**asphaltic** (ăsfă'ltik), *a.* asfaltski.

**asphodel** (ă'sfodel), *n.* čepljez (*biljka*).

**asphixia** (ăsfi'ksiö), *n.* stinuće kucavice, mrtvilo.

**asphyxiate** (ăsfi'ksiejt), *v.* ugušiti, zadušiti se.

**aspirant** (ăspa'jrănt), *n.* tražitelj, aspirant, kandidat.

**aspirate** (ă'spirejt), *v.* huknuti, hakati; — (ă'spiret), *a.* zahaknut; — *n.* hak.

**aspiration** (ă'spire'jšön), *n.* žudnja, hlepnja; hak.

**aspire** (ăspa'er), *v.* žuditi, hlepiti; lebditi.

**aspiringly** (ăspa'jringli), *adv.* pohlepno, požudno.

**asquint** (ăskui'nt), *adv.* ispod oka, poprijeko.

**ass** (ăs), *n.* magarac, osao.

**assail** (ăse'jl), *v.* navaliti, napasti.

**assailable** (ăse'jlöbl), *a.* što se može napasti.

**assailant** (ăse'jlönt), *n.* napadač.

**assassin** (ăsă'sin), *n.* ubojica iz potaje, napadač iz zasjede.

**assassinate** (ăsă'sinejt), *v.* ubiti iz potaje.

**assassination** (ăsă'sine'jšön), *n.* umorstvo (*ubijstvo*) iz zasjede.

**assault** (ăsă'lt), *v.* navaliti, napasti; — *n.* napadaj, navala.

**assaulter** (ăsă'ltör), *n.* napadač.

**assay** (ăse'j), *v.* kušati, pokušati, uznastojati; probati; — *n.* kušanje, pokus.

**assayer** (ăse'ör), *n.* probalac, kušar, ogledalac.

**assemblage** (ăse'mbleđ), *n.* skupina, zbirka.

**assemble** (ăse'mbl), *v.* skupiti, sabrati se.

**assembly** (ăse'mbli), *n.* skupština, zbor.

**assent** (ăse'nt), *v.* privoliti, pristati; — *n.* privola, privoljenje.

**assert** (ăsö'rt), *v.* tvrditi, izjaviti, braniti.

**assertion** (ăsö'ršön), *n.* tvrdnja, izjava, dokazivanje.

**assertive** (ăsö'rtiv), *a.* jamačan, izričit.

**assess** (ăse's), *v.* rasporezati, odrediti cijenu.

**assessable** (ăse'söbl), *a.* rasporeziv.

**assessment** (ăse'sment), *n.* rasporez, danak.

**assessor** (ăse'sör), *n.* porezni činovnik, prisjednik.

**assets** (ă'sec), *n.* imovina.

**asseverate** (ăse'vörejt), *v.* svečano tvrditi; protestirati.

**asseveration** (ăse'vöre'jšön), *n.* svečano uvjeravanje.

**assiduity** (ă'sidju'iti), *n.* marljivost, napor; osobna pažnja.

**assiduous** (ăsi'djuas), *a.* marljiv, pažljiv.

**assign** (ăsa'jn), *v.* odrediti, pridijeliti; prenesti; doznačiti; *n.* ovlašćenik.

**assignable** (ăsa'jnöbl), *a.* doznačan, što se može prenesti.

**assignation** (ă'signe'jšön), *n.* ročište; prijenos.

**assignee** (ă'sini'), *n.* ustupovnik, doznačenik.

**assigner** (ăsa'jnör), *n.* doznačitelj, ustupitelj.

**assignor** (ă'sino'r), *n.* prenašatelj, ustupitelj.

**assignment** (ăsa'jnment), *n.* doznačenje, doznaka; prijenos.

**assimilate** (ăsi'milejt), *v.* upodobiti; probavljati; usvojiti.

**assimilation** (ăsi'mile'jšön), *n.* upodobljenje; usvojenje.

**assimilative** (ăsi'milătiv), *a.* upodobljiv; prihvatan.

**assist** (ăsi'st), *v.* pomoći; pomagati.

**assistance** (ăsi'stöns), *n.* pomoć, potpora.

**assistant** (ăsi'stönt), *n.* pomoćnik, pomagač.

**assize** (ăsa'jz), *n.* sud; sudište.

**associable** (ăso'šöbl), *a.* društven, druževan.

**associate** (ăso'šiejt), *v.* pridružiti; družiti se, drugovati; — *n.* drug, prijatelj.

**association** (ăso'sie'jšön), *n.* druženje; udruženje, društvo.
**assoil** (ăso'el) *v.* odriješiti, osloboditi.
**assonance** (ă'sonöns), *n.* suglasje.
**assort** (ăso'rt), *v.* poredati; odabrati; prilagoditi.
**assortment** (ăso'rtment), *n.* razvrštenje, odabranost; poređaj.
**assuage** (ăsue̱'jđ), *v.* utišati, umiriti, ugasiti.
**assuagement** (ăsue̱'jđment), *n.* umirenje, stišanje.
**assuasive** (ăsue̱'jsiv), *a.* ublažujući, olahkujući.
**assume** (ăsju'm), *v.* preuzeti, svojatati; obvezati se.
**assuming** (ăsju'ming), *a.* preuzetan, drzak.
**assumpsit** (ăsa̱'mpsit), *n.* osobna i dobrovoljna obveza, dug.
**assumption** (ăsa̱'mpšön), *n.* prisvojenje, pretpostavljanje; zahtjevak; prednjak; preuzetnost.
**assurance** (ăšu'röns), *n.* sigurnost; uvjeravanje; jamstvo, osjeguranje; drskost.
**assure** (ăšu'r), *v.* osigurati; uvjeravati; potvrditi.
**assuredly** (ăšu'redli), *adv.* sjegurno, za stalno.
**assuredness** (ăšu'rednes), *n.* sigurnost.
**assurer** (ăšu'rör), *n.* uvjeravatelj; osiguratelj.
**Assyrian** (ăsi'riön), *a.* asirski; — *n.* Asirac.
**astatic** (ăstă'tik), *a.* bez pola, astatičan.
**aster** (ă'stör), *n.* zvjezdan (*biljka*).
**asterisk** (ă'störisk), *n.* zvjezdica (*znak*).
**astern** (ăstö'rn), *adv.* straga; na krmi.
**asteroid** (ă'störojd), *n.* malen planet.
**asthma** (ă'zma), *n.* sipnja, neduha.
**asthmatic** (ăzma'tik), *a.* sipljiv, nedušljiv.
**astir** (ăstö'r), *adv. i a.* uznemireno; nemiran.
**astonish** (ăstă'niš), *v.* zapanjiti, začuditi, presenetiti.
**astonishing** (ăstă'nišing), *a.* začudan, divan.
**astonishment** (ăstă'nišment), *n.* začuđenost, čudo, presenećenje.
**astound** (ăsta̱'und), *v.* začuditi, uprepastiti, presenetiti.

**astounding** (ăsta̱'unding), *a.* užasan, strahovit.
**astraddle** (ăstră'dl), *adv.* raskoračeno, jašimice.
**astragal** (ă'strögöl), *n.* vitica, obruč.
**astral** (ă'ströl), *a.* zvjezdan, zvjezdovit.
**astray** (ăstre'j), *a. i adv.* s pravoga puta, stranputice.
**astrict** (ăstri'kt), *v.* stegnuti, ograničiti.
**astriction** (ăstri'kšön), *n.* stegnuće, skraćenje.
**astride** (ăstra'jd), *adv.* s prekoračenim nogama.
**astringency** (ăstri'nđensi), *n.* moć stezanja *ili* učvršćivanja.
**astringent** (ăstri'nđent), *a.* stežući, ojačajući; — *n.* sredstvo za stezanje i jačanje.
**astrolabe** (ă'strolejb), *n.* sprava za mjerenje visine zvijezda i planeta.
**astrologer** (ăstră'lođör), *n.* astrolog, gatač iz zvijezda.
**astrological** (ă'strolă'điköl), *a.* astrološki.
**astrology** (ăstră'lođi), *n.* astrologija, gatanje iz zvijezda.
**astronomer** (ăstra'nomör), *n.* astronom, zvjezdoznanac.
**astronomical** (ă'stronă'miköl), *a.* astronomski, zvjezdoznanski.
**astronomy** (ăstră'nomi), *n.* astronomija, zvjezdoznanstvo.
**astrut** (ăstra̱'t), *adv. i a.* našepireno.
**astute** (ăstju't), *a.* pronicav, oštrouman; prepreden.
**astutely** (ăstju'tli), *adv.* oštroumno; prepredeno.
**astuteness** (ăstju'tnes), *n.* oštroumnost, pronicavost; prepredenost.
**asunder** (ăsa̱'ndör), *adv.* na stranu, u dvoje, u dijelove.
**asylum** (ăsa̱'jlöm), *n.* utočište; dobrotvorni zavod.
**at** (ăt), *prep.* u, kod, prama, o.
**atavism** (ă'tăvizm), *n.* atavizam, sličnost djeteta kojem od pradjedova.
**atelier** (a'telje'), *n.* umjetnikova radionica.
**atheism** (e'jtiizm), *n.* bezboštvo.
**atheist** (e'jtiist), *n.* bezbožnik.
**atheistic** (e'jtii'stik), *a.* bezbožni, ateistčan.

**Athenian** (ăti'niön), *a*. atenski; — *n*. Atenjanin.

**athirst** (ătö'rst), *a*. žedan.

**athlete** (ătlı't), *n*. atlet, rvalac.

**athletic** (ătle'tik), *a*. atletski, jak, krepak, snažan.

**athletics** (ătle'tiks), *n*. atletske vježbe.

**athwart** (ătu̯ȧ'rt), *prep*. poprijeko, od strane k strani; — *adv*. unakrst, krivo.

**Atlantic** (ătlă'ntik), *a*. atlantski; — *n*. atlantik, atlanski ocean.

**atlas** (ă'tlös), *n*. atlas; kumaš, vrst svile.

**atmosphere** (ă'tmösfir), *n*. atmosfera, vazduh, uzduh.

**atmospheric** (ă'tmösfi'rik), *a*. vazdušni.

**atoll** (ătȧ'l), *n*. koraljno ostrvo.

**atom** (ă'töm), *n*. atom, pradio.

**atomic** (ătă'mik), *a*. atomski.

**atone** (ătō'n), *v*. okajati; oplakati; pomiriti.

**atonement** (ătō'nment), *n*. okajanje; pomirba.

**atrabilious** (ă'trăbi'ljas), *a*. melankoličan, sjetan; žučljiv.

**atrip** (ătri'p), *adv*. uzdignuto.

**atrocious.** (ătrō'šas), *a*. užasan, strašan.

**atrociously** (ătrō'šasli), *adv*. užašno, okrutno.

**atrocity** (ătrȧ'siti), *n*. strahota; okrutnost.

**atrophy** (ă'trofi), *n*. mršavljenje, sušica.

**attach** (ătă'č), *v*. staviti na; pričvrstiti, spojiti, pridijeliti, biti odan; zaplijeniti; odjenuti.

**attache** (a'ta'še'), *n*. ataše, podčinjeni član poslanstva.

**attachment** (ătă'čment), *n*. zaplijena, zaustava; odanost, ljubav.

**attack** (ătă'k), *v*. navaliti, napasti; — *n*. napadaj, navala.

**attain** (ăte'jn), *v*. stignuti; polučiti, steći, postići; dospjeti.

**attainable** (ăte'jnöbl), *a*. dostižan.

**attainder** (ăte'jndör), *n*. gubitak građanskih prava uslijed kojeg glavnog zločina.

**attainment** (ăte'jnment), *n*. polučenje, postignuće.

**attaint** (ăte'jnt), *v*. žigosati, osramotiti.

**attar** (ă'tör), *n*. atar, sok od ruže.

**attemper** (ăte'mpör), *v*. primiješati; preinačiti; prilagoditi.

**attempt** (ăte'mpt), *v*. kušati, pokušati; uznastojati; — *n*. pokušaj; pothvat.

**attend** (ăte'nd), *v*. dvoriti; pratiti; prisustvovati; trsiti se, paziti.

**attendance** (ăte'ndöns), *n*. prisustvovanje; posluga; pratioci; prisutni ljudi.

**attendant** (ăte'ndönt), *a*. prateći; — *n*. podvornik, poslužnik, pratioc, prisutnik.

**attention** (ăte'nšön), *n*. pozor, pažnja; udvornost.

**attentive** (ăte'ntiv), *a*. pozoran, pažljiv.

**attentively** (ăte'ntivli), *adv*. pozorno.

**attentiveness** (ăte'ntivnes), *n*. pozornost, pažnja.

**attenuate** (ăte'nju̯ejt), *v*. rastanjiti; smanjiti.

**attenuation** (ăte'nju̯e'jšön), *n*. rastanjenje; tankoća; vitkost, smanjenje.

**attest** (ăte'st), *v*. posvjedočiti.

**attestation** (ă'teste'jšön), *n*. svjedodžba; posvjedočenje; potvrda.

**attic** (ă'tik), *n*. tavan.

**attire** (ăta'er), *v*. obući, odjenuti; uresiti; — *n*. odijelo, odjeća.

**attitude** (ă'titjud), *n*. raspoloženje, držanje.

**attorney** (ătö'rni), *n*. odvjetnik, zastupnik.

**attorney-at-law** (ătö'rniătlȧ'), *n*. odvjetnik, advokat.

**attorneyship** (ătö'rnišip), *n*. odvjetništvo, advokatura.

**attract** (ătră'kt), *v*. privlačiti, privući, primamiti, vabiti.

**attraction** (ătră'kšön), *n*. privlačivost, zamama.

**attractive** (ătră'ktiv), *a*. privlačiv, zamaman.

**attractively** (ătră'ktivli), *adv*. privlačivo, zamamno.

**attributable** (ătri'bjutöbl), *a*. pripisiv.

**attribute** (ătri'bjut), *v*. pripisati; — (ă'tribjut), *n*. svojstvo, oznaka; pridjev.

**attribution** (ă'tribju'šön), *n*. pripisivanje.

**attributive** (ătri'bjutiv), *a.* pridjevan; — *n.* pridavnik.

**attrition** (ătri'šön), *n.* trošenje, trvenje, satiranje; skrušenost.

**attune** (ătju'n), *v.* složiti (*glas*), udesiti; prilagoditi.

**auburn** (à'börn), *a.* kestenjast, tamnosmeđ.

**auction** (à'kšön), *v.* prodati na dražbi; — *n.* dražba.

**auctioneer** (à'kšöni'r), *n.* ličnik.

**audacious** (àde'jšąs), *a.* smion; drzovit.

**audacity** (àdă'siti), *n.* smjelost; drzovitost.

**audible** (à'dibl), *a.* čujan.

**audibly** (à'dibli), *adv.* čujno, glasno.

**audience** (à'diens), *n.* slušateljstvo; saslušanje, audiencija.

**audit** (à'dit), *v.* pregledavati i zaključiti (*račune*); — *n.* službeno pregledavanje računa.

**auditor** (à'ditör), *n.* auditor, pregledavatelj računa.

**auditorship** (à'ditöršip), *n.* služba pregledavatelja računa.

**auger** (à'gör), *n.* svrdao.

**aught** (àt), *n.* nješto, išto.

**augment** (àgme'nt), *v.* povećati, množiti (se).

**augmentable** (àgme'ntöbl), *a.* umnoživ.

**augmentation** (à'gmente'jšön), *n.* povećanje, množenje, porast.

**augmentative** (àgme'ntötiv), *a.* povećavajući, umnoživ.

**augur** (à'gör), *v.* nagov"ještati, gatati, proreći, proricati; — *n.* nagovještalac, gatalac.

**augural** (à'gjuröl), *a.* gatalački, proročki.

**augurer** (à'görör), *n.* nagovještalac, gatalac.

**augury** (à'gjuri), *n.* gatanje, proricanje; znamen.

**august** (àgạ'st), *a.* uzvišen, veleban, veličanstven.

**August** (à'gast), *n.* kolovoz, august.

**augustly** (àgạ'stli), *adv.* uzvišeno, velebno.

**augustness** (àgạ'stnes), *n.* uzvišenost, velebnost.

**auk** (àk), *n.* sjeverni ronac.

**aulic** (à'lik), *a.* dvorski.

**aunt** (ant, *ili* ănt), *n.* teta.

**aureate** (à'riet), *a.* zlatan.

**aurelia** (àri'liö), *n.* kukuljica.

**aureola** (àri'olö), **aureole** (à'riol), *n.* sjajan vijenac, opsjev.

**auricle** (à'rikl), *n.* vanjsko uho; kljet od srca.

**auricular** (àri'kjulör), *a.* ušni; povjerljiv.

**auriferous** (àri'föras), *a.* što sadržaje zlato.

**aurist** (à'rist), *n.* liječnik za uha.

**aurora** (àrō'rö), *n.* zora; osvit.

**auscultation** (à'skalte'jšön), *n.* slušanje na prsima, da se ustanovi bolest plućiju; prisluškivanje.

**auscultator** (à'skalte'jtör), *n.* slušalac prsiju.

**auspice** (à'spis), *n.* gatanje po pticama; zaštita; upliv.

**auspicious** (àspi'šąs), *a.* dobrosretan; povoljan; dobar; veseo.

**auspiciously** (àspi'šąsli), *adv.* povoljno; srečno; veselo.

**austere** (àstī'r), *a.* vrlo strog, oštar; trpak.

**austerely** (àstī'rli), *adv.* strogo, oštro; trpko.

**austerity** (àste'riti), *n.* strogost; trapnja.

**austral** (à'ströl), *a.* južni.

**authentic** (àte'ntik), *a.* autentičan, istinit, izvorni.

**authentically** (àte'ntiköli), *adv.* autentično, istinito.

**authenticate** (àte'ntikejt), *v.* ovjeroviti; dokazati autentičnost.

**authentication** (àte'ntike'jšön), *n.* potvrda, ovjerovljenje.

**authenticity** (à'tenti'siti), *n.* autentičnost, izvornost, istinitost.

**author** (à'tör), *n.* pisac, autor, začetnik.

**authoress** (à'töres), *n.* spisateljica, autorica, začetnica.

**authoritative** (àtă'ritetiv), *a.* opunomoćen, ovlašten; zapovjedan.

**authoritatively** (àtă'ritetivli), *adv.* s ovlaštenjem; zapovjedno.

**authority** (àtă'riti), *n.* pravo, ovlaštenje; ugled, autoritet; precedens; odluka višeg suda.

**authorize** (à'törajz), *v.* ovlastiti, opunomoćiti; ovjeroviti, odobriti.

**authorship** (à'töršip), *n.* autorstvo, spisateljstvo.

**autobiographer** (à'tobaja'gröför), *n.* pisac svoga života.

**autobiography** (á'tobaja'gröfi), *n.* opis svoga života.

**autocracy** (átá'krösi), *n.* samovlada.

**autocrat** (á'tokrăt), *n.* autokrat, samodržac.

**autocratic** (á'tokră'tik), *a.* autokratičan, samodržan.

**autograph** (á'tográf), *n.* vlastoručno pismo; potpis.

**automatic** (á'tomă'tik), **automatical** (á'tomă'tiköl), *a.* samokretan, automatičan.

**automaton** (átá'mötán), *n.* automat, samokret.

**automobile** (á'tomo'bil, *ili* á'tomobi'l), *n.* automobil, samovoz.

**autonomous** (átá'nomas), *a.* autonoman, samoupravan.

**autonomy** (átá'nomi), *n.* autonomija, samouprava.

**autopsy** (á'tápsi), *n.* posmrtno pregledavanje mrtvog tijela; osobno promatranje.

**autumn** (á'tam), *n.* jesen.

**autumnal** (áta'mnöl), *a.* jesenji, jesenski.

**auxiliary** (ágzi'liöri), *a.* pomoćni, pripomoćni; nuzgredan; — *n.* pomagač, pomoćnik; *pl.* pomoćne čete.

**avail** (ăve'jl), *v.* okoristiti (se); upotrijebiti, pomoći; unaprijediti; — *n.* korist; potreba.

**available** (ăve'jlöbl), *a.* upotrijebiv; koristan, probitačan; na raspolaganje.

**avalanche** (ă'vălănš), *n.* plaz; usov; gromada.

**avarice** (á'vöris), *n.* lakomost, pohlepa.

**avaricious** (ă'vöri'šas), *a.* lakom, pohlepan; škrt.

**avariciously** (ă'vöri'šasli), *adv.* lakomo, pohlepno.

**avast** (ăvă'st), *excl.* drž! stoj!

**avaunt** (ăvá'nt), *excl.* otale! nosi se!

**Ave** (e'jvi), *n.* Zdravo Marija.

**avenge** (ăve'nđ), *v.* osvetiti, dobiti zadovoljštinu.

**avenger** (ăve'nđör), *n.* osvetnik.

**avenue** (á'vönju), *n.* ulica; ulaz; drvored.

**aver** (ăvö'r), *v.* tvrditi, izjaviti.

**average** (ă'vöređ), *v.* pronaći sredinu; iznašati poprečno; — *a.* poprečni, srednji; — *n.* poprečnost; sredina.

**averment** (ăvö'rment), *n.* tvrdnja; izjava.

**averruncator** (ă'vöra'nketör), *n.* škare za kaštrenje drveća.

**averse** (ăvö'rs), *a.* nerad; odvratan; protivan; nepovoljan.

**averseness** (ăvö'rsnes), *n. vidi* **aversion.**

**aversion** (ăvö'ršön), *n.* neradost; odvratnost; protivnost.

**avert** (ăvö'rt), *v.* odvratiti, otkloniti; odstraniti, preprječiti.

**aviary** (e'jvieri), *n.* ptičnjak, krletka, gajba.

**avidity** (ăvi'diti), *n.* lakomost; pohlepa; proždrljivost.

**avocation** (ă'voke'jšön), *n.* posao; zvanje, zanimanje.

**avoid** (ăvo'jd), *v.* izbjeći, izbjegavati; zapriječiti; poništiti.

**avoidable** (ăvo'jdöbl), *a.* izbježiv; preprječiv; poništiv.

**avoidance** (ăvø'jdöns), *n.* izbjegavanje; poništenje.

**avoirdupois** (ă'vördjupo'jz), *n.* tržarski utezi.

**avouch** (ăva'uč), *v.* tvrditi; odobriti.

**avow** (ăva'u), *v.* uvjeravati; tvrditi, izjaviti, ispovjediti.

**avowable** (ăva'uöbl), *a.* izjavljiv, ispovjedan.

**avowal** (ăva'uöl), *n.* tvrdnja, otvoreno priznanje.

**avowedly** (ăva'uedli), *adv.* otvoreno; istinito.

**await** (ăue'jt), *v.* čekati, iščekivati.

**awake** (ăue'jk), *v.* buditi, probuditi (se); dignuti se; prodramiti se; — *a.* budan, pažljiv.

**awaken** (ăue'jkn), *v.* probuditi (se).

**awakening** (ăue'jknning), *n.* buđenje, probuđenje, budnost.

**award** (ăuá'rd), *v.* dosuditi; dodijeliti; presuditi; — *n.* presuda; odsuda.

**aware** (ăuē'r), *a.* upućen, svijestan; — *adv.* na oprezu.

**away** (ăue'j), *adv.* odsutan; ća, vani; daleko; — *excl.* odatle! odlazi!

**awe** (à), *v.* napuniti strahopočitanjem; — *n.* strahopočitanje.

**aweary** (ăui'ri), *a.* izmučen, umoran.

**aweigh** (ăue'j), *adv.* okomito; istegnuto.

**awful** (á'ful), *a.* strašan, užasan.

**awfully** (á'fuli), *adv.* strašno, užasno.

**awfulness** (à'fulnes), *n.* strašnost, užasnost.

**awhile** (ăhu̱a'el), *adv.* za neko vrijeme, koji čas.

**awkward** (à'ku̱örd), *a.* nezgrapan, nespretan; naopak.

**awkwardly** (à'ku̱ördli), *adv.* nezgrapno, nespretno; naopako.

**awl** (àl), *n.* šilo.

**awn** (àn), *n.* osina.

**awned** (ànd), *a.* osjav.

**awning** (à'ning), *n.* zastor.

**awry** (ăra'j), *adv.* nahero, nakrivo, na stranu.

**ax, axe** (ăks), *n.* sjekira.

**axial** (ă'ksiöl), *a.* osni.

**axilla** (ăksi'lö), *n.* pazuho.

**axiom** (ă'ksiöm), *n.* aksiom, praistina; načelo.

**axis** (ă'ksis), *n.* os.

**axle** (ăksl), **axle-tree** (ă'ksltri'), *n.* os, osovina.

**ay, aye** (aj), *adv.* da, jest.

**aye** (ej), *adv.* svagda, uvijek; neprestano.

**azimuth** (ă'zima̱t), *n.* luk obzornog kruga, azimut.

**azoic** (ăzo'ik), *a.* bez organičkog života.

**azote** (ă'zot), *n.* dušik.

**azure** (e'jžur), *a.* modar, plavetan, lazuran; — *n.* lazur, plavetnost; nebo.

**azym** (ă'zim), *n.* beskvasan kruh.

# B

**B, b** (bi), *slovo* B, b.
**baa** (ba), *v.* blejati; — *n.* blejanje.
**babble** (băbl), *v.* mucati, tepati; —*n.* tepanje, mucanje.
**babblement** (bă'blment), *n.* teparija, brbljanje.
**babbler** (bă'blör), *n.* tepavac, brbljavac.
**babe** (bejb), *n.* bebica, djetešce.
**babel** (be'jbel), *n.* zbrka, poremećenje.
**baboon** (băbū'n), *n.* pavijan.
**baby** (be'jbi), *n.* bebica, dijete; — *a.* djetinski.
**baby-farmer** (be'jbifa'rmör), *n.* uzgajatelj djece.
**Babylonian** (bă'bilo'niön), *a.* babilonski; — *n.* Babilonac.
**baccalaureate** (bă'kală'riet), *n.* prvi akademički stupanj.
**bacchanal** (bă'könăl), *a.* bakanalan, razuzdan, pijan; — *n.* razuzdanac, pijanac.
**bacchanalia** (bă'kane'jliö), *n.* pijanke *(u počast Baka).*
**bachelor** (bă'čelör), *n.* neženja; najniža akademička čast, bakalaur.
**bachelorhood** (bă'čelörhud), **bachelorship** (bă'čelöršip), *n.* beženstvo; bakalaureat.
**bacillus** (băsi'lạs), *n.* bakcil.
**back** (băk), *v.* podupirati; gibati se unatrag; pomaknuti natrag; potpisati, naleđiti; — *n.* leđa; zadnjica; zadnji dio; — *adv.* natrag; otraga; opet.
**backbite** (bă'kba'jt), *v.* ogovarati iza leđiju.
**backbiter** (bă'kba'jtör), *n.* klevetnik.
**backbone** (bă'kbō'n), *n.* hrptenica, kičma.
**backdoor** (bă'kdō'r), *n.* stražnja vrata.
**backer** (bă'kör), *n.* podupiratelj, pomagač.
**background** (bă'kgrạ'ụnd), *n.* pozadina.

**backhand** (bă'khă'nd), **backhanded** (bă'khă'nded), *a.* obrnutom rukom.
**backslide** (bă'ksla'jd), *v.* otpasti, odmetnuti se.
**backslider** (bă'ksla'jdör), *n.* otpadnik, odmetnik.
**backward** (bă'kụörd), **backwards** (bă'kụördz), *adv.* natrag; natraške; od boljeg na gore.
**backward** (bă'kụörd), *a.* natražan; spor; tup; nezgrapan; protivan; neprijatan.
**backwardly** (bă'kụördli), *adv.* natraške; sporo; nezgrapno.
**backwardness** (bă'kụördnes), *n.* mrskost, nenaklonost; nezgrapnost; sporost.
**backwoods** (bă'kụụ'dz), *n.* zašumlje, pošumlje.
**bacon** (be'jkön), *n.* slanina.
**bacteriology** (băkti'riă'lođi), *n.* nauka o bakterijama, bakteriologija.
**bacterium** (băkti'riạm), *n.* bakterija.
**bad** (băd), *a.* zao, zločest; loš; nesposoban; nećudoredan.
**badge** (băd), *n.* znak.
**badger** (bă'đör), *v.* zabrinjivati; mučiti; — *n.* jazavac.
**badinage** (ba'di'na'ž), *n.* podrugivanje; šala.
**badly** (bă'dli), *adv.* zlo, loše.
**baffle** (băfl), *v.* osujetiti; izbjegavati; varati.
**bag** (băg), *v.* staviti u vreću; uloviti, ubiti; napuhnuti; — *n.* vreća, torba.
**bagatelle** (bă'găte'l), *n.* sitnica.
**baggage** (bă'geđ), *n.* prtljaga.
**bagging** (bă'ging), *n.* stavljanje u vreću; debelo, prosto platno.
**bagnio** (bă'njo), *n.* kupalište; bludilište; zatvor.
**bagpipe** (bă'gpa'jp), *n.* dude.
**bail** (bejl), *v.* osloboditi uz jamčevinu, položiti jamčevinu; — *n.* jamčevina; jamac.
**bailable** (be'jlöbl), *a.* za što se može položiti jamčevinu.

**bail-bond** (be'jlbà'nd), *n.* jamčevnica.
**bailee** (be'jli'), *n.* sahranitelj.
**bailiff** (be'jlif), *n.* pandur, podvornik.
**bailiwick** (be'jliuik), *n.* uredovno područje.
**bailment** (be'jlment), *n.* polog; polaganje.
**bailor** (be'jlor), *n.* polagač.
**bait** (bejt), *v.* staviti meku; vabiti; uznemirivati, zanovijetati; — *n.* meka, vabilo.
**baize** (bejz), *n.* grub vunen latak.
**bake** (bejk), *v.* peći (se); pržiti.
**baker** (be'jkör), *n.* pekar.
**bakery** (be'jköri), *n.* pekarna.
**baking** (be'jking), *n.* pečenje.
**bakshish** (bă'kšiš), *n.* bakšiš; napojnica.
**balance** (bă'löns), *v.* svesti u ravnotežje; vagati; zaključiti (*račune*); biti u ravnotežju; oklijevati; — *n.* vaga; ravnotežje; višak; ostatak.
**balance-sheet** (bă'lönssì't), *n.* zaključni račun.
**balcony** (bă'lkoni), *n.* balkon, doksat.
**bald** (bàld), *a.* čelav, plešiv; bez uresa.
**baldachin** (bă'ldăkin), *n.* nebo.
**balderdash** (bà'ldördăš), *n.* besmisleno brbljanje; pokvaren jezik.
**baldly** (bà'ldli), *adv.* golo; bezobrazno.
**baldness** (bà'ldnes), *n.* čelavost; plešivost.
**baldric** (bà'ldrik), *n.* pas (*koji se nosi preko ramena*).
**bale** (bejl), *v.* omotati; izbacati vodu (*iz broda*); — *n.* bala; klupko.
**baleful** (be'jlful), *n.* štetonosan; zloban, poguban.
**balk** (bàk), *v.* obezuspješiti, osujetiti; nagomilati; zaustaviti se, zadržati se; — *n.* vrh brazde; balvan, greda; zaprjeka; osujećenje; zaustava.
**ball** (bàl), *v.* grudati, loptati se; — *n.* lopta, kruglja, kuglja; bal, ples.
**ballad** (bă'löd), *n.* balada.
**ballast** (bă'löst), *v.* nateretiti; dati ravnotežu; — *n.* teret, gruž; pritega.
**ballet** (ba'le'), *n.* balet.
**balloon** (bălū'n), *n.* balon, zrakoplov.
**ballot** (bă'löt), *v.* tajno glasovati; — *n.* glasovnica; tajno glasovanje.
**balm** (bàm), *v.* balzamovati; — *n.* balzam, melem.
**balmy** (bā'mi), *a.* miomirisan.
**balsam** (bà'lsöm), *n.* balzam, melem.

**balsamic** (bălsă'mik), *a.* miomirisan.
**baluster** (bă'lastör), *n.* malen stup, stupac.
**balustrade** (bă'lastre'jd), *n.* naslon, balustrada.
**bamboo** (bămbu'), *n.* trskovača; trskovac.
**bamboozle** (bămbu'zl), *v.* prevariti, zavesti, obmanuti, nasanjkati.
**ban** (băn), *v.* prokleti, staviti izvan zakona, proglasiti bespravnim; protjerati; — *n.* prokletstvo, izopćenje, anatema; progonstvo; javna zabrana; oziv.
**banal** (be'jnöl), *a.* običan, svagdašnji; prost.
**banality** (bănă'liti), *n.* običnost, svagdašnjost.
**banana** (bönă'nö), *n.* banana.
**band** (bănd), *v.* vezati; ujediniti, sjediniti (se), složiti se; — *n.* vez; povoj; društvo; zbor.
**bandage** (bă'ndeđ), *v.* povezati, povojima omotati; — *n.* povoj, vrpca; potpasač.
**bandanna** (băndă'nö), *n.* velik, svjetlobojan, šaren rubac.
**bandbox** (bă'ndbà'ks), *n.* kutija za šešire.
**banded** (bă'nded), *a.* vezan, udružen, ujedinjen.
**banderole** (bă'ndörol), *n.* zastavica, barjačić.
**bandit** (bă'ndit), *n.* razbojnik, hajduk, lupež.
**bandog** (bă'ndà'g), *n.* velik i okrutan pas na lancu.
**bandoleer, bandolier** (bă'ndolì'r), *n.* prekoramenica za fišeke.
**bandrol** (bă'ndro'l), *n.* vidi **banderole.**
**bandy** (bă'ndi), *v.* udarati amo tamo; izmijeniti (*pozdrave, riječi, itd*); — *n.* zakučasta kijača; loptanje maškom.
**bandy-legged** (bă'ndilegd), *a.* krivonog.
**bane** (bejn), *n.* zator; bolest; otrov.
**baneful** (be'jnful), *a.* poguban; otrovan.
**bang** (băng), *v.* udarati; surovo postupati; — *n.* teški udarac.
**banian** (bă'njön), *n.* vidi **banyan.**
**banish** (bă'niš), *v.* prognati, otjerati.
**banishment** (bă'nišment), *n.* otjeranje; progonstvo.

banister (bă'nistör), *n.* naslon, prislon.

banjo (bă'nđo), *n.* glazbalo sa šest žica.

bank (bănk), *v.* utvrditi nasipima; ulagati u banku; računati na; — *n.* nasip; obala, žal; klupa; banka.

banker (bă'nkör), *n.* novčar, bankir.

banking (bă'nking), *n.* bankarstvo.

bank-note (bă'nknō't), *n.* banka, banknota.

bankrupt (bă'nkrapt), *a.* propao, postradao; — *n.* propalica.

bankruptcy (bă'nkrapci), *n.* bankrot, propast.

bank-stock (bă'nksta'k), *n.* novčana dionica, novčane dionice.

banner (bă'nör), *n.* zastava, barjak.

banns (bănz), *n. pl.*. ozivi, ozivanje.

banquet (bă'nkuet), *v.* častiti, gostiti; zabavljati se; — *n.* banket, gozba, čast.

banshee (bă'nši), *n.* kućna vila.

bantam (bă'ntöm), *n.* malena vrst peradi, kokotić, kokica, kepec.

banter (bă'ntör), *v.* zbijati šalu, rugati se; — *n.* pošalica; poruga.

bantling (bă'ntling), *n.* djetešce; kopile.

banyan (bă'njön), *n.* indijska smokva.

baptism (bă'ptizm), *n.* krštenje; krst.

baptismal (băpti'zmöl), *a.* krsni.

baptismal certificate (băpti'zmöl sörti'fiket), *n.* krsni list.

baptist (bă'ptist), *n.* krstitelj.

baptistery (bă'ptistöri), *n.* krstionica.

baptize, baptise (băpta'jz), *v.* krstiti.

bar (bar), *v.* zatvoriti; priječiti; izuzeti, isključiti; zabraniti; — *n.* šipka, motka; priječka; zasun; zaprjeka; prud; sud, sudište; krčma; zatvor.

barb (barb), *v.* očekljuniti; — *n.* čekljun, kuka.

barbacan (ba'rbökön), barbican (ba'rbikön), *n.* vanjska utvrda.

barbarian (barbe'jriön), *a.* barbarski; okrutan, surov; — *n.* barbar, divljak, okrutnik.

barbarism (ba'rbörizm), *n.* barbarizam; tuđa riječ.

barbarity (barbă'riti), *n.* barbarstvo, divljaštvo, surovost.

barbarize (ba'rbörajz), *v.* pobarbariti, podivljačiti.

barbarous (ba'rböras), *a.* barbarski, okrutan, surov.

barbarously (ba'rbörasli), *adv.* okrutno, surovo.

barbecue (ba'rbekju), *v.* peći u cijelom; — *n.* cijelo pećeno prase, *itd*; zabava pod vedrim nebom.

barbed (bārbd), *a.* kukast i šiljat.

barbel (ba'rbel), *n.* mren (*riba*).

barber (ba'rbör), *n.* brica, brijač.

barberry (ba'rböri), *n.* žutika.

bard (bard), *n.* bard, pjesnik.

bardic (ba'rdik), *a.* bardski.

bare (bēr), *v.* otkriti, ispovjediti; — *a.* otkriven; prazan; oskudan; istrošen.

barebacked (bē'rbă'kt), *a.* neosedlan.

barefaced (bē'rfe'jst), *a.* besraman; očit.

barefoot (bē'rfu't), *a.* bosonog.

barely (bē'rli), *adv.* jedva.

bargain (ba'rgen), *v.* pazariti, trgovati; prodavati; — *n.* pogodba; trgovina; kupljena *ili* prodana stvar; posao.

bargainer (ba'rgenör), *n.* trgovac.

barge (barđ), *n.* barka.

bargeman (ba'rđmön), *n.* lađar.

barilla (bări'lö), *n.* nečista soda.

bar-iron (ba'ra'jörn), *n.* željezo u šipkama.

bark (bark), *v.* lajati; guliti koru; lupiti; — *n.* lajanje, zavijanje; kora.

barley (ba'rli), *n.* ječam.

barley-corn (ba'rliko'rn), *n.* ječmeno zrno.

barley-sugar (ba'rlišu'gör), *n.* ječmenac (*slador*).

barm (barm), *n.* kvas.

barmaid (ba'rme'jd), *n.* konobarica.

barmy (ba'rmi), *a.* kvasan.

barn (barn), *n.* žitnica, sjenik; štagalj, suša; spremište.

barnacle (ba'rnökl), *n.* morski kalež (*školjka*); plovka (*ptica*).

barnacles (ba'rnöklz), *n. pl.* nagubnjak; naočali.

barograph (bă'rogră'f), *n.* zrakomjer.

barometer (bără'mitör), *n.* barometar, tlakomjer.

barometric (bă'rome'trik), *a.* tlakomjerni.

baron (bă'rön), *n.* barun.

baronage (bă'röneđ), *n.* barunstvo.

baroness (bă'rönes), *n.* barunica.

baronet (bă'rönet), *n.* baronet.

**baronial** (bărō'niöl), *a.* barunski.
**barony** (bă'röni), *n.* barunija, barunstvo.
**barque** (bark), *n.* barka, čamac.
**barrack** (bă'răk), *n.* baraka, dašćara, šatra.
**barrator** (bă'rötör), *n.* pravdaš, onaj, koji se neprestano povlači po sudovima.
**barratry** (bă'rötri), *n.* pravdaštvo; pronevjerenje brodskog kapetana.
**barrel** (bă'rel), *v.* stavljati u bačvu; — *n.* bačva, bure; puškina cijev; valjak.
**barren** (bă'ren), *a.* jalov, neplodan; suhoparan.
**barrenness** (bă'renes), *n.* jalovost, neplodnost; suhoparnost.
**barricade** (bă'rike'jd), *v.* utvrditi barikadom; — *n.* barikada, privremena utvrda.
**barrier** (bă'riör), *n.* ograda; zaprijeka.
**barrister** (bă'ristör), *n.* pravni savjetnik, branitelj, odvjetnik.
**barrow** (bă'ro), *n.* ručne kolice, tačke; grobni humak.
**barter** (ba'rtör), *v.* trgovati izmjenom, mijenjati; — *n.* trgovina izmjenjivanjem, mijenjanje.
**barytone** (bă'ritōn), *a.* baritonski; — *n.* bariton, muževno grlo.
**basalt** (băză'lt), *n.* stupnjak (*kamen*).
**base** (bejs), *v.* temeljiti; polagati; — *a.* nizak; bezvrijedan, mrzak, podao; — *n.* temelj, osnovka; podnožje; bas, dubok glas.
**base-ball** (be'zbà'l), *n.* bezbal, vrst amerikanske igre loptom.
**base-born** (be'jsbo'rn), *a.* nezakonit.
**baseless** (be'jsles), *a.* ncosnovan, bestemeljit.
**base-line** (be'jsla'jn), *n.* pravac djelatnosti.
**basely** (be'jsli), *adv.* nisko, podlo.
**basement** (be'jsment), *n.* prizemlje; podrum.
**baseness** (be'jsnes), *n.* niskoća; podlost; prostota.
**bash** (băš), *v.* nemilosrdno istući.
**bashaw** (băšá'), *n.* paša; gizdelin.
**bashful** (bă'sful), *a.* sramežljiv; čedan; plah.
**bashfully** (bă'sfuli), *adv.* sramežljivo; plaho.
**bashfulness** (bă'sfulnes), *n.* sramežljivost, stidljivost.

**basic** (be'jsik), *a.* osnovni.
**basil** (bă'zil), *n.* bosiljak.
**basilica** (băsi'likö), *n.* javna dvorana; hram.
**basilisk** (bă'zilisk), *n.* bazilisk; kraljić.
**basin** (bejsn), *n.* plitka zdjela; zavala; draga; kotlina; ribnjak.
**basis** (be'jsis), *n.* temelj, osnov; podloga; podstavak.
**bask** (băsk), *v.* sunčati (se), grijati (se).
**basket** (bă'sket), *n.* košara, kotarica; koš; — *v.* staviti u koš, metnuti u košaru.
**bass** (băs), *n.* grgeč (*riba*); lipa; (bejs) bas, dubok glas.
**basset** (bă'set), *n.* dopiranje rude do površine.
**bassinet** (bă'sinet), *n.* pletena kolijevka.
**bassoon** (băsū'n), *n.* fagot.
**bast** (băst), *n.* ličina, liko.
**bastard** (bă'störd), *n.* kopile, nezakonito dijete; — *a.* nezakonit; neprav; polutan.
**bastardize** (bă'stördajz), *v.* činiti nezakonitim; dokazati, da je netko nezakonit.
**bastardy** (bă'stördi), *n.* nezakonitost, kopilstvo.
**baste** (bejst), *v.* batinati; polijevati pečenku maslom; pribadati.
**bastinado** (bă'stine'jdo), *v.* izlemati, batinati; — *n.* batinjanje, batine.
**bastion** (bă'sćön), *n.* bastija, bedem.
**bat** (băt), *v.* udarati, tući; — *n.* toljaga, batina; šišmiš.
**batch** (băč), *n.* peć kruha; količina, množina.
**bate** (bejt), *v.* smanjiti, ublažiti.
**bath** (băt), *n.* kupaonica, kupalište; kupanje.
**bath-chair** (bă'tčē'r), *n.* bolesnički stolac.
**bathe** (bejd), *v.* prati, ispirati; kupati se.
**batist, batiste** (băti'st), *n.* batist (*vrst tkanine*).
**baton** (bă'tön), *n.* štap; žezlo; obruč.
**battalion** (bătă'ljön), *n.* bataljun, četa, družina.
**batten** (bătn), *v.* obiti letvicama; odebljati; — *n.* letva, letvica.

**batter** (bă'tör), v. tući, mlatiti; istrošiti; razvaliti; — n. zamijeseno tijesto; istrošenost.
**battering-ram** (bă'töringră'm), n. zidoder.
**battery** (bă'töri), n. bitka, tučnja; topovi; baterija; juriš.
**battle** (bătl), v. boriti se, tući se; — n. boj, bitka; borba.
**battle-ax** (e) (bă'tlă'ks), n. nadžak, bojna sjekira.
**battledore, battledoor** (bă'tldō'r), n. maška; nišan.
**battlement** (bă'tlment), n. krunište; predziđe.
**battue** (ba'tu'), n. hajka.
**bauble** (bàbl), n. sitnica, bezvrijedna trica; igračka.
**bawd** (bàd), n. podvodnik, podvodnica.
**bawdy** (bà'di), a. bludan, razuzdan.
**bawl** (bàl), v. kričati, psovati.
**bay** (bej), v. lajati; slijediti lajanjem; — a. riđ, smeđ; — n. zaljev; lovorika; lovorov vijenac; tulenje, lajanje; štagalj.
**bayonet** (be'jonet), v. bosti ili navaliti bajonetom; — n. bajonet, bod.
**bay-rum** (be'jra̱'m), n. lovorova rakija.
**bay-window** (be'ju̱i'ndō), n. obluk.
**bazaar** (baza'r), n. bazar; tržište, trg.
**bdellium** (de'lia̱m), n. levantinska mirisava guma.
**be** (bi), v. biti; opstojati.
**beach** (bič), v. vući uz obalu; — n. morska obala, žal.
**beacon** (bīkn), v. postaviti svjetionik, rasvijetiti; sjati se; voditi uz svjetlo; — n. svjetionik; kotvokaža; znak.
**bead** (bīd), n. zrnce, krugljica; — pl. krunica, čislo.
**beadle** (bīdl), n. pandur; crkveni odbornik.
**bead-roll** (bī'drō'l), n. imenik osoba, za koje se ima moliti.
**beadsman** (bī'dzmön), n. bogomoljac za drugoga.
**beagle** (bīgl), n. malen lovački pas.
**beak** (bīk), n. kljun.
**beaked** (bīkt), a. kljunat.
**beaker** (bī'kör), n. kupa, čaša.
**beam** (bīm), v. puštati zrake; sijevati, sjati (se); — n. greda; potporanj za tezulje; poluga; zraka.

**beaming** (bī'ming), a. puštajući zrake; sjajan; radostan.
**beamy** (bī'mi), a. bacajući zrake; sjajan.
**bean** (bīn), n. grah; pasulj.
**bear** (bēr), v. nosıti; trpjeti; imati; dozvoliti; vladati se; snašati; odnositi se; — n. medvjed.
**bearable** (bē'röbl), a. snosljiv, nosiv.
**beard** (bīrd), v. prkositi; — n. brada; osje.
**bearded** (bī'rded), a. bradat; vlasat.
**beardless** (bī'rdles), a. golobrad.
**bearer** (bē'rör), n. nosioc; donosilac; vlasnik.
**bear-garden** (bē'rga'rdn), n. medvjedinac.
**bearing** (bē'ring), n. nošenje; snašanje; vladanje, držanje; odnos; savez; smisao; potporanj.
**bearing-rein** (bē'ringre'jn), n. uzda.
**bearish** (bē'riš), a. medvjeđi.
**beast** (bīst), n. zvijer, životinja.
**beastly** (bī'stli), a. zvjerski, živinski.
**beat** (bīt), v. tući, biti; svladati; smrviti; ploviti protiv vjetra; — n. udar, udarac; kucaj bila; oblaz.
**beater** (bī'tör), n. udaratelj; nabijač; miješalo; pogonić, hajkač.
**beatific** (bi'ăti'fik), a. blažen.
**beatification** (biă'tifike'jšön), n. usrećenje; proglašenje blaženim.
**beatify** (biă'tifaj), v. usrećiti; proglasiti blaženim.
**beating** (bī'ting), n. udaranje, tučenje; batine; kucaj bila; svladanje; poraz.
**beatitude** (biă'titjud), n. blaženstvo.
**beau** (bō), n. ljubovnik; gizdelin.
**beauteous** (bju'tia̱s), a. ljepušan, krasan.
**beautiful** (bju'tifu̱l), a. krasan, lijep.
**beautifully** (bju'tifu̱li), adv. krasno, lijepo.
**beautify** (bju'tifaj), v. ukrasiti, poljepšati (se).
**beauty** (bju'ti), n. krasota, ljepota; krasotica.
**beauty-spot** (bju'tispa̱'t), n. mušica, madež (za poljepšanje).
**beaver** (bī'vör), n. dabar; dabrovina; doljni dio vizira od kacige; dabrovac (šešir).
**beavered** (bī'vörd), a. sa obodcem.
**becalm** (bikā'm), v. umiriti, utišati.

**because** (bikȧ'z), *conj.* jer, pošto, da; budući da; poradi.

**beck** (bek), *v.* dati znak, kimnuti; dozvati; — *n.* znak rukom *ili* glavom; mig; kimanje.

**beckon** (bekn), *v.* kimnuti glavom, namignuti; dati znak.

**becloud** (biklạ'ud), *v.* oblačiti, naoblačiti, potamnjeti.

**become** (bikạ'm), *v.* postati, biti; dolikovati, pristojati se; pristajati.

**becoming** (bikạ'ming), *a.* doličan, dostojan; pristao.

**becomingly** (bikạ'mingli), *adv.* doliično, dostojno; pristalo.

**bed** (bed), *v.* ležati u krevetu, ići u postelju; posijati; naslagati; — *n.* krevet, postelja; greda (*u vrtu*); korito (*rijeke*); ležaj; sloj; naslaga.

**bedaub** (bidȧ'b), *v.* umazati, zamrljati.

**bedchamber** (be'dče'jmbör), *n.* ložnica.

**bedding** (be'ding), *n.* posteljina.

**bedeck** (bide'k), *v.* krasiti, iskititi.

**bedesman** (bī'dzmön), *n.* bogomoljac za drugoga.

**bedew** (bidju'), *v.* orositi, poškropiti.

**bedight** (bida'jt), *v.* ukrasiti; odjenuti.

**bedim** (bidi'm), *v.* potamniti, zamračiti.

**bedizen** (bidi'zn, *ili* bida'jzn), *v.* raskošno iskititi.

**bedlam** (be'dlöm), *n.* halabuka; ludnica; luđaci.

**bedraggle** (bidrǎ'gl), *v.* zablatiti, umrljati.

**bedroom** (be'dru'm), *n.* spavačnica, ložnica.

**bedrop** (bidrạ'p), *v.* naškropiti, nakvasiti.

**bedstead** (be'dste'd), *n.* krevet.

**bee** (bi), *n.* pčela.

**beech** (bīč), *n.* bukva.

**beechen** (bī'čen), *a.* bukov.

**beef** (bīf), *n.* govedina; govedo.

**beef-eater** (bī'fī'tör), *n.* član tjelesne straže; omašan čovjek.

**beef-tea** (bī'fti'), *n.* goveđa čorba.

**beef-wood** (bī'fu̱u'd), *n.* sapota (*drvo*).

**bee-hive** (bī'ha'jv), *n.* košnica.

**bee-line** (bi'la'jn), *n.* ravna crta, prečac.

**beer** (bīr), *n.* pivo.

**bees'-wax** (bī'zu̱ạ'ks), *n.* vosak.

**beet** (bīt), *n.* cikla, burak.

**beetle** (bītl), *v.* stršiti, previsjeti; — *n.* kukac; maška, malj.

**beetle-browed** (bī'tlbrạ'ud), *a.* sa bujnim obrvama.

**beetling** (bī'tling), *a.* stršeći; prevješen.

**beeves** (bīvz), *n. pl.* goveda; crna marva.

**befall** (bifȧ'l), *v.* zbiti se, dogoditi se, slučiti se.

**befit** (bifi't), *v.* pristajati,.dolikovati.

**befitting** (bifi'ting), *a.* pristao, doličan.

**befog** (bifȧ'g), *v.* zamagliti; smutiti.

**befool** (bifū'l), *v.* zaluđivati, obmanjivati.

**before** (bifō'r), *prep. i adv.* prije, pred; naprijed.

**beforehand** (bifō'rhǎ'nd), *a.* dobro stojeći; — *adv.* unaprijed, prije, naprijed.

**befoul** (bifạ'ul), *v.* umazati, zablatiti.

**befriend** (bifre'nd), *v.* sprijateljiti se; prijateljevati.

**beg** (beg), *v.* prositi, moliti, prosjačiti; uzeti za, dokazati.

**beget** (bige't), *v.* rađati, stvoriti, roditi.

**begetter** (bige'tör), *n.* roditelj, rađalac.

**beggar** (be'gör), *v.* osiromašiti; — *n.* prosjak, siromah.

**beggarliness** (be'görlines), *n.* uboštvo, siromaštvo.

**beggarly** (be'görli), *a.* prosjački, ubog; — *adv.* bezobrazno, prijezirno.

**beggary** (be'göri), *n.* krajna oskudica, prosjaštvo.

**begin** (bigi'n), *v.* početi, postati; proizlaziti; nastupiti.

**beginner** (bigi'nör), *n.* početnik, novajlija.

**beginning** (bigi'ning), *n.* početak, izvor.

**begird** (bigö'rd), *v.* opasati; obvezati.

**begone** (bigȧ'n), *interj.* odlazi! odatle!

**begrudge** (bigra'đ), *v.* zaviditi.

**beguile** (bigạ'el), *v.* zavađati, obmanjivati, varati; tratiti (*vrijeme*).

**beguilement** (bigạ'elment), *n.* zavađanje, obmana, varanje; traćenje (*vremena*).

**beguiler** (bigạ'jlör), *n.* zavađač, varalica.

**behalf** (bihǎ'f), *n.* korist, dobro, prilog.

**behave** (bihe'jv), *v.* vladati se, ponašati se.

**behavior** (bihe'jviör), *n.* vladanje, ponašanje.

**behead** (bihe'd), *v.* odrubiti glavu, odsjeći glavu.

**behest** (bihe'st), *n.* nalog, zapovijed.

**behind** (biha'jnd), *prep. i adv.* otraga, straga; iza; nazad.

**behindhand** (biha'jndhă'nd), *adv.* nazad, otraga.

**behold** (bihō'ld), *v.* gledati, motriti, vidjeti.

**beholden** (bihō'ldn), *a.* obvezatan; zadužen.

**behoof** (bihū'f), *n.* korist, dobro, prilog.

**behoove** (bihū'v), *v.* dolikovati se, biti od potrebe, biti od koristi.

**being** (bing), *n.* biće; opstanak.

**belabor** (bile'jbör), *v.* batinati, izlupati.

**belated** (bile'jted), *a.* zakašnjen; zadržan noću.

**belay** (bile'j), *v.* pričvrstiti umatanjem.

**belch** (belč), *v.* podrigavati se, ispuhavati se; izbacivati, rigati; — *n.* riganje; podrig.

**beldam** (be'ldöm), *n.* baba, coprnica.

**beleaguer** (bili'gör), *v.* opkoliti.

**belfry** (be'lfri), *n.* zvonik, toranj.

**Belgrade** (be'lgre'jd), *n.* Beograd.

**Belial** (bī'liöl), *n.* zao duh, sotona.

**belie** (bila'j), *v.* prikazivati lažno; protusloviti; obijediti.

**belief** (bilī'f), *n.* vjera; misao, mnijenje.

**believe** (bilī'v), *v.* vjerovati; povjerovati; misliti.

**believer** (bili'vör), *n.* vjernik; vjerovatelj.

**belittle** (bili'tl), *v.* smanjivati; klevetati, ponizivati.

**bell** (bel), *v.* objesiti zvono, staviti praporac na; cvjetati; — *n.* zvono, praporac.

**belladonna** (be'lădă'nö), *n.* velebilje.

**belle** (bel), *n.* krasotica, ljepotica.

**bell-founder** (be'lfa̱'ụndör), *n.* zvonolijevac, zvonar.

**bellicose** (be'likōs), *a.* ratoboran.

**bellied** (be'lid), *a.* trbušast.

**belligerent** (beli'đörent), *a.* ratoboran, ratujući; — *n.* ratnik.

**bell-metal** (be'lme'töl), *n.* zvonovina.

**bellow** (be'lō), *v.* rikati, bukati; — *n.* rika; mukanje, urlikanje.

**bellows** (be'lōz), *n.* mijeh.

**bell-ringer** (be̱'lri'ngör), *n.* zvonar.

**bell-wether** (be'lụe̱'dör), *n.* ovan; prethodnik.

**belly** (be'li), *v.* naduti, napuhnuti se; postajati trbušast; — *n.* trbuh.

**belly-band** (be'libă'nd), *n.* konjski potpasač, potprug.

**belong** (bilă'ng), *v.* pripadati, spadati; odnositi se.

**belonging** (bilă'nging), *n.* pripadanje; imovina.

**beloved** (bila'vd, *i* bila'ved), *a.* ljubljen, ljubezan, obljubljen.

**below** (bilō'), *prep. i adv.* ispod, pod; niže.

**belt** (belt), *v.* pasati, opasati; — *n.* pas, pojas.

**belted** (be'lted), *a.* opasan.

**belvedere** (be'lvedī'r), *n.* ljetnikovac; izgradnja na krovu.

**bemire** (bima'er), *v.* zamuljiti, oblatiti.

**bemoan** (bimō'n), *v.* jadikovati, oplakivati.

**bemused** (bimjū'zd), *a.* opojen, mamuran.

**ben** (ben), *n.* gorski vrhunac.

**bench** (benč), *v.* oskrbiti klupama; postaviti na klupu, držati na klupi; — *n.* klupa; sudačka stolica; suci.

**bencher** (be'nčör), *n.* starješina, najstariji prisjednik.

**bend** (bend), *v.* savijati, iskriviti; upokoriti, pripitomiti; zaokrenuti; — *n.* zaokretaj; krivulja, krivina, zavoj.

**beneath** (binī't), *prep. i adv.* pod, ispod; niže.

**benediction** (be'nidi'kšön), *n.* blagoslov.

**benefaction** (be'nifă'kšön), *n.* dobročinstvo; dobro.

**benefactor** (be'nifă'ktör), *n.* dobročinitelj.

**benefactress** (be'nifă'ktres), *n.* dobročiniteljica.

**benefice** (be'nifis), *n.* nadarbina.

**beneficed** (be'nifist), *a.* koji ima nadarbinu.

**beneficence** (bine'fisens), *n.* dobrotvornost.

**beneficent** (bine'fisent), *a.* dobrotvoran.

**beneficently** (bine'fisentli), *adv.* dobrotvorno.

**beneficial** (be'nifi'šöl), *a.* koristan, probitačan.

**beneficially** (be'nifi'šöli), *adv.* blagotvorno, korisno.

**beneficiary** (be'nifi'šieri), *n.* baštinik; nadarbenik.

**benefit** (be'nifit), *v.* koristiti; dobivati potporu; — *n.* potpora; dobrobit, korist.

**benevolence** (bine'volens), *n.* dobrohotnost, milosrdnost; dobročinstvo.

**benevolent** (bine'volent), *a.* dobrohotan; blag; milostiv, milosrdan.

**benevolently** (bine'volentli), *adv.* dobrohotno; milostivo.

**benight** (bina'jt), *v.* potamniti, zamračiti.

**benighted** (bina'jted), *a.* zadržan noću; neuk; pokvaren.

**benign** (bina'jn), *a.* milostiv, dobar; blag.

**benignant** (bini'gnönt), *a.* milosrdan; dobrostiv.

**benignantly** (bini'gnöntli), *adv.* milostivo, dobrostivo.

**benignity** (bini'gniti), *n.* dobrostivost, dobrota.

**benignly** (bina'jnli), *adv.* milostivo, blago.

**benison** (be'nizn), *n.* blagoslov.

**bent** (bent), *n.* prigib, zavoj; pristranost; naklonjenost; pustopašina.

**benumb** (bina'm), *v.* zatomiti, otupiti, ukočiti, umrtviti.

**benzene** (be'nzin), *n.* benzin.

**benzoin** (benzo'in), **benzoine** (be'nzojn), *n.* benzoa, benzoinska smola.

**benzole** (be'nzōl), **benzoline** (be'nzolin), *n.* benzin, benzol.

**bepraise** (bipre'jz), *v.* prekomjerno hvaliti, veličati.

**bequeath** (bikui't), *v.* oporučiti, ostaviti posljednjom voljom; namijeniti, dati.

**bequest** (bikue'st), *n.* ostavština.

**bere** (bēr), *n.* ječam-brkalj.

**bereave** (birī'v), *v.* lišiti; ugrabiti.

**bereavement** (birī'vment), *n.* lišenje; teški gubitak, nesreća.

**beretta** (bire'tö), *n.* svećenička kapa.

**bergamot** (bö'rgămăt), *n.* mirisavka (*kruška*); bergamotovo ulje.

**berlin** (bö'rlin, *ili* börli'n), *n.* vrst kočije; vuna za vezenje.

**berry** (be'ri), *n.* jagoda, zrno.

**berth** (bört), *v.* dodijeliti mjesto; — *n.* krevet na željeznici *ili* brodu; mjesto broda na sidrištu.

**beseech** (bisī'č), *v.* prositi, moliti.

**beseechingly** (bisī'čingli), *adv.* proseći, moleći.

**beseem** (bisī'm), *v.* pristojati; dolikovati.

**beseeming** (bisī'ming), *a.* pristojan, doličan.

**beset** (bise't), *v.* opsijedati, opkoliti; pritisnuti sa sviju strana.

**besetting** (bise'ting), *a.* bez prestanka napadajući.

**beshrew** (bišru'), *v.* prokleti; želiti zlo.

**beside** (bisa'jd), **besides** (bisa'jdz), *prep. i adv.* uz, kraj, blizu; povrh, uz to; k tomu.

**besiege** (bisī'd), *v.* opsijedati; opkoliti.

**besieger** (bisī'dör), *n.* opsadnik.

**besmear** (bismī'r), *v.* mazati, namazati; uprljati.

**besom** (bi'zöm), *n.* kefica; metla.

**besot** (bisa't), *v.* otupiti, obezumiti (*pićem*); zarobiti.

**besotted** (bisa'ted), *a.* zaluđen, tup.

**bespangle** (bispă'ngl), *v.* ukrasiti blistavilom.

**bespatter** (bispă'tör), *v.* poprskati, okaljati.

**bespeak** (bispi'k), *v.* snubiti, zamoliti unaprijed; dati znak.

**bespread** (bispre'd), *v.* rasprostrijeti, proširiti.

**besprinkle** (bispri'nkl), *v.* naprskati, poprskati.

**best** (best), *superl.* najbolji; — *adv.* najbolje; — *n.* najbolje.

**bestead** (biste'd), *v.* poslužiti, pomoći; činiti dobro.

**bestial** (be'sčöl), *a.* zvjerski, životinjski.

**bestiality** (be'stiă'liti), *n.* zvjerstvo, okrutnost.

**bestially** (be'sčöli), *adv.* zvjerski, okrutno.

**bestir** (bistö'r), *v.* uzbuditi, uzvrpoljiti.

**bestow** (bistō'), *v.* položiti; podijeliti; dati; pružiti; staviti.

**bestowal** (bistō'öl), *n.* podijeljenje; dar.

**bestower** (bistō'ör), *n.* podijelitelj; raspolagatelj.

**bestraddle** (bistrǎ'dl), *v. isto kao* **to bestride.**

**bestrew** (bistru'), *v.* posipati, posuti.

**bestride** (bistra'jd), *v.* stajati *ili* zasjesti prekoračenim nogama, prekoračiti.

**bet** (bet), *v.* kladiti se; — *n.* oklada.

**betake** (bite'jk), *v.* uteći se, preduzeti si.

**bethink** (biti'nk), *v.* dozivati si u pamet; sjećati se; domišljati se.

**betide** (bita'jd), *v.* dogoditi se, zbiti se, slučiti se.

**betimes** (bita'jmz), *adv.* pravodobno; rano.

**betoken** (bitō'kn), *v.* odavati, značiti; nagoviještati.

**betray** (bitre'j), *v.* izdati, uloviti u zamku; zavesti.

**betrayal** (bitre'al), *n.* izdaja.

**betrayer** (bitre'ör), *n.* izdajica, izdajnik.

**betroth** (bitrǎ't), *v.* zaručiti, vjeriti.

**betrothal** (bitrǎ'döl), *n.* zaruke; vjeridba.

**better** (be'tör), *v.* poboljšati; unaprijediti; — *comp.* bolji; unaprijeđen; — *adv.* bolje; više; jače.

**bettor, better** (be'tör), *n.* okladnik, kladitelj.

**between** (bitu̲i'n), *prep.* među, usrijed; između.

**betwixt** (bitu̲i'kst), *prep.* između, među.

**bevel** (be'vel), *v.* učiniti kosim; biti kos; — *a.* kos; kosokutan; — *n.* kosi kut; kutomjer.

**beverage** (be'vöred), *n.* pilo, piće.

**bevy** (be'vi), *n.* jato; društvo žena.

**bewail** (biu̲e'jl), *v.* tugovati, jadikovati; oplakivati.

**beware** (biu̲ē'r), *v.* paziti se, čuvati se.

**bewilder** (biu̲i'ldör), *v.* zapanjiti; smutiti.

**bewilderment** (biu̲i'ldörment), *n.* zabuna, zapanjenost.

**bewitch** (biu̲i'č), *v.* začarati; ocoprati; zatraviti; ushititi.

**bewitchery** (biu̲i'čöri), *n.* začaranje; čari.

**bewitching** (biu̲i'čing), *a.* čaroban.

**bewitchingly** (biu̲i'čingli), *adv.* čarobno.

**bewitchment** (biu̲i'čment), *n.* začaranost.

**beyond** (bijǎ'nd), *prep. i adv.* iznad, nad; preko; izvan; s one strane.

**bezel** (be'zel), *n.* dio prstena, koji drži kamen.

**biangular** (bajǎ'ngjulör), *a.* dvokutan, dvouglast.

**bias** (ba'jös), *v.* nagnuti, prignuti; skloniti predrasudom; škoditi; — *n.* presuda, predrasuda, pristranost.

**biased, biassed** (ba'jöst), *a.* pristran, predrasudan.

**bib** (bib), *n.* pršnjak *(dječji)*.

**bibber** (bi'bör), *n.* pijanac, pilac.

**Bible** (bajbl), *n.* sveto pismo.

**Biblical** (bi'bliköl), *a.* biblijski, po svetom pismu.

**Biblically** (bi'biköli), *adv.* po svetom pismu.

**Biblicist** (bi'blisist), *n.* vještak u svetom pismu.

**bibliographical** (bi'bliogrǎ'fiköl), *a.* knjigopisni.

**bibliography** (bi'bliǎ'gröfi), *n.* bibliografija, knjigopis.

**bibliomania** (bi'bliome'niö), *n.* pohlepa za rijetkim knjigama.

**bibliopegy** (bi'bliǎ'peđi), *n.* knjigovežna umjetnost.

**bibliophile** (bi'bliofa̲el), *n.* knjigoljub.

**bibliopolist** (bi'bliǎ'polist), *n.* prodavalac knjiga.

**bibulous** (bi'bjulös), *a.* spužvast; odan piću.

**bicarbonate** (bajka'rbonet), *n.* bikarbonat.

**bicentenary** (bajse'ntenöri), *n.* dvijestogodišnjica.

**biceps** (ba'jseps), *n.* mišica ruke i stegna.

**bicker** (bi'kör), *v.* prepirati se, svađati se.

**bicycle** (ba'jsikl), *n.* kotur, kotač, bicikl.

**bicyclist** (ba'jsiklist), *n.* biciklist.

**bid** (bid), *v.* ponuditi; naložiti; zapovjediti; pozvati; osloviti; proglasiti; tražiti; — *n.* ponuda; nabijanje; natječaj.

**biddable** (bi'döbl), *a.* pokoran, krotak.

**bidding** (bi'ding), *n.* poziv; nalog; ponuda.

**bide** (bajd), *v.* čekati, očekivati; snositi, podnašati, trpjeti; stanovati, boraviti.

**bidental** (bajde'ntöl), *a.* dvozub.

**bidet** (bide't), *n.* konj samarnjak.

**biennial** (bae'niöl), *a.* dvogodišnji; — *n.* dvoljetnica (*biljka*).

**biennially** (bae'niöli), *adv.* dvogodišnje; jednom svake dvije godine.

**bier** (bīr), *n.* mrtvačka nosila; lijes (*mrtvački*).

**bifid** (ba'jfid), *a.* raskoljen, rascijepljen.

**bifurcate** (bajfö'rket), *a.* rašljast.

**big** (big), *a.* velik, omašan; trudna.

**bigamist** (bi'gömist), *n.* bigamist, dvoženac.

**bigamy** (bi'gömi), *n.* bigamija, dvoženstvo.

**bight** (bajt), *n.* malen zaljev, dražica; savitak.

**bigness** (bi'gnes), *n.* veličina.

**bigot** (bi'göt), *n.* bogomoljac, licemjerac.

**bigoted** (bi'göted), *a.* bogomoljan, licemjeran.

**bigotry** (bi'götri), *n.* bogomoljstvo, licemjerstvo.

**bijou** (bi'žu'), *n.* dragulj; uresnina.

**bilander** (ba'jländör), *n.* vrst lađe sa dva jarbola.

**bilateral** (bajlă'töröl), *a.* dvostran.

**bilberry** (bi'lbe'ri), *n.* borovnica.

**bilbo** (bi'lbō), *n.* bodež, mač.

**bilboes** (bi'lbōz), *n.* negve za prestupnike na brodu.

**bile** (ba'el), *n.* žuč; jad.

**bilge** (bild), *n.* izbočina (*bačve*); širina dna na brodu; — *v.* propuštati vodu.

**bilge-water** (bi'ldua'tör), *n.* voda na dnu broda.

**biliary** (bi'liöri), *a.* žučni.

**bilingual** (bajli'nguöl), *a.* dvojezičan.

**bilious** (bi'lias), *a.* žučni, žučljiv.

**biliteral** (bajli'töröl), *a.* dvoslovčan.

**bilk** (bilk), *v.* prevariti; izbjegavati.

**bill** (bil), *v.* dotaći se kljunovima; ljubakati se; proglasiti; pribiti oglase; — *n.* kljun; škare za obrezavanje; oružje; zadužnica, obveznica; oglas, plakat; zakonska osnova.

**billet** (bi'let), *v.* nastaniti (*vojnike*); — *n.* pisamce, cedulja; stanovnica; komad drveta.

**billet-doux** (bi'ledu'), *n.* ljubavno pisamce.

**billiards** (bi'ljördz), *n.* biljar.

**billingsgate** (bi'lingzge'jt), *n.* prostački jezik.

**billion** (bi'ljön), *n.* biljun.

**billow** (bi'lō), *v.* talasati se; — *n.* talas, val.

**billowy** (bi'loi), *a.* talasast, valovit.

**bimanous** (ba'jmănös), *a.* dvoručan.

**bimensal** (bajme'nsöl), *a.* dvomjesečni.

**bimonthly** (bajma'ntli), *a.* dvomjesečan.

**bin** (bin), *n.* žitnica, žitnjak; pivnica.

**binary** (ba'jnöri), *a.* dvostruk.

**bind** (bajnd), *v.* vezati; ograničiti; obvezati; omotati; utvrditi; otvrdnuti.

**binder** (ba'jndör), *n.* knjigoveža; povezač.

**binding** (ba'jnding), *n.* vezanje; vez.

**bing** (bing), *n.* kup, hrpa, gromada.

**binnacle** (bi'nökl), *n.* kućica za busulju.

**binocle** (ba'jnökl), *n.* dvogubi dalekozor.

**binocular** (bajna'kjulör), *a.* dvook; — *n.* dvogubi dalekozor.

**binomial** (bajno'miöl), *a.* dvočlan.

**biographer** (bajá'gröför), *n.* životopisac.

**biographical** (ba'jogră'fiköl), *a.* životopisan.

**biography** (bajá'gröfi), *n.* životopis, biografija.

**biologist** (bajă'lödist), *n.* biolog, životoslov.

**biology** (bajă'lödi), *n.* biologija, životoslovje.

**bipartite** (bajpa'rtajt), *a.* dvodjelan; predvojen.

**biped** (ba'jped), *n.* dvonožac.

**birch** (börč), *n.* breza; — *a.* brezov.

**birchen** (bö'rčen), *a.* brezov.

**bird** (börd), *n.* ptica.

**bird-lime** (bö'rdla'jm), *n.* lijepak (*za lovljenje ptica*).

**bird's-eye** (bö'rdza'j), *a.* gledan odzgor; opsežan i širok; — *n.* duhan.

**biretta** (bire'tö), *n.* svećenička četverouglasta kapa.

**birth** (bört), *n.* rođenje; porod; porijetlo.

**birth-certificate** (bö'rtsörti'fiket), *n.* rodni list.

**birthday** (bö'rtde'j), *n.* rođendan.
**birthplace** (bö'rtple'js), *n.* rodno mjesto.
**birthright** (bö'rtra'jt), *n.* pravo po porodu.
**biscuit** (bi'skit), *n.* dvopek, piškota.
**bisect** (bajse'kt), *v.* raspoloviti, prorezati.
**bisection** (bajse'kšön), *n.* raspolovljenje, prorezanje.
**bishop** (bi'šöp), *n.* biskup.
**bishopric** (bi'šöprik), *n.* biskupija.
**bismuth** (bi'smöt), *n.* vismut.
**bison** (ba'jsön), *n.* amerikanski tur, bison.
**bissextile** (bise'kstil), *n.* prestupna godina.
**bistre** (bi'stör), *n.* garilo.
**bisulcate** (bajsa'lket), *a.* paponjast; dvošipast.
**bit** (bit), *v.* zauzdati; — *n.* komadić; dio; žvala; svrdao.
**bitch** (bič), *n.* kuja, kučka.
**bite** (bajt), *v.* gristi, ugristi; ujedati; izjedati; — *n.* grizenje; ugriz, ujed; ugrizak; meka.
**biting** (ba'jting), *a.* ugrižljiv, ujedljiv; oštar; strog; sarkastičan.
**bitingly** (ba'jtingli), *adv.* ujedljivo; oštro; sarkastično.
**bitter** (bi'tör), *a.* gorak, jedak; oštar; bolan; nesrećan, nevoljan.
**bitterish** (bi'töriš), *a.* ponješto gorak, nagrk.
**bitterly** (bi'törli), *adv.* gorko; oštro; strogo.
**bittern** (bi'törn), *n.* smeđa čaplja.
**bitterness** (bi'törnes), *n.* gorkost, gorčina; mržnja.
**bitters** (bi'törs), *n.* gorko piće.
**bitumen** (bitju'men), *n.* paklina, smolina.
**bituminous** (bitju'minas), *a.* paklinast.
**bivalve** (ba'jvölv), *a.* dvoklopan; — *n.* dvoklopnik.
**bivouac** (bi'vuăk), *v.* nočiti pod vedrim nebom; — *n.* noćenje pod vedrim nebom.
**biweekly** (bajui'kli), *a.* dvotjedan; — *n.* dvotjednik.
**bizarre** (biza'r), *a.* čudan, osobit, osebujan.
**blab** (blăb), *v.* brbljati, buncati.
**blabber** (blă'bör), *n.* brbljavac.

**black** (blăk), *v.* pocrniti; — *a.* crn, taman; turoban; mrk; — *n.* crnina; tamnost, tama; crnac.
**blackamoor** (blă'kămu'r), *n.* crnac.
**black-ball** (blă'kbă'l), *v.* zabaciti tajnim glasovanjem; — *n.* crna kugljica.
**blackberry** (blă'kbe'ri), *n.* kupina.
**blackbird** (blă'kbö'rd), *n.* kos.
**black-board** (blă'kbō'rd), *n.* školska ploča, tabla.
**black-cap** (blă'kkă'p), *n.* crnoglavka (*ptica*).
**blackcock** (blă'kkă'k), *n.* mali tetrijeb.
**blacken** (blăkn), *v.* pocrniti; ocrniti, oklevetati.
**black-friar** (blă'kfra'ör), *n.* dominikanac.
**blackguard** (blă'görd), *v.* obružiti; — *n.* lupež, ništarija.
**blackguardism** (blă'gördizm), *n.* lopovstvo, lupeštvo.
**blackguardly** (blă'gardli), *adv.* lopovski; prostački.
**blacking** (blă'king), *n.* laštilo (*za cipele*).
**black-iron** (blă'ka'jörn), *n.* crna lima.
**blackish** (blă'kiš), *a.* crnkast.
**black-lead** (blă'kle'd), *n.* tuha.
**black-leg** (blă'kle'g), *n.* varalica, prevarant.
**black-letter** (blă'kle'tör), *n.* gotsko pismo.
**black-list** (blă'kli'st), *n.* popis osuđenika, imenik sumnjivaca *ili* propalih; — *v.* staviti na osudnu listinu.
**black-mail** (blă'kme'jl), *v.* ubirati ucjenu na razbojnički način; ocrniti; — *n.* razbojnička ucjena; lopovska tražbina; ocrnjivanje; kleveta.
**black-sheep** (blă'kši'p), *n.* crna ovca; izmetnik.
**blacksmith** (blă'ksmi't), *n.* kovač.
**blackthorn** (blă'kto'rn), *n.* crni glog.
**bladder** (blă'dör), *n.* mjehur; prišt.
**blade** (blejd), *n.* oštrica; list; vlat; ploha.
**blain** (blejn), *n.* mozul, čir.
**blamable** (ble'jmöbl), *a.* pokudan, prijekoran.
**blame** (blejm), *v.* koriti, ukoriti; — *n.* ukor, prijekor; pogrješka.
**blameless** (ble'jmles), *a.* besprikoran; neporočan.

**blanch** (blănč), *v.* pobijeliti.

**bland** (blănd), *a.* blag; umirujući; dobrostiv.

**blandish** (blă'ndiš), *v.* umiriti; milovati; laskati.

**blandishment** (blă'ndišment), *n.* slatke riječi; milovanje; laskanje.

**blank** (blănk), *a.* bijel; blijed; prazan; čist; — *n.* čisti papir; praznina; cilj.

**blanket** (blă'nket), *a.* gunj, vunen pokrivač; biljac.

**blanketing** (blă'nketing), *n.* latak za biljce.

**blankly** (blă'nkli), *adv.* prazno; blijedo; smeteno.

**blare** (blēr), *v.* zadrečati se; zatrubiti; glasno proglasiti; — *n.* orenje; dreka.

**blarney** (bla'rni), *v.* laskati, udvarati; — *n.* laskav jezik; udvorica.

**blase** (bla'ze'), *a.* zasićen; istrošen, izrabljen.

**blaspheme** (blăsfī'm), *v.* psovati, huliti.

**blasphemer** (blăsmī'för), *n.* hulitelj, bogopsovnik.

**blasphemous** (blă'sfimas), *a.* bogohulni.

**blasphemy** (blă'sfimi), *n.* blasfemija, hula na Boga.

**blast** (blăst), *v.* prahom razvaliti, razoriti, lagumom dignuti; opaliti, osušiti; uništiti; — *n.* vihar, vjetar; planuće, raspadanje; kužna para; opala, snijet.

**blatant** (ble'jtönt), *a.* bučan, pogrdan.

**blaze** (blejz), *v.* plamtjeti, plamsati, buktjeti; blistati; razglasiti; rastrubiti; — *n.* plamen; sjaj, bljesak; provala; lisa (*u konja*).

**blazon** (ble'jzön), *v.* resiti, krasiti; proglasiti, objelodaniti; slikati grbove; sjajiti; — *n.* grb; grboslovlje.

**blazoner** (ble'jzönör), *n.* grbar; glasnik.

**blazonry** (ble'jzönri), *n.* grboslovlje.

**bleach** (blīč), *v.* pobijeliti, bijeliti.

**bleacher** (blī'čör), *n.* bjelilac; sjedalo pod vedrim nebom.

**bleachery** (blī'čöri), *n.* mjesto za bijeljenje.

**bleak** (blīk), *a.* izložen, izvrgnut; prazan, pust; turoban; hladan.

**blear** (blīr), *v.* zamagliti, zakrmeljiti; — *a.* krmeljiv; suznat.

**blear-eyed** (blī'ra'jd), *a.* krmeljiv.

**bleat** (blīt), *v.* blejati, bleknuti; — *n.* blejanje, bleka.

**bleed** (blīd), *v.* krvariti; puštati krv; iscjeđivati novac.

**bleeding** (blī'ding), *n.* krvarenje; puštanje krvi; isisavanje.

**blemish** (ble'miš), *v.* nagrđivati; mazati; — *n.* mrlja; mana; sramota.

**blench** (blenč), *v.* stezati se; žacnuti se; uzmaknuti.

**blend** (blend), *v.* pomiješati (se); — *n.* mješavina; smjesa.

**bless** (bles), *v.* blagosloviti; usrećiti; posvetiti.

**blessed** (ble'sed), *a.* blagoslovljen, blažen; srećan.

**blessedness** (ble'sednes), *n.* svetost; blaženstvo; veselje; sreća.

**blessing** (ble'sing), *n.* blagoslov; sreća.

**blest** (blest), *a.* blagoslovljen; usrećen; veseo.

**blight** (blajt), *v.* pofuriti, osušiti; pokvariti; izjaloviti; — *n.* upala, popara; pofurenje.

**blind** (blajnd), *v.* oslijepiti, zaslijepiti; — *a.* slijep; bez otvora; — *n.* zaslon; zastor; izlika.

**blindfold** (bla'jndfo'ld), *v.* zaslijepiti; prekriti oči; — *a.* zaslijepljen; sa prekritim očima.

**blindly** (bla'jndli), *adv.* slijepo.

**blindness** (bla'jndnes), *n.* sljepoća; neukost.

**blind-worm** (bla'jnduö'rm), *n.* sljepić.

**blink** (blink), *v.* migati; žmirkati; zažmiriti; ukloniti se; — *n.* mig, trepet, tren; pogled.

**blinker** (bli'nkör), *n.* očnica (*za konja*).

**bliss** (blis), *n.* blaženstvo; sreća.

**blissful** (bli'sful), *a.* blažen; srećan.

**blister** (bli'stör), *v.* ispušiti se; oprištiti se; obložiti mečem; — *n.* prišt, prištić, mjehurić.

**blister-fly** (bli'störfla'j), *n.* babak.

**blistery** (bli'störi), *a.* prištljiv, pun prištića; ispušen.

**blithe** (blajd), *a.* veseo.

**blithely** (bla'jdli), *adv.* veselo.

**blithesome** (bla'jdsöm), *a.* veseo, dobre volje.

**blizzard** (bli'zörd), *n.* oluja, bura, mećava.

**bloat** (blōt), *v.* nabreknuti, naduti, nabuhnuti.

**bloated** (blō'ted), *a.* nabuhnut, nabreknut.

**bloater** (blō'tör), *n.* suha haringa.

**block** (blàk), *v.* zatvoriti; zaustaviti; priječiti, zakrčiti; — *n.* klada, panj; komad; skup kuća; zapreka; budala.

**blockade** (blàke'jd), *v.* opsjedati; zaposjesti; priječiti; — *n.* opsada; zaposjednuće.

**blockhead** (blà'khe'd), *n.* blesan, bukvan.

**block-house** (blà'kha'us), *n.* kladara.

**blockish** (blà'kiš), *a.* budalast, glup.

**block-tin** (blà'kti'n), *n.* kositar u kusima.

**blond, blonde** (blànd), *a.* plav; — *n.* plavojka, plavka.

**blood** (blad), *v.* krvariti; okrvaviti; puštati krv; — *a.* krvni; krvav; — *n.* krv; srodstvo; rod; sok od voća.

**blood-heat** (bla'dhī't), *n.* toplina krvi.

**blood-horse** (bla'dho'rs), *n.* konj čiste pasmine.

**blood-hound** (bla'dha'und), *n.* krvolok; vižla.

**bloodily** (bla'dili), *adv.* okrutno.

**bloodiness** (bla'dines), *n.* krvoločnost.

**bloodless** (bla'dles), *a.* beskrvan.

**blood-money** (bla'dma'ni), *n.* krvarina.

**bloodshed** (bla'dše'd), *n.* krvoproliće; pokolj. .

**blood-shot** (bla'dša't), *a.* upaljen.

**blood-stone** (bla'dstō'n), *n.* krvalj (*kamen*).

**blood-sucker** (bla'dsa'kör), *n.* krvopija.

**bloodthirsty** (bla'dtö'rsti), *a.* krvožedan.

**blood-vessel** (bla'dve'sel), *n.* krvna cijev.

**bloody** (bla'di), *a.* krvav; okrvavljen; okrutan.

**bloody-flux** (bla'difla'ks), *n.* srdobolja.

**bloom** (blūm), *v.* cvasti, cvjetati; — *n.* cvijet, cvijetak; cvjetanje; prašak (*na šljivi*).

**bloomy** (blū'mi), *a.* cvjetnast.

**blossom** (blà'söm), *v.* cvasti, cvjetati; — *n.* cvijet, cvat.

**blot** (blàt), *v.* zaprljati, umrljati, umazati; izbrisati; osušiti; — *n.* ljaga, mrlja, packa; izbrisanje.

**blotch** (blàč), *v.* umrljati, upackati; — *n.* mrlja, ljaga; prišt.

**blotchy** (blà'či), *a.* mrljav, zapackan.

**blotter** (blà'tör), *n.* bugačica.

**blotting-paper** (blà'tingpe'jpör), *n.* bugačica.

**blouse** (bla'uz), *n.* bluza, haljetak.

**blow** (blō), *v.* puhati, piriti; duhati; dunuti; trubiti, svirati; cvjetati, cvasti; — *n.* udarac; nesreća; puhanje, duvanje; cvjetanje; cvat.

**blower** (blō'ör), *n.* puhač; svirač; vjetrilo.

**blowpipe** (blō'pa'jp), *n.* puhaljka.

**blowze** (bla'uz), *n.* dunda.

**blowzy** (bla'uzi), *a.* rumen; bucmast.

**blubber** (bla'bör), *v.* izobličiti od plača; glasno se plakati; — *n.* kitov tuk; morski klobuk.

**bludgeon** (bla'đön), *n.* toljaga, kijača.

**blue** (blu), *v.* poplaviti, učiniti plavim; — *a.* plav, plavetan, modar; — *n.* plavetnost, modrina.

**bluebell** (blu'be'l), *n.* zvončić (*biljka*).

**blue-bottle** (blu'bà'tl), *n.* različak (*cvijet*); zujara (*muha*).

**blue-jacket** (blu'đà'ket), *n.* mornar.

**blue-stocking** (blu'stà'king), *n.* književnica, učena žena.

**blue-stone** (blu'stō'n), *n.* modra galica.

**bluff** (blaf), *v.* zasljepljivati, opsjeniti; varati; zastrti; sakriti; — *a.* varav; sakriven; vrletan, strm; krupan; otvoren, srdačan; — *n.* varka; zaslijepljenje, opsjena; visoka, vrletna obala.

**bluish** (blu'iš), *a.* plavkast.

**blunder** (bla'ndör), *v.* griješiti; biti u zabludi; posrnuti; — *n.* pogrješka, zabluda.

**blunderbuss** (bla'ndörba's), *n.* kratka puška sa širokom cijevi.

**blunt** (blant), *v.* otupiti; — *a.* tup; osoran.

**bluntly** (bla'ntli), *adv.* tupo; osorno, oštro.

**bluntness** (bla'ntnes), *n.* tupost; osornost; otvorenost, iskrenost.

**blur** (blör), *v.* umrljati, zamazati; zamračiti; učiniti nejasnim; — *n.* mrlja, packa, ljaga.

**blurt** (blört), *v.* naglo izreći, izbuncati.

**blush** (blaš), *v.* zacrveniti se, rumeniti se; — *n.* rumenilo, crvenilo lica; smetenost; stidljivost.

**blushing** (bla'šing), *a.* zacrvenjen, stidljiv.

**blushingly** (bla'šingli), *adv.* stidljivo.

**bluster** (bla'stör), *v.* bučiti, hujiti; razmetati se; — *n.* hujanje, buka, šum; hvalisanje.

**blusterer** (bla'störör), *n.* hvalisavac; larmaš.

**blustering** (bla'störing), *a.* bučan; vjetrovit; razmetljiv.

**boa** (bō'ă), *n.* udav.

**boar** (bōr), *n.* nerast, prasac.

**board** (bōrd), *v.* obiti pločama, popoditi; hraniti (se), biti na košti; davati stan i hranu; unići; saći na; — *n.* daska; ploča; hrana; stan i hrana; stol; sjednica; povjerenstvo, odbor, vijeće; sud; tvrdi papir.

**boarder** (bō'rdör), *n.* onaj, koji je na stanu i košti, koštar.

**boarding** (bō'rding), *n.* bivanje na stanu i košti; pođenje; daske.

**boarding-house** (bō'rdingha'us), *n.* kuća, u kojoj su ljudi na stanu i košti.

**boarding-school** (bō'rdingskū'l), *n.* pitomište.

**board-school** (bō'rdskū'l), *n.* škola pod upravom školskog povjerenstva.

**boarish** (bō'riš), *a.* praseći, svinjski.

**boast** (bōst), *v.* hvalisati se, hvastati se, razmetati se; — *n.* hvalisanje, razmetanje.

**boaster** (bō'stör), *n.* hvastavac, razmetljivac.

**boastful** (bō'stful), *a.* hvastav, razmetljiv.

**boastingly** (bō'stingli), *adv.* hvalisavo, razmetljivo.

**boat** (bōt), *v.* prevesti u čamcu, lađi; ući u čamac, lađu; — *n.* čamac, lađa, brod.

**boatman** (bō'tmön), *n.* lađar, brodar.

**boatswain** (bōsn), *n.* nadmornar.

**bob** (băb), *v.* drmati (se); potresati (se); podrezati, podsjeći, okusiti; neskladno igrati, klempati; — *n.* što visi; klempanje; drmanje; podrezana (*kosa ili rep*).

**bobbin** (bă'bin), *n.* sukalo, cijev, jumak.

**bobbinet** (bă'bine't), *n.* na stroju pravljena čipka.

**bode** (bōd), *v.* proricati; značiti unaprijed; slutiti.

**bodice** (bă'dis), *n.* prsluk; steznik.

**bodied** (bă'did), *a.* tjelesan, tijela.

**bodiless** (bă'diles), *a.* bez tijela.

**bodily** (bă'dili), *adv.* tjelesan, osoban; prav; — *adv.* tijelom, osobno, u istinu.

**bodkin** (bă'dkin), *n.* šilo; velika igla.

**body** (bădi), *v.* oskrbiti tijelom, dati tijelo; — *n.* tijelo; trup; osoba; cjelina; jakost, figura.

**body-guard** (bă'diga'rd), *n.* tjelesna straža.

**bog** (băg), *v.* kaljužati se, valjati se u blatu; — *n.* kaljuža, baruština.

**bogey, bogy** (bō'gi), *n.* duh, strašilo, utvara.

**boggle** (băgl), *v.* zaustaviti; zadržavati se; oklijevati, krzmati.

**boggling** (bă'gling), *a.* oklijevajući, krzmajući.

**boggy** (bă'gi), *a.* pun baruština, močvaran.

**bogie** (bō'gi), *n.* tovarna kola.

**bogus** (bō'gas), *a.* patvoren, lažan; krivotvoren.

**bohea** (bohī'), *n.* vrst crnog čaja.

**Bohemian** (bohi'miön), *a.* češki; — *n.* Čeh; ciganin.

**boil** (bo'el), *v.* uzavrjeti, vreti, kipjeti; kuhati (se); planuti; — *n.* čir, mozulj.

**boiler** (bo'jlör), *n.* kotao.

**boisterous** (bo'jstöras), *a.* bučan, goropadan, žestok.

**boisterously** (bo'jstörasli), *adv.* bučno, žestoko.

**bold** (bōld), *a.* smion, odvažan; drzak; vrletan.

**boldly** (bō'ldli), *adv.* smjelo; drsko.

**boldness** (bō'ldnes), *n.* smjelost, neustrašivost; drskost.

**bole** (bōl), *n.* trup, deblo.

**boll** (bōl), *v.* mohunati se; — *n.* mohuna, tobolac; žitna mjera ( *od 6. bušla*).

**Bolshevik** (bă'lšivi'k), *a.* boljševički; — *n.* boljševik.

**Bolshevism** (bă'lšivizm), *n.* boljševizam.

**bolster** (bō'lstör), *v.* jastučiti; poduprijeti; obložiti; — *n.* jastuk, blazina; podložnica.

**bolt** (bōlt), *v.* odmagliti; zakračunati, pričvrstiti; proždrijeti; prorešetati; — *n.* strjelica; strijela; zavor; svornjak; klin.

**bolter** (bō'ltör), *n.* vitao; sito.

**bolt-upright** (bo'ltạ'prajt), *v.* uspravan.

**bomb** (bạm), *n.* bomba.

**bombard** (bạmba'rd), *v.* bombardirati; — *n.* kratki top.

**bombardier** (bạ'mbardī'r), *n.* topnik; puckar (*kukac*).

**bombardment** (bạmba'rdment), *n.* bombardiranje.

**bombast** (bạ'mbǎst), *n.* nadut govor.

**bombastic** (bạmbǎ'stik), *a.* nadut, bombastičan.

**bombastically** (bạmbǎ'stiköli), *adv.* naduto, bombastično.

**bombazine** (bạ'mbǒzi'n), *n.* latak od vune i svile, bombazin.

**bona fide** (bō'nö fa'jdi), *a.* u dobroj vjeri, nakani.

**bon-bon** (bạ'nbạ'n), *n.* poslastica, bonbon.

**bond** (bạnd), *v.* pismeno se obvezati; dati jamčevinu, zadužnicu; pohraniti; — *a.* podvržen; zarobljen; nevoljni; — *n.* obaveza; obveznica; (*pl.*) lanci; utamničenje.

**bondage** (bạ'ndeđ), *n.* ropstvo; nevoljništvo.

**bonded** (bạ'nded), *a.* osjeguran obveznicom; pod jamčevinom; obvezan.

**bonder** (bạ'ndör), *n.* obvezatelj; pohranitelj u skladišta.

**bond-holder** (bạ'ndho'ldör), *n.* vlasnik obveznice.

**bondman** (bạ'ndmön), *n.* rob; nevoljnik.

**bondsman** (bạ'ndzmön), *n.* jamac; rob.

**bone** (bōn), *v.* uzeti van kosti; — *n.* kost.

**boned** (bōnd), *a.* koščat; bez kostiju.

**bonefire** (bạ'nfa'er), *n.* radosna vatra.

**bon-mot** (bạ'nmo'), *n.* domišljatost, dosjetljivost.

**bonne** (bạn), *n.* odgojiteljica.

**bonnet** (bạ'net), *n.* ženski šešir; kapa.

**bonny** (bạ'ni), *a.* krasan, lijep, ljepušan.

**bonus** (bō'nös), *n.* bonus, naknada; dar.

**bony** (bō'ni), *a.* sa kostima, koščat, snažan.

**bonze** (bạnz), *n.* indijski svećenik.

**booby** (bu'bi), *n.* bena, blesan.

**boodle** (būdl), *n.* mito, novac.

**book** (bụk), *v.* uknjižiti, upisati; — *n.* knjiga.

**booking-office** (bụ'kingạ'fis), *n.* ured, gdje putnici dobivaju karte.

**bookish** (bụ'kiš), *a.* podan knjigama *ili* čitanju.

**book-keeper** (bụ'k-kī'pör), *n.* knjigovođa.

**booklet** (bụ'klet), *n.* knjižica.

**book-maker** (bụ'kme'jkör), *n.* knjigotvorac; navadni kladilac.

**bookseller** (bụ'kse'lör), *n.* knjižar.

**bookworm** (bụ'kụö'rm), *n.* knjigotoč, knjižni moljac.

**boom** (būm), *v.* tutnjiti, grmiti, šumiti; napredovati; — *n.* tutnjava, šum; lanac; priječka; kolac; živahnost; napredak.

**boomerang** (bu'möräng), *n.* drvena pračka.

**boon** (būn), *a.* radostan, veseo, ugodan; — *n.* odgovor na molbu; usluga; dar.

**boor** (būr), *n.* muž, seljak; prostak.

**boorish** (bū'riš), *a.* muški, seoski; prost.

**booze** (būz), *v.* pijančevati, lokati; — *n.* pijača.

**boozer** (bū'zör), *n.* pijanica, zalokanac.

**boozy** (bū'zi), *a.* pripit.

**boot** (būt), *v.* koristiti; obuti (se); ispustiti, gurati naokolo (*loptu*); — *n.* dobit; obuća; poslužnik.

**booted** (bū'ted), *a.* obut.

**booth** (būt), *n.* daščara.

**boot-jack** (bū'tdǎ'k), *n.* ozuvalo.

**bootless** (bū'tles), *a.* beskoristan; bez cipela, škornja.

**boot-tree** (bū't-tri'), **boot-last** -bū't-lǎ'st), *n.* kalup.

**booty** (bū'ti), *n.* plijen; pljačka.

**boracic** (borǎ'sik), *a.* borov.

**borax** (bō'rǎks), *n.* borač.

**border** (bo'rdör), *v.* približiti se, graničiti; omeđašiti; obrubiti; — *n.* međa; granica; obrub, okvir.

**borderer** (bo'rdörör), *n.* krajišnik.

**bore** (bōr), *v.* bušiti, vrtati, probušiti; — *n.* rupa, luknja; svrdao; dosadan čovjek; velika plima.
**boreal** (bō'riöl), *a.* sjeverni.
**boreas** (bō'riös), *n.* sjever (*vjetar*).
**borecole** (bō'rkō'l), *n.* zimski kupus.
**borer** (bō'rör), *n.* svrdao; bušilac.
**boric** (bo'rik), *a. isto kao* **boracic.**
**born** (born), *a.* rođen.
**borne** (born), *a.* nošen.
**borough** (bö'rō), *n.* trgovište, gradić.
**borrow** (bȧ'rō), *v.* uzajmiti, posuditi.
**borrower** (bȧ'roör), *n.* pozajmljivač, uzajmitelj.
**bort** (bȧrt), *n.* komadići od dragulja.
**boscage, boskage** (bȧ'skeđ), *n.* šikara, grmlje, drveće.
**bosh** (bȧš), *n.* ludorija, besmislica.
**bosky** (bȧ'ski), *a.* šumovit, grmovit.
**bosom** (bu'zöm), *v.* prikriliti, sakriti; — *n.* prsa; njedra, grudi; — *a.* ljubljen; drag; iskren.
**boss** (bȧs), *v.* gospodovati, gospodariti; bosami ukrasiti; — *n.* nadziratelj radnika; gospodar; bosa; kvrga, grba.
**bossy** (bȧ'si), *a.* urešen bosami.
**botanic** (botȧ'nik), **botanical** (botȧ'niköl), *a.* botanički, biljarski.
**botanist** (bȧ'tönist), *n.* botanik.
**botanize** (bȧ'tönajz), *v.* botanizovati, biljariti.
**botany** (bȧ'töni), *n.* botanika, biljarstvo.
**botch** (bȧč), *v.* prtljati; nagrditi, izobličiti; krpati; — *n.* prtljarija.
**botcher** (bȧ'čör), *n.* krpač; prtljanac.
**botchy** (bȧ'či), *a.* skrpan.
**both** (bōt), *a. i pron.* oboje, obadvoje; obadva; — *conj.* baš kao; s jedne strane.
**bother** (bȧ'dör), *v.* zanovijetati, dosađivati, uznemirivati; — *n.* nemir; dosađivanje.
**bothersome** (bȧ'dörsạm), *a.* dosadan, uznemirujući.
**bott, bot** (bȧt), *n.* klečnjak.
**bottle** (bȧtl), *v.* puniti flaše, stavljati u boce; — *n.* boca, staklenica.
**bottle-holder** (bȧ'tlho'ldör), *n.* promicatelj šakačke borbe.
**bottle-nose** (bȧ'tlnō'z),*n.* vrst kita.
**bottom** (bȧ'töm), *v.* utemeljiti, sagraditi; — *n.* dno; temelj; dolina; brod; mulj.

**bottomless** (bȧ'tömles), *a.* bez dna; nedokučiv.
**bottomry** (bȧ'tömri), *n.* brodovni zajam.
**boudoir** (bu'duạ'r), *n.* soba, izba.
**bough** (bạ'u), *n.* grana.
**bougie** (bu'ži'), *n.* voštanica.
**bouillon** (bu'ljön), *n.* čorba, čista mesna juha.
**boulder** (bō'ldör), *n.* obluć.
**boulevard** (bu'lövard), *n.* široka gradska ulica.
**bounce** (bạ'uns), *v.* odbiti se; iskočiti; skakati; lupati; navaliti; — *n.* udarac; odboj; odskok; napad; hvastanje.
**bouncer** (bạ'unsör), *n.* hvastavac; lažac.
**bouncing** (bạ'unsing), *a.* đeđeran, velik, jak; hvastav.
**bound** (bạ'und), *v.* ograničiti, međašiti; obuzdati; skočiti; odskočiti; — *a.* obvezan; siguran; gotov, pripravan.
**boundary** (bạ'undöri), *n.* međa, granica.
**bounden** (bạ'unden), *a.* obvezan, obvezatan.
**boundless** (bạ'undles), *a.* neograničen.
**bounteous** (bạ'untiạs), *a.* darežljiv; dobrostiv.
**bounteously** (bạ'untiasli), *adv.* darežljivo; dobrostivo.
**bountiful** (bạ'untifuḷ), *a.* dobrostiv, veledušan, darežljiv.
**bounty** (bạ'unti), *n.* dobrostivost; veledušnost; nagrada.
**bouquet** (buke'), *n.* kita (*cvijeća*); miris (*vina*).
**bourgeois** (bu'ržuạ'), *a.* srednjoklasni; neobdjelan; neodgojen; običan; — *n.* buržoa, čovjek srednje klase; gradski čovjek.
**bourgeoisie** (bu'ržuạzī'), *n.* buržoazija, ljudi srednje klase; gradski ljudi.
**bourn** (born), *n.* međa, granica.
**bourse** (burs), *n.* burza.
**bout** (bạ'ut), *n.* mah, krat, put, zgoda; borba, hrvanje; napor.
**bovine** (bo'vajn), *a.* goveđi, volovski; trom; tup.
**bow** (bō), *n.* luk; duga; sagib; lučac; gudalo; petlja.

**bow** (ba̱'u̱), *v.* sagibati, sagnuti; pokloniti (se); potisnuti; popustiti; — *n.* poklon, naklon.

**bowdlerize** (bō'dlörajz), *v.* očistiti.

**bowed** (bōd), *a.* savinut poput luka, oblučast.

**bowel** (ba̱'u̱el), *n.* crijevo; drob.

**bower** (ba̱'u̱ör), *n.* sidro na pramcu; sjenica.

**bowery** (ba̱'u̱öri), *a.* sjenast.

**bowl** (bōl), *v.* kuglati se; bacati kuglu; koturati; — *n.* kugla; kupa.

**bow-legged** (bō'le'gd), *a.* krivonog.

**bowler** (bō'lör), *n.* kuglač.

**bowline** (bō'lajn), *n.* vjetrolovka (*uže*).

**bowling** (bō'ling), *n.* kuglanje.

**bowling-green** (bō'ling-grī'n), *n.* kuglana.

**bowman** (bō'mön), *n.* strijelac.

**bowshot** (bō'ša̱'t), *n.* hitac s luka.

**bowsprit** (bō'sprit), *n.* čunac.

**bow-window** (bō'u̱i'ndo), *n.* obluk.

**box** (båks), *v.* staviti u kutiju; metnuti u škatulju; šakati se; — *n.* kutija, škatulja; loža; sjedalo na kočiji; zaušnica; šimšir.

**boxen** (bå'ksen), *a.* šimširov.

**boxer** (bå'ksör), *n.* šakač; borac.

**boxing** (bå'ksing), *n.* šakanje; borba.

**boxwood** (bå'ksu̱u̱'d), *n.* šimširovina, šimšir.

**boy** (boj), *n.* dječak.

**boycott** (bo'jkåt), *v.* bojkotirati; — *n.* bojkot.

**boyhood** (bo'jhud), *n.* dječaštvo; dječaci.

**boyish** (bo'jiš), *a.* dječački, djetinjski.

**brace** (brejs), *v.* stegnuti; ojačati; okrijepiti; — *n.* spona, zaporka; ruča; vrpca, remen, pojas; držanje.

**bracelet** (bre'jslet), *n.* narukvica.

**brachial** (bre'jkiöl), *a.* ručni.

**bracing** (bre'jsing), *a.* okrijepan, krepak.

**bracken** (brä'ken), *n.* paprat.

**bracket** (brä'ket), *v.* staviti u zaporke; spojiti; — *n.* podložak; potporanj; zagrada, zaporka.

**brackish** (brä'kiš), *a.* slan, slankast.

**bract** (bråkt), *n.* listić.

**brad** (bråd), *n.* klinac.

**brae** (brej), *n.* strmina, vrlet.

**brag** (bråg), *n.* razmetati se; hvaliti se; — *n.* samohvala, razmetanje.

**braggadocio** (brå'gado'šio), *n.* hvalisavac; razmetan govor.

**braggart** (brå'gört), *a.* hvastav; — *n.* hvastavac.

**braid** (brejd), *v.* plesti, vesti; — *n.* pletivo, pletenica.

**braided** (bre'jded), *a.* pleten, vezen.

**brail** (brejl), *v.* ubrati jedro; — *n.* maleno uže na jedru.

**brain** (brejn), *v.* smrskati glavu; izvaditi mozak; — *n.* mozak; pamet, razum.

**brainless** (bre'jnles), *a.* bez mozga; glup, nerazuman.

**brain-sick** (bre'jnsi'k), *a.* poremećena uma; poludio.

**braize, braise** (brejz), *v.* variti sa povrćem.

**brake** (brejk), *n.* trnjak; kupinje; paprat; stupa, trlica; zavor.

**braky** (bre'jki), *a.* obrasao papratom, trnovit.

**bramble** (brämbl), *n.* kupina.

**brambling** (brä'mbling), *n.* nikavac.

**bran** (brän), *n.* posije, mekinje.

**branch** (bränč), *v.* razgraniti, razgranjivati se; puštati grane; razdijeliti u grane; — *n.* grana; ogranak; dio; rukav rijeke; udo.

**branchy** (brä'nči), *a.* granat, razgranjen.

**brand** (bränd), *v.* žigosati, ožigosati; — *n.* žerava; mač; žig; trgovački znak; vrsta; kakvoća.

**brandish** (brä'ndiš), *v.* mahati, vitlati; — *n.* mahanje, vitlanje.

**brandling** (brä'ndling), *n.* crvić.

**brand-new** (brä'ndnju'), *a.* sasvim nov; svjež i bistar.

**brandy** (brä'ndi), *n.* rakija, žganica.

**brangle** (brängl), *v.* svađati se, karati se; — *n.* svađa, karanje.

**brank** (bränk), *n.* helda, hajdina.

**branks** (bränks), *n.* žvale, uzde (*za kaznu brbljavih žena*).

**brash** (bråš), *a.* nagao, razdražljiv; — *n.* suhor; prasak; otkriće.

**brasier** (bre'jžör), *n.* žutomjedar, kotlar; žeravnica.

**brass** (brås), *n.* žuta mjed; mjedeno posuđe; bezobraznost.

**brassy** (brå'si), *a.* mjeden, bakren.

**brat** (bråt), *n.* deran, dijete.

**brattice** (brä'tis), *n.* pregrada u rudokopu za zračenje; strojevna ograda.

**bravado** (brăve'jdo), *n.* drsko izazivanje *ili* prijetnja; naprčenost.

**brave** (brejv), *v.* izazivati; prkositi; proturati se; — *a.* hrabar, odvažan, smion; plemenit; — *n.* smion čovjek, junak; ratnik.

**bravely** (bre'jvli), *adv.* hrabro, odvažno.

**bravery** (bre'jvöri), *n.* hrabrost; junaštvo.

**bravo** (bre'vo), *n.* lupež, pustahija; — *interj.* pravo! aferim!

**brawl** (brål), *v.* karati se, bučiti; — *n.* karanje; buka.

**brawler** (brå'lör), *n.* larmaš, svadljivac.

**brawling** (brå'ling), *a.* svadljiv; bučan.

**brawn** (brån), *n.* meso; čvrsta mišica; jakost; veprovina.

**brawny** (brå'ni), *a.* mišičav, žilav.

**bray** (brej), *v.* tući, zdrobiti; iakati; — *n.* iakanje (*osla*).

**braze** (brejz), *v.* omjediti; spojiti mjedom.

**brazen** (brejzn), *v.* bezobrazno se ponašati; — *a.* mjeden; bezobrazan.

**brazen-faced** (bre'jznfe'jst), *a.* bezobrazan, drzak, besraman.

**brazier** (bre'jžör), *n.* žeravnica; žutomjedar.

**breach** (brič), *v.* prelomiti, prekinuti; — *n.* prelom, prekid; prestupak; svađa.

**bread** (bred), *n.* kruh; hrana.

**bread-corn** (bre'dko'rn), *n.* krušno žito.

**breadstuff** (bre'dstạ'f), *n.* sve, iz česa se pravi kruh.

**breadth** (bret), *n.* širina.

**break** (brejk), *v.* prekinuti; pretrgnuti; prelomiti; upokoriti; upropastiti; zabaciti; razbiti (se); izbiti; provaliti; malaksati; — *n.* otvor; prelom; prekid; stanka; osvit; zavor, zapor.

**breakage** (bre'jkeđ), *n.* razbijanje, razbijenost; prelom; razbijene stvari.

**break-down** (bre'jkdạ'un), *n.* opadanje, rasap, propast, pad; živahan ples.

**breaker** (bre'jkör), *n.* razbijač, razoritelj; klisura; slomljeni val; udaranje valova.

**breakfast** (bre'kfåst), *v.* ručati; počastiti ručkom; — *n.* zajutrak, ručak.

**break-neck** (bre'jkne'k), *a.* vratoloman; opasan; — *n.* vratolomno mjesto.

**break-up** (bre'jkạ'p), *n.* razbijenje, uništenje; raspust.

**breakwater** (bre'jkụå'tör), *n.* nasip kod ulaza u luku, gat.

**bream** (brīm), *n.* kozao (*riba*).

**breast** (brest), *v.* sastati se prsima; prkositi; — *n.* prsa, njedra, grudi; sisa; srce; savjest; ljubav.

**breast-bone** (bre'stbō'n), *n.* prsna kost.

**breast-knot** (bre'stnå't), *n.* prsna kokarda.

**breastplate** (bre'stple'jt), *n.* prsni oklop.

**breath** (bret), *n.* dah; život; stanka; povjetarac.

**breathe** (brīd), *v.* disati, dahnuti; izdahnuti, udahnuti; živiti; počivati; šaputati, prišapnuti.

**breathing** (brī'ding), *n.* disanje; dah; nadahnuće; odušak.

**breathless** (bre'tles), *a.* bez daha; mučan; mrtav.

**bred** (bred), *pp. od* **breed.**

**breech** (brič), *v.* obući hlače; — *n.* stražnjica; kurjuk (*na puški*); zadnji dio.

**breeches** (brī'čez), *n. pl.* hlače.

**breed** (brīd), *v.* uzgojiti, odgojiti; rađati, izleći; voditi mlade; — *n.* mlado, leglo; proizvod; vrst; pasmina.

**breeder** (brī'dör), *n.* uzgajatelj, rađatelj.

**breeding** (brī'ding), *n.* uzgajanje; odgoj; ponašanje.

**breeze** (brīz), *n.* povjetarac, lahor.

**breezy** (brī'zi), *a.* kao lahor; zračan; vjetrovit; živahan.

**brethren** (bre'dren), *n. pl. od* **brother.**

**breve** (brīv), *n.* pismeni nalog; znak kratkoće ( ˘ ); papino pismo (*biskupima*).

**brevet** (brive't), *v.* poveljom uzvisiti na čast; — *a.* držan kroz povelju; — *n.* povelja.

**breviary** (bri'vieri), *n.* brevijar.

**brevier** (brivi'r), *n.* vrst malenog tiskopisa.

**brevity** (bre'viti), *n.* kratkoća; jezgrovitost.

**brew** (bru), *v.* kuhati, variti (*pivo*), kipiti; spremati (se); kovati urotu; — *n.* var; pivo.

**brewage** (bru̯'eđ), *n.* vareno piće, pivo.

**brewer** (bru'ör), *n.* pivar.

**brewery** (bru'öri), *n.* pivara, pivovara, pivana.

**brewing** (bru'ing), *n.* pravljenje piva; pivo.

**briar** (bra'jör), *n.* trnjak; šipak.

**bribe** (brajb), *v.* mititi, potkupiti; — *n.* mito.

**briber** (bra'jbör), *n.* podmićivalac, potkupnik.

**bribery** (bra'jböri), *n.* mićenje.

**bric-a-brac** (bri'köbră'k), *n.* rijetkosti, starine.

**brick** (brik), *v.* pokriti ciglom; podložiti opekom; — *n.* cigla, opeka; — *a.* od opeke.

**brickbat** (bri'kbă't), *n.* komad cigle.

**brick-field** (bri'kfĭ'ld), *n.* ciglana.

**brick-kiln** (bri'kki'ln), *n.* ciglana.

**bricklayer** (bri'kle'ör), *n.* zidar.

**brickwork** (bri'ku̯ö'rk), *n.* zidano djelo; ciglana.

**bridal** (bra'jdöl), *a.* svadben, vjenčan; — *n.* svadba, vjenčanje.

**bride** (brajd), *n.* mlada, nevjesta.

**bride-cake** (bra'jdke'jk), *n.* svadbeni kolač.

**bridegroom** (bra'jdgrū'm), *n.* mladenac, mladoženja.

**bridesmaid** (bra'jdzme'jd), *n.* djeveruša.

**bridewell** (bra'jdu̯e'l), *n.* kazniona.

**bridge** (briđ), *v.* premostiti, sagraditi most; — *n.* most; konjić na guslama.

**bridle** (brajdl), *v.* zauzdati, obuzdati; — *n.* uzda; oglavnik.

**brief** (brĭf), *a.* kratak; jezgrovit; — *v.* izvaditi jezgru; skratiti; — *n.* kratki izvadak; spis; nalog.

**briefly** (bri'fli), *adv.* u kratko, jezgrovito.

**brier** (bra'ör), *n.* trn; šipak.

**briery** (bra'öri), *a.* pun trnja; hrapav.

**brig** (brig), *n.* brod sa dva jarbola.

**brigade** (brige'jd), *n.* brigada.

**brigadier** (bri'gădĭ'r), *n.* brigadir.

**brigand** (bri'gönd), *n.* razbojnik, lupež.

**brigandage** (bri'gönđeđ), *n.* razbojništvo, razbojstvo.

**brigantine** (bri'göntajn), *n.* brzi brodić.

**bright** (brajt), *a.* jasan, svjetao; bistar; domišljat; živahan, utješan.

**brighten** (brajtn), *v.* razbistriti, obasjati, rasvijetliti (se), razvedriti (se); razjasniti.

**brightly** (bra'jtli), *adv.* bistro, jasno; veselo; utješno.

**brill** (bril), *n.* svac (*riba*).

**brilliance** (bri'ljöns), **brilliancy** (bri'ljönsi), *n.* sjaj, sjajnost.

**brilliant** (bri'ljönt), *a.* sjajan, svijetao; talentiran; — *n.* briljant, alem.

**brilliantly** (bri'ljöntli), *adv.* sjajno.

**brim** (brim), *v.* napuniti do vrha, biti napunjen do vrha; — *n.* rub; vrh; kraj.

**brimful** (bri'mful), *a.* pun do vrha.

**brimmer** (bri'mör), *n.* puna čaša, pun vrč.

**brimstone** (bri'mstō'n), *n.* sumpor, žveplo.

**brindled** (brindlđ), *a.* pjegast, šaren, sivkast.

**brine** (brajn), *n.* slana voda; more.

**bring** (bring), *v.* donijeti; dovesti; prouzročiti; privući; prevladati.

**bringer** (bri'ngör), *n.* donosioc.

**brink** (brink), *n.* rub; kraj.

**briny** (bra'jni), *a.* slan; morski.

**brisk** (brisk), *a.* živ, živahan; svjetao.

**brisket** (bri'sket), *n.* prsa (*u životinje*), prsna kost.

**briskly** (bri'skli), *adv.* živahno, okretno, snažno.

**bristle** (brisl), *v.* stršiti, nakostriješiti se, naježiti se; — *n.* čekinja.

**bristly** (bri'sli), *a.* čekinjast; naježen.

**Britannic** (bri'tă'nik), *a.* britanski.

**British** (bri'tiš), *a.* britski.

**Briton** (bri'tön), *n.* Brit.

**brittle** (britl), *a.* krhak; slab.

**broach** (brōč), *v.* nabiti, otvoriti; nabosti na ražanj; prvi objelodaniti; — *n.* ražanj; prsna igla.

**broacher** (brō'čör), *n.* objelodanitelj; ražanj.

**broad** (brăd), *a.* širok; opširan.

**broaden** (brădn), *v.* širiti se; proširiti.

**broadside** (bră'dsa'jd), *n.* svi topovi na jednoj strani ratnog broda, *ili* opaljenje sviju topova na jednom; navala; bok (*broda*); veliki papir tiskan na jednoj strani.

**broadsword** (brá'dso'rd), *n.* široka sablja.

**brocade** (broke'jd), *n.* brokat, svila sa uvezenim zlatom i srebrom.

**broccoli** (brá'koli), *n.* brokula.

**brochure** (brošū'r), *n.* brošura, knjižica, sveska.

**brock** (bràk), *n.* jazavac.

**brocket** (brá'ket), *n.* jelenče.

**brogue** (brōg), *n.* pokvaren izgovor; cokula.

**broider** (bro'jdör), *v.* vesti, plesti.

**broil** (bro'el), *v.* pržiti, peći, pripicati (se); — *n.* gungula, svađa.

**broken** (brōkn), *a.* slomljen; upokoren; propao.

**broker** (brō'kör), *n.* mešetar.

**brokerage** (brō'köređ), *n.* mešetarija; postotak, naknada.

**bromide** (brō'mid), *n.* bromiš.

**bromine** (brō'min, *ili* brō'majn), *n.* bromin.

**bronchial** (brà'nkiöl), *a.* dušnikov.

**bronchitis** (brànka'jtis), *n.* bronhitis, upala dušnika.

**bronze** (brànz), *v.* bronzovati; — *n.* bronza, tuč.

**bronzed** (brànzd), *a.* od bronza.

**brooch** (brūč), *n.* naprsna igla.

**brood** (brūd), *v.* ležati (*na jajima*); zabrinjivati se; razbijati si glavu; — *n.* leglo, mladi; potomstvo; proizvod.

**brook** (bruk), *v.* nositi, podnositi, snašati; — *n.* potok.

**brooklet** (bru'klet), *n.* potočić.

**broom** (brūm), *n.* metla; žutilica.

**broomy** (brū'mi), *a.* pun žutilice.

**broth** (bràt), *n.* mesnata čorba.

**brothel** (brá'tel), *n.* bludilište.

**brother** (bra'dör), *n.* brat; drug; sudrug.

**brotherhood** (bra'dörhud), *n.* bratstvo; udruženje.

**brotherly** (bra'dörli), *a.* bratski.

**brougham** (bru'ăm), *n.* jednoprežna zatvorena kočija.

**brow** (bra'u), *n.* čelo; obrva; lice; vrlet.

**browbeat** (bra'ubī't), *v.* zastrašiti; uplašiti mrskim pogledom *ili* riječima.

**brown** (bra'un), *v.* potamnjeti, osmeđiti; — *a.* smeđ, zagasit, crnomanjast, mrk; — *n.* zagasita, smeđa boja.

**brownie** (bra'uni), *n.* kućna, dobrostiva vila.

**brownish** (bra'uniš), *a.* crnomanjast, crnkast.

**brown-study** (bra'unsta'di), *n.* zamišljenost; sanjarija.

**browse** (bra'uz), *v.* brstiti, pasti se.

**bruin** (bru'in), *n.* medo, medonja.

**bruise** (brūz), *v.* smlaviti, omečiti; isprebijati; oderati; — *n.* istučenost; ozlijeda, rana.

**bruiser** (brū'zör), *n.* šakač; borac.

**bruit** (brūt), *v.* izvijestiti, proglasiti; — *n.* žamor, vijest.

**brumal** (brū'möl), *a.* zimski.

**brunette** (brune't), *n.* crnka.

**brunt** (brant), *n.* glavni udarac, najteži dio, težina.

**brush** (braš), *v.* kefati, otreti; mesti; dotaći se; projuriti uz; — *n.* četka, kefa, kist, metlica; kefanje; jurenje; tjeranje, potjera; sukob; grmlje.

**brushwood** (bra'šuu'd), *n.* grmlje, šikara.

**brushy** (bra'ši), *a.* hrapav; rutav; čupav.

**brusque** (brask), *a.* neuglađen; osoran.

**brutal** (bru'töl), *a.* okrutan, zvjerski; skotski.

**brutality** (brută'liti), *n.* brutalnost, zvjerstvo, okrutnost.

**brutalize** (bru'tölajz), *v.* poživinčiti, učiniti brutalnim; podivljati.

**brutally** (bru'töli), *adv.* brutalno, zvjerski, okrutno.

**brute** (brut), *a.* neosjetan; zvjerski; divlji; — *n.* zvijer, živina; okrutan čovjek, divljak.

**brutish** (bru'tiš), *a.* brutalan; živinski; pohotan.

**bubble** (babl), *v.* dizati se u mjehurićima; kipjeti, ključati; varati; prevariti; — *n.* mjehurić; lupeška osnova; prevara.

**bubo** (bju'bo), *n.* bunja, otečenost žlijezde od dimlja.

**buccaneer, bucanier** (ba'köni'r), *v.* gusariti; — *n.* gusar.

**buccaneering** (ba'köni'ring), *n.* gusarenje, gusarstvo.

**buck** (bạk), *v.* baciti (*jahača*) ritanjem; bijesno poskakivati; rastući; bosti; gurnuti; pariti (se); prati, bijeliti; — *n.* jarac, ovan; veseljak; mlada krv; bodenje; ritanje, odskakivanje; luž; pranje; drven konj (*na kojem se pili*).

**bucket** (bạ'ket), *n.* kabao, kablić; posuda.

**buck-jumper** (bạ'kđạ'mpör), *n.* konj, koji žestoko odskakuje, da sbaci jahača.

**buckle** (bạkl), *v.* kopčati, zakopčati; savijati; prionuti; — *n.* kopča, zaponac.

**buckler** (bạ'klör), *v.* štititi, braniti; — *n.* štit.

**buckram** (bạ'krăm), *a.* tvrd, krut; — *n.* tvrdo platno.

**buck-shot** (bạ'kšạ't), *n.* srneća sačma.

**buckthorn** (bạ'kto'rn), *n.* pasjak.

**buckwheat** (bạ'khuị't), *n.* heljda, hajdina.

**bucolic** (bjukạ'lik), *a.* pastirski; — *n.* pastirska pjesma.

**bud** (bạd), *v.* pupčati; nicati, početi rasti; cijepiti; — *n.* pupoljak; klica.

**Buddhism** (bu'dizm), *n.* budizam.

**Buddhist** (bu'dist), *n.* budist.

**budding** (bạ'ding), *n.* pupčanje; cijepljenje, kalamljenje.

**budge** (bạđ), *v.* pokretati, micati; ganuti se.

**budget** (bạ'đet), *n.* proračun; zaliha; vjesnik; kesa, torba.

**buff** (bạf), *a.* lasast, svjetložut; — *n.* bivolska koža; kožna boja.

**buffalo** (bạ'fălo), *n.* bison; bivol.

**buffer** (bạ'för), *n.* srazni bubak (*na željezničkim kolima*).

**buffet** (bạ'fet), *v.* udarati, tući; boriti se; — *n.* ormar (*za čaše*); jestvionica, gostionica; udarac; čuška.

**buffoon** (bạfū'n), *n.* lakrdijaš.

**buffoonery** (bạfū'nöri), *n.* lakrdijaštvo.

**bug** (bạg), *n.* kukac; stjenica.

**bugbear** (bạ'gbē'r), *n.* strašilo; utvara.

**buggy** (bạ'gi), *n.* kolica, jednoprežna kola.

**bugle** (bjugl), *n.* truba, trublja; lovački rog.

**bugler** (bju'glör), *n.* trubljač.

**buhl** (bul), *n.* tamno zlato *ili* mjed za ukladanje; mozajik od drva.

**build** (bild), *v.* zidati, graditi; stvarati; jačati; — *n.* zgrada; struk.

**builder** (bi'ldör), *n.* graditelj; stvaratelj; sredstvo za jačanje.

**building** (bi'lding), *n.* zgrada, gradnja.

**bulb** (bạlb), *n.* lukovica, gomolj; krugljica.

**bulbous** (bạ'lbạs), *a.* gomoljast; izbočen; okruglast.

**bulbul** (bu'lbul), *n.* perzijski slavuj.

**bulge** (bạlđ), *v.* naduti se, izbočiti se; — *n.* nadutost; izbočina.

**bulk** (bạlk), *n.* veličina; većina; objam; prostor.

**bulky** (bạ'lki), *a.* ogroman, krupan, velik.

**bull** (bụl), *n.* bik; bula (*papina naredba*); povelja; burzovni špekulant; ludorija.

**bullace** (bu'lis), *n.* trnovača, divlja šljiva.

**bull-baiting** (bụ'lbe'jting), *n.* hajka na bikove sa psima.

**bull-dog** (bụ'ldǎ'g), *n.* samosov (*pas*), psina, buldog.

**bullet** (bụ'let), *n.* kugla, kruglja; lopta; tane, zrno.

**bulletin** (bụ'letin), *n.* službeni izvještaj, buletin.

**bull-fight** (bụ'lfa'jt), *n.* borba s bikovima.

**bullfinch** (bụ'lfi'nč), *n.* zimovka (*ptica*).

**bull-frog** (bụ'lfrȧ'g), *n.* žaba bukačica.

**bullion** (bụ'ljön), *n.* nekovano zlato *ili* srebro, zlatne *ili* srebrne šipke.

**bullock** (bụ'lök), *n.* junac.

**bull's-eye** (bụ'lza'j), *n.* središte biljega; okrugli prozor; staklena leća.

**bull-trout** (bụ'ltrạ'ụt), *n.* pastrva.

**bully** (bụ'li), *v.* zastrašivati prijetnjama, plašiti; tjerati, siliti; hvalisati se; — *a.* izvrstan, divan; svadljiv; — *n.* svadljivac; kukavac.

**bulrush** (bụ'lrȧ'š), *n.* sit; rogoz.

**bulwark** (bụ'lụörk), *n.* bedem; utvrda; branik.

**bum** (bạm), *v.* tumarati; skitati se; dangubiti; — *n.* besposlica, ljenčina, skitalica.

**bumbailif** (bạ'mbe'jlif), *n.* pandur.

**bumble-bee** (bạ'mblbī'), *n.* bumbar.

**bum-boat** (bạ'mbō't), *n.* čamac za dovažanje živeža za brod.

**bump** (bamp), *v.* bučiti; tući; sudariti se; — *n.* teški udarac; oteklina; masnica; sudar.

**bumper** (bạ'mpör), *n.* udarač; srazni bubak (*na željezničkim kolima*); puna čaša.

**bumpkin** (ba'mpkin), *n.* prostak, muž; lakrdijaš.

**bumptious** (ba'mpšas), *a.* naprčen, umišljen.

**bun** (ban), *n.* kolačič.

**bunch** (banč), *v.* zgrupirati, smetati, sakupiti (se); — *n.* svežanj, čuperak, kitica; grozd; grupa; oteklina; kvrga.

**bunchy** (ba'nči), *a.* kvrgast; čuperast; kitnjast.

**bunco** (ba'nko), *v.* varati, derati; — *n.* prijevara, obmana.

**bundle** (bandl), *v.* vezati, zamotati, saviti; naglo otići; — *n.* svežanj, naramak; rukovet, snop, smotak.

**bung** (bang), *v.* zavranjiti, začepiti, zatvoriti; — *n.* vranj, čep.

**bungalow** (ba'ngălo), *n.* jednokatnica.

**bungle** (bangl), *v.* prtljati, sprtljati, pokvariti; — *n.* prtljanje, prtljarija, pobrkanost.

**bungler** (ba'nglör), *n.* prtljanac.

**bungling** (ba'ngling), *a.* prtljarski, nezgrapan.

**bunion** (ba'njön), *n. vidi* **bunyon.**

**bunk** (bank), *v.* spavati (*u ležaju*), ići u postelju; — *n.* krevet, postelja; priječka na saonama.

**bunker** (ba'nkör), *n.* spremište; škrinja; pješčana dolina.

**bunt** (bant), *v.* udariti *ili* gurnuti glavom; bosti; dotaći se lopte laganim udarcem; naduti se; — *n.* puhara; snijet; njedro jedra; guraj; kratki udar lopte.

**bunting** (ba'nting), *n.* strnadica; latak za zastave; barjaci.

**bunyon, bunion** (ba'njön), *n.* zglobna izraslina na nožnom palcu.

**buoy** (boj), *v.* držati nad vodom; poduprti; uzdržati; plivati; — *n.* plutača, sidrača.

**buoyancy** (bo'jănsi), *n.* plivanje; živost; utješnost; gipkost.

**buoyant** (bo'jănt), *a.* plivaći; lagan; gibak.

**bur** (bör), *n.* čičak, bodljikava ljuska.

**burden** (bördn), *v.* tovariti, teretiti, opteretiti; gnjaviti; — *n.* teret, breme; pripjev.

**burdensome** (bö'rdnsam), *a.* težak, mučan, tegotan.

**burdock** (bö'rdăk), *n.* čičak.

**bureau** (bju'ro), *n.* škrinja za odijela; odsjek; pisarna, kancelarija.

**bureaucracy** (bjuro'krösi), *n.* uprava po odsjecima; činovništvo, birokracija.

**burgage** (bö'rgeđ), *n.* gradsko leno.

**burgeon** (bö'rđăn), *n.* pupoljak, klica.

**burgess** (bö'rđes), *n.* gradski starješina; građanin.

**burgh** (börg), *n.* grad, trgovište.

**burglar** (bö'rglör), *n.* noćni provalnik, razbojnik.

**burglarious** (börgle'riạs), *a.* provalni, razbojnički.

**burglary** (bö'rglöri), *n.* noćna provala, razbojstvo.

**burgomaster** (bö'rgomă'stör), *n.* gradonačelnik.

**Burgundy** (bö'rgandi), *n.* burgundinac (*vino*).

**burial** (be'riöl), *n.* pokop, pogreb.

**burin** (bju'rin), *n.* gujba, rtač.

**burlesque** (börle'sk), *v.* lakrdijati; ismjehivati; — *a.* lakrdijaški; — *n.* lakrdija.

**burly** (bö'rli), *a.* ogroman, krupan; goropadan.

**burn** (börn), *v.* paliti, žeći; gorjeti; izgorjeti; peći; — *n.* opeklina; potok.

**burner** (bö'rnör), *n.* onaj, koji *ili* što gori; žižak.

**burning** (bö'rning), *pa.* gorući, vatren; žestok.

**burning-glass** (bö'rninglă's), *n.* užežno staklo.

**burnish** (bo'rniš), *v.* osvjetlati, laštiti; sjajiti se; — *n.* sjaj; laštenje.

**burnt-offering** (bö'rntă'föring), *n.* žrtva.

**burr** (bör), *n.* grleni izgovor **r**; hrapavost; zubarsko brusilo, kutno dlijeto; teleći prsnjak.

**burrow** (bö'ro), *v.* rovati; sakriti se; — *n.* jama, rupa, luknja.

**bursar** (bö'rsör), *n.* blagajnik; štipendista.

**bursary** (bö'rsöri), *n.* štipendija.

**burst** (börst), *v.* prsnuti, puknuti, raspući se; nahrupiti; provaliti; odskočiti; banuti; — *n.* prsnuće, prasak; provala, prijedor.

**burthen** (bördn), *v. isto kao* **burden.**

**bury** (be'ri), *v.* pokopati, zakopati; pokriti; sakriti.

**bus** (ba̱s), *n.* omnibus, društvena kola.

**bush** (bṳš), *v.* rasti u grm; branati grmljem; — *n.* grm; šikara.

**bushel** (bu̱'šel), *n.* vagan.

**bushman** (bu̱'šmön), *n.* bušmanac.

**bush-ranger** (bu̱'šre'jnđör), *n.* razbojnik, hajduk.

**bushy** (bu̱'ši), *a.* grmovit; gust; kitnjast.

**busily** (bi'zili), *adv.* marno, marljivo.

**business** (bi'znes), *n.* posao; zvanje, zanimanje; trgovina; — *a.* poslovni, zvanični; trgovački.

**busk** (ba̱sk), *v.* opremiti, spremiti; odjenuti; — *n.* plenšeta u stezniku.

**buskin** (ba̱'skin), *n.* izvezena čizmica.

**buss** (ba̱s), *v.* cjelunuti, poljubiti; — *n.* cjelov, poljubac.

**bust** (ba̱st), *n.* poprsje.

**bustard** (ba̱'störd), *n.* droplja.

**bustle** (ba̱sl), *v.* hitjeti, žuriti se; vrcati se; — *n.* žurba; buka; jastuk, što žene nose otraga.

**busy** (bi'zi), *v.* zaposliti, biti uposlen; — *a.* zaposlen; zaokupljen; marljiv.

**busy-body** (bi'zibá'di), *n.* zanovjetalo; dosadljivac.

**but** (ba̱t), *conj. prep. adv.* ali; osim, izim; ako ne; samo; ipak, makar.

**butcher** (bu̱'čör), *v.* mesariti, klati, ubijati; — *n.* mesar.

**butchery** (bu'čöri), *n.* klaonica, mesarnica.

**butler** (ba̱'tlör), *n.* pivničar, peharnik, poslužnik.

**butt** (ba̱t), *v.* bosti; udarati glavom; — *n.* kraj, debeli kraj; biljega; predmet smijeha; granica; udarac glavom; cijev; zadnjica; čik.

**butter** (ba̱'tör), *v.* namazati maslacem; laskati; — *n.* maslac, maslo.

**butter-cup** (ba̱'törka̱'p), *n.* maslačak.

**butterfly** (ba̱'törfla'j), *n.* leptir.

**butterine** (ba̱'törin), *n.* umjetno maslo, margarin.

**buttermilk** (ba̱'törmi'lk), *n.* stepke.

**buttery** (ba̱'töri), *a.* maslast; — *n.* smočnica.

**buttock** (ba̱'tök), *n.* bedro (*od vola*).

**button** (ba̱tn), *v.* zakopčati; — *n.* puce, gumb; kljuka; znak.

**button-hole** (ba̱'tnhö'l), *v.* zadržati nekoga u razgovoru protiv nečije volje; — *n.* zapučak.

**buttress** (ba̱'tres), *v.* potprijeti; — *n.* potporanj, potpora.

**buxom** (ba̱'ksöm), *a.* veseo, živahan; prpošan.

**buy** (baj), *v.* kupiti; potkupiti; kupovati.

**buyer** (ba'jör), *n.* kupac.

**buzz** (ba̱z), *v.* zujati; šaptati, šaputati; — *n.* zuj; šaputanje.

**buzzard** (ba̱'zörd), *n.* škanj (*ptica*).

**by** (baj), *prep. adv.* po, kroz; kod, uz; blizu; pokraj; skroz; s; u; za: prema; do; ne kasnije od.

**by-and-by** (ba'jăndba'j), uskoro, doskora.

**by-end** (ba'je'nd), *n.* privatna svrha; tajni cilj.

**by-gone** (ba'jgà'n), *a.* prošli; minuli.

**by-gones** (ba'jgá'nz), *n. pl.* prošle nevolje, uvrjede *itd.*

**by-law** (ba'jlà'), *n.* pravilo; zakon naredba.

**by-path** (ba'jpă't), *n.* stranputica; postrana staza.

**by-play** (ba'jple'j), *n.* nuzigra.

**byre** (ba'er), *n.* kravara.

**by-stander** (ba'jstă'ndör), *n.* prisutnik, gledalac.

**by-the-by** (ba'jdiba'j), slučajno, nuzgredice.

**by-way** (ba'ju̱e'j), *n.* stranputica.

**by-word** (ba'ju̱ö'rd), *n.* obična izreka, rečenica; nadimak.

**Byzantine** (biză'ntajn), *a.* bizantinski.

# C

**C, c**, (si), *slovo*: C, c.

**cab** (kăb), *n.* fijaker, kočija; prekriven dio lokomotive.

**cabal** (köbă'l), *v.* rovariti, spletkariti; — *n.* spletka, rovarenje; urotnici.

**caballer** (köbă'lör), *n.* spletkar, rotitelj.

**cabaret** (kă'böret, *ili* kă'bărē'), *n.* gostionica, krčma; zabavište.

**cabbage** (kă'beđ), *v.* glavičati se; ukrasti (*komadiće sukna*); — *n.* zelje, kupus.

**cabbage-rose** (kă'beđrō'z), *n.* ruža stoperka.

**cabbala** (kă'bölö), *n.* tajna predaja židovskih rabina.

**cabby** (kă'bi), *n.* kočijaš, fijakerist.

**cabin** (kă'bin), *v.* smjestiti u kolibu; živjeti u kolibi; — *n.* koliba, daščara; izba, kabina, sobica.

**cabinet** (kă'binet), *n.* sobica, kabinet; zbirka; pisarnica; vladalačka kancelarija; ministarstvo.

**cabinet-council** (kă'binetka'unsil), *n.* državno vijeće.

**cabinet-maker** (kă'binetme'jkör), *n.* stolar.

**cabel** (kejbl), *v.* pričvrstiti, svezati debelim užetom; poslati brzojavku podmorskim brzojavom; — *n.* sidrenjak, debelo uže; kabel, podmorska brzojavna žica.

**cablegram** (ke'jblgră'm), *n.* prekomorska brzojavka.

**cabman** (kă'bmön), *n.* kočijaš, fijakerist.

**caboose** (kăbū's), *n.* kondukterska kola na teretnom vlaku; brodska kuhinja.

**cabriolet** (kă'briolē'), *n.* lake dvokolice.

**cacao** (kăke'o), *n.* kakao.

**cachalot** (kă'šălăt), *n.* ulješura (*kit*).

**cachinnation** (kă'kine'jšön), *n.* kihot, cerekanje.

**cackle** (kăkl), *v.* gakati; kokodakati; čavrljati; — *n.* gakanje; kokodakanje; čavrljanje.

**cacophony** (kăkă'foni), *n.* drečeći glas; nesklad.

**cactus** (kă'ktas), *n.* kaktus, žabica.

**cad** (kăd), *n.* prostak; poslužnik.

**cadaverous** (kădă'vöras), *a.* strvinarski; poput lešine; mrtvački; blijed.

**caddie** (kă'di), *n.* poslužnik kod golfa.

**caddy** (kă'di), *n.* kutija za čaj.

**cade** (kejd), *n.* bačva.

**cadence** (ke'jdens), *n.* glasoklon; slik, srok.

**cadet** (kăde't), *n.* kadet; mlađi brat.

**cadge** (kăđ), *v.* piljariti; prosjačiti.

**cadger** (kă'đör), *n.* kramar; prosjak.

**cadmium** (kă'dmiam), *n.* kadmik (*bjelkasta kovina*).

**caduceus** (kădju'siös), *n.* mrkurov štap.

**caesura** (sizu'rö), *n.* stanka u stihu.

**cafe** (ka'fē'), *n.* kavana; gostionica.

**caffein** (kă'fiin), *n.* kavovina.

**cage** (kejđ), *v.* zatvoriti u gajbu; — *n.* gajba, krletka.

**cairn** (karn), *n.* gromada kamenja (*spomenik*).

**caisson** (ke'jsön), *n.* škrinja za strjelivo; sprava za dizanje potonulih brodova; stroj za polaganje temelja u dubokoj vodi.

**caitiff** (ke'jtif), *n.* podao, hrđav; — *n.* podlac, hrđa, hulja.

**cajole** (kădō'l), *v.* ulagivati se; varati, obmanjivati.

**cajolery** (kăđo'löri), *n.* ulagivanje; obmane.

**cake** (kejk), *v.* otvrdnuti (se); — *n.* kolač; otvrdnuta smjesa.

**calabash** (kă'lăbăš), *n.* tikva, vrg.

**calamitous** (kălă'mitas), *a.* nesrećan, bijedan; žalostan.

**calamity** (kălă'miti), *n.* nesreća; katastrofa.

**calash** (kălă'š), *n.* kočijica, karuca; vrst ženskog šešira.

**calcareous** (kălke'jriạs), *a.* vapnen, krečan.

**calcination** (kă'lsine'jšön), *n.* prženje, žarenje, kalcinovanje.

**calcine** (kă'lsin, *ili* kălsa'jn), *v.* sažeći u prah, pretvoriti se u prah (*vatrom*).

**calculable** (kă'lkjulöbl), *a.* izračuniv.

**calculate** (kă'lkjulejt), *v.* računati, proračunati; prilagoditi; misliti.

**calculating** (kă'lkjule'jting), *pa.* snovajući, imajući na umu.

**calculation** (kă'lkjule'jšön), *n.* račun, mišljenje.

**calculator** (kă'lkjule'jtör), *n.* račundžija, računalac.

**calculus** (kă'lkjulạs), *n.* kamenac; račun, računstvo.

**caldron** (kà'ldrön), *n.* čabar, kotao.

**Caledonian** (kă'lidō'niön), *a.* škotski; — *n.* Škot.

**calendar** (kă'lendör), *n.* kalendar, godišnjak.

**calender** (kă'lendör), *v.* valjati; — *n.* valjak.

**calends** (kă'lendz), *n. pl.* prvi dan u svakom mjesecu ( *kod* Rimljana).

**calf** (kăf), *n.* tele; teleća koža; list (*od noge*).

**caliber** (kă'libör), *n.* kalibar; vrst.

**calico** (kă'liko), *n.* kaliko, cic.

**calif, caliph** (ke'jlif), *n.* kalif (*naslov muhamedovih nasljednika*).

**caligraphy,** *vidi:* **calligraphy.**

**calipers,** *vidi:* **callipers.**

**calisthenics,** *vidi:* **callisthenics.**

**calk** (kàk), *v. vidi:* **caulk.**

**calkin** (kà'kin), **calker** (kà'kör), *n.* kalavat, šuper.

**call** (kàl), *v.* zvati, zovnuti, pozvati, prozvati; kriknuti; zapomagati, vapiti; probuditi; — *n.* poziv, zov; glas, klik, usklik, poklič, krik, vapaj; posjet.

**calligraphy** (kăli'gröfi), *n.* krasnopis, ljepopis.

**calling** (kà'ling), *n.* zvanje, stališ; poziv.

**callipers** (kă'lipörz), *n. pl..* šestilo za debljine.

**callisthenics** (kă'liste'niks), *n.* lagane vježbe za zdravlje i ljepotu.

**callosity** (kălă'siti), *n.* žuljavost; otvrdnjelost.

**callous** (kă'las), *a.* žuljav; otvrdnuo; besćutan; bezdušan.

**callow** (kă'lo), *a.* bez perja, gološav.

**calm** (kām), *v.* umiriti, smiriti (se); utišati; ugasiti; — *a.* miran, tih; sabran; — *n.* mir; tišina.

**calmly** (kā'mli), *adv.* mirno; tiho.

**calmness** (kā'mnes), *n.* mir; tišina; sabranost.

**calomel** (kă'lomel), *n.* kalomel, dvoživin klorid.

**caloric** (kălă'rik), *n.* toplina.

**calorific** (kă'làri'fik), *a.* što prouzročuje toplinu; grijući.

**caltrop** (kă'ltröp), *n.* čkalj.

**calumet** (kă'ljumet), *n.* lula mira.

**calumniate** (kăla'mniejt), *v.* ogovarati, ocrnjivati, klevetati.

**calumniation** (kăla'mnie'jšön), *n.* klevetanje, ocrnjivanje, opadanje.

**calumniator** (kăla'mnie'jtör), *n.* klevetnik, ogovaratelj, opadnik.

**calumnious** (kăla'mnias), *a.* klevetnički, opadnički.

**calumniously** (kăla'mniasli), *adv.* klevetnički, opadno.

**calumny** (kă'lamni), *n.* kleveta, ocrnjivanje; potvora.

**Calvary** (kă'lvöri), *n.* kalvarija.

**calve** (kav), *v.* kotiti, oteliti se.

**Calvinism** (kă'lvinizm), *n.* kalvinizam.

**Calvinist** (kă'lvinist), *n.* kalvinist.

**Calvinistic** (kă'lvini'stik), *a.* kalvinski.

**calyx** (ke'jliks, *ili* kă'liks), *n.* čaška (*cvjetna*).

**cam** (kam), *n.* strojni kulak.

**cambist** (kă'mbist), *n.* mjenjački vještak.

**cambric** (ke'mbrik), *n.* kambrik, fino bijelo platno.

**camel** (kă'mel), *n.* deva, kamila.

**cameleon** (kă'mi'liön), *n.* kameleon.

**camellia** (kăme'liö), *n.* kamelija.

**camelopard** (kăme'lopard), *n.* žirafa.

**cameo** (kă'mio), *n.* dragi kamen s pupčastom slikom.

**camera** (kă'mörö), *n.* kamera; klijet; komora; sabor.

**camlet** (kă'mlet), *n.* kamelot (*vrst nepromočivog sukna od devine dlake*).

**camomile** (kă'momajl), *n.* titrica.

**camp** (kămp), *v.* razastrijeti šatore; utaboriti se; smijestiti se; — *n.* taborište, utaborenje; logor; polje.

**campaign** (kămpe'jn), *v.* korteširati; služiti u vojsci; — *n.* vojna; politička (*izborna*) borba, kortešacija.

**campaigner** (kămpe'jnör), *n.* stari vojnik; korteš.

**campanile** (kă'mpăni'li), *n.* zvonik, toranj.

**campanology** (kă'mpönă'lođi), *n.* zvonarstvo.

**camphor** (kă'mför), *n.* kamfor.

**camphorate** (kă'mförejt), *v.* kamforati.

**can** (kăn), *v.* moći; stavljati u kante, čuvati u kantama; — *n.* kanta; bokar.

**canal** (könă'l), *v.* prokapati, kopati kanal; — *n.* kanal; prokop; žlijeb; prolaz.

**canard** (könə'rd), *n.* izmišljena pripovijest; lažna glasina.

**canary** (kăne'jri), *n.* kanarinac.

**cancel** (kă'nsel), *v.* poništiti; ukinuti; prekrižiti, zabaciti, opozvati.

**cancelation** (kă'nsele'jšön), *n.* poništenje, ukinuće.

**cancellation** (kă'nsele'jšön), *n.* mreškasta radnja; rešetke; isprekrižanost.

**cancer** (kă'nsör), *n.* rak (*bolest*).

**cancerous** (kă'nsöras), *a.* zaražen rakranom; neizlječiv.

**candelabrum** (kă'ndile'jbram), *n.* svijećnjak.

**candid** (kă'ndid), *a.* otvoren, iskren; prirodan.

**candidacy** (kă'ndidesi), *n.* kandidatura.

**candidate** (kă'ndidet), *n.* kandidat; molitelj, čekalac; natjecatelj.

**candidly** (kă'ndidli), *adv.* otvoreno, iskreno.

**candied** (kă'ndid), *a.* pošećeren, slastan.

**candle** (kă'ndl), *n.* svijeća.

**Candlemas** (kă'ndlemăs), *n.* očišćenje Marijino.

**candlestick** (kă'ndlsti'k),*n.*svijećnjak.

**candor** (kă'ndör), *n.* otvorenost, iskrenost.

**candy** (kă'ndi), *v.* šećeriti, osladoriti (se); — *n.* slador, šećer; poslastica.

**cane** (kejn), *n.* trstika; palica, batina; sladorovac; — *v.* batinati, tući.

**canine** (kă'na'jn), *a.* pasji, ps:ći; — *n.* očnjak (*zub*).

**caning** (ke'jning), *n.* batinanje.

**canister** (kă'nistör), *n.* kutija za čaj, kavu, *itd.*; kartača.

**canker** (kă'nkör), *n.* rak, rakrana; snijet, rastok; — *v.* podgrizati, izjedati, rastočiti, zaraziti.

**cankerous** (kă'nköras), *a.* izjedajući, rastočan; pokvaren.

**canker-worm** (kă'nkörуö'rm), *n.* crv, što izjeda.

**cannel-coal** (kă'nelkōl), **candle-coal** (kă'ndlkōl), *n.* ugalj-lučnjak.

**cannibal** (kă'niböl), *a.* ljudožderski; barbarski; — *n.* ljudožder; divljak.

**cannibalism** (kă'nibölizm), *n.* ljudožderstvo; divljačtvo.

**cannon** (kă'nön), *n.* kanon, top.

**cannonade** (kă'nöne'jd), *v.* pucati iz topova; — *n.* pucnjava topova, kanonada.

**cannoneer** (kă'nönī'r), *n.* topnik, kanonir.

**cannot** (kă'nă't), *isto kao* **can not.**

**canny** (kă'ni), *a.* brižan, oprezan; pametan; ugodan; vrijedan.

**canoe** (könu'), *n.* lagan čamac.

**canon** (kă'nön), *n.* kanon, pravilo, zakon; sveto pismo; kanonik.

**canon, canyon** (kă'njön), *n.* klanjac, gudura.

**canonical** (könă'niköl), *a.* kanonski, crkveni; pravilan; zakoniti.

**canonicals** (könă'nikölz), *n.* svečano crkveno ruho.

**canonicate** (könă'niket), *n.* kanonikat.

**canonist** (kă'nönist), *n.* kanonski pravnik.

**canonization** (kă'nönize'jšön), *n.* proglašenje svecem, kanonizacija.

**canonize** (kă'nönajz), *v.* proglasiti svecem, smatrati svetim.

**canonry** (kă'nönri), **canonship** (kă'nönšip), *n.* kanonikat, kanonička čast.

**canopy** (kă'nopi), *v.* prekriti nebom, zavjesom; — *n.* nebo, zavjesa.

**cant** (kănt), *v.* nagnuti, prevaliti (se); nakrenuti; licemjerno govoriti; — *n.* nakrenuće, nagnuće; brid; licemjeran govor; zvanični izraz.

**can't** (kănt), *skraćeno od* **can not.**

**cantaloup** (kă'ntölup), *n.* krastava dinja.

**cantankerous** (kăntă'nköras), *a.* svadljiv, mrzovoljast; pakostan.

**cantankerously** (kăntă'nkörasli), *adv.* zagriženo; pakostno.

**cantankerousness** (kăntă'nkörasness), *n.* zagriženost, zlovolja; pakost.

**cantata** (kanta'ta), *n.* kantata.

**cantatrice** (kantatri'če), *n.* pjevačica.

**canteen** (kăntī'n), *n.* pljoska, vojnička boca; kantina.

**canter** (kă'ntör), *v.* kasati, jahati trkom; — *n.* kas, skok, trk; licemjerac, bogomoljac.

**cantharides** (kăntă'ridiz), *n. pl.* zlatni popići (*španjolske muhe*).

**canticle** (kă'ntikl), *n.* hvalopijev; *pl.* Salamunova pjesma nad pjesmami.

**cantilever** (kă'ntile'vör), *n.* strčun.

**cantle** (kăntl), *n.* odsječak, odlomak; ugao; zadnji dio sedla.

**canto** (kă'nto), *n.* pjevanje.

**canton** (kă'ntön), *v.* razdijeliti u kotare; nastaniti;—*n.* kotar, okružje, srez, kanton.

**cantonal** (kă'ntönöl), *a.* sreski, okružni, kotarski.

**cantonment** (kă'ntönment), *n.* dio mjesta ili grada, gdje su smještene čete; vojnička postaja.

**canvas** (kă'nvös), *n.* debelo platno.

**canvass** (kă'nvös), *v.* kupiti, sabirati (*glasove, itd.*); prolaziti (*po mjestima*), istraživati; snubiti; — *n.* istraživanje; traženje (*glasova, itd.*).

**canvasser** (kă'nvösör), *n.* snubitelj (*glasova*), tražilac, sabiralac.

**canyon** (kă'njön), *n. isto kao* **canon.**

**canzonet** (kă'nzone't), *n.* pjesmica.

**caoutchouc** (ku'čuk), *n.* kaučuk, guma.

**cap** (kăp), *v.* staviti kapu na, pokriti; dovršiti; okruniti; nadvisiti; otkriti glavu (*u pozdravu*); — *n.* kapa; kukuljica; poklop, pokrovac.

**capability** (ke'jpöbi'liti), *n.* sposobnost, vještina, moć.

**capable** (ke'jpöbl), *a.* sposoban, moguć; podoban.

**capacious** (kăpe'jšas), *a.* opsežan, prostran, velik.

**capacitate** (kăpă'sitejt), *v.* omogućiti, usposobiti.

**capacity** (kăpă'siti), *n.* držatnost, primljivost; prostranost; sposobnost; shvatljivost; položaj.

**cap-a-pie** (kă'pöpi'), *adv.* od glave do pete.

**caparison** (köpă'risön), *v.* staviti pokrivač (*na konja*); bogato odjenuti; — *n.* pokrivač (*za konja*); oprava.

**cape** (kejp), *n.* rt; ogrljak, plašt, kabanica.

**caper** (ke'jpör), *v.* poskakivati; cupkati; — *n.* skakutanje, skot; (*bil.*) kapar.

**caperer** (ke'jpörör), *n.* poskakivač.

**capillary** (kă'pileri), *a.* vlasast; fin, tanak; cjevkast; — *n.* žilica; vlasasta cijev.

**capital** (kă'pitöl), *a.* glavni; početni; smrtni; — *n.* glavni grad; veliko slovo; glavnica; glava (*na stupu*).

**capitalist** (kă'pitölist), *n.* glavničar, bogataš.

**capitalize** (kă'pitölajz), *v.* početi sa velikim slovom; uglavničiti, unovčiti.

**capitally** (kă'pitöli), *adv.* izvrsno; što zaslužuje smrt.

**capitate** (kă'pitet), *a.* glavat.

**capitation** (kă'pite'jšön), *n.* glavarina; brojenje po glavama.

**Capitol** (kă'pităl), *n.* sabornica kongresa; kapitolij.

**capitulary** (kăpi'tjuleri), *a.* kapitularski; — *n.* naredba kaptola; zakonik; kanonik.

**capitulate** (kăpi'tjulejt), *v.* predati se, popustiti, kapitulirati.

**capitulation** (kăpi'tjule'jšön), *n.* predaja, popuštenje, kapitulacija.

**capon** (ke'jpön), *n.* kopun.

**caprice** (kăpri's), *n.* mušica, hir, ćef.

**capricious** (kăpri'šös), *a.* ćudljiv, hirovit.

**capriciously** (kăpri'šösli), *adv.* ćudljivo, hirovito.

**capriciousness** (kăpri'šösnes), *n.* hirovitost, mušičavost, ćudljivost.

**Capricorn** (kă'pricărn), *n.* kozorog.

**Capsicum** (kă'psikạm), *n.* paprika.

**capsize** (kăpsa'jz), *v.* prevrnuti, prevaliti se.

**capstan** (kă'pstön), *n.* vitao.

**capsular** (kă'psjulör), *a.* tobolčast, čahurast.

**capsule** (kă'psjul), *n.* čahura, tobolac, kutija; kapak.

**captain** (kă'ptin), *n.* kapetan, satnik; vođa.

**captaincy** (kă'ptinsi), *n.* kapetanstvo.

**caption** (kǎ'pšön), *n.* naslov (*na sudbenom spisu*); poglavlje; uhit, haps.

**captious** (kǎ'pšas), *a.* prigovorljiv, čangrizljiv, sofističan.

**captiously** (kǎ'pšasli), *adv.* čangrizljivo, jezno.

**captivate** (kǎ'ptivejt), *v.* zanijeti, usvojiti, opčarati, zatraviti.

**captive** (kǎ'ptiv), *a.* zarobljen; zatočen; — *n.* zarobljenik; rob.

**captivity** (kǎpti'viti), *n.* zarobljeništvo, sužanjstvo.

**captor** (kǎ'ptör), *n.* uhvatitelj; onaj, koji drži u zarobljeništvu.

**capture** (kǎ'pćur), *v.* zarobiti, uhvatiti, ugrabiti, zaplijeniti; — *n.* hvatanje; uhvat; plijen.

**Capuchin** (kǎ'pjučin *ili* kǎ'pjuši'n), *n.* kapucin; plašt sa kukuljicom.

**car** (kar), *n.* željeznička kola; kara; automobil; kolica; gajba.

**carabine** (ka'rabajn, *ili* ka'rabin), *n.* karabinka, kratka konjanička puška.

**carabineer** (ka'rabini'r), *n.* karabinar.

**caracole** (kǎ'rökol), *v.* načiniti polukret; zakretati; okrenuti se; koturati; — *n.* polukret, zakretaj.

**carafe** (köra'f), *n.* gostara, gostarica.

**caramel** (kǎ'römel), *n.* slatkiš; izgoreni slador.

**carat** (kǎ'röt), *n.* karat.

**caravan** (kǎ'rövǎn), *n.* karavana, turma.

**caravansary** (kǎ'rövǎ'nsöri), *n.* karvanska stanica, gostionica.

**caraway** (kǎ'röuej), *n.* kumin.

**carbine** (ka'rbajn, *ili* ka'rbin), *n. vidi* **carabine.**

**carbolic** (karbǎ'lik), *a.* karbolni.

**carbon** (ka'rbön), *n.* ugljik.

**carbonaceous** (ka'rbone'jšös), *a.* ugljikov.

**carbonate** (ka'rbönet), *n.* karbonat, ugljan.

**carbonic** (karbǎ'nik), *a.* ugljevan.

**carboniferous** (ka'rböni'föras), *a.* ugljen.

**carbonize** (ka'rbönajz), *v.* pretvoriti u ugljen.

**carboy** (ka'rboj), *n.* opletena staklenica.

**carbuncle** (ka'rbankl), *n.* čir; crljenak (*dragi kamen*).

**carburet** (ka'rbjuret), *n.* ugljikova slučevina.

**carburetted** (ka'rbjureted), *a.* spojen sa ugljikom.

**carcanet** (ka'rkönet), *n.* ovratnik od dragulja, đerdan.

**carcass** (ka'rkös), *n.* lješina, truplo; trup; građevina, gređe (*od kuće*); skele; zapaljiva bomba.

**card** (kard), *v.* grebenati, češati; prikopčiti na kartu, ubilježiti na kartu; — *n.* posjetnica, karta; greben, češljuga.

**cardamom** (ka'rdömöm), *n.* srdiš (*bot.*).

**cardboard** (ka'rdbo'rd), *n.* kruti papir.

**carder** (ka'rdör), *n.* grebenaš, gargalac.

**cardiac** (ka'rdiǎk), *a.* srčani; podražujući; oživljujući; — *n.* krijepilo, oživljujuće sredstvo za srce i želudac.

**cardigan** (ka'rdigön), *n.* vunen prsluk.

**cardinal** (ka'rdinöl), *a.* glavan, osnovan, stožerni; rumen, vrlo crven; — *n.* kardinal, stožernik; kratki ženski haljetak.

**cardinalate** (ka'rdinölet), **cardinalship** (ka'rdinölšip), *n.* kardinalstvo.

**care** (kër), *v:* brinuti se, skrbiti se, starati se, trsiti se; željeti; — *n.* briga, skrb, staranje.

**careen** (köri'n), *v.* nagnuti, prevrnuti; kalafatati.

**career** (köri'r), *v.* juriti, odmicati; — *n.* put; trk; poprište; život.

**careful** (kë'rful), *a.* pažljiv, brižan, oprezan.

**carefully** (kë'rfuli), *adv.* pažljivo, pomno, oprezno.

**carefulness** (kë'rfulnes), *n.* brižnost, brižljivost, pomnjivost, opreznost.

**careless** (kë'rles), *a.* bezbrižan, nemaran.

**carelessly** (kë'rlesli), *adv.* bezbrižno, nemarno.

**carelessness** (kë'rlesnes), *n.* bezbrižnost, nemarnost.

**caress** (köre's), *v.* milovati, njegovati, dragati, zagrliti; — *n.* draganje, milovanje.

**caressingly** (köre'singli), *adv.* milo, ljubezno.

**caret** (ke'jret), *n.* znak umetnuća (^).

**care-taker** (kë'rte'jkör), *n.* pazitelj, gospodar.

**cargo** (ka'rgo), *n.* tovar (*broda*).
**caribou** (kă'ribu), *n.* sob.
**caricature** (kă'riköćur), *v.* izrugavati; smijehu izvrgavati; — *n.* karikatura, porugljiva slika.
**caries** (ke'jriiz), *n.* pokostica, gnojenje kosti *ili* zuba.
**carious** (ke'jrias), *a.* gnojav; truhli.
**carl** (karl), *n.* ljudeskara.
**carman** (ka'rmön), *n.* vozar; tačkar, taljigar.
**carminative** (ka'rminötiv), *n.* sredstvo za vjetrove (*u tijelu*).
**carmine** (ka'rmin), *n.* jasno crvena boja.
**carnage** (ka'rniđ), *n.* klanje, pokolj, krvoproliće.
**carnal** (ka'rnöl), *a.* tjelesan. pohotan, puten.
**carnality** (karnă'liti), *n.* putenost, pohota.
**carnally** (ka'rnöli), *adv.* pohotno, puteno, razbludno.
**carnation** (karne'jšön), *n.* boja puti, mast puti; karanfil.
**carnival** (ka'rnivöl), *n.* poklade, mesopust.
**Carnivora** (karni'vorö), *n. pl.* mesožderi (*životinje*).
**carnivorous** (karni'voras), *a.* mesožder.
**carob** (kă'röb), *n.* karuba, rogač.
**carol** (kă'röl), *v.* pjevati, potresati glasom; pjesmom slaviti; — *n.* pjesma, hvalopjev.
**carotid** (körā'tid), *n.* vratna žila.
**carousal** (körā'uzöl), *n.* bučno veselje, raskalašena gozba.
**carouse** (körā'uz), *v.* bučno i raspušteno pijančevati; — *n.* pijanka.
**carp** (karp), *v.* cjepidlačariti, prigovarati; — *n.* šaran.
**carpenter** (ka'rpentör), *n.* drvodjelja, tesar.
**carpentry** (ka'rpentri), *n.* tesarstvo, drvodjeljstvo.
**carpet** (ka'rpet), *v.* pokriti sagovima; — *n.* sag, prostirač.
**carpetbag** (ka'rpetbă'g), *n.* bisage.
**carpeting** (ka'rpeting), *n.* latak za prostirače; sagovi.
**carping** (ka'rping), *a.* cjepidlačarski, podrugljiv.
**carriage** (kă'riđ), *n.* kola; prijevoz; vozarina; ponašanje; nošenje.
**carrier** (kă'riör), *n.* nosilac; donosioc.

**carrion** (kă'riön), *n.* strvina, lješina, mrcina.
**carrot** (kă'röt), *n.* mrkva.
**carroty** (kă'röti), *a.* poput mrkve; riđ.
**carry** (kă'ri), *v.* nositi, prenašati, prenijeti; voziti; pamtiti; sadržavati; uključiti; obuhvaćati; uplivisati; voditi; otkloniti; predobiti, osvojiti; podnašati; ponašati se, vladati se; imati pri ruci; — *n.* nošenje; noševina; puškomet.
**cart** (kart), *v.* voziti na taljigama, tačkariti; — *n.* taljige, kolica.
**cartage** (ka'rteđ), *n.* vožnja; vozarina.
**carte** (kart), *n.* karta, jestvenik.
**carte-blanche** (ka'rtbla'nš), *n.* bjelica; neograničena dozvola.
**cartel** (ka'rtel), *n.* pismeni službeni ugovor (*za izmjenu zarobljenika*); pismeni izaziv.
**carter** (ka'rtör), *n.* vozar, tačkar kočijaš.
**cartilage** (ka'rtiliđ), *n.* hrskavica.
**cartilaginous** (ka'rtili'đinas), *a.* hrskav.
**cartography** (kartă'gröfi), *n.* risanje mapa.
**carton** (kartn), *n.* ljepenka; papirnata kutija.
**cartoon** (kartu'n), *n.* podrugljiva slika; nacrt.
**cartouch** (kartu'š), *n.* kiparski nakit; naboj, kartača.
**cartridge** (ka'rtriđ), *n.* fišek, naboj.
**cartridge-paper** (ka'rtriđpe'jpör), *n.* tvrdi papir za fišeke.
**cartulary** (ka'rtjuleri), *n.* ispravnik· pismar.
**carve** (karv), *v.* rezati, rezbariti; isjeckati.
**carver** (ka'rvör), *n.* rezbar; veliki stolni nož.
**carving** (ka'rving), *n.* rezanje; rezbarija; kiparstvo.
**caryatid** (kă'riă'tid), *n.* karijatida (*figura žene kao stup*).
**cascade** (kăske'jd), *n.* slap, vodopad.
**case** (kejs), *v.* pokriti; staviti u kutiju, metnuti u tok; — *n.* slučaj, događaj; tužba; parnica, proces; stanje; padež; kutija; tok; korice; lupina, povlaka; pokrov; slovnik.
**case-harden** (ke'jsha'rdn), *v.* kaliti, učiniti tvrdim *ili* neosjetljivim.
**casein** (ke'jsiin), *n.* sirivo, sirnina.
**casemate** (ke'jsmejt), *n.* zemunica.

**casement** (ke'jsment), *n.* okvir za prozor; okno.

**caseous** (ke'jsiạs), *a.* sirni, sirast.

**casern** (közö'rn), *n.* kasarna, vojarna.

**case-shot** (ke'js-ša't), *n.* kartača.

**cash** (kăš), *v.* promijeniti u novac, unovčiti; — *n.* gotovina, novac.

**cashier** (kăši'r), *v.* sramotno otpust.ti, skinuti s časti; odbaciti; — *n.* blagajnik.

**cashmere** (kă'šmir), *n.* kašmir, fina vunenina.

**casing** (ke'jsing), *n.* tok; opšav; umetanje (*u kutiju*).

**casino** (kösi'no), *n.* kasina, javno sastajalište; ljetnikovac; vrst igre na karte.

**cask** (kăsk), *n.* bure, bačva.

**casket** (kă'sket), *n.* kutija za dragulje i ine dragocijenosti; mrtvački lijes.

**casque** (kăsk), *n.* kaciga.

**cassation** (kăse'jšön), *n.* poništenje, ukinuće (*osude ili odluke*).

**cassava** (kăsa'vö), *n.* manjok.

**cassia** (kă'šö), *n.* metlica, vrst cimeta.

**cassimere** (kă'simir), *n.* kašmir, vunenina.

**cassock** (kă'sök), *n.* reverenda, svećenička haljina.

**cassowary** (kă'souiri), *n.* žar, kazuar (*ptica slična noju*).

**cast** (kăst), *v.* baciti; zabaciti; napustiti; staviti; dati; upraviti; lijevati; sračunati; podijeliti uloge; razmišljati, snovati; — *n.* bacanje; domet; ljevanje; lijev; kalup; otisak; oblik; sjena; skret; razdioba uloga; tijek, tok; pogađanje.

**castanet** (kă'stönet), *n.* čagrtaljka.

**castaway** (kă'stöuẹj), *n.* napuštenik; izmet.

**caste** (kạst), *n.* kasta, stalež.

**castellated** (kă'stele'jted), *a.* utvrđen, obzidan.

**caster** (kă'stör), *n.* lijevalac; bacatelj; nožni kotačić; bočica (*za ulje, ocat, itd.*).

**castigate** (kă'stigejt), *v.* šibati, kazniti.

**castigation** (kă'stige'jšön), *n.* šibanje, kazan.

**castigator** (kă'stige'jtör), *n.* kaznitelj.

**casting** (kă'sting), *n.* bacanje; lijevanje, slitak.

**cast-iron** (kă'sta'jörn), *n.* liveno željezo.

**castle** (kăsl), *v.* staviti u tvrđavu; utvrditi; promijeniti ujednom (*kralja s tornjem u šahu*); — *n.* kula; grad, dvor; tvrđava; toranj (*u šahu*).

**cast-off** (kă'sta'f), *a.* odstranjen; zabačen.

**castor** (kă'stör), *n.* bočica (*za ulje, ocat, it.d.*); kotačić (*za podnožje stola, it.d*); dabar; krzno od dabra.

**castor-oil** (kă'störo'el), *n.* skočevo ulje.

**castrametation** (kă'strömite'jšön), *n.* utaborivanje; logor.

**castrate** (kă'stre'jt), *v.* škopiti, uštrojiti, uškopiti; iznakaziti.

**castration** (kăstre'jšön), *n.* škopljenje, uškopljenost.

**cast-steel** (kă'ststī'l), *n.* liven ocal.

**casual** (kă'žuöl), *a.* slučajan; neredovit.

**casually** (kă'žuöli), *adv.* slučajno, sad i onda, kadikad.

**casualty** (kă'žuölti), *n.* velika nesreća; slučajnost; gubitak.

**casuist** (kă'žuist), *n.* slučajoslovac, onaj, koji proučava i odlučuje u predmetima savjesti.

**casuistic** (kă'žụi'stik), *a.* slučajoslovan.

**casuistry** (kă'žuistri), *n.* slučajoslovlje.

**cat** (kăt), *n.* mačka.

**cataclysm** (kă'töklizm), *n.* poplava; kobna nesreća.

**catacomb** (kă'tökom), *n.* katakomba, podzemne grobnice.

**catafalque** (kă'töfălk), *n.* mrtvački odar.

**catalectic** (kă'töle'ktik), *a.* nepotpun, manjkav.

**catalepsy** (kă'tölepsi), *n.* obamrlost, mrtvilo.

**cataleptic** (kă'töle'ptik), *a.* omrtvio, obamro.

**catalog (ue)** (kă'tölåg), *v.* popisati, učiniti spisak; — *n.* popis, spisak, imenik.

**catamount** (kă'tömạunt) *n.* divlja mačka.

**cataplasm** (kă'töplăzm), *n.* oblog, melem.

**catapult** (kă'töpạlt), *n.* metalo.

**cataract** (kă'törăkt), *n.* slap, vodopad; mrena (*na oku*).

**catarrh** (köta'r), *n.* nahlada, hunjavica, kihavica, katar.

**catarrhal** (köta'ral), *a.* katarni, nazebni.

**catastrophe** (kötă'strofi), *n.* katastrofa, kobna nesreća; propast.

**catch** (kăč), *v.* hvatati, uhvatiti, uloviti; ugrabiti, usvojiti; dobiti; zadjesti se; — *n.* hvatanje; uhvat, zahvat; plijen; kopča; zaprjeka; trik.

**catching** (kă'čing), *a.* zarazan, priljepčiv.

**catchpenny** (kă'čpe'ni), *n.* jeftina stvar samo da se proda.

**catchup** (kă'čạp), *n.* umaka (*od rajčice i raznih drugih mirodija*).

**catchword** (kă'čụö'rd), *n.* natučak (*riječ*), lozinka.

**catechetic** (kă'tike'tik), *a.* pripitni.

**catechism** (kă'tikizm), *n.* katekizam; vjeronauk.

**catechist** (kă'tikist), *n.* kateketa, vjeroučitelj.

**catechize** (kă'tikajz), *v.* svečano ispitivati; podučavati vjeronauk.

**catechu** (kă'tiču), *n.* kačuj.

**catechumen** (kă'tikju'men), *n.* preobraćenik, novovjerac; novajlija.

**categorical** (kă'tigo'rikăl), *a.* bezuslovan, odlučan, kategoričan.

**categorically** (kă'tigo'rikali), *adv.* bezuslovno, odlučno, kategorički.

**category** (kă'tigori), *n.* vrst, red, kategorija.

**catena** (kăti'nö), *n.* lanac; niz.

**catenate** (kă'tinejt), *v.* spojiti, zglobiti, sastaviti karike u lancu; nanizati.

**catenation** (kă'tine'jšön), *n.* spoj, sveza; ulančenost.

**cater** (ke'jtör), *v.* kupovati *ili* nabavljati živež; brinuti se za zabave; priljubiti se.

**caterer** (ke'jtörör), *n.* dobavljač, živežar.

**cateress** (ke'jtöres), *n.* dobavljačica; živežarica.

**caterpillar** (kă'törpi'lör), *n.* gusjenica.

**caterwaul** (kă'törụăl), *v.* mjaukati, mrnjaukati.

**cathartic** (köta'rtik), *a.* što čisti; — *n.* sredstvo za čišćenje, čistilo.

**cathe(a)d** (kă'the'd), *n.* gruja (*od sidra*).

**cathedra** (kă'ti'drö), *n.* biskupska stolica, katedra.

**cathedral** (köti'dröl), *n.* katedrala, stolna crkva.

**catheter** (kă'titör), *n.* procurak, pipak, cijev za mokrenje.

**cathode** (kă'tod), *n.* katoda, negativni pol električne struje.

**Catholic** (kă'tolik), *a.* katolički; — *n.* katolik, šokac.

**Catholicism** (kătă'lisizm), *n.* katolicizam.

**catholicity** (kă'toli'siti), *n.* katoličanstvo.

**catholicon** (kötă'likàn), *n.* sveopći lijek, što liječi od svake nemoći.

**catkin** (kă'tkin), *n.* maca, resa.

**catmint** (kă'tmi'nt), *n.* mačja meta.

**cat's-paw** (kă'cpá'), *n.* čovjek kao nečije oruđe; žrtva; povjetarac, lahor.

**cattle** (kătl), *n. pl.* marva, blago, stoka.

**caucus** (kă'kạs), *n.* tajno zasijedanje koje političke stranke, na kojem se odabiru izborni kandidati.

**caudal** (kà'döl), *a.* repni.

**caudle** (kàdl), *n.* vrući napitak za bolesnika.

**caul** (kàl), *n.* opna; mreža za vlasi.

**cauliflower** (kà'liflạ'ụör), *n.* cvjetača.

**causal** (kà'zàl), *a.* uzročan.

**causality** (kàză'liti), *n.* uzročnost.

**causation** (kàze'jšön), *n.* uzrokovanje.

**causative** (kà'zătiv), *a.* uzročan.

**cause** (kàz), *v.* prouzročiti; proizvesti, učiniti; prisiliti; — *n.* uzrok, povod, razlog; poduzeće; gibanje; načelo; parnica, sud.

**causeless** (kà'zles), *a.* bezrazložan, bez uzroka.

**causeway** (kà'zụẹj), *n.* uzdignuti put, nasip.

**caustic** (kà'stik), *a.* gorući, jedak; oštar; — *n.* tvar, koja pali meso.

**caustically** (kà'stikăli), *adv.* paleći; jetko; strogo.

**causticity** (kàsti'siti), *n.* paljenje; jetkoća; strogost; oštrina.

**cauterization** (kà'törize'jšön), *n.* žarenje, žeženje.

**cauterize** (kà'törajz), *v.* žeći, paliti, žariti.

**cautery** (kå'töri), *n.* žeženje, ispaljivanje; jedilo.
**caution** (kå'šön), *v.* upozoriti, opomenuti; — *n.* opreznost; pažnja; opomena.
**cautionary** (kå'šöneri), *a.* opominjući.
**cautious** (kå'šös), *a.* oprezan; budan; mudar.
**cautiously** (kå'šösli), *adv.* oprezno; mudro.
**cavalcade** (kă'völke'jd), *n.* satnija jahača; povorka.
**cavalier** (kă'völi'r), *a.* ponosan; viteški; — *n.* konjanik; vitez; ljubovnik; pratilac.
**cavalierly** (kă'völi'rli), *adv.* ponosno; viteški.
**cavalry** (kă'völri), *n.* konjaništvo, kavalerija.
**cave** (kejv), *v.* izdupsti; upasti: popustiti; — *n.* špilja; udubina.
**caveat** (ke'jviăt), *n.* zaustava procesa; opomena, oprez.
**cavern** (kă'vörn), *n.* velika špilja.
**caverned** (kă'vörnd), *a.* pun špilja.
**cavernous** (kă'vörnas), *a.* šupalj; pun špilja.
**caviar** (kă'via'r), *n.* kavijar, ikra.
**cavil** (kă'vil), *v.* cjepidlačariti, prigovarati; — *n.* cjepidlačarenje, prigovaranje.
**caviler** (kă'vilör), *n.* cjepidlaka; prigovaratelj.
**cavity** (kă'viti), *n.* šupljina.
**caw** (kå), *v.* graktati; — *n.* graktanje.
**cayenne** (keje'n), *n.* crvena paprika.
**cease** (sis), *v.* prestati; stati; zaustaviti.
**ceaseless** (si'sles), *a.* neprestan, vječit.
**ceaselessly** (si'slesli), *adv.* bez prestanka, neprestano.
**cedar** (si'dör), *n.* kedar.
**cede** (sid), *v.* ustupiti; napustiti, popustiti.
**ceil** (sil), *v.* postropiti, oplatiti strop.
**ceiling** (si'ling), *n.* strop; oplaćenje.
**celandine** (se'löndajn), *n.* (*bot.*) rosopas.
**celebrant** (se'librönt), *n.* svečar; misnik.
**celebrate** (se'librejt), *v.* slaviti; opsluživati; svetkovati.
**celebrated** (se'libre'jted), *a.* glasovit.
**celebration** (se'libre'jšön), *n.* slavljenje; svetkovanje; proslava.

**celebrity** (sele'briti), *n.* glas, glasovitost; proslavljen čovjek.
**celerity** (sile'riti), *n.* okretnost; brzina.
**celery** (se'löri), *n.* celer.
**celestial** (sile'sčöl), *a.* nebeski; božanski; — *n.* nebesnik; Kinez.
**celiac** (si'liăk), *a.* trbušni.
**celibacy** (se'libösi), *n.* celibat, beženstvo.
**celibate** (se'libet), *n.* neženja.
**cell** (sel), *n.* ćelija, sobica; stanica.
**cellar** (se'lör), *n.* podrum, pivnica.
**cellarage** (se'löređ), *n.* podrum, pivnice; roba u podrumu; najmovina za pivnicu.
**cellarer** (se'lörör), *n.* pivničar, konobar.
**cellular** (se'ljulör), *a.* stanični.
**celluloid** (se'ljulojd), *n.* celulojd.
**celt** (selt), *n.* kameno oruđe; (**C**-) Kelt.
**Celtic** (se'ltik), *a.* keltički; — *n.* keltski jezik.
**cement** (sime'nt), *v.* čvrsto spojiti, sjediniti; slijepiti; — *n.* cement, kaja, lem.
**cementation** (se'mente'jšön), *n.* cementiranje; spajanje.
**cemetery** (se'miteri), *n.* groblje.
**cenobite** (se'nobajt), *n.* kaluđer.
**cenotaph** (se'notăf), *n.* prazni grob.
**cense** (sens), *v.* kaditi tamjanom; paliti tamjan.
**censer** (se'nsör), *n.* kadionik.
**censor** (se'nsör), *n.* cenzor, sudac.
**censorial** (senso'riăl), *a.* cenzorski.
**censorious** (senso'rias), *a.* prijekoran; strog.
**censoriously** (senso'riasli), *adv.* strogo.
**censorship** (se'nsöršip), *n.* služba *ili* čast cenzora.
**censurable** (se'nšurabl), *a.* prijekoran, pokudljiv.
**censurably** (se'nšurabli), *adv.* prijekorno, pokudno.
**censure** (se'nšur), *v.* koriti, pokuditi; javno ukoriti; — *n.* cenzura; stroga osuda; prijekor.
**census** (se'nsös), *n.* popis pučanstva, cenzus.
**cent** (sent), *n.* cent (*novac*).
**cental** (se'ntöl), *n.* centa (*sto funti*).
**centaur** (se'ntăr), *n.* centaur, polukonj.

**centenarian** (se'ntine'riăn), *n.* stogodišnji starac.

**centenary** (se'ntineri), *a.* stogodišnji; — *n.* stogodišnjica.

**centennial** (sente'niöl), *a.* stogodišnji, stoljetni.

**center, centre** (se'ntör), *v.* staviti u središte, povući u sredinu, usredotočiti; sjediniti se u jednoj točki; — *n.* središte, sredina.

**centesimal** (sente'simöl), *a.* stoti; — *n.* stotinka.

**centigrade** (se'ntigred), *a.* razdijeljen na sto stupanja.

**centimeter** (se'ntimi'tör), *n.* centimetar.

**centiped(e)** (se'ntiped), *n.* stonoga.

**cento** (se'nto), *n.* književna *ili* glazbena mješavina.

**central** (se'ntröl), *a.* središnji; glavni; sredotočan; — *n.* centrala.

**centralization** (se'ntrölize'jšön), *n.* centralizacija; uređivanje.

**centralize** (se'ntrölajz), *v.* centralizirati; usrijediti, usrijeđavati, usredotočiti.

**centrally** (se'ntröli), *adv.* na srednji način.

**centric** (se'ntrik), **centrical** (se'ntriköl), *a.* središnji, srednji.

**centracally** (se'ntriköli), *adv.* u središtu.

**centrifugal** (sentri'fjugöl), *a.* sredobježan, centrifugalan.

**centripetal** (sentri'pitöl), *a.* sredotežan, centripetalan.

**centuple** (se'ntjupl), *a.* stostruk, stogub.

**centurion** (sentju'riön), *n.* stotnik, centurion.

**century** (se'nčuri), *n.* stoljeće.

**cephalic** (sifă'lik), *a.* što se odnosi na glavu, glavni.

**ceramic** (siră'mik), *a.* lončarski.

**cerate** (si'rit), *n.* voštana pomast.

**cere** (sir), *v.* voštiti, ovoštiti; — *n.* pokljunica (*u ptica*).

**cereal** (si'riöl), *a.* žitni; — *n.* žito.

**cerebral** (se'ribröl), *a.* mozgovni.

**cerebration** (se'ribre'jšön), *n.* mozganje, djelovanje mozga.

**cerecloth** (si'rklă't), *n.* povošteno platno.

**cerement** (si'rment), *n.* mrtvačke haljine *ili* povezi.

**ceremonial** (se'rimo'niöl), *a.* obredni, ceremonijalan; — *n.* obred; oblik.

**ceremonially** (se'rimo'niöli), *adv.* po obredu; pravilno.

**ceremonious** (se'rimo'nias), *a.* obredan, svečan; pravilan.

**ceremoniously** (se'rimo'niasli), *adv.* svečano; običajno; pravilno.

**ceremony** (se'rimoni), *n.* obred, ceremonija; okolišanje.

**certain** (sö'rtin), *a.* sjeguran, stalan; uvjeren, pouzdan, pozitivan; neodređen; jedan; neki.

**certainly** (sö'rtinli), *adv.* sigurno, bez dvojbe, stalno.

**certainty** (sö'rtinti), *n.* sjegurnost, stalnost; tačnost.

**certificate** (sörti'fiket), *v.* dati svjedodžbu, posvjedočiti potvrdnicom; — *n.* svjedodžba; iskaznica.

**certifier** (sö'rtifa'er), *n.* potvrditelj; posvjedočilac.

**certify** (sö'rtifaj), *v.* dati do znanja, svjedočiti; izdati svjedodžbu, potvrditi.

**cerulean** (siru'liön), *a.* plavetan, modar.

**cerumen** (siru'men), *n.* ušni vosak, žukčac.

**ceruse** (si'rus), *n.* olovno bjelilo.

**cervine** (sö'rvin), *a.* jelenji.

**cervix** (sö'rviks), *n.* zatiljak.

**cess** (ses), *v.* udariti danak, oporezovati; staviti cijenu; — *n.* cijena, porez, daća.

**cessation** (sese'jšön), *n.* zaustavljenje; prestanak; stanka; mir.

**cession** (se'šön), *n.* ustup, predaja; ustupanje (*posjeda vjerovnicima*).

**cesspool** (se'spu'l), *n.* zahodna jama.

**cestus** (se'stas), *n.* pojas.

**cesura** (sizju'rö), *n.* prekid, odmor.

**cetaceous** (site'jšös), *a.* kitov.

**chafe** (čejf), *v.* žuliti, nažuliti (se); dražiti, razljutiti; izglodati (*trvenjem*); — *n.* vrućina, jarost.

**chafer** (če'jför), *n.* kukac.

**chaff** (čăf), *v.* šaliti se; zadirkivati; — *n.* pljeva, sječka; otpadak; sitnice; bockanje, šala.

**chaffer** (čă'för), *v.* cjenkati se, pogađati se; — *n.* cjenkanje.

**chafferer** (čă'förör), *n.* cjenkač, pogađač.

**chaffinch** (čă'finč), *n.* zeba.

**chaffy** (čă'fi), *a.* pun pljeva, pljevnat.

**chagrin** (šögri'n), *v.* ponizivati; mučiti; — *n.* poniženje, jad.

**chain** (čejn), *v.* vezati lancem; okovati; — *n.* lanac; okovi; ropstvo.

**chain-pump** (če'jnpạ'mp), *n.* smrk na čislo.

**chain-shot** (če'jnšạ't), *n.* bliznak, sindžirlija.

**chair** (čēr), *v.* posjesti na stolicu, nositi na stolcu; staviti u službu; — *n.* stolac; stolica; predsjedništvo; predsjednik; profesorstvo.

**chairman** (čē'rmön), *n.* predsjedatelj; predsjednik.

**chairmanship** (čē'rmönšip), *n.* predsjedateljstvo; predsjedništvo.

**chaise** (šejz), *n.* lagana kočija; naslonjača.

**chalcedony** (kălse'doni), *n.* halcedon.

**chaldron** (ča'ldrön), *n.* mjera za ugalj (*od 36 vagana*).

**chalice** (čă'lis), *n.* kalež.

**chalk** (čăk), *v.* bilježiti kredom; — *n.* kreda.

**chalky** (čá'ki), *a.* poput krede, kredast.

**challenge** (čă'lenđ), *v.* izazivati, pozvati na dvoboj; zahtijevati; odstraniti (*porotnika*); — *n.* izazov; poziv; zahtijev; odstranjenje (*porotnika*).

**challengeable** (čă'lenđöbl), *a.* izazovan.

**challenger** (čă'lenđör), *n.* izazivalac, pozvatelj.

**chalybeate** (köli'biet), *a.* pun željeza, željezit; — *n.* lijek *ili* voda, koja sadržaje željeznu rastopinu.

**chamber** (če'jmbör), *n.* odaja, soba; dvorana (*skupštinska*); zakonodavstvo.

**chamberlain** (če'jmbörlin), *n.* komornik; državni činovnik; gradski blagajnik.

**chambermaid** (če'jmbörme'jd), *n.* sobarica.

**chameleon** (kömi'liön), *n.* kameleon; prevrtljivac.

**chamfer** (čă'mför), *v.* zabrazditi, užlijebiti; ukositi; — *n.* brazda; ukosnik.

**chamois** (šă'mi), *n.* divokoza; mekana koža.

**chamomile** (kă'momajl), *n.* *vidi* **camomile.**

**champ** (čămp), *v.* gristi; žvakati.

**champagne** (šămpe'jn), *n.* šampanjac.

**champaign** (šămpe'jn), *a.* ravan, otvoren; — *n.* ravnica.

**champion** (čă'mpiön), *v.* boriti se; zastupati; — *a.* prvi, ponajbolji; — *n.* prvak; borac; junak; pobjednik.

**championship** (čă'mpiönšip), *n.* prvenstvo, pobjeda; junaštvo.

**chance** (čăns), *v.* slučiti se, dogoditi se; — *a.* slučajan; — *n.* slučaj; sreća; zgoda, prilika; vjerojatnost, mogućnost.

**chancel** (čă'nsel), *n.* oltarište.

**chancellor** (čă'nselör), *n.* kancelar, pečatnik.

**chancellorship** (čă'nselöršip), *n.* kancelarstvo.

**chancery** (čă'nsöri), *n.* kancelarija; javno sudište.

**chancre** (šă'nkör), *n.* čankir.

**chandelier** (šă'ndöli'r), *n.* svijećnjak.

**chandler** (čă'ndlör), *n.* trgovac; svjećar.

**chandlery** (čă'ndlöri), *n.* kramarska roba; svjećarnica.

**change** (čejnđ), *v.* mijenjati, promijeniti, preinačiti; izmijeniti; zamijeniti; pretvoriti se; — *n.* mijenjanje; promjena; zamjena; sitan novac, drobiš.

**changeable** (če'jnđöbl), *a.* promjenljiv; nestalan; prevrtljiv.

**changeableness** (če'jnđöblnes), *n.* promjenljivost; nestalnost; prevrtljivost.

**changeably** (če'jnđöbli), *adv.* promjenljivo; izmjenično; nestalno.

**changeful** (če'jnđful), *a.* promjenljiv; nepostojan, nestalan.

**changeling** (če'jnđling), *n.* podmetnuto dijete; prevrtljivac; luda.

**changer** (če'jnđör), *n.* mjenjač; preinačitelj.

**channel** (čă'nel), *v.* prokopati, užlijebiti, ubrazditi; — *n.* tok, tijek; kanal; korito rijeke; žlijeb; sredstvo, put.

**chant** (čănt), *v.* pjevati, pojati, napijevati; — *n.* pjesma, napjev, pjevanje.

**chanter** (čă'ntör), *n.* pjevač.

**chanticleer** (čă'ntiklir), *n.* pijevac (*kokot*).

**chantry** (čă'ntri), *n.* kapela.

**chaos** (ke'jàs), *n.* kaos, metež, zbrka.

**chaotic** (kejå'tik), *a.* zbrkan, poremećen.

**chap** (čăp), *v.* pucati, ispucati (*koža*); — *n.* ispucanost (*kože*), puč; momak, dječak; čeljust.

**chapel** (čă'pel), *n.* kapela, crkvica.

**chaperon** (šă'pöron), *v.* pratiti; štititi; — *n.* gospođa, koja prati gospojicu u javna mjesta.

**chapfallen** (čă'pfà'ln), *a.* znužden, nujan, turoban.

**chapiter** (čă'pitör), *n.* glava stupa.

**chaplain** (čă'plin), *n.* kapelan, duhovni pomoćnik.

**chaplaincy** (čă'plinsi), *n.* kapelanstvo, kapelanija.

**chaplet** (čă'plet), *n.* vijenac, kitica; đerdan; čislo, krunica.

**chapman** (čă'pmön), *n.* trgovac; kramar, pokućirac.

**chapter** (čă'ptör), *n.* glava (*u knjizi*), poglavlje; kaptol; bratsko udruženje.

**char** (čar), *v.* opaliti, ogorjeti; izgorjeti do ugljena; — *n.* ugalj, izgorjela lješina; planinska pastrva.

**character** (kă'röktör), *n.* značaj, karakter; n rav; obilježje; dostojanstvo.

**characteristic** (kă'röktöri'stik), *a.* karakterističan, značajan, svojstven; — *n.* značajnost; obilježje, svojstvo.

**characteristically** (kă'röktöri'stiköli), *adv.* značajno, osebujno, osobito.

**characterize** (kă'röktörajz), *v.* karakterisati, označivati, obilježiti.

**charade** (šöre'jd), *n.* slovčana zagonetka.

**charcoal** (ča'rkō'l), *n.* ugljen (*drven*).

**chare** (čar), *v.* raditi oko kuće, dnevničariti; — *n.* mala radnja; dnevna radnja oko kuće.

**charge** (ča đ), *v.* naložiti, opteretiti, natovariti; opomenuti; podučiti; zabraniti; umetnuti, napuniti; nabiti; označiti cijenu, računati; tražiti; ubilježiti; zadužiti; optuživati; navaliti; uresiti; — *n.* naboj; gorivo; briga, štitništvo; čuvanje; cijena; račun; namet; potrošak, trošak; poduka, opomena; optužba, tužba; navala, nasrtaj, juriš.

**chargeable** (ča'rđöbl), *a.* opteretiv; podučiv; ubilježiv; zaduživ; utuživ; što se može napuniti, nabiti, optužiti; tegotan; skup.

**charge d'affaires** (ša'rže' da'fa'r), *n.* zamjenik poslanika.

**charger** (ča'rđör), *n.* nabijač; određivalac cijene; ratni konj, konj od mejdana.

**charily** (ča'rili), *adv.* oprezno, pažljivo; brižno; pametno; štedljivo.

**chariot** (čă'riöt), *n.* kočija; bojna kola.

**charioteer** (čă'riöti'r), *n.* kočijaš (*bojnih kola*).

**charitable** (čă'ritöbl), *a.* milostiv, milosrdan; dobrohotan; ljubezan.

**charitably** (čă'ritöbli), *adv.* milosrdno; ljubezno; veledušno.

**charity** (čă'riti), *n.* milosrđe, milosrdnost; milostinja; pregledanje; velikodušnost; kršćanska ljubav; ubožni zavod.

**charlatan** (ša'rlötön), *n.* varalica, šarlatan.

**charm** (čarm), *v.* začarati, opčiniti; usvojiti; razveseliti; — *n.* čar, čarolija; dražest, ljepota.

**charmer** (ča'rmör), *n.* začaratelj, čarobnik.

**charming** (ča'rming), *a.* čaroban, dražestan.

**charmingly** (ča'rmingli), *adv.* čarobno, ljupko.

**charnel-house** (ča'rnelhạ'ụs), *n.* kosturnica.

**chart** (čart), *n.* mapa; nacrt (*obala*).

**charter** (ča'rtör), *n.* čarter, povlastica, isprava; — *v.* organizirati čarterom, povlastiti.

**chartered** (ča'rtörd), *a.* povlašten, čartiran.

**chartography** (kartá'gröfi), *n.* risanje zemljovida.

**chartulary** (ka'rtjulöri), *n.* zbirka povelja; arkivar.

**char-woman** (ča'rụụ'măn), *n.* težakinja.

**chary** (ča'ri), *a.* oprezan, budan, brižan; pametan; štedljiv.

**chase** (čejs), *v.* tjerati, proganjati; loviti, juriti; vajati, rezati; — *n.* tjeranje; potjera; lov; okvir (*tiskarski*).

**chaser** (če'jsör), *n.* tjeralac, gonič, hajkaš; vajar.

**chasm** (kăzm), *n.* bezdan; pukotina.

**chaste** (čejst), *a.* čist, nevin.

**chastely** (če'jstli), *adv.* čisto, nevino, djevičanski.

**chasten** (čejsn), *v.* kazniti; umekšati; pročistiti.

**chastise** (částa'jz), *v.* šibrati; kazniti.

**chastisement** (čă'stizment), *n.* šibranje, kazna, pedepsanje.

**chastity** (čă'stiti), *n.* čistoća, djevičanstvo.

**chasuble** (čă'sjubl), *n.* misničko ruho.

**chat** (čăt), *v.* razgovarati se, brbljati; — *n.* razgovor; brbljanje

**chateau** (ša'to'), *n.* tvrđa, grad; major.

**chattel** (čătl), *n.* pokretnina, osobno dobro.

**chatter** (čă'tör), *v.* cvokotati; čavrljati; kričati; — *n.* čavrljanje; kričanje; cvokot; cvokotanje.

**chatter-box** (čă'törbá'ks), *n.* zvrndalo; brbljavac.

**chatterer** (čă'törör), *n.* brbljavac.

**chatty** (čă'ti), *n.* govorljiv, brbljav.

**chauvinism** (šo'vinizm), *n.* šovinizam, preveliko oduševljenje, pretjeranost.

**chauvinist** (šo'vinist), *n.* šovinista, pretjeranac.

**chauvinistic** (šo'vini'stik), *a.* šovinistički.

**cheap** (čip), *a.* jeftin; običan; prost; siromašan.

**cheapen** (čipn), *v.* pojeftiniti.

**cheaply** (čī'pli), *adv.* jeftino.

**cheapness** (čī'pnes), *n.* jeftinoća, niska cijena.

**cheat** (čīt), *v.* varati, prevariti; — *n.* varalica.

**cheater** (čī'tör), *n.* varalica.

**check** (ček), *v.* zaustaviti, zapriječiti; obuzdati; pregledati, istražiti; pretresati; — *n.* zaustava; zapreka; uzda; kontrola; pregledba; bankovna naputnica, ček.

**checker** (če'kör), *n.* zaustavljač; obuzdatelj; pretresatelj.

**checkmate** (če'kme'jt), *n.* šahmat, poraz; — *v.* učiniti šahmat, poraziti.

**cheek** (čīk), *n.* obraz, jabučica.

**cheep** (čīp), *v.* cvrkutati; pijukati; — *n.* cvrkut, pijuk.

**cheer** (čīr), *v.* razveseliti; razvedriti; veselo klicati; — *n.* izražaj lica; veselost; klicanje.

**cheerful** (čī'rful), *v.* veseo, radostan; utješan.

**cheerfully** (čī'rfuli), *adv.* veselo, s veseljem, radosno, drage volje.

**cheerily** (čī'rili), *adv.* s veseljem, drage volje.

**cheering** (čī'ring), *a.* veseo, bodreći.

**cheerless** (čī'rles), *a.* neutješan, turoban, klonuo.

**cheery** (čī'ri), *a.* utješan, utješljiv; radostan, veseo.

**cheese** (čīz), *n.* sir.

**cheesemonger** (čī'zmá'ńgör), *n.* trgovac sirom.

**cheese-paring** (čī'zpe'ring), *a.* škrt; štedljiv; — *n.* kora od sira.

**cheese-press** (čī'zpre's), *n.* sprava za pravljenje sira.

**cheesy** (čī'zi), *a.* sirnat; kao sir.

**chef** (šef), *n.* glavni kuhar.

**chef-d'oeuvre** (še'du'vr), *n.* remek djelo, majstorija.

**chemical** (ke'miköl), *a.* kemijski, ludžben.

**chemically** (ke'miköli), *adv.* kemički.

**chemicals** (ke'miköls), *n. pl.* kemijske tvorine, ludžbenine.

**chemise** (šimi'z), *n.* ženska košulja.

**chemist** (ke'mist), *n.* kemičar, ludžbar.

**chemistry** (ke'mistri), *n.* kemija, ludžba.

**cheque** (ček), *n. vidi:* **check.**

**chequer** (če'kör), *vidi* **checker.**

**cherish** (če'riš), *v.* njegovati, gojiti; hraniti; milovati; bodriti.

**cheroot** (širu't), *n.* smotka, cigara (*podrezana na obim krajevima*).

**cherry** (če'ri), *a.* crven; kao trešnja; od trešnjevog drva; — *n.* trešnja.

**cherub** (če'rab), *n.* kerub, kerubin.

**cherubic** (čerju'bik), *a.* kerubinski, angjeoski.

**chess** (čes), *n.* šah.

**chess-board** (če'sbō'rd), *n.* daska za šah.

**chessman** (če'smăn), *n.* šah i mat.

**chest** (čest), *n.* škrinja, kovčeg, ormar; prsa, grudi.

**chestnut** (če'snat), *a.* kestenov, kestenast; — *n.* kesten, kostanj.

**chevalier** (še'völi'r), *n.* vitez.

**chevron** (še'vrön), *n.* tračak, ures (*na časničkom rukavu*); rožnik.

**chew** (ču), *v.* žvakati; preživati.

**chic** (šik), *a.* pristao, lijep; značajan; po modi; ukusan; — *n.* pristalost, ljepota; ukus; okretnost.

chicane (šike'jn), chicanery (šike'jnöri), *n.* kinjenje; izvrtanje; lopovština, prijevara.

chicaner (šike'jnör), *n.* izvrtalac; lopov.

chick (čik), chicken (či'ken), *n.* pile, pilič; dijete, djetešce.

chicken-hearted (či'kenha'rted), *a.* plah, plašljiv; malodušan.

chicken-pox (či'kenpå'ks), *n.* divlje kozice.

chickweed (či'kui'd), *n.* (*bot.*) crijevce.

chicory (či'kori), *n.* cikorija, zučanica, vodopija.

chide (čajd), *v.* koriti, obružiti.

chief (čif), *a.* glavni; prvi; najveći; veoma važan; poglavit; — *n.* poglavica, starješina, vladar, vođa.

chiefly (či'fli), *adv.* u glavnom, poglavito, osobito.

chieftain (či'ftön), *n.* poglavica, glavar; vođa.

chieftaincy (či'ftönsi), *n.* služba poglavice, čast vođe.

chiffonier (ši'foni'r), *n.* ormar za posuđe i za jestiva, pobočna daska.

chilblain (či'lblejn), *n.* buganac.

child (čajld), *n.* dijete.

child-bearing (ča'jldbe'ring), *n.* rađanje djece.

childbed (ča'jldbe'd), *n.* porod, babinje.

childbirth (ča'jldbö'rt), *n.* porod, trudi.

childe (čajld), *n.* mladi plemič, vitez.

childhood (ča'jldhud), *n.* djetinjstvo.

childish (ča'jldiš), *a.* djetinjski, djetinjast.

childless (ča'jldles), *a.* bez djece.

childlike (ča'jldla'jk), *a.* poput djeteta, kao dijete; bezazlen, krotak.

chill (čil), *v.* ohladiti, hladiti; prestrašiti; — *a.* hladan; mrzal; — *n.* hladnoća, studen; jeza, groza.

chilly (či'li), *a.* hladan, mrzal.

chime (čajm), *v.* zvoniti; zamnijevati; slagati se; — *n.* zvonci; zvonjenje; sklad, slaganje.

chimera (kimi'rö), *n.* utvara; utvaranje.

chimere (šimi'r), *n.* biskupska gornja haljina.

chimerical (kimi'riköl), *a.* utvaran, umišljen.

chimney (či'mni), *n.* dimnjak; staklo od svjetiljke.

chimney-piece (či'mnipi's), *n.* korniž od kamina.

chimpanzee (čimpă'nzi), *n.* čimpanza.

chin (čin), *n.* brada.

china (ča'jnö), *n.* porculan.

chincough (či'nkå'f), *n.* hripavac kašalj.

chine (čajn), *n.* hrptenjača, kičma.

Chinese (čajni's), *a.* kineski; — *n.* Kinez; kineski jezik.

chink (čink), *v.* pucati; zvečati; cinjkati; — *n.* puklina, pukotina; cinjkanje; novac.

chinky (či'nki), *a.* raspucan, pun pukotina.

chintz (činc), *n.* cic, šareni katun.

chip (čip), *v.* isjeći, isjeckati; otkrhnuti (se), odljuštiti (se); — *n.* otpadak, ostrižak, režanj, iver; komadić.

chirm (čörm), *v.* cvrkutati.

chirography (kajra'gröfi), *n.* rukopis, pismo.

chiromancy (ka'jromă'nsi), *n.* gatanje iz ruku.

chiropodist (kajrå'podist), *n.* vidar za ruke i noge, vaditelj kurjih očiju.

chirp (čörp), *v.* cvrkutati; — *n.* cvrkut, cvrkutanje.

chirper (čö'rpör), *n.* cvrkutalo; ptica cvrkutalica.

chirrup (či'rap), *v.* cvrkutati, cvrčati; — *n.* cvrkut, cvrčanje.

chisel (či'zel), *v.* dlijetiti, dupsti; rezbariti; — *n.* dlijeto.

chit (čit), *v.* pokidati mladice, klice; klijati; — *n.* djevojče.

chit-chat (či'tčă't), *n.* čavrljanje, brbljanje.

chivalric (ši'völrik), chivalrous (ši'völrös), *a.* viteški; hrabar.

chivalry (ši'völri), *n.* viteštvo; junaštvo.

chive (čajv), *n.* drobnjak (*vrst luka*).

chloral (klo'röl), *n.* klor.

chloric (klo'rik), *a.* klorov.

chloride (klo'rid), *n.* soliš.

chlorine (klo'rin), *n.* solik, klor.

chloroform (klo'roform), *n.* kloroform.

**chlorophyl** (klo'rofil), *n.* lisno zelenilo.

**chocolate** (čå'kolet), *n.* čokolada.

**choice** (čojs), *a.* odabran, biran, izvrstan; — *n.* biranje; volja; izbor; cvijet.

**choir** (kuą'er), *n.* kor; pjevački zbor.

**choke** (čõk), *v.* gutiti, daviti, ugušiti (se); zaustaviti, spriječiti.

**choke-damp** (čõ'kdǎ'mp), *n.* zagušljiv zrak.

**choky** (čõ'ki), *a.* zadušljiv.

**choler** (kå'lör), *n.* žestina, bijes.

**cholera** (kå'lörö), *n.* kolera, kratelj.

**choleric** (kå'lörik), *a.* razdražljiv, žučljiv.

**choose** (čūz), *v.* birati, izabrati, odabrati.

**chooser** (čū'zör), *n.* biratelj, izbirač.

**chop** (čåp), *v.* cijepati, klesati, sjeći; izmrmljati; presjeći; puknuti; raskoliti se; mijenjati, izmijeniti; vrludati; — *n.* odrezak, režanj, komadič mesa (*oko rebra*); proder; zaokret; čeljust; gubica.

**chop-fallen** (čå'pfå'len), *a.* snužden, pognut.

**choppy** (čå'pi), *a.* ispucan; narozan.

**chopsticks** (čå'psti'ks), *n.* štapići za jelo.

**chop-suey** (čå'psu'i), *n.* jelo, koje se sastoji od prženog pileta *ili* svinjetine, riže, zelenja sa umakom.

**choral** (ko'röl), *a.* koralni, zborni.

**chord** (kord), *n.* skladnost; struna, žica; tetiva.

**chorister** (kå'ristör), *n.* pjevač, zboraš.

**chorus** (ko'rąs), *n.* pjevački zbor; kor; pripjev.

**chosen** (čõzn), *a.* izabran; odabran, izvrstan.

**chough** (čaf), *n.* čavka, zlatovranka.

**chouse** (čą'ųs), *v.* varati, prevariti; — *n.* varka, trїk, prijevara; varalica.

**chrism** (kıizm), *v.* sveta pomast, krizma.

**Christ** (krajst), *n.* Krist, pomazanik; Mesija, spasitelj.

**christen** (krisn), *v.* krstiti; imenovati; nazvati.

**Christendom** (kri'sndöm), *n.* kršćanstvo.

**christening** (kri'sning), *n.* krštenje.

**Christian** (kri'sčön), *a.* kršćanski; — *n.* kršćanin.

**Christianity** (kri'stiǎ'niti), *n.* kršćanstvo.

**Christianize** (kri'sčönajz), *v.* pokrstiti (se).

**Christmas** (kri'smös), *a.* božićni; — *n.* božić.

**chromatic** (kromǎ'tik), *a.* kromatičan, poluglasan; bojni.

**chrome** (krõm), **chromium** (kro'miöm), — *n.* krom (*kovina*).

**chromic** (kro'mik), *a.* kromski.

**chronic** (krå'nik), *a.* kronički, zastario, dugotrajan.

**chronicle** (krå'nikl), *v.* pobilježiti; — *n.* ljetopis, kronika.

**chronicler** (krå'niklör), *n.* ljetopisac, povjesničar, kroničar.

**chronological** (kro'nolǎ'ɗiköl), *a.* kronologičan, vremenoslovan.

**chronologically** (kro'nolǎ'ɗiköli), *adv.* kronologično, vremenoslovno.

**chronologist** (kronǎ'löɗist), *n.* kronolog, vremenoslovac.

**chronology** (kronǎ'löɗi), *n.* kronologija, vremenoslovlje.

**chronometer** (kronǎ'mitör), *n.* vremenomjer, kronometar.

**chronometric** (krå'nome'trik), **chronometrical** (krå'nome'triköl), *a.* vremenomjerni, kronometrički.

**chrysalis** (kri'sölis), *n.* kukuljica.

**chrysanthemum** (krisǎ'ntimąm), *n.* krizantema, voluje oko (*bot.*).

**chrysolite** (kri'solajt), *n.* krizolit, zlatocvijet (*dragulj*).

**chrysoprase** (kri'soprejz), *n.* krizopras, zlatovac (*min.*).

**chub** (čąb), *n.* klen (*riba*).

**chubby** (čą'bi), *a.* bucmast, glavat.

**chuck** (čąk),- *v.* kvocati, kvokotati; poškakljati (*pod bradom*); naglo baciti; — *n.* kvocanje; podbradni dodir; naglo bacanje; hitac; lutka (*u tokara*); pile; dječak.

**chuckle** (čąkl), *v.* grohotati se; uživati od veselja; — *n.* grohot, smijeh.

**chuff** (čąf), *n.* tupak, bena, bukvan.

**chuffy** (čą'fi), *a.* neotesan, grub, ljutit.

**chum** (čąm), *v.* zajedno stanovati; — *n.* sudrug, tijesni prijatelj.

**chump** (čąmp), *n.* klada, panj.

**chunk** (čąk), *n.* gruda, debeo komad.

**church** (čörč), *v.* upeljavati, uvesti (*ženu*) u crkvu nakon poroda; — *n.* crkva, hram božji.

**churching** (čö'rčing), *n.* upeljavanje, uvedenje (*žene*) u crkvu nakon poroda.

**churchman** (čö'rčmăn), *n.* duhovnik; crkvenjak.

**church-rate** (čö'rčre'jt), *n.* crkveni porez.

**churchwarden** (čö'rčụa'rden), *n.* crkveni starješina.

**churchyard** (čö'rčja'rd), *n.* groblje.

**churl** (čörl), *n.* neotesanac, prostak, muž; škrtica.

**churlish** (čö'rliš), *a.* neotesan; mrk.

**churn** (čörn), *v.* stapati; drmati; rediti; — *n.* stapaica.

**chyle** (kajl), *n.* mezgra, probavina.

**chylifaction** (ka'jlifă'kšön), *n.* mezgrenje, probavljanje.

**chyme** (kajm), *n.* griz.

**cicatrice** (si'kötris), *n.* brazgotina, zarastica.

**cicatrize** (si'kötrajz), *v.* zarasti se, zacijeliti.

**cicely** (si'sili), *n.* krosuljica (*bot.*).

**cicerone** (či'čero'ne), *n.* vodić.

**cider** (sa'jdör), *n.* jabučnica.

**cigar** (siga'r), *n.* cigara, smotka.

**cigarette** (si'gare't), *n.* cigareta.

**cilia** (si'liö), *n. pl.* pahuljice; trepavice.

**ciliary** (si'liöri), *a.* trepavičav; pahuljast.

**cinch** (sinč), *v.* opasati; zahvatiti, ugrabiti; pričvrstiti; — *n.* pas, pojas; čvrsti zahvat; sjegurna stvar.

**cinchona** (sinko'nö), *n.* kinovina; grozničavina.

**cincture** (si'nkčör), *n.* pojas, pas.

**cinder** (si'ndör), *n.* troska; žerava.

**Cinderella** (si'ndöre'lö), *n.* pepeljuga.

**cindery** (si'ndöri), *a.* troskav, pepeljav.

**cinerary** (si'nöreri), *a.* pepeljni.

**cinnabar** (si'nöbar), *n.* cinobar, rumenica.

**cinnamon** (si'nömön), *n.* cimet, slatka korica.

**cipher** (sa'jför), *v.* računati; pisati tajnim znakovima; — *n.* ništica; broj; ništarija; šifra; tajno pismo.

**circle** (sörkl), *v.* kružiti; kolati; zatvoriti; obilaziti; — *n.* kružnica, krug; kolobar; opseg, okrug; kolut; okružje; društvo.

**circlet** (sö'rklet), *n.* maleni prsten, kolut.

**circuit** (sö'rkit), *n.* kruženje; obilaženje sudaca po kotarima; sudbeno okružje, područje; električna struja.

**circuitous** (sörkjụ'itạs), *a.* obilazni, okružni; posredan.

**circuitously** (sörkjụ'itạsli), *adv.* obilazno; posredno.

**circular** (sö'rkjulör), *a.* kružni, okrugao; — *n.* cirkular; okružnica.

**circulate** (sö'rkjulejt), *v.* cirkulirati, optjecati, ići; širiti; rasturiti; staviti u promet.

**circulation** (sö'rkjule'jšön), *n.* cirkulacija, promet, optjecanje; kolanje, rasturenje, širenje; novac u prometu.

**circulatory** (sö'rkjulöto'ri), *a.* obilazni; optočni.

**circumambient** (sö'rkamă'mbient), *a.* opkoljujući; obuhvatni; obilazni.

**circumcise** (sö'rkamsajz), *v.* obrezati; sunetiti.

**circumcision** (sö'rkamzi'žön), *n.* obrezanje, sunet.

**circumference** (sörka'mförens), *n.* opseg, objam, krug.

**circumflex** (sö'rkamfleks), *n.* cirkumfleks (*znak dužine*).

**circumfluent** (sörka'mfljuent), *a.* optjecajni; obilazni.

**circumfuse** (sö'rkamfju'z), *v.* oblijevati; raznašati.

**circumfusion** (sö'rkamfju'žön), *n.* oblijevanje; raznašanje.

**circumgyrate** (sö'rkamđa'jrejt), *v.* okretati (se); valjati (se) naokolo; kružiti; putovati naokolo.

**circumjacent** (sö'rkamđe'jsent), *a.* okolni; pogranični.

**circumlocution** (sö'rkamlokju'šön), *n.* opisivanje, opis; okolišanje.

**circumlocutory** (sö'rkamlă'kjutöri), *a.* opisni, okolišni.

**circumnavigate** (sö'rkamnă'vigejt), *v.* ploviti naokolo, oploviti.

**circumnavigation** (sö'rkamnă'vige-'jšön), *n.* plovidba (*naokolo*), oplov.

**circumnavigator** (sö'rkamnă'vige'j-tör), *n.* brodilac, onaj, koji plovi naokolo.

**circumpolar** (sö'rkampo'lör), *a.* stožerni.

**circumscribe** (sö'rkamskra'jb), v. opisati; odrediti granice, ograničiti; stegnuti.

**circumspect** (sö'rkamspe'kt), a. pažljiv, budan; smotren; promišljen.

**circumspection** (sö'rkamspe'kšön), n. pažnja, smotrenost; promišljenost.

**circumspectly** (sö'rkamspektli), adv. smotreno; promišljeno.

**circumstance** (sö'rkamstăns), v. staviti u prilike; — n. prilika, okolnost.

**circumstantial** (sö'rkamstă'nšöl), a. u okolnostima, ovisan o prilikama; podroban, opširan.

**circumstantiality** (sö'rkamstă'nšiă'liti), n. podrobnost, opširnost.

**circumstantially** (sö'rkamstă'nšöli), adv. podrobno, opširno.

**circumstantiate** (sö'rkamstă'nšiejt), v. utvrditi prilikama, dovesti u stanje.

**circumvalation** (sö'rkamvăle'jšön), n. utvrđivanje opkopima; bedem, opkop.

**circumvent** (sö'rkamve'nt), v. obići, obaći; nadmudriti.

**circumvention** (sö'rkamve'nšön), n. obilaženje; varka, prevara.

**circumvolution** (sö'rkamvolju'šön), n. okretanje; okret; uvojak.

**circus** (sö'rkös), n. cirkus, cirk.

**cirrus** (si'răs), n. oblak runjavac; vitica.

**cist** (sist), n. raka; škrinja.

**cistern** (si'störn), n. bunar, zdenac; nakapnica.

**citable** (sa'jtöbl), a. navodiv.

**citadel** (si'tödel), n. gradska tvrđavica.

**citation** (sajte'jšön), n. navađanje, navod; sudbena pozivnica.

**cite** (sajt), v. pozvati na sud; navoditi; spomenuti; pozvati se na što.

**citizen** (si'tizen), n. građanin.

**citizenship** (si'tizenšip), n. građanstvo.

**citric** (si'trik), a. četrunov.

**citron** (si'trön), n. limun, četrun.

**city** (si'ti), n. grad.

**cive** (sajv), n. vlašac (bot.).

**civet** (si'vet), n. zibet (miris).

**civet-cat** (si'vetkă't), n. civetka (životinja).

**civic** (si'vik), a. gradski; građanski.

**civil** (si'vil), a. građanski, svjetovni; uštiv.

**civilian** (sivi'ljön), n. svjetovnjak; građanin.

**civility** (sivi'liti), n. uštivost, ugladenost; lijepo ponašanje.

**civilization** (si'vilize'jšön), n. prosvjeta, izobraženost, civilizacija.

**civilize** (si'vilajz), v. prosvijetiti, civilizirati.

**civilized** (si'vilajzd), a. prosvijećen, civiliziran, izobražen.

**civilly** (si'vili), adv. uštivo, uljudno; ugladeno.

**clack** (klăk), v. regetati, čagrtati; brbljati, čav'rljati; — n. klepetanje; štropot; blebetuša.

**clad** (klăd), pp. obučen, odjeven.

**claim** (kle'jm), v. tražiti, zahtijevati, pitati; tvrditi; zaključivati; imati pravo na; — n. tražbina, traženje, zahtijev; pravo.

**claimable** (kle'jmöbl), a. što se može tražiti, zahtijevati.

**claimant** (kle'jmönt), n. traž c zahtijevalac.

**clairvoyance** (klarvo'jöns), n. vidovitost; oštroumlje.

**clam** (klăm), v. lijepiti; — n. spona; školjka, ljuštura.

**clamant** (klă'mönt), a. zovući u pomoć; prešan.

**clamber** (klă'mbör), v. teško se penjati; penjati se rukama i nogama.

**clammy** (klă'mi), a. ljepčiv, smolav; prianjav.

**clamor** (klă'mör), v. zaviknuti, vikati, bučiti; — n. vapaj; buka, graja.

**clamorous** (klă'mörös), a. bučan.

**clamorously** (klă'mörösli), adv. bučno, uz veliku viku.

**clamp** (klămp), v. pričvrstiti sponom; okovati; teško koracati, gaziti; — n. spona, kvaka; teški korak; ciglana; bunište.

**clan** (klăn), n. porodica; pleme; družba.

**clandestine** (klănde'stin), a. tajni; sakrit; skrovit.

**clandestinely** (klănde'stinli), adv. potajno, krišom.

**clang** (klăng), v. zveketati, zvečati; oriti se; — n. zveka, tutanj.

**clangor** (klă'ngör), n. zveket, zveka, buka.

**clank** (klănk), *v.* zveketati; — *n.* zveket, zveka.

**clannish** (klă'niš), *a.* plemenski; privržen.

**clansman** (klă'nzmön), *n.* član družbe; plemenik.

**clap** (klăp), *v.* udarati, klepetati; pljeskati; zaklopiti; udariti; rinuti; — *n.* udar, klep; prasak; pljeskanje; kapavac.

**clapper** (klă'pör), *n.* pljeskalac; klepac (*zvona*); poklopac.

**claptrap** (klă'ptră'p), *n.* nješto, što izazivlje pljeskanje; trik.

**claret** (klă'ret), *n.* crveno francesko vino.

**clarification** (klă'rifike'jšön), *n.* pročišćavanje, čišćenje.

**clarifier** (klă'rifaör), *n.* sredstvo za čišćenje, čistilo.

**clarify** (klă'rifaj), *v.* čistiti, bistriti; pročistiti se.

**clarinet** (klă'rinet), *n.* klarinet, zveklja.

**clary** (kle'ri), *n.* krletak (*bot.*).

**clash** (klăš), *v.* zveknuti; sudariti se, sukobiti se; — *n.* sudar, sukob; kavga; zveket.

**clasp** (klăsp), *v.* zakopčiti; zaklopiti; obujmiti; rukovati se; — *n.* spona, kopča; zagrljaj; rukovanje.

**clasper** (klă'spör), *n.* kopčilac; sprava za kopčenje; vitica (*bot.*).

**clasp-knife** (klă'spna'jf), *n.* škljoca, kustura.

**class** (klăs), *v.* poredati u razrede, razrediti; — *n.* razred, red; vrsta.

**classic** (klă'sik), *a.* uzoran, klasičan; — *n.* klasik, pisac prvoga reda.

**classical** (klă'siköl), *a.* klasičan, uzoran.

**classicism** (klă'sisizm), *n.* klasičnost, klasičan izraz.

**classicist** (klă'sisist), *n.* klasičar.

**classification** (klă'sifike'jšön), *n.* klasifikacija, razređenje.

**classify** (klă'sifaj), *v.* razređivati; klasificirati.

**clatter** (klă'tör), *v.* čegrtati, regetati; klepetati; brbljati, zvrndati; — *n.* klepetanje; zvrndanje.

**clause** (klăz), *n.* dio izreke; uslov; primjedba, klauzula.

**clavicle** (klă'vikl), *n.* ključna kost.

**clavier** (kle'viör), *n.* glasovir.

**claw** (klă), *v.* grepsti; derati, razderati; — *n.* čaporak, pandža, šapa, štipaljka (*u raka*).

**clay** (klej), *v.* pokriti ilovačom; bijeliti (*slador*); — *n.* ilovača, glina.

**clayey** (kle'i), *a.* glinen, poput ilovače.

**claymore** (kle'jmor), *n.* velik dvooštrast mač.

**clean** (klin), *v.* čistiti, oprati; — *a.* čist; opran; — *adv.* čisto, potpuno.

**cleanliness** (kli'nlines), *n.* čistoća.

**cleanly** (kli'nli), *a.* čist, lijep, ukusan; — *adv.* čisto; lijepo.

**cleanness** (kli'nes), *n.* čistoća; nevinost; neokaljanost.

**cleanse** (klenz), *v.* očistiti, čistiti; oprati, žuliti; riješiti krivnje.

**cleanser** (kle'nzör), *n.* čistilac; čistilo.

**clear** (klir), *v.* bistriti, razbistriti (se), razjasniti; odstraniti zaprjeke, prokrčiti; pročistiti (se); opravdati; povući dobit; preskočiti; platiti carinu; razvedriti se; — *a.* jasan, bistar, svjetao; otvoren; ravan; lijep, čist; vedar; utješan; oštar; prost od duga; nevin; izuzet; — *adv.* očevidno, jasno; sasvim.

**clearance** (kli'röns), *n.* bistrenje, čišćenje; krčenje; carinski list.

**clearer** (kli'rör), *n.* čistilac, bistrilac, onaj, koji vedri; čistilo, bistrilo.

**clear-headed** (kli'rhe'ded), *a.* bistrouman.

**clearing** (kli'ring), *n.* bistrenje, čišćenje; krčenje; čistina, iskrčena zemlja; — **house**, ured za bankarsko obračunavanje.

**clearly** (kli'rli), *adv.* jasno, bistro.

**clear (e)-story** (kli'rsto'ri), *n.* prozorski sprat (*crkve ili kora*).

**cleat** (klit), *v.* snabdjeti hvatljikom, pričvrstiti klinom; — *n.* klin, zagozda; mornarska hvatljika.

**cleavable** (kli'vöbl), *a.* što se može kalati, raskoliti.

**cleavage** (kli'veđ), *n.* kalanje, cijepanje, pucanje.

**cleave** (klīv), *v.* lijepiti se; prianjati; kalati, raskoliti, cijepati; razdrijeti.

**cleaver** (kli'vör), *n.* kalatelj; cijepač; mesarska sjekira.

**clef** (klef), *n.* ključ (*u glazbi*).

**cleft** (kleft), *n.* pukotina, rasjelina.

**cleg** (kleg), *n.* obad, konjska muha.

**clematis** (kle'metis), *n.* pavit (*bot.*).

**clemency** (kle'mensi), *n.* milost, milosrđe; blagost; nježnost.

**clement** (kle'ment), *a.* milostiv, blag, ugodan.

**clemently** (kle'mentli), *adv.* milostivo; ugodno.

**clench** (klenč), *v.* sčepati, zgrabiti; stisnuti (*pjest ili zube*); hrvati se; potvrditi.

**clepsydra** (kle'psidrö), *a.* vodena ura.

**clergy** (klö'rđi), *n.* svećenstvo, duhovnici, kler.

**clergyman** (klö'rđimăn), *n.* svećenik, duhovnik.

**cleric** (kle'rik), *a.* duhovnički, klerički; — *n.* duhovnik; klerik.

**clerical** (kle'riköl), *a.* duhovni, duhovnički, klerički; pisarski, činovnički.

**clericalism** (kle'rikölizm), *n.* klerikalizam.

**clerk** (klörk), *n.* činovnik; pisar; pomoćnik; tajnik; trgovac.

**clerkship** (klö'rkšip), *n.* činovništvo; pisarska služba.

**clever** (kle'vör), *a.* okretan, vješt; sposoban; domišljat; talentiran.

**cleverly** (kle'vörli), *adv.* okretno, vješto; pametno.

**cleverness** (kle'vörnes), *n.* okretnost, vještina, sposobnost.

**clew** (klu), *v.* usukati (*jedro*); umotati; — *n.* ključ (*k riješenju nečesa*); trag; okrajak jedra.

**click** (klik), *v.* pucnuti, kuckati; mljeskati; — *n.* udar, kuckanje.

**client** (kla'ent), *n.* branjenik, štićenik.

**clientele** (kla'enti'l), *n.* klientela, branjenici.

**cliff** (klif), *n.* litica, strmen, vrlet, greben.

**cliffy** (kli'fi), *a.* strm, vrletan, kršan.

**climacteric** (klajmă'ktörik), *a.* opasan, kritičan; — *n.* opasna godina, kritično doba u ljudskom životu.

**climate** (kla'jmet), *n.* klima, podneblje, pojas.

**climatic** (klajmă'tik), *a.* klimatičan.

**climax** (kla'jmăks), *n.* stupnjevanje (*u govorništvu*); vrhunac.

**climb** (klajm), *v.* uspinjati se, penjati se; uzlaziti.

**climber** (kla'jmör), *n.* penjalac; penjalica (*bilina*).

**clime** (klajm), *n.* klima; kraj.

**clinch** (klinč), *v.* zgrabiti, stisnuti; odobriti; pograbiti se; — *n.* uhvat; dokazivanje; dvoumlje.

**clincher** (kli'nčör), *n.* zaponac, svornjak; zaključni argumenat.

**cling** (kling), *v.* uhvatiti se za što; držati se nečesa; prionuti.

**clinic** (kli'nik), *n.* klinika, bolnica, u kojoj medicinare podučavaju.

**clinical** (kli'niköl), *a.* bolnički, klinički.

**clink** (klink), *v.* cinketati, zveketati; — *n.* zveka, cinketanje.

**clinker** (kli'nkör), *n.* tvrda opeka; troska.

**clip** (klip), *v.* rezati, podrezati, skratiti; strići; — *n.* striženje, strižnja, striženje.

**clipper** (kli'pör), *n.* obrezač; brzoplovka (*lađa.*)

**clipping** (kli'ping), *n.* rezanje, podrezavanje; šišanje, striženje; izrezak.

**clique** (klik), *n.* družina, stranka, klika.

**cloak** (klōk), *v.* pokriti kabanicom, prekriti plaštem; zabašuriti, sakriti; — *n.* haljetak, kabanica, plašt; izlika.

**clock** (klåk), *n.* ura (*zidna*).

**clock-work** (klå'kŭörk), *n.* stroj od ure.

**clod** (klåd), *v.* bacati grude *ili* kamenje; grudati se; grušati se; — *n.* gruda; zemlja; grušavina.

**cloddy** (klå'di), *a.* grudast, grumenast; zemljan.

**clodhopper** (klå'dhă'pör), *n.* lakrdijaš; prostak, muž.

**clog** (klåg), *v.* zaustavljati, priječiti, smetati; začepiti, zapeti; opteretiti; — *n.* zaprjeka, smetnja; što začepljuje; cokule.

**cloggy** (klå'gi), *a.* zaustavljajući, smetajući, začepljujući; ljepljiv.

**cloister** (klo'jstör), *v.* osamiti; zatvoriti u samostan; — *n.* samostan, kloštar, manastir; trijem.

**close** (klōz), *v.* zatvoriti; svršiti, dokončati; približiti se; pograbiti se; spojiti; pogoditi se; — *a.* zatvoren; ograničen; osamljen; bliz; gust; pouzdan; tijesan; budan, pažljiv; strog; pritajen; šutljiv; pohlepan, škrt; zagušljiv, sparan, sumoran; stegnut (*zakonom*); — *n.* svršetak, konac, zaključak; kvačenje; spoj; sastanak; opkoljen prostor, ograđeno zemljište; tijesnac; — *adv.* tijesno; jedva; skoro; strogo.

**close-fisted** (klō'sfi'sted), *a.* škrt.

**closely** (klō'sli), *adv.* tijesno, vrlo kratko, jedva; skoro; strogo.

**closet** (klà'zet), *v.* zatvoriti, sakriti; pripustiti na tajni razgovor; — *n.* sobica; prisoblje; tajna spremka; zahod.

**closing** (klō'zing), *pa.* zaključni.

**closure** (klō'žur), *n.* zaključivanje; zatvorenje; ograđeni prostor; ograda.

**clot** (klàt), *v.* zgušćivati (se), grušati (se); usiriti se; — *n.* grušavina; gruda.

**cloth** (klàt), *n.* sukno, tkanina; platno; svećenička odora.

**clothe** (klōd), *v.* odijevati, obući, oblačiti; zaodjesti; podijeliti (*čast*).

**clothes** (klōdz), *n.* odijelo, odjeća; rublje.

**clothier** (klō'diör), *n.* suknar; trgovac sukna *ili* odijela; krojač.

**clothing** (klō'ding), *n.* odjeća; ruho; rublje; oblačenje.

**clotty** (klà'ti), *a.* zgrušan; grudast.

**cloud** (klà'ud), *v.* naoblačiti (se); zamračiti (se); potamnjeti; ošarati; biti naoblačen; — *n.* oblak; crna mrlja, pjega; manjak; zabilježba (*na posjedovno pravo*).

**cloudiness** (klà'udines), *n.* naoblačenost; tmurnost; sjeta.

**cloudless** (klà'udles), *a.* bez oblaka; jasan, bistar, vedar.

**cloudlet** (klà'udlet), *n.* oblačić.

**cloudy** (klà'udi), *a.* oblačan, naoblačen; prevučen oblacima; taman, tmuran; nejasan.

**clout** (klà'ut), *v.* krpati; vezati; tući, batinjati; okovati čavlima; — *n.* krpa; komad kože, dronjak; pelenica; središte u biljegu; željezna ploča.

**clove** (klōv), *n.* klinčac (*mirodija*), garofan.

**cloven-footed** (klō'vnfu'ted), **cloven-hoofed** (klō'vnhu'ft), *a.* imajući nogu *ili* kopito rastavljeno u dvoje (*kao vol*); đavolski.

**clover** (klō'vör), *n.* djetela, djetelina.

**clown** (klà'un), *n.* lakrdijaš; prostak, muž.

**clownish** (kla'uniš), *a.* lakrdijaški; prostački; zlo odgojen.

**cloy** (kloj), *v.* presititi; natrpati.

**club** (klàb), *v.* batinati; udarati kijačom, mlatiti; dati u zajedničku svrhu; združiti se; — *n.* batina, toljaga; tref (*karta*); društvo, klub; klubske prostorije.

**clubbable** (klà'böbl), *a.* sposoban za pristup u klub; druževan.

**club-footed** (klà'bfu'ted), *a.* čotav.

**club-house** (klà'bha'us), *n.* klub, klubske prostorije, društvena soba.

**club-law** (klà'blà'), *n.* strahovlada; zakon nasilja.

**club-room** (kla'bru'm), *n.* društvena soba.

**cluck** (klàk), *v.* kvocati; zvati mlade; — *n.* kvocanje.

**clue** (klu), *n. vidi* **clew.**

**clump** (klàmp), *n.* gruda; gomila; stablik, grmovlje.

**clumsily** (kla'mzili), *adv.* nezgrapno, nespretno.

**clumsiness** (kla'mzines), *n.* nezgrapnost, nespretnost.

**clumsy** (kla'mzi), *a.* nezgrapan, nespretan.

**cluster** (klà'stör), *v.* zgrupiti (se), zgrnuti (se), sabirati ' (se); rasti grozdoliko; — *n.* grozd; kita; skupina.

**clutch** (klàč), *v.* zgrabiti; zahvatiti; uhvatiti, uloviti; — *n.* zahvat, uhvat; pandža, čaporak, šapa, ruka; spojnica.

**clutter** (klà'tör), *v.* zgrnuti; galamiti; — *n.* galama, graja; metež.

**clyster** (kli'stör), *n.* uštrcaj; klistir.

**coach** (kōč), *v.* podučavati; učiti, vježbati; voziti (se) u kočiji; — *n.* kočija; podučavatelj, učitelj.

**coach-box** (kō'čbà'ks), *n.* kočijaško sjedalo.

**coachman** (kō'čmǎn), *n.* kočijaš.

**coadjutor** (ko'ǎđu'tör), *n.* pomagač, pomoćnik, drug.

**coadjutrix** (ko'ǎđu'triks), *n.* pomoćnica, pomagačica, drugarica.

**coagent** (koe'jđent), *n.* pomoćnik; suradnik.

**coagulable** (koǎ'gju'öbl), *a.* grušav.

**coagulate** (koǎ'gjulejt), *v.* skrućivati se, grušati se; zgusnuti se; usiriti se.

**coagulation** (koǎ'gjule'jšön), *n.* grušanje, zgušćivanje, skrućivanje, usirivanje.

coal (kōl), v. snabdijevati ugljenom; uzeti ugljen; paliti ugljen; — n. ugljen.

coal-black (kō'lblǎ'k), a. crn kao ugljen.

coalesce (ko'öle's), v. srasti se, sraščivati se; sliti se, udružiti (se).

coalescence (ko'öle'sens), n. sraštenje, sraslost; udruženost; jedinstvo.

coalescent (ko'öle'sent), a. srasao, srašten; udružen; ujedinjen.

coalition (ko'öli'šön), n. udruženost; savez, koalicija.

coal-mine (kō'lma'jn), n. ugljenik, ugljenokop.

coal-miner (kō'lma'jnör), n. ugljenokopač.

coal-pit (kō'lpi't), n. ugljenik.

coal-tar (kō'lta'r), n. katran od kamenog ugljena.

coaly (kō'li), a. ugljenast, ugljevit.

coarse (kors), a. grub; nepročišćen, sirov; krupan; bez ukusa.

coarsely (ko'rsli), adv. grubo; prosto, loše; bez ukusa.

coast (kōst), v. brodariti, ploviti; sanjkati se; — n. (morska) obala, žalo, igalo; primorje.

coaster (kō'stör), n. trgovački brod.

coast-guard (kō'stga'rd), n. obalna straža.

coasting (kō'sting), a. ploveći nuz obalu; obalni; — n. plovidba, brodarenje; sklizanje.

coastwise (kō'stua'jz), adv. nuz obalu, kraj obale.

coat (kōt), v. pokriti, prevući; odjenuti; namazati; — n. kaput; haljina; krzno, koža; sloj; prevlaka, maz.

coating (kō'ting), n. pokrivač; prevlaka; maz; sloj; sukno.

coat-of-arms (kō'tava'rms), n. grb.

coax (kōks), v. nagovoriti, nagovarati; laskati se; ublažiti, tješiti.

coaxer (kō'ksör), n. nagovaratelj; laskavac.

coaxingly (kō'ksing¹li), adv. kroz nagovor, nagovaranjem.

cob (kåb), n. okrugla masa, kup; gruda; kocen (od kukuruza).

cobalt (ko'bålt), n. kobalt.

cobble (kåbl), v. krpiti (cipele), popravljati; — n. kremen, oblutak.

cobbler (kå'blör), n. krpelja, postolar, šoštar; šeprtlja; ohlađujuće piće.

coble (kōbl), n. ribarska lađica.

cobra (kō'brö), n. naočarka (guja).

cobweb (kå'bue̱'b), n. paučina; mreža; starež; kučine.

coca (kō'kö), n. koka (osušeno lišće od stanovite biljke u južnoj Americi).

cocain(e) (ko'köin), n. kokajin.

cochineal (kå'činil), n. crvičina košenilja.

cock (kåk), v. nategnuti kokot (na puški), napeti pušku; uzdignuti (glavu), načuliti (uši); uplastiti; — a. muški; — n. mužjak; vođa, prvak; vranj, slavina, čep; kokot (na puški); vjetrnica; kukurijekanje.

cockade (kåke'jd), n. kokarda, ružica od vrpce.

cock-a-hoop (kå'köhu'p), a. uznešen, zanešen; podignut; na visokom konju; pripit; veseo; — adv. veselo.

cock-and-bull (kå'kăndbu'l), a. veoma nevjerojatan; bezuman; neosnovan.

cockatoo (kå'kötu'), n. kakadu (rod papiga).

cockatrice (kå'kötris), n. bazilisk.

cock-boat (kå'kbō't), n. lađica.

cockchafer (kå'kče'jför), n. hrušt.

cock-crow (kå'kro'), cock-crowing (kå'kro'ing), n. uranak, zora.

cocker (kå'kör), v. razmaziti, razniježiti; — n. pas ptičar.

cockle (kå'kl), v. nabrati, narozati; stegnuti se; — n. kukolj; čančica (ljuštravica); vrst peči.

cock-loft (kå'klå'ft), n. potkrovnica.

cockney (kå'kni), n. mekušac; londonac.

cock-pit (kå'kpi't), n. bojište pijetala; bolnica na brodu.

cockroach (kå'krö'č), n. žohar.

cock'scomb (kå'kskō'm), n. greben, hober; zvekan.

cockswain (kå'ksue̱jn), coxswain (kåksn), n. kormilar, lađar.

cocktail (kå'kte'jl), n. vrst opojnog pića (mješavina rakije, sladora i drugih mirisavih sastavina).

coco, cocoa (kō'ko), n. kokosovac, kokosova paoma.

cocoa (kō'ko), n. kakao.

**coconut, cocoanut** (ko'kona't), *n.* kokosov orah.

**cocoon** (koku'n), *n.* čahura.

**cod** (kåd), *n.* bakalar; ljuska; mohuna.

**coddle** (kådl), *v.* maziti, tetošiti.

**code** (kōd), *n.* zakonik.

**codicil** (kå'disil), *n.* dodatak u oporuci, kodicil.

**codification** (ko'difike'jšön), *n.* znanstveno uredjenje zakona; sastavljanje zakonika.

**codify** (ko'difaj), *v.* sustavno urediti zakone, sastavljati zakonik.

**codling** (kå'dling), *n.* mladi bakalar; vrst jabuke za kuhanje.

**cod-liver oil** (kå'dli'vöro'el), *n.* ribji tuk.

**coefficient** (ko'efi'šent), *a.* sudjelujući, pripomoćan; — *n.* ono, što sudjeluje, pripomaže; koeficijent.

**coequal** (koi'kuöl), *a.* jednako vrijedan *ili* važan; jednak, ravan.

**coerce** (koö'rs), *v.* silom zaustaviti; prisiliti, siliti.

**coercion** (koö'ršön), *n.* prisilnost, sila; pritisak.

**coercive** (koö'rsiv), *a.* prisilan, prinudan, pritisan.

**coercively** (koö'rsivli), *adv.* prisilno, pod pritiskom.

**coessential** (ko'ese'nšöl), *a.* iste·biti, jednake naravi.

**coetaneous** (ko'ite'nia̱s), *a.* istodoban, suvremen.

**coeternal** (ko'itö'rnöl), *a.* istovječan, suvječan.

**coeval** (koi'völ), *a.* istodoban, suvremen; — *n.* suvremenik.

**coexecutor** (ko'ekse'kjutör), *n.* suizvršilac.

**coexit** (ko'egzi'st), *v.* opstojati zajedno.

**coexistence** (ko'egzi'stens), *n.* zajedničko opstojanje.

**coexistent** (ko'egzi'stent), *a.* opstojan istovremeno.

**coextend** (ko'ekste'nd), *v.* protezati se zajedno.

**coextensive** (ko'ekste'nsiv), *a.* jednakotrajan, s istim granicama.

**coffee** (kå'fi), *n.* kava.

**coffee-house** (kå'fiha'us), *n.* kavana.

**coffee-room** (kå'firu'm), *n.* kavana.

**coffer** (kå'för), *n.* škrinja, sanduk; blago, riznica.

**coffer-dam** (kå'fördă'm), *n.* gat.

**coffin** (kå'fin), *v.* staviti u lijes; — *n.* lijes, škrinja.

**cog** (kåg), *v.* varati; lagati; nazupčati; — *n.* zub (*na kotaču*).

**cogency** (ko'đensi), *n.* sila, moć.

**cogent** (ko'đent), *a.* silan, neodoljiv.

**cogently** (ko'đentli), *adv.* silom, neodoljivo.

**cogitate** (kå'đitejt), *v.* misliti, razmišljati.

**cogitation** (kå'đite'jšön), *n.* razmišljanje, razmatranje.

**cogitative** (kå'đite'jtiv), *a.* razmišljajući; zamišljen.

**cognac** (ko'njăk), *n.* konjak.

**cognate** (kå'gnet), *a.* srodan.

**cognition** (kå'gni'šön), *n.* spoznaja, znanje.

**cognizable** (kå'gnizöbl), *a.* spoznajan; postupni; što potpada sudu.

**cognizance** (kå'gnizöns), *n.* znanje, poznaja; nadležnost, sudbenost.

**cognizant** (kå'gnizönt), *a.* znajući; **to be cognizant of**, znati.

**cognomen** (kågno'men), *n.* prezime; pridjevak, nadimak.

**cognominal** (kågnå'minöl), *a.* prezimeni.

**cohabit** (kohă'bit), *v.* zajedno živjeti (*kao muž i žena*).

**cohabitation** (kohă'bite'jšön), *n.* zajedničko življenje.

**coheir** (koē'r), *n.* subaštinik.

**coheiress** (koē'res), *n.* subaštinica.

**cohere** (kohi'r), *v.* držati se skupa, držati zajedno; sudarati se.

**coherence** (kohi'rens), *n.* spoj, sveza; sudaranje, dosljednost.

**coherent** (kohi'rent), *a.* savezan; dosljedan; shodan; suglasan.

**coherently** (kohi'rentli), *adv.* spojno; dosljedno, skladno.

**cohesion** (kohi'žön), *n.* spojnost; privlačivost; dosljednost.

**cohesive** (kohi'siv), *a.* spojni.

**cohort** (ko'hårt), *n.* četa.

**coiffure** (ko'jfjur), *n.* nakit na glavi.

**coil** (kojl), *v.* savijati (*u kolut*); — *n.* zavoj; vitlić; svitak; kolo.

**coin** (kojn), *v.* praviti novac; kovati; izmišljavati.

**coinage** (ko'jneđ), *n.* kovanje novca novac; izmišljanje, izmišljotina.

**coincide** (ko'insa'jd), *v.* sudarati se, slagati se.

**coincidence** (koi'nsidens), *n.* sudaranje, slaganje; slučaj; savremenost.
**coincident** (koi'nsident), *a.* sudaran, skladan; slučajan.
**coiner** (ko'jnör), *n.* kovalac novca; izumilac.
**coition** (koi'šön), *n.* spolno općenje.
**coke** (kok), *v.* pretvoriti u kok; — *n.* kok.
**colander** (ka'löndör), *n.* cjedilka.
**cold** (kold), *a.* hladan, studen, mrzao; — *n.* hladnoća; prehlada.
**cold-blooded** (ko'ldbla'ded), *a.* hladnokrvan; neosjetljiv; okrutan.
**coldish** (ko'ldiš), *a.* ponješto hladan; hlađahan.
**coldly** (ko'ldli), *adv.* hladno, mrzlo; indiferentno.
**coldness** (ko'ldnes), *n.* hladnoća.
**cole** (kōl), *n.* vrzina, broskva (*vrst zelenog kupusa*).
**colewort** (kō'lụö'rt), *n.* zelen kupus.
**colic** (kà'lik), *n.* griz, zavijanje u crijevima.
**collaborate** (kàlă'borejt), *v.* surađivati (*u kojem književnom djelu*).
**collaboration** (kàlă'bore'jšön), *n.* surađivanje.
**collaborator** (kàlă'bore'jtör), *n.* surađivalac.
**collapse** (kàlă'ps), *v.* propasti, upasti; srušiti se; — *n.* srušenje, propast.
**collar** (kà'lör), *v.* pograbiti za ogrljak; metnuti homut, ogrlicu; — *n.* ogrljak, ogrlica; ham, homut.
**collar-bone** (kà'lörbō'n), *n.* ključna kost.
**collate** (kàle'jt), *v.* strogo usporediti, sravniti; ispitivati; podijeliti nadarbinu.
**collateral** (kàlă'töröl), *a.* usporedni, drugotni, pobočni; — *n.* drugotna sigurnost *ili* jamstvo; rođak, rodica.
**collation** (kàle'jšön), *n.* usporedivanje, sravnjivost; ispitivanje; užina.
**collator** (kàle'jtör), *n.* sravnjivalac, ispitivalac; podjelitelj nadarbine, kolator.
**colleague** (kà'lig), *n.* drug, drugar, kolega.
**collect** (kole'kt), *v.* sabirati, sakupljati; utjerati (*dugovinu*); doći k sebi, sabrati se; skupiti se; nagomilati; — (kà'lekt), *n.* kratka molitvica (*kao za milost ili blagoslov*).

**collected** (kole'kted), *pa.* sabran, skupljen; miran, trijezan.
**collectedly** (kole'ktedli), *adv.* sabrano; mirno.
**collection** (kole'kšön), *n.* sabiranje, sakupljanje; sabranost; milodar.
**collective** (kole'ktiv), *a.* sabran, sakupljen.
**collectively** (kole'ktivli), *adv.* zajednički, ukupno.
**collector** (kole'ktör), *n.* sabirač, sakupljač, utjerivatelj; poreznik.
**college** (kà'lid), *n.* zbor; visoka škola, gimnazija; zavod, pitomište.
**collegian** (kàli'điön), *n.* visokoškolac, gimnazijalac; pitomac.
**collegiate** (kàli'điet), *a.* zborni; gimnazijski, akademički; — *n.* visokoškolac, gimnazijalac; pitomac.
**collide** (kola'jd), *v.* sudariti se, sukobiti se; udariti jedno o drugo.
**collie, colly** (kà'li), *n.* ovčarski pas.
**collier** (ka'ljör), *n.* ugljenokopač; lađa ugljarica.
**colliery** (kà'ljöri), *n.* ugljenik.
**collimate** (kà'limejt), *v.* namijestiti, naravnati (*durbin*).
**collingual** (koli'ngụal), *a.* govoreći isti jezik, istojezičan.
**collision** (koli'žön), *n.* sudar, sukob.
**collocate** (kà'lokejt), *v.* smjestiti, namijestiti; urediti.
**collocation** (kà'loke'jšön), *n.* namještenje; raspoloženje.
**collop** (kà'löp), *n.* režanj mesa.
**colloquial** (kàlo'kụiöl), *a.* običan, svagdanji (*razgovor*).
**colloquialism** (kàlo'kụiölizm), *n.* običan, svagdanji razgovor, kolokvijalizam.
**colloquy** (kà'lokụi), *n.* razgovaranje; razgovor.
**collude** (kàlju'd), *v.* motati, potajno na nečemu raditi; sporazumiti se; sudjelovati u prevari.
**collusion** (kàlju'žön), *n.* sporazumna prevara, tajni sporazumak.
**collusive** (kàlju'siv), *a.* prijevarno sporazumljen, tajno dogovoren.
**colocynth** (kà'losint), *n.* gorka tikva.
**colon** (ko'lön), *n.* dvotočka (:); čmar (*guzno crijevo*).
**colonel** (kö'rnel), *n.* pukovnik.
**colonelcy** (kö'rnelsi), *n.* čast *ili* služba pukovnika.

**colonial** (kálo'niöl), *a.* naseobeni, kolonijalni.

**colonist** (kà'lonist), *n.* naseljenik.

**colonization** (kà'lonize'jšön), *n.* naseljivanje, kolonizacija.

**colonize** (kà'lonajz), *v.* naseliti.

**colonnade** (kà'láne'jd), *n.* stupovlje, kolonada.

**colony** (kà'loni), *n.* naselje, naseobina, kolonija.

**colophon** (kà'lofàn), *n.* natpis *ili* crtež na zadnjoj stranici knjige.

**color** (kà'lör), *v.* bojadisati, obojiti, mazati; krivo prikazivati; preudesiti; mijenjati boju; — *n.* boja; izlika; (*pl.*) barjak.

**colorable** (kà'löröbl), *a.* prividan; pritajen; izmišljen.

**colored** (kà'lörd), *a.* obojadisan; naličen; crn, tamnokožan; — **person,** crnac.

**coloring** (kà'löring), *n.* bojadisanje, ličenje; zamazivanje; krivo prikazivanje; farba, mastilo.

**colorist** (kà'lörist), *n.* bojadisar, ličilac.

**colorless** (kà'lörles), *a.* bezbojan.

**colossal** (kolà'söl), *a.* ogroman, golem, orijaški.

**colossus** (kolà'sös), *n.* gorostas, orijaš.

**colporteur** (kà'lportör), *n.* raznosilac, prodavalac (*knjiga*); torbar, pokućar.

**colt** (kolt), *n.* ždrijebe.

**coltish** (ko'ltiš), *a.* ždrjebeći; kao ždrijebe.

**columbarium** (kà'lömbe'jriöm), *n.* golubinjak.

**columbine** (kà'lömbin, *ili* kà'lömbajn), *a.* golubinji; — *n.* popina kapica (*bot.*).

**column** (kà'löm), *n.* stup; stupac; strana.

**columnar** (kàlö'mnör), *a.* stupast.

**colza** (kà'lzö), *n.* repica.

**coma** (ko'mö), *n.* mrtvilo, obamrlost, ukočenost; rep u repatice.

**comatose** (ko'mötos), *a.* obamro; nenaravno sanen.

**comb** (kōm), *v.* češljati, grebenati; pretraživati; prebaciti se (*o valu*); — *n.* češalj; peraica; kresta (*kokota*); sat (*od meda*); grbina (*brda*).

**combat** (kà'mbăt), *v.* boriti se, pobiti se, tući se; protiviti se; — *n.* borba, bitka, boj.

**combatant** (kà'mbătănt), *a.* borben; — *n.* borac.

**combative** (kà'mbătiv), *a.* borben, ratoboran.

**combinable** (kàmba'jnöbl), *a.* sastavljiv, združiv.

**combination** (kà'mbine'jšön), *n.* sastavljanje, sastav; savez; ujedinjenost.

**combine** (kàmba'jn), *v.* sjediniti (se); ujediniti, sastaviti, spojiti; srasti se; — *n.* društvo, savez.

**combined** (kàmba'jnd), *a.* udružen; ujedinjen; složan.

**combustibility** (kàmba'stibi'liti), *n.* upaljivost, gorivost.

**combustible** (kàmba'stibl), *a.* upaljiv, goriv; — *n.* upaljiva tvar.

**combustion** (kàmba'sčön), *n.* gorenje; vatra, požar; uzbuna.

**come** (kạm), *v.* doći, dolaziti; približiti se; biti prisutan; opstojati; zbiti se, slučiti se, dogoditi se.

**comedian** (kàmi'diön), *n.* lakrdijaš, komedijaš, glumac.

**comedy** (kà'midi), *n.* komedija, šaljivi igrokaz.

**comeliness** (kà'mlines), *n.* umiljatost, prijatnost, ljupkost.

**comely** (kà'mli), *a.* umiljat, prijatan.

**comer** (kạ'mör), *n.* dolazitelj, nadolaznik.

**comestible** (kome'stibl), *n.* jestivo.

**comet** (kà'met), *n.* repatica zvijezda, komet.

**cometary** (kà'meteri), *a.* repatični.

**comfit** (kà'mfit), *n.* poslastica.

**comfort** (kà'mfört), *v.* utješiti, razveseliti; — *n.* utjeha; olakšica; udobnost, lagodnost.

**comfortable** (kà'mförtöbl), *a.* udoban, lagodan; utješan.

**comfortably** (kà'mförtöbli), *adv.* udobno, lagodno; veselo.

**comforter** (kà'mförtör), *n.* utješitelj; sv. duh; vuneni šal.

**comfortless** (kà'mförtles), *a.* neutješan; zapušten; bijedan.

**comic** (kà'mik), *a.* šaljiv, smiješan; veseo; — *n.* šaljivđija, komik.

**comical** (kà'miköl), *a.* veseo, šaljiv; smiješan.

**comically** (kǎ'miköli), *adv.* šaljivo; smiješno.

**coming** (kạ'ming), *pa.* dojdući, budući; — *n.* dolazak.

**comique** (kàmi'k), *n.* komičar.

**comity** (kǎ'miti), *n.* udvornost, uljudnost.

**comma** (kǎ'mö), *n.* zarez; stanka (*u glazbi*).

**command** (kǎmǎ'nd), *v.* zapovijedati; naložiti; upravljati; raspolagati; voditi; vladati; — *n.* zapovijed; nalog; nadzoȑ; raspolaganje; vlast.

**commandant** (kǎ'möndǎ'nt), *n.* zapovjednik.

**commander** (kömǎ'ndör), *n.* zapovjednik, vođa; pomorski vojvoda.

**commandery** (kömǎ'ndöri), *n.* viteštvo.

**commanding** (kǎmǎ'nding), *a.* zapovjedni; koji čini utisak; jak, moćan; prevlastan.

**commandment** (kǎmǎ'ndment), *n.* zapovijed, nalog.

**commemorable** (kàme̦'moröbl), *a.* vrijedan slave, znamenit.

**commemorate** (kàme'morejt), *v.* slaviti uspomenu, spominjati se.

**commemoration** (kàme'more'jšön), *n.* spomen-slava, svečana proslava.

**commemorative** (kàme'moretiv), *a.* spomena-vrijedan.

**commence** (kàme'ns), *v.* začeti, početi; nastati; proizlaziti.

**commencement** (kàme'nsment), *n.* začetak, početak, postanak, izvor.

**commend** (kàme'nd), *v.* pohvaliti; povoljno se izraziti; odobriti; preporučiti; povjeriti.

**commendable** (kàme'ndöbl), *a.* pohvalan, hvalevrijedan.

**commendableness** (kàme'ndöblnes), *n.* hvalevrijednost.

**commendation** (kà'mende'jšön), *n.* pohvala, hvala; preporuka.

**commendatory** (kàme'ndötöri), *a.* pohvalni; preporučni.

**commensal** (kàme'nsöl), *a.* tko jede za istim stolom; — *n.* stolni drug.

**commensurability** (kàme'nšuröbi'-liti), *n.* izmjerivost; razmjerivost.

**commensurable** (kàme'nšuröbl), *a.* izmjeriv; razmjeran.

**commensurate** (kàme'nšuret), *a.* u pravom razmjerju, razmjeran, primjeren.

**commensurately** (kàme'nšuretli), *adv.* primjereno, razmjerno.

**comment** (kà'ment), *v.* opažati, kritizirati, tumačiti; — *n.* razjašnjenje, opažanje; kritika.

**commentary** (kà'menteri), *n.* tumačenje.

**commentator** (kà'mente'jtör), *n.* tumač.

**commerce** (kà'mörs), *n.* promet, trgovina; saobraćaj; posao.

**commercial** (kàmö'ršöl), *a.* prometni, trgovački.

**commercially** (kàmö'ršöli), *adv.* trgovački, kroz promet.

**commination** (kà'mine'jšön), *n.* prijetnja; optuživanje.

**comminatory** (kàmi'nötöri), *a.* prijeteći.

**commingle** (kàmi'ngl), *v.* miješati (se); pomiješati (se).

**comminute** (kà'minjut), *v.* smanjiti; zdrobiti, satrti u prah.

**comminution** (kà'minju'šön), *n.* smrvljenje; trvenje; iznošenje.

**commiserate** (kàmi'zörejt), *v.* žaliti; sažalijevati.

**commiseration** (kàmi'zöre'jšön), *n.* sažalnost, sažaljenje, sućut, smilovanje.

**commissariat** (kà'mise'riet), *n.* oskrbni ured, komisarijat, povjereništvo.

**commissary** (kà'miseri), *n.* povjerenik, izaslanik; poklisar; vojni oskrbni povjerenik.

**commission** (kàmi'šön), *v.* imenovati; opunovlastiti, opunomoćiti; — *n.* povjerenstvo, komisija; zastupstvo; počinjenje, učin; vjerodajnica; ovlast, punomoćje; služba; plaća.

**commissioned** (kàmi'šönd), *a.* namješten, stavljen u službu; opunovlašten.

**commissioner** (kàmi'šönör), *n.* povjerenik, komisionar.

**commissure** (kà'mišur), *n.* rub; šav; spoj; zglob.

**commit** (kàmi't), *v.* činiti; počiniti; zatvoriti; povjeriti; doznačiti, naložiti; založiti, zalagati; obvezati.

**commitment** (kàmi'tment), *n.* počinjenje, učin; zatvor, haps; uhitnica.

**committee** (kàmi'ti), *n.* odbor.

**committeeman** (kȧmi'timăn), *n.* odbornik.

**commix** (kȧmi'ks), *v.* pomiješati, smješati (se).

**commixture** (kȧmi'ksćur), *n.* mješavina, smjesa; pomiješanje.

**commode** (kȧmō'd), *n.* ormar; praonik; noćnik; ženski nakit za glavu.

**commodious** (kȧmo'diös), *a.* zgodan; udoban; prostoran.

**commodiously** (kȧmo'diösli), *adv.* zgodno; udobno.

**commodity** (kȧmȧ'diti), *n.* roba; predmet.

**commodore** (kȧ'modor), *n.* pomorski vojvoda; prvi brod trgovačkog brodovlja.

**common** (kȧ'mön), *a.* česti, običan, redovit, navadan; zajednički; općenit; grub; prost; obojeg spola (*u slovnici*); — *n.* općinsko zemljište; zajednica; urbarsko pravo.

**commonable** (kȧ'mönöbl), *a.* zajednički; općinski.

**commonage** (kȧ'möneđ), *n.* općinsko pravo paše.

**commonalty** (kȧ'mönölti), *n.* pučanstvo, niži sloj naroda.

**commoner** (kȧ'mönör), *n.* pučanin; prosti čovjek; član doljne kuće.

**commonly** (kȧ'mönli), *adv.* obično.

**commonplace** (kȧ'mönple's), *a.* običan, svagdanji; neznatan; — *n.* obična, svagdanja primjedba; stara stvar.

**common-sense** (kȧ'mönse'ns), *n.* zdrav razum, zdrava pamet.

**commonweal** (kȧ'mönui̯'l), *n.* opće dobro.

**commonwealth** (kȧ'mönuẹ'lt), *n.* država; općinstvo; republika.

**commotion** (kȧmo'šön), *n.* uzbuđenost; pobuna; uzrujanost; kretanje.

**commune** (kȧmju'n), *v.* dogovarati se; vijećati; pričestiti (se); — (kȧ'mjun), *n.* općina.

**communicable** (kȧmju'niköbl), *a.* saopćiv, priopćiv.

**communicant** (kȧmju'nikönt), *n.* pričesnik; dionik.

**communicate** (kȧmju'nikejt), *v.* saopćiti; dojaviti; dati (*bolest*); postaviti; otkriti; staviti se u saobraćaj; dijeliti s drugima; sudioništvovati; pričestiti se; dopisivati se.

**communication** (kȧmju'nike'jšön), *n.* saopćenje; objava; pismo, poslanica; prijelaz; saobraćaj.

**communicative** (kȧmju'niketiv), *a.* priopćiv; govorljiv; otvoren; saobraćajan.

**communion** (kȧmju'njön), *n.* sv. pričest; saopćenje; saobraćaj; bratstvo, ljubav; družba; razgovor; zadruga.

**communique** (kȧ'mu'ni'ke'), *n.* službena objava.

**communism** (kȧ'mjunizm), *n.* komunizam.

**communist** (kȧ'mjunist), *n.* komunista.

**communistic** (al) (kȧ'mjuni'stik (öl), *a.* komunistički.

**community** (kȧmju'niti), *n.* općina; općinstvo, društvo; ljudi; zajedništvo.

**commutability** (kȧmju'töbi'liti), *n.* zamjenljivost; promjenljivost.

**commutable** (kȧmju'töbl), *a.* zamjenljiv; promjenljiv.

**commutation** (kȧ'mjute'jšön), *n.* zamjena; izmjena; promjena.

**commutative** (kȧmju'tetiv), *a.* izmjeniv, zamjeniv.

**commute** (kȧmju't), *v.* izmijeniti, zamijeniti, promijeniti.

**compact** (kȧmpă'kt), *v.* zgnječiti, stisnuti, zbiti; sastaviti; — *a.* stisnut; utvrđen; tvrd; gust; zbijen; kratak; jezgrovit; sastavljen; — *n.* ugovor; savez.

**compactly** (kȧmpă'ktli), *adv.* tijesno; tvrdo; gusto; zbito.

**companion** (kȧmpă'njön), *n.* drug; pratilac; ortak; drugarica; pratilica.

**companionable** (kȧmpă'njönöbl), *a.* druževan, društven; dobar.

**companionship** (kȧmpă'njönšip), *n.* druženje, društvo; poznanstvo.

**company** (ka'mpöni), *n.* društvo, družba; korporacija; satnija.

**comparable** (kȧmpă'röbl), *a.* usporediv, sravnjiv; sličan.

**comparably** (kȧmpă'röbli), *adv.* u usporedbi; prema.

**comparative** (kȧmpă'rötiv), *a.* uporedan, razmjeran, odnosan.

**comparatively** (kȧmpă'rötivli), *adv.* razmjerno; odnosno.

**compare** (kåmpä'r), *v.* uspoređivati, sravnjivati, usporediti (se); staviti u razmjerje; prispodobiti.

**comparison** (kåmpä'risön), *n.* usporedba, sravnjivost; razmjer; prispodoba; odnos; sličnost.

**compartment** (kåmpa'rtment), *n.* odio; odijeljenje; posebna sobica (*na brodu*).

**compass** (kå'mpös), *v.* obuhvaćati, doseći; zasnovati; shvatiti; — *n.* obseg, krug, kružnica; područje; rok, vrijeme; busola, sjevernica.

**compassable** (kå'mpösöbl), *a.* moguć; dostižan.

**compassion** (kåmpä'šön), *n.* samilost, sućut, sažaljenje.

**compassionate** (kåmpä'šönet), *a.* samilostan, sućutan, sažaljni.

**compassionately** (kåmpä'šönetli), *adv.* sažaljno, samilosno.

**compatibility** (kåmpä'tibi'liti), *n.* srodnost, primjerenost; shodnost; dosljednost.

**compatible** (kåmpä'tibl), *a.* srodan; primjeren; shodan; dosljedan.

**compatibly** (kåmpä'tibli), *adv.* shodno; dosljedno.

**compatriot** (kåmpe'jtriöt), *n.* sunarodnjak, zemljak.

**compeer** (kåmpī'r), *n.* jednaki; drug.

**compel** (kåmpe'l), *v.* siliti, prisiliti, goniti.

**compellable** (kåmpe'löbl), *a.* prisilni.

**compellation** (kå'mpele'jšön), *n.* nagovor, oslovljenje.

**compend** (kå'mpend), **compendium** (kåmpe'ndiöm), *n.* izvadak; jezgra.

**compendious** (kåmpe'ndiös), *a.* kratak; jezgrovit.

**compendiously** (kåmpe'ndiösli), *adv.* u kratko; jezgrovito.

**compensate** (kå'mpensejt), *v.* uzvratiti, nagraditi; nadoknaditi, nadomjestiti; izravnati.

**compensation** (kå'mpense'jšön), *n.* naknada, odšteta; nagrada, plaća.

**compensatory** (kåmpe'nsötöri), *a.* odštetni; nadoknadni.

**compete** (kåmpī't), *v.* natjecati se, takmiti se.

**competence** (kå'mpitens), **competency** (kå'mpitensi), *n.* sposobnost; shodnost; dostatnost; valjanost; nadležnost.

**competent** (kå'mpitent), *a.* sposoban; prikladan; nadležan.

**competently** (kå'mpitentli), *adv.* sposobno; primjereno; dostatno.

**competition** (kå'mpiti'šön), *n.* takmenje, natjecanje.

**competitive** (kåmpe'titiv), *a.* natjecajni.

**competitor** (kåmpe'titör), *n.* takmac, natjecatelj; protivnik, suparnik.

**compilation** (kå'mpile'jšön), *n.* kompilacija; pabirčenje; sabiranje iz drugih knjiga; nanošenje.

**compile** (kåmpa'jl), *v.* nanositi; sabirati iz drugih knjiga; pabirčiti.

**compiler** (kåmpa'jlör), *n.* sabirač; spisatelj; uređivač.

**complacence** (kåmple'jsens), **complacency** (kåmple'jsensi), *n.* zadovoljstvo, zadovoljština, uživanje.

**complacent** (kåmple'jsent), *a.* zadovoljan, ogudan.

**complacently** (kåmple'jsentli), *adv.* sa zadovoljstvom, zadovoljno; ugodno, prijatno.

**complain** (kåmple'jn), *v.* tužiti se, potužuti se; mrmljati; prigovarati; pritužiti se; tužiti.

**complainant** (kåmple'jnönt), *n.* tužitelj (ica).

**complaint** (kåmple'jnt), *n.* tužba, žaoba.

**complaisance** (kå'mpleza'ns), *n.* udvornost, prijatnost, učtivost.

**complaisant** (kå'mpleza'nt), *a.* prijatan, ugodan; udvoran, učtiv.

**complaisantly** (kå'mpleza'ntli), *adv.* prijatno, ugodno; učtivo.

**complement** (kå'mpliment), *v.* dopunjati; popuniti; — *n.* dopunjak; potpunost; potpun broj.

**complementary** (kå'mplime'ntöri), *a.* popunben.

**complete** (kåmplī't), *v.* popuniti, dovršiti; ispuniti; — *a.* potpun; dovršen; sav, cjelokupan.

**completely** (kåmplī'tli), *adv.* potpuno, sasvim.

**completeness** (kåmplī'tnes), *n.* potpunost; savršenost.

**completion** (kåmpli'šön), *n.* dovršenje, ispunjenje; postignuće; završetak.

**complex** (kå'mpleks), *a.* zamršen.

**complexion** (kåmple'kšön), *n.* boja lica, put; izgled, vid; narav; značaj.

complexional (kåmple'kšönöl), a. što se tiče ćudi; izgledan.

complexity (kåmple'ksiti), n. zamršenost, zapletenost.

complexly (kåmple'ksli), adv. zamršeno, zapleteno; teško.

compliance (kåmpla'öns), n. podvrgavanje, pokoravanje; prilagođenje; privola, udovoljenje.

compliant (kåmpla'önt), a. pokoran; uslužan, prijatan.

complicacy (kå'mplikesi), n. zamršenost, zapletenost.

complicate (kå'mplikejt), v. zamrsiti, zaplesti; otešćati; pobrkati.

complicated (kå'mplikejted), pa. zamršen, zapleten, pobrkan.

complication (kå'mplike'jšön), n. zamršenost, zapletenost; zaplet.

complicity (kåmpli'siti), n. sukrivnja, sudjelovanje u kojem djelu.

compliment (kå'mpliment), v. hvaliti, pohvaliti; čestitati; — n. pohvala; poklon, pozdrav.

complimentary (kå'mplime'ntöri), a. pohvalan, laskav.

complin(e) (kå'mplin), n. večernja, večernica.

complot (kåmplå't), v. urotiti se, kovati zavjeru; — n. urota, zavjera.

comply (kåmpla'j), v. raditi u skladu (sa), pokoravati se; udovoljiti.

component (kåmpo'nent), a. sastavni; — n. sastavni dio.

comport (kåmpo'rt), v. vladati se; slagati se.

compose (kåmpō'z), v. sačinjavati, sastaviti; skladati; činiti; pisati; izraditi; složiti, slagati.

composed (kåmpō'zd), pa. sabran; miran.

composedly (kåmpō'zedli), adv. sabrano; mirno.

composer (kåmpō'zör), n. skladatelj; pisac; slagar.

composite (kåmpå'zit), a. sastavljen, sačinjen.

composition (kå'mpozi'šön), n. sastavljanje; smjesa; skladba; sastavak, izradba, izradak; slog, slagarija; pogodba, nagoda, ugovor.

compositor (kåmpå'zitör), n. slagar.

compost (kå'mpost), n. smjesa za đubrenje.

composure (kåmpo'žur), n. sabranost, mir; ozbiljnost.

compound (kåmpa'und), v. sastaviti; pomiješati; nagoditi se; zatajiti ili pregledati (zločin) uz stanovitu cijenu; složiti se; dati ili primiti plaću za prekršaj; — a. sastavljen, sačinjen; — n. smjesa; sastav.

compounder (kåmpa'undör), n. miješalac; posrednik.

comprehend (kå'mprihe'nd), v. pojmiti, shvatiti, razabrati; razumjeti; uključiti; obuhvaćati; zaokružiti.

comprehensible (kå'mprihe'nsibl), a. shvatljiv, razumljiv, pojmiv.

comprehension (kå'mprihe'nšön), n. shvaćanje, razumijevanje, znanje.

comprehensive (kå'mprihe'nsiv), a. opširan, opsizan; shvatljiv.

comprehensively (kå'mprihe'nsivli), adv. opširno, opsežno.

compress (kåmpre's), v. stisnuti, zbiti; zgusnuti; usredotočiti; — (kå'mpres), n. preša.

compressed (kåmpre'st), pa. zbijen, stisnut; zgušćen; sprešan.

compressibility (kåmpre'sibi'liti), n. stisljivost.

compressible (kåmpre'sibl), a. stisljiv.

compression (kåmpre'šön), n. stiskivanje, prešanje; zgušćivanje.

comprise (kåmpra'jz), v. obuhvaćati; sastojati se, sačinjavati.

compromise (kå'mpromajz), v. nagoditi se; izravnati; staviti u sumnju ili pogibao; — n. nagoda; obranička nagoda.

comptroller (kåntro'lör), n. kontrolor, priglednik.

compulsion (kåmpa'lšön), n. prisilje, prisilnost; sila.

compulsive (kåmpa'lsiv), a. prisilan.

compulsively (kåmpa'lsivli), adv. prisilno, silom.

compulsory (kåmpa'lsöri), a. prisilan; obvezatan.

compunction (kåmpa'nkšön), n. optuživanje samoga sebe; grižnja savjesti; žalba; skrušenost.

compunctious (kåmpa'nkšös), a. pokajan, skrušen.

compurgation (kå'mpörge'jšön), n. proglašenje nekoga nevinim uz prisegu drugih.

compurgator (kå'mpörge'jtör), n. onaj, koji prisiže o nečijoj nevinosti.

**computable** (kåmpju'töbl), *a.* proračuniv, brojiv.

**computation** (kå'mpjute'jšön), *n.* računanje; račun; proračun.

**compute** (kåmpju't), *v.* računati; procijeniti.

**comrade** (kå'mrăd), *n.* drug.

**comradeship** (kå'mrădšip), *n.* družba.

**con** (kån), *v.* pomno učiti; proučavati; kormaniti; — *n. i adv.* protivno; protiv, protu-.

**concatenate** (kånkă'tinejt), *v.* spojiti; svezati; sakovati.

**concatenation** (kånkă'tine'jšön), *n.* spajanje; sveza, lanac.

**concave** (kå'nkejv), *a.* dupčast, udubljen; — *n.* šupljina, udubina.

**concavity** (kånkă'viti), *n.* udubljenost; šupljina.

**conceal** (kånsī'l), *v.* sakriti; zatajiti.

**concealable** (kånsī'löbl), *a.* što se može sakriti; zatajiv.

**concealment** (kånsī'lment), *n.* skrivanje; skrovište.

**concede** (kånsī'd), *v.* popustiti, pustiti; dopustiti; izručiti; dati, podijeliti; priznati.

**conceit** (kånsī't), *n.* umišljenost uobražavanje, utvaranje; shvaćanje; taština.

**conceited** (kånsī'ted), *a.* uobražen, tašt; sebičan; umišljen.

**conceivable** (kånsī'vöbl), *a.* dokučiv, shvativ, pojmiv.

**conceivably** (kånsī'vöbli), *adv.* shvativo, razumljivo.

**conceive** (kånsī'v), *v.* dokučiti, pojmiti, shvatiti; misliti, pomisliti; začeti, zanositi; proizlaziti; umišljati se.

**concentrate** (kå'nsentrejt), *v.* usredotočiti; okupiti; zgustiti.

**concentration** (kå'nsentre'jšön), *n.* okupljanje; usredotočenje.

**concentrative** (kånse'ntretiv), *a.* usredotočujući.

**concentric** (kånse'ntrik), *a.* susredan.

**concept** (kå'nsept), *n.* pojam, pomisao.

**conception** (kånse'pšön), *n.* shvaćanje, pojam; začeće.

**concern** (kånsö'rn), *v.* odnositi se, pripadati, spadati; ticati se; zanimati; uznemirivati; — *n.* odnos, ticanje; posao; briga; zanimanje; tvrtka.

**concerned** (kånsö'rnd), *a.* zaniman; zabrinut, uznemiren.

**concerning** (kånsö'rning), *prep.* odnosno, glede, o.

**concernment** (kånsč'-nment), *n.* posao; odnos; zabrinu st, nemir.

**concert** (kånsö'rt), *v.* ɔgovarati se; urediti; — (kå'nsört), *n.* koncert; sloga, sklad; jedinstvo.

**concertina** (kå'nsörti'nö), *n.* koncertina (*vrst harmonike*).

**concession** (kå'nse'šön), *n.* popuštanje; izručena stvar.

**concessive** (kånse'siv), *a.* popustiv, dopustiv; predatan.

**conch** (kånk), *n.* morska školjka.

**conchoidal** (kånko'jdöl), *a.* ljušturast.

**conciliate** (kånsi'liejt), *v.* miriti, pomiriti; ublažiti; postignuti.

**conciliation** (kånsi'lie'jšön), *n.* pomirba, pomirenje; postignuće.

**conciliator** (kånsi'lie'jtör), *n.* pomiritelj.

**conciliatory** (kånsi'liötöri), *a.* pomirni, pomirbeni.

**concise** (kånsa'js), *a.* jezgrovit, kratak.

**concisely** (kånsa'jsli), *adv.* jezgrovito; u kratko.

**conciseness** (kånsa'jsnes), *n.* jezgrovitost, kratkoća.

**concision** (kånsi'žön), *n.* obrezavanje; raskol; jezgrovitost.

**conclave** (kå'nklejv), *n.* tajno viječe; zbor kardinala; sjednica, na kojoj se bira papa.

**conclude** (kånklju'd), *v.* zaključivati, zaključiti, dokončati, svršiti; odlučiti; zatvoriti.

**conclusion** (kånklju'žön), *n.* zaključenje, zaključak; odluka; konac, svršetak.

**conclusive** (kånklju'siv), *a.* zaključan, konačan; odlučan.

**conclusively** (kånklju'sivli), *adv.* odlučno; konačno.

**concoct** (kånkå'kt), *v.* skovati, skuhati, zasnovati.

**concoction** (kånkå'kšön), *n.* kuhanje; skovana osnova; mješavina; plan.

**concomitance** (kånkå'mitöns), *n.* što postoji *ili* se dogodi zajedno sa drugom stvari.

**concomitant** (kånkå'mitönt), *a.* opstojan istovremeno; dogodiv se zajedno; prateći; — *n.* pratnja; nazočna okolnost.

**concord** (kå'nkord), *n.* zložnost; sklad; sloga.

**concordance** (kånko'rdöns), *n.* kazalo (*riječi*); sudaranje, suglasje.

**concordant** (kånko'rdönt), *a.* složan, suglasan; skladan.

**concordat** (kånko'rdåt), *n.* ugovor (*medu papom i svjetovnom vladom*).

**concourse** (kå'nkors), *n.* sastajanje, stjecanje; sastanak; navala; skupština; zborište.

**concrete** (kånkrī't), *v.* skrućivati; otvrdnuti; polagati beton; spojiti u krutu stvar; — (kå'nkrit), *a.* skrutnut, zgusnut; stvaran; pojedinačan, poseban; — *n.* kruta smjesa; beton.

**concretely** (kånkri'tli), *adv.* stvarno.

**concretion** (kånkri'šön), *n.* skrućivanje, zgusnuće; kruta smjesa.

**concubinage** (kånkju'bineđ), *n.* priležništvo.

**concubine** (kå'nkjubajn), *n.* priležnica.

**concupiscence** (kånkju'pisens), *n.* putenost, pohota; pohlepa.

**concupiscent** (kånkju'pisent), *a.* puten, pohotan; pohlepan.

**concur** (kånkö'r), *v.* slučiti se; složiti se (*u mnijenju*); privoliti; odobravati.

**concurrence** (kånkö'rens), *n.* slučivanje, sudjelovanje; slaganje; privola, odobrenje; slučaj.

**concurrent** (kånkö'rent), *a.* sudjelujući; suradnički; složan; — *n.* čovjek *ili* stvar, što se slaže.

**concurrently** (kånkö'rentli), *adv.* zajedno; najednom.

**concussion** (kånkạ'šön), *n.* potres.

**concussive** (kånkạ'siv), *a.* potresan; uzbuđen.

**condemn** (kånde'm), *v.* okriviti; osuditi.

**condemnation** (kå'ndemne'jšön), *n.* osuda; prijekor.

**condemnatory** (kånde'mnötöri), *a.* osudan; prijekoran.

**condensable** (kånde'nsöbl), *a.* zgustljiv; skrativ; smanjiv.

**condensation** (kå'ndense'jšön), *n.* zgušćivanje; gustoća.

**condense** (kånde'ns), *v.* zgustiti; stisnuti; utvrdnjeti; skratiti; smanjiti; zgusnuti.

**condenser** (kånde'nsör), *n.* zgušćivalac; gustilo.

**condescend** (kå'ndise'nd), *v.* udostojati se, blagoizvoljeti.

**condescending** (kå'ndise'nding), *a.* milostiv; ljubazan.

**condescendingly** (kå'ndise'ndingli), *adv.* milostivo; ljubazno.

**condescension** (kå'ndise'nšön), *n.* udostojanje; milostivost; prijaznost.

**condign** (kånda'jn), *a.* dostojan; zaslužen.

**condignly** (kånda'jnli), *adv.* dostojno; primjereno.

**condiment** (kå'ndiment), *n.* začin.

**condition** (kåndi'šön), *v.* staviti uslov *ili* uslove, uvjetovati; ograničiti; zahtjevati; dobiti popravak (*u školi*); — *n.* okolnost, stanje; uvjet, uslov; popravak.

**conditional** (kåndi'šönöl), *a.* uvjetan, uslovan; zavisan.

**conditionally** (kåndi'šönöli), *adv.* uvjetno.

**conditioned** (kåndi'šönd), *a.* uvje-, tan, uslovan.

**condole** (kåndō'l), *v.* žaliti, sažalijevati.

**condolence** (kåndo'lens), *n.* sažaljenje; sažalijevanje.

**condonation** (kå'ndone'jšön), *n.* oprost, oproštenje.

**condone** (kåndō'n), *v.* pregledati; oprostiti.

**condor** (kå'ndår), *n.* kondor.

**conduce** (kåndju's), *v.* dovoditi; doprinijeti.

**conducive** (kåndju'siv), *a.* doprinosan; u prilog.

**conduct** (kåndạ'kt), *v.* voditi; pratiti; upravljati; tjerati (*posao*); ponašati se, vladati se; — (kå'ndạkt), *n.* vladanje, ponašanje, postupak; upravljanje.

**conductible** (kåndạ'ktibl), *a.* vodiv.

**conduction** (kåndạ'kšön), *n.* prenašanje *ili* dovođenje elektrike *ili* topline.

**conductive** (kåndạ'ktiv), *a.* odvodan, prenosiv.

**conductor** (kåndạ'ktör), *n.* vođa; vlakovođa, sprovodnik, vodič, kondukter.

**conductress** (kándạ'ktres), *n.* vođica; kondukterica.
**conduit** (ká'ndit), *n.* vodovod; prokop; prolaz; kanal.
**cone** (kōn), *n.* čunj; češer.
**confabulate** (kánfă'bjulejt), *v.* prijateljski se razgovarati; čavrljati.
**confabulation** (kánfă'bjule'jšön), *n.* prijateljski razgovor; čavrljanje.
**confection** (kánfe'kšön), *n.* poslastica, slatkiš.
**confectionary** (kánfe'kšönöri), *a.* slastičarski; — *n.* slastičarna; poslastice.
**confectioner** (kánfe'kšönör), *n.* slastičar.
**confectionery** (kánfe'kšönöri), *n.* poslastice; slastičarna.
**confederacy** (kánfe'dörösi), *n.* savez.
**confederate** (kánfe'dörejt), *v.* sklopiti savez; — (kánfe'döret), *a.* savezni; — *n.* saveznik; drug.
**confederation** (kánfe'döre'jšön), *n.* savez; združenje.
**confer** (kánfö'r), *v.* posavjetovati se, vijećati; podijeliti, dati.
**conference** (ká'nförens), *n.* sastanak; vijećanje; dogovor, razgovor.
**confess** (kánfe's), *v.* priznati, odati, otkriti; ispovijedati (se).
**confessedly** (kánfe'sedli), *adv.* očito, otvoreno; na sva usta.
**confession** (kánfe'šön), *n.* priznanje; ispovijed; vjeroispovijed.
**confessional** (kánfe'šönöl), *a.* ispovjedni; — *n.* ispovjedaonica.
**confessor** (kánfe'sör), *n.* ispovjednik.
**confetti** (konfe'ti), *n.* konfeti.
**confidant** (ká'nfida'nt) *n.* pouzdanik.
**confide** (kánfa'jd), *v.* pouzdati (se); povjeriti (se).
**confidence** (ká'nfidens), *n.* pouzdanje, povjerenje; samopouzdanje; tajni razgovor; tajna.
**confident** (ká'nfident), *a.* pouzdan; povjerljiv; uvjeren, siguran.
**confidential** (ká'nfide'nšöl), *a.* pouzdan, povjerljiv; vjeran; tajni.
**confidentially** (ká'nfide'nšöli), *adv.* pouzdano, povjerljivo; tajno.
**confidently** (ká'nfidentli), *adv.* povjerljivo, pouzdano.
**configuration** (kánfi'gjure'jšön), *n.* ustrojba, izvanjski oblik, lice; ocrt.
**confinable** (kánfa'jnöbl), *a.* ograničiv.

**confine** (kánfa'jn), *v.* zatvoriti; uhapsiti; ograničiti; stegnuti; — (ká'nfajn), *n.* međa, granica; **to be confined**, ležati u babinama.
**confined** (kánfa'jnd), *a.* ograničen; osamljen; zatvoren.
**confinement** (kánfa'jnment), *n.* zatvor; samoća, zabit; babine; bolest.
**confirm** (kánfö'rm), *v.* potvrditi; potkrijepiti; ovjeroviti; ojačati; krizmati.
**confirmation** (ká'nförme'jšön), *n.* potvrđenje; potvrda; dokaz; krizma.
**confirmative** (kánfö'rmötiv), *a.* potvrdni; zasvjedočujući.
**confirmatory** (kánfö'rmötöri), *a.* potvrdni; krizmeni.
**confirmed** (kánfö'rmd), *a.* potvrđen; krizman.
**confirmer** (kánfö'rmör), *n.* ovjerovitelj; svjedok.
**confiscable** (ká'nfisköbl), *a.* zapljeniv.
**confiscate** (ká'nfiskejt), *v.* zaplijeniti.
**confiscation** (ká'nfiske'jšön), *n.* zapljena.
**confiscator** (ká'nfiske'jtör), *n.* zapljenitelj.
**confiscatory** (kánfi'skötöri), *a.* zapljenben.
**conflagration** (ká'nflögre'jšön), *n.* požar, vatra.
**conflict** (kánfli'kt), *v.* dolaziti u protuslovlje; sukobiti se; boriti se; — (ká'nflikt), *n.* sukob; borba; protimba.
**conflicting** (kánfli'kting), *a.* protuslovni.
**confluence** (ká'nfluens), *n.* stjecanje; stjecalište; navala; jedinstvo.
**confluent** (ká'nfluent), *a.* stjecajni; spojen.
**conflux** (ká'nflạks), *n. vidi* **confluence.**
**conform** ((kánfo'rm), *v.* udesiti; prilagoditi se; pokoriti se.
**conformable** (kánfo'rmöbl), *a.* udesan; primjeren, shodan, prikladan; pogodan; poslušan.
**conformably** (kánfo'rmöbli), *adv.* shodno; prikladno; u skladu sa.
**conformation** (ká'nforme'jšön), *n.* sastav, građa; sklad.
**conformist** (kánfo'rmist), *n.* onaj, koji se prilagoduje; sljedbenik (*crkveni*).

**conformity** (kånfo'rmiti), *n.* suglasje, sklad; pristajanje.

**confound** (kånfa'und), *v.* zbuniti, smesti; zapanjiti; pomiješati; kleti.

**confounded** (kånfa'unded), *a.* proklet; oduran, gnjusan; smeten, smušen.

**confoundedly** (kånfa'undedli), *adv.* sramno; mrsko, odurno, odvratno; prokleto.

**confraternity** (kå'nfrötö'rniti), *n.* bratovština, bratstvo; udruženje.

**confrere** (kå'nfrē'r), *n.* kolega, drug.

**confront** (kånfrå'nt), *v.* suočiti; ogledati se, oprijeti se.

**confuse** (kånfju'z), *v.* zbuniti, smesti, zapanjiti; pobrkati, poremetiti; miješati, pomiješati.

**confused** (kånfju'zd), *pa.* zbunjen, smeten; pobrkan; pomiješan.

**confusedly** (kånfju'zedli), *adv.* smeteno, zbunjeno; zbrkano, smušeno.

**confusion** (kånfju'žön), *n.* zbrka, pobrkanje; nered; smetenost, smušenost, zabuna.

**confutable** (kånfju'töbl), *a.* pobitan, oprovržljiv.

**confutation** (kå'nfjute'jšön), *n.* oprovrgavanje, pobijanje; oprovrgnuće.

**confute** (kånfju't), *v.* oprovrći, pobijati.

**conge** (kå'nže'), *n.* dopust, oproštaj.

**congeal** (kånđi'l), *v.* skrućivati (se), grušati (se); slediti (se).

**congealable** (kånđi'löbl), *a.* slediv.

**congelation** (kå'nđele'jšön), *n.* skrućivanje; sleđivanje; smrznuće; grušanje.

**congener** (kånđi'nör), *n.* srodnik, vrsnik, vrsnica.

**congenial** (kånđi'njöl), *a.* sličan, primjeren; ugodan.

**congeniality** (kånđi'niä'liti), *n.* sličnost, srodnost; ugodljivost.

**congenital** (kånđe'nitöl), *a.* prirođen.

**conger-eel** (kå'ngöri'l), *n.* morski ugor.

**congeries** (kånđi'riiz), *n.* skupina; kup, gomila.

**congest** (kånđe'st), *v.* kupiti (se), sabirati (se); prenapunjati se (*krvlju ili narodom*).

**congestion** (kånđe'sčön), *n.* navala.

**conglobate** (kå'nglobejt), *v.* zbiti se u kruglju.

**conglobation** (kå'nglobe'jšön), *n.* zgućenje; guka.

**conglomerate** (kånglå'möret), *v.* zgrnuti smiješati u jedno; — *a.* zgrnut, nabit; smiješan; — *n.* gromača.

**conglomeration** (kånglå'möre'jšön), *n.* mješavina.

**conglutinate** (kånglju'tinejt),*v.* slijepiti (se); sašiti (*rane*); prianjati, sljubiti se.

**conglutination** (kånglju'tine'jšön), *n.* lijepljenje; sljubljenje; sašivenje (*rane*).

**congratulate** (kångrä'čulejt), *v.* čestitati.

**congratulation** (kångrä'čule'jšön), *n.* čestitanje; (*pl*) čestitka.

**congratulator** (kångrä'čule'jtör), *n.* čestitalac.

**congratulatory** (kångrä'čulötöri), *a.* čestitni.

**congregate** (kå'ngrigejt), *v.* skupljati (se), sastati se.

**congregation** (kå'ngrige'jšön), *n.* društvo, družina; skupština; crkvena općina, skupljanje, sastajanje.

**congregational** (kå'ngrige'jšönöl), *a.* skupštinski, društven; bogoslužni.

**congress** (kå'ngres), *n.* zbor, sastanak; sabor, kongres.

**congressional** (kångre'šönöl), *a.* kongresni.

**Congressman** (kå'ngresmön), *n.* član zastupničke kuće u kongresu Sjedinjenih Država Amerike.

**congruence** (kå'ngruens), **congruency** (kå'ngruensi), *n.* podudaranje, sklad; primjerenost; dosljednost.

**congruent** (kå'ngruent), *a.* podudarajući, shodan; skladan; dosljedan.

**congruity** (kångru'iti), *n.* skladnost, podudaranje; shodnost.

**congruous** (kå'ngruös), *a.* primjeren; shodan; dosljedan; doličan.

**congruously** (kå'ngruösli), *adv.* primjereno; shodno; dolično.

**conic (al)** (kå'nik (öl), *a.* čunjast.

**conically** (kå'niköli), *adv.* u obliku čunja.

**conics** (kå'niks), *n.* nauka o presjekama čunja.

**coniferous** (koni'förös), *a.* češerni.

**conirostral** (ko'nirå'ströl), *a.* čunjokljuni.

**conjecturable** (kånđe'kčuröbl), *a.* što se može nagađati, podoban.

**conjectural** (kånđe'kčuröl), a. kadar, podoban, vjerojatan.
**conjecture** (kånđe'kčur), v. nagađati, predmnijevati, suditi; — n. nagađanje, predmnijeva; mišljenje.
**conjoin** (kånđo'jn), v. spojiti, ujediniti, udružiti (se).
**conjoint** (kånđo'jnt), a. ' združen; spojen.
**conjointly** (kånđo'jntli), adv. združeno; zajednički.
**conjugal** (kå'nđugöl), a. bračni, ženidbeni.
**conjugally** (kå'nđugöli), adv. ženidbom, kroz brak.
**conjugate** (kå'nđugejt), v. sprezati, konjugirati; — a. vezan; dvojni.
**conjugation** (kå'nđuge'jšön), n. sprezanje; sveza.
**conjunct** (kånđą'nkt), a. vezan; združen.
**conjunction** (kånđą'nkšön), n. veza, savez; veznik.
**conjunctive** (kånđą'nktiv), a. vezan; združen; spojni; konjuktivan; — n. konjuktiv.
**conjunctively** (kånđa'nktivli), adv. u vezi; spojno.
**conjunctly** (kånđa'nktli), adv. zajedno, zajednički.
**conjuncture** (kånđa'nkčur), n. odsudni čas, kriza.
**conjuration** (kå'nđure'jšön), n. zaklinjanje; zakletva.
**conjure** (kånđu'r), v. zaklinjati; prositi; prisizati; (ka'nđör), opčiniti, bajati.
**conjurer** (kå'nđörör), n. čarobnik, opsjenar, čaratan.
**conjury** (ka'nđöri), n. čarobija, zakletva.
**connate** (kånē't), a. srasao; prirođen; savremen, istovremen.
**connatural** (kånå'čuröl), a. prirođen, prirodan, srodan.
**connect** (kåne'kt), v. spojiti, sklopiti; ujediniti (se), udružiti (se).
**connectedly** (kåne'ktedli), adv. zajedno, zajednički, skupa.
**connection** (kåne'kšön), n. spojenje; spoj, veza; jedinstvo; srodstvo; društvo.
**connective** (kåne'ktiv), a. spojni, vezni.
**connector** (kåne'któr), n. spajatelj; veznik; spojnica.

**connivance** (kåna'jvöns), n. pregledanje, popustljivost.
**connive** (kåna'jv), v. pregledati, popuštati; biti u sporazumu.
**conniver** (kåna'jvör), n. popustljivac.
**connoisseur** (kå'nisu'r), n. poznavalac umjetnosti.
**connotation** (kå'note'jšön), n. suoznaka.
**connote** (kånō't), v. označivati, sadržavati.
**connubial** (kånju'biöl), a. bračni, ženidbeni.
**conoid** (ko'nojd), a. pačunjast; — n. pačunj.
**conquer** (kå'nkör), v. pobijediti, svladati; upokoriti.
**conquerable** (kå'nköröbl), a. pobjediv; upokoriv.
**conqueror** (kå'nkörör), n. pobjednik, dobitnik.
**conquest** (kå'nku̱est), n. osvajanje; pobjeda; dobit.
**consanguineous** (kå'nsăngu̱i'niös), a. u rodu po krvi; srodan.
**consanguinity** (kå'nsăngu̱i'niti), n. rod po krvi; srodstvo.
**conscience** (kå'nšens), n. savjest, duševnost.
**conscientious** (kå'nšie'nšös), a. savjestan, duševan.
**conscientiously** (kå'nšie'nšösli), adv. savjesno.
**conscionable** (kå'nšönöbl), a. savjestan, pravedan.
**conscious** (kå'nšös), a. svijestan, znajući.
**consciously** (kå'nšösli), adv. svijesno, znalice.
**consciousness** (kå'nšösnes), n. svijest.
**conscript** (kånskri'pt), v. novačiti; — (kå'nskript), a. unovačen, popisan; — n. novak.
**conscription** (kånskri'pšön), n. novačenje, popis.
**consecrate** (kå'nsikrejt), v. posvetiti.
**consecration** (kå'nsekre'jšön), n. posveta, posvećenje.
**consecrator** (kå'nsekre'jtör), n. posvetitelj.
**consecutive** (kånse'kijutiv), a. susljedan, jedan za drugim, besprekidan.
**consecutively** (kånse'kjutivli), adv. redom, uzastopce.

**consent** (kånse'nt), v. privoljeti, pristati; — n. privoljenje, privola, dozvola.

**consentient** (kånse'nšient), a. privolan; sporazuman.

**consequence** (kå'nsikuens), n. posljedica, posljedak; važnost, znatnost; uticaj.

**consequent** (kå'nsikuent), a. dosljedan; izvodan.

**consequential** (kå'nsikue'nšöl), a. znatan, važan; dosljedan.

**consequentially** (kå'nsikue'nšöli), adv. dosljedno; kao posljedica.

**consequently** (kå'nsikuentli), adv. dosljedno, stoga, dakle.

**conservancy** (kånsö'rvönsi), n. održavanje, sačuvanje; povjerenstvo za ribnjake, vode, itd.

**conservation** (kå'nsörve'jšön), n. sačuvanje, održavanje; sačuvani predjel.

**conservatism** (kånsö'rvötizm), n. konzervatizam.

**conservative** (kånsö'rvötiv), a. održni; protivan promjeni ili napretku; konzervativan; — n. konzervativac.

**conservator** (kå'nsörve'jtöɪ), n. čuvar, štitnik, pazitelj.

**conservatory** (kånsö'rvötöri), a. održavajući; — n. toplica za gojenje biljka; viša škola za glasbu.

**conserve** (kånsö'rv), v. čuvati, sačuvati, održati, uzdržati; metnuti u šećer, konzervirati; — (kå'nsörv), n. poslastica; začinjeno voće.

**consider** (kånsi'dör), v. razmišljati, misliti, razmatrati; cijeniti; povoljno gledati na; računati.

**considerable** (kånsi'döröbl), a. znatan, važan; dobar; velik.

**considerably** (kånsi'döröbli), adv. znatno; u dobroj mjeri.

**considerate** (kånsi'döret), a. obziran; promišljen; razborit; dobar, milosrdan.

**considerately** (kånsi'döretli), adv. promišljeno, oprezno, obzirno; čedno.

**consideration** (kånsi'döre'jšön), n. razmišljanje, pomisao; obzir; uzvrat; nagrada; plaća, cijena; važnost; povod, razlog.

**considering** (kånsi'döring), prep. obzirom na, uzevši u obzir; dopustiv.

**consign** (kånsa'jn), v. povjeriti; predati, uručiti; poslati; podati se; privoljeti; naznačiti.

**consignee** (kå'nsini'), n. primalac (otposlane robe), naznačnik.

**consignor** (kå'nsino'r), n. predavalac; pošiljač.

**consignment** (kånsa'jnment), n. naznačivanje; predaja; pošiljka; otprema; popis.

**consist** (kånsi'st), v. sastojati se, sačinjavati; biti; postojati.

**consistence** (kånsi'stens), **consistency** (kånsi'stensi), n. dosljednost; sudaranje, sklad, sloga; čvrstoća, gustoća.

**consistent** (kånsi'stent), a. dosljedan; suglasan, skladan; čvrst; krut.

**consistently** (kånsi'stentli), adv. skladno, dosljedno; redovito.

**consistorial** (kå'nsisto'riöl), a. konzistorijski.

**consistory** (kånsi'stori), n. duhovni stol, konzistorij.

**consociation** (kånso'šie'jšön), n. udruženje; društvo; drugovanje.

**consolable** (kånso'löbl), a. utješljiv.

**consolation** (kå'nsole'jšön), n. utjeha.

**consolatory** (kånso'lötöri), a. utješan; — n. utješno pismo ili riječi.

**console** (kånsö'l), v. tješiti, utješiti; utišati; — (kå'nsol), n. strčun, babac, konzola.

**consolidate** (kånså'lidejt), v. utvrditi, učvrstiti.

**consolidation** (kånså'lide'jšön), n. utvrđenje, učvršćivanje; združenje.

**consonance** (kå'nsonöns), n. skladnost, sklad; suglasje; podudaranje.

**consonant** (kå'nsonönt), a. suglasan; skladan; — n. suglasnik, konzonant.

**consonantal** (kå'nsonå'ntöl), a. suglasni.

**consort** (kånså'rt), v. združiti (se); drugovati, družiti se; — (kå'nsårt), n. drug, družica; suprug, supruga; lađa drugarica; društvo.

**conspectus** (kånspe'ktös), n. kratak prijegled (predmeta); jezgra; glavni sadržaj; izvadak.

**conspicuous** (kånspi'kjuös), a. vidljiv, vidan; izrazit; očit; jasan; odličan.

**conspicuously** (kånspi'kjuösli), adv. vidno, jasno, očito; odlično.

**conspicuousness** (kånspi'kjuösnes), *n.* očevidnost; izrazitost; odličnost.

**conspiracy** (kånspi'rösi), *n.* urota, zavjera.

**conspirator** (kånspi'rötör), *n.* urotnik.

**conspire** (kånspa'ör), *v.* urotiti se, buniti se; zavjeriti se.

**constable** (kå'nstöbl), *n.* stražar, pandur.

**constabulary** (kånstă'bjulöri), *a.* redarstveni; — *n.* redarstvo, policija.

**constancy** (kå'nstönsi), *n.* postojanost; vjernost; stalnost; ustrajanost.

**constant** (kå'nstönt), *a.* postojan; odlučan; ustrajan; vjeran; stalan, dugotrajan, neprestan; nepromjenljiv; — *n.* postojanost, stalnost.

**constantly** (kå'nstöntli), *adv.* postojano, stalno, besprekidno, neprestano.

**constellation** (kå'nstele'jšön), *n.* zviježđe; skupina sjajnih stvari *ili* odličnika.

**consternation** (kå'nstörne'jšön), *n.* prepast, strava; preneraženost.

**constipate** (kå'nstipejt), *v.* zatvarati *(crijeva)*.

**constipation** (kå'nstipe'jšön), *n.* zatvor *(crijeva)*.

**constituency** (kånsti'tjuensi), *n.* izbornici, birači; bitni dijelovi.

**constituent** (kånsti'tjuent), *a.* bitan, sastavni; — *n.* izbornik, birač; sastavni dio; opunomočitelj.

**constitute** (kå'nstitjut), *v.* sačinjavati, činiti; ustanoviti; opunovlastiti.

**constitution** (kå'nstitju'šön), *n.* ustav; sastav, građa; kakvoća.

**constitutional** (kå'nstitju'šönöl), *a.* ustavni; — *n.* zdravstvena šetnja.

**constitutionality** (kå'nstitju'šönă'liti), *n.* ustavnost.

**constitutionally** (kå'nstitju'šönöli), *adv.* ustavno, zakonito.

**constrain** (kånstre'jn), *v.* prisiliti, siliti; stezati, stegnuti, suzdržati.

**constrainable** (kånstre'jnöbl), *a.* prisilan; suzdržljiv.

**constrained** (kånstre'jnd), *a.* prisilan; suzdržljiv.

**constraint** (kånstre'jnt), *n.* prisilnost, primoravanje; suzdržljivost.

**constrict** (kånstri'kt), *v.* stiskati, stezati; suživati; vezati.

**constriction** (kånstri'kšön), *n.* stezanje, suživanje.

**constrictive** (kånstri'ktiv), *a.* stezni, suziv.

**constrictor** (kånstri'ktör), *n.* stezalo; sapinjača; udav.

**construct** (kånstra'kt), *v.* sastaviti, sagraditi; urediti; smisliti; osnovati.

**construction** (kånstra'kšön), *n.* sastavljanje, sastav; smisao, tumačenje.

**constructional** (kånstra'kšönöl), *a.* sastavni; gradeći.

**constructive** (kånstra'ktiv), *a.* građevni; izvodni.

**constructively** (kånstra'ktivili), *adv.* gradeći; izvodno.

**construe** (kå'nstru), *v.* sastaviti; prevesti; tumačiti; razlagati.

**consubstantial** (kå'nsöbstă'nšöl), *a.* iste biti, jednake naravi, istosućan.

**consubstantiality** (kå'nsöbstă'nšiă'liti), *n.* istosućnost.

**consubstantiation** (kå'nsöbstă'nšie'jšön), *n.* nauka o postojnosti tijela i krvi Isusove u svetootajstvu.

**consuetude** (kå'nsuitjud), *n.* običaj, navada.

**consul** (kå'nsöl), *n.* konzul.

**consular** (kå'nsjulör), *a.* konzularni.

**consulate** (kå'nsjulet), *n.* konzulat.

**consulship** (kå'nsöl!šip), *n.* konzulatstvo, konzularna čast *ili* služba.

**consult** (kånsa'lt), *v.* pitati za savjet, (po)savjetovati se, dogovarati se; razmišljati.

**consultation** (kå'nsölte'jšön), *n.* (po)savjetovanje; vijećanje; vijeće.

**consulter** (kånsa'ltör), *n.* onaj, koji pita za savjet.

**consumable** (kånsju'möbl), *a.* trošiv, potrošiv; uništiv.

**consume** (kånsju'm), *v.* trošiti, potrošiti; izgorjeti.

**consumer** (kånsju'mör), *n.* trošač, trošilac.

**consummate** (kå'nsömejt), *v.* dovršiti; usavršiti; postići; — (kånsö'met), *a.* potpun; savršen, najviši.

**consummately** (kånsö'metli), *adv.* potpuno, sasvim; savršeno.

**consumption** (kånsa'mpšön), *n.* trošenje; sušica, suha bolest.

**consumptive** (kånsa'mptiv), *a.* potrošni; sušičav.

**contact** (kå'ntăkt), *n.* doticaj, dodir.

**contagion** (kånte'jđön), *n.* zaraza, pošast, kužna bolest, kuga.

**contagious** (kånte'jđös), *a.* priljepčiv, zarazan, pošastan; proširen.

**contagiously** (kånte'jđösli), *adv.* zarazno, priljepčivo.

**contain** (kånte'jn), *v.* držati, sadržavati, sačinjavati; uključiti; obuzdati.

**containable** (kånte'jnöbl), *a.* obuhvatan; što može biti sadržano.

**container** (kånte'jnör), *n.* što drži; kutija; boca.

**contaminate** (kåntă'minejt), *v.* pokvariti; onečistiti, okaljati, zamazati.

**contamination** (kåntă'mine'jšön), *n.* pokvarenje; okaljanje, zamazanost.

**contemn** (kånte'm), *v.* prezirati; zazirati.

**contemner** (kånte'mör), *n.* preziratelj.

**contemplate** (kå'ntemplejt), *v.* motriti, posmatrati; razmišljati, misliti; kaniti, smjerati.

**contemplation** (kå'ntemple'jšön), *n.* motrenje, posmatranje; razmišljanje; nakana; smjeranje.

**contemplative** (kånte'mpletiv), *a.* misaon; nazirući; ispitujući.

**contemporaneous** (kånte'mpore'jniös), *a.* savremen, istodoban.

**contemporaneously** (kånte'mpore'jniösli), *adv.* savremeno, istodobno.

**contemporaneousness** (kånte'mpore'jniösnes), *n.* savremenost; istodobnost.

**contemporary** (kånte'mporeri), *a.* savremen, istodoban; — *n.* savremen čovjek, savremena stvar.

**contempt** (kånte'mpt), *n.* preziranje, prijezir; neposluh, nepokoravanje (*suda*).

**contemptible** (kånte'mptibl), *a.* preziran, podao, prost.

**contemptibly** (kånte'mptibli), *adv.* prezirno, podlo, prosto.

**contemptuous** (kånte'mpćuös), *a.* preziran; ohol.

**contemptuously** (kånte'mpćuösli), *adv.* prezirno; oholo.

**contend** (kånte'nd), *v.* tvrditi; boriti se; prepirati se; natjecati se.

**contender** (kånte'ndör), *n.* borac; natjecalac; prepiratelj.

**content** (kånte'nt), *v.* odovoljiti, zadovoljiti, ugoditi; — *a.* zadovoljan; — *n.* zadovoljstvo, zadovoljnost; (kå'ntent), sadržina; sadržaj.

**contented** (kånte'nted), *a.* zadovoljan.

**contentedly** (kånte'ntedli), *adv.* zadovoljno, veselo.

**contention** (kånte'nšön), *n.* prepiranje; borba, sukob; spor; natjecanje; tvrdnja.

**contentious** (kånte'nšös), *a.* svadljiv, prijeporan.

**contentment** (kånte'ntment), *n.* zadovoljstvo, zadovoljnost.

**conterminous** (kåntö'rminös), **conterminal** (kåntö'rminöl), *a.* pograničan; jednakog trajanja.

**contest** (kånte'st), *v.* pobijati; protiviti se; boriti se, natjecati se; — (kå'ntest), *n.* pobijanje; borba; natjecanje; spor; svađa.

**contestable** (kånte'stöbl), *a.* prijeporan; oboriv.

**context** (kå'ntekst), *n.* savez (*govora*).

**contexture** (kånte'kšćur), *n.* tkanina, sastav, ustroj.

**contiguity** (kå'ntigju'įti), *n.* pograničnost, doticanje.

**contiguous** (kånti'gjuös), *a.* doticajan, pograničan, susjedan.

**contiguously** (kånti'gjuösli), *adv.* jedan uz drugog, tik do.

**continence** (kå'ntinens), **continency** (kå'ntinensi), *n.* svladavanje samoga sebe; čistoća; umjerenost.

**continent** (kå'ntinent), *a.* usprežan; umjeren; čist; — *n.* kopno, suha zemlja; Evropa.

**continental** (kå'ntine'ntöl), *a.* kopneni; evropski.

**continently** (kå'ntinentli), *adv.* usprežno; trijezno; čisto.

**contingence** (kånti'nđens), **contingency** (kånti'ngensi), *n.* slučajnost, slučaj; mogućnost događaja; događaj, prigoda.

**contingent** (kånti'nđent), *a.* slučajan, prigodan; vjerojatan, možebitan; uslovan, uvjetan; ovisan; — *n.* slučaj, prigoda; razmjerni dio; četa.

**contingently** (kånti'nđentli), *adv.* slučajno; uslovno.

**continual** (kånti'njuöl), *a.* neprestan, besprekidan.

**continually** (kànti'njuöli), *adv.* neprestano, bez prekida, uvijek.

**continuance** (kànti'njuöns), *n.* trajnost, trajanje; besprekidnost; nastavak; odgoda.

**continuation** (kànti'njue'jšön), *n.* nastavljanje, nastavak; produženje; trajanje.

**continuator** (kànti'njue'jtör), *n.* nastavljač.

**continue** (kànti'nju), *v.* nastaviti, nastavljati; ostati, biti, trajati; ustrajati.

**continuer** (kànti'njuör), *n.* nastavljač.

**continuity** (kà'ntinju'iti), *n.* spoj; neprekidnost; postepenost.

**continuous** (kànti'njuös), *a.* vezan, produžen; neprekidan, neprestan.

**continuously** (kànti'njuösli), *adv.* neprekidno, neprestano.

**contort** (kànto'rt), *v.* savijati; izobličiti; iskriviti.

**contortion** (kànto'ršön), *n.* savijanje, previjanje; izobličenost; iskrivljenost.

**contortionist** (kànto'ršönist), *n.* pelivan.

**contour** (kàntu'r), *n.* ocrt.

**contraband** (kà'ntröbànd), *a.* kriomčaren, zabranjen; — *n.* zabranjena roba *ili* trgovina; kriomčarenje.

**contrabandist** (kà'ntröbà'ndist), *n.* kriomčar.

**contract** (kàntrǎ'ct), *v.* stegnuti (se); skratiti; suziti; zgusnuti; uzeti; steći, dobiti, zadobiti; ugovoriti; sklopiti ugovor; zaručiti; — (kà'ntrǎkt), *n.* ugovor, pogodba; zaruke, vjeridba.

**contracted** (kàntrǎ'kted), *a.* stegnut; uzak; sužen; mršav; podao.

**contractedly** (kàntrǎ'ktedly), *adv.* stegnuto; prosto.

**contractibility** (kàntrǎ'ktibi'liti), *n.* stežljivost; suživost; smanjivost.

**contractible** (kàntrǎ'ktibl), *a.* stežljiv; suživ; smanjiv.

**contractile** (kàntrǎ'ktil), *a.* stezan.

**contractility** (kà'ntrǎkti'liti), *n.* steznost.

**contraction** (kàntrǎ'kšön), *n.* stezanje, stegnuće; skraćivanje, pokraćenost.

**contractor** (kàntrǎ'ktör), *n.* poduzetnik; ugovaratelj; dobavljač.

**contradict** (kà'ntrödi'kt), *v.* protusloviti, nijekati, prigovarati.

**contradiction** (kà'ntrödi'kšön), *n.* protivurječje, protuslovlje, prigovaranje; opreka, protimba.

**contradictorily** (kà'ntrödi'ktorili), *adv.* protuslovno, oprečno.

**contradictory** (kà'ntrödi'ktöri), *a.* oprečan, protuslovan, protivurječan.

**contradistinction** (kà'ntrödisti'nkšön), *n.* raspoznavanje po protivnim svojstvima, oprečnost.

**contradistinctive** (kà'ntrödisti'nktiv), *a.* oprečan.

**contradistinguish** (kà'ntrödisti'nguiš), *v.* raspoznavati po oprečnostima.

**contralto** (kàntrǎ'lto), *n.* najniži ženski *ili* dječji glas.

**contraposition** (kà'ntröpozi'šön), *n.* stavljanje u protimbu; opreka; proturječje.

**contrariety** (kà'ntröra'eti), *n.* opreka, protimba; nedosljednost; razlika.

**contrarily** (kà'ntrerili), *adv.* naopako, naprotiv; u drugu ruku.

**contrariwise** (kà'ntröriuajz), *adv.* naprotiv, u drugu ruku.

**contrary** (kà'ntreri), *a.* oprečan, protivan; odvratan; nedosljedan; — *adv.* protivno, oprečno; — *n.* oprečnost, protivna stvar.

**contrast** (kàntrǎ'st), *v.* postaviti u opreku, protuusporediti, istaknuti jedno protiv drugoga; stajati u protimbi; — (kà'ntrǎst), *n.* opreka, protivnost, razlika.

**contravene** (kà'ntrövi'n), *v.* prepriječiti, zaustaviti; protiviti se; uništiti; prekršiti.

**contravention** (kà'ntröve'nšön), *n.* spriječenje; protivljenje; prekršaj.

**contribute** (kàntri'bjut), *v.* dati, doprinijeti.

**contribution** (kà'ntribju'šön), *n.* doprinašanje, doprinos, dar; danak, namet.

**contributive** (kàntri'bjutiv), *a.* doprinosni; pripomoćni.

**contributor** (kàntri'bjutör), *n.* doprinosnik; suradnik.

**contributory** (kàntri'bjutöri), *a.* doprinosan, pomoćan.

**contrite** (kå'ntrajt), *a.* skrušen; slomljen.

**contritely** (kå'ntrajtli), *adv.* skrušeno, pokajnički.

**contrition** (kåntri'šön), *n.* skrušenost, pokajnost.

**contrivable** (kåntra'jvöbl), *a.* smisliv; izumiv; pronalazan.

**contrivance** (kåntra'jvöns), *n.* osnova; izum; sprava; varka.

**contrive** (kåntra'jv), *v.* izumiti, smisliti, (za)snovati.

**contriver** (kåntra'jvör), *n.* zasnovatelj, izumilac; izvršitelj.

**control** (kåntro'l), *v.* nadgledati, prigledati; uplivisati; upravljati, voditi; upokoriti; — *n.* nadgledanje, nadzor; upliv; upravljanje; vlada; upokorenost.

**controllable** (kåntro'löbl), *a.* nadziriv; upravljiv; upokoriv, svladiv.

**controller** (kåntro'lör), *n.* priglednik, kontrolor.

**controlment** (kåntro'lment), *n.* prigledanje; nadzor; ograničenje, obuzdanje.

**controversial** (kå'ntrovö'ršöl), *a.* sporni, projeporni.

**controversialist** (kå'ntrovö'ršölist), *n.* protivnik u prepirci; svadljivac.

**controversy** (kå'ntrovörsi), *n.* spor, raspra, prijepor; svađa.

**controvert** (kå'ntrovört), *v.* pobijati; poricati.

**controvertible** (kå'ntrovö'rtibl), *a.* osporan, prijeporan.

**controvertibly** (kå'ntrovö'rtibli), *adv.* na prijeporan način.

**contumacious** (kå'ntjume'jšös), *a.* tvrdokoran, tvrdoglav, nepokoran.

**contumaciously** (kå'ntjume'jšösli), *adv.* tvrdokorno; nepokorno.

**contumacy** (kå'ntjumösi), *n.* ogluha, nepokoravanje; tvrdokornost.

**contumelious** (kå'ntjumi'liös), *a.* prezira vrijedan; drzovit; surov.

**contumely** (kå'ntjumili), *n.* drzovitost (*u govoru ili ponašanju*), drskost, surovost.

**contuse** (kåntju'z), *v.* omečiti, natući, stući.

**contusion** (kåntju'žön), *n.* omečina; ozljeda.

**conundrum** (kona'ndröm), *n.* zagonetka; zabuna.

**convalesce** (kå'nvöle's), *v.* oporavljati se; ozdraviti.

**convalescence** (kå'nvöle'sens), **convalescency** (kå'nvöle'sensi), *n.* oporavak, oporavljanje; ozdravljenje.

**convalescent** (kå'nvöle'sent), *a.* tko se oporavlja; — *n.* oporavljenik, ozdravljenik.

**convenable** (kånvi'nöbl), *a.* što se može sazvati, *ili* sakupiti.

**convene** (kånvi'n), *v.* sakupiti, sastati (se); sazvati.

**convener** (kånvi'nör), *n.* sazivač.

**convenience** (kånvi'njens), **conveniency** (kånvi'njensi), *n.* dokolica; udobnost; prilika, zgoda; sprava.

**convenient** (kånvi'njent), *a.* shodan, zgodan, priličan; udoban.

**conveniently** (kånvi'njentli), *adv.* zgodno; lahko; udobno.

**convent** (kå'nvent), *n.* samostan, manastir.

**conventicle** (kånve'ntikl), *n.* tajni (*vjerski*) sastanak; tajno sastajalište.

**convention** (kånve'nšön), *n.* konvencija, zbor; pogodba, ugovor.

**conventional** (kånve'nšönöl), *a.* navadni, običajni; ugovoren, pogođen; konvencionalan; zborni.

**conventionalism** (kånve'nšönölizm), *n.* navada; običan izraz.

**conventionally** (kånve'nšönöli), *adv.* navadno, običajno.

**conventual** (kånve'nčuöl), *a.* samostanski; manastirski; — *n.* kaluđer, koludrica.

**converge** (kånvö'rđ), *v.* stjecati se; sastajati se, približiti se.

**convergence** (kånvö'rđens), **convergency** (kånvö'rđensi), *n.* stjecanje; pridolaženje.

**convergent** (kånvö'rđent), *a.* stjecajni; pridolazan.

**conversable** (kånvö'rsöbl), *a.* razgovoran; društven.

**conversably** (kånvö'rsöbli), *adv.* razgovorno; društveno, zabavno.

**conversant** (kå'nvörsönt), *a.* upućen, znan; vješt; upoznat; u poslu sa; što se tiče.

**conversation** (kå'nvörse'jšön), *n.* razgovor; druženje; diplomatski saobračaj.

**conversational** (kå'nvörse'jšönöl), *a.* razgovoran; društven.

**conversationalist** (kà'nvörsej'šönölist), **conversationist** (ká'nvörse'jšönist), *n.* onaj, koji se razgovora; zanimiv govornik.

**converse** (kànvö'rs), *v.* razgovarati se, govoriti; — (kà'nvörs), *a.* naopak, preokrenut; — *n.* razgovor; općenje, druženje; protivno; obratnost.

**conversely** (kà'nvörsli), *adv.* naopako, obrnuto.

**conversion** (kànvö'ršön), *n.* promjena, pretvorba, preinačenje.

**convert** (kànvö'rt), *v.* promijeniti, pretvoriti, preinačiti; preobratiti, obratiti; nezakonito si prisvojiti; — (kà'nvört), *n.* obraćenik.

**convertibility** (kànvö'rtibi'liti), *n.* pretvorivost, promjenljivost.

**convertible** (kànvö'rtibl), *a.* pretvoriv, promjenljiv.

**convex** (kà'nveks), *a.* pupčast, izbočit.

**convexity** (kànve'ksiti), *n.* pupčatost, izbočitost.

**convexly** (kà'nveksli), *adv.* pupčasto, izbočito.

**convey** (kànve'j), *v.* prenijeti, prenesti; nositi; otpremiti; otposlati; dati; gibati; prodati.

**conveyable** (kànve'jöbl), *a.* prenosan, nosiv; gibiv.

**conveyance** (kànve'jöns), *n.* prijenos; nošenje, prenašanje; otprema; predatnica, podijelnica, prenosna isprava; kola, lađa.

**conveyancer** (kànve'jönsör), *n.* sastavljač prenosnih isprava.

**conveyancing** (kànve'jönsing), *n.* pisanje prenosnih isprava; pregledavanje posjedovnog prava.

**conveyer** (kànve'jör), *n.* nosilac, prenašatelj; otpremnik.

**convict** (kànvi'kt), *v.* pronaći krivim; osuditi; — (kà'nvikt), *n.* kažnjenik, zločinac.

**conviction** (kànvi'kšön), *n.* osvjedočenje, uvjerenje; proglašenje krivim, osuda.

**convince** (kànvi'ns), *v.* osvjedočiti, uvjeriti, dokazati.

**convincing** (kànvi'nsing), *a.* osvjedočujući, uvjeravajući.

**convincingly** (kànvi'nsingli), *adv.* na osvjedočujući način.

**convivial** (kànvi'viöl), *a.* zabavan, veseo; gozben; društven.

**conviviality** (kànvi'viǎ'liti), *n.* gozba; svečanost; zabava, veselje.

**convocate** (kà'nvokejt), *v.* sazvati; sakupiti; pozvati zajedno.

**convocation** (kà'nvoke'jšön), *n.* sazivanje; zbor.

**convoke** (kànvö'k), *v. vidi* **convocate.**

**convolute** (kà'nvoljut), **convoluted** (kà'nvoljuted), *a.* savijen, smotan.

**convolution** (kà'nvolju'šön), *n.* savijanje, namatanje; savitak.

**convolve** (kànvà'lv), *v.* savijati, namatati.

**convolvulus** (kànvà'lvjulös), *n.* slak.

**convoy** (kànvo'j), *v.* pratiti; — (kà'nvoj), *n.* pratnja.

**convulse** (kànvö'ls), *v.* baciti u trzavicu, potresti; uznemiriti.

**convulsion** (kànvö'lšön), *n.* trzavica, trzanje; grčevi.

**convulsional** (kànvö'lšönöl), **convulsionary** (kànvö'lšönöri), *a.* grčevit.

**convulsive** (kànvö'lsiv), *a.* grčevit.

**cony, coney** (ko'ni), *n.* kunić.

**coo** (ku), *v.* gukati.

**cook** (kuk), *v.* kuhati, variti; — *n.* kuhar, kuharica.

**cookery** (ku'köri), *n.* kuharstvo, kuhanje.

**cool** (kūl), *v.* hladiti (se), ohladiti (se); umiriti (se); postati ravnodušnim; — *a.* hladan; hladnokrvan; ravnodušan; bezobrazan; — *n.* hladnoća.

**cooler** (kū'lör), *n.* hladionica.

**cool-headed** (kū'lhe'ded), *a.* hladnokrvan.

**coolie** (ku'li), *n.* radnik, sluga (*indokitajski*).

**coolish** (kū'liš), *a.* hladovit, ponješto hladan.

**coolly** (kū'li), *adv.* hladno; mirno.

**coolness** (kū'lnes), *n.* hladnoća; ravnodušnost.

**coon** (kūn), *n.* rakun; crnac.

**coop** (kup), *v.* zatvoriti (*u kokošinjak*); — *n.* kokošinjak; tor.

**cooper** (ku̯pör), *n.* bačvar, kablar.

**cooperage** (ku̯'pöređ), *n.* bačvarstvo, bačvarija.

**co-operate** (koà'pörejt), *v.* surađivati; pomoći, pomagati.

**co-operation** (koà'pöre'jšön), *n.* suradnja, surađivanje; pomoć.

**co-operative** (koå'pöretiv), *a*. pripomoćan. suradeći.

**co-operator** (koå'pörejtör), *n*. suradnik, pomagač.

**co-ordinate** (koo'rdinēt), *v*. staviti u isti red, poređati; skladno raditi *ili* djelovati; — *a*. istog reda *ili* časti; — *n*. onaj, koji je u istom redu, položaju *ili* časti.

**co-ordinately** (koo'rdinetli), *adv*. u istom redu *ili* časti; skladno.

**co-ordination** (koo'rdine'jšön), *n*. skladno djelovanje; sklad; poređanje.

**coot** (kut), *n*. liska, sarka.

**cootie** (ku'ti), *n*. uš.

**cop** (kåp), *n*. pandur, stražar; glavica, vršak; — *v*. uloviti; dobiti.

**copal** (ko'pöl), *n*. kopal.

**coparcener** (kopa'rsⁱnör), *n*. sunasljednik, subaštinik.

**copartner** (kopa'rtnör), *n*. drug u poslu, sudrug; dionik.

**cope** (kōp), *v*. boriti se, jagmiti se; — *n*. kapa; svećenička haljina.

**copier** (kå'piör), **copyist** (kå'piist), *n*. prepisivač; nasljedovalac.

**coping** (ko'ping), *n*. zabat, sljeme.

**copious** (ko'piös), *a*. obilan, izobilan.

**copiously** (ko'piösli), *adv*. obilno; mnogo.

**copper** (kå'pör), *v*. pobakriti, omjediti; — *n*. bakar, mjed; — *a*. mjeden, bakren.

**copperas** (kå'pörös), *n*. galica.

**copperish** (kå'pöriš), *a*. kao bakar, mjedast.

**copperplate** (kå'pörplejt), *n*. bakrorez.

**coppersmith** (kå'pörsmit), *n*. kotlar.

**coppery** (kå'pöri), *a*. mjedast, bakren.

**coppice** (kå'pis), **copse** (kåps), *n*. šikara.

**copula** (kå'pjulö), *n*. kopula, sveza.

**copulate** (kå'pjulejt), *v*. svezati; pariti se; goniti se; spolno općiti.

**copulation** (kå'pjule'jšön), *n*. parenje, spolno općenje.

**copulative** (kå'pjuletiv), *a*. vezni; — *n*. veznik.

**copy** (kå'pi), *v*. prepisati, prepisivati; prepočinjati; — *n*. prijepis; prepočinjanje; kopija, snimak, primjerak; otisak; obrazac; isprava.

**copyhold** (kå'piho'ld), *n*. lenština, činženo dobro.

**copyholder** (kå'piho'ldör), *n*. činženjak.

**copyist** (kå'piist), *n*. prepisivač; prepočinjalac.

**copyright** (kå'pira'jt), *v*. dobiti pravo izdavanja *ili* objelodanjenja; — *n*. pravo naklade, pravo izdavanja.

**coquet** (koke't), *v*. namigivati, očijukati.

**coquetry** (ko'ketri), *n*. namigivanje, očijukanje.

**coquette** (koke't), *n*. namiguša, koketa.

**coquettish** (koke'tiš), *a*. dopadljiv, kaćiperan.

**coral** (kå'röl), *a*. koraljni; — *n*. merdžan, koralj.

**coralliferous** (kå'röli'förös), *a*. koraljast.

**coralline** (kå'rölajn), *a*. koraljni; — *n*. koraljina.

**corbel** (kå'rbel), *n*. podgrednjak, podrožnik; izdubak.

**cord** (kord), *v*. svezati konopom, stegnuti uzicom; — *n*. uzica; uže, konop, konopac; povezica; hvat (*drva*); spona.

**cordage** (ko'rdeđ), *n*. užeta.

**cordate** (ko'rdet), *a*. srcolik.

**cordial** (ko'rđöl), *a*. srdačan; svesrdan; utješan; — *n*. ono, što krijepi *ili* razveseljuje.

**cordiality** (korđå'liti), *n*. srdačnost; iskrenost.

**cordially** (ko'rđöli), *adv*. srdačno.

**cordon** (ko'rdön), *n*. kordun; poprsna vrpca.

**cordovan** (ko'rdovön), *n*. kordovan (*španjolska koža*).

**corduroy** (ko'rduroj), *n*. debela pamučnina.

**cordwain** (ko'rdu̯ejn), *n*. *vidi* **cordovan**.

**cordwainer** (ko'rdu̯e'jnör), *n*. postolar.

**core** (kor), *v*. izvaditi jezgru; — *n*. jezgra, srčika, srž; srče.

**corespondent** (ko'rispå'ndent), *n*. suoptuženik (*kod rastave braka*).

**coriander** (ko'riå'ndör), *n*. korijandar (*bil.*).

**cork** (kork), *v*. zaplutati, začepiti; — *n*. pluto, čep.

**corked** (korkt), *a*. začepljen (*plutom*).

**corky** (ko'rki), *a*. plutast.

**cormorant** (ko'rmorönt), *a.* proždrljiv, grabežljiv; — *n.* morovran; proždrljivac, izjelica.

**corn** (korn), *v.* nasoliti, pacati; — *n.* žito; zrnje; kukuruz; kurje oko.

**corn-crake** (ko'rnkre'jk), *n.* prdavac (*ptica*).

**cornea** (ko'rniö), *n.* rožnjača u oku.

**corned** (kornd), *a.* nasolen i osušen.

**corneous** (ko'rniös), *a.* rožan.

**corner** (ko'rnör), *v.* zatjerati u kut, staviti u nepriliku; prekupiti; — *n.* ugao, kut; teški položaj; skrovište.

**corner-stone** (ko'rnörstō'n), *n.* temeljni kamen.

**cornet** (ko'rnet), *n.* kornet; lijevak od papira; stjegonoša.

**cornice** (ko'rnis), *n.* korniž, atula.

**cornucopia** (ko'rnjuko'piö), *n.* rog izobilja.

**cornuted** (kornju'ted), *a.* rožan.

**corny** (ko'rni), *a.* kukuruzan; žitan, žitorodan.

**corolla** (korà'lö), *n.* vjenčić.

**corollary** (kà'röleri), *n.* posljedak, izvodak, zaključak.

**corona** (koro'nö), *n.* vijenac, kruna.

**coronal** (ko'ronöl), *a.* tjemeni; — *n.* kruna, vijenac.

**coronation** (kà'rone'jšön), *n.* krunisanje, krunidba.

**coroner** (kà'ronör), *n.* mrtvozornik.

**coronet** (kà'ronet), *n.* mala kruna, vijenac.

**corporal** (kà'rporöl), *a.* tjelesan; — *n.* kapral, desetnik.

**corporally** (kà'rporöli), *adv.* tjelesno.

**corporate** (kà'rporet), *a.* utjelovljen; združen.

**corporation** (kà'rpore'jšön), *n.* korporacija, društvo; tijelo.

**corporeal** (kàrpo'riöl), *a.* tjelesan, materijalan.

**corporeity** (kà'rpori'iti), *n.* tjelesnost.

**corps** (kor), *n.* vojnički zbor.

**corpse** (korps), *n.* mrtvo tijelo, lješina.

**corpulence** (ko'rpjulens), **corpulency** (ko'rpjulensi), *n.* gojaznost, debljina.

**corpulent** (ko'rpjulent), *a.* gojazan, debeo.

**corpus** (kà'rpös), *n.* tijelo.

**corpuscle** (kà'rpösl), *n.* tjelešce, čestica, atom.

**corpuscular** (kàrpa̱'skjulör), *a.* što se tiče tjelešca; molekularni.

**corral** (kàră'l), *v.* potjerati i zatvoriti u obor *ili* ogradu; — *n.* ograda, obor.

**correct** (kàre'kt), *v.* ispraviti. popraviti; popravljati; kazniti; — *a.* ispravan; prav, valjan; točan.

**correction** (kàre'kšön), *n.* popravljanje, ispravljanje; ispravak, popravak; kazna.

**correctional** (kàre'kšönöl), *a.* popravni.

**corrective** (kàre'ktiv), *a.* popravni; ispravljiv; — *n.* ono, što popravlja *ili* ispravlja.

**correctly** (kàre'ktli), *adv.* točno; ispravno, pravo.

**correctness** (kàre'ktnes), *n.* ispravnost, točnost; besprikornost.

**corrector** (kàre'ktör), *n.* ispravljač.

**correlate** (kà'rile'jt), *v.* staviti u uzajamni odnos, biti u odnosu; — *n.* uzajamni odnos; korelat.

**correlation** (kà'rile'jšön), *n.* uzajamni odnos.

**correlative** (kàre'letiv), *a.* uzajaman, zamjenit; — *n.* onaj, koji, *ili* ono, što stoji u zamjenitom odnosu.

**correspond** (kà'rispà'nd), *v.* odgovarati; dopisivati; slagati se, pristajati.

**correspondence** (kà'rispà'ndens), *n.* dopisivanje; dopis; odgovaranje, slaganje; odnošaj.

**correspondent** (kà'rispà'ndent), *a.* odgovarajući; primjeren, shodan; — *n.* dopisnik.

**correspondently** (kà'rispà'ndentli), *adv.* primjereno; prema čemu.

**corresponding** (kà'rispà'nding), *a.* odgovarajući; primjeren; shodan.

**correspondingly** (kà'rispà'ndingli), *adv.* primjereno; prema tomu.

**corridor** (kà'ridor), *n.* hodnik.

**corrigenda** (kà'riđe'ndö), *n. pl.* stvari za ispravljati.

**corrigible** (kà'riđibl), *a.* popravljiv; kažnjiv.

**corrival** (kora'jvöl), *n.* takmac.

**corroborant** (kàrà'borönt), *a.* okrjepljiv; — *n.* okrjepljujuće sredstvo.

**corroborate** (kàrà'borejt), *v.* potkrijepiti; potvrditi.

**corroboration** (kàrà'bore'jšön), *n.* potkrijepa; potvrda.

**corroborative** (kàrà'boretiv), *a.* potkrijepljujući; potvrđujući.

**corrode** (kårō'd), v. izgrizati, isjedati; rastočiti.

**corrodent** (kårō'dent), a. jedak, grizak; — n. jedilo.

**corrodible** (kårō'dibl), a. izjediv.

**corrosion** (kårō'žön), n. izgrizanje, razjedanje; raspadanje.

**corrosive** (kårō'siv), a. razjediv, grizak; — n. ono, što razjeda; izgrizajuće sredstvo.

**corrugate** (kå'rugejt), v. naborati (se); namrštiti (se).

**corrugated** (kå'rugejted), a. naboran, nabran; namršten.

**corrugation** (kå'ruge'jšön), n. naboranje; mrštenje; nabor.

**corrupt** (kårą'pt), v. pokvariti (se), izopačiti (se); podmititi; izgnjiliti; — a. pokvaren, izopačen; zao; gnjio.

**corrupter** (kårą'ptör), n. kvaritelj, zavodnik.

**corruptibility** (kårą'ptibiliti), n. pokvarivost.

**corruptible** (kårą'ptibl), a. pokvariv; raspadljiv.

**corruptibly** (kårą'ptibli), adv. na pokvaren način.

**corruption** (kårą'pšön), n. kvarenje, pokvarenost, izopačenost; trulost, trulež.

**corruptive** (kårą'ptiv), a. što kvari; kužan.

**corruptly** (kårą'ptli), adv. na pokvaren način, pokvareno, zlo.

**corsair** (ko'rser), n. gusar; gusarski brod.

**corse** (kors), n. vrpca za haljine.

**corselet** (ko'rslet), n. prsni oklop.

**corset** (ko'rset), n. steznik, utega.

**cortege** (kårte'ž), n. povorka, pratnja.

**cortex** (ko'rteks), n. kora; opna (moždana).

**cortical** (ko'rtiköl), a. korast; opničast.

**coruscant** (kårā'skönt), a. blistav.

**coruscate** (kårą'skejt), v. blistati se, cakliti se.

**coruscation** (kå'röske'jšön) n. blistanje, caklenje; treperenje.

**corvette** (kårve't), v. drveni ratni brod, korveta.

**corvine** (ko'rvin), a. vranji.

**corymb** (kå'rimb), n. gronja.

**cosey** (ko'zi), a. isto kao **cozy.**

**cosinage** (kå'znić), n. srodstvo; rod po krvi.

**cosmetic** (kåzme'tik), a. poljepšavajući; — n. poljepšavajuće sredstvo, krasilo.

**cosmic** (kå'zmik), **cosmical** (kå'zmiköl), a. svemirski; redovit; ogroman.

**cosmically** (kå'zmiköli), adv.'istodobno sa ishodom i zapadom sunca.

**cosmogonist** (kåzmå'gönist), n. poznavalac nauke o stvaranju svijeta ili svemira.

**cosmogony** (kåzmå'göni), n. nauka o početku svijeta ili svemira.

**cosmographer** (kåzmå'gröför), n. opisivač svemira ili svijeta.

**cosmography** (kåzma'gröfi), n. opisivanje svijeta; nauka o sastavu svemira.

**cosmology** (kåzmå'löđi), n. nauka o svemiru.

**cosmopolitan** (kå'zmopå'litön), a. svjetski; — n. kozmopolita, svjetski građanin.

**cosmos** (kå'zmås), n. svemir; red, sklad.

**Cossack** (ko'såk), n. kozak.

**cost** (kåst), v. koštati, stojati, vrijediti; — n. trošak; cijena; gubitak; šteta; (pl.) sudbeni troškovi.

**costal** (kå'stöl), a. rebreni.

**costermonger** (kå'störmå'ngör), n. voćar, piljar.

**costive** (kå'stiv), a. zatvoren (u utrobi).

**costliness** (kå'stlines), n. skupocjenost; sjajnost; veliki trošak.

**costly** (kå'stli), a. skupocjen; vrijedan, drag, skup; sjajan, biran.

**costmary** (kå'stmeri), n. kaloper.

**costume** (kå'stjum), n. odijelo, nošnja, odjeća.

**cosy** (ko'zi), a. isto kao **cozy.**

**cot** (kåt), n. kućica, koliba; kesica za prst.

**cote** (kōt), n. ovčji tor.

**cotelette** (ko'töle't), n. rebarce.

**cotemporaneous, cotemporary,** vidi: **contemporaneous,** itd.

**coterie** (ko'töri'), n. isključivo društvo; družba.

**cothurnus** (kotu'rnös), n. čizmica; tragedija.

**cotillion** (koti'ljön), n. kotiljon.

**cottage** (kå'tić), n. kućica, kolibica.

**cottager** (kå'tiđör), *n.* kolibar.
**cotter** (kå'tör), *n.* kolibar.
**cotton** (kåtn), *v.* zamotati u pamuk; tetošiti, maziti; slagati se; sprijateljiti se; — *n.* pamuk; pamuk-drvo; pamučnina.
**cotton-wood** (kå'tnu̱u̱'d), *n.* jagnjed.
**cotton-wool** (kå'tnu̱u̱'l), *n.* pamučnina.
**cottony** (kå'tnni), *a.* pamučni, vunast.
**cotyledon** (kå'tili'dön), *n.* supka.
**couch** (ka̱'u̱č), *v.* legnuti (se); povaliti (se); čučati; naperiti; izraziti, napisati; počivati; — *n.* počivaljka; ložnica, loža; krevet.
**couchant** (ka̱'u̱čönt), *a.* polegnut, povaljen; ležeći.
**cougar** (ku'gör), *n.* kauguar.
**cough** (kåf), *v.* kašljati; — *n.* kašalj.
**could** (ku̱d), *imp. od* **can,** *v.* moći.
**coulter** (ko'ltör), *n.* raonik, črtalo.
**council** (ka̱'u̱nsil), *n.* vijeće.
**councilman,** (ka̱'u̱nsilmăn), **councilor, councillor** (ka̱'u̱nsilör), *n.* vijećnik.
**counsel** (ka̱'u̱nsel), *v.* dati savjet, svjetovati, opomenuti; posavjetovati se; — *n.* posavjetovanje; savjet; mnijenje; razbor; osnova; odvjetnik, odvjetnici, zastupnik.
**counsellor** (ka̱'u̱nselör), *n.* savjetnik, pravnik, odvjetnik.
**count** (ka̱'u̱nt), *v.* računati, brojiti; razmišljati, suditi; pripisivati; osloniti se; vrijediti; — *n.* brojenje, račun; broj; pozor, pažnja; mišljenje; vrijednost; važnost; grof.
**countable** (ka̱'u̱ntöbl), *a.* brojiv, zbrojiv.
**countenance** (ka̱'u̱ntinöns), *v.* povladiti, odobriti; poticati; — *n.* lice, obraz; izraz; povlađenje, odobrenje; potpora.
**counter** (ka̱'u̱ntör), *v.* uzvratiti (*udarac*); udariti natrag; — *a.* protivan; suprotan; — *n.* računar; brojitelj; stroj za računanje; stol za računanje; dućanski stol; protivno; suprotnost; protuudarac; dio krme (*od broda*); doljni dio vrata (*u konja*); — *adv.* protivno; naopako.
**counteract** (ka̱'u̱ntöiă'kt), *v.* protivno djelovati; raditi protiv; zaustaviti; spriječiti; osujetiti; uništiti.

**counteraction** (ka̱'u̱ntöră'kšön), *n.* protudjelovanje; protivljenje; sprječivanje; osujećenje; uništenje.
**counteractive** (ka̱'u̱ntöră'ktiv), *a.* protudjeljujući; protivan; — *n.* ono, što protivno djeljuje.
**counterbalance** (ka̱'u̱ntörbă'löns), *v.* usprotiviti se jednakom silom; protutežiti; — *n.* protuteža; usteg.
**countercharm** (ka̱'u̱ntörča'rm), *n.* protučar (olija).
**countercheck** (ka̱'u̱ntörče'k), *v.* zaustavljati; priječiti; smetati; — *n.* zaustava; otpor.
**counterfeit** (ka̱'u̱ntörfit), *v.* krivotvoriti, patvoriti; varati; — *a.* krivotvoren, patvoren, lažan; — *n.* krivotvoren novac, patvorina; varalica, lažac.
**counterfeiter** (ka̱'u̱ntörfi'tör), *n.* krivotvoritelj; varalica.
**counterfoil** (ka'u̱ntörfo'jl), *n.* kontrolni list (*u čekovnoj knjizi*).
**countermand** (ka̱'u̱ntörmă'nd), *v.* opozvati, poreći; usprotiviti se; — *n.* protunalog; opozov, otpovijeđ.
**countermarch** (ka̱'u̱ntörma'rč), *v.* stupati natrag; — *n.* stupanje natrag; povraćanje.
**countermark** (ka̱'u̱ntörma'rk), *n.* pridodajni znak; nuzbiljeg.
**countermine** (ka̱'u̱ntörma'jn), *v.* potkopavati nasuprot; smetati; osujetiti; — *n.* suprotni potkop, protukop.
**countermotion** (ka̱'u̱ntörmō'šön), *n.* protukret.
**counterpane** (ka̱'u̱ntörpe'jn), *n.* pokrivač, jorgan.
**counterpart** (ka̱'u̱ntörpa'rt), *n.* odgovarajući dio; duplikat; nadodatak.
**counterplot** (ka̱'u̱ntörpla't), *v.* protuurotiti se; — *n.* protuurota; osujećenje.
**counterpoint** (ka̱'u̱ntörpo'jnt), *n.* kontrapunkt.
**counterpoise** (ka̱'u̱ntörpo'jz), *v.* ujednačiti težinu; pretezati; osujetiti; — *n.* protuteža, usteg; ravnovjesje.
**counterscarp** (ka'u̱ntörska'rp), *n.* spoljašnji nasip.
**counterseal** (ka̱'u̱ntörsī'l), *v.* providjeti pečatom uz drugi pečat.

**countersign** (ka'untörsa'jn), v. premapotpisati, supotpisati; — n. lozinka, parola; supotpis.

**counter-signature** (ka'untörsi'gnöčör), n. supotpis.

**counter-tenor** (ka'untörte'nör), n. kontralto.

**countervail** (ka'untörve'jl), v. usprotiviti se jednakom silom; protudjelovati; osujetiti.

**counterwork** (ka'untöruö'rk), v. raditi protiv; — n. proturad.

**countess** (ka'untes), n. grofica.

**countless** (ka'untles), a. bezbrojan.

**country** (ka'ntri), a. seoski; domorodan; jednostavan; neotesan; — n. kraj, okolina; zemlja; domovina, zavičaj, postojbina; ladanje, selo; općinstvo.

**country-dance** (ka'ntridǎ'ns), n. seoski ples.

**countryman** (ka'ntrimǎn), n. zemljak, domorodac; seljak.

**country-side** (ka'ntrisa'jd), n. okolica; okoliš.

**county** (ka'unti), n. županija; — a. županijski.

**coup** (ku), n. nagli udarac; ratno lukavstvo.

**coupe'** (ku'pe'), n. odjelak u željezničkim kolima.

**couple** (kapl), v. spojiti; združiti se; pariti (se); — n. par, dvoje; uže; lanac.

**coupler** (ka'plör), n. spajatelj; sprava za zakvačiti.

**couplet** (ka'plet), n. dvije slične stvari uzete zajedno; dva stiha.

**coupon** (ku'pàn), n. odrezak, kupon.

**courage** (kö'riđ), n. odvažnost, hrabrost, smjelost.

**courageous** (köre'jđös), a. odvažan, hrabar, smion, neustrašiv.

**courageously** (köre'jđösli), adv. hrabro, odvažno, smjelo.

**courier** (ku'riör), n. glasonoša, glasnik, ulak.

**course** (kors), v. trčati; goniti, tjerati; loviti (zeceve); — n. tijek, tok; prolaz, put; pravac; posljedak; vladanje; napredak; tečaj; trkalište; donos (obroka).

**courser** (ko'rsör), n. brzi konj.

**coursing** (ko'rsing), n. hajka na zeceve; lov hrtovima.

**court** (kort), v. udvoravati (se), ulagivati se; prositi; tražiti; — n. sud, sudište; sudac, suci; dvor; dvorsko vijeće ili pratnja; igralište; dvorište; udvaranje.

**courteous** (kö'rtiös), a. uljudan, udvoran, pristojan.

**courteously** (kö'rtiösli), adv. uljudno, pristojno.

**courter** (ko'rtör), n. ulagivalac; prosac.

**courtesan, courtezan** (ko'rtizön), n. bludnica.

**courtesy** (kö'rci), v. pokloniti se; — n. poklon; (kö'rtisi), uljudnost, učtivost; privola.

**courthand** (ko'rthǎ'nd), n. gotsko ili saksonsko pismo, koje se rabi u engleskim javnim knjigama.

**courthouse** (ko'rtha'us), n. sudnica.

**courtier** (ko'rtjör), n. član dvorskog kruga, dvoranin; udvorica.

**courtliness** (ko'rtlines), n. uljudnost; dostojanstvenost.

**courtly** (ko'rtli), a. dvorski; učtiv; pristao, elegantan.

**court-martial** (ko'rtma'ršöl), v. suditi po vojnom sudu; — n. vojni sud.

**court-plaster** (ko'rtplǎ'stör), n. spojni obliž, melem.

**courtship** (ko'rtšip), n. prosidba (djevojke), ašikovanje.

**courtyard** (ko'rtja'rd), n. dvorište, dvor.

**cousin** (kazn), n. bratučed, bratanac; sestrična.

**cove** (köv), v. presvoditi; — n. draga, dražica, zaliv; klanac, prodor; šupljina; dječko.

**covenant** (ka'vinönt), v. ugovoriti; obvezati se ugovorom; pogoditi se; — n. ugovor, pogodba; savez; zavjet.

**covenanter** (ka'vinöntör), n. ugovornik.

**cover** (ka'vör), v. pokriti; sakriti, zastrijeti; gađati, uperiti; dovršiti; prijeći; zatajiti; dostajati; uključiti; — n. pokrivač, pokrivalo, pokrov; plašt; omot.

**covering** (ka'vöring), n. omot; pokrivalo; pokrivanje.

**coverlet** (ka'vör!et), n. pokrivalo.

**covert** (ka'vört), a. sakrit; tajan; — n. skrovište; guštara.

**covertly** (ka̱'vörtli), *adv.* tajno, potajno.

**coverture** (ka̱'vörćur), *n.* udaja; zaklonište; pokrivalo.

**covet** (ka̱'vet), *v.* čeznuti za; žudjeti, hlepiti.

**covetable** (ka̱'vetöbl), *a.* za čim se može čeznuti.

**covetous** (ka̱'vetös), *a.* požudan, željan, pohlepan, lakom.

**covetously** (ka̱'vetösli), *adv.* požudno, lakomo.

**covetousness** (ka̱'vetösnes), *n.* požuda, pohlepa, lakomost.

**covey** (ka̱'vi), *n.* jato, čopor.

**cow** (ka̱'u̱), *v.* poplašiti, zastrašiti; — *n.* krava.

**coward** (ka̱'u̱örd), *n.* kukavica, strašljivac.

**cowardice** (ka̱'u̱ördis), *n.* kukavština, plašljivost.

**cowardliness** (ka̱'u̱ördlines), *n.* kukavština, bojažljivost.

**cowardly** (ka̱'u̱ördli), *a.* kukavički, plašljiv; — *adv.* plašljivo, kukavički.

**cow-bane** (ka̱'u̱be'jn), *n.* trubeljika.

**cow-catcher** (ka̱'u̱kǎ'čör), *n.* željezna sprava pred lokomotivom za odstranjivanje zapreka sa tračnica.

**cower** (ka̱'u̱ör), *v.* čučati; zguriti se.

**cowherd** (ka̱'u̱hö'rd), *n.* kravar, govedar.

**cowhide** (ka̱'u̱ha'jd), *v.* udariti bičem; — *n.* kravlja koža; bič od kože.

**cowl** (ka̱'u̱l), *n.* kukuljica; kaluđerska kapa; kaluđer; kapa od dimnjaka.

**cow-pox** (ka̱'u̱pǎ'ks), *n.* boginje.

**cowry** (ka̱'u̱ri), *n.* kauri-školjka.

**coxcomb.** (kǎ'ksko'm), *n.* umišljena luda, uobražena budala; luđačka kapa.

**coxcombry** (kǎ'ksko'mri), *n.* budalaština.

**coxswain** (kǎ'ksu̱e̱'jn *ili* kǎksn), *n.* lađar.

**coy** (koj), *v.* rukom gladiti, milovati; mamiti, vabiti; stidljivo se ponašati; — *a.* stidljiv, sramežljiv, skroman.

**coyly** (ko'jli), *adv.* stidljivo; skromno.

**coyness** (ko'jnes), *n.* stidljivost, sramežljivost; skromnost.

**coz** (kaz), *n. vidi* : **cousin.**

**cozen** (ka̱zn), *v.* varati, prevariti.

**cozenage** (ka'zneđ), *ñ.* varka, prijevara.

**cozener** (ka'znör), *n.* varalica.

**cozy** (kō'zi), *a.* prijatan, udoban, ugodan; zadovoljan; druževan.

**crab** (krǎb), *a.* kiseo, jedak; — *n.* rak; divlja jabuka; mrgodljivac.

**crabbed** (krǎ'bed), *a.* mrzovoljast, mrgodljiv, jogunast, kiseo, surov.

**crabbedly** (krǎ'bedli), *adv.* mrzovoljasto, surovo.

**crack** (krǎk), *v.* puknuti, pucati, pucketati, praskati; raspući se; duševno poremetiti; kazati, (ˈz) brbljati; — *a.* izvrstan, prvog reda; — *n.* puklina, pukotina; pucanj, praska, hitac; tren; smušenost; izvrstan (*čovjek*); promjena glasa.

**crack-brained** (krǎ'kbre'jnd), *a.* lud, budalast.

**cracked** (krǎ'kt), *a.* puknut, raspucan; oštećen, narušen; lud.

**cracker** (krǎ'kör), *n.* razbijač; raketa; lagani kolačić.

**crackle** (krǎkl), *v.* praskati, pucketati.

**crackling** (krǎ'kling), *n.* praskanje, pucketanje; prasak; zažarena izvanjska koža pečene svinjetine.

**cracknel** (krǎ'knel), *n.* tvrd, hrstav kolač.

**cradle** (krejdl), *v.* položiti u kolijevku; zibati; utišati, umiriti; othraniti; kositi, žnjeti; ispirati; — *n.* zipka, kolijevka; rodno mjesto; početak; kosa; korito za ispiranje.

**craft** (krǎft), *n.* vještina, lukavstvo; zanat; zanatlije; lađa, brodovlje.

**craftily** (krǎ'ftili), *adv.* vješto, lukavo.

**craftiness** (krǎ'ftines), *n.* lukavština.

**craftsman** (krǎ'fcmǎn), *n.* zanatlija; vještak.

**crafty** (krǎ'fti), *a.* vješt; prefrigan, lukav.

**crag** (krǎg), *n.* greben; krš.

**cragged** (krǎ'ged), *a.* kršan, goletan.

**craggy** (krǎ'gi), *a.* gredovit, kršan, strm.

**crake** (krejk), *n.* prdavac (*ptica*).

**cram** (krǎm), *v.* tiskati, trpati; prenapuniti; pitati; bubati se; — *n.* trpanje; bubanje.

**crambo** (krǎ'mbo), *n.* igra stihovima.

**cramp** (krǎmp), *v.* pričvrstiti klanfama; sputati, pr`je`čiti; imati grčeve; — *n.* klanfa, vezica; grč.

**cranberry** (krǎ'nbe'ri), *n.* kljuvka, brusnica.

**crane** (krejn), *v.* protegnuti (se), ispružiti (*vrat*); oklijevati; dizati parankom; — *n.* ždral; paranąk; natega; sifon.

**cranesbill** (kre'jnzbi'l), *n.* ždralinjak (*bil.*).

**cranial** (kre'jniöl), *a.* što se odnosi na lubanju.

**craniology** (kre'jniả'löđi), *n.* nauka o lubanji.

**cranium** (kre'jniöm), *n.* lubanja.

**crank** (krǎnk), *a.* poremećen, uzdrman; živahan, veseo; — *n.* ruča, ručka; zavoj; smušenjak; čovjek, koji trpi od fikse ideje.

**cranky** (krǎ'nki), *a.* mušičav; smušen; zavojit; što se lahko prevrne.

**crannied** (krǎ'nid), *a.* ispucan.

**cranny** (krǎ'ni), *v.* ispucati, probiti kroz pukotine; — *n.* pukotina, rupa.

**crape** (krejp), *n.* koprena, velo.

**crapulence** (krǎ'pjulens), *n.* zalokanost; proždrljivost.

**crapulent** (krǎ'pjulent), *a.* neumjeren; proždrljiv.

**crash** (krǎš), *v.* tresnuti; prsnuti; štropotati; — *n.* tresak; uništenje; pad; stečaj; grubo platno.

**crass** (krǎs), *a.* grub, krupan, gust; tup.

**crate** (krejt), *v.* staviti u (*pleteni*) koš; — *n.* veliki (*pleteni*) koš.

**crater** (kre'jtör). *n.* ždrijelo, otvor; pehar, vrč.

**craunch** (krạnč), *v.* *isto kao* **crunch.**

**cravat** (krövǎ't), *n.* ovratnik.

**crave** (krejv), *v.* smjerno moliti, prositi; žudjeti; rad znati.

**craven** (krejvn), *a.* malodušan, plašljiv, plah; — *n.* podla kukavica.

**craver** (kre'jvör), *n.* (*smjerni*) molitelj.

**craving** (kre'jving), *n.* žudnja, čeznuće; osobiti tek; prošnja.

**craw** (krả), *n.* guša, volja.

**crawfish** (krả'fi'š), *n.* rak.

**crawl** (krǎl), *v.* puzati, gmizati; šuljati se; svrbjeti.

**crawler** (krǎ'lör), *n.* puzavac; gmazavac.

**crayfish** (kre'jfi'š), *n.* rak.

**crayon** (kre'jön), *v.* crtati kredom, orisati; — *n.* pobojena kreda; pisaljka.

**craze** (krejz), *v.* poluditi, pomahnitati; zavrnuti komu mozgom; popucati, ispucati; — *n.* poremećenost uma; mahnitost; puč.

**crazed** (kre'jzd), *a.* pomahnitao, mahnit, lud; ispucan.

**crazily** (kre'jzili), *adv.* mahnito, ludo.

**crazy** (kre'jzi), *a.* lud; šenut.

**creak** (krik), *v.* škripati; — *n.* škripa, škripanje.

**cream** (krīm), *v.* obrati vrhnje; dobavljati skorup; biti pokriven kajmakom; — *n.* vrhnje, skorup, kajmak.

**creamery** (krī'möri), *n.* mljekarna.

**creamy** (krī'mi), *a.* poput kajmaka, pun skorupa *ili* vrhnja.

**crease** (kris), *v.* naborati, nabrati, namežurati; — *n.* nabor, bora.

**create** (krie'jt), *v.* stvoriti, stvarati; tvoriti; učiniti; prouzročiti; proizvesti; imenovati.

**creation** (krie'jšön), *n.* stvaranje, stvorenje; stvor; svemir, svijet; imenovanje.

**creative** (krie'jtiv), *a.* tvoran, proizvodan.

**creator** (krie'jtör), *n.* stvoritelj, tvorac; proizvodilac.

**creature** (kri'čör), *n.* stvor, stvorenje; čeljade; stvar.

**creche** (krēš), *n.* javno odgajalište za djecu.

**credence** (kri'dens), *n.* vjera, pouzdanje; vjerovnica; kredenca.

**credential** (kride'nšöl), *n.* punomoćstvo; svjedodžba; vjerodajnica.

**credibility** (kre'dibi'liti), *n.* vjerovatnost, vjerodostojnost.

**credible** (kre'dibl), *a.* vjerovatan, vjerodostojan.

**credibly** (kre'dibli), *adv.* vjerodostojno, vjerojatno.

**credit** (kre'dit), *v.* priznati, vjerovati; dati na poček, na vjeresiju; dobiti, imati; — *n.* vjera, vjeresija; priznanica; korist; ugled, glas.

**creditable** (kre'ditöbl), *a.* vrijedan, dobar; vjerodostojan; zaslužan.

**creditably** (kre'ditöbli), *adv.* zasluženo, dobro; vjerodostojno.

**creditor** (kre'ditör), *n.* vjerovnik.

**credulity** (kredju'liti), *n.* lahkovjernost.

**credulous** (krε'djulös), *a.* lahkovjeran.

**creed** (krīd), *n.* vjera; vjeroispovijest; vjerovanje.

**creek** (krīk), *n.* mali zaljev; dražica; potočić.

**creel** (krīl), *n.* koš; vrša.

**creep** (krīp), *v.* gmizati, puzati; šuljati se; uvući se; — *n.* puzanje, gmizanje, šuljanje; *pl.* ježenje, jeza.

**creeper** (krī'pör), *n.* puzavac, gmaz; penjalica biljka.

**cremate** (krime'jt), *v.* spaliti, sažgati.

**cremation** (krime'jšön), *n.* spaljenje, sažganje.

**crematory** (kre'matori), *n.* krematorij, mjesto za spaljivanje mrtvih tjelesa.

**crenate** (kri'net), **crenated** (kri'-neted), *a.* narezuckan, nazubljen, rovašen.

**crinelle** (krine'l), *n.* rupa u kruništu, puškarnica.

**creole** (kri'ol), *n.* kreol, kreolka.

**crepitant** (kre'pitănt), *a.* praskav.

**crepitate** (kre'pitejt), *v.* praskati, pucketati, cvrčati.

**crepitation** (kre'pite'jšön), *n.* praskanje, pucketanje, cvrčanje.

**crept** (krept), *imp. od* **creep.**

**crepuscular** (kripa'skjulör), *a.* sumračan.

**crescendo** (kreše'ndo), *a.* polagano rastući u glasu *ili* moći; — *n.* postepeno rastenje glasa.

**crescent** (kre'sent), *a.* rastući; kao polumjesec; — *n.* polumjesec.

**cress** (kres), *n.* grbač (*biljka*).

**cresset** (kre'set), *n.* svijećnjak, žižak.

**crest** (krest), *v.* okruniti; dohvatiti se vrha; uzeti oblik kukme; — *n.* kukma, ćuba; vršak na kacigi; pero; šljeme; vrh, vrhunac; grb; visina; ponos; hrabrost.

**crested** (kre'sted), *a.* krestast; kukmast.

**crestfallen** (kre'stfa'len), *a.* pognute glave, pokunjen, snužden.

**cretaceous** (krite'jšös), *a.* kredast.

**cretin** (kri'tin), *n.* tjelesna nakaza; duševni bogac, budala, kreten.

**cretinism** (kri'tinizm), *n.* neizlječiva tjelesna i duševna bolest, kretenstvo.

**crevice** (krc'viə), *n.* puč, prodcr, pukotina.

**crew** (kru), *n.* momčad, družba; mnoštvo.

**crewel** (kru'el), *n.* grubo vezivo.

**crib** (krib), *v.* zatvoriti u staju; osamiti; krasti; gristi jaslo; obiti (*stijene*) stupovima *ili* daskama; — *n.* staja, štalica; dječja posteljica; jasle; drvene skele; krađa (*književna*); prijevod *ili* drugo nedozvoljeno pomagalo kod učenja; kuća, koliba, stan.

**cribbage** (kri'bič), *n.* vrst igre na karte.

**cribble** (kribl), *v.* rešetati; — *n.* rešeto; grubo brašno, muka.

**crick** (krik), *n.* grč; ukočenost vrata.

**cricket** (kri'ket), *n.* stričak; kriket; podnožje.

**cricketer** (kri'ketör), *n.* igrač kriketa.

**crier** (kra'jör), *n.* ličnik, proglašivač; vikač.

**crime** (krajm), *n.* zločin, zločinstvo.

**criminal** (kri'minöl), *a.* zločinski, zločinački, zlotvorni; kazneni; — *n.* zločinac, zlotvor; kažnjenik.

**criminality** (kri'minä'liti), *n.* zločinstvo; kažnjivost; krivnja.

**criminally** (kri'minöli), *adv.* zločinački; kažnjivo.

**criminate** (kri'minejt), *v.* optužiti *ili* okriviti sa zločina.

**crimination** (kri'mine'jšön), *n.* optužba, okrivljenje.

**criminative** (kri'minötiv), *a.* optužni, kažnjiv.

**crimp** (krimp), *v.* rozati, nabirati; kalati (*nožem*); — *a.* krhak, prhak; nedosljedan, protuvrječan; tvrd; — *n.* što je nakovrčeno (*kao kosa*); kupivojska; mešetar.

**crimple** (krimpl), *v.* zgužvati; — *n.* nabor.

**crimson** (krimzn), *v.* crveniti (se); zacrveniti se; — *a.* crven, grimizan; — *n.* crvenilo, karmin.

**cringe** (kri'nđ), *v.* gmizati; umiljavati se; — *n.* ulagivanje.

**cringeling** (kri'nđling), *n.* puzavac, ulizica.

**cringle** (kringl), *n.* kolut užeta.

**crinkle** (krinkl), *v.* zavijati (se), viti (se); nabrati; — *n.* zavoj, uvoj; nabor.

**crinoline** (kri'nolin), *n.* krinolina.

**cripple** (kripl), *v.* osakatiti; ohramati; onesposobiti; — *n.* sakata osoba.

**crisis** (kra'jsis), *n.* kriza, odsudni čas, preokret.

**crisp** (krisp), *v.* kuštrati, kovrčati; pržiti; — *a.* prhak, krhak; jezgrovit, jedar; svjež; kovrčast; valovit; kuštrav.

**crisper** (kri'spör), *n.* kovrčilo.

**crisply** (kri'spli), *adv.* jezgrovito, jedro; u kratko; odrješito.

**crispy** (kri'spi), *a.* prhak, krhak; kovrčast, kudrav; jedar; odrješit.

**crisscross** (kri'skrà's), *a.* križajući jedan drugog u protivnim smjerovima; — *n.* križ (*jednog, koji nezna pisati*); protusmjernice; — *adv.* u protivnim smjerovima; upoprijeko.

**criterion** (krajti'riön), *n.* mjerilo; pokus; obilježje.

**critic** (kri'tik), *n.* kritičar, ocjenitelj, presuđivač.

**critical** (kri'tiköl), *a.* kritičan; koban, opasan.

**critically** (kri'tiköli), *adv.* kritično; kobno, opasno.

**criticism** (kri'tisizm), *n.* kritika, ocjena, presuđivanje.

**criticize** (kri'tisajz), *v.* kritizirati, presuđivati, ocjeniti; pretresati; pobijati.

**critique** (kriti'k), *n.* kritika, rasudba, prosuda.

**croak** (krōk), *v.* kreketati; graktati; zanovijetati, mrmljati; crknuti; — *n.* kreket, kreketanje, graktanje.

**croaker** (krō'kör), *n.* čangrizavac, brundalo.

**Croat** (kro'öt), *n.* Hrvat.

**Croatia** (kroe'jšö), *n.* Hrvatska.

**Croatian** (kroe'jšön), *a.* hrvatski; — *n.* Hrvat.

**Croatianize** (kroe'jšönajz), *v.* pohrvatiti.

**crochet** (kroše'), *v.* kačkati, plesti kukicom; — *n.* kačkanje, pletenje kukicom.

**crock** (kràk), *v.* staviti u lonac; očaditi, ogariti; — *n.* zemljani lonac; čađa.

**crockery** (krà'köri), *n.* zemljano suđe, lončarska roba.

**crocodile** (krà'kodajl), *n.* krokodil.

**crocodilian** (krà'kodi'liön), *a.* krokodilski.

**crocus** (kro'kös), *n.* šafran.

**croft** (kràft), *n.* malo zemljište uz kuću.

**cromlech** (krà'mlek), *n.* starinski grobni spomenik od neisklesanog kamenja.

**crone** (krōn), *v.* govoriti poput babe; — *n.* baba, stara žena.

**crony** (krō'ni), *n.* prijesni prijatelj.

**crook** (kruk), *v.* iskriviti, izvrtati; savijati; — *n.* krivina; kuka; zavoj; lupež, varalica.

**crooked** (kru'ked), *a.* savinut, grbav, iskrivljen, kriv; zavojit, vijugast; nepošten, pokvaren, lupeški.

**crookedness** (kru'kednes), *n.* zavojitost, vijuganje; grbavost; lupeštvo, pokvarenost.

**crop** (kràp), *v.* podrezati; odgristi; brati, kupiti; kositi; žnjeti; proklijati; — *n.* žetva, ljetina; usjev; rezanje; volja, guša; rast kose *ili* brade; bič.

**crop-eared** (krà'pī'rd), *a.* ćulav.

**cropper** (krà'pör), *n.* žetelac; srp; strmoglav pad (*s konja*).

**croquet** (kroke'), *n.* kroket (*igra*).

**crosier, crozier** (kro'žör), *n.* biskupska palica.

**cross** (kràs), *v.* precrtati, prekrižiti; položiti unakrst; izbrisati; smetati, priječiti; dražiti; krstiti, križati; prijeći; susresti; pomiješati; protiviti se; — *a.* unakrstan; zloćudan, mrzovoljast; — *n.* krst, križ.

**cross-bones** (krà'sbō'nz), *n.* znak smrti.

**crossbow** (krà'sbō'), *n.* luk.

**cross-breed** (krà'sbrī'd), *n.* miješana pasmina; polutan.

**cross-examination** (krà'sigzà'mine'jšön), *n.* ispitivanje svjedoka po protivnoj stranci.

**cross-examine** (krà'sigzà'min), *v.* ispitivati svjedoka protivne stranke.

**cross-grained** (krà'sgre'jnd), *a.* uz žilu; tvrdokoran, uporan.

**crossing** (krà'sing), *n.* prelaženje; prijelaz; prolaz; križanje.

**crossly** (krà'sli), *adv.* osorno, srdito; unakrst.

**cross-purpose** (krà'spö'rpös), *n.* protivna svrha, protuosnova.

**cross-question** (krà'skue'sčön), *v.* staviti protuupit.

**cross-road** (krà'srō'd), *n.* raskršće.

**crosswise** (krà'sua'jz), *adv.* unakrst.

**crotch** (kràč), *n.* razilazna točka; rasohe, kuka.

crotchet (krà'čet), n. hir, mušica; umišljenost; pretjeranost; četvrtinka (nota); kuka.

crotchety (krà'četi), a. mušičav, hirovit; pretjeran.

crouch (kra̲'u̲č), v. pokunjiti se, zguriti se; čučati.

croup (krup), n. krup, upala grla; sapi (u konja); stražnji dio sedla.

croupier (kru'piör), n. podpredsjedatelj.

crow (kro̲'u̲), v. graktati; hvalisati se; — n. vrana; ćuskija; graktanje.

crowbar (kro̲'uba'r), n. pralica.

crowd (kra̲'u̲d), v. prenapuniti; natrpati (se); stiskati (se); gurati (se), vrvjeti; — n. mnoštvo, svjetina; rulja; skupina.

crowded (kra̲'u̲ded), a. natrpan, pun, stisnut.

crowfoot (kro̲'u̲fu't), n. žabnjak.

crown (kra̲'u̲n), v. kruniti, krunisati, ovjenčati; počastiti; nagraditi; doseći vrhunac; dovršiti; — n. kruna; vijenac; nagrada; cijena; vrh; tjeme; savršenstvo; završetak.

crowned (kra̲'u̲nd), pa. krunjen, okrunjen; savladan.

crowning (kra̲'u̲ning), pa. najviši; konačan.

crown-prince (kra̲'u̲npri'ns), n. prestolonasljednik.

crow-quill (kro̲'u̲ku̲i̲'l), n. vranje pero.

crow's-feet (kro̲'u̲zfī't), n. očne bore.

crucial (kru̲'šöl), a. odsudan, odlučan; težak, mučan.

crucible (kru'sibl), n. posuda za taljenje.

cruciferous (krusi'förös), a. krstonoša.

crucifier (kru'sifaör), n. raspinjač.

crucifix (kru'sifiks), n. raspelo, propelo.

crucifixion (kru'sifi'kšön), n. raspinjanje.

cruciform (kru'siform), n. nalik križu.

crucify (kru'sifaj), v. raspeti; mučiti.

crude (krud), a. sirov; nepročišćen; nezreo; neuk; površan; grub.

crudely (kru'dli), adv. nezrelo; surovo; grubo.

crudity (kru'diti), n. sirovost; nepročišćenost; neukost; površnost; gruboća.

cruel (kru'el), a. okrutan, nemilosrdan, grub; nevoljan.

cruelly (kru̲'e̲li), adv. okrutno, nemilice, grubo.

cruelty (kru̲'e̲lti), n. okrutnost.

cruet (kru̲'e̲t), n. bočica (za ocat), gostarica.

cruise (krūz), v. broditi, križariti; vrludati; — n. križarenje.

cruiser (krū'zör), n. križar (vojnik ili brod).

crum, crumb (kra̲m), v. zdrobiti, mrviti; — n. mrva, dropta; meki unutarnji dio hljeba.

crumble (kra̲mbl), v. smrviti (se), zdrobiti (se); pasti, raspasti se.

crummy, crumby (kra̲'mi), a. pun mrvica; mekan.

crumpet (kra̲'mpet), n. vrst tankog oprženog kolača.

crumple (kra̲mpl), v. zgužvati; skočiti se, skvrčiti se.

crumpled (kra̲mpld), a. zgužvan; skvrčen.

crunch (kra̲nč), v. rskati; zubima gnječiti.

crupper (kra̲'pör), n. podrepnik (remen ispod konjskog repa); bedro (od konja).

crural (kru'röl), a. nožni, butov.

crusade (kruse'jd), v. križariti; — n. križarska vojna; jaki pokret.

crusader (kruse'jdör), n. križar.

cruse (krūs, ili krūz), n. bočica; octenka, uljenka.

crush (kra̲š), v. stisnuti, zgnječiti; smrviti, slomiti; svladati; razbiti se; ugušiti, uništiti; — n. sudar, sukob; pritisak; gnječenje; vreva, tiska.

crushing (kra̲'šing), pa. porazan.

crust (kra̲st), v. pokriti korom; okorepiti se; — n. kora; krasta.

Crustacea (kra̲ste'jšiö), n. pl. korepnjaci.

crustacean (kra̲ste'jšiön), a. korepnjački; — n. korepnjak.

crustily (kra̲'stili), adv. osorno, mrgodljivo.

crusty (kra̲'sti), a. okorio; osoran; zlovoljan.

crutch (kra̲č), v. podupirati se štakljama, hodati na štakljama; — n. štaklja.

cry (kraj), *v.* vikati, kričati; uskliknuti; proglasiti; plakati; urlikati; lajati, vrištati; — *n.* krik, vapaj; vika; zov; plač, plakanje; proglas; glasina; javno mnijenje; javni zahtijev; usklik, klicanje; vižlad; družba.

crying (kra'ing), *pa.* vičući, u nebo vapijući; javni; — *n.* plač; vika.

crypt (kript), *n.* podzemna grobnica, podzemna kapela.

cryptic (kri'ptik), *a.* tajan, sakrit.

cryptogam (kri'ptogăm), *n.* tajnocvjetka.

cryptogram (kri'ptogrăm), cryptograph (kri'ptogrăf), *n.* tajno pismo.

crystal (kri'stöl), *a.* kristalan, proziran; — *n.* kristal, ledac, prozirac; staklo od ure.

crystalline (kri'stölajn), *a.* kristalan; proziran; čist; bistar.

crystallization (kri'stölajze'jšön), *n.* kristalizacija, kristaljenje, uleđivanje.

crystallize (kri'stölajz), *v.* lediti, ulediti se.

ctenoid (te'nojd), *a.* češljast, grabljast.

cub (kăb), *n.* mlado (*od medvjeda, lisice itd.*), štene; neotesanac.

cube (kjub), *n.* kocka; treći uzmnog; — *v.* kubirati.

cubic (kju'bik), cubical (kju'biköi), *a.* kubičan.

cubicle (kju'bikl), *n.* ložnica, spavaonica.

cubit (kju'bit), *n.* lakat (*mjera*).

cuckold (ka'köld), *n.* muž nevjerne žene.

cuckoo (ku'ku), *n.* kukavica.

cucumber (kju'kambör), *n.* krastavac; ugorak.

cud (kad), *n.* zgvaljena hrana preživača; čupak duhana za žvakanje.

cuddle (kadl), *v.* tetošiti; grliti; privinuti se; milovati.

cuddy (ka'di), *n.* komorica; osao, magarac.

cudgel (ka'đel), *v.* batinati, izlemati; — *n.* toljaga, kijača.

cue (kju), *n.* perčin; niz osoba čekajući jedna iza druge; završne riječi glumca kao znak svojem nasljedniku; palica od biljara; mig.

cuff (kaf), *v.* pljuskati, lupati, udarati, lepetati krilima; šakati se; tući se; — *n.* pljuska; naručka, manšeta; lisičina.

cuirass (kuiră's), *n.* oklop (*prsni*).

cuirassier (kui'rösi'r), *n.* oklopnik.

cuisine (kuizi'n), *n.* kuhinja; kuharstvo.

culinary (kju'lineri), *a.* kuharski, kuhinjski.

cull (kal), *v.* odabirati, izbirati; — *n.* nješto izbrano; izmetak, odmet, smeće.

cullender (ka'lendör), *n.* cjedilo.

cullion (ka'ljön), *n.* kaćun (*biljka*); budala, bena.

cully (ka'li), *n.* drug; žrtva.

culm (kalm), *n.* vlat; slamka; ugljena prašina.

culminate (ka'lminejt), *v.* doseći vrhunac.

culmination (ka'lmine'jšön), *n.* najviša točka, najviši stepen, kulminacija, podnevna visina.

culpa (ka'lpö), *n.* grijeh.

culpability (ka'lpöbi'liti), *n.* prijekornost, kažnjivost; krivica.

culpable (ka'lpöbl), *a.* prijekoran, kriv.

culpably (ka'lpöbli), *adv.* prijekorno, kažnjivo.

culprit (ka'lprit), *n.* krivac, zločinac.

cult (kalt), *n.* bogoštovlje, bogočašće.

cultivable (ka'ltivöbl), *a.* težan, obradiv.

cultivate (ka'ltivejt), *v.* njegovati; obrađivati; raditi; razvijati; nastojati; okopavati.

cultivation (ka'ltive'jšön). *n.* njegovanje, obrađivanje; zemljodjelstvo; obrazovanost, izobraženost, prosvjeta.

cultivator (ka'ltive'jtör), *n.* poljodjelac; težak; njegovatelj; prosvjetitelj.

culture (ka'lčur), *v.* prosvjetiti, izobraziti; odgojiti; — *n.* odgajanje; prosvjeta, obrazovanost, izobraženost; poljodjelstvo.

cultured (ka'lčurd), *a.* izobražen, prosvijećen, fin.

culverin (ka'lvörin), *n.* dugi top rabljen u 16 vijeku.

culvert (ka'lvört), *n.* kanal za vodu ispod ceste.

**cumber** (kȧ'mbör), *v.* teretiti, opteretiti; otešćati; zaustavljati.

**cumbersome** (kȧ'mbörsöm), *a.* težak, mučan; nepopustljiv; dosadan.

**cumbrous** (kȧ'mbrös), *a.* tegotan; nepriličan.

**cumin** (kȧ'min), *n.* kumin.

**cumulate** (kju'mjulejt), *v.* gomilati, sabirati, grtati.

**cumulation** (kju'mjule'jšön), *n.* gomilanje, zgrtanje; gomila, kup.

**cumulative** (kju'mjuletiv), *a.* skupni, postajući veći, jači, rastući.

**cuneal** (kju'niöl), **cuneate** (kju'niet), *a.* klinast, kao zagozda.

**cunning** (kȧ'ning), *a.* lukav; hitar; mudar; vješt; podmukao; — *n.* lukavost; vještina; mudrost; podmuklost.

**cunningly** (kȧ'ningli), *adv.* lukavo; vješto, hitro; mudro.

**cup** (kȧp), *v.* metati kupice; staviti u čašu; — *n.* čaša; šalica; napitak; kalež; plitica, zdjelica; kupica.

**cup-bearer** (kȧ'pbe'rör), *n.* peharnik.

**cupboard** (kȧ'börd), *n.* ormar, spremnik (*za suđe*).

**cupel** (kju'pel), *n.* posudica za čišćenje zlatnih i srebrnih ruda.

**cupellation** (kju'pele'jšön), *n.* pročišćivanje zlata *ili* srebra od olova (*posudicom*).

**Cupid** (kju'pid), *n.* bog ljubavi.

**cupidity** (kjupi'diti), *n.* požuda, lakomost, pohlepa.

**cupola** (ku'polö), *n.* kube, kupola.

**cupping** (kȧ'ping), *n.* metanje kupica.

**cupping-glass** (kȧ'pinglȧ's), *n.* kupica.

**cupreous** (kju'priös), *a.* bakren, mjeden.

**cur** (kör), *n.* cucak, pseto; podlac.

**curable** (kju'röbl), *a.* izlječiv.

**curacy** (kju'rösi), *n.* kapelanija, kapelanstvo.

**curate** (kju'rit), *n.* kapelan.

**curative** (kju'rötiv), *a.* ljekovit; — *n.* lijek.

**curator** (kjure'jtör), *n.* skrbnik, staratelj; nadziratelj, nadzornik; čuvar.

**curb** (körb), *v.* obuzdati; uztegnuti (se); — *n.* podbradač; uzda; usteg; kamen *ili* kamenje krajem pločnika; krajnji dio pločnika.

**curbstone** (kö'rbstō'n), *n.* krajnji dio pločnika; kamen na kraju pločnika.

**curd** (körd), *v.* ogrušati se, usiriti (se); — *n.* gruševina, usireno mlijeko.

**curdle** (kördl), *v.* grušati (se), skrućivati (se); usiriti.

**curdy** (kö'rdi), *a.* ugrušan, skrućen; usiren.

**cure** (kjur), *v.* izliječiti, liječiti; ozdraviti; oporaviti; nasoliti, osoliti i sušiti; — *n.* liječenje, lijek; ozdravljenje, oporavak; duhovna njega; kapelanija.

**cure'** (kure'), *n.* župnik.

**cureless** (kju'rles), *a.* neizlječiv.

**curer** (kju'rör), *n.* liječnik; sušilac (*mesa*).

**curfew** (kö'rfju), *n.* večernje zvono.

**curia** (kju'riö), *n.* sudnica; papin dvor; plemićko dobro; kraljevinski sud.

**curio** (kju'rio), *n.* zanimiva stvar, rijetka stvar; radoznalost.

**curiosity** (kju'riȧ'siti), *n.* radoznalost, znatiželjnost; zanimiv predmet, rijetka i neobična stvar.

**curious** (kju'riös), *a.* znatiželjan, radoznao, znalčan; zanimiv, rijedak, neobičan.

**curiously** (kju'riösli), *adv.* radoznalo, znatiželjno; neobično.

**curl** (körl), *v.* kovrčati (se), viti, savijati; — *n.* kovrčak, uvojak; zavoj; vijuganje.

**curler** (kö'rlör), *n.* onaj, koji *ili* što kovrča, kovrčalo; savijač.

**curlew** (kö'rlju), *n.* veliki škurak.

**curling** (kö'rling), *n.* kovrčanje; vrst igre na ledu sa kamenjem.

**curly** (kö'rli), *a.* kovrčast, rudast.

**curmudgeon** (körma'đön), *n.* žmukljar, škrtac.

**currant** (kȧ'rönt), *n.* sitno grožđe (*ribizl*), sušak.

**currency** (kö'rönsi), *n.* novčanica, novac u prometu; kolanje; tečaj.

**current** (kö'rent), *a.* tekući, kolajući; općenit; sadanji; — *n.* struja, strujanje; tijek, tok.

**currently** (kö'rentli), *adv.* tijekom; općenito; sada.

**curricle** (kö'rikl), *n.* dvoprežne dvokolice.

**curriculum** (köri'kjulöm), *n.* naukovni tečaj, naukovna osnova.

**currier** (kö'riör), *n.* strojbar, kožar; česač konja.

**currish** (kö'riš), *a.* kao cucak, pasji.

**curry** (kö'ri), *v.* česati; strojiti; činiti (*kožu*); umiljavati se; — *n.* kari, začin od raznih mirodija.

**curry-comb** (kö'rikō'm), *n.* česalo, češalj za čišćenje konja.

**curse** (körs), *v.* kleti, psovati, proklinjati; prokleti; — *n.* kletva, proklinjanje; prokletstvo.

**cursed** (kö'rsed), *a.* proklet.

**cursedly** (kö'rsedli), *adv.* na proklet način, prokletstvom.

**cursing** (kö'rsing), *n.* proklinjanje.

**cursive** (kö'rsiv), *a.* tekući.

**cursorily** (kö'rsorili), *adv.* letimice; nabrzo; površno.

**cursory** (kö'rsori), *a.* brz i površan, nagao.

**curt** (kört), *a.* kratak, jezgrovit.

**curtail** (körte'jl), *v.* skratiti, smanjiti, suziti.

**curtain** (kö'rtin), *v.* opskrbiti zastorima, zavjesiti; — *n.* zastor, zavjesa.

**curtain-lecture** (kö'rtinle'kćur), *n.* prodika, koju žena daje u krevetu svojem mužu.

**curtly** (kö'rtli), *adv.* kratko.

**curtsy, curtsey** (kö'rci), *v.* pokloniti se; — *n.* poklon, naklon.

**curvature** (kö'rvöčör), *n.* savijanje; zavoj, krivina.

**curve** (körv), *v.* savijati (se), saviti, nakriviti; — *a.* zavojit, kriv; — *n.* krivulja; svijanje, zavoj; zavojni bacaj.

**curvet** (kö'rvet), *v.* odskakivati, propinjati se; — *n.* odskok, skok.

**curvilinear** (kö'rvili'niör), **curvilineal** (kö'rvili'niöl), *a.* krivuljast; okružen krivuljama.

**curvirostral** (kö'rvirä'ströl), *a.* krivokljun.

**cushat** (ku'šöt), *n.* grivnjaš (*golub*).

**cushion** (ku'šön), *n.* položiti na jastuk; snabdjeti jastukom; — *n.* jastuk, vanjkuš.

**cusp** (kạsp), *n.* šiljak; rt.

**cuspidor** (kạ'spidor), *n.* pljuvačnica.

**custard** (kạ'störd), *n.* jelo od mlijeka, jaja, sladora, *itd.* kuhano *ili* pečeno.

**custard-apple** (kạ'stördă'pl), *n.* ljuskavi tikvan (*tropski plod*).

**custodial** (kạsto'diöl), *a.* što se odnosi na čuvanje; zaštitni, štitnički.

**custodian** (kạsto'diön), *n.* čuvar; štitnik, skrbnik.

**custodier** (kạsto'diör), *n.* čuvar, pazitelj; skrbnik.

**custody** (kạ'stödi), *n.* čuvanje, pažnja; štitništvo, skrbništvo; haps, zatvor.

**custom** (kạ'stöm), *n.* običaj, navika, navada; moda; običajno pravo; podupiranje u trgovini; (*pl.*) carina na robu.

**customable** (kạ'stömöbl), *a.* podvrgnut carini.

**customarily** (kạ'stömörili), *adv.* na običan način, navadno.

**customary** (kạ'stömöri), *a.* običan, navadan.

**customer** (kạ'stömör), *n.* mušterija, kupac.

**custom-house** (kạ'stömhạ'ụs), *n.* carinara.

**cut** (kạt), *v.* rezati; odrezati; sjeći, sjecati, sjeckati; kresati drva; kositi; križati (*kupus*); piliti; krojiti; rasporiti; raniti, ozlijediti; ražalostiti; ražaliti; skratiti, suziti; prekinuti svezu; (— **teeth**) dobivati zube; škopiti; predići (*karte*); urezati; probijati; odmagliti, pobjeći; — *a.* odrezan; urezan, prorezan; ražalen; — *n.* rezanje; rez, odrez, zasjek; prorez, prosjek; prokop, jarak; odsječak; ostrižak; komad; brazgotina; prečac; kroj; sniženje (*u cijenama*); neprepoznanje.

**cutaneous** (kjute'jniös), *a.* kožni.

**cute** (kjut), *a.* ljepušast, privlačiv, nježan; oštar; prevejan.

**cuticle** (kju'tikl), *n.* kožica, pokožica, tjenica.

**cutlas** (kạ'tlös), *n.* jatagan.

**cutler** (kạ'tlör), *n.* nožar.

**cutlery** (kạ'tlöri), *n.* noževi; nožarnica.

**cutlet** (kạ'tlet), *n.* teleća podlanica.

**cutpurse** (kạ'tpö'rs), *n.* džepokradica, kradikesa.

**cutter** (kạ'tör), - *n.* rezač; krojač; rezbalo; brzi parobrod; saonice.

**cut-throat** (kạ'trọ'ụt), *n.* krvolok, lupež.

**cutting** (ka'ting), *a.* uvrjedljiv; oštar; strog; — *n.* odrezak; urezanje; rezanje; prut.

**cuttle** (katl), **cuttle-fish** (ka'tlfi'š), *n.* sipa, lignja.

**cutwater** (ka'tua'tör), *n.* prednji dio prove.

**cyanite** (sa'jönajt), *n.* cijanit.

**cycle** (sajkl), *n.* krug; krug vremena; dvokolica *ili* trokolica.

**cyclist** (sa'jklist), *n.* koturaš.

**cycloid** (sa'jklo'jd), *n.* pakružnica.

**cyclone** (sa'jklōn), *n.* ciklon, vihorina.

**cyclopedia, cyclopaedia** (sa'jklopi'diö), *n.* enciklopedija.

**Cyclopean** (sa'jklopi'ön), *a.* ciklopski, divski, gorostasan; ogroman.

**Cyclops** (sa'jklöps), *n.* ciklop, jednooki divljan.

**cygnet** (si'gnet), *n.* mladi labud.

**cylinder** (si'lindör), *n.* valjak, valjuga.

**cylindric** (sili'ndrik), **cylindrical** (sili'ndriköl), *a.* obao, obalj, valjkast, valjkovit.

**cymbal** (si'mböl), *n.* cimbal.

**cynic** (si'nik), *a.* cinički, osoran, pasji; — *n.* cinik.

**cynicism** (si'nisizm), *n.* cinicizam, bezobraština.

**cynosure** (sa'jnošur), *n.* mali medvjed; predmet općenitog interesa *ili* pažnje.

**cypher,** *v. i n. isto kao* **cipher.**

**cypress** (sa'jpres), *n.* čempres.

**cyst** (sist), *n.* koš, mjehur.

**czar** (zar, car), *n.* car.

**czarevitch** (ca'rević), *n.* carević.

**czarina** (cari'na *ili* zari'na), *n.* carica.

**Czech** (čeh), *n.* Čeh.

# D

**D, d** (di), *slovo* D, d.
**dab** (dăb), *v.* lako udariti, mazati; —
*n.* laki udarac; mrlja.
**dabble** (dăbl), *v.* nakvasiti, poškropiti;
pačati se u što, prtljati.
**dabbler** (dă'blör), *n.* petljanac, brč-
kalo.
**dace** (dejs), *n.* bjelica, mala riba.
**dachshund** (da'kshund), *n.* pas jaz-
avčar.
**dactyl** (dă'ktil), *n.* daktil, pjesnička
mjera.
**dactylology** (dă'ktila'lođi), *n.* govor
prstima.
**dad** (dăd), *n.* otac, ćaća, babajko.
**daddy** (dă'di), *n.* tatica, tatek.
**dado** (de'jdo), *n.* daska na dnu stijene.
**daffodil** (dă'fodil), *n.* sunovrat (*bil.*).
**daft** (dăft), *a.* smućen, bezuman.
**dagger** (dă'gör), *n.* bodež, kratki
mač.
**daggle** (dăgl), *v.* povlačiti po blatu,
zamazati.
**dago** (de'go), *n.* dego (*porugljivi
naziv za Talijane u Sjed. Državama*).
**daguerreotype** (dăge'rotajp), *n.* slika
na limenoj ploči.
**dahlia** (dă'liö), *n.* đorđina (*bil.*).
**daily** (de'jli), *a.* dnevni, svakidanji; —
*n.* dnevnik (*novina*); — *adv.* dnevno,
svaki dan.
**daintily** (de'jntili), *adv.* nježno, lijepo.
**daintiness** (de'jntines), *n.* nježnost;
slasnost.
**dainty** (de'jnti), *a.* nježan, ubav;
slastan; — *n.* poslastica.
**dairy** (de'jri), *n.* mljekarija, mlje-
karna.
**dairymaid** (de'jrimejd), *n.* mljekarica.
**dairyman** (de'jrimăn), *n.* mljekar.
**dais** (de'js), *n.* podnožje, uzvišeno
mjesto.
**daisy** (de'jzi), *n.* krasuljak.
**dale** (de'jl), *n.* dolina, prodol.
**dalliance** (dă'ljăns), *n.* milovanje,
ašikovanje.

**dally** (dă'li), *v.* igrati se, tratiti
vrijeme.
**Dalmatia** (dălme'jšö), *n.* Dalmacija.
**Dalmatian** (dălme'jšön), *n.* Dal-
matinac; — *a.* dalmatinski.
**dalmatic** (dălmă'tik), *n.* dalmatika,
misno odijelo.
**dam** (dăm), *n.* ženka kod životinja;
nasip; — *v.* nasipati, zagraditi
(*vodu*).
**damage** (dă'međ), *n.* šteta, kvar;
naknada štete, odšteta; — *v.* oštetiti,
pokvariti.
**damageable** (dă'međöbl), *a.* oštetljiv,
što se lako pokvari.
**damask** (dă'mösk), *n.* damask
(*tkanina*).
**dame** (dejm), *n.* gospođa, plemkinja.
**damn** (dăm), *v.* proklinjati, osuditi.
**damnable** (dă'mnöbl), *a.* prijekoran,
proklet.
**damnably** (dă'mnöbli), *adv.* prije-
korno, prokleto.
**damnation** (dămne'jšon), *n.* prok-
letstvo, osuda.
**damnatory** (dă'mnötori), *a.* prokli-
njajući.
**damned** (dămd), *n.* proklet, mrzak.
**damning** (dă'ming), *a.* proklinjući.
**damp** (dămp), *a.* vlažan, maglovit;
— *n.* vlaga; — *v.* navlažiti; ublažiti.
**dampen** (dă'mpen), *v.* ovlažiti, nak-
vasiti.
**damper** (dă'mpör), *n.* zapor na peći
(*za povećanje ili smanjeje propuha*).
**dampish** (dă'mpiš), *a.* malko vlažan,
tuhljiv.
**dampness** (dă'mpnes), *n.* vlaga,
magla.
**damsel** (dă'mzel), *n.* gospođica,
djevojka.
**damson** (dămzn), *n.* mala šljiva.
**dance** (dăns), *n.* ples, igra; — *v.*
plesati, igrati.
**dancer** (dă'nsör), *n.* plesač, plesačica.

**dandelion** (dă'ndilajön), *n.* maslačak (*bil,*).

**dandle** (dăndl), *v.* njihati (*na koljenu*); maziti.

**dandruff** (dă'ndraf), *n.* prhotine na glavi.

**dandy** (dă'ndi), *n.* kicoš, gizdelin.

**dandyish** (dă'ndiš), *a.* kicoški.

**dandyism** (dă'ndizm), *n.* kicoštvo, gizdelinstvo.

**Dane** (dejn), *n.* Danac.

**danger** (de'jnđör), *n.* opasnost, pogibelj.

**dangerous** (de'jnđöras), *a.* opasan, pogibeljan.

**dangerously** (de'jnđörasli), *adv.* opasno, pogibeljno.

**dangle** (dăngl), *v.* visjeti, njihati, ljuljati.

**dangler** (dă'nglör), *n.* koji visi; ženskar.

**Danish** (de'jniš), *a.* danski; — *n.* danski jezik.

**dank** (dănk), *a.* vlažan.

**danseuse** (dănsö'ž), *n.* pozorišna plesačica.

**dapper** (dă'pör), *a.* živahan, ubav.

**dapple** (dăpl), *a.* pjegav, šaren; — *v.* našarati.

**dappled** (dă'pld), *a.* pjegav, našaran.

**dare** (dăr), *v.* usuditi se; izazivati, prkositi; — *n.* izazivanje.

**daredevil** (dă'rde'vl), *n.* vratolom, nebojša.

**daring** (dă'ring), *a.* smion; — *n.* smionost.

**daringly** (dă'ringli), *adv.* smiono.

**dark** (dark), *a.* taman, mračan, crn.

**darken** (darkn), *v.* potamniti, zamračiti.

**darkish** (da'rkiš), *a.* zagasit, crnkast.

**darkling** (da'rkling), *adv.* u tami; — *a.* tamnovit, mrk.

**darkly** (da'rkli), *adv.* tamnovito; nejasno.

**darkness** (da'rknes), *n.* tama, nejasnost.

**darksome** (da'rksam), *a.* taman; nujan.

**darky** (da'rki), *n.* crnac.

**darling** (da'rling), *n.* ljubimac, mezimac; — *a.* ljubljen, mio.

**darn** (darn), *v.* krpati, mrežiti (*čarape*); — *n.* zakrpa, zakrpano mjesto.

**darnel** (da'rnel), *n.* ljulj, ljulika (*bil.*).

**dart** (dart), *n.* koplje, strijela; — *v.* baciti naglo; zatřčati, poletiti, sunuti.

**darter** (da'rtör), *n.* koji se zaleti; vrst ptice, što roni za ribom.

**Darvinism** (da'rvinizm), *n.* nauka o razvitku čovjeka po Darvinu.

**dash** (dăš), *v.* baciti i razbiti; sudariti se; — *n.* sudar, navala, žestina; stanka (—) u pismu.

**dashboard** (dă'šbo'rd), *n.* daska na kolima (*automobilu*) za zaštitu od blata.

**dashing** (dă'šing), *a.* žestok, živahan.

**dastard** (dă'störd), *n.* podlac; kukavica.

**dastardly** (dă'stördli), *a.* podao, kukavan.

**data** (de'jtö), *n.* podaci, činjenice.

**date** (de'jt), *n.* datum, nadnevak, rok; datulja; — *v.* odrediti vrijeme, datirati.

**dative** (de'jtiv), *n.* treći padež, dativ.

**datum** (de'jtöm), *n.* podatak, činjenica.

**daub** (dàb), *v.* ličiti, mazati; — *n.* mazanje; gruba slika.

**dauber** (dà'bör), *n.* mazalo; laskavac.

**daubery** (dà'böri), *n.* mazanje; zabašurivanje.

**dauby** (dà'bi), *a.* mrljav; priljepljiv.

**daughter** (dà'tör), *n.* kćer.

**daughter-in-law** (dà'törinlă'), *n.* snaha.

**daughterly** (dà'törli), *a.* kćerinski, kćerin.

**daunt** (dànt), *v.* zastrašiti, učiniti malodušnim.

**dauntless** (dà'ntles), *a.* smion, neustrašiv.

**dauntlessly** (dà'ntlesli), *adv.* smiono, neustrašivo.

**dauntlessness** (dà'ntlesnes), *n.* smionost, neustrašivost.

**dauphin** (dà'fin), *n.* kraljević.

**davenport** (dă'venport), *n.* sofa za spavanje.

**davit** (de'jvit), *n.* savinut stup na brodu za spuštanje čamca.

**daw** (dà), *n.* čavka.

**dawdle** (dàdl), *v.* dangubiti, sitnicama trošiti vrijeme.

**dawn** (dàn), *v.* svanjivati, svitati; — *n.* zora, osvit.

**dawning** (dà'ning), *n.* osvit; početak.

**day** (dej), *n.* dan.

**day-book** (de'jbu'k), *n.* dnevnik, dnevna knjiga.
**daybreak** (de'jbre'jk), *n.* osvit, zora.
**day-dream** (de'jdri'm), *n.* snatrenje, sanjarenje.
**daylight** (de'jla'jt), *n.* danje svjetlo, bijeli dan.
**daytime** (de'jta'jm), *n.* danje vrijeme, obdanica.
**daze** (de'jz), *v.* zapanjiti; omamiti.
**dazzle** (dăzl), *v.* zablijeStiti, zaslijepiti svjetlom *ili* sjajem; — *n.* blijeStenje, sjaj.
**deacon** (dikn), *n.* đakon, crkveni starjeSina.
**deaconess** (di'kaness), *n.* đakonica.
**deaconship** (di'kanSip), *n.* sluZba *ili* čast đakona.
**dead** (ded), *a.* mrtav; pust; — *n.* mrtvilo; mrtvaci.
**deaden** (dedn), *v.* omrtviti, otupiti.
**dead-heat** (de'dhi't), *n.* utrka, u kojoj natjecatelji stignu u isto vrijeme na metu.
**dead-letter** (de'dle'tör), *n.* pismo, koje se ne moŽe uručiti naslovniku; zakon, koji se ne izvrSuje.
**dead-lock** (de'dlak), *n.* zastoj, prekid.
**deadly** (de'dli), *a.* smrtonosan; — *adv.* smrtonosno.
**dead-march** (de'dma'rč), *n.* mrtvačka koračnica.
**dead-set** (de'dse't), *a.* čvrsto odlučen na neSto.
**dead-weight** (de'due̱'jt), *n.* teSki teret.
**deaf** (def), *a.* gluh.
**deafen** (defn), *v.* zagluSiti.
**deafening** (de'fning), *a.* zagluSan, prebučan.
**deafmute** (de'fmju't), *n.* gluhonijem.
**deafness** (de'fnes), *n.* gluhoća, gluhost.
**deal** (dil), *v.* dijeliti; trgovati, poslovati; — *n.* dio, broj, mnoZina.
**dealer** (di'lör), *n.* trgovac, dijelitelj (*karata*).
**dealing** (di'ling), *n.* dijeljenje; poslovanje, postupak.
**dean** (din), *n.* dekan, starjeSina, predsjednik fakulteta.
**deanship** (di'nSip), *n.* dekanska sluZba, dekanat.
**dear** (dir), *a.* mio, drag; skupocjen; — *n.* dragan, ljubimac.

**dearly** (di'rli), *adv.* drago, ljubezno; skupo.
**dearness** (di'rnes), *n.* skupoća; njeŽnost, dragost.
**dearth** (dört), *n.* oskudica, nedostatak, pomanjkanje.
**death** (det), *n.* smrt.
**death-bed** (de'tbe'd), *n.* smrtna postelja.
**deathless** (de'tles), *a.* neumrli, besmrtan.
**deathlike** (de'tla'jk), *a.* kao smrt, nepomičan, miran.
**deathly** (de'tli), *a.* smrtan, smrtonosan.
**death-rate** (de'tre'jt), *n.* broj mrtvih.
**debacle** (dibă'kl), *n.* prolom, prevrat, nagla navala vode.
**debar** (diba'r), *v.* isključiti, priječiti, zabraniti.
**debark** (diba'rk), *v.* iskrcati (se), istovariti.
**debarkation** (di'barke'jSon), *n.* iskrcanje, istovarivanje.
**debase** (dibe'js), *v.* poniziti, osramotiti, pokvariti.
**debased** (dibe'jst), *a.* poniŽen, osramoćeń, pomijeSan.
**debasement** (dibe'jsment), *n.* ponizivanje, pokvarenost.
**debatable** (dibe'jtöbl), *a.* sporan, prijeporan.
**debate** (dibe'jt), *v.* raspravljati, vijecati, pretresati, debatirati; — *n.* rasprava, spor, razgovor, debata.
**debater** (dibe'jtör), *n.* raspravljatelj, prepirač.
**debauch** (dibă'č), *v.* pokvariti, razuzdati; — *n.* neumjerenost, razuzdanost, raspuStenost.
**debauchee** (de'boSi'), *n.* razuzdanik, raskalaSenik.
**debaucher** (dibo'Sör), *n.* zavodnik, raspuStenik.
**debauchery** (dibă'čöri), *n.* razuzdanost, pokvarenost.
**debenture** (dibe'ncur), *n.* zaduŽnica, obveznica, drŽavni plateŽni nalog.
**debilitate** (dibi'litejt), *v.* oslabiti, učiniti iznemoglim.
**debilitation** (dibi'lete'jSön), *n.* slabljenje, malaksanje.
**debility** (dibi'liti), *n.* slabost, malaksalost.
**debit** (de'bit), *v.* upisati u dug, zaduŽiti; — *n.* dug, dugovina.

**debonair** (de'bone'r), *a.* uljudan, učtiv, prijazan.

**debris** (de'bri'), *n.* podrtine, ruševine; smeće.

**debt** (det), *n.* dug, obveza.

**debtor** (de'tör), *n.* dužnik, obvezanik.

**debut** (debu'), *n.* prvi nastup, početak.

**debutant** (de'bjuta'n(t), *n.* nastupnik.

**debutante** (de'bjuta'nt), *n.* nastupnica (*djevojka, koja prvi puta stupa u javnost ili na pozornicu*).

**decade** (de'ked), *n.* desetina, desetogodište.

**decadence** (dike'jdens), *n.* propadanje, raspad, propast.

**decadent** (dike'jdent), *a.* propadajući, raspadan.

**decagon** (de'jkögàn), *n.* deseterokut.

**decahedron** (de'kahe'drön), *n.* deseterac.

**decalog** (de'kölà'g), *n.* deset zapovjedi.

**decamp** (dikă'mp), *v.* dignuti tabor, otići, pobjeći.

**decampment** (dikă'mpment), *n.* odlazak, napuštanje tabora.

**decant** (dikă'nt), *v.* preliti, pretočiti.

**decantation** (di'kănte'jšön), *n.* prelijevanje, pretakanje.

**decanter** (dikă'ntör), *n.* boca.

**decapitate** (dikă'pitejt), *v.* odrubiti glavu, pogubiti.

**decapitation** (dikă'pite'jšön), *n.* odrubljenje glave, pogubljenje.

**decarburize** (dikă'rbjurajz), *v.* odstraniti ugljik.

**decay** (dike'j), *v.* trunuti, propadati, rušiti se, raspadati se, gnjiti; — *n.* raspadanje, rasap, propadanje.

**decease** (disi's), *v.* umrijeti; — *n.* smrt.

**deceased** (disi'st), *a.* pokojni, mrtav; — *n.* pokojnik.

**deceit** (disi't), *n.* varka, prijevara, trik.

**deceitful** (disi'tful), *a.* varav, prijevaran, himben, lažan.

**deceitfully** (disi'tfuli), *adv.* varavo, prijevarno.

**deceitfulness** (disi'tfulnes), *n.* himba, prijevara.

**deceivable** (disi'vöbl), *a.* varav, prevarljiv.

**deceive** (disi'v), *v.* varati, prevariti, obmanuti.

**deceiver** (disi'vör), *n.* varalica, obmanjivač.

**December** (dise'mbör), *n.* prosinac, decembar.

**decemvir** (dise'mvör), *n.* decemvir, desetnik.

**decency** (di'sensi), *n.* pristojnost, uljudnost.

**decennial** (dise'niöl), *a.* desetgodišnji.

**decent** (di'sent), *a.* pristojan, uljudan, dostojan.

**decently** (di'sentli), *adv.* pristalo, uljudno, dostojno.

**decentralize** (dise'ntrölajz), *v.* odjeljivati od središnje vlasti, decentralizirati.

**deception** (dise'pšön), *n.* prijevara, varka, himba.

**deceptive** (dise'ptiv), *a.* varav, zavodljiv, lažan.

**decidable** (disa'jdöbl), *a.* odlučiv.

**decide** (disa'jd), *v.* odlučiti, odrediti.

**decided** (disa'jded), *a.* odlučan, nepokolebiv, određen.

**decidedly** (disa'jdedli), *adv.* odlučno, jasno.

**deciduous** (disi'djuas), *a.* trošan, kratkotrajan.

**decigram** (de'sigrăm), *n.* decigram.

**deciliter** (de'sili'tör), *n.* decilitar.

**decimal** (de'simöl), *a.* desetičan, desetinski, decimalan; — *n.* desetinka, decimala.

**decimate** (de'simejt), *v.* desetkovati, desetati.

**decimation** (de'sime'jšön), *n.* desetkovanje, desetanje.

**decipher** (disa'jför), *v.* odgonetnuti, protumačiti, razriješiti.

**decipherable** (disa'jföröbl), *a.* odgonetljiv.

**decipherer** (disa'jförör), *n.* odgonetač.

**decision** (disi'žön), *n.* odluka, riješenje, odlučnost, postojanost.

**decisive** (disa'jsiv), *a.* odlučan, konačan.

**decisively** (disa'jsivli), *adv.* odlučno, konačno.

**deck** (dek), *v.* odjeti, odjenuti, pokriti, zakriliti, ukrasiti; — *n.* krov, paluba, sveščić (*karata*).

**declaim** (dikle'jm), *v.* krasnosloviti, deklamovati, besjediti, predavati.

**declaimer** (dikle'jmör), *n.* krasnoslovac, govornik, deklamator, predavač.

**declamation** (de'klame'jšön), *n.* krasnoslov, deklamacija, predavanje.

**declamatory** (diklă'matori), *a.* krasnoslovni, govornički.

**declarable** (diklă'röbl), *a.* izjavljiv.

**declaration** (de'klare'jšön), *n.* izjava, proglas, očitovanje.

**declarative** (diklă'rötiv), *a.* izjavni, proglašujući.

**declaratory** (diklă'rötori), *a. vidi* **declarative.**

**declare** (diklă'r), *v.* izjaviti, izjasniti, proglasiti, objaviti, očitovati.

**declarer** (diklă'rör), *n.* izjavitelj, izjávaš.

**declension** (dikle'nšön), *n.* sklonidba, deklinacija, nagibanje, spuštanje; ukraćivanje.

**declinable** (diklă'jnöbl), *a.* sklonjiv; uskratljiv.

**declination** (de'kline'jšön), *n.* prigibanje, propadanje; sklanjanje; otklon.

**decline** (dikla'jn), *v.* nagibati se, sagibati se, zastranjivati, otkloniti, opadati; — *n.* smanjivanje, opadanje.

**declivity** (dikli'viti), *n.* strmina, obronak.

**decoct** (dika'kt), *v.* kuhati, opkuhati, popariti.

**decoction** (dika'kšön), *n.* kuhanje, uvarak.

**decollate** (dikă'lejt), *v.* odsjeći glavu.

**decollation** (di'kole'jšön), *n.* odrubljenje glave.

**decolor** (dikă'lör), *v.* uništiti boju, bijeliti.

**decoloration** (dikă'löre'jšön), *n.* uništenje boje, bijeljenje.

**decomposable** (di'kämpo'zöbl), *a.* raspadljiv.

**decompose** (di'kämpō'z), *v.* rastaviti, raspadati se, rastvoriti se, gnjiti.

**decomposition** (dikă'mpozi'šön), *n.* raspadanje, rastvaranje.

**decorate** (de'korejt), *v.* kititi, uresiti, okrasiti.

**decoration** (de'kore'jšön), *n.* kićenje, poljepšanje, nakit, ures; počasni znak.

**decorative** (de'koretiv), *a.* ukrasan, uresan.

**decorator** (de'kore'jtör), *n.* resitelj krasitelj, dekorator.

**decorous** (diko'ras), *a.* doličan, pristojan, čedan, ispravan.

**decorously** (diko'rasli), *adv.* pristojno, zgodno, primjereno, dostojno, ispravno.

**decorum** (diko'ram), *n.* pristojnost, uljudnost, ponašanje, dostojnost.

**decoy** (diko'j), *v.* mamiti, vabiti; — *n.* vabljenje, zamka, meka.

**decrease** (dikri's), *v.* smanjiti, sniziti, opadati; — *n.* smanjenje, opadanje.

**decree** (dikri'), *v.* naložiti, odlučiti, odrediti; — *n.* odluka, ukaz, odredba, zapovjed.

**decrement** (de'kriment), *n.* šteta, kvar, gubitak, manjak.

**decrepit** (dikre'pit), *a.* ostario, trošan, vremešan.

**decrepitate** (dikre'pitejt), *v.* prsnuti, rasprštati se, ispucati.

**decrepitude** (dikre'pitjud), *n.* iznemoglost, slabost, vremešnost.

**decrescent** (dikre'sent), *a.* umanjujući, nestajući.

**decrial** (dikra'el), *n.* klevetanje, opadanje.

**decry** (dikra'j), *v.* ozloglasiti, ogovarati, podcjenjivati.

**decumbence** (dika'mbens), *n.* ležanje.

**decumbent** (dika'mbent), *a.* ležeći, shrvan.

**decuple** (de'kjupl), *v.* podeseterostručiti; — *a.* deseterostruk.

**dedicate** (de'dikejt), *v.* posvetiti, prikazati.

**dedication** (de'dike'jšön), *n.* posveta, prikazanje.

**dedicator** (de'dike'jtör), *n.* posvetitelj.

**dedicatory** (de'dikători), *a.* posvetni, prikazni.

**deduce** (didju's), *v.* izvoditi, zaključivati.

**deducible** (didju'sibl), *a.* izvodljiv, zaključiv.

**deduct** (dida'kt), *v.* odbiti, oduzeti.

**deduction** (dida'kšön), *n.* odbitak; izvod, zaključak.

**deductive** (dida'ktiv), *a.* izvodiv.

**deed** (dīd), *n.* djelo čin; prijenosna isprava.

**deem** (dīm), *v.* smatrati, suditi, cijeniti.

**deep** (dīp), *a.* dubok; oštrouman, pronicav; — *n.* dubljina.

**deepen** (dīpn), *v.* učiniti dubokim, izdupsti, uleći se.

**deeply** (di'pli), *adv.* duboko; veoma; pronicavo.

**deepness** (di'pnes), *n.* dubljina.

**deer** (dīr), *n.* jelen, srna.

**deface** (dife'js), *v.* izobličiti, nakaziti, izbrisati.

**defacement** (dife'jsment), *n.* izobličenje, uništenje, izbris.

**defalcate** (difa'lkejt), *v.* pronevjeriti, odbiti, zatajiti.

**defalcation** (de'falke'jšön), *n.* pronevjerenje; odbitak, manjak.

**defalcator** (de'falke'jtör), *n.* pronevjeritelj.

**defamation** (de'fame'jšön), *n.* ogovaranje, klevetanje.

**defamatory** (difă'matori), *a.* klevetnički.

**defame** (dife'jm), *v.* ozloglasiti, klevetati, ocrnjivati.

**defamer** (dife'jmör), *n.* klevetnik, opadatelj.

**default** (difă'lt), *v.* zanemariti, oglušiti se sudbenom pozivu, propustiti; — *n.* propust, zanemarenje, ogluha, prestupak.

**defaulter** (difă'ltör), *n.* pronevjeritelj, prekršitelj, varalica.

**defeasance** (difi'zöns), *n.* uništenje, obeskrijepljenje.

**defeasible** (difi'zibl), *a.* uništiv, ukidljiv.

**defeat** (difi't), *v.* poraziti, potući; — *n.* poraz, gubitak, uništenje.

**defecate** (de'fikejt), *v.* pročistiti, izbistriti.

**defecation** (de'fike'jšön), *n.* pročisćenje.

**defect** (dife'kt), *n.* nedostatak, manjak; pogrješka.

**defection** (dife'kšön), *n.* iznevjerenje, napuštenje.

**defective** (dife'ktiv), *a.* nepotpun, nesavršen, pogrješan.

**defectively** (dife'ktivli), *adv.* pogrješno, nepotpuno.

**defectiveness** (dife'ktivnes), *n.* nepotpunost, nedostatnost, pogrješnost.

**defence** (dife'ns), *n. vidi*: **defense**.

**defenceless** (dife'nsles), *a. vidi*: **defenseless**.

**defend** (dife'nd), *v.* braniti, štititi, zastupati.

**defendant** (dife'ndönt), *a.* obranbeni; — *n.* optuženik, branjenik.

**defender** (dife'ndör), *n.* branitelj, zaštitnik.

**defense** (dife'ns), *n.* obrana, zaštita.

**defenseless** (dife'nsles), *a.* bez obrane, nezaštićen.

**defensible** (dife'nsibl), *a.* što se može braniti.

**defensive** (dife'nsiv), *a.* obranbeni, branitþeni; — *n.* obrana, zaštita, defenziva.

**defer** (difö'r), *v.* odgađati, odložiti, otezati.

**deference** (de'förens), *n.* popuštanje, poštovanje, smjernost.

**deferential** (de'fere'nćöl), *a.* popustljiv, smjeran, poštivajući.

**deferment** (difö'rment), *n.* odgoda.

**defiance** (difa'ens), *n.* izazov, prkos, upornost.

**defiant** (difa'ent), *a.* izazovan, drzovit.

**defiantly** (difa'entli), *adv.* izazovno, drzovito.

**deficiency** (difi'šensi), *n.* oskudica, nedostatak, nepotpunost; manjak.

**deficient** (defi'šent), *a.* nepotpun, nedostatan, nesavršen.

**deficit** (de'fisit), *n.* manjak, deficit.

**defier** (difa'.er), *n.* izazivač, prkositelj.

**defile** (difa'el), *v.* okaljati, oskvrnuti, umazati; prolaziti ispred koga; — *n.* klanac.

**defilement** (difa'element), *n.* okaljanje, oskvrnuće.

**defiler** (difa'jlör), *n.* oskvrnitelj, sramotilac, zavađač.

**definable** (difa'jnöbl), *a.* razjasniv, protumačiv.

**define** (difa'jn), *v.* opredijeliti, označiti, protumačiti, odrediti, definirati.

**definite** (de'finit), *a.* određen, ustanovljen; točan, stanovit, definitivan.

**definiteness** (de'finitnes), *n.* izvjestnost, točnost.

**definition** (de'fini'šön), *n.* opredjeljenje, označenje, tumačenje; definicija.

**definitive** (defi'nitiv), *a.* određen, stalan, konačan.

**definitively** (defi'nitivli), *adv.* konačno, definitivno.

**definitiveness** (defi'nitivnes), *n.* stalnost; konačnost.

**deflagrate** (de'flegrejt), *v.* izgorjeti, sažeći.

**deflagration** (de'flegre'jšön), *n.* požar, vatra.

**deflect** (difle'kt), *v.* odvratiti, zastraniti, otkloniti.

**deflection** (difle'kšön), *n.* otklanjanje, zastranjenje.

**defloration** (de'flore'jšön), *n.* oskvrnuće, obesčašćenje.

**deflower** (difla'uör), *v.* lišiti djevojaštva, oskvrniti.

**defluxion** (difla'kšön), *n.* curenje iz nosa.

**defoliation** (difo'lie'jšön), *n.* opadanje lišća.

**deform** (difo'rm), *v.* nakaziti, nagrditi, izobličiti.

**deformation** (di'forme'jšön), *n.* nagrđenje, izobličenje.

**deformed** (difo'rmd), *a.* iznakažen, ružan.

**deformity** (difo'rmiti), *n.* nezgrapnost, nakaženje.

**defraud** (difra'd), *v.* prevariti, pronevjeriti.

**defrauder** (difra'dör), *n.* pronevjeritelj, varalica.

**defray** (difre'j), *v.* namiriti, platiti.

**defrayment** (difre'jment), *n.* naplata, namirenje.

**deft** (deft), *a.* vješt, okretan, spretan.

**deftly** (de'ftli), *adv.* vješto, spretno.

**defunct** (difa'nkt), *a.* pokojni, mrtav; — *n.* pokojnik.

**defy** (difa'j), *v.* prkositi, izazivati.

**degeneracy** (diđe'nörösi), *n.* izrođenje, pogoršanje, izopačenje, pokvarenost.

**degenerate** (diđe'nörejt), *v.* izroditi se, izopačiti se; — *a.* izrođen, izopačen, pokvaren.

**degeneration** (diđe'nöre'jšön), *n.* izrođenje, propadanje, izopačenje.

**deglutition** (de'gluti'šön), *n.* gutanje.

**degradation** (de'grade'jšön), *n.* skidanje, poniženje, svrgnuće (*s časti*).

**degrade** (digre'jd), *v.* svrgnuti, poniziti, osramotiti.

**degraded** (digre'jded), *a.* svrgnut, osramoćen.

**degree** (digri'), *n.* stupanj, stepen; čast.

**deification** (di'ifike'jšön), *n.* uzvisivanje do božanstva, obožavanje.

**deify** (di'ifaj), *v.* uzvisivati kao boga, obožavati.

**deign** (dejn), *v.* dopustiti, blagoizvoliti.

**deism** (di'izm), *n.* vjera u boga, koja odbacuje objavljenje, deizam.

**deist** (di'ist), *n.* deista.

**deity** (di'iti), *n.* božanstvo.

**deject** (diđe'kt), *v.* oboriti, ražalostiti, omalodušiti, potištiti.

**dejected** (diđe'kted), *a.* klonuo, potišten, snužden, pokunjen.

**dejection** (diđe'kšön), *n.* malodušnost, nujnost, žalost, pokunjenost, potištenost.

**delay** (dile'j), *v.* odgoditi, zatezati, priječiti, zadržavati, zakasniti; — *n.* odgađanje, odlaganje, oklijevanje, zakašnjenje.

**delectable** (dile'ktöbl), *a.* ugodan, prijatan.

**delectation** (dilekte'jšön), *n.* veselje, ugodnost, prijatnost.

**delegate** (de'lige'jt), *v.* poslati, opunovlastiti, povjeriti, prenijeti; — *n.* zastupnik, poslanik, opunomoćenik, delegat.

**delegation** (de'lige'jšön), *n.* odaslanstvo, opunomoćenje; prijenos, delegacija.

**delete** (dili't), *v.* izbrisati, uništiti.

**deleterious** (de'liti'rias), *a.* štetonosan, škodljiv, poguban.

**deletion** (dili'šön), *n.* brisanje, uništenje.

**deliberate** (dili'börejt), *v.* razmišljati, vijećati; — (dili'böret), *a.* dobro promišljen, hotimičan.

**deliberately** (deli'böretli), *adv.* promišljeno, hotomično.

**deliberateness** (deli'böretnes), *n.* promišljenost, navlašnost.

**deliberation** (deli'böre'jšön), *n.* vijećanje, dogovaranje, zrelo promišljanje.

**delicacy** (de'likösi), *n.* nježnost, finoća, osjetljivost; poslastica.

**delicate** (de'liket), *a.* nježan, fin; slastan, ćutljiv, slabašan.

delicately (de'likötli), *adv.* nježno, obzirno, fino.

delicateness (de'likötnes), *n.* nježnost, finoća, osjetljivost.

delicious (dili'šas), *a.* slastan, ljubak, ugodan.

deliciously (dili'šasli), *adv.* slastno, ugodno.

delict (dili'kt), *n.* zločin, prestupak.

delight (dila'jt), *v.* veseliti se, nasladivati se; ushititi; — *n.* naslada, veselje, užitak, radost.

delighted (dila'jted), *a.* ushićen, radostan, veseo.

delightful (dila'jtful), *a.* ugodan, prekrasan, zabavan.

delightfully (dila'jtfuli), *adv.* veselo, prekrasno, ugodno.

delimit (dili'mit), *v.* ograničiti, omedašiti.

delineate (dili'niejt), *v.* crtati, opisati.

delineation (dili'nie'jšön), *n.* opis, nacrt, osnova.

delineator (dili'nie'jtör), *n.* crtač, opisivatelj.

delinquency (dili'nkuensi), *n.* zanemarivanje dužnosti, pogriješka, prestupak, nedjelo.

delinquent (dili'nkuent), *a.* nemaran, zločinski; — *n.* prekršitelj, krivac.

deliquesce (delikue's), *v.* rastopiti se, nestajati.

deliquescence (delikue'sens), *n.* rastapanje, nestajanje.

delirious (dili'rias), *a.* bulazniv.

deliriousness (dili'riasnes), *n.* bulažnjenje, buncanje.

delirium (dili'riam), *n.* grozničavo buncanje, ludost, delirium.

deliver (dili'vör), *v.* osloboditi, izbaviti, predati, izreći, govoriti.

deliverance (deli'vöröns), *n.* oslobodenje, porod, uručenje.

deliverer (dili'vörör), *n.* osloboditelj, uručitelj.

delivery (dili'vöri), *n.* oslobodenje, uručenje, raspaćavanje; predavanje; porod.

dell (del), *n.* uvala, prodol, dolinica.

delta (de'ltö), *n.* ušće.

delude (dilju'd), *v.* zavaravati, zavadati, prevariti.

deluder (dilju'dör), *n.* zavadač, varalica.

deluge (de'ljud), *v.* poplaviti, potopiti; — *n.* potop, poplava.

delusion (dilju'žön), *n.* opsjena, varka.

delusive (dilju'siv), *a.* opsjenljiv, varav.

delusory (dilju'sori), *a. vidi:* delusive.

delve (delv), *v.* kopati, prekapati, istraživati.

delver (de'lvör), *n.* prekapatelj, istraživalac.

demagogic (de'maga'gik), *a.* demagoški.

demagog (de'magàg), *n.* narodni zavadač, voda rulje, demagog.

demand (dimă'nd), *v.* zahtijevati, tražiti, iziskivati; — *n.* zahtjev, tražbina.

demarcation (di'marke'jšön), *n.* označenje meda, razmedašenje, meda.

demean (dimī'n), *v.* ponašati se, vladati se.

demeanor (dimī'nör), *n.* vladanje, ponašanje.

demented (dime'nted), *a.* umno poremećen, lud.

dementia (dime'nš ö), *n.* poremećenje uma, ludilo.

demerit (dime'rit), *n.* zlo ponašanje; prestupak.

demigod (de'migàd), *n.* polubog.

demijohn (de'midön), *n.* opletena boca.

demise (dima'jz), *v.* ostaviti u oporuci; — *n.* smrt (kralja).

demission (dimi'šön), *n.* napuštanje službe, ostavka.

demit (dimi't), *v.* napustiti, položiti (čast), dati ostavku.

demobilization (dimo'bilize'jšön), *n.* raspust vojske, demobilizacija.

demobilize (dimo'bilajz), *v.* raspustiti vojsku, demobilizirati.

democracy (dimă'krösi), *n.* narodna vladavina, demokracija.

democrat (de'mokràt), *n.* demokrat, prijatelj puka.

democratic (de'mokră'tik), *a.* demokratski.

demolish (dima'liš), *v.* razoriti, porušiti, uništiti.

demolisher (dimă'lišör), *n.* uništitelj, razoritelj.

demolition (di'moli'šön), *n.* razorenje, uništenje.

demon (di'mön), *n.* zloduh, vrag, demon.

DEMONIAC 120 DEPENDENCE

**demoniac** (dimo'niǎk), *a.* bjesomu-
ćan, demonski; — *n.* bjesomučnik.
**demonstrable** (dima'nströbl), *a.* do-
kazan, očevidan; pokaziv.
**demonstrate** (dima'nstrejt), *v.* doka-
zati, razjasniti.
**demonstration** (de'mönstre'jšön), *n.*
pokazivanje, razlaganje, prikazi-
vanje, demonstracija.
**demonstrative** (dima'nstretiv), *a.*
dokazan, očit, jasan.
**demonstrator** (de'monstre'jtör), *n.*
prikazivalac, dokazivalac, tumać.
**demoralization** (dima'rǎlize'jšön), *n.*
rastrovanost, pokvarenost, demora-
lizacija.
**demoralize** (dima'rölajz), *v.* rastro-
vati, pokvariti, demoralizirati.
**demountable** (dima'untöbl), *a.* ras-
tavljiv.
**demulcent** (dima'lsent), *a.* ublažu-
jući.
**demur** (dimö'r), *v.* staviti prigovor,
protiviti se; otezati, skanjirati se.
**demure** (dimju'r), *a.* čedan, skroman.
**demurrage** (dimö'rеđ), *n.* naknada
za stajanje neiskrcane robe.
**demurrer** (dimö'rör), *n.* prigovaratelj,
prigovor tužbi.
**den** (den), *v.* prebivati u špilji; — *n.*
špilja, ležište, skrovište, brlog.
**denary** (de'nöri), *a.* desetičan; — *n.*
desetica.
**denationalization** (dinǎ'šanǎlize'j-
šön), *n.* odnarođenje.
**denationalize** (dinǎ'šǎnǎlajz), *v.* od-
naroditi, odroditi.
**denaturalize** (dinǎ'ćurölajz), *v.* uči-
niti neprirodnim; lišiti državljan-
stva.
**denature** (dine'jćur), *v.* promijeniti
narav.
**denial** (dina'el), *n.* poricanje, nije-
kanje, odbijanje.
**denier** (dina'ör), *n.* poricatelj, nije-
kalac.
**denizen** (de'nizn), *n.* žitelj, obita-
valac.
**denominate** (dina'minejt), *v.* imeno-
vati, nazvati.
**denomination** (dina'mine'jšön), *n.*
nazivanje, imenovanje, ime; sekta
(*vjerska*); vrst.
**denominative** (dina'minetiv), *a.* nazi-
van, imenovan.

**denominator** (dina'minejtör), *n.* ime-
novatelj, nazivnik.
**denotable** (dinō'töbl), *a.* označiv.
**denote** (dinō't), *v.* označiti, značiti,
pokazati.
**denounce** (dina'uns), *v.* prijetiti,
groziti se, osvaditi, osuditi.
**denouncement** (dina'unsment), *n.*
optužba, prijava, osvada.
**denouncer** (dina'unsör), *n.* optužitelj,
opadač.
**dense** (dens), *a.* gust, tijesan, nep-
rolazan.
**densely** (de'nsli), *adv.* gusto, tijesno.
**denseness** (de'nsnes), *n.* gustoća,
tjesnoća.
**density** (de'nsiti), *n. vidi* **denseness**.
**dent** (dent), *v.* zarezati, nazupčati;
— *n.* rez, zarez, znak od udarca.
**dental** (de'ntal), *a.* zubni, zubarski.
**dentate** (de'ntejt), *a.* zupčast.
**denticle** (de'ntikl), *n.* zubić.
**dentifrice** (de'ntifris), *n.* sredstvo za
čišćenje zubi.
**dentist** (de'ntist), *n.* zubar.
**dentistry** (de'ntistri), *n.* zubarstvo.
**dentition** (denti'šön), *n.* dobivanje
zubi.
**denudation** (di'njude'jšön), *n.* ot-
krivanje; golotinja.
**denude** (dinju'd), *v.* razgaliti, otkriti,
ogoliti.
**denunciation** (dina'nsie'jšön), *n.* ob-
jeda, okrivljenje, prijetnja.
**denunciator** (dina'nsie'jtör), *n.* op-
tužitelj, opadač.
**deny** (dina'j), *v.* tajiti, zanijekati,
uskratiti, odbiti.
**deodorize** (dio'dörajz), *v.* lišiti mirisa,
raskužiti.
**deodorizer** (dio'dörajzör), *n.* ras-
kužujuće sredstvo.
**depart** (dipa'rt), *v.* otputovati, otići,
rastati se, napustiti; umrijeti.
**department** (dipa'rtment), *n.* odjel,
pokrajina, kotar, područje.
**departmental** (di'partme'ntal), *a.*
odjelni, okružni.
**departure** (dipa'rćur), *n.* odlazak,
rastanak; smrt.
**depend** (dipe'nd), *v.* ovisiti, pouz-
dati se, osloniti se.
**dependable** (dipe'ndöbl), *a.* pouzdan,
povjerljiv.
**dependence** (dipe'ndens), *n.* ovisnost,
pouzdanje.

**dependency** (dipe'ndensi), *n. vidi:* **dependence.**

**dependent** (dipe'ndent), *a.* ovisan, zavisan, podložan.

**dependently** (dipe'ndentli), *adv.* ovisno.

**depict** (dipi'kt), *v.* slikati, opisati.

**depilate** (de'pilejt), *v.* lišiti kose *ili* dlake.

**depilation** (de'pile'jšön), *n.* čišćenje od kose *ili* dlake.

**deplete** (diplī't), *v.* isprazniti, iscrpsti.

**depletion** (dipli'šön), *n.* ispražnjenje, iscrpljenje.

**deplorable** (diplo'röbl), *a.* sažaljenja vrijedan, jadan.

**deplore** (diplō'r), *v.* oplakivati, žaliti, jadikovati.

**deploy** (diplo'j), *v.* svrstati se, razviti redove.

**deplumation** (di'plume'jšön), *n.* opadanje perja.

**deplume** (diplju'm), *v.* perušati.

**depone** (dipō'n), *v.* svjedočiti, izjaviti, položiti, postaviti.

**deponent** (dipo'nent), *n.* svjedok, onaj, koji što izjavljaje pod prisegom, očitovatelj.

**depopulate** (dipa'pjulejt), *v.* raseliti, opustjeti.

**depopulation** (dipa'pjule'jšön), *n.* iseljivanje, smanjivanje pučanstva.

**deport** (dipo'rt), *v.* zatočiti, prognati, deportirati; ponašati se.

**deportation** (de'porte'jšön), *n.* progon, zatočenje, izgon, deportacija.

**deportment** (dipo'rtment), *n.* ponašanje, vladanje.

**depose** (dipō'z), *v.* svrgnuti, skinuti; svjedočiti, očitovati pod prisegom.

**deposit** (dipá'zit), *v.* položiti, uložiti; nakupiti se, naslagati se; — *n.* uložak, zalog, kapara, naslaga.

**depositary** (dipá'zitöri), *n.* čuvar, pohranište.

**deposition** (de'pozi'šön), *n.* ulaganje, skidanje; zaprisegnuto očitovanje, svjedočanstvo.

**depositor** (dipá'zitör), *n.* ulagač.

**depository** (dipá'zitöri), *n.* pohranište.

**depot** (di'po), *n.* skladište, kolodvor, vojnička postaja.

**depravation** (de'prave'jšön), *n.* pogoršanje, pokvarenost.

**deprave** (dipre'jv), *v.* pogoršati, pokvariti.

**depravity** (diprá'viti), *n.* pokvarenost, izopačenost.

**deprecate** (de'prikejt), *v.* moliti, zaklinjati.

**deprecation** (deprike'jšön), *n.* molba, zaklinjanje.

**depreciate** (dipri'šiejt), *v.* sniziti cijenu, podcjenjivati, omalovažavati; gubiti cijenu *ili* vrijednost.

**depreciation** (dipri'šie'jšön), *n.* podcjenjivanje, omalovaženje, opadanje cijene *ili* vrijednosti.

**depredate** (de'pridejt), *v.* pljačkati, robiti, pustošiti.

**depredation** (de'pride'jšön), *n.* pljačkanje, haranje, pustošenje.

**depredator** (de'pride'jtör), *n.* pustošitelj, haračlija.

**depress** (dipre's), *v.* pritisnuti, tlačiti, poniziti, klonuti.

**depressed** (dipre'st), *a.* snužden, pokunjen.

**depression** (dipre'šön), *n.* tlačenje, pritisak, udubina, opadanje, snuždenost.

**depressive** (dipre'siv), *a.* tlačeći, tegoban.

**deprivation** (de'prive'jšön), *n.* lišenje, gubitak, uskrata.

**deprive** (dipra'jv), *v.* lišiti, oduzeti, skinuti.

**depth** (dept), *n.* dubljina.

**deputation** (de'pjute'jšön), *n.* odaslanstvo, deputacija.

**depute** (dipju't), *v.* opunovlastiti, odaslati.

**deputy** (de'pjuti), *n.* zastupnik, opunomoćenik.

**derail** (dire'jl), *v.* saći, zbaciti sa tračnica.

**derailment** (dire'jlment), *n.* zbačenje sa tračnica.

**derange** (dire'jnđ), *v.* poremetiti, razmetati, pomrsiti.

**deranged** (dire'jnđd), *a.* poremećen.

**derangement** (dire'jnđment), *n.* poremećenje (*pameti*), smetenost, nered.

**derelict** (de'relikt), *a.* zapušten, napušten, zanemaren; — *n.* napuštena stvar; vjerolomac.

**dereliction** (de'reli'kšön), *n.* napuštenje, zanemarenje.

**deride** (dira'jd), *v.* izmjehivati, izrugavati.

**derider** (dira'jdör), *n.* izrugivalac.
**derision** (deri'žön), *n.* podrugivanje, ismjehivanje, prezir.
**derisive** (dira'jsiv), *a.* podrugljiv, preziran.
**derivable** (dira'jvöbl), *a.* izvodiv.
**derivation** (derive'jšön), *n.* izvađanje, izvod, izvor.
**derivative** (deri'vetiv), *a.* izveden; — *n.* što je izvedeno, izvedena riječ.
**derive** (dira'jv), *v.* izvoditi, vući, primati.
**derm** (dörm), *n.* koža.
**dermal** (dö'rmöl), *a.* kožni.
**dermatology** (dörmata'lođi), *n.* nauka o koži i kožnim bolestima.
**derogate** (de'rogejt), *v.* oduzeti, ukinuti.
**derogation** (de'roge'jšön), *n.* dokinuće, šteta, poniženje.
**derogatory** (dira'götori), *a.* štetan, uvrjedljiv, sramotan.
**derrick** (de'rik), *n.* dizaljka, paranak.
**dervish** (dö'rviš), *n.* derviš, turski monah.
**descant** (diskǎ'nt), *v.* raspravljati, pratiti; — *n.* raspravljanje, opširan govor.
**descend** (dise'nd), *v.* silaziti, spustiti se, poticati od.
**descendant** (dise'ndönt), *n.* potomak, nasljednik.
**descendent** (dise'ndent), *a.* silazeći, potičući, podrijetlom od.
**descendible** (dise'ndibl), *a.* nasljedni.
**descension** (dise'nšön), *n.* silaženje, padanje.
**descent** (dise'nt), *n.* silaženje, pad, podrijetlo; strmina, obronak.
**describable** (diskra'jböbl), *a.* opisiv.
**describe** (diskra'jb), *v.* opisati, opisivati, tumačiti.
**describer** (diskra'jbör), *n.* opisivatelj.
**description** (diskri'pšön), *n.* opisivanje, opis, vrst, narav.
**descriptive** (diskri'ptiv), *a.* opisan.
**descry** (diskra'j), *v.* zapaziti, otkriti, istraživati.
**desecrate** (de'sikrejt), *v.* oskvrnuti, obeščastiti.
**desecration** (di'sekre'jšön), *n.* oskvrnuće, obeščašćenje.
**desecrater** (de'sikre'jtör), *n.* oskvrnitelj.
**desert** (de'zört), *a.* zapušten, divlji; — *n.* pustinja, pustoš.

**desert** (dizö'rt), *v.* napustiti, pobjeći, dezertirati.
**deserter** (dizö'rtör), *n.* odmetnik, bjegunac, uskok, dezerter.
**desertion** (dizö'ršön), *n.* napuštenje, bijeg.
**deserve** (dizö'rv), *v.* zaslužiti, zavrijediti.
**deservedly** (dizö'rvedli), *adv.* zasluženo, prema zasluzi.
**deserving** (dizö'rving), *a.* vrijedan, zaslužan.
**desicate** (de'sikejt), *v.* isušiti se, osušiti.
**desication** (de'sike'jšön), *n.* osušenje.
**desiderate** (disi'dörejt), *v.* željeti, čeznuti.
**desideratum** (disi'döre'jtam), *n.* zaželjena stvar, potreba.
**design** (diza'jn), *v.* snovati, namjeravati, crtati; — *n.* nacrt, namjera, osnova.
**designate** (de'signejt), *v.* označiti, imenovati, opisati.
**designation** (de'signe'jšön), *n.* oznaka, određenje, imenovanje; ime, naziv.
**designator** (de'signe'jtör), *n.* označivalac, odreditelj.
**designedly** (diza'jnedli), *adv.* namjerice, hotomično.
**designer** (diza'jnör), *n.* snovatelj, spletkar, risač.
**designing** (diza'jning), *a.* lukav, spletkarski.
**desirability** (diza'jröbiliti), *n.* poželjnost, prijatnost.
**desirable** (diza'eröbl), *a.* poželjan, ugodan.
**desire** (diza'er), *v.* željeti, težiti, tražiti; — *n.* želja, težnja, prošnja.
**desirous** (diza'jras), *a.* željan.
**desist** (dizi'st), *v.* odustati, prestati.
**desk** (desk), *n.* pisaći stol.
**desolate** (de'solejt), *v.* opustošiti, uništiti, rastužiti.
**desolate** (de'solet), *a.* zapušten, samotan, pust.
**desolation** (de'sole'jšön), *n.* pustoš, opustošenje, haranje; bijeda, žalost.
**despair** (dispē'r), *v.* očajavati, zdvajati; — *n.* očaj, zdvajanje.
**despatch** (dispǎ'č), *v.* odaslati, požuriti, pospješiti, svršiti; ubiti; — *n.* otprema, poruka; hitnja; brzojavka.

**desperado** (de'spöre'jdo), *n.* zdvojnik, vratolom; razbojnik.

**desperate** (de'spöret), *a.* vratoloman, bezobziran, beznadan, zdvojan.

**desperately** (de'spöretli), *adv.* zdvojno, očajno.

**desperation** (de'spöre'jšön), *n.* zdvojnost, beznadnost.

**despicable** (de'spiköbl), *a.* preziran, oduran, odvratan.

**despicableness** (de'spiköblnes), *n.* prezirnost, odurnost.

**despise** (dispa'jz), *v.* prezirati.

**despiser** (dispa'jzör), *n.* preziratelj.

**despite** (dispa'jt), *n.* pakost, zloba, prkos; — *prep.* usprkos.

**despiteful** (dispa'jtful), *a.* prkosan, zloban.

**despitefully** (dispa'jtfuli), *adv.* prkosno, zlobno.

**despoil** (dispo'el), *v.* lišiti, opljačkati.

**despoiler** (dispo'jlör), *n.* otmičar, razbojnik.

**despoilation** (dispo'lie'jšön), *n.* haranje, pljačkanje.

**despond** (dispa'nd), *v.* · očajavati, klonuti duhom.

**despondency** (dispa'ndensi), *n.* potištenost, očajanje.

**despondent** (dispa'ndent), *a.* potišten, očajan.

**despondently** (dispa'ndentli), *adv.* potišteno, očajno.

**despot** (de'spat), *n.* samodržac, silnik, tiranin, despot.

**despotic** (despa'tik), *a.* silnički, samovoljan, tiranski.

**despotism** (de'spatizm), *n.* nasilna vlada, nasilje, despotizam.

**dessert** (dezör't), *n.* zaslada, poslastice.

**destination** (de'stine'jšön), *n.* cilj, odredište, određenje, sudbina.

**destine** (de'stin), *v.* dosuditi, odrediti, namijeniti, opredijeliti.

**destiny** (de'stini), *n.* udes, usud, kob.

**destitute** (de'stitjud), *a.* oskudan, zapušten.

**destitution** (de'stitju'šön), *n.* oskudica, neimaština, zapuštenost.

**destroy** (distro'j), *v.* razoriti, uništiti, utamaniti.

**destroyer** (distro'jör), *n.* razarač.

**destructible** (distra'ktibl), *a.* razoriv.

**destruction** (distra'kšön), *n.* razor, uništenje, poraz.

**destructive** (distra'ktiv), *a.* razoran, zatoran.

**destructively** (distra'ktivli), *adv.* porazno, razorno.

**desuetude** (de'suitjud), *n.* odvika.

**desultorily** (de'saltorili), *adv.* prevrtljivo, nestalno.

**desultory** (de'saltori), *a.* nestalan, prevrtljiv, površan.

**detach** (dită'č), *v.* rastaviti, odvojiti, odijeliti.

**detachment** (dită'čment), *n.* odijeljenje, odio.

**detail** (dite'jl), *v.* u tančine izvijestiti; poslati na osobitu službu; — *n.* potankost, podrobnost.

**detain** (dite'jn), *v.* pridržati, zaustaviti, uzaptiti.

**detainer** (dite'jnör), *n.* zadržalac; zaustava, uzapćenje.

**detect** (dite'kt), *v.* otkriti, pronaći.

**detection** (dite'kšön), *n.* otkriće.

**detective** (dite'ktiv), *n.* tajni redarstvenik, detektiv.

**detention** (dite'nšön), *n.* zaustava, zaustavljanje, zatvor.

**deter** (ditö'r), *v.* zastrašiti, odvratiti.

**deterge** (ditö'rđ), *v.* čistiti, prati.

**detergent** (ditö'rđent), *a. i n.* što čisti.

**deteriorate** (diti'riorejt), *v.* pogoršati, pokvariti.

**deterioration** (diti'riore'jšön), *n.* pogoršavanje, kvarenje.

**determinable** (ditö'rminöbl), *a.* označiv.

**determinate** (ditö'rminejt), *a.* određen, ograničen, odlučan.

**determination** (ditö'rmine'jšön), *n.* odlučnost, odluka, riješenje, nakana.

**determine** (ditö'rmin), *v.* · odrediti, odlučiti, ustanoviti, zaključiti.

**determined** (ditö'rmind), *a.* odlučan, određen, nakan.

**deterrent** (ditö'rent), *n.* što odvraća *ili* plaši.

**detest** (dite'st), *v.* mrziti, gnjušati se.

**detestable** (dite'stöbl), *a.* oduran, mrzak, gnjusan.

**detestation** (di'teste'jšön), *n.* gnjušanje, oduravanje.

**dethrone** (ditro'n), *v.* skinuti s prijestolja.

**dethronement** (ditro'nment), *n.* svrgnuće s prijestolja.

**detonate** (de'tonejt), *v.* prasnuti, pucati, razlijegati se, eksplodirati.

**detonation** (de'tone'jšön), *n.* prasak, tresak, detonacija.

**detorsion** (dito'ršön), *n.* izvrtanje, izopačivanje.

**detour** (ditu'r), *n.* obilazan put.

**detract** (ditrǎ'kt), *v.* oduzeti, ogovarati, omalovažiti, blatiti.

**detraction** (di'trǎ'kšön), *n.* oduzimanje, šteta, kleveta.

**detractor** (ditrǎ'ktör), *n.* opadač, klevetnik.

**detriment** (de'triment), *n.* šteta, kvar, gubitak.

**detrimental** (de'trime'ntöl), *a.* štetan, poguban.

**detrition** (detri'šön), *n.* trvenje, istrošenje.

**detruncate** (ditra'nkejt), *v.* obrezati, pokratiti.

**detruncation** (di'tranke'jšön), *n.* podrezavanje, pokraćenje.

**deuce** (djus), *n.* dvojka (*karta ili kocka sa dva biljega*); vrag.

**devastate** (de'vastejt), *v.* harati, razoriti, opustošiti.

**devastation** (de'vaste'jšön), *n.* haranje, opustošenje.

**devastator** (de'vaste'jtör), *n.* haračlija, razoritelj.

**develop** (dive'löp), *v.* razviti (se), izložiti, otkriti.

**development** (dive'löpment), *n.* razvitak, razvoj.

**deviate** (di'viejt), *v.* zastraniti se, krivudati.

**deviation** (di'vie'jšön), *n.* zastranjivanje, tumaranje.

**device** (diva'js), *n.* pronalazak, naum, sprava.

**devil** (devl), *n.* vrag, đavo.

**devilish** (de'viliš), *a.* vražji, đavolski.

**devilment** (de'vilment), *n.* nepodopština, vragolija.

**deviltry** (de'viltri), *n.* vragolija.

**devious** (di'vias), *a.* zastranjen, pogrješan.

**devise** (diva'jz), *v.* zasnovati, ostaviti (*oporukom*); — *n.* zapis, oporuka.

**deviser** (diva'jzör), *n.* izumitelj, snovatelj.

**devisor** (divia'jzor), *n.* oporučitelj.

**devoid** (divo'jd), *a.* lišen, prazan, bez.

**devolve** (diva'lv), *v.* prenijeti, prepisati, pripasti.

**devote** (divō't), *v.* posvetiti, dati se na, odrediti.

**devoted** (divō'ted), *a.* odan, vjeran, određen.

**devotee** (de'voti'), *n.* pobožnjak, bogomoljac.

**devotion** (divō'šön), *n.* pobožnost, molitva, odanost, požrtvovanje, revnost.

**devotional** (divō'šönöl), *a.* nabožan, bogoslužan.

**devotionally** (divō'šönöli), *adv.* pobožno.

**devour** (diva'ur), *v.* žderati, proždrijeti.

**devout** (diva'ut), *a.* pobožan, bogoljuban.

**devoutly** (diva'utli), *adv.* bogoljubno, pobožno.

**devoutness** (diva'utnes), *n.* pobožnost, bogoljubnost, odanost.

**dew** (dju), *v.* rositi, navlažiti; — *n.* rosa.

**dewdrop** (dju'dra'p), *n.* rosna kapljica.

**dewlap** (dju'lǎ'p), *n.* podvoljak, podvratnica (*viseća koža na vratu goveda*).

**dewy** (dju'i), *a.* rosnat.

**dexter** (de'kstör), *a.* desni.

**dexterity** (dekste'riti), *n.* spretnost, okretnost.

**dexterous** (de'kstöras), *a.* spretan, okretan.

**dexterously** (de'kstörasli), *adv.* spretno, okretno.

**diabetes** (da'ebi'tiz), *n.* šećerna bolest.

**diabolic** (da'eba'lik), **diabolical** (da'eba'liköl), *a.* đavolski, sotonski.

**diaconal** (diǎ'könöl), *a.* đakonski.

**diaconate** (diǎ'könet), *n.* đakonat.

**diadem** (da'edem), *n.* kruna, vijenac.

**diagnose** (da'egnōz'), *v.* raspoznavati bolest.

**diagnosis** (da'egno'sis), *n.* raspoznavanje bolesti, diagnoza.

**diagonal** (dajǎ'gonöl), *a.* poprečan, kos; — *n.* priječnica, diagonala.

**diagram** (da'egrǎm), *n.* slika, nacrt, diagram.

**dial** (da'el), *n.* sunčana ura, brojčanik na uri.

**dialect** (da'elekt), *n.* narječje.

**dialectics** (daele'ktiks), *n.* umoslovlje, dijalektika.

**dialog** (da'elåg), *n.* razgovor, dijalog.

**diameter** (dae'mitör), *n.* promjer, dijametar.

**diametrical** (da'eme'triköl), *a.* promjeran, oprečan.

**diametrically** (da'eme'triköli), *adv.* promjerno, oprečno.

**diamond** (da'jmönd), *n.* alem, dijamant, kosa četvorina.

**diaper** (da'epör), *n.* pelenica, dječja krpa.

**diaphanous** (dajă'fănas), *a.* proziran, prozračan.

**diaphragm** (da'jăfrăm), *n.* preponka, ošit.

**diarrhea** (da'eri'ö), *n.* proljev, lijavica, sraćka.

**diary** (da'eri), *n.* dnevnik.

**diatribe** (da'etrajb), *n.* grdnja, bruka.

**dibble** (dibl), *v.* praviti jamice (*kod sadenja*), saditi (*sadilicom*); — *n.* sadilica.

**dice** (dajs), *v.* kockati se; — *n.* kocke, ždrijeb.

**dickey** (di'ki), *n.* prsa od košulje; sjedalo za slugu na stražnjem dijelu kočije.

**dictate** (di'ktejt), *v.* zapovijedati, naložiti, kazivati u pero; — *n.* zapovjed, pravilo.

**dictation** (dikte'jšön), *n.* kazivanje u pero, diktando; nalog.

**dictator** (dikte'jtör), *n.* diktator, neodgovorni zapovjednik.

**dictatorship** (dikte'jtöršip), *n.* neograničena vlast, diktatura.

**diction** (di'kšön), *n.* izražaj, način govora.

**dictionary** (di'kšönöri), *n.* rječnik, leksikon.

**dictograph** (di'ktogrăf), *n.* diktograf (*sprava za prenašanje glasova*).

**dictophone** (di'ktofon), *n.* diktafon (*sprava za primanje govora*).

**didactic** (didă'ktik), *a.* obukoslovan, poučan.

**didactics** (didă'ktiks), *n.* obukoslovlje.

**die** (daj), *v.* umrijeti, poginuti, prestati, nestati; — *n.* kocka, kalup.

**diet** (da'et), *v.* hraniti se po propisu; — *n.* hrana (*po liječničkoj odredbi*); sabor.

**dietary** (da'etöri), *a.* što se tiče reda u hrani.

**dietetics** (da'ete'tiks), *n.* zdravstvena nauka o hrani.

**differ** (di'för), *v.* razlikovati se, ne slagati se.

**difference** (di'förens), *n.* razlika, spor, razdor.

**different** (di'förent), *a.* različan, drugačiji.

**differential** (di'före'nćöl), *a.* različan.

**differentiate** (di'före'nćiejt), *v.* razlikovati.

**differently** (di'förentli), *adv.* drukčije, različno.

**difficult** (di'fikalt), *a.* težak, tegotan.

**difficulty** (di'fikalti), *n.* poteškoća, tegoba, zaprjeka, neprilika.

**diffidence** (di'fidens), *n.* nepouzdanje, sumnja, bojažljivost.

**diffident** (di'fident), *a.* nepovjerljiv, sumljiv, bojažljiv.

**diffract** (difră'kt), *v.* prelamati.

**diffuse** (difju'z), *v.* izliti, prosuti, rasprostraniti.

**diffusion** (difju'žön), *n.* širenje, raznašanje, rasprostranjenje.

**diffusive** (difju'ziv), *a.* rasprostranjen; opširan.

**diffusiveness** (difju'zivnes), *n.* opširnost, prostranost, širina.

**dig** (dig), *v.* kopati, dubsti, bušiti; grebsti.

**digest** (da'jđest), *n.* zbirka, zbornik zakona; zakonik; pregled; jezgra.

**digest** (diđe'st), *v.* probavljati; rasporediti, nacrtati.

**digestible** (diđe'stibl), *a.* probavljiv, probavan.

**digestion** (diđe'sćön), *n.* probava.

**digestive** (diđe'stiv), *a.* probavan.

**digger** (di'gör), *n.* kopač.

**digging** (di'ging), *n.* kopanje.

**digit** (di'đit), *n.* prst; jedinica.

**dignified** (di'gnifajd), *a.* dostojanstven.

**dignify** (di'gnifaj), *v.* uzvisiti, počastiti; oplemeniti.

**dignitary** (di'gnitöri), *n.* dostojanstvenik.

**dignity** (di'gniti), *n.* dostojanstvo, čast.

**digress** (digre's), *v.* zastraniti, udaljiti se.

**digression** (digre'šön), *n.* odstupanje, zastranjenje.

**digressive** (digre'siv), *a.* zastranjujući.

**dike** (dajk), *n.* nasip, jarak.

**dilapidate** (dilǎ'pidejt), *v.* razoriti, raspadati se, rušiti se.

**dilapidation** (dilǎ'pide'jšön), *n.* propadanje, raspadanje.

**dilatation** (di'lǎte'jšön), *n.* pružanje, rasprostranjenje, rastezanje.

**dilate** (dile'jt), *v.* razvlačiti, rastezati, raširiti se.

**dilatory** (di'lötori), *a.* odgađajući, spor.

**dilemma** (dile'mö), *n.* škripac, teški izbor; neprilika.

**dilettante** (di'leta'nti), *n.* ljubitelj umjetnosti, diletant.

**diligence** (di'liđens), *n.* revnost, brižnost; marljivost.

**diligent** (di'liđent), *a.* marljiv.

**diligently** (di'liđentli), *adv.* marljivo.

**dill** (dil), *n.* kopar.

**dilly-dally** (di'lidǎ'li), *v.* dangubiti, baviti se sitnicama.

**diluent** (di'ljuent), *a.* *i* *n.* što razrađuje.

**dilute** (dilju't), *v.* rastanjiti, prorijediti; — *a.* rastančen, prorijeđen.

**dilution** (dilju'šön), *n.* prorijeđenje, istanjivanje.

**diluvial** (dilju'viöl), *a.* potopni; naplavljen, diluvialan.

**dim** (dim), *a.* taman, mračan, mutan; — *v.* potamniti zamračiti.

**dime** (dajm), *n.* desetica (*am.* novac od *10 centi*).

**dimension** (dime'nšön), *n.* prostornost, širina, mjera; obseg.

**diminish** (dimi'niš), *v.* umanjiti, smanjiti se.

**diminution** (di'minju'šön), *n.* smanjenje, umanjivanje, opadanje.

**diminutive** (dimi'njutiv), *a.* sićušan, malen; — *n.* umanjujuća riječ.

**dimissory** (di'misori), *a.* otpuštajući.

**dimly** (di'mli), *adv.* tamno, nejasno.

**dimness** (di'mnes), *n.* tamnina, nejasnost.

**dimple** (dimpl), *n.* jamica (*na licu*); — *v.* načiniti jamice.

**din** (din), *v.* buka, glomot, zveket; — *v.* bučiti, zveketati, zaglušiti.

**dinar** (dina'r), *n.* dinar (*jedinica jugoslavenskog novca*).

**dine** (dajn), *v.* ručati, objedovati.

**ding** (ding), *v.* udarati, zvoniti; — *n.* udarac zvona.

**ding-dong** (di'ngdǎ'ng), *n.* zvonjava; cink cink.

**dingy** (di'nđi), *a.* prljav, nečist.

**dinner** (di'nör), · *n.* ručak, objed, gozba.

**dint** (dint), *n.* udarac, modrica, sila; — *v.* urezati, utisnuti.

**diocesan** (daja'sisön), *a.* biskupski, spadajući pod biskupiju.

**diocese** (da'josis), *n.* biskupija, dijeceza.

**dip** (dip), *v.* uroniti, umočiti, zagnjuriti; — *n.* umakanje, ronjenje; nagibanje.

**diphtheria** (difti'riö), *n.* difterija, bolest grla.

**diphthong** (di'ftàng), *n.* dvoglasnik.

**diploma** (diplo'mö), *n.* povelja, isprava, svjedodžba; diploma.

**diplomacy** (diplo'mǎsi), *n.* vodjenje međunarodnih poslova; diplomacija.

**diplomat** (di'plomǎt), *n.* diplomat.

**diplomatic** (di'plomǎ'tik), *a.* diplomatski, diplomatičan.

**diplomatical** (di'plomǎ'tiköl), *a.* *vidi*: **diplomatic**.

**dipper** (di'pör), *n.* ronilo, velika žlica.

**dire** (da'er), *a.* strašan, grozan, užasan.

**direct** (dire'kt), *a.* ravan, jasan, otvoren, neposredan; — *v.* upraviti, uputiti, ravnati; naložiti, zapovijedati; odrediti.

**direction** (dire'kšön), *n.* pravac, uprava, uputa, nalog; smjer; naslov.

**directly** (dire'ktli), *adv.* odmah, ravno; izravno; neposredno.

**director** (dire'ktör), *n.* ravnatelj, upravitelj, vodja; predstojnik, direktor.

**directorate** (dire'ktoret), *n.* ravnateljstvo; upraviteljstvo.

**directory** (dire'ktori), *n.* uputstvo, imenik, knjiga adresa; naslovnik.

**directress** (dire'ktres), *n.* ravnateljica; nadstojnica.

**direful** (da'erful), *a.* strašan, užasan; grozan.

**dirge** (dörđ), *n.* tužaljka.

**dirk** (dörk), *n.* bodež; — *v.* ubosti; zabosti.

**dirt** (dört), *n.* blato, kal, nečistoća; — *v.* okaljati, uprljati; umazati.

**dirtiness** (dö'rtines), *n.* zamazanost, prljavost.

**dirty** (dö'rti), *a.* nečist, gadan, prljav.

**disability** (di'sǎbi'liti), *n.* nemoć, osakaćenost, nesposobnost.

disable (dise'jbl), v. učiniti nesposobnim, osakatiti; onesposobiti; pokvariti.

disabuse (di'săbju'z), v. riješiti zablude, uputiti.

disadvantage (di'sădvă'nteđ), n. nepogodnost; šteta; neugodnost, kvar.

disadvantageous (disă'dvănte'jđös), a. nepovoljan, štetan; neugodan, škodljiv.

disaffect (di'săfe'kt), v. odvratiti, ne odobravati.

disaffection (di'săfe'kšön), n. nenaklonost, nezadovoljnost, prezir.

disaffirm (di'săfö'rm), v. poricati, zanijekati.

disagree (di'săgri'), v. ne slagati se, razilaziti se u mnijenju.

disagreeable (di'săgri'öbl), a. neshodan, nesuglasan, neugodan, protivan.

disagreement (di'săgri'ment), n. razlikost, protivnost; nesklad.

disallow (di'săla'u), v. ne dozvoliti, odbiti, kratiti.

disallowance (di'săla̧'u̧öns), n. neodobravanje, zabrana; zabačenje.

disappear (di'săpi'r), v. nestati, iščeznuti.

disappearance (di'săpi'röns), n. iščeznuće, neopažen odlazak.

disappoint (di'săpo'jnt), v. razočarati, zavarati, osujetiti.

disappointment (di'săpo'jntment), n. razočaranje, osujećenje, neuspjeh.

disapprobation (disă'probe'jšön), n. vidi; disapproval.

disapproval (di'săpru'völ), n. neodobravanje, zamjeranje.

disapprove (di'săpru'v), v. ne odobravati, zamjerati, zabaciti.

disarm (disa'rm), v. razoružati.

disarmament (disa'rmament), n. razoružanje.

disarrange (di'săre'jnđ), v. poremetiti, zbrkati.

disarrangement (di'săre'jnđment), n. nered, zbrka.

disarray (di'săre'j), v. svući, staviti u nered, rastaviti; — n. zabuna, nered, zbrka.

disaster (diză'stör), n. nesreća,, zla kob.

disastrous (diză'stras), a. koban, poguban, strašan.

disavow (di'săva̧'u̧), v. zatajiti, poreći, osuditi.

disavowal (di'săva̧'u̧öl), n. poricanje, tajenje; nepriznanje.

disband (disbă'nd), v. raspustiti, razići se.

disbandment (disbă'ndment), n. raspust, razlaz.

disbar (disba'r), v. isključiti iz pravnog zvanja.

disbelief (di'sbeli'f), n. nevjerovanje, bezvjerje.

disbelieve (di'sbeli'v), v. ne vjerovati, ne pouzdati se, sumnjati.

disbeliever (di'sbeli'vör), n. nevjernik, bezvjernik.

disburden (disbö'rdn), v. rasteretiti, olakšati.

disburse (disbö'rs), v. izdati, trošiti; predujmiti; plaćati.

disbursement (disbö'rsment), n. isplata, izdatak, potrošak.

disc (disk), n. ploča (okrugla).

discard (diska'rd), v. odbaciti, odložiti, otpustiti; — n. uklonjenje, zabačenje.

discern (dizö'rn), v. lučiti, razabrati, suditi.

discernible (dizö'rnibl), a. shvatljiv, očevidan.

discerning (dizö'rning), a. oštrouman, lukav.

discernment (dizö'rnment), n. raspoznavanje, sud, oštroumnost.

discharge (disča'rđ), v. iskrcati, osloboditi, izmetnuti, otpustiti; ispružiti, vršiti; — n. vršenje; pucanje; provala; otpust; riješenje.

disciple (disa'jpl), n. učenik, đak; privrženik.

disciplinarian (di'sipline'jriön), n. tko strogo pazi na red, uzgojitelj.

discipline (di'siplin), n. red, zapt, obuka, uzgoj; kazna; disciplina; — v. držati u redu, odgajati; kazniti.

disclaim (diskle'jm), v. odreći se, ne priznati.

disclaimer (diskle'jmör), n. odricatelj.

disclose (disklö'z), v. otkriti, očitovati.

disclosure (disklö'žur), n. otkriće, objavljenje, pronalazak.

discolor (diska'lör), v. promijeniti boju, problijediti.

discoloration (diska'lore'jšön), n. promjena boje; pjega.

discomfit (diska'mfit), v. razbiti, poraziti, smesti.

**discomfiture** (diska'mfićur), *n.* zabuna; poraz, razočaranje.

**discomfort** (diska'mfört), *n.* zla volja, neugodnost, žalost; — *v.* uznemiriti, smutiti, napraviti neudobno.

**discompose** (di'skompō'z), *v.* poremetiti, smetati, buniti, uznemiriti.

**discomposure** (di'skompō'žur), *n.* nered, smetnja, zlovolja.

**disconcert** (di'skonsö'rt), *v.* zabuniti, smesti, osujetiti.

**disconnect** (di'skone'kt), *v.* rastaviti, razlučiti.

**disconnection** (di'skone'kšön), *n.* rastavljenje, razdvoj, prekinuće sveze.

**disconsolate** (diska'nsolet), *a.* neutješan, turoban.

**discontent** (di'skonte'nt), *n.* nezadovoljstvo; nezadovoljnost; — *a.* nezadovoljan.

**discontentment** (di'skonte'ntment), *n.* nezadovoljstvo, nezadovoljnost.

**discontinuance** (di'skonti'njuöns), *n.* prestanak.

**discontinuation** (di'skonti'njue'jšön), *n. vidi*: **discontinuance.**

**discontinue** (di'skonti'nju), *v.* prestati, prekinuti, obustaviti.

**discontinuity** (disko'ntinju'iti), *n.* prekid, praznina.

**discontinuous** (di'skonti'njuös), *a.* prekinut, nesvezan.

**discord** (di'skord), *n.* nesuglasica, nesloga, nesklad.

**discordance** (disko'rdöns), *n.* nesklad, nepodudaranje.

**discordant** (disko'rdönt), *a.* nesložan, neskladan, protivan.

**discount** (diská'unt), *v.* ustegnuti, odbiti, umanjiti; odračunati, dati popust.; — (di'skaunt), *n.* popust, odbitak.

**discountenance** (diska'untenöns), *v.* zasramiti, smesti, priječiti; ne odobravati; — *n.* neodobravanje, nepogodnom, mržnja.

**discourage** (diskö'red), *v.* lišiti srčanosti, odvratiti, plašiti.

**discouragement** (diskö'redment), *n.* klonulost duha, malaksalost, zastrašivanje.

**discourse** (disko'rs), *v.* razgovarati se, raspravljati; — *n.* razgovor, rasprava.

**discourteous** (disko'rtiös), *a.* neuljudan, neotesan.

**discourteously** (disko'rtiösli), *adv.* neuljudno.

**discourteousness** (disko'rtiösnes), *n. vidi*: **discourtesy.**

**discourtesy** (disko'rtesi), *n.* neuljudnost.

**discover** (diska'vör), *v.* otkriti, iznaći, izumiti.

**discoverable** (diska'vöröbl), *a.* što se može iznaći, vidan.

**discoverer** (diska'vörör), *n.* otkrivač, pronalazitelj.

**discovery** (diska'vöri), *n.* otkriće, iznašašće, izum.

**discredit** (diskre'dit), *v.* ne vjerovati, sumnjati, lišiti dobra glasa; — *n.* zao glas, sramota, nepouzdanje.

**discreditable** (diskre'ditöbl), *a.* sramotan, pogrdan; nečastan.

**discreet** (diskri't), *a.* oprezan, razborit, pametan.

**discreetly** (diskri'tli), *adv.* oprezno, umno.

**discreetness** (diskri'tnes), *n.* opreznost, razboritost.

**discrepance** (diskre'pöns), *n.* različnost, protuslovlje.

**discrepancy** (diskre'pönsi), *n. vidi*: **discrepance.**

**discrepant** (diskre'pönt), *a.* različan, nesuglasan.

**discrete** (diskri't), *a.* odijeljen, zaseban, mučaljiv.

**discretion** (diskre'šön), *n.* opreznost, oštroumnost, razboritost, mučaljivost.

**discretional** (diskre'šönöl), *a.* samovoljan, neograničen.

**discretionary** (diskre'šönöri), *a. vidi*: **discretional.**

**discriminate** (diskri'minejt), *v.* razlikovati, lučiti, raditi jednom u prilog više, nego drugomu; — (diskri'minet), *a.* različan, osobit.

**discrimination** (diskri'mine'jšön), *n.* razlikovanje, lučenje, raspoznavanje, prosuđivanje.

**discriminative** (diskri'minetiv), *a.* što razlikuje, luči; značajan.

**discriminator** (diskri'mine'jtör), *n.* razlikovalac, lučilac.

**discursive** (disko'rsiv), *a.* prelazeći s jednog predmeta na drugi, tumarajući.

**discuss** (diska's), *v.* raspravljati, pretresati.

**discussion** (diska'šön), *n.* raspravljanje, razlaganje; rasprava; diskusija.

**disdain** (disde'jn), *v.* prezirati, smatrati nevrijednim; — *n.* oholost, preziranje, bahatost.

**disdainful** (disde'jnful), *a.* preziran, ohol, bahat.

**disease** (dizi'z), *v.* učiniti bolesnim; — *n.* bolest.

**diseased** (dizi'zd), *a.* bolestan, nemoćan.

**disembark** (di'semba'rk), *v.* iskrcati se.

**disembarkation** (dise'mbarke'jšön), *n.* iskrcavanje.

**disembarrass** (di'sembǎ'rǎs), *v.* osloboditi, riješiti zabune.

**disembowel** (di'semba̲'ue̲l), *v.* izvaditi crijeva, rastrančirati.

**disencumber** (di'senka'mbör), *v.* rasteretiti, osloboditi.

**disencumbrance** (di'senka'mbröns), *n.* rasterećenje, oslobođenje.

**disengage** (di'senge'jđ), *v.* osloboditi, riješiti, odmotati se.

**disengagement** (di'senge'jđment), *n.* riješenje, oslobođenje.

**disentangle** (di'sentǎ'ngl), *v.* razmrsiti, odmotati.

**disentanglement** (di'sentǎ'nglment), *n.* odmotanje, oslobođenje.

**disestablish** (di'sestǎ'bliš), *v.* ukinuti (*nješto ustanovljena*).

**disesteem** (di'sestī'm), *v.* prezirati; — *n.* neuvažavanje, preziranje.

**disfame** (disfe'jm), *n.* sramota.

**disfavor** (disfe'jvör), *v.* neprijatno postupati; — *n.* nemilost, nepogodnost; nenaklonjenost, neugodnost.

**disfiguration** (disfi'gjure'jšön), *n.* nagrđenje, izobličenje.

**disfigure** (disfi'gjur), *v.* izobličiti, nakaziti.

**disfigurement** (disfi'gjurment), *n.* *vidi:* **disfiguration.**

**disfranchise** (disfrǎ'nčajz), *v.* lišiti povlastice *ili* prava glasovanja.

**disfranchisement** (disfrǎ'nčizment), *n.* oduzeće povlastice.

**disgorge** (disgo'rđ), *v.* izbaciti, izbljuvati.

**disgrace** (disgre'js), *v.* osramotiti, baciti u nemilost; — *n.* nemilost, sramota.

**disgraceful** (disgre'jsful), *a.* sramotan, nečastan.

**disgracefully** (disgre'jsfuli), *adv.* sramotno, nečasno.

**disguise** (disga'jz), *v.* preobući, promijeniti, sakriti, prečinjati se; — *n.* varka, zakrabuljenje, izlika.

**disgust** (disga'st), *v.* ogaditi se, omraziti; — *n.* odvratnost, gujušanje.

**disgustingly** (disga'stingli), *adv.* odvratno, gnjusno.

**dish** (diš), *v.* služiti (*jelo*); dati na sto; — *n.* zdjela, sud, jelo.

**disharmonious** (di'sharmo'niös), *a.* neskladan; nesuglasan.

**disharmony** (disha'rmoni), *n.* neskladnost; nesuglasje.

**dishearten** (disha'rtn), *v.* lišiti hrabrosti, preplašiti.

**dishevel** (diše'vel), *v.* raščupati; raskuštrati.

**dishonest** (disa'nest), *a.* nepošten.

**dishonestly** (disa'nestli), *adv.* nepošteno.

**dishonesty** (disa'nesti), *n.* nepoštenje.

**dishonor** (disa'nör), *v.* osramotiti, ne platiti (*mjenicu*); — *n.* sramota, nepoštenje.

**dishonorable** (disa'nöröbl), *a.* sramotan, podao; nečastan.

**disillusion** (di'silju'žön), *v.* razočarati; — *n.* rastriježnjenje; razočaranje.

**disinclination** (disi'nkline'jšön), *n.* nenaklonost, odvratnost.

**disincline** (di'sinkla'jn), *v.* učiniti nesklonim, odvratiti.

**disinfect** (di'sinfe'kt), *v.* raskužiti, disinficirati.

**disinfectant** (di'sinfe'ktönt), *n.* raskužilo.

**disinfection** (di'sinfe'kšön), *n.* raskuživanje, razkuženje, disinfekcija.

**disingenuous** (di'sinđi'niös), *a.* nepošten, neiskren, lažan.

**disinherit** (di'sinhe'rit), *v.* razbaštiniti.

**disinheritance** (di'sinhe'ritöns), *n.* razbaštinjenje.

**disintegrate** (disi'ntigrejt), *v.* rastaviti; razbiti, razvaliti, razpasti.

**disintegration** (disi'ntigre'jšön), *n.* raspadnuće, rastvorenje.

**disinter** (di'sintö'r), *v.* iskopati, uzeti iz groba.

**disinterested** (disi'ntörested), *a.* nepristran, nesebičan.

**disinterestedness** (disi'ntöre'stednes), *n.* nepristranost; nesebičnost.

**disinterment** (di'sintö'rment), *n.* iskapanje.

**disjoin** (disđo'jn), *v.* rastaviti; razdružiti.

**disjoint** (disđo'jnt), *v.* iščašiti; razbiti, pretrgnuti.

**disjunct** (disđa'nkt), *a.* odijeljen.

**disjunction** (disđa'nkšön), *n.* rastavljanje; razvoj; lučenje, prekinuće.

**disjunctive** (disđa'nktiv), *a.* što dijeli, rastavlja.

**disk** (disk), *n. vidi*: **disc.**

**dislike** (disla'jk), *v.* ne voliti, ne trpjeti.

**dislocate** (di'slokejt), *v.* iščašiti; odmaknuti, premjestiti.

**dislocation** (di'sloke'jšön), *n.* iščašenje, premaknuće.

**dislodge** (disla'đ), *v.* prognati, istisnuti, ukloniti iz stana.

**disloyal** (dislo'jöl), *a.* nevjeran, izdajnički; neodan, nelojalan.

**disloyalty** (dislo'jölti), *n.* nevjernost, neodanost, nelojalnost.

**dismal** (di'zmöl), *a.* žalostan, tmuran, strašan.

**dismantle** (dismǎ'ntl), *v.* raspremiti, rastaviti, razvaliti, porušiti, razgaliti.

**dismay** (disme'j), *v.* lišiti srčanosti, zastrašiti; — *n.* bojažljivost; strah, trepet.

**dismember** (disme'mbör), *v.* raskomadati, razuditi.

**dismemberment** (disme'mbörment), *n.* razudba, komadanje, osakaćenje.

**dismiss** (dismi's), *v.* otpustiti, odbiti, otposlati.

**dismissal** (dismi'söl), *n.* otpust, raspuštenje.

**dismission** (dismi'šön), *n.* otpust, odbijanje.

**dismount** (dismạ'unt), *v.* sjašiti, zbaciti; rastaviti.

**disobedience** (di'sobi'diens), *n.* neposluh, nepokornost; neposlušnost.

**disobedient** (di'sobi'dient), *a.* neposlušan, nepokoran.

**disobey** (di'sobe'j), *v.* ne pokoriti se, prekršiti; biti neposlušan.

**disoblige** (di'sobla'jđ), *v.* na žao učiniti, uvrijediti.

**disorder** (diso'rdör), *v.* poremetiti, pobrkati; — *n.* nered, neurednost, smutnja, pobuna, bolest, poremećenost (*uma*).

**disorderly** (diso'rdörli), *a.* zbunjen, smeten, poremećen, nemiran, razuzdan, nepokoran; *adv.* — neuredno, razuzdano.

**disorganization** (diso'rgönize'jšön), *n.* razustrojstvo, poremećenje, nered.

**disorganize** (diso'rgönajz), *v.* rastvoriti, razgrađivati, poremetiti, rušiti; razdružiti.

**disown** (disō'n), *v.* ne pripoznati, zatajiti, zabaciti.

**disparage** (dispǎ'rеđ), *v.* poniziti, omalovažavati, osramotiti.

**disparagement** (dispǎ'rеđment), *n.* omalovažavanje, zapostavljanje.

**disparity** (dispǎ'riti), *n.* nejednakost, nerazmjerje; razlika.

**dispart** (dispa'rt), *v.* rastaviti, rastrgati, razdvojiti.

**dispassionate** (dispǎ'šönet), *a.* nestrasven, miran, nepristran.

**dispassionately** (dispǎ'šönetli), *adv.* bez strasti.

**dispatch** (dispǎ'č), *v.* odaslati, požuriti, izvršiti; usmrtiti; — *n.* brza otprema, poruka, brzina; brzojavka.

**dispel** (dispe'l), *v.* rastjerati, razgnati, raspršiti.

**dispensable** (dispe'nsöbl), *a.* razdjeliv; oprostiv.

**dispensary** (dispe'nsöri), *n.* besplatna bolnica, mjesto, gdje se siromasima daje hrana, lijekove *itd*; klinika.

**dispensation** (di'spense'jšön), *n.* dozvola, dijeljenje, oprost (*crkveni*), dispenzacija.

**dispense** (dispe'ns), *n.* razdijeliti, podjeljivati, dopustiti.

**dispenser** (dispe'nsör), *n.* djelitelj; upravnik.

**disperse** (dispö'rs), *v.* raspršiti, raštrkati se.

**dispersion** (dispö'ršön), *n.* rasipanje, rasijanost.

**dispirit** (dispi'rit), *v.* uzeti odvažnost, ustrašiti.

**displace** (disple'js), *v.* pomaknuti, istisnuti, zbaciti, skinuti.

**displacement** (disple'jsment), *n.* pomaknuće, istisnuće, zbačenje, zamjena.
**displant** (displă'nt), *v.* presaditi, premjestiti, odstraniti, iskorjeniti.
**display** (disple'j), *v.* razviti, raširiti, izložiti, istaknuti, prikazivati; — *n.* prikazivanje, razvijanje, izložba.
**displease** (displī'z), *v.* ne militi se, vrijeđati.
**displeasure** (disple'žur), *n.* negodovanje, nezadovoljnost; nevolja, ogorčenost.
**disport** (dispo'rt), *v.* zabavljati se, igrati se; — *n.* zabava, šala, igra.
**disposal** (dispo'zöl), *n.* raspolaganje, uređenje, poraba.
**dispose** (dispō'z), *v.* raspoložiti, urediti, upravljati.
**disposed** (dispō'zd), *a.* raspoložen, spreman, pripravan.
**disposition** (di'spozi'šön), *n.* razređenje, uredba, raspoloženje, narav, ćud.
**dispossess** (di'spoze's), *v.* lišiti posjeda; razvlastiti.
**dispossession** (di'spoze'šön), *n.* sbačenje s posjeda; izvlastba.
**dispraise** (dispre'jz), *v.* kuditi, koriti; — *n.* prikor, sramota.
**disproof** (dispru'f), *n.* oprovrgnuće, pobijanje.
**disproportion** (di'spropo'ršön), *n.* nerazmjernost.
**disprove** (disprū'v), *v.* oprovrgnuti, pobiti.
**disputable** (di'spjutöbl), *a.* sporan, prijeporan.
**disputant** (di'spjutönt), *n.* raspravljač, prepiratelj; protivnik.
**disputation** (di'spjute'jšön), *n.* raspra, prepiranje.
**dispute** (dispju't), *v.* prepirati se, raspravljati, osporiti, pobijati: — *n.* prepiranje, pobijanje; prepir, spor.
**disqualification** (diskua̱'lifike'jšön), *n.* onesposobljenje; nesposobnost.
**disqualify** (diskua̱'lifaj), *v.* učiniti nesposobnim, proglasiti nesposobnim, onesposobiti.
**disquiet** (diskua̱'et), *v.* uznemiriti; — *n.* nemir, bojazan.
**disregard** (di'sriga'rd), *v.* neuvaziti, ne posvećivati pažnje, zanemariti; — *n.* neuvaživanje, nemar, nepažnja; preziranje, nehaj.

**disreputable** (disre'pjutöbl), *a.* zloglasan, sramotan.
**disrepute** (di'sripju't), *n.* zao glas, sramota.
**disrespect** (di'srispe'kt), *v.* nepoštivati, ne uvažiti; — *n.* nepoštovanje, neuvažavanje, neučtivost; neuljudnost.
**disrobe** (disrō'b), *v.* svući se.
**disrupt** (disra'pt), *v.* razderati, razbiti, razdrobiti; razgnati.
**disruption** (disra'pšön), *n.* razlom, razderanje, razorenje.
**dissatisfaction** (disă'tisfă'kšön), *n.* nezadovoljstvo, negodovanje.
**dissatisfactory** (disă'tisfă'ktori), *a.* nedovoljan.
**dissatisfied** (disă'tisfajd), *a.* nezadovoljan.
**dissatisfy** (disă'tisfaj), *v.* nezadovoljavati, ne udovoljiti.
**dissect** (dise'kt), *v.* rasjeći, razuditi.
**dissection** (dise'kšön), *n.* razuđivanje, paranje.
**dissector** (dise'ktör), *n.* razuđivač.
**disseize** (disī'z), *v.* silom maknuti s posjeda.
**disseizin** (disī'zn), *n.* izvlastba.
**dissemble** (dise'mbl), *v.* sakrivati, hiniti, prikrivati se; utajiti.
**disseminate** (dise'minejt), *v.* rasijati, raznijeti; raznesti, raširiti.
**dissemination** (dise'mine'jšön), *n.* rasijavanje, raznašanje, razglašivanje.
**disseminator** (dise'mine'jtör), *n.* raznašač, razglašivač.
**dissension** (dise'nšön), *n.* nesloga, razdor; spor, nesporazum.
**dissent** (dise'nt), *v.* razilaziti se u mnijenju, ne slagati se; biti drugih misli.
**dissertation** (di'sörte'jšön), *n.* rasprava, razlaganje; dizertacija.
**disserve** (disö'rv), *v.* škoditi, oštetiti.
**disservice** (disö'rvis), *n.* škoda, šteta.
**dissever** (dise'vör), *v.* razdvojiti, razlučiti.
**disseverance** (dise'vöröns), *n.* razdvojenje, razlučenje.
**dissident** (di'sident), *a.* različan, nesložan; — *n.* nezadovoljnik.
**dissimilar** (disi'milör), *a.* nesličan, nejednak.
**dissimilarity** (disi'milă'riti), *n.* različitost, nesličnost; raznovrstnost.

**dissimulate** (disi'mjulejt), v. hiniti, pretvarati se.

**dissimulation** (disi'mjule'jšön), n. pretvaranje, himba.

**dissipate** (di'sipejt), v. rasipati, rasuti, razuzdano živjeti.

**dissipated** (di'sipe'jted), a. neumjeren, razuzdan.

**dissipation** (di'sipe'jšön), n. prosipanje, razuzdanost.

**dissociate** (diso'šiejt), v. rastaviti, odijeliti.

**dissociation** (diso'šie'jšön), n. rastavljanje, lučenje.

**dissolubility** (di'soljubi'liti), n. rastopljivost; razdruživost.

**dissoluble** (di'soljubl), a. rastopljiv, rastvoriv, razdružljiv.

**dissolute** (di'soljut), a. razuzdan, raskalašen.

**dissoluteness** (di'soljutnes), n. raskalašenost; razuzdanost.

**dissolution** (di'solju'šön), n. rastapanje, raspad, rastavljanje.

**dissolvable** (diza'lvöbl), a. rastvoriv, rastopljiv; raspustljiv.

**dissolver** (diza'lv), v. rastopiti, rastaviti, raspustiti; razdružiti.

**dissolvent** (diza'lvent), a. što topi, rastvarajući.

**dissolver** (diza'lvör), n. rastvarač, rastapatelj.

**dissonance** (di'sonöns), n. nesklad, neugodan zvuk; nesuglasje.

**dissonant** (di'sonănt), a. neskladan, neugodan za uho.

**dissuade** (disu̯e'jd), v. odgovarati od čega, odvraćati, odvrnuti.

**dissuasion** (disu̯e'jžön), n. odvraćanje, odgovaranje.

**dissuasive** (disu̯e'jsiv), a. odvraćajući.

**dissylable** (disi'löbl), n. dvosložna riječ.

**distaff** (di'stăf), n. vreteno; preslica.

**distain** (diste'jn), v. mrljati, okaljati; osramotiti.

**distance** (di'stăns), n. daljina, udaljenost; — v. udaljiti, odmaknuti.

**distant** (di'stănt), a. udaljen, dalek.

**distantly** (di'stăntli), adv. udaljeno, daleko.

**distaste** (diste'jst), v. gaditi se, omraziti se; — n. odvratnost, gnušanje, mrskost; neokus.

**distasteful** (diste'jstful), a. mrzak, neugodan, odvratan; neukusan.

**distemper** (diste'mpör), v. ozlovoljiti, rasrditi, poremetiti; — n. bolest, zla ćud; zla volja.

**distempered** (diste'mpörd) a. zloćudan, zlovoljan.

**distend** (diste'nd), v. rastegnuti, pružiti, naduti.

**distensible** (diste'nsibl), a. pruživ; rasteziv.

**distention** (diste'nšön), n. pružanje, razvlačivost; rastezanje.

**distil** (disti'l), v. kapati, curiti, prepicati, pročišćavati; distilirati.

**distillation** (di'stile'jšön), n. prečišćavanje, prepicanje; prekapanje, prekuhavanje, distilacija.

**distiller** (disti'lör), n. pecar, rakidžija.

**distillery** (disti'löri), n. pecara.

**distinct** (disti'nkt), a. osobit, različan, jasan, određen.

**distinction** (disti'nkšön), n. razlikovanje, odličnost.

**distinctive** (disti'nktiv), a. razlikujući; poseban.

**distinctly** (disti'nktli), adv. jasno, točno.

**distinctness** (disti'nktnes), n. jasnost, točnost, razgovjetnost.

**distinguish** (disti'ngu̯iš), v. razlikovati, lučiti, odlikovati se.

**distinguishable** (disti'ngu̯išöbl), a. primjetljiv, očit, odličan.

**distinguished** (disti'ngu̯išt), a. odličan.

**distort** (disto'rt), v. iskriviti, izvrnuti, izopačiti.

**distortion** (disto'ršön), n. izvrtanje, iskrivljenje, izopačivanje.

**distract** (distră'kt), v. odvratiti, svrnuti, smetati, buniti; rastresti.

**distracted** (distră'kted), a. rastrešen.

**distraction** (distra'kšön), n. rastrešenost, nered, zabuna.

**distrain** (distre'jn), v. zaplijeniti, uzaptiti.

**distrainer** (distre'jnör), n. ovrhovoditelj.

**distraint** (distre'jnt), n. zapljena, uzapćenje; ovrha.

**distress** (distre's), v. dovesti u nevolju, škripac, zadati boli, muke; — n. nevoĺa, bijeda, škripac, pogibao; stiska.

**distribute** (distri'bjut), *v.* porazdijeliti.

**distribution** (di'stribju'šön), *n.* podjelba, udjeljivanje, razređenje.

**distributive** (distri'bjutiv), *a.* dijeleći; razdeljiv.

**district** (di'strikt), *v.* razdijeliti (*u kotare*); — *n.* okružje, kotar, kraj, okoliš.

**distrust** (distra'st), *v.* ne pouzdati se, sumnjati; — *n.* nepovjerenje, sumnja, nepouzdanje.

**distrustful** (distra'stful), *a.* nepouzdan; nepovjerljiv, sumnjiv.

**disturb** (distö'rb), *v.* buniti, smetati, uznemirivati, poremetiti.

**disturbance** (distö'rböns), *n.* nemir, smetanje, uznemirivanje; buka.

**disturber** (distö'rbör), *n.* uznemirivatelj.

**disunion** (disju'niön), *n.* razlučenje, razdvoj, raskol, nesloga; razdruženje.

**disunite** (di'sjuna'jt), *v.* rastaviti, razdvojiti; zavaditi; cijepati.

**disuse** (disju's), *n.* neuporaba, nenavadnost, oduka.

**ditch** (dič), *v.* kopati jarak; pasti u jarak; — *n.* prokop, jama, jarak.

**ditto** (di'to), *n.* ista stvar, isto tako.

**ditty** (di'ti), *n.* pjesmica.

**diuretic** (da'jure'tik), *a.* što tjera mokraću; dijuretičan.

**diurnal** (dajö'rnöl), *a.* danji, svakidanji.

**divan** (diva'n), *n.* divan, sofa.

**dive** (dajv), *v.* roniti, uroniti, duboko prodrijeti.

**diver** (da'jvör), *n.* ronilac; potapljač.

**diverge** (divö'rđ), *v.* razilaziti se.

**divergence** (divö'rđens), *n.* razlaz, odstupanje, razlika.

**divergent** (divö'rđent), *a.* različit; neskladan.

**divers** (da'jvörz), *a.* raznolik, neki, drugi.

**diverse** (divö'rs), *a.* raznovrstan, različit.

**diversify** (divö'rsifaj), *v.* promijeniti, preinačiti.

**diversion** (divö'ršön), *n.* odvraćanje; zabava, odmor.

**diversity** (divö'rsiti), *n.* različitost, raznolikost.

**divert** (divö'rt), *v.* odvratiti, svrnuti, zabavljati; raztresti.

**divest** (dive'st), *v.* svući, svlačiti, skinuti, lišiti.

**divide** (diva'jd), *v.* dijeliti, razdijeliti; razdvojiti, zavaditi se.

**dividend** (di'vident), *n.* diobenik, postotak, dobitak; dividenda.

**divider** (diva'jdör), *n.* djelitelj, razdvajač; divizor.

**divination** (di'vine'jšön), *n.* predviđanje; gatanje, proricanje.

**divine** (diva'jn), *a.* božanski, rajski, svet; božji; — *v.* proricati, slutiti.

**divinity** (divi'niti), *n.* božanstvo, bog; bogoslovlje.

**divisibility** (divi'zibi'liti), *n.* djelivost.

**divisible** (divi'zibl), *a.* djeliv.

**division** (divi'žön), *n.* dioba, razdor, odio; divizija.

**divisional** (divi'žönal), *a.* diobeni; okrajni, divizijski.

**divisor** (diva'jzor), *n.* djelitelj; divizor.

**divorce** (divo'rs), *v.* rastaviti; — *n.* razlučenje, razdvojenje; rastava braka.

**divorcee** (divo'rsi'), *n.* rastavljena žena *ili* muž.

**divulge** (diva'lđ), *v.* otkriti, objaviti.

**dizziness** (di'zines), *n.* vrtoglavica.

**dizzy** (di'zi), *a.* vrtoglav, nesmotren.

**do** (du), *v.* činiti, raditi, izvršiti.

**docile** (dá'sil), *a.* naučljiv; poslušan.

**dock** (dak), *v.* prikratiti, odrezati, u dok smijestiti; — *n.* brodarnica, dok, kusatak, optuženička klupa.

**docket** (da'ket), *v.* popisati; — *n.* popis, izvadak, knjiga (*sudbenih ročišta*).

**doctor** (da'któr), *v.* liječiti, patvoriti; — *n.* liječnik; doktor.

**doctorate** (da'któret), *n.* liječničtvo; doktorat.

**doctrine** (da'ktrin), *n.* nauka, znanost; doktrina.

**document** (da'kjument), *n.* isprava, spis; listina, dokumenat.

**documentary** (da'kjume'ntöri), *a.* ispravama utvrđen, dokazan.

**dodge** (dađ), *v.* ukloniti se, ugibati se, okolišati; — *n.* ugibanje, varka, izgovor, ševrdanje.

**dodger** (da'đör), *n.* varalica; spletkar.

**doe** (dō), *n.* srna, košuta.

**doer** (du'er), *n.* činilac, počinitelj.

**doff** (daf), *v.* skinuti, svući, odbaciti; odkriti se.

**dog** (dåg), *v.* ići za kim, ići za tragom; — *n.* pas, pašče.

**doge** (dođ), *n.* dužd.

**dogged** (då'ged), *a.* odlučan, tvrdokoran.

**doggedly** (då'gedli), *adv.* odlučno, tvrdokorno.

**doggedness** (då'gednes), *n.* tvrdokornost.

**dogma** (då'gmö), *n.* članak vjere, načelo; dogma.

**dogmatic** (dogmä'tik), *a.* određen, odlučan, dogmatičan.

**doily** (do'jli), *n.* ubrus.

**doing** (du'ing), *n.* rad, posao, djelo; dogođaj.

**dole** (dōl), *v.* udijeliti (*milostinju*); — *n.* dio, čest, milostinja, bol, tuga; žalost.

**doleful** (dō'lful), *a.* pun jada, turoban; žalostan.

**doll** (dål), *n.* lutka.

**dollar** (då'lör), *n.* dolar.

**dolly** (då'li), *n.* lutkica; djevojčica.

**dolor** (dō'lör), *n.* bol, tuga, jad.

**dolorous** (dō'lörös), *a.* bolan, jadan, tužan.

**dolphin** (då'lfin), *n.* dupin, pliskavica.

**dolt** (dolt), *n.* budala, bena.

**domain** (dome'jn), *n.* oblast, gospodstvo, vlastelinstvo, imanje.

**dome** (dōm), *n.* kube, stolna crkva; kupola.

**domestic** (dome'stik), *a.* domaći, kućni; — *n.* ukućanin, sluga, sluškinja.

**domesticate** (dome'stikejt), *v.* udomaćiti, pripitomiti; ukrotiti.

**domestication** (dome'stike'jšön), *n.* udomaćenje.

**domicile** (då'misil), *v.* nastaniti (se), naseliti; — *n.* prelivalište, stan.

**dominant** (då'minönt), *a.* vladajući; nadmašni.

**dominate** (då'minejt), *v.* vladati; gospodovati.

**domination** (då'mine'jšön), *n.* gospodovanje, vlada, prevlađivanje.

**domineer** (då'minī'r), *n.* samovoljno upravljati, gospodovati; zapovijedati.

**dominical** (domi'niköl), *a.* nedjeljni, gospodnji.

**Dominican** (domi'nikön), *n.* Dominikanac (*redovnik*).

**dominion** (domi'njön), *n.* vlast, vlada, oblast, zemlja; vladarstvo, gospodstvo.

**domino** (då'mino), *n.* domino (*vrst igre na kocke*); crna krabulja.

**don** (dån), *v.* navući, obući; — *n.* don (*španjolski naziv*), gospodin.

**donate** (do'nejt), *v.* darovati, dati.

**donation** (done'jšön), *n.* dar, darovanje.

**donee** (do'ni'), *n.* daroprimac.

**donkey** (då'nki), *n.* magarac, osao.

**donor** (do'no'r), *n.* darovatelj, darodavac.

**doom** (dum), *v.* osuditi; — *n.* sudbina, osuda.

**doomsday** (du'mzde j), *n.* sudnji dan.

**door** (dōr), *n.* vrata, ulaz, pristup.

**doorkeeper** (dō'rki'pör), *n.* vratar.

**dormant** (do'rmönt), *a.* spavajući, miran, neotkriven.

**dormer** (do'rmör), *n.* prozor na krovu.

**dormitory** (do'rmitori), *n.* spavaonica.

**dorsal** (do'rsöl), *a.* hrpten; stražnji.

**dose** (dōs), *n.* dio, obročić, količina lijeka; doza.

**dot** (dat), *v.* točkama obilježiti; — *n.* točka, piknja; pjega; miraz; znamenje.

**dotal** (dō'töl), *a.* mirazni; dotin.

**dotard** (do'törd), *n.* djetinjasti starac.

**double** (dạbl), *v.* podvostručiti, udvojiti; — *a.* dvostruk, dvogub, dvojak, dvoličan; — *n.* dvostrukost, prilika, prepis.

**doubleness** (dạ'blenes), *n.* dvostruko; dvoličnost.

**doublet** (dạ'blet), *n.* par, dvojica; prsluk.

**doubt** (dạ'ụt), *v.* dvojiti, sumnjati; — *n.* sumnja, dvojba.

**doubter** (dạ'ụtör), *n.* dvojilac.

**doubtful** (dạ'ụtful), *a.* dvojben, nesiguran.

**doubtless** (dạ'ụtles), *adv.* bez pitanja, nedvojbeno.

**douche** (duš), *n.* pranje sa štrcanjem; štrcaljka.

**dough** (dọụ), *n.* tijesto.

**doughnut** (dō'nat), *n.* uštipak, pokladnjak.

**doughty** (dạ'ụti), *a.* hrabar, srčan.

**douse** (dạ'ụs), *v.* ugnjuriti, turnuti u vodu.

**dove** (dav), *n.* golub, golubica.

**dovecot** (da'vkả't), *n.* golubinjak.

**dovetail** (da'vte'jl), *v.* sastaviti, zglobiti; združiti; pričvrstiti.

**dowager** (dạ'uẹđör), *n.* ugledna udova.

**dowdy** (dạ'ụdi), *a.* nezgrapan, oduran; zamazan; — *n.* drolja.

**dower** (dạ'ụör), *n.* miraz, prćija, dar.

**down** (dạ'ụn), *v.* zbaciti, poklopiti; — *n.* pahuljice; puh, nah; — *adv.* dolje, na tlu, niže.

**downcast** (dạ'ụnkǎ'st), *a.* pokunjen, klonuo, žalostan.

**downfall** (dạ'ụnfả'l), *n.* pad, propast.

**downhearted** (dạ'ụnha'rted), *a.* klonuo, slomljen.

**downright** (dạ'ụnra'jt), *adv.* ravno dolje, okomito; — *a.* očit, javan; otkrit.

**downward** (dạ'ụnuörd), *adv.* dolje, niz brdo; — *a.* silazeći; nagnut.

**downy** (dạ'ụni), *a.* pahuljast; mekan, mehak.

**doze** (dōz), *v.* drijemati, biti pospan.

**dozen** (dạzn), *n.* tucet, dvanaest komada.

**doziness** (dō'zines), *n.* pospanost, drijemež.

**dozy** (dō'zi), *a.* pospan, podrijeman.

**drab** (drǎb), *n.* drolja, kurva; — *a.* žutkasto siv.

**drabble** (drǎbl), *v.* oprljati, po blatu vući; mazati.

**draff** (drǎf), *n.* talog, drožđe.

**draft** (drǎft), *v.* vući; nacrtati; — *n.* vučenje; mjenica; osnova, nacrt; propuh.

**drag** (drǎg), *v.* vući, povlačiti.

**draggle** (drǎgl), *v.* navlačiti, povlačenjem isprljati.

**dragnet** (drǎ'gnet), *n.* privlak (*mreža*).

**dragon** (drǎ'gön), *n.* zmaj, aždaja.

**dragoon** (drögu'n), *n.* dragun, konjanik.

**drain** (drejn), *v.* procijediti, odvesti vodu, isprazniti; sušiti; — *n.* otoka, ispust, prokop, iscrpljenje.

**drainage** (dre'jneđ), *n.* odvođenje, osušenje, otjecanje.

**drake** (drejk), *n.* patak.

**dram** (drǎm), *n.* komadić, malo, gucaj.

**drama** (dra'mö), *n.* igrokaz; drama.

**dramatic** (dramǎ'tik), *a.* dramatski, kazalištni, potresan.

**dramatist** (dra'mötist), *n.* dramatičar.

**dramatize** (drǎ'mötajz), *v.* dramatizovati.

**drape** (drejp), *v.* pokriti suknom, ukrasiti zavjesama.

**draper** (dre'jpör), *n.* suknar, trgovac zavjesa.

**drapery** (dre'jpöri), *n.* zavjesa, zastor.

**drastic** (drǎ'stik), *a.* silovit, žestok, bezobziran.

**draught** (drǎft), *n. vidi*: **draft**.

**draughtsman** (drǎ'fcmǎn), *n.* risar, crtač, sastavljač.

**draw** (drả), *v.* vući, crtati, risati, mamiti, crpsti, sastaviti; napisati, vabiti; — *n.* vučenje, neodlučena borba; sreća.

**drawback** (drả'bǎ'k), *n.* smetnja, zapreka; popust.

**drawee** (dra'ı'), *n.* prihvatnik (*mjenice*).

**drawer** (drả'er), *n.* risar; izdavatelj mjenice; pretinac.

**drawing** (drả'ing), *n.* vučenje, nacrt, slika, risarija.

**drawl** (drảl), *v.* razvlačiti, zatezati (*u govoru*); — *n.* zavlačenje; zatezanje.

**dray** (drej), *n.* niska kola, taljige.

**dread** (dred), *v.* bojati se, strašiti se; prestrašiti se; — *a.* strašan, grozan; — *n.* strah, groza.

**dreadful** (dre'dful), *a.* strašan, užasan, grozovit.

**dream** (drīm), *v.* sanjati, sanjariti; — *n.* san, sanja, sanjarija.

**dreamer** (drī'mör), *n.* sanjar, sanjalac; sanjač.

**dreamy** (drī'mi), *a.* sanjarski, pun sanja.

**dreary** (drī'ri), *a.* turoban, žalostan; pospan.

**dredge** (dređ), *v.* čistiti, jaružiti; — *n.* povlak, jaružilo.

**dregs** (dregz), *n.* talog, drožđe; ostanci.

**drench** (drenč), *v.* nakvasiti, prokisnuti; namočiti, napojiti; — *n.* napoj, lijek (*za blago*).

**dress** (dres), *v.* urediti, obući, nakititi; pripraviti; — *n.* odjeća, haljina.

**dresser** (dre'sör), *n.* pripremač, odjevač; ormar za odijela.

**dressing** (dre'sing), *n.* priređivanje; zavoj, oblog; oprava, umaka; začin.

**dressy** (dre'si), *a.* nakićen, gizdav.

**dribble** (dribl), *v.* kapati, curiti, sliniti.

**dribblet** (dri'blet), *n.* malenkost, sitnica.

**drift** (drift), *v.* tjerati, gomilati; ploviti; zasuti; — *n.* nanos, gomila; poticanje, nagon; tečaj; pravac; naum; pogon.

**drill** (dril), *v.* vrtati, bušiti, vježbati (*vojnike*); — *n.* svrdao, vježbanje.

**drink** (drink), *v.* piti; — *n.* piće.

**drinkable** (dri'nköbl), *a.* pitak.

**drinker** (dri'nkör), *n.* pilac; pijanac.

**drip** (drip), *v.* kapati, curiti.

**drive** (drajv), *v.* tjerati, goniti; voziti; siliti; — *n.* tjeranje, pogon, navala; vožnja; put.

**drivel** (dri'vel), *v.* sliniti se, pjeniti se; bedasto govoriti; — *n.* slina; glupost.

**driver** (dra'jvör), *n.* vozač, gon´ć.

**drizzle** (drizl), *v.* rositi, kišiti, sipiti; pršiti; — *n.* kišica, izmaglica; pršenje.

**droll** (dröl), *a.* smiješan, čudan; šaljiv; — *n.* šaljivđija, lakrdijaš.

**drollery** (dro'löri), *n.* šala, lakrdija, ludorija.

**dromedary** (dra'mideri), *n.* jednogrba deva; dromedar.

**drone** (drön), *v.* ljenariti se; zujati, mumljati; — *n.* trut, lijenčina.

**droop** (drüp), *v.* umoriti se, klonuti, poniknuti.

**drop** (dråp), *v.* pasti, kapati; spustiti; odustati; — *n.* kap, kaplja; čestica; pad.

**dropsy** (drå'psi), *n.* vodena bolest.

**dross** (dràs), *n.* talog; troska, izmet.

**drossy** (drà'si), *a.* troskav, nečist.

**drought** (dra'ut), *n.* suša, suhoća, žeđa.

**droughty** (dra'uti), *a.* suh, žedan.

**drove** (dröv), *n.* stado, čopor.

**drover** (dro'vör), *n.* gonić stada; pastir.

**drown** (dra'un), *v.* potonuti, poplaviti, utopiti se.

**drowse** (dra'uz), *v.* drijemati, zadrijemati; — *n.* drijem, drijemanje.

**drowsiness** (dra'uzines), *n.* drijemež, pospanost.

**drowsy** (dra'uzi), *a.* pospan, podrijeman.

**drub** (dråb), *v.* batinati; — *n.* udarac, batina.

**drubbing** (dra'bing), *n.* batinjanje, batine.

**drudge** (dråđ), *v.* mučiti se, kiniti se; teško raditi; — *n.* trudbenik, sluga, rob.

**drudgery** (dra'đöri), *n.* patnja, trud, teški posao.

**drug** (dråg), *v.* omamiti otrovom, davati ljekarije; — *n.* ljekarija; otrov; mirodija.

**druggist** (dra'gist), *n.* ljekarnik, ljekar.

**drum** (dråm), *v.* bubnjati; — *n.* bubanj.

**drummer** (dra'mör), *n.* bubnjar, trgovački putnik, trgovački agent.

**drunk** (drånk), *a.* pijan.

**drunkard** (dra'nkörd), *n.* pijanica; pijanac.

**drunken** (dra'nken), *a.* pijan.

**drunkenness** (dra'nkenes), *n.* pijanstvo, pijanost.

**dry** (draj), *v.* sušiti; isprazniti; — *a.* suh, žedan; jalov; pust, oštar; prazan.

**dryly** (dra'jli), *adv.* suho, suhoparno, nehajno.

**dryness** (dra'jnes), *n.* suša, suhoparnost.

**dual** (dju'öl), *a.* dvojan; — *n.* dvojina.

**dub** (dåb), *v.* imenovati, učiniti koga vitezom; tući; turnuti.

**dubious** (dju'bias), *a.* dvojben, nestalan, nesiguran.

**ducal** (dju'kal), *a.* vojvodski.

**ducat** (då'köt), *n.* dukat.

**duchess** (da'čes), *n.* vojvotkinja.

**duchy** (da'či), *n.* vojvodina; vojvodstvo.

**duck** (dåk), *v.* zaroniti, izmaknuti se; potapljati se; — *n.* patka, raca.

**duckling** (då'kling), *n.* patčica.

**duct** (dåkt), *n.* žlijeb; cijev; kanal.

**ductile** (då'ktil), *a.* gibak, rastežljiv; vodljiv.

**ductility** (dåkti'liti), *n.* gipkost, razteznost.

**dude** (djud), *n.* kicoš, gizdelin.

**duds** (dådz), *n.* krpe, staro odijelo.

**due** (dju), *a.* dužan, dospio, isplatan, primjeren;—*n.* dug; pristojba; pravo.

**duel** (dju'el), *v.* biti se, dijeliti megdan; duelirati se; — *n.* dvoboj, megdan.

**duelist** (dju'elist), *n.* borac u dvoboju, dvobojnik.

**duet** (dju'et), *n.* dvopjev, duet.

**duke** (djuk), *n.* vojvoda.

**dukedom** (dju'kdam), *n.* vojvodina; vojvodstvo.

**dulcet** (da'lset), *a.* sladak, skladan; melodičan.

**dull** (dal), *v.* tupiti, zatupiti; — *a.* tup, tupoglav; taman; dosadan; žalostan.

**dullard** (da'lörd), *n.* budala.

**dullhead** (da'lhe'd), *n.* glupan.

**dullness** (da'lnes), *n.* tupoća; mlohavost; glupost.

**duly** (dju'li), *adv.* točno, pravo; pravilno, pravomoćno.

**dumb** (dam), *a.* nijem, tupoglav.

**dumb-bells** (da'mbe'ls), *n.* ručni utezi (*za tjelovježbu*), ruče.

**dumbness** (da'mnes), *n.* nijemost, šutnja; mutavost.

**dumfound** (da'mfa'und), *v.* zanijemiti, onijemiti.

**dummy** (da'mi), *n.* nijemi; lutka (*u izlogu*); budala; podmetnuta stvar.

**dump** (damp), *v.* istovariti, izbacati; izvaliti.

**dumpish** (da'mpiš), *a.* sjetan, žalostan.

**dumpling** (da'mpling), *n.* valjušak.

**dumpy** (da'mpi), *a.* kratak i debeo.

**dun** (dan), *v.* opominjati radi duga; — *a.* taman, mrk, sumoran.

**dunce** (dans), *n.* luda, bena, budala.

**dune** (djun), *n.* prud, brežuljak od pijeska.

**dung** (dang), *v.* đubriti, gnojiti, razmetavati gnoj; — *n.* đubre, gnoj.

**dungeon** (da'nđön), *n.* tamnica.

**dupe** (djup), *v.* zavesti, prevariti; — *n.* zavedenik, žrtva, bena.

**duplex** (dju'pleks), *a.* dvostruk.

**duplicate** (dju'pliket), *v.* podvostručiti, ponoviti; — *a.* dvostruk, podvostručen; prepisan; — *n.* prepis; duplikat.

**duplication** (dju'plike'jšön), *n.* podvostručenje.

**duplicity** (djupli'siti), *n.* dvoličnost, lažljivost; varanje.

**durability** (dju'röbi'liti), *n.* trajnost, uzdržljivost.

**durable** (dju'röbl), *a.* trajan, postojan.

**duration** (djure'jšön), *n.* trajanje.

**duress** (djure's), *n.* nasilje, strogi zatvor; stiska.

**during** (dju'ring), *prep.* za, u vrijeme, dok; tijekom.

**dusk** (dask), *n.* sumrak, suton; mrak; — *a.* crnomanjast, sumračan.

**duskiness** (da'skines), *n.* sumračje, mrak.

**dusky** (da'ski), *a.* taman, mračan, turoban.

**dust** (dast), *v.* isprašiti, izmesti; — *n.* prašina; prah.

**duster** (da'stör), *n.* otirač, metlica za prah.

**dustiness** (da'stines), *n.* zaprašenost.

**dusty** (da'sti), *a.* prašan, zaprašen.

**Dutch** (dač), *a.* holandeski; — *n.* Holandez.

**dutiful** (dju'tiful), *a.* pokoran, poslušan.

**duty** (dju'ti), *n.* dužnost, obveza; carina; služba.

**dwarf** (dua'rf), *v.* priječiti u rastu; — *n.* patuljak, mališ.

**dwell** (due'l), *v.* stanovati, boraviti, ostati kod.

**dweller** (due'lör), *n.* stanovnik, žitelj.

**dwelling** (due'ling), *n.* stanovanje, prebivalište.

**dwindle** (dui'ndl), *v.* nestajati, gubiti se, trošiti se.

**dye** (daj), *v.* bojadisati; — *n.* boja.

**dyer** (da'er), *n.* bojadisar.

**dying** (da'ing), *a.* umirući, smrtan; — *n.* umiranje; smrt.

**dynamic** (dajnă'mik), *a.* siloslovan, dinamičan.

**dynamics** (dajnă'miks), *n.* siloslovlje, dinamika.

**dynamite** (da'jnămajt), *n.* dinamit.

**dynamo** (da'jnămo), *n.* dinamo.

**dynastic** (dajnă'stik), *a.* vladalački; vladarski.

**dynasty** (da'jnösti), *n.* vladajuća kuća, dinastija.

**dysentery** (di'senteri), *n.* srdobolja, krvava griža.

**dyspepsia** (dispe'psiö), *n.* neprobavljivost, slaba probava.

# E

**E, e** (i), *slovo*: E, e.
**each** (ič), *pron.* svaki.
**eager** (ī'gör), *a.* željan, požudan; žestok.
**eagerly** (ī'görli), *adv.* željno.
**eagerness** (ī'görnes), *n.* želja, pohlepa, vatrenost.
**eagle** (īgl), *n.* orao.
**eaglet** (ī'glet), *n.* orlić.
**ear** (īr), *n.* uho; sluh; posluh; klas, klip.
**ear-ache** (ī're'jk), *n.* uhobolja.
**earl** (örl), *n.* grof (*u Engleskoj*).
**earldom** (ö'rldöm), *n.* grofovija; grofovstvo.
**early** (ö'rli), *a.* rani, skori; — *adv.* rano.
**earn** (örn), *v.* zaslužiti, zaraditi, steći.
**earnest** (ö'rnest), *a.* ozbiljan, važan; iskren; — *n.* ozbiljnost; stvarnost; kapara, predujam.
**earnestly** (ö'rnestli), *adv.* ozbiljno.
**earnestness** (ö'rnestnes), *n.* zbilja, ozbiljnost, revnost.
**earning** (ö'rning), *n.* zaslužba, plaća.
**earth** (örth), *n.* zemlja, svijet.
**earthen** (ö'rten), *a.* zemljan, glinen.
**earthenware** (ö'rtenu̯ă'r), *n.* lončarska, glinena roba.
**earthly** (ö'rtli), *a.* zemaljski, svjetovni.
**earthquake** (ö'rtku̯e'jk), *n.* potres, zemljotres.
**earthworm** (ö'rtu̯ö'rm), *n.* glista.
**earwax** (ī'ru̯ă'ks, *n.* ušna maz.
**ease** (īz), *v.* olakšati, ublažiti, popustiti;—*n.* mir, udobnost, olakšica, lakoća.
**easel** (ī'zel), *n.* slikarski stalak; slikarsko stojalo.
**easement** (ī'zment), *n.* polakšica, pogodnost.
**easily** (ī'zili), *adv.* lako, lahko.
**easiness** (ī'zines), *n.* lakoća, neusiljenost, udobnost.
**east** (īst), *n.* istok.
**Easter** (ī'stör), *n.* Uskrs.

**easterly** (ī'störli), *a.* istočni; — *adv.* istočno.
**eastern** (ī'störn), *a.* istočni.
**easy** (ī'zi), *a.* lak, lagan; miran, neusiljen, popustljiv.
**eat** (īt), *v.* jesti, trošiti, izjedati.
**eatable** (ī'töbl), *a.* što se jede, jestivan; — *n.* jestivo, živež.
**eater** (ī'tör), *n.* jelac, izjelica.
**eaves** (īvz), *n.* podstrešnica, žlijeb.
**eavesdrop** (ī'vzdră'p), *v.* prisluškivati (*na vratima*).
**eavesdropper** (ī'vzdră'pör), *n.* prisluškivač.
**ebb** (eb), *v.* padati, propadati; otjecati; — *n.* osjeka, pad.
**ebony** (e'boni), *n.* ebanovina.
**ebriety** (ibra'eti), *n.* pijanstvo.
**ebullient** (eba'ljent), *a.* uzavreo, kipući, usplamćen.
**ebullition** (e'bali'šön), *n.* kipljenje, jarost, žestina.
**eccentric** (ekse'ntrik),*a.* pretjeran, neobičan, mušičav; prenapet; eksentričan.
**eccentricity** (e'ksentri'siti), *n.* pretjeranost; prenapetost.
**ecclesiastic** (ekli'ziă'stik), *a.* crkveni, duhovni; — *n.* svećenik, redovnik, duhovnik.
**echo** (e'ko), *v.* odjeknuti, odlijegati se; — *n.* jeka, odjek.
**eclat** (ekla'), *n.* pljeskanje; sjaj.
**eclipse** (ikli'ps), *v.* pomrčati, potamniti; natkriliti; — *n.* pomrčanje, pomrčina.
**ecliptic** (ikli'ptik), *n.* prividni put sunca.
**economical** (i'kănă'mik), *a.* štedljiv, gospodarski, ekonomičan.
**economist** (ikă'nămist), *n.* gospodar, gazda, štediša; ekonom.
**economize** (ikă'nămajz), *v.* gospodariti, štediti, štedljivo upotrebljavati.
**economy** (ikă'nămi), *n.* kućanstvo, gospodarstvo, štednja; znanost gospodarstva, ekonomija.

**ecstasy** (e'kstösi), *n.* ushićenje, ushit, zanešenost; ekstaza.

**ecstatic** (ekstă'tik), *a.* zanesen, ushićen.

**ecumenic** (e'kjume'nik), *a.* opći, svjetski.

**eczema** (e'kzimö), *n.* perutac (*bolest kože*), ekzema.

**eddy** (e'di), *v.* vrtjeti se, viti se, sukati se; — *n.* vir, vrtlog.

**eden** (i'den), *n.* raj.

**edge** (eđ), *v.* zaoštriti, obrubiti; pooštriti;—*n.* oštrica, brid, kraj, okrajak.

**edged** (eđd), *a.* naoštren, zarubljen.

**edible** (e'dibl), *a.* što se može jesti.

**edict** (i'dikt), *n.* proglas, zapovjed, naredba; ukaz.

**edification** (e'difike'jšön), *n.* buđenje pobožnosti, podučavanje; pouka.

**edifice** (e'difis), *n.* zgrada.

**edify** (e'difaj), *v.* poticati na dobro; podučavati.

**edit** (e'dit), *v.* izdati; uređivati; priopćiti.

**edition** (idi'šön), *n.* izdanje.

**editor** (e'ditör), *n.* urednik.

**editorial** (e'dito'riöl), *a.* izdavalački; urednički; — *n.* urednički članak.

**educate** (e'đukejt), *v.* odgojiti, naobraziti; prosvijetiti.

**education** (e'đuke'jšön), *n.* naobrazba, odgoj, poduka; prosvjeta.

**educator** (e'đuke'jtör), *n.* odgojitelj, učitelj.

**educe** (idju's), *v.* izvući, izvesti.

**eduction** (ida'kšön), *n.* izvađanje, odvođenje; izvod.

**eel** (il), *n.* ugor, jegulja.

**efface** (ife'js), *v.* izbrisati, uništiti.

**effect** (efe'kt), *v.* izvesti, provesti, izvršiti; učiniti;—*n.* učinak, posljedica.

**effective** (efe'ktiv), *a.* djelotvoran, djelujući, koristan, sposoban.

**effectual** (efe'kćuöl), *a.vidi*:**effective**.

**effectuate** (efe'kćuejt), *v.* proizvesti, pokrenuti; djelovati.

**effeminacy** (efe'minesi), *n.* mekoputnost, slabost; ženska narav.

**effeminate** (efe'minejt), *v.* raznježiti, omekoputiti; — *a.* mekoputan, slab, poput žene.

**effendi** (efe'ndi), *n.* efendija.

**effervesce** (e'forve's), *v.* uskipjeti, uzavreti.

**effervescence** (e'förve'sens), *n.* kipljenje, vrenje, pjenušanje.

**efficacious** (e'fike'jšas), *a.* djelujući, djelotvoran.

**efficacy** (e'fikesi), *n.* djelatnost, moć, sila.

**efficiency** (efi'šensi), *n.* djelotvornost, moć, sposobnost.

**efficient** (efi'šent), *a.* djelujući, djelatan, valjan.

**effigy** (e'fiđi), *n.* slika, prilika, kip.

**effloresce** (e'flore's), *v.* cvasti; pojaviti se.

**efflorescence** (e'flore'sens), *n.* cvjetanje, osip, svrab.

**effluence** (e'fluens), *n.* istjecanje, odvirak.

**effluent** (e'fluent), *a.* istjecajući.

**efflux** (e'flaks), *n.* istjecanje, izlijevanje.

**effort** (e'fört), *n.* nastojanje, napor, pokušaj, trud.

**effrontery** (efra'ntöri), *n.* bezobraznost, drzovitost.

**effulgence** (efa'lđens), *n.* sjaj, sjevanje.

**effulgent** (efa'lđent), *a.* sjajan, svjetao.

**effuse** (efju'z), *v.* izliti, proliti.

**effusion** (efju'žön), *n.* izlijev, prolijevanje.

**effusive** (efju'ziv), *a.* što se prolijeva; izobilan.

**eft** (eft), *n.* gušterica.

**e. g.** (*kratica za latinski*: *exempli gratia*), na primjer.

**egg** (eg), *n.* jaje.

**eggnog** (e'gnă'g), *n.* punć od jaja sa mlijekom i rakijom.

**eglantine** (e'glăntajn), *n.* šipak (*grm*).

**egoism** (i'goizm), *n.* sebičnost; samoljublje.

**egoist** (i'goist), *n.* sebičnjak, samoljub.

**egotism** (i'gătizm), *n.* *vidi*: **egoism**.

**egotist** (i'gătist), *n.* *vidi*: **egoist**.

**egotistic** (i'goti'stik), *a.* sebičan, tašt; samoljuban; samohvalan.

**egregious** (igri'đas), *a.* izvanredan, značajan; dragocjen.

**egress** (i'gres), *v.* izići, izlaziti, ishoditi; — *n.* izlaz, odlazak; ishod.

**egression** (igre'šön), *n.* *vidi*: **egress**.

**Egypt** (i'đipt), *n.* Egipat.

**Egyptian** (iđi'pšön), *n. i a.* Egipćanin; egipatski.

**eh** (e), *interj.* e, ej, (*izraz upita ili začuđenja*); hej?

**eider** (a'jdör), *n.* gavka, sjeverna guska.

**eight** (ejt), *num.* osam.

**eighteen** (ejtī'n), *num.* osamnaest.

**eighteenth** (ejtī'nt), *a.* osamnaesti.

**eightfold** (e'jtfō'ld), *a.* osmerostruki.

**eighth** (ejt), *a.* osmi.

**eightieth** (e'jtiet), *a.* osamdeseti.

**eighty** (ejti), *num.* osamdeset.

**eikon** (a'jkån), *n.* slika.

**either** (i'dör), *pron.* jedan od dvojice, kojigod.

**ejaculate** (idǎ'kjulejt), *v.* izustiti, uskliknuti.

**ejaculation** (idǎ'kjule'jšön), *n.* usrdni, topli uzdah, kratka molitva.

**eject** (ide'kt), *v.* izbaciti, istjerati, rasposjednuti, isključiti.

**ejection** (ide'kšön), *n.* izbačenje, istjeranje.

**eke** (īk), *v.* pomnožiti, produljiti, nadodati, vezati kraj s krajem; — *n.* njnadodatak.

**elaborate** (ilǎ'borejt), *v.* izraditi (*s velikom pomnjom*), izvesti; — *a.* pomnjivo izrađen, dotjeran, usavršen.

**elaborately** (ilǎ'boretli), *adv.* izdjelano, vješto, pomnjivo.

**elaboration** (ilǎ'bore'jšön), *n.* dotjeran izradak, točan sastavak.

**elapse** (ilǎp's), *v.* proći, prolaziti.

**elastic** (ilǎ'stik), *a.* pruživ, rastežljiv, elastičan.

**elasticity** (i'lǎsti'siti), *n.* pruživost, elastičnost.

**elate** (ile'jt), *v.* uznesti, oduševiti; —*a.* uznesen, uzvišen, oduševljen.

**elation** (ile'jšön), *n.* oduševljenje, uznešenje.

**elbow** (e'lbō), *v.* gurnuti laktom; — *n.* lakat.

**elder** (e'ldör), *a.* stariji; — *n.* crkveni starješina.

**elderly** (e'ldörli), *a.* postar, star.

**eldest** (e'ldest), *a.* najstariji.

**elect** (ile'kt), *v.* birati, izabrati;— *a.* izabran;— *n.* izabranik.

**election** (ile'kšön), *n.* izbor, biranje, glasovanje.

**elective** (ile'ktiv), *a* izborni.

**elector** (ile'któr), *n.* izbornik.

**electoral** (ile'któröl), *a.* izbornički, izborni.

**electorate** (ile'któret), *n.* birački okrug, izborničtvo.

**electric** (ile'ktrik), *a.* munjevan, električan.

**electrical** (ile'ktriköl), *a. vidi*: **electric**.

**electrician** (e'lektri'šön), *n.* električar.

**electricity** (i'lektri'siti), *n.* munjina, elektriciteta.

**electrification** (ile'ktrifike'jšön), *n.* elektriziranje.

**electrify** (ile'ktrifaj), *v.* elektrizirati.

**electrocute** (ile'ktrokjut), *v.* usmrtiti električnom strujom.

**electrocution** (ile'ktrokju'šön), *n.* usmrćenje sa električnom strujom.

**electrotype** (ile'ktrotajp) *n.* galvanoplastički snimak, otisak, kliše.

**eleemosynary** (e'liimǎ'sineri), *a.* milostinjski, prosjački; milodaran.

**elegance** (e'ligöns), *n.* ljepota, kićenost, elegantnost.

**elegant** (e'ligönt), *a.* kićen, krasan, otmen, elegantan.

**elegantly** (e'ligöntli), *adv.* kićeno, ukusno, sjajno, elegantno.

**elegy** (e'lidi), *n.* žalobna pjesma, tužaljka, elegija.

**element** (e'liment), *n.* počelo, sastavina; osnov; elemenat.

**elementary** (e'lime'ntöri), *a.* početan, osnovan, prirodan; elementaran.

**elephant** (e'lifönt), *n.* slon.

**elephantine** (e'lifǎ'ntajn), *a.* slonov; ogroman, velik.

**elevate** (e'livejt), *v.* podignuti, uzvisiti, oduševiti.

**elevation** (e'live'jšön), *n.* dizanje, podizanje; uzvisina, brežuljak, visočina.

**elevator** (e'livej'tör), *n.* dizalica, dizaljka, lift.

**eleven** (ile'vn), *num.* jedanaest.

**eleventh** (ile'vent), *a.* jedanaesti.

**elf** (elf), *n.* vilenjak, đavolčić; gorski duh.

**elfish** (e'lfiš), *a.* kao patuljak, đavolast.

**elicit** (ili'sit), *v.* izmamiti, izvući, izvabiti.

**eligibility** (e'lidibi'liti), *n.* izberivost.

**eligible** (e'lidibl), *a.* izberiv; usposobljen, poželjan.

**eliminate** (ili'minejt), *v.* ukloniti, odstraniti, izuzeti.

**elimination** (ili'mine'jšön), *n.* izlučenje, uklonjenje, izuzeće.

**elision** (ili'žön), *n.* ispust (*dijela riječi ili slova*), zamučeni.

**elite** (eli't), *n.* izbor; cvijet.

**elixir** (ili'ksör), *n.* uvarak, lijek, ljekovito piće, eliksir.

**elk** (elk), *n.* sjeverni jelen, los.

**ell** (el), *n.* lakat, aršin.

**ellipse** (eli'ps), *n.* pakružnica, elipsa.

**elliptical** (eli'ptiköl), *a.* pakružan, eliptičan.

**elm** (elm), *n.* brijest.

**elocution** (e'lokju'šön), *n.* izgovor; predavanje; rječitost; način predavanja.

**elocutionist** (e'lokju'šönist), *n.* učitelj govorništva.

**elongate** (ila'ngejt), *v.* produljiti, oduljiti.

**elongation** (i'lângej'šön), *n.* produljenje, oduljenje.

**elope** (ilö'p), *v.* pobjeći, uteći (*s djevojkom*).

**elopement** (ilö'pment), *n.* bijeg, otmica.

**eloquence** (e'lokuens), *n.* rječitost, krasan govor.

**eloquent** (e'lokuent), *a.* rječit, razgovoran.

**eloquently** (e'lokuentli), *adv.* rječito, izrazito.

**else** (els), *conj.* inače, uostalom.

**elsewhere** (e'lshue'r), *adv.* drugđe.

**elucidate** (ilju'sidejt), *v.* razjasniti, protumačiti.

**elucidation** (ilju'side'jšön), *n.* razjašnjenje, protumačenje.

**elude** (iljū'd), *v.* izmaknuti, izbjeći, uklanjati se.

**elusion** (ilju'žön), *n.* izbjegavanje, obilaženje, izgovor, opsjena.

**elusive** (ilju'siv), *a.* prevarljiv, himben.

**elusory** (ilju'sori), *a.* varav, prevarljiv.

**elysian** (ili'žiön), *a.* rajski, blažen; elizijski.

**elysium** (ili'ziam), *n.* raj, elizij.

**emaciate** (ime'jšiejt), *v.* istrošiti se, omršaviti.

**emaciation** ime'jšie'jšön), *n.* mršavljenje, sušenje.

**emanate** (e'mönejt), *v.* proizlaziti, istjecati; izvirati.

**emanation** (e'möne'jšön), *n.* istjecanje, izljev, iziranje.

**emancipate** (imǎ'nsipejt), *v.* osloboditi, riješiti (*ropstva*), izjednačiti; emancipirati.

**emancipation** (imǎ'nsipe'jšön), *n.* oslobođenje; emancipacija.

**emancipator** (imǎ'nsipe'jtör), *n.* oslobodilac, izbavitelj, emancipator.

**emasculate** (imǎ'skjulejt), *v.* uškopiti, iznuriti.

**emasculation** (imǎ'skjule'jšön), *n.* uškopljenje.

**embalm** (embā'm), *v.* balzamovati, balzamirati.

**embank** (embǎ'nk), *v.* zajaziti, zagraditi.

**embankment** (embǎ'nkment), *n.* zagrada, nasip.

**embargo** (emba'rgo), *n.* zaustava (*lade*), zabrana trgovine *ili* prevoza.

**embark** (embā'rk), *v.* ukrcati, ukrcati se na brod.

**embarkation** (e'mbarke'jšön), *n.* ukrcavanje; ukrcanje.

**embarrass** (embǎ'rös), *v.* u nepriliku staviti, smutiti, zabuniti.

**embarrassment** (embǎ'rösment), *n.* zabuna, smetenost, neprilika.

**embassy** (e'mbösi), *n.* poslanstvo; poslaničtvo.

**embattle** (embǎ'tl), *v.* postaviti u bojni red.

**embed** (embe'd), *v.* položiti, poleći (*u krevet*).

**embellish** (embe'liš), *v.* poljepšati, ukrasiti, okititi.

**embellishment** (embe'lišment), *n.* poljepšanje; nakit, ukras.

**ember-days** (e'mbörde'jz), *n.* kvatre.

**embers** (e'mbörs), *n.* žeravica, pepeo.

**embezzle** (embe'zl), *v.* pronevjeriti, ukrasti.

**embezzlement** (embe'zlment), *n.* pronevjerenje.

**embezzler** (embe'zlör), *n.* pronevjeritelj, tat.

**embitter** (embi'tör), *v.* ogorčiti.

**emblaze** (emble'jz), *v.* iskititi, uresiti.

**emblazon** (emble'jzön), *v.* slikati grbove; okrasiti sa grbovima.

**emblem** (e'mblem), *n.* znak, simbol.

**emblematic** (e'mblemǎ'tik), *a.* u slici, prispodoban.

**embodiment** (embǎ'diment), *n.* utjelovljenje, združenje; uvrštenje.

**embody** (embǎ'di), *v.* utjeloviti; uvrstiti; sjediniti; usredotočiti.

**embolden** (embo'lden), *v.* osmjeliti, ohrabriti, ojunačiti.

**embosom** (embu'zöm), *v.* uzeti u njedra, njegovati.

**emboss** (embâ′s), *v.* ispupčiti, izbočiti, ukrasivati pupčastim nakitom *ili* slovima.

**embowel** (embạ′uel), *v.* izvaditi utrobu, parati; pokapạti.

**embrace** (embre′js), *v.* zagrliti, obuhvatiti, opsizati; — *n.* zagrljaj.

**embrasure** (embre′žur), *n.* prozorište, puškarnica.

**embrocate** (e′mbrokejt), *v.* natrti, namazati.

**embrocation** (e′mbroke′jšön), *n.* trljanje, mazanje.

**embroider** (embro′jdör),*v.*vesti, kititi.

**embroidery** (embro′jdöri), *n.* vezivo, nakit; vezenje.

**embroil** (embro′el), *v.* pomrsiti, smutiti, pobrkati.

**embroilment** (embro′jlment), *n.* uznemirenje, smutnja, svađa.

**embryo** (e′mbrio), *n.* zametak, klica.

**emend** (ime′nd), *n. vidi:* **amend.**

**emendation** (i′mende′jšön), *n.* popravak, ispravak.

**emerald** (e′möröld), *n.* smaragd (*kamen*).

**emerge** (imö′rđ), *v.* izaći na površinu, pomoliti se, pojaviti se.

**emergency** (imö′rđensi), *n.* prijeka nužda, skrajna potreba.

**emergent** (imö′rđent), *a.* prigodan, nepredviđen, silan, nuždan.

**emeritus** (ime′ritạs), *a.* isluženi, u-mirovljen.

**emersion** (imö′ršön), *n.* izlazak, pomaljanje, pojavljenje; ishod.

**emery** (e′möri), *n.* nađak, smirak, brus.

**emetic** (ime′tik), *n.* lijek za bljuvanje.

**emigrant** (e′migrănt), *n.* iseljenik; — *a.* iseljenički.

**emigrate** (e′migrejt), *v.* iseliti se, seliti (se).

**emigration** (e′migre′jšön), *n.*iseljenje; seoba.

**eminence** e′minens), *n.* uzvišenost, dostojanstvo, uzoritost; izbrježak; odličnost.

**eminent** (e′minent), *a.* uzvišen, odličan, izvrstan; visok; ugledan.

**eminently** (e′minentli), *adv.* izvrstno, posvema, osobito, vrlo, jako.

**emissary** (e′miseri), *n.* izaslanik, poslanik, uhoda.

**emission** (emi′šön), *n.* izaslanje; izlijevanje, ispuštenje.

**emit** (emi′t), *v.* izaslati; izdavati; izlijevati; ispuštati.

**emmet** (e′met), *n.* mrav.

**emolliate** (imá′liejt), *v.* umekšati, raznježiti.

**emollient** (imá′lient), *a.* mekšajući; — *n.* mekšalo; mazilo.

**emolument** (imá′ljument), *n.* probitak, korist, dohodak.

**emotion** (imō′šön), *n.* uzbuđenje, gibanje, ganuće, čuvstvo; strast.

**emotional** (imō′šönöl), *a.* ganutljiv, čustven; strastan.

**empale** (empe′jl), *v.* ograditi (*koljem*), zatvoriti; nabiti na kolac.

**emperor** (e′mpörör), *n.* car, vladar.

**emphasis** (e′mfăsis), *n.* isticanje, pojačanje, naglasak (*u govoru*).

**emphasize** (e′mfăsajz), *v.* naglasiti, isticati.

**emphatic** (emfă′tik), *a.* izrazit, istaknut; krepak; odlučan.

**emphatically** (emfă′tiköli), *adv.* odlučno, izrazito.

**empire** (e′mpạ′er),*n.*carstvo, država; velesila.

**empiric** (empi′rik), *n.* iskusnik, packar, šarlatan; — *a.* pokusan, šarlatanski.

**empirical** (empi′riköl), *a.* pokusan, empiričan.

**employ** (emplo′j), *v.* upotrebljavati; zaraditi, namjestiti, dati posla; — *n.* posao, služba, radnja.

**employee** emplo′i′), *n.* namještenik, radnik.

**employer** (emplo′er), *n.* poslodavac, gospodar.

**employment** (emplo′jment), *n.* radnja, posao, služba.

**emporium** (empō′riạm), *n.* tržište, trgovište, trgovačko središte.

**empower** (empạ′uör), *v.* opunomoćiti, ovlastiti.

**empress** (e′mpres),*n.*vladarica, carica.

**emptiness** (e′mptines), *n.* praznoća, praznina.

**empty** (e′mpti), *v.* prazniti, isprazniti; — *a.* prazan, tašt.

**emulate** (e′mjulejt), *v.* natjecati se (*s kim*), takmiti se.

**emulation** (e′mjule′jšön), *n.* natjecanje, nadmetanje.

**emulator** (e′mjule′jtör), *n.* takmac, suparnik.

**emulsion** (ima'lšön), *n.* mlječina, uljevito piće; emulzija.

**enable**(ine'jbl),*v.*osposobiti;omogućiti.

**enact** (ină'kt), *v.* narediti, uzakoniti, prikazati, glumiti; odrediti, izvršiti.

**enactment** (ină'ktment), *n.* naredba, uzakonjenje, uvedenje (*zakona*); ukaz.

**enamel** (ină'mel), *v.* ocakliti, postakleniti;—*n.* caklina, ocaklina; glazura.

**enamor** (enă'mör), *v.* biti zaljubljen; začarati, zatraviti.

**encage** (enke'jđ), *v.* zatvoriti u krletku.

**encamp** (enkă'mp), *v.* utaboriti se, ulogoriti.

**encampment** (enkă'mpment), *n.* utaborenje, tabor.

**encase** (enke'js), *v.* metnuti u korice, u kutiju.

**encaustic** (enkă'stik), *a.* užežen.

**enchain** (enče'jn), *v.* okovati, vezati lancem; prikovati.

**enchant** (enčă'nt), *v.* očarati, zatraviti.

**enchanter** (enčă'ntör), *n.* čarobnjak, vračar.

**enchantment** (enčă'ntment), *n.* začaranje, uroci, čarolija.

**enchantress** (enčă'ntres), *n.* vještica, coprnica.

**encircle** (ensö'rkl),*v.* zaokružiti, opkoliti, opasati.

**enclose** (enklō'z), *v.* ograditi; pridati, priložiti.

**encomium** (enko'miam), *n.* hvalospjev; slavospjev.

**encompass** (enka'mpös), *v.* okružiti, opkoliti, opasati.

**encore** (a'nko'r), *adv.* još jedamput; iznova.

**encounter** (enka'untör), *v.* sukobiti se, sresti se, udariti na koga; naletjeti, napasti;— *n.* sukob, napadaj; boj.

**encourage** (enkö'ređ), *v.* hrabriti, bodriti, poticati.

**encouragement** (enkö'rеđment), *n.* ohrabrenje, poticaj, bodrenje.

**encroach** (enkrō'č), *v.* povrijediti, prijeći granice, drznuti se; kršiti, škoditi.

**encroachment** (enkrō'čment), *n.* vrijeđanje, diranje (*u tuđe*), povreda.

**encumber** (enka'mbör), *v.* opteretiti, priječiti, zamrsiti.

**encumbrance** (enka'mbröns), *n.* opterećenje, zapreka, teret.

**encyclic** (ensa'jklik), *n.* papinsko pismo.

**encyclical** (ensa'jkliköl), *a.* što kola, ide naokolo; kružeć.

**encyclopedia** (ensa'jklopi'diö), *n.* enciklopedija.

**end** (end), *v.* svršiti, dokončati; — *n.* konac, svršetak, kraj; svrha, cilj.

**endanger** (ende'jnđör), *v.* staviti u pogibelj, dovesti u opasnost.

**endear** (endī'r), *v.* učiniti milim, omiliti (se); priljubiti; prikupiti.

**endearment** (endī'rment), *n.* umilje, milovanje, priljubljenost.

**endeavor** (ende'vör), *v.* nastojati, pokušati, težiti; —*n.* nastojanje, napor.

**endive** (e'ndiv), *n.* grkulja; zimska salata, andivija.

**endless** (e'ndles), *a.* beskonačan, neizmjeran, vječan.

**endlessness** (e'ndlesnes), *n.* beskonačnost, beskrajnost.

**endorse** (endō'rs),*v.* naleđiti, potpisati (*mjenicu*); odobravati, potvrditi.

**endorsement** (endo'rsment), *n.* potpis, naleđba, prenos, žiro.

**endow** (enda'u), *v.* obdariti, oskrbiti, dati miraz; založiti.

**endowment** (enda'ument), *n.* oprema, miraz, prćija, zaklada; darovitost; dar; ustanova.

**endurable** (endjū'röbl), *a.* snosljiv, podnosljiv.

**endurance** (endjū'röns),*n.* ustrajnost, strpljivost.

**endure** (endjū'r), *v.* istrajati, snositi, trpjeti, podnositi.

**enduringly** (endju'ringli), *adv.* ustrajno, strpljivo.

**endways** (e'nduejz), *adv.* uspravno, ravno.

**endwise**(e'nduajz), *adv.vidi*: **endways**.

**enema** (e'nimö, *ili* ini'mö), *n.* injekcija, uštrcavanje.

**enemy** (e'nimi), *n.* neprijatelj, dušmanin.

**energetic** (e'nörđe'tik), *a.* odvažan, odlučan, snažan.

**energetical** (e'nörđe'tiköl), *a. vidi*: **energetic**.

**energetically** (e'nörđe'tiköli), *adv.* odvažno, odlučno; energično.

**energy** (e'nörđi), *n.* krjepost, odvažnost, sila; snaga, energija.

**enervate** (e'nörvejt), *v.* oslabiti, lišiti hrabrosti; oslabiti živce; — *a.* oslabljen, istrošen.

**enervation** (e'nörve'jšön), *n.* oslabljenje.

**enfeeble** (enfī'bl), *v.* oslabiti.

**enfeeblement** (enfī'blment), *n.* slabljenje; slabost.

**enfeoff** (enfe'f), *v.* dati; predati.

**enfeoffment** (enfe'fment), *n.* darivanje lena; darovnica.

**enfilade** (e'nfilejd), *n.* red, niz; — *v.* gađati uzduž.

**enforce** (enfo'rs), *v.* prisiliti, silom izvesti; provađati; nagoniti.

**enforcement** (enfo'rsment), *n.* nasilje; izvršenje silom, provađanje; ojačanje.

**enfranchise** (enfrǎ'nčajz), *v.* osloboditi, dati slobodu; ugrađaniti.

**enfranchisement** (enfrǎ'nčizment), *n.* oslobođenje, davanje građanstva.

**engage** (enge'jđ), *v.* najmiti, obvezati, zaokupiti; zaručiti se; navaliti (*na neprijatelja*); zaposliti, dogovoriti se.

**engagement** (enge'jđment), *n.* obveza; zaruka; posao, zanimanje; bitka; dogovor.

**engender** (enđe'ndör), *v.* proizvesti; uzrokovati; narediti.

**engine** (e'nđin), *n.* stroj, sprava; mašina, lokomotiva; štrcaljka.

**engineer** (e'nđini'r), *v.* graditi, izvađati; — *n.* strojovođa, mjernik, vlakovođa; inžinir.

**engird** (engö'rd), *v.* opasati.

**England** (i'nglönd), *n.* Engleska.

**English** (i'ngliš), *a.* engleski; — *n.* Englez; engleština.

**engorge** (engo'rđ), *v.* proždrijeti.

**engrave** (engre'jv), *v.* urezati.

**engraver** (engre'jvör), *n.* rezbar, vajar, bakrorezac, drvorezac.

**engraving** (engre'jving), *n.* urezivanje, vajanje, rezbarija.

**engross** (engro's), *v.* uvećati, ugojiti; zaokupiti.

**engulf** (enga'lf), *v.* baciti u ponor; progutati (*u bezdan*).

**enhance** (enhǎ'ns), *v.* povisiti, unaprijediti, povećati cijenu.

**enhancement** (enhǎ'nsment), *n.* povišenje, povećanje cijene.

**enigma** (ini'gmö), *n.* zagonetka.

**enigmatic** (i'nigmǎ'tik), *a.* zagonetan, nejasan.

**enigmatical** (i'nigmǎ'tiköl), *a. vidi:* **enigmatic**

**enigmatically** (i'nigmǎ'tiköli), *adv.* zagonetno, nejasno.

**enjoin** (enđo'jn), *v.* naložiti, zapovjediti; zabraniti.

**enjoy** (enđo'j), *v.* uživati, zabavljati se; veseliti se.

**enjoyable** (enđo'jöbl), *a.* ugodan, užitan.

**enjoyment** (enđo'jment), *n.* užitak, veselje; zadovoljstvo; posjed.

**enkindle** (enki'ndl), *v.* užeći. zapaliti.

**enlarge** (enla'rđ), *v.* povećati, umnožiti; raširiti.

**enlargement** (enla'rđment), *n.* povećanje, umnožavanje.

**enlighten** (enla'jtn), *v.* rasvijetliti, razjasniti; podučiti.

**enlightenment** (enla'jtnment), *n.* prosvjetljenje, prosvjeta; pouka.

**enlist** (enli'st), *v.* upisati, snubiti (*vojnike*), novačiti.

**enlistment** (enli'stment), *n.* upis, novačenje; posveta (*djelu*); nabiranje.

**enliven** (enla'jvn), *v.* oživiti, oduševiti, okrijepiti; razveseliti.

**enmesh** (enme'š), *v.* zaplesti, uhvatiti u mrežu.

**enmity** (e'nmiti), *n.* neprijateljstvo, mržnja.

**ennoble** (enō'bl), *v.* učiniti plemićem, oplemeniti.

**ennoblement** (enō'blment), *n.* oplemenjivanje.

**enormity** (eno'rmiti), *n.* prekomjernost; strašnost, ogromnost.

**enormous** (eno'rmas), *a.* ogroman, prekomjeran, strašan.

**enormously** (eno'rmasli), *adv.* ogromno, jako, strašno.

**enough** (ina'f), *adv.* dosta; — *a.* dostatan.

**enounce** (ina'uns), *v.* oglasiti, izreći; izgovoriti.

**enquire** (inkua'er), *v. vidi:* **inquire**.

**enrage** (enre'jđ), *v.* rasrditi, razjariti; pomamiti.

**enrapture** (enrǎ'pċur), *v.* uznijeti, ushititi.

**enrich** (enri'č), *v.* obogatiti, oploditi, iskititi.

**enrichment** (enri'čment), *n.* obogaćenje.

**enrobe** (enrō'b), *v.* odjeti, obući.

**enroll** (enrō'l), *v.* zamotati, upisati, novačiti.

**enrolment** (enrō'lment), — *n*. upisivanje, popis; upis.

**enroot** (enrū't), *v.* ukorjeniti, zasaditi.

**ensconce** (enskå'ns), *v.* pokriti; sakriti, zagraditi.

**ensemble** (ense'mbl), *n.* cjelina;—*adv.* sve na jedamput.

**enshrine** (enšra'jn), *v.* zatvoriti, sahraniti, njegovati.

**ensign** (ensa'jn), *n.* stijeg, barjak, zastava.

**enslave** (ensle'jv), *v.* zarobiti, podjarmiti, zasužnjiti.

**enslavement** (ensle'jvment), *n.* ropstvo, zasužnjenje.

**ensnare** (ensnē'r), *v.* uhvatiti u zamku, premamiti; zaplesti.

**ensue** (ensju'), *v.* slijediti, dogoditi se, nasljedovati.

**ensure** (enšū'r), *v. vidi:* **insure.**

**entail** (ente'jl), *v.* ostaviti iza sebe (*u neotuđivo nasljedstvo*), naložiti; zadati.

**entangle** (entă'ngl), *v.* zaplesti, zbrkati, zamrsiti.

**entanglement** (entă'nglment), *n.* zapletaj, smetenost.

**entente** (a'nta'nt), *n.* sporazum, antanta.

**enter** (e'ntör), *v.* stupiti u, ulaziti; unositi; ubilježiti, upisati.

**enteric** (ente'rik), *a.* crijevni, što se tiče crijeva.

**enterprise** (e'ntörprajz), *n.* poduzeće, pothvat.

**entertain** (e'ntörte'jn), *v.* zabavljati, pogostiti, podržavati, gojiti (*što u mislima*).

**entertainment** (e'ntörte'jnment), *n.* zabava, gozba; primanje.

**enthrall** (entrå'l), *v.* podjarmiti, učiniti robom.

**enthrone** (entrō'n), *v.* ustoličiti, staviti na prijestolje; postaviti.

**enthronement** (entrō'nment), *n.* postavljanje na prijestolje.

**enthusiasm** (entu'ziăzm), *n.* oduševljenje, ushićenje.

**enthuiast** (entu'ziăst), *n.* zanešenjak, sanjar, entuziasta.

**enthusiastic** (entu'ziă'stik), *a.* zanešen, oduševljen, ushićen.

**enthusiastical** (entu'ziă'stiköl), *a. vidi:* **enthusiastic.**

**enthusiastically** (entu'ziă'stiköli),*adv.* zanešeno, oduševljeno.

**entice** (enta'js), *v.* mamiti, zavađati, nagovarati.

**enticement** (enta'jsment), *n.* zamama, vabljenje; poticaj.

**enticer** (enta'jsör), *n.* zavađač, mamilac.

**entire** (enta'er), *a.* potpun, sav, cio.

**entirely** (enta'erli), *adv.* sasvim, posve, potpuno.

**entirety** (enta'jreti), *n.* potpunost, punoća, cjelost.

**entitle** (enta'jtl), *v.* dati naslov, nazvati; dati pravo, ovlastiti.

**entity** (e'ntiti), *n.* bitnost, biće, opstanak.

**entomb** (entū'm), *v.* staviti u grobnicu, pokopati.

**entombment** (entū'ment), *n.* pokopanje, pokop.

**entomology** (e'ntomă'lođi), *n.* nauka o zareznicima, entomologija.

**entrails** (e'ntrēlz), *n.* utroba, crijeva; drob.

**entrance** (e'ntröns), *n.* ulaz, prolaz, vrata; — (entră'ns), *v.* ushititi, zanijeti, očarati.

**entrap** (entră'p), *v.* uhvatiti u zamku, dobiti na lijepak, uloviti.

**entreat** (entrī't), *v.* moliti, zaklinjati; prositi.

**entreaty** (entrī'ti), *n.* molba, prošnja.

**entrench** (entre'nč), *v.* opšančiti, ukopati se u jarke.

**entrenchment** (entre'nčment), *n.* opkop; zakop.

**entrust** (entră'st), *v.* povjeriti, dati.

**entry** (e'ntri), *n.* ulaz; nastup; upis, uknjiženje; ulaznina.

**entwine** (entu̯a'jn), *v.* obaviti, omotati; zaplesti.

**enumerate** (inju'mörejt), *v.* nabrajati, brojiti.

**enumeration** (inju'möre'jšön), *n.* nabrajanje, brojenje.

**enunciate** (ina̱'nšiejt), *v.* sricati; izreći; izjaviti, objaviti.

**enunciation** (ina̱'nsie'jšön), *n.* sricanje; izjava; iskaz; objavljenje.

**envelop** (enve'löp), *v.* uviti, zamotati, zaviti.

**envelope** (e'nvelöp), *n.* zavoj, zavitak; kuverta.

**envelopment** (enve'löpment), *n.* umotanje, zamatanje; zaplet.

**envenom** (enve'nöm), *v.* otrovati, omraziti.

**enviable** (e'nviöbl), *a.* zavidan, poželjan; zavidljiv.

**envious** (e'nvi̱a̱s), *a.* nenavidan, zavidan.

**enviously** (e'nvi̱a̱sli), *adv.* nenavidno.

**environ** (enva'jrön), *v.* okruživati, opkoliti; — *n.* okolica.

**environment** (enva'jrönment), *n.* okoliš, okolina, okolica; okolnost.

**envoy** (e'nvoj), *n.* poslanik, poklisar.

**envy** (e'nvi), *v.* zavidati, biti nenavidan; —*n.* nenavidnost; zavist.

**enwrap** (enrǎ'p), *v.* umotati.

**epaulet** (e'pǎlet), *n.* naramak (*znak, koji nose častnici na ramenima*), epoleta.

**ephemeral** (ife'möröl),*a.* jednodnevan; kratkotrajan.

**epic** (e'pik), *a.* junački, epski, epičan; — *n.* junačka pjesma, epos.

**epicure** (e'pikjur), *n.* epikurejac, čovjek odan nasladama.

**epicurean** (e'pikjuri'ön), *a.* epikurejski, sladokusan, puten; raskošan.

**epidemic** (e'pide'mik), *a.* zarazan, epidemičan; — *n.* zarazna bolest, epidemija.

**epigram** (e'pigrǎm), *n.* natpisnica, epigram.

**epilepsy** (e'pilepsi), *n.* padavica, epilepsija.

**epileptic** (e'pile'ptik), *a.* padavičav, epileptičan.

**epilogue** (e'pilǎg), *n.* zaključna riječ, zaglavak, epilog.

**epiphany** (ipi'föni), *n.* bogojavljenje, sv. tri kralja.

**episcopal** (ipi'skopöl), *a.* biskupski; episkopalan.

**episcopalian** (ipi'skope'jliön), *a.* biskupski, episkopalan; — *n.* član episkopalne crkve.

**episcopate** (ipi'skopet), *n.* biskupija, biskupska čast.

**episode** (e'pisöd), *n.* uzgredni događaj, epizoda.

**epistle** (ipi'sl), *n.* poslanica, pismo.

**epitaph** (e'pitǎf), *n.* napis na nadgrobnom spomeniku.

**epithet** (e'pitet), *n.* pridjevak, nadimak; naziv.

**epitome** (ipi'tomi), *n.* izvadak, jezgra.

**epitomize** (ipi'tomajz), *v.* skratiti, izvaditi jezgru.

**epoch** (e'pök)̈, *n.* doba, razdoblje; važno razdoblje, znamenita doba, epoha.

**epsom-salt** (e'psömsǎ'lt), *n.* gorka sol.

**equal** (ī'ku̱öl), *v.* jednačiti, jednak biti;— *a.* jednak, primjeren; podoban; — *n.* jednaki.

**equality** (iku̱ǎ'liti), *n.* jednakost, ravnopravnost.

**equalization** (i'ku̱ölize'jšön), *n.* izjednačivanje, izjednačenje.

**equalize** i'ku̱ölajz), *v.* izjednačiti.

**equally** (i'ku̱öli), *adv.* jednako.

**equanimity** (i'ku̱öni'miti), *n.* ravnodušnost.

**equanimous** (iku̱ǎ'nimös), *a.* ravnodušan; sabran.

**equation** iku̱e'jšön), *n.* jednadžba.

**equator** (iku̱e'jtör), *n.* ekvator, polutnik.

**equatorial** (i'ku̱ǎto'riöl), *a.* polutnički, ekvatorski.

**equerry** (e'ku̱öri), *n.* konjušnik; konjar.

**equestrian** (iku̱e'striön), *n.* konjanik, jahač; — *a.* konjanički.

**equidistant** (i'ku̱idi'stönt), *a.* jednako udaljen.

**equilateral** (i'ku̱ilǎ'töröl), *a.* istostran.

**equilibrium** (i'ku̱ili'bri̱a̱m), *n.* ravnoteža; ravnovesje.

**equine** (i'ku̱a̱jn), *a.* konjski.

**equinoctial** (i'ku̱inǎ'kšöl), *a.* ekvinokcijski, za vrijeme, kad su dan i noć jednako dugi.

**equinox** (i'ku̱inǎks), *n.* jednač dana i noći, ekvinokcij.

**equip** (iku̱i'p), *v.* opremiti, snabdjeti; opraviti.

**equipage** (e'ku̱ipeđ), *n.* oprema, kočija, pratnja; ekvipaža.

**equipment** (iku̱i'pment), *n.* oprema, sprema.

**equipoise** (i'ku̱ipojz), *n.* ravnotežje; ravnotežnost.

**equitable** (e'ku̱itöbl), *a.* pravedan, nepristran.

**equity** (e'ku̱iti), *n.* pravica, nepristranost.

**equivalence** (iku̱i'völens, *n.* ista vrijednost, jednaka sila.

**equivalent** (iku̱i'völent), *a.* jednake vrijednosti, istovrijedan; jednak.

**equivocal** (iku̱i'vököl), *a.* dvouman, dvojben, nesiguran.

**equivocate** (ikui'vokejt), *v.* biti dvouman, dvolično govoriti.
**equivocation** (ikui'voke'jšön), *n.* dvoličnost, dvoumnost.
**equivocator** (ikui'voke'jtör), *n.* dvoličnjak, šarenjak.
**era** (i'rö), *n.* doba, vijek.
**eradicate** (irǎ'dikejt), *v.* iskorijeniti, zatrti, uništiti.
**eradication** (irǎ'dike'jšön), *n.* uništavanje, zatiranje.
**erase** (ire'js), *v.* izbrisati, istrugati, istrti.
**eraser** (ire'jsör), *n.* brisaljka, radirka.
**erasure** (ire'jžur), *n.* brisanje, uništenje; izbrisanje, radiranje.
**ere** (ēr), *adv.* prije, prije nego.
**erect** (ire'kt), *v.* uspraviti, podignuti, zgraditi; — *a.* uspravan, okomit; napet.
**erection** (ire'kšön), *n.* uzdignuće, podizanje; zgrada.
**erelong** (e'rlång), *adv.* skoro, naskoro.
**ergo** (ö'rgo), *adv.* dakle, stoga.
**ergot** (ö'rgöt), *n.* snijet, meki domuz.
**ermine** (ö'rmin), *n.* zrdav.
**erode** (irō'd), *v.* izjedati, izgrizati, izjesti.
**erosion** (irō'žön), *n.* izjedanje, razgrizanje; rana. .
**erotic** (irǎ'tik), *a.* ljubavni; erotičan.
**err** (er), *v.* griješiti, lutati, varati se.
**errand** (e'rönd), *n.* put, putovanje, misija.
**errant** (e'rönt), *a.* lutajući, putujući.
**erratic** (irǎ'tik), *a.* tumarajući; nepravilan, pogrješan.
**erroneous** (irō'nias), *a.* pogrešan, kriv.
**erroneously** (irō'niasli), *adv.* pogrješno.
**erroneousness** (irō'niasnes), *n.* griješenje, krivnja.
**error** (e'rör), *n.* pogrješka.
**erstwhile** (ör'sthua'el), *adv.* prije.
**erubescence** (e'rube'sens), *n.* crvenilo.
**erubescent** (e'rube'sent), *a.* crven, zacrvenjen.
**eructate** (ira'ktejt), *v.* podizavati se, izrigavati se.
**eructation** (i'rakte'jšön), *n.* izrigavanje; bluvanje, riganje.
**erudite** (e'rudajt), *a.* učen.
**erudition** (e'rudi'šön), *n.* učenost.

**erupt** (ira'pt), *v.* provaliti, prodrijeti' izbaciti.
**eruption** (ira'pšön), *n.* provala, buknuće; kožna bolest.
**erysipelas** (e'risi'pilös), *n.* vrbanac, požarica.
**escalade** (e'sköle'jd), *v.* penjati se po ljestvama.
**escapade** (e'sköpejd), *n.* bijeg; vragolija.
**escape** (eske'jp), *v.* pobjeći, uteći; — *n.* bijeg.
**escapement** (eske'jpment), *n.* zapinjač (*u uri*); kotvica (*kod ure*).
**eschar** (e'skar), *n.* krasta, grinta; brazgotina.
**escheat** (esči't), *v.* zaplijeniti, uzeti kao državno dobro.
**eschew** (esću'), *v.* izbjegavati, uklanjati se.
**escort** (esko'rt), *v.* pratiti, štititi; — (e'skort), *n.* pratnja, straža.
**esculent** (e'skjulent), *a.* jedatan, što se jede; — *n.* živež, hrana.
**escutcheon** (eska'čön), *n.* štit, grb.
**esophagus** (isǎ'fōgas), *n.* jednjak.
**esoteric** (e'sote'rik), *a.* tajni, privatni.
**espalier** (espa'ljör), *n.* drvored.
**especial** (espe'šöl), *a.* osobit, odličan.
**especially** (espe'šöli), *adv.* napose, osobito; posebno.
**espial** (espa'el), *n.* uhođenje, istraživanje; ogled.
**espionage** (e'spioned), *n.* uhođenje, špijonaža.
**esplanade** (e'splöne'jd), *n.* slobodno ravno mjesto pred zgradom, esplanada.
**espousal** (espa'uzöl), *n.* vjeridba, zaruke.
**espouse** (espa'uz), *v.* zaručiti, vjeriti; pristati uz što, braniti.
**espy** (espa'j), *v.* uhoditi, pronaći; opaziti, zagledati.
**esquire** (eskua'er), *n.* štitonoša, naslov građanskog plemića; Esq. (*u naslovu*) blagorodni.
**essay** (ese'j), *v.* pokušati; ogledati, iztražiti; — (e'sej), *n.* pokus, sastavak, rasprava.
**essence** (e'sens), *n.* bit, bitnost; miris, vonj.
**essential** (ese'nćöl), *a.* bitan, nuždan; — *n.* bitnost.
**establish** (istǎ'bliš), *v.* utvrditi, utemeljiti, ustanoviti.

**establishment** (istă'blišment), *n.* ustanova, utemeljenje, uredba, zavod.

**estate** (este'jt), *n.* posjed, vlastničtvo, nepokretan imetak; stanje.

**esteem** (estī'm), *v.* cijeniti, štovati, smatrati; — *n.* štovanje, povoljno mnijenje.

**estimable** (e'stimöbl), *a.* vrijedan, cijenjen.

**estimate** (e'stimejt), *v.* procijeniti, cijeniti, štovati, misliti.

**estimation** (e'stime'jšön), *n.* procjena, štovanje; mišljenje, mnijenje.

**estop** (estă'p), *v.* zabraniti, spriječiti.

**estrange** (estre'jnđ), *v.* otuđiti.

**estrangement** (estre'jnđment), *n.* otuđenje, uduljenje.

**estuary** (e'sćuări), *n.* široko ušće rijeke (*s plimom i osjekom*).

**etc.** (*kratica za latinski*: **et cetera**), i tako dalje.

**etch** (eč), *v.* rezati, rezbariti (*paljenjem ili kiselinom*).

**etching** (e'čing), *n.* rezanje, izjedanje.

**eternal** (itö'rnöl), *a.* vječan, besmrtan.

**eternally** (itö'rnöli), *adv.* vječno, neprestano.

**eternity** (itö'rniti), *n.* vječnost.

**eternize** (itö'rnajz), *v.* ovjekovječiti.

**ether** (ī'tör), *n.* eter, nebeski uzduh, ishlapivo ulje.

**ethereal** (iti'riöl), *a.* eterski, nebeski.

**ethical** (e'tiköl), *a.* ćudoredan, etičan.

**ethics** (e'tiks), *n.* ćudorednost, moral; etika.

**ethnical** (e'tniköl), *a.* rasni, narodopisni.

**ethnography** (etnă'gröfi), *n.* narodopis.

**ethnology** (etnă'lođi), *n.* nauka o narodima, njihovim oznakama, običajima *itd.*

**etiquette** (e'tike't), *n.* propisano društveno ponašanje, učtivost, etiketa.

**etymological** (e'timolă'điköl), *a.* etimološki, odnoseći se na izvor i izvađanje riječi.

**etymology** (e'timă'lođi), *n.* etimologija, nauka o glasovima i oblicima riječi.

**Eucharist** (ju'körist), *n.* pričest, oltarsko svetotajstvo.

**euchre** (ju'kör), *n.* vrst igre na karte.

**eulogist** (ju'lođist), *n.* slavitelj, hvalitelj.

**eulogize** (ju'lođajz), *v.* hvaliti, slaviti.

**eulogy** (ju'lođi), *n.* slavospjev, pohvala.

**eunuch** (ju'năk), *n.* uškopljenik; eunuh.

**euphonic** (jufo'nik), *a.* blagoglasan, milozvučan; eufoničan.

**euphony** (ju'foni), *n.* milozvuk, blagoglasje; eufonija.

**eureka** (ju'rikö), *excl.* ushićeni poklik kod pronalaska, pronađoh!

**Europe** (ju'röp), *n.* Europa.

**European** (ju'röpi'ön), *a.* europejski, europski; — *n.* Europejac.

**evacuate** (ivă'kjuejt), *v.* isprazniti, ukloniti se, otići; zapustiti.

**evacuation** (ivă'kjue'jšön), *n.* ispražnjenje, napuštanje; odlazak.

**evade** (ive'jd), *v.* izbjegavati, uklanjati se.

**evanesce** (e'vöne's), *v.* iščeznuti, nestati.

**evanescence** (e'vöne'sens), *n.* iščeznuće; izginjenje.

**evanescent** (e'vöne'sent), *a.* što iščezava.

**evangel** (ivă'nđel), *n.* evanđelje, blagovjest.

**evangelical** (i'vănđe'liköl), *a.* evanđeoski.

**evangelist** (ivă'nđelist), *n.* evanđelista, propovjednik evanđelja.

**evaporate** (ivă'porejt), *v.* ishlapiti ispušiti se, ispariti se.

**evaporation** (ivă'pore'jšön), *n.* isparivanje, ishlapljivanje.

**evasion** (ive'jžön), *n.* izbjegavanje, izgovor, izlika.

**evasive** (ive'jsiv), *a.* izbjegavajući.

**eve** (īv), *n.* večer u oči blagdana; večer.

**even** (ī'ven), *v.* izjednačiti, sravniti; poravnati; — *a.* ravan, gladak, jednak; — *adv.* dapače, pače.

**evening** (ī'vning), *n.* večer.

**evenly** (ī'venli), *adv.* jednako, ravno.

**evenness** (i'venes), *n.* ravnost, jednakost.

**event** (ive'nt), *n.* događaj, slučaj, posljedica.

**eventful** (ive'ntful), *a.* važan, znamenit.

**eventual** (ive'nćuöl), *a.* slučajan, mogući.

**eventually** (ive'nćuöli), *adv.* napokon, konačno.

**ever** (e'vör), *adv.* ikada, kadgoder, uvijek, vazda.

**evergreen** (e'vörgrī'n), *n.* zimzelen; — *a.* zelen, svjež.

**everlasting** (e'vörlă'sting), *a.* vječan, trajan, besmrtan.

**everlastingly** (e'vörlă'stingli), *adv.* vječno, trajno; neprestano.

**evermore** (e'vörmō'r), *adv.* uvijek, vječito.

**every** (e'vöri, *ili* e'vri), *a.* svaki.

**everybody** (e'veriba'di), *a.* svaki.

**everyone** (e'veriua'n), *a.* svatko.

**everything** (e'veriting), *n.* sve.

**everywhere** (e'verihue'r), *adv.* svagđe.

**evict** (evi'kt), *v.* sudbeno protjerati sa posjeda, iz kuće, istjerati.

**eviction** (ivi'kšön), *n.* rasposjednuće, tjeranje iz posjeda.

**evidence** (e'videns), *n.* dokaz, svjedočanstvo.

**evident** (e'vident), *a.* očevidan, jasan, otvoren.

**evidently** (e'videntli), *adv.* očito, jasno, očevidno.

**evil** (īvl), *a.* zao, zločest, loš; — *n.* zlo, nesreća, bijeda.

**evince** (ivi'ns), *v.* pokazati, jasno dokazati.

**eviscerate** (ivi'sörejt), *v.* izvaditi utrobu, parati, rasporiti.

**evisceration** (ivi'söre'jšön), *n.* vađenje utrobe; paranje.

**evocation** (e'voke'jšön), *n.* sazivanje, zvanje.

**evoke** (ivō'k), *v.* izazvati, dozvati.

**evolution** (e'volju'šön), *n.* razvitak, razvijanje; razvoj, evolucija.

**evolutionary** (e'volju'šöneri), *a.* razvojan, tičući se razvitka.

**evolve** (ivā'lv), *v.* razviti; izvoditi.

**ewe** (ju), *n.* ovca (*ženka*).

**ewer** (ju'ör), *n.* vrč, pehar.

**exacerbate** (egză'sörbejt), *v.* ogorčiti, ozlojediti; razdražiti.

**exacerbation** (egză'sörbe'jšön), *n.* ogorčenje, pogoršanje (*bolesti*); razdraženje.

**exact** (egză'kt), *v.* zahtijevati, tražiti, iznuđivati; — *a.* točan, pravilan, određen.

**exaction** (egză'kšön), *n.* zahtjev; iznuđivanje.

**exactly** (egză'ktli), *adv.* točno, upravo, baš, ravno.

**exactness** (egză'ktnes), *n.* točnost, brižnost, revnost.

**exaggerate** (egză'đörejt), *v.* pretjerivati, povećavati.

**exaggeration** (egză'đöre'jšön), *n.* pretjerivanje, povećavanje.

**exalt** (egzā'lt), *v.* uzvisiti, uzdignuti, slaviti.

**exaltation** (e'gzălte'jšön), *n.* uzvišenje, podignuće.

**examination** (egză'mine'jšön), *n.* ispitivanje, istraživanje, ispit.

**examine** (egză'min), *v.* ispitivati, istraživati, pregledavati.

**examiner** (egză'minör), *n.* istraživatelj; ispitivač.

**example** (egză'mpl), *n.* primjer, uzor.

**exasperate** (egză'spörejt), *v.* ogorčiti, ozlojediti, razdražiti, izazivati.

**exasperation** (egză'spöre'jšön), *n.* razdraživanje, izazivanje.

**excavate** (e'kskövejt), *v.* izdubsti, iskapati, otkopati.

**excavation** (e'ksköve'jšön), *n.* iskopavanje; izdubina.

**excavator** (e'ksköve'jtör), *n.* kopač; motika.

**exceed** (eksī'd), *v.* nadvisiti, natkriliti; premašiti; prekoračiti.

**exceedingly** (eksī'dingli), *adv.* vrlo mnogo, prekomjerno; silno, jako.

**excel** (ekse'l), *v.* nadvisiti, natkriljivati; odlikovati se.

**excellence** (e'kselens), *n.* odličnost, prednost, natkriljivanje; izvrstnost.

**excellency** (e'kselensi), *n.* uzvišenost, preuzvišenost; visokost; ekselenca.

**excellent** (e'kselent), *a.* izvrstan, odličan.

**excelsior** (ekse'lsiör), *a.* viši, bolji; uzvišen.

**except** (ekse'pt), *v.* izuzeti, isključiti; — *conj.* osim da, ako ne, samo da.

**exception** (ekse'pšön), *n.* iznimka.

**exceptional** (ekse'pšönöl), *a.* vanredan, izniman.

**excerpt** (eksö'rpt), *v.* izvaditi, odabrati; — *n.* izvadak.

**excess** (ekse's), *n.* prekomjernost, prestupak; višak; ostatak.

**excessive** (ekse'siv), *a.* prekomjeran, pretjeran, žestok; prevelik.

**excessively** (ekse'sivli), *adv.* prekomjerno, pretjerano; preobilno.

**exchange** (eksče'jnđ), *v.* izmijeniti, promijeniti; — *n.* izmjena, razmjena, tečaj, burza.

**exchangeable** (eksče'jnđöbl), *a.* izmjeniv; zamjenljiv.

**exchanger** (eksče'jnđör), *n.* mjenjač.

**exchequer** (eksče'kör), *n.* državna blagajna.

**excise** (eksa'jz), *v.* oporezovati; —*n.* potrošarina, daća, porez.

**excision** (eksi'žön), *n.* odrezanje, izrezanje.

**excitable** (eksa'jtöbl), *a.* razdražljiv.

**excite** (eksa'jt), *v.* uzbuditi, podraživati, uzrujati, podbadati; razdražiti.

**excitement** (eksa'jtment), *n.* uzbuđenje, uzrujanost, pobuda; nemir.

**exclaim** (ekskle'jm), *v.* uskliknuti, viknuti.

**exclamation** (e'ksklöme'jšön), *n.* usklik, poklik.

**exclamatory** (eksklă'mötöri), *a.* usklični, vičući.

**exclude** (ekskljū'd), *v.* isključiti, izlučiti.

**exclusion** (eksklju'žön), *n.* isključenje.

**exclusive** (eksklju'siv), *a.* isključan, isključiv.

**excommunicate** (e'kskomju'nikejt), *v.* izopćiti (*iz crkve*), isključiti.

**excommunication** (e'kskomju'nike'jšön), *n.* isključenje (*iz crkve*), izopćenje.

**excoriate** (eksko'riejt), *v.* ogrepsti, oguliti, derati kožu.

**excoriation** (eksko'rie'jšön), *n.* deranje; gulenje (*kože*).

**excrement** (e'kskriment), *n.* otpadak, balega, govno; blato.

**excrescence** (ekskre'sens), *n.* izrastlina, kvrga.

**excrescent** (ekskre'sent), *a.* što izraste; suvišan.

**excrete** (ekskri̱'t), *v.* izlučiti, izbaciti.

**excretion** (ekskrī'šön), *n.* izlučivanje, otpadak.

**excruciate** (ekskru'šiejt), *v.* mučiti.

**excruciation** (ekskru'šie'jšön), *n.* mučenje, muka, grozna bol.

**exculpate** (ekska'lpejt), *v.* opravdati, ispričati; oprostiti.

**exculpation** (e'kskalpe'jšön), *n.* oproštenje, opravdanje, ispričanje.

**excursion** (eksö'ršön), *n.* izlet; zastranjivanje, prestupanje.

**excursionist** (eksö'ršönist), *n.* izletnik.

**excursive** (eksö'rsiv), *a.* izletan; razvlačit.

**excusable** (ekskju'zöbl), *a.* oprostiv; odpustljiv.

**excuse** (ekskju'z), *v.* oprostiti, ispričati, opravdati; otpustiti; — (ekskju's), *n.* isprika, opravdanje; izgovor, oprost

**execrable** (e'ksekröbl), *a.* proklet, grozan, gnjusan.

**execrate** (e'ksikrejt), *v.* ukleti, prokleti.

**execration** (e'ksikre'jšön), *n.* proklinjanje; kletva; prokletstvo.

**execute** (e'ksekjut), *v.* izvršiti, izvesti, učiniti; pogubiti, usmrtiti.

**execution** (e'ksekju'šön), *n.* izvedenje, izvršenje; ovrha; zapljena, pogubljenje.

**executioner** (eksikju'šönör), *n.* krvnik.

**executive** (egze'kjutiv), *a.* izvršujući;— *n.* izvršna oblast.

**executor** (egze'kjutör), *n.* izvršitelj oporuke.

**executrix** (egze'kjutriks), *n.* izvršiteljica oporuke.

**exemplar** (egze'mplör), *n.* primjerak, uzorak, obrazac.

**exemplary** (e'gzemplöri), *a.* uzoran.

**exemplification** (egze'mplifike'jšön), *n.* razjašnjenje primjerima; služben prepis.

**exemplify** (egze'mplifaj), *v.* razjasniti primjerima.

**exempt** (egze'mpt), *v.* izuzeti, osloboditi, otpustiti; — *a.* izuzet, oslobođen; prost.

**exemption** (egze'mpšön), *n.* oslobođenje, oprost.

**exequatur** (e'ksiku̯e'jtör), *n.* eksekvatura, službeno, priznanje.

**exercise** (e'ksörsajz), *v.* služiti se, rabiti, vježbati se; — *n.* vježba, tjelovježba, izvršivanje.

**exert** (egzö'rt), *v.* naprezati, napeti, truditi se.

**exertion** (egzö'ršön), *n.* naprezanje, napor; trud.

**exhalation** (e'kshöle'jšön), *n.* ishlapljvanje, isparivanje; para, dim; izdisanje.

**exhale** (ekshe'jl) *v.* izdisati; isparivati.

**exhaust** (egzá'st) *v.* iscrpsti, istrošiti, isprazniti; umoriti;— *n.* suvišna para *ili* plinovi kod stroja.

**exhaustible** (egzà'stibl), *a.* iscrpiv.

**exhaustion** (egzà'šćön), *n.* malaksalost, umornost; istrošenje.

**exhaustive** (egzà'stiv), *a.* iscrpiv, opširan; podroban.

**exhaustively** (egzà'stivli), *adv.* iscrpivo.

**exhibit** (egzi'bit), *v.* pokazati, izložiti, podnijeti; postaviti na ogled; — *n.* izložba, izloženi predmet, dokazni spis.

**exhibition** (e'ksibi'šön), *n.* izložba; prikazivanje.

**exhibitor** (egzi'bitör), *n.* izložitelj.

**exhilarate** (egzi'lörejt), *v.* razveseliti, oživiti; uzbuditi; razvedriti.

**exhilaration** (egzi'löre'jšön), *n.* veselost, oduševljenje.

**exhort** (egzo'rt), *v.* opominjati; potaknuti.

**exhortation** (e'gzorte'jšön), *n.* opomena; poticanje.

**exhumation** (e'kshjume'jšön), *n.* iskopavanje.

**exhume** (ekshjū'm), *v.* iskopati (*čovječje tijelo*).

**exigence** (e'ksiđens), *n.* nužda, zahtjev, potreba.

**exigency** (e'ksiđensi), *n. vidi:* **exigence.**

**exigent** (e'ksiđent), *a.* nuždan, potreban.

**exile** (e'gzael), *v.* prognati, otjerati, zatočiti; — *n.* progonstvo; prognanik; zatočenje; izgon.

**exist** (egzi'st), *v.* biti, opstojati, živjeti.

**existence** (egzi'stens), *n.* opstanak, bit, trajanje.

**existent** (egzi'stent), *a.* opstojan, postojeći; sadanji.

**exit** (e'ksit), *n.* izlaz; odstup.

**exodus** (e'ksodas), *n.* izlaz; polazak; seoba.

**exonerate** (egzà'nörejt), *v.* rasteretiti, riješiti optužbe, osloboditi; oprostiti.

**exoneration** (egzà'nöre'jšön), *n.* rasterećenje, oslobođenje.

**exorable** (e'ksoröbl), *a.* umoljiv; zamoljiv.

**exorbitance** (egzo'rbitöns), *n.* prekomjernost, ogromnost.

**exorbitant** (egzo'rbitönt), *a.* ogroman, prekomjeran.

**exorcise** (e'ksársajz), *v.* izganjati, zaklinjati zle duhove.

**exorcism** (e'ksársizm), *n.* zaklinjanje duha.

**exoteric** (e'ksote'rik), *a.* vanjski, javni, svakomu razumljiv; očit.

**exotic** (eksà'tik), *a.* inozemni, tuđi, inostran; eksotičan.

**expand** (ekspä'nd), *v.* raširiti, rastegnuti, povećati.

**expanse** (ekspä'ns), *n.* prostranost, širina, rastezanje.

**expansibility** (ekspä'nsibi'liti), *n.* rastezivost, pruživost.

**expansible** (ekspä'nsibl), *a.* rasteziv, pruživ.

**expansion** (ekspä'nšön), *n.* pružanje, rastezanje; širina, prostor.

**expansive** (ekspä'nsiv), *a.* raširen, prostran, opširan.

**ex-parte** (ekspa'rti), *a.* jednostran, djelomičan.

**expatiate** (ekspe'jšiejt), *v.* očitovati se, na široko govoriti o čemu; tumarati.

**expatriate** (ekspe'jtriejt), *v.* prognati, zatočiti; izgnati iz domovine.

**expatriation** (ekspe'jtrie'jšön), *n.* progonstvo, zatočenje.

**expect** (ekspe'kt), *v.* očekivati, iščekivati, naslućivati, slutiti.

**expectance** (ekspe'ktöns), *n.* iščekivanje, čekanje; nada.

**expectancy** (ekspe'ktönsi), *n. vidi:* **expectance.**

**expectant** (ekspe'ktönt), *a.* iščekujući, nadajući se.

**expectation** (e'kspekte'jšön), *n.* iščekivanje, izgled; pouzdanje.

**expectorate** (ekspe'ktorejt), *v.* pljuvati.

**expectoration** (ekspe'ktore'jšön), *n.* pljuvanje, pljuvačka.

**expedience** (ekspī'diens), *n.* prikladnost, shodnost, poželjnost; koristna stvar.

**expediency** (ekspī'diensi), *n. vidi:* **expedience.**

**expedient** (ekspī'dient), *a.* probitačan, shodan, koristan, prikladan; — *n.* shodno sredstvo, pomoć za nuždu.

**expedite** (e'kspidajt), *v.* pospješiti, otpraviti, unaprijediti, promicati.

**expedition** (e'kspidi'šön), *n.* otprema, hitnja, poduzeće, pothvat, izlet; ekspedicija.

**expeditionary** (e'kspidi'šönöri), *a.* otpravan, pothvatan.

**expeditious** (e'kspidi'šös), *a.* gotov, brz, okretan.

**expel** (ekspe'l), *v.* otjerati, protjerati, odbaciti; izgnati, isključiti.

**expend** (ekspe'nd), *v.* potrošiti, rabiti, upotrijebiti; izdati.

**expenditure** (ekspe'ndićur), *n.* potrošak, izdatak.

**expense** (ekspe'ns), *n.* trošak, potrošarina; izdatak.

**expensive** (ekspe'nsiv), *a.* skupocjen, skup.

**expensively** (ekspe'nsivli), *adv.* skupo.

**expensiveness** (ekspe'nsivnes), *n.* skupoća.

**experience** (ekspī'riens), *v.* iskusiti; — *n.* iskustvo.

**experienced** (ekspī'rienst), *a.* iskusan, vješt.

**experiment** (ekspe'riment), *v.* kušati, praviti pokuse; eksperimentirati; — *n.* pokus, pokušaj.

**experimental** (ekspe'rime'ntöl), *a.* po iskustvu, iskustven.

**experimentally** (ekspe'rime'ntöli), *adv.* pokusno.

**expert** (ekspö'rt), *a.* okretan, vješt, iskusan; — (e'kspört), *n.* vještak, stručnjak.

**expertly** (ekspö'rtli), *adv.* vješto, stručnjački.

**expertness** (ekspö'rtnes), *n.* vještina, okretnost.

**expiable** (e'kspiöbl), *a.* što se mora da izravna.

**expiate** (e'kspiejt), *v.* okajati, pokoru činiti.

**expiation** (e'kspie'jšön), *n.* pokora, okajanje.

**expiator** (e'kspie'jtör), *n.* pokornik.

**expiatory** (e'kspiătöri), *a.* pokorni, pomirni.

**expiration** (e'kspire'jšön), *n.* izdahnuće, smrt; svršetak.

**expire** (ekspa'er), *v.* izdahnuti, umrijeti, proći, dospjeti; isteći.

**explain** (eksple'jn), *v.* protumačiti, razjasniti; razložiti.

**explanation** (e'ksplöne'jšön), *n.* tumačenje, razjašnjenje.

**explanatory** (eksplă'nötöri), *a.* razjašnjiv, protumačiv.

**explicable** (e'kspliköbl), *a.* protumačiv.

**explicate** (e'ksplikejt), *v.* razviti, protumačiti, pokazati.

**explication** (e'ksplike'jšön), *n.* tumačenje, razjašnjenje.

**explicit** (ekspli'sit), *a.* jasan, otvoren, očit.

**explicitly** (ekspli'sitli), *adv.* izričito, naročito, jasno; posebno.

**explicitness** (ekspli'sitnes), *n.* razgovjetnost, jasnoća.

**explode** (eksplō'd), *v.* prsnuti, raznijeti, razbiti; eksplodirati.

**exploit** (eksplo'jt), *v.* izrabiti, upotrebiti; — *n.* junačko djelo, čin.

**exploitation** (e'ksplojte'jšön), *n.* iskorišćivanje; izrabljenje.

**exploration** (e'ksplore'jšön), *n.* istraživanje, ispitivanje.

**explore** (eksplō'r), *v.* istraživati, razvidjeti.

**explorer** (eksplō'rör), *n.* istraživalac; ispitivač.

**explosion** (eksplō'žön), *n.* prsnuće, prasak; eksplozija.

**explosive** (eksplō'ziv), *a.* praskav; — *n.* praskavica.

**exponent** (ekspō'nent), *n.* izlagač, zagovornik; pristaša; izložnik, eksponent.

**export** (ekspo'rt), *v.* izvoziti, izvažati; — (e'ksport), *n.* izvoz.

**exportation** (e'ksporte'jšön), *n.* izvažanje.

**exporter** (ekspo'rtör), *n.* izvoznik, izvažalac.

**expose** (ekspō'z), *v.* izložiti, izvrći, dati na vidjelo.

**exposition** (e'kspozi'šön), *n.* izložba, protumačenje, razlaganje.

**expositor** (ekspă'zitör), *n.* tumač.

**expostulate** (ekspă'stjulejt), *v.* pravdati se, pritužiti se; prepirati se.

**expostulation** (ekspă'stjule'jšön), *n.* žaoba, tužba, prepirka.

**expostulator** (ekspă'stjulejtör), *n.* prepirač, kuditelj, svadljivac.

**exposure** (ekspō'žur), *n.* izloženje, izvrženost; razlaganje, stanje.

**expound** (ekspa'und), v. razjasniti, protumačiti; razlagati.

**expounder** (ekspa'undör), n. tumačitelj, razlagatelj.

**express** (ekspre's), v. istisnuti; izraziti, očitovati; poslati brzom poštom; izreći, predstavljati; — a. očit, otvoren; izrazit, jasan; — n. brzi prevoz robe.

**expressible** (ekspre'sibl), a. izraziv, izreciv.

**expression** (ekspre'šön), n. izraz, izražaj; način izgovora.

**expressive** (ekspre'siv), a. izrazit.

**expressly** (ekspre'sli), adv. izričito, naročito.

**expropriate** (ekspro'priejt), v. razvlastiti, lišiti posjeda.

**expropriation** (ekspro'prie'jšön), n. razvlazba.

**expulsion** (ekspa'lšön), n. otjeranje, izgon.

**expunction** (ekspa'nkšön), n. izbrisanje, uništenje; zatiranje.

**expunge** (ekspa'nđ), v. izbrisati, uništiti; zatrijeti.

**expurgate** (e'kspörgejt), v. pročistiti, čistiti; očistiti.

**expurgation** (e'kspörge'jšön), n. čišćenje, očišćenje.

**exquisite** (e'kskuizit), a. odabran, savršen, krasan; izvrstan.

**exquisiteness** (ekskui'zitnes), n. vanrednost, savršenost; izvrstnost.

**extant** (e'kstönt), a. sadašnji, prisutni; čega ima.

**extemporaneous** (ekste'mpore'jnias), a. nepripravan, s mjesta; bez priprave.

**extemporary** (ekste'mporöri), a. vidi: **extemporaneous**.

**extempore** (ekste'mpori), adv. bez priprave, iznenada, na izust.

**extemporize** (ekste'mporajz), v. govoriti ili činiti bez priprave.

**extend** (ekste'nd), v. pružati se, protezati se, širiti.

**extensibility** (ekste'nsibi'liti), n. rastežljivost.

**extensible** (ekste'nsibl), a. rastežljiv; raširen.

**extension** (ekste'nšön), n. pružanje, rastezanje, proširenje, produljenje, opseg.

**extensive** (ekste'nsiv), a. raširen, prostran, opsežan, znatan; velik.

**extent** (ekste'nt), n. stepen; mjera; opseg; veličina.

**extenuate** (ekste'njuejt), v. rastanjiti, umanjiti; prorijediti; oslabiti.

**extenuation** (ekste'njue'jšön), n. umanjivanje, ublaživanje.

**exterior** (eksti'riör), a. izvanjski, strani; — n. vanjština.

**exterminate** (ekstö'rminejt), v. iskorijeniti, utamaniti, zatrti.

**extermination** (ekstö'rmine'jšön), n. tamanjenje, uništenje.

**exterminator** (ekstö'rmine'jtör), n. uništitelj.

**external** (ekstö'rnöl), a. vanjski, izvanjski, inostran.

**externally** (ekstö'rnöli), adv. izvana.

**extinct** (eksti'nkt), a. ugašen, izumro, ukinut.

**extinction** (eksti'nkšön), n. utrnuće, uništenje, prestanak.

**extinguish** (eksti'nguiš), v. ugasiti, utrnuti, uništiti.

**extinguisher** (eksti'nguišör), n. gasilo; gasilac.

**extinguishment** (eksti'nguišment), n. ugasnuće.

**extirpate** (e'kstörpejt), v. iskorijeniti; zatrti, utamaniti.

**extirpation** (e'kstörpe'jšön), n. zatiranje, tamanjenje, uništenje.

**extirpator** (e'kstörpe'jtör), n. uništitelj, zatirač.

**extol** (ekstō'l), v. uzvisivati, veličati, hvaliti.

**extort** (eksto'rt), v. iznuditi, oteti; odirati.

**extortion** (eksto'ršön), n. iznuđivanje, globljenje.

**extortionate** (eksto'ršönet), a. iznuđivački, grabežljiv.

**extortioner** (eksto'ršönör), n. otimač, gulikoža.

**extra** (e'kströ), a. poseban, neobičan; — adv. suviše, osebice, još; povrhu.

**extract** (ekströ'kt), v. izvući, izlučiti, skratiti;—(e'kströkt), n. izvadak, izvod; odlomak.

**extraction** (ekströ'kšön), n. izvlačenje, vađenje, izlučenje; podrijetlo; pokoljenje.

**extradite** (e'kströdajt), v. izručiti, predati (zločinca).

**extradition** (e'kströdi'šön), n. izručenje (zločinaca).

**extrajudicial** (e'kström̌udi'šöl), *a.* izvan suda; vansudben.

**extraneous** (ekstre'jnias), *a.* stran, tuđ; inozemski.

**extraordinarily** (ekstro'rdinǎrili), *adv.* izvanredno.

**extraordinary** (ekstro'rdinǎri), *a.* izvanredan.

**extravagance** (ekstrǎ'vögöns), *n.* pretjeranost; raskošnost.

**extravagant** (ekstrǎ'vögönt), *a.* rasipan, raskošan, pretjeran.

**extreme** (ekstrī'm), *a.* najposljednji, skrajnji, konačni; — *n.* skrajnost.

**extremely** (ekstrī'mli), *adv.* neizmjerno, skrajnje.

**extremist** (ekstrī'mist), *n.* ekstrem.

**extremity** (ekstre'miti), *n.* krajnost; vrhunac, najveći stepen; umor;udovi tijela.

**extricable** (e'kstriköbl), *a.* što se može izmotati.

**extricate** (e'kstrikejt), *v.* isplesti se, riješiti se; osloboditi se.

**extrication** (e'kstrike'jšön), *n.* oslobođenje, razriješenje, raspletaj.

**extrinsic** (ekstri'nsik), *a. vidi*: **extrinsical.**

**extrinsical** (ekstri'nsiköl), *a.* izvanjski; nebitan.

**extrinsically** (ekstri'nsiköli), *adv.* izvana; nebitno.

**extrude** (ekstrū'd), *v.* isturati, izgurati.

**extrusion** (ekstrū'žön), *n.* istjeranje, istisnuće.

**exuberance** (egzu'böröns), *n.* obilje, izobilje, pretek.

**exuberant** (egzu'börönt), *a.* obilan, zališan.

**exudation** (e'ksude'jšön), *n.* znojenje, isparivanje; znoj.

**exude** (eksjū'd), *v.* znojiti se.

**exult** (egza̱'lt), *v.* radovati se, klicati od veselja.

**exultation** (e'gza̱lte'jšön), *n.* ushićena radost, veselost; radovanje.

**eye** (aj), *v.* baciti oko na nešto, progledati; — *n.* oko; pogled.

**eyeball** (a'jbä'l), *n.* zjenica.

**eyebrow** (a'jbra̱'u̱), *n.* obrva.

**eye-glasses** (a'jglǎ'sez), *n.* naočali.

**eyelash** (a'jlǎ'š), *n.* trepavica.

**eyelid** (a'jli'd), *n.* veđa, očni kapak.

**eyesight** (a'jsa'jt), *n.* očinji vid; pogled.

**eye-tooth** (a'jtū't), *n.* očnjak.

**eyewitness** (a'ju̱i'tnes), *n.* očevidac.

**eyre** (ēr), *n.* putujući sud.

**eyry** (a'jri), *n.* gnijezdo ptica grabilica.

# F

**F, f** (ef), *slovo*: F, f.
**fable** (fe'jbl), *v.* pričati, bajati; — *n.* bajka, priča, basna.
**fabric** (fă'brik), *n.* građevina, tkanina, tvorevina.
**fabricate** (fă'brikejt), *v.* praviti, zgotoviti, skovati; sastaviti; izmisliti.
**fabrication** (fă'brike'jšön), *n.* proizvođenje, građenje; izmišljotina, laž.
**fabricator** (fă'brike'jtör), *n.* proizvađač, graditelj; kovač laži.
**fabrikoid** (fă'brikojd), *n.* imitacija kože.
**fabulist** (fă'bjulist), *n.* basnoslovac, basnar.
**fabulous** (fă'bjulas), *a.* bajoslovan, izmišljen.
**facade** (fasa'd), *n.* čelo, pročelje (*zgrade*).
**face** (fejs), *v.* suočiti, gledati *ili* biti naprama; prkositi; — *n.* lice, obraz, obličje, površina, spoljašnost; prednja strana; pogled.
**facet** (fă'set), *n.* četvorina, izbrušena strana (*dijamanta*).
**facetious** (făsi'šas), *a.* veseo, šaljiv, zabavan.
**facetiousness** (făsi'šasnes), *n.* veselost, vesela ćud.
**facial** (fe'jšöl), *a.* lični.
**facile** (fă'sil), *a.* lak, lasan, lakovjeran.
**facilitate** (făsi'litejt), *v.* olakšati, olahkotiti.
**facility** (făsi'liti), *n.* lakoća, okretnost, vještina.
**facing** (fe'jsing), *n.* prednja strana, pročelje; oblog; prevlaka.
**fac-simile** (fă'ksi'mili), *n.* snimak, točan prepis.
**fact** (făkt), *n.* čin, činjenica; događaj; istina.
**faction** (fă'kšön), *n.* stranka; nesloga.
**factionist** (fă'kšönist), *n.* strančar, buntovnik.
**factious** (fă'kšas), *a.* strančarski, buntovni.

**factitious** (făkti'šas), *a.* umjetan, patvoren, lažan, izmišljen.
**factor** (fă'ktör), *n.* činbenik; poslovođa.
**factory** (fă'ktöri), *n.* tvornica.
**faculty** (fă'költi), *n.* sposobnost, snaga, moć; ravnateljstvo; naučna struka; fakultet.
**fad** (făd), *n.* hir, mušica; navada, običaj.
**fade** (fejd), *v.* nestajati, isčezavati, sušiti se, venuti; potamniti.
**fag** (făg), *v.* umarati se, kinjiti se; mučiti.
**fagot** (fă'göt), *v.* vezati u snopove; — *n.* snop, naramak, svežanj.
**fail** (fejl), *v.* promašiti, ne uspjeti, pogriješiti, prestati, malaksati; spasti pod stečaj; propasti.
**failure** (fe'jljur), *n.* nestašica, neuspjeh, propalost, stečaj; pomanjkanje, izjalovljenje; bankrot.
**fain** (fejn), *a.* veseo, radostan, naklon; — *adv.* rado, s veseljem.
**faint** (fejnt), *v.* onesvijestiti se; klonuti, oslabiti; — *a.* slab, malodušan bojažljiv; nejasan.
**fainting** (fe'jnting), *n.* nesvjest, nesvjestica.
**faintly** (fe'jntli), *adv.* slabo, nemoćno.
**fair** (fēr), *a.* lijep, krasan; nepristran, jasan, čist; pravičan; — *n.* vašar, pazar.
**fairish** (fē'riš), *a.* lijep; prikladan.
**fairly** (fē'rli), *adv.* prilično; lijepo; posve.
**fairness** (fē'rnes), *n.* ljepota; pravednost; iskrenost; jasnoća.
**fairy** (fē'ri), *n.* vila.
**faith** (fejt), *n.* vjera, vjeroispovjest; vjernost.
**faithful** (fe'jtful), *a.* vjeran, odan; pošten.
**faithfully** (fe'jtfuli), *adv.* vjerno, odano.
**faithfulness** (fe'jtfulnes), *n.* vjernost.

**faithless** (fe'jtles), *a.* nevjeran, izdajnički.

**fake** (fejk), *v.* prevariti; — *n.* obmana, prijevara.

**faker** (fe'jkör), *n.* varalica.

**fakir** (föki'r), *n.* istočnjački čarobnjak.

**falcon** (fàkn), *n.* sokol.

**falconer** (fà'knör), *n.* sokolar;' lovac sa sokolima.

**falconry** (fà'knri), *n.* lov sa sokolom.

**fall** (fàl), *v.* pasti, srušiti se; — *n.* pad, padanje; propast; poraz; jesen.

**fallacious** (făle'jšas), *a.* varav, prijevaran.

**fallacy** (fă'lösi), *n.* opsjena, varka; lažljiv zaključak.

**fallibility** (fă'libi'liti), *n.* pogrješivost; varavost.

**fallible** (fă'libl), *a.* pogrješiv; varav.

**fallow** (fă'lō), *a.* žučkast; crvenkast; ugaran; — *n.* ugar; neizorano polje.

**false** (fàls), *a.* lažan, nevjeran, izdajnički; nepošten.

**falsehood** (fà'lshud), *n.* lažljivost, laž, prijevara, himba.

**falsely** (fà'lsli), *adv.* lažno, lažljivo; krivo.

**falsification** (fà'lsifike'jšön), *n.* krivotvorenje; izopačenje; patvorina.

**falsifier** (fà'lsifaer), *n.* patvorilac; lažac.

**falsify** (fà'lsifaj), *v.* krivotvoriti; pokvariti, izopačiti.

**falsity** (fà'lsiti), *n.* lažnost, lažljivost.

**falter** (fà'ltör), *v.* posrnuti; zapinjati; tepati; oklijevati, krzmati.

**faltering** (fà'ltöring), *a.* oklijevajući, krzmajući.

**fame** (fejm), *v.* proslaviti; — *n.* glas, slava; čast; ime.

**famed** (fe'jmd), *a.* glasovit, slavan.

**familiar** (fămi'ljör), *a.* obiteljski, domaći, prijateljski, pouzdan; poznat.

**familiarity** (fami'liă'riti), *n.* pouzdanost, povjerljivost; druženje; prijaznost; neprisiljenost.

**familiarize** (fămi'ljörajz), *v.* udomiti se, uobičajiti se, sprijateljiti se; udomaćiti; upoznati se (sa).

**family** (fă'mili), *n.* obitelj; ukućani; podrijetlo; rasa.

**famine** (fă'min), *n.* glad, oskudica.

**famish** (fă'miš), *v.* moriti gladom, skapati od glada.

**famous** (fe'jmas), *a.* glasovit, značajan, slavan, čuven.

**fan** (făn), *v.* mahati lepezom, hladiti; — *n.* lepeza, mahalica; odušnik; ljubitelj športa.

**fanatic** (fănă'tik), *a.* zanešen; pomaman; zagrižen; fanatičan; — *n.* zanešenjak, fanatik.

**fanatical** (fănă'tiköl), *a. vidi:* **fanatic.**

**fanaticism** (fănă'tisizm), *n.* zanešenost, sanjarstvo, fanatizam.

**fancier** (fă'nsiör), *n.* ljubitelj, gojitelj (*ptica, pasa itd.*).

**fanciful** (fă'nsiful), *a.* čudnovat, sanjarski, mušičav.

**fancy** (fă'nsi), *v.* uobražavati si; voliti, misliti; — *n.* mašta, uobraženje, umišljanje; pomisao; hir; fantazija; — *a.* nakićen, ukusan.

**fane** (fejn), *n.* hram, crkva.

**fanfare** (fă'nfer), *n.* trubnja; tuš (*sviranje glazbe uz* "živio").

**fanfaronade** (fă'nfărone'jd), *n.* hvastanje.

**fang** (făng), *n.* otrovni zub (*u zmije*), prihvatni zub; panđa.

**fantastic** (făntă'stik), *a.* sanjarski, čudnovat, neobičan; fantastičan.

**fantastical** (făntă'stiköl), *a. vidi:* **fantastic.**

**fantasy** (fă'ntösi), *n.* mašta, umišljanje, fantazija.

**far** (far), *a.* dalek; — *adv.* daleko.

**farce** (fars), *n.* lakrdija, šala.

**fare** (fēr), *v.* ići; voziti se, putovati; živjeti; — *n.* vozarina; hrana.

**farewell** (fē'rue'l), *interj.* sretan put, s Bogom!

**farina** (făra'jnö), *n.* krupno brašno od pšenice, gris.

**farm** (farm), *v.* u zakup dati, obrađivati zemlju, baviti se gospodarstvom; — *n.* zaselak, salaš, imanje.

**farmer** (fa'rmör), *n.* poljodjelac, ratar, gospodar.

**farming** (fa'rming), *n.* ratarstvo, poljodjeljstvo.

**farrier** (fă'riör), *n.* potkivač, konjski liječnik, živinar.

**farrow** (fă'rō), *v.* leći praščad, oprasiti se; — *n.* praščad, odojčad.

**farther** (fa'rdör), *a. i adv.* daljni; dalje.

**farthermore** (fa'rdörmō'r), *adv.* osim toga, zatim.

**farthest** (fa'rdest), *a. i adv.* najdalji; najdalje.

**farthing** (fa'rding), *n.* engleski sitni novac (¼ *penny*).

**fascinate** (fă'sinejt), *v.* zatraviti, začarati; privlačiti.

**fascination** (fă'sïne'jšön), *n.* začaranje; privlačivost.

**fashion** (fă'šön), *v.* uobličiti; tvoriti; udesiti; — *n.* način; kroj; nošnja; moda, običaj.

**fashionable** (fă'šönöbl), *a.* običajan; pomodan; pristojan; gospodski.

**fast** (făst), *v.* postiti; — *a.* čvrst; nepomičan; stalan; brz; raskalašen; — *n.* post, postno vrijeme; — *adv.* čvrsto; brzo, hitro.

**fasten** (făsn), *v.* učvrstiti, privezati, utvrditi.

**fastidious** (făsti'dias), *a.* ohol, objestan, probirljiv.

**fastness** (fă'stnes), *n.* postojanost, čvrstoća; utvrđenje.

**fat** (făt), *a.* debeo, tovan, mastan; — *n.* mast; salo.

**fatal** (fe'jtôl), *a.* sudbonosan; smrtonosan; koban.

**fatalism** (fe'jtölizm), *n.* nauka o sudbini, vjerovanje u sudbinu; fatalizam.

**fatalist** (fe'jtölist), *n.* tko vjeruje u sudbinu; fatalist.

**fatality** (fătă'liti), *n.* sudbina, kob, nesreća; smrtni slučaj.

**fatally** (fe'jtöli), *adv.* kobno, nesretno; smrtno.

**fate** (fejt), *n.* udes, usud, sudba, kob.

**fateful** (fe'jtful), *a.* koban, sudbonosan.

**father** (fā'dör), *v.* uzeti za svoje, posvojiti; — *n.* otac.

**fatherhood** (fā'dörhud), *n.* očinstvo.

**father-in-law** (fā'dörinlă'), *n.* tast.

**fatherland** (fā'dörlănd), *n.* domovina, otačbina.

**fatherless** (fā'dörles), *a.* bez oca.

**fatherlessness** (fā'dörlesnes), *n.* sirotanstvo.

**fatherliness** (fā'dörlines), *n.* očinska ljubav.

**fatherly** (fā'dörli), *a.* očinski; blag.

**fathom** (fă'döm), *v.* mjeriti dubinu; dokučiti; — *n.* hvat (*šest noga*), dubina; temeljitost.

**fathomless** (fă'dömlcs), *a.* nedokučiv, bezdan.

**fatigue** (fătï'g), *v.* umoriti, iscrpiti snagu; — *n.* umor, trud, patnja.

**fatness** (fă'tnes), *n.* debljina.

**fatten** (fă'tn), *v.* udebljati, utoviti, ugojiti.

**fatty** (fă'ti), *a.* debeo, tust, mastan.

**fatuity** (făću'iti), *n.* budalaština, glupost; slabost.

**fatuous** (fă'ćuas), *a.* budalast, glup, bezuman.

**faucet** (fă'set), *n.* vranj, slavina, tapun; pipa.

**fault** (fălt), *n.* pogrješka, mana, nedostatak.

**faultless** (fă'ltles), *a.* bez pogrješke, nezazoran, savršen.

**faulty** (fă'lti), *a.* pogrješan, prijekoran; manjkav.

**favor** (fe'jvör), *v.* biti naklonjen, pogodovati, štititi; — *n.* naklonost, milost; dobrota; ljubav.

**favorable** (fe'jvöröbl), *a.* povoljan, zgodan; naklonjen; udoban, prijazan.

**favorite** (fe'jvörit), *n.* mezimac, ljubimac.

**fawn** (făn), *v.* ulagivati se; — *n.* srnče; jelen.

**fawner** (fă'nör), *n.* ulizica, podlac.

**fay** (fej), *n.* vila.

**fealty** (fi'ölti), *n.* vjernost, odanost.

**fear** (fïr), *v.* bojati se, strašiti se; — *n.* strah; bojazan.

**fearful** (fi'rful), *a.* strašljiv, grozan.

**fearfully** (fi'rfuli), *adv.* plašljivo, sa strahom; bojažljivo.

**fearfulness** (fi'rfulnes), *n.* bojažljivost, strašljivost.

**fearless** (fi'rles), *a.* neustrašiv, smion, junačan.

**feasibility** (fi'zibi'liti), *n.* mogućnost; shodnost.

**feasible** (fi'zibl), *a.* moguć, izvediv; praktičan.

**feast** (fïst), *v.* gostiti se; pogostiti; — *n.* blagdan, svetkovina; gozba; praznik.

**feat** (fït), *n.* čin, djelo, remek djelo.

**feather** (fe'dör), *v.* nakititi perjem; — *n.* pero, perje.

**feathery** (fe'döri), *a.* pernat.

**feature** (fi'ćur), *n.* crta lica, obličje, izgled.

**featureless** (fi'ćurles), *a.* bez lica.

**febrifuge** (fe'brifjuđ), *n.* lijek protiv groznice.

**febrile** (fi'bril), *a.* grozničav.
**February** (fe'brueri), *n.* veljača, februar.
**fecal** (fī'köl), *a.* što pripada talogu *ili* nečisti, mutan, droždan.
**feces** (fī'siz), *n.* talog, drožđe, blato.
**feculence** (fe'kjulens), *n.* blatnost, kalnost.
**feculent** (fe'kjulent), *a.* kalan, mutan, blatan.
**fecund** (fi'kạnd), *a.* plodan, plodonosan.
**fecundate** (fi'kạndejt), *v.* zaploditi, oploditi.
**fecundation** (fi'kande'jšön), *n.* oplođenje.
**fecundity** (fikạ'nditi); *n.* plodovitost, plodnost.
**federal** (fe'döröl), *a.* savezan, sjedinjen.
**federalist** (fe'dörölist), *n.* savezničar.
**federate** (fe'dörejt), *v.* sklopiti savez, združiti; — *a.* saveznički; združen.
**federation** (fe'döre'jšön), *n.* savez, sayezničtvo; federacija.
**federative** (fe'döretiv), *a.* savezan.
**fee** (fī), *n.* pristojba, plaća, nagrada.
**feeble** (fībl), *a.* nejak, nemoćan, slabašan.
**feebleness** (fī'blnes), *n.* slabost, nemoć.
**feed** (fīd), *v.* hraniti, jesti; pasti se; krmiti; — *n.* hrana; krma.
**feeder** (fī'dör), *n.* hranitelj; izjelica; ulagač.
**feel** (fīl), *v.* ćutjeti, osjećati; iskusiti.
**feeling** (fī'ling), *n.* osjećaj, čuvstvo.
**feet** (fīt), *n.* noge (*množina od* foot).
**feign** (fejn), *v.* hiniti, pretvarati se.
**feigner** (fe'jnör), *n.* licemjerac, himbenik.
**feint** (fejnt), *v.* izlika, lukavština.
**felicitate** (fili'sitejt) *v.* čestitati, usrećiti.
**felicitation** (fili'site'jšön), *n.* čestitanje.
**felicitous** (fili'sitạs), *a.* sretan, veseo.
**felicitously** (fili'sitạsli), *adv.* sretno.
**felicity** (fili'siti), *n.* sreća; napredak.
**feline** (fi'lajn), *a.* mačji.
**fell** (fel), *v.* posjeći; oboriti; — *a.* okrutan, divlji, krvoločan; — *n.* koža (*od zvjeri*).
**fellow** (fe'lö) *n.* drug, prijatelj, čovjek.

**fellowship** (fe'lõšip), *n.* društvo, družba.
**felly** (fe'li), *n.* naplatak (*na točku*).
**felon** (fe'lön), *n.* zločinac, krivac; poganac (*pod noktom*).
**felonious** (felo'nias), *a.* zloban, opak, zločinski.
**felony** (fe'loni), *n.* zločin, lopovština; velik zločin.
**felt** (felt), *v.* pustiti; valjati; — *n.* pust; klobučina.
**female** (fi'mejl), *n.* ženka, žena; samica; — *a.* ženski.
**feminine** (fe'minin), *a.* ženski; njezan.
**femoral** (fe'moröl), *a.* stegnen.
**femur** (fī'mör), *n.* stegno (*kost*)
**fen** (fen), *n.* glib, močvara, kaljuža.
**fence** (fens), *v.* mačevati se; ograditi; — *n.* ograda, plot, okrilje.
**fencer** (fe'nsör), *n.* mačevalac.
**fencing** (fe'nsing), *n.* mačevanje.
**fend** (fend), *v.* braniti, suzbiti, odvratiti; odbiti.
**fender** (fe'ndör), *n.* zaštita, obrana.
**fennel** (fe'nel), *n.* komorač, kopar; slatki januš.
**fenny** (fe'ni), *a.* barovit, močvaran.
**feoff** (fef), *v.* dati komu leno.
**feoffee** (fe'fi'), *n.* lenovnik, tko je dobio leno.
**feoffment** (fe'fment), *n.* darivanje lena.
**feoffor** (fe'fo'r), *n.* lenski gospodar.
**ferment** (förme'nt), *v.* vreti; kisati se; — (fö'rment), *n.* vrenje; kvas; zakuhavanje.
**fermentation** (fö'rmente'jšön), *n.* vrenje, kemičko rastvaranje; kisanje.
**fern** (förn), *n.* paprat.
**ferocious** (fero'šạs), *a.* divlji, okrutan; grozovit; krvoločan.
**ferocity** (ferä'siti), *n.* grabežljivost, divljačtvo; okrutnost; krvoločnost.
**ferret** (fe'ret), *v.* istjerati, uhoditi; izgnati iz skrivališta; — *n.* lasica.
**ferruginous** (ferju'đinạs), *a.* željezovit; željeznat.
**ferrule** (fe'rjul), *n.* zakov, okov, obruč; spona.
**ferry** (fe'ri), *v.* prevoziti; — *n.* prevozni čamac, skela.
**ferryman** (fe'rimön), *n.* prevozač, skeledžija.

**fertile** (fö'rtil), *a.* plodan, rodan, obilan.
**fertility** (förti'liti), *n.* plodnost.
**fertilization** (fö'rtilize'jšön), *n.* oplođivanje; gnojenje.
**fertilize** (fö'rtilajz), *v.* oploditi; gnojiti.
**fertilizer** (fö'rtilajzör), *n.* oplođivač; gnojilo.
**fervency** (fö'rvensi), *n.* žar, plamen, gorljivost.
**fervent** (fö'rvent), *a.* vruć, goreć, žarki; oduševljen.
**fervid** (fö'rvid), *a.* žarki, gorljiv, usrdan.
**fervor** (fö'rvör), *n.* vrućina, gorljivost.
**festal** (fe'stöl), *a.* svetkovni, svečan; veseo.
**fester** (fe'stör), *v.* gnojiti se.
**festival** (fe'stivöl), *a.* svečan; — *n.* svetkovina, svečanost, praznik.
**festive** (fe'stiv), *a. vidi:* **festal.**
**festivity** (festi'viti), *n.* svetkovina, svečanost, praznovanje.
**festoon** (festū'n), *n.* viseća cvjetnata pletenica, splet od cvijeća, gronja.
**fetch** (feč), *v.* nositi, donijeti, dopremiti; — *n.* varka, majstorija.
**fetid** (fe'tid), *a.* smrdljiv.
**fetish** (fe'tiš), *n.* kumir.
**fetlock** (fe'tlåk), *n.* gležanj (*u konja*); puto, putilo.
**fetter** (fe'tör), *v.* okovati, vezati; — *n.* puto, okovi, negve, verige; spona.
**fetus** (fi'tas), *n.* zametak; plod.
**feud** (fjūd), *n.* svađa, zavada, neprijateljstvo.
**feudal** (fju'döl), *a.* lenski, feudalni.
**feudalism** (fju'dölizm), *n.* lenski sustav; feudalizam.
**fever** (fi'vör), *n.* groznica, vrućica.
**feverish** (fi'vöriš), *a.* grozničav.
**feverishness** (fi'vörišnes), *n.* grozničavost; vrućica.
**few** (fju), *a.* malo, nekoliko.
**fez** (fez), *n.* fes; turska kapica.
**fiance** (fi'anse'), *n.* zaručnik, vjerenik.
**fiancee** (fianse'), *n.* zaručnica, vjerenica.
**fiasco** (fiǎ'sko), *n.* neuspjeh; polom, izjalovljenje.
**fiat** (fa'et), *n.* zapovjed, nalog, odluka.
**fib** (fib), *v.* lagati; — *n.* laž, izmišljotina, doskočica.
**fibre** (fa'jbör), *n.* vlakno, žilica.
**fibrin** (fa'jbrin), *n.* vlaknina (*u krvi*).

**fibrous** (fa'jbras), *a.* vlaknast.
**fibula** (fi'bjulö), *n.* cjevanica (*kost*); kopča; spona.
**fickle** (fikl), *a.* nepostojan, promjenljiv.
**fickleness** (fi'klnes), *n.* nestalnost, prevrtljivost.
**fiction** (fi'kšön), *n.* izmišljotina, bajka.
**fictitious** (fikti'šas), *a.* izmišljen, neistinit.
**fiddle** (fidl), *v.* guditi, guslati; — *n.* gusle.
**fiddler** (fi'dlör), *n.* guslač, guslar.
**fidelity** (fide'liti), *n.* vjernost, poštenje.
**fidget** (fi'đet), *v.* premještati se, vrcati se, nemiran biti.
**fidgety** (fi'đeti), *a.* nemiran.
**fiduciary** (fidju'šiöri), *a.* pouzdani; — *n.* pouzdanik.
**fie** (faj), *interj.* fuj!
**fief** (fif), *n.* leno; lensko dobro.
**field** (fild), *n.* polje, poljana; njiva.
**fiend** (find), *n.* neprijatelj, zlotvor.
**fiendish** (fi'ndiš), *a.* pakostan, zloban.
**fierce** (firs), *a.* bijesan, žestok, užasan; silan.
**fiercely** (fi'rsli), *adv.* žestoko; silno.
**fierceness** (fi'rsnes), *n.* divljačtvo; žestina; strašnost, bjesnoća.
**fiery** (fa'eri), *a.* vatren, ushićen.
**fife** (fajf), *n.* frula, svirala.
**fifer** (fa'jför), *n.* svirac.
**fifteen** (fifti'n), *n.* petnaest.
**fifteenth** (fifti'nt), *a.* petnaesti.
**fifth** (fift), *a.* peti.
**fifthly** (fi'ftli), *adv.* na petom mjestu; peto.
**fiftieth** (fi'ftiet), *a.* pedeseti.
**fifty** (fi'fti), *n.* pedeset.
**fig** (fig), *n.* smokva.
**fight** (fajt), *v.* biti se, tući se; ratovati; boriti se; — *n.* bitka, borba; boj.
**fighter** (fa'jtör), *n.* borac, bojovnik.
**figment** (fi'gment), *n.* izum; izmišljotina.
**figurative** (fi'gjuretiv), *a.* slikovan, u slici; prispodoban, prenesen.
**figure** (fi'gjur), *v.* uobličiti, tvoriti-računati; — *n.* oblik, prilika, po; java; brojka; slika.
**filament** (fi'löment), *n.* nit, žila; vlakno.
**filbert** (fi'lbört), *n.* lješnjak.
**filch** (filč), *v.* ukrasti, krasti.
**filcher** (fi'lčör), *n.* tat, kradljivac.

**file** (fa'el), *v.* poredati, odložiti, upisati; turpijati; — *n.* pravac, niz, red, pretinac; pila; turpija; vrsta; imenik, zapisnik.

**filial** (fi'liöl), *a.* djetinji, sinovlji.

**filiate** (fi'liejt), *v.* posiniti; pokćeriti.

**filibuster** (fi'libạ'stör), *v.* gusariti, priječiti usvajanje novih zakona; — *n.* gusar; pustolovac.

**filigree** (fi'ligri), *n.* ukras od zlatne *ili* srebrne žice.

**fill** (fil), *v.* napuniti; naliti; — *n.* dovoljnost, dostatnost; obilje.

**filler** (fi'lör), *n.* ispunjač, ono čime se puni.

**fillet** (fi'let), *n.* vrpca, zavoj, upletak, pribedrica (*pečenka*); trak; ovoj.

**filly** (fi'li), *n.* ždrjebica, nestašno djevojče.

**film** (film), *n.* kožica, tanka navlaka, opnica; koprena; filma.

**filter** (fi'ltör), *v.* procijediti, pročišćivati; — *n.* cjedilo.

**filth** (filt), *n.* nečistoća; smet; blato.

**filthiness** (fi'ltines), *n.* nečistoća, gnjusoba; smrad.

**filthy** (fi'lti), *a.* nečist, prljav, besraman.

**filtrate** (fi'ltrejt), *v.* cijediti, procijediti.

**filtration** (filtre'jšön), *n.* cjeđenje.

**fin** (fin), *n.* peraja.

**final** (fa'jnöl), *a.* konačni, zadnji.

**finality** (fajnǎ'liti), *n.* odlučnost; konačnost.

**finance** (finǎ'ns *ili* fajnǎ'ns), *v.* snabdijevati, podupirati novcem; — *n.* državni dohoci; imutak; novčana znanost.

**financial** (finǎ'nćöl), *a.* novčani, financijalan.

**financially** (finǎ'nćöli), *adv.* novčano, financijalno.

**financier** (fi'nǎnsī'r), *n.* novčar; bankir.

**finch** (finč), *n.* zeba.

**find** (fajnd), *v.* naći, pronaći, otkriti; opaziti; ustanoviti; — *n.* nalaz, pronalazak.

**finder** (fa'jndör), *n.* pronalaznik.

**fine** (fajn), *v.* globiti; — *a.* tanak, sitan, ukrašen; lijep, fin, dragocjen; — *n.* globa; kazna; konac.

**finery** (fa'jnöri), *n.* nakit; iskićenost.

**finesse** (fine's), *n.* lŭkavost.

**finger** (fi'ngör), *v.* dotaknuti se prstom; prebirati (*prstima*); — *n.* prst.

**finish** (fi'niš), *v.* svršiti, zaključiti; izgotoviti; — *n.* konac, svršetak.

**finite** (fa'jnajt), *a.* ograničen.

**fir** (för), *n.* bor; smreka.

**fire** (fa'er), *v.* upaliti; oduševiti; pucati; — *n.* vatra, pucnjava; požar; strast.

**firearm** (fa'era'rm), *n.* puška.

**fire-engine** (fa'ere'nđin), *n.* vatrogasna štrcaljka.

**fireman** (fa'ermön), *n.* vatrogasac.

**fireproof** (fa'erpru'f), *a.* neupaljiv, nepregoriv.

**fireside** (fa'ersa'jd), *n.* ognjište.

**firework** (fa'eruö'rk), *n.* vatromet.

**firkin** (fö'rkin), *n.* četvrt bačve.

**firm** (förm), *a.* čvrst, gust, tvrd; postojan; krepak; — *n.* tvrdka, firma.

**firmament** (fö'rmöment), *n.* nebeski svod.

**firmly** (fö'rmli), *adv.* postojano, čvrsto.

**firmness** (fö'rmnes), *n.* čvrstoća; postojanost, stalnóst.

**first** (först), *a.* prvi, glavni; — *adv.* prvo, najprije.

**firstling** (fö'rstling), *n.* prvenac.

**firstly** (fö'rstli), *adv.* ponajprije.

**fiscal** (fi'sköl), *a.* blagajnički; fiskalan.

**fish** (fiš), *v.* loviti ribe; ribariti; — *n.* riba.

**fisher** (fi'šör), *n.* ribar.

**fisherman** (fi'šörmön), *n.* ribar.

**fishery** (fi'šöri), *n.* ribolov.

**fishhook** (fi'šhu'k), *n.* udica.

**fishmonger** (fi'šmǎ'ngör), *n.* ribar, trgovac ribom.

**fishy** (fi'ši), *a.* poput ribe, nevjerojatan.

**fissile** (fi'sil), *a.* razdvojiv.

**fissure** (fi'šur), *n.* pukotina, rupa.

**fist** (fist), *n.* pesnica, pjest, šaka.

**fisticuff** (fi'stkạf), *n.* udarac pesnicom.

**fistula** (fi'stjulö), *n.* rana, žuljata, fistula; cijev.

**fit** (fit), *v.* prilagoditi, udesiti; pristojati; — *a.* zgodan, sposoban, pristao, prikladan; — *n.* nastup (*bolesti*), vrtoglavica; namještenje; uređenje; krč.

**fitness** (fi'tnes), *n.* prikladnost; valjanost; sposobnost.

**fitter** (fí'tör), *n.* zgotovljač, udesitelj.

**five** (fajv), *n.* pet.

**fivefold** (fa'jfo'ld), *a.* peterostruk.

**fix** (fiks), *v.* učvrstiti; uglaviti, ustanoviti; popraviti; — *n.* škripac, teški položaj; neprilika.

**fixation** (fikse'jšön), *n.* učvršćenje, određenje.

**fixed** (fikst), *a.* čvrst, utvrđen, stalan; popravljen.

**fixture** (fi'ksćur), *n.* namještaj.

**fizz** (fiz), *v.* siktati, pištati, promašiti; ne imati uspjeha; — *n.* neuspjeh.

**fizzle** (fizl), *v. i n. vidi*: **fizz.**

**flabbiness** (flǎ'bines), *n.* mlitavost, klimavost.

**flabby** (flǎ'bi), *a.* klimav, slab.

**flaccid** (flǎ'ksid), *a.* popustljiv, trošan, slab.

**flag** (flǎg), *v.* davati znak zastavom; — *n.* barjak, zastava.

**flagellate** (flǎ'đelejt), *v.* bičevati, šibati.

**flagellation** (flǎ'đele'jšön), *n.* bičevanje, šibanje.

**flagging** (flǎ'ging), *n.* pločenje, taracanje.

**flagitious** (flǎđi'šas), *a.* gnjusan, ogavan; zločinački.

**flagon** (flǎ'gön), *n.* boca; vrč; čutura.

**flagrancy** (fle'jgrönsi), *n.* mrskost, sramota; očitost; odurnost.

**flagrant** (fle'jgrönt), *a.* očit, golem, gorući.

**flail** (flejl), *n.* mlatilo, cijep.

**flake** (flejk), *v.* čupati u pahulje; — *n.* pahuljica, pramečak.

**flaky** (fle'jki), *a.* pahuljast; pramenast.

**flamboyant** (flǎmbo'jönt), *a.* blištav.

**flame** (flejm), *v.* plamsati; — *n.* plamen; vatra, oganj.

**flamy** (fle'jmi), *a.* plamenit; vatren.

**flange** (flǎnđ), *n.* okrajak; rub.

**flank** (flǎnk), *v.* stajati uz, graničiti; — *n.* strana, bok.

**flannel** (flǎ'nel), *n.* flanel (*vrst tkanine*).

**flap** (flǎp), *v.* lepetati, visjeti; mahati s perutama; — *n.* zalistak, resa; obod; krpa.

**flare** (flǎr), *v.* treperiti, plamtjeti; — *n.* plamsanje.

**flash** (flǎš), *v.* zasjati; buknuti; — *n.* bljesak, sijevanje; sjaj; — *a.* prost, nizak.

**flashy** (flǎ'ši), *a.* zamaman; prividan; gizdav.

**flask** (flǎsk), *n.* boca, ploska.

**flat** (flǎt), *a.* ravan, plosnat; bljutav; — *n.* ravnica; sprat; ponizilica (*u glazbi*).

**flatiron** (flǎ'ta'jörn), *n.* gladilo.

**flatly** (flǎ'tli), *adv.* ravno, izravno; odlučno.

**flatness** (flǎ'tnes), *n.* ravnina; plosnatost.

**flatten** (flǎtn), *v.* sravniti; isplosniti.

**flatter** (flǎ'tör), *v.* laskati, udvarati, ulagivati se.

**flatterer** (flǎ'törör), *n.* laskavac, ulizica.

**flattery** (flǎ'töri), *n.* laskanje, ulagivanje.

**flatulence** (flǎ'ćulens), *n.* napinjanje, vjetrovi (*u trbuhu*).

**flatulent** (flǎ'ćulent), *a.* vjetrovit.

**flaunt** (flânt), *v.* nadimati se, hvastati se.

**flavor** (fle'jvör), *v.* zasmočiti, zasladiti; začiniti; — *n.* okus, vonj; zaslada.

**flavorous** (fle'jvöras), *a.* mirisav, okusan.

**flaw** (flâ), *v.* puknuti; — *n.* pukotina, puklina; manjak; pogrješka.

**flawless** (flâ'les), *a.* bez pogrješke.

**flax** (flǎks), *n.* lan.

**flaxen** (flǎksn), *a.* lanen.

**flaxy** (flǎ'ksi), *a. vidi*: **flaxen.**

**flay** (flej), *v.* guliti, derati.

**flea** (flī), *n.* buha.

**fleam** (flīm), *n.* botka, liječnički nožić; lanceta.

**fleck** (flek), *v.* zamrljati; pomazati; — *n.* mrlja, ljaga; madež.

**flection** (fle'kšön), *n.* savijanje, pregibanje; sklanjanje.

**fledge** (fleđ), *v.* operjaviti; operiti.

**fledgling** (fle'đling), *n.* mlada ptica, koja dobiva perje.

**flee** (flī), *v.* bježati, pobjeći.

**fleece** (flīs), *v.* strići, orobiti; — *n.* runo; ovčja dlaka.

**fleecy** (flī'si), *a.* vunen, vunast.

**fleer** (flīr), *v.* rugati se, ismjehivati; — *n.* izrugavanje.

**fleeringly** (flī'ringli), *adv.* poruglivo

**fleet** (flīt), *v.* brzati, brzo letjeti; hitjeti; — *n.* brodovlje, flota; — *a.* brz, okretan; hitar.

**fleetly** (flī'tli), *adv.* brzo, letimice.

**fleetness** (flī'tnes), *n.* brzina, hitnja.
**flesh** (fleš), *v.* hraniti mesom; — *n.* meso; tijelo.
**fleshless** (fle'šles), *a.* mršav, osušen; suh.
**fleshliness** (fle'šlines), *n.* pohota, razbluda.
**fleshly** (fle'šli), *a.* životinjski; puten.
**fleshy** (fle'ši), *a.* mesnat; pun, debeo.
**flex** (fleks), *v.* savijati, nagibati.
**flexibility** (fle'ksibi'liti), *n.* gibivost, vitkost.
**flexible** (fle'ksibl), *a.* gibiv, vitak; prutak.
**flexion** (fle'kšön), *n.* savijanje, pregibanje; zavoj.
**flexure** (fle'kšur), *n.* pregib.
**flicker** (fli'kör), *v.* treptjeti, lepršati; — *n.* treptanje; plahutanje.
**flier** (fla'er), *n.* letač, zrakoplovac.
**flight** (flajt), *n.* bijeg, bježanje; lijet, polet.
**flightiness** (fla'jtines), *n.* hitnja, brzina, hitrost.
**flighty** (fla'jti), *a.* bježeći, brz, vjetrenjast; lakouman.
**flimflam** (fli'mflă'm), *v.* varati; — *n.* laž, prevara.
**flimsiness** (fli'mzines), *n.* slabost, površnost; malenkost.
**flimsy** (fli'mzi), *a.* slab, površan.
**flinch** (flinč), *v.* uzmicati, kolebati se.
**fling** (fling), *v.* baciti, oboriti, izbaciti; — *n.* udarac, hitac; neumjestna primjedba.
**flint** (flint), *n.* kremen.
**flinty** (fli'nti), *a.* kremenast.
**flip** (flip), *v.* pljeskati, mljaskati.
**flippancy** (fli'pönsi), *n.* riječitost, govorljivost; lakoumlje.
**flippant** (fli'pönt), *a.* govorljiv; lakouman.
**flirt** (flört), *v.* očijukati, namigivati; — *n.* namiguša, koketa.
**flirtation** (flörte'jšön), *n.* namigivanje, ašikovanje; koketiranje.
**flit** (flit), *v.* letjeti, lepršati, biti nestalan.
**flitch** (flič), *n.* osušena strana slanine.
**flitter** (fli'tör), *n.* krpa, cunja.
**float** (flōt), *v.* ploviti, plivati na površju; — *n.* splav, plav.
**flock** (flăk), *v.* sakupljati se, grnuti; — *n.* stado, čopor; krdo.
**floe** (flō), *n.* santa leda, ledena ploča.
**flog** (flăg), *v.* tući, bičevati, šibati.

**flood** (flăd), *v.* poplaviti; — *n.* poplava, potop.
**floor** (flōr), *v.* popoditi, baciti na tle; — *n.* pod, kat, sprat.
**flooring** (flō'ring), *n.* podenje, patosanje; pod.
**flop** (flăp), *v.* leperiti, udarati krilima; — *n.* pad.
**flora** (flo'rö), *n.* rasline koje zemlje; rastlinstvo, flora.
**floral** (flō'röl), *a.* cvjetni.
**florescence** (flore'sens), *n.* cvjetanje.
**florid** (flă'rid), *a.* rumen; iskićen; cvjetan.
**floridity** (flări'diti), *n.* rumenilo, svježa boja.
**florin** (flo'rin), *n.* forinta.
**florist** (flo'rist), *n.* gojitelj cvijeća, trgovac cvijeća, vrtljar.
**floss** (flăs), *n.* vunica *ili* vlakanca u plodu nekih biljaka.
**flotilla** (floti'lö), *n.* malo brodovlje, flotila.
**flounce** (fla'uns), *v.* nakititi naborima; tresti se; pljuskati; — *n.* nabor; nakit na rubu haljine.
**flounder** (fla'undör), *v.* koprcati se, praćkati se.
**flour** (fla'ur), *n.* brašno, melja.
**flourish** (fla'riš), *v.* uspjevati, cvasti.
**floury** (fla'uri), *a.* brašnat.
**flout** (fla'ut), *v.* rugati se, ismjehavati; — *n.* poruga, uvreda.
**flow** (flō), *v.* teći, ploviti, curiti; proizlaziti; — *n.* tijek, tok.
**flower** (fla'uör), *v.* cvasti, cvjetati, iskititi cvijećem; — *n.* cvijet.
**floweret** (fla'uöret), *n.* cvjetić.
**flowery** (fla'uöri), *a.* cvjetan; iskićen.
**fluctuate** (fla'kćuejt), *v.* talasati se, kolebati se, biti nestalan.
**fluctuation** (fla'kćue'jšön), *n.* nestalnost, kolebanje.
**flue** (flū), *n.* dimnjak; pahuljica.
**fluency** (flu'ensi), *n.* tok; lakoća; okretnost; vještina.
**fluent** (flu'ent), *a.* tekući; gladak; okretan, vješt (*u govoru*).
**fluently** (flu'entli), *adv.* glatko, rječito.
**fluff** (flăf), *n.* čuperak, pramen.
**fluid** (flu'id), *n.* tekućina; kapljevina.
**fluidity** (flui'diti), *n.* žitkost; kapljivost.
**fluke** (flūk), *n.* lopata od sidra.

**flume** (flūm), *n.* mlinska ustava, kanal.
**flummery** (flạ'möri), *n.* kaša; zaluđivanje.
**flunkey** (flạ'nki), *n.* sluga, poslužnik, lakaj.
**flurry** (flö'ri), *v.* uzbuditi, uzbuniti; — *n.* udar vjetra, uzbuđenje, uzrujanost.
**flush** (flạš), *v.* pocrveniti, porumeniti; — *a.* jak, krepak; ravan; — *n.* poplav; zažarenje; naliv; red karata iste boje.
**fluster** (flạ'stör), *v.* ugrijati (*s pićem*); zanijeti; razdražiti; — *n.* razdraženost, žestina; nered.
**flute** (flūt), *n.* flauta.
**flutist** (flu'tist), *n.* svirač na flautu.
**flutter** (flạ'tör), *v.* lepršati, uznemirivati, uzrujati; plašiti; — *n.* lepršanje.
**flux** (flạks), *v.* rastapljati; — *n.* tijek, promjena; tok; rastopina.
**fly** (flaj), *v.* letjeti, bježati, pobjeći; — *n.* muha.
**foal** (fōl), *v.* oždrijebiti se; — *n.* ždrijebe.
**foam** (fōm), *v.* pjeniti se, izbacivati pjenu; — *n.* pjena.
**foamy** (fō'mi), *a.* zapjenušen; pjenast.
**fob** (fáb), *v.* prevariti; — *n.* džepić za uru; kratki lančić *ili* privjesak za uru.
**focus** (fo'kạs), *v.* usredotočiti (*leću od stakla*); — *n.* žarište, središnja točka.
**fodder** (fà'dör), *v.* hraniti stoku, krmiti; — *n.* krma, hrana za stoku.
**foe** (fō), *n.* neprijatelj, protivnik.
**foeman** (fō'mön), *n.* neprijatelj (*u ratu*).
**foeticide** (fi'tisajd), *n.* uništenje djeteta u utrobi.
**foetus** (fi'tạs), *n.* zametak; dijete (*u utrobi*).
**fog** (fág), *v.* zamagliti, obaviti maglom; — *n.* magla.
**foggily** (fà'gili), *adv.* u magli, zamagleno.
**fogginess** (fà'gines), *n.* maglovitost.
**foggy** (fà'gi), *a.* maglovit, taman, tmuran.
**foh** (fō), *interj.* fuj!
**foible** (fojbl), *n.* slabost, manjkavost; mana.

**foil** (fọ'el), *v.* osujetiti, spriječiti, uništiti; — *n.* list (*kovine*); bod (*za mačevanje*); neuspjeh.
**foist** (fojst), *v.* podmetnuti (*potajno*), podvaliti (*nekomu*); proturati.
**fold** (fōld), *v.* previti, saviti, složiti, naborati; — *n.* ovčarnica, stado ovaca; nabor (*tkanine*); u sastavu sa brojem, *n. pr.* **twofold**, dva puta.
**folder** (fō'ldör), *n.* savijač, osoba *ili* stroj što savija papir, tkaninu *itd.*
**folding** (fō'lding), *n.* savoj, podvostručenje.
**folding doors** (fō'ldingdō'rs), *n.* dvostruka vrata, što se sastaju u sredini.
**foldless** (fō'ldles), *a.* bez nabora, bez savoja.
**foliaceous** (fō'lie'jšạs), *a.* listnat, pun lišća.
**foliage** (fō'lieđ), *n.* lišće; nakit na zgradi predstavljajući lišće, cvijeće, grane *itd.*
**foliate** (fō'liejt), *v.* istući u oblik lista; — *a.* listnat.
**foliferous** (fōli'förạs), *a.* rađajući lišće, listnat.
**folio** (fō'lio), *n.* knjiga velikih stranica; stranica u knjizi.
**folk** (fōk), *rabi se samo u množini*
**folks** (fōks), *n.* ljudi, grupa ljudi različna od drugih.
**follicle** (fà'likl), *n.* ljuska; mohuna; mjehurić (*kod biljka*); žlijezda.
**follow** (fà'lō), *v.* slijediti; progoniti; nastaviti: proizaći; poslušati (*zapovijed*); pristajati (*uz nekoga*).
**follower** (fà'löör), *n.* sljedbenik, pristaša, priveženik.
**following** (fà'lōing), *a.* slijedeći; — *n.* mnoštvo sljedbenika.
**folly** (fà'li), *n.* slaboumnost; ludorija, budalaština; lakoumnost.
**foment** (fome'nt), *v.* prati vrućom tekućinom; pariti; podjarivati; poticati uzbunom.
**fomentation** (fo'mente'jšön), *n.* pranje vrućom tekućinom; podstrekavanje, poticanje, podbadanje.
**fomenter** (fome'ntör), *n.* podstrekivač, podbadatelj, poticatelj.
**fond** (fànd), *a.* nježan; ugodan; slijepo privržen; nježno ljubeći; veoma voleći.
**fondle** (fàndl), *v.* milovati; dragati; nježno postupati.
**fondler** (fà'ndlör), *n.* milovatelj.

**fondling** (fǎ'ndling), *n.* miljenik; ljubimac.

**fondly** (fǎ'ndli), *adv.* umiljato; nježno.

**fondness** (fǎ'ndnes), *n.* uježnost; umiljatost; slijepa privrženost.

**font** (fǎnt), *n.* krstionica; skup slova jedne vrsti i veličine u slovoslagarnici.

**fontal** (fǎ'ntöl), *a.* izvorni; proizlazni.

**food** (fṵd), *n.* hrana; jelo; jestivo; podstrek.

**foodful** (fṵ'dful), *a.* hraniv; pun hrane.

**foodless** (fṵ'dles), *a.* bez hrane.

**fool** (fūl), *v.* varati; rugati se; ludovati; zamamljivati; — *n.* luđak; luda; bena.

**foolery** (fū'löri), *n.* ludorija, budalaština.

**foolhardily** (fū'lha'rdili), *adv.* vratolomno.

**foolhardiness** (fū'lha'rdines), *n.* srčanost bez razbora; vratolomija.

**foolhardy** (fū'lha'rdi), *a.* vratoloman.

**foolish** (fu'liš), *a.* lud, glup, bezuman; tašt; smiješan.

**foolishly** (fu'lišli), *adv.* ludo, smiješno.

**foolishness** (fu'lišnes), *n.* glupost, ludost, bedastoća.

**foolscap** (fu'lskǎ'p), *n.* arak papira; pisaći papir.

**foot** (fṵt), *v.* stupati, hodati, pješačiti; udariti nogom; zbrojiti; platiti; — *n.* noga; stopalo; podnožje; stopa (*mjera za duljinu*).

**football** (fṵ'tbǎ'l), *n.* lopta za nogomet; (*igra*) nogomet.

**footboy** (fṵ'tbo'j), *n.* poslužnik; sluga.

**footbridge** (fṵ'tbri'd), *n.* mostić; brvno.

**footfall** (fṵ'tfǎ'l), *n.* korak, koračaj.

**foothold** (fṵ'tho'ld), *n.* uporište.

**footing** (fṵ'ting), *n.* podnožje; podloga; položaj.

**footless** (fṵ'tles), *a.* bez noge.

**footlights** (fṵ'tla'jc), *n.* svjetiljke pred pozornicom.

**footman** (fṵ'tmön), *n.* pješak; sluga.

**footmark** (fṵ'tma'rk), *n.* trag; stopa.

**footnote** (fṵ'tnō't), *n.* bilješka na dnu stranice u knjizi *ili* rukopisu.

**footpad** (fṵ'tpǎ'd), *n.* razbojnik.

**footpath** (ịu'tpǎ't), *n.* puteljak; staza.

**footpost** (fṵ'tpo'st), *n.* teklić, glasnik.

**footprint** (fṵ'tpri'nt), *n.* otisak noge; trag.

**footstalk** (fṵ'tstǎ'k), *n.* peteljka.

**footstall** (fṵ'tstǎ'l), *n.* stremen na sedlu za žene.

**footstep** (fṵ'tste'p), *n.* otisak stopala, trag; slijed.

**footstool** (fṵ'tstu'l), *n.* podnožnik, stolčić za noge.

**foozle** (fuzl), *n.* dosadan čovjek.

**fop** (fǎp), *n.* luda; gizdelin, kicoš.

**foppery** (fǎ'pöri), *n.* gizdanje; taština; uobraženost.

**foppish** (fǎ'piš), *a.* budalast; tašt; uobražen; gizdelinski.

**foppishness** (fǎ'pišnes), *n.* gizdelinstvo; uobraženost; taština.

**for** (for), *prep.* za; mjesto; radi; 'što; prema; kroz; — *conj.* jer; pošto; budući da.

**forage** (fǎ'ređ), *v.* nabavljati hranu; — *n.* hrana; krma; živež; nabavljanje hrane, živeža.

**forager** (fǎ'ređör), *n.* dobavljač hrane; utjerivač živeža.

**foramen** (fore'jmen), *n.* škulja, rupa.

**forasmuch** (fo'rǎzmǎ'č), *conj.* obzirom na; jerbo.

**foray** (fǎ'rej), *v.* harati, pustošiti; — *n.* napad preko granice.

**forbear** (forbǎ'r), *v.* kloniti se; uzdržavati se; ustegnuti se; prestati; maniti se; podnositi; imati ustrpljenje.

**forbearance** (forbǎ'röns), *n.* ustrpljivost; uzdržavanje; blagost.

**forbearingly** (forbǎ'ringli), *adv.* popustljivo; ustrpljivo.

**forbid** (forbi'd), *v.* zabraniti, zapriječiti.

**forbiddance** (forbi'döns), *n.* zabrana.

**forbiddenly** (forbi'denli), *adv.* na nezakonit način; nedopušteno.

**forbidding** (forbi'ding), *n.* zabrana.

**force** (fors), *v.* siliti, prisiliti, silovati; prodrijeti; zauzeti; — *n.* sila, snaga, moć; važnost; nasilje; vojska.

**forced** (forst), *a.* prisiljen, nagnan.

**forceful** (fo'rsful), *a.* nasilan; jak, snažan, silan.

**forcefully** (fo'rsfuli), *adv.* na silu.

**forceless** (fo'rsles), *a.* bez snage; nemoćan.

**forceps** (fo'rseps), *n.* kliješta (*za porabu liječnika*).

**forcer** (fo'rsör), *n.* silitelj; čep u sisaljci za vodu.

**forcible** (fo'rsibl), *a.* silan, jak, moćan; važan; nasilan.

**forcibly** (fo'rsibli), *adv.* na silu; žestoko; prisiljeno.

**forcing** (fo'rsing), *n.* umjetno gojenje rastlina toplinom.

**forcipation** (fo'rsipe'jšön), *n.* štipanje kliještima.

**ford** (ford), *v.* pregaziti; prijeći; — *n.* pličina; gaz; prelaz na rijeci.

**fordable** (fo'rdöbl), *a.* plitak; što se može pregaziti.

**fordage** (fo'rdeđ), *n.* brodarina; prevoznina.

**fore** (fōr), *a. i adv.* sprednji, prvi; unaprijed, prije.

**foreadmonish** (fo'rădmá'niš), *v.* unapred opomenuti; upozoriti.

**forearm** (fo'ra'rm), *v.* unapred oboružati; spremiti se; — *n.* podlaktica.

**forearmed** (fo'ra'rmd), *a.* unapred oboružan.

**forebode** (fo'rbō'd), *v.* proreći; slutiti, naslućivati.

**foreboder** (fo'rbō'dör), *n.* prorok; gatalac.

**foreboding** (fo'rbō'ding), *n.* naslućivanje; zla slutnja; znak.

**forebodingly** (fo'rbō'dingli). *adv.* naslućujući; proričući.

**forebrace** (fo'rbre'js), *n.* praće (*uže na prvenom križu broda*).

**forecast** (fo'rkă'st), *v.* zasnovati; unapred urediti; predviđati; — *n.* osnova, nacrt; predviđanje; upriličenje.

**forecastle** (fo'rkă'sl), *n.* prednji dio broda, u kojem stanuju mornari; kašteo od prove.

**forechosen** (fo'rčō'zn), *a.* unapred izabran.

**forecited** (fo'rsa'jted), *a.* prije spomenut, napomenut.

**foreclose** (fo'rklō'z), *v.* isključiti; ukinuti; zapriječiti; zatvoriti.

**foreclosure** (fo'rklō'žur), *n.* ukinuće (*zaloga za zajam*); zabrana; propalost.

**foredeck** (fo'rde'k), *n.* prednji dio broda, prova.

**foredetermine** (fo'rditö'rmin), *v.* unapred odrediti.

**foredoom** (fo'rdū'm), *v.* osuditi; unapred odlučiti.

**foredoor** (fo'rdō'r), *n.* prednja vrata.

**foreend** (fo're'nd), *n.* prednji kraj: prednji dio.

**forefather** (fo'rfā'dör), *n.* praotac; pređ.

**forefeeling** (fo'rfī'ling), *n.* predosjećanje; slutnja.

**forefend** (fo'rfe'nd), *v.* odbiti; obraniti; zapriječiti.

**forefinger** (fo'rfi'ngör), *n.* kažiprst; kažiput.

**forefoot** (fo'rfu't), *n.* prednja noga.

**forefront** (fo'rfra'nt), *n.* prednja strana; pročelje.

**forego** (fo'rgo'), *v.* napustiti; odreći se; ostaviti se.

**foregoing** (fo'rgo'ing), *a.* predidući; pređašnji.

**foregone** (fo'rgă'n), *a.* svršen, gotov; unapred određen.

**foreground** (fo'rgra'und), *n.* prednja strana, prednji dio.

**forehand** (fo'rhă'nd), *a.* učinjen prije vremena; — *n.* prednji dio (*konja pred jahačem*); glavni dio.

**forehanded** (fo'rhă'nded), *a.* rani; pravodoban.

**forehead** (fá'red), *n.* čelo.

**foreign** (fá'ren), *a.* tuđi, stran; inozeman; nepoznat; nepripadan; vanjski.

**foreigner** (fá'renör), *n.* tuđinac, stranac; inozemac.

**forejudge** (fo'rđa'đ), *v.* prije suditi; prerano odlučiti.

**forejudgment** (fo'rđa̲'đment), *n.* predhodni sud.

**foreknow** (fo'rnō'), *v.* znati unaprijed; predviđati.

**foreknowledge** (fo'rnă'leđ), *n.* predznanje; predviđanje; poznavanje budućnosti.

**forel** (fá'rel), *n.* vrst pergamenta za korice od knjiga.

**foreland** (fo'rlănd), *n.* rt; šiljak (*kopna što se proteže u more*).

**forelock** (fo'rlá'k), *n.* kosa vrh čela; zavoranj.

**forelook** (fo'rlu'k), *v.* gledati napred.

**foreman** (fo'rmön), *n.* prvak; prednjak; poslovođa; nadziratelj.

**foremast** (fo'rmă'st), *n.* prednji jarbol.

**forementioned** (fo'rme'nčönd), *a.* prije spomenuti, gore rečeni.

**foremost** (fo'rmo'st), *a.* prvi; glavni; najprvi.

**forename** (fo'rne'jm), *n.* prvo ime.

**forenamed** (fo'rne'jmd), *a.* prije spomenuti.

**forenoon** (fo'rnū'n), *n.* prije podne; predpodne.

**forenotice** (fo'rnō'tis), *n.* predobjava.

**forensic** (fore'nsik), *a.* sudbeni.

**foreordain** (fo'rorde'jn), *v.* unaprijed odrediti.

**foreordination** (foro'rdine'jšön), *n.* predodredba; usud.

**forepart** (fo'rpa'rt), *n.* prednji dio, prvi dio; početak.

**forerank** (fo'rrǎ'nk), *n.* prvi red, prva vrsta.

**forerecited** (fo'risa'jted), *a.* prije spomenut.

**forerun** (fo'rrạ'n), *v.* trčati pred nekim; preteći, prestići.

**forerunner** (fo'rrạ'nör), *n.* preteča; prethodnik; glasonoša.

**foresaid** (fo'rse'd), *a.* gore rečeni, spomenuti.

**foresail** (fo'rse'jl), *n.* prveno jedro.

**foresay** (fo'rse'j), *v.* reći unapred; proreći.

**foresee** (fo'rsi'), *v.* predviđati.

**foreshadow** (fo'ršǎ'dō), *v.* unaprijed navijestiti; nagovijestiti.

**foreshow** (fo'ršō'), *v.* unaprijed pokazivati; proricati.

**foreside** (fo'rsa'jd), *n.* prednja strana.

**foresight** (fo'rsa'jt), *n.* predviđanje; opreznost.

**foresighted** (fo'rsa'jted), *a.* providan; oprezan.

**foreskin** (fo'rski'n), *n.* kožica na muškom udu; obrezak.

**foreskirt** (fo'rskö'rt), *n.* skut od kaputa.

**forest** (fà'rest), *n.* šuma; dubrava.

**forestall** (forstà'l), *v.* preteći; unapred kupiti; isključiti.

**forestay** (fo'rste'j), *n.* uže na prvom jarbolu broda; prveno leto.

**forester** (fà'restör), *n.* šumar; šumski stanovnik.

**forestry** (fà'restri), *n.* šumarstvo.

**foretaste** (fo'rte'jst), *v.* okusiti unapred; — *n.* okus, što ga se ima unaprijed; slućenje.

**foretell** (forte'l), *v.* proreći, proricati.

**foreteller** (forte'lör), *n.* proricatelj, gatalac; prorok.

**forethink** (fo'rti'nk), *v.* promišljati; slutiti.

**forethought** (fo'rtà't), *n.* predviđanje; opreznost; slutnja.

**foretoken** (fo'rtō'kn), *v.* proricati; slutiti na što; — *n.* znak; slutnja.

**foretooth** (fo'rtu't), *n.* prednji zub, sjekutić.

**foretop** (fo'rtà'p), *n.* prednji dio; vlasi na prednjoj strani glave.

**forever** (fore'vör), *adv.* za uvijek; vazda.

**forewarn** (forụa'rn), *v.* unaprijed opomenuti, upozoriti.

**forewarning** (forụa'rning), *n.* predhodna opomena.

**forewoman** (fo'rụụ'mön), *n.* nadglednica; prva radnica.

**forfeit** (fo'rfit), *v.* izgubiti pravo na nješto; izgubiti; proigrati; — *n.* gubitak prava; gubitak jamčevine; globa; jamčevina; propala stvar.

**forfeiture** (fo'rfićur), *n.* gubitak; kazna; globa.

**forge** (forđ), *v.* kovati, skovati; krivotvoriti; — *n.* kovačnica; viganj; željezara.

**forger** (fo'rđör), *n.* kovač; krivotvoritelj.

**forgery** (fo'rđöri), *n.* kovanje; krivotvorenje, patvorenje.

**forget** (forge't), *v.* zaboraviti; zanemariti.

**forgetful** (forge'tful), *a.* zaboravljiv; nemaran.

**forgetfully** (forge'tfuli), *adv.* na zaboravljiv način; zaboravno.

**forgetfulness** (forge'tfulnes), *n.* zaboravnost; nehaj; zaborav.

**forget-me-not** (forge'tminà't), *n.* potočnica (*cvijet*).

**forging** (fo'rđing), *n.* kovanje; iskovan predmet; čin krivotvorenja.

**forgivable** (forgi'vöbl), *a.* oprostiv.

**forgive** (forgi'v), *v.* oprostiti; otpustiti.

**forgiveness** (forgi'vnes), *n.* oproštenje, oprost, otpuštanje; sklonost opraštanju.

**forgiver** (forgi'vör), *n.* oprostitelj.

**forgiving** (forgi'ving), *a.* koji rado oprašta; milosrdan; blag.

**fork** (fork), *v.* razdvajati se; nabosti na vile; — *n.* viljuška, vilica; vile; raspuće (*na cesti*).

**forky** (fo'rki), *a.* rašljast; viličast.

**forlorn** (förlo'rn), _a._ zapušten, osamljen; beznadan; nevoljan.

**form** (form), _v._ tvoriti; uobličiti; proizvoditi; sastaviti; razvijati se; — _n._ oblik; izgled; način; uzorak; kalup.

**formal** (fo'rmöl), _a._ pravilan; uredan; usiljen; napet; izvanji; prividan.

**formalism** (fo'rmölizm), _n._ pažnja na vanjske obrede _ili_ oblike.

**formalist** (fo'rmölist), _n._ tko pazi samo na vanjske obrede _ili_ običaje.

**formality** (formă'liti), _n._ propisan način, ustanovljeni postupak; formalnost; spoljašnost.

**formation** (forme'jšön), _n._ tvorba; pravljenje; poređanje.

**formative** (fo'rmătiv), _c._ tvorben; što daje oblik.

**former** (fo'rmör), _a._ prijašnji; predidući; prošasti; — _n._ tvorac; začetnik.

**formerly** (fo'rmörli), _adv._ prije, nekada.

**formidable** (fo'rmidöbl), _a._ strahovit, grozan, užasan; golem.

**formidableness** (fo'rmidöblnes), _n._ strahovitost, grozota.

**formidably** (fo'rmidöbli), _adv._ strahovito.

**formless** (fo'rmles), _a._ bez oblika; nepravilan; nepodoban.

**formula** (fo'rmjulö), _n._ obrazac; pravilo.

**formulary** (fo'rmjulöri), _n._ knjiga; zbirka uzoraka, pravila _ili_ određenih formula.

**formulate** (fo'rmjulejt), _v._ označiti u pravilima; srediti u pravila; sastaviti.

**fornicate** (fo'rnikejt), _v._ bludovati; općiti spolno izvan braka.

**fornication** (fo'rnike'jšön), _n._ izvanbračno spolno općenje; blud; preljub.

**fornicator** (fo'rnike'jtör), _n._ bludnik; preljubnik (_bludnica, preljubnica_).

**forsake** (forse'jk), _v._ zapustiti, ostaviti; odreći se.

**forsaker** (forse'jkör), _n._ koji ostavlja, napušta; odmetnik.

**forsaking** (forse'jking), _n._ napuštanje, ostavljanje; odmetanje.

**forsooth** (forsū't), _adv._ zaista; u istinu; vrlo dobro.

**forswear** (forsuă'r), _v._ odreći se pod zakletvom; krivo priseći.

**forswearer** (forsuă'rör), _n._ krivokletnik.

**fort** (fort), _n._ utvrda, tvrđava.

**forte** (fo'rte), _adv._ glasno; jako; moćno.

**forth** (fort), _adv._ naprijed; dalje; van; odatle; — _n._ put; dolazak.

**forthwith** (fo'rtui't), _adv._ odmah, bez otezanja.

**fortieth** (fo'rtiet), _a._ četrdeseti.

**fortification** (fo'rtifike'jšön), _n._ tvrđava; utvrđenje; pojačanje.

**fortifier** (fo'rtifaer), _n._ utvrđivač.

**fortify** (fo'rtifaj), _v._ utvrditi; ojačati; potkrijepiti.

**fortissimo** (forti'simo), _adv._ vrlo glasno; najjačim glasom.

**fortitude** (fo'rtitjud), _n._ hrabrost, odvažnost, duševna snaga.

**fortnight** (fo'rtna'jt), _n._ četrnaest dana; vrijeme od dva tjedna.

**fortnightly** (fo'rtna'jtli), _adv._ svakih 14 dana; polumjesečno.

**fortress** (fo'rtres), _n._ tvrđava; grad.

**fortuitous** (fortju'itạs), _a._ slučajan; prigodan.

**fortuitously** (fortju'itạsli), _adv._ slučajno.

**fortuity** (fortju'iti), _n._ slučaj; prigoda.

**fortunate** (fo'rćunet), _a._ sretan; uspješan.

**fortunately** (fo'rćunetli), _adv._ srećno; pogodno.

**fortune** (fo'rćun), _n._ sreća; slučaj; sudbina; imetak; bogatstvo.

**fortune-hunter** (fo'rćunhạ'ntör), _n._ onaj, koji traži ženu sa velikim mirazom.

**fortune-teller** (fo'rćunte'lör), _n._ gatalac; vračar.

**fortune-telling** (fo'rćunte'ling), _n._ gatanje; proricanje.

**forty** (fo'rti), _n._ četrdeset.

**forum** (fo'röm), _n._ forum; trg; sudište (_u starom Rimu_).

**forward** (fo'ruörd), _adv._ naprijed; dalje; — _a._ prednji; pripravan; nagao; gorljiv; smion; — _v._ napred goniti; promicati; otpremiti, poslati.

**forwarder** (fo'ruördör), _n._ promicatelj; otpravljač, pošiljatelj.

**forwarding** (fo'rŭörding), *n.* pošiljanje, otpremanje.

**forwardly** (fo'rŭördli), *adv.* pripravno; gorljivo; brzo.

**forwardness** (fo'rŭördnes), *n.* revnost; gorljivost; naglost.

**fosse** (fås), *n.* jama; jarak (*kod 'utvrde*); grob.

**fossil** (få'sil), *a.* okamenjen; iskopan; — *n.* okamina; iskopina.

**fossilist** (få'silist), *n.* proučavatelj iskopina.

**fossilize** (få'silajz), *v.* okameniti se.

**foster** (få'stör), *v.* hraniti; njegovati; podržavati; podupirati.

**foster-brother** (få'störbrå'dör), *n.* brat po mlijeku (*po dojilji*).

**foster-child** (få'störča'jld), *n.* hranjenik; hranjenica; nahranče.

**fosterer** (få'störör), *n.* hranitelj; njegovatelj; dobročinitelj.

**foster-father** (få'störfå'dör), *n.* hranitelj; poočim.

**foster-mother** (få'störmå'dör), *n.* hraniteljka; pomajka.

**foster-nurse** (få'störnö'rs), *n.* dojkinja.

**foster-sister** (få'störsi'stör), *n.* sestra po mlijeku.

**foster-son** (få'störsa'n), *n.* posinak; nahranko.

**fother** (få'dör), *v.* začepiti pukotinu na brodu; — *n.* mjera za olovo.

**foul** (fa'ul), *a.* nečist, prljav; zamazan, gadan; sramotan, smrdljiv; nepošten; — *v.* zamazati; smraditi; — *n.* zamršaj; sudar; nepravilan lijet lopte u igri.

**foully** (fa'uli), *adv.* gadno; sramotno; nepošteno.

**foulmouthed** (fa'ulma'uted), *a.* nepristojna govora; zamazanih ustiju.

**foulness** (fa'ulnes), *n.* smrad, gad; nečistoća; pokvarenost.

**found** (fa'und), *v.* utemeljiti; osnovati; topiti; lijevati.

**foundation** (fa'unde'jšön), *n.* temelj, osnova; podloga; zaklada.

**founder** (fa'undör), *v.* potonuti; razbiti se; posrnuti; — *n.* utemeljitelj; osnivač.

**foundery** (fa'undöri), *n.* ljevaonica, talionica.

**foundling** (fa'undling), *n.* nahod, napušteno dijete.

**foundry** (fa'undri), *n. vidi:* **foundery.**

**fount** (fa'unt), *n.* lijevanje; krstionica.

**fountain** (fa'untin), *n.* izvor, vrelo; česma; vodoskok.

**fountainhead** (fa'untenhe'd), *n.* izvor; porijeklo; prvi početak.

**fountainpen** (fa'untenpe'n), *n.* pero sa tintom u dršku.

**four** (for), *n.* četiri.

**fourfold** (fo'rfo'ld), *a.* četverostruk.

**fourfooted** (fo'rfu'ted), *a.* četveronožan.

**fourscore** (fo'rsko'r), *n.* četiri puta dvadeset; osamdeset.

**foursquare** (fo'rskuǎ'r), *a.* četverouglast; četverokutan.

**fourteen** (fortī'n), *n.* četrnaest.

**fourteenth** (fortī'nt), *a.* četrnaesti.

**fourth** (fort), *a.* četvrti; — *n.* četvrtina.

**fourthly** (fo'rtli), *adv.* na četvrtom mjestu; četvrto.

**fowl** (fa'ul), *v.* loviti divlju perad; — *n.* ptica; živad; perad.

**fowler** (fa'ulör), *n.* lovac na ptice; ptičar.

**fowling-piece** (fa'ulingpī's), *n.* puška za strijeljanje ptica; puška ptičarica.

**fox** (fåks), *n.* lisica, lija; lukav čovjek.

**foxhound** (få'ksha'und), *n.* pas, koji lovi lisice.

**foxhunt** (få'ksha'nt), *n.* lov na lisice.

**foxy** (få'ksi), *a.* lisičav; lukav.

**fracas** (fre'kös), *n.* buka, galama, svađa.

**fraction** (frå'kšön), *n.* lomljenje; odlomak; slomak, česnik, razlomak.

**fractional** (frå'kšönöl), *a.* što pripada razlomku; djelomičan.

**fractious** (frå'kšas), *a.* svadljiv; zagrižljiv; uporan.

**fractiousness** (frå'kšasnes), *n.* upornost; svadljivost.

**fracture** (frå'kćur), *v.* slomiti; skrhati; prebiti se; — *n.* prelom; puklina.

**fragile** (frå'ďil), *a.* loman, krhah, slab.

**fragility** (fråďi'liti), *n.* lomnost, krhkost; slabost.

**fragment** (frå'gment), *n.* odlomak; ulomak; komadić.

**fragmentary** (frå'gmentöri), *a.* sastavljen od komada; djelomičan.

**fragrance** (fre'jgröns), *n.* miomiris.

**fragrancy** (fre'jgrönsi), *n. vidi:* **fragrance.**

**fragrant** (fre'jgrönt), *a.* mirisan.

**fragrantly** (fre'jgröntli), *adv.* miomirisno.

**frail** (frejl), *a.* krhak, loman; slab; nestalan; — *n.* košara od rogoza; zembilj.

**frailly** (fre'jli), *adv.* krhko; lomno.

**frailty** (fre'jlti), *n.* krhkost; nemoć, nepostojanost; mana.

**frame** (frejm), *v.* praviti, graditi; tvoriti; uokviriti; zamisliti; — *n.* okvir; oblik; sastav; stalak; skela.

**framer** (fre'jmör), *n.* graditelj; izumitelj; početnik.

**framing** (fre'jming), *n.* uokvirenje, drvena građevina.

**franc** (frănk), *n.* franak (*francuski novac*).

**franchise** (fră'nčajz), *v.* osloboditi; — *n.* povlastica; sloboda.

**Franciscan** (frănsi'skön), *n.* franjevac.

**frangibility** (fră'nđibi'liti), *n.* krhkost; lomnost.

**frangible** (fră'nđibl), *a.* loman, krhak; slab.

**frank** (frănk), *a.* slobodan; očit; prostodušan; otvoren; iskren; — *v.* platiti poštarinu; — *n.* plaćena poštarina.

**frankincense** (fră'nkinsens), *n.* tamjan.

**frankly** (fră'nkli), *adv.* iskreno, otvoreno.

**frankness** (fră'nknes), *n.* iskrenost, otvorenost; prostodušnost.

**frantic** (fră'ntik), *a.* bijesan, divlji; pomaman.

**frantically** (fră'ntiköli), *adv.* bijesno; pomamno; očajno.

**franticly** (fră'ntikli), *adv. vidi*: **frantically.**

**franticness** (fră'ntiknes), *n.* ludilo, mahnitost; bjesnoća.

**fraternal** (frătö'rnöl), *a.* bratski, bratinski.

**fraternally** (frătö'rnöli), *adv.* kao braća, na bratski način; uz bratski pozdrav.

**fraternity** (frătö'rniti), *n.* bratstvo, bratinstvo; društvo ljudi iste vrsti.

**fraternization** (fră'törnize'jšön), *n.* bratimljenje.

**fraternize** (fră'törnajz), *v.* bratimiti se; pobratiti se; bratski se slagati.

**fratricide** (fră'trisajd), *n.* bratoubojstvo; bratoubojica.

**fraud** (fråd), *n.* prijevara, varka; varalica.

**fraudful** (frå'dful), *a.* prijevaran, lažan.

**fraudfully** (frå'dfuli), *adv.* prijevarno, lažno.

**fraudless** (frå'dles), *a.* bez prijevare.

**fraudulence** (frå'đulens), *n.* varanje; prijevarnost; lažljivost.

**fraudulency** (frå'đulensi), *n. vidi*: **fraudulence.**

**fraudulent** (frå'đulent), *a.* varav, lažan, prijevaran.

**fraudulently** (frå'đulentli), *adv.* lažno, prevarljivo.

**fraught** (fråt), *a.* opterećen, natovaren, naložen, krcat, pun.

**fray** (frej), *v.* izglodati, izlizati se; — *n.* borba, bitka, tučnjava; izglodanost; izlizanost (*kod odjeće*).

**freak** (frīk), *v.* išarati, iscrtati; — *n.* nenadana promjena misli; nešto neobično; mušica, hir.

**freakish** (frī'kiš), *a.* mušičav, ćudljiv; prevrtljiv.

**freakishly** (frī'kišli), *adv.* ćudljivo, prevrtljivo.

**freakishness** (frī'kišnes), *n.* mušičavost; čudnovatost.

**freckle** (frekl), *n.* pjega (*na licu*); mrljica.

**freckled** (frekld), *a.* pjegav; lećav; šaren.

**freckly** (fre'kli), *a. vidi*: **freckled.**

**free** (frī), *a.* slobodan, prost; otvoren; dozvoljen; besplatan; — *v.* osloboditi; riješiti.

**freebooter** (frī'bu̱'tör), *n.* razbojnik, gusar.

**freeborn** (frī'bō'rn), *n.* rođen u slobodi; slobodnjak.

**freedman** (frī'dmön), *n.* oslobođenik.

**freedom** (frī'döm), *n.* sloboda; nezavisnost; neusiljenost.

**freehold** (frī'hō'ld), *n.* slobodno vlastničtvo, slobodan posjed.

**freeholder** (frī'hō'ldör), *n.* slobodan vlastnik; posjednik.

**freely** (frī'li), *adv.* slobodno; rado; obilno; besplatno.

**freeman** (frī'mön), *n.* slobodan čovjek; građanin.

**freemason** (frī'me'jsön), *n.* slobodni zidar; član tajnog društva.

**freemasonry** (frī'me'jsönri), *n.* slobodno zidarstvo.

**freeminded** (frī'ma'jnded), *a.* miran; bezbrižan.

**freeport** (frī'po'rt), *n.* slobodna luka.

**freespoken** (frī'spo'ken), *a.* otvoren (*u govoru*); prostodušan.

**freestone** (frī'stō'n), *n.* pločast kamen; ploča, škrila.

**freethinker** (frī'ti'nkör), *n.* slobodoumnik; bezbožac.

**freewill** (frī'ui'l), *n.* slobodna volja, dobra volja, dragohotnost.

**freeze** (frīz), *v.* smrzavati se; slediti se; zepsti.

**freezing** (frī'zing), *n.* smrzavanje; sleđivanje.

**freezingpoint** (frī'zingpo'jnt), *n.* ledište (*kod toplomjera*).

**freight** (frejt), *v.* natovariti; nakrcati; prevažati robu; — *n.* tovar, teret; prevoz; vozarina.

**freighter** (fre'jtör), *n.* tovaritelj; prevažač.

**French** (frenč), *n.* francuski jezik; Francuz; — *a.* francuski.

**Frenchlike** (fre'nčla'jk), *a.* poput Francuza; na francuski način.

**Frenchman** (fre'nčmön), *n.* Francuz.

**Frenchwoman** (fre'nčuu'mön), *n.* Francuskinja.

**frenetic** (frene'tik), *a.* silno oduševljen; bijesan; pomaman.

**frenzy** (fre'nzi), *n.* bjesnilo; ludilo; mahnitost.

**frequency** (fri'kuensi), *n.* čestoća; često ponavljanje.

**frequent** (fri'kuent), *a.* čest; koji se često ponavlja; — (frikue'nt), *v.* posjećivati; često pohađati; ići često nekamo.

**frequentation** (fri'kuente'jšön), *n.* često posjećivanje; saobraćaj.

**frequenter** (frikue'ntör), *n.* stalan posjetnik.

**frequently** (fri'kuentli), *adv.* često.

**fresco** (fre'sko), *n.* svježina; hladovina; slikanje na svježem zidu.

**fresh** (freš), *a.* svjež; prijesan, sirov; zdrav; skorašnji; nov.

**freshen** (fre'šen), *v.* osvježiti; rashladiti, navodniti.

**freshet** (fre'šet), *n.* porast rijeke; povodanj.

**freshly** (fre'šli), *adv.* nanovo; svježe; živahno.

**freshman** (fre'šmön), *n.* novak; novajlija; đak u prvoj godini više škole.

**freshness** (fre'šnes), *n.* svježina; hladnoća; novost; neiskustvo.

**fret** (fret), *v.* trti; izjedati, trenjem istrošiti; uznemirivati; dražiti; uzrujati se; — *n.* uzbuđenost; uzrujanost; jad.

**fretful** (fre'tful), *a.* razdražljiv; gnjevan; osorljiv; neraspoložen.

**fretfully** (fre'tfuli), *adv.* razdražljivo; zlovoljno.

**fretfulness** (fre'tfulnes), *n.* razdražljivost; ljutost; osornost; osjetljivost.

**fretty** (fre'ti), *a.* ukrašen rezbarijom.

**fretwork** (fre'tuörk), *n.* rezbarija; ispupčena, šupljikasta radnja.

**friability** (fra'ebi'liti), *n.* drobivost; smrvljivost.

**friable** (fra'ebl), *a.* drobiv; što se lahko smrvi.

**friar** (fra'er), *n.* fratar; redovnik; kaluđer.

**friarly** (fra'erli), *a.* kaluđerski; redovnički.

**friary** (fra'eri), *n.* samostan; manastir; — *a.* redovnički; samostanski.

**fribble** (fribl), *v.* šaliti se; zanovijetati; — *n.* zanovijetalo; šaljivac; — *a.* lahkouman; naivan; budalast.

**fricassee** (fri'kösi'), *n.* kosano meso skuhano u umaku.

**friction** (fri'kšön), *n.* trvenje, trenje, trljanje.

**frictionless** (fri'kšönles), *a.* bez trvenja.

**Friday** (fra'jdi), *n.* petak.

**friend** (frend), *n.* prijatelj, prijateljica.

**friendless** (fre'ndles), *a.* bez prijatelja; napušten.

**friendlike** (fre'ndlajk), *a.* prijateljski.

**friendliness** (fre'ndlines), *n.* prijateljstvo; prijaznost; naklonost.

**friendly** (fre'ndli), *a.* prijateljski; prijazan.

**friendship** (fre'ndšip), *n.* prijateljstvo; ljubav; naklonost.

**frieze** (frīz), *n.* vrsta vunene čupave tkanine; (*u graditeljstvu*) nakit na glavici stupa.

**frigate** (fri'get), *n.* ratni brod.

**fright** (frajt), *v.* preplašiti; uznemiriti; — *n.* groza, strah, užas.

**frighten** (frajtn), *v.* ustrašiti, plašiti, zgroziti.

**frightful** (fra'jtful), *a.* grozan, strašan, užasan.

**frightfully** (fra'jtfuli), *adv.* grozno, strašno, užasno.

**frightfulness** (fra'jtfulnes), *n.* grozota, užas.

**frigid** (fri'đit), *a.* hladan, studen; mlitav.

**frigidity** (friđi'diti), *n.* hladnoća; studen.

**frigidly** (fri'đidli), *adv.* hladno; neprijazno.

**frigidness** (fri'đidnes), *n. vidi:* **frigidity.**

**frill** (fril), *v.* tresti se (*od zime*); nabrati; nabirati; — *n.* nabor, ukras (*na košulji*).

**fringe** (fri'nđ), *v.* uresiti resicama; — *n.* resa, resica, rojta; ukras.

**fringy** (fri'nđi), *a.* ukrašen resicama.

**fripper** (fri'pör), *n.* staretinar.

**fripperer** (fri'pörör), *n. vidi:* **fripper.**

**frippery** (fri'pöri), *n.* staretine; ponošeno odijelo; staretinarstvo; — *a.* neznatan; malovrijedan.

**friseur** (fri'zö'r), *n.* vlasuljar; češljač.

**frisk** (frisk), *v.* skakutati; podskakivati; — *a.* nestašan; živahan; — *n.* poigravanje, skakutanje.

**frisket** (fri'sket), *n.* okvir (*u tiskarstvu*).

**friskful** (fri'skful), *a.* živahan; vragoljast; nestašan.

**friskiness** (fri'skines), *n.* živahnost; obijest; veselost.

**frisky** (fri'ski), *a.* veseo; živahan.

**frit** (frit), *n.* staklovina.

**frith** (frit), *n.* zaton, draga; ušće.

**fritter** (fri'tör), *v.* raskomadati; razrezati u komadiće.

**frivolity** (frivă'liti), *n.* lakoumnost; bezvrijednost; ništetnost.

**frivolous** (fri'volas), *a.* malovrijedan; ništetan; tašt; lakouman.

**frivolously** (fri'volasli), *adv.* malovrijedno; lakoumno; ništetno.

**frizz** (friz), *v.* kovrčati, kudraviti, narudati.

**frizzle** (frizl), *v. vidi:* **frizz;** — *n.* kovrčica; vitica.

**frizzly** (fri'zli), *a.* kovrčast, narudan; vitičast.

**fro** (fro), *adv.* od; natrag; natraške.

**frock** (frák), *n.* haljinac; kaput.

**frockcoat** (frá'kō't), *n.* kaput jednako dug sprijeda i straga.

**frog** (frág), *n.* žaba; vilica na kopitu konja.

**frolic** (frá'lik), *v.* veseliti se; šaliti se; — *n.* veselost, šala, lakrdija; — *a.* veseo, radostan.

**frolicsome** (frá'liksam), *a.* radostan, veseo; šaljiv.

**from** (from), *prep.* od; iz; po.

**front** (front), *v.* snočiti; sukobiti; stajati naprama; — *n.* čelo; prednja strana; pročelje; prvi red; — *a.* prvi; prednji.

**frontage** (fro'nteđ), *n.* pročelje; prednji dio zgrade *ili* zemljišta.

**frontal** (fro'ntöl), *n.* zavoj *ili* nakit na čelu; zabat na vratima *ili* prozoru; — *a.* pročelni; čeoni.

**frontier** (frá'nti'r), *n.* granica; međa; — *a.* pograničan; ležeći na granici.

**frontispiece** (frá'ntispi's), *n.* slika na prvoj strani knjige; pročelje zgrade.

**frontlet** (frá'ntlet), *n.* poveza, zavoj na čelu.

**frost** (frást), *v.* smrzavati se; pokriti ledom *ili* injem; (*kod slastica*) posuti šećerom; — *n.* mraz; zima; smrzavanje.

**frostbitten** (frá'stbi'tn), *a.* prozebao, smrzao; uništen od mraza.

**frostbound** (frá'stbạụnd), *a.* obavit ledom; zamrznut.

**frostily** (frá'stili), *adv.* mrazovito; studeno.

**frostiness** (frá'stines), *n. vidi:* **frost.**

**frostnail** (frá'stne'jl), *n.* čavao na potkovi, što prijeći sklizanje konja u zimi.

**frosty** (frá'sti), *a.* ozebao; hladan; mrazovit.

**froth** (frát), *v.* pjeniti se; — *n.* pjena.

**frothiness** (frá'tines), *n.* pjenušenje.

**frothy** (frá'ti), *a.* pjenast; ništav; nestvaran.

**frounce** (frạụns), *v.* naborati, nabrati.

**frouzy** (frạụzi), *a.* smrdljiv; prljav.

**froward** (fro'ụörd), *a.* pakostan; zlovoljan; zao; tvrdoglav.

**frowardness** (fro'ụördnes), *n.* zlovolja; tvrdoglavost.

**frown** (frạụn), *v.* namrštiti se; namrgoditi se; mrko gledati; — *n.* mrk pogled; mrštenje čela; srditost; prikor.

**frozen** (frōzn), *a.* smrznut; leden.

**fructiferous** (frąkti'föras), *a.* plodonosan.

**fructification** (fra'ktifike'jšön), *n.* plođenje; oplođivanje; vrijeme oplođenja.

**fructify** (frą'ktifaj), *v.* oploditi; učiniti plodnim.

**frugal** (fru'göl), *a.* štedljiv; zadovoljan s malim; umjeren.

**frugality** (frugă'liti), *n.* umjerenost; štedljivost; jednostavnost; skromnost.

**frugally** (fru'göli), *adv.* štedljivo; skromno.

**frugiferous** (fruđi'föras), *a.* plodonosan.

**frugivorous** (fruđi'vöras), *a.* tko se hrani voćem.

**fruit** (frut), *n.* plod; voće; korist; posljedica; dobitak.

**fruitage** (fru'teđ), *n.* voće.

**fruitbearer** (fru'tbe'rör), *n.* voćka, koja rodi.

**fruiterer** (fru'törör), *n.* trgovac voćem; voćar.

**fruitery** (fru'töri), *n.* voćnjak; voćnica.

**fruitful** (fru'tful), *a.* plodan; rodan, izdašan; obilan.

**fruitfully** (fru'tfuli), *adv.* izdašno; obilno.

**fruitfulness** (fru'tfulnes), *n.* plodnost.

**fruition** (frui'šön), *n.* uživanje, užitak.

**fruitive** (fru'itiv), *a.* uživajući.

**fruitless** (fru'tles), *a.* besplodan, neplodan, jalov; neuspješan.

**fruitlessness** (fru'tlesnes), *n.* neplodnost; beskoristnost.

**fruit-time** (fru'ta'jm), *n.* vrijeme za ubiranje voća.

**fruit-tree** (fru'tri'), *n.* voćka.

**fruity** (fru'ti), *a.* sličan voću.

**frumentaceous** (fru'mente'jšas), *a.* nalik na žito; žitni; pšeničan.

**frumenty** (fru'menti), *n.* pšenična kaša s mlijekom.

**frush** (fraš), *n.* vilica na kopitu konja.

**frustrate** (fra'strejt), *v.* osujetiti; uništiti; prevariti.

**frustration** (frastre'jšön), *n.* osujećenje; spriečenje.

**frutescent** (frute'sent), *a.* poput grma; bokorast.

**fry** (fraj), *v.* pržiti; peći; frigati; — *n.* nešto pečena; sitne ribe; mrijest.

**frying-pan** (fra'ingpă'n), *n.* tava; posuda za prženje.

**fuchsia** (fu'šiö), *n.* fuksija (*biljka*).

**fucus** (fju'kas), *n.* morska resina; morska trava; ličilo; rumenilo.

**fuddle** (fadl), *v.* opiti; opojiti se.

**fudge** (fąđ), *v.* izmisliti; varati; — *n.* izmišljotina; glupost; vrst slatkiša.

**fuel** (fju'el), *v.* ložiti; opskrbiti gorivom; — *n.* gorivo.

**fugacious** (fjuge'jšąs), *a.* leteći; prolazan.

**fugaciousness** (fjuge'jšąsnes), *n.* prolaznost; hitnja.

**fugacity** (fjugă'siti), *n.* *vidi*: **fugaciousness.**

**fugh** (fju), *interj.* fi! pi! (*usklik gađenja nad nečim*).

**fugitive** (fju'đitiv), *a.* bježeći; kratkotrajan; nestalan; — *n.* bjegunac.

**fugitiveness** (fju'đitivnes), *n.* ishlapljivost; nestalnost; bježanje.

**fugue** (fjug), *n.* fuga; opetovanje istih glasova u glazbi.

**fulcrate** (fa'lkret), *a.* poduprt.

**fulcrum** (fa'lkrąm), *n.* oslonac, potpor, uporište.

**fulfil** (fulfi'l), *v.* ispuniti; izvršiti.

**fulfilling** (fulfi'ling), *n.* *vidi*: **fulfilment.**

**fulfilment** (fulfi'lment), *n.* izvršenje; ispunjenje.

**fulgency** (fa'lđensi), *n.* sjaj; bljesak.

**fulgent** (fa'lđent), *a.* sjajan; blistav.

**fulgently** (fa'lđentli), *adv.* sjajno; blistavo.

**fuliginous** (fjuli'đinąs), *a.* čađav.

**fuliginously** (fjuli'đinąsli), *adv.* čađavo.

**full** (fųl), *v.* čistiti i debljati tkaninu; — *n.* punoća; obilnost; — *a.* pun; potpun; napunjen; sit; širok; savršen.

**fullness** (fų'lnes), *n.* obilje; punoća; izobilje.

**fully** (fų'li), *adv.* posve, sasvim, potpuno.

**fulminant** (fa'lminönt), *a.* gromovit.

**fulminate** (fa'lminejt), *v.* grmjeti; praskati.

**fulmination** (fa'lmine'jšön), *n.* grmljavina; praskanje.

**fulminatory** (fa'lminötori), *a.* gromovit, koji baca strijele.

**fulsome** (fų'lsöm), *a.* gadan, nečist, gnjusan.

**fulsomely** (fu'lsömli), *adv.* gadno, odvratno.

**fulsomeness** (fu'lsömnes), *n.* gnjusoba, odvratnost, odurnost.

**fulvous** (fa'lvas), *a.* tamnožut.

**fumble** (fa'mbl), *v.* pipati; tumarati; nespretno se kretati; primiti i nehotice ispustiti; nespretno se čime baviti.

**fumblingly** (fa'mblingli), *adv.* nespretno.

**fume** (fjūm), *v.* pušiti se; dimiti; isparivati se; — *n.* dim; plin; para.

**fumid** (fju'mid), *a.* zadimljen; dimljiv.

**fumigate** (fju'migejt), *v.* kaditi; zadimiti; dimom *ili* parom čistiti okužen prostor.

**fumigation** (fju'mige'jšön), *n.* kađenje; parenje.

**fumitory** (fju'mitori), *n.* dimnjača (*biljka*).

**fun** (fan), *n.* šala; zabava; lakrdija.

**funambulate** (fună'mbjulejt), *v.* hodati po užetu.

**funambulist** (fună'mbjulist), *n.* tko hoda po užetu, pelivan.

**function** (fa'nkšön), *n.* vršenje, obavljanje službe; služba; zvanje; djelovanje.

**functional** (fa'nkšönöl), *a.* služben.

**functionary** (fa'nkšönöri), *n.* službenik; činovnik.

**fund** (fand), *v.* uložiti novac; uglavničiti; — *n.* zaklada; glavnica; zaliha; novac; uložak.

**fundament** (fa'ndöment), *n.* temelj; zadnjica; stražnjica (*kod čovječjeg tijela*).

**fundamental** (fa'ndöme'ntöl), *a.* temeljni, osnovni; bitni, glavni; — *n.* temelj, osnova.

**funeral** (fju'nöröl), *n.* pogreb, sprovod; ukop; — *a.* pogrebni; što se odnosi na pogreb.

**funereal** (fjuni'riöl), *a.* pogrebni; žaloban.

**fungous** (fa'ngas), *a.* spužvast; poput gljive.

**fungus** (fa'ngas), *n.* gljiva; guba.

**funicle** (fju'nikl), *n.* uzica, konopac; vlakno.

**funicular** (fjuni'kjulör), *a.* vlaknat.

**funk** (fank), *v.* plašiti (se); — *n.* strava.

**funnel** (fa'nel), *n.* lijevak; dimnjak.

**funny** (fa'ni), *a.* smiješan; zabavan; šaljiv; — *n.* laki čamac.

**fur** (för), *v.* krznom podstaviti, opšiti krznom; — *n.* krzno; dlaka.

**furbelow** (fö'rbilō), *v.* obrubiti naborima; — *n.* nabor na rubu haljine.

**furbish** (fö'rbiš), *v.* osvjetlati; ulaštiti.

**furbisher** (fö'rbišör), *n.* čistilac; laštilac.

**furcate** (fö'rkejt), *a.* rašljast, račvast.

**furcation** (förke'jšön), *n.* razdvojenje; rascijepljenje.

**furious** (fju'rias), *a.* bijesan; pomaman; strašan, žestok.

**furiously** (fju'riasli), *adv.* bijesno; žestoko.

**furiousness** (fju'riasnes), *n.* bjesnilo; žestina.

**furl** (förl), *v.* smotati, saviti.

**furlong** (fö'rlång), *n.* mjera; osmina engleske milje.

**furlough** (fö'rlō), *v.* dati dopust; — *n.* dopust (*od vojne službe*).

**furnace** (fö'rnes), *n.* peć; talionica.

**furnish** (fö'rniš), *v.* snabdjeti, opskrbiti; nabaviti; opremiti; pružati; prinašati.

**furnisher** (fö'rnišör), *n.* nabavljač, dobavljač; namještalac.

**furnishing** (fö'rnišing), *n.* oprema; pokućstvo.

**furniture** (fö'rnićur), *n.* pokućstvo; namještaj, oprema.

**furrier** (fö'riör), *n.* trgovac krznom; krznar.

**furriery** (fö'riöri), *n.* krznarija; trgovina krzna.

**furrow** (fö'rō), *n.* brazda; pruga; bora.

**furry** (fö'ri), *a.* krznat.

**further** (fö'rdör), *v.* unaprijediti; promaknuti; pomagati; — *adv.* nadalje; povrh toga; suviše; — *a.* daljni; krajni.

**furtherance** (fö'rdöröns), *n.* promicanje; unapređenje; napredak; podupiranje.

**furtherer** (fö'rdörör), *n.* promicatelj; unapređivalac.

**furthermore** (fö'rdörmō'r), *conj.* osim toga; povrh toga.

**furthermost** (fö'rdörmost), *a.* najdalji; skrajni.

**furthest** (fördest), *a.* najudaljeniji; najdalji.

**furtive** (fö'rtiv), *a.* tajan; potajan; skriven.

**furtively** (fö'rtivli), *adv.* kradomice, krišom; potajno.

**fury** (fju'ri), *n.* gnjev, srdžba, bijes, jarost.

**furze** (förz), *n.* žutilovka; gladež (*bilina*).

**fuscous** (fa'skas), *a.* taman; tamnomanjast.

**fuse** (fjuz), *v.* rastopiti; taliti; — *n.* fitilj; pripaljača.

**fusibility** (fju'zibi'liti), *n.* taljivost; rastopljivost.

**fusible** (fju'zibl), *a.* taljiv; rastopljiv.

**fusion** (fju'žön), *n.* taljenje; slijevanje; spajanje; sjedinjenje.

**fuss** (fas), *v.* bučiti; zabrinjivati se; — *n.* buka, vika; metež; bučna radinost.

**fussy** (fa'si), *a.* bučan; nemiran.

**fust** (fast), *n.* trup; deblo (*od stupa*); pljesnivoća; tuhljiv zadah.

**fustian** (fa'sćön), *n.* vrst grube pamučne tkanine; nadutost; — *a.* od pamučne tkanine; nadut.

**fustiness** (fa'stines), *n.* plijesan; plijesnivoća; tuhljivost.

**fusty** (fa'sti), *a.* pljesniv.

**futile** (fju'til), *a.* uzaludan; neznatan; ništav.

**futility** (fjuti'liti), *n.* ništetnost; uzaludnost; praznoća.

**futtock** (fa'tök), *n.* rebro od broda.

**future** (fju'ćur), *n.* budućnost; buduće vrijeme; — *a.* budući.

**futurity** (fjuću'riti), *n.* budućnost.

**fuzz** (faz), *v.* raspasti se u sitne čestice; — *n.* sitne, lake čestice; pahuljice.

**fuzzball** (fa'zbà'l), *n.* puhara; puša (*gljiva*).

**fuzzle** (fazl), *v.* opiti se.

**fuzzy** (fa'zi), *a.* lak i spužvast; pahuljast.

**fy** (faj), *interj.* fuj!

# G

**G, g** (đi), *slovo*: G, g.
**gab** (găb), *v.* brbljati, blebetati;—*n.*
usta; brbljanje.
**gabardine** (gă'bördī'n), *n.* debeo
ogrtač; vrst engleske tkanine.
**gabble** (găbl), *v.* brbljati, blebetati;—
*n.* brbljanje, blebetanje.
**gabbler** (gă'blör), *n.* brbljavac, ble-
betalo.
**gabel** (găbe'l), *n.* porez, carina.
**gable** (gejbl), *n.* zabat.
**gaby** (ge'jbi), *n.* glupak, bena.
**gad** (găd), *v.* tumarati, skitati se;
—*n.* šiljak; klin od čelika; oštrica
strjelice.
**gadder** (gă'dör), *n.* skitnica, klatež.
**gadfly** (gă'dfla'j), *n.* obad.
**gadwall** (gă'duạl), *n.* vrst divlje
patke; patka kreketaljka.
**Gael** (gejl), *n.* škotski brđanin.
**Gaelic** (ge'lik), *a.* škotski; —*n.* škot-
ski jezik; Škot.
**gaff** (găf), *n.* kuka; ostve.
**gaffle** (gă'fl), *n.* ocjelne ostruge, što
se stavljaju pijetlu za borbu; zapi-
njač na luku.
**gag** (găg), *v.* začepiti usta; ušutkati;
—*n.* nešto, čime se začepe usta.
**gage** (gejđ), *v.* zalagati; mjeriti; baž-
dariti; ocijeniti;—*n.* zalog; jamstvo;
izazov (*na dvoboj*); rukavica (*bačena
na tle po izazivaču na dvoboj*); mjerilo.
**gager** (ge'jđör), *n.* baždar.
**gaggle** (găgl), *v.* gakati.
**gaiety** (ge'iti), *n. vidi*: **gayety.**
**gaily** (ge'jli), *adv. vidi*: **gayly.**
**gain** (gejn), *v.* dobiti, steći, zaslužiti;
predobiti; postići; ići napred (*o satu*);
bogatiti se; prestići; — *n.* dobitak;
korist; stečevina.
**gainable** (ge'jnöbl), *a.* što se može
dobiti; dostižljiv.
**gainer** (ge'jnör), *n.* dobitnik; sticalac.
**gainful** (ge'jnful), *a.* probitačan;
koristonosan.
**gainfully** (ge'jnfuli), *adv.* probitačno,
koristonosno.

**gainfulness** (ge'jnfulnes), *n.* probi-
tačnost; korist, hasna.
**gainless** (ge'jnles), *a.* beskoristan;
bez dobitka; neprobitačan.
**gainlessness** (ge'jnlesnes), *n.* besko-
risnost.
**gainsay** (ge'jnse'j), *v.* protusloviti;
nijekati, poricati.
**gainsayer** (ge'jnse'ör), *n.* prigovaralac,
nijekalac.
**gairish** (gē'riš), *a.* sjajan; vanredno
veseo.
**gait** (gejt), *n.* hod; put; držanje (*u
hodu*).
**gaiter** (ge'jtör), *n.* dokoljenica; sukno
*ili* koža, koja pokriva doljnji dio
noge do koljena.
**gala** (ge'lö), *n.* sjaj; svečanost, gala.
**gala-day** (ge'löde'j), *n.* svečani dan;
svetkovina.
**galanga** (gălă'ngö), *n.* galgan (*biljka*).
**galaxy** (gă'löksi), *n.* mliječni put,
zviježđe; zbor odličnika.
**gale** (gejl), *n.* vjetar, bura, vihor.
**galena** (găli'nö), *n.* olovna rudača;
olovica.
**galiot** (gă'liạt), *n.* mala lađa na vesla
i jadra.
**galipot** (gă'lipạt), *n.* bijela smola od
omorike.
**gall** (gàl), *v.* istrošiti se trenjem; jaditi,
zabadati u koga;—*n.* žuč, jed;
gorčina.
**gall-bladder** (gà'lblă'dör), *n.* žučni
mjehur.
**gall-stone** (gà'lstō'n), *n.* žučni kamen.
**gallant** (gă'lönt), *a.* hrabar, srčan; ple-
menit; krasan; uslužan; —*n.* junak;
muškarac, koji udvara ženama;
ljubavnik.
**gallantly** (gă'löntli), *adv.* junački;
plemenito; udvorno.
**gallantness** (gă'löntnes), *n.* odličnost
u ponašanju; plemenitost; uglađenost.
**gallantry** (gă'löntri), *n.* sjaj; gizda-
vost; plemenitost; uljudnost.

**galleon** (gă'liàn), *n.* veliki španjolski brod, galiona.

**gallery** (gă'löri), *n.* pokrovljen prolaz; dugi hodnik; dvorana, gdje se izlažu umjetnine; zbirka slika, galerija.

**galley** (gă'li), *n.* laki brodić, galija; kuhinja na brodu; okvir za slog (*u tiskarstvu*).

**Gallic** (gă'lik), *a.* galski; francuski.

**Gallicism** (gă'lisizm), *n.* francuska jezična osobitost; galicizam.

**gallinaceous** (gă'line'jšas), *a.* kokošji.

**gallinule** (gă'linjul), *n.* liska, šarka (*vodena ptica*).

**gallipot** (gă'lipat), *n.* ljekarnički lončić.

**gallon** (gă'lön), *n.* galon, mjera za tekućine, koja sadržaje četiri kvarte (*nješto manje od 4 litra*).

**galloon** (gălū'n), *n.* vrpca, gajtan, trak.

**gallop** (gă'löp), *v.* bježati skokom, trčati; jahati uzagrepce;— *n.* skok; trka u propanj.

**galloper** (gă'löpör), *n.* konj, koji trči skokom.

**gallow** (gă'lo), *v.* prestrašiti.

**gallows** (gă'löz), *n.* vješala.

**galore** (gălō'r), *adv.* obilato, mnogobrojno.

**galosh** (gălà'š), *n.* galoša, obuća od gumije, što se natakne na cipele.

**galvanic** (gălvă'nik), *a.* galvanski.

**galvanically** (gălvă'niköli), *adv.* na galvanski način.

**galvanism** (gă'lvănizm), *n.* galvanizam; električna struja, što nastaje kemičkim djelovanjem.

**galvanize** (gă'lvönajz), *v.* galvanizirati; umjetno oživiti.

**gamble** (gămbl), *v.* igrati se za novac; proigrati; stavljati na kocku.

**gambler** (gă'mblör), *n.* igrač; kartaš.

**gambling** (gă'mbling), *n.* igra; igranje za novac.

**gamboge** (gămbō'đ), *n.* gamba (*vrst smole*).

**gambol** (gă'möl), *v.* skakutati; poskakivati;— *n.* poskakivanje.

**gambrel** (gă'mbrel), *n.* potkoljenica; gležanj (*kod četveronožaca*); kuka; čukalj.

**game** (gejm), *n.* igra; šala; lovina; divljač;— *a.* hrabar; odlučan; —*v.* igrati se.

**gamecock** (ge'jmkà'k), *n.* pijetao, koji se bije; pijetao borac.

**gamely** (ge'jmli), *adv.* hrabro; srčano.

**gameness** (ge'jmnes), *n.* hrabrost; odlučnost.

**gamesome** (ge'jmsam), *a.* veseo; zabavan.

**gamester** (ge'jmstör), *n.* igrač; kartaš.

**gammer** (gă'mör), *n.* stara žena; starica.

**gammon** (gă'mön), *v.* nasoliti i sušiti; sušiti u dimu;—*n.* but; šunka.

**gamut** (gă'mat), *n.* glazbena ljestvica; škala.

**gander** (gă'ndör), *n.* gusak.

**gang** (găng), *n.* skup; četa; rulja; čopor.

**ganglion** (gă'ngliön), *n.* skup živaca, uzlina živaca, ganglija.

**gangrene** (gă'ngrin), *v.* gnjiliti; —*n.* gnjiloća; vučac.

**gangrenous** (gă'ngrinas), *a.* koji trune; koji ima vučac.

**gangway** (gă'ngue'j), *n.* prolaz; hodnik.

**gannet** (gă'net), *n.* bluna (*morska ptica*).

**gantlet** (gă'ntlet), *n. vidi*: **gauntlet.**

**gaol** (đejl), *n.* zatvor; tamnica.

**gap** (găp), *v.* otvoriti; zinuti;—*n.* otvor; pukotina; prolom; rupa.

**gape** (gejp), *v.* zijevati; zinuti; razvaliti usta;—*n.* otvor, zijevanje.

**garage** (gara'ž), *n.* zgrada, u kojoj se popravljaju i čuvaju automobili.

**garb** (garb), *n.* haljina; odjeća; kroj; nošnja; ponašanje:—*v.* obući, odjeti.

**garbage** (ga'rbeđ), *n.* smrad; smet; otpadak.

**garble** (garbl), *v.* pokvariti, nagrditi; pomrsiti:—*n.* otpaci; smeće.

**garbler** (ga'rblör), *n.* izbirač; čistilac; kvaritelj; nagrđivač.

**garboard** (ga'rbō'rd), *n.* podnica (*na brodu*).

**garden** (gārdn), *v.* vrtljariti;—*n.* vrt.

**gardener** (gā'rdnör), *n.* vrtljar.

**gardening** (ga'rdnning), *n.* vrtljarstvo.

**garfish** (ga'rfi'š), *n.* vrst ribe sa šiljatim ustima poput kljuna.

**gargle** (gārgl), *v.* grgljati; ispirati grlo; žuboriti;—*n.* voda *ili* lijek za ispiranje grla.

**gargoyle** (gā'rgojl), *n.* sredovječni žlijeb za vodu na zgradama, napose na crkvama.

**garish** (ge'jriš), *a.* sjajan. jasan; razuzdan; objestan.

**garishly** (ge'jrišli), *adv.* sjajno; razuzdano.

**garishness** (ge'jrišnes), *n.* sjaj; razuzdanost.

**garland** (gā'rlönd), *v.* ovjenčati; — *n.* vijenac; kita cvijeća.

**garlic** (gā'rlik), *n.* češnjak, česan; bijeli luk.

**garment** (gā'rment), *n.* odijelo, odjeća; haljina; ruho.

**garner** (gā'rnör), *n.* žitnica; hambar; —*v.* sabrati u žitnicu; skupiti; nagomilati.

**garnet** (ga'rnet), *n.* granat (*crveni nakitni kamen*); leto (*vrst užeta na brodu*).

**garnish** (ga'rniš), *v.* okititi; opremiti; snabdjeti; — *n.* ukras; nakit; optok (*haljine*).

**garnishee** (ga'rniši'), *v.* zadobiti sudbenim postupkom vlastničtvo drugoga; zaplijeniti; — *n.* treća osoba, koja duguje optuženiku.

**garnisher** (ga'rnišör), *n.* krasilac; snabdjevač.

**garnishment** (ga'rnišment), *n.* ukraširanje; nakit; sudbeni nalog trećoj osobi.

**garniture** (ga'rnićur), *n.* oprema; ukras; namještaj.

**garret** (gă'ret), *n.* tavan; potkrovlje.

**garreteer** (gă'reti'r), *n.* onaj, koji stanuje na tavanu.

**garrison** (gă'risön), *n.* posada: — *v.* smjestiti čete u posadu; napuniti vojskom.

**garrote** (găro't), *n.* španjolski način smaknuća gušenjem; konopac *ili* željezo, kojim dave zločince.

**garrulity** (gărju'liti), *n.* brbljavost.

**garrulous** (gă'rjulas), *a.* brbljav.

**garrulousness** (gă'rjulasnes), *n. vidi:* **garrulity**.

**garter** (ga'rtör), *n.* podveza za čarape; — *v.* podvezati; uresiti redom od podveze.

**gas** (găs), *n.* plin.

**gasconade** (găs'köne'jd), *v.* hvalisati se; — *n.* hvalisanje, hvastanje.

**gaseous** (ge'jsias), *a.* plinovit.

**gas-fitter** (gă'sfi'tör), *n.* postavljač plinskih cijevi.

**gash** (găš), *v.* duboko zarezati; — *n.* rana; grebotina, brazgotina.

**gasification** (gă'sifike'jšön), *n.* pretvaranje u plin.

**gasify** (gă'sifaj), *v.* pretvoriti u plin.

**gasket** (gă'sket), *n.* konopac (*plosno pleten*); okrug od tkanine *ili* gume za čvrsto spajanje cijevi.

**gasoline** (gă'soli'n), *n.* pročišćeno kameno ulje, što se upotrebljava za pogon motornih kola *ili* strojeva; benzin, gazolin.

**gasometer** (găsà'mitör), *n.* plinomjer.

**gasp** (găsp), *v.* dahtati; teško disati; — *n.* teško disanje.

**gassing** (gă'sing), *n.* otrovanje plinom.

**gastric** (gă'strik), *a.* želudačni.

**gastritis** (găstra'jtis), *n.* upala želuca.

**gastronomer** (găstrà'nömör), *n.* sladokusac.

**gastronomy** (găstrà'nomi), *n.* sladokusje; vještina priprave ukusnog jela.

**gate** (gejt), *n.* vrata; dveri; prolaz.

**gateway** (ge'jtue'j), *n.* veža; kapija; prolaz kroz ogradu *ili* zid.

**gather** (gă'dör), *v.* sabirati, skupljati; zaključivati; —*n.* nabor.

**gatherer** (gă'dörör), *n.* sakupljač; sabirač.

**gathering** (gă'döring), *n.* sakupljanje; sabiranje; skupština; zbor.

**gauche** (guš), *a.* ljevoruk; nespretan.

**gaucherie** (gu'šri), *n.* nespretnost.

**gaud** (gàd), *n.* prosti nakit; blistavilo.

**gaudiness** (gà'dines), *n.* kićenost; neukusan nakit.

**gaudy** (gà'di), *a.* sjajan; gizdav; blještav.

**gauge** (gejđ), *n. i v. vidi:* **gage**.

**gaunt** (gànt), *a.* mršav; suh.

**gauntlet** (gà'ntlet), *n.* željezna rukavica.

**gauntry** (gà'ntri), *n.* okvir dizalice; željeznički stup za znakove.

**gauze** (gaz), *n.* rijetka prozirna tkanina.

**gauzy** (gà'zi), *a.* proziran; tanak; kao koprena.

**gavel** (gă'vel), *n.* čekić predsjedatelja; rukovet; snop.

**gavial** (ge'jviöl), *n.* indijski krokodil.

**gavot** (gă'vöt), *n.* francuski ples.

**gawk** (găk), *n.* bena; kukavica; bluna.

gawky (gà'ki), a. nespretan; benast.

gay (gej), a. veseo; radostan; razuzdan.

gayety (ge'iti), n. veselost, živahnost, radost; smijeh.

gayly (ge'jli), adv. veselo, živahno, radostno.

gaze (gejz), v. buljiti; zuriti; oštro gledati; diviti se; čuditi se; — n. oštar pogled; zurenje; motrenje.

gazebo (găzi'bo), n. ljetnikovac sa širokim vidikom; doksat.

gazelle (găze'l), n. gazela; divokoza u sjevernoj Africi.

gazer (ge'jzör), n. promatrač; koji bulji u nešto.

gazette (găze't), n. novina; službeni list; — v. službeno objaviti.

gazetteer (gă'zetī'r), n. novinar; zemljopisni rječnik.

gear (gīr), n. kolesa; točkovje; sprema; sprava; — v. opremiti; opraviti.

gee (đi), interj. uzvik kočijaša; haj; hajs (tjerajući na desno); — v. skrenuti na desno.

geese (gīs), n. množina od goose, guska.

geezer (gī'zör), n. starčić.

gehenna (gihi'nö), n. pakao.

geisha (ge'jšö), n. japanska plesačica.

gelatin(e) (đe'lötin), n. hladetina; kiljevina; masa poput hladetine.

gelatinous (đelă'tinas), a. poput hladetine.

gelation (đile'jšön), n. ukrućenje.

geld (geld), v. uškopiti.

gelding (ge'lding), n. uškopljen konj.

gelid (đe'lid), a. leden; studen.

gelidity (đeli'diti), n. ciča; studen.

gem (đem), n. dragulj; dragi kamen; pupoljak; — v. ukrasiti draguljima; nakititi.

geminate (đe'minejt),v. podvostručiti.

gemination (đe'mine'jšön), n. podvostručenje.

gemini (đe'minaj), n. blizanci.

gemma (đe'mö), n. pupoljak.

gemmate (đeme'jt), a. pupoljast; pun pupoljaka.

gemmation (đeme'jšön), n. pupčanje; rasplođivanje s pupoljcima.

gemmeous (đe'mias), a. poput dragulja.

gemmy (đe'mi), a. sjajan; kao dragulj.

gendarme (ža'nda'rm), n. žandar; oružnik.

gender (đe'ndör), v. roditi; proizvesti; — n. rod; spol.

genealogical (đi'niölă'điköl), a. rodoslovan.

genealogist (đi'niă'lođist), n. proučavatelj; tumačitelj rodoslovlja.

genealogy (đe'niă'lođi),n. rodoslovlje.

generable (đe'nöröbl), a. što se može proizvesti.

general (đe'nöröl), a. opći; općenit; zajednički; javan; — n. general; vojskovođa.

generalissimo (ge'nöröli'simo), n. vrhovni zapovjednik vojske.

generality (đe'nöră'liti), n. općenitost; cijelost.

generalization (đe'nörölize'jšön), n. poopćenje; uopćenje.

generalize (đe'nörölajz), v. općenito raditi; poopćiti.

generally (đe'nöröli), adv. općenito.

generalship (đe'nörölšip), n. služba vojskovođe; generalija; zapovjedništvo.

generate (đe'nörejt), v. rađati; proizvađati; tvoriti.

generation (đe'nöre'jšön), n. rađanje; rod; naraštaj; pokoljenje.

generative (đe'nöretiv), a. koji rađa; što se odnosi na rađanje.

generator (đe'nöre'jtör), n. tvorac; proizvađač; električni stroj.

generic (đine'rik), a. rodni; spolni.

generosity (đe'nöră'siti), n. plemenitost; veledušnost, darežljivost.

generous (đe'nöras), a. plemenit; velikodušan.

generously (đe'nörasli), adv. plemenito; obilno; velikodušno.

generousness (đe'nörasnes), n. vidi: generosity.

Genesis (đe'nesis), n. rađanje; stvaranje; početak; prva knjiga staroga zavjeta o stvorenju svijeta.

genet (đe'net), n. mali španjolski konj.

genetic (đene'tik), a. što pripada početku ili rođenju.

geneva (đini'vö), n. borovička; rakija iz borovih bobica.

genial (đi'niöl), a. naravan; prirođen; srdačan.

geniality (đi'niă'liti), n. veselost; srdačnost, prijaznost.

genially (đi'niöli), adv. srdačno; prijazno.

geniculate (đeni'kjulet), a. koljenast; člankovit.

**genital** (đe'nitöl), *a.* spolni.
**genitive** (đe'nitiv), *n.* drugi padež, genitiv; oznaka izvora *ili* pripadnosti.
**genius** (đi'nias), *n.* duh; dobar duh; veleum; osobito svojstvo.
**genteel** (đenti'l), *a.* otmen; pristojan, uljudan.
**genteelly** (đenti'li), *adv.* pristojno, uglađeno, uljudno.
**genteelness** (đenti'lnes), *n.* pristojnost, uglađenost.
**gentian** (đe'nšön), *n.* sirištara; vladisavka (*biljka*).
**Gentile** (đe'ntael), *n.* poganin; neznabožac; među Židovima; svatko, tko nije židovske vjere.
**gentility** (đenti'liti), *n.* plemenitost; finoća, uglađenost, prijatnost.
**gentle** (đentl), *a.* plemenit; otmen; umiljat, blag, nježan.
**gentleman** (đe'ntlmön), *n.* gospodin; muž lijepih vrlina; plemić.
**gentlemanly** (đe'ntlmönli), *a.* pristojan, uljudan; pošten; gospodski.
**gentlewoman** (đe'ntluu'mön), *n.* odlična gospoja.
**gently** (đe'ntli), *adv.* polako; nježno, umiljato.
**gentry** (đe'ntri), *n.* otmeni ljudi; niže plemstvo.
**genuflect** (đe'njufle'kt), *v.* kleknuti; prignuti koljeno.
**genuflection** (đe'njufle'kšön), *n.* klecanje; prigibanje koljena.
**genuine** (đe'njuin), *a.* naravan; čist; pravi; istinit; nepatvoren.
**genuinely** (đe'njuinli), *adv.* naravno; istinito; pravo.
**genuineness** (đe'njuines), *n.* istinitost; izvornost; naravnost; nepokvarenost.
**genus** (đi'nös), *n.* rod; vrsta.
**geocentric** (đi'ase'ntrik), *a.* zemljosredan.
**geodesy** (điă'desi), *n.* zemljomjerstvo.
**geodetic** (đi'ode'tik), *a.* zemljomjerni.
**geognost** (đi'ágnàst), *n.* zemljoznanac, rudoznanac.
**geognosy** (điă'gnàsi), *n.* zemljoznanstvo.
**geographer** (điă'gröför), *n.* zemljopisac.
**geographical** (đi'ăgrǎ'fik), *a.* zemljopisni.
**geographically** (đi'ăgrǎ'fikö'li), *adv.* zemljopisno.

**geography** (điă'gröfi), *n.* zemljopis.
**geological** (đi'olǎ'điköl), *a.* zemljomjeran; što se odnosi na nauku o sastavu zemlje.
**geologist** (điă'lođist), *n.* proučavatelj zemlje; geolog.
**geology** (điă'lođi), *n.* nauka o sastavu zemlje.
**geomancy** (đi'omǎ'nsi), *n.* vračanje po točkama *ili* crtama u zemlji.
**geometer** (điă'mitör), *n.* mjernik, zemljomjer.
**geometric** (đi'ome'trik), *a.* mjerstveni; zemljomjerni.
**geometrical** (đi'ome'triköl), *a.* *vidi*: **geometric.**
**geometry** (điă'metri), *n.* mjerstvo; zemljomjerstvo, geometrija.
**georgic** (đo'rđik), *a.* ratarski.
**geranium** (đire'jniam), *n.* ždralinjak (*vrst cvijeća*).
**germ** (đörm), *n.* klica; zametak; zarazna čestica.
**German** (đö'rmön), *a.* njemački; rođeni; srodan; pravi; — *n.* Nijemac.
**germander** (đörmǎ'ndör), *n.* dubačac (*biljka*).
**germane** (đörme'jn), *a.* srodan, u rodu.
**Germanic** (đörmǎ'nik), *a.* njemački; germanski.
**Germanism** (đö'rmönizm), *n.* njemački način govora; germanizam.
**germanize** (đö'rmönajz), *v.* ponijemčiti.
**Germany** (đö'rmöni), *n.* Njemačka.
**germicidal** (đö'rmisa'jđöl), *a.* što uništuje zametak, zarazne čestice.
**germicide** (đö'rmisajd), *n.* sredstvo za ubijanje zametka *ili* klica (*bolesti, zaraze*).
**germiculture** (đö'rmika'lćur), *n.* umjetno gojenje zaraznih klica u svrhu proučavanja.
**germinable** (đö'rminöbl), *a.* što se može razviti, zaploditi.
**germinal** (đö'rminöl), *a.* što se tiče klice zametka.
**germinate** (đö'rminejt), *v.* klicati; nicati.
**germination** (đö'rmine'jšön), *n.* klijanje, klicanje; vrijeme klicanja.
**germinator** (đö'rmine'jtör), *n.* tko *ili* što prouzročuje klicanje.

**gerrymander** (ge'rimă'ndör), *n.* samovoljno raspoređivanje kotara za izbore.
**gerund** (đe'rạnd), *n.* gerundij (*glagolski oblik*).
**gestate** (đeste'jt), *v.* nositi (*dijete u utrobi*).
**gestation** (đeste'jšön), *n.* trudnoća; nošenje (*djeteta prije poroda*).
**gestatory** (đe'stötori), *a.* što se odnosi na trudnoću.
**gesticulate** (đesti'kjulejt), *v.* mahati rukom u govoru.
**gesticulation** (đesti'kjule'jšön), *n.* mahanje rukama.
**gesticulator** (đesti'kjule'jtör), *n.* tko pravi kretnje rukama kod govora.
**gesture** (đe'šćur), *n.* kretanje; držanje.
**get** (get), *v.* dobiti; postići; primiti; imati.
**getter** (ge'tör), *n.* koji dobiva, nabavlja.
**gewgaw** (gju'gà), *n.* tričarija; igračka; — *a.* neznatan; tričav.
**geyser** (ga'jzör), *n.* vreli izvor iz kojega voda štrca u zrak.
**ghastliness** (gă'stlines), *n.* strahovitost; sablastan izgled.
**ghastly** (gă'stli), *a.* grozan; sablastan.
**gherkin** (gö'rkin), *n.* krastavac, ugorak.
**ghetto** (ge'to), *n.* dio grada, u kojem su naseljeni Židovi.
**ghost** (gōst), *n.* duh; duša; sablast; prikaza.
**ghostlike** (gō'stla'jk), *a.* sablastan; poput duha.
**ghostliness** (gō'stlines), *n.* duhovnost.
**ghostly** (gō'stli), *a.* duhovan; duševan.
**ghoul** (gūl), *n.* onaj, koji robi mrtvaca *ili* grobove.
**giant** (đa'ent), *n.* gorostas, div, orijaš.
**giantess** (đa'entes), *n.* orijaškinja.
**giaour** (đa'ur), *n.* nevjernik, kaurin.
**gibber** (đi'bör), *v.* govoriti brzo i nejasno.
**gibberish** (đi'böriš), *a.* nerazumljiv; — *n.* čavrljanje; glupost.
**gibbet** (đi'bet), *v.* vješati; — *n.* vješala; stup od dizala.
**gibbosity** (gibă'siti), *n.* grbavost; izbočenost.
**gibbous** (gi'bạs), *a.* grbav; kvrgast.
**gibcat** (gi'bkă't), *n.* mačak.

**gibe** (đajb), *v.* podrugivati se; bockati; — *n.* podrugivanje; zadirkivanje.
**giber** (đa'jbör), *n.* podrugljivac.
**gibingly** (đa'jbingli), *adv.* podrugljivo.
**giblets** (đi'blec), *n.* drobnina od živadi.
**gibstaff** (đi'bstă'f), *n.* motka za mjerenje dubljine; vodomjer.
**gid** (gid), *n.* metiljanje (*ovčja bolest*).
**giddily** (gi'dili), *adv.* vrtoglavo; neobzirno; smušeno.
**giddiness** (gi'dines), *n.* vrtoglavica; nesvjestica; nepostojanost.
**giddy** (gi'di), *a.* vrtoglav; nepostojan; budalast; nepromišljen.
**gift** (gift), *v.* ņadariti; — *n.* dar; poklon; darovitost; sposobnost.
**gifted** (gi'fted), *a.* nadaren, darovit.
**gig** (gig), *n.* lake dvokolice; laki čamac; zvrk; čigra.
**gigantic** (đajgă'ntik), *a.* orijaški; gorostasan.
**giggle** (gigl), *v.* kikotati se; ceriti se; — *n.* kikotanje; cerenje.
**giggler** (gi'glör), *n.* koji se kikota, ceri.
**gild** (gild), *v.* pozlatiti; dati lijepu vanjštinu.
**gilder** (gi'ldör), *n.* pozlatar.
**gilding** (gi'lding), *n.* pozlaćivanje; pozlata.
**gill** (gil), *n.* škrga; — (đil), *n.* mjera za tekućine; četvrtina pinte.
**gillie** (gi'li), *n.* dječak; sluga.
**gillyflower** (đi'liflạ'üör), *n.* karanfilj; ljubičina; šeboj.
**giltedged** (gi'lte'đd), *a.* sa pozlaćenim krajevima.
**gilthead** (gi'lthe'd), *n.* zlatovka (*riba*).
**gim** (đim), *a.* !ijep; kićen.
**gimbal** (đi'mböl), *n.* kolut, o kojem visi morska sjevernica.
**gimcrack** (đi'mkră'k), *n.* igračka; trica.
**gimlet** (gi'mlet), *n.* svrdao, svrdlić.
**gin** (đin), *v.* čistiti (*pamuk od sjemena*); vjetriti; — *n.* borovica; borovička; stroj za čišćenje pamuka; dizalo.
**ginger** (đi'nđör), *n.* đumbir.
**gingerbread** (đi'ndörbre'd), *n.* medenjak; paprenjak.
**gingerly** (đi'nđörli), *adv.* lijepo, ukusno.
**gingham** (gi'ngăm), *n.* prugasta tkanina od pamuka.
**gingle** (đingl), *n. i v. vidi*: **jingle**.

**gipsy** (đi'psi), *n.* ciganin; — *a.* ciganski.

**giraffe** (điră'f), *n.* žirafa.

**girandole** (đi'röndol), *n.* veliki svjećnjak sa više rogova.

**gird** (görd), *v.* opasati, obviti; rugati se; bockati; — *n.* bodac; ujedina; sprdnja.

**girder** (gö'rdör), *n.* greda; tram.

**girdle** (gördl), *v.* opasati; zaokružiti; opkoliti; — *n.* pas, pojas, opseg.

**girdler** (gö'rdlör), *n.* pojasar.

**girl** (görl), *n.* djevojka.

**girlhood** (gö'rlhud), *n.* djevojačtvo.

**girlish** (gö'rliš), *a.* djevojački.

**girlishness** (gö'rlišnes), *n.* djevojačka ćud; nestašnost.

**girt** (gört), *v.* pasati; okruživati; — *n.* pojas na sedlu; kolan.

**girth** (gört), *n. vidi*: **girt.**

**gist** (đist), *n.* glavna točka; jezgra.

**gith** (git), *n.* paprika.

**give** (giv), *v.* dati; darovati; predati.

**given** (gi'ven), *a.* dan; podat; određen.

**giver** (gi'vör), *n.* davatelj; darivalac.

**giving** (gi'ving), *n.* davanje; podijeljenje.

**gizzard** (gi'zörd), *n.* želudac (*kod ptica*).

**glabrous** (gle'jbra̱s), *a.* golušav; golobrad; gladak.

**glacial** (gle'jšöl), *a.* leden; zamrznut.

**glaciate** (gle'jšiejt), *v.* slediti se, smrzavati se.

**glaciation** (gle'jšie'jšön), *n.* oleđivanje; smrzavanje.

**glacier** (gle'jšör), *n.* ledenjak, plasina.

**glad** (glăd), *a.* veseo; radostan; prijatan.

**gladden** (glădn), *v.* razveseliti, radovati.

**glade** (glejd), *n.* proplanak (*u šumi*); čistina.

**gladiator** (glă'die'jtör), *n.* borac; gladiator.

**gladly** (glă'dli), *adv.* drage volje; s veseljem.

**gladness** (glă'dnes), *n.* radost; veselje.

**gladsome** (glă'dsa̱m), *a.* razveseljujući; radostan.

**gladsomeness** (glă'dsa̱mnes), *n.* veselost.

**glair** (glēr), *v.* namazati bjelancem; — *n.* bjelance (*od jajeta*).

**glairy** (glē'ri), *a.* bjelančast.

**glamor** (glă'mör), *n.* čar; opsjena.

**glance** (glăns), *v.* sijevati; pogledati; — *n.* sijev; bljesak; pogled.

**glancingly** (glă'nsingli), *adv.* uzgredice; na brzu ruku; gledimice.

**gland** (glănd), *n.* žlijezda.

**glanders** (glă'ndörz), *n.* sakagija (*konjska bolest*); gunturaća.

**glandiferous** (glăndi'föra̱s), *a.* što rodi žirom.

**glandiform** (glă'ndiform), *a.* želudast; poput žira.

**glandular** (glă'ndjulör), *a.* žljezdast; žljezdani.

**glandule** (glă'ndjul), *n.* žljezdica.

**glandulous** (glă'ndjula̱s), *a.* žljezdovit.

**glare** (glēr), *v.* blistati se; sjati se; buljiti izbečenim očima; — *n.* sjaj; blistanje; bijesan pogled.

**glaringly** (glē'ringli), *adv.* otvoreno; očito.

**glass** (glăs), *n.* staklo; čaša; ogledalo.

**glassiness** (glă'sines), *n.* staklovitost; stakleni sjaj.

**glassy** (glă'si), *a.* staklen; staklovit.

**glaze** (glejz), *v.* staviti staklo u okna, sliku *itd.*; ostakliti.

**glazier** (gle'jšör), *n.* staklar.

**glazing** (gle'jzing), *n.* staklarstvo, pocaklivanje; caklovina.

**gleam** (glīm), *v.* sijati se; sijevati; bacati zrake; — *n.* zraka, sjaj; blijesak.

**gleaming** (glī'ming), *n.* zraka; luča.

**gleamy** (glī'mi), *a.* blistav; sjajan.

**glean** (glin), *v.* pabirčiti; sabirati; — *n.* pabirak; pabirčenje.

**gleaner** (glī'nör), *n.* pabirač; sabirač.

**gleaning** (glī'ning), *n.* pabirčenje; pabirak; ostatak.

**glebe** (glib), *n.* gruda; tlo; crkveno zemljište.

**glee** (glī), *n.* veselje; radost; zabava.

**gleeful** (glī'ful), *a.* zabavan; veseo.

**gleet** (glīt), *n.* rijetki gnoj; istjecanje sluza (*iz mokraćne žile*).

**gleety** (glī'ti), *a.* gnojav; sluzav.

**glen** (glen), *n.* dolina; klanac; gudura.

**glib** (glib), *v.* ugladiti; uškopiti; — *a.* gladak; klizak.

**glibly** (gli'bli), *adv.* glatko.

**glibness** (gli'bnes), *n.* glatkost; kliskoća; govorljivost.

**glide** (glajd), *v.* sklizati se; teći glatko; — *n.* sklizanje.

**glider** (gla'jdör), *n.* koji se skliže; koji se šulja.

**glidingly** (gla'jdingli), *adv.* sklizajući; glatko.

**glim** (glim), *n.* svjetlo; svjetiljka.

**glimmer** (gli'mör), *v.* svjetlucati se; treptjeti (*za svjetlo*); — *n.* svjetlucanje.

**glimpse** (glimps), *v.* svjetlucati se; brzo pogledati; — *n.* bljesak; brzi pogled.

**glisten** (glisn), *v.* blistati se; sijevati; krijesiti se.

**glister** (gli'stör), *v. vidi*: **glisten.**

**glitter** (gli'tör), *v. vidi*: **glisten;** — (gli'tör), *n.* bliještanje; sijanje; sjaj.

**glitteringly** (gli'töringli), *adv.* sjajno; sijevajući.

**gloam** (glōm), *v.* zamračiti se; tamnjeti.

**gloaming** (glō'ming), *n.* sumračje; suton.

**gloat** (glōt), *v.* oštro gledati; požudno promatrati.

**globate** (glō'bet), *a.* okrugao; krugljast.

**globated** (glō'beted), *a. vidi*: **globate.**

**globe** (glōb), *n.* kuglja; zemlja; globus.

**globosity** (globà'siti), *n.* okruglost.

**globous** (glō'bas), *a.* okrugljast.

**globular** (gla'bjulör), *a.* obao; krugljast.

**globule** (glà'bjul), *n.* krugljica.

**glomerate** (glà'mörejt), *v.* saviti u klupko; smotati; nagomilati.

**glomeration** (glà'more'jšön), *n.* savijanje, slaganje u klupko.

**gloom** (glūm), *v.* biti taman; biti sumoran; — *n.* mrak; tama; sjetnost; sumornost; tuga, sjeta.

**gloominess** (glū'mines), *n.* mračnost; sumornost; sjeta.

**gloomily** (glū'mili), *adv.* mračno; sumorno; sjetno; turobno.

**gloomy** (glū'mi), *a.* na pola rasvjetlen; tmuran; sjetan.

**glorification** (glo'rifike'jšön), *n.* slavljenje; veličanje; uzvisivanje.

**glorify** (glo'rifaj), *v.* slaviti; hvaliti; uzvisivati; veličati.

**glorious** (glo'rias), *a.* slavan; uzvišen; dičan.

**gloriously** (glo'riasli), *adv.* slavno, sjajno.

**gloriousness** (glo'riasnes), *n.* uzvišenost; krasota.

**glory** (glo'ri), *v.* ponositi se; dičiti se; — *n.* slava; čast; blaženstvo; vijenac svetosti; ponos.

**gloss** (glàs), *v.* osvjetlati; ulaštiti; razjasniti; rastumačiti; — *n.* sjaj; laštilo; tumačenje.

**glossary** (glà'söri), *n.* rječnik.

**glossily** (glà'sili), *adv.* sjajno; ulašteno.

**glossy** (glà'si), *a.* sjajan; ulašten.

**glottis** (glà'tis), *n.* glasiljka (*u grlu*).

**glove** (glọv), *v.* navlačiti rukavice na ruke; — *n.* rukavica.

**glover** (gla'vör), *n.* rukavičar.

**glow** (glō), *v.* žariti se; sjati se; gorjeti; — *n.* žar; plamen.

**gloze** (glōz), *v.* ulagivati se; laskavo govoriti; — *n.* laskanje; ulagivanje.

**glozer** (glō'zör), *n.* laskavac.

**glue** (glū), *v.* lijepiti; klijati; spojiti; — *n.* lijepak, ljepilo; klija.

**gluer** (glū'ör), *n.* ljepilac; klijač.

**gluey** (glu'i), *a.* ljepljiv.

**gluish** (glū'iš), *a.* priljepčiv; klijav.

**glume** (glūm), *n.* pljeva.

**glut** (glạt), *v.* progutati; proždrijeti; zasititi se.

**gluten** (glu'ten), *n.* ljepivo.

**glutinate** (glu'tinejt), *v.* slijepiti, spojiti.

**glutination** (glu'tine'jšön), *n.* sastavljanje ljepilom.

**glutinosity** (glu'tinà'siti), *n.* ljepčivost; gnječavost.

**glutinous** (glu'tinas), *a.* ljepiv; gnjecav.

**glutinousness** (glu'tinasnes), *n.* ljepčivost.

**glutton** (glạtn), *n.* izjelica; proždrljivac.

**gluttonize** (glạ'tnnajz), *v.* premnogo jesti; žderati.

**gluttonous** (glạ'tnas), *a.* proždrljiv; nezasitan; lakom za jelom.

**gluttony** (glạ'tnni), *n.* proždrljivost.

**glycerin** (gli'sörin), *n.* glicerin (*vrst ulja*).

**glyph** (glif), *n.* izrez; ižljebak (*u klesarstvu*).

**glyptographic** (gli'ptogrà'fik), *a.* što opisuje načine o rezanju dragulja.

**glyptography** (gliptà'gröfi), *n.* nauka o urezanom kamenju.

**gnarl** (nārl), *v.* gunđati; režati.

**gnarled** (nārld), *a.* čvorast; čvornat.
**gnash** (năš), *v.* škrgutati; škripati (*zubima*).
**gnashing** (nă'šing), *n.* škrgutanje.
**gnashingly** (nă'šingli), *adv.* uz škrgut.
**gnat** (năt), *n.* komarac.
**gnaw** (nà), *v.* glodati; izjedati.
**gnawer** (nà'ör), *n.* glodalac.
**gneiss** (najs), *n.* rulja (*vrst kamenja*).
**gnome** (nōm), *n.* gorski duh; patuljak.
**gnomon** (nō'man), *n.* kazalo sunčane ure.
**gnostic** (nà'stik), *n.* gnostik (*vjerski naučnjak u prvo doba kršćanstva*).
**gnu** (nju), *n.* gnu (*afrička životinja slična nešto volu, nešto konju*).
**go** (go), *v.* ići, hoditi, poći, otići; — *n.* hod, hodanje.
**goad** (gōd), *v.* bosti; poticati; podraživati; — *n.* badalj; ostan.
**goal** (gōl), *n.* cilj; meta; biljega; svrha.
**goat** (gōt), *n.* koza.
**goatfish** (gō'tfi'š), *n.* ćepa (*vrst ribe*).
**goatherd** (gō'thö'rd), *n.* kozar; pastir koza.
**goatish** (gō'tiš), *a.* kozji; jarčji; požudan.
**goatishly** (gō'tišli), *adv.* poput koze; bludno.
**goatishness** (gō'tišnes), *n.* požudnost.
**gob** (gàb), *n.* zalogaj.
**gobble** (gàbl), *v.* progutati; blebetati (*kao puran*); bloboćati.
**gobbler** (gà'blör), *n.* proždrljivac; puran.
**go-between** (go'bitui'n), *n.* posrednik.
**go-by** (go'ba'j), *n.* varka; propuštanje.
**go-cart** (go'ka'rt), *n.* stolac (*za djecu, što se uče hodati*).
**goblet** (gà'blet), *n.* vrč (*bez ruče*); kupa.
**goblin** (gà'blin), *n.* duh; strašilo; vilenjak.
**God** (gàd), *n.* Bog.
**goddess** (gà'des), *n.* božica.
**godfather** (gà'dfā'dör), *n.* (*krstni*) kum.
**Godhead** (gà'dhed), *n.* božanstvo; Bog.
**godless** (gà'dles), *a.* bezbožan.
**godlessly** (gà'dlesli), *adv.* bezbožno.
**godlessness** (gà'dlesnes), *n.* bezboštvo; bezvjerstvo.
**godlike** (gà'dlajk), *a.* božanski.

**godliness** (gà'dlines), *n.* bogoljubnost, pobožnost.
**godly** (gà'dli), *a.* pobožan; bogoljuban.
**godmother** (gà'dmạ'dör), *n.* kuma (*na krstu*).
**godsend** (gà'dse'nd), *n.* nenadana sreća; nešto bogodano.
**godship** (gà'dšip), *n.* božanstvo.
**Godspeed** (gà'dspi'd), *n.* uspjeh; sretno putovanje.
**godwit** (gà'duit), *n.* ražanj (*ptica*).
**goer** (go'ör), *n.* hodilac; pješak.
**goff** (gàf), *n.* budala; luda.
**goggle** (gàgl), *v.* buljiti; napinjati oči; — *n.* buljenje; naprezanje očiju.
**goggles** (gàgls), *n.* naočnjaci (*za zaštitu očiju kod brze vožnje ili opasnog rada*).
**going** (go'ing), *n.* hodanje; odlazak.
**goiter** (go'jtör), *n.* guša, volja.
**goitre** (go'jtör), *n. vidi:* **goiter.**
**goitrous** (go'jtras), *a.* poput guše, gušav.
**gold** (gōld), *n.* zlato.
**goldbeater** (gō'ldbi'tör), *n.* pozlatar.
**goldbound** (gō'ldbạ'und), *a.* optočen zlatom; kovan u zlato.
**golden** (gōldn), *a.* zlatan; zlaćen; dragocjen.
**goldenrod** (gō'ldnrā'd), *n.* zlatnica (*biljka*).
**goldfinch** (gō'ldfi'nč), *n.* češljugar.
**goldfish** (gō'ldfi'š), *n.* zlatna riba.
**golding** (gō'lding), *n.* vrst jabuke.
**goldleaf** (gō'ldli'f), *n.* list od zlata.
**goldney** (gō'ldni), *n.* zlatooka (*riba*).
**goldsmith** (gō'ldsmit), *n.* zlatar.
**golf** (gàlf), *n.* igra s malenom tvrdom loptom, što se udara kukastim štapovima do određenih meta.
**gondola** (gà'ndolö), *n.* čamac; gondola.
**gondolier** (gà'ndolī'r), *n.* veslač na gondoli; gondoljer.
**gong** (gàng), *n.* vrst kineskog glazbala; mjedena ploča *ili* cijev, po kojoj se udara čekićem.
**goniometer** (go'niạ'metör), *n.* kutomjer.
**goniometry** (go'niạ'metri), *n.* kutomjerstvo.

**gonorrhea** (gå'nori'ö), *n.* kapavac (*triper*); tečenje sjemena (*spolna bolest*).

**good** (gud), *a.* dobar; valjan; vrstan; pravi; — *n.* dobro; korist; imanje; roba.

**good-bye** (gu'dba'j), *interj.* s Bogom.

**Good-Friday** (gu'dfra'jdi), *n.* veliki petak.

**goodliness** (gu'dlines), *n.* dobrota; ljepota.

**goodly** (gu'dli), *a.* lijep; prijatan; ugodan.

**goodness** (gu'dnes), *n.* dobrota; blagost; milost.

**goodwill** (gu'dui'l), *n.* naklonost; dobrohotnost.

**goody** (gu'di), *n.* poslastica.

**goosander** (gusă'ndör), *n.* ronac, gnjurač (*ptica*).

**goose** (gus), *n.* guska.

**gooseberry** (gu'sbe'ri), *n.* kupina.

**gorcock** (gå'rkå'k), *n.* ružovac (*vrst tetrijeba*).

**gorcrow** (gå'rkrō'), *n.* vrana.

**gordian** (go'rdiön), *a.* gordijski; zamršen.

**gore** (gōr), *v.* probosti, probušiti; — *n.* ugrušana krv.

**gorge** (gorđ), *v.* progutati; proždirati; — *n.* grkljan; ždrijelo; klanac.

**gorgeous** (go'rđas), *a.* sjajan; veličanstven; divan.

**gorgeously** (go'rđasli), *adv.* sjajno; raskošno.

**gorgeousness** (go'rđasnes), *n.* sjaj; krasota.

**gorget** (go'rđet), *n.* ovratnik (*častnika*).

**gorilla** (gori'lö), *n.* gorila (*majmun*).

**gormand** (go'rmönd), *n.* proždrljivac, izjelica; sladokusac.

**gory** (gō'ri), *a.* krvav, okrvavljen.

**goshawk** (gå'shå'k), *n.* jastrijeb kokošar.

**gosling** (gå'zling), *n.* gušče, guščica; maca, resa (*na drveću*).

**gospel** (gå'spel), *n.* evanđelje.

**gossamer** (gå'sömör), *n.* vilinska svila; paučina, što je vjetar nosi u jesen.

**gossip** (gå'sip), *v.* brbljati; ogovarati; — *n.* brbljanje; ogovaranje; blebetuša.

**Goth** (gåt), *n.* Got; barbar.

**Gotham** (gå'töm), *n.* Gotam (*podrugljivo ime za grad New York*).

**Gothic** (gå'tik), *a.* gotski.

**gouge** (gå'uđ), *v.* izdupsti; izbosti oko; prevariti; oguliti (*u trgovini*); —*n.* polukružno dlijeto; dubač.

**gourd** (gōrd), *n.* bundeva, tikva.

**gourdiness** (gō'rdines), *n.* oteklina na koljenu (*konja*).

**gourdy** (gō'rdi), *a.* otečen; ukočen.

**gout** (gå'ut), *n.* kostobolja; ulozi.

**goutiness** (ga'utines), *n.* bolest od uloga; kostobolja.

**gouty** (gå'uti), *a.* bolestan od uloga.

**govern** (ga'vörn), *v.* upravljati, vladati, ravnati.

**governable** (ga'vörnöbl), *a.* koji se može upravljati; poslušan, pokoran.

**governance** (ga'vörnöns), *n.* vladanje; upravljanje.

**governess** (ga'vörnes), *n.* odgojiteljica djece.

**government** (ga'vörnment), *n.* vlada; uprava; vladanje; državna vlast.

**governmental** (ga'vörnme'ntöl), *a.* vladin, od vlade.

**governor** (ga'vörnör), *n.* upravitelj; glava države; ravnatelj; namjesnik, guverner.

**governorship** (ga'vörnöršip), *n.* služba, čast upravitelja države; namjesničtvo.

**gown** (gå'un), *n.* haljina; mantija; službeni ogrtač.

**gowned** (ga'und), *a.* odjenut; obučen.

**grab** (gråb), *v.* uhvatiti, zgrabiti, spopasti; — *n.* grabljenje; uhvat.

**grabble** (gråbl), *v.* opipavati; mašati se.

**grace** (grejs), *v.* resiti, krasiti; počastiti; — *n.* milost; naklonost; milina, dražest; milosrđe.

**graceful** (gre'jsful), *a.* lijep, dražestan; ponosan; otmjena držanja.

**gracefully** (gre'jsfuli), *adv.* otmeno; dražestno; lagano (*za hod*).

**graceless** (gre'jsles), *a.* bez dražesti; nelijep; neprijatan.

**gracelessness** (gre'jslesnes), *n.* neprijatnost.

**gracious** (gre'jšas), *a.* milostiv; prijatan; milosrdan.

**graciously** (gre'jšasli), *adv.* milostivo.

**graciousness** (gre'jšasnes), *n.* milost; dobrota; prijatnost.

**grackle** (gråkl), *n.* čavka.

**gradation** (grede'jšön), *n.* postepenost; postepeno uzvisivanje.

**gradatory** (grǎ'dötori), *a.* postepen.

**grade** (grejd), *v.* uravniti; poredati po veličini *ili* kakvoći; — *n.* stepen; stupanj; čast; čin; uzlazak (*ceste ili tračnica*).

**grading** (gre'jding), *n.* sravnivanje (*ceste*).

**gradual** (grǎ'đuöl), *a.* postepen; polagan.

**gradually** (grǎ'đuöli), *adv.* postepeno; malo po malo.

**graduate** (grǎ'đuejt), *v.* podijeliti akademičku čast; svršiti škole; — *n.* pripuštenik akademskoj časti; đak, koji je svršio škole.

**graduation** (grǎ'đue'jšön), *n.* postepenost; podjeljivanje akademske časti.

**graft** (grǎft), *v.* kalamiti; cijepiti; usaditi; primati novac za mito; — *n.* kalam; cijepak; podmićivanje; mito.

**grafter** (grǎ'ftör), *n.* onaj, koji kalami; primatelj mita.

**grafting** (grǎ'fting), *n.* cijepljenje; mićenje.

**grain** (grejn), *v.* učiniti zrnastim; obojiti poput drva; — *n.* zrno, zrnce; sjeme; žito; vlakno (*drveta*).

**graining** (gre'jning), *n.* bojadisanje na način sličan prugama kod drveta.

**grainy** (gre'jni), *a.* zrnast; hrapav.

**gram** (grǎm), *n.* gram.

**graminivorous** (grǎ'mini'voras), *a.* hraneći se travom.

**grammar** (grǎ'mör), *n.* slovnica.

**grammarian** (grǎme'jriön), *n.* slovničar.

**grammatical** (grǎmǎ'tiköl), *a.* slovnički.

**grammatically** (grǎmǎ'tiköli), *adv.* slovnički.

**grammaticize** (grǎmǎ'tisajz), *v.* držati se slovnice; baviti se slovnicom.

**grammatist** (grǎ'mǎtist), *n.* slovničar; cjepidlaka.

**grampus** (grǎ'mpas), *n.* kosatka (*riba vrste dupina*).

**granary** (grǎ'nöri), *n.* žitnica, hambar.

**grand** (grǎnd), *a.* velik; veličanstven; uzvišen; sjajan.

**grandam** (grǎ'ndöm), *n.* stara žena, baka.

**grandchild** (grǎ'ndča'eld), *n.* unuk, unuka.

**granddaughter** (grǎ'ndà'tör), *n.* unuka.

**grandee** (grǎndi'), *n.* velikaš.

**grandeur** (grǎ'nđör), *n.* veličina; sjaj; uzvišenost; dostojanstvo.

**grandfather** (grǎ'ndfā'dör), *n.* djed.

**grandiloquence** (grǎndi'lokuens), *n.* visoke riječi; sjajan govor; hvastanje.

**grandly** (grǎ'ndli), *adv.* uzvišeno; sjajno.

**grandmother** (grǎ'ndmà'dör), *n.* baka; baba.

**grandness** (grǎ'ndnes), *n.* veličina, uzvišenost.

**grandson** (grǎ'ndsà'n), *n.* unuk.

**grange** (grejnđ), *n.* poljodjelski posjed; majur.

**granite** (grǎ'nit), *n.* granit; tvrdi kamen.

**granitic** (grǎni'tik), *a.* granitski, od granita.

**granivorous** (gröni'voras), *a.* koji se hrani sa zrnjem.

**grant** (grǎnt), *v.* dozvoliti, dopustiti; podijeliti; potvrditi; darovati; — *n.* dar; darovanje; prenos posjeda.

**grantable** (grǎ'ntöbl), *a.* što se može podijeliti, darovati.

**grantee** (grǎ'nti'), *n.* daroprimac; prenosnik.

**grantor** (grǎ'nto'r), *n.* darodavac; prenašatelj.

**granular** (grǎ'njulör), *a.* zrnat; zrnast.

**granulary** (grǎ'nju!öri), *a.* *vidi:* **granular.**

**granulate** (grǎ'nju!ejt), *v.* pretvarati u zrnca; zrniti se.

**granulation** (grǎ'nju!e'jšön), *n.* zrnjenje; pretvaranje u zrnca.

**grape** (grejp), *n.* grozd; grožđe.

**grapefruit** (gre'jpfru't), *n.* vrst velikog četruna.

**grapeless** (gre'jples), *a.* bez grožđa; bez ukusa (*za vino*).

**graphic** (grǎ'fik), *a.* slikovit; opisan.

**graphically** (grǎ'fiköli), *adv.* slikovito.

**graphiology** (grǎ'fiǎ'lođi), *n.* proučavanje *ili* tumačenje značaja po rukopisu.

**graphite** (grǎ'fajt), *n.* grafit, smjesa, iz koje se prave olovke.

**grapnel** (grǎ'pnel), *n.* malo sidro.

**grapple** (grăpl), v. sčepati; zakvačiti; uhvatiti, zgrabiti; — n. sčepanje; hrvanje, borba.

**grapy** (gre'jpi), a. poput grozda; pun grožđa.

**grasp** (grăsp), v. uhvatiti, sčepati, zgrabiti; — n. hvatanje; obuhvaćenje; posjed; razumijevanje.

**grasper** (gră'spör), n. hvatatelj.

**grasping** (gră'sping), a. hvatajući; lakom.

**graspingly** (gră'spingli), adv. lakomo; hvatajući.

**grass** (grăs), n. trava; zelenilo; busen.

**grasshopper** (gră'shă'pör), n. skakavac.

**grassiness** (gră'sines), n. obilno zelenilo; obilje trave.

**grassplot** (gră'splă't), n. tratina.

**grassy** (gră'si), a. obrastao travom; zelen.

**grate** (grejt), v. zatvoriti rešetkama; ribati, trti; čagrtati; — n. rešetka.

**grateful** (gre'jtful), a. zahvalan.

**gratefully** (gre'jtfuli), adv. zahvalno; sa zahvalnošću.

**gratefulness** (gre'jtfulnes), n. zahvalnost.

**gratification** (gră'tifike'jšön), n. zadovoljavanje; ugađanje; užitak; ispunjenje (želje).

**gratifier** (gră'tifaer), n. ugađač; koji zadovoljava.

**gratify** (gră'tifaj), v. ugađati; zadovoljiti, ispuniti (težnju).

**gratifying** (gră'tifaing), a. ugađajući; zadovoljavajući.

**grating** (gre'jting), n. rešetka; — a. neugodan; koji struže, čagrta.

**gratis** (gre'jtis), adv. badava; — a. besplatan.

**gratitude** (gră'titjud), n. zahvalnost.

**gratuitous** (grătju'itas), a. dobrovoljan; darovan; besplatan; bezrazložan.

**gratuitously** (grătju'itasli), adv. badava; dobre volje; na uzdarje.

**gratuity** (grătju'iti), n. dar; nagrada.

**gratulate** (gră'ćulejt), v. čestitati; s veseljem pozdraviti.

**gratulation** (gră'ćule'jšön), n. čestitka; čestitanje.

**gratulatory** (gră'ćulötori), a. čestitajući; — n. čestitni govor.

**gravamen** (grăve'jmen), n. optužba; objeda; glavni uzrok tužbe.

**grave** (grejv), v. urezati; usjeći; — n. grob; grobnica; — a. važan; ozbiljan; svečan.

**gravel** (gră'vel), v. pokriti šljunkom; — n. šljunak; kamenac.

**gravely** (gre'jvli), adv. ozbiljno; strogo.

**graveness** (gre'jvnes), n. ozbiljnost; težina.

**graver** (gre'jvör), n. rezbar; nož za urezivanje.

**gravestone** (gre'jvstō'n), n. nadgrobni kamen.

**graveyard** (gre'jvja'rd), n. groblje.

**gravitate** (gră'vitejt), v. težiti po zakonu teže (prema središtu zemlje).

**gravitation** (gră'vite'jšön), n. teža.

**gravity** (gră'viti), n. težina; teža; važnost; ozbiljnost; dubljina glasa (u glazbi).

**gravy** (gre'jvi), n. umaka; sok (od mesa).

**gray** (grej), a. siv; sijed (za vlasi); — n. sjedoća.

**graybeard** (gre'jbī'rd), n. starac.

**grayish** (gre'iš), a. sivkast; prosijed.

**grayling** (gre'jling), n. lipan (vrst ribe).

**grayness** (gre'jnes), n. sijedost; siva boja.

**graze** (grejz), v. pasti se; pasti (blago); dodirnuti se; ogrepsti.

**grazer** (gre'jzör), n. pastir; koji pase.

**grazier** (gre'jzör), n. vidi: grazer.

**grazing** (gre'jzing), n. pasenje; paša.

**grease** (grīs), n. mast; salo; kolomaz; — (grīz), v. mazati; namazati.

**greasily** (grī'zili), adv. mastno; namazano; zaprljano.

**greasiness** (grī'zines), n. zamazanost; masnoća.

**greasy** (grī'zi), a. mastan; zamazan, prljav.

**great** (grejt), a. velik; brojan; znamenit, velikodušan, odličan.

**greatly** (gre'jtli), adv. veoma; mnogo; jako; velikim dijelom.

**greatness** (gre'jtnes), n. veličina; znamenitost; važnost; uzvišenost.

**greaves** (grīvz), n. čvarak; ocvirak.

**grebe** (grīb), n. pandurka (ptica).

**Grecian** (grī'šön), n. Grk; — a. grčki.

**greed** (grīd), n. lakomost; pohlepnost.

**greedily** (grī'dili), adv. pohlepno; požudno.

**greediness** (grī'dines), n. pohlepnost, požuda; proždrljivost.

**greedy** (grī'di), *a.* lakom; pohlepan.
**Greek** (grik), *n.* Grk; — *a.* grčki.
**green** (grīn), *a.* zelen; svjež; nov.
**greenback** (grī'nbă'k), *n.* američki papirnati novac.
**greenhorn** (grī'nho'rn), *n.* golobrado momče; neiskusan čovjek; podrugljiv naziv za doseljenike.
**greenish** (grī'niš), *a.* zelenkast.
**greenness** (grī'nes), *n.* zelenost; zelenilo; svježost.
**greet** (grīt), *v.* pozdraviti; nagovoriti.
**greeter** (grī'tör), *n.* pozdravljač.
**greeting** (grī'ting), *n.* pozdrav.
**gregarious** (grige'jrias), *a.* koji živi u čoporu; skupan; druževan.
**Gregorian** (grego'riön), *a.* gregorijanski.
**grenade** (grine'jd), *n.* granata.
**grenadier** (gre'nödī'r), *n.* vojnik, koji baca granate; grenadir.
**grey** (grej), *a. vidi*: **gray.**
**greyhound** (gre'jha̱'und), *n.* hrt (*vrst psa*).
**griddle** (gridl), *n.* široka taca za pečenje.
**gride** (grajd), *v.* ribati; strugati.
**gridiron** (gri'da'örn), *n.* roštilj.
**grief** (grīf), *n.* tuga, bol, žalost; jad.
**grievance** (grī'vöns), *n.* žaoba; nepravda; poteškoća; teret; zlo.
**grieve** (grīv), *v.* ožalostiti; rastužiti; ucviliti; učiniti na žao.
**grievingly** (grī'vingli), *adv.* žalostivo; bolno.
**grievous** (grī'vạs), *a.* bolan; tegoban; tužan, grozan.
**grievously** (grī'vạsli), *adv.* teško; bolno.
**grievousness** (grī'vạsnes), *n.* tuga; nesreća; grozota.
**griffin** (gri'fin), *n.* bajoslovna nakaza (*pol orla, pol lava*).
**griffon** (gri'fön), *n. vidi*: **griffin.**
**grig** (grig), *n.* mala jegulja.
**grill** (gril), *v.* pržiti, peći; mučiti (*zločinca ispitivanjem*).
**grim** (grim), *a.* ljut; mrk; grozan; strahotan.
**grimace** (grimē's), *n.* kreveljenje; nakrivljenje lica.
**grime** (grajm), *v.* oprljati; opoganiti; okaljati; — *n.* smrad, nečistoća; blato.
**grimly** (gri'mli), *adv.* strašno; ljuto; grozno.

**grimness** (gri'mnes), *n.* ljutost; grozota; namrgođenost.
**grimy** (gra'jmi), *a.* zaprljan; blatan.
**grin** (grin), *v.* kesiti se; ceriti se; pokazivati zube u smijehu *ili* ljutini; — *n.* cerenje; režanje.
**grind** (grajnd), *v.* zdrobiti, mljeti, satrti; ugladiti; brusiti.
**grinder** (gra'jndör), *n.* brusar; trljač; sprava, kojom se brusi *ili* melje.
**grinding** (gra'jnding), *n.* mljevenje; brušenje; trljanje.
**grindstone** (gra'jndstō'n), *n.* brus (*okrugli*).
**grinningly** (gri'ningli), *adv.* keseći se; cereći se.
**grip** (grip), *v.* sčepati; držati; — *n.* sčepanje, držanje; držak.
**gripe** (grajp), *v.* zahvatiti; sčepati; spopasti; — *n.* sčepanje; zahvat; držanje.
**griper** (gra'jpör), *n.* tvrdica, skupac.
**grippe** (grip), *n.* jaka prehlada; hunjavica.
**grisliness** (grī'zlines), *n.* gnjusoba; grdoba.
**grisly** (grī'zli), *a.* strašan; grdoban.
**grist** (grist), *n.* meljava; žito.
**gristle** (grisl), *n.* hrskavica.
**gristly** (gri'sli), *a.* hrskavičan; poput hrskavice.
**grit** (grit), *v.* drobiti; mljeti; — *n.* krupa; mekinje; pješčani kamen; odvažnost.
**grittiness** (gri'tines), *n.* pjeskovitost; šljunkovitost.
**gritty** (gri'ti), *a.* pjeskovit.
**grizzle** (grizl), *n.* sivoća; siva boja.
**grizzly** (gr'zli), *a.* siv; sivkast.
**groan** (grōn), *v.* stenjati; uzdisati, jecati; — *n.* uzdisaj; jecaj.
**groaning** (grō'ning), *n.* uzdisanje; jecanje.
**groats** (grōc), *n.* kaša od zobi.
**grocer** (grō'sör), *n.* trgovac mirodija.
**grocery** (grō'söri), *n.* trgovina mirodija.
**grog** (grȧg), *n.* piće od vode i rakije, grog.
**groggy** (grȧ'gi), *a.* opit, pijan.
**groin** (grojn), *n.* slabine (*dio čovječeg tijela između trbuha i bokova*); prepona.
**groom** (grūm), *v.* timariti (*konje*); — *n.* konjušar; sluga; mladoženja.

**groove** (grūv), *v.* izdupsti; brazditi; — *n.* brazda; žlijeb; kolotečina.

**grope** (grōp), *v.* pipati (*u tami*); tražiti rukama.

**groper** (grō'pör), *n.* koji pipa u mraku, koji tumara.

**gross** (grōs), *a.* krupan; velik; prost; neotesan; cio, pun; — *n.* cijelost; veličina; dvanaest tuceta.

**grossly** (grō'sli), *adv.* na veliko; grubo; prosto.

**grossness** (grō'snes), *n.* debljina; krupnoća; surovost; prostaštvo.

**grotesque** (grote'sk), *a.* nenaravan; čudan; osebujan.

**grotesquely** (grote'skli), *adv.* čudnovato, neobično.

**grotto** (grâ'to), *n.* špilja; pećina.

**ground** (gra̱u̱nd), *v.* položiti na tle; utemeljiti; osnovati; nasukati se (*za brod*); — *n.* tlo; zemlja; zemljište; polje; razlog.

**groundfloor** (gra̱u̱ndflō'r), *n.* prizemlje; razizemlje.

**groundhog** (gra̱u̱ndhâ'g), *n.* vrst jazavca.

**groundless** (gra̱u̱ndles), *a.* bez temelja; bez razloga; lažan.

**groundlessness** (gra̱u̱ndlesnes), *n.* neosnovanost; bezrazložnost.

**grounds** (gra̱u̱ndz), *n.* talog; drožđe.

**groundwork** (gra̱u̱ndu̱ö'rk), *n.* temelj; glavni dio; osnova.

**group** (grūp), *v.* skupljati; sabirati se; — *n.* skupina, gomila; grupa.

**grouping** (grū'ping), *n.* sastav; poredaj.

**grouse** (gra̱u̱s), *n.* tetrijeb.

**grout** (gra̱u̱t), *n.* krupno brašno; talog.

**grove** (grōv), *n.* gaj, lug, dubrava.

**grovel** (grâvl), *v.* gmizati; puzati; biti drzak.

**groveler** (grâ'vlör), *n.* puzavac; ulizica.

**grovy** (grō'vi), *a.* šumovit; gajevit.

**grow** (grō), *v.* rasti; dizati se; napredovati; postajati.

**grower** (grō'ör), *n.* koji čini, da nešto raste; koji goji; ratar.

**growl** (gra̱u̱l), *v.* režati; gundati; — *n.* režanje; gundanje.

**growler** (gra̱u̱lör), *n.* koji reži; gundalo.

**growth** (grōt), *n.* rast; rastenje; porast; napredak; uvećavanje.

**grub** (gra̱b), *v.* kopati; rovati; — *n.* ličinka; crvić; hrana.

**grudge** (gra̱d), *v.* ne priuštiti drugomu; ustručavati se; nerado dati; biti zavidljiv; — *n.* mrzovolja; zavist; pizma.

**grudgingly** (gra̱'đingli), *adv.* nerado; nedragovoljno; preko volje.

**gruel** (gru̱'el), *n.* kaša od zobi.

**gruesome** (gru'sa̱m), *a.* užasan; strašan.

**gruff** (gra̱f), *a.* zlovoljan; otresit; osoran.

**gruffly** (gra̱'fli), *adv.* surovo; osorno.

**gruffness** (gra̱'fnes), *n.* otresitost; zlovolja; osornost.

**grum** (gra̱m), *a.* zlovoljan; namrgođen; dubok (*o glasu*).

**grumble** (gra̱mbl), *v.* mumljati; mrmljati; grmjeti.

**grumbler** (gra̱'mblör), *n.* mrmljavac; čangrizavac.

**grumblingly** (gra̱'mblingli), *adv.* mrmljajući; zlovoljno.

**grume** (grūm), *n.* gruda; ugrušena krv.

**grumly** (gra̱'mli), *adv.* zlovoljno; namrgođeno.

**grumous** (gru'ma̱s), *a.* zgrušan; grudičav.

**grunt** (gra̱nt), *v.* roktati; — *n.* roktanje.

**grunter** (gra̱'ntör), *n.* koji stenje; koji rokće.

**guano** (gua̱'no), *n.* ptičji gnoj, gvano.

**guarantee** (gă'rănti'), *v.* jamčiti; osigurati; — *n.* jamstvo; jamac.

**guarantor** (gă'rănto'r), *n.* jamac.

**guaranty** (gă'rănti'), *v.* jamčiti; osjegurati; — *n.* jamstvo; jamčevina; jamac.

**guard** (gārd), *v.* stražiti, čuvati; braniti; štititi; — *n.* straža; obrana; pratnja.

**guardedly** (gā'rdedli), *adv.* oprezno; pažljivo.

**guarder** (gā'rdör), *n.* čuvar; stražar; žaštitnik.

**guardian** (gā'rdiön), *n.* čuvar; štitnik; skrbnik.

**guardianship** (gā'rdiönšip), *n.* skrbništvo; zaštita; nadzor.

**gubernatorial** (gju'börnöto'riöl), *a.* upraviteljski; upravni; vladin.

**gudgeon** (ga̱'đön), *n.* glavoč (*vrst ribe*); bena.

**guerilla** (geri'lö), *n.* pljačkanje; ratovanje neredovitih četa.

**guess** (ges), *v.* nagađati, pogađati; misliti; računati; — *n.* nagađanje; sumnja.

**guesser** (ge'sör), *n.* nagađač; koji sumnja.

**guest** (gest), *n.* gost; posjetnik.

**guffaw** (gafà'), *n.* grohot, glasan smijeh.

**guidable** (ga'jdöbl), *a.* povodljiv; što se dade voditi, ravnati.

**guidance** (ga'jdöns), *n.* vođenje; upravljanje.

**guide** (gajd), *v.* voditi; ravnati; upravljati; — *n.* vodić; upravljač; kažiput.

**guidepost** (ga'jdpō'st), *n.* putokaz.

**guider** (ga'jdör), *n.* vođa; provodić; upravljač.

**guild** (gild), *n.* društvo zanatlija; ceh.

**guile** (ga'el), *n.* lukavština; himba; prijevara.

**guileful** (ga'elful), *a.* lukav; podmukao.

**guileless** (ga'eles), *a.* bezazlen; krotak.

**guilelessness** (ga'elesnes), *n.* bezazlenost.

**guillemot** (gi'lemàt), *n.* liska *(ptica)*.

**guillotine** (gi'loti'n), *n.* gilotina.

**guilt** (gilt), *n.* krivnja; zločin.

**guiltiness** (gi'ltines), *n.* krivica; kažnjivost.

**guiltless** (gi'ltles), *a.* nevin, nedužan.

**guiltlessly** (gi'ltlesli), *adv.* nevino.

**guiltlessness** (gi'ltlesnes), *n.* nevinost.

**guilty** (gi'lti), *a.* kriv; zločinski; kažnjiv.

**guinea** (gi'ni), *n.* gineja *(engleski zlatan novac)*.

**guinea-hen** (gi'nihe'n), *n.* biserka, morska kokoš.

**guinea-pig** (gi'nipi'g), *n.* zamorče; prekomorsko prasence.

**guise** (gajz), *n.* obličje; način; vanjski izgled; izlika; krinka.

**guitar** (gita'r), *n.* gitara.

**gulf** (galf), *n.* bezdan; ponor; zaton; zaljev.

**gull** (gal), *v.* varati; prevariti; — *n.* galeb; budala; bena.

**gullet** (ga'let), *n.* jednjak; ždrijelo.

**gully** (ga'li), *n.* jarak; odvirak.

**gulp** (galp), *v.* požudno gutati; proždrijeti; — *n.* gutljaj; zalogaj.

**gum** (gam), *v.* namazati smolom, gumom; — *n.* smola; gumija; zuberina; desni *(meso oko zubi)*.

**gumminess** (ga'mines), *n.* ljepljivost; smolavost.

**gummy** (ga'mi), *a.* poput gumije; smolav; ljepčiv.

**gumption** (ga'mpšön), *n.* sposobnost, odlučnost.

**gun** (gan), *n.* puška; top.

**gunboat** (ga'nbō't), *n.* lađa sa jednim *ili* više topova; topnjača.

**gunner** (ga'nör), *n.* topnik.

**gunnery** (ga'nöri), *n.* topništvo; vještina pucanja.

**gunpowder** (ga'npa'udör), *n.* puščani prah.

**gunshot** (ga'nšà't), *n.* hitac, puškomet.

**gunsmith** (ga'nsmi't), *n.* puškar.

**gunstock** (ga'nstà'k), *n.* kundak.

**gunwale** (ga'nue'l), *n.* rub broda.

**gurgle** (görgl), *v.* grgljati; žuboriti.

**gush** (gaš), *v.* naglo teći; strujati; izlijevati se obilno; — *n.* istjecanje; izljev.

**gushingly** (ga'šingli), *adv.* izlijevajući se; naglo.

**gust** (gast), *n.* ukus; naslada; nagli vjetar; vihor.

**gustable** (ga'stöbl), *a.* ukusan, tečan.

**gustatory** (ga'stötori), *a.* što se odnosi na ukus.

**gusty** (ga'sti), *a.* buran; vihrovit.

**gut** (gat), *v.* isporiti; izvaditi drob; — *n.* crijevo.

**gutter** (ga'tör), *v.* ižlijebiti; izdupsti; — *n.* žlijeb; oluk; jarak, kojim otiče voda.

**guttural** (ga'töröl), *a.* grleni; — *n.* slovo, koje se izgovara u grlu.

**guy** (gaj), *n.* momak.

**guzzle** (gazl), *v.* lokati; pijančevati.

**gymnasium** (đimne'jziam), *n.* zgrada za tjelovježbu; gombaona; gimnazija.

**gymnastic** (đimnă'stik), *a.* gimnastički; što se tiče tjelovježbe.

**gymnastically** (đimnă'stiköli), *adv.* gombalački.

**gymnastics** (đimnă'stiks), *n.* tjelovježba; gimnastika.

**gyp** (đip), *v.* ciganiti; prevariti; — *n.* đački sluga; varalica.

**gypseous** (đi'psias), *a.* sadren; sadrast.

**gypsum** (đi'psam), *n.* sadra.

**gypsy** (đi'psi), *n.* ciganin; — *a.* ciganski.

**gyrate** (đa'jrejt), *v.* kretati se u krugu; vrtjeti se.

**gyration** (đajre'jšön), *n.* kretanje naokolo; obrtanje.

**gyratory** (đa'jrötori), *a.* što se kreće u okrugu; koji se vrti.

**gyre** (đa'er), *n.* okrug; optok.

**gyrfalcon** (đö'rfà'kn), *n.* vrst sokola.

**gyve** (đajv), *v.* vezati noge; sputati; okovati; — *n.* lisičine, negve; puto.

# H

**H, h** (ēč), *slovo*: H, h.
**ha** (ha), *interj.* ha! ah!
**habeas corpus** (he'jbiös ko'rpös), *n.* sudbeni nalog za predvedenje, *ili* oslobođenje uapšenika.
**haberdasher** (hă'bördă'šör), *n.* sitničar; kramar.
**haberdashery** (hă'bördă'šöri), *n.* sitničarija.
**habiliment** (hăbi'liment), *n.* odjeća; haljina.
**habilitate** (hăbi'litejt), *v.* učiniti sposobnim.
**habit** (hă'bit), *v.* obući; — *n.* odjeća; stanje; običaj; nauka.
**habitable** (hă'bitöbl), *a.* prikladan za stanovanje; gdje se može živjeti.
**habitant** (hă'bitönt), *n.* stanovnik, obitavalac, žitelj.
**habitat** (hă'bităt), *n.* stanovanje; nalazište.
**habitation** (hă'bite'jšön), *n.* obitavalište; stanovanje; stan.
**habitual** (hăbi'ćjuöl), *a.* običajan, navadan.
**habitually** (hăbi'ćjuöli), *adv.* običajno; navadno.
**habituate** (hăbi'ćjuejt), *v.* priviknuti; priučiti; — *a.* priviknut.
**habituation** (hăbi'ćjue'jšön), *n.* priviknuće; priučenje.
**habitude** (hă'bitjud), *n.* navadni način življenja; običaj.
**habitue** (hăbi'tue'), *n.* redoviti posjetioc.
**hack** (hăk), *v.* isjeći u komadiće; sjeckati; — *n.* sjek; zarez; kola za najam.
**hackle** (hăkl), *v.* rasčešljavati (*konoplje, lan*); — *n.* greben; ogreblo; nepredena svila, vuna;umjetna meka (*za ribolov*).
**hackney** (hă'kni), *n.* konj za najmljenje; najmenik; bludnica.
**hackneyed** (hă'knid), *a.* istrošen; mnogo upotrebljavan.

**haddock** (hă'dak), *n.* tovar (*vrst ribe*).
**hade** (hejd), *n.* položaj sloja u rudniku.
**Hades** (he'jdiz), *n.* nevidljiv svijet; pakao, had.
**haft** (hăft), *v.* nasaditi na držalo; staviti ručicu; — *n.* ruča; držak.
**hag** (hăg), *v.* mučiti; zanovijetati; — *n.* vještica; babetina.
**haggard** (hă'görd), *a.* divlji; mršav.
**haggish** (hă'giš), *a.* oduran; gadan.
**haggle** (hăgl), *v.* sasjeći; cjenkati se.
**haggler** (hă'glör), *n.* pogađač; cjenkač.
**hagiographer** (he'jđiă'gröför), *n.* pisac života svetaca.
**hagiology** (he'jgiă'lođi), *n.* nauka o svetim stvarima, o životu svetaca.
**hah** (ha), *interj.* ha! ah!
**hail** (hejl), *v.* padati (*za tuču*); pozdravljati; pozvati glasno; — *n.* tuča; grad; pozdrav; — *a.* zdrav; — *interj.* zdravo!
**hair** (hēr), *n.* kosa; vlasi; dlaka.
**hairdresser** (hē'rdre'sör), *n.* vlasuljar; češljač.
**hairiness** (hē'rines), *n.* rutavost; dlakavost.
**hairless** (hē'rles), *a.* bez vlasi; golišav; ćelav.
**hairsplitter** (hē'rspli'tör), *n.* cjepidlaka.
**hairy** (hē'ri), *a.* dlakav; vlasnat; kosmat; rutav.
**hake** (hejk), *n.* oslić (*vrst ribe*).
**halberd** (hă'lbörd), *n.* koplje sa sjekirom; oštroperac.
**halberdier** (hă'lbördi'r), *n.* stražar, vojnik oboružan sa kopljem.
**halcyon** (hă'lsiön), *n.* vodomar (*ptica*); — *a.* miran; tih.
**hale** (hejl), *a.* zdrav; čil.
**half** (hăf), *a. i adv.* pol, pola; — *n.* polovica, polovina.
**halfbrother** (hă'fbră'dör), *n.* polubrat.

**halfsister** (hǎ'fsi'stör), *n.* polusestra.

**halfway** (hǎ'fue'j), *adv.* polovično; na pol puta.

**halibut** (hǎ'libat), *n.* velika ploča (*vrst ribe*).

**hall** (hål), *n.* dvorana; predvorje; trijem; hodnik; vlasteoski dvorac.

**hallelujah** (hǎ'lilu'jö), *interj.* aleluja.

**halliard** (hǎ'ljörd), *n.* uže za dizanje jedra.

**halloo** (hǎlō'), *v.* dovikivati; bodriti poklicima; — *interj.* hajde! deder! halo.

**hallow** (hǎ'lō), *v.* posvetiti; blagosloviti; štovati.

**halloween** (hǎ'louī'n), *n.* svetkovina prije sviju svetih.

**hallowmass** (hǎ'lōmǎs), *n.* dušni dan.

**hallucination** (hǎlju'sine'jšön), *n.* utvaranje; tlapnja; živa mašta; obmana sjetila.

**halo** (he'jlō), *n.* svjetla kružnica oko sunca *ili* mjeseca; vijenac oko glave svetaca.

**halt** (hålt), *v.* stati; zaustaviti se; oklijevati; hramati; — *n.* prestanak u hodu; zastoj; hramanje; — *a.* hrom.

**halter** (hå'ltör), *v.* zaulariti; zavezati konopcem; — *n.* ular; konopac za vješanje zločinaca.

**halve** (hǎv), *v.* raspoloviti.

**halves** (hǎvz), *n.* dvije polovine; dva jednaka dijela.

**ham** (hǎm), *n.* šunka; but.

**hame** (hejm), *n.* ham; homut (*za konje*).

**hamlet** (hǎ'mlet), *n.* zaselak; malo selo.

**hammer** (hǎ'mör), *v.* udarati čekićem; kovati; — *n.* čekić, kladivo, bat, malj.

**hammerer** (hǎ'mörör), *n.* kovač.

**hammock** (hǎ'mök), *n.* viseća postelja; mreža za spavanje.

**hamper** (hǎ'mpör), *v.* zaplesti; zapriječiti; smetati; — *n.* pletena košara; okvir; zapreka.

**hamstring** (hǎ'mstri'ng), *v.* prerezati žile na bedru; onesposobiti.

**hand** (hǎnd), *v.* dati; pružiti; uručiti; — *n.* ruka; šaka; kazalo (*na uri*); strana.

**handbill** (hǎ'ndbi'l), *n.* letak; oglas.

**handbook** (hǎ'ndbu'k), *n.* priručna knjiga.

**handbreath** (hǎ'ndbre't), *n.* širina ruke.

**handcuff** (hǎ'ndka'f), *n.* lisičine; okovi (*za ruke*).

**handful** (hǎ'ndful), *n.* rukovet; pregršt.

**handicap** (hǎ'ndikǎp), *v.* staviti zapreku; izjednačiti; — *n.* popust u vremenu *ili* daljini slabijem takmacu u utrci *ili* igri; zapreka.

**handicraft** (hǎ'ndikrǎ'ft), *n.* ručni posao; zanat; rukotvorina.

**handicraftsman** (hǎ'ndikrǎ'fcmön), *n.* zanatlija.

**handily** (hǎ'ndili), *adv.* vješto; zgodno.

**handiwork** (hǎ'ndiuö'rk), *n.* rukotvorina.

**handkerchief** (hǎ'ndkörčif), *n.* marama, nosni rubac.

**handle** (hǎndl), *v.* uhvatiti; držati; rukovati, voditi; upravljati; — *n.* držak; ruča.

**handless** (hǎ'ndles), *a.* bezruki.

**handline** (hǎ'ndla'jn), *n.* uzica za ribolov.

**handmaid** (hǎ'ndme'jd), *n.* sluškinja; dvorkinja.

**handmaiden** (hǎ'ndme'jdn), *n. vidi:* **handmaid**.

**handmill** (hǎ'ndmi'l), *n.* ručni mlin; žrvanj.

**handrail** (hǎ'ndre'jl), *n.* prislon (*na stepenicama*).

**handsel** (hǎ'ndsel), *n.* kapara; jamstvo.

**handsome** (hǎ'nsöm), *a.* lijep; pristao; veledušan.

**handsomely** (hǎ'nsömli), *adv.* lijepo; pristalo, prijatno.

**handsomeness** (hǎ'nsömnes), *n.* ljepota; pristalost.

**handwriting** (hǎ'ndra'jting), *n.* rukopis; vlastoručni potpis.

**handy** (hǎ'ndi), *a.* zgodan; priručan; okretan; prikladan.

**hang** (hǎng), *v.* visjeti; vješati; objesiti; zavisiti; prianjati.

**hanger** (hǎ'ngör), *n.* vješalac; kuka (*na koju se nešto vješa*); kratki lovački nož.

**hanging** (hǎ'nging), *n.* višenje; vješanje; zastori.

**hangman** (hǎ'ngmön), *n.* krvnik.

**hank** (hănk), *n.* klupko; vitlić.
**hanker** (hă'nkör), *v.* čeznuti; težiti.
**hansom** (hă'nsöm), *n.* dvokolna kočija.
**hap** (hăp), *n.* slučaj; zgoda; kob.
**haphazard** (hă'phă'zörd), *n.* slučaj.
**hapless** (hă'ples), *a.* nesretan; neveseo.
**haply** (hă'pli), *adv.* slučajno; možda.
**happen** (hăpn), *v.* dogoditi se; slučiti se; zadesiti; snaći.
**happily** (hă'pili), *adv.* srećom; sretno.
**happiness** (hă'pines), *n.* sreća; veselost.
**happy** (hă'pi), *a.* sretan; veseo; zadovoljan.
**harangue** (hără'ng), *v.* bučno govoriti; podbuđivati; — *n.* govor; dosadni *ili* naduti govor; poticanje na nešto napadnim govorom.
**harass** (hă'rös), *v.* umoriti; izmučiti; uznemirivati.
**harbinger** (ha'rbinđör), *n.* glasnik, vjestnik, preteča.
**harbor** (ha'rbör), *v.* zakloniti; štititi; primiti na konak; gojiti; — *n.* luka; utočište; zaklon.
**harborage** (ha'rböređ), *n.* zaklon; utočište.
**harborless** (ha'rbörles), *a.* bez luke; bez zaklona.
**hard** (hard), *a.* tvrd, čvrst; strog; okrutan.
**harden** (hardn), *v.* otvrditi; postajati tvrd; učiniti tvrdim; priviknuti se.
**hardihood** (ha'rdihud), *n.* smjelost; odvažnost.
**hardily** (ha'rdili), *adv.* smjelo; odvažno; kruto.
**hardly** (ha'rdli), *adv.* jedva; teško; mučno.
**hardness** (ha'rdnes), *n.* tvrdoća; čvrstoća; okrutnost; strogost; neprijaznost.
**hardship** (ha'rdšip), *n.* poteškoća; tegoba; muka; nevolja.
**hardware** (ha'rduă'r), *n.* željezna roba.
**hardy** (ha'rdi), *a.* smion, hrabar; ustrajan; neosjetljiv.
**hare** (hăr), *n.* zec.
**harebell** (hă'rbe'l), *n.* zvonić (*biljka*).
**harelip** (hă'rli'p), *n.* zečja usta.
**harem** (he'jrem), *n.* harem.
**haricot** (hă'rikō), *n.* vrst pasulja, grah; jelo od mesa i pasulja.
**hark** (hark), *v.* čuti; slušati.

**harlequin** (ha'rlikin), *n.* harlekin, lakrdijaš.
**harlequinade** (ha'rlikuine'jd), *n.* lakrdija.
**harlot** (ha'rlöt), *n.* bludnica, kurva.
**harlotry** (ha'rlötri), *n.* bludan život; kurvarstvo.
**harm** (harm), *v.* škoditi; štetiti; učiniti nepravdu; — *n.* šteta; zlo; gubitak.
**harmful** (ha'rmful), *a.* škodljiv, štetan; poguban.
**harmless** (ha'rmles), *a.* neškodljiv; bezazlen.
**harmlessly** (ha'rmlesli), *adv.* bezazleno; neštetno.
**harmlessness** (ha'rmlesnes), *n.* bezazlenost; nevinost; neškodljivost.
**harmonic** (harmo'nik), *a.* skladan; suglasan, harmoničan.
**harmonica** (harmo'nikö), *n.* harmonika.
**harmonical** (harmo'niköl), *a. vidi*: **harmonic.**
**harmonically** (harmo'niköli), *adv.* skladno.
**harmonious** (harmo'nias), *a.* skladan; blagoglasan; složan, harmoničan.
**harmoniously** (harmo'niasli), *adv.* skladno; složno; suglasno, harmonično.
**harmonist** (ha'rmonist), *n.* skladatelj; glazbenik.
**harmonium** (harmo'niam), *n.* harmonij (*glazbalo na mijeh*).
**harmonize** (ha'rmonajz), *v.* složiti; dovesti u sklad; slagati se; suglašavati se.
**harmony** (ha'rmoni), *n.* suglasje; sklad; sloga; podudaranje.
**harness** (ha'rnes), *v.* opremiti (*konja*), zauzdati, upregnuti; — *n.* konjska orma; ham; uprega.
**harp** (harp), *v.* svirati na harfi; — *n.* harfa.
**harper** (ha'rpör), *n.* svirac na harfu.
**harpist** (ha'rpist), *n. vidi*: **harper.**
**harpoon** (harpū'n), *v.* udariti ostvima; — *n.* ostve; osti (*za lov na kita*).
**harpooner** (harpū'nör), *n.* koji udara ostvima; kitolovac.
**harpsichord** (ha'rpsikord), *n.* stara vrst glasovira.
**harridan** (hă'ridön), *n.* babetina; bludnica.

**harrier** (hă'riör), *n.* hrt; lovački pas.
**harrow** (hă'rō), *v.* drljati, vlačiti; branati; mučiti; — *n.* drljača; brana.
**harrower** (hă'rōör), *n.* koji brana, drlja.
**harry** (hă'ri), *v.* oplijeniti; opljačkati.
**harsh** (harš), *a.* surov; hrapav; opor; oštar; strog.
**harshly** (ha'ršli), *adv.* surovo; strogo.
**harshness** (ha'ršnes), *n.* hrapavost; opornost; surovost; strogost.
**hart** (hart), *n.* jelen.
**harum-scarum** (he'jramske'jram), *a.* divlji; tup; vjetrogonjast.
**harvest** (ha'rvest), *v.* žeti; pobirati; — *n.* žetva; berba; jematva.
**harvester** (ha'rvestör), *n.* žeteoc; stroj, koji žanje i veze u snopove.
**harvest-home** (ha'rvesthō'm), *n.* dovažanje usjeva; gozba o žetvi.
**hash** (hăš), *v.* isjeći; sasjeći; — *n.* sasječeno meso; smjesa.
**hasp** (hăsp), *v.* zakračunati; zakvačiti; — *n.* spona; zapirač; kvaka.
**hassock** (hă'sök), *n.* jastuk (*za klečanje*).
**haste** (hejst), *n.* hitnja, žurba, brzina.
**hasten** (hejsn), *v.* hititi, žuriti se; brzati.
**hastily** (he'jstili), *adv.* hitno; žurno.
**hastiness** (he'jstines), *n. vidi*: **haste.**
**hasty** (he'jsti), *a.* hitan; žuran; prenagao, nepromišljen.
**hat** (hăt), *n.* šešir; klobuk.
**hatch** (hăč), *v.* leći; valiti; izleći; snovati; — *n.* leglo; podsad; otvor na palubi broda.
**hatchel** (hă'čel), *v.* grebenati; ogrebati (*lan, konoplje*); — *n.* greben; perajica.
**hatchet** (hă'čet), *n.* sjekirica; bradva.
**hatchment** (hă'čment), *n.* grb pokojnika.
**hatchway** (hă'čue̯'j), *n.* otvor na palubi broda.
**hate** (hejt), *v.* mrziti; — *n.* mržnja.
**hateful** (he'jtful), *a.* mrzak; omražen; oduran, gadan.
**hatefully** (he'jtfuli), *adv.* mrsko; odvratno.
**hatefulness** (he'jtfulnes), *n.* omraženost; ogavnost; mrskost.
**hater** (he'jtör), *n.* mrzilac; nenavidnik; neprijatelj.

**hatred** (he'jtred), *n.* mržnja; neprijateljstvo; zloba.
**hatter** (hă'tör), *n.* šeširdžija; klobučar.
**haughtily** (hă'tili), *adv.* oholo; gizdavo.
**haughtiness** (hă'tines), *n.* oholost; nadutost; smjelost, gizdost.
**haughty** (hă'ti), *a.* ohol; gizdav, ponosit.
**haul** (hăl), *v.* vući; tegliti; voziti teret; — *n.* vučenje; potezanje.
**haulage** (hă'leđ), *n.* vučenje; troškovi prevoza.
**haulm** (hălm), *n.* slamka; vlat.
**haunch** (hanč), *n.* bok, bedro, stegno.
**haunt** (hant), *v.* posjećivati; polaziti često; — *n.* često posjećivano mjesto; sastajalište.
**haunter** (ha'ntör), *n.* marljiv posjetioc.
**hautboy** (hō'boj), *n.* oboa (*glazbalo*); frula.
**hauteur** (hō'tur), *n.* oholost; ponos; have (hăv), *v.* imati; posjedovati.
**haven** (he'jven), *n.* pristanište; luka; zaklonište.
**haversack** (hă'vörsă'k), *n.* telećak (*vojnička torba*); putnička torba (*što se nosi na leđima*).
**havock** (hă'vak), *n.* pustošenje; haranje.
**haw** (hà), *v.* tepati, mucati; — *n.* živica; plot, ograda.
**hawk** (hăk), *v.* nuditi na prodaju; ishraknuti; — *n.* jastrijeb.
**hawker** (hă'kör), *n.* piljar; kućarac.
**hawse** (hàs), *n.* oko broda (*kroz koje prolaze lanci sidra*).
**hawser** (hà'sör), *n.* lanac; sidrenjak.
**hawthorn** (hà'to'rn), *n.* glog.
**hay** (hej), *v.* sušiti sijeno; — *n.* sijeno.
**hayloft** (he'jlà'ft), *n.* sjenik.
**haymaker** (he'jme'jkör), *n.* koji kosi travu; kosac.
**haystack** (he'jstă'k), *n.* stog sijena.
**hazard** (hă'zörd), *v.* staviti na kocku; odvažiti se; — *n.* slučaj; pogibao; sreća.
**hazardous** (hă'zördas), *a.* pogibeljan; nesiguran.
**haze** (hejz), *v.* prestrašiti; mučiti; — *n.* magla, tanka magla.
**hazel** (hejzl), *n.* lješnjakovo drvo.
**hazelnut** (he'jzlna't), *n.* lješnjak.

**haziness** (he'jzines), *n.* maglovitost; nejasnost.

**hazy** (he'jzi), *a.* maglovit; taman; nejasan; neizvjestan.

**he** (hi), *pron.* on.

**head** (hed), *v.* voditi; biti na čelu; upravljati; — *n.* glava; pročelje; glavar.

**headache** (he'de'jk), *n.* glavobolja.

**headdress** (he'dre's), *n.* nakit za glavu.

**headgear** (he'dgī'r), *n.* pokrivalo za glavu; nakit za glavu.

**heading** (he'ding), *n.* natpis; naslov; glavni prokop u rudokopu.

**headland** (he'dlă'nd), *n.* rt; neizorana zemlja na kraju brazda.

**headless** (he'dles), *a.* bez glave; nepromišljen.

**headlong** (he'dlă'ng), *adv.* naglavce; strmoglavce; nepromišljeno.

**headmost** (he'dmō'st), *a.* najprvi.

**headpiece** (he'dpī's), *n.* kaciga; šljem.

**headquarters** (he'dkụa'rtörs), *n.* glavni stan; sjedište, glavni ured.

**headsman** (he'dzmön), *n.* krvnik.

**headstrong** (he'dstrăng), *a.* tvrdoglav; tvrdokoran.

**headway** (he'dụe'j), *n.* napredovanje (*u plovidbi broda*); napredak.

**heady** (he'di), *a.* nagao; nesmotren.

**heal** (hīl), *v.* liječiti; ozdraviti; zacijeliti (*za ranu*); vidati.

**healing** (hi'ling), *a.* ljekovit; ozdravljujući; — *n.* ozdravljivanje; cijelenje.

**health** (helt), *n.* zdravlje.

**healthful** (he'ltful), *a.* zdrav; ljekovit.

**healthfully** (he'ltfuli), *adv.* zdravo; ljekovito.

**healthily** (he'ltili), *adv. vidi:* **healthfully.**

**healthy** (he'lti), *a.* zdrav; ljekovit.

**heap** (hīp), *v.* gomilati; kupiti; — *n.* hrpa; gomila; kup; mnoštvo.

**hear** (hīr), *v.* čuti; poslušati; preslušati; uslišati.

**hearer** (hī'rör), *n.* slušalac; slušač.

**hearing** (hī'ring), *n.* sluh; slušateljstvo; preslušavanje; ročište (*na sudu*).

**hearken** (hārkn), *v.* slušati; paziti.

**hearsay** (hī'rse'j), *n.* glas (*o nečemu*); čuvenje; vijest, glasine.

**hearse** (hörs), *n.* mrtvačka kola.

**heart** (hart), *n.* srce; odvažnost; jezgra.

**heartache** (ha'rte'jk), *n.* žalost; tuga; bol srca.

**heartbreaking** (ha'rtbre'jking), *a.* zadavajući silnu tugu; od čega srce puca.

**heartbroken** (ha'rtbrō'kn), *a.* srisnuo od žalosti.

**heartburn** (ha'rtbö'rn), *n.* žgaravica; ljutina (*u želucu*).

**hearten** (hartn), *v.* obodriti; ohrabriti.

**heartfelt** (ha'rtfe'lt), *a.* iskren; srdačan.

**hearth** (hart), *n.* ognjište.

**heartily** (ha'rtili), *adv.* srdačno; iskreno.

**heartless** (ha'rtles), *a.* bez srca; okrutan; malodušan.

**heartlessness** (ha'rtlesnes), *n.* malodušnost; strašljivost.

**hearty** (ha'rti), *a.* srdačan; iskren; zdrav.

**heat** (hīt), *v.* grijati; vrućiti; raspaliti; — *n.* toplina; vrućina.

**heater** (hī'tör), *n.* grijač; grijalo.

**heath** (hīt), *n.* vrijes; pustara obraštena vrijeskom.

**heathen** (hī'den), *n.* poganin; neznabožac.

**heathendom** (hī'dendặm), *n.* kraj neznabožaca.

**heathenish** (hī'deniš), *a.* poganski.

**heathenism** (hī'denizm), *n.* poganstvo; neznaboštvo.

**heather** (he'dör), *n.* vrijes; resulja (*biljka*).

**heave** (hīv), *v.* dignuti; nadimati; — *n.* dizanje; nadimanje.

**heaven** (he'ven), *n.* nebo; nebeski svod.

**heavenly** (he'venli), *a.* nebeski.

**heavenward** (he'venụörd), *adv.* prema nebu; put neba.

**heaver** (hī'vör), *n.* nosilac; tovarnik; dizač.

**heavily** (he'vili), *adv.* teško.

**heaviness** (he'vines), *n.* teškoća; težina; mlitavost.

**heavy** (he'vi), *a.* težak; žalostan; neprobavan. .

**hebdomadal** (hebdặ'mödöl), *a.* sedmični, tjedni; nedeljni.

**hebetate** (he'bitejt), *v.* otupiti; zaglupiti.

**hebetude** (he'bitjud), *n.* tupoća; glupost.

**Hebraic** (hibre'ik), *a.* židovski.

**Hebraist** (hi'breist), *n.* poznavalac hebrejskog jezika.

**Hebrew** (hi'bru), *n.* židov; židovski jezik; — *a.* židovski.

**hecatomb** (he'kötåm), *n.* žrtva od sto volova; hekatomba; veliki pokolj.

**heckle** (hekl), *v.* grepsti; dodijavati pitanjima *ili* upadanjem u govor; — *n.* greben; perajica.

**hectare** (he'kter), *n.* hektar.

**hectic** (he'ktik), *a.* sušičav; — *n.* sušica.

**hectogram** (he'ktogråm), *n.* hektogram.

**hectoliter** (he'ktoli'tör), *n.* hektolitar.

**hector** (he'ktör), *n.* hvastavac; vikač; nebojša.

**hedge** (heđ), *v.* ograditi; ograničiti; izmicati; sakrivati se; — *n.* živica; ograda od grmlja.

**hedgehog** (he'đhå'g), *n.* jež.

**hedger** (he'đör), *n.* koji gradi plotove.

**hedgerow** (he'đrō), *n.* živica; ograda od živog grmlja.

**hedonic** (hidå'nik), *a.* nasladan; što se odnosi na veselje, užitak.

**hedonism** (hī'dönizm), *n.* nauka, da je užitak glavni cilj čovjeka.

**hedonist** (hī'dönist), *n.* pristaša nauke, da je užitak glavni cilj čovjeka.

**heed** (hīd), *v.* paziti; obzirati se; uvažiti; — *n.* pažnja; obzir.

**heedful** (hī'dful), *a.* pažljiv; budan oprezan.

**heedless** (hī'dles), *a.* nepažljiv; nemaran; neoprezan.

**heedlessly** (hī'dlesli), *adv.* nepažljivo; neoprezno.

**heedlessness** (hī'dlesnes), *n.* nepažnja; nemarnost.

**heel** (hīl), *v.* nabiti pete; nagnuti se (*o brodu*); — *n.* peta; kopito; stopalo.

**heft** (heft), *n.* napor; dizanje; težina.

**hegemony** (hi'đimoni), *n.* prvenstvo; hegemonija.

**hegira** (he'đirö), *n.* bijeg Muhameda iz Meke 16. srpnja 622., od kojeg dana Muhamedanci računaju vrijeme.

**heifer** (he'för), *n.* junica; telica.

**heigh-ho** (ha'jhō'), *interj.* ah!; joj!

**height** (hajt), *n.* visina; visočina.

**heighten** (hajtn), *v.* povisiti; uzdignuti.

**heinous** (he'jnạs), *a.* mrzak; gadan; odvratan.

**heinously** (he'jnạsli), *adv.* mrsko; odvratno.

**heinousness** (he'jnạsnes), *n.* divljačtvo; zvjerstvo.

**heir** (år), *n.* baštinik.

**heirdom** (å'rdöm), *n.* baštinstvo; nasljedstvo.

**heiress** (å'res), *n.* baštinica.

**heirloom** (å'rlum), *n.* pokretna imovina, koja prelazi od oca na sina; nasljedak.

**heirship** (å'rši'p), *n.* nasljedstvo; nasljedno pravo.

**heliograph** (hi'ļiögråf), *n.* heliograf; sprava za brzojavljanje sa odsjevom sunčanih zraka.

**heliotrope** (hi'liötrōp), *n.* sunčanica; suncokret.

**hell** (hel), *n.* pakao.

**hellenic** (hele'nik), *a.* grčki.

**hellish** (he'liš), *a.* paklenski.

**helm** (helm), *n.* krma; krmilo.

**helmet** (he'lmet), *n.* kaciga.

**helmsman** (he'lmzmön), *n.* kormilar.

**helot** (he'löt), *n.* špartanski rob.

**help** (help), *v.* pomoći; pomagati; — *n.* pomoć; pomagalo; pomoćnik.

**helper** (he'lpör), *n.* pomagač.

**helpful** (he'lpful), *a.* pomoćan; koristan; uslužan.

**helpfulness** (he'lpfulnes), *n.* pomoć; korist.

**helpless** (he'lples), *a.* nemoćan; slab; bez pomoći.

**helplessness** (he'lplesnes), *n.* nemoć; nevolja; zapuštenost.

**helpmate** (he'lpme'jt), *n.* pomagač; drug.

**helpmeet** (he'lpmi't), *n.* žena; družica.

**helter-skelter** (he'ltörske'ltör), *adv.* na vrat na nos; dar mar.

**helve** (helv), *v.* staviti na držalo; — *n.* držak (*sjekire*).

**helvetia** (helvi'šö), *n.* Švicarska.

**helvetian** (helvi'šön), *a.* švicarski.

**hem** (hem), *v.* obrubiti; opšiti; — *n.* rub; obrub; — *interj.* hm! ej!

**hemisphere** (he'misfi'r), *n.* polukruglja; polutka.
**hemispheric** (he'misfe'rik), *a.* polukružan; polukuglast.
**hemlock** (he'mlök), *n.* divlji peršin; živolina (*biljka*).
**hemorrhage** (he'möređ), *n.* krovotok; gubitak krvi.
**hemorrhoids** (he'moro'jdz), *n.* šuljevi; čupki na prohodnom crijevu.
**hemp** (hemp), *n.* konoplja.
**hempen** (hempn), *a.* konopljen; od konoplje.
**hen** (hen), *n.* kokoš; ženka (*za ptice*).
**henbane** (he'nbe'jn), *n.* bunika (*otrovna biljka*).
**hence** (hens), *adv.* odavle; odatle; potom.
**henceforth** (he'nsfo'rt), *adv.* unaprijed; od sele.
**henceforward** (he'nsfo'ruörd), *adv. vidi*: **henceforth**.
**henchman** (he'nčmön), *n.* pratioc; sluga; plaćenik.
**hennery** (he'nöri), *n.* kokošinjak.
**henpeck** (he'npe'k), *v.* gospodariti (*za ženu, koja zapovijeda s mužem*).
**henpecked** (he'npe'kt), *a.* pod papučom (*za muža, komu gospodari žena*).
**hepatic** (hipă'tik), *a.* jetreni; što se odnosi na jetra.
**heptachord** (he'ptakord), *n.* lira (*glazbalo*) sa sedam žica.
**heptagon** (he'ptagön), *n.* sedmerokut; sedmerac.
**heptagonal** (heptă'gönöl), *a.* sedmostran.
**heptangular** (heptă'ngjulör), *a.* sedmerokutan.
**heptarchy** (he'ptörki), *n.* sedmovlađe; uprava po sedam osoba.
**heptateuch** (he'ptatuk), *n.* prvih sedām knjiga staroga zavjeta.
**her** (hör), *pron.* nju; njezin; joj; njoj.
**herald** (he'röld), *v.* javiti; proglasiti; — *n.* glasnik; telal; glasonoša.
**heraldic** (hera'ldik), *a.* što se odnosi na grbove; grboslovan.
**heraldry** (he'röldri), *n.* grboslovlje; nauka o grbovima.
**herb** (hörb), *n.* biljka; trava.
**herbaceous** (hörbe'jšös), *a.* bilinski; travni.
**herbage** (hö'rbeđ), *n.* bilje; trava; paša.

**herbarium** (hörbe'jriam), *n.* zbirka osušenih bilina; knjiga, u kojoj se čuvaju osušene biline.
**herbivorous** (hörbi'voras), *a.* travožderan; koji se hrani travom.
**herculean** (hörku'liön), *a.* herkulski; orijaški; jak; silan.
**herd** (hörd), *v.* združiti se; jatiti se; skupiti u stado; živjeti u čoporima; — *n.* stado; krdo; stoka.
**herdsman** (hö'rdzmön), *n.* pastir; čobanin; stočar.
**here** (hīr), *adv.* ovdje; tuj.
**hereabout** (hi'răba'ut), *adv.* u blizini; negdje ovdje.
**hereabouts** (hi'răba'uc), *adv. vidi*: **hereabout**.
**hereafter** (hi'ră'ftör), *adv.* u buduće; u napredak; — *n.* budući život.
**hereat** (hī'ră't), *adv.* pri tom; o tome.
**hereby** (hī'rbaj), *adv.* tim; ovime; tim načinom.
**hereditable** (here'ditöbl), *a.* što se može naslijediti.
**hereditament** (he'redi'töment), *n.* nasljedstvo; baština.
**hereditarily** (here'ditörili), *adv.* po nasljedstvu; nasljedstvom.
**hereditary** (here'ditöri), *a.* nasljedan; baštinski.
**heredity** (here'diti), *n.* nasljedstvo; nasljednost.
**herein** (hī'rī'n), *adv.* u tom; ovdje.
**hereinafter** (hī'rină'ftör), *adv.* iza toga; što slijedi kasnije (*u spisu*).
**hereof** (hi'rà'f), *adv.* o tom.
**hereon** (hī'rà'n), *adv.* na to; o tom.
**heresy** (he'resi), *n.* krivovjerstvo; raskol.
**heretic** (he'retik), *n.* raskolnik; krivovjerac.
**heretical** (here'tiköl), *a.* raskolnički; krivovjerski.
**heretically** (here'tiköli), *adv.* krivovjerski; raskolnički.
**hereto** (hī'rtū'), *adv.* k tomu.
**heretofore** (hi'rtufo'r), *adv.* do sada; prije.
**hereunto** (hi'ra'ntu), *adv.* k tomu; uz to.
**hereupon** (hī'rapa'n), *adv.* na to; na tome.
**herewith** (hī'rui't), *adv.* s time; s ovim; priloženo.
**heritable** (hi'ritöbl), *a.* nasljediv; nasljedni.

**heritage** (he'riteđ), *n.* baština; nasljedstvo.

**hermaphrodite** (hörmă'frodajt), *n.* dvospolac (*čovjek ili životinja, u koje su razvite oznake obiju spolova*).

**hermeneutic** (hö'rminju'tik), *a.* koji tumači (*sv. pismo*).

**hermeneutics** (hö'rminju'tiks), *n.* nauka o tumačenju (*sv. pisma*).

**hermetic** (hörme'tik), *a.* neprodušan; potpuno zatvoren.

**hermetical** (hörme'tiköl), *a. vidi:* **hermetic.**

**hermetically** (hörme'tiköli), *adv.* neprodušno; na kemijski način.

**hermit** (hö'rmit), *n.* pustinjak.

**hermitage** (hö'rmiteđ), *n.* pustinjakov stan; pustinjačtvo.

**hernia** (hö'rniö), *n.* kila; proder.

**hernial** (hö'rniöl), *a.* što se tiče kile, kilav.

**hero** (hī'ro), *n.* junak; polubog.

**heroic** (hiro'ik), *a.* junačan; plemenit.

**heroically** (hiro'iköli), *adv.* junački; odvažno.

**heroine** (hi'roin), *n.* junakinja.

**heroism** (he'roizm), *n.* junaštvo.

**heron** (he'rön), *n.* čaplja.

**heronry** (he'rönri), *n.* mjesto, u kojem se gnijezde čaplje.

**herring** (he'ring), *n.* sleđ; heringa (*riba*).

**hers** (hörs), *pron.* njezin.

**herself** (hörse'lf), *pron.* ona sama; nju samu; sama sebe.

**hesitancy** (he'zitönsi), *n.* oklijevanje; neodlučnost; kolebanje; mucanje (*u govoru*).

**hesitate** (he'zitejt), *v.* oklijevati; krzmati; skanjivati se.

**hesitation** (he'zite'jšön), *n. vidi:* **hesitancy.**

**hesper** (he'spör), *n.* zvijezda večernica.

**hesperian** (hespi'riön), *a.* zapadni.

**hest** (hest), *n.* zapovijed.

**heterodox** (he'törodàks), *a.* krivovjeran; oprečan u mnijenju.

**heterodoxy** (he'törodàksi), *n.* vjerovanje u protivnu nauku; krivovjerstvo.

**heterogeneous** (he'törođi'nias), *a.* raznovrstan; raznorodan.

**hew** (hju), *v.* tesati; klesati; sjeći.

**hewer** (hju'ör), *n.* tesar; klesar.

**hexagon** (he'ksögàn), *n.* šesterokut; šesterac.

**hexagonal** (heksă'gànàl), *a.* šesterokutan; šesterostran.

**hexahedron** (he'ksöhi'drön), *n.* kocka.

**hey** (hej), *interj.* hej! haj!

**heyday** (he'jdej), *n.* cvijet mladosti; klikovanje; — *interj.* iju! ijuju!

**hiatus** (ha'etas), *n.* praznina; prekid; spoj između dva samoglasnika.

**hibernal** (hajbö'rnöl), *a.* zimski.

**hibernate** (hajbö'rnejt), *v.* zimovati; proboraviti zimu (*u spavanju ili samoći*).

**hibernation** (ha'jbörne'jšön), *n.* zimovanje.

**Hibernian** (hajbö'rniön), *a.* irski; — *n.* Irac.

**hiccough** (hi'kap), *v.* štucati se; — *n.* štucanje; jecanje.

**hiccup** (hi'kap), *v. i n. vidi:* **hiccough.**

**hickory** (hi'köri), *n.* vrst orahova drva; orahovina.

**hide** (hajd), *v.* sakriti; zatajiti; — *n.* koža (*od životinje*).

**hidebound** (ha'jdba̱und), *a.* tvrdokoran; oporan.

**hideous** (hi'dias), *a.* grozan; mrzak; strašan.

**hideously** (hi'diasli), *adv.* strašno; grozno.

**hideousness** (hi'diasnes), *n.* strahota; grozota.

**hiding** (ha'jding), *n.* sakrivanje; skrovište.

**hie** (haj), *v.* žuriti se; hitati.

**hiemal** (hae'möl), *a.* zimski.

**hiemation** (ha'eme'jšön), *n.* zimovanje.

**hierarch** (ha'örark), *n.* poglavica u crkvenim stvarima.

**hierarchal** (haöra'rkal), *a.* svećenički; što se odnosi na crkvenu upravu.

**hierarchical** (ha'öra'rkiköl), *a. vidi:* **hierarchal.**

**hierarchy** (ha'öra'rki), *n.* crkvena uprava; vlada svećenstva.

**hieroglyph** (ha'örögli'f), *n.* slikopis; nešto nerazumljivo.

**hieroglyphic** (ha'örogli'fik), *a.* slikopisno; hieroglifski.

**hierophant** (ha'öröfànt), *n.* svećenik; učitelj svetih tajna.

**higgle** (higl), *v.* pogađati se; cjenkati se; preprodavati; piljariti.

**higgledy-piggledy** (hi'gldipi'gldi), *adv.* smušeno; zbrkano.
**high** (haj), *a.* visok; uzvišen; odličan; — *adv.* visoko; uzvišeno.
**high-handed** (ha'jhă'nded), *a.* nasilan; samovoljan.
**highland** (ha'jlănd), *n.* visočina; gore; — *a.* što pripada visočini.
**highlander** (ha'jlăndör), *n.* stanovnik iz visočina; gorštak; Škot.
**highly** (ha'jli), *adv.* visoko; vrlo; mnogo.
**highness** (ha'jnes), *n.* visina; uzvišenost.
**highroad** (ha'jrō'd), *n.* glavna cesta; drum.
**highway** (ha'ju̯ej), *n. vidi:* **highroad.**
**highwayman** (ha'ju̯e'jmön), *n.* razbojnik, hajduk.
**hilarious** (hile'jria̱s), *a.* veseo; radostan.
**hilarity** (hilă'riti), *n.* veselost; radost.
**hill** (hil), *n.* brežuljak; brijeg.
**hillock** (hi'lak), *n.* humak; brdašce.
**hilly** (hi'li), *a.* bregovit; brežuljast.
**hilt** (hilt), *n.* balčak; držak (*mača*).
**him** (him), *pron.* njega; njemu.
**himself** (himse'lf), *pron.* on sam; njega samoga; sam sebe.
**hind** (hajnd), *n.* košuta; težak; sluga; — *a.* zadnji; stražnji.
**hinder** (ha'jndör), *a.* stražnji; zadnji.
**hinder** (hi'ndör), *v.* priječiti; zaustavljati; smetati; kratiti.
**hinderance** (hi'ndöröns), *n. vidi:* **hindrance.**
**hindmost** (ha'jndmō'st), *a.* najzadnji; posljedni.
**hindrance** (hi'ndröns), *n.* zapreka; priječenje; smetanje.
**Hindu** (hi'ndu), *n.* urođenik Hindustana.
**hinge** (hinđ), *v.* okretati se na stožeru; ovisiti o nečemu; — *n.* stožer (*na vratima*); babak; šarke; sve na čemu se što okreće.
**hint** (hint), *v.* natuknuti; naspomenuti; — *n.* mig; primjedba.
**hip** (hip), *n.* bedro; bok; šipak (*plod divlje ruže*); — *interj.* znak za klicanje: ej!
**hippocras** (hi'pokra̱s), *n.* vino s mirodijama.
**hippodrome** (hi'podrōm), *n.* trkalište; cirkus.

**hippopotamus** (hi'popă'töma̱s), *n.* potočni konj.
**hire** (ha'er), *v.* najmiti; iznajmiti; — *n.* najam; najamnina; nadnica; plaća.
**hireling** (ha'erling), *n.* najamnik; plaćenik.
**hirer** (ha'jrör), *n.* koji daje u najam; iznajmitelj.
**hirsute** (hörsu't), *a.* rutav; dlakav.
**his** (hiz), *pron.* njegov.
**hispid** (hi'spid), *a.* čupav; bodljikav.
**hiss** (his), *v.* psikati; pištati; ispsikati (*govornika, glumca*); — *n.* psikanje; zviždanje; izražaj negodovanja.
**hissing** (hi'sing), *n.* psikanje; zviždanje.
**hist** (hist), *interj.* pst! tiho!
**historian** (histo'riön), *n.* povjesničar, historičar.
**historic** (histă'rik), *a.* povjesni; historički.
**historical** (histă'riköl), *a. vidi:* **historic.**
**historically** (histă'riköli), *adv.* povjesnički; prema povjesti.
**historiographer** (histo'riă'gröför), *n.* pisac povjesti; ljetopisac.
**history** (hi'stori), *n.* povijest; opis.
**histrionic** (histriă'nik), *a.* glumački; kazališni.
**histrionical** (histriă'niköl), *a. vidi:* **histrionic.**
**histrionics** (histriă'niks), *n.* kazališno umijeće; glumačka sposobnost *ili* nauka.
**hit** (hi̱t), *v.* udariti; pogoditi; — *n.* udarac.
**hitch** (hič), *v.* pomicati se; zakučiti se; zahvatiti; zauzlati; — *n.* zapreka; zamka; kuka.
**hither** (hi'dör), *adv.* amo, ovamo.
**hithermost** (hi'dörmōs't), *a.* najbliži s ove strane; prvi do nas.
**hitherto** (hi'dörtu'), *adv.* dosada; dovle.
**hitter** (hi'tör), *n.* udarač; pogađač.
**hive** (hajv), *v.* sabrati u košnicu; skupa stanovati; — *n.* košnica; roj (*pčela*).
**ho** (ho), *interj.* hej! čuj!
**hoar** (hōr), *v.* opljesniviti sc; — *a.* bijel; siv.
**hoard** (hōrd), *v.* nagomilati; potajice sakupljati; — *n.* hrpa; potajice zgrnuto blago *ili* hrana.

**hoarding** (hō'rding), *n.* drvena ograda.

**hoarhound** (hō'rha'und), *n.* bjelušina; tetrljan (*biljka, koja se rabi za lijek proti kašlju*).

**hoarse** (hōrs), *a.* promukao; hrapav.

**hoarsely** (hō'rsli), *adv.* promuklo; hrapavo.

**hoarseness** (hō'rsnes), *n.* promuklost; hrapavost.

**hoary** (hō'ri), *a.* bjeličast; sijed.

**hoax** (hōks), *v.* varati; obmanjivati; šaliti se; — *n.* zavaravanje; šala; vragolija.

**hob** (hāb), *n.* ploča na kamenu, na kojoj se jelo drži toplo.

**hobble** (hābl), *v.* hramati; šepati; — *n.* šepanje; hramanje.

**hobbler** (hā'blör), *n.* šepavac.

**hobby** (hā'bi), *n.* konjič (*kasač*); nešto čime se tko najrađe bavi; najmilija zabava.

**hobgoblin** (hā'bgā'blin), *n.* đavolče; prikaza.

**hobnail** (hā'bne'jl), *n.* čavao (*sa debelom glavom*).

**hobnob** (hā'bnā'b), *v.* družiti se (*u piću*).

**hock** (hāk), *n.* potkoljenica; ranjsko vino.

**hockey** (hā'ki), *n.* igra, u kojoj se lopta udara sa palicom, što je savinuta na donjem kraju.

**hocus** (hō'kas), *v.* prevariti; zamamiti.

**hocus-pocus** (hō'kaspō'kas), *n.* opsjena; prijevara.

**hod** (hād), *n.* nosiljka (*za nošenje meljte ili opeke*).

**hodge** (hād), *n.* prosti seljak.

**hodge-podge** (hā'đpā'đ), *n.* smjesa; mješavina.

**hodman** (hā'dmön), *n.* nosač, zidarski pomagač.

**hoe** (hō), *v.* kopati (*motikom*); — *n.* motika.

**hog** (hāg), *n.* prasac; svinja.

**hoggish** (hā'giš), *a.* svinjski; gnjusan.

**hogshead** (hā'gzhe'd), *n.* mjera za tekućine; velika bačva (*od 52½ galona*).

**hoiden** (ho'jden), *a.* razuzdana djevojka; — *a.* prost; raskalašen.

**hoist** (hojst), *v.* dizati; podići (*užetima ili dizaljkom*); — *n.* dizalo; dizanje.

**hold** (hold), *v.* držati; sadržavati; smatrati; obdržavati; — *n.* držanje; hvatanje; uporište.

**holder** (hō'ldör), *n.* držalo; posjednik.

**holdfast** (hō'ldfā'st), *n.* spona, kopča.

**holding** (hō'lding), *n.* držanje; posjed.

**hole** (hōl), *v.* praviti rupe; bušiti; utjerati u rupu; — *n.* rupa, škulja; šupljina; jama.

**holiday** (hā'lide'j), *n.* blagdan; svetkovina.

**holiness** (ho'lines), *n.* svetost; pobožnost.

**holla** (hālā'), **hollo** (hālo'), *interj.* hej! čuj! halo!

**hollow** (hā'lō), *v.* izdupsti; išupljiti; — *a.* šupalj; prazan; nevrijedan; lažan; — *n.* šupljina; izdubina.

**hollowness** (hā'lōnes), *n.* šupljoća; praznoća; lažnost.

**holly** (hā'li), *a.* česmina; vrst zimzelena sa bodljikavim lišćem i crvenim bobicama.

**hollyhock** (hā'lihā'k), *n.* trandovilje (*cvijet*).

**holm** (hōm), *n.* ostrvo; polojina (*plodna zemlja uz rijeku*).

**holocaust** (hā'lokāst), *n.* žrtva paljenica; veliki požar *ili* pokolj.

**holster** (ho'lstör), *n.* torba za samokres.

**holt** (holt), *n.* lug; gaj.

**holy** (ho'li), *a.* svet; pobožan.

**homage** (hā'međ), *n.* poštovanje; pokornost; vjernost; poslušnost.

**home** (hōm), *n.* dom; kuća; obitavalište.

**homeless** (hō'mles), *a.* beskućan; bez obitavališta.

**homelike** (ho'mla'jk), *a.* domaći; priprost.

**homeliness** (hō'mlines), *n.* jednostavnost; udobnost.

**homely** (hō'mli), *a.* jednostavan, priprost.

**homeric** (home'rik), *a.* homerski.

**homesick** (hō'msi'k), *a.* koji čezne za domovinom *ili* kućom.

**homesickness** (hō'msi'knes), *n.* tuga, čeznuće za kućom *ili* zavičajem.

**homespun** (hō'mspa'n), *a.* grubo tkan; jednostavan; — *n.* domaće platno.

**homestead** (hō'msted), *n.* posjed; zemljište s kućom; gospodarstvo.

**homeward** (hō'muörd), *adv.* kući; natrag u domovinu; — *a.* upravljen kući.

**homewards** (hō'muördz), *adv. vidi*: homeward.

**homicidal** (hǎ'misa'jdöl), *a.* ubojit; ubojnički.

**homicide** (hǎ'misajd), *n.* ubojstvo; umorstvo; ubojica.

**homiletic** (hǎ'mile'tik), *a.* što se odnosi na propovijed, propovjednički.

**homiletics** (hǎ'mile'tiks), *n.* propovijedničtvo.

**homily** (hǎ'mili), *n.* propovijed; tumačenje svetoga pisma.

**homing** (ho'ming), *a.* koji se vraća u gnijezdo (*za golube listonoše*).

**hominy** (hǎ'mini), *n.* kukuruzna kaša.

**homoeopathy** (ho'miǎ'pöti), *n.* liječenje sa ljekarijama, koje prouzročuju u zdravog čovjeka znakove dotične bolesti.

**homogeneal** (ho'mođi'niöl), *a.* istovrstan; iste naravi.

**homogeneous** (ho'mođi'nias), *a. vidi*: homogeneal.

**homologous** (homǎ'logas), *a.* istovjetan.

**homonym** (hǎ'monim), *n.* riječ, koja se jednako izgovara, a imade drugo značenje.

**hone** (hōn), *v.* brusiti; oštriti; — *n.* brus; gladilica (*za oštrenje noža ili britve*).

**honest** (ǎ'nest), *a.* pošten; častan; iskren; neporočan.

**honestly** (ǎ'nestli), *adv.* pošteno; častno; poštenja mi!

**honesty** (ǎ'nesti), *n.* poštenje; neporočnost; čestitost.

**honey** (hǎ'ni), *n.* med.

**honeycomb** (hǎ'nikō'm), *n.* saće; sat.

**honeymoon** (hǎ'nimū'n), *n.* prvi mjesec iza vjenčanja.

**honeysuckle** (hǎ'nisa'kl), *n.* kozja krv (*raslina*).

**honor** (ǎ'nör), *n.* čast; poštenje; poštovanje; neporočnost; dostojanstvo.

**honorable** (ǎ'nöröbl), *a.* častan; pošten.

**honorably** (ǎ'nöröbli), *adv.* častno; pošteno.

**honorary** (ǎ'nöröri), *a.* počasni.

**hood** (hud), *v.* pokriti kapom; zastrti; zakriti; — *n.* kapa; kukuljica.

**hoodwink** (hu'dui'nk), *v.* zaslijepiti; prevariti.

**hoof** (huf), *n.* kopito; papak.

**hook** (huk), *v.* zakučiti, zahvatiti kukom; savinuti; — *n.* kuka; kvaka; srp.

**hooka** (hu'kö), *n.* turska lula; nargila.

**hooky** (hu'ki), *a.* kukast.

**hoop** (hup), *v.* opasati obručima; naobručati; zaviknuti; kriknuti; — *n.* obruč; kolut; poklik.

**hooping-cough** (hu'pingkǎ'f). *n.* kašalj hripavac.

**hoot** (hūt), *v.* vikati (*porugljivo*); derati se; urlikati; — *n.* krika; urlikanje; deranje.

**hop** (hǎp), *v.* poskakivati; hramati; — *n.* hmelj; skakanje; skok.

**hope** (hōp), *v.* nadati se; — *n.* nada.

**hopeful** (hō'pful), *a.* pun nade; nadobudan.

**hopefully** (hō'pfuli), *adv.* s nadom.

**hopeless** (hō'ples), *a.* beznadan; očajan.

**hopelessly** (hō'plesli), *adv.* beznadno; zdvojno.

**hopelessness** (hō'plesnes), *n.* beznadnost; očajnost.

**hopper** (hǎ'pör), *n.* skakač; žlijeb, kroz koji pada žito u mlin; grot.

**hopping** (hǎ'ping), *n.* poskakivanje; cupkanje; igranka.

**hopple** (hǎpl), *v.* sapeti; vezati noge (*konju, da ne pobjegne*).

**horde** (hōrd), *v.* kupiti se u čopor; živjeti u ruljama; — *n.* čopor; rulja.

**horehound** (hō'rhǎ'und), *n. vidi*: hoarhound.

**horizon** (hora'jzön), *n.* obzorje; vidokrug, horizont.

**horizontal** (hǎ'rizǎ'ntöl), *a.* vodoravan; razit.

**horizontally** (hǎ'rizǎ'ntöli), *adv.* vodoravno.

**horn** (hōrn), *n.* rog.

**horned** (hōrnd), *a.* rogat.

**hornet** (ho'rnet), *n.* stršen.

**hornpipe** (ho'rnpajp), *n.* vrst svirale.

**horny** (hō'rni), *a.* rožan; tvrd; žuljevit.

**horology** (horǎ'lođi) *n.* vještina u mjerenju vremena; urarstvo.

**horoscope** (hå'roskōp), *n.* proricanje sudbine prema položaju zvijezda kod rođenja.

**horrible** (hå'ribl), *a.* grozan; strašan.

**horribly** (hå'ribli), *adv.* grozno; strašno.

**horrid** (hå'rid), *a.* grozan; strahovit; odvratan.

**horridly** (hå'ridli), *adv.* grozno; odvratno.

**horrific** (håri'fik), *a.* užasan; strašan.

**horrify** (hå'rifaj), *v.* prestrašiti; zadati užas.

**horror** (hå'rör), *n.* užas; groza; strahota.

**horse** (hors), *n.* konj.

**horseman** (ho'rsmön), *n.* konjanik; jahač.

**horsemanship** (ho'rsmönšip), *n.* jahačka vještina.

**horse-play** (ho'rsple'j), *n.* nezgrapna šala.

**horse-shoe** (ho'rsšu'), *n.* potkova.

**horsewoman** (ho'rsųų'mön), *n.* jahačica.

**hortation** (horte'jšön), *n.* opomena.

**hortative** (hå'rtötiv), *a.* koji opominje; savjetujući.

**hortatory** (hå'rtötori), *a.* vidi: **hortative**.

**horticultural** (hå'rtikå'lćuröl), *a.* vrtlarski.

**horticulture** (hå'rtikå'lćur), *n.* vrtlarstvo.

**horticulturist** (hå'rtikå'lćurist), *n.* vrtlar.

**hosanna** (hoza'nö), *interj.* hosana! slava!

**hose** (hōz), *n.* čarapa; cijev od gumije.

**hosier** (hō'žör), *n.* trgovac čarapa.

**hosiery** (hō'žöri), *n.* razna doljnja odjeća za žene.

**hospice** (hå'spis), *n.* gostinjak; svratište (*u samostanu*).

**hospitable** (hå'spitöbl), *a.* gostoljubiv.

**hospitably** (hå'spitöbli), *adv.* gostoljubivo.

**hospital** (hå'spitöl), *n.* bolnica.

**hospitality** (hå'spitǎ'liti), *n.* gostoljubivost; gostoprimstvo.

**host** (hōst), *n.* domaćin; gostioničar; mnoštvo; četa; hostija (*posvećen kruh kod mise*).

**hostage** (hå'steđ), *n.* taoc.

**hostelry** (hå'stelri), *n.* svratište; gostiona.

**hostess** (ho'stes), *n.* domaćica; gostioničarka.

**hostile** (hå'stil), *a.* neprijateljski; protivan.

**hostility** (håsti'liti), *n.* neprijateljstvo.

**hostler** (hå'slör), *n.* konjušar; sluga.

**hot** (håt), *a.* vruć; žestok.

**hot-bed** (hå'tbe'd), *n.* klilo; mjesto za gojenje mladog povrća pokriveno staklom.

**hotch-potch** (hå'čpå'č), *n.* mješavina; zbrka.

**hotel** (hote'l), *n.* svratište.

**hot-house** (hå'tha̱'us), *n.* staklenjak (*u kojem se goji cvijeće*).

**hotly** (hå'tli), *adv.* vruće; žestoko.

**hotspur** (hå'tspö'r), *n.* žestok, nagao čovjek.

**Hottentot** (hå'tntåt), *n.* Hotentot (*afričko pleme crnaca*).

**hough** (håk), *n.* potkoljenica; čukalj (*u životinja*).

**hound** (ha̱'und), *v.* loviti sa psima; — *n.* lovački pas.

**hour** (a̱'ur), *n.* sat, ura.

**hour-glass** (a̱'urglǎ's), *n.* pješčana ura.

**hourly** (a̱'urli), *adv.* svaki sat.

**house** (ha̱'us), *v.* nastaniti; smjestiti u kuću; — *n.* kuća; dom.

**houseboat** (ha̱'usbō't), *n.* čamac *ili* splav na rijeci, na kojem se nalazi kuća.

**housebreaker** (ha̱'usbre'jkör), *n.* provalnik.

**household** (ha̱'usho'ld), *n.* ukućani; obitelj, gospodarstvo.

**householder** (ha̱'usho'ldör), *n.* kućevlasnik; domaćin.

**housekeeper** (ha̱'uskī'pör), *n.* kućedomaćin; gospodarica; gazdarica.

**housekeeping** (ha̱'uskī'ping), *n.* kućanstvo; gospodarstvo.

**houseless** (ha̱'usles), *a.* bez kuće i kućišta.

**housemaid** (ha̱'usme'jd), *n.* sluškinja.

**housewarming** (ha̱'usu̱a'rming), *n.* proslava i zabava prigodom useljenja u novu kuću.

**housewife** (ha̱'usu̱a'jf), *n.* domaćica; kućegospodarica.

**housewifery** (ha̲'u̲su̲a̲'jföri), *n.* vođenje kućanstva; gospodarstvo domaćice.

**housing** (ha̲'uzing), *n.* pokrivač za konja; ukućivanje; zaklonište.

**hovel** (ha̲'vel), *v.* zakloniti; staviti u sklonište; — *n.* drvenjara; koliba; otvorena staja za blago.

**hover** (ha̲'vör), *v.* lebditi (*nad čim*); oblijetati.

**how** (ha̲'u̲), *adv.* kako; na koji način.

**howbeit** (ha̲ubi̲'it), *adv.* bilo kako mu drago; ipak.

**however** (ha̲'u̲e̲'vör), *adv.* ipak; na svaki način; međutim.

**howitzer** (ha̲'u̲icör), *n.* kratki top.

**howl** (ha̲'u̲l), *v.* zavijati; urlikati; tuliti; — *n.* zavijanje (*psa ili vuka*); urlikanje.

**howlet** (ha̲'u̲let), *n.* sova.

**howling** (ha̲'u̲ling), *a.* zavijanje; urlikanje.

**howsoever** (ha̲'u̲soe̲'vör), *adv. vidi:* **however.**

**hoy** (hoj), *interj.* hej! haj!; — *n.* mala lađa za obalnu plovidbu.

**hub** (ha̲b), *n.* srednji dio kotača; glavčina; središte.

**hubbub** (ha̲'ba̲b), *n.* buka, galama.

**huckle** (ha̲kl), *n.* bedro; bok.

**hucklebone** (ha̲'klbō'n), *n.* kuk.

**huckster** (ha̲'kstör), *v.* piljariti; — *n.* piljar; preprodavaoc.

**huddle** (ha̲dl), *v.* izmiješati; pobrkati; nagomilati.

**hue** (hju), *n.* boja; vika; krika.

**huff** (ha̲f), *v.* nadimati se; žestiti se; — *n.* žestina; naglost.

**huffy** (ha̲'fi), *a.* ohol; nadut; žestok.

**hug** (ha̲g), *v.* zagrliti; obujmiti; — *n.* zagrljaj; obuhvatanje.

**huge** (hjuđ), *a.* ogroman; golem.

**hugely** (hju'đli), *adv.* ogromno; neizmjerno.

**Huguenot** (hju'ginàt), *n.* Hugenot (*francuski protestant za vrijeme vjerskih borba u* 16. *stoljeću*).

**hulk** (ha̲lk), *n.* korito starog broda.

**hulking** (ha̲'lking), *a.* nezgrapan; nespretan.

**hulky** (ha̲'lki), *a. vidi:* **hulking.**

**hull** (ha̲l), *v.* ljuštiti; oljuštiti; — *n.* ljuska; mahuna; korito broda.

**hum** (ha̲m), *v.* zujati, mumljati; pjevuckati; — *n.* zujanje; mumljanje.

**human** (hju'mön), *a.* čovječji; ljudski.

**humane** (hjume'jn), *a.* čovječan; dobrostiv; čovjekoljubiv.

**humanely** (hjume'jnli), *adv.* dobrostiv.

**humanism** (hju'mönizm), *n.* čovječnost; klasična naobrazba.

**humanist** (hju'mönist), *n.* poznavaoc ljudske̲ naravi; proučavatelj lijepe književnosti.

**humanitarian** (hjumǎ'nite'jriön), *n.* javni dobrotvor; onaj, koji vjeruje, da je Krist bio samo čovjek.

**humanity** (hjumǎ'niti), *n.* čovječanstvo, čovjekoljublje; dobrohotnost.

**humanize** (hju'mönajz), *v.* učiniti čovječnim; izobraziti; oplemeniti.

**humankind** (hju'mönka'jnd), *n.* ljudski rod; čovječanstvo.

**humanly** (hju'mönli), *adv.* čovječanski.

**humble** (hambl), *v.* poniziti; osramotiti; — *a.* ponizan; čedan; neznatan.

**humble-bee** (ha'mblbi̲'), *n.* bumbar.

**humbles** (ha̲mblz), *n.* srce, jetra, bubrezi, *itd.* od srne.

**humbly** (ha̲'mbli),'*adv.* ponizno.

**humbug** (ha̲'mba̲g), *v.* prevariti; obmanuti; — *n.* prijevara; varka; varalica.

**humdrum** (ha̲'mdra̲m), *a.* jednostavan; glup; dosadan; — *n.* dosadan govor; dosada.

**humeral** (hju'möröl), *a.* plećni; što se tiče ramena.

**humid** (hju'mid), *a.* vlažan.

**humidity** (hjumi'diti), *n.* vlažnost; vlaga.

**humiliate** (hjum'liejt), *v.* poniziti; osramotiti; uvrijediti.

**humiliation** (hjum'lie'jšön), *n.* poniženje.

**humility** (hjumi'liti), *n.* poniznost; skromnost.

**humming-bird** (ha'mingbö'rd), *n.* kolibrić (*vrst male ptice*); medosas.

**hummock** (ha'mök), *n.* okrugli brežuljak.

**humor** (hju'mör), *v.* ugađati; udobrovoljiti koga; — *n.* vlaga, sok (*u tijelu*); šala; šaljivost.

**humoral** (hju'möröl), *a.* što potječe od sokova u tijelu.

**humorous** (hju'möras), *a.* šaljiv; smiješan; vlažan.

**humorously** (hju'mörasli), *adv.* šaljivo.

**humorsome** (hju'mörsam), *a.* ćudljiv; mušičav; šaljiv.

**hump** (hamp), *n.* grba; izbočina; pukla.

**humpback** (ha'mpbǎ'k), *n.* grbavac.

**humpbacked** (ha'mpbǎ'kt), *a.* grbav, puklav, gurav.

**hunch** (hanč), *n.* grba; kvrga.

**hunchback** (ha'nčbǎ'k), *n.* *vidi:* **humpback.**

**hunchbacked** (ha'nčbǎ'kt), *a.* *vidi:* **humpbacked.**

**hundred** (ha'ndred), *n.* sto; stotina.

**hundredth** (ha'ndret), *a.* stoti; — *n.* jedna stotinka; stoti dio.

**hundredweight** (ha'ndredue'jt), *n.* engleska mjera za težinu; sto i dvanaest funti.

**Hungarian** (hangǎ'riön), *a.* mađarski; ugarski; — *n.* Mađar.

**hunger** (ha'ngör), *v.* gladovati; — *n.* glad.

**hungry** (ha'ngri), *a.* gladan.

**hunk** (hank), *n.* komad; gruda.

**hunks** (hanks), *n.* škrtac; tvrdica.

**hunt** (hant), *v.* loviti; goniti (*divljač*); tražiti; — *n.* lov; hajka.

**hunter** (ha'ntör), *n.* lovac.

**hunting** (ha'nting), *n.* lov; tjeranje, hajka.

**huntress** (ha'ntres), *n.* lovkinja.

**huntsman** (ha'ncmön), *n.* lovac; upravitelj lova.

**hurdle** (hördl), *n.* pomični okvir od štapova *ili* granja; zapreka kod utrke.

**hurl** •(hörl), *v.* baciti; hititi; — *n.* bacanje.

**hurly-burly** (hö'rlibö'rli), *n.* buka; metež; zbrka; dar mar.

**hurrah** (hura'), *interj.* hura!

**hurricane** (hö'rikejn), *n.* vihor; oluja.

**hurriedly** (hö'ridli), *adv.* žurno; hitro.

**hurry** (hö'ri), *v.* žuriti se; hitjeti; brzati; — *n.* žurba; hitnja.

**hurst** (hörst), *n.* lug, gaj.

**hurt** (hört), *v.* raniti; ozlijediti; uvrijediti; — *n.* rana; ozljeda; uvreda.

**hurtful** (hö'rtful), *a.* štetan; škodljiv.

**hurtle** (hörtl), *v.* sudariti se; hujati.

**husband** (ha'zbönd), *v.* štedljivo gospodariti; — *n.* suprug; muž; gospodar.

**husbandman** (ha'zböndmön), *n.* poljodjelac; ratar.

**husbandry** (ha'zböndri), *n.* poljodjelstvo; ratarstvo; gospodarstvo.

**hush** (haš), *v.* ušutkati; utišati; — *n.* tišina; mir; — *interj.* pst! tiho!

**hush-money** (ha'šma'ni), *n.* mito (*da netko šuti o čemu*).

**husk** (hask), *v.* ljuštiti; komiti; — *n.* ljuska; mahuna; lupina.

**husky** (ha'ski), *a.* pun ljusaka; mahunast; surov, jak.

**hussar** (huza'r), *n.* husar, konjanik.

**hussy** (ha'zi), *n.* ženetina; raskalašena žena *ili* djevojka.

**hustle** (hasl), *v.* gurati; tiskati; žuriti se.

**hustler** (ha'slör), *n.* marljiv čovjek.

**hut** (hat), *v.* porazmjestiti u kolibe; stanovati u daščarama; — *n.* daščara; koliba.

**hutch** (hač), *n.* sanduk; škrinja; naćve.

**huzza** (huze'j), *interj.* hura! — *n.* veselo klicanje.

**hyacinth** (ha'esint), *n.* zumbul.

**hybrid** (ha'jbrid), *n.* polutan; melez (*životinja, kojoj su otac i majka od različne vrsti*).

**hydra** (ha'jdrö), *n.* aždaja (*bajoslovna životinja sa mnogo glava*).

**hydrant** (ha'jdrönt), *n.* vodovod; cijev od vodovoda na ulici.

**hydraulic** (hajdrǎ'lik), *a.* hidraulički; što se odnosi na gibánje *ili* tlak vode.

**hydraulics** (hajdrǎ'liks), *n.* nauka o gibanju i upotrebi vode u strojevima.

**hydrodynamic** (ha'jdrodajnǎ'mik), *a.* što se odnosi na silu *ili* tlak vode.

**hydrodynamics** (ha'jdrodajnǎ'miks), *n.* nauka o upotrebljavanju vode u strojevima.

**hydrogen** (ha'jdrođen), *n.* vodik (*plin, koji sastavljen sa kisikom čini vodu*).

**hydrogenous** (hajdrǎ'đinas), *a.* od vodika.

**hydrography** (hajdrǎ'gröfi), *n.* nauka o mjerenju mora i rijeka.

**hydrology** (hajdrǎ'lođi), *n.* nauka o vodi i njezinim svojstvima.

**hydromel** (ha'jdromel), *n.* med pomiješan sa vodom; medica.

**hydrometer** (hajdrá'mitör), *n.* vodomjer.

**hydropathy** (hajdrá'păti), *n.* liječenje vodom.

**hydrophobia** (ha'jdrofo'biö), *n.* strah od vode; bjesnilo.

**hydropic** (hajdrá'pik), *a.* koji trpi od vodene bolesti.

**hydrostatics** (ha'jdrostă'tiks), *n.* nauka o težini, tlaku i ravnotežju vode.

**hyena** (hai'nö), *n.* hijena.

**hygiene** (ha'jđiin), *n.* zdravstvo; nauka o čuvanju zdravlja.

**hygienic** (hajđii'nik), *a.* zdravstven.

**hymen** (ha'jmen), *n.* bog braka.

**hymeneal** (ha'jmeni'öl), *a.* bračni; ženidbeni.

**hymn** (him), *n.* slavospjev; himna.

**hymnal** (hi'mnöl), *n.* knjiga slavospjeva.

**hymnology** (himnă'lođi), *n.* nauka i tumačenje slavospjeva.

**hyperbola** (hajpör'bolö), *n.* hiperbola.

**hyperbole** (hajpö'rboli), *n.* pretjerivanje; povečavanje.

**hyperbolic** (ha'jpörbă'lik), *a.* hiperboličan; pretjeran.

**hyphen** (ha'jfen), *n.* spona (*u pismu*); vezica.

**hyphenated** (ha'jfene'jted), *a.* odijeljene vjernosti, simpatizirajući.

**hypnotic** (hipnă'tik), *a.* uspavajući.

**hypnotism** (hi'pnotizm), *n.* umjetno uspavljivanje.

**hypnotize** (hi'pnotajz), *v.* uspavati umjetnim načinom.

**hypochondria** (ha'jpakă'ndriö), *n.* bolest usljed prevelike zabrinutosti za zdravlje; sumornost.

**hypochondriac** (ha'jpokă'ndriök), *a.* sumoran; sjetan.

**hypocrisy** (hipă'krisi), *n.* licemjerstvo; hinjenje, pretvaranje.

**hypocrite** (hi'pokrit), *n.* licemjerac.

**hypocritical** (hi'pokri'tiköl), *a.* licemjeran.

**hypodermal** (ha'jpodö'rmöl), *a.* što se odnosi na dijelove pod kožom *ili* na uštrcavanje ljekova pod kožu.

**hypotenuse** (hajpă'tinjus), *n.* hipotenuza.

**hypothecate** (hajpă'tikejt), *v.* zalagati, zajamčiti.

**hypothesis** (hajpă'tisis), *n.* predpostavka.

**hypothetic** (ha'jpăte'tik), *a.* predpostavljen; nesiguran.

**hypothetical** (ha'jpăte'tiköl), *a. vidi:* **hypothetic.**

**hysteria** (histi'riö), *n.* histerija; bolest kod žena usljed slabih živaca.

**hysteric** (histe'rik), *a.* histeričan; slabih živaca.

**hysterical** (histe'riköl), *a. vidi:* **hysteric.**

# I

**I, i** (aj), *slovo*: I, i.
**I** (aj), *pron.* ja.
**iamb** (ae'mb), *n.* jamb (*pjesničko mjerilo od dva sloga, prvi kratki, drugi dugi*).
**iambic** (ae'mbik), *a.* jampski.
**iatric** (ae'trik), *a.* što se odnosi na liječničtvo *ili* liječnike.
**ibex** (a'jbeks), *n.* kozorog.
**ibis** (a'jbis), *n.* ibis (*vrst rode*).
**ice** (ajs), *v.* ledom pokriti; smrzavati se; — *n.* led.
**iceberg** (a'jsbörg), *n.* ledeni brijeg (*što plovi po moru*).
**icebound** (a'jsba̲'und), *a.* zaleđen; ledom opkoljen.
**ice-cream** (a'jskrīm), *n.* sladoled.
**icehouse** (a'jsha̲'us), *n.* ledenica.
**Iceland** (a'jslănd), *n.* Islandija (*otok u sjevernom moru*); — *a.* islandski.
**ichneumon** (iknju'mön), *n.* faraonov miš (*vrst lasice u Egiptu, što se hrani jajima krokodila*).
**ichor** (a'jkör), *n.* sukrvica.
**ichthyology** (i'ktiả'lođi), *n.* nauka o ribama.
**ichthyosaurus** (i'ktiosả'ras), *n.* vrst izumrle životinje; orijaški vodeni gušter.
**icicle** (a'jsikl), *n.* svijeća (*od leda*).
**iconoclast** (ajka'noklăst), *n.* koji se protivi kipovima; kipoborac.
**iconography** (a'jkảnả'gröfi), *n.* opisivanje *ili* poznavanje starih kipova i slika.
**icy** (a'jsi), *a.* leden, hladan.
**idea** (ajdi'ö), *n.* pojam; misao; namisao; shvaćanje; nazor.
**ideal** (ajdi'öl), *a.* umišljen; uobražen; uzoran; idealan; — *n.* uzor; ideal.
**idealism** (ajdi'ölizm), *n.* idealnost; težnja za savršenstvom bez obzira na stvarnost.
**idealist** (ajdi'ölist), *n.* idealista; poletan čovjek.
**idealize** (ajdi'ölajz), *v.* idealizováti; davati čemu savršen značaj.

**ideally** (ajdi'öli), *a.* idealno; na umišljen način.
**identical** (ajde'ntiköl), *a.* istovjetan; jednak; isti.
**identification** (ajde'ntifike'jšön), *n.* izjednačivanje; dokazivanje jednakosti; poistovjetenje.
**identify** (ajde'ntifaj), *v.* poistovjetiti; učiniti jednakim; dokazati *ili* pronaći jednakim *ili* istim.
**identity** (ajde'ntiti), *n.* istovjetnost; jednakost.
**ideology** (a'jdiả'lođi), *n.* nauka o idejama.
**ides** (ajdz), *n.* petnaesti *ili* 13. dan u mjesecu kod starih Rimljana.
**idiocy** (i'diosi), *n.* slaboumnost; glupost.
**idiograph** (i'diogră'f), *n.* posebni znak; trgovačka oznaka.
**idiom** (i'diam), *n.* narječje; dialekat.
**idiomatic** (i'diomă'tik), *a.* što se odnosi na narječje; jezičan.
**idiosyncrasy** (i'diosi'nkrösi), *n.* duševna *ili* tjelesna osebina pojedinca, kojom se razlikuje od drugih.
**idiot** (i'diat), *n.* slaboumnik; bluna.
**idiotic** (i'diả'tik), *a.* slabouman; tupoglav; sulud.
**idiotism** (i'diảtizm), *n.* jezična osobina; narječje.
**idle** (ajdl), *a.* besposlen; neradin; beskoristan.
**idleness** (a'jdlnes), *n.* besposleňost; dokolica; danguba; nemar.
**idler** (a'jdlör), *n.* besposličar; danguba; badavadžija.
**idly** (a'jdli), *adv.* besposleno; lijeno.
**idol** (a'jdöl), *n.* kumir; slika *ili* kip krivoga boga.
**idolater** (ajdả'lötör), *n.* krivobožac; koji se klanja kumirima.
**idolatress** (ajdả'lötres), *n.* žena, što se klanja kumirima.
**idolatrous** (ajdả'lötras), *a.* neznabožački; krivovjerski.

**idolatry** (ajdă'lötri), *n.* krivoboštvo, neznaboštvo; pretjerano obožavanje.

**idolize** (a'jdolajz), *v.* obožavati; pretjerano ljubiti.

**idyl** (a'jdil), *n.* idila; pastirska pjesma.

**idyllic** (ajdi'lik), *a.* pastirski.

**if** (if), *conj.* ako; u slučaju da.

**igneous** (i'gnias), *a.* vatren; ognjen.

**ignis-fatuus** (i'gnisfă'ćjuas), *n.* svjetlucanje, koje se noću vidi u močvarnim krajevima; divlji oganj.

**ignite** (igna'jt), *v.* zapaliti; užeći; upaliti se.

**ignition** (igni'šön), *n.* upaljenje; gorenje; žarenje.

**ignoble** (ignō'bl), *a.* neplemenit; niska porijetla; sramotan.

**ignobly** (ignō'bli), *adv.* neplemenito; sramotno; nisko.

**ignominious** (i'gnomi'nias), *a.* sramotan; besčastan; pogrdan.

**ignominy** (i'gnomini), *n.* javna sramota; poruga; bruka.

**ignoramus** (i'gnore'jmas), *n.* neznalica.

**ignorance** (i'gnoröns), *n.* neznanje; neobrazovanost.

**ignorant** (i'gnorönt), *a.* neznajući; neupućen.

**ignore** (ignō'r), *v.* neznati; ne uzeti u obzir; prezirati.

**iguana** (igua'nö), *n.* legvan (*vrst guštera*).

**ill** (il), *a.* zao; zločest; bolestan; loš.

**illapse** (ilă'ps), *v.* upasti; — *n.* upadanje; utjecanje.

**illation** (ile'jšön), *n.* zaključak; izvađanje (*iz pretpostavka*).

**illative** (ile'jtiv), *a.* zaključni.

**illbred** (i'lbre'd), *a.* zlo odgojen; neuljudan.

**ill-breeding** (i'lbrī'ding), *n.* nevaljan odgoj; nepristojnost.

**illegal** (ili'göl), *a.* nezakonit; protuzakonit.

**illegality** (i'ligă'liti), *n.* nezakonitost.

**illegally** (ili'göli), *adv.* nezakonito; protuzakonito.

**illegibility** (ile'đibi'liti), *n.* nečitljivost.

**illegible** (ile'đibl), *a.* nečitljiv.

**illegibly** (ile'đibl), *adv.* nečitljivo.

**illegitimacy** (i'liđi'timösi), *n.* nezakonitost; izvanbračnost.

**illegitimate** (i'leđi'timet), *v.* učiniti nezakonitim; — *a.* nezakonit; vanbračni.

**illfated** (i'lfe'jted), *a.* nesretan; kôban.

**illfavored** (i'lfe'jvörd), *a.* nelijep; ružan.

**illiberal** (ili'böröl), *a.* neplemenit; nedarežljiv; škrt.

**illiberality** (ili'böră'liti), *n.* neplemenitost; skučeni način mišljenja; škrtost.

**illicit** (ili'sit), *a.* nedopušten; nedozvoljen.

**illicitly** (ili'sitli), *adv.* nedopušteno; na nedozvoljen način.

**illimitable** (ili'mitöbl), *a.* neograničen.

**illiteracy** (ili'törösi), *n.* nepismenost; neukost.

**illiterate** (ili'töret), *a.* nepismen; neuk.

**ill-judged** (i'lđa'đd), *a.* krivo suđen; nerazborit.

**ill-mannered** (i'lmă'nörd), *a.* slaba ponašanja; prikoran.

**ill-nature** (i'lne'jćur), *n.* zla ćud; zloba; zlovolja.

**ill-natured** (i'lne'jćurd), *a.* zlovoljan; mrk; pakostan.

**illness** (i'lnes), *n.* bolest; boležljivost.

**illogical** (ilă'điköl), *a.* nedosljedan; nelogičan.

**illogically** (ilă'điköli), *adv.* nedosljedno.

**ill-tempered** (i'lte'mpörd), *a.* zlovoljan; neraspoložen.

**ill-timed** (i'lta'jmd), *a.* u nezgodno vrijeme.

**illude** (iljū'd), *v.* zavaravati; obmanuti; rugati se.

**illuminate** (ilju'minejt), *v.* osvjetljivati; rasvijetliti.

**illumination** (ilju'mine'jšön), *n.* rasvjeta; rasvijetljenje; nadahnuće.

**illuminative** (ilju'minetiv), *a.* koji rasvjetljava; rasvjetljiv.

**illuminator** (ilju'mine'jtör), *n.* osvjetljivač; svjetilo.

**illusion** (ilju'žön), *n.* obmana; opsjena; utvara.

**illusionist** (ilju'žönist), *n.* koji podaje obmanama; sanjar.

**illusive** (ilju'siv), *a.* prevaran; obmanljiv; varav.

**illusory** (ilju'sori), *a.* prividan; varav; lažan.

**illustrate** (ila'strejt), *v.* rasvijetliti; razjasniti; prikazati zorno; slikama ukrasiti.

**illustration** (i'lastre'jšön), *n.* razjašnjenje; ukrasivanje slikama.

**illustrative** (ila'stretiv), *a.* razjašnjujući.

**illustrator** (i'lastre'jtör), *n.* objašnjavač; slikar, koji slika za knjige *ili* novine.

**illustrious** (ila'strias), *a.* sjajan; slavan; glasovit.

**illustriously** (ila'striasli), *adv.* slavno; glasovito.

**illwill** (i'lui'l), *n.* zloba; mržnja; neprijateljstvo.

**image** (i'međ), *v.* predstaviti u slici; umišljati si; — *n.* slika; kip; prilika.

**imagery** (i'međeri), *n.* slikovito prikazivanje; utvaranje; nestvarnost.

**imaginable** (imă'đinöbl), *a.* pojmljiv; što se može zamisliti.

**imaginary** (imă'đinöri), *a.* umišljen; prividan; nestvaran.

**imagination** (imă'đine'jšön), *n.* mašta; uobraženje.

**imaginative** (imă'đinetiv), *a.* sanjarski; pun maštanja.

**imagine** (imă'đin), *v.* zamisliti si; predstaviti si; umišljati si.

**imbecile** (i'mbesil), *a.* slabašan; duševno slab; slabouman; — *n.* slaboumnik; tupoglavac.

**imbecility** (i'mbesi'liti), *n.* slaboumnost.

**imbed** (imbe'd), *v.* poleći u krevet; okružiti nečim.

**imbibe** (imba'jb), *v.* upiti; usisati; natopiti.

**imbricated** (i'mbrike'jted), *a.* savinut poput crijepa na krovu; položen jedno preko drugoga kao crijepovi.

**imbroglio** (imbro'ljo), *n.* zapletenost; zbrka; nesporazumak.

**imbrown** (imbra'un), *v.* učiniti smeđim.

**imbrue** (imbru'), *v.* nakvasiti, zaprskati (*naročito krvlju*).

**imbue** (imbju'), *v.* nakvasiti; prožeti; proniknuti.

**imitability** (i'mitöbi'liti), *n.* svojstvo oponašanja; povodljivost.

**imitable** (i'mitöbl), *a.* što se može oponašati; vrijedan, da se slijedi.

**imitate** (i'mitejt), *v.* slijediti; oponašati; povesti se za kim.

**imitation** (i'mite'jšön), *n.* oponašanje; podraživanje; patvorina.

**imitative** (i'mitetiv), *a.* koji oponaša; umjetan.

**imitator** (i'mite'jtör), *n.* oponašatelj; nasljedovatelj.

**immaculate** (imă'kjulet), *a.* neoskvrnjen; neokaljan; čist.

**immanate** (i'mănejt), *v.* utjecati; ulaziti (*za nešto nestvarnoga*).

**immanent** (i'mănent), *a.* nutrašnji; prirođen; sastavni.

**immaterial** (i'möti'riöl), *a.* bestjelesan; nestvaran; nuzgredan.

**immaterialism** (i'möti'riölizm), *n.* nauka, da se sva bića mogu svesti na um i umno shvaćanje.

**immateriality** (i'möti'riă'liti), *n.* nebitnost; bestjelesnost.

**immature** (i'möću'r), *a.* nezrio; preran.

**immaturely** (i'möću'rli), *adv.* prerano.

**immaturity** (i'moću'riti), *n.* nezrelost; nedozrelost; nedoraslost.

**immeasurable** (ime'žuröbl), *a.* neizmjeriv; neograničen.

**immeasurably** (ime'žuröbli), *adv.* neizmjerno.

**immediate** (imi'diet), *a.* neposredan; sadašnji; izravan.

**immediately** (imi'dietli), *adv.* neposredno; odmah.

**immemorial** (i'memo'riöl), *a.* pradavni; prastari.

**immemorially** (i'memo'riöli), *adv.* od pamtivijeka; od vajkada.

**immense** (ime'ns), *a.* neizmjeran; beskrajan.

**immensely** (ime'nsli), *adv.* neizmjerno.

**immensity** (ime'nsiti), *n.* neizmjernost; beskrajnost.

**immensurable** (ime'nšuröbl), *a.* neizmjeriv.

**immerge** (imö'rđ), *v.* uroniti; zagnjuriti.

**immerse** (imö'rs), *v.* umočiti; uroniti; zadupsti se (*kao u misli, knjigu*).

**immersion** (imö'ršön), *n.* uronjenje; zagnjurivanje.

**immesh** (ime'š), *v.* zaplesti u mrežu.

**immethodical** (i'metă'diköl), *a.* nesustavan; bez reda; zbrkan.

**immethodically** (i'metă'diköli), *adv.* nesustavno; neuredno.

**immigrant** (i'migrănt), *n.* doseljenik; useljenik.

**immigrate** (i'migrejt), *v.* doseljivati se; useliti se (*u drugu zemlju*).

**immigration** (i'migre'jšön), *n.* doseljivanje.

**imminence** (i'minens), *n.* prijetnja (*pogibelji*); blizost (*nekog dogodaja*).

**imminent** (i'minent), *a.* prijeteći; bliz; predstojeći.

**imminently** (i'minentli), *adv.* predstojeći; prijeteći.

**immobile** (imō'bil), *a.* nepomičan; postojan.

**immobility** (i'mobi'liti), *n.* nepomičnost; nepokretnost.

**immoderate** (imă'döret), *a.* neumjeren; pretjeran.

**immoderately** (imă'döretli), *adv.* neumjereno.

**immoderation** (imă'döre'jšön), *n.* neumjerenost.

**immodest** (imă'dest), *a.* nečedan; nepristojan; razuzdan; besraman.

**immodestly** (imă'destli), *adv.* nečedno; besramno.

**immodesty** (imă'desti), *n.* nečednost; besramnost; razuzdanost.

**immolate** (i'molejt), *v.* žrtvovati; ubiti žrtvu.

**immolation** (i'mole'jšön), *n.* žrtvovanje; žrtva.

**immolator** (i'mole'jtör), *n.* onaj, koji žrtvuje.

**immoral** (imo'röl), *a.* nećudoredan; raskalašen; razvratan.

**immorality** (i'morä'liti), *n.* nećudorednost; raskalašenost.

**immorally** (imo'röli), *adv.* nećudoredno.

**immortal** (imo'rtöl), *a.* besmrtan; neumrli; vječan.

**immortality** (i'mortă'liti), *n.* besmrtnost; neumrlost.

**immortalize** (imo'rtölajz), *v.* ovjekovječiti; učiniti besmrtnim.

**immortally** (imo'rtöli), *adv.* besmrtno; neumrlo.

**immortelle** (i'morte'l), *n.* neven (*biljka*).

**immovability** (imu'vöbi'liti), *n.* nepokretnost; nepomičnost; nepokolebivost.

**immovable** (imu'vöbl), *a.* nepokretan; nepomičan; nepokolebiv.

**immovably** (imu'vöbli), *adv.* nepokretno; nepokolebivo.

**immunity** (imju'niti), *n.* povlastica; nepovredljivost; sloboština.

**immure** (imju'r), *v.* uzidati; zazidati; zatvoriti.

**immusical** (imju'ziköl), *a.* neglazben; nevješt glazbi; nesuglasan.

**immutability** (imju'töbi'liti), *n.* nepromjenljivost.

**immutable** (imju'töbl), *a.* nepromjenljiv.

**immutably** (imju'töbli), *adv.* nepromjenljivo; stalno.

**imp** (imp), *n.* vražić; đavolče.

**impact** (i'mpăkt), *n.* sudar; udarac.

**impair** (impē'r), *v.* pogoršati; umanjiti vrijednost, količinu *ili* snagu.

**impairment** (impē'rment), *n.* pogoršanje; slabljenje.

**impale** (impe'jl), *v.* nabiti na kolac; nataknuti.

**impalpability** (impă'lpöbi'liti), *n.* neopipljivost; nećutljivost.

**impalpable** (impă'lpöbl), *a.* neosjetljiv; nećutljiv.

**impalpably** (impă'lpöbli), *adv.* neosjetljivo.

**impanel** (impă'nel), *v.* izabrati (*porotu*); upisati u listinu porotnika.

**imparity** (impă'riti), *n.* nejednakost; nerazmjernost.

**impark** (impa'rk), *v.* ograditi.

**impart** (impa'rt), *v.* dati; podijeliti; priopćiti.

**impartial** (impa'ršöl), *a.* nepristran; pravedan.

**impartiality** (impa'ršiă'liti), *n.* nepristranost.

**impartially** (impa'ršöli), *adv.* nepristrano.

**impartible** (impa'rtibl), *a.* nedjeliv; što se može priopćiti.

**impassable** (impă'söbl), *a.* neprolazan; neprohodan.

**impassibility** (impă'sibi'liti), *n.* neosjetljivost; besćutnost.

**impassible** (impă'sibl), *a.* besćutan; neosjetljiv.

**impassion** (impă'šön), *v.* pokrenuti strašću; uzrujati.

**impassionable** (impă'šönöbl), *a.* strastven; uzbudljiv.

**impassionate** (impä'šönet), *a.* strastven; uzrujan.

**impassive** (impä'siv), *a.* besćutan; neosjetljiv.

**impatience** (impe'jšens), *n.* neustrpljivost; uzrujanost.

**impatient** (impe'jšent), *a.* neustrpljiv; nemiran.

**impatiently** (impe'jšentli), *adv.* neustrpljivo; nemirno.

**impawn** (impä'n), *v.* dati u zalog; založiti.

**impeach** (impī'č), *v.* optužiti; okriviti (*radi zloporabe službe*).

**impeachable** (impī'čöbl), *a.* optuživ; koga se može okriviti radi zloporabe službe.

**impeachment** (impī'čment), *n.* optužba radi zloporabe službe *ili* časti.

**impearl** (impö'rl), *v.* uresiti biserom.

**impeccability** (impe'köbi'liti), *n.* nepogrješivost.

**impeccable** (impe'köbl), *a.* bezgrješan; nepogrješiv.

**impecunious** (i'mpikju'niạs), *a.* bez novaca; siromašan.

**impede** (impī'd), *v.* priječiti; zaustavljati.

**impediment** (impe'diment), *n.* zapreka; poteškoća; smetnja.

**impedimental** (impe'dime'ntöl), *a.* koji priječi; smetajući.

**impel** (impe'l), *v.* nagnati; nagoniti; tjerati; siliti.

**impellent** (impe'lent), *a.* koji *ili* što nagoni; prisiljujući; — *n.* pokretna snaga; nagon.

**impend** (impe'nd), *v.* visjeti nad; prijetiti.

**impendence** (impe'ndens), *n.* prijetnja; blizina (*kakve nesreće*).

**impenetrability** (impe'netröbi'liti), *n.* neprobitnost; neprobojnost; nedokučljivost.

**impenetrable** (impe'netröbl), *a.* neprobitan; neprobojan; nedokučiv.

**impenetrably** (impe'netröbli), *adv.* neprobitno; neprohodno.

**impenitence** (impe'nitens), *n.* nepokajnost; okorjelost u grijehu.

**impenitent** (impe'nitent), *a.* nepokajan; neskrušen; — *n.* nepokajnik.

**impenitently** (impe'nitentli), *adv.* neskrušeno.

**imperative** (impe'rötiv), *a.* zapovjedni; obvezatan; — *n.* zapovjedni način.

**imperatively** (impe'rötivli), *adv.* zapovjedno; obvezatno.

**imperator** (i'mpire'jtör), *n.* car; vladar, imperator.

**imperceptible** (i'mpörse'ptibl), *a.* neprimjetljiv; sićušan.

**imperceptibly** (i'mpörse'ptibli), *adv.* neopaženo; neprimjetljivo.

**imperfect** (impö'rfekt), *a.* nesavršen; nepotpun; manjkav; — *n.* prošlo trajno vrijeme (*u sklonidbi*).

**imperfection** (i'mpörfe'kšön), *n.* nesavršenost; nepotpunost; nedostatak.

**imperfectly** (impö'rfektli), *adv.* nesavršeno; nepotpuno.

**imperforable** (impö'rforöbl), *a.* neprobušiv.

**imperforate** (impö'rforet), *a.* neprobušen.

**imperial** (impi'riöl), *a.* vladarski; carski.

**imperialism** (impi'riölizm), *n.* težnja za povećanjem vladalačke sile i države.

**imperialist** (impi'riölist), *n.* pristaša povećanja države i vladalačke moći.

**imperil** (impe'ril), *v.* staviti u pogibelj; zaprijetiti.

**imperious** (impi'riạs), *a.* zapovjednički; ohol; drzak.

**imperiously** (impi'riạsli), *adv.* gospodujući; drzovito.

**imperiousness** (impi'riạsnes), *n.* vlast, oholost; drskost; pohlepa za vlašću.

**imperishable** (impe'rišöbl), *a.* nepropadljiv; što ne može da izgine; nerazoran.

**imperishableness** (impe'rišöblnes), *n.* nepropadljivost; nepokvarljivost.

**imperishably** (impe'rišöbli), *adv.* nepropadljivo; stalno.

**impermeability** (impö'rmiöbi'liti), *n.* neprobojnost; nepromočivost.

**impermeable** (impö'rmiöbl), *a.* neprobojan, nepromočiv.

**impersonal** (impö'rsönöl), *a.* neosoban; bezličan; ne odnoseći se na nikoga.

**impersonality** (impö'rsonä'liti), neosobnost, bezličnost.

**impersonally** (impö'rsönöli), *adv.* neosobno.

**impersonate** (impö'rsonejt), *v.* poosobiti; predstavljati (*nekoga*).

**impersonation** (impö'rsöne'jšön), *n.* predstavljanje.

**impertinence** (impö'rtinens), *n.* nepristojnost; drzovitost.

**impertinent** (impö'rtinent), *a.* nepristojan; drzovit; neumjestan.

**impertinently** (impö'rtinentli), *adv.* nepristojno, drzovito.

**imperturbability** (i'mpörtö'rböbi'liti), *n.* nepokolebivost; stalnost.

**imperturbable** (i'mpörtö'rböbl), *a.* nepokolebiv; stalan; koji se neda smesti.

**impervious** (impö'rvias), *a.* neprohodan; neprobitan; nepristupan.

**imperviousness** (impö'rviasnes), *n.* neprohodnost; nepristupnost.

**impetuosity** (impe'ćuá'siti), *n.* žestina; naglost.

**impetuous** (impe'ćuas), *a.* nagao; žestok; silovit.

**impetuously** (impe'ćuasli), *adv.* žestoko; goropadno

**impetus** (i'mpitös), *n.* pokretna sila; nagon.

**impiety** (impa'eti), *n.* bezbožnost; opačina.

**impinge** (impi'nđ), *v.* udariti o nešto; sudariti se.

**impious** (i'mpias), *a.* nepobožan; bezbožan; opak.

**impiously** (i'mpiasli), *adv.* bezbožno; opako; bogohulno.

**impiousness** (i'mpiasnes), *n.* bezbožnost; opačina.

**impish** (i'mpiš), *a.* poput vražića.

**implacability** (imple'jköbi'liti), *n.* nepomirljivost.

**implacable** (imple'jköbl), *a.* nepomirljiv; neublaživ; neumoljiv.

**implacably** (imple'jköbli), *adv.* nepomirljivo; neumoljivo.

**implant** (implă'nt), *v.* usaditi; utisnuti; uliti.

**implantation** (i'mplănte'jšön), *n.* usađivanje; utisnuće.

**implausibility** (implá'zibi'liti), *n.* nevjerojatnost.

**implausible** (implá'zibl), *a.* dvojben; nevjerojatan.

**implead** (impli'd), *v.* tužiti; sudbeno progoniti.

**impleader** (impli'dör), *n.* tužitelj.

**implement** (i'mplement), *n.* sprav; oruđe; alat.

**implex** (i'mpleks), *a.* zapleten; zamršen.

**implicate** (i'mplikejt), *v.* zaplesti; umiješati; staviti u vezu sa nečim.

**implication** (i'mplike'jšön), *n.* zapletanje; svađanje u svezu s nečim (*naročito u optužbi ili svjedočanstvu*); zaključivanje; tiho razumijevanje (*bez da se dotična stvar izreče*).

**implicit** (impli'sit), *a.* uključen; što se razumijeva; bezuvjetan.

**implicitly** (impli'sitli), *adv.* mučke; bezuvjetno.

**implore** (implō'r), *v.* zaklinjati; moliti usrdno; zazivati.

**implorer** (implō'rör), *n.* molitelj; zaklinjatelj.

**imply** (impla'j), *v.* uključiti; sadržavati; značiti.

**impolicy** (impă'lisi), *n.* nerazboritost; nespretnost.

**impolite** (i'mpolajt), *a.* nepristojan; neuglađen.

**impolitely** (i'mpola'jtli), *adv.* nepristojno; neuljudno.

**impoliteness** (i'mpola'jtnes), *n.* neuglađenost; nepristojnost.

**impolitic** (impa'litik), *a.* nevješt; nespretan; nepolitičan.

**imponderable** (impa'ndöröbl), *a.* što se ne može težiti; što nema težine, koja se može izmjeriti.

**import** (impo'rt), *v.* uvažati; uvoditi; imati važnost za nešto;—(i'mport), *n.* uvoz; uvažanje; važnost; značenje.

**importable** (impo'rtöbl), *a.* što se može uvoziti; uvozan.

**importance** (impo'rtöns), *n.* važnost; znamenitost; ugled.

**important** (impo'rtönt), *a.* važan; znamenit.

**importation** (i'mporte'jšön), *n.* uvažanje; uvoz.

**importer** (impo'rtör), *n.* uvažač; uvozilac i trgovac strane robe.

**importunate** (impo'rćunet), *a.* dosadan; nesnosljiv; žestok.

**importunately** (impo'rćunetli), *adv.* dosadno; nesnosno; žestoko; silovito.

**importunateness** (impo'rćunetnes), *n.* dosađivanje; nametljivost; nesnosljivost.

**importune** (i'mporćū'n), v. dosađivati; salijetati; nametljivo tražiti.

**impose** (impō'z), v. nametnuti; staviti na što; prevariti.

**imposer** (impō'zör), n. koji se nameće; varalica.

**imposing** (impō'zing), a. veličajan; koji budi čuđenje *ili* zadaje strah.

**imposition** (i'mpozi'šön), n. nametanje; polaganje (*ruku*); teret; namet; prijevara.

**impossibility** (impå'sibi'liti), n. nemogućnost.

**impossible** (impå'sibl), a. nemogućan; neizvediv; nepojmljiv.

**impossibly** (impå'sibli), adv. nemoguće.

**impost** (i'mpost), n. namet; porez; carina; uvoznina.

**impostor** (impå'stör), n. varalica; koji se izdaje za drugoga.

**imposture** (impå'sćur), n. prijevara; varanje.

**impotence** (i'mpotens), n. nemoć; nesposobnost; slabost.

**impotency** (i'mpotensi), n. *vidi*: **impotence.**

**impotent** (i'mpotent), a. nemoćan; slab; nesposoban.

**impound** (impa'ụnd), v. zatvoriti; ograničiti.

**impoverish** (impå'vöriš), v. osiromašiti; oglobiti koga.

**impoverishment** (impa'vörišment), n. osiromašenje; slabljenje.

**impracticability** (imprå'ktiköbi'liti), n. *vidi*: **impracticableness.**

**impracticable** (imprå'ktiköbl), a. neprovediv; neizvršiv; nezgodan.

**impracticableness** (imprå'ktiköblnes), n. neizvedivost; nemogućnost.

**impracticably** (imprå'köbli), adv. neizvedivo; nemoguće.

**imprecate** (i'mprikejt), v. proklinjati; kleti.

**imprecation** (i'mprike'jšön), n. proklinjanje; kletva; prokletstvo.

**impregnable** (impre'gnöbl), a. nepobjediv; što se ne može osvojiti.

**impregnate** (impre'gnejt), v. oploditi; prožeti; napuniti; — a. oplođen; napunjen; zasićen.

**impregnation** (i'mpregne'jšön), n. oplođenje; punjenje; zasićenost.

**impresario** (i'mpresa'rio), n. upravitelj opernog društva; kazališni upravitelj.

**impress** (impre's), v. utisnuti; urezati; ostaviti utisak; utuviti; — (i'mpres), n. utisak; otisak; trag; znak.

**impressibility** (impre'sibi'liti), n. primjetivost; osjetljivost.

**impressible** (impre'sibl), a. što se može utisnuti *ili* otisnuti; koji prima utiske; osjetljiv.

**impression** (impre'šön), n. utisak; otisak; znak; tisak; upliv; utjecaj.

**impressive** (impre'siv), a. što prouzročuje utisak; ganutljiv, dirljiv.

**impressively** (impre'sivli), adv. dirljivo; uzbuđujući.

**impressment** (impre'sment), n. danak; prisilno novačenje.

**impressure** (impre'šur), n. utisnuti znak; oznaka.

**imprimatur** (i'mprime'jtör), n. dozvola za tiskanje knjige, imprimatur.

**imprimis** (impra'jmis), adv. najprije; na prvom mjestu.

**imprint** (impri'nt), v. utisnuti; otisnuti; štampati; — (i'mprint), n. utisak; otisak; trag.

**imprison** (impri'zn), v. utamničiti; uapsiti; zatvoriti.

**imprisonment** (impri'znment), n. utamničenje; zatvaranje; zatvor.

**improbability** (imprå'böbi'liti), n. nevjerojatnost.

**improbable** (imprå'böbl), a. nevjerojatan.

**improbably** (imprå'böbli), adv. nevjerojatno.

**improbity** (impro'biti), n. nepoštenje; nevaljanost.

**imprompt** (imprå'mpt), a. negotov; nespreman.

**impromptu** (imprå'mptu), a. *i* adv. bez priprave; s mjesta; — n. nešto učinjeno bez priprave.

**improper** (imprå'pör), a. neprikladan; nepril..an; nepristojan.

**improperly** (imprå'pörli), adv. neumjesno; neprikladno.

**impropriety** (i'mpropra'eti), n. neprikladnost; nepristojnost; neumjesnost.

**improvable** (imprū'vöbl), a. što se dade poboljšati; popravljiv.

**improve** (imprū'v), *v.* poboljšati; usavršiti; ispraviti; poljepšati; unaprijediti.

**improvement** (imprū'vment), *n.* poboljšanje; usavršivanje; ispravak; napredak; prirast.

**improver** (imprū'vör), *n.* unapreditelj; promicatelj.

**improvidence** (imprā'videns), *n.* nesmotrenost; neopreznost.

**improvident** (imprā'vident), *a.* nesmotren; neoprezan; bezbrižan.

**improvidently** (imprā'videntli), *adv.* nesmotreno; nemarno.

**improvisation** (i'mprovize'jšön), *n.* govorenje *ili* pjevanje bez priprave.

**improvise** (i'mprova'jz), *v.* činiti nešto (*napose govoriti ili pjevati*) bez priprave.

**imprudence** (impru'dens), *n.* nerazboritost; nepromišljenost.

**imprudent** (impru'dent), *a.* nerazborit; nepromišljen; neoprezan.

**imprudently** (impru'dentli), *adv.* nerazborito; neoprezno; nesmotreno.

**impudence** (i'mpjudens), *n.* bezobraznost; drzovitost; bestidnost.

**impudent** (i'mpjudent), *a.* bezobrazan; bestidan; drzovit.

**impudently** (i'mpjudentli), *adv.* bezobrazno; bestidno.

**impugn** (impju'n), *v.* poricati; oprovrgavati; pobijati.

**impugner** (impju'nör), *n.* protuslovitelj; oprovrgavatelj.

**impulse** (i'mpals), *n.* poticaj; pobuda; podsticanje; bodrenje.

**impulsion** (impa'lšön), *n. vidi:* **impulse.**

**impulsive** (impa'lsiv), *a.* pun nagona; strastan; pobudan.

**impulsively** (impa'lsivli), *adv.* na pobudan način, strastveno.

**impunity** (impju'niti), *n.* nekažnjivost; nekažnjenost.

**impure** (impjū'r), *a.* nečist; bludan.

**impurity** (impjū'riti), *n.* nečistoća; bludnost.

**imputability** (impju'töbi'liti), *n.* ubrojivost.

**imputable** (impjū'töbl), *a.* ubrojiv; što se može komu pripisati; pridodjeliv.

**imputation** (i'mpjute'jšön), *n.* uračunavanje; pripisivanje (*pogrješke*); okrivljenje; prijekor; podvaljivanje.

**imputative** (impju'tötiv), *a.* što se može pripisati (*komu*); prijekoran.

**impute** (impjū't), *v.* pripisivati (*nekome nešto*); okrivljivati.

**in** (in), *prep.* u; unutra.

**inability** (i'nöbi'liti), *n.* nesposobnost; nemoć.

**inabstinence** (inǎ'pstinens), *n.* neuzdržanje.

**inaccessibility** (i'nǎkse'sibi'liti), *n.* nepristupačnost.

**inaccessible** (i'nǎkse'sibl), *a.* nepristupan; nedostiživ.

**inaccessibly** (i'nǎkse'sibli), *adv.* nepristupačno.

**inaccuracy** (inǎ'kjurösi), *n.* netočnost; neispravnost.

**inaccurate** (inǎ'kjuret), *a.* netočan; neispravan; nemaran.

**inaccurately** (inǎ'kjuretli), *adv.* netočno; pogrješno.

**inaction** (inǎ'kšön), *n.* nerad; mrtvilo.

**inactive** (inǎ'ktiv), *n.* neradin; trom; lijen.

**inactivity** (i'nǎkti'viti), *n.* nerad; besposlenost.

**inadequacy** (inǎ'dekuösi), *n.* nedostatnost; neprimjerenost; nejednakost.

**inadequate** (inǎ'dekuet), *a.* nedostatan; nejednak; neprimjeren.

**inadequateness** (inǎ'dekuetnes), *n. vidi:* **inadequacy.**

**inadmissibility** (i'nǎdmi'sibi'liti), *n.* nedopustivost; nepriličnost.

**inadmissible** (i'nǎdmi'sibl), *a.* nedopustiv; nedozvoljen.

**inadmissibly** (i'nǎdmi'sibli), *adv.* nedopustivo.

**inadvertence** (i'nǎdvö'rtens), *n.* nepažljivost; nesmotrenost.

**inadvertent** (i'nǎdvö'rtent), *a.* nesmotren; nepažljiv.

**inadvertently** (i'nǎdvö'rtentli), *adv.* nepažljivo; pogrješno.

**inalienability** (ine'jljenöbi'liti), *n.* neotuđivost.

**inalienable** (ine'jljenöbl), *a.* neotuđiv; što se ne može oduzeti.

**inalienably** (ine'jljenöbli), *adv.* neotuđivo.

**inalterability** (inà'ltöröbi'liti), *n.* nepromjenljivost.

**inalterable** (inà'ltöröbl), *a.* nepromjenljiv.

**inane** (ine'jn), *a.* isprazan; ništav.

**inanimate** (ină'nimet), *a.* beživotan; mrtav.

**inanition** (i'nöni'šön), *n.* praznoća; iznemoglost (*radi nestašice hrane*); slabost želuca.

**inanity** (ină'niti), *n.* praznina; ništavilo; taština.

**inapplicable** (ină'pliköbl), *a.* neprimjenjiv; ne odgovarajući svrsi.

**inapplication** (ină'plike'jšön), *n.* nepažnja; nemarnost.

**inapposite** (ină'pozit), *a.* neprikladan; nezgodan.

**inappreciable** (i'năpri'šiöbl), *a.* neocjenjiv; bescjen.

**inappreciative** (i'năpri'šiötiv), *a.* koji nešto ne cijeni po zasluzi.

**inapprehensible** (ină'prehe'nsibl), *a.* nepažljiv; ravnodušan.

**inapproachable** (i'năprō'čöbl), *a.* nepristupačan; nedostiživ.

**inappropriate** (i'năprō'priet), *a.* neprikladan; nezgodan.

**inapt** (ină'pt), *a.* nesposoban.

**inaptitude** (ină'ptitjud), *n.* nesposobnost; neprikladnost.

**inarch** (ina'rč), *v.* ucijepiti; saviti u luk.

**inarticulate** (i'narti'kjulet), *a.* nerazgovijetan; nejasan.

**inarticulation** (i'narti'kjule'jšön), *n.* nerazgovijetnost; nejasnoća (*u govoru*).

**inartificial** (ina'rtifi'šöl), *a.* neumjetan; naravan.

**inasmuch** (i'năzmą'č), *adv.* u koliko; obzirom što; pošto.

**inattention** (i'năte'nćön), *n.* nepozornost; nepažnja.

**inattentive** (i'năte'ntiv), *a.* nepozoran; nepažljiv; nemaran.

**inattentively** (i'năte'ntivli), *adv.* nepozorno; nepažljivo.

**inaudible** (ină'dibl), *a.* nečujan; što se ne može čuti.

**inaudibly** (ină'dibli), *adv.* nečujno.

**inaugural** (ină'gjuröl), *a.* nastupni; — *n.* nastupni govor.

**inaugurate** (ină'gjurejt), *v.* svečano uvesti; ustoličiti; započeti.

**inauguration** (ină'gjure'jšön), *n.* svečano otvorenje; ustoličenje; posveta.

**inauspicious** (i'năspi'šąs), *a.* zloslutan; nepogodan; nesretan.

**inboard** (i'nbō'rd), *adv.* unutra u brodu.

**inborn** (i'nbō'rn), *a.* prirođen.

**inbred** (i'nbre'd), *a.* prirođen; prirodan.

**incage** (inke'jđ), *v.* staviti u kavez; zatvoriti.

**incalculable** (inkă'lkjulöbl), *a.* što se ne može proračunati; neprebrojiv.

**incandescence** (i'nkăde'sens), *n.* usrjanost; ražarenost.

**incandescent** (i'nkăde'sent), *a.* usijan; ražaren.

**incantation** (i'nkănte'jšön), *n.* čaranje; vračanje.

**incapability** (inke'jpöbi'liti), *n.* nesposobnost.

**incapable** (inke'jpöbl), *a.* nesposoban; nevješt.

**incapably** (inke'jpöbli), *adv.* nesposobno; nevješto.

**incapacitate** (i'nkăpă'sitejt), *v.* onesposobiti; onemogućiti.

**incapacity** (i'nkăpă'siti), *n.* nesposobnost.

**incarcerate** (inka'rsörejt), *v.* zatvoriti; utamničiti; uapsiti.

**incarceration** (inka'rsöre'jšön), *n.* uapšenje; zatvaranje.

**incarnate** (inka'rnejt), *v.* utjeloviti; — *a.* utjelovljen.

**incarnation** (i'nkarne'jšön), *n.* utjelovljenje.

**incase** (inke'js), *v.* staviti u što; zatvoriti (*u kutiju*).

**incautious** (inkă'šąs), *a.* neoprezan; nepažljiv.

**incautiously** (inkă'šąsli), *adv.* neprezno.

**incautiousness** (inkă'šąsnes), *n.* nepreznost.

**incendiarism** (inse'ndiörizm), *n.* palež; bunjenje.

**incendiary** (inse'ndiöri), *n.* palikuća; buntovnik; — *a.* koji zapaljuje.

**incense** (inse'ns), *v.* raspaliti; razdražiti; — (i'nsens), *n.* tamjan; kadivo.

**incentive** (inse'ntiv), *a.* podražujući; koji *ili* što pobuđuje *ili* potiče; — *n.* podražaj; podsticanje; pobuda.

**inception** (inse'pšön), *n.* početak.

**inceptive** (inse'ptiv), *a.* početni; koji označuje početak.

**incertitude** (insö'rtitjud), *n.* neizvjesnost.

**incessant** (inse'sönt), *a.* neprestan; neprekidan.

**incessantly** (inse'söntli), *adv.* neprestano.

**incest** (i'nsest), *n.* rodoskvrnuće (*spolno općenje među bližim rodacima*).

**incestuous** (inse'stjua̱s), *a.* rodoskvrni.

**inch** (inč), *n.* palac; dvanaesti dio noge (*mjera za duljinu*).

**inchoate** (i'nkoet), *v.* početi;—*a.* započet; nedovršen.

**inchoation** (i'nkoe'jšön), *n.* početak.

**inchoative** (i'nkoetiv), *a.* početni.

**incidence** (i'nsidens), *n.* slučaj; dodir.

**incident** (i'nsident), *n.* slučaj; dogođaj; okolnost; — *a.* slučajan; nuzgredan.

**incidental** (i'nside'ntöl), *a.* slučajan; prigodan; sporedan; — *n.* sporedna stvar.

**incidentally** (i'nside'ntöli), *adv.* slučajno; nuzgredno.

**incinerate** (insi'nörejt), *v.* pretvoriti u pepeo; spaliti.

**incineration** (insi'nöre'jšön), *n.* spaljivanje.

**incipience** (insi'piens), *n.* početak.

**incipiency** (insi'piensi), *n.* *vidi*: **incipience.**

**incipient** (insi'pient), *a.* početni.

**incipiently** (insi'pientli), *adv.* početno.

**incise** (insa'jz), *v.* urezati; usjeći.

**incision** (insi'žön), *n.* urezivanje; rez; prorez.

**incisive** (insa'jsiv), *a.* režući; oštar; izrazit.

**incisor** (insa'jzör), *n.* sjekutić; prednji zub.

**incisure** (insi'žur), *n.* urez; usjek.

**incite** (insa'jt), *v.* poticati; podraživati; nukati.

**incitement** (insa'jtment), *n.* podraživanje; poticanje; povod.

**inciter** (insa'jtör), *n.* poticatelj; podbadač.

**incivil** (insi'vil), *a.* neuljudan; neotesan.

**incivility** (i'nsivi'liti), *n.* neuljudnost; prostaštvo.

**inclemency** (inkle'mensi), *n.* nemilosrdnost; nepogodnost; oštrina (*vremena*).

**inclement** (inkle'ment), *n.* nemilosrdan; nepovoljan; nepogodan.

**inclinable** (inkla'jnöbl), *a.* naklonjen; sklon.

**inclination** (i'nkline'jšön), *n.* nagibanje; naklon; kosina (*brijega*); sklonost; naginjanje.

**incline** (inkla'jn), *v.* nagibati se; biti sklon; voljeti; — (i'nklajn), *n.* kosina; strmen; uspinjača.

**inclose** (inklō'z), *v.* opkoliti; zatvoriti; uključiti; priložiti.

**inclosure** (inklō'žur), *n.* ograda; priloženje.

**include** (inklū'd), *v.* uključiti; obuhvatati.

**inclusion** (inklū'žön), *n.* uključenje; uklopljenje.

**inclusive** (inklū'siv), *a.* uključiv; obuhvaćajući.

**inclusively** (inklū'sivli), *adv.* uključivo.

**incognito** (inkâ'gnito), *adv.* *i* *a.* nepoznat; pod drugim imenom.

**incognizable** (inkâ'gnizöbl), *a.* koji se ne može prepoznati.

**incoherence** (i'nkohi'rens), *n.* nesuvislost; nesklad; nedosljednost.

**incoherent** (i'nkohi'rent), *a.* nesuvisli; nesvezan; nedosljedan.

**incoherently** (i'nkohi'rentli), *adv.* nesuvislo; neskladno.

**incombustibility** (i'nkömba̱'stibi'liti), *n.* neupaljivost; neizgorivost.

**incombustible** (i'nkömba̱'stibl), *a.* neupaljiv; neizgoriv.

**income** (i'nka̱m), *n.* dohodak; prihod.

**incommensurable** (i'nköme'nšuröbl), *a.* nemjeriv; što se ne može primjeriti nečemu; nejednak.

**incommensurate** (i'nköme'nšuret), *a.* *vidi*: **incommensurable.**

**incommode** (i'nkâmō'd), *v.* dosađivati; zanovijetati.

**incommodious** (i'nkâmo'dia̱s), *a.* nezgodan; neugodan; dosadan.

**incommodiousness** (i'nkâmo'dia̱snes), *n.* neudobnost; dosađivanje.

**incommodity** (i'nkâmo'diti), *n.* *vidi*: **incommodiousness.**

**incommunicability** (i'nkâmju'niköbi'liti), *n.* nepriopćivost; neizrecivost.

**incommunicable** (i'nkâmju'niköbl), *a.* nepriopćiv; neizreciv.

**incommunicableness** (i'nkámju'niköblnes), *n. vidi*: **incommunicability.**

**incommunicative** (i'nkámju'nikötiv), *a.* negovorljiv; nedruštven.

**incommutability** (i'nkámju'töbi'liti), *n.* nepromjenljivost; neotuđivost.

**incommutable** (i'nkámju'töbl), *a.* nepromjenljiv; neotuđiv.

**incomparability** (i'nkámpă'röbi'liti), *n.* nesravnjivost.

**incomparable** (i'nkámpă'röbl), *a.* neusporediv; nesravnjiv.

**incomparableness** (i'nkámpă'röblnes), *n. vidi*: **incomparability.**

**incomparably** (i'nkámpă'röbli), *adv.* neusporedivo; nesravnjivo.

**incompassionate** (i'nkömpă'šönet), *a.* koji ne osjeća sućuti; nesućutan; nesmiljen.

**incompatibility** (i'nkömpă'tibi'liti), *n.* nesklad; nezdruživost; nesnošljivost.

**incompatible** (i'nkömpă'tibl), *a.* neskladan; nezdruživ; nesnošljiv.

**incompetence** (inkă'mpetens), *n.* nesposobnost; nenadležnost; nedostatnost.

**incompetent** (inkă'mpetent), *a.* nesposoban; neovlašten.

**incomplete** (i'nkömplī't), *a.* nepotpun; nesavršen; manjkav.

**incompletely** (i'nkömplī'tli), *adv.* nepotpuno.

**incompleteness** (i'nkömplī'tnes), *n.* nepotpunost; manjkavost.

**incomprehensibility** (inkă'mprihe'nsibi'liti), *n.* nepojmljivost; neshvatljivost; nerazumljivost.

**incomprehensible** (inkă'mprihe'nsibl), *a.* nepojmljiv; neshvatljiv, nedokučiv.

**incomprehensive** (inkă'mprihe'nsiv), *a.* neobuhvatljiv; ograničen,

**incompressibility** (i'nkömpre'sibi'liti), *n.* netišljivost.

**incompressible** (i'nkömpre'sibl), *a.* što se ne može stisnuti.

**inconcealable** (i'nkönsi'löbl), *a.* što se ne može sakriti; nezatajiv.

**inconcievable** (i'nkönsi'vöbl), *a.* nepojmljiv; nedokučiv.

**inconcievably** (i'nkönsi'vöbli), *adv.* nepojmljivo; nedokučivo.

**inconclusive** (i'nkönklū'siv), *a.* nekonačan; netemeljit.

**inconclusiveness** (i'nkönklū'sivnes), *n.* netemeljitost; bezdokaznost.

**incondensable** (i'nkönde'nsöbl), *a.* što se ne može zgusnuti.

**incongruent** (inkă'ngruent), *a. vidi*: **incongruous.**

**incongruity** (i'nkángru'íti), *n.* nesklad; neprimjerenost; nerazmjerje.

**incongruous** (inkă'ngruas), *a.* neskladan; nesuglasan; nezdruživ.

**inconsequence** (inkă'nsekuens), *n.* nedosljednost.

**inconsequent** (inkă'nsekuent), *a.* nedosljedan.

**inconsequential** (inkă'nsekue'nćöl), *a.* nedosljedan; protuslovan; neznatan.

**inconsequently** (inkă'nsekuentli), *adv.* nedosljedno.

**inconsiderable** (i'nkönsi'döröbl), *a.* neznatan; bez važnosti; malen.

**inconsiderably** (i'nkönsi'döröbli), *adv.* neznatno.

**inconsiderate** (i'nkönsi'döret), *a.* nesmotren; bezobziran; nepromišljen.

**inconsiderately** (i'nkönsi'döretli), *adv.* nesmotreno; nepromišljeno.

**inconsideration** (i'nkönsi'döre'jšön), *n.* nesmotrenost; nepromišljenost.

**inconsistence** (i'nkönsi'stens), *n.* neskladnost; nedosljednost.

**inconsistency** (i'nkönsi'stensi), *n. vidi*: **inconsistence.**

**inconsistent** (i'nkönsi'stent), *a.* neskladan; nedosljedan; protuslovan; promjenljiv.

**inconsistently** (i'nkönsi'stentli), *adv.* nepostojano; nedosljedno.

**inconsolable** (i'nkönso'löbl), *a.* neutješan; neutješiv.

**inconsolably** (i'nkönso'löbli), *adv.* neutješivo.

**inconspicuous** (i'nkönspi'kjuas), *a.* neopažljiv; neznatan.

**inconspicuously** (i'nkönspi'kjuasli), *adv.* neopažljivo.

**inconstancy** (inkă'nstönsi), *n.* nestalnost; nepostojanost.

**inconstant** (inkă'nstönt), *a.* nestalan; nepostojan.

**inconstantly** (inkă'nstöntli), *adv.* nepostojano.

**inconsumable** (i'nkönsū'möbl), *a.* što se ne može potrošiti.

**inconsummate** (inkâ'nsumet), *a.* nesvršen.

**incontestable** (i'nkönte'stöbl), *a.* neprijeporan; neoporeciv.

**incontestably** (i'nkönte'stöbli), *adv.* neprijeporno; neoporecivo.

**incontinence** (inkâ'ntinens), *n.* neuzdržljivost; neumjerenost; bludnost.

**incontinency** (inkâ'ntinensi), *n. vidi:* incontinence.

**incontinent** (inkâ'ntinent), *a.* neuzdržljiv; neumjeren; razuzdan; bludan.

**incontinently** (inkâ'ntinentli), *adv.* neuzdržljivo; bludno.

**incontrollable** (i'nköntrō'löbl), *a.* nenadzirljiv; što se ne može upravljati.

**incontrovertible** (inkâ'ntrovö'rtibl), *a.* nepobitan; neosporan.

**incontrovertibly** (inkâ'ntrovö'rtibli), *adv.* neprijeporno; nepobitno.

**inconvenience** (i'nkönvi'njens), *n.* nezgodnost; neudobnost; smetnja; neprilika.

**inconvenient** (i'nkönvi'njent), *a.* nezgodan; neudoban; nepovoljan.

**inconveniently** (i'nkönvi'njentli), *adv.* nezgodno; neprilično.

**inconvertible** (i'nkönvö'rtibl), *a.* neizmjenljiv; nepromjenljiv.

**inconvincible** (i'nkönvi'nsibl), *a.* koji se neda uvjeriti; — *a.* utjelovljen; združen.

**incorporate** (inkâ'rporejt), *v.* utjeloviti; sjediniti se u društvo; udružiti se; uključiti.

**incorporation** (inkâ'rpore'jšön), *n.* sjedinjenje; udruženje.

**incorporeal** (i'nkârpo'reöl), *a.* bestjelesan; bestvaran.

**incorrect** (i'nköre'kt), *a.* neispravan; pogrješan; netočan.

**incorrectly** (i'nköre'ktli), *adv.* netočno; neispravno.

**incorrectness** (i'nköre'ktnes), *n.* neispravnost; netočnost.

**incorrigibility** (inkâ'riđibi'liti), *n.* nepopravljivost.

**incorrigible** (inkâ'riđibl), *a.* nepopravljiv; okorjeo.

**incorrupt** (i'nkörạ'pt), *a.* nepokvaren; pošten; nepodmitljiv.

**incorruptibility** (i'nkörạ'ptibi'liti), *n.* nepokvarenost; nepodmitljivost.

**incorruptible** (i'nkörạ'ptibl), *a.* nepokvariv; pošten; nepodmitljiv.

**incorruption** (i'nkörạ'pšön), *n.* nepokvarenost.

**incrassate** (inkra'sejt), *v.* zgusnuti se; odebljati.

**increase** (inkrī's), *v.* povećati; pomnožiti; rasti; — (i'nkris), *n.* povećanje, rastenje; množenje.

**increasingly** (inkri'singli), *adv.* jače, više.

**incredibility** (inkre'dibi'liti), *n.* nevjerojatnost.

**incredible** (inkre'dibl), *a.* nevjerojatan.

**incredibly** (inkre'dibli), *adv.* nevjerojatno.

**incredulity** (i'nkredju'liti), *n.* nevjerovanje.

**incredulous** (inkre'djulạs), *a.* nevjerujući; bezvjeran.

**increment** (i'nkrement), *n.* porast; umnožavanje; prirast.

**incriminate** (inkri'minejt), *v.* optužiti; okriviti.

**incrimination** (inkri'mine'jšön), *n.* optuživanje, okrivljenje.

**incrust** (inkrạ'st), *v.* pokriti korom.

**incrustation** (i'nkrạste'jšön), *n.* oblaganje korom; naslaga (*kore*).

**incubate** (i'nkjubejt), *v.* sjediti na jajima (*da se izlegu*); leći.

**incubation** (i'nkjube'jšön), *n.* leženje (*jaja*); razvijanje.

**incubator** (i'nkjube'jtör), *n.* sprava, u kojoj se legu pilići.

**incubus** (i'nkjubạs), *n.* mora; zloduh.

**inculcate** (inkạ'lkejt), *v.* usaditi u glavu; silom učiti; utuviti.

**inculcation** (i'nkạlke'jšön), *n.* zabijanje u glavu; usađenje.

**inculpable** (inkạ'lpöbl), *a.* bezprikoran; nekažnjiv.

**inculpate** (inkạ'lpejt), *v.* okrivljivati; pokuditi.

**inculpation** (i'nkạlpe'jšön), *n.* okrivljivanje; prijekor.

**incult** (inkạ'lt), *a.* neobrađen; pust.

**incumbency** (inkạ'mbensi), *n.* obveza; vršenje službe *ili* časti; dužnost.

**incumbent** (inkạ'mbent), *a.* obvezatan; — *n.* vršitelj službe; uživatelj posjeda.

**incur** (inkö'r), *v.* navući na se; izložiti se; zapasti (*u nešto*).

**incurability** (inkju'röbi'liti), *n.* neizlječivost.

**incurable** (inkju'röbl), *a.* neizlječiv.

**incurably** (inkju'röbli), *adv.* neizlječivo.

**incuriosity** (inkju'rià'siti), *n.* neznatiželjnost.

**incurious** (inkju'rias), *a.* neznaličan; neizvjedljiv; neznatiželjan.

**incursion** (inkö'ršön), *n.* upadaj; provala.

**incurvate** (inkö'rvejt), *v.* svinuti; savijati; iskriviti; — *a.* uvinut; kriv.

**incurvation** (i'nkörve'jšön), *n.* svijanje; zavoj.

**indebted** (inde'ted), *a.* zadužen; obvezan.

**indebtedness** (inde'tednes), *n.* zaduženost; obvezatnost; obveza.

**indecency** (indi'sensi), *n.* nepristojnost.

**indecent** (indi'sent), *a.* nepristojan, nečedan.

**indecently** (indi'sentli), *adv.* nepristojno, nečedno.

**indecipherable** (i'ndisa'jföröbl), *a.* neodgonetljiv; nečitljiv.

**indecision** (i'ndisi'žön), *n.* neodlučnost.

**indecisive** (i'ndisa'jsiv), *a.* neodlučan; neizvjestan.

**indecisively** (i'ndisa'jsivli), *adv.* neodlučno.

**indecisiveness** (i'ndisa'jsivnes), *n.* neodlučnost; kolebanje.

**indeclinable** (i'ndikla'jnöbl), *a.* što se neda sklanjati; nesklonjiv.

**indecomposable** (indi'kàmpö'zöbl), *a.* nerastvoran, što ne može trunuti.

**indecorous** (inde'koras), *a.* / nepristojan; nečedan.

**indecorously** (inde'korasli), *adv.* nepristojno.

**indecorum** (inde'koram), *n.* nepristojnost; nečednost.

**indeed** (indï'd), *adv.* zaista; doista; zbilja.

**indefatigable** (i'ndifä'tigöbl), *a.* neumoran; ustrajan.

**indefatigableness** (i'ndifä'tigöblnes), *n.* neumornost.

**indefatigably** (i'ndifä'tigöbli), *adv.* neumorno.

**indefeasibility** (i'ndifi'zibi'liti), *n.* neotuđivost; nepovrjedljivost; neopozovljivost.

**indefeasible** (i'ndifi'zibl), *a.* neopozovljiv; nepovrjedljiv; neuništiv.

**indefensibility** (i'ndife'nsibi'liti), *n.* neobranjivost; neodržljivost.

**indefensible** (i'ndife'nsibl), *a.* neobranjiv; neodrživ.

**indefinable** (i'ndifa'jnöbl), *a.* što se ne može odrediti *ili* opisati; neopisiv.

**indefinite** (inde'finit), *a.* neodređen; neizvjestan; neodlučen.

**indefinitely** (inde'finitli), *adv.* neodređeno; neizvjesno.

**indefiniteness** (inde'finitnes), *n.* neodređenost; neizvjesnost.

**indeliberate** (i'ndeli'böret), *a.* nepromišljen.

**indelibility** (inde'libi'liti), *n.* neizbrisivost.

**indelible** (inde'libl), *a.* neizbrisiv; neuništiv.

**indelibly** (inde'libli), *adv.* neizbrisivo.

**indelicacy** (inde'likösi), *n.* nenježnost; surovost; bezobzirnost.

**indelicate** (inde'likct), *a.* nenježan; bezobziran.

**indelicately** (inde'liketli), *adv.* nenježno; bezobzirno.

**indemnification** (inde'mnifike'jšön), *n.* odšteta; naknada.

**indemnify** (inde'mnifaj), *v.* odštetiti; nakladiti štetu; osjegurati proti gubitku *ili* šteti.

**indemnity** (inde'mniti), *n.* odšteta; naknada.

**indent** (inde'nt), *v.* nazupčati; zupčasto izrezati; — *n.* zarez; rezotina.

**indentation** (i'ndente'jšön), *n.* zupčasti urez; izdubak; ugovor.

**indenture** (inde'nćur), *v.* ugovorom vezati; pogoditi se; — *n.* ugovor; pogodba.

**independence** (i'ndipe'ndens), *n.* nezavisnost; samostalnost.

**independent** (i'ndipe'ndent), *a.* nezavisan; samostalan; slobodan.

**independently** (i'ndipe'ndentli), *adv.* nezavisno, samostalno.

**indescribable** (i'ndiskra'jböbl), *a.* neopisiv.

**indescribably** (i'ndiskra'jböbli), *adv.* neopisivo.

**indescriptive** (i'ndiskri'ptiv), *a.* koji ne opisuje; ne razjašnjujući.

**indestructibility** (i'ndistra'ktibi'liti), *n.* nerazorivost.

**indestructible** (i'ndistra̱'ktibl), *a.* nerazoriv; neuništiv.

**indeterminable** (i'nditö'rminöbl), *a.* što se ne može odrediti; neopredjeljiv.

**indeterminate** (i'nditö'rminet), *a.* neodređen; neizvjestan; neodlučan.

**indeterminately** (i'nditö'rminetli), *adv.* neodređeno; neizvjesno.

**indetermination** (i'nditö'rmine'jšon), *n.* neodlučnost; kolebanje.

**indevout** (i'ndiva̱'ut), *a.* nepobožan.

**index** (i'ndeks), *n.* kazalo; popis; sadržaj; listina.

**Indian** (i'ndiön), *n.* Indijanac; — *a.* indijanski.

**Indian-corn** (i'ndiönko'rn), *n.* kukuruz.

**indicant** (i'ndikönt), *a.* pokazujući.

**indicate** (i'ndikejt), *v.* označivati; pokazati.

**indication** (i'ndike'jšön), *n.* oznaka; pokazivanje; znak.

**indicative** (indi'kötiv), *a.* označujući; pokazni; — *n.* pokazni način.

**indicator** (i'ndike'jtör), *n.* pokazivač; kazalo.

**indicatory** (i'ndikötori), *a.* pokazujući; dokazujući.

**indict** (inda'jt), *v.* pronaći krivim i optužiti; okriviti.

**indictable** (inda'jtöbl), *a.* koji se može optužiti.

**indicter** (inda'jtör), *n.* tužitelj; optužitelj.

**indiction** (indi'kšön), *n.* prijava; razdoblje od 15 godina.

**indictment** (inda'jtment), *n.* optužba; tužba.

**indifference** (indi'förens), *n.* ravnodušnost; hladnoća; nehaj.

**indifferent** (indi'förent), *a.* ravnodušan; nemaran.

**indifferently** (indi'förentli), *adv.* ravnodušno; nemarno.

**indigence** (i'ndiđens), *n.* nestašica; siromaštvo; oskudica.

**indigenous** (indi'đena̱s), *a.* izvorni; priroden; tuzemski.

**indigent** (i'ndiđent), *a.* oskudan; potreban; siromašan.

**indigested** (i'ndiđe'sted), *a.* neprobavljen; nepromišljen, neuređen.

**indigestible** (i'ndiđe'stibl), *a.* neprobavljiv; neprobavan.

**indigestion** (i'ndiđe'sćön), *n.* neprobava.

**indignant** (indi'gnönt), *a.* ljutit; srdit; ozlojeđen; razjaren.

**indignantly** (indi'gnöntli), *adv.* ljutito, razjareno.

**indignation** (i'ndigne'jšön), *n.* srdžba; gnjev; ljutitost.

**indignity** (indi'gniti), *n.* nedostojnost; sramota; poruga.

**indigo** (i'ndigo), *n.* tamnoplava boja, čivit.

**indirect** (i'ndire'kt), *a.* neizravan; posredan; nepošten.

**indirection** (i'ndire'kšön), *n.* neizravnost; stranputica; neiskrenost; nepoštenje.

**indirectly** (i'ndire'ktli), *adv.* neizravno.

**indiscreet** (i'ndiskrī't), *a.* nesmotren; nerazborit; neoprezan.

**indiscreetly** (i'ndiskrī'tli), *adv.* nepromišljeno; nesmotreno.

**indiscretion** (i'ndiskre'šön), *n.* nesmotrenost; nerazboritost.

**indiscriminate** (i'ndiskri'minet), *a.* bezrazličan; koji se ne razlikuje.

**indiscriminately** (i'ndiskri'minetli), *adv.* bez razlike.

**indispensable** (i'ndispe'nsöbl), *a.* neophodan; vrlo potreban.

**indispensably** (i'ndispe'nsöbli), *adv.* neophodno nužno.

**indispose** (i'ndispö'z), *v.* ozlovoljiti; učiniti neraspoloženim.

**indisposed** (i'ndispö'zd), *a.* zlovoljan; neraspoložen; boležljiv.

**indisposition** (indi'spozi'šön), *n.* zlovolja; neraspoloženje; boležljivost.

**indisputable** (indi'spjutöbl), *a.* neprijeporan; neoporeciv.

**indisputably** (indi'spjutöbli), *adv.* neprijeporno; neoporecivo.

**indissolubility** (indi'soljubi'liti), *n.* nerastopljivost; nerazrješivost.

**indissoluble** (indi'soljubl), *a.* nerastopljiv; nerastvorljiv; nerazrješiv.

**indissolubly** (indi'soljubli), *adv.* nerastopljivo; nerazrješivo.

**indissolvable** (i'ndiza̱'lvöbl), *a. vidi:* **indissoluble.**

**indistinct** (i'ndisti'nkt), *a.* nejasan; nerazlučiv.

**indistinctly** (i'ndisti'nktli), *adv.* nejasno.

**indistinctness** (i'ndisti'nktnes), *n.* nejasnoća; nerazlikovanje.

**indistinguishable** (i'ndisti'nguišöbl), *a.* nerazlikujući se; što se ne može razlikovati.

**indite** (inda'jt), *v.* sastaviti (*nešto pišući*); kazivati u pero.

**inditement** (inda'jtment), *n.* sastavljanje; kazivanje u pero.

**inditer** (inda'jtör), *n.* sastavljač; koji kazuje u pero.

**individual** (i'ndivi'ḍuöl), *a.* pojedini; lični; osobni; zasebni; — *n.* osoba; pojedinac; pojedina stvar.

**individualism** (i'ndivi'ḍuölizm), *n.* zasebnost; sebičnost.

**individuality** (i'ndivi'ḍuǎ'liti), *n.* osebujnost; pojedinost; osobitost.

**individualize** (i'ndivi'ḍuölajz), *v.* osamljivati; dijeliti po osebujnostima.

**individually** (i'ndivi'ḍuöli), *adv.* zasebno; pojedinačno.

**individuate** (i'ndivi'ḍuejt), *v.* lučiti; označivati osebujnostima.

**indivisibility** (i'ndivi'zibi'liti), *n.* nerazdjeljivost; nerazdruživost.

**indivisible** (i'ndivi'zibl), *a.* nedjeliv; nerazdruživ.

**indivisibly** (i'ndivi'zibli), *adv.* nerazdjeljivo; nerazdruživo.

**indocile** (indà'sil), *a.* tup (*za učenje*), uporan; nepokoran.

**indocility** (i'ndàsi'liti), *n.* tupoglavost; upornost.

**indoctrinate** (indà'ktrinejt), *v.* podučavati; naučati.

**indolence** (i'ndolens), *n.* neradinost; lijenost; nehajnost.

**indolent** (i'ndolent), *a.* lijen; nehajan.

**indolently** (i'ndolentli), *adv.* lijeno; nehajno.

**indomitable** (indà'mitöbl), *a.* neukrotiv; neupokoriv; nepripitomljiv; nepobjediv.

**indoor** (i'ndō'r), *a. i adv.* kućni; domaći; u kući; unutra.

**indoors** (i'ndō'rs), *adv.* u kući.

**indorse** (indo'rs), *v. vidi*: **endorse.**

**indorsement** (indo'rsment), *n. vidi*: **endorsement.**

**indubious** (indju'bias), *a.* nesumnjiv; sjeguran.

**indubitable** (indju'bitöbl), *a.* nedvojben; očit.

**induce** (indju's), *v.* uvesti; nagovoriti (*na što*); navesti; prouzročiti.

**inducement** (indju'sment), *n.* povod; upliv; poticanje.

**inducible** (indju'sibl), *a.* što se može zaključiti (*iz navoda*).

**induct** (indạ'kt), *v.* uvesti; uvrstiti; umetnuti.

**induction** (indạ'kšön), *n.* uvedenje; uvođenje; zaključivanje (*iz pojedinačnosti u općenitosti*).

**inductive** (indạ'ktiv), *a.* izvodni; zaključni.

**indue** (indju'), *v.* obući; zaodjeti; snabdjeti.

**indulge** (indạ'lđ), *v.* popuštati; ugađati; biti blag; podati se.

**indulgence** (indạ'lđens), *n.* blagost; oproštenje; popuštanje; zadovoljenje; uživanje.

**indulgent** (indạ'lđent), *a.* blag; dobrostiv; strpljiv.

**indulgently** (indạ'lđentli), *adv.* blago; strpljivo.

**indurate** (i'ndurejt), *v.* otvrdnuti; činiti tvrdim.

**induration** (i'ndjure'jšön), *n.* otvrdivanje; tvrdoća.

**industrial** (indạ'striöl), *a.* obrtnički; tvornički; industrijalan.

**industrious** (indạ'strias), *a.* marljiv; radin; prometan.

**industriously** (indạ'striasli), *adv.* marljivo; pomnjivo.

**industry** (i'ndạstri), *n.* marljivost; radinost; obrtnost; promet i trgovina.

**indwell** (i'ndụe'l), *v.* biti u; obitavati.

**indweller** (i'ndụe'lör), *n.* stanovnik; stanar.

**inebriant** (ini'briönt), *a.* opojan; — *n.* opojno piće.

**inebriate** (ini'briejt), *v.* opojiti; opiti se; — *n.* pijanica.

**inebriation** (ini'brie'jšön), *n.* opijanje; pijanstvo.

**inebriety** (i'nibra'eti), *n. vidi*: **inebriation.**

**ineffable** (ine'föbl), *a.* neizreciv; neopisiv.

**ineffably** (ine'föbli), *adv.* neizrecivo.

**ineffaceable** (i'nefe'jsöbl), *a.* neizbrisiv.

**ineffective** (i'nefe'ktiv), *a.* bez učinka; bezuspješan; slab.

**ineffectively** (i'nefe'ktivli), *adv.* bezuspješno.

**ineffectiveness** (i'nefe'ktivnes), *n.* nedjelatnost; bezuspješnost.

**ineffectual** (i'nefe'kćuöl), *a. vidi:* **ineffective.**

**ineffectually** (i'nefe'kćuöli), *adv.* bez učinka.

**inefficacious** (ine'fike'jšas), *a.* nedjeljujući; neuspješan.

**inefficaciousness** (ine'fike'jšasnes), *n. vidi:* **inefficacy.**

**inefficacy** (ine'fikösi), *n.* bezuspješnost; nedjelatnost.

**inefficiency** (i'nefi'šensi), *n. vidi:* **inefficacy.**

**inefficient** (i'nefi'šent), *a. vidi:* **inefficacious.**

**inelastic** (i'nelǎ'stik), *a.* nepruživ; nerastežljiv.

**inelasticity** (i'nilǎsti'siti), *n.* nepruž-živost.

**inelegance** (ine'ligöns), *n.* neotmenost; neubavost; neuglađenost.

**inelegancy** (ine'ligönsi), *n. vidi:* **inelegance.**

**inelegant** (ine'ligönt), *a.* neotmen; nelijep; neuglađen.

**ineligibility** (ine'liđibi'liti), *n.* neizberivost.

**ineligible** (ine'liđibl), *a.* neizberiv.

**ineloquent** (ine'lokuent), *a.* nerječit; nevješt govorništvu.

**inept** (ine'pt), *a.* nesposoban; nevješt; budalast.

**ineptitude** (ine'ptitjud), *n.* nesposobnost; neprikladnost.

**ineptly** (ine'ptli), *adv.* nesposobno; neprikladno.

**ineptness** (ine'ptnes), *n. vidi:* **ineptitude.**

**inequality** (i'nekua'liti), *n.* nejednakost; nẹravnost; nerazmjernost.

**inequitable** (ine'kuitöbl), *a.* nepravedan.

**inert** (inö'rt), *a.* bez pokretne sile; trom; mlitav; neradin.

**inertia** (inö'ršiö), *n.* tromost; mlohavost; nerad.

**inertion** (inö'ršön), *n. vidi:* **inertia.**

**inertly** (inö'rtli), *adv.* tromo; lijeno.

**inescapable** (i'neske'jpöbl), *a.* neizbježiv.

**inessential** (i'nese'nćöl), *a.* nebitan; nevažan.

**inestimable** (ine'stimöbl), *a.* neprocjenjiv.

**inestimably** (ine'stimöbli), *adv.* neprocjenjivo.

**inevitable** (ine'vitöbl), *a.* neminovan; neizbježiv.

**inevitably** (ine'vitöbli), *adv.* neizbježivo.

**inexact** (i'negzǎ'kt), *a.* netočan; neispravan.

**inexactly** (i'negzǎ'ktli), *adv.* netočno.

**inexactness** (i'negzǎ'ktnes), *n.* netočnost.

**inexcusable** (i'nekskju'zöbl), *a.* neprostiv; neispričan.

**inexcusably** (i'nekskju'zöbli), *adv.* neoprostivo.

**inexhaustibility** (i'negzǎ'stibi'liti), *n.* neiscrpivost.

**inexhaustible** (i'negzǎ'stibl), *a.* neiscrpiv.

**inexistence** (i'negzi'stens), *n.* neopstojnost.

**inexistent** (i'negzi'stent), *a.* neopstojan; nepostojeći.

**inexorable** (ine'ksoröbl), *a.* neumitan, neumoljiv.

**inexorably** (ine'ksoröbli), *adv.* neumoljivo.

**inexpedience** (i'nekspi'diens), *n.* neshodnost; nepriličnost; nezgodnost.

**inexpediency** (i'nekspi'diensi), *n. vidi:* **inexpedience.**

**inexpedient** (i'nekspi'dient), *a.* neumjestan; nezgodan; nepriličan.

**inexpensive** (i'nekspe'nsiv), *a.* jeftin.

**inexperience** (i'nekspi'riens), *n.* neiskustvo.

**inexperienced** (i'nekspi'rienst), *a.* neiskusan.

**inexpert** (i'nekspö'rt), *a.* nevješt; neiskusan.

**inexpertness** (i'nekspö'rtnes), *n.* neiskusnost.

**inexpiable** (ine'kspiöbl), *a.* neoprostiv.

**inexplicable** (ine'kspliköbl), *a.* neprotumačiv; nerazjašnjiv.

**inexplicably** (ine'kspliköbli), *adv.* neprotumačivo.

**inexplicit** (i'nekspli'sit), *a.* neizričan; nejasan; neodređen.

**inexplosive** (i'neksplō'siv), *a.* što ne može buknuti.

**inexpressible** (i'nekspre'sibl), *a.* neizreciv.

**inexpressibly** (i'nekspre'sibli), *adv.* neizrecivo.

**inexpressive** (i'nekspre'siv), *a.* neizrazit; neizrazan.

**inexpugnable** (i'nekspju'nöbl), *a.* neosvojiv; nepobjediv.

**inextinguishable** (i'neksti'ngu̯išöbl), *a.* neugasiv.

**inextricable** (ine'kstriköbl), *a.* nerazriješiv; nerazmršljiv.

**infallibility** (infă'libi'liti), *n.* nepogrješivost.

**infallible** (infă'libl), *a.* nepogrješiv; pouzdan.

**infallibly** (infă'libli), *adv.* nepogrješivo.

**infamous** (i'nfömas), *a.* zloglasan; sramotan; podao.

**infamously** (i'nfömasli), *adv.* sramotno; podlo.

**infamy** (i'nfömi), *n.* zao glas; sramota; podlost.

**infancy** (i'nfönsi), *n.* djetinstvo; početak.

**infant** (i'nfönt), *n.* dijete; malodobnik.

**infanta** (infă'ntö), *n.* princesa (*u Španjolskoj*).

**infante** (infa'nte), *n.* sin kralja (*u Španjolskoj, izuzev prijestolonasljednika*).

**infanticide** (infă'ntisajd), *n.* čedomorstvo.

**infantile** (i'nföntael), *a.* djetinji; djetinski.

**infantine** (i'nföntajn), *a. vidi*: **infantile**.

**infantry** (i'nföntri), *n.* pješadija.

**infatuate** (infă'ćju̯ejt), *v.* zaluditi; zanijeti; zaslijepiti.

**infatuation** (infă'ćju̯e'jšön), *n.* zaluđenost; slijepa zanešenost.

**infect** (infe'kt), *v.* zaraziti; otrovati; pokvariti.

**infection** (infe'kšon), *n.* zaraza; okuženje.

**infectious** (infe'kšas), *a.* zarazan; kužan; priljepčiv (*za bolest*).

**infectiously** (infe'kšasli), *adv.* zarazno:

**infective** (infe'ktiv), *a. vidi*: **infectious**.

**infecund** (infi'kand), *a.* neplodan; jalov.

**infecundity** (i'nfika'nditi), *n.* neplodnost.

**infelicitous** (i'nfili'sitas), *a.* nesretan.

**infelicity** (i'nfili'siti), *n.* nesreća; nevolja.

**infer** (infö'r), *v.* izvađati; zaključivati.

**inferable** (infö'röbl), *a.* što se može zaključiti.

**inference** (i'nförens), *n.* izvod.

**inferential** (i'nföre'nćöl), *a.* izvodan; zaključcima izvođen.

**inferior** (infi'riör), *a.* niži; manji; lošiji; podložan.

**inferiority** (infi'riă'riti), *n.* niži položaj; manja vrijednost; lošija kakvoća, zaostalost.

**infernal** (infö'rnöl), *a.* paklenski; vražji.

**infertile** (infö'rtil), *a.* nerodan; neplodan.

**infertility** (i'nförti'liti), *n.* neplodnost.

**infest** (infe'st), *v.* uznemirivati; zanovijetati; pustošiti; harati.

**infidel** (i'nfidel), *a.* bezvjeran; nevjernički; — *n.* nevjernik.

**infidelity** (i'nfide'liti), *n.* bezvjerstvo; izdajstvo; nevjera.

**infiltrate** (infi'ltrejt), *v.* probiti; uvući se (*za tekućinu*).

**infiltration** (i'nfiltre'jšön), *n.* probijanje; prolaženje kroz sitne pukotine.

**infinite** (i'nfinit), *a.* beskrajan, neograničen.

**infinitely** (i'nfinitli), *adv.* beskrajno.

**infiniteness** (i'nfini̇tnes), *n.* beskrajnost, neograničenost.

**infinitesimal** (i'nfinite'simöl), *a.* veoma malen, sićušan.

**infinitive** (infi'nitiv), *a.* neodređen; — *n.* neodređeni način, infinitiv.

**infinitude** (infi'nitjud), *n.* beskrajnost; neizmjernost.

**infinity** (infi'niti), *n. vidi*: **infinitude**.

**infirm** (infö'rm), *a.* slab; nemoćan; neodlučan.

**infirmary** (info'rmöri), *n.* bolnica.

**infirmity** (infö'rmiti), *n.* nemoć; slabost; tjelesna mana.

**infirmly** (infö'rmli), *adv.* slabo; neodlučno; nemoćno.

**infirmness** (infö'rmnes), *n. vidi*: **infirmity**.

**infix** (infi'ks), *n.* utisnuti; usaditi; zabiti.

**inflame** (infle'jm), *v.* upaliti; raspaliti; razdražiti.

**inflammability** (inflă'möbi'liti), *n.* upaljivost; razdražljivost.

**inflammable** (inflă'möbl), *a.* upaljiv; razdražljiv.

**inflammableness** (inflă'möblnes), *n.* *vidi*: **inflammability.**

**inflammation** (i'nflöme'jšön), *n.* upala, zapaljenje.

**inflammatory** (inflă'mötori), *a.* upaljiv; razdražljiv; buntovan.

**inflate** (infle'jt), *v.* naduti; naduvati; nadimati.

**inflation** (infle'jšön), *n.* naduvanje; nadimanje.

**inflect** (infle'kt), *v.* saviti; previnuti; sprezati (*glagole*); mijenjati glas.

**inflection** (infle'kšön), *n.* savijanje; pregibanje; sklanjanje; mijenjanje glasa.

**inflexible** (infle'ksibl), *a.* negibiv; nevitak; čvrst; uporan; stalan.

**inflexibility** (infle'ksibi'liti), *n.* negipkost; nevitkost; krutost; stalnost; nepopustljivost.

**inflexibly** (infle'ksibli), *adv.* negipko; postojano; uporno.

**inflict** (infli'kt), *v.* nametnuti; zadati; dosuditi.

**infliction** (infli'kšön), *n.* nametanje; dosuda; kazna; zlo.

**inflorescence** (i'nflore'sens), *n.* cvjetanje; ucvast.

**influence** (i'nfluens), *n.* utjecaj; upliv; ugled; moć.

**influential** (i'nflue'nćöl), *a.* uplivan; ugledan.

**influentially** (i'nflue'nćöli), *adv.* uplivno; moćno.

**influenza** (i'nflue'nzö), *n.* jaka prehlada.

**influx** (i'nflaks), *n.* utjecanje; navala.

**infold** (i'nfö'ld), *v.* umotati; zaviti.

**inform** (infö'rm), *v.* podučiti; kazati; uputiti; obavjestiti; prijaviti.

**informal** (infö'rmöl), *a.* nepravilan; protivan pravilima; jednostavan.

**informality** (i'nformă'liti), *n.* nepažnja na pravila *ili* običaje; jednostavnost.

**informant** (infö'rmönt), *n.* izvjestitelj; tužitelj.

**information** (i'nforme'jšön), *n.* obavijest; izvještaj; uputa; prijava; tužba.

**informer** (info'rmör), *n.* vijesnik; tužitelj; izdajnik.

**infract** (infră'kt), *v.* prekršiti; slomiti.

**infraction** (infră'kšön), *n.* prelom; prestupak; prekršaj.

**infractor** (infră'ktör), *n.* prekršitelj; prestupnik.

**infrangible** (infră'nđibl), *a.* neprekršljiv; neslomiv; nepovrjedljiv.

**infrequence** (infri'kuens), *n.* rijetkost; neobičnost.

**infrequency** (infri'kuensi), *n.* *vidi*: **infrequence.**

**infrequent** (infri'kuent), *a.* rijedak; neobičan.

**infrequently** (infri'kuentli), *adv.* rijetko.

**infringe** (infri'nđ), *v.* povrijediti; prekršiti; prestupiti.

**infringement** (infri'nđment), *n.* povrijeda; prestupak; prekršaj.

**infringer** (infri'nđör), *n.* prekršitelj; prestupnik.

**infuriate** (infju'riejt), *v.* razbjesniti; učiniti bijesnim; razgnjeviti; — (infju'riet), *a.* bijesan; pomaman.

**infuse** (infjū'z), *v.* uliti; nadahnuti; oduševiti.

**infusion** (infju'žön), *n.* ulijevanje; udahnuće.

**infusible** (infju'zibl), *a.* što se može uliti.

**ingenerate** (inđe'nöret), *a.* prirođen.

**ingenious** (inđi'nias), *a.* uman; oštrouman, darovit; umjetnički; izmišljen.

**ingeniously** (inđi'niasli), *adv.* umno; domišljato.

**ingeniousness** (inđi'niasnes), *n.* oštroumlje; duhovitost; duh; um.

**ingenuity** (i'nđenju'iti), *n.* *vidi*: **ingeniousness.**

**ingenuous** (inđe'njuas), *a.* otvoren; iskren; prostodušan; bezazlen.

**ingenuously** (inđe'njuasli), *adv.* prostodušno; iskreno.

**ingenuousness** (inđe'njuasnes), *n.* otvorenost; iskrenost; prostodušnost.

**inglorious** (inglö'rias), *a.* neslavan; sramotan.

**ingloriously** (inglö'riasli), *adv.* neslavno; sramotno.

**ingot** (i'ngàt), *n.* šipka *ili* komad lijevane kovine.

**ingraft** (ingrǎ'ft), *v.* ucijepiti; kalamiti.

**ingrain** (ingre'jn), *v.* trajno bojadisati; ukorijeniti.

**ingrate** (i'ngret), *a.* nezahvalan; — *n.* nezahvalnik.

**ingratiate** (ingre'jšiejt), *v.* umiliti se (*kome*); priljubiti se.

**ingratitude** (ingrǎ'titjud), *n.* nezahvalnost.

**ingredient** (ingri'dient), *n.* sastavni dio; sastavina.

**ingress** (i'ngres), *n.* ulaz; pristup.

**inguinal** (i'nguinöl), *a.* što se tiče slabina *ili* dimla.

**ingulf** (inga'lf), *v.* progutati; strovaliti u ponor.

**inhabit** (inhǎ'bit), *v.* nastavati; obitavati.

**inhabitable** (inhǎ'bitöbl), *a.* gdje se može obitavati.

**inhabitance** (inhǎ'bitöns), *n.* obitavalište; stan.

**inhabitant** (inhǎ'bitönt), *n.* stanovnik; žitelj.

**inhabitation** (inhǎ'bite'jšön), *n.* obitavalište; prebivalište.

**inhalation** (i'nhǎle'jšön), *n.* udisanje.

**inhale** (inhe'jl), *v.* udisati; uvlačiti.

**inhaler** (inhe'jlör), *n.* koji udiše; sprava za udisanje.

**inharmonious** (i'nharmō'nias), *a.* nesuglasan; neskladan.

**inhere** (inhi'r), *v.* prianjati, prionuti; držati se.

**inherence** (inhi'rens), *n.* prionulost; pripadajuće svojstvo.

**inherent** (inhi'rent), *a.* prionuo; prirođen; naravan.

**inherently** (inhi'rentli), *adv.* prirođeno; nerazdvojivo.

**inherit** (inhe'rit), *v.* baštiniti; naslijediti.

**inheritable** (inhe'ritöbl), *a.* nasljedan; nasljednički.

**inheritance** (inhe'ritöns), *n.* nasljedstvo; baština.

**inheritor** (inhe'ritör), *n.* baštinik; nasljednik.

**inheritress** (inhe'ritres), *n.* baštinica.

**inheritrix** (inhe'ritriks), *n. vidi*: **inheritress.**

**inhesion** (inhi'žön), *n.* prionulost; priljepčivost.

**inhibit** (inhi'bit), *v.* zabraniti; zaprijeciti.

**inhibition** (i'nhibi'šön), *n.* zabrana.

**inhibitory** (inhi'bitori), *a.* što zabranjuje *ili* priječi.

**inhospitable** (inhà'spitöbl), *a.* negostoljubiv.

**inhospitableness** (inhà'spitöblnes), *n.* negostoljubivost.

**inhospitably** (inhà'spitöbli), *adv.* negostoljubivo.

**inhospitality** (inhà'spitǎ'liti), *n. vidi*: **inhospitableness.**

**inhuman** (inhju'mön), *a.* nečovječan; okrutan; nemilosrdan.

**inhumane** (i'nhjume'jn), *a. vidi*: **inhuman.**

**inhumanity** (i'nhjumǎ'niti), *n.* nečovječnost; okrutnost; divljačtvo.

**inhumanly** (inhju'mönli), *adv.* nečovječno; okrutno.

**inhumation** (i'nhjume'jšön), *n.* pokop; pogreb.

**inhume** (inhjū'm), *v.* ukopati; pokopati.

**inimical** (ini'miköl), *a.* neprijateljski.

**inimically** (ini'miköli), *adv.* na neprijateljski način.

**inimitability** (ini'mitöbi'liti), *n.* osobina onoga, što se ne može oponašati.

**inimitable** (ini'mitöbl), *a.* što se ne može oponašati.

**iniquitous** (ini'kuitas), *a.* nepravedan; zločinački.

**iniquity** (ini'kuiti), *n.* nepravda; opačina; grijeh; zločin.

**initial** (ini'šöl), *a.* početni; prvi; — *n.* početno slovo.

**initiate** (ini'šiejt), *v.* početi; podučiti; uvesti (*u neke tajne*).

**initiation** (ini'šie'jšön), *n.* poduka; uvedenje; upućivanje u nešto.

**initiative** (ini'šietiv), *n.* početak; poticaj; poduzetnost.

**initiator** (ini'šie'jtör), *n.* početnik, pokretač.

**initiatory** (ini'šiötori), *a.* uvodni; posvetni.

**inject** (inđe'kt), *v.* ubaciti; uštrcati.

**injection** (inđe'kšön), *n.* uštrcavanje.

**injector** (inđe'ktör), *n.* uštrcatelj; sprava za uštrcavanje.

**injudicial** (i'nđudi'šöl), *a.* nezakonski; nesudben.

**injudicious** (i'nđudi'šas), *a.* nerazborit; bezuman.

**injudiciously** (i'nđudi'šasli), *adv.* nerazborito.

**injudiciousness** (i'nđudi'šasnes), *n.* nerazboritost; bezumlje.

**injunction** (inđa'nkšön), *n.* nalog (*izdan po sudu*); zapovjed; zabrana.

**injure** (i'nđur), *v.* raniti; nanašati štetu; uvrijediti.

**injurer** (i'nđurör), *n.* vrijeđalac; oštetitelj.

**injurious** (inđu'rias), *a.* štetan; sramotan; poguban.

**injury** (i'nđuri), *n.* nepravda; krivda; uvreda; šteta; kvar.

**injustice** (inđa'stis), *n.* nepravednost.

**ink** (ink), *n.* tinta; crnilo.

**inkling** (i'nkling), *n.* znak; natucanje; nagovješćivanje.

**inky** (i'nki), *a.* kao tinta; tintom pocrnjen.

**inlaid** (i'nle'jd), *a.* uložen; uklađen.

**inland** (i'nlönd), *n.* unutarnjost zemlje; — *a.* nutarnji; domaći.

**inlander** (i'nlöndör), *n.* domorodac.

**inlay** (i'nle'j), *v.* umetnuti; ukrasiti (*umetnutim komadićima*); ukladati; obložiti.

**inlet** (i'nlet), *n.* ulaz; otvor; zaljev.

**inmate** (i'nmejt), *n.* ukućanin; stanar.

**inmost** (i'nmöst), *a.* najunutarnjiji; najskrovniji.

**inn** (in), *n.* gostionica; svratište.

**innate** (ine'jt), *a.* prirođen.

**innately** (ine'jtli), *adv.* prirođeno; naravno.

**innateness** (ine'jtnes), *n.* prirođenost; naravnost.

**innavigable** (inå'vigöbl), *a.* nebrodiv; neplovan.

**inner** (i'nör), *a.* unutrašnji; skrovit.

**innermost** (i'nörmö'st), *a.* vidi: **inmost**.

**innervate** (inö'rvejt), *v.* oživiti; jačati (*živce*).

**innervation** (i'nörve'jšön), *n.* oživljavanje (*živaca*).

**inning** (i'ning), *n.* red; nastup (*u igri*).

**innkeeper** (i'nki'pör), *n.* gostioničai.

**innocence** (i'nosens), *n.* nevinost; nedužnost; bezgrješnost.

**innocent** (i'nosent), *a.* nevin; nedužan.

**innocently** (i'nosentli), *adv.* nevino; nedužno; bezazleno.

**innocuous** (ina'kjuas), *a.* neškodljiv.

**innocuousness** (ina'kjuasnes), *n.* neškodljivost.

**innominate** (inå'minet), *a.* bezimeni.

**innovate** (i'noveit), *v.* obnoviti; uvesti novotariju.

**innovation** (i'nove'jšön), *n.* novotarija.

**innovator** (i'nove'jtör), *n.* novotar.

**innoxious** (inå'kšas), *a.* neškodljiv; neštetan.

**innoxiousness** (inå'kšasnes), *n.* neškodljivost.

**innuendo** (i'njue'ndö), *n.* mig; nišanjenje; znak iz daleka.

**innumerability** (inju'möröbi'liti), *n.* bezbrojnost.

**innumerable** (inju'möröbl), *a.* bezbrojan.

**innumerableness** (inju'möröblnes), *n. vidi*: **innumerability**.

**innumerably** (inju'möröbli), *adv.* bezbrojno.

**innutrition** (i'njutri'šön), *n.* nehranjenje; nestašica hrane.

**innutritious** (i'njutri'šas), *a.* nehraniv.

**inobservable** (i'nåbzö'rvöbl), *a.* neopažljiv.

**inobservant** (i'nåbzö'rvönt), *a.* koji ne pazi; koji ne slijedi (*upute*).

**inoculate** (inå'kjulejt), *v.* ucijepiti; kalamiti.

**inoculation** (inå'kjule'jšön), *n.* ucijepljenje; kalamljenje.

**inoculator** (inå'kjule'jtör), *n.* ucijepitelj; cijepilac.

**inodorous** (ino'döras), *a.* bez mirisa; nemirisan.

**inoffense** (i'nofe'nsiv), *a.* neuvrjedljiv; neškodljiv; bezazlen.

**inoffensively** (i'nofe'nsivli), *adv.* dobroćudno; mirno.

**inoffensiveness** (i'nofe'nsivnes), *n.* bezazlenost; neškodljivost; mirnoća.

**inofficial** (i'nofi'šöl), *a.* neslužben; nezvaničan.

**inofficially** (i'nofi'šöli), *adv.* neslužbeno.

**inofficious** (i'nofi'šas), *a.* neuslužan.

**inoperative** (ină'pöretiv), *a.* nedjelatan; koji ne djeljuje.

**inopportune** (ină'portjūn), *a.* nezgodan; neumjestan.

**inopportunely** (ină'portjūnli), *adv.* nezgodno.

**inoppressive** (i'nopre'siv), *a.* koji ne tišti; koji ne tlači.

**inopulent** (ină'pjulent), *a.* siromašan.

**inordinate** (ino'rdinet), *a.* neumjeren; prekomjeran.

**inordinately** (ino'rdinetli), *adv.* neumjereno; raskalašeno.

**inordinateness** (ino'rdinetnes), *n.* neurednost; neumjerenost.

**inorganic** (i'norgă'nik), *a.* bezustrojan.

**inorganical** (i'norgă'niköl), *a.* *vidi*: **inorganic.**

**inorganically** (i'norgă'niköli), *adv.* bezustrojno; netvarno.

**inquest** (i'nkuest), *n.* istraga; istraživanje (*kod smrtnih slučajeva*).

**inquietude** (inkua'etjūd), *n.* uznemirenost; nemir.

**inquire** (inkua'er), *v.* pitati; istraživati; raspitkivati.

**inquirer** (inkua'jrör), *n.* pitalac; ispitivač.

**inquiry** (i'nkuajri), *n.* upit; istraživanje.

**inquisition** (i'nkuizi'šön), *n.* istraga; istraživanje.

**inquisitive** (inkui'zitiv), *a.* znatiželjan; radoznao.

**inquisitiveness** (inkui'zitivnes), *n.* znatiželjnost; radoznalost.

**inquisitor** (inkui'zitör), *n.* istraživalac; istražni sudac.

**inroad** (i'nrō'd), *n.* upad; provala; navala.

**insalubrious** (i'nsălju'brias), *a.* nezdrav.

**insalutary** (insă'ljutöri), *a.* nezdrav; nespasonosan.

**insane** (inse'jn), *a.* umobolan; lud.

**insanely** (inse'jnli), *adv.* umobolno; luđački.

**insanity** (insă'niti), *n.* ludilo; slaboumnost.

**insatiable** (inse'jšiöbl), *a.* nezasitljiv.

**insatiableness** (inse'jšiöblnes), *n.* nezasitljivost.

**inscribe** (inskra'jb), *v.* upisati; zapisati.

**inscriber** (inskra'jbör), *n.* upisivač.

**inscription** (inskri'pšön), *n.* natpis; naslov.

**inscriptive** (inskri'ptiv), *a.* natpisni.

**inscrutability** (inskru'töbi'liti), *n.* nedokučivost.

**inscrutable** (inskru'töbl), *a.* nedokučiv; neistražljiv.

**inscrutableness** (inskru'töblnes), *n.* *vidi*: **inscrutability.**

**insect** (i'nsekt), *n.* zareznik; kukac; buba.

**insection** (inse'kšön), *n.* urez; zarez.

**insectivorous** (i'nsekti'voras), *a.* koji se hrani kukcima.

**insecure** (i'nsekju'r), *a.* nesiguran; labav.

**insecurity** (i'nsekju'riti), *n.* nesigurnost.

**insensate** (inse'nset), *a.* besmislen; neosjetljiv.

**insensibility** (inse'nsibi'liti), *n.* neosjetljivost; besćutnost.

**insensible** (inse'nsibl), *a.* neosjetljiv; neprimjetljiv; besćutan.

**insensibly** (inse'nsibli), *adv.* neosjetljivo; besćutno.

**inseparability** (inse'pöröbi'liti), *n.* nerazdruživost; nerazdjelivost.

**inseparable** (inse'pöröbl), *a.* nerazdruživ; nerazdjeljiv.

**inseparably** (inse'pöröbli), *adv.* nerazdruživo; nerazdjeljivo.

**insert** (insö'rt), *v.* umetnuti; staviti u nešto; uvrstiti.

**insertion** (insö'ršön), *n.* umetnuće; uvrštenje.

**inservient** (insö'rvient), *a.* pomoćni; koristan.

**inset** (i'nset), *n.* uvrstba.

**inseverable** (inse'vöröbl), *a.* nerazdruživ.

**inside** (i'nsajd), *adv.* unutra; — *n.* unutrašnjost; — *a.* nutarnji.

**insiduous** (insi'djuas), *a.* lukav; varav; izdajnički.

**insiduously** (insi'djuasli), *adv.* na izdajnički način.

**insiduousness** (insi'djuasnes), *n.* lukavstvo; kovarstvo.

**insight** (i'nsa'jt), *n.* pronicavost; poznavanje; opažanje.

**insignificance** (i'nsigni'fiköns), *n.* neznatnost; malenkost; ništavost.

**insignificant** (i'nsigni'fikönt), *a.* neznatan; ništav; sitan.

**insignificantly** (i'nsigni'fiköntli), *adv.* neznatno.

**insincere** (i'nsinsī'r), *a.* neiskren; lažan.

**insincerely** (i'nsinsī'rli), *adv.* neiskreno.

**insincerity** (i'nsinse'riti), *n.* neiskrenost.

**insinuate** (insi'njuejt), *v.* podvaliti; osumnjičiti; natuknuti.

**insinuation** (insi'njue'jšon), *n.* podvala; sumnjičenje.

**insipid** (insi'pid), *a.* netečan; neukusan; bljutav.

**insipidity** (i'nsipi'diti), *n.* netečnost; nesmočnost; bljutavost.

**insipidly** (insi'pidli), *adv.* bljutavo.

**insist** (insi'st), *v.* ostati pri čemu; ustrajati; zahtijevati.

**insistence** (insi'stens), *n.* nepopuštanje; postojan zahtjev.

**insistent** (insi'stent), *a.* nepopustljiv; postojan.

**insistently** (insi'stentli), *adv.* ustrajno; živo.

**insnare** (insnă'r), *v.* uhvatiti u zamku; zavesti.

**insobriety** (i'nsobra'iti), *n.* pijanstvo.

**insolate** (i'nsolejt), *v.* sunčati; sušiti na suncu.

**insolation** (i'nsole'jšon), *n.* sunčanje.

**insolence** (i'nsolens), *n.* drskost; bezobraznost; prkos.

**insolent** (i'nsolent), *a.* drzak; bezobrazan.

**insolently** (i'nsolentli), *adv.* drsko; bezobrazno.

**insolubility** (insă'ljubi'liti), *n.* nerastopivost; nerazrešivost.

**insoluble** (insă'ljubl), *a.* nerastopljiv; nerazrešiv.

**insolvable** (insă'lvöbl), *a.* nerazrješiv; nerazjašnjiv.

**insolvency** (insă'lvensi), *n.* nemogućnost plaćanja (*dugova*), zaduženost.

**insolvent** (insă'lvent), *a.* prezadužen; koji ne može plaćati dugove.

**insomnia** (inso'mniö), *n.* besanica.

**insomuch** (i'nsomạ'č), *adv.* u koliko; tako.

**inspect** (inspe'kt), *v.* pregledati; nadzirati.

**inspection** (inspe'kšön), *n.* pregledba; nadziranje.

**inspector** (inspe'ktör), *n.* nadzornik.

**inspectorship** (inspe'ktöršip), *n.* služba nadzornika.

**inspirable** (inspa'jröbl), *a.* što se može udisati *ili* nadahnuti.

**inspiration** (i'nspire'jšön), *n.* udisanje; nadahnuće.

**inspiratory** (inspa'jrötori), *a.* što se tiće udisanja.

**inspire** (inspa'er), *v.* udisati; nadahnuti; oduševiti.

**inspirer** (inspa'jrör), *n.* koji nadahnjuje; koji oduševljava.

**inspirit** (inspi'rit), *v.* oduševiti; oživiti; osokoliti.

**inspissate** (inspi'sejt), *v.* zgušćivati vrenjem; isparivati.

**instability** (i'nstăbi'liti), *n.* nestalnost; nepostojanost; promjenljivost.

**install** (instă'l), *v.* postaviti; ustoličiti.

**installation** (i'nstăle'jšön), *n.* postavljanje u službu; uvedenje.

**installment** (instă'lment). *n.* obrok; otplata; postavljanje.

**instance** (i'nstöns), *n.* zgoda; slučaj; primjer; molba.

**instant** (i'nstönt), *a.* sadašnji; današnji; neposredan;— *n.* čas; trenutak.

**instantaneous** (i'nstănte'jnias), *a.* časovit; trenutačan; iznenadan.

**instantaneously** (i'nstănte'jniasli), *adv.* časovito; časom; odmah.

**instantaneousness** (i'nstănte'jniasnes), *n.* časovitost; trenutačnost.

**instantly** (i'nstöntli), *adv.* odmah, smjesta.

**instead** (inste̦'d), *adv.* umjesto; mjesto toga.

**instep** (i'nste'p), *n.* zaglavak od noge; gornji dio stopala.

**instigate** (i'nstigejt), *v.* poticati; podbadati; nagovarati.

**instigation** (i'nstige'jšön), *n.* nagovor; poticanje; podbadanje.

**instigator** (i'nstige'jtör), *n.* podbadač.

**instill** (insti'l), *v.* ulijevati kap po kap; nakapati.

**instillation** (i'nstile'jšön), *n.* ulivanje; kapanje.

**instiller** (insti'lör), *n.* koji uliva.

**instinct** (i'nstinkt), *n.* nagon; prirođeno svojstvo.

**instinctive** (insti'nktiv), *a.* po nagonu.

**instinctively** (insti'nktivli), *adv.* prirođeno; po nagonu.

**institute** (i'nstitjut), *v.* ustanoviti; osnovati; početi; — *n.* ustanova; zavod.

**institution** (i'nstitju'šön), *n.* zavod; zaklada; tvrtka; ustanova.

**institutional** (i'nstitju'šönöl), *a.* zavodski; ustanovljen.

**institutor** (i'nstitju'tör), *n.* utemeljitelj; početnik; učitelj.

**instruct** (instra'kt), *v.* podučavati; upućivati; nalagati.

**instruction** (instra'kšön), *n.* poduka; uputa; nalog.

**instructive** (instra'ktiv), *a.* poučan.

**instructor** (instra'ktör), *n.* učitelj.

**instructress** (instra'ktres), *n.* učiteljica.

**instrument** (i'nstrument), *n.* sprava; oruđe; glazbalo; isprava.

**instrumental** (i'nstrume'ntöl), *a.* što *ili* tko s uži kao sredstvo; činben; pomoćni.

**instrumentality** (i'nstrumentă'liti), *n.* sudjelovanje; posredovanje; sredstvo.

**insubordinate** (i'nsabo'rdinet), *a.* nepokoran; tvrdoglav.

**insubordination** (i'nsabo'rdine'jšön), *n.* nepokornost; neposlušnost.

**insubstantial** (i'nsabstă'nšöl), *a.* nebitan; nepravi.

**insufferable** (insa'föröbl), *a.* nesnosan; nepodnošljiv.

**insufferably** (insa'föröbli), *adv.* nesnosno.

**insufficiency** (i'nsufi'šensi), *n.* nedostatnost.

**insufficient** (i'nsufi'šent), *a.* nedostatan; nedovoljan.

**insufficiently** (i'nsufi'šentli), *adv.* nedostatno; nedovoljno.

**insular** (i'nsjulör), *a.* otočni; ostrvski.

**insulate** (i'nsulejt), *v.* odijeliti; osamiti; obaviti (*električne žice*).

**insulation** (i'nsule'jšön), *n.* osamljenje; obvoj.

**insulator** (i'nsule'jtör), *n.* koji odjeljuje; obvoj (*kod električnih žica*).

**insult** (insa'lt), *v.* uvrijediti; obružiti; — (i'nsalt), *n.* uvrijeda; poruga· sramota.

**insuperability** (insju'pöröbi'liti), *n.* nepobjedivost; nesavladivost.

**insuperable** (insju'pöröbl, *a.* nepobjediv; nenadkriljіv.

**insuperably** (insju'pöröbli), *adv.* nepobjedivo.

**insupportable** (i'nsupo'rtöbl), *a.* nepodnosan; što se ne može poduprti.

**insupportably** (i'nsupo'rtöbli), *adv.* nepodnošljivo.

**insuppressible** (i'nsupre'sibl), *a.* neutoman; nezatajiv.

**insurable** (inšu'röbl), *a.* što se može osigurati.

**insurance** (inšu'röns), *n.* osiguranje.

**insure** (inšu'r), *v.* osigurati.

**insurer** (inšu'rör), *n.* osiguratelj.

**insurge** (insö'rđ), *v.* pobuniti.

**insurgence** (insö'rđens), *n.* pobuna; ustanak.

**insurgency** (insö'rđensi), *n.* *vidi*: **insurgence.**

**insurgent** (insö'rđent), *a.* pobunjen; — *n.* buntovnik; ustaša.

**insurmountable** (i'nsörmạ'ụntöbl), *a.* nesavladiv.

**insurmountably** (i'nsörmạ'ụntöbli), *adv.* nesavladivo.

**insurrect** (i'nsöre'kt), *v.* pobuniti se.

**insurrection** (i'nsöre'kšön), *n.* pobuna; ustanak.

**insurrectional** (i'nsöre'kšönöl), *a.* buntovnički.

**insurrectionary** (i'nsöre'kšönöri), *a.* *vidi*: **insurrectional.**

**insusceptibility** (i'nsöse'ptibi'liti), *n.* neprimljivost; neosjetljivost.

**insusceptible** (i'nsöse'ptibl), *a.* koga se što ne prima; neosjetljiv.

**intact** (intă'kt), *a.* netaknut; neoštećen.

**intake** (i'ntejk), *n.* primanje; otvor; prolaz (*za zrak u cijevi*).

**intangibility** (intă'nđibi'liti), *n.* nedirljivost; nepovredljivost.

**intangible** (intă'nđibl), *a.* što se ne smije dirnut.

**integral** (i'ntegröl), *a.* cio; potpun.

**integrate** (i'ntigrejt), *v.* popuniti; sastavljati u cjelinu.

**integration** (i'ntigre'jšön), *n.* potpunjavanje.

**integrity** (inte'griti), *n.* potpunost; neporočnost; poštenje.

**intellect** (i'ntelekt), *n.* um; razum.

**intellective** (i'ntele'ktiv), *a.* razuman; uman.

**intellectual** (i'ntele'kćụöl), *a.* uman; duševan.

**intellectualist** (i'ntele'kću̯ölist), *n.* umnik; poznavalac umnih sposobnosti.

**intelligence** (inte'liđens), *n.* razum; znanje; razumijevanje.

**intelligencer** (inte'liđensör), *n.* glasnik; izvjestitelj.

**intelligent** (inte'liđent), *a.* razuman; pametan; darovit.

**intelligently** (inte'liđentli), *adv.* umno; razborito.

**intelligibility** (inte'liđibi'liti), *n.* razumljivost.

**intelligible** (inte'liđibl), *a.* razumljiv; jasan.

**intelligibly** (inte'liđibli), *adv.* razumljivo; razgovjetno.

**intemperance** (inte'mpöröns), *n.* neumjerenost.

**intemperate** (inte'mpöret), *a.* neumjeren; raskalašen.

**intemperately** (inte'mpöretli), *adv.* neumjereno.

**intemperateness** (inte'mpöretnes), *n. vidi*: **intemperance.**

**intend** (inte'nd), *v.* namjeravati; namišljati.

**intendance** (inte'ndöns), *n.* nadzor; nadzorništvo.

**intended** (inte'nded), *a.* nakanjen; namjeravan; — *n.* zaručnik.

**intendedly** (inte'ndedli), *adv.* hotimice.

**intendment** (inte'ndment), *n.* namjera; značenje.

**intense** (inte'ns), *a.* silan; gorljiv; napet.

**intensification** (inte'nsifike'jšön), *n.* povećavanje; pooštrenje.

**intensify** (inte'nsifaj), *v.* povećati; ojačati; podkrijepiti.

**intension** (inte'nšön), *n.* povećanje; naprezanje.

**intensity** (inte'nsiti), *n.* napetost; jakost.

**intensive** (inte'nsiv), *a.* napet; napregnut; neprestan.

**intent** (inte'nt), *a.* poman; oprezan; odan; — *n.* namjera; osnova; cilj.

**intention** (inte'nšön), *n.* nakana; svrha; cilj.

**intentional** (inte'nšönöl), *a.* hotimičan; namjeran.

**intentionally** (inte'nšönöli), *adv.* hotimično.

**intentive** (inte'ntiv), *a.* marljiv; poman.

**intently** (inte'ntli), *adv.* pomno, marljivo.

**intentness** (inte'ntnes), *n.* pomnja; revnost.

**inter** (intö'r), *v.* ukopati; — (i'ntör), *prep.* među (*u složenim riječima*).

**interact** (i'ntörǎ'kt), *n.* međuigra; međučin.

**interaction** (i'ntörǎ'kšön), *n.* međusobno djelovanje; utjecanje.

**intercede** (i'ntörsi'd), *v.* posredovati; zauzeti se za koga.

**interceder** (i'ntörsi'dör), *n.* posrednik.

**intercept** (i'ntörse'pt), *v.* zaustaviti; zapriječiti.

**interception** (i'ntörse'pšön), *n.* sprečavanje; zaustavljanje.

**intercession** (i'ntörse'šön), *n.* posredovanje.

**intercessor** (i'ntörse'sör), *n.* posrednik; zagovaratelj.

**intercessory** (i'ntörse'söri), *a.* posredujući.

**interchange** (i'ntörče'jnđ), *v.* izmijeniti međusobno; — *n.* izmjena.

**interchangeable** (i'ntörče'jnđöbl), *a.* izmjenljiv.

**interchangeableness** (i'ntörče'jnđöblnes), *n.* izmjenljivost; uzajamnost.

**intercommunicate** (i'ntörkȧmju'nikejt), *v.* uzajamno priopćivati.

**intercommunication** (i'ntörkȧmju'nike'jšön), *n.* saobraćaj.

**intercourse** (i'ntörkors), *n.* općenje; sveza.

**interdict** (i'ntördi'kt), *v.* zabraniti; isključiti (*iz crkvene sveze*); — *n.* zabrana; crkveno prokletstvo.

**interdiction** (i'ntördi'kšön), *n.* zabrana; prokletstvo.

**interdictive** (i'ntördi'ktiv), *a.* zabranjujući.

**interdictory** (i'ntördi'ktori), *a. vidi*: **interdictive.**

**interest** (i'ntörest), *v.* zanimati se; nekoga za nešto predobiti; — *n.* korist; utjecaj; zanimanje; kamati.

**interested** (i'ntörested), *a.* koji se zanima; koji se nečim bavi.

**interestedness** (i'ntörestednes), *n.* zanimljivost; sebičnost.

**interesting** (i'ntöresting), *a.* zanimljiv; važan.

**interfere** (i'ntörfī'r), *v.* miješati se u što; pačati se; uplitati se; smetati.

**interference** (i'ntörfī'rens), *n.* pačanje; uplitanje; smetnja; zapreka.

**interior** (inti'riör), *a.* unutrašnji; — *n.* unutrašnjost.

**interject** (i'ntörđe'kt), *v.* baciti među; ubaciti.

**interjection** (i'ntörđe'kšön), *n.* umetanje; usklik.

**interjoin** (i'ntörđo'jn), *v.* svezati međusobno; združiti.

**interlace** (i'ntörle'js), *v.* preplesti; utkati.

**interline** (i'ntörla'jn), *v.* pisati između redaka.

**interlinear** (i'ntörli'niör), *a.* međuredni; upisan među redcima.

**interlineation** (i'ntörli'nie'jšön), *n.* pisanje između redaka.

**interlink** (i'ntörli'nk), *v.* međusobno povezati; zglobiti.

**interlock** (i'ntörlä'k), *v.* sklopiti jedno s drugim.

**interlocution** (i'ntörlokju'šön), *n.* razgovor; prethodna odluka.

**interlocutor** (i'ntörlä'kjutör), *n.* razgovaratelj.

**interlocutory** (i'ntörlä'kjutöri), *a.* u razgovoru; prethodni.

**interlope** (i'ntörlō'p), *v.* nametati se; miješati se u što.

**interloper** (i'ntörlō'pör), *n.* nametnik.

**interlude** (i'ntörljū'd), *n.* međuigra.

**intermarriage** (i'ntörmǎ'riđ), *n.* uzajamna ženidba; ženidba među rođacima.

**intermarry** (i'ntörmǎ'ri), *v.* ženiti se među sobom.

**intermeddle** (i'ntörme'dl), *v.* uplitati se u tuđe poslove; pačati se.

**intermediary** (i'ntörmi'diöri), *a.* posredujući; — *n.* posrednik.

**intermediate** (i'ntörmi'diet), *a.* koji posreduje.

**intermediately** (i'ntörmi'dietli), *adv.* posredno.

**interment** (intö'rment), *n.* ukop; pogreb.

**interminable** (intö'rminöbl), *a.* beskonačan.

**interminably** (intö'rminöbl), *adv.* beskonačno.

**interminate** (intö'rminet), *a.* beskrajan.

**intermingle** (i'ntörmi'ngl), *v.* izmiješati; pomiješati se.

**intermission** (i'ntörmi'šön), *n.* prekidanje; stanka; međuvrijeme.

**intermissive** (i'ntörmi'siv), *a.* prekidan; časovit.

**intermit** (i'ntörmi't), *v.* prekinuti; obustaviti.

**intermittent** (i'ntörmi'tent), *a.* prekidan; na mahove.

**intermix** (i'ntörmi'ks), *v.* pomiješati; smiješati.

**intermixture** (i'ntörmi'ksćur), *n.* mješavina; smjesa.

**intern** (intö'rn), *v.* poslati u unutrašnjost; zatvoriti.

**internal** (intö'rnöl), *a.* nutarnji.

**internally** (intö'rnöli), *adv.* iznutra.

**international** (i'ntörnǎ'šönöl), *a.* međunarodan.

**internationally** (i'ntörnǎ'šönöli), *adv.* međunarodno.

**internecine** (i'ntörni'sin), *a.* ubojit; smrtonosan.

**interpellation** (i'ntörpele'jšön), *n.* posredovanje; traženje razjašnjenja.

**interpolate** (intö'rpolejt), *v.* umetati (*riječi ili izreke*); umetanjem mijenjati.

**interpolation** (i'ntörpole'jšön), *n.* umetanje.

**interposal** (i'ntörpō'zöl), *n.* upletanje (*u nešto*); posredovanje.

**interpose** (i'ntörpō'z), *v.* staviti među; posredovati.

**interposer** (i'ntörpō'zör), *n.* posrednik.

**interposition** (i'ntörpozi'šön), *n.* položaj među; posredovanje.

**interpret** (intö'rpret), *v.* tumačiti; razjasniti.

**interpretable** (intö'rpretöbl), *a.* protumačiv.

**interpretation** (i'ntörprete'jšön), *n.* tumačenje; razjašnjenje.

**interpretative** (intö'rpretitiv), *a.* čime se što tumači.

**interpreter** (intö'rpretör), *n.* tumač.

**interregnum** (i'ntöre'gnạm), *n.* međuvlada.

**interrogate** (inte'rogejt), *v.* pitati; ispitivati.

**interrogation** (i'nteroge'jšön), *n.* ispitivanje.

**interrogative** (i'nterä'götiv), *a.* upitni.

**interrogator** (i'nterá'götor), *n.* ispitivač.

**interrogatory** (i'nterá'götori), *n.* preslušavanje; — *a.* upitni.

**interrupt** (i'ntöra'pt), *v.* prekinuti; smesti; obustaviti.

**interruptedly** (i'ntöra̱'ptedli), *adv.* prekinuto; uz prekidanje.

**interrupter** (i'ntöra̱'ptör), *n.* prekidatelj; koji smeta.

**interruption** (i'ntöra̱'pšön), *ıı.* prekidanje; smetnja.

**interruptive** (i'ntöra̱'ptiv), *a.* prekidajući; smetajući.

**intersect** (i'ntörse'kt), *v.* presjeći.

**intersection** (i'ntörse'kšön), *n.* presjek.

**interspace** (i'ntörspe'js), *n.* međuprostor.

**intersperse** (i'ntörspö'rs), *v.* posuti; razasuti.

**interspersion** (i'ntörspö'ršön), *n.* posipanje; miješanje.

**intertexture** (i'ntörte'ksćur), *n.* prepletanje; utkivanje.

**intertwine** (i'ntörtu̱a̱'jn), *v.* uplesti; preplesti.

**intertwist** (i'ntörtu̱i̱'st), *v.* zaplesti; zamrsiti.

**interval** (i'ntörvál), *n.* razmak; međuvrijeme; međuprostor.

**intervene** (i'ntörvi'n), *v.* posredovati; stupiti među.

**intervenient** (i'ntörvi'nient), *a.* koji dođe među što; međuvremeni.

**intervention** (i'ntörve'nšön), *n.* posredovanje.

**interview** (i'ntörvju'), *v.* posjetiti i ispitivati nekoga; — *n.* razgovor; sastanak.

**intervolve** (i'ntörvá'lv), *v.* zamotati; umotati.

**interweave** (i'ntöru̱i̱'v), *v.* protkati; utkati.

**intestate** (inte'stejt), *a.* bez oporuke; — *n.* onaj, koji umre bez oporuke.

**intestinal** (inte'stinöl), *a.* crijevni; utrobni.

**intestine** (inte'stajn), *a.* unutrašnji; domaći; — *n.* (*u množini*) crijeva; utroba.

**inthrall** (intrá'l), *v.* zarobiti; podjarmiti.

**inthrallment** (intrá'lment), *n.* ropstvo.

**intimacy** (i'ntimösi), *n.* povjerljivost; usko prijateljstvo.

**intimate** (i'ntimet), *a.* povjerljiv; pouzdan; tijesan.

**intimately** (i'ntimetli), *adv.* povjerljivo; pouzdano.

**intimation** (i'ntime'jšön), *n.* mig; nagovijest; pripomena.

**intimidate** (inti'midejt), *v.* zastrašivati; groziti se.

**intimidation** (inti'mide'jšön), *n.* zastrašivanje.

**into** (i'ntu), *prep.* u.

**intolerability** (intá'löröbi'liti), *n.* nesnošljivost.

**intolerable** (intá'löröbl), *a.* nesnosan.

**intolerableness** (intá'löröblnes), *n.* *vidi*: **intolerability**.

**intolerably** (intá'löröbli), *adv.* nesnošljivo.

**intolerance** (intá'löröns), *n.* nesnošljivost; nepodnošljivost.

**intolerant** (intá'löri̱önt), *a.* nesnošljiv; koji ne može da podnosi.

**intolerantly** (intá'löröntli), *adv.* nesnošljivo.

**intoleration** (intá'löre'jšön), *n.* *vidi*: **intolerance**.

**intolerate** (intá'lörejt), *v.* ne podnositi; ne trpjeti.

**intonate** (i'ntonejt), *v.* dati glas (*kod pjevanja*).

**intonation** (i'ntone'jšön), *n.* davanje glasa; započinjanje pjevanja.

**intoxicate** (intá'ksikejt), *v.* opiti; opojiti.

**intoxicated** (intá'ksike'jted), *a.* pijan; opojen.

**intoxication** (intá'ksike'jšön), *n.* pijanost; opajanje.

**intractability** (intrá'ktöbi'liti), *n.* tvrdoglavost.

**intractable** (intrá'ktöbl), *a.* tvrdoglav; uporan.

**intranquility** (i'ntránku̱i̱'liti), *n.* nemir.

**intransient** (intrá'nšent), *a.* neprolazan.

**intransitive** (intrá'nsitiv), *a.* neprelazan.

**intransmutable** (i'ntránsmju'töbl), *a.* nepromjenljiv.

**intrench** (intre'nč), *v.* ušančiti; opkopati; zabrazditi.

**intrenchment** (intre'nčment), *n.* opkop; zahvatanje u tuđe.

**intrepid** (intre'pid), *a.* neustrašiv; smion.

**intrepidity** (i'ntrepi'diti), *n.* neustrašivost.

**intricacy** (i'ntrikösi), *n.* zamršenost; zapletenost.

**intricate** (i'ntrikejt), *v.* zaplesti; zamrsiti; — *a.* zapleten; zamršen.

**intricately** (i'ntriketli), *adv.* zamršeno.

**intrigue** (intrī'g), *v.* spletkariti; rovariti; — *n.* spletka; petljanija.

**intriguer** (intrī'gör), *n.* spletkar; rovar.

**intrinsic** (intri'nsik), *a.* bitni; unutarnji.

**intrinsically** (intri'nsiköli), *adv.* bitno.

**introduce** (i'ntrodju's), *v.* uvesti; predstaviti.

**introducer** (i'ntrodju'sör), *n.* uvađač; koji predstavlja *(nekoga nekomu).*

**introduction** (i'ntroda'kšön), *n.* uvod; uvođenje; predgovor; predstavljanje; upoznavanje.

**introductive** (i'ntroda'ktiv), *a.* uvađajući; uvodan; početan.

**introductory** (i'ntroda'ktori), *a. vidi:* **introductive.**

**intromission** (i'ntromi'šön), *n.* uvođenje; uvlačenje; pripuštanje.

**intromit** (i'ntromi't), *v.* pripustiti; umetnuti.

**introspect** (i'ntrospe'kt), *v.* gledati u nešto; razgledati; istraživati.

**introspection** (i'ntrospe'kšön), *n.* razmatranje; istraživanje.

**introversion** (i'ntrovö'ršön), *n.* obrtanje unutra.

**introvert** (i'ntrovö'rt), *v.* okrenuti unutra.

**intrude** (intrū'd), *v.* uturati; nametati se; nepozvan doći.

**intruder** (intrū'dör), *n.* nametnik; nezvan gost.

**intrusion** (intrū'žön), *n.* nametanje.

**intrusive** (intrū'ziv), *a.* nametnički; nasilan.

**intrust** (intra'st), *v.* povjeriti.

**intuition** (i'ntui'šön), *n.* pronicavost; duševno opažanje.

**intuitive** (intju'itiv), *a.* pronicav.

**inundate** (ina'ndejt), *v.* poplaviti; potopiti.

**inundation** (i'nande'jšön), *n.* poplava.

**inure** (injū'r), *v.* priviknuti; uobičajiti se.

**inutility** (i'njuti'liti), *n.* beskorisnost.

**inutterable** (ina'töröbl), *a.* neizreciv.

**invade** (inve'jd), *v.* provaliti; upasti; nasrnuti; povrijediti.

**invader** (inve'jdör), *n.* provalnik; napadač.

**invalid** (invǎ'lid), *a.* nevaljao; ništetan; — (i'nvölid), *a.* nemoćan; bolestan; — *n.* nemoćnik; nesposobni vojnik.

**invalidate** (invǎ'lidejt), *v.* obeskrijepiti; uništiti; proglasiti nevaljanim; ukinuti.

**invalidation** (invǎ'lide'jšön), *n.* obeskrijepljenje; ukinuće.

**invalidity** (i'nvǎli'diti), *n.* slabost; nevaljalost; nezakonitost.

**invaluable** (invǎ'ljuöbl), *a.* neprocjeniv.

**invaluableness** (invǎ'ljuöblnes), *n.* neprocjenivost.

**invariability** (inve'jriöbi'liti), *n.* nepromjenljivost.

**invariable** (inve'jriöbl), *a.* nepromjenljiv.

**invariably** (inve'jriöbli), *adv.* nepromjenljivo; obično uvijek.

**invasion** (inve'jžön), *n.* provala; navala; upad.

**invasive** (inve'jsiv), *a.* provalnički; najezvnički.

**invective** (inve'ktiv), *n.* psovka; pogrda; — *a.* pogrdan; prijekoran.

**inveigh** (inve'j), *v.* psovati; grditi; napasti koga psovkama.

**inveigle** (invi'gl), *v.* zavesti *(lijepim riječima)*; zamamiti.

**inveigler** (invi'glör), *n.* zavodnik.

**invent** (inve'nt), *v.* izumiti; pronaći.

**invention** (inve'nčön), *n.* izum; pronalazak; izmišljotina.

**inventive** (inve'ntiv), *a.* izumljiv; domišljat.

**inventor** (inve'ntör), *n.* izumitelj; pronalazač.

**inventorial** (i'nvento'riöl), *a.* popisni.

**inventory** (i'nventori), *n.* popis.

**inverse** (invö'rs), *a.* obratan; prevrnut.

**inversely** (invö'rsli), *adv.* obratno; naopako.

**inversion** (invö'ršön), *n.* preokretanje; obratnost.

**invert** (invö'rt), *v.* preokrenuti; obrnuti.

**invertebrate** (invö'rtibrejt), *a.* bez hrptenjače; — *n.* beskralježnjak.

**inverted** (invö'rted), *a.* preokrenut; izvrnut.

**invest** (inve'st), *v.* odjenuti; snabdjeti; podijeliti službu; uložiti.

**investigate** (inve'stigejt), *v.* istraživati; razviditi.

**investigation** (inve'stige'jšön), *n.* istraživanje; istraga.

**investigator** (inve'stige'jtör), *n.* istraživalac.

**investiture** (inve'stitjur), *n.* postavljanje; darovanje; oprema.

**investment** (inve'stment), *n.* odijevanje; opsada; uglavničenje; ulaganje (*novca*).

**investor** (inve'stor), *n.* ulagač (*novca*).

**inveteracy** (inve'törösi), *n.* zastarjelost; ukorijenjenost.

**inveterate** (inve'töret), *a.* zastario; okoreo.

**invidious** (invi'diạs), *a.* zavidan; pakostan.

**invidiously** (invi'diạsli), *adv.* zavidljivo; pakosno.

**invidiousness** (invi'diạsnes), *n.* nenavidnost; omraza; pakost.

**invigorate** (invi'gorejt), *v.* osnažiti; okrijepiti.

**invigoration** (invi'gore'jsön), *n.* ojačanje; krijepljenje.

**invincibility** (invi'nsibi'liti), *n.* nepobjedivost.

**invincible** (invi'nsibl), *a.* nepobjediv.

**invincibly** (invi'nsibli), *adv.* nepobjedivo.

**inviolability** (inva'jolöbi'liti), *n.* nepovrjedljivost; svetost.

**inviolable** (inva'jölöbl), *a.* nepovrjedljiv; svet.

**inviolably** (inva'jölöbli), *adv.* nepovrjedljivo.

**inviolate** (inva'jolet), *a.* nepovrijeđen; neoskvrnjen.

**invisibility** (invi'zibi'liti), *n.* nevidljivost.

**invisible** (invi'zibl), *a.* nevidljiv.

**invisibly** (invi'zibli), *adv.* nevidljivo.

**invitation** (i'nvite'jšön), *n.* poziv.

**invite** (inva'jt), *v.* pozvati; privlačiti; mamiti.

**inviting** (inva'jting), *a.* privlačan; prijatan.

**invitingly** (inva'jtingli), *adv.* privlačivo.

**invocate** (i'nvokejt), *v.* sazivati; prizivati.

**invocation** (invoke'jšön), *n.* sazivanje; molba.

**invoice** (i'nvojs), *n.* račun; popis robe.

**invoke** (invö'k), *v.* dozivati; prizivati.

**involuntarily** (invȧ'lạntȧ'rili), *adv.* nedragovoljno; nerado.

**involuntary** (invȧ'lạntöri), *a.* nehotimičan; nedragovoljan.

**involute** (i'nvoljut), *a.* smotan; savijen.

**involution** (i'nvolju'šön), *n.* zamotavanje; zamršenost; zaplet.

**involve** (invȧ'lv), *v.* umotati; zaviti; sadržavati; obuhvatati; uplesti (*u nešto*).

**invulnerability** (inva'lnöröbi'liti), *n.* neranjivost.

**invulnerable** (invạ'lnöröbl), *a.* neranjiv; neozljediv.

**inward** (i'nụörd), *a.* unutarnji; — *adv.* unutra.

**inwardly** (i'nụördli), *adv.* unutra.

**inwards** (i'nụördz), *adv.* vidi: **inward.**

**inweave** (inụi'v), *v.* utkati; uplesti.

**inwrap** (inrȧ'p), *v.* umotati; zaviti.

**inwreathe** (inrī't), *v.* ovjenčati (*cvijećem*).

**inwrought** (inrȧ't), *a.* izrađen u čemu; ukrašen slikama.

**iodin (e)** (a'jodin), *n.* jodin; jodni spoj.

**I. O. U.** (a'j ō' ju'), kratica za **I owe you**, ja vam dugujem; — *n.* priznanica; zadužnica.

**irascibility** (irȧ'sibi'liti), *n.* razdražljivost; gnjevljivost.

**irascible** (irȧ'sibl), *a.* razdražljiv; jedljiv.

**irascibly** (irȧ'sibli), *adv.* razdražljivo.

**irate** (a'jret), *a.* srdit; ljutit; gnjevan.

**ire** (a'er), *n.* srdžba; gnjev.

**ireful** (a'erful), *a.* srdit; gnjevan.

**iridesce** (i'ride's), *v.* prelijevati se u duginim bojama.

**iridescence** (i'ride'sens), *n.* prelijevanje u duginim bojama.

**iridescent** (i'ride'sent), *a.* koji se prelijeva u duginim bojama.

**iris** (a'jris), *n.* duga; šarenica (*u oku*); perunika (*vodeni cvijet*).

**Irish** (a'jriš), *a.* irski; — *n.* Irac.

**irk** (örk), *v.* umarati; dodijavati.

**irksome** (ör'ksam), *a.* umarajući; dosadan.

**irksomely** (ör'ksamli), *adv.* neugodno; mrsko.

**iron** (a'jörn), *n.* željezo; — *a.* željezni; — *v.* gladčati.

**ironical** (ajrā'niköl), *a.* podrugljiv.

**ironically** (ajrā'niköli), *adv.* podrugljivo.

**ironmonger** (a'jörnmā'ngör), *n.* željezar.

**irony** (a'jröni), *n.* podrugivanje; ironija.

**irradiance** (ire'jdiöns), *n.* sijevanje; žarenje.

**irradiancy** (ire'jdiönsi), *n. vidi*: **irradiance.**

**irradiate** (ire'jdiejt), *v.* bacati zrake; sijevati; rasvjetljivati.

**irradiation** (ire'jdie'jšön), *n. vidi*: **irradiance.**

**irrational** (irā'šönöl), *a.* bezuman; nerazuman.

**irrationality** (irā'šönā'liti), *n.* bezumnost.

**irrationally** (irā'šönöli), *adv.* bezumno; ludo.

**irreconcilable** (ire'könsa'jlöbl), *a.* nepomirljiv.

**irreconciliation** (ire'könsilie'jšön), *n.* nepomirljivost.

**irrecoverable** (i'rekā'vöröbl), *a.* što se ne može natrag dobiti; neizlječiv.

**irredeemable** (i'ridī'möbl), *a.* neotkupiv.

**irreducible** (i'ridju'sibl), *a.* nesuziv; nepromjenljiv.

**irreflection** (i'rifle'kšön), *n.* nepromišljenost.

**irreflective** (i'rifle'ktiv), *a.* nepromišljen.

**irreformable** (i'refo'rmöbl), *a.* nepopravljiv.

**irrefragability** (ire'fregöbi'liti), *n.* nepobitnost.

**irrefragable** (ire'fregöbl), *a.* nepobitan.

**irrefutable** (i'refju'töbl), *a.* nepobitan; neoprovrziv.

**irrefutably** (i'refju'töbli), *adv.* neoprovrzivo.

**irregular** (ire'gjulör), *a.* nepravilan; neredovit.

**irregularity** (ire'gjulā'riti), *n.* nepravilnost; neurednost.

**irregularly** (ire'gjulörli), *adv.* neredovito.

**irrelevancy** (ire'levönsi), *n.* neprimjenljivost; nevažnost.

**irrelevant** (ire'levönt), *a.* neprimjenljiv; nuzgredan.

**irreligion** (i'reli'ďön), *n.* bezvjerje; bezbožnost.

**irreligious** (i'reli'ďas), *a.* bezvjeran; bezbožan.

**irremediable** (i'rimi'diöbl), *a.* neizlječiv; nepopravljiv.

**irremissible** (i'rimi'sibl), *a.* neoprostiv.

**irremovable** (i'rimū'vöbl), *a.* nepomican; koji se ne može maknuti, skinuti.

**irreparable** (ire'pöröbl), *a.* nepopravljiv; nenadoknadiv.

**irreparability** (ire'pöröbi'liti), *n.* nenadoknadivost.

**irrepealable** (i'ripi'löbl), *a.* neopozovan.

**irreprehensible** (ire'prihe'nsibl), *a.* besprijekoran; nekažnjiv.

**irrepressible** (i'repre'sibl), *a.* nezatomljiv; nepotlačiv.

**irreproachable** (i'reprō'čöbl), *a.* besprijekoran; pravedan; dobar.

**irreprovable** (i'reprū'vöbl), *a.* neporočan; nezazoran.

**irresistance** (i'rezi'stöns), *n.* neprotivljenje; podnošenje.

**irresistible** (i'rizi'stibl), *a.* neodoljiv.

**irresolute** (ire'zoljut), *a.* neodlučan; neodvažan.

**irresoluteness** (ire'zoljutnes), *n.* neodlučnost.

**irresolution** (ire'zolju'šön), *n. vidi*: **irresoluteness.**

**irresolvable** (i'rizā'lvöbl), *a.* nerastvoriv; nerazrješiv.

**irrespective** (i'rispe'ktiv), *a.* bezobziran; nehajan.

**irrespectively** (i'rispe'ktivli), *adv.* bezobzirno.

**irresponsibility** (i'rispā'nsibi'liti), *n.* neodgovornost.

**irresponsible** (i'rispā'nsibl), *a.* neodgovoran.

**irresponsive** (i'rispā'nsiv), *a.* neodgovarajući.

**irretrievable** (i'ritri'vöbl), *a.* nenadoknadiv.

**irretrievably** (i'ritri'vöbli), *adv.* nenadoknadivo.

**irreverence** (ire'vörens), *n.* nešto-vanje; bezočnost.
**irreverent** (ire'vörent), *a.* bez štovanja; neuljudan.
**irreverently** (ire'vörentli), *adv.* bez štovanja; neponizno.
**irreversible** (i'rivö'rsibl), *a.* neopozovljiv; nepromjenljiv.
**irrevocable** (i'revoköbl), *a.* neopozovan; neporeciv.
**irrevocably** (ire'voköbli), *adv.* neopozovno.
**irrigate** (i'rigejt), *v.* natapati; zalijevati.
**irrigation** (i'rige'jšön), *n.* natapanje; zalijevanje.
**irritability** (i'ritöbi'liti), *n.* podražljivost; osjetljivost.
**irritable** (i'ritöbl), *a.* razdražljiv; osjetljiv.
**irritant** (i'ritönt), *a.* podražujući; — *n.* podražujuće sredstvo.
**irritate** (i'ritejt), *v.* podraživati; izazivati.
**irritation** (i'rite'jšön), *n.* podraživanje; izazov; uzrujanost; gnjev.
**irruption** (ira'pšön), *n.* provala; navala.
**irruptive** (ira'ptiv), *a.* koji provaljuje.
**isinglass** (a'jzinglǎ's), *n.* mjehur od ribe (*morune, iz kojeg se pravi ljepiva tekućina*).
**Islam** (i'slöm), *n.* vjera Muhamedanaca, Islam.
**island** (a'jlönd), *n.* otok.
**islander** (a'jlöndör), *n.* otočanin.
**isle** (a'el), *n.* otok.
**islet** (a'jlet), *n.* otočić.
**isolate** (a'jsolejt), *v.* osamiti; odijeliti.

**isolation** (a'jsole'jšön), *n.* osamljenje; samoća.
**Israelite** (i'zraelajt), *n.* židov; Izraelićanin.
**Israelitic** (i'zraeli'tik), *a.* židovski; izraelski.
**issuable** (i'šjuöbl), *a.* što se može izdati.
**issue** (i'šju), *v.* izdati; proizlaziti; dokončati; — *n.* izlaz; uspjeh; posljedica; potomstvo.
**isthmus** (i'stmas), *n.* prevlaka, istam.
**it** (it), *pron.* ono.
**Italian** (itǎ'liön), *n.* Talijan; — *a.* talijanski.
**italic** (itǎ'lik), *a.* talijanski.
**Italy** (i'töli), *n.* Italija.
**itch** (ič), *v.* svrbjeti; — *n.* svrab; svrbež.
**itchy** (i'či), *a.* svrabljiv.
**item** (a'jtem), *adv.* također; — *n.* stavka; članak.
**itemize** (a'jtemajz), *v.* pojedince nabrojiti; navađati potankosti.
**iterate** (i'törejt), *v.* ponavljati; opetovati.
**iteration** (i'töre'jšön), *n.* ponavljanje.
**iterative** (i'töretiv), *a.* ponavljajući.
**itinerancy** (iti'nörönsi), *n.* potucanje; putovanje.
**itinerant** (iti'nörönt), *a.* putujući; — *n.* putnik.
**itinerary** (iti'nöröri), *n.* putopis; — *a.* putni.
**itinerate** (iti'nörejt), *v.* putovati.
**its** (ic), *pron.* njegov; njegovo.
**itself** (ice'lf), *pron.* samo; isto.
**ivory** (a'jvöri), *n.* bjelokost; slonova kost.
**ivy** (a'jvi), *n.* bršljan.

# J

**J, j** (đē), *slovo*: J, j.
**jab** (đăb), *v.* zadrijeti. udariti; — *n.* ubod, udarac.
**jabber** (đă'bör), *v.* blebetati, brbljati; — *n.* brbljanje.
**jacinth** (đe'jsint), *n.* zumbul.
**jack** (đăk), *n.* ime za razno oruđe; izuvač, ražanj; prostak, sluga; mlada štuka; zastavica.
**jackal** (đă'kál), *n.* čagalj.
**jackanapes** (đă'kăne'jps), *n.* majmun, opica; drznik.
**jackass** (đă'kă's), *n.* magarac, osao, bluna.
**jack-boot** (đă'kbū't), *n.* čizma, škornja.
**jackdaw** (đă'kdá'), *n.* čavka.
**jacket** (đă'ket), *n.* kaputić.
**jack-pudding** (đă'kpu'ding), *n.* zvekan, lakrdijaš.
**Jacob** (đe'jköb), *n.* Jakov.
**jactation** (đăkte'jšön), *n.* trzanje tijela, razmetanje, hvalisanje.
**jactitation** (đă'ktite'jšön), *n. vidi*: **jactation.**
**jade** (đejd), *v.* izmučiti, izmoriti; — *n.* kljuse, mrcina, babetina, nefrit -(*zeleni kamen*).
**jag** (đăg), *v.* nazupčati, izreskati; — *n.* rez, zubac.
**jagged** (đă'ged), *a.* nazupčast, narezuckan.
**jagger** (đă'gör), *n.* nazubljen kotačić za rezanje tijesta, zupčasto dlijeto.
**jaggery** (đă'göri), *n.* zrnat slador.
**jaggy** (đă'gi), *a.* nazubljen, narovašen.
**jaguar** (đă'guar), *n.* jaguar.
**jail** (đēl), *n.* zatvor.
**jailer** (đe'jlör), *n.* tamničar.
**jalap** (đă'löp), *n.* jalapa (*ljekovita meksikanska biljka*).
**jam** (đăm), *v.* tiskati, potiskivati; — *n.* pekmez; stiska, navala.
**jamb** (đăm), *n.* dio okvira do vratiju, prozora, *itd.*

**jangle** (đăngl), *v.* brenčati, klopotati; prepirati se; — *n.* brbljanje, brenčanje.
**janitor** (đă'nitör), *n.* vratar, pazikuća.
**janty** (đa'nti), *a. vidi*: **jaunty.**
**January** (đă'njuöri), *n.* siječanj.
**Japan** (đăpă'n), *v.* lakirati; — *n.* Japan.
**Japanese** (đă'pönī'z), *a.* japanski; — *n.* Japanac.
**jape** (đejp), *v.* šaliti se; — *n.* šala, rugalica.
**jar** (đār), *v.* uzdrmati, potresti, zveketati, škripati, smetati; — *n.* čegrtanje, škripa, zveket; prepirka; krčag, vrč, zemljana *ili* staklena posuda.
**jargon** (đa'rgön), *n.* nesuvisli govor, pokvaren jezik, posebni zvanični jezik.
**jargonelle** (đa'rgone'l), *n.* jargonela (*vrst kruške*).
**jasmine** (đă'smin), *n.* čemin.
**jasper** (đă'spör), *n.* jaspid (*dragi kamen*).
**jaundice** (đa'ndis), *n.* žutica.
**jaunt** (đant), *v.* tumarati; lutati; — *n.* izlet, putovanje, lutanje.
**jauntily** (đa'ntili), *adv.* veselo, živahno.
**jaunty** (đa'nti), *a.* lahak, živahan, gizdav.
**javelin** (đă'vlin), *n.* sulica.
**jaw** (đà), *n.* čeljust, vilica.
**jay** (đej), *n.* šojka kreštalica.
**jealous** (đe'lạs), *a.* ljubomoran, zavidan, zabrinut.
**jealously** (đe'lạsli), *adv.* ljubomorno.
**jealousy** (đe'lạsi), *n.* ljubomornost, zavist, zabrinutost, revnost.
**jean** (đejn), *n.* vrst pamučne tkanine.
**jeer** (đīr), *v.* rugati se, podrugivati se, ismjehivati; — *n.* ruganje, ismjehivanje.
**jeering** (đī'ring), *n.* podrugivanje.

**jeeringly** (dži'ringli), *adv.* podrugljivo, prijezirno.
**Jehovah** (džiho'vö), *n.* Jehova, Bog.
**jejune** (džidžū'n), *a.* prazan, mršav.
**jelly** (dže'li), *n.* drhtalica, hladetina, zgusnut sok od voća kuhanog sa sladorom.
**jelly-fish** (dže'lifi'š), *n.* meduza, morski klobuk.
**jemmy** (dže'mi), *n.* ćuskija, otpirač.
**jennet** (dže'net), *n.* maleni španjolski konj.
**jenny** (dže'ni), *n.* stroj za predenje.
**jeopard** (dže'pörd), *v.* staviti u pogibao, izložiti opasnosti.
**jeopardize** (dže'pördajz), *v. vidi:* **jeopard**.
**jeopardous** (dže'pördạs), *a.* opasan, izložen pogibli.
**jeopardy** (dže'pördi), *n.* opasnost, pogibao.
**jerboa** (džörbo'ö), *n.* skočimiš.
**jeremiad** (dže'rima'jöd), *n.* jadikovanje, jeremijada.
**jerk** (džörk), *v.* trzati, gurati; turnuti, trgnuti se; — *n.* udar, trzaj, odskok.
**jerkin** (džö'rkin), *n.* kratki kaput, prsluk.
**jerky** (džö'rki), *a.* nemiran, grčeviti, na mahove.
**jersey** (džö'rzi), *n.* fina vunena pređa; vunena tijesna košulja.
**jessamine** (dže'sömin), *n. vidi:* **jasmine**.
**jest** (džest), *v.* šaliti se, zabavljati se; — *n.* šala, pošalica.
**jester** (dže'stör), *n.* šaljivdžija, lakrdijaš.
**jestingly** (dže'stingli), *adv.* šaljivo, posprdno.
**Jesuit** (dže'zjuit), *n.* jezuita, isusovac.
**Jesuitic** (dže'zjui'tik), **Jesuitical** (dže'zjui'tiköl), *a.* jezuitski, isusovački.
**Jesuitism** (dže'zjuitizm), *n.* jezuitstvo.
**Jesus** (dži'zus), *n.* Isus.
**jet** (džet), *v.* viriti, stršiti, izbijati; — *n.* izbacivanje, izbijanje, slijevanje, mlaz; cjevčica za istjecanje, p.inski žižak.
**jet-black** (dže'tblǎ'k), *a.* crn kao ugljen.
**jetsam** (dže'tsöm), **jetson** (dže'tsön), *n.* bacanje stvari u more, da se olakša brod u nevolji; odbaćene stvari, rasplav.

**jetty** (dže'ti), *n.* nasip; izbočina; — *a.* crn poput ugljena.
**Jew** (džu), *n.* židov.
**jewel** (džu'el), *v.* kititi draguljima; — *n.* dragulj, dragi kamen.
**jeweler** (džu'elör), *n.* draguljar.
**jewelry** (džu'elri), *n.* dragocijenosti; draguljarski posao.
**Jewess** (džu'es), *n.* židovka.
**Jewish** (džu'iš), *a.* židovski.
**jewry** (džu'ri), *n.* židovstvo, zemlja židova.
**jew's-harp** (džu'zha'rp), *n.* brunda, drombulja.
**jib** (džib), *v.* okrenuti jedro; plašiti se.
**jib-boom** (dži'bū'm), *n.* utleg (*bastun*).
**jibe** (džajb), *v. vidi:* **gibe**.
**jiffy** (dži'fi), *n.* tren oka, čas.
**jig** (džig), *v.* igrati, plesati, drmati, tresti; — *n.* brza melodija, igranka, sprava.
**jilt** (džilt), *v.* prevariti u ljubavi, ašikovati; — *n.* namiguša, nestašna djevojka.
**jingle** (džingl), *v.* zveketati, zvoniti; cinkati; — *n.* cinkanje, zveketanje.
**jingo** (dži'ngo), *n.* ratoboran rodoljub, šovinist.
**job** (džäb), *v.* najmiti, iznajmiti, na veliko kupovati, a na malo prodavati, bosti; kljuvati, utjerati; — *n.* posao, radnja; poduzeće.
**jobber** (džä'bör), *n.* radnik, iznajmitelj, nadničar, mešetar.
**jobbery** (džä'böri), *n.* mešetarenje, nepošteno poslovanje.
**jockey** (džä'ki), *v.* prevariti, jašiti u utrci; — *n.* jahač (*kod utrke*), konjušar; varalica.
**jocose** (džokô's), *a.* šaljiv, veseo.
**jocular** (džä'kjulör), *a.* šaljiv, zabavan.
**jocularity** (džä'kjulǎ'riti), *n.* šaljivost, zabavnost.
**jocund** (džo'könd), *a.* dobre volje, šaljiv.
**jog** (džäg), *v.* gurnuti (*laktom ili rukom*); kasati; vući se; — *n.* laki udarac, tresenje.
**joggle** (džägl), *v.* lahko potresti; drmati se, tresti se; — *n.* ukrštenje greda; trešnja.
**jog-trot** (džä'gträ't), *n.* lagan kas; hod; — *a.* jednoličan; dosadan; lijen.
**John** (džän), *n.* Ivan.

**join** (đojn), *v.* sastaviti, sjediniti, spojiti; pridružiti; združiti; ticati se; pristati; pristupiti, dodati.

**joinder** (đo'jndör), *n.* združenje (stranaka).

**joiner** (đo'jnör), *n.* stolar.

**joinery** (đo'jnöri), *n.* stolarstvo.

**joining** (đo'jning), *n.* sastavljanje, sastavak, sklop.

**joint** (đojnt), *v.* zglobiti; sastaviti; razglobiti; rastaviti; — *a.* sjedinjen, ujedinjen, združen; općenit; učestan; — *n.* zglob, sklop; spojenje; butina; stegno.

**jointed** (đo'jnted), *a.* zglobljen, članovit.

**jointly** (đo'jntli), *adv.* zajedno, skupa, zajednički.

**joint-stock** (đo'jntstà'k), *n.* dionička glavnica.

**joint-stock-company** (đo'jntstà'kkà'mpöni), *n.* dioničko društvo.

**jointure** (đo'jnćur), *n.* udovština.

**joist** (đojst), *v.* postaviti grede; — *n.* greda (pod podnicama ili na stropu).

**joke** (đōk), *v.* šaliti se; — *n.* šala, smiješnost.

**joker** (đō'kör), *n.* šaljivđija.

**jokingly** (đō'kingli), *adv.* šaljivo.

**jollification** (đà'lifike'jšön), *n.* šala, zabavljanje.

**jollity** (đà'liti), *n.* veselost, radost.

**jolly** (đà'li), *a.* veseo, zabavan, radostan.

**jolly-boat** (đà'libō't), *n.* mali čamac.

**jolt** (đōlt), *v.* drmati; tresti se; — *n.* tresak, uzdrmanje.

**jonquil** (đà'nkuil), *n.* žuti sunovrat.

**jostle** (đàsl), *v.* gurnuti; pritisnuti; potisnuti, gurati se, žuriti se.

**jot** (đàt), *v.* pobilježiti; — *n.* čestica, točka.

**jotting** (đà'ting), *n.* bilješka.

**journal** (đö'rnöl), *n.* dnevnik, novina.

**journalism** (đö'rnölizm), *n.* novinarstvo.

**journalist** (đö'rnölist), *n.* novinar.

**journalistic** (đö'rnöli'stik), *a.* novinarski.

**journalize** (đö'rnölajz), *v.* voditi dnevnik, pisati u novine.

**journey** (đö'rni), *v.* putovati; — *n.* putovanje, izlet.

**journeyman** (đö'rnimön), *n.* kalfa, pomoćnik, nadničar.

**joust** (đàst), *v.* boriti se kopljima jašući; — *n.* borba na konjima.

**jovial** (đō'viöl), *a.* veseo, radostan, zabavan.

**joviality** (đō'viǎ'liti), *n.* veselost, zabava.

**jovially** (đo'viöli), *adv.* radostno, vesele ćudi.

**jowl** (đōl), *n.* obraz, lice.

**joy** (đoj), *v.* radovati se, biti veseo, razveseliti; — *n.* radost, veselje.

**joyful** (đo'jful), *a.* radostan, veseo, sretan.

**joyfully** (đo'jfuli), *adv.* radostno, veselo.

**joyless** (đo'jles), *a.* neveseo, nujan.

**joylessly** (đo'jlesli), *adv.* neveselo, tužno.

**joylessness** (đo'jlesnes), *n.* sjeta, tuga.

**joyous** (đo'jas), *a.* radostan, veseo, sretan.

**joyously** (đo'jasli), *adv.* radostno, veselo.

**jubilant** (đu'bilönt), *a.* ushićen od radosti, veseo.

**jubilate** (đu'bilejt), *v.* radovati se, veselo klicati.

**jubilation** (đu'bile'jšön), *n.* klicanje, radovanje.

**jubilee** (đu'bili), *n.* javno veselje; proslava, jubilej.

**Judaic** (đude'ik), **Judaical** (đude'iköl), *a.* židovski.

**Judaism** (đu'deizm), *n.* židovstvo.

**Judaize** (đu'deajz), *v.* slagati se sa židovskom vjerom i običajima.

**Judas** (đu'dös), *n.* Juda, izdajica.

**judge** (đàđ), *v.* suditi, osuditi; presuditi; ocijeniti, misliti; odlučiti; — *n.* sudac, poznavalac, vještak.

**judgeship** (đà'đšip), *n.* sudstvo, sudačka čast, služba.

**judgment** (đà'đment), *n.* sud, osuda, presuda, rasuđivanje; razum; mnijenje; riješenje.

**judgment-seat** (đà'đmentsi't), *n.* sudačka stolica, tribunal.

**judicative** (đu'dikötiv), *a.* rasudni.

**judicatory** (đu'dikötori), *a.* sudbeni, sudački; — *n.* sud, sudstvo.

**judicature** (đu'diköćur), *n.* sudstvo, sud, sudačka vlast.

**judicial** (đudi'šöl), *a.* sudbeni, sudački, pravni, zakonit.

judicially (đudi'šöli), adv. pravnički; sudački.

judiciary (đudi'šiöri), a. sudbeni, sudski; — n. sudstvo.

judicious (đudi'šas), a. razborit, mudar, oštrouman.

judiciously (đudi'šösli), adv. razumno, pametno.

judiciousness (đudi'šösnes), n. razboritost, pamet, oštroumlje.

jug (đ**a**g), v. staviti u vrč; — n. vrč, krčag.

juggernaut (đa'görnåt), n. predmet ili ideja, uz koju se slijepo prianja ili za koju se bezobzirce žrtvuje.

juggle (đagl), v. varati, opsjenjivati; — n. varka, opsjena.

juggler (đa'glör), n. varalica, opsjenar.

jugglery (đa'glöri), n. opsjenjivanje, varanje.

Jugoslav (ju'gosla'v), a. jugoslovenski; — n. Jugosloven.

Jugoslavia (ju'gosla'via), n. Jugoslavija.

jugular (đu'gjulör), a. grleni, gušni, vratni.

juice (đus), n. sok.

juicy (đu'si), a. sočan.

jujube (đu'đub), n. čičimak (drvo).

julep (đu'lep), n. napitak.

Julian (đu'liön), a. julijski.

July (đula'j), n. srpanj, juli.

jumble (đ**a**mbl), v. pobrkati, izmiješati, smiješati se; — n. mješavina, metež, zbrka.

jumbler (đa'mblör), n. mješalac, mutilac.

jump (đ**a**mp), v. skočiti, skoknuti, skakati, skakutati, preskočiti, prijeći; — n. skok.

jumper (đa'mpör), n. skakač, preskakivač, svrdao za kamen.

jumping (đa'mping), n. skakanje, skakutanje.

junction (đa'nkšön), n. sastavljanje, sjedinjenje, spojište.

juncture (đa'nkćur), n. spoj, zglob, šav, vrijeme, okolnost, zgoda.

June (đūn), n. lipanj, juni.

jungle (đ**a**ngl), n. šikara, ševarik.

jungly (đa'ngli), a. šikarast.

junior (đu'niör), a. mlađi; — n. osoba mladja ili niža u časti.

juniority (đu'nià'riti), n. mlađešinstvo.

juniper (đu'nipör), n. borovica, smreka.

juniper-berry (đu'nipörbe'ri), n. smrekinja.

junk (đ**a**nk), n. komadi starog užeta; slano meso; plitki kineski brod.

junket (đa'nket), v. gostiti se; — n. slatkiši; gozba.

junta (đa'ntö), n. sastanak, španjolsko veliko državno vijeće.

junto (đa'nto), n. odabrano vijeće, koje tajno raspravlja o bilo kojim poslovima vlade, tajni savez.

Jupiter (đu'pitör), n. Jupiter.

jurat (đu'röt), n. prisjednik, porotnik.

juratory (đu'rötöri), a. prisežni.

juridical (đuri'diköl), a. pravni, sudbeni.

jurisconsult (đu'riskå'nsalt), n. pravnik.

jurisdiction (đu'risdi'kšön), n. pravosuđe; sudstvo; sudbena oblast; nadležnost.

jurisprudence (đu'rispru'dens), n. pravna znanost, pravna nauka.

jurist (đu'rist), n. pravnik.

juror (đu'ror), n. porotnik.

jury (đu'ri), n. porota, odbor ili povjerenstvo za dosuđivanje nagrade.

juryman (đu'rimön), n. porotnik.

just (đast), a. pravedan, pravičan; opravdan; pravilan; redovit; zaslužan; točan; — adv. upravo, baš, točno; samo, blizu; skoro, jedva.

justice (đa'stis), n. pravednost, pravičnost, pravo, sudac.

justiceship (đa'stisšip), n. sudačka služba.

justiciar (đasti'šiör), justiciary (đasti'šiöri), n. sudija, vrhovni sudac.

justifiable (đa'stifa'ebl), a. opravdan; oprostiv.

justifiably (đa'stifa'ebli), adv. opravdano; s pravom.

justification (đa'stifike'jšön), n. opravdanost, opravdanje, obrana, izgovor; odrješenje.

justifier (đa'stifa'er), n. opravdatelj.

justify (đa'stifaj), v. opravdati, odriješiti, oprostiti.

justle (đasl), v. vidi: jostle.

justly (đa'stli), adv. s pravom, pravedno, pravično, valjano.

justness (đa'stnes), n. pravednost, ispravnost, jednakost.

**jut** (đạt), *v.* pomaljati se; isticati se; biti izbočen, stršiti; nadvisivati; — *n.* izbočina.

**jut of land** (đa't av. lă'nd), *n.* r't.

**jute** (đut), *n.* juta (*indijska konoplja*).

**jutty** (đạ'ti), *n.* streha, lučki nasip.

**juvenescence** (đu'vine'sens), *n.* pomlađivanje.

**juvenescent** (đu'vine'sent), *a.* bivajući mlađim.

**juvenile** (đu'venael), *a.* mlad, mladenački, mlađašan; — *n.* mladić.

**juvenility** (đu'veni'liti), *n.* mladost; mlado doba.

**juxtapose** (đạ'kstöpō'z), *v.* staviti blizu *ili* do.

**juxtaposit** (đạ'kstöpå'zit), *v.* *vidi*: **juxtapose.**

**juxtaposition** (đạ'kstöpozi'šön), *n.* stavljanje blizu *ili* do.

# K

**K, k** (kē), slovo: K, k.

**Kafir, Kaffir** (kă'för), *n.* kafar.

**kail, kale** (kejl), *n.* kelj, rudac, zelje.

**kaiser** (ka'jzör), *n.* kajzer (*njemački vladar*).

**kaleidoscope** (köla'jdoskōp), *n.* kalejdoskop.

**kalendar,** *n. vidi:* **calendar.**

**kali** (ke'jli), *n.* solnjača (*biljka*); lužina.

**kalif,** *n. vidi:* **calif.**

**kangaroo** (kă'ngörū), *n.* klokan.

**kedge** (keđ), *v.* protezati brod potegom, koji je privezan za sidro; — *n.* kotva, malo sidro.

**kedlock** (ke'dlăk), *n.* divlja gorušica (*biljka*).

**keel** (kīl), *v.* prebroditi, prevrnuti; — *n.* kobilica (*od broda*), brod.

**keelhaul** (kī'lhă'l), *v.* nagnuti, izvrnuti brod.

**keelson** (kī'lsön), *n.* pasmo (*od broda*).

**keen** (kīn), *a.* oštrouman, oštar, pronicav, pohlepan; strog; gorak.

**keenly** (kī'nli), *adv.* pronicavo, oštro, gorko.

**keep** (kīp), *v.* držati, uzdržati, suzdržati, čuvati, paziti; njegovati; hraniti; vršiti; obdržavati; ustrajati; — *n.* briga; čuvanje, uzdržavanje; njegovanje.

**keeper** (kīpör), *n.* čuvar, zaštitnik; njegovalac; bolničar; nadzornik; šumar; tamničar.

**keeping** (kī'ping), *n.* čuvanje; držanje; potpora; hrana, njegovanje; sklad.

**keepsake** (kī'pse'jk), *n.* uspomena, spomen.

**keeve** (kīv), *n.* kada, badanj.

**keg** (keg), *n.* bačvica, burence.

**kelp** (kelp), *n.* haluga (*morska trava*); kalciniran pepeo od haluge.

**kelson** (ke'lsön), *n. vidi:* **keelson.**

**ken** (ken), *v.* znati, upoznati; — *n.* pogled, vidik, spoznaja.

**kennel** (ke'nel), *v.* biti u štali, u jami; — *n.* kujsnica; rulja pasa; lisičja jama; hajka.

**kerchief** (kö'rčif), *n.* rubac, marama; koprena.

**kermes** (kö'rmiz), *n.* kermes, kermesov crvac za bojadisanje.

**kernel** (kö'rnel), *v.* dozrijevati, zrniti se; — *n.* jezgra; zrno, srčika.

**kerosene** (ke'rosīn), *n.* kerosin, petrolej.

**kersey** (kö'rzi), *n.* vrsta grube tkanine.

**kestrel** (ke'strel), *n.* vjetruša klikavka (*vrst sokola*).

**ketch** (keč), *n.* čvrsto građen brod sa dva jarbola.

**ketchup** (ke'čạp), *n.* umak od rajčice.

**kettle** (ketl), *n.* kotao.

**kettle-drum** (ke'tldrạ'm), *n.* talambas.

**key** (kī), *v.* zaključati; — *n.* ključ; tipka; glas.

**key-board** (kī'bō'rd), *n.* tipke na glasoviru.

**key-chain** (ki'če'jn), *n.* lančić za ključe.

**keyed** (kīd), *a.* što ima ključe, tipke.

**key-note** (kī'nō't), *n.* temeljni glas.

**key-stone** (kī'stō'n), *n.* zaglavni kamen.

**khaki** (kă'ki), *a.* zagasito žute boje; — *n.* zagasito žuta boja.

**khan** (kān), *n.* kan; princ; poglavica.

**kibe** ( kajb), *n.* ozeblina, buganac.

**kick** (kik), *v.* ritnuti; nogom udariti; gaziti, gurati, ritati se; — *n.* udarac (*nogom*).

**kickshaw** ( ki'kšă'), *n.* oklizotine; slatkiši.

**kid** (kid), *v.* okoziti se; šalu s kim zbijati; — *n.* kozlić; jare; jareća koža; dijete.

**kidnap** (ki'dnă'p), *v.* krasti djecu, ljude.

**kidnaper** (ki'dnă'pör), *n.* ljudokradica.

**kidney** (ki'dni), *n.* bubreg; vrsta.

**kidney-bean** (ki'dnibī'n), *n.* grah, pasulj.

**kilderkin** (ki'ldörkin), *n.* bačvica, burence.

**kill** (kil), *v.* ubiti, ubijati, zaklati, usmrtiti, umrtviti, uništiti.

**killing** (ki'ling), *a.* ubojit, smrtonosan; razoran; — *n.* ubijanje; klanje; razaranje.

**kiln** (kil), *n.* peč (*za sušenje voća ili pečenje opeke*).

**kilogram** (ki'logrăm), *n.* kilogram.

**kilolitre** (ki'loli'tr), *n.* kilolitar.

**kilometre** (ki'lome'tr), *n.* kilometar.

**kilt** (kilt), *n.* kratka pregača, što je nose Skočani umjesto hlača.

**kin** (kin), *n.* rod, koljeno, srodstvo. rođaci; — *a.* srodan.

**kind** (kajnd), *a.* naravan; dobar; uslužan; prijazan; prijateljski; — *n.* vrsta; narav, priroda; značaj.

**kindergarten** (ki'ndörga'rtn), *n.* kindergardn, dječja škola za igranje i pouku.

**kindle** (kindl), *v.* zapaliti, upaliti, raspaliti; rasvijetliti; razdražiti; poticati; zapaliti se, razdražiti se.

**kindly** (ka'jndli), *a.* dobrostiv, ljubazan; blag; — *adv.* dobrostivo, ljubazno, blagohotno.

**kindness** (ka'jndnes), *n.* dobrota, blagost, prijaznost.

**kindred** (ki'ndred), *a.* srodan; — *n.* srodstvo, rod, rodbina.

**kine** (kajn), *n.* krave.

**kinematograph** (ki'nimă'tográf), *n.* kinematograf, stroj za gibive slike.

**king** (king), *n.* kralj, vladar.

**king-at-arms** (ki'ngăta'rmz), *n.* glavni glasnik u Engleskoj.

**kingdom** (ki'ngdöm), *n.* kraljevstvo, kraljevina..

**kingfisher** (ki'ngfi'šör), *n.* vodomar (*ptica*).

**kinglike** (ki'ngla'jk), *a.* kraljevski.

**kingly** (ki'ngli), *a.* kraljevski, kraljev, sjajan.

**king's-evil** (ki'ngzī'vl), *n.* škrofule.

**kingship** (ki'ngši'p), *n.* kraljevstvo.

**kink** (kink) *v.* uzlati se; — *n.* kuč, uzao.

**kinsfolk** (ki'nzfo'k), *n.* rodbina, rođaci.

**kinsman** (ki'nzmön), *n.* rođak.

**kiosk** (kiá'sk), *n.* kiosk, sjenica.

**kipper** (ki'pör), *v.* soliti i sušiti (*ribe*); — *n.* losos za mriješćenje; slani *ili* suhi losos.

**kirk** (körk), *n.* crkva (*u škotskoj*).

**kirtle** (körtl), *n.* kratka suknja.

**kismet** (ki'smet), *n.* sudbina, usud, udes.

**kiss** (kis), *v.* poljubiti, cjelivati, ljubiti se; — *n.* poljubac, cjelov.

**kissing** (ki'sing), *n.* cjelivanje.

**kit** (kit), *n.* drveni sud; oprema; sprava.

**kitchen** (ki'čen), *n.* kuhinja.

**kitchen-garden** (ki'čenga'rdn), *n.* vrt za povrće.

**kite** (kajt), *n.* škanjac, jastrijeb; zmaj (*papirni*).

**kith** (kit), *n.* rodbinstvo; prijatelji.

**kitten** (kitn), *v.* omaciti se; — *n.* mače.

**kleptomania** (kle'ptome'jniö), *n.* bolesno nagnuće za krađu, kleptomanija.

**knack** (năk), *n.* vještina; hitrina.

**knag** (năg), *n.* kvrga, čvor, parožak.

**knaggy** (nă'gi), *a.* kvrgast, čvornat.

**knap** (năp), *v.* krenuti; štipati; odgristi; — *n.* prasak; šklocanje.

**knapsack** (nă'psă'k), *n.* telećak, torba.

**knar** (nār), **knarl** (nārl), *n.* kvrga.

**knarred** (nārd), **knarled** (nārld), *a.* kvrgast.

**knave** (nejv), *n.* lupež, deran, ugursuz; dečko (*kod karata*).

**knavery** (ne'jvöri), *n.* lupeštvo; nepoštenje.

**knavish** (ne'jviš), *a.* lupeški, lopovski.

**knead** (nīd), *v.* mijesiti; gnječiti.

**kneading-trough** (nī'dingtra'f), *n.* naćve.

**knee** (nī), *n.* koljeno; krivo drvo; lokot; koljence (*u biljke*).

**knee-breeches** (nī'bri'čez), *n.* kratke hlače do koljena.

**knee-cap** (nī'kă'p), *n.* koljenica.

**kneed** (nīd), *a.* imajući koljena, koljencat.

**kneel** (nīl), *v.* kleknuti, klečati.

**knee-pan** (nī'pă'n), *n.* koljenica.

**knell** (nel), *v.* zvonom oglasiti mrtvaca; zvoniti za kakovo zlo; — *n.* mrtvačko zvonjenje, samrtno zvono.

**knickerbockers** (ni'körbă'körz), *n.* široke hlače do koljena.

**knick-knack** (ni′knă′k), *n.* igračka, trica.

**knife** (najf), *n.* nož.

**knight** (najt), *v.* učiniti vitezom; — *n.* vitez, borac, konjić (*kod šaha*).

**knight-errant** (na′jte′rönt), *n.* vitez-pustolov.

**knighthood** (na′jthu′d), *n.* viteštvo.

**knightly** (na′jtli), *a. i adv.* viteški.

**knit** (nit), *v.* zauzlati, plesti; sastaviti, spojiti; srasti se.

**knitting** (ni′ting), *n.* pletenje, pletivo.

**knob** (nàb), *n.* kvrga, čvor; okrugli držak (*ključanice*), jabuka (*na štapu*).

**knobbed** (nàbd), *a.* čvornat, kvrgast.

**knobby** (nà′bi), *a.* čvorav, tvrd.

**knock** (nàk), *v.* kucati, pokucati; udarati; sudariti se, sukobiti se; zabadati; — *n.* kucanje; udarac.

**knocker** (nà′kör), *n.* kucatelj, udaratelj; zabadatelj.

**knoll** (nōl), *v.* zvoniti; zvonom zvati; — *n.* okrugli brežuljak; zvonjenje.

**knot** (nàt), *v.* zauzlati, splesti, zauzlati se; — *n.* čvor, uzao, zamka; koljence (*u biljke*); zapletaj; pomorska milja.

**knotted** (nà′ted), *a.* uzlat, čvorav.

**knotty** (nà′ti), *a.* čvorav, zapleten; težak.

**knout** (nạ′ụt), *n.* knuta, bič.

**know** (nō), *v.* znati, poznati, razumjeti, razlikovati.

**knowable** (nō′öbl), *a.* što se može znati.

**knowing** (nō′ing), *a.* znan, znajući; važan; lukav.

**knowingly** (nō′ingly), *adv.* znalice.

**knowledge** (nà′leđ), *n.* znanje; poznanje; znanost; nauka; vještina.

**known** (nōn), *a.* poznat, znan.

**knuckle** (knāl), *v.* udariti člancima *ili* zglobovina; — *n.* zglob, članak, gležanj.

**Koran** (ko′rön), *n.* koran.

**kosmos,** *vidi:* **cosmos.**

**kraal** (krāl), *n.* južno afričko selo.

**kudos** (kju′dös), *n.* slava, glas.

**kyanize** (ka′enajz), *v.* saćuvati (*drva*) protiv gnjiloće kvašenjem u njekoj sublimatovoj rastopini.

# L

**L, l** (el), *slovo*: L, l.
**la** (là), *excl.* gle! vidi!
**labefaction** (lă'bifă'kšön), *n.* propadanje, opadanje.
**bel** (le'jbel), *v.* prilijepiti cedulju na što; — *n.* ceduljica *ili* papir prilijepljen na što sa imenom i lasadržajem nečesa.
**labial** (le'jbiöl), *a.* usni, usneni.
**labium** (le'jbiam), *n.* usna.
**laboratory** (lă'borötori), *n.* laboratorij, radionica.
**labor** (le'jbör), *v.* raditi, truditi se, mučiti se; — *n.* rad, posao, djelo; muka, trud; trudi, bolovi.
**labored** (le'jbörd), *a.* izrađen, ukočen.
**laborer** (le'jböror), *n.* radnik, težak.
**laborious** (lăbö'rias), *a.* radljiv, radin, mučan, naporan.
**laboriously** (lăbö'riasli), *adv.* marljivo, mučno, uz napor.
**labrum** (le'jbram), *n.* gornja usna.
**laburnum** (lăbö'rnam), *n.* žučica *(biljka)*.
**labyrinth** (lă'birint), *n.* labirint, zaplet, zbrka, dio unutrašnjosti uha.
**labyrinthian** (lă'biri'ntiön), *a.* labirintski, zbrkan.
**lac** (lăk), *n.* lak, pokost.
**lace** (lejs), *v.* stegnuti uzicom; opšiti čipkama *ili* resama; preplesti; tući; — *n.* vrpca, uzica, trak, resa, čipka; mreža.
**lacerable** (lă'söröbl), *a.* što se može razderati.
**lacerate** (lă'sörejt), *v.* razderati; raskinuti; mučiti.
**laceration** (lă'söre'jšön), *n.* deranje, rana.
**laches** (lă'čes), *n.* nemar, propust.
**lachrymal** (lă'krimöl), *a.* suzni.
**lachrymary** (lă'krimöri), *a.* suzan.
**lachrimatory** (lă'krimötori), *a.* sudić za suze *(u starim rimskim grobovima)*.

**lachrymose** (lă'krimos), *a.* pun suza.
**lacing** (le'jsing), *n.* stegnuće uzicom, uzica.
**lack** (lăk), *v.* ne imati, biti bez; trebati; — *n.* nestašica, potreba, manjkavost.
**lackadaisical** (lă'köde'jziköl), *a.* turoban, nujan, plačljiv.
**lackey** (!ă'ki), *v.* služiti; — *n.* pješak, sluga.
**lack-lustre** (lă'kla'stör), *a.* bez sjaja.
**laconic** (lăkă'nik), **laconical** (lăkă'niköl), *a.* kratak, zbijen, lakonski.
**laconism** (lă'kànizm), **laconicism** (lăkă'nisizm), *n.* zbijenost, lakonska kratkoća.
**lacquer** (lă'kör), *v.* polakirati, pokostiti; — *n.* lak, pokost.
**lactation** (lăkte'jšön), *n.* dojenje.
**lacteal** (lă'ktiöl), *a.* mliječan; — *n.* mliječovod.
**lactescent** (lăkte'sent), *a.* što daje mlijeko, mljekovit.
**lactic** (lă'ktik), *a.* mliječan.
**lactine** (lă'ktin), *n.* mliječni slador.
**lacuna** (lăkju'nö), *n.* izdubak, praznina.
**lacy** (le'jsi), *a.* sličan vrpci.
**lad** (lăd), *n.* momak, mladić.
**ladder** (lă'dör), *n.* ljestve.
**lade** (lejd), *v.* tovariti, nakrcati.
**laden** (lejdn), *a.* natovaren, krcat.
**lading** (le'jding), *n.* tovar, teret, voz.
**ladle** (lejdl), *v.* davati žlicom; — *n.* velika žlica, kašika, zidarska lopatica.
**lady** (le'di), *n.* gospođa, gospodarica.
**lady-bird** (le'dibö'rd), **lady-fly** (le'difla'j), *n.* božja ovčica.
**lady-day** (le'dide'j), *n.* blagovijest.
**lady-like** (le'dila'jk), *a.* ponašajući se poput gospođe.
**ladyship** (le'dišip), *n.* stalež odlične gospođe.
**lag** (lăg), *v.* lagano ići; oklijevati; zaostajati; — *a.* spor; trom; dockan; — *n.* najzadnji.

**lager-beer** (la'görbī'r), *n.* njemačko pivo, koje stoji nekoliko mjeseci prije upotrijebe.

**laggard** (lă'görd), *a.* lagan; trom; nazadan; — *n.* spor čovjek, oklijevalac.

**lagoon, lagune** (lăgū'n), *n.* laguna.

**laic** (le'ik), *a.* svjetovan; — *n.* svjetovnjak.

**laicize** (le'isajz), *v.* posvjetovnjačiti.

**lair** (lēr), *n.* ležaj, leglo.

**laird** (lērd), *n.* vlastelin (*u Škotskoj*).

**laity** (le'iti), *n.* svjetovnjaci.

**lake** (lejk), *n.* jezero.

**laky** (le'jki), *a.* jezerski.

**lama** (la'mö), *n.* lama (*budistički svećenik*).

**lamb** (lăm), *v.* janjiti se; — *n.* janje, janjčevina.

**lambent** (lă'mbent), *a.* koji liže, bukti (*o plamenu*).

**lambkin** (lă'mkin), *n.* janješce.

**lame** (lejm), *v.* ohromiti, osakatiti; — *a.* hrom, šepav; manjkav; nepovoljan.

**lamella** (lăme'lö), *n.* tanka pločica *ili* ljuska, listić.

**lamellar** (lăme'lör), *a.* sastavljen od tankih pločica, listast.

**lamely** (le'jmli), *adv.* hromo, šepavo; slabo.

**lament** (lăme'nt), *v.* jadikovati, tugovati, plakati, žalovati; — *n.* tužaljka, jadikovanje.

**lamentable** (lă'mentöbl), *a.* tugaljiv, tužan; plačljiv.

**lamentably** (lă'mentöbli), *adv.* tugaljivo, bijedno; slabo.

**lamentation** (lă'mente'jšön), *n.* jadikovanje, tuženje.

**lamina** (lă'minö), *n.* pločica; ljuska; listić.

**laminar** (lă'minör), *a.* lisnat.

**lamination** (lă'mine'jšön), *n.* tanjenje; pravljenje lima.

**lammas** (lă'mös), *n.* prvi kolovoza.

**lamp** (lămp), *n.* svjetiljka, lampa.

**lampblack** (lă'mpblă'k), *n.* čađa.

**lampion** (lă'mpjön), *n.* svjetiljka.

**lampoon** (lămpū'n), *v.* pisati napadajno; — *n.* pogrdno pismo.

**lamprey** (lă'mpri), *n.* piškor.

**lanate** (le'jnet), *a.* vunat.

**lance** (lăns), *v.* probosti kopljem; — *n.* koplje.

**lanceolate** (lă'nsiolejt), *a.* kopljast.

**lancer** (lă'nsör), *n.* kopljanik.

**lancet** (lă'nset), *n.* lanceta, nožić.

**lancet-window** (lă'nsetui'ndo), *n.* visok i uski prozor sa šiljastim lukom.

**land** (lănd), *v.* iskrcati se, pristati; — *n.* zemlja, zemljište, tlo, kopno, kraj.

**land-breeze** (lă'ndbrī'z), *n.* vjetrić s kopna.

**landed** (lă'nded), *a.* zemljišni.

**landgrave** (lă'ndgre'jv), *n.* landgraf.

**landholder** (lă'ndho'ldör), *n.* vlastelin, posjednik zemljišta.

**landing** (lă'nding), *n.* iskrcanje, pristajanje.

**landlady** (lă'ndle'jdi), *n.* vlastelinka, posjednica.

**landlocked** (lă'ndlă'kt), *a.* opkoljen kopnom.

**landloper** (lă'ndlo'pör), *n.* skitnica.

**landlord** (lă'ndlō'rd), *n.* vlastelin, posjednik, kućegospodar.

**landmark** (lă'ndma'rk), *n.* međa.

**landowner** (lă'ndō'nör), *n.* vlastelin; posjednik zemljišta.

**land-rail** (lă'ndre'jl), *n.* prdavac (*ptica*).

**landscape** (lă'ndskejp), *n.* predjel, kraj; okolišni vidik.

**landslide** (lă'ndsla'jd), **landslip** (lă'ndslip), *n.* urvina, zemlja, što se surva, oklizotina.

**landsman** (lă'ndzmön), *n.* čovjek, koji živi na kopnu.

**land-steward** (lă'ndstu'örd), *n.* upravitelj imanja.

**land-surveying** (lă'ndsörveing), *n.* razgledanje zemljišta, zemljomjerstvo.

**landward** (lă'nduörd), *adv.* prema kopnu.

**lane** (lejn), *n.* uska ulica, cesta; dvored.

**language** (lă'nguęđ), *n.* jezik, govor.

**languid** (lă'nguid), *a.* mlitav, mlak; lijen; slab.

**languidly** (lă'nguidli), *adv.* mlitavo, slabo.

**languish** (lă'nguiš), *v.* slabiti, klonuti, venuti, čeznuti.

**languishing** (lă'nguišing), *n.* čeznja, ginuće, iznemoglost.

**languishment** (lă'nguišment), *n.* čama, bol, tromost, mlitavost.

**languor** (lă'ngör), *n.* klonulost, poništenost, mlohavost, iznemoglost.

**languorous** (lă'ngöras), *a.* mlohav, mlitav.

**lank** (lănk), *a.* vitak, tanak, mršav.

**lanky** (lă'nki), *a.* tanašan, mršav.

**lantern** (lă'ntörn), *v.* snabdjeti svjetiljkom; — *n.* svjetiljka, svjetionik.

**lap** (lăp), *v.* zaviti; oliznuti; udarati o; prevaliti se; — *n.* krilo, skut.

**lapel, lapelle** (lăpe'l), *n.* suvratak (*na kaputu*).

**lapidary** (lă'pidöri), *a.* kamencrezan; — *n.* kamenorezac; draguljar.

**lappet** (lă'pet), *n.* skut.

**lapse** (lăps), *v.* padati; teći; prolaziti, proći; propasti; — *n.* pad, prolaženje (*vremena*); propadanje; gubitak (*prava*).

**lapwing** (lă'pui'ng), *n.* vivak (*ptica*).

**larboard** (la'rbord), *n.* lijeva strana broda.

**larceny** (la'rseni), *n.* krađa.

**larch** (larč), *n.* tis, ariš.

**lard** (lard), *v.* zamastiti; odebljati; našpikati slaninom; — *n.* mast (*svinjska*).

**larder** (la'rdör), *n.* smočnica.

**large** (larđ), *a.* velik, krupan; prostran; širok; izdašan.

**large-hearted** (la'rđha'rted), *a.* velikodušan.

**largely** (la'rđli), *adv.* ponajvečma, ponajviše, obiljno, veoma.

**largess** (la'rđes), *n.* dar; darežljivost.

**larghetto** (large'to), *a. i adv.* prilično lagano.

**largo** (la'rgo), *a. i adv.* lagan; polagano.

**lark** (lark), *n.* ševa.

**larum** (lă'ram), *n.* uzbuna, alarm.

**larva** (la'rvö), *n.* ličinka.

**larval** (la'rvöl), *a.* što spada ličinki.

**laryngeal** (lări'nđiöl), *a.* grleni.

**laryngitis** (lă'rinđa'jtis), *n.* upala grla.

**larynx** (lă'rinks), *n.* grkljan; grlo.

**lascar** (lă'skör), *n.* istočnoindijski mornar.

**lascivious** (lăsi'vias), *a.* puten, pohotan, bludan.

**lasciviousness** (lăsi'viasnes), *n.* pohota, putenost, blud.

**lash** (lăš), *v.* bičevati, šibati; uzvitlati bičem, puckarati; udarati (*kao valovi*); — *n.* uzica na biču, bič; udarac; poruga.

**lass** (lăs), *n.* djevojka, ljubovca.

**lassie** (lă'si), *n.* djevojče, djevojčica.

**lassitude** (lă'sitjud), *n.* malaksalost, mlohavost.

**lasso** (lă'so), *v.* hvatati sa bacanjem zamke; — *n.* zamka, koja se baca kod hvatanja divljih životinja.

**last** (lăst), *v.* trajati, ustrajati; — *a.* zadnji, potonji; prošli; preašnji, skrajnji; — *adv.* zadnje, konačno; — *n.* kalup, teret.

**lasting** (lă'sting), *a.* trajan; — *n.* vrsta vunene robe.

**lastingly** (lă'stingli), *adv.* trajno, ustrajno.

**lastly** (lă'stli), *adv.* napokon, konačno.

**latch** (lăč), *v.* zatvoriti kvakom; — *n.* kvaka (*na vratima*).

**latchet** (lă'čet), *n.* uzica za cipele.

**late** (lejt), *a.* kasan, pozan; preašnji; pokojni; nedavni; novi; — *adv.* kasno; nedavno.

**lately** (le'jtli), *adv.* onomadne, nedavno.

**latency** (le'jtensi), *n.* skrovitost, potaja.

**latent** (le'jtent), *a.* sakriven, potajan.

**later** (le'jtör), *comp.* kasniji; kasnije.

**lateral** (lă'töröl), *a.* postran, pobočni.

**lath** (lat), *v.* poletviti; — *n.* letva.

**lathe** (lejt), *n.* tokara.

**lather** (lă'dör), *v.* nasapunati; opjeniti se; — *n.* sapunica; pjena.

**lathing** (la'ding), *n.* žiočenje.

**lathy** (la'di), *a.* tanak kao letva.

**Latin** (lă'tin), *a.* latinski; — *n.* latinski jezik.

**Latinism** (lă'tinizm), *n.* latinština.

**Latinist** (lă'tinist), *n.* latinac.

**Latinity** (lăti'niti), *n.* latinica.

**Latinize** (lă'tinajz), *v.* polatiniti.

**latish** (le'jtiš), *a.* zakašnjen.

**latitude** (lă'titjud), *n.* širina, opseg, sloboda.

**latitudinarian** (lă'titjudine'jriön), *a.* slobodouman; — *n.* slobodoumnjak.

**latitudinarianism** (lă'titjudine'jriönizm), *n.* slobodoumlje.

**latter** (lă'tör), *a.* potonji, kasniji, moderan.

**latterly** (lă'törli), *adv.* nedavno; napokon.

**lattice** (lă'tis), *v.* učiniti rešetku; — *n.* rešetka.

**laud** (lăd), *v.* hvaliti, slaviti; — *n.* pohvala, slavospjev.

**laudable** (lă'döbl), *a.* pohvalan.

**laudably** (là'döbli), *adv.* pohvalno.
**laudanum** (là'dönam), *n.* tinktura od opija.
**laudation** (làde'jšön), *n.* hvaljenje, pohvala.
**laudatory** (là'dötori), *a.* pohvalni.
**laugh** (làf), *v.* smijati se, veseliti se; — *n.* smijeh, podsmijeh.
**laughable** (là'föbl), *a.* smiješan.
**laughably** (là'föbli), *adv.* smiješno.
**laugher** (là'för), *n.* smijač.
**laughingly** (là'fingli), *adv.* smijući se, uz smijeh.
**laughing-stock** (là'fingstà'k), *n.* predmet smijeha.
**laughter** (là'ftör), *n.* smijeh.
**launch** (lanč), *v.* baciti; turiti, porinuti; spustiti; okliznuti se; baciti se; — *n.* spuštanje, porinuće (*broda*); barkača.
**launder** (la'ndör), *n.* korito (*za ispiranje ruda*).
**laundress** (la'ndres), *n.* pralja, perilja.
**laundry** (la'ndri), *n.* praonica; rublje.
**laureate** (là'riet), *v.* ovjenčati lovorovim vijencem, promovirati; —*a.* ovjenčan lovorikom; **poet laureate** (pō'et là'riet), ovjenčani dvorski pjesnik; — *n.* osoba ovjenčana lovorikom.
**laureation** (là'rie'jšön), *n.* vjenčanje lovorom; promocija.
**laurel** (là'rel), *n.* lovor, lovorika.
**laurelled** (là'reld), *a.* ovjenčan lovorom.
**lava** (la'vö), *n.* lava.
**lavatory** (là'vötori), *n.* perilo; praonica; zahod.
**lave** (lejv), *v.* prati; kupati, kupati se.
**lavender** (là'vendör), *n.* despik (*mirisava biljka*).
**laver** (le'jvör), *n.* umivaonica.
**lavish** (là'viš), *v.* rasipati, biti izdašan; — *a.* izdašan, rasipan, preobilan.
**lavishly** (là'višli), *adv.* izdašno; rastrošno.
**law** (là), *n.* zakon, pravo; zapovjed; pravilo.
**lawful** (là'ful), *a.* zakonit.
**lawfully** (là'fuli), *adv.* zakonito.
**lawgiver** (là'gi'vör), *n.* zakonodavac.
**lawless** (là'les), *a.* bezakon; zločinački.
**lawlessly** (là'lesli), *adv.* bezakono; zločinački.
**lawlessness** (là'lesnes), *n.* bezakonje; zločinstvo.

**lawmaker** (là'me'jkör), *n.* zakonodavac.
**lawn** (làn), *n.* tratina, ledina; trava; proplanak; batist.
**lawsuit** (là'su't), *n.* tužba, parnica.
**lawyer** (là'jör), *n.* odvjetnik, pravnik.
**lax** (làks), *a.* raspušten; popustljiv; slobodan; mlohav; proljevan.
**laxative** (là'ksötiv), *a.* što čisti; proljevan; — *n.* sredstvo za čišćenje.
**laxity** (là'ksiti), *n.* mlohavost; slabost; netočnost.
**lay** (lej), *v.* staviti, metnuti, poleći; umiriti; leći; nesti; kladiti se; — *a.* svjetovni; nezvaničan; — *n.* ležaj, leglo; sloj; red.
**layer** (le'ör), *n.* polagatelj; sloj; položnica.
**layman** (le'jmön), *n.* svjetovnjak.
**lazar** (le'jzör), *n.* gubavac.
**lazaretto** (là'zöre'to), *n.* bolnica, lazaret.
**lazar-house** (le'jzörhà'us), *n. vidi*: **lazaretto.**
**lazily** (le'jzili), *adv.* lijeno, mlitavo.
**laziness** (le'jzines), *n.* lijenost; neradinost.
**lazy** (le'jzi), *a.* lijen, trom.
**lea** (lī'), *n.* livada.
**lead** (led), *v.* pokriti olovom; — *a.* olovan; — *n.* olovo.
**lead** (līd), *v.* voditi, upravljati; zavoditi; prednjačiti; — *n.* vođenje.
**leaded** (le'ded), **leaden** (ledn), *a.* olovan; težak.
**leader** (lī'dör), *n.* vođa; prvak; glava.
**leadership** (lī'döršip), *n.* vodstvo, prvenstvo.
**leading** (lī'ding), *a.* prvi, glavni; — *n.* vodstvo, vođenje.
**leaf** (līf), *n.* list; *pl.* **leaves** (līvz), lišće.
**leafage** (lī'feđ), *n.* lišće.
**leafless** (lī'fles), *a.* bez lišća.
**leaflet** (lī'flet), *n.* listić.
**leafy** (lī'fi), *a.* lisnat, pun lišća.
**league** (līg), *v.* učiniti savez; — *n.* savez.
**leaguer** (lī'gör), *n.* saveznik.
**leak** (līk), *v.* curenje; — *n.* pukotina.
**leakage** (lī'keđ), *n.* curenje.
**leaky** (lī'ki), *a.* što propušta vodu.
**leal** (līl), *a.* vjeran.
**lean** (līn), *v.* naginjati; nasloniti se; ovisiti, uzdati se; — *a.* mršav, suh; neplodan; — *n.* nemasno meso.

**leanly** (lī'nli), *adv.* mršavo, suhoparno.
**leap** (līp), *v.* skočiti, preskočiti; — *n.* skok, odskok.
**leap-frog** (lī'pfrȧ'g), *n.* preskakivanje (*preko leđiju*).
**leap-year** (lī'pji'r), *n.* prestupna godina.
**learn** (lörn), *v.* učiti se; podučavati.
**learned** (lö'rned), *a.* učen; vješt.
**learnedly** (lö'rnedli), *adv.* učeno; vješto.
**learnedness** (lö'rnednes), *n.* učenost.
**learner** (lö'rnör), *n.* učenik.
**learning** (lö'rning), *n.* učenje; učenost; znanost.
**lease** (līs), *v.* iznajmiti, dati pod zakup; — *n.* zakup, najam, zakupni ugovor.
**leasehold** (lī'shō'ld), *a.* zakupljen; — *n.* uzimanje pod zakup; zakupština.
**leaseholder** (lī'shō'ldör), *n.* zakupnik.
**leash** (līš), *v.* svezati remenom; voditi na konopcu; — *n.* uzica; konopac; remen.
**leasing** (lī'zing), *n.* laži.
**least** (līst), *a.* najmanji; — *adv.* najmanje.
**leather** (le'dör), *a.* kožnat; — *n.* koža.
**leathern** (le'dörn), *a.* kožan, kožnat.
**leathery** (le'döri), *a.* poput kože; žilav.
**leave** (līv), *v.* pustiti, ostaviti; prepustiti; zapustiti; listati, prolistati; — *n.* dopust, dozvola; oproštaj.
**leaved** (līvd), *a.* lisnat.
**leaven** (levn), *v.* zakvasiti; pomiješati kvasom; — *n.* kvasac, kvas.
**leavings** (lī'vingz), *n.* ostanci, ostaci.
**leavy** (lī'vi), *a.* lisnat.
**lecher** (le'čör), *v.* bludno živjeti; — *n.* bludnik.
**lecherous** (le'čöras), *a.* bludan; raskalašen.
**lechery** (le'čöri), *n.* bludnost, pohota.
**lectern** (le'ktörn), *n.* štionik.
**lection** (le'kšön), *n.* čitanje, glava (*u knjizi*).
**lecture** (le'kćur), *v.* predavati; ukoriti; — *n.* predavanje; ukor.
**lecturer** (le'kćurör), *n.* predavač.
**lectureship** (le'kćuršip), *n.* služba predavača.
**ledge** (leđ), *n.* rub; kraj; greben.
**ledger** (le'đör), *n.* glavna knjiga (*poslovna*).

**lee** (lī), *n.* zavjetrina, zaklonište (*od vjetra*).
**leech** (līč), *v.* liječiti; metnuti pijavice; — *n.* pijavica; liječnik.
**leek** (līk), *n.* poriluk; — **to eat the leek** (tu ī't di lī'k), pojesti (*opozvati*) svoje vlastite riječi.
**leer** (līr), *v.* postrano gledati; smiješiti se prisilno; — *n.* prijeki pogled; usiljen smiješak.
**lees** (līz), *n.* talog, drožđe.
**leet** (līt), *n.* listina kandidata.
**leeward** (lī'uörd), *adv.* u zavjetrini.
**leeway** (lī'ue̱'j), *n.* uval; zastranjenje od pravca.
**left** (left), *a.* lijevi; — *n.* ljevica; lijeva strana.
**left-hand** (le'fthȧ'nd), **left-handed** (le'fthȧ'nded), *a.* lijevi; ljevoruk; nezgrapan.
**leg** (leg), *n.* noga.
**legacy** (le'gösi), *n.* ostavština; zapis, legat.
**legal** (lī'göl), *a.* zakonit; pravni.
**legality** (ligȧ'liti), *n.* zakonitost.
**legalization** (li'gölize'jšön), *n.* uzakonjenje, overenje, potvrđenje.
**legalize** (li'gölajz), *v.* uzakoniti, ovjeroviti.
**legally** (li'göli), *adv.* zakonito.
**legate** (le'get), *n.* poslanik, nuncij.
**legatee** (le'gati'), *n.* baštinik.
**legation** (lige'jšön), *n.* poslanstvo.
**legend** (li'dend), *n.* bajka (*iz starih vremena*), legenda; natpis.
**legendary** (li'dendöri), *a.* basnoslovan.
**legerdemain** (le'dördime'jn), *n.* varka rukom; sljeparija.
**legging** (le'ging), *n.* sara, dokoljenica.
**legibility** (le'dibi'liti), *n.* čitljivost.
**legible** (le'dibl), *a.* čitljiv.
**legibly** (le'dibli), *adv.* čitljivo.
**legion** (li'đön), *n.* legija, četa; velik broj.
**legionary** (li'đönöri), *a.* legijaški; velik; — *n.* legionarac, legijaš.
**legislate** (le'đislejt), *v.* činiti, davati zakone.
**legislation** (le'đisle'jšön), *n.* zakonodavstvo.
**legislative** (le'đisle'jtiv), *a.* zakonodavan.
**legislator** (le'đisle'jtör), *n.* zakonodavac.
**legislature** (le'đisle'jćur), *n.* zakonodavno tijelo; skupština.

**legist** (li'đist), *n.* pravnik.
**legitimacy** (liđi'timösi), *n.* zakonitost.
**legitimate** (liđi'timet), *v.* proglasiti zakonitim; — *a.* zakonit; pravovaljan.
**legitimation** (liđi'time'jšön), *n.* pozakonjenje; ovjerovljenje.
**legitimize** (liđi'timajz), *v.* pozakoniti.
**legume** (le'gjum), *n.* mahuna; — *pl.* sočivo, varivo.
**leguminous** (legju'minas), *a.* mahunast.
**leisure** (li'žur), *a.* bezbrižan; — *n.* dokolica, prosto vrijeme.
**leisurely** (li'žurli), *adv.* u dokolici; polagano.
**lemma** (le'mö), *n.* pretpostavka.
**lemming** (le'ming), *n.* lemar (*vrst parcova*).
**lemon** (le'mön), *n.* limun.
**lemonade** (le'möne'jd), *n.* limunada.
**lemur** (li'mör), *n.* makij (*vrst polumajmuna*).
**lend** (lend), *v.* posuditi; uzajmiti; dati; pružiti.
**lender** (le'ndör), *n.* uzaimač; zajmodavac.
**lending** (le'nding), *n.* zajam.
**length** (lengt), *n.* duljina; daljina; opseg.
**lengthen** (le'ngten), *v.* produljiti, protegnuti.
**lengthily** (le'ngtili), *adv.* na dugo.
**lengthwise** (le'ngtua'jz), *adv.* po duljini, uzduž.
**lengthy** (le'ngti), *a.* poduljast.
**lenience** (li'niens), **leniency** (li'niensi), *n.* blagost; olahkotnost.
**lenient** (li'nient), *a.* olahkotan; blag.
**leniently** (li'nientli), *adv.* blago.
**lenitive** (le'nitiv), *a.* ublažujući; — *n.* ublažujuće sredstvo.
**lenity** (le'niti), *n.* blagost; milost.
**leno** (li'no), *n.* vrsta vunene tkanine.
**lens** (lenz), *n.* leća (*od stakla*).
**Lent** (lent), *n.* korizma; post.
**Lenten** (le'nten), *a.* korizmeni; posni.
**lentigo** (lenta'jgo), *n.* krasta, grinta.
**lentil** (le'ntil), *n.* leća.
**lento** (le'nto), *a. i adv.* lagan; polagano.
**Leo** (li'o), *n.* lav (*u zodiaku*).
**leonine** (li'onajn), *a.* lavlji, lavski; leoninski (*stih*).
**leopard** (le'pörd), *n.* leopard.
**leper** (le'pör), *n.* gubavac.

**lepidopterous** (le'pidá'ptöras), *a.* leptirski.
**leporine** (le'porajn), *a.* zečji.
**leprosy** (le'prosi), *n.* guba.
**leprous** (le'pras), *a.* gubav.
**lesion** (li'žön), *n.* rana; povreda; nered.
**less** (les), *a.* manji; — *adv.* manje.
**lessee** (le'sī), *n.* zakupnik.
**lessen** (lesn), *v.* smanjiti; sniziti; oslabiti; umanjiti se.
**lesser** (le'sör), *a.* manji.
**lesson** (lesn), *n.* zadača, lekcija; pouka; ukor.
**lest** (lest), *conj.* da ne.
**let** (let), *v.* dozvoliti; pustiti; iznajmiti; ostaviti; priječiti; — *n.* zaprijeka.
**lethal** (li'töl), *a.* smrtan, sudbonosan.
**lethargic** (leta'rđik), *a.* obamro; tup.
**lethargy** (le'törđi), *n.* obamrlost; mrtvilo; mlitavost.
**lethe** (li'ti), *n.* zaborav.
**letter** (le'tör), *v.* utisnuti slova; — *n.* pismo; slovo; poslanica.
**lettered** (le'törd), *a.* učen; znanstven.
**lettering** (le'töring), *n.* otiskivanje slova.
**letter-press** (le'törpres), *n.* tisak.
**lettuce** (le'tis), *n.* salata, loćika.
**Levant** (levá'nt), *v.* pobjeći pred dugovima; — *n.* Istok, istočne zemlje.
**Levanter** (livá'ntör), *n.* istočnjak (*vjetar*).
**Levantine** (livá'ntin), *a.* istočni.
**levee** (levē'), *n.* jutarnje primanje posjetnika (*na dvoru*); nasip.
**level** (le'vel), *v.* sravniti, izjednačiti; nišaniti; smjerati; — *a.* horizontalan, ravan; — *n.* razina, ravan, ravnina; razulja; obzor.
**leveler** (le'velör), *n.* izjednačivalac.
**leveling** (le'veling), *n.* ravnanje, izjednačivanje.
**lever** (li'vör), *n.* poluga.
**leverage** (li'vöređ), *n.* dizanje polugom.
**leveret** (le'vöret), *n.* zečić.
**leviable** (le'viöbl), *a.* ovršan; uberiv.
**leviathan** (liva'öten), *n.* morska neman, grđosija.
**levigate** (le'vigejt), *v.* satrti, smrviti, gladiti.
**Levite** (li'vajt), *n.* levit, svećenik.

**Levitical** (livi'tiköl), *a.* levitski, svećenički.

**levity** (le'viti), *n.* lahkoumnost; nestalnost; neozbiljnost.

**levy** (le'vi), *v.* kupiti *(vojsku)*; pobirati *(porez)*; voditi *(ovrhu)*; — *n.* kupljenje *(vojske)*; ovrha.

**lewd** (ljud), *a.* bludan; raskalašen; raspušten; zao.

**lewdly** (lju'dli), *adv.* bludno; raskalašeno; besramno.

**lewdness** (lju'dnes), *n.* bludnost; razuzdanost.

**lexicographer** (le'ksikā'gröför), *n.* rječnikopisac.

**lexicography** (le'ksikā'gröfi), *n.* pisanje rječnika.

**lexicon** (le'ksikàn), *n.* rječnik.

**leze-majesty** (lī'zmā'đesti), *n.* zločin protiv vladara.

**liability** (la'ebi'liti), *n.* odgovornost, obvezatnost; dugovi; teret.

**liable** (la'ebl), *a.* odgovoran; obvezatan; kadar.

**liar** (la'ör), *n.* lažac.

**libation** (lajbe'jšön), *n.* prolijevanje vina u slavu bogova; obilno pijenje.

**libel** (la'jbel), *v.* klevetati, ocrnjivati *(pisanjem)*; — *n.* uvrijedljivo pisanje; zlobno objelodanjenje; uvrijeda poštenja *(pisanjem)*; tužba *(za rastavu braka)*.

**libelant** (lajbe'lönt), *n.* tužitelj *(kod rastave braka)*.

**libeller** (la'jbelör), *n.* klevetnik, ocrnjivač.

**libelous** (la'jbelas), *a.* klevetnički, porugljiv.

**liberal** (li'böröl), *a.* velikodušan; plemenit; slobodan; — *n.* liberalac; onaj koji propovijeda veću političku slobodu.

**liberalism** (li'börölizm), *n.* slobodoumna načela; liberalizam.

**liberality** (li'börā'liti), *n.* slobodoumlje; darežljivost.

**liberalize** (li'börölajz), *v.* učiniti slobodoumnim; osloboditi.

**liberate** (li'börejt), *v.* osloboditi, otkupiti.

**liberation** (li'böre'jšön), *n.* oslobođenje; otkup.

**liberator** (li'böre'jtör), *n.* osloboditelj, otkupitelj.

**liberticide** (libö'rtisajd), *n.* zatirač slobode; zatiranje slobode.

**libertine** (li'börtajn), *a.* razuzdan, raspušten; — *n.* slobodnjak; razuzdanik.

**liberty** (li'börti), *n.* sloboda; dopuštenje; povlastica.

**libidinous** (libi'dinas), *a.* pohotan, puten, bludan.

**libra** (la'jbrö), *n.* vaga *(u zodijaku)*.

**librarian** (lajbre'riön), *n.* knjižničar.

**librarianship** (lajbre'riönšip), *n.* knjižničarstvo.

**library** (la'jbreri), *n.* knjižnica.

**librate** (la'jbrejt), *v.* biti u ravnoteži, balancirati; kolebati.

**libration** (lajbre'jšön), *n.* kolebanje; ravnoteža.

**libretto** (libre'to), *n.* tekst koje opere.

**lice** (lajs), *n.* uši.

**license, licence** (!a'jsens), *v.* dozvoliti; ovlastiti; — *n.* dozvola; dopusnica; sloboda.

**licensee** (la'jsensi'), *n.* komu je dozvola dana.

**licenser** (la'jsensör), *n.* koji izdaje dozvolu.

**licentiate** (lajse'nšiet), *n.* ovlašćenik.

**licentious** (lajse'nšas), *a.* razuzdan.

**licentiously** (lajse'nšasli), *adv.* razuzdano.

**lichen** (la'jken *ili* li'čen), *n.* lišaj.

**licit** (li'sit), *a.* zakonit; dopustiv.

**lick** (lik), *v.* lizati, polizati; tući; — *n.* lizanje; udarac.

**lickerish** (li'köriš), *a.* sladokusan.

**lickspittle** (li'kspi'tl), *n.* ulizica.

**licorice** (li'koris), *n.* sladič *(biljka)*.

**lictor** (li'ktör), *n.* liktor.

**lid** (lid), *n.* poklopac, kapak.

**lie** (laj), *v.* lagati; — *n.* laž.

**lie** (laj), *v.* ležati, biti smješten; počivati; ovisiti; nalaziti se, boraviti; — *n.* položaj.

**lief** (līf), *a.* drag, mio; — *adv.* veselo; voljko; spremno.

**liege** (līđ), *a.* lenski; odan, vijeran; — *n.* vazal; gospodar.

**lien** (līn), *n.* zakonito pravo; opterećenje.

**lieu** (lju), *n.* mjesto.

**lieutenancy** (lute'nönsi), *n.* čast poručnika; poručničtvo.

**lieutenant** (lute'nönt), *n.* poručnik; namjesnik.

**life** (lajf), *n.* život.

**life-boat** (la'jfbō't), *n.* čamac za spasavanje.

**life-guard** (la'jfgā'rd), *n.* tjelesna straža.

**lifeless** (la'jfles), *a.* bezživotan; mrtav; mlohav; neradin.

**lifelike** (la'jfla'jk), *a.* kao živ.

**lifelong** (la'jfla'ng), *a.* doživotan.

**life-rent** (la'jfre'nt), *n.* doživotna renta.

**life-size** (la'jfsa'jz), *a.* naravne veličine.

**lifetime** (la'jfta'jm), *n.* vijek (*čovjeka*).

**lift** (lift), *v.* dići, podignuti; uzdizati; — *n.* dizanje; pomoć; dizaljka.

**ligament** (li'göment), *n.* veza; zglob.

**ligation** (lajge'jšön), *n.* vezanje, sveza.

**ligature** (li'göćur), *n.* podveza; zavoj.

**light** (lajt), *v.* rasvijetliti, osvijetliti; sjašiti; — *a.* svjetao, jasan; lagan; okretan; — *adv.* lagano; jeftino; — *n.* svijetlo, svjetlost; svijeća; vatra; žigica; razjašnjenje.

**lighten** (lajtn), *v.* svijetliti; sjati; sjati se; sjevnuti; prosvijetliti; olakšati; smanjiti; utješiti; razveseliti.

**lighter** (la'jtör), *n.* koji svijeti; užigač; brod za istovarivanje.

**light-fingered** (la'jtfi'ngörd), *a.* kradljiv.

**light-footed** (la'jtfu'ted), *a.* brzonog.

**light-headed** (la'jthe'ded), *a.* nestašan; bezuman.

**light-hearted** (la'jtha'rted), *a.* bezbrižan; veseo.

**light-horse** (la'jtho'rs), *n.* laki konjanici.

**lighthouse** (la'jtha͜us), *n.* svjetionik.

**light-infantry** (la'jti'nföntri), *n.* lako pješačtvo.

**lightly** (la'jtli), *adv.* na lahku ruku; lahko.

**lightning** (la'jtnik), *n.* munja, blijesak.

**lightning-rod** (la'jtningra'd), *n.* munjovod.

**lights** (lajc), *n.* pluća (*živinska*).

**lightsome** (la'jtsam), *a.* jasan, vedar, veseo.

**ligneous** (li'gnia͜s), *a.* drven.

**lignify** (li'gnifaj), *v.* odrveniti.

**lignum-vitae** (li'gnamva'jti), *n.* gvajak drvo.

**like** (lajk), *v.* voliti, htjeti, ljubiti, militi se, dopadati se; — *a.* jednak; sličan, nalik; raspoložen; — *adv.* poput; slično; — *n.* sličnost; naklonost.

**likeable** (la'jköbl), *a.* privlačiv; ljubak, drag, mio.

**likelihood** (la'jklihud), *n.* vjerojatnost; izgled.

**likely** (la'jkli), *a.* vjerojatan; podoban; kadar; — *adv.* vjerojatno; po svoj prilici.

**liken** (lajkn), *v.* isporediti; sravnjivati.

**likeness** (la'jknes), *n.* jednakost, sličnost; slika; prilika.

**likewise** (la'jku͜a'jz), *adv.* isto tako, također.

**liking** (la'jking), *n.* naklonost; želja; ljubav.

**lilac** (la'jlăk), *a.* ljubičast; — *n.* jorgovan.

**lilliputian** (li'lipju'šön), *a.* vrlo malen; — *n.* vrlo malena osoba.

**lilt** (lilt), *v.* pjevuckati; poigravati; — *n.* pjevuckanje.

**lily** (li'li), *n.* lijer, liljan.

**limb** (lim), *n.* razuditi; raskomadati; — *n.* udo; grana; rub, kraj.

**limber** (li'mbör), *a.* vitak, gibak; — *n.* topovska kola.

**limbo** (li'mbo), *n.* limbuš, prvi pakao.

**lime** (lajm), *v.* bijeliti vapnom; — *n.* vapno, kreč.

**lime-burner** (la'jmbö'rnör), *n.* vapnar.

**lime-kiln** (la'jmki'l), *n.* vapnenica.

**lime-pit** (la'jmpi't), *n.* vapnara.

**lime-stone** (la'jmstō'n), *n.* vapnenac.

**lime-wash** (la'jmu͜a'š), *n.* vapno za bijeljenje.

**limit** (li'mit), *v.* ograničiti, odrediti; — *n.* granica, međa.

**limitable** (li'mitöbl), *a.* ograničiv.

**limitation** (li'mite'jšön), *n.* ograničenje; stegnuće; određeno vrijeme.

**limited** (li'mited), *a.* ograničen; uzak; stegnut.

**limitless** (li'mitles), *a.* neograničen; neizmjeran.

**limn** (lim), *v.* slikati; risati.

**limner** (li'mnör), *n.* slikar.

**limp** (limp), *v.* hramati, šepati; — *a.* gibak, vitak; — *n.* hramanje.

**limpet** (li'mpet), *n.* priljepak.

**limpid** (li'mpid), *a.* jasan; kristalan.

**limpidity** (limpi'diti), *n.* bistrina; čistoća; prozirnost.

**limy** (la'jmi), *a.* ljepljiv; vapnen.

**lin, linn** (lin), *n.* slap, vodopad.

**linch-pin** (li'nčpi'n), *n.* klinac od osovine.

linden (li'nden) n. lipa.
line (lajn), v. crtati; izmjeriti; poređati; postaviti; opšiti; — n. konopac, uzica; niz; red; linija; crta; redak; struka; ekvator.
lineage (li'nieđ), n. porijeklo; loza.
lineal (li'niöl), a. crtežni; naslijeđen.
lineament (li'niöment), n. crta, potez.
linear (li'niör), a. linearni; upravan; ravan.
linen (li'nen), a. lanen, prten; — n. platno.
liner (la'jnör), n. parobrod.
linesman (la'jnzmön), n. pješak.
ling (ling), n. crnoustac (riba).
linger (li'ngör), v. oklijevati, krzmati.
lingerer (li'ngörör), n. krzmalac, oklijevalac.
lingering (li'ngöring), a. spor; lagan.
lingo (li'ngo), n. jezik; govor.
lingual (li'ngual), a. jezični.
linguist (li'nguist), n. jezikoslovac.
linguistic (lingui'stik), a. jezikoslovni.
linguistics (lingui'stiks), n. nauk o jeziku.
liniment (li'niment), n. mast, pomast.
lining (la'jning), n. postava.
link (link), v. spojiti se, svezati; — n. karika; zglob; baklja.
links (links), n. polje.
linnet (li'net), n. konopljarka (ptica).
linseed (li'nsī'd), n. laneno sjeme.
linsey-woolsey (li'nsiuu'lsi), n. tkanina od lana i vune.
linstock (li'nståk), n. fitilj.
lint (lint), n. lan.
lintel (li'ntel), n. gornja greda.
lion (la'jön), n. lav.
lionel (la'jönel), lionet (la'jönet), n. lavić.
lioness (la'jönes), n. lavica.
lion-hearted (la'jönha'rted), a. odvažan; junački.
lionize (la'jönajz), v. učiniti znatiželjnim i zanimivim.
lip (lip), v. dotaknuti usnama; — n. usnica, usna; kraj.
liquate (la'jkuejt), v. taliti.
liquefaction (li'kuifă'kšön), n. taljenje; rastopivost.
liquefier (li'kuifa'ör), n. što tali, rastapa.
liquefy (li'kuifaj), v. taliti, topiti; rastopiti se.
liquescent (likue'sent), a. rastopiv.

liqueur (li'kör), n. rakija; piće; liker; korjen.
liquorice (li'koris), n. sladić, slatki korjen.
lira (li'rö), n. lira (talijanska novčana jedinica).
lisp (lisp), v. tepati, mucati, nejasno izgovarati; — n. tepanje.
lissom, lissome (li'sam), a. vitak, gibak; okretan; radin.
list (list) v. upisati; unovačiti; željeti; — n. listina; popis, imenik; kraj; naginjanje.
listen (lisn), v. slušati, poslušati.
listener (li'snör), n. slušalac; slušač.
listless (li'stles), a. nepažljiv, nehajan; mučan.
listlessly (li'stlesli), adv. nepažljivo; nehajno.
listlessness (li'stlesnes), n. nepažljivost; nehaj.
litany (li'töni), n. litanija.
literal (li'töröl), a. doslovni, od riječi do riječi.
literally (li'töröli), adv. doslovno, od riječi do riječi.
literary (li'töröri), a. književni.
literate (li'töret), a. učen; znanstven.
literatim (li'töre'jtim), adv. doslovno, slovo po slovo.
literato (li'töre'jto), n. učenjak; znanstvenik.
literature (li'töröćur), n. književnost; cirkulari; pamfleti.
lith (lit), n. ud; zglob, članak.
litharge (li'tarđ), n. olovna gleđa.
lithe (lajt), a. gibiv, vitak.
lithesome (la'jtsam), a. vidi: lithe.
lithograph (li'tograff), v. litografirati; — n. kamenotisak, litografija.
lithographer (litå'gröför), n. litograf.
lithographic (li'togră'fik), a. litografski.
lithography (litå'gröfi), n. litografija.
lithology (litå'lođi), n. nauka o kamenju.
lithotomy (litå'tomi), n. operacija na kamencu.
litigant (li'tigönt), a. parben, parničan; — n. parbenik.
litigate (li'tigejt), v. parbiti se, pravdati se.
litigation (li'tige'jšön), n. sudbeni spor; parnica.
litigious (liti'đas), a. parben; sporan; svadljiv.

**litmus** (li'tmặs), *n.* ljubičasta boja.
**litre** (litr), *n.* litra.
**litter** (li'tör), *v.* nastirati; razbacati; okotiti; ležati na stelji; — *n.* nosiljka; stelja; leglo; mlado; koćenje; nered.
**litterateur** (li'töratör), *n.* književnik, učenjak.
**little** (litl), *a.* mali, malen, kratak; — *n.* malo; malenkost.
**littleness** (li'tlnes), *n.* malina, sitnost.
**littoral** (li'toröl), *a.* obalni; primorski; — *n.* primorje.
**liturgic** (litö'rđik), **liturgical** (litö'rđiköl), *a.* liturgijski.
**liturgy** (li'törđi), *n.* liturgija, služba božja.
**live** (liy), *v.* živjeti.
**live** (lajv), *a.* živ.
**livelihood** (la'jvlihud), *n.* življenje; žitak.
**livelong** (la'jvlǎ'ng), *a.* dugovječan; trajan.
**lively** (la'jvli), *a.* živahan; veseo; okretan; — *adv.* živahno, živo; veselo.
**liveliness** (la'jvlines), *n.* živahnost, okretnost.
**liver** (li'vör), *n.* koji živi; jetra.
**livery** (li'vöri), *v.* obući u livreju; — *a.* jetrenjast; — *n.* livreja, posebno odijelo (*služinčadi*); hranjenje tuđih konja.
**liveryman** (li'vörimön), *n.* poslužnik.
**livid** (li'vid), *a.* modar; olovne boje.
**living** (li'ving), *a.* živ; — *n.* življenje; lukno.
**lixivium** (liksi'viam), *n.* luž.
**lizard** (li'zörd), *n.* gušter, gušterica.
**llama** (la'mö), *n.* lama.
**lo** (lo), *excl.* gle! vidi!
**loach** (löč), *n.* brkati čikov (*riba*).
**load** (löđ), *v.* teretiti; krcati; puniti, nabiti (*pušku*); — *n.* teret; voz; tovar; težina; mora.
**loader** (lö'dör), *n.* krcalac, nakladatelj.
**loading** (lö'ding), *n.* krcanje, nakladanje; tovar.
**load-line** (lö'dla'jn), *n.* teretna crta.
**loadstar, lodestar** (lö'dsta'r), *n.* zvijezda prethodnica, polarna zvijezda.
**loadstone lodestone** (lö'dstö'n), *n.* željezna ruda; magnet.

**loaf** (löf), *v.* skitati se, dangubiti; — *n.* hljeb.
**loafer** (lö'för), *n.* skitnica, danguba.
**loam** (löm), *v.* mazati glinom; — *n.* glina.
**loamy** (lö'mi), *a.* glinast.
**loan** (lön), *v.* pozajmiti; — *n.* zajam; posuđivanje.
**loath, loth** (löt), *a.* nerad, nesklon; protiv volje.
**loathe** (löd), *v.* grustiti se, gaditi se; oduriti.
**loathing** (lö'ding), *n.* gruštenje, odvratnost.
**loathly** (lö'dli), *a. vidi:* **loathsome.**
**loathness** (lö'dnes), *n.* neradost.
**loathsome** (lö'dsặm), *a.* gnjusan, ogavan.
**lob** (làb), *v.* lagano bacati; — *n.* glupan, prostak.
**lobar** (lo'bör), *a.* postran, jednostran.
**lobby** (là'bi), *n.* predsoblje, predvorje.
**lobe** (löb), *n.* strana, krilo (*plućiju, mozga, itd.*), jagodica na uhu.
**lobster** (là'pstör), *n.* jastog.
**local** (lö'köl), *a.* mjesni; ograničen na jedno mjesto.
**locale** (lo'ka'l), *n.* mjesto, prostorija, lokal.
**localism** (lo'kölizm), *n.* mjesnost; lokalizam.
**locality** (lokǎ'liti), *n.* mjesto; položaj.
**localize** (lo'kölajz), *v.* lokalizirati, ograničiti; pronaći, otkriti mjesto.
**locally** (lo'köli), *adv.* mjesno, obzirom na mjesto, na mjestu.
**locate** (lo'ke'jt), *v.* smijestiti, nastaniti se; pronaći.
**location** (loke'jšön), *n.* smještenje, mjesto; položaj.
**loch** (làh), *n.* jezero; draga.
**lock** (làk), *v.* zaključati, zabraviti; zatvoriti; sjediniti, zaustaviti; — *n.* ključanica; brava; lokot; puščana gvožđa, zavornica; brana, vitica; čuperak; rukovet.
**lockage** (là'keđ), *n.* ustava; maltarina.
**locker** (là'kör), *a.* pretinac, ladica; ormar; zatvarač.
**locket** (là'ket), *n.* medaljon.
**lock-jaw** (là'kđà'), *n.* grč doljnje čeljusti.
**locksmith** (là'ksmi't), *n.* bravar.
**lock-up** (là'kặp), *n.* zatvor.

**locomotion** (lo'komō'šön), *n.* kretanje, gibanje, micanje.

**locomotive** (lo'komō'tiv), *a.* kretajući, pokretan, micajući; — *n.* lokomotiva, parna kola.

**locomotor** (lo'komo'tör), *n. i a.* kretajuća sila *ili* sprava; pokretan.

**locomotor ataxia** (lo'komo'tör ătă'ksiö), *n.* vrst paralize, koja priječi slobodno gibanje u hodu, lokomotorataksija.

**locust** (lo'kạst), *n.* skakavac, kobilica.

**locust-tree** (lo'kạstrī'), *n.* roščićevo drvo, divlja akacija.

**locution** (lokju'šön), *n.* izraz, način govora.

**lode** (lōd), *n.* jarak, kovinasta žila.

**lodestar** (lō'dsta'r), *n. vidi:* **loadstar.**

**lodestone** (lō'dstō'n), *n. vidi:* **loadstone.**

**lodge** (lăđ), *v.* primiti na stan; dati u pohranu; poleći; stanovati; smijestiti se; — *n.* koliba; stan; odsjek, društvo; loža.

**lodger** (lă'đör), *n.* stanar.

**lodging** (lă'đing), *n.* stan, stanovanje.

**lodgment** (lă'đment), *n.* pohrana, sačuvanje; nakupljivanje; opkop.

**loft** (lăft), *n.* tavan; galerija.

**loftily** (lă'ftili), *adv.* visoko, ponosno, oholo.

**lofty** (lă'fti), *a.* uzvišen, visok, ponosan, ohol.

**log** (lăg), *n.* klada, panj; bjegomjer.

**logarithm** (lă'göritm), *n.* logaritam.

**logarithmic** (lă'göri'tmik), **logarithmical** (lă'göri'tmiköl), *a.* logaritmički.

**log-book** (lă'gbu'k), *n.* dnevnik broda.

**log-cabin** (lă'gkă'bin), *n.* kladara (*kućica*).

**loggerhead** (lă'görhe'd), *n.* blesan, bukvan.

**log-house** (lă'ghạ'us), *n.* kladara, čardak.

**log-hut** (lă'ghạ't), *n.* kladara, čardak.

**logic** (lă'đik), *n.* logika, nauk o pravilnom mišljenju.

**logical** (lă'điköl), *a.* logičan, razuman.

**logically** (lă'điköli), *adv.* logično, dosljedno.

**logician** (lođi'šön), *n.* logičar.

**logwood** (lă'guụ'd), *n.* kampić drvo, varzilo.

**loin** (lojn), *n.* bedro, bubrežnjak.

**loiter** (lo'jtör), *v.* krzmati, oklijevati; vrzati se oko.

**loiterer** (lo'jtörör), *n.* potucalo, krzmalac; bezposličar.

**loll** (lal), *v.* lijeno se naslanjati; ležati; protezati; isplaziti.

**lone** (lōn), *a.* sam, samotan, osamljen.

**lonely** (lō'nli), *a.* samotan, osamljen.

**lonesome** (lō'nsạm), *a.* samotan, osamljen, zapušten.

**lonesomeness** (lo'nsamnes), *n.* samoća, zapuštenost.

**long** (lăng), *v.* čeznuti; — *a.* dug dugačak, otegnut; — *adv.* dugo, daleko.

**longeval** (lănđī'völ), *a.* dugovječan.

**longevity** (lănđe'viti), *n.* dugovječnost.

**longevous** (lănđi'vạs), *a.* dugovječan.

**longhand** (lă'nghă'nd), *n.* obično pismo.

**longheaded** (lă'nghe'ded), *a.* dugoglav; dalekovidan; oprezan.

**longing** (lă'nging), *a.* željan, požudan; — *n.* čeznuće.

**longingly** (lă'ngingli), *adv.* pohlepno, požudno.

**longish** (lă'ngiš), *a.* poduljast.

**longitude** (lă'nđitjud), *n.* dužina.

**longitudinal** (lă'nđitju'dinöl), *a.* dužinski.

**longitudinally** (lă'nđitju'dinöli), *adv.* po dužini.

**long-lived** (lă'ngli'vd), *a.* dugovječan, dugotrajan.

**long-sighted** (lă'ngsa'jted), *a.* dalekovidan.

**long-spun** (lă'ngspạ'n), *a.* rastegnut; dosadan.

**long-suffering** (lă'ngsạ'föring), *a.* snosljiv; — *n.* snosljivost.

**long-tongued** (lă'ngtă'ngd), *a.* dugojezičan.

**longways** (lă'nguẹ'jz), **longwise** (lă'nguạ'jz), *adv.* uzduž.

**loo** (lū), *n.* vrst igre (*kod karata*).

**looby** (lū'bi), *n.* blesan, bluna.

**look** (luk), *v.* gledati, paziti, motriti; isčekivati; — *n.* gledanje; pogled; izgled.

**looking-glass** (lu'kinglă's), *n.* zrcalo, ogledalo.

**look-out** (lu'kạ'ut), *n.* pažnja, straža, izgled.

**loom** (lūm), *v.* prikazati se, pomoliti se; — *n.* tkalo, krosna, rucelj vesla.

**loon** (lūn), *n.* ništarija; gnjurac (*ptica*).

**loop** (lūp), *v.* prikopčati; pridjesti; — *n.* zamka; ruča; okuka.

**loophole** (lū'phō'l), *n.* otvor, rupa; izlika.

**loose** (lūs), *v.* odvezati, razriješiti; osloboditi; popustiti; raspustiti; — *a.* slobodan; riješen, raskliman; neodređen; raspušten, nečist.

**loosely** (lū'sli), *adv.* raspušteno, nemarno; neodređeno; lakoumno; labavo.

**loosen** (lūsn), *v.* razriješiti; popustiti; rastaviti, osloboditi.

**loot** (lūt), *v.* pljačkati; — *n.* plijen, pljačka.

**lop** (lăp), *v.* odsjeći; obrezati; — *n.* osječina.

**lopping** (lă'ping), *n.* što je osječeno; osječeno granje.

**lop-sided** (lă'psa'jded), *a.* naginjajući na jednu stranu.

**loquacious** (lokue'jšas), *a.* brbljav, razgovoran.

**loquacity** (lokuă'siti), *n.* brbljavost.

**lord** (lord), *v.* gospodovati; — *n.* gospodin, gospodar, vladar, plemić.

**lordling** (lo'rdling), *n.* gospodičić.

**lordly** (lo'rdli), *a.* otmen; gospodski; velik; gizdav, bahat.

**lordship** (lo'rdšip), *n.* gospodstvo, vlast.

**lore** (lōr), *n.* nauk; znanost.

**lorica** (lora'jkö), *n.* oklop.

**loricate** (lo'riket), *a.* odjenut oklopom

**lorn** (lorn), *a.* izgubljen; uništen; napušten; samotan.

**lorry, lorrie** (lo'ri), *n.* otvorena teretna kola.

**lose** (lūz), *v.* izgubiti, gubiti.

**losing** (lū'zing), *a.* gubeći.

**loss** (lăs), *n.* gubljenje, gubitak.

**lost** (lăst), *a.* izgubljen, uništen.

**lot** (lăt), *v.* ždrijebati; odrediti ždrijebom, razdijeliti; — *n.* ždrijeb; zgoditak; sudbina; udijel; zemljišna čestica, zemljište; velik broj, množina.

**lotion** (lō'šön), *n.* pranje, ispiranje.

**lottery** (lă'töri), *n.* lutrija.

**lotus** (lo'tas), *n.* lotos (*vodeni cvijet*).

**loud** (lă'ud), *a.* glasan, bučan; — *adv.* glasno.

**loudly** (lă'udli), *adv.* glasno, bučno.

**lounge** (lă'unđ), *v.* vucariti se, potezati se lijeno; — *n.* lijeni hod, vucarenje.

**lounger** (lă'unđör), *n.* vucibatina, danguba.

**louse** (lă'us), *n.* uš.

**lousiness** (lă'uzines), *n.* ušljivost.

**lousy** (lă'uzi), *a.* ušljiv.

**lout** (lă'ut), *v.* prigibati, nagnuti; — *n.* bukvan, prostak.

**loutish** (lă'utiš), *a.* nezgrapan, benast.

**lovable** (lă'vöbl), *a.* ljubazan, drag.

**love** (lăv), *v.* ljubiti, voliti, biti odan; — *n.* ljubav, odanost.

**loveless** (lă'vles), *a.* neljubljen, bez ljubavi.

**lovely** (lă'vli), *a.* ljubazan; divan; veseo.

**lover** (lă'vör), *n.* ljubitelj, ljubavnik.

**loving** (lă'ving), *a.* ljubljen, mio, divan.

**lovingly** (lă'vingli), *adv.* ljubazno; divno.

**low** (lō), *v.* mukati; rukati;—*a.* nizak, malen; dubok; plitak; slab; tih; drzak; prost; — *adv.* nisko, ispod cijene.

**lower** (lō'ör), *v.* sniziti, spustiti; oboriti; poniziti; — *a.* niži, tiši.

**lower** (lă'uör), *v.* mrgoditi se, mrštiti se, oblačiti se.

**lowering** (lă'uöring), *a.* prijeteći, naoblaćen; mrk.

**lowermost** (lō'örmo'st), *a.* najniži.

**lowery** (lă'uöri), *a.* oblačan; tmuran.

**lowing** (lō'ing), *n.* rukanje; mukanje.

**lowland** (lō'lă'nd), *n.* nizina, ravan.

**lowly** (lō'li), *a.* nizak; ponizan; blag, čedan; — *adv.* nisko, čedno.

**loyal** (lo'jöl), *a.* vjeran, pokoran.

**loyalist** (lo'jölist), *n.* vjeran.

**loyally** (lo'jöli), *adv.* vjerno.

**loyalty** (lo'jölti), *n.* vjernost.

**lozenge** (lă'zenđ), *n.* rombus, kosi četverokut.

**lubber** (lă'bör), *n.* bucmak, blesan.

**lubberly** (lă'börli), *a.* lijen; nespretan.

**lubricant** (lju'brikönt), *n.* mast, ulje.

**lubricate** (lju'brikejt), *v.* nauljiti, namazati.

**lubrication** (lju'brike'jšön), *n.* uljenje, mazanje.

**lubricator** (lju'brike'jtör), *n.* koji *ili* što ulji, maže; kantica za ulje.

**lubricity** (ljubri'siti), *n.* klizavost; pohota.

**luce** (ljus), *n.* štuka.
**lucent** (lju'sent), *a.* sjajan, svijetao.
**lucerne, lucern** (lju'sörn), *n.* meteljka.
**lucid** (lju'sid), *a.* svijetao, jasan, shvatljiv.
**lucidity** (ljusi'diti), *n.* jasnoća, bistrina; shvatljivost.
**lucidly** (lju'sidli), *adv.* jasno, vedro.
**Lucifer** (lju'siför), *n.* danica (*zvijezda*); sotona; žigica.
**luck** (lak), *n.* sreća, uspjeh, slučaj.
**luckily** (la'kili), *adv.* srećom.
**luckless** (la'kles), *a.* nesretan.
**lucky** (la'ki), *a.* srećan.
**lucrative** (lju'krötiv), *a.* unosan.
**lucre** (lju'kör), *n.* dobitak, korist.
**lucubrate** (lju'kjubrejt), *v.* raditi pri svjetiljki, marljivo se učiti.
**lucubration** (lju'kjubre'jšön), *n.* teška, naučna radnja noću kod svijeće; književna radnja.
**luculent** (lju'kjulent), *a.* svijetao, bistar.
**ludicrous** (lju'dikras), *a.* smiješan.
**ludicrously** (lju'dikrasli), *adv.* smiješno.
**luff** (laf), *v.* okrenuti provu k vjetru; — *n.* strana od vjetra.
**lug** (lag), *v.* vući; — *n.* uho, ruča (*na posudi*).
**luggage** (la'geđ), *n.* prtljaga.
**lugger** (la'gör), *n.* jedrenjača sa dva *ili* tri jarbola.
**lug-sail** (la'gse'jl), *n.* četverouglasto jedro od barke.
**lugubrious** (ljugju'brias), *a.* tužan, sjetan.
**lugworm** (la'guö'rm), *n.* morska gujavica.
**lukewarm** (lju'kuàrm), *a.* mlak, mlačan.
**lull** (lal), *v.* pjevati (*djetetu*); utažiti, umiriti; jenjati; — *n.* mir, tišina.
**lullaby** (la'löbaj), *n.* pjesma uspavanka.
**lumbago** (lambe'jgo), *n.* bol u križima.
**lumber** (la'mbör), *v.* napuniti starežem; vući se; drvariti; graditi lijes; — *n.* drvo, građa, lijes; starež.
**luminary** (lju'minöri), *n.* svijetlo.
**luminosity** (ljumina'siti), *n.* rasvjetlenost, rasvjeta, jasnoća.
**luminous** (lju'minas), *a.* svijetao, jasan, bistar.

**lump** (lamp), *v.* nabacati zajedno, uzeti na veliko; — *a.* ukupni; cio; — *n.* gruda, komad; ukupnost.
**lumper** (la'mpör), *n.* lučki radnik.
**lumping** (la'mping), *a.* krupan, težak.
**lumpish** (la'mpiš), *a.* grudast; tup; trom.
**lump-sugar** (la'mpšu'gör), *n.* kockast šećer.
**lumpy** (la'mpi), *a.* grudast, uzburkan.
**lunacy** (lu'nösi), *n.* duševno poremećenje, ludost, ludilo.
**lunar** (lju'nör), *a.* mjesečni.
**lunatic** (lu'nötik), *a.* lud, šenut; — *n.* luđak.
**lunation** (ljune'jšön), *n.* vrijeme između prvog i drugog mladog mjeseca.
**lunch** (lanč), **luncheon** (la'nčön), *v.* doručkovati; — *n.* zajutrak, doručak.
**lune** (ljūn), *n.* polumjesec.
**lunette** (ljune't), *n.* maleni bedem, nakit u obliku polumjeseca.
**lung** (lang), *n.* pluća.
**lunge** (la'nđ), *v.* udariti; — *n.* udarac; mah.
**lunged** (langd), *a.* plućni.
**lunula** (lju'njulö), **lunnule** (lju'njul), *n.* polumjesec.
**lunular** (lju'njulör), *a.* polumjesečni.
**lupine** (lju'pin), *a.* vučji; — *n.* vučika (*biljka*).
**lupus** (lju'pas), *n.* bolest, koja izjeda lice.
**lurch** (lörč), *v.* vrebati, nagibati se, teturati; — *n.* naglo nagibanje, teturanje, teško i bespomoćno stanje.
**lurcher** (lö'rčör), *n.* vrebatelj, zasjedač; sljednik (*pas*).
**lure** (ljūr), *v.* vabiti, mamiti; — *n.* meka, vabilo.
**lurid** (ljū'rid), *a.* blijed, sumoran.
**lurk** (lörk), *v.* vrebati, zasijedati.
**luscious** (la'šas), *a.* sladak, presladak.
**lush** (laš), *a.* svjež, bujan, sočan.
**lust** (last), *v.* žuditi; — *n.* požuda, putenost.
**lustful** (la'stful), *a.* puten, pohotan, bludan.
**lustily** (la'stili), *adv.* požudno, jako.
**lustral** (la'ströl), *a.* rabljen u čišćenju.
**lustrate** (la'strejt), *v.* čistiti (*vodom*).
**lustration** (lastre'jšön), *n.* čišćenje.
**lustre** (la'störf), *n.* siaj, sjajnost; luster, svjetionik; svijetla poluvunena tkanina.

**lustrous** ('a'stras), *a.* sjajan, blistav.
**lusty** (la'sti), *a.* krepak, zdrav, jedar, ogroman.
**lute** (ljūt), *v.* svirati na lutnju; lijepiti; — *n.* lutnja (*glazbalo*); lijepak.
**Lutheran** (lu'törön), *a.* luteranski; — *n.* luteran.
**Lutheranism** (lu'törönizm), *n.* luteranstvo.
**luxate** (la'ksejt), *v.* iščašiti.
**luxation** (la'kse'jšön), *n.* iščašenje.
**luxuriance** (laksu'riöns), *n.* bujnost, obilje.
**luxuriant** (laksu'riönt), *a.* bujan, obilan.
**luxuriate** (laksu'riejt), *v.* bujati, obilno rasti, raskošno živjeti, nasladivati se.
**luxurious** (laksu'rias), *a.* raskošan, bujan.
**luxuriously** (laksu'riasli), *adv.* raskošno.

**luxury** (la'kšuri), *n.* raskoš.
**lycanthropy** (lajkă'ntropi), *n.* ludilo, u kojem si luđak utvara, da je vuk.
**lyceum** (lajsi'am), *n.* licej, viša škola.
**lye** (laj), *n.* lug, lušija.
**lying-in** (la'ingi'n), *n.* porod, babine.
**lyingly** (la'ingli), *adv.* lažljivo.
**lymph** (limf), *n.* mezga, mezdra.
**lymphatic** (limfă'tik), *a.* mezgrovni; trom; — *n.* mezgrovna žila.
**lynch** (linč), *v.* linčovati, kazniti izvan zakona.
**lynx** (links), *n.* ris.
**lyre** (la'er), *n.* lira (*glazbalo*).
**lyric** (li'rik), **lyrical** (li'riköl), *a.* lirski.
**lyric** (li'rik), *n.* lirska pjesma; lirik.
**lyricism** (li'risizm), *n.* lirsko pjesništvo.
**lyrist** (li'rist), *n.* igrač na liri, lirski pjesnik.

# M

**M, m** (em), *slovo*: M, m.
**macadamize** (măkă'dömajz), *v.* popločiti cestu šljunkom.
**macaroni** (mă'köro'ni), *n.* makaruni.
**macaronic** (mă'köro'nik), *a.* makarunski.
**macaroon** (mă'körū'n), *n.* vrst kolačića.
**macaw** (makà'), *n.* crveni ara (*vrst papige*).
**mace** (mejs), *n.* buzdovan, žezlo; muškatni cvijet.
**macer** (me'jsör), *n.* žezlonoša.
**macerate** (mă'sörejt), *v.* kvasiti, osušiti, istrošiti.
**maceration** (mă'söre'jšön), *n.* kiseljenje, kvašenje; mršavljenje; trošenje.
**machiavelian** (mă'kiăvi'liön), *a.* makijavelski; lukav.
**machinate** (mă'kinejt), *v.* snovati; spletkariti.
**machination** (mă'kine'jšön), *n.* spletka, urota.
**machine** (măši'n), *v.* raditi na stroju; — *n.* mašina, stroj.
**machine-gun** (măši'nga̱'n), *n.* brzometna puška *ili* top.
**machinery** (măši'nöri), *n.* mašinerija, stroj; ustroj.
**machinist** (măši'nist), *n.* mašinist, strojar.
**mackerel** (mă'körel), *n.* lokarda (*riba*).
**macrocosm** (mă'krokàzm), *n.* vasioni svijet.
**macula** (mă'kjulö), *n.* prlja, ljaga.
**maculate** (mă'kjulejt), *v.* okaljati, uprljati; — *a.* okaljan, nečist.
**mad** (măd), *a.* bijesan, pomaman.
**madam** (mă'döm), *n.* gospođa.
**madcap** (mă'dkă'p), *n.* vrtoglavac, smušenjak.
**madden** (mădn), *v.* razbijesniti, pobijesniti.
**madder** (mă'dör), *n.* broć (*biljka*).
**madding** (mă'ding), *a.* bijesan, divlji.
**made** (mejd), *a.* učinjen, svršen.

**madeira** (mădi'rö), *n.* madeirsko vino.
**mademoiselle** (mă'dömu̱a̱ze'l), *n.* gospojica.
**mad-house** (mă'dha̱'us), *n.* ludnica.
**madly** (mă'dli), *adv.* bijesno, divlje, ludo.
**madman** (mă'dmön), *n.* bjesomučnik, luđak.
**madness** (mă'dnes), *n.* bjesnoća, mahnitost.
**madonna** (mădo'nö), *n.* Djevica Marija, madona.
**madrepore** (mă'drepor), *n.* koralj luknjaš.
**madrigal** (mă'drigöl), *n.* pastirska pjesma.
**maestoso** (maesto'zo), *adv.* dostojanstveno.
**maestro** (mae'stro), *n.* umjetnik.
**magazine** (mă'gözi'n), *n.* spremište, skladište; barutana; ambar; časopis.
**magazine-rifle** (mă'gözi'nra'jfl), *n.* brzometna puška.
**Magdalen, Magdalene** (mă'gdölen), *n.* Magdalena; pokornica.
**maggot** (mă'göt), *n.* ličinka, crvić, upljuvak; hir.
**maggoty** (mă'göti), *a.* pun upljuvaka, hirovit.
**Magi** (me'đaj), *n.* mudraci.
**magic** (mă'đik), *a.* čaroban, mađijski; — *n.* čarobija, čari.
**magical** (mă'điköl), *a.* čaroban, mađijski.
**magically** (mă'điköli), *adv.* čarobno, mađijski.
**magician** (măđi'šön), *n.* čarobnjak.
**magisterial** (mă'đisti'riöl), *a.* oblasni, poglavarski.
**magistracy** (mă'điströsi), *n.* magistrat, poglavarstvo.
**magistrate** (mă'đistret), *n.* poglavar, sudac.
**magnanimity** (mă'gnöni'miti), *n.* velikodušnost.
**magnanimous** (măgnă'nima̱s), *a.* velikodušan, plemenit.

**magnate** (măg'net), *n.* velikaš, magnat.

**magnesia** (măgni'šiö), *n.* gorčika, magnezija.

**magnesian** (măgni'šiön), *a.* magnezijski.

**magnesium** (mă'gni'šiam), *n.* magnezij.

**magnet** (mă'gnet), *n.* magnet.

**magnetic** (măgne'tik), *a.* magnetičan, privlačiv.

**magnetically** (măgne'tiköli), *adv.* magnetički, privlačivo.

**magnetism** (mă'gnetizm), *n.* magnetizam, privlačivost.

**magnetize** (mă'gnetajz), *v.* magnetizirati.

**magnetizer** (mă'gnetajzör), *n.* magnetičar.

**magnific** (măgni'fik), **magnifical** (măgni'fiköl), *a.* veličanstven, divan, sjajan.

**magnificence** (măgni'fisens), *n.* veličina; sjaj, divota.

**magnificent** (măgni'fisent), *a.* veličanstven; sjajan, divan.

**magnificently** (măgni'fisentli), *adv.* sjajno, divno.

**magnifier** (mă'gnifa'er), *n.* povečalo.

**magnify** (mă'gnifaj), *v.* povečavati, veličati.

**magniloquence** (măgni'lokuens), *n.* veličanje.

**magniloquent** (măgni'lokuent), *a.* visokorječit.

**magnitude** (mă'gnitjud), *n.* veličina; važnost.

**magpie** (mă'gpaj), *n.* svraka.

**Magyar** (ma'gjar), *n.* Magjar; magjarski jezik.

**mahogany** (măhá'göni), *n.* mahagoni drvo, mahagonovina.

**Mahomedan** (moha'medön), **Mahometan** (măha'metön), *a.* muhamedanski; — *n.* Muhamedanac.

**maid** (mejd), *n.* djevojka, djevica, sluškinja.

**maiden** (mejdn), *a.* djevojački; čist; prvi; — *n.* djevojče, djevica.

**maidenhair** (me'jdnhē'r), *n.* gospina kosa (*biljka*).

**maidenhead** (me'jdnhed), *n.* djevičanstvo.

**maidenhood** (me'jdnhud), *n.* djevojaštvo, djevičanstvo.

**maidenly** (me'jdnli), *a.* djevičanski, djevojački; čedan.

**maid-servant** (me'jdsö'rvönt), *n.* sluškinja.

**mail** (mejl), *v.* slati poštom; baciti na poštu; obući u oklop; — *n.* pošta; torba za listove; oklop.

**maim** (mejm), *v.* osakatiti, nakaziti; — *n.* osakaćenje; nakaza.

**main** (mejn), *a.* glavni; — *n.* jakost, snaga; ocean; glavna cijev; kanal.

**mainland** (me'jnlănd), *n.* kopno.

**mainly** (me'jnli), *adv.* u glavnom, glavno.

**main-spring** (me'jnspri'ng), *n.* glavno pero; glavni uzrok.

**main-stay** (me'jnste'j), *n.* veliko leto (*na brodu*); glavno uporište; pomoć.

**maintain** (mente'jn), *v.* držati, uzdržavati; braniti; tvrditi.

**maintainable** (mente'jnöbl), *a.* održiv; obranben.

**maintenance** (me'jntenöns), *n.* uzdržavanje, trajanje.

**maize** (mejz), *n.* kukuruz.

**majestic** (măde'stik), *a.* veličanstven; uzvišen.

**majestically** (măđe'stiköli), *adv.* veličanstveno.

**majesty** (mă'đesti), *n.* veličanstvo.

**majolica** (măđă'likö), *n.* zemljano posuđe sa precaklenim slikarijama.

**major** ((mē'đŏr), *a.* veći; — *n.* major; punodobnik; dur (*u glazbi*); prva premisa.

**majority** (măđă'riti⁣, *n.* većina; punoljetnost; majorska čast.

**majuscule** (măđa'skjul), *n.* veliko slovo.

**make** (mejk), *v.* činiti, učiniti, praviti; graditi; steći; dovršiti, stići; — *n.* oblik; djelo, gradnja; ustroj.

**make-believe** (me'jkbili'v), *n.* opsjena, obmana.

**maker** (me'jkör), *n.* činilac, stvoritelj.

**make-shift** (me'jkši'ft), *n.* pomoć za nuždu.

**making** (me'jking), *n.* radnja, posao; ustroj.

**malachite** (mă'lökajt), *n.* malahit.

**maladministration** (mă'lădmi'nistre'jšön), *n.* zla uprava.

**maladroit** (mă'lödro'jt), *a.* nespretan, nezgrapan.

**malady** (mă'lödi), *n.* bolest.

**malapert** (măˈlöpört), *a.* drzovit, bezobrazan; — *n.* bezobraznik.

**malapropos** (mălăˈpropo'), *adv.* naopako; u nevrijeme.

**malar** (me'jlör), *a.* odnoseći se na lice, obrazni.

**malaria** (măleˈriö), *n.* malaria, groznica prouzročena od pokvarenog zraka.

**malcontent** (măˈlköntent), *a.* nezadovoljan; — *n.* nezadovoljnik.

**male** (mejl), *a.* muški; — *n.* muškarac, mužjak.

**malediction** (măˈlediˈkšön), *n.* proklinjanje, prokletstvo.

**malefactor** (măˈlefăˈktör), *n.* zločinac.

**malevolence** (măleˈvolens), *n.* neprijazan; pakost.

**malevolent** (măleˈvolent), *a.* pakostan, zloban, zlonamjeran.

**malevolently** (măleˈvolentli), *adv.* pakostno, zlonamjerno.

**malfeasance** (mălfiˈzöns), *n.* bezakonje.

**malice** (măˈlis), *n.* zloba, pakost.

**malicious** (măliˈsạs), *a.* zloban, pakostan.

**maliciously** (măliˈsạsli), *adv.* zlobno, pakostno.

**malign** (malaˈjn), *v.* klevetati, ocrniti; — *a.* pakostan, poguban.

**malignance** (măliˈgnöns), **malignancy** (măliˈgnönsi), *n.* zlobnost; otrovnost; pakost.

**malignant** (măliˈgnönt), *a.* pakostan; otrovan; zloban; zloćudan.

**malignity** (mălĭˈgniti), *n.* pakost, zloča; ogorčenost.

**malinger** (măliˈngör), *v.* hiniti bolest (*da se izbjegne vojničkoj službi*).

**malingerer** (măliˈngörör), *n.* koji hini bolest.

**malison** (măˈlizn), *n.* proklinjanje, prokletstvo.

**mall** (măl), *n.* malj, bat; javno šetalište.

**mallard** (măˈlörd), *n.* divlji patak.

**malleability** (măˈliöbiˈliti), *n.* rastegljivost; kovnost.

**malleable** (măˈliöbl), *a.* kovan, rastegljiv.

**mallet** (măˈlet), *n.* bat (*drveni*), malj.

**mallow** (măˈlö), *n.* crni sljez.

**malmsey** (ma'mzi), *n.* malvazija (*vrst grožđa i vina*).

**malpractice** (mălprăˈktis), *n.* zloupotreba.

**malt** (mălt), *v.* praviti slad, pretvarati u slad; — *n.* slad.

**malting** (măˈlting), *n.* pravljenje slada; pušnica za slad.

**malt-liquor** (măˈltliˈkör), *n.* pivo.

**maltman** (măˈltmön), **maltster** (măˈltstör), *n.* sladar.

**maltreat** (măltrīˈt), *v.* zlostaviti.

**maltreatment** (măltrīˈtment), *n.* zlostavljanje.

**malversation** (măˈlvörseˈjšön), *n.* spletkarenje; lopovština; pokvarenost.

**mama**, **mamma** (ma'mö), *n.* majka.

**mamma** (mă'mö), *n.* sisa; vime.

**mammal** (mă'möl), *n.* sisavac.

**mammalian** (mămeˈjliön), *a.* koji pripada sisavcima.

**mammilla** (mămiˈlö), *n.* bradavica (*na sisi*).

**mammillary** (măˈmilöri), *a.* bradavičast.

**mammon** (mă'mön), *n.* bog novca, bogatstvo.

**mammoth** (mă'möt), *a.* gorostasan, ogroman; — *n.* mamut.

**man** (măn), *v.* snabdjeti ljudima; opremiti; oružati; pitomiti sokola; — *n.* čovjek; muž.

**manacle** (mă'nökl), *v.* staviti lisičine na ruke; — *n.* lisičine, okovi.

**manage** (mă'neđ), *v.* upravljati, rukovoditi, voditi; ravnati.

**manageable** (mă'neđöbl), *a.* povodljiv, poslušan; čime se dade upravljati.

**management** (mă'neđment), *n.* rukovođenje, upravljanje; uprava, vlada; postupanje.

**manager** (mă'nöđör), *n.* upravitelj, poslovođa; nadstojnik.

**manatee** (mă'nöti'), *n.* lamantin, morunj (*morska životinja*).

**manchet** (mă'nšet), *n.* hljebić finog kruha.

**manciple** (mă'nsipl), *n.* upravitelj, nadzornik.

**mandamus** (măndēˈmạs), *n.* nalog; sudbeni spis, kojim se nalaže osobi, korporaciji *ili* nižem sudu, da izvrši neki stanoviti čin.

**mandarin** (mă'ndöriˈn), *n.* mandarin (*kineski činovnik*).

**mandate** (mă'ndet), *n.* mandat; zapovijest; opunomoćenje; punomoć.
**mandatory** (mă'ndötori), *a.* zapovjedni; naredben; — *n.* zastupnik; punomoćnik.
**mandible** (mă'ndibl), *n.* čeljust (*u životinje*).
**mandibular** (măndi'bjulör), *a.* čeljusni.
**mandoline, mandolin** (mă'ndolin), *n.* mandulina (*glazbalo slično tamburici*).
**mandrake** (mă'ndrēk), *n.* nadlišak (*narkotična biljka*).
**mandrel** (mă'ndrel), **mandril** (mă'ndril), *n.* osovina; tok.
**mandrill** (mă'ndril), *n.* mandril.
**manducate** (mă'ndjukejt), *v.* žvakati.
**manducation** (mă'ndjuke'jšön), *n.* žvakanje, preživanje.
**mane** (mejn), *n.* griva.
**manege** (măne'ž), *n.* jahačka vještina, jahaonica.
**manes** (me'jniz), *n.* duše *ili* sjene mrtvaca (*među Rimljanima*).
**manful** (mă'nful), *a.* muževan, smion; častan.
**manfully** (mă'nfuli), *adv.* smiono; muževno.
**manganese** (mă'ngönī'z), *n.* surac; mangan.
**mange** (menđ), *n.* šuga, guba.
**mangel-wurzel** (mă'nglụör'zl), *n.* blitva.
**manger** (me'nđör), *n.* jasle.
**mangle** (măngl), *v.* osakatiti, nakaziti, razderati; valjati; — *n.* valja, rolja.
**mango** (mă'ngo), *n.* mango (*voćka*).
**mangrove** (mă'ngrōv), *n.* mangrovo drvo.
**mangy** (me'nđi), *a.* šugav, gubav.
**manhood** (mă'nhud), *n.* muževnost; čovječnost; srčanost.
**mania** (mē'niö), *n.* ludilo, mahnitost.
**maniac** (mē'niök), *a.* mahnit, lud; — *n.* luđak.
**maniacal** (măna'eköl), *n.* bijesan, lud.
**manicure** (mă'nikjur), *n.* manikurist (*koji reže i uređuje nokte na ruci*).
**manifest** (mă'nifest), *v.* očitovati, pokazati; — *a.* očit, očevidan; — *n.* popis tereta.
**manifestation** (mă'nifeste'jšön), *n.* pokazivanje; očitovanje; objavljenje.

**manifestly** (mă'nifestli), *adv.* očito, očevidno.
**manifesto** (mă'nifesto), *n.* proglas.
**manifold** (mă'nifōld), *v.* otiskivati; — *a.* mnogostruk, raznovrstan.
**manikin** (mă'nikin), *n.* patuljak, lutka.
**manipulate** (măni'pulejt), *v.* rukovoditi.
**manipulation** (măni'pjule'jšön), *n.* rukovođenje; postupanje.
**manipulator** (măni'pjule'jtör), *n.* rukovoditelj.
**mankind** (mă'nka'jnd), *n.* ljudstvo, čovječanstvo.
**manlike** (mă'nla'jk), *a.* muški, čovječji.
**manliness** (mă'nlines), *n.* muževnost, odvažnost.
**manly** (mă'nli), *a.* muževan, muški; odlučan.
**manna** (mă'nö), *n.* mana.
**manner** (mă'nör), *n.* način; vladanje; uljudnost; vrsta.
**mannered** (mă'nörd), *a.* uljudan.
**mannerism** (mă'nörizm), *n.* dosadan; usiljeni način.
**mannerly** (mă'nörli), *a.* uljudan, pristojan, učtiv.
**mannish** (mă'niš), *a.* muški, muževan.
**manoeuvre** (manū'vör), *v.* manevrirati; kretati se, vješto rukovoditi; — *n.* manevar; kretanje; vještina.
**man-of-war** (mă'navụá'r), *n.* ratni brod.
**manometer** (mănă'metör), *n.* manometar (*sprava zu mjerenje uzdušne gustoće, parnog tlaka, itd.*).
**manor** (mă'nör), *n.* vlastelinstvo.
**manor-house** (mă'nörhạ'ụs), *n.* dvorac, majur.
**manorial** (măno'riöl), *a.* vlastelinski.
**mansion** (mă'nšön), *n.* dvor; kuća, dom.
**manslaughter** (mă'nslă'tör), *n.* umorstvo, ubijstvo.
**mansuete** (mă'nsụit), *a.* pitom, krotak.
**mantel** (măntl), **mantel-piece** (mă'ntlpī's), *n.* strijeha od kamina, korniž od kamina.
**mantelet** (mă'ntlet), **mantlet** (mă'ntlet), *n.* plaštić.
**mantilla** (mănti'lö), *n.* ogrtač; šubara.

**mantle** (măntl), *v.* zaogrnuti se; pokriti; zastrijeti; kipjeti; pjeniti se; — *n.* plašt, kabanica.

**mantua** (mă'ntjuö), *n.* ženska haljina *ili* plašt.

**manual** (mă'njuöl), *a.* ručni; — *n.* priručnik, manual.

**manufactory** (mă'njufă'ktöri), *n.* tvornica.

**manufacture** (mă'njufă'kćur), *v.* proizvađati, izrađivati; — *n.* izrađivanje; proizvod, rukotvorina.

**manufacturer** (mă'njufă'kćurör), *n.* tvorničar.

**manufacturing** (mă'njufă'kćuring), *a.* tvornički, tvorničarski.

**manumission** (mă'njumi'šön), *n.* oslobođenje; izjednačenje (*u pravima*).

**manumit** (mă'njumi't), *v.* osloboditi, riješiti ropstva.

**manure** (mănju'r), *v.* gnojiti, đubriti; — *n.* gnoj, đubre.

**manuscript** (mă'njuskript), *a.* rukopisni; — *n.* rukopis.

**many** (me'ni), *a.* mnogi; brojni.

**map** (măp), *v.* crtati, učiniti nacrt; — *n.* zemljovid, mapa.

**maple** (mejpl), *n.* javor.

**mar** (măr), *v.* kvariti, oštetiti; osakatiti.

**marabou** (mă'röbu), *n.* vrst rode.

**marasmus** (möra'zmas), *n.* sušica, mršavljenje.

**maraud** (möră'd), *v.* robiti, pljačkati.

**marauder** (möră'dör), *n.* pljačkar; tat.

**marble** (mărbl), *v.* mramorisati, mramoriti; — *a.* mramorni; — *n.* mramor, krugljica, špekula.

**marbly** (mă'rbli), *a.* kao mramor.

**marcescent** (marse'sent), *a.* što gine, vene.

**march** (mărč), *v.* stupati, hodati; — *n.* stupanje, hod; marš; (**M**-) ožujak.

**marchioness** (mă'ršönes), *n.* markizica.

**marconigraph** (marko'nigrăf), *n.* bežično brzojavljenje.

**mare** (mēr), *n.* kobila.

**margarin(e)** (mă'rgörin), *n.* umjetno maslo, margarin.

**margin** (mă'rđin), *v.* obrubiti; zabilježiti na okrajku; — *n.* kraj, okrajak, rub; dobitak.

**marginal** (mă'rđinöl), *a.* okrajni; napisan na kraju strane.

**margrave** (ma'rgrejv), *n.* markgrof.

**margravine** (ma'rgrevajn), *n.* markgrofica.

**marigold** (mă'rigold), *n.* žutelj, kaljužnica (*biljka*).

**marine** (mörī'n), *a.* morski, pomorski; — *n.* pomorski vojnik; pomorstvo; mornarica.

**mariner** (mă'rinör), *n.* mornar, pomorac.

**Mariolatry** (me'riă'lötri), *n.* čašćenje Blažene Djevice Marije.

**marionette** (mă'rione't), *n.* lutka (*na žici*); marijoneta.

**marital** (mă'ritöl), *a.* bračni; muževlji.

**maritime** (mă'ritajm), *a.* pomorski.

**marjoram** (ma'rđoröm), *a.* mažuranka.

**mark** (mărk), *v.* bilježiti, označiti; paziti; zapaziti; primijetiti; — *n.* znak, znamenka; biljeg; žig; marka; trag; rukoznak, križ (*na potpisu*); cilj.

**marked** (mărkt), *a.* istaknut; odličan; vanredan.

**marker** (mă'rkör), *n.* bilježitelj.

**market** (mă'rket), *v.* trgovati; prodavati; — *a.* tržišni; — *n.* trg, tržište; trgovina; cijena.

**marketable** (mă'rketöbl), *a.* dobar; sposoban (*za trgovinu*), prodajan.

**marketing** (mă'rketing), *n.* trgovanje; sajmena roba.

**market-town** (mă'rketa'un), *n.* trgovište.

**marking-iron** (mă'rkinga'jörn), *n.* žig.

**marksman** (mă'rksmön), *n.* vješt gađač, strijelac.

**marl** (mărl), *v.* gnojiti laporom; — *n.* lapor.

**marlaceous** (mărle'jšas), *a.* laporast.

**marly** (mă'rli), *a.* laporast.

**marmalade** (mă'rmölejd), *n.* ukuhano voće, pekmez.

**marmorate** (mă'rmoret), *a.* pokriven mramorom; išaran poput mramora.

**marmoreal** (mărmö'riöl), *a.* mramorni.

**marmot** (ma'rmöt), *n.* svizac.

**maroon** (mărū'n), *v.* iskrcati na pustu obalu; — *n.* crnac bjegunac; marun, kesten; tamno crvena boja.

**marque** (mārk), *n.* dôzvola za morsko gusarenje.

**marquee** (marki'), *n.* čador, šator.

**marquis** (mā'rkuis), **marquess** (mā'rkues), *n.* markiz.

**marriage** (mă'riđ), *n.* vjenčanje, ženidba, udaja, brak.

**marriageable** (mă'riđöbl), *a.* zrio za ženidbu, udaju.

**married** (mă'rid), *a.* vjenčan, oženjen, udat, bračni.

**marrow** (mă'rō), *n.* mozak (*u kosti*), srčika, jezgra.

**marrow-bone** (mă'rōbō'n), *n.* moždinava kost.

**marry** (mă'ri), *v.* vjenčati; oženiti, udati, oženiti se, udati se.

**Mars** (mārs), *n.* mars (*zvijezda*), bog rata.

**marsh** (mārš), *n.* bara, močvara.

**marshal** (mā'ršöl), *v.* rediti; predvoditi; — *n.* vođa, upravitelj, redatelj; maršal.

**marshaller** (mā'ršölör), *n.* reditelj.

**marshalling** (mā'ršöling), *n.* postavljanje u red.

**marsh-marigold** (mā'ršmă'rigold), *n.* kaljužnica (*biljka*).

**marshy** (mā'rši), *a.* barovit, močvaran.

**mart** (mārt), *n.* trg, sajmište.

**marten** (mā'rten), *n.* kuna.

**martial** (mā'ršöl), *a.* ratni, prijeki (*sud*).

**martin** (mā'rtin), *n.* bregunica, čopa (*ptica*).

**martinet** (mā'rtine't), *n.* strogi časnik; cjepidlaka.

**martingale** (mā'rtingēl), *n.* poduzdak.

**Martinmas** (mā'rtinmös), *n.* martinje.

**martyr** (mā'rtör), *v.* mučiti; — *n.* mučenik.

**martyrdom** (mā'rtördöm), *n.* mučeništvo.

**martyrology** (mā'rtörà'lođi), *n.* povijest mučenika.

**marvel** (mā'rvel), *v.* diviti se, čuditi se; — *n.* čudo, divota.

**marvellous** (mā'rvelas), *a.* divan, čudovit.

**marvellously** (mā'rvelasli), *adv.* čudnovato, divno.

**marvellousness** (mā'rvelasnes), *n.* čudovitost, divota.

**mascot** (mă'sköt), *n.* životinja, stvar *ili* osoba, za koju se predmnijeva, da donosi dobru sreću.

**masculine** (mă'skjulin), *a.* muški.

**mash** (măš), *v.* pomiješati, zgnječiti; — *n.* smjesa, mješavina, komina.

**masher** (mă'šör), *n.* gnječilac, kicoš.

**mask** (măsk), *v.* zakrabuljiti, metnuti obrazinu; — *n.* maska, krinka, obrazina.

**masked** (măskt), *a.* zakrabuljen, maskiran.

**mason** (mejsn), *n.* zidar.

**masonic** (măsa'nik), *a.* zidarski, slobodozidarski.

**masonry** (me'jsönri), *n.* zidarstvo, slobodozidarstvo.

**masque** (măsk), *n. vidi*: **mask**.

**masquerade** (mă'sköre'jd), *n.* krabulje, maskarada.

**masquerader** (mă'sköre'jdör), *n.* krabulja, maškara.

**Mass** (măs), *v.* nagomilati, skupiti se; — *n.* misa, maša; gomila, hrpa; masa.

**massacre** (mă'sökör), *v.* poklati; — *n.* pokolj.

**massage** (masā'ž), *v.* masirati, ribati; — *n.* masiranje, masaža, ribanje.

**massageuse** (masa'žöz), **masseuse** (ma'sađöz), *n.* masirica.

**massagist** (masa'žist), **masseur** (mă'sör), *n.* masažer.

**massive** (mă'siv), *a.* težak, masivan, krupan.

**massy** (mă'si), *a.* krupan, gust, masivan.

**mast** (măst), *v.* metnuti jedrila; žiriti; — *n.* jarbol; žir.

**masted** (mă'sted), *a.* s jarbolima.

**master** (mă'stör), *v.* svladati; naučiti se; — *a.* majstorski; glavni; — *n.* gospodar, gazda; gospodičić; ravnatelj; meštar; majstor.

**masterful** (mă'störful), *a.* majstorski; zapovjedni; nasilnički.

**master-hand** (mă'störhă'nd), *n.* majstorska ruka; umjetnik.

**master-key** (mă'störkī'), *n.* glavni ključ.

**masterly** (mă'störli), *a.* majstorski, vješt.

**master-piece** (mă'störpī's), *n.* majstorsko djelo.

**mastership** (mă'störšip), *n.* majstorstvo; gospodstvo; uprava.

**master-stroke** (mǎ'störströ'k), *n.* majstorsko djelo.

**mastery** (mǎ'störi), *n.* zapovjed; odlika; pobjeda; majstorstvo.

**mastic, mastich** (mǎ'stik), *n.* tmasika.

**masticate** (mǎ'stikejt), *v.* žvakati.

**mastication** (mǎ'stike'jšön), *n.* žvakanje:

**mastiff** (mǎ'stif), *n.* samsov, psina.

**mat** (mǎt), *v.* pokriti sturama; preplesti; — *n.* stura, rogožina.

**matador** (mǎ'tödö'r), *n.* matador, borac sa bikovima.

**match** (mǎč), *v.* biti jednak, ravan; ogledati se; usporediti, združiti; pariti se; — *n.* premac; par; drug; igra; oklada; natjecanje; žigica.

**matchless** (mǎ'čles), *a.* bez premca; nesravnjiv.

**mate** (mejt), *v.* izjednačiti; spariti; oženiti, udati; — *n.* drug, drugarica.

**material** (mǎti'riöl), *a.* materijalan, tjelesan, tvaran; bitan; važan; — *n.* materijal, tvar, građa, gradivo.

**materialism** (mǎti'riölizm), *n.* materijalizam.

**materialist** (mǎti'riölist), *n.* materijalista.

**materialistic** (mǎti'riöli'stik), *a.* materijalist. čan.

**materialize** (mǎti'riölajz), *v.* učiniti tjelesnim; ostvariti.

**materially** (mǎti'riöli), *adv.* bitno; materijalno; znatno.

**maternal** (mǎtö'rnöl), *a.* majčin, materinski.

**maternity** (mǎtö'rniti), *n.* materinstvo.

**math** (mǎt), *n.* kosidba.

**mathematical** (mǎ'timǎ'tiköl), **mathematic** (mǎ'timǎ'tik), *a.* matematičan.

**mathematician** (mǎ'timǎti'šön), *n.* matematičar.

**mathematics** (mǎ'timǎ'tiks), *n.* matematika.

**matin** (mǎ'tin), *a.* jutarnji; — *n.* jutrenje, zornica.

**matinee** (mǎ'tine'), *n.* matinej, kazališna predstava po danu.

**matricide** (mǎ'trisajd), *n.* materoubilac, materoubivstvo.

**matriculate** (mǎtri'kjulejt), *v.* upisati, primiti.

**matriculation** (mǎtri'kjule'jšön), *n.* upis, upisivanje.

**matrimonial** (mǎ'trimö'niöl), *a.* bračni, ženidben.

**matrimony** (mǎ'trimoni), *n.* ženidba, brak.

**matrix** (me'jtriks), *n.* maternica.

**matron** (me'jtrön), *n.* starašna gospođa; bolničarka; žena, mati; matrona.

**matronly** (me'jtrönli), *a.* poput matrone, starašan, čestit.

**matter** (mǎ'tör), *v.* važiti; značiti; gnojiti se; — *n.* tvar, materija; predmet, stvar; posao; uzrok; važnost; gnoj.

**matter-of-fact** (mǎ'töravfǎ'kt), *a.* raspravljajući o činjenicama, točan, praktičan.

**mattery** (mǎ'töri), *a.* gnojan, zagnojen.

**matting** (mǎ'ting), *n.* hasure, prostirači.

**mattock** (mǎ'tǎk), *n.* trnokop, motika.

**mattress** (mǎ'tres), *n.* strunjača; dušek.

**maturation** (mǎ'ćure'jšön), *n.* dozrijevanje, zrelost.

**maturative** (mǎću'rötiv), *a.* dozrijevan.

**mature** (mǎćū'r), *v.* dozrijevati, dozrjeti; dospjeti; — *a.* zrio; savršen; gotov; dozrio.

**maturely** (mǎću'rli), *adv.* zrelo.

**maturity** (mǎću'riti), *n.* zrelost; dospjelost.

**matutinal** (mǎtju'tinöl), *a.* jutarnji.

**maudlin** (mà'dlin), *a.* ganutljiv; preosjetljiv.

**maugre** (mà'gör), *adv.* usprkos.

**maul** (màl), *v.* izbatinati; — *n.* malj, kladvo.

**mausoleum** (mà'soli'am), *n.* grobnica, mauzolej.

**mauve** (màv), *n.* ljubičasta boja.

**mavis** (me'jvis), *n.* drozd.

**maw** (mà), *n.* želudac (*u životinje*), guša.

**mawkish** (mà'kiš), *a.* bljutav; gadan.

**maxilla** (mǎksi'lö), *n.* vilica, čeljust.

**maxillar** (mǎ'ksilör), **maxillary** (mǎ'ksilöri), *a.* vilični.

**maxim** (mǎ'ksim), *n.* mudra rečenica; načelo.

**maximum** (mǎ'ksimam), *a.* najveći; — *n.* najveći stupanj *ili* količina.

**May** (mej), *v.* slaviti svibanj; (m-), moći, smjeti; — (M-), *n.* svibanj.

**May-bloom** (me'jblū'm), *n.* glog.
**May-bug** (me'jba'g), *n.* hrušt.
**May-day** (me'jde'j), *n.* prvi svibnja.
**May-dew** (me'jdju'), *n.* prvosvibanj-ska rosa.
**mayhap** (me'jhǎp), *adv.* možda.
**mayonnaise, mayonaise** (me'jàn-e'jz), *n.* umaka od žumanjka, ulja, *itd.*
**mayor** (me'ör), *n.* načelnik.
**mayoral** (me'öröl), *a.* načelnički.
**mayoralty** (me'örölti), *n.* načelništvo.
**mayoress** (me'öres), *n.* načelnikovica.
**May-pole** (me'jpō'l), *n.* svibanjsko drvo, maj.
**mazarine** (mǎ'zörī'n), *n.* duboko plava boja.
**maze** (mejz), *v.* smesti, zbuniti; — *n.* smetnja, zabuna, zbrka.
**mazurka, mazourka** (mǎzū'rkö), *n.* mazurka.
**mazy** (me'jsi), *a.* krivudast; zapleten.
**me** (mi), *pron.* meni, mene.
**mead** (mīd), *n.* medica.
**meadow** (me'dō), *a.* što pripada livadi; — *n.* livada.
**meadowy** (me'doi), *a.* što se odnosi na livadu.
**meager** (mī'gör), *a.* tanak, mršav; siromašan; rijedak.
**meagerly** (mī'görli), *adv.* mršavo, siromašno; rijetko.
**meal** (mīl), *n.* obrok, ručak, hrana, jelo; brašno.
**mealy** (mī'li), *a.* brašnat.
**mealy-mouthed** (mī'lima'utd), *a.* stidljiv u govoru, plašljiv; lice-mjeran.
**mean** (mīn), *v.* imati na umu, misliti, smjerati; značiti; — *a.* nizak, prost, bezobrazan; srednji; — *n.* sredina; sredstvo.
**meander** (miǎ'ndör), *v.* vijugati se; krivudati; — *n.* zavoj; labirint.
**meaning** (mi'ning), *a.* značajan; — *n.* značenje, smisao; mnijenje.
**meaningless** (mi'ningles), *a.* bes-mislen.
**meaningly** (mi'ningli), *adv.* značajno.
**meanly** (mī'nli), *adv.* nisko; bezob-razno.
**meantime** (mī'nta'jm), *adv.* među-tim, u to; — *n.* međuvrijeme, stanka.
**meanwhile** (mī'nhua'el), *adv. i n. vidi:* **meantime.**

**measles** (mīzlz), *n.* ospice, dobrac; ikre (*u svinjskom mesu*).
**measly** (mi'zli), **measled** (mīzld), *a.* ospičav, ikričav (*o mesu*), slab.
**measurable** (me'žuröbl), *a.* mjeriv; umjeren.
**measure** (me'žur), *v.* mjeriti; dosu-diti; — *n.* mjera; mjerilo; dio; takt; ritam; sredstvo.
**measured** (me'žurd), *a.* odmjeren; određen; umjeren.
**measureless** (me'žurles), *a.* neiz-mjeran.
**measurement** (me'žurment), *n.* mje-renje; mjera.
**meat** (mīt), *n.* meso; hrana.
**meatus** (me'jtas), *n.* prolaz, guz.
**mechanic** (mikǎ'nik), *a.* strojni, mekaničan; — *n.* mekaničar; zanat-lija.
**mechanical** (mikǎ'niköl), *a.* mekani-čan, strojni.
**mechanically** ((mikǎ'niköli), *adv.* mekanički.
**mechanician** (me'köni'šön), *n.* me-kaničar, strojar.
**mechanics** (mikǎ'niks), *n.* nauka o strojevima, mekanika.
**mechanism** (me'könizm), *n.* ustroj, mekanizam.
**mechanist** (mikǎ'nist), *n.* graditelj strojeva, mekaničar.
**medal** (me'döl), *n.* kolajna, medalja.
**medallion** (medǎ'ljön), *n.* medaljon, velika kolajna.
**medallist, medalist** (me'dölist), *n.* rezbar kolajna; posjednik kolajne.
**meddle** (medl), *v.* uplitati se, mije-šati se, posredovati.
**meddler** (me'dlör), *n.* koji se u što upliće, posrednik.
**meddlesome** (me'dlsöm), *a.* namet-ljiv, dosadan.
**meddling** (me'dling), *a. vidi:* **meddlesome.**
**mediaeval** (mi'dii'völ), *a.* sredovi-ječan.
**medial** (mi'diöl), *a.* srednji.
**median** (mi'diön), *a.* središnji.
**mediate** (mi'diejt), *v.* posredovati, zauzeti se.
**mediate** (mi'diet), *a.* srednji, posre-dni.
**mediately** (mi'dietli), *adv.* neizravno.
**mediation** (mi'die'jšön), *n.* posredo-vanje.

**mediative** (mi'die'jtiv), *a.* posredovni.

**mediator** (mi'die'jtör), *n.* posrednik.

**mediatorial** (mi'diăto'riöl), *a.* posrednički.

**medic, medick** (mi'dik), *a.* dunjica, ljekarica *(biljka).*

**medicable** (me'diköbl), *a.* izlječiv.

**medical** (me'diköl), *a.* liječnički; ljekovit.

**medically** (me'diköli), *adv.* liječnički.

**medicament** (me'diköment), *n.* lijek.

**medicate** (me'dikejt), *v.* liječiti; pomiješati s lijekom.

**medicative** (me'dikötiv), *a.* izlječiv.

**medicinal** (medi'sinöl), *a.* ljekovit; ljekarski.

**medicinally** (medi'sinöli), *adv.* ljekarski.

**medicine** (me'disin), *n.* lijek, ljekarija; ljekarstvo.

**medieval, mediaeval** (mi'dii'völ), *a.* sredovječan.

**medievalism** (mi'dii'völizm), *n.* sredovječnost.

**mediocre** (mi'dio'kör), *a.* priličan, srednji.

**mediocrity** (mi'dio'kriti), *n.* priličnost, osrednost.

**meditate** (me'ditejt), *v.* razmišljati, misliti.

**meditation** (me'dite'jšön), *n.* razmatranje.

**meditative** (me'dite'jtiv), *a.* razmatrajući; zamišljen.

**Mediterranean** (me'ditere'jniön), *a.* sredozemni; — *n.* sredozemno more.

**medium** (mi'diₐm), *a.* srednji; — *n.* sredstvo; medij, posrednik; sredina.

**medlar** (me'dlör), *n.* mušmula.

**medley** (me'dli), *n.* mješavina; ričet.

**medulla** (medₐ'lö), *n.* mozak, srž.

**medularry** (me'dₐlöri), **medullar** (medₐ'lör), *a.* mozgovni, sržni.

**meed** (mīd), *n.* plaća, nagrada.

**meek** (mīk), *a.* blag, ponizan, krotak.

**meekly** (mī'kli), *adv.* blago, ponizno.

**meerschaum** (mī'ršₐm), *n.* stiva.

**meet** (mīt), *v.* sastati, suočiti; sresti se; ispuniti; isplatiti; — *a.* zgodan, prikladan; — *n.* sastanak.

**meeting** (mī'ting), *n.* sastanak. sjednica, skupština.

**meeting-house** (mī'tinghₐ'us), *n.* crkva disidenta.

**meetly** (mī'tli), *adv.* zgodno, prikladno.

**megrim** (mi'grim), *n.* trganje u glavi.

**melancholic** (me'lönkₐ'lik), *a.* melankoličan, sjetan, turoban.

**melancholy** (me'lönkₐli), *a.* tužan, pognut; — *n.* melankolija, sjeta, nujnost.

**melanic** (melₐ'nik), *a.* crn.

**melanochroic** (me'lönokro'ik), *a.* crnokožan.

**melee** (me'le'), *n.* tučnjava, gungula, kavga.

**meliorate** (mi'ljorejt), *v.* poboljšati, popraviti se.

**melioration** (mi'ljore'jšön), *n.* poboljšanje, popravljanje.

**mellifluence** (meli'fluₑns), *n.* medenost, slatkoća.

**mellifluent** (meli'fluₑnt), **mellifluous** (meli'fluₐs), *a.* meden.

**mellow** (me.'lō), *v.* umekšati, smekšati se; — *a.* mek; zreo; ugodan; na pola pijan.

**melodic** (melₐ'dik), *a.* melodičan, skladan.

**melodious** (melo'diₐs), *a.* melodičan, blagozvučan, skladan.

**melodiously** (melo'diₐsli), *adv.* blagozvučno, skladno.

**melodist** (me'lodist), *n.* skladatelj; pjevač.

**melodrama** (me'lodra'mö), *n.* melodrama.

**melody** (me'lodi), *n.* napjev, melodija.

**melon** (me'lön), *n.* dinja.

**melt** (melt), *v.* topiti, rastapati, taliti se.

**melting** (me'lting), *a.* rastopiv; — *n.* taljenje, rastapanje.

**member** (me'mbör), *n.* član, udo; dio.

**membership** (me'mböršip), *n.* članstvo.

**membrane** (me'mbrejn), *n.* opna, kožica.

**membranous** (me'mbrönas), *a.* opničast.

**memento** (mime'nto), *n.* spomen, uspomena.

**memoir** (me'muₐr), *n.* spomenica, crtice iz života.

**memorable** (me'moröbl), *a.* znamenit, važan.

**memorably** (me'moröbli), *adv.* znamenito.

**memorandum** (me'morǎ'ndạm), *n.* zapisak, bilješka, podnesak, memorandum.

**memorial** (memo'riöl), *a.* što se odnosi na spomen; — *n.* spomen, spomenik, zapisak.

**memorialist** (memo'riölist), *n.* pisac spomenice.

**memorialize** (memo'riölajz), *v.* predati spomenicu, moliti spomenicom.

**memorize** (me'morajz), *v.* zapamtiti si, naučiti se na pamet.

**memory** (me'mori), *n.* pamet, pamćenje; uspomena; sjećanje.

**menace** (me'nös), *v.* prijetiti; — *n.* prijetnja.

**menacingly** (me'nösingli), *adv.* prijeteće.

**menagerie** (menǎ'đöri), *n.* menažerija.

**mend** (mend), *v.* krpati, popraviti, poboljšati.

**mendacious** (mende'jšạs), *a.* lạžljiv.

**mendacity** (mendǎ'siti), *n.* laž, lažljivost.

**mender** (me'ndör), *n.* popravljač.

**mendicancy** (me'ndikönsi), *n.* prosjačenje.

**mendicant** (me'ndikönt), *a.* prosjački; — *n.* prosjak.

**mendicity** (mendi'siti), *n.* prosjačenje.

**menial** (mi'niöl), *a.* služnički; prost; ropski; — *n.* sluga.

**meningitis** (me'ninđa'jtis), *n.* upala moždane opne *ili* kičmene moždine.

**menses** (me'nsiz), *n.* žensko vrijeme, perijoda.

**menstrual** (me'nstruọl), *a.* mjesečni.

**menstruate** (me'nstruẹjt), *v.* imati cvijet *ili* vrijeme.

**menstruation** (me'nstrue'jšön), *n.* perijoda, žensko vrijeme.

**menstruum** (me'nstruạm), *n.* rastvarna tekućina.

**mensurable** (me'nšuröbl), *a.* mjeriv.

**mensuration** (me'nšure'jšön), *n.* mjerenje.

**mental** (me'ntöl), *a.* duševni, umni.

**mentality**, (mentǎ'liti), *n.* duševnost.

**mentally** (me'ntöli), *adv.* duševno, umno.

**mention** (me'nćön), *v.* spomenuti; — *n.* napomena.

**mentionable** (me'nćönöbl), *a.* što može biti spomenuto.

**mentor** (me'ntör), *n.* prijatelj i savjetnik.

**menu** (me'nju), *n.* jestvenik.

**mephitis** (mefa'jtis), *n.* smrdljivost.

**mercantile** (mö'rköntil), *a.* trgovački.

**mercenary** (mö'rsineri), *a.* najmljen; prodajan; pohlepan; — *n.* najmljenik.

**mercer** (mö'rsör), *n.* trgovac svilom, vunom, platnom, *itd.*

**mercery** (mö'rsöri), *n.* sitničarija.

**merchandise** (mö'rčöndajz), *n.* roba; trgovina.

**merchant** (mö'rčönt), *u.* trgovački; — *n.* trgovac.

**merchantman** (mö'rčöntmön), *n.* trgovački brod.

**merciful** (mö'rsiful), *a.* milosrdan, milostiv.

**mercifully** (mö'rsifuli), *adv.* milosrdno, milostivo.

**merciless** (mö'rsiles), *a.* nemilosrdan, okrutan, nesmiljen.

**mercilessly** (mö'rsilesli), *adv.* nesmiljeno, okrutno.

**mercurial** (mörku'riöl), *a.* merkurov; brz; nepostojan; od žive.

**mercurialize** (mörku'riölajz), *v.* liječiti živom.

**mercury** (mö'rkuri), *n.* živa; —(**M**-), merkur *(zvijezda najbliža suncu).*

**mercy** (mö'rsi), *n.* milost, milosrđe, smilovanje.

**mere** (mĩr), *a.* jedini, sam; jednostavan; potpun; — *n.* lokva, jezerce, međa.

**merely** (mĩ'rli), *adv.* jednostavno; jedino, samo.

**meretricious** (me'ritri'šös), *a.* bludnički.

**merganser** (mörgǎ'nsör), *n.* ronac, sarka *(ptica).*

**merge** (mörđ), *v.* progutati; združiti; sliti; zagnjuriti.

**meridian** (meri'diön), *a.* podnevni; — *n.* meriđijan; podne; vrh; visina.

**meridional** (meri'diönöl), *a.* podnevni, južni.

**merino** (meri'no), *n.* merino *(ovca sa dugom i finom vunom).*

**merit** (me'rit), *v.* zaslužiti; — *n.* zasluga, valjanost, vrijednost.

**meritorious** (me'rito'riạs), *a.* zaslužan.

**merle** (mörl), *n.* kos.
**merlin** (mö'rlin), *n.* soko lovac.
**mermaid** (mö'rmejd), *n.* sirena.
**merrily** (me'rili), *adv.* veselo, zabavno.
**merriment** (me'riment), *n.* veselost, živahnost.
**merry** (me'ri), *a.* veseo, radostan.
**merry-andrew** (me'riǎ'ndru), *n.* lakrdijaš.
**merry-thought** (me'ritǎ't), *n.* lomilica (*ključna kost u peradi*).
**mersion** (mö'ršön), *n.* zagnjurenje, uronjenje, poniranje.
**meseems** (misī'mz), *v. imp.* čini mi se.
**mesenteric** (me'sente'rik), *a.* opornjački.
**mesentery** (me'senteri), *n.* opornjak, maramica (*oko koje su crijeva prirasla*).
**mesh** (meš), *v.* uhvatiti u mrežu; — *n.* oko (*u mreže*); mreža.
**meshy** (me'ši), *a.* mrežast.
**mesmeric** (mezme'rik), *a.* hipnotičan.
**mesmerism** (me'zmörizm), *n.* nauka, prema kojoj neke osobe mogu uplivisati na volju i živčani sistem drugih osoba; životinjski magnetizam; hipnotizam.
**mesmerist** (me'zmörist), *n.* mezmerist, hipnotist.
**mesmerize** (me'zmörajz), *v.* uspavati, hipnotizirati.
**mesne** (mīn), *a.* srednji; posredovni.
**mesocephalic** (me'sosefǎ'lik), **mesocephalous** (me'sose'fōlặs), *a.* odnoseći se na čovječju lubanju srednje širine.
**mess** (mes), *v.* jesti (*s drugima*), pobrkati; — *n.* jestvina, jelo; nered, zbrka.
**message** (me'seđ), *n.* vijest; poslanica.
**messenger** (me'senđör), *n.* vjesnik, glasnik.
**Messiah** (mesa'jö), *n.* Mesija.
**messieurs** (me'sjörz), *n.* góspoda.
**messmate** (me'sme'jt), *n.* drug za stolom (*na brodu*).
**messuage** (me'sụẹđ), *n.* kuća sa kučištem.
**metabolic** (me'töbǎ'lik), *a.* promjenljiv.
**metabolism** (metö'bolizm), *n.* pretvaranje; promjena.
**metal** (me'töl), *n.* kovina, metal.
**metallic** (metǎ'lik), *a.* kovinast.

**metalline** (me'tölajn), *a.* metalan.
**metallist** (me'tölist), *n.* kovinar.
**metallurgic** (me'tölö'rđik), *a.* rudarstven.
**metallurgy** (me'tölörđi), *n.* metalurgija, rudarstvo.
**metamorphic** (me'tömo'rfik), *a.* pretvoriv, promjenljiv.
**metamorphose** (me'tömo'rfos), *v.* pretvoriti, promijeniti.
**metamorphosis** (me'tömo'rfosis), *n.* metamorfoza, pretvaranje, promjena.
**metaphor** (me'töför), *n.* metafora, slika (*u govoru*).
**metaphoric** (me'töfo'rik), **metaphorical** (me'töfo'riköl), *a.* metaforičan, slikovit (*u govoru*).
**metaphrase** (me'töfrejz), *n.* prijevod od riječi do riječi, doslovni prijevod.
**metaphrastic** (me'töfrǎ'stik), *a.* točan, doslovan.
**metaphysic** (me'töfi'zik), *a.* metafizičan, apstraktan, natćutan.
**metaphysical** (me'töfi'ziköl), *a.* metafizičan, apstraktan, natćutan.
**metaphysician** (me'töfizi'šön), *n.* metafizičar.
**metaphysics** (me'töfi'ziks), *n.* metafizika.
**metathesis** (metǎ'tisis), *n.* premještaj glasova u riječima.
**mete** (mīt), *v.* mjeriti, izmjeriti.
**metempsychosis** (mete'mpsiko'sis), *n.* seoba duša iz jednoga tijela u drugo.
**meteor** (mi'tiör), *n.* meteor, zračna pojava.
**meteoric** (mi'tiǎ'rik), *a.* meteorski, prolazno sjajan.
**meteorite** (mi'tiörajt), **meteorolite** (mi'tiörolajt), *n.* meteorski kamen.
**meteorological** (mi'tiörolǎ'điköl), *a.* meteorološki.
**meteorologist** (mi'tiörǎ'lođist), *n.* meteorolog.
**meteorology** (mi'tiörǎ'lođi), *n.* meteorologija, nauka o zračnim pojavama i promjenama vremena.
**meter** (mi'tör), *n.* mjerilac, metar.
**methinks** (miti'nks), *v. imp.* čini mi se, mislim.
**method** (me'töd), *n.* način; metoda, sustav.
**methodic** (metǎ'dik), **methodical** (metǎ'diköl), *a.* metodičan, sustavan.

**methodism** (me'tödizm), *n.* sustavnost, nauka metodista.

**methodist** (me'tödist), *n.* metodik, sustavnik; (**M**-) metodista (*sljedbenik Ivana Wesleya*).

**metonymy** (metä'nimi), *n.* metonimija (*zamjena po smislu srodnih riječi*).

**metre** (mi'tör), *n.* metar, mjera stiha.

**metric** (me'trik), **metrical** (me'triköl), *a.* metrički.

**metropolis** (meträ'polis), *n.* metropola, velegrad, glavni grad.

**metropolitan** (me'tropä'litön), *a.* velegradski; prijestolni; nadbiskupski; — *n.* nadbiskup.

**mettle** (metl), *n.* zanos; hrabrost.

**mettled** (metld), *a.* zanosan.

**mettlesome** (me'tlsam), *a.* oduševljen, vatren.

**mew** (mju), *v.* zatvoriti, mijaukati; — *n.* galeb; mijauk; gajba.

**mewl** (mjul), *v.* derati se; plakati se.

**mezzo** (me'dzo), *adv.* srednje.

**miasma** (maä'zmö), *n.* kužno isparivanje; zaraza.

**miasmatic** (ma'äzmä'tik), *a.* zarazan, kužan.

**miaul** (mjäl), *v.* mijaukati.

**mica** (ma'jkö), *n.* tinjac.

**mice** (majs), *n. pl. od* : **mouse**.

**Michaelmas** (mi'kelmös), *n.* Miholjevo.

**microbe** (ma'jkröb), *n.* mikrob, bakcil.

**microcosm** (ma'jkrokozm), *n.* mali svijet.

**micrometer** (majkrä'mitör), *n.* sprava za mjerenje vrlo sitnih predmeta.

**microphone** (ma'jkrofon), *n.* sprava za pojačavanje zvuka.

**microscope** (ma'jkrosköp), *n.* sitnozor, mikroskop.

**microscopic** (ma'jkroskä'pik), **microscopical** (ma'jkroskä'piköl), *a.* mikroskopski.

**micturate** (mi'kćurejt), *v.* pišati, pustiti vodu.

**mid** (mid), *a.* srednji, posredni.

**mid-air** (mi'dē'r), *n.* sred neba.

**mid-day** (mi'de'j), *a.* podnevni; — *n.* podne.

**midden** (midn), *n.* bunište.

**middle** (midl), *a.* srednji; — *n.* sredina.

**middle-aged** (mi'dle'jđd), *a.* srednje dobi.

**middle-ages** (mi'dle'jđes), *n.* srednji vijek.

**middle-class** (mi'dlklä's), *a.* srednjorazredni; — *n.* srednji razred.

**middleman** (mi'dlmön), *n.* posrednik.

**middlemost** (mi'dlmö'st), *a.* središnji.

**middling** (mi'dling), *a.* srednji.

**midge** (mid), *n.* mušica.

**midland** (mi'dlönd), *a.* unutrašnji.

**midmost** (mi'dmo'st), *a.* najsredišnjiji.

**midnight** (mi'dna'jt), *a.* ponoćni; — *n.* ponoć.

**midriff** (mi'drif), *n.* ošit, preponka.

**midst** (mict), *prep.* usred; — *n.* sredina.

**midsummer** (mi'dsa'mör), *n.* sredina ljeta, ljetni suncovrat (*oko 21. lipnja*).

**midsummer-day** (mi'dsa'mördej), *n.* Ivanje.

**midway** (mi'due'j), *a. i adv.* na sred puta, na pol puta; — *n.* sredina puta.

**midwife** (mi'dua'jf), *n.* primalja, babica.

**midwifery** (mi'dua'jfri), *n.* primaljstvo.

**midwinter** (mi'dui'ntör), *n.* sredina zime, zimski suncovrat (*21. prosinca*).

**mien** (mīn), *n.* izgled, lice.

**miff** (mif), *n.* zavada.

**might** (majt), *n.* moć, sila.

**mightily** (ma'jtili), *adv.* silno, jako.

**mighty** (ma'jti), *a.* moćan, silan, snažan; ogroman.

**mignonette** (mi'njone't), *n.* ljubimac (*biljka*).

**migrant** (ma'jgrönt), *n.* koji se seli; ptica selica.

**migrate** (ma'jgrejt), *v.* seliti se, odilaziti.

**migration** (ma'jgre'jšön), *n.* seoba, seljenje.

**migratory** (ma'jgretori), *a.* koji se seli; odlazeći iz jednog podneblja u drugo.

**Mikado** (mika'do), *n.* Mikado (*japanski car*).

**milch** (milč), *a.* što daje mlijeko.

**milch-cow** (mi'lčka'u̯), *n.* krava muzara.

**mild** (ma'eld), *a.* blag, nježan; mekan; lagan.

**milden** (ma'jlden), *v.* ublažiti, smekšati.

**mildew** (mi'ldju), *n.* snijet, medljika.

**mildly** (ma'jldli), *adv.* blago, nježno.

**mildness** (ma'jldnes), *n.* nježnost, blagost.

**mile** (ma'el), *n.* milja.

**mileage** (ma'jleđ), *n.* miljarina; broj milja.

**milestone** (ma'elstō'n), *n.* miljokaz.

**milfoil** (mi'lfo'el), *n.* stolisnik (*biljka*).

**miliary** (mi'liöri), *a.* kao proso.

**militancy** (mi'litönsi), *n.* ratovanje, ratobornost, vojevanje.

**militant** (mi'litönt), *a.* bojovan; vojni; ratoboran.

**militarism** (mi'litörizm), *n.* militarizam.

**military** (mi'litöri), *a.* vojnički, ratni; — *n.* vojništvo.

**militate** (mi'litejt), *v.* boriti se, vojevati; uplivisati.

**militia** (mili'šö), *n.* domobranstvo.

**militiaman** (mili'šömön), *n.* domobranac.

**milk** (milk), *v.* musti, dojiti; — *n.* mlijeko.

**milker** (mi'lkör), *n.* dojitelj, muzilac; muzara.

**milkmaid** (mi'lkme'jd), *n.* mljekarica.

**milkman** (mi'lkmön), *n.* mljekar.

**milksop** (mi'lksȧ'p), *n.* mezimac, slabić.

**milky** (mi'lki), *a.* mliječan.

**mill** (mil), *v.* mljeti; kovati; tući; valjati; — *n.* mlin; stroj; tvornica; tisući dio.

**milldam** (mi'ldȧ'm), *n.* nasip za vodu za mlin.

**milled** (mild), *a.* samljet, svaljan; narezuckan.

**millenarian** (mi'lene'jriön), *a.* tisućljetni, tisućgodišnji.

**millenary** (mi'lineri), *a.* tisući; tisućljetni; — *n.* tisuća godina; tisućgodišnjica.

**millennial** (mile'niöl), *a.* tisućgodišnji.

**millennium** (mile'ni̯am), *n.* tisuća godina.

**milleped** (mi'liped), **milliped** (mi'liped), *n.* stonoga.

**miller** (mi'lör), *n.* mlinar.

**millesimal** (mile'simöl), *a.* tisući.

**millet** (mi'let), *n.* proso.

**milliard** (mi'ljörd), *n.* miljarda.

**milligramme** (mi'ligrȧm), *n.* miligram.

**millimeter** (mi'lime'tr), *n.* milimetar.

**milliner** (mi'linör), *n.* kitničar, kitničarka.

**millinery** (mi'linöri), *n.* kitničarija, kitničarstvo.

**milling** (mi'ling), *n.* mljenje, udaranje.

**million** (mi'ljön), *n.* milijun.

**millionaire** (mi'ljönē'r), *n.* milijunar.

**mill-pond** (mi'lpȧ'nd), *n.* voda za mlin.

**mill-race** (mi'lre'js), *n.* tok vode tjerajući mlinsko kolo; jaz.

**millstone** (mi'lstō'n), *n.* mlinski kamen; žrvanj.

**mill-wheel** (mi'lhu̯i̯'l), *n.* mlinsko kolo.

**mill-wright** (mi'lra'jt), *n.* graditelj mlina.

**milt** (milt), *n.* slezena (*kod životinje*); mliječac (*od ribe*).

**milter** (mi'ltör), *n.* mužjak u ribe.

**mime** (majm), *n.* mimika, mimik.

**mimetic** (majme'tik), **mimetical** (majme'tiköl), *a.* oponašljiv, koji rado oponaša.

**mimic** (mi'mik), *a.* oponašljiv, mimičan; — *n.* oponašalac, mimik.

**mimicry** (mi'mikri), *n.* oponašanje.

**minaret** (mi'nȧret), *n.* tornjić.

**minatory** (mi'nȧtori), *a.* prijeteći.

**mince** (mins), *v.* izrezuckati, sjeckati; ublažiti, umekšati; gutati riječi; *n.* na komadiće sasjećeno meso.

**mince-meat** (mi'nsmī't), *n.* na komadiće izrezano meso.

**mince-pie** (mi'nspa'j), *n.* pašteta od mesa.

**mincing** (mi'nsing), *a.* usiljen.

**mind** (majnd), *v.* briniti se, paziti, mariti; obazirati se; — *n.* duh, pamet, razum; mišljenje, sklonost; mnijenje.

**minded** (ma'jnded), *a.* sklon, voljan.

**mindful** (ma'jndful), *a.* pomnjiv, pažljiv.

**mindless** (ma'jndles), *a.* bezuman, nepažljiv, nemaran.

**mine** (majn), *v.* kopati (*rudu, ugljen, itd.*); — *pron.* moj; — *n.* rudnik, majdan; lagum; mina.

**miner** (ma'jnör), *n.* rudar, ugljenokopač.

**mineral** (mi'neröl), *a.* rudni; — *n.* ruda; iskop.

**mineralize** (mi'nerölajz), *v.* pretvoriti u rudu; zasititi s mineralnim tvarima.

**mineralogic** (mi'nerölá'đik), **minerological** (mi'nerölá'điköl), *a.* mineraloški.

**mineralogist** (mi'nerá'lođist), *n.* poznavaoc ruda, mineralog.

**mineralogy** (mi'nerá'lođi), *n.* rudstvo, mineralogija.

**mingle** (mingl), *v.* miješati, pomiješati; družiti se.

**miniature** (mi'niáćur), *n.* sitnoslika; sitnoslikarstvo, minijatura.

**minify** (mi'nifaj), *v.* smanjiti.

**minikin** (mi'nikin), *a.* malen, sitan; — *n.* ljubimac, mezimac.

**minim** (mi'nim), *n.* sitnoća, patuljak; polunota; kaplja.

**minimize** (mi'nimajz), *v.* umaljivati.

**minimum** (mi'nimạm), *n.* najmanje.

**mining** (ma'jning), *a.* rudarski; — *n.* rudarstvo; kopanje.

**minion** (mi'njön), *n.* mališ; nestašna djevojka; sitnotisak.

**minister** (mi'nistör), *v.* dati, podijeliti; pomoći; služiti; — *n.* sluga; poslanik, ministar; svećenik.

**ministerial** (mi'nisti'riol), *a.* ministarski; podređeni; crkveni.

**ministrant** (mi'niströnt), *a.* poslužan; — *n.* sluga.

**ministration** (mi'nistre'jšön), *n.* služenje, služba.

**ministrative** (mi'nistre'jtiv), *a.* poslužni.

**ministry** (mi'nistri), *n.* svećenstvo; ministarstvo; služba; posredovanje.

**minium** (mi'niạm), *n.* surik, minij.

**minnow** (mi'nö), *n.* mali klen (*riba*).

**minor** (ma'jnör), *a.* manji, mlađi; maloljetan; — *n.* malodobnik; drugi stavak (*silogizma*); mol.

**minorite** (ma'jnorajt), *n.* franciškan (*fratar*).

**minority** (miná'riti), *n.* manjina, malodobnost.

**minster** (mi'nstör), *n.* manastir; stolna crkva.

**minstrel** (mi'nstrel), *n.* svirač; pjevač.

**minstrelsy** (mi'nstrelsi), *n.* glazba; pjevanje.

**mint** (mint), *v.* kovati novac; izumiti. — *n.* kovnica novca; metvica (*biljka*).

**mintage** (mi'nteđ), *n.* kovani novac; pristojba za kovanje novca.

**minter** (mi'ntör), *n.* kovač novca.

**minuet** (mi'njuẹt), *n.* lagan ples.

**minus** (ma'jnạs), *a.* negativan; — *adv.* manje.

**minuscle** (mina'skjul), *n.* malo slovo.

**minute** (minjū't), *a.* sitan, točan.

**minute** (mi'nit), *v.* zabilježiti; — *n.* časak, minut; nacrt; opaska.

**minute-book** (mi'nitbu'k), *n.* zapisnik; bilježnica.

**minutely** (minjū'tli), *adv.* na tanko, točno.

**minutiae** (minju'šii), *n.* sitnice.

**minx** (minks), *n.* obijesna i nestašna djevojka, kačiperka.

**miracle** (mi'rökl), *n.* čudo.

**miraculous** (mará'kjulạs), *a.* čudan, čudnovat.

**miraculously** (mirá'kjulạsli), *adv.* čudno, čudnovato.

**mirage** (mira'ž), *n.* zračna opsjena.

**mire** (ma'er), *v.* zaglibiti; okaljati; — *n.* glib; kal.

**mirror** (mị'rör), *v.* zrcaliti; — *n.* zrcalo, ogledalo.

**mirth** (mört), *n.* zabava, radost, veselje.

**mirthful** (mö'rtful), *a.* radostan, veseo.

**mirthless** (mö'rtles), *a.* neveseo.

**miry** (ma'jri), *a.* glibovit; kalan.

**misadventure** (mi'sădve'nćur), *n.* nesreća, nezgoda.

**misadvised** (mi'sădva'jzd), *a.* zlo upućen.

**misalliance** (mi'sặla'ens), *n.* zlo združenje; nejednaka ženidba.

**misanthrope** (mi'sặntrop), **misanthropist** (miš'ă'ntropist), *n.* ljudomrzac, mizantrop.

**misanthropic** (mi'sặntrạ'pik), **misanthropical** (mi'sặntrạ'piköl), *a.* mizantropičan.

**misanthropy** (misă'ntropi), *n.* mizantropija, mržnja na ljude.

**misapplication** (misă'plike'jšön), *n.* zlo, krivo upotrebljavanje.

**misapply** (mi'săpla'j), *v.* krivo pridijeliti, zlo upotrijebiti.

**misapprehend** (misă'prihe'nd), *v.* shvatiti zlo.

**misapprehension** (misă'prihe'nšön), *n.* krivo shvaćanje, nesporazum.

**misappropriate** (mi'săpro'priejt), *v.* prisvojiti si krivo.

**misappropriation** (mi'săpro'prie'jšön), *n.* protuzakonito prisvojenje.

**misarrange** (mi'săre'jnd), *v.* naopako urediti.

**misbecome** (mi'sbika'm), *v.* nedolikovati se.

**misbecoming** (mi'sbika'ming), *a.* nedoličan, nepristojan.

**misbegotten** (mi'sbiga'tn), *a.* nezakonit.

**misbehave** (mi'sbihe'jv), *v.* zlo se ponašati.

**misbehavior** (mi'sbihe'jvjör), *n.* zlo vladanje, neponašanje.

**misbelief** (mi'sbeli'f), *n.* krivovjerje.

**misbelieve** (mi'sbili'v), *v.* pogrješno vjerovati, nevjerovati.

**misbeliever** (mi'sbili'vör), *n.* krivovjerac.

**miscalculate** (miskă'lkjulejt), *v.* zaračunati se; zlo računati.

**miscalculation** (miskă'lkjule'jšön), *n.* pogrješno računanje.

**miscall** (miskă'l), *v.* krivo prozvati.

**miscarriage** (miskă'riđ), *n.* prestupak; neuspjeh; pometnuće.

**miscarry** (miskă'ri), *v.* neuspjeti; izgubiti; pometnuti.

**miscellaneous** (mi'sele'jnias), *a.* mješovit, raznovrstan.

**miscellany** (mi'seleni), *n.* mješavina.

**mischance** (misčă'ns), *n.* nesreća, nezgoda.

**mischief** (mi'sčif), *n.* šteta, zlo, nepodopština.

**mischievous** (mi'sčivas), *a.* štetan, štetonosan, zloban.

**mischievously** (mi'sčivasli), *adv.* štetonosno; zlobno.

**miscible** (mi'sibl), *a.* što se može pomiješati.

**misconceive** (mi'skönsi'v), *v.* pogrješno shvatiti.

**misconception** (mi'skönse'pšön), *n.* krivo shvaćanje, krivi pojam.

**misconduct** (miskă'ndakt), *n.* neuredno ponašanje; loša uprava.

**misconduct** (mi'skönda'kt), *v.* zlo upravljati; loše se ponašati.

**misconstruction** (mi'skönstra'kšön), *n.* pogrješno tumačenje.

**misconstrue** (mi'skönstrū'), *v.* pogrješno tumačiti.

**miscount** (miska'unt), *v.* griješiti u računu; zaračunati se; — *n.* pogrješan račun.

**miscreant** (mi'skriönt), *n.* zlikovac.

**misdate** (misde'jt), *v.* krivo datirati; — *n.* krivi datum.

**misdeed** (misdī'd), *n.* nedjelo; prekršaj.

**misdeem** (misdī'm), *v.* krivo suditi.

**misdemean** (mi'sdimī'n), *v.* zlo se ponašati.

**misdemeanant** (mi'sdimi'nönt), *n.* koji se zlo ponaša.

**misdemeanor** (mi'sdimī'nör), *n.* zlo ponašanje; prestupak.

**misdirect** (mi'sdire'kt), *v.* poslati *ili* uputiti na krivu osobu *ili* mjesto.

**misdirection** (mi'sdire'kšön), *n.* krivo upućenje, zavođenje.

**misdo** (misdu'), *v.* pogriješiti.

**misdoer** (misdu'ör), *n.* pogrješitelj; zločinac.

**misdoubt** (misda'ut), *v.* sumnjati; — *n.* sumnja.

**misemploy** (mi'semplo'j), *v.* zloupotrebiti, zlorabiti.

**misemployment** (mi'semplo'jment), *n.* zloupotreba, zloporaba.

**miser** (ma'jzör), *n.* skupac, škrtica.

**miserable** (mi'zöröbl), *a.* nevoljan, bijedan, kukavan.

**miserably** (mi'zöröbli), *adv.* kukavno.

**miserly** (ma'jzörli), *a.* škrt, tvrd.

**misery** (mi'zöri), *n.* bijeda, nevolja.

**misfeasance** (misfī'zöns), *n.* prestupak.

**misfit** (misfi't), *v.* nepristajati; — *n.* nepristajanje.

**misfortune** (misfo'rćun), *n.* nesreća, nezgoda.

**misgive** (misgi'v), *v.* pobuditi sumnju; propustiti.

**misgiving** (misgi'ving), *n.* sumnjićenje; nepouzdanje.

**misgovern** (misgă'vörn), *v.* zlo vladati, zlo upravljati.

**misgovernment** (misgă'vörnment), *n.* zlo vladanje, zla uprava.

**misguide** (misga'jd), *v.* zavesti, voditi na krivi put.

**mishap** (mishă'p), *n.* nezgoda, nesreća.

**misinform** (mi'sinfo'rm), *v.* pogrješno uputiti, zlo izvijestiti.

**misinformation** (misi'nforme'jšön), *n.* krivi izvještaj.

**misinterpret** (mi'sintö'rpret), *v.* krivo tumačiti.

**misinterpretation** (mi'sintö'rprete'jšön), *n.* pogrješno tumačenje.

**misjudge** (misdạ'd), *v.* krivo suditi.

**misjudgment** (misdạ'dment), *n.* kriva presuda.

**mislay** (misle'j), *v.* zamesti, zametnuti.

**mislead** (misli'd), *v.* zavesti, prevariti.

**mislike** (misla'jk), *v.* ne trpjeti, ne voljeti.

**mismanage** (mismă'ned), *v.* zlo upravljati; krivo izvršivati.

**mismanagement** (mismă'nedment), *n.* zla uprava, loše vođenje.

**misname** (misne'jm), *v.* nazvati krivim imenom.

**misnomer** (misnō'mör), *n.* pogrješno ime, krivi naziv.

**misogamist** (misă'gömist), *n.* mrzitelj ženidbe.

**misogamy** (misă'gömi), *n.* mržnja na ženidbu.

**misogynist** (misă'dinist), *n.* mrzitelj žena.

**misogyny** (misă'dini), *n.* mržnja na ženski spol.

**misplace** (misple'js), *v.* zametnuti, metnuti na krivo mjesto.

**misplacement** (misple'jsment), *n.* zametnuće.

**misprint** (mispri'nt), *v.* krivo tiskati; — *n.* tiskarska pogrješka.

**misprision** (mispri'žön), *n.* zanemarenje, pregled; pogrješka.

**misprize, misprise** (mispra'jz), *v.* podcjenjivati, omalovažavati.

**mispronounce** (mi'sronạ'uns), *v.* izgovoriti pogrješno.

**mispronunciation** (mi'sprona'nsie'jšön), *n.* krivi izgovor.

**misquotation** (mi'skuọte'jšön), *n.* pogrješni navod; krivo citiranje.

**misquote** (miskuō't), *v.* krivo navadati, neispravno citirati.

**misrelate** (mi'srile'jt), *v.* krivo pripovijedati.

**misreport** (mi'sripō'rt), *v.* krivo izvijestiti; — *n.* pogrješni izvještaj.

**misrepresent** (misre'prize'nt), *v.* izvrtati, lažno prikazivati.

**misrepresentation** (misre'prizente'jšön), *n.* izvrtanje; lažni izvještaj.

**misrule** (misrū'l), *v.* zlo vladati; — *n.* zla uprava, zlo vladanje.

**miss** (mis), *v.* promašiti; (iz)gubiti; neimati; propustiti; — *n.* promašenje; pomanjkanje; (**M-**) gospojica.

**missal** (mi'söl), *n.* misal.

**misseltoe** (mi'zltö), *n.* imela.

**misshape** (misše'jp), *v.* nagrditi, nakaziti; — *n.* nagrda, nakaza.

**misshapen** (misše'jpn), *a.* ružna rasta, nagrđen.

**missile** (mi'sil), *a.* što se može baciti; — *n.* bacalo.

**missing** (mi'sing), *a.* što se ne može naći; izgubljen.

**mission** (mi'šön), *n.* slanje; odaslanstvo; poslanstvo; misija.

**missionary** (mi'šönöri), *a.* misijonarski; — *n.* misijonar.

**missive** (mi'siv), *a.* što se šalje *ili* baca; proizlazan; — *n.* poslanica; pismo.

**misspell** (mispe'l), *v.* krivo napisati, pogrješno sricati.

**misspelling** (mispe'ling), *n.* krivo sricanje; pismena pogrješka.

**misspend** (mispe'nd), *v.* uludo potrošiti; rasipati.

**misspent** (mispe'nt), *a.* zlo upotrebljen, potrošen.

**misstate** (miste'jt), *v.* krivo navesti *ili* izjaviti.

**misstatement** (miste'jtment), *n.* kriva izjava.

**mist** (mist), *n.* magla.

**mistakable** (miste'jköbl), *a.* pogrješiv.

**mistake** (miste'jk), *v.* pogriješiti, griješiti; zlo razumjeti; — *n.* pogrješka, zabluda.

**mistaken** (miste'jkn), *a.* pogrješan; neispravan.

**mister** (mi'stör), *n.* gospodin.

**mistily** (mi'stili), *adv.* maglovito, nejasno.

**mistime** (mista'jm), *v.* činiti u nevrijeme.

**mistletoe** (mi'sltö), *n. vidi:* **misseltoe**.

**mistranslate** (mi'strănsle'jt), v. pogrješno prevesti.

**mistranslation** (mi'strănsle'jšön), n. krivi prijevod.

**mistress** (mi'stres), n. gospodarica, gospoja; učiteljica; ljubovnica, priležnica.

**mistrust** (mistrạ'st), v. ne vjerovati, dvojiti; — n. nepovjerenje, sumnja.

**mistrustful** (mistrạ'stful), a. nepovjerljiv, sumnjiv.

**mistrustfully** (mistrạ'stfuli), adv. nepovjerljivo.

**misty** (mi'sti), a. maglovit, taman.

**misunderstand** (misa'ndörstă'nd), v. zlo razumjeti.

**misunderstanding** (misa'ndörstă'nding), n. nesporazumak; spor.

**misuse** (misju'z), v. zlorabiti, zloupotrebiti, zlostavljati.

**misuse** (misju's), n. zloupotreba, zlostavljanje.

**mite** (majt), n. rastoč sirni; grinja; sitniž.

**mitigant** (mi'tigönt), a. ublažujući; umirujući; olahkotan.

**mitigate** (mi'tigejt), v. ublažiti; umiriti; olahkotiti.

**mitigation** (mi'tige'jšön), n. ublaženje, olakšanje.

**mitrailleuse** (mi'tra'je'z), n. franceska strojna puška.

**mitre** (ma'jtör), v. uresiti mitrom; — n. mitra.

**mitred** (ma'jtörd), a. noseći mitru.

**mitt** (mit), n. rukavica bez prstiju.

**mitten** (mitn), n. vidi: **mitt**.

**mittimus** (mi'timạs), n. uhitnica.

**mix** (miks), v. miješati, pomiješati; družiti se.

**mixable** (mi'ksöbl), a. šte se dade miješati.

**mixed** (mikst), a. pomiješan, mješovit; upleten.

**mixen** (miksn), n. bunište.

**mixture** (mi'ksćur), n. miješanje; mješavina, smjesa.

**mizzen, mizen** (mizn), a. krmeni; — n. krmeno letno jedro.

**mizzle** (mizl), v. sipiti, rominjati; — n. kišica.

**mnemonic** (nimă'nik), **mnemonical** (nimă'niköl), a. što pomaže pamćenju.

**mnemonics** (nimă'niks), n. nauka o pomaganju pamćenja.

**moan** (mōn), v. jecati, stenjati; jadikovati; oplakivati; — n. stenjanje; jecaj.

**moanful** (mō'nful), a. jecajući, žaloban.

**moat** (mōt), v. opkoliti jarkom; — n. jarak (naokolo tvrđave).

**mob** (mȧb), v. navaliti; gurati se; ružiti; — n. svjetina, rulja, gungula.

**mobile** (mō'bil), a. gibiv, pomičan.

**mobility** (mobi'liti), n. gibivost, promjenljivost.

**mobilization** (mo'bilize'jšön), n. naoružavanje, mobilizacija.

**mobilize** (mo'bilajz), v. naoružavati, mobilizirati.

**moccasin** (mȧ'kăsin), n. cipela indijanska (od jelenje kože).

**mock** (mȧk), v. podrugivati se, podsmijevati se; izazivati; —a. oponašajući; krivi; prividni; — n. podrugivanje.

**mocker** (mȧ'kör), n. podrugljivac, rugač.

**mockery** (mȧ'köri), n. ruganje, podrugivanje; opsjena.

**mocking-bird** (mȧ'kingbö'rd), n. drozd.

**mockingly** (mȧ'kingli), adv. podrugljivo.

**modal** (mō'döl), a. modalni, obličan.

**modality** (modă'liti), n. način bivanja, modalitet.

**mode** (mōd), n. način; običaj; metoda.

**model** (mȧ'del), v. raditi po uzorku, udesiti, modelirati; — n. uzor, uzorak, obrazac, kalup, model.

**modeler** (mȧ'delör), n. modelist.

**modeling** (mȧ'deling), n. pravljenje modela, modeliranje.

**moderate** (mȧ'derejt), v. umjeriti, ublažiti; obuzdati.

**moderate** (mȧ'deret), a. umjeren; priličan; — n. umjerenjak.

**moderately** (mȧ'deretli), adv. umjereno; blago; srednje ruke.

**moderation** (mȧ'dere'jšön), n. ublaživanje; umjerenost.

**moderator** (mȧ'dere'jtör), n. umjerenjak; predsjedatelj; pročelnik.

**moderatorship** (mȧ'dere'jtöršip), n. pročelništvo, predsjedništvo.

**modern** (mȧ'dörn), a. sadanji; novi, moderan.

**modernism** (mȧ'dörnizm), n. novota, modernizam.

**modernize** (må'dörnajz), *v.* prilagoditi novim idejama, *itd.*

**modest** (må'dest), *n.* čedan, skroman; umjeren.

**modestly** (må'destli), *adv.* čedno, skromno.

**modesty** (må'desti), *n.* čednost, skromnost; umjerenost.

**modicum** (må'dikạm), *n.* malo, malenkost.

**modification** (må'difike'jšön), *n.* preinačenje, promjena.

**modify** (må'difaj), *v.* preinačiti, promijeniti.

**modish** (mō'diš), *a.* po modi; moderan.

**modiste** (modi'st), *n.* modistica; švelja.

**modulate** (må'djulejt), *v.* razmjerno udesiti; mijenjati glasom, modulirati.

**modulation** (må'djule'jšön), *n.* modulacija, blagozvuk.

**module** (må'djul), *n.* mjerilo za razmjerje zgrade.

**modus** (mō'dös), *n.* način.

**Mogul** (mo'gul), *n.* Mongol.

**mohair** (mō'hē'r), *n.* dlaka (*od angorske koze*).

**Mohammedan** (mohǎ'medön), *a.* muhamedanski; — *n.* Muhamedanac.

**Mohammedanism** (mohǎ'medönizm), *n.* muhamedanstvo.

**moiety** (mo'iti), *n.* polovica.

**moil** (mo'el), *v.* kiniti se, mučiti se.

**moist** (mojst), *a.* vlažan.

**moisten** (mojsn), *v.* navlažiti, nakvasiti.

**moisture** (mo'jsćur), *n.* vlaga, vlažnost.

**molar** (mō'lör), *a.* drobeći, mrveći; — *n.* kutnjak (*zub*).

**molasses** (molǎ'sez), *n.* sladorača.

**mold**, *isto kao* **mould.**

**mole** (mōl), *n.* krt; madež; mul.

**molecular** (mole'kjulör), *a.* molekularni.

**molecule** (må'lekjul), *n.* molekula, čestica.

**mole-hill** (mō'lhi'l), *n.* krtičnjak.

**molest** (mole'st), *v.* zanovijetati, dosađivati; mučiti; uznemiriti; dirati (*u*).

**molestation** (mo'leste'jšön), *n.* uznemirenje, mučenje, dodijavanje; diranje (*u*).

**mollification** (må'lifike'jšön), *n.* mekšanje, umirenje.

**mollifier** (må'lifa'er), *n.* umekšalac; ublažujuće sredstvo.

**mollify** (må'lifaj), *v.* umekšati, ublažiti, smiriti.

**mollusc, mollusk** (må'lạsk), *n.* mekušac.

**molluscous** (målạ'skạs), *a.* mekušan, mek.

**molt**, *isto kao* **moult.**

**molten** (mōltn), *a.* rastopljen; saliven.

**moment** (mō'ment), *n.* časak, trenutak; težina; važnost.

**momentary** (mō'menteri), *a.* časovit; trenutačan.

**momentarily** (mō'mentē'rili), *adv.* časovito, za trenutak.

**momentous** (mome'ntạs), *a.* znamenit, važan.

**momentum** (mome'ntạm), *n.* pokretna sila; nagon.

**monachal** (må'nǎköl), *a.* kaluđerski, redovnički.

**monachism** (må'nǎkizm), *n.* kaluđerstvo, redovništvo.

**monad** (må'nǎd), *n.* najzadnji atom; monada.

**monarch** (må'nörk), *a.* vrhovni, vladarski; — *n.* vladar, monarh.

**monarchal** (mona'rköl), *a.* monarkijski, vladarski.

**monarchic** (mona'rkik), **monarchical** (mona'rkiköl), *a.* monarhičan.

**monarchist** (må'nörkist), *n.* monarhista.

**monarchy** (må'nörki), *n.* monarhija, kraljevstvo.

**monastery** (må'nösteri), *n.* manastir, samostan.

**monastic** (monǎ'stik), *a.* samostanski, redovnički; — *n.* kaluđer, redovnik.

**monasticism** (monǎ'stisizm), *n.* kaluđerstvo, redovništvo.

**Monday** (mạ'ndi), *n.* ponedjeljak.

**monetary** (må'niteri), *a.* novčani.

**monetize** (må'netajz), *v.* pretvoriti u novac.

**money** (må'ni), *n.* novac.

**moneyed** (må'nid), *a.* novčan; bogat.

**monger** (må'ngör), *n.* trgovac, željeznar.

**Mongol** (må'ngöl), **Mongolian** (mångō'liön), *a.* mongolski; — *n.* Mongol.

**mongrel** (mà'ngrel), *a.* meleski, mješovite pasmine; — *n.* melez, životinja mješovite pasmine.

**monied** (mà'nid), *vidi*: **moneyed.**

**monism** (mà'nizm), *n.* monizam.

**monition** (moni'šön), *n.* opomena.

**monitor** (mà'nitör), *n.* opominjač; podučitelj, poučavalac; gušter.

**monitorial** (mà'nitö'riöl), *a.* opominjući, podučan.

**monitory** (mà'nitori), *a.* dajući opomenu.

**monitress** (mà'nitres), **monitrix** (mà'nitriks), *n.* podučavateljica.

**monk** (mạnk), *n.* kaluđer, redovnik.

**monkey** (mạ'nki), *n.* majmun.

**monkhood** (mạ'nkhud), *n.* kaluđerstvo.

**monkish** (mạ'nkiš), *a.* kaluđerski, redovnički.

**monochord** (mà'nokord), *n.* glazbilo s jednom žicom.

**monochrome** (mà'nokrom), *n.* jednobojna slika.

**monocle** (mà'nokl), *n.* monokel, staklo za jedno oko.

**monocular** (monà'kjulör), *a.* jednook.

**monodist** (mà'nodist), *n.* žalobni pjesnik.

**monodrama** (mà'nodra'mö), *n.* žalobno prikazivanje po jednoj osobi.

**monody** (mà'nodi), *n.* žalobna pjesma za jedan glas.

**monogamist** (monà'gomist), *n.* jednoženja.

**monogamous** (monà'gömas), *a.* jednoženidben.

**monogamy** (monà'gömi), *n.* jednoženstvo, monogamija.

**monogram** (mà'nogrăm), *n.* monogram, početna slova prepletena u jedno.

**monograph** (mà'nogrăf), *n.* monografija, radnja samo o jednom predmetu.

**monologue** (mà'nolàg), *n.* monolog, samozbor.

**monomania** (mà'nome'jniö), *n.* fiksa ideja, djelomično ludilo.

**monomaniac** (mà'nome'jniăk), *a.* trpeći na fiksi ideji; — *n.* osoba, koja trpi na fiksi ideji.

**monopolist** (monà'polist), *n.* samotržac, monopolista.

**monopolize** (monà'polajz), *v.* monopolizirati, uzeti prevlast nad nečim.

**monopoly** (monà'poli), *n.* monopol, samotrštvo.

**monosyllabic** (mà'nosilă'bik), *a.* jednoslovčan, jednosložan.

**monosyllable** (mà'nosi'löbl), *n.* jednosložna riječ.

**monotheism** (mà'notiizm), *n.* jednoboštvo.

**monotone** (mà'notön), *n.* jednozvučnost, jednoličnost.

**monotonous** (monà'tönạs), *a.* jednoglasan, jednoličan; dosadan.

**monotony** (monà'töni), *n.* jednoglasnost, jednoličnost; dosada.

**monsignore** (mà'nsinjo're), **monsignor** (mànsi'njor), *n.* naslov biskupa *ili* kojeg drugog dostojanstvenika rimokatoličke crkve, monsinjor.

**monsoon** (mànsū'n), *n.* monsun (*vjetar u indijskom oceanu, koji puše od sjeveroistoka od mjeseca studenoga do ožujka, a južnozapadno od travnja do listopada*).

**monster** (mà'nstör), *a.* ogroman, golem; — *n.* grdosija, neman.

**monstrance** (mà'nströns), *n.* monstranca.

**monstrosity** (mànstrà'siti), *n.* nakaznost, grdoba; grdosija.

**monstrous** (mà'nstrạs), *a.* grdosijski, golem, strašan; čudnovat.

**monstrously** (mà'nstrạsli), *adv.* grdno, potresno, strašno.

**month** (mạnt), *n.* mjesec (*dana*).

**monthly** (mạ'ntli), *a.* mjesečni; — *adv.* mjesečno; — *n.* mjesečnik (*novine*), perijoda (*ženska*).

**monument** (mà'njument), *n.* spomenik.

**monumental** (mà'njume'ntöl), *a.* koji pripada spomeniku, monumentalan.

**moo** (mū), *v.* mukati; — *n.* mukanje.

**mood** (mūd), *n.* volja, ćud, raspoloženje.

**moody** (mū'di), *a.* zlovoljan, sjetan, mrk.

**moon** (mūn), *n.* mjesec (*na nebu*).

**moonbeam** (mū'nbĭ'm), *n.* mjesečna zraka.

**moon-calf** (mū'nkă'f), *n.* grdosija, nakaza; blesan.

**moonlight** (mū'nla'jt), *a.* rasvijetlen mjesecom; — *n.* mjesečina.

**moon-lit** (mū'nli't), *a.* obasjat mjesečinom.

**moonshine** (mū'nšajn), *n.* mjesečina; bez dozvole pravljena rakija.

**moonshiner** (mū'nša'jnör), *n.* pravitelj *ili* trgovac rakije bez dozvole.

**moonstruck** (mū'nstra̱'k), *a.* budalast, lud.

**moony** (mū'ni), *a.* što se odnosi na mjesec *ili* mjesečinu; zapanjen.

**moor** (mūr), *v.* vezati (*brod*), usidriti se; — *n.* pustopoljina; moro, crnac.

**moorage** (mū'red), *n.* sidrište.

**moor-cock** (mū'rkă'k), **moor-fowl** (mū'rfa̱'ul), *n.* liska, vodenkoka.

**mooring** (mū'ring), *n.* vezanje; usidrenje.

**moorings** (mū'rings), *n.* plutac; gumina.

**moorish** (mū'riš), *a.* maurijski, crnački.

**moorish** (mū'riš), **moory** (mū'ri), *a.* barovit, glibovit.

**moorland** (mū'rlănd), *n.* pištalina.

**moose** (mūs), *n.* los (*američki*).

**moot** (mūt), *v.* pretresati, razglabati; — *a.* prijeporni, sporni.

**mop** (măp), *v.* prati ispiračom, otrti, kreveljiti se; — *n.* ispirača, otirač.

**mope** (mōp), *v.* biti nujan, žalostiti se; — *n.* pokunjenik.

**mopet** (mă'pet), **mopsey** (mă'psi), *n.* lutka od krpa, beba.

**mopish** (mō'piš), *a.* pognut, pokunjen; tup.

**moraine** (morē'n), *n.* gruja, morena.

**moral** (mo'röl), *a.* ćudoredan, moralan; — *n.* pouka; moral; (-s), *pl.* ćudorednost; moralka.

**morale** (mora'l), *n.* moral, duševno stanje vojnika u pogledu hrabrosti, *itd.*

**moralist** (mo'rölist), *n.* naučatelj morala, ćudoredan čovjek.

**morality** (moră'liti), *n.* ćudorednost, moralnost, etika.

**moralize** (mo'rölajz), *v.* učiniti moralnim, naučati moral.

**morally** (mo'röli), *adv.* ćudoredno, moralno.

**morass** (moră's), *n.* baruština, močvara.

**morbid** (mo'rbid), *a.* boležljiv.

**morbidly** (mo'rbidli), *adv.* boležljivo.

**morbific** (morbi'fik), *a.* što prouzročuje bolest, nezdrav.

**mordacious** (morde'jša̱s), *a.* ujedljiv, jedak, sarkastičan.

**mordacity** (mordă'siti), *n.* izjedljivost, jetkost, gorkost.

**mordant** (mo'rdönt), *a.* izjedljiv, oštar; — *n.* tvar, kojom se ustaljuju boje; sredstvo, čime se priljepljuju zlatni listići.

**more** (mōr), *a. i adv.* više, još, veći.

**moreen** (morī'n), *n.* vrst tkanine za zastore.

**moreover** (morō'vör), *adv.* nadalje, povrh toga, suviše, isto tako.

**moresque** (more'sk), *n.* maurijski, arapski; — *n.* arabeska.

**morganatic** (morgănă'tik), *a.* morganatski.

**morgue** (morg), *n.* mrtvačnica.

**moribund** (mă'riba̱nd), *a.* na umoru, umirući.

**morion** (ma'riön), *n.* kaciga.

**Mormon** (mă'rmön), *n.* mormonac (*pristaša vjerske sekte, koja zagovara mnogoženstvo*).

**Mormonist** (mă'rmonist), *vidi*: **Mormon.**

**morn** (mōrn), *n.* jutro (*pjesnički*).

**morning** (mō'rning), *a.* jutarnji; — *n.* jutro.

**morning-star** (mō'rningstā'r), *n.* danica.

**morning-tide** (mō'rningta'jd), *n.* jutarnje doba.

**morning-twilight** (mō'rningtua̱'jt), *n.* praskozorje.

**morocco** (moră'ko), *n.* safijan (*koža*).

**morose** (morō's), *a.* mrk, mrzovoljast.

**morosely** (morō'sli), *adv.* mrko; nujno.

**morphia** (mo'rfiö), **morphine** (mo'rfin), *n.* morfij.

**morphologist** (morfă'lođist), *n.* morfolog.

**morphology** (morfă'lođi), *n.* morfologija, nauka o oblicima organičkih tjelesa.

**morris, morrice** (mă'ris), *n.* maurijski ples.

**morrow** (mă'rō), *n.* sutra, sjutradan.

**morse** (mōrs), *n.* morž.

**morsel** (mo'rsel), *n.* zagrizak, zalogaj; komadić.

**mortal** (mō'rtöl), *a.* smrtni, smrtonosan; — *n.* smrtnik.

**mortality** (mortă'liti), *n.* smrtnost; umrlost; pomor.

**mortally** (mō'rtöli), *adv.* smrtno, smrtonosno, smrtnički.

**mortar** (mo'rtör), *n.* mužar; mortar; mort.

**mortgage** (mo'rgeđ), *v.* gruntovno opteretiti kuću *ili* nekretnine; založiti; — *n.* zalog, gruntovno opterećenje nekretnina, hipoteka; založnica.

**mortgagee** (mo'rgeđī'), *n.* založni vjerovnik.

**mortgagor** (mo'rgeđo'r), *n.* založni dužnik.

**mortician** (màrti'šön), *n.* pogrebnik.

**mortification** (mo'rtifike'jšön), *n.* obumiranje; ugušivanje (*strasti*); poniženje; čemer, jad.

**mortify** (mo'rtifaj), *v.* umrtviti; prigušiti (*strasti*); poniziti; rastvarati se; trapiti se.

**mortifying** (mo'rtifa'ing), *a.* ponizujući, uvredljiv.

**mortise** (mo'rtis), *v.* urezati; — *n.* urez, rupa.

**mortmain** (mortme'jn), *n.* neotuđiv imetak.

**mortuary** (mo'rćueri), *a.* mrtvački; pogrebni; posmrtninski; — *n.* mrtvačnica.

**mosaic** (mo'ze'ik), *a.* mozajičan; — *n.* mozajik.

**Mosaic** (moze'ik), **Mosaical** (moze'i-köl), *a.* Mojsijev.

**Moslem** (mà'zlem), *n.* Musloman.

**mosque** (màsk), *n.* džamija.

**mosquito** (màski'to), *n.* komarac.

**moss** (màs), *v.* obrasti mahovinom; — *n.* mahovina; bara; tresetina.

**mossy** (mà'si), *a.* mahovinast.

**most** (mōst), *a. i adv.* najviše, največma; — *n.* većina, najveći broj *ili* dio.

**mostly** (mō'stli), *adv.* najviše, ponajvečma, u glavnom, poglavito.

**mote** (mōt), *n.* sitnica, praška.

**motet, motett** (màte't), *n.* sveta pjesmica.

**moth** (màt), *n.* moljac.

**mother** (mạ'dör), *a.* materinski; — *n.* mati, majka; talog.

**mother-country** (mạ'dörkạ'ntri), *n.* domovina.

**motherhood** (mạ'dörhud), *n.* materinstvo.

**mother-in-law** (mạ'dörinlà'), *n.* punica.

**motherly** (mạ'dörli), *a.* materinski, majčin.

**mother-of-pearl** (mạ'döravpö'rl), *n.* sedef, biserna školjka.

**mothery** (mạ'döri), *a.* gust, taložan.

**mothy** (mà'ti), *a.* pun moljaca.

**motion** (mō'šön), ·*v.* mahnuti rukom; predložiti; — *n.* gibanje, kretanje, predlog.

**motionless** (mō'šönles), *a.* nepomičan.

**motive** (mō'tiv), *a.* pokretni, pomičan; — *n.* povod, uzrok; cilj.

**motivity** (moti'viti), *n.* pokretna sila.

**motley** (mà'tli), *a.* šaren; — *n.* šarena haljina.

**motor** (mō'tör), *v.* voziti se na motoru; — *n.* pokretna sila, pokretač, motor.

**motor-car** (mō'törka'r), *n.* motorna kola.

**motor-cycle** (mō'törsa'jkl), *n.* motorne dvokolice.

**mottle** (màtl), *v.* zaprljati, išarati.

**mottled** (màtld), *a.* išaran, umrljan.

**motto** (mà'tō), *n.* geslo; poslovica.

**mould** (mōld), *v.* pljesniviti, upljesniviti se; tvoriti; kalupiti, lijevati u kalup, dati oblik; obrazovati; — *n.* crnica (*zemlja*); plijesan; kalup, obrazac.

**moulder** (mō'ldör), *v.* istrunuti; smrviti; upljesniviti; — *n.* kalupnik, lijevalac.

**mouldy** (mō'ldi), *a.* pljesniv.

**moult** (mōlt), *v.* misiti se, linjati se, mitariti se; — *n.* gubljenje i mijenjanje perja, dlake, kože, *itd.*

**mound** (mạ'und), *n.* nasip, šanac, bedem.

**mount** (mạ'unt), *v.* dignuti se, popeti se; uzjašiti; snabdjeti; okovati; — *n.* brdo; okov; okvir; konj.

**mountain** (mạ'untin), *a.* gorski; — *n.* gora; velika gomila.

**mountaineer** (mạ'untinī'r), *v.* penjati se na gore; — *n.* goranin, planinar.

**mountainous** (mạ'untinạs), *a.* gorovit.

**mountainousness** (mạ'untinạsnes), *n.* gorovitost.

**mountebank** (mạ'untibànk), *n.* čaratan, hvališa.

**mounting** (mạ'unting), *n.* uspinjanje; uzjahivanje; oprema.

**mourn** (mōrn), *v.* žaliti, jadikovati, tugovati,

**mourner** (mō'rnör), *n.* žalobnik, tugovalac.

**mournful** (mō'rnful), *a.* žaloban, tužan.

**mournfully** (mō'rnfuli), *adv.* žalobno, tužno.

**mourning** (mō'rning), *a.* žalostan; — *n.* žalost, žalovanje; korota; crnina.

**mouse** (mạ'us), *v.* loviti miše; — *n.* miš.

**mouser** (mạ'uzör), *n.* mišolovac.

**moustache** (mustăš), *n.* brk.

**mouth** (mạ'ut), *v.* uzeti u usta, vikati, bučiti; — *n.* usta, gubica; ušće; otvor; pisak.

**mouthful** (mạ'utful), *n.* puna usta; zalogaj.

**mouth-piece** (mạ'utpī's), *n.* pisak; govornik.

**movable** (mū'vöbl), *a.* pokretan, gibiv, pomičan; — *n.* pokretnina.

**movably** (mū'vöbli), *adv.* pomično, gibivo.

**move** (mūv), *v.* gibati, kretati; dirnuti; ganuti; uzbuditi; predložiti seliti se; micati se; — *n.* kretnja, gibanje; seoba; potez; korak; mjera; postupak.

**movement** (mū'vment), *n.* kretanje, micanje, gibanje; pokret; stroj (*u uri*).

**mover** (mū'vör), *n.* pokretač; predlagač.

**moving** (mū'ving), *a.* pomičan; dirljiv, ganutljiv.

**mow** (mọ'u), *v.* kositi; gomilati u žitnicu; metati u sjenaru; nakriviti lice; — *n.* kup sijena; gomila snoplja; sjenara; žitnica; plast, stog; nakrivljeno lice.

**mower** (mō'ör), *n.* kosac; stroj za košenje.

**mowing-machine** (mō'ingmăšī'n), *n.* stroj za košenje.

**much** (mạč), *a. i adv.* mnogo, vrlo; skoro; — *n.* mnogo, veliko.

**mucilage** (mju'siliđ), *n.* sluz, ljepilo.

**mucilaginous** (mju'sili'đinạs), *a.* sluzav, ljepljiv.

**muck** (mạk), *v.* gnojiti balegom; — *n.* balega, gnoj.

**muck-worm** (mạ'kụö'rm), *n.* govnovalj; škrtac.

**mucky** (mạ'ki), *a.* smradan, oduran.

**mucous, mucose** (mju'kạs), *a.* sluzav, šmrkav.

**mucus** (mju'kas), *n.* sluz.

**mud** (mạd), *v.* oblatiti, zamutiti; — *n.* blato, glib, kal.

**muddle** (mạdl), *v.* mutiti, smutiti; opojiti; pobrkati; — *n.* zbrka, zabuna.

**muddle-headed** (mạ'dlhe'ded), *a.* smeten, budalast.

**muddy** (mạ'di), *v.* zablatiti, zamutiti; — *a.* blatan, kalan, mutan.

**muezzin** (mụe'zin), **mueddin** (mụe'din), *n.* mujezin.

**muff** (mạf), *n.* muf; šeprtlja.

**muffin** (mạ'fin), *n.* vrst kolačića.

**muffle** (mạfl), *v.* zaviti, zastrijeti, zatupiti (*glas*); ispustiti; — *n.* gubica (*u govedčeta, itd.*).

**muffled** (mạfld), *a.* uvijen, otupljen (*glas*).

**muffler** (mạ'flör), *n.* prevjesa, koprena; rukavica (*pamukom ispunjena*).

**mufti, muftee** (mạ'fti), *n.* muftija (*doktor muhamedanskog prava*); civilno odijelo.

**mug** (mạg), *n.* krčag, pehar.

**muggy** (mạ'gi), **muggish** (mạ'giš), *a.* vlažan; pljesniv.

**mulatto** (mjulă'to), *n.* mulato (*dijete od bijelca i crnice, ili obratno*).

**mulattress** (mjulă'tres), *n.* mulatkinja.

**mulberry** (mạ'lberi), *n.* dud, murva.

**mulch** (mạlč), *n.* gnoj.

**mulct** (mạlkt), *v.* globiti; lišiti; — *n.* globa.

**mule** (mjūl), *n.* mula, mazga.

**muleteer** (mju'letī'r), *n.* mazgar.

**mulish** (mju'liš), *a.* kao mula; tvrdoglav.

**mull** (mạl), *v.* zasladiti, začiniti.

**mullet** (mạ'let), *n.* trilja (*riba*).

**mullion** (mạ'ljön), *n.* kamen stupac usred prozora.

**multangular** (mạltă'ngjulör), *a.* višekutan.

**multifarious** (mạltife'jriạs), *a.* raznovrstan.

**multiform** (mạ'ltifôrm), *a.* raznolik.

**multilateral** (ma'ltilă'töröl), *a.* mnogostran.

**multilineal** (mạ'ltili'niöl), *a.* mnogocrtan.

**multiped** (mạ'ltiped), *n.* stonoga.

**multiple** (mạ'ltipl), *a.* mnogostruk; — *n.* višekratnik.

**multiplex** (mạ'ltipleks), *a.* mnogostruk, zamršen.

**multiplicand** (mạ'ltiplikǎ'nd), *n.* množenik, multiplikand.

**multiplication** (mạ'ltipleke'jšön), *n.* množidba, množenje.

**multiplication-table** (mạ'ltiplike'j-šönte'jbl), *n.* jedan put jedan.

**multiplicative** (mạ'ltipliketiv), *a.* množiv.

**multiplicator** (mạ'ltiplike'jtör), *n.* množitelj.

**multiplicity** (mạ'ltipli'siti), *n.* mnogostrukost, množina.

**multiplier** (mạ'ltiplaör), *n.* množilac.

**multiply** (mạ'ltiplaj), *v.* množiti, pomnožiti; rasti; množiti se.

**multitude** (mạ'ltitjud), *n.* mnoštvo, množina.

**multitudinous** (mạ'ltitjudˌinạs), *a.* mnogobrojan.

**multure** (ma'lćur), *n.* mljevenje, meljivo.

**mum** (mạm), *a.* tih.

**mumble** (mạmbl), *v.* mrmljati, gunđati.

**mumbler** (mạ'mblör), *n.* gunđalo; mrmljavac.

**mumm** (mạm), *v.* maskirati, zakrabuljiti.

**mummer** (mạ'mör), *n.* maškara, lakrdijaš.

**mummery** (mạ'möri), *n.* maškarada, lakrdijaštvo.

**mummify** (mạ'mifaj), *v.* pretvoriti u mumiju; balzamovati.

**mummy** (mạ'mi), *n.* mumija.

**mump** (mạmp), *v.* gunđati, mumlati; prosjačiti.

**mumpish** (mạ'mpiš), *a.* mrzovoljast, namrgođen.

**mumps** (mạmps), *n.* negodovanje, zlovoljnost; upala i otečenost pljuvačnih žlijezda.

**munch** (mạnč), *v.* preživati, žvakati.

**mundane** (mạ'ndejn), *a.* svjetovni, zemaljski.

**municipal** (mjuni'sipöl), *a.* gradski, općinski; mjesni; samoupravni.

**municipality** (mjuni'sipǎ'liti), *n.* općinsko poglavarstvo; gradska uprava.

**munificence** (mjuni'fisens), *n.* velikodušje, darežljivost.

**munificent** (mjuni'fisent), *a.* darežljiv, veledušan.

**munificently** (mjuni'fisentli), *adv.* veledušno, izdašno.

**muniment** (mju'niment), *n.* potpora; obrana; povlastica; isprava.

**munition** (mjuni'šön), *n.* zaira, ratna zaliha.

**mural** (mju'röl), *a.* zidni; okomit *ili* strm.

**murder** (mö'rdör), *v.* umoriti, ubiti; — *n.* umorstvo, ubijstvo.

**murderer** (mö'rdörör), *n.* ubojica.

**murderess** (mö'rdöres), *n.* ubijca, krvnica.

**murderous** (mö'rdörạs), *a.* ubojnički.

**muriatic** (mjuriǎ'tik), *a.* solni.

**muricate** (mju'riket), **muricated** (mju'rikejted), *a.* bodljikav.

**murk** (mörk), *n.* tama, mrak.

**murky** (mö'rki), *a.* tmast, mračan.

**murmur** (mö'rmör), *v.* mrmljati, žamoriti, romoniti; — *n.* mrmljanje, žamor; romon; glasina.

**murmurer** (mö'rmörör), *n.* mrmljavac, gunđalo.

**murmuring** (mö'rmöring), *n.* mrmljanje; žuborenje.

**murrain** (mörē'n), *n.* goveđa kuga.

**muscadel** (mạ'sköde'l), **muscatel** (mạ'sköte'l), **muscadine** (mạ'sköda'jn), *a.* muškatov; — *n.* muškat (*vino*).

**muscat** (mạ'söt), *n.* muškat (*grožđe*).

**muscle** (mạsl), *n.* mišica.

**muscled** (mạsld), *a.* mišičav.

**muscoid** (mạ'skoid), *a.* poput mahovine.

**muscovado** (mạ'skove'jdo), *n.* sirovi šećer, moskovada.

**Muscovite** (mạ'skovajt), *n.* Moskovčan.

**muscular** (mạ'skjulör), *a.* mišičav, žilav.

**muscularity** (mạ'skjulǎ'riti), *n.* mišičavost.

**muse** (mjūz), *v.* razmišljati, razmatrati; — *n.* muza.

**museum** (mjuzi'ạm), *n.* muzej.

**mush** (mạš), *n.* kaša.

**mushroom** (mạ'šrū'm), *n.* gljiva, pečurka, vrganj.

**music** (mju'zik), *n.* glazba, blagozvučje, melodija, glazbeni komad.

**musical** (mju'ziköl), *a.* glazben, muzikalan, blagoglasan.

**musically** (mju'ziköli), *adv.* skladno, blagoglasno, muzikalno.

**music-hall** (mju'zikhå'l), *n.* glazbena dvorana.

**musician** (mjuzi'šön), *n.* glazbenik.

**musing** (mjū'zing), *n.* razmatranje.

**musk** (mạsk), *v.* namirisati moškom; — *n.* mošutnjak, mošak, miris od moška.

**musk-deer** (mạ'skdī'r), *n.* mošutnjak (*jelen*).

**musket** (mạ'sket), *n.* mušketa, puška; kobac ptičar.

**musketeer** (mạ'sketī'r), *n.* mušketir.

**musketry** (mạ'sketri), *n.* mušketanje (*pucnjava*), mušketiri.

**musky** (mạ'ski), *a.* mošakov, miomirisan.

**muslin** (mạ'zlin), *n.* muslin (*vrst tkanine*).

**musquito** (möski'to), *n.* vidi: **mosquito**.

**musrole** (ma'zröl), *n.* nošnjak (*na uzdi*).

**mussel** (mạ'sel), *n.* školjka.

**Mussulman** (mạ'sạlmön), *n.* Musloman; — *a.* muslomanski.

**must** (mạst), *v.* morati; — *n.* mošt.

**mustache** (mastǎ'š), *n.* brk.

**mustard** (mạ'störd), *n.* mustarda, gorušica.

**muster** (mạ'stör), *v.* sabrati, sakupiti, skupiti se; — *n.* smotra, popis (*vojnika*).

**muster-roll** (mạ'störöl), *n.* imenik četa.

**musty** (mạ'sti), *a.* pljesniv, okisao; bljutav.

**mutability** (mju'töbi'liti), *n.* promjenljivost; nedosljednost.

**mutable** (mju'töbl), *a.* promjenljiv, nestalan.

**mutation** (mjute'jšön), *n.* mijena, mijenjanje, mutacija.

**mute** (mjūt), *v.* očistiti crijeva; — *a.* nijem; — *n.* nijem čovjek.

**mutely** (mjū'tli), *adv.* nijemo.

**muteness** (mjū'tnes), *n.* njemoća.

**mutilate** (mju'tilejt), *v.* osakatiti, nakaziti.

**mutilation** (mju'tile'jšön), *n.* sakaćenje; nakaza.

**mutineer** (mju'tinī'r), *v.* pobuniti se; — *n.* pobunjenik, buntovnik.

**mutinous** (mju'tinạs), *a.* buntovan.

**mutiny** (mju'tini), *v.* pobuniti se; — *n.* pobuna.

**mutter** (mạ'tör), *v.* izmrmljati, gunđati, mucati; — *n.* mrmljaj, gunđanje.

**mutterer** (mạ'törör), *n.* mrmljavac, mucalo.

**muttering** (mạ'töring), *n.* mrmljanje.

**mutton** (mạtn), *n.* bravetina, škopčevina.

**mutton-chop** (mạ'tnčạ'p), *n.* rebro od skopčevine.

**mutual** (mju'ćjụöl), *a.* izmjeničan, uzajamni, zajednički.

**mutually** (mju'ćjuöli), *adv.* izmjenično, uzajamno.

**muzzle** (mạzl), *v.* staviti brnjicu, začepiti usta; — *n.* brnjica; gubica, rilo; grlo (*topa*).

**muzzy** (mạ'zi), *a.* smeten, zbunjen.

**my** (maj), *pron.* moj.

**myology** (majà'lođi), *n.* nauk o mišicama.

**myopia** (majo'piö), **myopy** (ma'jopi), *n.* kratkovidnost.

**myriad** (mi'riöd), *a.* bezbrojan; — *n.* bezbroj, mirijada.

**myrmidon** (mö'rmidön), *n.* goropadan vojnik, surovnjak.

**myrrh** (mör), *n.* mirha, mira.

**myrtle** (mörtl), *n.* mrča.

**myself** (majse'lf), *pron.* ja sam, meni, mene.

**mysterious** (misti'riạs), *a.* tajan, tajanstven; zagonetan.

**mysteriously** (misti'riạsli), *adv.* tajinstveno, zagonetno.

**mysteri** (mi'störi), *n.* tajna; zagonetka.

**mystic** (mi'stik), **mystical** (mi'stiköl), *a.* tajan, otajstven.

**mystic** (mi'stik), *n.* mističar.

**mysticism** (mi'stisizm), *n.* misticizam.

**mystification** (mi'stifike'jšön), *n.* obmanjivanje, opsjena.

**mystify** (mi'stifaj), *v.* obmanuti, zamagliti.

**myth** (mit), *n.* bajka, priča.

**mythic** (mi'tik), **mythical** (mi'tiköl), *a.* bajoslovan, mitičan.

**mythological** (mi'tolå'điköl), **mythologic** (mi'tolå'đik), *a.* bajoslovan, mitološki.

**mythologist** (mitå'lođist), **mythologer** (mitå'lođör), *n.* mitolog, bajoslovac.

**mythology** (mitå'lođi), *n.* mitologija, bajoslovlje.

# N

**N, n** (en), *slovo*: N, n.
**nab** (năb), *v.* uhvatiti, šćepati.
**nabob** (ne'jbáb), *n.* nabob; raskošnik, bogatun.
**nacre** (ne'jkör), *n.* sedef.
**nacreous** (ne'jkriạs), *a.* sedefski.
**nadir** (ne'jdör), *n.* podnožnjača, nadir.
**naevus** (ni'vạs), *n.* madež.
**nag** (năg), *v.* bockati; izjedati; — *n.* konjić, kljuse.
**Naiad** (ne'jad), *n.* vodena vila, Nejada.
**naif** (nai'f), *a.* prostodušan, naravan, naivan.
**nail** (nejl), *v.* zabiti čavao; začavliti, prikovati; — *n.* nokat; čaporak; čavao.
**nailer** (ne'jlör), *n.* čavlar.
**nailery** (ne'jlöri), *n.* tvornica čavala.
**naive** (nai'v), *a.* bezazlen, proštodušan, naivan.
**naively** (nai'vli), *adv.* prostodušno, djetinski.
**naivete** (na'i'vte'), *n.* bezazlenost, naivnost.
**naked** (ne'jked), *a.* nag, gol; prazan.
**nakedly** (ne'jkedli), *adv.* golo; jednostavno; prosto.
**nakedness** (ne'jkednes), *n.* golotinja, golota.
**namby-pamby** (nă'mbipă'mbi), *a.* na oko lijep; neslan.
**name** (nejm), *v.* imenovati, nazvati; — *n.* ime, naziv; glas, ugled.
**nameless** (ne'jmles), *a.* bezimen.
**namely** (ne'jmli), *adv.* najme.
**namer** (ne'jmör), *n.* prozivatelj, imenovatelj.
**namesake** (ne'jmse'jk), *n.* imenjak.
**nankeen, nankin** (nănki'n), *n.* nankin (*pamučna tkanina*).
**nap** (năp), *v.* spavati kratko vrijeme; — *n.* kratko spavanje.
**nape** (nejp), *n.* zatiljak, šija.
**napery** (ne'jpöri), *n.* kućna rubenina.

**naphtha** (nă'ftö), *n.* nafta, kameno ulje.
**napkin** (nă'pkin), *n.* ubrus, ubrusac.
**nappy** (nă'pi), *a.* dlakav; pahuljast.
**narcissus** (narsi'sạs), *n.* sunovrat, ovčica (*biljka*).
**narcotic** (narkà'tik), *a.* narkotičan, uspavljujući; — *n.* sredstvo za uspavanje.
**nard** (nārd), *n.* nard, nardovo ulje.
**nardine** (nā'rdin), *a.* nardov.
**narial** (ne'riöl), *a.* nozdrvni, nosni.
**narrate** (năre'jt), *v.* pripovijedati.
**narration** (năre'jšön), *n.* pripovijedanje; pripovjest.
**narrative** (nă'rötiv), *a.* pripovjesni; — *n.* pripovijetka.
**narrator** (năre'jtör *ili* nă'retör), *n.* pripovjedač.
**narrow** (nă'rō), *v.* suziti; stegnuti; — *a.* uzak, ograničen; tijesan; — *n.* tjesnac.
**narrowly** (nă'roli), *adv.* jedva, teškom mukom; usko.
**narrow-minded** (nă'roma'jnded), *a.* tjesnogrudan, ograničen.
**nasal** (ne'jzöl), *a.* nosni; — *n.* nosni glas.
**nascent** (nă'sent), *a.* zametan; dizajući se.
**nastily** (nă'stili), *adv.* gadno, gnjusno.
**nastiness** (nă'stines), *n.* gnjusoba, nečistoća.
**nasty** (nă'sti), *a.* gnjusan, gadan.
**natal** (ne'jtöl), *a.* rodni, rođen.
**natant** (ne'jtönt), *a.* plivajući.
**natation** (năte'jšön), *n.* plivanje.
**natatorial** (ne'jtöto'riöl), *a.* plivački.
**natatorium** (ne'jtöto'riạm), *n.* plivačnica, kupalište (*gdje se može plivati*).
**natatory** (ne'jtötori), *a.* plivački, plivajući.
**natch** (năč), *n.* goveđe bedro.
**nation** (ne'jšön), *n.* narod.
**national** (nă'šönöl), *a.* narodni, javni.
**nationality** (nă'šönă'liti), *n.* narodnost.

**nationalize** (nǎ'šönölajz), *v.* učiniti državnim vlasničtvom.

**nationally** (nǎ'šönöli), *adv.* općenito, javno.

**native** (ne'jtiv), *a.* prirođen, rođen, rodni; — *n.* urođenik, domorodac.

**natively** (ne'jtivli), *adv.* rodom; naravski.

**nativity** (nǎti'viti), *n.* rođenje.

**natron** (ne'jtrön), *n.* natron.

**nattily** (nǎ'tili), *adv.* pristalo, lijepo.

**natty** (nǎ'ti), *a.* pristao, uredan, lijep.

**natural** (nǎ'ćuröl), *a.* naravan, prirodan; jednostavan; — *n.* luda, bena.

**naturalism** (nǎ'ćurölizm), *n.* prirodna filozofija, naturalizam.

**naturalist** (nǎ'ćurölist), *n.* prirodoslovac.

**naturalization** (nǎ'ćurölize'jšön), *n.* ugrađanjenje, podijeljenje zavičajnosti.

**naturalize** (nǎ'ćurölajz), *v.* ugrađaniti, pozavičajiti.

**naturally** (nǎ'ćuröli), *adv.* naravno, naravski, prirodno.

**nature** (ne'jćur), *n.* narav, priroda; nagon.

**naught** (nàt), *a.* ništetan; — *n.* ništa; ništica.

**naughtily** (nà'tili), *adv.* nevaljano; opako.

**naughty** (nà'ti), *a.* zao, opak; nevaljao.

**nausea** (nà'šiö), *n.* muka (*u želudcu*), dizanje (*za bljuvanje*).

**nauseate** (nà'šiejt), *v.* gaditi se, davati na bacanje.

**nauseous** (nà'šạs), *a.* gadan, odvratan.

**nautch-girl** (nà'čgö'rl), *n.* indijska zvanična plesačica, bajadera.

**nautical** (nà'tiköl), *a.* brodarski; pomorski, nautički.

**nautilus** (nà'tilạs), *n.* lađica (*vrst mekušca*).

**naval** (ne'jvöl), *a.* pomorski, nautički, brodarski.

**nave** (nejv), *n.* glavina (*u kotaču*), lađa (*u crkvi*).

**navel** (nejvl), *n.* pupak.

**navigable** (nà'vigöbl), *a.* plovan, brodiv.

**navigate** (nǎ'vigejt), *v.* ploviti, broditi; krmiti (*lađom*).

**navigation** (nǎ'vige'jšön), *n.* plovljenje, plovidba, brodarstvo.

**navigator** (nǎ'vige'jtör), *n.* brodar; kormilar.

**navvy** (nǎ'vi), *n.* radnik (*u kanalima, na željeznici, itd.*).

**navy** (ne'jvi), *n.* mornarica, brodovlje, flota.

**nay** (nej), *adv.* ne, dapače.

**Nazarean** (nǎ'zöri'ön), **Nazarene** (nǎ'zörī'n), *n.* Nazarenac.

**neap** (nīp), *a.* nizak.

**neap-tide** (nī'pta'jd), *n.* osjeka.

**near** (nīř), *v.* približiti, primaći se; — *a.* bliz, blizak; — *adv.* skoro, od prilike; — *prep.* blizu.

**nearly** (nī'rli), *adv.* blizu, skoro.

**near-sighted** (nī'rsa'jted), *a.* kratkovidan.

**near-sightedness** (nī'rsa'jtednes), *n.* kratkovidnost.

**neat** (nīt), *a.* uredan; prijatan, lijep; bistar; — *n.* goveda, goveče.

**neatly** (nī'tli), *adv.* uredno, lijepo; spretno.

**neb** (neb), *n.* gubica; kljun.

**nebula** (ne'bjulö), *n.* maglica (*zvježđe*).

**nebulous** (ne'bjulạs), *a.* maglovit; oblačan.

**necessarily** (ne'sese'rili), *adv.* nužno, neophodno.

**necessary** (ne'seseri), *a.* nuždan, potreban; — *n.* potreba.

**necessitate** (nese'sitejt), *v.* učiniti potrebnim; siliti, primorati.

**necessitous** (nese'sitạs), *a.* potreban; oskudan.

**necessity** (nese'siti), *n.* potreba, nužda.

**neck** (nek), *n.* vrat; šija.

**neckcloth** (ne'klà't), *n.* vratni rubac.

**neckerchief** (ne'körčif), *n.* rubac za vrat.

**necklace** (ne'kles), *n.* đerdan.

**necklet** (ne'klet), *n.* lančić (*oko vrata*).

**neck-tie** (ne'kta'j), *n.* ovratnik, kravata.

**necrolatry** (nekrà'lötri), *n.* pretjerano štovanje mrtvih.

**necrology** (nekrà'lođi), *n.* popis mrtvih, nekrolog.

**necromancer** (ne'kromǎ'nsör), *n.* dozivač duhova, vračar.

**necromancy** (ne'kromǎ'nsi), *n.* dozivanje duhova; vračanje.

**necropolis** (nekrǎ'polis), *n.* grad mrtvih; groblje.

**nectar** (ne'ktör), *n.* piće bogova; med u cvijetu; nektar.

**nectareal** (nekte'riöl), **nectarean** (nekte'riön), **nectareous** (nekte'-rias), *a.* nektarski, kao nektar.

**nectarine** (ne'ktörin), *a.* sladak kao nektar; — *n.* breskva nektarinka.

**nectarous** (ne'ktöras), *a.* sladak kao nektar.

**nectary** (ne'ktöri), *n.* mednik (*u cvijetu*).

**nee** (nē), *a.* rođena.

**need** (nīd), *v.* trebati, potrebovati; neimati; morati; — *n.* nužda, potreba; oskudica, siromaštvo.

**needful** (nī'dful), *a.* potreban, nuždan.

**needle** (nī'dl), *n.* igla.

**needless** (nī'dles), *a.* bespotreban, uzaludan.

**needlessly** (nī'dlesli), *adv.* uzaludno, bez potrebe.

**needle-work** (nī'dluö'rk), *n.* šivanje; ručni rad.

**needly** (nī'dli), *a.* iglast.

**needs** (nīdz), *adv.* nužno, neophodno; svakako.

**needy** (nī'di), *a.* potreban; oskudan.

**ne'er** (nēr), *skraćeno od* **never.**

**nefarious** (nife'rias), *a.* gnjusan, besraman; okrutan.

**negation** (nige'jšön), *n.* nijekanje, poricanje; negacija.

**negative** (ne'götiv), *v.* nijekati, zabaciti; — *a.* niječan, negativan; — *n.* nijekanje; negacija.

**negatively** (ne'götivli), *adv.* niječno, negativno.

**neglect** (negle'kt), *v.* zanemariti; propustiti; zapustiti; — *n.* nemar, propust.

**neglectful** (negle'ktful), *a.* nemaran, nehajan.

**negligence** (ne'gliđens), *n.* nemarnost, nemar.

**negligent** (ne'gliđent), *a.* nemaran; nehajan, nesmotren.

**negligently** (ne'gliđentli), *adv.* nemarno; nesmotreno.

**negotiability** (nigo'šiöbi'liti), *n.* prodajnost; prenosivost.

**negotiable** (nigo'šiöbl), *a.* trgovačko-prijenosan, prodajan.

**negotiate** (nigō'šiejt), *v.* trgovati; ugovarati; posredovati; prenijeti (*mjenicu*).

**negotiation** (nigo'šie'jšön), *n.* trgovanje; pregovaranje; prodaja; prijenos (*mjenice*).

**negotiator** (nigo'šie'jtör), *n.* posrednik, mešetar.

**negress** (ni'gres), *n.* crnica.

**negro** (ni'gro), *n.* crnac.

**negus** (nī'gas), *n.* vrst punča.

**neigh** (nej), *v.* hrzati, njištati; — *n.* hrzanje, njištanje.

**neighbor** (ne'jbör), *v.* graničiti, međašiti; — *a.* susjedni; — *n.* susjed; bližnji.

**neighborhood** (ne'jbörhud), *n.* susjedstvo, blizina.

**neighboring** (ne'jböring), *a.* susjedni.

**neighborly** (ne'jbörli), *a.* susjedski; prijateljski.

**neither** (nī'dör), *a.* ni jedan ni drugi; — *conj.* niti; — *pron.* nijedan.

**Nemesis** (ne'mesis), *n.* boginja osvete; pravedna kazna, odmazda.

**neologism** (niǎ'lođizm), *n.* novi izraz, kovanica.

**neologist** (niǎ'lođist), *n.* uvađatelj novih riječi.

**neology** (niǎ'lođi), *n.* kovanje riječi, uvođenje novih ideja.

**neophyte** (ni'ofajt), *n.* novokrštenik, novoobraćenik, novajlija.

**neoteric** (ni'ote'rik), *a.* novi, moderni.

**nepenthe** (nipe'nti), **nepenthes** (nipe'ntiz), *n.* napitak, u kojem se zaboravljaju žalosti.

**nephalism** (ne'fölizm), *n.* strogo uzdržavanje od opojnih pića.

**nephew** (ne'vju), *n.* nećak, sinovac.

**nephritic** (nefri'tik), *a.* bubrežni.

**nephritis** (nifra'jtis), *n.* upala brega.

**nepotism** (ni'pàtizm), *n.* prekomjerno zaštićivanje rodbine.

**Neptune** (ne'ptjun), *n.* Neptun, bog mora; najudaljenji planet od sunca.

**Neptunian** (neptju'niön), *a.* neptunski; morski.

**Nereid** (ni'riid), *n.* Nereida, morska vila.

**nerve** (nörv), *v.* krijepiti; — *n.* živac; kuraža.

**nerveless** (nö'rvles), *a.* slab.

**nervous** (nö'rvas), *a.* živčan; raz-dražljiv, nervozan; snažan.

nervously (nö'rvasli), adv. razdraž-ljivo, nervozno.

nervousness (nö'rvasnes), n. nervoznost, slabost živaca.

nescience (ni'šiens), n. neznanje, neukost.

ness (nes), n. r't.

nest (nest), v. graditi gnijezdo; gnijezditi se; — n. gnijezdo.

nestle (nesl), v. gnijezditi, ugnijezditi se.

nestling (ne'sling), n. golić (ptić).

net (net), v. plesti mrežu; hvatati u mrežu; čisto nositi, imati čisti dobitak; — a. čist; — n. mreža.

nether (ne'dör), a. niži, doljni.

nethermost (ne'dörmö'st), a. najdoljni, najniži.

netting (ne'ting), n. mreža.

nettle (netl), v. žariti; draškati; — n. kopriva.

nettle-rash (ne'tlrǎ'š), n. osip na koži.

netty (ne'ti), a. mrežnat.

net-work (ne'tuö'rk), n. mreža.

neural (nju'röl), a. živčan.

neuralgia (njurǎ'ldiö), n. neuralgija, živčana bol, trganje.

neuralgic (njurǎ'ldik), a. neuralgičan.

neurasthenia (nju'rösti'niö), n. slabost živaca.

neuritis (njura'jtis), n. upala živaca.

neurology (njurǎ'lodi), n. nauk o živcima.

neurosis (njurö'sis), n. bolest živaca.

neurotic (njurǎ'tik), a. živčani.

neuter (nju'tör), a. neutralan; srednjega roda; — n. bespolna životinja; srednji rod.

neutral (nju'tröl), a. nepristran, ravnodušan; neutralan.

neutrality (njutrǎ'liti), n. nepristranost; neutralnost.

neutralization (nju'trölajze'jšön), n. neutralizacija.

neutralize (nju'trölajz), v. učiniti nepristranim; učiniti neškodljivim; neutralizirati.

neutrally (nju'tröli), adv. nepristrano; neutralno.

never (ne'vör), adv. nikada, nikako.

nevermore (ne'vörmör), adv. nikad više.

nevertheless (ne'vördele's), adv. ipak, uza sve to.

new (nju), a. nov; — adv. novo.

newel (nju'el), n. stožer od stuba.

new-fashioned (nju'fǎšönd), n. novomodan.

newish (nju'iš), a. prilično nov.

newly (nju'li), adv. skoro, nedavno; snova.

newness (nju'nes), n. novost.

news (njūz), n. vijest; novina.

newsmonger (njū'zmǎ'ngör), n. raznosilac novosti.

newspaper (njū'zpe'jpör), n. novine.

newspaperman (njū'zpe'jpörmön), n. novinar.

newt (njūt), n. daždevnjak.

next (nekst), a. bližnji; slijedeći; — adv. zatim.

nib (nib), v. zašiljiti, zaoštriti; — n. kljun, šiljak.

nibble (nibl), v. griskati, glodati; — n. ugrizak.

nibbler (ni'blör), n. cjepidlaka, čangrizalo.

nice (najs), a. lijep; dobar; fin, nježan.

nicely (na'jsli), adv. lijepo; točno; fino, nježno; uljudno.

nicety (na'jseti), n. ljepota; točnost; finoća.

niche (nič), n. izdubina (u zidu).

nick (nik), v. pogoditi pravo vrijeme; urezati; — n. pravi čas, zgodno vrijeme; rez; račun.

nickel (ni'kel), v. poniklovati; — n. nikel.

nickname (ni'kne'jm), v. dati nadimak; — n. nadimak.

nicotin(e) (ni'kotin), n. nikotin.

nictate (ni'ktejt), nictitate (ni'ktitejt), v. migati, namignuti, žmiriti.

nidificate (ni'difikejt), nidify (ni'difaj), v. gnijezditi se.

nidor (na'jdör), n. njuh, vonj; miris (jela).

niece (nīs), n. nećakinja.

niggard (ni'görd), a. škrt, tvrd; — n. škrtica, tvrdac.

niggardly (ni'gördli), a. škrt; — adv. škrto, skupo.

nigger (ni'gör), n. crnac.

nigh (naj), a. bliz; — adv. skoro, mal'ne.

night (najt), n. noć.

night-bell (na'jtbe'l), n. noćno zvono.

night-cap (na'jtkǎ'p), n. spavaća kapa.

nightfall (na'jtfǎ'l), n. mrak.

nightingale (na'jtingēl), n. slavulj.

**night-jar** (na'jtđa'r), *n.* kozodoj.
**nightly** (na'jtli), *a.* noćni; — *adv.* noću, svaku noć.
**nightmare** (na'jtmē'r), *n.* mora.
**nightshade** (na'jtšē'd), *n.* mokunica (*biljka*).
**night-walker** (na'jtụầ'kör), *n.* noćnik.
**night-watch** (na'jtụầč), *n.* noćna straža.
**nigrescent** (najgre'sent), *a.* crnkast.
**nihilism** (na'jhilizm), *n.* nihilizam.
**nihilist** (na'jhilist), *n.* nihilista.
**nil** (nil), *n.* ništa.
**nimble** (nimbl), *a.* okretan; hitar.
**nimbly** (ni'mbli), *adv.* hitro; okretno.
**nimbus** (ni'mbạs), *n.* kišni oblak; sjajni vijenac oko glave sveca.
**nincompoop** (ni'nkampup), *n.* bukvan, blesan.
**nine** (najn), *a. i n.* devet.
**nine-fold** (na'jnfōld), *a.* deveterostruk.
**ninepins** (na'jnpi'ns), *n.* kugljanje.
**nineteen** (na'jntī'n), *a. i n.* devetnaest.
**nineteenth** (na'jntī'nt), *a.* devetnaesti.
**ninetieth** (na'jntiet), *a.* devedeseti.
**ninety** (na'jnti), *a. i n.* devedeset.
**ninny** (ni'ni), *n.* luda, bena.
**ninth** (najnt), *a.* deveti.
**ninthly** (na'jntli), *adv.* deveto.
**nip** (nịp), *v.* uništiti; štipati, uštinuti; oštetiti; — *n.* uštip; uništenje; studen; napitak.
**nippers** (nị'pörz), *n.* klještica.
**nipple** (nịpl), *n.* bradavica (*na sisi*); sisa.
**nit** (nịt), *n.* gnjida.
**nitrate** (na'jtret), *n.* nitrat, dušikova so.
**nitre** (na'jtör), *n.* salitra.
**nitric** (na'jtrik), *a.* dušično kiseo.
**nitric-acid** (na'jtrikầ'sid), *n.* dušična kiselina.
**nitrify** (na'jtrifaj), *v.* nitrirati; pretvarati u salitru.
**nitrogen** (na'jtrođen), *n.* dušik.
**nitrogenous** (najtrầ'đenas), *a.* dušični.
**nitroglycerine** (na'jtrogli'sörin), *n.* nitroglicerin.
**nitrous** (na'jtrạs), *a.* salitren.
**nitrous-acid** (na'jtrasầ'sid), *n.* ugljična kiselina.

**nitrous-oxide** (na'jtrasầ'ksajd), *n.* dušični oksidul.
**nitry** (na'jtri), *a.* salitren.
**nitty** (nị'ti), *a.* gnjidav.
**nival** (na'jvöl), *a.* snježan.
**no** (nō), *adv.* ne.
**nobility** (nobi'liti), *n.* plemstvo, plemenitost.
**noble** (nōbl), *a.* plemenit, plemički; — *n.* plemić.
**nobleman** (nō'blmön), *n.* plemić.
**noblesse** (noble's), *n.* plemstvo.
**nobly** (nō'bli), *adv.* plemenito, veledušno; sjajno.
**nobody** (no'bầdi), *n.* nitko.
**noctambulist** (noktầ'mbjulist), *n.* noćnik, mjesečnjak.
**nocturnal** (nầktö'rnöl), *a.* noćni.
**nod** (nầd), *v.* nakloniti se; klimati glavom; drijemati; naginjati; — *n.* naklon.
**nodal** (nō'döl), *a.* čvornat, uzlen.
**nodated** (nō'deted), *a.* zauzlan.
**noddle** (nầdl), *n.* glava.
**noddy** (nầ'di), *n.* bluna, bena.
**node** (nōd), *n.* uzao, čvor.
**nodose** (nō'dōs), *a.* čvornat.
**nodosity** (nōdầ'siti), *n.* čvornovitost.
**nodular** (nầ'dulör), *a.* čvoričast, grudičast.
**nodule** (nầ'dul), *n.* čvorić, grudica.
**noetic** (noe'tik), *a.* duševan.
**nog** (nầg), *n.* klin.
**noggin** (nầ'gin), *n.* drvena čaša.
**noise** (nojz), *v.* vikati, bučiti; — *n.* vika, buka.
**noiseless** (no'jzles), *a.* tih.
**noiselessly** (no'jzlesli), *adv.* tiho, bez vike.
**noisily** (no'jzili), *adv.* bučnọ.
**noisome** (no'jsạm), *a.* nezdrav; škodljiv.
**noisy** (no'jzi), *a.* bučan.
**nomad** (nō'möd), *n.* skitač; pastir.
**nomadic** (nomầ'dik), *a.* nomadski, pastirski; skitački.
**nomenclature** (no'menkle'jćur), *n.* nazivi; rječnik.
**nominal** (nầ'minöl), *a.* nominalan; naslovni, imeni.
**nominally** (nầ'minöli), *adv.* nominalno; po imenu, naslovno.
**nominate** (nầ'minejt), *v.* imenovati, predložiti.
**nomination** (nầ'mine'jšön), *n.* imenovanje, prijedlog.

**nominative** (nà'minötiv), *n.* nominativ, prvi padež.

**nominator** (nà'mine'jtör), *n.* imenovatelj.

**nominee** (nà'minī'), *n.* imenovani, predloženik.

**non** (nàn), *adv.* ne.

**nonage** (nà'neđ), *n.* malcdobnost, maloljetnost.

**nonagenarian** (nà'nöđine'jriön), *n.* čovjek izmedju 90. *i* 100. godina star.

**nonagon** (nà'nögàn), *n.* deveterokut.

**nonce** (nàns), *adv.* prigodno; upravo zato.

**nonchalance** (nà'nšölans), *n.* ravnodušnost, nehajstvo.

**nonchalant** (na'nšölant), *a.* ravnodušan, nehajan.

**non-commissioned-officer** (nà'nkömi'šöndà'fisör), *n.* podčasnik.

**non-conductor** (nà'nkönda̱'ktör), *n.* loš vodić.

**nonconforming** (nà'nkönfo'rming), *a.* neslagajući se.

**nonconformist** (nà'nkönfo'rmist), *n.* raskolnik, disident.

**nonconformity** (nà'nkönfo'rmiti), *n.* neslaganje, raskolništvo.

**nondescript** (nà'ndiskript), *a.* neopisan, neopisiv; čudnovat; — *n.* osoba *ili* stvar, što se neda opisati.

**none** (nàn), *pron. ili adv.* nijedan, nikakav; ništa.

**nonentity** (nàne'ntiti), *n.* nebit, što ne postoji.

**nones** (nōnz), *n.* sedmi dan ožujka, svibnja, srpnja i listopada, a peti u drugim mjesecima, none.

**nonesuch** (na̱'nsa̱'č), *n.* čemu nema para, što se neda usporediti; osoba *ili* stvar bez premca.

**nonplus** (nà'nplas), *v.* satjerati u škripac, smesti; — *n.* škripac, tijesnac.

**non-residence** (nà'nre'zidens), *n.* odsustvo.

**non-resident** (nà'nre'zident), *a.* odsutan.

**nonsense** (nà'nsens), *n.* nesmisao; ludorija.

**nonsensical** (nànse'nsiköl), *a.* besmislen; lud.

**nonsuit** (nà'nsu't), *v.* zabaciti tužbu; — *n.* zabačenje tužbe.

**noodle** (nudl), *n.* bedak, budala.

**nook** (nūk), *n.* kut, ugao.

**noon** (nūn), *a.* podnevan; — *n.* podne.

**noonday** (nū'nde'j), *a.* podnevni; *n.* podne.

**noontide** (nū'nta'jd), *a.* podnevan; — *n.* podne.

**noose** (nūs), *v.* uhvatiti u zamku; — *n.* zamka.

**nor** (nör), *conj.* ni, niti.

**norm** (nörm), *n.* pravilo; uzorak.

**normal** (nö'rmöl), *a.* normalan, redovit, pravilan.

**normal school** (nō'rmölskū'l), *n.* preparandija.

**norse** (nörs), *a.* škandinavski.

**north** (nört), *a.* sjeverni; — *n.* sjever.

**north-east** (nö'rtī'st), *a.* sjeveroistočni; — *adv.* sjeveroistočno; — *n.* sjeveroistok.

**north-easter** (no'rtī'stör), *n.* sjeveroistočnjak (*vjetar*).

**north-easterly** (no'rtī'störli), *a.* sjeveroistočni; — *adv.* sjeveroistočno.

**north-eastern** (no'rtī'störn), *a.* sjeveroistočni.

**north-eastward** (no'rtī'stu̱örd), *adv.* sjeveroistočno.

**northerly** (no'rdörli), *a.* sjeverni; — *adv.* sjeverno.

**northern** (no'rdörn), *a.* sjeverni; — *n.* sjeverac.

**northerner** (no'rdörnör), *n.* sjeverac, čovjek sa sjevera.

**northernmost** (no'rdörnmöst), *a.* najsjeverniji.

**northward** (no'rtu̱örd), **northwards** (no'rtu̱ördz), *adv. i a.* prama sjeveru; sjeverni.

**northwardly** (no'rtu̱ördli), *adv.* prema sjeveru, sjeverno.

**north-west** (no'rtu̱e'st), *a.* sjeverozapadni; — *adv.* sjeverozapadno; — *n.* sjeverozapad.

**north-westerly** (no'rtu̱e'störli), *a.* sjeverozapadni; — *adv.* sjeverozapadno.

**north-western** (no'rtu̱e'störn), *a.* sjeverozapadni.

**north-westward** (no'rtu̱e'stu̱örd), *adv.* prema sjeverozapadu.

**Norwegian** (noru̱i'đön), *a.* norveški; — *n.* Norvežan.

**nose** (nōz), *v.* mirisati; njušiti; voditi koga za nos; — *n.* nos; gubica.

**nosegay** (nō'zge'j), *n.* kitica, kita cvijeća.

**nosology** (noså'lođi), *n.* razredba bolesti.

**nostalgia** (nostă'lđiö), *n.* tuga za zavičajem, žudnja za domovinom.

**nostril** (nå'stril), *n.* nozdrva.

**nostrum** (no'straͅm), *n.* tajni lijek.

**not** (nåt), *adv.* ne.

**notability** (no'töbi'liti), *n.* znamenitost; odlična ličnost.

**notable** (no'töbl), *a.* znatan, ugledan; — *n.* odlična osoba.

**notably** (no'töbli), *adv.* znatno, osobito.

**notarial** (note͞'riöl), *a.* bilježnički, notarski.

**notary** (no'töri), *n.* bilježnik, notar.

**notary public** (no'töripaͅ'blik), *n.* javni bilježnik.

**notation** (note'jšön), *n.* bilježenje; bilješke.

**notch** (nåč), *v.* urezati; zaškrbiti (*nož*); — *n.* rez, urez; škrbina (*na nožu*).

**notchy** (nå'či), *a.* škrbav.

**note** (not), *v.* bilježiti; zabilježiti, zapisati; opaziti; paziti; držati na umu; — *n.* bilješka; znak; pozor; ugled; nota, kajda; pisamce; račun; zadužnica; banknota.

**note-book** (no'tbuͅ'k), *n.* bilježnica; knjiga s notama.

**noted** (no'ted), *a.* glasovit, slovljen.

**noteworthy** (no'tuͅö'rdi), *a.* važan, vanredan.

**nothing** (naͅ'ting), *n. i adv.* ništa.

**notice** (no'tis), *v.* zabilježiti; opaziti; — *n.* bilješka; opomena; otkaz; obavijest; pažnja; oglas.

**noticeable** (no'tisöbl), *a.* što se može opaziti; znatan.

**notification** (no'tifike'jšön), *n.* objava; prijava.

**notify** (no'tifaj), *v.* ubznaniti, objaviti; uputiti.

**notion** (no'šön), *n.* spoznaja, pojam, ideja; nazor; mnijenje; sitnarija.

**notional** (no͞'šönöl), *a.* spoznajan; umišljen.

**notoriety** (no'tora'iti), *n.* poznatost; javnost; zloglasnost.

**notorious** (noto'riaͅs), *a.* poznat, zloglasan, famozan.

**notoriously** (noto'riaͅsli), *adv.* famozno; javno, otvoreno.

**notwithstanding** (nå'tuͅitstă'nding), *prep.* usprkos, pored, to ipak.

**nought** (nåt), *n.* ništa; ništica.

**noun** (naͅ'un), *n.* imenica.

**nourish** (nö'riš), *v.* hraniti; gojiti; njegovati.

**nourisher** (nö'rišör), *n.* hranitelj; gajitelj, njegovatelj.

**nourishing** (nö'rišing), *n.* hraniv.

**nourishment** (nö'rišment), *n.* hrana.

**nous** (nūs), *n.* um, razum.

**novel** (nå'vel), *a.* nov, neobičan; — *n.* novela, pripovijetka.

**novelist** (nå'velist), *n.* pisac novela.

**novelty** (nå'velti), *n.* novost; novotarija.

**November** (nove'mbör), *n.* studeni.

**novice** (nå'vis), *n.* novajlija, početnik, novic.

**novitiate** (novi'šiet), *n.* vrijeme učenja, novicijat.

**now** (naͅ'uͅ), *adv.* sada.

**nowadays** (naͅ'uͅăde'jz), *adv.* današnji dan.

**noway** (no'uͅej), **noways** (no'uͅejz), *adv.* nikako, nipošto.

**nowhere** (no'huͅer), *adv.* nigdje.

**nowise** (no'uͅajz), *adv.* nikako.

**noxious** (no'kšas), *a.* škodljiv, nezdrav.

**nozzle** (nåzl), *n.* rilo; cijev.

**nubile** (nju'bil), *a.* za udaju.

**nucleus** (nju'klias), *n.* jezgra.

**nude** (njūd), *a.* gol, nag.

**nudge** (naͅđ), *v.* gurnuti (*laktom*); — *n.* laki udarac (*laktom*).

**nudity** (nju'diti), *n.* golotinja, nagost.

**nugatory** (nju'götori), *a.* tašt; zaludan; bezvrijedan.

**nugget** (naͅ'get), *n.* guka (*zlata*).

**nuisance** (nju'söns), *n.* štetnost, nesnosnost; dosadna stvar.

**null** (naͅl), *a.* ništetan; — *n.* ništica.

**nullify** (naͅ'lifaj), *v.* poništiti.

**nullity** (naͅ'liti), *n.* poništenje; nevaljalost.

**numb** (naͅm), *v.* omrtviti, ukočiti: — *a.* ukočen, neosjetan.

**number** (naͅ'mbör), *v.* brojiti, označiti brojevima, numerirati; — *n.* broj.

**numberless** (naͅ'mbörles), *a.* bezbrojan.

**numbles** (naͅmblz), *n.* utroba; drobovina (*u jelena, srne*).

**numerable** (nju'möröbl), *a.* brojiv, izbrojan.

**numeral** (nju'möröl), *a.* brojni; — *n.* broj, brojnik.

**numerary** (nju'möröri), *a.* brojni.
**numerate** (nju'mörejt), *v.* brojiti; računati.
**numeration** (nju'möre'jšön), *n.* brojenje, numeriranje.
**numerator** (nju'möre'jtör), *n.* brojnik.
**numerical** (njume'riköl), *a.* brojni.
**numerically** (njume'riköli), *adv.* u brojevima.
**numerous** (nju'möras), *a.* brojan, mnogobrojan.
**numismatic** (nju'mizmǎ'tik), *a.* numizmatičan, staronovčan.
**numismatics** (nju'mizmǎ'tiks), *n.* numizmatika, nauk o starim novcima.
**numismatist** (njumi'smötist), *n.* numizmatičar.
**numskull** (na'mska'l), *n.* bukvan, luda.
**nun** (nan), *n.* opatica, duvna, koludrica.
**nuncio** (na'nšio), *n.* papinski poslanik, nuncij.
**nuncupative** (na'nkju'petiv), **nuncupatory** (na'nkju'petori), *a.* usmen; nepisan.
**nunnery** (na'nöri), *n.* ženski samostan.
**nuptial** (na'pšöl), *a.* ženidbeni, pirni.
**nuptials** (na'pšöls), *n.* svadba, pir.
**nurse** (nörs), *v.* dojiti; hraniti; njegovati, tetošiti; dvoriti; — *n.* dojkinja, dajilja, odgajateljica, hraniteljka; dvorkinja; bolničarka, bolničar.

**nursery** (nö'rsöri), *n.* odgajalište (*djece*); rasadnik.
**nurseryman** (nö'rsörimön), *n.* vrtlar.
**nursling** (nö'rsling), *n.* hranjenik, djetešce.
**nurture** (nö'rćör), *v.* hraniti; odgajati; — *n.* odgajanje, odgoj, hrana.
**nut** (nat), *v.* brati orahe; — *n.* orah, lješnik.
**nutant** (nju'tönt), *a.* otoboljen.
**nutation** (njute'jšön), *n.* kimanje; ljuljanje zemaljske osi.
**nut-brown** (na'tbra'un), *a.* orahove boje.
**nut-cracker** (na'tkrǎ'kör), *n.* sprava za razbijanje oraha.
**nutmeg** (na'tme'g), *n.* oraščić; dafinovo zrno.
**nutrient** (nju'trient), *a.* hranjiv, pitan.
**nutriment** (nju'triment), *n.* hrana; krma.
**nutrition** (njutri'šön), *n.* hranjenje; hrana.
**nutritious** (njutri'šas), *a.* hranjiv, pitan.
**nutritive** (nju'tritiv), *a.* pićan, hranjiv.
**nut-shell** (na'tše'l), *n.* orahova ljuska.
**nutty** (na'ti), *a.* orahov, kao orah.
**nuzzle** (nazl), *v.* riti; staviti brnjicu; njuškati.
**nymph** (nimf), *n.* vila; kukuljica.
**nymphean** (nimfi'ön), *a.* vilin, vilinski.
**nymphomania** (ni'mfome'jniö), *n.* nesavladiva spolna požuda.

# O

**O, o** (o), *slovo*: O, o; — *excl.* oh! o!
**oaf** (ōf), *n.* vilino dijete; budala.
**oafish** (ō'fiš), *a.* glup, tup.
**oak** (ōk), *n.* hrast, dub.
**oaken** (ōkn), *a.* hrastov.
**oakling** (ō'kling), *n.* hrastić.
**oakum** (ō'kạm), *n.* kučine.
**oaky** (ō'ki), *a.* kao hrast, čvrst.
**oar** (ōr), *v.* veslati; — *n.* veslo.
**oared** (ōrd), *a.* snabdjeven veslima.
**oarsman** (ō'rzmön), *n.* veslač.
**oasis** (ō'esis), *n.* oaza.
**oast** (ōst), *n.* pušnica za hmelj.
**oat** (ōt), *n.* zob, ovas.
**oat-cake** (ō'tke'jk), *n.* kolač učinjen od zobenog brašna.
**oaten** (ōtn), *a.* zoben, ovsen.
**oath** (ōt), *n.* prisega, zakletva.
**oat-meal** (ō'tmī'l), *n.* zobeno brašno, ovsena kaša.
**obduracy** (à'bdjuresi), *n.* okorelost, tvrdokornost.
**obdurate** (à'bdjuret), *a.* tvrdokoran, okoreo, uporan.
**obdurately** (à'bdjuretli), *adv.* uporno, tvrdokorno.
**obedience** (obī'diens), *n.* pokornost, poslušnost.
**obedient** (obī'dient), *a.* pokoran, poslušan.
**obediently** (obī'dientli), *adv.* pokorno, poslušno.
**obeisance** (obe'jsöns), *n.* poklon; udvornost.
**obelisk** (à'bilisk), *n.* obelisk.
**obese** (obī's), *a.* debeo, tust.
**obesity** (obī'siti), *n.* debljina, tustina.
**obey** (obe'j), *v.* pokoravati se, poslušati.
**obfuscate** (àbfạ'skejt), *v.* zatamniti; zbuniti.
**obit** (ō'bit), *n.* smrt; zadušnice.
**obituary** (obi'ćụẹri), *a.* umrli, smrtni; — *n.* listina umrlih.
**object** (àbđe'kt), *v.* protiviti se, prigovoriti; — (à'bđekt), *n.* predmet, svrha, cilj.

**objection** (àbđe'kšön), *n.* protivljenje, prigovor.
**objectionable** (àbđe'kšönöbl), *a.* protivni, prigovorni; odvratan.
**objective** (àbđe'ktiv), *a.* predmetan, stvaran, objektivan, bespristran; — *n.* stvarnost, objektivnost.
**objectivity** (à'bđekti'viti), *n.* objektivnost.
**object-lesson** (à'bđektle'sn), *n.* zorna obuka.
**objector** (àbđe'ktör), *n.* prigovoritelj.
**objurgate** (àbđö'rgejt), *v.* psovati, koriti.
**objurgation** (à'bđörge'jšön), *n.* prikor, ukor.
**oblate** (àble't), *a.* spljošten (*na polovima*); — *n.* ostija, oblatka.
**oblation** (àble'jšön), *n.* žrtva (*božja*).
**obligate** (à'bligejt), *v.* obvezati.
**obligation** (à'blige'jšön), *n.* obaveza, obveza.
**obligatory** (à'bligötori), *a.* obvezatan, obligatan.
**oblige** (obla'jđ), *v.* obvezati; primorati.
**obligee** (à'bliđi'), *n.* zajmodavac, vjerovnik.
**obliging** (obla'jđing), *a.* uslužan, udvoran.
**obligingly** (obla'jđingli), *adv.* uslužno; ljubazno.
**obligor** (à'bligo'r), *n.* zajmoprimac, dužnik.
**oblique** (àblī'k), *a.* kos, nakriv.
**obliquely** (àblī'kli), *adv.* koso, nahero.
**obliquity** (oblī'kụiti), *n.* kosost, kosi pravac; zastranjivanje.
**obliterate** (àbli'törejt), *v.* izbrisati, utamaniti.
**obliteration** (àbli'töre'jšön), *n.* brisanje; uništenje.
**oblivion** (àbli'viön), *n.* zaborav.
**oblivious** (àbli'viạs), *a.* zaboravan.
**oblong** (à'blàng), *a.* pravokutni; dugoljast; — *n.* pravokutnik.
**obloquy** (à'blokụi), *n.* prijekor; grdnja.

**obnoxious** (àbná'kšạs), *a.* mrzak; škodljiv; zloglasan.

**oboe** (ō'boj), *n.* oboa (*glazbalo*).

**obscene** (àbsī'n), *a.* gnjusan, ružan.

**obscenely** (àbsī'nli), *adv.* gnjusno, ružno.

**obscenity** (àbse'niti), *n.* besramnost; prostački govor; bludnost. .

**obscurant** (àbskju'rönt), **obscurantist** (àbskju'röntist), *n.* mračnjak.

**obscurantism** (àbskju'röntizm), *n.* mračnjaštvo.

**obscuration** (á'bskjure'jšön), *n.* zamračenje.

**obscure** (àbskjū'r), *v.* zatamniti, zamračiti; — *a.* taman, mračan; nejasan.

**obscurely** (àbskju'rli), *adv.* tamno, nejasno.

**obscurity** (àbskju'riti), *n.* tama, mrak.

**obsecrate** (á'bsikrejt), *v.* zaklinjati, prositi, moliti.

**obsecration** (á'bsikre'jšön), *n.* zaklinjanje, molba.

**obsequies** (á'bsikuiz), *n.* sprovod, pogreb.

**obsequious** (àbsi'kuias), *a.* poslušan, pokoran; učtiv.

**observable** (àbzö'rvöbl), *a.* vidljiv, primjetljiv, vanredan.

**observably** (àbzö'rvöbli), *adv.* primjetljivo.

**observance** (àbzö'rvöns), *n.* vršenje; pažnja; propis.

**observant** (àbzö'rvönt), *a.* pažljiv, pomnjiv.

**observantly** (àbzö'rvöntli), *adv.* pažljivo, pomnjivo.

**observation** (á'bzörve'jšön), *n.* motrenje; primjedba; vršenje; pažnja.

**observatory** (àbzö'rvötori), *n.* obzervatorij, zvjezdarnica; posmatralište.

**observe** (àbzö'rv), *v.* paziti; motriti; primijetiti; vršiti, svetkovati.

**observer** (àbzö'rvör), *n.* motrilac, pazitelj, izvršitelj.

**observing** (àbzö'rving), *n.* pažljiv, pomnjiv.

**observingly** (àbzö'rvingli), *adv.* pažljivo, pomnjivo.

**obsession** (àbse'šön), *n.* opsjednuće, bjesomučnost.

**obsolescent** (á'bsole'sent), *a.* zastario.

**obsolete** (á'bsolīt), *a.* zastario, izvan porabe.

**obstacle** (à'bstökl), *n.* zaprijeka, smetnja.

**obstetric** (àbste'trik), **obstetrical** (àbste'triköl), *a.* primaljski.

**obstetrician** (á'bstetri'šön), *n.* primalja.

**obstetrics** (àbste'triks), *n.* primaljstvo.

**obstinacy** (à'bstinösi), *n.* tvrdoglavost, upornost.

**obstinate** (à'bstinet), *a.* tvrdoglav, uporan.

**obstinately** (à'bstinetli), *adv.* tvrdoglavo, uporno.

**obstreperous** (àbstre'pörạs), *a.* bučan.

**obstruct** (àbstrạ'kt), *v.* zakrčiti, priječiti, smetati; zatvoriti.

**obstruction** (àbstrạ'kšön), *n.* zakrčenje, smetnja, zapreka, sprečavanje; opstrukcija.

**obstructionist** (àbstrà'kšönist), *n.* sprečavatelj rada, opštrukcijonist.

**obstructive** (àbstrạ'ktiv), *a.* što smeta, što priječi; — *n.* smetatelj u vršenju poslova.

**obstruent** (á'bstruẹnt), *a.* što začepljuje, smeta.

**obtain** (àbte'jn), *v.* dobiti, steći, prevladati; trajati.

**obtainable** (àbte'jnöbl), *a.* dobiv, polučiv.

**obtest** (àbte'st), *v.* prositi, zaklinjati.

**obtestation** (à'bteste'jšön), *n.* molba, prošnja.

**obtrude** (àbtrū'd), *v.* narinuti, nametnuti se, nalijecati se.

**obtruder** (àbtrū'dör), *n.* nametnik, nalijecatelj.

**obtrusion** (àbtru'žön), *n.* nametanje, nalijecanje.

**obtrusive** (àbtru'siv), *a.* nametljiv.

**obtrusively** (àbtru'sivli), *adv.* nametljivo, nasilno.

**obturate** (á'btjurejt), *v.* zakrčiti, začepiti.

**obtuse** (àbtju's), *a.* tup.

**obtuseness** (àbtju'snes), *n.* tupoća.

**obverse** (à'bvörs), *n.* glava (*lice u novca*).

**obvert** (àbvö'rs), *a.* obrnut.

**obviate** (á'bviejt), *v.* doskočiti, predusresti, otkloniti.

**obvious** (à'bviạs), *a.* očit, očevidan.

**obviously** (à'bviạsli), *adv.* očito, očevidno.

obvolute (á'bvoljut), a. uvijen.
ocarina (á'köri'nö), n. okarina.
occasion (áke'jžön), v. prouzročiti; dati povod; — n. prigoda, prilika, zgoda; povod; potreba.
occasional (áke'jžönöl), a. slučajan, prigodan.
occasionally (áke'jžönöli), adv. kadikad, kadkada.
Occident (á'ksident), n. zapad.
Occidental (á'kside'ntöl), a. zapadni.
occipital (áksi'pitöl), a. zatiljni.
occiput (á'ksipąt), n. zatiljak.
occult (áką'lt), v. pomrčati, skriti; — a. skriven; tajni.
occultation (á'költe'jšön), n. sakrivanje; pomrčanje; zaklonjenje jedne zvijezde za drugu.
occupancy (á'kjupönsi), n. zaposjednuće; držanje, posjed.
occupant (á'kjupönt), n. usvojitelj; držalac.
occupation (á'kjupe'jšön), n. zaposjednuće, zauzeće; posao; zvanje; zanat.
occupier (á'kjupa'er), n. posvojitelj; posjednik, imalac.
occupy (á'kjupaj), v. zaposjesti; posjedovati; držati; uposliti; provoditi (vrijeme).
occur (ákö'r), v. slučiti se, dogoditi se; sjetiti se, pasti na um.
occurrence (ákö'rens), n. događaj, slučaj.
ocean (ö'šön), a. oceanski, morski; — n. ocean, more.
oceanic (ö'šiá'nik), a. oceanski, morski.
oce'late (á'selet), ocellated (á'selé'ted), a. sličan oku; osut očicama.
ochlocracy (áklá'krösi), n. vlada prostote.
ochre (ö'kör), n. okra, r'đac.
ochry (ö'kri), ochreous (ö'kriąs), a. što se sastoji ili sliči okri.
octagon (á'ktögàn), n. osmokut.
octagonal (áktá'gonöl), a. osmokutan, osmostran.
octahedral (á'ktöhi'dröl), a. osmostraničan, oktaedričan.
octahedron (á'ktöhi'drön), n. oktaedar.
octangular (áktá'ngjulör), a. osmokutan, osmougalan.
octave (á'ktev), a. osmi; — n. osmica; osmi dan; oktava (u glazbi).

octavo (ákte'jvo), a. osmolistan; — n. knjiga, u kojoj su arci složeni u osam listova.
octennial (ákte'niöl), a. osamgodišnji.
October (ákto'bör), n. listopad.
octogenarian (á'ktođine'jriön), n. čovjek u starosti između 80. i 90. godina.
octopus (á'ktopas), n. hobotnica.
octosyllabic (á'ktosilă'bik), a. osmoslovčan, osmosložan.
ocular (á'kjulör), a. očni.
ocularly (á'kjulörli), adv. na svoje oči, očevidno.
oculist (á'kjulist), n. liječnik za oči.
odalisk, odalisque (ö'dölisk), n. odaliska, robinja u haremu.
odd (ád), a. lih, neparan, inokosan; vanredan, slučajan, čudnovat.
Odd Fellow (á'đfe'lö), n. član stanovitog tajnog dobrotvornog društva (poput slobodnih zidara).
oddity (á'diti), n. osebina; pojedinost.
oddly (á'dli), adv. čudnovato, neobično; neparno.
oddment (á'dment), n. ostanak.
odds (ádz), n. lih broj; nejednakost; pretežnost; prednost; razlika.
ode (öd), n. oda.
odious (ö'dias), a. mrzak, gnjusan.
odiously (ö'diąsli), adv. prezirno, mrsko.
odium (ö'diąm), n. mržnja, nezadovoljnost.
odontoid (odá'ntojd), a. kao zub.
odontology (o'dántá'lođi), n. nauk o zubima.
odoriferous (o'döri'förąs), a. mirisav, mirisan.
odorous (o'döras), a. mirisav.
odour, odor (ö'dör), n. miris.
odourless (ö'dörles), a. nemirisav.
o'er (o'ör), skraćeno od over.
oesophagus (isá'fögąs), n. jednjak.
of (áf), prep. o, od, za, iz, kod, pod, uz, sa.
off (áv), adv. od, ustran, otale, dalje, dolje, daleko, prošlo.
offal (á'föl), n. otpaci, smeće.
offend (áfe'nd), v. uvrijediti; griješiti; prestupiti.
offender (áfe'ndör), n. uvreditelj; povreditelj; kršitelj; prestupnik.
offense (áfe'ns), n. uvreda; povreda; prekršaj, prestupak.

**offensive** (åfe'nsiv), *a.* uvredljiv, navalni, neugodan, mrzak; — *n.* navala, napadaj.

**offensively** (åfe'nsivli), *adv.* uvredljivo, napadno.

**offer** (å'för), *v.* nuditi, ponuditi; prikazati, žrtvovati; prikazati se; pokušati; — *n.* ponuda; prikazanje.

**offerer** (å'förör), *n.* nudilac.

**offering** (å'föring), *n.* ponuda; dar; žrtva.

**offertory** (å'förtori), *n.* prikazanje, ofertorij.

**off-hand** (å'fhǎ'nd), *adv.* odmah, smjesta.

**office** (å'fis), *n.* ured; služba; činovnici; radionica.

**officer** (å'fisör), *v.* oskrbiti činovnicima *ili* časnicima; — *n.* časnik; stražar; činovnik.

**official** (åfi'šöl), *a.* služben, uredovan; — *n.* činovnik.

**officialism** (åfi'šölizm), *n.* birokratizam.

**officially** (åfi'šöli), *adv.* službeno, uredovno.

**officiate** (åfi'šiejt), *v.* uredovati; služiti.

**officinal** (åfi'sinöl), *a.* radionički; ljekarnički.

**officious** (åfi'šas), *a.* suviše uslužan, nametljiv.

**officiously** (åfi'šasli), *adv.* preuslužno; nametnički.

**offing** (å'fing), *n.* otvoreno, široko more.

**offish** (å'fiš), *a.* hladan; neprijatan.

**offscouring** (å'fska'uring), *n.* smeće, izmet.

**offset** (å'fse't), *v.* protutražiti; — *n.* mladica; protutražbina.

**offshoot** (å'fšu't), *n.* ogranak.

**offspring** (å'fspri'ng), *n.* potomak; dijete.

**oft** (åft), *adv.* često.

**often** (åfn), *adv.* često, mnogoputa.

**oftentimes** (å'fnta'jmz), *adv. vidi:* **often.**

**ofttimes** (å'fta'jmz), *adv. vidi:* **often.**

**ogee** (o'đi'), *n.* korniž.

**ogle** (ōgl), *v.* sa strane pogledavati, očijukati; — *n.* pogled sa strane, očijukanje.

**ogler** (ō'glör), *n.* očijukalac; namiguša.

**ogre** (ō'gör), *n.* ljudožder; neman.

**ogress** (ō'gres), *n.* ljudožderka.

**oh** (ō), *excl.* O! oh!

**oil** (o'el), *v.* nauljiti, uljiti; — *n.* ulje.

**oil-cake** (o'elke'jk), *n.* pogača od komina.

**oil-cloth** (o'elklà't), *n.* voštano platno.

**oil-color** (o'elkà'lör), *n.* uljana boja.

**oiler** (o'jlör), *n.* uljilac; sprava za uljenje.

**oil-painting** (o'elpe'jnting), *n.* slikanje uljanim bojama; uljena slika.

**oil-skin** (o'elski'n), *n.* voštano platno.

**oily** (o'jli), *a.* uljast, uljen, mastan, licemjerno pobožan.

**ointment** (o'jntment), *n.* pomast, mast.

**old** (ōld), *a.* star.

**olden** (ōldn), *a.* star, starodrevan.

**old-fashioned** (ō'ldfǎ'šönd), *a.* starinski.

**oldish** (ō'ldiš), *a.* ostario, postar.

**oleaginous** (ō'liǎ'đinas), *a.* uljast, uljan, licemjerno nabožan.

**oleander** (ō'liǎ'ndör), *n.* oleandar, zloljesina.

**oleograph** (o'liogrǎf), *n.* tisak uljanim bojama.

**olfactory** (olfǎ'ktöri), *a.* mirisan; — *n.* organ za mirisanje.

**oligarch** (o'ligark), *n.* oligarh.

**oligarchic** (o'liga'rkik), **oligarchical** (o'liga'rkiköl), *a.* oligarhijski.

**oligarchy** (o'ligarki), *n.* vlada njekolicine, oligarhija.

**olive** (å'liv), *a.* maslinov; — *n.* maslina, maslinka.

**olympiad** (oli'mpiöd), *n.* olimpijada.

**olympian** (oli'mpiön), **Olympic** (oli'mpik), *a.* olimpijski.

**ombre** (å'mbör), *n.* vrst igre na karte.

**omega** (o'mega), *n.* omega.

**omelet** (å'melet), *n.* omlet, praželina.

**omen** (ō'men), *v.* slutiti, proricati; — *n.* znamenje, slutnja.

**ominous** (å'minas), *a.* zlokoban, zloslutan.

**ominously** (å'minasli), *adv.* zloslutno.

**omissible** (omi'sibl), *a.* ispustljiv.

**omission** (omi'šön), *n.* ispuštenje, propuštanje, izostavak; nemar.

**omissive** (omi'siv), *a.* izostavljajući, propuštajući.

**omit** (omi't), *v.* izostaviti, propustiti, zanemariti.

**omnibus** (å'mnibas), *n.* omnibus.

**omnifarious** (à'mnife'ri̯as), *a.* različit, raznovrstan.

**omnipotence** (àmni'potens), *n.* svemogućnost.

**omnipotent** (àmni'potent), *a.* svemogući.

**omnipotently** (àmni'potentli), *adv.* svemožno.

**omnipresence** (à'mnipre'zens), *n.* svudašnjost.

**omnipresent** (à'mnipre'zent), *a.* svudašnji.

**omniscience** (àmni'šens), **omnisciency** (àmni'šensi), *n.* sveznanost, sveznanje.

**omniscient** (àmni'šent), *a.* sveznajući.

**omnisciently** (àmni'šentli), *adv.* sveznajuće.

**omnivorous** (àmni'vora̯s), *a.* proždrljiv.

**omphalic** (àmfǎ'lik), *a.* pupčan.

**on** (àn), *prep.* na, nad, u, kod, iz; — *adv.* dalje, naprijed.

**once** (ṷa'ns), *adv.* jedanput, jednom, njekad.

**oncoming** (à'nka'ming), *a.* nadolazeći, blizak; — *n.* nadolazak.

**one** (ṷa'n), *a. i pron.* jedan, njeki.

**oneness** (ṷa'nes), *n.* jedinost; istovjetnost.

**onerary** (à'nöröri), *a.* teretan, tegoban, težak.

**onerous** (à'nöras), *a. vidi*: **onerary**.

**onerously** (à'nöra̯sli), *adv.* tegobno, teško.

**oneself** (ṷanse'lf), *pron.* sam sebe.

**one-sided** (ṷa'nsa'jded), *a.* jednostran, pristran.

**ongoing** (à'ngo'ing), *n.* napredovanje; ponašanje.

**onion** (à'njön), *n.* luk.

**onlooker** (à'nlu'kör), *n.* posmatrač, gledalac.

**only** (o'nli), *a.* sam, jedini; — *adv.* jedino, samo, tek.

**onomatopoeia** (à'nomǎ'topi'jö), *n.* oponašanje glasa.

**onrush** (à'nra̯š), *n.* navala, nasrtaj.

**onset** (à'nse't), *n.* nasrtaj, juriš.

**onslaught** (à'nslǎ't), *n.* napadaj, navala, juriš.

**onto** (à'ntu), *prep.* na, prema.

**ontology** (àntǎ'lođi), *n.* ontologija, nauka o biću.

**onus** (ō'na̯s), *n.* teret, breme.

**onward** (à'nṷörd), **onwards** (à'nṷördz), *adv.* naprijed, dalje.

**onward** (à'nṷörd), *a.* napredan.

**onyx** (à'niks), *n.* rivalj, oniks.

**oolite** (o'olajt), *n.* ikrovac (*kamen*).

**oology** (oà'lođi), *n.* proučavanje ptičjih jaja.

**ooze** (ūz), *v.* otjecati; curiti, prokapati; — *n.* otjecanje; kal; mulj; tekućina, u kojoj se čine kože.

**oozy** (ū'zi), *a.* kalan, blatan.

**opacity** (opǎ'siti), *n.* neprozirnost.

**opal** (ō'pöl), *n.* opal.

**opalescent** (ō'pöle'sent), *a.* prelijevajući (*boje*).

**opaline** (ō'pölajn), *a.* opalan.

**opaque** (ope'jk), *a.* neproziran.

**ope** (ōp), *v. vidi*: **open.**

**open** (ōpn), *v.* otvoriti; urezati; načeti; raširiti; otkriti; proglasiti; otvoriti se; — *a.* otvoren; slobodan; pristupačan; izložen; javan; očit, jasan; — *n.* otvoren prostor, slobodno polje.

**opener** (ō'pnör), *n.* otvarač.

**open-handed** (ō'pnhǎ'nded), *a.* otvorene ruke, darežljiv.

**open-hearted** (ō'pnha'rted), *a.* otvoren, iskren.

**opening** (ō'pnning), *a.* prvi na redu; početni; — *n.* · otvaranje, otvor; početak; prazno mjesto; zgoda.

**openly** (ō'pnli), *adv.* otvoreno, javno; iskreno; očito, jasno.

**opera** (à'pörö), *n.* opera.

**opera-glass** (à'pöröglǎ's), *n.* kazališni dalekozor.

**operate** (à'pörejt), *v.* upravljati, rukovoditi; djelovati, operirati.

**operatic** (à'pörǎ'tik), *a.* operni.

**operation** (à'pöre'jšön), *n.* operacija; upravljanje; postupak; radnja; poduzeće.

**operative** (à'pöretiv), *a.* djelovan; radljiv; praktičan; — *n.* radnik, zanatlija.

**operator** (à'pöre'jtör), *n.* upravljač.

**operculum** (opö'rkjula̯m), *n.* poklopac.

**operetta** (à'pöre'tö), *n.* opereta.

**operose** (à'peros), *a.* dosadan, tegotan.

**ophidian** (ofi'diön), *a.* zmijski.

**ophiology** (àfià'lođi), *n.* nauka o zmijama.

**ophthalmia** (àftǎ'lmiö), *n.* upala oka.

**ophthalmic** (áftă'lmik), *a.* očni.
**ophthalmist** (áftă'lmist), *n.* liječnik za oči.
**opiate** (ō'piet), *n.* lijek, što sadržaje opijum, omamljujuće sredstvo.
**opine** (opa'jn), *v.* misliti, nazrijevati.
**opinion** (opi'njön), *n.* mišljenje, mnijenje, nazor.
**opinionated** (opi'njöne'jted), *a.* tvrdokoran, umišljen.
**opinionative** (opi'njönetiv), *a.* uporan, umišljen.
**opium** (ō'piạm), *n.* opijum; makov sok.
**opossum** (opă'sạm), *n.* boruša, tobolčani parcov.
**opponent** (àpo'nent), *a.* protivan, suprotan; — *n.* protivnik.
**opportune** (à'pörtjū'n), *a.* shodan; povoljan; pravovremen.
**opportunely** (à'pörtjū'nli), *adv.* zgodno; povoljno; pravovremeno, u zgodan čas.
**opportunist** (à'pörtjū'nist), *n.* oportunista.
**opportunity** (à'pörtjū'niti), *n.* prilika, zgoda.
**oppose** (àpō'z), *v.* protustaviti, protiviti se, pobijati.
**opposed** (àpō'zd), *a.* protivan, suprotan.
**opposer** (àpō'zör), *n.* protivnik.
**opposite** (à'pozit), *a.* suprotan, protivan; — *n.* protivnik.
**oppositely** (à'pozitli), *adv.* protivno, suprotno.
**opposition** (à'pozi'šön), *n.* suprotnost, protivnost; protivljenje, oprijeka; takmica; opozicija.
**oppositionist** (à'pozi'šönist), *n.* opozicijonalac.
**oppress** (àpre's), *v.* tlačiti; tištiti, ugnjetavati; svladati.
**oppression** (àpre'šön), *n.* tlačenje; pritisak; jaram; okrutnost; klonulost.
**oppressive** (àpre'siv), *a.* težak, prisilni, nasilnički, tiranski.
**oppressor** (àpre'sör), *n.* tlačitelj, ugnjetač, tiran.
**opprobrious** (àpro'briạs), *a.* prostački, sramotan.
**opprobrium** (àpro'briạm), *n.* prostački jezik; sramota.
**oppugn** (àpjū'n), *v.* pobijati, protiviti se.

**oppugnant** (àpạ'gnönt), *a.* otporan; neprijateljski.
**optative** (à'ptetiv), *a.* željni; — *n.* optativ.
**optic** (à'ptik), *a.* vidni, optičan; — *n.* oko.
**optical** (à'ptiköl), *a.* optičan, vidni.
**optician** (àpti'šön), *n.* optičar.
**optics** (à'ptiks), *n.* optika, nauka o svijetlu.
**optimism** (à'ptimizm), *n.* optimizam; sklonost, da se sve uzima za najbolje.
**optimist** (à'ptimist), *n.* optimist.
**optimistic** (à'ptimi'stik), *a.* optimističan.
**option** (à'pšön), *n.* izbor, volja.
**optional** (à'pšönöl), *a.* na volju, izboran.
**opulence** (à'pjulens), *n.* izobilje, bogatstvo.
**opulent** (à'pjulent),*a.* izobilan, bogat.
**opulently** (à'pjulentli), *adv.* obilno, bogato.
**opuscule** (opạ'skjul), **opuscle** (opạ'sl), *n.* djelce.
**or** (ōr), *conj.* ili, inače.
**oracle** (à'rökl), *n.* proročanstvo, proročište.
**oracular** (oră'kjulör), *a.* proročanski; otajstven.
**oracularly** (oră'kļulörli), *adv.* proročanstveno, mudro.
**oral** (ō'röl), *a.* usmen.
**orally** (ō'röli), *adv.* usmeno.
**orange** (à'rend), *a.* narančast; — *n.* naranča, narančasta boja.
**orangeade** (à'rende'jd), *n.* oranžada; napitak od narančinog soka. *
**orangeman** (à'rendmön), *n.* irski protestant.
**orange-peel** (à'rendpī'l), *n.* kora od naranče.
**orangery** (à'rendri), *n.* bašća *ili* kuća,gdje se naranče goje.
**orang-utan** (oră'ngută'n), **orang-outang** (oră'ngută'ng), *n.* orangutan.
**orate** (àre'jt), *v.* govoriti.
**oration** (ore'jšön), *n.* govor.
**orator** (à'rötör), *n.* govornik.
**oratorical** (à'rötă'riköl), *a.* govornički.
**oratorio** (à'röto'rio), *n.* oratorij; vrsta crkvene drame.

**oratory** (à'rötori), *n.* kapelica, soba za molitvu; govorništvo.

**orb** (àrb), *v.* okružiti; — *n.* krug, nebesko tijelo, kugla.

**orbed** (árbd), *a.* okrugao; obal.

**orbicular** (àrbi'kjulör), *a.* okrugao.

**orbit** (à'rbit), *n.* tok, putanja (*zvijezda*); očna duplja, očište.

**orbital** (à'rbitöl), *a.* zvježdan.

**orchard** (à'rčörd), *n.* voćnjak; bašća.

**orchestra** (à'rkeströ), *n.* orkestar, glazba.

**orchestral** (árke'ströl), *a.* glazbeni.

**orchid** (à'rkid), **orchis** (à'rkis), *n.* kaćun (*biljka*).

**ordain** (orde'jn), *v.* urediti; odrediti, narediti; propisati; zarediti, zapopiti.

**ordainment** (orde'jnment), *n.* naređenje; zaređenje; ređenje.

**ordeal** (o'rdiöl), *n.* sud vatrom i vodom; teška kušnja.

**order** (o'rdör), *v.* urediti; naložiti, zapovjediti; naručiti; — *n.* red; poredak, niz; naredba, nalog; narudžba; naputnica; svrha.

**orderly** (o'rdörli), *a.* uredan, redovan; pravilan; miran; učtiv; — *n.* časnički sluga; bolničar. .

**ordinal** (o'rdinöl), *a.* redni; — *n.* redni broj; knjiga obreda.

**ordinance** (o'rdinöns), *n.* naredba; zakon; obred.

**ordinarily** (o'rdinerili), *adv.* redovito, obično.

**ordinary** (o'rdineri), *a.* redovan; pravilan; običajan; običan; svakdanji; srednji; prost; — *n.* redovni sudac; gostionica sa određenim cijenama.

**ordinate** (o'rdinet), *a.* redovan; pravilan; — *n.* ordinata.

**ordination** (o'rdine'jšön), *n.* ređenje; naredba.

**ordnance** (o'rdnöns), *n.* teški topovi; topništvo.

**ordure** (à'rđur), *n.* pogan, nečist.

**ore** (ōr), *n.* ruda, metal.

**organ** (o'rgön), *n.* organ; oruđe; sredstvo; glasilo; novine; orgulje.

**organic** (orgă'nik), *a.* organičan.

**organically** (orgă'niköli), *adv.* organski.

**organism** (o'rgönizm), *n.* organizam.

**organist** (o'rgönist), *n.* orguljaš.

**organization** (o'rgönize'jšön), *n.* ustrajanje; ustrojstvo, sustav; organizacija, društvo.

**organize** (o'rgönajz), *v.* ustrojiti; urediti, organizirati.

**organizer** (o'rgöna'jzör), *n.* ustrojitelj; organizator.

**orgasm** (à'rgăzm), *n.* prekomjerno uzbuđenje, razdraženje.

**orgy** (à'rđi), *n.* pijanka, orgija.

**oriel** (o'riel), *n.* izbočeni prozor, strešica.

**orient** (o'rient), *v.* označiti položaj *ili* smjer; snaći se; — *a.* izlazeći, istočni, sjajan; — (**O-**), *n.* istok.

**oriental** (o'rie'ntöl), *a.* istočni; — *n.* istočnjak (*čovjek*).

**orientalism** (o'rie'ntölizm), *n.* istočni način mišljenja; poznavanje istočnih jezika.

**orientalist** (o'rie'ntölist), *n.* poznavalac istočnih jezika i književnosti.

**orientate** (o'riente'jt), *v.* okrenuti k istoku.

**orientation** (o'riente'jšön), *n.* okrenuće k istoku, snalaženje.

**orifice** (à'rifis), *n.* otvor, ušće.

**oriflamme** (à'riflăm), *n.* zastavica starih franceskih kraljeva.

**origin** (à'riđin), *n.* izvor; postanak, početak; porijeklo; korjen; temelj.

**original** (ori'đinöl), *a.* izvorni, prvobitni, početni; osnovni; nov; pravi; — *n.* izvornik, original; čudak.

**originality** (ori'đină'liti), *n.* izvornost; osobitost; novost.

**originally** (ori'đinöli), *adv.* izvorno; originalno.

**originate** (ori'đinejt), *v.* proizvesti, stvoriti; proizlaziti; početi.

**origination** (ori'đine'jšön), *n.* proizvođenje; postajanje; podrijetlo.

**originator** (ori'đinejtör), *n.* proizvoditelj; začetnik.

**oriole** (o'riol), *n.* zlatna vuga.

**orion** (ora'jön), *n.* orion (*zvjezdište*).

**orison** (à'rizön), *n.* molitva.

**ormolu** (à'rmolju), *n.* zlatna bronza; slikarsko zlato.

**ornament** (o'rnament), *v.* nakititi, ukrasiti; — *n.* nakit, ukras.

**ornamental** (o'rname'ntöl), *a.* nakitan, ukrasan.

**ornamentation** (o'rnamente'jšön), *n.* kićenje, ukrašivanje.

**ornate** (orne't), *a.* kićen, urešen.

**ornately** (orne'tli), *adv.* kićeno.
**ornithological** (o'rnitolå'điköl), *a.* ornitologičan.
**ornithologist** (o'rnitá'lođist), *n.* poznavalac ptica, ornitolog.
**ornithology** (o'rnitá'lođi), *n.* nauk o pticama, ornitologija.
**orography** (orå'gröfi), *n.* orografija, opis gora.
**orology** (orå'lođi), *n.* orologija, opis gora.
**orphan** (o'rfön), *v.* učiniti sirotom; — *a.* sirotan; — *n.* siroče.
**orphanage** (o'rföneđ), *n.* sirotište.
**orphanhood** (o'rfönhud), *n.* sirotovanje.
**orphean** (orfi'ön), *a.* orfejski; melodičan.
**orpiment** (o'rpiment), *n.* sičansko žutilo.
**orrery** (å'reri), *n.* planetarij.
**orris** (å'ris), *n.* perunika.
**ort** (årt), *n.* ostanjci (*od jela*).
**orthodox** (o'rtodáks), *a.* pravovjerni, pravoslavni.
**orthodoxly** (o'rtodå'ksli), *adv.* pravovjerno.
**orthodoxy** (o'rtodå'ksi), *n.* pravovjerje, pravoslavnost.
**orthoepist** (o'rtoe'pist), *n.* poznavalac izgovora.
**orthoepy** (o'rtoe'pi), *n.* pravilan izgovor riječi.
**orthographer** (ortå'gröför), *n.* pravopisac; učitelj pravopisa.
**orthographic** (o'rtogrå'fik), **orthographical** (o'rtogrå'fiköl), *a.* pravopisni.
**orthography** (ortå'gröfi), *n.* pravopis.
**ortolan** (o'rtolön), *n.* vrtna strnadica.
**oscillate** (å'silejt), *v.* ljuljati se, kolebati se.
**oscillation** (å'sile'jšön), *n.* ljuljanje, kolebanje.
**oscillatory** (å'silötori), *a.* njihajući, kolebajući.
**oscitant** (å'sitönt), *a.* zijevajući; pospan.
**osculate** (å'skjulejt), *v.* cjelivati; doticati se.
**osculation** (å'skjule'jšön), *n.* cjelivanje; cjelov; doticanje.
**osier** (ō'zör), *a.* vrbov; — *n.* vrba.
**osprey, ospray** (å'spri), *n.* kostolom (*vrsta orla*).

**osseous** (o'siạs), *a.* koštan.
**ossicle** (å'sikl), *n.* koštica.
**ossification** (å'sifike'jšön), *n.* okoštavanje.
**ossify** (å'sifaj), *v.* pretvoriti u kost, okostiti se.
**ostensible** (åste'nsibl), *a.* prividan, očevidan.
**ostensibly** (åste'nsibli), *adv.* prividno, očevidno.
**ostensive** (åste'nsiv), *a.* pokazan.
**ostentation** (å'stente'jšön), *n.* hvastanje; veličanje.
**ostentatious** (å'stente'jšạs), *a.* hvalisav; gizdav.
**osteology** (o'stiå'lođi), *n.* nauk o kostima.
**ostracism** (å'strösizm), *n.* progonstvo, ostracizam.
**ostracize** (å'strösajz), *v.* prognati.
**ostrich** (å'strič), *n.* noj.
**other** (å'dör), *a. i pron.* drugi.
**otherwise** (å'döruạjz), *adv.* drukčije, inače.
**otiose** (ō'šiōs), *a.* dokolan, besposlen, bezbrižan.
**otiosity** (ō'šiå'siti), *n.* dokolica, besposlica.
**otter** (å'tör), *n.* vidra.
**otto** (å'to), *n.* ružino ulje.
**Ottoman** (å'tomön), *a.* turski, otomanski; — *n.* Turčin; (o-) otomana, počivaljka.
**ouch** (a̱'u̱č), *n.* u zlato okovani dragulj.
**ought** (åt), *v.* trebah, morah, bijah dužan.
**ounce** (a̱'uns), *n.* unča; jaguar.
**our** (a̱'u̱r), *pron.* naš.
**ours** (a̱'urs), *pron.* naš.
**ourself** (a̱'urse'lf), *pron.* mi sami.
**ourselves** (a̱urse'lvz), *pron.* mi sami, sami sebe.
**ousel, ouzel** (ūzl), *n.* kos.
**oust** (a̱'u̱st), *v.* izbaciti; istjerati.
**out** (a̱'u̱t), *v.* istjerati; — *a.* gotov, svršen, bez; — *adv.* van, vani, na polje; javno; — *n.* osoba, koja je vani.
**out-and-out** (a̱'u̱tånda̱'u̱t), *a.* potpun; izvrstan; — *adv.* sasvim, posve.
**outbid** (a̱'u̱tbi'd), *v.* davati više; nadmetati se.
**outbound** (a̱'u̱tba̱u̱nd), *a.* koji putuje van.

**outbreak** (a̲'u̲tbre'jk), *n.* provala; pobuna; početak.

**outburst** (a̲'u̲tbö'rst), *n.* provala; buknuće.

**outcast** (a̲'u̲tkă'st), *a.* izbačen, zabačen; prognan; — *n.* prognanik, izagnanik; skitnica.

**outcome** (a̲'u̲tka̲'m), *n.* posljedak, posljedica.

**outcry** (a̲'u̲tkra'j), *n.* povik, usklik; vika.

**outdistance** (a̲'u̲tdi'stöns), *v.* prestići.

**outdo** (a̲'u̲tdu'), *v.* natkriliti, nadmašiti.

**outdoor** (a̲'u̲tdō'r), *a.* na otvorenom zraku, vani.

**outdoors** (a̲'u̲tdō'rz), *adv.* vani, na polju.

**outer** (a̲'u̲tör), *a.* izvanji, spoljašnji.

**outermost** (a̲'u̲törmō'st), *a.* krajnji, pos!jednji.

**outfit** (a̲'u̲tfit), *n.* oprema.

**outfitter** (a̲'u̲tfi'tör), *n.* opremač.

**outflank** (a̲'u̲tflă'nk), *v.* obići; nadmudriti.

**outflow** (a̲'u̲tflō'), *n.* istjecanje.

**outgeneral** (a̲'u̲tđe'nöröl), *v.* nadmudriti.

**outgo** (a̲u̲tgo'), *v.* prijeći; nadmašiti; — (a̲'u̲tgo'), *n.* izdatak.

**outgoing** (a̲'u̲tgo'ing), *a.* odlazeći; — *n.* odlaženje; izdatak.

**outgrow** (a̲u̲tgrō'), *v.* prerasti.

**outgrowth** (a̲'u̲tgrō't), *n.* izrastak; posljedak.

**out-house** (a̲'u̲tha̲'u̲s), *n.* pokrajna kuća.

**outing** (a̲'u̲ting), *n.* izlet, izlazak.

**outlandish** (a̲'u̲tlă'ndiš), *a.* stranjski, tuđinski; čudnovat.

**outlast** (a̲u̲tlă'st), *v.* pretrajati.

**outlaw** (a̲'u̲tlă'), *v.* proglasiti bespravnim; — *n.* zločinac, razbojnik.

**outlawry** (a̲'u̲tlă'ri), *n.* proglašenje bespravnosti; neutuživost.

**outlay** (a̲'u̲tle'j), *n.* trošak, izdatak.

**outlet** (a̲'u̲tlet), *n.* izlaz, izlijev.

**outline** (a̲'u̲tla'jn), *v.* crtati, nacrtati; — *n.* obris, crta, plan.

**outlive** (a̲u̲tli'v), *v.* preživjeti.

**outlook** (a̲'u̲tlu̲'k), *n.* izgled; straža; stražarnica.

**outlying** (a̲'u̲tla'ing), *a.* udaljen, na granici.

**outmanoeuvre** (a̲'u̲tmönū'vör), *v.* nadmudriti.

**outmarch** (a̲u̲tma'rč), *v.* prestići.

**outmost** (a̲'u̲tmōst), *a.* najkrajnji.

**outnumber** (a̲u̲tna̲'mbör), *v.* brojem nadmašiti.

**out-of-date** (a̲'u̲tâvde'jt), *a.* zastario, u nepravo vrijeme.

**out-of-door** (a̲'u̲tâvdō'r), *a.* na polju.

**out-of-doors** (a̲'u̲tâvdō'rz), *adv.*, pod vedrim nebom.

**out-of-the-way** (a̲'u̲tâvdiu̲e'j), *a.* odijeljen, odstranjen; neobičan.

**outpost** (a̲'u̲tpō'st), *n.* prednja straža.

**outpour** (a̲u̲tpō'r), *v.* izliti.

**output** (a̲'u̲cpu't), *n.* proizvod; što se izvadi.

**outrage** (a̲'u̲trejđ), *v.* obesčastiti, osramotiti; — *n.* nasilje, zločin.

**outrageous** (a̲u̲tre'jđas), *a.* pretjeran; užasan; nasilnički; okrutan, bijesan.

**outrageously** (a̲u̲tre'jđa̲sli), *adv.* sramotno; bijesno; pretjerano.

**outre** (u'tre'), *a.* prekomjeran, pretjeran.

**outreach** (a̲u̲tri'č), *v.* dopirati dalje od, nadmašiti.

**outride** (a̲u̲tra'jd), *v.* prestići jahanjem.

**outrider** (a̲'u̲tra'jdör), *n.* prednji jahač.

**outrigger** (a̲'u̲tri'gör), *n.* potporanj jedrila, vrst čamca.

**outright** (a̲'u̲tra'jt), *adv.* potpunoma, posve.

**outrun** (a̲u̲tra̲'n), *v.* prestići (*u* trčanju), prekoračiti.

**outset** (a̲'u̲tse't), *n.* početak.

**outshine** (a̲u̲tša'jn), *v.* sjajnošću natkriliti.

**outside** (a̲'u̲tsa'jd), *a.* izvanji, spoljašni; — *prep.* izvana, vanka; — *n.* vanjština, spoljašnost; krajnost.

**outsider** (a̲'u̲tsa'jdör), *n.* koji je vani; nepripadnik.

**outskirt** (a̲'u̲tskö'rt), *n.* okolina, predgrađe.

**outspan** (a̲u̲tspă'n), *v.* izjarmiti, ispreći.

**outspoken** (a̲'u̲tspō'kn), *a.* otvoren; prostodušan.

**outspread** (a̲u̲tspre'd), *v.* raširiti, razastrijeti; — *a.* prošìren, razastrt.

**outstanding** (a̲'u̲tstă'nding), *a.* koji se ističe, odličan; neplaćen, nepredan.

**outstrip** (a̲u̲tstri'p), *v.* prijeći, prestići, natkriliti.

outvie (au̯tva'j), v. nadvisiti, nadmašiti.

outvote (au̯tvō't), v. nadglasati.

outwalk (au̯tuạ̈'k), v. ići dalje ili brže od; prestići.

outward (ạ'u̯tu̯örd), a. izvanji; — adv. iz luke; na putu iz zemlje.

outward-bound (ạ'u̯tu̯ördbạ'u̯nd), a. putujući u inozemstvo.

outwardly (ạ'u̯tu̯ördli), adv. izvana, prividno.

outwards (ạ'u̯tu̯ördz), adv. vani, izvana.

outwear (au̯tu̯ē'r), v. iznositi, istrošiti; pretrajati.

outweigh (au̯tu̯ē'j), v. prevagnuti, pretežati.

outwit (au̯tu̯i̯'t), v. nadmudriti, prevariti.

outwork (ạ'u̯tu̯ö'rk), n. izvanjska utvrda.

ouzel (ūzl), n. kos.

ova (ō'vö), n. sjemenje; jajašca.

oval (ō'völ), a. jajast, obao, ovalan; — n. oval, pakrug.

ovarian (ovē'riön), a. jajični.

ovariotomy (ovē'riạ'tomi), n. operacija otekline u jajičniku.

ovary (ō'vöri), n. jajnik, jajičnik, plodnica.

ovate (ō'vet), a. jajolik.

ovation (ove'jšön), n. ovacija, svečano iskazivanje počasti.

oven (ạvn), n. peć.

over (ō'vör), prep. na, nad, preko, povrh.

overact (ō'vörạ̈'kt), v. pretjerivati.

overalls (ō'vöra'lz), n. gornje radničke hlače.

overawe (ō'vörạ'), v. upokoriti strahom, ustrašiti.

overbalance (ō'vörbạ̈'löns), v. prevagnuti; pretegnuti; savladati; — n. pretega, pretežnost.

overbear (o'vörbē'r), v. preteretiti, nadjačati, zagospodovati.

overbearing (ō'vörbē'ring), a. bahat; zapovjedan.

overboard (ō'vörbō'rd), adv. preko kraja, s broda.

overburden (ō'vörbö'rdn), v. preteretiti, pretovariti.

overcast (ō'vörkạ̈'st), v. prebaciti; prevući, zastrijeti, naoblačiti.

overcharge (ō'vörča'rđ), v. preteretiti; precijeniti, prenatrpati; — n. preplaćenje; preplaćena svota; preterećenje.

overcloud (ō'vörklạ'u̯d), v. naoblačiti.

overcoat (ō'vörkō't), n. gornji kaput.

overcome (ō'vörkạ'm), v. pobijediti, savladati; nadmašiti.

overcrowd (ō'vörkrạ'u̯d), v. prepuniti (ljudima), prenatrpati.

overdo (ō'vördu'), v. pretjerivati; odviše raditi; prekuhati, prepeći.

overdose (ō'vördō's), v. davati preveliku dozu; — n. prevelika doza.

overdraw (ō'vördrạ'), v. povući veću svotu, nego li je ima; pretjerivati.

overdue (ō'vördju'), a. zakasnio, odavno dospio (o mjenici).

overflow (ō'vörflō'), v. preplaviti; preliti se; prepuniti; — n poplava, obilje.

overflowing (ō'vörflō'ing), a. izobilan.

overgrow (ō'vörgrō'), v. prerasti, obrasti.

overgrowth (ō'vörgrō't), n. prebujno rastenje; izobilje.

overhand (ō'vörhạ̈'nd), a. pokrit rukom.

overhang (ō'vörhạ̈'ng), v. prevjesiti, visijeti nad čim.

overhaul (ō'vörhạ'l), v. istražiti skroz i skroz, ponovno ispitati; dostizavati, prestići; — n. pretražba, istraživanje; popravak.

overhead (ō'vörhe'd), adv. iznad, gore, nad glavom.

overhear (ō'vörhī'r), v. prečuti, slučajno čuti.

overheat (ō'vörhī't), v. preugrijati.

overjoy (ō'vördo'j), v. preko mjere razveseliti, zanijeti; — n. preveliko veselje.

overland (ō'vörlạ̈'nd), a. kopnom, preko kopna.

overlap (ō'vörlạ̈'p), v. prepoložiti, prehvatiti; — n. prehvatanje, prepoloženje.

overlay (ō'vörle'j), v. pokriti, obložiti; zastrti; ugušiti.

overleap (ō'vörlī'p), v. preskočiti.

overlie (ō'vörla'j), v. ležati na čemu; zadušiti (ležanjem).

overload (ō'vörlō'd), v. preteretiti, prenatovariti.

**overlook** (ō'vörlu̱'k), v. pregledati; nadglédati; isticati se; promatrati s višeg mjesta.

**overmaster** (ō'vörmă'stör), v. zagospodariti, nadvladati.

**overmatch** (ō'vörmă'č), v. nadmašiti, nadilaziti.

**overmatch** (ō'vörmă'č), n. onaj, koji je jaći.

**overmuch** (ō'vörma̱'č), adv. preodviše.

**overnice** (ō'vörna'js), a. prefin.

**overnight** (ō'vörna'jt), adv. preko noći, noćas.

**overpass** (ō'vörpă's), v. prestići; pregledati, neopaziti.

**overpay** (ō'vörpe'j), v. preplatiti.

**overpeople** (ō'vörpi'pl), v. prenapučiti.

**overplus** (ō'vörpla̱s), n. suvišak, pretek.

**overpower** (ō'vörpa̱'u̱ör), v. svladati, upokoriti; oboriti.

**overpowering** (ō'vörpa̱'u̱öring), a. neodoljiv, nesavladiv.

**overproduction** (ō'vörproda̱'kšön), n. preveliko proizvođenje.

**overrate** (ō'vöre'jt), v. precijeniti.

**overreach** (ō'vöri'č), v. premahnuti, presizati; prevariti.

**override** (ō'vöra'jd), v. prejašiti; obustaviti, ukinuti.

**overrule** (ō'vörū'l), v. zabaciti, odbiti; upravljati.

**overrun** (ō'vöra̱'n), v. pretrčati; prelaziti; pogaziti; pustošiti.

**oversea** (ō'vörsī'), a. prekomorski.

**overseas** (ō'vörsī'z), adv. u tuđini.

**oversee** (ō'vörsī'), v. nadgledati, nadzirati.

**overseer** (ō'vörsi'ör), n. nadglednik, nadziratelj.

**overset** (ō'vörse't), v. prevrnuti, prevaliti, oboriti.

**overshadow** (ō'vöršă'dō), v. zasjeniti, zaštititi.

**overshoe** (ō'vöršu'), n. galoča.

**overshoot** (ō'vöršu't), v. pucati preko.

**oversight** (ō'vörsa'jt), n. nadzor; pogrješka; propust, nemar.

**oversman** (ō'vörzmön), n. nadzornik; sudac.

**overspread** (ō'vörspre'd), v. prostrti, prekriti, razasuti.

**overstate** (ō'vörste'jt), v. pretjeravati.

**overstep** (ō'vörste'p), v. prekoračiti.

**overstock** (ō'vörstă'k), v. prenatrpati, prenapuniti.

**overstrain** (ō'vörstre'jn), v. prenaprezati se, prenapinjati; — n. prenapetost.

**overt** (ō'vört), a. otvoren; očit, javan.

**overtake** (ō'vörte'jk), v. dostići; uhvatiti, zateći; smesti.

**overtask** (ō'vörtă'sk), v. zadati preveć teški zadatak; preteretiti.

**overtax** (ō'vörtă'ks), v. udariti preveliki porez, preteretiti.

**overthrow** (ō'vörtrō'), v. oboriti, srušiti, poraziti, uništiti; — n. oborenje, pad, prevrat.

**overtime** (ō'vörta'jm), n. prekodužno vrijeme.

**overtly** (ō'vörtli), adv. otvoreno, javno.

**overtop** (ō'vörtă'p), v. nadvisiti.

**overture** (ō'vörćur), n. prijedlog; ponuda; predigra, uvertura.

**overturn** (ō'vörtö'rn), v. prevrnuti, srušiti, oboriti; uništiti.

**overvalue** (ō'vörvă'lju), v. precjenjivati.

**overweening** (ō'vöru̱ī'ning), a. bahat, drzak, umišljen.

**overweigh** (ō'vöru̱e'j), v. nadvagnuti, prevagnuti.

**overweight** (ō'vöru̱e'jt), n. prevaga, pretega; suvišna težina.

**overwhelm** (ō'vörhu̱e'lm), v. oboriti i pokriti; progutati, zasuti, nadvladati; skršiti.

**overwise** (ō'vöru̱a̱'jz), a. premudar.

**overwork** (ō'vöru̱ö'rk), v. raditi preko sile, umarati poslom.

**overwork** (ō'vöru̱ö'rk), n. prenaporan posao, prekovremeni posao.

**overworn** (ō'vöru̱ö̱'rn), a. istrošen, iznemogao.

**overwrought** (ō'vöră't), a. preveć obrađen; izmoren; razdražen.

**oviform** (ō'vifo'rm), a. jajolik.

**ovine** (o'vajn), a. ovčji.

**oviparous** (ovi'pöra̱s), a. nesući jaja, valeći (jaja).

**ovoid** (ō'vojd), a. jajolik, jajast.

**ovoviviparous** (o'vovajvi'pöra̱s), a. noseći jaja, koja se izvale u tijelu.

**ovule** (o'vjul), n. jajašce; zametak.

**ovum** (o'va̱m), n. jajašce; sjeme.

**owe** (o̱'u̱), v. dugovati, biti dužan.

**owing** (ō'ing), *a.* dužan; — *prep.* radi, zbog.

**owl** (a'ul), *n.* sova.

**owlet** (a'ulet), *n.* sović, sovica.

**owlish** (a'uliš), *a.* kao sova.

**own** (o'un), *v.* posjedovati, imati; priznati; dopustiti; — *a.* vlastit, pripadan.

**owner** (o'unör), *n.* vlasnik, posjednik; gospodar.

**ownership** (o'unöršip), *n.* vlasništvo.

**ox** (àks), *n.* vol.

**oxalic** (àksă'lik), *a.* oksalov, ceceljev.

**oxen** (à'ksen), *n.* volovi.

**ox-eye** (à'ksa'j), *n.* volovsko oko (*biljka*).

**oxidate** (à'ksidejt), *v.* okisiti, spojiti se s kisikom, oksidovati.

**oxidation** (à'kside'jšön), *n.* okis, oksidovanje, oksidacija.

**oxide** (à'ksajd), *n.* oksid.

**oxidize** (à'ksidajz), *v. vidi*: **oxidate.**

**oxlip** (à'kslip), *n.* visoka jagorčika.

**oxonian** (àkso'niön), *a.* oksfordski.

**oxygen** (à'ksiđen), *n.* kisik.

**oxygenate** (à'ksiđenejt), *v.* okisiti, oksidovati.

**oxygenize** (à'ksiđenajz), *v. vidi*: **oxygenate.**

**oxygenous** (àksi'đenạs), *a.* kisički, oksigenski.

**oyer** (o'jör), *n.* preslušanje, parnica.

**oyez** (ō'jē's), *int.* čujte, mir.

**oyster** (o'jstör), *n.* ostriga.

**oyster-bed** (o'jstörbe'd), *n.* ostrižište.

**oyster-shell** (o'jstörše'l), *n.* ljuštura od ostrige.

**ozone** (ō'zon), *n.* ozon (*plin*).

# P

**P, p** (pī), *slovo*: P, p.
**pabular** (pǎ'bjulör), *a.* hraniv, pitan.
**pabulum** (pǎ'bjulạm), *n.* hrana.
**pace** (pejs), *v.* koracati, hoditi; — *n.* korak, koračaj.
**pacer** (pe'jsör), *n.* koracatelj; prusac (*konj*).
**pachydermatous** (pǎ'kidö'rmötạs), *a.* debelokožan.
**pacific** (pǎsi'fik), *a.* miran, tihi, miroljubiv.
**Pacific Ocean** (pǎsi'fik ō'šön), *n.* tihi ocean.
**pacification** (pǎ'sifike'jšön), *n.* smirenje, umir.
**pacificator** (pǎsi'fike'jtör), *n.* miritelj, pomiritelj.
**pacificatory** (pǎsi'fikötori), *a.* umirljiv, pomirni.
**pacifier** (pǎ'sifa'ör), *n.* miritelj.
**pacify** (pǎ'sifaj), *v.* umiriti, pomiriti, utažiti.
**pack** (pǎk), *v.* spremiti; složiti; nakrcati, pakovati; natovariti; otpraviti; otjerati; varati; tornjati se; — *n.* zamotak, svežanj, paket; bala; svezak; čopor, rulja.
**package** (pǎ'keđ), *n.* zamotak; prtljaga; omot; paket; tovarina.
**packer** (pǎ'kör), *n.* spremač.
**packet** (pǎ'ket), *n.* zamot, paket.
**pack-horse** (pǎ'kho'rs), *n.* tovarni konj.
**pack-ice** (pǎ'ka'js), *n.* plivajući led, sante.
**packing** (pǎ'king), *n.* zamatanje, pakovanje; roba (*spakovana*).
**packman** (pǎ'kmön), *n.* torbičar, kučarac.
**pack-saddle** (pǎ'ksǎ'dl), *n.* samar.
**packsheet** (pǎ'kši't), *n.* debelo platno.
**pact** (pǎkt), **paction** (pǎ'kšön), *n.* ugovor, pogodba.
**pad** (pǎd), *v.* ići, pješačiti; napuniti, nagnjesti, nabiti; postaviti; — *n.* kljuse; razbojnik; mekano sedlo; jastuk; bugačica.

**padding** (pǎ'ding), *n.* punjenje, postavljanje (*strunom, pamukom, itd.*); postava.
**paddle** (pǎdl), *v.* brčkati; veslati; — *n.* veslo; lopata.
**paddle-box** (pǎ'dlbǎ'ks), *n.* krov nad kolom.
**paddler** (pǎ'dlör), *n.* veslar.
**paddle-wheel** (pǎ'dlhụi'l), *n.* kolo (*s lopatama*).
**paddock** (pǎ'dök), *n.* žaba gubavica, ograđeni pašnjak; konjušnica.
**paddy** (pǎ'di), *n.* pirinač u ljusci, riža neolupljena.
**padlock** (pǎ'dlǎ'k), *v.* staviti lokot, zatvoriti lokotom; — *n.* lokot.
**paean** (pi'ön), *n.* ratna pjesma, pobjedna pjesma.
**pagan** (pe'jgön), *a.* poganski, neznaboški; — *n.* poganin, neznabožac.
**paganism** (pe'jgönizm), *n.* poganstvo, neznaboštvo.
**paganize** (pe'jgönajz), *v.* obratiti na poganstvo.
**page** (pejđ), *v.* bilježiti strane brojevima; — *n.* stranica, strana; paž, pratioc.
**pageant** (pǎ'đent), *a.* sjajan, veličav; — *n.* sjajan prizor, svečam ophod, sjajna vanjština.
**pageantry** (pǎ'đentri), *n.* sjaj, svečanost.
**pagination** (pǎ'đine'jšön), *n.* bilježenje strana brojevima.
**pagoda** (pǎgo'da), *n.* pagoda, idolski hram u Indiji, indijski novac.
**pah** (pa), *interj.* pa! pu! pi!
**paideutics** (pedju'tiks), *n.* pedeutika.
**pail** (pēl), *n.* kabao, čabar, vedro.
**pailful** (pē'lful), *n.* čabar (*pun*), vedro (*puno*).
**pain** (pejn), *v.* boljeti, mučiti, zadavati boli, brige; — *n.* bol, muka, nevolja; kazan.
**painful** (pe'jnful), *a.* bolan, mučan.
**painfully** (pe'jnfuli), *adv.* bolno, mučno.

**painless** (pe'jnles), *a.* bez boli; lasan.
**painstaking** (pe'jnzte'jking), *a.* neumoran; radljiv; — *n.* neumornost; radljivost.
**paint** (pejnt), *v.* slikati, naslikati, malati, obojiti; namazati; prikazivati; — *n.* boja; mastilo; ličilo.
**painter** (pe'jntör), *n.* slikar, mazalac, ogrljak čamca.
**painting** (pe'jnting), *n.* slikanje, bojadisanje; slikarstvo; slika; ličilo, boja.
**pair** (pēr), *v.* združiti se, pariti; — *n.* dvoje, par.
**pajamas** (păďă'möz), *n.vidi*: **pyjamas**.
**pal** (păl), *n.* drug.
**palace** (pă'les), *n.* palača, dvori.
**paladin** (pă'lödin), *n.* paladin, vitez, junak.
**palaeography** (pe'jliă'gröfi), *n.* paleografija, proučavanje starog pisma.
**palaeology** (pe'jliă'lođi), *n.* nauk o starinama.
**palaeontology** (pe'jliăntă'lođi), *n.* paleontologija, nauk o prastarim životinjama i bilinama.
**palanquin, palankeen** (pă'lönkĭ'n), *n.* vrsta nosiljke.
**palatable** (pă'lötöbl), *a.* ukusan, tečan.
**palatal** (pă'lătöl), *a.* nepčani; — *n.* nepčani glas.
**palate** (pă'let), *n.* nepce; ukus.
**palatial** (păle'jšöl), *a.* kao palača; veličanstven.
**palatinate** (pălă'tinet), *n.* palatinstvo, nadvorništvo; falcgrofija.
**palatine** (pă'lătajn), *a.* palatinski, dvorski; — *n.* palatin, dvorski župan.
**palaver** (pălă'vör), *v.* brbljati, ulagivati se; — *n.* dogovor, laskanje.
**pale** (pēl), *v.* ograditi koljem; problijediti; blijediti; — *a.* blijed; — *n.* kolac; ograda od kolja.
**paleography**, *vidi*: **palaeography**.
**palette** (pă'let), *n.* paleta, daščica za boje.
**palfrey** (pă'lfri), *n.* paradni konj, maleni jahaći konj za žene.
**palimpsest** (pă'limpsest), *n.* palimpsest, pergamenat, sa kojeg je izbrisan rukopis, da se učini mjesto za drugi rukopis, te se prvi jedva opaža.
**paling** (pē'ling), *n.* kolje; ograda od kolja.

**palingenesis** (pă'linđe'nesis), *n.* preporođenje, obnovljenje; preporod.
**palinode** (pă'linōd), *n.* palinodija; poricanje.
**palisade** (pă'lise'jd), *v.* ograditi koljem; — *n.* ograda od kolja.
**palish** (pē'liš), *a.* bljedolik.
**pall** (păl), *v.* pokriti plaštem; umotati; objutaviti; — *n.* plašt, palij, mrtvački plašt; pokrov; oltarnjak.
**palladium** (păle'jđiam), *n.* kip božice palade; bedem.
**pallet** (pă'let), *n.* slikarska daščica; lončarsko kolo; slamnjača, strunjača.
**palliate** (pă'liejt), *v.* smanjiti, olakšati; prikrivati; zabašurivati.
**palliation** (pă'lie'jšön), *n.* zabašurivanje; olakšavanje,
**palliative** (pă'lietiv), *a.* prikrivan, olahkotan.
**pallid** (pă'lid), *a.* blijed.
**pallium** (pă'liam), *n.* palij, plašt, ogrtač.
**pallor** (pă'lör), *n.* bljedilo, bljedoća.
**palm** (pām), *v.* sakriti u šaci; podmetnuti; — *n.* dlan, šaka; palma; palmova grančica; pobjeda.
**palmate** (pă'lmet), *a.* nalik na šaku, koji ima prstiće sraštene plivaćim opnom.
**palmer** (pā'mör), *n.* hodočasnik, poklonik.
**palmiped** (pa'lmiped), *a.* koji ima noge plivalice.
**palmister** (pa'(l)mistör), *n.* gatalac iz dlana.
**palmistry** (pa'(l)mistri), *n.* gatanje u ruke.
**palm-oil** (pa'mo'el), *n.* palmovo ulje.
**Palm-Sunday** (pa'msa'ndi), *n.* cvjetnica, cvjetna nedjelja.
**palmy** (pa'mi), *n.* pun palma; uspješan; pobjedan.
**palpable** (pă'lpöbl), *a.* opipljiv; jasan, očevidan.
**palpably** (pă'lpöbli), *adv.* jasno, očevidno.
**palpitate** (pă'lpitejt), *v.* kucati, lupati, udarati, drhtati.
**palpitation** (pă'lpite'jšön), *n.* kucanje, udaranje srca.
**palsy** (pă'lzi), *v.* paralizirati, oslabiti; — *n.* kljenut, kap.
**palter** (pă'ltör), *v.* nepošteno postupati; šeprtljati; ugibati se.

**paltry** (på'ltri), *a.* jadan, kukavan.
**paludal** (pă'ljudöl), *a.* močvarni.
**pamper** (pă'mpör), *v.* obilno hraniti, toviti; razmaziti.
**pamphlet** (pă'mflet), *n.* knjižica; raspravica; pamflet.
**pamphleteer** (pă'mfletī'r), *n.* pisac pamfleta.
**pan** (păn), *n.* prosulja; prašnik; čanak (*u puške*); lubanja.
**panacea** (pă'nösi'ö), *n.* lijek za sve bolesti, sveopći lijek.
**pancake** (pă'nke'jk), *n.* zlijevka, palačinka.
**pancreas** (pă'nkrias), *n.* gušterača, trbušna slinovnica.
**pandect** (pă'ndekt), *n.* pandekt, zbirka rimskih zakona.
**pandemonium** (pă'ndimo'niam), *n.* pakao; divlja buka.
**pander** (pă'ndör), *v.* svoditi, podvoditi; — *n.* svodnik, podvodnik.
**pane** (pēn), *n.* staklo; ploča.
**panegyric** (pă'neđi'rik), *n.* pohvalni govor.
**panegyric** (pă'neđi'rik), **panegyrical** (pă'neđi'riköl), *a.* pohvalni.
**panegyrist** (pă'neđi'rist), *n.* hvalilac, slavilac.
**panegyrize** (pă'neđirajz), *v.* hvaliti, slaviti.
**panel** (pă'nel), *v.* ukladati, upisati u listinu porotnika; optužiti; — *n.* uklad; ploča; zastorak; popis porotnika; porota.
**pang** (păng), *n.* bodci, ljuta bol; muka.
**panic** (pă'nik), *a.* krajnji; iznenadan; — *n.* strava, užas.
**panicle** (pă'nikl), *n.* metlica.
**pannier** (pă'niör), *n.* košara, košarica.
**panoplied** (pă'noplid), *a.* potpuno naoružan.
**panoply** (pă'nopli), *n.* potpuna bojna oprema.
**panorama** (pă'norǎ'mö), *n.* panorama; slika u okrugu.
**panoramic** (pă'norǎ'mik), *a.* panoramski.
**pansy** (pă'nzi), *n.* sirotica (*biljka*).
**pant** (pănt), *v.* dahtati, soptati, teško disati; težiti; — *n.* dahtanje, kucanje (*srca*).
**pantaloon** (pă'ntölū'n), *n.* lakrdijaš.
**pantaloons** (pă'ntölū'nz), *n.* hlače, čakšire.

**pantheism** (pă'ntiizm), *n.* sveboštvo, panteizam.
**pantheist** (pă'ntiist), *n.* pristaša panteizma.
**pantheistic** (pă'ntii'stik), *a.* panteistički.
**pantheon** (pă'ntiàn), *n.* zgrada posvećena svim bogovima; sveboštvo.
**panther** (pă'ntör), *n.* panter.
**pantograph** (pă'ntogrǎf), *n.* sprava za precrtavanje.
**pantomime** (pă'ntomajm), *n.* pantomina, nijema igra; pantomimik.
**pantomimic** (pă'ntomi'mik), *a.* pantomimički.
**pantry** (pă'ntri), *n.* smočnica; kućerak.
**pants** (pănc), *n.* hlače.
**pap** (păp), *n.* dječja kaša; meso od voća; bradavica na sisi; humak.
**papa** (pa'pö), *n.* tata, ćaća.
**papacy** (pe'jpösi), *n.* papinstvo.
**papal** (pe'jpöl), *a.* papinski.
**papaver** (păpe'jvör), *n.* mak.
**papaveraceous** (păpe'jvöre'jšas), *a.* makov.
**papaw** (papá'), *n.* papaja (*tropsko drvo*).
**paper** (pe'jpör), *v.* pokriti papirem, zamotati u papir; — *a.* papirnat; — *n.* papir, hartija; spis; novine.
**paper-hanger** (pe'jpörhǎ'ngör), *n.* tapetar.
**paper-hangings** (pe'jpörhǎ'ngingz), *n.* papirne tapete.
**paper-money** (pe'jpörma'ni), *n.* papirnat novac.
**paper-value** (pe'jpörvǎ'lju), *n.* papirnata valuta.
**papery** (pe'jpöri), *a.* papirnat, papirni.
**papillary** (pă'pilöri), *a.* bradavičast.
**papist** (pe'jpist), *n.* papinovac, rimo-katolik.
**papistic** (pejpi'stik), **papistical** (pejpi'stiköl), *a.* papinski.
**papistry** (pe'jpistri), *n.* papinstvo.
**pappus** (pă'pas), *n.* dlakavost, kosmatost.
**pappy** (pă'pi), *a.* kao kaša, mekan.
**papular** (pă'pjulör), *a.* prištičav.
**papyrus** (păpa'jras), *n.* papirus, šilj.
**par** (pār), *n.* jednakost, jednaka vrijednost, prvobitna vrijednost.
**parable** (pă'röbl), *n.* parabola, priča.
**parabola** (pörǎ'bölö), *n.* parabola (*geometrična crta*).

**parabolic** (pǎ'rǎbá'lik), **parabolical** (pǎ'rǎbá'liköl), a. paraboličan, kazivan u priči.

**parachute** (pǎ'röšut), n. padobran.

**paraclete** (pǎ'röklit), n. zagovornik; tješitelj; sveti duh.

**parade** (pǎre'jd), v. paradirati, ići u paradi; iznositi na vidik; veličati se; kočiti se; — n. parada, svečanost; ophod, smotra.

**paradigm** (pǎ'rödim), n. uzorak, primjer.

**paradise** (pǎ'rödajs), n. raj.

**paradox** (pǎ'rödǎks), n. paradoks, prividno protuslovlje; čudnovatost.

**paradoxical** (pǎ'rödǎ'ksiköl), a. čudnovat, nevjerojatan.

**paraffin, paraffine** (pǎ'röfin), n. parafin.

**paraffir-oil** (pǎ'röfino'el), n. ulje od parafina.

**paragon** (pǎ'rögàn), n. obrazac, uzor.

**paragraph** (pǎ'rögrǎf), n. paragraf, članak.

**parallax** (pǎ'rölǎks), n. paralaksa (razlika među prividnim i pravim položajem nebeskog tijela).

**parallel** (pǎ'rölel), v. usporediti, sravniti, izjednačiti; — a. usporedan, naporedan; — n. usporednica; sporedba, sličnost.

**parallelism** (pǎ'rölelizm), n. usporednost, podudaranje, sličnost; sročnost.

**parallelogram** (pǎ'rölo'logrǎm), n. pačetvorina, paralelogram.

**paralogism** (pǎrǎ'loðizm), n.. krivi zaključak, paralogizam.

**paralyse** (pǎ'rölajz), v. oslabiti, osakatiti, paralizirati.

**paralysis** (pörǎ'lisis), n. kljenut, uzetost, kap, paraliza.

**paralytic** (pǎ'röli'tik), a. uzet; — n. čovjek, koji trpi od kljenuti.

**paramount** (pǎ'römaunt), a. najviši, najveći, glavni, pretežan.

**paramour** (pǎ'römūr), n. ljubovnik.

**parapet** (pǎ'röpet), n. prsobran, predziđe, parapet.

**paraphernalia** (pǎ'röförne'jliö), n. oprema, dota; nakit, ures.

**paraphrase** (pǎ'röfrejz), v. opisivati; slobodno prevesti; — n. parafraza; kazivanje drugim riječima; slobodan prijevod.

**paraphrast** (pǎ'röfrǎst), n. opisivač; slobodni prevodioc.

**paraphrastic** (pǎ'röfrǎ'stik), **paraphrastical** (pǎ'röfrǎ'stiköl), a. parafrastičan, opisujući, slobodan, opširan.

**parasite** (pǎ'rösajt), n. parasit, nametnik, čankoliz.

**parasitic** (pǎ'rösi'tik), **parasitical** (pǎ'rösi'tiköl), a. parasitski, nametnički.

**parasol** (pǎ'rösǎ'l), n. suncobran.

**parboil** (pa'rbo'el), v. djelomično skuhati.

**parbuckle** (pa'rbạ'kl), n. uže za tovarenje, kojim se dižu i spuštaju tereti.

**parcel** (pa'rsel), v. porazdijeliti, napraviti pakete; — n. dijel, komad; zamotak, paket; množina.

**parcel-post** (pa'rselpō'st), n. pošta za pakete.

**parcener** (pa'rsenör), n. subaštinik, sunasljednik.

**parch** (parč), v. osušiti, pržiti, opaliti.

**parched** (parčt), a. osušen, opržen.

**parchment** (pa'rčment), n. pergamenat.

**pard** (pard), n. leopard, panter.

**pardon** (pardn), v. oprostiti, pomilovati; — n. oprost, pomilovanje.

**pardonable** (pa'rdnnöbl), a. oprostiv.

**pardoner** (pa'rdnnör), n. pomilovatelj, oprostitelj.

**pare** (pēr), v. kaštriti, obrezati; guliti, ljuštiti; okresati.

**paregoric** (pǎrega'rik), a. ublažujući; — n. tažilo, blažilo.

**parent** (pǎ'rent), n. roditelj, otac, majka.

**parentage** (pǎ'renteđ), n. podrijetlo, loza, rod.

**parental** (pǎre'ntöl), a. roditeljski.

**parenthesis** (pǎre'ntesis), n. zaporka, zagrada; umetnuta rečenica.

**parenthetic** (pǎ'rente'tik), **parenthetical** (pǎ'rente'tiköl), a. zaporni; umetnut.

**parer** (pē'rör), n. obrezivač, okresivač, ljuštilac, gulitelj; sprava za ljuštenje.

**parget** (pa'rđet), v. okrečiti; olijepiti; — n. kreč; maz; sadra.

**pargeting** (pa'rđeting), **parge-work** (pa'rđụö'rk), n. krečenje; ures od sadre.

**parhelion** (parhi'liön), n. pasunce, jasno svijetlo, što se katkada vidi kraj sunca.

**pariah** (pe'riö), *n.* parija (*čovjek najniže kaste u Indiji*).

**parian** (pe'riön), *a.* parijski, s otoka Parosa.

**parietal** (păra'etöl), *a.* zidni.

**paring** (pē'ring), *n.* guljenje, ljuštenje; ljupine, ljuska, kora.

**parish** (pă'riš), *a.* župski, farni, općinski; — *n.* župa, parohija; općina.

**parish-church** (pă'riščörč), *n.* župna crkva.

**parish-clerk** (pă'rišklö'rk), *n.* crkvenjak; zvonar.

**parish-engine** (pă'riše'nđin), *n.* općinska štrcaljka.

**parishional** (pă'rišönöl), *a.* župski; općinarski.

**parishioner** (pări'šönör), *n.* župljanin; općinar.

**parish-priest** (pă'rišprī'st), *n.* župnik, paroh.

**parish-school** (pă'rišskū'l), *n.* općinska škola.

**parish-watch** (pă'rišua'č), *n.* općinski stražar.

**Parisian** (pări'žön), *a.* pariski; — *n.* parižanin, parižanka.

**parity** (pă'riti), *n.* jednakost, sličnost.

**park** (park), *v.* ograditi; — *n.* park, perivoj.

**parlance** (pa'rlöns), *n.* govor, razgovor.

**parley** (pa'rli), *v.* razgovarati se, dogovarati se; — *n.* razgovor, dogovaranje.

**parliament** (pa'rliment), *n.* sabor, parlament.

**parliamentarian** (pa'rlimente'riön), *n.* parlamentarac; zastupnik.

**parliamentary** (pa'rlime'ntöri), *a.* saborni, parlamentski.

**parlor** (pa'rlör), *n.* soba (*za posjetnike ili razgovor*).

**parmesan** (pa'rmiza'n), *n.* parmezanski sir.

**parochial** (paro'kiöl), *a.* župni, parohijski.

**parochial-register** (paro'kiölre'đistör), *n.* matica.

**parochial-relief** (paro'kiölrilī'f),*n.* ub05ki novci.

**parody** (pă'rodi), *v.* smiješno oponašati; — *n.* parodija, smiješno oponašanje.

**parole** (parō'l), *v.* pustiti na uvjetnu slobodu; — *a.* usmen, nepisan; — *n.* riječ, poštena riječ, tvrda vjera; lozinka; uvjetna sloboda, policajna paska.

**paronomasia** (păro'nome'jžiö), **paronomasy** (pă'ronă'mesi), *n.* igra riječima, paronomazija.

**paroxysm** (pă'răksizm), *n.* žestoki nastup (*srdžbe*), trzanje, grč.

**parquetry** (pa'rketri), *n.* parketi, daščicama obloženi pod.

**parr** (par), *n.* lososić.

**parrakeet** (pă'rökīt), *n.* vrsta male papige.

**parricide** (pă'risajd), *n.* ocoubojstvo, ocoubica, ubojica roditelja.

**parrot** (pă'röt), *n.* papiga.

**parry** (pă'ri), *v.* odbiti, otkloniti; izbjeći, parirati.

**parse** (pars), *v.* razglabati.

**parsimonious** (pa'rsimo'nias), *a.* štedljiv, škrt.

**parsimoniously** (pa'rsimo'niasli), *adv.* štedljivo.

**parsimony** (pa'rsimoni), *n.* štedljivost, škrtost.

**parsing** (pa'rsing), *n.* razglabanje rečenice.

**parsley** (pa'rsli), *n.* peršin.

**parsnip** (pa'rsnip), *n.* pastrnjak.

**parson** (parsn), *n.* župnik, svećenik.

**parsonage** (pa'rsnneđ), *n.* plovanija, parohija.

**part** (part), *n.* dio, udjel, čest; uloga; dužnost; posao, služba; kraj, predjel; svezak; — *a.* djelomičan; — *v.* dijeliti (se), odijeliti (se); pretrgnuti (se); otići, otputovati.

**partake** (parte'jk), *v.* učestvovati, sudjelovati; dijeliti; zajedno uživati.

**partaker** (parte'jkör), *n.* dionik, učesnik.

**parterre** (parte'r), *n.* cvijetnjak; parter (*u kazalištu*).

**partial** (pa'ršöl), *a.* djelomičan, pristran.

**partiality** (paršă'liti), *n.* pristranost.

**partially** (pa'ršöli), *adv.* djelomično, pristrano.

**partible** (pa'rtibl), *a.* razdjeljiv.

**participant** (parti'sipönt), *a.* sudionički, učestan; — *n.* učesnik, sudionik.

**participate** (parti'sipejt), v. sudjelovati, učestvovati.

**participation** (parti'sipe'jšön), n. sudjelovanje, učestvovanje.

**participator** (parti'sipe'jtör), n. sudionik, učesnik.

**participle** (pa'rtisipl), n. particip, glagolski pridjev i prilog.

**particle** (pa'rtikl), n. čestica, komadić, zera.

**particular** (parti'kjulör), a. posebni, stanoviti; pojedini; privatan; čudnovat; vanredan; podroban; pažljiv, pomnjiv, oprezan; — n. pojedinost; osobitost; tančina.

**particularity** (parti'kjulǎ'riti), n. osobina, osobitost; pojedinost, podrobnost; čudnovatost.

**particularize** (parti'kjulörajz), v. u tančine prikazivati ili navesti.

**particularly** (parti'kjulörli), adv. osobito, poglavito; potanko, pobliže.

**parting** (pa'rting), a. oprosni, na rastanku; — n. rastanak, oproštaj, razdjeljak (kose); rastavljanje.

**partisan, partizan** (pa'rtizön), a. privržen; — n. privrženik, pristaša.

**partition** (parti'šön), v. dijeliti, razdijeliti, pregraditi; — n. dioba, dijeljenje; odijeljenje, pregrada, prijeboj; pretinac.

**partitive** (pa'rtitiv), a. dioben, djelomičan.

**partly** (pa'rtli), adv. dijelom, djelomice.

**partner** (pa'rtnör), n. dionik, poslovni drug; muž, žena.

**partnership** (pa'rtnöršip), n. društvo, zadruga.

**partridge** (pa'rtrid), n. jarebica.

**party** (pa'rti), a. strankin; — n. stranka; društvo.

**party-colored** (pa'rtikǎ'lörd), a. šaren.

**party-wall** (pa'rtiuǎ'l), n. prijeboj.

**parvenu** (pa'rvenju), n. čovjek, koji se od ništa podignuo do nješta, pa se ponese; srečni sin; skorojević.

**parvis, parvise** (pa'rvis), n. predvorje crkve.

**pas** (pa), n. korak.

**paschal** (pa'sköl), a. uskrsni.

**pasha** (paša'), n. paša.

**pasque-flower** (pa'skflạ'uör), n. sasa (biljka).

**pasquil** (pa'skuil), n. paskvila, pogrdno pismo.

**pasquin** (pa'skuin), **pasquinade** (pa'skuine'jd), v. napisati o kome paskvilu; — n. paskvila, pogrdno pismo.

**pass** (pǎs), v. proći, prolaziti, prijeći; minuti, zbiti se, dogoditi se, suditi; pružiti, uručiti; prevesti; raznašati; uzakoniti; — n. prolaz, prijelaz; put; besplatna ulaznica; kratak dopust; dopusni list; navala (u mačevanju).

**passable** (pǎ'söbl), a. prolazan; snosljiv; priličan; pristupačan; dobar.

**passably** (pǎ'söbli), adv. snosljivo; prilično.

**passage** (pǎ'seđ), n. prolaz; put; hodnik; izlaz; otvor; mjesto (u knjizi); uzakonjenost; sukob.

**pass-book** (pǎ'sbu'k), n. knjiga računa, knjižica za slobodan ulaz.

**passenger** (pǎ'senđör), n. putnik.

**passer-by** (pǎ'sörba'j), n. prolaznik.

**passible** (pǎ'sibl), a. osjetljiv, oćutan.

**passim** (pǎ'sim), adv. ovdje ondje.

**passing** (pǎ'sing), a. prolazan; tekući; sadašnji; — adv. vrlo, vele.

**passing-bell** (pǎ'singbe'l), n. cinkuš, mrtvačko zvono.

**passion** (pǎ'šön), n. trpnja, muka; Isusove muke; uzbuđenje; gnijev; strast; žestina; žar; ljubav.

**passionate** (pǎ'šönet), a. strastven; vatren; žestok; oduševljen; jarostan; nagao.

**passionately** (pǎ'šönetli), adv. strastveno; žarko; žestoko, gnjevno.

**passionless** (pǎ'šönles), a. nestrastven; hladan.

**passion-play** (pǎ'šönple'j), n. prikazivanje Isusovih muka.

**passion-week** (pǎ'šönui'k), n. velika nedjelja.

**passive** (pǎ'siv), a. trpan, pasivan; snosljiv, strpljiv, neradin.

**passively** (pǎ'sivli), adv. pasivno, trpno.

**pass-key** (pǎ'skī'), n. glavni ključ.

**Passover** (pǎ'so'vör), n. pasha, uskrsno jagnje.

**passport** (pǎ'sport), n. pasoš, putnica.

**pass-word** (pǎ'suǒ'rd), n. lozinka.

**past** (pǎst), a. prošao; — prep. mimo, uz, iza, bez; — n. prošlost.

**paste** (pejst), v. lijepiti, sljepjti; — n. tijesto; ljepilo, ćiriz; glina; krivi dijamant.

**paste-board** (pe'jstbō'rd), n. ljepenka; karta, posjetnica.

**pastel** (pǎ'stel), n. seč, sač; suha boja; slika načinjena pastelom.

**pastern** (pǎ'störn), n. putilo, bugakije (konjske).

**pastil** (pǎ'stil), **pastille** (pǎsti'l), n. mirisna svjećica za kađenje sobe; slatkiš; pastel.

**pastime** (pǎ'sta'jm), n. odmor; zabava.

**pastor** (pǎ'stör), n. pastor, župnik.

**pastoral** (pǎ'störöl), a. pastirski, duhovni; ladanjski, seoski; — n. pastirska pjesma; pastirsko pismo.

**pastorate** (pǎ'störet), n. pastirstvo.

**pastorship** (pǎ'störšip), n. župničtvo.

**pastry** (pē'stri), n. kolači; poslastice.

**pasturable** (pǎ'sćuröbl), a. zgodan za pašu.

**pasturage** (pǎ'sćuređ), n. pašnjak; paša.

**pasture** (pǎ'sćur), v. pasti, pasti se; — n. paša; pašnjak.

**pasty** (pe'jsti), a. kao tijesto; ljepljiv; — n. pašteta.

**pat** (pǎt), v. lagano udariti, potapati; kucati; — a. udesan; vješt; prikladan; — adv. u pravi čas; upravo; zgodno; — n. lagan udarac rukom; gruda masla.

**patch** (pǎč), v. krpati; popraviti; pokvariti; — n. krpa, zakrpa, umjetni madež (na licu); komadić zemlje.

**patchwork** (pǎ'ču̯ö'rk), n. krpež.

**patchy** (pǎ'či), a. pokrpan.

**pate** (pejt), n. glava, lubanja.

**patella** (pǎte'lö), n. čašica, metvica (kost u koljenu).

**paten** (pǎ'ten), n. plitica, diskos.

**patent** (pe'jtent ili pǎ'tent), v. patentirati, povlastiti; — a. otvoren, očit; patentiran, zaštićen poveljom; — n. povelja, povlastica, patent.

**patentee** (pe'jtentī' ili pǎ'tentī'), n. povlaštenik, vlasnik patenta.

**paterfamilias** (pe'jtörfǎmi'liǎs), n. glava obitelji.

**paternal** (pǎtö'rnöl), a. očinski, očev.

**paternity** (pǎtö'rniti), n. očinstvo.

**paternoster** (pǎ'törnǎ'stör), n. očenaš; krunica.

**path** (pǎt), n. staza, put.

**pathetic** (pǎte'tik), a. patetičan, dirljiv, ganutljiv.

**pathetically** (pǎte'tiköli), adv. ganutljivo.

**pathless** (pǎ'tles), a. bez staze.

**pathologic** (pǎtolǎ'đik), **pathological** (pǎ'tolà'điköl), a. patološki.

**pathologist** (pǎtà'lođist), n. patolog, onaj, koji uči bolesti.

**pathology** (pǎtà'lođi), n. patologija, nauk o bolestima.

**pathos** (pe'jtàs), n. patos, ganutljiva uzbuđenost, dirljivost.

**pathway** (pǎ'tue̯'j), n. staza, putanja.

**patience** (pe'jšens), n. strpljivost, strpljenje, ustrajnost; mir.

**patient** (pe'jšent), a. strpljiv; — n. bolesnik, pacijent.

**patiently** (pe'jšentli), adv. strpljivo.

**patina** (pǎ'tinö), n. zelena patina na bronzu; plitica.

**patriarch** (pe'jtriark), n. patrijarka, poglavica.

**patriarchal** (pe'jtria'rköl), a. patrijarkalan, patrijarski.

**patriarchate** (pe'jtria'rket), **patriarchy** (pe'jtria'rki), n. patrijarkat, patrijarstvo.

**patrician** (pǎtri'šön), a. patricijski, plemićki; — n. patricij, plemić.

**patrimonial** (pǎtrimō'niol), a. očevinski; nasljedni.

**patrimony** (pǎ'trimoni), n. očevina; crkveno dobro.

**patriot** (pe'jtriöt), a. rodoljuban; — n. radoljub, otačbenik.

**patriotic** (pe'jtria'tik), a. rodoljuban, otačbenički.

**patriotism** (pe'jtriàtizm), n. rodoljublje, domoljublje, patriotizam.

**patristics** (pǎtri'stiks), n. nauka crkvenih otaca.

**patrol** (pǎtrō'l), n. stražariti; — n. straža, patrola.

**patron** (pe'jtrön), n. zaštitnik, pokrovitelj, patron.

**patronage** (pǎ'tra̱neđ), n. zaštita, pokroviteljstvo; patronatsko pravo.

**patroness** (pe'jtrönes), n. zaštitnica, pokroviteljica.

**patronize** (pǎ'tronajz), v. štititi, pomagati, ići na ruku.

**patronymic** (pǎ'troni'mik), n. plemenito ime, prezime.

**patten** (pǎ'ten), *n.* cokula, drvena papuča.
**patter** (pǎ'tör), *v.* pljuštati, cupkati, gunđati; — *n.* pljuštanje, cupkanje, gunđanje.
**pattern** (pǎ'törn), *n.* uzorak, obrazac, muštra, kalup.
**patty** (pǎ'ti), *n.* paštetica.
**paucity** (på'siti), *n.* rijetkost, malenkost.
**paunch** (pånš), *n.* trbuh, trbušina.
**paunchy** (på'nši), *a.* trbušast.
**pauper** (på'pör), *n.* siromah, prosjak, ubogalj.
**pauperism** (på'pörizm), *n.* siromaštvo, uboštvo.
**pauperize** (på'pörajz), *v.* osiromašiti, doći *ili* dovesti na prosjački štap.
**pause** (påz), *v.* stati; prestati; odmoriti se; oklijevati; — *n.* stanka, pauza, prekid; odmor; neodlučnost.
**pave** (pejv), *v.* taracati; popločiti, kaldrmiti; krčiti.
**pavement** (pe'jvment), *n.* pločnik, taraca, kaldrma.
**pavid** (pǎ'vid), *a.* plah, bojažljiv.
**pavilion** (pǎvi'ljön), *v.* snabdjeti šatorima, čuvati u šatorima; — *n.* šator, čador, paviljon.
**paving** (pe'jving), *n.* taracanje; pločnik.
**pavior, paviour** (pe'jviör), *n.* taracar.
**paw** (på), *v.* grepsti, kopati nogama; — *n.* šapa, pandža.
**pawl** (pål), *n.* zapinjač; zaporak.
**pawn** (pån), *v.* založiti; — *n.* zalog.
**pawnbroker** (på'nbrö'kör), *n.* uzimalac zaloga za zajmove.
**pawnee** (på'ni'), *n.* uzimalac zaloga.
**pawner** (på'nör), *n.* založnik.
**pawnshop** (på'nšå'p), *n.* zalagaonica.
**pawnticket** (på'nti'ket), *n.* založnica, založna cedulja.
**pay** (pej), *v.* platiti, plaćati, namiriti, dati, isplatiti se; katraniti; — *n.* plaća; isplata; nagrada.
**payable** (pe'jöbl), *a.* plativ.
**pay-bill** (pe'jbi'l), *n.* isplatni arak.
**payee** (pe'i'), *n.* kome se novac imade isplatiti, predočnik, držalac mjenice.
**paymaster** (pe'jmǎ'stör), *n.* isplaćivač.
**payment** (pe'jment), *n.* plaćanje, plaća, isplata.
**paynim** (pe'jnim), *n.* poganin, neznabožac.

**pea** (pī), *n.* grašak.
**peace** (pīs), *n.* mir, pokoj.
**peaceable** (pī'söbl), *a.* miran, miroljubiv.
**peaceably** (pī'söbli), *adv.* mirno, tiho.
**peaceful** (pī'sful), *a.* miran, miroljubiv.
**peacefully** (pī'sfuli), *adv.* mirno, tiho.
**peace-maker** (pī'sme'jkör), *n.* miritelj; sklapatelj mira.
**peace-offering** (pī'så'föring), *n.* pomirna žrtva.
**peach** (pīč), *v.* izdati svog sukrivca; — *n.* breskva, praskva.
**peacock** (pi'kǎ'k), *n.* paun.
**peahen** (pī'he'n), *n.* paunica.
**pea-jacket** (pī'đǎ'ket), *n.* mornarski haljinac.
**peak** (pīk), *v.* izgledati boležljiv, posušiti se; — *n.* vrh, vršak, r't, oštrac.
**peaked** (pīkt), *a.* šiljast.
**peal** (pīl), *v.* zvečiti, tutnjiti, zvoniti; — *n.* zvuk, zveka, zvonjava, tutnjava, prasak.
**pear** (pēr), *n.* kruška.
**pearl** (pörl), *v.* uresiti biserjem; — *a.* biserni; — *n.* biser, sitna štamparska slova.
**pearlash** (pö'rlǎ'š), *n.* čista pepeljika.
**pearly** (pö'rli), *a.* bisernast, jasan, čist.
**peasant** (pe'zönt), *a.* seljački, seoski; — *n.* seljak, ratar.
**peasantry** (pe'zöntri), *n.* seljačtvo, seljaci; seljački, ratarski stalež.
**peascod, peasecod** (pī'zkǎ'd), *n.* mahuna od graška.
**pease** (pīz), *n.* grašak.
**peat** (pīt), *n.* treset.
**peaty** (pī'ti), *a.* tresetan.
**pebble** (pebl), *n.* šljunak.
**pebbly** (pe'bli), *a.* šljunkovit.
**peccable** (pe'köbl), *a.* griješan.
**peccadillo** (pe'ködi'lo), *n.* mali prestupak, griješka.
**peccant** (pe'könt), *a.* griješan; zao; škodljiv.
**peccary** (pe'köri), *n.* muškat (*bizam*); prasac.
**peck** (pek), *v.* kljuvati, kljucati; jesti; — *n.* mjera (*od nješto više od* 8. *litri*).
**pecker** (pe'kör), *n.* kljucalo; djetao, žuna.
**peckish** (pe'kiš), *a.* gladan.

**pectinal** (pe'ktinöl), *a.* češljast.
**Pectinate** (pe'ktinet), *a.* zupčast poput česlja.
**pectoral** (pe'ktoröl), *a.* prsni, grudni; — *n.* prsna ploča; lijek za prsa; prsna peraja.
**peculate** (pe'kjulejt), *v.* pronevjeriti.
**peculation** (pe'kjule'jšön), *n.* pronevjerenje.
**peculator** (pe'kjule'jtör), *n.* pronevjeritelj, tat.
**peculiar** (pekju'liör), *a.* poseban, osobit; čudnovat, neobičan.
**peculiarity** (pekju'liă'riti), *n.* osobitost, posebnost; čudnovatost.
**peculiarly** (pekju'liörli),ᵣ *adv.* posebno, osobito; čudnovato.
**pecuniary** (pekju'niöri), *a.* novčan.
**pedagogic** (pe'dögă'đik), *a.* pedagoški, nastavni, uzgojni.
**pedagogics** (pe'dögă'điks), *n.* pedagogija, nauk o odgoju.
**pedagogue** (pe'dögăg), *n.* nastavnik; odgojitelj; pedagog.
**pedagogy** (pe'dögă'đi), *n.* nastava; odgajanje; pedagogija.
**pedal** (pe'döl), *a.* nožni; — *n.* podnožnik, pedal.
**pedant** (pe'dönt), *n.* pedant; uobraženi učenjak; cjepidlačar.
**pedantic** (pedă'ntik), *a.* pedantičan, cjepidlačarski.
**pedantically** (pedă'ntiköli), *adv.* pedantno, uobraženo.
**pedantry** (pe'döntri), *n.* cjepidlačarenje, pedanterija.
**peddle** (pedl), *v.* kramaɪiti, torbariti.
**peddler** (pe'dlör), *n.* kramar, torbar, kućarac.
**pedestal** (pe'destöl), *n.* podnožje, pedestal.
**pedestrian** (pede'striön), *a.* pješački; — *n.* pješak.
**pedestrianism** (pede'striănizm), *n.* pješačenje, hodanje.
**pedicel** (pe'disel), *n.* peteljka, stapka.
**pedigree** (pe'digri), *n.* rodoslovlje; porijeklo.
**pediment** (pe'diment), *n.* zabat (*nad vratima*), zabatić (*nad prozorom*).
**pedlar, pedler** (pe'dlör), *n.* kućar, kramar, torbičar.
**pedometer** (pidă'mitör), *n.* hodomjer.
**peduncle** (pidạ'nkl), *n.* peteljka; stabljika.

**peel** (pīl), *v.* ljupiti, ljuštiti, guliti; pljačkati; — *n.* koža, kora, ljupina, ljuska; krušna lopata.
**peep** (pīp), *v.* cvrkutati; pomaljati se; zavirkivati, viriti; — *n.* cvrkut; zavirivanje; pomaljanje; osvit.
**peer** (pīr), *v.* pokazati se; gledati; viriti; — *n.* jednak; drug; velikaš.
**peerage** (pī'ređ), *n.* velikaštvo, visoko plemstvo.
**peeress** (pī'res), *n.* velikašica, perova žena.
**peerless** (pī'rles), *a.* bez premca, nesravnjiv.
**peevish** (pī'viš), *a.* osorljiv, mrzovoljast.
**peewit** (pi'uịt), *n.* vivak (*ptica*).
**peg** (peg), *v.* zaklinčati, pribiti klinima; truditi se; — *n.* klinac, klin, čivija.
**pelagian** (pele'điön), *a.* morski.
**pelagic** (pelă'-đik), *a.* morski.
**pelargonium** (pe'largo'nịạm), *n.* ždralinjak (*biljka*).
**pelf** (pelf), *n.* novac; bogatstvo.
**pelican** (pe'likön), *n.* nesit (*ptica*).
**pelisse** (peli's), *n.* bunda, kaput za žene *ili* djecu.
**pell** (pel), *n.* koža, svitak pargamena.
**pellet** (pe'let), *n.* kuglica.
**pellicle** (pe'likl), *n.* kožica, opna.
**pell-mell** (pe'lmel), *adv.* pobrkano, smeteno; — *n.* zbrkanost, ričet.
**pellucid** (pelju'sid), *a.* proziran.
**pelt** (pelt), *v.* lupiti; bacati; padati jako; — *n.* koža, krzno; udarac, pljusak.
**peltry** (pe'ltri), *n.* krzno.
**pelvic** (pe'lvik), *a.* zdjelični.
**pelvis** (pe'lvis), *n.* zdjelica; karlica.
**pen** (pen), *v.* pisati, napisati; zatvoriti; strpati; — *n.* pero, tor, obor.
**penal** (pī'nöl), *a.* kazneni, kažnjiv.
**penal-code** (pī'nölkö'd), *n.* kazneni zakonik.
**penal-law** (pī'nölă'), *n.* kazneni zakon.
**penal-sum** (pī'nölsạ'm), *n.* globa.
**penalty** (pe'nölti), *n.* kazna; globa.
**penance** (pe'nöns), *n.* pokora.
**penates** (pine'jtiz), *n.* kućni bogovi.
**pence** (pens), *n.* novčići.
**penchant** (pa'nša'n), *n.* težnja, žudnja.
**pencil** (pe'nsil), *v.* olovkom pisati; crtati; — *n.* olovka; kist.

**pend** (pend), *v.* visiti, lebditi.
**pendant** (pe'ndönt), *n.* naušnjaci; kite; barjačić.
**pendent** (pe'ndent), *a.* viseći, lebdeći.
**pending** (pe'nding), *a.* u tečaju; neriješen, neodlučen; — *prep.* za, kroz, za vrijeme.
**pendulate** (pe'ndjulejt), *v.* ljuljati se, njihati se.
**pendulous** (pe'ndjulas), *a.* viseći, ljuljajući.
**pendulum** (pe'ndjulam), *n.* njihalo.
**penetrable** (pe'netröbl), *a.* pristupan; probojan, prodiran.
**penetrably** (pe'netröbli), *adv.* pristupno; prodirno.
**penetrate** (pe'netrejt), *v.* prodrijeti, probiti, doprijeti; unići; prozreti.
**penetrating** (pe'netre'jting), *a.* oštar; pronicav.
**penetration** (pe'netre'jšön), *n.* probijenje; prodiranje; oštroumlje; prozrenje.
**penetrative** (pe'netrejtiv), *a.* prodiran; oštar; pronicav.
**penguin** (pe'nguin), *n.* tučnjak (*ptica*).
**peninsula** (peni'nsjulö), *n.* poluotok, poluostrvo.
**peninsular** (peni'nsjulör), *a.* poluotočni.
**penis** (pi'nis), *n.* muško udo.
**penitence** (pe'nitens), *n.* kajanje, pokora.
**penitent** (pe'nitent), *a.* pokajan, skrušen; — *n.* pokajnik, pokornik.
**penitential** (pe'nite'nšöl), *a.* pokajni, skrušen; — *n.* pokajni pravilnik.
**penitentiary** (pe'nite'nčöri), *n.* pokajnički, skrušen; — *n.* pokajnik; ispovjednik; kazniona, tamnica.
**penknife** (pe'na'jf), *n.* nožić, periž.
**penman** (pe'nmön), *n.* učitelj krasopisa; pisar; pisac.
**penmanship** (pe'nmönšip), *n.* rukopis; krasopis; pisanje.
**pennant** (pe'nönt), *n.* zastavica, barjačić.
**penniless** (pe'niles), *a.* bez novčića, siromašan.
**pennon** (pe'nön), *n.* zastavica, barjačić.
**penny** (pe'ni), *n.* novčić, malen novac.
**pennyweight** (pe'niue'jt), *n.* mjera.

**penny-wise** (pe'niua'jz), *a.* štedljiv u sitnicama.
**pennyworth** (pe'niuö'rt), *n.* vrijednost od jednog novčića.
**pensile** (pe'nsil), *a.* viseći.
**pension** (pe'nšön), *v.* umiroviti; davati mirovinu; — *n.* mirovina, penzija.
**pensionary** (pe'nšönöri), *a.* umirovljen, penzijoniran; — *n.* penzionirac.
**pensioner** (pe'nšönör), *n.* koji prima mirovinu.
**pensive** (pe'nsiv), *a.* zamišljen, nujan.
**pent** (pent), *a.* zatvoren.
**pentagon** (pe'ntögån), *n.* peterokut.
**pentagonal** (pentå'gånöl), *a.* peterokutan.
**pentahedron** (pe'ntăhi'drön), *n.* peterac.
**pentameter** (pentă'metör), *n.* pentametar, stih od pet stopa.
**pentateuch** (pe'ntătjuk), *n.* pentateuh, pet knjiga Mojsijinih.
**pentecost** (pe'ntikåst), *n.* duhovi.
**pentecostal** (pe'ntikå'stöl), *a.* duhovski.
**penthouse** (pe'nthą'us), *n.* streha, suša uz kuću.
**penult** (pi'nalt), *n.* predzadnji slog.
**penultimate** (pena'ltimet), *a.* predzadnji; — *n.* predzadnji slog.
**penumbra** (pena'mbrö), *n.* prisjenak, zasjenak.
**penurious** (penju'rias), *a.* oskudan, bijedan; škrt.
**penury** (pe'njuri), *n.* oskudica, siromaštvo.
**peon** (pi'ån), *n.* pratilac; stražar; nadničar.
**peony** (pi'åni), *n.* božur (*biljka*).
**people** (pīpl), *v.* napučiti, naseliti; — *n.* puk, narod; ljudi; pučanstvo.
**pepper** (pe'pör), *v.* papriti, zapapriti; — *n.* paprika, biber, papar.
**pepper-box** (pe'pörbå'ks), *n.* paprenka, bibernica.
**pepper-corn** (pe'pörko'rn), *n.* biberovo zrno.
**peppermint** (pe'pörmint), *n.* paprena metvica.
**peppery** (pe'pöri), *a.* papren; ljut, žestok; vatren.
**peptic** (pe'ptik), *a.* probavljiv, probavan.
**per** (pör), *prep.* po, za, kroz, od, na.

**peradventure** (pö'rădve'nćur), *adv.* možda, slučajno.

**perambulate** (pöră'mbjulejt), *v.* proputovati, proći, obići, razgledati.

**perambulation** (pöră'mbjule'jšön), *n.* prolaženje, obilaženje; razgledanje.

**perambulator** (pöră'mbjule'jtör), *n.* prolaznik; kolica.

**perceivable** (pörsi'vöbl), *a.* oćutljiv; shvatljiv; zamjetljiv; vidljiv.

**perceive** (pörsī'v), *v.* oćutiti; shvatiti; zamjetiti, opaziti.

**percentage** (pörse'nteđ), *n.* postotak; pripadak; provizija.

**perceptible** (pörse'ptibl), *a.* oćutljiv; vidljiv.

**perceptibly** (pörse'ptibli), *adv.* oćutljivo; vidljivo.

**perception** (pörse'pšön), *n.* osjećanje, ćućenje; opažanje; pojam.

**perceptive** (pörse'ptiv), *a.* osjetan, shvatljiv, pojmljiv.

**perch** (pörč), *v.* sjediti; spustiti se; posaditi; — *n.* grgeč; kokošinje sjedalo; šipka; mjera od 5. metra.

**perchance** (pörčă'ns), *adv.* možda, slučajno.

**percipient** (pörsi'pient), *a.* zamjetan, osjetan.

**percolate** (pö'rkolejt), *v.* procijediti; čistiti; prokapati.

**percolation** (pö'rkole'jšön), *n.* ciješenje; čišćenje.

**percolator** (pö'rkole'jtör), *n.* cjedilo.

**percuss** (pörkạ's), *v.* potresti; udarati.

**percussion** (pörkạ'šön), *n.* sudar; potrešenje; udarac; jeka; perkutiranje (*tijela*).

**percussive** (pörkạ'siv), *a.* potresan; udarni.

**perdition** (pördi'šön), *n.* propast; smrt.

**perdu** (pö'rdju), **perdue** (pördju'), *a.* sakrit; u zasjedi.

**peregrinate** (pe'rigrinejt), *v.* putovati; tumarati.

**peregrination** (pe'rigrine'jšön), *n.* putovanje; tumaranje.

**peregrine** (pe'rigrin), *a.* tuđ, inozemski.

**peremptorily** (pe'rempto'rili), *adv.* odlučno; nepobitno; uporno.

**peremptory** (pe'remptori), *a.* određen, izvjestan, odlučan; nepobitan; konačan.

**perennial** (pere'niöl), *a.* trajući kroz cijelu godinu; vječan; neprestan.

**perennially** (pere'nioli), *adv.* vječno; neprestano.

**perfect** (pö'rfekt), *v.* usavršiti; upotpuniti; — *a.* savršen; potpun; uzorit; — *n.* prošlo vrijeme.

**perfectibility** (pörfe'ktibi'liti), *n.* usavršivost, upotpunivost.

**perfectible** (pörfe'ktibl), *a.* usavršiv.

**perfection** (pörfe'kšön), *n.* savršenstvo.

**perfective** (pörfe'ktiv), *a.* usavršavajući.

**perfectly** (pö'rfektli), *adv.* sasvim, potpuno.

**perfervid** (pörfö'rvid), *a.* veoma usrdan, žarki.

**perfidious** (pörfi'diạs), *a.* himben, nevjeran; izdajnički.

**perfidy** (pö'rfiđi), *n.* nevjera, himba; izdajstvo.

**perforate** (pö'rforejt), *v.* probušiti, probiti.

**perforation** (pö'rfore'jšön), *n.* bušenje, probijanje; luknja, rupa.

**perforator** (pö'rfore'jtör), *n.* bušilac, probojac; bušilo.

**perforce** (pörfo'rs), *adv.* silom, na silu.

**perform** (pörfö'rm), *v.* vršiti, činiti; svršiti, dovršiti; ispuniti; igrati, prikazivati, predstavljati, glumiti.

**performable** (pörfö'rmöbl), *a.* izvršiv, izvediv.

**performance** (pörfö'rmöns), *n.* izvršenje; djelo, čin; predstava; prikazivanje.

**performer** (pörfö'rmör), *n.* činilac; izvršitelj; predstavljač, glumac; umjetnik, virtuoz.

**perfume** (pö'rfjum *ili* pörfjū'm), *v.* napuniti mirisom; namirisati; — *n.* miris; mirisava voda, parfim.

**perfumer** (pörfjū'mör), *n.* mirisar.

**perfumery** (pörfjū'möri), *n.* mirisave stvari; mirisnica.

**perfunctory** (pörfạ'nktöri), *a.* površan, nemaran.

**perhaps** (pörhă'ps), *adv.* možda, moguće.

**pericardium** (pe'rika'rdiạm), *n.* posrčina, prisrđe.

**pericarp** (pe'rikarp), *n.* usplođe.

**perigee** (pe'riđi), *n.* najveća blizina do zemlje.

**perihelion** (pe'rihi'lian), *n.* najveća blizina do sunca.

**peril** (pe'ril), *v.* staviti na kocku; izvrgnuti pogibli; — *n.* pogibao, opasnost.

**perilous** (pe'rilas), *a.* opasan, pogibeljan.

**perilously** (pe'rilasli), *adv.* opasno.

**perimeter** (peri'mitör), *n.* opseg, objam.

**period** (pi'riöd), *n.* vrijeme obilaženja (*planeta*); doba; razdoblje;. konac; točka; perioda.

**periodic** (pi'riä'dik), *a.* periodičan, što se redovito događa u stanovito vrijeme; što se ponavlja.

**periodical** (pi'riä'diköl), *a.* periodičan, što se pravilno ponavlja; — *n.* časopis, smotra.

**periodically** (pi'riä'diköli), *adv.* periodično, povremeno.

**periosteum** (pe'riä'stiam), *n.* pokosnica.

**peripatetic** (pe'ripöte'tik), *a.* hodajući tamo amo, peripatetički; — *n.* šetalac, pristaša Aristotela.

**periphery** (peri'föri), *n.* periferija, objam, obod.

**periphrasis** (peri'frösis), *n.* opisivanje, opis.

**periphrastic** (pe'rifrä'stik), *a.* opisni, slobodan.

**perish** (pe'riš), *v.* ginuti, poginuti, propasti; izumrijeti; uvenuti.

**perishable** (pe'rišöbl), *a.* prolazan; trošan; kratkotrajan; raspadljiv.

**peristyle** (pe'rista'el), *n.* red stupova.

**peritoneum, peritonaeum** (pe'ritoni'am), *n.* potrbušnica.

**peritonitis** (pe'ritona'jtis), *n.* upala potrbušnice.

**periwig** (pe'riuig), *n.* peruka, vlasulja.

**periwinkle** (pe'riui'nkl), *n.* pavenka, mali zimzelen.

**perjure** (pö'rđur), *v.* krivo se kleti, krivo se zakleti.

**perjurer** (pö'rđurör), *n.* krivokletnik.

**perjury** (pö'rđuri), *n.* kriva prisega.

**perk** (pörk), *v.* šepiriti se; dizati se; urediti; ukrasiti; dizati u vis (*glavu*); — *a.* kićen, ubav, lijep; smion.

**perkiness** (pö'rkines), *n.* šepirenje; oholost; obijest.

**perky** (pö'rki), *a.* našepiren; ohol; objestan.

**permanence** (pö'rmönens), **permanency** (pö'rmönensi), *n.* trajnost, trajanje; stalnost.

**permanent** (pö'rmönent), *a.* trajan, stalan; neprestan.

**permanently** (pö'rmönentli), *adv.* trajno, neprestano.

**permeable** (pö'rmiöbl), *a.* probojan, propuštajući.

**permeate** (pö'rmiejt), *v.* probiti; prožeti.

**permeation** (pö'rme'jšön), *n.* probijanje; prožimanje.

**permissible** (pörmi'sibl), *a.* dopustiv.

**permission** (pörmi'šön), *n.* dozvola, dopuštenje.

**permissive** (pörmi'siv), *a.* dopušten, dozvoljen.

**permit** (pörmi't), *v.* dopustiti, dozvoliti; pristati; trpjeti; — (pö'rmit), *n.* dozvola; propusnica; ulaznica.

**permutation** (pö'rmjute'šön), *n.* zamjena, zamjenjivanje.

**permute** (pörmjū't), *v.* zamijeniti, premjestiti.

**pernicious** (pörni'šas), *a.* poguban, škodljiv.

**perniciously** (pörni'šasli), *adv.* pogubno.

**perorate** (pe'rorejt), *v.* zaključiti govor; naduto govoriti.

**peroration** (pe'rore'jšön), *n.* svršetak govora.

**peroxide** (pörä'ksajd), *n.* vrst raskužujuće tekućine.

**perpend** (perpe'nd), *v.* razbijati si glavu, razmišljati.

**perpendicular** (pö'rpendi'kjulör), *a.* okomit, osovan; — *n.* okomica.

**perpendicularly** (pö'rpendi'kjulörli), *adv.* okomito.

**perpetrate** (pö'rpetrejt), *v.* počiniti, činiti (*zlo*), skriviti.

**perpetration** (pö'rpetre'jšön), *n.* počinjenje; izvršenje; učin.

**perpetrator** (pö'rpetre'jtör), *n.* počinitelj; krivac.

**perpetual** (pörpe'ćjuöl), *a.* vjekovječan, vječit; stalan; neprestan.

**perpetually** (pörpe'ćjuöli), *adv.* vječno; neprestano.

**perpetuate** (pörpe'ćjuejt), *v.* ovjekovječiti, činiti što trajnim.

**perpetuation** (pörpe'ćjue'jšön), *n.* ovjekovječenje.

**perpetuity** (pö'rpećju'iti), *n.* vječnost; neprestano trajanje.

**perplex** (pörple'ks), *v.* zamrsiti, smesti, smutiti.

**perplexing** (pörple'ksing), *a.* zamršen; neugodan; težak.

**perplexity** (pörple'ksiti), *n.* zamršenost; smetenost; zabuna; neprilika.

**perquisite** (pö'rkuizit), *n.* tečevina; pripadak.

**perruque** (peru'k), *n.* peruka, vlasulja.

**perry** (pe'ri), *n.* kruškovica.

**persecute** (pö'rsekjut), *v.* progoniti, mučiti.

**persecution** (pö'rsekju'šön), *n.* progonjenje; progonstvo; mučenje.

**persecutor** (pö'rsekju'tör), *n.* progonitelj; mučitelj.

**perseverance** (pö'rsevi'röns), *n.* ustrajnost, postojanost.

**persevere** (pö'rsevi'r), *v.* ustrajati, biti postojan.

**persevering** (pö'rsevi'ring), *a.* ustrajan, postojan.

**Persian** (pö'ršön), *a.* perzijski; — *n.* Perzijanac; perzijski jezik; vrsta tanke svile.

**persiflage** (pö'rsifla'ž), *n.* podrugivanje.

**persist** (pörsi'st), *v.* ustrajati, biti tvrdokoran.

**persistence** (pörsi'stens), **persistency** (pörsi'stensi), *n.* postojanost, upornost, ustrajanje.

**persistent** (pörsi'stent), *a.* ustrajan, postojan, uporan.

**persistently** (pörsi'stentli), *adv.* ustrajno, uporno.

**person** (pö'rsön), *n.* osoba, lice.

**personable** (pö'rsönöbl), *a.* stasit; lijepe vanjštine.

**personage** (pö'rsöneđ), *n.* ličnost, ugledna osoba.

**personal** (pö'rsönöl); *a.* osobni, lični.

**personality** (pö'rsönă'liti), *n.* osobnost, ličnost.

**personally** (pö'rsönöli), *adv.* osobno, lično.

**personalty** (pö'rsönălti), *n.* pokretni imetak.

**personate** (pö'rsönejt), *v.* predstavljati, oponašati.

**personation** (pö'rsöne'jšön), *n.* predstavljanje, oponašanje.

**personification** (pörsä'nifike'jšön), *n.* poosobljenje; personifikacija.

**personify** (pörsä'nifaj), *v.* poosobiti, personificirati.

**personnel** (pö'rsöne'l), *n.* osoblje.

**perspective** (pörspe'ktiv), *a.* perspektivan; gledan iz daleka; — *n.* perspektiva, pogled (*u daljinu*); nada.

**perspicacious** (pö'rspike'jšas), *a.* oštrovidan, pronicav.

**perspicacity** (pö'rspikă'siti), *n.* oštrovidnost, pronicavost.

**perspicuity** (pö'rspikju'iti), *n.* bistroća, jasnoća.

**perspicuous** (pörspi'kjuas), *a.* bistar, jasan.

**perspiration** (pö'rspire'jšön), *n.* znojenje; znoj; isparivanje.

**perspiratory** (pörspa'jrötöri), *a.* znojni.

**perspire** (pörspa'er), *v.* znojiti se; isparivati se; ishlapiti.

**persuade** (pörsue'jd), *v.* nagovoriti, uvjeriti.

**persuasion** (pörsue'jžön), *n.* nagovaranje, nagovor; osvjedočenje.

**persuasive** (pörsue'jsiv), *a.* osvjedočujući; uvjeravajući; — *n.* ono, čime se osvjedoči.

**pert** (pört), *a.* živahan, okretan; smion.

**pertain** (pörte'jn), *v.* pripadati, odnositi se, ticati se.

**pertinacious** (pö'rtine'jšas), *a.* uporan, tvrdokoran; nepokolebiv, postojan.

**pertinacity** (pö'rtină'siti), *n.* tvrdokornost, upornost; ustrajnost.

**pertinence** (pö'rtinens), **pertinency** (pö'rtinensi), *n.* primjerenost; prikladnost.

**pertinent** (pö'rtinent), *a.* primjeren, prikladan.

**pertinently** (pö'rtinentli), *adv.* primjereno, zgodno.

**pertly** (pö'rtli), *adv.* živo; prepredeno; drsko.

**perturb** (pörtö'rb), *v.* uznemiriti, buniti, poremetiti.

**perturbation** (pö'rtörbe'jšön), *n.* bunjenje, smetanje, nemir, nered.

**peruke** (peru'k), *n.* peruka, vlasulja.

**perusal** (perū'zöl), *n.* proučavanje; pregledanje; čitanje.

**peruse** (perū'z), *v.* pročitati, proučiti.

**Peruvian** (peru'viön), *a.* peruvijanski; — *n.* Peruvijanac.

**pervade** (pörve'jd), *v.* probiti, prodrijeti; prožeti; raširiti se.

**pervasion** (pörve'jžön), *n.* prodiranje; prožimanje; širenje.

**pervasive** (pörve'jsiv), *a.* prodirljiv; prožimajući.

**perverse** (pörvö'rs), *a.* opak, pokvaren; uporan.

**perversely** (pörvö'rsli), *adv.* uporno; izopačeno.

**perversion** (pörvö'ršön), *n.* izopačivanje, izvrtanje.

**perversity** (pörvö'rsiti), *n.* izopačenost, pakost; prevrtljivost.

**perversive** (pörvö'rsiv), *a.* izopačljiv; izvrtljiv; opak.

**pervert** (pörvö'rt), *.v.* izopačivati, kvariti; izvrtati; — (po'rvört), *n.* otpadnik, odmetnik.

**pervious** (pö'rviạs), *a.* prohodan, slobodan.

**pessimism** (pe'simizm), *n.* pesimizam, gledanje u sve s najgore strane.

**pessimist** (pe'simist), *n.* pesimista, zloguk.

**pessimistic** (pe'simi'stik), *a.* pesimističan.

**pest** (pest), *n.* kuga; zanovjetalo.

**pester** (pe'stör), *v.* mučiti; dosađivati.

**pest-house** (pe'sthạ'us), *n.* bolnica za kužne bolesti.

**pestiferous** (pesti'förạs), *a.* zarazan, kužan.

**pestilence** (pe'stilens), *n.* kuga, zaraza, pošast.

**pestilent** (pe'stilent), **pestilential** (pe'stile'nčöl), *a.* kužan, zarazan, poguban.

**pestle** (pesl), *v.* tucati, tući; — *n.* bat, tucalo.

**pet** (pet), *v.* milovati, razmaziti; — *n.* mezimac, ljubimac; pripitomljeno živinče; zlovoljnost.

**petal** (pe'töl), *n.* list od cvijeta, latica.

**petard** (petā'rd), *n.* petarda, ratna eksplozivna sprava.

**Peter-pence** (pi'törpe'ns), **Peter's-pence** (pi'törzpe'ns), *n.* Petrov novčić.

**petiole** (pe'tial), *n.* peteljka.

**petite** (peti't), *a.* sitan, malen.

**petition** (peti'šön), *v.* moliti, prositi; — *n.* molba, molbenica.

**petitionary** (peti'šönöri), *a.* molben.

**petitioner** (peti'šönör), *n.* molitelj.

**petrel** (pe'trel), *n.* zovoj (*ptica*).

**petrifaction** (pe'trifa'kšön), *n.* okamenjivanje, okamina.

**petrifactive** (pe'trifă'ktiv), *a.* okamenjujući.

**petrify** (pe'trifaj), *v.* pretvoriti u kamen; okameniti se.

**petroleum** (petro'liạm), *n.* petrolej, kameno ulje.

**petrology** (petrà'lođi), *n.* proučavanje kamenja.

**petrous** (pe'trạs), *a.* kao kamen, kamenit.

**petticoat** (pe'tikō't), *n.* suknja, doljna ženska haljina.

**pettifog** (pe'tifă'g), *v.* raditi kao zakutni odvjetnik.

**pettifogger** (pe'tifă'gör), *n.* zakutni odvjetnik, advokatić.

**pettifoggery** (pe'tifă'göŗi), *n.* izvraćanje, šikana.

**pettish** (pe'tiš), *a.* osjetljiv, hirovit, zlovoljan.

**pettitoes** (pe'titō'z), *n.* svinjeće noge, pažli.

**petty** (pe'ti), *a.* malen, sitan, neznatan.

**petulance** (pe'ćulöns), **petulancy** (pe'ćulönsi), *n.* nestašnost; raspuštenost; hirovitost.

**petulant** (pe'ćulönt), *a.* nestašan, hirovit; razdražljiv.

**pew** (pjū), *n.* klupa, sjedalo u crkvi.

**pewit** (pi'uit), *n.* vivak.

**pewter** (pjū'tör), *a.* kositren, cinen; — *n.* kositar, cin, kalaj.

**pewterer** (pjū'törör), *n.* kalajđija.

**pewtery** (pjū'töri), *a.* kositrast.

**phaeton** (fe'jtön), *n.* vrsta otvorene kočije.

**phalange** (fă'lănđ), *n.* članak od prsta.

**phalanx** (fă'lănks), *n.* falanga, četa u sabijenim redovima; članak od prsta.

**phantasm** (fă'ntăzm), *n.* prikaza, utvara.

**phantasmagoria** (făntă'zmögo'riö), *n.* prikazivanje slika čarobnom svjetiljkom; opsjena.

**phantasmal** (făntă'zmöl), *a.* sablastan; obmanljiv.

**phantom** (fă'ntöm), *n.* utvara, sablast, avet, sjena.

**pharisaic** (fă'rise'ik), **pharisaical** (fă'rise'iköl), *a.* farizejski, licemjerski.

**pharisaism** (fă'riseizm), *n.* farizejstvo, licemjerstvo.

**Pharisee** (fă'risī), *n.* farizej, licemjerac.

**pharmaceutic** (farmăsju'tik), **pharmaceutical** (farmăsju'tiköl), *a.* ljekarnički.

**pharmaceutics** (fa'rmösju'tiks), *n.* ljekarništvo.

**pharmaceutist** (fa'rmösju'tist), *n.* ljekarnik.

**pharmacology** (fa'rmökă'lođi), *n.* nauk o ljekovima.

**pharmacy** (fa'rmösi), *n.* ljekarništvo, ljekarna.

**pharos** (fe'jras), *n.* svjetionik (*pomorski*).

**pharyngeal** (fări'nđiöl), *a.* ždrijelni.

**pharynx** (fă'rinks), *n.* ždrijelo.

**phase** (fejz), *n.* mjesečna mijena; promjena; faza.

**pheasant** (fe'zönt), *n.* gnjeteo, fazan.

**pheasantry** (fe'zöntri), *n.* gnjetelnjak.

**phenix** (fi'niks), *n.* feniks (*bajoslovna ptica*).

**phenomenal** (fină'menöl), *a.* fenomenalan, pojavni; vanredan.

**phenomenon** (fină'menön), *n.* pojava; čudo.

**phial** (fa'el), *n.* bočica.

**philander** (filă'ndör), *v.* očitovati ljubav, ašikovati.

**philanthropic** (fi'lăntră'pik), **philanthropical** (fi'lăntră'piköl), *a.* čovjekoljubiv, dobrotvoran.

**philanthropist** (filă'ntropist), *n.* čovjekoljub, dobrotvor.

**philanthropy** (filă'ntropi), *n.* čovjekoljublje, filantropija.

**philatelist** (filă'telist), *n.* sakupljač poštanskih maraka, filatelista.

**philately** (filă'teli), *n.* filatelija, sakupljanje poštanskih maraka.

**philharmonic** (fi'lharmă'nik), *a.* glazbeni.

**philippic** (fili'pik), *n.* filipika, žestoki, vatreni govor.

**Philistine** (filis'tin), *n.* Filistej; tjesnogrudan čovjek.

**Philistinism** (fi'listini'zm), *n.* filistarstvo; tjesnogrudnost.

**philological** (fi'lolă'điköl), **philologic** (fi'lolă'đik), *a.* jezikoslovan, filološki.

**philologist** (filă'lođist), **philologer** (filă'lođör), *n.* jezikoslovac, filolog.

**philology** (filă'lođi), *n.* filologija, jezikoslovlje.

**philomel** (fi'lomel), **philomela** (fi'lomi'lö), *n.* slavuj.

**philosopher** (filă'söför), *n.* filozof, mudrac.

**philosophic** (fi'losă'fik), **philosophical** (fi'losă'fiköl), *a.* filozovski, mudroslovni.

**philosophically** (fi'losă'fiköli), *adv.* mirno, mudro.

**philosophize** (filă'sofajz), *v.* mudrovati, umovati, filozofirati.

**philosophy** (filă'sofi), *n.* filozofija, mudroslovlje; mudrost.

**philtre, philter** (fi'ltör), *n.* ljubavni napitak.

**phlebotomi** (flibă'tomi), *n.* puštanje krvi.

**phlegm** (flem), *n.* sluz; hladnokrvnost, ravnodušnost; flegma.

**phlegmatic** (flegmă'tik), *a.* flegmatičan; sluzav; ravnodušan.

**phlogistic** (flođi'stik), *a.* upalan, upaljiv.

**phlogiston** (flođi'stön), *n.* upaljivost; vatra.

**phoenix** (fi'niks), *n. vidi·* **phenix.**

**phonetic** (fone'tik), *a.* fonetičan, glasovan.

**phonetics** (fone'tiks), *n.* fonetika, glasoslovlje; nauk o glasovima.

**phonograph** (fo'nogrăf), *n.* fonograf.

**phonology** (fonă'lođi), *n.* glasoslovlje.

**phonometer** (fonă'mitör), *n.* glasomjer.

**phosphate** (fă'sfet), *n.* fosfat.

**phosphorate** (fă'sförejt), *v.* nakvasiti fosforom.

**phosphoresce** (fă'sföre's), *v.* svjetlucati u tami.

**phosphorescence** (fă'sföre'sens), *n.* svjetlucanje u tami.

**phosphorescent** (fă'sföre'sent), *a.* svjetlucajući se u tami.

**phosphoric** (făsfă'rik), *a.* fosforni.

**phosphorize** (fă'sförajz), *v.* spojiti s fosforom.

**phosphorous** (fă'sföras), *a.* fosforan.

**phosphorus** (fä'sförạs), *n.* fosfor.
**photograph** (fo'togräf), *v.* fotografirati, slikati; — *n.* fotografija, slika.
**photographer** (fotä'gröför), *n.* fotograf.
**photographic** (fo'togră'fik), **photographical** (fo'togră'fiköl), *a.* fotografski.
**photography** (fotä'gröfi), *n.* fotografija; fotografiranje.
**photology** (fotä'lođi), *n.* nauk o svjetlu.
**photometer** (fotä'mitör), *n.* svjetlomjer.
**phototype** (fo'tota'jp), *n.* svjetlotisak.
**phrase** (frejz), *v.* izraziti (se); — *n.* fraza, rečenica, izraz.
**phraseology** (fre'jziä'lođi), *n.* frazeologija; izražaj.
**phrenetic** (frene'tik), *a.* lud, mahnit; — *n.* mahnitac.
**phrenic** (fre'nik), *a.* ošitni.
**phrenitis** (frena'jtis), *n.* upala moždana.
**phrenologist** (frenä'lođist), *n.* frenolog.
**phrenology** (frenä'lođi), *n.* frenologija, nauka o lubanji.
**phthisical** (ti'ziköl), *a.* sušičav.
**phthisis** (ta'jsis), *n.* suha bolest, sušica.
**phylactery** (filă'ktöri), *n.* čini (*što se nose uza se, da čuvaju od zla*); molitveni remen izraeličana.
**Phylloxera** (fi'läksi'rö), *n.* trsna uš, filoksera.
**physic** (fi'zik), *v.* liječiti, davati ljekove; — *n.* ljekarstvo, lijek za čišćenje.
**physical** (fi'ziköl), *a.* fizičan; prirodan; tjelesan; fizikalan.
**physically** (fi'ziköli), *adv.* fizički, tjelesno.
**physician** (fizi'šon), *n.* liječnik.
**physicist** (fi'zisist), *n.* fizičar.
**physics** (fi'ziks), *n.* fizika.
**physiognomist** (fi'ziä'gnomist), *n.* fiziognom, licoslovac, koji upoznaje čovječji značaj po crtama lica.
**physiognomy** (fi'ziä'gnomi), *n.* fizionomija; lice; crte lica; poznaja čovječjeg značaja po crtama lica.
**physiologic** (fi'ziolä'đik), **physiological** (fi'ziolä'điköl), *a.* fiziološki.
**physiologist** (fi'ziä'lođist), *n.* fiziolog.

**physiology** (fi'ziä'lođi), *n.* fiziologija, nauk o životnom djelovanju organskih tjelesa.
**physique** (fizi'k), *n.* ustroj tijela.
**phytology** (fajtä'lođi), *n.* nauk o biljkama, botanika.
**pia-mater** (pa'eme'jtör), *n.* mrežasta moždana opna.
**pianist** (piä'nist), *n.* glasovirač.
**piano** (piä'no), *a.* tiho; — *n.* glasovir.
**pianoforte** (piä'nofo'rte), *n.* glasovir.
**piazza** (piä'zö), *n.* javni trg; kolonada.
**pibroch** (pi'brăč), *n.* vrst glazbe u gajde.
**pica** (pa'jkö), *n.* cicero slova; svraka.
**picador** (pi'ködō'r), *n.* pikador (*okonjeni borac sa bikovima*).
**picaresque** (pi'köre'sk), *a.* lupeški; pustolovan.
**picaroon** (pi'körū'n), *n.* pustolov; varalica.
**piccaninny** (pi'köni'ni), *n.* crnačko dijete, crnčić.
**piccolo** (pi'kolo), *n.* pikolo.
**pick** (pik), *v.* kljuvati, kljucati; udarati čim oštrim; pecati; čačkati; čistiti; tražiti; izabrati; brati, kupiti; čupati, perušati; glodati; krasti; — *n.* pik, čaklja; čačkalica; izbor.
**pickaxe** (pi'kă'ks), *n.* pijuk; kljuna.
**picked** (pikt), *a.* odabran, izabran.
**picker** (pi'kör), *n.* obirač; probirač; šiljak.
**pickerel** (pi'körel), *n.* vrsta štuke.
**picket** (pi'ket), *v.* okoliti, koljem ograditi; postaviti stražu; — *n.* kolac; prednja straža.
**picking** (pi'king), *n.* branje; izbor; nepošteno stećeno.
**pickle** (pikl), *v.* metnuti u slanu vodu; osoliti; — *n.* salamura, slana voda; kiseli krastavac.
**pickpocket** (pi'kpä'ket), *n.* džepokradica, kradiksa.
**picnic** (pi'knik), *v.* biti na izletu; — *n.* izlet.
**picquet** (pi'ket), *n.* vrst igre na karte.
**picric** (pi'krik), *n.* pikrinova kiselina.
**pictorial** (pikto'riöl), *a.* slikovit, slikarski.
**pictorially** (pikto'riöli), *adv.* slikovito.
**picture** (pi'kćur), *n.* slika; — *v.* slikati; prikazivati, predstavljati ol.
**picturesque** (pi'kćure'sk), *a.* slikovit; krasan.
**piddle** (pidl), *v.* baviti se sitnicama.

pie (paj), *n.* pašteta, pita; svraka.
piebald (pa'jba'ld), *a.* šaren; piknjast.
piece (pīs), *v.* krpati; spojiti; — *n.* komad; odlomak.
piecemeal (pī'smī'l), *adv.* u komadu; po komad.
piecer (pī'sör), *n.* krpač.
piece-work (pī'suö'rk), *n.* posao po komad; radnja plaćena po komadu.
pied (pajd), *a.* šarkast, šarovit.
pier (pir), *n.* stup (*od mosta*); morski gat.
pierce (pīrs), *v.* probosti; probiti; prodrijeti.
piercer (pī'rsör), *n.* probitelj, bušilo.
piercing (pī'rsing), *a.* oštar, žestok; ganutljiv.
pietism (pa'etizm), *n.* pobožnjaštvo.
pietist (pa'etist), *n.* nabožnjak, pobožnjak.
piety (pa'eti), *n.* pobožnost.
pig (pig), *v.* oprašćiti se; svinjski se ponašati; — *n.* prase, svinja.
pigeon (pi'đön), *n.* golub.
pigeon-hearted (pi'đönha'rted), *a.* plašljiv.
pigeon-hole (pi'đönhō'l), *v.* staviti u pretinac; izgubiti (*hotimićno*); — *n.* otvor u golubinjaku; pretinac.
pigeon-livered (pi'đönli'vörd), *a.* blag, plah.
pig-headed (pi'ghe'ded), *a.* svinjoglav; tvrdoglav.
pig-iron (pi'ga'jörn), *n.* sirovo željezo.
pigment (pi'gment), *n.* mastilo, boja.
pigmy (pi'gmi), *n.* patuljak.
pig-skin (pi'gski'n), *n.* svinjska koža.
pig-tail (pi'gte'jl), *n.* svinjski rep; perčin.
pike (pajk), *n.* koplje; šiljak; priječnica; smuđ (*riba*).
pikeman (pa'jkmön), *n.* kopljanik.
pilaster (pilă'stör), *n.* četverouglasti stup.
pilchard (pi'lčörd), *n.* riba slična haringi.
pile (pa'el), *v.* grtati, nagomilati; zabiti stupove; — *n.* kup, hrpa; drveni stup; vlas; dlaka.
piles (pa'elz), *n. pl.* šuljevi.
pilfer (pi'lför), *v.* krasti.
pilferer (pi'lförör), *n.* tat.
pilgrim (pi'lgrim), *n.* hodočasnik; ▪putnik.

pilgrimage (pi'lgrimeđ), *n.* hodočašće; putovanje.
pill (pil), *v.* praviti pilule; pljačkati; — *n.* pilula.
pillage (pi'leđ), *v.* pljačkati, plijeniti; — *n.* pljačkanje, plijen.
pillager (pi'leđör), *n.* pljačkaš.
pillar (pi'lör), *n.* stup, potporanj.
pillion (pi'ljön), *n.* jastučić iza sedla.
pillory (pi'löri), *v.* izložiti sramoti; obružiti; — *n.* sramotni stup.
pillow (pi'lō), *v.* poleći na blazinu; — *n.* jastuk, vanjkuš; blazina.
pillow-case (pi'lōkē's), pillow-slip (pī'lōsli'p), *n.* vanjkušnica; navlaka.
pillowy (pi'loi), *a.* kao blazina; mek.
pilose (pa'jlos), *a.* kosmat, dlakav.
pilot (pa'jlöt), *v.* voditi; provoditi; krmiti, upravljati; — *n.* upravljač; provodić; krmilar, pilot.
pilotage (pa'jlöteđ), *n.* provodička pristojba; upravljanje, vođenje.
pilot-engine (pa'jlöte'nđin), *n.* lokomotiva, što juri pred vlakom u svrhu sjegurnosti puta.
pilule (pi'ljul), *n.* pilulica.
pimp (pimp), *v.* podvoditi; — *n.* svodnik, podvodnik.
pimpernel (pi'mpörnel), *n.* krika (*biljka*).
pimple (pimpl), *n.* prišt.
pimpled (pimpld), *a.* prištljiv, pun prišteva.
pimply (pi'mpli), *a. vidi:* pimpled.
pin (pin), *v.* pribiti, pribosti, šćapiti; — *n.* klin, klinac; bačenka; igla; valjak.
pinafore (pi'nöfo'r), *n.* pregačica, opršnjak.
pincers (pi'nsörz), *n.* kliješta, štipala (*u raka*).
pinch (pinč), *v.* štipati, uštinuti; gnječiti, pritisnuti; mučiti, zlopatiti; — *n.* uštip; škripac; malo.
pinchbeck (pi'nčbe'k), *a.* lažan, krivi; — *n.* tambak, smjesa od bakra i tutije.
pincher (pi'nčör), *n.* štipalac, kliješta.
pin-cushion (pi'nku'šön), *n.* šivaći jastučić.
pine (pajn), *v.* ginuti, venuti; pečaliti se; jadovati; — *n.* bor; borovina.
pineal (pi'niöl), *a.* češerast.
pine-apple (pa'jnă'pl), *n.* ananas.
pinery (pa'jnöri), *n.* toplica za gojenje ananasa; borik.

**piney, piny** (pa'jni), *a.* borov.
**pinfold** (pi'nfō'ld), *n.* tor, obor.
**ping** (ping), *n.* zvižduk taneta.
**pinion** (pi'njön), *v.* podvezati krila; podrezati krila; zavezati ruke; — *n.* krilo; pero; malo zubato kolo.
**pink** (pink), *v.* bušiti, probosti; žmirkati; — *a.* rumen, mesne boje; — *n.* karanfil, klinčić; svijetlorumena boja.
**pink-eye** (pi'nka'j), *n.* upala oka.
**pink-eyed** (pi'nka'jd), *a.* žmirav, škiljav.
**pin-money** (pi'nmạ'ni), *n.* ženin novac za osobne troškove; iglarina.
**pinnace** (pi'nes), *n.* lađica; šajka.
**pinnacle** (pi'nökl), *n.* vrhunac, vršak; tornjić.
**pinnate** (pi'net), *a.* perast, perajan.
**pint** (pajnt), *n.* pinta (*skoro pol litre*).
**pioneer** (pa'jonī'r), *v.* krčiti put, predvoditi; — *n.* pionir; krčitelj puta; opkopnik.
**pious** (pa'jạs), *a.* pobožan; blag.
**pip** (pip), *n.* košćica; zrno; vrst ptičje bolesti.
**pipe** (pajp), *v.* svirati; zviždati; zvati sviralom *ili* zviždanjem; — *n.* lula; svirala; zvanje ptica.
**pipe-clay** (pa'jpkle'j), *v.* glinom bijeliti *ili* čistiti; — *n.* bijela glina.
**piper** (pa'jpör), *n.* svirač, svirac.
**piping** (pa'jping), *a.* zviždajući; svirajući; ključav; kipeći; — *n.* cijevi.
**pipkin** (pi'pkin), *n.* lončić.
**pippin** (pi'pin), *n.* vrsta jabuke.
**pipy** (pa'jpi), *a.* kao svirala *ili* lula; cjevnat.
**piquancy** (pi'könsi), *n.* pikantnost; oštrina; reskoća, jetkost.
**piquant** (pi'könt), *a.* pikantan; oštar, žestok, jedak; zanimljiv.
**pique** (pik), *v.* vrijeđati; dražiti, huckati; — *n.* razdraženost; pizma; gnjev.
**piquet** (pi'ket), *n.* piket; vrst igre na karte.
**piracy** (pa'jrösi), *n.* gusarenje, gusarstvo, književna krađa.
**pirate** (pa'jret), *v.* gusariti; krasti (*književno djelo*); — *n.* gusar; gusarski brod; tat (*književni*).
**piratical** (pajrặ'tiköl), *a.* gusarski; razbojnički.
**piratically** (pajrặ'tiköli), *adv.* na gusarski način, razbojnički.

**piroque** (pirō'g), *n.* piroga, čamac od panja.
**pirouette** (pi'rụe't), *v.* okretati se *ili* plesati na prstima; — *n.* okretaj na prstima (*kod plesa*).
**piscatorial** (pi'skötō'riöl), **piscatory** (pi'skötori), *a.* ribarski.
**pisces** (pi'siz), *n.* ribe.
**pisciculture** (pi'sikạ'lćur), *n.* gojenje riba.
**piscina** (pisa'jnö), *n.* mjesto u crkvi kamo svećenik izlijeva uporabljenu vodu; ribnjak; plivalište.
**piscine** (pi'sajn), *a.* riblji.
**pismire** (pi'sma'er), *n.* mrav.
**piss** (pis), *v.* pišati, pustiti vodu; — *n.* mokraća.
**pistachio** (piste'jšio), *n.* klokoč; pištač.
**pistil** (pi'stil), *n.* pestić.
**pistol** (pi'stöl), *v.* pucati iz pištolje; — *n.* pištolja, samokres, kubura.
**piston** (pi'stön), *n.* čep; stapalo (*u stroju*).
**piston-rod** (pi'stönrặ'd), *n.* vucanj.
**pit** (pit), *v.* kopati jame, položiti u jamu; uloviti u jami; nahuckati; — *n.* jama, rupa; majdan, rov; bezdan, ponor; parter (*u kazalištu*).
**pit-a-pat** (pi'tặpặ't), *adv.* tik tak.
**pitch** (pič), *v.* zabosti; pričvrstiti; razapeti (*šatore*); baciti, metati, porеđati; zametnuti; namjestiti; udesiti; smoliti, pakliti; taracati; — *n.* hitac; domet; uspon; vrhunac; visina glasa; nagib; uzlazak; smola, paklina.
**pitch-dark** (pi'čda'rk), *a.* vrlo taman, crn.
**pitcher** (pi'čör), *n.* vrč.
**pitchfork** (pi'čfo'rk), *v.* dizati *ili* bacati vilama; — *n.* vile, rogulje.
**pitch-pine** (pi'čpa'jn), *n.* omorika.
**pitchy** (pi'či), *a.* smolav, smolast; crn.
**piteous** (pi'tiạs), *a.* tužan, jadan, žalostan, bijedan; ubog.
**pitfall** (pi'tfặ'l), *n.* jama.
**pith** (pit), *n.* srž, srčika, jezgra; snaga.
**pithily** (pi'tili), *adv.* snažno; jezgrovito.
**pithy** (pi'ti), *a.* srčikast, jezgrovit, jedar; jak.
**pitiable** (pi'tiöbl), *a.* jadan, bijedan, kukavan.

**pitiably** (pi'tiöbli), *adv.* jadno, kukavno.

**pitiful** (pi'tiful), *a.* samilostan, milostiv, milosrdan; kukavan, nevoljan; preziran.

**pitiless** (pi'tiles), *a.* nemilosrdan.

**pitman** (pi'tmön), *n.* rudar.

**pit-saw** (pi'tså'), *n.* velika pila.

**pittance** (pi'töns), *n.* vrlo malena porcija; obrok; malenkosť.

**pity** (pi'ti), *v.* sažaljevati, smilovati se; — *n.* milosrđe, smilovanje, sažaljenje.

**pivot** (pi'vöt), *v.* staviti na stožer; okretati se oko stožera; — *n.* stožer.

**pix** (piks), *n.* monstranca; kutija; piksa.

**pixy, pixie** (pi'ksi), *n.* vila.

**placable** (ple'jköbl), *a.* pomirljiv.

**placard** (plǎ'körd), *v.* pri ijepiti plakate; — *n.* plakat, oglas.

**place** (plejs), *v.* smijestiti, staviti, metnuti; pronaći; uložiti; upisati; — *n.* mjesto, prostor; položaj; služba; čast; odlomak.

**placeman** (ple'jsmön), *n.* službenik, činovnik.

**placenta** (plǎse'ntö), *n.* posteljica.

**placid** (plǎ'sid), *a.* blag, miran, spokojan, tih.

**placidity** (plǎsi'diti), *n.* blagost, spokoj, mir, tišina.

**placidly** (plǎ'sidli), *adv.* blago, tiho.

**plagiarism** (ple'jđiörizm), *n.* plagijat, književna krađa.

**plagiarist** (ple'jđiörist), *n.* plagijator, prepisivač tuđih djela.

**plagiarize** (ple'jđiörajz), *v.* krasti *ili* prepisati iz tuđih djela.

**plagiary** (ple'jđiöri), *n.* književni tat, plagijator.

**plague** (plejg), *v.* okužiti; zaraziti; mučiti; — *n.* pomor, kuga, pošast, nesreća.

**plaguily** (ple'jgili), *adv.* mrsko; dosadno.

**plaguy** (ple'jgi), *a.* dosadan; mrzak.

**plaice** (plejs), *n.* list (*riba*).

**plaid** (plejd), *n.* plašt, ogrtač.

**plain** (plejn), *a.* ravan; gladak; plosnat; otvoren; čist; iskren; očevidan; — *adv.* jasno; iskreno; — *n.* ravnica, ravan, poljana.

**plain-dealing** (ple'jndī'ling), *a.* pošten, iskren; — *n.* poštenje; iskrenost.

**plainly** (ple'jnli), *adv.* čisto, iskreno; prosto.

**plain-speaking** (ple'jnspi'king), *n.* otvorenost; iskrenost.

**plain-spoken** (ple'jnspō'kn), *a.* otvoren; iskren.

**plaint** (plejnt), *n.* tužba.

**plaintiff** (ple'jntif), *n.* tužitelj.

**plaintive** (ple'jntiv), *a.* žalostan, tužan.

**plait** (p'ejt), *v.* nabrati; plesti; — *n.* nabor; pletenica, kita (*kose*).

**plaited** (ple'jted), *a.* naboran, nabran; spleten.

**plaiter** (ple'jtör), *n.* nabirač; pletar, pletarica.

**plan** (plǎn), *v.* činiti plan, snovati; misliti; — *n.* plan, nacrt, osnova.

**plane** (plejn), *v.* ravnati, gladiti; blanjati, hoblati; — *a.* ravan, plosnat; — *n.* ravnina; ploha; blanja.

**plane** (plejn), **plane-tree** (ple'jntri'), *n.* platana.

**planet** (plǎ'net), *n.* ophodnica planeta.

**planetary** (plǎ'netöri), *a.* planetski.

**plangent** (plǎ'nđent), *a.* udarajući; bučan.

**planish** (plǎ'niš), *v.* gladiti; istrugati; laštiti.

**planisphere** (plǎ'nisfir), *n.* planiglob.

**plank** (plǎnk), *v.* daskama pokriti; popoditi; — *n.* daska; podnica; političko načelo.

**plant** (plǎnt), *v.* saditi; posaditi; nasaditi; utemeljiti; istaknuti; naperiti; — *n.* bilina, biljka; mladica; radionica; tvornica.

**plantain** (plǎ'ntin), *n.* trputac (*biljka*); banana.

**plantar** (plǎ'ntör), *a.* tabanast.

**plantation** (plǎ'nte'jšön), *n.* sađenje; nasad; gaj; naseobina, plantaža.

**planter** (plǎ'ntör), *n.* sadilac, sadilica; posjednik nasada (*plantaža*).

**plantigrade** (plǎ'ntigrejd), *a.* stupajući po petama.

**plaque** (plǎk), *n.* ploča; kopča.

**plash** (plǎš), *v.* brčkati, poprskati; sagibati i plesti granje *ili* živice; — *n.* lokva, blato.

**plasma** (plǎ'zmö), *n.* plazma (*tvar*).

**plaster** (plǎ'stör), *v.* metnuti flastar *ili* melem; olijepiti; okrečiti; omazati; — *n.* flastar, melem; mort; maz; kreč.

**plasterer** (plä'störör), *n.* sadrar; mazalac.

**plastering** (plä'störing), *n.* krečenje, sadranje.

**plastic** (plä'stik), *a.* plastičan, tvoran, kiparski.

**plasticity** (plăsti'siti), *n.* plastika; tvornost; kiparstvo.

**plastron** (plä'strön), *n.* prsni oklop; kožni pršnjak (*za mačevanje*).

**plat** (plăt), *v.* nabirati; plesti; učiniti zemljišni nacrt; — *n.* komad zemljišta.

**platan** (plä'tön), **platane** (plä'ten), *n.* platana.

**plate** (plejt), *v.* obložiti metalnim pločicama, platirati; — *n.* ploča, zlatno i srebrno posuđe; tanjir, pladanj; bakrorez, bakrotisak.

**plate-armor** (ple'jta'rmör), *n.* pločasti oklop.

**plateau** (plöto'), *n.* visoravnje, visoki ravnjak.

**plate-glass** (ple'jtglă's), *n.* staklo za ogledalo, prozore, *itd.*

**plate-layer** (ple'jtle'ör), *n.* polagač željezničkih tračnica.

**plate-mark** (ple'jtma'rk), *n.* biljeg na zlatnim i srebrnim komadima označujući njihovu kakvoću.

**platform** (plä'tfo'rm), *n.* uzdignuto mjesto; ravne skele; zaravanak; terasa; nasip; program.

**plating** (ple'jting), *n.* pozlaćivanje; srebrnjenje; ploće; platiranje.

**platinum** (plä'tinam), *n.* platina.

**platitude** (plä'titjud), *n.* obična *ili* glupa primjedba, navadna rečenica.

**platitudinous** (plä'titju'dinas), *a.* svakidašnji; općeniti.

**Platonic** (ple'tá'nik), *a.* platonski.

**Platonist** (ple'tänist), *n.* pristaša platonske filozofije.

**platoon** (plätū'n), *n.* vod, četa.

**platter** (plä'tör), *n.* plitka zdjela.

**platting** (plä'ting), *n.* pleter.

**plaudit** (plä'dit), *n.* pljeskanje; odobravanje.

**plauditory** (plä'ditori), *a.* odobravajući, povlađujući.

**plausibility** (plä'zibi'liti), *n.* pohvalnost.

**plausible** (plä'zibl), *a.* pohvalan; vjerojatan; prividan.

**plausibly** (plä'zibli), *adv.* pohvalno; prividno.

**play** (plej), *v.* igrati se, titrati se; svirati; glumiti; gibati; boriti se; činiti; — *n.* igra; djelovanje; rad; predstava; kretanje.

**play-bill** (ple'jbi'l), *n.* kazališni plakat.

**play-book** (ple'jbu̲'k), *n.* glumačka knjiga.

**player** (ple'ör), *n.* igrač; glumac.

**play-fellow** (ple'jfe'lo), *n.* drug u igri.

**playful** (ple'jful), *a.* igrački; nestašan; šaljiv.

**playground** (ple'jgra̲'u̲nd), *n.* igralište.

**play-house** (ple'jha'u̲s), *n.* kazalište.

**playmate** (ple'jme'jt), *n.* drug u igri.

**plaything** (ple'jti'ng), *n.* igračka.

**playwright** (ple'jra'jt), *n.* pisac kazališnih komada.

**plea** (plī), *n.* tužba; obrana; izgovor; molba.

**pleach** (plič), *v.* splesti; izvesti; protkati.

**plead** (plīd), *v.* braniti; napadati; odgovoriti na tužbu; uporno što tražiti; ozbiljno moliti; pozivati se na; izgovarati se.

**pleader** (plī'dör), *n.* branitelj, zastupnik.

**pleading** (plī'ding), *n.* obrana; parba.

**pleasance** (ple'zöns), *n.* veselje; perivoj.

**pleasant** (ple'zönt), *a.* ugodan, prijatan.

**pleasantly** (ple'zöntli), *adv.* ugodno, prijatno.

**pleasantry** (ple'zöntri), *n.* veselje; šala; duhovitost; dosjetka.

**please** (plīz), *v.* veseliti; ugoditi; zadovoljiti; dopadati se, sviđati se; hotjeti; izvoljeti; imati volju *ili* dobrotu; — molim, izvolite.

**pleasing** (plī'zing), *a.* ugodan, prijatan; ljubak.

**pleasurable** (ple'žuröbl), *a.* ugodan, dražestan; radostan.

**pleasurably** (ple'žuröbli), *adv.* prijatno; veselo.

**pleasure** (ple'žur), *n.* veselje; uživanje; zabava; izbor; volja; zapovjed.

**pleasure-ground** (ple'žurgra̲'u̲nd), *n.* tratina; zabavište.

**plebeian** (plibi'ön), *a.* pučki; prost, prostački; plebejski; — *n.* pučanin; plebejac, prostak.

**plebiscite** (ple'bisit), *n.* narodno glasovanje, plebiscit.

**pledge** (pleđ), *v.* dati u zalog, založiti; svećano obećati; nazdraviti; — *n.* zalog; jamstvo; talac; nazdravica; svećano obećanje.

**pledget** (ple'đet), *n.* kompresa, čepić.

**pleiad** (pla'ed), *n.* (*pl.*) **pleiads** (pla'edz), **pleiades** (pla'ediz), *n.* vlašići (*zvijezde*).

**plenary** (ple'nöri), *a.* potpun.

**plenipotence** (pleni'potens), **plenipotency** (pleni'potensi), *n.* punomoćje, puna vlast.

**plenipotent** (pleni'potent), *a.* punovlasni.

**plenipotentiary** (ple'nipote'nšieri), *a.* punovlasni, opunomoćeni; — *n.* punovlasnik; opunomoćeni poslanik.

**plenish** (ple'niš), *v.* opet napuniti, nadopuniti.

**plenitude** (ple'nitjud), *n.* punoća; potpunost; obilje.

**plenteous** (ple'ntias), *a.* pun; obilat; izdašan.

**plentiful** (ple'ntiful), *a.* obilan; izdašan; plodan.

**plentifully** (ple'ntifuli), *adv.* obilno, bogato, izdašno.

**plenty** (ple'nti), *a.* mnogo; izobila; — *n.* punoća; množina; izobilje.

**pleonasm** (pli'onăzm), *n.* pretek riječi, zališnost riječi, pleonazam.

**pleonastic** (pli'onă'stik), *a.* pleonastičan, obilat (*zališnim*) riječima.

**plethora** (ple'torö), *n.* punokrvnost; izobilje, pretek.

**plethoric** (pletă'rik), *a.* punokrvan; prepun.

**pleura** (plu'rö), *n.* porebrica; pogrudnica.

**pleural** (plu'röl), *a.* porebrični.

**pleurisy** (plu'risi), **pleuritis** (plura'jtis), *n.* upala porebrice.

**pliability** (pla'ebi'liti), *n.* gipkost, vitkost.

**pliable** (pla'ebl), *a.* gibak, vitak; popustljiv.

**pliancy** (pla'ensi), *n.* gipkost, vitkost.

**pliant** (pla'ent), *a.* gibak, vitak; popustljiv.

**plicate** (pla'jket), *a.* nabran, naboran.

**pliers** (pla'örz), *n.* kliještice.

**plight** (plajt), *v.* zadati (*časnu riječ*); — *n.* svečano obećanje; položaj, stanje.

**plinth** (plint), *n.* ploča; podnožje.

**plod** (plăd), *v.* teško ići, s mukom koracati; kiniti se; truditi se; postići teškim naporom.

**plodder** (plă'dör), *n.* trudbenik; bubant.

**plodding** (plă'ding), *a.* neumoran, mučan, trudan; — *n.* naporan rad; kinjenje.

**plot** (plăt), *v.* nacrtati; zasnovati; urotiti se; — *n.* komad zemlje; nacrt, plan; zavjera, urota; spletka; zaplet (*u drami*).

**plotter** (plă'tör), *n.* crtač _planova; spletkar; zavjernik.

**plough** (pla'u), *v.* orati; plužiti; brazditi; izorati; — *n.* plug; ralo.

**ploughboy** (pla'ubo'j), *n.* orač.

**plough-land** (pla'ulă'nd), *n.* oranica.

**ploughman** (pla'umăn), *n.* orač, ratar.

**ploughshare** (pla'ušē'r), *n.* lemeš.

**plover** (pla'vör), *n.* zlatar troprsti (*ptica*).

**pluck** (plăk), *v.* trgati; brati; trzati; čupati; skupsti; baciti (*na ispitu*); — *n.* drob, drobina; odvažnost, srčanost.

**pluckily** (pla'kili), *adv.* srčano, smiono.

**plucky** (pla'ki), *a.* smion, odvažan.

**plug** (plăg), *v.* začepiti, zavranjiti; zatisnuti čime; — *n.* čep, vranj; klin; pipa; čupak duhana (*za žvakanje*).

**plum** (plăm), *n.* šljiva; suho grožđe; lijepa svota; sreća.

**plumage** (pla'međ), *n.* perje.

**plumb** (plăm), *v.* postaviti što okomito; mjeriti gruzilom, snabdjeti olovnim cijevima; — *a.* okomit; — *adv.* okomice; ravno; upravo; — *n.* olovnica; olovo; okomitost.

**plumbago** (plămbe'jgo), *n.* grafit, tuha.

**plumber** (pla'mör), *n.* olovar; postavljač olovnih cijevi.

**plumbery, plummery** (pla'möri), *n.* olovarstvo, olovarnica, ljevaonica olova.

**plumbing** (pla'ming), *n.* lijevanje olova; radnja olovom; postavljanje olovnih cijevi; olovne cijevi.

**plumb-line** (pla'mla'jn), *n.* kalamir, gruzilo; olovnica.

**plume** (plūm), v. čistiti perje; operušati; kititi perjem; — n. pero (od ptice); perjanica.

**plummet** (plạ'met), n. olovnica; gruzilo; razulja.

**plumose** (plu'mos), **plumous** (plu'mạs), a. pernat; poput pera.

**plump** (plạmp), v. udebljati, ugojiti se; ljosnuti, teško pasti; glasovati samo za jednog kandidata; — adv. iznenada, na jedamput; ravno; — a. tust, gojan, debeo.

**plumply** (plạ'mpli), adv. potpuno; okruglo.

**plumpy** (plạ'mpi), a. debeo, gojan.

**plumy** (plū'mi), a. pernat; okićen perjem.

**plunder** (plạ'ndör), v. pljačkati, plijeniti; orobiti; — n. pljačka, grabež; plijen.

**plunderer** (plạ'ndörör), n. razbojnik.

**plunge** (plạnđ), v. zagnjuriti, rinuti; uroniti; baciti; ritati se; — n. zagnjurivanje; ronjenje; ritanje; skok.

**plunger** (plạ'nđör), n. ronac; masivan čep.

**pluperfect** (plu'pö'rfekt), n. pluskvamperfekat.

**plural** (plū'röl), a. višebrojni; mnogi; — n. množina.

**pluralist** (plū'rölist), n. svećenik, koji ima više nadarbina.

**plurality** (plurạ'liti), n. mnoštvo, množina; većina.

**plurally** (plu'röli), adv. u množini.

**plus** (plạs), n. znak: plus ili više (+).

**plush** (plạš), n. pliš (vrsta baršuna).

**plutocracy** (plutạ'krösi), n. vlada bogataška, plutokracija.

**plutocrat** (plu'tokrăt), n. plutokrata.

**plutonic** (plutạ'nik), a. plutonski; vulkanski; podzemni; taman.

**pluvial** (plu'viöl), a. kišni, kišovit.

**pluviometer** (plu'viạ'mitör), n. kišomjer.

**pluvious** (plu'viạs), a. kišovit, kišni.

**ply** (plaj), v. marljivo raditi; trsiti se; prionuti; obasuti; ploviti redovito; — n. zavoj; nabor.

**P. M.** (pi' e'm), skraćeno od: post meridiem (po'stmiri'diem), poslije podne.

**pneumatic** (njumă'tik), a. zračni, uzdušni.

**pneumatically** (njumă'tiköli), adv. zračnom silom.

**pneumatics** (njumă'tiks), n. nauk o uzduhu; nauk o gibanju zraka.

**pneumatology** (nju'mötạ'lođi), n. nauk o ozduhu; nauk o duhovima.

**pneumonia** (numo'niö), n. upala pluća.

**P. O.** (pi' o'), skraćeno od: post office, pošta.

**poach** (pōč), v. iskuhàti jaje razbivši ga u kipuću vodu; probušiti; krasti zvjerad.

**poacher** (pō'čör), n. zvjerokradica.

**poachy** (pō'či), a. gnjecav; mek.

**pock** (pàk), n. boginja, kozica.

**pocket** (pà'ket), v. staviti u džep; krišom uzeti; — n. džep; kesa.

**pocket-book** (pà'ketbụ'k), n. bilježnica; lisnica; novčarka.

**pocket-money** (pà'ketmạ'ni), n. džepni novac, sitniž.

**pocky** (pà'ki), a. boginjav, kozičav.

**pod** (pàd), v. mahunati se, oteći; — n. mahuna.

**podagra** (podă'grö), n. ulozi (u nogama), nogobolja.

**podgy** (pà'đi), a. zdepast.

**poem** (po'em), n. pjesma; spjev.

**poesy** (po'esi), n. pjesničtvo.

**poet** (po'et), n. pjesnik.

**poetaster** (po'etă'stör), n. nadripjesnik.

**poetess** (po'etes), n. pjesnikinja.

**poetic** (poe'tik), **poetical** (poe'tiköl), a. pjesnički.

**poetically** (poe'tiköli), adv. pjesnički.

**poetics** (poe'tiks), n. poetika.

**poetry** (po'etri), n. pjesničtvo; pjesme.

**poh** (pō), interj. pu! pi!

**poignancy** (po'jnönsi), n. jetkost, ljutina, reskoća; gorčina.

**poignant** (po'jnönt), a. oštar, ljut, jedak, rezak, gorak.

**point** (pojnt), v. šiljiti; zaoštriti; pokazati; naperiti; zamazati (pukotine); istaknuti; stajati; — n. r't, šiljak, vrh; ostan; ubod; točka; cilj, svrha; nakana; pitanje; prijeporna stvar; čas, vrijeme; naglas; isticanje; oznaka; ugibališta (na željeznici).

**point-blank** (po'jntblă'nk), a. i adv. ravan; ravno; upravo; otvoreno; bez okolišanja.

**pointed** (po'jnted), a. oštar, šiljast; osoban; naperen.

**pointedly** (po'jntedli), *adv.* izravno; izrazito.

**pointer** (po'jntör), *n.* pokazivač; kazalo; prepeličar *(pas).*

**pointless** (po'jntles), *a.* bez šiljka, tup.

**pointsman** (po'jncmön), *n.* stražar na tračnicama.

**poise** (pojz), *v.* vagati; staviti u ravnotežu; ovisiti; — *n.* težina; ravnoteža; vaga.

**poison** (pojzn), *v.* otrovati; — *n.* otrov.

**poisonous** (po'jznas), *a.* otrovan.

**poke** (pōk), *v.* zabosti; gurnuti; pipati u mraku, tražiti; — *n.* kesa; torba; udarac.

**poker** (pō'kör), *n.* žarilo, žarač; vrst igre na karte.

**polar** (pō'lör), *a.* polarni.

**polarity** (polǎ'riti), *n.* polarnost.

**polarization** (po'lörajze'jšön), *n.* polarizacija *(svijetla).*

**polarize** (po'lörajz), *v.* polarizovati.

**pole** (pōl), *v.* koliti; snabdjeti stupovima; — *n.* kolac; stup; mjera duljine; pol; **(P-)** Poljak.

**pole-axe** (pō'lǎ'ks), *n.* bojna sjekira, mesarska sjekira.

**pole-cat** (pō'lkǎ't), *n.* tvor.

**polemic** (pole'mik), *a.* prijeporan; parben; polemičan; — *n.* prepirač.

**polemical** (pole'miköl), *a.* polemički.

**polemics** (pole'miks), *n.* prepirka, polemika.

**pole-star** (pō'lsta'r), *n.* zvijezda sjevernjača, prehodnica.

**police** (poli's), *v.* stražiti, čuvati; — *n.* redarstvo, policija; javni poredak.

**policeman** (poli'smön), *n.* stražar, redar.

**policy** (pà'lisi), *n.* politika, način upravljanja *ili* postupka; državnička mudrost; razboritost; lukavstvo; polica, certifikat.

**Polish** (pō'liš), *a.* poljski; — *n.* poljski jezik.

**polish** (pà'liš), *v.* laštiti, gladčati; osvjetljati; ukrasiti; — *n.* sjaj; glačina; laštilo.

**polished** (pà'lišt), *a.* sjajan, osvjetlan; gladak; ulašten; uglađen.

**polisher** (pà'lišör), *n.* laštilac, gladilac, gladilica.

**polite** (pola'jt), *a.* uljudan, udvoran, uglađen.

**politely** (pola'jtli), *adv.* pristojno, učtivo.

**politic** (pà'litik), *a.* politički; oštrouman; lukav; — **body politic** (bà'di pà'litik), država.

**political** (poli'tiköl), *a.* politički; državni; javni.

**politically** (poli'tiköli), *adv.* politički; državnički.

**politician** (pà'liti'šön), *n.* političar.

**politics** (pà'litiks), *n.* politika; nauk o vladi.

**polity** (pà'liti), *n.* ustav; sustav *(državni ili crkveni).*

**polka** (po'lkö), *n.* polka.

**poll** (pōl), *v.* strići, okaštriti; upisati *(imena)*; dobivati *(glasove)*; — *n.* glava; zatiljak: popis imena; biralište; izbor.

**pollard** (pà'lörd), *v.* okljaštrati *(drvo)*; — *n.* okresano drvo; jelen šut; mekinje.

**polled** (pōld), *a.* okaštren, obrezan; bez rogova.

**pollen** (pà'len), *n.* pelud, cvijetni prašak.

**pollenize** (pà'lenajz), *v.* oploditi peludom.

**pollinate** (pà'linejt), *v. vidi:* **pollenize.**

**poll-tax** (pō'ltǎ'ks), *n.* glavarina.

**pollute** (poljū't), *v.* okaljati, opoganiti, oskvrniti.

**pollution** (polju'šön), *n.* okaljanje; oskvrnuće; proliv sjemena.

**polo** (po'lo), *n.* loptanje jahajući, polo.

**polony** (pàlo'ni), *n.* vrsta suhe kobasice.

**poltroon** (pàltrū'n), *a.* kukavan, preziran; — *n.* kukavica, strašivica.

**polyandry** (pà'liǎ'ndri), *n.* mnogomuštvo.

**polygamist** (poli'gömist), *n.* mnogoženac.

**polygamy** (poli'gömi), *n.* mnogoženstvo.

**polyglot** (pà'liglàt), *a.* mnogojezičan; — *n.* knjiga tiskana u više jezika u uporednim stupcima; jezikoslovac.

**polygon** (pà'ligàn), *n.* višekutnik.

**polygonal** (poli'gonöl), *a.* višekutni.

**polygraph** (pà'ligrǎf), *n.* sprava za razmnožanje otisaka.

**polygyny** (pàli'đini), *n.* mnogoženstvo.

**polyhedron** (på'lihi'drön), *n.* poliedar, mnogoplošac.

**Polynesian** (på'lini'žiön), *a.* polinezijski; — *n.* Polinezijac.

**polyp, polype** (på'lip), *n.* polip, koralj (*životinjica*).

**polypetalous** (på'lipe'tölas), *a.* mnogolatičan.

**polypous** (på'lipas), *a.* polipni.

**polypus** (på'lipas), *n.* polip, stonog (*u nosu*).

**polysyllabic** (på'lisilă'bik), *a.* mnogoslovčan, višesložni.

**polysyllable** (på'lisi'löbl), *n.* višesložna riječ.

**polytechnic** (på'lite'knik), *a.* obuhvaćajući više umjetnosti *ili* nauka, politehnički; — *n.* politehnika, umjetničko obrtna škola.

**polytheism** (på'litiizm), *n.* mnogoboštvo.

**polytheist** (på'litiist), *n.* mnogobožac.

**pomace** (på'mes), *n.* komina (*od jabuka*).

**pomaceous** (pome'jšas), *a.* jabučni, jabukov.

**pomade** (pome'jd), *n.* pomada, pomast za vlasi.

**pomatum** (pome'jtam), *n.* mirisava pomast za vlasi, pomada.

**pomegranate** (på'mgrănet), *n.* šipak, mogranj.

**pommel** (på'mel), *v.* tući, mlatiti; — *n.* jabuka na balčaku *ili* sedlu.

**pomology** (poma'lođi), *n.* voćarstvo.

**pomp** (påmp), *n.* svečanost, parada, sjaj.

**pomposity** (påmpå'siti), *n.* sjajnost, gizdavost; razmetanje.

**pompous** (på'mpas), *a.* sjajan, gizdav; razmetljiv.

**pompously** (på'mpasli), *adv.* sjajno, gizdavo.

**pond** (pånd), *n.* ribnjak; jezerce.

**ponder** (på'ndör), *v.* misliti, promišljati.

**ponderable** (på'ndöröbl), *a.* potežan.

**ponderous** (på'ndöras), *a.* težak; važan.

**poniard** (på'njörd), *v.* probosti bodežem; — *n.* bodež.

**pontiff** (på'ntif), *n.* veliki svećenik, papa.

**pontifical** (pånti'fiköl), *a.* pontifikalni; papinski; svečani; — *n.* knjiga o obredima.

**pontificate** (pånti'fiket), *n.* prvosvećenstvo; papinstvo.

**pontonier, pontonnier** (på'ntonī'r), *n.* graditelj mostova na lađama.

**pontoon** (påntū'n), *n.* ponton, mosna lađa; sprava za dizanje brodova.

**pony** (põ'ni), *n.* poni, konjić.

**poodle** (pūdl), *n.* kudrov, pudel (*pas*).

**pooh** (pu), *interj.* ha!

**pooh-pooh** (pupu'), *v.* podrugljivo se smijati, ceriti se.

**pool** (pūl), *n.* lokva, bara; uložak svih igrača.

**poop** (pup), *n.* krma (*na lađi*); palubac (*na krmi broda*).

**poor** (pūr), *a.* siromašan, ubog; bijedan; oskudan; slab; mršav; neplodan.

**poorly** (pū'rli), *a.* boležljiv; — *adv.* siromašno; slabo; nedovoljno.

**pop** (påp), *v.* pucketati, praskati; lupnuti; šmuknuti; zatrčati se; ispaliti; turnuti; — *adv.* iznenada; — *n.* prasak, tresak.

**pop-corn** (på'pkō'rn), *n.* kokice, isprženo kukuruzno zrnje.

**pope** (pōp), *n.* papa.

**popedom** (põ'pdam), *n.* papinstvo.

**popery** (põ'pöri), *n.* papinstvo.

**popinjay** (på'pinđej), *n.* zelena žuna; papiga; kicoš.

**popish** (põ'piš), *a.* papinski.

**poplar** (på'plör), *n.* topola, jablan.

**poplin** (på'plin), *n.* vrsta tkanine od svile i vune.

**poppy** (på'pi), *n.* mak.

**populace** (på'pjules), *n.* puk, pučanstvo.

**popular** (på'pjulör), *a.* pučki, narodni; prost; prevlađujući.

**popularity** (på'pjulă'riti), *n.* popularnost, omiljelost u narodu; prostonarodnost.

**popularize** (på'pjulörajz), *v.* učiniti pučkim, popularizirati; proširiti među narodom.

**popularly** (på'pjulörli), *adv.* pučki; zajedno.

**populate** (på'pjulejt), *v.* napučiti, naseliti.

**population** (på'pjule'jšön), *n.* napučivanje; stanovništvo, žiteljstvo.

**populous** (på'pjulas), *a.* napučen, nastanjen.

**porcelain** (põ'rsilīn), *n.* porculan.

**porch** (porč), *n.* pokriven hodnik; trijem; predvorje.

**porcine** (po'rsajn), *a.* svinjski, praseči.

**porcupine** (po'rkjupajn), *n.* dikobraz.

**pore** (pōr), *v.* pozorno motriti; zadupsti se; — *n.* pora; šupljika; rupica.

**pork** (pōrk), *n.* svinjetina, praščevina.

**porker** (pō'rkör), *n.* krmak, odojak.

**porosity** (porā'siti), *n.* poroznost, šupljikavost.

**porous** (pō'ras), *a.* šupljikav, porozan.

**porphyry** (pá'rfiri), *n.* porfir.

**porpoise** (pá'rpas), *n.* morska svinja (*vrsta pliskavice*).

**porridge** (pá'rid), *n.* gusta juha; žitka kaša.

**porringer** (pá'rindör), *n.* zdjelica za juhu.

**port** (pōrt), *v.* nositi; krenuti svračine krmila na lijevo; — *n.* luka, morska luka; vrata; otvor; držanje; lijeva strana broda.

**port** (pōrt), **port-wine** (pō'rtua'jn), *n.* vino iz Oporta.

**portable** (pō'rtöbl), *a.* nošljiv.

**portage** (pō'rteđ), *n.* nošenje; prtljaga, tovar.

**portal** (pō'rtöl), *n.* portal, glavni ulaz (*u katedralu itd.*), vrata.

**portcullis** (portka'lis), *n.* rešetka, što se spušta pred kojim utvrđenim mjestom.

**porte** (pōrt), *n.* porta, turska vlada.

**portend** (porte'nd), *v.* slutiti, nagoviještati.

**portent** (po'rtent), *n.* slutnja; znamenje.

**portentous** (porte'ntas), *a.* zloslutan, koban, užasan; čudnovat.

**porter** (pō'rtör), *n.* vratar; nošač, porter; vrsta piva.

**porterage** (po'rtöređ), *n.* noševina; nošenje.

**portfolio** (portfō'lio), *n.* lisnica (*za nošenje spisa*); ministarstvo.

**port-hole** (pō'rthōl), *n.* vratnice (*od baterije*).

**portico** (po'rtikō), *n.* hodnik sa stupovima, trijem.

**portion** (po'ršön), *v.* podijeliti, dati miraz, prćiju; — *n.* dio, čest; obrok, porcija; sudbina; miraz.

**portioner** (po'ršönör), *n.* djelitelj.

**portly** (po'rtli), *a.* dostojanstven; uzorit; ustasit.

**portmanteau** (portmă'nto), *n.* putna torba.

**portrait** (pō'rtret), *n.* slika, portret.

**portraiture** (po'rtretur), *n.* slika; slikanje portreta.

**portray** (portre'j), *v.* slikati, crtati; opisati.

**portrayal** (portre'öl), *n.* slikanje, crtanje; prikazanje.

**Portuguese** (pá'rćugīz), *a.* portugiški; — *n.* Portugizac; portugiški jezik.

**pory** (pō'ri), *a. vidi*: **porous.**

**pose** (pōz), *v.* držati se nenaravno; graditi se, postaviti; smesti; zbuniti; — *n.* poza; držanje; položaj; nenaravno držanje.

**poser** (pō'zör), *n.* ispitač; zagonetka, teško pitanje.

**posit** (pá'zit), *v.* postaviti; ustanoviti.

**position** (pozi'šön), *n.* položaj; stanje; mjesto; čast, služba; načelo.

**positive** (pá'zitiv), *a.* određen; naročit, pozitivan, siguran; uvjeren; jesni; odlučan; dokazni.

**positively** (pá'zitivli), *adv.* sigurno; svakako.

**positiveness** (pá'zitivnes), *n.* sigurnost; izvjesnost.

**positivism** (pá'zitivizm), *n.* pozitivizam, filozofija izvjesnosti.

**positivist** (pá'zitivist), *n.* pristaša pozitivizma.

**posse** (pá'si), *n.* četa ljudi; mogućnost.

**possess** (poze's), *v.* posjedovati; zauzeti.

**possession** (poze'šön), *n.* posjedovanje; zauzeće; posjed, imanje.

**possessive** (poze'siv), *a.* posjedovni, posvojni; — *n.* genitiv, drugi padež.

**possessor** (poze'sör), *n.* posjednik, vlasnik.

**possibility** (pá'sibi'liti), *n.* mogućnost.

**possible** (pá'sibl), *a.* mogući, možebitan.

**possibly** (pá'sibli), *adv.* moguće, možda.

**post** (pōst), *v.* prilijepiti; oglasiti; postaviti, namjestiti; podučiti; predati na poštu; unesti; — *a.* poštanski; — *adv.* poštom, brzo, hitno; — *n.* stup, kolac, greda; straža; mjesto, služba; pošta; glasnik.

**postage** (po'sted), *n.* poštarina.

**postal** (po'stöl), *a.* poštanski.

**postboy** (po'stboj), *n.* poštanski sluga; kočijaš.

**post-card** (po'stka'rd), *n.* dopisnica.

**post-chaise** (po'stše'jz), *n.* poštanska kočija.

**post-date** (po'stde'jt), *v.* datirati kasnije.

**poster** (po'stör), *n.* priljepljivač oglasa; plakat; glasonoša.

**posterior** (pàsti'riör), *a.* potonji; stražnji; kasniji; — *n.* zadnji dio.

**posteriors** (pàsti'riörs), *n.* stražnjica, zadnjica.

**posterity** (pàste'riti), *n.* potomci; potomstvo.

**postern** (pà'stern), *n.* stražnja vrata; vratašca.

**post-haste** (po'sthe'jst), *adv.* hitno, brzo; — *n.* hitnja; brzina.

**post-horse** (po'stho'rs), *n.* poštanski konj.

**posthumous** (pà'stjumas), *a.* posmrtan.

**postilion** (pàsti'ljön), *n.* kočijaš.

**postman** (po'stmön), *n.* listonoša.

**postmaster** (po'stmă'stör), *n.* poštar; ravnatelj pošte.

**postmeridian** (po'stmeri'diön), *a.* popodnevni.

**post-mortem** (po'stmo'rtem), *a.* posmrtni.

**post-office** (po'stà'fis), *n.* pošta.

**postpone** (postpō'n), *v.* odgoditi, odložiti.

**postponement** (postpō'nment), *n.* odgoda.

**postscript** (po'stskri'pt), *n.* dodatak (*pismu*).

**postulate** (pà'stjulēt), *v.* zahtijevati; pretpostaviti; uzeti za istinu; — *n.* postulat, pretpostavka uzeta kao istinita.

**posture** (pà'sćur), *n.* držanje, položaj.

**posy** (po'zi), *n.* geslo *ili* stih napisan na prstenu *ili* poslan sa kitom cvijeća; kita cvijeća.

**pot** (pàt), *v.* metnuti u lonac; — *n.* lonac, uložak (*kod igre ili oklade*).

**potable** (po'töbl), *a.* pitak.

**potash** (pà'tă'š), *n.* potaša, pepeljika, kali.

**potassium** (potă'siam), *n.* kalijum, pepelik.

**potation** (pote'jšon), *n.* pijanka, pijančevanje.

**potato** (pote'jto), *n.* krumpir.

**pot-boiler** (pà'tbo'jlör), *n.* umjetničko djelo učinjeno jedino radi novca.

**potency** (po'tensi), *n.* moć, jakost, sila.

**potent** (po'tent), *a.* moćan, jak, silan.

**potentate** (po'tentet), *n.* vladar.

**potential** (pote'nćöl), *a.* mogući, sakriven, pogodbeni, potencijalan.

**potentiality** (pote'nćiă'liti), *n.* mogućnost.

**potentially** (pote'nćöli), *adv.* moguće, možno.

**potently** (po'tentli), *adv.* silno, jako.

**pother** (pà'dör), *v.* rogoboriti, galamiti; — *n.* rogobora, galama.

**pot-house** (pà'tha'us), *n.* krčma.

**potion** (pō'šön), *n.* napitak, ljekovito piće.

**pot-luck** (pà'tlak), *n.* što se slučajno nađe za jesti.

**potpourri** (po'puri'), *n.* ričet.

**pottage** (pà'teđ), *n.* čorba (*goveđa*).

**potter** (pà'dör), *v.* šeprtljati, ševrdati; — *n.* lončar.

**pottery** (pà'töri), *n.* lončarstvo.

**pottle** (pàtl), *n.* mjera od 4 pinte; kanta; kotarica.

**pouch** (pa'uč), *v.* staviti u kesu; turiti; progutati; — *n.* kesa; vrečica; torba; guša; tobolac.

**poult** (pōlt), *n.* pile.

**poulterer** (pō'ltörör), *n.* živadar; trgovac peradi.

**poultice** (pō'ltis), *v.* staviti oblog; — *n.* meki oblog.

**poultry** (pō'ltri), *n.* perad, živad.

**pounce** (pa'uns), *v.* posipati *ili* upijati prahom od plavca; ščepati pandžama; napasti; — *n.* prah od plavca; čaporak, pandža.

**pound** (pa'und), *v.* zaplijeniti, zatvoriti (*marvu*); mlatiti; tući; satrti; — *n.* funt; funta šterlinga.

**poundage** (pa'undeđ), *n.* cijena po funtu; pristojba za plijenjenje marve.

**pounder** (pa'undör), *n.* tučak, bat.

**pour** (pōr), *v.* teći; liti, lijevati, proliti; natočiti; sipati.

**pourparler** (pu'rparle'), *n.* predrazgovor.

**pout** (pa'ut), *v.* pućiti, oprćiti usne, mrgoditi se; — *n.* prćenje.

**pouter** (pa' utör), *n.* naprčenac, gušan (*golub*).

**poverty** (pǎ'vörti), *n*. siromaštvo, oskudica.

**powder** (pa̱'u̱dör), *v*. satrti u prah; posuti praškom; pretvoriti se u prašinu; — *n*. prah, prašak; prašina; barut.

**powdery** (pa̱'u̱döri), *a*. prašan.

**power** (pa̱'u̱ör), *n*. moć, sila, snaga, jakost.

**powerful** (pa̱'u̱örful), *a*. moćan, snažan, jak, silan; uplivan.

**powerfully** (pa̱'u̱örfuli), *adv*. moćno, silno, jako.

**powerless** (pa̱'u̱örles), *a*. nemoćan, slab.

**pox** (pȧks), *n*. kozice, boginje.

**practicability** (prǎ'ktiköbi'liti), *n*. izvedivost; shodnost, praktičnost.

**practicable** (prǎ'ktiköbl), *a*. izvediv, izvršiv; shodan.

**practicably** (prǎ'ktiköbli), *adv*. izvedivo; shodno.

**practical** (prǎ'ktiköl), *a*. praktičan, shodan, izvršan; vješt; iskušan; primjenljiv; zbiljski.

**practically** (prǎ'ktiköli), *adv*. zapravo; vješto; praktično; zbiljski.

**practice** (prǎ'ktis), *n*. vršenje, izvršivanje; rad; postupak; posao; vježba; iskustvo; vještina.

**practise** (prǎ'ktis), *v*. vježbati; činiti, vršiti; pridijeliti; vježbati se, vršiti svoje zvanje; prakticirati.

**practitioner** (prǎkti'šönör), *n*. činilac; vježbenik; stručnjak; odvjetnik; liječnik.

**praetor** (prī'tör), *n*. pretor.

**praetorian** (prito'riön), *a*. pretorski.

**pragmatic** (prǎgmǎ'tik), **pragmatical** (prǎgmǎ'tiköl), *a*. radoznao; nametan; revnostan; pragmatičan.

**prairie** (prē'ri), *n*. prerija, velika travom obrasla ravnica, poljana.

**praise** (prejz), *v*. hvaliti, slaviti, veličati; — *n*. hvala, slava, dika, čast, hvaljenje.

**praiseworthy** (pre'jzu̱ö'rdi), *a*. hvalevrijedan, pohvalan.

**prance** (prȧns), *v*. propinjati se, šepiriti se.

**prandial** (prǎ'ndiöl), *a*. objedni.

**prank** (prǎnk), *v*. resiti, kititi; — *n*. obijesna šala, lakrdija; skok.

**prate** (prejt), *v*. blebetati, brbljati, ćeretati; — *n*. ćeretanje, brbljanje.

**prating** (pre'jting), *n*. čavrljanje, ćeretanje.

**pratique** (prǎ'tik), *n*. pratika; dozvola brodu za trgovanje poslije kvarantine.

**prattle** (prǎtl), *v*. čavrljati, brbljati; — *n*. čavrljanje, brbljanje.

**prawn** (prȧn), *n*. vrsta račića.

**praxis** (prǎ'ksis), *n*. praksa, vršenje; vježba.

**pray** (prej), *v*. moliti (se).

**prayer** (pre'ör), *n*. molitva, molba, molilac.

**prayer-book** (pre'örbu̱'k), *n*. molitvenik.

**prayerful** (pre'örful), *a*. bogomoljan, pobožan.

**praying** (pre'ing), *a*. moleći; — *n*. moljenje; molitva.

**preach** (prič), *v*. propovijedati, predikovati; objaviti.

**preacher** (pri'čör), *n*. propovjednik.

**preaching** (pri'čing), *n*. propovijedanje, propovijed; predika.

**preamble** (priǎ'mbl), *n*. uvod, predgovor.

**prearrange** (pri'ǎrē'nđ), *v*. prirediti, urediti unaprijed.

**prebend** (pre'bend), *n*. nadarbina, prebenda; kanonički prihod.

**prebendary** (pre'bendöri), *n*. prebendar, nadarbenik; kanonik.

**precarious** (prikē'ri̱as), *a*. zavisan o volji drugoga; nesiguran, nestalan.

**precaution** (prikȧ'šön), *v*. upozoriti; — *n*. opreznost, smotrenost.

**precede** (prisi'd), *v*. ići pred; zbiti se prije; prednjačiti.

**precedence** (prisī'dens), *n*. prednjačenje; prvenstvo, prednost.

**precedent** (prisī'dent), *a*. predidući, prethodni, pređašnji.

**precedent** (pre'sident), *n*. precedens, primjer; pravilo.

**precedented** (pre'side'nted), *a*. što se može osnivati na prijašnjem kojem slučaju; primjeran.

**preceding** (prisī'ding), *a*. pređašnji; prednji, prethodni.

**precentor** (prise'ntör), *n*. pojac.

**precept** (prī'sept), *n*. propis, pravilo; zapovijed; nauka, pouka.

**preceptive** (prise'ptiv), *a*. propisan, poučan.

**preceptor** (prise'ptör), *n*. učitelj, poducavatelj; odgojitelj.

**preceptress** (prise'ptres), *n.* učiteljica, podučavateljica.

**precession** (prise'šön), *n.* pomicanje naprijed; napredak.

**precinct** (pri'sinkt), *n.* međa; područje; kotar, okrug.

**precious** (pre'šas), *a.* dragocjen, skupocjen, drag.

**preciously** (pre'šasli), *adv.* vrlo; užasno.

**preciousness** (pre'šasnes), *n.* dragocjenost, skupocjenost, dragost.

**precipice** (pre'sipis), *n.* litica, strmen, vrlet, bezdan, ponor.

**precipitance** (prisi'pitöns), **precipitancy** (prisi'pitönsi), *n.* hitnja, preša, naglost.

**precipitant** (prisi'pitönt), *a.* strmenit; nagao, prešan.

**precipitate** (prisi'pitejt), *v.* strmoglaviti, strovaliti; stropoštati se; ubrziti, pospješiti; prenagliti se; — *a.* strm; žestok, prenagao; — *n.* talog.

**precipitately** (prisi'pitetli), *adv.* strmoglavice, sunovratice.

**precipitation** (prisi'pite'jšön), *n.* strovaljenje; prenagljenje; pad.

**precipitous** (prisi'pitas), *a.* strmenit, vrletan.

**precis** (pre'se'), *n.* kratak prijegled; izvadak.

**precise** (prisa'js), *a.* određen, točan, ispravan, opširan, podroban.

**precisely** (prisa'jsli), *adv.* jasno, određeno; strogo, točno.

**precisian** (prisi'žön), *n.* pretočan čovjek, pedant.

**precision** (prisi'žön), *n.* točnost, određenost.

**preclude** (priklū'd), *v.* isključiti; priječiti; predusresti.

**preclusive** (priklū'siv), *a.* isključiv, predusretan.

**precocious** (prikō'šas), *a.* zreo prije vremena, prerano razvit.

**precocity** (prikå'siti), *n.* zrelost prije vremena.

**precognition** (pri'kågni'šön), *n.* prethodno znanje, predznanje.

**preconceive** (pri'kånsi'v), *v.* prije zamisliti; shvatiti.

**preconception** (pri'kånse'pšön), *n.* prethodna zamisao, predsuda, predrasuda.

**preconcert** (pri'kånsö'rt), *v.* prije se dogovoriti, unaprijed se sporazumjeti; — (prikå'nsört), *n.* prethodni dogovor, sporazumak.

**precursive** (prikö'rsiv), *a. vidi:* **precursory.**

**precursor** (prikö'rsör), *n.* preteča, prethodnik; vjesnik.

**precursory** (prikö'rsöri), *a.* prethodni.

**predaceous** (pride'jšas), *a.* grabežljiv.

**predatory** (pre'dötori), *a.* grabežan, razbojnički.

**predecease** (pri'disī's), *v.* umrijeti prije; — *n.* smrt jednog prije drugog.

**predecessor** (pri'dise'sör), *n.* predšasnik.

**predestinarian** (pride'stine'jriön), *n.* onaj, koji vjeruje u predodredbu.

**predestinate** (pride'stinejt), *v.* predodrediti; — *a.* predodređen.

**predestination** (pride'stine'jšön), *n.* predodredba, predestinacija.

**predestine** (pride'stin), *v.* predodrediti.

**predeterminate** (pri'ditö'rminet), *a.* unaprijed određen.

**predetermination** (pr'ditö'rmine'jšön), *n.* predodredba.

**predetermine** (pri'ditö'rmin), *v.* unaprijed odrediti.

**predial** (pro'diöl), *a.* zemljišni.

**predicable** (pre'diköbl), *a.* primjenljiv, pripisiv.

**predicament** (pridi'köment), *n.* razred; vrsta; stanje, položaj; neprilika.

**predicant** (pre'diként), *a.* propovjednički; — *n.* propovjednik.

**predicate** (pre'dikejt), *v.* izricati; tvrditi; — *n.* prirok, predikat.

**predication** (pre'dike'jšön), *n.* izricanje, tvrdnja.

**predicative** (pre'diketiv), *a.* predikativan, priročan.

**predict** (pridi'kt), *v.* proreći, proricati.

**prediction** (pridi'kšön), *n.* proricanje, proročanstvo.

**predictive** (pridi'ktiv), *a.* proročki.

**predictor** (pridi'ktör), *n.* proricatelj, prorok.

**predilection** (pri'dile'kšön), *n.* osobita ljubav; naklonost.

**predispose** (pri'dispō'z), *v.* raspoložiti unaprijed; pripraviti, predisponirati.

**predisposition** (pridi'spozi'šön), *n*. predraspoloženje; sklonost, naginjanje.

**predominance** (pridá'minöns), **predominancy** (pridá'minönsi), *n*. prevlast, pretežnost, premoć.

**predominant** (pridá'minönt), *a*. pretežniji, prevlađujući; važniji.

**predominate** (pridá'minejt), *v*. prevlađivati; upravljati.

**pre-eminence** (prie'minens), *n*. natkriljivanje, isticanje, prvenstvo.

**pre-eminent** (prie'minent), *a*. odličan; izvanredan.

**pre-emption** (prie'mšön), *n*. prekupnja.

**preen** (prīn), *v*. čistiti i gladiti perje (*kljunom*).

**pre-engage** (pri'enge'jđ), *v*. obvezati unaprijed, unaprijed naručiti.

**pre-establish** (pri'istă'bliš), *v*. prethodno ustanoviti; narediti.

**pre-exist** (pri'egzi'st), *v*. opstajati prije, nalaziti se prije česa.

**pre-existence** (pri'egzi'stens), *n*. biće, opstanak prije nječega.

**pre-existent** (pri'egzi'stent), *a*. prije opstojeći.

**preface** (pre'fes), *v*. napisati predgovor, učiniti uvod; — *n*. uvod, predgovor.

**prefatory** (pre'fetori), *a*. predgovorni, uvodni.

**prefect** (pri'fekt), *n*. prefekt, namjesnik; zapovjednik; predstojnik.

**prefecture** (pri'fektur), *n*. prefektura, namjesničtvo, zapovjedničtvo.

**prefer** (prifö'r), *v*. prednijeti, podnijeti; uzvisiti, promaknuti; voljeti; više cijeniti; pretpostavljati.

**preferable** (pre'föröbl), *a*. poželjniji, vrijedniji, miliji.

**preferably** (pre'föröbli), *adv*. rađe.

**preference** (pre'förens), *n*. prvenstvo, veća naklonost.

**preferential** (pre'före'nćöl), *a*. koji ima *ili* daje prednost.

**preferment** (prifö'rment), *n*. pretpostavljanje; promaknuće; veća čast; počasna služba.

**prefiguration** (prifi'gjure'jšön), *n*. ugled; uzor.

**prefigure** (prifi'gjur), *v*. unaprijed predstavljati, kazati.

**prefix** (prifi'ks), *v*. staviti pred, dodati sprijeda.

**prefix** (pri'fiks), *n*. slovo, slog *ili* riječ, što se dodaje riječima sprijeda.

**pregnancy** (pre'gnönsi), *n*. bremenitost, trudnoća; skotnost.

**pregnant** (pre'gnönt), *a*. bremenit, trudan; noseć; bređ, skotan; plodan, bogat sadržajem.

**prehensible** (prihe'nsibl), *a*. uhvatljiv.

**prehensile** (prihe'nsil), *a*. prikladan za hvatanje; koji grabi.

**prehension** (prihe'nšön), *n*. hvatanje, grabljenje.

**prehistoric** (pri'histă'rik), *a*. preistorijski, pretpovijestan.

**prejudge** (priđa'đ), *v*. suditi unaprijed, presuditi, osuditi bez saslušanja.

**prejudgment** (priđa'đment), *n*. predrasuda, osuda bez saslušanja.

**prejudicate** (priđu'dikejt), *v*. unaprijed suditi, osuditi.

**prejudice** (pre'đudis), *v*. napuniti predsudama; nanijeti štetu, škoditi; — *n*. predrasuda, pristranost; šteta, uštrb.

**prejudiced** (pre'đudist), *a*. *vidi*: **prejudicial**.

**prejudicial** (pre'đudi'šöl), *a*. predrasudan; pristran; štetljiv.

**prelacy** (pre'lösi), *n*. prelatura; prelati; visoko crkveno dostojanstvo.

**prelate** (pre'let), *n*. prelat, visoki crkveni dostojanstvenik.

**prelatic** (prelă'tik), **prelatical** (prelă'tiköl), *a*. prelatski.

**prelatist** (pre'lötist), *n*. visoki crkveni dostojanstvenik.

**prelect** (prile'kt), *v*. javno čitati; predavati.

**prelection** (prile'kšön), *n*. predavanje; javno čitanje.

**prelector** (prile'ktör), *n*. javni čitač; predavač.

**prelibation** (pri'lajbe'jšön), *n*. predosjećanje, slučenje.

**preliminary** (prili'minöri), *a*. uvodni; prethodni; prijamni, pripravni; — *n*. uvod; prijamni, pripravni ispit; preludij.

**prelude** (pri'ljū'd *ili* pre'ljūd), *v*. uvesti predigrom, otvoriti, početi; — (pri'ljūd *ili* pre'ljūd), *n*. priprava, uvod, predigra, preludij.

**prelusive** (prilju'siv), *a*. uvodni, prethodni.

**premature** (pri'mócu'r), *a.* rani, prerani, prije vremena.

**premeditate** (prime'ditejt), *v.* promišljati (*unaprijed*), smišljati, namjeravati.

**premeditation** (prime'dite'jšön), *n.* promišljenost; nakana.

**premier** (pri'miör), *n.* ministar predsjednik.

**premise** (prima'jz), *v.* pretpostaviti; izreći uvod.

**premise, premiss** (pre'mis), *n.* premisa, pretpostavka.

**premises** (pre'mises), *n.* kuća, kućište, zgrada; zemljište.

**premium** (pri'miam), *n.* nagrada, dar; pristojba; premija.

**premonish** (prima'niš), *v.* unaprijed opomenuti.

**premonition** (pri'moni'šön), *n.* opomena.

**premonitory** (prima'nitori), *a.* potsjetan, opominjući.

**prentice** (pre'ntis), *n.* naučnik, šegrt.

**preoccupancy** (prià'kjupönsi), *n.* zauzeće prije drugoga, prvotno posjedovanje.

**preoccupation** (prià'kjupe'jšön), *n.* zaposjednuće prije drugoga, prethodno zaposjednuće.

**preoccupied** (prià'kjupajd), *a.* prezaokupljen, zadubljen.

**preoccupy** (prià'kjupaj), *v.* zaposjesti; prisvojiti prije drugoga; uzeti; zauzeti unaprijed.

**preordain** (pri'orde'jn), *v.* prethodno odrediti, prije *ili* unaprijed zapovjediti.

**prepaid** (pri'pe'jd), *a.* unaprijed plaćen.

**preparation** (pre'pöre'jšön), *n.* pripravljanje, priprava, spremanje, opremanje, priređivanje; preparat.

**preparative** (pripǎ'rötiv), *a.* pripravni, prethodni; — *n.* priprava, priprema.

**preparatory** (pripǎ'rötori), *a.* pripravni, prijamni, prethodni.

**prepare** (pripē'r), *v.* pripraviti, pripravljati; urediti, spremiti; providiti; snabdjeti.

**preparedness** (pripē'rednes), *n.* pripravnost, spremnost.

**prepay** (pripe'j), *v.* platiti unaprijed.

**prepayment** (pri'pe'jment), *n.* plaćanje unaprijed; plaćanje poštarine, frankiranje.

**prepense** (pripe'ns), *a.* promišljen, hotimićan.

**preponderance** (pripǎ'ndöröns), *n.* pretežnost, nadmoć, prevaga.

**preponderant** (pripǎ'ndörönt), *a.* pretežan, nadmašan; vrlo uplivan.

**preponderate** (pripǎ'ndörejt), *v.* pretezati, pretegnuti.

**preposition** (pre'pozi'šön), *n.* prijedlog.

**prepositional** (pre'pozi'šönöl), *a.* prijedložni.

**prepossess** (pri'poze's), *v.* unaprijed osvojiti, zauzeti; unaprijed predobiti.

**prepossessing** (pri'poze'sing), *a.* čineći povoljan utisak, privlačiv.

**prepossession** (pri'poze'šön), *n.* unaprijed stvoreno mnijenje, predrasuda, pristranost.

**preposterous** (pripǎ'störas), *a.* naopak, bezuman, glup.

**prepuce** (pri'pjus), *n.* obrezak, lakorina.

**prerequisite** (prire'kuizit), *n.* prvi uvod, prethodni uslov.

**prerogative** (prirà'getiv), *n.* povlastica, prednost; isključivo pravo.

**presage** (prise'jd), *v.* značiti (*unaprijed*), slutiti (*na što*), nagovieštati; — (pre'sed *ili* pri'sed), *n.* slutnja; znak, znamenje.

**presbyter** (pre'zbitör), *n.* crkveni starješina; svećenik.

**Presbyterian** (pre'zbiti'riön), *a.* prezbiterijanski; — *n.* prezbiterijanac.

**Presbyterianism** (pre'zbiti'riönizm), *n.* prezbiterijanstvo.

**presbytery** (pre'zbite'ri), *n.* prezbiterij, crkvene starješine; prezbiteranski sinod.

**prescience** (pri'šiens), *n.* predviđanje; poznavanje budućnosti.

**prescient** (pri'šient), *a.* znajući unaprijed, predviđajući.

**prescind** (prisi'nd), *v.* apstrahirati, odijeliti.

**prescribe** (priskra'jb), *v.* nalagati, odrediti; propisati, zastarjeti.

**prescription** (priskri'pšön), *n.* propis; naredba; ricept; zastarjelost, običajno pravo.

**prescriptive** (priskri'ptiv), *a.* zastario, stećen kroz dugu porabu.

**presence** (pre'zens), *n.* prisutnost, nazočnost; ličnost.

**present** (prize'nt), *v.* uvesti, predstaviti; pokazati; podnijeti; predati; nadariti; prikazati; — (pre'zent), *a.* sadašnji, prisutan, nazočan; ovaj; — *n.* sadašnje vrijeme, sadašnjost; dar, poklon.

**presentable** (prize'ntöbl), *a.* pokažljiv; predan; pristojno odjeven.

**presentation** (pre'zente'jšön), *n.* predstavljanje; pokazivanje; podnašanje; predaja; prikaza, predočba, predlaganje.

**presentee** (pre'zenti'), *n.* predloženik·

**presentiment** (prise'ntiment), *n.* prethodno osjećanje, slutnja, nazrijevanje.

**presently** (pre'zentli), *adv.* sada, odmah, naskoro.

**presentment** (prize'ntment), *n.* predstavljanje; podnesak; slika; pokaz.

**preservation** (pre'zörve'jšön), *n.* sačuvanje; održanje; sigurnost.

**preservative** (prizö'rvetiv), *a.* što čuva, što se može održati; — *n.* sredstvo za očuvanje, lijek protiv bolesti *ili* raspadanja.

**preserve** (prizö'rv), *v.* čuvati, očuvati, uzdržati; usoliti; ukiseliti; ušećeriti; konzervirati; — *n.* konzerva; zvjerinjak; ribnjak.

**preside** (priza'jd), *v.* predsijedati; biti na čelu.

**presidency** (pre'zidensi), *n.* predsjedništvo, predsjedateljstvo; ravnateljstvo.

**president** (pre'zident), *n.* predsjednik; nastojnik; upravitelj, ravnatelj, rektor.

**presidential** (pre'zide'nćöl), *a.* predsjednički; ravnateljski.

**presidentship** (pre'zidentšip), *n.* predsjedništvo.

**press** (pres), *v.* tiskati; tištiti, stisnuti, gnječiti; prešati; goniti; primorati; navaliti; pospješiti; vruće moliti; snubiti silom, vrbovati; — *n.* tiskanje; pritisak, navala; hitnost, preša, stiska; štampa, novinstvo; ormar.

**press-gang** (pre'sgă'ng), *n.* četa mornara, koja silom vrbuje ljude u službu.

**pressing** (pre'sing), *a.* hitan, prešan, silan.

**pressman** (pre'smön), *n.* tiskar, štampar; gnječilac.

**pressure** (pre'šur), *n.* tiskanje; pritisak, tlak; otisak; utisak; stiska, nevolja.

**prestidigitation** (pre'stidi'đite'jšön), *n.* čaratanija, sljeparija, opsjena.

**prestidigitator** (presti'diđite'jtör), *n.* čaratan, sljepar.

**prestige** (pre'stiđ), *n.* ugled, visok položaj, upliv.

**presto** (pre'sto), *adv.* brzo, hitro, žurno.

**presumable** (prizū'möbl), *a.* predmnijevan; vjerojatan.

**presumably** (prizū'möbli), *adv.* vjerojatno.

**presume** (prizū'm), *v.* predmnijevati, misliti, nagađati, usuditi se; utvrati si.

**presumption** (priza'mšön), *n.* predmnijevanje; nagađanje; vjerojatnost; pretpostavka; uobraženost; preuzetnost.

**presumptive** (priza'mtiv), *a.* vjerojatni.

**presumptuous** (priza'mćuas), *a.* uobražen; preuzetan, drzak.

**presuppose** (pri'söpö'z), *v.* pretpostaviti, predmnijevati.

**pretence** (prite'ns), *n.* izlika, izgovór.

**pretend** (prite'nd), *v.* hiniti; izgovarati se, hiniti se; usuditi se; tražiti.

**pretended** (prite'nded), *a.* tobožnji, prividan; umišljen; lažan.

**pretender** (prite'ndör), *n.* svojatač, tražilac, pretendent.

**pretension** (prite'nšön), *n.* tražbina, zahtijev; svojatanje; drskost.

**pretentious** (prite'nšas), *a.* preuzetan; uobražen; tobožnji; usiljen.

**preterit, preterite** (pre'törit), *a.* prošli, pređašnji; — *n.* prošlo vrijeme.

**pretermit** (pri'törmi't), *v.* izostaviti, propustiti; previdjeti.

**preternatural** (pri'törnă'ćuröl), *a.* vrhunaravan; nepravilan.

**pretext** (pri'tekst), *n.* izgovor; izlika.

**prettily** (pri'tili), *adv.* lijepo, fino.

**pretty** (pri'ti), *a.* lijep, ubav; fin; priličan; — *adv.* prilično, dobrano.

**prevail** (prive'jl), *v.* prevladati, vladati; odoljeti; skloniti, nagovoriti; uspjeti.

**prevailing** (prive'jling), *a.* koji *ili* što vlada, prevlađuje; pretežan; općenit.

**prevalence** (pre'völens), **prevalency** (pre'völensi), *n.* prevlast; pretežnost, nadmašnost; moć.

**prevalent** (pre'völent), *a.* premoćan, nadmašan; općenit; postojeći.

**prevaricate** (privä'rikejt), *v.* ševrdati, zastranjivati se (*od istine*), titrati se riječima; okolišati.

**prevarication** (privä'rike'jšön), *n.* okolišanje, ševrdanje, izvraćanje.

**prevaricator** (privä'rike'jtör), *n.* ševrdalo, izvrtač, petljanac.

**prevenient** (privi'nient), *a.* prethodni, predusretni.

**prevent** (prive'nt), *v.* zaustaviti; preprječiti, predusresti, priječiti, zapriječiti, odvratiti.

**prevention** (prive'nćön), *n.* priječenje, sprečavanje, predusretanje.

**preventive** (prive'ntiv), *a. i n.* što prijeći, predusretljiv, preventivan.

**previous** (pri'vias), *a.* prijašnji, pređašnji; prethodni.

**previously** (pri'viasli), *adv.* prije, pred.

**prevision** (privi'žön), *n.* predviđanje.

**prey** (prej), *v.* plijeniti, pljačkati, grabiti; požderati; gristi; tištiti; — *n.* plijen; grabež; žrtva.

**price** (prajs), *v.* cijeniti; — *n.* cijena, vrijednost.

**priceless** (pra'jsles), *a.* neprocjeniv.

**prick** (prik), *v.* bosti, probosti; bockati; dignuti, naćuliti (*uši*); podbosti, nabosti; označiti točkama; jezditi; mučiti; — *n.* šiljak, trn, bodljika; ubod; pobuda, nagon; ostan.

**pricking** (pri'king), *n.* bodenje, bodci (*bol*).

**prickle** (prikl), *v.* bockati; svrbjeti; — *n.* bodlja, trn.

**prickly** (pri'kli), *a.* bodljikav, bodljiv.

**pride** (prajd), *v.* biti ponosit, ponositi se, dičiti se; — *n.* oholost, gizdost, ponos, dika; slava.

**priest** (prist), *n.* svećenik, pop.

**priestscraft** (pri'stkrä'ft), *n.* popovska lukavština.

**priestess** (pri'stes), *n.* svećenica.

**priesthood** (pri'sthud), *n.* svećeništvo, svećenstvo.

**priestlike** (pri'stlajk), *a.* svećenički.

**priestly** (pri'stli), *a.* svećenički.

**prig** (prig), *v.* krasti, ukrasti; — *n.* umišljen i tjesnogrudan čovjek, uobraženik, tat.

**priggish** (pri'giš), *a.* umišljen, uobražen; usiljen.

**prim** (prim), *v.* nacifrati, iskititi; — *a.* kićen, uredan; usiljen, ukočen.

**primacy** (pra'jmösi), *n.* prvenstvo, prvostolništvo.

**prima donna** (pri'madä'nö), *n.* primadona, prva *ili* glavna operna pjevačica.

**prima facie** (pra'jmöfe'jšö), na prvi pogled.

**primage** (pra'jmeđ), *n.* nagrada, što ju kapetan trgovačkog broda dobije preko ugovorene vozarine.

**primal** (pra'jmöl), *a.* prvotni; prvobitan.

**primarily** (pra'jmerili), *adv.* prvotno, prvobitno, najprije.

**primary** (pra'jmeri), *a.* prvi, glavni; osnovni, početni; — *n.* glavna stvar, prvi izbor (*na kojem se imenuju kandidati*); veliko pero u ptičjem krilu.

**primate** (pra'jmet), *n.* primas, prvostolnik.

**primatial** (prajme'šöl), *a.* prvostolnički.

**prime** (prajm), *v.* pripraviti; potprašiti čanak *ili* prašnik (*u puške*), poučavati, pripravljati za; grundirati (*u slikarstvu*); — *a.* prvi, prvobitni, početni, glavni; najodličniji; vrli, biran; mlad, u naponu; nedjeljiv; — *n.* prvo vrijeme; postanak; cvijet; mladost, napon, najbolji dio.

**primer** (pri'mör), *n.* početnica, bukvar.

**primeval** (prajmi'völ), *a.* prastar, prvobitan, od prvog početka, od iskona.

**priming** (pra'jming), *n.* potprašivanje; grundiranje, pripravljanj .

**primitive** (pri'mitiv), *a.* prvobitni, najstariji; osnovni; jednostavan, nerazvijen, primitivan.

**primitively** (pri'mitivli), *adv.* prvobitno, primitivno.

**primly** (pri'mli), *adv.* lijepo, usiljeno.
**primogenital** (pra'jmođe'nitöl), *a.* prvorodstveni.
**primogeniture** (pra'jmođe'nićur), *n.* prvorodstvo, pravo prvorodstva.
**primordial** (prajmä'rdiöl), *a.* prvotan, prvopočetan, pra—; — *n.* prvi početak, prapočetak.
**primrose** (pri'mröz), *a.* svijetlo žut, obilan jaglacima; — *n.* jaglac (*biljka*).
**prince** (princ), *n.* knez; princ, kraljević, carević, vladar, poglavica.
**princedom** (pri'ncdam), *n.* kneštvo, kneževina.
**princely** (pri'ncli), *a.* prinčev, kraljevski; veličanstven; uzvišen, sjajan.
**princess** (pri'nces), *n.* princesa, kneginja; vladarica.
**principal** (pri'ncipöl), *a.* prvi, glavni, najvažniji, najznatniji; — *n.* prvak, glava, poglavica, gospodar; predsjednik; upravitelj, ravnatelj, predstojnik; glavnica.
**principality** (pri'ncipä'liti), *n.* kneževina, vrhovna vlast, kneževska ličnost.
**principally** (pri'ncipöli), *adv.* osobito, poglavito, prije svega.
**principle** (pri'ncipl), *n.* načelo, glavni uzrok, osnov, temelj; počelo.
**principled** (pri'ncipld), *a.* načelan.
**prink** (prink), *v.* nakititi se, šepiriti se; odjeti se.
**print** (print), *v.* tiskati, štampati, otisnuti; — *n.* tisak, otisak, tiskanje, štampa; trag; novine.
**printer** (pri'ntör), *n.* tiskar, štampar.
**printing** (pri'nting), *n.* tiskanje, štampanje; tiskarstvo.
**printing-office** (pri'ntingä'fis), *n.* tiskara štamparija.
**printing-press** (pri'ntingpre's), *n.* štamparski stroj, preša.
**print-works** (pri'ntuö'rks), *n.* štamparija katuna, sagova.
**prior** (pra'jör), *a. i adv.* prednji, raniji; prije, pred; — *n.* prijor, nastojnik (*u samostanu*).
**prioress** (pra'jöres), *n.* prijorica, nastojnica samostana.
**priority** (prajo'riti), *n.* prvenstvo, prednost.
**priory** (pra'jöri), *n.* prijorija, samostan.

**prise** (prajz), *v.* nadignuti, narinuti.
**prism** (prizm), *n.* prizma, bridnjak.
**prismatic** (prizmä'tik), *a.* prizmatičan, bridnjački.
**prison** (prizn), *v.* zatvoriti; utamničiti; — *n.* zatvor, uza, kazniona.
**prisoner** (pri'znör), *n.* uznik, sužanj.
**pristine** (pri'stin *ili* pri'stajn), *a.* pređašnji, prvi, prvobitni, najraniji.
**prithee** (pri'di), molim te.
**privacy** (pra'jvesi), *n.* privatnost, osamljenost, osama; tajnost; povjerljivost.
**private** (pra'jvet), *a.* privatan, poseban, ličan, tajan, povjerljiv; — *n.* prosti vojnik, baka.
**privateer** (pra'jvetī'r), *v.* gusariti; — *n.* gusarski brod.
**privately** (pra'jvetli), *adv.* privatno, tajno, posebno, osobno.
**privation** (pra'jve'jšön), *n.* lišavanje, oduzimanje; oskudica, neimanje; nevolja.
**privative** (pri'vötiv), *a.* lišavajući, oduzimajući; — *n.* privativ, niječna čestica.
**privet** (pri'vet), *n.* kalina (*biljka*).
**privilege** (pri'vileđ), *v.* povlastiti, dati prvenstvo; — *n.* povlastica; prednost; sloboština.
**privily** (pri'vili), *adv.* tajno; povjerljivo.
**privity** (pri'viti), *n.* povjerljivost, tajnost; suznanje.
**privy** (pri'vi), *a.* tajni, skrovan; poseban, privatan, povjerljiv; — *n.* zahod.
**privy-council** (pri'vika'unsil), *n.* tajno državno vijeće.
**prize** (prajz), *v.* cijeniti; poštovati; — *n.* zapljena, plijen; dobitak; nagrada; zgoditak.
**prize-fight** (pra'jzfa'jt), *n.* pesničanje za nagradu.
**prize-ring** (pra'jzri'ng), *n.* arena.
**probability** (prä'böbi'liti), *n.* vjerojatnost.
**probable** (prä'böbl), *a.* vjerojatan.
**probably** (prä'böbli), *adv.* vjerojatno, po svoj prilici.
**probate** (pro'bejt), *v.* sudbeno potvrditi oporuku; — *n.* sudbeno potvrđenje oporuke.
**probation** (probe'jšön), *n.* dokazivanje, dokaz; kušnja, proba.

**probationary** (probe'jšöneri), *a.* pokusni.

**probationer** (probe'jšönör), *n.* iskušenik; novajlija, novak.

**probative** (pro'betiv), **probatory** (pro'betori), *a.* pokusni, dokazni.

**probe** (prōb), *v.* istraživati, temeljito proučiti; — *n.* liječnička sprava za istraživanje rana.

**probity** (pro'biti), *n.* čestitost, poštenje, pravičnost, neporočnost.

**problem** (prå'blem), *n.* problem, zadatak, pitanje.

**problematic** (prå'blemă'tik), **problematical** (prå'blemă'tiköl), *a.* problematičan, dvojben, neizvjestan.

**proboscis** (probå'sis), *n.* rilo, surla.

**procedure** (prosi'đur), *n.* postupak; postupanje.

**proceed** (prosi'd), *v.* ići naprijed, nastaviti, postupati.

**proceeding** (prosi'ding), *n.* postupak, postupanje; rad.

**proceeds** (pro'sīdz), *n.* dohodak, dobitak.

**process** (prå'ses), *n.* napredovanje, napredak, tečaj; proces, postupak, parnica.

**procession** (prose'šön), *n.* povorka, procesija, svećani ophod.

**processional** (prose'šönöl), *a.* ophodni.

**proclaim** (prokle'jm), *v.* proglasiti, objaviti, obznaniti.

**proclamation** (pro'klöme'jšön), *n.* proglas, obznana, objava, navještaj.

**proclivity** (prokli'viti), *n.* naklonost, sklonost, nagnuće.

**proclivous** (prokli'vas), *a.* sklon, naklonjen.

**proconsul** (prokå'nsöl), *n.* prokonzul, namjesnik.

**procrastinate** (prokră'stinejt), *v.* odlagati, odgoditi, odgađati.

**procrastination** (prokrå'stine'jšön), *n.* odlaganje, odgoda, zatezanje.

**procreate** (pro'kriejt), *v.* rađati, proizvoditi.

**procreation** (pro'krie'jšön), *n.* rađanje, proizvođenje.

**proctor** (prå'ktör), *n.* odvjetnik (*kod civilnih i crkvenih sudova*), proktor, sveučilišni nadzornik, koji pazi na red i zapt.

**procumbent** (prokå'mbent), *a.* povaljen, potrbuške ležeći.

**procurable** (prokju'röbl), *a.* dobiv, dobavljiv.

**procuration** (prå'kjure'jšön), *n.* upravljanje, vođenje posla (*za drugoga*); punomoćje, prokura (*u trgovini*), mešetarina.

**procurator** (prå'kjure'jtör), *n.* upravitelj, zastupnik, prokurator.

**procure** (prokjū'r), *v.* dobiti, dobaviti, priskrbiti; prouzročiti; izraditi; svodíti, podvoditi.

**procurement** (prokjū'rment), *n.* dobivanje; pribavljanje; polučenje.

**procurer** (prokjū'rör), *n.* podvodnik, dobavljač.

**procuress** (prokjū'res), *n.* podvodnica.

**prod** (pråd), *v.* bosti, bockati; — *n.* ostan, bodilo; ubod; bodac.

**prodigal** (prå'digöl), *a.* rasipan, raskošan; — *n.* rasipnik.

**prodigality** (prå'digă'liti), *n.* rasipnost. rastrošnost.

**prodigally** (prå'digöli), *adv.* rasipno, rastrošno.

**prodigious** (prodi'đas), *a.* vanredan, silan, golem; strašan, užasan.

**prodigiously** (prodi'đasli), *adv.* vanredno, silno; čudnovato.

**prodigy** (prå'diđi), *n.* čudo, čudovište; nakaza.

**produce** (prodju's), *v.* iznijeti, pokazati; dovesti; roditi; proizvoditi, učiniti, izvršiti, producirati.

**produce** (prå'djus), *n.* proizvod, prihod, dohodak.

**producer** (prodju'sör), *n.* proizvoditelj, tvorac.

**producible** (prodju'sibl), *a.* proizvodiv.

**product** (prå'dakt), *n.* proizvod, plod, rod; djelo, posljedak, posljedica.

**production** (prodą'kšön), *n.* proizvođenje, proizvod, plod; djelo, iznošenje.

**productive** (prodą'ktiv), *a.* proizvodan, tvoran; plodan, rodan, unosan.

**productivity** (pro'dąkti'viti), *n.* proizvodivost, rodnost, plodnost.

**proem** (pro'em), *n.* predgovor, uvod.

**profanation** (pråföne'jšön), *n.* oskvrnjenje, oskvrnuće, obeščašćenje.

**profane** (profe'jn), *v.* oskvrniti, obeščastiti; huliti, kleti; — *a.* nesvet, nečist, bezbožan.

**profanely** (profe'jnli), *adv.* bezbožno, odurno.

**profanity** (profă'niti), *n.* bezbožnost; blatan jezik.

**profess** (profe's), *v.* ispovijedati, priznati, izjaviti, tvrditi, graditi se; javno se očitovati.

**professedly** (profe'sedli), *adv.* očevidno, očito, javno, priznato.

**profession** (profe'šön), *n.* ispovijedanje, očitovanje; izjava; zvanje, zanimanje, stalež.

**professional** (profe'šönöl), *a.* zvaničan, stručan; — *n.* zvaničnik, stručnjak.

**professor** (prófe'sör), *n.* profesor, učitelj.

**professorial** (pro'feso'riöl), *a.* profesorski.

**professoriate** (pro'feso'riet), *n.* profesorijat.

**professorship** (profe'söršip), *n.* profesorstvo.

**proffer** (prå'för), *v.* ponuditi, predložiti; — *n.* ponuda, prijedlog.

**proficiency** (profi'šensi), **proficience** (profi'šens), *n.* vrsnoća, vještina, okretnost.

**proficient** (profi'šent), *a.* vrstan, iskusan, vješt; — *n.* majstor, vještak.

**proficiently** (profi'šentli), *adv.* vješto, majstorski.

**profile** (pro'fael), *v.* slikati postrance, crtati u prosjeku; — *n.* profil, slika sa strane, prosjek, nacrt u prosjeku.

**profit** (prå'fit), *v.* koristiti, dobiti, okoristiti se; — *n.* dobit, korist, probitak, dohodak.

**profitable** (prå'fitöbl), *a.* dobitan, unosan, probitačan, koristan.

**profitably** (prå'fitöbli), *adv.* koristonosno, korisno.

**profitless** (prå'fitles), *a.* nekoristan, neunosan.

**profligacy** (prå'fligösi), *n.* podlost; razuzdanost.

**profligate** (prå'fliget), *a.* podao, opak, razuzdan; — *n.* podlac, nitkov.

**profound** (profą'und), *a.* dubok, dubokouman, dalekosežan, ponizan; — *n.* dubina, bezdan.

**profoundly** (profą'undli), *adv.* duboko, beskrajno.

**profundity** (profą'nditi), *n.* dubina, temeljitost.

**profuse** (profju's), *a.* obilan, raskošan, rasipan.

**profusely** (profju'sli), *adv.* obilno, raskošno.

**profusion** (profju'žön), *n.* obilnost, pretek, rasipnost.

**progenitor** (prođe'nitör), *n.* praotac.

**progeny** (prå'đeni), *n.* potomstvo, potomci, rod, pleme; mlad; leglo.

**prognosis** (prågnō'sis), *n.* prognoza, predviđanje toka bolesti.

**prognostic** (prågnå'stik), *a.* prognostičan, naslućivan; — *n.* znamenje, znak, slutnja.

**prognosticate** (prågnå'stikejt), *v.* proricati, nagoviještati, slutiti.

**prognostication** (prågnå'stike'jšön), *n.* kazivanje unaprijed, proricanje, znamenje.

**programme** (pro'grăm), *n.* program, raspored.

**progress** (progre's), *v.* napredovati; trajati; — (pro'gres), *n.* nàpredak, napredovanje, razvitak.

**progression** (progre'šön), *n.* napredovanje, napredak; progresija, red.

**progressive** (progre'siv), *a.* napredan, naprednjački.

**prohibit** (prohi'bit), *v.* zabraniti, priječiti.

**prohibition** (pro'hibi'šön), *n.* zabrana, obustava žestokog pića.

**prohibitionist** (pro'hibi'šönist), *n.* pristaša zabrane žestokih pića.

**prohibitive** (prohi'bitiv), **prohibitory** (prohi'bitori), *a.* zabranjen, prekomjeran, protuzakonit.

**project** (prođe'kt), *v.* baciti, izbaciti; snovati, smišljati; istaknuti, isticati se; stršiti; — (prå'đekt), *n.* plan, osnova.

**projectile** (prođe'ktil), *a.* bacajući naprijed; — *n.* baćeno tijelo; tane, zrno.

**projection** (prođe'kšön), *n.* metanje, bacanje; nacrt; isticanje, izbočina; projekcija.

**projector** (prođe'ktör), *n.* snovatelj *ili* crtač planova; izbacivalo.

**prolapse** (prolă'ps), **prolapsus** (prolă'psąs), *n.* ispadnuće kojeg nutarnjeg organa u tijelu (*kao maternice itd.*).

**prolate** (pro'let), *a.* pružen; plosnat.

**prolegomena** (pro'legă'menö), *n.* predbilješke; uvod.

**proletarian** (pro'lete'riön), *a.* siromašan, prost; — *n.* siromah, sirotan, proletarac.

**proletariate** (pro'lete'riet), *n.* proletarijat, sirotinja, niža klasa naroda.

**prolific** (proli'fik), *a.* plodan, rodan.

**prolix** (pro'liks), *a.* rječit; opširan; dosadan.

**prolixity** (proli'ksiti), *n.* rječitost; opširnost; dosadnost.

**prologue** (prō'låg), *v.* kazati kao uvod; — *n.* predgovor, uvod.

**prolong** (prolå'ng), *v.* produljiti, otegnuti, odgoditi.

**prolongation** (pro'långe'jšön), *n.* produženje, odgođenje.

**prolusion** (prolju'žön), *n.* predigra, pokus.

**promenade** (prà'menā'd *ili* pra'mene'jd), *v.* šetati (se); — *n.* šetnja; ⟨ šetalište.

**prominence** (prà'minens), *n.* odličnost, isticanje, uzvišenost.

**prominent** (prà'minent), *a.* istaknut, odličan.

**prominently** (prà'minentli), *adv.* odlično; na vidiku.

**promiscuous** (promi'skjuas), *a.* pomiješan, zbrkan.

**promise** (prà'mis), *v.* obećati; — *n.* obećanje.

**promising** (prà'mising), *a.* dajući nadu *ili* dobre izglede.

**promissory** (prà'misori), *a.* obvezatan, obećajući.

**promissory-note** (prà'misori nō't), *n.* zadužnica, obveznica.

**promontory** (pro'möntöri), *n.* r't.

**promote** (promō't), *v.* unaprijeđivati, promicati, promaknuti; uzvisiti; podupirati, utemeljiti.

**promoter** (promō'tör), *n.* promicalac, zaštitnik, utemeljitelj.

**promotion** (promō'šön), *n.* promaknuće, unaprijeđenje, potpomaganje.

**prompt** (pràmpt), *v.* pobuđivati, poticati, potaknuti; podjariti; šaptati, prišapnuti; primijetiti; — *a.* pripravan, gotov; brz, hitar; točan; bezodvlačan.

**prompter** (prà'mtör), *n.* poticatelj; šaptač.

**promptitude** (prà'mtitjud), *n.* pripravnost; brzina; točnost.

**promptly** (prà'mtli), *adv.* odmah.

**promulgate** (promà'lgejt), *v.* proglasiti, razglasiti.

**promulgation** (pro'målge'jšön), *n.* proglašenje.

**promulgator** (pro'målge'jtör), *n.* proglasivač.

**prone** (prōn), *a.* nagnut; strm; spreman; potrbuške; ničice.

**pronely** (prō'nli), *adv.* ničice; potrbušice.

**prong** (pràng), *n.* krak, zubac; parožak; velike viljuške, vile.

**pronominal** (pronà'minöl), *a.* zamjenični.

**pronoun** (pro'naun), *n.* zamjenica.

**pronounce** (pronà'uns), *v.* izgovoriti, izgovarati, izreći, proglasiti.

**pronounceable** (pronà'unsöbl), *a.* izgovoriv, izreciv.

**pronounced** (pronà'unst), *a.* izrazit.

**pronunciation** (pronà'nsie'jšön), *n.* izgovor, izgovaranje.

**proof** (pruf), *a.* neprobojan; otporan; siguran; dokazan; postojan; — *n.* dokaz; pokus; tvrdoća; jakost; stepen jakosti alkoholskih pića; korektura, arak za korekturu.

**prop** (pràp), *v.* poduprijeti; koliti (*lozu*); podržavati; — *n.* potporanj, potpora, uporište; kolac.

**propaganda** (prà'pögå'ndö), *n.* propaganda, širenje (*vjere ili nauke*)

**propagandism** (prà'pögå'ndizm), *n.* sistem o širenju; propagande.

**propagandist** (prà'pögå'ndist), *n.* član propagande.

**propagate** (prà'pögejt), *v.* rasploditi (se), rasplođivati, širiti (se); propagirati.

**propagation** (prà'pöge'jšön), *n.* rasplođivanje; širenje; propagiranje.

**propagator** (prà'pögejtör), *n.* propagator, širitelj, rasplođivač.

**propel** (prope'l), *v.* goniti, turati, rivati naprijed.

**propeller** (prope'lör), *n.* onaj, koji *ili* što tjera naprijed; parobrod na svrdao.

**propense** (prope'ns), *a.* sklon, naklon.

**propensity** (prope'nsiti), *n.* naklonost, sklonost.

**proper** (prà'pör), *a.* vlastit, svoj, osobit; rođen, prikladan, zgodan, pravi, točan; pristojan.

**properly** (prà'pörli), *adv.* pravo, u pravom smislu, točno, strogo.

**property** (prå'pörtĭ), *n.* osobito svojstvo, osobitost; vlasništvo; posjed, dobro, imanje.

**prophecy** (prå'fesi), *n.* proročanstvo.

**prophesy** (prå'fesaj), *v.* proricati; proreći.

**prophet** (prå'fet), *n.* prorok.

**prophetess** (prå'fetes), *n.* proročica.

**prophetic** (profe'tik), **prophetical** (profe'tiköl), *a.* proročki, proročanski.

**prophylactic** (pro'filă'ktik), *a.* sprečavajući bolest; — *n.* lijek, koji sprečava bolest.

**propinquity** (propi'nkuiti), *n.* blizina, susjedstvo; srodstvo.

**propitiate** (propi'šiejt), *v.* pomiriti, smiriti; ublažiti.

**propitiation** (propi'šie'jšön), *n.* pomirenje; pomirna žrtva; pokajanje.

**propitiatory** (propi'šiötori), *a.* pomirni.

**propitious** (propi'šạs), *a.* povoljan; milostiv.

**propitiously** (propi'šạsli), *adv.* povoljno, milostivo.

**proportion** (propo'ršön), *v.* udesiti razmjerno, načiniti skladno, odgovarati čemu; — *n.* razmjer; omjer; sročnost, simetrija.

**proportionable** (propo'ršönöbl), *a.* razmjeran.

**proportional** (propo'ršönöl), *a.* razmjeran; — *n.* proporcijonala.

**proportionally** (propo'ršönöli), *adv.* razmjerno.

**proportionate** (propo'ršönejt), *v.* učiniti razmjerno; — *a.* razmjeran.

**proportionately** (propo'ršönetli), *adv.* razmjerno.

**proposal** (propō'zöl), *n.* prijedlog; ponuda.

**propose** (propō'z), *v.* predložiti, predlagati; ponuditi; zaprositi.

**proposer** (propō'zör), *n.* predlagač.

**proposition** (prå'pozi'šön), *n.* prijedlog, propozicija; tvrdnja; poučak.

**propound** (propạ'und), *v.* predložiti; zadati (*pitanje*).

**proprietary** (propra'etöri), *a.* vlasnički, posjednički; — *n.* vlasnik, posjednik; pravo vlasništva.

**proprietor** (propra'etör), *n.* vlasnik, posjednik.

**proprietress** (propra'etres), **proprietrix** (propra'etriks), *n.* vlasnica, posjednica.

**propriety** (propra'eti), *n.* pravilnost, ispravnost; prikladnost.

**propulsion** (propạ'lšön), *n.* pokretanje, tjeranje naprijed; pobuda.

**prorate** (pro're'jt), *v.* podijeliti razmjerno, oporezovati razmjerno.

**prorogate** (pro'rogejt), *v.* odgoditi, odložiti.

**prorogation** (pro'roge'jšön), *n.* odgođenje, odgoda.

**prorogue** (prorō'g), *v. vidi*: **prorogate.**

**prosaic** (proze'ik), *a.* prozaičan, suhoparan; običan.

**proscribe** (proskra'jb), *v.* proglasiti bespravnim, opasnim; isključiti, izopćiti.

**proscription** (proskri'pšön), *n.* proglašenje bespravnim, zabaćenje, izopćenje, progon; zabrana.

**proscriptive** (proskri'ptiv), *a.* progonstven, nạsilnički.

**prose** (prōz), *v.* pisati u prozi; dosadno govoriti; — *a.* prozaičan, suhoparan; — *n.* proza.

**prosecute** (prå'sekjut), *v.* ustrajati u čemu, slijediti, progoniti (*sudbeno*); tužiti.

**prosecution** (prå'sekju'šön), *n.* sudbeni postupak, progon, tužba; nastojanje; nastavak.

**prosecutor** (prå'sekju'tör), *n.* progonitelj; tužitelj.

**prosecutrix** (prå'sikju'triks), *n.* progoniteljica, tužiteljica.

**proselyte** (prå'selajt), *v.* preobratiti, obratiti, pridobiti; — *n.* obraćenik; novi pristaša.

**proselytism** (prå'selitizm *ili* prå'selajtizm), *n.* obraćanje, revnost u kupljenju pristaša.

**proselytize** (prå'selitajz *ili* pra'selajtajz), *v.* obraćati, snubiti pristaše.

**prosodic** (prå'så'dik), *a.* prozodičan.

**prosodist** (prå'sådist), *n.* prozodičar.

**prosody** (prå'sådi), *n.* prozodija, nauka o dugim i kratkim slogovima, o naglašavanju, građenju stihova.

**prosopopeia, prosopopoeia** (prå'såpopi'jö), *n.* prozopopeja, personifikacija neživih stvari.

**prospect** (prå'spekt), *v.* tražiti rude; — *n.* izgled, vidik, predviđanje, očekivanje.

**prospective** (pràspe'ktiv), *a.* izgledan, predviđan, budući.

**prospectus** (pràspe'ktas), *n.* oglas; osnova, program (*školski*).

**prosper** (prà'spör), *v.* uspijevati, napredovati; biti srećan.

**prosperity** (pràspe'riti), *n.* blagostanje, sreća, napredak, boljitak.

**prosperous** (prà'spöras), *a.* napredan, uspješan, srećan.

**prosperously** (prà'spörasli), *adv.* uspješno, povoljno.

**prostitute** (prà'stitjut), *v.* dati na blud; oskvrniti, obeščastiti; osramotiti; — *a.* bludan, sramotan; — *n.* bludnica.

**prostitution** (prà'stitju'šön), *n.* blud; obeščašćenje, sramoćenje, prostitucija.

**prostrate** (prà'stret), *v.* poleći, oboriti; uništiti; — *a.* ležeći (*u prahu*), oboren, povaljen, ničice.

**prostration** (prà'stre'jšön), *n.* oborenje, padanje ničice, povaljenje, klonulost, iznemoglost, slabost.

**prostyle** (prà'stael), *a.* imajući stupove pri ulazu.

**prosy** (prō'zi), *a.* prozaičan, dosadan, suhoparan.

**protean** (pro'tiön), *a.* mnogoličan; promjenljiv, protejski.

**protect** (prote'kt), *v.* štititi, čuvati, sačuvati; braniti, carinom zaštititi.

**protection** (prote'kšön), *n.* zaštita, obrana; pokroviteljstvo, okrilje, zaštitna carina.

**protectionist** (prote'kšönist), *n.* pristaša zaštitne carine, protivnik slobodne trgovine.

**protective** (prote'ktiv), *a.* zaštitni, obranben.

**protector** (prote'ktör), *n.* zaštitnik, pokrovitelj.

**protectorate** (prote'ktöret), *n.* protektorat, pokroviteljstvo.

**protectress** (prote'ktres), **protectrix** (prote'ktriks), *n.* zaštitnica, pokroviteljica.

**protege** (pro'teže'), *n.* štićenik.

**protegee** (pro'teže'), *n.* štićenica.

**proteid** (pro'tiid), *n.* proteid.

**protein** (pro'tiin), *n.* protein.

**protest** (prote'st), *v.* protestovati, prosvjedovati; ograditi se, svečano izjaviti.

**protest** (pro'test), *n.* protest, prosvjed, prigovor.

**Protestant** (prà'testönt), *a.* protestantski; — *n.* protestant.

**Protestantism** (prà'testöntizm), *n.* protestantizam.

**protestation** (pro'teste'jšön), *n.* prosvjedovanje, protestiranje, prosvjed; svečano očitovanje, uvjeravanje.

**prothonotary** (protà'nöteri), *n.* protonotar, prvi (*sudbeni*) činovnik.

**protocol** (pro'tokàl), *n.* protokol, zapisnik.

**protoplasm** (pro'toplàzm), *n.* protoplazma.

**prototype** (pro'totajp), *n.* pralik, uzor.

**protract** (protrà'kt), *v.* produžiti, razvlačiti, otezati, odgađati.

**protractedly** (protrà'ktedli), *adv.* razvlačito, dosadno.

**protraction** (protrà'kšön), *n.* otezanje, razvlačenje, prenošenje (*kutova*).

**protractive** (protrà'ktiv), *a.* razvlačni, otezni.

**protractor** (protrà'ktör), *n.* otezalac; kutomjer.

**protrude** (protrū'd), *v.* turiti naprijed, potisnuti; ispružiti; izbiti, viriti; isticati se.

**protrusion** (protrū'žön), *n.* turanje, pomaljanje; izbočina.

**protrusive** (protrū'siv), *a.* rivajući, turajući; izbočen.

**protuberance** (protju'böröns), *n.* oteklina; guka, grba; izbočina, ispon.

**protuberant** (protju'böröbt), *a.* otečen, izbočen.

**protuberate** (protju'börejt), *v.* izbočiti se, ispinjati se, viriti.

**proud** (pra'ud), *a.* ohol, ponosan.

**proud-flesh** (pra'udfle'š), *n.* divlje meso.

**proudly** (pra'udli), *adv.* oholo, ponosito, gizdavo.

**provable** (prū'vöbl), *a.* dokaziv.

**prove** (prūv), *v.* dokazati, pokazati (se); potvrditi, kušati, probati; obistiniti se.

**proven** (prūvn), *a.* dokazan.

**provenance** (prà'venöns), *n.* porijeklo.

**provender** (prà'vendör), *n.* krma, hrana.

**proverb** (prä'vörb), *n.* poslovica, rečenica, priča.

**proverbial** (pråvö'rbiöl), *a.* poslovički.

**proverbially** (pråvö'rbiöli), *adv.* poslovički.

**provide** (prova'jd), *v.* providiti, odrediti, narediti; pribaviti, snabdjeti.

**provided** (prova'jded), *conj.* uz uvjet, uslovno, uzevši da, ako, samo ako.

**providence** (prå'videns), *n.* providnost, promisao; Bog.

**provident** (prå'vident), *a.* skrban, brižljiv, oprezan.

**provident-bank** (prå'videntbǎ'nk), *n.* štedionica.

**providential** (prå'vide'nćöl), *a.* poslan od providnosti.

**providently** (prå'videntli), *adv.* skrbno, oprezno.

**province** (prå'vins), *n.* pokrajina, oblast, područje; struka.

**provincial** (provi'nćöl), *a.* pokrajinski, provincijalni; seoski, seljački; jednostavan; — *n.* malograđanin, provincijalac.

**provincialism** (provi'nćölizm), *n.* provincijalizam, pokrajinsko narječje.

**provision** (provi'žön), *v.* snabdjeti živežem, oskrbiti hranom; — *n.* odredba, naredba; staranje; oskrba, nabava, zaliha, živež, hrana, provizija; opravnina.

**provisional** (provi'žönöl), *a.* privremeni, provizoran.

**provisionally** (provi'žönöli), *adv.* provizorno, privremeno.

**proviso** (prova'jzo), *n.* uslov, uvjet.

**provisory** (prova'jzori), *a.* privremen, provizoran, uslovan, uvjetan.

**provocation** (prå'voke'jšön), *n.* izazov, izazivanje, draženje, pobuda.

**provocative** (provå'ketiv), *a.* izazovan, izazivni, razdraživ; — *n.* sredstvo za podraživanje.

**provoke** (provō'k), *v.* dražiti, izazivati; pobuditi, potaknuti; razljutiti.

**provoking** (provō'king), *a.* izazivni, razdražujući, nesnosan.

**provost** (prå'vöst), *n.* rektor, predstojnik, nastojnik, prepošt, profos.

**provost-marshal** (prå'vöstma'ršöl), *n.* glavni vojnički |sudac, tamničar (*na brodu*).

**provostship** (prå'vöstšip), *n.* nastojništvo, prepoštija, rektorat.

**prow** (pra'u), *n.* prova, prednji dio broda.

**prowess** (pra'ues), *n.* hrabrost, srčanost.

**prowl** (pra'ul), *v.* obilaziti; povlačiti se; — *n.* obilaženje, skitanje.

**proximate** (prå'ksimet), *a.* najbliži, bliži; neposredan.

**proximately** (prå'ksimetli), *adv.* najbliže; neposredno; skoro.

**proximity** (pråksi'miti), *n.* blizina, susjedstvo.

**proxy** (prå'ksi), *n.* zamjena, zastupanje; punomoćje; punomoćnik, zamjenik.

**prude** (prūd), *n.* poštrkuša, žena prividno čedna i tobože stidljiva.

**prudence** (prū'dens), *n.* razboritost, opreznost.

**prudent** (prū'dent), *a.* razborit, pametan, oprezan.

**prudential** (prude'nćöl), *a.* razborit, mudar, smotren.

**prudery** (prū'döri), *n.* tobožnja stidljivost.

**prudish** (prū'diš), *a.* tobože stidljiv, licemjeran, razmažen.

**prune** (prūn), *v.* kaštriti, osjeći, rezati, očistiti; — *n.* šljiva (*suha*).

**prunella** (prune'lö), *n.* prunel, vrst ι crnog vunenog latka.

**prurience** (pru'riens), **pruriency** (pru'riensi), *n.* svrab; požuda.

**prurient** (pru'rient), *a.* škakljiv; požudan; popašan.

**Prussian** (pra'šön), *a.* pruski; — *n.* Prus.

**prussic-acid** (prö'sikǎ'sid), *n.* cijanovodična kiselina, modrikova kiselina.

**pry** (praj), *v.* viriti, pomno motriti, vrebati; — *n.* pomnjivo gledanje, oštar gled.

**prying** (pra'ing), *a.* vireći, vrebajući, radoznao.

**psalm** (sām), *n.* psalam.

**psalm-book** (sa'mbu'k), *n.* psaltir, knjiga psalama.

**psalmist** (sā'mist *ili* sa'lmist), *n.* pjesnik *ili* pjevač psalama.

**psalmodist** (sā'modist *ili* sǎ'lmadist), *n. vidi*: **Psalmist**.

**psalmody** (sa'modi *ili* sǎ'lmodi), *n.* pjevanje psalama, psalmi.

**psalter** (sä'ltör), *n.* psaltir, zbirka psalama.

**psaltery** (sà'ltöri), *n.* psalterij; vrsta cimbale.

**pseudo** (sju'do), *a.* krivi, lažni.

**pseudonym** (sju'donim), *n.* lažno ime, uzeto ime, pseudonim.

**pshaw** (šà), *interj.* ha, ha! ludorije!

**psychiatry** (sajka'ötri), *n.* liječenje duševnih bolesti.

**psychic** (sa'jkik), **psychical** (sa'jkiköl), *a.* duševni.

**psychologic** (sa'jkölà'đik), **psychological** (sa'jkölà'điköl), *a.* psihološki, dušoslovni.

**psychologist** (sajkà'löđist), *n.* psiholog.

**psychology** (sajkà'löđi), *n.* psihologija, dušoslovlje.

**ptarmigan** (ta'rmigön), *n.* sniježnica (*vrsta tetrijeba*).

**ptomaine** (to'mein), *n.* raspadljive tvari.

**ptyalism** (ta'elizm), *n.* slinjenje.

**puberty** (pju'börti), *n.* doraslost, zrelost, doba, u kojoj osobe mogu rađati djecu.

**pubescence** (pjube'sens), *n.* doraslost; brucanje.

**pubescent** (pjube'sent), *a.* dorastao; zreo, maljav.

**public** (pa'blik), *a.* javan, opći, općenit.

**publican** (pa'blikön), *n.* carinar, gostioničar.

**publication** (pa'blike'jšön), *n.* oglašenje, obznana, objelodanjenje; izdavanje; izdanje; izdano djelo.

**public-house** (pa'blikha'us), *n.* krčma, gostionica.

**publicist** (pa'blisist), *n.* pisac o dnevnim političkim pitanjima, publicista.

**publicity** (pabli'siti), *n.* javnost.

**publicly** (pa'blikli), *adv.* javno, otvoreno.

**publish** (pa'bliš), *v.* objelodaniti, objaviti; oglasiti; izdati; tiskati.

**publisher** (pa'blišör), *n.* oglasivač; izdavač, nakladnik.

**pucker** (pa'kör), *v.* nabrati, naborati; — *n.* nabor, bora.

**pudder** (pa'dör), *n.* buka, rogobora.

**pudding** (pu'ding), *n.* puding; kobasica.

**puddle** (pàdl), *v.* mutiti, smutiti, oblatiti, okaljati, ispuniti smjesom od ilovače i pijeska; pudlovati (*željezo*); — *n.* lokva, kaljuža; smjesa od ilovače i pijeska.

**puddling** (pa'dling), *n.* ispunjavanje smjesom od ilovače i pijeska; pudlovanje.

**pudenda** (pjude'ndö), *n.* tajni udovi.

**pudgy** (pa'đi), *a.* zdepast.

**puerile** (pju'örael *ili* pju'öril), *a.* djetinjski, djetinjast.

**puerility** (pju'öri'liti), *n.* djetinjstvo, djetinjarija.

**puerperal** (pjuö'rpöröl), *a.* porodiljni, babinji.

**puff** (paf), *v.* puhnuti, duhati, hripati, teško disati. dahtati; dimiti; naduti se; nadimati se; hvaliti se; napuhati, uzdizati; — *n.* nagli hak, dah, ćuh, ćušak vjetra; puhara; dušak; dim; veličanje.

**puff-ball** (pa'fbà'l), *n.* puša, puhara (*gljiva*).

**puffin** (pa'fin), *n.* njorba (*ptica*).

**puffy** (pa'fi), *a.* naduven, nadut, nabuhao.

**pug** (pag), *n.* majmunče; psić, mops.

**pugilism** (pju'đilizm), *n.* borba sa šakama, šakanje.

**pugilist** (pju'đilist), *n.* šakač, borac.

**pugilistic** (pju'đili'stik), *a.* šakački.

**pugnacious** (pögne'jšas), *a.* bojovan, ratoboran, svadljiv.

**pugnacity** (pögnà'siti), *n.* ratobornost, svadljivost.

**pug-nose** (pa'gnö'z), *n.* zatubast (*frntast*) nos.

**puisne** (pju'ni), *a.* mlađi, niži, podređeni.

**puissance** (pju'isöns), *n.* moć, sila.

**puissant** (pju'isönt), *a.* moćan, silan, jak.

**puke** (pjuk), *v.* bljuvati; — *n.* bljuvotina, bljuvanje.

**pulchritude** (pa'lkritjud), *n.* ljepota, ljupkost.

**pule** (pjūl), *v.* pijukati, cviliti, derati se.

**pulkha** (pa'lkö), *n.* saonice.

**pull** (pul), *v.* vući, povući, potezati; brati, trgati, čupati, skupsti; grebenati; — *n.* vučenje, potezanje; trzaj; udarac; dušak; veslanje; napoj; borba; upliv.

**pullet** (pu'let), *n.* kokoška, piplica.

**pulley** (pu'li), *n.* kolotura.
**pullman** (pu'lmön), **pullman-car** (pu'lmönka'r), *n.* spavaća željeznička kola (*vagon*).
**pulmonary** (pa'lmönöri), *a.* plućni.
**pulp** (palp), *v.* pretvoriti u kašu, oljuštiti;— *n.* srž, meso (*u plodova*), mozak (*iz kostiju*); kaša.
**pulpit** (pu'lpit), *n.* prodikaonica, govornica, katedra.
**pulpy** (pa'lpi), *a.* mek, mesnat, kao kaša, moždinav.
**pulsate** (pa'lsejt), *v.* biti, kucati, tući, udarati.
**pulsation** (palse'jšön), *n.* kucanje, udaranje srca.
**pulse** (pals), *v.* biti, udarati, kucati; — *n.* bilo, udar; njihaj.
**pulverize** (pö'lvörajz), *v.* satrti, stući, samljeti, pretvoriti u prah.
**pulverulent** (pölve'rjulent), *a.* prašan, od praha.
**puma** (pju'mö), *n.* puma.
**pumice** (pju'mis *ili* pa'mis), *n.* plavac, plovučac.
**pumiceous** (pjumi'šas), *a.* plavčev.
**pump** (pamp), *v.* vući na šmrk, usisavati, ispipavati; — *n.* sisaljka, šmrk; plesaća cipela.
**pumpkin** (pa'mpkin), *n.* buča, tikva, bundeva.
**pun** (pan), *v.* igrati se riječima, titrati se; — *n.* igra, titranje riječima.
**punch** (panć), *v.* probiti, probušiti; udariti pesnicom; — *n.* šilo; probojac; punč; arlekin, lakrdijaš.
**puncheon** (pa'nćan), *n* šilo; pečat; bačva.
**punchy** (pa'nći), *a.* zdepast.
**punctilio** (pankti'lio), *n.* pretjerana točnost; prevelika osjetljivost.
**punctilious** (pankti'lias), *a.* odviše točan; preosjetljiv.
**punctual** (pa'nkćual), *a.* točan, pravovremen.
**punctuality** (pa'nkćuǎ'liti), *n.* točnost.
**punctuate** (pa'nkćuejt), *v.* metati znakove u pisanju.
**punctuation** (pa'nkćue'jšön), *n.* metanje znakova (*kod pisanja*), interpunkcija.
**puncture** (pa'nkćur), *v.* probušiti, bosti; — *n.* ubod, probušenje, luknja.
**pundit** (pa'ndit), *n.* učenjak.

**pungency** (pa'nđensi), *n.* oštrina, jetkost, reskost; ujedljivost; bodljivost.
**pungent** (pa'nđent), *a.* jedak, rezak, oštar, ljut; bodljiv.
**Punic** (pju'nik), *a.* punski; nevjeran.
**punish** (pa'niš), *v.* kazniti, pedepsati.
**punishable** (pa'nišöbl), *a.* kažnjiv.
**punishment** (pa'nišment), *n.* kazan, pedepsa.
**punitive** (pju'nitiv), *a.* kazneni.
**punka, punkah** (pa'nkö), *n.* velika mahaiica.
**punning** (pa'ning), *n.* titranje, igranje riječima.
**punster** (pa'nstör), *n.* igrač riječima.
**punt** (pant), *v.* prevažati na splati, poentirati; — *n.* plosan čun, splata, šoranje (*lopte, prije nego na zemlju padne*).
**puny** (pju'ni), *a.* malašan, slabašan, neznatan.
**pup** (pap), *v.* ošteniti, okotiti se; — *n.* štene, psetance.
**pupa** (pju'pö), *n.* kukuljica.
**pupate** (pju'pejt), *v.* zakukuljiti se.
**pupil** (pju'pil), *n.* učenik, učenica, pitomac, zjenica.
**pupilage** (pju'pileđ), *n.* đakovanje, skrbništvo; malodobnost.
**pupilary** (pju'pilöri), *a.* učenički, štićenićki; zjenični.
**puppet** (pa'pet), *n.* lutka (*na žici*), marijoneta.
**puppy** (pa'pi), *n.* štene, pseto; fićfirić, gizdelin.
**puppyism** (pa'piizm), *n.* prekomjerno pretvaranje *ili* utvaranje; kicošenje.
**pur**, *vidi*: **purr**.
**purblind** (pö'rbla'jnd), *a.* slabovidan; zaslijepljen.
**purchasable** (pö'rčesöbl), *a.* kupovan.
**purchase** (pö'rčes), *v.* kupiti, steći; — *n.* kupnja, kupovnina; tečevina; sprava za dizanje.
**purchaser** (pö'rčesör), *n.* kupac.
**pure** (pjūr), *a.* čist, nevin, iskren; puki, zgoljni.
**purely** (pjū'rli), *adv.* čisto, sasvim, samo.
**pureness** (pjū'rnes), *n.* čistoća.
**purgation** (pörge'jšön), *n.* čišćenje.
**purgative** (pö'rgötiv), *a.* što čisti; — *n.* sredstvo za čišćenje.
**purgatory** (pö'rgötori), *a.* što čisti, čistilišni; — *n.* čistilište.

**purge** (pördi), *v.* očistiti, čistiti, opravdati; — *n.* čišćenje, sredstvo za čišćenje.

**purification** (pju'rifike'jšön), *n.* čišćenje, očišćenje.

**purifier** (pju'rifaör), *n.* čistilo, čistilac.

**purify** (pju'rifaj), *v.* čistiti, očistiti, izbistriti se.

**purism** (pju'rizm), *n.* purizam, pretjerana biranost riječi.

**purist** (pju'rist), *n.* onaj, koji pretjerava u biranju riječi, purist.

**Puritan** (pju'ritön), *a.* puritanski; — *n.* puritanac.

**Puritanic** (pju'ritǎ'nik), **puritanical** (pju'ritǎ'niköl), *a.* puritanski; licemjerski.

**purity** (pju'riti), *n.* čistoća, nevinost.

**purl** (pörl), *v.* žuboriti, žamoriti; obrubiti naborima; — *n.* toplo pivo s mirodijama; žubor, žamor.

**purlieu** (pö'rlju), *n.* okoliš, okolina.

**purloin** (pörlo'jn), *v.* krasti, ukrasti.

**purple** (pörpl), *v.* rumeniti, crveniti se kao grimiz; — *a.* grimizan, rumen, tamnoljubičast; — *n.* grimiz, grimizna boja, rumenilo; grimizno odijelo.

**purport** (pö'rport), *v.* značiti, sadržavati, smjerati; — *n.* sadržaj, smisao, značenje; svrha.

**purpose** (pö'rpös), *v.* kaniti, namjeravati; odlučiti; — *n.* cilj, svrha, osnova, namjera, nakana.

**purposeless** (pö'rpösles), *a.* bez svrhe, zaludan.

**purposely** (pö'rpösli), *adv.* namjerno, hotimice, navlaš.

**purr** (pör), *v.* presti (*o mački*); vrčati; — *n.* predenje, vrčanje.

**purse** (pörs), *v.* staviti u novčarku; — *n.* novčarka, kesa; svota novca.

**purse-proud** (pö'rsprạ'ụd), *a.* ohol radi imućstva.

**purser** (pö'rsör), *n.* komisar (*na brodu*); blagajnik.

**purslane** (pö'rslen), *n.* tušt, tušac (*biljka*).

**pursuance** (pörsju'öns), *n.* tjeranje; slijeđenje; izvršivanje; **in pursuance of** (inpörsju'önsǎ'v), uslijed.

**pursuant** (pörsju'önt), *a. i adv.* suglasan; uslijed, po, prema.

**pursue** (pörsju'), *v.* ići za, slijediti, tjerati, progoniti, ići u potjeru.

**pursuer** (pörsju'ör), *n.* progonitelj' gonić, slijeditelj; težitelj; tužitelj.

**pursuit** (pörsju't), *n.* tjeranje, potjera, progonjenje; potraživanje, traženje, iskanje; radnja; težnja, nastavak.

**pursuivant** (pö'rsụivönt), *n.* državni glasnik, pratilac, preteča.

**pursy** (pö'rsi), *a.* sipljiv, slaboduhast.

**purtenance** (pö'rtinöns), *n.* pripadak; drob.

**purulence** (pju'rulens), **purulency** (pju'rulensi), *n.* gnojenje, zagnojenost.

**purulent** (pju'rulent), *a.* gnojan.

**purvey** (pö'rve'j), *v.* pribaviti, nabaviti, snabdjeti, oskrbiti.

**purveyance** (pörve'öns), *n.* nabavljanje; zaira, hrana, zaliha.

**purveyor** (pörve'ör), *n.* nabavljač.

**purview** (pö'rvju), *n.* ụstanova, odredba; područje, opseg.

**pus** (pạs), *n.* gnoj, srž (*u čiru*).

**push** (puš), *v.* turati, gurati; tjerati, uskoriti, pospješiti; siliti; progoniti; salijetati, navaljivati; — *n.* guranje, turanje; udar, mah; poriv, navala; naprezanje, težnja, poduzeće.

**pushing** (pu'šing), *a.* poduzetan, smjel, odvažan.

**pusillanimity** (pju'silǎni'miti), *n.* malodušnost; kukavština, plašljivost.

**pusillanimous** (pju'silǎ'nimạs), *a.* malodušan, strašiv.

**puss** (pus), *n.* mače; zečić.

**pussy** (pu'si), *n.* mače.

**pustular** (pạ'stjulör), *a.* bubuljičast, prištićav.

**pustulate** (pạ'stjulejt), *v.* opryštiti se, izasuti se; — *a.* prištičav, bubuljičav.

**pustule** (pạ'stjul), *n.* prištić, bubuljica.

**put** (pụt), *v.* metnuti, staviti, postaviti; prepustiti, povjeriti, skloniti, natjerati.

**put, putt** (pạt), *v.* svaliti sa leđiju, loptati se maškom, udarati maškom; — *n.* udarac maškom.

**putative** (pju'tetiv), *a.* namišljen, smatran, vjerojatan.

**putid** (pju'tid), *a.* gnjusan, gadan, odvratan.

**putrefaction** (pju'trifǎ'kšön), *n.* gnjiljenje, raspadanje, gnjiloća.

**putrefactive** (pju'trifă'ktiv), *a.* raspadljiv, gnjio.

**putrefy** (pju'trifaj), *v.* gnjiliti, raspadati se, trunuti.

**putrescence** (pjutre'sens), *n.* gnjilost, gnjiloća, truhlost.

**putrescent** (pjutre'sent), *a.* gnjio, raspadljiv.

**putrid** (pju'trid), *a.* gnjio, pokvaren, smrdljiv.

**putridity** (pjutri'diti), *n.* raspadljivost, gnjilost, truhlost.

**putt** (pat), *n.* čudak, bezjak, prostak.

**putter** (pu'tör), *n.* stavljač, maška.

**puttock** (pa'tök), *n.* škanjac mišar (*ptica*).

**putty** (pa'ti), *v.* zamazati lemom, zakititi; — *n.* lem (*staklarski*), kit.

**puzzle** (pazl), *v.* zabuniti, smesti; — *n.* zagonetka, zabuna, smetenost.

**puzzle-headed** (pa'zlhe'ded), *a.* smućen, zbunjen.

**puzzler** (pa'zlör), *n.* zagonetač, smućivatelj.

**puzzling** (pa'zling), *a.* zagonetan.

**pyaemia** (pai'miö), *n.* otrovanje krvi.

**pygmy** (pi'gmi), *a.* kržljav, malen; — *n.* patuljak, pigmej.

**pyjamas** (pajdă'möz), *n.* spavaća košulja.

**pyloras** (pilo'ras *ili* pajlo'ras), *n.* vratarnik (*želučana usta*).

**pyramid** (pi'römid), *n.* piramida.

**pyramidal** (piră'midöl), *a.* piramidalan.

**pyramidic** (pi'römi'dik), **pyramidical** (pi'römi'diköl), *a. vidi*: **pyramidal.**

**pyre** (pa'er), *n.* lomača.

**pyretic** (pajre'tik), *a.* grozničav; — *n.* lijek za groznicu.

**pyrites** (pira'jtiz), *n.* pirit, kolčadan.

**pyrolatry** (pajră'lötri), *n.* obožavanje vatre.

**pyroligneous** (pa'jroli'gnias), *a.* drvenokiseo.

**pyrology** (pajră'lođi), *n.* nauk o toplini.

**pyrometer** (pajră'mitör), *n.* vatromjer, sprava za mjerenje velike topline.

**pyrotechnic** (pa'jrote'knik), *a.* vatrometski, vatrometan.

**pyrotechnics** (pa'jrote'kniks), **pyrotechny** (pa'jrote'kni), *n.* vatrometska vještina; vatromet.

**pyrotechnist** (pa'jrote'knist), *n.* vatrometnik; piroteknik.

**pyrrhic** (pi'rik), *n.* ratni ples.

**pyrrhonism** (pi'rănizm), *n.* skepticizam, sumnjanje o svemu.

**pythagorean** (pită'gori'ön), *a.* pitagorski.

**pythagorean-proposition** (pită'gori'ön-pră'pozi'šön), *n.* pitagorski poučak.

**python** (pa'jtön), *n.* udav.

**pythoness** (pa'jtönes), *n.* proročica.

**pyx** (piks), *n.* monstranca; pokaznica, kutija za uzorke novokovanog novca; kućica za sjevernicu.

# Q

**Q, q** (kjū), *slovo:* Q, q.

**qua** (kue̱'j), *adv.* u svojstvu, kao.

**quack** (kua̱'k), *v.* gakati, hvastati se, šarlatanski raditi; — *a.* šarlatanski; hvalisav; — *n.* gakanje; šarlatan, nadriliječnik.

**quackery** (kua̱'köri), *n.* šarlatanstvo, nadriliječništvo; hvastanje.

**quackish** (kua̱'kiš), *a.* šarlatanski; hvalisav.

**quacksalver** (kua̱'ksă'lvör), *n.* nadriliječnik (*sa mastima*).

**quad** (kua̱'d), *n.* dvorište.

**Quadragesima** (kua̱'dröde̱'simö), *n.* korizma.

**quadragesimal** (kua̱'dröde̱'simöl), *a.* korizmeni.

**quadrangle** (kua̱'dröngl), *n.* četverokut; četverokutno dvorište u zgradi.

**quadrangular** (kua̱dră'ngjulör), *a.* četverokutni, četverouglast.

**quadrant** (kua̱'drönt), *n.* četvrtina kruga, kvadrant.

**quadrat** (kua̱'dret), *n.* kvadrat, četvorac.

**quadrate** (kua̱'dret), *v.* slagati se, odgovarati; — *n.* kvadrat, četvorina.

**quadratic** (kua̱dră'tik), *a.* kvadratičan.

**quadratic-equations** (kua̱dră'tikue̱'jšöns), *n.* kvadratične jednadžbe.

**quadrature** (kua̱'dröćur), *n.* kvadratura.

**quadrennial** (kua̱dre'niöl), *a.* četverogodišnji.

**quadrilateral** (kua̱'drilă'töröl), *a.* četverostran; — *n.* četverokut.

**quadrille** (kua̱dri'l *ili* kădri'l), *n.* četvorka.

**quadripartite** (kua̱'dripa'rtajt), *a.* četveročlan.

**quadrisyllable** (kua̱'drisi'löbl), *n.* četveroslovčana riječ.

**quadroon** (kua̱drū'n), *n.* kvarteron, dijete mestice sa bijelim čovjekom.

**Quadrumana** (kua̱drū'mönö), *pl. n.* čet- veroruke životinje.

**quadrumanous** (kua̱dru'mönas), *a.* četveroruk.

**quadruped** (kua̱'druped), *n.* četveronožac.

**quadruple** (kua̱'drupl), *v.* početverostručiti; — *a.* četverostruki, četverogubi.

**quadruplicate** (kua̱dru'plikejt), *v.* početverostručiti.

**quadruplication** (kua̱dru'plike̱'jšön), *n.* početverostručenje.

**quaff** (kua̱'f), *v.* iskapiti, mnogo piti, lokati.

**quag** (kua̱'g), *n. vidi:* **quagmire.**

**quaggy** (kua̱'gi), *a.* barovit, močvaran.

**quagmire** (kua̱'gma'er), *n.* bara, pištalina, močvara.

**quail** (kue̱'jl), *v.* zgroziti se, uzmaknuti, očajati; — *n.* prepelica.

**quaint** (kue̱'jnt), *a.* čudnovat, neobičan, mušičav, starinski.

**quaintly** (kue̱'jntli), *adv.* čudnovato, fantastički.

**quake** (kue̱'jk), *v.* tresti se, drhtati, trepetati; — *n.* trešnja, trepet, drhat.

**Quaker** (kue̱'jkör), *n.* koji se trese, kveker.

**Quakeress** (kue̱'jköres), *n.* kvekerica.

**Quakerism** (kue̱'jkörizm), *n.* kvekerstvo.

**quaky** (kue̱'jki), *a.* drhtav.

**qualification** (kua̱'lifike̱'jšön), *n.* osposobljenje, sposobnost, svojstvo, određenje, ograničenje.

**qualified** (kua̱'lifajd), *a.* osposobljen, sposoban, određen, označen, ograničen, uvjetan.

**qualify** (kua̱'lifaj), *v.* osposobiti, označiti, odrediti, ograničiti, ublažiti, uspjeti.

**qualitative** (kua̱'litetiv), *a.* što se odnosi na kakvoću.

**quality** (ku̠ä'liti), *n.* kakvoća, svojstvo, vrsta; oznaka, značaj; čast, dostojanstvo.

**qualm** (ku̠ä'm), *n.* muka, zlo, grižnja savjesti, skrušenost.

**quandary** (ku̠ände'jri *ili* ku̠ä'ndöri), *n.* smetenost, neprilika, teški • položaj.

**quantification** (ku̠ä'ntifike'jšön), *n.* određivanje količine.

**quantify** (ku̠ä'ntifaj), *v.* odrediti količinu.

**quantitative** (ku̠ä'ntitetiv), *a.* odnoseći se na količinu, kvantitativan.

**quantity** (ku̠ä'ntiti), *n.* količina, množina.

**quantum** (ku̠ä'ntạm), *n.* množina, svota, iznos.

**quaquaversal** (ku̠e'jku̠övö'rsöl), *a.* svestran.

**quarantine** (ku̠ä'röntī'n), *v.* držati u kvarantini; — *n.* kvarantina, vrijeme, u koje se zabranjuje svaki saobraćaj s kojim mjestom.

**quarrel** (ku̠ä'rel), *v.* svađati, prepirati se; — *n.* svađa, kavga, spor, prepirka.

**quarrelsome** (ku̠ä'relsam), *a.* svadljiv, zagrižljiv.

**quarrier** (ku̠ä'riör), *n.* radnik u kamenolomu.

**quarry** (ku̠ä'ri), *v.* kopati i vaditi kamenje; — *n.* kamenolom, kamenik; gonjena *ili* ubijena divljač.

**quarryman** (ku̠ä'rimön), *n.* radnik u kamenolomu.

**quart** (ku̠ä'rt), *n.* četvrt, mjera nješto manje od litre.

**quartan** (ku̠ä'rtön), *a.* što se ponavlja svaka četiri dana.

**quarter** (ku̠ä'rtör), *v.* razdijeliti 'na četiri jednaka dijela, sasjeći, raskomadati, nastaniti, smjestiti, stanovati; — *n.* četvrt, četvrtina; četvrt dolara; predjel grada; kraj; kvartir, stan, noćište; milost.

**quarter-day** (ku̠ä'rtörde'j), *n.* četvrtgodišnjica; dan plaćanja.

**quarter-deck** (ku̠ä'rtörde'k), *n.* krmeno, gornja paluba.

**quarterly** (ku̠ä'rtörli), *a.* četvrtgodišnji, tromjesečni; — *adv.* jednom svaka tri mjeseca; — *n.* tromjesečnik.

**quarter-master** (ku̠ä'rtörmä'stör), *n.* stanoređa, pomorski potčasnik.

**quartern** (ku̠ä'rtörn), *n.* četvrt (*koje mjere*).

**quartern-loaf** (ku̠ä'rtörnlō'f), *n.* hljeb od četiri funta.

**quarter-sessions** (ku̠ä'rtörse'šönz), *n.* kazneni sud (*za manje zločine*).

**quartette, quartet** (ku̠ärte't), *n.* kvartet, četveropjev, četveroglasje.

**quarto** (ku̠ä'rto), *n.* knjiga u četvrtini.

**quartz** (ku̠ä'rc), *n.* kvarc, bjelutak.

**quash** (ku̠ä'š), *v.* ugušiti, potlačiti, pokoriti, uništiti, zabaciti, ukinuti.

**quasi** (ku̠e'jsaj), *prefix.* kao, kao da, prividan, napolak, nepotpun.

**quassia** (ku̠ä'šiö), *n.* gorkun (*biljka*).

**quatercentenary** (ku̠ä'törse'ntinöri), *n.* četiristogodišnjica.

**quaternary** (ku̠ätö'rnöri), *a.* sastavljen od četiri, po četiri, najnovije formacije.

**quatermon** (ku̠ätö'rmön), *n.* četiri, četvero.

**quatrain** (ku̠a'trejn), *n.* pjesmica od četiri stiha.

**quaver** (ku̠e'jvör), *v.* treperiti, drhtati, titrati, potresati, izgovoriti drhtavim glasom, ćurlikati; — *n.* drhtanje, titranje, ćurlik; osmina (*note*).

**quay** (kī), *n.* ozidana obala (*u luci*), pristan, kej.

**quayage** (ki'eđ), *n.* obalna pristojba.

**quean** (ku̠i'n), *n.* nevaljala žena, drolja.

**queasy** (ku̠ī'zi), *a.* slab u želucu, komu se daje na bljuvanje, gadljiv, tugaljiv.

**queen** (ku̠ī'n), *n.* kraljica, matica.

**queenhood** (ku̠ī'nhud), *n.* kraljičino dostojanstvo *ili* položaj.

**queenly** (ku̠ī'nli), *a.* kao kraljica, što dolikuje kraljici.

**queer** (ku̠i'r), *a.* čudnovat, čudan, smušen, osebujan, sumnjiv.

**queerly** (ku̠i'rli), *adv.* čudno, čudnovato.

**quell** (ku̠e'l), *v.* svladati, ugušiti, ugasiti, utišati.

**quench** (ku̠e'nč), *v.* ugasiti, umiriti, utišati, savladati.

**quenchable** (ku̠e'nćöbl), *a.* ugasiv, utaživ.

**quenchless** (ku̠e'nćles), *a.* neugasiv, neutaživ.

**quercitron** (ku̠ö'rsitrön), *n.* kvercitron, farbarski hrast.

**querimonious** (kųe̯'rimo'nįạs), *a.* tužben, svadljiv.

**querist** (kųi̯'rist), *n.* pitalac.

**quern** (kųö̯'rn), *n.* žrvanj.

**querulous** (kųe̯'rjulas), *a.* tužben, svadljiv, osorljiv.

**query** (kųi̯'ri), *v.* pitati, staviti upit; — *n.* upit, upitnik.

**quest** (kųe̯'st), *n.* potražba, traženje, propitivanje.

**question** (kųe̯'sćön), *v.* pitati, dvojiti, ispitivati, posumnjati, ne vjerovati; — *n.* pitanje, ispitivanje.

**questionable** (kųe̯'sćönöbl), *a.* upitni, sumnjiv, dvojben, nepouzdan, nesiguran.

**queue** (kjų), *n.* perčin, kika.

**quibble** (kųi̯'bl), *v.* izbjegavati (*pitanje ili istinu*), titrati se (*riječima*); — *n.* izbjegavanje (*pitanje*), igra riječi.

**quick** (kųi̯'k), *a.* brz, hitar, nagao, okretan, živ, živahan; — *adv.* brzo, žurno, odmah; — *n.* živica, živi plot; živac, osjetljivost.

**quicken** (kųi̯'kn), *v.* oživiti, pobrzati, oduševiti, potaknuti; naoštriti.

**quick-hedge** (kųi̯'kheđ), *n.* živica.

**quicklime** (kųi̯'klajm), *n.* žeženo, nezagašeno vapno.

**quickly** (kųi̯'kli), *adv.* brzo, naglo, žurno, odmah.

**quicksand** (kųi̯'ksä'nd), *n.* pijesak vijavac, pokretni pijesak; nješto izdajnička.

**quickset** (kųi̯'kse't), *v.* zasaditi grmlje za ogradu; — *a.* sastojeći se od živih biljaka; — *n.* raslina, živa biljka.

**quicksilver** (kųi̯'ksi'lvör), *n.* živa, živo srebro.

**quid** (kųi̯'d), *n.* komad duhana za žvakanje.

**quiddity** (kųi̯'diti), *n.* bitnost, narav; domišljatost.

**quidnunc** (kųi̯'dnạ'nk), *n.* raznosilac novosti, znatiželjnik.

**quiescence** (kųạe̯'sens), *n.* mir, počinak, muk.

**quiescent** (kųạe̯'sent), *a.* miran, tih; — *n.* tiho slovo.

**quiet** (kųạ'et), *v.* umiriti, ublažiti, utišati; — *a.* miran, tih, samotan; — *n.* mir, počinak, tišina.

**quietism** (kųạ'etizm), *n.* pokoj duše.

**quietly** (kųạ'etli), *adv.* tiho, mirno.

**quietude** (kųạ'etjud), *n.* mir, tišina' spokojnost.

**quietus** (kųạ'itas), *n.* zaključenje, zadnji potez.

**quill** (kųi̯'l), *v.* nabrati, naborati; — *n.* (*gušćje*) pero; badrljica, bodljika (*u ježa, dikobraza*); cijev; nabor.

**quilt** (kųi̯'lt), *v.* prošivati; — *n.* poplon.

**quilting** (kųi̯'lting), *n.* prošivanje; punjenje (*strunom*).

**quinary** (kųạ'jnöri), *a.* razdjeliv sa pet; razređen po petero.

**quince** (kųi̯'ns), *n.* dunja, tunja.

**quincentenary** (kųinse̯'ntinöri), *n.* petstogodišnjica.

**quinin** (e) (kųạ'jnajn), *n.* kinin.

**quinquagesima** (kųi̯'nkųạđe̯'simö), *n.* bijela nedjelja, pedeseti dan prije Uskrsa.

**quinguennial** (kųinkųe̯'niöl), *a.* petgodišnji.

**quinsy** (kųi̯'nzi), *n.* grlobolja, zadavica.

**quintain** (kųi̯'nten), *n.* figura, u koju se kod trke gađa kopljem *ili* strijelom.

**quintal** (kųi̯'ntöl), *n.* centa, metrička centa.

**quintan** (kųi̯'ntön), *a.* što se vraća svaki peti dan.

**quintessence** (kųinte̯'sens), *n.* najfiniji i najkrepčiji dio izvađen iz kojeg tijela; najčišćiji *ili* najbitniji dio koje stvari.

**quintette, quintet** (kųinte̯'t), *n.* kvintet, peteropjev, peteroglasje.

**quintuple** (kųi̯'ntupl), *v.* popeterostručiti; — *a.* peterostruki.

**quip** (kųi̯'p), *n.* podruga, šurka, pošalica.

**quire** (kųạ'er), *n.* zbor, koruš, knjiga papira.

**quirk** (kųö̯'rk), *n.* nagli okret, odskok, doskočica, varka.

**quit** (kųi̯'t), *v.* otpustiti, napustiti, riješiti, osloboditi; — *a.* otpušten, riješen, prost, čist.

**quite** (kųạ'jt), *adv.* potpunoma, posve, sasvim, vrlo.

**quittance** (kųi̯'töns), *n.* namira, isplata, povratak.

**quiver** (kųi̯'vör), *v.* drhtati, tresti se, potresati (*glasom*); — *n.* tulac; drhtaj.

quixotic (ku̯iksâ'tik), *a.* pustolovan; čudan.

quiz (ku̯i'z), *v.* podrugivati se, zadirkivati, radoznalo motriti, ispitivati; — *n.* varka; šala; podrugljivac; ispitivanje.

quizzical (ku̯i'ziköl), *a.* podrugljiv, šaljiv; radoznao.

quodlibet (ku̯â'dlibet), *n.* fina točka u bogoslovnoj raspravi; prepredenost, lukavost; domišljatost.

quoin (kajn), *n.* čošak; klin, zagozda.

quoit (kajt), *v.* kolutati se; — *n.* kolut.

quondam (ku̯â'ndöm), *a.* prijašnji, negdašnji.

quorum (ku̯o'ra̱m), *n.* potrebita većina.

quota (ku̯ō'tö), *n.* određeni broj, dio.

quotable (ku̯ō'töbl), *a.* navediv.

quotation (ku̯ote'jšön), *n.* navod, citat, navođenje; oglašivanje cijena.

quote (ku̯ō't), *v.* citirati, navesti, označivati cijene.

quoth (ku̯ō't), *v.* reče, rekoh.

quotidian (ku̯ot'diön), *a.* dnevni, svakidašnji; — *n.* dnevna groznica.

quotient (ku̯o'šent), *n.* količnik, kvocijent.

# R

**R, r** (ar), *slovo*: R, r.
**rabbet** (ră'bet), *v.* užlijebiti; — *n.* žlijeb.
**Rabbi** (ră'baj), *n.* rabin.
**rabbinic** (răbi'nik), **rabbinical** (răbi'-niköl), *a.* rabinski.
**rabbit** (ră'bit), *n.* kunić.
**rabble** (răbl), *n.* rulja svjetine, prostaci.
**rabblement** (ră'blment), *n.* izmet, darmar.
**rabid** (ră'bid), *a.* mahnit, pomaman, bijesan.
**rabidly** (ră'bidli), *adv.* bijesno, mahnito.
**rabies** (re'jbiis), *n.* bijes, bjesnoća.
**raccoon, racoon** (răkū'n), *n.* rakun.
**race** (rejs), *v.* trčati, utrkivati se, natjecati se; — *n.* rod, pleme, pasmina, leglo, utrka; natjecanje, trčanje, tok, lov, brzica.
**race-course** (re'jsko'rs), *n.* trkalište.
**race-horse** (re'jsho'rs), *n.* konj za utrku.
**raceme** (răsi'm), *n.* grozd (*cvat*).
**racer** (re'jsör), *n.* utrkivač; lake dvokolice.
**rachis** (re'jkis), *n.* hrptenica; cvjetno vreteno.
**racial** (re'jšöl), *a.* plemenski, pasminski.
**racily** (re'jsili), *adv.* oštro, resko, žestoko.
**racing** (re'jsing), *n.* utrkivanje, utrka.
**rack** (răk), *v.* protegnuti, pružiti, napregnuti, napinjati, mučiti; izvraćati; iščašiti; rastrgnuti; pretjerivati, metnuti na stalak; — *n.* nategač; stalak; odar; roštilj, vješalo za odjeću; jasle; lotra; zubače, zubata motka; muke.
**racket** (ră'ket), *v.* rogoboriti, bučiti; — *n.* gungula, buka; maška (*za tenis*).
**rack-rent** (ră'kre'nt), *v.* tražiti preveliku zakupninu; — *n.* pretjerana zakupnina.

**racy** (re'jsi), *a.* jak, ljut, oštar, žestok; pikantan.
**raddle** (rădl), *n.* crveno mastilo, rumenilo.
**radial** (re'jdiöl), *a.* polumjeran; zrakovit, zračan; odnoseći se na palčanu kost.
**radiance** (re'jdiöns), *n.* odsijev, sjajnost, sjaj.
**radiant** (re'jdiönt), *a.* blistav, sjajan; zrakovit.
**radiate** (re'jdiejt), *v.* odsijevati, sjati se, puštati zrake, rasvijetliti; — *a.* zrakolik, zračan.
**radiation** (re'jdie'jšön), *n.* odsijevanje, puštanje zraka, blistavilo.
**radiator** (re'jdie'jtör), *n.* grijalica, peć; sprava za grijanje.
**radical** (ră'diköl), *a.* korenit, ukorenjen, radikalan, temeljni, potpun; bitan, prirodjen, naravan; — *n.* radikalac, radika!; osnova.
**radicalism** (ră'dikölizm), *n.* radikalizam, radikalnost.
**radically** (ră'diköli), *adv.* radikalno, korjenito, sasvim, iz temelja.
**radicle** (ră'dikl), *n.* korjenčić, žilica.
**radish** (ră'diš), *n.* rotkva.
**radium** (re'jdiam), *n.* radium, radij.
**radius** (re'jdias), *n.* polumjer; palčana kost.
**radix** (re'jdiks), *n.* korijen, izvor, postanak.
**raff** (răf), *n.* smeće, izmet; balavac, nitkov.
**raffle** (răfl), *v.* žrebati, izigravati; — *n.* izigravanje, žrebanje.
**raft** (răft), *n.* splav.
**rafter** (ră'ftör), *n.* rožnik (*od krova*); ključevi (*na krovu*).
**rag** (răg), *n.* krpa, prnja, dronjak, cunja.
**ragamuffin** (ră'göma'fin), *n.* podrpanac, bekrija.

**rage** (rejđ), v. bjesniti, biti izvan sebe, goropaditi se; — n. bijes, bijesnilo, bjesnoća, gnjev, jarost; žestina, zanos, ushićenje.

**ragged** (rǎ'ged), a. poderan, cunjav, dronjav, kukavan; kršan.

**ragout** (rǎgu'), n. ragu (vrsta paprikaša).

**ragwort** (rǎ'guört), n. dragušac (biljka).

**raid** (rejd), v. provaliti, navaliti; — n. racija, provala, navala.

**raider** (re'jdör), n. provalnik, napadač.

**rail** (rejl), v. ograditi; položiti tračnice; psovati, grditi, rugati se; — n. prečaga, prijeka, priječnica, stupac; rešetka, ograda, tračnica, šina; prdavac (ptica).

**railing** (re'jling), n. rešetka, ograda; stupci; tračnice.

**raillery** (re'jlöri), n. poruga, šala, podsmjehivanje.

**railroad** (re'jlrō'd), n. željeznica.

**railway** (re'jlue'j), n. željeznica.

**raiment** (re'jment), n. odjeća, odjelo.

**rain** (rejn), v. kišiti, daždjeti; — n. kiša, dažd.

**rainbow** (re'jnbō'), n. duga.

**raindrop** (re'jndrá'p), n. kišna kaplja.

**rainfall** (re'jnfà'l), n. kiša.

**rain-gauge, rain-gage** (re'jngejđ), n. kišomjer.

**rainy** (re'jni), a. kišan, kišovit.

**raise** (rejz), v. dići, podignuti, povisiti; sagraditi; promaknuti; povećati, pojačati; kupiti, uzbuditi; pokrenuti, oživiti; probuditi, dozivati; raznijeti; sakupiti.

**raisin** (rejzn), n. suho grožđe.

**rajah** (ra'đö), n. radža (indijski vladar).

**rake** (rejk), v. zubačiti, grabljati, kupiti, zgrtati; premetati, prekopati, strugati; stajati koso, nakrivo; — n. grablje, zubače, greblica, strugač; razuzdan i raspušten čovjek.

**raking** (re'jking), n. zubačenje, grabljanje; zgrabljano sijeno ili trava.

**rakish** (re'jkiš), a. razuzdan, raspušten, kos, naklonjen.

**rally** (rǎ'li), v. sabrati, skupiti, združiti, rugati se, podrugivati se; oporaviti se; — n. ponovni nasrtaj; oporavak; skupljanje.

**ram** (rǎm), v. tući, zabijati (maljem); zakrčiti; — n. ovan, zidodęr, bat, malj; kljun (od broda).

**ramble** (rǎmbl), v. tumarati, lutati; nesuvislo govoriti; vijugati se; — n. tumaranje, lutanje.

**rambler** (rǎ'mblör), n. tumarač, skitnica.

**rambling** (rǎ'mbling), a. tumarajući, skitnički; nepravilan.

**ramification** (rǎ'mifike'jšön), n. razgranjivanje, granje, ogranak.

**ramify** (rǎ'mifaj), v. pustiti grane, razgranati se, dijeliti (se) na ogranke.

**rammer** (rǎ'mör), n. zabijač; harbija; šipka (od puške).

**ramose** (re'jmos), **ramous** (re'jmąs), a. razgranjen, granat.

**ramp** (rǎmp), v. viti se, penjati se, uspinjati se; — n. skok, uspon.

**rampage** (rǎ'mpeđ), v. goropaditi se, bjesniti, nemirno tamo amo trčati; — n. goropadno ponašanje.

**rampant** (rǎ'mpönt), a. bujan, plodan; neobuzdan, obijestan; uspravljen.

**rampart** (rǎ'mpört), n. bedem, šanac, obrana.

**ramrod** (rǎ'mrá'd), n. puščana šipka, harbija.

**ramson** (rǎ'mzön), **ramsons** (rǎ'mzönz), n. pasji luk.

**ranch, ranche** (rǎnč), n. stočarsko gospodarstvo.

**rancid** (rǎ'nsid), a. upaljen, smrdljiv, pokvaren, pljesniv.

**rancidity** (rǎnsi'diti), n. upaljenost, pokvarenost.

**rancor** (rǎ'nkör), n. mržnja, ogorčenost.

**rancorous** (rǎ'nkörąs), a. gnjevan, zloban, ogorčen.

**random** (rǎ'ndöm), a. slučajan, učinjen slijepo; — n. slučaj, slučajnost; — **at random** (ǎt rǎ'ndöm), slijepo, nasumce.

**ranee, rani** (rǎ'ni), n. indijska vladarica.

**range** (rejnđ), v. poredati, postavljati u red, vrstati, urediti, naslagati; obilazati, prolaziti; — n. red, niz; okrug, prostor; kuhinjska peč; daljina, domet, puškomet, topomet; priječka (na ljestvici).

**ranger** (re'jnđör), *n.* obilazilac; šumar; poljar; lovac, protuha, razbojnik.

**rank** (rănk), *v.* staviti u red, vrstati, razrediti; — *a.* bujan; smrdljiv; potpun; jak, snažan; upaljen; gadan, odvratan; — *n.* red, vrsta; položaj, mjesto, čast, stepen, stalež.

**rankle** (rănkl), *v.* upaliti se, ognojiti se, razjesti se, rastočiti se; ogorčiti; užgati.

**rankly** (ră'nkli), *adv.* jako, skroz, sasvim.

**ransack** (ră'nsă'k), *v.* premetati, pretražiti; opljačkati; — *n.* premetačina; pljačka.

**ransom** (ră'nsöm), *v.* platiti ucjenu, otkupiti; — *n.* ucjena, oslobođenje, otkup.

**rant** (rănt), *v.* govoriti naduveno, budaliti; — *n.* nadut govor, bučna zabava.

**ranter** (ră'ntör), *n.* larmađija, hvastavac; naduti govornik.

**ranting** (rănting), *a.* nadut, bučan, hvalisav.

**ranunculus** (rana̲'nkjula̲s), *n.* žabnjak; novčić (*biljka*).

**rap** (răp), *v.* lupati, kucati, tući, udarati, zanijeti, uznijeti; — *n.* (*brzi*) udarac, kucanje.

**rapacious** (răpe'jša̲s), *a.* grabežljiv.

**rapacity** (răpă'siti), *n.* grabežljivost.

**rape** (rejp), *v.* ugrabiti, oteti, silovati; — *n.* grabež, otimačina, otmica; silovanje; repica.

**rapid** (ră'pid), *a.* brz, hitar; — *n.* brzica.

**rapidity** (răpi'diti), *n.* brzina, hitrina.

**rapidly** (ră'pidli), *adv.* brzo, hitro.

**rapier** (re'jpiör), *n.* rapjer, dugi, tanak mač.

**rapine** (ră'pajn), *n.* pljenidba, grabež, otimanje.

**rapparree, raparee** (ră'pöri'), *n.* irski razbojnik.

**rappee** (răpi'), *n.* krupan burmut.

**rapt** (răpt), *a.* uznešen, ushićen.

**raptorial** (răpto'riöl), *a.* grabežljiv.

**rapture** (ră'pćur), *n.* zanos, ushićenje, oduševljenje.

**rapturous** (ră'pćura̲s), *a.* zanosan, strastan.

**rare** (rēr), *a.* rijedak, tanak; neobičan; dragocjen; malo pečen.

**rarebit** (rē'r'bit), *n.* poslastica.

**rarefaction** (rē'rifă'kšön), *n.* razrijeđenje, rastanjivanje.

**rarefy** (rē'rifaj), *v.* razrijediti (se), rastanjiti (se).

**rarely** (rē'rli), *adv.* rijetko; vrlo, veoma.

**rarity** (ră'riti), *n.* rijetkost; neobičnost; dragocjenost; rastanjenost; razrijeđenost.

**rascal** (ră'sköl), *a.* lopovski, prostački, podli; — *n.* lopov, hulja.

**rascality** (răskă'liti), *n.* lupeštvo, lopovština.

**rascallion** (răskă'ljön), *n.* ništarija, nitkov.

**rascally** (ră'sköli), *a.* lopovski, lupeški.

**rase** (rejz), *v.* grepsti, izbrisati, uništiti, razoriti, dotaknuti.

**rash** (răš), *a.* nagao, žestok, nepromišljen, nesmotren, drzak; — *n.* osip (*po tijelu*).

**rasher** (ră'šör), *n.* kriška pržene slanine.

**rashly** (ră'šli), *adv.* naglo, nesmotreno, smjelo.

**rashness** (ră'šnes), *n.* naglost, nepromišljenost.

**rasorial** (răso'riöl), *a.* kokošji.

**rasp** (răsp), *v.* turpijati, strugati; povrijediti; trti se; — *n.* turpija, rašpa, strugač.

**raspberry** (ră'zberi), *n.* malina.

**raspy** (ră'spi), *a.* što grebe, struže.

**rasure** (re'jžur), *n.* brisanje, struganje.

**rat** (răt), *v.* loviti *ili* ubijati štakore; prebjeći iz stranke; — *n.* štakor, parcov; prebjeg (*politički*).

**ratable** (re'jtöbl), *a.* procjeniv, oporeziv.

**ratafia** (rătăfi'ö), *n.* vrsta likera.

**ratchet** (ră'čet), *n.* zapinjač.

**ratchet-wheel** (ră'čethu̲i'l), *n.* zapiraći točak sa zapinjačem.

**rate** (rejt), *v.* cijeniti, procijeniti; oporezovati, raspisati razrez; klasificirati; ispsovati, pokarati; — *n.* razmjer, mjera; mjerilo; cijena, iznos; stepen, red; porez, rasporez.

**rate-payer** (re'jtpeör), *n.* plaćalac poreza.

**rath** (răt), **rathe** (rejt), *a.* rani; — *adv.* skoro, rano.

**rather** (ră'dör), *adv.* rađe, prije, pače, upravo, prilično, nješto.

**ratification** (ră'tifike'jšön), *n.* potvrđenje, potvrda, odobrenje.

**ratify** (ră'tifaj), *v.* potvrditi, odobriti.

**ratio** (re'jšio), *n.* razmjer.

**ratiocination** (răšia'sine'jšön), *n.* umovanje, rasuđivanje, zaključivanje.

**ration** (re'jšön), *n.* obrok, dnevna porcija hrane.

**rational** (ră'šönöl), *a.* razuman, pri svijesti, racijonalan.

**rationale** (ră'šöne'jli), *n.* razuman razlog, tumačenje.

**rationalism** (ră'šönölizm), *n.* racijonalizam (*sustav, po kojem se sve znanje temelji jedino na razumu*).

**rationalist** (ră'šönölist), *n.* racijonalist.

**rationality** (ră'šönă'liti), *n.* razumnost, svijesnost.

**rationally** (ră'šönöli), *adv.* razumno, pametno, svijesno.

**ratline, ratlin** (rătlin), *n.* stupka, stuponog (*užeta na ljestvicama*).

**ratsbane** (ră'cbe'jn), *n.* otrov za štakore.

**rattan** (rătă'n), *n.* trskovača, trskovac.

**ratter** (ră'tör), *n.* hvatatelj štakora.

**rattle** (rătl), *v.* čegrtati, škripati, klepetati; — *n.* čegrtanje, klepetanje, štropot, klopot.

**rattler** (ră'tlör), *n.* čegrtaljka, klepetalo; brbljavac.

**rattlesnake** (ră'tlsnejk), *n.* čegrtuša.

**raucous** (ră'kas), *a.* hrapav, promukao.

**ravage** (ră'veđ), *v.* pustošiti, harati; — *n.* pustošenje, haranje.

**rave** (rejv), *v.* bjesniti, bluditi, bulazniti.

**ravel** (răvl), *v.* zamrsiti, pomrsiti, uplesti.

**ravelin** (ră'vlin), *n.* trokutni šanac.

**raven** (rejvn), *n.* gavran.

**raven** (ră'ven), **ravin** (ră'vin), *v.* grabiti, proždrijeti; — *n.* grabež, plijen.

**ravenous** (ră'venas), *a.* proždrljiv, grabežljiv.

**ravenously** (ră'venasli), *adv.* proždrljivo.

**ravine** (răvī'n), *n.* jaruga.

**raving** (re'jving), *a.* bijesan, bulazneći; — *n.* bješnjenje, buncanje.

**ravish** (ră'viš), *v.* počiniti grabež; ushititi, zanijeti, silovati.

**ravishing** (ră'višing), *a.* zanošljiv, ushitan.

**ravishment** (ră'višment), *n.* grabež, otmica; silovanje; ushićenje.

**raw** (rà), *a.* sirov, prijesan; surov, neobrađen; otvoren (*o rani*); upaljen; odrt; oguljen, osjetan; rđav, ružan; mrazovit, studen; neiskusan, neuk, nevješt, neuvježban.

**rawness** (ră'nes), *n.* sirovost; surovost; hrapavost; neiskusnost, nevještina; hladnoća.

**ray** (rej), *v.* puštati zrake, zasvijetliti; — *n.* zraka; rađa (*riba*).

**raze** (rejz), *v.* razoriti, sravniti sa zemljom; grepsti; izbrisati.

**razor** (re'jzör), *n.* britva.

**reach** (rič), *v.* pružiti, posegnuti; dati; stići, doći; dopirati, dostići; postignuti, prispjeti; shvatiti; — *n.* doseg, pružanje; ispružene, sezanje; širina; opseg, područje; moć; shvaćanje; dohvat, puškomet; domak.

**react** (riă'kt), *v.* opirati se; djelovati protivno, reagirati, ponovno pretstavljati.

**reaction** (riă'kšön), *n.* otpor, protivno djelovanje, reakcija, ustuk.

**reactionary** (riă'kšönöri), *a.* što djeluje protivno, natražnjački; — *n.* natražnjak.

**reactive** (riă'ktiv), *a.* što može protivno djelovati.

**read** (rīd), *v.* čitati, predavati, tumačiti, učiti; — (red), *a.* čitan, načitan, učen.

**readable** (rī'döbl), *a.* čitljiv, što se može čitati.

**reader** (rī'dör), *n.* čitatelj, čitalac; čitanka.

**readily** (re'dili), *adv.* odmah, brzo, lahko, rado, voljno.

**readiness** (re'dines), *n.* pripravnost, spremnost, brzina.

**reading** (rī'ding), *a.* odan čitanju; — *n.* čitanje, korektura, proučavanje, predavanje, štivo.

**readmit** (ri'ădmi't), *v.* pustiti, dozvoliti ponovno.

**ready** (re'di), *a.* pripravan, gotov, voljan.

**ready-made** (re'dime'jd), *a.* načinjen, gotov.

**reaffirm** (ri'ăfö'rm), *v.* ponovno tvrditi, potvrditi.

**reagent** (rie'jđent), *n.* protudjeljujuće sredstvo.

**real** (ri'öl), *a.* stvarni, pravi, istinski, zgoljni; nepokretan, negibiv.

**realism** (re'ölizm), *n.* realizam.

**realist** (ri'ölist), *n.* realista.

**realistic** (ri'öli'stik), *a.* realističan.

**reality** (riă'liti), *n.* stvarnost, bitnost, zbilja, istina.

**realize** (ri'ölajz), *v.* ostvariti, oživotvoriti, ispuniti; predočiti si; unovčiti; postići, dobiti.

**really** (ri'öli), *adv.* zbilja, zaista, doista.

**realm** (relm), *n.* carstvo, kraljevstvo; država.

**realty** (ri'ölti), *n.* nepokretnost, negibivost.

**ream** (rīm), *n.* rizma papira.

**reanimate** (riă'nimejt), *v.* opet oživiti, obodriti.

**reap** (rīp), *v.* žeti, brati, primiti.

**reaper** (rī'pör), *n.* žeteoc; stroj za žeti.

**reappear** (ri'ăpī'r), *v.* pojaviti se ponovno.

**reappoint** (ri'ăpo'jnt), *v.* na novo imenovati.

**rear** (rīr), *v.* dignuti, uspraviti, podići, odgojiti; propinjati se; — *n.* stražnja strana, pozadina; stražnja; vojska.

**rear-guard** (rī'rga'rd), *n.* zadnja četa.

**rearmost** (rī'rmōst), *a.* najkrajnji, najzadnji.

**rear-mouse** (rī'rmạ'us), *n.* šišmiš.

**rearrange** (ri'ăre'jnđ), *v.* preurediti, opet urediti.

**rearward** (rī'ruắrd), *a.* stražnji, krajnji; — *n.* stražnja straža; konac, kraj.

**reason** (rīzn), *v.* misliti, rasuđivati, umovati, suditi; zaključivati, razmisliti, promisliti; dokazivati; — *n.* razlog, uzrok, razum, um, pamet; pravica; pravni razlog.

**reasonable** (rī'znöbl), *a.* razuman, svjestan, pạmẹtan; pravičan; priličan; umjeren.

**reasonably** (rī'znöbli), *adv.* pametno, prilično, snošljivo.

**reasoning** (rī'zning), *n.* rasuđivanje; sud; dokazi.

**reassemble** (ri'ăse'mbl), *v.* sakupiti (se) ponovno.

**reassert** (ri'ăsö'rt), *v.* tvrditi ponovno.

**reassurance** (ri'ăšu'röns), *n.* ponovno osiguranje; umirenje.

**reassure** (ri'ăšu'r), *v.* ponovno osigurati; umiriti.

**reave** (rīv), *v.* grabiti, lišiti.

**reaver** (rī'vör), *n.* otimač, razbojnik.

**rebate** (ribe'jt), *v.* utupiti; smanjiti, sniziti, popustiti.

**rebate** (ri'be'jt), **rebatement** (ribe'jtment), *n.* sniženje, umanjenje; popust, odbitak.

**rebel** (re'bel), *a.* ustaški, buntovnički; — *n.* ustaša, buntovnik.

**rebel** (ribe'l), *v.* pobuniti se, opirati se.

**rebellion** (ribe'ljön), *n.* buna, pobuna, ustanak.

**rebellious** (ribe'ljạs), *a.* buntovnički, ustaški; nepokoran, uporan.

**rebound** (ri'bạ'und), *v.* odbiti se, uzmaći, odskočiti; — *n.* odboj, odskok, uzmak.

**rebuff** (ribạ'f), *v.* potisnuti *(natrag)*; zaustaviti, odbiti, uskratiti; — *n.* zaustava, odboj, uskraćenje.

**rebuild** (ri'bi'ld), *v.* opet sagraditi, ponovno sazidati.

**rebuke** (ribju'k), *v.* ukoriti, karati, kuditi; — *n.* ukor, prigovor.

**rebukingly** (ribju'kingli), *adv.* prijekorno, s ukorom.

**rebus** (ri'bạs), *n.* rebus, zagonetka u slikama.

**rebut** (ribạ't), *v.* odbiti; oprovrgnuti.

**rebuttal** (ribạ'töl), *n.* oprovrgnuće, odgovor na tripliku.

**rebutter** (ribạ'tör), *n.* oprovrgavatelj.

**recalcitrant** (rikă'lsitrönt), *a.* nepokoran, uporan, jogunast.

**recalcitrate** (rikă'lsitrejt), *v.* ritati se, protiviti se.

**recall** (rikă'l), *v.* opozvati, sjećati se; — *n.* opozov.

**recant** (rikă'nt), *v.* poreći, oporeći.

**recantation** (ri'kănte'jšön), *n.* poricanje.

**recapitulate** (ri'kăpi'ćulejt), *v.* istaknuti glavne točke, u kratko ponoviti.

**recapitulation** (ri'kăpi'ćule'jšön), *n.* kratak pregled, ponavljanje glavnih točaka.

**recapture** (rikă'pćur), *v.* uzeti natrag; — *n.* osvojeno natrag; plijen natrag oduzet.

**recast** (rikǎ'st), v. opet baciti; prekalupiti, prekovati; preinačiti.

**recede** (risī'd), v. ići natrag, povući se, uzmaknuti, odstupiti; odustati; opet ustupiti.

**receipt** (risī't), v. potvrditi, dati namiru; — n. primanje, primitak; namira, recept.

**receivable** (risi'vöbl), a. prihvatan, dobitan.

**receive** (risī'v), v. primiti, primati, dobiti, uzeti.

**receiver** (risī'vör), n. primaoc; carinar; od suda imenovani upravitelj; jatak; onaj, koji prima ukrađene stvari.

**recency** (rī'sensi), n. skorašnjost, novost; svježost.

**recense** (rise'ns), v. nanovo pregledati; preinačiti.

**recension** (rise'nšön), n. preinačenje; ocjena.

**recent** (rī'sent), a. nedavni, skorašnji, nov, svjež.

**recently** (rī'sentli), adv. nedavno, onamadne, u zadnje vrijeme.

**receptacle** (rise'ptökl), n. spremica, posuda, škrinja, sahranište.

**reception** (rise'pšön), n. primanje, doček.

**receptive** (rise'ptiv), a. primljiv, prihvatljiv.

**receptivity** (ri'septi'vati), n. primljivost, prihvatljivost.

**recess** (rise's), n. povlačenje, uzmak; odgoda, prekid; skrovitost; slijepi prozor (vrata); prisoblje.

**recession** (rise'šön), n. uzmicanje, vraćanje.

**rechauffe** (re'jšofe'), n. pretopljena hrana.

**recipe** (re'sipi), n. recept.

**recipient** (risi'pient), n. primalac.

**reciprocal** (risi'proköl), a. uzajamni, zamjenit, međusobni.

**reciprocally** (risi'proköli), adv. izmjenično, uzajamno, obratno.

**reciprocate** (risi'prokejt), v. micati se tamo amo, izmjenivati se; izmjeniti, vratiti.

**reciprocation** (risi'proke'jšön), n. izmjena, mijenjanje.

**reciprocity** (re'siprá'siti), n. uzajamnost, zamjenitost.

**recital** (risa'jtöl), n. opetovanje; predavanje, čitanje; glazbena zabava.

**recitation** (re'site'jšön), n. preda vanje; glazbeno produciranje.

**recitative** (re'sitetiv), n. predgovorno pjevanje.

**recite** (risa'jt), v. deklamirati; na izust govoriti; odgovarati (zadaču); pripovijedati.

**reciter** (risa'jtör), n. ponavljač, deklamator, krasnoslovac.

**reck** (rek), v. mariti, brinuti se.

**reckless** (re'kles), a. nemaran, nesmotren, bezbrižan.

**recklessly** (re'klesli), adv. nemarno, bezbrižno.

**reckon** (rekn), v. računati, brojiti, cijeniti, misliti, držati.

**reckoner** (re'knnör), n. računar.

**reckoning** (re'knning), n. računanje, brojenje, račun, obračun.

**reclaim** (rikle'jm), v. tražiti, dobiti natrag, obratiti, popraviti, ukrotiti; okrčiti (zemlju).

**reclaimable** (rikle'jmöbl), a. što se može natrag zahtijevati; popravljiv, pripitomiv.

**reclamation** (re'klöme'jšön), n. zahtijevanje natrag, tražbina; pritužba.

**recline** (rikla'jn), v. poleći, nasloniti (se).

**recluse** (riklu's), a. osamljen, samotan; — n. osamljenik, pustinjak.

**reclusion** (riklu'žön), n. samoća, pustinjački život.

**recognition** (re'kogni'šön), n. prepoznanje, priznanje.

**recognizable** (re'kogna'jzöbl), a. što se može prepoznati ili priznati.

**recognizance** (riká'gnizöns), n. poznavanje, priznanje; jamčevina.

**recognize** (re'kognajz), v. prepoznati, priznati, cijeniti; pozdraviti.

**recoil** (riko'el), v. uzmaći, odskočiti, trgnuti (o puški); uzdrhtati, zgroziti se; — n. odskok, uzmak; trzanje.

**recollect** (re'kolekt), v. sjetiti se; sabrati se; (rikole'kt), v. opet sakupiti.

**recollection** (re'kole'kšön), n. sabranost; sjećanje, pamćenje; svijest.

**recommence** (ri'kome'ns), v. početi s nova.

**recommend** (re'kome'nd), v. preporučiti.

**recommendation** (re'komende'jšön), n. preporuka.

**recommit** (ri'komi't), *v.* opet predati, opet odvesti u zatvor; prednijeti.

**recommitment** (ri'komi'tment), *n.* ponovno odvedenje u zatvor; ponovno izručenje.

**recompense** (re'kompens), *v.* nagraditi, naplatiti, odštetiti; — *n.* nagrada, naknada, odšteta.

**reconcilable** (re'konsa'jlöbl), *a.* pomirljiv, združiv.

**reconcile** (re'konsael), *v.* pomiriti, izmiriti, dovesti u sklad, sprijateljiti se.

**reconcilement** (re'konsa'elment), *n.* pomirba, ponovljeno prijateljstvo.

**reconciliation** (re'konsilie'jšön), *n.* izmirenje, ponovljeno prijateljstvo.

**recondite** (rikà'ndit *ili* re'kàndajt), *a.* skriven, skrovit, tajan.

**reconnaissance** (rekà'nesàns), *n.* izviđanje, istraživanje.

**reconnoitre** (re'köna'jtör), *v.* izviđati, istraživati; uhoditi.

**reconquer** (rikà'nkör), *v.* opet pobijediti, osvojiti.

**reconquest** (rika'nkuest), *n.* ponovno osvojenje.

**reconsider** (ri'könsi'dör), *v.* razmisliti si; preudesiti (*odluka*).

**reconsideration** (ri'könsi'dore'jšön), *n.* ponovno razmišljanje.

**reconstruct** (ri'könstra'kt), *v.* preurediti, s nova sagraditi.

**record** (riko'rd), *v.* ubilježiti, upisati, staviti u zapisnik.

**record** (re'körd), *n.* isprava, registar, popis, zapisnik, lična povijest; prošlost; uspjeh, koji natkriljuje sve prvašnje uspjehe.

**recorder** (riko'rdör), *n.* registrator, bilježnik, protokolista, arkivar, sprava za registriranje.

**recount** (rikà'unt), *v.* u tančine pripovijedati; s nova računati; — *n.* ponovno računanje.

**recoup** (riku'p), *v.* naplatiti, odštetiti, naknaditi štetu.

**recourse** (riko'rs), *n.* utočište, utok.

**recover** (rikà'vör), *v.* dobiti (*natrag*), pronaći, nadoknaditi; ozdraviti, izliječiti; utjerati; sabrati se, osvijestiti se; otkupiti.

**recoverable** (rikà'vöröbl), *a.* dobiv, nadoknadiv; izlječiv.

**recovery** (rikà'vöri), *n.* dobivanje natrag; ozdravljenje; dosuđenje odštete.

**recreant** (re'kriönt), *a.* strašiv, nevjeran, opak; — *n.* strašivica, kukavica, podlac.

**recreate** (re'kriejt), *v.* oživiti, okrijepiti, zabavljati (se), odmoriti (se).

**recreate** (ri'krie'jt), *v.* s nova stvoriti, preinačiti.

**recreation** (re'krie'jšön), *n.* odmor; zabava; okrijepljenje.

**recreative** (re'krie'jtiv), *a.* okrijepan; zabavan.

**recrement** (re'kriment), *n.* izmetina, nečist.

**recriminate** (rikri'minejt), *v.* okrivljivati, optuživati protivnika, izmjenično se okrivljivati.

**recrimination** (rikri'mine'jšön), *n.* uzvratno okrivljivanje, protutužba.

**recriminative** (rikri'minetiv), **recriminatory** (rikri'minetori), *a.* protutužben.

**recrudesce** (ri'krade's), *v.* nastupiti, pojaviti se; provaliti.

**recrudescence** (ri'krade'sens), *n.* ponovno otvorenje rane, provala, nastup.

**recruit** (rikrū't), *v.* popraviti, novačiti; pojačati se, oporaviti se; — *n.* rekrut.

**rectangle** (re'ktàngl), *n.* pravokutnik.

**rectangular** (rektà'ngjulör), *a.* pravokutni.

**rectification** (re'ktifike'jšön), *n.* ispravljanje, popravljanje; prečišćavanje.

**rectifier** (re'ktifaör), *n.* ispravljač, čistilac.

**rectify** (re'ktifaj), *v.* ispraviti, popraviti, pročistiti.

**rectilineal** (rektili'niöl), **rectilinear** (rektili'niör), *a.* pravocrtan.

**rectitude** (re'ktitjud), *n.* pravost, neporočnost, čestitost, ispravnost, poštenje.

**rector** (re'ktör), *n.* upravitelj, župnik, ravnatelj, rektor.

**rectorial** (rekto'riöl), *a.* rektorski, župnički.

**rectorship** (re'ktöršip), **rectorate** (re'ktoret), *n.* rektorat.

**rectory** (re'ktori), *n.* župa, parohija, plovanija.

**rectum** (re'ktạm), *n.* guz, guzno crijevo.

**recumbent** (rikạ'mbent), *a.* naslonjen, položen; počivajući; bezposlen.

**recuperate** (rikju'pörejt), *v.* steći natrag; oporaviti se.

**recuperation** (rikju'pöre'jšön), *n.* oporavljenje, oporavak.

**recuperative** (rikju'pöretiv), *a.* što (*čime*) se može dobiti natrag; oporavan.

**recur** (rikö'r), *v.* ponoviti se, vraćati se.

**recurrence** (rikö'rens), *n.* povratak, vraćanje; utočište.

**recurrent** (rikö'rent), *a.* povraćajući se od vremena do vremena.

**recusancy** (re'kjuzönsi), **recusance** (re'kjuzöns), *n.* neslaganje (*s vladajućom vjerom*).

**recusant** (re'kjuzönt), *a.* protivan (*vladajućoj vjeri*); — *n.* koji se ne slaže s vladajućom vjerom.

**red** (red), *a.* crven, rumen; — *n.* crveni, crvena boja; crvenilo; crvendač.

**redact** (ridă'kt), *v.* uređivati, izdavati.

**redaction** (ridă'kšön), *n.* uređivanje, uredništvo.

**redactor** (ridă'ktör), *n.* urednik.

**redan** (ridă'n), *n.* bedem (*poput zupca*).

**redargue** (reda'rgju), *v.* oprovrgnuti.

**redbreast** (re'dbre'st), *n.* crvendač (*ptica*).

**redcoat** (re'dkō't), *n.* crvenkaput (*engleski vojnik*).

**redden** (redn), *v.* crveniti, pocrveniti, zacrveniti se, porumeniti.

**reddish** (re'diš), *a.* crvenkast, rud, riđ.

**reddition** (redi'šön), *n.* povraćanje; predaja; naknada.

**reddle** (redl), *n.* crvena kreda, crvena pisaljka.

**redeem** (ridī'm), *v.* otkupiti, iskupiti; amortizirati, isplatiti; okajati; izbaviti, ispuniti (*riječ*).

**redeemable** (ridī'möbl), *a.* isplativ, otkupiv; nadoknadiv; popravljiv.

**redeemer** (ridī'mör), *n.* otkupitelj, spasitelj.

**redeliver** (ri'dili'vör), *v.* predati natrag, povratiti.

**redemption** (ride'mšön), *n.* otkupljivanje; otkup, izbavljenje; spasenje; otkupnina.

**red-handed** (re'dhă'nded), *a.* sa crvenim, krvavim rukama, u činu.

**red-hot** (re'dhạ't), *a.* usijan, vruć.

**redintegrate** (redi'ntigrejt), *v.* obnoviti, opet sastaviti.

**red-lead** (re'dle'd), *n.* minij, surik.

**red-letter** (re'dle'tör), *a.* sa crvenim slovima; sretan.

**redolence** (re'dolens), *n.* miomiris.

**redolent** (re'dolent), *a.* miomirisan.

**redouble** (ridạ'bl), *v.* podvostručiti (se).

**redoubt** (ridạ'ụt), *n.* utvrda, šanac.

**redoubtable** (ridạ'ụtöbl), *a.* strašan, užasan; hrabar.

**redoubted** (ridạ'ụted), *a. vidi:* **redoubtable.**

**redound** (ridạ'ụnd), *v.* služiti, voditi; doprinositi, utjecati.

**redout** (ridạ'ụt), *n. vidi:* **redoubt.**

**redpoll** (re'dpō'l), *n.* pomorska konopljarka.

**redraft** (ri'dră'ft), *v.* s nova crtati; — *n.* drugi nacrt, drugi novčani nalog.

**redraw** (ridrạ'), *v.* na novo risati, izdati uzmjenicu na koga.

**redress** (ridre's), *v.* urediti, popraviti, ublažiti; — *n.* pomoć, lijek, zadovoljština.

**redshank** (re'dšă'nk), *n.* bravenjak (*ptica*).

**Redskin** (re'dski'n), *n.* Indijanac.

**redstart** (re'dsta'rt), **redtail** (re'dte'jl), *n.* crvenrepka (*ptica*).

**red-tape** (re'dte'jp), *a.* pretjeran; — *n.* pretjeranost, birokratizam.

**reduce** (ridju's), *v.* sniziti, svesti, umaliti, skratiti, stegnuti, pokoriti, podjarmiti; staviti na svoje mjesto.

**reducible** (ridju'sibl), *a.* svediv, pretvoriv, smanjiv.

**reduction** (rida'kšön), *n.* sniženje, smanjenje, pretvaranje, dovođenje u njeko stanje; upokorenje.

**redundancy** (rida'ndönsi), **redundance** (rida'ndöns), *n.* izobilje, pretek, zališnost.

**redundant** (rida'ndönt), *a.* suvišan, zališan, na pretek.

**reduplicate** (ridju'plikejt), *v.* udvostručiti (se), udvojiti.

**reduplication** (ridju'plike'jšön), *n* udvojenje; opetovanje.

**redwing** (re'dui̯'ng), *n*. vrst drozda.

**re-echo** (ri'e'ko), *v*. odjeknuti, odbijati se (*glas*); — *n*. odjek jeke, odbijanje glasa.

**reed** (rīd), *n*. trska, trstika, rogoz; svirala (*od trske*), cijev; pisak.

**reeded** (rī'ded), *a*. trstikov, obrasao trskom.

**reed-pipe** (rī'dpa'jp), *n*. svirala od trske.

**reedy** (rī'di), *a*. trskovit, rogozan; pišteći.

**reef** (rīf), *v*. podvezati jedro; — *n*. podšav jedra, podveza; greben (*morski*).

**reefer** (rī'för), *n*. podvezivač jedara; pomorski kadet.

**reef-point** (rī'fpo'jnt), *n*. podveza.

**reefy** (rī'fi), *a*. grebenast, pun grebenja.

**reek** (rīk), *v*. pušiti se, isparivati se; — *n*. para, dim.

**reel** (rīl), *v*. namatati, teturati, posrtati; — *n*. motovilo, vita, vrsta škotskog brzog plesa, teturanje.

**re-elect** (ri'ile'kt), *v*. ponovno izabrati.

**re-election** (ri'ile'kšön), *n*. ponovni izbor.

**re-embark** (ri'emba'rk), *v*. krcati opet, ponovno se ukrcati.

**re-enact** (ri'enǎ'kt), *v*. ponovno odrediti, uzakoniti.

**re-enforce** (ri'enfo'rs), *v*. pojačati.

**re-engage** (ri'enge'jđ), *v*. na novo obvezati (se), opet namjestiti, opet se sukobiti.

**re-enter** (ri'e'ntör), *v*. opet unići, nastupiti ponovno.

**re-entry** (ri'e'ntri), *n*. ponovni ulaz, nastup; ponovno stupanje u posjed nekretnina.

**re-establish** (ri'estǎ'bliš), *v*. opet urediti, ustanoviti, uspostaviti.

**reeve** (rīv), *v*. provući, uvlačiti; — *n*. uredovnik; sudac; pandur.

**re-examination** (ri'egzǎ'mine'jšön), *n*. ponovni ispit, ponovna istraga.

**re-examine** (ri'egzǎ'min), *v*. s nova ispitivati; opet istraživati.

**re-export** (ri'ekspo'rt), *v*. natrag izvoziti.

**re-export** (rie'ksport), *n*. na novo izvožena roba.

**re-fashion** (ri'fǎ'šön), *v*. preinačiti, preurediti.

**refection** (rife'kšön), *n*. okrepa; obrok.

**refectory** (rife'ktori), *n*. blagovaonica, refektorij.

**refer** (rifö'r), *v*. uputiti; pripisati, dati; odnositi (se), pozivati se, staviti na volju, ticati se.

**referable** (re'föröbl), *a*. odnoseći se, tičući se.

**referee** (re'föri'), *n*. obranik; sudac.

**reference** (re'förens), *n*. upućivanje, upućenje, odnos, obzir, pogled; izvještaj; smjeranje.

**referendum** (re'före'ndam), *n*. referendum, podnešenje koje zakonske mjere narodu na konačno odobrenje *ili* glasovanje.

**referrible** (refö'ribl), *a*. *vidi*: **referable**.

**refill** (rifi'l), *v*. opet napuniti.

**refine** (rifa'jn), *v*. čistiti, očistiti; pretopiti; bistriti; ugladiti, izgladiti; oplemeniti (se); prečistiti se; biti prepreden.

**refined** (rifa'jnd), *a*. čisti, pročišćen; kulturan; otmen, fin, ugladen; prepreden.

**refinement** (rifa'jnment), *n*. čišćenje; bistrenje; oplemenjivanje; čistoća; ugladenost, finoća; otmenost, kultura; prepredenost.

**refiner** (rifa'jnör), *n*. čistilac, bistritelj.

**refinery** (rifa'jnöri), *n*. rafinerija, čistionica.

**refit** (rifi't), *v*. popraviti; na novo oskrbiti.

**reflect** (rifle'kt), *v*. odraziti, odbijati, bacati sjenu, odraziti se; promišljati; prikoravati.

**reflecting** (refle'kting), *a*. odrazan, odbojan; prikoran; zamišljen, promišljen.

**reflection** (rifle'kšön), *n*. odrazivanje, odsjev; odbijanje; razmišljanje; ukor.

**reflective** (rifle'ktiv), *a*. odrazujući, odbojni; razmišljajući.

**reflector** (rifle'ktör), *n*. reflektor, sprava za odraz zraka; razmatrač.

**reflex** (ri'fleks), *a*. odrazni, odbojni; nehotičan; — *n*. odraz, odsjev.

**reflexible** (rifle'ksibl), *a*. odraziv, odbojan.

**reflexion** (rifle'kšön), *n*. *vidi*: **reflection**.

**reflexive** (rifle′ksiv), *a.* povratan, što se natrag okreće, obazire *ili* proteže; odsjevan; — *n.* povratna zamjenica.

**refluent** (re′fluent), *a.* tekući natrag.

**reflux** (ri′flȧks), *n.* tečenje natrag, osjeka.

**refold** (rifō′ld), *v.* opet sklopiti, savijati, previti.

**reform** (rifo′rm), *v.* preobratiti, popraviti, preinačiti, preustrojiti; — *n.* popravak; promjena; preustrojstvo; reforma.

**reformation** (re′forme′jšön), *n.* preinačivanje, preustrojenje; popravak; reformacija.

**re-formation** (ri′forme′jšön), *n.* ponovno sastavljanje, poređanje.

**reformatory** (rifo′rmötori), *n.* popravilište.

**reformed** (rifo′rmd), *a.* popravljen, reformiran.

**reformer** (rifo′rmör), *n.* popravljač; reformator.

**refract** (rifrȧ′kt), *v.* lomiti, prelamati (*zrake*).

**refracting** (rifrȧ′kting), *a.* prelomni.

**refraction** (rifrȧ′kšön), *n.* lomljenje, prelamanje.

**refractive** (rifrȧ′ktiv), *a.* prelomni.

**refractor** (rifrȧ′ktör), *n.* refraktor.

**refractory** (rifrȧ′ktori), *a.* uporan, tvrdoglav, nepokoran.

**refrain** (rifre′jn), *v.* zaustaviti, obuzdati; ustegnuti se, uzdržati se; — *n.* pripjev.

**refrangible** (rifrȧ′nđibl), *a.* preloman.

**refresh** (rifre′š), *v.* oživiti, okrijepiti, osvježiti, rashladiti.

**refresher** (rifre′šör), *n.* onaj, koji *ili* što osvježuje; nadoknadna pristojba.

**refreshing** (rifre′šing), *a.* krepak, okrijepan, osvježujući.

**refreshment** (refre′šment), *n.* krijepljenje, okrepa, oblaznica; jestiva, pića.

**refrigerant** (rifri′đorönt), *a.* rashlađujući; — *n.* sredstvo za rashlađenje.

**refrigerate** (rifri′đorejt), *v.* hladiti, rashlađivati.

**refrigeration** (rifri′đore′jšön), *n.* hlađenje, ublaživanje vrućine.

**refrigerator** (rifri′đore′jtör), *n.* ono, što hladi, hladnjača, ledvenica.

**refrigeratory** (rifri′đörötori), *a.* hladeći; — *n.* sprava za hlađenje, ledvenica.

**refringent** (rifri′nđent), *a.* preloman.

**refuge** (re′fjuđ), *v.* zakloniti se, pribjeći; — *n.* utočište, zaklon; pomoć; sredstvo.

**refugee** (re′fjuđi′), *n.* bjegunac, uskok.

**refulgence** (rifȧ′lđens), **refulgency** (rifȧ′lđensi), *n.* sjaj, sjajnost, svjetlost.

**refulgent** (rifȧ′lđent), *a.* sjajan, svijetao.

**refund** (rifȧ′nd), *v.* otplatiti, namiriti; vratiti.

**refurnish** (rifö′rniš), *v.* na novo snabdjeti, opskrbiti, opraviti, namjestiti (*pokućstvom*).

**refusal** (rifju′zöl), *n.* uskrata, uskraćivanje, nehtijenje; prvenstvo.

**refuse** (rifju′z), *v.* odbiti, ne uslišati, kratiti, uskratiti; odbaciti; protiviti se; ne htjeti.

**refuse** (re′fjus), *a.* zabačen; bezvrijedan, loš, nevaljao; — *n.* izmet, smet, obirak.

**refutable** (rifju′töbl *ili* re′fjutöbl), *a.* oprovrgljiv, oboriv.

**refutation** (re′fjute′jšön), *n.* oprovrgavanje, oprovrgnuće, oborenje.

**refute** (rifju′t), *v.* oprovrći, oboriti, pobiti.

**regain** (rige′jn), *v.* natrag steći, opet dobiti, opet postići.

**regal** (ri′göl), *a.* kraljevski.

**regale** (rige′jl), *v.* gostiti (se), častiti; — *n.* gozba, gošćenje; užitak.

**regalia** (rige′jliö), *n.* kraljevski znakovi (*kruna, žezlo itd.*).

**regality** (rigȧ′liti), *n.* kraljevsko dostojanstvo, kraljevstvo.

**regally** (rī′göli), *adv.* kraljevski.

**regard** (rigȧ′rd), *v.* gledati, paziti, štovati, cijeniti, smatrati, držati, ticati se, odnositi se; — *n.* pogled, motrenje, obzir, štovanje, odnos; (*pl.*) **regards** (rigȧ′rdz), pozdrav, dobre želje.

**regardant** (rigȧ′rdönt), *a.* pažljiv, oprezan.

**regardful** (rigȧ′rdful), *a.* pomnjiv, pažljiv, obziran.

**regarding** (rigȧ′rding), *prep.* o, glede, u odnosu, što se tiče.

**regardless** (rigȧ′rdles), *a.* nepažljiv, nemaran, bezobziran.

**regardlessly** (rigā'rdlesli), *adv.* bezobzirce, bez obzira.

**regatta** (rigă'tö), *n.* utrka s čamcima, regata.

**regency** (rī'densi), *n.* vladanje, namjesništvo.

**regeneracy** (riđe'nörösi), *n.* preporodjenje.

**regenerate** (riđe'nörejt), *v.* preporoditi, obnoviti; — *a.* preporođen, obnovljen.

**regeneration** (riđe'nöre'jšön), *n.* preporođenje, obnovljenje.

**regent** (rī'đent), *a.* upravljajući, vladajući; — *n.* upravljatelj, vladar, regent.

**regicide** (re'đisajd), *n.* ubojica kralja, umorstvo kralja.

**regime** (reži'm), *n.* upravljanje, vlada.

**regimen** (re'đimen), *n.* pravilna vlada; pravilni način življenja.

**regiment** (re'điment), *n.* pukovnija, regimenta.

**regimental** (re'đime'ntöl), *a.* pukovnijski.

**regimentals** (re'đime'ntölz), *n.* pukovnijska uniforma, vojnička odora.

**region** (ri'đön), *n.* kraj, predjel, područje; dio tijela.

**register** (re'đistör), *v.* upisati, zabilježiti; protokolirati, uvesti u knjigu; predati (*prtljagu*); preporučiti (*pismo*); — *n.* službena knjiga, upisnik, zapisnik, popis, matica (*rođenih, umrlih*); zapor; registar, stroj za pokazivanje posla, dohotka *itd.*; kazalo, registrator.

**registered** (re'đistörd), *a.* upisan, unešen; patentiran; preporučen.

**register-office** (re'đistöră'fis), *n.* ured za vođenje matica, registratura, arkiv.

**registrar** (re'đistrar), *n.* registrator, protokolista, vodilac matica.

**registration** (re'đistre'jšön), *n.* upisivanje, upis, protokoliranje; preporučivanje (*pisama*).

**registration-fee** (re'đistre'jšönfī'), *n.* upisnina, pristojba za preporučeno pismo.

**registry** (re'đistri), *n.* upisivanje, upis, registratura, preporuka (*pisma*).

**regius** (ri'đias), *a.* kraljevski.

**regnant** (re'gnönt), *a.* vladajući.

**regress** (rigre's), *v.* ići natrag, vratiti se; — (ri'gres), *n.* povratak; moć vraćanja.

**regression** (rigre'šön), *n.* vraćanje, nazadovanje.

**regret** (rigre't), *v.* žaliti, kajati se; — *n.* sažaljenje, kajanje; bol.

**regretful** (rigre'tful), *a.* žalostan, sažalan.

**regretfully** (rigre'tfuli), *adv.* sažalno, nerado.

**regrettable** (rigre'töbl), *a.* sažaljenja vrijedan, žalostan, kukavan.

**regular** (re'gjulör), *a.* pravilan, redovit, pravi, valjan, uredan, točan; — *n.* redovnik, redovni vojnik.

**regularity** (re'gjulă'riti), *n.* pravilnost, točnost, red.

**regularly** (re'gjulörli), *adv.* redovito, uredno.

**regulate** (re'gjulejt), *v.* udesiti, urediti, ravnati, upravljati.

**regulation** (re'gjule'jšön), *n.* upravljanje; naredba, propis.

**regulator** (re'gjule'jtör), *n.* regulator; upravljač, uređivač.

**regurgitate** (rigö'rđitejt), *v.* lijevati natrag; strujati natrag; vratiti.

**rehabilitate** (ri'hăbi'litejt), *v.* uspostaviti u prvašnje stanje; na novo steći ugled.

**rehearsal** (rihö'rsöl), *n.* ponavljanje, pokus, proba.

**rehearse** (rihö'rs), *v.* ponavljati, držati probu, imati pokus; govoriti, pripovijedati.

**reign** (rejn), *v.* vladati, prevlađivati; — *n.* vlada, vladanje, prevlast.

**reimburse** (ri'imbö'rs), *v.* naplatiti, vratiti, odštetiti, naknaditi.

**reimbursement** (ri'imbö'rsment), *n.* isplata, povratak, odšteta, naknada; pouzeće.

**reimport** (ri'impo'rt), *v.* uvoziti natrag; — (rii'mport), *n.* natrag uvožena roba.

**reimpose** (ri'impō'z), *v.* staviti opet, ponovno nametnuti.

**rein** (rejn), *v.* držati uzde, zauzdati, obuzdati; — *n.* uzda.

**reindeer** (re'jndī'r), *n.* sob.

**reinforce** (ri'info'rs), *v.* pojačati.

**reinforcement** (ri'info'rsment), *n.* pojačanje.

**reins** (rejnz), *n.* bubrezi.

**reinsert** (ri'insö'rt), v. uvrstiti ponovno.

**reinstate** (ri'inste'jt), v. uspostaviti, vratiti u prvašnje stanje.

**reinstatement** (ri'inste'jtment), n. uspostava.

**reinsurance** (ri'inšu'röns), n. ponovno osjeguranje.

**reinsure** (ri'inšu'r), v. ponovno osjegurati.

**reinvest** (ri'inve'st), v. na novo uložiti.

**reissue** (ri'i'šju), v. izdati, dati po drugiput; — n. drugo, ponovno izdanje.

**reiterate** (rii'törejt), v. opetovati, ponoviti.

**reiteration** (rii'töre'jšön), n. opetovanje, ponavljanje.

**reject** (riđe'kt), v. odbaciti, zabaciti, odbiti, napustiti; ne uvažiti.

**rejection** (riđe'kšön), n. zabačenje, odbijanje, neuvaženje.

**rejoice** (riđo'js), v. radovati se, veseliti.

**rejoicing** (riđo'jsing), n. veselje, radost.

**rejoin** (riđo'jn), v. opet sastaviti, spojiti; opet se sastati; odgovoriti (na odgovor).

**rejoinder** (riđo'jndör), n. odgovor (na odgovor), duplika.

**rejudge** (riđa'đ), v. opet prosuđivati.

**rejuvenate** (riđu'venejt), v. pomladiti.

**rejuvenescence** (riđu'vene'sens), n. pomlađivanje.

**relapse** (rilä'ps), v. pasti natrag; povratiti se; — n. padanje natrag (u prvašnje stanje).

**relate** (rile'jt), v. kazivati, pripovijedati, dovesti u savez, u srodstvo, odnositi (se); biti u rodu.

**related** (rile'jted), a. srodan, u rodu.

**relation** (rile'jšön), n. kazivanje, pripovijetka, odnos, odnošaj, savez, rod, srodstvo, rođak; razmjer.

**relationship** (rile'jšönšip), n. srodstvo, rod.

**relative** (re'letiv), a. odnosan, relativan; — n. srodnik, rođak.

**relatively** (re'letivli), adv. odnosno, razmjerno; što se tiče.

**relator** (rile'jtör), n. kazivalac, pripovjedač.

**relax** (rilä'ks), v. popustiti, razdriješiti; oslabiti; razgaliti; malaksati, omlitaviti.

**relaxation** (re'lökse'jšön), n. popuštanje; mlitavost; ublaženje; zabava.

**relay** (rile'j), v. na novo položiti; — n. izmjena konja; novi ljudi; pomoćnici; novi lovački psi.

**release** (rili's), v. otpustiti, pustiti na slobodu, odriješiti, oprostiti; — n. oslobođenje; otpust, otpuštenje; oproštenje; napuštenje; otpusnica.

**re-lease** (ri'li's), v. na novo iznajmiti.

**relegate** (re'ligejt), v. otpraviti, protjerati, prognati.

**relegation** (re'lige'jšön), n. protjeranje, progonstvo.

**relent** (rile'nt), v. ublažiti se; popustiti.

**relentless** (rile'ntles), a. nesmiljen, nemilosrdan, neumoljiv.

**relentlessly** (rile'ntlesli), adv. nesmiljeno, nemilosrdno.

**relet** (ri'le't), v. na novo iznajmiti.

**relevance** (re'levöns), **relevancy** (re'levönsi), n. primjenljivost, primjerenost, prikladnost, svrsishodnost.

**relevant** (re'levönt), a. primjenljiv, primjeren, prikladan, svrsishodan.

**reliable** (rila'ebl), a. pouzdan, povjerljiv.

**reliably** (rila'ebli), adv. pouzdano.

**reliance** (rila'ens), n. uzdanje, pouzdanje, povjerenje.

**reliant** (rila'ent), a. povjerljiv, pouzdan.

**relic** (re'lik), n. ostatak, ostanak, uspomena; (pl.) mrtvo tijelo, svete moći.

**relict** (re'likt), n. udovica.

**relief** (rili'f), n. olakšanje, olakšica, ublaženje; pomoć, potpora; izbavljenje, izmjena; naknada štete; isticanje; relijef.

**relieve** (rili'v), v. olakšati, ublažiti, pomoći, podupirati, riješiti, oslobo- diti, izmijeniti, istaknuti.

**relievo** (rili'vo), n. relijef, ispupčena radnja.

**religion** (rili'đön), n. vjera, vjeroispovijest, pobožnost.

**religionist** (rili'đönist), n. pobožnik, bogomoljac.

**religiosity** (rili'điä'siti), n. pobožnost.

**religious** (rili'đas), a. vjerski, pobožan, svet, crkveni; zdušan.

**religiously** (rili'đasli), adv. pobožno, sveto; strogo, zdušno.

**relinquish** (rili'nkuiš), *v.* napustiti, ostaviti, odreći se; prepustiti.

**reliquary** (re'likuöri), *n.* ćivot, kovčežić za svete moći.

**reliquiae** (reli'kuii), *n.* svete moći.

**relish** (re'liš), *v.* uživati; rado imati, dopasti se, voljeti, prijati, račiti se, ići u tek, biti tečan, ukusan.

**relive** (rili'v), *v.* opet oživjeti.

**reluctance** (rila'ktöns), **reluctancy** (rila'ktönsi), *n.* neradost, zla volja; opiranje.

**reluctant** (rila'ktönt), *a.* nerad, prisiljen, protivan.

**reluctantly** (rila'ktöntli), *adv.* nerado, preko volje.

**relume** (riljū'm), **relumine** (riljū'-min), *v.* opet rasvijetliti, upaliti.

**rely** (rila'j), *v.* osloniti se, uzdati se.

**remain** (rime'jn), *v.* ostati, preostati; — *n.* ostatak; **remains** (reme'jns), *pl.* mrtvo tijelo, ostanci; književna djela ostavljena iza smrti pisca.

**remainder** (rime'jndör), *a.* preostao; — *n.* ostatak, preostatak.

**remake** (rime'jk), *v.* učiniti s nova.

**remand** (rimă'nd), *v.* pozvati natrag, odazvati, vratiti, poslati natrag u zatvor.

**remanent** (re'mönent), *a.* ostali, ostavši.

**remark** (rima'rk), *v.* primijetiti, opaziti, na novo pobilježiti; — *n.* opaska, primjedba.

**remarkable** (rima'rköbl), *a.* važan, znatan, izvrstan, čudnovat, vanredan.

**remarkably** (rima'rköbli), *adv.* izvrsno, vanredno, čudnovato.

**remarriage** (rimă'riđ), *n.* druga ženidba, udaja.

**remarry** (rimă'ri), *v.* po drugi put (se) oženiti, udati.

**remediable** (remī'diöbl), *a.* izlječiv, što se može pomoći.

**remedial** (remī'diöl), *a.* što pomaže, liječi.

**remedy** (re'medi), *v.* liječiti, izliječiti; popraviti, ukloniti; doskočiti; — *n.* lijek; pravno sredstvo; pomoć, naknada.

**remember** (rime'mbör), *v.* pamtiti, sjećati se, spominjati se, pozdraviti, preporučiti.

**remembrance** (rime'mbröns), *n.* pamćenje, sjećanje; spomen; uspomena.

**remembrancer** (rime'mbrönsör), *n.* tajnik blagajne; bilježnik.

**remind** (rima'jnd), *v.* opomenuti, sjetiti, podsjećati.

**reminder** (rima'jndör), *n.* opominjač, sjećatelj; nješto, što podsjeća.

**reminiscence** (re'mini'sens), *n.* sjećanje, uspomena.

**reminiscent** (re'mini'sent), *a.* sjećajući se, dozvavši u pamet.

**remiss** (rimi's), *a.* mlitav, lijen, nemaran.

**remission** (rimi'šön), *n.* popuštanje, jenjanje, umanjivanje; napuštenje; oprost, pomilovanje.

**remissly** (rimi'sli), *adv.* mlitavo, lijeno, nemarno.

**remit** (rimi't), *v.* popustiti, smanjiti, ustupiti, oprostiti, predati, izručiti, poslati, popuštati, jenjati.

**remittance** (rimi'töns), *n.* pošiljanje; (*novčana*) pošiljka, poslana svota.

**remittent** (rimi'tent), *a.* privremeno prestajući; — *n.* povraćajuća groznica.

**remnant** (re'mnönt), *n.* ostavši; — *n.* ostatak, ostanak.

**remodel** (rimă'del), *v.* preobraziti, preurediti, preinačiti.

**remonstrance** (rimă'nströns), *n.* prigovaranje, prigovor, ukor; pritužba.

**remonstrant** (rimă'nströnt), *a.* prigovarajući, koreći.

**remonstrate** (rimă'nstrejt), *v.* prigovarati, ukoriti, pritužiti se.

**remora** (re'morö), *n.* ustavica (*riba*).

**remorse** (rimo'rs), *n.* grižnja savjesti, pokajanje.

**remorseful** (rimo'rsful), *a.* pun grižnje savjesti; pokajan.

**remorseless** (rimo'rsles), *a.* bešćutan, nemilosrdan, okrutan.

**remote** (rimō't), *a.* dalek, udaljen, zabitan, slab, neznatan.

**remotely** (rimō'tli), *adv.* daleko, udaljeno, slabo.

**remould** (rimō'ld), *v.* preobraziti, predjelati, preinačiti.

**remount** (rima'unt), *v.* opet zajašiti, popeti se, uzjašiti; — *n.* svježi jahaći konj.

**removable** (rimū'vöbl), *a.* ukloniv, otkloniv, što se dade odstraniti, svrgnuti.

**removal** (rimū'völ), *n.* otklonjenje, odstranjenje, svrgnuće, skinuće; preseljenje.

**remove** (rimū'v), *v.* ukloniti, odnijeti, oduzeti, svrgnuti, protjerati, premjestiti, otići, seliti se, preseliti se; — *n.* premještenje, skinuće, preseljenje, odlazak.

**removed** (rimū'vd), *a.* dalek, udaljen, zabitan.

**remunerate** (rimju'nörejt), *v.* nagraditi, naplatiti.

**remuneration** (rimju'nöre'jšön), *n.* nagrađivanje, nagrada, naplata.

**remunerative** (rimju'nöretiv), *a.* nagradni, unosan.

**renaissance** (re'nesa'ns *ili* rene'söns), *n.* preporod, renesanca.

**renal** (ri'nöl), *a.* bubrežni.

**renard** (re'nörd), *n.* lisica.

**renascence** (rină'sens), *n.* preporod, obnovljenje, renesanca.

**renascent** (rină'sent), *a.* preporođen, pojavan, pomlađen.

**rencounter** (renkă'untör), **rencontre** (renka'ntör), *v.* sudariti se, · sukobiti se, biti se, sresti; — *n.* nenadan susret, sastanak, sukob, okršaj.

**rend** (rend), *v.* razderati, rastrgati, raskinuti, rascijepati, kidati, raskinuti se, raspući se.

**render** (re'ndör), *v.* uzvratiti, vratiti; predati, ustupiti, pružati; dati prevesti; kazati; učiniti; cvreti, iscvrijeti.

**rendering** (re'ndöring), *n.* kazivanje; prijevod; cvrenje.

**rendezvous** (re'ndevu), *v.* sastati se (*na određenom mjestu*); — *n.* sastanak, ročište.

**rendition** (rendi'šön), *n.* predavanje, predaja; prijevod; prikazanje.

**renegade** (re'nigejd), *n.* otpadnik, odmetnik; bjegunac.

**renew** (rinju'), *v.* ponoviti, obnoviti, na novo učiniti; s nova dati; opet početi, otpočeti.

**renewal** (rinju'öl), *n.* ponovljenje, obnova.

**reniform** (ri'niform), *a.* bubrežast.

**renitent** (rina'jtent *ili* re'nitent), *a.* otporan, uporan, protivan.

**rennet** (re'net), *n.* sirište; vrsta jabuke.

**renounce** (rina'uns), *v.* odreći se, napustiti, odbaciti, opozvati.

**renovate** (re'novejt), *v.* ponoviti, obnoviti.

**renovater, renovator** (re'nove'jtör), *n.* obnavljatelj.

**renovation** (re'nove'jšön), *n.* obnavljanje, obnova.

**renown** (rina'un), *v.* učiniti slavnim; — *n.* glas, slava, ime.

**renowned** (rina'und), *a.* glasovit, slavan.

**rent** (rent), *v.* najmiti, uzeti pod kiriju, iznajmiti, dati u najam, biti iznajmljen, dan u zakup; — *n.* renta, najam, najamnina, puklina, pukotina; razdor.

**rental** (re'ntöl), *n.* popis zakupa, ukupna svota rente.

**renter** (re'ntör), *v.* fino siti, fino poplesti; — *n.* najimač, zakupnik, stanar.

**rent-roll** (re'ntrō'l), *n.* popis zakupa, renta.

**renunciation** (rina'nsie'jšön), *n.* odreknuće, odricanje, napuštenje.

**reoccupy** (riă'kjupaj), *v.* na novo zaposjesti.

**reopen** (rio'pen), *v.* opet otvoriti, započeti.

**reorganization** (riă'rgönize'jšön), *n.* preustrojstvo.

**reorganize** (riă'rgönajz), *v.* preustrojiti.

**rep, repp** (rep), *n.* rips (*vrsta tkanine*).

**repair** (ripē'r), *v.* popraviti, naknadidi; — *n.* popravljanje, popravak.

**reparable** (re'pöröbl), *a.* popravljiv, nadoknadiv.

**reparation** (re'pöre'jšön), *n.* popravljanje, oporavak, zadovoljština, naknada.

**reparative** (repă'retiv), *a.* popravljajući; — *n.* ono, što popravlja; naknada.

**repartee** (re'parti'), *n.* brz i duhovit odgovor.

**repass** (ripă's), *v.* opet proći, vratiti se.

**repast** (ripă'st), *n.* jelo, hrana, obrok, ručak, objed.

**repatriate** (ripe'jtriejt), *v.* vratiti u domovinu.

**repay** (ripe'j), *v.* platiti natrag, otplatiti, namiriti.

**repayable** (ripe'jöbl), *a.* otplativ, naknadiv.

**repayment** (ripe'jment), *n.* otplata, namirenje.

**repeal** (ripīʹl), *v.* opozvati, ukinuti; — *n.* opozvanje, ukinuće.

**repeat** (ripīʹt), *v.* opetovati, ponavljati; — *n.* opetovanje, ponavljanje.

**repeatedly** (ripīʹtedli), *adv.* opetovano, više puta.

**repeater** (ripīʹtör), *n.* ponavljač, ponavljača (*ura, puška*); periodičan desetičan razlomak.

**repeating** (ripīʹting), *a.* ponavljajući.

**repel** (ripeʹl), *v.* odbiti, suzbijati; odbijati se.

**repellence** (ripeʹlens), **repellency** (ripeʹlensi), *n.* odbijanje, odbojnost.

**repellent** (ripeʹlent), *a.* odbojan, odvratan.

**repent** (ripeʹnt), *v.* kajati se, žaliti.

**repentance** (ripeʹntöns), *n.* kajanje, pokajanje.

**repentant** (ripeʹntönt), *a.* pokajan.

**repercuss** (riʹpörkaʹs), *v.* odbijati, suzbijati, odrazivati.

**repercussion** (riʹpörkaʹšön), *n.* odbijanje, suzbijanje, odboj, odjeka.

**repercussive** (riʹpörkạʹsiv), *a.* odrazni, odbojni.

**repertoire** (reʹpörtuạr), *n.* program igrokaza.

**repertory** (reʹpörtori), *n.* riznica, spremište, skladište, sahranište.

**repetition** (reʹpetiʹšön), *n.* ponavljanje, opetovanje, predavanje.

**repine** (ripaʹjn), *v.* biti nezadovoljan, gunđati, mrmljati.

**replace** (ripleʹjs), *v.* staviti opet na prvašnje mjesto, staviti na mjesto drugoga, zauzeti čije mjesto, premjestiti.

**replenish** (ripleʹniš), *v.* opet puniti, napuniti; nadopuniti.

**replete** (riplīʹt), *a.* napunjen, pun, preobilan.

**repletion** (ripliʹšön), *n.* punoća, preobilnost.

**replevin** (ripleʹvin), *n.* iskupljenje sekvestriranih dobara, ukidanje sekvestra.

**replevy** (ripleʹvi), *v.* iskupiti sekvestrana dobra.

**replica** (reʹplikö), *n.* otisak slike, odgovor, replika.

**replication** (reʹplikeʹjšön), *n.* odgovor, replika.

**reply** (riplaʹj), *v.* odgovoriti, odvratiti; — *n.* odgovor.

**report** (ripoʹrt), *v.* izvijestiti, javiti, prijaviti (se); izjaviti, razglasiti; — *n.* vijest, glas; izvještaj; prijava; svjedodžba; izjava; prasak.

**reporter** (ripoʹrtör), *n.* izvjestitelj.

**reposal** (ripōʹzöl), *n.* pouzdanje.

**repose** (ripōʹz), *v.* položiti, počivati, mirovati, osnivati se; — *n.* počivanje, počinak, mir, pokoj.

**reposit** (ripạʹzit), *v.* ostaviti, pohraniti.

**repository** (ripạʹzitöri), *n.* sahranište, skladište.

**reprehend** (reʹpriheʹnd), *v.* koriti, prikoravati, kuditi.

**reprehensible** (reʹpriheʹnsibl), *a.* vrijedan ukora, prijekoran.

**reprehension** (reʹpriheʹnšön), *n.* ukor, prijekor.

**reprehensive** (reʹpriheʹnsiv), *a.* ukorni, pokudljiv.

**represent** (reʹprizeʹnt), *v.* predstạviti, predstavljati, prikazati, opisati; zastupati.

**representable** (reʹprizeʹntöbl), *a.* što se može predstaviti.

**representation** (reʹprizenteʹjšön), *n.* predstavljanje; kip, slika; igra; prigovaranje; zastupanje, zastupstvo.

**representative** (reʹprizeʹntetiv), *a.* predstavljajući, zastupajući, uzoran; — *n.* slika; zastupnik.

**repress** (repreʹs), *v.* potisnuti natrag, suzbiti; zaustaviti, svladati, obuzdati, ugušiti.

**repressible** (repreʹsibl), *a.* što se može svladati, suzbiti, ugušiti.

**repression** (repreʹšön), *n.* tlačenje, suzbijanje, obuzdavanje, zaustava.

**repressive** (repreʹsiv), *a.* što tlači, obuzda.

**reprieve** (riprīʹv), *v.* odgoditi izvršenje (*smrtne kazni*), poštediti privremeno; — *n.* privremena obustava smrtne kazni; odgoda.

**reprimand** (reʹprimănd), *v.* ukoriti, pokuditi; — *n.* ukor, prijekor.

**reprint** (ripriʹnt), *v.* pretiskati, ponovno štampati; — *n.* drugo *ili* novo izdanje, otisak.

**reprisal** (ripraʹjzöl), *n.* preoteće, odmazda, osveta.

**reproach** (riprōʹč), *v.* predbacivati, ukoriti; — *n.* predbacivanje, ukor.

**reproachable** (riprōʹčöbl), *a.* vrijedan ukora.

**reproachably** (riprō'čöbli), *adv.* prijekorno, pokudno.

**reproachful** (riprō'čful), *a.* prijekoran, pogrdan.

**reprobate** (re'probet), *v.* osuditi, odbaciti, ne odobriti; — *a.* opak, nevaljao; — *n.* bezakonjak, nevaljanac.

**reprobation** (re'probe'jšön), *n.* neodobrenje; osuda; odbaćenje.

**reproduce** (ri'prodju's), *v.* opet proizvesti, izvesti, oslikati, prikazati.

**reproduction** (ri'proda̱'kšön), *n.* ponovno proizvađanje, ponovni proizvod, rasplođivanje, ponovno prikazivanje, vjerno oponašanje.

**reproductive** (ri'proda̱'ktiv), *a.* opetovno proizvodiv.

**reproof** (riprū'f), *n.* prigovor, ukor.

**reprovable** (riprū'vöbl), *a.* prijekoran, pokudan.

**reproval** (riprū'völ), *n. vidi*: **reproof.**

**reprove** (riprū'v), *v.* prigovarati, koriti, ukoriti.

**reptile** (re'ptil), *a.* gmizajući, puzajući; — *n.* gmaz, gmizavac, puzavac.

**reptilian** (repti'liön), *a.* gmazovski, puzavski; — *n.* gmaz.

**republic** (ripa̱'blik), *n.* republika.

**republican** (ripa̱'blikön), *a.* republikanski; — *n.* republikanac.

**republicanism** (ripa̱'blikönizm), *n.* republikanstvo.

**republication** (ripa̱'blike'jšön), *n.* drugo *ili* novo izdanje.

**republish** (ripa̱'bliš), *v.* na novo objelodaniti, opet tiskati.

**repudiate** (ripju'diejt), *v.* napustiti, odbaciti, odbiti, ne priznati.

**repudiation** (ripju'die'jšön), *n.* napuštenje, odbaćenje, nepriznanje.

**repugnance** (ripa̱'gnöns), *n.* odvratnost, protivljenje, oprjeka.

**repugnant** (ripa̱'gnönt), *a.* odvratan, protivan, oprječan.

**repulse** (ripa̱'ls), *v.* odbiti, suzbiti, neuslišati; — *n.* odbijanje, poraz, neuvaženje.

**repulsion** (ripa̱'lšön), *n.* odbijanje, suzbijanje, odvratnost.

**repulsive** (ripa̱'lsiv), *a.* odbojan, odvratan.

**repurchase** (ripö'rčes), *v.* prekupiti; — *n.* prekupnja.

**reputable** (re'pjutöbl), *a.* dobra glasa, častan, poštovan.

**reputation** (re'pjute'jšön), *n.* glas, ime, ugled.

**repute** (ripju't), *v.* smatrati, cijeniti; — *n.* glas, značaj.

**reputed** (ripju'ted), *a.* smatran, cijenjen, tobožnji.

**reputedly** (ripju'tedli), *adv.* tobože, vjerojatno.

**request** (riku̱e'st), *v.* tražiti, moliti; — *n.* zahtjev, želja, molba.

**requiem** (ri'ku̱iem), *n.* zadušnice, crna misa.

**require** (riku̱a'er), *v.* zahtijevati, tražiti, trebati.

**requirement** (riku̱a'erment), *n.* zahtijevanje, zahtjev, potreba.

**requisite** (re'ku̱izit), *a.* nuždan, potreban, bitan; — *n.* potreba, nužda.

**requisition** (reku̱izi'šön), *v.* zahtijevati; uzimati silom; — *n.* traženje, zahtijevanje, zahtjev, pismeni poziv; uzimanje; snabdijevanje silom.

**requital** (riku̱a'jtöl), *n.* vraćanje, uzdarje; nagrada; odmazda, odšteta.

**requite** (riku̱a'jt), *v.* vratiti, platiti, nagraditi; kazniti.

**reredos** (rī'rdås), *n.* ukrašen zid iza oltara; zaleđe.

**rere-mouse** (rī'rma̱'us), *n.* šišmiš.

**rereward** (rī'ru̱å'rd), *n.* stražnja četa, pozadnica.

**rescind** (risi'nd), *v.* ukinuti, uništiti.

**rescission** (risi'žön), *n.* ukinuće, ukidanje.

**rescript** (ri'skript), *n.* službena odluka, naredba.

**rescue** (re'skju), *v.* spasiti, osloboditi, izbaviti; — *n.* izbavljenje, oslobođenje.

**rescuer** (re'skju̱er), *n.* osloboditelj, spasitelj.

**research** (risö'rč), *v.* istraživati; — *n.* istraživanje.

**reseat** (risī't), *v.* opet posaditi, postaviti; snabdjeti novim stolcem.

**reseize** (risī'z), *v.* opet ugrabiti, na novo uzeti.

**resemblance** (rize'mblöns), *n.* sličnost, slika.

**resemble** (rize'mbl), *v.* sličiti, naličiti.

**resent** (rize'nt), *v.* za zlo primiti, zamjeriti, ljutiti se.

**resentful** (rize'ntful), *a.* srdit, osjetljiv.

**resentment** (rize'ntment), *n.* zamjera, srdžba, osvetljivost.

**reservation** (re'zerve'jšön), *n.* sačuvanje, pridržanje, zamučanje, uslov; klauzula.

**reserve** (rizö'rv), *v.* pridržati, sačuvati; — *n.* rezerva; pričuva; priuzdržaj; izuzetak.

**reserved** (rizö'rvd), *a.* pričuvan, rezerviran; uzdržljiv; oprezan.

**reservoir** (re'zervu̯ár), *n.* rezervoar, spremica, čatrnja, vododrž.

**reset** (rise't), *v.* jatakovati, primati tadbinu, opet staviti, složiti; — *n.* jatakovanje, primanje tadbine.

**resetter** (rise'tör), *n.* jatak.

**reside** (riza'jd), *v.* stanovati, obitavati, nalaziti se.

**residence** (re'zidens), *n.* stan, stanovanje, boravište.

**residency** (re'zidensi), *n.* rezidentstvo (*sijelo engleskog namjesnika u Indiji*).

**resident** (re'zident), *a.* stanujući; — *n.* stanovnik, žitelj, rezident; poslanik.

**residential** (re'zide'nćöl), *a.* stanujući.

**residual** (rizi'dju̯al), *a.* preostao.

**residuary** (rizi'dju̯öri), *a.* preostali, ostali.

**residue** (re'zidju), *n.* preostatak, ostatak.

**residuum** (rizi'dju̯am), *n. vidi:* **residue.**

**resign** (riza'jn), *v.* napustiti, ostaviti, odreći se, dati ostavku, prepustiti, predati se (*sudbini*).

**resignation** (re'zigne'jšön), *n.* napuštanje; ostavka; odricanje; pokoravanje (*volji božjoj*).

**resigned** (riza'jnd), *a.* koji se odrekao, krotak, strpljiv, prepušten.

**resile** (riza'el), *v.* povući se, uzmaknuti.

**resilience** (risi'liens), **resiliency** (risi'liensi), *n.* odskok, uzmak, odbijanje.

**resilient** (risi'lient), *a.* što otskače, odbojan.

**resin** (re'zin), *n.* smola.

**resinous** (re'zina̯s), *a.* smolast, smolnat.

**resist** (rizi'st), *v.* opirati se, protiviti se, braniti se.

**resistance** (rizi'stöns), *n.* otpor, opiranje, otporna snaga.

**resistant, resistent** (rizi'stent), *a.* otporan, protivan; — *n.* opiratelj.

**resistible** (rizi'stibl), *a.* odoljiv.

**resistless** (rizi'stles), *a.* neodoljiv.

**resolute** (re'zoljut), *a.* odlučan, postojan, nakan.

**resolutely** (re'zoljutli), *adv.* odlučno, postojano, smiono.

**resolution** (re'zolju'šön), *n.* odlučnost; postojanost; nakana; rezolucija, zaključak, odluka, riješenje; rastvaranje.

**resolvable** (riza'lvöbl), *a.* razrješiv, rastopiv, razjašnjiv.

**resolve** (riza'lv), *v.* rastvoriti (se), rastaliti (se), rastopiti (se), razriješiti (se), riješiti, odlučiti, zaključiti; — *n.* odluka, zaključak, odlučnost.

**resolvent** (riza'lvent), *a.* rastvoriv.

**resonance** (re'zonöns), *n.* jeka, odjekivanje, odzvanjanje, zvučanje.

**resonant** (re'zonönt), *a.* odjekujući, zvučan.

**resort** (rizo'rt), *v.* uteći se, poći, sastati se, sakupljati se; — *n.* utočište, sredstvo, sastanak, sastajalište, mjesto.

**resound** (riza̯'und), *v.* odjekivati, odzvanjati, razlijegati se, oriti se, slaviti.

**resource** (riso'rs), *n.* pomoć; način, sredstvo.

**resourceful** (rizo'rsful), *a.* dosjetljiv, domišljat.

**respect** (rispe'kt), *v.* štovati, poštovati, odnositi se, ticati se, imati obzir; — *n.* štovanje, poštovanje, pošta, obzir, pogled.

**respectability** (rispe'ktöbi'liti), *n.* poštenje, ugled, čast, pristojan izgled.

**respectable** (rispe'ktöbl), *a.* dostojan poštovanja, poštovan, ugledan; podobar.

**respectably** (rispe'ktöbli), *adv.* časno, štovanjem, izgledno, prilično.

**respectful** (rispe'ktful), *a.* smjeran, učtiv, uljudan.

**respectfully** (rispe'ktfuli), *adv.* sa štovanjem, smjerno.

**respecting** (rispe'kting), *prep.* gledeći na, glede, obzirom na, što se tiče.

**respective** (rispe'ktiv), *a.* odnosni, dotični, zasebni, međusoban, razmjeran.

**respectively** (rispe'ktivli), *adv.* odnosno, dotično, razmjerno, svaki za se.

**respirable** (rispa'jröbl), *a.* što se može udisati.

**respiration** (re'spire'jšön), *n.* dihanje, disanje.

**respirator** (re'spire'jtör), *n.* respirator (*sprava, kojom se priječi disanje hladnog zraka, prašine itd.*).

**respiratory** (rispa'jrötori *ili* re'spirötöri), *a.* dišni, za dihanje.

**respire** (rispa'er), *v.* disati, odisati.

**respite** (re'spit), *v.* odgoditi, produljiti rok; — *n.* produljenje roka, privremeno odgođenje (*smrtne kazni*); razmak vremena, mir.

**resplendence** (risple'ndens), *n.* blistanje, sjaj.

**resplendent** (risple'ndent), *a.* sjajan, blistav.

**respond** (rispå'nd), *v.* odgovoriti, odgovarati; prilagoditi se; — *n.* odgovor; pripjev.

**respondent** (rispå'ndent), *n.* odgovaratelj; tuženi, optuženik.

**response** (rispå'ns), *n.* odgovor.

**responsibility** (rispå'nsibi'liti), *n.* odgovornost, obvezatnost.

**responsible** (rispå'nsibl), *a.* odgovoran, obvezatan.

**responsive** (rispå'nsiv), *a.* koji *ili* što odgovara; primjeren.

**responsory** (rispå'nsöri), *a.* što sadržava odgovor; — *n.* odgovor.

**rest** (rest), *v.* mirovati, počivati, nasloniti (se), osnivati se, položiti; — *n.* počinak, odmor, mir, pokoj; stanka; potpor; ostatak, ostali.

**restaurant** (re'storönt), *n.* gostionica.

**restaurateur** (resto'rotör), *n.* gostioničar.

**restful** (re'stful), *a.* miran.

**restitution** (re'stitju'šön), *n.* uspostavljenje, povratak, naknada.

**restive** (re'stiv), *a.* uporan, nepokoran, mušićav.

**restiveness** (re'stivnes), *n.* ćudljivost, upornost.

**restless** (re'stles), *a.* nemiran, nesan.

**restlessness** (re'stlesnes), *n.* nemir.

**restorable** (risto'röbl), *a.* uspostavljiv, popravljiv.

**restoration** (re'store'jšön), *n.* uspostavljenje, naknada; ozdravljenje.

**restorative** (risto'rötiv), *a.* okrijepan, što oživljuje; — *n.* okrijepno sredstvo.

**restore** (ristō'r), *v.* opet objačati, izliječiti, popraviti; vratiti, uspostaviti.

**restrain** (ristre'jn), *v.* držati natrag, suzdržati, zaustaviti; obuzdati, stegnuti.

**restraint** (ristre'jnt), *n.* zaustavljanje, zadržavanje, zaprijeka, zabrana, stegnuće, nasilje.

**restrict** (ristri'kt), *v.* ograničiti, stegnuti.

**restriction** (ristri'kšön), *n.* ograničenje, stezanje, pridržanje.

**restrictive** (ristri'ktiv), *a.* što steže, pridržajan.

**result** (riza̱'lt), *v.* imati za posljedicu, proizlaziti, svršiti; — *n.* posljedak, posljedica, uspjeh, konac.

**resultant** (riza̱'ltönt), *a.* što slijedi kao posljedica; — *n.* rezultanta.

**resumable** (rizju'möbl), *a.* što se može natrag uzeti, otpočeti, nastaviti.

**resume** (rizjū'm), *v.* opet poduzeti, početi, nastaviti.

**resume** (re'zume'), *n.* ponavljanje glavnih točaka, kratak prijegled, glavni sadržaj.

**resumption** (riza̱'mšön), *n.* nastavak, uzimanje natrag.

**resumptive** (riza'mtiv), *a.* uzimajući natrag, nastavljajući opet.

**resurgent** (risö'rđent), *a.* dižući se opet.

**resurrection** (re'zöre'kšön), *n.* uskrsnuće.

**resuscitate** (risa̱'sitejt), *v.* opet oživiti.

**resuscitation** (risa̱'site'jšön), *n.* ponovno oživljenje, probuđenje na novi život.

**retail** (rite'jl), *v.* prodavati na malo; kazivati mnogima; — (ri'tejl), *n.* trgovina na malo.

**retailer** (rite'jlör), *n.* trgovac na malo, kramar.

**retain** (rite'jn), *v.* zadržati, uzdržati, pridržati, najmiti, uzeti (*za zastupnika*).

**retainer** (rite'jnör), *n.* zadržavatelj, zaustavljač, pristaša; (*odvjetnička*) kapara *ili* pristojba.

**retake** (rite'jk), *v.* natrag uzeti, opet zauzeti.

**retaliate** (rită'liejt), *v.* vratiti (*šilo za ognjilo*), odmazditi; osvetiti se.

**retaliation** (rită'lie'jšön), *n.* uzvrat, odmazda, osveta.

**retaliative** (rită'lietiv), **retaliatory** (rită'lietori), *a.* uzvratljiv, osvetljiv.

**retard** (ritā'rd), *v.* zatezati, sprečavati; odgađati.

**retardation** (ri'tarde'jšön), *n.* otezanje, zaustavljanje, odgađanje; umanjivanje brzine.

**retch** (reč), *v.* davati se na bljuvanje, napinjati se (*kao kod bljuvanja*).

**retention** (rite'nćön), *n.* zadržanje, pridržavanje; pamćenje.

**retentive** (rite'ntiv), *a.* zadržajni; zapamtljiv.

**reticence** (re'tisens), *n.* šutljivost, mučanje.

**reticent** (re'tisent), *a.* mučaljiv, šutljiv.

**reticular** (reti'kjulör), *a.* mrežast.

**reticulate** (reti'kjulet), **reticulated** (reti'kjulejted), *a. vidi*: reticular.

**reticulation** (reti'kjule'jšön), *n.* mreža.

**reticule** (re'tikjul), *n.* torba od mreže.

**retiform** (re'tiform), *a.* mrežast.

**retina** (re'tinö), *n.* mrežnica u oku.

**retinue** (re'tinju), *n.* pratnja, pratioci.

**retire** (rita'er), *v.* povući (se) natrag, povući (se) u mir, penziju; ostaviti službu; poći spavati, ići na počinak.

**retired** (rita'erd), *a.* samotan, osamljen, umirovljen, miran.

**retirement** (rita'erment), *n.* povlaćenje, odstup, samoća, mir.

**retiring** (rita'ering), *a.* čedan, skroman, mirovni.

**retort** (rito'rt), *v.* odgovoriti, odvratiti; okositi se; — *n.* (*oštar*) odgovor, pobijanje.

**retouch** (rita'č), *v.* popravljati, dotjerivati.

**retrace** (ritre'js), *v.* ići natrag, polaziti tragom; nanovo nacrtati.

**retract** (ritră'kt), *v.* povući (se); opozvati, stegnuti.

**retractable** (ritră'ktöbl), *a.* opozovan, što se može natrag povući.

**retractation** (ri'trăkte'jšön), *n.* opozivanje, uzimanje natrag.

**retractile** (ritră'ktil), *a.* uvlačljiv.

**retraction** (ritră'kšön), *n.* uvlačenje, stezanje, poricanje, opozov.

**retractive** (ritră'ktiv), *a.* uvlačljiv, stezljiv.

**retractor** (ritră'ktör), *n.* uvlačitelj; opozivatelj; stezatelj; mišica, koja steže.

**retranslate** (ri'trănsle'jt), *v.* prevesti natrag u prvobitni jezik.

**retreat** (ritri't), *v.* uzmicati, povući se; — *n.* uzmak, uzmicanje, osamljenost, sklonište, mir.

**retrench** (ritre'nč), *v.* smanjiti, stegnuti, ograničiti; štedljivo upotrebljavati; ušančiti se.

**retrenchment** (ritre'nčment), *n.* skraćivanje, smanjivanje, štednja; šanac, utvrda.

**retribution** (re'tribju'šön), *n.* nagradivanje, plaća; odmazda, vraćanje.

**retributive** (ritri'bjutiv), **retributory** (ritri'bjutori), *a.* koji vraća, nagradjuje, osvetan.

**retrievable** (ritrī'vöbl), *a.* nadoknadiv, nadomjestiv.

**retrieval** (ritrī'völ), *n.* nadoknadivanje.

**retrieve** (ritrī'v), *v.* opet naći, opet dobiti, popraviti, naknaditi.

**retriever** (ritrī'vör), *n.* pas, koji donosi ubijenu divljač.

**retroact** (ri'troă'kt), *v.* djelovati unazad, protivno.

**retroaction** (ri'troă'kšön), *n.* djelovanje unazad.

**retroactive** (ri'troă'ktiv), *a.* što djeluje unazad.

**retrocede** (ri'trosī'd *ili* re'trosīd), *v.* ići natrag, uzmicati; natrag ustupiti.

**retrocession** (ri'trose'šön *ili* re'trose'šön), *n.* uzmicanje, odstupanje, ustupanje natrag.

**retrograde** (re'trogrejd *ili* ri'trogrejd), *v.* ići natrag, nazadovati; — *a.* nazadan.

**retrogression** (ri'trogre'šön *ili* re'trogrešön), *n.* nazadovanje.

**retrogressive** (ri'trogre'siv *ili* re'trogresiv), *a.* nazadan.

**retrorse** (ritro'rs), *a.* okrenut otraga.

**retrospect** (re'trospekt *ili* ri'trospekt), *n.* osvrt (*u prošlost*), gledanje unazad.

**retrospection** (re'trospe'kšön *ili* ri'trospe'kšön), *n.* osvrtanje, obaziranje (*u prošlost*).

**retrospective** (re'trospe'ktiv *ili* ri'trospe'ktiv), *a.* osvrtni.

**return** (ritö'rn), *v.* vratiti se, opet doći, opet se dogoditi, poslati natrag, vratiti, uzvratiti, povratiti; službeno izvijestiti; izabrati; — *n.* vraćanje, povratak, naplata, korist, dobit, uzvrat, dostava; izvještaj, vijest; službeno, statističko izvješće.

**returnable** (ritö'rnöbl), *a.* što se mora vratiti.

**returning-officer** (ritö'rningà'fisör), *n.* izborni povjerenik.

**return-ticket** (ritö'rnti'ket), *n.* karta do stanovitog mjesta i natrag.

**reunion** (riju'njön), *n.* ponovno sjedinjenje, izmirenje; sastanak, zbor.

**reunite** (ri'juna'jt), *v.* opet sjediniti, izmiriti; sastaviti se, srasti se; sabrati se.

**reveal** (rivi'l), *v.* otkriti, iznijeti na javnost, odjelodaniti, objaviti, odati.

**reveille** (reve'lje), *n.* budnica, uranak, buđenje.

**revel** (re'vel), *v.* bučiti, bučno se gostiti, biti raspušten; — *n.* bučna gozba, pijanka.

**revelation** (re'vele'jšön), *n.* otkriće, objavljenje.

**reveler** (re'velör), *n.* raspuštenik, bučan pilac.

**revelry** (re'velri), *n.* bučno, raspušteno zabavljanje, veselost, pijanka.

**revenge** (rive'nđ), *v.* osvetiti (se); — *n.* osveta, osvetljivost.

**revengeful** (rive'nđful), *a.* osvetljiv.

**revenue** (re'venju), *n.* prihod, dohodak; carina.

**reverberate** (rivö'rbörejt), *v.* odbijati, odjeknuti, razlijegati se; odrazivati se.

**reverberation** (rivö'rböre'jšön), *n.* odbijanje, odrazivanje, razlijeganje, jeka, odziv.

**reverberatory** (rivö'rbörötori), *a.* što odbija, odrazuje; razlijegajući.

**revere** (rivi'r), *v.* štovati, poštovati.

**reverence** (re'verens), *v.* štovati, poštovati; — *n.* duboko štovanje; poštovanje, poklon; velečasnost.

**reverend** (re'verend), *a.* časni, velečasni.

**reverent** (re'verent), **reverential** (re'vere'nćöl), *a.* smjeran, pun štovanja.

**reverie** (re'veri), *n.* sanjarenje, sanjarija, san.

**reversal** (rivö'rsöl), *n.* okrenuće, prevraćanje, promjena, oborenje.

**reverse** (rivö'rs), *v.* okrenuti, obrnuti prevrnuti, ukinuti; — *a.* naopak, obrnut, protivan; — *n.* prevrnuće, promjena (*sreće*), nezgoda, nesreća; protivno, protivnost; druga strana.

**reversed** (rivö'rst), *a.* obrnut, protivan.

**reversible** (rivö'rsibl), *a.* što se može obrnuti, preokrenuti.

**reversion** (rivö'ršön), *n.* obraćanje, povraćanje; nasljedstvo; nasljedno pravo; čekanje (*baštine*).

**reversioner** (rivö'ršönör), *n.* onaj, koji očekuje baštinu.

**revert** (rivö'rt), *v.* okrenuti, obrnuti, vratiti se (*u prijašnje stanje*).

**revertible** (rivö'rtibl), *a.* povratan.

**revet** (rive't), *v.* pokriti (*drvom, busenom, itd.*); optinjiti.

**revetment** (rive'tment), *n.* pokrivanje (*šanaca*); optinjivanje, obzid.

**review** (rivju'), *v.* pregledati, pregledavati, ispitati, ponovno se osvrnuti; prosuditi; pisati časopise; — *n.* prijegled, pregledavanje, prosuđivanje, ocjena; smotra.

**reviewer** (rivju'ör), *n.* kritičar, ocjenjivač.

**revile** (riva'el), *v.* psovati, koriti, grditi.

**revisal** (riva'jzöl), *n.* preuređenje, ponovni prijegled.

**revise** (reva'jz), *v.* ponovno pregledati, preurediti, preobraditi, popraviti;—*n.* prijegled; revizija, druga korektura.

**reviser** (riva'jzör), *n.* pregledavatelj, ispravljač.

**revision** (rivi'žön), *n.* pregledavanje, ispravljanje; preobradba.

**revisit** (rivi'zit), *v.* opet posjetiti.

**revival** (riva'jvöl), *n.* oživljenje, probuđenje, preporod.

**revive** (riva'jv), *v.* oživiti, preporoditi; na novo uvesti; osvježiti.

**revivify** (revi'vifaj), *v.* opet oživiti.

**revocable** (re'voköbl), *a.* opozovan.

**revocation** (re'voke'jšön), *n.* opozov, opozivanje, ukinuće.

**revoke** (rivō'k), *v.* opozvati, ukinuti; ne bacati na boju (*kod kartanja*).

**revolt** (rivo'lt), *v.* pobuniti (se); odmetnuti (se); ozlojediti; — *n.* buna, pobuna, ustanak.

**revolting** (rivo'lting), *a.* odvratan, užasan, buntovan.

**revolution** (re'volju'šön), *n.* okretanje, kretanje, promjena, prevrat, preokret, revolucija.

**revolutionary** (re'volju'šönöri), *a.* okretni, prevratni; buntovni, revolucijonarni; — *n.* revolucijonarac, buntovnik.

**revolutionist** (re'volju'šönist), *n.* buntovnik, revolucijonarac.

**revolutionize** (re'volju'šönajz), *v.* preokrenuti, pobuniti; do temelja preinačiti.

**revolve** (rivà'lv), *v.* okretati (se), vrtjeti (se).

**revolver** (rivà'lvör), *n.* revolver, pištolj.

**revulsion** (rivà'lšön), *n.* odvratnost; preokret, promjena (*nagla*).

**revulsive** (rivà'lsiv), *a.* odvratan.

**reward** (riụö'rd), *v.* nagraditi; — *n.* nagrada, plaća.

**rewrite** (rira'jt), *v.* prepisati.

**rhabdomancy** (ră'bdomănsi), *n.* gatanje štapom.

**rhapsodic** (răpsà'dik), **rhapsodical** (răpsà'diköl), *a.* rapsodički; bez sveze, oduševljen.

**rhapsodist** (ră'psàdist), *n.* rapsod, pjevač deklamator.

**rhapsody** (ră'psàdi), *n.* odlomak junačke pjesme; govor bez sveze.

**rhenish** (re'niš), *a.* rajnski.

**rhetoric** (re'tàrik), *n.* retorika, govorništvo.

**rhetorical** (retà'riköl), *a.* govornički, retorički.

**rhetorician** (re'tori'šön, *n.* govornik, retoričar, deklamator.

**rheum** (rūm), *n.* sluz; hunjavica, nazeba.

**rheumatic** (rumă'tik), *a.* reumatičan.

**rheumatism** (ru'mătizm), *n.* reumatizam, trganje; ulozi, kostobolja.

**rhinal** (ra'jnöl), *a.* nosni.

**rhinoceros** (rinà'seras), *n.* nosorog.

**rhizome** (ra'jzom *ili* ri'zàm), *n.* podanak.

**rhomb** (ràm), **rhombus** (rà'mbas), *n.* romb.

**rhombic** (rà'mbik), *a.* rombičan.

**rhomboid** (rà'mbojd), *n.* romboid.

**rhomboidal** (ramboi'döl), *a.* romboidski.

**rhubarb** (ru'börb), *n.* rabarbara.

**rhyme, rime** (rajm), *v.* sricati se, graditi stihove, slagati se; — *n.* srok, stih, pjesma.

**rhymer** (ra'jmör), **rhymster** (ra'jmstör), *n.* stihotvorac, nadripjesnik.

**rhythm** (ritm), *n.* ritam, mjera, stih.

**rhythmic** (ri'tmik), **rhythmical** (ri'tmiköl), *a.* ritmičan, pjesnički, glazbeni.

**rib** (rib), *v.* oskrbiti rebrima, narebriti; — *n.* rebro.

**ribald** (ri'böld), *a.* raspušten, bestidan; — *n.* bestidnik, raspuštenik.

**ribaldry** (ri'böldri), *n.* raspuštenost, bestidnost.

**riband** (ri'bönd), *n. vidi*: **ribbon**.

**ribbon** (ri'bön), *n.* vrpca.

**rice** (rajs), *n.* riža, pirinač.

**rich** (rič), *a.* bogat, obilan, dragocjen, skup; plodan; mastan; sjajan; živ; zvučan.

**riches** (ri'čez), *n.* bogatstvo, blago.

**richly** (ri'čli), *adv.* bogato, obilno, sjajno.

**richness** (ri'čnes), *n.* bogatstvo; obilje, bujnost, plodnost; krasota, sjajnost; hranivost; jakost.

**rick** (rik), *v.* plastiti; — *n.* plast, stog.

**rickets** (ri'kec), *n.* grbavost, egavost.

**rickety** (ri'keti), *a.* grbav, egav, trošan.

**rid** (rid), *v.* riješiti, osloboditi, očistiti; — *a.* riješen, slobodan, čist.

**riddance** (ri'döns), *n.* riješenje, oslobođenje.

**riddle** (ridl), *v.* odgonetati; rešetati; isprobijati; — *n.* zagonetka, rešeto.

**riddlings** (ri'dlingz), *n.* pljeva.

**ride** (rajd), *v.* jahati, voziti se; biti usidren; tlačiti, mučiti; — *n.* jahanje; vožnja.

**rider** (ra'jdör), *n.* jahač, vozilac; nadodatak.

**ridge** (riđ), *v.* brazditi; — *n.* hrbat, ispon, brazda, slog, lanac (*humski*); vrh, glavica, sljeme.

**ridicule** (ri'dikjul), *v.* ismijehivati se, podrugavati se; — *n.* ismjehivanje, podsmijeh, poruga.

**ridiculous** (ridi'kjulas), *a.* smiješan.

**riding** (ra'jding), *a.* jahaći; putni, vozni.

**riding-habit** (ra'jdinghă'bit), *n.* jahaća haljina.

**rife** (rajf), *a.* izobilan, općenit, prevlađujući; napunjen.

**riffraff** (ri'frä'f), *n.* izmet; prosta svjetina.

**rifle** (rajfl), *v.* žlijebiti, ižljebiti; oplijeniti, oteti; — *n.* puška (*povijuša*); (*pl.*) strijelci.

**rifleman** (ra'jflmăn), *n.* strijelac.

**rift** (rift), *v.* cijepati, kalati, parati, puknuti; — *n.* otvor, pukotina, puklina.

**rig** (rig), *v.* opremiti, opraviti, obući; — *n.* oprema, oprava.

**rigger** (ri'gör), *n.* opremač.

**rigging** (ri'ging), *n.* oprema, oputo; užeta (*broda*).

**right** (rajt), *v.* položiti pravo, ispraviti, činiti pravo, opravdati; uspraviti (se), osoviti se; — *a.* pravi, prav, istinit, ispravan, pravedan; desni; pravokutan; udesan, uredan, pravilan; zdrav; — *adv.* pravo, desno, ravno, upravo, točno, odmah, sasvim, potpuno; — *n.* pravo, pravica, istinitost; desno; desna ruka.

**righteous** (ra'jćas), *a.* pravedan, pobožan, pošten, krepostan.

**righteously** (ra'jćasli), *adv.* pravedno, pošteno.

**righteousness** (ra'jćasnes), *n.* pravičnost, neporočnost.

**rightful** (ra'jtful), *a.* pravedan, zakonit.

**right-hand** (ra'jthă'nd), *a.* desni; glavni; — *n.* glavna pomoć.

**right-handed** (ra'jthă'nded), *a.* desnoruk.

**rightly** (ra'jtli), *adv.* pravo, pravom, pravedno, upravo, točno.

**rigid** (ri'đid), *a.* ukočen, krut, okoreo; strog, oštar.

**rigidity** (riđi'diti), *n.* okorelost, okrutnost, ukočenost; strogost.

**rigidly** (riđi'dli), *adv.* strogo, okrutno.

**rigmarole** (ri'gmăröl), *n.* šavrdanje.

**rigor** (ra'jgör), *n.* zimica, drhtavica.

**rigo(u)r** (ri'gör), *n.* okorelost, ukočenost; oštrina, strogost.

**rigorous** (ri'göras), *a.* strog, oštar, ljut.

**rigorously** (ri'görasli), *adv.* strogo, oštro.

**rileivo** (rilie'vo), *n.* relijef.

**rill** (ril), *n.* potočić.

**rim** (rim), *v.* obrubiti, okviriti; — *n.* kraj, rub, obod, obruč, okvir.

**rime** (rajm), *n.* inje, mraz.

**rimefrosted** (ra'jmfră'sted), *a.* pokriven injem.

**rimose** (ra'jmos), **rimous** (ra'jmăs), *a.* ispucan, pukotinast.

**rimple** (rimpl), *n.* bora, nabor.

**rimy** (ra'jmi), *a.* injast.

**rind** (rajnd), *n.* kora, lupina.

**rinderpest** (ri'ndörpe'st), *n.* marvinska kuga.

**ring** (ring), *v.* okružiti, zvoniti, odzvanjati, pozvoniti, oriti se, ječati, razlijegati; — *n.* krug, okrug, kolo; prsten; igralište; borište; poprište; grupa ljudi; zvonjenje.

**ringer** (ri'ngör), *n.* zvonar.

**ringleader** (ri'nglī'dör), *n.* kolovođa.

**ringlet** (ri'nglet), *n.* mali prsten; kolutić, vitica, uvojak, kovrčak.

**ringworm** (ri'nguo'rm), *n.* lišaj.

**rink** (rink), *n.* trkalište, sklizalište.

**rinse** (rins), *v.* ispirati, prati, isplahnuti.

**riot** (ra'jöt), *v.* razuzdano gozbovati, halabučiti; — *n.* buka, pobuna, graja, gungula, raspuštenost, razuzdanost; izgred; strka.

**rioter** (ra'jötör), *n.* razuzdanac, izgrednik, buntovnik.

**riotous** (ra'jötăs), *a.* raskalašen, bučan, buntovan.

**rip** (rip), *v.* trgati, raskinuti, parati, rasporiti; — *n.* razderanje; nitkov.

**riparian** (rajpe'riön), *a.* obalni.

**ripe** (rajp), *a.* izrastao, zreo, potpun, dospio; gotov.

**ripen** (rajpn), *v.* zreti, dozrijevati, dorasti, dospjeti.

**ripple** (ripl), *v.* bibati se, talasati se, žuboriti, šumiti; ogrebati (*lan*); — *n.* bibanje, žubor, šum; ogreblo.

**rise** (rajz), *v.* ustati, dignuti se, popeti se, dizati se, nicati; oticati; pobuniti se; — *n.* ustajanje, uzlaz, ishod; uskrsnuće; postanak; uzbrdica; napredovanje, promaknuće, povišenje.

**risible** (ri'zibl), *a.* smješljiv, smiješan.

**rising** (ra'jzing), *a.* ustajući, dižući se, rastući; — *n.* ustajanje, uzlaženje, ishod; uskrsnuće; postanak, izvišak.

**risk** (risk), *v.* staviti u opasnost, izloži se pogibli, riskirati; — *n.* opasnost, pogibao.

**risky** (ri'ski), *a.* opasan, pogibeljan.

**rite** (rajt), *n.* obred, ceremonija.

**ritual** (ri'čjuöl), *a.* obredni; — *n.* ritual, obrednik.

**ritualism** (ri'čjuölizm), *n.* vršenje crkvenih obreda, obredoslovlje.

**ritualist** (ri'čjuölist), *n.* obredoslovac.

**rivage** (ri'veđ), *n.* obala.

**rival** (ra'jvöl), *v.* takmiti se, natjecati se; — *a.* suparnički, takmački; protivan; — *n.* takmac, suparnik.

**rivalry** (ra'jvölri), *n.* utakmica, natjecanje, suparništvo.

**rive** (rajv), *v.* drapati, trgati, cijepati; kalati se.

**rivel** (rivl), *v.* nabrati se; uvenuti.

**river** (ri'vör), *n.* rijeka, potok.

**rivet** (ri'vet), *v.* zakovati, pričvrstiti; uprijeti (*oči*); — *n.* čavao, zakovica.

**riveter** (ri'vetör), *n.* zakovač, koji zaklinčuje, pričvršćava.

**rivulet** (ri'vjulet), *n.* potočić.

**roach** (rōč), *n.* žohar; bodorka (*riba*).

**road** (rōd), *n.* put, cesta, drum; putovanje; sidrište.

**road-book** (rō'dbu'k), *n.* putnička knjiga.

**road-metal** (rō'dme'töl), *n.* šljunak, šodra (*za cestu*).

**roadstead** (rō'dste'd), *n.* sidrište.

**roadster** (rō'dstör), *n.* putni konj; vrst automobila.

**roadway** (rō'due'j), *n.* cesta, drum.

**roadweed** (rō'dui'd), *n.* trputac.

**roam** (rōm), *v.* lutati, tumarati.

**roan** (rōn), *a.* riđast, crvenkasto siv; — *n.* riđa boja; riđan.

**roar** (rōr), *v.* rikati, bukati, bučati, hujati, grmjeti, tutnjiti, vikati, kričati, grohotom se smijati; — *n.* rika rikanje, bukanje, buka, vika, krika, hujanje, tutnjava.

**roaring** (rō'ring), *a.* bučan, uskoleban, nemiran; — *n.* rika, krika; naduha (*konjska bolest*).

**roast** (rōst), *v.* peći, pržiti; obružiti; ispeći se; — *a.* pečen, pržen; — *n.* pečenka.

**roasting-jack** (rō'stingđă'k), *n.* okretalo (*ražnja*).

**rob** (ràb), *v.* robiti, orobiti, ugrabiti, krasti.

**robber** (rà'bör), *n.* razbojnik, hajduk.

**robbery** (rà'böri), *n.* razbojstvo, grabež.

**robe** (rōb), *v.* zaodjeti svečanim odijelom, obući u svečano ruho; — *n.* haljina, odora, odijelo, plašt.

**robin** (rà'bin), *n.* crvendać.

**roborant** (rà'börönt), *a.* okrepljujući; — *n.* okrepljujuće sredstvo.

**robust** (rōba'st), *a.* krupan, snažan.

**rocambole** (rà'kămbōl), *n.* kozjak (*luk*).

**rochet** (rà'čet), *n.* kratki plašt.

**rock** (ràk), *v.* ljuljati (se), zibati; kamenovati; — *n.* kamenje, kamen, hrid; obrana; opasnost.

**rock-crystal** (rà'kri'stöl), *n.* prozirac.

**rocker** (rà'kör), *n.* stolac za ljuljanje; ljuljatelj, kolijevka, ljuljaška.

**rocket** (rà'ket), *n.* raketa; večernja ljubica (*biljka*).

**rocking-horse** (rà'kingho'rs), *n.* drveni konj za ljuljanje.

**rock-oil** (rà'ko'el), *n.* petrolej, kameno ulje.

**rock-salt** (rà'ksà'lt), *n.* kamena sol.

**rocky** (rà'ki), *a.* kamenit, pečinast, tvrd, kršan.

**rod** (ràd), *n.* šiba, prut, štap, palica, šipka.

**rodent** (ro'dent), *a.* glodajući; — *n.* glodavac.

**rodomontade** (rà'domànte'jd), *n.* hvastanje, nadut govor.

**roe** (rō), *n.* ikra, mrijest.

**roebuck** (rō'bak), **roe-deer** (rō'dīr), *n.* srnjak, srndać.

**rogation** (roge'jšön), *n.* molitva, litanija.

**rogue** (rōg), *n.* lupež, ništarija; ludov.

**roguery** (rō'göri), *n.* lopovština, varka, ludorija.

**roguish** (rō'giš), *a.* lopovski, đavolast, nestašan.

**roil** (ro'el), *v.* mutiti, pomutiti.

**roister** (ro'jstör), *v.* hvastati se; halabučiti.

**roisterer** (ro'jstörör), *n.* hvalisavac, vikač.

**role** (rōl), *n.* uloga.

**roll** (rōl), *v.* koturati (se), valjati (se); rastanjivati (se); omotati (se); — *n.* koturanje, valjanje; valjak; smotak; spis, imenik, listina.

**roll-call** (rō'lkả'l), *n.* prozivanje (*imena*).

**roller** (rō'lör), *n.* valjač, valjak, vitao; val.

**roller-skate** (rō'lörske'jt), *n.* sklizaljka na kotačiće.

**rollick** (rả'lik), *v.* nehajno halabučiti, veseliti se, biti pustopašan.

**rolling** (rō'ling), *a.* okretni; šumni; valovit.

**rolling-pin** (rō'lingpi'n), *n.* valjak.

**rolling-stock** (rō'lingstả'k), *n.* željeznički prometni materijal.

**rollock** (ra'lảk), *n.* rupa za veslo.

**romaic** (rome'ik), *n. i a.* novogrčki (*jezik*).

**Roman** (rō'mön), *a.* rimski; — *n.* Rimljanin.

**Roman-catholic** (rō'mảnkả'tolik), *a.* rimokatolički; — *n.* rimokatolik.

**romance** (romả'ns), *v.* pričati bajke, romantizirati; — *a.* romanski, latinski; — *n.* roman, bajka, romantika.

**romancer** (romả'nsör), *n.* bajoslovac, pisac romana.

**romancist** (romả'nsist), *n.* romanopisac.

**romanesque** (ro'möne'sk), *a. i n.* romanski (*slog*).

**Romanism** (ro'mönizm), *n.* načela i pravila rimokatoličke crkve.

**Romanist** (ro'mönist), *n.* rimokatolik.

**romantic** (romả'ntik), *a.* romantičan, sanjarski, čaroban.

**romanticism** (romả'ntisizm), *n.* romantičnost, romantika.

**romanticist** (romả'ntisist), *n.* romantičar.

**Romany, Rommany** (ro'möni), *n.* ciganin, ciganski jezik.

**Romish** (rō'miš), *a.* rimokatolički (*u podrugljivom smislu*).

**romp** (rảmp), *v.* bučno se zabavljati, goropaditi se; — *n.* raspuštena igra, bučna zabava; raspuštena, neobuzdana djevojka.

**rompish** (rả'mpiš), *a.* nestašan, divlji.

**rood** (rūd), *n.* križ, raspelo; četvrtina rali.

**roof** (rủf), *v.* pokriti krovom, zakloniti; — *n.* krov.

**roofing** (rủ'fing), *n.* pokrivanje (*zgrade*); građa za krov.

**roof-tree** (rủ'ftri'), *n.* šljeme.

**rook** (ruk), *v.* varati, robiti; — *n.* vrana; varalica; kula u šahu.

**rookery** (ru'köri), *n.* vranje gnijezdo; lupeško sastajalište.

**rooky** (ru'ki), *a.* vranji, lupeški.

**room** (rūm), *n.* soba, mjesto, prostor.

**roomy** (rū'mi), *a.* prostran, širok, velik.

**roost** (rūst), *v.* sjediti, nastaniti se; — *n.* sjedalo (*ptica, kokoši*); perad.

**rooster** (rū'stör), *n.* kokot, pijetao.

**root** (rūt), *v.* ukorijeniti (se), usaditi duboko, riti, razrovati; uništiti; — *n.* korijen.

**rooted** (rū'ted), *a.* ukorijenjen.

**rootlet** (rū'tlet), *n.* korjenčić.

**rooty** (rū'ti), *a.* korjenast.

**rope** (rōp), *v.* svezati užem, loviti konopom; uvući; rastezati se; — *n.* uže, konop, konopac.

**rope-dancer** (rō'pdả'nsör), *n.* pelivan.

**rope-ladder** (rō'plả'dör), *n.* ljestve od konopa.

**rope-maker** (rō'pme'jkör), *n.* užar, konopar.

**ropery** (rō'pöri), *n.* užarnica, konoparnica.

**ropy** (rō'pi), *a.* vlaknat, ljepljiv.

**rorqual** (rō'rkual), *n.* vrst kita.

**rosaceous** (roze'jšas), *a.* ružičast, ružin.

**rosary** (ro'zöri), *n.* krunica, čislo; vijenac od ruža.

**rose** (rōz), *a.* ružičast, rumen; — *n.* ruža; rumenboja.

**roseate** (rō'ziet), *a.* ružičast, cvjetnast.

**rosemary** (rō'zmöri), *n.* ružmarin.

**rosery** (rō'zöri), *n.* ružičnjak.

**rosette** (roze't), *n.* od vrpce ili kovine učinjeni čvor nalik ruži, ružica, rozeta.

**rose-water** (rō'zuả'tör), *n.* ružina voda.

**rosewood** (rō'zuụ'd), *n.* palisandrovina.

**rosin** (rō'zin), *v.* mázati kalafonijom; — *n.* kalafonija.

**roster** (rả'stör), *n.* imenik, listina.

**rostral** (rả'strôl), *a.* kljunast.

**rostrate** (rả'stret), *a.* kljunast, kljunat.

**rostrum** (rả'strạm), *n.* kljun; govornica.

**rosy** (rō'zi), *a.* ružičast.
**rot** (ràt), *v.* gnjiti, truhnuti, raspadati se; — *n.* raspadljivost, truhlost, gnjilež, trulež; ludorija.
**rotary** (rō'töri), *a.* okretni.
**rotate** (ro'tejt), *v.* okretati se, vrtjeti (se).
**rotation** (rote'jšön), *n.* okretanje, kruženje.
**rotatory** (ro'tetöri), *a.* okretni.
**rote** (rōt), *n.* bubanje, učenje na izust.
**rotten** (ràtn), *a.* gnjio, truo, pokvaren, nevaljao.
**rotund** (rota̤'nd), *a.* okrugao, obao.
**rotunda** (rota̤'ndö), *n.* okrugla zgrada.
**rotundity** (rota̤'nditi), *n.* okruglost.
**rouble** (rubl), *n.* rubal.
**roue** (ru'e'), *n.* puten čovjek, razbludnik.
**rouge** (rūž), *v.* narumeniti (*krasilom*); — *n.* rumenilo, crvenilo (*ličilo*).
**rouge-et-noir** (ru'ženṳa'r), *n.* vrst igre na kartama.
**rough** (ra̤f), *v.* učiniti hrapavim, grubo izraditi; — *a.* hrapav, rutav, ružan; osoran, okrutan, nagao, neotesan; — *n.* hrapavost; neotesanac.
**rough-cast** (ra'fkă'st), *v.* učiniti na brzo; grubo namazati; — *n.* prvi nacrt; grubi maz.
**roughen** (ra̤fn), *v.* učiniti hrapavim, grubo izdjelati; ohrapaviti.
**rough-hew** (ra̤'fhju'), *v.* grubo istesati.
**roughly** (ra'fli), *adv.* grubo, surovo; približno.
**roughness** (ra̤'fnes), *n.* hrapavost, surovost, uzburkanost.
**rough-rider** (ra̤'fra'jdör), *n.* krotitelj konja; smion jahač.
**rough-shod** (ra̤'fša̤'d), *a.* oštro potkovan.
**round** (ra̤'und), *v.* okružiti (se), zaobliti; obići, zaokrenuti; opkoliti, obilaziti; — *a.* okrugao, obao; velik; otvoren, živahan; — *adv.* naokolo, neizravno; — *n.* krug, okrug; ophod, optok; prečka; red; put; naboj; borba.
**roundabout** (ra̤'undăba̤'ut), *a.* neizravan, okolišnji; — *n.* vrtikolo.
**roundel** (ra̤'undel), *n.* kolo, kolut.
**roundelay** (ra̤'undile'j), *n.* rondo, seljačka pjesmica, igranka.
**rounder** (ra̤'undör), *n.* obilazitelj, zaokretač.

**roundhead** (ra̤'undhe'd), *n.* obloglavac.
**roundish** (ra'undiš), *a.* okruglast.
**roundly** (ra̤'undli), *adv.* okruglo, otvoreno, snažno.
**rouse** (ra̤'uz), *v.* probuditi (se), uzbuniti, prenuti se; — *n.* gozba, pijanka.
**rousing** (ra̤'uzing), *a.* uzbuđen, buran; silan.
**rout** (ra̤'ut), *v.* poraziti; zbuniti; rastjerati; — *n.* rulja, čopor; strka; poraz; zabuna.
**route** (rūt), *n.* put; tok.
**routine** (rutī'n), *n.* redoviti posao; običan tok.
**rove** (rōv), *v.* tumarati, lutati; raščupati.
**rover** (rō'vör), *n.* skitnica, razbojnik.
**row** (ro̤'u), *v.* veslati; — *n.* niz, red; izlet na čamcu sa veslama.
**row** (ra̤'u), *v.* psovati, izgrditi; — *n.* graja, vika, svađa.
**rowan** (ra̤'uön), *n.* jarebika.
**rowdy** (ra̤'udi), *a.* neotesan, prost; — *n.* neotesanac, prostak.
**rowdyism** (ra̤'udiizm), *n.* neotesanost, prostaštvo.
**rowel** (ra̤'uel), *n.* zupčast kotačić na ostrugi.
**rowlock** (rō'lăk), *n.* rupa za veslo.
**royal** (ro'jöl), *a.* kraljevski, veleban; — *n.* velika vrsta papira; jelenji paroščić.
**royalist** (ro'jölist), *n.* kraljevski pristaša.
**royally** (ro'jöli), *adv.* kraljevski, sjajno.
**royalty** (ro'jölti), *n.* kraljevstvo, kraljevska obitelj; dio prihoda piscu *ili* izumiocu djela *ili* izuma.
**rub** (ra̤b), *v.* trti, mazati, ribati (se), otrti, gladiti, strugati, nažuliti; — *n.* trenje, ribanje; zaprjeka, poteškoća; zadirkivanje; ukor.
**rubber** (ra̤'bör), *n.* trljač, gladilo; guma; kaučuk.
**rubbish** (ra̤'biš), *n.* smeće, starež.
**rubbishy** (ra̤'biši), *a.* bezvrijedan, nevaljao.
**rubble** (ra̤bl), *n.* rastučeno kamenje, gruh.
**rubescent** (rube'sent), *a.* zacrvenjen, stidljiv.
**rubicund** (ru'bikönd), *a.* rumen, crven.

**rubigo** (ruba'jgo), *n.* medljika, snijet.

**rubric** (ru'brik), *n.* rubrika, naslov; kazalo u molitveniku.

**ruby** (ru'bi), *v.* crveniti; — *a.* crven; — *n.* rubin; crven; bubuljica, prišt; sitnotisak.

**ruche** (ruš), **ruching** (ru'šing), *n.* nabran nakit.

**ruck** (rak), *v.* nabrati, previti; — *n.* nabor, rulja.

**rudd** (rad), *n.* crvenperka (*riba*).

**rudder** (ra'dör), *n.* kormilo.

**ruddle** (radl), *v.* označivati crvenjačom; — *n.* crvenjača (*zemlja, kojom se označuju ovce*).

**ruddy** (ra'di), *v.* crveniti; — *a.* crvenkast.

**rude** (rūd), *a.* surov, grub, prost; neiskusan; žestok.

**rudely** (rū'dli), *adv.* surovo, neotesano, žestoko; nevješto.

**rudiment** (rū'diment), *n.* prvi početak, zametak; (*pl.*) prvi pojmovi, osnovna načela.

**rudimentary** (ru'dime'ntöri), *a.* početni, osnovni; u zametku.

**rue** (rū), *v.* kajati se, žaliti; — *n.* rutvica (*biljka*).

**rueful** (rū'ful), *a.* žalostan, tužan, skrušen.

**ruff** (raf), *v.* baciti adut, adutirati; — *n.* nabrana ogrlica, nabor; bacanje aduta.

**ruffian** (ra'fiön), *a.* lupeški, krvoločan; — *n.* lupež, krvolok.

**ruffianly** (ra'fiönli), *a.* lupeški, bijesan.

**ruffle** (rafl), *v.* zgužvati, poremetiti, uznemiriti, bučiti; naborati; —*n.* nabrana manšeta, ogrlica *itd.*; uzbuđenost; bubnjanje.

**rufous** (ru'fas), *a.* riđ, riđast.

**rug** (rag), *n.* (*grubi*) pokrivač za pod, postelju *itd.*; strunjača; kudrov.

**ruga** (ru'gö), *n.* bor, nabor.

**rugged** (ra'ged), *a.* grub, hrapav, kudrav, kuštrav; kršan, strmen; buran, goropadan.

**ruin** (ru'in), *v.* uništiti, upropastiti, razoriti, unesrećiti; — *n.* uništenje, propast, razorenje, rasulo; nesreća; razvalina.

**ruination** (ru'ine'jšön), *n.* upropašćenje, razorenje, uništenje.

**ruinous** (ru'inas), *a.* trošan, propadljiv, poguban, vratoloman.

**rule** (rūl), *v.* vladati, upravljati, nadzirati; odlučiti; odrediti; — *n.* vlada; upravljanje; pravilo; naredba; mjerilo; ravnalo; linija.

**ruler** (rū'lör), *n.* vladar; crtalo; mjerilo.

**ruling** (rū'ling), *a.* vladajući; glavni; prevladan; — *n.* odluka; crtanje.

**rum** (ram), *a.* čudan; osobit; — *n.* rum.

**rumble** (rambl), *v.* tutnjiti, grmiti, štropotati; — *n.* tutnjava; šum, štropot; uzdignuto stražnje sjedalo na kočiji.

**ruminant** (ru'minönt), *a.* preživajući; — *n.* preživalac.

**ruminate** (ru'minejt), *v.* preživati; razmatrati, premišljati.

**rumination** (ru'mine'jšön), *n.* razmišljanje, razmatranje.

**rummage** (ra'međ), *v.* premetati, pretraživati; — *n.* premetačina, pretraživanje; ostaci.

**rummer** (ra'mör), *n.* kupa.

**rummy** (ra'mi), *a.* od ruma, rakijaški.

**rumor** (ru'mör), *v.* razglasati; — *n.* glasina, glas.

**rump** (ramp), *n.* stražnji dio križa, bedro.

**rumple** (rampl), *v.* zgužvati, naborati; — *n.* bora, uvoj.

**rumpus** (ra'mpas), *n.* gungula; buka.

**run** (ran), *v.* bježati, trčati, natjecati se, goniti, ići, teći; raditi; voditi, upravljati; letjeti; kolati, prostirati se; biti u tečaju; dobivati; gnojiti se; prolaziti, provući; upasti, nasrnuti; kretati se; trajati; — *n.* trčanje, trka, bježanje, strka; tijek, tok; sadržaj; hod, put, izlet; navala; niz; promet; plovljenje; pašnjak.

**runagate** (ra'någejt), *n.* bjegunac, skitnica; otpadnik.

**runaway** (ra'nåuej), *a.* pobjegao, poplašen; — *n.* bjegunac.

**rune** (rūn), *n.* runa (*slovo prvobitnog germanskog pisma*).

**rung** (rang), *n.* priječka, prečanica.

**runic** (ru'nik), *a.* runski.

**runlet** (ra'nlet), **rundlet** (ra'ndlet), *n.* čutura, burence.

**runnel** (ranl), **runlet** (ra'nlet), *n.* potočić.

**runner** (ra'nör), *n.* trčalac, teklić, vijestnik, vodić; otpremač: trgovački putnik; ptica trkalica.

**running** (ra'ning), *a.* tekući, bježeći, neprekidan; sluzav, gnojan.

**runt** (rant), *n.* zakržljala životinja, kržljavac, patuljak; kocalj.

**rupee** (rupi'), *n.* rupija (*indijska novčana jedinica*).

**rupture** (ra'pćur), *v.* prodrijeti, prekinuti, prelomiti; — *n.* prolom, prekid, prestanak, prekinuće; prijedor; kila.

**rural** (rū'röl), *a.* seoski, ladanjski.

**ruse** (rūz), *n.* varka, lukavština.

**rush** (raš), *v.* brzati, srtati, nasrnuti, jurnuti, potjerati, navaliti; — *n.* nasrtaj, juriš, navala, sila; sita, rogoz.

**rushen** (rašn), *a.* od site, rogozov.

**rushy** (ra'ši), *a.* što obiluje sitom, rogozov.

**rusk** (rask), *n.* dvopek, piškot.

**Russ** (ras), *a.* ruski; — *n.* Rus.

**russet** (ra'set), *a.* crveno smeđ, grub; selski; — *n.* crveno smeđa boja; grubo selsko sukno; vrsta zimske jabuke.

**Russia** (ra'šö), *n.* Rusija.

**Russian** (ra'šön), *a.* ruski; — *n.* Rus.

**rust** (rast), *v.* rđati, zarđati; — *n.* rđa, hrđa; snijet, plijesan.

**rustic** (ra'stik), *a.* seoski, seljački, priprost; — *n.* seljak, muž.

**rusticate** (ra'stikejt), *v.* živjeti na ladanju, poslati *ili* otići u selo; privremeno otjerati sa sveučilišta.

**rustication** (ra'stike'jšön), *n.* boravljenje na ladanju, seoski život; privremen progon.

**rusticity** (rasti'siti), *n.* seljačka jednostavnost, nezgrapno ponašanje.

**rustiness** (ra'stines), *n.* hrđa, zarđalost.

**rustle** (rasl), *v.* šuštati, šumiti; naprezati se; krasti (*stoku ili konje*); — *n.* šuštaj, šum.

**rustler** (ra'slör), *n.* konjokradica, tat stoke.

**rusty** (ra'sti), *a.* rđav, zarđao, pljesniv; zapušten.

**rut** (rat), *v.* brazditi, naborati; goniti se, bucati se; — *n.* kolosijek, kolotečina; bucanje, parenje.

**ruth** (rūt), *n.* žalba, sažaljenje, samilost, tuga.

**Ruthenian** (ruti'niön), *n.* Ruten.

**ruthful** (rū'tful), *a.* skrban, milosrdan.

**ruthless** (rū'tles), *a.* nemilosrdan, okrutan.

**ruttish** (ra'tiš), *a.* pohotan, bucovan.

**rutty** (ra'ti), *a.* pun kolosijeka.

**rye** (raj), *n.* raž, hrž.

**rye-grass** (ra'jgrä's), *n.* ljuljica (*biljka*).

**ryot** (ra'jöt), *n.* poljodjelac, stanovnik (*u istočnoj Indiji*).

# S

**S, s** (es), *slovo*: S, s.
**Sabaism** (săbe'izm), *n.* obožavanje nebeskih tjelesa, sabejizam.
**Sabaoth** (să'biàt), *n.* (*pl.*) vojske, čete.
**sabbatarian** (să'böte'jriön), *a.* subotnji; — *n.* strog svetkovalac subote.
**sabbath** (să'böt),' *n.* sabat, dan počinka, nedjelja.
**sabbatic** (săbă'tik), **sabbatical** (săbă'tiköl), *a.* sabatni.
**saber, sabre** (se'jbör), *v.* udarati sabljom; oboružati sabljama; — *n.* sablja.
**Sabian** (se'jbiön), *a.* sabejski — *n.* sabejac, obožavatelj nebeskih tjelesa.
**Sabianism** (se'jbiönizm), *n. vidi*: **Sabaism.**
**sable** (sejbl), *a.* crn, taman; — *n.* samur; samurovo krzno; crnina.
**sabot** (sa'bo'), *n.* cokula, drvena cipela.
**sabotage** (sa'bota'ž), *n.* oštećivanje željezničkih tračnica; zlobno oštećivanje tuđeg posjeda, sabotaža.
**sabretasche** (se'jbörtă'š), *n.* konjanički kožnati tobolac za sablju.
**sac** (săk), *n.* kesa, žačka.
**saccharin** (să'körin), *n.* sakarin, sladorovac.
**saccharine** (să'körajn), *a.* šećerni, sladorni.
**sacerdotal** (să'sördo'töl), *a.* svećenički.
**sachem** (se'jčem), *n.* poglavica sjevernoamerikanskih Indijanaca.
**sachet** (sa'še'), *n.* kesica za mirisav prašak.
**sack** (săk), *v.* staviti u vreću, pokriti vrećom; plijeniti, pljačkati, opustošiti; — *n.* vreća; torba; grubo platno; pljačka, plijen; bijelo vino.
**sackbut** (să'kbat), *n.* trublja.
**sackcloth** (să'kklà't), *n.* grubo platno.
**sacker** (să'kör), *n.* vrećar; plačkaš.

**sacking** (să'king), *n.* grubo pokajničko sukno.
**sacque** (săk), *n.* haljina.
**sacrament** (să'kröment), *n.* otajstvo, sakramenat.
**sacramental** (să'kröme'ntöl), *a.* otajstven, svetootajstven.
**sacramental-wine** (să'kröme'ntöl-ua'jn), *n.* pričesno vino.
**sacred** (se'jkred), *a.* svet, posvećen, duhovni; nepovrijeđen.
**sacredly** (se'jkredli), *adv.* sveto, nepovrijeđeno.
**sacrifice** (să'krifajs), *v.* žrtvovati; — *n.* žrtva, gubitak.
**sacrificial** (să'krifi'šöl), *a.* žrtven.
**sacrilege** (să'krileđ), *n.* svetogrđe.
**sacrilegious** (să'krili'đas), *a.* svetogrdan, bezbožan, bezakon.
**sacring** (se'jkring), *n.* posvećenje, posveta, pričest.
**sacristan** (să'kristön), *n.* crkvenjak.
**sacristy** (să'kristi), *n.* sakristija.
**sacrosanct** (să'krosă'nkt), *a* svet i nepovrijeđen.
**sad** (săd), *a.* žalostan, nesretan, težak, klonuo.
**sadden** (sădn), *v.* žalostiti, ražalostiti se.
**saddle** (sădl), *v.* osedlati naprtiti, natovariti; — *n.* sedlo.
**saddle-bow** (să'dlbö'), *n.* jabuka na sedlu, obluk.
**saddle-cloth** (să'dlklà't), *n.* podsedlica.
**saddler** (să'dlör), *n.* sedlar; mladi tuljan.
**saddlery** (să'dlöri), *n.* sedlarstvo, sedlarska roba, sedlarska radionica.
**Sadducee** (să'djusi), *n.* saducej.
**sadly** (să'dli), *adv.* žalosno, tužno.
**sadness** (să'dnes), *n.* žalost, tuga.
**safe** (sejf), *a.* siguran, neozlijeđen, bezopasan, povjerljiv; — *n.* (*ocjelna*) blagajna, ormar.
**safeguard** (se'jfga'rd), *v.* čuvati, stražiti; — *n.* straža, obrana, zaštita.

**safely** (se'jfli), *adv.* sigurno, neozljeđeno; pouzdano.

**safety** (se'jfti), *n.* sigurnost, bezopasnost.

**safety-lamp** (se'jftilă'mp), *n.* zaštitna svjetiljka.

**safety-match** (se'jftimă'č), *n.* bezopasna žigica.

**safety-valve** (se'jftivă'lv), *n.* sigurnosni poklopac.

**saffron** (să'frön), *a.* žut poput šafrana, tamnožut; — *n.* šafran.

**sag** (săg), *v.* ulegnuti se, poleći se, utonuti; podleći.

**saga** (sa'gö), *n.* saga, bajoslovna pripovijest.

**sagacious** (săge'jšạs), *a.* oštrouman, pronicav, lukav.

**sagaciously** (săge'jšạsli), *adv.* oštroumno, mudro.

**sagacity** (săgă'siti), *n.* oštroumnost, pronicavost.

**sage** (sejđ), *a.* mudar, oštrouman, rasudan, ozbiljan; — *n.* mudrac; žalfija.

**sagely** (se'jđli), *adv.* mudro.

**sagittal** (să'đitöl), *a.* strjeličast, kao strjelica.

**Sagittarius** (să'đite'jriạs), *n.* strijelac, deveti znak u zviježđu.

**sagittate** (să'đitet), *a.* strjeličast.

**sago** (se'jgo), *n.* sago (*hraniva tvar*).

**sahib** (sa'ib), *n.* sahib, gospodin.

**sail** (sejl), *v.* ploviti, jedriti, putovati po vodi, letjeti, juriti; — *n.* jedro; brod; vožnja na brodu.

**sail-cloth** (se'jlklă't), *n.* platno za jedra.

**sailer** (se'jlör), *n.* brod (*na jedra*).

**sailing** (se'jling), *n.* jedrenje, plovidba.

**sailor** (se'jlör), *n.* brodar, mornar.

**sainfoin** (se'jnfo'jn), **saintfoin** (se'jntfo'jn), *n.* grahorica.

**saint** (sejnt), *v.* proglasiti svecem; — *n.* svetac.

**sainted** (se'jnted), *a.* svet, posvećen.

**saintly** (se'jntli), *a.* svetački, poput sveca.

**sake** (sejk), *n.* stvar; volja; uzrok.

**saker** (se'jkör), *n.* .maleni kanon; vrst sokola.

**sal** (săl), *n.* sol.

**salaam** (săla'm), *v.* pozdraviti (se) istočnjački; — *n.* istočnjački pozdrav.

**salable** (se'jlöbl), *a.* prodajan.

**salacious** (săle'jšạs), *a.* pohotan, bludan, nečist.

**salacity** (sălă'siti), *n.* putenost, bludnost.

**salad** (să'löd), *n.* salata, ločika.

**salamander** (să'lömă'ndör), *n.* daždevnjak, štur.

**salamandrine** (să'lömă'ndrin), *a.* kao štur, daždevnjački.

**salaried** (să'lörid), *a.* plaćen, koji dobiva plaću.

**salary** (să'löri), *n.* plaća.

**sale** (sejl), *n.* prodaja, dražba.

**saleable** (se'jlöbl), *a.* prodajan.

**salesman** (se'jlzmön), *n.* prodavaoc.

**salic** (să'lik), *a.* salijski (*odnoseći se na zakon, kojim se žene isključuju sa prijestolja*).

**salicyl** (să'lisil), *n.* salicil.

**salience** (se'jliens), *n.* izbočina, strš.

**salient** (se'jlient), *a.* istaknut, izbočen; — *n.* izbočina.

**saline** (se'lajn), *a.* slan.

**saliva** (săla'jvö), *n.* slina.

**salivary** (să'livöri), *a.* slinovni, slinav.

**salivate** (să'livejt), *v.* sliniti.

**salivation** (să'live'jšön), *n.* slinjenje.

**sallow** (să'lö), *a.* blijedožut; — *n.* vrba, mačkovina.

**sally** (să'li), *v.* provaliti, iskočiti, planuti; — *n.* provala, juriš; izlet; zanos.

**salmagundi** (să'lmöga'ndi), *n.* jelo od isjeckanog mesa, inćuna, jaja, luka, *itd.* skupa pomješano i začinjeno; mješovitost; ričet.

**salmi** (să'lmi), *n.* začinjeno jelo od ptica *ili* pečene zvjeradi, sve skupa sasjećeno i iskuhano u vinu.

**salmon** (să'mön), *n.* losos.

**salmon-trout** (să'möntrạ'ut), *n.* pastrva.

**salon** (sa'lo'n), *n.* salon, dvorana za primanje posjetnika.

**saloon** (sălū'n), *n.* gostionica, blagovaonica; krčma.

**saloon-keeper** (sălū'nkī'pör), *n.* gostioničar, krčmar.

**salsify** (să'lsifi), *n.* kozja brada (*biljka*).

**salt** (sălt), *v.* soliti, nasoliti, zasoliti; — *a.* slan, jedak; — *n.* sol; ukus; duhovitost; stari mornar.

**saltant** (să'ltönt), *a.* skakajući; plešući.

**saltation** (sălte'jšön), *n.* skakanje, plesanje; kucanje (*bila*).

**saltatory** (să'ltötori), *a.* odskočni.

**salt-cellar** (sà'ltse'lör), *n.* soljenka.

**salter** (sà'ltör), *n.* solitelj, solar.

**saltern** (sà'ltörn), *n.* solana.

**saltish** (sà'ltiš), *a.* slankast.

**salt-mine** (sà'ltma'jn), *n.* majdan od soli.

**salt-pan** (sà'ltpă'n), **salt-pit** (sà'ltpi't), *n.* solna posuda.

**saltpetre** (sà'ltpi'tör), *n.* salitra.

**salts** (sàlc), *n.* ljekovita sol (*za čišćenje*).

**salt-water** (sà'ltua'tör), *n.* slana voda, morska voda.

**salt-work** (sà'ltuö'rk), *n.* solana.

**salubrious** (sălju'briạs), *a.* zdrav, zdravstven.

**salubriously** (sălju'briạsli), *adv.* zdravo, zdravstveno.

**salubrity** (sălju'briti), *n.* zdravstvenost, zdravlje.

**salutary** (să'ljuteri), *a.* zdrav. prijatan, koristan.

**salutation** (să'ljute'jšön), *n.* pozdravljanje, pozdrav.

**salute** (săljū't), *v.* pozdraviti, nakloniti se, počastiti, pozdravljati se; — *n.* pozdravljanje, pozdrav; poljubac; naklon; ispaljenje topova (*u počast*).

**salvable** (să'lvöbl), *a.* spasiv, otkupiv.

**salvage** (să'lved), *n.* spasenje brodskog tereta od gubitka, spasena roba; nagrada spasavateljima.

**salvation** (sălve'jšön), *n.* spasenje, spas.

**salve** (săv), *v.* mazati, pomazati, liječiti; — *n.* mast, pomast, lijek.

**salve** (sălv), *v.* spasavati od propasti na moru.

**salver** (să'lvör), *n.* (*srebrna*) taca.

**salvo** (să'lvo), *n.* salva, pucnjava; priuzdržaj.

**Samaritan** (sămă'ritön), *a.* samaritanski; — *n.* samaritanac, milosrdan čovjek.

**same** (sejm), *a.* isti, jednak, istovjetan.

**sameness** (se'jmnes), *n.* istovjetnost, sličnost, jednoličnost.

**samphire** (să'mfa'er), *n.* šulac, motar (*biljka*).

**sample** (sămpl), *v.* pokazati uzorak, uzeti muštru; — *n.* uzorak, primjerak.

**sampler** (să'mplör), *n.* onaj, koji pokaznje uzorke; vezivo.

**sanable** (să'nöbl), *a.* izlječiv.

**sanative** (să'netiv), *a.* ljekovit.

**sanatorium** (să'nöto'riạm), *n.* lječilište.

**sanatory** (să'nötori), *a.* zdravstven, ljekovit.

**sanctification** (să'nktifike'jšön), *n.* posveta, posvećenje, očišćenje (*grijeha*).

**sanctified** (să'nktifajd), *a.* posvećen.

**sanctifier** (să'nktifa'er), *n.* posvećivatelj.

**sanctify** (să'nktifaj), *v.* svetiti, posvetiti; očistiti (*od grijeha*).

**sanctimonious** (să'nktimo'nias), *a.* svet; licemjeran, hipokritičan.

**sanctimony** (să'nktimoni), *n.* svetost; licemjernost.

**sanction** (să'nkšön), *v.* odobriti, potvrditi, uvažiti; — *n.* odobrenje, potvrda, dozvola.

**sanctity** (să'nktiti), *n.* posvećenost, svetost, svečanost.

**sanctuary** (să'nkćueri), *n.* svetište, svetinja, hram; utočište.

**sanctum** (să'nktạm), *n.* svetište, sveto mjesto; privatna (*urednička*) soba.

**sand** (sănd), *v.* posuti *ili* pokriti pijeskom; — *n.* pijesak, pješčara.

**sandal** (să'ndöl), *n.* sandala, papuča.

**sandal-wood** (să'ndöluu'd), *n.* sandalovina (*vrsta mirisavog drva u istočnoj Indiji*).

**sand-blind** (să'ndbla'jnd), *a.* slabovidan.

**sanderling** (să'ndörling), *n.* vivak (*ptica*).

**sand-glass** (să'ndglă's), *n.* pješčana ura.

**sand-paper** (să'ndpe'jpör), *n.* pješčani papir (*za struganje*).

**sandpiper** (să'ndpa'jpör), *n.* vivak (*ptica*).

**sandstone** (să'ndstö'n), *n.* kamen pješčenjak.

**sandwich** (să'nduịć), *v.* umetnuti između dvije kriške *ili* predmeta; — *n.* dvije kriške kruha, među koje se umetne meso, sir, *ili* što slična; sastav raznovrsnih stvari.

**sandwich-man** (să'nduịčmă'n), *n.* nosač plakata, jednog sprijeda, drugi straga.

**sandy** (să'ndi), *a.* pjeskovit; žučka-stocrven; suhoparan.

**sane** (sejn), *a.* duševno zdrav, pame-tan.

**sanely** (se'jnli), *adv.* pametno, ra-zumno.

**saneness** (se'jnes), *n.* duševno zdrav-lje, pamet, razumnost.

**sangaree** (să'ngöri'), *n.* pošećereno crveno vino s vodom.

**sang-froid** (sa'nfrua'), *n.* hladnokr-vnost.

**sanguinary** (să'nguinöri), *a.* krvav, krvoločan.

**sanguine** (să'nguin), *a.* oduševljen, nadobudan; pouzdan; punokrvan, krvni.

**sanhedrin** (să'nhidrin), **sanhedrim** (să'nhidrim), *n.* najviše židovsko vijeće; vijeće.

**sanicle** (să'nikl), *n.* zdravac (*biljka*).

**sanies** (se'jniiz), *n.* sukrvica.

**sanitary** (să'niteri), *a.* zdravstven.

**sanitation** (să'nite'jšön), *n.* provađa-nje zdravstvenih propisa, higijena.

**sanity** (să'niti), *n.* zdravstveno stanje, zdrava pamet.

**sans** (sănz), *prep.* bez.

**sans-culotte** (sa'nzkulă't), *n.* zagriž-ljiv republikanac, revolucijonarni anarkist.

**Sanskrit** (să'nskrit), *n.* sanskrit (*stari klasični jezik Indijaca*).

**Santa Claus** (să'ntöklă'z), *n.* Sv. Nikola.

**santon** (să'ntön), *n.* muhamedanski pustinjak, derviš.

**sap** (săp), *v.* oslabiti, narušiti, pot-kopati; — *n.* sok (*bilinski*); životna snaga; jarak; bluna, budala.

**saphead** (să'phe'd), *n.* bena.

**sapid** (să'pid), *a.* tečan, slastan.

**sapidity** (săpi'diti), *n.* tečnost, ukus-nost.

**sapience** (se'jpiens), *n.* mudrost, učenost.

**sapient** (se'jpient), *a.* mudar.

**sapless**(să'ples),*a.*bez soka;uvenuo,suh.

**sapling** (să'pling), *n.* mladica, drvce.

**saponaceous** (să'pone'jšas), *a.* sapu-nast.

**saponify** (săpă'nifaj), *v.* pretvoriti u sapun; nasapuniti.

**sapor** (se'jpör), *n.* tek, ukus.

**sapper** (să'pör), *n.* potkopavač, voj-nik, koji kopa šanćeve, pionir.

**sapphic** (să'fik), *a.* safičan; — *n.* safični stih.

**sapphire**, **saffire** (să'faer), *n.* safir (*tamnoplav dragi kamen*); tamno-modra boja.

**sappiness** (să'pines), *n.* sočnost.

**sappy** (să'pi), *a.* sočan; nezrio; buda-last.

**saraband** (să'röbă'nd), *n.* lagan špa-njolski ples.

**Saracen** (să'rösen), *n.* Saracen.

**sarcasm** (sa'rkăzm), *n.* podrugiva-nje, sarkazam.

**sarcastic** (sarkă'stik), *a.* sarkastičan, ujedljiv.

**sarcastically** (sarkă'stiköli), *adv.* sar-kastično, ujedljivo.

**sarcenet**, **sarsenet** (sa'rsnet), *n.* fina podstavna svila, tafet.

**sarcophagous** (sarkă'fögas), *a.* me-sožder.

**sarcophagus** (sarkă'fögas), *n.* sarko-fag, kameni lijes.

**sard** (sard), **sardine** (sa'rdajn), *n.* tamno crveni karneol.

**sardine** (sardĭ'n), *n.* sardina, sardela.

**sardonic** (sardă'nik), *a.* podrugljiv, sardoničan, usiljen; jedak.

**sardonyx** (sa'rdoniks), *n.* sardonik (*dragi kamen*).

**sark** (sark), *n.* košulja.

**sarsaparilla** (sa'rsöpöri'lö), *n.* sasa-parela.

**Sarsar** (sa'rsör), *n.* mrzli vjetar.

**sartor** (sa'rtör), *n.* krpilac, krojač.

**sartorial** (sarto'riöl), *a.* krpilački; krojački.

**sash** (săš), *n.* pojas, okvir (*prozora*).

**sassafras** (să'săfrăs), *n.* sasafras.

**satan** (se'jtön), *n.* sotona, vrag.

**satanic** (sejtă'nik), *a.* sotonski, đa-volski.

**satchel** (să'čel), *n.* torba.

**sate** (sejt), *v.* zasititi, udovoljiti.

**sateen** (sătĭ'n), *n.* vrsta tkanine poput atlasa.

**satellite** (să'telajt), *n.* trabant, planet; pratilac; pristaša.

**satiable** (se'jšiöbl), *a.* zasitan, udovo-ljiv.

**satiate** (se'jšiejt), *v.* udovoljiti, zasi-titi, sititi; — (se'jšiet), *a.* sit, udovoljen.

**satiety** (söta'iti), *n.* sitost, punoća, presitost.

**satin** (să'tin), *n.* atlas, satin.

**satinet** (săˈtinet), *n.* poluatlas.
**satin-wood** (săˈtinu̱u̱ˈd), *n.* teško i trajno drvo u Indiji.
**satiny** (săˈtini), *a.* atlasov.
**satire** (săˈtaer), *n.* satira, rugalica, pjesma bockalica.
**satiric** (săti'rik), **satirical** (săti'riköl), *a.* satiričan, podrugljiv, sarkastičan.
**satirist** (săˈtirist), *n.* satiričar, podrugljivac.
**satirize** (săˈtirajz), *v.* izlagati ruglu, bockati ujedljivo.
**satisfaction** (săˈtisfăˈkšön), *n.* zadovoljstvo, zadovoljština, udovoljenje, ugađanje; isplata, namirenje.
**satisfactorily** (săˈtisfăˈktorili), *adv.* na zadovoljstvo, po čefu.
**satisfactory** (săˈtisfăˈktori), *a.* povoljan.
**satisfy** (săˈtisfaj), *v.* zadovoljiti, udovoljiti, umiriti; isplatiti; odgovoriti.
**satrap** (se'jtrăp), *n.* satrap (*perzijski namjesnik*).
**satrapy** (se'jtröpi), *n.* satrapija.
**saturable** (săˈćuröbl), *a.* što se može nakvasiti, zasititi, napojiti.
**saturate** (săˈćurejt), *v.* nakvasiti, prožeti, zasititi, napojiti.
**saturation** (săˈćure'jšön), *n.* kvašenje, zasićenost.
**Saturday** (săˈtördi), *n.* subota.
**Saturn** (săˈtörn), *n.* Saturn (*planet*), stari rimski bog usjeva i žetve.
**Saturnalia** (săˈtörnăˈliö), *n.* svečanost u slavu Saturna (*u polovici prosinca*), saturnalija; neobuzdano veselje.
**Saturnalian** (sătörnăˈliön), *a.* saturnalijski, raspušten.
**saturnine** (săˈtörnajn), *a.* namrgođen, nujan.
**satyr** (săˈtör), *n.* satir (*šumski bog, kojeg dio tijela naliči čovjeku, a dio kozi*).
**sauce** (sàs), *v.* zasmočiti; biti drzak — *n.* umaka; drskost, smionost.
**sauce-boat** (sàˈsbōˈt), *n.* posuda za umaku.
**saucepan** (săˈspăˈn), *n.* prosulja.
**saucer** (sàˈsör), *n.* zdjelica (*u koju se stavlja šalica, itd.*).
**saucily** (sàˈsili), *adv.* drsko, smiono.
**saucy** (sàˈsi), *a.* drzak, grub.
**sauerkraut** (saˈurkra̱uˈt), *n.* kiselo zelje.

**saunter** (sàˈntör), *v.* (*bezbrižno*) hodati, tumarati, besposličiti; — *n.* bezbrižno hodanje.
**saurian** (sàˈriön), *a.* gmazovski, gušterski; — *n.* gmaz, gušter.
**sausage** (sàˈseđ), *n.* kobasica.
**savage** (săˈveđ), *a.* divlji, okrutan, bijesan; neobdjelan; — *n.* divljak, okrutan čovjek; krvoločna zvijer.
**savagely** (săˈveđli), *adv.* bijesno, barbarski.
**savagery** (săˈveđri), *n.* divljačtvo, okrutnost, barbarstvo.
**savanna** (h) (sövăˈnö), *n.* travnik.
**savant** (sa'va'n), *n.* učenjak.
**save** (sejv), *v.* spasiti, sačuvati, štediti, prištediti, poštediti; izuzeti; — *prep.* izuzam, osim.
**saveloy** (săˈviloj), *n.* safalada.
**saver** (se'jvör), *n.* spasitelj; štediša.
**saving** (se'jving), *a.* štedljiv, priuzdržajan; — *prep.* izuzev, osim; — *n.* štednja; spasenje.
**Savior** (se'jvjör), *n.* spasitelj, otkupitelj.
**savor** (se'jvör), *v.* začiniti, podati ukus, imati tek, mirisati (*po*); — *n.* tek, ukus, miris, vonj.
**savorless** (se'jvörles), *a.* bezukusan; bljutav.
**savory** (se'jvöri), *a.* miomirisan, ukusan, prijatan; — *n.* čubar (*biljka*).
**savoy** (săˈvoˈj), *n.* bijela vrzina (*biljka*).
**saw** (sà), *v.* piliti; — *n.* pila; poslovica.
**sawdust** (săˈda̱ˈst), *n.* pilovina, pilotina.
**sawer** (sàˈör), *n.* pilar.
**sawfish** (săˈfiˈš), *n.* pilan (*riba*).
**sawmill** (sàˈmiˈl), *n.* pilana.
**sawyer** (săˈjör), *n.* pilar.
**saxifrage** (săˈksifređ), *n.* kamenika (*biljka*).
**Saxon** (săˈksön), *a.* saski; — *n.* Sas.
**saxophone** (săˈksöfon), *n.* saksofon (*vrst svirke*).
**say** (sej), *v.* kazati, reći, govoriti, izjaviti, pripovijedati; — *n.* govor, riječ; izjava.
**saying** (se'ing), *n.* riječ, rečenica, poslovica.
**scab** (skăb), *n.* skula, krasta, šuga, guba; štrajkolomac.
**scabbard** (skăˈbörd), *n.* korice (*za mač*).
**scabbed** (skăbd), **scabby** (skăˈbi), *a.* krastav, gubav, šugav.

**scabies** (ske'jbiiz), *n.* svrab.

**scabious** (ske'jbi̯as̯), *a.* svrabljiv.

**scabrous** (ske'jbras), *a.* hrapav.

**scaffold** (skǎ'föld), *v.* sagraditi skele; izložiti na stratištu; — *n.* skele, stratište.

**scaffolding** (skǎ'fälding), *n.* skele; zgrada.

**scalawag** (skǎ'lö̯ǎg), *n.* nitkov; kržljavo živinče.

**scald** (skàld), *v.* opariti, ofuriti; — *n.* opeklina, ožeglina, ofurina.

**scale** (skejl), *v.* ljuštiti, strugati, čistiti; vagati; penjati se; — *n.* ljuska, vaga, tezulja; stepenice, ljestve; škala.

**scale-insect** (ske'jli'nsekt), *n.* crvac.

**scall** (skàl), *n.* krasta.

**scalled** (skàld), *a.* grintav, krastav.

**scallion** (skǎ'ljön), *n.* kozjak (*luk*).

**scallop** (skǎ'löp), *v.* narezati, izreskati; — *n.* češljača; kapica jakovska (*školjka*); prosulja za ostrige.

**scalp** (skǎlp), *v.* oderati kožu s glave, oguliti; — *n.* koža na glavi.

**scalpel** (skǎ'lpel), *n.* nožić za razudbu.

**scaly** (ske'jli), *a.* ljuskav, krastav; nečastan.

**scamp** (skǎmp), *v.* nemarno *ili* nepošteno raditi; — *n.* lupež, lopov.

**scamper** (skǎ'mpör), *v.* uteći; umaknuti, pobjeći; — *n.* bijeg, umaknuće.

**scan** (skǎn), *v.* škandirati; pomno istraživati, motriti.

**scandal** (skǎ'ndöl), *n.* škandal, sablazan, bruka.

**scandalize** (skǎ'ndölajz), *v.* sablazniti, zgroziti.

**scandalous** (skǎ'ndöl̯as), *a.* sablažnjiv, sramotan, škandalozan.

**scandalously** (skǎ'ndöl̯asli), *adv.* sablažnjivo, sramotno.

**scandent** (skǎ'ndent), *a.* uspinjajući.

**scansion** (skǎ'nšön), *n.* škandiranje.

**scansorial** (skǎnso'riöl), *a.* prikladan za uspinjanje.

**scant** (skǎnt), *v.* stegnuti, ograničiti; — *a.* oskudan, mršav.

**scantily** (skǎ'ntili), **scantly** (skǎ'ntli), *adv.* jedva.

**scantling** (skǎ'ntling), *n.* malenkost; primjerak; komad drva.

**scanty** (skǎ'nti), *a.* tijesan, oskudan, nedostatan.

**scape** (skejp), *v.* pobjeći, bježati; — *n.* stabiljka (*bez lišća*).

**scapegoat** (ske'jpgö't), *n.* žrtva (*onaj, koji trpi za druge*).

**scapegrace** (ske'jpgre'js), *n.* nepopravljivac, ništarija.

**scapula** (skǎ'pjulö), *n.* lopatica.

**scapular** (skǎ'pjulör), *a.* lopatični.

**scapular** (skǎ'pjulör), **scapulary** (skǎ'pjulöri), *n.* škapular; naplećnik.

**scar** (skar), *v.* ogrepsti, ozlijediti; — *n.* brazgotina, ogrebina.

**scarab** (skǎ'röb), *n.* zujak, kornjaš.

**scaramouch** (skǎ'röma̯uč), *n.* hvastavac, lakrdijaš.

**scarce, scarse** (skērs), *a.* rijedak, oskudan.

**scarcely** (skē'rsli), *adv.* jedva.

**scarcity** (skē'rsiti), *n.* rijetkost, oskudnost, nestašica.

**scare** (skēr), *v.* prestrašiti, uplašiti; — *n.* strava, strah.

**scarecrow** (skē'rkrö'), *n.* strašilo, plašilo.

**scarf** (skarf), *v.* spajati (*komade drva*); — *n.* ogrtač, šal, ovratnik; sastavljanje (*komada drva*).

**scarf-skin** (ska'rfski'n), *n.* pokožica, tjenica.

**scarify** (skǎ'rifaj), *v.* napikati kožu; grepsti; branati.

**scarlatina** (ska'rlöti'nö), *n.* crven, šarlah.

**scarlet** (ska'rlet), *a.* skerletan, crven; — *n.* skerlet.

**scarlet fever** (ska'rletfī'vör), *n.* šarlah, crven.

**scarp** (skarp), *v.* ostrmiti; — *n.* strmina, nagib.

**scary** (skē'ri), *a.* strašljiv, preplašen.

**scat** (skǎt), *n.* danak, porez.

**scathe** (skejd), *v.* oštetiti, ozlijediti; — *n.* ozljeda, šteta.

**scatheless** (ske'jdles), *a.* neškodljiv, bezazlen.

**scathing** (ske'jding), *a.* štetonosan; nemilosrdan, oštar.

**scatter** (skǎ'tör), *v.* porazbacati, razmetati, prosuti, raznijeti, raznositi; rastjerati, osujetiti.

**scatter-brain** (skǎ'törbre'jn), *n.* rastrešenjak, vjetrogonja.

**scatter-brained** (skǎ'törbre'jnd), *a.* rastrešen, smeten.

**scattered** (skǎ'törd), *a.* raštrkan.

**scaup** (skàp), *n.* patka rujavka.

scaur (skar), *n. vidi:* scar.

scavenger (skă'vendör), *n.* pometač ulica.

scenario (šena'rio), *n.* nacrt igre *ili* predstave, pokazujući prizore, te ulaze i izlaze glumaca.

scene (sīn), *n.* pozornica, prizor, mjesto čina; kulise, dekoracije.

scenery (si'nöri), *n.* dekoracija, slika, pogled; predjel.

scenic (si'nik), scenical (si'niköl), *a.* pozorišni, dramatski.

scent (sent), *v.* njušiti, vonjati, namirisati; — *n.* njuh, vonj, miris, trag.

scentless (se'ntles), *a.* bez mirisa, bez njuha.

scepter, sceptre (se'ptör), *v.* podijeliti žezlo; — *n.* žezlo, kraljevska vlast.

sceptic (ske'ptik), *a.* skeptičan, sumnjiv; — *n.* skeptik, sumnjivac.

sceptical (ske'ptiköl), *a.* skeptičan, sumnjiv.

scepticism (ske'ptisizm), *n.* skepticizam, dvoumljenje.

schedule (ske'ďul), *v.* upisati u listinu, popisati, biti na programu; — *n.* lista, popis, spisak; vozni red.

scheme (skīm), *v.* snovati, praviti plane; spletkariti; — *n.* osnova, plan.

schemer (skī'mör), *n.* snovatelj, spletkar.

schism (sizm), *n.* raskol.

schismatic (sizmă'tik), schismatical (sizmă'tiköl), *a.* raskolnički.

schismatic (sizmă'tik), *n.* raskolnik.

schist (šist), *n.* škriljevac (*kamen*).

schistose (ši'stōz), schistous (ši'stạs), *a.* kao škriljevac.

schnapps (šnaps), *n.* rakija.

scholar (skă'lör), *n.* đak, učenik, učen čovjek, poznavalac.

scholarly (skă'lörli), *a.* učen, znanstven.

scholarship (skă'löršip), *n.* učenost, štipendij, zakladno mjesto.

scholastic (skolă'stik), *a.* školski, đački.

scholasticism (skolă'stisizm), *n.* skolastika, školska filozofija.

scholiast (sko'liạst), *n.* tumač, pisac tumačenja.

scholium (sko'liạm), *n.* bilješka, tumačenje.

school (skūl), *v.* učiti, podučavati, odgajati; — *n.* škola, đaštvo; — *a.* školski.

school-board (skū'lbō'rd), *n.* školski odbor.

school-house (skū'lhạ'ụs), *n.* škola.

schooling (skū'ling), *n.* školovanje, školski odgoj; školarina; ukor.

schoolman (skū'lmön), *n.* skolastičar

schoolmaster (skū'lmă'stör), *n.* učitelj.

school-mistress (skū'lmi'stres), *n.* učiteljica.

schoolroom (skū'lrū'm), *n.* školska soba.

schooner (skū'nör), *n.* škuna (*vrsta broda*).

schorl (šárl), *n.* škoril, turmalin.

schottische (šă'tiš), *n.* ples sličan polki, ali nješto polaganiji.

sciagraphy (skajă'gröfi), *n.* silueta, osjenjivanje.

sciatic (saă'tik), *a.* kukovni.

sciatica (saă'tikö), *n.* kukobolja.

science (sa'ens), *n.* znanost, znanje.

sciential (sae'nšöl), *a.* znanstven.

scientific (sa'enti'fik), *a.* znanstven, naučan.

scientifically (sa'enti'fiköli), *adv.* znanstveno.

scientist (sa'entist), *n.* učenjak, naučenjak.

scilicet (si'liset), *adv.* najme.

scimitar (si'mitör), *n.* kriva sablja.

scintilla (sinti'lö), *n.* iskra, tračak; čestica.

scintillate (si'ntilejt), *v.* iskriti se.

scintillation (si'ntile'jšön), *n.* iskrenje, sijevanje.

sciolism (sa'jolizm), *n.* površno znanje.

sciolist (sa'jolist), *n.* onaj, koji imade o nečemu površno znanje.

sciomachy (sajă'möki), *n.* borba sa sjenom; sijeri, obmana.

scion (sa'jàn), *n.* kalam, mladica; potomak, baštinik.

scirrhosity (skiră'siti), *n.* otvrdnuće otekline.

scirrhous (ski'ras *ili* si'ras), *a.* otvrdnio (*zbog bolesti*).

scirrhus (si'ras *ili* ski'ras), *n.* otvrdnjela oteklina.

scission (si'žön), *n.* rezanje, rez, dijeljenje.

scissors (si'zörz), *n.* škare, makaze.

**Sclav,** *vidi*: **Slav.**

**sclerosis** (sklirā'sis), *n.* okorjelost staničja.

**scobs** (skåbz), *n.* pilotina, ostružine.

**scoff** (skåf), *v.* rugati se, ismjehivati; — *n.* poruga, ismjehivanje.

**scoffer** (skå'för), *n.* podrugljivac, ismjehivač.

**scoffingly** (skå'fingli), *adv.* podrugljivo, prezirno.

**scold** (skōld), *v.* obružiti, opsovati, karati; — *n.* klepetuša, lajavka.

**scolding** (skō'lding), *n.* psovanje, ruženje, psovka.

**scolder** (skō'ldör), *n.* psovač.

**sconce** (skåns), *v.* ušančiti; oglobiti; — *n.* zaštita, šanac, bedem; kaciga; glava, lubanja; mozak; sviječnjak.

**scoop** (skūp), *v.* iskrcati, otkloniti, izdupsti, iskopati; — *n.* dizaljka, lopata; kopanje; šupljina.

**scope** (skōp), *n.* svrha, cilj, namjera; područje; vidik.

**scorbutic** (skörbju'tik), *a.* cingotav, škorbutan.

**scorch** (skorč), *v.* opržiti, paliti, osušiti se; voziti se silnom brzinom.

**scorcher** (sko'rčör), *n.* što prži, jetkoća, oštrina; koji *ili* što se kreće *ili* vozi silnom brzinom.

**score** (skōr), *v.* urezivati; ocrtati; bilježiti; kuditi, ukoriti; voditi račun; dobi(va)ti; uglazbiti; — *n.* račun, zarez, popis; dug; pritužba; rovaš; spor; bilježenje; partitura; dvadeset

**scorer** (sko'rör), *n.* bilježitelj, sprava za urezivanje brojeva (*na drvu, itd.*).

**scoria** (sko'riọ), *n.* lava, troska.

**scorify** (sko'rifaj), *v.* odijeliti zlato *ili* srebro od rude kroz rastapljanje, svesti na trosku.

**scorn** (skorn), *v.* prezirati; — *n.* prezir, preziranje.

**scorner** (sko'rnör), *n.* preziratelj, podrugljivac.

**scornful** (sko'rnful), *a.* preziran.

**scornfully** (sko'rnfuli), *adv.* prezirno.

**scorpion** (skå'rpiön), *n.* štipavac, škorpijon; mučilište.

**Scot** (skåt), *n.* Skot; porez, danak; račun; globa.

**Scotch** (skåč), *v.* zarezati; ozlijediti; — *a.* škotski; — *n.* Škot; škotski jezik; urez; grebotina.

**Scotchman** (skå'čmön), *n.* Škot.

**scot-free** (skå'tfri'), *a.* prost od plaćanja poreza; neozlijeđen, sjeguran.

**scoundrel** (skå'ọndrel), *a.* lopovski, lupeški; — *n.* lopov, lupež.

**scoundrelism** (skå'ọndrelizm), *n.* lopovština, lupeština.

**scoundrelly** (skå'ọndreli), *a.* lopovski, lupeški.

**scour** (skạ'ụr), *v.* ribati, ispirati, čistiti, otrti; sjajiti se; obilaziti, istjerati; preletiti.

**scourer** (skạ'ụrör), *n.* čistilac, sredstvo za čišćenje; razbojnik.

**scourge** (skörd), *v.* bičevati, išibrati, strogo kazniti; zabrinjivati; smetati; — *n.* bič, šiba; mučilo, pedepsa, kazan.

**scout** (skạ'ụt), *v.* uhoditi, uhađati, obilaziti, vrebati; prezirno odbiti; podrugivati se; — *n.* uhoda, uhađanje; poslužnik; straža.

**scow** (skạ'ụ), *n.* plosnata barka.

**scowl** (skạ'ụl), *v.* mrgoditi se, natmuriti se; — *n.* namrgođeno lice, žalostan izgled.

**scrabble** (skråbl), *v.* piskarati; posakupiti, načrčkati; — *n.* piskaranje, črčkanje.

**scrag** (skråg), *n.* nješto tanko *ili* mršavo, te hrapavo *ili* grubo; vrat; ostatak.

**scragged** (skrå'ged), *a.* hrapav, rutav, mršav; grbav.

**scraggy** (skrå'gi), *a.* grbav, kršan, suh.

**scramble** (skråmbl), *v.* spremiti na brzo, zbrkati, pomiješati; vući se na rukama i nogama; jagmiti se; — *n.* puzanje, hodanje; jagma; žurba.

**scrannel** (skrå'nel), *a.* tanak, mršav malen;— *n.* suhonja.

**scrap** (skråp), *n.* komadić, ulomak, ustrižak.

**scrap-book** (skrå'pbu'k), *n.* knjiga za izvatke.

**scrape** (skrejp), *v.* strugati, ribati, grepsti, škripati; — *n.* struganje; škripac, neprilika.

**scraper** (skre'jpör), *n.* strugač.

**scraping** (skre'jping), *n.* strugotine, ostružine.

**scrappy** (skrå'pi), *a.* sastojeći se od koješta; nepotpun.

**scratch** (skrăč), *v.* grepsti, drapati; brisati, česati; povući se sa listine natjecatelja; — *a.* bezvrijedni; slučajan; — *n.* grebotina, brazda; točka, gđe utrkivači započmu trčati.

**scratcher** (skră'čör), *n.* onaj, koji grebe, strugač.

**scratch-wig** (skră'čuį'g), *n.* vlasulja, koja pokriva samo jedan dio glave.

**scratchy** (skră'či), *a.* izgreben.

**scrawl** (skrăl), *v.* piskarati, črčkati; — *n.* piskaranje, črčkanje.

**scrawler** (skrả'lör), *n.* piskaralo, črčkalo.

**scrawny** (skrả'ni), *a.* mršav i koštunjav.

**screak** (skrĩk), *v.* vrištati, kriještati, cvrčati; — *n.* vrisak, vrištanje, zvižduk.

**scream** (skrįm), *v.* vriskati, vikati; — *n.* vrisak, vrištanje.

**screamer** (skrĩ'mör), *n.* vrištalac, ptica kričalica.

**screaming** (skrĩ'ming), *a.* kričeći, zviždajući.

**screech** (skrĩč), *v.* vrištati; — *n.* vrisak, zapomagaj.

**screech-owl** (skrĩ'čạ'ul), *n.* sovuljaga.

**screed** (skrĩd), *n.* poduži govor; komad; krpa.

**screen** (skrĩn), *v.* zastrijeti, zakloniti, sakriti; rešetati; — *n.* zaslon, zaklon, zaštita, obrana; rešeto.

**screenings** (skrĩ'ningz), *n.* smeće.

**screw** (skrũ), *v.* šarafiti, prišarafiti, pritisnuti, tlačiti.

**screw-driver** (skru'dra'jvör), *n.* odvijač, odvrtač.

**screw-key** (skrũ'kĩ'), *n.* izvijač.

**screw-nail** (skru'ne'jl), *n.* čivija.

**screw-propeller** (skrũ'prope'lör), *n.* svrdlo (*od broda*); brod na svrdlo.

**screw-steamer** (skrũ'stĩ'mör), *n.* parobrod na svrdlo.

**scribble** (skribl), *v.* piskarati, črčkati; — *n.* piskaranje, črčkanje.

**scribbler** (skri'blör), *n.* piskaralo.

**scribe** (skrajb), *n.* pisar, bilježnik, činovnik, književnik.

**scrimmage** (skri'međ), *n.* borba, kavga.

**scrimp** (skrimp), *v.* štediti; skratiti, sniziti, ograničiti; — *a.* oskudan, kratak.

**scrip** (skrip), *n.* torbica; lisnica; ispisani komad papira; dionica.

**script** (skript), *n.* rukopis, pisana slova.

**scriptural** (skri'pćuröl), *a.* biblijski.

**scripturally** (skri'pćuröli), *adv.* po svetom pismu.

**scripture** (skri'pćur), *n.* biblija, sveto pismo.

**scrivener** (skri'vnör), *n.* bilježnik, pisar; novčarski mešetar.

**scrofula** (skrả'fjulö), *n.* škrofula, guka.

**scrofulous** (skrả'fjulạs), *a.* škrofulozan, gukav.

**scroll** (skrōl), *n.* svitak (*papira ili pergamene*); listina, sastavak; uvojak; cifra.

**scrotum** (skrō'tạm), *n.* mošnjica (*u kojoj se nalaze muda*).

**scrub** (skrạb), *v.* ribati, čistiti; — *a.* kržljav, nizak; — *n.* ribanje; kržljavo drvo, grm, šikara; jadnik.

**scrubby** (skrạ'bi), *a.* kržljav; jadan, otrcan.

**scruff** (skrạf), *n.* zatiljak, šija.

**scruple** (skrụpl), *v.* ustručavati se, oklijevati; — *n.* ustručavanje, oklijevanje, dvojba; skrupul (*mjera od 20 grana*).

**scrupulosity** (skru'pjulả'siti), **scrupulousness** (skru'pjulasnes), *n.* skanjivanje, ustručavanje, bojažljivost; točnost.

**scrupulous** (skru'pjulạs), *a.* strašljiv; oprezan, savjestan, pretočan.

**scrupulously** (skru'pjulạsli), *adv.* oprezno, savjesno, bojažljivo.

**scrutineer** (skru'tini'r), *n.* skrutator, brojitelj glasova; ispitivač.

**scrutinize** (skru'tinajz), *v.* ispitivati, istraživati.

**scrutiny** (skru'tini), *n.* ispitivanje, stroga istraga.

**scud** (skạd), *v.* juriti, hitjeti, preletiti; brzo ploviti (*pred vjetrom*); — *n.* brzo gibanje, lijet, bježanje; oblačići tjerani vjetrom; brzac.

**scuff** (skạf), *v.* vući se, mučno hodati.

**scuffle** (skạfl), *v.* boriti se, hrvati se, prokrčiti si put borbom; — *n.* borba, hrvanje, kavga.

**scuffler** (skạ'flör), *n.* borac, hrvač.

**scull** (skạl), *v.* goniti (*čamac*); — *n.* veslo; barka.

**sculler** (skạ'lör), *n.* veslač; barka sa dva vesla.

**scullery** (skạ'löri), *n.* mjesto, gdje se kuhinjsko suđe drži i čisti.

**scullion** (skạ'ljön), *n.* sudoper; podlac.

**sculptor** (skạ'lptör), *n.* kipar, rezbar.

**sculptural** (skạ'lpćuröl), *a.* kiparski, vajarski.

**sculpture** (skạ'lpćur), *v.* rezati, tesati, vajati; — *n.* kiparstvo, rezbarija, vajarstvo.

**scum** (skạm), *v.* obrati pjenu, odstranjivati nečist; pjeniti se; — *n.* nečist, pjena.

**scumble** (skạmbl), *v.* prebojadisati.

**scummer** (skạ'mör), *n.* sprava za obiranje nečisti, pjenjača.

**scummings** (skạ'mingz), *n.* pjena, nečist.

**scummy** (skạ'mi), *a.* pjenast.

**scupper** (skạ'pör), *n.* žlijeb (*za istjecanje vode*).

**scurf** (skörf), *n.* krasta, kora, grinta.

**scurfiness** (skö'rfines), *n.* krastavost.

**scurfy** (skö'rfi), *a.* krastav, grintav.

**scurrile** (skạ'ril), *a.* prostački, uvredljiv.

**scurrility** (skạri'liti), *n.* pogan jezik, prostaštvo, bezobraznost.

**scurrilous** (skạ'rilas), *a.* prostački, sramotan.

**scurry** (skö'ri), *v.* juriti, hitjeti; — *n.* žurba, brzina.

**scurvily** (skö'rvili), *adv.* podlo, prosto.

**scurvy** (skö'rvi), *a.* podao, bezobrazan, zloban; grintav; — *n.* grinta.

**scut** (skạt), *v.* podrezati rep; — *a.* kusast; — *n.* kusast rep; kusonja.

**scutage** (skju'teđ), *n.* lenski porez.

**scutate** (skju'tet), *a.* pokriven ,pločama poput štita; ljuskav.

**scutch** (skạč), *v.* trti (*konoplju ili lan*).

**scutcheon** (skạ'čön), *n.* štit od grba, štit, pločica za ime.

**scutcher** (skạ'čör), *n.* trlica.

**scutellum** (skjute'lạm), *n.* štitić; pločica, ljuska.

**scuttle** (skạtl), *v.* potopiti (*brod*) probušivši dno, juriti, hitjeti; — *n.* otvor, luknja; brzanje, hitnja; košara, čabar (*za ugalj*).

**scythe** (sajt), *v.* kositi; — *n.* kosa.

**sea** (sī), *n.* more, ocean; jezero; plima, val, talas; ogromnost; množina.

**sea-board** (sī'bō'rd), *n.* morska obala.

**sea-born** (sī'bō'rn), *a.* rođen na moru.

**sea-breeze** (sī'brī'z), *n.* morski vjetar.

**sea-calf** (sī'kả'f), *n.* tuljan.

**sea-coast** (sī'kō'st), *n.* (*morski*) žal, igalo.

**sea-cow** (sī'kạ'u), *n.* morž.

**sea-dog** (sī'dả'g), *n.* morski pas, tuljan.

**sea-egg** (sī'e'g), *n.* morski jež.

**seafarer** (sī'fē'rör), *n.* pomorac.

**seafaring** (sī'fē'ring), *a.* putujući po moru.

**sea-fight** (sī'fa'jt), *n.* pomorska bitka.

**sea-fish** (sī'fi's), *n.* morska riba.

**sea-girt** (sī'gö'rt), *a.* okružen morem.

**sea-going** (sī'go'ing), *a.* ploveći po moru.

**sea-green** (sī'grī'n), *a.* zelen poput mora.

**sea-horse** (sī'ho'rs), *n.* morž; potočni konj.

**seal** (sīl), *v.* pečatiti, zapečatiti, čvrsto zatvoriti, držati tajnom; potvrditi; loviti tuljane; — *n.* pečat, potvrda; bula; tuljan.

**sea-legs** (sī'le'gz), *n.* prilagođenje na gibanje broda.

**sealer** (sī'lör), *n.* pečatitelj, pečatnik; lovac na tuljane.

**sea-level** (sī'le'vl), *n.* morska razina.

**sealing** (sī'ling), *n.* lov na tuljane.

**sealing-wax** (sī'lingạ'kś), *n.* pečatni vosak.

**sea-lion** (sī'la'jön), *n.* grivati sivuć.

**seam** (sīm), *v.* rubiti, zarubiti, sastaviti, sašiti; — *n.* rub; sloj; brazgotina.

**seaman** (sī'mön), *n.* mornar, pomorac.

**seamanship** (sī'mönšip), *n.* mornarstvo, pomorstvo.

**sea-mark** (sī'ma'rk), *n.* kotvokaža, znak.

**sea-mew** (sī'mjū'), *n.* galeb.

**seamstress** (sī'mstres), *n.* švelja.

**seamy** (sī'mi), *a.* obrubljen, imajući šav; neugodan.

**seance** (se'a'ns), *n.* zasijedanje (*spiritističko*).

**sea-piece** (sī'pī's), *n.* pomorska slika.

**seaplane** (sī'ple'jn), *n.* pomorski zrakoplov.

**sea-port** (sī'po'rt), *n.* morska luka.

**sear** (sīr), *v.* osušiti, ispaliti, ižeći; otvrdnuti, umrtviti; — *a.* suh, osušen, uvenuo.

**search** (sö'rč), *v.* tražiti, pretraživati, ispitivati; — *n.* traženje, potražba, pregledavanje.

**searchable** (sö'rčöbl), *a.* istražljiv.

**searcher** (sö'rčör), n. tražitelj, pretraživalac, istražnik.

**searching** (sö'rčing), a. istražni, ispitni.

**searchless** (sö'rčles), a. nedokučiv, neistražljiv.

**sea-room** (si'rū'm), n. otvoreno more.

**sea-rover** (si'rō'vör), n. gusar.

**sea-scape** (si'ske'jp), n. pomorska slika.

**sea-serpent** (si'sö'rpent), n. morska zmija.

**sea-shore** (si'šō'r), n. morska obala, žal.

**sea-sick** (si'si'k), a. koji trpi od morske bolesti.

**sea-sickness** (si'si'knes), n. morska bolest.

**sea-side** (si'sa'jd), n. morska obala, žal.

**season** (sīzn), v. začiniti, prilagoditi; zoriti; priviknuti, ublažiti; osoliti; priviknuti se; otvrdnuti; — n. doba (godine), zgodno vrijeme, sezona; začimba.

**seasonable** (sī'znöbl), a. pravovremen, zgodan, prikladan.

**seasoning** (sī'zning), n. začin, tečnost, prikusak.

**seat** (sīt), v. sjesti, posjesti, postaviti, namjestiti; izabrati u sabor; snabdjeti sjedalima; — n. sjedalo, stolac, stolica, klupa; sjedište, obitavalište, stan.

**seaward** (sī'u̯örd), a. i adv. prema moru, k moru.

**sea-weed** (sī'u̯i'd), n. resine, haluga.

**sea-worthy** (sī'u̯ö'rdi), a. sposoban za more, za putovanje.

**sebaceous** (sibe'jšas), a. lojan, mastan.

**secant** (si'könt), a. presječan; — n. sekanta.

**secede** (sisi'd), v. odstupiti, otpasti, odcijepiti se.

**seceder** (sisi'dör), n. odstupitelj, otpadnik.

**secession** (sise'šön), n. odcijepljenje, odstupanje.

**secessionist** (sise'šönist), n. odstupatelj, odvajatelj.

**seclude** (siklu'd), v. isključiti, odijeliti, povući se u samoću.

**secluded** (siklu'ded), a. odijeljen, osamljen.

**seclusion** (siklu'žön), n. isključenje, samoća.

**seclusive** (siklu'siv), a. odjeljiv; samotan.

**second** (se'könd), v. pomagati, promicati, poduprijeti; — a. drugi; — n. drugi; sekundant; djever; sekunda, časak, mah.

**secondarily** (se'könderili), adv. drugotno, drugo, u drugom redu.

**secondary** (se'könderi), a. drugotan; drugoga reda, sporedan.

**seconder** (se'köndör), n. podupiratelj, pomagač.

**second-hand** (se'köndhǎ'nd), a. primljen kroz drugoga, star, ne nov.

**secondly** (se'köndli), adv. na drugom mjestu.

**second-rate** (se'köndre'jt), a. i n. drugoga reda (po veličini, časti ili vrijednosti).

**second-sight** (se'köndsa'jt), n. dar viđenja budućih događaja, proročki pogled.

**secrecy** (sī'kresi), n. tajnost, samoća, skrovitost.

**secrete** (sī'krit), a. tajan, potajan, skriven, nevidljiv; — n. tajna.

**secretarial** (se'krite'riöl), a. tajnički.

**secretariate** (se'krite'jriet), n. tajnička čast ili služba.

**secretary** (se'kriteri), n. tajnik; ministar; pisaći stol.

**secretaryship** (se'kriterišip), n. tajništvo.

**secrete** (sikrī't), v. sakriti, zatajiti, izlučivati.

**secretion** (sikri'šön), n. izlučivanje.

**secretive** (sikrī'tiv), a. tajnovit; izlučujući; mučaljiv.

**secretly** (si'kritli), adv. tajno, privatno.

**secretory** (sikrī'tori), a. izlučni.

**sect** (sekt), n. sekta, sljedbenici, stranka; škola.

**sectarian** (sekte'riön), a. stranački, strančarski, raskolnički; — n. strančar, sljedbenik, raskolnik.

**sectarianism** (sekte'riönizm), n. strančarstvo, raskolništvo, sljedba.

**sectary** (se'ktöri), n. pristaša sekte; raskolnik.

**sectile** (se'ktil), a. što može biti narezano u kriške.

**section** (se'kšön), n. dio, odio, odsjek; točka, paragraf; predjel; razudba, rezanje; presjek.

**sectional** (se'kšönöl), *a.* predjelni, mjesni, presječni.

**sector** (se'ktör), *n.* sektor, isječak; šestilo.

**secular** (se'kjulör), *a.* svjetovni, svjetski, vremenit, stogodišnji; — *n.* svjetovni svećenik; svjetovnjak.

**secularism** (sje'kjulörizm), *n.* svjetovnost.

**secularist** (se'kjulörist), *n.* svjetovnjak.

**secularization** (se'kjulörize'jšön), *n.* posvjetovljenje, sekularizacija.

**secularize** (se'kjulörajz), *v.* posvjetoviti, sekularizirati.

**securable** (sikjū'röbl), *a.* dobiv, postižan, osigurni.

**secure** (sikjū'r), *v.* osigurati, učvrstiti, zatvoriti, steći, dobiti, nabaviti; — *a.* siguran, izvan pogibelji, zaštićen.

**securely** (sikjū'rli), *adv.* sigurno, jamačno, bez straha.

**security** (sikjū'riti), *n.* sigurnost, jamstvo; jamac, zalog; bezbrižnost.

**sedan** (sidǎ'n), *n.* nosiljka; vrst zatvorenog automobila.

**sedate** (side'jt), *a.* spokojan, miran, trijezan, ozbiljan.

**sedately** (side'jtli), *adv.* bezbrižno, spokojno.

**sedative** (se'detiv), *a.* ublažujući; — *n.* ublažujući lijek.

**sedentary** (se'dentöri), *a.* navičan (*puno sjediti*); lijen, besposlen; smješten.

**sedge** (seđ), *n.* šaš (*biljka*).

**sedgy** (se'đi), *a.* pun šaša.

**sediment** (se'diment), *n.* talog, naslaga.

**sedimentary** (se'dime'ntöri), *a.* taložni, naslagan.

**sedition** (sidi'šön), *n.* ustanak, pobuna.

**seditious** (sidi'šạs), *a.* buntovan, buntovnički, raspaljiv.

**seduce** (sidjū's), *v.* zavesti, obesčastiti; primamiti.

**seducer** (sidjū'sör), *n.* zavodnik.

**seducible** (sidjū'sibl), *a.* zavodljiv.

**seduction** (sidạ'kšön), *n.* zavođenje, zamama.

**seductive** (sidạ'ktiv), *a.* zavodljiv, zamaman.

**sedulity** (sedju'liti), *n.* neumornost, ustrajna marljivost.

**sedulous** (se'djulas), *a.* neumoran, marljiv.

**sedulously** (se'djulạsli), *adv.* marno, neumorno.

**see** (sī), *v.* vidjeti, gledati, shvatiti, razumjeti, opaziti, iskusiti; posjetiti, sastati; pratiti, pripaziti, propitati se; razmisliti; — *interj.* gle, vidi; — *n.* biskupska *ili* sveta stolica, biskupija.

**seed** (sīd), *v.* sijati, sjemeniti se, zrnati, snabdjeti sjemenjem; — *n.* sjeme, klica; izvor; potomstvo.

**seeded** (sī'ded), *a.* posijan, sjemenast.

**seeder** (sī'dör), *n.* sijač, stroj za sijanje, sijalica.

**seedling** (sī'dling), *n.* klica, mladica.

**seedsman** (sī'dzmön), *n.* tgovac sjemenjem; sijač.

**seed-time** (sī'dta'jm), *n.* doba za sijanje, sjetva.

**seedy** (sī'di), *a.* pun sjemenja; otrcan, kukavan.

**seeing** (sī'ing), *conj.* uzevši u obzir, jer, budući da.

**seek** (sīk), *v.* tražiti, zahtijevati.

**seem** (sīm), *v.* činiti se, izgledati, misliti.

**seeming** (sī'ming), *a.* prividan; — *n.* prividnost, izgled.

**seemingly** (sī'mingli), *adv.* prividno.

**seemly** (sī'mli), *a.* pristojan, prikladan; — *adv.* pristojno, lijepo.

**seep** (sīp), *v.* kapati, prokapati, curiti.

**seepage** (sī'peđ), *n.* kapanje, curenje.

**seer** (sīr), *n.* prorok, predviđatelj budućnosti.

**see-saw** (sī'sa'), *v.* ljuljati se, njihati se;— *n.* ljuljanje, njihanje; njihalka.

**seethe** (sīt), *v.* kipjeti, vreti, kuhati.

**segment** (se'gment), *n.* osječak, dio.

**segmentation** (se'gmente'jšön), *n.* osječenje, odijeljenje.

**segregate** (se'grigejt), *v.* odijeliti, osamiti, odvojiti se; — (se'griget), *a.* odijeljen, odabran.

**segregation** (se'grige'jšön), *n.* odijeljenje, rastavljanje, odabiranje.

**seignior, seigneur** (si'njör), *n.* gospodin, gospodar.

**seigniorage** (si'njöređ), *n.* namet za kovanje novca, gospodstvo.

**seigniory** (si'njöri), *n.* vlastelinstvo, gospodstvo.

**seine** (sēn), v. loviti vlakom; — n. vlak (mreža).

**seismic** (sa'jsmik), **seismal** (sa'jsmöl), a. potresni.

**seismograph** (sa'jsmogrǎf), n. sprava za bilježenje potresa.

**seismology** (sajsmǎ'lođi), n. nauka o pojavama potresa.

**seizable** (si'zöbl), a. što se može uzeti, zapljeniv.

**seize** (sīz), v. uhvatiti, pograbiti, zaplijeniti, oduzeti; shvatiti, spopasti; staviti u posjed, držati.

**seizin, seisin** (sī'zin), n. zaposjednuće, prisvojenje, posjed.

**seizure** (sī'žur), n. uhvat, zauzeće, pljenidba, plijen; navala (bolesti).

**seldom** (se'ldöm), adv. rijetko, malo kada.

**select** (sile'kt), v. birati, odabrati, izabrati; — a. biran, odabran, izabran.

**selection** (sile'kšön), n. biranje, izbor.

**selective** (sile'ktiv), a. koji bira, izabire.

**selenite** (se'lenajt), n. selenac (ruda).

**selenography** (se'linǎ'gröfi), n. nauka o površini mjeseca.

**selenology** (se'linǎ'lođi), n. nauka o mjesecu.

**self** (self), a. sam, vlastit, isti.

**self-abnegation** (se'lfǎ'bnige'jšön), n. samozataja, samoprijegor.

**self-acting** (se'lfǎ'kting), a. samoradin, automatičan.

**self-binder** (se'lfba'jndör), n. stroj, koji žanje te ujedno veže žito u snopove.

**self-command** (se'lfkǎmǎ'nd), n. vladanje samim sobom, hladnoća.

**self-complacency** (se'lfkǎmple'jsensi), n. zadovoljstvo samim sobom.

**self-complacent** (se'lfkǎmple'jsent), a. zadovoljan sam sobom.

**self-conceit** (se'lfkǎnsi't), n. uobraženost, samoljublje.

**self-conceited** (se'lfkǎnsi'ted), a. uobražen, samoljubiv.

**self-confidence** (se'lfkǎ'nfidens), n. samopouzdanje.

**self-confident** (se'lfkǎ'nfident), a. samopouzdan.

**self-conscious** (se'lfkǎ'nc̨as), a. samosvijestan.

**self-consciousness** (se'lfkǎ'nc̨asnes), n. samosvijest.

**self-consistency** (se'lfkǎnsi'stensi), n. dosljednost.

**self-consistent** (se'lfkǎnsi'stent), a. dosljedan sam sobom.

**self-contained** (se'lfkǎnte'jnd), a. sam za sebe, besćutan.

**self-contradiction** (se'lfkǎntrödi'kšön), n. protuslovlje samim sobom.

**self-contradictory** (se'lfkǎntrödi'ktöri), a. protuslovan sam sobom.

**self-control** (se'lfkǎntrō'l), n. vlast nad samim sobom.

**self-defense** (se'lfdife'ns), n. samoobrana.

**self-delusion** (se'lfdilju'žön), n. samozavaravanje.

**self-denial** (se'lfdina'el), n. samozataja, samoprijegor.

**self-denying** (se'lfdina'ing), a. samozatajan, samoprijegoran.

**self-devotion** (se'lfdivō'šön), n. požrtvovnost.

**self-educated** (se'lfe'đukejted), a. samouk.

**self-esteem** (se'lfestī'm), n. samopoštovanje.

**self-evident** (se'lfe'vident), a. očevidan, jasan, što se razumije samo po sebi.

**self-examination** (se'lfigzǎ'mine'jšön), n. ispitivanje samoga sebe.

**self-government** (se'lfgǎ'vörnment), n. samovlada, samouprava.

**self-important** (se'lfimpo'rtönt), a. uznošljiv, uobražen.

**self-imposed** (se'lfimpō'zd), a. hotimično si nametnut.

**selfish** (se'lfiš), a. sebičan.

**selfishly** (se'lfišli), adv. sebično.

**selfishness** (se'lfišnes), n. sebičnost.

**self-love** (se'lfla'v), n. samoljublje.

**self-made** (se'lfme'jd), a. učinjen sam od sebe.

**self-possessed** (se'lfpoze'st), a. sabran, miran.

**self-possession** (se'lfpoze'šön), n. sabranost, mirnoća.

**self-profit** (se'lfprǎ'fit), n. koristoljublje.

**self-reliance** (se'lfrila'ens), n. samopouzdanje.

**self-reliant** (se'lfrila'ent), a. samopouzdan.

**self-respect** (se'lfrispę'kt), *n.* samopoštovanje, vlastit ponos.

**self-restraint** (se'lfristre'jnt), *n.* svladavanje samoga sebe.

**self-sacrifice** (se'lfsă'krifajs), *n.* žrtvovanje samoga sebe.

**self-same** (se'lfse'jm), *a.* na vlas isti, istovjetni, jedan te isti.

**self-satisfied** (se'lfsă'tisfajd), *a.* zadovoljan sam sobom, samoljubiv.

**self-seeker** (se'lfsī'kör), *n.* čovjek, koji ide samo za svojom koristi, sebičnjak.

**self-seeking** (se'lfsī'king), *a.* sebičan.

**self-starter** (se'lfsta'rtör), *n.* samoupaljiv stroj.

**self-styled** (se'lfsta'eld), *a.* samozvan.

**self-sufficient** (se'lfsöfi'šent), *a.* uobražen, drzak.

**self-will** (se'lfuị'l), *n.* samovolja, tvrdokornost.

**self-willed** (se'lfuị'ld), *a.* samovoljan, tvrdokoran.

**sell** (sel), *v.* proda(va)ti, izdati, prodati se.

**seller** (se'lör), *n.* prodavaoc.

**selvage** (se'lveđ), *n.* ivica, skut; pervaz, rub.

**selves** (selvs), *pl. od:* **self.**

**semaphore** (se'möfor), *n.* optički brzojav.

**semblance** (se'mblöns), *n.* sličnost, izlika, lik.

**semeiology** (si'majă'lođi), *n.* nauka o znakovima.

**semen** (si'men), *n.* sjeme.

**semester** (sime'stör), *n.* polugodište, semestar.

**semestral** (sime'ströl), *a.* polugodišnji.

**semi** (se'mi), *prefix.* polu.

**semiannual** (se'miă'njụöl), *a.* polugodišnji.

**semiaperture** (se'miăpö'rćör), *n.* poluotvor.

**semibarbarian** (se'mibarbe'riön), *a.* polubarbarski.

**semibreve** (se'mibriv), *n.* cijela nota.

**semicircle** (se'misö'rkl), *n.* polukrug.

**semicircular** (se'misö'rkjulör), *a.* polukružni.

**semicircumference** (se'misörka'mferens), *n.* polukružnica.

**semicivilized** (se'misi'vilajzd), *a.* poluprosvjećen.

**semicolon** (se'miko'lön), *n.* točka zarez.

**semidetached** (se'midită'čt), *a.* poluodijeljen.

**semidiameter** (se'midaă'mitör), *n.* polumjer.

**semidome** (se'midōm), *n.* polukube.

**semifluid** (se'miflu'id), *a.* polužidak.

**semigod** (se'migād), *n.* polubog.

**semilunar** (se'milju'nör), *a.* sličan polumjesecu.

**semimonthly** (se'mimạ'ntli), *a.* polumjesečni.

**seminal** (se'minöl), *a.* sjemeni, početni.

**seminarian** (se'mine'riön), *n.* sjemenišni pitomac, klerik.

**seminary** (se'minöri), *a.* sjemenišni; — *n.* sjemenište; sjemeništarac.

**semination** (se'mine'jšön), *n.* sijanje.

**semiquaver** (se'mikuẹ'jvör), *n.* šesnaestina (*note*).

**Semite** (se'majt), *n.* semit.

**Semitic** (semi'tik), *a.* semitski.

**semitone** (se'mitōn), *n.* poluglas.

**semivowel** (se'mivạ'uẹl), *n.* poluglasnik.

**sempiternal** (se'mpitö'rnöl), *a.* vječan, trajan.

**sempstress** (se'mpstres), *n.* švelja.

**senary** (se'nöri), *a.* što sadržaje šest.

**senate** (se'net), *n.* senat, vijeće, gornja kuća.

**senator** (se'nătör), *n.* senator, vijećnik.

**senatorial** (se'năto'riöl), *a.* senatorski.

**senatorship** (se'nătöršip), *n.* senatorstvo.

**send** (send), *v.* poslati, slati, otpremiti, baciti, zadati; položiti.

**sender** (se'ndör), *n.* šiljatelj, pošiljač.

**send-off** (se'ndă'f), *n.* otpravljanje; rastanak.

**senescence** (sine'sens), *n.* starenje, ostarjelost.

**senescent** (sine'sent), *a.* koji stari.

**seneschal** (se'nešöl), *n.* dvorski upravitelj.

**senile** (si'najl *ili* si'nil), *a.* starački, nemoćan, slab.

**senility** (sini'liti), *n.* starost, nemoć.

**senior** (si'niör), *a.* stariji (*godinama ili u časti*); — *n.* starješina, glavar.

**seniority** (si'niă'riti), *n.* (*veća*) starost; starješinstvo.

**senna** (se'nö), *n.* sena, senino lišće (*za čišćenje*).

**sennit** (se'nit), *n.* pletež, konopi.
**senor** (senjo'r), *n.* gospodin.
**senora** (senjo'rö), *n.* gospođa.
**senorita** (se'njori'tö), *n.* gospojica.
**sensation** (sense'jšön), *n.* osjećanje, čuvstvo, osjet, uzbuđenje, senzacija.
**sensational** (sense'jšönöl), *a.* osjetan, ćutilni; upadan, senzacijonalan.
**sensationalism** (sense'jšönölizm), *n.* nauka, da sve znanje nastaje u ćutilima; senzacijonalno pisanje.
**sense** (sens), *v.* ćutiti, osjećati, shvatiti; — *n.* ćutilo, osjećaj, čuvstvo, svijest, razum, pamet; značenje, smisao.
**senseless** (se'nsles), *a.* besćutan, nesvjestan; nerazuman, besmislen.
**senselessly** (se'nslesli), *adv.* ludo, bez smisla, bez čuvstva.
**senselessness** (se'nslesnes), *n.* nesvjest, ludorija, nesmisao.
**sensibility** (se'nsibi'liti), *n.* osjetljivost, oćutljivost, osjećanje; nježnost.
**sensible** (se'nsibl), *a.* pametan, razuman, osjetljiv; shodan, čuvstven; razdražljiv.
**sensibly** (se'nsibli), *adv.* pametno, shodno.
**sensitive** (se'nsitiv), *a.* osjetljiv, nježan, razdražljiv, puten.
**sensitively** (se'nsitivli), *adv.* osjetljivo, nježno.
**sensitiveness** (se'nsitivnes), *n.* osjetljivost, čuvstvenost.
**sensitize** (se'nsitajz), *v.* učiniti osjetljivim.
**sensorial** (senso'riöl), *a.* osjetilni.
**sensorium** (senso'riam), *n.* sjedište osjećanja, mozak, sensorij.
**sensory** (se'nsöri), *a.* ćutilni, osjećajni.
**sensual** (se'nšuöl), *a.* odan tjelesnom uživanju, puten, bludan; osjetni.
**sensualism** (se'nšuölizm), *n.* senzualizam, putenost.
**sensualist** (se'nšuölist), *n.* puten čovjek, pohotljivac.
**sensuality** (se'nšuä'liti), *n.* pohotnost, putenost.
**sensualize** (se'nšuölajz), *v.* učiniti putenim, podati se pohoti.
**sensuous** (se'nšuas), *a.* osjetljiv, puten.
**sentence** (se'ntens), *v.* proglasiti osudu, osuditi; — *n.* izreka, rečenica; osuda, odluka.

**sentencer** (se'ntensör), *n.* proglasitelj odsude.
**sentential** (sente'nšöl), *a.* rečenični.
**sententious** (sente'nšas), *a.* pun kratkih i jezgrovitih rečenica.
**sentient** (se'nšient), *a.* osjetljiv; — *n.* osjećajno biće.
**sentiment** (se'ntiment), *n.* osjećaj, ćućenje, čuvstvo; mnijenje, sud; nazdravica.
**sentimental** (se'ntime'ntöl), *a.* čuvstven, uzbuđen, sažalan.
**sentimentalism** (se'ntime'ntölizm), **sentimentality** (se'ntimentä'liti), *n.* čuvstvenost, prekomjerna osjetljivost.
**sentimentalist** (se'ntime'ntölist), *n.* čovjek pun osjećaja.
**sentinel** (se'ntinel), *n.* stražar, straža.
**sentry** (se'ntri), *n.* straža, stražar.
**sentry-box** (se'ntribä'ks), *n.* stražarnica.
**sepal** (se'pöl), *n.* lap, listić od čaške.
**separable** (se'pöröbl), *a.* odjeljiv.
**separableness** (se'pöröblnes), **separability** (se'pöröbi'liti), *n.* odjeljivost, odvojivost.
**separate** (se'pöret), *v.* odijeliti, rastaviti, izlučiti; rastati se; — *a.* odijeljen, rastavljen, poseban, osamljen.
**separately** (se'pöretli), *adv.* posebno, odijeljeno, pojedince.
**separateness** (se'pöretnes), *n.* odijeljenost, zasebnost.
**separation** (se'pöre'jšön), *n.* rastava, rastavljanje, rastanak; odvojenje.
**separatism** (se'pöretizm), *n.* odcijepljenje, separatizam.
**separatist** (se'pöretist), *n.* odmetnik, zasebnik, separatist.
**separative** (se'pöretiv), *a.* rastavni, izlučni.
**separator** (se'pöre'jtör), *n.* odvojitelj, rastavljač.
**separatory** (se'pörötöri), *a. vidi:* **separative.**
**sepia** (si'piö), *n.* sipa; tamno smeđa boja.
**sepoy** (si'paj), *n.* urođeni istočnoindijski vojnik snabdjeven i izvježban prema europejskom načinu.
**sept** (sept), *n.* pleme.
**September** (sipte'mbör), *n.* rujan.
**septenary** (se'ptinöri), *a.* sastojeći se iz sedam.

**septennial** (septe'niöl), *a.* sedmogodišnji.

**septet** (septe't), *n.* sedmopjev.

**septic** (se'ptik), *a.* rastvorni, raspadni; — *n.* raspadna tvar.

**septicemia** (se'ptisi'miö), *n.* otrovanje krvi gnjilocóm.

**septuagenarian** (se'ptjuằđinē'riön), *n.* osoba stara 70 godina *ili* između 70 *i* 80.

**septuagenary** (se'ptjuằ'đinöri), *a.* sedamdesetgodišnji.

**Septuagesima** (se'ptjuöđe'simö), *n.* treća nedjelja prije korizme.

**Septuagint** (se'ptjuằđint), *n.* grčki prijevod staroga zavjeta učinjen između 280 *i* 130 god. prije Krista.

**septum** (se'ptạm), *n.* odjelni zid, odjeljenje.

**septuple** (se'ptjupl), *a.* sedmerostruk.

**sepulchral** (sipạ'lkröl), *a.* grobni; turobni, žalobni, pogrebni.

**sepulchre** (se'pạlkör), *v.* pokopati, položiti u grob; — *n.* grob, grobnica.

**sepulture** (sipạ'lćur), *n.* pokop.

**sequacious** (sikụe'jšạs), *a.* povodljiv, sljedben, dosljedan.

**sequel** (si'kụel), *n.* nastavak, posljedak.

**sequence** (si'kụens), *n.* slijeđenje, posljedak, niz, razredba.

**sequent** (si'kụent), *a.* slijedeći, slijedni; — *n.* ono, što slijedi, posljedica.

**sequester** (sikụe'stör), *v.* odijeliti, osamiti, zaplijeniti, odreći se.

**sequestered** (sikụe'störd), *a.* osamljen, samotan, zaseban.

**sequestrate** (sikụe'strejt), *v.* zaplijeniti, confiscirati, sekvestrirati.

**sequestration** (si'kụestre'jšön), *n.* zaplijena, sekvestracija, odijeljenje.

**sequestrator** (si'kụestre'jtör), *n.* uzapćivač, upravitelj, sekvestrator.

**sequin** (si'kụin), *n.* cekin.

**seraglio** (sera'ljo), *n.* sultanov dvor, harem.

**seraph** (se'röf), *n.* serafin.

**Serb** (sörb), *a.* srpski; — *n.* Srb, Srbin; **Kingdom of the Serbs, Croats and Slovenes** (ki'ngdöm av di sö'rbs, kro'öc ănd slovĭ'ns), Kraljevina Srba,Hrvata i Slovenaca.

**Serbia** (sö'rbiö), *n.* Srbija.

**Serbian** (sö'rbiön), *a.* srpski; — *n.* Srbin.

**serenade** (se'rene'jd), *v.* pjevati *ili* svirati noću pod prozorom; — *n.* začinka, pijelo, podoknica, serenada.

**serenader** (se'rene'jdör), *n.* pjevač (*pod nečijim prozorom*).

**serene** (sirī'n), *a.* bistar, vedar, jasan.

**serenely** (sirī'nli), *adv.* bistro, spokojno.

**sereneness** (sirī'nes), *n.* vedrina.

**serenity** (sire'niti), *n.* bistrina, vedrina, mir, hladnoća.

**serf** (sörf), *n.* rob, seljak, nevoljnik.

**serfdom** (sö'rfdạm), *n.* ropstvo, nevoljništvo.

**serge** (sörđ), *n.* vrsta vunene tkanine.

**sergeant** (sa'rđent), *n.* stražmeštar; vodnik, redarstveni povjerenik.

**serial** (si'riöl), *a.* tekući, redovan, u redu; — *n.* književna radnja, koja izlazi u svescima.

**seriatim** (si'rie'jtim), *adv.* jedan za drugim, po redu.

**sericeous** (siri'šạs), *a.* svilnat, svilen.

**sericulture** (si'rikạ'lćur), *n.* svilogojstvo, svilarstvo.

**sericulturist** (si'rikạ'lćurist), *n.* onaj, koji se bavi svilogojstvom.

**series** (sī'riz), *n.* niz, red, tečaj.

**serio-comic** (sī'riokà'mik), *a.* šaljiv i ozbiljan.

**serious** (sī'riạs), *a.* ozbiljan, važan, opasan.

**seriously** (sī'riạsli), *adv.* ozbiljno.

**sermon** (sö'rmön), *n.* propovijed, govor.

**sermonize** (sö'rmönajz), *v.* propovijedati; sastavljati propovijedi.

**seroon** (serū'n), *n.* koš datulja, smokva, *itd.*

**serosity** (sīrà'siti), *n.* vodenasta žitkost, sukrvica.

**serous** (sī'rạs), *a.* sukrvičav.

**serpent** (sö'rpent), *a.* zmijski; — *n.* zmija, guja; vrst trublje; vrsta rakete.

**serpentine** (sö'rpentajn), *a.* zmijski, zmijolik, vijugast; — *n.* zmijevac (*dragi kamen*).

**serpigo** (sörpa'jgo), *n.* lišaj (*kožna bolest*).

**serrate** (se'ret), **serrated** (se'reted), *a.* zupčast, pilast.

**serration** (sere'jšön), *n.* nazupčanost·

**serried** (se'rid), *a.* stisnut.
**serum** (si'ram), *n.* sukrvica, sirutka; serum.
**servant** (sö'rvönt), *n.* sluga.
**serve** (sörv), *v.* služiti, poslužiti, dvoriti, pomagati, udovoljiti; uručiti (*sudbenu pozivnicu ili spis*); odslužiti; — *n.* udar kuglje prema protivniku (*kod tenisa*).
**server** (sö'rvör), *n.* poslužnik, taca.
**Servia** (sö'rviö), *isto kao* : **Serbia.**
**Servian** (sö'rviön), *a. i n. isto kao:* **Serb** *i* **Serbian.**
**service** (sö'rvis), *n.* služba, posluga, podvorba; suđe, posuđe, jelo; uručba, dostava.
**serviceable** (sö'rvisöbl), *a.* poslužan; dobar, koristan; trajan.
**serviceableness** (sö'rvisöblnes), *n.* poslužnost, korist.
**service-book** (sö'rvisbuk), *n.* crkvena knjiga, molitvenik.
**service-tree** (sö'rvistrī'), *n.* oškoruš (*drvo*).
**serviette** (sö'rvie't), *n.* ubrus.
**servile** (sö'rvil *ili* sö'rvael), *a.* ropski, prostački, služinski, pokoran, podložan.
**servilely** (sö'rvili *ili* sö'rvajli), *adv.* ropski, pokorno, podložno.
**servility** (sörvi'liti), *n.* ropstvo, podložnost.
**servitor** (sö'rvitör), *n.* sluga.
**servitude** (sö'rvitjud), *n.* ropstvo, sužanjstvo, robija, potpadnost.
**sesame** (se'sömi), *n.* sezam, kunčut (*biljka*).
**sesquipedalian** (se'skuipide'liön), *a.* u mjeri od stope i pol; rabeći duge riječi.
**sessile** (se'sil), *a.* bez peteljke.
**session** (se'šön), *n.* zasjedanje, sjednica.
**sessional** (se'šönöl), *a.* zasjedni.
**set** (set), *v.* staviti, metnuti, postaviti, urediti; opredijeliti, odrediti, udariti (*cijenu*); namjestiti; zaputiti se; slagati; tonuti; uglazbiti, skrutiti se; naginjati; saditi; — *a.* odlučan, nepopustljiv, odeđen, propisan, ustanovljen; smješten, stalan; sačinjen, sagrađen, učinjen, metnut, postavljen; pravilan, uredan; — *n.* broj osoba *ili* stvari, koje pripadaju zajedno; zbirka; niz, grupa, razred; društvo; smjer; tijek; zapad, zapadanje; metanje; sađenica; kroj.

**seta** (si'tö), *n.* čekinja.
**setaceous** (sete'jšas), *a.* čekinjast.
**set-off** (se'tå'f), *n.* opreka, protivnost; protutražbina.
**seton** (si'tön), *n.* provlaka od čekinje *ili* svile.
**setose** (si'tos), *a.* štetinjav, čekinjast.
**settee** (seti'), *n.* klupa (*s naslonom*).
**setter** (se'tör), *n.* postavljač, namještač; slagar; vižle.
**setting** (se'ting), *n.* zalaženje; polaganje, umetanje, stavljanje; okov; kompozicija; insceniranje.
**settle** (setl), *v.* ustanoviti, utvrditi, nastaniti; odrediti; urediti, namjestiti; umiriti, ublažiti, razbistriti; pročistiti se; nagoditi se, naseliti se, smjestiti se, umiriti se; jenjati, namiriti; odobriti; upokoriti; urediti se; — *n.* duga drvena klupa sa naslonom.
**setto** (setu'), *n.* oštra borba, natjecanje.
**seven** (sevn), *n.* sedam.
**sevenfold** (se'vnföld), *a.* sedmerostruk; — *adv.* sedmerostruko.
**sevennight** (se'vnna'jt), *n.* sedmica, tjedan.
**seventeen** (se'vntī'n), *n.* sedamnaest.
**seventeenth** (se'vntī'nt), *a.* sedamnaesti.
**seventh** (sevnt), *a.* sedmi; — *n.* sedmina.
**seventhly** (se'vntli), *adv.* sedmo.
**seventieth** (se'vntiet), *a.* sedamdeseti; — *n.* sedamdesetina.
**seventy** (se'vnti), *n.* sedamdeset.
**sever** (se'vör), *v.* odijeliti, rastaviti, prekinuti, odsjeći, odrezati.
**several** (se'vöröl), *a.* više, nekoliko, različa n, pojedni, posebni.
**severally** (se'vöröli), *adv.* pojedinačno, posebno.
**severalty** (se'vörölti), *n.* samovlasništvo.
**severance** (se'vöröns), *n.* odijeljenje, prekinuće.
**severe** (sivī'r), *a.* strog, ozbiljan, oštar, ljut, težak.
**severely** (sivī'rli), *adv.* strogo, oštro, teško.
**severity** (sive'riti), *n.* strogost, žestina, ljutost.
**sew** (sou), *v.* šiti, šivati.
**sewage** (sju'eđ), *n.* smrad, koji protiče odvodnim kanalima.

**sewer** (so'ör), *n.* šivač, švelja.
**sewer** (sju'ör), *n.* odvodni kanal.
**sewerage** (sju'öređ), *n.* odvodni kanali, kanalizacija.
**sewing** (so'ing), *n.* šivanje, švelo.
**sex** (seks), *n.* spol, rod.
**sexagenarian** (se'ksăđene'jriön), *n.* osoba stara između 60 *i* 70 godina.
**sexagenary** (seksă'đinöri), *a.* šezdesetni; — *n.* osoba stara između 60 *i* 70 godina.
**Sexagesima** (se'ksăđe'simö), *n.* druga nedjelja pred korizmom.
**sexagesimal** (se'ksăđe'simöl), *a.* šezdeseti.
**sexangle** (se'ksă'ngl), *n.* šesterokut.
**sexangular** (seksă'ngjulör), *a.* šesterokutan.
**sexennial** (sekse'niöl), *a.* šestgodišnji; — *n.* šestgodišnjica.
**sextant** (se'kstönt), *n.* šestar; šesti dio kruga.
**sextet** (sekste't), *n.* šesteropjev.
**sexton** (se'kstön), *n.* crkvenjak, zvonar; grobar.
**sexton-beetle** (se'kstönbī'tl), *n.* grobar (*kukac*).
**sextuple** (se'kstjupl), *a.* šesterostruk.
**sexual** (se'kšuöl), *a.* spolni.
**sexuality** (se'kšuă'liti), *n.* spolnost.
**sexually** (se'kšuöli), *adv.* spolno.
**shabbily** (šă'bili), *adv.* otrcano, traljavo, kukavno, lopovski.
**shabbiness** (šă'bines), *n.* otrcanost, traljavost, poderanost, niskoća.
**shabby** (šă'bi), *a.* dronjav, izlizan, otrcan; kukavan; zao.
**shack** (šăk), *n.* drvenjara, kolibica; žirenje.
**shackle** (šă'kl), *v.* okovati; — *n.* okov, karika, lisičina.
**shad** (šăd), *n.* čepa (*riba*).
**shade** (še'jd), *v.* zasjeniti, potamniti, šatirati; zakloniti; — *n.* sjena, zasjenak, hladovina; zaklon, zastor; malenkost; duh.
**shadeless** (še'jdles), *a.* bez sjene.
**shadow** (šă'dō), *v.* sjeniti, zastrijeti, pomračiti; uhađati; — *n.* sjena, sjenka, tuga, duh.
**shadowless** (šă'dōles), *a.* bez sjene.
**shadowy** (šă'doi), *a.* sjenovit; taman, nejasan; umišljen.
**shady** (še'jdi), *a.* sjenovit, hladovit; sumnjiv.

**shaft** (šăft), *n.* strijela, sulica; panj, deblo; držalo, ruča; batrljica (*od pera*); osovina; jama (*u rudniku*); prolaz; okno.
**shafted** (šă'fted), *a.* na stupovima.
**shag** (šăg), *v.* učiniti rutavim, ohrapaviti; — *n.* rutavost, dlakavost, kudravost; pliš.
**shaggy** (šă'gi), *a.* kudrav, čupav, hrapav.
**shagreen** (šăgrī'n), *n.* šagrin, neobdjelana, hrapava koža.
**shah** (ša), *n.* šah (*perzijski vladar*).
**shake** (šejk), *v.* tresti (se), stresti, potresti (se), drhtati, drmati (se), prodrmati; oslabiti, narušiti; mahati; stisnuti; — *n.* tresenje, trešnja; potres; drhtavica; groznica; stisak.
**shake-down** (še'jkdă'ụn), *n.* privremena postelja od slame na podu.
**shaker** (še'jkör), *n.* koji *ili* što trese; član neke vjerske sekte.
**shakiness** (še'jkines), *n.* klimavost; neodlučnost.
**shaky** (še'jki), *a.* klimav, nestalan, raskliman; neodlučan, slab.
**shale** (šejl), *n.* škriljevac.
**shall** (šăl), *v.* ću, ćeš, će, *itd.*, moram.
**shalloon** (šălū'n), *n.* vuneno sukno.
**shallop** (šă'lạp), *n.* šalupa, šajka, čamac.
**shallow** (šă'lō), *v.* učiniti plitkim; — *a.* plitak, površan; — *n.* plitkost, pličina.
**shallowly** (šă'lōli), *adv.* plitko, površno.
**shallowness** (šă'lōnes), *n.* plitkost, površnost, pličina.
**shaly** (še'jli), *a.* poput škriljevca.
**sham** (šăm), *v.* hiniti; — *a.* nepravi, krivi; tobožnji; lažan; — *n.* lažna izlika, prijevara; varalica, simulant.
**shamble** (šămbl), *v.* nesigurno hodati, posrtati; — *n.* nesiguran hod, posrtanje.
**shambles** (šămblz), *n.* klaonica, mesnica.
**shame** (šejm), *v.* zasramiti, zastiditi, osramotiti; — *n.* sram, stid, sramota.
**shame-faced** (še'jmfe'jst), *a.* sramežljiv, stidljiv.
**shameful** (še'jmful), *a.* sraman, sramotan.
**shamefully** (še'jmfuli), *adv.* sramotno.
**shameless** (še'jmles), *a.* besraman, bestidan.

**shamelessly** (še'jmlesli), *adv.* besramno, bezobrazno.

**shammy** (šǎ'mi), *n.* irka (*mekana koža*), lutak.

**shampoo** (šǎ'mpu'), *v.* prati i trti (*glavu*), masirati; — *n.* pranje i trljanje (*glave*), masiranje.

**shamrock** (šǎ'mràk), *n.* trolist, djetelina.

**shank** (šǎnk), *n.* goljen; krak, držak.

**sha'n't** (šǎnt), *stegnuto od*: **shall not.**

**shanty** (šǎ'nti), *n.* koliba, dašćara.

**shape** (šejp), *v.* uobličiti, učiniti, stvoriti, upraviti; — *n.* oblik, prilika, slika, lik; stas.

**shapeless** (še'jples), *a.* bez oblika, nepravilan.

**shapely** (še'jpli), *a.* lijepa oblika, pravilan, stasit, krasan.

**share** (šēr), *v.* dijeliti, razdijeliti, dijeliti se, biti dionikom; — *n.* dio, dijel; dionica; raonik, lemeš.

**shareholder** (še'rho'ldör), *n.* dioničar.

**shark** (šark), *n.* kučak, morski pas; lupež.

**sharp** (šarp), *v.* zaoštriti, dignuti glasom; varati; — *a.* oštar, bridak, šiljast; strog; pronicav; okretan; nagao; povišen za pol glasa; — *n.* povisilica (*nota*); duga igla.

**sharpen** (šarpn), *v.* oštriti, naoštriti, brusiti, zašiljiti, zaoštriti se.

**sharpener** (sha'rpnör), *n.* brusar, makazar; oštrilo.

**sharper** (ša'rpör), *n.* varalica, prevejanac.

**sharply** (ša'rpli), *adv.* oštro, žestoko, strogo; domišljato; naglo.

**sharpness** (ša'rpnes), *n.* žestina, oštrina, britkost; oštroumnost, prevejanost.

**sharp-shooter** (ša'rpšu'tör), *n.* strijelac.

**sharp-sighted** (ša'rpsa'jted), *a.* oštrovidan, oštrouman.

**shatter** (šǎ'tör), *v.* razbiti, skrhati, uništiti, raspasti se, poremetiti (se); — *n.* komadić, ulomak.

**shattery** (šǎ'töri), *a.* loman, krhak.

**shave** (šejv), *v.* brijati (se); strići, strugati, uzimati ogromne kamate; — *n.* brijanje; tanka kriška; tijesan izlaz iz poteškoće.

**shaveling** (še'jvling), *n.* čovjek ošišane glave, ćelavac; kaluđer.

**shaver** (še'jvör), *n.* brica, brijač; gulikoža, deran.

**shaving** (še'jving), *n.* brijanje; ostružina, strugotina.

**shawl** (šàl), *n.* ogr̥tač, šal.

**she** (ši), *pron.* ona.

**sheaf** (šīf), *v.* vezati u snopove; — *n.* snop, svežanj.

**shear** (šīr), *v.* strići, rezati; šišati; strugati, guliti.

**shearer** (šī'rör), *n.* koji striže; žetelac.

**shears** (šīrz), *n.* škare.

**sheath** (šīt), *n.* korice, tok.

**sheathe** (šīd), *v.* staviti u korice, turiti.

**sheathing** (šī'ding), *n.* postava, metnuće u korice.

**sheave** (šīv), *v.* sabirati u snopove, kupiti; — *n.* kolotura.

**sheaves** (šīvz), *plural od*: **sheaf.**

**shed** (šed), *v.* odbaciti, svrći (*rogove*); otpuštati, prolijevati, bacati, odvajati, gubiti dlaku, perje, kožu, *itd.*; — *n.* kolibica, dašćara.

**sheen** (šīn), *n.* sjaj, sjajnost.

**sheeny** (šī'ni), *a.* sjajan, svijetao, lijep.

**sheep** (šīp), *n.* ovca; plašljivac; —

**sheep's eye** (šī'ps a'j), zaljubljen pogled.

**sheep-cote** (šī'pkō't), *n.* ovčara, ovčji tor.

**sheepfold** (šī'pfō'ld), *n.* ovčji tor.

**sheepish** (šī'piš), *a.* ovčji, sramežljiv, čedan.

**sheep-run** (šī'pra'n), *n.* ovčji pašnjak.

**sheep-skin** (šī'pski'n), *n.* ovčja koža, pergamenat.

**sheep-walk** (šī'puà'k), *n.* ovčji pašnjak.

**sheer** (šīr), *v.* zastraniti se s toka, zakrenuti na stranu, odmaknuti se s puta; — *a.* jednostavan, očit, čist, potpun; —*n.* položaj usidrenog broda; zastranjujući tijek.

**sheers** (šīrz), *n.* paranak, dizaljka.

**sheet** (šīt), *v.* prostrijeti plahtu, staviti u plahtu; — *n.* plahta; ploha; ploča; arak; novina; jedro.

**sheet-anchor** (šī'tǎ'nkör), *n.* veliko sidro, koje se rabi samo u nuždi; zadnje utočište.

**sheeting** (šī'ting), *n.* pokrivanje *ili* preobučenje plahtom; platno za plahte.

**sheet-iron** (ši'ta'jörn), *n.* željezni lim.

**sheet-lightning** (ši'tla'jtning), *n.* sijavica.

**sheik** (šīk), *n.* šeik (*arapski poglavica*).

**shekel** (še'kel), *n.* sekel (*asirski i babilonski utez ili židovski srebrni novac vrijedan po prilici 60 centi*), novac.

**sheldrake** (še'ldre'jk), *n.* morska patka.

**shelf** (šelf), *n.* polica, daska, greda, greben.

**shelfy** (še'lfi), *a.* grebenast, kamenit.

**shell** (šel), *v.* ljuštiti (se), lupiti, komiti, strugati ljuske; bombardirati; — *n.* ljuska, lupina, kora, mahuna; školjka; skele, obzid; bomba, granata.

**shellac** (šelǎ'k), *n.* šelak.

**shell-fish** (še'lfi'š), *n.* korepnjak (*rak*).

**sheller** (še'lör), *n.* ljuštilac, komilac.

**shelly** (še'li), *a.* ljuskav, mahunast; ljušturan.

**shelter** (še'ltör), *v.* zaštititi, zakloniti; uzeti na konak; braniti, zastrijeti; — *n.* zaklon, okrilje, zaštita; utočište.

**shelve** (šelv), *v.* staviti na policu, metnuti na stranu, napustiti, zaboraviti; biti strm.

**shelvy** (še'lvi), *a.* grebenast, kamenit, prudovit.

**shepherd** (še'pörd), *v.* pasti, čuvati ovce, štititi; — *n.* ovčar, pastir; vođa.

**shepherdess** (še'pördes), *n.* ovčarica, pastirica.

**sherbet** (šö'rbet), *n.* šerbet (*vrst napitka*).

**sherd** (šörd), *n.* crijep; komadić.

**sheriff** (še'rif), *n.* šerif, vrhovni okružni časnik, koji vrši odredbe suda.

**sherry** (še'ri), *n.* šeri (*španjolsko vino*).

**shibboleth** (ši'bolet), *n.* lozinka, geslo.

**shield** (šild), *v.* štititi, čuvati, braniti; — *n.* štit, obrana; zaštitnik.

**shift** (šift), *v.* premjestiti, promijeniti, mijenjati, preobući, izmijeniti se; izbjegavati; — *n.* mijenjanje, zamjena, promjena; varka; izgovor; radno vrijeme; radnici.

**shifter** (ši'ftör), *n.* izmjenjivač, pomicalac; spletkaš.

**shiftless** (ši'ftles), *a.* bezuspješan; nemoćan; nemaran.

**shifty** (ši'fti), *a.* okretan, vješt, promjenljiv, lukav.

**shillalah** (ši'lela), *n.* debela batina.

**shilling** (ši'ling), *n.* šiling (*engleski srebrni novac vrijedan 24 centa*).

**shilly-shally** (ši'lišǎ'li), *v.* krzmati, biti neodlučan, titrati se; — *n.* krzmanje, neodlučnost; titranje.

**shily** (ša'jli), *adv.* plašljivo.

**shimmer** (ši'mör), *v.* cakliti se, blistati se; — *n.* caklenje, svjetlucanje.

**shin** (šin), *n.* goljeno.

**shin-bone** (ši'nbō'n), *n.* goljenica.

**shine** (šajn), *v.* svijetliti (se), sjati (se), olaštiti, osvjetlati; — *n.* sjajnost, sjaj; lijepo vrijeme.

**shingle** (šingl), *v.* pokriti šimlom; ošišati do kože; izbijati nečist iz željeza; — *n.* šimla; krupan šljunak; cimer.

**shingles** (šinglz), *n.* vrsta plamenika oko tijela.

**shingly** (ši'ngli), *a.* šljunkast.

**shining** (ša'jning), *a.* svjetao, sjajan, izvrstan; — *n.* svijetljenje, sjaj.

**shiny** (ša'jni), *a.* blistav, jasan, čist.

**ship** (šip), *v.* voziti, prevesti, otpraviti, šiljati, ukrcati (se); — *n.* brod, lađa.

**shipboard** (ši'pbo'rd), *n.* brod.

**ship-broker** (ši'pbro'kör), *n.* brodarski mešetar.

**ship-builder** (ši'pbi'ldör), *n.* brodograditelj.

**ship-building** (ši'pbi'lding), *n.* brodograditeljstvo.

**ship-chandler** (ši'pčǎndlör), *n.* trgovac brodarskih potrebaća.

**ship-master** (ši'pmǎ'stör), *n.* kapetan broda.

**shipmate** (ši'pme'jt), *n.* drug na brodu.

**shipment** (ši'pment), *n.* otprema, šiljanje; pošiljka.

**shipper** (ši'pör), *n.* krcalac; otpravnik.

**shipping** (ši'ping), *n.* brodovlje; ukrcavanje; otpremanje.

**ship's-husband** (ši'psha'zbönd), *n.* popravljač na brodu.

**shipwreck** (ši'pre'k), *v.* razbiti (*brod*); prouzročiti nesreću; uništiti; — *n.* brodolom; uništenje.

**shipwright** (ši'pra'jt), *n.* brodograditelj.

**ship-yard** (ši'pja'rd), *n.* škver, brodogradilište.

**shire** (ša'ör), *n.* županija.

**shirk** (šörk), *v.* kloniti se, izbjegavati, mimolaziti; — *n.* izbjegavalac; pustolov.

**shirr** (šör), *v.* razbiti jaja u vrhnje; nabrati; — *n.* nabiranje gumenih uzica.

**shirt** (šört), *n.* košulja.

**shirting** (šö'rting), *n.* platno za košulje.

**shive** (šajv), *n.* kriška, tanki komad.

**shiver** (ši'vör), *v.* zdrobiti (se), razbiti (se); drhtati, tresti se; — *n.* komadić; drhtavica.

**shivery** (ši'vöri), *a.* drhtav; hladan.

**shoal** (šōl); *v.* postajati plitkijim, učiniti plitkim; vrviti; — *a.* plitak; — *n.* pličina; mnoštvo, rulja.

**shoaliness** (šō'lines), *n.* plitkoća, prudovitost.

**shoaly** (šō'li), *a.* plitak, prudovit.

**shoat** (šōt), *n.* svinjče, prase.

**shock** (šák), *v.* potresti, uzdrmati; navaliti; zgaditi; smetati žito na kupove; — *a.* kudrav, čepurast; — *n.* sudar; navala, uzbuđenje, groza, potres, trešnja; kup od snopova; kudrov (*pas*).

**shocking** (šá'king), *a.* potresan, strašan, odvratan; uvredljiv.

**shod** (šád), *a.* potkovan, obuven.

**shoddy** (šá'di), *a.* od umjetne vune; lažan; — *n.* sukno od vunenih krpa; otpadak.

**shoe** (šū), *v.* obuti, potkovati; — *n.* cipela; potkova.

**shoeblack** (šū'blá'k), *n.* čistilac cipela.

**shoemaker** (šu'me'jkör), *n.* cipelar, postolar, šoštar.

**shog** (šág), *n.* potres, uzdrmanje.

**shone** (šōn), *imp. i pp. od:* **shine.**

**shoo** (šū), *v.* poplašiti (*perad*).

**shook** (šuk), *imp. i pp. od:* **shake;** — *n.* svežanj dužica.

**shoot** (šut), *v.* strijeljati, pucati; spustiti, odapeti; baciti; nicati, pupčiti se; brzati, projuriti, proletjeti; ispružiti (se), prasnuti; — *n.* mladica; brzica, slap vode; žljeb; pucanje; hitac.

**shooter** (šu'tör), *n.* strijelac, strjeljač.

**shooting** (šu'ting), *a.* streljački; — *n.* pucanje; lov; lovište; t odac (*bol*).

**shooting-box** (šu'tingbá'ks), *n.* lovačka kućica.

**shop** (šáp), *v.* kupovati; ići u dućan; — *n.* dućan; radionica, poslovnica.

**shopkeeper** (šá'pkī'pör), *n.* dućandžija, trgovac.

**shoplifter** (šá'pli'ftör), *n.* dućanski tat.

**shoplifting** (šá'pli'fting), *n.* dućanska krađa.

**shopman** (šá'pmön), *n.* trgovac na malo; dućanski sluga.

**shopping** (šá'ping), *n.* kupovanje.

**shore** (šōr), *v.* poduprijeti, podbočiti; iskrcati; — *n.* potporanj; obala, žal.

**shorn** (šōrn), *pp. od:* **shear.**

**short** (šort), *a.* kratak, malen, slab, oskudan; nedovršen; — *adv.* kratko, ukratko, najednom; nedostatno; — **in short** (in šo'rt), u par riječi, ukratko; — *n.* kratkoća; nedostatnost, manjkavost.

**shortage** (šo'rteđ), *n.* manjak.

**shortcoming** (šo'rtka'ming), *n.* pogrješka, slaboća, propust.

**short-dated** (šo'rtde'jted), *a.* kratkovremen.

**shorten** (šortn), *v.* skratiti, lišiti, stegnuti.

**shorthand** (šo'rthá'nd), *n.* stenografija, brzopis.

**shorthorn** (šo'rtho'rn), *n.* kratkorog.

**short-lived** (šo'rtla'jvd), *a.* kratka života, kratkotrajan.

**shortly** (šo'rtli), *adv.* skoro, brzo, ukratko.

**short-sighted** (šo'rtsa'jted), *a.* kratkovidan.

**short-winded** (šo'rtrui'nded), *a.* slaboduhast.

**shot** (šát), *v.* nabi (ja)ti; ispirati; — *a.* prelijevajući boju; — *n.* hitac, pucanje, naboj, tane, sačma, šprih; puškoment; strijelac.

**should** (šud), *pret. od:* **shall.**

**shoulder** (šō'ldör), *v.* dignuti, staviti na rame, uzeti na svoja pleća, uzeti na sebe; turati ramenom, gurati; — *n.* rame, pleće, izbojak.

**shoulder-blade** (šō'ldörble'jd), *n.* lopatica.

**shoulder-strap** (šō'ldörstrá'p), *n.* prekoramica.

**shout** (ša'ut), *v.* klicati, viknuti, bučiti; — *n.* povik, klicanje, buka.

**shove** (šạv), v. turati, gurati, tiskati se; — n. turanje, potisak, poriv.
**shovel** (šạvl), v. grabiti lopatom, raditi lopatom; — n. lopata.
**shovelful** (šạ'vlful), n. puna lopata.
**shovel-hat** (šạ'vlhǎ't), n. šešir sa širokim obodom okrenutim gore na stranama i izbočen sprijeda.
**show** (šọ'ụ), v. pokazati, kazati; otkriti; protumačiti, osvjedočiti, dokazati; značiti; — n. pokazivanje; izlog, izložba, prizor; predstava; vid; slava; izgled; znak.
**showbill** (šọ'ụbi'l), n. plakat.
**shower** (šọ'ụör), n. pokazivač.
**shower** (šạ'ụör), v. kišiti (jako), lijevati; (o kiši), izliti; — n. padanje kiše, pljusak; obilje.
**shower-bath** (šạ'ụrbǎ't), n. duš, slap.
**showery** (šạ'ụöri), a. kišovit.
**showily** (šō'ili), adv. sjajno, gizdavo.
**showman** (šō'mön), n. pokazivač; gospodar putujuće kazališne družbe.
**show-room** (šō'rū'm), n. soba za izložbu trgovačke robe.
**showy** (šọ'ụi), a. gizdav, sjajan; upadan.
**shrank** (šrǎnk), imp. od: shrink.
**shrapnel** (šrǎ'pnel), n. šrapnela.
**shred** (šred), v. razderati, izrezati; — n. ostrižak, odrpina.
**shreddy** (šre'di), a. podrapan, dronjav.
**shrew** (šrū), n. prepiračica, svadljivka; rovka.
**shrewd** (šrūd), a. mudar, oštrouman, lukav.
**shrewdly** (šrū'dli), adv. lukavo, mudro.
**shrewdness** (šrū'dnes), n. oštroumnost.
**shrewish** (šrū'iš), a. svadljiv, zločudan.
**shrew-mouse** (šrū'mạ'ụs), n. rovka.
**shriek** (šrīk), v. vrisnuti, vrištati, drečati se; — n. vrisak, vrištanje.
**shrieker** (šrī'kör), n. vrištalac.
**shrievalty** (šri'völti), n. služba ili djelokrug šerifa.
**shrift** (šrift), n. ispovijedanje, ispovijed; oproštenje.
**shrike** (šrajk), n. svračak (ptica).
**shrill** (šril), v. zavrištati, ječati, oriti se; — a. kriješteći; oštar, jak.
**shrillness** (šri'lnes), n. oštrost glasa, ječanje.
**shrilly** (šri'li), adv. oštro, glasno; — a. ponješto oštar.

**shrimp** (šrimp), n. račić; mališ, patuljak.
**shrine** (šrajn), v. sahraniti, zatvoriti; — n. kovčeg (sa svetim moćima); oltar, svetište.
**shrink** (šrink), v. stegnuti (se), smanjiti (se), skrčiti se; povući se, uzmaknuti; — n. stezanje.
**shrinkage** (šri'nkeđ), n. stezanje, smanjivanje; popust.
**shrive** (šrajv), v. ispovijedati, ispovjediti se.
**shrivel** (šrivl), v. nabrati se, stisnuti (se), zgužvati (se).
**shriver** (šra'jvör), n. ispovjednik.
**shroud** (šra'ụd), v. zaodjeti, pokriti mrtvačkim plaštem; zastrijeti, sakriti, zakloniti; — n. mrtvački plašt; odijelo, pokrivalo; sartija (uže na brodu).
**shrove-tide** (šrō'vta'jd), n. poklade, mesopust.
**Shrove-Tuesday** (šrō'vtju'zdi), n. pokladni utorak, fašnik.
**shrub** (šrạb), n. grm, žbun; punč.
**shrubbery** (šrạ'böri), n. grmlje.
**shrubby** (šrạ'bi), a. grmovit, zakržljao.
**shrug** (šrạg), v. sleći ramenima, sažimati; trzati se; — n. sažimanje ramenima.
**shrunken** (šrạ'nken), pp. od: shrink, v. stegnut, zgrčen.
**shuck** (šạk), v. ljuštiti, komiti; — n. lupina, mahuna, ljuska.
**shudder** (šạ'dör), v. drhtati, tresti se, zgroziti se; — n. drhat, jeza, trepet.
**shuffle** (šạfl), v. gurati amo tamo, pobrkati, miješati, rivati se, teško i lagano hodati, vući se; — n. miješanje, ševrdanje; guranje, teški hod, vučenje nogu; zbrka.
**shuffler** (šạ'flör), n. miješalac, ševrdalo, pletkaš.
**shuffling** (šạ'fling), a. gurajući; ništav; varav, prevrtljiv.
**shun** (šạn), v. izbegavati, ugibati se.
**shunt** (šạnt), v. okrenuti se, skrenuti na sporedne tračnice, zastraniti; — n. ugibanje; pokretna tračnica.
**shut** (šạt), v. zatvoriti (se), zaprijeti, zabraniti, zapriječiti, isključiti, ograničiti; — a. zatvoren; nezvučan; tup; — n. zatvorenje, dovršenje.
**shutter** (šạ'tör), n. zatvorač, zapirač, zaklopac, kapak od prozora.

**shuttle** (ša'tl), *n.* (*tkalački*) čunak, lađica (*u šivaćem stroju*).
**shuttlecock** (ša̱'tlka'k), *n.* pernata lopta.
**shy** (šaj), *v.* ošinuti, zakrenuti, baciti; — *a.* plašljiv, stidljiv, oprezan; pažljiv.
**shyly** (ša'jli), *adv.* plaho, stidljivo, oprezno.
**shyness** (ša'jnes), *n.* plašljivost, plahost, pažljivost.
**shyster** (ša'jstör), *n.* nadriodvjetnik, prevarant.
**sibilance** (si'bilöns), *n.* pištanje, sični glas.
**sibilant** (si'bilönt), *a.* pištav; — *n.* sični glas.
**sibilate** (si'bilejt), *v.* pištati, izgovarati sičnim glasom.
**sibilation** (si'bile'jšön), *n.* pištanje, pisak.
**sibyl** (si'bil), *n.* proročica, sibila, gatalica.
**sibylline** (si'bilajn), *a.* sibilinski, proročki.
**sic** (sik), *adv.* tako.
**siccate** (si'kejt), *v.* sušiti.
**siccative** (si'kötiv), *a.* sušeći.
**siccity** (si'ksiti), *n.* suša, suhoća.
**sick** (sik), *a.* bolestan, sit (*nekoga*).
**sick-bay** (si'kbe'j), *n.* lazaret, vojnička bolnica.
**sicken** (sikn), *v.* činiti bolesnim, bolovati, oboljeti, podraživati na bljuvanje.
**sickening** (si'kning), *a.* odvratan, gadan, neprijatan.
**sickish** (si'kiš), *a.* boležljiv.
**sickle** (sikl), *n.* srp.
**sickly** (si'kli), *a.* boležljiv, slab, ogavan.
**sickness** (si'knes), *n.* bolest.
**sick-room** (si'krū'm), *n.* bolesnička soba.
**side** (sajd), *v.* pristajati uz koga, prianjati uz nješto; — *a.* sporedan, pobočni; — *n.* strana, bok, kraj, predjel; mnijenje.
**sideboard** (sa'jdbō'rd), *n.* pobočna daska za posuđe.
**sided** (sa'jded), *a.* straničan.
**side-light** (sa'jdla'jt), *n.* svjetlo sa strane; neizravna uputa.
**sidelong** (sa'jdlå'ng), *a.* kos, prijeki; — *adv.* sa strane; koso.
**sidereal** (sajdi'riöl), *a.* zvjezdani.

**siderite** (si'dörajt), *n.* ociljevac.
**siderography** (si'dörä'gröfi), *n.* čeliko-rezačka umjetnost.
**side-saddle** (sa'jdsä'dl), *n.* žensko sedlo.
**sidewalk** (sa'jdu̱a'k), *n.* pločnik.
**sideways** (sa'jdu̱e'jz), *adv.* vidi: side-wise.
**sidewise** (sa'jdu̱a'jz), *adv.* sa strane, na stranu, isprijeka.
**siding** (sa'jding), *n.* kratka uklonišna sporedna pruga.
**sidle** (sajdl), *v.* ići sa strane.
**siege** (sīd), *n.* opsada, opsjedanje.
**siege-gun** (si'dg̱a'n), *n.* opsadni top.
**sierra** (sie'rö), *n.* gorski lanac.
**siesta** (sie'stö), *n.* poslije obedni počinak.
**sieve** (sīv), *n.* sito, rešeto.
**sift** (sift), *v.* sijati, rešetati, prorešetati.
**sifter** (si'ftör), *n.* koji sije, rešetar, sito.
**sigh** (saj), *v.* uzdisati, uzdahnuti; — *n.* uzdisaj, uzdah.
**sight** (sajt), *v.* zagledati, opaziti, motriti, nišaniti; — *n.* vid, vidik, pogled; oko, oči; vidokrug; prikaza, prizor, strašilo.
**sightless** (sa'jtles), *a.* slijep.
**sightly** (sa'jtli), *a.* ugodan oku, lijep.
**sight-seeing** (sa'jtsī'ing), *n.* motrenje zanimivih mjesta *ili* prizora.
**sight-seer** (sa'jtsi'ör), *n.* motrioc zanimivih mjesta *ili* prizora.
**sign** (sajn), *v.* potpisati (se); označiti; — *n.* znak, znamen, obilježje, biljeg; natpis, cimer.
**signal** (si'gnöl), *v.* davati znakove; — *a.* znamenit, vanredan; — *n.* znak.
**signal-box** (si'gnölbä'ks), *n.* kućica, iz koje se davaju željeznički znakovi.
**signalize** (si'gnölajz), *v.* istaknuti, odlikovati.
**signally** (si'gnöli), *adv.* znatno, osobito.
**signal-man** (si'gnölmä'n), *n.* znakodavac.
**signatory** (si'gnötori), *a.* potpisani; obvezan; — *n.* potpisnik; zastupnik.
**signature** (si'gnoćur), *n.* potpis.
**sign-board** (sa'jnbō'rd), *n.* cimer, ploča za plakate.

**signer** (sa'jnör), *n.* potpisatelj, potpisnik.

**signet** (si'gnet), *n.* pečat.

**signet-ring** (si'gnetri'ng), *n.* pečatni prsten.

**significance** (signi'fiköns), *n.* značenje, važnost.

**significant** (signi'fikönt), *a.* značajan, važan.

**significantly** (signi'fiköntli), *adv.* značajno, jasno.

**signification** (si'gnifike'jšön), *n.* značenje, smisao.

**significative** (signi'fiketiv), *a.* znamenit, simboličan.

**signify** (si'gnifaj), *v.* značiti, izraziti, dojaviti.

**sign-manual** (sa'jnmă'njuöl), *n.* vlastoručni potpis.

**signor, signior** (si'njor), *n.* gospodin.

**signora** (sinjo'rö), *n.* gospođa.

**signorina** (si'njori'nö), *n.* gospojica.

**sign-post** (sa'jnpō'st), *n.* stup za oglase; kažiput.

**silence** (sa'jlens), *v.* utišati, umiriti, ušutjeti; — *n.* tišina, šutnja, mir.

**silent** (sa'jlent), *a.* tih, mučaljiv, nijem.

**silently** (sa'jlentli), *adv.* tiho, mirno.

**silhouette** (si'lue't), *n.* profil lica slikan prema sjeni, silueta.

**silica** (si'likö), *n.* zemlja kremenjača.

**silicate** (si'liket), *n.* kremena sol.

**siliceous** (sili'šas), *a.* kremenit.

**silicle** (si'likl), *n.* mahunica.

**siliqua** (si'likua), *n.* mahuna.

**silk** (silk), *a.* svilen, svilnat; — *n.* svila.

**silken** (silkn), *a.* svilenast, svilnat.

**silk-worm** (si'lkuö'rm), *n.* svilena buba, svilac.

**silky** (si'lki), *a.* svilnat, kao svila.

**sill** (sil), *n.* prag.

**sillabub** (si'löbab), *n.* vrsta pića od mlijeka i vina *ili* jabukovače.

**silliness** (si'lines), *n.* budalaština, glupost, bezazlenost.

**silly** (si'li), *a.* budalast, sulud, prost, bezazlen; — *n.* budala, luda.

**silo** (sa'jlo), *n.* jama za krmu.

**silt** (silt), *v.* zamuljiti, napuniti glibom; — *n.* glib, mulj, blato.

**silty** (si'lti), *a.* blatan, zasut muljem.

**silva** (si'lvö), **silvan** (si'lvön), *a. vidi:* **sylva.**

**silver** (si'lvör), *v.* srebriti, posrebriti; — *a.* srebrn, srebrnast; — *n.* srebro, srebrn novac.

**silver-glance** (si'lvörglă'ns), *n.* srebrni sjajnik (*ruda*).

**silvering** (si'lvöring), *n.* srebrenje.

**silverize** (si'lvörajz), *v.* posrebriti.

**silvern** (si'lvörn), *a.* srebrn.

**silversmith** (si'lvörsmi't), *n.* srebrnar.

**silver-tongued** (si'lvörtă'ngd), *a.* srebrorječit.

**silvery** (si'lvöri), *a.* kao srebro, posrebren.

**simian** (si'miön), *a.* majmunski; — *n.* majmun.

**similar** (si'milör), *a.* sličan, nalik.

**similarity** (si'milă'riti), *n.* sličnost, lik.

**similarly** (si'milörli), *adv.* slično, takodjer.

**simile** (si'mili), *n.* prispodoba, prilika.

**similitude** (simi'litjud), *n.* sličnost, usporedba.

**simitar** (si'mitör), *n.* sablja krivuša.

**simmer** (si'mör), *v.* strujati, vreti, polagano kuhati (se).

**simoniac** (simo'niăk), *n.* prodavaoc *ili* kupac crkvenih služba.

**simoniacal** (si'mona'ököl), *a.* prodavajući *ili* kupujući crkvene službe.

**simony** (si'moni), *n.* simonija, zločin prodavanja *ili* kupovanja crkvenih služba.

**simoom** (simū'm), *n.* samum (*vrući i zagušljivi vjetar u Africi i Arabiji*).

**simper** (si'mpör), *v.* budalasto se smiješiti; — *n.* budalast smijeh.

**simple** (simpl), *a.* jednostavan, priprost, običan, čedan, slabouman.

**simpleton** (si'mpltön), *n.* budala, bena.

**simplicity** (simpli'siti), *n.* jednostavnost, prostodušnost.

**simplify** (si'mplifaj), *v.* pojednostavniti; učiniti shvatljivijim *ili* lakšim.

**simply** (si'mpli), *adv.* jednostavno, priprosto.

**simular** (si'mjulor), *n. vidi:* **simulator.**

**simulate** (si'mjulejt), *v.* pretvarati se, hiniti, simulirati.

**simulation** (si'mjule'jšön), *n.* hinjenje, varka.

**simulator** (si'mjule'jtör), *n.* pretvaratelj, licemjerac, simulant.

**simultaneous** (si'malte'jnias), *a.* istovremen, istodoban.
**sin** (sin), *v.* griješiti, ogriješiti se, sagrijesiti; — *n.* grijeh.
**sinapism** (si'nöpizm), *n.* melem od gorušice, slačičnjak.
**since** (sins), *adv.* odonda, otada, poslije, pošto, jer.
**sincere** (sinsi'r), *a.* iskren, otvoren, odan, pravi, čisti.
**sincerely** (sinsi'rli), *adv.* iskreno, odano.
**sincerity** (sinse'riti), *n.* iskrenost, istinitost, poštenje.
**sinciput** (si'nsipat), *n.* prednji dio glave.
**sine** (sajn), *n.* sinus.
**sine** (sa'jni), *prep.* bez.
**sinecure** (sa'jnikjur), *n.* unosna služba sa malo *ili* ništa posla, nadarbina bez posla.
**sinew** (si'nju), *v.* vezati, ojačati, krijepiti; — *n.* žila, tetiva, jakost.
**sinewy** (si'njui), *a.* žilav, čvrst, jak.
**sinful** (si'nful), *a.* griješan, bezbožan.
**sinfully** (si'nfuli), *adv.* griješno.
**sinfulness** (si'nfulnes), *n.* griješnost.
**sing** (sing), *v.* pjevati, pojati.
**singe** (sinđ), *v.* popaliti, opržiti, osmuditi; — *n.* osmuđenje, opala.
**singer** (si'ngör), *n.* pjevač, pojac.
**singing** (si'nging), *a.* pjevajući; — *n.* pjevanje.
**single** (singl), *v.* odabrati, odlučiti, odvojiti se; — *a.* jedini, sam, pojedini; neoženjen; neudata.
**single-handed** (si'ngleha'nded), *a.* sam, bez pomoći.
**single-minded** (si'nglma'jnded), *a.* iskren, pošten; naravan.
**single-stick** (si'nglsti'k), *n.* batina.
**singly** (si'ngli), *adv.* pojedince, napose, iskreno.
**singsong** (si'ngsa'ng), *n.* jednoličan glas u govoru *ili* čitanju.
**singular** (si'ngjulör), *a.* pojedini, jedini, osobit, neobičan; — *n.* singular, jednina, pojedinac.
**singularity** (si'ngjula'riti), *n.* pojedinost, osobitost, čudnovatost.
**singularly** (si'ngjulörli), *adv.* posebno, osobito, čudno, izvrsno.
**sinister** (si'nistör), *a.* lijevi, zločest, koban, nesretan.
**sinistral** (si'niströl), *a.* lijevostran, lijevoruk, naopak.

**sinistrous** (si'nistras), *a.* lijevi, naopak.
**sink** (sink), *v.* tonuti, potonuti, pasti, klonuti, padati, propadati; zagnjuriti, potopiti; — *n.* provaža, kanal za nečistoću, mjesto, u koje se lijeva nečista voda; izljev, oluk.
**sinker** (si'nkör), *n.* kopač, utez.
**sinking** (si'nking), *n.* tonuće, propadanje.
**sinless** (si'nles), *a.* bezgrješan.
**sinner** (si'nör), *n.* grješnik, zločinac.
**sinter** (si'ntör), *n.* siga, sedra.
**sinuate** (si'njuejt), *v.* savijati, okretati; — (si'njuet), *a.* krivudast, verugast.
**sinuosity** (si'njua'siti), *n.* krivudanje, vijugotina; uvala.
**sinuous** (si'njuas), *a.* zavojit, kriv.
**sinus** (sa'jnas), *n.* zaliv, morska uvala; rupa, sinus.
**sip** (sip), *v.* srkati, pijuckati; — *n.* gutljaj, srkanje.
**siphon** (sa'jfön), *n.* nateg, savinuta cijev za vučenje tekućine, paranak.
**siphon-bottle** (sa'jfönbä'tl), *n.* sifon (*boca za sodavodu*).
**sir** (sör), *n.* gospodine!
**sirdar** (sirda'r), *n.* poglavica, zapovjednik.
**sire** (sa'er), *n.* veličanstvo! oče!
**siren** (sa'jren), *n.* sirena, začarujuća i opasna žena; rog za navješćanje magle; fizikalno glazbalo.
**sirloin** (sö'rlajn), *n.* goveđa pečenica.
**sirocco** (sirä'ko), *n.* jugovina, jugoistočnjak (*vjetar u Italiji*).
**sirup** (si'rap), *n.* sladorača, sirup.
**siskin** (si'skin), *n.* zelenčica (*ptica*).
**sister** (si'stör), *n.* sestra.
**sisterhood** (si'störhud), *n.* sestrinstvo.
**sister-in-law** (si'störinlä'), *n.* snaha, svast.
**sisterly** (si'störli), *a.* sestrinski.
**sit** (sit), *v.* sjesti, sjediti, zasijedati.
**site** (sajt), *n.* položaj, mjesto.
**sitter** (si'tör), *n.* sjedilac; ptica, koja sjedi na jajima; kvočka.
**sitting** (si'ting), *n.* sjeđenje, sjednica, zasijedanje.
**sitting-room** (si'tingrū'm), *n.* sjedionica (*soba*)ː
**situate** (si'ćuet), **situated** (si'ćuejted), *a.* nalazeći se, smješten.
**situation** (si'ćue'jšön), *n.* položaj, mjesto.

**sitz-bath** (si'cbă't), *n.* sjedeća kupelj.

**six** (siks), *a. i n.* šest.

**sixfold** (si'ksfō'ld), *a.* šesterostruk.

**sixpence** (si'kspe'ns), *n.* engleski srebrni novac vrijedan po prilici 12 centi.

**sixteen** (si'kstī'n), *a. i n.* šesnaest.

**sixteenth** (si'kstī'nt), *a.* šesnaesti; — *n.* šesnaestina.

**sixth** (sikst), *a.* šesti; — *n.* šestina.

**sixthly** (si'kstli), *adv.* šesto.

**sixtieth** (si'kstiet), *a. i n.* šezdeseti; šezdesetina.

**sixty** (si'ksti), *a. i n.* šezdeset.

**sizable** (sa'jzöbl), *a.* znatan, priličan.

**size** (sajz), *v.* mjeriti, odmjeriti, odrediti, ocijeniti po veličini, prosuditi; namazati keljem; probijeliti; — *n.* mjera, veličina, težina; debljina; broj; kelje.

**sized** (sajzd), *a.* odmjeren, imajući stanovitu veličinu.

**sizy** (za'jzi), *a.* ljepčiv.

**skate** (skejt), *v.* sklizati se; — *n.* sklizaljka, rađa glatka (*riba*).

**skating** (ske'jting), *n.* sklizanje.

**skating-rink** (ske'jtingri'nk), *n.* sklizalište.

**skein** (skejn), *n.* vitlić; povjesmo.

**skeleton** (ske'letön), *a.* u nacrtu; mršav; — *n.* kostur; okosnica; nacrt.

**skeleton-key** (ske'letönkī'), *n.* otpirač.

**skelp** (skelp), *v.* ritati, pljuskati, udarati; — *n.* pljuska, čuška.

**skep** (skep), *n.* košnica, koš.

**skeptic** (ske'ptik), *n.* onaj, koji dvoji, sumnjivac.

**skepticism** (ske'ptisizm), *n.* dvojba.

**skerry** (ske'ri), *n.* morski greben.

**sketch** (skeč), *v.* učiniti nacrt, nacrtati; — *n.* nacrt, osnova, skica, proračun.

**sketcher** (ske'čör), *n.* crtač.

**sketchy** (ske'či), *a.* poput skice; površan, nedovršen, nepotpun.

**skew** (skju), *v.* staviti nakrivo, izopačiti; gledati nakoso; — *a.* kos, naheren, kriv; — *adv.* koso, nakrivo; — *n.* kosi položaj.

**skewer** (skju'ör), *v.* pričvrstiti šipčicama; — *n.* ražnjić,*šipčica.

**ski** (ski), *v.* sklizati se na ski; — *n.* ski, dugoljasta sklizaljka.

**skid** (skid), *v.* zaustaviti, okliznuti se nakrivo; — *n.* cokla, zavornica.

**skiff** (skif), *n.* čamac.

**skilful** (ski'lful), *a.* vješt, okretan, iskusan.

**skilfully** (ski'lfuli), *adv.* vješto.

**skilfulness** (ski'lfulnes), *n.* vještina.

**skill** (skil), *n.* vještina, sposobnost, znanje.

**skilled** (skild), *a.* vješt, iskusan.

**skillet** (ski'let), *n.* lončić (*sa ručom*).

**skim** (skim), *v.* obrati, obirati, na brzo pročitati, progledati, preletiti; promaći.

**skimmer** (ski'mör), *n.* obirač, pjenjača.

**skim-milk** (ski'mmi'lk), *n.* obrano mlijeko.

**skimming** (ski'ming), *n.* obiranje, snimanje skorupa.

**skimp** (skimp), *v.* škrtariti, štedjeti.

**skin** (skin), *v.* oguliti, derati, pokriti kožom; — *n.* koža, kora, ljupina, komina.

**skin-deep** (ski'ndī'p), *a. i adv.* površan, površno.

**skinflint** (ski'nfli'nt), *n.* škrtica.

**skink** (skink), *n.* ribokož (*vrst guštera*).

**skinner** (ski'nör), *n.* gulikoža, živoder, krznar.

**skinniness** (ski'nines), *n.* mršavost.

**skinny** (ski'ni), *a.* kožan; suh, mršav.

**skip** (skip), *v.* prijeći, ispustiti, preskočiti, skakutati; — *n.* skok, otskok, skakutanje.

**skipper** (ski'pör), *n.* skakač, klišnjak; kapetan broda, zapovjednik.

**skipping** (ski'ping), *a.* nestašan, poskakujući.

**skipping-rope** (ski'pingrō'p), *n.* konopac za preskakivanje.

**skirmish** (skö'rmiš), *n.* čarkati se, natezati se; — *n.* okršaj, čarkanje.

**skirt** (skört), *v.* graničiti, međašiti, obrubiti, opkoliti; — *n.* skut, suknja, kiklja.

**skirting-board** (skö'rtingbō'rd), *n.* letvica oko poda i do zida.

**skit** (skit), *n.* šaljiv ili porugljiv članak ili spis; neumjesna šala.

**skittish** (ski'tiš), *a.* plah, plašljiv, mušičav, nestalan, nemiran.

**skittishly** (ski'tišli), *adv.* plaho, nemirno, hirovito, naglo.

**skittishness** (ski'tišnes), *n.* plašljivost; hirovitost, naglost.

**skittle** (skitl), *n.* igra na čunje.

**skive** (skajv), *v.* kaštriti, strugati.

**skiver** (ska'jvör), *n.* malo vrijedna cijepana ovčja koža; nož za cijepanje kože.

**skulk** (skalk), *v.* kradomice se šuljati oko mjesta, vrebati, sakriti se, ugibati se.

**skulker** (ska'lkör), *n.* kukavica, strašljivac.

**skull** (skal), *n.* lubanja; kratko veslo, barčica.

**skullcap** (ska'lkă'p), *n.* kapica, šišak (*biljka*).

**skunk** (skank), *n.* tvorac, smrduh.

**sky** (skaj), *n.* nebo, nebeski svod; klima.

**skyey** (ska'i), *a.* nebeski.

**skylark** (ska'jlā'rk), *n.* ševa.

**skylarking** (ska'jla'rking), *n.* zbijanje šale, vragolije.

**sky-light** (ska'jla'jt), *n.* prozorčić na krovu.

**skyward** (ska'juörd), *adv.* prema nebu.

**slab** (slăb), *a.* gnjecav, sluzav; — *n.* ploča; sluz, kaljuga.

**slabber** (slă'bör), *v.* baliti, sliniti, zamazati; — *n.* sline, bale.

**slabberer** (slă'börör), *n.* balavac.

**slabby** (slă'bi), *a.* sluzav, ljepčiv, balav.

**slack** (slăk), *v.* popustiti, malaksati, oslabiti, umanjiti; zanemariti; — *a.* slab, besposlen, laba; — *n.* kraj od užeta; prašina od ugljena, sitni ugljen.

**slacken** (slăkn), *v.* popustiti, malaksati, ublažiti.

**slacker** (slă'kör), *n.* onaj, koji izmiče dužnostima, osobito, koji izbjegne novačenju.

**slackly** (slă'kli), *adv.* labavo, mlitavo.

**slag** (slăg), *n.* troska, lava.

**slaggy** (slă'gi), *a.* troskav.

**slake** (slejk), *v.* gasiti, ugasiti, smanjiti, jenjati.

**slam** (slăm), *v.* lupiti (*vratima*); — *n.* žestoko zatvorenje vratiju.

**slander** (slă'ndör), *v.* uvrijediti (*poštenje*), klevetati, opadati; — *n.* uvrjeda poštenja, kleveta, opadanje.

**slanderer** (slă'ndörör), *n.* klevetnik.

**slanderous** (slă'ndöras), *a.* klevetnički.

**slang** (slăng), *n.* prosta riječ, neuljudan izraz.

**slant** (slănt), *v.* zakrenuti koso, nagnuti (se), naheriti (se), nakriviti (se); — *n.* strmen, kosina.

**slantly** (slă'ntli), **slantwise** (slă'ntua'jz), *adv.* koso, nagnuto, nahero.

**slap** (slăp), *v.* čušnuti, pljusnuti, pljeskati; — *adv.* iznenada, naglo; — *n.* čuska, zaušnica, pljesak, udarac.

**slap-dash** (slă'pdă'š), *interj.* pljus; — *adv.* najednom, površno.

**slash** (slăš), *v.* zarezati, sjeći, porezati (se); prodrijeti, mlatiti; — *n.* zasjek, rez, rezotina, brazgotina.

**slashed** (slăšt), *a.* porezan, rasporen.

**slat** (slăt), *v.* baciti, ljosnuti, udariti; — *n.* letvica, prečanica.

**slate** (slejt), *v.* pokriti (*pločicama*) krov, strogo ukoriti; odrediti; odabrati; — *n.* škriljavac, krovovac; pločica; tablica.

**slate-pencil** (sle'jtpe'nsil), *n.* pisaljka, kamenčić za pisanje, šiljak.

**slater** (sle'jtör), *n.* pokrivač krova, brusilovčar.

**slating** (sle'jting), *n.* pokrivanje krova brusilovcem.

**slattern** (slă'törn), *a.* droljast, neuredan; — *n.* drolja, zamazanka.

**slatternly** (slă'törnli), *adv.* nečisto, neuredno.

**slaty** (sle'jti), *a.* škriljast.

**slaughter** (slă'tör), *v.* ubijati, klati, zaklati, pomoriti; — *n.* klanje, ubijanje, pokolj.

**slaughter-house** (slă'törha'us), *n.* klaonica.

**slaughterous** (slă'töras), *a.* ubojnički, ubojni, krvav.

**Slav** (slāv *ili* slăv), *a.* slavenski; — *n.* Slaven.

**slave** (slejv), *v.* robovati, mučiti se; — *n.* rob, robinja.

**slave-driver** (sle'jvdra'jvör), *n.* nadziratelj robova, okrutni gospodar.

**slaver** (sle'jvör), *n.* trgovac robljem; ropski brod.

**slaver** (slă'vör), *v.* sliniti, zasliniti; — *n.* sline, bale.

**slaverer** (slă'vörör), *n.* slinavac, balavac.

**slavery** (sle'jvöri), *n.* ropstvo, robija.

**slave-trade** (sle'jvtre'jd), *n.* trgovina robljem.

**Slavic** (slăvik), *a.* slavenski.

**slavish** (sle'jviš), *a.* ropski, podli, nizak,

**slavishly** (sle'jvišli), *adv.* ropski, podlo.

**Slavonia** (slavō'nia), *n.* Slavonija.

**Slavonian** (slavo'niön), *a.* slavonski.

**Slavonic** (slavo'nik), *a.* slavenski, slavonski.

**slaw** (slà), *n.* salata od kupusa.

**slay** (slej), *v.* ubiti, umoriti, smaknuti.

**slayer** (sle'ör), *n.* ubojica, ubica.

**sleave** (slīv), *v.* razuzlati; — *n.* zauzlanost; klupko.

**sleazy** (sli'zi), *a.* tanak, slab.

**sled** (sled), *v.* sanjkati se; — *n.* saone, saonice.

**sledge** (sleđ), *n.* saone, sanjke; bat, čekić.

**sledge-hammer** (sle'đhǎ'mör), *n.* kovački bat.

**sleek** (slīk), *v.* gladiti, izgladiti; — *a.* gladak; namazan; laskav.

**sleeky** (sli'ki), *a.* gladak.

**sleep** (slīp), *v.* spavati, spati, mirovati, počivati; — *n.* spavanje, san, počinak.

**sleeper** (sli'pör), *n.* spavač, spavaća kola.

**sleeping** (sli'ping), *a.* spavaći.

**sleepless** (sli'ples), *a.* besan, budan, nemiran.

**sleeplessly** (sli'plesli), *adv.* bez sna, nemirno, budno.

**sleeplessness** (sli'plesnes), *n.* besanica, budnost, nemirnost.

**sleepy** (sli'pi), *a.* pospan, trom.

**sleet** (slīt), *v.* padati *solika*, susniježiti; — *n.* solika, susnježica.

**sleety** (sli'ti), *a.* solikast.

**sleeve** (slīv), *v.* staviti rukave; — *n.* rukav.

**sleeveless** (sli'vles), *a.* bez rukava.

**sleigh** (slej), *n.* saonice, saone.

**sleight** (slajt), *n.* vještina, hitrina.

**slender** (sle'ndör), *a.* tanak, vitak, slab, mršav, oskudan.

**slenderly** (sle'ndörli), *adv.* slabo, nedostatno.

**slenderness** (sle'ndörnes), *n.* vitkost, tankost, oskudnost, slabost.

**slept** (slept), *imp. od:* **sleep.**

**sleuth** (slūt), *n.* trag; tajni redar, detektiv.

**sleuth-hound** (slū'tha̱'und), *n.* vižla, redarstveni pas.

**slew** (slū), *imp. od:* **slay.**

**slice** (slajs), *v.* rezati, narezati na tanke režnje; — *n.* režanj, kriška, odrezak; širok nož.

**slick** (slik), *vidi:* **sleek.**

**slid** (slid), *imp. od:* **slide.**

**slide** (slajd), *v.* sklizati se, okliznuti se, pomicati se, smignuti; — *n.* klizanje, lagan i gladak prolaz, zasun, pomicaj.

**slider** (sla'jdör), *n.* klizač, pomicaljka.

**sliding** (sla'jding), *a.* sklizak, pomičan, gladak; — *n.* klizanje, pomicanje, glatkost.

**sliding-scale** (sla'jdingske'jl), *n.* pomična ljestvica (*plaća*).

**slight** (slajt), *v.* prezirati, uvrijediti, ignorirati, ne mariti; — *a.* neznatan, slab, malen; — *n.* prezir, nemar, zapuštanje.

**slightly** (sla'jtli), *adv.* ponješto, malo.

**slily** (sla'jli), *adv. vidi:* **slyly.**

**slim** (slim), *a.* malen, slab, mršav, tanak, vitak.

**slime** (slajm), *v.* sluziti, osliniti; — *n.* sluz, bale, slina, blato.

**sliminess** (sla'jmines), *n.* sluzavost, blatnost.

**slimy** (sla'jmi), *a.* sluzav, slinav, balav, blatan.

**sliness** (sla'jnes), *vidi:* **slyness.**

**sling** (sling), *v.* baciti (*pračom*); privezati konopom, staviti (*ruku*) u zavoj; — *n.* praća, zavoj, remen; hitac uže za dizanje; vrst žestok pića.

**slinger** (sli'ngör), *n.* praćar.

**slink** (slink), *v.* otšuljati se, šuljati se, prerano okotiti, zvrgnuti; — *n.* pobaćena životinja; slabić, kukavica.

**slip** (slip), *v.* micati, klizati, krišom otići, izmaći (se), okliznuti se; griješiti, spotaknuti se, ogrnuti; posrnuti; — *n.* klizanje, spotaknuće, posrtaj; odron; pogrješka; bijeg; komad, jedan; ogrtač.

**slipper** (sli'pör), *n.* papuča.

**slippery** (sli'pöri), *a.* sklizak, nepovjerljiv, nestalan.

**slipshod** (sli'pšá'd), *a.* u papučama, neuredan.

**slipslop** (sli'pslá'p), *a.* slab, siromašan; — *n.* patoka, loša rakija.

**slit** (slit), *v.* prorezati, rasporiti; — *n.* prorez, raspor, otvor.

**slitter** (sli'tör), *n.* paratelj, cjepač.

**sliver** (sli'vör), *v.* cijepati, rezati na duge tanke komadiće; — *n.* dugi odrezan komad, treska.

**slobber** (slá'bör), v. vidi: **slabber**.
**sloe** (slō), n. trnjina.
**slogan** (slō'gön), n. bojni·povik.
**sloid, sloyd** (slojd), n. slijed, rezbarstvo.
**sloop** (slūp), n. vrsta oveće barke.
**slop** (slåp), v. preliti, razliti, politi; — n. prolivena tekućina, mlaka; loše piće; široke hlače; gotovo odijelo.
**slope** (slōp), v. nagnuti, nakriviti; — n. kosi pravac, strmen, kosina, obronak.
**sloppy** (slá'pi), a. blatan, okaljan, neuredan.
**slopy** (slō'pi), a. strm, kos, nakrivljen.
**slosh** (slåš), v. prskati, poštrapati; — n. bljuzgavica, žlabravica.
**sloshy** (slá'ši), a. bljuzgav, žlabrav.
**slot** (slåt), n. zasun, priječnica, urez, otvor, pukotina; trag životinje.
**sloth** (slōt), n. nehaj, lijenost, nemar; tipavac (životinja).
**slothful** (slō'tful), a. nehajan, lijen, nemaran.
**slouch** (slạ'ụč), v. visiti, gegati, pokunjiti se; pognuti se; — n. pognut hod, klonulost; ludov.
**slouch-hat** (slạ'ụčhă't), n. sešir sa visećim obodom, meki šešir.
**slouching** (slạ'ụčing), a. viseći, trom.
**slough** (slạf), v. svlačiti se (koža), odbacivati (sa sebe); — n. svlak, krasta, zmijina košulja.
**slough** (slạ'ụ), n. bara, kaljuža.
**sloughy** (slạ'fi), a. svlaćan, krastav.
**sloughy** (slạ'ụi), a. kaljužast, barovit.
**sloven** (slåvn), n. neurednjak, zamazanac.
**slovenliness** (slá'vnlines), n. neurednost, nečistoća, prljavost.
**slovenly** (slá'vnli), a. neuredan, nemaran, prljav.
**slow** (slọ'ụ), v. otezati, usporiti, zastajati; — a. lagan, polagan, spor, nespretan, mlitav, kasan.
**slowly** (slọ'ụli), adv. lagano, polahko, sporo, mlitavo.
**slowness** (slọ'ụnes), n. sporost, polaganost, lijenost; opreznost; zakašnjenje.
**slow-worm** (slọ'ụụö'rm), n. sljepić.
**sloyd** (slojd), vidi: **sloid**.
**slubber** (slạ'bör), v. površno činiti; zamrljati, oblatiti.
**sludge** (slạdž), n. blato, kal, smrad.

**sludgy** (slạ'dži), a. kalan, blatan.
**slue** (slū), v. bacati naokolo, okretati se; — n. prebacivanje; okret.
**slug** (slạg), v. nabijati (pušku), udarati, tući; — n. nepravilna kugla; komad (olova); balavi puž; ljenguza.
**sluggard** (slạ'görd), n. ljenivac, trut; — a. lijen, trom.
**sluggish** (slạ'giš), a. lijen, mlitav, trom.
**sluice** (slūs), v. namočiti, natapati, poplaviti, čistiti ustavom; — n. ustava, žlijeb, kanal.
**slum** (slạm), v. posjećivati zapuštena i zloglasna mjesta u gradu iz znatiželjnosti ili samilosti; — n. zabitno i zloglasno mjesto u gradu, gnijezdo sumnjivaca i zločinaca.
**slumber** (slạ'mbör), v. spavati, drijemati; — n. lagan san, drijemež, počinak.
**slumberer** (slạ'mbörör), n. drijemalac.
**slumberingly** (slạ'mböringli), adv. podrijemano, pospano.
**slumberless** (slạ'mbörles), a. besanan.
**slumberous** (slạ'mböras), a. pospan, podrijemljiv.
**slump** (slạmp), v. propasti, utonuti; — n. propadanje, tonuće, propast.
**slung** (slạ'ng), imp. od: **sling**.
**slung-shot** (slạ'ngšă't), n. kugla na remenu ili uzici; lupeško oružje.
**slunk** (slạnk), imp. od: **slink**.
**slur** (slör), v. zamrljati, oblatiti, vrijeđati, ogovarati, zabašuriti, izgovarati nejasno; — n. prikor, uvrjedljiva riječ; mrlja; vezalica (znak).
**slush** (slạš), n. blato; maz; bljuzgavica, žlabravica.
**slushy** (slạ'ši), a. blatan, bluzgav.
**slut** (slạt), n. kuja, drolja.
**sluttish** (slạ'tiš), a. prljav, neuredan.
**sly** (slaj), a. lukav, vješt, hitar, potajan.
**slyly** (sla'jli), adv. lukavo, prepredeno.
**slyness** (sla'jnes), n. lukavost, prepredenost.
**smack** (smăk), v. cmoknuti, poljubiti, (glasno) udari.i, imati tek; — n. glasan poljubac, cmok; udarac, pljuska; ribarska lađa.
**small** (smål), a. malen, malašan; kratak, slab; tih; tjesnogrudan; bezobrazan; — n. mali dio; kratko odijelo.

**small-arms** (små'lā'rmz), *n.* sitno oružje.
**small-clothes** (små'lklō'dz), *n.* hlače.
**small-craft** (små'lkrǎ'ft), *n.* maleno brodovlje.
**smallish** (små'liš), *a.* omalen.
**smallness** (små'lnes), *n.* sitnost, malešnost, niskost.
**small-pox** (små'lpǎ'ks), *n.* boginje, kozice.
**smalt** (smålt), *n.* smalta, caklina.
**smart** (smart), *v.* osjećati bol, peći, boljeti; — *a.* dosjetljiv, oštrouman, oštar, prepreden, vješt, živahan, velik, uredan, lijep, moderan; — *n.* bodenje, bodac (*bol*), nevolja, kicoš; duhovit čovjek.
**smarten** (sma'rtn), *v.* poljepšati, nakititi.
**smartly** (sma'rtli), *adv.* odrješito, živo, oštro, dosjetljivo, kićeno.
**smart-money** (sma'rtmạ'ni), *n.* kaznena odšteta, odšteta za ozljede.
**smash** (småš), *v.* razbiti (se), smrskati, udariti o tle, tresnuti; — *n.* razbijanje, smrvljenje, žestoki sudar, propast; alkoholno piće.
**smatter** (smǎ'tör), *v.* površno znati, naklapati; — *n.* površno znanje, naklapanje.
**smatterer** (smǎ'törör), *n.* onaj, koji nješto tek površno znade, nedouk.
**smattering** (smǎ'töring), *n.* površno znanje, naklapanje.
**smear** (smī'r), *v.* mazati, zamazati, oblatiti; — *n.* prlja, mrlja, mast.
**smeary** (smī'ri), *a.* mastan, umrljan.
**smell** (smel), *v.* njušiti, mirisati, vonjati; otkriti; — *n.* njuh, miris, vonj, zadah.
**smelling** (sme'ling), *n.* njušenje, miris, mirisanje.
**smelling-salts** (sme'lingså'lc), *n.* mirisave soli.
**smelt** (smelt), *v.* topiti (se), rastopiti rudu; — *n.* snjetac (*riba*).
**smelter** (sme'ltör), *n.* talitelj, topilac rude.
**smeltery** (sme'ltöri), *n.* talionica, topionica.
**smew** (smju), *n.* oraš (*vrsta patke*).
**smile** (sma'el), *v.* smiješiti se; — *n.* smiješenje, osmijeh, prijazan pogled.
**smiling** (sma'jling), *a.* smiješeći, veseo, prijazan.

**smilingly** (sma'jlingli), *adv.* smiješeći se, prijazno, veselo.
**smirch** (smörč), *v.* uprljati, umazati; — *n.* prljanje; ljaga.
**smirk** (smörk), *v.* podsmjehivati se, smijuckati se; — *n.* usiljeno smijanje, slatki smijeh.
**smite** (smajt), *v.* udariti, ošinuti, umoriti, potući, spopasti, obuzeti, uništiti, dirnuti, raniti, mučiti.
**smiter** (sma'jtör), *n.* udaratelj, uništitelj.
**smith** (smit), *n.* kovač.
**smithery** (smi'döri), *n.* kovački zanat; kovačnica.
**smithy** (smi'di), *n.* kovačnica.
**smitten** (smitn), *pa.* udaren, pogoden, zaljubljen.
**smock** (småk), *n.* ženska košulja.
**smock-faced** (små'kfe'jst), *a.* imajući žensko lice.
**smock-frock** (små'kfrå'k), *n.* radnički haljetak, bluza.
**smoke** (smōk), *v.* pušiti (se), dimiti (se), kaditi (se); — *n.* dim, pušenje.
**smokeless** (smō'kles), *a.* bez dima.
**smoker** (smō'kör), *n.* pušač, pušačnica; veselica, gdje se dozvoljava pušenje.
**smoking** (smō'king), *a.* pušeći; — *n.* pušenje.
**smoky** (smō'ki), *a.* zapušen, dimljiv.
**smolder** (smō'ldör), *v.* pušiti se, dimiti se, tinjati.
**smooth** (smūd), *v.* gladiti, izgladiti (se), ugladiti, poravnati, izblanjati; umiriti, zabašuriti; — *a.* gladak, ravan, postrižen, nježan, umiljat, sladak; — *n.* glatkost.
**smoothen** (smūdn), *v.* izgladiti.
**smoothly** (smū'dli), *adv.* glatko.
**smote** (smōt), *imp. od*: **smite**.
**smother** (smạ'dör), *v.* ugušiti, zadušiti, ugasiti; — *n.* zagušljiv dim *ili* prašina.
**smothery** (smạ'döri), *a.* zagušljiv, zadimljen.
**smoulder**, *vidi*: **smolder**.
**smudge** (smạd), *v.* zamazati, uprljati, dimom pocrniti; — *n.* prlja, ljaga.
**smudgy** (smạ'di), *a.* dimom pocrnjen, zamazan.
**smug** (smạg), *a.* kićen, ubav, lijep.
**smuggle** (smạgl), *v.* kriomčariti, krišom unijeti.
**smuggler** (smạ'glör), *n.* kriomčar.

**smuggling** (sma̱'gling), *n.* kriomčarenje.

**smut** (smat), *v.* pocrniti dimom, očaditi; okaljati; — *n.* čađa; ljaga; gnjusan govor; snijet.

**smutch** (sma̱č), *v.* ocrniti, zamrljati; — *n.* mrlja, ljaga.

**smutty** (sma̱'ti), *a.* čađav, prljav, gnjusan, snjetljiv.

**snack** (snăk), *n.* dio, zalogaj, ugrizak.

**snaffle** (snăfl), *v.* zauzdati, voditi na uzdi; — *n.* uzdica, uzda.

**snag** (snăg), *v.* oštetiti, uništiti udarcem o što; — *n.* panj, vrž, čvor; opasnost.

**snagged** (snăgd), **snaggy** (snăgi), *a.* čvorav, pun panjeva.

**snail** (snejl), *n.* puž; ljenivac.

**snake** (snejk), *v.* verugati, viti, izvući; — *n.* zmija, guja.

**snaky** (sne'jki), *a.* zmijski.

**snap** (snăp), *v.* uhvatiti, šćapiti, ugristi, okositi se, šklocnuti, lupnuti, pucketati, odapeti ;brzo fotografirati; rasprsnuti; — *a.* nagao, brz, oštar; — *n.* ugriz, zalogaj; prasak, pucanje; pištolja; odlučnost i odrešitost.

**snappish** (snă'piš), *a.* brzorečan, ugrižljiv, naprasit.

**snap-shot** (snă'pša̱'t), *n.* brzo pucanje u bježeću zvijer; brzo fotografiranje.

**snare** (snēr), *v.* uhvatiti u zamku; — *n.* zamka.

**snarl** (snārl), *v.* režati, gunđati, zaplesti; — *n.* režanje, mrmljanje, gunđanje; čvor, zapletaj.

**snatch** (snăč), *v.* zgrabiti, šćapiti, šćepati; — *n.* šćepanje, ćapac, ugrizak, mah, tren, ulomak.

**snathe** (snejt), *n.* kosište.

**sneak** (snīk), *v.* šuljati se, puzati, krasti; — *n.* podlac, puzavac.

**sneaker** (snī'kör), *n.* puzavac, podlac, podmuklica.

**sneaking** (snī'king), *a.* puzav, podmukli, podao.

**sneaky** (snī'ki), *a.* puzav, podmukao, ropski, podli.

**sneer** (snīr), *v.* govoriti prijezirno, podrugljivo se smijati, ceriti se; — *n.* cerenje, podrugljiv pogled, podrugivanje.

**sneeringly** (snī'ringli), *adv.* podrugljivo.

**sneeze** (snīz), *v.* kihnuti, kihati; — *n.* kihanje.

**sneezing** (snī'zing), *n.* kihanje.

**snell** (snel), *a.* oštar, strog.

**snick** (snik), *v.* rezati, strickati; — *n.* urez, zarez.

**snicker** (sni'kör), *v.* kesiti se, hohotati se; — *n.* cerenje, hohotanje.

**sniff** (snif), *v.* njušiti, njuškati; — *n.* njuškanje, mirisanje.

**snigger** (sni'gör), *v. vidi*: **snicker.**

**sniggle** (snigl), *v.* loviti jegulje.

**snip** (snip), *v.* ostrizati, rezati (*škarama*); — *n.* striženje, rezanje; odrezak, ustrižak.

**snipe** (snajp), *v.* pucati (*iz sakritog mjesta*); — *n.* šljuka.

**sniper** (sna'jpör), *n.* streljač iz zasjede.

**snippet** (sni'pet), *n.* mali dio.

**snivel** (snivl), *v.* šmrkljati, baliti, jecati; — *n.* šmrkalj, bale; jecanje.

**sniveler** (sni'vlör), *n.* šmrkavac, balavac.

**sniveling** (sni'vling), *a.* šmrkav; suznat, čuvstven.

**snob** (snăb), *n.* uobraženik; postolar; krasta; štakor, štrajkolomac.

**snobbery** (snă'böri), *n.* kicošenje, hvalisavost, uobraženost, razmetljivost, nadutost.

**snobbish** (snă'biš), *a.* hvalisav, nadut, razmetljiv; kicoški.

**snood** (snūd), *n.* povezača *ili* vrpca za kosu.

**snooze** (snūz), *v.* drijemati, spavati; — *n.* sanak, kratko spavanje.

**snore** (snōr), *v.* hrkati; — *n.* hrkanje.

**snort** (snārt), *v.* dahtati, zapuhati se; izreći uz teško disanje; — *n.* dahtanje, brektanje.

**snorter** (snă'rtör), *n.* brektalac.

**snot** (snăt), *n.* šmrkalj, bale; šmrkavac.

**snout** (sna̱'ut), *n.* snabdjeti nosom *ili* nosnicom; — *n.* gubica, nos, rilo, njuška; vršak (*cijevi*).

**snow** (snō), *v.* sniježiti, zasuti snijegom; — *n.* snijeg.

**snow-ball** (snō'bă'l), *v.* bacati snijeg; — *n.* snježna gruda.

**snowberry** (snō'be'ri), *n.* mahovnica.

**snow-drop** (snō'dra̱'p), *n.* visibaba.

**snow-plough** (snō'pla̱'u̱), *n.* ralica.

**snow-shoe** (snō'šu'), *n.* krplja.

**snow-slip** (snō'sli'p), *n.* usov.

**snow-white** (snō'hua̱'jt), *a.* bijel kao snijeg.

**snowy** (snō'i), *a.* bijel *ili* čist kao snijeg, snježan.

**snub** (snab), *v.* zaustaviti, okositi se, okaštriti; — *a.* kratak, zatubast; — *n.* zaustavljenje, prijekor.

**snub-nose** (sna'bnō'z), *n.* zatubast nos, prčast nos.

**snuff** (snaf), *v.* uvlačiti kroz nos, šnofati, mirisati; zamjerati; useknuti (*sviječu*); — *n.* uvlačenje; njušenje; burmut; izgorak.

**snuffer** (sna'för), *n.* smrkač, usekač.

**snuffle** (sna'fl), *v.* govoriti kroz nos, teško disati kroz nos; — *n.* glasno disanje kroz nos, izgovaranje kroz nos.

**snuffy** (sna'fi), *a.* kao burmut, zamazan burmutom.

**snug** (snag), *v.* urediti; priviti se; lagodno ležati; — *a.* skrovit, tijesan, uzak, uredan, udoban.

**snuggery** (sna'göri), *n.* ugodno mjesto.

**snuggle** (snagl), *v.* priviti se, ugnijezditi se.

**snugly** (sna'gli), *adv.* udobno, sigurno.

**so** (sō), *adv.* tako, ovako, onako; — *conj.* dakle, tako, stoga, u slučaju da, prema tomu.

**soak** (sōk), *v.* namočiti, kvasiti, prokisnuti, upiti se, probiti.

**soakage** (sō'keđ), *n.* namakanje, kvašenje; upita tekućina.

**soaker** (sō'kör), *n.* močilac; pijanica.

**soaking** (sō'king), *a.* močeći, kvaseći.

**soaky** (sō'ki), *a.* vlažan, namočen, mokar.

**so-and-so** (so'ăndso'), *n.* neimenovana osoba.

**soap** (sōp), *v.* sapunati, nasapunati; — *n.* sapun.

**soapy** (sō'pi), *a.* sapunast, nasapunat.

**soar** (sōr), *v.* lebdjeti, viti se, vijati se, vinuti se, ploviti zrakom, letjeti, — *n.* polet, visoki let.

**soaring** (sō'ring), *a.* visoko leteći, ogroman.

**sob** (sàb), *v.* jecati, jaukati, stenjati, hujati; — *n.* jecaj, jecanje, huj, hujanje.

**sober** (sō'bör), *v.* protrijezniti, uozbiljiti se; — *a.* trijezan, ozbiljan, miran, hladan.

**soberly** (sō'börli), *adv.* trijezno, ozbiljno, hladno.

**sobriety** (sobra'eti), *n.* trijeznost, umjerenost, ozbiljnost.

**sobriquet** (so'brike'), *n.* nadimak.

**socage** (sà'keđ), *n.* uživanje zemlje uz neku stalnu i određenu službu; seljačko leno.

**sociability** (sō'šöbi'liti), *n.* društvenost.

**sociable** (sō'šöbl), *a.* društven, druževan.

**sociableness** (sō'šöblnes), *n.* druževnost, društvenost.

**sociably** (sō'šöbli), *adv.* društveno.

**social** (sō'šöl), *a.* društven, druževan.

**socialism** (sō'šölizm), *n.* socijalizam.

**socialist** (sō'šölist), *n.* socijalista.

**socialistic** (sō'šöli'stik), *a.* socijalistički.

**sociality** (sō'šiǎ'liti), *n.* društvenost.

**socialize** (sō'šöla'jz), *v.* učiniti društvenim, posocijalizirati.

**socially** (sō'šöli), *adv.* društveno, drugarski.

**society** (sosa'eti), *n.* zajednica, društvo, družba, zadruga.

**sociological** (so'šiölǎ'điköl), *a.* sociološki.

**sociologist** (sō'šiǎ'lođist), *n.* sociolog.

**sociology** (sō'šiǎ'lođi), *n.* sociologija, znanost o društvu.

**sock** (sàk), *n.* kratka čarapa, lagana cipela starih glumaca; komedija.

**socket** (sà'ket), *n.* udubina, duplja, šupljina; čašica.

**socle** (sàkl), *n.* podnožje.

**sod** (sàd), *v.* pokriti busenom; — *n.* busen, tratina.

**soda** (sō'dö), *n.* soda.

**sodality** (sodǎ'liti), *n.* bratstvo, bratinstvo.

**soda-water** (sō'daua'tör), *n.* soda voda, (*voda*) sodičnica.

**sodden** (sàdn), *v.* raskvasiti (se); — *pa.* raskvašen, namočen, nabuhao.

**soddy** (sà'di), *a.* busenit.

**Sodomite** (sà'dömajt), *n.* sodomita.

**Sodomy** (sà'dömi), *n.* sodomija.

**sofa** (so'fö), *n.* sofa, divan.

**soffit** (sà'fit), *n.* stropnik; doljna ploha luka.

**soft** (sàft), *a.* mek, mekan, lagan, blag, vlažan, udoban, nježan; — *adv.* lahko, polagano, blago; — *interj.* polagano.

**soften** (sàfn), *v.* umekšati, olakšati, ublažiti.

**softening** (så'fnning), *n.* umekšanje, ublaženje, olakšanje.
**softish** (så'ftiš), *a.* mekahan.
**softly** (så'ftli), *adv.* lahko, polagano, blago, nježno.
**soggy** (så'gi), *a.* raskvašen; vlažan, mokar.
**soho** (soho'), *interj.* hej!
**soil** (so'el), *v.* uprljati, zamazati, gnojiti, đubriti; — *n.* zemlja, zemljište; gnoj, blato, mrlja, ljaga.
**soil-pipe** (so'elpa'jp), *n.* cijev od zahoda.
**soiree** (sua're'), *n.* večernje društveno sijelo.
**sojourn** (so'đörn), *v.* boraviti, obitavati; — *n.* boravište, boravak.
**sojourner** (so'đörnör), *n.* koji privremeno boravi negdje.
**sol** (såi), *n.* sunce; — (sõl), sol, G (*u glazbi*).
**solace** (så'les), *v.* tješiti, utješiti; — *n.* utjeha.
**solan** (so'lön), *n.* bijela bluna (*ptica*).
**solar** (so'lör), *a.* sunčani.
**solarium** (sole'riam), *n.* soba *ili* mjesto izvrženo sunčanim zrakama, kao u lječilištu.
**sold** (sõld), *imp. i pp. od*: **sell.**
**solder** (så'dör *ili* så'ldör), *v.* saliti skupa, spojiti; popraviti; —*n.* pripoj, vez; cemenat; spojka.
**soldier** (so'ldör), *v.* vršiti vojnu službu, biti vojnik; — *n.* vojnik.
**soldiering** (so'ldöring), *n.* vojništvo, soldačija.
**soldier-like** (so'ldörlajk), **soldierly** (so'ldörli), *a.* vojnički.
**soldiery** (so'ldöri), *n.* vojnici, vojništvo, soldačija.
**soldo** (så'ldo), *n.* solda, novčić.
**sole** (sõl), *v.* potumplati; — *a.* sam, jedini, samcat; neudata;—*n.* taban, potplat; dno; list (*riba*).
**solecism** (så'lisizm), *n.* slovnička pogrješka, iskrivljenost (*jezična*).
**solecize** (så'lisajz), *v.* činiti jezične pogrješke.
**solely** (sõ'li), *adv.* samo, jedino.
**solemn** (så'lem), *a.* svečan, dostojanstven, ozbiljan.
**solemnity** (såle'mnity), *n.* svečanost, dostojanstvenost, ozbiljnost.
**solemnization** (så'lemnajze'jšön), *n.* svetkovanje, proslava.

**solemnize** (så'lemnajz), *v.* slaviti, svetkovati.
**solemnly** (så'lemli), *adv.* svečano, ozbiljno, dostojanstveno.
**solfa** (so'lfa'), *v.* pjevati škalu; — *n.* glazbena škala; pjevanje ljestvice.
**solicit** (soli'sit), *v.* prositi, moliti; dražiti, poticati.
**solicitation** (soli'site'jšön), *n.* moljenje, prošnja, zahtijev.
**solicitor** (soli'sitör), *n.* odvjetnik, pravni savjetnik; molitelj.
**solicitous** (soli'sitas), *a.* skrban, zabrinut.
**solicitude** (soli'sitjud), *n.* skrb, zabrinutost.
**solid** (så'lid), *a.* krut, čvrst, pun; tjelesan; temeljit, stalan, pravi; jednodušan; — *n.* tijelo, kruto tijelo.
**solidarity** (så'lidă'riti), *n.* zajedničarstvo, uzajamna odgovornost, solidarnost.
**solidification** (soli'difike'jšön), *n.* zgušćivanje, skrućivanje, otvrdnuće.
**solidify** (soli'difaj), *v.* skrućivati (se), utvrđivati (se).
**solidity** (soli'diti), *n.* krutost, tvrdoća, čvrstoća, jakost, temeljitost; kubična sadržina.
**solidly** (så'lidli), *adv.* čvrsto, tvrdo; uzajmno; temeljito.
**soliloquize** (soli'lokuajz), *v.* govoriti samom sebi, razgovarati se samim sobom.
**soliloquy** (soli'lokui), *n.* razgovor samim sobom, monolog.
**solitaire** (så'litǎ'r), *n.* ukovani dragi kamen; igra, u kojoj se čovjek igra sam; pustinjak.
**solitarily** (så'lite'rili), *adv.* samo, samotno, zasebno, jedino.
**solitariness** (så'literines), *n.* samoća, osama.
**solitary** (så'literi), *a.* sam, samcat, osamljen, snužden; — *n.* pustinjak.
**solitude** (så'litjud), *n.* samoća, zabit, zapuštenost, pustoš.
**solmization, solmisation** (så'lmize'jšön), *n.* pjevanje ljestvice, kao: do, re, mi, fa, sol, la, si, ut.
**solo** (so'lo), *n.* solo.
**soloist** (so'loist), *n.* solo pjevač *ili* predstavljač.
**solstice** (so'lstis), *n.* solsticij, suncostaj (21. *lipnja i* 22. *prosinca*).
**solstitial** (solsti'šöl), *a.* suncostajni.

**solubility** (så'ljubi'liti), *n.* rastopljivost, razrješivost.
**soluble** (så'ljubl), *a.* rastopljiv, razrješiv.
**solution** (solju'šön), *n.* rastapanje, rastopina, razrješivanje, riješenje, rješidba.
**solvable** (så'lvöbl), *a.* razrješiv.
**solve** (sålv), *v.* riješiti; protumačiti, razjasniti.
**solvency** (så'lvensi), *n.* mogućnost plaćanja dugova.
**solvent** (så'lvent), *a.* rastopan, mogućan platiti sve dugove; — *n.* rastopina.
**somatic** (somǎ'tik), *a.* tjelesni.
**somatology** (so'mǎtǎ'lođi), *n.* nauka o čovječjem tijelu, nauka o tvari.
**somber, sombre** (så'mbör), *a.* taman, mračan, turoban, nujan, sjetan.
**somberly** (så'mbörli), *adv.* tmurno, nujno, turobno.
**somberness** (så'mbörnes), *n.* mrak, tmurnost, sumornost, sjeta.
**sombrero** (såmbre'ro), *n.* širokokrili šešir.
**some** (såm), *a. i pron.* neki, nekakav, jedan, nješto.
**somebody** (så'mba̤'di), *n.* netko, važna osoba.
**somehow** (så'mha̤'ṳ), *adv.* nekako, na koji god način, kako mu drago.
**somersault** (så'mörså'lt), **somerset** (så'mörse't), *n.* skok prekoglavce, preokret tijela u zraku, premet.
**something** (så'mting), *adv.* nješto; — *n.* nješto, važna osoba *ili* stvar.
**sometime** (så'mta'jm), *a.* prijašnji, njekadašnji; — *adv.* jednom, prije, kadikad.
**sometimes** (så'mta'jmz), *adv.* katkad, kadikad, sad i onda.
**somewhat** (så'mhṳa̤'t), *adv.* donekle, ponješto; — *n.* ponješto, više *ili* manje.
**somewhere** (så'mhṳe̤'r), *adv.* negdje, gdjegod.
**somnambulate** (såmnǎ'mbjulejt), *v.* hodati u snu.
**somnambulism** (såmnǎ'mbjulizm), *n.* hodanje u snu, mjesečarstvo.
**somnambulist** (såmnǎ'mbjulist), *n.* mjesečnjak, hodalac u snu.
**somniferous** (såmni'föras), *a.* uspavljujući, pospan.
**somnific** (såmni'fik), *a.* uspavljujući.

**somniloquence** (såmni'lokṳens), **somniloquism** (såmni'lokṳizm), *n.* govorenje u snu.
**somniloquist** (såmni'lokṳist), *n.* onaj, koji govori u snu.
**somnolence** (så'mnolens), *n.* pospanost, drijemež.
**somnolent** (så'mnolent), *a.* pospan, u mrtvilu.
**son** (sån), *n.* sin.
**sonant** (so'nönt), *a.* zvučan, glasan.
**sonata** (sona'tö), *n.* sonata.
**song** (sång), *n.* pjesma, pjesan, spjev; malenkost, sitnica.
**song-bird** (så'ngbö'rd), *n.* ptica pjevica.
**songster** (så'ngstör), *n.* pjevač.
**songstress** (så'ngstres), *n.* pjevačica.
**son-in-law** (så'ninlå'), *n.* zet.
**sonnet** (så'net), *n.* sonet.
**sonneteer** (så'neti'r), *n.* stihotvorac, pjevač soneta.
**sonorous** (sonō'ra̤s), *a.* zvučan, glasan.
**sonship** (så'nšip), *n.* sinstvo.
**soon** (sūn), *adv.* skoro, za kratko vrijeme, rano, brzo, odmah; rado.
**soot** (sūt), *v.* nagariti, začađiti; — *n.* čađa, gar.
**sooth** (sūt), *a.* istinit, pouzdan, vjeran, ugodan; — *n.* istina.
**soothe** (sūd), *v.* umiriti, ublažiti, zadovoljiti, laskati.
**soother** (sū'dör), *n.* tažilac; umirujuće sredstvo.
**soothing** (sū'ding), *a.* ublažujući, umirujući.
**soothsayer** (sū'tse'ör), *n.* proricatelj, gatalac.
**soothsaying** (sū'tse'ing), *n.* proricanje, gatanje.
**sootiness** (sū'tines), *n.* čađavost, garavost.
**sooty** (sū'ti), *a.* čađav, garav, taman.
**sop** (såp), *v.* umočiti; — *n.* umočen zalogaj; napojnica, mito.
**sophism** (så'fizm), *n.* sofizam, mudrolija.
**sophist** (så'fist), *n.* sofista, nadrimudrac.
**sophister** (så'fistör), *n.* stariji sveučilištarac u Engleskoj, sofista.
**sophistic** (sofi'stik), **sophistical** (sofi'stiköl), *a.* sofistčan, lažan.
**sophisticate** (sofi'stikejt), *v.* izvračati, iskrivljivati, zavađati, kvariti.

**sophistication** (sofi'stike'jšön), *n.* iskrivljivanje, krivo zaključivanje, mudrovanje.

**sophistry** (sȧ'fistri), *n.* sofisterija, lažno mudrovanje.

**sophomore** (sȧ'fömor), *n.* đak druge godine u američkoj višoj školi od 4. razreda.

**sopor** (so'pör), *n.* dubok san.

**soporiferous** (so'pori'föras), *a.* uspavljujući, pospan.

**soporific** (so'pori'fic), *a.* pospan, uspavljujući; — *n.* uspavljujuće sredstvo.

**soppy** (sȧ'pi), *a.* namočen, mokar.

**soprano** (sopra'no), *n.* sopran.

**sorb** (sȧrb), *n.* oskoruša.

**sorcerer** (so'rsörör), *n.* čarobnjak, vrač.

**sorceress** (so'rsöres), *n.* vještica, coprnica.

**sorcery** (so'rsöri), *n.* čarolija, coprija.

**sordid** (so'rdid), *a.* gadan, podao, nizak, zamazan.

**sordidly** (so'rdidli), *adv.* podlo, gnjusno.

**sore** (sör), *a.* bolan, ranjav; osjetljiv, jadan; — *n.* rana, čir, bol.

**sorely** (sö'rli), *adv.* bolno, teško, jako, vrlo.

**soreness** (sö'rnes), *n.* bol, ranjavost, jad, srditost.

**sorghum** (so'rgam), *n.* sirak.

**sorner** (so'rnör), *n.* nepozvani gost.

**sororal** (sorö'röl), *a.* sestrinski, sestrinji.

**sororicide** (soro'risajd), *n.* sestroubojstvo, sestroubica.

**sorority** (soro'riti), *n.* sestrinjstvo.

**sorrel** (sȧ'rel), *a.* riđ, riđast; — *n.* kiselica, cecelj (*biljka*).

**sorrily** (sȧ'rili), *adv.* žalosno, samilosno, bijedno.

**sorrow** (sȧ'rö), *v.* žalostiti se, žalovati, tugovati; — *n.* žalost, tuga, bol.

**sorrowful** (sȧ'roful), *a.* žalostan, tužan, nevoljan.

**sorrowfully** (sȧ'rofuli), *adv.* žalosno, tužno.

**sorry** (sȧ'ri), *a.* žalostan, tužan, kukavan.

**sort** (sört), *v.* odabirati, izabrati, razvrstati, razređivati, složiti, srediti; prilagoditi, pristajati; — *n.* vrsta, narav, način, niz.

**sorter** (so'rtör), *n.* odabiratelj, slagatelj.

**sortie** (so'rti), *n.* provala, napad.

**sortilege** (so'rtileđ), *n.* ždrijebanje, gatanje.

**S. O. S.** (e's o' e's), *kratica bežičnog brzojava, čime se zove brod u pomoć drugom brodu u nesreći.*

**sot** (sȧt), *n.* budala, pijanica.

**sottish** (sȧ'tiš), *a.* budalast, propit pijan.

**sottishness** (sȧ'tišnes), *n.* glupost, pijanstvo.

**sotto** (sȧ'to), *prep.* niže, ispod.

**sou** (sū), *n.* su (*franceski novčić*).

**soubrette** (su'bre't), *n.* glumica u ulozi pletkaške služavke.

**soubriquet** (so'brike'), *n.* šaljiv naziv.

**sough** (sa'u *ili* saf), *v.* hujati, bučiti; — *n.* hujanje, šum, jecaj.

**sought** (sȧt), *imp. od:* **seek.**

**soul** (söl), *n.* duša, duh.

**souled** (söld), *a.* s dušom, osjećajem.

**soulless** (sö'les), *a.* bez duše, neosjećajan.

**sound** (sa'und), *v.* oglasiti, izreći, dati glas, zatrubiti, zaoriti se, ječati, zvučiti, udarati u; mjeriti dubinu; istraživati, ispitivati; uroniti; — *a.* zdrav, neoštećen, tvrd, jak; pametan, dobar; stalan, nepokolebiv; — *n.* glas, zvuk; tijesno, morski tjesnac; riblji mjehur; pipaljka, sonda.

**sounder** (sa'undör), *n.* sprava za mjerenje dubine; zvonilo.

**sounding** (sa'unding), *a.* zvučan, glasan; — *n.* zvečanje; mjerenje dubine, gruženje.

**sounding-board** (sa'undingbö'rd), *n.* glasnjača, glasovni svod.

**sounding-line** (sa'undingla'jn), *n.* uzica od gruzila; kalamir.

**soundings** (sa'undingz), *n.* dubine rijeka, pristaništa, *itd.*

**soundless** (sa'undles), *a.* bezglasan, tihi, nedosežan, bezdan.

**soundly** (sa'undli), *adv.* zdravo, valjano, potpunoma, jako, pošteno.

**soundness** (sa'undnes), *n.* zdravlje, valjanost, vrijednost, temeljitost, jakost, pravovjernost.

**soup** (sūp), *n.* juha, čorba.

**soup-kitchen** (sū'pki'čen), *n.* pučka kukinja.

**sour** (sạ'ur), v. kiseliti, zakiseliti; ogorčiti, ozlojediti; ciknuti, uskisnuti se; mrgoditi se, mrnjiti se; — a. kiseo, ciknut, oštar, ljut; mrk, zlovoljan, namrgcđen; — n. nješto kisela; kiselina.

**source** (sōrs), n. izvor, vrelo, vrutak, početak, uzrok.

**sourcrout** (sạ'urkrạ'ut), n. kiselo zelje.

**sourish** (sạ'uriš), a. kiselast.

**sourly** (sạ'urli), adv. kiselo, mrko, zlovoljno.

**sourness** (sạ'urnes), n. kiselina, gorkost, zlovolja.

**souse** (sạ'us), v. umočiti, zagnjuriti; kiseliti (se), pacati (se); spustiti se, baciti se; — adv. pljus, iznebuha; — n. salamura, rasol; slijetanje, zagon, nasrtaj.

**south** (sạ'ut), v. krenuti prema jugu, prijeći meridijan;—a. južni;—n. jug.

**south-east** (sạ'uti'st), a. jugoistočni; — adv. jugoistočno; — n. jugoistok.

**south-easter** (sạ'uti'stör), n. jugoistočnjak (vjetar).

**south-easterly** (sạ'uti'störli), a. jugoistočni; — adv. jugoistočno.

**south-eastern** (sạ'uti'störn), a. jugoistočni.

**southerly** (sạ'dörli), a. južni.

**southern** (sạ'dörn), a. južni.

**southerner** (sạ'dörnör), n. južnjak, čovjek sa juga.

**southernmost** (sạ'dörnmō'st), a. najjužniji.

**southing** (sạ'uding), n. južni pravac.

**southmost** (sạ'utmō'st), a. najdaljni prema jugu.

**southward** (sạ'utuörd), adv. i a. prema jugu.

**south-west** (sạ'utue'st), a. jugozapadni; — adv. jugozapadno; — n. jugozapad.

**south-wester** (sạ'utue'stör), n. jugozapadnjak (vjetar); nepromočni šešir sa straga širokim obodom.

**south-westerly** (sạ'utue'störli), a. jugozapadni; — adv. jugozapadno.

**south-western** (sạ'utue'störn), a. jugozapadni.

**souvenir** (su'veni'r), n. uspomena.

**sovereign** (sà'vörin), a. vrhovni, najviši; — n. vladar; suveren, engleski zlatan novac vrijedan 4 dolara i 86 i ⅔ centi.

**sovereignty** (sà'vörinti), n. vrhovna vlast, suverenitet.

**soviet** (so'vjet), n. sovijet, vijeće (vojničko i radničko).

**sow** (sō), v. sijati, posijati, posipati, raširiti.

**sow** (sạ'u), n. svinja, krmača, **sower** (sō'ör), n. sijač, sijaći stroj.

**sowing** (sō'ing), n. sijanje; usjev, sjetva.

**soy** (soj), n. umaka od soje, soja (vrsta graha u Indiji i Kini).

**spa** (spa), n. mineralno vrelo, toplice.

**space** (spejs), v. porazmijestiti, odijeliti; — n. prostor, mjesto, razmak, širina; trajanje vremena.

**spacial** (spe'jšöl), a. prostoran.

**spacious** (spe'jšạs), a. prostran, dosta širok, opsežan.

**spaciousness** (spe'jšạsnes), n. prostranost, opseg, širina.

**spade** (spejd), v. kopati; — n. lopata, motika; pik (karta).

**spadeful** (spe'jdful), n. lopata, što stane u lopatu.

**spae** (spej), v. proricati, gatati.

**spaghetti** (spage'ti), n. špageti.

**spall** (spål), v. lomiti, rastući, cijepati, oklesati; — n. komadić, treska.

**spalpeen** (spå'lpīn), n. potucalo, nitkov.

**span** (spän), v. mjeriti pedljom, izmjeriti, obuhvatiti, nategnuti, napeti; upreći; protezati se, slagati se; — n. pedalj, razmak, duljina; obluk, oko (u mosta); zaprega.

**spandrel** (spå'ndrel), n. trouglasto mjesto između lukova.

**spangle** (spångl), v. okititi varkom, cakliti se, blistati se; — n.·varak, blistavilo.

**Spaniard** (spå'njörd), n. Spanjolac.

**spaniel** (spå'njel), n. prepeličar; ulizica.

**Spanish** (spå'niš), a. španjolski; — n. španjolski jezik.

**spank** (spänk), v. tući šakom, pljosnuti, nalemati; odmicati, juriti; — n. udarac šakom, pljesak.

**spanker** (spå'nkör), n. udaralac; trčalac; zadnjača (jedro).

**spanking** (spå'nking), a. odmicajući, brz, jurišajući; neobično velik.

**spanless** (spå'nles), a. bezmjeran.

**spanner** (spå'nör), n. ključ, izvijač.

**span-new** (spă'nnjū'), *a.* sasvim nov, nov novcat.

**spar** (spār), *v.* šakati se, tući se pesnicama; nabacivati se riječima, svađati se; — *n.* greda, letva, spat (*mineral*); šakanje, mahanje pesnicama.

**sparable** (spă'röbl), *n.* klinac.

**spare** (spēr), *v.* štediti, poštediti, imati, ostaviti, dati; suzdržati se, biti blag; — *a.* štedljiv, oskudan, slab, suvišan, prost; rijedak.

**sparely** (spē'rli), *adv.* oskudno, štedljivo, jedva.

**sparerib** (spē'rri'b), *n.* praseče rebarce.

**sparing** (spē'ring), *a.* štedljiv, slab, malen; malo.

**sparingly** (spē'ringli), *adv.* štedljivo, malo, slabo, rijetko.

**spark** (spark), *v.* iskriti se, vrcati iskre; prositi (*djevojku*), udvoravati se; — *n.* iskra, varnica; dijamant, kojim se reže staklo; veseljak, ljubovnik.

**sparkle** (sparkl), *v.* iskriti se, vrcati iskre, cakliti se, blještiti se; — *n.* iskrica, sjaj, blistanje.

**spark-plug** (spa'rkpla̱'g), *n.* električna sprava za upaliti.

**sparrow** (spă'rō), *n.* vrabac.

**sparse** (spārs), *a.* rijedak, tanak.

**sparsely** (spā'rsli), *adv.* rijetko, tanko.

**sparseness** (spā'rsnes), **sparsity** (spā'rsiti), *n.* rijetkost, rasijanost.

**spasm** (spăzm), *n.* grč, grčevitost.

**spasmodic** (spăzmă'dik), *a.* grčevit, pretjeran.

**spastic** (spă'stik), *a. vidi:* **spasmodic.**

**spat** (spăt), *v.* mrijestiti se; lagano udariti; pregovarati se; — *n.* mrijest od ostriga; mlade ostrige; ikra.

**spate** (spejt), *n.* poplava, povodanj.

**spathe** (spejd), *n.* tul.

**spatial** (spe'jšöl), *a.* prostoran.

**spatter** (spă'tör), *v.* poškropiti, poprskati; osramotiti; — *n.* prskanje, pljuštanje.

**spatula** (spă'čulö), *n.* lopatica, žličarka.

**spavin** (spă'vin), *n.* škripac, mrtva kost (*na konjskoj nozi*).

**spawn** (spản), *v.* mrijestiti se; izbaciti, izlaziti; snesti; — *n.* mrijest, ikra; skot (*u poruglivom smislu*); mlado.

**spawner** (spả'nör), *n.* riba ženka, ikraš.

**spay** (spej), *v.* uškopiti ženku, odstraniti jajnik.

**speak** (spīk), *v.* govoriti, kazivati, izricati, razgovarati, izjaviti.

**speakable** (spī'köbl), *a.* izreciv, izgovoriv.

**speak-easy** (spī'kī'zi), *n.* mjesto, gdje se protuzakonito prodaje opojno piće.

**speaker** (spi'kör), *n.* govornik.

**speaking** (spɛi'king), *a.* govoran, govoreći, izrazit.

**speakingly** (spi'kingli), *adv.* govoreći.

**spear** (spir), *v.* proburaziti kopljem, nabosti; puštati vlati; — *n.* koplje, ostve; vlat.

**spearman** (spī'rmön), *n.* kopljanik.

**spearmint** (spī'rmi'nt), *n.* zelena metvica.

**special** (spe'šöl), *a.* poseban, osobit, specijalan.

**specialist** (spe'šölist), *n.* stručnjak, specijalist.

**speciality** (spe'šiă'liti), *n.* posebnost, osobitost.

**specialize** (spe'šölajz), *v.* baviti se nečim posebice, specijalizirati.

**specially** (spɛe'šöli), *adv.* posebice, osobito.

**specialty** (spe'šölti), *n.* posebnost, osobitost; specijalitet; zapečaćeni ugovor, isprava.

**specie** (spi'ši), *n.* kovani novac, pjenezi.

**species** (spi'šiz), *n.* vrsta, rod; sorta; prilika.

**specific** (spesi'fik), *a.* naročit, određen, poseban.

**specifically** (spesi'fiköli), *adv.* naročito, posebno.

**specification** (spe'sifike'jšön), *n.* potanje obrazloženje, poimenično nabrajanje, točan opis, izraz, određena napomena.

**specify** (spe'sifaj), *v.* obrazložiti, nabrajati, točno opisati, poimence označiti.

**specimen** (spe'simen), *n.* uzorak, primjerak, primjer.

**specious** (spi'šas), *a.* prividno ispravan, tobožnji, vjerojatan.

**speciously** (spi'šasli), *adv.* vjerojatno, prividno, tobože.

**speck** (spek), *v.* zapackati, umrljati, išarati; — *n.* packa, mrlja; sitnica.

**speckle** (spekl), *v.* zapackati; — *n.* packa .

**speckled** (spekld), *a.* zapackan, šarovit.

**spectacle** (spe'ktökl), *n.* prizor, vidik; — *pl.* naočali.

**spectacled** (spe'ktökld), *a.* sa očalima.

**spectacular** (spektă'kjulör), *a.* prizorni, sjajni.

**spectator** (spekte'jtör), *n.* gledalac, očevidac.

**spectral** (spe'ktröl), *a.* sablastan, spektralan.

**spectre, specter** (spe'ktör), *n.* utvara, prikaza, avet.

**spectroscope** (spe'ktroskōp), *n.* spektralna sprava.

**spectrum** (spe'ktram), *n.* sunčani spéktrum.

**specular** (spe'kjulör), *a.* zrcalni, odrazni.

**speculate** (spe'kjulejt), *v.* nagađati, mudrovati, računati na, špekulirati.

**speculation** (spe'kjule'jšön), *n.* nagađanje, mudrovanje, teorija, špekulacija.

**speculative** (spe'kjule'jtiv), *a.* poduzetan, spekulativan, teoretičan; nagađajući.

**speculator** (spe'kjule'jtör), *n.* špekulant, teoretičar.

**speculum** (spe'kjulam), *n.* zrcalo, ogledalo; doktorska sprava snabdjevena sa zrcalom i svijetlom.

**speech** (spič), *n.* govor, govorenje, razgovor, jezik.

**speechifier** (spi'čifaör), *n.* govornik.

**speechify** (spi'čifaj), *v.* držati govore (*u šaljivom smislu*).

**speechless** (spi'čles), *a.* nijem, tih, bez riječi.

**speed** (spīd), *v.* brzati, žuriti se, unaprijeđivati, napredovati, pospješiti, otpraviti, pomoći; — *n.* brzina, žurba; uspjeh.

**speedily** (spī'dili), *adv.* brzo, naglo, žurno, skoro.

**speedometer** (spidă'mitör), *n.* sprava za pokazivanje brzine.

**speedwell** (spī'due'l), *n.* čestoslavica (*biljka*).

**speedy** (spī'di), *a.* brz, hitar, okretan.

**speel** (spīl), *v.* penjati se.

**speer** (spīr), *v.* pitati, propitkivati se.

**speiss** (spajs), *n.* tuč.

**spell** (spel), *v.* sricati, pisati, čitati, odgonenuti; opčarati, zatraviti; izmijeniti privremeno; — *n.* izmjena (*na radnji*); (*radno*) vrijeme, odmor, red, čar, začaranje.

**spellbind** (spe'lba'jnd), *v.* opčarati, osupnuti.

**spellbound** (spe'lba'und), *a.* zatravljen, osupnut.

**speller** (spe'lör), *n.* sricalac, pravopisna knjiga, bukvar.

**spelling** (spe'ling), *n.* sricanje, pravopis.

**spelling-book** (spe'lingbu'k), *n.* bukvar, pravopisna knjiga.

**spelt** (spelt), *n.* pir (*žito*).

**spelter** (spe'ltör), *n.* cink, tutija.

**spence** (spens), *n.* smočnica.

**spencer** (spe'nsör), *n.* kratki kaput, spenser.

**spend** (spend), *v.* trošiti, potrošiti, iznositi, iscrpiti, izrabiti, izgubiti.

**spender** (spe'ndör), *n.* trošač.

**spendthrift** (spe'ndtri'ft), *a.* rasipan; — *n.* rasipnik.

**spent** (spent), *pa.* istrošen, potrošen.

**sperm** (spörm), *n.* sjeme, vorvanj.

**spermaceti** (spö'rmăsi'ti), *n.* spermacet, vorvanj.

**spermatic** (spö'rmă'tik), *a.* sjemeni.

**spermatozoon** (spö'rmötozo'ön), *n.* oplođujuće sjeme.

**sperm-whale** (spö'rmhue'jl), *n.* ulješura.

**spew** (spjū), *v.* bljuvati, pobljuvati se; izbaciti.

**sphere** (sfīr), *v.* staviti u krug, zaokružiti; — *n.* kugla, nebesko tijelo; opseg, krug, djelokrug.

**spheric** (al) (sfe'rik (öl), *a.* okrugao, kružni.

**spherically** (sfe'riköli), *adv.* u obliku kugle.

**sphericity** (sferi'siti), *n.* okruglost.

**spherics** (sfe'riks), *n.* nauk o površini kugle.

**spheroid** (sfi'rojd), *n.* pakugla, sferojid.

**spheroidal** (sfiro'jdöl), *a.* pakuglast, sferojidičan.

**spherule** (sfe'rjul), *n.* kuglica.

**sphincter** (sfi'nktör), *n.* mišica zatvorača.

**sphinx** (sfinks), *n.* sfinga; zagonetan čovjek; ljiljak (*leptir*).

**sphragistics** (sfrădi'stiks), *n.* sfragistika, nauka o pečatima.

**spicate** (spa'jket), *a.* klasat.

**spice** (spajs), *v.* začiniti; — *n.* mirodija, začin; nješto.

**spicer** (spa'jsör), *n.* mirodijar.

**spicery** (spa'jsöri), *n.* mirodije, začin; sprava za mirodije, mjesto, gdje se drže *ili* prodavaju mirodije.

**spicily** (spa'jsili), *adv.* začinjeno; oštro, živo.

**spick-and-span** (spi'kăndspă'n), sasvim nov, kao nov.

**spicule** (spi'kjul), *n.* igljikasto tjelešce, bodljika.

**spicy** (spa'jsi), *a.* začinjen mirodijama; oštar; aromatičan; pikantan.

**spider** (spa'jdör), *n.* pauk.

**spigot** (spi'göt), *n.* pipa; čep.

**spike** (spajk), *v.* zabiti čavlima, zaklinčiti, ozlijediti čavlima; — *n.* šiljak, čavao, klin, klip.

**spikelet** (spa'jklet), *n.* klasić; vlatak.

**spikenard** (spa'jknörd), *n.* nard, despik.

**spiky** (spa'jki), *a.* kao klin, šiljast.

**spile** (spa'el), *v.* zavranjiti, zabiti pipu; — *n.* vranj, klin.

**spill** (spil), *v.* razliti, proliti, prosuti, isteći; — *n.* pad, pljusak (*kiše*); zapaljivač.

**spilth** (spilt), *n.* što je proliveno.

**spin** (spin), *v.* presti, sukati, okretati, zavrtjeti; trošiti; — *n.* predenje; okretanje, vrtenje.

**spinach, spinage** (spi'neđ), *n.* špinat.

**spinal** (spa'jnöl), *a.* hrptenični.

**spindle** (spindl), *v.* rasti dug i tanak; — *n.* vreteno; stabljika, loza.

**spindle-legs** (spi'ndllegz), *n.* duge i tanke noge, dugonja.

**spindrift** (spi'ndrift), *n.* kišna magla.

**spine** (spajn), *n.* hrptenica, kičma, bodljika, trn; četina.

**spined** (spajnd), *a.* imajući hrptenice.

**spinel** (spi'nel), *n.* spinel (*vrst dragulja*).

**spinet** (spi'net), *n.* vrst starinskog glasovira.

**spinner** (spi'nör), *n.* prelac, prelja; predeno; pauk.

**spinneret** (spi'neret), *n.* preljna bradavica u svilene bube *ili* pauka.

**spinney** (spi'ni), *n.* šumica, šikara.

**spinose** (spa'jnō's), **spinous** (spa'jnạs), *a.* bodljikav, trnov.

**spinster** (spi'nstör), *n.* prelja; usiđelica.

**spiny** (spa'jni), *a.* trnovit, težak.

**spiracle** (spi'rökl *ili* spa'jrökl), *n.* dušnik (*u životinja*).

**spiral** (spa'jröl), *a.* zavojit; — *n.* zavojnica.

**spirally** (spa'jröli), *adv.* zavojito.

**spire** (spa'er), *v.* dizati se u vis, nicati; — *n.* šiljak (*piramide ili tornja*), vrhunac, toranj; stabljika; zavoj.

**spirit** (spi'rit), *v.* odnijeti, odvesti potajno, oteti; udahnuti; — *n.* duh, duša; značenje, značaj; odvažnost; utvara; — *pl.* žesta, alkohol.

**spirited** (spi'rited), *a.* duhovit, oduševljen, živahan, smion.

**spiritism** (spi'ritizm), *n.* špiritizam.

**spiritist** (spi'ritist), *n.* špiritista.

**spiritless** (spi'ritles), *a.* bez života, mrtav, potišten.

**spirit-level** (spi'ritle'vel), *n.* razulja, mjerilo.

**spiritual** (spi'ričụöl), *a.* duhovni, duševni; — *n.* duhovnik.

**spiritualism** (spi'ričụölizm), *n.* spiritualizam, duševnost, špiritizam.

**spiritualist** (spi'ričụölist), *n.* špiritualista, špiritista.

**spiritualistic** (spi'ričụöli'stik), *a.* špiritualistički, špiritistički.

**spirituality** (spi'ričụă'liti), *n.* duhovnost.

**spiritualize** (spi'ričụölajz), *v.* učiniti duhovnim.

**spiritually** (spi'ričụöli), *adv.* duhovno, na duhovni način.

**spirituous** (spi'ričụạs), *a.* alkoholičan, žestok.

**spirometer** (spajra'mitör), *n.* sprava za mjerenje jakosti plućiju.

**spirt** (spört), *v. vidi:* **spurt.**

**spiry** (spa'jri), *a.* šiljast, zavojit.

**spissitude** (spi'sitjud), *n.* gustoća, ljepljivost.

**spit** (spit), *v.* pljuvati, sipiti (*kiša*), nataći (*na ražanj*); — *n.* pljuvačka, slina, pljuvanje; jaja u nekih kukaca; ražanj.

**spitchcock** (spi'čkă'k), *v.* rasporiti i speći; — *n.* rasporeni i pečeni ugor.

**spite** (spajt), *v.* prkositi, mučiti, smetati;— *n.* prkos, mržnja, smetnja; **in spite of** (inspa'jtà'v), usprkos.

**spiteful** (spa'jtful), *a.* prkosan, zloban.

**spitfire** (spi'tfa'er), *n.* zagrižljivac, prkosnik.

**spittle** (spitl), *n.* slina, pljuvačka.

**spittoon** (spitū'n), *n.* pljuvačnica, pljuva'o.

**splanchnic** (splǎ'nknik), *a.* utrobni.

**splash** (splǎš), *v.* škropiti, poprskati; — *n.* prskanje, poprskanost, pomočeno mjesto.

**splashy** (splǎ'ši), *a.* poprskan, poštrapan, namočen.

**splatter** (splǎ'tör), *v.* pljuskati, brčkati.

**splay** (splej), *v.* izbočiti; proširiti; iščašiti; — *a.* raširen; izbočen; nezgrapan; — *n.* izbočina.

**splay-foot** (sple'jfu't), *a.* krivonog.

**spleen** (splīn), *n.* slezena; žuč; zlovolja, gnjev.

**spleenful** (splī'nful), *a.* žučljiv, razdražljiv, sjetan.

**spleenwort** (splī'n u̯ö'rt), *n.* slezenica (*biljka*).

**splendent** (sple'ndent), *a.* sjajan.

**splendid** (sple'ndid), *a.* sjajan, veličanstven, glasovit, izvrstan.

**splendidly** (sple'ndidli), *adv.* sjajno, divno, izvrsno.

**splendor** (sple'ndör), *n.* sjaj, sjajnost, veličanstvenost, divota.

**splenetic** (splene'tik), *a.* slezenski, žučni, zagrižljiv, mrk; — *n.* osoba, koja boluje od slezene, lijek protiv bolesti slezene.

**splenic** (spli'nik), *a.* slezenski.

**splice** (splajs), *v.* splesti (*krajeve užeta*); sastaviti; — *n.* spletenje (*krajeve užeta*); umetnut komad.

**splint** (splint), *v.* obložiti daščicama; — *n.* daščica, iver.

**splinter** (spli'ntör), *v.* kalati, cijepati, zdrobiti u triješće; — *n.* treska, iver, daščica; — *pl.* triješće.

**splintery** (spli'ntöri), *a.* iverast, treskav.

**split** (split), *v.* kalati, raskoliti, razderati, raspoloviti, razbiti, razdružiti; prsnuti; svađati se; — *a.* razdružen, razderan, razbit, raskolen; — *n.* prijelom; pukotina; spor, svađa.

**splotch** (splǎč), *v.* umrljati; — *n.* mrlja, packa.

**splotchy** (splǎ'či), *a.* zapackan, uprljan.

**splurge** (splörđ), *v.* razmetati se, dizati graju; — *n.* hvastanje, graja, razmetanje.

**splutter** (spla̤'tör), *v.* naglo i zbunjeno govoriti, zvrndati; — *n.* vika, buna, učka.

**splutterer** (spla̤'törör), *n.* zvrndalo.

**spoil** (spo'el), *v.* pokvariti, uništiti; opljačkati, orobiti; — *n.* pljačka, plijen; pustošenje.

**spoiler** (spo'jlör), *n.* pljačkaš, razbojnik.

**spoke** (spōk), *v.* staviti špice *ili* priječnice, zapaočiti kotač;—*imp. od*: **speak;** — *n.* špica (*na kotaču*), priječnica (*na ljestvama*), paočanica.

**spoken** (spōkn), *pa.* usmen.

**spokesman** (spō'ksmön), *n.* zagovornik; govornik.

**spoliate** (spo'liejt), *v.* plijeniti, opljačkati; uništiti; osakatiti.

**spoliation** (spo'lie'jšön), *n.* pljačka, uništenje.

**spoliator** (spo'lie'jtör), *n.* pljačkaš, uništavač.

**spondaic** (spånde'ik), *a.* spondejski.

**spondee** (spå'ndī), *n.* spondej.

**spondyl** (spå'ndil), *n.* zglob, kralježnjak.

**sponge** (spånđ), *v.* čistiti *ili* otirati spužvom, obrisati; globiti; guliti koga, živjeti na tuđi račun; — *n.* spužva; čankoliz, parasit.

**sponger** (spå'ndör), *n.* spužvar; mukteš.

**sponginess** (spå'nđines), *n.* nabuhlost, šupljikavost.

**spongy** (spå'nđi), *a.* nabuhli, šupljikast.

**sponsion** (spå'nšön), *n.* svečano obećanje, jamstvo.

**sponsor** (spå'nsör), *n.* jamac; kum, kuma.

**sponsorial** (spånso'riöl), *a.* kumski.

**sponsorship** (spå'nsöršip), *n.* kumstvo.

**spontaneity** (spå'ntöni'iti), *n.* samo od sebe; svojevoljnost; pripravnost.

**spontaneous** (spånte'nias), *a.* sam od sebe, svojevoljan, prirođen.

**spontaneously** (spånte'ni̯asli), *adv.* samo od sebe, svojevoljno.

**spook** (spūk), *v.* plašiti (*o duhovima*); — *n.* duh, prikaza, avet.

**spool** (spūl), *v.* namatati (*na špulicu*); — *n.* špulica, mosur.

**spoon** (spūn), *v.* rabiti žlicu, vaditi žlicom; očijukati; — *n.* žlica, kašika.

**spoonful** (spū'nful), *n.* puna žlica nečesa.

**spoon-meat** (spū'nmī't), *n.* hrana, koja se jede žlicom; kaša za djecu.

**spoony** (spū'ni), *a.* slabouman; zatreskan, zaljubljen; — *n.* zaljubljenik; budala.

**spoor** (spūr), *n.* trag (*životinje*).

**sporadic** (sporă'dik), *a.* što se događa tu i tamo, odijeljen, osamljen.

**sporadically** (sporă'diköli), *adv.* tu i tamo, ovdje ondje.

**spore** (spōr), *n.* truska, spora, tjelešce.

**sporran** (spă'rön), *n.* iskićena krznena torba.

**sport** (sport), *v.* pokazivati (se), razmetati (se), igrati se, šaliti se; — *n.* zabava, igra, veselje, šala; tjelovježba; kicoš; igrač.

**sportful** (spo'rtful), *a.* zabavan, šaljiv.

**sporting** (spo'rting), *a.* zabavni, športski.

**sportive** (spo'rtiv), *vidi*: **sportful**.

**sportsman** (spo'rcmön), *n.* ljubitelj sporta, lovac, ribar, igrač.

**spot** (spăt), *v.* umrljati, zapackati; otkriti, pronaći, zapaziti; — *n.* mjestance, mjesto; packa, mrlja; prijekor.

**spotless** (spă'tles), *a.* neuprljan, nevin, čist, besprijekoran.

**spotted** (spă'ted), *a.* upackan, pjegav.

**spotty** (spă'ti), *a.* pun mrlja, zapackan, pjegav.

**spousal** (spa̱'uzöl), *a.* ženidbeni, vjenčani, svadbeni; — *n.* vjenčanje, ženidba.

**spouse** (spa̱'uz), *n.* suprug, vjenčani drug; supruga; nevjesta.

**spout** (spa̱'ut), *v.* prskati, štrcati brizgati; govoriti gizdavo, deklamovati; — *n.* cijev, žlijeb; grlo.

**spouter** (spa̱'utör), *n.* štrcalac; izvor (*petroleja*); deklamator.

**sprack** (sprăk), *a.* živahan, lukav, mudar.

**sprag** (sprăg), *n.* potporanj.

**sprain** (sprejn), *v.* iščašiti, premaknuti; — *n.* iščašenje.

**sprang** (spră̆ng), *imp. od*: **spring**.

**sprat** (sprăt), *n.* sleđica (*riba*).

**sprattle** (sprătl), *v.* boriti se, komešati se; — *n.* borba, komešanje.

**sprawl** (sprăl), *v.* poleći (se), koprcati (se), ispružati (se), gamizati; — *n.* polegnuće, pružanje, koprcanje.

**spray** (sprej), *v.* poprskati, štrcati; — *n.* pljusak, voda *ili* tekućina, koja se raspršuje; sprava za prskanje tekućine, štrcaljka; mladica, grančica, granje

**spread** (spred), *v.* širiti (se), raširiti, prostrijeti; razvijati, izložiti; pružiti (se); — *a.* raširen, prostrt; — *n.* širenje, širina, prostiranje; površina, prostor; stolnjak; gozba.

**spread-eagle** (spre'dī'gl), *n.* figura orla sa raširenim krilima i nogama; — *a.* nadut, bombastičan.

**spree** (sprī), *v.* lumpati, opijati se, pijančevati; — *n.* pijanka, pijančevanje.

**sprig** (sprig), *v.* nakititi grančicama; razgraniti (se); — *n.* mladica, grančica, grana, iglica.

**spriggy** (spri̱'gi), *a.* pun grančica *ili* mladica.

**sprightliness** (spra'jtlines), *n.* oduševljenost, živahnost, okretnost, veselost.

**sprightly** (spra'jtli), *a.* oduševljen, živahan, vatren, okretan.

**spring** (spring), *v.* skočiti, odskočiti, jurnuti, poletjeti; dizati se; izvirati, proizlaziti, niknuti; eksplodirati; — *a.* proljetni; — *n.* pero (*pruživo*); pruživost, odskok, skok; pokretalo; rupa; vrelo, izvor; proljeće.

**spring-board** (spri'ngbō'rd), *n.* daska za skakanje.

**springe** (sprinđ), *n.* zamka.

**springer** (spri'ngör), *n.* skakač, peta od svoda.

**spring-halt** (spri'ngha'lt), *n.* hromoća konja.

**spring-tide** (spri'ngta'jd), *n.* velika plima, velika bibavica.

**spring-time** (spri'ngta'jm), *n.* proljeće.

**spring-water** (spri'ngua̱'tör), *n.* izvorna voda, živa voda.

**springy** (spri'ngi), *a.* pruživ, elastičan, mokar

**sprinkle** (sprinkl), *v.* škropiti, poškropiti, orositi, posuti; — *n.* škropljenje, škropilo; kišica.

**sprinkler** (spri'nklör), *n.* škropilo, škropilac; zalivaća kanta.

**sprinkling** (spri'nkling), *n.* škropljenje, malena kolićina nečesa.

**sprint** (sprint), *v.* trčati, utrkivati se; — *n.* kratka i brza utrka.

**sprinter** (spri'ntör), *n.* trčalac, utrkivač.

**sprit** (sprit), *n.* soha (*za jedra*).

**sprite** (sprajt), *n.* vila; strašilo, duh.

**spritsail** (spri'tse'jl), *n.* priječka.

**sprout** (spra'ut), *v.* nicati, rasti; — *n.* klica, mladica.

**spruce** (sprūs), *v.* urediti se, okititi se; — *a.* uredan, pristao, nakićen; — *n.* omorika.

**sprucely** (sprū'sli), *adv.* uredno, fino, pristalo.

**spruceness** (sprū'snes), *n.* urednost, iskićenost, pristalost.

**sprue** (sprū), *n.* ljevalište.

**sprung** (sprang), *imp. i pp. od:* **spring.**

**spry** (spraj), *a.* okretan, živ, hitar.

**spud** (spad), *v.* plijeviti (*motičicom*); — *n.* motičica za plijeviti.

**spue** (spjū), *vidi:* **spew.**

**spume** (spjūm), *v.* pjeniti se; — *n.* pjena.

**spumous** (spju'mas), *a.* pjenast.

**spun** (span), *imp. i pp. od:* **spin.**

**spunk** (spank), *v.* upaliti se; — *n.* lahko upaljivo drvo, guba; iskra, vatra; odvažnost.

**spunkie** (spa'nki), *n.* bludeći, divilji oganj; čovjek nagle ćudi.

**spunky** (spa'nki), *a.* vatren, nagao, srčan.

**spur** (spör), *v.* podbosti ostrugama; poticati, pospješiti, požuriti, putovati velikom brzinom; — *n.* ostruga; pobuda, podraživanje; bodljika.

**spurgall** (spö'rgal), *v.* ozlijediti ostrugama; — *n.* ozljeda ostrugom.

**spurge** (spörđ), *n.* mlječika (*biljka*).

**spurious** (spju'rias), *a.* krivi, lažan, nezakonit.

**spuriousness** (spju'riasnes), *n.* lažnost, nezakonitost.

**spurn** (spörn), *v.* prijezirno odbiti, odgurnuti; ritati se.

**spurred** (spörd), *a.* sa ostrugama.

**spurrier** (spö'riör), *n.* ostrugar.

**spurry** (spöri), *n.* koljenika (*biljka*).

**spurt** (spört), *v.* štrcati, brizgati; napeti (se); — *n.* provala, brizganje; napor.

**spur-wheel** (spö'rhui'l),*n.* palčeno kolo.

**sputter** (spa'tör), *v.* pljuckati; prštati, šikljati; — *n.* pljuckanje, blebetanje.

**sputum** (spju'tam),*n.* slina, pljuvačka.

**spy** (spaj), *v.* uhađati, špijunirati, motriti, opaziti, otkriti, ući u trag; — *n.* uhoda, špijun.

**spy-glass** (spa'jglǎ's), *n.* dalekozor; durbin.

**squab** (skua'b), *a.* bucmast, zdepast, golušav; — *n.* mladi, golušav golub, debeo i nizak čovjek; dušek, jastuk, divan.

**squabble** (skua'bl), *v.* porazmetati, pravdati se, prepirati se; — *n.* pobrkanje, prepirka, svađa.

**squabbler** (skua'blör), *n.* svadljivac, kavgadžija.

**squad** (skua'd), *n.* društvance, odio (*vojnika ili redara*).

**squadrilla** (skua'drilö), *n.* četa zrakoplovaca, zrakoplovi.

**squadron** (skua'drön,*n.* ratno brodovlje, eskadra, konjanička četa (*od* 100 *do* 200 *vojnika*).

**squalid** (skua'lid), *a.* gadan, smradan, zanemaren, podao, nizak.

**squall** (skuǎ'l), *v.* kričati, derati se, vrištati; — *n.* vrisak, vrištanje, deranje; vihor.

**squally** (skuà'li), *a.* vjetrovit, buran, naprasit.

**squalor** (skuà'lör), *n.* odurnost, smrad, nečistoća; niskoća.

**squama** (skue'jmö), *n.* ljuska, treska.

**squamose** (skuamō's), **squamous** (skue'jmas), *a.* ljuskav, treskav.

**squander** (skua'ndör), *v.* trošiti uludo, rasipati, razbacati.

**squanderer** (skua'ndörör), *n.* rasipnik, raspikuća.

**squanderingly** (skua'ndöringli), *adv.* rasipno, uludo.

**square** (skue̅'r), *v.* učetvoriti, učiniti četverouglastim; kvadrirati; mjeriti; urediti, poravnati, udesiti, pristajati, podudarati se; ispraviti se; — *a.* četvoran, četverokutan, kvadratičan, pravokutan; čestit, pošten; namiren; izravnan; prikladan; — *n.* četvorina, kvadrat, četverokut, pravokut; kutomjer; četvrt; trg; ravnica; jednakost, skladnost, red.

**squarely** (skuē'rli), *adv.* izravno, ravno, pošteno.

**squareness** (skuē'rnes), *n.* četvornost; četverokutnost; čestitost; jakost.

**squash** (skuá'š), *v.* zgnječiti, smljeti; — *n.* što se lahko zgnječi; bundeva.

**squat** (skuá't), *v.* čučati, naseliti se na zemlji sa dozvolom vlade *ili* bez prava; — *a.* malen i debeo, sćućuren; — *n.* čučanje, sćućurenost.

**squatter** (skuá'tör), *n.* nametnik, naseljenik bez posjedovnog prava.

**squatty** (skuá'ti), *a.* bucmast, zdepast.

**squaw** (skuá'), *n.* (*udata*) Indijanka.

**squawk** (skuá'k), *v.* kričati, vrištati; — *n.* krik, vrištanje.

**squeak** (skuī'k), *v.* cviliti, škripati; prijaviti.

**squeal** (skuī'l), *v.* pištati, groktati; odati, dojaviti; — *n.* pištanje, groktaj.

**squealer** (skuī'lör), *n.* pištalac, groktalo; prijavljivač, douškivač.

**squeamish** (skuī'miš), *a.* osjetljiv, težak; lud; prefin; boležljiv.

**squeeze** (skuī'z), *v.* proturati (se), tiskati (se), stisnuti, gnječiti, obujmiti, zagrliti; — *n.* tiskanje, stiska, guranje, proturenje; otisak.

**squelch** (skue'lč), *v.* ugušiti, smrviti, survati se; škripati (*po mokrom snijegu*).

**squib** (skui'b), *v.* porugama se nabacivati, zadirkivati; — *n.* žabica (*vrsta rakete*); pogrdno pismo; bockanje.

**squid** (skui'd), *n.* sipa; umjetna meka.

**squill** (skui'l), *n.* morski luk.

**squint** (skui'nt), *v.* škiljiti, motriti sa strane; ciljati neizravno; — *a.* škiljav; — *n.* škiljenje, razrokost.

**squint-eye** (skui'nta'j), *n.* škiljavac.

**squire** (skua'er), *v.* služiti kao štitonoša; pratiti; — *n.* mirovni sudac; štitonoša; seoski plemić.

**squirm** (skuö'rm), *v.* previjati se, penjati se; pokazivati znakove boli *ili* nevolje; — *n.* previjanje, savijanje.

**squirrel** (skui'rel), *n.* vjeverica.

**squirt** (skuö'rt), *v.* štrcati, klistirati; — *n.* štrcanje, uštrcaj, klistir.

**stab** (stăb), *v.* ubosti, probosti, proburaziti; — *n.* ubod.

**stability** (stăbi'liti), *n.* stalnost, postojanost, čvrstoća.

**stabilize** (stă'bilajz), *v.* ustaliti, utvrditi, u ravnotežje dovesti.

**stabilizer** (stă'bila'jzör), *n.* sprava za dovedenje u ravnotežje.

**stable** (stejbl), *v.* staviti u štalu, biti u štali; — *a.* stalan, postojan, čvrst, tvrd; — *n.* štala, staja.

**stabling** (ste'jbling), *n.* držanje u štali; konjušnica, ahar.

**stably** (ste'jbli), *adv.* stalno, postojano.

**staccato** (stăka'to), *a.* isprekidan.

**stack** (stăk), *v.* sabrati u stogove, plastiti, nagomilati; složiti (*karte*); — *n.* plast, stog, kup (*sijena, žita*); dimnjak; velika svota.

**stack-yard** (stă'kja'rd), *n.* dvorište za stogove.

**staddle** (stădl), *n.* podnožje, potporanj, stožina.

**stadium** (ste'jdiam), *n.* stadij, igralište; grčka mjera u duljini od 606.75 stopa.

**staff** (stăf), *n.* palica, batina, štap; štop, stožer, osoblje; građevna sastavina; crte za note.

**staff-officer** (stă'fă'fisör), *n.* stožerni časnik; štopski časnik.

**stag** (stăg), *n.* jelen; muškarac (*bez ženskog društva*).

**stage** (stejd), *v.* prirediti; staviti na pozornicu, putovati poštanskim kolima; — *n.* pozornica, bina, glumačko zvanje; prizor; skele; stadij; stepen, stupanj; stanica; poštanska kola.

**stage-coach** (ste'jđkō'č), *n.* poštanska kočija.

**stager** (ste'jđör), *n.* poštanski konj; iskusan čovjek; stara lija (*o čovjeku*).

**stage-struck** (ste'jđstra'k), *a.* lud glumačkim zvanjem.

**stagger** (stă'gör), *v.* teturati, posrtati, popiknuti se, kolebati, uzdrmati, zapanjiti, osupnuti;—*n.* zateturanje, posrtaj.

**staggers** (stă'görs), *n.* vrtoglavica, vrtež.

**staging** (ste'jđing), *n.* podnožje, potporanj, koze, skele.

**stagnancy** (stă'gnönsi), *n.* stajanje, zastoj; neotjecanje, omlitavjelost.

**stagnant** (stă'gnönt), *a.* stajaći, neotjecajući; mlitav, lijen.

**stagnate** (stă'gnejt), *v.* zastati, stajati, prestati teći; ne micati se.

**stagnation** (stăgne'jšön), *n.* stajanje, nepomićnost, zastoj.

**stagy** (ste'jđi), *a.* pozorišni, kazališni.

**staid** (stejd), *a.* trijezan, ozbiljan, miran.

**staidly** (ste'jdli), *adv.* ozbiljno, mirno.

**staidness** (ste'jdnes), *n.* ozbiljnost, trijeznost, mirnoća.

**stain** (stejn), *v.* umrljati, okaljati, osramotiti; bojadisati, potamnjeti, promijeniti boju; — *n.* mrlja, ljaga; sramota; boja.

**stainless** (ste'jnles), *a.* neokaljan, nevin, čist.

**stair** (stēr), *n.* stepenica, stube.

**staircase** (stē'rke'js), *n.* stube, stubište.

**stairway** (stē'rue̯'j), *n.* stepenice, stube.

**staith** (stejt), *n.* pristanište.

**stake** (stejk), *v.* poduprijeti kolcem, privezati uz kolac, nakoliti, koljem ograditi; založiti, staviti na kocku; — *n.* kolac, stup; zalog, opasnost.

**stalactite** (stălă'ktajt), *n.* siga (viseća).

**stalactitic** (stă'lăkti'tik), *a.* sigast.

**stalagmite** (stălă'gmajt), *n.* siga (koja se diže u vis).

**stale** (stejl), *v.* zastarjeti, omlohaviti, olijeniti se, pokvariti (se), oslabiti; mokriti (blago); — *a.* star, bljutav, pljesniv, mlak, mlohav, tup; — *n.* mokraća (konja i marve).

**stalemate** (stē'lme'jt), *n.* pat (u šahu).

**staleness** (ste'jlnes), *n.* mlohavost, olijenljenost, zastarjelost, bljutavost.

**stalk** (stảk), *v.* približiti se krišom, gizdavo hodati, šepiriti se, došunjati se; — *n.* stabljika, peteljka, vlat, držalo; gizdav hod.

**stalker** (stả'kör), *n.* lovac iz potaje; vrst mreže.

**stalking-horse** (stả'kinghō'rs), *n.* konj, iza kojeg se lovac sakrije kod lovljenja zvjeradi; izlika, maska.

**stall** (stảl), *v.* staviti *ili* držati u štali; toviti, hraniti; — *n.* štala, stalak za trgovinu, sjedalo; odjelak u ugljenokopu.

**stallion** (stă'ljön), *n.* ždrjebac, pastuh.

**stalwart** (stả'luört), *a.* ogroman tijelom, mišičav, čvrst, nepokolebiv.

**stamen** (ste'jmen), *n.* prašnik (u cvijeću).

**stamina** (stă'minö), *n.* životna snaga, jakost, moć, ustrajnost.

**stammer** (stă'mör), *v.* bekljati, tepati, teško govoriti; — *n.* tepanje, bekljanje, teško izricanje riječi.

**stammerer** (stă'mörör), *n.* bekljavac, tepavac.

**stamp** (stămp), *v.* utisnuti znak, biljegovati; udariti (nogom o tle); obilježiti, označiti, staviti marku *ili* biljeg; — *n.* biljeg, marka, žig, utisak, vrsta, značaj, kov.

**stampede** (stămpī'd), *v.* poplašiti (se), jurnuti, razbježati se, sporazumno navaliti; — *n.* divlji bijeg, strava, provala svjetine.

**stance** (stăns), *n.* položaj, mjesto.

**stanch, staunch** (stảnč), *v.* zaustaviti; — *a.* čvrst, postojan, vjeran, snažan.

**stanchion** (stă'nšön), *v.* podupirati, potprijeti; — *n.* potporanj, stup.

**stand** (stănd), *v.* stajati, stati, ustrajati, trpjeti, snositi, potpasti, podvrgnuti se, proći, slagati se, biti dosljedan, mirovati; — *n.* stalak, stajalište, stol, stanovište, položaj, mjesto, zastoj, gledalište, govornica; svjedočanski stolac.

**standard** (stă'ndörd), *a.* mjerodavan, točan, uzoran; — *n.* ratni barjak, stijeg, zastava; pravilo, mjera, obilježje, uzor.

**standard-bearer** (stă'ndördbē'rör), *n.* barjaktar, stjegonoša. ,

**standardize** (stă'ndördajz), *v.* učiniti po pravilu, normirati.

**stander-by** (stă'ndörba'j), *n.* očevidac, gledalac.

**standing** (stă'nding), *a.* stojeći, uspravan, utvrđen, trajan; — *n.* stajanje, trajanje, stajalište, položaj; čast.

**standish** (stă'ndiš), *n.* pisaća sprava, divit.

**stand-point** (stă'ndpo'jnt), *n.* stanovište, gledište.

**standstill** (stă'ndsti'l), *n.* zastoj.

**stand-up** (stă'ndạ'p), *a.* uspravan.

**stang** (stăng), *n.* motka.

**stank** (stănk), *imp. od:* **stink**.

**stannary** (stă'nöri), *n.* kositernik.

**stannic** (stă'nik), *a.* kositren.

**stanza** (stă'nzö), *n.* stanca, strofa, kitica.

**staple** (stejpl), *v.* razvrstati, složiti (*po duljini*); — *a.* proizvodni, trgovački, stovarni; — *n.* tržište, skladište, glavni proizvod, roba, sirovina; vlakanca (*vune ili pamuka*).

**stapler** (ste'jplör), *n.* trgovac stovarne robe; slagatelj vune, vunar.

**star** (stār), *v.* posuti zvijezdama, uresiti zvijezdama, sjati poput zvijezde; izvrsno glumiti, isticati se; — *n.* zvijezda, glavna ličnost, prvi, najbolji.

**starboard** (stā'rbō'rd), *n.* desni bok broda.

**starch** (stārč), *v.* štirkati, škrobiti; — *n.* škrob, štirka; ukočenost; kičma.

**starched** (stārčt), *a.* škroban, štirkan; točan, formalan.

**starchiness** (stā'rčines), *n.* poštirkanost; usiljenost.

**starchy** (stā'rči), *a.* škroban, štirkan; usiljen; točan.

**star-crossed** (stā'rkrà'st), *a.* zlokoban.

**stare** (stēr), *v.* buljiti, zjati, stršiti; — *n.* buljenje, začuđen pogled.

**star-fish** (stā'rfi'š), *n.* morska zvijezda.

**star-gazer** (stā'rge'jzör), *n.* zvjezdar.

**stark** (stārk), *a.* ukočen, okoreo, jak; potpun, čitav; — *adv.* potpuno, sasvim.

**starless** (stā'rles), *a.* bez zvijezda.

**starlight** (stā'rla'jt), *n.* zvjezdana svjetlost.

**starlike** (stā'rla'jk), *a.* zvjezdan, sjajan.

**starling** (stā'rling), *n.* čvorak (*ptica*).

**starlit** (stā'rli't), *a.* obasjan zvijezdama, zvjezdan.

**starred** (stārd), *pa.* ukrašen zvijezdama; vođen zvijezdama.

**starry** (stā'ri), *a.* zvjezdovit, pun zvijezda.

**star-shell** (stā'rše'l), *n.* rasvjetna granata.

**start** (start), *v.* početi, započeti, (po)krenuti, micati se, prenuti se, početi trčati, pojaviti se, odskočiti, popustiti; — *n.* početak, kretanje, pokrenuće, skok, zatrka, odlazak; prenuće, presenećenje.

**starter** (stā'rtör), *n.* početnik, začetnik, pokretač.

**startle** • (stārtl), *v.* uzbuditi, prenuti (se), presenititi se, poplašiti; — *n.* presenećenje, prenuće.

**startling** (stā'rtling), *a.* zapanjujući, strašan.

**starvation** (stā'rve'jšön), *n.* gladovanje, umiranje od gladi.

**starve** (stārv), *v.* gladovati, umirati od gladi, (u)moriti glađu.

**starveling** (stā'rvling), *a.* izgladnio, omršavljen, zakržljan; — *n.* gladuš, siromah; zakržljala biljka.

**state** (stejt), *v.* navesti, navađati, izjaviti, odrediti, kazati, saopćiti; — *a.* državni, narodni, vladin, javni; — *n.* država, narod, stanje, okolnost, prilike, svečanost; stajnost, stepen.

**state-craft** (ste'jtkră'ft), *n.* državništvo, politika.

**stated** (ste'jted), *pa.* naveden, redovit, određen.

**State-house** (ste'jthạ'ụs), *n.* državna zgrada, sabornica.

**stately** (ste'jtli), *a.* državni; svečan, sjajan, visok, ponosan.

**statement** (ste'jtment), *n.* navod, iskaz, izvještaj, kazivanje, račun, proračun, popis, očitovanje.

**state-room** (ste'jtrū'm), *n.* divna soba, posebna soba na brodu, spavaća soba u vagonu.

**state's evidence** (ste'jce'videns), *n.* svjedočanstvo protiv optuženoga zločinca.

**statesman** (ste'jcmön), *n.* državnik, političar.

**static** (stă'tik), *a. vidi:* **statical**.

**statical** (stă'tiköl), *a.* mirnotjelesan, ravnotežan, statički.

**statics** (stă'tiks), *n.* nauka o ravnoteži, statika.

**station** (ste'jšön), *v.* staviti, postaviti, odrediti; — *n.* položaj, mjesto, postaja, stanica; služba, stalež, čast.

**stationary** (ste'jšöneri), *a.* stajaći, stalan, miran, nepomićan.

**stationer** (ste'jšönör), *n.* trgovac pisaćih stvari, kao papira, tinte, *itd.*

**stationery** (ste'jšönöri), *n.* papirnica; pisaće sprave, kao papir, tinta, *itd.*

**station-master** (ste'jšönmă'stör), *n.* glavar postaje.

**statist** (ste'jtist), *n.* statističar.

**statistical** (stăti'stiköl), *a.* statistički.

**statistician** (stă'tisti'šön), *n.* statističar.

**statistics** (stăti'stiks), *n.* statistika.

**statuary** (stă'čŭöri), *a.* kiparski; — *n.* kipar, kiparstvo.

**statue** (stă'ću), *n.* kip.

**statuesque** (stă'ću̯e'sk), *a.* poput kipa.

**statuette** (stă'ću̯e't), *n.* kipić, statuica.

**stature** (stă'ćur), *n.* stas, uzrast.

**status** (ste'jtas), *n.* položaj, stanje.

**statute** (stă'ćut), *a.* zakonski, statutski; — *n.* zakon, ustanova, štatut.

**statute-book** (stă'ćutbu̯'k), *n.* zakonik, zakonsko pravo.

**statutory** (stă'ćutori), *a.* zakonski, uzakonjen, ustanovljen.

**staunch** (stănć), *vidi:* **stanch**.

**stave** (stejv), *v.* probiti (*dužicu u buretu*), izbiti dno, razbiti, snabdjeti dužicama; obraniti, zapriječiti, odstraniti, odgoditi; — *n.* duga, dužica; note; kitica.

**stay** (stej), *v.* stati, ostati, zaustaviti, poduprijeti, produljiti, pričekati; živiti; nepopustiti; — *n.* boravak, zaustav; zaprjeka, potpora, klin, stup.

**stead** (sted), *v.* služiti čemu, koristiti; — *n.* mjesto (*drugoga*), posluga, korist; **in stead**, umjesto.

**steadfast** (ste'dfă'st), *a.* čvrst, postojan, odlučan, stalan.

**steadily** (ste'dili), *adv.* stalno, postojano.

**steadiness** (ste'dines), *n.* postojanost, stalnost, čvrstoća.

**steady** (ste'di), *v.* ustaliti, učvrstiti, učiniti postojanim; — *a.* čvrst, tvrd, stalan, postojan, redovit.

**steady-going** (ste'digo'ing), *a.* redovit, pravilan.

**steak** (stejk), *n.* režanj mesa (*pećenog*).

**steal** (stīl), *v.* krasti, ukrasti, potajno raditi, dočepati se.

**stealer** (stī'lör), *n.* kradljivac, tat.

**stealing** (stī'ling), *n.* krađa, tadbina.

**stealth** (stelt), *n.* potaja, neopaženost, tajnost.

**stealthily** (ste'ltili), *adv.* potajno, potajice, krišom, neopaženo.

**stealthiness** (ste'ltines), *n.* potajnost, neopaženost.

**stealthy** (ste'lti), *a.* potajan, tajan, neopažen, tih.

**steam** (stīm), *v.* isparivati se, pušiti se, pariti, u pari kuhati, pustiti paru; — *n.* para, isparivanje; parna sila.

**steam-boat** (stī'mbō't), **steam-vessel** (stī'mve'sel), *n.* parobrod.

**steam-engine** (stī'me'nđin), *n.* parostroj.

**steamer** (stī'mör), *n.* parobrod.

**steam-power** (stī'mpa'u̯ör), *n.* parna sila.

**steam-ship** (stī'mši'p), *n.* parobrod.

**steam-whistle** (stī'mhu̯i'sl), *n.* parna zviždaljka.

**steamy** (stī'mi), *a.* pun pare, parni.

**stearin** (sti'örin), *n.* stearin.

**steatite** (sti'ötajt), *n.* milovka, masnik.

**stedfast** (ste'dfă'st), *vidi:* **steadfast**.

**steed** (stīd), *n.* konj, ratni konj.

**steek** (stīk), *v.* zatvoriti.

**steel** (stīl), *v.* pokriti, popločiti čelikom, utvrditi (*čelikom*); — *a.* čelični, ocjelni; — *n.* čelik, ocjel; oruđe, mačevi; jakost.

**steely** (stī'li), *a.* ocjelni, čeličan.

**steelyard** (stī'lja'rd), *n.* kantar.

**steenbok** (stī'nbă'k), *n.* malena afrička sajga.

**steep** (stīp), *v.* umakati, umočiti; — *a.* strm, vrlɛtan, visok; — *n.* strmen, vrlet; umakanje, močilo.

**steeple** (stīpl), *n.* toranj, zvonik.

**steeple-chase** (stī'plče'js), *n.* konjska utrka.

**steeply** (stī'pli), *adv.* strmo.

**steepy** (stī'pi), *a.* strm, vrletan.

**steer** (stīr), *v.* kormaniti, upravljati (*brodom*), voditi; — *n.* junac.

**steerage** (stī'ređ), *n.* mjesto na brodu trećeg razreda; kormanjenje, upravljanje brodom.

**steersman** (stī'rzmön), *n.* krmilar.

**stein** (stajn), *n.* krčag, pehar.

**stellar** (ste'lör), *a.* zvijezdan.

**stellate** (ste'let), *a.* zvjezdovit, zvjezdast.

**stelliform** (ste'liform), *a.* zvjezdolik.

**stellular** (ste'ljulör), *a.* zvjezdast, zvjezdovit.

**stem** (stem), *v.* zaustaviti, upinjati se; ploviti protiv struje, udariti provom broda; otkinuti stabljike; — *n.* stablo, stabljika, deblo; peteljka; prova; loza, koljeno.

**stench** (stenć), *n.* zadah, vonj, smrad.

**stencil** (ste'nsil), *v.* šablonom otiskivati *ili* risati; — *n.* šablona.

**stenograph** (ste'nogrăf), *n.* stenograf.

**stenographer** (stenă'gröför), *n.* brzopisac, stenografist.

**stenographic** (al) (ste'nogră'fik (öl), *a.* brzopisan, stenografski.

**stenography** (stenă'gröfi), *n.* brzopis, stenografija.

**stentorian** (stento'riön), *a.* jakoglasan.

**step** (step), *v.* koracati, hodati, stupati, stupiti; — *n.* korak, hod, stupaj, trag od noge; priječnica *(u ljestvama).*

**stepbrother** (ste'pbra'dör), *n.* polubrat.

**stepchild** (ste'pča'eld), *n.* pastorče.

**stepdaughter** (ste'pdă'tör), *n.* pastorka.

**stepfather** (ste'pfă'dör), *n.* očuh.

**stepladder** (ste'plă'dör), *n.* ljestve.

**stepmother** (ste'pma'dör), *n.* maćeha.

**steppe** (step), *n.* stepa, pustara.

**stepping-stone** (ste'pingstō'n), *n.* kamen, po kojem se prelazi; sredstvo za napredak *ili* uspjeh.

**stepsister** (ste'psi'stör), *n.* polusestra.

**stepson** (ste'psă'n), *n.* pastorak.

**stereographic** (sti'riogră'fik), *a.* stereografski.

**stereography** (sti'riă'gröfi), *n.* crtanje tjelesa na ravnini, stereografija.

**stereoscope** (sti'rioskop), *n.* stereoskop.

**stereoscopic** (sti'rioskă'pik), *a.* stereoskopičan.

**stereotype** (sti'riotajp), *v.* tiskati pločom, stereotipirati; — *a.* stereotipan; — *n.* livena pismena ploča, stereotip.

**stereotyped** (sti'riotajpt), *a.* stereotipan; čvrst, stalan.

**sterile** (ste'ril), *a.* jalov, neplodan, nerodan, prazan.

**sterility** (steri'liti), *n.* jalovost, neplodnost.

**sterilize** (ste'rilajz), *v.* lišiti proizvodne snage, uništiti klice, učiniti neplodnim, ubiti bakcile.

**sterilizer** (ste'rilajzör), *n.* uništavatelj klica, sprava za uništavanje bakcila.

**sterlet** (stö'rlet), *n.* kečiga *(riba).*

**sterling** (stö'rling), *a.* dobar, prokušan.

**stern** (störn), *a.* strog, ozbiljan, osoran, strašan, neprijazan; — *n.* krma, zadnji dio broda.

**sternal** (stö'rnöl), *a.* odnoseći se na prsnu kost.

**stern-chaser** (stö'rnče'jsör), *n.* top na krmi.

**sternly** (stö'rnli), *adv.* strogo, ozbiljno, osorno.

**sternmost** (stö'rnmō'st), *a.* najzadnji.

**sternness** (stö'rnnes), *n.* strogost, ozbiljnost.

**stern-sheets** (stö'rnši'c), *n.* klupice na zadnjem dijelu čamca.

**sternum** (stö'rnam), *n.* prsna kost.

**sternutation** (stö'rnjute'jšön), *n.* kihanje.

**stertorous** (stö'rtöras), *a.* koji hrče, hroptav.

**stethoscope** (ste'toskop), *n.* sprava za pregledavanje prsiju, stetoskop.

**stevedore** (sti'vidor), *n.* istovarač.

**stew** (stju), *v.* variti, polagano kuhati, podušiti; zabrinjivati; daviti; — *n.* kuhano meso, podušena bravetina s krumpirom i lukom; bludište; duševna borba, uzrujanost.

**steward** (stju'örd), *n.* upravitelj, natkonobar, pivničar, redatelj kod svečanosti, nadziratelj.

**stewardess** (stju'ördes), *n.* upraviteljica, dvorkinja na brodu, ključarica.

**stewardship** (stju'ördšip), *n.* upraviteljstvo, nadzorništvo.

**sthenia** (sti'niö), *n.* neobična energija.

**sthenic** (sti'nik), *a.* osobito energičan.

**stibial** (sti'biöl), *a.* surmen, antimonijski.

**stibium** (sti'biam), *n.* surma, antimonij.

**stich** (stik), *n.* stih (*u pjesmi ili Sv. pismu*).

**stick** (stik), *v.* bosti, probosti, staviti u, uvrstiti, prikopčiti, prišiti; ubiti; prilijepiti, prianjati; prevariti; poduprijeti; — *n.* palica, štap, batina, kolac.

**sticker** (sti'kör), *n.* priljepljivač.

**sticking-plaster** (sti'kingplä'stör), *n.* priljepljiv melem, flastar.

**stickle** (stikl), *v.* upinjati se (*za sitnice*), otezati (*zbog sitnica*).

**stickleback** (sti'klbă'k), *n.* koljuška (*riba*).

**stickler** (sti'klör), *n.* cjepidlačar.

**sticky** (sti'ki), *a.* priljepčiv, prianjav.

**stiff** (stif), *a.* ukočen, napet, okoreo, strog, jak, težak.

**stiffen** (stifn), *v.* ukočiti se, skrutiti se, ojačati.

**stiff-hearted** (sti'fha'rted), *a.* okorjeli, tvrdokoran.

**stiffly** (sti'fli), *adv.* ukočeno, tvrdo, kruto, strogo.

**stiff-necked** (sti'fnekt), *a.* tvrdoglav, nepopravljiv.

**stiffness** (sti'fnes), *n.* ukočenost, strogost, tvrdokornost, strogost.

**stifle** (stajfl), *v.* ugušiti, zadušiti, zatajiti, udušiti se; — *n.* koljeni zglob u konja.

**stigma** (sti'gmö), *n.* žig (*sramote*), ljaga (*na dobrom imenu*); njuška (*na cvjetnom pestiću*).

**stigmatic** (stigmă'tik), *a.* žigosan, besraman; — *n.* žigosana osoba.

**stigmatize** (sti'gmötajz), *v.* žigosati, označiti krvavim mrljama.

**stile** (sta'el), *n.* stepe preko ograde *ili* zida; brvno; nogostup.

**stiletto** (stile'to), *n.* štilet, mali bodež.

**still** (stil), *v.* utišati, umiriti, ušutkati; — *a.* miran, tih, upokoren, mrtav; — *n.* kotao (*za peći rakiju*); tišina, mir.

**stillbirth** (sti'lbö'rt), *n.* mrtvi porod.

**still-born** (sti'lbo'rn), *a.* mrtvorođen.

**still-life** (sti'lla'jf), *n.* slika ubijenih zvijeri, *itd*; osamni život

**stillness** (stillnes), *n.* tišina, mir.

**still-room** (sti'lrū'm), *n.* pecara; soba, izba.

**stilly** (sti'li), *a.* tih, miran; — *adv.* tihano, mirno.

**stilt** (stilt), *n.* hodulja; vivak (*ptica*).

**stilted** (sti'lted), *a.* bombastičan, hvastav, na hoduljama.

**stimulant** (sti'mjulönt), *a.* podražujući; — *n.* sredstvo za podraživanje, dražilo.

**stimulate** (sti'mjulejt), *v.* dražiti, podraživati, podjarivati.

**stimulation** (sti'mjule'jšön), *n.* draženje, podraživanje.

**stimulative** (sti'mjule'jtiv), *a.* podražni.

**stimulus** (sti'mjulas), *n.* sredstvo za podraživanje, pobuda; dražilo.

**sting** (sting), *v.* bosti, ubosti, peći, ljuto, boljeti; — *n.* bodac, ubod, žalac, grižnja, oštrina.

**stingily** (sti'nđili), *adv.* škrto, odurno.

**stinginess** (sti'nđines), *n.* škrtost, skupost.

**stinging** (sti'nging), *a.* za žalcem, oštar, ugrizan.

**stingless** (sti'ngles), *a.* bez žalca.

**stingy** (sti'nđi), *a.* škrt, skup, oskudan.

**stink** (stink), *v.* smrdjeti, zaudarati; — *n.* smrdež, zaudaranje.

**stinker** (sti'nkör), *n.* smrdljivac.

**stinking** (sti'nking), *a.* smrdljiv, oduran; — *n.* smrdljivost.

**stint** (stint), *v.* stegnuti, ograničiti, biti oskudan; — *n.* ograničenje, granica, stegnuće; posao.

**stipe** (stajp), *n.* petljika, stabljika.

**stipend** (sta'jpend), *n.* štipendija, plaća.

**stipendiary** (stipe'ndieri), *a.* plaćen; — *n.* štipendista, plaćenik.

**stipple** (stipl), *v.* urezivati točkicama; — *n.* urezivanje točkicama.

**stipulate** (sti'pjulejt), *v.* uglaviti, pogoditi se, ugovoriti.

**stipulation** (sti'pjule'jšön), *n.* pogodba, ugovor, uslov.

**stipulator** (sti'pjule'jtör), *n.* uglavitelj, ugovornik.

**stipule** (sti'pjul), *n.* zalistak.

**stir** (stör), *v.* miješati, pokretati, dražiti, uzbuditi, probuditi, izazivati; komešati se; — *n.* micanje, komešanje, uzbuna, nemir.

**stirrer** (stö'rör), *n.* pokretač, podbadač, nemirnjak, dražitelj.

**stirring** (stö'ring), *a.* podražljiv, oduševljen, raspaljen, vatren, radljiv.

**stirrup** (stö'rap), *n.* stremen.

**stirrup-cup** (stö'rapka'p), *n.* čaša pića na rastanku konjanika.

**stitch** (stič), *v.* uvesti, sašiti, šiti; — *n.* šav, zabodak, očica (*u pletivu*); bodac.

**stitcher** (sti'čör), *n.* šivalac, švelja; stroj za vezanje (*knjiga*).

**stitching** (sti'čing), *n.* šivanje, vezanje.

**stithy** (sti'di), *n.* viganj, nakovanj.

**stiver** (sta'jvör), *n.* mali holandeski novac vrijedan 2 centa, sitniž.

**stoa** (sto'a), *n.* pokriven hodnik, trijem.

**stoat** (stōt), *n.* hermelin, zerdav.

**stock** (stȧk), *v.* oskrbiti marvom, snabdjeti sjemenjem, napuniti zalihom (*bilo česa*); nasaditi ruču, nakupiti, opremiti; nicati; — *a.* uvijek držan u pripravi, stalan, trajan; — *n.* deblo, stablo, stup; kundak; porijetlo, koljeno; blago, marva, stoka; glavnica, zaklada, zaliha, predmet; (*u pl.*) dionice, državne zadužnice; ljubičina (*biljka*).

**stockade** (stȧke'jd), *v.* opkoliti stupovima, ograditi koljem; — *n.* ograda od stupova *ili* kolja, sojenica.

**stockbroker** (stȧ'kbrō'kör), *n.* mešetar dionicama *ili* mjenicama.

**stockbroking** (stȧ'kbrō'king), *n.* mešetarenje diomcania *ili* mjenicama.

**stock-exchange** (stȧ'keksče'jnđ), *n.* burza vjeresijskih papira.

**stock-fish** (stȧ'kfi'š), *n.* bakalar.

**stockholder** (stȧ'khō'ldör), *n.* dioničar.

**stocking** (stȧ'king), *n.* čarapa.

**stock-jobber** (stȧ'kđȧ'bör), *n.* trgovac *ili* burzovni špekulant državnih papira.

**stock-list** (stȧ'kli'st), *n.* tečajna listina.

**stock-still** (stȧ'ksti'l), *a.* miran kao stup, nepomičan.

**stock-taking** (stȧ'kte'jking), *n.* popis i procjemba robe.

**stocky** (stȧ'ki), *a.* bucmast, zdepast.

**stodgy** (stȧ'đi), *a.* zbijen, grudast, tup, težak.

**stogy** (stō'gi), *n.* vrsta duge i jeftine cigare; debela i teška cipela.

**stoic** (sto'ik), *n.* stoik, bešćutnik.

**stoical** (sto'iköl), *a.* ravnodušan, stoičan, bešćutan.

**stoically** (sto'iköli), *adv.* stoično, ravnodušno.

**stoicism** (sto'isizm), *n.* ravnodušnost, bešćutnost, stoicizam.

**stoke** (stōk), *v.* ložiti (*gorivom*).

**stoker** (stō'kör), *n.* ložač, grijač, žarilo.

**stoke-hole** (stō'khō'l), *n.* otvor peći.

**stole** (stōl), *n.* štola; — *imp. od:* **steal.**

**stolid** (stȧ'lid), *a.* bešćutan, neosjetan, tup, budalast.

**stolidity** (stoli'diti), *n.* bešćutnost, tupost.

**stolidly** (stȧ'lidli), *adv.* bešćutno, tupo, glupo.

**stoma** (stō'mö), *n.* ušće, pora.

**stomach** (stȧ'mök), *v.* progutati, pretrpjeti; — *n.* želudac, trbuh; tek, nagnuće.

**stomacher** (stȧ'möčör), *n.* prsni rubac.

**stomachic** (stomȧ'kik), *a.* želudačni.

**stone** (stōn), *v.* bacati kamenje, kamenovati, otkloniti kamenje, snabdjeti kamenjem; — *a.* kamenit, kamen; — *n.* kamen, hrid; koštica; tuča, kamenac, mjera od 14 funti.

**stone-blind** (stō'nbla'jnd), *a.* sasvim slijep.

**stonechat** (stō'nčȧ't), *n.* bjelorepka (*ptica*).

**stone-cutter** (stō'nkȧ'tör), *n.* klesar.

**stone-dead** (stō'ndẹ'd), *a.* posve mrtav.

**stone-deaf** (stō'ndẹ'f), *a.* posve gluh.

**stone-fruit** (stō'nfru't), *n.* koštunica.

**stone's-throw** (stō'nztrọ'ụ), *n.* kamomet, daljina, dokle se kamen može rukom baciti.

**stoneware** (stō'nụȧ'r), *n.* kamena roba.

**stonework** (stō'nụọ'rk), *n.* kamena građevina.

**stony** (stō'ni), *a.* kamenit, kamen.

**stony-hearted** (stō'niha'rted), *a.* kamena srca, okrutan.

**stood** (stud), *imp. i pp. od:* **stand.**

**stook** (stūk), *v.* slagati u krstine; — *n.* krstina, kup naslagan od uspravljenih snopova.

**stool** (stūl), *v.* vabiti, orati, obrađivati; postavljati; tjerati mladice; dati se privabiti, čistiti se; — *n.* stolac bez naslona, stolica; nužnik; balega; vabilo, meka.

**stoop** (stūp), *v.* pognuti (se), sagnuti (se), nakloniti (se), sniziti, svrgnuti (*sa časti*), popustiti, oboriti; — *n.* sagibanje, prignuće, poklon, poniženje; sjedalo pred kućnim vratima; čaša, iz koje se pije.

**stop** (ståp), *v.* zaustaviti (se), zadržati (se), zatvoriti, zapriječiti, prestati, ostati; stati, boraviti, obustaviti, prekinuti; začepiti; — *n.* zaprjeka, prekid, stanka, odmor, stanica, prestanak, zaustava, zapor, točka, svršetak.

**stop-cock** (stå'pkå'k), *n.* pipa.

**stop-gap** (stå'pgă'p), *n.* čep, privremena pomoć.

**stoppage** (stå'peđ), *n.* zaustava, začepljenje, zaprjeka, zastoj, obustava, odbitak od plaće.

**stopper** (stå'pör), *v.* zatisnuti, začepiti; — *n.* čep, zapinjač, zapirač.

**stopping** (stå'ping), *n.* zaustavljenje, začepljenje; postoj; ispunjavanje.

**stopple** (ståpl), *v.* začepiti, zabiti; — *n.* čep, vranj.

**stop-watch** (stå'pua̱'č), *n.* ura sa zapinjačem.

**storage** (sto'ređ), *n.* smještanje stvari u skladište, skladište; skladišna pristojba.

**store** (stōr), *v.* stavljati, gomilati, pohraniti, oskrbiti, smještati u skladište, snabdjeti; suzdržati; — *n.* zaliha, gomila, skladište, magazin, dućan.

**storehouse** (stō'rha̱'us), *n.* skladište, spremište.

**store-keeper** (stō'rkī'pör), *n.* trgovac, dućandžija, čuvar skladišta.

**store-room** (stō'rrū'm), *n.* komora.

**storey**, *isto kao*: **story.**

**storied** (sto'rid), *a.* pripovjesni, pripovijedan, glasovit (*u pripovjesti*).

**stork** (stōrk), *n.* roda.

**storm** (stōrm), *v.* uzeti na juriš, bjesniti, bučiti; — *n.* bura, oluja, prolom, juriš, uzbuđenje.

**storm-stayed** (stō'rmste'jd), *a.* zaustavljen olujom.

**stormy** (stō'rmi), *a.* buran, bučan, srdit.

**story** (stō'ri), *v.* kazivati pripovjesti, bajati, okititi povjesničkim prikazama; — *n.* pripovijest, priča, izvještaj, glasina, navod; laž; kat, sprat.

**stoup** (stūp), *n.* kupa, škropionica.

**stout** (sta̱'ut), *a.* jak, čvřst, snažan, smion, odlučan; krupan; — *n.* porter (*vrsta crne pive*).

**stoutly** (sta̱'utli), *adv.* smiono, odlučno.

**stoutness** (sta̱'utnes), *n.* snažnost, odlučnost, srčanost; krupnost.

**stove** (stōv), *n.* peć, soba za sušenje.

**stover** (stō'vör), *n.* krma, kukuruznica.

**stow** (stō), *v.* odstraniti, spremiti, složiti, sakriti; otkinuti, odsjeći.

**stowage** (sto̱'eđ), *n.* spremanje, trpanje, mjesto za prtljagu; pristojba za spremljene stvari.

**stowaway** (stō'ăue̱'j), *n.* osoba, koja se sakrije na brodu, da se preveze badava.

**strabismus** (străbi'zma̱s), *n.* gledanje unakrst, razrokost.

**straddle** (strădl), *v.* raširiti noge, raskoračiti se; sjediti raskoračeno; — *n.* raskoračenje nogu, šetanje, sjeđenje *ili* jašenje raskoračenih nogu.

**straggle** (străgl), *v.* lutati, skitati se, raštrkati se; događati se u razna vremena.

**straggler** (stră'glör), *n.* lutalac, skitnica.

**straight** (strejt), *v.* izravnati; — *a.* ravan, uspravan, pošten, pravi, čist; — *adv.* ravno, pravo, iskreno, upravo.

**straight-edge** (stre'jte'đ), *n.* ravnalo.

**straighten** (stre'jtn), *v.* ravnati, izravnati, ispraviti, urediti.

**straightforward** (stre'jtfo'ruörd), *a.* otvoren, čist, pošten, pravedan; — *adv.* ravno naprijed.

**straightforwardly** (stre'jtfo'ruördli), *adv.* otvoreno, pošteno.

**straightly** (stre'jtli), *adv.* ravno; u ravnom pravcu.

**straightway** (stre'jtue̱'j), *adv.* izravno, odmah, bezodvlačno.

**strain** (strejn), *v.* napeti (se), naprezati (se), napinjati (se), tiskati; (pro), cijediti, siliti; navaliti; iščašiti; — *n.* napetost, naprezanje, napor, pritisak, sila; glas, akord; napjev, pjesma; raspoloženje; pasmina, pleme, porijeklo; naklonost.

**strained** (strejnd), *a.* napet, prisiljen.

**strainer** (stre'jnör), *n.* cjedilac, cjediljka, cjedilo.

strait (strejt), *a.* tijesan, uzak, strog;
— *n.* klanac, tjesnac, tijesno, ušće;
poteškoća, škripac.

straiten (strejtn), *v.* stijesniti, suziti,
stegnuti; staviti u škripac.

strait-jacket (stre'jtđă'ket), *n.* stez-
nik (*za umobolne ili uznike*).

strait-laced (stre'jtle'jst), *a.* steg-
nut, prestrog, pretočan.

straitly (stre'jtli), *adv.* tijesno, teško.

strake (strejk), *n.* popelo (*štice po
boku broda*).

stramineous (strămi'ni̯as), *a.* slam-
nast.

stramonium (strămō'ni̯am), *n.* ta-
tula.

strand (strănd), *v.* nasukati (se),
nasjesti, baciti na obalu, rasukati;
— *n.* igalo, žal; struka (*užeta*).

strange (strēnđ), *a.* tuđ, stran, čudan,
neobičan, neiskusan.

strangely (strē'nđli), *adv.* čudno,
neobično, izvanredno.

stranger (strē'nđör), *n.* stranac, tu-
đin, neznanac, posjetnik.

strangle (străngl), *v.* zagušiti, daviti;
umiriti.

strangler (stră'nglör), *n.* davitelj,
ugušivač.

strangles (stră'nglz), *n.* gunturać
(*konjska bolest*).

strangulate (stră'ngjulejt), *v.* zagu-
šiti, zadaviti, stisnuti.

strangulation (stră'ngjule'jšön), *n.*
gušenje, zadavljenje.

strangury (stră'ngjuri), *n.* teško i
bolno mokrenje.

strap (străp), *v.* svezati remenom,
tući remenom, brusiti na remen; —
*n.* remen, sapinjač; epoleta.

strapper (stră'pör), *n.* onaj, koji
rabi remen; snažan čovjek.

strapping (stră'ping), *a.* stasit, lijep,
krasan.

stratagem (stră'töđem), *n.* ratno
lukavstvo, varka.

strategic (străte'đik), strategical
(străte'điköl), *a.* strategijski.

strategist (străte'đist), *n.* strateg,
vješt vojskovođa.

strategy (stră'teđi), *n.* strategija,
ratna vještina.

strath (străt), *n.* široka, otvorena
dolina.

strathspey (stră'tspe'j), *n.* živahan
ples.

stratification (stră'tifike'jšön), *n.* po-
redanje u slojeve, naslaga.

stratiform (stră'tiform), *a.* slojevan,
naslagan.

stratify (stră'tifaj), *v.* poredati u
slojeve, naslagati.

stratum (stre'jtam), *n.* sloj, naslaga.

stratus (stre'jtas), *n.* nizak, gust i
vodoravan oblak.

straw (strà), *a.* slamnat; — *n.* slama,
slamka.

strawberry (strà'be'ri), *n.* jagoda.

strawy (strà'i), *a.* slamnat, lagan
kao slamka.

stray (strej), *v.* saći s puta, bluditi,
tumarati; — *a.* zalutao, zabludio;
— *n.* zalutala životinja.

streak (strīk), *v.* označiti prugama,
učiniti pruge, nacrtkati; pobjeći; —
*n.* pruga, crta, žila, trag; malo.

streaky (strī'ki), *a.* prugast, išaran
prugama.

stream (strīm), *v.* strujati, izlijevati,
razviti; ispirati; — *n.* rijeka, potok,
struja, tok, brzica.

streamer (strī'mör), *n.* razvijena
zastava, što se vijori, barjačić; zraka.

streamlet (strī'mlet), *n.* potočić.

streamy (strī'mi), *a.* pun rijeka,
strujni.

street (strīt), *n.* ulica, cesta.

strength (strengt), *n.* snaga, jakost,
sila, moć; potpora.

strengthen (stre'ngten), *v.* krijepiti,
ojačati, utvrditi.

strenuous (stre'nju̯as), *a.* radin, mar-
ljiv, silan, ozbiljan, gorljiv.

strenuously (stre'nju̯asli), *adv.* oz-
biljno, marno.

stress (stres), *v.* tlačiti; naglasiti; — *n.*
težina, pritisak, sila; važnost; nagla-
sak.

stretch (streč), *v.* nategnuti, proteg-
nuti (se), pružiti (se), raširiti (se),
pretjerati, protezati se; — *n.* pro-
tezanje, pružanje, opseg, prostor;
napetost; kret.

stretcher (stre'čör), *n.* rastezatelj,
raspinjač, nosila; uzdužni kamen.

strew (strū), *v.* posuti, sijati, sipati.

stria (stra'jö), *n.* pruga, brazda.

striate (stra'jet), *v.* činiti pruge,
žlijebiti; — *n.* prugast, izžlijebljen.

striation (strae'jšön), *n.* prugavost,
brazdičavost.

**stricken** (strikn), *pa.* ranjen, udaren, pogođen, bolestan, ostario.

**strickle** (strikl), *n.* raz.

**strict** (strikt), *a.* strog, oštar, točan; određen; tijesan, napet.

**strictly** (stri'ktli), *adv.* strogo, oštro, točno.

**strictness** (stri'ktnes), *n.* strogost, točnost.

**stricture** (stri'kćur), *n.* oštra kritika; suživanje kanala; tjesnoća, uzina.

**stride** (strajd), *v.* praviti duge korake (*u hodu*), raskoračiti se, prekoračiti; — *n.* dugi korak, izmjeren korak; napredak.

**strident** (stra'jdent), *a.* kriješteći.

**stridulate** (stri'đulejt), *v.* kriještiti, cičati, škripati.

**strife** (strajf), *n.* svađa, borba, utakmica; težnja, napor.

**strigil** (stri'đil), *n.* strugač.

**strike** (strajk), *v.* udariti, tući, biti; pronaći, pogoditi; opaliti; ugovoriti; probosti; upasti u oči; sudariti se, tući se; spustiti (*zastavu, jedra itd.*); štrajkati, neraditi; — *n.* udaranje, udarac; štrajk, obustava rada; raz, nenadani pronalazak rude.

**strike-breaker** (stra'jkbre'jkör), *n.* štrajkolomac, dovađatelj štrajkolomaca.

**striker** (stra'jkör), *n.* štrajkaš, udaralac, grušilo.

**striking** (stra'jking), *a.* napadan, (iz)vanredan, znatan.

**strikingly** (stra'jkingli), *adv.* vanredno, znatno.

**string** (string), *v.* objesiti na uzicu, staviti žice (*na tamburu, itd.*), nategnuti žice, udesiti (*žice*), sputati (*dretvom*), vući se u niti; — *n.* trak, bič, uzica, dretva, nit, žica, struna, tetiva (*za luk*); red, niz.

**stringency** (stri'nđensi), *n.* strogost, oštrina.

**stringent** (stri'nđent), *a.* strog, oštar, čvrst.

**stringer** (stri'ngör), *n.* uzdužna podloga.

**stringy** (stri'ngi), *a.* vlaknat, nitast, žilav, ljepljiv.

**strip** (strip), *v.* svući, raskriti, otkriti, pljačkati, plijeniti, lišiti; dojiti; oguliti; raspremiti;—*n.* pruga, potez; put.

**stripe** (strajp), *v.* naprugati; — *n.* pruga, udarac; masnica.

**striped** (strajpt), *a.* prugast.

**stripling** (stri'pling), *n.* momak, mladić.

**strive** (strajv), *v.* težiti, žuditi, naprezati se, boriti se.

**strode** (strōd), *imp. od:* **stride.**

**stroke** (strōk), *v.* milovati, gladiti (*rukom*); — *n.* kret, zamah; potez (*pera*); udarac, navala; kap.

**stroke-oar** (strō'kō'r), *n.* prvo veslo, prvi veslač.

**stroll** (strōl), *v.* tumarati, hodati; — *n.* tumaranje, hodanje, šetnja.

**stroller** (strō'lör), *n.* protuha, skitnica; putujući glumac.

**strong** (strång), *a.* jak, moćan, silan, čvrst.

**stronghold** (strå'nghō'ld), *n.* utvrda, tvrđava.

**strongly** (strå'ngli), *adv.* jako, znažno, vrlo.

**strong-minded** (strå'ngma'jnded), *a.* jakog duha, čvrsta značaja.

**strong-room** (strå'ngrū'm), *n.* soba, u kojoj se drže dragocjenosti.

**strop** (stråp), *v.* brusiti (*na remenu*); — *n.* remen (*za britvu*).

**strophe** (stro'fi), *n.* strofa, kitica.

**strophic (al)** (strå'fik(öl), *a.* strofičan.

**strove** (strōv), *imp. od:* **strive.**

**struck** (strak), *imp. i pp. od:* **strike.**

**structural** (stra'kćuröl), *a.* sastavni, ustrojni, organičan.

**structure** (stra'kćur), *n.* zgrada, gradnja, sastav, ustroj.

**struggle** (stragl), *v.* boriti se, napinjati se, truditi se; — *n.* borba, napor, naprezanje.

**strum** (stram), *v.* zlo udarati (*u tamburu*), brenkati, drnjkati.

**struma** (strū'mö), *n.* škrofula, kehla, guša.

**strumose** (strū'mos), *a.* škrofulozan, kehlav, gušav.

**strumpet** (stra'mpet), *n.* bludnica.

**strung** (strang), *imp. i pp. od:* **string.**

**strut** (strat), *v.* naduto hodati, kočoperiti se; — *n.* gizdav hod.

**strychnin** (stri'knin *ili* stri'knajn), *n.* strihnin.

**stub** (stab), *v.* krčiti, odstraniti panjeve *ili* korene; — *n.* panj, ostatak, kontrolni dio čeka.

**stubbed** (stabd), *a.* učinjen u panj, pun panjeva; uporan, čvrst,.tup.

**stubble** (stabl), *n.* strnjika, strnište.

**stubbly** (sta'bli), *a.* strnišni.
**stubborn** (sta'börn), *a.* tvrdoglav, tvrdokoran, uporan.
**stubbornly** (sta'börnli), *adv.* tvrdoglavo, tvrdokorno, uporno.
**stubbornness** (sta'börnes), *n.* tvrdoglavost, tvrdokornost, upornost.
**stubby** (sta'bi), *a.* pun panjeva, bucmast, zdepast.
**stucco** (sta'ko), *v.* oličiti štukom; — *n.* štuk, gips.
**stuck** (stak), *imp. i pp. od*: **stick.**
**stuck-up** (sta'ka'p), *a.* naprćen, nadut, gizdav.
**stud** (stad), *v.* obiti čavlićima, uresiti, okovati; — *n.* stup, potporanj, čavao; puce (*od košulje*); klinac; čopor konja; ždrebarnica; pastuh.
**stud-book** (sta'dbu'k), *n.* zapisnik o poreklu konja.
**studding-sail** (sta'dingse'jl), *n.* pobočno jedro.
**student** (stju'dent), *n.* đak, učenik; istraživač.
**stud-horse** (sta'dhō'rs), *n.* pastuh, ždrebac.
**studied** (sta'did), *a.* navlašan, promišljen, učen, vješt.
**studio** (stju'dio), *n.* umjetnička radionica.
**studious** (stju'dias), *a.* marljiv u učenju, revan, brižan, promišljen.
**studiously** (stju'diasli), *adv.* revno, marno, brižno.
**study** (sta'di), *v.* učiti (se), proučavati; misliti, snovati, razmatrati, istraživati; — *n.* učenje, nauka, proučavanje, razmišljanje, misao, trud, revnost; soba za učenje.
**stuff** (staf), *v.* trpati, napuniti, nagnjesti, začepiti, našopati, prenajesti se; — *a.* vunen,ᴗsuknen; — *n.* roba, stvar, predmet; vunena tkanina; **to stuff a ballot-box,** stavljati glasovnice u izbornu žaru prijevarno.
**stuffer** (sta'för), *n.* trpač, napunjač, sprava za punjenje.
**stuffing** (sta'fing), *n.* roba, s kojom se nješto puni, punjenje; nadjev, dolma.
**stuffy** (sta'fi), *a.* zagušljiv, sparan.
**stultification** (sta'ltifike'jšön), *n.* zaluđivanje.
**stultifier** (sta'ltifa'er), *n.* zaluđivač.
**stultify** (sta'ltifaj), *v.* protusloviti se, zaluditi, praviti (se) ludim.

**stum** (stam), *v.* zaustaviti vrenje; — *n.* mošt.
**stumble** (stambl), *v.* popiknuti se, posrnuti, spotaći se, zabasati; — *n.* spotaknuće, posrtanje, pogrješka, krivi korak.
**stumbling-block** (sta'mblingblā'k), **stumbling-stone** (sta'mblingstō'n), *n.* smetnja, zapreka.
**stump** (stamp), *v.* putovati naokolo i držati političke govore, izazivati, odsjeći, zatupiti; iščupati; hoditi ukoćeno; — *n.* panj, kusatak, trošan zub, škrba, štapić.
**stump-orator** (sta'mpā'rötör), *n.* izborni govornik, kortešator.
**stump-speech** (sta'mpspi'č), *n.* izborni (*kortešacijoni*) govor.
**stumpy** (sta'mpi), *a.* obilat panjevima, kratak i debeo.
**stun** (stan), *v.* omamiti, zaglušiti, osupnuti, zapanjiti.
**stunner** (sta'nör), *n.* onaj, koji omami, što zaglušuje; zamamna osoba.
**stunning** (sta'ning), *pa.* zamaman, zaglušan, zapanjujući, izvrstan.
**stunt** (stant), *v.* zakržljaviti, prječiti rast; — *n.* zakržljanje, kržljav rast, zakržljala životinja *ili* stvar, veliko djelo.
**stunted** (sta'nted), *a.* kržljav, zakržljav.
**stupe** (stjup), *n.* topli oblog za ranu.
**stupefaction** (stju'pifā'kšön), *n.* otupljenje, mrtvilo, neosjetljivost, onesvijećenje.
**stupefy** (stju'pifaj), *v.* otupiti, omamiti, umrtviti.
**stupendous** (stjupe'ndas), *a.* golem, ogroman.
**stupid** (stju'pid), *a.* tupoglav, bezuman.
**stupidity** (stjupi'diti), *n.* tupoglavost, bezumlje, glupost.
**stupidly** (stju'pidli), *adv.* bezumno, glupo, tupo.
**stupor** (stju'pör), *n.* mrtvilo, neosjetnost, ukočenost, zaprepašćenje.
**stuporous** (stju'pöras), *a.* umrtven, ukočen, zaprepašćen.
**sturdily** (stö'rdili), *adv.* snažno, uporno, smiono.
**sturdiness** (stö'rdines), *n.* jakost, snažnost, upornost, čvrstoća.

**sturdy** (stö'rdi), *a.* krupan, jak, okoreo, čvrst.

**sturgeon** (stö'rđön), *n.* jesetra (*riba*).

**sturt** (stört), *n.* muka, neprilika.

**stutter** (sta̲'tör), *v.* mucati, teško govoriti; — *n.* mucanje, teško izgovaranje riječi.

**stutterer** (sta̲'törör), *n.* mucavac.

**stuttering** (sta̲'töring), *n.* mucanje.

**sty** (staj), *v.* zatvoriti u kotac; — *n.* kotac, svinjac; ječmenac (*na oku*).

**Stygian** (sti'điön), *a.* taman, podzeman, paklen.

**style** (sta'el), *v.* nazvati, nasloviti; — *n.* način ponašanja, otmenost, moda, običaj, uglađenost; pisaljka, šiljak; postupak, slog, stil.

**stylet** (sta'jlet), *n.* šiljak, bodež.

**stylish** (sta'jliš), *a.* elegantan, ukusan, moderni.

**stylist** (sta'jlist), *n.* vještak u književnom stilu, stilist.

**stylistic** (stajli'stik), *a.* stilističan.

**styptic** (sti'ptik), *a.* što može zaustaviti krvarenje; — *n.* sredstvo, kojim se zaustavi krv.

**suable** (sju'öbl), *a.* tuživ, utuživ.

**suasion** (su̲e'jžön), *n.* nagovaranje, nagovor.

**suasive** (su̲e'jziv), *a.* nagovorljiv, uvjerljiv.

**suave** (su̲e'jv), *a.* prijatan, blag, ugodan, dobrostiv.

**suavely** (su̲e'jvli), *adv.* blago, prijatno, ugodno.

**suavity** (su̲a'viti), *n.* prijatnost, milina, ugodnost.

**sub** (sa̲b), *n.* zamjenik, podređenik; — *prefix.* pod, ispod; — *skraćeno od*: **subject, substitute, suburb, suburban.**

**subacid** (sa̲ba̲'sid), *a.* kiselast.

**subaltern** (sa̲ba̲'ltörn), *a.* podređen, podčinjen; — *n.* podređeni činovnik, podčasnik.

**subalternate** (sa̲'ba̲ltö'rnet), *a.* podređen, podložan, postepen, naizmjeničan.

**subalternation** (sa̲ba̲'ltörne'jšön), *n.* sljeđenje, sljedovanje.

**subaqueous** (sa̲be'jku̲ia̲s), *a.* podvodni.

**subcommittee** (sa̲'bkömi'ti), *n.* pododbor.

**subconscious** (sa̲bka̲'nša̲s), *a.* donekle svijestan, nejasan.

**subcutaneous** (sa̲'bkjute'jnia̲s), *a.* potkožni.

**subdeacon** (sa̲'bdi'kn), *n.* poddakon.

**subdean** (sa̲'bdi'n), *n.* poddekan.

**subdivide** (sa̲'bdiva'jd), *v.* podrazdijeliti, odijeliti se.

**subdivision** (sa̲'bdivi'žön), *n.* niži razred, niži odjel.

**subdual** (sa̲bdju'öl), *n.* svladanje, podjarmljenje.

**subduce** (sa̲bdju's), **subduct** (sa̲bda̲'kt), *v.* oduzeti, odbiti.

**subdue** (sa̲bdju'), *v.* savladati, upokoriti, podjarmiti, slomiti, utišati, pobijediti, ukrotiti.

**subduer** (sa̲bdju'ör), *n.* pobjednik, ukrotitelj, svladatelj.

**sub-editor** (sa̲'be'ditör), *n.* podurednik.

**suber** (sju'bör), *n.* pluto.

**suberic** (sjube'rik), *a.* plutast, kao pluto.

**subito** (su'bito), *adv.* iznenada, naglo.

**subjacent** (sa̲bđe'jsent), *a.* ležeći ispod *ili* niže.

**subject** (sa̲bđe'kt), *v.* podvrći, izložiti, staviti pred; svladati, ukrotiti; — (sa̲'bđekt), *a.* izložen, podvrgnut, podređen, sklon; — *n.* podanik, osoba; predmet, stvar; podmet, subjekat.

**subjection** (sa̲bđe'kšön), *n.* upokorenje, zavisnost, podjarmljenje, jaram, pokornost.

**subjective** (sa̲bđe'ktiv), *a.* subjektivan, prirođen.

**subjectively** (sa̲bđe'ktivli), *adv.* subjektivno, prirođeno.

**subjectivity** (sa̲'bđekti'viti), *n.* subjektivnost, prirođenost.

**subject-matter** (sa̲'bđektmă'tör), *n.* predmet.

**subjoin** (sa̲bđo'jn), *v.* nadodati, pridijeliti, pridati.

**subjugate** (sa̲'bđugejt), *v.* upokoriti, pobijediti, svladati, podjarmiti.

**subjugation** (sa̲'bđuge'jšön), *n.* upokorenje, podjarmljenje, podložnost.

**subjugator** (sa̲'bđuge'jtör), *n.* podjarmitelj, svladatelj.

**subjunction** (sa̲bđa̲'nkšön), *n.* pridodanje, nadodatak.

**subjunctive** (sa̲bđa̲'nktiv), *a.* konjuktivan; — *n.* konjuktiv.

**sublease** (sa̲'bli's), *n.* podzakup.

**sublet** (sạble't), v. dati u podzakup *ili* podnajam.

**sublimate** (sạ'blimejt), v. prehlapljivati, pročistiti, uzvisiti; — a. prehlapljen, pročišćen: — n. sublimat.

**sublimation** (sạ'blime'jšön), n. prehlapljivanje, pročišćivanje, uzvišenje.

**sublime** (subla'jm), v. uzvisiti, oplemeniti, oduševiti; — a. divan, uzvišen, visok, veličanstven.

**sublimely** (subla'jmli), adv. uzvišeno, veličanstveno, divno.

**sublimity** (subli'miti), n. uzvišenost, veličanstvenost, visina.

**sublingual** (söbli'ngual), a. podjezični.

**sublunary** (sạ'bljuneri), a. što se nalazi ispod mjeseca; zemaljski, svjetovni.

**submarine** (sạ'bmöri'n), v. potonuti podmornicom; — a. podmorski; — n. podmornica, submarina.

**submarine-boat** (sạ'bmöri'nbō't), n. podmornica (lađa), submarina.

**submaxillary** (sạbmă'ksileri), a. podčeljusni; — n. doljna čeljust.

**submediant** (sạbmi'diönt), n. (u glazbi) šestina škale.

**submerge** (sạbmö'rđ), v. zaroniti, zagnjuriti, utopiti.

**submersed** (sạbmö'rst), a. što raste pod vodom.

**submission** (sạbmi'šön), n. podvrgavanje, predaja, pokornost, poslušnost, poniznost.

**submissive** (sạbmi'siv), a. pokoran, krotak, ponizan.

**submissively** (sạbmi'sivli), adv. pokorno, ponizno, čedno.

**submissiveness** (sạbmi'sivnes), n. pokornost, podložnost, čednost.

**submit** (sạbmi't), v. uručiti, predložiti, dostavljati, podastrijeti, popustiti, poḍati se, podleći, predati se, pokoriti se.

**submultiple** (sạbmạ'ltipl), n. broj, koji je više puta sadržan u drugom kojem broju.

**subnormal** (sạbno'rmöl), a. nenormalan, neredovit.

**suborder** (sạbo'rdör), n. podrazred.

**subordinate** (sạbo'rdinet), v. podrediti; — a. podređen, potčinjen, drugotan; — n. potčinjenik.

**subordinately** (sạbo'rdinetli), adv. podređeno.

**subordination** (sạbo'rdine'jšön), n. potčinjenost, podređenost, podložnost, zapt.

**suborn** (sạbō'rn), v. zavesti na krivu prisegu, nagovoriti na počinjenje zločina.

**subornation** (sạ'borne'jšön), n. zavođenje na krivu prisegu, podmićivanje svjedoka.

**suborner** (sạbō'rnör), n. zavodnik na krivu prisegu, podmićivač svjedoka.

**subpena** (sạbpi'nö), v. sudbeno pozvati; — n. sudbena pozivnica.

**subrogate** (sạ'brogejt), v. zamijeniti.

**subrogation** (sạ'broge'jšön), n. zamjena (vjerovnika).

**sub rosa** (sạbrō'zö), u strogoj povjerljivosti, tajno.

**subscribe** (söbskra'jb), v. potpisati (se), upisati, privoljeti, pretplatiti se.

**subscriber** (söbskra'jbör), n. pretplatnik, upisanik, doprinosnik.

**subscript** (söbskri'pt), a. napisan ispod.

**subscription** (söbskri'pšön), n. potpisivanje, potpis, upisana svota, pretplata.

**subsection** (sạbse'kšön), n. pododsjek, podrazdio.

**subsequence** (sạ'bsikuens), n. slijeđenje, što dolazi kasnije.

**subsequent** (sạ'bsikuent), a. slijedeći, kašniji, nastupni.

**subsequently** (sạ'bsikuentli), adv. poslije, kasnije.

**subserve** (sạbsö'rv), v. služiti, promicati, podupirati.

**subserviency** (sạbsö'rviensi), n. koristonosnost, probitačnost, posluga, podložnost.

**subservient** (sạbsö'rvient), a. koristan, poslužan, pokoran, podložan.

**subside** (söbsa'jd), v. sleći se, utaložiti se, jenjati, pasti (na dno).

**subsidence** (söbsa'jdens *ili* sạ'bsidens), n. slegnuće, padanje, jenjanje, popuštanje; talog.

**subsidiary** (sạbsi'dieri), a. pripomoćni, pomoćni; — n. pomagač, pomoćnik, pomoć.

**subsidize** (sạ'bsidajz), v. snabdjeti novcem, pomagati novcem, subvencijonirati.

subsidy (sạ'bsidi), n. novčana potpora, subvencija.

subsist (sạbsi'st), v. postojati, opstojati, biti, živiti, uzdržavati.

subsistence (sạbsi'stens), n. postojanje, život, življenje, opstanak, biće; hrana.

subsistent (sạbsi'stent), a. opstojan, priroden.

subsoil (sạ'bso'el), v. duboko orati, preoravati; — n. zemlja zdravica (koja se nalazi ispod površine zemlje).

subsoil-plow (sạ'bsọ'elpla'u), n. duboki plug.

subspecies (sạ'bspi'šīz), n. podvrsta.

substance (sạ'bstöns), n. tvar, sirovina, stvar, tijelo, bitnost, sadržaj, smisao, bistvo; — in substance (in sạ'bstöns), u glavnome.

substantial (söbstă'nšöl), a. bitan, dobar, pravi, krepak, jak, čvrst, gust, vrijedan, solidan.

substantiality (söbstă'nšiă'liti), n. bitnost, tvarnost, istinitost, jakost, krepkost, vrijednost.

substantially (söbstă'nšöli), adv. u bitnosti, u glavnom, jako.

substantiate (söbstă'nšiejt), v. potvrditi, dokazati, utvrditi.

substantiation (söbstă'nšie'jšön), n. potvrđenje, potvrda, dokaz.

substantival (sạ'bstănta'jvöl), a. imenički.

substantive (sạ'bstöntiv), a. bitan, neovisan, stvaran, trajan, izričan, imenički; — n. samostavnik, imenica.

substitute (sạ'bstitjut), v. zamijeniti, izmijeniti; — n. zamjenik, izaslanik; zamjena.

substitution (sạ'bstitju'šön), n. zamjena, zamjenjivanje.

substitutional (sạ'bstitju'šönöl), a. izmjenljiv.

substratum (sạbstre'jtạm), n. niži sloj, substrat, temelj, podloga.

substructural (sạbstrạ'kćöröl), a. temeljni, podzidni.

substructure (sạbstrạ'kćör), n. podgradnja, temelj.

subsume (sạbsjū'm), v. staviti u stanoviti razred, razvrstati, obuhvatati.

subtenant (sạbte'nönt), n. podstanar, podzakupnik.

subtend (sạbte'nd), v. biti protivan, pružati se.

subterfuge (sạ'btörfjuđ), n. izlika, izgovor.

subterranean (sạ'btere'jniön), a. podzemni.

subtile (sạ'btil ili sạtl), a. fin, nježan, rijedak, prepreden, domišljat, lukav.

subtility (sạbti'liti), n. cjepidlačenje, finoća; prepredenost.

subtilize (sạ'btilajz), v. učiniti finim, prorijediti, fino izmudrovati, cjepidlačiti.

subtle (sạtl), a. prepreden, prefrigan, lukav, pronicav, prefin, vješt.

subtlety (sạ'tlti), n. prepredenost, lukavost, vještina.

subtly (sạ'tli), adv. prepredeno, lukavo, vješto.

subtract (sạbtră'kt), v. odbiti, oduzeti.

subtracter (sạbtră'ktör), n. oduzimač, odbijač.

subtraction (sạbtră'kšön), n. odbijanje, oduzimanje, odbidba.

subtractive (sạbtră'ktiv), a. odbijajući, umanjujući.

subtrahend (sạ'btröhe'nd), n. odbitnik.

subtreasurer (sạbtre'žurör), n. podblagajnik.

subtreasury (sạbtre'žuri), n. podblagajna.

suburb (sạ'börb), n. predgrađe, okolica.

suburban (sạbö'rbön), a. predgradni.

subvene (sạbvī'n), a. predusresti, posredovati.

subvention (sạbve'nćön), n. novčana, potpora, pomoć, predusretnost.

subversion (sạbvö'ršön), n. oborenje, uništenje, prevrat.

subversive (sạbvö'rsiv), a. razoran, prevratan.

subvert (sạbvö'rt), v. razoriti, oboriti, prevratiti.

subverter (sạbvö'rtör), n. prevratnik.

subway (sạ'buẹ'j), n. podzemni put, podzemna željeznica.

succedaneous (sạ'ksidē'niạs), a. namjesni, zamjenični.

succedaneum (sạ'ksidē'niạm), n. namjesnik, zamjenik.

succeed (söksī'd), v. slijediti, naslijediti, uspjeti.

success (sökse's), n. uspjeh.

**successful** (sökse'sful), *a.* uspješan.
**successfully** (sökse'sfuli), *adv.* uspješno.
**succession** (sökse'šön), *n.* slijeđenje, niz, red, nasljedstvo, pravo nasljedstva, nasljedna loza.
**successional** (sökse'šönöl), *a.* nasljedni, uzastopni.
**successive** (sökse'siv), *a.* uzastopni, neprekidni.
**successively** (sökse'sivli), *adv.* uzastopce, redom.
**successor** (sökse'sör), *n.* nasljednik.
**succinct** (söksi'nkt), *a.* zbijen, kratak, jezgrovit.
**succinctly** (söksi'nktli), *adv.* kratko, jezgrovito.
**succinic** (söksi'nik), *a.* jantarov.
**succor** (sa̠'kör), *v.* priteći u pomoć, pomoći; — *n.* pomoć, pomagač.
**succory** (sa̠'köri), *n.* cikorija, zučanica.
**succotash** (sa̠'kötăš), *n.* jelo od kukuruza i graha.
**succulence** (sa̠'kjulens), *n.* sočnost.
**succulent** (sa̠'kjulent), *a.* sočan.
**succumb** (söka̠'m), *v.* podleći, umrijeti.
**succuss** (söka̠'s), *v.* stresti, prodrmati.
**succussion** (söka̠'šön), *n.* stresanje, prodrmanje, potres (*živčani*).
**such** (sa̠č), *a. i pron.* takav, ovakav, onakav; — *adv.* tako.
**suck** (sa̠k), *v.* sisati, upijati, crpsti; — *n.* sisanje; ono, što se sisa.
**sucker** (sa̠'kör), *n.* sisavac, sisaljka.
**sucking-fish** (sa̠'kingfi̠'š), *n.* ustavica (*riba*).
**suckle** (sa̠kl), *v.* dojiti, sisati.
**suckling** (sa̠'kling), *n.* dojenče, mlado.
**suction** (sa̠'kšön), *n.* sisanje, upijanje.
**suctorial** (sa̠ktō'riöl), *a.* upijajući, sisaći.
**sudatory** (sju'dötori), *a.* znojan, potan; — *n.* znojanica, znojna kupelj.
**sudden** (sa̠dn), *a.* iznenadan, nagao, žestok.
**suddenly** (sa̠'dnli), *adv.* iznenada, najednom, žestoko.
**suddenness** (sa̠'dnnes), *n.* nenadanost, naglost, žestina.
**sudor** (sjū'dör), *n.* znojenje, pot.
**sudoriferous** (sjū'döri'föra̠s), *a.* znojni, potni.

**sudorific** (sjū'döri'fik), *a.* znojni; — *n.* znojni lijek.
**suds** (sa̠dz), *n.* sapunica, pjena.
**sue** (sū), *v.* tužiti, utužiti; prositi, zamoliti.
**suer** (sū'er), *n.* prosac, molitelj.
**suet** (sjū'et), *n.* loj (*bubrežni*).
**suety** (sjū'eti), *a.* lojan.
**suffer** (sa̠'för), *v.* trpjeti, osjećati boli, snašati, iskusiti, štetovati, dozvoliti.
**sufferable** (sa̠'föröbl), *a.* trpljiv, podnošljiv.
**sufferance** (sa̠'föröns), *n.* snosljivost strpljivost, patnja, popustljivost.
**sufferer** (sa̠'förör), *n.* trpnik, patnik.
**suffering** (sa̠'föring), *n.* trpljenje, patnja, boli; podnašanje.
**suffice** (söfa̠'js), *v.* dostajati, biti dosta, udovoljiti.
**sufficiency** (söfi̠'šensi), *n.* dostatnost, dovoljnost, udobnost, sposobnost, samouobraženje.
**sufficient** (söfi̠'šent), *a.* dostatan; dovoljan, sposoban, moguć.
**sufficiently** (söfi̠'šentli), *adv.* dosta, dovoljno.
**suffix** (söfi̠'ks), *v.* dometnuti; — (sa̠'fiks), *n.* dometak, dometnuti slog.
**suffocate** (sa̠'fokejt), *v.* gušiti (se), zadušiti (se).
**suffocation** (sa̠'foke'jšön), *n.* dušenje, ugušenje.
**suffocative** (sa̠'foke'jtiv), *a.* zadušljiv, zagušan.
**suffragan** (sa̠'frögön), *a.* pomoćni; — *n.* posvećen biskup.
**suffrage** (sa̠'fređ), *n.* glas, privola, pravo glasovanja.
**suffragette** (sa̠'fređe't), *n.* sufragetkinja, žena, koja se bori za žensko pravo glasa.
**suffragist** (sa̠'fređist), *n.* izbornik.
**suffuse** (söfju'z), *v.* prelijevati, napuniti.
**suffusion** (söfju'žön), *n.* prelijevanje, plivanje.
**sugar** (šu̠'gör), *v.* šećeriti, zasladiti; — *a.* šećerni, sladorni; — *n.* slador, šećer.
**sugar-candy** (su̠'görkă'ndi), *n.* kristalni šećer.
**sugar-cane** (šū'görke'jn), *n.* sladorna trska.
**sugar-loaf** (šu̠'görlō'f), *n.* glava šećera.

**sugar-plum** (šu̱'görpla̱'m), *n.* ošećerena šljiva.

**sugary** (šu̱'göri), *a.* šećerni, sladak.

**suggest** (sögđe'st), *v.* primijetiti, natuknuti, predložiti.

**suggestion** (sögđe'sćön), *n.* primjedba, mig, sugestija.

**suggestive** (sögđe'stiv), *a.* primjetljiv; značajan.

**suicidal** (su'isa̱'jdöl), *a.* samoubilački.

**suicide** (su'isajd), *n.* samoubojstvo, samoubojica.

**suit** (sūt), *v.* prilagoditi (se), pristajati, stojati, udesiti, zadovoljiti, činiti; — *n.* tuženje, tužba, molba, prosidba; parnica; niz, red, skup; odijelo.

**suitability** (sju'töbi'litĭ), *n.* prilagodivost, prikladnost, shodnost.

**suitable** (sju'töbl), *a.* priličan, zgodan, primjeren, prikladan.

**suitably** (sju'töbli), *adv.* prilično, zgodno, dolično.

**suit-case** (sū'tke'js), *n.* kovčeg.

**suite** (su̱i't), *n.* niz, red, pratnja, pratioci.

**suitor** (sū'tör), *n.* tužitelj, prosac, molitelj.

**sulcate** (sa̱'lket), *a.* nabrazdan, ižlijebljen.

**sulcation** (sa̱lke'jšön), *n.* brazdanje, žlijebljenje.

**sulfate** (sa̱'lfet), *n.* sumporna kisela sol, sulfat.

**sulfid** (sa̱'lfid), *n.* sumporov spoj, sulfid.

**sulfite** (sö'lfajt), *n.* sumporna kisela sol.

**sulfur** (sa̱'lför), *n.* sumpor.

**sulfurate** (sa̱'lfjurejt), *v.* sumporiti.

**sulfuration** (sa̱'lfjure'jšön), *n.* sumporenje.

**sulfureous** (sa̱lfju'ria̱s), *a.* sumporan.

**sulfuric** (sa̱lfju'rik), **sulfury** (sa̱'lföri), *a.* sumporni.

**sulk** (sa̱lk), *v.* mrgoditi se, biti zlovoljan.

**sulkily** (sa̱'lkili), *adv.* zlovoljno, srdito.

**sulkiness** (sa̱'lkines), *n.* namrgođenost, zlovolja.

**sulky** (sa̱'lki), *a.* mrk, namrgođen, zlovoljan.

**sullen** (sa̱'len), *a.* tmuran, mrk, mrgodljiv, turoban; lijen.

**sullenly** (sa̱'lenli), *adv.* mrko, namrgođeno, neprijatno.

**sully** (sa̱'li), *v.* okaljati, zamrljati; — *n.* mrlja, ljaga.

**sulphate**, *vidi:* **sulfate.**

**sulphid**, *vidi:* **sulfid.**

**sulphite**, *vidi:* **sulfite.**

**sulphur**, *vidi:* **sulfur.**

**sulphurate**, *vidi:* **sulfurate.**

**sulphuration**, *vidi:* **sulfuration.**

**sulphureous**, *vidi:* **sulfureous.**

**sulphuric**, *vidi:* **sulfuric; sulphury,** *vidi:* **sulfury.**

**sultan** (sö'ltön), *n.* sultan.

**sultana** (sölta̱'nö), *n.* sultanija.

**sultanic** (sölta̱'nik), *a.* sultanski.

**sultriness** (sa̱'ltrines), *n.* sparina, omara, pripeka.

**sultry** (sa̱'ltri), *a.* sparan.

**sum** (sa̱m), *v.* u kratko izložiti, zbrojiti, izračunati; — *n.* svota, iznos, cjelina, zbroj; vrhunac; zadatak.

**sumac** (su̱'ma̱k *ili* šu̱'ma̱k), *n.* ruj.

**summarily** (sömä̱'rili), *adv.* brzo, odmah, bez otezanja.

**summariness** (sömä̱'rines), *n.* kratkost, brzina.

**summarize** (sa̱'mörajz), *v.* u kratko navesti, zgrupirati.

**summary** (sa̱'möri), *a.* zbijen, kratak, bezodvlačan; — *n.* kratak sadržaj, izvadak, kratak prijegled.

**summation** (söme'jšön), *n.* zbrajanje, skup.

**summer** (sa̱'mör), *v.* ljetovati, držati kroz ljeto; — *a.* ljetni; — *n.* ljeto; tram, podsjek; vješt zbrajač.

**summer-house** (sa̱'mörha̱'u̱s), *n.* ljetnikovac, sjenica.

**summerly** (sa̱'mörli), *a. i adv.* ljetni.

**summersault** (sa̱'mörsa̱lt), *n. vidi:* **somersault.**

**summer-time** (sa̱'mörta'jm), *n.* ljetno doba, ljeto.

**summery** (sa̱'möri), *a.* ljetni.

**summit** (sa̱'mit),*n.*vrh,vrhunac,visina.

**summon** (sa̱'mön), *v.* zvati, pozvati (*sudbeno*).

**summoner** (sa̱'mönör), *n.* sudbeni pozivač.

**summons** (sa̱'mönz), *n.* poziv, sudbena pozivnica.

**sump** (sa̱mp), *n.* jama u rudniku; močvara, mlaka, barež.

**sumpter** (sa̱'mptör), *n.* samarac, tovarac.

**sumptuary** (sa̱'mpćueri), *a.* potrošni, rastrošni.

**sumptuous** (sa̲'mpću̲a̲s), *a.* rastrošan, raskošan, skupocjen, sjajan.

**sumptuously** (sa̲'mpću̲a̲sli), *adv.* raskošno, sjajno.

**sumptuousness** (sa̲'mpću̲a̲snes), *n.* raskošnost, sjaj.

**sun** (sa̲n), *v.* izložiti suncu, sunačati se; — *n.* sunce.

**sunbeam** (sa̲'nbī'm), *n.* sunčana zraka.

**sunbonnet** (sa̲'nbà'net), *n.* lagani široki šešir.

**sunbow** (sa̲'nbō'), *n.* duga nad slapom.

**sunburn** (sa̲'nbö'rn), *v.* suncem potamniti *ili* izgoriti; — *n.* plamenjača.

**Sunday** (sa̲'ndi), *a.* nedjeljni; — *n.* nedjelja.

**Sunday-school** (sa̲'ndiskū'l), *n.* nedjeljna škola.

**sunder** (sa̲'ndör), *v.* razbiti, odijeliti, rastaviti, raskinuti; — *n.* raskinuće, razlučivanje, odijeljenje.

**sun-dial** (sa̲'nda̲'el), *n.* sunčana ura.

**sundown** (sa̲'nda̲'u̲n), *n.* zahod sunca.

**sundries** (sa̲'ndris), *n.* ostalo, ini troškovi.

**sundry** (sa̲'ndri), *a.* sitni, razni, raznovrstan, svakojaki.

**sunflower** (sa̲'nfla̲'u̲ör), *n.* suncokret.

**sunken** (sa̲nkn), *a.* upao, utonuo, uleknut.

**sunless** (sa̲'nles), *a.* bez sunca, sjenast.

**sunlight** (sa̲'nla̲'jt), *n.* sunčano svjetlo.

**sunlit** (sa̲'nli̲'t), *a.* rasvijetljen suncem.

**sunny** (sa̲'ni), *a.* poput sunca, sunčan, sjajan, obasjat suncem, razdragan, veseo.

**sunrise** (sa̲'nra̲'jz), *n.* ishod sunca, istok.

**sunset** (sa̲'ńse̲'t), *n.* zahod sunca, zapad.

**sunshade** (sa̲'nše̲'jd), *n.* suncobran.

**sunshine** (sa̲'nša̲'jn), *n.* sunčano svjetlo, sunce, toplina, utjeha.

**sunshiny** (sa̲'nša̲'jni), *a.* sunčan.

**sunstroke** (sa̲'nstrō'k), *n.* sunčarica (*moždano poremećenje od vrućine sunca*).

**sup** (sa̲p), *v.* srkati, večerati; — *n.* gutljaj, srk.

**superable** (sju'pöröbl), *a.* savladiv, pobjediv.

**superabound** (sju'pöröba̲'u̲nd), *v.* preobilovati, pretjecati.

**superabundance** (sju'pöröba̲'ndöns), *n.* izobilje, pretek.

**superabundant** (sju'pöröba̲'ndönt), *a.* preobilan, izobilan, prekomjeran.

**superabundantly** (sju'pöröba̲'ndentli), *adv.* preobiljno, prekomjerno.

**superadd** (sju'pöră̲'d), *v.* nadodati, pridodati.

**superannuate** (sju'pöră̲'nju̲ejt), *v.* povući se radi starosti, umiroviti; — *a.* ostario, umirovljen.

**superannuation** (sju'pöră̲'nju̲e̲'jšön), *n.* zastarjelost, umirovljenje.

**superb** (sjupö'rb), *a.* divan, uzvišen ponosit, raskošan, skupocjen.

**superbly** (sjupö'rbli), *adv.* ponosno divno, sjajno.

**superbness** (sjupö'rbnes), *n.* ponos divota, sjaj.

**supercargo** (sju'pörka̲'rgo), *n.* nadziratelj tovara na brodu.

**superciliary** (sju'pörsi'li̲eri), *a.* obrvni.

**supercilious** (sju'pörsi'li̲a̲s), *a.* gizdav, drzak.

**superciliously** (sju'pörsi'li̲a̲sli), *adv.* naprčeno, drsko.

**superciliousness** (sju'pörsi'li̲a̲snes), *n.* nadutost, drskost.

**super-dreadnought** (sju'pördre'd-nàt), *n.* nadnebojša.

**supereminence** (sju'pöre'minens), *n.* natkriljivanje, prednost, prvenstvo.

**supereminent** (sju'pöre'minent), *a.* prvenstven̉, odličan.

**supererogation** (sju'pöre'roge'jšön), *n.* pretjerano vršenje dužnosti; suvišnost.

**supererogatory** (sju'pörerä̲'götori), *a.* pretjeran, prekomjeran.

**superexcellent** (sju'pöre'kselent), *a.* preodličan.

**superficial** (sju'pörfi'šöl), *a.* površan, nemaran, plitak.

**superficiality** (sju'pörfi'šiă̲'liti), *n.* površnost, nemarnost.

**superficially** (sju'pörfi'šöli), *adv.* površno, nemarno.

**superficies** (sju'pörfi'šīz), *n.* površina.

**superfine** (sju'pörfajn), *a.* vrlo fin, prefin.

**superfluity** (sju'pörflu'iti), *n.* pretek, preobilje, suvišnost.

**superfluous** (sju̅pö'rflu̯a̯s), a. suvišan, nepotreban.

**superfluously** (sju̅pö'rflu̯a̯sli), adv. suvišno, nepotrebno.

**superhuman** (sju'pörhju'mön), a. nadčovječni, nadnaravan.

**superimpose** (sju'pörimpō̅'z), v. položiti na što.

**superincumbent** (sju'pörinka̱'m-bent), a. što leži na nječemu.

**superinduce** (sju'pörindju's), v. uvesti naknadno, nadodati.

**superintend** (sju'pörinte'nd), v. nadzirati, nadgledati, ravnati.

**superintendence** (sju'pörinte'ndens), n. nadzor, nadziranje, uprava.

**superintendent** (sju'pörinte'ndent), a. nadzorni, nadzornički; — n. nadzornik, nadglednik.

**superior** (sju̅pi'riör), a. viši, bolji, veći, gornji, odličan, izvrstan; — n. onaj, koji je po položaju viši od drugoga, poglavar, starješina, gvardijan, provincijal, nastojnik, nastojnica.

**superioress** (sju̅pi'riöres), n. nastojnica, glavarica.

**superiority** (sju̅pi'riä'riti), n. nadmašnost, prvenstvo.

**superlative** (sju̅pö'rlötiv), a. najviši, vrhovni, vanredan; — n. superlativ, najviši stupanj.

**superlatively** (sju̅pö'rlötivli), adv. prekomjerno, u najvišoj mjeri.

**supermundane** (sju'pörma̱'nde̱n), a. nadzemaljski.

**supernacular** (sju'pörna̱'kjulör), a. ponajbolji, biran (o piću).

**supernaculum** (sju'pörna̱'kjula̱m), n. vino ili drugo piće izvrsne kakvoće.

**supernal** (sju̅pö'rnöl), a. nebeski, uzvišen, visok.

**supernatant** (sju'pörne'jtönt), a. ploveći povrh, plivajući po površini.

**supernational** (sju'pörna̱'sönöl), a. čovječanski, ljudski.

**supernatural** (sju'pörna̱'čuröl), a. vrhunaravan, čudesan.

**supernaturalism**(sju'pörna̱'čurölizm), n. vrhunaravnost, vjera u objavljenje.

**supernumerary** (sju'pörnju'mereri), a. prekobrojan, suvišan; — n. sve, što je preko potrebitog i običnog broja; glumac, koji ne govori u ulozi.

**superpose** (sju'pörpō̅'z), v. položiti preko česa ili na što.

**superposition** (sju'pörpozi'šön), n. stavljanje na nješto drugo, položaj jednog sloja iznad drugog sloja.

**superscribe** (sju'pörskra'̱jb), v. napisati natpis, staviti natpis, napisati adresu.

**superscript** (sju'pörskript), a. napisan iznad.

**superscription** (sju'pörskri'pšön), n. pisanje natpisa, natpis, adresa.

**supersede** (sju'pörsī̅'d), v. zauzeti čije mjesto, stupiti na čije mjesto, premjestiti, ukloniti, ukinuti, obustaviti.

**supersedeas** (sju'pörsī̅'diös), n. obustavni postupak, obustava.

**supersensitive** (sju'pörse'nsitiv), a. preosjetljiv.

**superserviceable** (sju'pörse'rvisöbl), a. preuslužan.

**superstition** (sju'pörsti'šön), n. praznovjernost, sujevjerje.

**superstitious** (sju'pörsti'ša̱s), a. praznovjeran.

**superstructure** (sju'pörstra̱'kćur), n. nadgradnja.

**supervene** (sju'pörvī̅'n), v. nadoći, dogoditi se međutim.

**supervention** (sju'pörve'nćön), n. nadolazak, nastup.

**supervise** (sju'pörva'jz), v. nadgledati, nadzirati.

**supervision** (sju'pörvi'žön), n. nadgledanje, nadzor.

**supervisor** (sju'pörva'jzör), n. nadglednik, nadzornik.

**supervisory** (sju'pörva'jzöri), a. nadgledni, nadzorni.

**supination** (sju'pine'jšön), n. okret dlana prama gore, ležanje na leđima.

**supine** (sjupa'jn), a. ležeći na leđima, nehajan, lijen, naslonjen.

**supine** (sju'pajn), n. supin.

**supinely** (sjupa'jnli), adv. nehajno, nemarno, lijeno.

**supper** (sa̱'pör), n. večera.

**supperless** (sa̱'pörles), a. bez večere, gladan.

**supplant** (söpla̱'nt), v. istisnuti, varkom zauzeti nečije mjesto, odstraniti.

**supplantation** (sa̱'plönte'jšön), n. istisnuće, odstranjenje.

supple (săpl), v. umekšati (se), pripitomiti, učiniti što gipkim; — a. gibak, vitak, popustljiv, mekan, pitom.

supple-jack (săpl'džă'k), n. vitica, vitka palica.

supplement (să'pliment), v. dodati, dopuniti; — n. dodatak, nadopunjak; dopunbeni kut.

supplemental (să'plime'ntöl), supplementary (să'plime'ntöri), a. dodatan, dopunbeni.

suppleness (să'plnes), n. gipkost, vitkost, popustljivost.

suppliance (să'pliöns), n. ponizna molba, usrdna prošnja.

suppliant (să'pliönt), a. koji ponizno moli, usrdan; — n. ponizni molitelj.

supplicant (să'plikönt), a. i n. vidi: suppliant.

supplicate (să'plikejt), v. ponizno prositi, smjerno moliti.

supplication (să'plike'jšön), n. ponizna molba, smjerna prošnja.

supplicatory (să'plike'jtori), a. koji smjerno ili ponizno moli.

supplier (söpla'ör), n. nabavljač, oskrbljivač.

supply (söpla'j), v. snabdijevati, oskrbiti, dopremati, nabaviti, uzdržavati, udovoljiti, nadopuniti, nadometati; — n. nabava, dobavljanje, oskrbljivanje, zaliha, dovoz; živež, hrana; potrepština, pomoć.

support (söpo'rt), v. podupirati, uzdržavati, poduprijeti, pomagati, zastupati, podnositi, pratiti, istrajati, živjeti; — n. podupiranje, potpora, pomoć, uzdržavanje, življenje.

supportable (söpo'rtöbl), a. što se može poduprijeti, ustrajan, snosljiv.

supporter (söpo'rtör), n. podupirač, pomagač, potpora, zaštitnik, privrženik; štitonoša na grbu.

supposable (söpo'zöbl), a. predmnijevan, tobožnji.

supposably (söpo'zöbli), adv. tobože, predmnijevno.

suppose (söpö'z), v. pretpostaviti, misliti, predmnijevati, vjerovati.

supposer (söpo'zör), n. pretpostavljač, predmnijevalac.

supposition (să'pozi'šön), n. pretpostavka, predmnijeva, mišljenje, hipoteza.

suppositional (să'pozi'šönöl), a. pretpostavan, predmnijevan, hipotetičan.

supposititious (söpă'ziti'šăs), a. zamijenjen, podmetnut, krivi.

suppositive (söpă'zitiv), a. predmnijevan, pretpostavan.

suppository (söpă'zitori), n. kruto ljekovito sredstvo za otvorenje ili rastopljenje.

suppress (söpre's), v. tlačiti, skršiti, svladati, zaplijeniti, zatajiti, zaustaviti, ugušiti, zabašuriti.

suppression (söpre'šön), n. potlačenje, skršenje, svladanje, ugušenje, zapljena, zaustava.

suppressive (söpre'siv), a. čime se misli potlačiti, skršiti, svladati.

suppressor (söpre'sör), n. potlačivač, zabašuritelj, svladatelj.

suppurate (să'pjurejt), v. gnojiti se.

suppuration (să'pjure'jšön), n. gnojenje.

suppurative (să'pjure'jtiv), a. gnojav; — n. sredstvo za gnojenje.

supra (sju'prö), prefix. više, gore, nad.

supramundane (sju'prömă'ndejn), a. nadzemaljski, nebeski.

supremacy (sjupre'mösi), n. vrhovnost, vrhovna vlast ili oblast, nadmoć.

supreme (sjuprī'm), a. vrhovni, najviši, najveći, skrajnji.

supremely (sjuprī'mli), adv. do najvećeg stepena, veoma.

sural (sju'röl), a. lisni.

surbase (sö'rbes), n. vijenac podnožja.

surcease (sörsī's), v. prestati, stati.

surcharge (sörča'rđ), v. preopteretiti, prenapuniti, precijeniti; — n. preopterećenje, prenapunjenje, prevelika cijena.

surcingle (sö'rsi'ngl), v. opasati; pričvrstiti potprugom; — n. potprug, pojas.

surcoat (sö'rkö't), n. vanjski haljetak, gornja haljina, vojnički kaput.

surd (sörd), a. bezvučan, iracionalan; — n. bezvučan suglasnik, iracionalni broj ili veličina.

sure (šūr), a. siguran, stalan; — adv. sigurno, za stalno.

surely (šū'rli), adv. sigurno, stalno, čvrsto, za cijelo.

**sureness** (šū'rnes), *n.* sigurnost, stalnost.

**surety** (šū'rti), *n.* sigurnost, stalnost, jamstvo; jamac, taoc.

**suretyship** (šū'rtišip), *n.* jamstvo.

**surf** (sörf), *n.* talas, mlat.

**surface** (sö'rfes), *v.* sravniti, poravnati; — *n.* površina, ploština, vanjština, spoljašnost.

**surfacer** (sö'rfesör), *n.* strugaći stroj.

**surfeit** (sö'rfit), *v.* prenahraniti (se), prenapuniti (se), zasititi (se), prenatrpati (se); — *n.* prenatrpanje (*želuca*), prekomjernost, ogavnost.

**surfeiter** (sö'rfitör), *n.* neumjeren čovjek, raskošnik.

**surfy** (sö'rfi), *a.* talasast, valovit, što mlata.

**surge** (sörđ), *v.* mlatati; talasati se, bibati se, bujati; — *n.* bujanje mora, bibanje, talas, veliki val.

**surgeon** (sö'rđön), *n.* ranarnik, kirurg, štopski liječnik.

**surgery** (sö'rđöri), *n.* ranarstvo; vidarstvo, kirurgija; liječnička soba.

**surgical** (sö'rđiköl), *a.* ranarski, kirurški.

**surgy** (sö'rđi), *a.* uzburkan, mlatan, bijesan (*o moru*).

**surliness** (sö'rlines), *n.* mrzovolja, zlovoljnost, namrgođenost.

**surloin** (sö'rlojn), *n.* goveđa pečenica.

**surly** (sö'rli), *a.* zlovoljan, mrk.

**surmise** (sörma'jz), *v.* nagađati, misliti; — *n.* nagađanje, naslućivanje.

**surmount** (sörma̲'ṵnt), *v.* svladati, nadvisiti.

**surmountable** (sörma̲'ṵntöbl), *a.* savladiv, nadvisiv.

**surmounter** (sörma̲'ṵntör), *n.* nadvladalac, nadvisivač.

**surname** (sörne'jm), *v.* zvati prezimenom, dati pridjevak; — *n.* prezime; prišvarak.

**surpass** (sörpǎ's), *v.* prijeći, prekoračiti, nadmašiti.

**surpassable** (sörpǎ'söbl), *a.* prekoračiv, nadvisiv, premostiv.

**surpassing** (sörpǎ'sing), *a.* odličan, vanredan.

**surplice** (sö'rplis), *n.* roketa.

**surplus** (sö'rpla̲s), *a.* suvišan; — *n.* suvišak, ostatak, preostatak.

**surplusage** (sö'rpla̲seđ), *n.* suvišak, višak, suvišnost.

**surprizal** (sörpra'jzöl), *n.* iznenađenje.

**surprize** (sörpra'jz), *v.* začuditi, iznenaditi, zateći, navaliti; — *n.* začuđenje, iznenađenje, zateknuće, napadaj.

**surprizing** (sörpra'jzing), *a.* iznenadan, čudnovat, začudan.

**surprizingly** (sörpra'jzingli), *adv.* začudo, čudnovato.

**surrebut** (sö'riba̲'t), *v.* peti put odgovoriti tuženiku.

**surrebuttal** (sö'riba̲'töl), *n.* unašanje kvintuplike.

**surrebutter** (sö'riba̲'tör), *n.* peti odgovor (*tuženiku*), kvintuplika.

**surrejoinder** (sö'riđo'jndör), *n.* triplika.

**surrender** (söre'ndör), *v.* predati (se), izručiti, napustiti, ustupiti, odreći se; — *n.* predaja, izručenje, napuštanje, ustup.

**surrenderer** (söre'ndörör), *n.* predatelj, ustupalac.

**surreptitious** (sö'repti'ša̲s), *a.* krišom učinjen, potajan.

**surrey** (sö'ri), *n.* lagana kočija.

**surrogate** (sö'rogejt), *n.* namjesnik, zamjenik, ostavinski sudac, surogat.

**surround** (söra̲'ṵnd), *v.* opkoliti, zaokružiti.

**surrounding** (söra̲'ṵnding), *a.* okolišni; — *n.* okolina, opkoljenje.

**surtax** (sö'rtǎ'ks), *n.* prirez.

**surtout** (sörtu'), *n.* kaput.

**surveillance** (sörve'löns), *n.* nadgledanje, nadzor.

**surveillant** (sörve'lönt), *a.* pažljiv, budan; — *n.* nadglednik, nadzornik.

**survey** (sörve'j), *v.* mjeriti, premjeriti, pregledavati; — *n.* pregled, pogled; mjerenje; carinara.

**surveying** (sörve'ing), *n.* zemljomjerstvo.

**surveyor** (sörve'ör), *n.* mjernik, carinar.

**survival** (sörva'jvöl), *n.* preživljenje.

**survive** (sörva'jv), *v.* preživjeti, ostati.

**survivor** (sörva'jvör), *n.* onaj, koji preživi.

**survivorship** (sörva'jvöršip), *n.* preživljenje, pravo preživjele stranke na cijelu ostavštinu.

**susceptibility** (söse'ptibi'liti), *n.* primčivost, prihvatljivost, osjetljivost.

**susceptible** (söse'ptibl), *a.* primčiv, prihvatan, osjetljiv.

**suspect** (söspe'kt), *v.* sumnjati, dvoumiti, nagađati; — *n.* sumnjivac.

**suspected** (söspe'kted), *a.* sumnjiv.

**suspend** (söspe'nd), *v.* objesiti, obustaviti, privremeno ukinuti, suspendirati.

**suspender** (söspe'ndör), *n.* objesitelj, obustavitelj; — *pl.* poramenice.

**suspense** (söspe'ns), *n.* nesigurnost; dvojba, neizvjesnost, napetost; privremena obustava.

**suspension** (söspe'nšön), *n.* obješenje, odgoda, obustava, neodlučnost, suspendiranje.

**suspension-bridge** (söspe'nšönbri'd), *n.* lančanik, viseći most.

**suspensive** (söspe'nsiv), *a. vidi*: **suspensory**.

**suspensory** (söspe'nsöri), *a.* što služi za vješanje, odgodan.

**suspicion** (söspi'šön), *n.* sumnja, dvojba.

**suspicious** (söspi'šas), *a.* sumnjiv, dvojben.

**suspiciously** (söspi'šasli), *adv.* sumnjivo, čudno.

**sustain** (söste'jn), *v.* držati, uzdržati, podupirati, uzdržavati, potvrditi, pretrpjeti.

**sustainable** (söste'jnöbl), *a.* održiv, izdrživ, podnosljiv.

**sustainer** (söste'jnör), *n.* držalac, izdržavač, snašatelj, podupirač.

**sustenance** (sa'stenöns), *n.* uzdržavanje, življenje, hrana.

**sustentation** (sa'stente'jšön), *n.* životna potpora, uzdržavanje.

**susurrus** (sju'söras), *n.* šum, šapat, zuj.

**sutler** (sa'tlör), *n.* vojni ⸌živežar, margetan.

**suttee** (sati'), *n.* samožrtva udovice kod pogreba svog muža.

**suture** (sju'ćur), *n.* sašivanje, šav.

**suzerain** (sju'zirēn), *n.* vrhovni gospodar, suzeren.

**suzerainty** (sju'zirenti), *n.* vrhovno gospodstvo, suzerenstvo.

**swab** (sua'b), *v.* otirati, brisati; — *n.* otirač.

**swaddle** (sua'dl), *v.* povijati, poviti; — *n.* povoj, pelena.

**swaddling-band** (sua'dlingbǎ'nd), *n.* povoj.

**swag** (sua'g), *v.* teško visjeti; — *n.* pljačka, plijen.

**swagbelly** (sua'gbe'li), *n.* trbušast čovjek.

**swagger** (sua'gör), *v.* naduto stupati, šepiriti se; — *n.* šepirenje.

**swaggerer** (sua'görör), *n.* hvalisavac, hvastavac.

**swaggering** (sua'göring), *n.* razmetanje, hvastanje.

**swain** (sue'jn), *n.* seoski momak, ljubovnik, prosac.

**swale** (sue'jl), *n.* baruština.

**swallow** (sua'lo), *v.* gutati, pogutnuti, progutati, trpjeti; — *n.* gutljaj, gutanje, ždrijelo; lastavica.

**swam** (sua'm), *imp. od*: **swim.**

**swamp** (sua'mp), *v.* potopiti, uništiti, navaliti, prezaokupiti; — *n.* močvara, pištalina.

**swampy** (sua'mpi), *a.* močvaran, barovit.

**swan** (sua'n), *n.* labud.

**swannery** (sua'nöri), *n.* labudnjak, mjesto, gdje se uzgajaju labudovi.

**swansdown** (sua'nzda'un), *a.* labuđa pahuljica.

**swan-song** (sua'nsa'ng), *n.* posljednja *ili* umiruća pjesma, labudova pjesma.

**swap** (sua'p), *v.* izmijeniti, mijenjati; — *n.* izmjena, mijenjanje.

**sward** (sua'rd), *v.* pokriti busenom; — *n.* busen, tratina.

**swardy** (sua'rdi), *a.* busenit.

**swarm** (sua'rm), *v.* vrvjeti, rojiti se; — *n.* vreva, roj.

**swart** (sua'rt), *a.* garav, taman, smeđ, mrk.

**swarthiness** (sua'rdines), *n.* garavost, smeđa boja.

**swarthy** (sua'rdi), *a. vidi*: **swart.**

**swash** (sua'š), *v.* pljuštati, udarati (*o vodu*), bučiti.

**swash-buckler** (sua'šba'klör), *n.* hvastavac, hvališa, nebojša.

**swath** (sua't), *n.* otkos (*trave ili žita*); rukovet, snop

**swathe** (sue'jd), *v.* poviti, zaviti; — *n.* povoj.

**sway** (sue'j), *v.* naginjati se, pretezati, kolebati, ljuljati se, uplivisati, mahati, upravljati; — *n.* utjecaj, moć, pretežnost, mahanje; vlada.

**sweal** (sui'l), *v.* taliti se (*o svijeći*), izgarati.

**swear** (sŭē'r), v. kleti (se), priseći, proklinjati, psovati.

**swearer** (sŭe'rör), n. proklinjač, zaklinjač.

**sweat** (sŭe't), v. znojiti (se), potiti (se), mučiti (se); — n. znoj, pot, znojenje; rad, muka.

**sweater** (sŭe'tör), n. znojilac, okrutni poslodavac; topli vuneni haljetak.

**sweating-system** (sŭe'tingsi'stem), n. izrabljivački sustav radnika.

**sweaty** (sŭe'ti), a. znojan, mučan.

**Swede** (sŭī'd), n. Sved.

**Sweden** (sŭī'den), n. Švedska.

**Swedish** (sŭī'diš), a. švedski; — n. švedski jezik.

**sweep** (sŭī'p), v. mesti, pometati, čistiti, preletjeti, pokupiti, projuriti, udariti, protezati se; — n. pometanje, mah, let, dohvat, skut, pratnja, niz, obuhvat; dimnjačar.

**sweeper** (sŭī'pör), n. pometač, dimnjačar.

**sweeping** (sŭī'ping), a. općenit, potpun, opsežan, dalekosežan.

**sweepings** (sŭī'pingz), n. smeće.

**sweepstake** (sŭī'pste'jk), **sweepstakes** (sŭī'pste'jks), n. nagrada učinjena od više uložaka.

**sweet** (sŭī't), a. sladak, ugodan, ljubak, meden; — n. slatkoća, slast, ljupkost, dragost.

**sweetbread** (sŭī'tbre'd), n. teleći pršnjak, teleća žlijezda.

**sweet-brier** (sŭī'tbra'ör), n. šipak, divlja ruža.

**sweeten** (sŭī'tn), v. sladiti, zasladiti.

**sweetening** (sŭī'tning), n. slađenje, zaslada, sladilo.

**sweetheart** (sŭī'tha'rt), n. ljubovca, ljubavnik, draga, dragi.

**sweetish** (sŭī'tiš), a. slatkast, slađahan.

**sweetly** (sŭī'tli), adv. slatko, umiljato.

**sweetmeat** (sŭī'tmī't), n. poslastica, slatkiš, u šećeru ukuhano voće.

**sweetness** (sŭī'tnes), n. slatkoća, slast, miomiris, milina.

**sweet-pea** (sŭī'tpi'), n. grahovica.

**sweet-william** (sŭī'tŭi'ljöm), n. divlji klinčić.

**swell** (sŭe'l), v. oteći, oticati, nabujati, narasti, dizati se, napuhnuti se, izbočiti se, povisiti, povećati; — a. fin, elegantan, cifrast; — n. otjecanje, bujanje; oteklina; izbočina, ispon; pojačanje, rastenje; kicoš; kaćiperka; talasanje, bibavica.

**swelling** (sŭe'ling), n. otjecanje, dizanje, nadimanje, izbočina, oteklina.

**swelter** (sŭe'ltör), v. skapavati od vrućine, znojiti se, paliti.

**sweltry** (sŭe'ltri), a. sparan.

**swept** (sŭe'pt), imp. i pp. od: **sweep**.

**swerve** (sŭö'rv), v. zakrenuti, odskočiti, zastraniti se, izmaći se, okolišati; — n. zakrenuće, zastranjenje.

**swift** (sŭi'ft), a. hitar, brz, nagao, spreman, okretan; — n. čopa (*ptica*); motovilo, vitao.

**swiftly** (sŭi'ftli), adv. brzo, naglo, okretno.

**swiftness** (sŭi'ftnes), n. brzina, okretnost.

**swig** (sŭi'g), v. požudno gutati, lokati; —n. dubok gutljaj, ždrkljaj, okusak.

**swill** (sŭi'l), v. puno piti, lokati, opijati se; — n. lokanje; napoj, pomije.

**swim** (sŭi'm), v. plivati, ploviti, plutati, klizati se; — n. plivanje; riblji mjehur.

**swimmer** (sŭi'mör), n. plivač, plivačica, ptica plivačica.

**swimming** (sŭi'ming), n. plivanje, vrtoglavica.

**swimmingly** (sŭi'mingli), adv. plivajući, glatko, lagano.

**swindle** (sŭi'ndl), v. varati, prevariti; — n. varanje, varka, prijevara.

**swindler** (sŭi'ndlör), n. varalica, lopov.

**swine** (sŭa'jn), n. svinja, prasica, svinje.

**swineherd** (sŭa'jnhö'rd), n. svinjar.

**swing** (sŭi'ng), v. njihati (se), ljuljati (se), zibati (se), okretati (se), visjeti, mahati, bacati amo tamo; — n. njihanje, mah, zibaljka, poriv, zakret, nagnuće.

**swinge** (sŭi'nđ), v. izlemati, batinati.

**swingeing** (sŭi'nđing), a. ogroman, težak, pretjeran.

**swingle** (sŭi'ngl), v. trti (*lan*); — n. trlica.

**swingletree** (sŭi'ngltrī'), n. ždrepčanik.

**swinish** (sŭa'jniš), a. svinjski.

**swipe** (sua'jp), *v.* čvrsto udariti, lupati svom snagom, ukrasti, oteti; — *n.* jak udarac.

**swirl** (suö'rl), *v.* vrtjeti se, zanijeti; — *n.* vir, vrtlog.

**swish** (sui'š), *v.* zazviždnuti (*bičem*); — *n.* zviždaj (*biča*).

**Swiss** (sui's), *a.* švajcarski;—*n.* Švicar.

**switch** (sui'č), *v.* bičevati, skrenuti, izmijeniti; — *n.* šiba, prut, bič; pokretna tračnica, skretač.

**switchboard** (sui'čbö'rd), *n.* daska za skretanje.

**switchman** (sui'čmön), *n.* pokretač tračnica.

**Switzerland** (sui'cörländ), *n.* Švicarska.

**swivel** (sui'vl), *v.* okretati se na petici; — *n.* petica, okretaljka, sponja; pokretni top.

**swollen** (suö'ln), *p. i a.* otečen, nabreknut.

**swoon** (suū'n), *v.* onesvijestiti se; — *n.* nesvijest, besvjestica.

**swoop** (suu'p), *v.* spustiti se, oboriti se, saljetjeti, jurnuti; — *n.* napad, nastraj, slijetanje; mah.

**sword** (sörd), *n.* mač.

**sword-arm** (sö'rda'rm), *n.* desna ruka.

**sword-fish** (sö'rdfi'š), *n.* sabljar (*riba*).

**sword-play** (sö'rdple'j), *n.* mačevanje.

**swordsman** (sö'rdzmön), *n.* mačevalac, vojnik.

**swore** (suö'r), **sworn** (suö'rn), *imp. i pp. od:* **swear.**

**swum** (sua'm), *imp. i pp. od:* **swim.**

**swung** (sua'ng), *imp. i pp. od:* **swing.**

**Sybarite** (si'börajt), *n.* mekušac, sibarit.

**sycamore** (si'kömör), *n.* egipatska smokva; glavaš; makljen.

**sycee** (sajsī'), *a.* čist, nepomiješan; — *n.* čisto srebro.

**sycophancy** (si'kofönsi), *n.* ulagivanje, nametanje.

**sycophant** (si'kofönt), *n.* nametnik, ulizica.

**sycophantic** (si'kofä'ntik), *a.* nametnički, podao.

**syenite** (sa'enajt), *n.* sijenit (*kamen*).

**syllabary** (si'löberi), *n.* bukvar, početnica.

**syllabic** (silä'bik), *a.* slovčan.

**syllabicate** (silä'bikejt), *v.* dijeliti u slovke, sricati.

**syllable** (si'löbl), *v.* sricati, izgovarati; — *n.* slovka, slog.

**syllabus** (si'löbas), *n.* izvadak, program, popis osuđenih knjiga i nauka učinjen po papi.

**syllogism** (si'lođizm), *n.* silogizam, logični zaključak.

**syllogistic** (si'lođi'stik), *a.* silogistčan.

**syllogize** (si'lođajz), *v.* logično zaključivati.

**sylph** (silf), *n.* vila, bajoslovni zračni duh.

**sylphid** (si'lfid), *n.* malena vila.

**sylphine** (si'lfajn), *a.* vilinski.

**sylva** (si'lvö), *n.* šuma.

**sylvan** (si'lvön), *a.* šumski, šumovit; — *n.* šumski bog, satir.

**sylviculture** (si'lvika'lćur), *n.* šumogojstvo.

**symbol** (si'möbl), *n.* znak, simbol.

**symbolic** (simbä'lik), *a.* simboličan.

**symbolism** (si'möblizm), *n.* simbolika, znakovima izraženo značenje.

**symbolist** (si'möblist), *n.* simboličar.

**symbolize** (si'möblajz), *v.* simbolizovati, prikazivati znakovima.

**symbology** (simbä'lođi), *n.* simbologija, nauka o znakovima.

**symmetrical** (sime'triköl), *a.* simetričan, skladan, razmjeran.

**symmetrize** (si'metrajz), *v.* dovesti u sklad, učiniti simetričnim.

**symmetry** (si'metri), *n.* sklad, podudaranje, simetrija.

**sympathetic** (si'möpöte'tik), *a.* simpatetičan, simpatičan, sućutan, prijatan.

**sympathize** (si'möpötajz), *v.* izraziti sućut, simpatizirati, slagati se.

**sympathy** (si'möpöti), *n.* sućut, simpatija, sažaljenje; sklad.

**symphonic** (simfä'nik), *n.* simfoničan.

**symphonious** (simfö'nias), *a.* simfoničan, skladan, blagoglasan.

**symphony** (si'mfoni), *n.* simfonija, blagoglasje, sklad.

**symposium** (simpo'ziam), *n.* gozba, pijanka; književne rasprave.

**symptom** (si'mptöm), *n.* znak, simptom.

**symptomatic** (si'mptömä'tik), *a.* simptomatičan.

**synagogue** (si'nögåg), *n.* sinagoga, židovski hram.

**synchronic** (sinkrá'nik), *a.* istodobni, istovremeni.

**synchronically** (sinkrá'niköli), *adv.* istodobno.

**synchronism** (si'nkrönizm), *n.* istodobnost.

**synchronize** (si'nkrönajz), *v.* slagati se u vremenu, učiniti nješto istodobnim.

**synchronous** (si'nkrönas), *a.* istodoban, istovremen.

**synchronously** (si'nkrönasli), *adv.* istodobno, istovremeno.

**synchronousness** (si'nkrönasnes), *n.* istodobnost, istovremenost.

**synchrony** (si'nkröni), *n.* istodobnost, istovremenost.

**syncopate** (si'nköpejt), *v.* ispustiti slog *ili* slovo u sredini riječi, kao: **e'er** *za* **ever;** produžiti notu u glazbi.

**syncopation** (si'nköpe'jšön), *n.* skraćivanje riječi, prekid redovite mjere u glazbi.

**syncope** (si'nkopi), *n.* ispuštenje sloga *ili* slova iz sredine riječi, kao: **e'er** *za* **ever.**

**syndic** (si'ndik), *n.* poglavar, upravitelj.

**syndicalism** (si'ndikölizm), *n.* sindikalizam, pokret za udruženje radnika za zajednički istup protiv poslodavaca u industrijalnim sporovima.

**syndicalist** (si'ndikölist), *n.* sindikalista.

**syndicate** (si'ndikejt), *v.* učiniti udrugu *ili* sindikat; — (si'ndiket), *n.* sindikat, udruga.

**syne** (sajn), *adv.* pošto, prije, potom, u tom slučaju.

**synecdoche** (sine'kdoki), *n.* sinekdoha (*figura, u kojoj se uzima dio mjesto cijeloga ili obratno*).

**synod** (si'nöd), *n.* sinod, crkveno vijeće, crkveni sabor.

**synodical** (siná'diköl), *a.* sinodski.

**synonym** (si'nonim), *n.* sinonim, istoznačajna riječ.

**synonymous** (siná'nimas), *a.* sinoniman, jednakog značenja.

**synopsis** (siná'psis), *n.* pregled, glavni sadržaj.

**synoptic** (siná'ptik), *a.* pregledan.

**synovia** (sinō'viö), *n.* zglobni pomaz.

**syntactic** (sintā'ktik), *a.* sintaktičan.

**syntax** (si'ntăks), *n.* sintaksa, skladnja.

**synthesis** (si'ntisis), *n.* sinteza, grupiranje, spajanje.

**synthetic (al)** (sinte'tik (öl), *a.* sintetičan.

**syphilis** (si'filis), *n.* sifilis.

**syphilitic** (si'fili'tik), *a.* sifilitičan.

**syphon** (sa'jfön), *n. vidi:* **siphon.**

**Syriac** (si'riăk), *a.* sirski; — *n.* sirski jezik.

**Syrian** (si'riön), *a.* sirski; — *n.* Sirijanac.

**syringa** (siri'ngö), *n.* jorgovan.

**syringe** (si'rinđ), *v.* štrcati, uštrcati; — *n.* štrcaljka.

**syrinx** (si'rinks), *n.* svirala, frula.

**syrup** (si'röp), *n.* sirup.

**syrupy** (si'röpi), *adv.* sirupov, kao sirup.

**system** (si'stem), *n.* sustav, sistem.

**systematic** (si'stemă'tik), *a.* sustavan, sistematičan.

**systematically** (si'stemă'tiköli), *adv.* sistematično, sustavno.

**systematize** (si'stemötajz), *v.* sustavno urediti, raditi po sistemu.

**systole** (si'stoli), *n.* stezanje srca i žile kucavice, čime se tjera krv u cirkulaciju.

**systolic** (sistá'lik), *a.* stežući.

**syzygy** (si'ziđi), *n.* nasuprotnost bilo kojih dvaju nebeskih tjelesa, sizigij.

# T

**T, t** (ti), *slovo*: T, t.
**tab** (tăb), *n.* vrpca; zalistak, privjesak, jezik (*od cipele*); račun, obračun.
**tabard** (tă'börd), *n.* vrst kratkog kaputa, glasnički kaput.
**tabby** (tă'bi), *a.* moariran, blistav, prelijevan; — *n.* moar, latak, koji se prelijeva; pjegasta mačka; baba blebetuša.
**tabefaction** (tă'bifă'kšön), *n.* propadanje, sušica.
**tabefy** (tă'bifaj), *v.* propadati, sušiti se.
**tabernacle** (tă'börnökl), *v.* zakriliti, boraviti u šatoru; — *n.* šator, svetohranište, sanktuarij, bogomolja.
**tabes** (te'jbiz), *n.* sušenje; propadanje.
**tabid** (tă'bid), *a.* sušičav; propao.
**table** (tejbl), *v.* metnuti na stranu, odgoditi, staviti na stol; spojiti, popisati, — *a.* stolni; — *n.* stol, trpeza, ploča, tablica, skrižaljka, jedan put jedan; hrana, jelo, jestvionik; sadržaj, popis.
**tableau** (tă'blō'), *n.* živa slika, nacrt; prijegled.
**table-cloth** (te'jblklă't), *n.* stolnjak.
**table-cover** (te'jblkă'vör), *n.* rakno, stolni pokrivač.
**table d'hote** (ta'bldo't), *n.* obični stol za gostove u gostionici; obrok uz stalnu cijenu; zajednički objed.
**table-land** (te'jbllă'nd), *n.* visoravanj.
**tablespoon** (te'jblspū'n), *n.* žlica.
**tablespoonful** (te'jblspū'nful), *n.* puna žlica.
**tablet** (tă'blet), *n.* pločica za pisanje; knjižica pisaćeg papira; kolutić; kolačić.
**table-ware** (te'jblŭă'r), *n.* stolno posuđe.
**table-wine** (te'jblŭa'jn), *n.* stolno vino.
**taboo** (tăbu'), *v. i n. isto kao*: **tabu**.
**tabor** (te'jbör), *n.* bubnjić, tamburin.

**taborer** (te'jbörör), *n.* bubnjar, udarač u tamburinu.
**tabouret** (te'jböret), *n.* bubnjić, stolica, okvir za vezenje.
**tabu** (tăbū'), *v.* udarati prokletstvom, zabraniti, isključiti; — *n.* zabrana, isključenje, progonstvo.
**tabular** (tă'bjulör), *a.* pločast, popisni, tablični, u skrižaljci.
**tabulate** (tă'bjulejt), *v.* svesti u skrižaljku, popisati, obložiti pločama.
**tabulation** (tă'bjule'jšön), *n.* svođenje u tablice.
**tache** (tăš), *n.* pjega.
**tachygraphy** (tăki'gröfi), *n.* brzopis.
**tacit** (tă'sit), *a.* tih, predmnijevan, razumljiv.
**tacitly** (tă'sitli), *adv.* mukom, ćutke, tiho.
**taciturn** (tă'sitörn), *a.* šutljiv, mučaljiv.
**taciturnity** (tă'sitö'rniti), *n.* šutljivost, mučaljivost.
**taciturnly** (tă'sitörnli), *adv.* mučaljivo.
**tack** (tăk), *v.* pribiti (*čavlićima*), prikopčati, priklopiti, promijeniti pravac (*brodu*), ševrdati; — *n.* klinac, čavlić, kvačica; konop (*na jedru*); prikopčanje; promjena djelovanja.
**tackle** (tăkl), *v.* latiti se, prihvatiti se, zaustaviti (*u trčanju*); — *n.* vitao, kolotur, sprava, oruđe; zahvat.
**tackling** (tă'kling), *n.* oprema, sprava, oruđe.
**tact** (tăkt), *n.* dodir, osjećaj, takt.
**tactful** (tă'ktful), *a.* taktičan.
**tactical** (tă'ktiköl), *a.* taktičan.
**tactician** (tăkti'šön), *n.* taktičar.
**tactics** (tă'ktiks), *n.* taktika, ratna vještina, vješta uprava.
**tactile** (tă'ktil), *a.* opipni, dodiran.
**taction** (tă'kšön), *n.* pipanje, dodirnost.

**tactless** (tă'ktles), *a.* netaktičan.

**tactual** (tă'kćyöl), *a.* opipni, dodirni.

**tadpole** (tă'dpō'l), *n.* mlado od žabe, mrmoljak.

**taenia** (ti'niö), *n.* pojas, vrpca, trakavica.

**taffeta** (tă'fitö), *n.* tafet, vrsta svile.

**taffrail** (tă'frel), *n.* gornji dio plosnate krme.

**taffy** (tă'fi), *n.* žuti krhki slatkiš.

**tag** (tăg), *v.* privjesiti, metnuti cedulju na, dostići i dodirnuti se, prikopčati; prišiti; — *n.* šiljak, privjesak, dronja, cedulja; dotaknuće.

**tag-day** (tă'gde'j), *n.* dan, kada se općenito prodaje umjetno cvijeće, *itd.* u dobrobit koje javne i dobrotvorne svrhe.

**tail** (tejl), *v.* dodati rep, učiniti rep, srepiti se; — *a.* ograničen u nasljedstvu; — *n.* rep, privjes, prišvarak, zadnja strana; pisma (*novca*), pratnja, niz; perčin; ograničeno vlasništvo.

**tail-end** (te'jle'nd), *n.* stražnji kraj.

**tailless** (te'jles), *a.* bez repa, kusat, bez skutova.

**tailor** (te'jlör), *v.* krojiti, baviti se krojačkim poslom; — *n.* krojač.

**tailor-bird** (te'jlörbö'rd), *n.* švalja (*ptica*).

**tailoress** (te'jlöres), *n.* krojačica.

**tail-piece** (te'jlpi's), *n.* komad, koji čini rep, sličica na koncu poglavlja u knjizi.

**tail-race** (te'jlre'js), *n.* otočna mlinska voda.

**taint** (te'jnt), *v.* zaraziti, okužiti, pokvariti, okaljati; — *n.* zaraza, okuženje, prlja.

**take** (tejk), *v.* uzeti, odstraniti, odbiti, prihvatiti, zahtijevati; dobiti (*bolest*); odnijeti, zaposjesti; biti sklon; — *n.* uzeće.

**taker** (te'jkör), *n.* uzimalac, prihvatnik, osvajač.

**taking** (te'jking), *a.* zamaman, privlačiv; — *n.* uzimanje, uzeće, uzbuđenost, nemir.

**talaria** (tăle'riö), *n.* krilate postole.

**talc** (tălk), *n.* milovka.

**talcose** (tă'lkōs), **talcous** (tă'lkàs), *a.* sastojeći se od milovke, kao milovka.

**tale** (tejl), *n.* priča, pripovijest, račun, obračun, broj.

**talent** (tă'lent), *n.* talenat, dobar um, darovitost, sposobnost.

**talented** (tă'lented), *a.* talentiran, bistrouman, darovit.

**tales** (te'jliz), *n. pl.* naknadni porotnici; sudbena pozivnica za naknadne porotinke.

**talesman** (te'jlzmön), *n.* naknadni porotnik; jamac; pouzdanik.

**talion** (tă'liön), *n.* odmazda, uzvratna kazna.

**talisman** (tă'lismön), *n.* čarolija, čar, čini.

**talismanic** (tă'lismă'nik), *a.* čarolijski, čaroban.

**talk** (tăk), *v.* govoriti, razgovarati se, brbljati; — *n.* govor, razgovor, brbljanje.

**talkative** (tà'kötiv), *a.* govorljiv, brbljav.

**talker** (tà'kör), *n.* govornik, brbljavac.

**talking** (tà'king), *a.* govorljiv, govoreći; — *n.* govorenje.

**tall** (tàl), *a.* visok, velik; izvanredan.

**tallow** (tă'lo), *v.* mazati lojem, nalojiti; — *n.* loj, maz.

**tallow-candle** (tă'lokă'ndl), *n.* lojanica (*svijeća*).

**tallow-chandler** (tă'ločă'ndlör), *n.* svjećar.

**tallowy** (tă'loi), *a.* lojan, mastan.

**tally** (tă'li), *v.* urezati, rovašiti, uračunati, upisati, učiniti, točno se slagati; — *n.* rovaš, zarez, znamenka; obračun, račun; trk.

**tally-ho** (tă'lihō'), *v.* potjerati lovačke pse sa poklikom "tally-ho"; —*n.* lovački poklik **"tally-ho"**.

**Talmud** (tă'lmöd), *n.* talmud (*židovski zakonik*).

**talon** (tă'lön), *n.* čaporak; onaj dio karata, koje su ostale nakon dijeljenja.

**talus** (te'jlᶏs), *n.* gležnjevac, gležanj; strma strana.

**tamable** (te'jmöbl), *a.* ukrotljiv, pripitomljiv.

**tamarind** (tă'mörind), *n.* tamarindovac (*drvo*).

**tamarisk** (tă'mörisk), *n.* metljika.

**tambour** (tă'mbör), *n.* bubanj, okvir za vezenje, vezivo.

**tambourine** (tă'mburī'n), *n.* tamburin.

**tame** (tejm), *v.* krotiti, ukrotiti, pripitomiti, udomačiti, umekšati; — *a.* krotak, pitom, udomačen, obrađen, upokoren.

**tameless** (te'jmles), *a.* neukrotiv, nepripitomljiv.

**tamely** (te'jmli), *adv.* krotko, pitomo, ponizno.

**tameness** (te'jmnes), *n.* krotkost, pitomost, poniznost.

**tamer** (te'jmör), *n.* krotitelj, krotilac.

**tamis** (tă'mis), *n.* platnena cjediljka.

**tamp** (tămp), *v.* zbiti, nabiti, začepiti.

**tamper** (tă'mpör), *v.* spletkariti, biti upleten u, miješati se, pačati se, utjecati.

**tamperer** (tă'mpörör), *n.* pletkaš, mutljivac.

**tampion** (tă'mpiön), *n.* vranj, čep.

**tampon** (tă'mpön), *n.* čep za zatvorenje rane.

**tan** (tăn), *v.* strojiti, činiti kože, pocrniti od sunca, izlemati; ogaraviti; — *a.* zagasit, žutosmeđ; — *n.* trijeslo, stroj, žutosmeđa boja, zagasitost.

**tan-bark** (tă'nbā'rk), *n.* trijeslo.

**tandem** (tă'ndem), *a.* upregnut jedan iza drugoga; — *n.* dva *ili* više konja upregnutih jedan iza drugoga, bicikl sa dva sjedala jedan za drugim.

**tang** (tăng), *n.* oštar ukus, zadah, gušter u držalu *ili* nožu; haluga (*morsko bilje*).

**tangency** (tă'nđensi), *n.* dodir, ticanje.

**tangent** (tă'nđent), *a.* dodiran; — *n.* dodirnica, tangenta.

**tangential** (tănđe'nšöl), *a.* tangentni, dodirni.

**tangibility** (tă'nđibi'liti), *n.* dodirnost, opipljivost.

**tangible** (tă'nđibl), *a.* dodirljiv, opipljiv, dohvatan; očit.

**tangibly** (tă'nđibli), *adv.* očevidno, stvarno.

**tangle** (tăngl), *v.* zaplesti, pobrkati, pomrsiti; — *n.* zaplet, čvor, zbrka.

**tangled** (tăngld), *a.* zapleten, zamršen.

**tango** (tă'ngo), *n.* argentinski ples.

**tank** (tănk), *n.* veliki sud, ratna pokretna kola.

**tankard** (tă'nkörd), *n.* vrč s poklopcem, kanta.

**tanner** (tă'nör), *n.* kožar, strojbar.

**tannery** (tă'nöri), *n.* kožarnica, strojbarnica.

**tannin** (tă'nin), *n.* tanin.

**tanning** (tă'ning), *n.* strojenje kože.

**tansy** (tă'nzi), *n.* vratić (*biljka*).

**tantalization** (tă'ntölize'jšön), *n.* mučenje, draženje.

**tantalize** (tă'ntölajz), *v.* mučiti, dražiti.

**tantamount** (tă'ntömaunt), *a.* jednak, istovrijedan.

**tantivy** (tănti'vi), *a.* brz, nagao; — *adv.* hitro, svom brzinom.

**tantrum** (tă'ntram), *n.* zlovoljnost, gnijev.

**tap** (tăp), *v.* nabiti (*bačvu*), metnuti na pipu, dotaći se, potapkati; — *n.* vranj, čep, slavina; svrdao.

**tape** (tejp), *n.* vrpca, pruga, uski trag; — **red tape** (re'd te'jp), potankost, formalnost, beskorisna sitnica.

**tape-line** (te'jpla'jn), *n.* mjerački konopac.

**taper** (te'jpör), *v.* tanjiti (se), smanjivati (se); — *a.* šiljat, protanjen, smanjen, tanak; — *n.* voštanica (*svijeća*); smanjivanje.

**tapestry** (tă'pestri), *v.* ukrasiti sagovima, tkati tapete, vesti sagove; — *n.* vezeni sag, tapeta.

**tape-worm** (te'jpuö'rm), *n.* trakavica.

**tapioca** (tă'pio'kö), *n.* tapioka.

**tapir** (te'jpir), *n.* tapir.

**tapis** (te'jpis *ili* tapi'), *n.* stolni pokrivač, sag.

**tappet** (tă'pet), *n.* dizalica (*kod parostroja*).

**tapping** (tă'ping), *n.* ispuštanje tekućine (*kod vodene bolesti*).

**tap-room** (tă'prū'm), *n.* gostionica, krčma.

**tap-root** (tă'prū't), *n.* glavni korijen (*biljke ili drveta*).

**tapster** (tă'pstör), *n.* točilac, krčmar, konobar.

**tar** (tār), *v.* katramiti, nasmoliti; — *n.* katram, smola; mornar.

**tarantella** (tă'rönte'lö), *n.* živahan talijanski ples.

**tarantula** (töră'ntjulö), *n.* tarantula (*pauk*).

**tarboosh** (tārbū'š), *n.* fes.

**tardigrade** (tā'rdigrēd), *a.* spora hoda, lijenog gibanja.

**tardily** (tā'rdili), *adv.* lagano, sporo, lijeno.

**tardiness** (tā'rdines), *n.* sporost, lijenost, krzmanje.

**tardy** (tā'rdi), *a.* spor, kasan, nazadan, lijen.

**tare** (tēr), *v.* vagati, težiti; — *n.* grahor, kukolj; odbitak od vage.

**targe** (tārđ), *n.* štit, nišan.

**target** (tā'rget), *n.* cilj, biljeg, nišan, štit.

**targeteer** (tā'rgetī'r), *n.* vojnik oboružan štitom.

**tariff** (tă'rif), *n.* tarifa, carina, popis stvari i uplative carine.

**tarlatan** (ta'rlötön), *n.* tarlatan (*rijetki muslin*).

**tarn** (tārn), *n.* gorsko jezerce.

**tarnish** (tā'rniš), *v.* potamniti, umrljati, osramotiti, gubiti sjaj; — *n.* gubitak sjaja, potamnjenje, mrlja.

**tarpaulin** (tārpå'lin), *n.* okatranjena jedretina.

**tarragon** (tă'răgön), *n.* tarkanj (*biljka*).

**tarry** (tă'ri), *v.* ostati, oklijevati, okolišati, zabaviti se, isčekivati; — (tā'ri), *a.* pokatranjen, katranast.

**tarsal** (tā'rsål), *a.* zatabanični.

**tarsus** (ta'rsös), *n.* zatabanica, gležanj, boca.

**tart** (tārt), *a.* oštar, jedak; — *n.* torta, kolač.

**tartan** (ta'rtön), *n.* tartan (*šarena vunena tkanina*), ogrtač od tartana.

**tartar** (tā'rtör), *n.* birsa, srijеš, žutkasta *ili* crna otvrdina oko zubiju.

**Tartarean** (tarte'jriön), *a.* podzemni, paklenski.

**tartareous** (tarte'jriąs), *a.* srješni, birsni.

**tartaric** (tartă'rik), *a.* srješni.

**tartarous** (ta'rtörąs), *a.* srješni, kao birsa.

**tartish** (ta'rtiš), *a.* ponješto oštar, jetkast.

**tartly** (ta'rtli), *adv.* oštro, jetko.

**task** (tăsk), *v.* zadati posao, prenatrpati poslom; — *n.* posao, zadatak, trud, teret.

**taskmaster** (tă'skmă'stör), *n.* poslodavac, narednik.

**task-work** (tă'skuö'rk), *n.* zadani posao, posao na komad.

**tass** (tăs), *n.* čaša.

**tassel** (tăsl), *v.* oskrbiti resom, nositi kitu, otkinuti bradu sa kukuruza; — *n.* resa, kita, brada na kukuruzu.

**taste** (te'jst), *v.* kušati, okusiti, osjetiti, dopadati se, imati ukus *ili* tek; — *n.* ukus, okus, kušanje; volja; proba, pokus.

**tasteful** (te'jstful), *a.* ukusan, tečan.

**tasteless** (te'jstles), *a.* neukusan, netečan.

**taster** (te'jstör), *n.* kušalac; čašica za rakiju.

**tastily** (te'jstili), *adv.* ukusno, po modi.

**tasty** (te'jsti), *a.* ukusan, tečan; lijep, fin, elegantan.

**Tatar** (ta'tör), *n.* Tatarin; — *a.* tatarski.

**tatter** (tă'tör), *n.* krpa, cunja.

**tatterdemalion** (tă'tördime'jliön), *n.* prnjavac, odrpanac.

**tattered** (tă'törd), *a.* dronjav, prnjav.

**tattle** (tătl), *v.* brbljati, pripovijedati; — *n.* brbljanje, tepanje.

**tattler** (tă'tlör), *n.* brbljavac, raznašatelj glasina.

**tattling** (tă'tling), *n.* brbljanje, jezičavost.

**tattoo** (tă'tu'), *v.* nabosti kožu neizbrisivom tintom, tetovirati; — *n.* tetoviranje, mirozov, trublja za počinak.

**taube** (ta'ube), *n.* golub; jednokrili zrakoplov.

**taught** (tåt), *imp. i pp. od*: **teach**.

**taunt** (tånt), *v.* opsovati, izružiti; — *n.* poruga, psovanje.

**taurine** (tå'rajn *ili* tå'rin), *a.* bikov.

**Taurus** (tå'rąs), *n.* bik (*zviježde*).

**taut** (tàt), *a.* napet, nategnut; gotov, valjan.

**tautologic** (tå'tola'đik). **tautological** (tå'tolă'điköl), **tautologous** (tàtå'löđas), *a.* tautologičan, čime se bespotrebno opetuju riječi sa istim značenjima.

**tautology** (tàtå'lođi), *n.* bespotrebno ponavljanje riječi istog značenja, tautologija.

**tavern** (tă'vörn), *n.* gostionica, krčma.

**taw** (tà), *v.* strojiti na bijelo; — *n.* špekulanje, špekula, krugljica.

**tawdriness** (tá'drines), *n.* blistavost, prenakičenost, gizdavost.

**tawdry** (tà'dri), *a.* blistav, prenakičen, gizdav, jeftin.

**tawery** (tá'öri), *n.* činjenje bijelih koža, irharija.

**tawniness** (tá'nines), *n.* zagasitost, žutosmeđa boja.

**tawny** (tá'ni), *a.* žutosmeđ, zagasit.

**tax** (tăks), *v.* oporezovati, staviti porez na, opteretiti, zaokupiti, ukoriti; — *n.* porez, daća, pristojba, ukor.

**taxable** (tă'ksöbl), *a.* oporeziv, potpadan carini.

**taxation** (tăkse'jšön), *n.* oporezovanje, porez, procjena.

**taxicab** (tă'ksikăb), *n.* automobil, koji prevaža putnike za plaću prema daljini.

**taxidermist** (tă'ksidö'rmist), *n.* punilac mrtvih životinja.

**taxidermy** (tă'ksidö'rmi), *n.* vještina punjenja mrtvih životinja.

**taxonomy** (tăksă'nömi), *n.* nauka o razređivanju bilina *ili* životinja.

**tea** (ti), *n.* čaj.

**teach** (tič), *v.* učiti, podučavati, naučiti.

**teachable** (ti'čöbl), *a.* naučljiv.

**teachableness** (ti'čöblnes), *n.* naučljivost.

**teachably** (ti'čöbli), *adv.* naučljivo.

**teacher** (ti'čör), *n.* učitelj, učiteljica.

**teaching** (ti'čing), *n.* učenje, podučavanje, nauka, poduka.

**teacup** (ti'ka'p), *n.* čajna šalica.

**teakettle** (ti'ke'tl), *n.* samovar.

**teak** (tik), *n.* tikovina, indijski hrast.

**teal** (til), *n.* krža (*vrst divlje patke*).

**team** (tim), *v.* upreći, zapregnuti; — *n.* zaprega, par (*konja ili volova*); društvo; leglo, jato.

**teamster** (ti'mstör), *n.* gonič, tjerač, kočijaš, biruš.

**teaparty** (ti'pa'rti), *n.* čajanka.

**teapot** (ti'pá't), *n.* čajnik.

**tear** (tēr), *v.* razderati (se), trgati (se), raskinuti, razrovati, čupati, istrgnuti (se), hrliti, juriti; — *n.* prodor, puklina, trošenje.

**tear** (tir), *n.* suza.

**tear-bomb** (ti'rbá'm), **tear-shell** (ti'rše'l), *n.* bomba, koja kod eksplodiranja pogubno djeljuje na oči.

**tear-drop** (ti'rdrá'p), *n.* suza.

**tearful** (ti'rful), *a.* suzan, suznat, pun suza.

**tearfully** (ti'rfuli), *adv.* suznato, plačljivo.

**tearfulness** (ti'rfulnes), *n.* suznatost.

**tearless** (ti'rles), *a.* bez suza; bezdušan, besćutan.

**teary** (ti'ri), *a.* suzan, samilostan.

**tease** (tiz), *v.* mučiti, dražiti, zanovijetati, grepsti, češljati, grebenati; — *n.* draženje, zanovijetanje, mučenje, grebenanje.

**teaser** (ti'zör), *n.* mučitelj, zanovjetalo, grebenač.

**teaservice** (ti'sö'rvis), *n.* čajno posuđe.

**teaspoon** (ti'spū'n), *n.* žličica.

**teaspoonful** (ti'spū'nful), *n.* žličica (*puna*).

**teaset** (ti'se't), *n.* čajno posuđe.

**teat** (tit), *n.* bradavica na sisi, sisa.

**teathings** (ti'ti'ngz), *n.* čajno posuđe.

**teaty** (ti'ti), *n.* bradavičica (*na sisi*).

**teazel** (tizl), *n.* češljuga (*biljka*).

**techily** (te'čili), *adv.* razdražljivo, osjetljivo, zlovoljno.

**techiness** (te'čines), *n.* razdražljivost, zlovoljnost.

**technic** (te'knik), *n.* tehnika, nauka o umjetnostima *ili* obrtima.

**technical** (te'kniköl), *a.* tehnički, obrtni, stručni.

**technicality** (te'knikă'liti), *n.* tehnička osobitost, obrtnost, umještvo; cjepidlačarstvo, igra riječima.

**technics** (te'kniks), *n.* umjetnosti, tehničke stvari *ili* izrazi.

**technique** (tekni'k), *n.* umjetnost (*u glazbi*), umjeće.

**technological** (te'knolă'diköl), *a.* obrtni, stručni, tehnologičan.

**technology** (teknă'lođi), *n.* tehnologija, nauka o umjetnostima *ili* obrtima.

**techy** (te'ći), *a.* razdražljiv, zlovoljan.

**tectonic** (tektă'nik), *a.* građevni, sastavni.

**tectonics** (tektă'niks), *n.* graditeljstvo, tektonika.

**ted** (ted), *v.* razmetati, razastirati pokošenu travu *ili* sijeno, da se suši.

**tedder** (te'dör), *n.* razastirač (*pokošene trave ili sijena*).

**Te Deum** (ti di'öm), *pjesma*: Tebe Boga hvalimo.

**tedious** (ti'di̯as), *a.* dosadan, umarajući.

**tediously** (ti'di̯asli), *adv.* dosadno, umarajuće.

**tediousness** (ti'diasnes), *n.* dosadnost, umaranje.

**tedium** (ti'diam), *n. isto kao:* **tediousness.**

**tee** (tī), *v.* namjestiti kuglju za udarac; — *n.* znak, cilj, izvišak (*od pijeska ili zemlje*).

**teem** (tīm), *v.* kotiti, rađati, zatrudnjeti, zabređati; obilovati.

**teeming** (tī'ming), *a.* plodan, pun, izobilan.

**teen** (tīn), *n.* bol, tuga, jad.

**teenful** (tī'nful), *a.* bolan, jadan.

**teenfully** (tī'nfuli), *adv.* bolno, jadno.

**teens** (tīnz), *n. pl.* doba od 13 do 19 godina.

**teeny** (tī'ni), *a.* maljušan, zločudan, mrzovoljast.

**teeter** (tī'tör), *v.* kolebati se, ljuljati se, teturati; — *n.* kolebanje, ljuljanje, teturanje.

**teeth** (tīd), *v.* dobivati zube; — (tīt), *n.* zubi.

**teething** (tī'ding), *n.* dobivanje zubi.

**teetotal** (tī'tō'töl), *a.* što se odnosi na potpuno odreknuće pića; potpun; umjeren, trijezan.

**teetotaler** (tī'tō'tölör), *n.* onaj, koji se potpuno odrekao pića.

**teetotalism** (tī'to'tölizm), *n.* strogo suzdržavanje od opojnih pića.

**teetotally** (tī'to'töli), *adv.* potpuno.

**teetotum** (tī'tō'tam), *n.* maleni četverostranični zvrk.

**tegmen** (te'gmen), *n.* pokrivalo, kožica (*kao na sjemenki*).

**tegument** (te'gjument), *n.* opna, ovoj, pokrivalo.

**tegumentary** (te'gjume'ntöri), *a.* opnast, ovojni.

**teil** (til), *n.* lipa.

**teind** (tind), *n.* desetina, deseti dijel.

**telegram** (te'ligrăm), *n.* brzojav, telegram.

**telegraph** (te'ligrăf), *v.* brzojaviti, telegrafirati; — *n.* telegraf, brzojav; — **wireless telegraph,** bežični brzojav.

**telegrapher** (teli'gröför), *n.* brzojavljač, brzojavni činovnik.

**telegraphic** (te'ligră'fik), *a.* telegrafičan, brzojavni.

**telegraphically** (te'ligră'fiköli), *adv.* brzojavno, telegrafično.

**telegraphy** (tele'gröfi), *n.* brzojavljanje, telegrafija.

**telegraphone** (tile'gröfön), *n.* telegrafon.

**telegraphoscope** (te'ligră'foskōp), *n.* sprava za brzojavno slikanje.

**telemeter** (tile'mitör), *n.* sprava za mjerenje daljine.

**teleology** (te'liă'lođi), *n.* teleologija, nauka o konačnim uzrocima.

**telepathic** (te'lipă'tik), *a.* telepatičan, u duševnom dodiru.

**telepathist** (teli'pötist), *n.* telepatik.

**telepathy** (tile'pöti), *n.* telepatija, predmnijevni duševni saobraćaj sa drugim osobama.

**telephone** (te'lefön), *v.* telefonirati; — *n.* telefon.

**telephonic** (te'lefō'nik), *a.* telefonski.

**telephony** (tele'foni), *n.* telefoniranje, telefonija.

**telephote** (te'lifōt), *n.* sprava za proizvađanje slika u daljini, telefot.

**telescope** (te'liskōp), *v.* turati jedno u drugo; — *n.* dalekozor, teleskop.

**telescopic** (te'liskă'pik), *a.* dalekozorni, teleskopski.

**telic** (te'lik), *a.* odnoseći se na svrhu *ili* cilj.

**tell** (tel), *v.* pripovijedati, saopćiti, obavijestiti, zapovjediti, kazati, reći, iznaći, odlučiti, računati, brojiti, dati račun, opisati.

**teller** (te'lör), *n.* pripovjedač, bankovni činovnik, koji prima i isplaćuje novac, brojač glasova.

**telling** (te'ling), *a.* što ima veliki učinak; jak, važan, očit.

**telltale** (te'lte'jl), *a.* brbljav, blebetav; — *n.* koji sve izbrblja, što ne bi smio, blebetuša; znak, kazalo.

**telluric** (telju'rik), *a.* zemaljski, telurski.

**tellurium** (telju'riöm), *n.* telur.

**telpher** (te'lför), *n.* električna žičena željeznica.

**telpherage** (te'lföređ), *n.* zračno prevažanje elektrikom.

**temerity** (time'riti), *n.* smjelost, nesmotrenost.

**temper** (te'mpör), *v.* ublažiti, umekšati, umiriti, pomiješati; udesiti; otvrdnuti; — *n.* temperamenat, razdraživost, strast, ćud, raspoloženje, duševni mir; otvrdnuće; primjesa.

**temperament** (te'mpöröment), *n.* ćud, temperamenat, raspoloženje, udešavanje (*glazbala*).

**temperamental** (te'mpöröme'ntöl), *a..* temperamentalan, razdražljiv, ćudan.

**temperance** (te'mpöröns), *n.* umjerenost, uzdržljivost (*od opojnih pića*).

**temperate** (te'mpöret), *a.* umjeren, blag.

**temperately** (te'mpöretli), *adv.* umjereno, blago.

**temperateness** (te'mpöretnes), *n.* umjerenost, blagost.

**temperature** (te'mpöröćur), *n.* toplina, temperatura.

**tempered** (te'mpörd), *a.* raspoložen.

**tempest** (te'mpest), *n.* oluja, bura; uzbuđenost.

**tempestuous** (tempe'sćuas), *a.* buran; bijesan.

**tempestuously** (tempe'sćuasli), *adv.* burno, žestoko.

**tempestuousness** (tempe'sćuasnes), *n.* burnost, uzbuđenost, žestina.

**Templar** (te'mplör), *n.* templar.

**temple** (templ), *n.* hram; sljepočica.

**templet** (te'mplet), *n.* šablona, cifrač (*kod tesanja*).

**tempo** (te'mpo), *n.* vrijeme u glazbi, odmjerenost.

**temporal** (te'mporöl), *a.* vremen, vremenit, privremen, svjetovni, sljepočni.

**temporality** (te'mporă'liti), *n.* svjetovna dobra, dohodak, korist; vremenitost, privremenost.

**temporally** (te'mporöli), *adv.* privremeno.

**temporalness** (te'mporölnes), *n.* privremenost.

**temporarily** (te'mporă'rili), *adv.* privremeno, prolazno.

**temporariness** (te'mporă'rines), *n.* privremenost, prolaznost.

**temporary** (te'mporöri), *a.* privremen, prolazan.

**temporization** (te'mporize'jšön), *n.* otezanje vremenom, oklijevanje, prilagođenje.

**temporize** (te'mporajz), *v.* otezati, oklijevati, prilagoditi se.

**temporizer** (te'mporajzör), *n.* koji se ravna prema prilikama, prevrtljivac.

**tempt** (tempt), *v.* zavoditi, mamiti, kušati, pokušati, napastovati.

**temptation** (tempte'jšön), *n.* kušnja, kušanje, napast.

**tempter** (te'mptör), *n.* napasnik, zavodnik.

**tempting** (te'mpting), *a.* napastan, zavodan.

**temptress** (te'mptres), *n.* napasnica, zavodnica.

**ten** (ten), *a. i n.* deset, desetica.

**tenability** (te'nöbi'liti), *n.* održljivost.

**tenable** (te'nöbl), *a.* održljiv.

**tenacious** (tine'jšas), *a.* prionljiv, nepopustljiv, čvrst, uporan, privržen, žilav, ljepljiv.

**tenaciously** (tine'jšasli), *adv.* uporno, čvrsto, žilavo.

**tenacity** (tinǎ'siti), *n.* upornost, žilavost, postojanost, prionljivost.

**tenancy** (te'nönsi), *n.* najam, zakup, privremeni posjed.

**tenant** (te'nönt), *v.* držati u zakupu, stanovati; — *n.* stanar, zakupnik.

**tenantable** (te'nöntöbl), *a.* gdje se može stanovati, što se može iznajmiti.

**tenantless** (te'nöntles), *a.* bez stanara, prazan.

**tenantry** (te'nöntri), *n.* zakupnici, stanari.

**tench** (tenč), *n.* linjak (*riba*).

**tend** (tend), *v.* naginjati, biti sklon, smjerati, paziti, čuvati, prisustvovati, poslužiti, dvoriti.

**tendance** (te'ndöns), *n.* posluga, dvorenje; pratnja.

**tendency** (te'ndensi), *n.* naklonost, naginjanje, sklonost, namjera.

**tender** (te'ndör), *v.* ponuditi, dati; umekšati, ublažiti; — *a.* nježan, mek, osjetljiv, slab, mlad, brižan, obziran; — *n.* ponuda, ponuđena stvar, zakonito platežno sredstvo; lađa pratilica; kola za ugljen i vodu; dvoritelj, posluživač.

**tender-hearted** (te'ndörha'rted), *a.* samilostan.

**tenderloin** (te'ndörla'jn), *n.* goveđe meso blizu buta, pečenica; — the **tenderloin district**, noćna zabavišta.

**tenderly** (te'ndörli), *adv.* nježno, blago, brižno.

**tenderness** (te'ndörnes), *n.* nježnost, blagost, pomnja.

**tendinous** (te'ndinas), *a.* žilav.

**tendon** (te'ndön), *n.* žila, tetiva.

**tendril** (te'ndril), *n.* vitica.
**tenebrous** (te'nibrös), *a.* taman, mračan.
**tenebrousness** (te'nibrasnes), *n.* tama, mrak.
**tenement** (te'niment), *n.* stan, obitavalište, posjed.
**tenement-house** (te'nimentha'us), *n.* zgrada sa mnogo stanova.
**tenementary** (te'nime'ntöri), *a.* zakupni.
**tenet** (te'net), *n.* nauka, mnijenje, načelo *ili* dogma.
**tenfold** (te'nföld), *a.* deseterostruk; — *adv.* deseterostruko.
**tennis** (te'nis), *n.* tenis (*igra s loptama*).
**tenon** (te'nön), *v.* staviti klin u; — *n.* klin.
**tenor** (te'nör), *a.* tenorski; — *n.* tenor, prvi glas, sadržaj, smisao.
**tenpenny** (te'npe'ni), *a.* vrijedan deset pena.
**tenpins** (te'npi'nz), *n.* kuglanje (*igra sa deset čunja*).
**tense** (tens), *a.* napet, nategnut; — *n.* vrijeme (*u slovnici*).
**tenseness** (te'nsnes), *n.* napetost.
**tensible** (te'nsibl), *a.* rastezljiv.
**tensile** (te'nsil), *a.* rastezan, pruživ.
**tensility** (tensi'liti), *n.* rastezljivost, pruživost.
**tension** (te'nšön), *n.* napinjanje, napetost.
**tensity** (te'nsiti), *n.* napetost.
**tensor** (te'nsör), *n.* pružač (*mišica*).
**tent** (tent), *v.* razapeti šator, smijestiti pod šator; — *n.* šator, čador.
**tentacle** (te'ntökl), *n.* pipalo, ticalo.
**tentative** (te'ntetiv), *a.* pokusni; — *n.* pokus.
**tentatively** (te'ntetivli), *adv.* pokusno, pozorno.
**tenter** (te'ntör), *v.* razapinjati (se); — *n.* razapinjač, sprava za razapinjanje.
**tenter-hook** (te'ntörhu'k), *n.* kuka za razapinjanje.
**tenth** (tent), *a.* deseti; — *n.* desetina.
**tenthly** (te'ntli), *adv.* deseto, na desetom mjestu.
**tentie** (te'nti), *a.* pažljiv, oprezan.
**tenuity** (tenju'iti), *n.* tančina, gustoća, finoća.
**tenuous** (te'njuas), *a.* tanak, vitak, fin, rijedak.

**tenure** (te'njur), *n.* posjed, leno, držanje.
**tepefaction** (te'pifa'kšön), *n.* mlačnost, mlačenje.
**tepefy** (te'pifaj), *v.* učiniti mlakim, smlačiti se.
**tepid** (te'pid), *a.* mlak, mlačan.
**tepidness** (te'pidnes), *n.* mlakost.
**teraph** (te'röf), *n.* kućni bog, idol.
**teratology** (te'rötä'lođi), *n.* nauka o nakazama *ili* izrodima.
**terbium** (tö'rbiam), *n.* rijetko počelo.
**tercentenary** (törsc'ntineri), *a.* tristogodišnji; — *n.* tristogodišnjica.
**tercet** (tö'rset), *n.* tropjev, triola.
**terebinth** (te'ribint), *n.* terpentinovo drvo.
**teredo** (teri'do), *n.* brodotoč (*crv*).
**terete** (teri't), *a.* valjkast, obao.
**tergal** (tö'rgöl), *a.* hrpteni.
**tergiversate** (tö'rđivörsejt), *v.* izbjegavati, zastranjivati se, ševrdati.
**tergiversation** (tö'rđivörse'jšön), *n.* zastranjivanje, izbjegavanje; ševrdanje.
**tergum** (tö'rgam), *n.* hrbat, leđa.
**term** (törm), *v.* nazvati, imenovati; — *n.* izraz, ime, riječ; rečenica; rok, vrijeme; uslov, uvjet; granica, konac; poljeće, semestar.
**termagancy** (tö'rmögönsi), *n.* svadljivost, lajavost; naprasitost.
**termagant** (tö'rmögönt), *a.* svadljiv, lajav; naprasit; — *n.* svadljivka, zla žena.
**terminable** (tö'rminöbl), *a.* ograničiv, završiv.
**terminal** (tö'rminöl), *a.* konačni, krajnji, međašni; — *n.* krajnost, međa, vrh.
**terminate** (tö'rminejt), *v.* međašiti, ograničiti, dokončati, svršiti (se).
**termination** (tö'rmine'jšön), *n.* završetak, konac, krajnost, zaključak, posljedak.
**terminology** (tö'rminä'lođi), *n.* terminologija, nauka o stručnim izrazima, izrazi.
**terminus** (tö'rminas), *n.* konačni cilj, zadnja postaja; međa, granica.
**termite** (tö'rmajt), *n.* bijeli mrav.
**termless** (tö'rmles), *a.* neograničen, bezimen.
**tern** (törn), *n.* čigra (*ptica*).
**ternary** (tö'rnöri), *a.* trostruk, trojni.
**ternately** (tö'rnetli), *adv.* u troje.

**Terpsichorean** (tö'rpsikori'ön), *a.* plesni, plesaći.

**terra** (te'rö), *n.* zemlja; — **terra firma,** kopno; — **terra incognita,** nepoznati kraj.

**terrace** (te'rös), *v.* učiniti terasu *ili* poput terase; — *n.* zaravanak, zatavanak, terasa, niz kuća, ravan krov na kući.

**terra-cotta** (te'rökà'tö), *n.* pečena glina.

**terrain** (tere'n), *n.* tlo, predjel, kraj, tvorba.

**terrapin** (te'röpin), *n.* kornjača.

**terraqueous** (tere'kuias), *a.* kopnen i voden.

**terrene** (teri'n), *a.* zemni, zemaljski; — *n.* zemaljska površina.

**terreplein** (te'rple'n), *n.* nasip.

**terrestrial** (tere'striöl), *a.* zemaljski, svjetski, kopneni; — *n.* zemaljski stanovnik.

**terrible** (te'ribl), *a.* strašan, grozan, vanredan.

**terribly** (te'ribli), *adv.* strašno, užasno, vanredno.

**terrier** (te'riör), *n.* jazavčar *(pas).*

**terrific** (teri'fik), *a.* strašan, užasan.

**terrifically** (teri'fiköli), *adv.* strašno, grozno.

**terrify** (te'rifaj), *v.* uplašiti, prestrašiti, napuniti stravom.

**territorial** (te'ritö'riöl), *a.* teritorijalan, zemljišni, upravni, nadležni.

**territory** (te'ritori), *n.* teritorij, predjel, kraj; uprava.

**terror** (te'rör), *n.* strah, groza, trepet, užas.

**terrorism** (te'rörizm), *n.* terorizam, strahovlada, zastrašivanje.

**terrorist** (te'rörist), *n.* terorist, strahovladalac, zastrašivalac.

**terrorize** (te'rörajz), *v.* strašiti, zastrašivati.

**terse** (törs), *a.* kratak, jezgrovit, jasan.

**tersely** (tö'rsli), *adv.* kratko, jezgrovito, jasno.

**terseness** (tö'rsnes), *n.* kratkoća, jezgrovitost, jasnoća.

**tertian** (tö'ršön), *a.* što se ponavlja svaki treći dan; — *n.* bolest, koja nastupa svakog trećeg dana.

**tertiary** (tö'ršieri), *a.* treći po broju, tercijaran; — *n.* tercijarni sustav.

**tessellar** (te'selör), *a.* kockast.

**tessellate** (te'selejt), *v.* nakockati.

**tessellation** (te'sele'jšön), *n.* nakockanost, obloženje pločama.

**tessera** (te'serö), *n.* kockica.

**test** (test), *v.* kušati, probati, ispitavati, istraživati, posvjedočiti; — *n.* pokus, proba, kušnja, istraga, ispit, analiza, kušalo; tvrda kora; prisega.

**testacean** (teste'jšiön), *n.* ljušturaš, korepnjak.

**testaceous** (teste'jšas), *a.* ljušturav, s tvrdom korom.

**testacy** (te'stösi), *n.* oporučnost.

**testament** (te'stöment), *n.* oporuka, posljedna volja, testamenat, zavjet.

**testamental** (te'stöme'ntöl), *a.* oporučni.

**testamentary** (te'stöme'ntöri), *a.* oporučni.

**testate** (te'stejt), *a.* oporučan.

**testator** (teste'jtör), *n.* oporučitelj.

**testatrix** (teste'jtriks), *n.* oporučiteljica.

**tester** (te'stör), *n.* ispitavač, istraživatelj; baldakin, nebo *(nad propovjedaonicom, posteljom, itd.)*; starinski srebrni novac.

**testicle** (te'stikl), *n.* mudo.

**testifier** (te'stifa'er), *n.* svjedok.

**testify** (te'stifaj), *v.* svjedočiti, posvjedočiti.

**testimonial** (te'stimo'niöl), *n.* svjedodžba, počasni znak.

**testimony** (te'stimoni), *n.* svjedočanstvo, dokaz, posvjedočenje.

**testudinal** (testju'dinöl), *a.* kornjačin.

**testudo** (testju'do), *n.* kornjača.

**testy** (te'sti), *a.* razdražljiv, osjetljiv.

**tetanus** (te'tönas), *n.* ukočenost od grča, obamrlost.

**tetchy** (te'ći), *a. vidi:* **techy.**

**tete-a-tete** (te'tăte't), *a.* licem u lice, povjerljiv, privatan; — *adv.* privatno, na samo; — *n.* povjerljiv razgovor, privatno razgovaranje dviju osoba; sofa, na kojoj dvije osobe razgovaraju na samo.

**tether** (te'dör), *v.* sputati, sapeti; — *n.* potpruga, putilo, spona.

**tetrachord** (te'tröko'rd), *n.* glazbilo od četiri žice.

**tetragon** (te'trögàn), *n.* četverokut.

**tetragonal** (tetră'gonöl), *a.* četverokutan.

**tetrahedron** (te'tröhi'drön), *n.* tetraedar, četveroplošac.

**tetrameter** (tetră'mitör), *n.* metrički stih od četiri stope.

**tetrasyllabic** (te'trösilă'bik), *a.* četveroslovčan.

**tetrasyllable** (te'trösi'löbl), *n.* četveroslovčana riječ.

**tetter** (te'tör), *n.* lišaj, osip.

**Teuton** (tju'tön), *n.* Teuton, Nijemac.

**Teutonic** (tjută'nik), *a.* teutonski, njemački.

**text** (tekst), *n.* izvornik, tekst, stih iz sv. pisma.

**text-book** (te'kstbu'k), *n.* školska knjiga, priručnik.

**textile** (te'kstil), *a.* tkan, tkalački; — *n.* tkanina.

**textual** (te'ksćuöl), *a.* tekstni, izvorni.

**textualist** (te'ksćuölist), *n.* onaj, koji se strogo drži teksta.

**texture** (te'ksćur), *n.* tkanje, tkanina; sastav, ustroj.

**thallus** (tă'las), *n.* steljka lišaja.

**than** (dăn), *conj.* nego, od.

**thanatopsis** (tă'nötă'psis), *n.* pogled na smrt, razmatranje o smrti.

**thane** (tejn), *n.* vlastelin, baron.

**thank** (tănk), *v.* hvaliti, zahvaliti, blagodariti; — *n.* hvala, zahvala, blagodarnost.

**thankful** (tă'nkful), *a.* zahvalan, haran, blagodaran.

**thankfully** (tă'nkfuli), *adv.* sa zahvalom.

**thankfulness** (tă'nkfulnes), *n.* zahvalnost, blagodarnost.

**thankless** (tă'nkles), *a.* nezahvalan, neblagodaran.

**thanklessness** (tă'nklesnes), *n.* nezahvalnost.

**thanksgiving** (tă'nksgi'ving), *n.* zahvaljivanje, harnost, molitva zahvalnica.

**Thanksgiving Day** (tă'nksgi'ving de'j), *n.* zahvalni dan (*obično zadnji četvrtak u mjesecu studenom*).

**thankworthy** (tă'nkuö'rdi), *a.* zaslužan, hvalevrijedan.

**that** (dăt), *a. i pron.* takav, ovakav, onakav; — *adv.* tako; — *pron.* ovaj, taj, onaj; — *conj.* da, jer, što, kad.

**thatch** (tăč), *v.* pokrivati slamom *ili* krovinom; — *n.* slama, rogoza (*kojom se pokriva krov*); krov od rogoza, slame *ili* krovine.

**thatcher** (tă'čör), *n.* pokrivač krovova slamom.

**thatching** (tă'čing), *n.* krovina, pokrivanje krovova slamom.

**thaumaturge** (tă'mötörđ), *n.* čudotvorac.

**thaumaturgic** (tă'mötö'rđik), *a.* čudotvoran.

**thaumaturgics** (tă'mötö'rđiks), *n.* čudotvorstvo.

**thaumaturgy** (tă'mötö'rđi), *n.* tvorenje čudesa.

**thaw** (tă), *v.* topiti (se), otapati (se), taliti (se), kopnjeti, ganuti; — *n.* topljenje, rastapanje; jugovina.

**the** (di), *odredeni član.*

**theanthropism** (tiă'ntropizm), *n.* Bogočoječanstvo.

**thearchy** (ti'arki), *n.* vlada po Bogu.

**theater, theatre** (ti'ătör), *n.* kazalište, pozornica; dogođajno mjesto.

**theatrical** (tiă'triköl), *a.* kazališni, pozorišni.

**theatricals** (tiă'trikölz), *n.* pretstavljanje po nezvaničnicima, kazališne sprave.

**theca** (ti'kö), *n.* tulac, pokrilje, korice.

**thee** (di), *pron. od:* **thou** (dau), tebi, tebe.

**theft** (teft), *n.* krađa, ukrađena stvar.

**thein(e)** (ti'in), *n.* čajevina, tejin.

**their(s)** (dēr(z), *pron.* njihov.

**theism** (ti'izm), *n.* vjerovanje u Boga, teizam.

**theist** (ti'ist), *n.* onaj, koji vjeruje u Boga.

**theistic(al)** (tii'stik(öl), *a.* bogovjeran, teističan.

**them** (dem), *pron.* njima, nje, njih.

**thematic** (timă'tik), *a.* predmetni; zadatni.

**theme** (tīm), *n.* predmet, tema, zadatak.

**themselves** (demse'lvz), *pron. pl. od:* **himself, herself, itself.**

**then** (den), *a.* tadanji, dotični; — *adv.* tada, onda, zatim; — *conj.* stoga, radi toga, zato.

**thence** (dens), *adv.* odande, odatle, dakle, stoga, drugdje.

**thenceforth** (de'nsfo'rt), *adv.* od onda dalje.

**thenceforward** (de'nsfo'ruörd), *adv.* odonda unapred.

**theocracy** (tiä'krösi), *n.* teokracija, vladanje crkvenih dostojanstvenika.

**theocratic** (ti'okrǎ'tik), *a.* teokratičan.

**theodicy** (tiä'disi), *n.* opravdanje božje providnosi, nauka o božjoj providnosti.

**theodolite** (tiä'dolajt), *n.* sprava za mjerenje kutova.

**theogony** (tiä'goni), *n.* rodoslovlje bogova (*medu poganima*).

**theolog** (ti'olog), *n.* bogoslov, teolog.

**theologian** (ti'olo'điön), *n.* teolog, bogoslov, profesor bogoslovije.

**theologic (al)** (ti'olǎ'đik (öl), *a.* bogoslovni; teološki.

**theologist** (tiä'lođist), *n.* bogoslov, teolog.

**theology** (tiä'lođi), *n.* bogoslovija, teologija.

**theophany** (tiä'föni), *n.* prikazanje Boga čovjeku.

**theorem** (ti'orem), *n.* poučak, teorem.

**theorematic** (ti'oremǎ'tik), *a.* što pripada teoremu.

**theoretical** (ti'ore'tiköl), *a.* teoretički, spekulativni.

**theoretically** (ti'ore'tiköli), *adv.* teoretički, spekulativno.

**theoretics** (ti'ore'tiks), *n.* teoretika.

**theorist** (ti'orist), *n.* teoretičar.

**theorize** (ti'orajz), *v.* činiti teorije, spekulirati, umovati.

**theory** (ti'ori), *n.* teorija, umovanje, nauka.

**theosophist** (tiä'söfist), *n.* teosof.

**theosophy** (tiä'söfi), *n.* teosofija, sustav, po kojem se nauča, da je bitna istina temelj sviju vjerskih, filozofijskih i znanstvenih sistema.

**therapeutic** (te'röpju'tik), *a.* terapeutičan, zdravstven, liječiv.

**therapeutics** (te'röpju'tiks), *n.* terapeutika, nauka o liječenju.

**there** (dēr), *adv.* ondje, tamo.

**thereabout** (dē'rǎba'ųt), *adv.* nekako blizu, po prilici, približno, tu negdje.

**thereafter** (dē'rǎ'ftör), *adv.* poslije, nakon toga, zatim.

**thereat** (dē'rǎ't), *adv.* ondje, tamo, radi toga, po tom.

**thereby** (dē'rba'j), *adv.* time, uz to, uslijed toga, po tom, blizu.

**therefor** (de'rfö'r), *adv.* za to.

**therefore** (de'rfö'r), *adv. i conj.* stoga, radi toga, dosljedno.

**therefrom** (de'rfrō'm), *adv.* otuda.

**therein** (de'ri'n), *adv.* u tom, unutar, ondje.

**thereof** (de'rǎ'f), *adv.* od toga, od ovoga, uslijed.

**thereon** (de'rǎ'n), *adv.* na tom, u to.

**thereto** (de'rtu'), **thereunto** (de'rǎntu'), *adv.* k tome, uz to.

**theretofore** (de'rtufö'r), *adv.* prije toga.

**thereunder** (de'rǎ'ndör), *adv.* pod tim.

**thereupon** (de'rapǎ'n), *adv.* na to, nakon toga, zatim.

**therewith** (de'rųi't), *adv.* s ovime, s tim.

**therewithal** (de'rųidǎ'l), *adv.* povrh toga, uz to, s tim.

**theriotomy** (ti'riä'tömi), *n.* razudba životinja.

**thermae** (tö'rmi), *n.* toplice, vruće kupke.

**thermal** (tö'rmöl), *a.* vrući, topao.

**thermograph** (tö'rmogrǎf), *n.* termograf, sprava za mjerenje topline.

**thermometer** (törmǎ'metör), *n.* toplomjer, termometar.

**thermometric** (tö'rmome'trik), *a.* toplomjerski, termometarski.

**thermoscope** (tö'rmoskōp), *n.* termoskop, toplomjer.

**thermostat** (tö'rmostǎt), *n.* regulator topline, termostat.

**thesaurus** (tesä'rös), *n.* riznica, blagajna; rječnik.

**these** (dīz), *pron. pl.* ovi, ti.

**thesis** (tī'sis), *n.* teza, stavak, tema, predmet.

**theurgic (al)** (tiö'rđik (öl), *a.* čudotvoran.

**theurgically** (tiö'rđiköli), *adv.* čudotvorno.

**theurgy** (ti'örđi), *n.* stvaranje čudesa pomoću božanskog djelovanja, zazivanje duhova.

**thew** (tju), *n.* mišica, tetiva, žilavost.

**thewy** (tju'i), *a.* mišičav, žilav.

**they** (dej), *pron. pl.* oni, one, ona.

**thick** (tįk), *a.* debeo, gust, krut, tup; — *adv.* gusto, tupo, tijesno; — *n.* debljina, krutost, tupost.

**thicken** (tikn), *v.* odebljati (se), zgusiti (se), skrutiti (se), potamnjeti, umnožiti (se).

**thickening** (ti'knning), *n.* debljanje, nješto, što skrućuje tekućinu, krutost.

**thicket** (ti'ket), *n.* guštara, šikara, grmlje, šiblje.

**thick-head** (ti'khe'd), *n.* tupoglavac, 'glupan.

**thick-headed** (ti'khe'ded), *a.* tupoglav, glup.

**thickish** (ti'kiš), *a.* odebeo.

**thickly** (ti'kli), *adv.* gusto, usko, uzastopce.

**thickness** (ti'knes), *n.* debljina, gustoća.

**thickset** (ti'kse't), *a.* gusto zasađen, zdepast; — *n.* guštara, šikara.

**thick-skinned** (ti'kski'nd), *a.* debelokožan, tvrd, neosjetan.

**thief** (tif), *n.* tat, kradljivac.

**thieve** (tiv), *v.* krasti.

**thievish** (ti'viš), *a.* kradljiv, tatski.

**thievishness** (ti'višnes), *n.* kradljivost.

**thigh** (taj), *n.* stegno, bedro.

**thill** (til), *n.* rudo, rukunice.

**thimble** (timbl), *n.* napršnjak.

**thimblerig** (ti'mblri'g), *n.* varka, lukavština.

**thin** (tin), *v.* tanjiti, istanjiti, prorijediti, umanjiti; — *a.* tanak, rijedak, mršav, slab.

**thine** (dajn), *a.* tvoj.

**thing** (ting), *n.* stvar, predmet, tvar; — *pl.* roba.

**think** (tink), *v.* misliti, promisliti, suditi, prosuđivati, razmatrati; vjerovati.

**thinker** (ti'nkör), *n.* mislilac.

**thinking** (ti'nking), *n.* mišljenje, razmišljanje, misao.

**thinly** (ti'nli), *adv.* tanko, rijetko, malo.

**thinnish** (ti'niš), *a.* potanak.

**thin-skinned** (ti'nski'nd), *a.* tankokožan, osjetljiv.

**third** (törd), *a.* treći; — *adv.* treće; — *n.* treći, trećina.

**thirdly** (tö'rdli), *adv.* treće.

**thirst** (törst), *v.* žeđati; — *n.* žeđa, žudnja, tek.

**thirsty** (tö'rsti), *a.* žedan, suh.

**thirteen** (törti'n), *a. i n.* trinaest.

**thirteenth** (törti'nt), *a.* trinaesti; — *n.* trinaestina.

**thirtieth** (tö'rtiet), *a.* trideseti; — *n.* tridesetina.

**thirty** (tö'rti), *a. i n.* trideset.

**this** (dis), *a. i pron.* ovaj, taj; — *adv.* ovo, to, ovako.

**thistle** (tisl), *n.* češljika, čkalj.

**thistly** (ti'sli), *a.* obrasao češljikom, čkaljav, bodljikav.

**thither** (ti'dör), *adv.* onamo, tamo.

**thitherward** (ti'döruörd), *adv.* onuda, onamo.

**tho, though** (dō), *conj.* akoprem, i ako, premda, doduše.

**thole** (tōl), *n.* palac (za veslo).

**thong** (tàng), *n.* kaiš, remen.

**thorax** (to'räks), *n.* prsni koš, grudi.

**thorn** (tōrn), *v.* ubosti trnom, oskrbiti trnjem; — *n.* trn, bodljika.

**thorn-apple** (tō'rnă'pl), *n.* tatula.

**thorny** (tō'rni), *a.* trnov, bodljikav, oštar, bolan, mučan.

**thorough** (tō'ro), *a.* potpun, posvemašnji, savršen, strog.

**thoroughbred** (tō'robre'd), *a.* čistokrvan; vatren, odvažan; — *n.* životinja čiste pasmine.

**thoroughfare** (tō'rofă'r), *n.* prolaz, glavna cesta.

**thoroughgoing** (tō'rogo'ing), *a.* temeljit, radikalan, savršen.

**thoroughly** (tō'roli), *adv.* temeljito, savršeno, potpuno, strogo.

**thoroughness** (tō'rones), *n.* temeljitost, savršenost, potpunost.

**thorough-paced** (to'rope'jst), *a.* potpuno izvježban, vješt, usavršen.

**thorp** (tōrp), *n.* seoce, selo.

**those** (dōz), *a. i pron. plural od:* **that.**

**thou** (da̱'u̱), *pron.* ti.

**though** (dō), *conj. vidi:* **tho.**

**thought** (tàt), *n.* misao, mišljenje, namisao, ideja, mnijenje, skrb; — *imp. i pp. od:* **think.**

**thoughtful** (tă'tful), *a.* promišljen, brižan, pažljiv, misaon, zamišljen, zabrinut.

**thoughtfully** (tă'tfuli), *adv.* promišljeno, pomno, zamišljeno, zabrinuto.

**thoughtfulness** (tă'tfulnes), *n.* promišljenost, pomnja, zamišljenost, zabrinutost.

**thoughtless** (tà'tles), *a.* nepromišljen, nemaran, lakouman.

**thoughtlessly** (tà'tlesli), *adv.* nepromišljeno, nemarno, lakoumno.

**thoughtlessness** (tå'tlesnes), *n.* nepromišljenost, nesmotrenost, lakoumnost, nemar.

**thousand** (ta̱'u̱zönd), *a. i n.* tisuća, hiljada.

**thousandth** (ta̱'u̱zönt), *a.* tisući; — *n.* tisućina, tisući dio.

**thraldom** (thrå'ldöm), *n.* sužanjstvo, ropstvo.

**thrall** (thrål), *v.* zasužnjiti; — *n.* sužanj, rob, sužanjstvo.

**thrap** (thråp), *v.* privezati.

**thrash** (thråš), *v.* mlatiti, udarati, istući, truditi se.

**thrasher** (thrå'šör), *n.* mlatac; cjep, stroj za mlaćenje; vrst morskog psa.

**thrashing** (thrå'šing), *n.* mlaćenje, batinanje, batine.

**thrasonical** (thrăså'niköl), *a.* hvastav, hvalisav.

**thrasonically** (thrăså'niköli), *adv.* hvastavo, hvalisavo.

**thraw** (thrå), *v.* iskriviti, iščašiti, osujetiti.

**thraward** (thrå'u̱örd), *a.* uporan, tvrdokoran.

**thread** (tred), *v.* provući (*konac kroz iglu*); proturati (se); — *n.* konac, nit, žica, zavoj (*kod šarafa*).

**threadbare** (tre'dbēr), *a.* iznošen, izlizan, otrcan.

**threadlike** (tre'dla'jk), *a.* poput konca.

**threap** (trip), *v.* protusloviti, bugariti.

**threat** (tret), *v.* groziti se, prijetiti; — *n.* grožnja, prijetnja.

**threaten** (tretn), *v.* groziti se, prijetiti (se).

**threatener** (tre'tnnör), *n.* prijetilac.

**threatening** (tre'tnning), *a.* prijeteći; — *n.* grožene.

**three** (trī), *a. i n.* tri.

**three-decker** (tri'de'kör), *n.* brod sa tri palube.

**threefold** (trī'fō'ld), *a.* trostruk; — *adv.* trostruko, na trostruk način.

**threepence** (trī'pe'ns), *n.* srebrn novac od tri pensa (*oko 6 centi*).

**threepenny** (tri'pe'ni), *a.* vrijedan tri pensa, malovrijedan.

**three-ply** (tri'pla'j), *a.* trostruk.

**threescore** (trī'skō'r), *a.* šezdeset.

**threnody** (tre'nàdi), *n.* pjesma jadikovka, tužaljka.

**thresh** (treš), *v. vidi*: **thrash.**

**thresher** (tre'šör), *n. vidi*: **thrasher.**

**threshing-floor** (tre'šingflō'r), *n.* gumno.

**threshold** (tre'šöld), *n.* prag, ulaz.

**threw** (trū), *imp. od*: **throw.**

**thrice** (trajs), *adv.* triput, trikrat.

**thrid** (trid), *v.* proći kroz, proturati, prokliznuti.

**thrift** (trift), *n.* štednja, gospodarstvo, rast, napredak, poljski karanfilj.

**thriftily** (tri'ftili), *adv.* štedljivo.

**thriftiness** (tri'ftines), *n.* štedljivost, gospodarenje.

**thriftless** (tri'ftles), *a.* rasipan, raskošan, rastrošan.

**thriftlessly** (tri'ftlesli), *adv.* rasipno, rastrošno.

**thriftlessness** (tri'ftlesnes), *n.* rasipnost, rastrošnost.

**thrifty** (tri'fti), *a.* štedljiv, gospodarski.

**thrill** (tril), *v.* potresti, uzdrmati, zgroziti se, uzdrhtati, uzbuditi; — *n.* uzbuđenje, drhat, jeza, groza; titranje (*glasom*).

**thrilling** (trī'ling), *a.* potresan, drhtav.

**thrive** (trajv), *v.* napredovati, uspijevati, rasti, cvjetati.

**thriving** (tra'jving), *a.* napredan, uspješan, berićetan.

**thro** (trū), *skraćeno od*: **through.**

**throat** (trōt), *n.* grlo, vrat, ždrijelo, grkljan.

**throb** (tråb), *v.* udarati, tući, kucati, drhtati; — *n.* udaranje, kucanje.

**throe** (trō), *v.* boriti se teškim bolima, zadati silne boli; — *n.* ljuta bol, agonija, smrtna muka.

**throne** (trōn), *v.* staviti na prijestolje, sjediti na prijestolju, uzvisiti; — *n.* prijestolje.

**throng** (trång), *v.* sakupljati se, tiskati (se), gurati se; — *n.* mnoštvo, stiska, navala, gungula.

**throstle** (tråsl), *n.* drozd, stroj za navijanje vlakanca.

**throttle** (tråtl), *v.* gušiti (se), daviti (se); — *n.* dušnik, grlo, ždrijelo.

**through** (trū), *a.* temeljit, posvemašnji; — *adv.* skroz, sasvim; — *prep.* kroz, po, od, črez.

**throughout** (trūa̱'u̱t), *adv.* skroz, svuda; — *prep.* čisto skroz, kroz, u svim dijelovima.

**throw** (trō), *v.* baciti, bacati, metati; — *n.* bacanje, domet, hitac.

**thrower** (trō'ör), *n.* bacatelj.

**throwster** (trō'stör), *n.* kockar; prelac (*svile*).

**thrum** (trạm), *v.* igrati, svirati nemarno, brundati, udarati po glasoviru, pokriti resama, uresiti rojtama; — *n.* resa, ivica (*od platna*).

**thrummy** (trạ'mi), *a.* resičav, čupav.

**thrush** (trạš), *n.* drozd, bolest (*prištići*) u ustima; vrst konjske bolesti.

**thrust** (trạst), *v.* turnuti, gurati, natjerati, probosti; — *n.* nasrtaj, navala, pritisak, ubod.

**thud** (tạd), *v.* lupnuti, tutnjeti; — *n.* tutanj, tupi glas udarca.

**thug** (tạg), *n.* lupež, razbojnik.

**thumb** (tạm), *v.* tiskati, ribati, uprljati palcem, nespretno raditi; — *n.* palac; — **to thumb one's nose at,** pokazati dugi nos.

**thumbless** (tạ'mles), *a.* bez palca; nezgrapan.

**thumb-screw** (tạ'mskrū'), *n.* stroj za mučenje stiskanjem palaca.

**thump** (tạmp), *v.* lupati, udarati, tući (*teško*); — *n.* teški udarac.

**thunder** (tạ'nder), *v.* grmiti, tutnjeti, gruvati; — *n.* grmljavina, grom.

**thunderbolt** (tạ'ndörbō'lt), *n.* gromovna strijela *ili* munja.

**thunderclap** (tạ'ndörklặp), *n.* trijesak, grom.

**thundercloud** (tạ'ndörklạ'ụd), *n.* tmurni, teški gromonosni oblak.

**thunderer** (tạ'ndörör), *n.* gromovnik.

**thundering** (tạ'ndöring), *a.* grmeći, gromovan, vanredan, prekonjeran.

**thunderous** (tạ'ndörạs), *a.* gromotan, gromovan.

**thunderstorm** (tạ'ndörstō'rm), *n.* grmljavina, bura, nepogoda.

**thunderstruck** (tạ'ndörstrạ'k), *a.* osupnut, gromom ošinut.

**thundery** (tạ'ndöri), *a.* gromonosan, gromovit.

**thurible** (tju'ribl), *n.* kadionica.

**thurifer** (tju'riför), *n.* nosilac kadionice.

**thurification** (tju'rifike'jšön), *n.* kađenje tamjanom.

**Thursday** (tö'rzdi), *n.* četvrtak.

**thus** (dạs), *adv.* tako, prema tomu.

**thwack** (tuặ'k), *v.* lupati, udarati; — *n.* udarac (*s nečim plosnatim*).

**thwart** (tuặ'rt), *v.* osujetiti, smesti, priječiti; — *a.* unakrst, prijeki; kos; — *n.* sjedalo u čamcu.

**thy** (daj), *pron.* tvoj, tvoja, tvoje.

**thyme** (tajm), *n.* majčina dušica (*biljka*).

**thymy** (ta'jmi), *a.* obrastao majčinom dušicom, mirisav.

**thyrsus** (tö'rsạs), *n.* bakov štap; čokot, trs.

**thyself** (dajse'lf), *pron.* ti sam, tebe, tebi.

**tiara** (tae'rö *ili* tia'rö), *n.* papinska trostruka kruna, tiara.

**tibia** (ti'biö), *n.* golijen.

**tibial** (ti'biöl), *a.* goljenični.

**tic** (tik), *n.* grčevito trzanje mišica.

**tick** (tik), *v.* tiktakati (*o uri*), kljucati, označiti točkom; — *n.* znak, točka, tiktak (*glas ure*), kuckanje, krpelj (*kukac*), navlaka, vjeresija.

**ticker** (ti'kör), *n.* kuckalo, ura, stroj.

**ticket** (ti'ket), *v.* metnuti cedulju, dati kartu, obilježiti; znakom; — *n.* karta, cedulja, ulaznica; glasovnica.

**tickle** (tikl), *v.* škakljati, žegetati, svrbjeti, ugađati; — *n.* škakljanje.

**tickler** (ti'klör), *n.* škakljivac, žegetalo.

**ticklish** (ti'kliš), *a.* škakljiv, osjetljiv, težak, kritičan.

**ticklishness** (ti'klišnes), *n.* škakljavost, osjetljivost, teški položaj, kritičnost.

**ticktack** (ti'ktặ'k), *n.* tiktak (*glas ure*); kucanje (*srca*).

**tidbit** (ti'dbi't), *n. vidi:* **titbit.**

**tidal** (ta'jdöl), *a.* što se tiče plime i osjeke.

**tide** (tajd), *v.* tjerati *ili* ići sa strujom; — *n.* vrijeme, doba, sezona; plima i osjeka, tijek; — **to tide over,** svladati (*poteškoću*).

**tideless** (ta'jdles), *a.* bez plime i osjeke.

**tide-table** (ta'jdte'jbl), *n.* tablica, koja pokazuje plimu i osjeku.

**tide-waiter** (ta'jduẹ'jtör), *n.* carinski činovnik, koji nadzire iskrcavanje robe, te utjeruje carinu.

**tide-way** (ta'jduẹ'j), *n.* kanal, u kojem se osjeća plima i osjeka.

**tidily** (ta'jdili), *adv.* čisto, lijepo, uredno.

**tidings** (ta'jdingz), *n. pl.* vijest, glas, novost.

**tidy** (ta'jdi), v. učiniti pristalim, urediti; — a. čist, uredan, lijep, ubav, pristao; — n. pokrivač za divan.

**tie** (taj), v. vezati, svezati, obvezati, spojiti, sputati; — n. veza, šeput; ovratnik, spojnica; obveza; jednaki broj glasova.

**tie-beam** (ta'jbī'm), n. drven sapon, vezač.

**tier** (tīr), n. vrsta, niz, red.

**tierce** (tīrs), n. trećina; bure, koje sadržaje 42 galona, bačva, terc.

**tiercel** (tī'rsel), n. sokol (mužjak).

**tie-wig** (ta'jui̯'g), n. privezana vlasulja.

**tiff** (tif), v. mrgoditi se, prćiti se; srkati; — n. mrgođenje, prćenje; napitak, gutljaj.

**tiffany** (ti'föni), n. koprena, osobito tanka svila.

**tiffin** (ti'fin), n. doručak (u Indiji).

**tiger** (ta'jgör), n. tigar.

**tigerish** (ta'jgöriš), a. tigarski.

**tight** (tajt), a. tijesan, uzak, stegnut, čvrst, težak, mučan, štedljiv, škrt.

**tighten** (tajtn), v. stegnuti, suziti, napeti, stisnuti (se).

**tightly** (ta'jtli), adv. napeto, tijesno, čvrsto.

**tights** (tajc), n. pl. tijesne hlaće, triko.

**tigress** (ta'jgres), n. tigrica.

**tigrine** (ta'jgrin), a. kao tigar, tigarski.

**tigrish** (ta'jgriš), a. tigarski, poput tigra.

**tike** (tajk), n. cucak, pas; prostak, neotesanac.

**tilbury** (ti'lböri), n. kočijica sa dva sjedala.

**tile** (ta'el), v. pokriti crijepom, popločiti kockicama; — n. crijep, cigla.

**tiler** (ta'jlör), n. ciglar, opekar; vratar kod kojeg tajnog društva.

**tilery** (ta'jlöri), n. ciglana.

**tiling** (ta'jling), n. polaganje crijepa; crijep.

**till** (til), v. obrađivati, obdjelavati; — prep. do; — conj. dok, dokle; — n. ladica, dućanská blagajnica; smjesa od ilovače i pijeska.

**tillable** (ti'löbl), a. što se može obrađivati.

**tillage** (ti'leđ), n. obrađivanje, poljodjelstvo, ratarstvo.

**tiller** (ti'lör), v. puštati izdanke; — n. ratar; poljodjelac; držak; svračine (u krmila); izdanak; šipka.

**tilt** (tilt), v. nadignuti (se), nagnuti (se), prevaliti (se), udarati kopljem, nasrnuti, boriti se; pokriti platnenim nadstorom; — n. nagib, naginjanje; viteška igra; udarac, sudar.

**tilth** (tilt), n. obrađivanje, obdjelavanje, ratarstvo.

**tilt-hammer** (ti'lthă'mör), n. bat otraguš.

**timbal** (ti'mböl), n. talambas, bubanj.

**timber** (ti'mbör), n. građevno drvo, drvo, lijes, drvlje, greda; šuma.

**timbered** (ti'mbörd), a. pokrit drvljem, šumovit, građen od drva.

**timbering** (ti'mböring), n. drvena građa.

**timbrel** (ti'mbrel), n. tamburin, bubnjić.

**time** (tajm), v. udesiti prema vremenu ili okolnostima, odmjeriti prema vremenu, naravnati (sat); taktirati; — n. vrijeme, doba, epoha; dokolica; takt; ura, sat; rok; korak.

**time-bill** (ta'jmbi'l), n. vozni red.

**time-honored** (ta'jmā'nörd), a. staroslavan.

**time-keeper** (ta'jmkī'pör), n. ura; onaj, koji ubilježuje radno vrijeme; vremeni kontrolor.

**timeless** (ta'jmles), a. neovisan o vremenu, beskonačan; preran.

**timely** (ta'jmli), a. pravovremen, pravodoban, zgodan; — adv. rano; u pravo vrijeme.

**time-piece** (ta'jmpī's), n. ura, sat.

**time-server** (ta'jmsö'rvör), n. onaj, koji se ravna prema vremenu ili okolnostima, prevrtljivac.

**time-serving** (ta'jmsö'rving), n. prevrtljivost, dvoličnost.

**time-table** (ta'jmte'jbl), n. vozni red.

**timid** (ti'mid), a. plah, plašljiv, stidljiv.

**timidity** (timi'diti), n. plašljivost, bojažljivost, stidljivost.

**timidly** (ti'midli), adv. plaho, bojažljivo, sramežljivo.

**timorous** (ti'möra̲s), a. bojažljiv, plašljiv.

**timorously** (ti'möra̲sli), adv. bojažljivo, plašljivo.

**timorousness** (ti'möra̲snes), n. bojažljivost, plašljivost.

**tin** (tin), *v.* ciniti, obložiti kositerom; stavljati u kutije; — *n.* kositer, cin, kalaj, bijeli lim; posuđe od kositra.

**tinct** (tinkt), *v.* pofarbati, bojadisati; — *a.* obojan; — *n.* tinktura, boja.

**tinctorial** (tinktō'riöl), *a.* bojni; što se odnosi na tinkturu.

**tincture** (ti'nkćur), *v.* malo namazati tinkturom; pobojiti; — *n.* tinktura, boja.

**tinder** (tī'ndör), *n.* upaljiva tvar, fitilj, pripaljača.

**tindery** (ti'ndöri), *a.* upaljiv.

**tine** (tajn), *n.* zub (*od vilice*); parožac (*u vila itd.*).

**tin-foil** (ti'nfo'el), *n.* cinen list, staniol.

**ting** (ting), *v.* zveketati, zvečati; — *n.* zveka, zvečanje, zvonjenje.

**tinge** (tinđ), *v.* obojiti, šatirati; — *n.* boja, osjena.

**tingle** (tingl), *v.* svrbjeti; zvečati, zujati; — *n.* svrbljenje; zvečanje, zujanje.

**tinker** (ti'nkör), *v.* krpati, popravljati; — *n.* drotar, kotlokrp.

**tinkle** (tinkl), *v.* zvečati, zvoniti, zujati; — *n.* zveckanje, zuj.

**tinkler** (ti'nklör), *n.* zvonilac, zvonce; šeprtlja, drotar.

**tinkling** (ti'nkling), *n.* zvečanje, zvonjenje, zujanje.

**tinman** (ti'nmön), *n.* limar, kalajdžija.

**tinner** (ti'nör), *n.* limar, cinar.

**tinplate** (ti'nple'jt), *n.* bijeli lim, kositerna ploča.

**tinsel** (ti'nsel), *v.* ukrasiti tetreikama, iskititi lažnim blistavilom; — *a.* caklovit, blistav, lažan; — *n.* srbrna i zlatna resica; varak, tetreike, blistavilo, lažan ures.

**tinsmith** (ti'nsmi't), *n.* limar.

**tint** (tint), *v.* obojiti, šatirati; — *n.* boja, osjena; ton.

**tintinnabular** (ti'ntină'bjulör), **tintinnabulary** (ti'ntină'bjulöri), *a.* zvonov, odzvanjajući, brenčeći.

**tintinnabulation** (ti'ntină'bjule'j-šön), *n.* zvonjava, zvonjenje, odzvanjanje.

**tintinnabulum** (ti'ntină'bjulam), *n.* zvonce, zvono.

**tinware** (ti'nuă'r), *n.* limena roba.

**tiny** (ta'jni), *a.* malašan, sitan.

**tip** (tip), *v.* nagnuti (se); lagano udariti, dotaći se; nagraditi, dati napojnicu, darivati; potajno dojaviti, douškivati, natuknuti; — *n.* šiljak, kraj; dar, napojnica; prijateljski mig, dodir, obavijest, dojava.

**tip-cart** (ti'pka'rt), *n.* kolica (*koja se lahko prevrnu, da se istovare*).

**tippet** (ti'pet), *n.* ogrtač (*za vrat i ramena*), kolijer.

**tipple** (tipl), *v.* pijuckati, srkati, opijati se; prevaliti (se); — *n.* piće, napitak; stroj za stovarenje, stovarište, mjesto, gdje se stovaruju stvari.

**tippler** (ti'plör), *n.* pijanica.

**tipstaff** (ti'pstă'f), *n.* sudbeni podvornik, pandur; pandurska batina.

**tipsy** (ti'psi), *a.* pripit, natrušen, pijan.

**tiptoe** (ti'ptō'), *v.* hodati na prstima, polagano i tiho koracati; — *n.* vršak nožnog prsta.

**tiptop** (ti'ptă'p), *a.* izvrstan, ponajbolji.

**tirade** (tire'jd *ili* ta'jred), *n.* produženi govor, žestoko deklamiranje, tirada.

**tire** (ta'er), *v.* umarati (se), umoriti (se), mučiti, malaksati, sustati; staviti šinu na kotač; opremiti, odjenuti; razderati i proždrijeti; — *n.* šina, obruč oko kotača, gumeni obruč (*za automobil*); nakit za glavu; oprema.

**tired** (ta'erd), *a.* umoran, trudan.

**tireless** (ta'erles), *a.* neumoran.

**tirelessly** (ta'erlesli), *adv.* neumorno.

**tirelessness** (ta'erlesnes), *n.* neumornost.

**tiresome** (ta'ersam), *a.* umarajući, trudan, dosadan.

**tirewoman** (ta'eruu'mön), *n.* sobarica, dvorkinja (*u garderobi*).

**tiring-room** (ta'eringrū'm), *n.* odjevaonica, garderoba.

**tirl** (törl), *v.* skidati krov; svlačiti; vrtjeti se, okretati se; čegrtati; drhtati, tresti se.

**tis** (tiz), *skraćeno od*: **it is.**

**tissue** (ti'šju), *v.* protkati, opremiti zlatnom tkaninom; — *n.* staničje, tkanina (*zlatna*), koprena; niz, red; lanac.

**tissue-paper** (ti'šjupe'jpör), *n.* vrlo tanki papir, svileni papir.

**tit** (tit), *n.* sjenica (*ptica*); udarac, dodir; — **tit for tat** (ti't for tǎ't), zub za zub, odmazda.

**Titan** (ta'jtön), *n.* titan, gorostas.

**Titanic** (tajtǎ'nik), *a.* titanski, gorostasan, ogroman.

**titanium** (tajte'niạm), *n.* titan (*metal*).

**titbit** (ti'tbi't), *n.* zalogaj, komadić, poslastica, slatkiš.

**tite** (tajt), *adv.* odmah, brzo.

**tithable** (ta'jdöbl), *a.* što se može desetkovati, na što se može tražiti desetina.

**tithe** (tajd), *v.* desetkovati, tražiti *ili* uzimati od česa desetinu; — *n.* desetina, deseti dio.

**tither** (ta'jdör), *n.* sabirač desetine, desečar.

**tithing** (ta'jding), *n.* pobiranje desetine, desetkovanje, desetina.

**tithing-man** (ta'jdingmǎ'n), *n.* mirovni činovnik, pandur.

**titillate** (ti'tilejt), *v.* škakljati, podraživati.

**titillation** (ti'tile'jšön), *n.* škakljanje, podraživanje.

**titivate** (ti'tivejt), *v.* uresiti (se), nakititi (se).

**titlark** (ti'tlā'rk), *n.* poljska ševa.

**title** (tajtl), *v.·* nazvati, imenovati, nasloviti, titulirati, podijeliti počasni naslov; utisnuti ime na korice (*knjige*); — *n.* naslov, naziv, natpis; pravo, posjedovno pravo, pravo vlasništva; počasni naslov, titula.

**titled** (tajtld), *a.* tituliran, naslovljen.

**title-deed** (ta'jtldī'd), *n.* isprava o pravu vlasništva, posjedovnica.

**title-page** (ta'jtlpe'jđ), *n.* naslovna stranica.

**title-role** (ta'jtlrō'l), *n.* naslovna uloga.

**titling** (ti'tling), *n.* poljska ševa, sjenica.

**titmouse** (ti'tmạ'us), *n.* sjenica (*ptica*).

**titrate** (ta'jtre'jt), *v.* titrovati (*odrediti količinu koje sastojine njenom reakcijom na točno određenu kemičnu tekućinu*).

**titration** (tajtre'jšön), *n.* titrovanje.

**titter** (ti'tör), *v.* kikotati se, ceriti se; — *n.* kikotanje, cerenje.

**tittie** (ti'ti), *n.* seka, seja.

**tittle** (titl), *n.* čestica, piknjica.

**tittlebat** (ti'tlbǎ't), *n.* koljuška (*riba*).

**tittle-tattle** (ti'tltǎ'tl), *v.* besmisleno govoriti, brbljati; — *n.* naklapanje, besmislen govor.

**tittle-tattler** (ti'tltǎ'tlör), *n.* brbljavac, naklapalo.

**tittup** (ti'tạp), *v.* cupkati, poigravati, skakutati; — *n.* cupkanje, poigravanje.

**titular** (ti'tjulör), *a.* naslovni, nominalan, počasni; — *n.* imalac časti *ili* nadarbine, titular.

**titularly** (ti'tjulörli), *adv.* naslovno, nominalno.

**titulary** (ti'tjulöri), *a.* naslovni, počasni.

**to** (tu), *adv.* prema, prama, onamo, naprijed, tamo; — *prep.* k, do, u, na.

**toad** (tōd), *n.* krastača, baburača.

**toad-eater** (tō'di'tör), *n.* podla ulizica, čankoliz, muktaš.

**toad-eating** (tō'di'ting), *a.* uličav, muktaški; — *n.* podlo ulagivanje, muktarenje.

**toad-stone** (tō'dstō'n), *n.* melafir, žablji kamen.

**toad-stool** (tō'dstū'l), *n.* muhomorka, otrovna gljiva.

**toady** (tō'di), *v.* puzati, podlo se ulagivati, muktariti; — *n.* podla ulizica, laskavac, mukteš.

**toadyism** (tō'diizm), *n.* podlo ulagivanje, puzavost, muktaštvo.

**to-and-fro** (tu' ănd fro'), *a.* naprijed i natrag, izmjeničan.

**toast** (tōst), *v.* piti u zdravlje, napijati, nazdraviti, napiti zdravicu, pržiti, ugrijati (se); — *n.* pržen kruh; napitnica, nazdravica, zdravica.

**toaster** (tō'stör), *n.* roštilj.

**tobacco** (tobǎ'ko), *n.* duhan.

**tobacconist** (tobǎ'konist), *n.* duhandžija, prodavač duhana.

**toboggan** (tobǎ'gön), *v.* sanjkati se na toboganu; — *n.* togoban (*vrst saonica*).

**toby** (tō'bi), *n.* tubis (*vrst dugačke smotke*); krčag (*za pivu*).

**tocsin** (tǎ'ksin), *n.* zvonjenje na uzbunu, znak zvona.

**tod** (tǎd), *n.* lisica.

**to-day** (tude'j), *adv.* danas, sada; — *n.* današnji dan, današnje vrijeme.

**toddle** (tǎdl), *v.* gegati se, teturati se; — *n.* nespretni hod, teturanje.

**toddy** (tà'di), *n.* palmov sok, vrst alkoholnog pića.

**to-do** (tudu'), *n.* uzbuna, buka.

**toe** (tō), *v.* dotaći se nožnim prstima; — *n.* nožni prst.

**toffee** (tà'fi), *n.* vrst slatkiša.

**toft** (tàft), *n.* kuća sa kućištem, domaja.

**tog** (tàg), *v.* obući, odjenuti se; — *n.* odijelo.

**toga** (to'gö), *n.* toga, duga haljina.

**together** (tuge'dör), *adv.* zajedno, skupa, besprekidno.

**toggle** (tàgl), *v.* privezati klipom; — *n.* klip.

**toil** (to'el), *v.* raditi, kinjiti se, mučiti se; — *n.* naporan rad, trudba, trud; zamka, mreža.

**toilet** (to'jlet), *n.* oblačenje, oprava; stolnjak; umivaonik; zahod.

**toilet-table** (to'jlette'jbl), *n.* stol za oblačenje.

**toilful** (to'elful), *a.* mučan, naporan.

**toilless** (to'eles), *a.* bez muke, lagan.

**toilsome** (to'elsam), *a.* mučan, tegotan.

**Tokay** (toke'j), *n.* tokajsko vino.

**token** (tōkn), *v.* značiti, označiti; — *n.* znak, znamen, marka, spomen.

**told** (told), *imp. i pp. od :* **tell.**

**tole** (tōl), *v.* uvlačiti; mamiti, vabiti.

**tolerable** (tà'löröbl), *a.* snosljiv, priličan.

**tolerably** (tà'löröbli), *adv.* snosljivo, prilično.

**tolerance** (tà'löröns), *n.* snosljivost, strpljivost.

**tolerant** (tà'lö);rönt), *a.* snosljiv, podnosljiv, strpljiv.

**tolerate** (tà'lörejt), *v.* snositi, podnašati, trpjeti.

**toleration** (tà'löre'jšön), *n.* snašanje, trpljenje, snosljivost.

**toll** (tōl), *v.* pobirati *ili* plaćati maltarinu, cestarinu *ili* carinu; zvoniti, cinjkati; — *n.* maltarina, vozarina, cestarina, carina; zvonjenje, cinjkanje.

**toll-bar** (tō'lbā'r), *n.* dugački stup, koji se spusti poprijeko ceste i zaustavi prolaz putnicima, dok ne uplate maltu; šranjga, đeram, priječnica.

**tollbooth** (tō'lbū't), *n.* maltarska kućica; buturnica.

**toll-bridge** (tō'lbri'đ), *n.* carinski most.

**toll-collector** (tō'lköle'ktör), *n.* carinar, maltar.

**toll-gate** (tō'lge'jt), *n.* carinska vrata, malta.

**toll-house** (tō'lha̱'u̱s), *n.* carinara, malta.

**toll-man** (tō'lmön), *n.* maltar, carinar.

**tom** (tàm), *n.* mužjak.

**tomahawk** (tà'möhàk), *v.* udariti *ili* ubiti nadžakom; — *n.* nadžak (*ratna sjekira američkih Indijanaca*).

**tomato** (tome'jto), *n.* rajčica, paradajs.

**tomb** (tūm), *v.* položiti u grob (nicu); pokopati, sahraniti; — *n.* grob, grobnica.

**tombless** (tū'mles), *a.* bez groba, nezakopan.

**tombola** (tà'mbölö), *n.* tombola.

**tomboy** (tà'mboj), *n.* prpošna. raspuštena djevojka.

**tombstone** (tū'mstō'n), *n.* nadgrobni kamen, spomenik.

**tom-cat** (tà'mkà't), *n.* mačak.

**tome** (tōm), *n.* svezak, (*velika*) knjiga.

**tomentose** (tome'ntos), *a.* vunast, pahuljast.

**tomfool** (tà'mfū'l), *n.* bena, šaljivdžija.

**tomfoolery** (tà'mfu'löri), *n.* benavljenje, ludorija.

**to-morrow** (tumà'rō), *n.* sjutradan; — *adv.* sjutra.

**tompion** (tà'mpiön), *n.* topovski čep.

**tomtit** (tà'mti't), *n.* sjenica, ptičica.

**tom-tom** (tà'mtà'm), *n.* tamtam, vrst bubnja, mjedena ploča, po kojoj se udara.

**ton** (tōn), *n.* ton; moda.

**ton** (ta̱n), *n.* tona (*kratka tona od 2000 funti, ili duga tona od 2240 funti težine*).

**tonal** (to'nöl), *a.* glasovni, zvučni.

**tone** (tōn), *v.* dati ton, udesiti, složiti, podati boju; — **to tone down,** ublažiti, popustiti; — **to tone up,** pojačati, dići (*glas*); — *n.* glas, zvuk, način govora, ton, naglasak; raspoloženje; slog.

**tong** (tàng), *n.* kinesko tajno društvo.

**tongs** (tàngz), *n.* kliješta, maše.

**tongue** (tàng), *v.* govoriti, psovati, brbljati; — *n.* jezik, govor, jezičac.

**tongued** (tàngd), *a.* jezičan, jezičav.

**tongueless** (tå'ngles), *a.* bez jezika, nijem.

**tonguester** (tå'ngstör), *n.* brbljavac.

**tongue-tied** (tå'ngta'jd), *a.* uzet u jeziku, zašutio.

**tonic** (tå'nik), *a.* okrepljujući, jačajući, glasovni; — *n.* jačajuće sredstvo, okrijepljujući lijek; glavni glas.

**tonicity** (tåni'siti), *n.* pruživost zdravstvenog staničja, zdravlje i snaga.

**to-night** (tuna'jt), *adv.* noćas, večeras; — *n.* ova noć, večer.

**tonnage** (tå'neđ), *n.* teret, što brod vozi; broj tona, tovarina, težina broda.

**tonsil** (tå'nsil), *n.* žabica (*žlijezda u vratu*).

**tonsillar** (tå'nsilör), *a.* što se odnosi na žabice.

**tonsillitis** (tå'nsila'jtis), *n.* upala žabica.

**tonsorial** (tånso'riöl), *a.* brijački.

**tonsure** (tå'nšur), *n.* tonzura, ostrig, podstrizanje.

**tonsured** (tå'nšurd), *a.* koji ima tonzuru, svećenički.

**tontine** (tåntī'n), *n.* vrsta doživotnih godišnjih dohodaka.

**tony** (tō'ni), *n.* bena.

**too** (tū), *adv.* također, isto tako, pre vrlo, previše.

**took** (tuk), *imp. od:* **take.**

**tool** (tūl), *v.* raditi oruđem, baratati oružjem; — *n.* oruđe, alat, sprava.

**toom** (tūm), *v.* prazniti, isprazniti; — *a.* prazan; — *n.* stovarište, bunjište.

**toot** (tūt), *v.* zatrubiti, zazviždati; — *n.* trubnja, trubljenje.

**toothache** (tū'te'jk), *n.* zubobolja.

**toothed** (tū'td), *a.* zubat, zupčast.

**toothless** (tū'tles), *a.* bezub, krezub.

**toothpaste** (tū'tpe'jst), *n.* pasta za zube.

**toothpick** (tū'tpi'k), *n.* čačkalica.

**toothpowder** (tū'tpa'udör), *n.* zubni prašak.

**toothsome** (tū'tsam), *a.* ukusan, tečan.

**top** (tåp), *v.* okaštriti, odrezati vrške; pokriti; ovjenčati; popeti se na vrhunac, natkriliti, biti u visini; — *a.* najviši, najgornji, prvi, glavni; — *n.* vrh, vršak, vrhunac, tjeme, šljeme, pročelje, čelo, visina; zvrk.

**topaz** (tō'pöz), *n.* topaz (*dragi kamen*).

**top-boot** (tå'pbū't), *n.* suvraćena čizma.

**top-coat** (tå'pkō't), *n.* gornji kaput.

**top-dressing** (tå'pdre'sing), *n.* gnojenje zemlje.

**tope** (tōp), *v.* opijati se, piti.

**toper** (tō'pör), *n.* pijanac, pijandura.

**topgallant** (tå'pgă'lönt), *a.* iznad gornjeg jedra; — *n.* gornje jedro.

**top-heavy** (tå'phe'vi), *a.* imajući gornji dio; pretežak za doljni dio; zlorazmjeran, nepraktičan.

**topiary** (tō'piöri), *a.* okresan, obrezan; uvježban.

**topic** (tå'pik), *n.* predmet, sadržaj.

**topical** (tå'piköl), *a.* predmetni, mjesni.

**topically** (tå'piköli), *adv.* mjesno, predmetno.

**top-knot** (tå'pnå't), *n.* kukma.

**topmast** (tå'pmă'st), *n.* najgornji jarbor.

**topmost** (tå'pmō'st), *a.* najviši, najgornji.

**topographer** (topå'gröför), *n.* mjestopisac, topograf.

**topographic** (**al**) (to'pogrå'fik(öl), *a.* mjestopisni, topografski.

**topography** (topå'gröfi), *n.* topografija, mjestopis.

**topronomy** (topå'nömi), *n.* imenik mjesta.

**topping** (tå'ping), *a.* visok, uzvišen, otmen; ponosan.

**topple** (tåpl), *v.* prevrnuti se, strmoglaviti se, prebaciti.

**top-sail** (tå'pse'jl), *n.* košno jedro.

**topsy-turvy** (tå'psitö'rvi), *a.* pobrkan, poremećen, naopak; — *adv.* naopako, porazbacano, pobrkano.

**toque** (tōk), *n.* vrst plošastog šešira *ili* birete.

**torch** (tōrč), *n.* baklja, zublja.

**torch-bearer** (tō'rčbē'rör), *n.* bakljonoša.

**torchlight** (tō'rčla'jt), *n.* svjetlo od baklje.

**tore** (tōr), *imp. od:* **tear.**

**toreador** (to'reado'r), *n.* borac sa bikovima, toreador.

**toreutic** (torū'tik), *a.* rezbarski.

**torment** (torme'nt), *v.* mučiti, proganjati; — (to'rment), *n.* muka, mučenje, silne boli.

**tormentor** (torme'ntör), *n.* mučitelj; brana.

**torn** (tōrn), *pp. od*: **tear.**

**tornado** (torne'jdo), *n.* vihor, oluja.

**torpedo** (torpi'do), *v.* torpedirati; — *n.* torpedo; drhtulja (*riba*).

**torpedo-boat** (torpi'dobō't), *n.* torpedska lađa.

**torpedo-destroyer** (torpi'dodistro'- jör), *n.* razarač torpeda.

**torpid** (to'rpid), *a.* obamro, ukočen, bešćutan, lijen, neradin.

**torpidity** (torpi'diti), *n.* obamrlost, ukočenost, mlohavost, neradinost.

**torpify** (to'rpifaj), *v.* učiniti ukočenim, mlohavim, bešćutnim.

**torpor** (to'rpör), *n.* obamrlost, utrnulost, ukočenost, bešćutnost, lijenost.

**torrefaction** (tä'rifä'kšön), *n.* sušenje, prženje.

**torrefy** (tä'rifaj), *v.* sušiti, pržiti.

**torrent** (tä'rent), *n.* bujica, tok, struja.

**torrential** (täre'nšöl), *a.* derući, bujni, strujni.

**torrid** (tä'rid), *a.* vruć, žežen, suh, sparan.

**torridity** (täri'diti), *n.* žega, suša, sparina.

**torsion** (to'ršön), *n.* sukanje, zavrtanje; iskrivljivost.

**torso** (to'rso), *n.* truplo, trup.

**tort** (tōrt), *n.* krivda, šteta, ozljeda.

**tortile** (tō'rtil), *a.* savinut, zavojit.

**tortious** (tō'ršas), *a.* ozljedne naravi, štetonosan.

**tortoise** (tä'rtis), *n.* kornjača.

**tortoise-shell** (tä'rtisše'l), *n.* kora od kornjače.

**tortuosity** (tä'rćua'siti), *n.* savinutost, zavojitost.

**tortuous** (tä'rćuas), *a.* savinut, vijugast, zavojit.

**torture** (tō'rćur), *v.* mučiti; — *n.* muke, mučenje.

**torturer** (tō'rćurör), *n.* mučitelj.

**Tory** (tō'ri), *n.* engleski konzervativac.

**toss** (tàs), *v.* baciti, metati, burkati, uzdići, prebacivati se, ljuljati se; — *n.* hitac, udarac; bacanje; uzburkanost; visoko dizanje glave.

**tosser** (tä'sör), *n.* bacatelj; što uzburkava.

**toss-up** (tä'sa'p), *n.* bacanje (*novca ili* ždrijeba).

**tot** (tàt), *v.* pribrojiti, zbrojiti; — *n.* djetešce, mališ.

**total** (to'töl), *v.* brojiti u cijelosti, iznašati sveukupno; — *a.* sveukupni, cjelokupni, potpun; — *n.* sveukupna svota; ukupni zbroj, cijelost.

**totality** (totä'liti), *n.* sveukupnost, cijeli iznos.

**totally** (to'töli), *adv.* sveukupno, u svemu, potpuño.

**totem** (tō'tem), *n.* totem, bilinski *ili* životinjzki grb u sjevero američkih Indijanaca.

**tother** (tä'dör), *pron.* drugi.

**totter** (tä'tör), *v.* klimati se, teško ići, gubiti snagu, teturati.

**tottering** (tä'töring), **tottery** (tä'- töri), *a.* raskliman, klimav.

**toucan** (tu'kön), *n.* tukan (*ptica*).

**touch** (taČ), *v.* ticati, doticati, dirati, dirnuti, pipati, dotaknuti se; ražalostiti; potkupiti; zaraziti; raniti, uvrijediti; — *n.* doticaj; opip, pipanje, slabi nastup, dodir, udar, potez, značajna crta; ubod.

**touch-hole** (ta'čhō'l), *n.* pripaljiva rupica.

**touching** (ta'čing), *a.* opipan, dirljiv; — *prep.* glede, ozbirom na, poradi.

**touch-needle** (ta'čnī'dl), *n.* igla za kušanje zlata *ili* srebra.

**touch-paper** (ta'čpe'jpör), *n.* paleći papir.

**touchstone** (ta'čstō'n), *n.* kamen za kušanje zlata *ili* srebra, kušnik.

**touchwood** (ta'čuu'd), *n.* trulo i upaljivo drvo.

**touchy** (ta'či), *a.* osjetljiv, razdražljiv.

**tough** (taf), *a.* žilav, čvrst, krut, gnjecav, uporan; — *n.* zločianc.

**toughen** (ta'fn), *v.* ožilaviti, otvrdnuti.

**toughness** (ta'fnes), *n.* žilavost, krutost, tvrdoća, gnjecavost, upornost.

**toupee** (tüpi'), *n.* kovrčak, čuperak, vlasulja.

**tour** (tūr), *v.* putovati; — *n.* putovanje, put.

**tourist** (tū'rist), *n.* putnik, turist.

**tourmalin** (tū'rmölin), *n.* turmalin (*kamen*).

**tournament** (tū'rnöment), *n.* natjecanje, turnir.

**tourney** (tu'rni), *v.* natjecati se u viteškoj borbi, sudjelovati u turniru; — *n.* turnir.

**tourniquet** (tū'rniket), *n.* podveza žile, čvrst zavoj.

**touse** (ta'u̯z), *v.* uskomešati, uzdrmati, čupati.

**tousle** (ta'u̯zl), *v.* raskuštrati, poremetiti.

**tout** (ta'u̯t), *v.* uhađati, vrebati, slijediti; — *n.* uhađatelj, douškivač, vrebalac.

**tout-ensemble** (tu'tă'nsa'nbl), *n.* sveukupnost, opća vanjština, glavni učinak.

**tow** (to'u), *v.* vući užetom, potezati; — *n.* potezanje, vučenje; stupa, kučine.

**towage** (tō'eđ), *n.* vučenje, plaća za vučenje.

**toward** (tō'örd), **towards** (to'ördz), *prep.* prema, k, ka, protiv, za, glede.

**toward** (to'örd), *a.* popustljiv, krotak, poslušan, pripravan.

**towardly** (to'ördli), *a.* sklon, prihvatan, pripravan, uslužan.

**towel** (ta'u̯el), *v.* obrisati *ili* osušiti ručnikom *ili* otiračem; — *n.* ručnik, otirač, platno za oltar.

**toweling** (ta'u̯eling), *n.* platno za ručnike.

**tower** (ta'u̯ör), *v.* dizati se u vis, natkriljivati, letjeti visoko; — *n.* toranj, tvrđava, kula, branik.

**towering** (ta'u̯öring), *a.* kao toranj, visok, žestok, bijesan.

**towery** (ta'u̯öri), *a.* visok.

**towline** (to'u̯la'jn), *n.* konop za tegljenje.

**tow-path** (to'u̯pă't), *n.* put (*nuz rijeku ili kanal*) za tegljenje.

**town** (ta'u̯n), *a.* varoški, gradski; općinski; — *n.* varoš, grad, općina, trgovište.

**town-clerk** (ta'u̯nklö'rk), *n.* općinski (*gradski*) bilježnik.

**town-council** (ta'u̯nka̯'u̯nsil), *n.* općinsko (*gradsko*) vijeće.

**town-councillor** (ta'u̯nka̯'u̯nsilör), *n.* općinski (*gradski*) vijećnik.

**town-folk** (ta'u̯nfō'k), *n.* općinari.

**town-hall** (ta'u̯nhă'l), *n.* općinski ured, gradska vijećnica.

**township** (ta'u̯nšip), *n.* općina, gradska općina.

**townsman** (ta'u̯nzmön), *n.* općinar, varošanin, pučanin.

**townspeople** (ta'u̯nzpi'pl), *n.* općinari, žitelji kojeg grada *ili* mjesta.

**town-talk** (ta'u̯ntă'k), *n.* govor po cijelom gradu.

**tow-rope** (to'u̯rō'p), *n.* tegleći konop.

**toxemia** (tăksi'miö), *n.* otrovanje krvi.

**toxic** (tă'ksik), *a.* otrovan.

**toxicant** (tă'ksikönt), *n.* otrov.

**toxicity** (tăksi'siti), *n.* otrovnost.

**toxicology** (tă'ksikă'lŏđi), *n.* nauka o otrovima.

**toxin** (tă'ksin), *n.* otrov.

**toy** (toj), *v.* igrati se; — *n.* igračka.

**toyshop** (to'jšă'p), *n.* dućan za igračke.

**trace** (trejs), *v.* crtati, risati, kopirati, pronaći, slijediti, ići za tragom, obilaziti, upregnuti; — *n.* trag, stopa, znak; štranjga.

**traceable** (tre'jsöbl), *a.* čemu se može naći trag.

**tracer** (tre'jsör), *n.* slijeditelj, potraživač, precrtavač, sprava za crtanje.

**tracery** (tre'jsöri), *n.* crtež.

**trachea** (tre'jkiö), *n.* dušnik.

**tracheal** (tre'jkiöl), *a.* dušnički.

**tracheotomy** (tre'jkiă'tomi), *n.* prorez dušnika.

**tracing** (tre'jsing), *n.* slijeđenje, precrtavanje, risanje, crtež.

**tracing-paper** (tre'jsingpe'jpör), *n.* prozirni papir za precrtavanje.

**track** (trăk), *v.* slijediti čiji trag; prijeći, iznaći, konopom vući za obalu; — *n.* trag, stopa, kolotečina; željezničke tračnice; staza, tok.

**trackage** (tră'keđ), *n.* tegljenje lađa; tračnice.

**tracker** (tră'kör), *n.* hajkač, gončin.

**trackless** (tră'kles), *a.* bez traga, bez staze, negažen.

**track-road** (tră'krō'd), *n.* tegleći put.

**tract** (trăkt), *n.* komad zemlje, predjel, prostor; raspravica.

**tractability** (tră'ktöbi'liti), *n.* poslušnost, povodljivost, privoljnost.

**tractable** (tră'ktöbl), *a.* podašan, pokoran, poslušan, povodljiv.

**tractate** (tră'ktet), *n.* raspravica.

**traction** (tră'kšön), *n.* vučenje, stezanje.

**traction-company** (trǎ'kšön-ka̯'m-pöni), *n.* društvo pouličnih kara.

**traction-engine** (trǎ'kšöni'nđin), *n.* poulična lokomotiva.

**tractor** (trǎ'ktör), *n.* stroj za vučenje, onaj, koji vuče.

**trade** (trejd), *v.* trgovati, pazariti, izmijeniti; — *n.* trgovina, zanat, obrt, izmjena, posao, zanimanje.

**trade-list** (tre'jdli'st), *n.* cjenik.

**trade-mark** (tre'jdma'rk), *n.* zaštitna marka.

**trader** (tre'jdör), *n.* trgovac; trgovački brod.

**tradesman** (tre'jdzmön), *n.* zanatnik, obrtnik, trgovac.

**trades-people** (tre'jdzpi'pl), *n.* obrtnici, zanatlije, trgovci.

**trades-union** (tre'jdzju'njön), *n.* obrtničko društvo.

**trades-unionist** (tre'jdzju'njönist), *n.* član radničkog saveza.

**trade-wind** (tre'jdu̯i'nd), *n.* pasatni vjetar.

**trading** (tre'jding), *a.* trgovački; prodajan.

**tradition** (trǎdi'šön), *n.* predaja, priča, tradicija, običaj.

**traditional** (trǎdi'šönöl), *a.* predajan, tradicijonalan, običajan.

**traduce** (trǎdju's), *v.* klevetati, obružiti, osramotiti.

**traducer** (trǎdju'sör), *n.* klevetnik.

**traffic** (trǎ'fik), *v.* trgovati; — *n.* trgovina, promet, roba.

**trafficker** (trǎ'fikör), *n.* trgovac.

**traffickless** (trǎ'fikles), *a.* neprometan.

**tragacanth** (trǎ'gökönt), *n.* tragantova guma.

**tragedian** (trǎđi'diön), *n.* pisac žalosnih gluma, tragik, tragedijski glumac.

**tragedienne** (trǎđi'dien), *n.* tragedijska glumica.

**tragedy** (trǎ'đeti), *n.* tragedija, žalosna igra, žalostan događaj.

**tragic** (trǎ'đik), *a.* tragičan, nesrećan, žalostan.

**tragically** (trǎ'điköli), *adv.* tragički, tragično, žalosno.

**tragicomedy** (trǎ'đikǎ'medi), *n.* tragikomedija, igrokaz.

**tragicomic** (trǎ'đikǎ'mik), *a.* tragikomičan, polužalostan.

**trail** (trejl), *v.* vući (se), povlačiti (se), tražiti, ići za nečijim tragom, utrti stazu; prikopčati jedno iza drugog (*kao željeznička kola*), ostati otraga; — *n.* trag, staza; skut (*od haljine*); rep, povlaka.

**trailer** (tre'jlör), *n.* onaj, koji se vuće, što je otraga; biljka, koja se penje.

**trail-net** (tre'jlne't), *n.* mreža potezavica.

**train** (trejn), *v.* vježbati (se), trenirati; gađati, ciljati; potezati, vući; vabiti; podučavati; — *n.* vlak, željeznica; niz (*događaja*); povorka, pratnja, pratioci; skut (*haljine*), rep; varka, lukavština.

**train-band** (tre'jnbǎ'nd), *n.* građanska vojska, milicija.

**train-bearer** (tre'jnbē'rör), *n.* skutonoša.

**trained** (trejnd), *a.* uvježban, podučen, vješt, odgojen.

**trainer** (tre'jnör), *n.* vježbalac, odgojitelj.

**training** (tre'jning), *n.* vježbanje, obučavanje, odgoj.

**training-school** (tre'jningskū'l), *n.* učiteljska škola, preparandija.

**training-ship** (tre'jningši'p), *n.* školski brod.

**train-oil** (tre'jno'el), *n.* riblje ulje.

**trait** (trejt), *n.* obilježje, osobina, potez, crta.

**traitor** (tre'jtör), *n.* izdajica, izdajnik, nevjernik.

**traitorous** (tre'jtöra̯s), *a.* izdajnički, nevjeran.

**traitress** (tre'jtres), *n.* izdajnica, nevjernica.

**traject** (trǎđe'kt), *v.* prebaciti, propustiti.

**trajectory** (trǎđe'ktöri), *n.* trajektorija; putanja (*planeta, hica itd.*).

**tram** (trǎm), *n.* tramvaj, ulična željeznica, rudarska kolica.

**trammel** (trǎ'mel), *v.* sprečavati, sputati; — *n.* sprečavanje, prepreka, spona, kuka, vlak, mreža.

**trammeled** (trǎ'meld), *a.* sputan.

**tramontane** (tremǎ'ntēn), *a.* s one strane brda, stran, tuđ, barbarski; — *n.* stranac, tuđinac, barbarin.

**tramp** (trǎmp), *v.* gaziti, pogaziti, hoditi pješice, lutati; — *n.* stupanje, gaženje, putovanje pješice, skitalica, prosjak.

trample (trămpl), v. gaziti, pogaziti.

tram-road (tră'mrō'd), n. rudarska željeznica.

tramway (tră'muẹ'j), n. tramvaj.

trance (trăns), n. obamrlost, nesvjestica, ushićenje, zanos.

tranquil (tră'nkuil), a. miran, tih, nepomićan.

tranquillity (trănkui'liti), n. mir, tišina, nepomićnost.

tranquillize (tră'nkuilajz), v. umiriti, utišati.

tranquilly (tră'nkuili), adv. mirno, tiho.

transact (trănză'kt), v. činiti, izvršiti, obaviti.

transaction (trănză'kšön), n. poslovanje, posao, čin, djelo, rad; — pl. zapisnici (društva).

transactor (trănză'ktör), n. činilac, izvršitelj.

transalpine (trănsă'lpin), a. s onu stranu Alpa.

transatlantic (tră'nsătlă'ntik), a. prekomorski.

transcend (trănse'nd), v. prijeći, nadmašiti, natkriliti.

transcendence (trănse'ndens), n. nadmašnost, pretežnost, uzvišenost.

transcendent (trănse'ndent), a. nadmašan, pretežan, izvrstan, izvanredan, duhovni.

transcendental (tră'nsende'ntöl), a. izvrstan, izvanredan, transcendentalan; nejasan, transcendentan (koji se neda izraziti algebrajskom jednadžbom); fantastičan.

transcendentalism (tră'nsende'ntölizm), n. transcendentalizam, nauka, po kojoj filozofija ide dublje, nego li to može iskustvo.

transcribe (trănskra'jb), v. prepisati.

transcriber (trănskra'jbör), n. prepisivač.

transcript (tră'nskript), n. prepis, kopija, oponašanje.

transcription (trănskri'pšön), n. prepisivanje, prepis.

transept (tră'nsept), n. poprečni brod, križno krilo (u crkvi).

transfer (trănsfö'r), v. prenesti, prenijeti, predati, premjestiti (se); — (tră'nsför), n. prijenos, prenašanje, ustup, premještenje; prevozna karta iz jednog voza u drugi.

transferable (trănsfö'röbl), a. prijenosan, ustupiv, predatan.

transfer-card (tră'nsförkă'rd), n. prestupna listina.

transferee (tră'nsföri'), n. osoba, na koju je prenos učinjen, ustupovnik, primac, cesionar.

transference (trănsfö'rens), n. prenos, prenošenje, premještaj.

transferrer (trănsfö'rör), n. prenosilac, ustupnik, cedent.

transfiguration (trănsfi'gjure'jšön), n. preobraženje.

transfigure (trănsfi'gjur), v. preobraziti.

transfix (trănsfi'ks), v. probosti, probušiti.

transfixion (trănsfi'kšön), n. probodenje.

transform (trănsfo'rm), v. pretvoriti (se), promijeniti (se), preobraziti (se).

transformable (trănsfo'rmöbl), a. pretvoriv, promjenljiv.

transformation (tră'nsforme'jšön), n. preobraćenje, preobraženje, promjena.

transformer (trănsfo'rmör), n. sprava, pomoću koje se jaka električna struja snizi na slabiju.

transfuse (trănsfjū'z), v. prelijevati, pretakati, puštati (krv) iz žila jednog u žile drugog.

transfusion (trănsfju'žön), n. prelijevanje, pretakanje, puštanje (krvi) iz jedne osobe u drugu.

transgress (trănsgre's), v. prestupiti, prekršiti, ogriješiti se, prekriti.

transgression (trănsgre'šön), n. prestupak, prekršaj, ogriješenje.

transgressor (trănsgre'sör), n. prestupnik, zločinac.

tranship (trănši'p), v. pretovariti iz jednog broda u drugi.

transhipment (trănši'pment), n. pretovarenje iz jednog broda u drugi.

transience (tră'nšens), transiency (tră'nšensi), n. prolaznost, kratkotrajnost.

transient (tră'nšent), a. prolazan, kratkotrajan.

transiently (tră'nšentli), adv. mimogred.

transit (tră'nsit), n. prolaz, prolazak, provoz, prolaz nebeskog tijela iznad drugoga ili kroz meridijan.

**transition** (trănzi'šön), *n.* prijelaz.

**transitional** (trănzi'šönöl), *a.* prijelazan.

**transitive** (tră'nsitiv), *a.* prijelazan.

**transitorily** (tră'nsito'rili), *adv.* prolazno, kratkotrajno, mimogredice.

**transitoriness** (tră'nsito'rines), *n.* prolaznost, kratkotrajnost.

**transitory** (tră'nsitori), *a.* prolazan, kratkotrajan, mimogredan.

**translatable** (trănsle'jtöbl), *a.* prevodljiv.

**translate** (trănsle'jt), *v.* prevađati, prevesti, tumačiti, premjestiti, pretvoriti.

**translation** (trănsle'jšön), *n.* prijevod, prevađanje, premještaj.

**translator** (trănsle'jtör), *n.* prevodilac.

**translatress** (trănsle'jtres), *n.* prevodilica.

**transliterate** (trănsli'törejt), *v.* prepisati drugim slovima, kao ćirilsko pismo latinicom *ili* obratno.

**translucence** (trănslju'sens), *n.* prozračnost, prozirnost.

**translucent** (trănslju'sent), *a.* prozračan, proziran.

**translucently** (trănslju'sentli), *adv.* prozračno, prozirno.

**translunar** (trănslju'nör), *a.* nad mjesecom, eterski, nebeski.

**transmarine** (tră'nsmöri'n), *a.* prekomorski.

**transmigrant** (tră'nsmigrönt), *a.* preseljen; — *n.* preseljenik.

**transmigrate** (tră'nsmigrejt), *v.* preseliti (se).

**transmigration** (tră'nsmigre'jšön), *n.* preseljenje (*duše iz jednog tijela u drugo*); seoba.

**transmigrator** (tră'nsmigre'jtör), *n.* preseljenik.

**transmissibility** (trănsmi'sibi'liti), *n.* prenosnost.

**transmissible** (trănsmi'sibl), *a.* prenosan.

**transmission** (trănsmi'šön), *n.* prenošenje, prijenos, pošiljanje, otprema, prolaz, prolaženje, propuštanje.

**transmissive** (trănsmi'siv), *a.* prenosan.

**transmit** (trănsmi't), *v.* otposlati, otpremiti, prenesti, propustiti.

**transmitter** (trănsmi'tör), *n.* odašiljač, prenosilac, stroj za šiljanje brzojavnih vijesti.

**transmontane** (tră'nsmânte'jn), *a.* prekogorski, s onu stranu gora.

**transmutable** (trănsmju'töbl), *a.* promjenljiv, pretvoriv.

**transmutation** (tră'nsmjute'jšön), *n.* promjena, pretvaranje.

**transmute** (trănsmju't), *v.* promijeniti.

**transmuter** (trănsmju'tör), *n.* promjenitelj, pretvarač.

**transoceanic** (trănsō'šiă'nik), *a.* prekomorski.

**transom** (tră'nsạm), *n.* poprečna greda; prozorčić (*iznad vratiju*).

**transparency** (trănspă'rensi), *n.* prozirnost, prozirna slika.

**transparent** (trănspă'rent), *a.* proziran.

**transparently** (trănspă'rentli), *adv.* prozirno, jasno.

**transpierce** (trănspī'rs), *v.* probosti, probušiti.

**transpiration** (tră'nspire'jšön), *n.* isparivanje.

**transpiratory** (trănspa'jrötori), *a.* što se odnosi na isparivanje.

**transpire** (trănspa'er), *v.* isparivati (se), doznati se, pročuti se; (*pogrješno*) zbiti se, dogoditi se.

**transplant** (trănsplă'nt), *v.* presaditi, preseliti.

**transplantation** (tră'nsplănte'jšön), *n.* presađenje, premještenje, premještaj.

**transplanter** (trănsplă'ntör), *n.* presađivač.

**transport** (trănspo'rt), *v.* prenašati, prenesti, odvesti, prevesti, deportirati; — (tră'nsport), *n.* prenašanje, prevažanje, prijevoz, otprema, prijevozni brod; ushićenost, zanos.

**transportability** (trănspo'rtöbi'liti), *n.* otpremljivost, prijevoznost.

**transportable** (trănspo'rtöbl), *a.* otpremljiv, prijevozni.

**transportation** (tră'nsporte'jšön), *n.* prevoženje, otpremanje, deportacija, prijenos, progonstvo (*kažnjenika*).

**transposable** (trănspō'zöbl), *a.* premjestiv, izmjenljiv, premetnut.

**transpose** (trănspō'z), *v.* premjestiti, preokrenuti, izmijeniti.

**transposition** (tră'nspozi'šön), *n.* premještanje, preokrenuće, izmjena.

**transship** (trănsši'p), *v.* pretovariti iz đnog broda u drugi.

**transubstantiate** (tră'nsöbstă'nšiejt), *v.* pretvoriti u drugu tvar, pretvoriti kruh i vino u tijelo i krv Isusovu.

**transubstantiation** (tră'nsöbstă'nšie'jšön), *n.* pretvaranje kruha i vina u tijelo i krv Isusovu; pretvaranje jedne tvari u drugu.

**transudation** (tră'nsjude'jšön), *n.* znojenje, probijanje, prokapanje.

**transude** (trănsjū'd), *v.* znojiti se, probijati, procuriti.

**transversal** (trănsvö'rsöl), *a.* presječan, poprečan, transverzalan; — *n.* presječnica, transverzala.

**transverse** (trănsvö'rs), *a.* ležeći poprijeko, presječan; — *n.* presječnica, transverzala.

**transversely** (trănsvö'rsli), *adv.* poprječno, upoprijeko.

**trap** (trăp), *v.* uloviti u zamku *ili* stupicu, ukebati, nastaviti zamke; iskititi; — *n.* zamka, stupica, zaklopac; staklene kuglje, u koje se puca; poklopna vrata; prtljaga; kućna roba; crni porfir.

**trap-door** (tră'pdō'r), *n.* poklopna vrata.

**trapeze** (trăpī'z), *n.* tjelovežbena ljuljajka (*na konopima*).

**trapezium** (trăpī'ziam), *n.* trapez.

**trapezoid** (tră'pizojd), *n.* trapezoid.

**trapper** (tră'pör), *n.* čovjek, koji lovi zvjerad zamkama zbog krzna.

**trappings** (tră'pingz), *n.* uresi, nakiti, sjajna oprema.

**Trappist** (tră'pist), *n.* trapist (*redovnik*).

**traps** (trăps), *n. pl.* osobna prtljaga.

**trash** (trăš), *v.* kaštriti; zadržavati, zaustavljati; — *n.* okresine, otrebine, smeće, otpadak; ogrlica (*za životinje*).

**trashy** (tră'ši), *a.* bezvrijedan, beskoristan.

**trauma** (tră'mö), *n.* ozljeda, rana.

**traumatic** (tră'mă'tik), *a.* što liječi ranu, ozljedni; — *n.* sredstvo za uspješno liječenje rana.

**travail** (tră'vil), *v.* imati trude, trpjeti boli kod poroda, mučiti se; — *n.* trud, bolovi; teški rad.

**travel** (tră'vel), *v.* putovati, tumarati, tjerati; — *n.* putovanje, dalek put; — *pl.* putne iskrice.

**traveler** (tră'velör), *n.* putnik.

**traveling** (tră'veling), *a.* putni, putujući; — *n.* putovanje.

**traversable** (tră'vörsöbl), *a.* prijelazan; pobitan, prigovoran.

**traverse** (tră'vörs), *v.* ići naprečac, prijeći, prekrstiti, prolaziti, osujetiti, protiviti se, prigovoriti, nijekati; — *n.* prijevornica, poprečna greda; prijelaz; kuka; pravni prigovor.

**traverse-jury** (tră'vörsđu'ri), *n.* porota (*od 12 ljudi*).

**travesty** (tră'vesti), *v.* smiješno oponašati, smiješno izvrnuti, travestirati; — *n.* smiješno oponašanje, travestija.

**trawl** (trăl), *v.* loviti vlakom; — *n.* vlak (*mreža*).

**trawler** (tră'lör), *n.* ribar, koji lovi vlakom; ribarica (*lađa*), s koje se lovi vlakom.

**trawling** (tră'ling), *n.* ribolov vlakom.

**trawl-net** (tră'lnet), *n.* privlak (*vrst mreže*).

**tray** (trej), *n.* taca, služavnik, plosnata zdjela.

**treacherous** (tre'čöras), *a.* izdajnički, nevjeran, podmukao, nepovjerljiv.

**treacherously** (tre'čörasli), *adv.* podmuklo, iz busije, izdajnički.

**treachery** (tre'čöri), *n.* izdajstvo, izdaja, nevjera.

**treacle** (trikl), *n.* sladorača, sirup, sladorast sok raznih biljaka.

**tread** (tred), *v.* stupiti, stupati, gaziti; držati mjeru (*u plesu*); — *n.* stupanje, hod.

**treader** (tre'dör), *n.* gazitelj.

**treading** (tre'ding), *n.* stupanje, gaženje.

**treadle** (tredl), *n.* pedal, podnožnik.

**treason** (trīzn), *n.* izdajstvo, izdaja.

**treasonable** (trī'znöbl), *a.* izdajnički.

**treasure** (tre'žur), *v.* grtati, gomilati, držati u glavi, brižno čuvati; — *n.* blago, bogatstvo, dragocjenost.

**treasure-house** (tre'žurha'us), *n.* blagajna, riznica.

**treasurer** (tre'žurör), *n.* blagajnik, rizničar.

**treasure-trove** (tre'žurtrō'v), *n.* nađeno blago za čijeg se vlasnika nezna.

**treasury** (tre'žuri), *n.* blagajna, riznica; ministarstvo financija.

**treat** (trīt), *v.* upravljati, rukovoditi, postupati; liječiti; častiti, gostiti; — *n.* čašćenje, gozba, zabava, užitak.

**treater** (trī'tör), *n.* častitelj; raspravljač.

**treating** (trī'ting), *n.* postupanje; čašćenje; izborni gulaš.

**treatise** (trī'tis), *n.* pismena rasprava, dizertacija.

**treatment** (trī'tment), *n.* postupak, postupanje, liječenje, uporaba.

**treaty** (trī'ti), *n.* ugovor (*između dva ili više naroda*).

**treble** (trebl), *v.* potrostručiti, pomnožiti sa tri; — *a.* trostruk, trogub; — *n.* sopran, visok glas.

**trebly** (tre'bli), *adv.* trostruko.

**tree** (trī), *v.* potjerati na drvo, sakriti se na drvu; staviti u nepriliku, satjerati u škripac; — *n.* drvo, stablo; vješala; križ.

**tree-frog** (trī'frȧ'g), *n.* gatalinka (*žaba*).

**treeless** (trī'les), *a.* bezdrvan, bez stabla.

**treenail** (trī'ne'jl), *n.* klin.

**trefoil** (tre'fojl), *n.* djetelina, trolist.

**trek** (trek), *v.* putovati na kolima, vući kola; seliti se; — *n.* seoba, naseljivanje; putovanje; vučenje.

**trellis** (tre'lis), *v.* preplesti, učiniti rešetku, ograditi rešetkom; — *n.* rešetka; sjenica, ljetnikovac.

**tremble** (trembl), *v.* drhtati, tresti se, strepiti; — *n.* drhtanje, trešnja, strepet, potres.

**trembling** (tre'mbling), *n.* drhtanje, drhtavica.

**tremblingly** (tre'mblingli), *adv.* drhtajući, drhtavo, tronuto.

**tremendous** (trime'ndąs), *a.* ogroman, strahovit, izvanredan.

**tremendously** (trime'ndąsli), *adv.* silno, strašno, užasno.

**tremendousness** (trime'ndąsnes), *n.* ogromnost, strašnost, užasnost.

**tremolo** (tre'molo), *n.* drhtanje glasa, tremuliranje.

**tremor** (tre'mör), *n.* drhat, drhtavica, trema, trepet.

**tremulous** (tre'mjulą̣s), *a.* drhtav, potresan, neodlučan, plašljiv.

**trench** (trenč), *v.* kopati, brazditi, prebrazditi, učiniti prokope, iskopati jarke, biti u jarku; — *n.* jarak, jama, prokop.

**trenchant** (tre'nčönt), *a.* oštar, jedak, ljut, sarkastičan.

**trencher** (tre'nčör), *n.* kopač jaraka *ili* prokopa; daska, na kojoj se siječe meso.

**trencher-cap** (tre'nčörkȧ'p), *n.* četverouglasta kapa (*sveučilišnog đaka*).

**trencher-man** (tre'nčörmȧ'n), *n.* proždrljivac, izjelica.

**trend** (trend), *v.* imati *ili* uzeti neki pravac, naginjati; — *n.* pravac, nagnuće.

**trepan** (tripȧ'n), *v.* probušiti, proluknjati; — *n.* trepan, svrdao.

**trepang** (tripȧ'ng), *n.* jedivi trp.

**trephine** (trifa'jn *ili* trefi'n), *v.* odstraniti (*pilicom*) komad kosti sa lubanje; — *n.* pilica, mali trepan.

**trepidation** (tre'pide'jšön), *n.* drhtanje, uznemirenost, uzbuđenost.

**trespass** (tre'spȧ's), *v.* prestupiti, ogriješiti se; — *n.* prestupak, grijeh.

**trespasser** (tre'spȧ'sör), *n.* prestupnik, griješnik.

**tress** (tres), *n.* kovrčak, pletenica, uvojak (*vlasi*).

**tressed** (trest), *a.* upleten.

**trestle, tressel** (tresl), *n.* potporanj, nogači, koza, konj (*od skela*).

**tret** (tret), *n.* popust kupcima za istrošenost robe.

**trews** (trūz), *n.* hlače.

**trey** (trej), *n.* trojka (*karta ili kocka*).

**triad** (tra'ed), *a.* trojak; — *n.* trojstvo; trozvuk.

**trial** (tra'el), *n.* kušnja, proba, pokus; istraga, parnica.

**triangle** (tra'ȧ'ngl), *n.* trokut.

**triangular** (traȧ'ngjułör), *a.* trokutan, trostran, trobridan.

**triarchy** (tra'jörki), *n.* vlada od trojice.

**tribal** (tra'jböl), *a.* plemenski.

**tribe** (trajb), *n.* pleme, rod; koljeno (*u prirodopisu*).

**tribulation** (tri'bjule'jšön), *n.* tuga, pečal, jad, nevolja, patnja.

**tribunal** (trajbju'nöl), *n.* sudište, sud.

**tribune** (tribjū'n), *n.* tribun; tribina, uzvišeno mjesto, govornica.

**tributary** (tri'bjutöri), *a.* pripomoćan, pridjelni; plaćajući danak, podložan, podanički; — *n.* onaj, koji plaća danak; pritoka.

**tribute** (tri'bjut), *n.* danak, harač; počast, pošta.

**trice** (trajs), *v.* dignuti konopom, svezati; — *n.* mah, trenutak.

**tricennial** (trajse'niöl), *a.* trideset-godišnji.

**tricentenary** (trajse'ntenöri), *n.* tristogodišnjica.

**triceps** (tra'jseps), *n.* troglava mišica (*na ruki*).

**trichina** (trika'jnö), *n.* trihina.

**trichinosis** (tri'kinō'sis), *n.* bolest od trihina.

**trichord** (tra'jkord), *a.* trožičan; — *n.* glazbalo sa tri žice.

**trichotomy** (trajkå'tömi), *n.* dioba u tri dijela.

**trick** (trik), *v.* varati, opsjeniti, nadmudriti; opremiti, nakititi; — *n.* varka, lukavština, vještina, opsjena, hir; štih (*kod kartanja*).

**trickery** (tri'köri), *n.* opsjene, sljeparija, prijevara, lupeština; opremanje, nakiti.

**tricking** (tri'king), *a.* varav, prijevaran; — *n.* opremanje, nakiti.

**trickish** (tri'kiš), *a.* prepreden, lukav.

**trickle** (trikl), *v.* curiti, kapati; — *n.* curenje, kapanje.

**tricksome** (tri'ksam), *a.* prepreden, prevarljiv.

**trickster** (tri'kstör), *n.* varalica, obmanjivač, prepredenjak.

**tricksy** (tri'ksi), *a.* obmanljiv, lukav, prepreden.

**tricky** (tri'ki), *a.* varav, prepreden, lukav, zločest.

**tricolor** (tra'jkå'lör), *a.* trobojni; — *n.* trobojnica.

**tricot** (tri'ko'), *n.* pletivo, trikot.

**tricuspid** (trajka̱'spid), *a.* trortan.

**tricycle** (tra'jsikl), *n.* trokolice, tricikl.

**trident** (tra'jdent), *n.* trozubac.

**tried** (trajd), *pa.* prokušan, pravi.

**triennial** (traje'niöl), *a.* trogodišnji; — *n.* trogodišnjica.

**trier** (tra'ör), *n.* iskušavač, istražnik.

**trifarious** (trajfe'jria̱s), *a.* trovrstan.

**trifid** (tra'jfid), *a.* podijeljen u tri dijela.

**trifle** (trajfl), *v.* igrati se, titrati se; — *n.* sitnica, malenkost.

**trifler** (tra'jflör), *n.* šaljivac, lahkoumnik.

**trifling** (tra'jfling), *a.* sitan, malen, lahkouman.

**trifoliate** (trajfo'liet), *a.* trolistan.

**trig** (trig), *v.* zaustaviti, paočiti; — *a.* uredan, pristao, lijep, ubav; — *n.* zavor, paočanica.

**trigger** (tri'gör), *n.* otponac (*u puške*).

**triglyph** (tra'jglif), *n.* troreska, triglif.

**trigon** (tra'jgön), *n.* trokut.

**trigonal** (tra'jgönöl), *a.* trokutan.

**trigonometrical** (tri'gonome'triköl), *a.* trigonometrički.

**trigonometry** (tri'gönå'metri), *n.* trigonometrija.

**trihedron** (trajhi'drön), *n.* trobrid.

**trilateral** (trajlå'töröl), *a.* trostran.

**trilinear** (trajli'niör), *a.* trocrtan.

**trilingual** (trajli'ngual), *a.* trojezičan.

**triliteral** (trajli'töröl), *a.* troslovčan.

**trill** (tril), *v.* ćurlikati, tremulirati, potresati glasom; — *n.* ćurlik, drhtanje glasom.

**trillion** (tri'ljön), *n.* trilijon.

**trilocular** (trajlå'kjulör), *a.* trostaničan.

**trilogy** (tri'löđi), *n.* trilogija.

**trim** (trim), *v.* urediti, opremiti, izgladiti, obrezati, okaštriti, useknuti (*svijeću*); iskititi, opšiti; udesiti (*jedra*); batinati, istući; ravnati se (*prema vjetru*); dati ravnotežu; — *a.* uredan, opremljen, pristao, lijep; — *n.* urednost, pripravnost; oprava, oprema; potpuna sposobnost; nakit.

**trimester** (trajme'stör), *n.* vrijeme od tri mjeseca, četvrtina godine.

**trimly** (tri'mli), *adv.* uredno, lijepo.

**trimmer** (tri'mör), *n.* udešivač, obrezivač, opremač; kitničar (ka), kititelj; radnik na brodu; šeprtlja.

**trimming** (tri'ming), *n.* ukras; opremanje, ređenje, udešavanje; obrezavanje, pošav, obrub; (*u množini*) prismok, garnitura (*uz koje jelo*).

**trimness** (fri'mnes), *n.* pristalost, pravi red, ljepota.

**trimonthly** (tra'jma̱'ntli), *a.* tromjesečan.

**trinal** (tra'jnöl), *a.* trostruk.

**trine** (trajn), *a.* trostruk; — *n.* trojnost; položaj dvaju planeta udaljenih 120 stupnja jedan od drugoga.

**tringle** (tringl), *n.* šipka za zastor.

**Trinitarian** (tri'nite'jriön), *a.* trojstven; — *n.* onaj, koji vjernje u Sv. Trojstvo.

**Trinity** (tri'niti), *n.* Trojstvo.

**trinket** (tri'nket), *n.* malen nakit.

**trinketer** (tri'nketör), *n.* kramar, mešetar, petljanac.

**trinomial** (trajno'miöl), *a.* trinomski, troimen; — *n.* trinom.

**trio** (tri'o *ili* tra'jo), *n.* troje; trio, trosvir.

**triolet** (tra'jolet), *n.* pjesmica od osam stihova.

**trip** (trip), *v.* podmaknuti (*nogu*); srušiti; uloviti u pogrješci; cupkati, glatko ići, ispustiti, savijati u sredini, spotaći se, popiknuti se, pogriješiti; — *n.* kratak put, putovanje, izlet; spotaknuće, brz korak; pogrješka.

**tripartite** (trajpa'rtajt *ili* tri'partajt), *a.* trostruk, podijeljen u tri dijela.

**tripartition** (tra'jparti'šön), *n.* dioba u tri dijela.

**tripe** (trajp), *n.* želudac (*u živinčeta*), fileci.

**tripedal** (tra'jpedöl), *a.* tronožan.

**tripersonal** (trajpö'rsönöl), *a.* troosoban.

**tripersonality** (trajpö'rsönǎ'liti), *n.* troosobnost, trojstvo.

**tripery** (tra'jpöri), *n.* mjesto, gdje se pripravljaju *ili* prodavaju fileci.

**tripetalous** (trajpe'tölạs), *a.* trolatičan.

**trip-hammer** (tri'phǎ'mör), *n.* malj otraguš.

**triphthong** (tri'ftảng), *n.* troglasnik.

**triple** (tripl), *v.* učiniti tri osnovice (*kod bezbal igre*); potrostručiti; — *a.* trostruk, pomnožen sa tri; — *n.* tri osnovice.

**triplet** (tri'plet), *n.* troje, trojica; (*u množini*) trojci; tri stiha s istim srokom.

**triplex** (tri'pleks), *a.* trostruk, trodjelni; — *n.* trostruka mjera.

**triplicate** (tri'plikēt), *v.* potrostručiti; učiniti triputa toliko; — *a.* trostruk; — *n.* triplikat.

**triplication** (tri'plike'jšön), *n.* potrostručenje.

**triplicity** (tripli'siti), *n.* trostrukost, potrostručenost.

**triply** (tri'pli), *adv.* trostruko.

**tripod** (tra'jpöd), *n.* stalak sa tri noge, tronožac.

**tripole** (tri'poli), *n.* tripalj (*vapnenac*).

**tripping** (tri'ping), *a.* okretan, brz.

**triptote** (tri'ptōt), *n.* imenica, koja ima samo tri padeža.

**trireme** (tra'jrim), *n.* starinski brod sa tri reda vesala.

**trisect** (trajse'kt), *v.* podijeliti na tri dijela.

**trisection** (trajse'kšön), *n.* podjelba na tri dijela.

**tristesse** (tri'ste's), *n.* žalost.

**trisulcate** (trajsa'lket), *a.* trobrazdan.

**trisyllabic** (tri'silǎ'bik), *a.* troslovčan.

**trisyllable** (trisi'löbl), *n.* troslovčana riječ.

**trite** (trajt), *a.* preopetovan, izlizan, otrcan.

**tritheism** (tra'jtiizm), *n.* nauka, da su Otac, Sin i Duh Sveti tri posebne osobe i Bogovi.

**triton** (tra'jtön), *n.* močorad (*štur*); trubljača (*puž*).

**triturable** (tri'ćuröbl), *a.* što se može samljeti *ili* smrviti.

**triturate** (tri'ćurejt), *v.* samljeti, satrti, smrviti.

**trituration** (tri'ćure'jšön), *n.* mrvljenje, trenje, razbijanje.

**triumph** (tra'jömf), *v.* pobijediti, slaviti pobjedu; — *n.* pobjedonosni ulaz, slavljenje pobjede, pobjeda, triumf.

**triumphal** (traja'mföl), *a.* pobjedonosan, slavodobitan.

**triumphant** (traja'mfönt), *a.* pobjednički, slavodobitan, pobjedonosan.

**triumphantly** (traja'mföntli), *adv.* slavodobitno, pobjedonosno.

**triumvir** (traja'mvör), *n.* triumvir.

**triumviral** (traja'mvöröl), *a.* triumvirski.

**triumvirate** (traja'mvöret), *n.* triumvirat.

**triune** (tra'jun), *a.* trojedan.

**triunity** (traju'niti), *n.* Trojstvo, trojednost.

**trivet** (tri'vet), *n.* stalak sa tri noge, tronog.

**trivial** (tri'viöl), *a.* neznatan, sitan, običan, svagdašnji.

**triviality** (tri'viǎ'liti), *n.* neznatnost, sitnost, svagdašnjost.

**trivially** (tri'viöli), *adv.* na lahku ruku, trivijalno.

**triweekly** (traju̲i'kli), *a.* trotjedni, tronedjeljni.

**trocar** (tro'kör), *n.* trokar (*kirurška sprava, kojom se kod vodene bolesti vadi tekućina*).

**trochaic** (troke'ik), *a.* trohejski.

**trochee** (tro'ki), *n.* trohej.

**trod** (trȧd), **trodden** (trȧdn), **trode** (trōd), *imp. i pp. od:* **tread.**

**troglodyte** (trȧ'glodajt), *n.* troglodit, čovjek, koji živi u špiljama.

**troll** (trōl), *v.* pjevuckati, zapjevati, valjati (se), kretati u kolu, obilaziti; — *n.* pripjevka; zakretaj; udica, meka; gorostas.

**trolley** (trȧ'li), *n.* kotačić, koji se okreće po električnoj žici i kroz koji prolazi elektr. struja u poulična kola; kolica, rudarska kolica.

**trolley-car** (trȧ'likā'r), *n.* električna poulična kola.

**trollop** (trȧ'löp), *n.* drolja; musa.

**trombone** (trȧ'mbōn), *n.* trombon (*trublja*).

**troop** (trūp), *v.* kupiti se u čete, sakupljati se, naglo otići; — *n.* četa, grupa, skupina, vojska.

**trooper** (trū'pör), *n.* konjanik, prosti vojnik; stražar.

**troop-ship** (trū'pši'p), *n.* prevozni brod.

**trope** (trōp), *n.* tropa, izraz u prenesenom smislu.

**trophied** (tro'fid), *a.* trofejski.

**trophy** (tro'fi), *n.* znak pobjede, trofeja, spomen uspjeha; oružje.

**tropic** (trȧ'pik), *a.* tropski; — *n.* obratnik; — *pl.* žarki pojas.

**tropical** (trȧ'piköl), *a.* tropski, koji pripada žarkom pojasu; slikovni.

**trot** (trȧt), *v.* kasati, ići *ili* tjerati kasom; — *n.* kas.

**troth** (trōt), *n.* dobra vjera, vjernost; zaruke; istina.

**trotter** (trȧ'tör), *n.* kasač.

**troubadour** (tru'bödūr), *n.* trubadur, lirski pjesnik u 12. i 13. vijeku.

**trouble** (trȧbl), *v.* uznemirivati, mučiti, uzburkati, poremetiti, uzrujati; — *n.* nemir, briga, uznemirenost, zabuna, nesreća, poteškoća, trud.

**troublesome** (trȧ'blsa̲m), *a.* dosadan, mučan, neugodan, uzbuđen.

**troublous** (trȧ'bla̲s), *a.* uznemiren, težak.

**trough** (trȧf), *n.* kopanja, korito, truga, žlijeb; dolac vala.

**trounce** (trȧ'uns), *v.* nalemati.

**troupe** (trūp), *n.* glumačko društvo.

**trousers** (trȧ'u̲zörz), *n.* hlače.

**trousseau** (tru'so'), *n.* oprema mladenke.

**trout** (trȧ'ut), *n.* pastrva.

**troutlet** (trȧ'utlet), *n.* pastrvica.

**trouvere** (tru've'r), *n.* epska pjesma.

**trover** (trō'vör), *n.* neovlašteno prisvojenje pokretnina kao i tužba za vrijednost istih.

**trowel** (trȧ'u̲el), *n.* zidarska žlica, lopatica (*za biljke*).

**trowsers** (trȧ'u̲zörz), *n. isto kao:* **trousers.**

**troy** (trȧj), *n.* trojski teg (*vaga za zlato i srebro*).

**truancy** (tru'önsi), *n.* izostajanje iz škole, besposličenje; danguba.

**truant** (tru'önt), *a.* besposlen, nemaran, izbivajući iz škole; — *n.* izostajatelj iz škole (*bez dopusta*), nemarnjak.

**truce** (trūs), *n.* primirje.

**truck** (trȧk), *v.* mijenjati, izmjenjivati, pazariti, voziti u tovarnim kolima; — *n.* trgovačka roba; povrće; smeće; tovarna kola; kotur.

**truckage** (trȧ'keđ), *n.* vozarina; prijevoz; izmjena.

**trucker** (trȧ'kör), *n.* piljar, prodavalac (*po kućama*) povrćem.

**truckle** (trȧkl), *v.* podati se, popustiti.

**truckler** (trȧ'klör), *n.* pokoravatelj, ulizica.

**truckman** (trȧ'kmön), *n.* trgovac tovarnih kola, vozač tovarnih kola.

**truculence** (tru'kjulens), **truculency** (tru'kjulensi), *n.* divljaštvo, okrutnost.

**truculent** (tru'kjulent), *a.* divlji, okrutan.

**trudge** (trȧđ), *v.* ići s mukom, vući se.

**true** (trū), *a.* istinit, istinski, pravi, iskren, vjeran, odan, pošten, točan, ispravan.

**trueblue** (trū'blū'), *a.* postojan, čvrst, vjeran; — *n.* čovjek, koji nepokolebivo stoji uz svoja načela, vjerske nazore *ili* stranku.

**trueborn** (trū'bō'rn), *a.* rodom pravi, nasljedni.

**truebred** (trū'bre'd), *a.* pravog odgoja *ili* naobrazbe.

**truehearted** (trū'ha'rted), *a.* srdačan, iskren.

**truelove** (trū'la̱'v), *n.* ljubovnik, ljubovnica.

**truepenny** (trū'pe'ni), *n.* poštenjak.

**truffle** (tra̱fl), *n.* gomoljika.

**truism** (tru'izm), *n.* očevidna istina, aksiom.

**trull** (tra̱l), *n.* bludnica.

**truly** (trū'li), *adv.* iskreno, odano, zaista.

**trump** (tra̱mp), *v.* uzeti adutom; izmisliti, skovati; nalijecati se; — *n.* adut; pouzdan čovjek, dobričina; harfa.

**trumpery** (tra̱'mpöri), *a.* bezvrijedan; — *n.* bezvrijedan sjaj; sitnice; sljeparija.

**trumpet** (tra̱'mpet), *v.* trubiti, rastrubiti; — *n.* trublja.

**trumpeter** (tra̱'mpetör), *n.* trubljač.

**trumpet-major** (tra̱'mpetme'jdör), *n.* štopski trubljač.

**truncate** (tra̱'nkejt), *v.* odsjeći vrh, odrezati kraj, obrezati; — *a.* podrezan, okresan, pokraćen.

**truncated** (tra̱'nketed), *a.* kus, zatubast.

**truncation** (tra̱nke'jšön), *n.* odsjecanje *(vrha),* okresavanje, podrezanost.

**truncheon** (tra̱'nćön), *n.* batina, štap; panj.

**trundle** (tra̱ndl), *v.* koturati (se); — *n.* koturić, kotačić.

**trundle-bed** (tra̱'ndlebe'd), *n* krevet na kotačićima.

**trunk** (tra̱nk), *n.* panj, deblo, trup; kovčeg, škrinja; rilo, surla; gačice *(za kupanje ili atlete).*

**trunk-hose** (tra̱'nkhō'z), *n.* kratke široke hlače, dimlije.

**trunk-line** (tra̱'nkla'jn), *n.* glavna željeznička pruga.

**trunk-road** (tra̱'nkrō'd), *n.* glavni drum.

**trunnion** (tra̱'njön), *n.* štrekalj, ostance, čep.

**truss** (tra̱s), *v.* podpasati, podvezati, poduprijeti, spremiti u; zapreći, pričvrstiti; — *n.* potpasač *(za kilu);* rogovlje *(na krovu);* rešetke *(mosta);* svežanj, bala *(sijena);* hajmica *(što drži križ uz jarbol);* kita cvijeća.

**trust** (tra̱st), *v.* pouzdati se, vjerovati, povjeriti; dati na vjeru; počekati; osloniti se, uzdati se; — *n.* pouzdanje, vjera, povjerenje; vjeresija, zalog, ostava; pohrana, paska; dužnost; trust.

**trustee** (tra̱stī'), *n.* pouzdanik, punomoćnik, povjerenik.

**trusteeship** (tra̱stī'šip), *n.* pouzdaništvo, služba punomoćnika.

**trust-estate** (trā'steste'jt), *n.* posjed, kojim upravlja pouzdanik *ili* povjerenik.

**trustful** (tra̱'stful), *a.* povjerljiv.

**trustily** (tra̱'stili), *adv.* vjerno, pošteno.

**trustingly** (tra̱'stingli), *adv.* povjerljivo.

**trustless** (tra̱'stles), *a.* nepouzdan, nestalan.

**trustworthy** (tra̱'stu̱ördi), *a.* pouzdan, povjerljiv.

**trusty** (tra̱'sti), *a.* vjeran, čvrst, siguran.

**truth** (trūt), *n.* istina, istinitost, iskrenost; postojanost; točnost.

**truthful** (trū'tful), *a.* istinit, iskren.

**truthfully** (trū'tfuli), *adv.* istinito, iskreno.

**truthfulness** (trū'tfulnes), *n.* i·tinitost.

**truthless** (trū'tles), *a.* neistinit, neiskren, nevjeran.

**try** (traj), *v.* kušati, pokušati, probati; ispitivati, istraživati, preslušavati; nastojati; — *n.* kušanje, pokušaj, pokus.

**trying** (tra'ing), *a.* težak, mučan.

**tryst** (trajst), *v.* ugovoriti sastanak, ročiti se; — *n.* sastanak; sastajalište.

**tsar, tsarevitch,** *etc. isto kao:* **czar,** *itd.*

**tub** (ta̱b), *v.* kupati (*u kaci*); postaviti u čabar; — *n.* čabar, kaca, kabao.

**tuba** (tju'bö), *n.* vrst trublje.

**tubby** (ta̱'bi), *a.* poput bačve, kao bure.

**tube** (tjūb), *v.* staviti cijev; — *n.* cijev.

**tuber** (tjū'bör), *n.* gomolj, krumpir.

**tubercle** (tjū'börkl), *n.* gučica; prišt; gomoljić; plućna ikrica.

**tubercular** (tjubö'rkjulör), *a.* sušičav, tuberkulozan.

**tuberculosis** (tjubö'rkjulō'sis), *n.* tuberkuloza, sušica.

**tuberculous** (tjubö'rkjulas), *a. vidi:* **tubercular.**

**tuberous** (tju'böras), *a.* čvorav, gomoljast.

**tubful** (ta'bful), *n.* puna kaca.

**tubing** (tju'bing), *n.* stavljanje cijevi; cijevi.

**tubular** (tju'bjulör), *a.* cijevni, cjevast.

**tubulate** (tju'bjulejt), *v.* praviti cijevi, postavljati cijevi.

**tubule** (tju'bjul), *n.* cjevčica.

**tubulose** (tju'bjulōs), *a.* cjevast, cijevni.

**tuck** (tak), *v.* zasukati; podvinuti; zavrnuti; nabirati; — *n.* podšav, zavratak, nabor, rub; udarac.

**tucker** (ta'kör), *v.* umarati, istrošiti; — *n.* nabiratelj, zasukač; ogrlica.

**Tuesday** (tju'zdi), *n.* utorak.

**tufa** (tju'fö), **tuff** (taf), *n.* tufa, sedra.

**tuft** (taft), *v.* praviti kite, resiti kiticama, vezati u snopiće; — *n.* čupa, pramen, snopić, kitica, kita cvijeća.

**tuft-hunter** (ta'ftha'ntör), *n.* petolizac; muktaš.

**tufty** (ta'fti), *a.* kukmast, kitnast.

**tug** (tag), *v.* potezati, vući s naporom, tegliti; — *n.* vućenje, potezanje; napeta borba; hrvanje; naprezanje; tegleći brod.

**tug-boat** (ta'gbō't), *n.* tegleća lađa.

**tug-of-war** (ta'gavua'r), *n.* natjecanje u potezanju užeta; silno naprezanje; najžešća borba.

**tugger** (ta'gör), *n.* potezalac (*užeta*); trudbenik.

**tuition** (tjui'šön), *n.* pouka, poducavanje; školarina.

**tuitional** (tjui'šönöl), *a.* nastavni, naukovni.

**tulip** (tju'lip), *n.* tulipan.

**tulip-tree** (tju'liptrī'), *n.* ljerovac.

**tulle** (tūl), *n.* tul (*rijetka svilena tkanina za vela itd.*).

**tumble** (tambl), *v.* baciti, povaliti; porazbacati; valjati se; ljosnuti, pasti, skotrljati se; oboriti; prekobaciti se; — *n.* pad; prekobacivanje; nered, zbrka.

**tumblebug** (ta'mblba'g), *n.* balegaš (*kukac*).

**tumbler** (ta'mblör), *n.* velika čaša; lakrdijaš, pelivan; vrst goluba.

**tumbrel** (ta'mbrel), **tumbril** (ta'mbril), *n.* kolica za oruđe, kolica za prevažanje gnoja.

**tumefaction** (tju'mifa'kšön), *n.* oticanje, nateklina.

**tumefy** (tju'mifaj), *v.* oticati, nateći, naduti se.

**tumerosity** (tju'mörā'siti), *n.* otečenost, nateklina.

**tumid** (tju'mid), *a.* nateknut, otečen; nadut, bombastičan.

**tumidity** (tjumi'diti), *n.* oteklost; nadutost.

**tumidly** (tju'midli), *adv.* naduto, naprčeno.

**tumor** (tju'mör), *n.* nasip, humak.

**tump** (tamp), *n.* nasip, humak.

**tumular** (tju'mjulör), *a.* kao humak; gomilast.

**tumult** (tju'mölt), *n.* uzbuđenost, buka, graja, gungula, metež.

**tumultuarily** (tjuma'lćuērili), *adv.* bučno, burno.

**tumultuariness** (tjuma'lćuērines), *n.* bučnost, burnost.

**tumultuary** (tjuma'lćuēri), *a.* bučan, buran.

**tumultuous** (tjuma'lćuas), *a.* bučan, buran; uzbuđen, nemiran.

**tumulus** (tju'mjulas), *n.* humak (*grobni*).

**tun** (tan), *v.* stavljati u bačve, uliti u sud; — *n.* bačva, veliki sud; tona.

**tuna** (tu'nö), *n.* tuna, tunj.

**tunable** (tju'nöbl), *a.* udesiv, uglazbiv.

**tundra** (ta'ndrö), *n.* tundra, pustopoljina.

**tune** (tjūn), *v.* udesiti, složiti; prilagoditi glas; dati glas; — *n.* zvuk, glas, melodija, pjesma; sklad; raspoloženje.

**tuneful** (tjū'nful), *a.* zvučan, skladan; blagoglasan.

**tuneless** (tjū'nles), *a.* bezvučan, neglazben; neskladan, tih.

**tuner** (tjū'nör), *n.* udešavač.

**tungsten** (ta̠'ngsten), *n.* tungstin (*metal*).

**tunic** (tjū'nik), *n.* tunika; haljina; opna.

**tunica** (tjū'nikö), *n.* opna, kožica.

**tunicle** (tju'nikl), *n.* kožica, ljuska.

**tuning** (tjū'ning), *n.* udešavanje.

**tuning-fork** (tjū'ningfō'rk), *n.* udešavačka viljuška, ugađalo.

**tunnel** (ta̠'nel), *v.* probiti prorov, bušiti tunel; — *n.* rov, prorov, podzemni hodnik, tunel; dimnjak.

**tunny** (ta̠'ni), *n.* tuna, tunj.

**tup** (ta̠p), *n.* ovan.

**turban** (tö'rbön), *n.* turban, čalma, kapica.

**turbid** (tö'rbid), *a.* mutan, kalan; pobrkan, zbunjen.

**turbidity** (törbi'diti), *n.* kal, mutnost, smućenost.

**turbidly** (tö'rbidli),*adv.* mutno, nejasno, smućeno.

**turbinal** (tö'rbinöl), *a.* zavojit, kao puž; — *n.* zavojna kost.

**turbinate** (tö'rbinet), *a.* čunjast; zavojit, uvojit.

**turbine** (törbin *ili* tö'rbajn), *n.* turbina, čigra.

**turbot** (tö'rbȧt), *n.* obliš (*riba*).

**turbulence** (tö'rbjulens), **turbulency** (törbjulensi), *n.* nemir, zbrka, metež, vreva, bura.

**turbulent** (tö'rbjulent), *a.* žestok, nemiran, uzbuđen.

**tureen** (tjurī'n), *n.* velika i duboka zdjela za juhu, terina.

**turf** (törf), *v.* pokriti busenom, pobusati; — **the turf**, trkalište; konjska utrka; — *n.* tratina, busen.

**turfman** (tö'rfmön), *n.* šport, ljubitelj konjskih utrka.

**turfy** (tö'rfi), *a.* busenast, tratinast, tresetan.

**turgescence** (törđe'sens), *n.* nadutost, otečenost, napuhnutost, bombastičnost.

**turgescent** (törđe'sent), *a.* otekao, nadut.

**turgid** (tö'rđid), *a.* otekao, natečen, nadut, bombastičan.

**turgidity** (törđi'diti), *n.* nabuhlost, nateklost, nadutost.

**turgidly** (tö'rđidli), *adv.* naduto, jedro.

**Turk** (törk), *n.* Turčin.

**Turkey** (tö'rki), *n.* Turska.

**turkey** (tö'rki), *n.* puran.

**Turkish** (tö'rkiš), *a.* turski; — *n.* turski jezik.

**turmeric** (tö'rmörik), *n.* indijski safran, žutnjak.

**turmoil** (tö'rmoel), *v.* uznemiriti se, smutiti se; — *n.* nemir, uzrujanost, uzbuđenost, bura.

**turn** (törn), *v.* kretati, okrenuti (se), vrtjeti (se), mijenjati (se), promijeniti (se), pretvoriti (se), izmijeniti, preokrenuti (se), uspraviti (se), naginjati (se), prilagoditi (se), predati, uručiti; zakrenuti (se), pustiti, ispustiti; zaokružiti; dizati se; ovisiti; postati; — *n.* okret, okretanje, zaokret, kretnja; promjena, zastranjenje, preokret; red; vrijeme; oblik; raspoloženje; djelo; usluga; šetnja, hod, put; zavoj; živčani udarac.

**turncoat** (tö'rnkō't), *n.* izdajnik (*koji prijeđe iz jedne stranke u drugu*).

**turner** (tö'rnör), *n.* tokar; gombač.

**turning** (tö'rning), *n.* okret, okretanje, zaokret; križanje (*puteva*); struganje, točenje.

**turning-point** (tö'rningpo'jnt), *n.* preokret.

**turnip** (tö'rnip), *n.* repa.

**turnkey** (tö'rnkī'), *n.* ključar; tamničar.

**turnout** (tö'rna̠ut), *n.* izlazak, polazak; oprema; obustava rada, štrajk; gledaoci; odijelo; kočija i konji.

**turnover** (tö'rnō'vör), *n.* promet.

**turnpike** (tö'rnpa'jk), *n.* put, na kojem se plaća malta; drum, cesta.

**turnsole** (tö'rnsō'l), *n.* suncokret (*bilj.*).

**turnstile** (tö'rnsta'el), *n.* prolazna obrtaljka.

**turntable** (tö'rnte'jbl), *n.* zakretnica.

**turnverein** (tu'rnfôra'jn), *n.* gombalačko društvo; atletički klub.

**turpentine** (tö'rpentajn), *n.* terpentin.

**turpitude** (tö'rpitjud), *n.* zloča, rđavština, moralna propalost.

**turquoise** (törko'jz), *n.* modruljica (*dragi kamen*).

**turret** (tö'ret), *n.* tornjić; kulica.

**turreted** (tö'reted), *a.* s tornjićima.

**turret-ship** (tö'retši'p), *n.* oklop-njača s tornjem.

**turtle** (törtl), *n.* kornjača; grlica.

**turtle-dove** (tö'rtlda̠'v), *n.* grlica.

**Tuscan** (ta̱'skön), *a.* toskanski; — *n.* Toskanac.

**tush** (ta̱š), *n. isto kao*: **tusk**.

**tusk** (ta̱sk), *n.* koljač, kljova, slonova kost; očnjak (*u konja*).

**tusked** (ta̱skt), *a.* s kljovama.

**tusker** (ta̱'skör), *n.* slon *ili* divlja svinja sa velikim kljovama.

**tussle** (ta̱sl), *v.* boriti se, hrvati se; — *n.* borba, hrvanje, natezanje.

**tussock** (ta̱'sök), *n.* snopić, čuperak, pramen.

**tut** (tat), *interj.* pst! tiho!

**tutelage** (tju'tilić), *n.* skrbništvo, tutorstvo.

**tutelar** (tju'tilör), *a.* skrbnički, tutorski, štitnički.

**tutor** (tju'tör), *v.* podučavati, inštruirati; — *n.* podučavatelj, inštruktor, učitelj, skrbnik.

**tutorage** (tju'töređ), *n.* skrbništvo.

**tutoress** (tju'töres), *n.* učiteljica.

**tutorial** (tjuto'riöl), *a.* učiteljski.

**tutti-frutti** (tu'tifru'ti), *n.* poslastica sastojeća se od raznog sladornog voća.

**tuxedo** (ta̱ksi'do), *n.* kratak kaput, koji se nosi kod svečanih prigoda.

**tuyere** (tuja'r), *n.* cijev, kroz koju se pušta zrak u peć.

**twaddle** (tua̱'dl), *v.* brbljati, čavrljati; — *n.* brbljanje, čavrljanje.

**twaddler** (tua̱'dlör), *n.* brbljavac, čavrljavac.

**twain** (tue̱jn), *a.* dva; — *n.* dvoje, par.

**twang** (tua̱'ng), *v.* zujati, brujati, zvečati, govoriti kroz nos; —*n.* zujanje, zuj; govor kroz nos.

**twangle** (tua̱'ngl), *v.* zazujati, zvečati.

**'twas** (tua̱'z), *skraćeno od*: **it was**.

**tweak** (tui̱'k), *v.* štipati, uštinuti; — *n.* uštip, štipanje.

**tweed** (tui̱'d), *n.* vrsta tkanine sa dvije boje.

**'tween** (tui̱'n), *skraćeno od*: **between**.

**tweeze** (tui̱'z), *n.* škatulja s kirurškim oruđem.

**tweezers** (tui̱'zörz), *n.* kliještice.

**twelfth** (tue̱'lft), *a.* dvanaesti; — *n.* dvanaest.

**Twelfth-day** (tue̱'lftde'j), *n.* sv. tri kralja.

**twelve** (tue̱'lv), *a. i n.* dvanaest.

**twelvemonth** (tue̱'lvma̱'nt), *n.* godina.

**twentieth** (tue̱'ntiet), *a.* dvadeseti; — *n.* dvadesetina.

**twenty** (tue̱'nti), *a. i n.* dvadeset.

**twice** (tua̱'js), *adv.* dvaputa, dvakrat.

**twiddle** (tui̱'dl), *v.* vrtjeti (se), okretati (se).

**twig** (tui̱'g), *v.* paziti, vrebati, shvatiti; — *n.* šiba, grančica, prut.

**twiggy** (tui̱'gi), *a.* granat.

**twilight** (tua̱'jla'jt), *a.* sumračan; slabo rasvijetlen; — *n.* sumrak, suton.

**twill** (tui̱'l), *v.* tkati u križ; — *n.* tkanje u križ; mosur.

**twin** (tui̱'n), *a.* vrlo sličan; dvostruk; — *n.* blizanac; (*pl.*) blizanci, dvojci.

**twine** (tua̱'jn), *v.* uvijati, umatati, sukati, oplesti; — *n.* dretva, uzica; namatanje, umotanost.

**twinge** (tui̱'nđ), *v.* probadati, boljeti; — *n.* bodac, bol.

**twinkle** (tui̱'nkl), *v.* svjetlucati, treperiti; trenuti; — *n.* svjetlucanje, treperenje; trenuće oka.

**twinkling** (tui̱'nkling), *n.* svjetlucanje; treptanje, trenutak.

**twinling** (tui̱'nling), *n.* janjac blizanac.

**twin-screw** (tui̱'nskrū'), *n.* dvostruko svrdlo (*u parobrodu*).

**twirl** (tuö'rl), *v.* brzo (se) okrenuti, zavrtjeti (se); — *n.* brzi zaokret; vir, vrtlog.

**twist** (tui̱'st), *v.* plesti (se), preplesti; zafrknuti, smotati (se), protkati; iščašiti, sukati, motati (se), saviti, zaplesti (se), krivo tumačiti; — *n.* motanje, sukanje, pletenje; krivina; svitak, smotak, zavojak, izvrtanje, dretva, uzica.

**twister** (tui̱'stör), *n.* namatač, zapletač, stroj za namatanje; konopar; izopačivač, izvrtač.

**twit** (tui̱'t), *v.* koriti, zanovijetati, mučiti, zadirkivati.

**twitch** (tui̱'č), *v.* trzati (se), trgnuti (se), naglo povući, istrgnuti (se), čupati; — *n.* trzaj, trzanje; istrgnuće.

**twitter** (tui̱'tör), *v.* cvrkutati; — *n.* cvrkut; cvrkutanje.

**'twixt** (tui̱'kst), *skraćeno od*: **betwixt**.

**two** (tu), *a. i n.* dva; dvoje, dvojica.

**two-faced** (tu'fe'jst), *a.* dvoličan, neiskren.

**two-fold** (tu'fō'ld), *a.* dvostruk; — *adv.* dvostruko.

**two-handed** (tu'hǎ'nded), *a.* dvoručan.

**two-headed** (tu'he'ded), *a.* dvoglav.

**two-horned** (tu'hō'rnd), *a.* dvorog.

**two-horse** (tu'hō'rs), *a.* dvoprežan.

**two-leaved** (tu'lī'vd), *a.* dvolistan.

**two-legged** (tu'le'ged), *a.* dvonožan.

**two-ply** (tu'pla'j), *a.* dvostruk.

**two-rowed** (tu'rọ'ụd), *a.* dvoredan.

**two-sided** (tu'sa'jded), *a.* dvostran.

**two-winged** (tu'ụi'ngd), *a.* dvokrilni.

**tympanum** (ti'mpönạm), *n.* bubnjić (*u uhu*).

**type** (tajp), *v.* činiti (se) uzorom, postaviti za tip; — *n.* pralik, uzorak, tip, značaj, značajne crte; otisak, slova, pismo.

**type-setter** (ta'jpse'tör), *n.* slovoslagar, slovoslagarski stroj.

**typewrite** (ta'jpra'jt), *v.* pisati na stroju.

**typewriter** (ta'jpra'jtör), *n.* pisar na stroju; pisaći stroj.

**typewriting** (ta'jpra'jting), *n.* pisanje na stroju.

**typewritist** (ta'jpra'jtist), **typist** (ta'jpist), *n.* pisar na stroju.

**typhoid** (ta'jfojd), *a.* tifozan; kao vrućica.

**typhoid-fever** (ta'jfojdfī'vör), *n.* pošalina.

**typhoon** (tajfū'n), *n.* tajfun (*žestok vihor na kitajskom moru*).

**typhous** (ta'jfas), *a.* tifozan, kao vrućica.

**typhus** (ta'jfös), *n.* tifus, pošalina.

**typical** (ti'piköl), *a.* osobit, značajan, tipičan.

**typically** (ti'piköli), *adv.* značajno, tipički.

**typify** (ti'pifaj), *v.* služiti kao uzor; zastupati, pretstavljati.

**typographer** (tajpȧ'gröför), *n.* tiskar.

**typographical** (ta'jpogrǎ'fiköl), *a.* tiskarski, štamparski.

**typography** (tajpȧ'gröfi), *n.* tiskarstvo.

**tyrannical** (tajrǎ'niköl), *a.* tiranski, okrutan.

**tyrannicide** (tajrǎ'nisajd), *n.* umorstvo tiranina.

**tyrannize** (ti'rönajz), *v.* upravljati okrutno; predstavljati tiranina.

**tyrannous** (ti'rönas), *a.* tiranski, prekomjerno strog.

**tyranny** (ti'röni), *n.* okrutnost, tiranija, tiranstvo, zulum.

**tyrant** (ta'jrönt), *n.* tiranin, samodržac, tlačitelj, zulumčar.

**tyre** (ta'er), *n. vidi:* **tire.**

**Tyrian** (ti'riön), *a.* tirski.

**tyro** (ta'jro), *n.* novajlija, početnik.

**Tyrolese** (ta'jroliz), *a.* tirolski; — *n.* Tirolac.

**tzar** (car), **tzarina** (cari'nö), *n.* isto kao: **czar, czarina.**

# U

**U, u** (ju), *slovo*: U, u.
**ubiety** (juba'iti), *n.* negdješnost; odnos mjesta.
**ubiquitous** (jubi'kui'tas), *a.* svugdašnji, posvudašnji, svagdje prisutan.
**ubiquity** (jubi'kuiti), *n.* posvudašnjost.
**udder** (a'dör), *n.* vime.
**udometer** (judà'mitör), *n.* kišomjer.
**ugh** (u), *interj.* uh.
**uglily** (a'glili), *adv.* ružno, grdo.
**ugliness** (a'glines), *n.* ružnost, grdoba.
**ugly** (a'gli), *a.* ružan, grd, odvratan, mrzak.
**uhlan** (u'lön *ili* ju'lön), *n.* konjanik, kopljanik, ulan.
**ukase** ('juke'js), *n.* ukaz, proglas.
**ukulele** (ju'köle'li), *n.* ukulela.
**ulcer** (a'lsör), *n.* čir.
**ulcerate** (a'lsörejt), *v.* čiriti se, gnojiti se.
**ulceration** (a'lsöre'jšön), *n.* gnojenje, čir.
**ulcerous** (a'lsöras), *a.* što naliči čiru; gnojav.
**ullage** (ju'leđ), *n.* ona tekućina, što manjka, da bude bačva puna.
**ulna** (a'lnö), *n.* lakatna kost.
**ulster** (a'lstör), *n.* kabanica, ulster.
**ult., ulto.,** *skraćeno od*: **ultimo** (a'ltimo), prošlog (*mjeseca*).
**ulterior** (alti'riör), *a.* onostran; dalek.
**ultima** (a'ltimö), *a.* najdaljni, najposljednji; — *n.* zadnja slovka u riječi.
**ultimate** (a'ltimet), *a.* konačan, posljednji, skrajnji.
**ultimately** (a'ltimetli), *adv.* konačno; napokon.
**ultimatum** (a'ltime'jtam), *n.* ultimatum, konačna izjava; posljedna ponuda.
**ultimo** (a'ltimo), *adv.* prošlog (*mjeseca*).
**ultra** (a'ltrö), *a.* pretjeran, skrajnji; — *n.* pretjeranac.

**ultraism** (a'ltröizm), *n.* ultraizam, radikalizam, pretjerana načela.
**ultraist** (a'ltröist), *n.* pretjeranac, radikalac.
**ultramarine** (a'ltrömöri'n), *a.* prekomorski; — *n.* modra boja, ultramarin.
**ultramicroscope** (a'ltröma'jkroskōp), *n.* vrsta sitnozora.
**ultramontane** (a'ltrömà'ntejn), *a.* prekogorski, prekoalpski; ultramontanski; — *n.* ultramontanac, pristaša papinske politike koli u crkvenim toli u svjetovnim poslovima.
**ultramontanism** (a'ltrömà'ntenizm), *n.* ultramontanizam; nauka, da se sva crkvena vlast usredotočuje u rukama pape.
**ultramundane** (a'ltrömà'ndejn), *a.* nadzemaljski.
**ululate** (a'ljulejt), *v.* zavijati, urlikati, drečati.
**ululation** (a'ljule'jšön), *n.* drečanje, dreka, zavijanje.
**umbel** (a'mbel), *n.* štitac (*cvjetni*).
**umbellate** (a'mbelet), *a.* štitocvjetan, štitast.
**umbellifer** (ambe'liför), *n.* štitarica (*biljka*).
**umbelliferous** (a'mbeli'föras), *a.* štitocvjetan.
**umber** (a'mbör), *v.* bojadisati umbrom, potamnjeti; — *a.* smeđ, taman; — *n.* umbra; tamnosmeđa boja.
**umbilic (al)** (ambi'lik (öl), *a.* pupčast, srednji; po ženskoj lozi.
**umbilicus** (a'mbila'jkös), *n.* pupak.
**umbra** (a'mbrö), *n.* sjena.
**umbrage** (a'mbređ), *n.* zamjera, uvrjeda; zasjenjivanje, sjena.
**umbrageous** (ambre'jđas), *a.* sjenovit; sumnjiv.
**umbrella** (ambre'lö), *n.* kišobran, suncobran.
**umpirage** (a'mpajređ), *n.* služba obranika; suđenje.

umpire (a̱'mpa'er), v. odlučivati ili zlužbovati kao sudac (obranik); — n. sudac, obranik, prislušnik.

un- (an-), prefix. ne-; protu-.

unable (a̱ne'jbl), a. nemogućan; nesposoban.

unacceptable (a̱'nökse'ptöbl), a. neprihvatljiv; nepovoljan.

unaccommodating (a̱'nǎkǎ'mödejting), a. neprijatan, neučtiv.

unaccompanied (a̱'nökǎ'mpönid), a. nepraćen.

unaccomplished (a̱'nökǎ'mplišt), a. nedovršen, nepotpun.

unaccountable (a̱'nǎka̱'untöbl), a. neuračuniv, neubrojiv; neodgovoran; nerazjašnjiv.

unaccustomed (a̱'nǎka̱'stömd), a. nepriviknut; neobičan.

unacknowledged (a̱'nǎknǎ'leđd), a. nepriznat; nepripoznat.

unacquainted (a̱'nǎku̱e'jnted), a. neupućen; nepoznat.

unadorned (a̱'nǎdō'rnd), a. nekićen, neurešen.

unádvisable (a̱'nǎdva'jzöbl), a. neuputan, nepametan.

unadvised (a̱'nǎdva'jzd), a. neupućen; neuk; nepromišljen.

unadvisedly (a̱'nǎdva'jzedli), adv. nerazborito; nesmotreno; nepromišljeno.

unaffected (a̱'nǎfe'kted), a. netaknut, neganut; jednostavan; iskren.

unaided (a̱ne'jded), a. bez pomoći.

unalloyed (a̱'nǎlo'jd), a. bez primjese; neiskvaren; čist.

unalterable (a̱'nǎ'ltöröbl), a. nepromjenljiv.

unamiable (a̱ne'jmiöbl), a. neljubezan; neprijazan.

unanimity (ju'nöni'miti), n. jednodušnost; jednoglasnost.

unanimous (junǎ'nima̱s), a. jednodušan; jednoglasan.

unanimousness (junǎ'nima̱snes), n. vidi: unanimity.

unanswerable (anǎ'ncöröbl), a. neodgovoriv; nepobitan, neodgovoran.

unappealable (a̱'nǎpī'löbl), a. neprizivan.

unappeasable (a̱'nǎpī'zöbl), a. nepomirljiv, nepomiran.

unappreciated (a̱'nǎpri'šiejted), a. necijenjen.

unapproachable (a̱'nǎpro'čöbl), a. nepristupačan, nepribliživ.

unappropriate (a̱'nǎprō'priet), a. neshodan, neprikladan.

unappropriated (a̱'nǎprō'priejted), a. neprisvojen; neupotrijebljen.

unapt (a̱nǎ'pt), a. neprikladan; nevaljan; nesposoban.

unarmed (a̱nā'rmd), a. neoboružan; bez zaštite.

unasked (a̱'nǎ'skt), a. nepitan, neupitan.

unassailable (a̱'nǎse'jlöbl), a. nenavaljiv; nedobitan.

unassuming (a̱'nǎsjū'ming), a. skroman, čedan.

unassured (a̱'nǎšū'rd), a. nepouzdan, nepovjerljiv; neosiguran.

unattached (a̱'nǎtǎ'čt), a. neodan; nedodijeljen; nezaplijenjen.

unattempted (a̱'nǎte'mpted), a. nepokušan.

unattended (a̱'nǎte'nded), a. nepraćen; neprisustvovan.

unattractive (a̱'nǎtrǎ'ktiv), a. neprivlačiv; neprijazan.

unauthorized (a̱'nǎ'törajzd), a. neovlašten.

unavailable (a̱'nǎve'jlöbl), a. neupotrebljiv; uzaludan; beskoristan.

unavailing (a̱'nǎve'jling), a. beskoristan; zaludan.

unavoidable (a̱'nǎvo'jdöbl), a. neizbježiv.

unaware (a̱'nǎu̱ē'r), a. neoprezan; nepažljiv.

unawares (a̱'nǎu̱ē'rz), adv. neočekivano; iznenada, iznebuha.

unbalanced (a̱'nbǎ'lönst), a. koji nije u ravnoteži; neuređen; duševno poremećen.

unbar (a̱'nbā'r), v. otkračunati, otvoriti

unbearable (a̱nbē'röbl), a. nesnosljiv, nesnosan.

unbecoming (a̱'nbikǎ'ming), a. nedoličan; nepristojan.

unbefitting (a̱'nbifi'ting), a. neprikladan; nepristojan, nedoličan.

unbelief (a̱'nbili'f), n. nevjerovanje, bezvjerje; nevjernost.

unbeliever (a̱'nbili'vör), n. nevjernik, bezvjernik.

unbelieving (a̱'nbili'ving), a. bezvjeran, nevjeran.

unbend (anbe'nd), v. izravnati; uspraviti (se); razriješiti; popustiti; biti ljubazan; odmoriti se.

unbiased, unbiassed (a'nba'est), a. nepristran; bez predsuda.

unbind (a'nba'jnd), v. razvezati; razriješiti.

unblushing (a'nbla'šing), a. nestidljiv, bestidan.

unbolt (a'nbō'lt), v. otkračunati, otvoriti.

unbolted (a'nbō'lted), a. neprorešetan, neprosijan; nezatvoren.

unborn (a'nbō'rn), a. nerođen; budući.

unbosom (a'nbu'zöm), v. otkriti (grudi), ispovjediti.

unbound (a'nba'und), a. nevezan; neobavezan.

unbounded (a'nba'unded), a. neograničen; neobuzdan.

unbridled (a'nbra'jdld), a. neobuzdan.

unbroken (a'nbrō'kn), a. neprekinut; besprekidan.

unbrotherly (a'nbrà'dörli), a. nebratski.

unburden (a'nbö'rdn), v. stovariti, rasteretiti, osloboditi bremena.

unbutton (a'nba'tn), v. otkopčati, raskopčati.

uncalled (ankà'ld), a. nezvan; nepozvan; bespotreban.

uncanny (a'nkă'ni), a. neoprezan; tajinstven; strahovit; nevješt; nesiguran.

uncap (ankă'p), v. skinuti kapu; otkriti se.

unceasing (a'nsī'sing), a. neprestan.

uncertain (a'nsö'rten), a. nesiguran; neizvjestan; dvojben; nestalan.

uncertainty (a'nsö'rtinti), n. nesigurnost, nestalnost; neodlučnost.

unchain (a'nče'jn), v. pustiti s lanca; otkovati.

unchallenged (a'nčă'lenđd), a. neopozvan.

unchancy (ančă'nsi), a. nepogodan, nesretan; nesiguran; opasan.

unchangeable (a'nče'jnđöbl), a. nepromjenljiv.

unchanging (a'nče'jnđing), a. nepromijenjen.

uncharitable (a'nčă'ritöbl), a. nemilosrdan; grub.

unchaste (anče'jst), a. nečist; bludan.

unchristian (a'nkri'sčön), a. nekršćanski.

unchurch (ančö'rč), v. izopćiti iz crkve.

uncial (a'nšöl), a. uncijalni; — n. uncijalno slovo (starinsko).

unciform (a'nsiform), a. kukast.

uncinate (a'nsinet), a. zaokrenut; kukast.

uncivil (ansi'vil), a. neuljudan.

uncivilized (ansi'vilajzd), a. neprosvijećen, nenaobražen.

unclad (anklă'd), a. neobučen.

unclaimed (ankle'jmd), a. nepotraživan, nezahtijevan.

unclasp (anklă'sp), v. raskopčati, otkopčati.

uncle (ankl), n. ujak, stric.

unclean (ankli'n), a. nečist, zamazan; bludan.

uncleanliness (ankli'nlines), n. nečistoća, neopranost, prljavština; bludnost.

uncleanly (ankli'nli), a. nečist, prljav; sramotan.

Uncle Sam (a'nkl să'm), izraz znači Sjedinjene Države Amerike i njihovo građanstvo.

uncloak (anklō'k), v. svući kabanicu; skinuti masku.

unclose (anklō'z), v. otvoriti, otkriti.

unclosed (anklō'zd), a. nezatvoren; nezaključen.

unclothe (anklō'd), v. svući; otkriti.

unclouded (ankla'uded), a. nenaoblačen; vedar.

uncoined (anko'jnd), a. neiskovan; naravan; nekovan.

uncomfortable (ankà'mförtöbl), a. neudoban, neprijatan; nemiran.

uncommercial (a'nkömö'ršöl), a. netrgovački.

uncommon (ankà'mön), a. neobičan; rijedak; čudan.

uncommunicative (a'nkömju'nikötiv), a. mučaljiv; nepovjerljiv.

uncompromising (ankà'mproma'jzing), a. nepopustljiv; strog.

unconcern (a'nkönsö'rn), n. ravnodušnost; nehajstvo.

unconcerned (a'nkönsö'rnd), a. ravnodušan; nehajan.

unconditional (a'nköndi'šönöl), a. bezuvjetan, bezuslovan.

unconditionally (a'nköndi'šönöli), adv. bezuvjetno.

**unconfined** (a̱'nkönfa'jnd), *a.* neograničen; slobodan.

**unconfirmed** (a̱'nkönfö'rmd), *a.* nepotvrđen.

**unconformable** (a̱'nkönfo'rmöbl), *a.* neprilagodiv; neprimjeren.

**unconnected** (a̱'nköne'kted), *a.* nespojen, odijeljen; prost.

**unconquerable** (a̱'nkå'köröbl), *a.* nepobjediv, nesavladiv.

**unconscionable** (a̱'nkå'nšönöbl), *a.* pretjeran; nerazborit; nepravedan; besavjestan.

**unconscious** (a̱'nkå'nša̱s), *a.* nesvijestan.

**unconstitutional** (a̱'nkå'nstitju'šönöl), *a.* neustavan, protuustavan.

**unconstitutionality** (a̱nkå'nstitju'šönǎ'liti), *n.* neustavnost, protuustavnost.

**unconstitutionally** (a̱nkå'nstitju'šönöli), *adv.* neustavno.

**unconsumed** (a̱'nkönsjü'md), *a.* nepotrošen.

**uncontested** (a̱'nkönte'sted), *a.* neprijeporan, neosporan.

**uncontrollable** (a̱'nköntro'löbl), *a.* nenadziriv; neobuzdan.

**uncontroverted** (a̱nkå'ntrovörted), *a.* neprijeporan, neosporan.

**unconventional** (a̱'nkönve'nćönöl), *a.* nepravilan; neobičajan; neusiljen.

**unconverted** (a̱'nkönvö'rted), *a.* neobraćen; nepretvoren.

**unconvinced** (a̱'nkönvi'nst), *a.* neosvjedočen.

**unconvincing** (a̱'nkönvi'nsing), *a.* neosvjedočujući.

**uncooked** (a̱'nku̱'kt), *a.* nekuhan, prijesan.

**uncork** (a̱'nko'rk), *v.* otčepiti.

**uncorrected** (a̱'nköre'kted), *a.* neispravljen, nepopravljen.

**uncorrupt** (a̱'nkörå̱'pt), *a.* nepokvaren.

**uncounted** (a̱'nka̱'ṷnted), *a.* nebrojen, bezbrojan.

**uncouple** (a̱'nka̱'pl), *v.* odriješiti, odvezati; rastaviti.

**uncourteous** (a̱'nkö'rtia̱s), *a.* neuljudan.

**uncouth** (a̱nkū't), *a.* nezgrapan, nespretan; čudnovat; prost.

**uncover** (a̱nkå'vör), *v.* otkriti (se), svući (se); dati na javu.

**uncoveted** (a̱'nkå'veted), *a.* neželjen, nežuđen.

**uncreate** (a̱'nkrie'jt), *v.* lišiti žića.

**uncreated** (a̱'nkrie'jted), *a.* nestvoren.

**uncrippled** (a̱'nkri̱'pld), *a.* neosakaćen.

**uncritical** (a̱'nkri̱'tiköl), *a.* nekritičan.

**uncrown** (a̱'nkra̱'ṷn), *v.* lišiti krune; zbaciti s prijestolja.

**uncrowned** (a̱'nkra̱'ṷnd), *a.* bez krune, neokrunjen.

**unction** (a̱'nkšön), *n.* pomazanje; pomast; melem; pobožnost; — **extreme unction**, posljednja pomast.

**unctuous** (a̱'nkša̱s), *a.* uljan, mastan; pobožan; dostojanstven.

**uncultivated** (a̱'nka̱'ltivejted), *a.* neobdjelan, neobrađen; prost.

**uncultured** (a̱'nka̱'lćörd), *a.* neobrađen; neprosvijetljen.

**uncurbed** (a̱'nkö'rbd), *a.* neobuzdan.

**uncured** (a̱'nkjū'rd), *a.* neizliječen.

**uncurl** (a̱'nkö'rl), *v.* raskovrčati; raširiti, rasprostrijeti.

**uncut** (a̱'nka̱'t), *a.* nerezan; neizbrušen.

**undamaged** (a̱'ndǎ'mеđd), *a.* neoštećen, nepokvaren.

**undated** (a̱'nde'jted), *a.* nedatiran, bez datuma.

**undaunted** (a̱'nda̱'nted), *a.* neustrašiv; odvažan.

**undazzled** (a̱'ndǎ'zld), *a.* nezaslijepljen.

**undeceive** (a̱'ndisī'v), *v.* riješiti obmane; izvući iz zablude; otvoriti kome oči.

**undecided** (a̱'ndisa'jded), *a.* neodlučan.

**undefeated** (a̱'ndifī'ted), *a.* neporažen, nepotučen.

**undefended** (a̱'ndife'nded), *a.* nebranjen.

**undefiled** (a̱'ndifa'eld), *a.* neokaljan; neporočan.

**undefinable** (a̱'ndifa'jnöbl), *a.* što se ne može definirati *ili* ustanoviti.

**undegraded** (a̱'ndigre'jded), *a.* neponižen.

**undelivered** (a̱'ndeli'vörd), *a.* nepredan, neuručen; neotkupljen.

**undemonstrative** (a̱'ndimå'nstretiv), *a.* nepokazan; sustežljiv.

**undeniable** (a̱'ndina'ebl), *a.* što se ne može nijekati, neosporni.

**undeplored** (a̱'ndiplō'rd), *a.* neplakan, nežaljen.

**undepraved** (a̱'ndipre'jvd), *a.* nepokvaren.

**undepressed** (a̱'ndipre'st), *a.* neuleknut; nepritisnut; neklonuo.

**undeprived** (a̱'ndipra'jvd), *a.* nelišen.

**under** (a̱'ndör), *prep.* pod, ispod; niže; u; na; — *a.* doljni; podređen; — *adv.* dolje, ispod; manje.

**under-arm** ᷈(a̱'ndörā'rm), *a.* ispod ruke.

**underbid** (a̱'ndörbi̱'d), *v.* davati *ili* nuđati manje.

**underbind** (a̱'ndörba'jnd), *v.* podvezati.

**underbred** (a̱'ndörbre'd), *a.* nečiste pasmine; zlo odgojen.

**underbrush** (a̱'ndörbra̱'š), *n.* šiblje.

**underbuy** (a̱'ndörba'j), *v.* kupiti ispod cijene.

**undercharge** (a̱'ndörčā'rđ), *v.* premalo računati, podcjenjivati.

**underclothes** (a̱'ndörklō'dz), *n.* doljne haljine, rublje.

**undercoat** (a̱'ndörkō't), *n.* suknja, brnjica.

**undercurrent** (a̱'ndörkö'rent), *n.* doljna struja.

**undercut** (a̱'ndörka̱'t), *v.* podrezati; udariti prama gore; — *a.* podrezan; — *n.* podrezanje; pečenica (*meso*); udarac prama gore.

**underdo** (a̱'ndördū'), *v.* premalo učiniti; preslabo ispeći *ili* iskuhati.

**underdone** (a̱'ndörda̱'n), *a.* premalo učinjen; preslabo ispečen *ili* kuhan.

**underdrain** (a̱'ndördre'jn), *v.* isušiti podzemnim otokama; — *n.* podzemna otoka.

**underestimate** (a̱'ndöre'stimejt), *v.* potcjenjivati, omalovažavati; premalo cijeniti.

**underfeed** (a̱'ndörfī'd), *v.* preslabo hraniti.

**underfoot** (a̱'ndörfu̱'t), *adv.* ispod nogu, pod noge.

**undergarment** (a̱'ndörgà'rment), *n.* nutarnje haljine.

**undergird** (a̱'ndörgö'rd), *v.* potpasati; podvezati.

**undergo** (a̱'ndörgō'), *v.* podnašati; iskusiti; podvrgnuti se; pretrpjeti.

**undergraduate** (a̱'ndörgră'đu̱et), *n.* sveučilištarac (*bez akademičkog stepena*).

**underground** (a̱'ndörgra̱'u̱nd), *a.* podzemni; potajni; — *adv.* pod zemljom; potajno; — *n.* temelj, podzida.

**undergrown** (a̱'ndörgrō'n), *a.* neizrastao; premalen.

**undergrowth** (a̱'ndörgrō't), *n.* šiblje; premalen rast.

**underhand** (a̱'ndörhă'nd), *a.* potajni; prijevaran; lukav; — *adv.* ispod ruke; potajno; varavo.

**underlay** (a̱'ndörle'j), *v.* podložiti; poduprijeti.

**underlease** (a̱'ndörlī's), *n.* podzakup.

**underlie** (a̱'ndörla'j), *v.* ležati ispod, biti pod čim.

**underline** (a̱'ndörla'jn), *v.* podcrtati, podvući.

**underling** (a̱'ndörling), *n.* podređenik; slabić.

**undermentioned** (a̱'ndörme'nćönd), *a.* niže imenovani.

**undermine** (a̱'ndörma'jn), *v.* potkopati; oslabiti.

**underminer** (a̱'ndörma'jnör), *n.* potkapatelj.

**undermost** (a̱'ndörmōst), *a.* najniži, najdolnji.

**underneath** (a̱'ndörnī't), *adv.* ozdo, dolje; — *prep.* ispod, pod.

**underpay** (a̱'ndörpe'j), *v.* premalo plaćati.

**underpin** (a̱'ndörpi̱'n), *v.* podzidati; potprijeti.

**underplot** (a̱'ndörplà't), *n.* sporedna osnova; potajni plan.

**underrate** (a̱'ndöre'jt), *v.* cijeni̱ti prenisko.

**underscore** (a̱'ndörskō'r), *v.* podcrtati, podvući.

**undersecretary** (a̱'ndörse̱'kriteri), *n.* podtajnik.

**undersell** (a̱'ndörse̱'l), *v.* prodati uz nižu cijenu.

**underset** (a̱'ndörse̱'t), *v.* poduprijeti; — *n.* doljna struja.

**undershirt** (a̱'ndöršö'rt), *n.* doljna košulja.

**undershot** (a̱'ndöršá't), *a.* podljevaći (*mlinsko kolo*); izbočena (*doljna čeljust*).

**undershrub** (a̱'ndöršra̱'b), *n.* grmić.

**undersign** (a̱'ndörsa'jn), *v.* potpisati.

**undersized** (a̱'ndörsa'jzd), *a.* premalen.

**underskirt** (a̱'ndörskö'rt), *n.* doljna suknja, doljna ženska haljina.

**undersoil** (a̱'ndörso'el), *n.* zemlja zdravica.

**understand** (a̱'ndörstắnd), *v.* razumjeti, shvatiti, uviđati; razabirati; zaključivati; doznati; čuti.

**understanding** (a̱'ndörstắ'nding), *a.* shvatljiv; pametan; — *n.* razumijevanje, shvaćanje; razum, svijest; znanje; sporazum; pogodba.

**understate** (a̱'ndörste'jt), *v.* premalo kazati, neizjaviti istinu.

**understood** (a̱'ndörstu̱'d), *imp. i pp. od*: **understand.**

**understrapper** (a̱'ndörstrắ'pör), *n.* malen čovjek; oruđe (*čovjek*) u tuđim rukama.

**understudy** (a̱'ndörsta̱'di), *v.* učiti se (*ulogu*), da u slučaju potrebe može drugog zamijeniti; — *n.* zamjenik glumca; učenik.

**undertake** (a̱'ndörte'jk), *v.* poduzeti, prihvatiti se; pokušati; uzeti na sebe; jamčiti.

**undertaker** (a̱'ndörte'jkör), *n.* pogrebnik; poduzetnik.

**undertaking** (a̱'ndörte'jking), *n.* poduzimanje; poduzeće; jamstvo.

**undertenant** (a̱'ndörte'nönt), *n.* podstanar; podzakupnik.

**undertone** (a̱'ndörtō'n), *n.* pridušeni glas.

**undertook** (a̱'ndörtu̱'k), *imp. od*: **undertake.**

**undertow** (a̱'ndörtō'), *n.* doljna (*morska*) struja.

**undervaluation** (a̱'ndörvắ'ljue'jšön), *n.* slaba cjena; premalena procjenba, omalovažavanje.

**undervalue** (a̱'ndörvắ'lju), *v.* slabo cijeniti; omalovažavati.

**underwater** (a̱'ndöru̱a'tör), *a.* što je ispod vodene razine.

**underwear** (a̱'ndöru̱ē'r), *n.* rubenina, rublje; doljne haljine.

**underwent** (a̱'ndöru̱e'nt), *imp. od*: **undergo.**

**underwood** (a̱'ndöru̱u̱'d), *n.* šikara, šiblje.

**underwork** (a̱'ndöru̱ö'rk), *v.* raditi uz manju plaću; činiti manje, nego je potrebno.

**underworld** (a̱'ndöru̱ö'rld), *n.* podzemni svijet; svijet; zemlja; niski i zločinački dio ljudstva.

**underwrite** (a̱'ndöra'jt), *v.* potpisati; osigurati.

**underwriter** (a̱'ndöra'jtör), *n.* osiguratelj.

**undescribable** (a̱'ndiskra'jböbl), *a.* neopisiv.

**undeserved** (a̱'ndizö'rvd), *a.* nezaslužen.

**undeserving** (a̱'ndizö'rving), *a.* nedostojan, nevrijedan.

**undesigned** (a̱'ndiza'jnd), *a.* nenamjeran; nehotičan.

**undesirable** (a̱'ndiza'eröbl), *a.* nepoželjan.

**undetected** (a̱'ndite'kted), *a.* neotkriven; nepronađen.

**undetermined** (a̱'nditö'rmind), *a.* neodlučan; neodlučen, neodređen.

**undeterred** (a̱'nditö'rd), *a.* neustrašen.

**undeveloped** (a̱'ndive'lopt), *a.* nerazvit.

**undeviating** (a̱'ndi'viejting), *a.* nezastranjiv; nepromjenjiv.

**undevoted** (a̱'ndivō'ted), *a.* neodan.

**undigested** (a̱'ndiđe'sted), *a.* neprobavljen.

**undignified** (a̱'ndi'gnifajd), *a.* nedostojanstven.

**undiluted** (a̱'ndilju'ted), *a.* nepomješan (*vodom*); nerazblažen.

**undiminished** (a̱'ndimi'ništ), *a.* nesmanjen.

**undimmed** (a̱'ndi'md), *a.* nepotamnjen; nepomućen.

**undine** (a̱'ndi'n *ili* a̱'ndin), *n.* staklena posuda, koju liječnici rabe kod uštrcavanja nosa; undina, vodena vila.

**undipped** (a̱'ndi'pt), *a.* neumočen.

**undiscerned** (a̱'ndizö'rnd), *a.* neopažen; nerazlučen.

**undisciplined** (a̱'ndi'siplind), *a.* surov; raspušten; neuvježban.

**undisclosed** (a̱'ndisklō'zd), *a.* neotkriven.

**undiscovered** (a̱'ndiskắ'vörd), *a.* neotkriven; nepronađen.

**undisguised** (a̱'ndisga'jzd), *a.* nezakrabuljen; nepreodjeven.

**undismayed** (a̱'ndisme'jd), *a.* neustrašiv.

**undismissed** (a̱'ndismi'st), a. neotpušten.

**undisposed** (a̱'ndispō'zd), a. neprodan; nerazdan.

**undisproved** (a̱'ndisprū'vd), a. nepobit; neoprovržen.

**undisputed** (a̱'ndispjū'ted), a. neosporan.

**undissipated** (a̱'ndi'sipejted), a. nerastresen; neraskalašen.

**undistinguished** (a̱'ndisti'ngui̱št), a. nerazlikovan; neodlikovan.

**undistorted** (a̱'ndisto'rted), a. neiskrivljen.

**undistracted** (a̱'ndistră'kted), a. nerastrešen.

**undisturbed** (a̱'ndistö'rbd), a. neuznemiren; neuzbunjen.

**undiverted** (a̱'ndivö'rted), a. nezastranjen; neodvraćen.

**undivided** (a̱'ndiva'jded), a. nerazdijeljen; nerastavljen.

**undivorced** (a̱'ndivo'rst), a. nerastavljen.

**undivulged** (a̱'ndiva̱'ldd), a. nerazglašen.

**undo** (a̱'ndu'), v. uništiti; razvrći; razriješiti; odvezati; rastaviti.

**undoer** (a̱'ndu̱'ör), n. uništavatelj; razriješitelj; rastavljač.

**undoing** (a̱ndu̱'ing), n. propast; uništenje.

**undone** (a̱'nda̱'n), a. neučinjen; nesvršen; uništen; razvezan.

**undoubted** (a̱'nda̱'uted), a. nedvojben; nesumnjiv.

**undoubtedly** (a̱'nda̱'utedli), adv. nedvojbeno, nesumnjivo.

**undreamed** (a̱'ndrī'md), a. nesnivan; neočekivan.

**undress** (a̱'ndre's), v. svući (se), skinuti; — (a̱'ndres), a. svagdašnji; — n. svagdašnje odijelo.

**undressed** (a̱'ndre'st), a. neodjeven, neobućen; nepripravljen; sirov.

**undried** (a̱'ndra'jd), a. neosušen.

**undrinkable** (a̱'ndri'nköbl), a. što se ne može piti, nepitak.

**undue** (a̱'ndjū'), a. prekomjeran, pretjeran; protuzakonit; nedospio.

**undulate** (a̱'ndjulejt), v. talasati se, bibati se; — a. talasast, valovit.

**undulation** (a̱'ndjule'jšön), n. talasanje, bibanje.

**undulatory** (a̱'ndjuletori), a. talasast, valovit.

**unduly** (a̱'ndju'li), adv. pretjerano; nedolično.

**undutiful** (a̱ndju'tiful), a. nepokoran, neposlušan; uporan.

**undying** (a̱'nda'ing), a. neumrli, besmrtan.

**unearned** (a̱'nö'rnd), a. nezaslužen.

**unearth** (a̱'nö'rt), v. iskopati (iz zemlje); iskorijeniti; otkriti, pronaći.

**unearthly** (a̱'nö'rtli), a. nezemaljski; vrhunaravan.

**uneasily** (a̱nī'zili), adv. nemirno, uzrujano; teško.

**uneasiness** (a̱nī'zines), n. nemir, nemirnost, uzrujanost; neugodnost.

**uneatable** (a̱nī'töbl), a. što se ne može jesti, bljutav.

**uneducated** (a̱ne'ďukejted), a. nenaobražen; nepismen; neuk.

**unelected** (a̱'nele'kted), a. neizabran.

**unembodied** (a̱'nembă'did), a. neutjelovljen.

**unemotional** (a̱'nimō'šönöl), a. neuzbuđen, bez strasti.

**unemployed** (a̱'nimplo'jd), a. neuposlen; neupotrebljavan.

**unencumbered** (a̱'nenka̱'mbörd) a. neopterećen.

**unending** (a̱ne'nding), a. beskonačan, beskrajan; vječan.

**unendorsed** (a̱'nendō'rst), a. nepotpisan (na zaleđu), nenaleđen, nežiriran.

**unendurable** (a̱'nendju'röbl), a. nesnosan, nepodnosljiv.

**unengaged** (a̱'nenge'jdd), a. nezaposlen; nenajmljen; nezaručen; neobvezan.

**unenlightened** (a̱'nenla'jtnd), a. neprosvijetljen.

**unenslaved** (a̱'nensle'jvd), a. nepodjarmljen.

**unentered** (a̱'ne'ntörd), a. neunešen.

**unenterprising** (a̱ne'ntörprajzing), a. nepoduzetan.

**unenviable** (a̱ne'nviöbl), a. nezavidan.

**unenvious** (a̱ne'nvi̱as), a. nezavidan.

**unequal** (a̱nī'kua̱l), a. nejednak; nerazmjeran; nedorasao.

**unequaled** (a̱nī'kua̱ld), a. nedostiživ; nesravnjiv.

**unequivocal** (a̱'niku̱i'voköl), a. nedvojben; jasan, očit.

**unerring** (ane'ring), *a.* nepogrješiv; siguran.

**unessential** (a̲'nese'nćöl), *a.* nebitan; nuzgredan.

**uneven** (a̲nī'vn), *a.* neravan; nejednak; neparan, lihi; nejednolik.

**unevenly** (a̲nī'vnli), *adv.* neravno; nejednako; nepravedno.

**unevenness** (a̲nī'vnnes), *n.* neravnost; nejednakost; hrapavost.

**uneventful** (a̲'nive'ntful), *a.* bez važnijih događaja; miran.

**unexaggerated** (a̲'negză'đorejted), *a.* nepretjeran.

**unexampled** (a̲'negză'mpld), *a.* besprimjeran, nečuven.

**unexcelled** (a̲'nekse'ld), *a.* nenatkriljen, nenadmašen.

**unexceptionable** (a̲'nekse'pšönöbl), *a.* neprigovorljiv, besprijekoran.

**unexceptional** (a̲'nekse'pšönöl), *a.* neizuzetan.

**unexchanged** (a̲'neksče'jnđd), *a.* neizmijenjen.

**unexecuted** (ane'ksekjuted), *a.* neobavljen, nedovršen; nepotpisan.

**unexempt** (a̲'negze'mpt), *a.* neizuzet; neoprošten.

**unexhausted** (a̲'negză'sted), *a.* neiscrpljen.

**unexpected** (a̲'nekspe'kted), *a.* neočekivan, nenadan.

**unexperienced** (a̲'nekspi'rienst), *a.* neiskusan, nevješt.

**unexpired** (a̲'neksp̲a̲'erd), *a.* što nije prošlo, nedospio.

**unexplained** (a̲'neksple'jnd), *a.* neprotumačen, nerazjašnjen.

**unexplored** (a̲'neksplō'rd), *a.* neistražen; neposjećen.

**unexposed** (a̲'nekspō'zd), *a.* neizložen.

**unexpressed** (a̲'nekspre'st), *a.* neizražen.

**unfaded** (a̲'nfe'jded), *a.* neuvenut.

**unfading** (a̲'nfe'jding), *a.* neuveo.

**unfailing** (a̲'nfe'jling), *a.* nepogrješiv; nepropustiv; siguran.

**unfair** (a̲'nfē'r), *a.* nepošten; pristran; nepravedan; nelijep.

**unfaithful** (a̲'nfe'jtful), *a.* nevjeran.

**unfaithfully** (a̲'nfe'jtfuli), *adv.* nevjerno.

**unfaithfulness** (a̲'nfe'jtfulnes), *n.* nevjernost.

**unfaltering** (a̲'nfá'ltöring), *a.* nepokolebiv; postojan.

**unfamiliar** (a̲'nfömi'liör), *a.* neuғućen; nevješt; tuđ.

**unfashionable** (a̲nfă'šönöbl), *a.* nemoderan.

**unfasten** (a̲nfă'sn), *v.* odriješiti; razvezati.

**unfatherly** (a̲nfá'dörli), *a.* neočinski.

**unfathomable** (a̲nfă'dömöbl), *a.* nedokučiv, nedostižan.

**unfathomed** (a̲nfă'dömd), *a.* bezdan; neizmjeran.

**unfavorable** (a̲nfe'jvöröbl), *a.* nepovoljan.

**unfavorableness** (a̲nfe'jvöröblnes), *n.* nepovoljnost.

**unfavorably** (a̲nfe'jvöröbli), *adv.* nepovoljno.

**unfeathered** (a̲'nfe'dört), *a.* bez perja; golišav.

**unfed** (a̲nfe̲'d), *a.* nehranjen; mršav.

**unfeeling** (a̲nfī'ling), *a.* bešćutan; tvrd; okrutan.

**unfeigned** (a̲nfe'jnd), *a.* nehinjen; iskren.

**unfenced** (a̲nfe'nst), *a.* neograđen.

**unfermented** (a̲'nförme'nted), *a.* neprekipljen, neizvreo.

**unfetter** (a̲nfe'tör), *v.* skinuti okove, osloboditi.

**unfilial** (a̲nfi'liöl), *a.* nesinovski, nedjetinji; nepokoran.

**unfilled** (a̲nfi'ld), *a.* neispunjen; nezasićen.

**unfinished** (a̲nfi'ništ), *a.* nedovršen.

**unfit** (a̲nfi't), *v.* onesposobiti; — *a.* nesposoban; nepriličan.

**unfix** (a̲nfi'ks), *v.* poremetiti, pobrkati; oboriti.

**unfixed** (a̲'nfi'kst), *a.* neuređen; poremećen, pobrkan; odriješen.

**unflattering** (a̲'nflă'töring), *a.* nelaskav; nelijep.

**unflinching** (a̲nfli'nčing), *a.* neustrašiv; odlučan.

**unfoiled** (a̲nfo'eld), *a.* neosujećen; nepotućen.

**unfold** (a̲nfō'ld), *v.* razviti (se), rasprostrijeti; otkriti; pustiti iz tora.

**unfollowed** (a̲nfă'lōd), *a.* neslijeđen.

**unforced** (a̲nfo'rst), *a.* neprisiljen.

**unforeseen** (a̲'nforsī'n), *a.* nepredviđen.

**unforetold** (a'nfortō'ld), *a.* neprorečen.

**unforfeited** (a'nfo'rfited), *a.* nepropao, neizgubljen.

**unforgetful** (a'nforge'tful), *a.* nezaboravan.

**unforgiving** (a'nforgi'ving), *a.* nepomirljiv.

**unformed** (anfo'rmd), *a.* bez lika; neizrađen.

**unfortified** (anfo'rtifajd), *a.* neutvrđen.

**unfortunate** (anfo'rčunet), *a.* nesretan, neveseo; — *n.* nesretnik, nesretnica.

**unfortunately** (a'nfo'rčunetli), *adv.* nesrećom.

**unfostered** (a'nfå'störd), *a.* negajen; nehranjen.

**unfounded** (a'nfa'unded), *a.* bestemeljan, neosnovan.

**unframed** (anfre'jmd), *a.* neuokviren.

**unfree** (anfrī'), *a.* neslobodan.

**unfreed** (anfrī'd), *a.* neoslobođen.

**unfrequent** (anfrī'kuent), *a.* nečest, rijedak.

**unfrequented** (a'nfrikue'nted), *a.* neposjećivan; samotan.

**unfriend** (anfre'nd), *n.* neprijatelj.

**unfriended** (anfre'nded), *a.* bez prijatelja.

**unfriendliness** (anfre'ndlines), *n.* neprijateljstvo.

**unfriendly** (anfre'ndli), *a. i adv.* neprijateljski.

**unfrock** (anfra'k), *v.* svući halju, svrgnuti sa svečeničke časti.

**unfrozen** (anfrō'zn), *a.* nesmrznut.

**unfruitful** (anfrū'tful), *a.* neplodan, jalov.

**unfulfilled** (a'nfulfi'ld), *a.* neispunjen.

**unfunded** (anfa'nded), *a.* privremen (*dug*); neuređen, nefundiran.

**unfurl** (anfö'rl), *v.* odmotati, razviti, razastrijeti, raširiti, otkriti.

**unfurnished** (a'nfö'rništ), *a.* bez pokućstva; neopremljen; neoskrbljen.

**ungained** (ange'jnd), *a.* nestečen.

**ungainliness** (ange'jnlines), *n.* nezgrapnost, nespretnost.

**ungainly** (ange'jnli), *a.* nezgrapan, nespretan.

**ungallant** (angă'lönt), *a.* neviteški; neuljudan, neučtiv.

**ungarnished** (anga'rništ), *a.* neurešen, neiskićen.

**ungarrisoned** (a'ngă'risönd), *a.* bez posade.

**ungathered** (angă'dörd), *a.* nesakupljen; nebran.

**ungear** (angī'r), *v.* raspreći.

**ungenerous** (anđe'nöras), *a.* neplemenit; nedarežljiv; nečastan.

**ungentle** (anđe'ntl), *a.* neblag, grub.

**ungentlemanly** (a'nđe'ntlmönli), *a.* nekavalirski, neučtiv.

**ungifted** (angi'fted), *a.* nenadaren.

**ungilded** (angi'lded), *a.* nepozlaćen.

**ungird** (angö'rd), *v.* otpasati, raskopčati.

**unglazed** (angle'jzd), *a.* bez glazure; bez stakala u oknima.

**ungloved** (anglå'vd), *a.* bez rukavica.

**ungodlily** (angå'dlili), *adv.* bezbožno; ružno.

**ungodliness** (angå'dlines), *n.* bezbožnost; nesvetost.

**ungodly** (angå'dli), *a.* bezbožan; ružan.

**ungovernable** (a'ngå'vörnöbl), *a.* neupravljiv; nepovodljiv; neobuzdan.

**ungovernableness** (a'ngå'vörnöblnes), *n.* neobuzdanost; nepovodljivost.

**ungraceful** (a'ngre'jsful), *a.* nedražestan, nelijep; nespretan.

**ungracefully** (a'ngre'jsfuli), *adv.* nelijepo; nespretno.

**ungracefulness** (a'ngre'jsfulnes), *n.* neljepota; nespretnost.

**ungracious** (a'ngre'jšas), *a.* nemilostiv; neprijatan; neuljudan.

**ungraciously** (a'ngre'jšasli), *adv.* nemilostivo; mrsko, ružno.

**ungraciousness** (a'ngre'jšasnes), *n.* neprijatnost; neučtivost; ružnost.

**ungrammatical** (a'ngrömă'tiköl), *a.* negramatičan, neslovnički.

**ungrateful** (a'ngre'jtful), *a.* nezahvalan, neharan.

**ungratefully** (a'ngre'jtfuli), *adv.* nezahvalno, neharno.

**ungratefulness** (a'ngre'jtfulnes), *n.* nezahvalnost, neharnost.

**ungratified** (a'ngră'tifajd), *a.* neudovoljen.

**ungrounded** (a'ngra'unded), *a.* netemeljit, neosnovan.

**ungrudging** (a'ngra'ding), *a.* dragovoljan, voljan; srdačan.

**ungrudgingly** (a̱'ngra̱'đingli), adv. s veseljem, rado, od srca.
**ungual** (a̱'ngual), a. noktav, čaporast.
**unguarded** (a̱nga'rded), a. nečuvan; neoprezan; nemaran.
**unguent** (a̱'nguent), n. mast, pomast.
**unguis** (a̱'nguis), n. nogat, čaporak; kopito.
**ungula** (a̱'ngjulö), n. kopito; pandža, čaporak.
**ungulate** (a̱'ngjulet), a. kopitast; — n. kopitar.
**unhacked** (a̱nhǎ'kt), a. nerasjeckan.
**unhackneyed** (a̱nhǎ'knid), a. neotrcan.
**unhair** (a̱nhe'r), v. skupsti dlaku.
**unhallowed** (a̱nhǎ'lōd), a. obeščašćen, oskvrnjen.
**unhampered** (a̱nhǎ'mpörd), a. nesmetan.
**unhand** (a̱nhǎ'nd), v. ispustiti, pustiti iz ruke.
**unhandsome** (a̱nhǎ'ncöm), a. nelijep; nedoličan.
**unhandy** (a̱nhǎ'ndi), a. nepriručan, nespretan.
**unhanged** (a̱nhǎ'ngd), a. neobješen.
**unhappily** (a̱nhǎ'pili), adv. nesrećom, nesretno, žalibože.
**unhappiness** (a̱nhǎ'pines), n. neveselost; nesreća.
**unhappy** (a̱nhǎ'pi), a. neveseo; nesrećan.
**unharbored** (a̱nha'rbörd), a. bez utoćišta; beskućan.
**unharmed** (a̱nhā'rmd), a. neozlijeđen, neoštećen.
**unharmful** (a̱nhā'rmful), a. neškodljiv.
**unharness** (a̱nhā'rnes), v. otpreći, raspreći; razoružati.
**unhat** (a̱nhǎ't), v. skinuti šešir, otkriti se.
**unhatched** (a̱nhǎ'čt), a. neizvaljen, neizležen.
**unhealed** (a̱nhī'ld), a. neizliječen.
**unhealthiness** (a̱nhe'ltines), n. nezdravlje.
**unhealthy** (a̱nhe'lti), a. nezdrav; boležljiv.
**unheard** (a̱nhö'rd), a. nečujni; nepreslušan; nečuven; nepoznat.
**unheated** (a̱nhī'ted), a. neugrijan.
**unhedged** (a̱nhe'dd), a. neograđen.
**unheeded** (a̱nhī'ded), a. nepažen; napušten; zanemaren.

**unheeding** (a̱nhī'ding), a. nepažljiv; nemaran.
**unhelm** (a̱nhe'lm), v. odstraniti krmilo.
**unhesitating** (a̱nhe'zite'jting), a. ne oklijevajući; pripravan.
**unhesitatingly** (a̱nhe'zite'jtingli), adv. bez oklijevanja, bez okolišanja.
**unhewn** (a̱nhjū'n), a. neoptesan.
**unhindered** (a̱nhi'ndörd), a. nesmetan.
**unhinge** (a̱nhi'nđ), v. izvaditi šarke (sa vratiju); lišiti potpore; poremetiti.
**unhistorical** (a̱'nhistā'rïköl), a. nepovijesni, nehistorički.
**unholily** (a̱nhō'lili), adv. bezbožno, nesveto.
**unholiness** (a̱nhō'lines), n. nesvetost, bezbožnost.
**unholy** (a̱nhō'li), a. nesvet, bezbožan.
**unhonored** (a̱nā'nörd), a. nečašćen, necijenjen.
**unhook** (a̱nhu̱'k), v. otkučiti.
**unhoped** (a̱nhō'pt), a. nenadan.
**unhopeful** (a̱nhō'pful), a. bez nade.
**unhorned** (a̱nhō'rnd), a. bez rogova, nerogat.
**unhorse** (a̱nhō'rs), v. zbaciti s konja; sjašiti.
**unhouse** (a̱nha̱'us), v. lišiti kuće; istisnuti; potjerati izvan krova.
**unhumbled** (a̱nha̱'mbld), a. neponižen.
**unhurt** (a̱nhö'rt), a. neozlijeđen, neoštećen.
**unhushed** (a̱nha̱'št), a. neušutkan, neutišan.
**uniaxal** (junǐǎ'ksöl), a. jednoosni.
**unicellular** (ju'nise'ljulör), a. jednostaničan.
**unicorn** (ju'nikorn), n. jednorog, inorog; kljovan.
**unicostate** (ju'nikā'stet), a. jednorebrast; jednožilni.
**unification** (ju'nifike'jšön), n. ujedinjenje, spajanje.
**uniflorous** (ju'niflō'ra̱s), a. jednocvjetni.
**unifoliar** (ju'nifō'liör), a. jednolistan.
**unifoliolate** (ju'nifō'liolet), a. jednolističan.
**uniform** (ju'nifōrm), v. staviti u jednakost; obući u uniformu; složiti; — a. jednolik; jednak; skladan; — n. službena odora, unifoma.

**uniformity** (ju'nifō'rmiti), *n.* jednolikost; sklad; dosljednost.

**uniformly** (ju'nifōrmli), *adv.* jednolično; skladno; stalno.

**unify** (ju'nifaj), *v.* sjediniti; spojiti; složiti.

**unigenous** (juni'đenas), *a.* jednovrstan; od istog roda.

**unilateral** (ju'nilă'töröl), *a.* jednostran.

**uniliteral** (ju'nili'töröl), *a.* jednoslovčan.

**unilluminated** (a'nilju'minejted), *a.* nerasvijetljen; taman.

**unimaginable** (a'nimă'đinöbl), *a.* nepojmljiv, neshvatljiv.

**unimpaired** (a'nimpē'rd), *a.* nenarušen; nesmanjen; neoštećen.

**unimpassioned** (a'nimpă'šönd), *a.* nestravstven; miran.

**unimpeachable** (a'nimpi'čöbl), *a.* neporočan, besprijekoran.

**unimpeded** (a'nimpī'ded), *a.* nesmetan, nezaprječen.

**unimplicated** (ani'mplike'jted), *a.* neupleten.

**unimportance** (a'nimpo'rtöns), *n.* nevažnost.

**unimportant** (a nimpo'rtönt), *a.* nevažan.

**unimposing** (a'nimpō'zing), *a.* neimpozantan.

**unimpregnable** (a'nimpre'gnöbl), *a.* nepredobiv, neosvojiv.

**unimpressed** (a'nimpre'st), *a.* neutisnut; nedirljiv.

**unimproved** (a'nimprū'vd), *a.* neobrađen; neuređen; nepoboljšan.

**unimpugnable** (a'nimpjū'nöbl), *a.* neosporiv, nepobitan.

**unimputable** (a'nimpjū'töbl), *a.* nepripisiv.

**uninclined** (a'ninkla'jnd), *a.* nenaklon, nesklon.

**unincreased** (a'ninkrī'st), *a.* nepovećan; neumnožen.

**uninclosed** (a'ninklō'zd), *a.* nepriklopljen, nepriložen; neograđen.

**uninfected** (a'ninfe'kted), *a.* nezaražen, neokužen; nepokvaren.

**uninflamed** (a'ninfle'jmd), *a.* neupaljen.

**uninflammable** (a'ninfle'jmöbl), *a.* neupaljiv.

**uninfluenced** (a'ni'nfluenst), *a.* neuplivisan, neutjecajan.

**uninfluential** (a'ninflue'nćöl), *a.* neuplivan.

**uninformed** (a'ninfō'rmd), *a.* neupućen, neobaviješten.

**uningenious** (a'ninđi'njas), *a.* neduhovit, nedosjetljiv.

**uninhabitable** (a'ninhă'bitöbl), *a.* gdje se ne može stanovati.

**uninhabited** (a'ninhă'bited), *a.* nenastanjen; bez stanovnika.

**uninitiated** (a'nini'šiejted), *a.* neuveden, nepristupljen.

**uninjured** (a'ni'nđurd), *a.* neozlijeđen, neoštećen.

**uninstructed** (a'ninstra'kted), *a.* nepodućen, neupućen.

**uninstructive** (a'ninstra'ktiv), *a.* nepoučan.

**uninsured** (a'ninšū'rd), *a.* neosiguran.

**unintelligent** (a'ninte'liđent), *a.* neuk; neizobražen; tup.

**unintelligibility** (a'ninte'liđibi'liti), *n.* nerazumljivost, neshvatljivost.

**unintelligible** (a'ninte'liđibl), *a.* nerazumljiv; besmislen.

**unintended** (a'ninte'nded), *a.* nenakanjen, nenamjeravan.

**unintentional** (a'ninte'nćönöl), *a.* nehotičan; nenamjeravan.

**uninterested** (a'ni'ntörested), *a.* što ne zanima; ravnodušan; u čem nema koristi.

**uninteresting** (ani'ntöresting), *a.* nezanimljiv, neprivlačiv.

**unintermitted** (a'nintörmi'ted), *a.* neprekidan, neprestan.

**uninterred** (a'nintö'rd), *a.* nepokopan.

**uninterrupted** (ani'ntöra'pted), *a.* nesmetan; neprekidan.

**uninthralled** (a'nintră'ld), *a.* nepodjarmljen; slobodan.

**unintrenched** (a'nintre'nčt), *a.* neopšančen, neopkopan.

**unintroduced** (a'nintrodjū'st), *a.* neprestavljen; neuveden.

**uninvented** (a'ninve'nted), *a.* neizumljen, nepronađen.

**uninvited** (a'ninva'jted), *a.* nepozvan.

**uninviting** (a'ninva'jting), *a.* neprivlačiv; odbojan.

**union** (ju'njön), *a.* unijski; — *n.* unija, radničko društvo; savez, sveza; jedinstvo; ujedinjenje, sjedinjenje; sloga; brak; — **The Union,** Sjedinjene Države.

**unionism** (ju'njönizm), *n.* radničko udrugarstvo, unije.

**unionist** (ju'njönist), *n.* unijaš, član radničkog udruženja; pristaša jedinstva Engleske i Irske.

**unionize** (ju'njönajz), *v.* prikupljati u uniju.

**union-jack** (ju'njöndžȁ'k), *n.* narodna zastava Engleske i Irske.

**uniparous** (juni'pörạs), *a.* jednostabljikav; što rađa samo jedno u stanovito vrijeme.

**uniped** (ju'niped), *a.* jednonog.

**unique** (juni'k), *a.* jedinstven; neobičan; rijedak; nesravnjiv.

**unisexual** (ju'nise'kšuöl), *a.* jednospolan.

**unison** (ju'nisön), *n.* sklad; sloga.

**unisonal** (juni'sönöl), *a.* skladan.

**unisonally** (juni'sönöli), *adv.* skladno.

**unit** (ju'nit), *n.* jedinica.

**Unitarian** (ju'nite'riön), *n.* unitarijanac, jednobožac *(koji zabacuje nauku o sv. Trojstvu).*

**Unitarianism** (ju'nite'riönizm), *n.* unitarijanizam.

**unitary** (ju'niteri), *a.* jedinstven.

**unite** (juna'jt), *v.* ujediniti (se), sjediniti (se); spojiti (se); srasti se.

**united** (juna'jted), *a.* ujedinjen; udružen; složan.

**unitedly** (juna'jtedli), *adv.* jedinstveno; zajedno; udruženo.

**United Kingdom** (juna'jted ki'ngdöm), Velika Britanija i Irska *(kako je uređena po zakonu od 1. siječnja* 1801).

**United States of America** (juna'jted ste'jc ạv Ame'rikö), Sjedinjene Države Amerike.

**unity** (ju'niti), *n.* jedinstvo; sklad; sloga; jedinica.

**univalve** (ju'nivȁlv), *a.* s jednom ljušturom.

**universal** (ju'nivö'rsöl), *a.* sveopći; općenit; cjelokupan.

**Universalism** (ju'nivö'rsölizm), *n.* univerzalizam, nauka, da će sve duše biti jednoč spašene, i da će dobro konačno posvuda prevladati.

**Universalist** (ju'nivö'rsölist), *n.* univerzalist, pristaša univerzalizma.

**universality** (ju'nivörsȁ'liti), *n.* općenitost, univerzalnost.

**universally** (ju'nivö'rsöli), *adv.* općenito; beziznimno.

**universe** (ju'nivörs), *n.* svemir; svijet.

**university** (ju'nivö'rsiti), *n.* sveučilište.

**univocal** (juni'voköl), *a.* istoimen, jednozvučan; — *n.* riječ, koja ima samo jedno značenje.

**unjust** (anđa'st), *a.* nepravedan, nepravičan.

**unjustifiable** (anđa'stifa'ebl), *a.* neopravdan.

**unjustified** (anđa'stifajd), *a.* neopravdan.

**unjustly** (anđạ'stli), *adv.* nepravedno; krivo.

**unkempt** (anke'mpt), *a.* nepočešljan; kuštrav; grub.

**unkennel** (anke'nöl), *v.* istjerati iz jame; otkriti.

**unkind** (anka'jnd), *a.* nedobar; neprijazan; okrutan.

**unkindly** (anka'jndli), *a.* zao, okrutan; nemilostiv; — *adv.* okrutno; neprijazno.

**unknowingly** (ạ'nnō'ingli), *adv.* neznalice; nehotice.

**unknown** (annō'n), *a.* neznan; nepoznat.

**unlace** (ạnle'js), *v.* razvezati, odriješiti.

**unlade** (ạnle'jd), *v.* istovariti.

**unladylike** (ạnle'jdilajk), *a.* što ne dolikuje gospođi.

**unlamented** (ạ'nlöme'nted), *a.* neoplakivan, nežaljen.

**unlarded** (ạ'nlȁ'rded), *a.* neumetan; nenašpikan.

**unlash** (ạnlȁ'š), *v.* razvezati, odriješiti.

**unlatch** (ạnlȁ'č), *v.* otkvačiti, otvoriti.

**unlawful** (ạ'nlȁ'ful), *a.* nezakonit, protuzakonit; nedopušten.

**unlawfully** (ạ'nlȁ'fuli), *adv.* nezakonito, protuzakonito.

**unlawfulness** (ạ'nlȁ'fulnes), *n.* nezakonitost.

**unlearned** (ạ'nlö'rnd), *a.* nenaučen; neuk; nepismen.

**unleash** (ạ'nlī'š), *v.* odvezati.

**unleavened** (ạ'nle'vnd), *a.* bez kvasa.

**unless** (anle's), *conj.* osim, izim; ako ne.

**unlessened** (a'nle'send), *a.* nesmanjen.

**unlettered** (a'nle'törd), *a.* nepismen.

**unleveled** (a'nle'veld), *a.* neporavnan; neravan.

**unlicensed** (a'nla'jsönst), *a.* nedozvoljen, neovlašten.

**unlighted** (a'nla'jted), *a.* nerasvijetljen; mračan.

**unlike** (a'nla'jk), *a.* nesličan; nejednak; — *adv.* ne kao.

**unlikelihood** (a'nla'jklihud), *n.* nevjerojatnost.

**unlikely** (a'nla'jkli), *a.* nevjerojatan; — *adv.* nevjerojatno.

**unlimited** (a'nli'mited), *a.* neograničen, beskrajan; neodređen.

**unlink** (anli'nk), *v.* raskovati; rastaviti.

**unliquidated** (a'nli'kuidejted), *a.* nelikvidiran, nesračunat; neisplaćen.

**unload** (anlō'd), *v.* istovariti, svaliti breme, iskrcati.

**unlock** (anla'k), *v.* otključati, otvoriti.

**unloose** (anlū's), *v.* odriješiti; osloboditi.

**unloved** (a'nla'vd), *a.* neljubljen.

**unluckily** (a'nla'kili), *adv.* nesrećom.

**unlucky** (a'nla'ki), *a.* nesretan; zlokoban.

**unmade** (a'nme'jd), *a.* neučinjen; nesvršen.

**unmaidenly** (a'nme'jdenli), *a.* nedjevojački.

**unmailable** (a'nme'jlöbl), *a.* što se ne može *ili* ne smije slati poštom.

**unman** (a'nmä'n), *v.* lišiti odvažnosti; uškopiti.

**unmanageable** (a'nmä'neđöbl), *a.* čime se teško upravlja; neukrotiv.

**unmanliness** (a'nmä'nlines), *n.* nemuževnost.

**unmanly** (a'nmä'nli), *a.* nemuževan.

**unmanned** (a'nmä'nd), *a.* raspremljen; bez momčadi.

**unmannerliness** (a'nmä'nörlines), *n.* neodgojnost; neotesanost.

**unmannerly** (a'nmä'nörli), *a.* neodgojan; nepristojan, surov.

**unmanured** (a'nmänjū'rd), *a.* negnojen, neđubren.

**unmarked** (a'nmā'rkt), *a.* nezaznamenjen, nenaznačen.

**unmarketable** (a'nmā'rketöbl), *a.* neprodajan.

**unmarred** (a'nmā'rd), *a.* neoštećen.

**unmarried** (a'nmä'rid), *a.* neoženjen, neudata.

**unmask** (anmä'sk), *v.* raskrinkati (se).

**unmast** (anmä'st), *v.* skinuti jarbole.

**unmatched** (a'nmä'čt), *a.* nesparen; bez premca.

**unmeaning** (a'nmī'ning), *a.* besmislen.

**unmeasured** (a'nme'žurd), *a.* neizmjeren.

**unmeditated** (a'nme'ditejted), *a.* nepromišljen.

**unmellowed** (anme'lōd), *a.* nedozrio; neumekšan.

**unmelodious** (a'nmelo'dias), *a.* nezvučan, neskladan.

**unmelted** (a'nme'lted), *n.* nerastopljen.

**unmentionable** (a'nme'nćönöbl), *a.* nenavediv, neizreciv.

**unmentioned** (a'nme'nćönd), *a.* nenaveden, nespomenut.

**unmerciful** (a'nmö'rsiful), *a.* nemilosrdan.

**unmerited** (a'nme'rited), *a.* nestećen, nezaslužen.

**unmilked** (a'nmī'lkt), *a.* nemuzen; nedojen.

**unminded** (a'nma'jnded), *a.* nepažen.

**unmindful** (a'nma'jndful), *a.* nemisleći; nepromišljen.

**unmissed** (a'nmi'st), *a.* nemanjkav, nefaljen.

**unmistakable** (a'nmiste'jköbl), *a.* nepogrješiv; čist; očit.

**unmitigated** (a'nmi'tigejted), *a.* neolahkoćen, neublažen.

**unmixed** (a'nmi'kst), *a.* nemiješan, nepomiješan.

**unmodified** (a'nmä'difajd), *a.* nepreinačen, nepromijenjen.

**unmolested** (a'nmole'sted), *a.* neuznemiren, netaknut.

**unmortgaged** (a'nmö'rgeđd), *a.* čist od hipoteka, neopterećen dugom.

**unmotherly** (a'nmä'dörli), *a.* nematerinski.

**unmounted** (a'nma'unted), *a.* neokonjen: neprilijepljen; neokovan.

**unmourned** (a'nmō'rnd), *a.* neoplakivan, nežaljen.

**unmoved** (a̲'nmū'vd), *a.* nepomičan; nemaknut; neganut.

**unmown** (a̲'nmō'n), *a.* nekošen.

**unmusical** (a̲'nmju'ziköl), *a.* neglazben; nezvučan.

**unmutilated** (a̲'nmju'tilejted), *a.* neosakaćen; neoštećen.

**unmuzzle** (a̲'nma̲'zl), *v.* skinuti brnjicu; skinuti čep (*s topa*).

**unnailed** (a̲'nne'jld), *a.* nezabijen, nezačavlen.

**unnamed** (a̲'nne'jmd), *a.* neimenovan; bezimen.

**unnatural** (a̲'nnă'ćuröl), *a.* nenaravan, neprirodan.

**unnaturally** (a̲'nnă'ćuröli), *adv.* nenaravno; neprirodno.

**unnaturalness** (a̲'nnă'ćurölnes), *n.* nenaravnost, neprirodnost.

**unnavigable** (a̲'nnă'vigöbl), *a.* neplovan, nebrodiv.

**unnecessarily** (a̲'nne'sisă'rili), *adv.* bespotrebno, suviše.

**unnecessary** (a̲'ne'sisöri), *a.* bespotreban, nepotreban.

**unneighborly** (a̲'ne'jbörli), *a.* nesusjedan; nelijep.

**unnerve** (a̲'nnö'rv), *v.* lišiti snage, oslabiti.

**unnerved** (a̲'nnö'rvd), *a.* oslabljen; istrošen.

**unnoble** (a̲'nnō'bl), *a.* neplemenit.

**unnoted** (a̲'nnō'ted), *a.* neopažen.

**unnoticed** (a̲'nnō'tist), *a.* neopažen, neviđen.

**unnumbered** (a̲'nna̲'mbörd), *a.* nebrojen.

**unobjectionable** (a̲'nobđe'kšönöbl), *a.* neprigovorljiv, besprijekoran.

**unobliging** (a̲'nobla'jđing), *a.* neprijazan, neučtiv.

**unobservance** (a̲'nobzö'rvöns), *n.* nevršenje, neuvaženje; nepažnja.

**unobservant** (a̲'nobzö'rvönt), *a.* nepažljiv; neposlušan.

**unobserved** (a̲'nobzö'rvd), *a.* neopažen.

**unobstructed** (a̲'nobstra̲'kted), *a.* nesmetan, nezapriječen.

**unobtainable** (a̲'nobte'jnöbl), *a.* nedobiv; nepostižan.

**unobtained** (a̲'nobte'jnd), *a.* nedobiven, nestećen.

**unobtrusive** (a̲'nobtru'siv), *a.* nenametljiv.

**unoccupied** (a̲'nà'kjupajd), *a.* nezaposjednut, nezapremljen; nezaposlen.

**unoffended** (a̲'nofe'nded), *a.* neuvrijeđen.

**unoffending** (a̲'nofe'nding), *a.* neuvrjedljiv; bezazlen.

**unoffered** (a̲'nà'förd), *a.* neponuđen.

**unofficial** (a̲'nofi'šöl), *a.* neslužben.

**unofficially** (a̲'nofi'šöli), *adv.* neslužbeno.

**unofficious** (a̲'nofi'ša̲s), *a.* neuslužan, neudvoran.

**unofficiously** (a̲'nofi'ša̲sli), *adv.* neudvorno.

**unoiled** (a̲'no'eld), *a.* neuljen.

**unopened** (a̲'nō'pend), *a.* neotvoren.

**unopposed** (a̲'nopō'zd), *a.* neusprotivljen.

**unoppressed** (a̲'nopre'st), *a.* nepotlačen.

**unoppressive** (a̲'nopre'siv), *a.* neugnjetavajući.

**unordered** (a̲'nō'rdörd), *a.* nenaručen.

**unorderly** (a̲'nō'rdörli), *a.* neuredan.

**unorganized** (a̲'no'rgönajzd), *a.* neudružen, neorganiziran.

**unoriginal** (a̲'nori'đinöl), *a.* neizvoran, neoriginalan.

**unornamental** (a̲'norname'ntöl), *a.* neiskićen.

**unostentatious** (a̲nà'stente'jša̲s), *a.* čedan; jednostavan.

**unostentatiously** (a̲nà'stente'jša̲sli), *adv.* čedno; jednostavno.

**unpack** (a̲npă'k), *v.* isprazniti, istovariti; otvoriti.

**unpacked** (a̲npă'kt), *a.* nespremljen.

**unpacker** (a̲npă'kör), *n.* ispražnjivač; otvaratelj.

**unpaid** (a̲'npe'jd), *a.* neplaćen.

**unpainful** (a̲'npe'jnful), *a.* bez boli.

**unpainted** (a̲'npe'jnted), *a.* neslikan; nenaličen.

**unpalatable** (a̲'npă'lötöbl), *a.* neukusan.

**unparalleled** (a̲npă'röleld), *a.* nesravnjiv, neusporediv; besprimjeran.

**unpardonable** (a̲'npa'rdönöbl), *a.* neoprostiv.

**unpardonableness** (a̲'npa'rdönöblnes), *n.* neoprostivost.

**unpardonably** (a̲'npa'rdönöbli), *adv.* neoprostivo.

**unpardoned** (a̲'npa'rdönd), *a.* nepomilovan; neoprošten.

**unparliamentary** (ạnpa'rlimentöri), *a.* neparlamentaran.

**unpatriotic** (ạnpe'jtriǎ'tik), *a.* nerodoljuban, nepatriotičan.

**unpatronized** (ạnpǎ'trönajzd), *a.* neposjećivan, nepomagan.

**unpaved** (ạnpe'jvd), *a.* nepoploćen, netaracan.

**unpawned** (ạ'npå'nd), *a.* nezaložen.

**unpen** (ạ'npe'n), *v.* pustiti iz tora.

**unpenetrable** (ạnpe'netröbl), *a.* neprolazan; neprobojan.

**unpeople** (ạnpi'pl), *v.* raseliti; opustošiti; lišiti žiteljstva.

**unperceived** (ạ'npörsi'vd), *a.* neprimijećen; neosjećan.

**unperformed** (ạ'npörfö'rmd), *a.* neizvršen, neučinjen.

**unperplexed** (ạ'npörple'kst), *a.* nesmeten; nezamršen.

**unperturbed** (ạ'npörtö'rbd), *a.* nezbunjen; neuznemiren.

**unperverted** (ạ'npörvö'rted), *a.* neizopačen.

**unpetrified** (ạnpe'trifajd), *a.* neokamenjen.

**unphilosophic** (ạ'nfilosǎ'fik), *a.* nefilozofski.

**unpicked** (ạnpi'kt), *a.* neubran; neodabran.

**unpin** (ạnpi'n), *v.* otkopčati; izvaditi bačenke.

**unpitiful** (ạnpi'tiful), *a.* nemilosrdan.

**unplaced** (ạnple'jst), *a.* nesmješten, nenamješten; nepronađen.

**unplait** (ạ'nple'jt), *v.* rasplesti; izgladiti *(nabore)*.

**unplanted** (ạ'nplǎ'nted), *a.* nenasađen.

**unpleasant** (ạnple'zönt), *a.* neugodan, neprijatan.

**unpleased** (ạnpli'zd), *a.* nezadovoljan.

**unpledged** (ạnple'dd), *a.* nezavjetovan; neobvezan; nezaložen.

**unpointed** (ạnpo'jnted), *a.* bez šiljka, tup.

**unpolished** (ạnpǎ'lišt), *a.* neuglađen.

**unpolite** (ạ'npola'jt), *a.* neuljudan, nepristojan, neučtiv.

**unpopular** (ạ'npǎ'pjulör), *a.* nepopularan, omražen u narodu.

**unpopularity** (ạ'npǎpjulǎ'riti), *n.* nepopularnost, omraženost u narodu.

**unpraised** (ạnpre'jzd), *a.* nehvaljen, nevelićan.

**unprecedented** (ạnpre'side'nted), *a.* besprimjeran, nečuven.

**unprecise** (ạnprisa'js), *a.* netočan.

**unprejudiced** (ạnpre'đudist), *a.* nepristran, bez predrasuda.

**unpremeditated** (ạ'nprime'ditejted), *a.* nesnovan *(unaprijed)*; nepromišljen.

**unprepared** (ạ'npripē'rd), *a.* nepripravan; nepripravljen.

**unpreparedness** (ạ'npripē'rednes), *n.* nepripravnost.

**unpresentable** (ạ'nprize'ntöbl), *a.* nepokazan.

**unpressed** (ạnpre'st), *a.* negnječen, nesiljen; — **unpressed wine**, otok.

**unpretentious** (ạ'nprite'nšạs), *n.* smjeran, čedan.

**unprevented** (ạ'nprive'nted), *a.* nesmetan, nezaprijećen.

**unprincipled** (ạnpri'nsipld), *a.* bez načela, nesavjestan.

**unprinted** (ạ'npri'nted), *a.* neštampan, netiskan.

**unprivileged** (ạ'npri'vileđd), *a.* nepovlašten, bez povlastica.

**unproductive** (ạ'nprodạ'ktiv), *a.* neproizvodan, jalov, neplodan.

**unprofaned** (ạ'nprofe'jnd), *a.* neobeščašćen, neoskvrnjen.

**unprofessional** (ạ'nprofe'šönöl), *a.* nezvaničan; nestručnjački.

**unprofitable** (ạ'nprǎ'fitöbl), *a.* beskoristan; bez dobitka.

**unprohibited** (ạ'nprohi'bited), *a.* nezabranjen.

**unprolific** (ạ'nproli'fik), *a.* jalov, neplodan; pust.

**unprompted** (ạ'nprǎ'mpted), *a.* nepotaknut; nenadahnut.

**unprop** (ạ'nprǎ'p), *v.* oduzeti potporu.

**unpropitious** (ạ'npropi'šạs), *a.* nepogodan; nemilostiv.

**unproportionable** (ạ'npropo'ršönöbl), *a.* nerazmjeran.

**unproposed** (ạ'npropö'zd), *a.* nepredložen; nezaprošen.

**unproped** (ạ'nprǎ'pt), *a.* nepoduprt.

**unprotected** (ạ'nprote'kted), *a.* nezaštićen.

**unproved** (ạ'nprū'vd), *a.* nedokazan; neprokušan.

**unprovided** (ạ'nprova'jded), *a.* nesnabdjeven, neoskrbljen.

**unprovoked** (ạnprovo'kt), *a.* neizazvan.

**unpublished** (a̲'npa̲'blišt), a. neobjelodanjen; neoglašen.

**unpunishable** (a̲'npa̲'nišöbl), a. nekažnjiv.

**unpunished** (a̲'npa̲'ništ), a. nekažnjen.

**unpurchased** (a̲'npö'rčest), a. nekupljen.

**unpurified** (a̲'npju'rifajd), a. nepročišćen.

**unqualified** (a̲'nku̲à'lifajd), a. nesposoban; bezuvjetan.

**unquelled** (a̲'nku̲e̲'ld), a. neugušen, nesavladan.

**unquenchable** (a̲'nku̲e̲'nćöbl), a. neugasiv.

**unquenched** (a̲'nku̲e̲'nćt), a. neugašen, neutažen.

**unquestionable** (a̲'nku̲e̲'sćönöbl), a. neoporeciv, neosporiv.

**unquestioned** (a̲'nku̲e̲'sćönd), a. nepitan; neosporiv; nesumnjiv.

**unquiet** (a̲'nku̲a̲'et), a. nemiran; uznemiren.

**unquoted** (a̲'nku̲o̲'ted), a. necitiran, nenaveden.

**unraked** (a̲'nre'jkt), a. negrabljan, nepozubačen; nepokupljen.

**unravel** (a̲'nră'vl), v. rasplesti, razmrsiti; riješiti.

**unreadable** (a̲'nri'döbl), a. nečitljiv.

**unreadiness** (a̲'nre'dines), n. nepripravnost.

**unready** (a̲'nre'di), a. nepripravan, negotov.

**unreal** (a̲'nri'öl), a. nestvaran, nebitan; nepravi.

**unreasonable** (a̲nri'znöbl), a. nerazuman; pretjeran.

**unrebukable** (a̲'nribju'köbl), a. besprijekoran.

**unreceived** (a̲'nrisi̅'vd), a. neprimljen.

**unreclaimed** (a̲'nrikle'jm̲d), a. netražen, nezahtijevan.

**unrecognizable** (a̲nre'kogna̲'jzöbl), a. što se ne može prepoznati.

**unrecompensed** (a̲nre'kompenst), a. nenagrađen.

**unreconciled** (a̲'nre'konsa̲eld), a. neizmiren; nedosljedan.

**unrecorded** (a̲'nriko'rded), a. neubilježen; neproveden u gruntovnici.

**unrecoverable** (a̲'nrikă'vöröbl), a. nenadoknadiv; neizlječiv.

**unrecovered** (a̲'nrikă'vörd), a. nepronađen, nenadoknađen; neoporavljen.

**unrectified** (a̲nre'ktifajd), a. nepročišćen; nepopravljen.

**unredeemable** (a̲'nridi̅'möbl), a. neotkupljiv, neiskupljiv.

**unredeemed** (a̲'nridi̅'md), a. neotkupljen, neizvađen (iz zalagaonice).

**unreduced** (a̲'nridjū'st), a. nestegnut, nesnižen, nesmanjen.

**unrefined** (a̲'nrifa'jnd), a. nepročišćen; neuglađen.

**unreformable** (a̲'nrifö'rmöbl), a. nepopravljiv.

**unreformed** (a̲'nrifö'rmd), a. nepopravljen, nereformiran.

**unrefreshed** (a̲'nrifre'št), a. neosvježen; neokrijepljen.

**unregenerate** (a̲'nriđe'neret), a. nepreporođen; neobnovljen.

**unregistered** (a̲nre'đistörd), a. neubilježen, neupisan; nepreporučen.

**unregretted** (a̲'nrigre'ted), a. nežaljen.

**unrelated** (a̲'nrile'jted), a. neodnosan; nesrodan; nekazivan.

**unrelaxing** (a̲'nrilă'ksing), a. nepopustljiv; neumoran.

**unrelenting** (a̲'nrile'nting), a. nesmiljen, neumoljiv; uporan.

**unreliable** (a̲'nrila'ebl), a. nepovjerljiv, nepouzdan.

**unrelievable** (a̲'nrili̅'vöbl), a. izvan pomoći; neizmjeniv.

**unrelieved** (a̲'nrili̅'vd), a. neublažen; neizmjenjen.

**unremedied** (a̲nre'midid), a. nepopravljen; neizlječen.

**unremembered** (a̲'nrime'mbörd), a. nespominjan, zaboravljen.

**unremitting** (a̲'nrimi'ting), a. nepopustljiv; neprestan.

**unremovable** (a̲'nrimū'vöbl), a. neotkloniv.

**unrenewed** (a̲'nrinjū'd), a. neobnovljen; neopetovan.

**unrenowned** (a̲'nrina̲'und), a. neslavan, neglasovit.

**unrepaid** (a̲'nripe'jd), a. nenaplaćen, nenagrađen.

**unrepaired** (a̲'nripē'rd), a. nepopravljen.

**unrepealable** (a̲'nripi̅'löbl), a. neopozovan.

**unrepealed** (a̲'nripi̅'ld), a. neopozvan, neukinut.

unrepentant (a'nripe'ntönt), **unrepenting** (a'nripe'nting), a. neskrušen, nepokajan.

unrepresented (anre'prize'nted), a. nezastupan.

unreprievable (a'nriprī'vöbl), a. neproduljiv, neodgodiv, nepoštediv.

unrequested (a'nrikue'sted), a. netražen, neumoljen.

unrequited (a'nrikua'jted), a. neuzvraćen; nenagrađen.

unreserved (a'nrizö'rvd), a. nezapremljen; nesačuvan; potpun; otvoren.

unreservedly (a'nrizö'rvedli), adv. otvoreno, iskreno; bez obzira.

unresisted (a'nrizi'sted), a. neusprotivljen.

unresolved (a'nrizà'lvd), a. neodlučan; nerazriješen.

unrespited (anre'spited), a. neodgođen, neproduljen (o smrtnoj kazni).

unresponsible (a'nrispà'nsibl), a. neodgovoran.

unresponsive (a'nrispà'nsiv), a. neodgovorajući; hladan.

unrest (anre'st), n. nemir.

unresting (anre'sting), a. nemiran.

unrestored (a'nristō'rd), a. nepronađen; nepovraćen.

unrestrained (a'nristre'jnd), a. neusiljen; neobuzdan; neograničen.

unrestricted (a'nristri'kted), a. nestegnut, neograničen.

unretentive (a'nrite'ntiv), a. nezadržajan, slab (pamćenje).

unretracted (a'nritrà'kted), a. neopozvan, neporečen.

unrevealed (a'nrivī'ld), a. neotkriven; neobjavljen.

unrevenged (a'nrive'ndd), a. neosvećen.

unrewarded (a'nriuà'rded), a. nenagrađen.

unriddle (anri'dl), v. odgonetati, riješiti.

unrifled (anra'jfld), a. gladak (o pušci); neopljačkan.

unrig (anri'g), v. raspremiti.

unrighteous (anra'jćas), a. nepravičan; griješan.

unrip (anri'p), v. rasporiti; razderati.

unripe (anra'jp), a. nezreo, nedozrio.

unrivaled (anra'jvöld), a. bez premca; nesravnjiv.

unrivet (anri'vet), v. raskovati.

unrobe (anrō'b), v. svući; razodjenuti.

unroll (anrō'l), v. odmotati (se); razviti se; rasukati (se).

unroof (anru'f), v. skinuti krov.

unruffled (anra'fld), a. neuzburkan; miran; tih.

unruly (anrū'li), a. nepovodljiv, nepokoran; nemiran.

unsaddle (ansà'dl), v. rasedlati; skinuti sa sedla.

unsafe (anse'jf), a. nesiguran.

unsaid (anse'd), a. nerečen.

unsaleable (anse'jlöbl), a. neprodajan.

unsalted (ansà'lted), a. neslan.

unsaluted (a'nsàlju'ted), a. nepozdravljen.

unsanctioned (ansà'nkšönd), a. nepotvrđen; neovlašten.

unsatisfactory (ansà'tisfà'ktori), a. što ne zadovoljava; manjkav; nevaljan.

unsatisfied (ansà'tisfajd), a. nezadovoljan; neplaćen.

unsaturated (ansà'ćure'jted), a. nezasićen; neprožet.

unsavory (anse'jvöri), a. netečan; bljutav.

unscale (anske'jl), v. ostrugati ljuske.

unscaly (anske'jli), a. bez ljusaka.

unscathed (anske'jdd), a. neozlijeđen; nepovrijeđen.

unscientific (a'nsaenti'fik), a. neznanstven.

unscrew (anskrū'), v. odšarafiti, odviti.

unscriptural (anskri'pćuröl), a. nebiblijski.

unscrupulous (anskru'pjulas), a. nesavjestan; beznačelan.

unseal (ansī'l), v. raspečatiti.

unseam (ansī'm), a. otparati.

unsearchable (ansö'rčöbl), a. neistraživ; nedokučljiv.

unseasonable (ansī'znöbl), a. nepravovremen; nezgodan; preran.

unseasoned (ansī'znd), a. nezačinjen; sirov.

unseat (ansi't), v. skinuti sa sjedala; istisnuti.

unseconded (anse'könded), a. nepoduprt.

unseduced (a'nsidjū'st), a. nezaveden.

unseemly (ansī'mli), a. nepristojan, nedoličan; ružan.

**unseen** (ạnsī'n), *a.* neviđen; nevidljiv.

**unseldom** (ạnse'ldöm), *adv.* nerijetko.

**unselfish** (ạnse'lfiš), *a.* nesebičan.

**unsentenced** (ạnse'ntenst), *a.* neodsuđen.

**unsentimental** (ạnse'ntime'ntöl), *a.* nečuvstven, neosjetljiv.

**unseparated** (ạnse'pörejted), *a.* nerastavljen, neodijeljen.

**unserviceable** (ạnsö'rvisöbl), *a.* beskoristan.

**unsettle** (ạnse'tl), *v.* poremetiti; uzdrmati; smesti (se).

**unsettled** (ạnse'tld), *a.* nesređen, nesmiren; nestalan; nenaseljen; neodlučan; mutan; nenamiren.

**unsevered** (ạnse'vörd), *a.* neprekinut; neodijeljen.

**unsex** (ạnse'ks), *v.* lišiti ženske ćudi.

**unshackle** (ạnšạ̈'kl), *v.* riješiti okova, raskovati.

**unshaken** (ạnše'jkn), *a.* neuzdrman; odlučan; čvrst.

**unshared** (ạnše'rd), *a.* nedijeljen.

**unshaved** (ạnše'jvd), *a.* neobrijan.

**unsheathe** (ạnši'd), *v.* povući iz korica (*mač*).

**unshed** (ạnše'd), *a.* neproliven.

**unsheltered** (ạnše'ltörd), *a.* bez krova; nezaštićen.

**unship** (ạnši'p), *v.* istovariti sa broda.

**unshod** (ạnšạ̈'d), *a.* neobuven; nepotkovan.

**unshoe** (ạnšū'), *v.* svući cipele; izgubiti potkove.

**unshorn** (ạnšō'rn), *a.* neostrižen.

**unshrinking** (ạnšri'nking), *a.* neuzmičući; neustrašiv.

**unshunned** (ạnšạ'nd), *a.* neizbjegavan.

**unsightly** (ạnsa'jtli), *a.* ružan, grd; odvratan.

**unsigned** (ạnsa'jnd), *a.* nepotpisan.

**unsisterly** (ạnsi'störli), *a.* nesestrinski.

**unskilful** (ạnski'lful), *a.* nevješt.

**unslain** (ạnsle'jn), *a.* neubijen.

**unsmoked** (ạnsmō'kt), *a.* nepušen; nesušen u dimu.

**unsmooth** (ạnsmū't), *a.* negladak.

**unsociable** (ạnsō'šöbl), *a.* nedruževan.

**unsocial** (ạnsō'šöl), *a.* nedruštven.

**unsoiled** (ạnso'eld), *a.* neokaljan; čist.

**unsold** (ạnsō'ld), *a.* neprodan.

**unsoldierlike** (ạnso'ldörlajk), *a.* nevojnički.

**unsolicited** (ạ'nsoli'sited), *a.* nepitan, nepozvan.

**unsolved** (ạnsạ'lvd), *a.* neriješen.

**unsophisticated** (ạ'nsofi'stike'jted), *a.* nepatvoren; prirođen; čist; bezazlen; jednostavan.

**unsorted** (ạnsō'rted), *a.* neodabran; neuređen.

**unsought** (ạnsạ't), *a.* netražen.

**unsound** (ạnsạ'und), *a.* nezdrav; pogrješan; nepravoslavan.

**unsowed** (ạnsō'd), *a.* nesijan.

**unsparing** (ạnspē'ring), *a.* neštedljiv; obilan; strog.

**unspeakable** (ạnspī'köbl), *a.* neiskazan, neizreciv.

**unspecified** (ạnspe'sifajd), *a.* neoznačen u tančine.

**unspent** (ạnspe'nt), *a.* nepotrošen.

**unspoiled** (ạnspo'eld), *a.* nepokvaren, neoštećen.

**unspoken** (ạnspō'kn), *a.* nekazan, neizgovoren.

**unspotted** (ạnspạ'ted), *a.* nepjegav; neoprljan; čist.

**unstable** (ạnste'jbl), *a.* nestalan; neodlučan.

**unstained** (ạnste'jnd), *a.* neuprljan, čist, neobojen.

**unstamped** (ạnstạ̈'mpt), *a.* nebiljegovan.

**unstatesmanlike** (ạnste'jcmönlajk), *a.* nedržavnički.

**unsteady** (ạnste'di), *a.* nestalan.

**unstinted** (ạnsti'nted), *a.* neoskudan; obilan; neumanjen.

**unstitch** (ạnsti'č), *v.* odšiti, rasporiti.

**unstop** (ạnstạ'p), *v.* izvaditi čep, otvoriti.

**unstrained** (ạnstre'jnd), *a.* neprocijeđen.

**unstrap** (ạnstrạ̈'p), *v.* odvezati remenje.

**unstrengthened** (ạ'nstre'ngtend), *a.* nepojačan, nepotkrijepljen.

**unstressed** (ạnstre'st), *a.* nepojačan, nenaglašen.

**unstring** (ạnstri'ng), *v.* razvezati; popustiti.

**unstringed** (ạnstri'ngd), *a.* bez žica.

**unstudied** (ạnstạ'did), *a.* nesnovan; neukočen, naravan; neuk; jednostavan.

**unstuffed** (ạnstạ'ft), *a.* nenapunjen, nenatrpan.

**unsubdued** (ạ'nsöbdjū'd), *a.* neupokoren, nepodjarmljen.

**unsubmissive** (ạ'nsöbmi'siv), *a.* nepokoran, tvrdokoran.

**unsubordinated** (ạ'nsöbo'rdinejted), *a.* nepodređen.

**unsubscribed** (ạ'nsöbskra'jbd), *a.* nepotpisan.

**unsubstantial** (ạ'nsöbstằ'nćöl), *a.* nebitan; nestvaran; nehraniv.

**unsuccessful** (ạ'nsökse'sful), *a.* neuspješan.

**unsufferable** (ạnsạ'föröbl), *a.* nesnosan.

**unsuitable** (ạnsju'töbl), *a.* nedoličan, neprikladan; nesposoban.

**unsuited** (ạnsü'ted), *a.* neprimjeren; nesposoban.

**unsullied** (ạnsạ'lid), *a.* neokaljan; čist.

**unsung** (ạnsạ'ng), *a.* nepjevan.

**unsupplied** (ạnsöpla'jd), *a.* nesnabdjeven, neoskrbljen.

**unsupported** (ạ'nsöpo'rted), *a.* nepoduprt; nepomagan.

**unsuppressed** (ạ'nsöpre'st), *a.* neugušen, neutišan.

**unsure** (ạnšū'r), *a.* nesiguran.

**unsurmountable** (ạ'nsörmạ'ụntöbl), *a.* nenadvisiv, nesavladiv.

**unsurpassed** (ạ'nsörpằ'st), *a.* nenatkriljen.

**unsusceptible** (ạ'nsöse'ptibl), *a.* neprihvatan; neosjetljiv.

**unsuspected** (ạ'nsöspe'kted), *a.* nesumnjiv.

**unsuspecting** (ạ'nsöspe'kting), *a.* nesumnjiv.

**unsuspicious** (ạ'nsöspi'šạs), *a.* nesumnjiv.

**unsustained** (ạ'nsöste'jnd), *a.* neutvrđen; nepoduprt.

**unswerving** (ạnsụọ'rving), *a.* nezastranjiv; postojan; čvrst.

**unsworn** (ạ'nsụọ'rn), *a.* nezaprisegnut.

**unsymmetrical** (ạ'nsime'triköl), *a.* neskladan; nesimetričan.

**unsystematic** (ánsi'stemằ'tik), *a.* nesustavan, nesistematičan.

**untainted** (ạnte'jnted), *a.* neokaljan.

**untalented** (ạnte'lented), *a.* nedarovit, netalentiran.

**untamable** (ạnte'jmöbl), *a.* neukrotiv.

**untamed** (ạnte'jmd), *a.* neukroćen.

**untangle** (ạntằ'ngl), *v.* razmrsiti, odmotati.

**untanned** (ạntằ'nd), *a.* neučinjen, neustrojen.

**untarnished** (ạntā'rništ), *a.* nepotamnjen; nepomućen.

**untasted** (ạnte'jsted), *a.* nekušan; neiskusan.

**untaught** (ạnta't), *a.* neučen; nepodučen.

**untaxed** (ạntằ'kst), *a.* neoporezovan; neopterećen.

**unteachable** (ạnti'čöbl), *a.* tup, uporan; nenaučljiv.

**untempted** (ạnte'mpted), *a.* nezavaðan, neiskušan.

**untenable** (ạnte'nöbl), *a.* neodržljiv; neobraniv.

**untenanted** (ạnte'nönted), *a.* nenastanjen; neiznamljen.

**unthanked** (ạntằ'nkt), *a.* nezahvaljen.

**unthankful** (ạntằ'nkful), *a.* nezahvalan, neharan, neblagodaran.

**unthinkable** (ạnti'nköbl), *a.* nepojmljiv, što se ne može pomisliti.

**unthinking** (ạnti'nking), *a.* nemisaon; rastrešen.

**unthread** (ạntre'd), *v.* izvaditi konac.

**unthrift** (ạ'ntri'ft), *n.* rasipnost.

**unthrifty** (ạ'ntri'fti), *a.* rasipan, razmetljiv.

**unthrone** (ạ'ntrō'n), *v.* svrgnuti s prijestolja.

**untidy** (ạ'nta'jdi), *a.* neuredan; prljav.

**untie** (ạnta'j), *v.* razvezati; prekinuti.

**until** (ạnti'l), *prep. ili conj.* do, dok, dokle.

**untilled** (ạnti'ld), *a.* neobdjelan, netežen.

**untimely** (ạ'nta'jmli), *a.* prerani; nezgodan.

**untiring** (ạnta'ering), *a.* neumoran.

**untitled** (ạnta'jtld), *a.* nenaslovljen; bez naslova.

**unto** (ạ'ntu), *prep.* ka, k.

**untold** (ạntō'ld), *a.* neiskazan, neizreciv; nebrojen.

**untomb** (ạntū'm), *v.* iskopati.

**untoothed** (ạntū'dd), *a.* bez zubi.

**untouched** (anta'čt), *a.* nedirnut, nedotaknut.

**untoward** (antu'örd), *a.* uporan; mučan; nespretan.

**untowardly** (antu'ördli), *a.* neudoban; nepriličan; nestašan; — *adv.* naopako; neprijatno.

**untraceable** (antre'jsöbl), *a.* nepotraživ.

**untractable** (antră'ktöbl), *a.* neposlušan, samovoljan.

**untragic** (antră'đik), *a.* netragičan.

**untrained** (antre'jnd), *a.* neuvježban; neodgojen.

**untrammelled** (antră'möld), *a.* nesapet, nespućen.

**untransferable** (antră'nsföröbl), *a.* neprenosan.

**untranslatable** (a'ntrănsle'jtöbl), *a.* neprevodiv, što se ne može prevesti.

**untranslated** (a'ntrănsle'jted), *a.* nepreveden.

**untransmutable** (a'ntrănsmjū'töbl), *a.* nepromjenljiv.

**untraveled** (antră'veld), *a.* neprolažen; koji nije putovao.

**untread** (antre'd), *v.* stupati natrag.

**untried** (antra'jd), *a.* nekušan; neprokušan; nesuđen.

**untrimmed** (antri'md), *a.* neiskićen, neuređen.

**untrodden** (antră'dn), **untrod** (antră'd), *a.* negažen; neposjećivan.

**untroubled** (antra'bld), *a.* neuznemiren, neuzburkan.

**untrue** (antrū'), *a.* neistinit; lažan.

**untruss** (antra's), *v.* odstraniti (*potpasač*), svući.

**untrustworthy** (antra'stuö'rdi), *a.* nepovjerljiv, nepouzdan.

**untruth** (antrū't), *n.* neistina; laž.

**untruthful** (antrū'tful), *a.* neistinit; lažljiv.

**untuck** (anta'k), *v.* spustiti; raspustiti (*kosu*).

**untune** (antjū'n), *v.* razgađati; pobrkati.

**unturned** (a'ntö'rnd), *a.* neokrenut, neobrnut.

**untutored** (antju'törd), *a.* nepodučen, neinštruiran; neškolan.

**untwine** (antua'jn), *v.* razmotati, odmotati, odviti.

**untwist** (antui'st), *v.* raspletati, odmatati.

**unused** (anjū'zd), *a.* nerabljen; nenavičan, nepriviknut.

**unusual** (anju'žuöl), *a.* neobičan; rijedak.

**unusually** (anju'žuöli), *adv.* neobično.

**unutterable** (ana'töröbl), *a.* neizreciv.

**unvaccinated** (anvă'ksinejted), *a.* necijepljen.

**unvalued** (anvă'ljud), *a.* necijenjen; neprocjeniv.

**unvanquishable** (anvă'nkuišöbl), *a.* nepobjediv.

**unvanquished** (anvă'nkuišt), *a.* nepobijeđen.

**unvaried** (anvă'rid), *a.* nepromjenit, nepromjenljiv.

**unvarnished** (anvā'rništ), *a.* neoličen; neuljepšan; jednostavan.

**unvarying** (anvă'riing), *a.* jednolik.

**unveil** (anve'jl), *v.* otkriti; razviti.

**unventilated** (anve'ntilejted), *a.* neprozračen; neprorešetan.

**unverified** (anve'rifajd), *a.* nepotvrđen.

**unversed** (anvö'rst), *a.* neupućen, nevješt.

**unviolable** (anva'jölöbl), *a.* nepovrediv.

**unviolated** (anva'jolejted), *a.* neprekršen; nepovrijeđen.

**unvirtuous** (anvö'rčuas), *a.* nekrepostan, poročan, pokvaren; prost.

**unvisited** (anvi'zited), *a.* neposjećen.

**unvitiated** (anvi'šiejted), *a.* nepokvaren.

**unvoiced** (anvo'jst), *a.* nekazan; bezglasan.

**unvouched** (anva'učt), *a.* nezajamčen.

**unvulnerable** (anva'lnöröbl), *a.* neranjiv.

**unwanted** (anua'nted), *a.* neželjen, nepoželjan.

**unwariness** (anue'jrines), *n.* nepromišljenost.

**unwarmed** (anua'rmd), *a.* neugrijan.

**unwarned** (anua'rnd), *a.* neopomenut.

**unwarrantable** (anua'röntöbl), *a.* neopravdan; što se ne može braniti.

**unwarranted** (anua'rönted), *a.* neopravdan; nezajamčen.

**unwary** (anue'jri), *a.* nesmotren, neoprezan.

**unwashed** (anua'št), *a.* neopran; zamazan.

unwasted (a̱nue̱'jsted), a. nepotrošen; nepoharan.
unwatched (a̱nua̱'čt), a. nenadziran, nečuvan.
unwatered (a̱nua̱'törd), a. nenatapan, nezalijevan.
unwavering (a̱nue̱'jvöring), a. nepokolebiv; postojan.
unweakened (a̱nui̱'kend), a. neoslabljen.
unweaned (a̱nui̱'nd), a. neodučen.
unwearied (a̱nui̱'rid), a. neumoran.
unweave (a̱nui̱'v), v. rastkati, raščiniti.
unwed (a̱nue̱'d), a. neoženjen, neudata.
unweeded (a̱nui̱'ded), a. neoplijeven.
unweighed (a̱nue̱'jd), a. nemjeren; nepromišljen.
unwelcome (a̱nue̱'lköm), a. zazoran, neprijatan.
unwell (a̱nue̱'l), a. boležljiv; neraspoložen.
unwept (a̱nue̱'pt), a. neplakan; neoplačen.
unwholesome (a̱nho'lsöm), a. nezdrav; zločest; pokvaren.
unwieldiness (a̱nui̱'ldines), n. nepovodljivost; nespretnost.
unwieldy (a̱nui̱'ldi), a. nepovodljiv; nezgrapan, nespretan.
unwilling (a̱nui̱'ling), a. koji nema volje, nerad; protivan.
unwind (a̱nua̱'jnd), v. odviti, razviti; odmotati.
unwinged (a̱nui̱'ngd), a. bez krila.
unwiped (a̱'nua̱'jpt), a. neobrisan, neotrt.
unwisdom (a̱'nui̱'zdöm), n. bezumlje.
unwise (a̱'nua̱'jz), a. nepametan, bezuman.
unwished (a̱'nui̱'št), a. neželjen.
unwithered (a̱'nui̱'dörd), a. neuvenuo.
unwitnessed (a̱'nui̱'tnest), a. neposvjedočen; bez svjedoka.
unwitting (a̱'nui̱'ting), a. neznajući.
unwitty (a̱nui̱'ti), a. neduhovit, nedosjetljiv.
unwomanly (a̱nuu̱'mönli), a. neženski.
unwonted (a̱nuo̱'nted), a. nenavadan, neobičan; izvanredan.
unworkable (a̱nuo̱'rköbl), a. na čemu se ne može raditi.
unwordly (a̱nuo̱'rdli), a. nesvjetovan; nesebičan.

unworn (a̱nuo̱'rn), a. nenošen.
unworshipped (a̱nuö'ršipt), a. neobožavan.
unworthiness (a̱nuö'rdines), n. nezaslužnost, nedostojnost; bezvrijednost.
unworthy (a̱nuö'rdi), a. nevrijedan, nedostojan.
unwounded (a̱nuu̱'nded), a. neranjen, neozlijeđen.
unwrap (a̱nrǎ'p), v. odmotati; otvoriti.
unwrinkled (a̱nri'nkld), a. nenabran, nenaboran.
unwritten (a̱nri'tn), a. nepisan, nenapisan; usmen.
unwrought (a̱nrǎ't), a. nerađen; neobrađen.
unyielding (a̱nji'lding), a. nepopustljiv; uporan; postojan.
unyoke (a̱njö'k), v. riješiti jarma; ispreći.
up (a̱p), adv., prep. i a. gore, visoko, u vis; na, uz; ravno; iz kreveta; pobunjen; svršeno; prema.
upas (ju'pas), n. upas (otrovno drvo sa otoka Jave i susjednih otoka).
upbear (a̱pbē'r), v. dizati; podržavati; poduprijeti.
upbraid (a̱pbre'jd), v. ukoriti, psovati.
upbraiding (a̱pbre'jding), n. psovanje; ukor.
upbraider (a̱pbre'jdör), n. psovatelj, korilac.
upbringing (a̱pbri'nging), n. odgajanje, odgoj; izobrazba.
upburst (a̱'pbö'rst), n. provala, prsnuće; prijedor.
upcast (a̱'pkǎ'st), a. uzbačen; okrenut prama gore, uspravan; — n. uzbačenje; prozračni rov u rudniku.
upgrowth (a̱'pgrō't), n. rastenje u vis.
upheaval (a̱phi'völ), n. izdizanje; prevrat; izvišak.
upheave (a̱phi'v), v. uzdignuti.
upheld (a̱phe'ld), imp. i pp. od: uphold.
uphill (a̱'phi'l), a. uzbrdan; uzlazan; strm; naporan; — adv. uzbrdo; naporno.
uphold (a̱phō'ld), v. uzdržati; nositi; poduprijeti; potvrditi.
upholder (a̱phō'ldör), n. podupiratelj; branitelj.
upholster (a̱phō'lstör), v. tapetirati.

**upholsterer** (aphō'lstörör), _n._ tapetar.

**upholstery** (aphō'lstöri), _n._ tapetarstvo; namještaj.

**upkeep** (a'pki'p), _n._ uzdržavanje; sredstva za uzdržavanje.

**upland** (a'plănd), _a._ visok, visočji; — _n._ visočje, visočina; — **upland inhabitants,** gorani; planinari.

**uplander** (a'plă'ndör), _n._ goranin, planinar.

**uplift** (apli'ft), _v._ uzdignuti, podići; — (a'plift), _n._ dizanje; podignuće; izvišak.

**upmost** (a'pmöst), _a._ najviši, najgornji.

**upon** (apa'n), _prep._ na; u; pred; gore.

**upper** (a'pör), _a._ viši, gornji; — _n._ sara; dokoljenica.

**upper-hand** (a'pörhă'nd), _n._ nadmoć; pretežnost.

**uppermost** (a'pörmöst), _a._ najviši, najgornji.

**uppish** (a'piš), _a._ nadut; drzak.

**upraise** (apre'jz), _v._ uzdići, podignuti.

**upright** (a'prajt), `_a._ uspravan; ispravan, pošten; — _n._ stožer; dovratak.

**uprise** (apra'jz), _v._ ustati se, dignuti se; ispinjati se; — (a'prajz), _n._ dizanje; uzvišak; pobuna.

**uprising** (apra'jzing), _n._ ustajanje, dizanje; ustanak, pobuna.

**uproar** (a'prör), _n._ halabuka, buka; metež.

**uproarious** (aprō'rias), _a._ bučan; buntovnički.

**uproot** (aprū't), _v._ iskorijeniti, iščupati; potpuno uništiti.

**uprouse** (apra'uz), _v._ trznuti se (_od sna_).

**upset** (apse't), _v._ prevaliti; prevrnuti, oboriti; poremetiti; — _a._ određen; stavljen; tražen; — _n._ izvrnuće; prevrat; oborenje.

**upshot** (a'pšăt), _n._ posljedak; svršetak.

**upside** (a'psa'jd), _n._ gornji dio, gornja strana; — **upside down,** prevrnuto, poremećeno.

**upstairs** (a'pstē'rz), _adv._ gore, na gornjem katu.

**upstart** (apsta'rt), _v._ naglo se podizati; — _n._ onaj, koji se naglo podigne iz ništa, skorojević.

**upstream** (apstrī'm), _a._ i _adv._ uz rijeku, nuz vodu.

**upthrow** (a'ptrō'), _n._ izbacivanje; izvišak.

**uptown** (apta'un), _adv._ u gornjem gradu.

**upturn** (aptö'rn), _v._ preokretati; prevraćati; prevaliti.

**upward** (a'puörd), _a._ okrenut gore; uzlazan; — _adv._ gore, u vis.

**upwards** (a'puördz), _adv._ prema gore, u vis.

**uranium** (jurē'niam), _n._ uran (_metal_).

**uranography** (ju'röna'gröfi), _n._ opisivanje nebeskih tjelesa.

**uranology** (ju'rönă'lođi), _n._ zvjezdoznanstvo.

**Uranus** (ju'rönas), _n._ uran (_najudaljeniji planet osim neptuna_).

**urban** (ö'rbön), _a._ gradski.

**urbane** (örbe'jn), _a._ učtiv; mic; uglađen.

**urbanity** (örbă'niti), _n._ učtivost, uljudnost, uglađenost.

**urchin** (ö'rčin), _n._ deran; jež; morski jež.

**urea** (ju'riö), _n._ mokraćina.

**ureter** (juri'tör), _n._ mokraćovod.

**urethra** (juri'trö), _n._ vodopust.

**urethritis** (ju'ritra'jtis), _n._ upala vodopusta.

**urge** (örđ), _v._ tjerati; uzbuđivati; narinuti; prositi; moliti; požurivati; naglasiti; biti revan.

**urgency** (ö'rđensi), _n._ prešnost; sila.

**urgent** (ö'rđent), _a._ prešan, hitan, silan; žestok.

**urgently** (ö'rđentli), _adv._ hitno, žurno, žestoko.

**uric** (ju'rik), _a._ mokraćni; — **uric acid,** mokraćna kiselina.

**urinal** (ju'rinöl), _n._ mjesto za mokrenje.

**urinary** (ju'rinöri), _a._ mokraćni.

**urinate** (ju'rinejt), _v._ mokriti; pišati.

**urination** (ju'rine'jšön), _n._ mokrenje, pišanje.

**urine** (ju'rin), _n._ mokraća, pišalina.

**urn** (örn), _n._ žara; žara za pepeo; sud, krčag.

**ursine** (ö'rsin _ili_ ö'rsajn), _a._ medvjeđi; kao medvjed.

**urticate** (ö'rtikejt), _v._ upeći (se), kao s koprivom.

**us** (as), _pron._ nas, nama. mi.

**U. S.** (ju' e's), *skraćeno od:* **Uncle Sam, United States.**

**U. S. A.** (ju' e's e'j), *skraćeno od:* **United States Army, United States of America.**

**usable** (ju'zöbl), *a.* upotrebljiv.

**usage** (ju'seđ *ili* ju'zeđ), *n.* poraba, upotrebljavanje; postupak; običaj.

**usance** (ju'zöns), *n.* rok za isplatu mjenice.

**use** (jūz), *v.* rabiti, upotrijebiti, služiti se; priučiti (se); postupati; — (jus), *n.* poraba, upotrebljavanje; uživanje; običaj; hasna, korist; potreba, nužda.

**used** (jūzd *i* jūst), *a.* rabljen; naviknut; običan.

**useful** (ju'sful), *a.* koristan; poslužan.

**usefully** (ju'sfuli), *adv.* korisno, koristonosno.

**usefulness** (ju'sfulnes), *n.* korist.

**useless** (ju'sles), *a.* beskoristan; uzaludan.

**uselessly** (ju'slesli), *adv.* beskorisno; uzalud (no).

**uselessness** (ju'slesnes), *n.* beskorisnost; uzaludnost.

**user** (ju'zör), *n.* upotrebljač; trošač; uživatelj.

**usher** (a'šör), *v.* uvoditi, uvesti; dovesti na mjesto; — *n.* vratar; uvađatelj na mjesta; pomoćni učitelj.

**ustion** (a'sćön), *n.* gorenje, izgaranje.

**usual** (ju'žjuöl), *a.* običan, navadan, redovit.

**usually** (ju'žjuöli), *adv.* obično, navadno.

**usufruct** (ju'žufrakt), *n.* pravo uživanja.

**usurer** (ju'žurör), *n.* lihvar.

**usurious** (južu'rias), *a.* lihvarski.

**usurp** (juzö'rp), *v.* preoteti, prisvojiti silom.

**usurpation** (ju'zörpe'jšön), *n.* nasilno otimanje; nezakonito prisvojenje.

**usurper** (juzö'rpör), *n.* nezakoniti prisvajač, otimač.

**usury** (ju'žuri), *n.* lihvarstvo.

**utensil** (jute'nsil), *n.* posuđe, suđe, sprava.

**uterine** (ju'törajn), *a.* što se odnosi na maternicu.

**uterus** (ju'töras), *n.* maternica.

**utilitarian** (juti'lite'jriön), *a.* samokoristan; utilitarijanski; — *n.* utilitarijanac, samokorisnik.

**utilitarianism** (juti'lite'jriönizm), *n.* utilitarijanizam.

**utility** (juti'liti), *n.* korist, korisnost; pripomoć.

**utilization** (ju'tilize'jšön), *n.* korisno upotrebljavanje.

**utilize** (ju'tilajz), *v.* vući korist, učiniti korisnim; upotrijebiti u korist.

**utmost** (a'tmöst), *a.* najviši, najveći; najdaljnji; najskrajnji; — *n.* najveća sila; najkrajnji stepen *ili* napor.

**Utopia** (jutö'piö), *n.* Utopija (*umišljeni otok, koji je sjedište idejalno savršenog društvenog i političkog života*); sanjarstvo.

**Utopian** (jutö'piön), *a.* utopijski, sanjarski; — *n.* sanjar.

**utricle** (ju'trikl), *n.* mješčić.

**utter** (a'tör), *v.* izreći; izlanuti; rasturiti; — *a.* potpun; posvemašan.

**utterable** (a'töröbl), *a.* izreciv, iskazan.

**utterance** (a'töröns), *n.* izgovor; izražaj; izraz.

**utterer** (a'törör), *n.* izgovaratelj, izricatelj.

**utterless** (a'törles), *n.* neizreciv, neiskazan.

**utterly** (a'törli), *adv.* potpuno, posvema, sasvim, hametom.

**uttermost** (a'törmöst), *vidi:* **utmost.**

**uvula** (ju'vjulö), *n.* jezičac (*u ustima*).

**uxorial** (akso'riöl), *a.* ženin, ženski.

**uxoricide** (aksö'risajd), *n.* ženoubica.

**uxorious** (akso'rias), *a.* slijepo pokoran svojoj ženi; koji je ženi pod papučom.

**uxoriousness** (akso'riasnes), *n.* slijepa pokornost ženi.

# V

**V, v** (vi), *slovo*: V. v.
**vacancy** (ve'jkönsi), *n.* praznost,
ispražnjenost, praznoća; prazno mje-
sto; prosto vrijeme; dokolica.
**vacant** (ve'jkönt), *a.* prazan; nepopu-
njen; prost, slobodan; nejasan, tup.
**vacate** (ve'ke'jt), *v.* isprazniti, napus-
titi; ukinuti.
**vacation** (veke'jšön), *n.* ferije, prazni-
ci, prosto vrijeme; odmor.
**vaccinate** (vă'ksinejt), *v.* cijepiti
(*kozice*).
**vaccination** (vă'ksine'jšon), *n.* cije-
pljenje boginja.
**vaccinator** (vă'ksine'jtör), *n.* cije-
pitelj boginja.
**vaccine** (vă'ksin), *a.* kravlji; boginji.
**vaccinia** (văksi'niö), *n.* boginje,
kozice.
**vacillate** (vă'silejt), *v.* biti neodlučan,
kolebati.
**vacillating** (vă'sile'jting), *pa.* neod-
lučan, kolebajući.
**vacillation** (vă'sile'jšön), *n.* kole-
banje; neodlučnost.
**vacuity** (văkju'iti), *n.* praznina; pra-
zan prostor; besposlica; tupost;
ništavost.
**vacuole** (vă'kjuol), *n.* vakuola (*praz-
nina, koja sadržaje zrak ili vodenu
tekućinu, u plazmi stanice, organu,
itd.*).
**vacuous** (vă'kjuas), *a.* prazan.
**vacuum** (vă'kjuam), *n.* prazan pro-
stor; praznina.
**vade-mecum** (ve'jdimi'kam), *n.* pri-
ručnik; zapisnica, džepnjak.
**vagabond** (vă'göbánd), *a.* skitnički;
— *n.* skitnica, protuha.
**vagabondage** (vă'göbà'ndeď), *n.* skit-
ništvo; klatarenje.
**vagary** (văge'jri), *n.* divlja mašta;
hirovitost.
**vagina** (vădʒa'jnö), *n.* žensko spolno
udo; tok; nožnica (*u biljke*).
**vaginal** (vă'ďinöl *ili* vădʒa'jnöl), *a.*
što se tiče ženskog spolnog uda.

**vagrancy** (ve'jgrönsi), *n.* skitanje,
potucanje.
**vagrant** (ve'jgrönt), *a.* skitnički, kla-
težni; — *n.* skitnica, klatež.
**vague** (vejg), *a.* neodređen, dvojben;
taman, nejasan.
**vaguely** (ve'jgli), *adv.* nejasno, neo-
dređeno.
**vagueness** (ve'jgnes), *n.* neodređe-
nost, neizvjesnost, nejasnoća.
**vain** (vejn), *a.* tašt, ništav; varav;
isprazan; uzaludan; — **in vain,**
uzalud.
**vainglorious** (vejnglo'rias), *a.* pretje-
rano tašt, hvalisav.
**vainglory** (vejnglo'ri), *n.* isprazna
nadutost; pretjerana zanešenost;
razmetanje.
**vainly** (ve'jnli), *adv.* uzalud (no).
**valance** (vă'lens), *v.* ukrasiti resama;
— *n.* rese, rojte.
**vale** (ve'jli), *interj.* zdravstvuj, zdravo,
zbogom; — (vejl), *n.* dolina.
**valediction** (vă'lidi'kšön), *n.* oprošt-
taj, s Bogom.
**valedictorian** (vă'lidikto'riön), *n.*
onaj, koji drži oprosni govor.
**valedictory** (vă'lidi'ktori), *a.* oprosni,
na rastanku.
**valentine** (vă'lentajn), *n.* karta *ili*
znak, koji se šalje na dan sv. Valen-
tina (14. *veljače*) u znak poštovanja
*ili* šale; ljubovca.
**valerian** (văli'riön), *n.* macina trava.
**valet** (vă'let), *n.* sluga.
**valetudinarian** (vă'litju'dine'jriön),
*a.* boležljiv, nemoćan; — *n.* nemoć-
nik; koji se previše zabrinjuje za
svoje zdravlje.
**valiant** (vă'ljönt), *a.* hrabar; neustra-
šiv; junačan.
**valiantly** (vă'ljöntli), *adv.* hrabro;
junački.
**valid** (vă'lid), *a.* valjan, vrijedan;
pravovaljan.
**validate** (vă'lidejt), *v.* učiniti pravo-
valjanim; ovjeroviti, potvrditi.

**validation** (vă'lide'jšön), *n.* potvrđenje, ovjerovljenje; priznanje pravovaljanosti.

**validity** (văli'diti), *n.* valjanost, vrijednost; pravovaljanost, pravomoćnost.

**validly** (vă'lidli), *adv.* dobro, valjano; pravovaljano, pravomoćno.

**valise** (văli's), *n.* putnička torba.

**valley** (vă'li), *n.* dolina; dol; žljebina.

**valor** (vă'lör), *n.* neustrašiva hrabrost, junaštvo.

**valorous** (vă'löras), *a.* hrabar, junački.

**valuable** (vă'ljuöbl), *a.* vrijedan; skup; dragocjen; — *n.* vrijedna stvar; dragocjenost.

**valuation** (vă'ljue'jšön), *n.* procjenjivanje, ustanovljenje vrijednosti; procjemba, procjena; vrijednost.

**valuator** (vă'ljue'jtör), *n.* procjenitelj.

**value** (vă'lju), *v.* cijeniti; procijeniti; uzeti u račun; — *n.* vrijednost; cijena; važnost; značenje.

**valueless** (vă'ljules), *a.* bezvrijedan.

**valuer** (vă'ljuör), *n.* ocjenjivač; cjenitelj.

**valve** (vălv), *n.* stapalo, čep, poklopac; krilo od vrata; ljuštura.

**valved** (vălvd), *a.* klopav; ljušturast; sa zaliscima.

**valvular** (vă'lvjulör), *a.* ljušturast; sa zaliskom.

**valvula** (vă'lvjulö), *n.* mali poklopac; ljušturica.

**vamose** (vămō's), *v.* smuknuti, umaći.

**vamp** (vămp), *v.* podšiti (*cipele*), popraviti; vabiti, vrebati; — *n.* gornja koža (*cipele*); pratnja (*na glasoviru bez pripave ili smjesta*); dobrovoljni vatrogasac; vrebalac.

**vamper** (vă'mpör), *n.* krpač.

**vampire** (vă'mpaer), *n.* vampir, vukodlak; krvopija (*šišmiš*).

**vampire-bat** (vă'mpaerbă't), *n.* krvopija, šišmiš.

**vampiric** (vămpi'rik), *a.* vampirski.

**vampirism** (vă'mpajrizm *ili* vă'mpirizm), *n.* vampirizam, čini vampira; isisavanje krvi; potajno izrabljivanje.

**van** (văn), *v.* ispirati (*rudu*); vjetriti (*žito*); — *n.* prvo krilo (*vojske*); (*velika*) kola; vjetrenjača, vijača.

**vandal** (vă'ndöl), *a.* vandalski, barbarski; — *n.* vandal; barbar.

**vandalism** (vă'ndölizm), *n.* hotimično uništavanje umjetničkih djela.

**vane** (vejn), *n.* kokot (*koji pokazuje vrijeme*), vjetrokaz; krilo vjetrenjače; vjetrenica.

**vang** (văng), *n.* stranja (*što drži sohericu zadnjače na brodu*).

**vanguard** (vă'nga'rd), *n.* prednja straža *ili* četa.

**vanilla** (văni'lö), *n.* vanilija.

**vanish** (vă'niš), *v.* iščeznuti, nestati.

**vanity** (vă'niti), *n.* taština, ispraznost; uobraženje; varka.

**vanquish** (vă'nkuiš), *v.* svladati, pobijediti, poraziti; oprovrgnuti.

**vanquishable** (vă'nkuišöbl), *a.* svladiv, pobjediv.

**vanquisher** (vă'nkuišör), *n.* pobjednik.

**vantage** (vă'nteđ), *n.* nadmašnost, nadmoć.

**vantage-ground** (vă'nteđgra'und), *n.* povoljan položaj.

**vapid** (vă'pid), *a.* bljutav, mljohav; tup, plošast.

**vapidity** (văpi'diti), *n.* plošnost; tupost; mljohavost; bljutavost.

**vapor** (ve'jpör), *v.* ishlapiti (se), izvjetriti (se); rastužiti; — *n.* para; dim.

**vaporization** (ve'jpörize'jšön), *n.* pretvaranje u paru; ishlapljivanje.

**vaporize** (ve'jpörajz), *v.* pretvoriti (se) u paru, izvjetriti (se), ishlapiti (se).

**vaporous** (ve'jpöras), *a.* parnat, zapušen; nestvaran; mušičav.

**vaquero** (văki'ro), *n.* govedar, pastir.

**variability** (ve'jriöbi'liti), *n.* promjenljivost.

**variable** (ve'jriöbl), *a.* promjenljiv; nepostojan; prevrtljiv.

**variance** (ve'jriöns), *n.* nesklad; protuslovlje; razdor.

**variant** (ve'jriönt), *a.* neskladan; protuslovan; različit, promjenljiv; — *n.* varijanta; raznolikost.

**variation** (ve'jrie'jšön), *n.* mijenjanje; promjena; varijacija; deklinacija.

**varicocele** (vă'rikosi'l), *n.* proder krvnice, otečenost žila.

**varicolored** (ve'jrikă'lörd), *a.* šarolik, šaren.

**varicose** (vă'rikōs), *a.* nabreknut, otečen (*kao žila krvnica*).

**varicosity** (vă'riko'siti), *n.* nabreknuće žile krvnice.

**varied** (vă'rid), *a.* različit, raznolik; drukčiji.

**variegate** (ve'jriigēt), *v.* šarati, učiniti prugastim; označiti raznim bojama.

**variegated** (ve'jriige'ted), *a.* šaren.

**variegation** (ve'jriige'jšön), *n.* šarolikost; šaranje.

**variety** (vǎra'iti), *n.* različitost, različnost, raznovrsnost; razne stvari; vrsta.

**variform** (ve'jriform), *a.* raznolik.

**variola** (vǎra'jolö), *n.* boginje, koze (*bolest*).

**variolar** (vǎra'jölör), *a.* kozičav, boginjav.

**various** (ve'jriąs), *a.* različit; raznovrstan; promjenljiv.

**variously** (ve'jriąsli), *adv.* na različit način; raznovrsno.

**varnish** (va'rniš), *v.* lakirati, osvjetlati; — *n.* pokost, lak; gleđa; vanjština.

**varnisher** (va'rnišör), *n.* pokostar; laštilac.

**varsity** (va'rsiti), *n. umjesto*: **university.**

**vary** (vē'ri), *v.* mijenjati (se), promijeniti (se); razlikovati se; razilaziti se; varirati.

**vascular** (vă'skjulör), *a.* odnoseći se na krvne žile *ili* cijevi.

**vasculum** (vă'skjuląm), *n.* herbar.

**vase** (vejs *ili* vejz), *n.* žara, posuda, vaza.

**vaseline** (vă'silin), *n.* vazelin.

**vassal** (vă'söl), *n.* lenski zakupnik, vazal; podanik; rob.

**vassalage** (vă'söleđ), *n.* vazalstvo; podaništvo; ropstvo.

**vast** (vǎst), *a.* golem, ogroman; neizmjeran.

**vastly** (vă'stli), *adv.* neizmjerno; silno.

**vastness** (vă'stnes), *n.* golemost, ogromnost; neizmjernost.

**vat** (vǎt), *n.* kaca, kada, badanj.

**Vatican** (vă'tikön), *n.* vatikan; papinska palača; papinska vlada.

**vaticide** (vă'tisajd), *n.* ubijstvo *ili* ubojica proroka.

**vaticinal** (văti'sinöl), *a.* proročki.

**vaticinate** (văti'sinejt), *v.* proreći, proricati; nagoviještati.

**vaticination** (văti'sine'jšön), *n.* proricanje; nagoviještanje.

**vaticinator** (văti'sine'jtör), *n.* proricatelj; nagoviještalac.

**vaudeville** (vō'dvil), *n.* šaljiva kazališna predstava sa pjevanjem, plesom, *itd.*, kabaret.

**vault** (vălt), *v.* posvoditi; skakati; preskočiti; — *n.* svod; podrum; grobnica; skok; preskok.

**vaulted** (vă'lted), *a.* posvođen; dupčast.

**vaulter** (vă'ltör), *n.* premetalo; skakač.

**vaulting** (vă'lting), *n.* posvođenost; svodovi; preskakivanje.

**vaunt** (vănt), *v.* hvastati se, razmetati se, prčiti se; veličati; — *n.* hvaljenje; hvastanje.

**vaunter** (vă'ntör), *n.* hvališa; veličalac.

**vaunting** (vă'nting), *n.* hvalisavost, razmetljivost.

**veal** (vīl), *n.* teletina.

**vedette** (vide't), *n.* okonjena predstraža.

**veer** (vīr), *v.* zakrenuti; okrenuti (se); popustiti; promijeniti.

**vegetable** (ve'đetöbl), *a.* biljni, bilinski; — *n.* biljka; (*pl.*) povrće.

**vegetal** (ve'đetöl), *a.* biljni; vegetivan.

**vegetarian** (ve'đite'riön), *a.* vegetarijanski; — *n.* vegetarijanac (*koji ne jede mesa*).

**vegetarianism** (ve'đite'riönizm), *n.* vegetarijanizam (*nauka, da čovječja hrana mora biti jedino od bilja*).

**vegetate** (ve'đitejt), *v.* rasti, živjeti (*kao biline*); životariti.

**vegetation** (ve'đite'jšön), *n.* rastenje; rasline; biline.

**vegetative** (ve'đite'jtiv), *a.* raslinski; bilinski.

**vehemence** (vi'himens), *n.* žestina, vatrenost; bijes.

**vehement** (vi'himent), *a.* žestok, vatren; bijesan.

**vehemently** (vi'himentli), *adv.* žestoko; bijesno.

**vehicle** (vi'hikl), *n.* kolica; kola; vodić.

**vehicular** (vihi'kjulör), *a.* kolni.

**veil** (vejl), *v.* pokriti velom, zastrijeti koprenom; prikriti; — *n.* velo, koprena; zavjes; plašt; izlika.

**vein** (vejn), *v.* ispuniti žilama; išarati žilicama; mramorisati; — *n.* žila; žilica; strijeka; raspoloženje.
**veiny** (ve'jni), *a.* pun žila, žilav.
**velar** (vi'lör), *a.* velaran; nepčast.
**vellicate** (ve'likejt), *v.* trzati.
**vellum** (ve'lạm), *n.* fini pergamenat, velin.
**velocipede** (vila'sipid), *n.* velociped; dvokolica; trokolica.
**velocity** (vila'siti), *n.* brzina.
**velodrome** (vi'lödrōm), *n.* trkalište.
**velum** (vi'lạm), *n.* opno; nepce.
**velutinous** (velju'tinạs), *a.* baršunast
**velvet** (ve'lvet), *a.* baršunast; — *n.* baršun, kadiva.
**velveteen** (ve'lveti'n), *n.* pamučan baršun.
**velvety** (ve'lveti), *a.* baršunast.
**venal** (vi'nöl), *a.* potkupljiv, prodajan.
**venality** (vinä'liti), *n.* prodajnost; potkupljivost; podmitljivost.
**vend** (vend), *v.* prodavati.
**vender** (ve'ndör), *n.* prodavalac, prodavač.
**vendetta** (vende'tö), *n.* talijansko tajno razbojničko društvo, vendeta.
**vendible** (ve'ndibl), *a.* prodajan.
**vendor** (ve'ndo'r), *n.* prodavač, prodavalac.
**veneer** (venī'r), *v.* obložiti daščicom; prekriti, navući; — *n.* tanka daščica; korica; navlaka.
**venerable** (ve'nöröbl), *a.* poštovan; častan; prečastan.
**venerate** (ve'nörejt), *v.* poštovati; častiti.
**veneration** (ve'nöre'jšön), *n.* poštovanje, štovanje.
**venerator** (ve'nöre'jtör), *n.* štovatelj.
**venereal** (vini'riöl), *a.* spolni; veneričan.
**venesection** (ve'nise'kšön), *n.* puštanje krvi.
**Venetia** (vini'šiö), *n. isto kao:* **Venice.**
**Venetian** (vini'šön), *a.* venecijski; — *n.* Venečanin.
**vengeance** (ve'nđöns), *n.* osveta; odmazda.
**vengeful** (ve'nđful), *a.* osvetljiv.
**venial** (vi'niöl), *a.* oprostiv.
**veniality** (vi'niä'liti), *n.* oprostivost.
**Venice** (ve'nis), *n.* Venecija.

**Veni Creator** (vi'naj krie'jtör), *nabožna pjesma:* **Dođi Duše Presveti.**
**venire** (vina'jri), *n.* sudbena pozivnica za saziv porotnika.
**venison** (ve'nizön), *n.* srnetina.
**venom** (ve'nöm), *v.* otrov; zloba, pakost.
**venomous** (ve'nömạs), *a.* otrovan; pakostan.
**venomously** (ve'nömạsli), *adv.* pakosno, zlobno.
**venomousness** (ve'nömạsnes), *n.* otrovnost; pakost.
**venous** (vi'nạs), *a.* žilav.
**vent** (vent), *v.* izliti, iskaliti, dati oduška; pustiti; — *n.* otvor; rupica; vranj; izlijev, odušak; izlaz.
**ventage** (ve'nteđ), *n.* mali otvor; rupica.
**venter** (ve'ntör), *n.* trbuh; utroba.
**ventilate** (ve'ntilejt), *v.* zračiti, vjetriti; prorešetati; pretresati.
**ventilation** (ve'ntile'jšön), *n.* zračenje; vjetrenje; pretresanje.
**ventilator** (ve'ntile'jtör), *n.* ventilator; vjetrenjača.
**ventral** (ve'ntröl), *a.* trbušni.
**ventricle** (ve'ntrikl), *n.* duplja; klijetka.
**ventricular** (ventri'kjulör), *a.* uvaljen; dupljast.
**ventriloquism** (ventri'lokụizm), *n.* govor kroz trbuh.
**ventriloquist** (ventri'lokụist), *n.* ventrilokvist, onaj, koji govori kroz trbuh.
**ventriloquize** (ventri'lokụajz), *v.* govoriti kao kroz trbuh.
**venture** (ve'nćur), *v.* usuditi se; riskirati; staviti na kocku; poduzeti; — *n.* smjelost; usuđivanje; opasno poduzeće; špekulacija; slučaj.
**venturer** (ve'nćurör), *n.* smjelica.
**venturesome** (ve'nćursạm), *a.* smion; poduzetan; pogibeljan.
**venturous** (ve'nćurạs), *a.* smion, pustolovan; opasan.
**venue** (ve'nju), *n.* nadležnost mjesta; mjesto, gdje je počinjen zločin *ili* gdje se vodi parnica.
**Venus** (vi'nạs), *n.* Venera, rimska božica ljepote i ljubavi; planeta Vēnus.
**veracious** (vere'jšạs), *a.* istinoljubiv; istinski.

**veracity** (verǎ'siti), *n.* istinoljubivost; istinitost, iskrenost.

**veranda(h)** (verǎ'ndö), *n.* doksat, veranda.

**verb** (vörb), *n.* glagol.

**verbal** (vö'rböl), *a.* usmen; doslovan; glagolski

**verbalism** (vö'rbölizm), *n.* usmenost.

**verbalist** (vo'rbölist), *n.* prebirač riječi; cjepidlačar.

**verbalize** (vö'rbölajz), *v.* pretvoriti u glagol, rabiti glagole.

**verbally** (vö'rböli), *adv.* usmeno; doslovno.

**verbatim** (vörbe'jtim), *adv.* od riječi do riječi, dos'ovno.

**verbena** (vörbi'nö), *n.* sporiš (*biljka*).

**verbiage** (vö'rbieđ), *n.* rabljenje nepotrebnih riječi: suvišna rječitost.

**verbose** (vörbō's), *a.* rječit; brbljav.

**verbosity** (vörbǎ siti), *n.* rječitost; brbljavost.

**verdancy** (vö'rdönsi), *n.* zelenilo, zelen; neiskustvo.

**verdant** (vö'rdönt), *a.* zelen; svjež; neiskusan.

**verdict** (vö'rdikt), *n.* pravorijek (*porote*); odluka.

**verdigris** (vö'rdigris), *n.* mjedenka; rđa od bakra.

**verditer** (vö'rditör), *n.* zlatopoj (*vrst plavkaste ili zelene boje*).

**verdure** (vö'rđur), *n.* zelen; svježe rasline.

**verdurous** (vö'rđurạs), *a.* zelen; bujan; svjež.

**verein** (fera'jn), *n.* društvo; zajednica.

**verge** (vörđ), *v.* približiti se; graničiti; naginjati; — *n.* rub, kraj; međa; područje; štap.

**verger** (vö'rđör), *n.* štaponoša.

**veridical** (viri'diköl), *a.* istinski, iskren.

**verifiable** (ve'rifa'ebl), *a.* obistiniv; potvrdiv.

**verification** (ve'rifike'jšön), *n.* ovjerovljenje; potvrda; — **in verification of which,** u vjeru česa.

**verifier** (ve'rifa'er), *n.* ovjerovitelj.

**verify** (ve'rifaj), *v.* ovjeroviti, potvrditi; obistiniti.

**verily** (ve'rili), *adv.* u istinu, zaista, doista; posve; zapravo.

**verisimilar** (ve'risi'milör), *a.* prividno istinit; vjerojatan.

**verisimilitude** (ve'risimi'litjud), *n.* vjerojatnost.

**veritable** (ve'ritöbl), *a.* pravi; zbiljski.

**veritably** (ve'ritöbli), *adv.* zapravo; ozbiljno.

**verity** (ve'riti), *n.* istina.

**verjuice** (vö'rđus), *n.* sok od nezrelog grožđa; kiselost.

**vermeil** (vö'rmil), *n.* pozlaćena srebrnina; umjetna rumenica.

**vermicelli** (vö'rmiče'li), *n.* rezanci; spageti.

**vermicide** (vö'rmisajd), *n.* sredstvo za uništavanje glista.

**vermicular** (vörmi'kjulör), *a.* crvni; crvolik; kao glista.

**vermiculate** (vörmi'kjulet), *v.* učiniti crvolike ukrase; postati crvotočnim; — *a.* crvolik; crvotočan.

**vermiculation** (vörmi'kjule'jšön), *n.* crvoliko gibanje *ili* ukrašenje.

**vermiculose** (vörmi'kjulōs), *a.* crvljiv, crvotočan; crvolik.

**vermiform** (vö'rmiform), *a.* crvolik.

**vermifuge** (vö'rmifjuđ), *n.* sredstvo protiv glista.

**vermilion** (vörmi'ljön), *n.* crven, skerlet.

**vermin** (vö'rmin), *n.* škodljive životinjice, kao uši, buhe, crvi, štakori, miševi, *itd.*, kao i lasice, sove, *itd.*

**verminate** (vö'rminejt), *v.* stvarati škodljive životinjice; okužiti.

**verminous** (vö'rminas), *a.* crvljiv; crvolik.

**vermivorous** (vörmi'vorạs), *a.* crvožderan.

**vermuth** (ve'rmut), *n.* bermut.

**vernacular** (vörnǎ'kjulör), *a.* domorodan; domaći; mjesni; — *n.* materinski jezik.

**vernacularism** (vörnǎ'kjulörizm), *n.* jezično narječje.

**vernal** (vö'rnöl), *a.* proljetni, pramaljetni; mladenački.

**vernier** (vö'rniör), *n.* nonij.

**veronica** (veri'nikö), *n.* čestoslavica (*biljka*).

**verrucose** (ve'rukōs), *a.* bradavičav.

**versatile** (vö'rsötil), *a.* okretan; mnogostran; promjenljiv, nestalan; pokretan.

**versatility** (vö'rsöti'liti), *n.* okretnost; višestranost; nestalnost, promjenljivost.

**verse** (vörs), *v.* praviti stihove; pjevati; — *n.* stih; kitica; pjesma.

**versed** (vörst), *a.* upućen; vješt; preokrenut.

**verse-maker** (vö'rsme'jkör), *n.* stihotvorac.

**verse-making** (vö'rsme'jking), *n.* građenje stihova, stihotvorstvo.

**verseman** (vö'rsmön), *n.* stihotvorac.

**verse-monger** (vö'rsmā'ngör), *n.* stihotvorac.

**versicle** (vö'rsikl), *n.* stihić.

**versicolor** (vö'rsikā'lör), *a.* raznobojan; šaren; prelijevan.

**versification** (vö'rsifike'jšön), *n.* stihotvorstvo.

**versifier** (vö'rsifa'er), *n.* stihotvorac.

**versify** (vö'rsifaj), *v.* graditi stihove; pretvoriti u stihove.

**version** (vö'ršön), *n.* prijevod; prevađanje; tumačenje.

**verso** (vö'rso), *n.* lijeva stranica.

**verst** (vörst), *n.* vrsta (*ruska mjera daljine po prilici dvije trečine milje*).

**versus** (vö'rsös), *prep.* proti, protiv.

**vert** (vört), *n.* zelen; pravo sječenja šume.

**vertebra** (vö'rtibrö), *n.* kralježak.

**vertebral** (vö'rtebröl), *a.* kralježni.

**vertebrata** (vö'rtebre'jtö), *n. pl.* kralježnjaci.

**vertebrate** (vö'rtebret), *a.* kralježni; — *n.* kralježnjak.

**vertex** (vö'rteks), *n.* vršak, vrh; zenit; tjeme.

**vertical** (vö'rtiköl), *a.* okomit, vertikalan; — *n.* okomica.

**verticality** (vö'rtikā'liti), *n.* okomitost.

**vertically** (vö'rtiköli), *adv.* okomito.

**verticil** (vö'rtisil), *n.* prešljen.

**verticillate** (vörti'silet), *a.* prešljenast.

**vertiginous** (vörti'đinas), *a.* vrtoglav; omaman; okretljiv.

**vertigo** (vö'rtigo *ili* vörta'jgo), *n.* vrtoglavica, omamica.

**vervain** (vö'rvejn), *n.* sporiš (*biljka*).

**verve** (vörv), *n.* polet, zanos.

**very** (ve'ri), *a.* pravi; istinit; isti; glavom; — *adv.* vrlo, veoma; vele.

**vesica** (visa'jkö), *n.* mjehur.

**vesical** (ve'sicöl), *a.* mjehurni.

**vesicant** (ve'sikönt), *a.* prištovlačan; — *n.* prištilo.

**vesicate** (ve'sikejt), *n.* priviti prištilo; izvlačiti mjehuriće.

**vesication** (ve'sike'jšön), *n.* privijanje prištila; izvlačenje prišteva.

**vesicle** (ve'sikl), *n.* mjehurić.

**vesicular** (vesi'kjulör), *a.* mjehurićav staničav.

**vesper** (ve'spör), *a.* večernji; — *n.* večer; zvijezda večernica; *pl.* večer. nja, večernica, blagoslov (*služba božja*).

**vespertine** (ve'spörtin *ili* ve'sportajn), *a.* večernji.

**vespiary** (ve'spiöri), *n.* osinjak.

**vessel** (ve'sel), *n.* posuda, sud; lađa, brod; žila (*krvna*); cijev.

**vest** (vest), *v.* odjenuti; snabdjeti; ovlastiti; namjestiti; staviti u posjed; dati; prijeći; obući se; — *n.* prsluk; haljetak; haljina.

**Vesta** (ve'stö), *n.* Vesta (*božica i planet*).

**vestal** (ve'stöl), *a.* vestalinski; opatički; — *n.* vestalinka; djevica; opatica.

**vested** (ve'sted), *a.* odjeven, obucen; ustaljen; dobiven; određen.

**vestibule** (ve'stibjul), *n.* pridvorje; trijem; spojni kanal.

**vestige** (ve'stiđ), *n.* stopa; trag, slijed; znak.

**vestment** (ve'stment), *n.* odijelo; misno ruho.

**vestry** (ve'stri), *n.* sakristija; kapelica; mjesto, gdje se obdržaje skupština općinskog zastupstva; župna *ili* općinska dvorana; crkveni odbor; općinsko zastupstvo.

**vestryman** (ve'strimön), *n.* crkveni odbornik.

**vesture** (ve'sćur), *n.* ruho, odijelo.

**Vesuvian** (visju'viön), *a.* vezuvski.

**vetch** (več), *n.* grahorica.

**vetchy** (ve'či), *a.* grahorast, pun grahorice.

**veteran** (ve'törön), *a.* prokušan, iskusan; služen; star; — *n.* isluženi vojnik, veteran; iskusan čovjek.

**veterinarian** (ve'terine'riön), *n.* veterinar, živinar.

**veterinary** (ve'terinöri), *a.* veterinarski, živinarski; — *n.* veterinar, živinar.

**veto** (vī'to), *v.* neodobriti; zabraniti; zabaciti; — *n.* zabačenje; zabrana; veto.

**vex** (veks), *v.* dražiti; dosađivati; mučiti; uznemirivati.

**vexation** (vekse'jšön), *n.* mučenje; draženje; uznemirenje; bol.

**vexatious** (vekse'jšas), *a.* mučan, tegotan; dosadan.

**vexed** (vekst), *a.* dosadan; uznemiren; srdit; prijeporan.

**vexillum** (veksi'lam), *n.* bojna zastava; crkvena zastava; barjak.

**via** (va'jö), *prep.* putem; preko; — *n.* drum, cesta, put.

**viability** (va'jöbi'liti), *n.* sposobnost za život.

**viable** (va'jöbl), *a.* sposoban za život.

**viaduct** (va'jödakt), *n.* vijadukt, dugi most.

**vial** (va'el), *n.* bočica, boca.

**viand** (va'end), *n.* hrana; meso; živež.

**viatic** (vajă'tik), *a.* putni.

**viaticum** (vajă'tikam), *n.* popudbina; putni živež; sveta pričest i pomast umirućih.

**vibrant** (va'jbrönt), *a.* titrajući; ljuljajući.

**vibrate** (va'jbrejt), *v.* titrati; ljuljati (se), kolebati (se).

**vibration** (vajbre'jšön), *n.* titranje, ljuljanje, njihanje.

**vibratory** (va'jbrötori), *a.* titrajući, njihajući.

**vicar** (vi'kör), *n.* zamjenik, vikar; upravitelj župe; — **vicar of Christ**, papa.

**vicarage** (vi'köređ), *n.* vikarijat; dohodak *ili* služba upravitelja župe.

**vicarial** (vajke'jriöl), *a.* vikarski; namjesni.

**vicariate** (vajke'jriet), *a.* vikarski; — *n.* namjesništvo, vikarijat.

**vicarious** (vajke'jrias), *a.* namjesni; zamjenički; vikarski.

**vice** (vajs), *prep.* umjesto, namjesto; — *prefix.* pod-; podređeni; pomoćni; — *n.* razvratnost; mana; opačina; pokvarenost; pogrješka; zamjenik, namjesnik.

**vice-admiral** (va'jsă'dmiröl), *n.* podadmiral.

**vice-chairman** (va'jsče'rmön), *n.* potpresjednik.

**vice-chamberlain** (va'jsče'jmberlin), *n.* potkomornik.

**vice-chancellor** (va'jsčă'nselör), *n.* potkancelar.

**vice-consul** (va'jskă'nsöl), *n.* potkonzul.

**vicegerent** (vajsđi'rent), *n.* namjesnik.

**vicennial** (vajse'niöl), *a.* dvadesetgodišnji.

**vice-president** (va'jspre'zident), *n.* potpresjednik.

**vice-regal** (va'jsrī'göl), *a.* potkraljevski.

**viceroy** (va'jsro'j), *n.* potkralj.

**viceroyalty** (va'jsro'jölti), **viceroyship** (va'jsrojšip), *n.* potkraljevstvo.

**vice versa** (va'jsivö'rsö), *adv.* obratno.

**vicinage** (vi'sineđ), *n.* susjedna mjesta; susjedstvo.

**vicinal** (vi'sinöl), *a.* susjedan.

**vicinity** (visi'niti), *n.* susjedstvo; blizina.

**vicious** (vi'šas), *a.* pokvaren, opak, zao; nećudoredan; žestok.

**vicissitude** (visi'sitjud), *n.* promjena; nestalnost; mijena.

**vicissitudinary** (visi'sitju'dineri), *a.* nestalan; promjenljiv.

**victim** (vi'ktim), *n.* žrtva.

**victimize** (vi'ktimajz), *v.* učiniti žrtvom; varati, prevariti.

**victor** (vi'ktör), *a.* pobjednički; — *n.* pobjednik.

**victorious** (viktō'rias), *a.* pobjednički, slavodobitan.

**victoriously** (viktō'riasli), *adv.* slavodobitno.

**victory** (vi'ktöri), *n.* pobjeda.

**victress** (vi'ktres), *n.* pobjednica.

**victual** (vitl), *v.* nabavljati hranu, snabdjeti živežem, oskrbiti; jesti; — *n.* živež, hrana; zaira.

**victualer** (vi'tlör), *n.* nabavljač hrane, dobavljač živeža; gostioničar; margetan, brod, koji dovaža zalihu za druge brodove.

**victus** (vi'ktös), *n.* živež, jelo.

**vicugna, vicuna** (viku'nja), *n.* vikunja (*životinja*).

**vicugna-wool** (viku'njauu'l), *n.* vigonj-vuna.

**vide** (va'jdi): vidi.

**videlicet** (vide'liset), *adv.* najme; to jest.

**vidette** (vide't), *n. isto kao:* **vedette.**

**viduage** (vi'djueđ), *n.* udovištvo; udovice.

**vie** (vaj), *v.* takmiti se; nadmetati se.

**Vienna** (vie'nö), *n.* Beč.

**Viennese** (vieni'z), *n*. Bečanin, Bečani.

**view** (vju), *v*. gledati; ogledati; razgledati; vidjeti; — *n*. pogled; vidik; izgled; vid; namjera; nazor, mišljenje.

**viewer** (vju'ör), *n*. gledalac, posmatrač; pregledavač; istražnik.

**viewless** (vju'les), *a*. nevidljiv; neviđen.

**vigesimal** (vajđe'simöl), *a*. dvadeseti.

**vigil** (vi'đil), *n*. bdijenje; čuvanje; noćna java; (*pl*.) večernje pobožnosti; dan *ili* večer uoči velikog blagdana.

**vigilance** (vi'đilöns), *n*. budnost; brižnost; opreznost.

**vigilant** (vi'đilönt), *a*. budan; pažljiv.

**vigilante** (vi'đilǎ'nti), *n*. član društva za bezodvlačno odmjerenje pravde, vigilant.

**vignette** (vinje't), *n*. vinjeta, ukras; sličica.

**vigor** (vi'gör), *n*. snaga, sila, moć.

**vigorous** (vi'görạs), *a*. snažan, moćan, jak.

**vigorously** (vi'görạsli), *adv*. snažno, jako, silno.

**vigorousness** (vi'görạsnes), *n*. jakost; odlučnost.

**viking** (va'jking), *n*. gusar, viking.

**vilayet** (vi'laje't), *n*. vilajet, upravna pokrajina u Turskoj.

**vile** (va'el), *a*. loš, bezvrijedan; oduran.

**vilely** (va'jli), *adv*. podlo; sramotno; odurno.

**vilification** (vi'lifike'jšön), *n*. sramoćenje, ocrnjivanje, poniženje.

**vilifier** (vi'lifaer), *n*. ocrnivač; ponizivač.

**vilify** (vi'lifaj), *v*. sramotiti, ponizivati, ocrniti.

**vill** (vil), *n*. zaselak; selo.

**villa** (vi'lö), *n*. vila, ljetnikovac.

**village** (vi'leđ), *n*. selo; općina.

**villager** (vi'leđör), *n*. seljanin.

**villain** (vi'len), *n*. lupež, hulja; sluga, rob.

**villainous** (vi'lenas), *a*. lupeški, lopovski, podao; odvratan.

**villainy** (vi'leni), *n*. lupeštvo; lopovsko djelo; zločin.

**villenage, villeinage** (vi'lineđ), *n*. ropstvo; lenski posjed.

**villous** (vi'lạs), *a*. dlakav, runjav.

**villus** (vi'lạs), *n*. dlačica.

**vim** (vim), *n*. snaga, sila; odvažnost.

**viminal** (vi'minöl), *a*. šipkast, prutast; vrbov.

**vimineous** (vimi'nias), *a*. šipkast; granat.

**vinaceous** (vajne'šạs), *a*. vinski, od grožđa.

**vinaigrette** (vi'negre't), *n*. mirisava bočica.

**vinaigrous** (vi'negrạs), *a*. kiseo kao ocat; mrzovoljan.

**vincible** (vi'nsibl), *a*. pobjedljiv.

**vincibility** (vi'nsibi'liti), *n*. pobjedljivost.

**vinculum** (vi'nkjulạm), *n*. veza, sveza.

**vindicate** (vi'ndikejt), *v*. opravdati, braniti.

**vindication** (vi'ndike'jšön), *n*. opravdanje; branjenje, obrana.

**vindicative** (vi'ndike'jtiv), *a*. obranben, što opravdava.

**vindicator** (vi'ndike'jtör), *n*. branitelj, opravdatelj; osvetnik.

**vindicatory** (vi'ndiköto'ri), *a*. koji opravdava, brani, koji okaja.

**vindictive** (vindi'ktiv), *a*. osvetljiv.

**vindictively** (vindi'ktivli), *adv*. osvetljivo, osvetnički.

**vindictiveness** (vindi'ktivnes), *n*. osvetljivost.

**vine** (vajn), *n*. čokot, trs; loza.

**vine-dresser** (va'jndre'sör), *n*. vinogradar.

**vine-fretter** (va'jnfre'tör), *n*. vinski ljiljak.

**vinegar** (vi'nigör), *n*. ocat, sirće.

**vinery** (va'jnöri), *n*. postava za čokote, staklenik.

**vineyard** (vi'njörd), *n*. vinograd.

**vinous** (va'jnạs), *a*. vinski.

**vintage** (vi'nteđ), *n*. berba; vino od jedne godine.

**vintager** (vi'nteđör), *n*. berač, trgalac (*grožđa*).

**vintner** (vi'ntnör), *n*. trgovac vinom, vinar.

**vintnery** (vi'ntnöri), *n*. trgovina vinom.

**viny** (va'jni), *a*. trsni, čokotni; vinski.

**viol** (va'jol), *n*. viola (va'jolö), *n*. viola (*velike starinske gusle*).

**violable** (va'jolöbl), *a*. povrediv.

**violaceous** (va'jole'jšạs), *a*. ljubičast.

**violate** (va'jolejt), *v*. povrijediti, prekršiti, prestupiti, pogaziti; oskvrnuti.

**violation** (va'jole'jšön), *n.* prekršaj, povreda, prestupak; oskvrnuće.

**violator** (va'jole'jtör), *n.* povrijeditelj, prekršitelj, prestupnik; oskvrnitelj.

**violence** (va'jolens), *n.* žestina; nasilje, sila; navala.

**violent** (va'jolent), *a.* žestok; silan, nasilan, naprasit.

**violently** (va'jolentli), *adv.* žestoko.

**violet** (va'jolet), *a.* ljubičast; — *n.* ljubica; ljubičasta boja.

**violin** (va'joli'n), *n.* gusle, violina.

**violinist** (va'joli'nist), *n.* guslač.

**violist** (va'jolist), *n.* gudač u violu.

**violoncellist** (vi'olonče'list *ili* va'jolonse'list), *n.* violončelist.

**violoncello** (vi'olonče'lo *ili* va'jolonse'lo), *n.* violončelo.

**viper** (va'jpör), *n.* guja, ljutica.

**viperine** (va'jpörin *ili* va'jpörajn), *a.* gujski, zmijski.

**viperish** (va'jpöriš), *a.* zmijski; zloban; otrovan.

**viperous** (va'jpörạs), *a.* otrovan; zloban; gujski.

**virago** (vire'go *ili* vajre'go), *n.* svadljivka, lajavica (*žena*).

**virescence** (vajre'sens), *n.* zelenjenje.

**virescent** (vajre'sent), *a.* zelenkast; što se počinje zeleniti.

**virgin** (vö'rđin), *a.* djevičanski, djevojački; čist; neokaljan; — *n.* djevica, djevojka; djevica (*zviježde*).

**virginal** (vö'rđinöl), *a.* djevičanski, djevojački; — *n.* spinet (*vrst starinskog glasovira*).

**virginity** (vörđi'niti), *n.* djevičanstvo; nevinost.

**Virgo** (vö'rgo), *n.* djevica (*zviježde*).

**viridescence** (vi'ride'sens), *n.* zelenkastost, zelenilo.

**viridescent** (vi'ride'sent), *a.* zelenkast.

**viridity** (viri'diti), *n.* zelenilo, zelen.

**virile** (vi'ril), *a.* muževan; muški.

**virility** (viri'liti), *n.* muževnost; doraslost; zrelost.

**virose** (va'jrōs), *a.* otrovan; smrdljiv.

**virtu** (virtu'), *n.* umjetnički ukus.

**virtual** (vö'rčụöl), *a.* mogući, možebitan; bitan.

**virtue** (vö'rču), *n.* krepost; vrlina; nevinost; sila, djelatnost.

**virtuoso** (vö'rtụo'so), *n.* umjetnik, virtuoz.

**virtuous** (vö'rčụạs), *a.* krepostan; čudoredan; čist, djevičanski; uzoran.

**virtuously** (vö'rčụạsli), *adv.* kreposno; uzorno.

**virtuousness** (vö'rčụạsnes), *n.* krepost.

**virulence** (vi'rjulens), *n.* otrovnost; kužnost; gorčina.

**virulent** (vi'rjulent), *a.* otrovan; škodljiv; pakostan.

**virulently** (vi'rjulentli), *adv.* pakosno; zlobno.

**virus** (va'jrös), *n.* otrov; žuč.

**vis** (vis), *n.* moć, sila.

**visa** (vi'zö), *v.* potvrditi, ovjeroviti; (*putnicu*); — *n.* potvrda, ovjerovljenje (*putnice*).

**visage** (vi'zeđ), *n.* lice, izgled; obraz.

**visaged** (vi'zeđd), *a.* s licem.

**vis-a-vis** (vi'zavi'), *adv.* licem u lice, suočice; nasuprot, preko; — *n.* jedna od osoba *ili* stvari, koje su jedna prema drugoj.

**viscera** (vi'serö), *n.* drob, utroba, crijeva.

**visceral** (vi'seröl), *a.* utrobni.

**viscid** (vi'sid), *a.* ljepljiv, prianjav.

**viscidity** (visi'diti), *n.* ljepljivost, prianjavost.

**viscosity** (viskả'siti), *n.* ljepljivost, prianjavost.

**viscount** (va'jkạunt), *n.* podgrof.

**viscountess** (va'jkạuntes), *n.* podgrofica.

**viscous** (vi'skạs), *a.* ljepčiv, prianjav; polužidak.

**vise** (vize'), *v.* ovjeroviti, potvrditi (*putnicu*); — *n.* ovjerovljenje, službena potvrda (*putnice*).

**visibility** (vi'zibi'liti), *n.* vidljivost.

**visible** (vi'zibl), *a.* vidljiv; prividan; očevidan.

**visibly** (vi'zibli), *adv.* vidljivo; prividno; očevidno.

**vision** (vi'žön), *v.* viditi kao u prikazi; — *n.* vid; viđenje; prikaza; sanjarija.

**visionary** (vi'žöneri), *a.* vidovit; utvaran; sanjarski; uobražen; — *n.* utvarač, sanjar.

**visit** (vi'zit), *v.* posjetiti, pohoditi; snaći; dolaziti; — *n.* posjet; posjećivanje.

**visitable** (vi'zitöbl), *a.* posjetan; kažnjiv.

**visitant** (vi'zitönt), *n.* posjetnik.

**visitation** (vi'zite'jšön), *n.* posjećivanje, pohađanje; **the visitation of our Lady**, pohođenje bl. djevice Marije.

**visiting** (vi'ziting), *a.* posjetni; istražni; — *n.* posjećenje, posjećivanje.

**visiting-card** (vi'zitingka'rd), *n.* posjetnica.

**visitor** (vi'zitör), *n.* posjetnik; nadziratelj.

**visor** (vi'zör), *n.* zaklon; lice na kacigi; krinka, obrazina; obodac (*na kapama*).

**vista** (vi'stö), *n.* vidik, izgled; drvored.

**visual** (vi'žuöl), *a.* vidni.

**vital** (va'jtöl), *a.* životni; neophodno potreban; bitan.

**vitality** (vajtä'liti), *n.* životno načelo; životna snaga; život.

**vitalization** (va'jtölize'jšön *ili* va'jtölajze'jšön), *n.* oživljenje, oživljavanje.

**vitalize** (va'jtölajz), *v.* oživiti, oživljavati.

**vitally** (va'jtöli), *adv.* životno; bitno; u glavnom.

**vitals** (va'jtölz), *n.* dijelovi neophodno potrebiti životu, kao srce i mozak.

**vitiate** (vi'šiejt), *v.* pokvariti; narušiti; uništiti.

**vitiation** (vi'šie'jšön), *n.* kvarenje; uništenje; oskvrnjenje.

**viticulture** (vi'tika'lćur), *n.* vinogradarstvo.

**vitreous** (vi'triąs), *a.* staklen; staklovit.

**vitreousness** (vi'triąsnes), *n.* staklovitost.

**vitrescence** (vitre'sens), *n.* postakljivanje; staklovitost.

**vitrescent** (vitre'sent), *a.* staklovit.

**vitrifaction** (vi'trifä'kšön), **vitrification** (vi'trifike'jšön), *n.* pretvaranje u staklo.

**vitrifacture** (vi'trifä'kčur), *n.* pravljenje stakla.

**vitrify** (vi'trifaj), *v.* pretvarati u staklo; ostakliti se.

**vitriol** (vi'triol), *n.* vitriol, galica.

**vitriolic** (vi'triä'lik), *a.* galični; jedak; ujedljiv; sarkastičan.

**vitriolize** (vi'triolajz), *v.* pretvoriti u galicu; škropiti galicom.

**vituline** (vi'tjulin), *a.* teleći.

**vituperate** (vajtju'pörejt), *v.* prekoriti, karati; obružiti.

**vituperation** (vajtju'pöre'jšön), *n.* karanje, ruženje, ukor.

**vituperative** (vitju'pöretiv), *a.* ukoran; pogrdan; uvredljiv.

**vivacious** (vajve'jšąs *ili* vive'jšąs), *a.* živ; živahan; dugovječan.

**vivaciously** (vajve'jšąsli *ili* vive'jšąsli), *adv.* živo, živahno.

**vivacity** (vajvä'siti *ili* vivä'siti), *n.* živost, živahnost.

**vivandiere** (vi'va'ndje'r), *n.* vojna živežarica.

**vivarium** (vajve'rią m), **vivary** (vi'vöri), *n.* zvjerinjak; ribnjak.

**viva voce** (va'jvö vo'se), *adv.* usmeno.

**vive** (viv), *interj.* živio!

**vivers** (vi'vörz), *n.* živež, hrana; zaliha.

**vives** (vajvz), *n.* otečene žlijezde u konja.

**vivid** (vi'vid), *a.* živ; silovit; žestok; bistar; opisan.

**vividly** (vi'vidli), *adv.* živo; žestoko.

**vivification** (vi'vifike'jšön), *n.* oživljavanje.

**vivify** (vi'vifaj), *v.* oživiti, oživljavati.

**viviparous** (vajvi'pöras), *a.* koji koti žive mlade.

**vivisect** (vi'vise'kt), *v.* razuđivati, parati žive životinje.

**vivisection** (vi'vise'kšön), *n.* razuđivanje, paranje živih životinja.

**vivisector** (vi'vise'ktör), *n.* razuđivač živih životinja.

**vixen** (viksn), *n.* svadljivka (*žena*); lisica (*ženka*).

**vixenish** (vi'kseniš), *a.* svadljiv.

**viz** (*čita se*: ne'jmli), *skraćeno od*: **videlicet**, *adv.* najme; to jest.

**vizier, vizir** (vizi'r), *n.* vezir.

**vizor** (vi'zor), *n. vidi*: **visor**.

**vocable** (vö'köbl), *n.* riječ.

**vocabulary** (vokä'bjuleri), *n.* skup riječi, zbirka riječi; riječi.

**vocal** (vö'köl), *a.* glasni; zvučan; usmen; — *n.* vokal, samoglasnik.

**vocalist** (vö'költ), *n.* pjevač, pjevačica.

**vocalize** (vö'költajz), *v.* pretvoriti u glas; učiniti zvučnim; pjevati.

**vocally** (vö'költi), *adv.* glasovno, glasom.

**vocation** (voke'jšön), *n.* zanimanje; zvanje; posao, radnja; poziv.

**vocative** (và'kötiv), *a.* pozivni; — *n.* vokativ, peti padež.

**vociferate** (vosi'förejt), *v.* bučiti; kričati; vrisnuti.

**vociferation** (vosi'före'jšön), *n.* vrištanje, krik.

**vociferous** (vosi'förạs), *a.* vrištav, bučan.

**vodka** (và'dkö), *n.* votka (*vrst rakije u Rusiji*).

**vogue** (võg), *n.* običaj; moda.

**voice** (vojs), *v.* izreći, izjaviti; proglasiti; udesiti; — *n.* glas; govor; zvuk; izražaj misli, osjećaja, mnijenja, *itd.*

**voiceless** (vo'jsles), *a.* bezglasan; bez (*prava*) glasa.

**void** (vojd), *v.* poništiti, ukinuti; izbaciti; ostaviti; isprazniti; — *a.* prazan; ništav; bezvrijedan; nebitan; — *n.* praznina.

**voidable** (vo'jdöbl), *a.* poništiv; ispražnjiv.

**voidance** (vo'jdöns), *n.* poništenje; ispražnjenje; skinuće.

**volant** (vo'lönt), *a.* leteći; lagan.

**volatile** (và'lötil), *a.* ishlapljiv; promjenljiv; prolazan; leteći.

**volatility** (và'löti'liti), *n.* ishlapljivost; promjenljivost, prevrtljivost; nestašnost; hitrost.

**volatilize** (và'lötilajz), *v.* ishlapiti; rasplinuti.

**volcanic** (vàlkă'nik), *a.* vulkanski.

**volcanism** (và'lkönizm), *n.* vulkanizam.

**volcanist** (và'lkönist), *n.* proučavatelj vulkana.

**volcano** (vàlke'jno), *n.* vulkan.

**vole** (võl), *n.* voluharica; platka, svi štihovi (*kod kartanja*).

**volition** (voli'šön), *n.* volja; htijenje.

**volley** (và'li), *v.* ispaliti; izbaciti; provaliti; — *n.* salva; bujica; provala; množina.

**volt** (volt), *n.* volta (*jedinica elektromotorne sile*); trčanje u okrugu, skok.

**voltaic** (vàlte'ik), *a.* voltin.

**voltaism** (và'ltöizm), *n.* voltaizam, galvanizam.

**volubility** (và'ljubi'liti), *n.* rječitost, govorljivost; okretnost.

**voluble** (và'ljubl), *a.* okretan; obrtljiv; rječit, govorljiv.

**volubly** (và'ljubli), *adv.* okretno; rječito.

**volume** (và'ljum), *n.* svezak; knjiga; množina; objam, opseg.

**voluminous** (vàlju'minạs), *a.* opsežan, opširan; silan.

**voluntarily** (và'lạnterili), *adv.* dragovoljno, hotimično.

**voluntariness** (và'lạnterines), *n.* dragovoljnost, hotimičnost.

**voluntary** (và'lạnteri), *a.* dragovoljan, hotimićan.

**volunteer** (và'lạntī'r), *v.* dobrovoljno (se) ponuditi, darovati, stupiti u službu; — *a.* dobrovoljački; dobrovoljan; — *n.* dobrovoljac.

**voluptuary** (volạ'pćụeri), *a.* razbludan, pohotljiv; — *n.* razbludnik, pohotljivac.

**voluptuous** (volạ'pćụạs), *a.* pohotan; raskalašen; raskošan.

**voluptuously** (volạ'pćụạsli), *adv.* raskošno; razbludno.

**voluptuousness** (volạ'pćụạsnes), *n.* raskošnost; razbludnost.

**volute** (vàlju't), *n.* uvojak (*u graditeljstvu*).

**vomit** (và'mit), *v.* bljuvati, rigati, bacati; pobljuvati se; — *n.* bljuvotina; bljuvanje.

**vomitory** (và'mitori), *a.* što podražuje na bljuvanje.

**vomito** (và'mito), *n.* žuta groznica.

**voodoo** (vu'du), *n.* kumir, vračar, coprnjak.

**voracious** (vore'jšạs), *a.* proždrljiv; grabežljiv.

**voracity** (vorà'siti), *n.* proždrljivost; grabežljivost.

**vortex** (và'rteks), *n.* vrtlog, vir.

**vortical** (và'rtiköl), *a.* okretni (*poput vira*).

**vortiginous** (vörti'đinạs), *a.* okretajući (se); vrtoglav.

**votaress** (võ'töres), *n.* zavjetnica; redovnica, duvna.

**votary** (võ'töri), *n.* zavjetnik; redovnik; štovatelj.

**vote** (võt), *v.* glasovati; odglasati; glasovanjem zaključiti; — *n.* glas (*izborni*); glasovanje.

**voter** (võ'tör), *n.* izbornik, glasač.

**voting** (võ'ting), *n.* glasovanje.

**votive** (võ'tiv), *a.* zavjetni.

**vouch** (vạ'uč), *v.* stojati za nješto; jamčiti; posvjedočiti; potvrditi; — *n.* posvjedočenje.

**vouchee** (va̤'ṳči'), *n.* čovjek, koji je zvan na sud, da dokaže svoje pravo.

**voucher** (va̤'ṳčör), *n.* vrst čeka; jamac; svjedok.

**vouchsafe** (va̤ṳčse'jf), *v.* dopustiti; odobriti; dozvoliti; udostojati se.

**vow** (va̤'ṳ), *v.* svečano obećati, zavjetovati se; zakleti se; — *n.* zavjet; svečano obećanje, zakletva.

**vowel** (va̤'ṳel), *v.* snabdjeti vokalima; — *a.* samoglasni; — *n.* samoglasnik.

**vox** (vàks), *n.* glas.

**voyage** (vo'jeđ), *v.* putovati (*morem*); ploviti; — *n.* putovanje (*morem*).

**voyager** (vo'jeđör), *n.* putnik (*po moru*).

**vulcanic** (va̤lkă'nik), *a.* vulkanski.

**vulcanism** (va̤'lkönizm), *n.* vulkanizam, vulkanske pojave.

**vulcanite** (va̤'lkönajt), *n.* vulkanizovani kaučuk.

**vulcanization** (va̤'lkönize'jšön), *n.* sumporanje (*kaučuka*).

**vulcanize** (va̤'lkönajz), *v.* sumporati (*kaučuk*), vulkanizovati.

**vulgar** (va̤'lgör), *a.* prost, nizak; pučki; običan; odvratan; — *n.* prosti, obični narod.

**vulgarian** (va̤lge'jriön), *n.* prostak; prost čovjek.

**vulgarism** (va̤'lgörizm), *n.* prosti izraz; prostaštvo.

**vulgarity** (va̤lgă'riti), *n.* prostota, prostaštvo.

**vulgarize** (va̤'lgörajz), *v.* učiniti prostim.

**vulgarly** (va̤'lgörli), *adv.* prosto, prostački.

**Vulgate** (va̤'lgēt), *n.* vulgata (*latinski prijevod sv. Pisma, koji se rabi u rimokatoličkoj crkvi*).

**vulnerability** (va̤'lnöröbi'liti), *n.* ranjivost.

**vulnerable** (va̤'lnöröbl), *a.* ranjiv.

**vulnerary** (va̤'lnöröri), *a.* ljekovit: — *n.* bilinski lijek za rane.

**vulpine** (va̤'lpin *ili* va'lpajn), *a.* lisičji; lukav.

**vulture** (va̤'lčṳr), *n.* strvinar; sipinar.

**vulturine** (va̤'lčṳrajn), *a.* kao strvinar; proždrljiv.

# W

**W, w** (dạ'blju), *slovo*: W, w.
**wabble** (uạ'bl), *v.* kolebati se nesigurno, vrtjeti (se) polagano i nesigurno; tresti (se); gegati (se); — *n.* nesigurno gibanje; geganje; kolebanje.
**wabbly** (uạ'bli), *a.* gegav; nesiguran; klimav.
**wacke** (uạ'ki), *n.* drobnjak (*kamen*).
**wad** (uạ'd), *v.* puniti; trpati; nabijati; postaviti; — *n.* vata; čep; naboj; svežanj, bala; čuperak.
**wadding** (uạ'ding), *n.* postava; pamuk, vata.
**waddle** (uạ'dl), *v.* gibati se (*u hodu*); kretati se nespretno; gegati se; — *n.* geganje; nespretni hod.
**waddler** (uạ'dlör), *n.* gegavac.
**waddy** (uạ'di), *n.* kijača; štap, palica.
**wade** (uẹ'jd), *v.* gaziti; pregaziti; zagaziti.
**wader** (uẹ'jdör), *n.* gazitelj; močvarica (*ptica*).
**wadi** ((uạ'di), *n.* suhodolina.
**wafer** (uẹ'jför), *v.* prilijepiti oblatku, zapečatiti oblatkom; — *n.* oblatka; hostija.
**waffle** (uạ'fl), *n.* prhki kolačić.
**waffle-irons** (uạ'fla'jörns), *n.* sprava za pečenje prhkih kolačića.
**waft** (uạ'ft), *v.* lagano nositi; prohujiti; otpuhnuti; lebdjeti; plivati; domahivati; — *n.* lagano nošenje; dah; zrak; vijanje; lepršanje; mahanje.
**waftage** (uạ'fteđ), *n.* prijenos *ili* prijevoz zrakom *ili* vodom; lebdenje.
**wag** (uạ'g), *v.* mahati; gibati; udarati (*repom*); proslijediti; ići; — *n.* mahanje; šaljivđija; vragoljan.
**wage** (uẹ'jđ), *v.* voditi, obavljati, vršiti, nastaviti; navaliti; **to wage war**, ratovati; — *n.* plaća; nadnica; nagrada.
**wager** (uẹ'jđör), *v.* kladiti se; staviti na kocku; — *n.* oklada; okladnina.
**wagerer** (uẹ'jđörör), *n.* kladitelj, okladnik.

**waggery** (uạ'göri), *n.* veselost; lakrdija; vragolija, šala.
**waggish** (uạ'giš), *a.* đavolast, vragolast; šaljiv; nestašan.
**waggle** (uạ'gl), *v.* kolebati (se); brzo mahati; udarati; — *n.* kolebanje; mah; udarac.
**wagon** (uạ'gön), *n.* kola.
**wagonage** (uạ'göneđ), *n.* vozarina; kola.
**wagoner** (uạ'gönör), *n.* kočijaš, kučiš; vozar.
**wagonette** (uạ'göne't), *n.* otvorena kola sa uzdužnim sjedalima.
**wagtail** (uạ'gte'jl), *n.* pliska (*ptica*).
**waif** (uẹ'jf), *n.* beskućnik; izgubljena i nepotraživana stvar; zalutalo živinče; morska izmetina.
**wail** (uẹ'jl), *v.* jadikovati, tužiti, oplakivati; tugovanje; plač.
**wailer** (uẹ'jlör), *n.* onaj, koji jadikuje.
**wailing** (uẹ'jling), *n.* jadikovanje, naricanje.
**wain** (uẹ'jn), *n.* kola; veliki medvjed (*zviježde*).
**wainscot** (uẹ'jnskàt), *v.* oblagati daščicama; — *n.* oblaganje daščicama; podzidno drvo, uklad.
**wainscotting** (uẹ'jnskàting), *n.* ukladanje, uklad.
**waist** (uẹ'jst), *n.* pas (*dio tijela između prsiju i kukova*); struk; srednji dio palube.
**waistband** (uẹ'jstbǎnd), *n.* pas, pojas; svitnjak.
**waistcoat** (ve'jstkō't), *n.* prsluk, lajbec.
**wait** (uẹ'jt), *v.* čekati; ostati; odgađati; vrebati; iščekivati; dvoriti, poslužiti; — *n.* čekanje; otezanje; poulični muzikant; zasjeda.
**waiter** (uẹ'jtör), *n.* konobar; poslužnik; taca (*za boce, zdjelu, itd.*); čekalac.

**waiting-maid** (u̯e'jtingme'jd), **waiting-woman** (u̯e'jtingu̯u̯'mön), *n.* dvorkinja, sobarica, konobarica.

**waitress** (u̯e'jtres), *n.* konobarica.

**waive** (u̯e'jv), *v.* napustiti; odreći se.

**waiver** (u̯e'jvör), *n.* dobrovoljno napuštenje prava, odreknuće.

**wake** (u̯e'jk), *v.* buditi, probuditi (se); podići (se); potaknuti; čuvati (*stražu ili mrtvaca*); — *n.* čuvanje mrtvaca; bdijenje; vodeni trag broda.

**wakeful** (u̯e'jkful), *a.* budan; besan.

**wakefully** (u̯e'jkfuli), *adv.* budno.

**wakefulness** (u̯e'jkfulnes), *n.* budnost; opreznost.

**waken** (u̯e'jkn), *v.* probuditi (se), prodramiti (se).

**wakener** (u̯e'jknṅör), *n.* budilac; budilica.

**waker** (u̯e'jkör), *n.* budilac; čuvar.

**wale** (u̯e'jl), *v.* praviti masnice (*bičem, remenom, šibom, itd.*); plesti (*košaru*); birati; odabrati; — *n.* masnica, modrica; rub; ivica.

**walk** (u̯à'k), *v.* šetati; hoditi, ići; vladati se; živiti; — *n.* šetnja; šetanje; hod; hodanje, koracanje; put; šetalište; pašnjak; zvanje; zanimanje.

**walker** (u̯à'kör), *n.* šetalac; pješak, hodalac.

**walking** (u̯à'king), *ppr.* šetajući, hodajući; — *n.* šetanje; hodanje; hod.

**walking-stick** (u̯à'kingsti'k), *n.* štap, palica.

**walkout** (u̯à'ka̯u̯t), *n.* radnički štrajk.

**walkover** (u̯à'kō'vör), *n.* lahki uspjeh, nesmetana pobjeda.

**wall** (u̯à'l), *v.* obzidati; utvrditi; — *n.* zid; bedem.

**wallaby** (u̯à'löbi), *n.* australski klokan.

**wallet** (u̯à'let), *n.* lisnica; torba; telečak, bisaga.

**wall-eye** (u̯à'la'j), *n.* stakleno oko (*u konja*).

**wall-flower** (u̯à'lfła̯'u̯ör), *n.* žuti šeboj (*biljka*); zidni cvijet (*žena, koja na plesu uvijek sjedi ili stoji uz zid nemajući s kime plesati*).

**wallop** (u̯à'löp), *v.* udarati; tući, nalemati; vreti; — *n.* teški udarac.

**wallow** (u̯à'lō), *v.* kaljužati se; valjati se; živjeti u smradu *ili* pokvarenosti; — *n.* kaljužanje; kaljuža.

**wall-paper** (u̯à'lpe'jpör), *n.* tapeta, papir za zid.

**Wall Street** (u̯à'lstrī't), *n.* ime ulice u S. Manhattan, grada New Yorka, gdje se nalazi središte novčara Sjedinjenih Država Amerike.

**walnut** (u̯à'lnat), *n.* orah.

**walrus** (u̯à'lras), *n.* morž.

**waltz** (u̯à'lc), *v.* plesati valčik; — *n.* valčik.

**waltzer** (u̯à'lcör), *n.* plesač valčika.

**wampum** (u̯à'mpam), *n.* vampum, čislo od školjki, koje su nekoč rabili američki Indijanci umjesto novca.

**wan** (u̯à'n), *a.* blijed, bljeđahan; tmuran.

**wand** (u̯à'nd), *n.* štap, palica.

**wander** (u̯à'ndör), *v.* tumarati, lutati; bluditi; zastraniti se; proputovati.

**wanderer** (u̯à'ndörör), *n.* putnik; tumaralac.

**wandering** (u̯à'ndöring), *ppr.* tumarajući; nestalan; — *n.* tumaranje; zastranjenje, putovanje.

**wane** (u̯e'jn), *v.* smanjivati se; propadati; — *n.* propadanje, smanjivanje; manjak.

**wannish** (u̯à'niš), *a.* bljeđahan.

**want** (u̯à'nt), *v.* htjeti; ne imati; oskudijevati; potrebovati; tražiti, prositi; nedostajati; — *n.* neimanje; oskudica, nestašica, manjkavost; potreba; siromaštvo.

**wanting** (u̯à'nting), *pa.* čega nema; što fali; oskudan; slabouman.

**wanton** (u̯à'ntön), *v.* uludo (po) trošiti; biti raskalašen; — *a.* razuzdan; raskalašen; raskošan; — *n.* bludnik; bludnica; sitan čovjek.

**wantonly** (u̯à'ntönli), *adv.* nemarno; uludo; razuzdano.

**wantonness** (u̯à'ntönes), *n.* razuzdanost; nemarnost; lakoumnost.

**wap** (u̯à'p), *v.* lemati, batinati; — *n.* baglja slame; udarac.·

**wapenshaw** (u̯à'pnša), *n.* izložba oružja; razgledanje oružja.

**wapentake** (u̯e'pntejk), *n.* okružje (*u Engleskoj*).

**wapiti** (u̯à'piti), *n.* vapiti (*veliki sjeverno-amerièki jelen*).

**wappened** (u̯à'pnd), *a.* iznošen, istrošen.

**war** (u̯à'r), *v.* ratovati; boriti se; — *n.* rat, vojna; boj, ratovanje; neprijateljstvo.

**war-ax** (u̯ă'ră̆'ks), *n.* ubojna sjekira.

**warble** (u̯à'rbl), *v.* cvrkutati; ćurlikati; žuboriti; pjevati; — *n.* cvrkut; čurlikanje; pjesma; žubor.

**warbler** (u̯à'rblör), *n.* pjevac; ptica pjevica.

**war-cry** (u̯à'rkra'j), *n.* ratni poklič, ubojni krik.

**ward** (u̯à'rd), *v.* odbiti, parirati; paziti (se); štititi; — *n.* štićenik; gradski kotar; odjel bolnice, zatvora, *itd.*; štitništvo; nadzor; sjekirica (*u ključa*); pero (*u ključanici*); sredstvo obrane; obranbeni položaj; nadzornik.

**warden** (u̯à'rdn), *n.* skrbnik; čuvar; nadzornik; nastojnik; glavar; ravnatelj.

**wardenry** (u̯à'rdnri), **wardenship** (u̯à'rdnšip), *n.* skrbništvo; nastojništvo; nadzor, službena palica.

**warder** (u̯à'rdör), *n.* stražar, čuvar.

**wardrobe** (u̯à'rdrō'b), *n.* ormar za odijelo; odijelo.

**ward-room** (u̯à'rdrū'm), *n.* časnička soba na ratnom brodu.

**wardship** (u̯à'rdšip), *n.* skrbništvo; malodobnost.

**ware** (u̯ē'r), *v.* čuvati se, paziti; potrošiti, izdati; — *n.* roba; stvari.

**warehouse** (u̯e'rha̯'u̯s), *v.* staviti u skladište; — *n.* skladište, spremište.

**warehouseman** (u̯e'rha̯'u̯smön), *n.* skladišni nadzornik; skladišni radnik.

**warfare** (u̯à'rfē'r), *n.* ratovanje; oružani sukob; borba.

**warily** (u̯e'rili), *adv.* oprezno.

**wariness** (u̯e'rines), *n.* opreznost, pomnjivost.

**warlike** (u̯à'rla'jk), *a.* ratni; ratoborni.

**warm** (u̯à'rm), *v.* stopiti (se), grijati (se), ugrijati (se); oduševiti (se); — *a.* ugrijan, stopljen; topao; uzbuđen; zagrijan; svjež; strastan.

**warmer** (u̯à'rmör), *n.* grijalac; grijalo.

**warm-hearted** (u̯à'rmha'rted), *a.* dobrostiv, ljubazan.

**warmly** (u̯à'rmli), *adv.* toplo; vruće: strastveno; ozbiljno.

**warmth** (u̯à'rmt), *n.* toplina; oduševljenje; žestina.

**warn** (u̯à'rn), *v.* opomenuti; obavijestiti.

**warner** (u̯à'rnör), *n.* opominjalac.

**warning** (u̯à'rning), *n.* opomena; nagovještenje; objava.

**war-office** (u̯à'rà'fis), *n.* ratno ministarstvo.

**warp** (u̯à'rp), *v.* iskriviti (se); izopačiti (se); zgužvati (se); izvitoperiti se; potezati (*brod*); — *n.* iskrivljenost; osnova (*u tkanju*); konop za potezanje broda.

**warped** (u̯à'rpt), *a.* iskrivljen; izopačen.

**warrant** (u̯à'rönt), *v.* jamčiti; dostajati; opravdati; posvjedočiti; osigurati; ovlastiti; — *n.* uhidbeni nalog, uhitnica; ovlaštenje; pravo; punomoć; jamstvo; iskaznica.

**warrantable** (u̯à'röntöbl), *a.* opravdan; ovlašten; zakonit.

**warranted** (u̯à'rönted), *a.* ovlašten; opravdan.

**warrantee** (u̯à'rönti'), *n.* ovlaštenik; punomoćnik.

**warranter** (u̯à'röntör), *n.* opunomoćitelj; jamac.

**warranty** (u̯à'rönti), *n.* ovlasnica, jamstvo.

**warren** (u̯à'ren), *n.* kunčenjak; zvjerinjak; ribnjak.

**warrior** (u̯à'riör), *n.* ratnik, vojnik.

**war-ship** (u̯à'ršip), *n.* ratni brod.

**wart** (u̯à'rt), *n.* bradavica.

**wart-hog** (u̯à'rthà'g), *n.* emgalo (*afrička divlja svinja*).

**warty** (u̯à'rti), *a.* bradavičav.

**wary** (u̯e'jri), *a.* pomnjiv; lukav; razborit; budan.

**was** (u̯à'z), *v. prvo i treće lice jednine imperfekta od*: to be.

**wash** (u̯à'š), *v.* prati (se); ispirati; umiti (se), umivati (se); plakati; — *n.* pranje; umivanje; pralo; udaranje mora; voda; pomije; kovinska prevlaka.

**washable** (u̯à'šöbl), *a.* što se može prati.

**wash-board** (u̯à'šbō'rd), *n.* daska za pranje; letva podnica.

**washer** (u̯à'šör), *n.* periljac; stroj za pranje; kolutić.

**washerwoman** (u̯à'šöru̯u̯'mön), *n.* pralja.

**washhand-basin** (u̯à'šhăndbe'jsn), *n.* umivaonica.

**washhand-stand** (u̯à'šhăndstă'nd), *n.* umivaonik.

**wash-house** (uạ'shạ'us), **washing-house** (uạ'shinghạ'us), *n.* praonica, perionica.

**washing** (uạ'sing), *n.* pranje; ispiranje; perilo.

**wash-leather** (uạ'sle'dör), *n.* koža za pranje.

**wash-stand** (uạ'sstă'nd), *n.* umivaonik.

**wash-tub** (uạ'stạ'b), *n.* kada za pranje.

**washy** (uạ'si), *a.* voden; razblažen; slab.

**wasp** (uạ'sp), *n.* osa; zagrižljivac.

**waspish** (uạ'spiš), *a.* kao osa; razdražljiv, zagrižljiv.

**waspishly** (uạ'spišli), *adv.* ujedljivo; pakosno.

**waspishness** (uạ'spišnes), *n.* ujedljivost; zagrižljivost; pakost.

**wassail** (uạ'sil), *v.* piti u čije zdravlje; pijančevati; — *n.* veselica (*kod koje se pije u nečije zdravlje*); pijanka; piće.

**wast** (uạ'st), *drugo lice jednine od:* **was.**

**wastage** (ue'jsteđ), *n.* istrošenost; trošenje; gubitak.

**waste** (ue'jst), *v.* trošiti, potrošiti; rasipati; protepsti, tratiti; — *a.* zapušten, zabačen; neobrađen; neplodan; pust; opustošen; razoren; bezvrijedan; — *n.* trošenje; rasipanje; smanjivanje; propadanje; otpadak; gubitak; pustoš.

**waste-basket** (ue'jstbă'sket), *n.* koš za papir.

**wasteful** (ue'jstful), *a.* rastepan; razoran, poguban; rasipan.

**waste-pipe** (ue'jstpa'jp), *n.* otočna cijev.

**waster** (ue'jstör), *n.* rasipnik, rastrošnik.

**wasting** (ue'jsting), *a.* rastrošan; poguban; oslabljujući.

**watch** (uạ'č), *v.* paziti, čuvati; stražiti; nadzirati; biti budan, bditi; vrebati; — *n.* pažnja; budnost; čuvanje; čuvar, stražar; straža; sat, ura.

**watch-dog** (uạ'čdă'g), *n.* pokućar (*pas*).

**watcher** (uạ'čör), *n.* čuvar, stražar.

**watch-fire** (uạ'čfaẹr), *n.* stražarska vatra.

**watchful** (uạ'čful), *a.* budan; pažljiv.

**watchfully** (uạ'čfuli), *adv.* budno; pažljivo.

**watchfulness** (uạ'čfulnes), *n.* budnost; pažljivost.

**watch-house** (uạ'čhạ'us), *n.* stražarna, stražarnica.

**watchmaker** (uạ'čme'jkör), *n.* urar.

**watchman** (uạ'čmön), *n.* stražar.

**watch-tower** (uạ'čtạ'uör), *n.* stražarska kula, čardak.

**watchword** (uạ'čuörd), *n.* lozinka, parola.

**water** (uạ'tör), *v.* lijevati vodu, zalijevati; natapati; razvodnjeti (se); sliniti; rasti (*zazubice*); piti vodu; — *n.* voda; slina.

**water-bailiff** (uạ'törbe'jlif), *n.* carinar (*za brodove*).

**water-bed** (uạ'törbe'd), *n.* vodena postelja (*za bolesnike*).

**water-cart** (uạ'törka'rt), *n.* kola za vodu.

**water-closet** (uạ'törklă'zet), *n.* zahod (*za mokrenje*).

**water-color** (uạ'törkă'lör), *n.* vodena boja.

**water-course** (uạ'törkō'rs), *n.* tijek vode; korito rijeke; potok; rijeka.

**watered** (uạ'törd), *a.* moariran; namoćen; zaliven.

**waterfall** (uạ'törfă'l), *n.* vodopad, slap.

**water-fowl** (uạ'törfạ'ul), *n.* vodena ptica.

**watering** (uạ'töring), *n.* zalijevanje; natapanje; napajanje; močenje; moariranje.

**water-level** (uạ'törle'vel), *n.* razulja; visina (*površina*) vode.

**water-line** (uạ'törla'jn), *n.* crta vodnica.

**waterman** (uạ'törmön), *n.* brodar.

**water-mark** (uạ'törma'rk), *n.* znak, koji pokazuje rastenje i padanje vode.

**watermelon** (uạ'törme'lön), *n.* lubenica.

**water-mill** (uạ'törmi'l), *n.* vodeni mlin, vodenica, badnjara.

**water-pepper** (uạ'törpe'pör), *n.* papričnjak (*biljka*).

**water-power** (uạ'törpạ'uör), *n.* vodena sila.

**waterproof** (u̯à'törpru'f), v. učiniti nepromočnim; — a. nepromočan; — n. nepromočna tkanina.

**watershed** (u̯à'törše'd), n. razvodnica.

**waterside** (u̯à'törsa'jd), n. obala.

**water-soak** (u̯à'törsōk), v. prokisnuti.

**waterspout** (u̯à'törspa̯'u̯t), n. vodeni mlaz.

**water-tight** (u̯à'törta'jt), a. nepromočan.

**waterway** (u̯à'töru̯e'j), n. žlijeb; tijek vode.

**water-wheel** (u̯à'törhu̯ī'l), n. vodeno kolo.

**water-works** (u̯à'töru̯ö'rks), n. vodogon; vodomet.

**watery** (u̯à'töri), a. voden; vodenast; vlažan; mokar; bljutav.

**watt** (u̯à't), n. vat, praktična jedinica električne sile.

**wattle** (u̯à'tl), v. plesti; provejavati.

**waul** (u̯à'l), v. mjaukati.

**wave** (u̯e'jv), v. vijati; mahati, domahnuti; učiniti, da se prelijeva, moarirati; lepršati se; talasati se; — n. val, talas; prelijevanje; valovito gibanje; mahanje.

**waveless** (u̯e'jvles), a. bez valova; miran.

**wavelet** (u̯e'jvlet), n. mali val.

**waver** (u̯e'jvör), v. kolebati (se), klimati; biti neodlučan; popuštati.

**waverer** (u̯e'jvörör), n. onaj, koji koleba, koji je neodlučan.

**wavy** (u̯e'jvi), a. valovit, ustalasan.

**wax** (u̯à'ks), v. voštiti, navoštiti; rasti; postajati; — n. vosak.

**wax-candle** (u̯à'kskă'ndl), n. voštanica (svijeća).

**waxwork** (u̯à'ksu̯ö'rk), n. djelo iz voska; voštani kip.

**waxy** (u̯à'ksi), a. kao vosak; voštan.

**way** (u̯e'j), n. put, cesta; staza; trag; tok; prolaz, izlaz; daljina; pravac; način; običaj; osnova; djelokrug; napredovanje, napredak; stanje.

**way-bill** (u̯e'jbi'l), n. popis putnika ili prevozne robe.

**wayfarer** (u̯e'jfe'rör), n. putnik, pješak.

**wayfaring** (u̯e'jfē'ring), a. putujući, putni; — n. putovanje.

**waylay** (u̯e'jle'j), v. zasjedati, vrebati.

**waylayer** (u̯e'jle'ör), n. vrebalac, zasjedač.

**wayside** (u̯e'jsa'jd), a. sa strane puta, pokraj ceste; — n. strana ili kraj puta.

**waystation** (u̯e'jste'jšön), n. sporedna željeznička postaja.

**wayward** (u̯e'ju̯örd), a. samovoljan, uporan; mušičav; zagrižljiv.

**waywardly** (u̯e'ju̯ördli), adv. uporno; hirovito.

**waywardness** (u̯e'ju̯ördn.es), n. upornost; mušičavost; samovoljnost.

**wayworn** (u̯e'ju̯ọrn), a. umoran od puta.

**we** (u̯i'), pron. mi.

**weak** (u̯i'k), a. slab; boležljiv; krhak; nestalan; siromašan; manjkav; nizak.

**weaken** (u̯i'kn), v. slabiti, oslabiti.

**weakener** (u̯i'knnör), n. slabilac; oslabljujuće sredstvo.

**weakling** (u̯i'kling), a. slabašan; — n. slabićak.

**weakly** (u̯i'kli), a. slab; boležljiv; — adv. slabo.

**weakness** (u̯i'knes), n. slabost, slaboća, nemoć; boležljivost.

**weal** (u̯i'l), n. blagostanje, dobrobit; napredak; država; narod; modrica, masnica.

**weald** (u̯i'ld), n. otvoreni šumski predjel; šuma.

**wealth** (u̯e'lt), n. bogatstvo; izobilje.

**wealthily** (u̯e'ltili), adv. bogato; obiljno.

**wealthiness** (u̯e'ltines), n. bogatstvo; obiljnost.

**wealthy** (u̯e'lti), a. bogat; imućan; obilan.

**wean** (u̯i'n), v. odučiti; otuđiti; odvratiti.

**weanling** (u̯i'nling), a. tekar odučen; — n. odučeno dijete (ili životinja).

**weapon** (u̯e'pön), n. oružje.

**weaponed** (u̯e'pönd), a. oružan.

**weaponless** (u̯e'pönles), a. bez oružja.

**wear** (u̯ē'r), v. nositi (se); imati na sebi; istrošiti, trošiti, narušavati; trti; umarati; napredovati; trajati; držati se; nestajati; — n. nošenje; nošnja; trošenje.

**wearable** (u̯ē'röbl), a. što se može nositi.

**wearer** (u̯ē'rör), n. nosilac.

**wearily** (u̯ī'rili), adv. umorno; dosadno.

**weariness** (u̯ī'rines), n. umornost; dosadnost.

**wearisome** (ŭi'risam), *a.* umarajući; dosadan.

**weary** (ŭi'ri), *v.* umarati (se), utruditi (se), izmučiti (se); — *a.* umoran, izmučen; dosadan.

**weasel** (ŭi'zl), *n.* lasica.

**weather** (ŭe'dör), *v.* odoljeti; istrajati, izdržati; izložiti vremenu; izvjetriti; prkositi; — *n* vrijeme.

**weather-beaten** (ŭe'dörbi'tn), *a.* vremenom otvrdnuo; olujom oštećen.

**weather-cock** (ŭe'dörka'k), *n.* pijetao na krovu; vjetrogonja.

**weather-glass** (ŭe'dörglă's), *n.* barometar.

**weather-proof** (ŭe'dörpruf), *a.* siguran od oluje.

**weatherly** (ŭe'dörli), *a.* koji se dobro drži nad vjetrom (*o brodu*).

**weathermost** (ŭe'dörmost), *a.* najbliži strani nad vjetrom.

**weather-wise** (ŭe'dörŭajz), *a.* vješt u proricanju vremena.

**weather-worn** (ŭe'dörŭorn), *a.* vremenom istrošen.

**weave** (ŭi'v), *v.* tkati; vesti, plesti.

**weaver** (ŭi'vör), *n.* tkalac.

**weaving** (ŭi'ving), *n.* tkanje; pletenje, vezenje.

**weazen** (ŭi'zn), *a.* tanak; suh.

**web** (ŭe'b), *v.* oskrbiti tkivom; pokriti tkaninom; zaplesti u paučinu; — *n.* tkanina, tkanje; komad platna; paučina; plivaća opna.

**webbed** (ŭe'bd), *a.* sastavljen plivaćim opnom.

**webby** (ŭe'bi), *a.* tkaninast; kao plivaća opna.

**web-foot** (ŭe'bfu't), *n.* noga plivalica.

**web-footed** (ŭe'bfu'ted), *a.* imajući nožne prste sastavljene plivacim opnom.

**wed** (ŭe'd), *v.* ženiti (se); udati (se); vjenčati (se).

**wedded** (ŭe'ded), *a.* bračni.

**wedding** (ŭe'ding), *n.* ženidba; vjenčanje; svadba, pir.

**wedge** (ŭe'đ), *v.* zagvozditi; raskoliti; pričvrstiti klinom; — *n.* zagvozda, klin.

**wedlock** (ŭe'dlăk), *n.* brak, ženidba.

**Wednesday** (ŭe'nzdi), *n.* srijeda.

**wee** (ŭi'), *a.* sićušan, malen.

**weed** (ŭi'd), *v.* plijeviti; očistiti; — *n.* drač, korov; duhan, smotka; ženska crnina; žalobni znak.

**weeder** (ŭi'dör), *n.* plijevilac; sprava za plijevljenje.

**weedy** (ŭi'di), *a.* pun korova, dračnat, bezvrijedan.

**week** (ŭi'k), *n.* tjedan, nedjelja dana.

**week-day** (ŭi'kde'j), *n.* tjedni dan (*osim nedjelje*).

**weekly** (ŭi'kli), *a.* tjedni, nedjeljni; — *adv.* tjedno; jednom na tjedan; — *n.* tjednik.

**ween** (ŭi'n), *v.* misliti; utvarati si.

**weep** (ŭi'p), *v.* plakati (se), roniti suze; oplakivati.

**weeper** (ŭi'pör), *n.* plakalac; žalobni znak.

**weeping** (ŭi'ping), *n.* plakanje; plač.

**weever** (ŭi'vör), *n.* dragana (*riba*).

**weevil** (ŭi'vl), *n.* žitna pipa (*kukac*).

**weft** (ŭe'ft), *n.* tkanina; paučica.

**weigh** (ŭe'j), *v.* vagati; mjeriti; prosudivati, uzeti u obzir; dignuti; težiti; vrijediti; — *n.* put.

**weigh-bridge** (ŭe'jbri'đ), *n.* mosna vaga.

**weigher** (ŭe'ör), *n.* vagalac.

**weigh-house** (ŭe'jha'us), *n.* vagarnica.

**weight** (ŭe'jt), *v.* teretiti, opteretiti; — *n.* težina, mjera, teg; uteg; pritisak; moć; upliv; važnost.

**weightily** (ŭe'jtili), *adv.* teško; jako.

**weightiness** (ŭe'jtines), *n.* težina.

**weightless** (ŭe'jtles), *a.* bez težine.

**weighty** (ŭe'jti), *a.* težak; važan; moćan; uplivan.

**weir** (ŭi'r), *n.* gat, prepona, naper; vrša (*za lovljenje ribe*).

**weird** (ŭi'rd), *a.* nenaravan; sudbonosan; strahovit; — *n.* sudbina, udes.

**welcome** (ŭe'lkam), *v.* primiti koga lijepo i gostoljubivo; radosno dočekati; — *a.* dobrodošao, veselo primljen; ugodan; — *n.* dobrodošlica, srdačan doček.

**weld** (ŭe'ld), *v.* svariti; spojiti; — *n.* svarenje; spojenje; katanac (*biljka*).

**welfare** (ŭe'lfe'r), *n.* dobrobit, napredak, sreća.

**welkin** (ŭe'lkin), *n.* svod nebeski; nebesa.

**well** (ŭe'l), *v.* brizgati, sukljati; provreti; — *a.* dobar, prav; zdrav; sretan; bezbrižan; — *adv.* dobro, pravo, pohvalno; povoljno; uspješno; vrlo, vele; — *n.* bunar; izvor, vir, vrelo; sprava (*za tekućinu*).

**well-balanced** (u̯e'lbặ'lönst), *a*. ravnotežan, izravnan; napredan.

**well-being** (u̯e'lbī'ng), *n*. boljak, dobrobit; napredak.

**well-born** (u̯e'lbō'rn), *a*. od dobra roda; blagorodan.

**well-bred** (u̯e'lbre'd), *a*. dobro odgojen, fin.

**well-built** (u̯e'lbi'lt), *a*. lijepo građen; stasit.

**well-conducted** (u̯e'lköndạ'kted), *a*. dobro upravljan.

**well-disposed** (u̯e'ldispō'zd), *a*. dobro raspoložen.

**well-done** (u̯e'ldạ'n), *a*. dobro učinjen; dobro pečen.

**well-established** (u̯e'listặ'blišt), *a*. ustanovljen, učvršćen.

**well-favored** (u̯e'lfe'jvörd), *a*. privlačiv; lijep.

**well-fed** (u̯e'lfe'd), *a*. ugojen.

**well-found** (u̯e'lfạ'und), *a*. pronađen dobrim; dobro snabdjeven.

**well-founded** (u̯e'lfạ'unded), *a*. utvrđen; utemeljen.

**well-grounded** (u̯e'lgrạ'unded), *a*. dobro osnovan.

**well-meaning** (u̯e'lmī'ning), *a*. dobro misleći.

**well-meant** (u̯e'lme'nt), *a*. dobro mišljen.

**well-nigh** (u̯e'lna'j), *adv*. skoro; dotovo.

**well-paid** (u̯e'lpe'jd), *a*. dobro plaćen.

**well-preserved** (u̯e'lprizö'rvd), *a*. dobro sačuvan.

**well-read** (u̯e'lre'd), *a*. načitan.

**well-spent** (u̯e'lspe'nt), *a*. dobro upotrebljen.

**well-spoken** (u̯e'lspō'kn), *a*. zgodno rečen; uljudan.

**well-spring** (u̯e'lspri'ng), *a*. izvor, vrelo.

**well-timed** (u̯e'lta'jmd), *a*. pravovremen.

**well-to-do** (u̯e'ltudu'), *a*. imućan.

**well-wisher** (u̯e'lu̯i'šör), *n*. zaštitnik, pokrovitelj; prijatelj.

**Welsh** (u̯e'lš), *a*. vališki; — *n*. ljudi iz Valesa; vališki jezik.

**welt** (u̯e'lt), *v*. opšiti, obrubiti; natući, batinjati; — *n*. opšav, rub; rom od cipele; modrica; lupanje.

**welter** (u̯e'ltör), *v*. ležati (*u tekućini*); valjati se; — *n*. valjanje; uzbuđenje.

**wen** (u̯e'n), *n*. oteklina, izrastao.

**wench** (u̯e'nč), *v*. družiti se sa raspuštenim ženama; — *n*. djevojčura; sluškinja; drolja.

**wend** (u̯e'nd), *v*. ići; putovati.

**went** (u̯e'nt), *imp. od*: **to go**.

**wept** (u̯e'pt), *imp. i pp. od*: **to weep**.

**were** (u̯ö'r), *imp. od*: **to be** (*ind. pl. i conj. sing. i pl.*).

**we're** (u̯i'r), *skraćeno od*: **we are**.

**werewolf** (u̯e'ru̯u'lf), *n*. vukodlak.

**wert** (u̯ö'rt), *drugo lice singulara od*: **was** *ili* **were**.

**werwolf** (u̯e'ru̯u'lf), *n*. vukodlak.

**west** (u̯e'st), *a*. zapadni; — *adv*. zapadno; prema zapadu; — *n*. zapad.

**westerly** (u̯e'störli), *a*. zapadni; — *adv*. zapadno, prema zapadu.

**western** (u̯e'störn), *a*. zapadni; sa zapada.

**westernmost** (u̯e'störnmōst), *a*. na skrajnjem zapadu.

**westing** (u̯e'sting), *n*. udaljenost prema zapadu.

**westward** (u̯e'stu̯örd), *adv*. prema zapadu.

**westwardly** (u̯e'stu̯ördli), *adv*. prama zapadu.

**westwards** (u̯e'stu̯ördz), *adv*. prema zapadu.

**wet** (u̯e't), *v*. namočiti, poškropiti, zaliti; — *a*. namočen; kišan; voden; mokar; — *n*. vlaga; kiša.

**wether** (u̯e'dör), *n*. brav, škopac.

**wetness** (u̯e'tnes), *n*. mokrina, vlaga.

**wet-nurse** (u̯e'tnö'rs), *n*. dojkinja.

**wettish** (u̯e'tiš), *a*. mokrast, vlažan.

**whack** (hu̯ặ'k), *v*. oštro udariti; tući; dijeliti; — *n*. udarac; dio.

**whale** (hu̯e'jl), *v*. tući, batinati; — *n*. kit.

**whalebone** (hu̯e'jlbō'n), *n*. riblja kost.

**whaler** (hu̯e'jlör), *n*. lovac kitova; lađa kitarica.

**whaling** (hu̯e'jling), *n*. lovljenje kitova.

**wharf** (hu̯ặ'rf), *n*. pristanište; (*ozidana*) obala.

**wharfage** (hu̯ặ'rfeđ), *n*. pristojba za pristanište; pristaništa.

**wharfinger** (hu̯ặ'rfinđör), *n*. vlasnik pristaništa.

**what** (hu̯ặ't), *pron*. što; kako; koliko; koji; kakav.

whatever (huåte'vör), *pron.* štogod; kolikogod; koji god; kakav god.

what-not (huå'tnå't), *n.* polica; štogod hoćeš.

whatsoever (huå'coe'vör), *pron.* štogod; koji god; kakav god.

wheal (huï'l), *n.* bubuljica; masnica.

wheat (huï't), *n.* pšenica.

wheat-ear (huï'tï'r), *n.* pšeničan klas.

wheaten (huï'tn), *a.* pšeničan.

wheedle (huï'dl), *v.* laskati (se), udvarati (se); obmanuti; nagovoriti.

wheel (huï'l), *v.* koturati (se), vrtjeti (se); voziti se na kotačima; okretati (se); — *n.* kolo, kotač.

wheel-barrow (huï'lbå'ro), *n.* tačke.

wheeled (huï'ld), *a.* s kotačima..

wheeler (huï'lör), *n.* koturač; kolar.

wheel-wright (huï'lra'jt), *n.* kolar.

wheeze (huï'z), *v.* hripati, teško disati; — *n.* hripanje.

wheezy (huï'zi), *a.* hripav, sopljiv.

whelk (hue'lk), *n.* trubljača šarena (puž); oteklina; izrastao.

whelm (hue'lm), *v.* pokriti vodom, zagnjuriti; svladati; uništiti.

whelp (hue'lp), *v.* kotiti (se); ošteniti (se); — *n.* štene; mlado; dečko.

when (hue'n), *adv. i conj.* kad, kada; dok.

whence (hue'ns), *adv. i conj.* odakle, otkud; kako.

whencesoever (hue'nsoe'vör), *adv.* otklegod; otkud mu drago.

whenever (hue'ne'vör), *adv.* kadgod.

whensoever (hue 'nsoe'vör), *adv.* ma bilo kada, kadgod.

where (hue'r), *adv.* gdje; kamo; odakle.

whereabout (hue'råba'ut), *adv. i conj.* negdje; gdje od prilike; radi čega.

whereabouts (hue'råba̲'uc), *n.* boravište, prebivalište.

whereas (huerå'z), *conj.* s razloga; budući da; dočim; jer; dok nasuprot.

whereat (hue'rå't), *adv. i conj.* kod česa, na što, o čemu.

whereby (hue'rba'j), *adv. i conj.* čime, pri čemu, kroz što.

wherefore (hue'rfö'r), *adv. i conj.* radi česa, s kojeg razloga; dosljedno, zašto.

wherefrom (hue'rfro'm), *adv.* odakle.

wherein (hue'rï'n), *adv. i conj.* u čemu.

whereof (hue'rå'f), *adv. i conj.* o čemu, od čega.

whereon (hue'rå'n), *adv. i conj.* na čemu, na što.

wheresoever (hue'rsoe'vör), *adv.* gdjegod, kamogod.

whereto (hue'rtu'), *adv. i conj.* kamo, k čemu.

whereupon (hue'rapa̲'n), *adv.* na što, uslijed čega.

wherever (huere'vör), *adv.* gdjegod, kamogod.

wherewith (huerui't), **wherewithal** (hue'ru̲ida'l), *adv. i conj.* s čim, s čim mu drago; — *n.* sredstvo, novac.

wherry (hue'ri), *n.* skela, riječni čamac za prevažanje putnika.

whet (hue't), *v.* brusiti, oštriti; podražavati; — *n.* brušenje, oštrenje; dražilo.

whether (hue'dör), *conj.* da li.

whetstone (hue'tstō'n), *n.* brus.

whew (hju), *excl.* uh; hu.

whey (hue'j), *n.* sirutka.

wheyey (hue'i), **wheyish** (hue'iš), *a.* sirutkast, kao sirutka.

which (hui'č), *pron.* koji, koja, koje.

whichever (hui̲če'vör), **whichsoever** (hui'čsoe'vör), *pron.* koji god, tko god.

whiff (hui'f), *v.* duhati, hakati; otpuhnuti; — *n.* ćuh, dah, hak; dim.

whiffle (hui'fl), *v.* ševrdati; kolebati (se); duhati; lepršati.

Whig (hui'g), *n.* član liberalne stranke u Engleskoj u 18. i 19. vijeku; pristaša revolucije u Americi.

Whiggery (hui'göri), *n.* nauka whiga.

while (hua'el), *v.* tratiti, trošiti (vrijeme); — *conj.* dok, dokle; akoprem; — *n.* vrijeme; časak.

whilom (hua'jlam), *adv.* nekoč, prije.

whilst (hua'jlst), *adv.* dok, dokle.

whim (hui'm), *n.* kaprica, hir, mušica.

whimbrel (hui'mbrel), *n.* škurak (ptica).

whimper (hui'mpör), *v.* cviliti, slivkati; — *n.* cviljenje, slivkanje.

whimsical (hui'msiköl), *a.* mušičav, hirovit; čudnovat.

whimsicality (hui'msikå'liti), *n.* mušičavost, hirovitost; čudnovatost.

whimsically (hui'msiköli), *adv.* hirovito; čudnovato.

**whimsy, whimsey** (hui'mzi), *n.* mušica, hir.

**whin** (hui'n), *n.* gladiš (*biljka*).

**whine** (hua'jn), *v.* cviljeti, cičati; — *n.* cviljenje, cika.

**whinny** (hui'ni), *v.* rzati; — *n.* rzanje.

**whinstone** (hui'nstō'n), *n.* bazalt; kremen, dresva.

**whip** (hui'p), *v.* tući, udarati, bičevati, šibati; istrgnuti; preteći, svladati; mlatiti; zatjerati se, poletjeti; — *n.* bič; šiba, korbač; kočijaš.

**whipcord** (hui'pko'rd), *n.* bič.

**whip-hand** (hui'phǎ'nd), *n.* ruka, koja drži bič; desna ruka; kontrola.

**whipper** (hui'pör), *n.* bičevalac, batinaš.

**whipper-in** (hui'pöri'n), *n.* lovački pomoćnik, gonič lovačkih pasa.

**whipper-snapper** (hui'pörsnǎ'pör), *n.* naduta ništarija.

**whipping** (hui'ping), *n.* bičevanje, šibanje; šibe.

**whip-poor-will** (hui'purui'l), *n.* virginski leganj (*ptica*).

**whir** (huö'r), *v.* zujeć proletjeti; cvileći okretati (se); cvrkutati; — *n.* zviždanje, zujanje, pištanje.

**whirl** (huö'rl), *v.* okretati (se) naglo; brzo letjeti naokolo; bacati; vrtjeti se; — *n.* naglo okretanje; kruženje; vrtlog, vir.

**whirl-bone** (huö'rlbō'n), *n.* iver (*kost*).

**whirligig** (huö'rligig), *n.* žvrk; obrtaljka; vrtlog; kozak (*kukac*).

**whirlpool** (huö'rpū'l), *n.* vir, vrtlog.

**whirlwig** (huö'rlui'g), *n.* vrtica (*kukac*).

**whirlwind** (huö'rlui'nd), *n.* vijor, vihar.

**whisk** (hui'sk), *v.* brzo (se) kretati; mesti; isprašiti; prhnuti; — *n.* brzo gibanje; metlica, kefa; snopić; čuperak; brkljača; udar vjetra.

**whisk-broom** (hui'skbrū'm), *n.* metlica.

**whisker** (hui'skör), *n. pl.* zalisci.

**whiskered** (hui'skörd), *a.* sa zaliscima.

**whiskerless** (hui'skörles), *a.* bez zaliska.

**whisky, whiskey** (hui'ski), *n.* rakija, viska.

**whisper** (hui'spör), *v.* šaptati, šaputati; šuškati; — *n.* šapat; šuštanje.

**whisperer** (hui'spörör), *n.* šaptalac; doušnik.

**whispering** (hui'spöring), *a.* šaptajući; — *n.* šaptanje, šuštanje.

**whist** (hui'st), *a.* tihi; nijem; — *interj.* tiho, pst; — *n.* vrsta igre na kartama.

**whistle** (hui'sl), *v.* zviždati, zazviždati; — *n.* zvižduk, zviždanje; svirala.

**whistler** (hui'slör), *n.* zviždalac, svirač.

**whistling** (hui'sling), *a.* zviždajući; — *n.* zviždanje, zvižduk.

**whit** (hui't), *n.* najmanja čestica; mrvica; malenkost.

**white** (hua'jt), *v.* bijeliti, obijeliti; čisto oprati; — *a.* bijel; siv; sijed; blijed; čist; sretan; — *n.* bijelo.

**white-bait** (hua'jtbe'jt), *n.* sleđica (*riba*).

**whitefish** (hua'jtfiš), *n.* bjelica (*riba*).

**white-iron** (hua'jta'jörn), *n.* bijeli lim.

**white-lead** (hua'jtle'd), *n.* olovno bjelilo.

**white-livered** (hua'jtli'vörd), *a.* kukavički.

**whiten** (hua'jtn), *v.* bijeliti, pobijeliti.

**whiteness** (hua'jtnes), *n.* bjelina.

**white-smith** (hua'jtsmi't), *n.* limar.

**whitewash** (hua'jtuǎ'š), *v.* obijeliti; oprati; okrečiti; — *n.* kreč za bijeljenje; bjelilo.

**whither** (hui'dör), *adv.* kamo, kuda.

**whithersoever** (hui'dörsoe'vör), *adv.* kamogod, kudgod.

**whiting** (hua'jting), *n.* bjelica (*riba*); bjelilo.

**whitish** (hua'jtiš), *a.* bjelkast.

**whitleather** (hui'tle'dör), *n.* irha, bijela koža.

**whitlow** (hui'tlō), *n.* kukac (*bolna oteklina na prstu*), podnoktica.

**Whit-Monday** (hui'tmạ'ndi), *n.* duhovski ponedjeljak.

**Whitsun** (hui'tsạn), *a.* duhovski.

**Whitsunday** (hui'tsạndi), *n.* duhovska nedjelja, duhovi, trojaci.

**Whitsuntide** (hui'tsanta'jd), *n.* duhovski tjedan.

**whittle** (hui'tl), *v.* rezati, rezbariti, reskati; — *n.* veliki nož.

**whiz** (hui'z), *v.* zviždati; zujati; proletjeti uz zvižduk; — *n.* zujanje, zvižduk; pištanje.

**who** (hu), *pron.* tko; koji, koja, koje.
**whoa** (hō), *interj.* stoj! stani!
**whoever** (hue'vör), *pron.* tkogod; kojigod, kojagod, kojegod.
**whole** (hōl), *a.* cio, potpun, čitav; zdrav; pravi; — *n.* cijelo; sve; cijelost.
**wholeness** (hō'lnes), *n.* potpunost, cijelost.
**wholesale** (hō'lsē'jl), *a.* veletržni, na veliko; — *n.* trgovina na veliko, veletrgovina; prodaja na veliko.
**wholesaler** (hō'lsē'lör), *n.* veletrgovac; trgovac na veliko.
**wholesome** (hō'lsạm), *a.* zdravstven, zdrav; probitačan; dobar.
**wholesomely** (hō'lsạmli), *adv.* zdravo, probitačno; dobro.
**wholesomeness** (hō'lsạmnes), *n.* zdravost; probitačnost, dobro.
**wholly** (hō'li), *adv.* potpunoma, sasvim; isključivo.
**whom** (hum), *pron.* koga, koju, koje (*i pl.*); — **to whom,** komu, kojoj, kojem (*i pl.*).
**whomever** (hume'vör), **whomsoever** (hu'msoe'vör), *pron.* kogagod, kojugod, kojegod (*i pl.*).
**whoop** (hūp), *v.* kriknuti, vrištati, vikati; — *n.* krik, poklič, vika.
**whooping-cough** (hū'pingkå'f), *n.* hripavac (*kašalj*).
**whop** (håp), *v.* tući, mlatiti; pasti, ljosnuti.
**whopper** (hå'pör), *n.* nješto neobično velika; očevidna laž.
**whore** (hōr), *v.* opčiti sa kurvom; — *n.* kurva, bludnica.
**whoredom** (hō'rdạm), *n.* kurvarluk, kurvanje.
**whorehouse** (hō'rhạ'us), *n.* bludište, kupleraj.
**whoremaster** (hō'rmằ'stör), *n.* podvodnik; kurviš.
**whoremonger** (hō'rmå'ngör), *n.* kurviš.
**whoreson** (hō'rsạ'n), *n.* kopile.
**whorish** (hō'riš), *a.* kurvarski.
**whorl** (huō'rl), *n.* prešljen.
**whort** (huō'rt), *n.* borovnica.
**whortleberry** (huō'rtlberi), *n.* borovnica.
**whose** (hūz), *pron.* čiji, kojega, kojih.
**whosoever** (hu'soe'vör), *pron.* ma bilo tko, tkogod.

**why** (huạ'j), *adv.* zašto; radi česa.
**wich-hazel** (ui'čhe'jzl), *n.* vrst lijeske.
**wick** (wik), *n.* stijenj, stijenjak, fitilj; selo, trgovište.
**wicked** (ui'ked), *a.* bezbožan, griješan, zao, pokvaren, pogan.
**wickedly** (ui'kedli), *adv.* griješno, zlo, pogano.
**wickedness** (ui'kednes), *n.* bezbožnost, pakost, poganost.
**wicker** (ui'kör), *a.* pleten od vrbovih šiba; — *n.* vrbova šiba, prut.
**wicket** (ui'ket), *n.* postrana vratašca; jedan od tri štapića u kriket igri.
**wide** (uạ'jd), *a.* širok, prostran; dalek; velik; — *adv.* širom, daleko.
**wide-awake** (uạ'jdẵue'jk), *a.* potpuno budan; — *n.* meki šešir sa širokim krilima.
**widely** (uạ'jdli), *adv.* široko; na daleko.
**widen** (uạ'jdn), *v.* proširiti (se), širiti (se).
**wideness** (uạ'jdnes), *n.* širina, daljina.
**widgeon** (ui'đön), *n.* zviždavka (*patka*).
**widow** (ui'dō), *v.* učiniti udovom; — *n.* udova, udovica.
**widower** (ui'doör), *n.* udovac.
**widowhood** (ui'dohud), *n.* udovstvo.
**width** (ui't), *n.* širina, daljina.
**wield** (ui'ld), *v.* vijati; mahati; rabiti, rukovati.
**wieldy** (ui'ldi), *a.* upravljiv; lak.
**wife** (uạ'jf), *n.* žena, supruga.
**wifehood** (uạ'jfhud), *n.* ženstvo.
**wifeless** (uạ'jfles), *n.* bez žene.
**wifelike** (uạ'jflajk), *a.* kao žena.
**wifely** (uạ'jfli), *a.* ženski.
**wig** (ui'g), *n.* vlasulja, peruka.
**wigged** (ui'gd), *a.* s vlasuljom.
**wigging** (ui'ging), *n.* ruženje, psovanje.
**wiggle** (ui'gl), *v.* koprcati se, previjati se.
**wight** (uạ'jt), *n.* stvorenje, čeljade (*u prezirnom smislu*).
**wigwag** (ui'guẵ'g), *v.* mahati, gibati (se); davati znakove zastavama *ili* bakljama; — *n.* davanje znakova zastavama.
**wigwam** (ui'guằm), *n.* šator *ili* koliba sjeveroameričkih Indijanaca; velika javna zgrada.

**wild** (ua'eld), *a*, divlji; surov; pustošan; nenaseljen; razuzdan; pomaman, bijesan, lud; pustolovan; užasan; — *adv*. divlje; — *n*. pustoš, pustinja.

**wild boar** (ua'eld bō'r), *n*. divlja svinja.

**wildcat** (ua'eldkă't), *n*. divlja mačka.

**wilder** (ui'ldör), *v*. zavesti, zbuniti, zapanjiti.

**wilderness** (ui'ldörnes), *n*. pustinja, pustoš.

**wildfire** (ua'eldfa'er), *n*. neobuzdana vatra; plamenik (*bolest*).

**wilding** (ua'jlding), *a*. divlji; neobdjelan; — *n*. divljaka (*drvo ili biljka*).

**wildish** (ua'jldiš), *a*. ponješto divlji.

**wildly** (ua'jldli), *adv*. divlje; pomamno, bijesno.

**wildness** (ua'jldnes), *n*. divljačtvo; bijes; netočnost, nepravilnost; pomamnost.

**wile** (ua'el), *v*. zavesti: mamiti; tratiti (*vrijeme*); — *n*. prijevara; lukavstvo.

**wileful** (ua'jlful), *a*. lukav, prijevaran.

**wilful** (ui'lful), *a*. hotimičan, namjeran; uporan, tvrdoglav.

**wilfully** (ui'lfuli), *adv*. hotimično, navlaš, namjerno; uporno.

**wilfulness** (ui'lfulnes), *n*. hotimičnost, svojevoljnost; tvrdokornost.

**wiliness** (ua'jlines), *n*. lukavstvo, prijevara.

**will** (ui'l), *v*. htjeti, hotjeti; željeti; morati; činiti; narediti, odrediti; oporučiti, ostaviti posljednjom voljom; — *n*. volja; želja; izbor, svrha; oporuka; — **will ye, nill ye**, hoćeš, nećeš.

**willing** (ui'ling), *a*. voljan, privoljan; pripravan.

**willingly** (ui'lingli), *adv*. hotimično, dobrovoljno, rado.

**willingness** (ui'lingnes), *n*. dobrovoljnost; pripravnost.

**will-o'-the-wisp** (ui'ladiui'sp), *n*. divlji oganj.

**willow** (ui'lō), *n*. vrba; — **weeping willow**, strmogled.

**willowy** (ui'loi), *a*. pun vrba; stasit.

**willy-nilly** (ui'li ni'li), *a*. neodlučan, nestalan; — *adv*. hoćeš, nećeš.

**wilt** (ui'lt), *v*. venuti; klonuti; — *drugo lice sing. od*: **will**.

**wily** (ua'jli), *a*. podmukao, lukav.

**wimble** (ui'mbl), *n*. svrdao.

**wimple** (ui'mpl), *v*. pokriti velom, staviti koprenu; — *n*. koprena, velo.

**win** (ui'n), *v*. dobiti, steći; postići; zauzeti, osvojiti, pobijediti; — *n*. pobjeda, uspjeh.

**wince** (ui'ns), *v*. trgnuti se (*od udarca ili boli*); uzmicati; — *n*. trzaj; previjanje; motovilo.

**winch** (ui'nč), *n*. vitao, motovilo; ručica.

**wind** (ua'jnd), *v*. navi(ja)ti, namatati, sukati; obaviti; okretati; ravnati; vijugati se, verugati se; puhati; trubiti; — *n*. zavoj, okret.

**wind** (ui'nd), *v*. njušiti, nanjušiti; zasopiti; vjetriti, zračiti; — *n*. vjetar; dah; disanje; njuh; prazne riječi.

**windage** (ui'ndeđ), *n*. slobodan prostor kugle u topu.

**windbag** (ui'ndbă'g), *n*. vjetrogonja; šeprtlja.

**wind-bound** (ui'ndba'und), *a*. priječen protivnim vjetrovima.

**winder** (ua'jndör), *n*. navijač; motovilo, vitao; povijuša (*biljka*); trubljač (*takodjer*: ui'ndör).

**windfall** (ui'ndfà'l), *n*. nješto, što je od vjetra baćeno na tle; neočekivana sreća.

**windgall** (ui'ndgàl), *n*. meki domuz (*vrst otekline na konjskoj nozi*).

**winding** (ua'jnding), *a*. vijugast, zavojit; — *n*. navijanje; omatanje; zaokret, zavoj.

**winding-sheet** (ua'jndingšī't), *n*. mrtvački plašt.

**wind-instrument** (ui'ndi'nstrument), *n*. sviraljka.

**windlass** (ui'ndlăs), *n*. vitao.

**windless** (ui'ndles), *a*. bez vjetra tih, miran.

**windmill** (ui'ndmi'l), *n*. vjetrenjača, vjetreni mlin.

**window** (ui'ndō), *n*. prozor, oblok.

**window-pane** (ui'ndopejn), *n*. okno, staklo od prozora.

**window-sash** (ui'ndosă'š), *n*. okvir od prozora.

**windpipe** (ui'ndpa'jp), *n*. dušnik.

**windrow** (ui'ndrō), *v*. složiti u otkose; — *n*. otkos; rukovet.

**wind-sail** (ui'ndse'jl), *n.* velika cijev za zračenje.

**wind-up** (ua'jnda'p), *n.* zaključenje, konac, završetak.

**windward** (ui'nduörd), *a. i adv.* prama vjetru; — *n.* strana, odakle puše vjetar.

**windily** (ui'ndili), *adv.* vjetrovito; tašto; budalasto.

**windiness** (ui'ndines), *n.* vjetrovitost; razmetljivost.

**windy** (ui'ndi), *a.* vjetrovit; buran; izložen vjetru; razmetljiv, tašt; budalast.

**wine** (ua'jn), *v.* gostiti (se) vinom, piti vino; — *n.* vino; vinsko društvo.

**wine-bibber** (ua'jnbi'bör), *n.* vino-pija.

**wine-cellar** (ua'jnse'lör), *n.* podrum, pivnica.

**wine-glass** (ua'jnglă's), *n.* vinska čaša.

**wine-press** (ua'jnpre's), *n.* preša.

**winery** (ua'jnöri), *n.* vinara.

**wine-taster** (ua'jnte'jstör), *n.* kušalac vina.

**wing** (ui'ng), *v.* oskrbiti krilima, okrilatiti; letjeti, proletjeti; pucati u krilo, ozlijediti; — *n.* krilo; perut; lijet; strana.

**wing-case** (ui'ngke'js), *n.* pokrilje.

**winged** (ui'ngd), *a.* krilat; brz.

**wingless** (ui'ngles), *a.* bez krila.

**winglet** (ui'nglet), *n.* krioce.

**wink** (ui'nk), *v.* migati, namignuti, okom trenuti; žmirkati; pregledati; — *n.* miganje, mig, žmirkanje.

**winner** (ui'nör), *n.* dobivalac; pobjednik.

**winning** (ui'ning), *a.* privlačiv, prijatan; — *n.* dobivanje; — *pl.* dobitak.

**winnow** (ui'no), *v.* vjetriti (*žito*), rešetati, vijati; lepršati; puhati; ispitivati.

**winnower** (ui'noör), *n.* vjetritelj, vijač; vjetrenjača; ispitivač.

**winsome** (ui'nsam), *a.* prijatan, ugodan; privlačiv.

**winsomely** (ui'nsamli), *adv.* prijatno, ugodno.

**winter** (ui'ntör), *v.* zimovati; držati preko zime; — *a.* zimski; — *n.* zima.

**wintergreen** (ui'ntörgrī'n), *n.* kruščica (*biljka*).

**winter-kill** (ui'ntörki'l), *v.* ubiti *ili* oštetiti zimom.

**winterless** (ui'ntörles), *a.* bez zime.

**wintry** (ui'ntri), *a.* zimski.

**winy** (ua'jni), *a.* vinski.

**wipe** (ua'jp), *v.* brisati, otrti; — *n.* brisanje; obrisač.

**wiper** (ua'jpör), *n.* čistilica, otirač, obrisač.

**wire** (ua'er), *v.* vezati žicom; hvatati žicom; brzojaviti; — *n.* žica; šipka (*metalna*); brzojav; brzojavka.

**wire-dancer** (ua'erdă'nsör), *n.* pelivan.

**wiredraw** (ua'erdră'), *v.* razvlačiti u žicu; rastegnuti.

**wiredrawer** (ua'erdră'ör), *n.* žičar.

**wireless** (ua'erles), *a.* bežičan; — *n.* bežični brzojav, telefon; bežična vijest.

**wire-like** (ua'erlajk), *a.* kao žica.

**wire-puller** (ua'erpu'lör), *n.* tajni pokretač.

**wire-pulling** (ua'erpu'ling), *n.* tajno pokretanje.

**wiry** (ua'eri), *a.* žičast; žilav, čvrst; mišičast.

**wisdom** (ui'zdöm), *n.* mudrost; razboritost; zdrava pamet.

**wisdom-tooth** (ui'zdömtū't), *n.* zastavnjak (*zub*).

**wise** (ua'jz), *a.* mudar; razborit, pametan; — *n.* način.

**wiseacre** (ua'jze'jkör), *n.* uobražena sveznalica; budala.

**wisely** (ua'jzli), *adv.* mudro, pametno.

**wish** (ui'š), *v.* željeti, htjeti; — *n.* želja; žudnja; molba.

**wish-bone** (ui'šbō'n), *n.* viličasta kost.

**wishful** (ui'šful), *a.* željan.

**wishy-washy** (ui'šiua'ši), *a.* razvodnjen; slab.

**wisp** (ui'sp), *n.* snopić, svežnjić.

**wistful** (ui'stful), *a.* zamišljen; pozoran; ozbiljan.

**wistfully** (ui'stfuli), *adv.* zamišljeno; pozorno; ozbiljno.

**wistfulness** (ui'stfulnes), *n.* zamišljenost; pozornost; ozbiljnost.

**wit** (ui't), *n.* dosjetka; domišljatost; pamet, razum; duhovit čovjek.

**witch** (ui'č), *v.* coprati, očarati; — *n.* coprnica, vještica.

**witchcraft** (u̯i'čkră'ft), *n.* čarolija, coprija; čarobna sila.

**witch-elm** (u̯i'č-e'lm), *n.* brijest.

**witchery** (u̯i'čöri), *n.* čarolije, čari; coprija.

**witch-hazel**, *vidi*: **wich-hazel**.

**witching** (u̯i'čing), *a.* čaroban.

**with** (u̯i'd), *prep.* s, sa; uz, kod.

**withal** (u̯idă'l), *adv.* u ostalom; uzto, pored toga; istovremeno.

**withdraw** (u̯i'drȧ'), *v.* povući (se); oduzeti; otkloniti; opozvati; otići.

**withdrawal** (u̯i'drȧ'öl), *n.* povlačenje natrag; uzimanje natrag, izvađenje van; odstranjenje.

**withe** (u̯i't), *v.* vezati vrbovim šibama; — *n.* vrba; vrbova šiba; vrbova gužva.

**wither** (u̯i'dör), *v.* venuti, sušiti se, usahnuti; opadati; umrijeti.

**withers** (u̯i'dörz), *n.* greben u konja.

**withhold** (u̯ithō'ld), *v.* zadržati; držati natrag.

**within** (u̯idī'n), *adv. i prep.* u, unutar, za; kod; pod; nutra.

**without** (u̯i'da̱'ut), *adv. i prep.* vani, izvana; bez; osim ako.

**withstand** (u̯idstă'nd), *v.* oprijeti se; odoljeti, ustrajati.

**withy** (u̯i'di), *a.* učinjen od vrbovih šiba; — *n.* vrba.

**witless** (u̯i'tles), *a.* neduhovit; budalast.

**witness** (u̯i'tnes), *v.* vidjeti, znati iz iskustva; svjedočiti, posvjedočiti; ovjeroviti; — *n.* svjedok; očevidac, nazočnik; posvjedočenje, svjedočanstvo; dokaz.

**witted** (u̯i'ted), *a.* dosjetljiv, duhovit.

**witticism** (u̯i'tisizm), *n.* dosjetka, duhovitost, doskočica.

**wittingly** (u̯i'tingli), *adv.* znalice i namjerice.

**witty** (u̯i'ti), *a.* domišljat, duhovit; šaljiv.

**witwal** (u̯i'tu̱öl), *n.* zlatna vuga, djetao.

**wive** (ua̱'jv), *v.* ženiti (se), oženiti (se).

**wives** (ua̱'jvz), *n. pl. od*: **wife**.

**wizard** (u̯i'zörd), *a.* čaroban; — *n.* čarobnjak, vještac.

**wizardry** (u̯i'zördri), *n.* čarolija.

**wizen** (u̯i'zn), *v.* narozati se; uvenuti; — *a.* narozan; uvenut.

**wo, woe** (uō'), *n.* tuga, bol, jad.

**woad** (uō'd), *n.* sač (*biljka*).

**wobble** (ua̱'bl), *v.* posrtati; kolebati se.

**wobegone** (uō'bigȧ'n), *a.* ojađen, očajan, tužan; nujan.

**woful** (uō'ful), *a..* tužan, žalostan; nevoljan.

**wofully** (uō'fuli), *adv.* žalosno, jadno, bijedno.

**wold** (uō'ld), *n.* visoravan, ravnina, polje; gora.

**wolf** (uu̱'lf), *n.* vuk, kurjak.

**wolf-dog** (uu̱'lfdȧ'g), *n.* pas vučjak.

**wolfish** (uu̱'lfiš), *a.* vučji, kurjački; okrutan.

**wolfishly** (uu̱'lfišli), *adv.* vučji, poput kurjaka.

**wolfishness** (uu̱'lfišnes), *n.* vučja ćud; proždrljivost.

**wolfram** (uu̱'lfröm), *n.* volfram (*metal*).

**wolf's-bane** (uu̱'lfsbe'jn), *n.* nalijep (*biljka*).

**wolverene** (ua̱'lvörī'n), *n.* žderavac (*životinja*).

**wolves** (uu̱'lvz), *n. plural od*: **wolf**.

**woman** (uu̱'mön), *n.* žena; ženska.

**womanhood** (uu̱'mönhud), *n.* ženstvo, žene.

**womanish** (uu̱'möniš), *a.* ženski.

**womankind** (uu̱'mönkajnd), *n.* žene; ženski spol.

**womanlike** (uu̱'mönljk), *a.* ženski.

**womanly** (uu̱'mönli), *a.* ženski; dorasla; za udaju.

**womb** (uu̱'m), *n.* maternica; utroba.

**wombat** (ua̱'mbăt), *n.* vrst australske životinje slične malenom medvjedu.

**women** (u̯i'men), *n. plural od*: **woman**.

**won** (ua̱'n), *imp. i pp. od*: **win**.

**wonder** (ua̱'ndör), *v.* čuditi se, diviti se; biti znatiželjan; — *n.* čudo.

**wonderful** (ua̱'ndörful), *a.* divan; čudesan; izvanredan.

**wonderfully** (ua̱'ndörfuli), *adv.* divno; izvrsno; izvanredno.

**wonderfulness** (ua̱'ndörfulnes), *n.* divota; čudnovatost; izvanrednost.

**wonderland** (ua̱'ndörlă'nd), *n.* zemlja čudesa.

**wonderment** (ua̱'ndörment), *n.* začuđenost; čudo.

**wondrous** (ua̱'ndras), *a.* čudan; divan.

**wondrously** (ua̱'ndrasli), *adv.* čudnovato; divno; vanredno.

**wont** (u̯ọ'nt), *v.* običavati; imati navadu; — *a.* navadan, običajan; — *n.* običaj, navada.

**won't** (u̯ọ'nt), *skraćeno od*: **will not.**

**wonted** (u̯ọ'nted *ili* u̯a̱'nted), *a.* navadan, običan.

**woo** (uu'), *v.* prositi; zatražiti (*ruku*); ašikovati; osloviti.

**wood** (uu'd), *v.* oskrbiti drvima; drvariti; pošumiti; — *n.* šuma; gaj; drvo.

**woodbine** (uu'dba'jn), *n.* kukavičnjak (*biljka*).

**wood-carver** (uu'dka'rvör), *n.* drvodjelja, drvorezac.

**wood-carving** (uu'dka'rving), *n.* drvorezba.

**woodchat** (uu'dčă't), *n.* svračak.

**woodchuck** (uu'dča'k), *n.* svizac.

**woodcock** (uu'dkå'k), *n.* šljuka.

**wood-cut** (uu'dka̱'t), *n.* drvorez.

**wood-cutter** (uu'dka̱'tör), *n.* drvosječa.

**wooded** (uu'ded), *a.* šumovit.

**wooden** (uu'dn), *a.* drven; nezgrapan; tup.

**wood-engraving** (uu'dengre'jving), *n.* drvorezba, drvorez.

**woodland** (uu'dlönd), *a.* šumski; — *n.* šumski kraj; šuma.

**wood-lark** (uu'dla'rk), *n.* šumska ševa.

**woodman** (uu'dmön), *n.* šumar; drvosječa.

**woodpecker** (uu'dpe'kör), *n.* žuna, djetao.

**wood-pigeon** (uu'dpi'đön), *n.* golub dupljaš.

**woodruff** (uu'dra̱f), *n.* prvenac, trnovac (*biljka*).

**wood-work** (uu'du̱örk), *n.* drveni dijelovi zgrade.

**woody** (uu'di), *a.* šumovit; šumski; drven.

**wooer** (uu'ör), *n.* prosac; ljubovnik.

**woof** (uu'f), *n.* poutka; tkanina.

**wool** (uu'l), *n.* vuna.

**woolen** (uu'ln), *a.* vunen; — *n.* vunena roba.

**wool-gathering** (uu'lgă'döring), *n.* sabiranje vune; bespredmetan posao; sanjarenje.

**wool-grower** (uu'lgrō'ör), *n.* gojilac ovaca za proizvađanje vune.

**wooliness** (uu'lines), *n.* vunenost.

**woolly** (uu'li), *a.* vunen, vunast.

**woolpack** (uu'lpă'k), *n.* bala vune.

**woolsack** (uu'lsă'k), *n.* vreća vune; sjedalo lordkancelara u gornjoj kući engleskog parlamenta.

**wool-stapler** (uu'lste'jplör), *n.* trgovac vunom; izbirač vune.

**word** (u̯ö'rd), *v.* poredati riječi; izraziti riječima; — *n.* riječ; govor; razgovor; primjedba; vijest; geslo, lozinka; odgovor; obećanje.

**word-book** (u̯ö'rdbu̱'k), *n.* zbirka riječi; rječnik.

**wording** (u̯ö'rding), *n.* poredak riječi; izraženje.

**wordless** (u̯ö'rdles), *a.* bez riječi.

**wordiness** (u̯ö'rdines), *n.* rječitost.

**wordy** (u̯ö'rdi), *a.* rječit.

**wore** (u̯ö'r), *imp. od*: **wear.**

**work** (u̯ö'rk), *v.* raditi, djelati, činiti, poslovati; djelovati; vreti; komešati se; izrađivati; proizvesti; pokrenuti; uznemiriti; prokrčiti; — *n.* rad, posao, djelo, radnja, čin; djelatnost, učinak.

**workable** (u̯ö'rköbl), *a.* na čemu se može raditi; praktičan.

**workaday** (u̯ö'rköde'j), *a.* svagdašnji.

**worker** (u̯ö'rkör), *n.* radnik; trudbenik; radin mrav; pčela radilica.

**workhouse** (u̯ö'rkha̱'us), *n.* kazniona (*gdje kažnjenici moraju raditi*); ubožnica (*za one, koji mogu raditi*); radionica.

**working** (u̯ö'rking), *a.* radni; marljiv; — *n.* rad, radnja; pokret; vrenje.

**working-class** (u̯ö'rkingklă's), *n.* radnički stalež.

**working-day** (u̯ö'rkingde'j), *a.* radni; svagdašnji; — *n.* radni dan.

**working-expenses** (u̯ö'rkingekspe'nses), *n.* upravni troškovi.

**working-hour** (u̯ö'rkinga̱'ur), *n.* radni sat.

**working-man** (u̯ö'rkingmă'n), *n.* radnik.

**workman** (u̯ö'rkmön), *n.* radnik.

**workmanlike** (u̯ö'rkmönla'jk), *a.* valjan; vješt; kao pravi radnik.

**workmanly** (u̯ö'rkmönli), *a. vidi:* **workmanlike.**

**workmanship** (u̯ö'rkmönšip), *n.* radna vještina; radnja; izradba.

**workshop** (u̯ö'rkšă'p), *n.* radionica.

**workwoman** (u̯ö'rku̱u'mön), *n.* radnica.

**world** (u̯örld), *n.* svijet; javni život; ljudi; množina.

**worldliness** (u̯ö'rldlines), *n.* svjetovnost; ljubav za ovaj svijet.

**wordling** (u̯ö'rldling), *n.* svjetovni čovjek.

**worldly** (u̯ö'rldli), *a.* svjetovni; svjetski; zemaljski.

**world-wide** (u̯ö'rldu̯a'jd), *a.* širok kao svijet; protezajući se širom svijeta.

**worm** (u̯ö'rm), *v.* provući se u; gamizati; izmamiti *(tajnu)*; odstraniti crve; omotati *(uže)*; raditi potajno; — *n.* crv; glista; zavoj; vijak.

**worm-eaten** (u̯ö'rmī'tn), *a.* crvotočan.

**wormling** (u̯ö'rmling), *n.* crvić.

**wormwood** (u̯ö'rmu̯u̯'d), *n.* pelin.

**wormy** (u̯ö'rmi), *a.* crvljiv, crvotočan.

**worn** (u̯o̯'rn), *pp. od:* **wear.**

**worn-out** (u̯o̯'rna̯'u̯t), *a.* istrošen; izmučen; slab.

**worrier** (u̯o̯'riör), *n.* zabrinjivač.

**worrisome** (u̯o̯'risa̯m), *a.* zabrinjujući, mučan, dosadan.

**worry** (u̯o̯'ri), *v.* zabrinjivati (se), uznemirivati (se), mučiti (se); daviti (se); gristi (se); — *n.* zabrinjivanje, muka, briga.

**worse** (u̯ö'rs), *a.* gori; zločestiji; bolesniji; — *adv.* gore; — *n.* gore.

**worsen** (u̯ö'rsn), *v.* pogoršati (se), pogoršavati (se).

**worship** (u̯ö'ršip), *v.* obožavati, štovati; — *n.* obožavanje, štovanje; bogočašće.

**worshiper** (u̯ö'ršipör), *n.* obožavatelj; štovatelj.

**worshipful** (u̯ö'ršipful), *a.* poštovanja vrijedan; častan.

**worshipper** (u̯ö'ršipör), *n. vidi:* **worshiper.**

**worst** (u̯ö'rst), *v.* poraziti, nadvladati; — *a.* najgori; najzločestiji; — *adv.* najgore; — *n.* najgore.

**worsted** (u̯u̯'sted *ili* u̯u̯'rsted), *a.* od češljane vune; vunen; — *n.* češljana vuna; glatka vunena tkanina.

**wort** (u̯ö'rt), *n.* mlado neuzavrelo pivo; bilina; trava.

**worth** (u̯ö'rt), *a.* vrijedan; dostojan; — *n.* vrijednost; cijena; zasluga.

**worthily** (u̯ö'rdili), *adv.* vrijedno; dostojno; zaslužno; pravedno.

**worthless** (u̯ö'rtles), *a.* bezvrijedan; bescijen; zao, nevaljan.

**worthlessness** (u̯ö'rdlesnes), *n.* bezvrijednost; nevaljanost.

**worth** (u̯ö'rdi), *a.* vrijedan; krepostan; zaslužan; dostojan; — *n.* dostojanstvenik; zaslužan čovjek.

**would** (u̯u̯'d), *v. imp. od:* **will** *(bih, bi).*

**would-be** (u̯u̯'dbi'), *a.* tobožnji; navodni.

**wound** (u̯u̯'nd), *v.* raniti, ozlijediti; — *n.* rana, ozlijeda; — *imp. i pp.* (u̯a̯'u̯nd), *od:* **wind.**

**wove** (u̯ō'v), *imp. i pp. od:* **weave.**

**wrack** (răk), *n.* haluga, voga *(morska bilina)*; podrtine broda; uništenje.

**wraith** (rejt), *n.* prikaza, utvara.

**wrangle** (răngl), *v.* pravdati se, prepirati se; — *n.* prepirka; svađanje.

**wrangler** (ră'nglör), *n.* svadljivac, kavgadžija; sveučilištarac na Cambridgeu, koji je s odlikom položio matematički ispit.

**wrap** (răp), *v.* saviti, umotati; zastrijeti; — *n.* šal, veliki rubac.

**wrapper** (ră'pör), *n.* omotak; vanjski list *(u cigare)*; plašt, ogrtač, veliki rubac.

**wrapping** (ră'ping), *a.* omotni; — *n.* pokrivalo, omot.

**wrasse** (răs), *n.* labrnjak *(riba).*

**wrath** (răt), *n.* gnjev, srdžba.

**wrathful** (ră'tful), *a.* gnjevan, srdit.

**wrathfully** (ră'tfuli), *adv.* gnjevno.

**wreak** (rīk), *v.* izvršiti; iskaliti; osvetiti.

**wreath** (rīt), *n.* vijenac; zavojak; vijanje.

**wreathe** (rīd), *v.* plesti, viti; kovrčati se, prepletati se; ovjenčati.

**wreathy** (rī'ti), *a.* pleten; zavijen; ovjenčan.

**wreck** (rek), *v.* razbiti (se); upropastiti (se); — *n.* razorenje; brodolom; podrtine broda; razvaline.

**wreckage** (re'keđ), *n.* razorenje, razorenost; razvaline; podrtine broda.

**wrecker** (re'kör), *n.* razarač i pljačkaš brodova; razbojnik; spasavatelj oštećenih brodova; spasavajući brod.

**wreckful** (re'kful), *a.* razoran.

**wren** (ren), *n.* carić, palčić.

**wrench** (renč), *v.* naglo zakrenuti; istrgnuti; iščašiti; nagrditi; — *n.* trazanje; mah; iščašenje; vadivijak, izvijač.

**wrest** (rest), *v.* naglo povući; istrgnuti; iščašiti; iskriviti; — *n.* istrgnuće; žestoki zaokret; iskrivljenost; lopovština; ključ za navijanje žica.

**wrestle** (resl), *v.* hrvati se; boriti se; prositi; — *n.* hrvanje.

**wrestler** (re'slör), *n.* hrvač, borac.

**wrestling** (re'sling), *n.* hrvanje, borba.

**wretch** (reč), *n.* podlac, hulja; nevoljnik, jadnik.

**wretched** (re'čed), *a.* bijedan, nevoljan; bezvrijedan; prijeziran.

**wretchedly** (re'čedli), *adv.* kukavno; nevaljalo.

**wretchedness** (re'čednes), *n.* nevolja, bijeda; kukavnost; prijezir.

**wriggle** (rigl), *v.* koprcati se; previjati se; micati; — *n.* koprcanje; previjanje; zavoj.

**wriggler** (ri'glör), *n.* onaj, koji se koprca, previja.

**wright** (rajt), *n.* rukotvorac, radnik.

**wring** (ring), *v.* gnječiti; žmikati; ožimati; zavijati, okretati; stiskati; mučiti; iskriviti; previjati se od boli; protisnuti se.

**wringer** (ri'ngör), *n.* stroj za žmikanje; ožimač.

**wrinkle** (rinkl), *v.* nabirati (se), naborati (se), narozati (se); — *n.* nabor, bora; izgužvanost; prava dosjetka, sretna misao.

**wrinkly** (ri'nkli), *a.* naboran; izgužvan.

**wrist** (rist), *n.* ručni zglob, pregib.

**wristband** (ri'stbă'nd), *n.* naručka, manšeta.

**writ** (rit), *n.* sudbeni nalog; spis; — **Holy Writ**, sveto pismo.

**write** (rajt), *v.* pisati, napisati; sastaviti.

**writer** (ra'jtör), *n.* pisar; pisac.

**writhe** (rajd), *v.* previjati se; vrtjeti; iskrivljivati, izvrtati.

**writing** (ra'jting), *n.* pisanje; pismo; knjiga, rukopis, spis.

**written** (ritn), *a.* pisan; pismen.

**wrong** (rång), *v.* činiti krivo; postupati nepravedno; uvrijediti; — *a.* kriv; pogrješan; naopak; netočan, neispravan; neprav; — *n.* krivica, nepravda; zabluda; šteta; zločin; — *adv.* krivo, nepravo; nepravedno.

**wrong-doer** (rå'ngdu'ör), *n.* onaj, koji čini krivo, zločinac.

**wrong-doing** (rå'ngdu'ing), *n.* nedjelo, zlo djelo.

**wrongful** (rå'ngful), *a.* zao; nepravedan.

**wrongfully** (rå'ngfuli), *adv.* krivo; nepravedno.

**wrong-headed** (rå'nghe'ded), *a.* bezuman; tvrdokoran.

**wrongly** (rå'ngli), *adv.* krivo, pogrješno; nepravedno.

**wrote** (rōt), *imp. od*: **write.**

**wrought** (råt), *pret. i pp. od*: **work.**

**wrung** (rång), *imp. i pp. od*: **wring.**

**wry** (raj), *a.* kriv, kos; iskrivljen; namrgođen.

**wryneck** (ra'jne'k), *n.* vijoglava (*ptica*); nakrivljen vrat.

**wryness** (ra'jnes), *n.* iskrivljenost; krivina.

# X

**X, x** (eks), *slovo*: X, x.
**xanthate** (ză'ntejt), *n.* ksantogen, kisela sol.
**xanthic** (ză'ntik), *a.* žut, žućkast.
**xanthic acid** (ză'ntik ă'sid), *n.* ksantogen, kiselina.
**xanthin**(e) (ză'ntin), *n.* ksantin, broćevo žutilo.
**xanthous** (ză'ntạs), *a.* žutorasni; žut.
**xebec** (zi'bek), *n.* šebeka (*brodić sa tri jarbola*).
**xiphoid** (zi'fojd), *a.* uobličen kao mač.
**Xmas** (kri'smös), *n.* skraćeno od: **Christmas**.
**X-rays** (e'ksre'jz), *n.* roentgenove (x) zrake.

**xylograph** (za'jlogrăf), *n.* drvorez.
**xylographer** (zajlă'gröför), *n.* drvorezac.
**xylographic** (za'jlögră'fik), *a.* drvorezan.
**xylography** (zajlă'gröfi), *n.* drvorezba.
**xyloid** (za'jlojd), *a.* kao drvo.
**xylonite** (za'jlonajt), *n.* celulojd.
**xylophagous** (zajlă'fögạs), *a.* što se hrani drvom.
**xylophone** (za'jlofōn), *n.* ksilofon (*vrst glazbala*).
**xyster** (zi'stör), *n.* ranarski strugač.

# Y

**Y, y** (ua'j), *slovo*: Y, y.
**yacht** (jät), *v.* ploviti u jahti; — *n.* jahta.
**yachter** (jà'tör), *n.* vlasnik jahte; onaj, koji plovi na jahti.
**yachting** (jà'ting), *n.* plovidba na jahti.
**yachtsman** (jà'cmön), *n.* *vidi*: **yachter.**
**yahoo** (ja'hu), *n.* surov čovjek.
**yak** (jak), *n.* jak *(životinja).*
**yam** (jăm), *n.* jam *(biljka sa jedivim korjenom).*
**yammer** (jă'mör), *v.* tužiti, jadikovati.
**yank** (jănk), *v.* istrgnuti; istjerati; odstraniti; odmicati; prekoriti.
**Yankee** (jă'nki), *a.* amerikanski; — *n.* žitelj Nove Engleske; građanin Sjedinjenih Država.
**yap** (jăp), *v.* lajati; brbljati; — *n.* štene; lajanje.
**yard** (järd), *v.* sabrati u dvorište; pasti se na zimskom pašnjaku; streljati jelene na pašnjaku; — *n.* jarda *(mjera od 3 stope);* križ *(na jarbolu);* dvorište, obor; škver.
**yard-arm** (jä'rdä'rm), *n.* r't križa *(na jarbolu).*
**yardstick** (jä'rdsti'k) *n.* jard, rif, mjerilo.
**yarn** (järn), *v.* pripovijedati izmišljene pripovjesti; — *n.* preða; pripovijetka.
**yarrow** (jă'ro), *n.* stolistac *(biljka).*
**yashmak** (ja'šmak), *n.* jašmak *(dvostruka koprena za žensko lice).*
**yataghan** (jă'tăgăn), *n.* jatagan.
**yaw** (jà), *v.* zastraniti; teturati; — *n.* zastranjivanje broda; teturanje.
**yawl** (jàl), *n.* jola *(vrst brodića).*
**yawn** (jàn), *v.* zjevnuti, zijevati; — *n.* zijev, zijevanje; otvor; ždrijelo.
**yawner** (jà'nör), *n.* zijevalac.
**yawning** (jà'ning), *n.* zijevanje.
**yawp** (jàp), *n.* dreka.
**ye** (ji), *pron.* vi, vas.
**yea** (jē), *adv.* jest, da.

**yeanling** (jī'nling), *n.* jagnješce.
**year** (jīr), *n.* godina, ljeto.
**year-book** (jī'rbu'k), *n.* ljetopis.
**yearling** (jī'rling), *a.* jednogodišnji; — *n.* jednogodišnje živinče.
**yearly** (jī'rli), *a.* godišnji; — *adv.* godišnje.
**yearn** (jörn), *v.* čeznuti, ginuti.
**yeast** (jīst), *n.* kvas, kvasac.
**yeasty** (jī'sti), *a.* kvasan.
**yegg** (jeg), **yeggman** (je'gmön), *n.* lupež, razbojnik.
**yell** (jel), *v.* vikati, vrištati, drečati se; — *n.* vrisak, vika, dreka.
**yellow** (je'lō), *a.* žut; — *n.* žuta boja; žumanjak; žutica.
**yellow-fever** (je'lōfi'vör), *n.* žuta groznica.
**yellow-hammer** (je'lōhă'mör), *n.* strnadica žutovoljka.
**yellowish** (je'loiš), *a.* žućkast.
**yellowness** (je'lōnes), *n.* žutost.
**yelp** (jelp), *v.* štektati; vrištati; — *n.* vrisak; štektanje.
**yelper** (je'lpör), *n.* vrištalac; štektač.
**yen** (jen), *n.* jen *(japanska novčana jedinica vrijedna oko 50 centi).*
**yeoman** (jō'mön), *n.* slobodnjak; mali posjednik; niži časnik na brodu.
**yeomanly** (jō'mönli), *a.* slobodnjački; — *adv.* odvažno.
**yeomanry** (jō'mönri), *n.* slobodnjaci; poljodjelci; domaća konjanička straža.
**yes** (jes), *adv.* jest, da.
**yesterday** (je'störde), *adv.* jučer; — *n.* jučerašnji dan.
**yesterevening** (je'störī'vning), *n.* sinoćna večer.
**yesternight** (je'störnajt), *adv.* sinoć; — *n.* sinoćna večer.
**yet** (jet), *adv.* još; k tomu; dalje; još više, uz to; konačno; dapače; već; sada; do sada; ipak, pako.
**yew** (ju), *n.* tis.
**Yiddish** (ji'diš), *a.* židovski.

**yield** (jīld), v. donijeti, nositi; dati; napustiti, pustiti, popustiti; dozvoliti, privoliti; predati se; podati se; pokoriti se; — n. dobit; dohodak; plod.

**yielder** (jī'ldör), n. popuštalac, napustitelj.

**yielding** (jī'lding), a. popustljiv; koristonosan; izdašan, plodan; uslužan.

**yieldingly** (jī'ldingli), adv. popustljivo; izdašno.

**yieldingness** (jī'ldingnes), n. popustljivost; izdašnost.

**yodel, yodle** (jōdl), v. jodlati, ćurlikati; — n. ćurlikanje, ćurlik.

**yoke** (jōk), v. ujarmiti; spariti; podjarmiti, zarobiti; — n. jaram; jarmenica; ropstvo, teret.

**yokefellow** (jō'kfe'lō), **yokemate** (jō'kme'jt), n. drug, drug u nevolji.

**yokel** (jōkl), n. seljak, muž; prostak.

**yokelish** (jō'kliš), a. seljački, muški.

**yolk** (jōk ili jōlk), n. žumanjak; masnoća vune.

**yon** (jan), a. i adv. onaj; oni; ondje.

**yonder** (jā'ndör), a. ondjašnji; — adv. tamo, ondje.

**yore** (jōr), adv. odavna; u stara vremena.

**you** (ju), pron. vi; vas; vama; ti; tebe; tebi.

**young** (jang), a. mlad; nov; neiskusan; — n. mlado.

**youngish** (ja'ngiš), a. mlađahan.

**youngling** (ja'ngling), n. mladić, golobrado momče; mlada životinja; mladica (biljka).

**youngster** (ja'ngstör), n. dječak, dječarac.

**younker** (ja'nkör), n. njemački plemić; mladić, dječak.

**your** (jur), pron. vaš; tvoj.

**yours** (jurs), pron. vaš; tvoj.

**yourself** (jurse'lf), pron. vi; vi sami; ti; ti sam; sam sebe.

**yourselves** (jurse'lv'z), pron. plural od: **yourself**.

**youth** (jut), n. mladost; mladenaštvo; mladić; mladež.

**youthful** (ju'tful), a. mlad; mladenački.

**youthfulness** (ju'tfulnes), n. mladost, mladenaštvo.

**yowl** (ja'ul), v. zavijati (kao pas); drečati se; — n. zavijanje; vrištanje.

**yttria** (i'triö), n. itrija, bijela neraztopljiva zemlja.

**yucca** (ja'kö), n. juka (biljka).

**Yugo-Slavia** (ju'gosla'via), n. Jugoslavija.

**Yule** (jūl), n. Božić.

# Z

**Z, z** (zi), *slovo*: Z, z.

**zaffer, zaffre** (zǎ'för), *n.* zafra (*plava kobaltova boja*).

**Zagreb** (za'greb), *n.* Zagreb.

**zani** (ze'jni), *n.* lakrdijaš.

**zeal** (zīl), *n.* revnost, gorljivost; oduševljenost.

**zealot** (ze'löt), *n.* onaj, koji je prerevan; fanatičar, zelot.

**zealotry** (ze'lötri), *n.* prerevnost, fanatizam.

**zealous** (ze'lös), *a.* revan, gorljiv; usrdan.

**zealously** (ze'lösli), *adv.* revno, oduševljeno; usrdno; vruće.

**zebra** (zi'brö), *n.* zebra.

**zebu** (zi'bju), *n.* zebu (*vrst vola*).

**zechin** (ce'kin), *n.* cekin.

**zed** (zed), *n.* *slovo*: z (*obično se izgovara*: zi).

**zedoary** (ze'doeri), *n.* isijot, gorki korijen.

**zeitgeist** (ca'jtga'jst), *n.* duh vremena.

**zemstvo** (ze'mstvo), *n.* zemstvo.

**zenana** (zena'nö), *n.* harem (*u Istočnoj Indiji*).

**zenith** (zi'nit *ili* ze'nit), *n.* zenit, vrhunac; najviša točka.

**zephyr** (ze'för), *n.* zefir, zapadnjak (*vjetar*); lahor, povjetarac.

**zero** (zi'ro), *n.* ništica.

**zero-hour** (zi'roa̱'ur), *n.* vrijeme određeno za navalu.

**zest** (zest), *v.* učiniti slasnim; začiniti; — *n.* slast, užitak; ukus, tek.

**zetetic** (zite'tik), *a.* istražni; — *n.* istražitelj, istražnik.

**zigzag** (zi'gzǎ'g), *v.* verugati (se); ići *ili* vući amo, tamo; — *a.* krivudast; što je na cikcak; — *n.* cikcak; krivudanje, krivulja.

**zinc** (zink), *v.* obložiti tutijom; — *n.* tutija, cink.

**zip** (zip), *v.* zujati, zviždati (*o tanetu*); — *n.* zuj, zvižduk (*taneta*).

**zither** (zi'tör), **zithern** (zi'törn), *n.* citra.

**zodiac** (zo'diǎk), *n.* zodijak, suncopas.

**zodiacal** (zoda'jököl), *a.* zodijakalni.

**zoic** (zo'ik), *a.* životinjski; što se odnosi na iskopine, okamine.

**zone** (zōn), *n.* zona, pojas; predjel.

**zonule** (zo'njul), *n.* mala zona, pojasić.

**zoo** (zū). *n.* zoološki vrt.

**zoogony** (zoà'göni), **zoogeny** (zoà'-đeni), *n.* nauka o postanku života.

**zoography** (zoà'gröfi), *n.* opis životinja.

**zoolatry** (zoà'lötri), *n.* obožavanje životinja.

**zoolite** (zo'olajt), *n.* okamenjena životinja.

**zoological** (zo'olà'điköl), *a.* zoološki.

**zoologist** (zoà'lođist), *n.* zoolog, poznavalac životinja.

**zoology** (zoà'löđi), *n.* zoologija, životinjstvo.

**zoon** (zo'ȧn), *n.* životinja.

**zoophagous** (zoà'fögas), *a.* mesožder.

**zoophyte** (zo'ofajt), *n.* zoofit (*beskralježnjak, koji naliči biljki, kao spužva ili koralj*).

**zootomy** (zoà'tömi), *n.* razuđivanje, paranje životinja.

**zwieback** (cvi'ba̱'k), *n.* dvopek.

**zygoma** (zajgo'mö), *n.* jagodična kost, jarmenica.

**zyme** (zajm), *n.* vrenje; klica bolesti.

**zymology** (zajmȧ'löđi), *n.* nauka o načelima vrenja.

**zymosis** (zajmo'sis), *n.* vrenje; zarazna i kužna bolest prouzročena vrenjem.

**zymotic** (zajmȧ'tik), *a.* što se odnosi na vrenje; proizveden vrenjem; — **zymotic disease** (zajmȧ'tik dizi'z), kužna *ili* zarazna bolest prouzročena vrenjem.

# NOVI
# ENGLESKO-HRVATSKI
## —i—
# HRVATSKO-ENGLESKI
# RJEČNIK

Priredio
## F. A. BOGADEK
Odvjetnik

### Sa Pridodatkom:

Kratka gramatika engleskog jezika; Strane riječi i fraze; Krsna imena;
Kamatnjak u Sjedinjenim Državama; Predsjednici Sjedinjenih
Država; Banovi, kraljevi i ostali vladari u Hrvatskoj,
Srbiji, Crnoj Gori, Sloveniji itd.; Stanovništvo
Kraljevine Srba, Hrvata i Slovenaca;
Pitanja i odgovori za molitelje
Američkog Građanstva.

---

## HRVATSKO-ENGLESKI DIO

---

## Hafner Press, New York

# A

**a,** *conj.* and, but, so, thus; — *interj.* ah! ha! however, yet, nevertheless.
**aba,** *n.* coarse cloth.
**abajlija,** *n.* shabrack, caparison, housing; horse-cloth; body-cloth.
**abeceda,** *n.* alphabet; (*poređati po abecedi,* **to put in order by alphabet**).
**abecedan,** *a.* alphabetic (al).
**abecedar,** *n.* primer, spelling-book, horn-book.
**a da,** *conj.* yes yes; — *adv.* certainly, to be sure, sure enough, indeed; it is true.
**ada,** *n.* island, isle.
**adamant,** *n.* diamond, adamant, jewel.
**adamštica,** *n.* Adam's apple, forbidden fruit.
**adet,** *n.* custom, habit, practice, usage, use, way, wont, manner, moral.
**adica,** *n.* small island, little isle, islet.
**adiđar,** *n.* gold *or* silver plate; ornament; jewels, pearls, diamonds (*pl*).
**administracija,** *n.* administration.
**administrativni,** *a.* administrative.
**administrator,** *n.* administrator.
**administratorica,** *n.* administratrix.
**administratorski,** *a.* administrative.
**administratorstvo,** *n.* administration.
**adrapovac,** *n.* ragged man; ragamuffin, sans-culotte.
**adresa,** *n.* address.
**adresant,** *n.* addresser.
**adresar, šematizam,** *n.* directory, book (*list*) of addresses.
**adresat,** *n.* addressee.
**adresirati,** *v.* to address.
**adut,** *n.* trump.
**advenat,** *n.* Advent.
**adverb,** *n.* adverb.
**advokat, odvjetnik,** *n.* attorney-at-law, lawyer, counselor-at-law, barrister.
**adžija,** *n.* pilgrim, traveler.

**afekat,** *n.* passion, affection.
**afektacija,** *n.* affectation, affectedness; false adornment, primness, prudery.
**afera,** *n.* affair.
**Afrika,** *n.* Africa.
**Afrikanac,** *n.* African.
**afrikanski,** *a.* African.
**aga,** *n.* aga, Turkish chief officer.
**agaluk,** *n.* authority, government (*of aga*).
**agat,** *n.* agate.
**agenat,** *n.* agent, representative, accountant, solicitor.
**agencija,** *n.* agency, representation.
**agentura,** *vidi:* **agencija.**
**aginica,** *n.* wife of aga.
**agitacija,** *n.* agitation.
**agitator,** *n.* agitator.
**agitirati,** *v.* to agitate, to propagate, to spread.
**agnostik,** *n.* agnostic.
**agonija,** *n.* agony.
**agrarac,** *n.* agrarian.
**agraran,** *a.* agrarian.
**agrikultura,** *n.* agriculture.
**agroš,** *n.* gooseberry.
**agršak,** *n.* steel-yard of spindle.
**agustini,** *n.* truffle.
**ah,** *interj.* o! ah!
**ahar,** *n.* stable for horses, equipage.
**ajam,** *n.* horse-collar.
**ajdamak,** *n.* stick, cudgel.
**ajde, ajte, idi,** *v. imp.* go, get out.
**ajdemo,** *v. imp.* let us go.
**ajduk,** *n.* bandit, robber, ruffian, thief.
**ajgir,** *n.* horse, stallion.
**ajgiruša,** *n.* a lascivious woman.
**ajkula,** *n.* shark.
**ajluk,** *n,* (*military*) pay, wages, payment, salary, stipend.
**ajlukčija,** *n.* mercenary, hireling, covetous person.
**akacija,** *n.* Acacia.
**akademičan,** *a.* academic.
**akademičar,** *n.* academic.
**akademički,** *a.* academic, collegiate.

**akademija,** *n.* academy, university.
**akcija, dionica,** *n.* share, stock.
**aker,** *n.* acre.
**akmadža,** *n.* sparrow-hawk, sweep-net.
**ako,** *conj.* if, providing, though; — **ne,** except, if not; — **tako,** if so.
**akoprem, premda,** *conj.* although, though.
**akord,** (*u glazbi*), *n.* chord, accord.
**akov,** *n.* pail, bucket, barrel.
**akrobat,** *n.* acrobat, tumbler.
**aksamit,** *n.* velvet.
**aksijom,** *n.* axiom.
**aktiva,** *n.* active, property, assets, outstanding debts.
**aktivan,** *a.* active.
**akustičan,** *a.* acoustic.
**akustika,** *n.* acoustics.
**akutan,** *a.* acute.
**akuzativ,** *n.* accusative.
**akvizicija, tečevina,** *n.* acquisition.
**ala,** *n.* dragon, drake.
**alabarda,** *n.* halberd.
**alabaster,** *n.* alabaster.
**alaj,** *n.* regiment, a company of soldiers in parade.
**alajbeg,** *n.* noble Turk.
**alakača,** *n.* imprudent *or* indiscreet woman.
**alakast,** *a.* imprudent, indiscreet, inconsiderate, inquisitive, giddy.
**alarm,** *n.* alarm, noise.
**alas,** *n.* fisherman, angler.
**alast,** *a.* rose-colored, rosy.
**alat, oruđe,** *n.* tools, instruments.
**alatuša,** *n.* (*mare*) sorrel, chestnut, chestnut-horse.
**alav,** *a.* voracious, gluttonous, greedy, eager.
**albino,** *n.* albino.
**album,** *n.* album.
**aldov,** *n.* offering, sacrifice, victim.
**aldovati,** *v.* to offer (up), to sacrifice, to immolate.
**aldumaš,** *n.* tip, gratuity.
**aldumtrava,** *n.* dwarf-elder, danewort, wallwort.
**alegorički,** *a.* allegoric.
**alegorija,** *n.* allegory.
**aleja,** *n.* vista.
**aleluja,** *n.* hallelujah.
**alem, dijamant,** *n.* diamond, precious stone.
**alfabet, azbuka,** *n.* alphabet.
**alga,** *n.* alga.

**algebra,** *n.* algebra.
**algebričan,** *a.* algebraic.
**ali,** *conj.* but, so, or.
**aligator,** *n.* alligator.
**alkalij,** *n.* alkali.
**alkimija,** *n.* alchemy.
**alkimista,** *n.* alchemist.
**alkohol,** *n.* alcohol, spirits.
**alkoholičan,** *a.* alkoholic, spirituous.
**alkuran,** *n.* alcoran, (al)koran.
**almanak,** *n.* almanac.
**aloj,** *n.* aloes.
**aloka,** *n.* ravine, great flood, torrent, deep valley, cleft.
**alosan,** *a.* crazy, mad.
**alov,** *n.* fish-net.
**Alpe,** *n.* Alps.
**alpski,** *a.* Alpine.
**alt** (*glas*), *n.* contralto, alto.
**aluminij, glinik,** *n.* aluminum.
**alvatan,** *a.* distant, remote, far off, wide, large, convenient, apt, commodious, comfortable.
**aljkav,** *a.* slovenly, disorderly, untidy.
**aljma,** *n.* onion, bulb.
**ama,** *conj.* but, yet, but then, at least, on the contrary.
**amajlija,** *n.* amulet, talisman.
**amal,** *n.* bearer, carrier, porter, wearer.
**amalgan,** *n.* amalgam.
**aman,** *interj.* pardon, mercy.
**amanet,** *n.* amulet, talisman.
**Amazonka,** *n.* Amazon.
**amazonski,** *a.* Amazon.
**ambar, žitnica,** *n.* granary, magazine, storehouse, warehouse.
**amber,** *n.* amber.
**ambicija,** *n.* ambition.
**ambor,** *n.* corn-flower, blue-bottle.
**ambra, jantar,** *n.* amber.
**ambulanca,** *n.* ambulance.
**amelj,** *n.* impure corn-growing.
**amen,** *interj.* amen.
**Amerika,** *n.* America.
**Amerikanac,** *n.* American.
**anerikanizam,** *n.* Americanism.
**amerikanizirati,** *v.* to Americanize.
**amerikanski,** *a.* American.
**ametice,** *adv.* utterly, totally, wholly, completely, entirely.
**amfibol,** *n.* amphibole, hornblende.
**amfiteatar,** *n.* amphitheater.
**amnestija,** *n.* amnesty.

**amo,** *adv.* here, near, over here, hither; — **dolje,** below here, down here; — **gore,** up here, above here; — **tamo,** here and there, to-and-fro.

**amonijak,** *n.* ammonia.

**amor,** *n.* Cupid, Love.

**amortizacija,** *n.* amortization.

**amortizirati,** *v.* to amortize, to redeem (*a debt*), to pay off.

**anali, ljetopis,** *n.* annals, year-books.

**analitičan,** *a.* analytic (al).

**analiza,** *n.* analysis.

**analizirati,** *v.* to parse, to analyse.

**analogičan,** *a.* analogical.

**analogija,** *n.* analogy.

**ananas,** *n.* pine-apple.

**anarhija, bezvlađe,** *n.* anarchy.

**anarhist,** *n.* anarchist.

**anatema,** *n.* anathema.

**anatemnik,** *n.* cursed man.

**anatom,** *n.* dissector.

**anatomičan,** *vidi:* **anatomički.**

**anatomički,** *a.* anatomical.

**anatomija, čovjekoznanstvo,** *n.* anatomy.

**ančuga,** *n.* anchovy.

**andara, mandara,** *indecl.* nonsense, foolery, frippery.

**andraska,** *n.* (*bot.*) dandelion.

**andrkva,** *n.* radish.

**androga,** *n.* flat-fish, dab.

**anđev,** *n.* angel; — **čuvar,** guardian angel; — **osvetnik,** avenging angel.

**anegdota,** *n.* anecdote.

**aneksija, pripojenje,** *n.* annexation.

**anektirati, pripojiti,** *v.* to annex.

**angina,** *n.* angina.

**angulja** (*jegulja*), *n.* eel.

**angurija,** *n.* water-melon.

**aniš,** *n.* anise, aniseed.

**aniževica,** *n.* anise-liqueour.

**anoniman,** *a.* anonymous.

**anta,** *n.* hill, hillock, rising ground.

**antagonizam,** *n.* antagonism.

**antanta,** *n.* entente.

**anterija,** *n.* tunic, coat.

**antić,** *n.* apricot.

**antikr(i)st,** *n.* antichrist.

**antikvar,** *n.* antiquary, dealer of old books.

**antikvarijat,** *n.* antique shop, second-hand book store.

**antikvarski,** *a.* antique, second-hand.

**antilopa,** *n.* antelope.

**antimon,** *n.* antimony.

**antipatičan,** *a.* antipathetic.

**antipatija,** *n.* antipathy, aversion, repugnance, dislike.

**antipod, protunožac,** *n.* antipode.

**antiseptičan,** *a.* antiseptic.

**antologija,** *n.* anthology.

**antracit** (*crni kameni ugljen*), *n.* anthracite.

**antunac,** *n.* bullfinch, mountain-finch.

**anjez,** *vidi:* **aniš.**

**aorta,** *n.* aorta.

**ap,** *n.* pill.

**apa,** *n.* smell, scent, odor.

**aparat,** *n.* apparatus.

**apatičan,** *a.* apathetic (al).

**apelirati,** *v.* to appeal.

**apetit,** *n.* appetite.

**apokalipsa,** *n.* apocalypse.

**apologija** (*obrana*), *n.* apology.

**apostol,** *n.* apostle.

**apostolski,** *a.* apostolic (al).

**apostrof,** *n.* apostrophe.

**apoštolstvo,** *n.* apostolate, apostle-hip.

**april,** *n.* April.

**Arab,** *n.* Arab.

**arabeska,** *n.* arabesque.

**Arabija,** *n.* Arabia.

**arak** (*papira*), *n.* sheet (*of paper*).

**arambaša,** *n. vidi:* **harambaša.**

**aramija,** *n.* thief, ravisher, robber, ruffian.

**aranđeo,** *n.* archangel.

**Arapin,** *n.* Arab, Arabian, Moor.

**arapska guma,** *n.* arabic gum.

**arapski,** *a.* Arabic, Moorish.

**arcibiskup,** *n.* archbishop.

**arcibiskupija,** *n.* archbishopric.

**arčiti,** *v.* to spend, to dissipate, to disperse, to waste.

**arćiz,** *n.* narcissus.

**ardalija,** *n.* mustard; trifles.

**ardov,** *n.* barrel, cask, tub, vat.

**arena** *n.* arena.

**arenda, zakup,** *n.* rent, leasehold estate.

**arendator,** *n.* tenant, lessee; farmer.

**arepak,** *n.* castor-oil plant.

**arež,** *n.* larch-tree.

**argan,** *n.* reel, windlass, winch.

**argatar,** *n.* day-laborer.

**argić,** *n.* swallow.

**argumenat,** *n.* argument.

**argumentirati,** *v.* to argue.

**arhanđeo,** *n.* archangel.

**arhanđeoski,** a. archangelic.
**arhiđakon,** n. archdeacon.
**arhiepishop,** n. vidi: **arcibiskup.**
**arhipelag,** n. archipelago.
**arhitekt, graditelj,** n. architect.
**arhitektura,** n. architecture.
**arhiv,** n. archives, record-office.
**arhivar,** n. archivist, keeper of the archives.
**aristokracija,** n. aristocracy.
**aristokrat,** n. aristocrat.
**aristokratski,** a. aristocratic.
**ariš** (drvo), n. larch.
**ariševina,** n. larch-wood.
**aritmetičan,** a. arithmetical.
**aritmetičar,** n. arithmetician.
**aritmetika,** n. arithmetic.
**arkada,** n. arcade.
**arkadijski,** a. arcadian.
**arkanđeo,** n. archangel.
**arkiv,** vidi: **arhiv.**
**arkivar,** vidi: **arhivar.**
**arkivarski,** a. archival.
**arlati,** v. to make a noise or row.
**arlekin,** n. clown, buffoon.
**armada,** n. armada.
**armagan,** n. present, gift, knack.
**Armenac,** n. Armenian.
**Armenija,** n. Armenia.
**armenski,** a. Armenian.
**armija,** n. army.
**aromatičan,** a. aromatic, spicy.
**arpac,** n. oleander, rose-bay.
**arpakaša,** n. barley.
**arsenal,** n. arsenal.
**arseničan,** a. arsenical, arsenious.
**arsenik,** n. arsenic.
**aršin,** n, yard, ell.
**arterija,** n. artery.
**artičok,** n. artichoke.
**artija,** n. paper.
**artilerija,** n. artillery, ordnance.
**artovati (se),** v. to give counsel, to advise, to consult with, to deliberate.
**as,** n. ace.
**asbest,** n. asbestos.
**asfalt,** n. asphalt.
**asimilacija,** n. assimilation.
**asimilirati,** v. to assimilate.
**aspa,** n, rash, exanthema, eruption, teething.
**aspida,** n. viper, adder, aspic, asp.
**aspirant,** n. aspirant.

**astar,** n. (postava) lining, fur, fell; (platno) cloth, linen-cloth, linen curtain.
**astma,** n. asthma.
**astmatičan,** a. asthmatic (al).
**astrolog,** n. astrologer.
**astrologija,** n. astrology.
**asura,** n. reed or rush-mat.
**asćija,** n. man-cook.
**ašćiluk,** n. cookery.
**ašikovanje,** n. flirtation.
**ašikovati,** v. to flirt, to spoon, to ogle, to make eyes at.
**ašov,** n. spade.
**at,** n. Arab stallion.
**ateist,** n. atheist.
**ateizam,** n. atheism.
**atelje,** n. studio, atelier.
**atlanski,** a. Atlantic; — **ocean,** Atlantic Ocean.
**atlas** (vrst svile), n. satin; atlas (zemljovid).
**atlet,** n. athlete.
**atletika,** n. athleticism.
**atletski,** a. athletic.
**atlija,** n. rider, horseman.
**atmosfera,** n. atmosphere.
**atom,** n. atom.
**atomističan,** a. atomic (al).
**atula, okvir,** n. shelf, cornice, mantel-piece.
**audijencija,** n. audience.
**auditor,** n. auditor, hearer.
**augur,** n. augur, soothsayer.
**auspicije,** n. sign, omen, chief command.
**Australac,** n. Australian.
**Australija,** n. Australia.
**australski,** a. Australian.
**Austrija,** n. Austria.
**Austrijanac,** n. Austrian.
**austrijski,** a. Austrian.
**autokracija,** n. autocracy.
**automat,** n. automaton.
**automatičan,** a. automatic.
**automobil,** n. automobile.
**automobilist,** n. automobilist.
**autor,** n. author.
**autoritet,** n. authority.
**avaj,** interj. alas!
**avaz,** n. voice, vote.
**avet, strašilo,** n. goblin, phantom, specter; apparition, fancy.

aviator, *n.* aviator.
avlija, *n.* court, courtyard, yard.
avra, *n.* synagogue.
avrlje, *n.* rotten grass.
azbest, *n.* asbestos.
azbučni, *a.* alpnabetic (al).
azbuka, *n.* alphabet.

Azija, *n.* Asia; Mala —, Asia Minor.
Azijat, *n.* Asıan.
azijski, *a.* Asiatic, Asian.
azur, *n.* azure.
aždaha, *vidi*: aždaja.
aždaja, *n.* dragon, hydra; morska —, sea dragon.

# B

**baba,** *n.* grandmother; old woman.
**babac,** *n.* walnut, tumbler.
**babad,** *n.* sweet-flag, calamus.
**babajko,** *n.* grandfather; dad.
**babe,** *n.* (*kukac*) lady-bird.
**babetina,** *n.* old woman, old frump.
**babica,** *n.* midwife.
**babičenje,** *n.* lying-in, confinement, childbed, midwifery, delivery.
**babičiti,** *v.* to do midwifery.
**babilonski,** *a.* Babylonic.
**babine,** *vidi*: **babinje.**
**babinjača,** *n.* woman confined.
**babinjara,** *vidi*: **babinjača.**
**babinje,** *n.* childbed, lying-in.
**babirusa,** *n.* (*životinja*) babyrousa, babirousa; Indian hog.
**babiti,** *vidi*: **babičiti.**
**babo,** *n.* father.
**babolličan,** *a.* wrinkled.
**baboljetak,** *n.* spider.
**babovati,** *v.* to be a nurse *or* wet-nurse.
**babrljanka,** *n.* black-heart cherry.
**babulj,** *n.* flint-stone, pebble.
**babulja,** *n.* splinter, sap-wood.
**babura,** *n.* (*crv*) worm; (*rak*) crawfish, crab, lobster; (*korenjak*) wood-louse; (*peć*) stove in ground.
**baburača,** *n.* (*žaba*) toad, paddock.
**baburica,** *n.* gall-nut.
**babuška,** *vidi*: **baburica.**
**babuškar,** *n.* gall-insect; — **ružin,** rose-gall-insect.
**babuština,** *n.* trifle, toy, nonsense, silliness, simplicity, foolery.
**bacaj,** *n.* throw, cast, pitch.
**bacakati se,** *v.* to struggle, to strive, to stir; to make a great bustle.
**bacalac,** *n.* thrower, pitcher.
**bacalište,** *n.* throwing-place.
**bacaljka,** *n.* projectiles, missiles.
**bacanj,** *n.* wear (*fish*), snare.
**bacanje,** *n.* throwing, pitching.
**bacati,** *v.* to throw, to toss, to fling, to cast, to pitch.
**baciti,** *vidi*: **bacati.**

**backavica,** *n.* lancet.
**bacnuti,** *vidi*: **bacati.**
**bacotina,** *n.* dirt, rubbish, mischief.
**bač,** *n.* cow-herd, cow-keeper; dairy-man, herdsman; shepherd.
**bačenka,** *n.* pin.
**bačva,** *n.* barrel, cask.
**bačvar,** *n.* cooper, barrel-maker, tubber.
**bačvarija,** *n.* cooperage.
**bačvarina,** *n.* cooperage.
**bačvarnica,** *n.* cooperage.
**bačvarstvo,** *n.* barrel-making.
**bačvast,** *a.* like a barrel.
**bačvica,** *n.* keg, barrel, kit.
**baća,** *n.* brother, fellow-christian, friar, monk.
**baćir,** *n.* winter-melon.
**bad,** *n.* cliff, rock.
**badalo,** *n.* picker.
**badalj,** *n.* sting, goad, spur, incitement, thistle, prickle, thorn.
**badaljka,** *n.* fork.
**badanj,** *n.* tub, vat.
**badar,** *a.* quick, lively, brisk, animated, awake, sprightly, gay.
**badati,** *v.* to stab, to pierce; to buck.
**badava,** *adv.* free, gratis, for nothing, free of charge; (*uzalud*) in vain.
**badavadžija,** *n.* saunterer, truant.
**badelj,** *n.* grossbeak, fuller's thistle, curled thistle.
**badeljka,** *vidi*: **badelj.**
**badem,** *n.* (*grkiš*) almond.
**badilj,** *n.* spade.
**badljiv,** *a.* craggy.
**badnjak,** *n.* Christmas Eve.
**badnjar,** *n.* cooper.
**badnjara,** *n.* water-mill.
**badnjarica,** *n.* wine-press.
**badnji,** *a.* — **dan;** *vidi*: **badnjak.**
**badnjić,** *vidi*: **badanj.**
**badriti,** *v.* to encourage, to rouse, to cheer, to awake.
**badrljica,** *n.* stalk; (*od pera*) quill.

badro, *adv.* cheerfully, lively, merrily, briskly, sharply, vigorously, quickly, acutely.

badrost, *n.* liveliness, sprightliness, vivacity, animation.

badža, *n.* chimney, flue.

badžak, *n.* leg, thigh, shank.

badžomet, *n.* chimney-sweeper.

baer, *n.* bank, shore.

baga, *n.* quitter.

bagalj, *vidi:* bagljić.

bagana, *n.* lamb's skin.

bagar, *n.* purple; purple robe.

bagarka, *n.* purple fish; turtle-shell.

bagav, *a.* crippled, lame, paralytic.

bagavost, *n.* digression, swerving, stepping aside; excursion.

baglama, *n.* hinge.

baglja, *n.* bunch of straw.

bagljati, *v.* to put up hay in bundles.

bagljić, *n.* hay-cock, hay-stack.

bagljiv, *a.* rugged, bristly, brushy, shaggy, rough.

bagoče, *n.* lock-jaw.

bagra, *n.* gang, clique, set, lot.

bagrena, *n.* acacia.

bagrenina, *n.* stuffed purple.

bagrenka, *vidi:* bagarka.

baguda, *n.* insect.

bahat, *a.* haughty, proud, chesty, arrogant.

bahatost, *n.* haughtiness, pride, conceitedness, presumption.

bahnuti, *v.* to come unexpected.

bahovac, *n.* magician, sorcerer, wizard.

bahorica, *n.* sorceress, witch.

bahoriti, *v.* to conjure, to practise magic.

bahtati, *v.* to trample, to patter.

baja, *n.* (*dječji govor, kao:*) doggie, bow-wow, bugbear.

bajač, *n.* magician, sorcerer, wizard.

bajagi, *adv.* apparently, almost.

bajalica, *n.* sorceress, witch.

bajalo, *vidi:* bajač.

bajam, *vidi:* badem.

bajamovac, *n.* almond-oil.

bajan, *a.* mythic, magic, charming, delightful, attractive.

bajat, *a.* stale, settled, sedate, calm, flat.

bajati, *v.* to practise magic, to conjure; (*pričati*) to fable, to tell stories.

bajevan, *vidi:* bajan.

bajka, *n.* (*basna*) fable, fiction, myth, story.

bajkar, *n.* fabulist, story-teller.

bajni, *vidi:* bajan.

bajonet, *n.* bayonet.

bajoslovac, *n.* fabulist, mythologist.

bajoslovan, *a.* fabulous, mythological, legendary.

bajoslovlje, *n.* mythology.

bak, *n.* bull, steer; (*u austronomiji*) Taurus.

baka, *n.* old woman, grandmother; (*vojnik*) private (*soldier*).

bakal, *n.* spicer, grocer, druggist.

bakalać, *n.* mercer, retailer, grocer; haber-dasher.

bakalar, *n.* codfish, cod.

bakalin, *vidi:* bakal.

bakalnica, *n.* grocery, drugs; drug-trade.

bakam, *n.* logwood.

bakanča, *n.* laced shoe.

bakar, *n.* copper, red-brass.

bakarica, *n.* tablet; small table.

bakarić, *n.* lily of the valley; May-flower, May-lily; park-flower.

bakarisati, *v.* to copper.

bakarlija, *n.* stirrup, strap; stirrup-leather.

bakat, *n.* stamping.

bakica, *n.* (*žena*) old woman; (*kukac*) lady-bird.

baklja, *n.* (*luč*) torch, link, flambeau.

bakljada, *n.* torch-light procession.

bakljar, *n.* torch maker.

bakljaš, *vidi:* bakljonoša.

bakljonoša, *n.* torch-bearer; linkboy.

bakočiti se, *v.* to quarrel, to wrangle, to dispute, to disagree.

bakonja, *n.* boss, lord, nobleman.

bakrač, *n.* copper-boiler; copper.

bakračlija, *n.* stirrup, strap.

bakren, *a.* copper, cupreous; rudokop, copper-mine.

bakrenar, *n.* coppersmith, brazier.

bakrište, *n.* copper-mine.

bakropis, *n.* celature.

bakropisac, *n.* chalcographer.

bakrorez, *n.* copper-engraving, chalcography.

bakrorezac, *n.* copper-engraver, chalcographer.

bakšiš, *n.* (*napojnica*) tip, gratuity.

bakulja, *n.* splint, sap-wood.

bavica, *n.* wood pail *or* bucket.

bala, *n.* (*od nosa*) mucus, snot; (*robe*) bale, pack.

balaban, *n.* cold (*in the head*).

**balad,** *n.* henbane, sweat-flag, calamus.
**balada,** *n.* ballad.
**balam,** *vidi*: **balad.**
**balandovati,** *v.* to lounge, to saunter, to stroll, to idle.
**balandža,** *n.* mad-apple.
**balantić,** *n.* clapper; drum-stick.
**balanja,** *n.* sword-hill.
**balav,** *a.* snotty, slabbering.
**balavac,** *n.* snot-nose, slobber; — **puž,** slug-snail.
**balavica,** *n.* brat, slut.
**balavka,** *n.* blennorrhea, catarrh.
**balbuta,** *n.* dunce, blockhead, awkward fellow, clown.
**balčak,** *n.* hilt, handle (*of a sword*).
**bale,** *n.* glanders, snot.
**balega,** *n.* dung, shit, dirt, rubbish.
**balegara,** *n.* rubbish place.
**balegaš,** *n.* dung-insect.
**balegati,** *v.* to manure, to dung.
**baleša,** *vidi*: **balavac.**
**balet,** *n.* ballet.
**baležar,** *vidi*: **balegaš.**
**balija,** *n.* (*prezirno*) Turk.
**baliti,** *v.* (*sliniti*) to snot, to slobber.
**Balkan,** *n.* Balkan.
**balkon,** *n.* balcony.
**balo** (**nja**), *vidi*: **balavac.**
**balota,** *n.* musket-ball, bulet; (*spucana*) bullet-shell.
**balta,** *n.* hoe, mattock, heel, pick-axe.
**baltati,** *v.* to chop, to hack, to cleave, to mince, to hoe.
**balučka,** *n.* (*bilj.*) leek, wart, garlic.
**baluka,** *n.* (*bilj.*) hyacinth.
**balunčik,** *n.* heron.
**balustrada,** *n.* balustrade.
**balvan,** *n.* beam, log, rafter.
**balzam,** *n.* balm, balsam, embalming fluid.
**balzamač,** *n.* embalmer.
**balzamiranje,** *n.* embalment.
**balzamirati,** *v.* to embalm.
**baljast,** *vidi*: **baljav.**
**baljav,** *a.* block-headed.
**baljezgati,** *v.* to extravagate, to rave, to talk idly, to dote.
**baljučka,** *n.* narcissus.
**bambus,** *n.* bamboo.
**ban,** *n.* ban (*a title of the governor of Croatia*).
**banan** (**a**), *n.* banana.
**bananac,** *n.* banana-tree.
**banati,** *vidi*: **baljezgati.**

**banbadava,** *adv.* absolutely gratis, just for nothing, free of charge.
**bančiti,** *v.* to tipple, to drink hard, to carouse.
**banda,** *n.* band; gang.
**bandar,** *n.* perch, pole.
**bandera,** *n.* post, stake.
**bangav,** *a.* lame, limping, crippled, paralytic.
**banica,** *n.* wife of ban.
**banka,** *n.* bank; — **štedionica,** savings bank.
**bankar,** *n.* banker.
**banket,** *n.* banquet, smoker.
**bankir,** *n.* banker.
**banknota,** *n.* bank-note, paper-money.
**bankrot,** *n.* (*stečaj*) bankruptcy, insolvency.
**bankrotirati,** *v.* to go bankrupt, to be insolvent; to fail.
**banovanje,** *n.* domination (*of a ban*).
**banovati,** *v.* to be a ban.
**banovina,** *n.* banat.
**banstvo,** *n.* dignity of ban.
**bantisati,** *v.* to confiscate, to seize upon.
**bantovati,** *v.* to trouble, to bother, to pester.
**banuti,** *v.* to rush in, to drop in.
**banja,** *n.* bath.
**banjati se,** *v.* to take a bath; to bathe.
**banjica,** *n.* bathing-tub, bath-tub.
**bapstvo,** *n.* midwifery.
**bar,** *n.* (*bilj.*) spikenard.
**bara,** *n.* (*močvara*) marsh, morrass, pond, bog.
**baraba,** *n.* bum, barbarian.
**barak,** *n.* shaggy dog.
**baraka,** *n.* barrack.
**baran,** *n.* (*ovan*) ram, wether.
**baras,** *n.* cradle, bower, vault, countryhouse pavilion.
**baratati,** *v.* to handle, to treat, to manage.
**barbar,** *n.* barbarian, savage.
**barbarski,** *a.* barbarous, cruel, savage.
**barbarstvo,** *n.* barbarousness, barbarism, barbarity, savageness.
**barbeža,** *n.* head-dress, lining.
**barbir,** *n.* barber, shaver.
**barčica,** *n.* skiff.
**bardagdžija,** *n.* potter.
**bardak,** *n.* pot, can, quart, tankard, goblet.

**bardaklija,** *n.* (*šljiva*) bonum magnum.
**barečina,** *n.* vermin, reptiles (*pl.*).
**barem,** *adv.* at least.
**bareš,** *n.* swamp, marsh, bog, pool, fen.
**baretina,** *vidi*: **bara.**
**barežar,** *n.* slug-snail; slug.
**barežnica,** *n.* marshy plants (*pl.*)
**bargljati,** *v.* to murmur, to grumble, to whisper, to mumble.
**barhet,** *n.* fustian.
**barica,** *n.* puddle.
**baril,** *n.* barrel.
**barilće,** *n.* cask, tub.
**barilo,** *n.* wine-measure, eimer, a liquid measure.
**barizovka,** *n.* apple; ball; knob.
**barjak,** *n.* flag, standard, pennant.
**barjaktar,** *n.* standard-bearer.
**barka,** *n.* boat, bark, barge.
**barkača,** *n.* lighter.
**barna,** *n.* horse, nag.
**barnast,** *a.* (*o konju*) bay.
**baroka,** *n.* wig, periwig.
**baronija,** *n.* baronetcy.
**barovit,** *a.* marshy, boggy, swampy.
**barovitost,** *n.* miriness, marshiness.
**bars,** *n.* panther.
**baršun,** *n.* velvet.
**baršunast,** *a.* velvety, velutinous.
**barun,** *n.* baron.
**barunica,** *n.* baroness.
**barunija,** *n.* baronage, barony.
**barunski,** *a.* baronial.
**barunstvo,** *n.* barony.
**baruština,** *n.* marsh, bog, marshy ground.
**barut,** *n.* gun-powder.
**barutana,** *n.* powder-mill, powder-storage.
**barutnjača,** *n.* priming-powder, powder-horn.
**bas,** *n.* (*duboki glas*) bass.
**basalo,** *n.* reveller, fanatic, enthusiast, cracker, squib.
**basamak,** *n.* step stair.
**basan,** *n.* myrrh.
**basati,** *v.* to wander, to rove, to ramble.
**basilika,** *n.* basilica.
**baskija,** *n.* lath, shingle.
**baskijati,** *v.* to lath.
**basma,** *n.* spelling-charm; (*barutnjača*) burras-pipe.
**basna,** *n.* fable, myth; story.

**basnar,** *n.* fabulist, story-teller.
**basnarica,** *n.* fable-book, book of fables.
**basnoslovac,** *n.* writer of fables, fabulist.
**basnoslovan,** *a.* mythic, fabulous.
**basnoslovlje,** *n.* mythology.
**basnovit,** *vidi*: **basnoslovan.**
**bastaž,** *n.* street-porter.
**bastija,** *n.* bastion.
**bastisati,** *v.* to crush by treading, to trample down, to annihilate, to destroy.
**baš, upravo,** *adv.* just, exactly, precisely.
**baša,** *n.* father-in-law.
**bašča,** *n.* garden.
**baščovan,** *n.* (*vrtlar*) gardener.
**baščovanka,** *n.* female gardener, gardener's wife.
**bašica,** *n.* (*vino*) first press.
**bašina,** *n.* embroidery; embellishment.
**bašiti se,** *v.* (*oholiti se*) to strut, to flaunt; (*okaniti se česa*) to unmake, to undo, to rid oneself, to make away, to leave off, to part with, to get rid of, to extricate oneself from.
**baška,** *adv.* separately; (**baškalučiti**), *v.* to separate, to disjoin, to set apart; to sunder, to divide, to take asunder.
**baškalučiti,** *vidi*: **baška.**
**bašluk,** *n.* distaff, bedpost.
**bašta,** *vidi*: **bašča.**
**baština,** *n.* inheritance, patrimony.
**baštinica,** *n.* heiress, beneficiary.
**baštinik,** *n.* heir, beneficiary, legatee.
**baštiniti,** *v.* to inherit.
**baštinski,** *a.* hereditary.
**baštinstvo,** *n.* heritage, inheritance, legacy, succession.
**bat,** *n.* (*kladivac*) hammer, sledge, mall.
**batak,** *n* shank, leg
**batal,** *a* spoiled, depraved, forlorn, forsaken, abandoned, deserted.
**batalija,** *n.* rag, tatter, shred, scrap.
**bataliti,** *v.* to leave, to quit, to abandon, to desert.
**bataljak,** *vidi*: **bataljica.**
**bataljica,** *n.* stump, piece, fragment.
**bataljun,** *n.* battalion.
**batati,** *v.* to beat, to strike, to mint, to defeat.
**baterija,** *n.* battery.
**batič,** *n.* mallet, mall.

**batina,** *n.* club, cudgel, stick.
**batinanje,** *n.* cudgeling.
**batinati,** *v.* to cudgel, to club, to lick.
**batine,** *n.* licking, clubbing, spanking.
**batinica,** *n.* small stick.
**batist,** *n.* batist.
**batiti se,** *v.* to repulse, to repel, to drive back, to rebuff, to recoil.
**batkalo,** *n.* tooth-pick.
**batkavica,** *n.* lancet.
**batli,** *a.* happy, fortunate, lucky.
**batlija,** *n.* luck, good luck, happiness, prosperity, fortune.
**batok,** *n.* (*suha riba*) dry fish.
**batokljun,** *n.* chaffinch (*ptica*).
**batonoša,** *n.* clavicorn, taxicorn.
**bator,** *adv.* wholly, totally.
**batrgati se,** *v.* to kick, to resist.
**batrica,** *n.* terrace, platform.
**batriti,** *v.* to rouse, to awake, to animate, to cheer.
**batun,** *n.* pool, puddle; (fish-) pond.
**baturak,** *n.* mace-reed.
**batvo,** *n.* stalk.
**bauk,** *n.* scarecrow, bugbear.
**baukati,** *v.* to frighten, to terrify.
**bauljati,** *v.* to crawl, to creep along, to cringe.
**baura,** *n.* sheep without horns.
**baviti se,** *v.* (*zanimati se*) to occupy oneself, to apply oneself to, to be engaged on.
**bavljati,** *v.* to idle, to lounge, to saunter, to stroll.
**bavljenje,** *n.* occupation, employment, work.
**baz,** *vidi:* **bazga.**
**bazag,** *vidi:* **bazga.**
**bazal,** *n.* basalt.
**bazdjeti,** *v.* to stink, to smell strong.
**bazdovina,** *vidi:* **bazgovina.**
**bazdrk,** *n.* fart.
**bazdrkati,** *v.* to fart.
**bazdrljika,** *n.* stalk, stem.
**bazerđan,** *n.* merchant, shopkeeper.
**bazga,** *n.* elder, elder-tree.
**bazgovina,** *n.* elderberry; (*drvo*) elder-wood.
**bazgovka,** *n.* elderberry.
**bazgovlje,** *n.* elder-bush.
**bazlamača,** *n.* omelet.
**bazovina,** *vidi:* **bazgovina.**
**baždalo,** *n.* ga (u)ge, ga (u)ging-rod.
**baždar,** *n.* gauger, adjuster, sealer.
**baždarina,** *n.* gauger's fee.
**baždariti,** *v.* to ga(u)ge, to (as)size.

**baždarnica,** *n.* custom-house; duty. upon goods.
**bdijenje,** *n.* watching, sitting up.
**bditi,** *vidi:* **bdjeti.**
**bdjeti,** *v.* to be awake, to wake, to watch over, to guard.
**beba,** *n.* baby.
**bebičnjak,** *n.* dog-berry.
**beča,** *n.* mythical snake, serpent.
**bečanje** (*ovaca*), *n.* bleating of sheep.
**bečati,** *v.* to bleat.
**bečić,** *n.* trefoil, club.
**bečiti (se),** *v.* to gaze, to gasp.
**bečka,** *n.* beer-barrel.
**bećar,** *n.* bum, loafer.
**bećariti,** *v.* to loaf.
**bećarstvo,** *n.* life of a bachelor, bachelorship.
**bedak,** *n.* fool, nut.
**bedast,** *a.* stupid, foolish.
**bedasto,** *adv.* foolishly.
**bedastoća,** *n.* foolishness, stupidity, silliness.
**bedem,** *n.* bulwark, rampart, wall.
**bedevel,** *n.* poodle, water-spaniel.
**bedevija,** *n.* (*kobila*) mare.
**bedrenica,** *n.* anthrax, mortification of the spleen.
**bedrenjača,** *n.* haunch-bone.
**bedrica,** *vidi:* **bedro.**
**bedrinica,** *n.* salve, broad sword.
**bedrinjak,** *n.* traverse, cross-piece, cross-beam.
**bedro,** *n.* thigh, hip, leg.
**bedrobolja,** *n.* sciatica.
**beg,** *n.* noble Turk.
**begenisati,** *v.* to approve (of).
**beginja,** *n.* wife of a noble Turk.
**beglučenje,** *n.* statute-labor.
**begluk,** *n.* fisc, exchequer.
**behar,** *n.* blossom, bloom, flower.
**behemot,** *n.* river-horse, hippopotamus.
**bekanot,** *n.* woodcock, idiot.
**bekavac,** *n.* stammerer, stutterer.
**bekavica,** *n.* sheep, ewe.
**bekeš,** *n.* fur-coat.
**beknuti,** *v.* (*ko ovca*) to bleat; to cry out.
**bekovica,** *n.* (*bilj.*) snowball, viburnum.
**bekovina,** *vidi:* **bekovica.**
**bekrija,** *n.* drunkard, ragamuffin, rascal, scamp, blackguard.
**bekrijašiti,** *v.* to lead a loose life, to go on the spree, to drink to excess.

**bekva,** *n.* osier, water-willow.
**belaj,** *n.* misfortune, disaster, adversity, ill-luck, mischance, accident.
**belćim,** *adv.* perhaps, maybe, possibly.
**belegija,** *n.* whet-stone, whetter, hone, rubber, rub (-stone).
**belezujka,** *n.* bracelet, armlet.
**ben,** *n.* mole, spot.
**bena,** *n.* block-head, simpleton, fool, loggerhead.
**benast,** *vidi:* **bedast.**
**benaviti (se),** *v.* to twaddle, to be foolish, to drivel.
**benavljenje,** *n.* silliness, foolery.
**benduška,** *n.* saffron.
**benđeluk,** *n.* pasque-flower; henbane; deadly night-shade; groundpine.
**benetalo,** *n.* babbler, gossip, chatterer, prattler.
**benetanje,** *n.* gossip, tittle-tattle, chatter.
**benetati,** *v.* to prattle, to prate, to tattle, to chatter, to blab.
**benevreke,** *n.* pantaloons, drawers (*for ladies*).
**bent,** *n.* dike, dam, mole, bank, obstacle, coffer-dam.
**benzin,** *n.* benzine.
**bepče,** *n.* baby, darling, minion.
**bepka,** *n.* doll, puppet, milliner's block.
**berač,** *n.* vintager, gatherer, collector.
**beračina,** *n.* gathering, vintage.
**berak,** *n.* grove, thicket, copse.
**berat,** *n.* diploma, patent.
**beratlija,** *n.* person with a diploma, certificated person.
**berba,** *n.* vintage.
**berberin,** *n.* barber, hair-dresser.
**berberiti,** *v.* to shave.
**berbernica,** *n.* barber's shop.
**berberski,** *a.* of a barber.
**bereg,** *n.* pool, bog, fen, swamp, morass.
**beresk,** *n.* heather, heath.
**berićet,** *n.* thrift, fruit, product, production, profit, consequence, result, prosperity.
**berićetan,** *a.* thrifty, productive, prosperous, fertile, fruitful.
**berićetnost,** *n.* thriftiness, prosperity, productiveness, fruitfulness.
**berišeljka,** *n.* gullet, oesophagus.
**berivo,** *n.* (*plaća*) salary, wages, income, revenue.
**berkovac,** *n.* grape, raisin.

**berma,** *n.* confirmation.
**bermet,** *n.* vermuth.
**besan,** *a.* sleepless, restless.
**besanica,** *vidi:* **besanost.**
**besanost,** *n.* sleeplessness, insomnia.
**besaveznost,** *n.* incoherence.
**besavjesnost,** *n.* unconscionableness.
**besavjestan,** *a.* conscienceless, dishonest, uncivil, disloyal, perfidious, treacherous.
**bescjen,** *a.* priceless, valueless.
**bescjenje,** *n.* very low price, trifle, trifling sum.
**besčastan,** *a.* dishonorable.
**besčustven,** *a.* insensible, apathetic.
**besčustveno,** *adv.* insensibly.
**besćutan,** *a.* insensible, remorseless, senseless.
**besćutnost,** *n.* insensibility, apathy.
**besilan,** *a.* weak, feeble, impotent.
**besjeda,** *n.* (*riječ*) word, conversation, floor; (*govor*) discourse, oration, speech, talk; (*deklamacija*) declamation, elocution; public speech; (*koncerat*) concert, entertainment, allocution.
**besjedan,** *a.* eloquent, talkative.
**besjedište,** *n.* tribune, gallery, parliament.
**besjediti,** *v.* to speak, to talk, to converse.
**besjedljiv,** *a.* talkative, communicative, affable.
**besjedljivost,** *n.* loquacity, talkativeness.
**besjednički,** *vidi:* **govornički.**
**besjednik,** *n.* orator, public speaker.
**besjedništvo,** *n.* rhetoric.
**besjedovnica,** *n.* encyclopedia.
**beskičmen,** *a.* invertebrate.
**beskonačan,** *a.* endless, perpetual, unending, infinite.
**beskonačno,** *adv.* infinitely, perpetually.
**beskonačnost,** *n.* infinity, endlessness, immensity.
**beskoristan,** *a.* useless, profitless, unavailable, unnecessary, unprofitable.
**beskoristno,** *adv.* uselessly.
**beskoristnost,** *n.* uselessness, unprofitableness.
**beskrajan,** *a.* infinite, boundless, endless, unending, perpetual.
**beskrajnost,** *n.* infinity, endlessness, infiniteness, immensity.

**beskralježnjak,** *n.* invertebrate.
**beskrilan,** *a.* wingless.
**beskrvan,** *a.* bloodless; pale, wan.
**beskućnički,** *a.* homeless; pennyless.
**beskućnik,** *n.* homeless person, pennyless person, poor devil.
**beskvasan,** *a.* unleavened.
**besmisao,** *n.* foolishness, nonsense.
**besmislen,** *a.* absurd, nonsensical, silly, foolish.
**besmisleno,** *adv.* nonsensically.
**besmislenost,** *n.* senselessness.
**besmislica,** *n.* nonsense, absurdity.
**besmrtan,** *a.* immortal, everlasting, perpetual.
**besmrtnik,** *n.* immortal *or* eternal person.
**besmrtnost,** *n.* immortality.
**besnen,** *a.* sleepless.
**besolica,** *n.* saltlessness.
**bespametan,** *vidi*: **bezuman.**
**bespara,** *n.* dish-cloth.
**besplatan,** *a.* free, gratuitous, free of charge.
**bespogrješan,** *a.* errorless, accurate, perfect.
**bespolan,** *a.* sexless, asexual.
**besposlen,** *a.* idle, unoccupied, useless.
**besposlenik,-ica,** *n.* idler, loiterer, truant.
**besposlenost,** *n.* idleness, sloth, laziness.
**besposlica,** *n.* idler, loafer, saunterer, loiterer; idleness, leisure.
**besposličar,** *vidi*: **besposlenik.**
**besposličiti,** *v.* to idle, to loaf, to lounge, to loiter.
**bespotrebno,** *adv.* needlessly.
**bespotrebnost,** *n.* needlessness.
**bespravan,** *a.* lawless, outlawed.
**bespravnost,** *n.* outlawry, lawlessness.
**bespredmetan,** *a.* out of place, irrelevant.
**besprestan,** *vidi*: **neprestan.**
**besprijekoran,** *a.* blameless, irreproachable, reproachless, faultless.
**besprijekornost,** *n.* blamelessness, stainless character, blameless reputation, integrity.
**besprikoran,** *vidi*: **besprijekoran.**
**bespriličan,** *a.* formless, shapeless, unformed, indigested.
**bespriličnost,** *n.* deformity, shapelessness.
**besprimjeran,** *a.* unprecedented, unexampled, unparalleled.

**bespristran,** *a.* impartial, unbiased, disinterested, neutral.
**bespristranost,** *n.* impartiality, neutrality.
**besprsnica,** *n.* amazon, riding-habit, virago.
**bespuće,** *n.* absurdity, silliness, indecency.
**besputan,** *a.* unbecoming, unseemly, indecent, improper.
**besraman,** *a.* shameless, lewd, unblushing, impudent, brazen-faced, insolent, impertinent.
**besramno,** *adv.* shamelessly.
**besramnost,** *n.* shamelessness, immodesty, impudence.
**bestemeljan,** *a.* unfounded, baseless.
**bestidan,** *a.* impudent, shameless, indecent.
**bestidno,** *adv.* shamelessly.
**bestidnost,** *vidi*: **besramnost.**
**bestilj,** *n.* persicaria.
**bestužan,** *a.* negligent, neglectful, careless, remiss, indolent.
**besumnjiv,** *a.* doubtless.
**besvijesnost,** *n.* unconsciousness, senselessness, madness.
**besvijestan,** *a.* unconscious, senseless, irrational.
**beš,** *n.* (*šupljinice od kože*) pore.
**beša,** *n.* fault, defect, error, mistake, vice.
**bešan,** *a.* faulty, incorrect, defective.
**bešav,** *a.* porous.
**beščast,** *n.* infamy, dishonor, disgrace, dishonesty, incivility, rudeness.
**beščastan,** *a.* dishonorable, infamous, uncivil, rude.
**beščustvenost,** *n.* insensibility, apathy, want of feeling.
**bešćutan,** *a.* insensible, unfeeling, indifferent.
**bešćutnik,** *n.* unfeeling man.
**bešćutnost,** *n.* insensibility, impassibility, apathy.
**bešičnik,** *n.* vesicatory, blister.
**bešika,** *n.* (*kolijevka*) cradle; (*mjehurić*) blister, bladder.
**beška,** *n.* grape.
**bešljiv,** *a.* full of holes; in holes; worm-eaten.
**bešljivost,** *n.* porosity, worm-hole, rottenness (*in wood*).
**beštija,** *n.* beast; brute.

**beteg,** *n.* disease, malady, sickness, distemper.
**betežan,** *a.* ill, sick.
**betežljiv,** *a.* sickly, ailing, valetudinarian.
**betežnik,** *n.* sick person; patient.
**bevut,** *n.* swoon, fainting fit, weakness, unconsciousness.
**bez,** *prep.* without, but for, except, besides; — *n.* linen.
**bezadnji,** *a.* bottomless, profound, unfathomable.
**bezadnjica,** *n.* abyss, precipice.
**bezakon,** *a.* lawless, reprobate, illegal.
**bezakonica,** *n.* common-law wife.
**bezokonik,** *n.* man without religion, villain, profligate.
**bezakonje,** *n.* lawlessness, mischief, illegality, unlawfulness; anarchy.
**bezar,** *n.* linen-draper; linen-merchant.
**bezazlen,** *a.* innocent, harmless, simple, naive, artless, unsophisticated.
**bezazleno,** *adv.* innocently, sheepishly.
**bezazlenost,** *n.* simplicity, plainness, silliness, ingenuity, frankness, innocence.
**bezbijedan,** *a.* sure, certain, secure, safe.
**bezbijednost,** *n.* security, surety, safety, certainty.
**bezbojan,** *a.* colorless, achromatic.
**bezboštvo,** *n.* atheism.
**bezbožan,** *a.* godless, nefarious, atheistic.
**bezbožje,** *n.* atheism.
**bezbožnica,** *n.* godless woman.
**bezbožnik,** *n.* godless man, atheist.
**bezbožno,** *adv.* impiously; wickedly.
**bezbožnost,** *n.* godlessness, wickedness, atheism.
**bezbrižan,** *a.* unconcerned, listless, mindless; (*nemaran*) negligent, neglectful, careless, indolent, lazy.
**bezbrižno,** *adv.* listlessly, recklessly.
**bezbrižnost,** *n.* carelessness, recklessness, tranquility, calmness; (*nemarnost*) negligence, carelessness, indolence, laziness.
**bezbroj,** *n.* immense number; no end (of).
**bezbrojan,** *a.* innumerable, numberless.
**bezbrojnost,** *n.* innumerableness.

**bezdan,** *n.* (*ponor*) chasm, abyss, precipice.
**bezdanica,** *vidi:* **bezdan.**
**bezdušan,** *a.* heartless, cruel, insensible, unfeeling.
**bezdušnica,** *n.* heartless woman.
**bezdušnik,** *n.* heartless man.
**bezdušno,** *adv.* cruelly, heartlessly.
**bezdušnost,** *n.* heartlessness, cruelty.
**bezdvojbe,** *adv.* doubtlessly.
**bezdvojben,** *a.* doubtless, sure.
**bezglasan,** *a.* soundless.
**bezgrješan,** *a.* sinless, stainless, innocent.
**bezgrješnost,** *n,* sinlessness.
**bezilan,** *a.* sincere, frank.
**bezimen,** *a.* anonymous, nameless.
**bezimućan,** *a.* poor.
**bezistan,** *n.* bazaar.
**bezjak,** *n.* logger-head, dunce, blockhead.
**bezličan,** *a.* impersonal.
**bezličnost,** *n.* impersonality.
**bezmitan,** *a.* incorruptible.
**bezmjeran,** *a.* measureless, spanless, immoderate, vehement.
**bezmjernost,** *n.* immensity, enormity, hugeness, immoderation.
**beznačajan,** *a.* without character, light-minded, inconstant, weak, feeble, infirm; changeable.
**beznačajnik,** *n.* man without character.
**beznačajnost,** *n.* want of principle.
**beznadan,** *a.* hopeless.
**bezobrazan,** *a.* arrogant, impudent, vile, mean, insolent.
**bezobrazluk,** *vidi:* **bezobraznost.**
**bezobraznik,-ica,** *n.* impudent person.
**bezobrazno,** *adv.* meanly, shamelessly.
**bezobraznost,** *n.* meanness, impudence, impertinence, impropriety, insolence.
**bezobziran,** *a.* inconsiderate, reckless, indifferent, unconcerned.
**bezobzirce,** *adv.* without consideration, regardless, indifferently, indiscriminately.
**bezobzirnost,** *n.* regardlessness.
**bezočan,** *vidi:* **bezobrazan.**
**bezočnik,-ica,** *vidi:* **bezobraznik.**
**bezočno,** *adv. vidi:* **bezobrazno.**
**bezočnost,** *vidi:* **bezobraznost.**
**bezodvjetan,** *a.* irresponsible, inexcusable, unjustifiable, unpardonable.

**bezopasan,** *a.* safe, out of danger.
**bezopasnost,** *n.* surety, security, safety.
**bezperka,** *n.* (*riba*) apod.
**bezrazložan,** *a.* groundless, unreasonable, futile, trifling, paltry, frivolous.
**bezrazložnost,** *n.* unreasonableness, groundlessness.
**bezribica,** *n.* small fish, fry.
**bezrodan,** *vidi*: **nerodan.**
**bezrodnost,** *vidi*: **nerodnost.**
**bezuman,** *a.* irrational, nonsensical, absurd, unreasonable.
**bezumica,** *n.* nonsense.
**bezumiti,** *v.* to seduce, to mislead, to delude, to bewitch, to dupe, to gull.
**bezumlje,** *n.* nonsense, foolishness, absurdity, unreasonableness, infatuation.
**bezumnik,** *n.* senseless *or* foolish person.
**bezumno,** *adv.* preposterously.
**bezumnost,** *vidi*: **bezumlje.**
**bezuslovan,** *a.* unconditional, absolute, implicit.
**bezuspješan,** *a.* unsuccessful, vain.
**bezuspješno,** *adv.* unsuccessfully.
**bezuspješnost,** *n.* unsuccessfulness, inefficacy, inefficaciousness, inefficiency.
**bezustrojan,** *a.* inorganic.
**bezutka,** *n.* pond-muscle.
**bezuvjetan,** *a.* unconditional, absolute, categorical, implicit.
**bezuvjetno,** *adv.* unconditionally, absolutely.
**bezvjerac,** *n.* atheist, unbeliever.
**bezvjeran,** *a.* incredulous, faithless, unbelieving, infidel.
**bezvjerje,** *n.* faithlessness, infidelity, incredulity.
**bezvjernik,** *vidi*: **bezvjerac.**
**bezvjernost,** *vidi*: **bezvjerje.**
**bezvjetrica,** *n.* calmness, calm.
**bezvladalac,** *n.* anarchist.
**bezvladan,** *a.* anarchistic.
**bezvlađe,** *n.* anarchy.
**bezvodan,** *a.* destitute of water; waterless, without water.
**bezvodica,** *n.* scarcity (*lack*) of water.
**bezvoljan,** *a.* reluctant.
**bezvrijedan,** *a.* worthless.
**bezvrijednost,** *n.* worthlessness.
**bezvučan,** *a.* soundless.

**bezživotan,** *a.* lifeless, inanimate.
**bežen,** *a.* single, unmarried, celibate.
**beženstvo,** *n.* celibacy, bachelorhood.
**biba,** *n.* turkey-cock; turkey; Guinea-hen, pintado; (*val*) dashing of the waves.
**bibati se,** *v.* to surge, to vacillate, to wave, to fluctuate.
**bibavica,** *n.* surf, dashing of the waves.
**biber,** *n.* pepper.
**biberiti,** *v.* to pepper.
**bibernica,** *n.* pepper-box.
**bibernjača,** *vidi*: **bibernica.**
**biblija,** *n.* Bible, Scripture.
**biblijski,** *a.* Biblical.
**biblioteka,** *n.* library.
**biboriti,** *v.* to leave, to slacken, to relax, to yield, to allow.
**bicikla,** *n.* bicycle.
**biciklista,** *n.* (bi)cyclist.
**bič,** *n.* whip, thong.
**bičalo,** *n.* handle of whip.
**bičalje,** *vidi*: **bičalo.**
**bičenovac,** *n.* large knife, cutlass.
**bičevalac,** *n.* whipper.
**bičevanje,** *n.* whipping, flogging, lashing.
**bičevati,** *v.* to whip, to flog, to thong.
**bičevnik,** *n.* scourger, flagellant.
**bičje,** *n.* moulding, cornice.
**bičkaš,** *n.* ragamuffin, rascal, scamp, blackguard.
**bičkija,** *n.* paring-knife.
**biće,** *n.* (*stanje*) existence, being, subsistence, life, standing, reality; (*narav*) nature, constitution; (*ponašanje*) manner, way, custom, sort, kind, style.
**bigar,** *n.* tufa, tuff.
**biglisati,** *v.* to sing, to warble (*o slavuju*).
**bigulja,** *n.* macaroni.
**bijača,** *n.* striking-part, clock-work.
**bijačica,** *n.* clock.
**bijeda,** *n.* misery, calamity, affliction.
**bijedan,** *a.* miserable, poor, calamitous.
**bijediti,** *v.* to charge with; to accuse of; to caluminate, to slander.
**bijednik,-ica,** *n.* wretch, pauper, pettifogger.
**bijedno,** *adv.* miserably.
**bijednost,** *vidi*: **bijeda.**
**bijeđenje,** *n.* accusation, charge, false accusation, sophistry.

**bijeg,** *n.* flight, run, escape.
**bijel,** *a.* white, clean; — day, daylight.
**bijelac,** *n.* white horse.
**bijelci,** *n.* white butter-fly.
**bijeliti,** *v.* to bleach, to whiten, to white-wash.
**bijelka,** *n.* (*riba*) bleak, blay, ablet (*fish*).
**bijelonja,** *n.* white bull.
**bijelost,** *n.* whiteness, white color.
**bijelj,** *n.* coarse ruggy cloth, ruggy cover, rug.
**bijeljenje,** *n.* bleaching, whitening.
**bijeljeti,** *vidi*: **bijeliti.**
**bijeljka,** *vidi*: **bijelka.**
**bijes,** *n.* rage, fury, madness, mania, violence.
**bijesan,** *a.* mad, raging, furious, rabid, violent, impetuous, prodigious; (*o valovima*) surgy, violent, tempestuous.
**bijesnik,-ica,** *n.* furious, mad *or* savage person.
**bijesno,** *adv.* madly, rabidly, furiously, violently.
**bijesnost,** *vidi*: **bijes.**
**bijest,** *n.* insolence, presumption, wantonness, arrogance.
**bik,** *n.* bull; **muškctni—,** musk; **vodeni—,** bittern.
**bika,** *n.* mother.
**bikan,** *n.* bull.
**bikobojac,** *n.* matador; toreador.
**bikovina,** *n.* bull-meat.
**bikulje,** *n.* pig-tail, plait.
**bileć,** *n.* (*bilj.*) marigold, ring-flower.
**bilek,** *vidi*: **bileć.**
**bilikum,** *n.* cup of welcome.
**bilina,** *n.* plant, herb.
**bilinar,** *n.* botanist, herbalist.
**bilinarstvo,** *vidi*: **bilinstvo.**
**bilinski,** *a.* herbaceous.
**bilinstvo,** *n.* herbage, botany.
**bilijun,** *n.* billion.
**bilo,** *n.* pulse.
**biloživa,** *n.* (*bilj.*) colt's-foot.
**bilja,** *n.* white goat.
**biljac,** *n.* cover, blanket.
**biljar,** *n.* botanist; (*igra*) billiards; (*stol*) billiard-table.
**biljarda,** *n.* billiard-room.
**biljarenje,** *n.* billiards.
**biljarica,** *n.* herbalist.
**biljariti,** *v.* to herbarize; (*igrati biljar*) to play billiards.
**biljarstvo,** *n.* botany.

**bilje,** *n.* herbage, herbs, plants.
**biljeg (a),** *n.* stamp, mark; goal.
**biljegovalac,** *n.* stamper.
**biljegovan,** *a.* stamped, crackbrained.
**biljegovanje,** *n.* stamping.
**biljegovati,** *v.* to stamp.
**biljegovina,** *n.* stamp-duty.
**biljegovka,** *n.* adhesive stamp (*for bills of exchange, receipts, etc.*).
**bilješka,** *n.* note, mark, jotting, memorandum.
**biljevan,** *a.* vegetable.
**biljevnik,** *n.* herbal.
**bilježenje,** *n.* notation, marking.
**bilježiti,** *v.* to note, to jot, to mark.
**bilježje,** *n.* sign, token, mark, symptom, omen, criterion.
**bilježnica,** *n.* notebook, tablet.
**bilježnički,** *a.* notarial.
**bilježnik,** *n.* notary, clerk; (**javni-**) notary public.
**bilježništvo,** *n.* notary's office.
**biljisati,** *vidi*: **biglisati.**
**biljka,** *n.* plant, herb.
**biljnik,** *n.* herbarium, herbal.
**biljopis,** *n.* description of plants, phytography.
**biljoslov,** *n.* botanist, herbalist.
**biljoslovac,** *vidi*: **biljoslov.**
**biljoslovlje,** *n.* botany.
**biljoznanstvo,** *n.* botany, phytonomy.
**biljožder,** *n.* vegetarian.
**biljur,** *n.* burning-glass, lens; flint-glass.
**bina,** *n.* (*pozornica*) stage.
**binjak,** *n.* saddle-horse.
**binjiš,** *n.* scarlet mantle.
**bio, bijela, bijelo,** *a.* white.
**biočug,** *n.* fetter, shackle, knocker (*of a door*).
**biona,** *n.* (*bolest očiju*) glaucoma.
**bir,** *n.* contribution, tax, delivery, duty.
**birač,** *n.* elector, voter, constituent, selector.
**biralište,** *n.* polling-place, electing-room.
**biran,** *a.* select.
**biranje,** *n.* choice, selection, choosing; (*izbor*) election.
**biratelj,** *n.* chooser.
**birati,** *v.* to choose, to pick, to select, to elect, to list.
**birma,** *n.* confirmation.

**birmanik,** *n.* one to be confirmed (*by the bishop*).
**birmati,** *v.* to confirm.
**birov,** *n.* judge, justice, bailiff, constable.
**birovina,** *n.* parson's fees.
**birsa,** *n.* lees, dregs, sediment; tartar.
**birtaš,** *n.* saloon-keeper; inn-keeper; landlord, host.
**birtašica,** *n.* hostess, landlady.
**birtašiti,** *v.* to keep saloon.
**birtija,** *n.* tavern, inn, saloon.
**bisag(e),** *n.* traveling bag, knapsack.
**biser,** *n.* pearl.
**biserar,** *n.* dealer with pearls.
**biserast,** *a.* pearly, beady.
**biserče,** *n.* small pearl.
**biserište,** *n.* bank of pearl-oysters.
**biseriti se,** *v.* to pearl; (*o vinu*) to sparkle; (*o vodi*) to bubble, to bead, to glisten.
**biserka,** *n.* Guinea-fowl, Guinea-hen; pintado.
**bisernica,** *n.* pearl; (*tamburica*) bisernitza.
**biserovit,** *a.* pearly.
**biskup,** *n.* bishop.
**biskupija,** *n.* diocese, bishopric.
**biskupstvo,** *n.* episcopacy.
**bison,** *n.* buffalo.
**bistar,** *a.* clear, bright, pure.
**bisterna,** *n.* cistern, pit, well, fountain, spring, waterspout.
**bistrac,** *n.* mirror, looking-glass, speculum.
**bistrak,** *n.* clarifier, temper.
**bistranga,** *n.* brook-trout.
**bistrenje,** *n.* elucidation, clarification.
**bistrica,** *n.* torrent.
**bistrina,** *n.* brightness, clearness, limpidity.
**bistriti,** *v.* to clear, to clarify, to brighten.
**bistro,** *adv.* pellucidly, clearly.
**bistroća,** *vidi:* **bistrina.**
**bistrook,** *a.* quick-sighted *or* eyed, quick of sight, perspicacious.
**bistrouman,** *a.* sagacious, acute, discerning, smart.
**bistroumlje,** *vidi:* **bistroumnost.**
**bistroumnost,** *n.* sagacity, wittiness; keenness *or* quickness of perception, penetration, ingenuity, shrewdness.
**bistrovidan,** *a.* perspicacious; *vidi:* **bistrook.**

**bistrovidnost,** *n.* perspicacy, quick *or* sharp-sightedness, penetration.
**bistven,** *vidi:* **bivstven.**
**bistvo,** *vidi:* **bivstvo.**
**bitak,** *n.* existence, presence.
**bitan,** *a.* real, essential, substantial, intrinsic, substantial, material, vital.
**bitanga,** *n.* loafer, scamp.
**bitanžiti se,** *v.* to idle, to lounge.
**bitevija,** *n.* lance, spear, lancet.
**biti,** *v.* (*jesam*) to be, to exist, to subsist; (*udarati*) to beat, to knock, to strike; (-se), to fight.
**bitisati,** *v.* to exist, to be, to live, to subsist.
**bitka,** *n.* battle, fight, war, conflict, opposition.
**bitkavac,** *n.* chaffinch (*bird*).
**bitnost,** *n.* substance, essence, reality, effective existence.
**bitovina,** *n.* native country, native land, birthplace, home.
**bitva,** *n.* beet; beet-root.
**bivalište,** *n.* residence.
**bivanje,** *n.* being; existence.
**bivati,** *v.* to be, to exist, to consist of, to dwell.
**bivo** (1), *n.* buffalo.
**bivolče,** *n.* young buffalo.
**bivolčići,** *n.* thorn-apple.
**bivoljača,** *n.* buff.
**bivstven,** *a.* substantial, true, real, genuine, veracious.
**bivstvo,** *n.* being, existence.
**bivši,** *a.* former, past; **-president,** *n.* Ex-President.
**bizag,** *n.* paste, gum.
**bizgav,** *a.* sticky, viscous, glutinous.
**bječva,** *n.* (*čarapa*) sock, stocking; (*gamaša*) gaiter.
**bjegac,** *n,* fugitive, refugee.
**bjeganje,** *n.* flight, fleeing, shunning; exile.
**bjegati,** *v.* to run, to flee.
**bjegnuti,** *v.* to run away, to escape.
**bjegunac,** *n.* runaway, fugitive, refugee (*vojnik*) deserter.
**bjegunica,** *n.* fugitive.
**bjegunstvo,** *n.* desertion.
**bjel,** *n.* holm-oak *or* tree.
**bjelaica,** *n.* white stocking.
**bjelance,** *n.* (*jajeta*) white of an egg.
**bjelančast,** *a.* albuminous.
**bjelanjak,** *vidi:* **bjelance.**
**bjelasati se,** *v.* to shine; to shine with effulgence, to glitter, to glimmer.

bjelaš, *n.* white horse.
bjelava, *n.* white cow.
bjelica, *n.* (*riba*) whitefish, alburn.
bjeličast, *a.* whitish.
bjelidba, *n.* whitening, bleaching.
bjelija, *n.* white cake.
bjelika, *n.* splinter, sap-wood.
bjelilac, *n.* blancher.
bjelilo, *n.* white color, white paint, bleaching-ground.
bjelilja, *a.* laundress.
bjelina, *n.* whiteness; linen, cloth.
bjelinje, *n.* parings.
bjelkast, *a.* whitish.
bjelobor, *n.* (*Scotch*) fir, resinous pine-wood.
bjelobrk, *n.* gray mustache.
bjeloća, *n*, whiteness, blankness.
bjelodan, *a.* evident, obvious, clear, notorious.
bjelodano, *adv.* clearly, manifestly, evidently.
bjelodanost, *n.* evidence, obviousness, clearness, manifestness.
bjelođulija, *n.* (*bilj.*) hyacinth.
bjeloglavka, *n.* tom-tit (*bird*).
bjelogorica, *n.* foliate trees.
bjelograb, *n.* white beech, hornbeam.
bjelogrli, *a.* with white neck; with swan's neck.
bjeloguza, *n.* wagtail; water-wagtail.
bjelojabuka, *n.* white apple.
bjelojug, *n.* dry South-wind.
bjelokljun, *a.* white-billed.
bjelokopitnjak, *n.* (*bilj.*) colt's foot, horsefoot, horse-shoe.
bjelokos, *a.* white—(*gray*)—haired; flaxenhaired.
bjelokost, *n.* ivory.
bjelokožan, *a.* white skinned, white cuticular.
bjelolijeska, *n.* a sort of grapes.
bjelolik, *a.* of white complexion.
bjelonog, *a.* white-footed; trammelled (*horse*).
bjeloočnica, *n.* sclerotic.
bjelorepka, *n.* white throat, fallow finch, sea-eagle, white-tail.
bjelošljiva, *n.* white plum.
bjelouška, *n.* ringed snake.
bjelov, *n.* white dog.
bjelovina, *n.* oak wood.
bjelug, *n.* white hog *or* pig.
bjeluga, *n.* white sow *or* hog.
bjeluša, *n.* sort of grape.
bjelušast, *a.* whitish.

bjelušina, *n.* (*bilj.*) hoarhound; white hoarhound.
bjelutak, *n.* quartz.
bjeljara, *n.* laundress.
bjesnilo, *n.* rage, fury, frenzy, delirium, madness.
bjesniti, *vidi*: bjesnjeti.
bjesnoća, *vidi*: bjesnilo.
bjesnjeti, *v.* to rave, to rage, to be delirious, to wander (*in one's mind*); (*o oluji*) to squall.
bjesomučan, *a.* demoniac, furious, frantic.
bjesomučnik, *n.* madman.
bjesomučnost, *n.* madness, delirium, frenzy.
bjesovski, *vidi*: bjesomučan.
bježalac, *n.* fugitive, refugee, runner.
bježanje, *n.* flight, scud, running.
bježati, *v.* to flee, to run, to seek shelter, to retire.
blag, *a.* mild, meek, gentle, calm, propitious, tranquil.
blagajna, *n.* (*željezna*) safe; (*imovina*) treasury.
blagajnik, *n.* cashier, treasurer.
blagajništvo, *n.* treasury.
blagdan, *n.* holiday, festive day, feast.
blago, *adv.* meekly, mildly, softly, gently, patiently, kindly, tenderly;
— *n.* (*bogatstvo*) wealth, treasure; (*novac*) money, cash; (*stoka*) cattle.
blagočastiv, *a.* pious, religious, gentle, tame, merciful, orthodox.
blagoća, *n.* lenity, mildness.
blagoćudan, *a.* good-natured, well-mannered, well-behaved.
blagoćudnost, *n.* good-nature, modesty, decency.
blagodaran, *a.* thankful, grateful.
blagodarenje, *n.* thanksgiving prayer, thanks, Te Deum.
blagodariti, *v.* to thank, to return thanks.
blagodarnost, *n.* thanks, acknowledgment, reward, thankfulness, gratitude.
blagodat, *n.* benefit, welfare, benediction, blessing, abundance, kindness, good action.
blagodatan, *a.* grateful, thankful, blessed.
blagodjetan, *a.* blessed, prosperous.
blagodušan, *a.* gentle, meek.
blagodušje, *n.* meekness, gentleness.

**blagoglasan**, *a.* harmonious, melodious, sweet-sounding; euphonious.

**blagoglasnost**, *n.* melodiousness, euphony.

**blagoizvoljeti**, *v.* to vouchsafe, to deign, to be pleased, to condescend.

**blagonaklonost**, *n.* kindness, goodwill, affection.

**blagonaklonjen**, *a.* well-affected.

**blagorječan**, *a.* eloquent, well-spoken.

**blagorječje**, *n.* eloquence.

**blagorodan**, *a.* honorable, noble, illustrious, well-born.

**blagorodstvo**, *n.* honorableness, honor.

**blagosiljanje**, *vidi*: **blagoslov**.

**blagosiljati**, *vidi*: **blagosloviti**.

**blagoslivljati**, *vidi*: **blagosloviti**.

**blagoslov**, *n.* benediction, blessing, blessedness; (*večernja*) vespers.

**blagosloven**, *a.* blessed, consecrated; holy.

**blagosloviti**, *v.* to bless, to consecrate.

**blagosrdan**, *a.* mild, gentle, liberal, charitable, kind-hearted, benevolent.

**blagosrdnost**, *n.* benevolence, charity, tenderness, affection, kindness, delicacy.

**blagost**, *n.* (*dobrota*) goodness, kindness; mildness.

**blagostanje**, *n.* welfare, prosperity, weal, fortune, decorum.

**blagostinja**, *n.* softness, mildness, gentleness.

**blagostiv**, *a.* clement, gracious, pleasant, elegant, favorable, benevolent, kindly.

**blagotvoran**, *a.* beneficent, beneficial, charitable, salutary.

**blagotvornost**, *n.* beneficence, benevolence, charity.

**blagovalište**, *vidi*: **blagovaonica**.

**blagovanje**, *n.* dining.

**blagovaonica**, *n.* dining-room; refectory.

**blagovati**, *v.* to eat, to dine; to sup.

**Blagovijest**, *n.* Annunciation.

**blagovit**, *a.* rich, opulent, wealthy, copious.

**blagovjeran**, *a.* pious, religious; gentle.

**blagovjesnik**, *n.* evangelist, apostle.

**blagovolja**, *n.* favor, kindness, goodwill, partiality.

**blagovoljenje**, *n.* good will, kindness, favor, benevolence.

**blagovoljnost**, *n.* *vidi*: **blagovolja**.

**blagovonje**, *n.* perfume, fragrance.

**blagozvučan**, *a.* sounding, sweet sounding, euphonious, harmonious.

**blagozvučnost**, *n.* melodiousness.

**blagva**, *n.* polypore.

**blanuti se**, *v.* to correct, to improve.

**blanja**, *n.* plane.

**blanjača**, *n.* joiner's bench.

**blanjalo**, *n.* planing machine.

**blanjati**, *v.* to plane.

**blašče**, *n.* small, young cattle.

**blatan**, *a.* muddy, dirty, sloppy.

**blatarica**, *n.* acanthus.

**blatiti**, *v.* to make dirty, to soil.

**blato**, *n.* mud, soil, filth; obscenity.

**blatovit**, *vidi*: **blatan**.

**blatuša**, *n.* marshy, boggy water.

**blatušina**, *vidi*: **blatuša**.

**blavor**, *n.* a sort of large snake *or* serpent.

**blavoruša**, *vidi*: **blavor**.

**blazan**, *a.* flattering, spiteful, malicious, wicked, ill-natured, malevolent.

**blazina**, *n.* mattress; (*perina*) featherbed.

**blazinja**, *n.* bolster.

**blaznik**, *n.* flatterer.

**blazniti**, *v.* to rave, to caress, to fondle, to flatter, to fawn upon.

**blažen**, *a.* blessed, happy, beatific.

**blaženstvo**, *n.* blessedness, felicity, bliss, beatitude, salvation.

**blaženje**, *n.* merry life, good cheer, softening, mitigation.

**blažilac**, *vidi*: **blažitelj**.

**blažilo**, *n.* lenitive; palliative; lenient.

**blažitelj**, *n.* softener, soother, allayer.

**blažiti**, *v.* to soften, to soothe, to mitigate, to moderate.

**blažnjenje**, *n.* raving; flattering, compliment.

**blebetalo**, *n.* chatterer, blabber, tattler.

**blebetanje**, *n.* babbling.

**blebetaš**, *vidi*: **blebetalo**.

**blebetati**, *v.* to blab, to jabber, to prattle, to splutter, to chatter.

**blebetav**, *a.* loquacious, talkative, gossiping, garrulous.

**blebetuša**, *n.* blabber, babbler, gossip, chatterer, prattler.

**bledan**, *vidi*: **bljeđahan**.

**blejati**, *v.* to bleat.

**blek**, *n.* bleating of sheep.

**bleka**, *n.* blockhead, dolt, fool.

**blekav,** *vidi:* **bedast.**
**bleknuti,** *v.* to bleat.
**blenuti,** *v.* to dumbfound, to startle, to disconcert, to baffle.
**blesan,** *n.* idiot, blockhead.
**blesast,** *a.* dull, stupid.
**bleska,** *vidi:* **blesan.**
**bleskast,** *a.* clumsy, clownish, awkward.
**blijanje,** *n.* diarrhoea.
**blijed,** *a.* pale, wan, faded.
**blijediti,** *vidi:* **blijedjeti.**
**blijedjeti,** *v.* to pale, to lose color.
**blijedost,** *vidi:* **bljedilo.**
**blijeđeti,** *vidi:* **blijedjeti.**
**blijesak,** *n.* lightning, flash of lightning; glitter, gleam.
**blijeskati,** *v.* to lighten, to flash, to sparkle, to glitter, to glisten.
**blijeskavica,** *n.* sheet-lightning, summer lightning.
**bliještiti,** *vidi:* **blistati** (se).
**blistanje,** *n.* sparkling, glittering; lightning, flash; brightness.
**blistati** (se), *v.* to glitter, to glisten, to shine, to lighten, to sparkle.
**blistav,** *a.* bright, glossy, brilliant, lustrous.
**blistavo,** *adv.* refulgently, resplendently.
**blitva,** *n.* (*cikla*) beet.
**bliz(ak),** *a.* near, close; intimate; nigh; imminent.
**blizanac,** *n.* twin.
**blizanci,** *n.* twins (*pl.*).
**blizanica,** *n.* twin; double operaglass; cheek.
**blizina,** *n.* nearness, proximity, vicinity.
**bliznad,** *vidi:* **bliznovi.**
**bliznovi,** *n.* twins.
**blizu,** *adv. i prep.* near, close, near-by, about, proximately.
**bliže,** *comp.* nearer, closer.
**bližiti se,** *v.* to near to, to approach.
**bližnji,** *n.* neighbor, fellow-man.
**blud,** *n.* prostitution, lasciviousness, unchasteness, lewdness; lewd act.
**bludan,** *a.* lascivious, lewd, meretricious, unchaste.
**bludište,** *n.* brothel, bawdy-house.
**bluditi,** *v.* to wander, to rave, to err, to go astray, to be mistaken.
**bludnica,** *n.* whore, concubine, prostitute, wench.

**bludnički,** *a.* lewd, licentious, prostitute, bawdy.
**bludnik,** *n.* lecher, whoremonger, ribald, prostitutor.
**bludnost,** *n.* lasciviousness, fornication, prostitution, lewdness.
**bludnja,** *n.* error, mistake, misunderstanding.
**bludobol,** *n.* venereal disease.
**bluna,** *n.* blockhead, loggerhead.
**blutiš,** *n.* tattler, babbler, twaddler.
**bluza,** *n.* blouse.
**blječkavica,** *vidi:* **brčkavica.**
**blječve,** *vidi:* **bječva.**
**bljedast,** *a.* pale, wan.
**bljedilo,** *n.* paleness, pallor, greensickness, chlorosis.
**bljedoća,** *vidi:* **bljedilo.**
**bljedovit,** *a.* pale, wan.
**bljeđa(ha)n,** *a.* palish.
**bljesak,** *n.* lightning.
**bljeskati,** *v.* to lighten, to flash; to sparkle, to glitter, to shine.
**bljeskavica,** *n.* sheet-lightning, summer lightning.
**bljesnuti,** *v.* to flash.
**blještilo,** *n.* glittering, glimmer.
**bljučica,** *n.* (*bilj.*) spurge.
**bljuditi,** *v.* to guard, to watch.
**bljunuti,** *v.* to break open.
**bljuskavica,** *n.* sloppy weather, slush.
**bljušac,** *n.* (*bilj.*) bryony.
**bljušt,** *n.* (*bilj.*) ivy.
**bljuštiti,** *v.* to take a dislike to, to get disgusted.
**bljutav,** *a.* stale, unsavory, tasteless, insipid.
**bljutavost,** *n.* bad taste, insipidity, staleness.
**bljuvača,** *n.* vomic-*or*-poison-nut.
**bljuvanjak,** *vidi:* **bljuvotina.**
**bljuvanje,** *n.* vomiting, throwing-out.
**bljuvati,** *v.* to vomit, to throw out, to spew.
**bljuvotina,** *n.* puke.
**bljuzgavica,** *n.* slush.
**bo, jerbo,** *conj.* because, as, since, for, then.
**bob,** *n.* horse-bean, tick-bean; mazagan; kidney-bean.
**boba,** *n.* berry.
**bobar,** *n.* beaver, castor.
**bobica,** *n.* bean, berry, chrysalis (*of silk-worms*).
**bobice,** *n.* pimples (*pl.*).

**bobičast,** *a.* baccate, speckled, spotted, pimpled, measly.
**bobičav,** *vidi:* **bobičast.**
**bobolj,** *n.* (*bilj.*) celandine.
**bobovati,** *v.* to tremble, to quake, to shiver (*from cold*).
**bobovina,** *n.* bean-straw.
**bobovište,** *n.* bean-field.
**bobovnik,** *n.* houseleek.
**bobovnjak,** *vidi:* **bobovnik.**
**bobuc,** *n.* (*bilj.*) vetch.
**bobuk,** *n.* bubble, vesicle.
**bobulast,** *a.* bulbous; tuberous.
**bobulja,** *n.* berry.
**bobuljast,** *a.* bulbous; (*o bilj.*) tuberous.
**bobuljica,** *n.* pustule.
**bobuša,** *vidi:* **bobuc.**
**bobut,** *n.* (*bilj.*) viburnum, snowball.
**boca,** *n.* (*flaša*) bottle, flask.
**bocak,** *n.* thistle.
**bocati,** *vidi:* **bockati.**
**bocka,** *vidi:* **bocak.**
**bockalica,** *n.* pin, peg; scarf-pin.
**bockal** , *n.* trouble-feast; crib-biter, quarreler.
**bockanje,** *n.* quib, skit.
**bockati,** *v.* to tease.
**bockav,** *a.* teasing.
**bocnuti,** *vidi:* **bockati.**
**boculjica,** *n.* sting, prickle, thorn.
**boč, boča,** *n.* sword-hilt.
**bočica,** *n.* phial.
**bočina,** *n.* ridge, ledge, list, selvage, bracket, steep declivity, slope, precipitous cliff.
**bočiti se,** *v.* to quarrel, to argue, to discuss, to debate.
**bočka,** *n.* pin.
**bočni,** *a,* lateral, sideways.
**bočnica,** *n.* border, edge, rim.
**bočnjak,** *n.* bottle-case.
**bod,** *n.* bayonet.
**bodac,** *n.* (*bolest*) sharp pain, stitch.
**bodalica,** *vidi:* **bod.**
**bodalj,** *n.* thistle.
**bodar,** *vidi:* **badar.**
**bodelj,** *n.* (*bilj.*) fuller's thistle, curled thistle.
**bodež,** *n.* poniard, dagger.
**bodežnik,** *n.* sword-stick, tack-stick.
**bodica,** *n.* pustule.
**bodilica,** *vidi:* **bodka.**
**bodka,** *n.* lance.
**bodlja,** *n.* prick, sting, thorn.
**bodljaj,** *n.* stab.

**bodljica,** *n.* thistle.
**bodljika,** *n.* prickle, prick.
**bodljikara,** *n.* (*bilj.*) hydnum.
**bodljikare,** *n.* trygon, sting *or* rock-ray, thorn-back.
**bodljikaši,** *n.* echinoderms.
**bodljikav,** *a.* prickly, thorny.
**bodljikavost,** *n.* prickliness.
**bodljiv,** *vidi:* **bodljikav.**
**bodorka,** *n.* roach (*fish*).
**bodoš,** *n.* potash.
**bodrilac,** *n.* cheerer.
**bodriti,** *v.* to encourage, to spur.
**bodrost,** *vidi:* **badrost.**
**boduljka,** *n.* (*bilj.*) geranium.
**bodva,** *n.* harpoon.
**bodvar,** *n.* harpooner.
**bodvati,** *v.* to harpoon.
**Bog,** *n.* God, Lord.
**bogac,** *n.* beggar, pauper, poor man.
**bogalj,** *n.* cripple.
**bogaljast,** *a.* crippled, lame.
**bogat,** *a.* rich, wealthy, affluent, opulent.
**bogataš,** *n.* rich man, wealthy man, nabob.
**bogatiti (se),** *v.* to become rich, to enrich.
**bogato,** *adv.* opulently, richly.
**bogatstvo,** *n.* riches, wealth, abundance, opulence.
**bogatun,** *vidi:* **bogataš.**
**bogaz,** *n.* straits; net, fillet.
**boginja,** *n.* goddess.
**boginjav,** *a.* pockly, pock-marked.
**boginje,** *n.* smallpox; variola.
**bogiš,** *n.* (*bilj.*) iris; rainbow.
**bogmati se,** *v.* to swear, to curse; to vouch.
**bogme!** by-god! forsooth! faith!
**bogobojan,** *a.* pious, godly, God-fearing.
**bogobojazan,** *vidi:* **bogobojan.**
**bogobojaznost,** *n.* piety, fear of God.
**bogobojažljivost,** *vidi:* **bogobojaznost.**
**bogočašće,** *n.* (*public*) worship.
**Bogočovjek,** *n.* God incarnate, God and man.
**bogodan,** *a.* delivered by God.
**bogodušan,** *a.* devout, attentive, religious, devotional, pious, godly.
**bogodušnost,** *n.* devotional prayers.
**bogogrdan,** *vidi:* **bogohulan.**
**bogogrdnik,** *vidi:* **bogohulnik.**

**bogohulan,** *a.* sacrilegious, blasphemous.
**bogohulnik,** *n.* blasphemer.
**bogohulstvo,** *n.* blasphemy.
**bogoizabran,** *a.* god-select.
**Bogojavljenje,** *n.* Epiphany.
**bogoličan,** *a.* godlike, divine.
**bogoljubac,** *n.* pious man.
**bogoljuban,** *a.* religious, devout, pious, godly.
**bogoljubno,** *adv.* religiously, devoutedly.
**bogoljubnost,** *n.* piety, devotion, devoutness.
**Bogomati,** *n.* Mother of God.
**bogomil,** *n.* agreeable to God.
**bogomisaon,** *a.* ascetic.
**bogomolja,** *n.* church, temple, tabernacle.
**bogomoljac,** *n.* religionist, bigot, zealot.
**bogomoljan,** *a.* pious, devout; attentive.
**bogomolje,** *n.* prayer.
**bogomoljka,** *n.* one that prays, devotee, devout woman; (*kukac*) grasshopper.
**bogomoljstvo,** *n.* devotion, devoutness, piety.
**bogomrzak,** *a.* most hateful, impious, irreligious.
**bogoraditi,** *v.* to beg, to ask, to call for, to request.
**bogoradnik,** *n.* mendicant, beggar.
**Bogorodica,** *n.* Mother of God.
**bogoslov,** *n.* theologian.
**bogoslovac,** *n.* theologist.
**bogoslovlje,** *n.* theology.
**bogoslovni,** *a.* theological.
**bogoslužje,** *n.* religious service; worship.
**bogoslužni,** *a.* congregational.
**bogoštovlje,** *n.* cult, religion.
**bogougodan,** *a.* agreeable to God; saint, sacred, pious.
**bogougodnost,** *n.* piety, sanctity, holiness, sacredness.
**bogovan,** *a.* godly, pious, religious, gracious.
**bogovjernik,** *n.* deist.
**bogovlada,** *n.* theocracy.
**boj,** *n.* battle, fight, struggle.
**boja,** *n.* color, paint, dye; **-lica,** complexion.
**bojac,** *n.* combatant, champion.

**bojadisanje,** *n.* painting, coloration, coloring.
**bojadisar,** *n.* dyer, painter.
**bojadisati,** *v.* to paint, to dye, to tinge.
**bojadžija,** *vidi:* **bojadisar.**
**bojak,** *n.* combat, fight, conflict, struggle, war, contest, quarrel.
**bojan,** *a.* warlike, bellicose, martial.
**bojati se,** *v.* to be afraid, to fear, to doubt.
**bojazan,** *n.* fear, scare, pang, dread, awe.
**bojažljiv,** *a.* timid, sheepish, spiritless.
**bojažljivost,** *n.* timidity, shyness, cowardliness.
**bojevati,** *v.* to militate.
**bojevit,** *a.* fond of war; warlike, pugnacious.
**bojište,** *n.* battle-field.
**bojiti,** *v.* to color, to tinge, to dye; (*-papir*) to stain.
**bojni,** *vidi:* **bojevit.**
**bojnica,** *n.* line of battle.
**bojnik,** *n.* warrior, soldier, fighter, combatant.
**bojnokopljanik,** *n.* lancer.
**bojno polje,** *n.* battle-field.
**bojovnik,** *vidi:* **bojnik.**
**bojse, bojske, bojis,** *adv.* perhaps, maybe, possibly.
**bok,** *n.* flank, loin; side; (*pas*) hip, side.
**boka,** *n.* (*bilj.*) lion's mouth, calf's snout.
**bokal,** *n.* goblet.
**bokarčić,** *n.* timble.
**bokast,** *a.* convex, arched, barreled.
**bokčarija,** *n.* beggary, mendicity.
**bokčarina,** *n.* beggarly crew.
**bokčariti,** *v.* to ask alms, to beg.
**bokčija,** *vidi:* **bokčarija.**
**bokobolja,** *n.* lumbago, pain in the loins.
**bokonj,** *n.* shroud.
**bokor,** *n.* tuft, bunch, aigrette, bouquet.
**bokva,** *n.* (*bilj.*) plantain.
**bokvica,** *vidi:* **bokva.**
**bol,** *n.* pain, ache, painfulness, suffering.
**bolan,** *a.* painful, sick; (*nesrećan*) afflicted, sad, unlucky, unhappy, unfortunate.
**bolandža,** *n.* scale, pair of scales, balance (*of an account*), equality, schedule.

**boleći,** *a.* compassionate, feeling, tender.

**bolećica,** *n.* wound, hurt, disease, malady, sickness, distemper.

**bolesan,** *vidi*: **bolestan.**

**bolesnica,** *n.* sick woman, patient.

**bolesničar,** *n.* nurse, attendant.

**bolesnik,** *n.* patient, sick man.

**bolest,** *n.* sickness, disease, malady, distemper; — **bubrežna,** kidney disease; — **na jetrima,** liver disease; — **nutarnja,** interior disease; — **plućiju,** lung disease; — **pošasna,** epidemic; — **priljepčiva,** contagious disease, contagion; — **srčana,** heart trouble; — **ulozi, kostobolja,** rheumatism; — **spolna,** venereal disease; — **vodena,** dropsy.

**bolestan,** *a.* sick, ill, morbid.

**bolestiti se,** *v.* to become sick *or* ill.

**boležljiv,** *a.* sickly, infirm, ailing, poorly, valetudinarian, morbid, unwell.

**boležljivo,** *adv.* morbidly, sickishly.

**boležljivost,** *n.* morbidness, sickishness.

**boliti,** *vidi*: **boljeti.**

**bolnica,** *n.* infirmary, hospital.

**bolničar,** *n.* hospital-attendant.

**bolničarka,** *n.* nurse, attendant, matron.

**bolnik,** *vidi*: **bolesnik.**

**bolnina,** *n.* smart-money, rue-money.

**bolno,** *adv.* painfully, sorely.

**bologlav,** *n.* (*bilj.*) corn-poppy.

**bolovanje,** *n.* pain, sickness.

**bolovati,** *v.* to sicken, to suffer, to be sick.

**bolševički,** *a.* Bolshevik.

**bolševik,** *n.* Bolshevik, Bolshevist.

**bolševizam,** *n.* Bolshevikism, Bolshevism.

**bolta,** *n.* vault, warehouse, shop.

**boltadžija,** *n.* merchant, shopkeeper.

**bolvan,** *n.* false deity, idol; blockhead.

**bolja,** *n.* pain, ache, grief, disease, malady, sickness, distemper; — **velika,** falling-sickness, epilepsy.

**boljak,** *n.* welfare, good, benefit, health, well-being, prosperity.

**boljar,** *n.* nobleman, aristocrat.

**boljarka,** *n.* noblewoman, aristocrat.

**boljarski,** *a.* aristocratic.

**boljarstvo,** *n.* aristocracy.

**bolje,** *adv.* better.

**boljeti,** *v.* to feel pain, to suffer, to bear.

**boljetica,** *vidi*: **bolest.**

**boljezan,** *vidi*: **bolest.**

**bolježljiv,** *a.* sickly, ailing, valetudinarian.

**bolježljivost,** *n.* sickliness.

**bolji,** *a.* better, superior.

**boljitak,** *n.* improvement, amelioration, advantage, gain, profit.

**bombardirati,** *v.* to bombard, to shell.

**bombardovanje,** *n.* bombarding, shelling.

**bombardovati,** *vidi*: **bombardirati.**

**bome,** *vidi*: **bogme.**

**bondža,** *n.* greyhound.

**bor,** *n.* fir, pine.

**bora,** *n.* fold, plait, crease, wrinkle.

**borac,** *n.* fighter, boxer; knight, pugilist, warrior.

**borač,** *n.* borax.

**borak,** *n.* (*bilj.*) mare's tail.

**borami!** *interj.* so help me God!

**boravak,** *n.* residence, abode, whereabouts, sojourn, stay.

**boravište,** *n.* dwelling, home, whereabouts, domicile, residence.

**boraviti,** *v.* to stay, to dwell, to reside, to live.

**boravljenje,** *n.* abiding, abode, residence, whereabouts, domicile.

**boravnica,** *n.* living-room, parlor.

**boražđe,** *n.* first-fruits, early-flower *or* vegetable; early part of the season.

**borba,** *n.* strife, struggle, battle, fight; conflict, opposition.

**bordižati,** *v.* to purge, to scour.

**borić,** *vidi*: **borak.**

**borićak,** *n.* currant.

**borik,** *n.* pine, pinery.

**borika,** *n.* (*Scotch*) fir.

**borilac,** *vidi*: **bojnik.**

**borište,** *n.* battle-field, arena.

**boriti se,** *v.* to struggle, to fight.

**borje,** *n.* pine woods.

**borme,** *vidi*: **bogme.**

**bornik,** *vidi*: **borac.**

**borov,** *a.* piny.

**borovica,** *n.* juniper, bilberry.

**borovička,** *n.* (*rakija*) gin.

**borovina,** *n.* pine-wood.

**borovka,** *n.* red, bilberry, cranberry.

**borovnica,** *n.* bilberry, whortleberry.

**borovnjača,** *vidi*: **borovica.**

**borovnjak,** *n.* thrush.
**bos,** *a.* bare-footed.
**Bosanac,** *n.* Bosnian.
**bosanski,** *a.* Bosnian.
**bosiljak,** *n.* (*sweet*) basil.
**Bosna,** *n.* Bosnia.
**bosonog,** *vidi:* **bos.**
**bosotinja,** *n.* bareness, poverty.
**bostan,** *n.* garden.
**bostandžija,** *n.* gardener.
**bostanj,** *vidi:* **bostan.**
**bosti (se),** *v.* to sting, to prick, to stab, to stick, to quilt, to lame, to bock.
**bošča,** *n.* draught-board, apron, pinafore, envelope, wrapper, cover.
**boški,** *a.* agreeable to God, divine, godly, godlike, deific.
**boštvo,** *n.* godhead, godship, divinity.
**bota,** *n.* stock, stalk, stem.
**botaničar,** *n.* botanist.
**botanički,** *a.* botanic(-al).
**botanika,** *n.* botany.
**botka,** *n.* lancet.
**botulja,** *n.* bottle, flask; (-**za vodu**) decanter.
**botur,** *n.* rush.
**boturan,** *n.* (*bilj.*) artemisia, mugwort.
**bovan,** *n.* stone, rock, crag.
**boza,** *n.* elder.
**bozbole,** *adv.* much, a great deal.
**bozgovina,** *vidi:* **boza.**
**bozgva,** *n.* (*bilj.*) master-wort.
**bozovina,** *vidi:* **boza.**
**božak,** *n.* amulet, talisman.
**božanski,** *a.* divine, godlike, celestial, heavenly.
**božanstven,** *vidi:* **božanski.**
**božanstvo,** *n.* divinity, deity, godhead.
**božica,** *n.* goddess.
**Božić,** *n.* Christmas; **božično drvo,** Christmas tree.
**božičevati,** *v.* to spend Christmas (*time*).
**božjak,** *n.* (*prosjak*) beggar; (*redovnik*) Knight-Templar, templar.
**božji,** *a.* of God, divine, godlike.
**božur,** *n.* (*ljekoviti*) peony, piony; (*vodeni*) sweet calamus, sweet flag *or* rush, sweet cane, acorus.
**božurak,** *vidi:* **božur,** (*žuti*) iris, fleur-de-lis.
**božurić,** *n.* peony.
**braca,** *n.* little brother.

**bračan,** *a.* conjugal, nuptial, bridal.
**bračni,** *a.* matrimonial, nuptial, marital.
**bračno,** *adv.* matrimonially.
**braća,** *n.* brothers, brethren.
**brada,** *n.* beard, barb; (*podbradak*) chin.
**bradača,** *n.* hatchet.
**bradan,** *n.* lammergeier (*vulture*).
**bradaš,** *n.* long-bearded person *or* animal.
**bradat,** *a.* bearded; (*o životinjama*) whiskered; (*o bilj.*) barbate(d).
**bradati,** *v.* to grow beard.
**bradavica,** *n.* wart, papilla; (*na sisama*) nipple (*of man*); nipple, teat, pap (*of woman*); teat, dug (*of animal*).
**bradavičav,** *a.* warty, mammilary, papillary; (*bilj.*) verrucose.
**bradica,** *n.* small beard; chin.
**bradište,** *n.* double-chin.
**bradovatica,** *n.* mullet.
**bradva,** *n.* ax(e), hatchet.
**Brahmin,** *n.* Brahman.
**brajan,** *n.* brother.
**brajda,** *n.* vine-branch.
**brajko,** *n.* brother; fellow-christian, friar, monk.
**brak,** *n.* matrimony, marriage, wedlock; **divlji brak,** concubinage.
**brakolom,** *n.* adultery.
**brakolomac,** *n.* adulterer.
**brakoloman,** *a.* adulterous.
**brakolomstvo,** *vidi:* **brakolom.**
**brana,** *n.* harrow, dike, dam, mole.
**brananje,** *n.* harrowing.
**branati,** *v.* to harrow.
**branič,** *n.* protector, patron, defender advocate, guardian.
**branidba,** *n.* defense.
**branik,** *n.* fortification, bulwark, rampart, proof, defence, protector, screen.
**branilac,** *vidi:* **branič.**
**branilište,** *n.* barrier.
**branište,** *vidi:* **branik.**
**branitelj,** *n.* defender, advocate, patron, guardian, protector; (*-na sudu*) attorney, lawyer.
**braniteljica,** *n.* protectress.
**braniti,** *v.* to defend, to advocate, to protect; (- **se**), to defend oneself; ( - *od udarca*) to ward off, to parry.

**branje,** *n.* vintage; reaping, crop, harvest; harvest time.
**branjenica,** *n.* fence, enclosure.
**branjenik,** *n.* client.
**branjenje,** *n.* defence.
**branjevina,** *n.* fence, enclosure; preserve.
**branjug,** *n.* (*ptica*) field-fare, thrush.
**Brašančevo,** *n.* (*Tijelovo*) Corpus-Christi.
**brašnar,** *n.* meal-man; (*kukac*) meal-worm.
**brašnara,** *n.* meal-tub, flour-bin.
**brašnav,** *a.* mealy, farinaceous.
**brašneni,** *vidi:* **brašnav.**
**brašnenik,** *vidi:* **brašnjenica.**
**brašno,** *n.* flour.
**brašnjak,** *n.* (*bilj.*) goose-foot; (*kukac*) meal-worm.
**brašnjenica,** *n.* traveling-money, provision for a journey.
**brašnjenik,** *vidi:* **brašnjenica.**
**brat,** *n.* brother.
**bratac,** *n.* little brother.
**bratanac,** *n.* nephew.
**bratanica,** *n.* niece.
**bratanić,** *n.* nephew.
**brati,** *v.* to gather, to pick, to sort, to pick out, to glean.
**bratić,** *n.* cousin.
**bratijenci,** *n.* brothers.
**bratimiti se,** *v.* to fraternize.
**bratimstvo,** *n.* brotherhood, fraternity.
**bratinac,** *vidi:* **bratjenac.**
**bratinski,** *a.* brotherly, fraternal, like brothers.
**bratinstvo,** *vidi:* **bratimstvo.**
**bratiti,** *vidi:* **bratimiti.**
**bratjenac,** *n.* cousin germain, first cousin.
**bratoubica,** *n.* fratricide.
**bratoubistvo,** *n.* fratricide.
**bratovština,** *n.* fraternization, fraternity, brotherhood, sodality, confraternity.
**bratski,** *a.* fraternal, brotherly; — **bratska ljubav,** brotherly love, brotherliness.
**bratstvo,** *n.* brotherhood, fraternity, close fellowship.
**bratučed (a),** *n.* cousin.
**bratva,** *n.* gathering, vintage, frying-pan.
**brav,** *n.* (*ovan*) wether, mutton.
**brava,** *n.* lock, padlock.

**bravac,** *n.* boar; sparrow.
**bravar,** *n.* locksmith.
**bravarija,** *n.* locksmith's trade.
**bravarstvo,** *n.* locksmithing.
**bravče,** *n.* piece, bit, morsel, fragment.
**bravenjak,** *n.* thrush.
**bravetina,** *n.* mutton.
**bravica,** *vidi:* **brava.**
**bravlji,** *a.* mutton.
**brazda,** *n.* furrow, drill, wrinkle, line.
**brazdičati,** *vidi:* **brazditi.**
**brazditi,** *v.* to ridge, to rifle, to furrow; to wrinkle.
**brazdovit,** *a.* furrowed, wrinkled.
**brazga,** *n.* wrinkle, ripple.
**brazgotina,** *n.* scar, slash, scratch, seam.
**brblati,** *vidi:* **brbljati.**
**brblo,** *n.* prattler, babbler.
**brbljalo,** *vidi:* **brblo.**
**brbljanje,** *n.* babbling, chatter.
**brbljati,** *v.* to prattle, to chatter, to gossip, to blab, to smatter.
**brbljavac,** *n.* chatterer, slabberer, prattler.
**brbljavost,** *n.* loquacity, pertness.
**brboljiti,** *v.* to smack, to crack.
**brbotati,** *v.* to snuffle, to snivel, to muddle, to dabble.
**brbukati,** *vidi:* **brbotati.**
**brcnuti,** *v.* to touch, to feel, to handle.
**brč,** *n.* multitude, quantity, great deal.
**brčak,** *n.* top, whirling, teetotum.
**brčić,** *n.* little mustache.
**brčina,** *n.* large mustache.
**brčište,** *n.* upper lip.
**brčiti,** *v.* to spoke.
**brčkalo,** *n.* sputterer.
**brčkati,** *v.* to splash, to dabble.
**brčkavica,** *n.* dirty *or* muddy road *or* way.
**brdašce,** *n.* hill.
**brdila,** *n.* comb-tray.
**brdina,** *n.* large hill.
**brdni,** *a.* mountainous.
**brdo,** *n.* mountain; **niz brdo,** down-hill; **uz brdo,** up-hill.
**brdovit,** *a.* mountainous, hilly.
**brdski,** *vidi:* **brdovit.**
**brdva,** *n.* shield-fish.
**brđanin,** *n.* mountaineer, highlander.
**brđanka,** *vidi:* **brđanin.**
**bre!** *interj.* ha! ho! hoy! halloo! I say!

**brboniti,** *v.* to murmur, to mutter, to grumble.
**brečanje,** *n.* noise, sound, din.
**brečati,** *v.* to crack, to detonate, to sound, to resound, to clang.
**bređ,** *a.* pregnant, big with young.
**bregovit,** *a.* hilly, mountainous.
**bregunica,** *n.* (*black*) martin, church-martin, martinet, swift.
**brek,** *n.* dog, hound.
**breka,** *n.* cry, clamor, shriek, outcry, scream.
**brekinja,** *n.* bird-cherry, sorb, sorb-apple; service-berry.
**brektanje,** *n.* panting, puffing, breathing; breath, exhalation.
**brektati,** *v.* to snort, to puff and blow.
**brekulja,** *n.* service- (*sorb*)-tree.
**brema,** *n.* bottle, flask, jar.
**breme,** *n.* load, burden, pack.
**bremenica,** *n.* water-cask, barrel, butt.
**bremenit,** *a.* pregnant, with child.
**bremenoša,** *n.* porter.
**brence,** *n.* sweep of a bell.
**brenčati,** *v.* to chink, to jingle, to tinkle.
**brenta,** *n.* gawn.
**breskovača,** *n.* peach brandy.
**breskva,** *n.* peach.
**brestov,** *a.* of elm, elmen.
**brestovac,** *n.* a stick of elm.
**brestovača,** *vidi:* **brestovac.**
**brestovina,** *n.* elm-wood.
**breščić,** *vidi:* **brežuljak.**
**brez,** *prep.* **without.**
**breza,** *n.* birch, birch-tree.
**brezik,** *n.* birch-wood *or* forest.
**brezimen,** *a.* nameless.
**brezov,** *a.* of birch.
**brezovac,** *vidi:* **brezik.**
**brezovača,** *n.* birch-stick.
**brezovina,** *n.* birch-wood.
**brežina,** *vidi:* **brijeg.**
**brežuljak,** *n.* hill.
**brežuljast,** *a.* knobby, hilly.
**brgljalo,** *n.* chatterbox.
**brgljati,** *v.* to talk quick and unintelligible.
**brica,** *n.* barber, hair-dresser.
**bričiti,** *vidi:* **brijati.**
**brid,** *n.* corner, edge, brim.
**bridak,** *a.* keen, sharp, cutting, decisive, peremptory.
**bridnik,** *n.* prism.

**bridomjer,** *n.* protractor, graphometer.
**briga,** *n.* care, solicitude, care (fulness), vexation, pains, concernment.
**brigada,** *n.* brigade.
**brigadir,** *n.* brigadier.
**brijač,** *n.* barber, shaver.
**brijačnica,** *n.* barber-shop.
**brijaći,** *a.* of barber, barber's.
**brijaćica,** *n.* razor, shaving-knife.
**brijanje,** *n.* shaving.
**brijati,** *v.* to shave.
**brijeg,** *n.* hill, mountain; (*rijeke*) bank.
**brijest,** *n.* elm.
**briješte,** *n.* elm-grove.
**briježni,** *a.* of hill *or* mountain.
**brinuti se,** *v.* to care, to procure, to be anxious, to worry; to apprehend, to provide.
**brinje,** *n.* juniper.
**brisač,** *n.* stump.
**brisalo,** *n.* eraser, rubber.
**brisanje,** *n.* sponging, rub, rasure, wipe.
**brisati,** *v.* to wipe, to rub; (*radirati*) to erase.
**britak,** *a.* sharp.
**briti,** *vidi:* **brijati.**
**britva,** *n.* razor, shaving knife; — **sjegurnosti,** safety-razor.
**brizgalica,** *n.* squirt, syringe, fire-engine.
**brizgalo,** *vidi:* **brizgalica.**
**brizganje,** *n.* spurting, squirting.
**brizgati,** *v.* to spout, to spurt, to squirt.
**briznuti,** *v.* (*u plač*) to weep, to cry.
**brižan,** *a.* apprehensive, anxious, uneasy, careful, watchful, solicitous, provident.
**brižditi,** *v.* to blubber, to roar, to bellow, to blare, to drawl.
**brižiti se,** to be anxious, to worry, to apprehend, to care, to provide.
**brižljiv,** *a.* careful, heedful, thoughtful.
**brižljivost,** *n.* carefulness, watchfulness, solicitousness, thoughtfulness.
**brižno,** *adv.* providently, carefully, thoughtfully, solicitously.
**brk,** *n.* mustache.
**brka,** *n.* entanglement, confusion, embarrassment.

brkaonica, *n.* confusion, jumble, hurly-burly.
brkaš, *n.* gudgeon.
brkat, *a.* mustached, mustachioed.
brkati (se), *v.* to entangle, to embarrass, to perplex.
brkavica, *n.* (*riba*) red striped surmullent.
brkica, *n.* (*riba*) mud-fish.
brklja, *n.* palisade, fraise, twirling-stick; (*bilj.*) whirl, verticil.
brko, *n.* a man with large mustache.
brkomaz, *n.* wax for mustache.
brkonja, *vidi*: brko.
brkut, *n.* lammergeier, geier-eagle.
brlog, *n.* lair.
brložiti (se), *v.* to lie down, to lair.
brlja, *n.* pool, bog, fen, swamp, puddle.
brljak, *n.* (*ptica*) starling; coxcomb.
brljati, *v.* to rummage, to dirty, to soil, to foul.
brljav, *a.* imprudent, indiscreet, dull, stupid.
brmak, *n.* (*bilj.*) common eryngo.
brmeč, *vidi*: brmak.
brncati, *v.* to rattle, to hum, to buzz.
brnđuška, *n.* (*bilj.*) meadow saffron.
brnistra, *n.* (*bilj.*) broom, furze, needle-furze.
brnka, *n.* erysipelas.
brnjača, *n.* harrow.
brnjica, *n.* muzzle, nose-band.
brobotati, *v.* to sputter.
broć, *n.* (*bilj.*) madder, gosting.
broćanka, *n.* (*bilj.*) cheese-rennet.
broćast, *a.* madder-colored.
broćenica, *vidi*: broćanka.
broćika, *vidi*: broćanka.
broćiti, *v.* to dye with madder.
brod, *n.* ship, boat, schooner; — na jedra, sail vessel; — na paru, steamship, steamer; — prevozilac, ferry-boat; — ratni, man-of-war, warship; — za putnike, passenger steamer; — za robu, freight steamer.
broda (n), *n.* (*bilj.*) artemisia, mugwort.
brodan, *a,* navigable, fordable.
brodar, *n.* sailor, navigator, mariner.
brodarenje, *n.* sailing, voyage, navigation.
brodarina, *n.* freight of passengers, toll, turnpike, toll-money.
brodariti, *v.* to navigate, to sail.
brodarnica, *n.* dock-yard.

brodarski, *a.* nautical, naval.
brodarstvo, *n.* navigation, art of navigation, nautics.
brodidba, *vidi*: brodarenje.
brodilac, *n.* navigator, sailor, mariner.
brodište, *n.* ford.
broditi, *v.* to sail, to navigate.
brodiv, *a.* navigable, navigate.
brodivost, *n.* navigableness, navigability.
brodogradilište, *n.* ship-yard, arsenal.
brodogradnja, *n.* ship-building.
brodolom, *n.* shipwreck.
brodolomac, *n.* castaway.
brodolov, *n.* privateering.
brodonosan, *a.* navigable.
brodostanica, *n.* dock, pier.
brodotoč, *n.* ship-wright's auger, teredine, teredo.
brodovište, *n.* dock, dock-yard, wharf.
brodovlje, *n.* fleet, navy, squadron.
brohati, *v.* to pant, to puff.
broj, *n.* number, figure, cipher.
brojač, *n.* numerator.
brojan, *a.* numerous, many.
brojanica, *n.* rosary.
brojenje, *n.* counting, numbering, numeration.
brojevan, *vidi*: brojan.
brojitelj, *n.* numerator.
brojiti, *v.* to count, to enumerate.
brojka, *n.* number, figure, cipher.
brojni, *a.* numeric (-al).
brojnik, *n.* numerator.
brojno, *adv.* numerously.
brojnost, *n.* numerosity.
brokule, *vidi*: prokule.
bronza, *n.* bronze, brass; flint-steel.
broska, *n.* (*bilj.*) master-wort, cabbage.
brošura, *n.* pamphlet.
brotva, *n.* frying-pan.
brozgva, *n.* (*bilj.*) peony.
brsci, *n.* (*kukci*) ground-beetle.
brskut, *n.* rapidity of a current.
brsnat, *a.* bristly, leafy, leaved.
brst, *n.* (*mladica*) offspring, shoot of a plant.
brstan, *a.* ivy.
brstanica, *n.* (*bilj.*) corn-bind, with-wind.
brstica, *n.* (*bilj.*) verbena, vervain, iron-wort, peristerion, siderite.
brstina, *n.* leaves, foliage, leafage.

**brstiti,** *v.* to browse, to feed on foliage.
**bršljan,** *n.* ivy.
**brštanak,** *n.* *(bilj.)* needle-chervil; crane's bill.
**bršun,** *n.* fustian.
**brujanje,** *n.* roaring, shouting, clashing, muttering, blast.
**brujati,** *v.* to buzz, to hum.
**bruka,** *n.* scandal, row, riot, mockery, raillery, derision.
**brukati se,** *v.* to laugh at; to make fun of, to ridicule.
**brukavica,** *n.* pasquinade, libel, lampoon.
**bruklje,** *n.* fire-fork, fruggion.
**brukvica,** *n.* tack.
**brunda,** *n.* mouth-harp, drone.
**brundalo,** *n.* reed-work; grumbler, growler, snarler; large string *(of the bass).*
**brundara,** *n.* blue, bottle-fly.
**brundati,** *v.* to hum; to mutter, to murmur, to grumble.
**brus,** *n.* grindstone, whetstone, rifle, rubstone.
**brusar,** *n.* grinder, polisher.
**brusilovac,** *n.* grinder, polisher; *(kamen)* whetstone.
**brusiti,** *v.* to grind, to sharpen, to hone, to rub *(against).*
**brusnica,** *n.* red bilberry, cranberry.
**brušenje,** *n.* grinding.
**brušnjak,** *n.* grind (ing)-stone; grinder, whetstone.
**brv,** *n.* cross piece, small bridge, path.
**brvina,** *vidi:* **brv.**
**brvnara,** *n.* blockhouse, log-house.
**brvnati,** *v.* to place beams over.
**brvno,** *n.* beam, joist, plank.
**brz,** *a.* swift, quick, rapid, prompt, speedy, spray, hasty, fast.
**brzac,** *n.* courier, post-boy.
**brzača,** *n.* yacht.
**brzak,** *n.* rapidity of a current.
**brzan,** *a.* frigate-bird, man-of-war bird.
**brzanje,** *n.* hurry, speed.
**brzati,** *v.* to hurry, to hasten, to speed.
**brzica,** *n.* rapidity of a current, rapids; *(bolest)* dysentery.
**brzina,** *n.* speed, velocity, haste, swiftness, rapidity, quickness.
**brziti,** *v.* to spur, to furnish with spurs; to stimulate, to incite.

**brzo,** *adv.* quickly, speedily, soon, snatchingly, precipitantly, rapidly.
**brzoća,** *n.* quickness, velocity, rapidity.
**brzojav,** *n.* telegraph, telegram.
**brzojavan,** *a.* telegraphic, by telegraph; by telegram.
**brzojaviti,** *v.* to telegraph, to wire.
**brzojavka,** *n.* telegram, telegraph.
**brzojavljanje,** *n.* telegraphy.
**brzojavni,** *a.* telegraphic(-al).
**brzojavnica,** *n.* telegraph office.
**brzojavnik,** *n.* telegraph operator.
**brzojavno,** *adv.* telegraphically.
**brzojavstvo,** *n.* telegraphy.
**brzomjer,** *n.* speedometer.
**brzonog,** *n.* fleet-footed.
**brzopis,** *n.* stenography, shorthand.
**brzopisac,** *n.* stenographer, shorthand writer, stenographist.
**brzopisan,** *a.* stenographical.
**brzopisati,** *v.* to write in short-hand.
**brzorek,** *a.* hasty, forward, rash, pert.
**brzost,** *n.* quickness, rapidity, speed, promptness, readiness, velocity.
**brzoteča,** *n.* courier, fast walker, match runner; *(konj)* courser, runner, racer.
**brzotis,** *n.* steam-press; mechanical press, flypress.
**brzovlak,** *vidi:* **brzovoz.**
**brzovoz,** *n.* express-train.
**brže,** *vidi:* **brzo.**
**buba,** *n.* silk-worm.
**bubalo,** *n.* drummer.
**bubant,** *n.* plodder.
**bubanj,** *n.* drum, tambour; — **ušni,** ear-drum, tympan (um).
**bubati,** *v.* to knock, to beat, to rap, to tap; *(učiti)* to plod, to cram, to grind.
**bubić,** *n.* *(bilj.)* bird's-foot, trefoil.
**bubla,** *n.* lump, clod; ingot, nugget.
**bubnuti,** *v.* to fall, to drop.
**bubnjanje,** *n.* drumming.
**bubnjar,** *n.* drummer.
**bubnjati,** *v.* to drum.
**bubnjić,** *n.* *(ušni)* ear-drum, tympan (um).
**bubotak,** *n.* punch, buffet, cuff, fisticuff.
**bubožder,** *n.* insectivora.
**bubreg,** *n.* kidney.
**bubrežak,** *vidi:* **bubreg.**
**bubrežast,** *a.* reniform.

**bubrežnjaci,** *n.* loin of veal with the kidney.

**bubrežnjak,** *n.* roast loin.

**bubulj,** *n.* flint-stone, pebble.

**bubuljica,** *n.* pimple, pustule; (*riba*) sun-fish, diodon.

**bubuljičav,** *a.* pustular, pustulous.

**bucast,** *n.* (*riba*) sun-fish, diodon.

**bucat,** *a.* salted, salt.

**bucati (se),** *v.* to tear, to rend, to pull, to burst, to split.

**bucmast,** *a.* squab, chubby (-faced).

**bucovan,** *a.* ardent, fervent, in the rut.

**buča,** *n.* pumpkin, melon, gourd.

**bučan,** *a.* noisy, boisterous, loud, obstreperous.

**bučanje,** *n.* rustling, noise, noisiness, roaring; tingling (*of the ears*).

**bučati,** *vidi*: **bučiti.**

**buče,** *n.* turkey (- cock).

**bučina,** *vidi*: **buča.**

**bučiti,** *v.* to make noise, to pother, to racket, to riot.

**bučjak,** *n.* beech-forest, beech-grove.

**bučka,** *n.* churn.

**bučkanje,** *n.* churning.

**bučkati,** *v.* to churn.

**bučno,** *adv.* noisily, obstreperously.

**bućiti se,** *v.* to puff up, to bear a grudge (*ili*) ill-will; to pout, to sulk.

**bućka,** *vidi*: **bučka.**

**bućkalo,** *n.* angler.

**bućkati,** *v.* to plump, to bounce, to blunder, to put one's foot in it (*by hogs*).

**bućkuriš,** *n.* spoiled liquid, bad liquor.

**bućnuti,** *v.* to plump, to bounce.

**bud, makar,** *conj.* even, even if.

**buda,** *n.* booth, stand.

**budac,** *n.* turkey (- cock).

**budak,** *n.* grub-axe, blockhead.

**budala,** *n.* fool, dunce, blockhead.

**budalast,** *a.* silly, foolish, preposterous, unmeaning.

**budalasto,** *adv.* sillily.

**budalaš,** *vidi*: **budala.**

**budalaština,** *n.* foolishness, stupidity, blunder, piece of folly, silliness, preposterousness.

**budalina,** *n.* imbecility, silliness, folly, dolt, fool.

**budalisanje,** *n.* fooleries, trifles, absurdities.

**budalisati,** *vidi*: **budaliti.**

**budaliti,** *v.* to dote, to rave.

**budan,** *a.* awake, on the alert, sleepless, watchful.

**budi,** *vidi*: **bud.**

**budija,** *n.* turkey-hen.

**budilac,** *n.* wakener, waker, awakener.

**budilica,** *n.* alarm clock.

**budilo,** *n.* awakener.

**buditi (se),** *v.* to wake, to awaken, to rouse; to arouse from sleep; — **na nov život,** to revive.

**budnica,** *n.* reveille.

**budno,** *adv.* watchfully, sleeplessly.

**budnost,** *n.* wakefulness, watchfulness, vigilance.

**budući, pošto,** *conj.* because, since, as; — **da,** whereas.

**budući,** *a.* future, next, ensuing, coming, prospective.

**budućnost,** *n.* future, futurity.

**budzule,** *n.* large lips.

**budža,** *n.* cudgel, stick, cane.

**budžak,** *n.* (*kut*) corner, nook.

**budželar,** *n.* pocket-book.

**buđ,** *n.* mould, mustiness; white horse.

**buđara,** *n.* young frog.

**buđati se,** *v.* to get mouldy.

**buđav,** *a.* mouldy, furred, coated.

**bugačica,** *n.* blotter, blotting-pad.

**Bugar,** *n.* Bulgarian.

**bugarija,** *n.* bugaria.

**bugarin,** *n.* street-song poet.

**bugariti,** *v.* to complain, to lament, to complain of, to sue one at law.

**Bugarska,** *n.* Bulgaria.

**bugarski,** *a.* Bulgarian.

**buha,** *n.* flea.

**buhac,** *n.* tumor, swelling.

**buhač,** *n.* spring tail, ground-flea, pyrethrum; (*bilj.*) chrysanthemum.

**buhanica,** *n.* (*bilj.*) flea-bane, fleawort, culeradge, willow-weed.

**buhara,** *n.* (*zatvor*) lock-up, jail, prison.

**buhav (an),** *a.* spongy, loose, light, licentious, dissolute.

**buhavac,** *n.* sponge-bread.

**buhojedina,** *n.* flea-bite.

**bujač,** *n.* juniper.

**bujača,** *n.* a sort of pumpkin (*ili*) gourd.

**bujad,** *n.* brake.

**bujadnjača,** *n.* fern-plot.

**bujan,** *a.* copious, luxurious, lush, opulent.

**bujanje,** *n.* pullulation, swelling.
**bujati,** *v.* to luxuriate, to pullulate; (*o vodi*) *vidi*: **nabujati.**
**bujica,** *n.* torrent, violent current, flood.
**bujlak,** *n.* (*bilj.*) cotton (*ili*) woolly thistle.
**bujnost,** *n.* luxuriousness, luxuriance, richness.
**buk,** *n.* (water-) fall.
**buka,** *n.* noise, roar, rage, tumult, uproar.
**bukač,** *n.* bull; (*bilj.*) anemone, windflower.
**bukačica,** *vidi*: **bugačica.**
**bukagije,** *n.* fetters, chains.
**bukanje,** *n.* (*volova*) roaring, bellowing; (*oluje*) howl, howling, roar.
**bukara,** *n.* (*posuda*) pot; (*glupan*); silly person, blockhead, dolt, fool; (*veselje*) merriment, mirth, cheerfulness, joy, gladness.
**bukati,** *v.* (*o volu*) to roar, to bellow, to low; (*o oluji*) to howl, to roar, to yell; (*čovjek govorom*) to vociferate, to brawl.
**bukavac,** *n.* putter on, raiser; (*bilj.*) wolf's milk, milk-weed, poison-bush, sea-lettuce; euphorbia.
**bukćenje,** *n.* fire, flame, heat, brightness, blaze.
**buklija,** *n.* flat bottle.
**buknuće,** *vidi*: **bukćenje.**
**buknuti,** *v.* to break out, to flare up.
**buknjati,** *vidi*: **buktiti.**
**bukoč,** *n.* osprey.
**bukov,** *a.* beechen, beechy; (- ugljen), *n.* beech-coal.
**bukovac,** *n.* a stick of beech.
**bukovača,** *n.* cane of beech.
**bukovina,** *n.* (*drvo*) beech-wood; (*šuma*) beech forest, beech grove.
**buktinja,** *n.* torch, flambeau, taper, link; candlestick, firebrand, luminary.
**buktiti,** *v.* to blaze, to flare, to flaunt.
**buktjeti,** *vidi*: **buktiti.**
**bukvalan,** *a.* literal, verbal.
**bukvan,** *n.* dunce, loggerhead.
**bukvar,** *n.* spelling-book, primer, abecedary.
**bukvarac,** *n.* (*učenik*) primer, abecedary, scribbler.
**bukvetina,** *n.* large beech.
**bukvica,** *n.* beech-nut; alphabet.
**bukvić,** *n.* young beech.

**bukvik,** *n.* beech forest *ili* grove.
**bula,** *n.* bull.
**bulazniti,** *v.* to rave, to dote.
**bulazniv,** *a.* delirious.
**bulažnjenje,** *n.* delirium, silliness, folly, madness, dotage.
**bulka,** *n.* (*bilj.*) corn-puppy.
**buljenje,** *n.* gaze, stare.
**buljina,** *n.* white owl, horned owl.
**buljiti,** *v.* to gaze, to stare, to goggle.
**buljook,** *a.* goggle-eyed.
**buljookast,** *vidi*: **buljook.**
**buljubaša,** *n.* Turkish captain.
**buljuk,** *n.* troop, band; plow-share.
**bumbača,** *n.* pin; (*sjegurnosti*) safety-pin.
**bumbak,** *n.* cotton.
**bumbar,** *n.* bumblebee, bombus, dor (r).
**bumbarenje,** *n.* murmuring, humming, growling, whisper.
**bumbarati,** *v.* to murmur, to mutter, to buzz, to hum.
**bumbul,** *n.* nightingale.
**buna,** *n.* disturbance, uproar, outbreak; (*pobuna*) rebellion, insurrection, revolt, riot, revolution.
**bunar,** *n.* well, cistern, tank.
**buncanje,** *n.* raving, folly, madness, dotage.
**buncati,** *v.* to stammer, to rave, to whiffle, to dote.
**bunda,** *n.* furcoat, pelisse.
**bundeva,** *n.* gourd, pumpkin.
**bundžija,** *n.* disturber, insurrectionist.
**bungur,** *n.* groats.
**bungurac,** *vidi*: **bungur.**
**bunika,** *n.* hen-bane.
**bunina,** *n.* dung, manure.
**bunište,** *n.* dung-hill, dust-heap.
**bunitelj,** *n.* disturber, provoker, agitator, instigator, inciter.
**buniti (se),** *v.* to agitate, to disturb, to stir, to perturb; to rebel, to revolt, to mutineer.
**bunovan,** *a.* drowsy, overcome with sleep.
**buntovan,** *a.* rebellious, mutinous, mobbish, revolutionary.
**buntovnički,** *a.* insubordinate, insurgent.
**buntovnik,** *n.* rebel, rioter, mutineer, revolter, insurgent, revolutionist.
**buntovno,** *adv.* riotously.
**bunjak,** *vidi*: **bunište.**
**bunjište,** *vidi*: **bunište.**

**bur,** *n.* urine, water.
**bura,** *n.* storm, hurricane, tempest.
**burača,** *n.* leather-bottle.
**burad,** *n.* casks, tubs.
**burag,** *n.* paunch.
**burak,** *n.* (*bilj.*) red (*ili*) white beet.
**buran,** *a.* stormy, squally, surgy, tempestuous, tumultuous.
**burav,** *a.* thick-set, short and square-built.
**bure,** *n.* barrel, cask, puncheon, tuin.
**burence,** *n.* small barrel, kit.
**burež,** *vidi*: **bur.**
**burgija,** *n.* gimlet, borer, drill.
**burgijaš,** *n.* firebrand; agitator.
**burgijati,** *v.* to incite, to mutiny, to stir up.
**buriti (se),** *v.* to grunt, to bear a grudge (*ili*) ill-will, to pout, to sulk.
**burjan,** *n.* (*bilj.*) wall-wort, dwarf-elder.
**burlav,** *a.* chub-faced.
**burlikati,** *v.* to howl, to yell, to cry, to whine; (*o vjetru*) to roar.
**burljati,** *v.* to stir, to rumble, to rattle, to swarm.
**burma,** *n.* (*prsten*) ring, link; (*vijak*) screw, male-screw.
**burmundžija,** *n.* snuff-taker.
**burmut,** *n.* snuff-tobacco, sneezing powder.
**burmutaš,** *n.* snuff-taker.
**burmutica,** *n.* snuff-box, tobacco-box.
**burnica,** *n.* (*ptica*) stormy-petrel.
**burnik,** *n.* salamander, eft.
**burno,** *adv.* turbulently.
**burnjak,** *vidi*: **burnik.**
**buro,** *n.* passionate person.

**buronja,** *vidi*: **buro.**
**burtati se,** *v.* to be sea-sick.
**burza,** *n.* Exchange, Burse; (*za vrijednosne papire*) Stock Exchange; (*za proizvode*) Produce Exchange.
**bus,** *n.* lawn, grass-plot, bush, turf.
**busanje,** *n.* striking, beating, rustling, roaring, lamentation.
**busat,** *a.* cespitous.
**busati (se),** *v.* to tiller, to turf.
**busen,** *n.* turf, lawn.
**busenit,** *a.* bushy, woody.
**busenje,** *vidi*: **busen.**
**busija,** *n.* ambush, ambuscade, trap.
**busina,** *n.* (*bilj.*) flea-bane, flea-wort, culeradge, willow-weed.
**busje,** *vidi*: **busen.**
**buša,** *n.* fold, plant, crease, wrinkle; bolster, pad, compress.
**bušac,** *n.* pelican.
**bušenje,** *n.* boring.
**bušilac,** *n.* borer, perforator.
**bušilice,** *n.* (*pl.*) pholases.
**bušilo,** *n.* borer, perforator, drill.
**bušiti,** *v.* to bore, to drill, to pierce, to broach, to go through, to tunnel.
**bušotina,** *n.* bore, hole.
**but,** *n.* ham.
**butac,** *n.* (*riba*) sun-fish, diodon.
**butina,** *vidi*: **but.**
**butura,** *n.* pack, bundle, parcel.
**buturnica,** *n.* lock-up, prison.
**buza,** *n.* (*piće*) drink, drinking; (*talog*) sediment, settling, residue, remainder.
**buzdovan,** *n.* bludgeon, mace, club.
**buzika,** *n.* elder.
**bzova,** *n.* (*bilj.*) elder, elder-tree.

# C

**cadren,** *a.* tasteless, flat, insipid.
**cafranika,** *n.* bastard-saffron, safflower.
**cagrin,** *n.* knife-case, sheath of a knife.
**cakati,** *v.* to spur, to furnish with spurs, to stimulate, to incite.
**caklen,** *a. vidi*: **staklen.**
**caklenjača,** *n.* (*bilj.*) wall-pellitory.
**caklenje,** *n.* gloss, spangle.
**caklina,** *n.* enamel, smalt.
**cakliti se,** *v.* to shine, to glisten, to spangle.
**caklušina,** *n.* hyaloid (*o oku*).
**canjak,** *n.* shred, rag, tatter.
**canjati,** *v.* to be burdensome, to be troublesome.
**canjav,** *a.* insufferable, burdensome, troublesome.
**capa,** *n.* paw, claw; (*krpa*) shred.
**capati,** *v.* to paw.
**caprag,** *n.* caparison.
**capun,** *n.* hoe, pick-axe, mattock.
**car,** *n.* emperor, czar, sovereign.
**carev,** *a.* imperial.
**carevac,** *n.* imperialist.
**carevak,** *n.* (*bilj.*) hyacinth.
**carevanje,** *vidi*: **carovanje.**
**carevati,** *vidi*: **carovati.**
**carević,** *n.* crown prince.
**carevina,** *n.* empire.
**carevka,** *n.* (*bilj.*) hyacinth; (*pjesma*) imperial hymn.
**carica,** *n.* empress, czarina.
**carić,** *n.* (*ptica*) wren, tomtit.
**carina,** *n.* duty, custom, revenue, tariff, toll.
**carinar,** *n.* custom officer, tide-waiter; publican, toller.
**carinara,** *n.* custom-house.
**carinarina,** *vidi*: **carina.**
**carinarnica,** *vidi*: **carinara.**
**carinarnik,** *n.* toll-gatherer, custom-house officer.
**carinik,** *vidi*: **carinarnik.**
**carovanje,** *n.* reign as emperor.

**carovati,** *v.* to act as emperor; to rule, to reign.
**carski,** *a.* imperial, majestic, monarchical, cesarean; — **dvor,** imperial palace.
**carstvo,** *n.* empire, realm, reign.
**carstvovati,** *vidi*: **carovati.**
**cavarika,** *n.* scraper, sour wine.
**cavtjeti,** *v.* to bloom, to flower, to blossom.
**cebaljka,** *n.* swing, see-saw.
**cecelj,** *n.* (*bilj.*) (wood-) sorrel.
**cedar,** *n.* cedar.
**cedrov,** *a.* of cedar.
**cedrovina,** *n.* (*drvo*) cedar-wood; (*ulje*) cedar-oil.
**cedulja,** *n.* ticket, billet, writing, note.
**ceduljar,** *n.* bill-sticker.
**ceduljara,** *n.* custom-house.
**ceduljica,** *vidi*: **cedulja.**
**ceh,** *n.* company, guild, body, corporation.
**cehmajstor,** *n.* guild-master.
**cehovski,** *a.* incorporated (*in a guild*), competent, belonging to a guild (*ili*) corporation.
**cekin,** *n.* chequin, zechin.
**celer,** *n.* celery.
**celibat,** *n.* celibacy.
**celija,** *vidi*: **ćelija.**
**celuloza,** *n.* celluloid.
**cement,** *n.* cement, concrete.
**cementiranje,** *n.* cementation.
**cementirati,** *v.* to cement.
**cementov,** *a.* cemental.
**censor,** *n.* censor, censurer, critic.
**censura,** *n.* censorship, judgment, opinion.
**cent (a),** *n.* quintal; (*metrička*) 100 kilograms; (*novac*) cent.
**centar,** *n.* centre, middle.
**centigram,** *n.* centigram.
**centilitar,** *n.* centiliter.
**centimetar,** *n.* centimeter.
**centralan,** *a.* centric (-al).
**centralizacija,** *n.* centralization.
**centralizirati,** *v.* to centralize.

centrifugalan, *a.* centrifugal.
centripetalan, *a.* centripetal.
centurija, *n.* century; company of 100 men; political century.
centurion, *n.* commander of a century, captain.
centuvirat, *n.* a college of judges chosen annually for civil suits.
cenzor, cenzura, *vidi*: censor, censura.
cepetati, *v.* to trample.
cer, *n.* oak.
cerazin, *n.* ceraisin.
cerefolj, *n.* (*bilj.*) chervil.
cerekati se, *v.* to giggle, to grin.
ceremonija, *n.* ceremony.
ceremonijalan, *a.* ceremonial.
ceremonijar, *n.* master of the ceremonies.
ceremonijaš, *n.* formalist.
cerenje, *n.* simper, snicker, grimace, wry face.
ceribaša, *n.* gipsy chief (*ili*) leader.
cerić, *n.* young oak.
cerik, *n.* grove of oaks, oak-forest.
ceriti se, *v.* to laugh, to smile, to jest, to sneer, to titter, to grin.
cerost, *n.* plaster.
cerovac, *n.* acorn, tassel.
cerovina, *n.* oak-wood.
cesar, *vidi*: car.
cesarev, *vidi*: carev.
cesta, *n.* road, way, highway; street.
cestar, *n.* toll-collector.
cestarina, *n.* toll.
Cezar, *n.* Caesar.
cibara, *n.* wild plum (-tree).
cibelka, *n.* civet-cat.
cibet, *n.* civet.
cibetka, *n.* civet, muskat.
cibora, *vidi*: cibara.
cica, *n.* canteen flask; (*mačka*) pussy-cat, puss; (*sisa*) teat, dug, nipple, breast.
cicala, *n.* lepas, barnacle.
cicamaca, *n.* (*bilj.*) balm-mint, balm (-gentle).
cicvara, *n.* a sort of food of flour and cream.
ciča, *n.* — zima, fierce cold, severe cold.
cičati, *v.* to chirp, to chirrup, to cheep, to chipper.
cifra, *n.* figure, cipher.

cifrati, *v.* to adorn, to ornament, to beautify.
cigan, *n.* gipsy.
cigančad, *n.* gipsy children.
cigánče, *n.* young gipsy.
cigančica, *vidi*: ciganka.
ciganica, *n.* gipsy-woman.
ciganija, *n.* (*prosjačenje*) mendicity, beggary; (*skitnja*) vagrancy.
ciganiti, *v.* to beg, to gyp.
ciganka, *n.* gipsy-woman.
ciganski, *a.* like a gipsy, of a gipsy, gipsy.
cigara, *n.* cigar.
cigareta, *n.* cigaret(te).
cigla, *n.* brick, tile.
ciglana, *n.* brick-kiln, tile-kiln, tile-field, tilery, brick-yard.
ciglar, *n.* tile-maker, brick-burner.
cigli, *a.* (*jedini*) the only one, alone, sole, unique.
ciglozidar, *n.* brick-layer.
cijeć, *prep.* on account of, because of, by reason of.
cijediti, *v.* to strain, to filter.
cijeđ, *n.* lye, lye-washing.
cijeđenje, *n.* straining, percolation, filtration.
cijel, *a.* whole, entire, all, total, complete; intact; uninjured, inviolate.
cijeliti, *v.* to heal, to cure.
cijelo, *adv.* quite; — *n.* whole, totality.
cijelost, *n.* whole, totality, entireness.
cijeljenje, *n.* healing.
cijena, *n.* price, rate, charge, cost, worth, value, valuation, esteem.
cijeniti, *v.* to price, to estimate, to charge, to tax, to value; (*poštivati*) to appreciate, to esteem.
cijenjen, *a.* estimable, dear.
cijenjenje, *n.* estimation, valuation, value, price.
cijep, *n.* flail.
cijepak, *n.* splinter, shiver.
cijepanje, *n.* scission, cleavage, cutting, chopping.
cijepati, *v.* to chop, to split, to cleave, to slit; (-se) to divide, to break up.
cijepilac, *n.* grafter.
cijepiti, *v.* to inoculate, to graft; (*kozice*) to vaccinate.
cijepljenje, *n.* (*boginja*) vaccination; (*stabla*) inoculation.
cijev, *n.* pipe, tube, funnel, spout; (*puške*) barrel.
cijevni, *a.* tubular, fistular.

**cijuk,** *n.* squeak, screak, screech.
**cijukati,** *v.* to squeak, to squeal, to pipe, to screak, to screech.
**cik,** *n.* hissing; (*zveket*) clashing; (*nešto kiselo*) sourness, sharpness; **u cik zore,** by day-break.
**cika,** *n.* scream, outcry.
**cikati,** *v.* to perish, to pass away, to elapse, to pine away, to vanish; — *vidi*: **cijukati.**
**cikelj,** *n.* thrush.
**cikla,** *n.* red (*ili*) white beet; beet-root.
**ciklon,** *n.* cyclone.
**ciknuti,** *v.* to cry out; (*o vinu*) to sour, to become sour.
**cikorija,** *n.* (*bilj.*) succory, chiccory.
**ciktati,** *v.* to whimper, to moan, to whine.
**cikti,** *vidi*: **cigli.**
**cilik,** *n.* strumming (*on a piano*).
**cilindar,** *n.* (*od svjetiljke*) chimney, tube; (*šešir*) silk-hat.
**cilj,** *n.* aim, goal, purpose, meaning, object, intent, view.
**ciljati,** *v.* to aim, to take aim, to strive, to point, to tend.
**cima,** *n.* potato *ili* turnip leaves.
**cimati,** *v.* to shake, to toss, to jolt.
**cimbal,** *n.* cymbal.
**cimbalaš,** *n.* cymbalist.
**cimer,** *n.* sign, shingle.
**cimet,** *n.* cinnamon.
**cimetnjak,** *n.* cinnamon-tree.
**cimin,** *n.* jasmine, syringa.
**cin,** *n.* tin.
**cinak,** *n.* zinc, spelter.
**cinara,** *n.* tin-furnace.
**cinast,** *a.* made of tin.
**cincar,** *n.* shopkeeper, retailer, grocer, mercer; niggard.
**cindra,** *n.* cithern.
**cinen,** *vidi*: **cinast.**
**cingota,** *n.* scurvy.
**ciničan,** *a.* cynic (-al).
**cinik,** *n.* cynic.
**cink,** *vidi*: **cinak.**
**cinkati,** *v.* to jingle, to tingle.
**cinovac,** *n.* tin-ore.
**cinovina,** *n.* tin-ware, pewter-ware.
**cio,** *a.* whole, entire, total, utter, thorough.
**cip,** *n.* red-wring, (*bird*) song-thrush.
**cipalj,** *n.* mullet.
**cipela,** *n.* shoe.
**cipelar,** *n.* shoemaker.

**cipelarija,** *n.* shoemaker's trade.
**cipelica,** *n.* slipper.
**cipica,** *n.* tree-pipit.
**cipo,** *vidi*: **cipalj.**
**ciporski,** *a.* ignoble, base, coarse, grossly, thick.
**cipresa,** *n.* cypress.
**cir,** *n.* bur, bore, obstrusive person.
**cirkular,** *n.* circular.
**cirkus,** *n.* circus, hippodrome.
**citara,** *n.* cithern.
**citat,** *n.* quotation, citation.
**citirati,** *v.* to quote, to cite.
**citrun,** *n.* lemon, citron.
**civijere,** *n.* hand-barrow, litter.
**civilist,** *n.* civilian.
**civilizacija,** *n.* civilization.
**civilizirati,** *v.* to civilize.
**civilni,** *a.* civil; **civilna javna služba,** civil service; **civilna ženidba,** civil marriage.
**civra,** *n.* ornament.
**civrarija,** *n.* trimming.
**civrast,** *a.* affected, mincing, finical, adorned, dressy, trim, sparkish.
**civrati,** *v.* to adorn, to clean, to polish, to dress, to attire.
**cižak,** *n.* siskin.
**cjedilo,** *n.* strainer, filter, colander, percolator.
**cjediljka,** *n.* colander, strainer.
**cjedina,** *n.* dross, scales; (*od željeza*) sinter, stalactite.
**cjedionik,** *n.* filtering-stone, drip-stone, strainer.
**cjelcat,** *a.* complete, perfect, utter, entire, whole.
**cjelica,** *n.* maid, virgin.
**cjelina,** *n.* whole, integrity, entirety.
**cjelivanje,** *n.* kissing, osculation.
**cjelivati,** *v.* to kiss, to osculate.
**cjeloća,** *n.* soundness, honesty, chastity, correctness.
**cjelokupan,** *a.* entire, complete, total, all.
**cjelokupno,** *adv.* quite, entirely, wholly, totally.
**cjelokupnost,** *n.* integrality, entireness, whole, totality.
**cjelostavan,** *a.* safe, uninjured.
**cjelostavnost,** *n.* safety, integrity.
**cjelov,** *n.* kiss.
**cjelovit,** *a.* complete, full, integral, whole, all.
**cjelovitost,** *n.* integrality.
**cjelunuti,** *v.* to kiss.

**cjenidba,** *n.* valuation, estimate.
**cjenik,** *n.* price-list, price-current.
**cjenkač,** *n.* chafferer, haggler.
**cjenkanje,** *n.* bargaining, cheapening.
**cjenoća,** *n.* cheapness.
**cjenovnik,** *vidi*: **cjenik.**
**cjenkati se,** *v.* to higgle, to bargain, to cheapen, to traffic, to haggle, to chaffer.
**cjepač,** *n.* reaper, mower, gatherer; harvest-man, wood-cutter, feller, wood-man.
**cjepanica,** *n.* log (*ili*) billet-wood.
**cjepidlačan,** *a.* pedantic, subtile, subtle.
**cjepidlačar,** *n.* hair-splitter.
**cjepidlačarenje,** *n.* hair-splitting.
**cjepidlačenje,** *n.* subtility, subtileness, rareness, cunningness, sagacity, penetration, punctiliousness.
**cjepidlačiti,** *v.* to hair-split, to censure *ili* to criticise too minutely.
**cjepidlaka,** *n.* hair-splitter.
**cjepika,** *n.* graft.
**cjepivo,** *n.* vaccine matter, lymph.
**cjepka,** *n.* piece of wood, billet.
**cjepkati,** *v.* to split.
**cjepnuti,** *v.* to cleave, to split, to tear, to rend, to dilacerate.
**cjepotak,** *n.* cleft, split, crevice, fissure, chink, scratch.
**cjepotina,** *vidi*: **cjepotak.**
**cjevanica,** *n.* shin (-bone).
**cjevast,** *a.* tubular, tubiform, tubulated; fissuliform.
**cjevčica,** *n.* little tube (*ili*) pipe.
**cjevčina,** *n.* large tube (*ili*) pipe.
**cjevka,** *vidi*: **cjevčica.**
**cjevnjak,** *n.* (*bilj.*) rape, rape-seed, rape-oil; netting-needle; reel, windlass, winch.
**cjevuljak,** *n.* phryganea; tubicole, serpulidan.
**cmakati,** *v.* to smack, to buss, to smack one's lips.
**cmariti,** *v.* to smoulder, to stew.
**cmilić,** *n.* (*bilj.*) segreen, sempervive, house-leek.
**cmilovati,** *vidi*: **cviljeti.**
**cmilj,** *n.* (*bilj.*) sandy everlasting.
**cmiljeti,** *vidi*: **cviljeti.**
**cmok,** *n.* smack, hearty kiss.
**cmokanje,** *n.* smack, smacker.
**cmokati,** *v.* to smack, to buss.
**cmoknuti,** *vidi*: **cmokati.**

**cmoliti,** *v.* to smoke; (*plakati*) to weep, to lament, to cry; (*sliniti*) to salivate, to slaver.
**cmolja,** *n.* a man without energy.
**cmoljav,** *a.* languishing, pining.
**cokla,** *n.* drag, brake, trigger.
**cokotanje,** *n.* shaking, quivering, trembling.
**cokotati,** *v.* to tremble, to shiver, to quiver.
**cokule,** *n.* wooden shoes, overshoes; clog, galosh, galoche.
**copa,** *n.* slut, slattern, hussy.
**copotati,** *v.* to trample.
**coprati,** *v.* to bewitch.
**coprija,** *n.* sorcery, witchcraft, magic.
**coprnica,** *n.* witch, sorceress.
**cota,** *vidi*: **copa.**
**crći,** *vidi*: **crkati.**
**cremoš,** *n.* (*bilj.*) bear's garlic.
**cremža,** *n.* (*bilj.*) mahabel-cherry.
**crepar,** *n.* tiler.
**crepara,** *n.* tile-kiln, brick-field, brick-making.
**crepić,** *n.* small brick, pot-shred, flower-pot.
**cret,** *n.* breaking, breach, rupture.
**cretača,** *n.* moor-land.
**crevlja,** *n.* shoe.
**crevljar,** *n.* shoemaker.
**crijep,** *n.* tile, pot-shred, flower-pot.
**crijeplje,** *n.* tile, brick.
**crijeva,** *n.* intestines, bowels, entrails.
**crijevnica,** *n.* haunch bone.
**crijevnjak,** *n.* midriff.
**crijevo,** *n.* gut, bowels, intestines.
**crijevobolja,** *n.* colic.
**crikva,** *vidi*: **crkva.**
**crkanica,** *n.* carcass, carrion.
**crkati,** *v.* to croak, to perish, to die, to expire.
**crkavanje,** *n.* croaking, expiring.
**crkavati,** *vidi*: **crkati.**
**crknuti,** *vidi*: **crkati.**
**crkotina,** *vidi*: **crkanica.**
**crkovina,** *n.* church property (*ili*) land.
**crkovni,** *vidi*: **crkveni.**
**crkva,** *n.* church.
**crkvar,** *n.* guardian of a church, sacristan.
**crkvari,** *n.* church-goers.

**crkveni,** *a.* belonging (*ili*) relating to the church; ecclesiastical, canonical, religious; — **porez,** church rate; — **starješina,** church-warden; — **crkveno dobra,** church property (*ili*) land; — **pravo,** church-law, canon-law; — **pravnik,** canonist.

**crkvenjak,** *n.* servant of the church, church-officer, sexton, verger, clergyman.

**crkvica,** *n.* little church, chapel.

**crljen,** *vidi:* **crven.**

**crljenac,** *n.* (*luk*) onion.

**crn,** *a.* black, dark, swart, sooty.

**crnac,** *n.* negro, colored man, nigger.

**crnački,** *a.* black, dark, dusky.

**crnica,** *n.* colored woman, negress; (*zemlja*) mould, loam.

**crnik,** *n.* (*person*) unhappy, unfortunate, infelicitous, disastrous, calamitous.

**crnika,** *vidi:* **crnica.**

**crnilo,** *n.* blackness, blacking; — **tiskarsko,** printer's ink; (*tinta*), ink; — **za cipele,** shoe-blacking.

**crnina,** *n.* blackness; (*odijelo*) mourning-dress.

**crnionica,** *n.* inkstand.

**crniti (se),** *v.* to blacken; to denigrate, to calumniate.

**crnka,** *n.* dark girl, brunette.

**crnkast,** *a.* blackish, dark, darkish.

**crnoća,** *n.* black, blackness, swarthiness.

**crnogaj,** *n.* ring-ousel, litorn.

**crnoglav,** *n.* bull-finch.

**crnoglavac,** *n.* (*bilj.*) veratrum, hellebore.

**crnoglavka,** *n.* black-cap.

**crnogorica,** *n.* coniferous trees; pine (-wood); pine-forest; pines and firs.

**crnograb,** *n.* (*bilj.*) hop-horn (-beam).

**crnojka,** *n.* blackness, inkiness, swarthiness.

**crnokos,** *a.* dark-haired.

**crnokrug,** *n.* (*životinja*) common adder.

**crnomanjast,** *a.* of dark complexion, brownish, swarthy.

**crnomanjka,** *n.* brown girl, dark girl.

**crnook,** *a.* black-eyed.

**crnooka,** *n.* black-eyed girl.

**crnookast,** *vidi:* **crnook.**

**crnoruni,** *a.* black-woolly.

**crnovac,** *n.* tree-falcon, hobby.

**crnuša,** *n.* a viper.

**crnj,** *n.* (*kukac nu prstu*) whitlow, carbuncle.

**crnjka,** *vidi:* **crnka.**

**crnjkast,** *vidi:* **crnkast.**

**crnjušast,** *a.* brownish.

**crpaljka,** *n.* pump.

**crpati,** *vidi:* **crpkati.**

**crpenje,** *n.* drawing up, drinking, pumping.

**crpkati,** *v.* to draw (*water*), to pump; to obtain, to get.

**crpsti,** *vidi:* **crpkati.**

**crta,** *n.* line, dash, score; (*značaja*), trait.

**crtač,** *n.* draughtsman, designer.

**crtala,** *n.* case of mathematical instruments, drawing-instruments.

**crtalo,** *n.* ruler, rule, colter.

**crtaljka,** *n.* drawing-pen.

**crtanje,** *n.* (*the act ili art of*) drawing; delineating, signing, marking, underwriting; — **slobodno,** freehand drawing; — **mjerstveno,** geometrical drawing.

**crtar,** *vidi:* **crtač.**

**crtarati,** *v.* to tear, to rend, to pull, to burst, to split.

**crtarenje,** *n.* hatching.

**crtariti,** *v.* to hatch.

**crtati,** *v.* to draw, to delineate, to draft, to design, to trace (out), to pencil, to rule, to line, to map.

**crtež,** *n.* drawing, art of drawing, design, draught, sketch, delineation, outline; (*zgrade*) plan.

**crtežan,** *a.* delineatory, lineal.

**crtežnik,** *n.* sketch-book.

**crtica,** *n.* sketch, stroke, dash, line.

**crv,** *n.* worm, vermin, maggot.

**crva,** *n.* worm-hole.

**crvac,** *n.* shield-louse.

**crvak,** *n.* little worm, vermicule.

**crvati se,** *v.* to be pierced by worms, to be worm-eaten.

**crven,** *a.* red, crimson, blush, sanguinous; — (*bolest*) *n.* scarlet-fever; — **Crveno more,** Red Sea.

**crvenac,** *n.* madder, onion; bulb.

**crvendač,** *n.* (*ptica*) robin, redbreast.

**crvenika,** *n.* red wine, a sort of grapes.

**crvenilo,** *n.* redness, ruddiness, sanguiness, blush.

**crveniti se,** *v.* to redden, to crimson, to blush, to become red.

**crvenkast,** *a.* reddish, pink.

**crvenokica,** *n.* (*riba*) red-eye, rud.

**crvenokožac,** *n.* redman.

**crvenorepka,** *n.* (*ptica*) red-start (*ili*) tail.

**crvenperka,** *n.* (*riba*) roach, red-eye, rud.

**crvenjak,** *n.* red wine.

**crvenjenje,** *n.* blushing.

**crvenjeti se,** *vidi*: **crveniti se.**

**crvić,** *n.* little worm, vermicule; (*za meku*) bob.

**crvljar,** *n.* black-winged longshanks, stilt-bird.

**crvljaš,** *n.* tubicole.

**crvljati se,** *vidi*: **crvati se.**

**crvljiv,** *a.* wormy, maggoty, vermiceous, vermiculous; (*o drvetu*) worm-eaten.

**crvojedina,** *n.* worm-hole.

**crvopisak,** *n.* oppression, extortion, suppression.

**crvotoč,** *n.* worm-hole; damage done by worms, state of being worm-eaten.

**crvotočan,** *a.* pierced by worms, worm-eaten, mouldy, rotten.

**cubaljka,** *n.* see-saw, swing.

**cubati se,** *v.* to swing, to see-saw; (*o ladi*) to rock, to pitch, to fluctuate.

**cucak,** *n.* dog, cur.

**cukar,** *vidi*: **šećer.**

**cukati,** *v.* to pull, to tug, to pluck, to draw out.

**cukiti,** *v.* to kiss.

**cuko,** *n.* dog, cur.

**culjajka,** *vidi*: **cubaljka.**

**culjati,** *vidi*: **cubati.**

**cunja,** *n.* rag, tatter, clout.

**cunjar,** *n.* ragman.

**cunjarka,** *n.* bunter.

**cunjati,** *v.* to rock.

**cunjav,** *a.* ragged, shabby, paltry.

**cupkati,** *v.* to hop, to skip, to jump, to trip.

**cura,** *n.* maid, girl, mademoiselle, wench; (*sluškinja*) maid-servant, servant-girl.

**curenje,** *n.* leakage, murmur, purling, rippling.

**curetina,** *n.* hussy.

**curica,** *n.* little girl (*ili*) maid.

**curiti,** *v.* to run, to flow, to leak, to drip, to trickle, to bleed, to distil, to gutter.

**cuvik,** *n.* (bird-) call.

**cvast,** *n.* bloom, display of flowers, flowering, show of flowers.

**cvasti,** *v.* to blossom, to bloom.

**cvat,** *n.* florescence, inflorescence.

**cvatiti,** *v.* to bloom, to blossom, to flower.

**cvatnja,** *n.* efflorescence; time of flowering, blossom, bloom.

**cvek,** *n.* honey-dew, melligo.

**cveka,** *n.* beet-rave (*ili*) radish.

**cvekla,** *vidi*: **cveka.**

**cvić,** *n.* (*bilj.*) gentian, bitter-wort.

**cvijeće,** *n.* flowers.

**cvijeliti,** *v.* to make one cry.

**cvijet,** *n.* flower, flush, blossom.

**cvijetak,** *n.* floweret.

**cvijeti,** *n.* Palm Sunday.

**cvileti,** *vidi*: **cviljeti.**

**cvilik,** *n.* ticking, tick.

**cviliti,** *vidi*: **cviljeti.**

**cviljenje,** *n.* whining, lamentation, wailing.

**cviljeti,** *v.* to lament, to wail, to cry, to weep, to whine.

**cvjetača,** *n.* cauliflower.

**cvjetan,** *a.* bloomy, flowerful, flowery, florid.

**cvjetanje,** *n.* florescence, blooming.

**cvjetar,** *n.* florist.

**cvjetast,** *a.* bloomy, flowery, floscular, flosculous.

**cvjetati,** *v.* to blossom, to bloom, to flower.

**cvjetić,** *n.* florest, floweret.

**cvjetište,** *n.* receptacle, placenta.

**cvjetni,** *a.* floral.

**cvjetnica,** *n.* Palm Sunday.

**cvjetnik,** *vidi*: **cvjetnjak.**

**cvjetnjak,** *n.* flower-garden; (*umjetni*) hot-house.

**cvjetoljub,** *n.* lover of flowers.

**cvjetonosan,** *a.* floriferous, bloomy.

**cvjetorodan,** *a.* floriferous, bloomy, flowerful.

**cvjetovanje,** *n.* figuration.

**cvokanje,** *n.* kissing.

**cvokati,** *v.* to smack, to buss, to smack one's lips, to kiss loudly.

**cvoknuti,** *vidi*: **cvokati.**

**cvokotanje,** *n.* chatter, rattling.

**cvokotati,** *v.* to chatter, to rattle.

**cvolika,** *n.* (*bilj.*) hemlock.

**cvrčak,** *n.* cricket.

**cvrčanje,** *n.* hissing, buzzing, rattling, whistling.

**cvrčati,** *v.* to cheep, to creak, to chipper.

**cvrenje,** *n.* frying, stewing.

**cvretje,** *n.* fried eggs.

**cvrijeti,** *v.* to stew, to fry.

**cvrka,** *vidi:* **cvrkut.**

**cvrknuti,** *vidi:* **cvrčati.**

**cvrkut,** *n.* chirping, twittering, warbling.

**cvrkutaljka,** *n.* cricket.

**cvrkutanje,** *n.* twittering, chirping, warbling.

**cvrkutati,** *v.* to twitter, to chirp, to warble.

# Č

**ča,** *prep.* what, which, something.
**čabar,** *n.* tub, tray, vat, kit, pail.
**čabrenica,** *vidi*: **čabrica.**
**čabrenik,** *n.* cowl-staff.
**čabrenjak,** *vidi*: **čabrica.**
**čabrica,** *n.* pail, bucket, small tub, kit.
**čabronoša,** *n.* bucket-carrier.
**čač,** *n.* (*riba*) star-gazer.
**čačak,** *n.* frosty mud, mire, dirt.
**čačkalica,** *n.* tooth-pick.
**čačkati,** *v.* to pick, to poke, to stir.
**čačkovit,** *a.* in lumps, cloudy, clotted, clotty, cloggy, lumpy, grumous.
**čadina,** *n.* soot, colley, coon, grime.
**čaditi,** *v.* to soot.
**čador,** *n.* tent, marquee.
**čadorčić,** *n.* (*bilj.*) corn-bind, withwind.
**čadorje,** *vidi*: **čador.**
**čađ (a),** *n.* soot, colley, coon, grime.
**čađav,** *a.* sooty, colly, fuliginous.
**čađavac,** *n.* sootiness, fuliginosity; (*ptica*) blackbird.
**čađaviti,** *v.* to soot, to smut, to crock.
**čađiti,** *vidi*: **čaditi.**
**čafran,** *vidi*: **šafran.**
**čagalj,** *n.* jackal; — *vidi*: **čačak.**
**čagrljati,** *v.* to clapper, to rattle, to scratch, to scrape.
**čagrtaljka,** *n.* rattle.
**čagrtati,** *v.* to clink, to clatter, to rattle, to clank.
**čahura,** *n.* capsule, cocoon, nymph, pupa, chrysalis, aurelia.
**čahurast,** *a.* capsular (y).
**čahyrica,** *vidi*: **čahura.**
**čaj,** *n.* tea.
**čajanka,** *n.* tea-party.
**čajati,** *v.* to expect, to wait for, to await.
**čajevac,** *n.* (*bilj.*) tea-shrub.
**čajnik,** *n.* tea-pot.
**čak,** *adv.* till, until, up to.
**čaka,** *n.* shako.
**čakaljalo,** *n.* swaggerer, braggart, boaster.

**čakaljuša,** *n.* clapper, applauder.
**čakanac,** *n.* scythe-hammer, hammer.
**čaklja,** *n.* hook, castanet.
**čakljati,** *v.* to talk big, to boast, to brag.
**čakljice,** *n.* (*za robu*) hook and eye.
**čakmak,** *n.* fire-steel.
**čakšire,** *n.* trousers, pantaloons (*pl.*), drawers (*za ženske*).
**čalabrcati,** *v.* to bite; to nibble, to take the bait.
**čalabrčak,** *n.* luncheon, light meal.
**čalakati,** *v.* to make a noise *ili* row, to row, to rage.
**čalma,** *n.* turban.
**čam,** *n.* bark, large boat; (*drvo*), fir, fir-tree.
**čama,** *n.* ennui, weariness, boredom, tediousness.
**čamac,** *n.* boat, bark, skiff, punt, scull; (*za spasavanje*) life-boat.
**čamati,** *vidi*: **čamiti.**
**čambula,** *n.* (*bilj.*) corn-poppy.
**čamić,** *n.* small fir (-tree).
**čaminjati,** *vidi*: **čamiti.**
**čamiti,** *v.* to languish, to be tired (*ili*) weary, to bother oneself.
**čamoving,** *n.* fire-wood, deal, whitewood.
**čampraga,** *n.* claw, paw, talon, fag, clutch, grasp, nail, hoof.
**čamulja,** *n.* cap with a shade for the eyes.
**čana,** *vidi*: **čanak.**
**čanak,** *n.* wooden platter.
**čančar,** *n.* platter maker.
**čančara,** *n.* turtle, tortoise.
**čandrljiv,** *a.* quarrelsome.
**čangrizalica,** *n.* peevish, snappish person, chicaner, wrangler.
**čangrizalo,** *vidi*: **čangrizalica.**
**čangrizati,** *v.* to wrangle, to squabble, to find fault (*with*), to cavil (*at*).
**čangrizav,** *n.* churlish, froward.
**čangrižavost,** *n.* crabbedness, captiousness, peevishness.
**čanibula,** *n.* (*bilj.*) corn-poppy.

**čankoliz,** *n.* spunger, parasite, toad-eater, toady, tuft-hunter.
**čantrati,** *v.* to scold, to chide, to rebuke, to abuse, to importunate, to trouble, to tease, to incommode.
**čap,** *n.* stopple, stopper, cork.
**čapak,** *n.* claw, paw, talon, fang, nail, hoof.
**čapci,** *vidi:* **čapak.**
**čapet,** *n.* claw; (*bilj.*) water-aloes.
**čapka,** *vidi:* **čavka.**
**čaplja,** *n.* heron.
**čapljan,** *n.* (*bilj.*) leek, wart.
**čapljarka,** *n.* a sort of duck.
**čapljić,** *n.* young heron.
**čaponjak,** *n.* claw, talon, paw; clutch.
**čaporak,** *n.* claw, clutch, nail (*od ptica*).
**čapra,** *n.* goat, she-goat; leathern bucket.
**čaprlj,** *vidi:* **čapur.**
**čapur,** *n.* stem, stock, trunk (*of a tree*), stalk, plant, shrub.
**čar,** *n.* charm, magic art, cantrap, allurement, prestige, glamor.
**čaralac,** *n.* sorcerer, impostor, magician.
**čaran,** *a.* magical; (*lijep*) charming, delightful.
**čaranje,** *n.* magic, witchcraft, witchery.
**čarapa,** *n.* stocking, sock.
**čarapar,** *n.* hosier, stocking-weaver.
**čaratan,** *n.* quack, juggler, conjurer.
**čaratanija,** *n.* juggling (-trick), jugglery.
**čarati,** *v.* to practise witchcraft, to conjure, to witch.
**čardak,** *n.* watch-tower, log cabin, block-house, log hut.
**čarka,** *n.* skirmish, affray.
**čarkadžija,** *n.* skirmisher.
**čarkanje,** *n.* skirmishing.
**čarkaš,** *vidi:* **čarkadžija.**
**čarkati (se),** *v.* to stir, to poke, to skirmish.
**čarni,** *vidi:* **crn.**
**čaroban,** *a.* magic, seducing, enchanting; (*dražestan*) charming, lovely, charmful, luscious.
**čarobija,** *n.* witchcraft, sorcery, enchantment, bewitching, magic, trick, legerdemain.
**čarobnica,** *n.* sorceress, witch.

**čarobnik,** *n.* magician, sorcerer, wizard.
**čarobnost,** *n.* charm, enchantment, spell, fascination, magic power.
**čarolija,** *vidi:* **čarobija.**
**čarovan,** *vidi:* **čaroban.**
**čarovitost,** *vidi:* **čarobnost.**
**čaršav,** *n.* table-cloth, sheet.
**čaršija,** *n.* market-place.
**čas,** *n.* minute, second.
**časa,** *n.* (*bilj.*) anemone, windflower.
**časak,** *n.* moment, twinkling.
**časimice,** *adv.* from time to time, at times, now and then, for a certain time (*ili*) term.
**časiti,** *v.* to stay, to abide, to tarry, to delay, to sojourn.
**časkom,** *adv.* in a moment, instantly, momentarily, in no time.
**časni,** *a.* honorable, reverend, sacred, venerable.
**časnički,** *a.* officer's.
**časnik,** *n.* officer; (*činovnik*) functionary, official.
**časništvo,** *n.* body (*set*) of officers.
**časno,** *adv.* honorably, honestly, fairly, civilly, courteously, decently, sufficiently, loyally, faithfully.
**časnost,** *n.* venerableness, venerability, honesty, fairness, genteelness, integrity, courtesy.
**časokaz,** *n.* clock, watch.
**časom,** *vidi:* **časkom.**
**časopis,** *n.* magazine, review, journal, periodical.
**časoslov,** *n.* breviary.
**časovit,** *a.* instantaneous, momentary, transient, intermissive.
**časovito,** *adv.* momentarily.
**časovitost,** *n.* momentariness.
**časovnik,** *vidi:* **časokaz.**
**čast,** *n.* honor, dignity, degree, attribute, glory.
**častan,** *a.* honorable, venerable, respectable, reputable, reverend.
**častitelj,** *n.* treater, entertainer, banqueter.
**častiti,** *v.* to honor, to venerate, to worship; (*gostiti*) to treat, to banquet.
**častohlepan,** *a.* ambitious.
**častohleplje,** *n.* ambition.
**častoljubac,** *n.* a man with ambition, high-minded person.
**častoljubiv,** *a.* ambitious.
**čaša,** *n.* cup, glass.

**čašica,** *n.* little glass; (*u koljenu*) patella.

**čaška,** *n.* calyx.

**čašnjak,** *n.* side-board, cupboard, buffet, glass-case.

**čatisati,** *v.* to sew together, to stitch up.

**čatma,** *n.* platting, wicker-work, basket-work, twiggen-work; mud-wall, cob-wall.

**čatrlja,** *n.* booth, stand.

**čatrnja,** *n.* cistern, pit.

**čaura,** *vidi*: **čahura.**

**čauš,** *n.* court-jester.

**čavao,** *n.* nail, bolt, rivet.

**čavče,** *n.* young jackdaw.

**čavka,** *n.* jackdaw.

**čavlar,** *n.* nail-maker, nailer.

**čavlarnica,** *n.* nailery.

**čavlenjak,** *n.* gimlet, nail-passer.

**čavlić,** *n.* tack, pin, hob-nail.

**čavrljanje,** *n.* babbling, babble, talk, prate, prattle, chatter, chattering.

**čavrljati,** *v.* to talk, to prate, to chatter, to prattle, to chat, to tattle, to twattle.

**čavrljav,** *a.* talkative, garrulous, loquacious, verbose, wordy.

**čavrljuga,** *n.* (*ševa*) lark.

**čazben,** *a.* hospitable.

**čazbina,** *n.* banquet, entertainment, dinner-party.

**čečati,** *v.* to set in heaps, to perch, to squat, to cower.

**čedan,** *a.* modest, decent, coy, reserved, unpretentious.

**čedance,** *n.* infant, baby, babe.

**čedar,** *n.* cedar.

**čednost,** *n.* modesty, discretion, discreetness, prudence.

**čedo,** *vidi*: **čedance.**

**čedokradac,** *n.* kidnaper.

**čedokrvnica,** *n.* infanticide.

**čedoljubac,** *n.* friend of children, dandler.

**čedomor,** *n.* infanticide.

**čedomorstvo,** *vidi*: **čedoubijstvo.**

**čedoubica,** *n.* infanticide.

**čedoubijstvo,** *n.* infanticide.

**čegrst,** *n.* discord, dispute, quarrel, altercation.

**čegrtaljka,** *n.* rattle.

**čegrtanje,** *n.* rattle.

**čegrtaš,** *n.* rattler, babbler, gossip.

**čegrtati,** *v.* to rattle, to clack.

**čegrtuša,** *n.* (*zmija*) rattle snake.

**čehati,** *vidi*: **čijati.**

**čeiz,** *n.* love-toy.

**čekalac,** *n.* candidate.

**čekalo,** *n.* mill-clapper.

**čekanje,** *n.* awaiting, attendance, waiting, abeyance.

**čekaonica,** *n.* waiting-room, reception-room.

**čekati,** *v* to wait, to await, to stay, to have patience, to wait patiently.

**čekić,** *n.* hammer, mallet.

**čekinja,** *n.* bristle, seta

**čekinjast,** *a.* bristly, brushy, shaggy, rough.

**čekinjav,** *vidi*: **čekinjast.**

**čekljun,** *n.* latch, door-handle, barb (of an arrow *ili* hook).

**čekmedže,** *n.* drawers.

**čeknuti,** *v.* to wait a little.

**čekrk,** *n.* spinning-wheel, spool-wheel; crane; cock (*of a barrel*).

**čekrklija,** *n.* distaff, bedpost.

**čela,** *vidi*: **pčela.**

**čelar,** *vidi*: **pčelar.**

**čelebijati se,** *v.* to make a show, to boast of, to adorn oneself with.

**čelenka,** *n.* ornament, dress, attire, finery, jewel.

**čeličan,** *a.* (of) steel, steely.

**čeličiti,** *v.* to steel, to harden; to brace.

**čeličnost,** *n.* strong-mindedness.

**čelik,** *n.* steel.

**čelo,** *n.* forehead, brow, front, face, countenance.

**čelovođa,** *n.* conductor, guide, leader, commander, chief.

**čeljad,** *n.* domestic servants, people of the house *ili* family; lodgers.

**čeljade,** *n.* person, creature, servant, foot-man.

**čeljuska,** *n.* breast (*od konja*), chest.

**čeljusnica,** *n.* jaw, jaw-bone.

**čeljust,** *n.* chin-bone, jaw-bone, cheek-bone.

**čeljusti,** *n.* mouth (*od životinja*), jaws, jaw-bones.

**čemer,** *n.* bitterness, poison, venom; lamentation; misery, sadness, affliction.

**čemeran,** *a.* bitter, stinging, poisonous, venomous, deplorable, doleful, piteous, afflicted.

**čemerika,** *n.* (*bilj.*) veratrum, hellebore.

**čemerikast,** *a.* bad, evil, ill, wicked, angry, malignant, malicious, virulent.

**čemerikovati,** *v.* to mourn, to be in mourning (for).

**čemeriti,** *v.* to whimper.

**čemika,** *n.* (*bilj.*) yew (-tree).

**čemin,** *n.* (*jasmin*) jasmine.

**čempres,** *n.* cypress.

**čempresovina,** *n.* cypress-wood.

**čemu? zašto?** *pron.* why, whatfor, wherefore.

**čengel,** *n.* hook, clasp.

**čenjača,** *n.* sour apple.

**čeonik,** *n.* chieftain.

**čep,** *n.* stopper, cork, plug.

**čepa,** *.n.* (*riba*) May-fish, salmon-trout.

**čepalj,** *n.* corn-screw.

**čepati (se),** *v.* to tap on the ground with one's feet; to drum.

**čepčeg,** *n.* (*bilj.*) sow-thistle, hog's mushroom.

**čepčezac,** *vidi:* **čepčeg.**

**čepič,** *n.* spigot, cock, spout, little pin, peg; uvula, glottis.

**čepkati,** *vidi:* **čepati.**

**čeplješt,** *n.* (*bilj.*) asphodel, king's spear.

**čepljez,** *vidi:* **čeplješt.**

**čepres,** *vidi:* **čempres.**

**čepris,** *vidi:* **čempres.**

**čeprkanje,** *n.* raking, scraping.

**čeprkati,** *v.* to scratch, to rake, to dig (*up*), to scrape, to paw.

**čeprlika,** *n.* butcher's broom.

**čeprlj,** *vidi:* **čeplješt.**

**čeprljati,** *vidi:* **čeprkati.**

**čepukati,** *vidi:* **čepati.**

**čereg,** *n.* mallet, leg (*od vola, itd.*); drumstick, club.

**čerek,** *vidi:* **čereg.**

**čerenac,** *n.* a sort of fishing net.

**čerešnjar,** *n.* a sort of beans.

**čereviz,** *n.* celery.

**čerežiti,** *v.* to quarter, to parcel (out), to carve, to cut in pieces, to cut up.

**čerga,** *n.* tent, pavilion, awning.

**čergaš,** *n.* nomad, herdsman.

**čerjen,** *n.* smithy, chimney.

**čersa,** *n.* paint, rouge.

**čerupanje,** *n.* rippling; plucking, picking.

**čerupati,** *v.* to pluck, to pull, to pick, to plume, to ripple.

**česalo,** *n.* currycomb, flesh-brush, scraper.

**česan,** *n.* garlic.

**česanje,** *n.* scratching; currying.

**česarka,** *n.* (*jelova*) cone.

**česati,** *v.* to scratch, to scrape, to curry; (*predivo*) to tease.

**česma,** *n.* well, fountain.

**česmin,** *n.* jasmine, syringa.

**česmina,** *vidi:* **česvina.**

**česnjak,** *vidi:* **češnjak.**

**čest,** *a.* frequent, quick, often, oft; — (*dio*), *n.* part, share, portion.

**česta,** *n.* thicket, bushes, shrubs.

**čestar,** *n.* copse, coppice, underwood.

**čestica,** *n.* particle, ingredient.

**čestika,** *n.* stool, footstool; (*bilj.*) toy-wort.

**čestimice,** *adv.* in part, partially, partly.

**čestina,** *n.* density, closeness, compactness.

**čestit,** *a.* honest, just, fair, sincere, proper, decent, reasonable, judicious, respectable.

**čestitalac,** *n.* congratulator.

**čestitanje,** *n.* congratulation, rejoicing, joy.

**čestitar,** *n.* well-wisher; — *vidi:* **čestitalac;** (*knjiga*), a book of congratulations.

**čestitati,** *v.* to congratulate, to wish joy, to rejoice.

**čestitka,** *n.* congratulation, compliment, address.

**čestito,** *adv.* honestly, fairly, civilly, courteously, decently, sufficiently, respectably.

**čestitost,** *n.* honesty, fairness, probity, integrity, courtesy, kindness, uppishness, rectitude.

**čestitovati,** *vidi:* **čestitati.**

**često,** *adv.* often, frequently, oft.

**čestokrat,** *adv.* many times, frequently.

**čestokratan,** *a.* repeated, frequent.

**čestoslavica,** *n.* (*bilj.*) veronica, speedwell.

**česvina,** *n.* holm (-oak), ilex.

**česagija,** *n.* curry-comb.

**česalj,** *n.* comb.

**česaljka,** *n.* (*bilj.*) fuller's thistle, curled thistle.

**česati,** *vidi:* **česati.**

**češer,** *n.* cone.

**češerni,** *a.* coniferous.

**češlja,** *n.* white thistle.
**češljač,** *n.* comber.
**češljanica,** *n.* lint.
**češljanje,** *n.* combing.
**češljar,-ica,** *n.* hair-dresser.
**češljast,** *a.* comb-shaped; (*bilj.*) pectinal, pectinate (d), cristate (d).
**češljati,** *v.* to comb, to pull, to dug, to pluck, to pick.
**češljić,** *n.* small comb.
**češljika,** *n.* white thistle.
**češljikar,** *n.* goldfinch.
**češljuga,** *n.* (*bilj.*) teasel, card.
**češljugar,** *n.* goldfinch, thistle-finch.
**češljugarka,** *vidi:* **češljugar.**
**češljugovina,** *n.* (*bilj.*) fuller's thistle *ili* weed.
**češnjak,** *n.* garlic, leek.
**četa,** *n.* troop, battalion, legion, cohort, crew.
**četedžija,** *n.* division-superintendent.
**četimice,** *adv.* in troops, in bands.
**četina,** *n.* thorn, spine
**četinjača,** *n.* pines and firs, conifer
**četiri,** *num.* four.
**četirista,** *num.* four hundred.
**četka,** *n.* brush, whisk; — **slikarsка,** painter's brush; — **za zube,** tooth brush.
**četkalac,** *n.* brusher.
**četkar,** *n.* brushmaker.
**četkast,** *a.* brushy.
**četkati,** *v.* to brush, to rub.
**četkica,** *n.* little brush.
**četnik,** *n.* commander, major.
**četovanje,** *n.* fight, waging battle, raid.
**četovati,** *v.* to engage, to fight, to withstand, to struggle against, to wage battle.
**četovođa,** *n.* commander of a century, captain.
**četrdeset,** *num.* forty.
**četrdeseti,** *a.* fortieth.
**četrdesetnica,** *n.* (*korizma*) Quadragesima, Lent.
**četrnaest,** *num.* fourteen; — **dana,** fortnight.
**četrnaesti,** *a.* fourteenth.
**četrnaestina,** *n.* fourteenth.
**četrtinka,** *n.* quarter, fourth; peck.
**četrun** (**a**), *n.* (*limun*) lemon, citron.
**četrunovina,** *n.* candlewood.
**četverac,** *n.* tetragon.
**četvorast,** *a.* square, quadrangular, tetragonal; (*o biljkama*) diagonous.

**četvorba,** *n.* quadrature, squaring.
**četvorci,** *n.* quadruples, four parts.
**četvorica,** *n.* four persons.
**četvorina,** *n.* square, quadrate.
**četvorka,** *n.* quadrille.
**četvorni,** *a.* fourfold, quadruple, square.
**četvorocjepan,** *a.* four-leafed.
**četvorokrilac,** *n.* tetrapteron.
**četvorokrili,** *a.* tetrapterous.
**četvorokut,** *n.* square, quadrate, tetragon.
**četvorokutan,** *a.* tetragonal.
**četvoronog,** *a.* tetrapod.
**četvoronožac,** *n.* tetrapod.
**četvoronožan,** *vidi:* **četvoronog.**
**četvoroplošan,** *a.* tetrahedral.
**četvoropolje,** *n.* square, quadrate, tetragon.
**četvororuk,** *a.* fourhanded.
**četvorosložan,** *a.* quadrisyllabic.
**četvorostručni,** *vidi:* **četvorostruk.**
**četvorostruk,** *a.* fourfold.
**četvorougao,** *n.* square, quadrangle.
**četvorouglast,** *a.* four-cornered, quadrilateral, tetragonal.
**četvorovlasnik,** *n.* tetrarch.
**četvrt,** *n.* quarter, fourth part; ward (*of a city*).
**četvrtak,** *n.* Thursday.
**četvrtast,** *vidi:* **četvorouglast.**
**četvrtogodišnji,** *a.* quarterly.
**četvrti,** *a.* fourth.
**četvrtina,** *n.* quarter, one-fourth.
**četvrtinka,** *n.* quarter, peck.
**čevčeg,** *n.* (*bilj.*) sow-thistle, hog's mushroom.
**čevrljati,** *vidi:* **čavrljati.**
**čevrljuga,** *n.* lark, skylark.
**čeznuće,** *n.* intense longing, yearning, languishment, covetousness.
**čeznuti,** *v.* to long (*for*), to languish, to yearn, to wish.
**čežnja,** *n.* longing, ardent desire, thirst, passion.
**čibrić,** *n.* (*bilj.*) savory, beam-trestle.
**čibuk,** *n.* pipe-tube, stem.
**čibukati,** *v.* to beat, to knock out.
**čibuljica,** *n.* pustule.
**čiča,** *n.* (*stric*) uncle; — **zima,** severe winter.
**čičak,** *n.* bur, burdock, clotbur.
**čičerica,** *n.* (*bilj.*) way-thorn, puring-thorn.
**čičija,** *n.* consumption.

**čičimak,** *n.* (*stablo*) jujube-tree, lotus-tree; (*plod*) jujube.
**čičindra,** *vidi:* **čičimak.**
**čičoglav,** *a.* gray-haired.
**čičoka,** *n.* Jerusalem artichoke.
**čifčija,** *n.* serf, tenant (*on land*).
**čifut,** *vidi:* **čivut.**
**čig,** *n.* (*riba*) mud-fish.
**čiga,** *n.* sturgeon, ford.
**čigov,** *a.* whose.
**čigra,** *n.* top, whirligig, teetotum.
**činati,** *vidi:* **čijati.**
**čijati,** *v.* to pull, to tug, to pluck, to pick; (*perje*) to slit.
**čijgod,** *pron.* whose-ever.
**čiji,** *pron.* whose.
**čika,** *vidi:* **čiko.**
**čikati,** *v.* to provoke, to challenge, to incense, to promote, to defy, to brave, to call out; (*duhan*) to chew.
**čiknuti,** *vidi:* **čikati.**
**čiko,** *n.* uncle, old man.
**čikoš,** *n.* herdsman (*za konje*).
**čikov,** *n.* (*riba*) loach.
**čil,** *a.* stout, vigorous, robust, strong, powerful.
**čilan,** *vidi:* **čil.**
**čilaš,** *n.* white horse.
**čilatast,** *vidi:* **ćilatast.**
**čile,** *vidi:* **ćilaš.**
**čileti,** *vidi:* **čiljeti.**
**čilost,** *n.* strength, vigor, haleness, energy.
**čiljeti,** *v.* to perish, to die, to be destroyed, to fail.
**čim** (*prije*), *adv.* as soon as (*possible*), immediately.
**čimak,** *n.* bug.
**čimavica,** *n.* coriander, bug.
**čimbenik,** *vidi:* **činbenik.**
**čimčica,** *n.* (*bilj.*) artemisia, mugwort.
**čime,** *adv. i conj.* wherewith.
**čimkati,** *v.* to unravel, to loosen, to redeem, to pull, to pluck.
**čimpans,** *n.* chimpanzee.
**čin,** *n.* act, deed, action, operation; (*čast*) dignity, title, row, range, rank, station, class.
**činbenik,** *n.* factor.
**činčibar,** *n.* ginger.
**činger,** *n.* after-wine.
**činidba,** *n.* performance, accomplishment, piece of work.
**činija,** *n.* dish, platter.
**činilac,** *vidi:* **činitelj.**

**činitelj,** *n.* doer, perpetrator, factor, performer.
**činiti,** *v.* to do, to make, to act, to perform, to wreak; (-se) to seem, to appear.
**činotvoran,** *a.* practical, efficacious, efficient, effectual.
**činovnik,** *n.* officer, official, clerk, functionary.
**činovništvo,** *n.* clerkship, officials.
**činj,** *n.* aim, goal; target.
**činjati,** *vidi:* **počinjati.**
**činjenica,** *n.* fact, act, deed, case, affair.
**čio,** *vidi:* **čil.**
**čioda,** *n.* pin.
**čip,** *a.* fine, thin, neat, nice, delicate, elegant, refined.
**čipavac,** *n.* ammonia, ammonium.
**čipka,** *n.* lace.
**čipkar,** *n.* lace-maker, lace-merchant.
**čipkarica,** *n.* lace-maker.
**čipres,** *n.* cypress.
**čir,** *n.* ulcer, tumoı, abcess, boil.
**čirak,** *n.* candlestick, luster; (*poslužnik*) servant, attendant, man.
**čislenjak,** *vidi:* **čislo.**
**čisliti,** *v.* to count, to reckon, to compute, to calculate.
**čislo,** *n.* rosary, beads, chaplet.
**čismen** (it), *a.* neat, clean, pure, innocent, proper, apt.
**čist,** *a.* clean, pure, clear, refined, hygienic; (*nevin*) innocent; — **dohodak,** net proceeds; — **čista srijeda,** Ash-Wednesday.
**čistac,** *n.* clearness, brightness, light.
**čistilac,** *n.* cleaner, cleanser, whisker, wiper.
**čistilica,** *n.* stump, mop, sponge, rammer.
**čistilište,** *n.* purgatory.
**čistilo,** *n.* clarifier, cleanser, abluent, abstergent.
**čistina,** *n.* meadow, lea, field.
**čistionica,** *n.* refinery, cleaning shop.
**čistiti,** *v.* to clean, to purge, to purify, to cleanse, to clarify, to wipe, to absterge.
**čistiv,** *a.* abluent, abstergent.
**čisto,** *adv.* entirely, quite, through, wholly; cleanly, purely.
**čistoća,** *n.* cleanness, purity, neatness, cleanliness; (*srebra*) standard.
**čistokrvan,** *a.* thoroughbred.
**čistopis,** *n.* fair copy.

**čišćenje,** *n.* cleaning, cleansing, ablution, clarification, clearing.
**čitač,** *n.* reader, peruser, lector.
**čitaći,** *a.* legible.
**čitak,** *vidi:* **čitaći.**
**čitalac,** *vidi:* **čitač.**
**čitalište,** *n.* reading-room, newsroom, atheneum, reading-club, library.
**čitanka,** *n.* reading-book, reader; (*početnica*) first reader.
**čitanje,** *n.* reading, perusal; lection.
**čitaonica,** *vidi:* **čitalište.**
**čitatelj,-ica,** *n.* reader.
**čitateljstvo,** *n.* readers, reading-public.
**čitati,** *v.* to read.
**čitav,** *a.* whole, complete, entire; sound, uninjured.
**čitluk,** *n.* ground, estate, land, property, ownership.
**čitljiv,** *a.* legible, readable.
**čitljivo,** *adv.* legibly.
**čitljivost,** *n.* legibility, legibleness, readableness.
**čitulja,** *n.* list, roll, panel, catalogue, register, record.
**čivija,** *n.* nail, peg, screw.
**čiviluk,** *n.* clothes-horse, rack.
**čivit,** *n.* indigo.
**čivitar,** *n.* indigo-merchant.
**čivlak,** *vidi:* **čitluk.**
**čivut,** *n.* Jew.
**čivutariti,** *v.* to haggle, to chaffer, to job.
**čivutin,** *vidi:* **čivut.**
**čivutski,** *a.* Jewish, Judaic.
**čiz,** *n.* siskin.
**čizma,** *n.* boot.
**čizmar,** *n.* shoemaker.
**čizmarija,** *n.* shoemaker's trade.
**čizmariti,** *v.* to make shoes (*ili*) boots; to cobble.
**čizmarski,** *a.* belonging to a shoemaker *ili* cobbler.
**čizmica,** *n.* bootikin, buskin, brodequin.
**čižak,** *n.* siskin.
**čkakljati,** *v.* to tickle.
**čkakljiv,** *a.* ticklish, difficult, sensitive, irritable.
**čkaljac,** *n.* (*ptica*) painted lady.
**čkati,** *vidi:* **čačkati.**
**čkvar,** *n.* damage, injury, hurt, harm.
**član,** *n.* member; limb, articulation, joint; (*gram.*) article, point, clause.

**članak,** *n.* (*gležanj*) ankle, joint; (*u knjizi ili novini*) article, paragraph; (*zglob*) knuckle.
**članarina,** *n.* membership-fee, premium.
**člankast,** *vidi:* **člankovit.**
**člankovit,** *a.* limbed (*ili*) membered, articulate, jointed.
**članstvo,** *n.* membership, fellowship.
**čmar,** *n.* rectum, strait-gut.
**čmavati,** *v.* to idle, to lounge, to sleep.
**čmelj,** *n.* black-beetle.
**čmičac,** *n.* sty (e), pimple (*na oku*).
**čoban,** *n.* herdsman, shepherd.
**čobanče,** *n.* young shepherd.
**čobančica,** *n.* (*bilj.*) hawthorn.
**čobanica,** *n.* herdsmaid, shepherdess.
**čobanin,** *vidi:* **čoban.**
**čobanski,** *a.* of a shepherd.
**čobanja,** *n.* water-cask.
**čoha,** *n.* cloth.
**čohan,** *a.* (*made of*) cloth.
**čohar,** *n.* serge-manufactory, serge-trade.
**čoja,** *vidi:* **čoha.**
**čokoće,** *n.* vines.
**čokolada,** *n.* chocolate.
**čokot,** *n.* vine, vine branch.
**čopa,** *n.* (black-) martin, church-martin, martinet.
**čopor,** *n.* flock, herd, drove, troop, band.
**čorba,** *n.* soup, broth.
**čorbadžija,** *n.* master, employer.
**čorbast,** *a.* souplike.
**čorda,** *n.* horde, troupe, band.
**čordaš,** *vidi:* **čoban.**
**čorka,** *n.* jay.
**čošan,** *a.* of cloth, cloth.
**čošica,** *vidi:* **čoha.**
**čot,** *n.* hill, ascent knoll.
**čota,** *n.* sole, club (*ili*) stump-foot, taliped.
**čotav,** *a.* club(*ili*)stump-footed, taliped.
**čovječac,** *n.* little man.
**čovječan,** *a.* human, philanthropic.
**čovječanski,** *a.* humane, philanthropic.
**čovječanstvo,** *n.* humanity, mankind.
**čovječić,** *vidi:* **čovječac.**
**čovječište,** *n.* inhuman creature, cruel wretch, savage, barbarian, monster.
**čovječji,** *a.* human, manlike.
**čovječnost,** *n.* humaneness.
**čovjek,** *n.* man, person.

**čovjekoljubac**, *n.* philanthropist, person of general benevolence.
**čovjekoljuban**, *a.* philanthropic, humane, benevolent.
**čovjekoljublje**, *n.* philanthropy, humaneness.
**čovjekoljubnost**, *vidi*: čovjekoljublje.
**čovjekomrzac**, *n.* man-hater, misanthrope, misanthropist.
**čovjekoslovac**, *n.* anthropologist.
**čovjekoslovan**, *a.* anthropological.
**čovjekoslovlje**, *n.* anthropology.
**čovještvo**, *n.* humanity; humaneness.
**čovuljak**, *n.* little man.
**čpag**, *n.* pocket, bag, sack.
**črčkanje**, *n.* scribbling, scratching, scrawling, scrawl.
**črčkarija**, *n.* scrawl.
**črčkati**, *v.* scribble, to scrawl, to scratch.
**čreda**, *n.* row, rank, line, suite, file, range (*of mountains*).
**čremuš**, *n.* bear's garlic.
**črez**, *prep.* through.
**črknja**, *n.* comma; — i piknja, semicolon.
**črn**, *n.* (*ptica*) storm(y) petrel.
**čubar**, *n.* (*bilj.*) savory.
**čučak**, *n.* domestic cricket.
**čučanje**, *n.* crouching.
**čučati**, *v.* to crouch, to cringe, to cower, to squat, to perch.
**čučeg**, *n.* (*bilj.*) sow-thistle, hog's mushroom; carline-thistle.
**čučnuti**, *v.* to cower.
**čudak**, *n.* funny person, odd character, crotchet-monger.
**čudan**, *a.* strange, queer, singular, odd, wonderful.
**čudesan**, *a.* marvelous, wonderful.
**čudesnost**, *n.* wonderfulness.
**čudila**, *n.* wondrous thing, prodigy.
**čuditi (se)**, *v.* to wonder, to be surprised, to admire.
**čudljiv**, *vidi*: ćudljiv.
**čudno**, *adv.* suspiciously, miraculously.
**čudnovat**, *a.* strange, odd, peculiar, whimsical, wonderful, striking, surprising, unaccountable.
**čudnovato**, *adv.* wonderfully.
**čudnovatost**, *n.* admirability, oddity, miraculousness, surprisingness, strangeness, oddness.
**čudo**, *n.* (*vrhunaravno*) miracle, wonder; (*iznenadujući pojav*) prodigy.

**čudom**, *adv.* miraculously.
**čudotvorac**, *n.* worker of miracles, thaumaturge, wonder-worker.
**čudotvoran**, *a.* miraculous, working miracles, theurgic(-al).
**čudotvornost**, *n.* miraculousness.
**čudovište**, *n.* marvel, wonder, miracle, prodigy, wonderfulness.
**čuđenje**, *n.* astonishment, wondering, admiration.
**čuj!** *interj.* listen! oyes! eyez!
**čujan**, *a.* audible.
**čujati**, *v.* to hear, to give ear, to listen, to obey.
**čujnost**, *n.* audibleness.
**čuka**, *n.* top of a mountain, needle-peak, rising (*ili*) high ground.
**čukalj**, *n.* knee-hollow (*ili*) joint.
**čukljav**, *a.* maimed, lame, one-handed, awkward.
**čukumbaba**, *n.* great-great-grandmother.
**čukundjed**, *n.* great-great-grandfather.
**čul**, *n.* cover, lid.
**čulan**, *a.* sensual, carnal, worldly.
**čuliti**, *vidi*: ćuliti.
**čulo**, *n.* sense (*of sight, hearing*); sentiment.
**čuma**, *n.* pest, plague, pestilence.
**čun**, *n.* bark, barge, canoe, skiff, boat; (*tkalački*) netting-needle, weaver's shuttle.
**čunac**, *n.* bowsprit, gondola.
**čunar**, *n.* canoeist.
**čunast**, *a.* boat-shaped; (*u medicini*), navicular, scaphoid.
**čunj**, *n.* cone, pin.
**čunjast**, *a.* conical, conic, coniform.
**čunjosjek**, *n.* conic section.
**čupa**, *n.* horse-hair, hair-cloth, tuft, lock.
**čupalac**, *n.* towser.
**čupanje**, *n.* wresting, plucking, pulling.
**čupati**, *v.* to pluck, to pull, to tear, to tug, to pick; (-se) to scuffle, to fight.
**čupav**, *a.* uncombed, shaggy, bristly, brushy, ragged, matted.
**čupavac**, *n.* a rag carpet.
**čupaviti**, *v.* to dishevel the hair.
**čuperak**, *n.* tuft, bunch, aigrette.
**čupica**, *n.* clasp, hook.
**čupkati**, *vidi*: čupati.
**čuriti**, *v.* to smoke.

**čurka,** *n.* blutwurst.

**čuruk,** *a.* full of cracks, brittle.

**čuti,** *v.* to hear; (-se) to be reported, to be rumored.

**čutura,** *n.* flagon, small wooden flask.

**čuvač,** *vidi*: **čuvar.**

**čuvadar,** *n.* keeper, guardian, herdsman.

**čuvakuća,** *n.* (*bilj.*) sengreen, sempervive, house-leek.

**čuvalac,** *n.* keeper, guardian; herdsman.

**čuvalduz,** *n.* pin, spit-pin.

**čuvanje,** *n.* wake, watch, keeping, preservation.

**čuvar,** *n.* watchman, guardian, custodian, keeper, conserver, watcher, protector.

**čuvaran,** *a.* economical, saving, sparing, thrifty.

**čuvarica,** *n.* female guard, protectress.

**čuvarina,** *n.* shepherd's (*ili*)herdman's wages.

**čuvarkuća,** *vidi*: **čuvakuća.**

**čuvarnica,** *n.* receptacle, archives, record-office, records; guard-box.

**čuvati,** *v.* to watch, to guard, to wake, to keep; (-se) to beware of, to guard from, to look out.

**čuven,** *a.* celebrated, famous, renowned, illustrious, well-known.

**čuvenje,** *n.* hear-say.

**čuvida,** *n.* mask.

**čuvstven,** *a.* sensitive, emotional, affectionate, sentimental.

**čuvstvenost,** *n.* sensitiveness, sensibility, feeling.

**čuvstvo,** *n.* feeling, sensation, sensibility, mind.

**čuvstvovati,** *v.* to feel, to perceive; to be sensible.

**čvakati,** *v.* to divulge, to clack, to patter, to gossip.

**čvaknuti,** *v.* to whip, to flog, to lash, to scourge.

**čvalik,** *n.* clack, tittle-tattle, gossip.

**čvalikati,** *vidi*: **čvakati.**

**čvarak,** *n.* crackling, greave.

**čvariti,** *v.* to stew, to cuff, to banter, to bathe, to foment.

**čvor,** *n.* knot, knob, tie, knag, knarl.

**čvorak,** *n.* (*ptica*) starling.

**čcorast,** *a.* knotty, gnarled.

**čvornat,** *vidi*: **čvorast.**

**čvornovaka,** *n.* club, leg (*of mutton ili veal*).

**čvoruga,** *n.* hunch, hump-back.

**čvrčak,** *n.* cricket (*kukac*).

**čvrčanje,** *n.* squeak.

**čvrčati,** *v.* to twitter, to warble, to chirp.

**čvrgulje,** *n.* (*bolest*) cow-phthisis.

**čvrka,** *vidi*: **čvrkut.**

**čvrkac,** *n.* jerk, fillip, flirt.

**čvrkati,** *v.* to knock, to beat, to rap, to tap.

**čvrknuti,** *v.* to sing, to praise, to warble, to crow, to sparkle, to crackle, to be full, to be boiling.

**čvrljak,** *vidi*: **čvorak.**

**čvrljuga,** *n.* bump, bruise.

**čvrljugav,** *a.* hunch-backed, humpbacked.

**čvrsnuti,** *v.* to harden, to indurate, (*grad, tvrđavu*) to fortify, to strengthen, to invigorate.

**čvrst,** *a.* fast, firm. solid, stout, compact, stable, stiff, stocky, tight, trim.

**čvrstina,** *vidi*: **čvrstoća.**

**čvrstiti,** *v.* to fasten, to fortify.

**čvrsto,** *adv.* firmly, tightly, tenaciously; substantially.

**čvrstoća,** *n.* firmness, solidity, constancy, tenacity, steadiness, stiffness, tightness.

# Ć

ća! *interj.* begone! off! get away!
ćaba, *n.* (*muhamedanski*) Holy City.
ćablast, *a.* foolish, mad, odd, queer.
ćaća, *n.* father, papa, dad, daddy.
ćaćko, *vidi*: ćaća.
ćage, *n.* paper.
ćaidžija, *n.* pastry-cook.
ćaja, *n.* representative, substitute, deputy; shepherd.
ćako, *n.* daddy, dad.
ćale, *n.* father-in-law.
ćalov, *n.* blockhead, dunce.
ćanut, *a.* mad, foolish, imprudent, senseless, wanton, frolicsome.
ćapiti, *v.* to snap, to snatch, to catch.
ćaporak, *n.* braid, plait, tie, tress.
ćaprdalo, *n.* chatterer, tattler.
ćaprdanje, *n.* prattling, prattle, chatter, chit-chat.
ćaprdati, *v.* to chatter, to chat, to talk idly.
ćar, *n.* trade, traffic, commerce, bargain.
ćardžija, *n.* tradesman, retailer, negotiator.
ćariti, *v.* to act, to deal, to trade, to do business; to bargain, to chaffer.
ćarkanje, *n.* (*trgovanje*) detail, particulars, retail, traffic, trade, commerce, intercourse, correspondence; (*duvanje*) breath, blast, whiff, breeze of wind.
ćarkati, *v.* (*trgovati*) to trade, to deal, to act; (*duvati*) to blow, to sound (*a wind-instrument*), to huff.
ćarlijanje, *n.* blowing, sounding.
ćarlijati, *v.* to blow, to sound.
ćasa, *n.* earthen pan; pot; dish.
ćaskalo, *n.* chatterer, tattler.
ćaskati, *v.* to chatter, to chat, to gossip, to talk idly.
ćato, *n.* writer, scribbler, clerk, copyist.
ćaušag, *n.* box on the ear, slap in the face.

ćebe, *n.* coarse, ruggy cloth, ruggy cover, rug, woolen blanket(*ili*)cover.
ćebedžija, *n.* blanket maker.
ćef, *n.* joy, delight, inclination, desire, pleasure, liking.
ćela, *vidi*: ćelo.
ćelav, *a.* bald-headed, hairless.
ćelavac, *n.* bald-headed person.
ćelaviti, *v.* to get bald-headed.
ćelavost, *n.* baldness.
ćelepir, *n.* booty, spoil, prey.
ćelepiriti, *v.* to capture, to get booty; to spoil, to plunder, to prey.
ćelepuš, *n.* skull-cap, coif.
ćelibar, *n.* amber.
ćelija, *n.* cell.
ćelo, *n.* bald-head.
ćelonja, *n.* bald-headed person.
ćemer, *n.* girth, girdle, strap, belt, money-belt.
ćemerli, *a.* vaulted, arched.
ćena, *vidi*: tjena.
ćenar, *n.* end, conclusion; (*platno*) a sort of linen; (*kraj, zemlja*) country, quarter, part.
ćepa, *n.* May-fish (*ili*) salmon-trout.
ćepariz, *n.* cypress.
ćepeklija, *n.* a sort of pear.
ćeperan, *a.* agile, nimble, brisk, free.
ćepica, *n.* little cap, skull cap.
ćepriz, *n.* cypress.
ćepurkanje, *n.* prattling, chatter, chit-chat.
ćepurkati, *v.* to prattle, to chatter.
ćer, *vidi*: kći.
ćeramida, *n.* tile.
ćerana, *n.* soap-house, soap-works.
ćerati, *vidi*: tjerati.
ćerčivo, *n.* sash, frame.
ćerdosati, *v.* to spoil, to corrupt, to mar.
ćeremida, *n.* tile.
ćeretanje, *n.* tattle, prattling.
ćeretati, *v.* to chatter, to talk idly.
ćerka, *vidi*: kći.
ćesa, *n.* bag, purse, pouch.

**česar,** *vidi:* **car.**
**česarevina,** *vidi:* **carevina.**
**českin,** *a.* fiery, ardent.
**česmati,** *v.* to bore, to make holes.
**ćeten,** *n.* flax.
**ćetenište,** *n.* flax-plantation.
**ćevap,** *n.* roast-meat.
**ćevkanje,** *n.* barking, baying.
**ćevkati,** *v.* to bark; to bay; to clamor.
**ćevnjak,** *vidi:* **cjevnjak.**
**ćezap,** *n.* aqua fortis.
**ćibret,** *n.* match, brimstone-match, lucifer (-match).
**ćilaš,** *n.* mould, mustiness; (*konj*), white horse.
**ćilatast,** *a.* gray, grey, grizzled.
**ćile,** *n.* pantry, buttery, larder; safe.
**ćilibar,** *n.* amber.
**ćilim,** *n.* carpet, rug, tapestry.
**ćilit,** *n.* padlock.
**ćimane,** *n.* violin.
**ćimpres,** *n.* cypress.
**ćinter,** *n.* fur, fell, pelisse.
**ćiribar,** *n.* amber.
**ćirica,** *n.* servant, attendant, man.
**ćirilica,** *n.* Kyril, old Slavic type.
**ćiriž,** *vidi:* **ćiriz.**
**ćiriz,** *n.* cobbler's glue.
**ćitap,** *n.* book, Scripture text, Koran.
**ćivot,** *n.* shrine for relics, reliquary.
**ćopiti,** *v.* to beat, to cast, to fling.
**ćor,** *vidi:* **ćorav.**
**ćora,** *vidi:* **ćoro.**
**ćorav,** *a.* one-eyed.
**ćoravac,** *n.* one-eyed person.
**ćoravica,** *n.* one-eyed woman.
**ćoraviti,** *v.* to become one-eyed.
**ćorda,** *n.* sabre, sword.
**ćordisati,** *v.* to spoil, to corrupt, to mar.
**ćori,** *a.* one-eyed.
**ćoro,** *n.* one-eyed person.
**ćosa,** *vidi:* **ćoso.**
**ćosak,** *n.* corner, balcony, platform, terrace.
**ćosast,** *a.* beardless.
**ćosaviti,** *v.* to lose beard.
**ćoso,** *n.* lackbeard.
**ćoškast,** *a.* angular; awkward.
**ćotog,** *n.* stroke, blow, shock, apoplexy, fit; carriage-door.
**ćuba,** *n.* tuft, crest.
**ćubast,** *a.* tufted, crested.
**ćućenje,** *n.* feeling; silence.
**ćud,** *n.* temper, disposition, nature, humor, temperament.

**ćudati se,** *v.* to be frightened, to startle, to be scared, to take fright.
**ćudljiv,** *a.* timorous, fearful, whimsical, starting, timid; (*mušičav*) capricious, whimsical.
**ćudljivac,** *n.* capricious person.
**ćudljivo,** *adv.* whimsically.
**ćudljivost,** *n.* capriciousness, restiveness, waywardness.
**ćudoredan,** *a.* moral, ethic (al).
**ćudorednost,** *n.* morality, morals.
**ćudoređe,** *n.* morality, ethics, moral philosophy.
**ćudovit,** *vidi:* **ćudljiv.**
**ćuh,** *n.* puff, breath, wind, breeze.
**ćuhnuti,** *v.* to blow, to breathe, to aspirate.
**ćuk,** *n.* owl, owlet.
**ćukavac,** *n.* tongue of an ox.
**ćukov,** *n.* sea-angel, angel-fish.
**ćula,** *n.* club.
**ćulast,** *n.* clubbed.
**ćulbas,** *n.* broiled-meat; roast-beef.
**ćuliti,** *v.* (*uši*) to prick up one's ears.
**ćulumak,** *n.* small club.
**ćulumija,** *n.* (*bilj.*) tuffle, pig-nut.
**ćuma,** *n.* tuft, bunch, aigrette, small heap.
**ćumez,** *n.* hen-house.
**ćumur,** *n.* charcoal, coal.
**ćumurdžija,** *n.* charcoal-burner.
**ćun,** *n.* bill, beak, nib; (*broda*) prow.
**ćup,** *n.* pot.
**ćupa,** *n.* water-pot, pitcher, ower.
**ćuprija,** *n.* bridge.
**ćura,** *n.* turkey-hen.
**ćurak,** *n.* turkey (-cock).
**ćuran,** *vidi:* **ćurak.**
**ćurče,** *n.* fur-coat.
**ćurčetina,** *n.* roast-turkey.
**ćurčija,** *n.* furrier, skinner.
**ćurčiluk,** *n.* furrier's trade.
**ćuriti,** *v.* to blow, to sound.
**ćurka,** *n.* turkey-hen; (*krvavica*) blood-wurst.
**ćurlik,** *n.* trill, quaver, shake.
**ćurlikati,** *v.* to trill, to quaver.
**ćurliti,** *vidi:* **ćurlikati.**
**ćuskija,** *n.* lever, pulley, crow, jimmy, crowbar.
**ćuša,** *n.* snout, trunk, proboscis.
**ćušak,** *n.* breath, whiff, breeze.
**ćušati,** *v.* to box a person's ear, to slap.
**ćušiti,** *v.* to slap on the face, to box the ears.

**ćuška,** *n.* slap, box on the ear.

**čuškati,** *vidi*: **ćušnuti.**

**ćušnut,** *a.* foolish, mad, odd, queer.

**ćušnuti,** *v.* to box (*one's*) ears, to slap.

**ćut,** *n.* feeling, touch, sense, sensation.

**ćutak,** *n.* block, log.

**ćutalica,** *ν.* stillness, taciturnity.

**ćutanje,** *n.* silence, stillness, pause.

**ćutati,** *v.* to keep quiet, to hush, to still, to be silent, to hold one's tongue.

**ćutilni,** *a.* sensitive, sensual.

**ćutilo,** *n.* sense, organ of sense.

**ćutiti,** *vidi*: **ćutjeti.**

**ćutjeti,** *v.* (*mućati*) to keep silence, to hold one's tongue; (*osjećati*) to feel, to perceive; to smell, to scent.

**ćutkati,** *v.* to command silence, to silence, to hush.

**ćutke,** *adv.* tacitly, taciturnly, silently, quietly.

**ćutljiv,** *a.* (*mučaljiv*) taciturn, silent, still, discreet, prude t, reserved; (*osjetljiv*) sensible, perceptible, easily affected, sensibly affected, compassionate.

**ćutljivost,** *n.* (*mučaljivost*) taciturnity, silence, stillness, discretion, discreetness, prudence; (*osjetljivost*) sensibility, sensitiveness, feeling.

**ćutuk,** *n.* troop, band, flock.

# D

**da,** *conj.* if, that, in order; — *adv.* (*jest*) yes; — **ne,** lest.
**dabar,** *n.* beaver, castor.
**dabrak,** *n.* dentex.
**dabrovina,** *n.* fur of the beaver, beaver.
**dacija,** *vidi:* **danak.**
**dacijar,** *n.* tax-collector.
**daća,** *n.* tax, impost, imposition, duty, assessment, rate, custom.
**dada,** *n.* mamma, mam.
**dadilja,** *n.* nurse, wet-nurse, nursery-maid, nurse-girl; foster-mother.
**dafina,** *n.* wild olive-tree.
**dah,** *n.* breath, waft, whiff.
**daha,** *n.* smell, scent, odor.
**dahija,** *n.* pretender, claimant; emigrant; refugee, fugitive.
**dahnuti,** *v.* to breathe, to respire.
**dahokrug,** *n.* atmosphere.
**dahtanje,** *n.* panting, puffing, breathing; breath, exhalation; wheeze, snort.
**dahtati,** *v.* to breathe hard, to snort, to puff and blow.
**daidža,** *n.* uncle.
**daire,** *n.* tambourine, tambour, castanet.
**daj!** *interj.* give! — **budi;** — *conj.* at least.
**dajilica,** *n.* nurse, wet-nurse.
**dajka,** *n.* mother.
**dajko,** *vidi:* **daidža.**
**dakako,** *adv.* indeed, to be sure, of course, certainly, no doubt, surely.
**dakle,** *conj.* consequently, therefore, now then, adjunctly.
**dakov,** *n.* billiard-stick, cue.
**daktil,** *n.* dactyl.
**daktilski,** *a.* dactylic.
**daleč,** *n.* distance; difference, contrast.
**dalečina,** *n.* distance.
**dalek,** *a.* far, distant, remote, removed, long.
**daleko,** *adv.* far, distantly, widely, remotely, away.

**dalekovid,** *n.* far-sightedness, longsightedness; perspective.
**dalekovidan,** *a.* long-sighted, far-sighted; perspective.
**dalekovidnost,** *n.* long-sightedness, perspectiveness.
**dalekozor,** *n.* spying-glass, spy-glass, telescope.
**dalga,** *n.* wave, billow, surge, tide; vacuum.
**dali?** *conj.* whether, if, but, as if.
**dalj,** *n.* distance, remoteness.
**dalje,** *adv.* further, foreward, onward, away, off, on.
**dalji,** *a.* farther, further.
**daljina,** *n.* distance, interval; background; remoteness.
**daljni,** *a.* remote, distant, far, subsequent, succeeding, ulterior.
**daljnoglednost,** *n.* far-sightedness, perspective.
**daljnovid,** *a.* long-sighted, far-sighted.
**daljnovidnost,** *n.* far-sightedness, long-sightedness.
**dama,** *n.* (*lanjac*) fallow-deer, deer, buck; (*gospoda*) lady, gentlewoman, ma'am; (*u igri*) queen.
**damask,** *n.* damask.
**dambulhana,** *n.* (*turska glazba*) music, band.
**dan,** *n.* day, day time, light; — **plaćanja,** pay-day; — **dan i noć,** (*bilj.*) pansy.
**danak,** *n.* tax, duty, fee, tribute; delivery, contribution.
**danas,** *adv.* to-day; this day.
**današnji,** *a.* to-day's, this day's, present, of this day; modern.
**dance,** *n.* bottom, ground.
**danguba,** *n.* loss of time, idleness, idling; (*ljenivac*) saunterer, lounger, cad.
**danguban,** *a.* unoccupied, idle, useless, lazy.
**dangubica,** *vidi:* **danguba.**
**dangubiti,** *v.* to lose time, to be idle, to lounge about, to loiter, to loaf.

**dangubljenje**, *vidi*: **danguba**.
**danica**, *n*. morning-star.
**danik**, *vidi*: **danište**.
**danište**, *n*. day-break, dawn.
**daniti se**, *v*. to dawn.
**danomice**, *adv*. daily.
**danovati**, *vidi*: **daniti se**.
**danovište**, *vidi*: **danište**.
**danjivati**, *vidi*: **daniti se**.
**danju**, *adv*. by day time.
**dapače**, *adv*. even, rather, yet.
**dar**, *n*. present, donation, gift, alms, premium; — **uma**, talent, faculty, power, genius, capacity, spirit.
**dara**, *n*. tare, waste; defect.
**darak**, *n*. (*small*) gift, donation, alms; mite.
**darčin**, *n*. cinnamon.
**darežljiv**, *a*. liberal, generous, benevolent, charitable, munificent, lavish.
**darežljivo**, *adv*. generously, charitably.
**darežljivost**, *n*. liberality, munificence, generosity, prodigality, profusion, unsparingness.
**darilo**, *n*. gift, donation, alms.
**darivalac**, *n*. donor, grantor, dispenser, giver.
**darivanje**, *n*. donation, grant, offer.
**darivati (se)**, *v*. to tender, to render, to offer up, to make a present, to grant, to donate.
**darmar**, *n*. medley, confusion, jumble, hurly-burly.
**darmariti**, *v*. to confuse.
**darnuti**, *v*. to touch, to handle, to mention.
**darodavac**, *vidi*: **darivalac**.
**daroprimac**, *n*. donee, grantee.
**darovac**, *n*. coarse, woolen stuff.
**darovalac**, *n*. donor, grantor, giver, dispenser.
**darovan**, *a*. donative.
**darovanje**, *n*. donation, grant.
**darovatelj**, *n*. donor, donator, grantor.
**darovati**, *vidi*: **darivati**.
**darovit**, *a*. talented, gifted, clever.
**darovitost**, *n*. endowment, gift; proclivity, resource; —**duševna**, talent.
**darovnica**, *n*. certificate of donation, deed of gift.
**darovnik**, *n*. donor.
**darovnina**, *n*. gift, present; knack.
**daska**, *n*. board, plank.
**daščak**, *vidi*: **brvnaš**.
**daščan**, *a*. boarded, of boards.

**daščara**, *n*. hut, barrack, shanty, shed, lodge.
**daščica**, *n*. a small board, shingle.
**daštica**, *vidi*: **daščica**.
**datak**, *n*. date (*time*).
**dati**, *v*. to give, to offer, to produce, to present, to render, to yield, to add, to permit, to admit, to grant; — **zadoljštinu**, to give satisfaction.
**datirati**, *v*. to date.
**dativ**, *n*. dative.
**datnik**, *n*. copyholder, holder, tenant, renter, tributary.
**datovati**, *v*. to date.
**datula**, *n*. date; (*palma*) palm, phoenix.
**datum**, *n*. date.
**dava**, *n*. complaint, lament.
**davač**, *n*. giver, donor.
**davalac**, *vidi*: **davač**.
**davan**, *a*. old, ancient, antique.
**davanje**, *n*. giving, donating, administration.
**davatelj**, *vidi*: **davač**.
**davati**, *v*. to give, to produce, to deliver, to hand over, to let have; — **karte**, to deal.
**davija**, *vidi*: **dava**.
**davijati se**, *v*. to contest, to dispute, to litigate, to fight, to quarrel, to disagree.
**davina**, *vidi*: **dafina**.
**davitelj**, *n*. choker, strangler.
**daviti (se)**, *v*. to strangle, to choke, to throttle, to kill.
**davljenje**, *n*. choking, strangling.
**davnašnji**, *vidi*: **davni**.
**davni**, *a*. old, ancient, antique.
**davnina**, *n*. antiquity, olden time, past ages, ancient time.
**davno**, *adv*. long time ago, long ago.
**davnost**, *vidi*: **davnina**.
**davor**, *n*. goddess of war, Mars.
**davorija**, *n*. heroic song, military (*ili*) campaigning song.
**davoriti**, *v*. to sing a heroic song.
**davorje**, *n*. song of war.
**davudžija**, *n*. plaintiff, complainant.
**dazulja**, *n*. carpenter's trestle; sawing-house.
**dažbina**, *n*. public duty.
**dažd**, *n*. rain; shower.
**daždevica**, *vidi*: **daždevina**.
**daždevina**, *n*. rain-water.
**daždevnik**, *n*. dotterel (*ptica*).
**daždevnjak**, *n*. salamander.

**daždić,** *n.* drizzle.
**dažditi,** *v.* to rain, to shower.
**daždiv,** *a.* rainy.
**daždjeti,** *vidi:* **dažditi.**
**de! der!** *interj.* now then! well!
**deb,** *n.* (*ptica*) hoople, pewet.
**debela,** *n.* (*bolest*) dropsy.
**debelica,** *n.* (*bilj.*) bryony.
**debeliti se,** *v.* to become (get, grow) fat, to become corpulent (stout, fleshy), to get (*ili*) pick up flesh.
**debeloglav,** *a.* thick-headed, club (*ili*) buffle-headed; obstinate.
**debeloglavci,** *n.* thick heads (*ili*) skulls; obstinate fellows.
**debelokožac,** *n.* pachyderm.
**debelokoži,** *a.* thick-skinned, thick-coated; thick-hided; (*o životinjama*) parchydermatous.
**debeljak,** *n.* fatty, pot-belly, big-bellied person.
**debeljko,** *vidi:* **debeljak.**
**debeo,** *a.* thick, big, corpulent, massive, plump, plumpy, obese.
**deblo,** *n.* trunk, log, stem, stock, shaft, tree; (*od stupa*) fust.
**debljanje,** *n.* fattening.
**debljast,** *a.* rather thick, fat.
**debljati,** *v.* to fat, to fatten; to feed; to thicken; (-se) to grow fat, to thicken.
**debljina,** *n.* thickness, fatness, greasiness; bigness, plumpness, corpulence, corpulency.
**decembar,** *n.* December.
**decemvir,** *n.* commission of ten (*magistrates at Rome*); composers of the Twelve Tables.
**decemvirski,** *a.* decemviral.
**decemvirstvo,** *n.* decemvirate.
**decigram,** *n.* decigram.
**decimetar,** *n.* decimeter.
**dečko,** *n.* boy, lad.
**deda,** *vidi:* **djed.**
**dedak,** *n.* (*bluna*) block-head.
**dede** (r), *interj.* do! pray, do! now then! well!
**defenziva,** *n.* defensive.
**deficit,** *n.* deficit.
**definicija,** *n.* definition.
**definiranje,** *n.* defining, definition.
**definirati,** *v.* to define, to determine, to end.
**dejstvo,** *n.* effect, purchase, performance, operation, action.

**dejstvovati,** *v.* to effect, to work, to produce, to act (*upon*), to operate, to have effect, to be in force, to influence.
**dekagram,** *n.* decagram.
**dekan,** *n.* dean.
**dekanija,** *n.* deanery, deanship.
**dekla,** *n.* girl, maid, lass; servant.
**deklamacija,** *n.* declamation.
**deklamator,** *n.* reciter, declaimer.
**deklamatorski,** *a.* declamatory, rhetorical.
**deklamovanje,** *n.* declamation, recital.
**deklamovati,** *v.* to declaim, to recite.
**deklić,** *n.* fellow, lad, servant, student.
**deklimacija,** *n.* (*otklon magnetičke igle*) variation; (*sklanjanje*) declension.
**dekoracija,** *n.* decoration; scene, scenery.
**delegat,** *n.* delegate, representative.
**delfin,** *n.* dolphin.
**deli,** *a.* bold, daring, audacious.
**delibaša,** *n.* commander of a bodyguard.
**delija,** *n.* life-guardsman, guard, warrior, hero.
**delijinstvo,** *n.* heroism.
**delikanlija,** *n.* fellow, lad, servant, student.
**delikatan,** *a.* delicate.
**delikatnost,** *n.* delicacy, sensitiveness.
**delikušica,** *n.* parrot.
**deliluk,** *n.* pride, arrogance.
**demagog,** *n.* demagogue.
**demagoški,** *a.* demagogic.
**dembel,** *n.* sluggard, idler.
**dembelija,** *n.* fool's paradise, lubberland, Utopia.
**dembelisati,** *v.* to idle, to lounge.
**deme,** *n.* bundle, bunch, truss.
**demobilizacija,** *n.* demobilization.
**demokracija,** *n.* democracy.
**demokrat,** *n.* democrat.
**demokratski,** *a.* democratic.
**demon,** *n.* demon.
**demonski,** *a.* demoniac.
**demonštracija,** *n.* demonstration.
**denjak,** *n.* bundle, bunch, truss; (**slame**) wisp; (**papira**) packet, parcel.
**depeša,** *n.* dispatch, message.
**deportacija,** *n.* deportation.
**deportirati,** *v.* to deport.

**deputacija,** *n.* deputation, delegation.

**derač,** *n.* flayer, oppressor, shaver, knacker.

**deračina,** *n.* booty,| spoil, prey, fleecing, skinning, oppression, knacker's yard, drudgery.

**deran,** *n.* brat, urchin, little boy, child, blackguard-boy.

**deranje,** *n.* tearing, pulling, disruption, laceration, skinning; (*vikanje*) yelling, crying.

**derati,** *v.* to break, to tear, to rip; (*kožu*) to skin; (-**se**) to blare, to blubber, to howl, to yell, to cry, to wail, to scream.

**derčad,** *n.* brats, kids, children, urchins.

**derče,** *vidi:* **derište.**

**dereglja,** *n.* long boat, bark, pontoon.

**deriklupa,** *n.* idler, sluggard, drone, lounger, slug, loiterer.

**derište,** *n.* urchin, brat, child; rascal.

**dernek,** *n.* market, market-place, mart, fair.

**derni,** *a.* luckless, fatal.

**dernjava,** *n.* cry, outcry, scolding, bawling.

**dert,** *n.* care, sorrow, grief, trouble, distress.

**dertli,** *a.* mournful, sad, apprehensive, anxious, uneasy.

**derviš,** *n.* dervish; awl; punch; bodkin; stiletto.

**deset,** *num.* ten.

**desetača,** *n.* ten-spot.

**desetak,** *n.* tithe.

**desetan,** *a.* decimal.

**desetar,** *vidi:* **desnik.**

**desetero,** *vidi:* **desetorica.**

**deseti,** *a.* tenth.

**desetica,** *n.* ten-spot.

**desetični,** *a.* decimal.

**desetina,** *n.* tenth part, tithe.

**desetinka,** *n.* decimal.

**desetka,** *vidi:* **desetica.**

**desetnik,** *n.* corporal.

**desetorica,** *n.* ten.

**desetoro,** *vidi:* **desetorica.**

**desetorostručiti,** *v.* to increase tenfold.

**desetorostruk,** *a.* tenfold.

**desiti (se),** *v.* to be, to meet (*with*), to occur, to happen, to befall, to coincide, to encounter; (*biti polag*) to be present.

**desni,** *a.* right; — *n.* (*zubno meso*) gums.

**desnica,** *n.* right hand.

**desnik,** *n.* administrator, manager· steward.

**desno,** *adv.* on the right hand, to (*ili*) on the right.

**despik,** *n.* slice of bacon; (*bilj.*) lavender, spike.

**despot,** *n.* (*tiranin*) despot, tyrant, ruler, sovereign.

**despotizam,** *n.* despotism.

**despotovina,** *vidi:* **despotizam.**

**despotski,** *a.* despotic (al), arbitrary.

**despotstvo,** *vidi:* **despotizam.**

**destilacija,** *n.* distillation, distillery.

**destilirati,** *v.* to distil.

**dešpik,** *vidi:* **despik.**

**detektiv,** *n.* detective.

**deva,** *n.* camel.

**devedeset,** *num.* ninety.

**devedeseti,** *a.* ninetieth.

**devenica,** *n.* blutwurst.

**dever,** *n.* (*riba*) bream.

**deverika,** *vidi:* **dever.**

**devesilj (e),** *n.* fennel giant.

**devesiljka,** *vidi:* **devesilj (e).**

**devet,** *num.* nine.

**devetak,** *n.* ninth part, ninth.

**devetati,** *v.* to cudgel, to thrash, to beat.

**deveterac,** *n.* nonagon.

**devetgodišnji,** *a.* novennial.

**deveti,** *a.* ninth.

**devetica,** *n.* (*kod karata*) nine-spot.

**devetina,** *n.* ninth part, ninth.

**devetka,** *vidi:* **devetica.**

**devetnaest,** *num.* **nineteen.**

**devetnaesti,** *a.* nineteenth.

**deveto,** *adv.* ninthly.

**devetorica,** *n.* nine.

**devetorostruk,** *a.* ninefold.

**deželija,** *n.* region; country; quarter, part, province.

**dežmekast,** *a.* thick-set, short and squarebuilt, dumpy.

**dičan,** *a.* glorious, illustrious, honorable, respectable, creditable, laudable.

**dičenje,** *n.* glorification.

**dičiti (se),** *v.* to glorify, to pride in, to take glory in, to boast of, to exalt, to extol.

**dići (se),** *v.* to rise, to arise, to lift (*up*), to raise up, to levy, to grow up, to pick up.

difterija, *n.* diphtheria.
dignuće, *n.* upheaval, rise, raise.
dignuti, *vidi*: dići.
dihalo, *n.* respiratory organ.
dihanje, *n.* breathing, respiration.
dihati, *v.* to breathe, to inhale, to respire.
dihnuti, *vidi*: dihati.
dijadem, *n.* diadem.
dijagonala, *n.* diagonal.
dijagonalan, *a.* diagonal.
dijalekat, *n.* dialect, idiom.
dijalektički, *a.* dialectic (al).
dijalektika, *n.* dialectics, logic.
dijalog, *n.* dialog.
dijamant, *n.* diamond, adamant.
dijamantan, *a.* hard as adamant.
dijametar, *n.* diameter.
dijel, *n.* part, portion, share, deal, quantum.
dijelac, *n.* divider; (*u aritmetici*) divisor.
dijelak, *n.* particle.
dijeliti (se), *v.* to divide, to share, to branch, to part, to partition, to sever.
dijelom, *adv.* partly, in part.
dijeljenje, *n.* division, partition, distribution, parting.
dijeta, *n.* diet.
dijete, *n.* child, infant.
dijetetičan, *a.* dietetic.
dijetiti se, *v.* to be childish.
dika, *n.* pride, honor, reputation, fame, glory, renown, laudation; (*ljubovca*) sweet-heart.
dikati se, *vidi*: dičiti se.
dikla, *n.* maid, girl, lass, servant.
diko, *vidi*: djed.
dikobraz, *n.* porcupine.
diktator, *n.* dictator; chief magistrate.
diktatorski, *a.* dictatorial.
diktatura, *n.* dictatorship.
diktovanje, *n.* dictation.
diktovati, *v.* to dictate.
dilber, *n.* beauty, beautiful woman, belle, fair, fair one.
dilje, *vidi*: dalje.
diljem, *adv.* throughout, all over.
diljka, *n.* long gun, musket.
dim, *n.* smoke, vapor, reek.
dimac, *n.* (*bilj.*) lion's tooth, dandelion, monk's head.
dimati, *v.* to blow; to sound.
dimenzija, *n.* dimension.
dimirli, *a.* iron, of iron.

dimiti (se), *v.* to smoke, to fume, to reek.
dimljača, *n.* (*bilj.*) fumitory.
dimljak, *vidi*: dimnjak.
dimljiv, *a.* smoky, smoked.
dimnica, *n.* smoke-house.
dimničar, *n.* chimney-sweeper.
dimnjača, *vidi*: dimljača.
dimnjačar, *vidi*: dimničar.
dimnjak, *n.* chimney, flue, smoke-stack.
din, *n.* faith, belief, credit, religion, creed.
dinamičan, *a.* dynamic (al).
dinamika, *n.* dynamics.
dinamit, *n.* dynamite.
dinamo, *n.* dynamo.
dinar, *n.* dinar.
dinastija, *n.* dynasty.
dindušmanin, *n.* archenemy.
dinja, *n.* cantaloupe, musk-melon.
dio, *n.* part, portion, share, dose, parcel.
dioba, *n.* division, partition.
diobenik, *n.* divident.
dionica, *n.* share, stock, portion.
dioničar, *n.* stock-holder, shareholder; dioničarsko društvo, joint-stock company.
dionik, *n.* partner, associate, interested party, party (*ili*) person concerned, participant, partaker.
dioništvo, *n.* participation, partaking, concern.
dioništvovati, *v.* to participate, to have a share in, to partake.
diple, *n.* bagpipe.
dipliti, *v.* to play bagpipe.
diploma, *n.* diploma, certificate, brief.
diplomacija, *n.* diplomacy, statesmanship.
diplomat (a), *n.* diplomat, statesman.
diplomatski, *a.* diplomatic (al).
diplomatstvo, *n.* diplomacy, statesmanship.
dira, *n.* hole, peep-hole; rent, slit, tear; (*put*) way, path, road.
dirak, *n.* (*bilj.*) Christ's thorn.
dirati, *v.* to touch, to feel, to handle, to lay hold of, to tease, to jeer.
direk, *n.* beam, rafter, plug, peg.
direkcija, *n.* direction, management, directorship.
direktor, *n.* director, manager.
dirka, *n.* tangent.

**dirkalo,** *n.* teaser, jeerer, joker, banterer, mocker.
**dirkati,** *vidi*: **dirati.**
**dirljiv,** *a.* touching, pathetic, moving, romantic.
**dirljivo,** *adv.* pathetically.
**dirnica,** *n.* tangent.
**dirnuti,** *v.* to touch, to handle, to mention, to tip; — **srce,** to smite.
**disalo,** *n.* respiratory organ.
**disanje,** *n.* breathing, respiration, inhalation.
**disati,** *v.* to breathe, to respire.
**disciplina,** *n.* discipline.
**disciplinarni,** *a.* disciplinary.
**disinfekcija,** *n.* disinfection.
**disinfiscirati,** *v.* to disinfect.
**disk,** *n.* disc.
**diskontirati,** *v.* to discount.
**diskusija,** *n.* discussion.
**dišni,** *a.* respiratory;—**sustav,** respiratory organ.
**div,** *n.* giant.
**diva,** *n.* belle, beauty.
**divan,** *a.* (*krasan*) beautiful, wonderful, admirable, marvelous, prodigious, surprising, luxurious; —' *n.* (*razgovor*) conversation; counsel, council, council-board, parley, deliberation; sofa, divan, couch.
**divanana,** *n.* balcony.
**divaniti,** *v.* to speak, to talk, to converse, to chat, to prate.
**dividenda,** *n.* dividend, share, pro rata, quota.
**divina,** *n.* game, venison; wildness, savageness, fierceness.
**divit,** *n.* writing apparatus; ink-case, inkstand.
**diviti se,** *v.* to wonder, to be amazed, to admire, to marvel, to be astonished.
**divizija,** *n.* division.
**divizijski,** *a.* divisional.
**divizmina,** *n.* (*bilj.*) mulle (i)n, hightaper, torch-weed (*ili*) wort.
**divižljica,** *n.* (*bilj.*) aster.
**divka,** *n.* weapon, gun, musket.
**divljaci,** *n.* savages, barbarians, cannibals.
**divljač,** *n.* wildness, savageness, fierceness; venison, game.
**divljačan,** *a.* wild, savage, uncultivated, fierce, turbulent.
**divljačina,** *n.* venison, game.

**divljačiti,** *v.* to run wild, to become unmanageable (*ili*) dissolute.
**divljački,** *vidi*: **divlji.**
**divljak,** *n.* savage, barbarian.
**divljaka,** *n.* wild fruit-tree; (*jabuka*) crab apple.
**divljan,** *n.* cyclops.
**divljanje,** *n.* rampage, wild courage, fierceness, ferocity, haughtiness.
**divljaštvo,** *n.* wildness, savageness, truculence, vandalism.
**divljati,** *v.* to be wild.
**divlje,** *adv.* wildly, savagely.
**divljenje,** *n.* wondering, admiration.
**divlji,** *a.* wild, savage, uncultivated, fierce, turbulent, truculent; — **akacija,** locust-tree; — **patka,** mallard; — **peršin,** hemlock; — **predjel,** wilderness; — **svinja,** boar.
**divljina,** *n.* wildness, savageness, fierceness.
**divno,** *adv.* marvellously, prodigiously, surprisingly, splendidly, wonderfully.
**divokoza,** *n.* chamois, shammy.
**divoloza,** *n.* wild-wine (- branch).
**divota,** *n.* magnificence, glory, excellence, wonder, luxury, splendor, splendidness, wonderfulness.
**divotan,** *a.* very beautiful, wondrous, fair, magnificent, splendid, glorious, superb.
**divski,** *a.* gigantic, titanic, cyclopic, cyclopean.
**dizalac,** *n.* raiser, lifter.
**dizalo,** *n.* lifter, elevator, heaver, raiser, crane.
**dizanje,** *n.* lifting, raising, elevation; promotion; (*pobuna*) insurrection.
**dizati (se),** *vidi*: **dići.**
**dizdar,** *n.* (*gradski vratar*) gate-watcher, castellan, porter, doorkeeper.
**dizga,** *n.* list (*of cloth*), selvage; border, skirt.
**dizija,** *n.* string, cord.
**dižva,** *n.* milk-pail.
**djeca,** *n.* children; kids.
**djecokradica,** *n.* kidnapper.
**dječak,** *n.* boy, lad.
**dječarac,** *n.* little boy.
**dječiji,** *a.* childish; boyish.
**dječurlija,** *n.* kids, brats.
**djed,** *n.* grandfather; ancestor.
**djedinstvo,** *vidi*: **djedovina.**
**djedo,** *vidi*: **djed.**

**djedovi**, *n.* ancestors; grandfathers (*pl.*)

**djedovina**, *n.* fatherland, country, homestead, patrimony, family-estate.

**djedovski**, *a.* ancestral; very ancient.

**djejstvovati**, *v.* to effect, to work, to produce, to act (*upon*), to operate, to influence, to have effect.

**djeladžija**, *n.* divider.

**djelstvo**, *n.* effect, operation, action.

**djelaonica**, *n.* work-room, study, workshop.

**djelatan**, *a.* active, alive, busy.

**djelati**, *v.* to labor, to work, to make, to manufacture.

**djelatnik**, *n.* workman, laborer, workingman; — (**dan**) working day.

**djelatnost**, *n.* activity, active service.

**djelce**, *n.* small work.

**djelić**, *n.* particle, portion.

**djelidba**, *n.* division, partition, distribution.

**djelilac**, *n.* divider, distributor; (*aritmetički*) divisor.

**djelimak**, *n.* dividend.

**djelimice**, *adv.* in part, partially.

**djelitelj**, *n.* divisor; administrator.

**djeliv**, *a.* divisible; dissoluble.

**djelivost**, *n.* divisibility.

**djelo**, *n.* work, workmanship, transaction, production, composition, job, performance; (*čin*) deed, act.

**djelokrug**, *n.* sphere of activity, line, theatre, jurisdiction.

**djelomice**, *adv.* in part, partially.

**djelomičan**, *a.* partial.

**djelomično**, *adv.* partially.

**djelotvoran**, *a.* active, efficient, operative.

**djelovan**, *a.* very active, busy.

**djelovanje**, *n.* effectiveness, action; official duty, function, activeness, agency.

**djelovatelj**, *n.* agent.

**djelovati**, *v.* to work, to act, to operate, to affect, to play, to do, to be in action.

**djelujući**, *a.* effective, applicative.

**djeljača**, *n.* cutting-board.

**djeljati**, *v.* to cut, to carve, to sculpture.

**djenuti**, *vidi*: **djesti**.

**djesti**, *v.* to put, to set, to lay, to place, to put on.

**djetao**, *n.* spotted wood-pecker; — **veliki**, witwall; — **mali**, hickwall.

**djetelina**, *n.* clover, trefoil.

**djetence**, *n.* little child, baby, infant.

**djetešce**, *vidi*: **djetence**.

**djeti**, *vidi*: **djesti**.

**djetić**, *n.* apprentice, novice, trade assistant, disciple.

**djetinarija**, *vidi*: **djetinjarija**.

**djetinj**, *a.* pregnant, with child.

**djetinjarija**, *n.* tomfoolery, boyishness, childish trick.

**djetinjariti**, *v.* to be childish.

**djetinjast**, *a.* childish, puerile, infantile.

**djetinji**, *a.* childish, puerile, boyish, juvenile, infantile.

**djetinjiti**, *v.* to act like a child.

**djetinjski**, *a.* childish, childlike, silly, infantile.

**djetinjstvo**, *n.* childhood, puerility, babyhood.

**djetlić**, *n.* young woodpecker.

**djeva**, *vidi*: **djevojka**.

**djevenica**, *n.* blood-pudding; sausage.

**djever**, *n.* groomsman.

**djeveruša**, *n.* bride('s)-maid.

**djevica**, *n.* maid, virgin, girl; — **Marija**, Virgin Mary.

**djevičanski**, *a.* virginal, maidenly, maiden; chaste, pure.

**djevičanstvo**, *n.* maidenliness, maidenly behavior, virginity, innocence, maiden-hood.

**djevojački**, *a.* girlish, chaste, pure, virginal, maidenly.

**djevojaštvo**, *n.* girlhood, maidenhood.

**djevojče**, *n.* little girl, school-girl, lass.

**djevojčica**, *n.* young girl, dolly.

**djevojčin**, *a.* girlish, maidenly.

**djevojčura**, *n.* (*starija djevojka*) old woman; (*prosta djevojka*) dishonest girl, prostitute, jade.

**djevojka**, *n.* girl, lass, maid, mademoiselle.

**djevovanje**, *n.* maidenhood, virginity.

**dlačica**, *n.* little hair.

**dlaka**, *n.* hair; bristle; shag, fur, flue.

**dlakav**, *a.* hairy, shaggy.

**dlakaviti (se)**, *v.* to get hairy.

**dlakavost**, *n.* hairiness, pilosity.

**dlan**, *n.* palm.

**dlesk**, *n.* gross-beak.

**dlijeto**, *n.* chisel, graver.

**dne,** *adv.* of the date on, on the date.

**dnevice,** *adv.* daily.

**dnevni,** *a.* daily, diurnal.

**dnevnica,** *n.* daily allowance *(of money)*; day-wages, per-diem.

**dnevničar,** *n.* day-laborer.

**dnevnik,** *n.* day-book, diary, journal, note-book; *(novina)* daily newspaper, daily news.

**dno,** *n.* ground, bottom, rear.

**do,** *conj.* *(dok)* to, till, until, by.

**doakati,** *v.* to ruin, to destroy, to demolish, to spoil, to corrupt, to hurt, to impair.

**dob,** *n.* age, old age, antiquity.

**doba,** *n.* time, season, occasion, moment, instant, hour, epoch, age, period; — **godine,** season.

**dobaci(va)ti,** *v.* to throw to, to sling.

**dobar,** *a.* good, satisfactory, useful, able, fit, proper, respectable, marketable.

**dobava,** *n.* delivery, supply, procurement.

**dobaviti (se),** *v.* to procure, to furnish with, to provide, to secure, to acquire, to obtain.

**dobavljač,** *n.* purveyor, supplier, procurer, provider.

**dobavljanje,** *n.* procuring, supply, acquisition, getting, purchase.

**dobavljati,** *vidi:* **dobaviti.**

**dobavnik,** *n.* contractor, undertaker, purveyor.

**dobina,** *n.* time, term; respite, delay, point of time, period.

**dobit (ak),** *n.* gain, profit, advantage, prize, interest; *(u ratu)* victory, triumph; *(u igri)* winning.

**dobiti,** *v.* to win, to gain, to get, to earn, to obtain, to receive; *(u ratu)* to conquer, to vanquish, to be victorious.

**dobitnik,** *n.* conqueror, victor, winner, gainer.

**dobivalac,** *n.* winner; gainer.

**dobivanje,** *n.* obtaining, gaining; success; — **zubi,** teething.

**dobivati,** *vidi:* **dobiti.**

**dobjeći,** *v.* to run on, to run faster, to flee to.

**dobjegalac,** *n.* refugee, deserter.

**dobjeglica,** *n.* refugee, deserter, runaway.

**dobježati,** *v.* to fly to *(ili)* towards, to run on, to run faster.

**doboravan,** *n.* equation of time.

**doboš,** *n.* drum.

**dobošar,** *n.* drummer.

**dobovati,** *v.* to drum, to beat the drum.

**dobrac,** *n.* measles.

**dobrano,** *adv.* pretty good, pretty much.

**dobričina,** *n.* kind fellow, good fellow, good-natured man.

**dobrić,** *n.* copper-worm.

**dobrina,** *n.* goodness, kindness, benevolence, benignity of heart, liberality, beneficence, favor.

**dobrinjak,** *n.* *(bilj.)* cives, porret, scallion.

**dobro,** *adv.* well, all-right, soundly; — **došao,** welcome; *(posjed)* *n.* estate, property, possession.

**dobrobit,** *n.* good, prosperity, opulence, wealth, advantage, welfare.

**dobročinac,** *n.* benefactor.

**dobročiniteljica,** *n.* benefactress.

**dobročiniti,** *v.* to do well, to do right.

**dobročinstvo,** *n.* benefit; kindness, good action; charity, alms, benevolence, benefaction.

**dobroća,** *vidi:* **dobrota.**

**dobroćud,** *n.* good-nature, kind disposition, benignity.

**dobroćudan,** *a.* good natured, of a mild character, benign.

**dobroćudnost,** *n.* good-nature, benignity, kindness.

**dobrodošao,** *a.* welcome.

**dobrodošlica,** *n.* welome, reception, cup of welcome.

**dobrodušan,** *c.* kind-hearted.

**dobrodušnost,** *n.* goodness of heart, good nature.

**dobrohotan,** *a.* benevolent, kind, kindly, disposed, well-meaning.

**dobrohotnost,** *n.* good-will, kindness, favor, benevolence, inclination, propensity.

**dobromišljen,** *a.* well-meant.

**dobromišljenik,** *n.* well-minded.

**dobromišljenost,** *n.* well-meaning.

**dobrosretniji,** *a.* happy, fortunate; lucky, blessed, blissful.

**dobrostiv,** *a.* kind, philanthropic (al), obliging, affectionate, clement, auspicious, benevolent, indulgent, merciful, charitable.

**dobrostivo,** *adv.* kindly, obligingly.

**dobrostivost,** *n.* kindness, good-heartedness, mildness.

**dobrota,** *n.* kindness, goodness, mildness,, lenience, clemency, good-nature, beneficiency.

**dobrotvor,** *n.* benefactor, philanthropist.

**dobrotvoran,** *a.* charitable, philanthropic (al), kindly, beneficent; — **društvo,** benevolent society, beneficial organization.

**dobrotvoriti,** *v.* to confer a benefit.

**dobrotvornost,** *n.* benevolence, charity, munificence, charitableness, beneficiency.

**dobrovoljac,** *n.* volunteer.

**dobrovoljački,** *a.* volunteer, voluntary.

**dobrovoljan,** *a.* spontaneous, willing, voluntary.

**dobrovoljno,** *adv.* spontaneously, willingly, voluntarily.

**dobrovoljnost,** *n.* willingness, spontaneousness, voluntariness.

**dobroželiti,** *v.* to wish well.

**dockan,** *adv.* (*docno*) late, backward.

**docniti,** *v.* to come late, to be late, to delay, to linger, to loiter.

**docno,** *adv.* lately, tardily.

**docvasti,** *v.* to blossom up, to cease flowering, to deflower.

**doček,** *n.* reception, welcome.

**dočekati,** *v.* to receive, to welcome, to await, to expect, to wait for.

**dočekivati,** *v.* to receive, to expect, to wait for, to await.

**dočekljiv,** *a.* hospitable.

**dočepati (se),** *v.* to catch, to seize; to take possession of, to master, to get into one's power, to capture, to grasp.

**dočetak,** *n.* end, death, conclusion, finish, termination.

**dočeti,** *v.* to finish, to terminate, to accomplish, to perfect.

**dočim,** *conj.* while, whereas.

**dočulac,** *n.* hearer, learner.

**dočuti,** *v.* to hear, to learn, to understand, to perceive.

**doći,** *v.* to come, to arrive.

**dodatak,** *n.* addition, adjunct, supplement, appendix, makeweight, subjunction, alloy, admixture; — **pismu,** postscript.

**dodati,** *v.* to add, to adject, to subjoin.

**dodavati,** *v.* to add, to reach, to hand, to pass, to present.

**dodavanje,** *n.* adding, addition, adjunction.

**dodesiti se,** *v.* to happen, to come, to pass.

**dodijati,** *v.* to molest, to importunate, to trouble, to tease, to plague, to bustle.

**dodijavanje,** *n.* tediousness, obsession, importunity.

**dodijavati,** *vidi*: **dodijati.**

**dodijeliti,** *v.* to add; (*sudbeno*) to adjudge.

**dodir,** *n.* touch, contact, tangency.

**dodiran,** *a.* contiguous; (*geom.*) tangent.

**dodirkivanje,** *n.* touching; (*sense of*) feeling, contact, touch.

**dodirkivati,** *v.* to touch, to handle; to mention.

**dodirljiv,** *a.* touchy, tactile.

**dodirljivost,** *n.* touchiness, tactility.

**dodirnica,** *n.* tangent; key.

**dodirnuti (se),** *v.* to touch, to feel, to strike, to handle.

**doduše,** *adv.* indeed, to be sure, of course.

**dodvoriti se,** *v.* to ingratiate oneself.

**događaj,** *n.* event, occurrence, affair, result, accident, incident, adventure, occasion,; process.

**događati se,** *v.* to happen, to pass, to occur, to come unexpectedly, to befall.

**dogana,** *n.* custom, import-duty; custom-house.

**dogaziti,** *v.* to wade to, to ford towards.

**doglas,** *n.* news, intelligence, tidings, advice.

**doglasiti,** *v.* to inform, to warn, to advise, to communicate.

**doglasnica,** *n.* advice-boat, tender, advice, information, news, intelligence.

**doglasnik,** *n.* messenger, runner, forerunner, courier, post-boy.

**doglašivanje,** *n.* information.

**doglavni,** *a.* assistant.

**doglavnik,** *n.* second clerk, helper, assistant adjutant.

**dogled,** *n.* horizon, prospect, view, outlook; sphere, globe, reach.

**dogledati,** *v.* to perceive, to see.

**dogma,** *n.* dogma, doctrine.

**dogmat**, *n.* dogma, doctrine.
**dogmatičan**, *a.* dogmatic (al).
**dogmatik**, *n.* dogmatist.
**dogmizati**, *v.* to creep towards, to crawl towards.
**dognati**, *v.* to drive to.
**dogoditi** (se), *v.* to happen, to befall, to come unexpectedly, to take effect.
**dogod**, *vidi*: **doklegod**.
**dogođaj**, *vidi*: **događaj**.
**dogon**, *n.* overplus of silver in melting.
**dogoniti**, *vidi*: **dognati**.
**dogoreti**, *vidi*: **dogorjeti**.
**dogorjeti**, *v.* to burn up, to be burnt (*down*).
**dogotavljač**, *n.* finisher, accomplisher.
**dogotavljati**, *vidi*: **dogotoviti**.
**dogotoviti**, *v.* to end, to finish, to complete, to accomplish, to perfect, to close.
**dogotovljen**, *a.* finished, ended, accomplished.
**dogovaralac**, *n.* conferer.
**dogovaranje**, *n.* deliberation, con sideration, consultation.
**dogovarati se**, *v.* to confer, to debate, to consult, to deliberate.
**dogovor**, *n.* conference, conversation, discourse, settlement, understanding.
**dogovoriti** (se), *v.* to agree, to contract, to compromise, to make an appointment.
**dograditi**, *v.* to build up; to cultivate, to add, to wall up (*ili*) in.
**dogradnja**, *n.* outhouse, outbuilding, annex.
**dograđivati**, *vidi*: **dograditi**.
**dogrditi**, *vidi*: **dogrdjeti**.
**dogrdjeti**, *v.* to become intolerable.
**dohađati**, *vidi*: **dolaziti**.
**dohitan**, *a.* conceivable, comprehen sible, intelligible, attainable, within reach.
**dohitati**, *vidi*: **dohvatati**.
**dohititi**, *vidi*: **dohvatati**.
**dohod**(ak), *n.* (*dolazak*) arrival, coming, access, approach; (*prihod*) revenue, income, profit.
**dohodarina**, *n.* income tax.
**dohodarnik**, *n.* quester.
**dohodarski**, *a.* financial.
**dohoditi**, *v.* to come, to happen, to arrive at, to get to.

**dohraniti**, *v.* to sustain, to maintain, to preserve.
**dohranjivati**, *v.* to nourish, to support.
**dohrliti**, *v.* to run (*ili*) hasten to, to come to.
**dohvat**, *n.* range, reach, significance, import, attainment, extent.
**dohvatan**, *a.* attainable, tangible, within reach.
**dohvatati** (se), *v.* to reach, to hand to (*one*), to attain, to obtain, to seize, to touch, to handle.
**dohvatiti**, *vidi*: **dohvatati**.
**doigrati**, *v.* to come to the end, to play to the end, to finish.
**doimati se**, *v.* to move, to stir, to agitate, to brandish, to provoke; to remove, to raise war.
**doista**, *adv.* really, indeed, actually, positively, practically, absolutely.
**dojača**, *n.* milk-pail.
**dojaditi** (se), *v.* to become troublesome (*ili*) importunate, to be disgusted.
**dojahati**, *v.* to ride to, to come on horseback.
**dojako**, *adv.* to this point, hitherto, yet, still, besides; even at the present time.
**dojakošnji**, *a.* hitherto made, up to this time, recent, late.
**dojam**, *n.* impression, sensation, effect.
**dojašiti**, *vidi*: **dojahati**.
**dojaviti**, *v.* to report, to inform, to advise, to warn.
**dojavljač**, *n.* reporter, informer, communicator.
**dojavnica**, *n.* letter of advice.
**dojedriti**, *v.* to sail near.
**dojenče**, *n.* suckling baby.
**dojenje**, *n.* lactation, milking.
**dojezditi**, *v.* to ride on (*ili*) near.
**dojilica**, *vidi*: **dojilja**.
**dojilja**, *n.* wet-nurse, foster-mother.
**dojitelj**, *n.* milker.
**dojiti**, *v.* to nurse, to suckle; (*muzti*) to milk, to lactate.
**dojka**, *n.* (*sisa*) teat, breast.
**dojkinja**, *n.* nurse, wet-nurse.
**dojmiti se**, *v.* to touch, to affect, to make impression, to cause sensation.
**dojnica**, *vidi*: **dojkinja**.
**dojuriti**, *v.* to run against, to rush upon.

**dok,** *conj.* till, until, as, during; (*spremište broda*), *n.* dock.
**dokale,** *vidi*: **dokle.**
**dokasati,** *v.* to trot to.
**dokaz,** *n.* proof, evidence, argument, testimony.
**dokazan,** *a.* demonstrable, demonstrative.
**dokazati,** *v.* to prove, to demonstrate, to verify, to vindicate, to explain.
**dokaziv,** *a.* demonstrable, declarable, provable.
**dokazivač,** *n.* demonstrator.
**dokazivanje,** *n.* demonstration, reasoning, assertion, argumentation.
**dokazivati,** *vidi*: **dokazati.**
**dokazni,** *a.* demonstrative, provable, verifiable.
**dokaznica,** *n.* voucher, document.
**dokaznost,** *n.* provableness, demonstrativeness.
**dokidati,** *v.* to break off, to abrogate, to abolish, to cancel, to remove, to break down.
**dokinuće,** *n.* abolishment, abolition, abrogation.
**dokinuti,** *vidi*: **dokidati.**
**doklati,** *v.* to kill, to slaughter.
**dokle,** *conj.* till, until, how long.
**doklegod,** *conj.* as long as, till.
**doknada,** *n.* compensation, remuneration, restoration.
**doknadan,** *a.* supplementary, additional; remunerative.
**doknaditi,** *v.* to add, to supplement; to restore; to compensate.
**dokolan,** *a.* unoccupied, leisure, idle, useless.
**dokolica,** *n.* leisure, spare-time, vacation, idleness, rest.
**dokoljenica,** *n.* gaiter, legging.
**dokoljeti,** *v.* to be idle.
**dokon,** *vidi*: **dokolan.**
**dokonati,** *v.* to finish, to terminate, to conclude.
**dokončak,** *n.* conclusion, close, termination, resolution, end.
**dokončati,** *v.* to end, to finish, to conclude, to terminate, to consummate.
**dokopati se,** *v.* to gain, to obtain, to get, to receive, to acquire, to win, to earn.
**dokoturati,** *v.* to roll (*up*), to draw, to drag.
**dokradati se,** *vidi*: **dokrasti se.**

**dokrajčiti,** *v.* to bring to the end, to finish, to conclude, to terminate.
**dokrasti se,** *v.* to skulk up, to creep in (*ili*) into.
**doksat,** *n.* balcony, oriel, bay-window.
**doktor,** *n.* doctor, physician, — **prava,** Doctor of Law.
**doktorat,** *n.* doctorate.
**doktorica,** *n.* doctoress.
**doktorski,** *a.* doctoral; — **čast,** doctorship, doctorate.
**dokučiti,** *v.* to attain, to obtain, to reach, to perceive.
**dokučiv,** *a.* soundable; comprehensible; reachable.
**dokučivanje,** *n.* sounding, inquiry.
**dokučivost,** *n.* penetration, keenness, acumen, capacity.
**dokučljiv,** *a.* comprehensible, conceivable, intelligible.
**dokučljivost,** *n.* conceivableness, intelligibility.
**dokumenat,** *n.* document, letter, epistle.
**dola,** *vidi*: **dolina.**
**dolac,** *n.* garden.
**dolagati,** *v.* (*dometati*) to add to; (*lagati*) to lie, to tell a lie.
**dolajati,** *v.* to end barking, to finish.
**dolama,** *n.* dolman.
**dolap,** *n.* cup-board, closet.
**dolazak,** *n.* arrival, coming.
**dolaziti,** *v.* to arrive, to come, to march, to proceed; to approach, to get to.
**dolaznik,** *n.* comer.
**dolaženje,** *n.* arrival, coming, approach.
**dolečeti,** *vidi*: **doletjeti.**
**dolet,** *n.* fly, flying; haste.
**doletjeti,** *v.* to fly to, to fly towards, to hasten towards.
**doli,** *adv.* below, down-stairs, at the bottom; **do li** (*izim*), *prep.* except, besides, but.
**doličan,** *a.* suitable, appropriate.
**dolično,** *adv.* suitably, appropriately.
**doličnost,** *n.* suitableness, appropriateness.
**dolijati,** *v.* to catch, to find out, to reach, to overtake.
**dolijetati,** *vidi*: **doletjeti.**
**dolijevanje,** *n.* infusion, second casting (*founding*).

**dolijevati,** *v.* to pour on (*in*), to add; to cast from (*ili*) after, to take a cast of, to fill up.

**dolikovati,** *v.* to agree, to fit, to be suitable; to apply, to befit, to correspond.

**dolina,** *n.* valley, dale, vale; ground, soil.

**dolinica,** *n.* little valley (*ili*) vale.

**doliti,** *vidi*: **dolijevati.**

**dolma,** *n.* stuffing, dam, dike.

**dolomit,** *n.* (*kamen*) dolomite.

**dolje,** *adv.* below, down-stairs, at the bottom, off.

**doljevak,** *n.* wine (*to fill up with*).

**doljevati,** *vidi*: **dolijevati.**

**doljni,** *vidi*: **donji.**

**dom,** *n.* home, homestead, residence, habitation, dwelling, lodging, house.

**doma,** *adv.* at home, home.

**domaći,** (- **se**), *v.* to arrive at, to attain (*to*), to move near to, to draw near; — *a.* domestic, internal, menial, tame, home-made.

**domaćica,** *n.* lady of the house, house-wife; matron, hostess.

**domaćin,** *n.* father of the family, host, householder, master of the house, landlord.

**domaćnost,** *n.* domesticity, household.

**domadar,** *n.* landlord.

**domahivati,** *v.* to wave hand, to beckon.

**domaja,** *n.* home, native place, fatherland.

**domak,** *vidi*: **dom.**

**domak,** *n.* reach, range, sphere, decline, proximity.

**domala,** *adv.* soon, immediately, shortly, briefly.

**domamiti,** *v.* to attract, to allure, to entice, to gain, to bring over, to lure, to decoy.

**domamljivanje,** *n.* allurement, enticement.

**domari,** *n.* lodgers, domestics (*pl.*).

**domašaj,** *n.* range, reach, extent, comprehension, ability, power.

**domašati,** *v.* to attain, to obtain, to reach, to extend.

**domašnji,** *vidi*: **domaći.**

**domčati se,** *v.* to catch, to seize.

**domet,** *vidi*: **domašaj.**

**dometak,** *n.* addition, supplement, appendage, appendix; suffix, adjunct.

**dometanje,** *vidi*: **dometak.**

**dometati,** *v.* to add, to subjoin, to join, to put together, to unite, to connect.

**dometnut,** *a.* adjunct.

**dometnuti,** *vidi*: **dometati.**

**domiljeti,** *v.* to creep towards.

**dominikanac,** *n.* dominican.

**domino,** *n.* domino.

**domiriti,** *v.* to supply, to complete.

**domirivati,** *vidi*: **domiriti.**

**domisao,** *n.* thought, idea, opinion, notion, mind.

**domisliti se,** *v.* to muse, to meditate, to remember, to recollect, to bear in mind.

**domišljan,** *n.* a smart (*witty*) man.

**domišljat,** *a.* ingenuous, witty, inventive, smart, refined.

**domišljati se,** *vidi*: **domisliti se.**

**domišljato,** *adv.* smartly, sagaciously.

**domišljatost,** *n.* inventive faculty, cunningness, sagacity, penetration, smartness, wit, wittiness, witticism.

**domišljavanje,** *n.* thinking, meditation, thought, reasoning power, contriving, invention.

**domišljavati se,** *vidi*: **domisliti se.**

**domjenak,** *n.* rendezvous.

**domnijevanje,** *n.* supposition, opinion, expectation, presumption, conjecture.

**domobran** (ac), *n.* militia-man.

**domobranstvo,** *n.* landwehr, militia, fencibles (*pl.*).

**domoći se,** *v.* to acquire, to purchase, to obtain.

**domoliti se,** *v.* to request, to solicit, to obtain by entreaties.

**domoljub** (ac), *n.* patriot.

**domoljuban,** *a.* patriotic.

**domoljublje,** *n.* patriotism.

**domorodac,** *n.* countryman; patriot.

**domorodan,** *a.* native; patriotic, national; vernacular.

**domorodnost,** *n.* patriotism.

**domorodstvo,** *vidi*: **domorodnost.**

**domovina,** *n.* country, native land fatherland.

**domovnica,** *n.* certificate of origin.

**domuz,** *n.* anthrax.

**donašanje,** *n.* carrying, yielding, bringing-in.

**donašati,** *v.* to bring, to carry, to take, to convey, to conduct; to bear.

**donde,** *adv.* until then; up to there.

**donekle,** *adv.* to a certain extent (*degree*); something, somewhat.

**donesti,** *v.* to bring, to fetch, to convey, to carry.

**donešen,** *a.* brought, fetched.

**donijeti,** *vidi*: **donesti.**

**donikle,** *vidi*: **donekle.**

**donle,** *vidi*: **donde.**

**donos,** *n.* bringing, carrying.

**donosac,** *n.* bearer, carrier, porter, bringer.

**donosilac,** *vidi*: **donosac.**

**donositelj,** *vidi*: **donosac.**

**donositi,** *vidi*: **donašati.**

**donošenje,** *vidi*: **donos.**

**donja,** *n.* pit, shaft.

**donjak,** *n.* bed-stone, bedder.

**donji,** *a.* inferior, lower.

**donjozemac,** *n.* inhabitant of a lowland.

**donjozemski,** *a.* of a lowland.

**dopadak,** *n.* contingent, quota.

**dopadanje,** *n.* pleasure, enjoyment, liking.

**dopadati (se),** *v.* to please, to like, to be agreeable, to give pleasure, to agree.

**dopasti,** *vidi*: **dopadati.**

**dopeći,** *v.* to bake sufficiently.

**dopirati,** *v.* to spread, to reach, to extend, to attain (*to*).

**dopiriti,** *v.* to breeze in, to blow in.

**dopis,** *n.* communication, letter, favor, address.

**dopisati (se),** *v.* to ascribe, to impute, to correspond, to write, to spell.

**dopisivanje,** *n.* correspondence.

**dopisivati,** *v.* (*u novine*) to report, to refer; ( - **se**), to correspond.

**dopisnica,** *n.* post-card.

**dopisnik,** *n.* correspondent; (*za novinu*) reporter, newspaper correspondent.

**dopitati,** *v.* to award, to adjudicate, to apportion.

**doplaćivanje,** *n.* additional payment.

**doplaćivati,** *vidi*: **doplatiti.**

**doplata,** *n.* additional allowance, extra-payment, after-payment, supplement.

**doplatiti,** *v.* to pay in addition; to pay over and above.

**doplesti,** *v.* to knit up.

**doplivati,** *v.* to swim to.

**doploviti,** *v.* to arrive in port.

**dopratiti,** *v.* to accompany, to escort, to bring.

**dopraviti,** *v.* to add to, to draw to, to drag to, to call to.

**doprema,** *n.* bringing, procuring, forwarding dispatch, shipment, transport.

**dopremati,** *v.* to bring, to procure, to transport, to forward, to dispatch.

**dopremiti,** *vidi*: **dopremati.**

**dopreti,** *vidi*: **dopirati.**

**doprijeti,** *vidi*: **dopirati.**

**doprinijeti,** *v.* to contribute (*to*), to conduce (*to*); (*pomoći*) to aid, to help.

**doprinositi,** *vidi*: **doprinijeti.**

**dopuna (k),** *n.* supplement, addition.

**dopunben,** *a.* supplemental, supplementary.

**dopuniti,** *v.* to fill up, to supplement.

**dopunjak,** *vidi*: **dopuna.**

**dopunjati,** *vidi*: **dopuniti.**

**dopunjavati,** *vidi*: **dopuniti.**

**dopunjen,** *a.* supplemented; filled up, replete, complete.

**dopunjenje,** *vidi*: **dopuna.**

**dopunjivač,** *n.* supplier.

**dopunjivanje,** *n.* supplementing, completing, completion.

**dopusnica,** *n.* a letter of permission, permit, license.

**dopust,** *n.* leave of absence, furlough, permit, vacation; permission, concession.

**dopustiti,** *v.* to permit, to allow, to let, to authorize, to empower, to acknowledge, to assent, to admit.

**dopušćati,** *vidi*: **dopustiti.**

**dopušćenje,** *n.* permission, admission, permissibleness, allowance, license.

**dopuštenje,** *vidi*: **dopušćenje.**

**doputovati,** *v.* to arrive, to come to, to land, to approach.

**dopuz,** *n.* foreigner, stranger.

**dopuziti,** *v.* to crawl towards, to creep to.

**doraniti,** *v.* to come early.

**doraslost,** *n.* puberty, pubescence, virility.

**dorast,** *a.* brown, tawny, brownish; — **konj,** *n.* bay.
**dorastao,** *a.* able, capable, fit, skilful; grown, adult.
**dorasti,** *v.* to grow up; to be able.
**dorat,** *n.* bay-horse.
**doraz,** *n.* thrust, push, shock, concussion, impact.
**dorica,** *n.* (*riba*) menow, min (n)ow.
**dorin,** *vidi:* **dorast.**
**doručak,** *n.* breakfast; (*drugi*) lunch.
**doručkovati,** *v.* to breakfast, to lunch.
**dosad,** *adv.* until now, heretofore, to present time.
**dosada,** *n.* satiety, weariness, tediousness, tiresomeness, importunity.
**dosadan,** *a.* tedious, tiresome, vexatious, dull, burdensome, troublesome.
**dosada(š)nji,** *a.* previous, hitherto made, up to this time.
**dosaditi,** *v.* to importune, to trouble, to tease, to incommodate, to annoy, to trouble.
**dosadnik,** *n.* molester.
**dosadno,** *adv.* tediously, wearisomely, tiresomely.
**dosadnost,** *n.* tediousness, molestation, annoyance, troublesomeness.
**dosađivalac,** *n.* molester, busybody, bother.
**dosađivanje,** *n.* annoyance, molestation.
**dosađivati,** *v.* to weary, to molest, to annoy, to solicit, to worry, to trouble; (**se**) to feel dull, to be bored.
**doseći,** *v.* to reach, to attain, to obtain.
**dosegnuti,** *vidi:* **doseći.**
**dosele,** *adv.* hitherto, till now.
**doselica,** *n.* husbandman, farmer, colonist, immigrant.
**doseliti (se),** *v.* to colonize, to immigrate, to settle.
**doseljenik,** *n.* immigrant, settler.
**doseljivanje,** *n.* immigration.
**dosezati,** *vidi:* **doseći.**
**dosinuti se,** *v.* to take possession of, to seize; to get hold of, to make sure of.
**dosjećati se,** *v.* to mind, to remember, to recollect.
**dosjetan,** *vidi:* **dosjetljiv.**
**dosjetiti se,** *vidi:* **dosjećati se.**

**dosjetka,** *n.* wit, joke, wittiness, witticism.
**dosjetljiv,** *a.* witty, gifted, spirited, resourceful, inventive.
**dosjetljivac,** *n.* witty person; quibbler, punster.
**dosjetljivost,** *n.* wit, witticism, wittiness.
**doskakati,** *v.* to hope to; to run to.
**doskočica,** *n.* wit, trick, quibble, witticism, wittiness, fib.
**doskočiti,** *v.* to prevent, to obviate; to redress.
**doskora,** *adv.* soon, shortly, nearly, almost.
**dosle,** *vidi:* **doslije.**
**doslije,** *adv.* till now, up to this time.
**doslovce,** *adv.* literally, word for word.
**doslovno,** *adv.* literally, verbatim.
**doslovnost,** *n.* literalness, literality, verbality.
**doslućivati,** *v.* to guess, to be of opinion.
**dosluk,** *n.* hospitality.
**doslutiti,** *v.* to have a presentiment (*ili*) foreboding.
**doslužiti,** *v.* to serve up, to serve one's time.
**doslуживati,** *vidi:* **doslužiti.**
**dosljedan,** *a.* consistent, coherent, logical.
**dosljedno,** *adv.* consistently, coherently, accordingly, logically.
**dosljednost,** *n.* consistency, coherence, logic, congruity.
**dosmrditi,** *vidi:* **dosmrdjeti.**
**dosmrdjeti,** *v.* to become intolerable.
**dosmrtan,** *a.* lifelong.
**dosniti,** *v.* to dream out a dream; to wake up.
**dosnovati,** *v.* to contrive, to machinate, to plot.
**dospijevanje,** *vidi:* **dospjetak.**
**dospijevati,** *vidi:* **dospjeti.**
**dospio,** *a.* due, early, timely, ripe, payable.
**dospjetak,** *n.* conclusion, close, end, determination, arrival; maturity.
**dospjeti,** *v.* to mature, to ripen, to grow ripe, to arrive at, to attain; (*o mjenici*) to expire, to be due.
**dost,** *n.* friend, guest; visitor; stranger; customer.
**dosta,** *adv.* enough, sufficiently, plenty.
**dostajanje,** *n.* sufficiency, adequacy.
**dostajati,** *v.* to suffice, to be enough.

**dostatan,** *a.* sufficient, abundant, enough, adequate.
**dostatno,** *adv.* sufficiently, enough.
**dostatnost,** *n.* sufficiency, adequacy.
**dostava,** *n.* delivery, supply, remittance; allowance.
**dostaviti,** *v.* to deliver, to send, to hand to, to furnish, to provide with; (*sudbeni poziv*) to serve a summons.
**dostavljač,** *n.* purveyor, deliverer; (*brzojava*) messenger-boy; (*listova*) letter-carrier, mail-man.
**dostavljati,** *vidi*: **dostaviti.**
**dostavnica,** *n.* bill of delivery.
**dostavnik,** *vidi*: **dostavljač.**
**dostavnina,** *n.* portage, delivery.
**dostići,** *v.* (*dostignuti*) to overtake, to attain, to reach, to approach.
**dostignuti,** *vidi*: **dostići.**
**dostizati,** *vidi*: **dostići.**
**dostižan,** *a.* reachable, approachable, acquirable, attainable.
**dostojan,** *a.* worthy, deserving.
**dostojanstven,** *a.* dignified, honorable.
**dostojanstvenik,** *n.* dignitary.
**dostojanstvenost,** *n.* dignity, distinction.
**dostojanstvo,** *n.* dignity, honor, lordliness, worship.
**dostojanje,** *n.* inherited property, patrimony, heritage, inheritance.
**dostojati,** *v.* to be pleased, to condescend; (- **se**) to become, to befit.
**dostojno,** *adv.* respectably, worthily.
**dostojnost,** *n.* respectability, worthiness, worth, merit.
**dostupan,** *a.* accessible; affable.
**dostupnost,** *n.* affability, accessibility.
**dosuda,** *n.* adjudication, adjudgment, infliction.
**dosudan,** *a.* adjudicated, adjudged.
**dosuditi,** *v.* to adjudge, to award, to sentence, to inflict.
**dosuđivanje,** *n.* adjudication; infliction.
**došaptavalo,** *n.* prompter, whisperer.
**došasti,** *a.* future, next.
**došašće,** *n.* arrival, advent.
**došetati,** *v.* to walk towards (*to*).
**došljak,** *n.* new-comer, stranger.
**došuljati se,** *v.* to come stealthily.
**dotaći se,** *v.* to touch, to feel, to tag.
**dotada,** *prep.* up to that time.

**dotadnji,** *a.* the then.
**dotakati,** *v.* to fill, to pour on.
**dotamaniti (se),** *v.* to exterminate, to destroy totally.
**doteći,** *v.* to hand, to offer, to suffice, to go out, to proceed.
**dotegnuti,** *vidi*: **doteći.**
**dotepenac,** *n.* bum, tramp.
**dotešćati,** *v.* to become heavy, to become burdensome (*ili*) troublesome.
**doteturati,** *v.* to reel, to stagger to.
**dotežati,** *vidi*: **dotešćati.**
**doticaj,** *n.* contact, touch, connection.
**doticanje,** *n.* contact, touching.
**doticati (se),** *v.* to touch, to handle, (*spomenuti u govoru*) to mention.
**dotičan,** *a.* concerned, respective, touching; the said.
**dotičnik,** *n.* the concerned (*respective*) person.
**dotično,** *adv.* rather; relatively.
**dotjecati,** *v.* to reach, to suffice, to satisfy, to be sufficient.
**dotjeran,** *a.* improved, perfected; pure, superior, consummate.
**dotjeranost,** *n.* improvement, perfection; purity.
**dotjerati,** *v.* to drive to, to reach; to better, to improve, to perfect; to adjust, to proceed, to make progress, to lead, to retouch.
**dotjerivati,** *vidi*: **dotjerati.**
**dotle,** *adv.* thus far, so far.
**dotočiti,** *v.* to fill up.
**dotrajati,** *v.* to last, to continue; to abide.
**dotrčati,** *v.* to run to (*ili*) up.
**dotrkati,** *vidi*: **dotrčati.**
**dotući,** *v.* to kill, to beat, to knock out.
**dotuga,** *n.* haste, speed, hurry; satiety.
**doturati,** *v.* to roll toward, to push up.
**doturiti,** *vidi*: **doturati.**
**dotužati,** *v.* to displease, to vex, to trouble, to offend.
**doušalo,** *n.* eavesdropper, listener, spy, tale-bearer, informer, whisperer.
**doušiti,** *v.* to carry to; to spy, to report, to whisper to.
**dovabiti,** *v.* to attract, to allure, to entice, to bring over.
**dovaljati,** *v.* to roll to.
**dovažati,** *vidi*: **dovoziti.**
**dovde,** *adv.* thus far, so far.

**doveče,** *adv.* in the evening.
**doveslati,** *v.* to row to (*ili*) towards.
**dovesti,** *v.* to bring, to introduce, to cause, to lead; (- **se**) to arrive, to drive up.
**dovijanje,** *n.* contriving, invention.
**dovijarka,** *n.* dairymaid, shepherdess.
**dovijati se,** *v.* to meditate, to reflect, to muse, to speculate (*in, on*), to contrive, to devise; to reach.
**dovijek,** *adv.* forever.
**dovikati,** *v.* to reach by the voice, to call to one, to give one a call.
**dovikivanje,** *n.* call, cry, cheer, acclamation; shout of joy.
**doviknuti,** *v.* to exclaim, to shout.
**dovinuti se,** *v.* to contrive, to devise, to plan, to accomplish, to reach.
**doviti se,** *vidi:* **dovinuti se.**
**dovlačiti (se),** *v.* to drag to, to approach slowly.
**dovle,** *adv.* till here, hitherto.
**dovoče,** *n.* step-child.
**dovod,** *n.* leading in; income, revenue, coming-in.
**dovodac,** *n.* step-child.
**dovodak,** *vidi:* **dovod.**
**dovoditi,** *v.* to bring (*hither*); to conduct.
**dovoljan,** *a.* sufficient, satisfactory, passable, tolerable.
**dovoljno,** *adv.* enough, sufficiently, plenty.
**dovoljnost,** *n.* sufficiency, contentment, satisfaction.
**dovoz,** *n.* importation, supply; imports, supplies, arrivals (*pl.*).
**dovoziti,** *v.* to transport, to transfer, to bring, to carry, to convey.
**dovratak,** *n.* door-post, jamb.
**dovratnik,** *vidi:* **dovratak.**
**dovrći,** *v.* to add; to permit, to admit.
**dovrebati,** *v.* to watch, to lie in wait (*ili*) ambush for, to be upon the watch for, to obtain by lying in wait.
**dovrgnuti,** *vidi:* **dovrći.**
**dovršen,** *a.* accomplished, perfect, complete, proficient.
**dovršetak,** *n.* accomplishment, end, completion, perfection, conclusion.
**dovršitelj,** *n.* finisher, accomplisher, perfector.
**dovršiti,** *v.* to finish, to accomplish, to perfect, to close, to finish, to end, to complete, to terminate

**dovršivanje,** *n.* termination, completion, conclusion, accomplishment, perfection.
**dovršivati,** *vidi:* **dovršiti.**
**dovrzati,** *vidi:* **dovrebati.**
**dovući,** *v.* to tow to, to attract, to drag, to bring (*ili*) lead to; ( **-se**) to come near, to approach.
**doza,** *n.* dose.
**dozemlje,** *n.* perigee, perigeum.
**dozidati,** *v.* to erect additional building, to wall up (*ili*) in; to add.
**dozivač,** *n.* caller.
**dozivalo,** *n.* speaking-trumpet.
**dozivanje,** *n.* calling, appeal; — **duhova,** theurgy.
**dozivati (se),** *v.* to call, to summon, to name.
**dozlogrditi,** *vidi:* **dogrdjeti.**
**doznačenik,** *n.* drawer, principal; consignee.
**doznačevnik,** *vidi:* **doznačenik.**
**doznačitelj,** *n.* consignor.
**doznačiti,** *v.* to point out, to assign, to instruct, to direct, to advise, to refer to, to set; to consign.
**doznačiv,** *a.* assignable.
**doznačnica,** *n.* bill of lading; (*novčana*) money-order, check, draft.
**doznačnik,** *n.* drawer, principal, consignor.
**doznaka,** *n.* assignment, assignation, instruction, advice; — **novčana,** money-order, check, draft.
**doznati,** *v.* to learn, to understand, to know, to have knowledge of, to come to know.
**dozrelost,** *n.* maturity, ripeness.
**dozrijevanje,** *n.* seasoning, ripening.
**dozrijevati,** *v.* to ripen, to mellow, to season.
**dozrio,** *a.* ripe, mature, mellow, seasoned.
**dozvati,** *v.* to call in, to name, to order to come, to send for.
**dozvola,** *n.* permission, leave, license, permit, warrant, authority, concession, consent.
**dozvoliti,** *v.* to permit, to allow, to consent to, to grant, to concede.
**dozvoljen,** *a.* permissible, permissive, allowed.
**dožeti,** *v.* to reap up.
**doživiti,** *v.* to live to see; to experience.
**doživjeti,** *vidi:* **doživiti.**

**doživljaj,** *n.* experience, incident, event.
**doživotan,** *a.* life-long, uninterrupted, continuous, lasting.
**dožnjeti,** *v.* to reap up.
**drač,** *n.* weed.
**dračana,** *n.* (*riba*) otterpike.
**dračeva,** *n.* (*bilj.*) sloe-tree, blackthorn, bullace.
**dračica,** *n.* (*bilj.*) broom, furze, needle-furze.
**drag,** *n.* dear, beloved; (*u cijeni*) expensive, dear.
**draga,** *n.* lover, sweetheart; (*morska*) valley, vale, bay, dale, inlet, creek, cove.
**dragac,** *n.* precious stone; (*bakrena rđa*) verdigris.
**dragan,** *n.* lover, sweetheart.
**dragana,** *vidi:* **draga.**
**dragi** (*kamen*), *n.* jewel, precious stone; (*ljubavnik*) sweet-heart, lover.
**drago,** *adv.* dearly.
**dragocjen,** *a.* costly, precious, valuable, worthy, estimable.
**dragocjenost,** *n.* preciousness, costliness, valuableness.
**dragoća,** *n.* dearness; scarcity.
**dragoljub,** *n.* cress.
**dragoman,** *n.* interpreter; (*orjentalski tumač*) dragoman.
**dragomasnica,** *n.* squirting cucumber.
**dragomast,** *n.* balm, balsam.
**dragost,** *n.* pleasure, agreeableness, sweetness, delight, charm, attraction.
**dragostan,** *a.* amiable, sweet, kind, pleasant, agreeable, graceful, charming.
**dragovoljno,** *adv.* willingly, voluntarily, readily.
**dragovoljnost,** *n.* willingness, alacrity.
**dragulj,** *n.* precious stone, jewel, diamond.
**draguljar,** *n.* jeweler.
**draguljarija,** *n.* jewelry.
**dragun,** *n.* dragon, dragoon, termagant.
**dragušac,** *n.* (*bilj.*) cross-wort, ragwort, groundsel.
**drakonski,** *a.* draconic (-ical).
**dram,** *n.* (*novac*) drachm (a), dram.
**drama,** *n.* drama.
**dramatičan,** *a.* dramatic.
**dramatičar,** *n.* dramatist.
**dramatizovati,** *v.* to dramatize.

**dramaturg,** *n.* dramaturgist.
**dramoriti,** *v.* to higgle, to be stingy.
**drapanje,** *n.* tearing, scratching.
**drapati** (**se**), *v.* to scratch, to scrape, to tear, to rend, to pull; to fight.
**dražati,** *v.* to sell by auction.
**dražba,** *n.* auction, public sale.
**draženje,** *n.* quibbling, shuffling, banter, jeering, impudence, wantonness, petulance.
**dražesno,** *adv.* gracefully, attractively.
**dražesnost,** *n.* gracefulness, attractiveness.
**dražest,** *n.* charm, spell, loveliness, enticement, gracefulness, grace, sweetness.
**dražestan,** *a.* graceful, lovely, charming, delightful, attractive, agreeable.
**dražica,** *vidi:* **draga.**
**dražilac,** *n.* disturber, exciter.
**dražilo,** *n.* incentive; stimulant.
**dražiti,** *v.* to stimulate, to charm, to entice, to irritate, to solicit; (*srditi*) to irritate, to exasperate, to anger, to excite, to tease.
**dražljiv,** *a.* sensitive, irritable.
**dražljivost,** *n.* irritability, excitableness.
**dreča,** *n.* thicket, bush; copse.
**drečanje,** *n.* noise; blubbering.
**drečati,** *v.* to blubber; to roar, to bellow; to blare, to drawl, to cry.
**dreka,** *n.* cry, clamor, shriek, outcry, scream, bawling.
**drekavac,** *n.* crier, bawler, squalling child.
**dremežljiv,** *a.* lethargic, somnolent, drowsy, sleepy.
**dremljiv,** *a.* sleepy, sluggish.
**dremovac,** *n.* (*bilj.*) snow-drop.
**dremovan,** *vidi:* **dremljiv.**
**dren,** *n.* cornel-cherry; (*drvo*) cornel-cherry-tree.
**drenik,** *n.* cornel-cherry-forest.
**drenov,** *a.* of cornel-tree.
**drenovina,** *n.* cornel wood.
**drenjina,** *n.* cornel (*berry*).
**drepati,** *v.* to squeeze, to squash, to bruise.
**dreselje,** *n.* grief, sorrow, trouble, distress.
**drestva,** *n.* horn-stone, chert.
**dreteza,** *n.* strawberry.
**dretva,** *n.* packthread, twine.
**drevad,** *n.* wood, timber; bush, forest.

**drevan,** *a.* ancient, antique, old-fashioned.

**drevnost,** *n.* antiquity, former ages, ancient times.

**drežđati,** *v.* to stand and wait.

**drhat,** *n.* trembling, trepidation, tremulousness (*u glasu*); shudder.

**drhtalac,** *n.* shaker.

**drhtalica,** *n.* jelly; potted meat.

**drhtanje,** *n.* shaking, trembling, tremulousness, shivering, startle.

**drhtati,** *v.* to tremble, to quake, to shiver, to shudder.

**drhtav,** *a.* shivery.

**drhtavica,** *n.* shiver, trembling, trepidation; (*bolest*) fever.

**drijem,** *n.* slumber; doze, sleepiness, drowsiness.

**drijemak,** *n.* (*bilj.*) orchis, grande-goose, fool-stones.

**drijemalac,** *n.* slumberer.

**drijemanje,** *n.* slumbering, dozing.

**drijemati,** *v.* to slumber, to doze, to be sleepy, to drowse.

**drijemež,** *vidi*: **drijem.**

**drijemežan,** *a.* comatose, comatous, very sleepy.

**drijemljiv,** *a.* sleepy, sluggish.

**drijemuckati,** *vidi*: **drijemati.**

**drijen,** *n.* cornel (-berry); (*drvo*) cornel-tree.

**drijenak,** *vidi*: **drijen.**

**driješiti,** *v.* to loosen, to untie, to dissolve.

**drijeti,** *vidi*: **derati.**

**drijeti se,** *v.* to cry, to scream.

**drijevo,** *vidi*: **drvo.**

**driskavica,** *n.* diarrhea.

**drlja,** *n.* bleariness, lippitude.

**drljača,** *n.* harrow.

**drljanje,** *n.* harrowing; (*piskaranje*) scribbling.

**drljati,** *v.* to harrow; to scrawl, to scribble.

**drljav,** *a.* blear-eyed.

**drljavac,** *vidi*: **drlje.**

**drlje,** *n.* (*riba*) red-eye, rudd.

**drljiti,** *v.* to bare, to strip, to uncover; to plunder, to bereave.

**drmanje,** *n.* shaking, trembling, jolt.

**drmati,** *v.* to shake, to jolt, to toss.

**drmiti,** *v.* to trouble, to dim, to sadden.

**drmnuti,** *v.* to shake, to shock.

**drnda,** *vidi*: **drndalo.**

**drndalo,** *n.* saddle-bow; chatterer.

**drndar,** *n.* bower.

**drndati,** *v.* to fan; to chatter, to talk idly.

**drnovan,** *a.* furious, mad, raging, frantic, strange, amazing, odd.

**drnuti se,** *v.* to enrage, to be mad, to run mad, to be provoked.

**drnjkati,** *v.* to pat, to tap, to scrape, to grate.

**drob,** *n.* entrails, intestines (*pl.*), bowels (*pl.*), viscera, numbles (*pl.*).

**drobac,** *vidi*: **drob.**

**droban,** *a.* thin, little, wee, diminutive, tiny.

**drobina,** *n.* entrails, intestines (*pl.*).

**drobiš,** *n.* change, small change.

**drobiti,** *v.* to crumble, to parcel (*out*).

**drobiž,** *vidi*: **drobiš.**

**drobljen,** *n.* fragment, morsel, crumb.

**drobljenje,** *n.* crumbling; attenuation.

**drobljiv,** *a.* crummy; fragile.

**drobnogled,** *n.* microscope.

**drobnjak,** *n.* chives (*pl.*).

**drolja,** *n.* slut, slattern, hussy, drab.

**drombulja,** *n.* Jew's-harp, mouth-harp.

**drombuljati,** *v.* to play on mouth-harp.

**dromedar,** *n.* dromedary.

**droncati se,** *v.* to shake, to jolt.

**dronjak,** *n.* rag, tatter, patch, shred.

**dronjav,** *a.* ragged, tattered, shreddy.

**dronjo,** *n.* blackguard, ragamuffin.

**drop,** *n.* husks of grapes; pressed grape-skins (*pl.*), grape-cake.

**droplja,** *n.* (*ptica*) bustard.

**dropovica,** *n.* (*rakija*) grape-brandy.

**droptina,** *n.* crumb, fragment, morsel.

**drotar,** *n.* wire-worker, pot mender.

**drotičkar,** *vidi*: **drotar.**

**drozak,** *vidi*: **drozd.**

**drozd,** *n.* thrush, throstle.

**drozgav,** *a.* that may be peeled.

**drozgović,** *n.* young thrush.

**drožda,** *n.* settlings, sediment, lees, dregs.

**droždina,** *vidi*: **drožda.**

**drožditi,** *v.* to squeeze, to squash, to bruise.

**drožđe,** *n.* barm, yeast; dregs (*pl.*).

**droždenica,** *vidi*: **dropovica.**

**drpati,** *v.* to skin, to tear, to rend, to pull; to burst, to split.

**drsko,** *adv.* saucily, insolently.

**drskost,** *n.* insolence, arrogance, temerity, pretentiousness.

**drška**, *n.* handle; (*na voću*) stalk, stem.
**drškati**, *v.* to stir up; to instigate, to bait, to hunt, to set on.
**drtina**, *n.* carcass, carrion.
**drug**, *n.* companion, comrade, associate, consort; — **bračni**, husband, wife; — **u poslu**, partner.
**druga**, *vidi*: **drug**.
**drugačije**, *adv.* otherwise, else; besides; formerly.
**drugamo**, *adv.* elsewhere.
**drugar**, *n.* companion, associate, colleague, partner, fellow, comrade.
**drugarica**, *n.* (*female*) companion, mate.
**drugčije**, *vidi*: **drukčije**.
**drugda**, *adv.* another time.
**drugdi**, *vidi*: **drugdje**.
**drugdje**, *adv.* elsewhere.
**drugđe**, *vidi*: **drugdje**.
**drugi**, *a.* second, next; other; — **put**, other time, next time.
**druginja**, *vidi*: **drugarica**.
**drugo**, *adv.* secondarily; else.
**drugojačije**, *vidi*: **drukčije**.
**drugojačiji**, *a.* different, divers.
**drugojako**, *vidi*: **drukčije**.
**drugorođen**, *a.* second-born, second.
**drugotan**, *a.* secondary.
**drugotnica**, *n.* rejoinder.
**drugovanje**, *n.* association, companionship.
**drugovati**, *v.* to associate.
**drugovđe**, *vidi*: **drugdje**.
**drugud** (a), *adv.* elsewhere, to another place.
**drukčije**, *adv.* otherwise, else, differently.
**drukčiji**, *a.* different; divers.
**drum**, *n.* road, highway, roadway.
**društven**, *a.* social, sociable; convivial.
**društveno**, *adv.* sociably, socially.
**društvenost**, *n.* sociability, sociableness, conviviality.
**društvo**, *n.* society, association, lodge, partnership, party, company; — **trgovačko**, company, corporation; — **potporno**, benevolent association, beneficial organization; — **zabavno**, society, club, assembly, circle; — **pjevačko**, glee-club, singing society.
**družba**, *n.* fellowship, society, company, party, community.

**družben**, *a.* sociable.
**družbenica**, *vidi*: **drugarica**.
**družbenik**, *vidi*: **drug**.
**družbina**, *vidi*: **družba**.
**druženje**, *n.* association.
**druževan**, *a.* sociable, social, convivial.
**druževnost**, *n.* sociableness, conviviality.
**družica**, *n.* consort, companion; mate.
**družina**, *n.* inmates, servants, company, household, domestics (*pl.*).
**družinče**, *n.* domestic servant, servant.
**družinski**, *a.* domestic, servant.
**družiti se**, *v.* to associate, to assemble; (*spolno*) to have intercourse.
**drva**, *n.* woods (*pl.*).
**drvar**, *n.* wood-cutter, wood-chopper.
**drvara**, *n.* wood-chamber.
**drvarenje**, *n.* wooding, chopping; (*pijančevanje*) boozing.
**drvarice pčele**, *n.* boring bees.
**drvarina**, *n.* wood-money.
**drvarište**, *n.* timber-yard, wood-yard, dock-yard.
**drvarnica**, *n.* wood-chamber.
**drvarstvo**, *n.* lumber-business.
**drvce**, *n.* small tree.
**drveće**, *n.* trees (*pl.*).
**drven**, *a.* wooden, ligneous; — **ugljen**, charcoal, lignite.
**drvenarija**, *n.* wooden-ware, wood-work, frame (*of a house*).
**drvenast**, *vidi*: **drven**.
**drvenina**, *n.* *vidi*: **drvenarija**.
**drveniti se**, *v.* to lignify.
**drvenjara**, *n.* shanty, shed, hovel.
**drvenjenje**, *n.* lignification.
**drvljanik**, *n.* heap (*ili*) pile of wood, wood-work; frame (*of a house*), wood-pile.
**drvlje**, *n.* woods (*pl.*).
**drvo**, *n.* (*stablo*) tree, lignum; (*rezano*) wood; — **za gradnju**, timber, lumber.
**drvodjela**, *n.* wood-worker; carpenter.
**drvokradica**, *n.* wood-thief.
**drvonoša**, *n.* wood-carrier.
**drvored**, *n.* vista; alley, avenue, woodcut.
**drvorez**, *n.* woodcut (*ili*) engraving, xylograph.
**drvorezac**, *n.* wood-engraver; xylographer; wood-cutter.
**drvorezbarstvo**, *n.* xylography.

**drvotisak,** *n.* impression from wood; xylographic impression.

**drvotoč,** *n.* auger, wimble; borer; ptinus; ship's worm.

**drvožder,** *n.* (*kukac*) wood-eater.

**drzak,** *a.* audacious, presumptuous, bold, arrogant, daring, insolent.

**drznik,** *n.* insolent man.

**drznuti,** *v.* to make bold, to venture, to arrogate, to usurp.

**drzost,** *vidi*: **drzovitost.**

**drzovit,** *a.* brazenfaced, bold, shameless, impudent, arrogant, insolent, overbearing.

**drzovito,** *adv.* presumptuously, impudently, insolently.

**drzovitost,** *n.* boldness, daring, insolence, impertinence, audaciousness.

**držak,** *n.* handle, holder; shank.

**držalac,** *n.* keeper, holder, possessor, incumbent; — **mjenice,** payee, bearer.

**držalo,** *n.* pen-holder; handle.

**držan,** *a.* obliged, bound, beholden, indebted.

**držanstvo,** *n.* obligation, engagement; liability, duty.

**držanje,** *n.* attitude, carriage, holding; — **tijela,** pose.

**držati (se),** *v.* to hold; to keep, to support, to contain, to deem; to hold out, to keep (*good*), to hold one's own; — **se česa,** to stick to; — **govor,** to deliver a speech.

**država,** *n.* state, empire, kingdom, reizn, commonwealth, government; power, dominion.

**državica,** *n.* small state.

**državina,** *n.* property, district, territory; department; province, sphere.

**državljan (in),** *n.* citizen, subject.

**državljanski,** *a.* civic, of citizen.

**državljanstvo,** *n.* citizenship; citizens.

**državni,** *a.* civic, civil, political, public.

**državnički,** *a.* politic, political; state.

**državnik,** *n.* statesman, politician.

**državništvo,** *n.* politics, statesmanship.

**državopis,** *n.* statistics, official returns.

**državopravni,** *a.* relating to the public law.

**državoslovlje,** *n.* politics, political economy, political science.

**državoslovni,** *a.* relating to politics.

**državoznanstvo,** *vidi*: **državoslovlje.**

**dualizam,** *n.* dualism.

**dub,** *n.* oak, oak-tree.

**dubac,** *n.* go-cart.

**dubač,** *n.* gouge, graving-tool, graver, chisel.

**dubina,** *n.* depth, profoundness, deepness; (*glasa*) baseness.

**dubiti,** *v.* to dig, to excavate, to deepen, to hollow.

**dublijer,** *n.* large wax-candle, taper.

**dubljina,** *vidi*: **dubina.**

**dubodolina,** *n.* valley, vale, dale.

**dubok,** *a.* deep, profound, low.

**dubokoučen,** *a.* learned, profound.

**dubokouman,** *a.* thoughtful, pensive, profound, learned.

**dubokoumnost,** *n.* thoughtfulness, profoundness, penetration.

**dubov,** *a.* of oak, oaken.

**dubovina,** *n.* oak-wood.

**dubrava,** *n.* forest, woodland.

**dučiti (se),** *v.* to curtail, to prune, to clip, to be startled.

**dućan,** *n.* store; shop.

**dućančić,** *n.* little store.

**dućandžija,** *n.* store-keeper, merchant.

**dućanski,** *a.* of (*ili*) belonging to store; — **stol,** counter.

**dud,** *n.* (*murva*) mulberry tree; (*plod*) mulberry.

**duda,** *n.* (*mješina*) bag-pipe.

**dudaš,** *n.* bag-piper.

**dudinja,** *n.* mulberry.

**duduk,** *n.* flute.

**dudukati,** *v.* to play on the flute; (*o slavulju*) to sing, to whistle.

**dug,** *a.* long, tall, lingering, tedious.

**duga,** *n.* rainbow; (*dužica*) stave.

**dugačak,** *a.* long.

**dugajlija,** *vidi*: **dugonja.**

**dugmarica,** *n.* button-hole.

**dugme,** *n.* button; pommel, knob; head.

**dugobradić,** *n.* long-bearded person (*ili*) animal.

**dugočasan,** *a.* lonesome, dull, tedious, slow.

**dugočasiti (se),** *v.* to tire, to bore, to feel dull, to be bored, to while away.

**dugočasno,** *adv.* tediously, slowly.

**dugočasnost,** *n.* weariness, boredom.

**dugodolina,** *n.* long-valley.

**dugojezičan,** *a.* long-tongued.

**dugokos,** *a.* long-haired.

**dugoljast**, *a.* oblong, longish, lengthy.
**dugoljasto**, *adv.* lengthwise.
**dugonog**, *a.* long-legged.
**dugonokat**, *a.* long-nailed.
**dugonos**, *n.* long-nosed, nosy.
**dugonja**, *n.* tall person; lath.
**dugoraspravnik**, *n.* liquidator.
**dugorep**, *a.* long-tailed.
**dugorepka**, *n.* long-tailed titmouse, wine-tapper.
**dugoruk**, *a.* long-handed.
**dugotrajan**, *a.* durable, lasting, life-long, wearisome.
**dugotrajnost**, *n.* wearisomeness, durableness.
**dugotrpan**, *a.* forbearing, patient, long-suffering.
**dugotrpnost**, *n.* longanimity, forbearance, patience.
**dugovalina**, *vidi*: **dugodolina**.
**dugovanje**, *n.* debt; duty.
**dugovati**, *v.* to owe, to be indebted to; to be obliged.
**dugovina**, *n.* debt, indebtedness, arrearage; (*u knjigovodstvu*) liabilities.
**dugovječan**, *a.* lasting, permanent, long.
**dugovječnost**, *n.* longevity, macrobiosis.
**dugovjek**, *a.* longlived, macrobiotic; — *n.* longevity.
**dugovjetan**, *vidi*: **dugovječan**.
**dugovremen**, *a.* lasting, continuous, steady.
**duguljast**, *a.* oblong, longish, oval.
**duguljat**, *vidi*: **duguljast**.
**duh**, *n.* spirit, wit, mind, genius, apparition, specter, ghost; (*dah*) breath, whiff, breeze.
**duha**, *n.* smell, scent, odor.
**duhalo**, *n.* (*mjeh*) bellows (*pl.*).
**duhaljka**, *n.* blowpipe.
**duhan**, *n.* tobacco.
**duhandžija**, *n.* inveterate smoker, smoker.
**duhan-kesa**, *n.* tobacco-pouch; snuff-box.
**duhati**, *v.* to blow; to sound; (*disati*) to breathe, to inhale.
**duhovan**, *a.* spiritual.
**Duhovi**, *n.* Whitsuntide, Pentecost, Low Sunday.
**duhovit**, *a.* witty, gifted, spirited, ingenious.

**duhovitost**, *n.* wit, ingenuity, cleverness, spiritedness.
**duhovni**, *a.* spiritual, intellectual, ghostly; pentecostal.
**duhovnički**, *a.* religious, spirituous.
**duhovnik**, *n.* priest, clergyman, curate, pastor, minister.
**duhovništvo**, *n.* clergy, priesthood, cure of souls.
**Duhovo**, *vidi*: **Duhovi**.
**duhovski**, *a.* pentecostal.
**duja**, *vidi*: **duhovnik**.
**dukat**, *n.* ducat.
**dulac**, *n.* stalk of a straw, reed; pipe.
**dulek**, *n.* gourd, pumpkin.
**dulj**, *n.* length; tallness, longitude.
**duljati**, *v.* to become taller (*ili*) longer.
**dulji**, *comp.* longer.
**duljina**, *n.* length, tallness, longitude; prolixity.
**duljiti**, *v.* to lengthen, to prolong; to become longer.
**dumača**, *n.* deep valley, cleft, ravine.
**dumen**, *a.* rudder, helm.
**dumendžija**, *n.* pilot, steersman.
**dumenisati**, *v.* to steer, to pilot, to govern, to rule, to manage, to command.
**dumna**, *vidi*: **duvna**.
**dundar**, *n.* army-division; army; host.
**dundo**, *n.* uncle.
**dunđer**, *n.* carpenter.
**dunđerin**, *vidi*: **dunđer**.
**dunđerisati**, *v.* to construct (*of wood*), to frame, to build.
**dunđerluk**, *n.* carpenter's trade.
**dunuti**, *v.* to blow; to sound.
**dunja**, *n.* quince.
**dupe**, *n.* backside, posteriors, rectum.
**dupin**, *n.* dolphin.
**dupke**, *adv.* upright, erect.
**dupkom**, *adv.* entirely, wholly, to its capacity, to its full extent.
**duplaš**, *n.* pony.
**dupli**, *a.* double, twofold.
**duplir**, *n.* wax-candle.
**duplja**, *n.* hollow, hole, cavity, cave, den, cavern.
**dupljaš**, *n.* ring-dove, wood-pigeon.
**dupsti**, *v.* to dig, to excavate, to deepen, to hollow out; to stake at play.
**durača**, *n.* durableness, lastingness; permanence (*of colors*), solidity, strength.

**durancija,** *n.* smooth peach.
**duranje,** *n.* patience, forbearance, indulgence; submissiveness.
**durašan,** *a.* persevering, assiduous, stubborn; (*o bilj.*) perennial.
**durati,** *v.* to endure, to last to the end, to hold out.
**durbin,** *n.* telescope, perspective.
**duriti,** *v.* to excite disgust; (- **se**) to be disgusted with, to be sick of; to fly into a passion, to swell.
**durljiv,** *a.* nauseous, loathsome, disgusting; passionate.
**durma,** *a.* incessant, unceasing, perpetual.
**durnovit,** *vidi:* **drnovan.**
**durnuti se,** *vidi:* **drnuti se.**
**durunga,** *n.* pole, perch, bar, stick.
**dustaban,** *n.* splay-foot.
**duša,** *n.* soul, mind, spirit; individual; conscience.
**dušak,** *n.* breath; respiration.
**dušebrižnik,** *n.* spiritual adviser, pastor.
**dušek,** *n.* pillow, squab.
**dušenje,** *n.* smother, suffocation.
**duševan,** *a.* spiritual, mental, moral, intellectual.
**duševno,** *adv.* mentally, intellectually.
**duševnost,** *n.* intellectuality, spiritualism, spirituality, conscience, conscientiousness.
**dušični,** *a.* nitrogenous, azotic.
**dušik,** *n.* azote, nitrogen.
**dušina,** *vidi:* **duša.**
**dušiti (se),** *v.* to suffocate, to choke, to be suffocated; to strangle.
**duško,** *vidi:* **duša.**
**dušman (in),** *n.* enemy, adversary, foe, fiend.
**dušmanluk,** *n.* enmity, hostility.
**dušmanski,** *a.* hostile, inimical.
**dušmati se,** *v.* to aver.
**dušnica,** *vidi:* **dušnik.**
**dušnik,** *n.* wind-pipe, air-tube, bronchic, bronchial.
**dušnikov,** *a.* bronchial, bronchic; **Dušni dan,** All Soul's day.
**dušobrižni,** *a.* pastoral, spiritual.
**dušobrižnik,** *n.* pastor.
**dušoslov,** *n.* psychologist.
**dušoslovlje,** *n.* psychology.
**dušoslovni,** *a.* psychologic (al).
**duti,** *vidi:* **duhati.**
**dutina,** *n.* excavation, cavity.
**duvak,** *n.* veil of a bride.

**duvalo,** *vidi:* **duhalo.**
**duvan,** *n.* tobacco.
**duvanana,** *n.* smoking-room.
**duvandžija,** *vidi:* **duhandžija.**
**duvandžijnica,** *n.* tobacco-shop (*ili*) store.
**duvaniti,** *v.* to smoke tobacco.
**duvankesa,** *vidi:* **duhankesa.**
**duvanjara,** *n.* tobacco-box.
**duvar,** *n.* wall.
**duvati,** *vidi:* **duhati.**
**duvna,** *v.* nun, votaress.
**duž,** *n.* length, longitude, tallness.
**dužan,** *a.* indebted, owing, due, liable, obligatory, passive, guilty, culpable.
**dužd,** *n.* doge, duke.
**duždević,** *n.* son of doge (*duke*).
**duže,** *comp.* (*of long*) longer.
**dužica,** *n.* stave.
**dužina,** *n.* length, longitude, tallness.
**dužiti (se),** *v.* to be guilty of, to commit, to involve in debt, to owe.
**dužnik,** *n.* debtor; (*vjerovnik*) creditor.
**dužnost,** *n.* duty, obligation, liability, task, recognizance, bond.
**dva,** *num.* two.
**dvadeset,** *num.* twenty.
**dvadeseti,** *a.* twentieth.
**dvadesetina,** *n.* twentieth.
**dvadesetoro,** *num.* twenty.
**dvadest,** *vidi:* **dvadeset.**
**dvadestero,** *vidi:* **dvadesetoro.**
**dvadeseti,** *vidi:* **dvadesetina.**
**dvadesti,** *vidi:* **dvadeseti.**
**dvadestoro,** *vidi:* **dvadesetoro.**
**dvaest,** *vidi:* **dvadeset.**
**dvanaesnik,** *n.* (*crijevo*) duodenum.
**dvanaest,** *num.* twelve.
**dvanaestero,** *vidi:* **dvanaestoro.**
**dvanaestoro,** *num.* dozen; twelve.
**dvanaesti,** *num.* twelfth.
**dvanaestina,** *n.* twelfth.
**dvaput,** *adv.* twice, two times.
**dveri,** *n.* door, gate.
**dvije,** *vidi:* **dva.**
**dvjesta,** *num.* two hundred.
**dvoboj,** *n.* duel, encounter.
**dvobočtvo,** *n.* ditheism.
**dvobračan,** *a.* bigamic.
**dvobračje,** *n.* bigamy.
**dvobračnik,** *n.* bigamist.
**dvobroj (nik),** *n.* dual number.
**dvocijevka,** *n.* double-barrelled gun.
**dvocjepak,** *n.* double tread.
**dvocjepan,** *a.* two-cleft.

dvocjetan, *n.* biflorous.
dvodnevan, *a.* of two days.
dvodoman, *a.* dioecious, dioecian.
dvoglas, *n.* diphthong.
dvoglav, *a.* two-headed, double-headed.
dvogub, *a.* two-fold, bifold, bifarious, double.
dvoimen, *a.* binomial, binominal.
dvojak, *a.* double.
dvojba, *n.* doubt, ambiguity, suspicion.
dvojben, *a.* questionable, uncertain, dubitable, dubious.
dvojbeno, *adv.* problematically, doubtfully, suspiciously.
dvojbenost, *n.* dubiousness, questionableness, doubtness.
dvojci, *n.* twins.
dvoje, *num.* two.
dvojenje, *n.* parting, separating, disjoining.
dvojezičan, *a.* bilingual.
dvoji, *num.* two.
dvojica, *n.* pair, two.
dvojilac, *n.* doubter.
dvojina, *n.* dual.
dvojinom, *adv.* double, doubly, twice.
dvojiti, *v.* (*sumnjati*) to doubt, to suspect, to disbelieve; (*razdvojiti*) to part, to disunite, to disjoin, to divide, to separate.
dvojni, *a.* double; deceitful.
dvokatan, *a.* two-story.
dvokatnica, *n.* two-story building.
dvokolica, *n.* bicycle.
dvokratan, *a.* done (*ili*) repeated twice (*ili*) over.
dvokrilci, *n.* disteral (*ili*) dipterous insects (*pl.*), diptera (*pl.*).
dvokrilni, *a.* two-winged; (*o vratima*) two-leaved, folding.
dvokrštenik, *n.* anabaptist.
dvokutnica, *n.* diagonal.
dvoličan, *a.* ambiguous, equivocal, double, double-dealing, two-faced.
dvoličiti, *v.* to be ambiguous, to be double-meaning.
dvoličnost, *n.* ambiguity, equivocation, duplicity.
dvolik, *n.* biform.
dvolista, *n.* butcher's broom.
dvonitka, *n.* ticking, tick, huckaback.
dvonog, *a.* two-legged, bipedal, biscrural.

dvonožac, *n.* biped.
dvonjak, *n.* twin.
dvook, *a.* binocular.
dvopek, *n.* biscuit, cracker, rusk.
dvopjev, *n.* duet.
dvoplatan, *a.* double-tongued, doubledealing.
dvopoj, *n.* duet.
dvor, *n.* (*palača*) court, palace; (*dvorište*) yard, court.
dvorac, *n.* castle, villa.
dvorana, *n.* hall, basilic, room, parlor.
dvoranik, *n.* courtier.
dvoranstvo, *n.* royal (*ili*) princely household.
dvorba, *n.* attendance, waiting.
dvoredan, *a.* double-lined, two-rowed; double-buttoned (*ili*) breasted.
dvorenje, *n.* waiting, service, attendance.
dvori, *n.* courts (*pl.*), palace.
dvorilac, *n.* server, waiter.
dvorilja, *n.* maid-servant, waitress.
dvorište, *n.* yard, court.
dvoriti, *v.* to serve, to wait on, to wait upon, to attend, to tend.
dvorjani, *vidi*: dvoranstvo.
dvorjanik, *n.* (*bilj.*) knot-grass, kneedgrass, spurry.
dvorkinja, *n.* maid-servant, waitress.
dvornik, *n.* Lord-steward.
dvorski, *a.* belonging to the court, princely, curial.
dvoručan, *a.* two-handed.
dvoslovčan, *vidi*: dvosložan.
dvosložan, *a.* dissylabic.
dvosmislen, *a.* ambiguous, equivocal, amphilogical; double (-meaning), doubtful.
dvosmislenost, *n.* ambiguity, equivocalness, equivocation, ambiguousness, duplicity (*of character*).
dvospolan, *a.* androgynous, androgynal, bisexual.
dvostručiti, *v.* to double, to duplicate.
dvostruk, *a.* double, two-fold, bifold, bifarious.
dvostruko, *adv.* doubly, twice.
dvostrukost, *n.* doubleness.
dvouman, *a.* ambiguous, double, equivocal, double-meaning, doubtful.

**dvoumica,** *n.* doubt, suspense.

**dvoumiti,** *v.* to doubt, to question, to hesitate, to suspect.

**dvoumlje,** *n.* doubt, hesitation, irresolution.

**dvoumljenje,** *n.* doubting, skepticism.

**dvoumno,** *adv.* doubtfully.

**dvoumnost,** *n.* ambiguity, quibbling, ambiguousness, doubtfulness.

**dvoznačan,** *a.* ambiguous, equivocal, amphibological, double-meaning.

**dvoznačnost,** *n.* ambiguity, equivocalness, equivocation, amphibology, ambiguousness, doubleness, duplicity (*of character*).

**dvozub,** *n.* bidentate, bidental.

**dvoženstvo,** *n.* bigamy.

**dvoženja,** *n.* bigamist.

**dvoživac,** *n.* amphibian.

# Dž

džaba, *n.* gift, present.
džabaisati, *v.* to present, to give.
džabe, *adv.* gratis, free of charge.
džagara, *n.* school, school house (*u samostanu*).
džagor, *n.* noise, din, alarm.
džagoriti, *v.* to make a noise (*ili*) row.
džak, *n.* bag, sack, pocket, sack-cloth.
džakati, *v.* to make a noise (*ili*) row.
džam, *n.* glass; tumbler.
džambas, *n.* judge of horses.
džamija, *n.* mosque, mosk.
džarin, *n.* garden.
džas, *n.* fright, terror.
džasnuti, *v.* to frighten, to scare.
džban, *n.* bathing-tub, bath-tub, vat.
džbun, *n.* bush, shrub.
džebana, *n.* ammunition, munition.
džebrak, *n.* beggar.
džebrati, *v.* to ask alms, to beg.
dželat, *n.* executioner, hangman.
dželebdžija, *n.* flock, herd; drove, troop; beef.
dženet, *n.* paradise, heaven; sky.
dženjak, *n.* combat, fight, conflict, struggle, battle.

džep, *n.* pocket; pouch, purse.
džepokradica, *n.* pick-pocket.
dževap, *n.* answer, reply.
dževapiti, *v.* to answer, to reply, to answer for.
dževar, *n.* Damask-steel.
džibra, *n.* grains, husks (*pl.*).
džida, *n.* lance, spear.
džigerica, *n.* crna —, liver; bijela —, lungs; (*od životinja*) lights (*pl.*).
džigernjača, *n.* liver-sausage.
džilit, *n.* dart, sting, short javelin.
džilitati se, *v.* to dart; to beam.
džimrija, *n.* niggard, miser, cur-mudgeon.
džin, *n.* giant; giantess.
džomba, *n.* thicket of reeds.
džombos, *n.* abyss, precipice.
džombovit, *a.* in lumps, cloddy, clotted, clotty, cloggy, lumpy, grumous.
džorast, *a.* lean, thin, poor, slender, meager, dry, arid, withered, barren.
džube, *n.* long overdress without sleeves.
džuma, *n.* (*turski*) Friday.

# Đ

**đače,** *n.* student, scholar, pupil.
**đačič,** *vidi:* **đače.**
**đačiti se,** *v.* to become student.
**đački,** *a.* student's, schoolboy's; scholar-like.
**đađa**(š), *n.* student.
**đak,** *n.* student, scholar, pupil.
**đakon,** *n.* deacon.
**đakonat,** *n.* deaconry, deaconship, diaconate.
**đakonija,** *n.* dainty, sweets, delicacy.
**đakonisanje,** *n.* banquetting, merry life.
**đakonisati,** *v.* to entertain, to treat.
**đakonski,** *a.* deacon.
**đakonovica,** *n.* deaconess.
**đakovanje,** *n.* pupilage; schooling.
**đaur**(in), *n.* infidel, unbeliever, miscreant.
**đavao,** *vidi:* **đavo.**
**đavo,** *n.* devil, Satan, demon.
**đavolak,** *n.* little devil; wicked woman, shrew.
**đavolast,** *a.* mischievous, wanton, petulant, waggish, roguish, naughty.
**đavolče,** *vidi:* **đavolak.**
**đavolica,** *n.* wicked woman, shrew.
**đavolija,** *n.* (*vragolija*) devilish trick, witchcraft; (*zloba*) malice; maliciousness, mischief, wickedness, roguishness, frolic, roguish trick.
**đavolisati,** *v.* to be wanton (*ili*) mischievous.
**đavolski,** *a.* devilish, diabolical, satanic, infernal.
**đavolji,** *vidi:* **đavolski.**
**đavoljstvo,** *n.* devil's trick, devilry, deviltry.
**đečerina,** *n.* waistcoat, underwaistcoat, vest.
**đeisija,** *n.* Sunday-clothes.
**đem,** *n.* curb, bit, horse-bit.
**đemija,** *n.* ship, vessel.
**đene,** *adv.* tolerably, rather, pretty.
**đeneral,** *n.* general, chief commander, chief.

**đeram,** *n.* handle-pump, draw-well.
**đerdan,** *n.* collar, necklace, necklet.
**đerdek,** *n.* home, lodging, dwelling-house, restling-place, couch.
**đerdef,** *n.* embroidering-frame, tambour.
**đerma,** *vidi:* **đeram.**
**đerz,** *n.* fellow, youth, boy.
**đida,** *n.* rogue.
**đidibaša,** *n.* arrant rogue.
**đidija,** *vidi:* **đida.**
**điknuti,** *v.* to fall, to drop, to spring, to leap, to jump, to vault; to crack, to burst.
**đilasnuti,** *v.* to run away, to escape.
**đinđuha,** *n.* *vidi:* **đinđura.**
**đinđura,** *n.* glass-pearl, bead.
**đip,** *n.* (*bilj.*) beard-grass.
**đipan,** *n.* (*bilj.*) amaranth.
**đipati,** *v.* to spring, to leap, to jump, to vault, to hop, to skip.
**đipiti,** *vidi:* **đipati.**
**đogat,** *n.* white horse.
**đogatast,** *a.* white color, white mark. target.
**đogo,** *vidi:* **đogat.**
**đoja,** *adv.* perhaps, nearly, about.
**đoknut,** *a.* dizzy, drowsy, partially intoxicated.
**đon,** *n.* sole.
**đorda,** *n.* saber, broad sword.
**đordorice,** *adv.* scarcely, hardly.
**đornuti se,** *v.* to intoxicate, to get drunk, to get tipsy.
**đubra,** *n.* a dirty, rotten woman.
**đubre,** *n.* dung, manure.
**đubrenje,** *n.* fattening, manuring.
**đubrevit,** *a.* dungy, manurable.
**đubriš,** *vidi:* **đubre.**
**đubrište,** *n.* dunghill.
**đubriti,** *v.* to manure, to dung.
**đul,** *n.* rose; bullet, cannon-ball.
**đulabija,** *n.* rose-apple; rose-gall.
**đule,** *n.* cannon-ball, bullet.
**đulimbrisim,** *n.* (*bilj.*) mimosa, sensitive plant.
**đulistan,** *n.* rose-garden, rosary.

**đuls (a),** *n.* rose-water.
**đumbir,** *n.* ginger.
**đumruk,** *n.* custom house, duty upon goods, toll, custom, duty.
**đumrukana,** *n.* custom-house.
**đumrukčija,** *n.* collector, receiver of the customs, toll-collector (*ili*) gatherer, toll-taker (*ili*) man.
**đunđiber,** *n.* (*bilj.*) currant.
**đunija,** *n.* iron rule (*ili*) square; angle-iron; T iron, T square.
**đurđevac,** *n.* (*bilj.*) May-flower, May-lily, lily of the valley, park-flower.

**đurđica,** *n.* lily of the valley.
**đuture,** *adv.* in a lump.
**đuturica,** *vidi*: **đuture.**
**đuveče,** *n.* lamb stew (*with rice and vegetables*).
**đuvegija,** *n.* bridegroom.
**đuveglija,** *vidi*: **đuvegija.**
**đuvez,** *a.* rose-colored, rosy, roseate.
**đuvezlija,** *n.* rosy silk.
**đuzel,** *a.* fine, fair, beautiful, handsome.

# E

e, ej, *interj.* hallo! say! ho! holloa!; — *conj.* for, then, because.
eben, *n.* ebon-tree, ebo.
ebenov, *a.* of ebony.
ebenovina, *n.* ebony-wood.
eda, *conj. i adv.* if, unless, whether, so.
edil, *n.* edile, surveyor.
edilski, *a.* of an edile.
edilstvo, *n.* edileship.
efendija, *n.* effendi, master; lord; Sir.
egav, *a.* crooked, curved, faulty, incorrect.
egbe, egbeta, *n.* side-bag.
egede, *n.* violin, fiddle.
egeduš, *n.* fiddler, violinist.
egije, *n.* shroud.
egoist, *n.* egoist, egotist.
egoizam, *n.* egoism.
egucati, *v.* to go slowly and lazily.
eja, *n.* owl, owlet.
ekonom, *n.* economist.
ekonomija, *n.* economy.
ekonomski, *a.* economic (al).
ekscentričan, *a.* eccentric.
ekselenca, *n.* excellency.
eksemplar, *n.* example, model, pattern, copy, image, likeness.
eksemplaran, *a.* exemplary.
ekser, *n.* nail, stud; boil.
eksikluk, *n.* departure; misfortune, disaster, adversity, ill-luck.
ekspedicija, *n.* expedition.
eksperimentirati, *v.* to experiment.
eksplodirati, *v.* to explode, to detonate.
eksplozija, *n.* explosion, detonation.
eksponent, *n.* exponent.
ekspres, *n.* express.
ekvator, *n.* equator.
ekvatorski, *a.* equatorial.
ekvinokcij, *n.* equinox.
ekvinokcijski, *a.* equinoctial.
ekvipaža, *n.* equipage.
ekzema, *n.* eczema.
elasticiteta, *n.* elasticity.
elastičan, *a.* elastic, springy.
elastičnost, *n.* elasticity, springiness.

elćija, *n.* ambassador, envoy.
elefant, *n.* elephant.
elegancija, *n.* stylishness, elegance.
električan, *a.* electric.
električar, *n.* electrician.
elektrika, *n.* electrics, electricity.
elektriziranje, *n.* electrification.
elektrizirati, *v.* to electrify, to lectrize; (*usmrtiti elektrikom*) to electrocute.
elektromagnetičan, *a.* electromagnetic.
elektrometar, *n.* electrometer.
elektromotoran, *a.* electromotive.
elektron, *n.* electron.
elektroskop, *n.* electroscope.
elemenat, *n.* element, beginnings (*pl.*), rudiments (*pl.*).
elementaran, *a.* elementary.
elipsa, *n.* ellipse.
elipsoid, *n.* ellipsoid.
eliptičan, *a.* elliptic.
elita, *n.* elite.
elizij, *n.* (*raj*) elysium.
elizijski, *a.* (*rajski*) elysian.
ema! *conj.* but! why!
emancipacija, *n.* emancipation.
enciklopedija, *n.* encyclopedia.
enćega, *n.* cramp (-iron), clasp, hook; bracket.
endek, *n.* ditch, moat.
energija, *n.* energy, vigor.
energičan, *a.* energetic, active.
energija, *n.* energy.
Engleska, *n.* England.
engleski, *a.* English.
Englez, *n.* Englishman.
enklitika, *n.* (*riječ bez naglaska*) enclitic.
eno, *interj.* see, here, there.
ep, *n.* (*junačka pjesma*) epic.
eparhija, *n.* district, government, diocese.
epičan, *a.* epic.
epidemičan, *a.* epidemic (al).
epidemija, *n.* epidemic.
epilog, *n.* epilogue.
episkop, *n.* bishop.

**episkopski,** *a.* episcopal.
**episkopstvo,** *n.* episcopacy.
**epizoda,** *n.* episode.
**epoha,** *n.* epoch, period, era.
**epski,** *a.* epic.
**era,** *n.* era, period.
**erende,** *n.* grater, plane.
**erendisati,** *v.* to plane.
**ergela,** *n.* stud.
**erlav,** *a.* crooked, curved.
**eser,** *a.* ready, prompt, prepared, apt, willing, present; — *adv.* together, jointly.
**eskadra,** *n.* squadron (*of ships*).
**ešak,** *n.* ecstacy, trance, rapture, fury.
**eškerica,** *n.* dwarf, pigmy.
**eškile,** *adv.* ably, hard, downright, heartily.
**eškut,** *n.* village-mayor.
**eter,** *n.* ether.
**eteričan,** *a.* etherical.

**etičan,** *a.* ethic.
**etika,** *n.* ethics.
**etiketa,** *n.* etiquette.
**etimolog,** *n.* etymologist.
**etimologija,** *n.* etymology.
**etimološki,** *a.* etymological.
**eto,** *vidi*: **eno,** *interj.* look, see, there.
**eufonija,** *n.* euphony, rhythm.
**eunuh,** *vidi*: **evnuh.**
**Europa,** *vidi*: **Evropa.**
**evanđelist,** *n.* evangelist.
**evanđelje,** *n.* gospel, evangel.
**evanđeoski,** *a.* evangelic (al).
**evlad,** *n.* posterity, issue, descendants, offspring.
**evnuh,** *n.* eunuch.
**evo,** *interj.* see, here, there.
**evolucija,** *n.* evolution.
**Evropa,** *n.* Europe.
**Evropljanin,** *n.* European.
**evropski,** *a.* European.

# F

**fabriciran,** *a.* fabricated, manufactured.
**fabricirati,** *v.* to manufacture, to fabricate.
**fabrika,** *n.* factory, mill, shop.
**fabrikacija,** *n.* fabrication, manufacturing.
**fabrikant,** *n.* manufacturer.
**fagot,** *n.* (*glazbalo*) bassoon.
**fajda,** *n.* profit, utility, gain, interest.
**fakat,** *n.* fact.
**faktično,** *adv.* in fact, really.
**faktor,** *n.* factor.
**faktura,** *n.* invoice, bill.
**fakultet,** *n.* department; faculty.
**fakultativan,** *a.* facultative, optional.
**fala,** *n.* thanks.
**falanga,** *n.* band of soldiers, battalion.
**falinga,** *n.* fault, error, mistake, blunder.
**faliti,** *v.* to miss, to be wanting, to fail, to be in need of, to want.
**familija,** *n.* family.
**familijaran,** *a.* familiar, acquainted.
**familijarnost,** *n.* familiarity.
**familijaz,** *n.* school-janitor.
**fanfara,** *n.* fanfare; a noisy parade.
**fanatičan,** *a.* fanatical.
**fanatik,** *n.* fanatic.
**fanatizam,** *n.* fanaticism.
**fanfan,** *n.* pilot-fish.
**fantasta,** *ń.* fantastic, silly (*ili*) foolish person.
**fantastičan,** *a.* fantastic, imaginative, romantic, queer, odd.
**fantazija,** *n.* fantasy, fancy, imagination, dream.
**fantom,** *n.* phantom, delusion.
**fara,** *n.* stern (*ili*) poop; parish.
**farba,** *vidi:* **boja.**
**farizej,** *n.* pharisee.
**farizejski,** *a.* pharisaic (al).
**farizejstvo,** *n.* hypocrisy, pharisaism.
**fatalizam,** *n.* fatalism.
**faun,** *n.* (*bog šume*) faun.
**faza,** *n.* phase, phasis.

**fazan,** *n.* pheasant.
**federacija,** *n.* federation.
**federalista,** *n.* federalist.
**februar,** *n.* February.
**fela,** *n.* sort, kind.
**fenomen,** *n.* phenomenon.
**fenomenalan,** *a.* phenomenal.
**fenjer,** *n.* lantern.
**ferman,** *n.* proclamation, edict.
**fermen,** *n.* waistcoat, vest.
**ferment,** *n.* ferment.
**fes,** *n.* fez.
**feslingen,** *n.* (*bilj.*) sweet basil.
**feudalizam,** *n.* feudalism.
**fićfirić,** *n.* dandy, coxcomb, masher.
**fićukati,** *v.* to pipe, to whistle.
**fijaker,** *n.* cab, coach, hack.
**fijoka,** *n.* table-case.
**fijukati,** *vidi:* **fićukati.**
**filantrop,** *n.* philanthropist.
**filantropičan,** *a.* philanthropic.
**filantropija,** *n.* philanthropy.
**filareta,** *n.* balustrade, banister.
**fildiš,** *n.* ivory.
**fildžan,** *n.* shell; peel; dish; bowl, saucer.
**fileki,** *n.* tripe.
**filir,** *n.* doit, farthing.
**filoksera,** *n.* phylloxera.
**filolog,** *n.* philologist.
**filologija,** *n.* philology.
**filološki,** *a.* philologic (al).
**filozof,** *n.* philosopher.
**filozofija,** *n.* philosophy.
**filozofirati,** *v.* to philosophize.
**filj,** *n.* elephant.
**fin,** *a.* fine, genteel, graceful, lady-like, handsome.
**financ,** *n.* revenue officer.
**financija,** *n.* finance.
**financijalan,** *a.* financial.
**financiranje,** *n.* financing.
**financirati,** *v.* to finance.
**findika,** *n.* shoot, sprout, scion.
**fino,** *adv.* finely, nicely, gracefully.
**finoća,** *n.* fineness, gentility, niceness.

**firma,** *n.* (*tvrtka*) firm; (*crkveni obred*) confirmation.
**fiska,** *n.* shouts (*of joy*), shouting.
**fiskati,** *vidi:* **fićukati.**
**fišek,** *n.* cartridge.
**fišekluk,** *n.* cartridge-belt.
**fiškal,** *n.* attorney (-at-law), lawyer, advocate.
**fištati,** *v.* to neigh.
**fitilj,** *n.* wick, linstock.
**fizičar,** *n.* physicist.
**fizički,** *a.* physical.
**fizika,** *n.* physics.
**fizikalan,** *a.* physical.
**fiziologija,** *n.* physiology.
**fiziološki,** *a.* physiological.
**fizionomija,** *n.* physiognomy.
**fižlin,** *vidi:* **vižle.**
**flaner,** *n.* flannel.
**flaša,** *n.* bottle, flask.
**flauta,** *n.* flute.
**flegma,** *n.* phlegm.
**flegmatičan,** *a.* phlegmatic (al).
**flegmatično,** *adv.* phlegmatically.
**flota,** *n.* navy, fleet.
**flotila,** *n.* flotilla.
**flundra,** *n.* whore, prostitute.
**fonetičan,** *n.* phonetic.
**fonetika,** *n.* phonetics.
**fonograf,** *n.* phonograph.
**fonogram,** *n.* phonogram.
**forela,** *n.* trout (*fish*).
**forint**(a), *n.* florin.
**forma,** *n.* shape, form, figure, fashion, model, pattern.
**formalan,** *a.* formal.
**formalnost,** *n.* formality.
**format,** *n.* form.
**formula,** *n.* formula, rule.
**formular,** *n.* formulary.
**fosfat,** *n.* phosphate; — **kalcijski fosfat,** phosphate of lime.
**fosfid,** *n.* phosphide.
**fosfor,** *n.* phosphorus.
**fosforast,** *a.* phosphorous; — **kiselina,** phosphorous acid.
**fosforni,** *a.* phosphoric; **fosforna kiselina,** phosphoric acid.
**fotograf,** *n.* photographer.
**fotografija,** *n.* photograph, photo.
**fotografirati,** *v.* to photograph.
**fotografovati,** *vidi:* **fotografirati.**
**fotografski,** *a.* photographic.

**frak,** *n.* frock-coat.
**franjevac,** *n.* Franciscan, Grey-friar.
**fras,** *n.* spasm, convulsion.
**fratar,** *n.* friar, monk, brother.
**fraza,** *n.* phrase.
**frazeologija,** *n.* phraseology.
**frcati,** *v.* to spatter.
**frčati,** *v.* to blow, to snort, to wheeze.
**fregata,** *n.* frigate.
**frenga,** *n.* syphilis.
**frenolog,** *n.* phrenologist.
**frenologija,** *n.* phrenology.
**frflja,** *n.* tattler.
**frfljati,** *v.* to prattle, to chatter.
**frigan,** *a.* fried.
**friganje,** *n.* frying.
**frigati,** *v.* to fry.
**frišak,** *a.* fresh, new.
**friško,** *adv.* freshly, quickly, swiftly.
**frka,** *n.* rattling, humming (*of a wheel*), purr (*of a cat*).
**frkanje,** *n.* rolling, winding.
**frkati,** *v.* to roll (*up*), to wind; to rattle; (*o mački*) to purr.
**frkunić,** *n.* boy, lad.
**frlesija,** *n.* severe cold.
**frljati,** *v.* to throw, to cast, to fling.
**frnjoka,** *n.* fillip (*on the nose*).
**frsnuti,** *v.* (*o puški*) to miss fire.
**frtalj,** *n.* quarter.
**frula,** *n.* flute.
**frulaš,** *n.* flute-player.
**frulati,** *v.* to play flute.
**frus**(in), *n.* measles (*pl.*), German measles (*pl.*).
**fučkalica,** *n.* whistle.
**fučkanje,** *n.* whistling.
**fučkati,** *v.* to whistle.
**fudljika,** *n.* (*bij.*) gelder-rose.
**fukara,** *n.* bum; (*svjetina*) rabble, mob.
**fuksija,** *n.* fuchsia.
**fulati** (se), *v.* to sneak, to steal, to glide, to slink.
**funta,** *n.* pound.
**furati,** *v.* to throw, to cast, to fling.
**furija,** *n.* fury.
**furuna,** *vidi:* **peć.**
**futač,** *n.* hoopoe.
**futavac,** *n.* (*ptica*) lapwing.
**futirati se,** *v.* to fear, to dread, to respect, to mind, to esteem.

# G

**ga,** *pron.* *(njega)* him.
**gabela,** *n.* market place.
**gacati,** *v.* to wade.
**gačac,** *n.* little crow.
**gaćan,** *n.* rough-footed pigeon.
**gaće,** *n.* drawers, under-pants.
**gaćnik,** *n.* drawer's band, belt, string.
**gad,** *n.* dirt, soil, filth, obscenity, rubbish, mischief, repugnance, nastiness.
**gadan,** *a.* loathsome, disgusting, mawkish, dirty, filthy, sordid, obscene, unclean, impure, nasty, ugly, naughty, abominable.
**gadara,** *n.* saber, sword.
**gaditi (se),** *v.* to be disguted with, to render loathsome, to take a dislike to.
**gadlje,** *n.* bag-pipe.
**gadljiv,** *a.* repulsive, discouraging, forbidding, nauseous, loathsome, disgusting, disagreeable.
**gadljivost,** *n.* weariness, irksomeness, tediousness, disgust.
**gađanje,** *n.* aiming; pointing, shooting.
**gađati,** *v.* to aim, to take aim, to point.
**gađenje,** *n.* weariness, irksomeness, tédiousness, disgust.
**gagak,** *n.* eider (-duck).
**gagalica,** *n.* crow.
**gagat,** *n.* agate.
**gagrica,** *n.* *(moljac)* tiny moth; *(škrtac)* niggard, miser.
**gagričav,** *a.* *(crvljiv)* worm-eaten, rotten, maggoty; *(škrt)* avaricious, covetous, sordid, mean, niggard.
**gaj,** *n.* grove, wood, forest, copse.
**gajba,** *n.* cage, bird-cage, aviary.
**gajdaš,** *n.* bag-piper.
**gajde,** *n.* bag-pipe.
**gajenje,** *n.* culture, cultivation.
**gajiti,** *v.* to cultivate, to foster, to nurse, to take care of, to attend to.
**gajski,** *a.* pertaining to a wood *(ili)* forest, woody, wild, pastoral, rural.
**gajtan,** *n.* string, cord, lace.

**gak,** *n.* heron.
**gaka,** *n.* croaking, groaning.
**gakanje,** *n.* croaking; cry, outcry, scolding.
**gakati,** *v.* to croak, to groan, to quack, to cackle, to gabble, to chatter.
**gakuša,** *n.* crow, cackling goose.
**galama,** *n.* disorder, irregularity, confusion, noise, din, alarm.
**galamiti,** *v.* to yell, to scream, to make a noise.
**galčina,** *n.* primrose; lung-wort.
**galeb,** *n.* sea-gull, sew-mew.
**galebak,** *vidi*: **galeb.**
**galerija,** *n.* gallery, loft.
**galiba,** *n.* inconvenience, trouble.
**galica,** *n.* vitriol; copperas.
**galicati,** *v.* to tickle.
**galičast,** *a.* black.
**galični,** *a.* vitriolic.
**galić,** *n.* raven.
**galija,** *n.* galley.
**galijaš,** *n.* galley-slave.
**galin,** *n.* black horse.
**galon,** *n.* gallon.
**galoše,** *n.* rubbers, galoshes.
**galovran,** *n.* black crow.
**galvanizam,** *n.* galvanism, voltaism.
**galvanizati,** *v.* to galvanize.
**galvanski,** *a.* galvanic.
**galjuk,** *a.* dainty, sweet-toothed, greedy.
**gamad,** *n.* vermin, reptiles, worms *(pl.).*
**gamba,** *n.* yellow resin.
**gambati,** *v.* to waddle.
**gamizanje,** *n.* creeping, crawling.
**gamizati,** *v.* to creep, to crawl.
**gamziti,** *vidi*: **gamizati.**
**gamženje,** *vidi*: **gamizanje.**
**ganka,** *n.* riddle, enigma, mystery.
**ganuče,** *n.* emotion, agitation, tenderness.
**ganut,** *a.* moved, affected, agitated.

**ganuti (se),** *v.* to stir, to move, to touch; to bestir oneself, to excite, to make tender, to affect.

**ganutljiv,** *a.* pathetic, touching; moving, affecting, impressive.

**ganutljivost,** *n.* emotion, touchiness.

**ganjati,** *v.* to pursue, to persecute.

**gar,** *n.* soot, dirt, soil, filth.

**garancija,** *n.* guarantee, solemn promise, security, wager at law.

**garantirati,** *v.* to guarantee.

**garav,** *a.* black, sooty, dusky, swarthy.

**garavije,** *n.* pink, gillyflower.

**garavuša,** *n.* dark person, brunette.

**garbač,** *n.* water-cress.

**garbin,** *n.* hurricane, stormy wind, tempest (*na moru*).

**garda,** *n.* guard.

**garderoba,** *n.* wardrobe, tiring.

**gardist,** *n.* guardsman.

**gardun,** *n.* thistle.

**gargača,** *n.* card, carding-comb.

**gargaša,** *vidi:* **gargača.**

**gargati,** *v.* to card, to comb, to tease.

**gargija,** *n.* lance, spear.

**garište,** *n.* place of fire; fire-place.

**gariti,** *v.* to make sooty, to blacken, to stain, to defame.

**garnitura,** *n.* suite, garniture.

**garonja,** *n.* black bull (*ili*) steer.

**garov,** *n.* black dog.

**garuša,** *n.* black sheep.

**gas,** *n.* gas.

**gasilac,** *n.* fireman, extinguisher, quencher.

**gasilo,** *vidi:* **gasilac.**

**gasiti,** *v.* to extinguish; (*vapno*) to slake lime; (*žedu*) to quench, to stifle.

**gasivatra,** *n.* fireman.

**gašenje,** *n.* extinguishment; quenching.

**gat,** *n.* weir, dam, dyke.

**gatalac,-ica,** *n.* fortune-teller, sybyl, soothsayer, augur.

**gatalinka,** *n.* tree-frog.

**gatalo,** *n.* diviner, soothsayer, fortuneteller.

**gatanje,** *n.* divination, soothsaying, augury, prediction, foreboding.

**gatar,** *vidi:* **gatalo.**

**gatati,** *v.* to tell fortunes, to prophesy, to foretell.

**gatiti,** *v.* to dam.

**gatka,** *n.* fable, myth.

**gatnja,** *n.* narrative, tale, story.

**gatnjik,** *n.* knee-band; garter.

**gaun,** *n.* (*riba*) atherine.

**gavan,** *n.* rich-man, nabob.

**gavčica,** *n.* (*riba*) menow, minnow.

**gavez,** *n.* comfrey.

**gavijal,** *n.* crocodile.

**gavka,** *n.* eider-duck.

**gavon,** *n.* (*riba*) atherine.

**gavran,** *n.* raven.

**gavranov,** *a.* raven.

**gaz,** *n.* ford.

**gazač,** *n.* treader, pressman.

**gazda,** *n.* landlord, father of the family.

**gazdaluk,** *n.* power, means; faculty, property, fortune, abilities, wealth, independency.

**gazdarica,** *n.* house-wife, house-keeper, hostess.

**gazdovanje,** *n.* housekeeping.

**gazdovati,** *v.* to manage, to keep house, to keep an inn.

**gazi,** *n.* hero.

**gazija,** *n.* (*bilj.*) mimosa, sensitive plant.

**gazilac,** *n.* wader, tramper.

**gazimir,** *n.* cassimire, kerseymere; cashmere.

**gaziti,** *v.* to wade, to tread; to trample, to oppress.

**gaženje,** *n.* wade, suppressing, treading, trampling.

**gdje,** *adv.* where; when, as soon as, after that; wherewith.

**gdjegdje,** *adv.* here and there, dispersedly, now and then, up and down.

**gdjegod,** *adv.* anywhere.

**gdjekad,** *adv.* sometimes, once in a while.

**gdjekoji,** *a.* several, many, various, some, different, many things.

**gdje-mu-drago,** *adv.* wherever, anywhere.

**gdješto,** *adv.* anything.

**gđe,** *vidi:* **gdje.**

**geačina,** *n.* clod-hopper, codger, churl.

**geački,** *a.* rustic, rural, clownish, rude, coarse, grossly, uncivil, unpolished, palpable, vulgar.

**geak,** *n.* clown, churl, boor; peasant.

**gedža,** *n.* dwarf; branch, bough; twig.

**gedžav,** *a.* dwarfish, pygmean.

**gegač,** *n.* clasp-knife.

**gegati,** *v.* to shake, to totter, to reel, to stagger, to waver, to be irresolute.

**gegavac,** *n.* saunterer, lounger, jogger.

**gege,** *n.* violin.

**geika,** *n.* roe.

**gem,** *n.* pelican.

**general,** *n.* general.

**generalan,** *a.* general.

**generalno,** *adv.* generally.

**generalski,** *a.* general.

**genij,** *n.* genius, talent; demon.

**genijalan,** *a.* intellectual; remarkable; talented.

**geograf,** *n.* geographer.

**geografija,** *n.* geography.

**geolog,** *n.* geologist.

**geologija,** *n.* geology.

**geologijski,** *a.* geological.

**geometar,** *n.* (*mjernik*) geometer, geometrician.

**geometričan,** *a.* geometric (al); lineal.

**geometrija,** *n.* (*mjerstvo*) geometry.

**geslo,** *n.* motto, parole, watchword, catchword.

**gibak,** *a.* flexible, supple, pliant.

**giban,** *a.* desirous, longing (*for*), covetous.

**gibanica,** *n.* cake, pie.

**gibanje,** *n.* movement, circulation, motion, ambulation.

**gibati (se),** *v.* to move, to stir, to shake, to affect, to bestir oneself, to agitate, to excite, to be moved.

**gibiv,** *a.* movable, flexible, yielding.

**gibljivost,** *n.* movableness, flexibility, pliability.

**gicati se,** *v.* to dangle, to swing.

**gigalje,** *n.* stilts (*pl.*), wooden legs.

**giljika,** *n.* tulip.

**gimnastički,** *a.* gymnastic.

**gimnastika,** *n.* gymnastic.

**gimnazija,** *n.* gymnasium, high-school, college, academy.

**gimnazijalac,** *n.* high-school (*ili*) college student.

**gingalo,** *n.* weakling; imbecile.

**gingav,** *a.* lazy, inert, idle, indolent.

**ginuti,** *v.* to perish, to die, to be destroyed, to fail, to be lost; (*čamiti*) to languish; to pine; (*žudjeti*) to long for, to desire, to wither.

**gipkati (se),** *v.* to tremble, to quake, to shiver.

**gipkost,** *n.* flexibility, pliability, suppleness.

**gips,** *n.* (*sadra*) gypsum, parget.

**girica,** *n.* atherine.

**gitara,** *n.* guitar.

**gizda,** *n.* (*ponos*) pride, flaunt, charm, grace, beauty, ornament.

**gizdati se,** *v.* to be proud, to flaunt, to parade, to strut, to deck oneself, to make a show, to boast.

**gizdav,** *a.* proud, haughty, arrogant; bold.

**gizdavo,** *adv.* haughtily, proudly, boldly, arrogantly.

**gizdelin,** *n.* dandy; fop, fashionable man.

**glabati,** *v.* to gnaw, to rankle.

**glačati,** *v.* to polish, to smoothe, to gloss.

**glačina,** *n.* smoothness, slipperiness, polish, gloss.

**glad,** *n.* hunger, starvation, sharpness.

**gladak,** *n.* smooth, even, polished, plain, slippery.

**gladan,** *a.* hungry, starving.

**gladčalo,** *n.* flat-iron.

**gladijator,** *n.* gladiator, swordsman, fighter.

**gladijatorski,** *a.* gladiatorial.

**gladilac,** *n.* smoother, planisher, polisher.

**gladilica,** *n.* whetstone.

**gladilo,** *n.* flat-iron; tailor's goose.

**gladiluk,** *n.* (*bilj.*) meadow-saffron, naked lady, colchicum.

**gladionica,** *n.* pressing room.

**gladiš,** *n.* starveling; needy wretch, niggard, miser.

**gladišika,** *n.* rest-harrow, petty whin, cammock.

**gladiti (se),** *v.* to polish, to smooth, to gloss, to level; (*milovati*) to caress, to fondle, to fawn upon, to pat, to wheedle; (*rublje*) to iron, to press.

**gladnik,** *n.* starveling, needy wretch, niggard, miser.

**gladniti,** *vidi:* **gladnjeti.**

**gladnjeti,** *v.* to become hungry, to starve.

**gladovanje,** *n.* starvation, hunger, famine; greediness.

**gladovati,** *v.* to starve, to hunger, to be hungry.

**gladun,** *n.* dashing fellow, beau, fop, coxcomb, affected booby.

**gladuš,** *n.* starveling, needy wretch, niggard, miser.

**glađa,** *n.* hunger, starvation.

**glađan,** *a.* hungry, starved.

**glađenje,** *n.* smoothing, polishing.
**glagol,** *n.* verb.
**glagolica,** *n.* old Croatian script.
**glagolski,** *a.* verbal.
**glamaza,** *n.* conjurer, juggler, sharper, impostor.
**glamnja,** *vidi*: **glavnja.**
**glamoč,** *n.* loach, groundling (*fish*).
**glangolić,** *n.* nettle-tree, celtis, hackberry.
**glas,** *n.* sound, voice, tone, sonant; (*novost*) news, rumor; (*glazbe*) tune; (*brzojava*) message; (*kod izbora*) vote, suffrage; return; (*poštenja*) reputation.
**glasač,** *n.* voter, elector, constituent.
**glasak,** *vidi*: **glas.**
**glasan,** *a.* loud, audible, noisy, sonorous.
**glasanje,** *n.* voting; election.
**glasati (se),** *v.* to vote, to be reported (*ili*) rumored, to divulge.
**glasilnice,** *n.* vocal ligament.
**glasilo,** *n.* (*glas, časopis, novine*) organ, dispatch, journal, newspaper, day-book.
**glasina,** *n.* rumor, report, news.
**glasit,** *a.* famous, celebrated, well-known, renowned.
**glasiti (se),** *v.* to announce, to sound, to resound, to inform, to advise, to notify, to make known, to declare.
**glasni,** *a.* phonetic.
**glasnica,** *n.* messenger, carrier, runner, forerunner, glottis.
**glasnik,** *n.* messenger, courier, postboy, express messenger.
**glasno,** *adv.* aloud, loudly.
**glasnoća,** *n.* loudness.
**glasnost,** *n.* vocality.
**glasnuti,** *v.* to call, to cry; (-se) to announce oneself.
**glasonoša,** *n.* messenger, herald, courier, runner, footman.
**glasovalac,** *n.* voter, constituent.
**glasovanje,** *n.* voting, vote, balloting; suffrage.
**glasovati,** *v.* to vote; to ballot.
**glasovir,** *n.* piano, pianoforte, clavier.
**glasovirač,** *n.* pianist.
**glasovit,** *a.* famous, celebrated, renowned, illustrious, memorial.
**glasovito,** *adv.* renownedly, famously.
**glasovitost,** *n.* celebrity, renown.
**glasovni,** *a.* vocal.

**glasovnica,** *n.* ballot; (*žara*) ballot-box.
**glava,** *n.* head, top; (*novca*) obverse; (*pisma*) heading; (*poglavlje*) chapter.
**glavač,** *n.* bull-head, miller's thumb.
**glavan,** *a.* principal, prime, chief, essential, main, cardinal, important.
**glavar,** *n.* chief, head, leader, commander, foreman, principal, marshal, president.
**glavarica,** *n.* lady principal, lady superior.
**glavarina,** *n.* poll-tax, capitation.
**glavat,** *a.* capitate.
**glavatica,** *n.* (*šalata*) cabbage-lettuce.
**glavčina,** *n.* nave, hub (*of a wheel*).
**glavica,** *n.* knoll, summit, top, ridge.
**glavičast,** *a.* vaulted, arched.
**glavičati se,** *v.* to grow to a round head, to cabbage.
**glavina,** *n.* nave, hub (*od kola*).
**glavit,** *a.* fine, fair, beautiful, handsome, magnificent, splendid.
**glaviti,** *v.* to fix, to settle, to appoint, to shut.
**glavni,** *a.* vital, substantial, primary, principal; — **crkva,** cathedral; — **knjiga,** ledger; — **stvar,** main thing, principal thing; — **grad,** capital, metropolis; — **poštanski ured,** general post office; — **ured, stan,** headquarters.
**glavnica,** *n.* capital, stock, resource.
**glavničar,** *n.* capitalist.
**glavničav,** *a.* blighted, blasted, smutty.
**glavnina,** *n.* capital.
**glavno,** *adv.* principally, mainly; — **zastupstvo,** general agency.
**glavnja,** *n.* piece of wood, billet, beam, rafter.
**glavobolja,** *n.* headache, megrim.
**glavoč,** *n.* (*bilj.*) globe-thistle.
**glavonja,** *n.* big head.
**glavosijek,** *n.* decolation, decapitation, lopping off.
**glavrnjati,** *v.* to stroll about, to wander, to roam, to rove, to be unsteady, to disgress.
**glavurdan,** *n.* big head.
**glavurdast,** *a.* big headed.
**glazba,** *n.* music.
**glazbalo,** *n.* musical instrument.
**glazben,** *a.* musical, instrumental, rhythmic (al).

**glazbenik,** *n.* musician, musical composer.

**glazbilo,** *vidi*: **glazbalo.**

**glazbotvor,** *n.* composition, construction.

**glazbotvorac,** *n.* composer, compositor.

**glazbovati,** *v.* to make music.

**gle!** *interj.* look! see! lo!

**gled,** *n.* glance, look, view, appearance.

**gledac,** *n.* eyeball, pupil.

**gledalac,** *n.* spectator, looker-on, viewer.

**gledalica,** *n.* female beholder (*ili*) observer.

**gledalište,** *n.* theater, stage, playhouse.

**gledanje,** *n.* looking.

**gledati,** *v.* to view, to behold, to gaze, to see, to look, to try, to consider, to examine.

**glede,** *adv.* as to, touching, concerning, in regard to, towards.

**gledište,** *n.* standpoint, stage, scene.

**glednica,** *n.* beaver, visa.

**gleđa,** *n.* varnish, gloss, enamel, litharge, japan.

**gleđeisati,** *v.* to varnish, to japan, to polish, to glaze, to enamel.

**gležanj,** *n.* ankle, joint.

**glib,** *n.* mud, dirt, mire, slime.

**glibav,** *a.* miry, muddy, dirty, puddly.

**glibovit,** *vidi*: **glibav.**

**glibovitost,** *n.* sliminess.

**glijeto,** *n.* chisel.

**glina,** *n.* clay; argillaceous earth.

**glinac,** *n.* argillaceous sandstone.

**glinast,** *a.* clayey.

**glindura,** *n.* gland, almond.

**glinen,** *vidi*: **glinast.**

**glista,** *n.* maw-worm, belly-worm, grub; earth-worm.

**glistomor,** *n.* worm-seed.

**gliznjača,** *n.* (*bilj.*) truffle, pig-nut.

**globa,** *n.* fine, forfeit, mulct, pecuniary penalty.

**globar,** *n.* extortioner, extorter, exactor.

**globiti,** *v.* to fine, to inflict, to extort, to exact, to oppress, to vex.

**globljenje,** *n.* extortion, peculation.

**globus,** *n.* globe.

**gloca,** *vidi*: **glodva.**

**glockati,** *vidi*: **glodati.**

**glocnuti,** *v.* to nibble, to bite, to take the bait.

**glodanje,** *n.* gnawing, nibbling.

**glodar,** *n.* rodent.

**glodati,** *v.* to gnaw, to nibble, to pick, to corrode, to eat, to torment, to ruin.

**glodavac,** *n.* rodent, gnawer.

**glodnjaci,** *n.* rodents (*pl.*).

**glodva,** *n.* (*breskva*) smooth peach.

**glog,** *n.* (*bilj.*) white-thorn, hawthorn, May-bloom.

**gloginja,** *n.* (*bilj.*) maple, palma Christi.

**glogić,** *n.* (*bilj.*) hawthorn, white thorn.

**glogovina,** *n.* white-thorn wood, hawthorn-wood.

**glomot,** *n.* noise, bustle.

**glomotati,** *v.* to racket, to rattle, to bluster.

**gloščić,** *vidi*: **glogić.**

**glošje,** *n.* burr, burdock.

**glota,** *n.* poor man, beggar, beggarwoman; (*obitelj*) family, race, relation; house, household.

**gložiti se,** *v.* to quarrel, to dispute.

**gložnjak,** *n.* hawthorn forest.

**gluh,** *a.* deaf; **gluha nedelja,** Passion Sunday.

**gluhač,** *n.* pigeon, dove.

**gluhak,** *n.* deaf man (*ili*) woman.

**gluhnuti,** *v.* to become deaf.

**gluho,** *vidi*: **gluhak.**

**gluhoća,** *n.* deafness.

**gluhonijem,** *a.* deaf and dumb; deaf-mute.

**gluhota,** *n.* deafness.

**gluma,** *n.* (*igrokaz*) play, drama, spectacle.

**glumac,** *n.* actor, stager, player.

**glumica,** *n.* actress.

**glumište,** *n.* theater, stage, playhouse.

**glumiti,** *v.* to act, to perform, to play.

**glumljenje,** *n.* acting, performing playing.

**glunuti,** *vidi*: **gluhnuti.**

**glup,** *a.* stupid, foolish, silly, dumb, witless, ignorant.

**glupak,** *vidi*: **glupan.**

**glupan,** *n.* dunce, simpleton, awkward fellow.

**glupo,** *adv.* stupidly, foolishly.

**glupost,** *n.* foolishness, stupidity, thoughtlessness, silliness; blunder, nonsense.

**gluv,** *vidi:* **gluh.**

**gljiva,** *n.* mushroom, fungus.

**gmaz,** *n.* reptile, crawler.

**gmeždati,** *v.* to crush, to bruise, to crumple.

**gmiza,** *n.* glass-pearl, bead.

**gmizalac,** *n.* reptile, crawler.

**gmizanje,** *n.* crawl (ing), creeping.

**gmizati,** *v.* to squirm, to sneak, to creep, to crawl, to cringe.

**gmizavac,** *n.* reptile, sycophant, toad-eater.

**gnati,** *vidi:* **goniti.**

**gnijezditi (se),** *v.* to nestle, to put to set, to nest, to build and occupy aerie.

**gnijezdo,** *n.* nest; aerie, threshing-floor.

**gniježđenje,** *n.* nestling.

**gnoj,** *n.* (*dubre*) dung, manure; dung-hill, pasture; (*sukrvica*) pus, matter.

**gnojan,** *a.* purulent, ulcerous.

**gnojanica,** *n.* pustule, pimple, abscess.

**gnojav,** *a.* purulent.

**gnojavica,** *vidi:* **gnojanica.**

**gnojenje,** *n.* ulceration, suppuration.

**gnojište,** *n.* dung-hole, dung-pit.

**gnojiti,** *v.* to manure, to dung; (-se) to suppurate, to ulcerate.

**gnojnica,** *n.* pustule, abscess; dung-hole, dung-pit.

**gnojnost,** *n.* ulcerousness.

**gnus,** *n.* dirt, soil, filth, obscenity.

**gnusan,** *a.* dirty, filthy, sordid, obscene; loathsome, disgusting, mawkish, frightful, hideous, abominable.

**gnusiti (se),** *v.* to soil, to get dirty, to make dirty, to feel disgusted.

**gnusnica,** *n.* dirty (*ili*) nasty woman.

**gnusnik,** *n.* dirty fellow, sloven.

**gnusnost,** *n.* nausea, disgust, aversion, dislike.

**gnusoba,** *n.* dirtiness, nastiness, filthiness, obscenity; disgust, dislike, nausea.

**gnušati (se),** *vidi:* **gnusiti (se).**

**gnjat,** *n.* shin (-bone).

**gnjaviti,** *v.* to press, to squeeze, to oppress, to vex, to plague, to trouble, to torment.

**gnjavljenje,** *n.* oppression, suffocation.

**gnjecati,** *vidi:* **gnječiti.**

**gnjecav,** *a.* limy, sticky, viscous, glutinous, clammy.

**gnječalica,** *n.* press, press-house, wine-press, squeezer.

**gnječenje,** *n.* pressing, squeezing; kneading, contusion.

**gnječilo,** *vidi:* **gnječalica.**

**gnječiti,** *v.* to press, to squeeze, to impress, to knead, to squash, to bruise, to wring.

**gnjedovka,** *n.* (*ruda*) brown iron-ore.

**gnjesti (se),** *v.* to press, to squeeze, to throng.

**gnjetao,** *n.* (*fazan*) pheasant.

**gnjev,** *n.* wrath, anger, ire, rage, fury, spite, indignation, passion, exasperation, animosity, wrathfulness.

**gnjevan,** *a.* wrathful, angry, furious, mad.

**gnjevetalo,** *n.* stammerer, stutterer.

**gnjevetati,** *v.* to stammer, to stutter.

**gnjeviti (se),** *v.* to anger, to make angry, to grieve, to afflict, to offend, to be grieved, to be displeased, to be sorry, to be angry, to grumble, to quarrel.

**gnjevljiv,** *a.* hasty, passionate, irascible, quick tempered, choleric.

**gnjevno,** *adv.* wrathfully.

**gnjezdašce,** *n.* little nest.

**gnjida,** *n.* nit.

**gnjidav,** *a.* nitty.

**gnjidavac,** *n.* nitty fellow.

**gnjila,** *n.* potter's clay.

**gnjilast,** *a.* clayey, loamy.

**gnjilež,** *n.* rottenness, brown-rust, putrefaction.

**gnjiliti,** *v.* to rot, to putrefy.

**gnjiloća,** *n.* rottenness, putrefaction, decomposition, corruption.

**gnjio,** *a.* rotten, putrefied.

**gnjiti,** *v.* to rot, to putrefy.

**gnjurac,** *n.* (*ptica*) plungeon, sea-diver; (*čovjek*) diver.

**gnjuriti,** *v.* to plunge, to dive, to dip, to immerse.

**gnjus,** *vidi:* **gnus.**

**go,** *a.* (*goli*) naked, bare, nude, unclothed; blank, smooth.

**gobela,** *n.* felly.

**gobinja,** *n.* (*bilj.*) climber, creeper, winder.

**goč,** *n.* drum.

**gočobija,** *n.* drummer.

**god,** *n.* (*rodendan*) birthday, anniversary; —*adv.* ever.
**goder,** *adv.* ever.
**godimice,** *adv.* annually, yearly, every year.
**godina,** *n.* year; — **prestupna,** leap-year.
**godišnjak,** *n.* yearling, annals (*pl.*); year-book.
**godišnje,** *adv.* yearly; - **doba,** season.
**godišnji,** *a.* yearly, annual, anniversary, perennial.
**godišnjica,** *n.* anniversary.
**godište,** *n.* year, twelvemonth.
**goditi,** *v.* to please, to be liked, to agree, to be agreeable, to give pleasure; (*pričinjati se*) to seem, to appear, to come out, to make a show; to happen.
**godovati,** *v.* to celebrate, to solemnize.
**godovno,** *n.* name-day, anniversary, birthday.
**godovnjak,** *n.* celebrant, jubilarian.
**god, gode,** *vidi*: **god.**
**goga,** *n.* mason, bricklayer.
**goj,** *n.* education, bringing-up; nourishment, maintenance.
**gojan,** *a.* plump, fat, corpulent, well-fed.
**gojen,** *a.* cultivated, polished, elegant.
**gojenac,** *n.* pupil, scholar, foster-child.
**gojenje,** *n.* breeding, breed, discipline, education, modesty; rearing, fostering, raising.
**gojidba,** *n.* cultivation, education, bringing up.
**gojilište,** *n.* nursery, boarding-school.
**gojitelj,** *n.* fosterer, nurser; raiser, educator.
**gojiti,** *v.* to cultivate, to raise, to educate, to nourish, to nurse, to foster, to feed.
**gol,** *vidi*: **go.**
**golac,** *n.* (*riba*) mackerel; scorch.
**golać,** *n.* ragamuffin; sansculotte, ultra republican; (*dobrovoljac*) volunteer; obstinate person.
**golcat,** *a.* stark-naked.
**golem,** *a.* great, large, big, tall, immense, enormous, colossal, gigantic, monstrous.
**golemost,** *n.* enormity, tremendousness, vastness, greatness.
**goletan,** *a.* bald; sterile, barren, unfruitful, vain, farrow.

**goletica,** *n.* callow.
**golicati,** *v.* to tickle.
**golicav,** *a.* ticklish, touchy.
**golić,** *n.* nestling, callow bird; baby.
**golijen,** *n.* shin (-bone), tibia.
**gološav,** *a.* naked, bare, nude.
**golobrad,** *a.* beardless, smooth-faced, unbearded.
**golobradica,** *n.* lack-beard.
**gologlav,** *a.* bareheaded, uncovered.
**gologuzan,** *n.* penniless person, poor devil.
**goloigra,** *n.* puff, humbug; swaggerer.
**golokud,** *n.* maize, Indian corn.
**golokudnica,** *n.* corn-bread.
**golomrazica,** *n.* frost.
**golonog,** *a.* barefoot.
**goloruk,** *a.* barehanded.
**golota,** *vidi*: **golotinja.**
**golotinja,** *n.* nudity, nakedness.
**golov,** *vidi*: **gologuzan.**
**golub,** *n.* pigeon, dove; — **listonoša,** homing pigeon, carrier pigeon.
**golubak,** *vidi*: **golub.**
**golubar,** *n.* hawk.
**golubarstvo,** *n.* breeding of pigeons.
**golubast,** *a.* pertaining to a dove (*ili*) pigeon, columbine.
**golubica,** *n.* dove, a hen pigeon.
**golubić,** *n.* young pigeon.
**golubinac,** *n.* rock-ray.
**golubinjak,** *n.* pigeon house, dove house, columbary; pigeon-coop.
**golubinji,** *a.* columbine.
**golubnjača,** *n.* pit, ditch, mine.
**golupče,** *n.* little pigeon.
**golušav,** *a.* unfledged, glabrous, flumeless, naked, bare, nude.
**goluzniti,** *v.* to rob, to deprive, to bereave.
**goluždrav,** *a.* flumeless, unfledged.
**goljenica,** *n.* shin (-bone).
**goljo,** *n.* starveling (*ili*) needy wretch, poor devil.
**goljuždrav,** *vidi*: **goluždrav.**
**goljuždriti,** *v.* to cry, to scream, to call out.
**gomba,** *n.* button, pommel, knob, head.
**gombač,** *n.* gymnast.
**gombalački,** *a.* gymnastic.
**gombalište,** *n.* gymnasium, place for gymnastics.
**gombanje,** *n.* gymnastics, athletic sports.
**gombar,** *n.* button maker.

**gombati se,** *v.* to practise gymnastics (*ili*) athletics, to exercise.

**gomila,** *n.* heap, pile, mass.

**gomilanje,** *n.* accumulation, heaping up, agglomeration.

**gomilati (se),** *v.* to accumulate, to mass, to heap up, to gather; to augment, to increase; (*blago*) to treasure.

**gomilica,** *n.* small heap.

**gomolj,** *n.* knob, clod, lump, bulb.

**gomoljast,** *a.* bulbous, knobby.

**gomoljić,** *n.* tubercule.

**gomoljika,** *n.* truffle.

**gon,** *n.* course, run, race, current; attack; onset.

**gonac,** *n.* pursuer, persecutor.

**gonati,** *v.* to pursue, to persecute.

**gončin,** *n.* drover; (ox-) driver.

**gondola,** *n.* gondola.

**gondoljer,** *n.* gondolier.

**gondže,** *n.* calf (*ili*) colt.

**goneta,** *n.* riddle, enigma, mystery.

**gonetalica,** *vidi*: **goneta.**

**gonetati,** *v.* to guess, to counsel, to advise, to puzzle out.

**gonič,** *vidi*: **gončin.**

**gonitelj,** *vidi*: **gončin.**

**goniti,** *v.* to drive, to chase, to urge, to force, to press forward, to impel, to incite.

**gonjenje,** *n.* driving, pursuing, pursuit, censuring, insulting.

**gor,** *n.* eel.

**gora,** *n.* mount, mountain, hill; — **Kalvarija,** Mount of Calvary; — **Maslinova,** Mount Olive.

**gorak,** *a.* bitter, sour, poignant, sardonic, sarcastic, grievous.

**goran (in),** *n.* mountaineer, highlander.

**gorčac,** *n.* (*bilj.*) gentian.

**gorčak,** *n.* camomile.

**gorčica,** *n.* (*bilj.*) gentian.

**gorčika,** *n.* milk-thistle.

**gorčina,** *n.* bitterness, gall.

**gorčiti,** *v.* to taste bitter.

**gord,** *a.* proud, haughty.

**gorditi (se),** *v.* to make proud, to grow (*ili*) be proud.

**gordost,** *n.* pride, haughtiness, arrogance, presumption.

**gore,** *adv.* up, above, upstairs; upwards.

**gorenje,** *n.* burning, deflagration.

**goreti,** *vidi*: **gorjeti.**

**gori,** *a.* worse.

**gorica,** *n.* vine-yard, forest, woodland.

**goriti,** *vidi*: **gorjeti.**

**goriv,** *a.* combustible, inflammable.

**gorivo,** *n.* fuel, combustible; firewood.

**gorjanik,** *n.* mountaineer, highlander.

**gorje,** *vidi*: **gore.**

**gorjeti,** *v.* to burn, to scorch, to singe, to flame, to blaze.

**gorkica,** *n.* (*bilj.*) centaury.

**gorko,** *adv.* bitterly, grievously.

**gorkost,** *n.* bitterness, sourness, gall.

**gorkosladak,** *a.* bitter-sweet.

**gorljiv,** *a.* zealous, strenuous; inflammable.

**gorljivost,** *n.* zeal, strenuousness, fervency, ferventness.

**gornat,** *a.* mountainous.

**gornica,** *n.* mining law.

**gornjak,** *n.* inhabitant of the high country, highlander.

**gornjavina,** *n.* fever-heat.

**gornji,** *a.* upper, higher, above; former, foregoing, above said.

**gornjozemac,** *vidi*: **gornjak.**

**gornjozemski,** *a.* of highland.

**goropad,** *n.* delirium, madness, frenzy, vehemence; epilepsy.

**goropadan,** *a.* furious, frantic, vehement, tumultuous, violent, wild; epileptic.

**goropaditi se,** *v.* to rave, to rage, to be delirious, to wander.

**goropadnica,** *n.* mad (*ili*) raving person.

**goropadnik,** *n.* madman.

**goropadno,** *adv.* truculently, tumultuously, turbulently, violently.

**goropadnost,** *n.* truculence, violence, mania, desperation.

**gorostas,** *n.* giant, colossus.

**gorostasan,** *a.* gigantic, colossal.

**gorostasnost,** *n.* enormity; bulkiness.

**gorovit,** *a.* mountainous.

**gorovitost,** *n.* mountainousness.

**gorski,** *a.* of mountain.

**goršati,** *v.* to aggravate, to make worse, to impair, to get worse, to change for the worse.

**gorštak,** *n.* inhabitant of the high country, highlander.

**gorući,** *a.* burning, glowing, fiery, eager, ardent.

**gorušica,** *n.* mustard.

gosa, *n.* master, owner, ruler, proprietor.

gospa, *n.* madam, mistress, lady.

gospar, *n.* master, lord, Sir.

Gospod, *n.* (*Bog*) Lord.

gospoda, *n.* gentlemen, sirs.

gospodar, *n.* master, lord, landlord.

gospodarenje, *n.* house-keeping, economy.

gospodarica, *n.* mistress, housekeeper, hostess, house-wife, lady.

gospodariti, *v.* to rule, to manage, to govern, to keep house; to command, to order.

gospodarski, *a.* economic (al).

gospodarstven, *vidi*: gospodarski.

gospodarstvo, *n.* housekeeping, farming, agriculture, dominion, mastery.

gospodičić, *n.* young man, master, gentleman.

gospodična, *n.* miss, young lady, unmarried gentlewoman.

gospodin, *n.* sir, master, gentleman.

gospodovati, *v.* to rule, to govern, to boss, to lord; to command.

gospodski, *a.* lordly, imperious, fashionable, distinguished, noble, generous.

gospodstvo, *n.* lordship, imperiousness, lordliness, dominion, mastery.

gospodujući, *a.* imperious, masterful, magisterial.

gospođa, *n.* mistress, (*skraćeno*) Mrs., madam, gentlewoman.

gospođica, *n.* miss, young lady, unmarried gentlewoman, mademoiselle.

gospoja, *vidi*: gospođa.

gospojče, *vidi*: gospođica.

gospojica, *vidi*: gospođica.

Gospojina, *n.* Velika —, Assumption of Blessed Virgin Mary; — Mala, Nativity of Blessed Virgin Mary.

gospoština, *vidi*: gospodstvo.

gost, *n.* guest, visitor, stranger, customer.

gostba, *vidi*: gozba.

gostionica, *n.* hotel, inn, tavern, public house, restaurant, saloon.

gostioničar, *n.* inn-keeper, restaurant-keeper, saloon-keeper.

gostionik, *n.* host, inn-keeper.

gostiti, *v.* to treat, to entertain; (-se) to feast, to banquet.

gostoljuban, *vidi*: gostoljubiv.

gostoljubiv, *a.* hospitable, friendly, convivial.

gostoljubivo, *adv.* hospitably.

gostoljubivost, *n.* hospitality, hospitableness.

gostoljublje, *vidi*: gostoljubivost.

gostoprimac, *n.* host.

gostoprimstvo, *n.* hospitality.

gostovan, *a.* treated, entertained.

gostovati, *vidi*: gostiti.

gošća, *n.* hostess, landlady.

gošćenje, *n.* entertainment, treatment, feast, banquet.

gotov, *a.* ready, finished, prepared, prompt; ready-made.

gotovan, *vidi*: gotov.

gotovina, *n.* cash, ready-money.

gotoviti, *v.* to prepare, to make ready, to manufacture.

gotovljenje, *n.* finishing.

gotovo, *adv.* almost, nearly.

gotovost, *n.* readiness, preparation.

gotski, *a.* gothic; — slog, gothic architecture.

goveče, *n.* neat; ox, cow.

goveda, *n.* cattle, beasts, domestic animals.

govedar,-ica, *n.* neat-herd; (*volar*) ox-driver; (*kravar*) cow-herd, cowkeeper.

govedarstvo, *n.* cattle-breeding.

govedina, *n.* beef.

govedo, *vidi*: goveče.

goveđi, *a.* taurine, bovine.

goveđina, *vidi*: govedina.

govno, *n.* dirt, dung, ordure, excrement.

govnovalj, *n.* stink-beetle.

govor, *n.* speech, oration, address, allocution; language; tongue, voice.

govordžija, *n.* speaker, orator, spokesman.

govorenje, *n.* conversation, talking, speaking.

govoriti, *v.* to speak, to talk, to pronounce, to converse, to say, to tell.

govorkanje, *n.* hearsay, rumor, conversation, discourse, buzz.

govorkati, *vidi*: govoriti.

govorljiv, *a.* talkative, communicative, loquacious, verbose, wordy.

govorljivac, *vidi*: govornik.

govorljivost, *n.* loquacity, talkativeness, communicativeness.

govornica, *n.* tribune, platform, pulpit.

**govornički,** *a.* oratorical, eloquent.
**govornik,** *n.* speaker, orator, talker, spokesman, declaimer.
**govorništvo,** *n.* oratorical art, rhetoric.
**gozba,** *n.* banquet, feast, treat, entertainment, pleasure, a high time, a good blow-out.
**gozben,** *a.* convivial.
**gozbovanje,** *n.* feasting, banqueting.
**gozbovati,** *v.* to feast, to banquet, to entertain.
**grab,** *n.* hornbeam, white beech.
**graba,** *n.* ditch, trench, moat.
**grabancijaš,** *n.* sorcerer, wizard, conjurer.
**grabar,** *vidi:* **grab.**
**grabež,** *n.* robbery, prey, plundering, sack, pillage.
**grabežljiv,** *a.* rapacious, ferocious, savage, carnivorous, vulturous.
**grabežljivac,** *n.* robber, highwayman; (*zvijer*) beast of prey.
**grabežljivo,** *adv.* rapaciously.
**grabežljivost,** *n.* rapacity, rapaciousness, ferocity.
**grabić,** *n.* young hornbeam.
**grabik,** *n.* hornbeam, forest (*ili*) woods.
**grabilica,** *n.* (*ptica*) bird of prey.
**grabiti (se),** *v.* to seize, to lay hold of, to grasp, to cátch, to draw (*water*), to obtain, to get, to prey; (*grabljama*) to rake.
**grabljanje,** *n.* raking.
**grabljati,** *v.* to rake.
**grablje,** *n.* rake.
**grabljiv,** *vidi:* **grabežljiv.**
**grabljivac,** *n.* egotist.
**grabljivica,** *n.* (*ptica*) bird of prey.
**grabljivost,** *n.* rapacity.
**grabovina,** *n.* hornbeam wood.
**grabrik,** *vidi:* **grabik.**
**grabulje,** *vidi:* **grablje.**
**gracnuti,** *v.* to scratch at.
**grad,** *n.* city, town; (*kula*) castle; (*tuča*) hail.
**gradić,** *n.* small city.
**gradilac,** *n.* erector, builder, constructor, founder (*of a town*).
**gradilište,** *n.* building-ground.
**gradina,** *n.* ruins; hedge, fence, enclosure, garden.
**gradinar,** *n.* gardener.

**gradionica,** *n.* building-lot, building-ground.
**graditelj,** *n.* builder, architect, constructor.
**graditeljski,** *a.* architectural, architectonic; constructive.
**graditeljstvo,** *n.* architecture, tectonics, art of building.
**graditi,** *v.* to build, to construct, to manufacture, to make.
**gradivo,** *n.* building materials, material.
**gradnja,** *n.* building; work, fortification.
**gradonačelnik,** *n.* mayor.
**gradski,** *a.* municipal, urban, city; — **vijećnica,** city hall; — **kotar,** ward.
**gradun,** *n.* hole (-oak), ilex.
**građa,** *vidi:* **gradivo.**
**građani,** *n.* townsfolk, townspeople.
**građanin,** *n.* citizen; townsman.
**građanski,** *a.* civil, civic; — **parnica,** civil-suit (*ili*) case; — **zakon,** civil-law; — **pravo,** civil rights; — **papir,** citizenship paper.
**građanstvo,** *n.* townspeople, corporation; middle class (es).
**građenje,** *n.* building, construction.
**građevina,** *n.* (*zgrada*) structure, edifice, building, construction, fabric.
**građevinstvo,** *n.* architecture.
**građevni,** *a.* building, constructive.
**grafički,** *a.* grafic (al).
**grafit,** *n.* graphite.
**grah,** *n.* bean, kidney-bean; pea.
**grahor (ica),** *n.* (*bil.*) vetch.
**graja,** *n.* noise, din, alarm, clamor.
**grajati,** *v.* to make a noise (*ili*) row, to cry, to scream, to call out.
**grakanje,** *vidi:* **graktanje.**
**grakati,** *vidi:* **graktati.**
**graknuti,** *v.* to exclaim, to scream, to complain, to scold, to proclaim.
**graktanje,** *n.* croaking, shriek, scream, outcry, clamor.
**graktati,** *v.* to croak, to groan, to crow.
**gram,** *n.* gram.
**gramatičan,** *a.* grammatical.
**gramatičar,** *n.* grammarian.
**gramatik,** *vidi:* **gramatičar.**
**gramatika,** *n.* grammar.
**gramatikalni,** *a.* grammatical.
**gramziti,** *v.* to long for, to languish, to covet, to be greedy.

**gramziv,** *a.* avaricious, covetous.
**gramzivost,** *n.* avarice, covetousness.
**gramženje,** *n.* thirst, greediness, avarice.
**grana,** *n.* branch, bough, twig, limb.
**granadir,** *n.* grenadier.
**granariz,** *n.* (*bil.*) butter-wort.
**granat,** *a.* branchy, ramose, full of boughs; (*dragi kamen*), *n.* garnet.
**granata,** *n.* bomb-shell, grenade, fire-ball.
**granati se,** *v.* to ramify, to branch out.
**granatir,** *n.* grenadier.
**granica,** *n.* border, frontier, limit; limitation, measure, outskirt, boundary.
**graničar,** *n.* frontiers-man.
**graničiti,** *v.* to border upon, to adjoin, to verge.
**granični,** *a.* bordering upon, adjoining, neighboring.
**granikula,** *n.* (*bil.*) ranunculus.
**granula,** *n.* (*bil.*) larkspur.
**granuti,** *v.* to break, to dash from, to issue out, to rise, to appear, to arise, to proceed.
**granje,** *n.* branches (*pl.*).
**graorast,** *a.* spotted, checkered; promiscuous.
**graša,** *vidi:* **grah.**
**grašak,** *n.* pea.
**graševina,** *n.* species of grape and the wine made from it.
**graštiti,** *v.* to seize, to lay hold of, to grasp, to catch, to snatch up; to gather.
**grb,** *n.* coat of arms, armorial bearings (*pl.*), armory, heraldry, shield, buckler, escutcheon.
**grba,** *n.* hunch, hump, humpback, protuberance, knag.
**grbač,** *vidi:* **grbak.**
**grbača,** *n.* back, ridge.
**grbak,** *n.* (*bil.*) water-cress.
**grbalj,** *n.* mountain-ridge.
**grbati se,** *v.* to stoop, to low.
**grbav,** *a.* hunch-backed, humpbacked, knaggy.
**grbavac,** *n.* hunch-back.
**grbavost,** *n.* knagginess.
**grbina,** *n.* mountain-ridge.
**grboslovac,** *n.* heraldist.
**grboslovlje,** *n.* heraldry, blazonry.
**grbovnica,** *n.* book of heraldry.
**grbovnik,** *n.* herald's bearer.
**grcati,** *v.* to wade.

**grč,** *n.* cramp, spasm, convulsion.
**grčevit,** *a.* spasmodic, convulsive, sardonic, contractile.
**grčevito,** *adv.* spasmodically.
**grčevitost,** *n.* spasm, fit.
**grčica,** *n.* (*bil.*) centary, bull-weed, horse-knot; (*od kukca*) grub of the may-bug.
**grčina,** *n.* bitterness.
**grčiti (se),** *v.* to shrink, to shrivel, to wrinkle, to straighten, to contract.
**grčko-istočni,** *a.* Greek-Orthodox.
**grd,** *a.* ugly, dirty, nasty, deformed, obscene, miserable.
**grdan,** *a.* atrocious, monstrous, enormous, huge, gigantic, immense.
**grdelac,** *n.* thistle-finch.
**grdilo,** *n.* horror, abomination, outrage.
**grdinja,** *n.* monster.
**grditi (se),** *v.* to disfigure, to grow ugly, to deform; (*psovati*) to chide, to scold, to grumble, to growl, to abuse, to insult.
**grdnja,** *n.* affront, insult, disgrace, outrage, abuse, invective.
**grdoba,** *n.* ugliness, deformity, monster; (*štogod ogromna*) monstrosity.
**grdomajčić,** *n.* good-for-nothing, scamp.
**grdosija,** *n.* monster, leviathan.
**grđenje,** *n.* abusive (*ili*) foul language, insult, affront, ignominy, damage.
**grđi,** *a.* uglier.
**greb,** *vidi:* **grob.**
**grebalo,** *n.* rake.
**grebeđed,** *n.* hoopoo.
**greben,** *n.* card, carding-comb, curry-comb; (*gorski*) mountain-ridge, rock, crag, cliff, reef.
**grebenač,** *n.* carder.
**grebenar,** *n.* carder; woolcomber.
**grebenati,** *v.* to card, to comb.
**grebenica,** *n.* slip, layer.
**grebenit,** *a.* rocky, craggy.
**grebenuša,** *n.* teasel, fuller's thistle.
**grebenje,** *n.* scratching; carding, comb.
**grebeštak,** *n.* fighting-sword, board-sword.
**greboder,** *n.* bearer, underbearer, undertaker's man.
**grebotina,** *n.* scratch, slight wound.
**grebulja,** *n.* rake.

**greda,** *n.* beam, mote, joist, rafter, timber.
**gredelj,** *n.* (plow-) beam.
**gredica,** *n.* small beam; facing, cuff; border-bed, plant-band.
**gredom,** *adv.* by the way, in passing.
**gredovit,** *a.* rugged, rough, rude, uneven.
**gregorac,** *n.* (*riba*) stickle-back, prickle-back.
**grehota,** *vidi*: **grjehota.**
**grehovati,** *vidi*: **griješiti.**
**grepsti,** *v.* to scratch; to scrape, to card, to rub.
**grešika,** *n.* sour grapes, late grapes.
**greznuti,** *v.* to sink in, to fall in, to dip, to steep.
**grgač,** *n.* gudgeon.
**grgača,** *n.* gargarism, gargle.
**grgeč,** *n.* perch.
**grgljanje,** *n.* gargling.
**grgljati,** *v.* to gargle.
**grgotati,** *v.* to gargle, to gargarize.
**grgotnica,** *n.* gargarism, gargle.
**grgutanje,** *n.* cooing, warbling.
**grgutati,** *v.* to coo, to warble out.
**gribiti,** *v.* to catch fish.
**grič,** *n.* rock; hill, hillock.
**grijač,** *n.* heater, fireman, stoker.
**grijalica,** *n.* stove, heater.
**grijalo,** *n.* warmer, heater.
**grijaljka,** *n.* warming-pan.
**grijanje,** *n.* heating, firing, warming.
**grijaonica,** *n.* warming-place, warming pan.
**grijati (se),** *v.* to warm, to heat, to warm oneself, to bask.
**grijeh,** *n.* sin, trespass, misdeed, iniquity, lapse; — **smrtni,** mortal sin; — **lahki,** venial sin.
**griješan,** *vidi*: **grješan.**
**griješenje,** *n.* sinning, trespassing; mistaking, blundering.
**griješiti,** *v.* to sin, to be mistaken, to be wrong; to miss, to blunder.
**griješka,** *n.* error, mistake, blunder, fault.
**griješkom,** *adv.* erroneously, mistakenly.
**griješnik,-ica,** *n.* sinner, trespasser.
**griješnost,** *n.* sinfulness, uncleanliness, peccability.
**grimiz,** *n.* purple, purple robe, purple color.
**grimizan,** *a.* purple, crimson.

**grinta,** *n.* scab, itch, mange; (*bolest*) cancer.
**grintav,** *a.* scabby; (*o konju*) mangy.
**grinja,** *n.* moth; water-mite.
**grinjac,** *n.* ring-dove, cushat.
**grinjavac,** *n.* (*bil.*) hemlock.
**griska,** *n.* cartilage, gristle.
**griskanje,** *n.* bite, sting; anguish, taunt, grief, vexation.
**griskati,** *v.* to nibble, to corrode.
**gristi (se),** *v.* to bite, to chew, to gnaw; to grieve, to vex, to mortify, to injure.
**griva,** *n.* mane; horse-hair; mop.
**grivna,** *n.* (*narukvica*) bracelet, armlet.
**grivnjaš,** *n.* ring-dove; cushat.
**griz,** *n.* bite, sting; colic, gripes; sawdust.
**grizak,** *a.* biting, corrosive, caustic.
**grizalica,** *n.* a sarcastic fellow.
**grizenje,** *vidi*: **griskanje.**
**grizica,** *n.* moth, softness, mildness, gentleness.
**griznica,** *vidi*: **grizica.**
**griža,** *n.* dysentery, colic, gripes.
**grižnja,** *n.* (*savjesti*) remorse.
**grjehota,** *n.* sin, trespass; crime.
**grjehovati,** *vidi*: **griješiti.**
**grješan,** *a.* sinful, culpable, peccable.
**grješnica,** *n.* sinner.
**grješnik,** *n.* sinner.
**grk,** *a.* bitter, grievous; — *n.* merchant, shopkeeper; **Grk,** Greek.
**grkiš,** *n.* amygdalic acid.
**grkljan,** *n.* larynx, throat, gullet.
**grknuti,** *v.* to have bitter taste.
**grkocvijet,** *n.* (*bil.*) hyacinth.
**grlac,** *n.* mouth; estuary.
**grlašce,** *vidi*: **gr'oce.**
**grlen,** *a.* guttural, throaty.
**grlica,** *n.* turtle-dove.
**grlić,** *n.* neck of a bottle.
**grlin,** *vidi*: **grlić.**
**grliti (se),** *v.* to embrace, to hug, kiss.
**grlo,** *n.* throat, gullet.
**grlobolja,** *n.* sore throat.
**grljak,** *n.* neck of a bottle.
**grljaš,** *n.* ring-dove, cushat.
**grljenje,** *n.* embrace, embracing.
**grm,** *n.* bush, underwood, copse.
**grmen,** *n.* grove, copse, thicket, brambles, brushwood.
**grmik,** *n.* oak-wood (*ili*) forest.
**grmina,** *vidi*: **grm.**
**grmiti,** *vidi*: **grmjeti.**

grmjeti, *v.* to thunder.
grmljak, *vidi*: grmik.
grmljavina, *n.* thunder, thunderstorm.
grmljeti, *vidi*: grmjeti.
grmovina, *n.* oak-wood.
grnac, *n.* pot.
grnalo, *n.* beater.
grnčar, *n.* potter.
grnuti, *v.* to flow, to abound, to flock, to rush, to crowd; to rake.
grob, *n.* grave, tomb, sepulchre.
groban, *a.* of a grave, sepulchral, funeral.
grobar, *n.* grave-digger, sexton.
grobište, *vidi*: groblje.
groblje, *n.* cemetery, graveyard.
grobnica, *n.* crypt, vault, sepulchre, mausoleum.
grobovlje, *vidi*: groblje.
gr'oce, *n.* small throat (*ili*) neck.
grof, *n.* count; (*engleski*) earl.
grofica, *n.* countess.
grofovija, *n.* earldom; county.
grofovski, *a.* belonging to (*ili*) like an earl (*ili*) a count.
grohitati, *v.* to rattle, to clatter, to clank.
grohot, *n.* laughing, laughter, violent (*ili*) immoderate laughter.
grohotanje, *vidi*: grohot.
grohotati (se), *v.* to laugh violently, to vociferate.
grohotuša, *n.* (*bil.*) blander-senna.
groja, *vidi*: groznica.
groktati, *v.* to croak, to groan, to trill, to quaver; (*o svinji*) to grunt.
grom, *n.* thunder, lightning, flash of lightning, thunder-clap.
gromada, *n.* mass, bulk, large quantity, multitude, heap, pile.
gromadan, *a.* in large quantities, wholesale; bulky.
gromak, *n.* thundering, fulminant, fulminatory.
gromila, *vidi*: gomila.
gromilati, *vidi*: gomilati.
gromoran, *vidi*: gromorodan.
gromorodan, *a.* enormous, very large; uncouth, coarse.
gromot, *n.* noise, din, crashing, rustling, sound.
gromotan, *vidi*: glasan.
gromovit, *vidi*: gromovni.
gromovni, *a.* thundering, fulminant, fulminatory.

gromovnik, *n.* thunderer, thunderbearer.
gromovod, *n.* conductor, lightningrod, lightning-conductor.
gr'onica, *n.* sore-throat.
groničav, *a.* with sore-throat.
groš, *n.* groschen.
grošićar, *n.* broker, agent, negotiator, caviler.
grošićariti, *v.* to find fault (*with*), to cavil (*at*), to negotiate, to treat.
grot, *n.* gutter, drain, sink, sewer, kettle, caldron, boiler, copper.
grotlo, *n.* swallow, gullet, gulf, abyss, crater.
groza, *n.* shudder, horror, terror.
grozan, *a.* horrible, frightful, shocking, dreadful, awful, atrocious, terrible.
grozd, *n.* cluster, bunch of grapes.
grozdan, *a.* abounding in grapes.
grozdast, *a.* grapelike, clustery, in clusters (*ili*) bunches.
grozdovit, *vidi*: grozdan.
groziti se, *v.* to threaten, to menace.
groznica, *n.* fever; (*vrućica*) burning fever; (*zimica*) ague fever; (*žučna*) bilious fever; (*žuta*) yellow fever.
grozničav, *a.* feverish, aguish.
grozničavost, *n.* feverishness, aguishness.
grozno, *adv.* terribly, awfully, severely.
grozota, *n.* dreadfulness, horror, direfulness, direness.
grozovit, *a.* severe, horrible, dreadful, shocking.
grožđe, *n.* grapes.
grožđice, *n.* currant; (*crne*) black currant.
grožanje, *vidi*: grožnja.
grožnja, *n.* threat, menace, commination.
grst, *n.* the hollow of the hand.
grsti, *n.* handfull; handle (*of a sword*).
grstiti se, *v.* to loathe, to feel disgusted.
grša, *n.* wind-pipe; air-tube.
grštenje, *n.* squeamishness, loathing, scornful, contempt, pride, disgust.
grštiti se, *v.* to disgust.
grtanje, *n.* accumulation, amassing, collection; sweeping, scraping.
grtati, *v.* to sweep (*ili*) brush together, to storm at, to rush upon, to scrape, to gather.

**grub,** *a.* coarse, gross, thick, rough, rude, insolent, unmannerly, nasty, ugly, naughty, dirty.

**grubijan,** *n.* churl, lout, boor, rough-fellow, clown.

**grubijanstvo,** *n.* coarseness, coarse language, rudeness, roughness, clownishness.

**grubijanština,** *vidi*: **grubijanstvo.**

**grubo,** *adv.* roughly.

**gruboća,** *vidi*: **grubijanstvo.**

**grubost,** *vidi*: **grubijanstvo.**

**grud,** *n.* bosom, chest, breast.

**gruda,** *n.* lump, clod, ingot; (*snijega*) snow-ball; (*zemlje*) clod of earth.

**grudast,** *a.* cloddy, clotted, clotty, cloggy, lumpy, grumous.

**grudati se,** *v.* (*snijegom*) to throw snow-balls; to form into a ball, to conglobate.

**grudi,** *vidi*: **grud.**

**grudni,** *a.* breast, chest, bosom.

**grudnica,** *n.* breast-bone.

**grudnjak,** *n.* under-waistcoat.

**grudnjanka,** *n.* (*bil.*) lung-wort, pulmonary, Lady's glove.

**grudobolja,** *n.* pain in the breast.

**grudobran,** *n.* parapet, breast-work.

**grudva,** *vidi*: **gruda.**

**gruhati,** *v.* to beat, to knock, to strike, to shell, to husk.

**gruhnuti,** *v.* to crack, to crash, to detonate.

**gruj,** *n.* sea-eel, conger.

**grumen,** *n.* lump, clod, ingot.

**grunt,** *n.* (*posjed*) real estate.

**gruntovnica,** *n.* recorder's office.

**gruntovničar** *n.* recorder.

**grunuti,** *vidi*: **gruhnuti.**

**grunj,** *vidi*: **gruj.**

**grustiti (se),** *v.* to loathe, to feel disgusted, to disgust, to take a dislike.

**grušanje,** *n.* disgust, dislike, nausea; curdling, coagulating.

**grušati,** *v.* to curdle, to clot, to coagulate.

**grušavina,** *vidi*: **gruševina.**

**gruševina,** *n.* curd, coagulation, coagulum.

**grušiti,** *v.* to shell, to husk.

**gruškati,** *vidi*: **grušiti.**

**gruvanje,** *n.* roaring, thundering.

**gruž,** *n.* (*savurna*) ballast, lastage.

**guba,** *n.* (*gubica*) snout, muzzle, nose; (*u životinja*) mouth, jaw; (*u svinja*) snout; (*gljiva*) tinder, spunk, German tinder; (*bolest*) leprosy.

**gubac,** *vidi*: **gubica.**

**gubati (se),** *v.* to scratch, to scrape, to become leprous.

**gubav,** *a.* leprous, scabby; (*o konju*) mangy.

**gubavac,** *n.* leper.

**gubavica,** *n.* mange, scab.

**gubernija,** *n.* presidency, superintendence, prefecture, government.

**gubica,** *n.* muzzle, snout, mouth.

**gubilac,** *n.* loser.

**gubilište,** *n.* scaffold, stage.

**gubina,** *n.* uncleanliness.

**gubitak,** *n.* loss, damage, deficiency, harm, waste, deprivation.

**gubiti,** *v.* to lose; (*ubijati*) to execute.

**gubljenje,** *n.* losing; (*dlake*) shedding.

**gubo,** *vidi*: **gubavac.**

**gucaj,** *n.* gulp, dram, draught.

**gucati,** *vidi*: **gucnuti.**

**gucnuti,** *v.* to swallow, to drink up.

**guda,** *n.* sow, hog.

**gudač,** *n.* (*gajdaš*) fiddler, bagpiper, violinist.

**gudalo,** *n.* fiddle-stick (*ili*)-bow, violin-bow.

**gudanje,** *n.* bowing.

**gudba,** *n.* string-music.

**gudilo,** *vidi*: **gudalo.**

**gudin,** *n.* hog, pig, swine, young pig; dirty (*ili*) obscene person.

**gudinić,** *vidi*: **gudin.**

**guditi,** *vidi*: **gudjeti.**

**gudjeti,** *v.* to fiddle, to play violin.

**gudura,** *n.* deep valley, cleft, ravine, narrow ravine.

**guđeti,** *vidi*: **gudjeti.**

**guguk,** *n.* cooing.

**gugukati,** *v.* to coo.

**gugutka,** *n.* Indian turtle-dove.

**gugutka,** *n.* (*bil.*) cow-bane, water-hemlock.

**guja,** *n.* snake, serpent, viper, adder; (*crv*) worm, maggot, moth, grub.

**gujavica,** *n.* earth-worm, lob, ground (*ili*) dew-worm, lumbric, belly-worm, brandling.

**guk,** *vidi*: **guguk.**

**guka,** *n.* cooing; (*izrastak*) excrescence.

**gukanje,** *vidi*: **guguk.**

**gukati,** *v.* to coo, to murmur, to grumble, to whisper.

gukav, *a.* scrofulous.
guknuti, *vidi*: gukati.
gula, *n.* hunch, hump-back.
gulenje, *n.* peeling, skinning, oppression, extortion, drudgery.
gulikoža, *n.* skinner, flayer, oppressor, extortioner, usurer.
guliti, *v.* to skin, to peel, to flay, to oppress, to grind.
gulivreća, *vidi*: gulikoža.
guljenje, *n.* skinning, peeling; extortion, decortication.
guma, *n.* gum, India-rubber.
gumalo, *n.* hamster, marmot.
gumast, *a.* gummy.
gumati, *v.* to devour, to absorb, to repress, to bear.
gumb, *n.* button, knob.
gumbača, *n.* pin.
gumbar, *n.* button maker.
gumbašnica, *n.* pin.
gumelastika, *n.* gumelastic, India-rubber.
gumija, *n.* gum; (*za brisanje*) eraser, rubber.
gumijevac, *n.* gum-tree, gum-senegal.
gumina, *n.* cable, rope.
gumno, *n.* threshing-floor, barn-floor.
gundak, *n.* grumbler, snarler, growler.
gundalo, *vidi*: gundak.
gundanje, *n.* grumbling, murmur.
gundelj, *n.* cockchafer.
gundevalj, *n.* muck-worm, dung-beetle.
gundo, *vidi*: gundelj.
gunđalo, *n.* grumbler, grumbling woman, shrew.
gunđati, *v.* to mumble, to murmur, to grumble, to whisper.
gungula, *n.* tumult, riot, uproar, noise, din, mob, mutiny, disorder, confusion, bustle.
guntav, *a.* haggy, puffed out, swollen.
gunj, *n.* blanket, cover, quilt; (*za konje*) caparison.
gunja, *n.* quince.
gunjđalo, *n.* grumbler, growler.
gunjđati, *v.* to grumble, to growl.
gunjica, *n.* clover, trefoil.
gura, *n.* hunch, hump-back.
guranje, *n.* pushing.
gurati (se), *v.* to trust, to push, to kick, to knock, to hustle.
gurav, *a.* hunch-backed, humpbacked, humped, crooked.

gurimice, *adv.* by fits and starts, fitfully.
gurit, *n.* grunting, grunt.
guritati, *v.* to grunt.
guriti (se), *v.* to shrink, to shrivel.
guritnuti, *vidi*: guritati.
gurkati, *vidi*: gurati.
gurnuti, *v.* to push on, to press forward.
guro, *n.* hunch-back, hump-back.
gusa, *vidi*: guska.
gusak, *n.* gander.
gusar, *n.* pirate, sea-robber, corsair.
gusarenje, *n.* piracy.
gusarina, *n.* piracy, freebooting, robbery, plunder.
gusariti, *v.* to pirate.
gusarski, *a.* piratic.
gusarstvo, *n.* piracy, booting, robbery, freebooting.
gusinjak, *n.* goose-cop (*ili*)-pen, goosery.
gusjenica, *n.* caterpillar, larva.
gusjeničar, *n.* kind of carabid.
gusjeničav, *a.* full of caterpillars, wormy.
guska, *n.* goose; — (*pl.*) geese.
guslar, *n.* violinist, fiddler, violin player.
guslati, *v.* to fiddle, to play violin.
gusle, *n.* violin, fiddle.
gusnuće, *n.* thickening, condensing, coagulation, curdling.
gusnuti, *v.* to thicken, to condense, to coagulate, to curdle.
gust, *a.* thick, dense, voluminous, impenetrable.
gusta, *vidi*: gustara.
gustara, *n.* thicket, brake, cover; palisade of fagots.
gustina, *n.* density, thickness, compactness, closeness.
gusto, *adv.* thickly, densely.
gustoća, *vidi*: gustina.
gustomjer, *n.* areometer.
guša, *n.* goiter, struma, bronchocele; (*u ptica*) craw, crop.
gušan, *n.* (*golub*) cropper (-*pigeon*), pouter.
gušarka, *n.* (*bil.*) goose-garbe; wallcress.
gušav, *a.* strumose, goitrous.
gušavica, *n.* (*bil.*) catch-fly, fumitory, corydalis.
guščad, *n.* goslings.

**guščak,** *n.* goose-cop (*ili*) -pen, goosery.

**guščar,** *n.* goose-herd.

**gušče,** *n.* gosling.

**guščenje,** *n.* condensation, thickening.

**guščica,** *n.* gosling.

**gušenje,** *n.* suffocation, strangling.

**gušica,** *vidi*: **guša.**

**gušilac,** *n.* choker, strangler.

**gušiti (se),** *v.* to choke, to suffocate, to strangle, to throttle, to kill, to smother.

**gušnja,** *n.* angina.

**gušobolja,** *n.* sore throat.

**guštara,** *n.* thicket.

**gušter,** *n.* lizard, saurian; (*bolest*) croup.

**gušteri,** *n.* (*bolest*) inflammation of the tonsils.

**gušterski,** *a.* saurian.

**gut,** *n.* pharynx.

**guta,** *n.* tumor, swelling, bump; excrescence.

**gutac,** *n.* mouthful, draught, nip, sip.

**gutanje,** *n.* swallowing, absorbing, imbibing.

**gutaperča,** *n.* gutta-percha.

**gutati,** *v.* to swallow, to gulp (*down*).

**gutljaj,** *n.* gulp; swallow; dram, draught.

**guvernanta,** *n.* governess, bonne, nurse.

**guviti se,** *v.* to feel disgusted.

**guvno,** *vidi*: **gumno.**

**guz,** *n.* buttock, haunch.

**guž,** *n.* otter, adder, viper.

**gužva,** *n.* hurdle-work, harrow; mat (*of rush* (*ili*) *straw*), carpet.

**gužvanje,** *n.* rumpling, rimpling, ruffling.

**gužvati,** *v.* to ruffle, to rimple, to rumple, to crumple (up).

**gvardian,** *n.* superior.

**gvarditi,** *v.* to preserve, to guard, to keep.

**gvozd,** *n.* stone-block.

**gvozdac,** *n.* buckle, clasp.

**gvozdarnica,** *n.* iron-work (s).

**gvozden,** *a.* iron.

**gvozdenik,** *n.* iron-mine.

**gvozdika,** *n.* pink, gillyflower.

**gvozdotek,** *n.* magnet.

**gvožđa,** *n.* trap, snare; fetter, shackle.

**gvožđar,** *n.* iron-monger, hardware man.

**gvožđara,** *n.* iron-store, hardware-store.

**gvožđe,** *n.* iron; — **ljuto,** steel; — **ljevano,** cast iron; — **sirovo,** pig-iron; (*u šipkama*) bar-iron.

# H

ha, *interj.* ha!'hah! ah! ho!
habat, *n.* (*bil.*) dwarf-elder, danewort, wallwort.
habati, *v.* to carry off, to knock up, to overtask; (*odijelo*) to wear out.
habet, *n.* advice, information, news; care, sorrow.
habronoša, *n.* courier, post-boy, messenger; mail carrier.
hačik, *a.* free, open, unclosed, unsealed.
hadum, *n.* hermaphrodite, eunuch.
hadžija, *n.* pilgrim; traveler.
hadžiluk, *n.* pilgrimage.
hadžo, *vidi*: hadžija.
hair, *interj.* no, nay; — *n.* foundation, endowment, institution, establishment, school.
haj! *interj.* holla; what ho!
hajanje, *n.* attention, care, sorrow, anxiety, concern, trouble.
hajat, *n.* room, chamber, bedroom.
hajati, *v.* to care, to mind, to concern, to be anxious, to worry, to consider.
hajda, *vidi*: heljda.
hajde! *interj.* go!
hajdemo! *interj.* let us go.
hajdina, *n.* buckwheat.
hajdučina, *n.* highway-robbery, theft, piracy, roguery, fraud, band of robbers.
hajdučiti se, *v.* to join robbers, to become a robber.
hajdučki, *a.* piratical, predatory, thievish.
hajduk, *n.* robber, brigand, highwayman, bandit.
hajdukovanje, *vidi*: hajdučina.
hajdukovati, *v.* to be a robber.
hajduštvo, *n.* brigandage, piracy, robbery.
hajka, *n.* chase, hunt, cross-country hunt.
hajkač, *n.* driver, beater, chaser.
hajkati, *v.* to chase, to hunt; to drive quickly, to frighten away.
hajknuti, *v.* to drive up.

hajn, *vidi*: djever.
hajvan, *n.* animal, beast.
hajvar, *n.* caviar (e).
hak, *n.* reward; wages, pay, salary, fee, stipend; (*dah*) breath, whiff, breeze.
haknuti, *v.* to blow, to sound (*a wind-instrument*), to huff, to puff, to whisper.
hala, *n.* dirt, soil, filth, obscenity; (*dvorana*) hall.
halabučiti, *v.* to make noise, to bluster, to rage, to storm, to racket, to rattle.
halabučan, *a.* noisy, stormy.
halabuka, *n.* noise, uproar, quarrel, brawl, bustle, storm.
Halah, *n.* Allah, God (*muhamedanski*).
halal, *n.* benediction, blessing.
halaliti, *v.* to bless, to consecrate.
halav, *a.* dirty, filthy, sordid, obscene.
halka, *n.* fetter, shackle.
halo! *interj.* hallo!
halucinacija, *n.* hallucination.
haluga, *n.* (*ponor*) abyss, hell, chasm, gulf, whirlpool; (*morsko bilje*) tang, bladder fucus.
halja, *n.* garment, gown, dress; coat, petticoat, skirt; robe.
haljetak, *n.* garment, article of dress, jacket, jerkin.
haljina, *vidi*: halja.
haljinak, *n.* upper-garment.
ham, *n.* harness, horse-trappings.
hamajlija, *n.* talisman.
haman, *n.* bath-room, bathing-room, balneary, bathing-house, bathing-closet.
hambar, *n.* barn, granary, warehouse.
hametom, *vidi*: ametom.
han, *n.* public-house; refreshment-booth; tap-room.
handrača, *n.* wood, forest.
handžar, *n.* dagger, poniard, dirk.
handžija, *n.* tavern-keeper, publican's wife.
haps, *n.* arrest, attachment, prison, lockup, jail, imprisonment.

**hapsana,** *n.* prison, lock-up, police-station, jail, imprisonment.
**hapsenik,** *n.* prisoner.
**hapsiti,** *v.* to arrest, to take into custody.
**har,** *n.* stable for horses.
**harac,** *n.* combat, fight, conflict, struggle.
**harač,** *n.* tax, impost, duty; contribution.
**haračlija,** *n.* tax-gatherer.
**haralac,** *n.* devastator, ravager, plunderer, pillager.
**haram,** *n.* malediction, curse.
**harambaša,** *n.* brigand chief, captain of robbers.
**haramija,** *n.* thief, robber, brigand, plunderer.
**haramiti,** *v.* to curse, to execrate.
**haramljivati,** *vidi*: **haramiti.**
**haran,** *a.* thankful, grateful, obliged.
**haranje,** *n.* devastation, plundering, sack, pillage, rapine, ravage.
**harati,** *v.* to devastate, to ravage, to pillage, to plunder, to strip.
**harbija,** *n.* ramrod.
**harčenje,** *n.* wasting, consumption.
**harčiti (se),** *v.* (*trošiti*) to consume, to consummate, to spend; (*ne štediti*) to waste, to lavish, to squander away.
**harčljiv,** *a.* lavish, prodigal, extravagant, wasteful.
**harem,** *n.* harem.
**harfa,** *n.* harp.
**haringa,** *n.* herring.
**harmica,** *n.* custom, custom-house, city-toll.
**harmoničan,** *a.* harmonious; accordant.
**harmonija,** *n.* harmony, melody; concord.
**harmonijski,** *vidi*: **harmoničan.**
**harmonika,** *n.* accordian, harmonica; (*rastezaća*) concertina.
**harnost,** *n.* thankfulness, gratitude, recognition.
**hartija,** *n.* paper.
**haruspik,** *n.* soothsayer.
**hasna,** *n.* utility, usefulness, profit, advantage, proceeds.
**hasniti,** *v.* to make use of, to use, to turn to account, to benefit, to be of use; **(-se)** to win, to gain, to get, to earn.

**hasnovit,** *a.* useful, profitable; conductive (to), advantageous, lucrative.
**hasnovitost,** *n.* usefulness, profitableness, subservience.
**hasura,** *n.* mat, straw-mat.
**haša,** *n.* denial, disavowal.
**hašati,** *v.* to deny, to abnegate, to disavow, to disown.
**hašiti,** *vidi*: **hašati.**
**hat,** *n.* horse.
**hatar,** *n.* territory, district.
**hater,** *n.* pleasure, delight, joy, sport, diversion, kindness, favor, courtesy, excursion.
**havan,** *n.* mortar.
**hazna,** *n.* chest, box, trunk, case.
**haznadar,** *n.* paymaster, treasurer.
**hazna-odaja,** *n.* treasury, store-house.
**he! hej!** *interj.* hello!
**hebrej,** *n.* Hebrew.
**hebrejka,** *n.* Hebrewess, Jewess.
**hebrejski,** *a.* Hebraic (al).
**hećim,** *n.* surgeon.
**hećimluk,** *n.* medical science, medicine, physic.
**hećimština,** *n.* physician's fee.
**hej!** *interj.* he!
**hektar,** *n.* hectare.
**hektolitar,** *n.* hectoliter.
**heljda,** *n.* buckwheat.
**heljdovan,** *a.* of buckwheat.
**hemšerija,** *n.* (fellow-) countryman, compatriot, fellow-subject.
**hendek,** *n.* ditch, trench, moat.
**herceg,** *n.* duke.
**herceginja,** *n.* duchess.
**Hercegovac,** *n.* Herzegovinian.
**Hercegovina,** *n.* Herzegovina.
**hercegovina,** *n.* dukedom, duchy.
**hergela,** *n.* stud, breed of horses.
**heroj,** *n.* hero, demigod.
**herojski,** *a.* heroic.
**hesap,** *n.* reckoning, account, computation.
**hesapiti (se),** *v.* to count, to reckon, to compute, to calculate, to mind, to attend to, to consider, to esteem.
**hespap,** *n.* merchandise, ware, commodity.
**hidrat,** *n.* hydrate.
**hidrauličan,** *a.* hydraulic; — **preša,** hydraulic press.
**higijena,** *n.* hygiene.
**hiacinta,** *n.* hyacinth.
**hijena,** *n.* hyena.

**hila,** *n.* wrong, injustice; injury.
**hiljada,** *num.* thousand.
**hiljadarka,** *n.* one thousand (*dollar,* *dinar etc.*) bill.
**hiljaditi** (**se**), *v.* to multiply a thousand times.
**hiljadostruk,** *a.* thousandfold.
**hiljak,** *n.* squint, squinting.
**hiljati,** *v.* to squint.
**hiljav,** *a.* squinting, squint-eyed, ambiguous, suspicious.
**himba,** *n.* deceit, cheat, imposture, trick, pretence.
**himben,** *a.* cunning; crafty, sly, artful, deceitful, malicious, fraudulent, perfidious.
**himbenost,** *n.* perfidiousness, trickiness, deceit, fraud, artifice, fault, mistake, damage.
**hiniti,** *v.* to feign, to put on, to simulate, to cheat, to deceive.
**hintov,** *n.* carriage, coach, equipage, fare, loading; load, vehicle.
**hinjen,** *a.* feigned, false, counterfeit, simulatory.
**hinjenje,** *n.* hypocrisy, pretence, simulation.
**hip,** *n.* moment, instant, twinkling.
**hiperbola,** *n.* hyperbola.
**hipnotizam,** *n.* hypnotism.
**hipnotizirati,** *v.* to hypnotize.
**hipodrom,** *n.* hippodrome.
**hipoteka,** *n.* hypothecation.
**hipotetičan,** *a.* hypothetic (al).
**hipotenuza,** *n.* hypotenuse.
**hir,** *n.* caprice, whim, fancy, temper, disposition.
**hirovit,** *a.* capricious, changeable, fickle, frumpish; (*o vremenu*) unsettled.
**hirovitost,** *n.* capriciousness, skittishness.
**histeričan,** *a.* hysteric (al).
**histerija,** *n.* hysteria, hysterics.
**historičar,** *n.* historian, historiographer.
**historički,** *a.* historic (al).
**historija,** *n.* history, tale, story.
**historik,** *vidi:* **historičar.**
**hitac,** *n.* shot, gun shot, projection, throw.
**hitan,** *a.* pressing, urgent, hasty, speedy.
**hitanje,** *n.* throwing, casting, pitching.

**hitar,** *n.* quick, swift, speedy, fast, hasty; clever, dexterous, skilful, smart, adroit.
**hitati,** *v.* (*bacati*) to throw, to cast, to fling, to dart, to hurl; (*hvatati*) to seize, to catch, to grip; (*brzati*) to hasten, to crowd, to hurry; (*trčati*) to run, to pursue, to drive fast, to walk fast.
**hitimice,** *adv.* going along, by the way.
**hititi,** *v.* (*baciti*) to throw, to cast, to fling, to dart, to hurl.
**hitjeti,** *v.* to hurry, to speed, to run, to hasten, to make haste.
**hitnja,** *n.* haste, speed, hurry, forwardness.
**hitra,** *n.* (*kukac*) sparkler.
**hitren,** *a.* quick, swift, speedy, fast, hasty.
**hitrina,** *n.* quickness, velocity, rapidity, swiftness, celerity, haste.
**hitro,** *adv.* hastily, rapidly, snatchingly, quickly, speedily, fast.
**hitroprstić,** *n.* pickpocket.
**hitrost,** *vidi:* **hitrina.**
**hiža,** *vidi:* **kuća.**
**hlača,** *n.* stocking.
**hlače,** *n.* pants, trousers; (*do koljena*) knee pants; (*jahače*) breeches,
**hlad,** *n.* shade, coolness.
**hladan,** *a.* cool, cold.
**hladenac,** *n.* (*izvor vode*) well, spring, source, fountain, mineral waters.
**hladetina,** *n.* jelly, potted meat, gelatine.
**hladilica,** *n.* fan.
**hladionica,** *n.* ice-box, cooling-tub, cooler, refrigerator.
**hladiti,** *v.* to cool, to refrigerate, to ventilate.
**hladnik,** *n.* parasol, sun-shade; (*kućica*) green arbor.
**hladno,** *adv.* cooly, frigidly; — **piće,** cool drink, refreshment.
**hladnoća,** *n.* cold, coldness, frigidity, chilliness.
**hladnokrvan,** *a.* cool, cool-blooded, cool-headed, phlegmatic.
**hladnokrvnost,** *n.* cold-blood, coolness, sangfroid, soberness.
**hladnjeti,** *v.* to cool down, to grow cool, to grow cold, to moderate.
**hladolež,** *n.* (*bil.*) bear-bind.
**hladovan,** *a.* cool, fresh, shady, shadowy.

**hladovanje,** *n.* recreation, recovery.
**hladovati,** *v.* to cool.
**hladovina,** *n.* coolness, shade.
**hladovit,** *a.* shady, cool.
**hlađahan,** *a.* cool, fresh.
**hlamati,** *v.* to shuffle.
**hlamina,** *n.* slipper.
**hlap,** *n.* a wild (*ili*) rustic fellow.
**hlapimuha,** *n.* gossip, rattle.
**hlapiti,** *v.* to snap, to snatch, to catch (*at*); to evaporate, to vent.
**hlapljenje,** *n.* exhalation, vapor.
**hlepilac,** *n.* wisher.
**hlepiti,** *vidi*: **hlepjeti.**
**hlepjeti,** *v.* to wish for, to desire, to need, to want, to require, to long for.
**hlepljenje,** *n.* desire, wishing, longing for; quest.
**hlepnja,** *n.* ardent desire.
**hljeb,** *n.* bread, loaf.
**hljebac,** *n.* loaf of bread.
**hljebar,** *n.* baker.
**hljebara,** *n.* bakehouse, baker-shop.
**hljebnica,** *vidi*: **hljebara.**
**hljebovac,** *n.* (*drvo*) breadtree.
**hljepčić,** *n.* small loaf of bread.
**hmelj,** *n.* hop.
**hmeljar,** *n.* hops-grower (*ili*)-planter.
**hmeljiti,** *v.* to hop, to hobble.
**hmeljnik,** *n.* hop-plantation, hop-ground (*ili*)-yard.
**hober,** *n.* summit, top, ridge, height; comb of a cock (*ili*) hen, crest, tuft.
**hobotnica,** *n.* polyp fish.
**hoćak,** *a.* willing, ready; docile, gentle.
**hoćenje,** *n.* will, wish, choice, desire, inclination, favor, good-will.
**hod,** *n.* walk, turn, gait, alley, march, passage, corridor.
**hodac,** *vidi*: **hodilac.**
**hodanje,** *n.* walking, walk, gait.
**hodati,** *v.* to march, to walk, to go on foot, to move, to stroll.
**hodi!** *interj.* come! go!
**hodilac,** *n.* goer, walker.
**hoditelj,** *vidi*: **hodilac.**
**hoditi,** *v.* to go, to walk, to pass, to march.
**hodnik,** *n.* corridor, gallery, hallway, passage, lobby, gangway, vestibule.
**hodočasnik,** *n.* pilgrim.
**hodočašće,** *n.* pilgrimage.
**hodulja,** *n.* stilt, wooden leg.
**hodža,** *n.* Turkish priest.
**holba,** *n.* bottle; flask; jar.

**homut,** *n.* horse-collar.
**honorar,** *n.* hire, pay, wages, salary, reward.
**honorarni,** *a.* honorary.
**honorisati,** *v.* to reward, to compensate, to honor.
**hora,** *n.* moment, point of time, period.
**horizont,** *n.* horizon.
**horizontalan,** *a.* (*vodoravan*) horizontal.
**horjanin,** *n.* scoundrel, rascal.
**hostija,** *n.* host, holy wafer.
**hotel,** *n.* (*svratište*) hotel.
**hotice,** *vidi*: **hotimice.**
**hotimice,** *adv.* willingly, purposely, on purpose, intentionally.
**hotimičan,** *a.* intentional, wilful, designed, knowing.
**hotimičnost,** *n.* wilfulness.
**hotjeti,** *vidi*: **htjeti.**
**hrabar,** *n.* courageous, spirited, valiant, brave, gallant; (*smion*) hardy, bold, daring, fearless, impudent, audacious.
**hrabren,** *vidi*: **hrabar.**
**hrabrenost,** *vidi*: **hrabrost.**
**hrabrenje,** *n.* encouragement, animation.
**hrabriti,** *v.* to encourage, to animate, to enliven, to excite, to cheer up; (*raspaliti*) to inflame, to incense, to irritate, to exasperate, to stir up.
**hrabro,** *adv.* courageously, valiantly, bravely, gallantly.
**habrost,** *n.* valor, bravery, courage, spirit, fortitude, pluck, valiantness.
**hračak,** *n.* excretion, expectoration.
**hrakanje,** *n.* hawking, hemming.
**hrakati,** *v.* to hawk, to spit out.
**hrakotina,** *n.* spittle, mucus.
**hram,** *n.* church, temple; (*mojs.*) synagogue, temple.
**hramanje,** *n.* lameness, hobble, halt.
**hramati,** *v.* to limp, to halt, to go lame, to hobble, to cripple.
**hrana,** *n.* food, nourishment, livelihood, means of subsistence; —
  **jednostavna,** plain food;—**lagana,** light food; — **krepka,** rich food, nourishing food.
**hranilac,** *vidi*: **hranitelj.**
**hranilište,** *n.* boarding-house; boarding-school.
**hranionica,** *vidi*: **hranilište.**

hranitelj, *n.* nourisher, foster-father, feeder, nurser, sustainer.

hraniti, *v.* to nourish, to feed, to foster, to maintain, to sustain, to nurture.

hraniv, *a.* nutritious, nourishing, substantial, rich.

hranivost, *n.* nutritiveness, richness.

hranodavac, *n.* keeper of a boarding-house.

hranovina, *n.* (*money paid for*) board, board-pay, food-fare.

hranjenica, *n.* foster-daughter, foster-child.

hranjenik, *n.* foster-son, foster-child, nurse-child; ward; pupil.

hranjenje, *n.* feeding, fosterage.

hrapav, *a.* rough, rugged, boisterous, uneven, scarred.

hrapaviti, *v.* to roughen.

hrapavo, *adv.* hoarsely, roughly.

hrapavost, *n.* roughness, rashness, raggedness, uneveness.

hrast, *n.* oak (*tree*).

hrastik, *n.* oak-woods (*ili*) forest.

hrastov, *a.* of oak, oaken.

hrastovina, *n.* oak-wood.

hrbat, *n.* back, ridge.

hrčak, *n.* marmot.

hrđa, *n.* rust.

hrđav, *a.* rusty.

hrđavac, *n.* bad man, rascal.

hreb, *n.* block, long, trunk.

hrek, *n.* stem, stalk, trunk, body, stump.

hren, *n.* (*bil.*) horseradish.

hrid, *n.* rock, reef, crag.

hridan, *a.* craggy, rocky.

hridina, *vidi*: hrid.

hripanje, *n.* panting, puffing, breathing, exhalation.

hripati, *v.* to pant, to gasp, to breathe out, to puff, to rattle in the throat.

hripavac, *n.* whooping-cough.

Hrist, *n.* Christ.

hrišćanin, *n.* Christian.

hrišćanluk, *n.* Christendom, Christianism.

hrišćanski, *a.* Christian, Christianlike.

hrišćanstvo, *n.* Christianity, Christianism, Christendom.

hrka, *n.* snoring, snore.

hrkač, *n.* snorer.

hrkalo, *vidi*: hrkač.

hrkanje, *n.* snoring, snore.

hrkati, *v.* to snore, to snort.

hrli, *a.* quick, swift, speedy, fast, sound, healthy, well, in good health.

hrliti, *v.* to run, to flee, to hasten, to hurry.

hroktanje, *n.* grunting, grunt.

hroktati, *v.* to grunt.

hrom, *a.* lame, limping, crippled, halting.

hromac, *n.* halter, limper, lame person, cripple.

hromoća, *n.* lameness.

hromost, *n.* maiming, lameness, palsy, paralysis.

hronologički, *a.* chronologic.

hronologija, *n.* chronology.

hropac, *n.* rattling in the throat.

hropiti, *v.* to rattle in the throat, to snore.

hropnja, *vidi*: hropac.

hropotinja, *n.* asthma.

hroptati, *vidi*: hropiti.

hrpa, *n.* heap, pile, crowd, group.

hrpica, *n.* small heap.

hrpimice, *adv.* in troops, in bands.

hrpten, *a.* vertebral, spinal.

hrptenica, *n.* backbone, rachis, spine.

hrptenjača, *n.* spinal marrow, backbone.

hrskati, *v.* to gnash, to grit, to crunch, to eat up.

hrskav, *a.* cartilaginous, gristly.

hrskavica, *n.* cartilage, gristle.

hrskavičan, *vidi*: hrskav.

hrt, *n.* greyhound.

hrtenica, *n.* backbone, spine, chine, vertebral column.

hrtica, *n.* bitch-greyhound.

hrtina, *n.* greyhound.

hrupiti, *v.* to fall again, to attack, to invade, to seize, to undertake.

hrustati, *v.* to munch.

hrustiti se, *v.* to boast, to swagger.

hrušt, *n.* cock-chafer, may-bug.

hrvač, *n.* wrestler, athlete.

hrvalište, *n.* wrestling-place, palestra.

hrvanje, *n.* wrestling, struggle, contest, scuffle.

hrvaština, *n.* Croatianism, Croatian language.

Hrvat, *n.* Croat, Croatian.

hrvati se, *v.* to wrestle, to struggle, to scuffle.

hrvatiti, *v.* to Croatianize.

Hrvatska, *n.* Croatia.

hrvatski, *a.* Croatian.

**hrzanje,** *n.* neighing.

**hrzati,** *v.* to neigh.

**htjeti,** *v.* to will, to want, to wish, to be willing, to intend, to mean.

**hučati,** *vidi*: **hukati.**

**hućka,** *n.* noise, din, alarm, rumbling noise.

**hud,** *a.* bad, ill, evil, bitter, rigorous, sore, severe, malicious, malignant, mischievous.

**huditi,** *vidi*: **kuditi.**

**hudoba,** *n.* malice, spite, wickedness, mischievousness, wicked action, roguishness.

**hudobina,** *n.* sea-devil; devil-fish.

**hudožnik,** *n.* artist, performer.

**hujiti,** *v.* to roar, to hurtle, to blow.

**huk,** *n.* breeze, whiff, breath.

**huka,** *n.* cry, shriek, scream, outcry.

**hukati,** *v.* to sigh, to groan, to blow, to complain, to lament.

**huktati,** *vidi*: **hukati.**

**hula,** *n.* blaspheme, calumny, slander.

**hulan,** *a.* foul-mouthed, abusive.

**hulitelj,** *n.* blasphemer, slanderer.

**huliti,** *v.* to blaspheme, to slander, to defame, to calumniate.

**hulja,** *n.* rogue, villain, scoundrel, rascal, blackguard.

**huljenje,** *n.* blaspheming, vituperation.

**hum,** *n.* hill, hillock, knoll, mound.

**humac,** *vidi*: **hum.**

**humak,** *n.* tumulus, sepulchral mound.

**humanizam,** *n.* humanism.

**humovit,** *a.* hilly.

**huncut,** *n.* scoundrel, rogue.

**hunjavica,** *n.* cold (*in the head*), catarrh, defluxion.

**hupnuti,** *v.* to racket, to rattle, to bluster, to bounce.

**husar,** *n.* hussar.

**huškanje,** *n.* (*lišća*) bustle; (*bunjenje*) inciting.

**huškati,** *v.* to incite, to bait, to hunt, to set on.

**hvala,** *n.* thanks, praise, commendation, acknowledgment.

**hvalan,** *vidi*: **hvalevrijedan.**

**hvaldžija,** *n.* braggard, boaster.

**hvalevrijedan,** *a.* praiseworthy, laudable.

**hvalevrijedno,** *adv.* laudably.

**hvalevrijednost,** *n.* laudableness, praiseworthiness.

**hvalilac,** *vidi*: **hvalisavac.**

**hvalisanje,** *n.* boasting, bragging, ostentation.

**hvalisati,** *v.* to praise, to extol; — **se,** to brag, to boast.

**hvalisav,** *a.* boasting, bragging, self-conceited, ostentatious, grandiloquent, snobbish.

**hvalisavac,** *n.* boaster, praiser, braggart, blusterer, fanfaron.

**hvalisavo,** *adv.* vaingloriously.

**hvališa,** *vidi*: **hvalisavac.**

**hvalitelj,** *n.* praiser, commendator.

**hvaliti,** *v.* to praise, to commend, to glorify, to extol; (**-se**) to boast, to brag, to glory; (*zahvaliti*) to thank.

**hvalospjev,** *n.* hymn, Te Deum.

**hvaljen,** *a.* praised; — *interj.* — **Isus,** Jesus be praised.

**hvaljenje,** *vidi*: **hvastanje.**

**hvastanje,** *n.* bragging, passion of boasting, swaggering, ostentation, grandiloquence.

**hvastati (se),** *v.* to cry out, to praise, to extol, to hire oneself out, to praise oneself.

**hvastav,** *a.* garish, ostentatious.

**hvastavac,** *vidi*: **hvalisavac.**

**hvat,** *n.* fathom; — **drva,** cord of wood.

**hvatalac,** *n.* catchpoll, bailiff, constable.

**hvataljka,** *n.* snare, trap, trick, take in; (*za miševe*) mouse-trap.

**hvatanje,** *n.* capture, catching, seizure, seizing.

**hvatanija,** *n.* recruiting, recruitment.

**hvatati (se),** *v.* to catch, to seize, to take, to get caught, to lay hold of, to contain, to conceive, to comprehend, to capture; (*u mrežu*) to trammel.

**hvoja,** *n.* bough, branch, twig.

# I

**i,** *conj.* and, also, too, even, likewise.
**ibis,** *n.* Ibis.
**ibret,** *n.* wonder, marvel.
**ibretiti (se),** *v.* to wonder, to be amazed.
**ibrik,** *n.* coffee-pot.
**ibrišin,** *n.* silk thread.
**ica,** *n.* half.
**icati (se),** *v.* to belch, to eructate.
**ići,** *v.* to go, to walk, to march; — **dolje,** to go down, to descend; — **gore,** to go up, to ascend; — **pješice,** to go on foot; — **u susret,** to go to meet.
**ideja,** *n.* idea, thought, notion, fancy.
**idejal,** *n.* ideal.
**idejalan,** *a.* ideal.
**idejalista,** *n.* idealist; spiritualist.
**idejalistačn,** *a.* idealistic.
**idejalizam,** *n.* idealism; spiritualism.
**idejalizovati,** *v.* to idealize, to render ideal.
**identičan,** *a.* identical.
**identičnost,** *n.* identity.
**idijot,** *n.* idiot.
**idila,** *n.* idyl, pastoral.
**idiličan,** *a.* idyllic.
**idol,** *n.* idol, false deity.
**idolopoklonik,** *n.* idolater.
**idolopoklonstvo,** *n.* idolatry.
**idući,** *a.* next, subsequent.
**iđirot,** *n.* (*bilj.*) sweet-flag, calamus.
**igalo,** *n.* sea-shore, shore, beach, bank, coast.
**igda,** *adv.* ever, whenever, at any time.
**igdje,** *adv.* anywhere.
**igla,** *n.* needle, pin; — **pletača,** knitting needle; — **sjevernica,** compass needle; — **šivača,** sewing-needle; — **za vlasi,** hair-pin.
**iglar,** *n.* needler, pinmaker.
**iglast,** *a.* needle-shaped, acicular.
**iglenica,** *n.* needle-case.
**igo,** *n.* yoke.
**igra,** *n.* play, game, sport; (*ples*) dance.

**igrač,** *n.* player; performer; gambler; toyer; sporter, sportsman.
**igračica,** *vidi:* **igrač.**
**igračka,** *n.* toy, plaything, knicknack.
**igračnica,** *n.* gambling-house.
**igralica,** *n.* dancer, partner.
**igralište,** *n.* play-ground, court, dancing-ground.
**igralo,** *n.* plaything, toy.
**igranka,** *n.* ball, dance.
**igranje,** *n.* playing, gambling, dancing.
**igraonica,** *n.* gambling-house.
**igrarija,** *n.* play, game, sport, trifle, trifling, nonsense.
**igrati (se),** *v.* to play, to act, to trifle, to perform, to toy, to dance; (*na novac*) to gamble.
**igrište,** *vidi:* **igralište.**
**igrokaz,** *n.* play, drama, show.
**iguman,** *n.* superior, prior; principal.
**igumanija,** *n.* abbey; monastery.
**ihtijar,** *n.* old man.
**ijed,** *n.* slaver, spittle; rancor, venom, poison.
**ijedan,** *pron.* anyone.
**ikad,** *adv.* ever, sometimes.
**ikakav,** *a.* of what quality, soever, of whatever kind, any, whatever.
**ikaki,** *vidi:* **ikakav.**
**ikako,** *adv.* however.
**iko,** *vidi:* **ikoji.**
**ikojako,** *vidi:* **ikako.**
**ikoji,** *pron.* any, whatever, whatsoever, some one.
**ikoliko,** *adv.* anything at all.
**ikona,** *n.* icon, holy picture.
**ikonoborac,** *n.* iconoclast.
**ikonopoklonik,** *n.* iconolater.
**ikonostas,** *n.* large tree-doored screen between the altar and nave in Greek churches.
**ikra,** *n.* spawn, roe.
**ikraš,** *n.* spawner.
**ikrica,** *n.* pimple; pustule; blotch.
**ikričav,** *a.* pimpled, measly.
**ikriti se,** *v.* to cast row, to spawn.

**ila,** *n.* falsehood, falseness, guile, fraud, deceit.
**ilal,** *n.* ear-pick.
**ilav,** *a.* false, wrong, forged, counterfeit, fraudulent, cunning, deceitful.
**ili,** *conj.* or, either.
**ilidža,** *n.* hot (*ili*) warm bath.
**ilijuštak,** *n.* July.
**iliti,** *vidi:* **ili.**
**ilovača,** *n.* potter's clay.
**ilustracija,** *n.* illustration.
**ilustrirati,** *v.* to illustrate.
**ilustrovan,** *a.* pictorial.
**iluzija,** *n.* illusion.
**imaće,** *n.* property, effects (*pl.*).
**imam,** *n.* mouth-piece (*of a pipe*).
**iman,** *n.* faith, belief, religion, creed; credit.
**imanje,** *n.* estate, possession, property, farm, fortune, prosperity.
**imašan,** *a.* substantial, well off, well to do.
**imatan,** *vidi:* **imašan.**
**imati,** *v.* to have, to possess, to own.
**imavati,** *vidi:* **imati.**
**ime,** *n.* name, denomination, title, appellation, designation, expression; — **i prezime,** name and surname.
**imela,** *n.* mistletoe.
**imelaš,** *n.* missel-thrush (*-bird*).
**imendan,** *n.* name's-day.
**imenica,** *n.* (*u gramatici*) noun, substantive.
**imenik,** *n.* list of names, roll, register, directory, file, catalogue.
**imenit,** *a.* famous, celebrated.
**imenovalac,** *n.* nominator.
**imenovan,** *a.* titular, denominative.
**imenovanje,** *n.* nomination, appointment, designation, creation.
**imenovati,** *v.* to nominate, to name, to appoint, to entitle, to designate, to create; (*zvati po imenu*) to call by name.
**imenjak,** *n.* name-sake.
**imetak,** *n.* estate, property, possession; — **nepokretni,** real estate (*property*), immovable; — **pokretni,** personal property (*estate*), movable.
**imovina,** *vidi:* **imetak.**
**imovni,** *a.* proprietary.
**imperativ,** *n.* imperative.
**imperator,** *n.* imperator.
**imperfekat,** *n.* imperfect.
**imperijalista,** *n.* imperialist.
**imperijalizam,** *n.* imperialism.

**imućan,** *a.* rich, wealthy, substantial, well off, well to do, independent.
**imućnost,** *n.* substantiality, wealth, riches (*pl.*).
**imutak,** *vidi:* **imetak.**
**inače,** *adv.* else, otherwise, besides, formerly.
**inačica,** *n.* version, variation, various reading.
**inačiti,** *v.* (*promijeniti*) to change, to exchange, to alter, to turn; (*popraviti*) to correct, to mend, to reclaim.
**inad,** *vidi:* **inat.**
**inadžija,** *n.* quarreller, wrangler.
**inako,** *adv.* otherwise, else.
**inat,** *n.* fight, contest, dispute, quarrel, lawsuit, scorn, insolence, defiance, refractoriness, spite, altercation.
**inatiti se,** *v.* to quarrel, to wrangle, to dispute.
**inćar,** *n.* lie, falsehood; story, fib.
**inćun,** *n.* anchovy.
**inćariti,** *v.* to deny, to disown.
**indat,** *n.* help, aid, assistance, auxiliary troops.
**indi,** *conj.* consequently, therefore.
**Indijanac,** *n.* Indian.
**indijot,** *n.* turkey (*-cock*).
**indijota,** *n.* turkey-hen.
**indje,** *adv.* elsewhere.
**industrija,** *n.* industry.
**industrijalac,** *n.* industrialist.
**industrijski,** *a.* industrial.
**indžinir,** *n.* engineer.
**influenca,** *n.* influenza, flu.
**informacija,** *n.* information.
**ini,** *a.* other, second, next, remaining, further, at another time.
**inkaša,** *n.* starch; starch-meal.
**inkvizicija,** *n.* inquisition.
**inkvizitor,** *n.* inquisitor.
**ino,** *adv.* otherwise, else.
**inoča,** *n.* concubine, second wife.
**inok,** *n.* monk.
**inokaz,** *n.* allegory.
**inokosan,** *a.* lonely, solitary, single, retired, lonesome, isolated, unique.
**inokoština,** *n.* isolation.
**inokrajni,** *a.* foreign, outlandish, strange, external, erotic.
**inostran,** *vidi:* **inokrajni.**
**inostranac,** *n.* stranger, foreigner, alien.

**inostranstvo,** *n.* foreign country; exotism.
**inovjerac,** *n.* heretic, person of different religion.
**inovjeran,** *a.* heterodox.
**inovjerstvo,** *n.* heterodoxy.
**inozemac,** *n.* foreigner, stranger, aljen.
**inozeman,** *a.* foreign, exotic, outlandish.
**inozemski,** *vidi:* **inozeman.**
**inozemstvo,** *n.* foreign country *(ili)* land.
**institut,** *n.* institute, institution.
**instrument,** *n.* instrument.
**interes,** *n.* interest.
**interesantan,** *a.* interesting.
**interesovati,** *v.* to interest, to concern.
**interpelacija,** *n.* interpellation.
**intoš,** *n.* hack, cab.
**intov,** *n.* coach.
**intuša,** *n.* turkey-hen.
**inventar,** *n.* inventory.
**investirati,** *v.* to invest.
**investitura,** *n.* invenstiture.
**inžinir,** *n.* engineer.
**inžinirstvo,** *n.* engineering.
**inje,** *n.* hoarfrost, frost; chill, cold, rime.
**iole,** *adv.* only a little, at all.
**ipak,** *conj.* yet, however, nevertheless, notwithstanding.
**iracionalan,** *a.* irrational.
**ironički,** *a.* ironic (al).
**ironično,** *adv.* ironically.
**ironija,** *n.* irony.
**isakatiti,** *v.* to disable, to cripple, to impair.
**iscijediti,** *v.* to press out, to squeeze out, to drain out.
**iscijeliti,** *v.* to heal thoroughly.
**iscijepati,** *v.* to cleave, to split up.
**iscjeđivanje,** *n.* squeezing out, pressing out.
**iscjeđivati,** *vidi:* **iscijediti.**
**iscjelivati se,** *v.* to kiss up.
**iscjeljivati,** *vidi:* **iscijeliti.**
**iscrepati,** *vidi:* **iscrpsti.**
**iscrpivo,** *adv.* exhaustively.
**iscrpsti,** *v.* to exhaust, to drain, to ladle out.
**iscuriti,** *v.* to run out, to leak.
**ise,** *n.* part, portion, share, lot, interest.
**iseliti (se),** *v.* *(iz zemlje)* to emigrate, to transmigrate; *(iz stana)* to move.

**iseljavanje,** *n.* emigration, removal, changing of one's habitation.
**iseljenje,** *vidi:* **iseljavanje.**
**iseljenik,** *n.* emigrant.
**isfućkati,** *v.* to hiss.
**ishladiti (se),** *v.* to cool off, to refresh oneself, to get cool.
**ishlapiti,** *v.* to evaporate, to perspire.
**ishlapljenje,** *n.* exhalation, vapor.
**ishlapljiv,** *a.* vaporous, ethereal, aerial, fugitive; *(o ulju)* volatile.
**ishlapljivanje,** *n.* exhalation, evaporation.
**ishlapljivati,** *vidi:* **ishlapiti.**
**ishlapljivost,** *n.* vaporosity, volatility.
**ishod,** *n.* exit, departure; — **sunca,** sunrise, rising.
**ishodak,** *n.* end, death, conclusion.
**ishodište,** *n.* starting-point of movement.
**ishoditi,** *v.* to issue, to get out, to come out; *(o suncu)* to rise; *(pribaviti)* to procure, to get, to provide, to look to, to furnish, to supply.
**ishraniti,** *v.* to nourish, to support.
**ishranjivati,** *vidi:* **ishraniti.**
**isijati,** *v.* to sift.
**isijecati,** *v.* to cut out, to hew out, to carve; *(šumu)* to thin.
**isijevati,** *v.* to sift, to bolt.
**isijevci,** *n.* second crop, pollen, chips, rubble of stones; bran, sound.
**isiot,** *n.* zedoary.
**isisati,** *v.* to suck out, to absorb; to exhaust, to impoverish.
**isitniti,** *v.* to chop *(wood),* to diminish, to reduce.
**isjecati,** *v.* to cut to pieces, to break up, to cut down.
**isječak,** *n.* *(geom.)* sector; cutting, cut-out.
**isjeći,** *v.* to cut up, to carve, to lop, to thin.
**iskajati se,** *v.* to repent, to atone.
**iskakati,** *v.* to burst, to fly off, to come off; *(-se)* to spring enough.
**iskalati,** *v.* to cut to pieces, to cut up, to carve, to cleave, to split.
**iskaliti,** *v.* *(srce)* to cool, to get cool, to vent.
**iskaljati,** *v.* to dirt, to foul, to soil, to sully, to stain, to contaminate, to blemish, to profane.
**iskanje,** *n.* search, suit, request, demand.

**iskapanje,** *n.* digging out; excavation.

**iskapati,** *v.* to dig out; (*iscuriti*) to flow (*ili*) run out, to pass out, to run, to emanate.

**iskapiti,** *v.* to drink to the bottom, to empty.

**iskarati,** *v.* to chide, to scold, to grumble, to growl, to rumble, to call names.

**iskašljati (se),** *v.* to cough up, to expectorate.

**iskati,** *v.* (*zahtijevati*) to request, to demand, to desire; (*tražiti*) to search, to look for, to try.

**iskaz,** *n.* statement, statistics, list, roll, panel; — **pismeni,** written statement; — **usmeni,** verbal statement; — **zaprisegnuti,** sworn statement.

**iskazati,** *v.* to say, to declare, to proclaim, to denounce, to state, to express; (*izvijestiti*) to report, to quote, to refer; (**-se**) to legitimate, to recognize, to prove one's identity.

**iskazivanje,** *n.* declaration, statement.

**iskaznica,** *n.* legitimation, recognition, certificate of identification.

**iskefati,** *v.* to brush, to cudgel, to thrash.

**iskesiti,** *v.* (*zube*) to grin, to snarl.

**iskičen,** *a.* ornate, finical.

**iskićenost,** *n.* finery, ornament.

**iskidati,** *v.* to break, to break through, to rend, to destroy, to tear, to separate; (**-se**) to burst, to crack.

**iskipljeti,** *vidi:* **iskipjeti.**

**iskipjeti,** *v.* to boil over, to run over.

**iskiseliti se,** *v.* to get sour.

**iskititi,** *v.* to decorate, to ornament, to adorn, to beautify.

**isklepati,** *v.* to sharpen by hammering, to sharpen, to whet.

**isklesati,** *v.* to hew, to chisel, to carve.

**isklijati,** *v.* to germinate, to sprout, to shoot, to spring up.

**isključenje,** *n.* exclusion, expulsion, debarment; (*iz crkve*) excommunication.

**isključiti,** *v.* to exclude, to expel, to debar; (*iz crkve*) to excommunicate.

**isključiv,** *a.* exclusive, terminative.

**isključivanje,** *vidi:* **isključenje.**

**isključivati,** *vidi:* **isključiti.**

**isključivost,** *n.* exclusiveness.

**iskljuvati,** *v.* to peck, to pick out, to dig out, to grub up.

**iskockati,** *v.* to variegate.

**iskočiti,** *v.* to jump out, to spring out.

**iskomadati,** *v.* to parcel (out), to carve, to cut in pieces, to cut up.

**iskomarditi,** *v.* to beat, to trash, to cudgel.

**iskon,** *n.* commencement, beginning, opening, origin, source.

**iskonski,** *a.* primordial, primitive, primogenial.

**iskop,** *n.* excavation, exhumation.

**iskopan,** *a.* dug out; exhumed, excavated.

**iskopati (se),** *v.* to dig out, to exhume, to excavate, to cut out.

**iskopavanje,** *n.* exhumation, excavation, digging.

**iskopina,** *n.* fossil, excavation, exhumation, digging up.

**iskopnjak,** *n.* destroyer, exterminator.

**iskopnjeti,** *v.* to dissolve, to disperse, to melt.

**iskorjenitelj,** *n.* exterminator.

**iskorjeniti,** *v.* to unroot, to eradicate, to root out (*ili*) up, to exterminate, to extirpate, to obliterate.

**iskoriti,** *v.* to chide, to call names.

**iskositi,** *v.* to rub off, to rub down, to wear out by use.

**iskovati,** *v.* to forge out, to coin, to stamp.

**iskra,** *n.* spark, sparkle; glimpse, flash.

**iskradati se,** *v.* to steal away.

**iskrajak,** *n.* point, neck-land, cape.

**iskrasti se,** *v.* to steal away.

**iskrcalište,** *n.* landing place, wharf, dock.

**iskrcan,** *a.* unladen; disembarked.

**iskrcanje,** *vidi:* **iskrcavanje.**

**iskrcati (se),** *v.* to unload, to discharge, to disembark, to land.

**iskrcavanje,** *n.* landing, disembarcation, discharge.

**iskrcavati,** *vidi:* **iskrcati.**

**iskrčiti,** *v.* to root up, to extirpate, to clear land, to stub; (*šumu*) to deforest.

**iskren,** *a.* sincere, frank, intimate, fair, faithful.

**iskreno,** *adv.* sincerely, frankly, fairly.

**iskrenost,** *n.* sincerity, frankness, uprightness, honesty, fairness.

**iskrenuti,** *v.* to upset, to overturn, to overthrow, to turn upside down, to subvert.

**iskresati,** *v. (vatru)* to strike the fire.

**iskretati,** *vidi:* **iskrenuti.**

**iskrhati,** *v.* to crumble, to disintegrate.

**iskrica,** *n.* sparklet.

**iskriti se,** *v.* to sparkle, to flash.

**iskriviti,** *v.* to bend, to curve; to distort; (*falzificirati*) to forge.

**iskrivljen,** *a.* curved, bent, tortuous, warped.

**iskrivljivanje,** *n.* bending, depravation, corruption; forgery.

**iskrivljivati,** *vidi:* **iskriviti.**

**iskrivudan,** *vidi:* **iskrivljen.**

**iskrivudanost,** *n.* sinuosity, tortuosity.

**iskrižati,** *v.* to cross.

**iskrnji,** *vidi:* **bližnji.**

**iskrojiti,** *v.* to cut out, to cut to pieces, to carve.

**iskrpiti,** *v.* to patch up, to mend.

**iskrsnuti,** *v.* to rise up, to emerge; to resurrect.

**iskrvariti,** *v.* to bleed out, to stain with blood.

**iskrzati,** *v.* to whet off, to rub off, to blunt, to grind off, to polish.

**iskucati,** *v.* to beat, to knock out.

**iskuckati,** *vidi:* **iskucati.**

**iskukljati,** *v.* to bring (*ili*) get out, to fetch (*ili*) take out, to turn out.

**iskup,** *n.* ransom, redemption, deliverance, delivery.

**iskupitelj,** *n.* deliverer, redeemer, savior.

**iskupiti,** *v.* to redeem, to discharge, to loosen, to pay for, to ransom; (*sakupiti*) to assemble, to collect, to reassemble; (*spasiti*) to deliver.

**iskupljenje,** *vidi:* **otkup.**

**iskupljivati,** *vidi:* **iskupiti.**

**iskupsti,** *v.* to pluck out, to pull out, to tear out.

**iskusan,** *a.* experienced, skilful, skilled, practical, versed.

**iskusiti,** *v.* to try, to taste, to prove, to experience.

**iskusnost,** *n.* experience, skill.

**iskustven,** *a.* experimental, empiric, skilled.

**iskustvo,** *n.* experience, skilfulness, practice, knowledge.

**iskušanje,** *n.* temptation, probation, testing.

**iskušati,** *v.* to try out, to taste, to tempt, to experiment, to search.

**iskušavanje,** *vidi:* **iskušanje.**

**iskušavati,** *vidi:* **iskušati.**

**iskušenik,-ica,** *n.* novice.

**iskušenje,** *vidi:* **iskušanje.**

**iskvarenost,** *n.* corruption, depravity, immorality.

**iskvariti,** *v.* to spoil, to ruin, to corrupt, to mar, to adulterate.

**islam,** *n.* Islam.

**islijediti,** *v.* to search, to examine, to investigate.

**islužen,** *a.* retired, veteran, pensioned, superannuated.

**islužiti,** *v.* to serve out, to serve one's time, to acquire, to gain, to earn.

**ismijati se,** *v.* to laugh at, to make fun of, to deride, to jeer.

**ismijevanje,** *n.* mocking, mockery, derision.

**ismijevati,** *v.* to laugh, to smile, to mock.

**isnovati,** *v.* to choose, to draw, to plan.

**ispad(anje),** *n.* falling out, deficiency; (*navala*) attack, assault.

**ispadati,** *v.* to fall out, to turn out; (*o vlasima*) to come off.

**ispaliti,** *v.* to fire (off), to discharge, to burn.

**isparati,** *v.* to tear (out), to rend, to destroy.

**ispariti (se),** *v.* to evaporate; (*znojiti*) to perspire.

**isparivanje,** *n.* evaporation; (*znojenje*) perspiration.

**isparivati,** *v.* to evaporate; (*znojiti*) to perspire.

**ispasti,** *v.* to fall out, to come off, to drop.

**ispaša,** *n.* pasture.

**ispaštište,** *n.* pasture (-ground), pasturage.

**ispaštati,** *v.* to expiate, to atone for, to pay for, to satisfy; (-se) to fast, to diet.

**ispeći,** *v.* to bake, to roast, to fry.

**isperutati, se,** *v.* to scale (*ili*) peel off.

**ispet,** *a.* raised, erect, elevated.

**ispeti (se),** *v.* to raise, to lift up, to erect, to promote, to exalt; to go up, to ascend, to climb.

**ispetost,** *n.* lifting up; eminence, elevation.

**ispijati,** *v.* to drink off (*ili*) out.

**ispiliti,** *v.* to file off, to cut, to carve, to saw.

**ispinjati se,** *v.* to lift up, to elevate, to raise, to extol; to go up.

**ispipati,** *v.* to feel out, to fumble, to grope, to try; (*istražiti*) to seek, to search, to find, to investigate, to make inquiry; (*pronaći*) to discover, to reveal.

**ispirača,** *n.* dish cloth; clout; duster.

**ispiranje,** *n.* rinsing, washing, cleaning.

**ispirati,** *v.* to rinse, to wash, to clean, to absolve, to cleanse, to scour.

**ispirlati,** *v.* to drive out, to expel.

**ispis (ak),** *n.* (*grunta*) abstract of title; (*prepis*) copy.

**ispisati,** *v.* to write out, to copy, to transcribe.

**ispisavati (se),** *vidi:* **ispisati.**

**ispisnik,** *n.* veteran.

**ispisnina,** *n.* copy-money.

**ispit,** *n.* examination; probation; — **usmeni,** oral examination; — **pismeni,** written examination.

**ispitati,** *.v.* to examine, to inquire into, to inspect, to scrutinize, to question, to investigate, to interrogate.

**ispitavalac,** *vidi:* **ispitivač.**

**ispitivač,** *n.* examiner, questioner; investigator, searcher.

**ispitivanje,** *n.* investigation, examination, exploration.

**ispit(k)ivati,** *v.* to examine, to search, to explore, to scrutinize.

**ispjevati (se),** *v.* to sing to the end, to sing through; — **pjesmu,** to compose a poem.

**isplaćen,** *a.* paid, settled.

**isplaćivanje,** *n.* payment.

**isplaćivati,** *v.* to pay.

**isplahnuti,** *v.* to rinse, to wash (*away*).

**isplakati (se),** *v.* to weep; to have a good cry; (*isplahnuti*) to rinse.

**isplata,** *n.* payment, disbursement, settling.

**isplatan,** *a.* payable.

**isplatiti,** *v.* to pay (off).

**isplatnik,** *n.* paymaster.

**isplaziti,** *v.* (*jezik*) to thrust out, to stretch forth (*ili*) out; to exert.

**isplesti,** *v.* to twist, to plait, to knit; (*vijenac*) to wreathe.

**isplivati,** *v.* to swim out, to float.

**isploviti,** *vidi:* **isplivati.**

**ispljuskati,** *v.* to slap, to give box on the ear, to box one's ears; to draw (*water*).

**ispljuvati,** *v.* to spit (out).

**ispod,** *prep.* below, beneath, under, underneath.

**ispodmukla,** *adv.* maliciously, mischievously, treacherously, spitefully.

**ispodsunčanik,** *n.* east-wind.

**ispoganiti,** *v.* to defame, to soil, to contaminate; (-**se**) to soil, to dirty, to foul.

**ispogibati,** *v.* to perish.

**ispoklanjati,** *v.* to make a present of, to give away.

**ispokoj,** *n.* rest, repose, quiet, tranquillity.

**ispolac,** *n.* drawer (*of water*).

**ispolin,** *n.* giant.

**ispon,** *n.* elevation; promotion, height.

**isponit,** *a.* elevated.

**isporazbolijevati se,** *v.* to fall ill.

**isporediti (se),** *v.* to compare, to collate, to co-ordinate, to adjust.

**isporediv,** *a.* comparable, commensurable, adequate.

**isporedivost,** *n.* comparison, similitude; commensurability, adequacy.

**isporedenje,** *n.* co-ordination.

**isporedivanje,** *n.* comparison, simile, parallel, equalization.

**isporiti,** *v.* to rip, to unstitch, to rend, to clear out.

**isporučiti,** *v.* to report, to inform, to send word, to vouch, to answer for.

**isposlovati,** *v.* to achieve, to execute, to bring about, to effect.

**isposnica,***n.*hermitage,solitary,abode.

**isposnik,** *n.* hermit, anchoret, recluse, solitary; faster.

**ispostavljati,** *v.* to set out, to expose, to exhibit, to explain, to offer.

**ispostiti se,** *v.* to fast out.

**ispovideti,** *vidi:* **ispovijedati.**

**ispovijati se,** *v.* to wind, to meander, to writhe.

**ispovijed,** *n.* confession.

**ispovijedalac,** *n.* confessor.

**ispovijedanje,** *n.* confession.

**ispovijedaonica,** *n.* confessional, confessionary.

**ispovijedati se,** *v.* to confess; to acknowledge.

**ispovijest,** *n.* confession.

**ispovjedni,** *a.* confessionary.

**ispovjednik,** *n.* confessor.

**ispraćati**, *vidi*: **ispratiti**.
**isprašiti**, *v.* to get dusty, to dust out.
**isprati**, *v.* to wash out, to rinse.
**ispratiti**, *v.* to accompany, to escort, to conduct.
**ispratnja**, *n.* escort, accompanying.
**isprava**, *n.* deed, charter, document, diploma.
**ispravak**, *n.* correction, rectification, amendment; (*zadaće*) corrected copy.
**ispravan**, *a.* correct, exact, proper, right, legitimate.
**ispravdati**, *v.* to win (*by court action*).
**ispraviti (se)**, *v.* (*izravnati*) to make straight, to set upright, to put in the right way, to correct, to mend, to reform; (*osoviti*) to raise, to lift up, to erect, to straighten, to rectify; (*zadaću*) to correct.
**ispravljač**, *n.* corrector, reviser; press-reader, proof-reader.
**ispravljanje**, *n.* correction, rectification, repairing, mending, improvement.
**ispravljati**, *v.* to correct, to revise.
**ispravno**, *adv.* right, all right, O. K.
**ispravnost**, *n.* correctness, accuracy, exactness, rectitude.
**isprazan**, *a.* empty, void, vacant, vain, useless, foolish, groundless.
**isprazniti**, *v.* to empty, to make empty, to evacuate, to unload, to clear, to vacate, to avoid.
**ispraznost**, *n.* vanity.
**ispražnjen**, *a.* empty, void, vacant.
**ispražnjenje**, *n.* emptying, emptiness, vacating, evacuation.
**ispražnjivanje**, *n.* evacuation, vacating, emptying.
**isprcati**, *v.* (*o biljkama*) to force.
**isprebi (ja)ti**, *v.* to cudgel, to thrash, to bruise.
**ispreći**, *v.* to stretch, to extend; (*konja*) to unharness.
**ispred (a)**, *prep.* before, in front of, ahead of, before it (*ili*) then.
**ispredati**, *v.* to spin out.
**ispregnuti**, *vidi*: **ispreći**.
**ispreka**, *vidi*: **isprijeka**.
**isprekidan**, *a.* interrupted; broken.
**isprekidati**, *v.* to break (*to pieces*); to interrupt.
**isprekivati**, *v.* to forge on to, to chain up.
**isprekrštati**, *v.* to cross one's hands.
**isprelamati**, *v.* to break.

**ispremetati**, *v.* to overthrow, to upset, to throw pell-mell, to jumble together, to entangle, to embarrass, to perplex.
**ispremiješati**, *v.* to mix up with, to blend.
**ispresijecati**, *v.* to chop, to mince.
**ispresti**, *v.* to spin out, to elaborate, to devise, to contrive.
**isprezati**, *v.* to unharness.
**ispričanje**, *n.* apology, excuse, justification.
**ispričavanje**, *vidi*: **ispričanje**.
**ispričati**, *v.* (*ispripovijedati*) to relate, to tell, to recount, to recite; (*izviniti*) to excuse, to pardon, to apologize; to excuse oneself.
**ispričljiv**, *a.* excusable, pardonable.
**ispričnica**, *n.* note of excuse.
**isprigati**, *v.* to steam, to reek, to smoke.
**isprijeka**, *adv.* from the rear.
**isprika**, *n.* excuse, apology, tergiversation.
**ispripovijedati**, *v.* to relate, to tell, to recount, to recite.
**isprljati**, *v.* to dirty, to soil, to foul.
**isprobati**, *v.* to prick (*ili*) sting all over, to spoil by piercing, to stab, to perforate.
**isprodavati**, *v.* to sell out.
**isprosijecati**, *v.* to cut up, to chop, to mince.
**isprositi**, *v.* to get by begging, to get for; (*djevojku*) to court, to sue, to woo, to ask in marriage.
**isprosjačiti**, *vidi*: **isprositi**.
**isprosni**, *a.* obtainable by prayers.
**isprovlačiti**, *v.* to pull (*ili*) pass through.
**isprovrćivati**, *v.* to pierce through, to perforate through.
**isprovrtati**, *v.* to bore through.
**isprozebati**, *v.* to catch cold, to chill all over.
**isprskati**, *v.* to squirt out, to inject, to spout, to spurt, to sprinkle, to splash.
**ispružiti**, *v.* to stretch, to extend, to spread, to reach, to lengthen; to let go, to discharge; (**-se**) to stretch oneself.
**isprva**, *adv.* in the beginning, at the outset, originally.

**ispržiti,** *v.* to roast, to grill, to burn, to scorch; **(-se)** to burn (*ili*) scald oneself.

**ispsikati,** *v.* to hiss up.

**ispsovati,** *v.* to reprimand, to reprove, to revile, to scold, to chide.

**ispucan,** *a.* rimose, cracked, chapped.

**ispucati,** *v.* to burst, to chap, to crack, to fire off, to discharge.

**ispući,** *v.* to crack, to crash, to crackle, to roar, to burst out, to fulminate.

**ispuhati (se),** *v.* to blow out (*ili*) away.

**ispuknuti,** *vidi*: **ispući.**

**ispuniti,** *v.* to fill out; to stuff; to fulfill, to accomplish, to perform, to complete, to realize, to achieve, to render.

**ispunjavanje,** *n.* filling up, stuffing; fulfilment, accomplishment.

**ispunja(va)ti,** *v.* fill, to fulfill, to accomplish.

**ispunjen,** *a.* full.

**ispunjenje,** *n.* completion, fulfilment, accomplishment, realization.

**ispunjivati,** *vidi*: **ispunjavati.**

**ispunjujući,** *a.* completory.

**ispupčen,** *a.* convex; protuberant.

**ispupčina,** *n.* protuberance, swelling, elevation, promotion.

**ispupčiti (se),** *v.* to be prominent, to stand forth, to swell out, to round.

**ispust,** *n.* pasture, pasture-ground; manumission, emancipation.

**ispustiti,** *v.* to let out, to omit, to let go, to leave out, to pass over.

**ispuščati,** *vidi*: **ispuštati.**

**ispušiti,** *v.* to cease to smoke, to smoke out, to smoke up, to finish smoking; **(-se)** to blister.

**ispuštanje,** *n.* letting out; omission.

**ispuštati,** *v.* to let out, to omit, to let go, to leave out, to pass over, to desert.

**ispuštiti,** *vidi*: **ispustiti.**

**ispuzati,** *v.* to creep out, to crawl out.

**isred,** *prep.* from amidst, from among.

**istaći,** *v.* to render prominent, to emphasize, to set forth, to insist on; **(-se)** to distinguish oneself, to be distinguished.

**istakati,** *v.* to pour out.

**istakmiti se,** *v.* to be like, to resemble, to equal, to equalize.

**istaknuti,** *vidi*: **istaći.**

**istančati,** *v.* to make thinner, to thin.

**istanjiti,** *v.* to thin, to dilute.

**istaviti,** *v.* to put away (*ili*) aside, to lift out, to heave out, to render, to emphasize, to set forth, to insist on.

**isteći,** *v.* to run out (*ili*) off, to flow out (*ili*) down, to end, to expire, to become due.

**istegliti,** *v.* to draw (*ili*) pull out, to stretch, to extend, to expand.

**istegnuti,** *vidi*: **istegliti.**

**isteliti se,** *v.* to calve.

**istepsti,** *v.* to pour out, to cudgel, to thrash.

**istesan,** *a.* hewn; carved.

**istesati,** *v.* to cut out, to hew out, to carve, to square; to dress, to trim.

**istezati,** *vidi*: **istegnuti.**

**istezavica,** *n.* drag (-net), draw net.

**isti,** *pron.* the same, itself; identical.

**isticanje,** *n.* protuberation.

**isticati,** *v.* to render prominent, to emphasize, to set forth, to insist on; **(-se)** to distinguish oneself, to be distinguished.

**istiha,** *adv.* slowly, low, softly.

**istiješiti,** *v.* to press out, to squeeze.

**istina,** *n.* truth, fact, veracity.

**istinit,** *a.* true, truthful, sincere, frank; real, genuine.

**istinito,** *adv.* truthfully, sincerely, frankly.

**istinitost,** *n.* truthfulness, sincerity, veracity, correctness, accuracy, reality.

**istinski,** *a.* truthful, sincere, frank, true, veracious, real, genuine; — *adv.* sincerely, squarely.

**istiskivati,** *v.* to crowd out, to supplant, to supersede, to dispossess, to press out, to squeeze.

**istiva,** *n.* meershaum, sea-foam (*ili*) froth, sea-lungs.

**istjecanje,** *n.* outflow, beginning, origin.

**istjecati,** *v.* to flow out, to outflow, to flow down, to end, to expire, to become due; **(-se)** to distinguish oneself.

**istjerati,** *v.* to drive out, to chase away, to expel, to dislodge, to disperse, to dispel.

**istjerivati,** *vidi*: **istjerati.**

**isto,** *adv.* same, really, actually, positively; — **tako,** even so, likewise, equally.

**istočan,** *a.* eastern, easterly, Oriental; — **polutka,** Eastern Hemisphere.

**istočasno,** *adv.* simultaneously, at the same time.

**istočiti,** *v.* to pour out, to empty.

**istočni,** *vidi:* **istočan.**

**istočnik,** *n.* (*vrelo*) well, spring, source, origin; (*vjetar*) east wind.

**istočnjački,** *a.* Oriental, eastern.

**istočnjak,** *n.* East, Oriental, Levant; (*vjetar*) east wind, levant.

**istodoban,** *a.* contemporaneous, simultaneous, synchronous.

**istodobno,** *adv.* at the same time, simultaneously, withal.

**istodobnost,** *n.* simultaneousness, contemporaneousness, synchronism.

**istok,** *n.* east; Orient, levant.

**istolkovati,** *v.* to lay out, to interpret, to translate.

**istom,** *adv.* only, but, solely, providing, first, at first, scarcely, hardly.

**istopis,** *n.* duplicate, copy, counterpart.

**istopiti,** *v.* to melt, to smelt.

**istorodan,** *a.* generic.

**istovariti,** *v.* to unload, to dump, to discharge.

**istovarivač,** *n.* dumper, unpacker, stevedore.

**istovarivanje,** *n.* unloading, dumping.

**istovetni,** *a.* identical.

**istovetno,** *adv.* identically.

**istovetnost,** *n.* identity, sameness.

**istovremeni,** *a.* simultaneous, synchronical.

**istovremenik,** *n.* contemporary.

**istovrijedan,** *a.* equivalent.

**istovrijednost,** *n.* equivalence.

**istovrstan,** *a.* similar, homogeneous, like.

**istoznačan,** *a.* synonymous, equivalent, having the same meaning.

**istraga,** *n.* investigation, search, examination, inquiry, search, inspection, inquest.

**istrajati,** *v.* to endure, to persevere, to hold out, to pass.

**istražitelj,** *n.* investigator, examiner, inquirer, explorer; — **sudac,** inquisitor, police magistrate.

**istražiti,** *v.* to investigate, to search, to examine.

**istraživač,** *vidi:* **istražitelj.**

**istraživanje,** *n.* investigation, examination, searching, exploration, inquiry, inquest; scrutiny.

**istraživatelj,** *vidi:* **istražitelj.**

**istraživati,** *vidi:* **istražiti.**

**istražljiv,** *a.* searchable, inquisitional.

**istražljivost,** *n.* searchableness.

**istražni,** *a.* investigating, examining.

**istrcati,** *v.* to grind off, to polish, to unravel, to ravel out.

**istrčati,** *v.* to run out.

**istresati,** *v.* to bolt, to pour out; to unburden, to shake off.

**istresti,** *vidi:* **istresati.**

**istrgati,** *v.* to tear out, to pluck out (up), to wrest out, to root up, to pull away, to snatch away, to extirpate.

**istrgnuti,** *vidi:* **istrgati.**

**istrići,** *v.* to fleece, to cut off.

**istrijebiti,** *v.* to root out (*ili*) up, to extirpate, to exterminate, to eradicate; (*isčistiti*) to clean, to cleanse, to scour, to pick, to sift.

**istrijebiv,** *a.* exterminable, extinguishable.

**istriješčiti,** *v.* to splinter.

**istriniti,** *v.* to crumble (away).

**istrkati,** *v.* to run out.

**istrnuti,** *v.* to extinguish, to quench, to efface, to go out.

**istrošen,** *a.* worn out.

**istrošenost,** *n.* the state of being worn out, exhaustion.

**istrošiti,** *v.* to consummate, to consume, to spend, to wear out, to exhaust, to emaciate.

**istrti,** *v.* to triturate, to grind to powder, to wipe (off).

**istrugati,** *v.* to scrape out, to erase.

**istruhliti,** *vidi:* **istruhnuti.**

**istruhnuti,** *v.* to rot, to petrify, to decay, to moulder.

**istruliti,** *vidi:* **istruhnuti.**

**istruniti,** *vidi:* **istruhnuti.**

**istucati,** *v.* to crumble, to crush, to diminish, to weaken, to bray (*ili*) bruise (*ili*) crush.

**istući,** *v.* to shatter, to smash, to break (*by striking*), to pound, to triturate, to bruise, to lick.

**istumačiti,** *v.* to explain, to declare, to expound, to illustrate, to interpret, to translate.

**istup,** *n.* going out, exit, issue, passage, outlet, exportation, export, retreat, retiring, refuge, stepping out.

**istupanje,** *n.* coming forward; (*povlačenje*) retiring, retreat.

**istupati,** *v.* to come forward, to step forth; (*povući se*) to retire, to withdraw, to retreat, to step back, to step out, to quit.

**istupiti,** *v.* (*otupiti*) to blunt, to dull; (*izaći*) to come forward; (*povući se*) to retire, to withdraw.

**isturati,** *v.* to cast out, to throw out, to drive out, to push out, to stick out.

**isukati,** *v.* to wind, to twist, to reel, to wring out.

**Isukrst,** *n.* Christ.

**Isus,** *n.* Christ.

**Isusovac,** *n.* Jesuit.

**isusovački,** *a.* Jesuitical.

**isušiti,** *v.* to dry out (*ili*) up; (*meso*) to smoke up, to cure.

**išarati,** *v.* to variegate, to color, to speckle.

**išaret,** *n.* sign, nod.

**iščačkati,** *v.* to stir out, to pick out.

**iščašiti,** *v.* to disjoint, to dislocate.

**iščekivanje,** *n.* expectation, waiting.

**iščekivati,** *v.* to await, to wait (for), to expect.

**iščeprkati,** *v.* to dig up, to rake out.

**iščerupati,** *v.* to dishevel, to tousle, to pull to pieces,

**iščešati,** *v.* to scratch out, to curry, to erase.

**iščešljati,** *v.* to comb (out); to pluck.

**iščezavati,** *v.* to disappear, to vanish (*o zvijezdama*) to be eclipsed.

**iščeznuti,** *vidi:* **iščezavati.**

**iščibukati,** *v.* to beat, to thrash, to knock out.

**iščiljeti,** *v.* to go out, to proceed.

**iščistiti,** *v.* to clean, to purify, to cleanse, to refine.

**iščupati,** *v.* to pluck out, to tear out, to pull out.

**iščuvati,** *v.* to preserve, to guard, to keep.

**išćil,** *n.* ring, link.

**išćućati,** *vidi:* **izvjetriti.**

**išćuškati,** *v.* to slap, to box a person's ears.

**išetati,** *v.* to walk out.

**išibati,** *v.* to whip, to flog, to lash, to scourge, to flagellate.

**iškopiti,** *v.* to castrate, to geld, to emasculate.

**iškrbati,** *v.* to tooth.

**išpan,** *n.* administrator, manager, steward, overseer, inspector, caretaker.

**išpartati,** *v.* to rule.

**išpilja,** *n.* clothes-pin, clothes-peg.

**išta,** *pron.* anything.

**ištampati,** *v.* to print, to imprint, to impress.

**išteniti (se),** *v.* to litter, to bring forth.

**ištetiti,** *v.* to ruin, to spoil, to damage, to hurt.

**ištipati,** *v.* to pinch, to nip hard.

**Italija,** *n.* Italy.

**itko,** *pron.* whoever.

**iva,** *n.* (*bil.*) watter-willow, osier, crack-willow.

**ivančura,** *n.* daisy (*cvijet*).

**ivanđelje,** *vidi:* **evanđelje.**

**ivanjača,** *n.* (*bil.*) John-apple, apple-John.

**Ivanje,** *n.* St. John's day, midsummer day.

**iver,** *n.* shiver, splinter, chip, thorn.

**iverje,** *n.* shavings, waste-wood.

**ivica,** *n.* (*vrbik*) water-willow, osier, crack-willow; (*kraj*) border, edge, brim.

**ivovina,** *n.* water-willow wood.

**iz,** *prep.* from, of, out, off.

**iza,** *prep.* after, behind, afterwards.

**izabirač,** *n.* selector, chooser.

**izabran,** *a.* select, choice, excellent, elected, choosen, picked.

**izabranik,** *n.* elect, choice.

**izabrati,** *v.* to choose, to select, to elect, to make choice of, to pick out, to create, to list.

**izaći,** *vidi:* **izići.**

**izadirati,** *v.* to tear out, to pull out.

**izadjesti,** *vidi:* **izdjenuti.**

**izadjeti,** *vidi:* **izdjenuti.**

**izadrijeti,** *v.* to tear to pull, to wrest, to wrench out.

**izagnanik,** *n.* exile.

**izagnati,** *v.* to drive out, to expel, to cast out, to exile, to banish; (*iz škole*) to exclude.

**izagnjiti,** *v.* to rot, to putrefy.

**izamljeti,** *v.* to grind (up).

**izaprati,** *vidi:* **isprati.**

**izasipati (se),** *v.* to pour out.

**izaslanik,** *n.* emissary, delegate, deputy, legate.

**izaslanstvo,** *n.* delegation.

**izaslati,** *v.* to send (out), to dispatch.

**izasuti (se),** *v.* to pour out; to beat out, to strike out.

**izatkati,** *v.* to finish weaving.

**izavreti,** *v.* to boil (up), to bubble up.

**izazada,** *adv.* from arrear, from the rear, from behind.

**izaziv,** *n.* provocation, challenge, defiance; insult.

**izazivač,** *n.* provoker, challenger, defier, darer, appellant.

**izazivanje,** *n.* provocation.

**izazivati,** *v.* to provoke, to challenge, to incense, to promote, to defy, to brave.

**izazov,** *vidi:* **izaziv.**

**izazvati,** *vidi:* **izazivati.**

**izaždenuti,** *v.* to drive out, to expel, to cast out; to exorcise (*the devil*, *etc.*).

**izažeti,** *v.* to press (out), to squeeze (out), to crush (out), to strain, to force, to wring out.

**izažimati,** *vidi:* **izažeti.**

**izba,** *n.* room, cell, chamber.

**izbaciti,** *v.* to throw out, to exclude, to banish; (*hitac*) to discharge, to unload.

**izbacivanje,** *n.* throwing out, pitching.

**izbadati,** *v.* to cut out; to supplant, to get (*ili*) put out with a pointed instrument, to put out (*one's eye*).

**izbaliti,** *v.* to make snotty.

**izbaštiniti,** *v.* to disinherit.

**izbatinati,** *v.* to cudgel, to thrash, to beat.

**izbava,** *n.* deliverance, exemption, preservation, redemption.

**izbavitelj,** *n.* deliverer, rescuer, savior, liberator.

**izbaviti,** *v.* to free, to deliver, to liberate, to save, to rescue, to redeem.

**izbavljanje,** *n.* deliverance, redemption, rescue, saving.

**izbavljati,** *vidi:* **izbaviti.**

**izbavljenik,** *n.* freed person, delivered, liberated person.

**izbavljenje,** *vidi:* **izbavljanje.**

**izbečiti,** *v.* to tear open; (*oči*) to stare at.

**izberiv,** *a.* eligible.

**izberivost,** *n.* eligibility.

**izbezumiti (se),** *v.* to infatuate, to be fool, to delude.

**izbica,** *n.* cell, little room.

**izbijati,** *v.* to issue, to get out, to come out, to go abroad, to drive out; (*o uri*) to strike, to sound, to ring; (*o vodi*) to spout out, to spurt out, to burst out; (*klica*) to germinate.

**izbijeliti,** *vidi:* **izbijeljeti.**

**izbijeljeti,** *v.* to discolor, to take out the color, to fade, to make pale, to turn pale.

**izbirač,** *n.* voter, constituent, elector; selector.

**izbirak,** *n.* remainder, remnant, residue.

**izbiranje,** *n.* selection, picking.

**izbirati,** *v.* to select, to pick out, to choose, to elect.

**izbistriti (se),** *v.* to clarify, to get clear, to brighten; to purify.

**izbiti,** *vidi:* **izbijati.**

**izbivanje,** *n.* absence, non-appearance, non-attendance; abortion.

**izbivati,** *v.* to stay away, to fail to appear, to be not forthcoming, to be omitted, to be absent.

**izbjeći,** *v.* to avoid, to shun, to escape, to flee, to run away, to evade, to leak, to slip away.

**izbjegavalac,** *n.* avoider.

**izbjegavanje,** *n.* avoidance, avoiding.

**izbjegavati,** *vidi:* **izbjeći.**

**izbjegnuti,** *vidi:* **izbjeći.**

**izbježati,** *vidi:* **izbjeći.**

**izbježiv,** *a.* avoidable.

**izblebetati,** *v.* to blab out.

**izblejati se,** *v.* to blab (out), to babble, to buzz, to divulge.

**izbliza,** *adv.* near, near-by.

**izbljuvak,** *n.* excretion, expectoration; refuse, dregs, vomit.

**izbljuvati (se),** *v.* to vomit, to spit (out, forth), to throw up, to eject, to cast up.

**izbočen,** *a.* convex, salient, bulgy.

**izbočenost,** *n.* bulge, convexness, convexity, salient.

**izbočiti,** *v.* to bulge, to swell out.

**izboj,** *n.* advantage, start, jutty, projection.

**izbolovati,** *v.* to fall away, to grow lean (*from sickness*).

**izbor,** *n.* choice, election, option, selection.

**izborni,** *a.* electoral; — **listina,** election list, ballot.

**izbornik,** *n.* elector, voter, suffragist.

**izbosti,** *v.* to pierce, to bore, to broach, to drill, to prick out.

**izbrajanje,** *n.* enumeration, counting over.

**izbrati,** *vidi*: **izabrati.**

**izbrazditi,** *v.* to rut; to wrinkle.

**izbrbljati,** *v.* to blab out, to talk of.

**izbrežak,** *n.* height, hill, eminence.

**izbrežina,** *n.* ridge.

**izbrisati,** *v.* to wipe out, to erase, to efface, to deface.

**izbrljati,, *v.* to soil, to foul, to dirty, to entangle, to perplex.

**izbrojiti,** *v.* to enumerate, to count, to number.

**izbrojiv,** *a.* enumerable.

**izbrusiti,** *v.* to grind down, to take out by grinding.

**izbubati,** *vidi*: **izbatinati.**

**izbućiti,** *v.* (*oči*) to stare.

**izbuljiti,** *v.* (*oči*) to stare at.

**izbušiti,** *v.* to make holes in, to perforate, to spoil (*by perforating*).

**izdahnuće,** *n.* expiration, dying, death.

**izdahnuti,** *v.* to breathe out, to expire, to die, to perish.

**izdaja,** *n.* treason, treachery, betrayal.

**izdajica,** *n.* traitor, betrayer.

**izdajnica,** *n.* traitress.

**izdajnički,** *a.* treacherous, disloyal, sycophantic (al), treasonable, perfidious.

**izdajstvo,** *n.* betrayal, treachery, treason.

**izdaleka,** *adv.* from far, from distance.

**izdan,** *n.* bubbling well, hot spring, well, spring, source.

**izdanak,** *n.* shoot, spring, sucker, sprout, scion, offspring.

**izdangubiti,** *v.* to lose the time, to idle.

**izdanje,** *n.* edition, impression, publication; — **papirnatog novca,** issue.

**izdašan,** *a.* abundant, fertile, productive, liberal, munificent, generous, plentiful, yielding.

**izdašnost,** *n.* productiveness, liberality, munificence, yieldingness.

**izdatak,** *n.* disbursement, outlay, outgoing, expenditure, expense.

**izdati,** *v.* to give, to produce, to act, to perform, to give up, to deliver up; (*odati*) to betray; (*novac*) to expend, to pay out; (*knjigu*) to publish, to edit.

**izdavalac,** *n.* (*nakladnik*) editor, publisher; distributor, issuer.

**izdavanje,** *n.* publishing, editing.

**izdavatelj,** *vidi*: **izdavalac.**

**izdavati,** *vidi*: **izdati.**

**izdavna,** *adv,* from long ago, yore.

**izdažđeti,** *vidi*: **izdaždjeti.**

**izdaždjeti se,** *v.* to rain enough (*ili*) sufficiently.

**izderati (se),** *v.* to tear up, to rend, to delacerate, to wear out, to rip; (*vikati na nekoga*) to chide, to scold at, to grumble, to growl, to snarl.

**izdevetati,** *v.* to cudgel, to cancel, to whip, to flog, to lash, to scourge.

**izdići (se),** *v.* to raise, to lift up, to erect, to promote, to exalt, to educate, to cultivate, to get up.

**izdignuti,** *vidi*: **izdići.**

**izdijeljti (se),** *v.* to distribute, to divide.

**izdijevati,** *v.* to surname.

**izdiralo,** *n.* trouble, pains (*pl.*), endeavor.

**izdiranje,** *n.* labor, toil, exertion, hardship, distress; flight, fleeing, shunning, exile.

**izdirati,** *v.* to fatigue oneself, to labor, to take pains, to strive, to be oppressed (*ili*) troubled, to be in want.

**izdirša,** *vidi*: **izdiralo.**

**izdisanje,** *vidi*: **izdahnuće.**

**izdisati,** *vidi*: **izdahnuti.**

**izdizati (se),** *v.* to raise up, to lift up, to erect, to promote, to exalt; to educate, to cultivate.

**izdjelati,** *v.* to work out, to finish, to elaborate, to take pains.

**izdjenuti,** *v.* to nickname; to bring forth.

**izdovoljiti,** *v.* to content, to satisfy.

**izdraviti,** *v.* to become well, to recover, to be restored to health.

**izdrijeti,** *v.* to tear, to rend, to dilacerate, to wear out, to grate on.

**izdrlje č_ti,** *v.* to get by begging, to talk (*one*) out of (*a thing*).

**izdrljati,** *v.* to scrawl upon.

**izdrmati,** *v.* to shake up.

**izdrobiti,** *v.* to crumble (away).

**izdrpati,** *v.* to tear, to rend, to destroy, to defame, to be all in rags, to tear up.

**izdruzgati,** *v.* to mash, to bruise, to squash.

**izdržati,** *v.* to hold out, to last, to persevere, to support, to maintain, to sustain.

**izdržavalac,** *n.* keeper.

**izdržavanje,** *n.* maintenance, sustenance, support, keeping, alimony, alimentation.

**izdržavati,** *vidi:* **izdržati.**

**izdubak,** *n.* niche, hollow.

**izduben,** *vidi:* **izdubljen.**

**izdubina,** *n.* hollowing, excavation, fret, hollow.

**izdubljen,** *a.* hollow, concave, incurved.

**izdupsti,** *v.* to hollow, to scoop out, to dig out, to excavate, to undermine, to concave, to deepen.

**izdurati,** *v.* to endure, to bear, to suffer, to sustain, to hold out, to last.

**izdušiti,** *v.* to blow out, to evaporate.

**izgamizati,** *v.* to creep *(ili)* crawl out.

**izgaranje,** *n.* combustion.

**izgarati,** *v.* to burn (out).

**izgargašiti,** *v.* to card well.

**izgaziti,** *v.* to crush by treading, to trample down, to tread down; *(vodu, blato)* to wade out, to tramp in the mud, to splash.

**izginuti,** *v.* to perish, to die, to be destroyed, to be lost, to lose, to vanish, to disappear.

**izglabati,** *v.* to gnaw; (-se), to whet off, to rub off, to blunt, to wear off by whetting.

**izglačati,** *vidi:* **izgladiti.**

**izgladiti,** *v.* to polish, to smooth up, to clean, to gloss.

**izgladniti,** *vidi:* **izgladnjeti.**

**izgladnjeti,** *v.* to starve out, to be hungry.

**izglaviti,** *v.* to thresh out.

**izgled,** *n.* view, prospect, aspect, look; *(spoljašni)* appearance, complexion, likeliness, seeming.

**izgledanje,** *vidi:* **izgled.**

**izgledati,** *v.* to look forwards, to look, to appear, to seem; *(očekivati)* to await, to expect.

**izglodan,** *a.* gnawed; worn out.

**izglodanost,** *n.* wear and tear.

**izglodati,** *v.* to gnaw (through); (-se), to wear out *(by rubbing).*

**izgmizati,** *vidi:* **izgamizati.**

**izgnanik,** *n.* exile.

**izgnanstvo,** *n.* exile, retreat; expulsion.

**izgnati,** *v.* exile, to drive out, to expel.

**izgnusiti,** *v.* to dirty, to soil, to foul.

**izgnječen,** *a.* mashy, mashed, squeezed; pressed; bruised.

**izgnječiti,** *v.* to bruise, to squash, to press, to squeeze, to mash.

**izgon,** *n.* expulsion; *(progonstvo)* banishment, exile, proscription, outlawry, removal.

**izgonitelj,** *n.* banisher.

**izgoniti,** *v.* *(otjerati)* to chase away, to expel; *(prognati)* to exile, to banish, to proscribe, to outlaw.

**izgonjenje,** *n.* expulsion, banishment; chase.

**izgorelica,** *vidi:* **pogorjelac.**

**izgorelina,** *n.* remains *(ruins)* of fire.

**izgoreo,** *a.* burnt down.

**izgorjeti,** *v.* to burn off *(down, away, out)*, to deflagrate, to combust.

**izgoropaditi se,** *v.* to cease raging, to bluster, to rage, to storm.

**izgovaranje,** *n.* subterfuge, evasion, excuse, apology; (-riječi), pronunciation.

**izgovarati,** *v.* to pronounce; *(izraziti se)* to express; *(ispričati se)* to excuse, to apologize.

**izgovor,** *n.* pronunciation; — **jasan,** articulation; *(isprika)* excuse, apology, subterfuge.

**izgovoriti (se),** *v.* to pronounce, to articulate; *(izraziti)* to express; *(ispričati se)* to excuse, to apologize.

**izgovorljiv,** *a.* pronounceable.

**izgraditi,** *v.* to build up, to finish, to cease building.

**izgrditi,** *v.* to chide, to scold, to reproach, to reprimand, to reprove, to snub, to blame.

**izgreben,** *a.* scratchy, scratched, scraped.

**izgred,** *n.* abuse, row, riot.

**izgrednik,** *n.* culprit, rioter.

**izgrepsti,** *v.* to scratch out, to scrape, to rub, to skin.

**izgrijati,** *v.* to warm up.

**izgristi,** *v.* to bite into pieces, to corrode, to crunch, to gnaw (through), to chew.

**izgrliti (se),** *v.* to embrace, to hug.

**izgrnuti,** *v.* to scrape up, to open by scraping, to pile up, to remove.

**izgrtati,** *vidi:* **izgrnuti.**
**izgruhati,** *vidi:* **izgruvati.**
**izgruvati,** *v.* to shatter, to smash, to break (*by striking*).
**izgub,** *n.* loss.
**izgubitelj,** *n.* loser.
**izgubiti (se),** *v.* to lose, to slip, to get lost, to vanish.
**izgubljen,** *a.* lost, missing; stray.
**izguiti,** *v.* to shell, to peel, to pare.
**izguati,** *v.* to push out, to expel.
**izgužvati,** *v.* to rumple up, to ruffle up, to crush.
**izići,** *v.* to step out, to go out, to leave, to come out; (*o suncu*) to rise.
**izidati,** *v.* to build up, to finish.
**izigran,** *a.* played out.
**izigranje,** *vidi:* **izigravanje.**
**izigrati (se),** *v.* to play out, to get stung; (*karte*) to lead; (*izdati se*) to expose oneself.
**izigravanje,** *n.* raffle; hissing.
**izigravati,** *vidi:* **izigrati.**
**iziješan,** *a.* greedy, sharp.
**izilaziti,** *vidi:* **izlaziti.**
**izim,** *vidi:* **osim.**
**iziskati,** *v.* to demand, to require, to get, to obtain by request.
**iziskivati,** *v.* to wish for, to desire, to need, to want, to require, to ask for, to demand, to supplicate.
**izisti,** *vidi:* **izići.**
**izjadati (se),** *v.* to lament, to mourn, to bewail, to complain, to make complaints.
**izjahati,** *v.* to outride, to take a ride.
**izjaloviti (se),** *v.* to frustrate, to defeat, to fail.
**izjarmiti,** *v.* to unyoke.
**izjasniti,** *v.* to explain, to interpret, to declare, to account for, to clear up, to enlighten.
**izjašnjavati,** *vidi:* **izjasniti.**
**izjašnjenje,** *n.* enlightenment; explanation.
**izjaukati (se),** *v.* to cease weeping.
**izjava,** *n.* declaration, statement, explanation, utterance, proclamation; (*neodvisnosti*) declaration of independence.
**izjavaš,** *n.* declarer, proclaimer.
**izjavitelj,** *vidi:* **izjavaš.**
**izjaviti,** *v.* to declare, to state, to proclaim, to manifest, to announce, to utter.

**izjavljivanje,** *n.* declaring, proclamation.
**izjavni,** *a.* declarative.
**izjedanje,** *n.* erosion.
**izjedati,** *v.* to use up, to eat, to consume, to squander, to destroy, to nag.
**izjednačenje,** *n.* equalization, evenness.
**izjednačiti,** *v.* to even, to make even, to straighten out, to square, to equalize.
**izjednačivalac,** *n.* leveller.
**izjednačivanje,** *n.* levelling, equalization, indentification.
**izjelica,** *n.* glutton, cormorant, trencherman.
**izjesti,** *v.* to eat up, to consume, to devour, to eat greedily, to gnaw, to corrode.
**izješa,** *vidi:* **izjelica.**
**izjuriti,** *v.* to drive out, to chase away.
**izlaganje,** *n.* exposition, display, risk.
**izlagati (se),** *v.* to expose, to lay out, to display, to discover, to explain, to expound; (*tumačiti*) to explain, to illustrate, to interpret.
**izlajati,** *v.* to bark out.
**izlamati (se),** *v.* to come (*forth*), to come out, to appear, to arise, to make one's appearance, to show oneself, to stand forth; to break upon.
**izlanuti (se),** *v.* to blab (*a secret*), to talk too fast, to blunder out, to slip out.
**izlapiti,** *vidi:* **ishlapiti.**
**izlaštiti,** *v.* to brighten, to polish, to shine forth.
**izlaz,** *n.* exit, going out, way out, stepping out, retirement; (*biblijski*) Exodus.
**izlazak,** *vidi:* **izlaz.**
**izlazište,** *n.* point of departure, place of egress; (*sunca*) east.
**izlaziti,** *v.* to go out, to leave, to depart, to get out, to come out; (*o suncu*) to rise, to arise, to go up.
**izlaznina,** *n.* export duty, duty on exportation.
**izlaženje,** *n.* outgoing, egress, departure, outlet, landing, going away.
**izleći (se),** *v.* to hatch, to breed, to brood.

**izlemanje,** *n.* thrashing, beating.

**izlemati,** *v.* to cudgel, to thrash.

**izlet,** *n.* outing, excursion, picnic, trip; flying out.

**izletiti,** *vidi:* **izletjeti.**

**izletjeti,** *v.* to fly out.

**izletnik,** *n.* tourist, excursionist.

**izlični,** *a.* specious, plausible, apparent, ostensible.

**izliječiti (se),** *v.* to cure, to heal, to recover, to remedy, to get cured.

**izlijepiti,** *v.* to paste upon, to paste over.

**izlijev,** *vidi:* **izljev.**

**izlijevanje,** *n.* pouring forth; effusion.

**izlijevati,** *v.* to pour out; **(-se)** to overflow, to discharge, to fall (into).

**izlika,** *n.* pretext, pretence, affectation, appearance.

**izlinjati se,** *v.* to become weak, to fall to the ground, to take off *(ili)* away, to decrease, to diminish, to waste away.

**izlistati,** *v.* to get *(ili)* grow leaves.

**izlišan,** *a.* superfluous, useless, fruitless, unserviceable, needless, abundant, profuse.

**izlišiti,** *v.* to come out, to get out; to suffice, to satisfy.

**izlišnost,** *n.* superfluousness, uselessness, fruitlessness, unserviceableness.

**izliti (se),** *v.* to pour out, to overflow, to overturn, to upset.

**izliv,** *n.* pouring forth; vent, excess.

**izlizan,** *a.* threadbare, worn out, napless, trite.

**izlizanost,** *a.* threadbareness.

**izlizati se,** *v.* to whet off, to rub off, to blunt, to use (up), to waste away, to wear away (off, out), to fritter down.

**izlog,** *n.* show-window, show; goods exposed for sale.

**izlomiti (se),** *v.* to break (to pieces), to break through, to destroy, to fall out with.

**izložba,** *n.* exposition, exhibition, show; *(izlog)* show-window *(ili)* case.

**izložen,** *a.* exposed, exhibited.

**izloženost,** *n.* exposition, exhibition.

**izložitelj,** *n.* exposer, exhibitor.

**izložiti,** *v.* to exhibit, to expose, to show; **(-se opasnosti)** to risk.

**izlubardati,** *v.* to fire off, to discharge.

**izlučen,** *a.* secretitious; secreted; separated.

**izlučiti,** *v.* to separate, to disjoin, to disunite, to set apart, to divide, to divorce; *(osamiti)* to isolate, to insulate, to detach; *(u matematici)* to eliminate; *(od sebe)* to secrete; *(apstrahovati)* to abstract.

**izluditi,** *v.* to fool, to dupe.

**izlukaviti,** *v.* to over-reach, to take in, to outwit, to elicit, to draw from; **(-se)** to become crafty *(ili)* cunning.

**izlupati,** *v.* to cudgel, to thrash, to flog, to shatter, to smash.

**izlužiti,** *v.* to wash with lye, to corrode.

**izlječiv,** *a.* curable, sanable, remediable.

**izlječivost,** *n.* sanableness, sanability, recoverableness, remediableness.

**izljeći,** *vidi:* **izljesti.**

**izljesti,** *v.* to go out, to proceed, to come out, to transpire.

**izljev,** *n.* vent, effusion, flow, gush.

**izljubiti (se),** *v.* to kiss, to kiss and hug.

**izma,** *n.* exception.

**izmaciti,** *v.* to bring forth cats.

**izmaći,** *v.* to displace, to escape; to misplace; to hasten; **(-se)** to run away, to slip away.

**izmaglica,** *n.* mist, drizzle, drizzling rain.

**izmagliti,** *v.* to mist, to pass away (from fog).

**izmahnitati,** *v.* to cease raging.

**izmahnuti se,** *v.* to drop, to slip from, to escape one's memory.

**izmajstorisati,** *v.* to contrive *(with much skill or art)*; to devise, to ferret out, to puzzle out, to invent.

**izmak,** *n.* end, death, conclusion, decline, decay, wane, ebb.

**izmaknuti,** *vidi:* **izmaći.**

**izmalena,** *(od djetinstva)* since childhood; *(od mala)* from little.

**izmamiti,** *v.* to entice away, to defraud, to draw off, to elicit.

**izmanuti,** *vidi:* **izmahnuti.**

**izmastiti,** *v.* to make fat *(ili)* greasy.

**izmazati,** *v.* to grease.

**izmećar,-ka,** *n.* domestic, servant.

**između,** *prep.* among, between.

**izmeljati,** *v.* to soil, to dirty.

**izmesti,** *v.* to sweep out, to cleanse.

**izmet,** *n.* refuse, damaged goods, cast away, outcast, expectoration, sweepings, rubbish.

**izmetak,** *vidi*: **izmet.**

**izmetaljka,** *n.* (*ples*) cotillion, last dance; end.

**izmetati,** *v.* to sweep, to throw (*ili*) cast out; to weave into, to interweave; (**-se**) to warp, to degenerate.

**izmetina,** *n.* excrement, dung, muck.

**izmetnuti,** *vidi*: **izmetati.**

**izmicanje,** *n.* retreat, progression.

**izmicati,** *v.* to remove aside, to retreat, to draw away, to take away, to displace, to transpose, to misplace, (**-se**) to step back, to recede, to withdraw (from).

**izmigoliti se,** *v.* to escape.

**izmijeniti,** *v.* to exchange, to barter, to reciprocate, to change, to alter; (*popraviti*) to correct, to mend, to reclaim; (*modifikovati*) to modify.

**izmijenjati,** *v.* to exchange, to change for, to interchange, to barter, to reciprocate, to commute.

**izmijesiti,** *v.* to knead out.

**izmiješan,** *a.* mixed, blended, mashed.

**izmiješati,** *v.* to mix, to mingle, to stir.

**izmilati (se),** *v.* to appear.

**izmiljeti,** *v.* to open, to come, to light, to dawn; (*iz jaja*) to be hatched.

**izmira,** *n.* (*u računu*) payment, settlement.

**izmirenje,** *n.* reunion, reconcile, agreement, reconciliation.

**izmiriti,** *v.* to conciliate, to reconcile, to agree, to settle up, to pay up.

**izmirivanje,** *vidi*: **izmirenje.**

**izmisliti,** *v.* to imagine, to conceive, to invent, to contrive, to devise.

**izmišljač,** *n.* inventor, fabricator.

**izmišljaj,** *n.* invention, device.

**izmišljanje,** *n.* invention, faculty of invention, contriving.

**izmišljati,** *vidi*: **izmisliti.**

**izmišljavanje,** *vidi*: **izmišljanje.**

**izmišljati,** *vidi*: **izmisliti.**

**izmišljen,** *a.* invented, fictitious, fabricated, unfounded.

**izmišljeno,** *adv.* untruly.

**izmišljotina,** *n.* invention, fiction, fabrication; story, falsehood, tale.

**izmiti,** *v.* to wash (out), to rinse out.

**izmivati,** *vidi*: **izmiti.**

**izmjena,** *n.* exchange, change, changing, modification.

**izmjenice,** *adv.* by turns, alternatively.

**izmjenični,** *n.* mutual, alternative, changeable, inconstant.

**izmjenljiv,** *a.* changeable, convertible.

**izmjenjivanje,** *n.* interchange, exchange; rotation.

**izmjenjivati,** *vidi*: **izmijeniti.**

**izmjeren,** *a.* sized, measured.

**izmjeriti,** *v.* to measure out, to survey, to size, to square, to admeasure.

**izmjeriv,** *a.* commensurable, measurable.

**izmjerivost,** *n.* measureableness.

**izmlaćen,** *a.* beaten, thrashed.

**izmlatiti,** *v.* to thrash out.

**izmlaviti,** *v.* to cudgel, to thrash.

**izmočiti,** *v.* to soak, to drench, to souse.

**izmoći,** *v.* to suffice, to satisfy.

**izmoliti,** *v.* to request, to solicit, to obtain by entreaties, to pray; (**-se**) to appear, to come forth, to come out, to arise.

**izmolovati,** *v.* to paint, to portray, to represent, to illuminate.

**izmoren,** *a.* tired, wearied, feeble.

**izmoriti (se),** *v.* to tire out, to harass, to grow tired, to slacken, to fatigue.

**izmotavati,** *v.* to unwind.

**izmozgati,** *v.* to contrive, to devise, to imagine.

**izmrcvariti,** *v.* to lacerate, to massacre, to butcher, to rack, to torture.

**izmrčenica,** *n.* scullion, drudge.

**izmrčiti (se),** *v.* to smut, to soot; to get sooty.

**izmrljati (se),** *v.* to soil up, to dirty, to foul, to get dirty.

**izmršaviti,** *v.* to get meager, to grow lean, to pine away.

**izmrviti,** *v.* to crumble up.

**izmucati,** *v.* to stutter (out), to stammer (out).

**izmučati,** *v.* to gain, to earn, to deserve, to merit.

**izmučen,** *a.* wearied, tired, fatigued.

**izmučiti,** *v.* to tire out, to torment, to worry, to torture.

**izmući,** *v.* to be hoarse-like, to be husky.

**izmudriti,** *v.* (*izmisliti*) to imagine, to conceive, to invent, to contrive; (*otkriti*) to uncover, to unmask, to discover, to reveal; (*iznaći*) to find (out), to meet with.

**izmuknuti,** *vidi*: **izmući.**

**izmusti,** *v.* to milk out.

**izmutiti,** *v.* to entangle, to embarrass, to perplex; to make trouble.

**iznaći,** *v.* to find out, to discover, to contrive, to devise, to invent.

**iznad,** *prep.* over, beyond, above.

**iznajmitelj,** *n.* hirer, tenant.

**iznajmiti,** *v.* to farm out, to lease out, to let (out), to rent, to hire; (-se), to hire oneself out.

**iznajmljenje,** *n.* letting-out, leasing.

**iznajprije,** *adv.* at first, at the outset, originally, in the beginning.

**iznakaziti,** *v.* to disfigure, to distort, to deprave, to corrupt.

**iznalazak,** *n.* invention, contrivance, discovery.

**iznalaziti,** *vidi*: **iznaći.**

**iznalaženje,** *n.* invention, detection.

**iznaopačiti se,** *v.* to be inverted, to be upside down, to be reversed.

**iznašanje,** *n.* bringing-up, setting forth.

**iznašašće,** *n.* discovery, invention, contrivance.

**iznašati,** *v.* to bring out, to carry out, to set forth.

**iznebiti,** *v.* to miscarry, to abort.

**iznebuha,** *adv.* suddenly, unawares, unexpectedly.

**iznemoći,** *v.* to weaken, to exhaust, to become feeble.

**iznemogao,** *a.* weakened, exhausted.

**iznemoglost,** *n.* weakness, feebleness, debility, infirmity, prostration, exhaustion.

**iznenada,** *adv.* unexpectedly, suddenly, abruptly, unawares, rashly.

**iznenadan,** *a.* sudden, abrupt, hasty, unexpected.

**iznenaditi,** *v.* to surprise, to disappoint, to startle.

**iznenadnost,** *n.* suddenness, abruptness.

**iznenađen,** *a.* surprised, disappointed.

**iznenađenje,** *n.* surprise, suddenness.

**iznenađenost,** *vidi*: **iznenađenje.**

**iznesak,** *n.* sum, sum-total, amount.

**iznesti,** *vidi*: **iznijeti.**

**iznevjeriti,** *v.* to betray, to deceive.

**iznicati,** *v.* to sprout, to germinate, to bud out, to shoot forth.

**iznići,** *v.* to germinate, to sprout, to shoot, to spring out.

**iznijeti,** *v.* to bring forth, to bring out, to bring up, to rear; to take (*ili*) carry away, to remove; to introduce.

**izniknuti,** *vidi*: **iznići.**

**izniman,** *a.* exceptional.

**iznimice,** *adv.* by exception, by way of exception.

**iznimka,** *n.* exception; anomaly.

**iznimno,** *adv.* exceptionally.

**izništati,** *v.* to destroy, to come to nothing.

**izništaviti,** *vidi*: **izništati.**

**iznojiti se,** *v.* to perspire, to sweat.

**iznos,** *n.* amount, sum, sum total, allowance, quota; share.

**iznosak,** *vidi*: **iznos.**

**iznositi,** *v.* to bring forth, to outwear; to amount.

**iznošenje,** *n.* detrition; bringing-up, setting forth.

**iznošenost,** *n.* triteness.

**iznova,** *adv.* anew, afresh, newly, freshly, again, once more, over again.

**iznovice,** *vidi*: **iznova.**

**iznuditi,** *v.* to extort, to force from, to procure, to coax.

**iznuđivanje,** *n.* extortion, cheating.

**iznukati,** *v.* to force from, to extort, to compel, to urge.

**iznutra,** *adv.* inside, within, internally, inwards.

**iznutrašnji,** *a.* inner, more inward, deeper.

**iznutrica,** *n.* internal disease.

**izobati,** *v.* to eat (up), to finish.

**izobičajiti se,** *v.* to disaccustom oneself.

**izobila,** *adv.* abundantly, copiously, superfluously.

**izobilan,** *a.* superfluous, plentiful, abundant, profuse, opulent, copious.

**izobilnost,** *vidi*: **izobilje.**

**izobilovati,** *v.* to abound in (*ili*) with.

**izobilje,** *n.* abundance, profusion, affluence, opulence, overflow.

**izobličen,** *a.* disfigured, misshapen.

**izobličiti,** *v.* to deform, to mar, to misshape, to disfigure.

**izobrazba,** *n.* education, civilization, bringing up, refinement.

**izobraziti,** *v.* to educate, to civilize, to bring up, to refine.

**izobražavanje,** *vidi*: **izobraziti.**

**izobražen,** *a.* educated, civilized, cultured, accomplished.

**izobraženost**, *n.* civilization, education, training, culture.

**izobraženje**, *vidi*: **izobraženost**.

**izobresti**, *v.* to find out, to invent, to discover, to contrive.

**izobretnik**, *n.* inventor, discoverer; author, contriver.

**izobušice**, *adv.* unawares, suddenly, all of a sudden.

**izočan**, *a.* absent.

**izodjenuti**, *vidi*: **izodjesti**.

**izodjesti (se)**, *v.* to undress, to strip.

**izodjeti**, *vidi*: **izodjesti**.

**izokola**, *adv.* all around.

**izoliranje**, *n.* isolation.

**izolirati**, *v.* to isolate.

**izopačen**, *a.* ill-bred, ill-behaved, degenerate.

**izopačenost**, *n.* perverseness, corruption, bribery, depravity, demoralization, naughtiness, ill-behavior, degeneration.

**izopačenje**, *vidi*: **izopačenost**.

**izopačiti (se)**, *v.* to spoil, to deface, to corrupt; to become bad, to degenerate, to be spoiled.

**izopćenje**, *n.* banishment, exile, ban, excommunication, anathema.

**izopćiti**, *v.* to exclude, to expel, to banish, to excommunicate, to boycott.

**izorati**, *v.* to plow up.

**izostajanje**, *n.* absence, non-appearance, non-attendance.

**izostajati**, *v.* to stay away, to fail, to appear, not to take place; to fail to come.

**izostatak**, *n.* rest, remainder, residue, remnant; absence, non-appearance.

**izostati**, *vidi*: **izostajati**.

**izostaviti**, *v.* to let out, to omit, to let go, to leave out.

**izostavljanje**, *n.* omission, letting out, suppression, pretermission.

**izoštriti**, *v.* to sharpen, to grind (*off*); (**-se**) to improve in manners.

**izrabiti**, *v.* to abuse, to misuse.

**izrabljivanje**, *n.* abuse, misuse.

**izrabljivati**, *vidi*: **izrabiti**.

**izračunati**, *v.* to reckon, to compute, to calculate, to count up, to estimate, to value.

**izrada (k)**, *vidi*: **izradba**.

**izradba**, *n.* elaboration, composition.

**izraditi**, *v.* to elaborate, to perfect, to compose, to work up, to employ, to consume; (*o glazbi*) to compose.

**izrađen**, *a.* wrought; finished.

**izrađivač**, *n.* manufacturer.

**izrađivanje**, *n.* manufacture, elaboration; (*glazbeno*) composition.

**izrađivati**, *vidi*: **izraditi**.

**izrajeličanin**, *n.* Israelite.

**izrana**, *adv.* early, quickly, soon.

**izraniti**, *v.* to wound, to hurt, to injure, to bruise.

**izraslina**, *n.* outgrowth, excrescence, deformity.

**izrastao**, *vidi*: **izraslina**.

**izrasti**, *v.* to grow up, to grow together, to outgrow.

**izravnanje**, *n.* settlement, straightening; leveling.

**izravnati**, *v.* to straighten, to even, to equalize, to adjust, to level, to regulate.

**izravniti**, *vidi*: **izravnati**.

**izraz**, *n.* expression, term, limit, phrase, utterance, language; (*lica*) physiognomy, countenance, face, look.

**izrazan**, *a.* expressive, energetic, forcible, vigorous, explicit, significant.

**izrazit**, *vidi*: **izrazan**.

**izraziti**, *v.* to express, to utter, to explain, to declare, to interpret, to signify; — **sažaljenje**, to sympathize, to condole; (**-se**) to express oneself.

**izrazito**, *adv.* expressly, formally, pointedly.

**izrazitost**, *n.* expression, demonstrativeness.

**izražaj**, *vidi*: **izraz**.

**izražavanje**, *n.* expressing, wording.

**izražen**, *a.* expressed, worded.

**izreći**, *v.* to utter, to pronounce, to deliver.

**izredan**, *a.* (*vanredan*) extraordinary; (*odličan*) excellent; (*osobit*) exquisite; (*savršen*) complete, perfect, finished.

**izrediti**, *v.* to range, to rank, to put in ranks, to arrange, to set in order, to rule, to regulate, to distribute, to deal out, to dispose.

**izređati**, *v.* to place in a row, to order, to arrange, to regulate.

**izreka,** *n.* sentence, expression; (*gram.*) proposition, phrase, word.

**izrekom,** *vidi:* **izrijekom.**

**izrenuti,** *v.* to turn out, to push out, to thrust out.

**izreskan,** *a.* toothed, notched, carved.

**izreskati,** *v.* to carve, to cut up, to cut in pieces, to notch.

**izrešetati,** *v.* to sift, to sift through, to riddle, to piece with holes.

**izrezak,** *n.* clipping, scrap, cut; (*mat.*) sector.

**izrezati,** *v.* to cut out, to cut off, to carve, to slip.

**izrezivanje,** *n.* cutting up, resection.

**izrezivati,** *vidi:* **izrezati.**

**izribati,** *v.* to rub off, to scrub out.

**izricati,** *v.* to utter, to express, to pronounce.

**izričan,** *a.* express, evident, explicit, positive, direct, clear.

**izrično,** *adv.* expressly, explicitly, directly, positively.

**izrigati,** *v.* to spit out, to disgorge, to vomit.

**izrijekom,** *adv.* namely, particularly, especially; expressly, explicitly.

**izrinuti,** *v.* to push out.

**izriti,** *v.* to disinter, to root up, to rummage up.

**izrod,** *n.* degenerate, monster, abortive child.

**izroditi (se),** *v.* to degenerate, to bring forth, to be delivered of, to grow out.

**izrođen,** *a.* degenerate.

**izrođenje,** *n.* degeneracy, degeneration.

**izroniti,** *v.* to emerge, to dive out.

**izrositi,** *v.* to bedew.

**izrovati,** *v.* to disinter, to root up, to rummage up.

**izručba,** *n.* delivery, consignment.

**izručenje,** *vidi:* **izručivanje.**

**izručitelj,** *n.* deliverer, consignor, redeemer.

**izručiti,** *v.* to deliver, to hand, to surrender, to consign, to transfer.

**izručivanje,** *n.* delivery, surrender, remission, remittance.

**izrudžba,** *n.* delivery, giving up, bringing-out.

**izrugavanje,** *n.* mock, mockery.

**izrugavatelj,** *n.* mocker, sneerer, jeerer.

**izrugavati,** *v.* to mock, to jeer, to sneer.

**izružiti,** *v.* to outrage, to abuse, to scold, to insult, to disgrace.

**izubaha,** *adv.* unawares, suddenly, all of a sudden.

**izučavanje,** *n.* study, teaching, learning.

**izučavati,** *vidi:* **izučiti.**

**izučen,** *a.* studied.

**izučiti,** *v.* to learn, to inform, to instruct, to teach, to understand.

**izum,** *n.* invention, discovery, fiction, figment.

**izumijevati,** *v.* to find out, to invent, to contrive, to discover.

**izumirati,** *vidi:* **izumrijeti.**

**izumitelj,** *n.* inventor, discoverer.

**izumiteljica,** *n.* inventress.

**izumiti,** *vidi:* **izumjeti.**

**izumjeti,** *v.* to invent, to discover, to find out, to contrive, to devise.

**izumrijeti,** *v.* to die out, to become extinct; (*o gradovima*) to depopulate.

**izumrli,** *a.* extinct; depopulated.

**izust, na** — *adv.* by heart.

**izustiti,** *v.* to pronounce, to utter, to deliver, to express.

**izuti (se),** *v.* to unshoe, to pull off one's shoes (*ili*) stockings.

**izuvalo,** *n.* bootjack.

**izuvati,** *vidi:* **izuti.**

**izuzetak,** *n.* exception.

**izuzeti,** *v.* to except, to take out, to exclude, to reserve.

**izuzevši,** *prep.* except, save, but, out of.

**izuzimanje,** *n.* exception, exclusion.

**izvabiti,** *v.* to entice, to elicit, to coax.

**izvadak,** *n.* extract, abstract, compendium, summary, substance, epitome, syllabus.

**izvaditi,** *v.* to take out, to draw, to extract.

**izvađanje,** *n.* deduction, inference.

**izvaliti,** *v.* to overthrow, to upset; (*oči*) to glare upon, to stare at; (-se) to throw oneself, to fling oneself, to fall (*ili*) rush upon, to be thrown away; to be put to bed, to lay down.

**izvaljati,** *v.* to roll out.

**izvaljivati,** *v.* to overthrow, to upset; (-se) to throw oneself down.

**izvan,** *adv.* without, out of, except, besides, but; — *conj.* unless, except that, but that.

**izvana,** *adv.* outside, outward, exterior, without, from outside.

**izvanka,** *vidi*: **izvana.**

**izvanredan,** *a.* extraordinary, remarkable, phenomenal, out of common course; (*neobičan*) unusual, unaccustomed.

**izvanredno,** *adv.* extraordinarily, specially.

**izvanrednost,** *n.* specialty, remarkableness, particularity.

**izvanji,** *a.* external, outward, exterior, outside.

**izvarak,** *n.* dross, slag.

**izvarati,** *v.* to belie, to cheat, to deceive, to defraud.

**izvariti,** *v.* to boil sufficiently.

**izvažalac,** *n.* exporter.

**izvažanje,** *n.* exportation.

**izvažati,** *v.* to export.

**izveden,** *a.* accomplished, derivative, inferred.

**izvedenje,** *n.* accomplishment; taking-out.

**izvediv,** *a.* performable, possible.

**izvedivost,** *n.* execution, possibility, practicability, performableness.

**izvedriti,** *v.* to clear up, to brighten, to clarify, to calm.

**izverugati,** *v.* to bend, to crook.

**izvesti,** *v.* to carry out, to perform, to execute, to deduce, to accomplish; (*vezivo*) to embroider; (*robu*) to export; (**-se**) to take a ride.

**izveštati,** *v.* to become obsolete.

**izvid,** *n.* inspection, trial, examination, look out, out-look, prospect.

**izvidan,** *a.* prospective; investigating.

**izvidati,** *v.* to cure, to heal.

**izviditi,** *vidi*: **izvidjeti.**

**izvidjeti,** *v.* to examine, to inquire into, to inspect, to scrutinize, to search, to try, to investigate, to make inquiry.

**izvijač,** *n.* screw-driver.

**izvijati,** *v.* to unscrew, to twist, to writhe, to wring; (*iskriviti*) to bend, to bow, to inflect, to bend round, to make crooked; (*izmisliti*) to imagine, to conceive, to invent, to contrive; (*lepezom*) to winnow, to fan, to ventilate.

**izvijestiti,** *v.* to inform, to report, to advise, to give notice.

**izvikan,** *a.* ill-famed, infamous, disreputable, defamed, notorious.

**izvikati,** *v.* to outcry, to proclaim loudly, to cry out, to call out, to chide, to call names.

**izvina,** *n.* excuse, apology.

**izviniti (se),** *v.* to excuse, to apologize, to excuse oneself, to pardon.

**izvinjavanje,** *n.* excuse, apology.

**izvinuti,** *v.* to bend, to bow, to inflect, to bend the wrong way.

**izvir,** *vidi*: **izvor.**

**izvirati,** *v.* to spring, to well, to originate, to shoot up (*ili*) out, to arise, to rise.

**izviriti,** *v.* to peep out; to stick out.

**izvisit,** *a.* high, elevated, raised, sublime.

**izvišak,** *n.* (*zemlja*) height, hill, eminence; (*suvišak*) surplus, abundance, profusion.

**izvišan,** *vidi*: **uzvišen.**

**izviti,** *vidi*: **izvijati.**

**izviždati,** *v.* to hiss.

**izvjedljiv,** *a.* inquisitive, curious.

**izvjedljivost,** *n.* inquisitiveness, curiosity.

**izvjekovati,** *v.* to cease living, to live to the end.

**izvjesiti,** *v.* to hang.

**izvjesnost,** *n.* certainty, surety, precision, determination, definitiveness, explicitness.

**izvjestan,** *a.* certain, sure, constant, fixed, explicit, positive.

**izvjestitelj,** *n.* reporter, correspondent, informer.

**izvjestiti,** *v.* to report, to inform, to recite, to notify, to propound, to relate.

**izvješati,** *v.* to hang out (*ili*) up.

**izvješće,** *vidi*: **izvještaj.**

**izvještaj,** *n.* report, account, information, statement, reference, notification, program.

**izvjetriti,** *v.* to air, to ventilate, to fan, to winnow, to pass off in vapor, to evaporate, to transpire.

**izvježban,** *a.* trained, practised, versed.

**izvježbati (se),** *v.* to practice, to exercise, to train, to discipline, to learn.

**izvlačan,** *a.* drawn-out, sliding.

**izvlačiti,** *v.* to draw out, to pull out.

**izvod,** *n.* derivation, conclusion, end, closing, inference, deduction.
**izvodilac,** *vidi*: **izvoditelj.**
**izvoditelj,** *n.* performer, producer, procreator.
**izvoditi,** *v.* to carry out, to infer, to conclude, to deduce, to argue, to imply, to beget, to produce.
**izvodiv,** *a.* deducible, deductive.
**izvođenje,** *n.* deduction, inference, conclusion.
**izvojevati,** *v.* to gain by fighting, to battle for, to win, to conquer.
**izvojštiti,** *vidi*: **izvojevati.**
**izvolijevati,** *v.* to like, to be pleased; to pick out; to be particular.
**izvoljeti,** *v.* to please, to be pleased; to like, to be agreeable, to will, to be willing, to wish.
**izvor,** *n.* well, spring, source; — **skočac,** bubbling fountain; (*rudni*) mineral waters; (*čina*) origin, source, beginning.
**izvoran,** *a.* original, primitive, primary.
**izvornik,** *n.* original, first copy.
**izvorno,** *adv.* originally; radically.
**izvornost,** *n.* originality; radicalness.
**izvoštiti,** *v.* to cudgel, to thrash; to wax; to black, to polish, to shine (*boots*).
**izvoz,** *n.* exportation, export, transport.
**izvozan,** *a.* exportable; — **carina,** export-duty; — **trgovina,** export trade.
**izvoziti,** *v.* to export.
**izvoznina,** *n.* export-duty.
**izvoženje,** *n.* exportation.
**izvraćanje,** *n.* turning over, inverting.
**izvraćati,** *v.* to turn over, to invert.
**izvrat,** *n.* windfall.
**izvratiti,** *vidi*: **izvraćati.**
**izvrći (se),** *v.* to cast, to degrade, to litter; to degenerate, to miscarry.
**izvrgnut,** *a.* exposed; liable to, addicted (to), submissive, obliged.
**izvrgnuti,** *vidi*: **izvrći.**
**izvrh,** *prep.* besides.
**izvrnuti,** *v.* to overthrow, to upset, to invert, to reverse, to twist, to misrepresent, to distort.
**izvrsno,** *adv.* specially, admirably, pre-eminently.
**izvrsnost,** *n.* pre-eminence, superiority, excellence.

**izvrstan,** *a.* excellent, exquisite, distinguished, eminent, egregious, superior, wonderful, special.
**izvrstiti se,** *v.* to bear ill-will to, to malign.
**izvršavati,** *v.* to perform, to execute.
**izvršba,** *n.* performance, execution, accomplishment.
**izvršen,** *a.* accomplished, consummate.
**izvršenje,** *n.* execution, consummation.
**izvršitelj,** *n.* performer, executor, achiever, executioner; hangman.
**izvršiti,** *v.* to perform, to execute, to consummate, to accomplish, to effect, to bring about, to terminate, to finish.
**izvršiv,** *a.* performable, practicable, possible.
**izvršivanje,** *n.* performance, pursuance, practise.
**izvrština,** *n.* preference, privilege, precedence, superiority.
**izvršujući,** *a.* executive, ministerial.
**izvrtač,** *n.* bullet-drawer; (*istine*) prevaricator.
**izvrtanje,** *n.* (*istine*) prevarication.
**izvrtati,** *v.* to overthrow, to upset, to twist, to misrepresent, to distort, to reverse; — (**istinu**) to prevaricate.
**izvrtina,** *n.* boring, bore, caliber; hollow, cavity, excavation.
**izvrtiti,** *vidi*: **izvrtjeti.**
**izvrtjeti,** *v.* to bore out, to drill out.
**izvrviti,** *vidi*: **izvrvjeti.**
**izvrvjeti,** *v.* to stream up, to flow up, to spring up.
**izvržen,** *vidi*: **izvrgnut.**
**izvrženost,** *n.* exposure.
**izvući,** *v.* to draw out, to pull out, to abstract, to retire, to raffle.
**iždračiti,** *v.* to stare, to goggle.
**iždrebati,** *v.* to draw lot, to raffle for.
**iždrebiti,** *vidi*: **iždrijebiti.**
**iždrijebiti (se),** *v.* to foal.
**ižeći,** *v.* to burn out, to cease burning; (*ranu*) to sear.
**ižeti,** *vidi*: **izažeti.**
**ižimati,** *v.* to wring out, to press, to squeeze out.
**iživati,** *vidi*: **ižimati.**
**ižviždati,** *v.* to hiss, to condemn (*a play*) by hissing, to catcall.

# J

ja, *pron*. I.
jabana, *n*. foreign country.
jabanac, *n*. stranger, foreigner.
jablan, *n*. poplar.
jablanov, *a*. poplar—, of a poplar.
jabučac, *n*. swine-bread.
jabučica, *n*. Adam's-apple, paradise-apple; (*lična*) cheek; (*očna*) pupil; (*rajčica*) tomato.
jabučina, *n*. kernel-fruit.
jabučnica, *n*. cheek-bone, zygomatic-bone.
jabučnjača, *n*. apple-cider; apple cake.
jabučnjak, *n*. apple-orchard.
jabuka, *n*. apple; (*drvo*) apple tree.
jabukovača, *vidi*: jabučnjača.
jabukovina, *n*. apple-wood.
jacija, *n*. rest, evening time when work ceases.
jačanje, *n*. growing strong, strengthening, corroboration.
jačati, *v*. to grow strong, to invigorate, to strengthen, to fortfiy.
jačica, *n*. collar, cape, gorget.
jačina, *n*. strength, vigor, power, force, intensity.
jačmen, *n*. barley-corn; (*bolest očiju*) sty, pimple.
jad, *n*. grief, sorrow, trouble, distress, anger, woe, misery.
jadac, *n*. a miserable fellow.
jadan, *n*. (*nesrećan*) unhappy, unfortunate, unlucky, wretched; (*siromašan*) miserable, poor, needy, indigent, piteous, pitiful, wretched; (*srdit*) angry, displeased, sorry, vexed.
jadanje, *vidi*: jadikovanje.
jadati (se), *v*. to lament, to mourn, to bewail, to complain, to wail.
jadić, *n*. (*bil.*) aconite, monk's hood, wolf's bane.
jadika, *n*. (*bil.*) weeping (*ili*) drooping-willow.
jadikovac, *n*. lamentation, misery, vale of tears.

jadikovanje, *n*. lamentation, wailing, woefulness, sorrowfulness, mourning, mournfulness.
jadikovati, *v*. to wail, to lament, to complain.
jadikovina, *n*. (*bil.*) weeping ash.
jadikovka, *n*. (*pjesma*) dirge, doleful ditty.
jadikujući, *a*. dirgeful.
jaditi (se), *v*. to make angry, to vex, to irritate, to exasperate, to anger, to excite.
jadnik,-ica, *n*. poor man, beggar; beggar-woman, wretch, simpleton.
jadoliko, *adv*. pitiably, miserably, mournfully.
jadovan, *a*. sad, melancholy, sorrowful, mournful, woeful, sorry.
jadovanje, *n*. grièf, sorrow, vexation, affliction, displeasure, shagreen, trouble, distress, heart-ache.
jadovati, *v*. to afflict, to grieve, to vex, to shagreen.
jadovit, *vidi*: jadan.
Jadransko more, *n*. Adriatic Sea.
jadrilo, *n*. mast.
jadro, *n*. sail; vessel, ship.
jagačevina, *n*. (*bil.*) primrose, lungwort.
jaganjac, *n*. lamb.
jaganjče, *n*. lambkin, yeanling.
jaglac, *vidi*: jagačevina.
jaglak, *vidi*: jagluk.
jagluk, *n*. embroidery, handkerchief.
jagma, *n*. crowd, rush, scramble.
jagmiti se, *v*. to scramble, to struggle, to crowd, to make haste, to put in confusion.
jagnjad, *n*. lambs (*pl.*).
jagnje, *n*. lamb.
jagnjeći, *a*. lamb—, of a lamb.
jagnjed, *n*. (*bil.*) trembling poplar, asp (en).
jagnješce, *n*. yeanling, lambkin.
jagnjetina, *n*. lamb-meat.
jagnjić, *vidi*: jagnješce.

**jagnjiti se,** v. to ewe, to yean, to lamb.
**jagočevina,** vidi: **jagačevina.**
**jagoda,** n. strawberry; (u opće) berry.
**jagodica,** n. cheek, dimple.
**jagodina,** n. (bil.) winter-cherry.
**jagodnjača,** n. strawberry.
**jagodnjak,** n. strawberry bush (ili) garden.
**jagorčac,** n. (bil.) wool-blade, cow's lung-wort, wooly plant.
**jagorčika,** n. primrose, lung-wort.
**jagorčina,** vidi: **jagorčika.**
**jaguar,** n. jaguar.
**jahač,** n. rider, horseman, cavalier.
**jahačica,** n. horsewoman, rider.
**jahaći konj,** n. riding horse, saddle horse.
**jahalište,** n. riding-place, riding-school, riding-academy.
**jahanje,** n. riding, equitation.
**jahati,** v. to ride.
**jahor,** vidi: **javor.**
**jahta,** n. yacht.
**jahtanje,** n. yachting.
**jahtar,** n. yachtsman.
**jainji,** a. of egg.
**jajast,** a. egg shaped, oval.
**jajce,** vidi: **jaje.**
**jaje,** n. egg; (bjelanac) white of an egg; (žutanjak) yolk, yelk; (muda) testicle.
**jajište,** n. ovary; (kod bilj.) seed-but.
**jajnjak,** vidi: **jajište.**
**jajolik,** n. egg shaped, oval, oviform.
**jak,** a. strong, robust, stout, solid, valid; mighty, powerful, vigorous, nourishing.
**jakarenje,** n. fight, row, scuffle.
**jakariti se,** v. to romp, to scuffle, to fight.
**jako,** adv. very, most, strongly, well, resolutely, much, excessively, extremely.
**jakom,** adv. first, at first, not until, only, just now, this minute.
**jakosan,** vidi: **jakostan.**
**jakost,** n. force, strength, power, vigor, violence, vigorousness, stoutness, energy; (debljina tijela) corpulence; (glasa) shrillness.
**jakostan,** a. strong, mighty, powerful, robust, stout.
**jakošnji,** a. present, now existing, actual.
**jakota,** vidi: **jakost.**

**jakrep,** n. scorpion.
**jal,** n. envy, ill-will, grudge.
**jalak,** n. ditch, trench, moat, canal, channel, conduit.
**jalan,** a. envious.
**jali,** conj. either, or, or else.
**jalija,** n. bank, shore, coast.
**jalov,** a. sterile, barren, unfruitful, vain, farrow, unprofitable.
**jalovac,** n. (obrezanik) eunuch.
**jaloviti (se),** v. to castrate, to geld; (kod žene) to abort, to miscarry.
**jalovka,** n. a barren cow.
**jalovost,** n. sterility, barrenness.
**jalša,** n. alder; (drvo) alder-tree.
**jama,** n. ditch, moat, pit, hollow, mine, cavity; (grob) tomb, grave.
**jamac,** n. guarantee, bondsman, bail, security, respondent.
**jamačan,** a. certain, definite.
**jamačno,** adv. certainly, surely, definitely, positively, truly, indeed.
**jamar,** n. (golub) passenger pigeon.
**jamarica,** n. eel.
**jambor,** n. mast (of a ship).
**jamčenje,** n. bail, surety, guaranty, warranty.
**jamčevina,** n. (novčana) bail, security, bond; (moralna) guaranty, warranty.
**jamčiti,** v. to bail, to answer for, to warrant, to guarantee, to assure.
**jamica,** n. small pit, hole (ili) cavity; (na licu) dimple; (pod pazuhom) armpit.
**jamičak,** n. grub-axe.
**jamičast,** n. dimpled.
**jamiti,** v. to remove, to clear (away), to seize, to grip, to grasp.
**jamnjak,** n. marten.
**jamstvo,** n. bail, surety, guaranty, security, pledge, bond, assurance, recognizance.
**jandal,** adv. sideways, aside.
**jandraška,** n. chiccory.
**jandrcga,** n. (riba) flat-fish, dab.
**jandružica,** n. (riba) red-eye, rud.
**jantar,** n. amber.
**jantarov,** a. of amber, succinic;—
  **kiselina,** succinic acid.
**jantarovac,** n. amber tree.
**januar,** n. January.
**januš,** n. anise, anisseed.
**janja,** n. (bil.) black poplar.
**janjac,** n. lamb.
**janjad,** n. lambs.
**janjčevina,** n. lamb-meat.

**janje,** *vidi:* **jagnje.**
**janjeći,** *a.* lamb, of lamb.
**janjetina,** *n.* lamb-meat.
**janjičar,** *n.* janizary; Turkish soldier.
**janjičnjak,** *n.* (*bil.*) wild-flax, toad-flax.
**janjiti se,** *v.* to ewe, to yean, to lamb.
**jao! jao meni!** *interj.* alas! woe to me! ah!
**jaoknuti,** *vidi:* **jauknuti.**
**japa,** *n.* dad, father.
**Japan,** *n.* Japan.
**Japanac,** *n.* Japanese.
**japanski,** *a.* Japanese.
**japija,** *n.* building material.
**japiti,** *v.* to gape, to yawn; to be open, to be vacant.
**japnenica,** *vidi:* **vapnenica.**
**japno,** *vidi:* **vapno.**
**japundže,** *n.* mantle, cloak.
**jar (a),** *n.* heat, hot weather, ardor; fieriness, rage, passion, anger, wrath.
**jarac,** *n.* goat, he-goat.
**jaračiti,** *v.* (*konja*) to break in (*horses*).
**jarad,** *n.* young goats.
**jarak,** *n.* ditch, pit, trench, moat;
— *a.* (*žarki*) hot, warm, ardent, burning.
**jaram,** *n.* yoke;—**volova,** team of oxen.
**jaran,** *n.* friend, confidential friend, confidant; (*ljubavnik*) lover, paramour; suitor.
**jaranik,** *vidi:* **jaran.**
**jaraniti se,** *v.* to have love-affair; to court, to make love to; to make up to (*a girl*).
**jaranstvo,** *n.* familiarity, intimacy, friendship; kindness, favor; relations (*pl.*); amour, love-affair.
**jarbol,** *n.* mast.
**jarbolac,** *n.* (*bolest*) erysipelas, St. Anthony's fire.
**jarčev,** *a.* pertaining to goats.
**jarčevina,** *n.* buck-meat, mutton.
**jare,** *n.* kid, he-goat..
**jarebica,** *n.* partridge.
**jarebika,** *n.* (*bilj.*) bird-cherry-tree; service-tree.
**jarebinjak,** *n.* stone-seed (*ili*) weed.
**jareći,** *a.* of kid, pertaining to kid.
**jaretina,** *n.* goat's flesh; goat's skin.
**jargovan,** *vidi:* **jorgovan.**
**jarica,** *n.* (*bilj.*) spring-wheat.
**jarić,** *n.* (*bilj.*) wall-pepper, pepper (*or*) stone-crop.

**jariti se,** *v.* to overheat oneself, to get warm; to grow angry, to fly into a passion; to fume; (*od jare*) to kid.
**jarmac,** *vidi:* **jarmak.**
**jarmak,** *n.* spring-bar; whipple-tree.
**jarmen,** *n.* (*bilj.*) camomile.
**jaromjer,** *n.* calorimeter.
**jarost,** *n.* wrath, anger, ire, spite, exasperation.
**jarostan,** *a.* wrathful, angry, furious.
**jaruga,** *n.* ravine, water-slough, hollow channel.
**jaružiti,** *v.* to dredge.
**jasak,** *n.* prohibition.
**jasan,** *a.* clear, distinct, plain, evident, bright, obvious, sonorous, intelligible.
**jasen,** *n.* ash (*tree*).
**jasenak,** *vidi:* **jasen.**
**jasenov,** *a.* ashen, ash.
**jasenovina,** *n.* ash wood.
**jasenje,** *n.* ash trees (*pl.*).
**jasičica,** *n.* young aspen; quaking-asp.
**jasik,** *n.* aspen grove.
**jasika,** *n.* aspen, quaking-asp, trembling poplar.
**jasikovac,** *n.* aspen forest (*ili*) woodland.
**jasikovina,** *n.* aspen wood.
**jasle,** *n.* crib, manger, cratch, rack.
**jaslenjak,** *n.* (*bil.*) sweet-scented wood-roof.
**jasmin,** *n.* jasmine.
**jasno,** *adv.* clearly, distinctly, simply, serenely, obviously.
**jasnoća,** *n.* clearness, brightness, distinctness.
**jasnost,** *n.* illustriousness, Highness, clearness, brightness.
**jasnota,** *vide:* **jasnoća.**
**jaspid,** *n.* jasper, sinople.
**jaspra,** *n.* (*bil.*) money-wort, loose-strife, penny-cress, pile-wort.
**jaspre,** *n.* (*pl.*) money; Turkish silver-money.
**jastog,** *n.* lobster.
**jastreb,** *vidi:* **jastrijeb.**
**jastrebina,** *n.* vulture.
**jastrijeb,** *n.* vulture, hawk.
**jastučić,** *n.* cushionet.
**jastučiti,** *v.* to bolster.
**jastuk,** *n.* bolster, cushion, pillow.
**jašećke,** *adv.* astraddle, straddling, astride.
**jašenje,** *n.* ride, riding.
**jašimice,** *vidi:* **jašećke.**

**jašionica,** *n.* riding-school, riding-house (*ili*) hall, riding-academy.

**jašiti,** *v.* to ride, to go on horseback; (*na utrci*) to jockey.

**jašprišt,** *n.* archpriest, archpresbyter.

**jatanac,** *n.* (*bil.*) weld, dyer's weed, orcanet.

**jatagan,** *n.* yataghan (*Turkish sword*).

**jatak,** *n.* receiver.

**jatiti (se),** *v.* to gather, to collect, to assemble, to flock together.

**jato,** *n.* swarm, crowd, cluster, flight, flight of birds.

**jatomice,** *adv.* in troops, in bands, in flocks.

**jatornost,** *n.* quickness, agility, nimbleness, dexterity.

**jauk,** *n.* lamentation, wailing, bewailing.

**jaukanje,** *n. vidi:* **jauk.**

**jaukati,** *v.* to lament, to mourn, to bewail, to groan.

**jaukav,** *a.* complaining, plaintive, mournful.

**jauklija,** *n.* bride; intended fiancee.

**jauknuti,** *v.* to wail, to lament, to moan.

**jav,** *n.* shine, lustre, splendor, pretext, semblance, receipt, certificate, sign, token, mark, symptom, omen.

**java,** *n.* reality, real existence.

**javan,** *a.* public, evident, manifest, open, notorious.

**javašluk,** *n.* indifference, neglect, apathy.

**javi,** *adv.* just as, even as.

**javiti,** *v.* to notify, to announce, to manifest, to signify, to mention, to advertise, to inform, to communicate; (-se) to announce oneself, to report, to speak before one, to appear.

**javljač,** *n.* announcer; adviser.

**javljanje,** *n.* report, mention, announcement, notification.

**javljati (se),** *v.* to notify, to announce, to mention, to inform, to indicate, to give notice of, to send word, to report, to publish, to proclaim.

**javno,** *adv.* publicly, notoriously, openly, in public.

**javnocvjetka,** *n.* phanerogam.

**javnost,** *n.* publicity, notoriety, public.

**javor,** *n.* maple (-tree).

**javorika,** *n.* (*bilj.*) laurel bay (-tree).

**javorje,** *n.* (*pl.*) maple-trees.

**javornica,** *vidi:* **javorika.**

**javorov,** *a.* maple—, of maple.

**javorovina,** *n.* maple wood.

**jaz,** *n.* abyss, chasm, gulf, whirlpool.

**jazava,** *vidi:* **jaz.**

**jazavac,** *n.* badger, brock.

**jazavčar,** *n.* (*pas*) terrier.

**jazavčina,** *n.* (*koža*) badger skin.

**jazbina,** *n.* badger lair.

**jazidžija,** *n.* writer, clerk, copyist.

**jazija,** *n.* writing; paper, book; type; Scripture, Bible.

**jaziti,** *v.* to dam, to close.

**jaža,** *n.* outlet, channel, drain, issue, sink, sewer, drain.

**jažnjak,** *n.* drain(ing)-ditch, watercourse.

**jea,** *n.* alder.

**jecalo,** *n.* stutterer, stammerer.

**jecanje,** *n.* sobbing, stammering, stuttering.

**jecati,** *v.* (*mucati*) to stammer, to lisp, to stutter; (*naricati*) to whine, to whimper, to groan, to mourn, to bewail, to sob.

**jecav,** *a.* stuttering, stammering.

**jeckati,** *v.* to sound, to resound, to clang, to groan, to sob, to whimper, to moan, to whine.

**ječam,** *n.* barley.

**ječan,** *a.* affirmative.

**ječati,** *v.* to resound, to ring, to re-echo, to sound, to clang.

**ječerma,** *n.* waistcoat, vest.

**ječiti,** *vidi:* **ječati.**

**ječmen,** *n.* (*žito*) barley; (*bolest očiju*) sty, eyesore.

**ječmenac,** *n.* sty.

**ječmenica,** *n.* barley bread.

**ječmenik,** *vidi:* **ječmenica.**

**ječmenjak,** *n.* water-gall, weather-gall.

**ječmište,** *n.* barley-grove.

**ječmičak,** *vide:* **ječmen.**

**jed,** *n.* anger, wrath, passion, bile, bitterness; (*otrov*) venom, poison, grudge, spite.

**jedaći,** *a.* eatable, edible.

**jedak,** *a.* biting, corrosive, caustic, severe, sharp.

**jedalo,** *n.* set (*of knives, etc.*).

**jedan,** *num.* one; — **jedini,** *pron.* only one; *(neki)* certain, some one; — **za drugim,** *adv.* one by one; *(srdit)* wrathful, angry.

**jedanaest,** *num.* eleven.

**jedanaesti,** *a.* eleventh.

**jedanput,** *adv.* once, once upon a time, *(at)* one time.

**jedar,** *a.* compact, solid, dense, firm, strong, hard; robust, vigorous, powerful.

**jedarce,** *n.* a little sail.

**jedared,** *adv.* once, once upon a time.

**jedatan,** *a.* eatable, edible, palatable.

**jedek,** *n.* rope, cord, line; *(konj)* parade-horse.

**jedenje,** *n.* eating, meal.

**jedin,** *a.* the only one, only, single, sole, unanimous, solitary, singular, individual.

**jedinac,** *a.* only, single, individual, isolated; — *n.* the only son.

**jedinak,** *vidi:* **jedinac.**

**jedinče,** *n.* the only child.

**jedini,** *vidi:* **jedin.**

**jedinica,** *n.* the only daughter; *(u računstvu)* unit.

**jediniti,** *v.* to unite, to agree.

**jedinka,** *n.* individual, particle.

**jedino,** *adv.* only, solely, but.

**jedinodušno,** *adv.* unanimously, with one accord *(ili)* mind with one consent, to a man.

**jedinorodan,** *a.* only begotten.

**jedinorog,** *n.* unicorn.

**jedinost,** *n.* oneness, unity, singleness.

**jedinstven,** *a.* only, single, sole, uniform, undivided.

**jedinstvo,** *n.* unity, union, unanimity, concord, whole, harmony.

**jedit,** *a.* angry, displeased, vexed.

**jediti,** *v.* to make angry, to vex, to offend; **(-se)** to grow angry, to quarrel, to be vexed, to be angry.

**jedito,** *adv.* venomously, virulently, angrily.

**jedivo,** *n.* food, meat, dish.

**jedljiv,** *a.* choleric, passionate, violent, irritable, venomous, virulent.

**jednačak,** *n.* equivalent, consideration. /

**jednačenje,** *n.* balance, compensation.

**jednačina,** *n.* equation.

**jednačiti,** *v.* to make equal, to equal' to match, to compare, to equalize, to level, to square, to straighten, to resemble.

**jednadžba,** *n.* equation.

**jednak,** *n.* equal, like, straight, right, direct, even, level, just, alike.

**jednako,** *adv. (neprestano)* continually; alike, equally, squarely, constantly.

**jednakost,** *n.* equality, likeness, conformity, squareness, straightness, sameness, indistinctness, eveness; — **dana i noći,** equinox.

**jednina,** *n.* singular.

**jednobojni,** *a.* monochromatic.

**jednoboštvo,** *n.* monotheism.

**jednobožac,** *n.* monotheist.

**jednobroj,** *n.* singular.

**jednoć,** *vidi:* **jednom.**

**jednodnevni,** *a.* of one day, lasting but one day, ephemeral, ephemeric.

**jednodušan,** *a.* unanimous.

**jednodušnost,** *n.* unanimity.

**jednoglas,** *n.* monotone.

**jednoglasan,** *a.* unanimous; monotonous.

**jednoglasice,** *adv.* by acclamation, unanimously.

**jednoglasnost,** *n.* unanimity.

**jednogodišnji,** *a.* of one year, yearling.

**jednogrlice,** *adv.* unanimously.

**jednoimen (i),** *a.* of *(but)* one name.

**jednokopitan,** *a.* solidungulate.

**jednokopitnjak,** *n.* solipede.

**jednokračan,** *a.* isosceles, having two equal sides.

**jednokrvnik,** *n.* kinsman.

**jednoličan,** *a.* uniform, even, regular, monotonous, invariable.

**jednoličke,** *adv.* at the same time, together, simultaneously.

**jednolično,** *adv.* uniformly.

**jednoličnost,** *n.* uniformity, monotony, equality, sameness.

**jednolik,** *a.* uniform, conform, similar, identical, unvaried, equal, even.

**jednolikost,** *vidi:* **jednoličnost.**

**jednoliske,** *n.* adder's *(ili)* serpent's tongue, defamer, backbiter, viper.

**jednoljušturan,** *a.* one shelled.

**jednom,** *adv.* once, once upon a time, at one time.

**jednomišljen,** *a.* of the same mind, congenial.

**jednomišljenik,** *n.* partisan, adherent.
**jednonožan,** *a.* unipedal.
**jednook,** *n.* monocular, monoculous, one-eyed, blind of one eye.
**jednoosan,** *a.* uniaxal.
**jednoplemen,***a.*ofthesamesex(*ili*)race.
**jednoplemenik,** *n.* man of the same tribe.
**jednopreg,** *n.* one-horse carriage.
**jednoprežan,** *a.* drawn by one horse.
**jednorodan,** *a.* homogeneous.
**jednorođenče,** *n.* a sole child.
**jednorog,** *n.* unicorn, monocerous.
**jednoruk,** *a.* one-armed.
**jednoslovčan,** *vidi*: **jednosložan.**
**jednosložan,** *a.* monosyllabic, uniliteral.
**jednospolan,** *a.* unisexual.
**jednostavan,** *a.* simple, plain, unaffected, primitive.
**jednostavno,** *adv.* plainly, unaffectedly, merely, nakedly, only, simply.
**jednostavnost,** *n.* simplicity, naivete, plainness, unaffectedness, simpleness, elementariness.
**jedostran,** *a.* one-sided, unilateral.
**jednostruk,** *a.* single, simple, plain, done but once, solitary.
**jednovjerac,** *n.* one of the same religion, communionist.
**jednovjeran,** *a.* of one faith.
**jednovlada,** *n.* monarchy.
**jednovrsnost,** *n.* homogeneousness.
**jednovrstan,** *a.* homogeneous, homogenial.
**jednozvučnost,** *n.* monotone, monotony.
**jednoženstvo,** *n.* monogamy.
**jednožičan,** *a.* of one string.
**jednjak,** *n.* gullet, aesophagus.
**jedogonja,** *n.* sorcerer.
**jedovit,** *a.* poisonous, venomous; angry, waspish, wrathful.
**jedrenjača,** *n.* sailing-vessel, sailing-boat.
**jedrilo,** *n.* mast.
**jedrina,** *n.* (*tijela*) force, strength, power, vigor, energy, solidity, firmness, soundness; (*stila*) conciseness, brevity.
**jedriti,** *v.* to sail, to navigate.
**jedro,** *n.* sail, vessel, ship.
**jedrost,** *n.* brachylogy, pithiness.
**jedva,** *adv.* scarcely, hardly, narrowly;
— **jedvice,** at last, finally.

**jedvice,** *vidi*: **jedva.**
**jeđa,** *n.* food.
**jeđupak,** *n.* gipsy.
**jeđupka,** *n.* gipsy woman.
**jeftin,** *vidi*: **jevtin.**
**jeftinoća,** *vidi*: **jevtinoća.**
**jege,** *n.* file.
**jeglen,** *n.* conversation, talk, dialogue.
**jeglendisati,** *vidi*: **jeglenisati.**
**jeglendže,** *vidi*: **jeglen.**
**jeglendžija,** *n.* tattler, babbler, twaddler.
**jeglenisati,** *v.* to chatter, to talk idly, to speak, to pronounce.
**jegulja,** *n.* eel.
**jeguljast,** *a.* eel-shaped, anguilliform.
**jehova,** *n.* alder.
**jeina,** *n.* owl, owlet.
**jej,** *n.* screech-owl.
**jek(a),** *n.* echo, sound, clang, peal, resonance.
**jekmedžija,** *n.* baker.
**jekmedžiluk,** *n.* bakery.
**jeknuti,** *v.* to resound, to ring, to re-echo, to blow, to reverberate.
**jektati,** *v.* to sound, to resound, to clang.
**jektičav,** *a.* hectic (al), phthisical, consumptive.
**jektika,** *n.* hectic, phthisis, consumption, tuberculosis.
**jela,** *n.* fir (- tree), silver-fir.
**jelac,** *n.* eater, diner.
**jelek,** *n.* .waistcoat, underwaistcoat, vest, corsage, bodice.
**jelen,** *n.* stag, hart; — **giljiva,** truffle.
**jelenak,** *n.* stag, hart; (*bil.*) hart's tongue; (*kukac*) stag-beetle, flying stag.
**jelenče,** *n.* fawn, hind-calf.
**jelenjak,** *n.* deer-park.
**jelik,** *n.* forest of fir-trees.
**jelika,** *n.* fir (- tree), silver-fir.
**jelo,** *n.* food, meal, eating, nourishment.
**jelovina,** *n.* fir-wood.
**jelovnik,** *n.* bill of fare, menu.
**jelša,** *n.* alder (- tree).
**jelva,** *vidi*: **jela.**
**jeljen,** *vidi*: **jelen.**
**jemač,** *n.* reader, gleaner; gatherer, collector, vintager.
**jemati,** *v.* to pick out, to gather, to glean.
**jematva,** *n.* gathering, vintage, crop, harvest.

**jemenije,** *n.* slippers (*pl.*).
**jemenlije,** *vidi*: **jemenije.**
**jemin,** *n.* oath.
**jemješ,** *n.* coulter.
**jemlješ,** *vidi*: **jemješ.**
**jemuža,** *vidi*: **jomuža.**
**jendek,** *n.* ditch, pit.
**jenjanje,** *n.* remission, subsidence, abatement.
**jenjati,** *v.* to abate, to cease, to subdue, to assuage.
**jeovina,** *n.* alder.
**jer, zato?** *conj.* why, what for; (*jerbo*) because, as, since.
**jerebica,** *n.* partridge.
**jeres,** *n.* heresy.
**jeretik,** *n.* heretic.
**jergot,** *n.* (*bil.*) lion's tooth, dandelion, monk's head.
**jerik,** *n.* apostrophe.
**jermen,** *n.* (*bil.*) savory, bean-trestle.
**jesam,** I am.
**jesen,** *n.* autumn, fall.
**jesenas,** *adv.* this fall.
**jesenašnji,** *a.* of this fall.
**jesenski,** *a.* autumnal.
**jesetra,** *n.* (*riba*) sturgeon.
**jest,** *adv.* yes, aye, well, indeed.
**jestan,** *a.* positive, sure.
**jestastvenica,** *n.* physics, natural science.
**jestastvo,** *n.* nature, temper, disposition.
**jesti,** *v.* to eat, to dine, to feed; (-se) to pine away.
**jestivo,** *n.* (*article of*) food; victuals, provisions.
**jestvenik,** *n.* menu, bill of fare.
**jestvina,** *vidi*: **jestivo.**
**ješa,** *n.* great eater.
**ješan,** *a.* greedy, gluttonous.
**jetkati,** *vidi*: **jesti.**
**jetkoća,** *n.* acritude.
**jetra,** *n.* liver.
**jetreni,** *a.* hepatic.
**jetrenica,** *n.* liver-sausage, white sausage (*ili*) pudding.
**jetrenka,** *n.* (*bil.*) liverwort.
**jetrva,** *n.* sister-in-law.
**jevanđelije,** *n.* Gospel.
**jevanđelje,** *vidi*; **jevanđelije.**
**jevrejin,** *n.* Hebrew.
**jevrejka,** *n.* Hebrewess.
**jevtin,** *a.* cheap, reasonable, fair.
**jevtinoća,** *n.* cheapness, fairness.
**jez,** *vidi*: **jaz.**

**jeza,** *n.* shudder, horror, shivering, indignation.
**jezan,** *a.* horrid, furious, frantic.
**jezda,** *n.* ride.
**jezdilac,** *n.* knight, chevalier, rider.
**jezditi,** *v.* to ride, to go on horseback.
**jezerce,** *n.* small lake, pond.
**jezernica,** *n.* (*bil.*) century.
**jezero,** *n.* lake.
**jezgarica,** *n.* hazel-nut; kernel, stone, grain, nucleus.
**jezgra,** *n.* kernel, stone, grain, nucleus; pitch, core, quintessence, substance.
**jezgrovit,** *a.* pithy, solid, substantial, sterling, valuable, concise.
**jezgrovitost,** *n.* conciseness, energy, pithiness, solidity.
**jezičac,** *n.* tongue, uvula.
**jezičak,** *n.* rag, patch, dewlap; (*bil.*) lobe; (*uha*) flax; (*ribe*) gills.
**jezičan,** *a.* talkative, garrulous, loquacious, lingual, grammatical.
**jezičast,** *a.* tongue-shaped, lunguiform.
**jezičav,** *a.* verbose, wordy, talkative, garrulous, loquacious.
**jezičavost,** *n.* talkativeness, wordiness.
**jezičnik,** *n.* babbler, gossip.
**jezik,** *n.* tongue; (*govor*) language, speech, voice.
**jezikoslovac,** *n.* philologist, linguist.
**jezikoslovlje,** *n.* philology, science of language, linquistics.
**jezikoslovni,** *a.* linquistic(al), philologic(al).
**jezikovati,** *v.* to promise, to engage, to vow, to bespeak.
**jeziv,** *a.* dangerous, perilous.
**jezivost,** *n.* danger, risk, peril.
**jezuit,** *n.* Jesuit.
**jež,** *n.* hedgehog, urchin; **morski —** , see-hedgehog (*ili*) — urchin.
**ježdeti,** *vidi*: **jezditi.**
**ježina,** *n.* porcupine-fish, shell-fish.
**ježinac,** *n.* see—hedgehog (*ili*) urchin.
**ježinak,** *n.* (*bil.*) wolf's milk, milkweed, poison-bush, sea-lettuce, euphorbia.
**ježiti se,** *v.* to shudder, to shrink, to shiver.
**ježnja,** *n.* shudder, horror.
**jod,** *n.* iodine.
**jodni,** *a.* iodic; **— kiselina,** iodic-acid.
**jodoform,** *n.* iodoform.

**jogunast**, *a*. capricious, odd, strange; (*tvrdokoran*) obstinate, stubborn, headstrong, infatuated.
**jogunica**, *n*. stubborn fellow.
**jogunluk**, *n*. obstinacy, caprice, whim.
**joha**, *n*. alder.
**johovina**, *n*. alder-wood.
**joj!** *interj*. alas! woe to me! ouch!
**jok!** *interj*. no! by no means!
**joldaš**, *n*. companion, comrade, partner.
**jomuža**, *n*. fresh cow's milk.
**jopac**, *vidi*: **jopica**.
**jopica**, *n*. ape, monkey.
**jorga**, *n*. ambler, ambling, horse, palfrey.
**jorgan**, *n*. bed-cover, blanket.
**jorgovan**, *n*. elder (-tree); (*španjolski*) lilac.
**još**, *adv*. yet, as yet, still, more, once more, again, too, also, besides, over and above.
**joševina**, *n*. alder-wood.
**jošić**, *n*. little alder-tree.
**jošik**, *n*. alder-grove.
**jošje**, *n*. alder-bush.
**jošt**, *vidi*: **još**.
**jova**, *n*. alder.
**Jovan-dan**, *n*. St. John's day, midsummer-day.
**jovljak**, *n*. alder-grove.
**jovovina**, *n*. alder-wood.
**juče(r)**, *adv*. yesterday.
**jučerajni**, *a*. yesterday's, of yesterday.
**jučerašnji**, *vidi*: **jučeranji**.
**jug**, *n*. South; (*vjetar*) southern-wind.
**jugo**, *n*. southern-wind.
**jugoistočni**, *a*. southeast, southeasterly.
**jugoistok**, *n*. South-east.
**Jugoslaven**, *n*. Jugoslav; South-Slav.
**jugoslavenski**, *a*. Jugoslav.
**Jugoslavia**, *n*. Jugoslavia.
**jugovina**, *n*. South-wind, thawing weather, sirocco.
**jugozapad**, *n*. South-west.
**jugozapadni**, *a*. southwesterly, southwestern.
**juha**, *n*. soup, broth.
**juhukati**, *v*. to yodle, to sing in the Swiss (*ili*) Tyrolese style.
**jular**, *vidi*: **ular**.
**julij**, *n*. July.

**julijski**, *a*. Julian.
**jumak**, *n*. spool, quill.
**junac**, *n*. young bull, bullock, steer.
**junačan**, *a*. brave, courageous, spirited.
**junačiti (se)**, *v*. to encourage, to animate, to enliven, to provoke, to excite, to stimulate, to urge.
**junački**, *a*. heroic; — *adv*. valiantly; courageously, heroic (ally); — **pjesma**, epic.
**junak**, *n*. hero, champion, brave man.
**junakinja**, *n*. heroine.
**junaštvo**, *n*. heroism, bravery, manhood, prowess.
**june**, *n*. young bull (*ili*) cow, bullock.
**juni**, *n*. June.
**junica**, *n*. young cow, heifer.
**juničica**, *vidi*: **junica**.
**junoš**, *n*. young man, youth, lad.
**Jupiter**, *n*. Jupiter.
**jur**, *adv*. already, before.
**jurčica**, *n*. (*bil*.) goose-foot.
**jurgeta**, *n*. calabash.
**jurist**, *n*. jurist.
**juriš**, *n*. storm, assault, onset, attack.
**jurišanje**, *n*. assault, siege.
**jurišati**, *v*. to assault, to storm, to roar, to rush, to attack, to escalade.
**juriti**, *v*. to drive fast, to run with great speed, to gallop, to dash along, to race, to impel.
**jurjevac**, *vidi*: **jurčica**.
**jurjevka**, *n*. (*bil*.) orchis, gandergoose, fool-stones.
**jurnuti**, *v*. to rush, to attack, to undertake, to assail, to assault, to dash.
**jurve**, *adv*. already, previously.
**juta**, *n*. (*indijska konoplja*) jute.
**jutarnji**, *a*. matin, of the morning, early, matutinal.
**jutrenja**, *n*. matins, morning service.
**jutrenji**, *vidi*: **jutarnji**.
**jutro**, *n*. morning, morn, morrow; (*mjera*) yoke, acre, field.
**jutros**, *adv*. this morning.
**jutrošnji**, *a*. of this morning.
**juva**, *vidi*: **juha**.
**južan**, *a*. southern, meridional.
**južina**, *n*. afternoon tea; lunch.
**južiti se**, *v*. to thaw, to melt.
**južni**, *a*. southern, meridional.
**južnjak**, *n*. South-wind, thaw.

# K

**k, ka,** *prep.* to, at, in, on, for;(*k tome*) yet, as yet, still, more, once more, again, to, also, besides, over and above, at least, only; however.
**kabanica,** *n.* mantle, cloak, overcoat.
**kabao,** *n.* pail, bucket, (*za pranje*) wash-tub.
**kabar,** *n.* sparrow hawk.
**kabaret,** *n.* cabaret.
**kabast,** *a.* ample, large, full; expansive.
**kabel,** *n.* cable.
**kabina,** *n.* cabin, state room.
**kablar,** *n.* cooper.
**kablica,** *n.* milk-pail.
**kablić,** *n.* pail, bucket.
**kabljar,** *n.* cooper.
**kaca,** *n.* large tub, bathing-tub, (*winnowing - *) van (*ili*) pan.
**kaciga,** *n.* helmet, casque.
**kaciguša,** *n.* (*zmija*) helmet-shell.
**kackati,** *v.* to drop, to trickle, to drip.
**kača,** *n.* snake, serpent.
**kačar,** *n.* cooper.
**kačati,** *v.* to bring forth ( *from fish*).
**kačiga,** *n.* (*zidarska žlica*) trowel.
**kačkati,** *v.* to crocket.
**kaćket,** *n.* cap; bonnet.
**kaćiperka,** *n.* coquette, flirt, jilt.
**kaćun,** *n.* (*bil.*) orchis, gander-goose, fool-stones.
**kaćunak,** *n.* salep, salo (o)p.
**kaćuniti se,** *v.* to make a show, to boast of, to adorn oneself with, to deck oneself, to ward off, to guard against.
**kad,** *n.* perfume, scent, incense; — *adv.* when, what time, whenever; if; — *conj.* although, though, even if.
**kada,** *n.* large tub; — **za kupanje,** bathing-tub; pit-box.
**kadagod,** *vidi:* **kadgod.**
**kadar,** *a.* capable, fit, skilful; assuming, likely.
**kadašnji,** *a.* from when, from what time.

**kadet,** *n.* cadet.
**kadgod,** *adv.* when, whenever, whensoever.
**kadifa,** *vidi:* **kadiva.**
**kadija,** *n.* cadi, judge, justice.
**kadik,** *n.* juniper-berries (*pl.*).
**kadilo,** *n.* censer.
**kadiluk,** *n.* jurisdiction, circuit.
**kadinac,** *n.* usher, constable.
**kadionica,** *n.* censer.
**kaditi,** *v.* to perfume, to smoke-dry, to fumigate, to incense, to worship.
**kadiva,** *n.* velvet, chenille.
**kadivica,** *n.* (*bil.*) velvet-flower, flower-gentle.
**kadivo,** *n.* incense.
**kadkad, kad i kad,** *adv.* sometimes, occasionally, once in a while.
**kadno,** *vidi:* **kada.**
**kadulja,** *n.* sage.
**kaduna,** *n.* Turkish Lady.
**kadunica,** *vidi:* **kaduna.**
**kađenje,** *n.* smoking, fumigation, thurification.
**kafa,** *n.* coffee.
**kafana,** *n.* coffee-house, cafe.
**kafanar,** *n.* coffee-house keeper.
**kaftan,** *n.* caftan.
**kaigdžija,** *n.* ferryman, ship's-master, skipper.
**kaik,** *n.* boat, wherry, ferry.
**kaikčija,** *vidi:* **kaigdžija.**
**kail,** *a.* contented, satisfied, ready, prepared, prompt.
**kaiš,** *n.* strap, belt, thong.
**kaišar,** *n.* harness-maker, saddler, girdler, belt-maker; sharper, imposter.
**kaja,** *n.* cement, tie, bond.
**kajanje,** *n.* repentance, regret, grief, sorrow, compunction, lamentation, penitence.
**kajariti,** *v.* to gauge, to seize, to adjust, to try.
**kajas (a),** *n.* girth-leather.
**kajati (se),** *v.* to repent, to regret.
**kajda,** *n.* note (*of music*).

**kajgana**, *n.* pan-cake, omelet.
**kajmak**, *n.* cream.
**kajman**, *n.* alligator.
**kajsija**, *n.* apricot.
**kakadukalica**, *n.* (*papiga*) cockatoo.
**kakao**, *n.* cacao.
**kakav**, *pron.* what kind, of what sort.
**kakavgod**, *a.* of whatever quality, of whatever kind; any, whatever.
**kako**, *adv.* how; — *conj.* as, like.
**kakodakati**, *v.* to cackle.
**kakogod**, *adv.* however, anyway, howsoever.
**kakono**, *vidi*: **kako**.
**kakotati**, *v.* to cackle, to gaggle.
**kakov**, *vidi*: **kakav**.
**kaktus**, *n.* cactus.
**kakvoća**, *n.* quality, property, nature, state, condition.
**kal**, *n.* dirt, mud, slime, sludge.
**kalabaluk**, *n.* multitude, quantity, great deal.
**kalaburiti**, *v.* to make hodge-podge.
**kalaburnja**, *n.* medley, hodge-podge.
**kalafanija**, *n.* (*smola*) colophony.
**kalaj**, *n.* (*kositer*) tin, pewter.
**kalajdžija**, *n.* tinker, pewterer, tinner.
**kalajisan**, *a.* tinned.
**kalajisanje**, *n.* tinning, plating.
**kalajisati**, *v.* to tin.
**kalam**, *n.* cork, stopper; wad; plug.
**kalamar**, *n.* cuttle-fish, devil-fish; (*tintarnica*) ink-stand.
**kalamir**, *n.* plummet, probe, fashion-line; lead, plumb-line.
**kalamiti**, *v.* to graft, to ingraft.
**kalamljenje**, *n.* grafting, time of grafting.
**kalamutiti**, *vidi*: **kalaburiti**.
**kalan**, *a.* miry, dirty, muddy.
**kalaš**, *n.* good-for-nothing fellow, rogue, scoundrel, ragamuffin, wretch.
**kalašiti**, *v.* to cheat, to deceive.
**kalati**, *v.* to split, to cleave, to crack, to cut, to rend, to rift, to break.
**kalauz**, *n.* guide; rein; stage-fee; (*posrednik*) negotiator, go-between.
**kalcedon**, *n.* calcedon, calcedony.
**kaldrma**, *n.* (*pločnik*) pavement, sidewalk, paving-stone.
**kaldrmdžija**, *n.* paver, brick-paver, itinerant cobbler.
**kaldrmisati**, *v.* to pave.
**kalendar**, *n.* calendar, almanac.

**kalenica**, *n.* basin, bowl; earthen pan, pot, dish; (*koritance*) wooden bowl, platter.
**kalež**, *n.* cup; (*crkveni*) chalice.
**kalfa**, *n.* journey-man, boy, lad, waiter.
**kalif**, *n.* calif.
**kalijum**, *n.* potassium.
**kalilo**, *n.* puddle.
**kaliti**, *v.* to cool, to grow cool, to harden, to temper, to chill, to trouble, to dim, to sadden; to muddle.
**kalkan**, *n.* flounder.
**kalnost**, *n.* muddiness, sliminess, slush.
**kaloper**, *n.* putchock, sweet-smelling, costus.
**kalpak**, *n.* fur-cap.
**kaluđer**, *n.* monk, monastic.
**kaluđerica**, *n.* nun.
**kaluđeriti(se)**, *v.* to become monk.
**kaluđerski**, *a.* monastic.
**kaluđerstvo**, *n.* monachism, monkery.
**kalup**, *n.* model, pattern, form, frame, cast, mould, standard; (*za cipele*) boot-tree, stretcher.
**kalupiti**, *v.* to form, to frame, to shape, to mould, to fashion, to form.
**kalva**, *vidi*: **kalfa**.
**Kalvarija**, *n.* Calvary.
**Kalvin**, *n.* Calvinist.
**kalvinizam**, *n.* Calvinism.
**kalj**, *n.* Dutch tile.
**kaljače**, *n.* galosh, rubbers (*pl.*).
**kalanje**, *n.* spotting; contamination, pollution, defilement, taint.
**kaljati**, *v.* to dirty, to splash, to foul, to soil, to sully.
**kaljav**, *a.* dirty, miry, muddy.
**kaljavost**, *n.* sloppiness.
**kaljuga**, *vidi*: **kaljuža**.
**kaljuža**, *n.* pool, puddle, slough, mud, mire, dirt.
**kaljužati se**, *v.* to wallow, to roll about in mud.
**kaljužav**, *a.* muddy, miry, splashy; sloughy.
**kaljužnica**, *n.* (*bil.*) marigold, gold-flower, marsh-marigold.
**kam**, *vidi*: **kamen**.
**kamara**, *n.* room, chamber, apartment.
**kamata**, *n.* interest, percentage, per cent.
**kamatar**, *n.* fund-holder, person of independent means.

**kamatnik,** *n.* usurer; table of interest, interest-table.
**kamatnjak,** *n.* rate of interest, percentage.
**kambrig,** *n.* cambric.
**kamčiti,** *vidi;* **kamkati.**
**kamdžija,** *n.* whip, scourge, knout.
**kamdžijati,** *v.* to whip.
**kamečak,** *n. vidi:* **kamičak.**
**kameleon,** *n.* cameleon.
**kamelija,** *n.* camellia.
**kamen,** *n.* stone, rock; (*šljunak*) gravel; — *a.* (of) stone, stony; earthen.
**kamenac** (*bolest*), *n.* gall-stone.
**kamenar,** *n.* stone-mason, stone-cutter; jumper, trepan.
**kamenara,** *n.* stone-pit, quarry.
**kamenati,** *v.* to stone, to lapidate.
**kamenčić,** *n.* little stone, pebble.
**kamenica,** *n.* oyster; booby.
**kamenik,** *n.* stone-pit, quarry.
**kamenika,** *n.* (*bil.*) stone-break, break-stone, paxifrage, sea-green.
**kamenit,** *a.* stony, rocky, lapideous.
**kameniti se,** *v.* to turn into stone, to petrify, to lapidify.
**kamenitost,** *n.* rockiness, stoniness.
**kamenoklesar,** *n.* stone-cutter.
**kamenolom,** *n.* stone-pit, quarry.
**kamenolomac,** *n.* quarryman, stone-breaker.
**kamenopis,** *n.* lithography.
**kamenopisac,** *n.* lithographer.
**kamenorez,** *n.* cutting of stones; apparatus for cutting the stones.
**kamenorezac,** *n.* engraver, lapidary, lithographer, stone-cutter.
**kamenorezbarski,** *a.* lapidary.
**kamenotisak,** *n.* lithography; lithographical drawing, engraving (*ili*) print.
**kamenotiskar,** *n.* lithographer, lithographical artist.
**kamenovanje,** *n.* stoning, throwing of stones, lapidation.
**kamenovati,** *v.* to stone, to lapidate.
**kamenjak,** *n.* rocky place.
**kamenje,** *n.* stone, rocks (*pl.*).
**kamenjenje,** *n.* petrifying, petrification, lapidiscence, fossilization.
**kameo,** *n.* cameo.
**kamera,** *n.* camera.
**kamfor,** *n.* camphor; — **ulje,** camphor-oil.
**kamforast,** *a.* camphorate, camphoric.
**kamfornjak,** *n.* camphor-tree.

**kami,** *vidi:* **kamen.**
**kamičak,** *n.* little-stone, pebble.
**kamila,** *n.* camel.
**kamilajka,** *vidi:* **kamilavka.**
**kamilavka,** *n.* (monk's-) cowl, capoch, (*bil.*) monk's-hood, friar's-cowl; priest's pintle.
**kamilice,** *n.* (*bil.*) camomile.
**kamiš,** *n.* pipe-tube, pipe-stick (*ili*) stem, shank.
**kamišovina,** *n.* (*bil.*) viburnum, wayfaring tree, mealy Guelder rose.
**kamkati,** *v.* to trouble (*one*) with lamenting (*ili*) complaints.
**kamo,** *adv.* whither, where, where to, wherein.
**kamogod,** *adv.* whithersoever.
**kamotoč,** *n.* auger, wimble.
**kamovrt** (*parni*), *n.* steam-drill.
**kamtiti,** *v.* to swarm (with).
**kamze,** *n.* haft; handle of a knife.
**Kanada,** *n.* Canada.
**kanadski,** *a.* Canadian.
**kanal, prokop,** *n.* canal, channel; (*kućni*) water-conduit, conduit, pipe.
**kanalizacija,** *n.* canalization.
**kanap,** *n.* pack-thread, string, shop-thread, shop-cord.
**kanape,** *n.* sofa, couch, divan.
**kanarinac,—** **ka,** *n.* canary-bird.
**kanat,** *n.* compartment, partition; drawer, box, shelf, field, plain, shield.
**kanatiti,** *v.* to fan.
**kanavac,** *n.* shred, tatter, rag, patch.
**kanave,** *n.* bottle-case, canteen, bottle-basket.
**kancelarija,** *n.* office.
**kandelaber,** *n.* candelabrum.
**kandidat,** *n.* candidate, applicant, nominee.
**kandidatura,** *n.* candidacy.
**kandil**(o), *n.* hanging lamp; (*noćno*) night-light.
**kandža,** *n.* claw, paw, talon, fang.
**kandžija,** *n.* whip, scourge, knout.
**kanđelo,** *vidi:* **kandilo.**
**kanela, cimet,** *n.* cinnamon.
**kaniti,** *v.* to have in view, to intend, to project, to scheme, to contrive, to plan; (-**se**) to give up, to let go, to abandon, to forsake, to give over, to renounce.
**kankov,** *vidi:* **kapavac.**
**kano,** *adv.* how; — *conj.* as, like.

**kanon,** *n.* (*crkveni*) canon; (*top*) cannon.
**kanonički,** a canonical.
**kanonik,** *n.* canon, prebendary.
**kanta,** *n.* can; quart, tankard; — za kavu, coffee-pot.
**kantar,** *n.* balance, (*pair of*) scales; steel-yard.
**kantardžija,** *n.* weigher; weighmaster.
**kantarić,** *n.* sweet-tooth, cotquean.
**kantarina,** *n.* weighing, weighage.
**kantarnica,** *n.* scale.
**kantina,** *n.* canteen.
**kanura,** *n.* skein, hank, lock; cotton.
**kanuti,** *v.* to drop, to trickle, to drip.
**kanje,** *n.* eye-lids (*pl.*).
**kanjerisati,** *v.* to sing to; to lead the singing.
**kao,** *conj.* as, like, than; — *adv.* how.
**kaolin, porculanača** (*zemlja*), *n.* kaolin.
**kaon,** *a.* dirty, miry, filthy, sordid, obscene.
**kaono,** *vidi:* kao.
**kaos,** *n.* chaos.
**kap,** *n.* drop, bead (*of perspiration*); (*bolest*) attack of apoplexy, apoplexy.
**kapa,** *n.* cap, bonnet.
**kapak,** *n.* (*zaklopac*) cover, lid; (*na prozoru*) shutter, outside shutter; (*na oku*) eye-lid.
**kapanje,** *n.* trickle.
**kapara,** *n.* earnest-money, deposit, hand-money.
**kaparisati,** *v.* to give earnest-money, to give deposit.
**kapati,** *v.* to drop, to trickle, to drip.
**kapavac,** *n.* clap, gonorrhea.
**kapavica** (*streha*), *n.* eaves.
**kapela,** *n.* chapel.
**kapelan,** *n.* chaplain.
**kapelanija,** *n.* chaplaincy.
**kapelica,** *n.* chaplet.
**kapelnik,** *n.* bandmaster.
**kapetan,** *n.* captain.
**kapetanica,** *n.* captainess, captain's wife.
**kapetanija,** *n.* captain's charge, (*office*) command.
**kapetanstvo,** *n.* captainship.
**kapidžija,** *n.* porter, door keeper.
**kapidžik,** *n.* little door (*ili*) gate.
**kapija,** *n.* gate, portal, gateway; (*gradska*) town-gate; (*sa krilama*) folding-gate.

**kapital,** *n.* capital (*stock*); principal.
**kapitalista,** *n.* capitalist.
**kapitulacija,** *n.* capitulation.
**kaplja,** *n.* drop, bead (*of perspiration*).
**kapljevina,** *n.* fluid, liquid.
**kapljica,** *n.* small drop, driplet.
**kapnica,** *n.* dripping-eaves (*pl.*).
**kaporast,** *n.* tufted, crested.
**kapucin,** *n.* capuchin, capucine.
**kapula,** *n.* onion.
**kaput,** *n.* coat, habit, jacket, short coat; (*salonski*) frock-coat; (*zimski*) winter-coat.
**kar,** *n.* abusive word, word of abuse, invective, reprimand, reproach.
**kara,** *a.* black.
**karabe,** *vidi:* karablje.
**karabinka,** *n.* carabine, musketoon.
**karablje,** *n.* stalk of straw, reed; (*glazbalo*) pipe.
**karač,** *n.* scolder.
**karakosa,** *n.* black haired.
**karakter,** *n.* character; type, temper, dignity, quality.
**karakteran,** *a.* of character.
**karakterisati,** *v.* to characterize.
**karakterističan,** a characteristic, distinguishing, particular.
**karan,** *a.* criminal.
**karanfić,** *n.* (*bil.*) clove.
**karanfil,** *n.* carnation, pink.
**karanfilovac,** *n.* (*bil.*) clove-tree.
**karantan,** *n.* cruiser, cross.
**karanje,** *n.* reprimand, upbraiding, vituperation.
**karantena,** *n.* quarantine.
**karaš,** *n.* crucian (*riba*).
**karat,** *n.* carat.
**karati,** *v.* to reprimand, to scold, to rebuke, to reprove.
**karaula,** *n.* watch-tower, block-house, log-house, hut, cabin.
**karavana,** *n.* caravan.
**karavilje,** *n.* carnation.
**kardinal,** *n.* cardinal.
**kardinalni,** *a.* cardinal.
**kardinalstvo,** *n.* cardinalate, cardinalship.
**karfoil,** *n.* cauliflower.
**karijera,** *n.* career.
**karika,** *n.* ring, link.
**karikatura,** *n.* caricature.

**karišik,** *n.* medley, compound; (— *narodnih pjesama*) selection of national songs; potpourri.
**karkaša,** *n.* carcass.
**karlica,** *n.* tray, trough, hod.
**karmin,** *n.* (*crvenilo*) carmine.
**karmina,** *n.* funeral meal.
**karneval,** *n.* carnival.
**karpuza,** *n.* water-melon, sweet calabash.
**karta,** *n.* card; (*dopisnica*) postal card; (*posjetnica*) visiting card; (*poslovna*) business card, (*razglednica*) view card; (*vozna*) ticket; (*za igru*) playing card; (*besplatna*) pass.
**kartanje,** *n.* game of cards; (*za novac*) gambling.
**kartar,** *vidi:* **kartaš.**
**kartara,** *n.* fortune-teller by cards.
**kartaš,** *n.* gambler.
**kartašica,** *vidi:* **kartara.**
**kartašnica,** *n.* gambling-house.
**kartati se,** *v.* to play cards; (*za novac*) to gamble.
**kartun,** *n.* (*lepenka*) paste-board, carton.
**karuce,** *n.* carriage; vehicle; cab, coach, calash.
**karva,** *n.* round, step, staff, spoke.
**karvan,** *vidi:* **karavana.**
**kas,** *n.* trot, amble.
**kasa,** *n.* money-box, safe, vault.
**kasaba,** *n.* spot, stain; market-town, borough.
**kasač,** *n.* trotter (*horse*).
**kasalo,** *vidi:* **kasač.**
**kasan,** *a.* late, slow.
**kasanje,** *n.* trotting.
**kasapin,** *n.* butcher.
**kasapnica,** *n.* shambles, butchery, slaughter.
**kasarna,** *n.* barracks (*pl.*).
**kasati,** *v.* to trot, to run, to amble.
**kaskati,** *vidi:* **kasati.**
**kasnije,** *comp.* later, afterward (s).
**kasniti,** *vidi:* **kasnjeti.**
**kasno,** *adv.* late.
**kasnjeti,** *v.* to retard, to be late (*ili*) behind time, to tarry, to hesitate, to delay.
**kasta,** *n.* (*rod, vrsta*) caste.
**kastrola,** *n.* saucepan, stewpan, vegetable dish.
**kaš,** *n.* pommel.
**kaša,** *n.* pap, porridge, groats; medley, hodge-podge.

**kašagija,** *n.* curry-comb.
**kašalj,** *n.* cough, coughing.
**kašast,** *a.* pappy, pulpy.
**kašica,** *n.* pap, hasty-pudding; pulp.
**kašičar,** *n.* spoon-maker.
**kašičica,** *n.* little spoon.
**kašika,** *n.* spoon, ladle.
**kašljanje,** *n.* coughing.
**kašljati,** *v.* to cough.
**kašljucati,** *v.* to cough a little, to hack.
**kašmir** (*šal*), *n.* cashmere.
**kašnjenje,** *n.* delaying.
**kašteo,** *n.* castle, citadel, dwelling upon a height.
**kaštiga,** *n.* punishment; castigation.
**kaštigati,** *v.* to punish, to castigate.
**kašto,** *adv.* sometimes.
**kaštriti** (*drveće*), *v.* to trim, to prune.
**kat,** *n.* story, floor.
**katakomba,** *n.* catacomb.
**katana,** *n.* rider, horseman, hussar.
**katanac,** *n.* padlock, weld.
**katančica,** *n.* mignonette.
**katanija,** *n.* cavalry.
**katar,** *n.* (*koliba*) cot; cottage.
**katarište,** *n.* flag-staff, color-staff.
**katarka,** *n.* mast (*of a ship*).
**kataster,** *n.* cadastre, cadaster.
**katastralni,** *a.* cadastral.
**katedra,** *n.* pulpit, cathedra.
**katedrala,** *n.* cathedral.
**kategoričan,** *a.* categorical.
**kategorija,** *n.* category.
**kateheta,** *n.* catechist, teacher of religion, Sunday school teacher.
**katekizam,** *n.* catechism.
**katil,** *n.* murderer; destroyer.
**katkad** (**â**), *prep.* sometimes.
**katoličanstvo,***n.* Catholicism, Catholic countries.
**katolički,** *a.* Catholic, like a Catholic.
**katolik,** *n.* Catholic.
**katram,** *vidi:* **katran.**
**katran,** *n.* pitch and tar.
**katranisati,** *vidi:* **katraniti.**
**katraniti,** *v.* to tar.
**katun,** *n.* dairy, milk-shop, milk-trade, cow-house, cheese-dairy, cheese-trade.
**kaučuk,** *n.* India-rubber, cautchouc, gum-elastic.
**kauk,** *n.* turban.
**kaulin,** *n.* (*bil.*) cauliflower.
**kaur** (**in**), *n.* infidel, unbeliever.
**kaurma,** *n.* tripes, chitterlings (*pl.*).
**kava,** *n.* coffee.

**kavalerija,** *n.* cavalry.
**kavalir,** *n.* cavalier.
**kavana,** *n.* coffee-house, cafe.
**kavanar,** *n.* coffee-house keeper.
**kavaz,** *n.* runner, footman; satellite.
**kavez,** *n.* cage, bird-cage.
**kavga,** *n.* quarrel, row, dispute, squabble.
**kavgadžija,** *n.* quarreler, trouble-maker, crib-biter, wrangler.
**kavgati se,** *v.* to quarrel with, to scold, to chide, to rumble, to growl.
**kavijar,** *n.* caviar.
**kavka,** *n.* tonsure, jackdaw.
**kavkadžija,** *vidi:* **kavgadžija.**
**kavopija,** *n.* coffee-drinker.
**kavovina,** *n.* coffein.
**kavra,** *n.* clinched nail.
**kavraisati,** *v.* to rivet, to clinch.
**kavžiti se,** *v.* to quarrel with, to scold, to chide, to contend for, to be disputed.
**kazališni,** *a.* theatric (al), scenic.
**kazalište,** *n.* theatre, stage, play-house, odeon.
**kazalo,** *n.* (*registar*) register, record; (*sadržaj*) index, table of contents; forefinger; (*katalog*) catalogue, list, roll; (*na uri*) hand (*of a clock*), dial, (*na busoli*) needle.
**kazaljka,** *vidi:* **kazalo.**
**kazan,** *n.* kettle, caldron; boiler, copper, alambic, still.
**kazandžija,** *n.* brazier, coppersmith.
**kazati,** *v.* (*reći*) to tell, to say, to relate, to mean, to signify, to bid; (*izjaviti*) to express; (*povjeriti*) to confide, to entrust, to trust; (*govoriti*), to speak, to talk; (*pokazati*) to show, to exhibit, to let see, to point out.
**kazaz,** *n.* lacemaker.
**kazivač,** *n.* hand (*of a clock*); guide, conductor, finger post; narrator, sayer.
**kazivanje,** *n.* recital, recitation, rendering, telling.
**kazivatelj,** *n.* teller.
**kazivati,** *v.* to say, to tell, to relate, to narrate, to repeat.
**kazna,** *n.* punishment, penalty, grief, mulct, retaliation.
**kaznen,** *a.* criminal, guilty, penal.
**kaznenik,** *n.* prisoner, culprit, offender, convict, jail-bird.

**kazniona,** *n.* house of correction, jail, prison, penitentiary, workhouse, reformatory.
**kaznitelj,** *n.* punisher, corrector, reprover.
**kazniti,** *v.* to punish, to chastise, to scarf, to rebuke, to chide.
**kazniv,** *vidi:* **kažnjiv.**
**kazuar,** *n.* cassowary.
**kazuk,** *n.* plug, peg, pale, post, craft, pole, stake.
**kaža,** *n.* saying, rumor, tradition, legend; (*cimer*) sign.
**kažiprst,** *n.* index finger.
**kažiput,** *n.* guide, conductor; finger-post, sign-post.
**kaživati,** *vidi:* **kazivati.**
**kažnjenik,** *n.* prisoner, culprit, offender, convict, jail-bird; **doživotni** —, life convict.
**kažnjenje,** *n.* punishment, chastisement.
**kažnjiv,** *a.* punishable, culpable, criminal, blameable, penal, reproachable.
**kažnjivost,** *n.* culpability, criminality, punishability, guiltiness.
**kćeti,** *vidi:* **htjeti.**
**kći,** *n.* daughter.
**keba,** *n.* little pocket knife.
**kebanje,** *n.* lurking.
**kebati,** *v.* to lurk, to lie in wait, to look out, to wait for.
**kec,** *n.* (*u kartama*) ace.
**kecelja,** *n.* apron, pinafore.
**keckati,** *vidi:* **dražiti.**
**kečiga,** *n.* (*riba*) sturgeon.
**kečiti se,** *v.* to brag, to give oneself airs.
**kečka,** *n.* tuft, head of hair.
**kedar,** *vidi:* **cedar.**
**kefa,** *n.* brush.
**kefar,** *n.* brush-maker.
**kefati,** *v.* to brush, to rub.
**keka,** *n.* (*bil.*) water-nut, chestnut, caltrop, water-thistle.
**kelj,** *n.* curley cabbage, kale.
**kelje,** *n.* glue, paste, size.
**keljiti,** *v.* to paste, to glue together.
**kemija,** *n.* chemistry; (*kemijske tvari*) chemicals.
**kenjac,** *n.* ass; donkey; fool.
**kenjača,** *n.* grease.
**kenjica,** *n.* she-ass; blockhead.
**kepec,** *n.* dwarf, pigmy.
**ker** (a), *n.* pointer, spy; ranger.

**kerebečiti se,** *v.* to flaunt, to strut, to indulge oneself.
**kerep,** *n.* pontoon, hulk.
**kerostas,** *n.* candlestick; lustre.
**kerubin,** *n.* cherub.
**keruša,** *n.* bitch.
**kesa,** *n.* purse, pocketbook, bag, cartridge-pouch (*ili*) box.
**kesedžíja,** *n.* robber, ruffian.
**kesega,** *n.* bleak, ablet (*fish*), whitefish.
**keser,** *n.* axe, hatchet.
**kesežar,** *n.* shopkeeper, retailer, grocer, mercer.
**kesim,** *n.* average-sum, sum total.
**kesiti,** *v.* (*zube*) to show teeth; (-se) to show teeth by smiling, to grin.
**kesizub,** *n.* grinner.
**kesokradica,** *n.* pickpocket.
**kesten,** *n.* chestnut.
**kestenast,** *a.* chestnut-brown, chestnut-colored.
**kestenik,** *n.* forest of chestnuts, grove of chestnut-trees.
**kestenje,** *n.* chestnuts (*pl.*).
**kevtati,** *v.* to gape, to yawn, to yelp.
**kicoš,** *n.* fashionable man (*ili*) woman, dandy, fop.
**kicošenje,** *n.* snobbery, mincing.
**kicošiti,** *v.* to be affected, to behave affectedly, to give oneself airs, to dandify.
**kicoški,** *adv.* elegantly.
**kičeljiv,** *a.* haughty, proud, arrogant.
**kičeljistvo,** *vidi*: **kičeljivost.**
**kičeljivost,** *n.* pride, haughtiness.
**kičica,** *n.* hair-pencil, brush; (*bil.*) centaury.
**kičma,** *n.* back, ridge; (*hrptenjača*) backbone, spine.
**kičmenica,** *vidi*: **kičma.**
**kićen,** *a.* adorned, affected, mincing, finical, elegant, neat, ornate, smug, handsome.
**kićenka,** *n.* affected, lackadaisical person; fashion-monger.
**kićenost,** *n.* adornment, smugness, ornamentation, handsomeness.
**kićenje,** *n.* trimming, adorning, decorating, ornamentation.
**kidanje,** *n.* tearing, pulling, breaking.
**kidati,** *v.* to tear apart, to rend, to destroy.
**kidisati,** *v.* to suicide.
**kihanje,** *n.* sneezing, sternutation.
**kihati,** *v.* to sneeze.

**kihavica,** *n.* catarrh, sneeze, cold, (*in the head*) sternutation.
**kihnuti,** *v.* to sneeze.
**kijača,** *vidi*: **kijak.**
**kijak,** *n.* club, cudgel.
**kijamet,** *n.* storm, tempest, assault, end of the world.
**kijati,** *vidi*: **kihati.**
**kijavica,** *vidi*: **kihavica.**
**kika,** *n.* toupee, pigtail, cue, plait of hair.
**kikotanje,** *n.* titter, giggling, laughter.
**kikotati se,** *v.* to titter, to giggle, to laugh loud.
**kila,** *n.* hernia, rupture.
**kilav,** *a.* hernial, ruptured.
**kilka,** *n.* sprat.
**kilogram,** *n.* kilogram.
**kilometar,** *n.* kilometer.
**kiljer,** *n.* larder, pantry.
**kimak,** *n.* bug.
**kimanje,** *n.* nodding, nod.
**kimati,** *v.* to nod.
**kinđuriti se,** *v.* to dress, to trick up, to rig out, to adorn oneself.
**kinin,** *n.* quinine.
**kininac,** *n.* Peruvian tree.
**kinjenje,** *n.* harassing, tantalization.
**kinjiti (se),** *v.* to cavil, to wrangle (*with*), to shuffle, to quibble, to importunate, to incommode, to annoy, to trouble, to embarras, to tantalize, to vex, to trouble.
**kip,** *n.* statue, sculpture.
**kipar,** *n.* sculptor, statuary, statuemaker, carver.
**kiparski,** *a.* sculptural.
**kiparstvo,** *n.* sculpture, carving, statuary.
**kipiti,** *vidi*: **kipjeti.**
**kipjeti,** *v.* to boil, to bubble, to gush out.
**kipljenje,** *n.* boiling.
**kiradžija,** *n.* hirer, renter.
**kirajdžija,** *vidi*: **kiradžija.**
**kiridžija,** *n.* waggoner, carter, truckman.
**kirija,** *n.* rent, hire; freight; load, cargo, fare.
**kirijaš,** *n.* waggoner, carter, teamster.
**kirnja,** *n.* (*riba*) mutton-fish.
**kirurg,** *n.* surgeon.
**kirurgički,** *a.* surgical.
**kirurgija,** *n.* surgery.
**kis,** *n.* oxide.
**kisati,** *v.* to grin, to weep.

**kiselica,** *n.* sorrel, sour dock ; (*jabuka*) whitsour (apple); (*juha*) sour soup.
**kiselić,** *n.* sorrel.
**kiselina,** *n.* sourness, acidity, tartness, ¿ cid, sour substance.
**kiseliti,** *v.* to sour; to soak, to steep, to macerate; (*kemički*) to acidify, to oxidate.
**kiselo,** *adv.* sourly; — **zelje,** sourkraut.
**kiseljača,** *n.* (*bil.*) (wocd-) sorrel.
**kiseljak,** *n.* (*bil.*) sorrel, sour dock; (*izvor*) chalybeate.
**kiseljenje,** *n.* souring; maceration.
**kiseljkast,** *a.* sourish, acidulous.
**kiseo,** *a.* sour, acid, tart.
**kisik,** *n.* oxygen.
**kisiti,** *v.* to taste sourly.
**kisnuti,** *v.* to turn sour, to be exasperated; (*vreti*) to ferment; (*pokisnuti*) to get wet.
**kist,** *n.* (*painter's*) brush.
**kiša,** *n.* rain; (*pršavica*) drizzle.
**kišan,** *a.* rainy; wet.
**kišati,** *v.* to soak, to steep, to drench.
**kišica,** *n.* slow rain, drizzle.
**kišiti,** *vidi:* **kišjeti.**
**kišjeti,** *v.* to rain, to drizzle.
**kiškati se,** *v.* to tease, to vex, to torment, to plague, to harass, to irritate.
**kišljiv,** *a.* rainy; wet.
**kišnica,** *n.* rain-water.
**kišobran,** *n.* umbrella.
**kišomjer,** *n.* udometer.
**kišovit,** *a.* rainy; — **vrijeme,** rainy weather.
**kišovitost,** *n.* raininess, showeriness.
**kit,** *n.* whale.
**kita,** *n.* (*cvijeća*) bouquet, nosegay, bunch of flowers; fringe.
**Kitaj,** *n.* China.
**Kitajac,** *n.* Chinaman, Chinee.
**kitajski,** *a.* Chinese.
**kitan,** *a.* leafy, leaved, bushy, tufty.
**kitast,** *a.* bushy, tufty, fringed.
**kitica,** *n.* (*pram*) tassel; (*cvijeća*) bouquet; (*stih*) verse.
**kititi,** *v.* to adorn, to furnish, to honor, to decorate, to embellish, to attire, to extol; (-**se**) to make a show, to boast of, to adorn oneself with.
**kitnast,** *a.* bushy, tufty, tufted.
**kitničar,** *n.* milliner, trimmer.
**kitničarka,** *n.* milliner.
**kitničarstvo,** *n.* millinery.
**kitnjast,** *vidi:* **kitnast.**

**kitolovac,** *n.* spouter, whaler.
**kivan,** *a.* maddened, infuriated, furious.
**kivnost,** *n.* hate, hatred, grudge, exasperation, animosity.
**klačina,** *n.* lime-kiln.
**klačiti,** *v.* to whitewash, to bleach.
**klačkaonica,** *n.* pool, puddle.
**klada,** *n.* block, log, trunk.
**kladara,** *n.* blockhouse, log-house.
**kladenac,** *n.* spring, well; fountain; mineral waters (*pl.*).
**kladiti(se),** *v.* to wager, to bet, to lay a wager.
**kladivac,** *n.* hammer.
**kladivo,** *vidi:* **kladivac.**
**klađenje,** *n.* betting, wagering, wager at law, solemn promise.
**klafrati,** *v.* to prattle, to chatter, to blabber.
**klak,** *n.* lime; (*žeženi*) quick-lime, (*gašeni*) slack lime.
**klamitati,** *v.* to vacillate, to reel, to stagger, to totter, to waver.
**klanac,** *n.* strait, narrow passage, ravine, defile.
**klanica,** *vidi:* **klaonica.**
**klanjac,** *vidi:* **klanac.**
**klanjalica,** *n.* (*bil.*) sweet-scented virgin's bower.
**klanjanje,** *n.* homage, taking the oath of allegiance, bow, reverence, adoration, worship.
**klanjati (se),** *v.* to bow, to revere, to adore, to compliment, to worship.
**klanje,** *n.* slaughter, butchering, killing, massacre.
**klaonica,** *n.* slaughter-house, butchery, abattoir.
**klapa,** *n.* illusion, error; hallucination, fancy, mistake.
**klapac,** *n.* boy, lad, knave, rogue.
**klapiti (se),** *v.* to foam, to froth, to sparkle.
**klapnja,** *n.* (*laž*) lie, falsehood, error, illusion, vanity; (*utvara*) vision, hallucination.
**klaprnjati,** *v.* to prattle, to chatter.
**klarinet,** *n.* clarinet.
**klas,** *n.* ear, spike, tuft; feather.
**klasa,** *vidi:* **razred.**
**klasak,** *n.* spicule, spikelet.
**klasanje,** *n.* shooting.
**klasast,** *a.* spiculiform.
**klasati,** *v.* to shoot, to ear.
**klasičan,** *a.* classic, classical.

**klasičnost,** *n.* classicalness.
**klasić,** *n.* spicule, spikelet.
**klasik,** *n.* classic.
**klasje,** *n.* ears *(pl.)*.
**klasober,** *n.* gleaner.
**klasti,** *v.* to put, to place, to set, to regulate, to lay, to sow, to plant.
**klaštriti,** *v.* to lop, to prune, to top.
**klatarenje,** *n.* vagabondage, vagrancy, escapade.
**klatariti (se),** *v.* to rove, to roam, to ramble about, to idle.
**klatež,** *n.* street-urchin, blackguard-boy, vagabond, vagrant.
**klati,** *v.* to stab, to kill, to slaughter, to butcher; (-se) to scuffle, to fight.
**klatiti se,** *vidi:* **klatariti se.**
**klatnica,** *n.* ragamuffin, rascal, scamp, blackguard, vagabond, vagrant.
**klatno,** *n.* bell-clapper.
**klauzula,** *n.* clause.
**klauzura,** *n.* clausure.
**klebecan,** *n.* awkward fellow, clown.
**klecalo,** *n.* kneeling-bench.
**klecanje,** *n.* tottering, vacillation.
**klecati,** *v.* to vacillate, to reel, to stagger, to totter, to waver; to shake, to swing, to be loose.
**klecav,** *a.* tottering, staggering.
**klečanje,** *n.* kneeling, prostration.
**klečaonica,** *n.* kneeling-bench.
**klečati,** *v.* to kneel.
**kleći,** *v.* to kneel down.
**kleka,** *n.* *(bil.)* juniper (-tree).
**kleknuti,** *v.* to kneel down, to kneel.
**klekovina,** *n.* *(bil.)* juniper (-tree).
**klempav,** *a.* with long ears.
**klen,** *n.* maple-tree; *(riba)* chub.
**klenik,** *n.* grove of maple-trees.
**klenov,** *a.* of maple.
**klenovina,** *n.* maple-wood.
**klenje,** *vidi:* **klenik.**
**klepac,** *n.* scythe-hammer.
**klepalo,** *n.* clapper.
**klepati,** *v.* to hammer, to beat, to strike.
**klepci,** *n.* tools, implements *(pl.)*.
**klepet,** *n.* rattle; *(mlina)* clapper, clack.
**klepetalo,** *n.* clapper; chatterer, prattler, babbler, gossiper.
**klepetanje,** *n.* clapping, snapping, babbling, chattering.
**klepetati,** *v.* to clack, to sound, to clap, to rattle; to chatter.

**klepetuša,** *n.* bell *(of a beast of burden)*; chatterer, blabblerer.
**klepnuti,** *v.* to clink, to clatter.
**kler,** *n.* clergy.
**klerik,** *n.* cleric, clergyman, seminarian.
**klerikat,** *n.* seminary.
**klesanje,** *n.* hewing, carving.
**klesar,** *n.* stone-mason, stone-cutter.
**klesarstvo,** *n.* stone-masonry.
**klesati,** *v.* to cut, to carve, to chisel, to sculpture, to hew.
**klešta,** *vidi:* **klješta.**
**klet,** *a.* cursed, confounded, execrable.
**kleti (se),** *v.* to curse, to swear, to bewitch, to confirm by oath.
**kletva,** *n.* malediction, curse.
**kletvenik,** *n.* vassal.
**kletvoprestupnik,** *n.* perjurer.
**kleveta,** *n.* calumny, slander, detraction, defamation.
**klevetan,** *a.* calumnious, slanderous, defamatory; libelous, scandalous.
**klevetanje,** *vidi:* **kleveta.**
**klevetati,** *v.* to calumniate, to slander, to defame, to libel, to disparage, to detract, to speak ill of.
**klevetnik,** *n.* slanderer, calumniator, defamer, disparager, detractor.
**klica,** *n.* germ, sprout, shoot, sperm.
**klicalac,** *n.* shouter.
**klicanje,** *n.* shouting, jubilation, cry, clamor, applause, noise; *(klijanje)* germination.
**klicati,** *v.* to call *(ili)* cry out; to exclaim, to bawl; *(klijati)* to bud, to sprout, to shoot, to germinate.
**kličica,** *n.* small germ, embryo.
**klići,** *vidi:* **klicati.**
**klija,** *n.* *(riba)* bleak.
**klijanje,** *n.* germination.
**klijati,** *v.* to germinate, to sprout, to shoot, to spring up.
**klijen,** *n.* *vidi:* **klen;**—*a. vidi:* klijenit.
**klijenit,** *a.* lame, paralysed.
**klijet,** *n.* cabin, cell.
**kliješta,** *n.* pincers; tongs; nippers, tweezers *(pl.)*.
**kliješte,** *vidi:* **kliješta.**
**klik,** *n.* call, report; joy-shout.
**kliknuti,** *vidi:* **kliktati.**
**kliktanje,** *n.* exultation, shouting.
**kliktati,** *v.* to call, to cry, to shout of joy; to exult, to triumph.
**klima,** *n.* climate, clime.

**klimanje,** *n.* nodding, beckoning; tottering.

**klimati,** *v.* to totter, to shake, to nod; to waver, to be irresolute, to vacillate.

**klimatičan,** *a.* climatic (al).

**klimav,** *a.* tottering, staggering, shaky, rickety, loose.

**klimavo,** *adv.* loosely.

**klimavost,** *n.* shakiness, looseness, ricketiness.

**klin,** *n.* wedge, bolt, spigot, nail.

**klinac,** *n.* nail, peg, pig, spike.

**klinast,** *a.* cuneiform, wedge-shaped.

**klinčac,** *n.* carnation.

**klinčanik,** *n.* hat-rack, clothes-stand.

**klinčic,** *n.* tack; (*karanfil*) carnation.

**klinika,** *n.* clinic, dispensary.

**klinovit,** *a.* scortiform; (*bil.*) testiculate.

**klip,** *n.* club, butt-end, piston; (*kukuruzni*) corn-cob.

**klipan,** *n.* blockhead, carl, clown, awkward fellow.

**klipanica,** *n.* stick, cudgel.

**klis,** *n.* pin, cone.

**klisati se,** *v.* to bowl, to play at nine pins.

**klisura,** *n.* rock, defile, cliff.

**klišnjak,** *n.* (*kornjaš*) skipper.

**klizač,** *n.* skater, slider.

**klizak,** *a.* slippery.

**klizalište,** *n.* skating-course; slide; skating-ground.

**klizaljka,** *n.* skate.

**klizanje,** *n.* skating.

**klizati se,** *v.* to skate, to slide; to slip.

**klizav,** *a.* slippery.

**klizavica,** *n.* slippery way.

**klizavost,** *n.* slipperiness; lubricity.

**klobasa,** *n.* sausage.

**klobodan,** *n.* leaf-brass, tinsel, Dutch gold.

**klobučar,** *n.* hatter, hatmaker.

**klobučarnica,** *n.* manufactory of hats, hat factory.

**klobučast,** *a.* pileated.

**klobučić,** *n.* small hat; (*bil.*) acone, monk's hood, wolf's bane.

**klobučnica,** *n.* (*bil.*) boletus.

**klobučnjak,** *n.* tinsel, brass-foil, Dutch gold (*ili*) metal.

**klobuk,** *n.* (*gljiva*) medusa, sea-nettle, pileus, (*šešir*) hat, bonnet, cap; (*cilinder*) silk hat, plug hat; (*mekani*) soft hat, (*slamnati*) straw hat; (*tvrdi*) stiff hat, derby.

**klocati,** *v.* to snap, to snatch, to catch, to gasp.

**klokan,** *n.* kangaroo.

**klokoč,** *n.* pistachio-nut; bladder-nut.

**klokočevina,** *n.* bladder-nut wood.

**klokot,***n.*noise,roaring,bustle,gurgling.

**klokotanje,** *vidi:* **klokot.**

**klokotati,** *v.* to spout out, to spurt out, to burst out, to gurgle, to murmur, to grumble, to whisper.

**klompav,** *vidi:* **klempav.**

**kloniti (se),** *v.* to get˜out of the way, to avoid, to evade, to turn aside, to shun.

**klonulost,** *n.* dejection, weakness, faintness, discouragement, despondency, extreme dejection, sadness, sorrowfulness, melancholy.

**klonuo,** *a.* low-spirited, dejected.

**klonuti,** *v.* to sink, to decline; (*duhom*) to lose courage, to be discouraged, to despond.

**klopac,** *n.* bubble; vesicle.

**klopariti,** *v.* to make a noise, to rattle, to knock.

**klopiti,** *v.* to hit, to strike, to slap.

**klopka,** *n.* trap, snare.

**klopot,** *n.* clashing, noise, rattling, uproar.

**klopotanje,** *n.* babbling, chatter, chat, prattle, small talk, tittle-tattle, chit-chat.

**klopotati,** *v.* to clack, to make noise, to bluster, to jangle.

**klor,** *n.* chlorine.

**klorat,** *n.* (*sol*) chlorate.

**kloroform,** *n.* chloroform.

**kloroformirati,** *v.* to chloroform.

**kloštar,** *n.* cloister, monastery, convent, nunnery.

**klub,** *n.* club.

**kluba,** *n.* block, log, trunk; pulley, tackle.

**klupa,** *n.* bench, form, stuffed bench; (*u crkvi*) pew; stall.

**klupica,** *n.* small bench.

**klupko,** *n.* clew, ball; volume, roll.

**kljakav,** *a.* crippled, paralytic, lame, limping, maimed, armless.

**kljakavac,** *n.* cripple.

**kljast,** *vidi:* **kljakav.**

**kljasto,** *adv.* lamely.

**kljenut,** *n.* paralysis, palsy.

**kljepac,** *n.* chisel.

**klješta,** *n.* (*pl.*) pincers, nippers; (*mala*) tweezers.

**kljova,** *n.* fang, tusk.
**kljovan,** *n.* narwhal, (sea-) unicorn, monodon.
**kljucalo,** *n.* pick-axe.
**kljucati,** *v.* to peck, to pick.
**kljucnuti,** *vidi*: **kljucati.**
**kluč,** *n.* key; (*u glazbi*) key note, clef.
**ključajući,** *a.* babbly.
**ključanica,** *n.* lock, bolt, padlock, (*luknja, rupa*) keyhole.
**ključanje,** *n.* bubbling; violent heat; circulation, ardor, passion.
**ključao,** *a.* boiling; hot; fiery.
**ključar,** *n.* club-bearer, key-bearer. housekeeper, turnkey.
**ključarica,** *n.* housekéeper.
**ključati,** *v.* to spout out, to spur out, to burst out, (*vreti*) to boil, to bubble, to gush out.
**ključić,** *n.* small key.
**ključiti,** *v.* to touch, to handle.
**ključovjes,** *n.* key-ring.
**kljujdrvo,** *n.* woodpecker.
**kljuk,** *n.* must; wort.
**kljuka,** *n.* latch, door-handle.
**kljukanje,** *n.* cram.
**kljukati,** *v.* to stuff, to cram.
**kljun,** *n.* bill, beak; nib; (*lađe*) prow.
**kljuna,** *n.* hoe, mattock.
**kljunača,** *n.* wood-cock.
**kljunar,** *vidi*: **kljunaš.**
**kljunast,** *a.* beaked, billed.
**kljunaš,** *n.* duck-billed.
**kljunat,** *vidi*: **kljunast;** (*o bil.*) rostrated.
**kljunić,** *n.* little bill; (*bil.*) rostel.
**kljunorožac,** *n.* rhinoceros-bird, to-pan.
**kljunuti,** *v.* to peck, to pick.
**kljusa,** *n.* trap; snare.
**kljusad,** *n.* horses (*pl.*).
**kljuse,** *n.* horse, nag, pony, galloway; jade.
**kljuvanje,** *n.* pecking, picking.
**kljuvati,** *v.* to peck, to pick; to kiss.
**kljuverina,** *n.* horse, nag, jade.
**kmet,—ica,** *n.* land tenant, boor.
**kmetovati,** *v.* to farm as tenant.
**kmeziti se,** *v.* to grin; to weep.
**kneginja,** *n.* princess.
**kneštvo,** *n.* dignity of a prince (*ili*) sovereign.
**knez,** *n.* prince.
**knezovati,** *v.* to be a prince; to govern, to reign.

**knežević,** *n.* young prince, son of a prince.
**kneževina,** *n.* principality.
**knjaz,** *vidi*: **knez.**
**knjeziti se,** *v.* to grin; to weep.
**knjiga,** *n.* book, letter, epistle; (*dnevna*) diary; (*glavna*) ledger; (*molitvena*) prayer book; (*početnica*) first reader, primer; (*zapisnik*) record book, register, minutes.
**knjigonoša,** *n.* letter-carrier, postman.
**knjigopis,** *n.* bibliographer.
**knjigopisni,** *a.* bibliographic.
**knjigotiskar,** *n.* book printer.
**knjigoveznica,** *n.* bookbinding.
**knjigoveža,** *n.* bookbinder.
**knjigovežnja,** *n.* bookbinding.
**knjigovodstvo,** *n.* book-keeping.
**knjigovođa,** *n.* book-keeper.
**knjigoznanac,** *n.* bibliographer.
**knjižan,** *a.* learned, erudite.
**knjižar,** *n.* bookseller, stationer.
**knjižara,** *n.* bookseller's shop, book store.
**knjižarnica,** *vidi*: **knjižara.**
**knjižarstvo,** *n.* book-trade, book-selling.
**književan,** *a.* literary; learned, erudite.
**književnički,** *a.* literary.
**književnik,** *n.* writer, author, man of letters, press-writer, literate; scholar.
**književnost,** *n.* literature, erudition.
**knjižica,** *n.* small book, booklet.
**knjižnjica,** *n.* library; book-shelves; book-case; (*pučka*) public library.
**knjižničar,** *n.* librarian.
**knjižničarstvo,** *n.* librarianship.
**knjižurina,** *n.* large book.
**ko, koga,** *vidi*: **tko.**
**koađutor,** *n.* coadjutor.
**kob,** *n.* destiny, fate, fatility, portent, presage, reverse, augury, catastrophe.
**koba,** *n.* mare; sparrow-hawk.
**kobac,** *n.* sparrow-hawk.
**kobacati,** *v.* to scrape, to paw (*with feet*).
**kobača,** *n.* roost, coop, perch.
**kobalt,** *n.* cobalt.
**koban,** *a.* fatal, portentious, fateful, unlucky, unhappy, unfortunate, tragic; — **slučaj,** catastrophe, fatality.
**kobasica,** *n.* sausage.

**kobasičar,** *n.* sausage-maker, pork-butcher.

**kobasičarnica,** *n.* pork-butcher's trade (*ili*) shop.

**kobelja,** *n.* tube, cylinder.

**kobeljati,** *v.* to roll (*up*), to welter.

**kobila,** *n.* mare.

**kobilica,** *n.* (*anatomija*) sternum, breastbone; (*skakavac*) grasshopper, locust.

**kobiti,** *v.* to have a presentiment (*ili*) foreboding, to anticipate; to meet (with), to happen (to), to befall.

**kobnik,** *n.* sign of fate; (*gavran*) mischievous raven.

**kobnost,** *n.* fatality, catastrophe.

**kocelj,** *n.* alum.

**koceljast,** *a.* aluminus.

**kocka,** *n.* (*geom.*) cube; (*u igri*) die.

**kockanje,** *n.* crape game; gambling.

**kockar,** *n.* raffler, dice-player.

**kockast,** *a.* cubic, cubiform; (*o tkanini*) checked.

**kockati se,** *v.* to shake dice, to play at dice, to dice.

**kočak,** *n.* pig-sty.

**kočan,** *n.* stalk, stem, stump.

**kočija,** *n.* carriage, coach, equipage.

**kočijaš,** *n.* coachman, driver, carrier, waggoner, lighter-man, roadster, cabman.

**kočijašiti,** *v.* to drive a coach, to go coaching.

**kočijaški,** *a.* coachman—.

**kočina,** *vidi*: **kočak.**

**kočiti,** *v.* to arrest, to stop, to detain, to withhold; to hinder, to prevent; to retain, to keep back, to deduct, to retard, to delay; (**se**) to strut, to flaunt, to walk about with a free and easy step.

**kočoperan,** *a.* quick, lively, brisk, animated, nimble, agile; sturdy, strapping.

**kočoperiti se,** *v.* to strut, to flaunt, to resist.

**kod,** *prep.* at, by, about, near; besides, with, to, in, upon, on, next to.

**kodorošić,** *n.* thrush.

**koga,** *pron.* whom.

**kogod,** *vidi*: **tkogod.**

**kogođ,** *vidi*: **tkogod.**

**kohorta,** *n.* cohort; body-guard; attendants.

**koja,** *pron.* who.

**kojadisati se,** *v.* to greet, to salute, to give one's compliments to.

**koje,** *pron.* what, which.

**kojegdje,** *adv.* here and there, dispersedly; now and then, up and down.

**kojekad,** *adv.* now and then, ever and anon, sometimes.

**kojekaki,** *a.* of all sorts, of every kind.

**kojekako,** *adv.* however; in any way.

**kojekud (a),** *adv.* one way and the other, to and fro (*ili*) again, hither and thither, in all directions, on all sides, all about.

**koješta,** *adv.* of all kinds, every kind of, a variety of, various, whatever, anything.

**koji,** *pron.* who, which, that; some, any.

**kojigod (-đ),** *pron.* whoever, whosoever, any one, whichever.

**kojigoder,** *vidi*: **kojigod.**

**koka,** *n.* hen.

**kokajin,** *n.* cocaine.

**kokica,** *n.* chicken, pullet.

**kokodakanje,** *n.* cackling.

**kokodakati,** *v.* to cackle.

**kokorajka,** *n.* cackler.

**kokorav,** *a.* having curly hair, curly-headed.

**kokos,** *n.* cocao; (*kokosov orah*) cocoa-nut; (*kokosovo ulje*) cocoa-nut oil.

**kokosovac,** *n.* cocoa-tree.

**kokoš,** *n.* hen.

**kokošar,** *n.* poulterer; hen-house.

**kokošinjak,** *n.* hen-house, chicken-coop; (*u medicini*) furuncle, boil.

**kokaška,** *n.* pullet.

**kokot,** *n.* rooster, cock; (*na puški*) hammer.

**kokotac,** *n.* (*bil.*) melilot, sweet trefoil.

**kokotić,** *n.* small cock; (*bil.*) larkspur.

**kokotkati,** *v.* to cackle.

**kokotiti se,** *v.* to flaunt as a rooster.

**kokulica,** *n.* tonsure.

**kol,** *n.* circle, round, ring, orb, orbed, sphere.

**kola,** *n.* wagon, truck, cart, chariot, omnibus.

**kolac,** *n.* stake, pale, post, picket.

**kolač,** *n.* cake, pie, pastry.

**kolačar,** *n.* pastrycook, cake-baker.

**kolačara,** *n.* hair-pin, bodkin.

**kolačić,** *n.* muffin, pastille, lozenge.

**kolajna,** *n.* medal.

**kolan,** *n.* strap, girth, thong, saddle girth.

**kolanje,** *n.* circulation, periodical, return, spreading, rotation, currency.

**kolar,** *n.* cartwright, coach-maker, wheelwright, wheeler.

**kolarija,** *n.* wheelwright's work.

**kolarnica,** *n.* wheelwright shop, cartwright's work.

**kolast,** *a.* round spotted.

**kolašce,** *n.* small wheel, truckle, caster roller.

**kolati,** *v.* to circulate, to revolve, to whirl, to gyrate, to be current.

**kolčak,** *n.* muff.

**kolčić,** *n.* pivot.

**kolebanje,** *n.* oscillation, vacillation, undulation, rocking to and fro, reeling motion; irresolution, hesitation; doubt.

**kolebati (se),** *v.* to vacillate, to reel, to stagger, to totter, to waver, to hesitate, to balance, to fluctuate, to vibrate.

**koleda,** *n.* new-year's song; Slavic goddess of time.

**koledar,** *n.* calendar, almanac.

**kolega,** *n.* friend, colleague, camerade.

**kolegij,** *n.* college; corporation, partnership.

**kolegijalan,** *a.* friendly; chummy.

**kolenda,** *vidi:* **koleda.**

**kolendar,** *vidi:* **koledar.**

**kolenika,** *n.* spindle; spire, steeple.

**kolera,** *n.* cholera.

**koleso,** *n.* wheel.

**kolešce,** *n.* small wheel; wheel-animal.

**koletati,** *v.* to brandish; to swingle; to fan, to winnow; to swing; to vibrate.

**koliba,** *n.* hut, cottage, cabin, shanty, barrack.

**kolibar,** *n.* cottager.

**kolibica,** *n.* small hut, shanty.

**kolibrić,** *n.* humming bird, trochil (us).

**kolica,** *n.* cart, little carriage; (*tačke*) wheel-barrow; (*za djecu*) gocart.

**količak,** *vidi;* **kolik.**

**količina,** *n.* quantity, abundance, multitude, quantum.

**količnik,** *n.* quotient.

**kolija,** *n.* train (*of artillery*).

**kolijer,** *n.* collar.

**kolijevka,** *n.* cradle; bower.

**kolik,** *a.* how big, large, great, tall.

**koliko,** *adv.* how much, how many.

**kolikoća,** *n.* quantity, abundance, quantum.

**kolikogod (-đ),** *adv.* any amount, any quantity.

**kolir,** *vidi:* **kolijer.**

**kolišan,** *vidi:* **kolik.**

**kolnica,** *n.* coach-house.

**kolnik,** *n.* carriage-road, road-way.

**kolo,** *n.* (*kotač*) wheel, hoop, ring; (*društvo*) circle, assembly, company; (*ples*) hay dance, kolo; (*igra*) roundabout.

**kolobar,** *n.* circle, hoop, ring, tire (*of a wheel*).

**kolodvor,** *n.* railway-station, depot.

**kolograd,** *n.* barricade of wagons.

**kolomat,** *n.* bordering, trimming; setting; embankment.

**kolomaz,** *n.* axle-grease.

**kolomija,** *n.* cart-rut, wheel-track.

**kolona,** *n.* (*u časopisu*) column.

**kolonija,** *n.* (*naseobina*) colony, settlement.

**kolonijalac,** *n.* colonist.

**kolonijalan,** *a.* colonial.

**kolonizacija,** *n.* colonization.

**koloplet,** *n.* turning-wheel.

**kolosijek,** *n.* track, rails; rut.

**kolotečina,** *n.* wheel-track, track, rut; width on the track.

**kolotijek,** *n.* circulation.

**kolotur,** *n.* roll, roller, disk, orb, target, pulley.

**koloturka,** *n.* turnstile.

**kolovođa,** *n.* ringleader, leader, commander, conductor.

**kolovoz,** *n.* August.

**kolovrat,** *n.* (*vode*) whirlwind; whirl, vortex, tornado; (*za predenje*) spinning-wheel.

**koludrica,** *n.* nun, sister.

**kolum** (*obruč kola*) *n.* tire.

**kolumba** (*od broda*) *n.* keel; careening.

**kolumbijski,** *a.* columbian.

**kolut,** *n.* disk, quoit, circle, hoop, ring.

**kolutast,** *a.* annular, ring-shaped, ring-formed, ringlike.

**kolutati se,** *v.* to quoit.

**kolutić,** *n.* ringlet, small circle (*ili*) ring.

**kolutnja,** *n.* revolution.

**kolutnjak,** *n.* (*crv*) annelid (an).

**kolje,** *n.* pales, posts, poles, piles, stakes (*pl.*).

**koljeno,** *n.* knee; *(rod)* generation; *(pasmina)* race, family, line, breed, cast, tribe, stock.

**koljiti,** *v.* to stocken, to unpin, to mark out.

**koljuška,** *n.* *(riba)* stickle-back, pickle-back.

**kom,** *n.* husk, shell, pod, peel; dish; bowl.

**komac,** *n.* steepness, descent, declivity, slope, pitch.

**komad,** *n.* piece, bit, morsel, fragment, cut; thrum, fragment; part, portion; share.

**komadanje,** *n.* cutting into pieces, dismembering.

**komadara,** *n.* corn-brandy, maltspirits.

**komadati,** *v.* to dismember, to cut up, to parcel out, **(se)** to fall into pieces, to grow angry, to quarrel, to fall out.

**komadina,** *n.* big piece.

**komadić,** *n.* little piece, a bit, mouthful.

**komaj,** *vidi:* **jedva.**

**komanda,** *n.* command, rule; empire; supreme power.

**komandant,** *n.* commander.

**komandovati,** *v.* to command.

**komarac,** *n.* mosquito; gnat, midge.

**komarda,** *n.* shambles *(pl.).*

**komardar,** *n.* butcher.

**komarica,** *vidi:* **komarac.**

**komat,** *vidi:* **komad.**

**komedija,** *n.* comedy.

**komedijaš,** *n.* actor, comedian.

**komedijaški,** *a.* comical, theatrical, stagy.

**komedijati,** *v.* to be comical, to act funny, to play tricks.

**komendirati,** *v.* to command, to govern, to order, to rule.

**komentar,** *n.* note-book, memorandum, commentary; brief.

**komentarisati,** *v.* to comment.

**komesar,** *n.* commissioner.

**komešanje,** *n.* agitation, commotion, mix-up.

**komešati se,** *v.* to move, to stir, to excite, to disturb, to affect.

**komet,** *n.* comet.

**komice,** *adv.* by fits and starts, fitfully.

**komičan,** *a.* comic, funny.

**komičar,** *n.* comic, funny fellow, actor.

**komički,** *vidi:* **komičan.**

**komičnost,** *n.* comicality, comicalness.

**komik,** *vidi:* **komičar.**

**komin,** *n.* kitchen, chimney, fireplace, fireside.

**komina,** *n.* grains, husks *(pl.);* shell, pod.

**kominača,** *n.* Cinderella; scullion.

**kominati,** *vidi:* **komiti.**

**kominjati,** *vidi:* **komiti.**

**komisar,** *vidi:* **komesar.**

**komisija,** *n.* commission.

**komišati,** *v.* *(kukuruzu)* to shell, to husk.

**komiti,** *v.* to pick out *(grains);* — *vidi:* **komišati.**

**komnuti,** *v.* to thrust, to push, to kick, to knock.

**komodljika,** *n.* bur; bore, obtrusive person.

**komonika,** *n.* *(bil.)* artemisia, mugwort.

**komora,** *n.* room, chamber, cabin; **trgovačka komora,** chamber of commerce.

**komorač,** *n.* fennel.

**komordžija,** *n.* packer; baggage-boy.

**komorica,** *n.* little chamber, closet; *(za hranu)* pantry.

**komorkinja,** *n.* waiting-woman, lady's maid, chamber-maid.

**komornik,** *n.* chamberlain.

**komoštre,** *n.* chain; weaver's warp.

**komotljika,** *n.* *(bil.)* artemisia, mugwort.

**komovača,** *vidi:* **komovica.**

**komovica,** *n.* brandy-wine.

**kompa,** *n.* ferry-boat.

**komparativ,** *n.* comparative *(stupanj).*

**kompas,** *n.* compass.

**komponist,** *n.* composer.

**kompozicija,** *n.* composition.

**komračiti,** *v.* to covet, to aspire; to pinch, to stint.

**komša,** *vidi:* **komšo.**

**komšija,** *n.* neighbor; companion, comrade, associate.

**komšijnica,** *vidi:* **komšija.**

**komšiluk,** *n.* neighborhood, vicinity.

**komšo,** *n.* neighbor; companion, comrade, associate.

**komunist (a),** *n.* communist.

**komunistički,** *a.* communistic.

**komunizam,** *n.* communism.

**komušati,** *v.* to shell, to peel, to husk.

**komušina,** *n.* corn-husk; corn-shuck; corn-straw.
**komušje,** *vidi*: **komušina.**
**komuška,** *n.* pod, shell, husk.
**komuškav,** *a.* coddy.
**kona,** *n.* neighbor.
**konabiti,** *v.* to destroy, to exterminate.
**konac,** *n.* end, conclusion, closing, settlement, terminus, termination; (*šivaći*) yarn, thread, twine, twist.
**konačan,** *a.* finite, final, ultimate, definitive.
**konačenje,** *n.* staying, lodging.
**konačiti,** *v.* to pass the night, to sleep for the night.
**konačno,** *adv.* finally, at last, definitively.
**konačnost,** *n.* finiteness, definitiveness.
**konagđija,** *n.* quartermaster.
**konak,** *n.* quarters (*pl.*), lodging, retreat, shelter, night-quarters (*ili*) lodging.
**konakčija,** *vidi*: **konagđija.**
**konakovati,** *vidi*: **konačiti.**
**konao,** *n.* canal, channel, conduit.
**koncert,** *n.* concert.
**konci,** *n.* thread; twine.
**končati,** *v.* to embroider with thread (*ili*) twine.
**končav,** *a.* of thread, thready.
**kondijer,** *n.* cup, goblet.
**konduktor,** *n.* conductor.
**konfederacija,** *n.* confederacy.
**konferenca,** *n.* conference.
**konica,** *n.* cart-shed; (*željeznička*) wagon-shed, wagon-house.
**konoba,** *n.* (*podrum*) cave, cellar; (*krčma*) public-house, ale-house, tavern.
**konobar,** *n.* tavern-keeper, waiter; (*na brodu*) steward; (*privatni*) butler.
**konobarica,** *n.* waitress.
**konop(ac),** *n.* cord, rope, line, string; (*od konoplje*) hemp-rope; (*od žice*) wire-rope.
**konopar,** *n.* rope-maker, roper, twister.
**konoplja,** *n.* hemp.
**konopljanka,** *n.* (*bil.*) wild flax, toad-flax.
**konopljarka,** *n.* linnet.
**konoplje,** *n.* (*sjeme*) hemp-seed, flax-seed.
**konopljika,** *n.* hemp-stalk.
**konopljište,** *n.* hemp-field.

**konsekvencija,** *n.* consequence.
**konsekventan,** *a.* consequential, consistent, steadfast, firm.
**konsekventnost,** *n.* consequence, firmness, steadfastness; constancy, perseverance.
**konservativac,** *n.* conservative.
**konservativan,** *a.* conservative.
**konservatizam,** *n.* conservatism.
**konsonant,** *n.* consonant.
**kontrakt,** *n.* contract, agreement.
**kontrola,** *n.* control check.
**kontrolor,** *n.* controller.
**kontura,** *n.* contour.
**konvencija,** *n.* convention.
**konzervirati,** *v.* to preserve, to conserve.
**konzul,** *n.* consul; proconsul.
**konzularski,** *a.* consular.
**konzulat,** *n.* consulate, consulship.
**konzulovati,** *v.* to act as consul.
**konj,** *n.* horse; (*na guslama*) bridge, easel; (*-jahaći*) saddle horse; (*-kratkorep*) bob-tail horse; (*pastuh*) stud horse; (*-postojač*) balky horse; (*teretni-*) draft horse; (*-za utrku*) race horse.
**konjak,** *n.* cognac, brandy.
**konjanički,** *a.* equestrian, pertaining to cavalry.
**konjanik,** *n.* horseman, rider, cavalier, trooper.
**konjaništvo,** *n.* cavalry, squadron.
**konjar,** *n.* horse- (*ili*) stable-boy.
**konjetina,** *n.* horse flesh; horse meat
**konjic,** *n.* little horse, pony; (*nъ guslama*) bridge, easel.
**konjica,** *n.* cavalry.
**konjičak,** *vidi*: **konjic.**
**konjik,** *vidi*: **konjanik.**
**konjogriz,** *n.* chicory.
**konjokradica,** *n.* horse thief, rustler.
**konjozob,** *n.* oats-sack.
**konjski,** *a.* of horse, equestrian; — **čupa,** forelock; — **griva,** horse-mane; — **struna,** horse-hair; — **kamen,** prussic acid; — **rep,** horse-tail; — **rep** (*trava*), horse-tail-grass; — **sila,** horse-power; — **utrka,** horse race.
**konjušar,** *n.* groom, riding-master, horse breaker.
**konjušara,** *vidi*: **konjušnica.**
**konjušnica,** *n.* horse-stable, stable for horses.
**konjušnik,** *n.* equerry.

**kopač,** *n.* digger, ditcher, delver.
**kopača,** *n.* hoe, mattock.
**kopačica,** *n.* fossores (*pl.*).
**kopalovac,** *n.* (*bil.*) copaiba-tree, copaifera.
**kopanja,** *n.* trough, tub.
**kopanje,** *n.* digging, hoeing.
**kopar,** *n.* (*bil.*) dill.
**koparati,** *v.* to scratch, to scrape.
**kopati,** *v.* to dig; to engrave, to cut; to hoe, to trench; to mine.
**kopča,** *n.* clasp, locket, buckle, bracelet.
**kopčar,** *n.* bandage.
**kopčati,** *v.* to button up, to clasp, to hook.
**kopčica,** *n.* (*mužjak*) hook; (*baba*) clasp.
**kopija,** *n.* copy.
**kopilad,** *vidi*: **kopile.**
**kopilan,** *vidi*: **kopile.**
**kopile,** *n.* bastard; mongrel, adulterine, bantling.
**kopirati,** *v.* to copy, to imitate, to counterfeit.
**kopitar,** *n.* hoofed animal; ungulate.
**kopitast,** *a.* hoof-shaped.
**kopitnjak,** *n.* (*bil.*) hazel-wort, asarabacca, cabaric.
**kopito,** *n.* hoof, toe.
**kopkati,** *vidi*; **kopati.**
**kopljanik,** *n.* lancer, uhlan.
**kopljast,** *a.* lanciform, spear-shaped.
**kopljenik,** *vidi*: **kopljanik.**
**kopljište,** *n.* shaft, staff.
**kopnen** (i), *a.* terrestrial, continental.
**kopniti,** *vidi*: **kopnjeti.**
**kopno,** *n.* land.
**kopnja,** *n.* weeding.
**kopnjenje,** *n.* languish; thawing.
**kopnjeti,** *v.* to thaw, to melt, to cast, to liquefy, to become liquid.
**koprcanje,** *n.* sprawling, kicking, foundering, struggling.
**koprcati se,** *v.* to sprawl, to kick, to struggle, to flounder; to fidget.
**koprena,** *n.* veil, tiffany, crape, muffler.
**koprenica,** *n.* crape.
**kopriva,** *n.* (*bil.*) nettle; **mrtva —,** dead (*ili*) blind nettle.
**kopun,** *n.* capon.
**kopuniti,** *v.* to caponize.
**kor,** *n.* chorus.
**kora,** *n.* (*kruha*) crust; (*stabla*) bark; (*sira, dinje*) rind; (*voća*) peel.

**korab** (alj), *n.* ship, vessel.
**koraba,** *n.* turnip-rooted cabbage.
**korabljica,** *n.* small vessel (*ili*) ship.
**koracati,** *vidi*: **koračati.**
**korač,** *n.* hammer-headed shark; balance-fish, hammer-oyster.
**koračaj,** *n.* pace, step, footstep, stride; march.
**koračanje,** *n.* going, step, course; march.
**koračati,** *v.* to stride, to march, to step, to stalk, to proceed (to), to walk.
**koračnica,** *n.* march song (*ili*) music.
**korak,** *vidi*: **koračaj.**
**koraknuti,** *v.* to make one step.
**koralj,** *n.* coral, polipe.
**Koran,** *n.* Koran, Alcoran.
**korba,** *n.* rebuke, reproof, reprimand, blame, censure.
**korbač,** *n.* whip, scourge.
**korda,** *n.* bar, barrier; bound, limit.
**kordun,** *n.* cordon.
**kore,** *n.* sheath; scabbard; binding.
**korektura,** *n.* correction; reading of proof, proof (-sheet).
**koren,** *vidi*: **korijen.**
**korenit,** *a.* radical; profound, thorough; fundamental.
**korenitost,** *n.* radicalness; steadfastness.
**korepnjaci,** *n.* testaceous-animals.
**korica,** *n.* rind; bark; crust; coat; incrustation.
**korice,** *n.* (*knjige*) cover, binding, wrapper, carton; (*mača*) scabbard; (*noža*) sheath, case.
**koričar,** *n.* bookbinder.
**koričiti,** *v.* to bind in boards, to board, to bind (*a book*).
**korijen,** *n.* root, carrot; **drugi korijen,** square root; **treći korijen,** cubic root.
**korijenak,** *n.* little root, radicle, rootlet.
**korijeniti,** *v.* to root, to be rooted.
**korijenje,** *n.* roots.
**korilac,** *n.* blamer, reprover, reprehender, vituperator, corrector, animadverter.
**korisno,** *adv.* usefully, profitably, wholesomely.
**korisnost,** *n.* usefulness, utility.
**korist,** *n.* utility, profit, benefit, advantage, yield, proceeds, productiveness, profitableness, wholesomeness, gain, lucre.

**koristan,** *a.* useful, advantageous, profitable, beneficial, lucrative, wholesome, remunerative.

**koristiti (se),** *v.* to be of use, to benefit, to profit, to avail, to make use of, to avail oneself of, to take advantage of.

**koristoljuban,** *a.* self-seeking, selfish, interested, egoistic.

**koristoljublje,** *n.* self-interest, egoism, selfishness.

**koristonosan,** *a.* advantageous, yielding, profitable.

**koristonosno,** *adv.* profitably.

**koristonosnost,** *n.* salutariness, advantageousness.

**koristovati se,** *vidi:* **koristiti se.**

**koritar,** *n.* trough-maker.

**koritast,** *a.* trough-shaped.

**koritašce,** *n.* small trough.

**koritelj,** *n.* censurer, fault-finder.

**koriti,** *v.* to reprimand, to reprove, to censure, to scold, to rebuke, to vituperate, to blame, to condemn.

**korito,** *n.* trough; (*od lađe*) frame of vessel; (*od rijeke*) river-bed.

**korizma,** *n.* Lent, Quadragesima.

**korizmen,** *a.* Lenten, Quadragesimal.

**korjen,** *vidi:* **korijen.**

**korjenit,** *vidi:* **korenit.**

**korjenitost,** *vidi:* **korenitost.**

**korman,** *n.* rudder, helm.

**kormaniti,** *v.* to steer, to pilot; to govern.

**kormanoš,** *vidi:* **kormilar.**

**kormilar,** *n.* pilot, steersman, helmsman, mate.

**kormilo,** *n.* rudder, helm.

**kornet,** *n.* cornet.

**kornjača,** *n.* turtle, tortoise.

**kornjačevina,** *n.* tortoise-shell.

**kornjaš,** *n.* beetle, scarab.

**korota,** *n.* mourning; mourning-dress; time of mourning, grief, sorrow.

**korotovati,** *v.* to mourn, to be in mourning (for).

**korov,** *n.* weed.

**korovan,** *a.* weedy.

**korpa,** *n.* basket, hamper, crate.

**korpica,** *n.* small basket.

**korporacija,** *n.* corporation.

**koršov,** *n.* pitcher; jug; pot-house.

**korteš,** *n.* campaigner, canvasser, agitator, solicitor.

**kortešovanje,** *n.* campaign, canvass, agitation.

**kortešovati,** *v.* to agitate, to solicit, to ask, to entreat.

**korun,** *n.* potato.

**korund,** *n.* (*dragi kamen*) corundum.

**korutina,** *n.* tray, trough; hod; wide valley; pig (*of lead*).

**korveta,** *n.* (*vrsta ratnog broda*) corvet.

**kos,** *a.* oblique, slanting, sloping, awry, wry; — *n.* (*ptica*) thrush, blackbird.

**kosa,** *n.* (*vlasi*) hair; (*gorska*) chain of mountains; (*za kositi*) scythe, mower.

**kosac (-č),** *n.* mower, reaper.

**kosanjica,** *n.* mountain-ridge.

**kosar,** *n.* scythe-smith.

**kosat,** *a.* long-haired.

**kosati,** *v.* to mince.

**kosidba,** *n.* mowing, hay-time, haymaking.

**kosijer,** *n.* (*srp*) pruning-knife; billhook, hedging-bill, scythe.

**kosina,** *n.* oblique; (*kosa ravnina*) declivity; propensity, proneness, inclination.

**kosište,** *n.* handle of scythe.

**kositar,** *vidi:* **kositer.**

**kositer,** *n.* tin, pewter.

**kositeran,** *a.* of tin (*ili*) pewter.

**kositi,** *v.* to mow; to cut, to reap; **(se)** to wear out by rubbing, to waste, to stale; to lose one's strength; (*biti u protuslovlju*) to be in contradiction, to be out of tune, to be against.

**kositlar,** *n.* tinner, pewterer.

**kositren,** *a.* of tin (*ili*) pewter, tinny.

**kosmat,** *a.* hairy, haired; rough.

**kosnuti se,** *v.* to take to heart, to touch.

**koso,** *adv.* obliquely, askew, awry.

**kosor,** *n.* hedging-bill, sickle.

**kosovac,** *vidi:* **kos.**

**kosović,** *n.* young thrush.

**kosovski,** *a.* very old, very ancient, time-honored.

**kost,** *n.* bone; (*ribe*) fish-bone; (*voća*) stone (*of a fruit*); — **golje-nica,** shin-bone; — **hrptena,** back-bone; spinal; — **obrazna,** cheek-bone; — **od koljena,** knee-bone; — **od lakta,** crazy-bone; — **zati-ljna,** collar-bone; — **pročelna,** frontal-bone; — **prsna,** breast-bone; **nosna** —, vomer; **slonova** —, ivory; **vilična** —, jaw-bone.

**kostanj,** *n.* (*divlji*) chestnut; (*pitomi*) large chestnut, maroon.
**kostanjeva boja,** *n.* chestnut-color.
**kostelj,** *n.* dogfish.
**kostobolan,** *a.* gouty, rheumatic, paralytic.
**kostobolja,** *n.* gout, rheumatism, arthritis.
**kostolom,** *n.* fracture.
**kostoloman,** *a.* with a broken bone.
**kostolomiti,** *v.* to ill-treat, to treat harshly; to plague, to trouble, to vex.
**kostreč,** *n.* (*bil.*) sow-thistle, hog's-mushroom.
**kostriješiti se,** *v.* to bristle (up), to strive against.
**kostrijet,** *n.* goat's wool.
**kostrika,** *vidi*: **kostreč.**
**kostrušav,** *a.* rough, bristly; horrible.
**kostur,** *n.* skeleton.
**kostura,** *n.* clasp-knife, pocket-knife.
**kosturnica,** *n.* carnary.
**koš, košara,** *n.* little osier-basket, basket, pannier.
**koša,** *n.* little shirt.
**košak,** *n.* forage-ladder.
**košara,** *n.* basket, hamper, crate.
**košarač,** *n.* basket-maker.
**košarica,** *n.* small basket, hand-basket.
**košava,** *n.* east wind.
**koščica,** *n.* small bone, kernel, cob, stone.
**košćan,** *a.* bony, made of bone.
**košćat,** *a.* bony.
**košćerin,** *n.* dogfish.
**košija,** *n.* racing; (*sa kolima*) chariot-race; (*između dva konja*) match; (*bez zapreka*) flat race; (*sa zapreka-ma*) steeple-chase.
**košinčić,** *n.* small-basket.
**koškar,** *n.* scolder.
**koškati se,** *v.* to quarrel, to wrangle, to dispute.
**košljiv,** *a.* full of (*fish*) bones.
**košnica,** *n.* bee-hive, alveary.
**košnja,** *n.* mowing; swath.
**košta,** *n.* board.
**koštac,** *n.* clinch; struggle, contest.
**koštan,** *a.* bony, made of bone.
**koštar,** *n.* boarder.
**koštica,** *vidi*: **košćica.**
**koštunica,** *n.* stone fruit.
**koštunjak,** *n.* Brazil-nut, stone-nut.
**koštunjara,** *n.* bony-pike.

**koštunjav,** *a.* hard, close, firm, bony; (*čovjek, životinja*) robust, strong, stout, vigorous.
**koštunjavac,** *n.* bony-fellow; (*orah*) Brazil-nut, stone-nut.
**košturnica,** *n.* carnary.
**košulja,** *n.* shirt, shift; (*donja*) under-shirt; (*gornja*) top-shirt; (*ženska*) chemise.
**košuljac,** *n.* smock-frock.
**košuljar,** *n.* shirt-maker.
**košuljica,** *n.* little shirt.
**košuta,** *n.* hind, (*female*) deer, roe.
**košutica,** *n.* young roe.
**košutnjak,** *n.* deer-park, zoological garden.
**kot,** *n.* brood, hatch.
**kotac,** *n.* hog-, pig- (*ili*) swine-sty, hog-cote (*ili*) pen.
**kotač,** *n.* wheel, disk, orb; (*dvo-kolice*) bicycle.
**kotača,** *n.* flowing off; gutter, drain, kennel, groove.
**kotačić,** *n.* rowel, trundle.
**kotao,** *n.* kettle, caldron, vat; boiler, copper.
**kotar,** *n.* district, ward, circuit, department.
**kotarica,** *n.* basket, hamper, crate.
**kotaričica,** *n.* small basket.
**kotarski,** *a.* district; **kotarski sud,** district court.
**kotilo,** *n.* native place, birth-place.
**kotiljon,** *n.* cotillion.
**kotiti (se),** *v.* to bring forth, to bear, to give birth to, to deliver.
**kotlac,** *n.* collar-bone.
**kotlača,** *n.* kettle, caldron; boiler, copper; (*dolina*) valley, ravine.
**kotlar,** *n.* brazier, coppersmith, tinker.
**kotlić,** *n.* caldron, boiler.
**kotlina,** *n.* valley, vale, ravine.
**kotlokrp,** *n.* tinker.
**kotlonoše,** *n.* tag-sore.
**kotobaniti se,** *v.* to flaunt, to strut; to blow up, to inflate.
**kotobonja,** *n.* hen-coop.
**kotrljan,** *n.* (*bil.*) common eryngo.
**kotrljanje,** *n.* rolling, rumbling.
**kotrljati (se),** *v.* to roll, to roll up.
**kotrškati se,** *v.* to roll.
**kotuljač,** *n.* bottle, flask; roll, roller; register.
**kotur,** *n.* wheel, disk, quoit, roller, trundle; bicycle.
**koturača,** *n.* cycle, bicycle.

**koturaš**, *n.* cyclist, velocipedist.
**koturati (se)**, *v.* to roll, to mangle, to turn about, to wheel, to circumgyrate.
**koturić**, *n.* roll-wheel, caster (-wheel).
**kotva**, *n.* anchor.
**kov**, *n.* iron-work; shoeing; (*kovina*) metal; (*vrsta*) species, sort, kind.
**kova**, *n.* pail, bucket.
**kovač**, *n.* (black-) smith.
**kovačina**, *n.* iron-filing.
**kovačnica**, *n.* forge, smithy, blacksmith-shop; (*novaca*) mint.
**kovan**, *a.* metallic; **kovani novac**, mintage; **kovano željezo**, wrought iron.
**kovandžija**, *n.* bee-master, hiver.
**kovanje**, *n.* forgery; hammering.
**kovanluk**, *n.* stock of bees.
**kovaonica**, *vidi*: **kovačnica**.
**kovaran**, *a.* false, wrong; forged, counterfeit; (*o novcu*) bad.
**kovarstvo**, *n.* cunning, slyness, falsehood, falseness, guile, treachery.
**kovati**, *v.* to forge, to fabricate; to coin, to contrive; (*-konja*) to shoe (*a horse*).
**kovča**, *n.* clasp, hook, crotchet.
**kovčeg**, *n.* trunk, coffer, (*ručni*) satchel, handbag; (*putni*) suit-case; (*teretni*) trunk; (*zavjetni*) ark.
**kovilje**, *n.* spike (nard).
**kovina**, *n.* metal, ore.
**kovinar**, *n.* metalist.
**kovinast**, *a.* metallic.
**kovitlati**, *v.* to whirl, to swirl.
**kovnica**, *n.* mint; mint-plant.
**kovrča**, *n.* scroll; lock, curl, ringlet, ruff; frill.
**kovrčak**, *n.* (*kose*) ringlet.
**kovrčanje**, *n.* curling.
**kovrčast**, *a.* crisp, curled, frizzled, curly, frizzly; **kovrčasta glava**, curly head.
**kovrčati**, *v.* to ring, to curl, to crisp.
**kovrčavost**, *n.* curliness.
**kovrčica**, *n.* buckle, curl.
**kovrčilo**, *n.* curling-iron, curlingtongs.
**kovrčiti**, *v.* to ring, to curl, to crisp.
**kovrljati**, *v.* to roll, to mangle; to rumble.
**kovrtač**, *n.* burin, graver.
**kovrtanj**, *n.* round; patrol.
**koza**, *n.* she-goat; gin; crane.

**kozak**, *n.* whirling dun, whirl-beetle; (*ruski konjanik*) cossak.
**kozalica**, *n.* double mill.
**kozar**, *n.* goat-herd.
**kozara**, *n.* goat-house.
**kozarica**, *n.* goat-herd.
**kozbaša**, *n.* first mower.
**kozetina**, *n.* goat-flesh.
**kozice**, *n.* smallpox, variola; (*cijepljenje kozice*) vaccination.
**kozičav**, *a.* pock-marked, variolar, variolous.
**kozina**, *n.* goat-skin (*ili*) flesh.
**koziti (se)**, *v.* to bring forth (*of goat*).
**kozjak**, *n.* (*bil.*) shallot; (*jarac*) buckgoat.
**kozjevina**, *n.* goat-flesh (*ili*) meat.
**kozji**, *a.* pertaining to goats; capriola.
**kozlić**, *n.* kid.
**kozlina**, *vidi*: **kozina**.
**kozodoj**, *n.* goat-sucker.
**kozobrad**, *n.* goat('s) beard; (*bil.*) goat-marjoram, salsify.
**kozopaša**, *n.* goat-herd.
**kozorog**, *n.* capricorn; ibex.
**koža**, *n.* (*čovječja*) skin; (*životinjska*) hide; (*strojena*) leather; (*nestrojena*) pelt, hide; (*za potplate*) sole-leather.
**kožan**, *a.* leather, leathern.
**kožar**, *n.* currier, skinner, fell-monger, pelt-monger, tanner, furrier.
**kožarna**, *n.* tannery.
**kožarnica**, *n.* leather-factory (*ili*) work.
**kožica**, *n.* pellicle, cuticle, membrane, film.
**kožični**, *a.* cuticular.
**kožoder**, *n.* flayer; knacker; fleecer.
**kožuh**, *n.* pelisse, fur, pelt; fur-coat.
**kožuhar**, *n.* furrier; skinner.
**kožurica**, *n.* skin (*of pigs*), crackling, rind.
**kožušak**, *n.* fur, pelisse, pelt.
**kožuščić**, *n.* small fur (-coat).
**kožušina**, *n.* large fur (-coat).
**kožuškar**, *n.* leather-eater.
**krabulja**, *n.* mask, masker, masquerade.
**krabuljni**, *a.* masked; — **ples**, masquerade-ball.
**kračati**, *v.* to shorten, to abbreviate, to foreshorten, to become shorter.
**kračina**, *n.* shortness, brevity.
**kračun**, *n.* rail, bar, bolt.
**kračunati**, *v.* to bolt.
**kraćati**, *vidi*: **kračati**.

**kraćenje,** *n.* abbreviation, abridgement, shortening; refusal, denial.

**kradikesa,** *n.* pickpocket, sharper, cheat.

**kradimice,** *vidi:* **kradom.**

**kradljiv,** *a.* thievish.

**kradljivac,** *n.* thief, robber, stealer.

**kradljivica,** *n.* female thief.

**kradljivka,** *vidi:* **kradljivica.**

**kradom,** *adv.* secretly, furtively, by stealth, surreptitiously, under hand, behind ones back, stealthily.

**kradomice,** *vidi:* **kradom.**

**krađa,** *n.* theft, robbery, stealing, thieving; purloining, embezzlement.

**kraguj (ak),** *n.* sparrow-hawk; treefalcon, hobby.

**kraj,** *n.* (*obrajak*) top, end, tip; nipple, extremity; (*konac*) end, conclusion, termination, expiration; (*zaključak*) conclusion, final inference; (*obala*) sea coast, rib, bank, shore; (*prijedjel*) country, region, territory; — *prep.* near, by, beside; at, next to, about, with, to, in, on, upon.

**krajac,** *n.* hem.

**krajcar,** *n.* penny.

**krajcaraš,** *n.* peddler.

**krajina,** *n.* frontier, boundary; limit.

**krajiniti,** *v.* to war, to wage war.

**krajišnik,** *n.* borderer, frontier's man; soldier of the Austrian military frontier.

**krajiti** (*međašiti*), *v.* to border.

**krajni,** *a.* extreme, utmost; (*zadnji*) last, highest, utmost.

**krajnost,** *n.* extremity, extreme, utmost parts, utmost distress; last moments.

**krajnji,** *vidi:* **krajni.**

**krajolik,** *n.* landscape.

**krak,** *n.* (*anat.*) leg, shank, thigh; (*geom.*) side (*of an angle*).

**krakad,** *a.* long-legged.

**krakonoša,** *n.* cephalopod.

**krakoriti,** *v.* to cackle (over), to gaggle.

**krakun,** *n.* rail, bar, bolt.

**krakunati,** *v.* to bolt, to bar.

**kralješ,** *n.* garland, crown of roses; rosary.

**kralj,** *n.* king, sovereign, monarch.

**kralješ,** *vidi:* **kraliješ.**

**kraljev,** *vidi:* **kraljevski.**

**kraljevanje,** *n.* reign.

**kraljevati,** *v.* to reign, to govern, to rule, to lord, to act as king.

**kraljević,** *n.* son of a king, crownprince.

**kraljevina,** *n.* kingdom, realm, monarchy.

**kraljevka,** *n.* royal-hymn.

**kraljevna,** *n.* princess, daughter of a king.

**kraljevski,** *a.* royal, kingly, monarchal, regal.

**kraljevstvo,** *n.* kingdom, realm, royalty, regality, kingship.

**kraljež,** *vidi:* **kralježak.**

**kralježak,** *n.* vertebra.

**kralježnjaci,** *n.* vertebrate animals (*pl.*).

**kraljica,** *n.* queen.

**kraljić,** *n.* petty king, kingling; son of a king; (*ptica*) hedge-sparrow, wren, trochil (us).

**kraljoubojica,** *n.* king-killer, regicide.

**kraljušt,** *vidi:* **krljušt.**

**kram,** *n.* frippery; lumber.

**kramar,** *n.* shopkeeper, retailer, grocer, mercer, fripper (er), harberdasher.

**kramarstvo,** *n.* haberdashery.

**kramp,** *n.* pick, pickax, hack.

**kras,** *n.* mattock, hoe, pointed rock (*ili*) crag; (*ures*) ornament.

**krasan,** *a.* beautiful, splendid, nice, fair, fine, superb, magnificent; — **spol,** fair sex.

**krasilac,** *n.* garnisher, decorator.

**krasiti,** *v.* to decorate, to adorn, to ornament, to beautify, to deck.

**krasnik,** *n.* a handsome fellow.

**krasno,** *adv.* gorgeously, beautifully, superbly, magnificently.

**krasnopis,** *n.* calligraphy, penmanship.

**krasnorječje,** *n.* eloquence.

**krasnoslovac,** *n.* reciter, declaimer.

**krasnosloviti,** *v.* to declaim, to recite, to deliver.

**krasopis,** *vidi:* **krasnopis.**

**krasopisac,** *n.* penman, calligrapher.

**krasota,** *n.* beauty, charm, gorgeousness, ornateness.

**krasotica,** *n.* beauty, belle, beautiful woman.

**krasta,** *n.* crust; shell, scab, scurf.

**krastača,** *n.* toad, paddock; ugly wretch.

**krastav**, *a.* full of sores, scabby, furfuraceous, scurfy, scabbed; (*žaba*), *vidi*: **krastača**.

**krastavac**, *n.* cucumber; (*kiseli-*) pickle.

**kraste**, *n.* smallpox, variola.

**krasti**, *v.* to rob, to steal, to plunder, to pillage, to filch.

**krastica**, *n.* small scab, scurf (*ili*) scald.

**krasuljak**, *n.* Easter-daisy.

**krat**, *adv.* **jedan**—, once, once upon a time; — *n.* time; mark.

**kratak**, *a.* short; brief, abrupt, laconic, concise, terse.

**kratelj**, *n.* cholera.

**krater**, *n.* crater.

**kr'ati**, *vidi*: **krhati**.

**kratica**, *n.* abbreviation, contraction.

**kratiti**, *v.* to shorten, to abbreviate, to contract; (*zabraniti*) to forbid, to object, to prohibit, to hinder, to prevent, to impede, to refuse, to deny, to oppose.

**kratko**, *adv.* shortly, laconically.

**kratkoća**, *n.* (*prostora*) smallness, littleness, meanness, lowness; (*vremena*) brevity, shortness; (*izraza*) conciseness, brevity.

**kratkotrajan**, *a.* of short duration, fugacious, short-lived, perishable, transient, not lasting.

**kratkouman**, *a.* weak-minded, hampered, undiscerning.

**kratkoumlje**, *n.* narrowness, poorness (*of intellect, etc.*).

**kratkovid (an)**, *a.* short-sighted, near-, half-, (*ili*) narrow-sighted.

**kratkovidnost**, *n.* short- (*ili*) near-sightedness, myopia.

**krava**, *n.* cow; (*muzara*) milk cow.

**kravar**, *n.* cow-herd, cow-keeper, cow-boy.

**kravata**, *n.* necktie; scarf.

**kravetina**, *n.* a large cow.

**kravica**, *n.* little cow.

**kravina**, *n.* cow-hide.

**kraviti (se)**, *v.* to thaw.

**kravljača**, *n.* milk-pail.

**kravljak**, *n.* (*bil.*) carline-thistle.

**kravlji**, *a.* cowish.

**krbanj**, *n.* gourd, pumpkin.

**krcalac**, *n.* shipper, loader.

**krcanje**, *n.* shipping, loading.

**krcat**, *a.* loaded, freighted.

**krcati**, *v.* to load, to freight a ship, to charter.

**krčak**, *n.* pitcher, tankard.

**krčati**, *v.* to buzz, to hum, to growl, to snarl, to grumble; to rattle in the throat.

**krčenje**, *n.* clearing (*of land*), grubbing up.

**krčevina**, *n.* grubbed land.

**krčidba**, *n.* grubbing.

**krčilac**, *n.* grubber.

**krčiti**, *v.* to grub up, to root out, to make arable, to clear ground.

**krčma**, *n.* tavern, inn, saloon, hostelry, canteen.

**krčmar**, *n.* tavern-keeper, inn-keeper; landlord, saloon-keeper.

**krčmarenje**, *n.* sale of liquor, retail of liquor.

**krčmarica**, *n.* hostess, landlady.

**krčmarina**, *n.* ale-house impost, tax.

**krčmariti**, *v.* to sell by retail, to fill out, to pour out; to keep a tavern (*ili*) saloon (*ili*) inn.

**krčmarstvo**, *n.* keeping of an inn; inn, hotel, tavern.

**krčmiti**, *vidi*: **krčmariti**.

**krčumati se**, *v.* to bristle up, to strive against, to struggle, to resist.

**krd**, *n.* flock, herd.

**krdar**, *n.* pig-driver.

**krdisati**, *v.* to annihilate, to destroy.

**krdo**, *n.* flock, herd, drove.

**krecav**, *a.* crisped; frizzled, crisp.

**kreč**, *n.* lime, lime-stone.

**krečan**, *a.* calcareous, limy.

**krečana**, *n.* lime-kiln.

**krečar**, *n.* lime-burner.

**krečast**, *a.* calcareous, limy.

**krečati**, *v.* to croak, to groan.

**krečenje**, *n.* white-washing, bleaching.

**krečiti**, *v.* to white-wash, to lime, to bleach.

**krečni**, *vidi*: **krečan**.

**krečovit**, *a.* calcareous, limy.

**kreda**, *n.* chalk; crayon; (*-u prahu*) whiting.

**kredovit**, *a.* chalky.

**kredovitost**, *n.* chalkiness.

**kreja**, *n.* nut-cracker.

**kreka**, *n.* cry, clamor, shriek, outcry, scream.

**kreketanje**, *n.* croaking.

**kreketati**, *v.* to croak, to quack.

**kreketuša**, *n.* water-frog.

**kreknuti,** *v.* (*o žabi*) to croak; (*o raci*) to quack; to groan, to scream, to squall.

**krelja,** *n.* fish-ear, gill, branchia.

**kreljušt,** *n.* scale, scurf.

**kreljut,** *n.* wing.

**kremen,** *n.* flint-stone, pebble, flint, silex.

**kremenast,** *a.* flinty.

**kremenjača,** *n.* gun (*ili*) musket with flint-stone.

**kremenjak,** *vidi:* **kremen.**

**kremenje,** *n.* flint, pyrites.

**kremik,** *n.* flint, pebble.

**krenuti,** *v.* to move, to stir, to agitate, to incite, to instigate;—**na put,** to depart, to set out, to go away; (**se**) to turn.

**krepak,** *vidi:* **krjepak.**

**krepati,** *v.* to die, to perish.

**krepavanje,** *n.* dying (*of animals*).

**krepčina,** *vidi:* **krepkost.**

**krepkost,** *n.* vigor, strength, firmness.

**kreposnik,** *vidi:* **krjeposnik.**

**krepost,** *vidi:* **krjepost.**

**krepostan,** *vidi:* **krjepostan.**

**kres,** *n.* bonfire.

**kresati,** *v.* to strike fire, to ignite, to strike a light.

**kresivo,** *n.* tinder-box, matches (*pl.*).

**kreskati,** *vidi:* **kresati.**

**kresta,** *n.* crest.

**krestušac,** *n.* (*bil.*) milk-wort.

**kreševo,** *n.* fight, combat, engagement, battle.

**kreštalica,** *n.* jay, jackdaw.

**kreštati,** *v.* to croak, to scream, to shriek, to squall.

**krešteći,** *a.* (*glas*) hoarse.

**kret,** *n.* motion, movement, turn; (*u razgovoru i deklamaciji*) gesture, manner, mimic.

**kretač,** *n.* motor.

**kretanje,** *n.* motion, movement, commotion, turn; revolution.

**kretati,** *v.* to turn, to move, to stir; to agitate, to incite, to instigate; to go; (**se**) (*hodati*) to march, to walk, to go on foot, to move.

**kretnja,** *n.* movement, motion; agitation, commotion, action; (*tjelesna*) exercise; (*rukama*) gesticulation.

**kreveljenje,** *n.* grimace, grinning, whimpering.

**kreveljiti se,** *v.* to grin, to weep, to whimper.

**krevet,** *n.* bed.

**krezo,** *n.* gap-toothed person.

**krezub,** *a.* gap-toothed.

**krga,** *n.* vine; ground, pumpkin.

**krhak,** *a.* fragile, brittle; weak, feeble, frail.

**krhati,** *v.* to break (to pieces), to crack, to split.

**krhkoća,** *vidi:* **krhkost.**

**krhkost,** *n.* brittleness, frangibility, frailty.

**kričalo,** *n.* blusterer, crier, bawler, squalling child.

**kričanje,** *n.* screaming, crying.

**kričati,** *v.* to cry, to scream, to bluster, to make a noise (*ili*) row.

**krijenje,** *n.* hiding, concealing.

**krijepak,** *a.* vigorous, strong, firm, robust.

**krijepiti,** *v.* to strengthen, to comfort, to invigorate.

**krijepko,** *adv.* vigorously, robustly.

**krijepljenje,** *n.* strengthening, consolation, refreshment.

**krijepost,** *vidi:* **krjepost.**

**krijepostan,** *vidi:* **krjepostan.**

**krijes,** *n.* St. John's fire.

**krijesiti se,** *v.* to sparkle, to glitter, to flash, to shine, to shine with effulgence.

**krijesnica,** *n.* glow-worm, fire-fly; (*zvijezda*) falling-star.

**kriješva,** *n.* cherry; **kisela** — morello, egriot.

**krijumčar,** *n.* smuggler.

**krijumčarenje,** *n.* smuggling.

**krijumčariti,** *v.* to smuggle.

**krijumčarstvo,** *n.* contraband, smuggling.

**krik (a),** *n.* cry, shriek, scream, lamentation, clamor, outcry.

**kriknuti,** *v.* to cry out, to scream, to exclaim.

**krilat,** *a.* winged, feathered, fledged.

**krilatica** (*ptica*), *n.* winged bird; (*riječ*) catch word.

**kriliti,** *v.* to flutter, to wing.

**krilo,** *n.* wing; (*skut*) lap; pale, breast, heart, bosom, knee; (*na vratima*) fold.

**krilonog,** *a.* pteropodous.

**krimice,** *adv.* secretly, furtively, by stealth, surreptitiously, under hand, behind one's back.

**kriminal,** *n.* criminal.

**kriminalan,** *a.* criminal.

**kriminalnost,** *n.* criminalness, criminality.

**krin,** *n.* (*bil.*) lily.

**krinka,** *n.* mask, false-face, guise.

**krinolina,** *n.* crinoline.

**krioce,** *n.* winglet.

**kriomčar,** *n.* smuggler, interloper.

**kriomčarenje,** *n.* smuggling, contraband, fraud.

**kriomčariti,** *v.* to smuggle, to run, to interlope, to contraband.

**kriomčarska roba,** *n.* contraband goods; -lada, smuggling-ship.

**kriomčarstvo,** *n.* smuggling; (*zanat*) contraband-trade.

**kriomice,** *adv.* secretly, privately, inwardly, surreptitiously.

**Krist,** *n.* Christ.

**kristal,** *n.* crystal.

**kristalan,** *a.* crystal, crystalline.

**kristaliti (se),** *v.* to crystallize.

**kristalizacija,** *n.* crystallization.

**kristalizirati,** *v.* to crystallize.

**kristalografija,** *n.* crystallography.

**kriška,** *n.* slice, collop, chop, thin slice; (*geom.*) segment.

**krišom,** *adv.* secretly, furtively, by stealth, surreptitiously, underhand, behind one's back.

**kriti,** *v.* to conceal, to hide, to cover, to veil, to mask, to disguise with a mask.

**kritičan,** *a.* critical, serious.

**kritičar,** *n.* critic, criticizer.

**kritika,** *n.* criticism.

**kritizirati,** *v.* to criticize.

**kriv,** *a.* (*ne ravan*) crooked, bent, tortuous, bandy; (*lažan*) false, untrue, counterfeit, forged, perfidious, deceitful, erroneous; (*netočan*) incorrect; **kriva prisega,** perjury; (*kažnjiv*) culpable, guilty, faulty; **priznati se krivim,** to plead guilty.

**krivac,** *n.* culprit, offender, perpetrator, criminal.

**krivaj,** *n.* (*rijeke*) turning, bend.

**krivaja,** *n.* curve; knee.

**krivda,** *vidi*: **krivica.**

**krivica,** *n.* wrong, injustice, injury, fault, guilt, harm, hardship.

**krivičan,** *a.* wrongful, criminal.

**krivina,** *n.* curve, knee, incurvation, curvity, crookedness, winding, sinuosity.

**kriviti (se),** *v.* to bend, to bow, to inflect, to fold (*up*), to camber, to crook; (*optužiti*) to impute, to ascribe, to incriminate.

**krivljenje,** *n.* distortion, grimace, wry face.

**krivnja,** *n.* guilt, fault; (*prekršaj*) offense, crime, sin.

**krivnjava,** *n.* roaring, roar, bellow-(ing).

**krivo,** *adv.* falsely; (*zlo*) ill, badly; (*netačno*) incorrectly; — **imati,** *v.* to be wrong; — **priseći,** *v.* to perjure oneself.

**krivoboštvo,** *n.* idolatry.

**krivobožac,** *n.* idolater.

**krivogled,** *n.* squint-eyed.

**krivokletan,** *a.* perjured, forsworn.

**krivokletnik,** *n.* perjurer, forswearer.

**krivokletstvo,** *n.* perjury, false-oath.

**krivonog,** *a.* bow-legged, bandy-legged.

**krivonos,** *n.* hook-nosed.

**krivošija,** *n.* crooked wood (*ili*) timber.

**krivotvor (ac),** *n.* forger, falsificator, counterfeiter.

**krivotvoran,** *vidi*: **krivotvoren.**

**krivotvoren,** *a.* forged, counterfeit.

**krivotvorenje,** *n.* falsification, forgery, fraud.

**krivotvoritelj,** *n.* forger, falcificator, counterfeiter.

**krivotvoriti,** *v.* to falsify, to counterfeit, to forge, to adulterate.

**krivovjerac,** *n.* heretic, misbeliever.

**krivovjeran,** *a.* heretical.

**krivovjerski,** *a.* heretical.

**krivovjerstvo,** *n.* heresy, heterodoxy.

**krivovrat,** *a.* wry-necked.

**krivudanje,** *n.* sinuation.

**krivudast,** *a.* tortuous, winding, crooked, sinuous.

**krivudati,** *v.* to meander, to wind, to waver.

**krivulja,** *n.* curve.

**krivuljast,** *a.* crooked, bent, curved, wry, serpentine, winding.

**kriza,** *n.* crisis, acme.

**krizma,** *n.* confirmation, chrism.

**krizmanje,** *vidi*: **krizma.**

**krizmati,** *v.* to confirm.

**krizmeni,** *a.* confirmatory.

**križ,** *n.* cross, crucifix; (*na jedrilu*) ward.

**križa,** *n.* back, rump.

**križanje,** *n.* crossing, intersection, shedding, cruise.

**križar,** *n.* Crusader; knight of the cross; (*brod*) cruiser; (*pauk*) cross-spider.

**križariti,** *v.* to cruise.

**križarski,** *a.* cross, crossed; **križarska vojna,** crusade.

**križati (se),** *v.* to cross, to make a sign of the cross; (*krstariti*) to cruise.

**križić,** *n.* crosslet, small cross.

**križobolja,** *n.* lumbago.

**križogled,** *n.* crosseyed.

**križopuće,** *n.* cross-way (*ili*) road, crossing.

**krjepak,** *a.* (*krupan*) strong, stout, robust, vigorous, powerful; (*o jelu*) substantial.

**krjeposnik,** *n.* virtuous person.

**krjepost,** *n.* virtue, probity, integrity, chastity.

**krjepostan,** *a.* virtuous; powerful, vigorous; nourishing; valid.

**krk,** *vidi:* **krhak.**

**krkavina,** *n.* (*bil.*) black alder-tree; bird-cherry tree.

**krkleisati,** *v.* to curtail, to prune, to clip, to lop, to poll.

**krkljati,** *v.* to roar, to buzz, to hum, to bluster; to effervesce, to ferment, to seethe, to boil.

**krkmeta,** *n.* lock, curl, ringlet.

**krknuti,** *v.* to utter a sound.

**krkoća,** *n.* brittleness.

**krkoriti,** *v.* to roar, to buzz, to hum, to bluster; to effervesce, to ferment, to seethe, to boil.

**krktati,** *vidi:* **krkoriti.**

**krkuša,** *n.* gudgeon.

**krletka,** *n.* bird-cage, cage.

**krliješi,** *n.* garland, crown of roses.

**krlja,** *n.* sheep-louse.

**krljad (ak),** *n.* block, log, wood, timber.

**krljušt,** *n.* scale, scurf.

**krma,** *n.* (*hrana*) pasture, food (*for cattle*); provender, forage, fodder, foraging, nourishment, livelihood; (*lađe*) poop, stern, helm.

**krmača,** *n.* sow.

**krmak,** *n.* hog, pork; wild-boar; (*mladi*) pig.

**krmaniti,** *v.* to steer, to pilot, to govern.

**krmanoš,** *vidi:* **krmar.**

**krmar,** *n.* helmsman, steersman, pilot; wheel-horse.

**krmaukati,** *v.* to mew, to caterwaul.

**krmčić,** *n.* pig, porker, gruntling.

**krme,** *vidi:* **krmak.**

**krmečići,** *n.* (*pl.*) sandals, moccasins.

**krmeći,** *a.* of swine.

**krmelj,** *n.* blearedness, lippitude.

**krmeljati,** *v.* to blear.

**krmeljiv,** *a.* blear-eyed.

**krmeljivost,** *n.* blearedness.

**krmešce,** *n.* pig, porker, gruntling.

**krmetina,** *n.* pork.

**krmilac,** *n.* (*blaga*) feeder.

**krmilar,** *n.* helmsman, steersman, pilot.

**krmilariti,** *v.* to steer, to pilot.

**krmilo,** *n.* helm, poop, stern, rudder.

**krmiti,** *v.* (*blago*) to feed, to nourish, to maintain; (*ravnati lađom*) to steer, to helm.

**krndija,** *n.* conglomerate.

**krniti,** *vidi:* **krnjiti.**

**krnuti,** *v.* to beat, to knock, to strike, to throw down.

**krnj,** *n.* notched, jagged, splintery.

**krnjadak,** *n.* stump, remnant, short pipe; cigar-end.

**krnjaga,** *n.* pot-sherd; flower-pot.

**krnjast,** *vidi:* **krnj.**

**krnjaukati,** *v.* to mew, to caterwaul.

**krnjav,** *vidi:* **krnj.**

**krnjenje,** *n.* mutilation, detruncation.

**krnjiti,** *v.* to notch, to make a gap in, to mutilate, to truncate, to curtail, to garble.

**kročenje,** *n.* going, marching, moving, pacing.

**kročiti,** *v.* to go, to march, to walk, to go on foot, to move, to pace.

**kroj,** *n.* cut, cutting, shape, fashion, form, mode, pattern.

**krojač,** *n.* dressmaker, tailor.

**krojačica,** *n.* tailoress; (*švelja*) seamstress, dressmaker.

**krojačnica,** *n.* tailor-shop.

**krojenje,** *n.* cutting.

**krojilac,** *n.* cutter, fashioner, tailor.

**krojiti,** *v.* to cut, to sliver, to tally, to carve.

**krok,** *n.* step, stride, pace, gait.

**krokodil,** *n.* crocodile, gavial.

**krom,** *prep.* further, beyond, out of, besides.

**kromid,** *n.* onion; bulb.

**kronologija,** *n.* chronology.

**krop,** *n.* boiling hot water.
**kropionica,** *n.* holy-water vessel.
**kropiti,** *v.* to spout, to squirt, to syringe, to sprinkle.
**krosna,** *n.* loom.
**krosred,** *adv.* through the midst.
**krošnja,** *n.* head, top, crown (*of a tree*); summit, peak, pinnacle.
**krošnjast,** *a.* branchy, knotty.
**krotak,** *a.* tame, domesticated, gentle, placable, peaceful, mild, meek, simple-minded, inoffensive.
**krotilac,** *n.* tamer, subduer; conqueror.
**krotiti,** *v.* (*životinje*) to tame; (*čovjeka*) to subdue, to vanquish, to conquer; to restrain, to domineer, to control.
**krotko,** *adv.* tamely, gently, mildly, meekly.
**krotkost,** *n.* tameness, meekness, gentleness; softness, placidness; lenity, lenience.
**krov,** *n.* roof; house; penthouse; (*od kola*) tilt.
**krović,** *n.* rooflet.
**krovnat,** *a.* covered with straw.
**krovnjača,** *n.* hut, thatched house, cottage.
**kroz,** *prep.* through, by, over, above, about, beyond, on, upon, by virtue of.
**krpa,** *n.* patch, rag, flap, flitter.
**krpar,** *n.* mender, patcher, botcher; ragpicker, ragman.
**krparija,** *n.* piecing, patched work, mending, botching, bungling, patchwork.
**krpariti,** *vidi*: **krpati.**
**krpati,** *v.* to piece, to patch, to mend, to repair, to botch, to stop.
**krpelj,** *n.* sheep-louse; tick.
**krpetina,** *vidi*: **krpa.**
**krpež,** *n.* botching, patch-work, bungling; vexation, bother, trouble.
**krpica,** *n.* small rag (*ili*) patch.
**krpijel,** *vidi*: **krpelj.**
**krpiti,** *vidi*: **krpati.**
**krplje,** *n.* snow-shoes (*pl.*).
**krpuša,** *vidi*: **krpelj.**
**krsmati,** *v.* to hesitate, to linger, to tarry, to delay.
**krsni,** *a.* baptismal; — **list,** certificate of baptism, christening certificate; — **ime,** Christian name.
**krst,** *n.* cross, crucifix; (*crkveni obred*) Christening, Baptism.

**krsta,** *n.* spine, back-bone.
**krstača,** *n.* stem, stalk.
**krstarica,** *n.* (*lađa*) cruiser, battleship.
**krstariti,** *v.* to cruise.
**krstaš,** *n.* cruiser, battleship.
**krstašice,** *n.* cruciferous-plants.
**krstaški,** *a.* cross, crossed; — **vojna,** crusade.
**krsti,** *vidi*: **krsta.**
**krstionica,** *n.* baptismal font.
**krstionik,** *vidi*: **krstionica.**
**krstitelj,** *n.* baptiser; **Sv. Ivan Krstitelj,** St. John the Baptist.
**krstiti,** *v.* to baptise, to christen; (**se**) to be baptised; (*križati se*) to make a sign of the cross; to bless oneself.
**krstonoša,** *n.* cross-bearer.
**krstoplet,** *n.* wrapper; cross-beam, diagonal stay.
**krstovidan,** *a.* cross-shaped, cruciform; (*o lišću*) decussate (d); (*u medicini*) crucial.
**krstovnik,** *n.* (*bil.*) water-cresses.
**krstušac,** *n.* (*bil.*) milk-wort.
**krš,** *n.* rock, crag, cliff; quartz.
**kršak,** *vidi*: **kršan.**
**kršan,** *a.* (*kamenit*) rocky, cliffy; (*o čovjeku*) robust, strong, vigorous, powerful.
**kršćanin,** *n.* Christian.
**kršćanka,** *n.* Christian.
**kršćanski,** *a.* Christian, Christianlike.
**kršćanstvo,** *n.* Christianity, Christianism, Christendom.
**kršćavati,** *v.* to christen, to baptize.
**kršenje,** *n.* violation.
**kršitelj,** *n.* violator, invader, offender, trespasser, transgressor, infringer.
**kršiti,** *v.* to break; (*zakon*) to violate.
**kršje,** *n.* rubble, boulders (*pl.*).
**kršljav,** *vidi*: **kržljav.**
**kršljavac,** *vidi*: **kržljavac.**
**kršovit,** *a.* rocky, cliffy, stony.
**kršten,** *a.* baptized, christened.
**krštenica,** *n.* christening — (*ili*) baptisimal certificate.
**krštenik,** *n.* child to be baptized.
**krštenje,** *n.* baptism, christening.
**krt,** *a.* brittle, inflexible, unpliant, unbending, unpliable; churlish, hard; —*n.* (*životinja*) mole, mold, warp.
**krtica,** *n.* mole.
**krtičnjak,** *n.* mole-hill, mole-cast.
**krtina,** *vidi*: **krt.**
**krtinjak,** *vidi*: **krtičnjak.**
**krtola,** *n.* potato.

**krtolište,** *n.* potato grove *(ili)* field.
**krtovina,** *n.* mole-hill, mole-cast.
**kručina,** *n.* thickness, bigness, bulk.
**krug,** *n.* circle, hoop, ring, globe, circuit, sphere; assembly, company.
**kruglja,** *n.* ball; *(geogr.)* globe; *(astr. i geom.)* sphere; *(puške)* bullet; *(topa)* cannon-ball; *(biljara)* billiard-ball, marble; *(za glasanje)* ballot.
**krugljast,** *a.* globular, globulous, spherical.
**krugljašica,** *n.* globe-animal.
**krugljica,** *n.* small ball, globule, spherule, sphericle, pellet, bead.
**kruh,** *n.* bread, loaf; **domaći —,** home-made bread.
**kruhoborac,** *n.* struggler for bread, place-hunter.
**kruhoborstvo,** *n.* struggle for bread.
**kruliti,** *v.* to grunt, to roll, to grumble.
**krumpir,** *n.* potato.
**kruna,** *n.* crown, coronet; wreath, garland.
**krunast,** *a.* with a crown.
**krunčica,** *n.* *(ševa)* crested, copped *(ili)* tufted lark.
**krunica,** *n.* rosary, beads; corolla, petal.
**krunidba,** *n.* coronation, crowning.
**krunisanje,** *n.* coronation, crowning.
**krunisati,** *v.* to crown.
**kruniti,** *v.* *(mrviti)* to granulate, to pound, to grind; — *vidi:* **krunisati.**
**krunovina,** *n.* crown-land.
**krupa,** *n.* *(tuča)* hail, hailstorm; *(kaša)* groats, oatmeal, barley.
**krupan,** *a.* bulky, big, large, great, robust, stout; *(krupan glas)* bass; *(zrnat)* coarse, granulary.
**krupatica,** *n.* greave, crackling, scap.
**krupica,** *n.* sleet; grit, groats; semolina.
**krupnik,** *n.* spelt.
**krupno,** *adv.* coarsely; *(veliko)* grossly.
**krupnoća,** *n.* largeness, thickness, density.
**krupnogorica,** *n.* forest *(ili)* wood of old *(ili)* full grown trees.
**krupnost,** *vidi:* **krupnoća.**
**krušac,** *n.* small bread crum (b).
**kruščica,** *n.* small pear.
**kruščic,** *vidi:* **krušac.**
**krušiti,** *v.* to crumble *(away)*.
**kruška,** *n.* *(plod)* pear; *(stablo)* pear-tree.

**kruškast,** *a.* pear-shaped, pyriform.
**kruškovica,** *n.* pear-cider, perry.
**kruškovina,** *n.* pear-wood.
**krušnica,** *n.* *(bil.)* bread-tree, jaca-tree, jack; *(peć)* oven, bake-house.
**krut,** *a.* *(tvrd)* solid, hard, compact, consistent; *(okrutan)* cruel, severe, harsh, inflexible, barbarous, inhuman.
**krutina,** *vidi:* **krutost.**
**kruto,** *adv.* *(okrutno)* bluntly, cruelly, harshly, severely; *(jako)* strongly, forcibly, stoutly, vehemently, vigorously; solidly, firmly, substantially.
**krutost,** *n.* hardness, firmness; tenacity, toughness, obduracy; savageness, roughness, cruelty.
**krutuljav,** *a.* thickish.
**kružan,** *a.* circular, circled.
**kruženje,** *n.* whirling, circuity, rotation.
**kružiti,** *v.* to circle; *(zaokružiti)* to round, to enlarge, to round off.
**krv,** *n.* blood.
**krvalj,** *n.* blood-stone.
**krvarenje,** *n.* bleeding.
**krvarina,** *n.* *(novac)* blood-money *(ili)* wite.
**krvav,** *a.* bloody, sanguinary.
**krvavac,** *n.* combatant, champion, bully, hector.
**krvavica,** *n.* blood-pudding.
**krvaviti (se),** *v.* to bleed, to stain with blood.
**krvavljenje,** *n.* bleeding.
**krvca,** *n.* blood.
**krviti se,** *v.* to bleed.
**krvni,** *a.* bloody, gory; sanguinary; **krvna cijev,** blood-vessel.
**krvnica,** *n.* murderess; murderous weapon.
**krvnički,** *a.* murderous, homicidal; sanguinary, bloodthirsty.
**krvnik,** *n.* murderer, assassin; *(čovjek, koji vješa zločince)* executioner, hangman.
**krvolija,** *n.* slaughterer.
**krvoločan,** *a.* blood-thirsty, sanguinary, ferocious.
**krvoločnik,** *n.* blood-thirsty fellow, sanguinary-man.
**krvoločnost,** *n.* bloodthirstiness, ferocity.
**krvolok,** *vidi:* **krvoločnik.**
**krvološtvo,** *n.* thirst of blood.
**krvopija,** *n.* vampire, blood-sucker.

**krvopilac,** *vidi*: **krvopija.**
**krvoproliće,** *n.* blood-shed (ding), blood-spilling, slaughter, carnage.
**krvoprolitnik,** *n.* slaughterer.
**krvotočina,** *n.* voiding of blood with urine, haematuria.
**krvotok,** *n.* circulation (*of the blood*); hemorrhage.
**krvovina,** *n.* (*drvo*) Brazil-wood.
**krvovodni,** *a.* sanguiferous.
**krvožedan,** *a.* blood-thirsty, sanguinary.
**krzanje,** *n.* exertion, contest; dispute, comparison, contrast, antithesis.
**krzati (se),** *v.* to stretch, to strain, to hurl, to contend, to fight, to dispute; to strive, to exert, to labor, to request, to urge.
**krzmanje,** *n.* hesitation, lingering, irresolution, delay.
**krzmati,** *v.* to hesitate, to linger, to tarry, to doubt, to be uncertain, to delay.
**krznar,** *n.* furrier, skinner, pelter.
**krznarija,** *n.* furriery.
**krzneni,** *a.* furry.
**krzno,** *n.* fur, pelt.
**krža,** *n.* (*divlja patka*) teal, querquedule.
**kržav,** *vidi*: **kržljav.**
**kržljav,** *a.* crippled, maimed; stunted (*o bilinama*).
**kržljavac,** *n.* runt; dwarf.
**kržljavost,** *n.* stuntedness.
**kuba,** *n.* cupola; dome.
**kubičan,** *a.* cubic (al).
**kubirati,** *v.* to cube.
**kubla,** *n.* May-fish, salmon-trout.
**kubura,** *n.* misery, wretchedness, poverty, want, distress; trouble; (*pištolj*) pistol, gun; revolver.
**kuburan,** *a.* miserable, scanty.
**kuburenje,** *n.* suffering, lacking; miserable living.
**kuburiti,** *v.* to live miserably.
**kuburlija,** *vidi*: **kubura.**
**kubuz,** *n.* howitzer.
**kuca,** *n.* little dog, pup.
**kucanje,** *n.* knocking, beating, palpitation; (*srca*) pulsation, beating; (*ure*) ticking.
**kucati,** *v.* to knock, to beat, to rap, to tap, to tick; (*kod bila*) to pulsate.
**kucavica,** *n.* (*žila*) artery.
**kuckalo,** *n.* knocker, rapper; death-watch, clock, pulsator.

**kuckanje,** *n.* clink, knocking, beating.
**kuckar,** *n.* death-watch, clock, pulsator.
**kuckati,** *v.* to click, to knock, to beat, to rap, to tap.
**kucov,** *n.* dog.
**kucukati,** *vidi*: **kuckati.**
**kučad,** *n.* young dogs.
**kučak,** *n.* dog; (*morski*) shark, dog-fish.
**kučati,** *v.* to direct, to put upright, to address, to buck.
**kuče,** *n.* little dog, pup.
**kučetina,** *n.* big dog, cur.
**kučiba,** *n.* (*bil.*) poison (*ili*) vomit-nut.
**kučica,** *n.* little bitch.
**kučine,** *n.* tow, oakum.
**kučka,** *n.* bitch.
**kuća,** *n.* house; home.
**kućani,** *n.* inmates, lodgers; domestics.
**kućanica,** *n.* mistress, lady of the house, house-wife, house-keeper.
**kućanik,** *n.* house-holder, house-keeper; manager, husband, economist.
**kućanin,** *n.* inmate, lodger, domestic.
**kućanstvo,** *n.* household, housekeeping, economy, housewifery.
**kućar,** *n.* cottager; hawker, peddler, packman.
**kućarac,** *vidi*: **kućar.**
**kućarina,** *n.* house-tax.
**kućariti,** *v.* to hawk (*ili*) peddle about.
**kućedomaćica,** *vidi*: **kućanica.**
**kućedomaćina,** *vidi*: **kućanik.**
**kućegazda,** *n.* master of the house, housekeeper, landlord; master of the family.
**kućegospodar,** *vidi*: **kućegazda.**
**kućerica,** *n.* hut, cottage, cot, cabin, hovel, shanty.
**kućevlasnik,** *n.* house-owner (*ili*) holder.
**kućevni,** *a.* domestic, familiar; made at home.
**kućevnik,** *n.* hostler, house servant.
**kućica,** *vidi*: **kućerica.**
**kućiti,** *v.* to keep the house.
**kućni,** *a.* indoor, domestic, familiar, native, made at home.
**kućnica,** *n.* housekeeper, housewife.
**kućnik,** *n.* householder, housekeeper.

**kud(a)**, *adv.* whither, where, which way, to (*ili*) toward what place, in what place; **kuda mu drago,** anywhere.

**kudagod,** *vidi:* **kudgod.**

**kudecati,** *v.* to be giddy, to reel, to stagger.

**kudelja,** *vidi:* **kudjelja.**

**kudgod,** *adv.* wherever; everywhere, throughout.

**kudgod,** *vidi:* **kudgod.**

**kudilac,** *n.* censurer, fault-finder, blamer, rebuker, critic, upbraider, exposer, reprimander, vituperator.

**kuditi,** *v.* to blame, to find fault with, to censure; to reprove, to reprehend.

**kudjelja,** *n.* hemp; distaff.

**kudjeljište,** *n.* hemp-field.

**kudra,** *n.* tuft (*of hair*), lock, shag.

**kudrav,** *a.* shaggy, ragged, tattered, crisp.

**kudravičar,** *n.* hair-dresser.

**kudraviti,** *v.* to curl, to frizzle, to dress the hair.

**kudravost,** *n.* shaggedness, curledness, curliness.

**kudrov,** *n.* poodle, barbet, waterspaniel; water-rug.

**kuđelja,** *vidi:* **kudjelja.**

**kuđenik,** *n.* censurer, fault-finder.

**kuđenje,** *n.* blame, censure, reprehension, fault-finding, criticism.

**kuga,** *n.* plague, pestilence.

**kugla,** *vidi:* **kruglja.**

**kuglana,** *n.* bowling-alley.

**kuglanje,** *n.* bowling.

**kuglast,** *a.* spherical, globular, globulous.

**kuglati se,** *v.* to bowl.

**kuglica,** *n.* pellet, marble.

**kuhač,** *n.* cook, chef.

**kuhača,** *n.* potladle.

**kuhanje,** *n.* cooking; cookery.

**kuhar,** *n.* cook.

**kuharica,** *n.* cook-maid, cook.

**kuharnica,** *n.* kitchen, cookery, cuisine.

**kuharstvo,** *n.* culinary science.

**kuhati (se),** *v.* to cook, to boil.

**kuhinja,** *n.* kitchen, cuisine.

**kuja,** *n.* bitch; slut.

**kujanje,** *n.* su!kiness.

**kujati se,** *v.* to sulk.

**kujundžija,** *n.* goldsmith, silversmith.

**kuk,** *n.* hip, haunch.

**kuka,** *n.* hook, clasp, lock, cramp, cramp-iron; (*čengelj*) grappling-hook, button-hook.

**kukac,** *n.* insect; (*zanoktica*) felon, whitlow.

**kukanje,** *n.* lamentation, bewailing, complaint, groan.

**kukast,** *a.* hooked; **-nos,** aquiline, hooked (*ili*) Roman nose.

**kukati,** *v.* to lament, to mourn, to bewail, to yammer.

**kukav,** *a.* needy, miserable; paltry, lamentable, woeful.

**kukavac,** *n.* unlucky fellow, wretch.

**kukavan,** *a.* miserable, distressful, needy, paltry, lamentable, woeful, penurious.

**kukavica,** *n.* (*ptica*) cuckoo; (*plašljivac*) coward.

**kukavičić,** *n.* young cuckoo.

**kukavičiti,** *v.* to lament, to wail; to pity.

**kukavičluk,** *n.* cowardice, cowardliness.

**kukavština,** *n.* cowardice, cowardliness.

**kukavno,** *adv.* cowardly; paltrily, pitifully.

**kukica,** *n.* little hook, crotchet, locket; (*u bil.*) fastening.

**kukinja,** *n.* sloe, wild plum.

**kukma,** *n.* crest, tuft.

**kukmarka,** *n.* (*ševa*) crested, copped (*ili*) tufted lark.

**kukmast,** *a.* crested, tufted, copped, cristate (d).

**kukobolja,** *n.* sciatica.

**kukolj,** *n.* weed, vetch, tare, cockle.

**kukonosast,** *a.* with aquiline nose.

**kukovina,** *a.* sciatic.

**kuku!,** *interj.* oh dear! woe! oh!

**kukulj,** *n.* cowl, hood, fur-cap.

**kukuljica,** *n.* cowl, riding cloak; (*kod kukca ili leptira*) cocoon, larva, pupa.

**kukukati,** *vidi:* **kukati.**

**kukurijek,** *n.* (*bil.*) hellebore; (*pijetla*) cock-crowing.

**kukurijekanje,** *n.* crow(ing).

**kukurijekati,** *v.* to crow.

**kukurik,** *vidi:* **kukurijek.**

**kukuruz,** *n.* corn, maize.

**kukuruzina,** *n.* corn-straw, cornstalk.

**kukuruzište,** *n.* corn-field.

**kukuruznica,** *n.* corn-bread.

**kukuruzovina,** *n.* corn-straw *(ili)* stalk.
**kukuruzovnica,** *n. vidi:* **kukuruzovina.**
**kukuružnjak,** *n.* cob; *(kruh)* corn-bread.
**kukuta,** *n. (divlji peršin)* hemlock.
**kukutati,** *vidi:* **kukati.**
**kukuvija,** *n. (sova)* white owl.
**kula,** *n.* tower, rook, castle, loghouse, logcabin; *(zatvor)* prison, jail; *(kasteo)* castle.
**kulaš,** *n. (konj)* mouse-gray horse.
**kulašast,** *a.* mouse-gray.
**kulatast,** *a.* mouse-colored.
**kulen,** *n.* black pudding boiled in the maw.
**kulenica,** *n.* sausage, pudding.
**kulete,** *n.* cartridge-box, cartridge-holder; pouch.
**kulin,** *vidi:* **kulaš.**
**kulisa,** *n.* coulisse, wing, scene.
**kultura,** *n.* culture.
**kulturni,** *a.* cultured, cultural.
**kulturnost,** *n.* culture.
**kuluša,** *n.* gray-mare.
**kuljav,** *a.* pot-bellied, pouch-bellied, pregnant with child.
**kulje,** *n.* belly, pot-belly; pouch.
**kuljen,** *vidi:* **kulen.**
**kulješa,** *n.* fat belly.
**kum,** *n. (kòd krštenja)* god-father, sponsor; *(kod ženidbe)* grooms-man.
**kuma,** *n. (kod krštenja)* god-mother; *(kod ženidbe)* brides-maid.
**kumak,** *vidi:* **kum.**
**kumaš,** *n. (tkanina)* atlas, satin; *(vrpca)* velvet-ribbon.
**kumbara,** *n.* bomb, shell.
**kumbardžija,** *n.* bombardier.
**kumčad,** *n.* godchildren.
**kumče,** *n.* godchild; *(sin)* godson; *(kći)* goddaughter.
**kumin,** *n.* cummin, caraway.
**kumir,** *n.* idol, false-deity.
**kumirovati,** *v.* to idolatrize.
**kumirstvo,** *n.* idolatry, fetishism.
**kumiti (se),** *v.* to be godfather.
**kumovati,** *v.* to be sponsor, to act as a godfather.
**kumovski,** *a.* sponsor; — **slama,** milky-way.
**kumpanija,** *n.* company.
**kumrija,** *n.* Indian turtle-dove.
**kumsal,** *n.* sand.

**kumstvo,** *n.* compaternity, sponsorship; godfathers and godmothers *(pl.).*
**kun,** *n.* common *(ili)* lesser mample.
**kuna,** *n.* marten; **sibirska**—, kolinsky.
**kunadra,** *n.* flock, lock, flax-flue.
**kunatoriti,** *v.* to live from hand to mouth.
**kundačiti,** *v.* to mount gun stocks; to beat with gun stocks.
**kundak,** *n.* shaft, stock *(of a gun),* gun-butt; butt-end.
**kundrav,** *a.* shaggy.
**kundravost,** *n.* shagginess.
**kunica,** *n.* marten; **sibirska**—, kolinsky.
**kunić,** *n.* rabbit, cony; *(muško)* buck-rabbit; *(žensko)* doe-rabbit.
**kunovina,** *n. (bil.)* common *(ili)* lesser maple-wood.
**kuntoš,** *n.* fur (ed)-coat.
**kunjati,** *v.* to be sickly *(ili)* unhealthy, to be of indifferent health; *(drijemati)* to slumber, to doze, to nap.
**kup,** *n.* heap, pile; assembly, meeting; *(kupnja)* purchase, bargain.
**kupa,** *n.* cup, goblet, glass, tumbler.
**kupac,** *n.* purchaser, buyer; customer, shopper, consumer.
**kupalište,** *n.* bathing-place, watering-place, natatorium, bath-house.
**kupalo,** *n.* bath-tub.
**kupanje,** *n.* bathing, bath.
**kupaonica,** *n.* bath, bath-room; *(javna)* public bath-house, natatorium.
**kupati (se),** *v.* to take a bath, to lave, to tub, to wash, to soak.
**kupatilo,** *n.* bath, bathing, watering-place.
**kupčija,** *n. (prodaja)* sale.
**kupelj,** *n.* bath; *(parna)* Turkish-bath.
**kupica,** *n.* glass, wine- *(ili)* water-glass; *(za puštati krv)* cupping-glass.
**kupilac,** *n.* reader, gleaner, picker, sifter.
**kupina,** *n. (bil.)* bramble-bush, goose-berry, blackberry.
**kupiti,** *v.* to buy, to purchase; *(sabirati)* to gather, to glean, to cumulate, to collect; *(vojsku)* to enlist.
**kupivojska,** *n.* recruiter.
**kupjena,** *vidi:* **kupina.**
**kupka,** *vidi:* **kupalište.**
**kupljen,** *a.* bought, purchased.

**kupljenje,** *n.* collection, gathering, compilation; enlistment, impressment.

**kupljevina,** *vidi*: **kupovina.**

**kupnja,** *n.* purchase, bargain, buying.

**kupola,** *n.* cupola.

**kupon,** *n.* coupon.

**kupoprodaja,** *n.* buying and selling.

**kupoprodajni,** *a.* — **ugovor,** agreement to buy and sell, deed.

**kupovan,** *a.* purchaseable; venal, mercenary.

**kupovanje,** *n.* shopping, buying, purchasing.

**kupovati,** *v.* to buy, to purchase, to shop.

**kupovina,** *n.* purchase, bargain; getting acquisition.

**kupovni ugovor,** *n.* bill of sale.

**kupovnina,** *n.* purchase (-price), purchase-money.

**kupus,** *n.* cabbage, kale; (-glavica), head-cabbage; **kiseli—,** sourcrout, sauerkraut.

**kupusište,** *n.* cabbage-field.

**kupusnjak,** *n.* cabbage-worm.

**kupušnjak,** *n.* cabbage-garden; (*leptir*) common white butterfly.

**kurada,** *n.* horse, nag, jade.

**kuraž,** *n.* courage.

**kurban,** *n.* sacrifice.

**kurben,** *a.* umber.

**kurenje,** *n.* firing, fuel, burning.

**kuretalo,** *n.* babbler, gossip.

**kuretati,** *v.* to blab, to babble, to gossip, to prattle, to chatter.

**kurija,** *n.* court, place; senate-house, state-house.

**kurika,** *n.* (*bil.*) spindle-tree, prickwood, euonymus.

**kurir,** *n.* courier; runner.

**kuriti,** *v.* to heat, to make a fire (*in*).

**kurjačica,** *n.* she-wolf; sling.

**kurjačić,** *n.* wolf's cub.

**kurjački,** *a.* wolfish.

**kurjak,** *n.* wolf.

**kurje oko,** *n.* corn (*on the foot*).

**kurnjak,** *n.* hen-house.

**kurtalisati (se),** *v.* to disengage, to release, to redeem, to free from, to get rid of.

**kurva,** *n.* prostitude, whore, strumpet.

**kurvanje,** *n.* harlotry, whoring.

**kurvar,** *n.* whore-monger.

**kurvarski,** *a.* whorish, strumped.

**kurvati se,** *v.* to whore, to drab.

**kus,** *a.* curtailed, stubbed; — *n.* (*komad*) bit, morsel, piece, fragment; (*tek*) appetite; (*okus*) taste, relish, gust.

**kusac,** *n.* eater, feeder, great eater.

**kusan,** *a.* tasteful.

**kusast,** *a.* curtailed, stubbed.

**kusati,** *v.* to devour, to eat greedily.

**kusavac,** *vidi*: **kusac.**

**kusiti,** *v.* to crop, to cut short.

**kuskun,** *n.* crupper.

**kusokrilac,** *n.* short-winged bird, brevipen.

**kusonja,** *n.* bob-tail, docked-tail.

**kustura,** *n.* pocket-knife.

**kusur,** *n.* remainder, rest, residue, remnant.

**kuš!** *interj.* cut that out! — *n.* (*bil.*) sage.

**kušač,** *n.* tempter, seducer; taster.

**kušak,** *n.* cross-piece; (cross-) bar, rail, transom, traverse.

**kušanje,** *n.* temptation, experiment, probation, trying.

**kušati,** *v.* to try, to taste; to experiment; to tempt; to attempt; to prove, to introspect.

**kušljav,** *a.* intricate, confused.

**kušnja,** *n.* experiment, trial, probation; test, attempt; temptation, predicament.

**kuštranje,** *n.* crispation.

**kuštrati,** *v.* to curl, to frizzle, to crisp.

**kuštrav,** *a.* crisped, crisp, frizzled.

**kuštravac,** *n.* curled-head, shockhead.

**kut,** *n.* (*geom.*) angle; **pravi—,** rightangle; **šiljasti—,** sharp-angle; (*ugao sobe*) corner.

**kutao,** *n.* ladle, dipper; bucket.

**kutija,** *n.* box, case; — **za duhan,** tobacco (snuff)-box; — **za listove,** letter box; — **za uru,** watch-case.

**kutijica,** *n.* small box.

**kutina,** *n.* (*bil.*) quince.

**kutlača,** *vidi*: **kutao.**

**kutni,** *a.* angular, angulated.

**kutnjak,** *n.* (*zub*) molar-tooth.

**kutomjer,** *n.* transporter, protractor.

**kuvati,** *vidi*: **kuhati.**

**kuverta,** *n.* (*omot*) envelope; (*na brodu*) deck.

**kužan,** *a.* pestilential, infectious, contagious, miasmatic.

**kuždrav,** *vidi*: **kuštrav.**

**kužina,** *n.* kitchen; cooking, cookery.

**kužište,** *n.* pesthouse, lazaret.
**kužiti,** *v.* to infect, to taint; to stink horribly.
**kuživo,** *n.* miasma.
**kužnik,** *n.* leper.
**kužnost,** *n.* contagiousness.
**kvačiti,** *v.* to hook, to clasp; to oppress, to put down, to restrain; to trouble, to vex.
**kvadrat,** *n.* quadrate.
**kvadratni,** *a.* quadratic.
**kvadrila,** *n.* (*ples*) quadrille.
**kvaka,** *n.* hook, clasp; latch, doorknob.
**kvalifikacija,** *n.* qualification.
**kvar,** *n.* damage, injury; loss, waste.
**kvaran,** *a.* spoiled, depraved, damaged, defective, subversive.
**kvarat,** *n.* fourth part, quarter, quart.
**kvarenje,** *n.* adulteration; depravation, damage, vitiation; corruption.
**kvaritelj,** *n.* spoiler, marrer.
**kvariti,** *v.* to spoil, to corrupt, to mar, to damage; to vitiate, to hurt, to falsify.
**kvarizanat,** *n.* bungler, botcher.
**kvarovati,** *v.* to injure, to hurt, to harm, to prejudice, to damage, to wrong.
**kvas,** *n.* yeast, leaven, ferment, barm.

**kvasac,** *vidi:* **kvas.**
**kvasina,** *n.* vinegar.
**kvasiti,** *v.* to soak, to moisten, to water, to dip; to steep, to drench, to wet, to macerate.
**kvatri,** *n.* ember-fast, ember-day, quarter-day, quartal.
**kvečati,** *v.* to croak, to quack.
**kvekač,** *n.* rat-hare.
**kvestor,** *n.* quaestor (*Roman magistrate*), treasurer.
**kvestorski,** *a.* quaestor—.
**kvestorstvo,** *vidi:* **kvestura.**
**kvestura,** *n.* quaestorship; public-money.
**kvinta,** *n.* (*u glazbi*) quint.
**kvintal,** *n.* (*mjera*) quintal.
**kvocanje,** *n.* cluck (ing).
**kvocati,** *v.* to cluck.
**kvocijent,** *n.* quotient.
**kvočka,** *n.* clucking hen, brooding hen.
**kvrčati,** *vidi:* **kvrknuti.**
**kvrga,** *n.* knur (l), knot, knag, snag; (*kod prsta*) knuckle; (*kod trske*) knot.
**kvrgast,** *a.* knobby, knotty; (*kod bil.*) tuberous, bulbous, bulbaceous.
**kvrka,** *n.* (*kod mačke*) purring.
**kvrknuti,** *v.* to grumble, to growl, to rattle, to swarm.

# L

**labav,** *a.* feeble, weak, poor, languishing, loose, slack.

**labaviti,** *v.* to slacken, to release, to loosen, to weaken; to yield, to abate.

**labirint,** *n.* labyrinth, maze.

**laboratorij,** *n.* laboratory.

**labrda,** *n.* lip, mouth; snout, muzzle.

**labrnja,** *vidi:* **labrda.**

**labrnjak,** *n.* wolf-fish.

**labud,** *n.* swan.

**labudić,** *n.* cygnet.

**labudnjak,** *n.* swannery.

**labudov,** *a.* of a swan; soft and sweet.

**lackati,** *v.* to flatter; to fawn upon.

**lačan,** *a.* hungry.

**laćanje,** *n.* seizure, style; period.

**laćati,** *v.* to seize, to take up, to affect; **(se)** to receive, to take possession of, to take upon oneself; to get busy.

**laći,** *adv.* vainly, in vain, fruitlessly, without result.

**ladanje,** *n.* country, country-seat, rural-district.

**ladanjski,** *a.* rural, pastoral, georgic.

**ladica,** *n.* drawer; box, chest, case.

**lađa,** *n.* vessel, ship, boat; (*ratna*) man-of-war, ship-of-war; (*trgovačka*) merchantman; (*crkvena*) nave; (*mostovna*) pontoon; (*oklopnjača*) iron-clad-boat; (*plosnata*) flat-boat; (*poštanska*) mail-boat; (*prevozna*) ferry-boat; (*putnička*) passenger-boat; (*topovna*) gun-boat; (*tovarna*) freight-boat.

**lađar,** *n.* waterman, boatman, seaman, sailor, navigator.

**lađarina,** *n.* freightage, tonnage, boatage.

**lađica,** *n.* small boat, little ship; skiff; (*za tkanje*) shuttle.

**lađurina,** *n.* large-boat (*ili*) ship.

**laf,** *n.* conversation, talk, dialogue.

**lagahan,** *vidi:* **lagan.**

**lagan,** *a.* (*o težini*) light, weightless, not heavy, nimble; (*polagan*) slow, tardy; (*okretan*) agile, nimble, quick.

**lagano,** *adv.* (*o težini*) lightly; swiftly; inconsiderately; (*polagano*) slowly, tardily; (*okretno*) nimbly.

**laganost,** *n.* slowness, sluggishness, tardiness.

**laganje,** *n.* lying, untruth, falsehood, illusion.

**lagarije,** *vidi:* **laganje.**

**lagati,** *v.* to lie, to tell a lie, to backbite.

**lagav,** *n.* cask, barrel.

**lagodan,** *a.* comfortable, pleasing, snug, agreeable, pleasant, acceptable; light, easy, slight.

**lagodnost,** *n.* comfortableness, snugness, acceptableness, pleasure, comfort, agreeableness, pleasantness.

**lagum,** *n.* blast, mine, lagoon.

**lagumar,** *vidi:* **lagumdžija.**

**lagumati,** *v.* to undermine, to sap, to make a mine, to excavate.

**lagumdžija,** *n.* miner, sapper.

**lagumski prah,** *n.* blasting-powder.

**lagun,** *a.* light, easy, slight.

**lagušan,** *vidi:* **lagun.**

**lahak,** *vidi:* **lak.**

**lahor,** *n.* breeze, puff.

**lahoriti,** *v.* to breeze.

**lajanje,** *n.* barking, yelp.

**lajati,** *v.* to bark, to yelp; (*psovati*) to bark without cause, to bawl.

**lajav,** *a.* voluble, garrulous.

**lajavac,** *n.* crier, bawler; squalling child, blabbler, barker.

**lajavica,** *n.* termagant.

**lajavost,** *n.* volubility of the tongue, glibness, talkativeness.

**lak,** *a.* light, nimble; not difficult, easy; — *n.* varnish, lacquer.

**lakac,** *n.* giddy head, wild spark.

**lakat,** *n.* elbow; (*mjera*) ell yard.

**lakić,** *vidi:* **lakac.**

**lakirati,** *v.* to varnish.

**lako,** *vidi:* **lagano.**

**lakoća,** *n.* (*fizična*) levity, lightness, swiftness; (*okretnost*) agility, nimbleness; (*duševna*) facility, easiness, ease, readiness; dexterity, convenience, comfort.

**lakom,** *a.* avaricious, covetous, greedy, eager, self-interested, sneaking, grasping, gluttonous, sordid.

**lakomac,** *n.* miser, niggard, glutton.

**lakomice,** *adv.* greedily, eagerly.

**lakomislen,** *a.* light-minded, inconstant, vain, capricious; foolhardy, thoughtless, imprudent, inconsiderate.

**lakomisleno,** *adv.* lightly, slightly, a little.

**lakomislenost,** *vidi:* **lakoumnost.**

**lakomiti se,** *v.* to be covetous (*ili*) avaricious, to covet.

**lakomo,** *adv.* greedily, sordidly.

**lakomost,** *n.* avarice, covetousness, raging desire, greed (iness).

**lakomstvo,** *vidi:* **lakomost.**

**lakouman,** *a.* frivolous, fickle-minded, light-headed, light, giddy, airy, flighty; inconsiderate, thoughtless.

**lakoumlje,** *vidi:* **lakoumnost.**

**lakoumno,** *adv.* thoughtlessly.

**lakoumnost,** *n.* frivolity, knavishness, light-mindedness, light-headedness; lightness, levity, inconsideration, thoughtlessness.

**lakovjeran,** *a.* easy (*ili*) light of belief, credulous.

**lakovjerno,** *adv.* credulously.

**lakovjernost,** *n.* lightedness (*ili*) easiness of belief, credulity, giddiness.

**lakrdija,** *n.* buffoonery, facetiousness, joke, jest, silliness, folly, foolishtrick; (*dramatski proizvod*) farce, comedy, burlesque.

**lakrdijaš,** *n.* buffoon, comedian, clown.

**lakrdijaški,** *a.* clownish, antic.

**lakrdijaštvo,** *n.* clownery, tomfoolery.

**lakrdisati (se),** *v.* to jest, to joke.

**lakšati,** *v.* to facilitate, to lighten, to ease, to alleviate.

**lala,** *n.* (*bil.*) tulip.

**laloka,** *n.* mouth, double-chin, jaw.

**lama,** *n.* llama.

**lamanje,** *n.* breaking; (*optičko*) refraction, diffraction.

**lamati,** *v.* to break, to destroy, to ruin; to split, to crush, to crack.

**lampa,** *n.* lamp.

**lampreta,** *n.* lamprey.

**lan,** *n.* (*bil.*) flax, linen; linseed.

**lanac,** *n.* chain, yoke, catenary.

**lanak,** *n.* (*bil.*) gold (of) pleasure.

**lančen,** *a.* catenarian, catenary.

**lančenik,** *n.* chain-bridge, suspension-bridge.

**lančić,** *n.* small chain, chainlet.

**landa,** *n.* slice, steak, cut.

**landarati,** *v.* to divulge, to twaddle, to tattle.

**landati,** *v.* to lounge, to saunter, to stroll, to idle, to bamboozle, to tramp.

**landište,** *vidi:* **plandište.**

**landra,** *n.* adipose tunic.

**landrati,** *v.* to loaf, to tramp.

**lane,** *n.* fawn, young stag; — *adv. vidi:* **lani.**

**lanen,** *a.* linen; — **sjeme,** linseed; — **ulje,** linseed oil.

**lani,** *adv.* last year.

**lanište,** *n.* flax-plantation; flax-field.

**lanjac,** *n.* fallow-deer.

**lanjski,** *a.* of last year.

**lanuti,** *v.* to bark; (*riječ*) to dote, to rave.

**lapacke,** *n.* (*na kolima*) hub.

**lapatljiv,** *a.* conversable, communicative, social, affable; talkative.

**lapav,** *a.* marshy, boggy, swampy, miry, dirty.

**lapavica,** *n.* slush.

**lapiti,** *v.* to evaporate, to pass off in vapor; to get giddy; to snap up, to snatch.

**lapor,** *n.* marl.

**laporac,** *n.* chalky clay.

**laporan,** *a.* marly, of marl.

**larma,** *n.* noise, din, alarm, row, tumult, bustle, uproar.

**larmadžija,** *n.* blusterer, ranter, hector.

**larmati,** *v.* to make a noise.

**lasa,** *n.* weasel, ferret.

**lasan,** *vidi:* **lak.**

**lasast,** *a.* weasel-like.

**lasica,** *n.* weasel, ferret; (*riba*) lamprey.

**lasičić,** *n.* young weasel.

**laska,** *vidi:* **laskanje.**

**laskajući,** *adv.* wheedlingly.

**laskanje,** *n.* flattery, adulation, cajolery, blandishment.

**laskati,** *v.* to flatter, to cajole, to caress, to wheedle, to fawn upon, to adulate.

**laskav,** *a.* flattering, complimentary, alluring.

**laskavac,** *n.* flatterer, adulator, cajoler, wheedler, blandisher, smoother.

**laskavo,** *adv.* flatteringly, courteously.

**lasno,** *adv.* easily, certainly.

**lasnoća,** *vidi:* **lasnost.**

**lasnost,** *n.* easiness, facility, readiness.

**last,** *n.* ease, facility, lightness, comfortableness, snugness, comfort.

**lasta,** *n.* swallow.

**lastan,** *a.* easy, well off, convenient, comfortable, fit.

**lastavica,** *n.* swallow; (*morska*) flying-fish.

**lastavičica,** *n.* little swallow.

**lastavičić,** *n.* young swallow.

**lastavina,** *n.* (*bil.*) swallow-wort, dog's bane, tame poison.

**lastisati,** *vidi:* **laskati.**

**lastovanje,** *n.* leisure, rest; peace, ease; neutrality, repose, sleep.

**lastovati,** *v.* to (be) idle, to loiter.

**lastovica,** *vidi:* **lastavica.**

**laštenje,** *n.* polishing.

**laštilac,** *n.* varnisher, polisher, planisher, glazer.

**laštilo,** *n.* burnisher, smoother; gloss; (*za cipele*) shoe-polish (*ili*) blacking.

**laštiti,** *v.* to smooth, to polish, to burnish; (**se**) to shine, to glitter.

**latak,** *n.* stuff, cloth; matter.

**latica,** *n.* flap, quirk; (*cvjetna*) perianth.

**latinica,** *n.* Latin characters.

**Latinin,** *n.* Latin; (*po vjeri*) Catholic.

**latinski,** *a.* Latin; — *n.* (*jezik*) Latin language.

**latiti (se),** *v.* to sieze, to take up; to handle, to touch; to begin to undertake; **-posla,** to get busy.

**lav,** *n.* lion.

**lava,** *n.* lava.

**lavež,** *n.* barking, baying.

**lavica,** *n.* lioness.

**lavić,** *n.* young lion.

**lavlji,** *a.* leonine.

**lavopard,** *vidi:* **leopard.**

**lavorika,** *n.* (*bil.*) laurel, bay-tree.

**lavoriti,** *v.* to rustle.

**lavov,** *a.* leonine.

**lavra,** *n.* large cloister (*ili*) monastery, convent.

**lavski,** *vidi:* **lavov.**

**laz,** *n.* footway, path.

**lazaret,** *n.* lazaretto.

**lazarkinja,** *n.* sweet-scented woodruff.

**lazila,** *n.* scaffold (ing).

**lazina,** *n.* departure, loss, waste; — *vidi:* **laz.**

**laziti,** *v.* to go, to pass, to walk, to creep.

**laž,** *n.* lie, falsehood, untruth.

**laža,** *n.* liar, falsificator, falsifier.

**lažac,** *vidi:* **laža.**

**lažak,** *n.* March.

**lažan,** *a.* false, untrue, counterfeit, forged; deceitful, fictitious, pretended, feigned; erroneous, spurious.

**lažav,** *vidi:* **lažan.**

**lažica,** *n.* spoon; (*velika*) ladle.

**lažičica,** *n.* cavity of the chest, epigastrium.

**lažitorba,** *n.* liar.

**lažljiv,** *a.* deceitful, false, treacherous, delusive, counterfeit, illusory.

**lažljivac,** *n.* liar, story-teller, fibber.

**lažljivica,** *vidi:* **lažljivac.**

**lažljivo,** *adv.* falsely.

**lažljivost,** *n.* falsehood, deceitfulness, mendacity, lying disposition, fraudulence.

**lažno,** *adv.* falsely, spuriously, sophistically.

**lažov,** *n.* liar, story-teller.

**lebdjenje,** *n.* pendulousness, floating.

**lebdjeti,** *v.* to hover, to float.

**lecanje,** *n.* indisposition; fright, terror.

**lecati se,** *v.* (*prestrašiti se*) to frighten, to terrify, to be frightened (*ili*) terrified; (*biti zle volje*) to be indisposed, to be unwell.

**lecnuti se,** *v.* to jerk.

**lečanik,** *n.* spooling-wheel.

**leća,** *n.* (*povrće*) lentil; (*kristalna*) crystalline, lens.

**lećaiv,** *a.* freckled.

**lećak,** *n.* bitter vetch.

**lećast,** *a.* lenticular.

**leće,** *n.* freckle, sun-burns, lentigo.

**lećenje,** *n.* flying, flight.

**lećeti,** *vidi:* **letjeti.**

**leći,** *v.* (*legnem*) to go to bed, to retire, to lie down; (*jaja*) to lay, to incubate; (*kotiti*) to breed, to brood, to hatch.

**led,** *n.* ice; (*tuča*) hail.

**ledac,** *n.* crystal.

**ledan,** *vidi:* **leden.**

**leden,** *a.* glacial, icy, frozen, cold.
**ledenica,** *n.* ice-house; freezing-machine, refrigerator, ice-box; (*svijeća od leda*) icicle.
**ledenik,** *n.* glacier; (*na moru*) iceberg.
**ledenost,** *n.* iciness.
**ledenjak,** *vidi*: **ledenik;** (*ormar*) *vidi*: **ledenica.**
**ledenje,** *n.* crystallization, congelation.
**ledina,** *n.* field, turf, lawn, grassplat (*ili*) plot; pasture ground.
**ledinak,** *n.* hill, hillock, knoll, mound.
**ledinjak,** *n.* (*bil.*) crowfoot, ranunculus.
**ledište,** *n.* freezing point, zero.
**lediti,** *v.* to ice, to cover with ice; (**se**) to freeze, to crystallize.
**lednik,** *n.* glacier.
**ledolom,** *n.* ice-breaker, starling, spur.
**ledovit,** *a.* icy, glacial, chilly, cold.
**leđa,** *n.* back.
**leđen,** *vidi*: **leden.**
**legalo,** *n.* home, lodging, dwelling-house, resting-place; bed, bedstead.
**legat,** *n.* (*podvojvoda*) legate, lieutenant-general; deputy, ambassador; (*baština*) bequest, legacy.
**legbaba,** *n.* (*ptica*) grossbeak.
**legenda,** *n.* legend.
**legija,** *n.* Roman legion; army, legion.
**legijski,** *a.* legionary.
**legionarac,** *n.* legionary.
**legislator,** *n.* legislator, lawgiver.
**legislatura,** *n.* legislature.
**leglo,** *n.* brood, hatch; (*riba*) fry; (*ptica*) covey; (*zvijeri*) lair.
**legnuti se,** *v.* to lie down; to retire.
**legvan,** *n.* iguana, guana.
**leja,** *n.* bed, garden-bed.
**lekcija,** *n.* lesson.
**leksikon,** *n.* lexicon.
**lele!** *interj.* oh dear! pew! oh!
**lelejati se,** *vidi*: **lelijati se.**
**lelek,** *n.* lamentation, bewailing, complaint, groan, crying, moan, plaint.
**lelekati,** *v.* to lament, to wail, to moan, to cry.
**lelijanje,** *n.* flood, wave, billow.
**lelijati se,** *v.* to float, to waft, to fluctuate, to heave, to undulate, to rise in waves.
**lem,** *n.* cement; mastic, putty, lute.
**lemar,** *n.* lemming.
**lemati,** *v.* to thrash, to cudgel.

**lemeš,** *n.* plow-share.
**lemiti,** *v.* to paste, to glue together, to cement, to putty; to join, to put together, to connect.
**lemun,** *n.* lemon.
**lenger,** *n.* anchor; (*u zidara*) cramp.
**lenik,** *n.* vassal.
**leno,** *n.* fee, fief, feud.
**lenj,** *vidi*: **lijen.**
**lenjir,** *n.* ruler, rule.
**lenjirisati,** *v.* to rule.
**leopard,** *n.* leopard.
**lepak,** *n.* glue, paste, size, mastic, putty.
**lepenka,** *n.* pasteboard, carton.
**lepet,** *vidi*: **lepetanje.**
**lepetanje,** *n.* volitation, flutter.
**lepetati,** *v.* to flit, to flutter; (*o zastavi*) to wave, to stream; (**se**) to be in movement, to stir.
**lepeza,** *n.* fan.
**lepinja,** *n.* flat, thin cake; buttered roll bannock.
**lepir,** *n.* butterfly.
**lepirnjača,** *n.* papilionaceous flower.
**lepkovača,** *n.* lime-twig.
**lepršanje,** *vidi*: **lepetanje.**
**lepršati (se),** *v.* to fly about, to flutter, to hasten, to hover about, to whiffle.
**leptir,** *n.* butterfly.
**leptirnjast,** *a.* papilionaceous.
**lepunuti,** *v.* to perish.
**lesandrina,** *n.* (*bil.*) lovage.
**leš (ina),** *n.* (*životinjska*) carrion, carcass; (*čovječja*) corpse, dead body.
**lešinar,** *n.* carrion-kite.
**let,** *n.* flight, wings expanded, flying.
**letak,** *n.* pamphlet.
**leteći,** *a.* flying, volatile.
**letimice,** *adv.* hurriedly.
**letimičan,** *a.* passing, transient, hurried.
**letipas,** *n.* windy fellow, swaggerer, story-teller, humbug, braggard; (*veliki šišmiš*) vampire.
**letiti,** *vidi*: **letjeti.**
**letjeti,** *v.* to fly, to rush, to dash.
**letnuti,** *v.* to fly up, to take wing, to wing a flight.
**letnjak,** *n.* reel, windlass, winch.
**leturgija,** *n.* liturgy.
**letva,** *n.* lath, shingle.
**leventa,** *n.* idler, loiterer, truant, wandering knight.
**leventovati,** *v.* to be idle, to idle, to loiter.

**levit,** *n.* levite.

**levitski,** *a.* levitical.

**ležaj,** *n.* home, lodging, dwelling-house, resting-place; layer, bed, couch.

**ležak,** *n.* idle, drone, lazy fellow.

**ležanje,** *n.* lying.

**ležati,** *v.* to lie, to rest, to lodge, to take rest; (*bolestan*) to lie sick abed.

**ležeći,** *a.* situate (d), lying.

**ležećiv,** *a.* lying, recumbent, jacent.

**ležećke,** *adv.* lying.

**leženje,** *n.* (*jaja*) incubation.

**ležište,** *n.* bed, couch, camp; (*životinja*) lair.

**ležnica,** *n.* resting-place; couch.

**li,** *conj.* whether, if, as if, that.

**libanje,** *n.* flood, wave, billow.

**libati,** *v.* to wave, to fluctuate, to heave; to shake, to totter, to reel, to stagger, to sink, to decline.

**liberalan,** *a.* liberal.

**liberalizam,** *n.* liberalism.

**libiti se,** *v.* to be ashamed, to blush.

**librenjak,** *n.* lining.

**lice,** *n.* face, countenance, physiognomy; (*osoba*) person, figure; (*razina*) surface; (*površina*) superficies, area; (*obličje*) feature, countenance, complexion.

**licej,** *n.* lyceum.

**licemjerac,** *n.* hypocrite, dissembler, feigner, bigot, simulator,

**licemjeran,** *a.* hypocritic (al), dissembling, feigning, canting, false-faced, pharisaic, prudish.

**licemjeriti,** *v.* to feign, to dissemble, to simulate.

**licemjerno,** *adv.* hypocritically.

**licemjerstvo,** *n.* hypocrisy, simulation, dissimulation, dissembling, feigning.

**ličan,** *a.* personal, individual, private.

**ličba,** *n.* auction, outbidding, higher bid, enhancing of the price.

**ličilac,** *n.* house-painter, painter.

**ličilo,** *n.* painting, rouge, polish.

**ličina,** *n.* bast-rope.

**ličinaš,** *n.* gallows (*ili*) gaol-bird, hang-gallows, scape-gallows, hang-dog, crack-hemp, hemp-seed.

**ličinka,** *n.* maggot, larva.

**ličiti,** *v.* (*nekome što*) to resemble, to agree; (*sa bojom*) to paint; (**se**) to make toilet, to put rouge on face.

**lični,** *a.* personal, individual, private; facial.

**ličnik,** *n.* herald, common crier, town-crier, bellman; proclaimer.

**lično,** *adv.* personally, individually, privately.

**ličnost,** *n.* (*osoba*) person, personage, personality; (*bitnost*) individuality.

**ličnjak,** *n.* towel.

**lidžba,** *n.* auction, (public) sale.

**liga,** *n.* league; — **naroda,** League of Nations.

**liganj,** *n.* (*riba*) cuttle fish, black fish, sea-cut.

**lihce,** *vidi*: **lice.**

**lihi,** *a.* uneven; (*broj*) odd.

**lihopapčar,** *n.* solidungulous hoofed-animal.

**lihoprst,** *a.* solidungulous.

**lihva,** *n.* usury, business of a usurer.

**lihvar,** *n.* usurer, extortioner.

**lihvarenje,** *n.* usuriousness.

**lihvariti,** *v.* to practice usury, to lend upon usury, to be a usurer.

**lihvarski,** *a.* usurious.

**lihvarstvo,** *n.* usury, business of a usurer.

**lij,** *vidi*: **lisac.**

**lija,** *n.* she-fox, vixen.

**lijati (se),** *v* to creep about, to glide around, to sneak.

**lijavica,** *n.* diarrhoea; looseness, lax, lientery.

**liječenje,** *n.* healing, doctoring, medication, cure, treatment.

**liječiti,** *v.* to cure, to heal, to medicate, to remedy, to physic, to treat.

**liječnica,** *n.* doctoress.

**liječnički,** *a.* doctoral; —**nož,** lancet.

**liječnik,** *n.* doctor, physician, healer, curer; (*kod rođenja*) obstetrian; (*ranar*) surgeon; (*zubar*) dentist.

**liječništvo,** *n.* medicine.

**lijegati,** *v.* to lie, to rest, to couch.

**lijeha,** *n.* bed.

**lijek,** *n.* medicine, physic, remedy, medicament; (*za bljuvati*) emetic; (*za čišćenje*) physic, purgative.

**lijemati,** *v.* to thrash, to wap.

**lijen,** *a.* idle, slothful, lazy, sluggish, indolent, neglectful, dilatory.

**lijenčina,** *n.* lazy-bones, idler, sluggard, drone.

**lijeniti se,** *v.* to idle, to lounge, to drone, to live in idleness.

**lijeno,** *adv.* lazily, sluggishly, slothfully.

**lijenost,** *n.* idleness, laziness, sloth, sluggishness.

**lijenština,** *n.* idler, loiterer, truant.

**lijep,** *a.* fine, beautiful, lovely, fair, handsome, pretty, nice, good-looking, fashionable; (*krasan*) charming, delightful; (*uljudan*) genteel, wellbred, elegant, pleasing, agreeable, graceful.

**lijepak,** *n.* glue, paste.

**lijepiti,** *v.* to cement to, to lime, to glue, to paste upon (*ili*) over; (**se**) to adhere to, to stick.

**lijepo,** *adv.* well, prettily, nicely, elegantly.

**lijepopis,** *n.* caligraphy.

**lijepopisac,** *n.* caligraphist.

**lijepopisan,** *a.* caligraphic.

**lijepost,** *n.* beauty, beautifulness, fineness, fairness, handsomeness.

**lijer,** *n.* lily.

**lijes,** *n.* (*drvo*) wood; (*za građu*) lumber, timber; (*mrtvačka škrinja*), coffin, bier.

**lijeska,** *n.* hazel-tree, filbert-tree.

**liješće,** *n.* hazel-wood.

**lijet,** *n.* flight.

**lijetanje,** *n.* flying, flight.

**lijetati,** *v.* to flutter, to flicker.

**lijev,** *n.* casting.

**lijevak,** *n.* funnel.

**lijevanje,** *n.* casting, founding; (*kiše*) gush, shower, fall, flurry.

**lijevati,** *v.* to pour, to spill, to shed; **-suze,** to shed tears; (*o kiši*) to shower.

**lijevča,** *n.* rail-tie.

**lijevi,** *a.* left, sinister.

**lijevo,** *adv.* to the left, to the left side.

**lik,** *n.* figure, form, shape, person, physiognomy, human face, outside, appearance, image.

**lika,** *n.* (*od drveta*) bast.

**likav,** *a.* fibrous, filamentous, stringy, thready, fibred; (*o bil.*) fibrous.

**liker,** *n.* liquor.

**liko,** *n.* bast.

**likov,** *a.* of bast, basten.

**likovac,** *n.* (*bil.*) spurge-laurel, mezereon; spurge-olive.

**likšan,** *vidi*: **nišan.**

**likvidacija,** *n.* liquidation.

**likvidirati,** *v.* to liquidate.

**liljan,** *n.* lily.

**lim,** *n.* (*željezni*) sheet-iron (*ili*) plate, iron-plate; (*bijeli*) tin-plate, whiteiron; (*izvaljan*) rolled plate (*ili*) metal.

**lima,** *n.* file.

**liman,** *n.* whirl, eddy, whirlpool.

**limar,** *n.* tinner; plumber, whitesmith.

**limarstvo,** *n.* tinning (trade).

**limati,** *v.* to file.

**limen,** *a.* tinny.

**limovina,** *n.* tin-ware, tin-goods.

**limun,** *n.* lemon, citron.

**limunada,** *n.* lemonade.

**lincura,** *n.* (*bil.*) gentian, bitter-wort, baldmony.

**linčevanje,** *n.* lynching.

**linčevati,** *v.* to lynch.

**linearski,** *a.* linear.

**linija,** *n.* line.

**linir,** *n.* ruler.

**linj,** *n.* tench.

**linjak,** *n.* tench.

**linjati** (**se**), *v.* to cudgel, to thrash; to disappear, to vanish; to moult, to cast one's feathers.

**lipa,** *n.* lime-tree, linden.

**lipan,** *n.* (*riba*) grayling, umber.

**lipanj,** *n.* June.

**lipik,** *n.* forest of lime-trees (*ili*) linden.

**lipov,** *a.* of linden; — **cvijet,** blossom of linden-tree, lime-blossom.

**lipovina,** *n.* linden (*ili*) lime-wood.

**lipsati,** *v.* to perish, to die, to succumb.

**lira,** *n.* lyre.

**lirik,** *n.* lyric.

**lirski,** *a.* lyric; — **pjesnik,** lyrist; — **pjesništvo,** lyricism.

**lis,** *n.* fox; cunning fellow.

**lisa,** *n.* blaze.

**lisac,** *vidi*: **lis.**

**lisanka,** *n.* painter's gaper.

**lisast,** *a.* white-spotted.

**lisica,** *n.* fox, vixen.

**lisice,** *vidi*: **lisičine.**

**lisičav,** *a.* foxy.

**lisičić,** *n.* young fox.

**lisičin,** *a.* foxlike, vulpine.

**lisičina,** *n.* skin (*ili*) case of a fox.

**lisičine,** *n.* manacles, hand-cuffs.

**lisičiti,** *v.* to feign, to sham, to pretend, to dissemble, to conceal.

**lisjak,** *n.* fox.

**lisje,** *n.* leaves (*pl.*); foliage.

**liska,** *n.* coat, moor-hen; (*list*) leaf.
**liskati,** *v.* to lick, to lap, to blaze.
**lisnat,** *a.* leafy, leafed, foliaceous.
**lisnica,** *n.* pocket-book, wallet.
**list,** *n.* (*bil.*) leaf; (*pismo*) letter; **krsni**—, christening-certificate; **rodni**—, birth-certificate; (*od noge*) calf; (*novina*) paper, newspaper; **-papira,** sheet of paper; (*riba*) plaice, fluke.
**listak,** *n.* small leaf, leaflet; (*pisamce*) small letter, note.
**listan,** *a.* leafy.
**listanje,** *n.* (*bil.*) foliation; turning of pages.
**listati,** *v.* (*o drvetu*) to leave, to cover with leaves; (*u knjizi*) to turn over the leaves, to skim (*a book*).
**lističarka,** *n.* (*vrganj*) agaric.
**listić,** *n.* small leaf, leaflet; (*kovine*) foil.
**listina,** *n.* large leaf; (*isprava*) writing, paper, document; roll.
**listo,** *adv.* quickly, fast, expeditiously.
**listom,** *adv.* at once, instantly, all together, in a body, jointly and severally, conjointly.
**listonoša,** *n.* postman, letter-carrier, mail-man.
**listonožac,** *n.* phyllopod.
**listopad,** *n.* October; fall; defoliation.
**listovni,** *a.* epistolary, written; — **papir,** letter-paper, post-paper, writing-paper; — **škrinja,** letter (*ili*) mail-box.
**listožder,** *n.* (*kukac*) chrysomelidae.
**listvenica,** *n.* (*bil.*) larch, larch-tree.
**lišaj,** *n.* (*bil.*) lichen; (*bolest*) tetter; (*na koži*) herpes, serpige; eczema.
**lišajiv,** *a.* serpiginous.
**lišavanje,** *n.* taking away, disfranchising, depriving.
**lišavati,** *v.* to rob, to deprive; to bereave; (**se**) to lose, to lack, to be without, to want, to miss, to do without.
**lišce,** *n.* small (*ili*) little face.
**lišće,** *n.* leaves (*pl.*).
**lišen,** *a.* private, destitute, devoid, bereaved.
**lišenje,** *n.* privation, ademption, spoilation, loss.

**lišiti,** *v.* to deprive, to tame, to take away (*ili*) off, to remove; (**se**) to deprive oneself, to abstain, to refuse, to deny oneself a thing; (*oslobodili se*) to unload, to ease oneself; to shorten, to spoliate, to despoil, to disappropriate.
**lišma,** *adv.* separately, particularly, specially.
**litanija,** *n.* litany, rogation.
**litar,** *n.* liter; (*ogrlica*) necklet, necklace, collar.
**litati,** *v.* to purge (*the intestines*), to take a pill.
**literaran,** *a.* literary.
**literatura,** *n.* literature.
**liti,** *v.* to pour; (*kovinu*) to cast, to found.
**litica,** *n.* steep rock.
**litija,** *n.* procession (*in church*).
**litograf,** *n.* lithographer.
**litografija,** *n.* lithography, lithograph.
**litografirati,** *v.* to lithograph.
**litografski,** *a.* lithographic.
**litra,** *n.* liter, litre.
**litrositi,** *v.* to free, to deliver, to liberate.
**liturgija,** *n.* liturgy.
**livac,** *n.* founder.
**livada,** *n.* meadow, field; (*velika livada*) savannah, prairie.
**livadar,** *n.* culture of meadows.
**livadarka,** *n.* (*ptica*) meadow-lark.
**livadarstvo,** *n.* culture (*ili*) improvement of meadows.
**livadica,** *n.* small meadow (*ili*) field.
**livadni,** *a.* of a meadow.
**livati,** *vidi:* lijevati.
**liven,** *a.* cast; — **željezo,** cast-iron.
**livnica,** *n.* found(e)ry, casting-house.
**livreja,** *n.* livery.
**lizanje,** *n.* licking.
**lizati,** *v.* to lick, to lap; (*o plamenu*) to glisten, to flame.
**lizavac,** *n.* licker, lapper; sweet-tooth; dainty person, epicure.
**liznuti,** *v.* to lick.
**loboda,** *n.* (*bil.*) white-orach.
**loćika,** *n.* (*bil.*) lettuce, salad.
**loćkav,** *a.* withered, faded, flabby.
**logaritam,** *n.* logarithm.
**logaritmički,** *a.* logarithmic.
**logičan,** *a.* logical.
**logičar,** *n.* logician.
**logički,** *a.* logical.
**logično,** *adv.* logically.

**logika,** *n.* logic.
**logor,** *n.* camp, encampment.
**logorište,** *n.* staple, encampment.
**logoriti (se),** *v.* to en(camp); to plant *(ili)* place oneself.
**loj,** *n.* tallow, suet, fat.
**lojan,** *a.* suety, tallowy.
**lojanica,** *n.* tallow-candle.
**lojenica,** *vidi:* **lojanica.**
**lojiti,** *v.* to grease with tallow.
**lojnica,** *n.* sebaceous gland.
**lojtre,** *vidi:* **ljestve.**
**lokalizacija,** *n.* localization.
**lokalizirati,** *v.* to localize.
**lokalni,** *a.* local, sectional.
**lokalo,** *n.* drunkard.
**lokanje,** *n.* immoderate drinking, drinking-bout.
**lokarda,** *n.* mackerel.
**lokati,** *v.* to drink, to tipple, to get drunk, to drink hard.
**lokomotiva,** *n.* locomotive.
**lokot,** *n.* padlock.
**lokva,** *n.* pond, pool, plash, puddle.
**lokvanj,** *n.* *(bil.)* clustered animals *(ili)* flowers, water-lily.
**lola,** *n.* maypole; good-for-nothing *(fellow)*, scamp.
**lolati se,** *v.* to carouse; to wander, to rove, to roam, to ramble about.
**lom,** *n.* rupture, breaking, bursting, falling out, fracture, break; *(buka)* noise, roaring, rattling, commotion, uproar, tumult; *(svijetla)* refraction.
**lomača,** *n.* pyre; *(za mrtvace)* **(funeral-)** pile.
**loman,** *a.* fragile, brittle; weak, feeble, frail, broken.
**lomatati,** *v.* to racket, to rattle, to bluster, to yelp.
**lomina,** *n.* weed, sea green plant.
**lominica,** *n.* thick, thicket, brake, cover (t).
**lomitelj,** *n.* breaker.
**lomiti,** *v.* to break, to rend, to destroy, to ruin, to split, to crush, to shatter; *(zrake svijetla)* to reflect, to diffract.
**lomiv,** *a.* full of cracks, brittle, fragile; *(optički)* refrangible.
**lomljava,** *n.* rumbling noise.
**lomljenje,** *n.* break, breaking.
**lomljiv,** *vidi:* **lomiv.**
**lonac,** *n.* pot, vase; *(za cvijeće)* flowerpot.
**loncija,** *n.* vagabond, vagrant.
**loncopera,** *n.* dish-washer.

**lončar,** *n.* potter, tinker.
**lončarija,** *n.* pottery; earthen-ware.
**lončarnica,** *vidi:* **lončarija.**
**lončarski,** *a.* ceramic, pottery; — **zemlja,** pot-clay.
**lončarstvo,** *n.* pottery, ceramic-art.
**lončić,** *n.* small pot, pipkin.
**londža,** *n.* balcony, terrace, platform.
**londžast,** *a.* in the form of a terrace.
**lonjati (se),** *v.* to lounge, to saunter, to stroll, to idle.
**lopar,** *n.* peel; oven-shovel.
**loparica,** *n.* small shovel.
**lopata,** *n.* shovel, peel, spade.
**lopatast,** *a.* shaped like a shovel, spatulate.
**lopatica,** *n.* small shovel; *(na leđima)* scapula, shoulder-blade.
**lopoč,** *n.* *(bil.)* white water-lily.
**lopov,** *n.* rogue, knave, sharper, thief, villain, profligate, rascal, scamp.
**lopovluk,** *n.* knavery, infamy, roguish trick, infamous thing, larceny, theft, robbery.
**lopovski,** *a.* knavish, rascally, thievish, roguish, waggish.
**lopovština,** *n.* rascaldom, scampishness, waggishness, villainousness, felony.
**lopta,** *n.* ball.
**loptanje,** *n.* ball-game.
**loptati se,** *v.* to play ball.
**lopuh,** *n.* *(bil.)* Alpine colt's-foot.
**loputnica,** *n.* trap-door.
**los,** *n.* elk, moose-deer.
**losos,** *n.* *(riba)* salmon.
**loš,** *a.* bad, ill, evil, wicked, mischievous, cheap; — **sreća,** bad luck.
**lot,** *n.* lead, solder; penny-weight.
**lotar,** *a.* lazy, inert, idle, indolent, unwieldy, cumbrous.
**lotinja,** *n.* dirt, soil, filth, obscenity, debauchery, loose conduct.
**lotos,** *n.* *(bil.)* bean-lily.
**lotra,** *n.* (cart-) rack, wagon-ladder, rails *(pl.)*.
**lov,** *n.* hunt, chase, chasing.
**lovac,** *n.* hunter, huntsman.
**lovački,** *a.* hunting, huntsman's; — **nož,** hanger; — **pas,** hound, harrier.
**lovak,** *n.* chase, hunting, hunting-ground.
**lovdžija,** *n.* sportsman, sporting character.
**lovica,** *n.* huntress.
**lovina,** *n.* game, catch, capture, seizure.

**lovište,** *n.* hunting-ground; (*za ribe*) fishing, fishery.
**loviti,** *v.* (*lov*) to hunt; (*uhvatiti*) to catch, to chase; (*ribe*) to fish; (*udicom*) to angle.
**lovka,** *n.*-trap, snare, iron-trap; mouse-trap.
**lovljenje,** *n.* hunting, hunt, chasing.
**lovni,** *vidi*: **lovački.**
**lovnica,** *n.* huntress.
**lovnik,** *n.* hunter, huntsman.
**lovor,** *n.* (*bil.*) laurel, bay-tree; (*ruža*) rose-laurel.
**lovorika,** *vidi*: **lovor.**
**lovorikov,** *a.* laurel, laureate.
**lovorina,** *n.* laurel-wood.
**lovor-vijenac,** *n.* trophy, crown of laurel.
**lovostaj,** *n.* close-season, close-time, fence-months (*pl.*).
**lovrata,** *n.* (*riba*) gilt-head, goldney.
**lovstvo,** *n.* hunting, hunting-train.
**loza,** *n.* vine; (*rod*) generation, family, blood, sex; (*muška, ženska*) line, lineage.
**lozika,** *n.* Virginia creeper.
**lozinka,** *n.* sign, signal, watch-word, motto, pass-word, parole.
**lozje,** *n.* vine, vineyard.
**loznica,** *n.* wild vine.
**lozovina,** *n.* wine; (*bil.*) vine.
**loža,** *n.* (*u kazalištu*) box; (*zverinja*) lair.
**loženje,** *n.* fuel, heating, making a fire.
**ložica,** *n.* spoon; (*bil.*) spathe.
**ložilac,** *n.* fireman, stoker.
**ložiti,** *v.* to heat, to make a fire (in); (*nalagati*) to lay on, to put on.
**ložnica,** *n.* bed-room, couch, alcove, dormitory.
**ložničar,** *n.* valet-de-chambre, waiting-man, dresser; (*kraljev*) groom of the chamber, gentleman-usher.
**lub,** *n.* bark, bast, liber.
**lubanja,** *n.* skull, cranium.
**lubarda,** *n.* cannon.
**lubenica,** *n.* watermelon.
**lubenište,** *n.* watermelon grove.
**lubina,** *n.* bottom of the belly, abdomen, venter.
**lucifer,** *n.* lucifer.
**luckast,** *a.* stupid, foolish, crazy, gawky, mad, odd.
**luč,** *n.* (*svjetlost*) light; (*svijeća*) candle, torch, flambeau.
**luča,** *n.* sunbeam, ray of the sun.

**lučac,** *n.* arch, arc; bow.
**lučar,** *n.* fletcher.
**lučba,** *n.* chemistry.
**lučbar,** *n.* chemist.
**luče,** *n.* doll, puppet; darling, fondling, minion; lover, sweetheart.
**lučenje,** *n.* separation; divorce; seclusion, retirement; analization, secretion.
**lučiti,** *v.* to separate, to disjoin, to disunite, to sunder, to take asunder, to divorce; to analize, to disagregate, to individualize; to insulate.
**lučki,** *a.* harbor—, port—; — **pristojbina,** keelage.
**lučnjak,** *n.* garlic-garden.
**lud,** *a.* crazy, mad, insane, delirious, unwise, maniac, insensible, lunatic.
**luda,** *n.* lunatic, madman, maniac, insane person, blockhead, dolt, fool.
**ludačak,** *vidi*: **lud.**
**ludaja,** *n.* (*bil.*) gourd, pumpkin.
**ludak,** *vidi*: **luda.**
**ludandža,** *vidi*: **luda.**
**ludara,** *vidi*: **ludaja.**
**luden,** *vidi*: **lud.**
**ludilo,** *n.* insanity, madness, craziness, deliriousness, folly, imbecility of mind, frenzy.
**ludnica,** *n.* insane-asylum, madhouse, lunatic-asylum.
**ludo,** *adv.* stupidly, foolishly, irrationally, preposterously.
**ludorija,** *n.* foolish tricks (*pl.*), foolishness, foolery, folly, silliness, stupidity, nonsense.
**ludost,** *n.* foolishness, foolery, stupidity, blockishness, madness, insanity, craziness; delirium, mania, silliness.
**ludovanje,** *n.* fooling.
**ludovati,** *v.* to act foolishly, to be silly, to fool.
**luđak,** *vidi*: **luda.**
**luđakinja,** *n.* insane woman, maniac, madwoman.
**ludžba,** *n.* chemistry.
**ludžbar,** *n.* chemist.
**lug,** *n.* (*šuma*) wood, forest, grove; (*lužina*) lye, buck, potash, ashes (*pl.*).
**lugar,** *n.* keeper of a woodward, forester.
**luk,** *n.* (*češnjak*) garlic; (*crveni*) onion; (*mladi*) green-onion; (*purji*) leek; (*geomet.*) arch, arc.
**luka,** *n.* harbor, port, haven.

**lukav,** *a.* cunning, crafty, sly, artful, foxy.

**lukavac,** *n.* cunning-fellow, sharp-blade, sly-hand.

**lukava,** *adv.* shrewdly, cunningly, subtly.

**lukavost,** *n.* slyness, foxiness, ruse, cunning, artifice, stratagem, subterfuge.

**lukavština,** *vidi*: **lukavost.**

**lukno,** *n.* temporality.

**luknja,** *n.* hole, perforation; (*zatvor*) prison; (*otvor*) opening, aperture, breach.

**luknjičav,** *a.* porous, full of holes.

**luknjičavost,** *n.* porosity.

**lulica,** *n.* little pipe.

**lumbarda,** *n.* cannon.

**lumbardati,** *v.* to cannonade, to bombard.

**lumbrak,** *n.* (*riba*) sea-peacock, peacock-fish.

**lumparenje,** *n.* drinking festival, carousing.

**lunta,** *n.* lunt, (*slow-*) match, gun musket.

**lunja,** *n.* kite, glebe.

**lunjalo,** *n.* lounger, stroller, linger.

**lunjati (se),** *v.* to lounge, to move idly about, to linger about, to stroll.

**lupa,** *vidi*: **lupanje.**

**lupača,** *n.* ragamuffin, blockhead, scoundrel, blackguard.

**lupanje,** *n.* rumbling noise, rattling, clacking, din, jolting, tumult, riot, uproar; (*-srca*) pulsation.

**lupar,** *n.* lepas, barnacle.

**luparati,** *v.* to racket, to rattle, to bluster.

**lupatak,** *n.* board, plank.

**lupati,** *v.* to knock, to beat, to rap, to tap, to beat, to strike; (**se**), to fight.

**lupeški,** *a.* thievish, villainous, rascally, rapacious.

**lupeština,** *n.* knavery, roguery, villainy, robbery.

**lupež,** *n.* knave, villain, rascal, robber.

**lupija,** *n.* peach.

**lupina,** *n.* husk, shell, pod, peel.

**lupiti,** *v.* to shell, to peel;· (**se**) to peel off, to come off; (*udarati*) to strike, to beat, to tap, to hit, to knock.

**lupkati,** *vidi*: **lupati.**

**lupnuti,** *vidi*: **lupiti.**

**luster,** *n.* luster, lustre.

**lušija,** *n.* lye, buck, lye-washing.

**lutak,** *n.* dashing fellow, beau, fop, coxcomb, affected booby.

**lutanje,** *n.* vagrancy, ramble, roam, jaunt, errancy, strolling.

**lutati,** *v.* to saunter, to stroll, to idle, to rove, to wander, to ramble.

**lutav,** *a.* (*o jelu*) insipid, tasteless, mawkish, unsavory.

**luteran,** *n.* Lutheran.

**luteranski,** *a.* Lutheran.

**luteranstvo,** *n.* Lutheranism.

**lutka,** *n.* doll, puppet.

**lutkica,** *n.* dolly.

**lutnja,** *n.* harp.

**lutrija,** *n.* lottery.

**lužan,** *a.* ashy, alkaline.

**lužanj,** *n.* wild garlic (*ili*) leek.

**luženje,** *n.* corrosion, lixivation, lixivious alkaline.

**lužina,** *n.* lye, buck; lixivium, alkali.

**lužiti,** *v.* to buck, to steep in lye, to wash with lye.

**luživo,** *n.* alkali.

**lužnica,** *n.* bucking (*ili*) leach-tub, lie-tub; Cinderella.

**lužnik,** *n.* (*bil.*) common oak.

**lužnja,** *vidi*: **luženje.**

**lužnjača,** *n.* bucking-cloth.

# Lj

ljaga, *n.* spot, stain, blot; infamy.
lječilište, *n.* medical establishment, hospital, sanitarium.
lječiv, *a.* curable.
lječivost, *n.* curability.
ljечništvo, *n,* medicine.
ljedžba, *n.* cure, medical treatment.
ljekar, *n.* physician, doctor.
ljekarija, *n.* medicine, drugs, medicament, remedy.
ljekarina, *n.* physician's-fee.
ljekarna, *n.* pharmacy, drug-store; chemist's-shop; dispensary.
ljekarnica, *vidi*: ljekarna.
ljekarnik, *n.* druggist, pharmacist, apothecary; dispenser.
ljekarništvo, *n.* pharmacy.
ljekarski, *a.* medical, medicinal, pharmaceutic.
ljekarstvo, *n.* medicine, pharmacy.
ljekovit, *a.* medicinal, curative, healthful.
ljekovito, *adv.* medicinally.
ljekovitost, *n.* sanative power (*ili*) virtue, wholesomeness, salutariness.
ljenarenje, *n.* inaction; idleness.
ljenariti (se), *v.* to idle, to lounge, to loaf.
ljenčariti, *vidi*: ljenariti (se).
ljenčina, *n.* lounger, idler, sluggard.
ljenguza, *vidi*: ljenčina.
ljeniv, *a.* lazy, idle, slothful, sluggish.
ljenivac, *n.* idler, lazy fellow, drone, lazy-bones, sluggard.
ljenivica, *vidi*: ljenivac.
ljepak, *n.* mistletoe; glue, paste, lime.
ljepenka, *n.* card-board, paste-board, carton.
ljepilac, *n.* gluer, paster.
ljepilo, *n.* glue, paste, gum, gluten.
ljepiv, *a.* sticky, viscous, glutinous, gluey.
ljepoglasan, *a.* sweet-sounding, euphonious, euphonic.
ljeporječiv, *a.* suave, fluent, eloquent.
ljepota, *n.* beauty, beautifulness, elegance, neatness, handsomeness.

ljepotica, *n.* beauty, belle, beautiful woman, charming woman.
ljepšanje, *n.* embellishment, decoration, beautification.
ljepšati, *v.* to beautify, to embellish, to adorn, to ornament, to decorate; (se), to become, to grow more beautiful, to improve in beauty.
ljepušast, *a.* pretty, neat, pleasing.
ljepušnost, *n.* prettiness, neatness.
ljesa, *n.* hurdle, screen, twist; plait, braid.
ljesica, *n.* wrist.
ljeskov, *a.* of hazel, hazel.
ljeskovača, *n.* hazel (-bush).
ljeskovina, *n.* hazel-wood.
ljestve, *n.* ladder, scale, step-ladder.
ljestvica, *n.* (*u glazbi*) gamut, scale, tone, solfa.
lješina, *n.* dead body, corpse, cadaver, carrion.
lješinar, *n.* carrion-kite.
lješnik, *n.* hazel-nut.
lješnjak, *vidi*: lješnik.
lještak, *n.* hazel (-tree).
lještarka, *n.* (*ptica*) hazel-hen.
ljeti, *adv.* in summer.
ljetina, *n.* harvest, crop, produce.
ljetište, *n.* summer-place (*ili*) resort.
ljetni, *a.* aestival.
ljetnik, *n.* feed, feeding-pipe, stand (*ili*) supply-pipe.
ljetnikovac, *n.* summer-residence, summer-house, villa.
ljeto, *n.* summer; (*godina*) year.
ljetopis, *n.* year-book, annals (*pl.*); chronicle.
ljetopisac, *n.* annalist; chronographer, historiographer.
ljetos, *adv.* this year, this season, this summer.
ljetoslavac, *n.* chronologer.
ljetošnji, *a.* of this summer, this year's.
ljetovalište, *n.* summer-resort.
ljetovanje, *n.* estivation, spending the summer, vacation.

**ljetovati,** *v.* to spend the summer, to summer.

**ljetovište,** *vidi:* **ljetište.**

**ljevač,** *n.* founder, melter; smelter (*of metal*); moulder (*of candles*).

**ljevak,** *n.* left-hander, left-handed person.

**ljevaka,** *vidi:* **ljevak.**

**ljevano željezo,** *n.* cast-iron.

**ljevaonica,** *n.* foundry, casting-house.

**ljevati,** *v.* to pour, to melt; (*kovinu*) to found, to cast.

**ljevica,** *n.* left hand.

**ljevoruk,** *a.* left-handed.

**ljevorukost,** *n.* left-handedness.

**ljiljak,** *n.* bat, flitter-mouse.

**ljiljan,** *n.* lily.

**ljohav,** *a.* sickly, ailing, poorly, weak, valetudinarian, feeble, infirm, languid, faint.

**ljos!** *interj.* bounce!

**ljosnuti,** *v.* to tumble, to fall.

**ljuba,** *n.* sweetheart, love, lady love, spouse.

**ljubac,** *n.* kiss, smack.

**ljubak,** *a.* lovely, charming, sweet, graceful, delightful, nice, genial, pleasant.

**ljubakanje,** *n.* flirtation, caressing, love-intrigue.

**ljubakati,** *v.* to caress, to fondle, to cherish, to blandish, to cajole, to flirt, to dally, to toy, to coquet.

**ljubav,** *n.* love, passion, affection, sympathy; (*prijateljstvo*) amity, friendship, kindness; (*usluga*) kindness, favor, courtesy.

**ljubavan,** *a.* full of love (*ili*) tenderness, loving, affectionate, amatory, erotic; — **pjesma,** madrigal, erotic; — **pismo,** love-letter.

**ljubavni,** *vidi:* **ljubavan.**

**ljubavnik,-ica,** *n.* lover, paramour, sweetheart, suitor.

**ljubazan,** *a.* dear, darling. loving, kind, charming, sociable, lovable; (*prijaleljski*) amicable, friendly; (*srdačan*) cordial.

**ljubaznica,** *n.* mistress, lady-love, sweetheart.

**ljubaznik,** *n.* lover, paramour.

**ljubaznost,** *n.* loveliness, charm, suavity.

**ljubezan,** *vidi:* **ljubazan.**

**ljubezno,** *adv.* affectionately, amiably.

**ljubežljiv,** *a.* full of love (*ili*) tenderness, loving, affectionate, kind.

**ljubežljivo,** *vidi:* **ljubezno.**

**ljubežljivost,** *n.* affection, comeliness, kindness; amiability, charm.

**ljubica,** *n.* (*bil.*) violet.

**ljubičast,** *a.* of a violet color, purple, violet-like, violaceous.

**ljubičica,** *n.* violet.

**ljubičina,** *n.* gilliflower, wall-flower.

**ljubičnjak,** *n.* (*dragi kamen*) amethyst.

**ljubidrag,** *n.* (*cvijet*) lark's-heel.

**ljubimac,** *n.* favorite; (*dijete*) darling child, pet; (*trava*) mignonette.

**ljubimče,** *n.* darling, favorite, fondling, pet.

**ljubimni,** *vidi:* **ljubezan.**

**ljubitelj,** *n.* lover, friend, admirer; amateur.

**ljubiteljica,** *vidi:* **ljubitelj.**

**ljubiti,** *v.* (*grliti*) to love; to admire, to idolize; (*grliti*) to embrace, to hug; (*poljubiti*) to kiss.

**ljubljen,** *a.* beloved, loved.

**ljubljenje,** *n.* loving, caressing, kissing; billing and cooing.

**ljubomor,** *n.* jealousy.

**ljubomoran,** *a.* jealous.

**ljubomorno,** *adv.* jealously.

**ljubomornost,** *n.* jealousy.

**ljubopitan,** *a.* curious, inquisitive.

**ljubopitno,** *adv.* curiously, inquisitively.

**ljubopitnost,** *n.* inquisitiveness, curiosity.

**ljuborodan,** *a.* loving, charitable, kind, sweet-natured, sweet, gracious, affectionate, obliging.

**ljubovca,** *n.* sweetheart, mistress, lady-love.

**ljubovnik,** *vidi:* **ljubavnik.**

**ljućavina,** *n.* heart-burn.

**ljućenje,** *n.* anger, wrath, rage.

**ljudeskara,** *n.* giant, a big man.

**ljudi,** *n.* men, people, mankind, public, folks.

**ljudina,** *vidi:* **ljudeskara.**

**ljudište,** *n.* monster, barbarian.

**ljudokradica,** *n.* kidnapper.

**ljudovlađa,** *n.* republic.

**ljudožder,** *n.* cannibal, man-eater, anthropophagi, ogre.

**ljudožderka,** *n.* ogress.

**ljudožderstvo,** *n.* cannibalism, anthropophagy.

**ljudski**, *a.* human, popular, manlike; (*pristojan*) becoming, suitable, proper; — *adv.* humanly, humanely.

**ljudstvo**, *n.* (*mnoštvo ljudi*) mob, multitude; (*rod ljudski*) people, population, humanity, mankind.

**ljulj**, *n.* tare; (*bil.*) darnel.

**ljuljačka**, *n.* swing.

**ljuljajka**, *n.* swing; see-saw.

**ljuljajući**, *a.* wavy; rocking, swinging; — **stolac**, rocking-chair.

**ljuljanka**, *n.* (*pjesma*) lullaby.

**ljuljanje**, *n.* swinging, rocking undulation.

**ljuljaška**, *n.* swing, see-saw, foot-stool, cradle, rocker.

**ljuljati (se)**, *v.* to swing, to rock, to oscillate, to quake, to balance, to totter.

**ljuljuškati**, *vidi*: **ljuljati**.

**ljupina**, *n.* (*ploda*) skin, paring, peel, shell.

**ljupko**, *adv.* agreeably, graciously, kindly, gracefully.

**ljupkost**, *n.* loveliness, amiableness, sweetness, charm, grace.

**ljuska**, *n.* shell, peel, scale, lamella, bark, rind.

**ljuskav**, *a.* scaly, lamellated, scaled, hully, shelly.

**ljuskavac**, *n.* crustaceous animal.

**ljuskavost**, *n.* scaliness.

**ljusnuti**, *vidi*: **ljosnuti**.

**ljuštenje**, *n.* paring, husking, peeling.

**ljuštika**, *n.* corn-straw.

**ljuštiti**, *v.* to peel, to pare, to scrape, to scale; (*drveće*) to bark; (*grašak*) to shell, to husk; (*jabuke*) to pare; (*naranče*) to peel.

**ljuštura**, *n.* (*riba*) mussel-shell.

**ljušturaš**, *n.* pinnotheress.

**ljut**, *a.* (*srdit*) angry, displeased, vexed, wild, vehement, violent; (*gorak*) bitter; grievous; acrid; tart, sour; peppery, acerb, sharp.

**ljutac**, *n.* hard stone.

**ljutica**, *n.* (*žena*) ill-natured, peevish, cross woman; (*zmija*) viper, adder.

**ljutika**, *n.* onion; bulb, rocambole, scallion.

**ljutina**, *n.* wrath, anger, ire; ill-humor, discontent, indignation, displeasure; fury, rage, violence; (*gorkost*) bitterness.

**ljutit**, *a.* angry, wrathful, bitter.

**ljutiti**, *v.* to make angry, to vex; (**se**) to be angry (*ili*) wrathful, to fly into a passion, to rail against, to be indignant.

**ljutito**, *adv.* truculently, venomously, wrathfully, angrily.

**ljutitost**, *vidi*: **ljutina**.

**ljuto**, *adv.* sharply, bitterly; impetuously, ardently, violently, vehemently; exceedingly, very much, mightily.

**ljutost**, *vidi*: **ljutina**.

# M

**ma,** *conj.* but, why; **ma kako,** however, howsoever; **ma koji,** any, whatever, whatsoever.

**maca,** *n.* young (*ili*) little cat, kitten; puss, pussy; (*bil.*) catkin, cattail, ament, gosling.

**macan,** *n.* male-cat, he-cat, tom-cat.

**macast,** *a.* cat-like; feline.

**Macedonac,** *n.* Macedonian.

**Macedonija,** *n.* Macedonia.

**macedonski,** *a.* Macedonian.

**maciti (se),** *v.* to kitten, to litter.

**macko,** *n.* wooden horse; (*violin's*) bridge; easel; buttress.

**mač,** *n.* sword.

**mačak,** *n.* cat, tom-cat.

**mače,** *n.* young (*ili*) little cat, kitten, pussy.

**mačevalac,** *n.* swordsman, fencer.

**mačevanje,** *n.* fencing.

**mačevati,** *v.* to fence.

**mačica,** *vidi:* **maca.**

**mačić,** *n.* (*bil.*) iris.

**mačji,** *a.* cat's, catlike

**mačka,** *n.* cat; **divlja —,** wild-cat, mountain cat; **pitoma —,** domestic cat.

**mačkica,** *vidi:* **maca.**

**mačkovina,** *n.* sallow.

**mačovanje,** *vidi:* **mačevanje.**

**mačovati,** *vidi:* **mačevati.**

**mačuga,** *n.* stick, cudgel.

**mačurana,** *n.* (*bil.*) marjoram, sweet milfoil.

**maćeha,** *n.* step-mother; (*bil.*) heart's ease, pansy.

**mačehinski,** *a.* step-motherly.

**maći,** *v.* to move, to stir, to agitate, to displace, to transpose; (**se**) to move, to stir oneself, to bestir oneself.

**maćuha,** *n.* (*cvijetak*) pansy, heart's ease, love-in-idleness; — *vidi:* **maćeha.**

**maćuhica,** *vidi:* **maćeha** (*bil.*).

**madež,** *n.* mother spot, mole, mark, sign.

**madrac,** *n.* mattress.

**Madžar,** *n.* Hungarian.

**Madžarska,** *n.* Hungary.

**madžarski,** *a.* Hungarian.

**madžun,** *n.* electuary.

**mađupac,** *n.* man (-cook).

**mađupak,** *n.* gipsy (*woman, boy, girl*).

**mađupče,** *n.* young gipsy.

**mađupka,** *n.* gipsy-woman.

**mađupnica,** *n.* cloister — (*ili*) convent-kitchen.

**mag,** *n.* Magian.

**magarac,** *n.* ass, donkey, jackass; **divlji —,** wild-ass.

**magarčiti se,** *v.* to act as a donkey.

**magare,** *n.* young donkey, ass, she-ass.

**magareći,** *a.* asine, ass-like; stupid.

**magarica,** *n.* she-ass.

**magarština,** *n.* gross ignorance, gross blunder.

**magaza,** *vidi:* **magazin.**

**magazadžija,** *n.* tradesman, dealer, trader, shopkeeper, merchant.

**magazin,** *n.* magazine, ware-house; store-house, emporium, repository.

**magazinovina,** *n.* storage.

**magički,** *a.* magical.

**maginja,** *n.* (*bil.*) arbute-berry

**magistrat,** *n.* magistrate; town-council.

**magla,** *n.* fog, mist.

**magliti,** *v.* to befog, to become misty.

**maglovit,** *a.* foggy, misty; nebulous, cloudy, gloomy.

**maglovito,** *adv.* foggily.

**maglovitost,** *n.* fogginess, mistiness.

**magluština,** *n.* thick fog.

**magnet,** *n.* magnet, loadstone.

**magnetičan,** *a.* magnetic.

**magnetizam,** *n.* magnetism.

**magnetizovati,** *v.* to magnetize.

**magnezij,** *n.* magnesium.

**magnezija,** *n.* magnesia.

**mah,** *n.* pull, motion, movement; jiffy, swing, jerk, stroke.

**mahač,** *n.* fan, flapper.

**mahagovina,** *n.* (*drvo*) mahogany.
**mahala,** *n.* quarter, ward, section.
**mahalica,** *n.* fan; tuft, brush.
**mahanica,** *n.* tread-spindle.
**mahanje,** *n.* swinging, swing, waving.
**mahati,** *v.* to wave, to swing, to oscillate, to ventilate.
**mahina,** *n.* machine, engine.
**mahnit,** *a.* mad, foolish, imprudent, senseless, crazy, frantic.
**mahnitalac,** *n.* fool, madman, dolt, blockhead.
**mahnitaš,** *vidi*: **mahnitalac.**
**mahnitati,** *v.* to rave, to rage, to bluster; to storm, to brawl, to be in a fury (*ili*) rage.
**mahnitost,** *n.* raving, madness, delirium; fury, frenzy.
**mahnuti,** *v.* to brandish, to swing, to fan, to winnow, wave.
**mahom,** *adv.* firmly, steadily, forthwith, at once, immediately, instantly, speedily.
**mahovina,** *n.* moss.
**mahovinast,** *a.* mossy.
**mahovnjak,** *n.* moss-deer.
**mahrama,** *n.* little handkerchief; cloth.
**mahuna,** *n.* pod, shell, husk.
**mahunast,** *a.* husked, leguminous, shelly.
**mahunati se,** *v.* to become shelly (*ili*) husked.
**maj,** *n.* May.
**maja,** *n.* barm, yeast, leaven; (*majčica*) motherkin, beloved mother.
**majčica,** *n.* motherkin, beloved mother.
**majčin,** *a.* motherly, maternal.
**majdan,** *n.* mining, mine.
**majde,** *adv.* certainly, no doubt.
**majdonos,** *n.* (*bil.*) parsley.
**majevica,** *n.* May-drink.
**majka,** *n.* mother, ma.
**majmun,** *n.* ape, monkey.
**majmunast,** *a.* apish.
**majmunče,** *n.* young monkey.
**majmunica,** *n.* ape.
**majmunisati,** *v.* to ape, to mimic; to copy, to imitate.
**majmunski,** *a.* apish.
**majolika,** *n.* majolica (-ware).
**major,** *n.* major.
**majstor,** *n.* master, mechanic, artisan, craftsman.

**majstorica,** *n.* mistress, landlady; governess; chief, head.
**majstorija,** *n.* art, skill, master-piece; handicraft, trade, artifice; craft, stratagem.
**majstorije,** *n.* tricks (*pl.*).
**majstorski,** *a.* masterly, masterful; (*savršen*) complete, perfect, finished; — djelo, masterpiece.
**majstorstvo,** *n.* mastery, perfection, craftsmanship.
**majulika,** *vidi*: **majolika.**
**majur,** *n.* farm, homestead, dairy.
**majurdžija,** *n.* farmer, dairyman.
**majurica,** *n.* farmer's wife, dairywoman.
**majušan,** *a.* little, small, exiguous, microscopic, teeny.
**majušnost,** *n.* littleness, pettiness.
**mak,** *n.* poppy, papaver.
**makac,** *n.* move, motion, movement, impulse.
**makalj,** *n.* jerk, fillip, flirt; spring, trigger.
**makar,** *conj.* even, even if, although.
**makare,** *n.* scaffold; stage, scaffolding, preparation, fuss; display.
**makaroni,** *n.* macaroni.
**makazar,** *n.* scissor, shear (*ili*) knife-grinder.
**makaze,** *n.* scissors; shears.
**makazice,** *n.* little scissors.
**maklja,** *n.* scraping-knife, scraper, rasper.
**makljati,** *v.* to shave, to scrape, to scratch, to grate.
**makljen,** *n.* (*bil.*) common (*ili*) lesser maple.
**makljiti,** *v.* to scrape, to rub.
**maknuti,** *v.* to move; to stir; to induce, to push, to budge, to proceed; to displace, to transpose.
**makov,** *n.* of poppy, papaverous.
**makovača,** *n.* cake strewed with poppy-seed, poppy-cake.
**makovište,** *n.* poppy-field.
**makovnjača,** *vidi*: **makovača.**
**mal,** *n.*-power, means, faculty; (*dobro*) property, fortune, means, wealth.
**malahan,** *a.* little, small, petty, diminutive.
**malaksalost,** *n.* weakness, feebleness, infirmity, exhaustion, fatigue, faintness, prostration.
**malaksanje,** *vidi*: **malaksalost.**

**malaksati,** *v.* to grow weak, to grow tired, to languish, to yield, to tire; to quail, to fatigue, to weaken.

**malaksavati,** *vidi:* **malaksati.**

**malarija,** *n.* malaria.

**malati,** *vidi:* **slikati.**

**malčice,** *vidi:* **malo.**

**malen,** *a.* little, small, petty, diminutive, trifling.

**malenica,** *n.* mill, windmill.

**malenkost,** *n.* small matter, trifle, detail, littleness, smallness, insignificance.

**malešan,** *vidi:* **malahan.**

**mali,** *vidi:* **malen.**

**malim,** *adv.* soon, shortly; nearly, almost.

**malina,** *n.* raspberry.

**malinovača,** *n.* raspberry-wine.

**malinovina,** *n.* raspberry-juice.

**mališ,** *n.* little boy, little-girl.

**maliti,** *v.* to diminish, to lessen, to reduce, to belittle.

**malko,** *adv.* little, few, some.

**malo,** *adv.* little, few, some, slightly, shortly, almost; — **kad,** seldom; — **ne,** almost; — **po malo,** gradually; — **poslije,** little after; — **prije,** little before, a while ago; — **zatim,** soon after.

**malobraćanin,** *n.* Franciscan.

**malobrojan,** *a.* little; few; some, scanty, of small number.

**malobrojnost,** *n.* small number, fewness, scarcity, scantiness.

**maloća,** *n.* littleness, small matter, trifle, detail, small number (*ili*) quantity, paucity.

**malodoban,** *a.* minor, under age.

**malodobnik,** *n.* minor, infant.

**malodobnost,** *n.* minority; nonage, infancy, under age.

**malodušan,** *a.* pusillanimous, fainthearted, dispirited, discouraged, despondent, spiritless.

**malodušnost,** *n.* pusillanimity, discouragement, despondency, faintheartedness, timidity; cowardice, cowardliness.

**malogradski,** *a.* provincial, countrified.

**malograđanin,** *n.* provincial, country-cousin, inhabitant of small town.

**maloljetan,** *a.* minor, under age.

**maloljetnik,** *vidi:* **malodobnik.**

**maloljetnost,** *n.* minority, nonage, under age.

**malomaran,** *a.* perfunctory.

**malomarnost,** *n.* perfunctoriness.

**maloprešnji,** *a.* new, recent, fresh.

**malosrčan,** *vidi:* **malodušan.**

**malosrčnost,** *vidi:* **malodušnost.**

**malotrajan,** *a.* of short duration, transient.

**malouman,** *a.* weakminded, feebleminded, silly, limited.

**maloumnik,** *n.* weakminded person.

**maloumnost,** *n.* weakmindedness, imbecility.

**malouvažavati,** *v.* to disregard, to despise, to undervalue.

**malovažan,** *a.* of little importance, insignificant, trifling.

**malovažnost,** *n.* little importance, insignificance.

**malovječan,** *a.* of short duration.

**malovječnost,** *n.* short duration.

**malovjeran,** *a.* of little faith, weak in faith, faint-hearted.

**malovjernost,** *n.* faint-heartedness, weak faith, little faith.

**malovrijedan,** *a.* of little value (*ili*) use, trivial, wretched, wicked, infamous.

**malovrijednost,** *n.* worthlessness; infamy; frivolity.

**malta,** *n.* custom, import-duty, toll, tollage.

**maltar,** *n.* tollman, toller.

**maltarina,** *vidi:* **malta.**

**malvazija,** *n.* malmsey.

**malj,** *n.* hammer, mallet.

**maljav,** *a.* downy.

**malje,** *n.* down.

**maljenica,** *n.* pigmy, dwarf, hop-o'-my — thumb, nipper.

**maljic(ć),** *n.* little hammer (*ili*) mallet.

**maljica,** *n.* mallet, mall.

**maljo,** *vidi:* **maljenica.**

**maljuga,** *n.* battledoor; beetle.

**mama,** *n.* mama, mother; (*mamljenje*) alluring, enticement, bait, lure.

**mamac,** *n.* bait, lure; decoy-bird.

**mamen,** *a.* stunned, mad, raging.

**mamica,** *n.* motherkin.

**mamilac,** *vidi:* **mamac.**

**mamiti,** *v.* to attract, to allure, to entice; to bait, to decoy.

**mamlaz,** *n.* blockhead, dunce.

**mamljenje,** *n.* allurement, enticement; bait.

**mamljiv,** *a.* attractive, alluring, seductive.

**mamuran,** *a.* dizzy, drowsy, giddy, inebriated, intoxicated, fuddled.

**mamurluk,** *n.* crapulence, dizziness, drowsiness.

**mamurnost,** *vidi:* **mamurluk.**

**mamut,** *n.* mammoth.

**mamuza,** *n.* (*ostruga*) spur.

**mamuzar,** *n.* spur-maker, spurier.

**mamuzati,** *v.* to spur, to furnish with spurs.

**mamuznica,** *n.* spur-strap.

**mana,** *n.* fault, imperfection, vice, defect, failing, error, sin; (*tjelesna*) infirmity, defect.

**manastir,** *n.* cloister, monastery, convent.

**manastirski,** *a.* cloisteral, claustral; monastic, monasterial, conventual, cenobitic.

**mandal,** *n.* bar of a gate.

**Mandarin,** *n.* (*kineski prvak*) Mandarin.

**mandat,** *n.* mandate.

**mandolina,** *n.* mandolin.

**mandra,** *n.* Swiss dąiry.

**mandula,** *n.* almond.

**manevrovanje,** *n.* maneµver, maneuvering; artifice.

**manevrovati,** *v.* to maneuver, to intrigue.

**mani,** *a.* envious, invidious, grudging, jealous (*of*).

**manić,** *n.* (*riba*) eel-pout.

**manipul,** *n.* handful, bundle; (*u vojništvu*) company, ensign.

**manira,** *n.* manner.

**manisanje,** *n.* exposure, censure, criticism.

**manisati,** *v.* to criticize, to expose, to censure.

**manit,** *vidi:* **mahnit.**

**manitati,** *v.* to speak nonsense, to rave, to talk idly.

**maniti,** *v.* to leave alone, to forbear.

**manšete,** *n.* cuffs (*pl.*).

**mantija,** *n.* cassock, robe.

**manuti,** *vidi:* **mahnuti.**

**manj,** *adv.* except, excepted.

**manjak,** *n.* deficit, deficiency, wantage, shortage; diminution, decrease.

**manje,** *adv.* less, lesser; except, but.

**manji,** *a.* less, minor.

**manjičak,** *a.* damaged, defective, spoiled.

**manjina,** *n.* minority.

**manjiti,** *v.* to diminish, to lessen, to reduce; (**se**) to grow less, to decrease.

**manjkati,** *v.* to be mistaken, to be wrong, to be absent (*ili*) waiting.

**manjkav,** *a.* (*nesavršen*) imperfect; (*nepotpun*) unfinished, incomplete, defective.

**manjkavost,** *n.* (*nesavršenost*) imperfection; (*nepotpunost*) defect, defectiveness, incompleteness.

**manjo,** *n.* pigmy, dwarf, hop-o' mythumb, nipper.

**mapa,** *n.* map.

**mar,** *n.* care, solicitude, anxiety, assiduity, carefulness, intention.

**mara,** *n.* (*kukac*) lady-bird, anthobian.

**marama,** *n.* handkerchief, neckerchief, shawl, bandana.

**maramica,** *n.* handkerchief.

**maran,** *a.* active, industrious, assiduous, zealous, ardent, eager.

**maraz,** *n.* distemper of the mind, melancholy.

**marč,** *n.* March.

**marela,** *n.* apricot.

**margetan,** *n.* sutler, scullion.

**margrof,** *n.* margrave.

**margrofica,** *n.* margravine.

**margrofovija,** *n.* margraviate.

**marina,** *n.* muraena.

**mariti,** *v.* to care for, to mind, to concern.

**marka,** *n.* mark, token; **listovna —,** stamp, postage; (*novac*) Mark.

**markez,** *n.* marquis.

**markezica,** *n.* marquee, marchioness.

**marljiv,** *a.* diligent, studious, assiduous, busy, industrious.

**marljivo,** *adv.* diligently, studiously, assiduously, busily; (*često*) often, oft, frequently.

**marljivost,** *n.* application, diligence, assiduity, regular attendance, sedulousness, studiousness.

**Mars,** *n.* (*planet*) Mars.

**marš,** *n.* march, going, walk, journey.

**maršal,** *n.* marshal.

**marše,** *n.* (*domestic*) animal.

**marširati,** *v.* to step, to march along; to go in state.

**mart,** *n.* March.

**martoloz,** *n.* kidnapper, man-stealer.

**maruša,** *n.* (*ptica*) jay.

**marva,** *n.* beasts, animals, cattle, livestock.
**marveni,** *a.* cattle-like.
**marvinče,** *n.* beast, cattle.
**marvinski,** *a.* beastly, brutal, bestial, animal.
**masak,** *n.* mule, hinny.
**masan,** *vidi:* **mastan.**
**masat,** *n.* steel.
**masaža,** *n.* massage, shampoo.
**maser,** *n.* masseur.
**masivan,** *a.* massive.
**masivnost,** *n.* massiveness.
**maska,** *n.* mask, disguise.
**maskara,** *n.* masker, masquerade.
**masla,** *n.* extreme unction.
**maslac,** *n.* butter.
**maslačak,** *n.* (*bil.*) lion's tooth, dandelion, monk's head.
**maslen,** *a.* greasy, fat.
**maslenica,** *n.* butter-dish; butter-cooler; butter-box, butter-pot.
**maslenjak,** *vidi:* **maslenica.**
**maslić,** *n.* pint.
**maslina,** *n.* (*stablo*) olive-tree; (*plod*) olive.
**maslinast,** *a.* (*boja*) ˙olive-colored, olive-green, olivaceous.
**maslinica,** *n.* spurge-laurel, spurge-olive.
**maslinik,** *n.* olive-yard.
**maslinika,** *n.* olive.
**maslinov,** *a.* of olive; — **gora,** Mount Olivet; — **grana,** olive-branch, — **ulje,** olive-oil.
**maslinovica,** *n.* oleaster.
**maslo,** *n.* lard, butter (-drippings).
**masnica,** *n.* stripe, welt, lash.
**masnoća,** *n.* greasiness, fatness.
**mast,** *n.* fat, lard, grease; (*za mazanje rana itd.*) salve, ointment, liniment; (*boja*) color; (*boja lica*) complexion.
**mastan,** *a.* fat, greasy, oily, rich, unctuous, unguinous.
**mastika,** *n.* (*glatki prah*) earth-flax, striated gypsum; (*mošt*) must, unfermented-juice; (*od jabuka*) - cider; (*od krušaka*) perry.
**mastilac,** *n.* dyer, stainer.
**mastilo,** *n.* (*za pisati*) ink; (*za bojadisati*) tincture, dye, paint.
**mastionica,** *n.* inkstand, inkhorn.
**mastionik,** *n.* inkstand, inkhorn.
**mastiti,** *v.* to grease, to make greasy; (*bojadisati*) to paint, to color, to tinge; (*papir*) to stain.

**masulj,** *n.* grains, husks (*pl.*).
**maša,** *n.* fire-shovel, peel; (*misa*) mass.
**mašak,** *n.* particle of dust; mote, atom, (*paperje*) down.
**mašala,** *n.* flambeau, taper, torch, link; candlestick; firebrand; luminary.
**mašati se,** *v.* to grip, to grasp, to lay hold of, to catch, to seize, to take up, to reach, to grabble.
**mašče,** *n.* young mule; mold-warp.
**mašćenje,** *n.* anointing.
**mašice,** *n.* pincers, tongs; nippers, tweezers (*pl.*).
**mašina,** *n.* (*bil.*) mass; (*stroj*) machine; engine; machinery; (*na paru*) steam-engine; (*na elektriku*) electric-engine.
**mašinerija,** *n.* machinery.
**mašinista,** *n.* engineer, machinist.
**mašiti,** *v.* to throw, to cast, to fling; (*čitati misu*) to read a mass; (**se**) to seize, to lay hold of, to grasp, to catch, to reach.
**maška,** *n.* fan; (*batina*) stick; cane; staff; (*promašaj*) miss, failure, disappointment.
**maškara,** *n.* masker, masquerade.
**maškarada,** *n.* masquerade.
**mašlija,** *n.* neck-cloth, neck-tie, tie.
**mašljika,** *n.* euonymus.
**mašta,** *n.* imagination, fancy, invention, phantasy; (*glazbena*) phantasia.
**maštanje,** *n.* fancy, chimera, phantasy, imagination; (*glazbeno*) phantasia.
**maštati,** *v.* to fancy, to imagine; (*u bolesti*) to rave, to wander, to be delirious, (*glazbeno*) to play voluntaries, to improvise.
**matador,** *n.* matador (e).
**matematičan,** *a.* mathematical.
**matematičar,** *n.* mathematician.
**matematik,** *vidi:* **matematičar.**
**matematika,** *n.* mathematics (*pl.*).
**materica,** *n.* womb, uterus.
**materija,** *n.* matter, materials; body, subject; cause, reason.
**materijalan,** *a.* material; corporeal.
**materijalista,** *n.* materialist.
**materijalističan,** *a.* materialistic.
**materijalizam,** *n.* materialism.
**materijalnost,** *n.* materiality.
**materinski,** *a.* motherly, maternal; — **jezik,** mothertongue, vernacular.

**materinstvo,** *n.* motherhood, maternity; (*imanje materinsko*) patrimony.

**maternica,** *n.* womb, uterus; (*bolest*) hysteria; hysterics.

**materničav,** *a.* hysteric.

**materoubojica,** *n.* matricide.

**materoubojstvo,** *n.* matricide.

**mati,** *n.* mother, ma.

**matica,** *n.* (*pčela*) queen-bee; (*rijeke*) bed (*of a river*), current; (*popis*) matriculation, matriculation-book, register, record; (*izgovornik, original*) original; — **upisati u maticu,** to matriculate, to register.

**matičnjak,** *n.* cell (*of a queen-bee*); (*bil.*) melissa, balm, balmint.

**mator,** *a.* old, ancient, aged; infirm, frail, weak.

**matorac,** *n.* old man.

**matorina,** *n.* old woman.

**matoriti,** *v.* to grow old, to make one old; to become obsolete, to become out of fashion.

**matornjak,** *n.* old person, animal, etc.

**matovilac,** *n.* (*bil.*) prickly lettuce; corn-valerian.

**matrona,** *n.* matron.

**mauk,** *vidi:* **maukanje.**

**maukanje,** *n.* mewing, caterwauling.

**maukati,** *v.* to mew.

**mauknuti,** *vidi:* **maukati.**

**mauna,** *vidi:* **mahuna.**

**maven,** *a.* blue.

**mavi,** *vidi:* **maven.**

**maviš,** *n.* (*poslastica*) snow-balls.

**maz,** *n.* salve, ointment, grease; varnish.

**maza,** *n.* milksop, tenderling, fondling, effeminate person, pet.

**mazalo,** *n.* smearer, dauber, scribbler.

**mazaljka,** *n.* (*paleta*) pallet; paste.

**mazanje,** *n.* smearing, greasing spreading; rub, massage; soiling, daub; scrawl, bungling.

**mazati,** *v.* to smear, to grease, to daub, to anoint; (*mrtvo tijelo*) to embalm; (*zaprljati*) to soil, to get dirty; (*maslac*) to spread; (*tući*) to thrash, to cudgel.

**mazga,** *n.* she-mule.

**mazgal (a),** *n.* loop-hole, crowbar.

**mazgalija,** *n.* nonsense.

**mazgar,** *n.* muleteer.

**mazgov,** *n.* hinny, mule.

**mazija,** *n.* steel, ordeal; trial by fire, fire-ordeal; fiery trial.

**maziti (se),** *v.* to caress, to fondle, to fawn upon, to pat, to indulge, to flatter.

**mazlica,** *n.* flattery, adulation.

**mazno,** *adv.* flatteringly, courteously.

**maznuti,** *v.* (*udariti*) to strike, to hit.

**mazurka,** *n.* (*ples*) mazurka.

**maža,** *n.* quintal, hundredweight.

**maženje,** *n.* coddling, effeminacy; spoiling, pampering.

**mažurana,** *n.* marjoram, origan.

**mažuranka,** *vidi:* **mažurana.**

**me, mene,** *pron.* me.

**mečanje,** *n.* bleating of sheep.

**mečati,** *v.* to bleat, to low.

**meče,** *n.* bear's cub.

**mečet,** *n.* mosque.

**mečiti,** *v.* to press, to squeeze; to urge, to hasten; to importune, to harass.

**mečka,** *n.* she-bear.

**meća,** *n.* compound.

**mećajica,** *n.* stirring-pole.

**mećava,** *n.* snow-storm.

**mećavica,** *vidi:* **mećajica.**

**med,** *prep. vidi:* **među;** — *n.* honey.

**medalja,** *n.* medal.

**medaljon,** *n.* medallion, locket.

**medan,** *a.* honeyed, sweet as honey, mellifluent.

**medar,** *n.* honey-dealer.

**medarica,** *n.* (*pčela*) honey-bee.

**meden,** *a.* sweet as honey, honeyed, mellifluent.

**medenjak,** *n.* ginger-bread; honeycomb.

**medica,** *n.* mead, hydromel, metheglin.

**medicina,** *n.* medicine.

**medicinski,** *a.* medical.

**medig,** *n.* physician, doctor, medical man; surgeon.

**medij,** *n.* medium.

**mediti,** *v.* to sweeten with honey.

**medjed,** *n.* bear; — **sjeverni,** polarbear.

**medjedica,** *n.* she-bear.

**medjedina,** *n.* bear-skin.

**medjeđi,** *a.* of (*ili*) belonging to a bear.

**medljika,** *n.* honey-dew, melligo, mildew.

**medni,** *a.* sweet as honey, honeyed.

**mednik,** *n.* (*u cvijetu*) nectary.

**medo,** *n.* bear.

**medonosan,** *a.* melliferous.
**medovina,** *vidi:* **medica.**
**medovitost,** *n.* mellifluence.
**medun,** *n.* (*bil.*) pomegranate; (*drvo*) pomegranate-tree.
**medved,** *vidi:* **medjed.**
**medvjed,** *vidi:* **medjed.**
**medvjedica,** *vidi:* **medjedica.**
**medvjedina,** *vidi:* **medjedina.**
**međa,** *n.* border, limit, extremity, frontier.
**međaš,** *n.* (*susjed*) neighbor, borderer; (*kamen*) boundary-stone, landmark; border-land.
**međašenje,** *n.* adjacency, contiguity, border.
**međašiti,** *v.* to bound, to limit, to confine; to border, to neighbor.
**međer,** *adv.* consequently, therefore, thus, so.
**međik,** *n.* boundary-stone, land-mark.
**međiti,** *v.* to limit, to restrain, to bound, to confine.
**među,** *prep.* between, among, during, thereunder; among them, between them.
**međučin,** *n.* interact, intermission.
**međudržavna trgovina,** *n.* interstate commerce.
**međuigra,** *n.* interact, interlude, intermission.
**međukosni,** *a.* interosseous.
**međukrovlje,** *n.* steerage.
**međunarodan,** *a.* international.
**međunarodnost,** *n.* internationalism.
**međuprostor,** *n.* space, spacing, intermedium, interspace.
**međuredni,** *a.* interlinear.
**međusoban,** *a.* reciprocal, mutual.
**međusobno,** *adv.* mutually.
**međutim,** *adv.* in the meanwhile, (*ili*) meantime; meanwhile.
**međutiman,** *a.* provisional, temporary.
**međuvrijeme,** *n.* meantime, interlapse.
**međuzemski,** *a.* inland, midland; interior, internal.
**megdan,** *vidi:* **mejdan.**
**megdandžija,** *n.* combatant.
**mehak,** *vidi:* **mek.**
**mehana,** *n.* inn, tavern, public-house.
**mehandžija,** *n.* inn-keeper; landlord.
**mejdan,** *n.*. duel, single combat; — **dijeliti,** to combat.

**mejdandžija,** *n.* combatant, duelist; champion.
**mek,** *a.* soft, mellow; tender (-hearted), delicate; frail; smooth; gentle, lenient; mild.
**meka,** *n.* bleating; (*mamac*) bait, lure, decoy; corrosion.
**mekač,** *n.* flesh (without bones).
**mekan,** *vidi:* **mek.**
**mekaničan,** *a.* mechanical.
**mekaničar,** *n.* mechanist, mechanic.
**mekanika,** *n.* mechanics (*pl.*).
**mekanizam,** *n.* mechanism.
**mekano,** *adv.* softly.
**mekanost,** *n.* softness, tenderness, mildness.
**meketanje,** *n.* bleat, bleating.
**meketati,** *v.* to bleat.
**mekinjav,** *a.* branny.
**mekinje,** *n.* bran.
**meknuti,** *v.* to become soft, to grow tender, to grow effeminate.
**mekoća,** *n.* softness, mellowness, weakness.
**mekoput,** *vidi:* **mekoputan.**
**mekoputan,** *a.* soft, tender, tame-spirited; effeminate, unmanly; womanish, womanlike.
**mekoputnost,** *n.* softness; effeminacy.
**mekosrčan,** *a.* soft-hearted.
**mekost,** *vidi:* **mekoća.**
**mekota,** *vidi:* **mekoća.**
**Meksikanac,** *n.* Mexican.
**meksikanski,** *a.* Mexican.
**Meksiko,** *n.* Mexico.
**mekšanje,** *n.* softening, mollifying.
**mekšati,** *v.* to soften, to mollify, to enervate, to effeminate; (**se**) to grow tender, to grow effeminate.
**mekšina,** *n.* softness; weakness.
**mekterbaša,** *n.* chapel-master, musical director.
**mekterin,** *n.* musician.
**mekušac,** *n.* mollusk, shell-fish; (*čovjek*) delicate, effeminate (*ili*) tender fellow.
**mekušnost,** *vidi:* **mekoputnost.**
**mela,** *n.* mistletoe.
**melankoličan,** *a.* melancholic.
**melankolija,** *n.* melancholia, melancholy.
**melaš,** *n.* missel-thrush (*ili*) -bird.
**melem,** *n.* plaster, vulnerary salve, balsam, balm.
**melez,** *n.* hybrid, mongrel, hermaphrodite, mulatto.

**melodičan,** *a.* melodious, tunable, dulcet, sweet.
**melodija,** *n.* melody, tune.
**melun,** *n.* devil, hobgoblin; gnome.
**melja,** *n.* meal, flour.
**meljati,** *v.* to chew.
**meljava,** *n.* meal, flour.
**meljaviti,** *v.* to chew, to masticate, to mince.
**meljivo,** *vidi:* **meljava.**
**membrana,** *n.* membrane.
**memla,** *n.* mouldiness, humidity, moisture, dampness, mould, mustiness.
**memorandum,** *n.* memorandum.
**mendele,** *n.* press.
**mendula,** *vidi:* **mandula.**
**menduše,** *n.* ear-drop, drop, pendant, bob.
**mene,** *pron.* me; myself.
**menežarija,** *n.* menagerie.
**meni,** *pron.* to me, of me.
**mentovati,** *v.* to rob, to deprive; to lose, to lack, to be without.
**merdevine,** *n.* ladder.
**merdžan,** *n.* coral.
**merdivine,** *vidi:* **merdevine.**
**meridijan,** *n.* meridian.
**meridijanski,** *a.* meridional.
**Merkur,** *n.* (*planet*) Mercury.
**merlin,** *n.* carrot.
**mermer,** *n.* marble.
**mermerli,** *a.* marble.
**merov,** *n.* a small dry-measure, peck.
**mesan,** *a.* of flesh, fleshy, carneous.
**mesar,** *n.* butcher, meat-dealer; slaughterer.
**mesarenje,** *n.* butchering, carnage.
**mesarna,** *vidi:* **mesarnica.**
**mesarnica,** *n.* butcher-shop, meat-market, butcherey.
**mesarski,** *a.* butcherly.
**mesat,** *vidi:* **mesan.**
**meselj,** *n.* pint.
**Mesija,** *n.* Messiah.
**mesnat,** *n.* fleshy, of flesh, carneous.
**mesnatica,** *n.* sausage.
**mesnatost,** *n.* fleshiness; (*voća*) pulpiness.
**mesojede,** *n.* carnival, shrove-tide.
**mesopust,** *vidi:* **mesojede.**
**mesožder,** *n.* carnivorous animal, zoophagan.
**mesti,** *v.* to sweep; (*miješati*) to beat up (*eggs with the broth, etc.*), to stir. to mix.

**mestičav,** *a.* spotted, stained, speckled.
**mešćema,** *n.* seat (*ili*) bench of a judge.
**mešetar,** *n.* broker, agent.
**mešetarija,** *n.* brokerage, courtage.
**mešetariti,** *v.* to transact business as a broker, to act the broker, to broke, to job.
**mešnjača,** *n.* meat pudding, sausage.
**meštar,** *n.* master, owner, ruler, instructor, director, teacher; craftsman.
**meštrija,** *n.* mastership, eminent skill; art, craft, profession, trade; (*alat, oruđe*) instruments, tools, apparatus (*pl.*).
**meta,** *n.* aim, butt; goal; term, end.
**metafora,** *n.* metaphor.
**metaforičan,** *a.* metaphoric.
**metak,** *n.* cannon-shot, shot.
**metal,** *n.* metal.
**metalan,** *a.* metallic.
**metalurgija,** *n.* metallurgy.
**metamorfoza,** *n.* metamorphosis.
**metanj,** *n.* shot; charge; (*u bil.*) shoot.
**metar,** *n.* meter.
**metati,** *v.* to put, to set, to lay, to place, to put on; to deposit, to dispose, to rank; (*bacati*) to throw (*away, out, down*), to cast, to hurl, to shoot, to fling; (*iz puške*) to discharge, to fire, to pull; (*ulagati*) to deposit.
**metej,** *n.* region, country; quarter, part, frontier, boundary.
**meteljka,** *n.* (*bil.*) lucern (-grass), Burgundian hay.
**metenje,** *n.* sweeping.
**meteor,** *n.* meteor.
**meteorolog,** *n.* meteorologist.
**meteorologija,** *n.* meteorology.
**meteorološki,** *a.* meteorological.
**meteorski,** *a.* meteoric; — **kamen,** meteorite.
**meteriz,** *n.* ambush, ambuscade; reserve, body of reserve.
**meteriziti,** *v.* to protect with sconces, (*ili*) earth-works; to intrench, to fortify, to retrench, to barricade, to barrier.
**metež,** *n.* disorder, irregularity, confusion, tumult, bustle, riot, chaos, uproar.
**metilj,** *n.* liver-fluke, maggot of sheep.
**metla,** *n.* broom, besom.

**metlar,** *n.* broom-maker.
**metlast,** *a.* scopiform.
**metlica,** *n.* little broom, brush; (*bil.*) panicle.
**metlicast,** *a.* paniculate.
**metlika,** *n.* wild-mint, tamarish.
**metlovina,** *n.* broom; mug-wort; sweet weed.
**metnuti,** *v.* to put, to set, to lay, to place, to put on, to deposit.
**metoda,** *n.* method, orderliness.
**metodičan,** *a.* methodic.
**metonomija,** *n.* metonymy.
**metopir,** *n.* butterfly.
**metričan,** *a.* metric (al).
**metropola,** *n.* metropolis.
**metropolitanski,** *a.* metropolitan.
**metulj,** *n.* night-fly; moth; butterfly.
**metva,** *n.* (*bil.*) mint, peppermint.
**mezanin,** *n.* mezzanine.
**meze,** *n.* small repast between meals, lunch (eon), snack; sop.
**mezetiti,** *v.* to bite, to eat.
**mezga,** *n.* sap, juice of trees, lymph.
**mezgra,** *vidi*: **mezga.**
**mezgrovni,** *a.* lymphatic.
**mezgrovnica,** *n.* lymphatic gland.
**mezildžija,** *n.* keeper of post-houses; postmaster.
**mezilina,** *n.* post-house.
**mezimac,** *n.* darling, favorite, fondling, minion, pet.
**mezimica,** *vidi*: **mezimac.**
**mežnjar,** *n.* sexton.
**mi,** *pron.* we; (*meni*) to me.
**mica,** *n.* boil, bump, bruise, swelling, tumor.
**micanje,** *n.* motion, movement; emotion; shifting.
**micati,** *v.* to move, to stir; to displace, to transpose, to misplace; (**se**) to march, to walk, to go on foot, to come (*ili*) go forward.
**micina,** *n.* hump, bump, protuberance, bruise, swelling, tumor; pride, vanity.
**mića,** *n.* match, wick, link; tinder.
**mićenje,** *n.* bribery, graft.
**mig,** *n.* sign, nod, wink; suggestion; memento.
**miganje,** *n.* nodding, winking.
**migati,** *v.* to make a sign to, to beckon to, to nod; (*sa očima*) to wink, (*s rukom*) to beckon.
**migavac,** *n.* shrew (-mouse).
**migavica,** *n.* winking membrane

**mignuti,** *v.* to beckon, to nod at, to make a sign to, to wink, to motion.
**migoljiti,** *v.* to move, to stir.
**mihača,** *n.* horn-fish, skipper.
**Miholjdan,** *n.* Michaelmas.
**mijauk,** *n.* mew.
**mijaukati,** *v.* to mew.
**mijeh,** *n.* bellows, leather-bottle.
**mijena,** *n.* change, vicissitude, exchange; bill of exchange; (*mjeseca*) lunation, phase, new moon; phasis.
**mijenjanje,** *n.* change, exchange; barter, interchange; alteration, permutation.
**mijenjati (se),** *v.* to change, to exchange; to alter; to barter; to reciprocate; (*prenačiniti*) to modify.
**mijesiti,** *v.* to knead.
**miješalac,** *n.* mixer; (*karata*) shuffler, dealer.
**miješanje,** *n.* mixing, mixture, blending; mingling; (*karata*) shuffling.
**miješati,** *v.* to mix, to blend; (*karte*) to shuffle; (**se**) to meddle (*with*), to interfere (*in*); (*družiti se*) to associate.
**miješavina,** *n.* mixture.
**miješnice,** *n.* bag-pipe, doodle-sack.
**mijolj,** *n.* (*work-*) bench, board.
**Mikado,** *n.* (*naslov japanskoga kralja*) Mikado.
**mikrob,** *n.* microbe.
**mikroskop,** *n.* microscope.
**mikroskopski,** *a.* microscopic.
**milac,** *vidi*: **miljak.**
**milani,** *a.* dear, fond, amiable; lovely, pleasant.
**milati se,** *v.* to be prominent, to project, to protuberate.
**milen (i),** *a.* gracious, pleasant, elegant, favorable, benevolent; charming, delightful, dear.
**mili,** *a.* dear, loving, charming, mild; **mili Bože!** *interj.* good God!
**milijun,** *n.* million.
**milijunar,** *n.* millionaire.
**milina,** *n.* grace, goodness, virtue; favor, kindness; gracefulness, genteel, deportment; beauty, charm; suavity, goodliness.
**milinak,** *n.* favorite.
**militi,** *v.* to flatter, to caress, to coax, to wheedle; to please, to delight; (**se**) to be agreeable (*ili*) pleasant.
**milo,** *adv.* agreeably, pleasantly, gently.

**milobruka,** *n.* jester, joker, merry-maker, humorist.

**milodar,** *n.* alms, charity; gift, donation.

**milodarnik,** *n.* benefactor.

**miloduh,** *n.* (*bil.*) lovage.

**milodušnost,** *n.* good heartedness, kindness, mildness; liberality; bounty.

**miloglasan,** *a.* harmonical, harmonious, concordant, melodious.

**milojka,** *n.* majolica (-ware).

**milokrvan,** *a.* amiable, benevolent, sweet.

**milokrvnost,** *n.* sweet disposition, benevolence.

**milopjev,** *n.* melodious song.

**milosan,** *vidi*: **milostan.**

**miloslovlje,** *n.* logic.

**milosnica,** *n.* mistress, favorite; concubine.

**milosnik,** *n.* paramour, lover, favorite.

**milosrdan,** *a.* merciful, compassionate, charitable.

**milosrdnica,** *n.* sister of charity (*ili*) mercy.

**milosrdnik,** *n.* (*fratar*) friar; monk.

**milosrdno,** *adv.* mercifully.

**milosrđe,** *n.* mercy, mercifulness, charity, compassion; lenience, pitifulness, graciousness, commiseration, sympathy; indulgence, charitableness.

**milost,** *n.* grace, goodness, virtue; mercy, favor, pardon; pity, lenience, **po milosti božjoj,** by the grace of God; **Vaša milost,** your Grace, your Lordship.

**milostan,** *a.* tender, gracious, kind; propitious, merciful, favorable.

**milostinja,** *n.* alms, charity; allowance; distribution.

**milostinjar,** *n.* almoner.

**milostiv,** *a.* gracious, kind, propitious; favorable, merciful; mild, compassionate, lenient.

**milostiva,** *n.* (*gospođa*) madame, mistress, my lady.

**milostivo,** *adv.* leniently, mercifully, propitiously.

**milošća,** *vidi*: **milošta.**

**milošta,** *n.* affection, favor, tenderness, kindness; delicacy.

**milota,** *n.* grace, charm.

**milovanje,** *n.* caress, caressing, fondling, blandishment; endearment.

**milovati,** *v.* to caress, to fondle; to cherish, to blandish; to soothe, to love, to fancy.

**milovidan,** *a.* pretty, graceful.

**milovka,** *n.* steatite, talc.

**milozvučan,** *a.* melodious, harmonious, musical, tuneful, euphonious.

**milozvučno,** *adv.* melodiously, harmoniously.

**milozvuk,** *n.* agreeable sound, harmony, melody, euphony.

**milj (a),** *n.* mile.

**miljak,** *n.* ground, real estate, land, tenement; premises.

**milje,** *n.* rapture, ecstasy, transport; enthusiasm.

**miljenik,** *n.* darling, fondling, favorite, pet.

**miljeti,** *vidi*: **umiljeti.**

**miljnik,** *vidi*: **miljokaz.**

**miljokaz,** *n.* mile stone, mile-mark, mile-post.

**mimo,** *prep.* near by, beside, past, along, aside.

**mimogred,** *adv.* in passing (by), by the way.

**mimoići,** *vidi*: **mimoilaziti.**

**mimoilaziti,** *v.* to go by (*ili*) pass, to pass by.

**mimoilaženje,** *n.* passage, preterition.

**mina,** *n.* (*novac*) Greek weight (*of* 100 *drachmas*); (*lagum*) mine.

**minder,** *n.* matrix; sofa.

**minđuše,** *n.* ear-rings; ear-drops; pendant, bob.

**mineral,** *n.* mineral.

**mineralni,** *a.* mineral.

**mineralog,** *n.* mineralist, mineralogist.

**mineralogija,** *n.* mineralogy.

**mineraloški,** *a.* mineralogic.

**ministar,** *n.* minister, secretary; **-financija u Americi,** secretary of the Treasury; (*u ostalim državama*) Minister of Finance; **-za vanjske poslove u Americi,** Secretary of the State.

**ministarstvo,** *n.* ministry, cabinet; **— vanjskih poslova u Americi,** State Department; (*u ostalim državama*) Ministry of foreign affairs.

**minle,** *n.* people, nation.

**minulost,** *n.* the past, time past; (*u gramatici*) past tense.

**minut (a),** *n.* minute.

**minuti,** *v.* to pass by (*ili*) over; to omit, to skip; (*nestati*) to disappear, to go.

**mio,** *a.* dear, fond, amiable; lovely, pleasant, gracious; favorable, benevolent; kind, charming, delightful.

**miomiris,** *n.* fragrance, sweetness, odoriferousness; balm, balsam.

**miomirisan,** *a.* fragrant, sweet-smelling, odorous; balmy.

**mir,** *n.* peace, rest, quiet, repose, quietness, noiselessness.

**miran,** *a.* (*tih*) tranquil, quiet, still, peaceful, silent, peaceable; (*hladnokrvan*) calm.

**miraščija,** *n.* heir.

**miraz,** *n.* inheritance; dowry, portion.

**mirenje,** *n.* settling, pacification, consolation.

**mirija,** *n.* delivery; tax, duty, contribution, impost.

**miris,** *n.* pleasant smell; (*sweet*) odor; scent, perfume, fragrance, flavor; sweetness.

**mirisan,** *a.* fragrant, sweet-smelling, sweet-scented, odoriferous, scentful, aromatic, perfumed.

**mirisanje,** *n.* smelling; sense of smell.

**mirisati,** *v.* to smell, to scent, to smell sweet; to exhale fragrance.

**mirisav,** *a.* odorous, odoriferous, fragrant, aromatic, perfumed, sweet-scented.

**mirisavka,** *n.* (*grožde*) muscadel, muscatel, muscat; (*voda*) scent (*ili*) perfume-water.

**mirisavost,** *n.* fragracy, odorousness.

**mirisnica,** *n.* perfumery.

**mirišljiv,** *vidi:* **mirisan.**

**miritelj,** *n.* pacifier, pacificator, peacemaker, mediator.

**miriti,** *v.* to pacify, to quiet, to appease; to calm, to tranquilize, to reassure, to still; (*pomiriti*) to conciliate, to reconcile; (**se**) to be reconciled, to make peace.

**mirizma,** *n.* perfume.

**mirizmar,** *n.* perfumer.

**mirno,** *adv.* peacefully, peaceably, quietly; tranquilly, calmly, silently.

**mirnoća,** *n.* calmness, tranquility; rest, repose; quiet, stillness, peacefulness.

**mirodija,** *n.* spice, aroma, flavor; grocery.

**mirodijar,** *vidi:* **mirodijar.**

**mirodija,** *vidi:* **mirodija.**

**mirodijar,** *n.* grocer, spicer, druggist.

**mirogoj,** *n.* resting-place.

**mirokov,** *n.* peace-maker, pacifier, pacificator, mediator.

**mirolomac,** *n.* peace-breaker.

**mirolomstvo,** *n.* breach of peace.

**miroljuban,** *a.* *vidi:* **miroljubiv.**

**miroljubiv,** *a.* peace-loving, pacific, peaceful.

**miroljubivo,** *adv.* peaceably, tranquilly.

**miroljubivost,** *n.* peaceableness, pacific disposition.

**miroljublje,** *vidi:* **miroljubnost.**

**miroljubnost,** *n.* peaceableness, pacific disposition.

**mironosac,** *n.* peace-bearer.

**mironosan,** *a.* peace-bearing.

**miropomazanje,** *n.* unction, anointing, confirmation.

**miropomazati,** *v.* to anoint, to confirm.

**mirotvorac,** *vidi:* **miritelj.**

**mirotvoran,** *a.* peace-making; pacific.

**mirovanje,** *n.* standstill, resting, reposing.

**mirovati,** *v.* to rest, to repose; to remain, to keep (*ili*) be quiet.

**mirovina,** *n.* pension.

**mirovna,** *n.* reconciliation, reconcilement.

**mirovni sudac,** *n.* justice of the peace.

**mirozov,** *n.* tattoo.

**misa,** *n.* mass; **svečana** —, high mass; **tiha** —, low mass, **crna** —, requiem.

**misao,** *n.* thought, idea, sentiment; meaning, design, reflection; notion; consideration.

**misaon,** *a.* judicious, ingenious, thoughtful; meditating, contemplative, museful.

**misaonost,** *n.* contemplativeness, sense, thoughtfulness.

**misija,** *n.* mission, delegation.

**misionar,** *n.* missionary.

**Misir,** *n.* Egypt.

**misirača,** *n.* pumpkin.

**misirka,** *n.* turkey-hen.

**mislilac,** *vidi:* **mislitelj.**

**mislitelj,** *n.* thinker, contemplator; speculator.

**misliti,** *v.* to think, to mean, to intend; to suppose, to imagine; to believe, to presume.

**misloslovlje,** *n.* logic.

**misni,** *a.* missal.

**misnički,** *a.* priestly, sacerdotal, vestal.

**misnik,** *n.* priest.

**misništvo,** *n.* priesthood.

**misterij,** *n.* mystery.

**misterijozan,** *a.* mysterious.

**mistrija,** *n.* trowel; mason's trowel.

**miš,** *n.* mouse; **slijepi miš,** bat.

**mišar,** *n.* (moor-) buzzard.

**miševina,** *n.* mouse-dung.

**mišica,** *n.* muscle; (*ruka*) arm.

**mišičast,** *a.* muscular; powerful, sinewy.

**mišičavost,** *n.* muscularity.

**mišični,** *a.* muscular.

**mišić,** *n.* (*maleni miš*) little mouse; (*mišica*) muscle.

**mišinac,** *n.* dog's tongue.

**mišjak,** *n.* mouse-dung.

**mišjakinja,** *n.* (*bil.*) chick-weed.

**mišji,** *a.* mouse —.

**miška,** *vidi*: **mišica.**

**mišljenje,** *n.* thought, thinking; sentiment, judgment; (*mnijenje*) meaning, mind, opinion, supposition, idea, notion.

**mišljeti,** *vidi*: **misliti.**

**mišolovac,** *n.* mouser.

**mišolovka,** *n.* mouse-trap.

**mišomor,** *n.* ratsbane, arsenic.

**mit,** *n.* bribery, corruption; subornation.

**mitarenje,** *n.* moulting; mewing; moulting-time; deplumation.

**mitariti se,** *v.* to moult; to mew; to shed the feathers.

**miti (se),** *v.* to wash, to clean.

**mitilac,** *n.* grafter, briber, corrupter.

**mititi,** *v.* to corrupt; to bribe, to graft.

**mitnica,** *n.* custom (-house); toll-gate.

**mitnik,** *n.* corrupter; corruptress, briber, grafter.

**mito,** *n.* bribery, corruption, subornation.

**mitolog,** *n.* mythologist.

**mitologički,** *a.* mythic, mythologic.

**mitologija,** *n.* mythology.

**mitra,** *n.* miter.

**mitropolija,** *n.* metropolis .(*residence of a metropolitan*).

**metropolit,** *n.* metropolitan, archbishop.

**miva,** *n.* fruit.

**mizal,** *n.* (*misna knjiga*) missal.

**mizdrak,** *n.* lance, spear; lancet.

**mizdraklija,** *n* lancer.

**mjed,** *n.* copper; (*žuta*) brass, latten.

**mjeden,** *a.* copper, of copper; brazen, of brass.

**mjedenjak,** *n.* brass-ring.

**mjehur,** *n.* bladder; bubble, blister; alembic; (*mjeh*) leather-bottle.

**mjehuričar,** *n.* bulla.

**mjehurić,** *n.* pimple, vesicle.

**mjehurni,** *a.* vesicular.

**mjenben,** *a.* negotiable.

**mjenbenost,** *n.* negotiability.

**mjenica,** *n.* bill of exchange, draft, judgment note.

**mjenični tečaj,** *n.* current rate.

**mjenjač,** *n.* money-changer; banker; exchanger, broker.

**mjenjačnica,** *n.* bank of exchange, change; exchange; banking-business; exchange-office.

**mjera,** *n.* measure, portion, proportion; dimension, quantity, scale; (*u glazbi*) time, tact, measure.

**mjerač,** *n.* measurer; geometer; engineer.

**mjerača,** *n.* (*sprava*) measuring rod.

**mjeračnica,** *n.* practical geometry, geodesy; surveying.

**mjerenje,** *n.* measurement, measuring, weighing; (*zemlje*) survey.

**mjerila,** *n.* dotchin; Dutch balance; Roman balance; steel-yard.

**mjerilac,** *vidi*: **mjerač.**

**mjerilo,** .*n.* measure; scale; standard, rate; ruler; **-novca,** standard of coinage.

**mjeritelj,** *vidi*: **mjerač.**

**mjeriti,** *v.* to measure; to define; to survey; to weigh, to scale.

**mjerljiv,** *a.* measurable.

**mjerni,** *a.* measurable; geometrical.

**mjernik,** *n.* engineer, surveyor; geometrician; measurer.

**mjerništvo,** *n.* engineering; surveying.

**mjerodavan,** *a.* standard, authoritative; competent.

**mjerov,** *n.* bushel; peck.

**mjerstven,** *a.* geometric.

**mjerstvo,** *n.* geometry.

**mjesec,** *n.* month; (*na nebu*) moon; **mladi** —, new moon; — **prvak,** first quarter of the moon; **pun** —, full moon, plenilune; **zadnja četvrt,** last quarter of the moon.

**mjesečar,** *n.* somnambulist, sleepwalker.

**mjesečara,** *n.* (*riba*) moon-fish; sunfish.

**mjesečarstvo,** *n.* somnambulism.

**mjesečast,** *a.* moon-shaped; lunated, lunary, luniform.

**mjesečina,** *n.* moonlight, moonshine.

**mjesečni,** *a.* monthly; by the month.

**mjesečnik,** *n.* calender; almanac; (*periodički časopis*) monthly journal, magazine (*ili*) review, monthly.

**mjesečno,** *adv.* monthly.

**mjesečnjak,** *vidi:* **mjesečar.**

**mjesečnjara,** *n.* wreath, nerite, turban-shell.

**mjesni,** *a.* local, topic.

**mjesnik,** *n.* dweller, inhabitant.

**mjesnost,** *n.* locality; whereabouts.

**mjestan,** *a.* local.

**mjestance,** *n.* small place (*ili*) region; (*seoce, gradić*) little village, hamlet.

**mjestarina,** *n.* location-tax.

**mjestav,** *a.* unequal; unlike, dissimilar, uneven.

**mjestičav,** *a.* spotted, speckled, stained.

**mjestimice,** *adv.* here and there, in some places; sporadic.

**mjestište,** *n.* stand, standing-place; station.

**mjestni,** *a.* local, topical, municipal.

**mjesto,** *n.* place, spot, post, room; (*položaj*) position; situation; circumstances (*pl.*); (*sijelo*) seat, chair; tribunal; (*činovnička služba*) employment, occupation; (*grad, selo, kraj*) region, location; (*u knjizi*) passage; **s mjesta,** *adv.* instantly, instantaneously.

**mjestopis,** *n.* topography.

**mjestopisac,** *n.* topographer.

**mjestopisni,** *a.* topographic.

**mješaja,** *n.* baker to the prince.

**mješavina,** *n.* mixture, medley, scuffle.

**mješina,** *n.* leather-bottle, bag; bellows.

**mješinac,** *n.* vinegar-eel.

**mješnica,** *n.* bag-pipe.

**mješovit,** *a.* mixed, miscellaneous; farraginous.

**mješovito,** *adv.* miscellaneously.

**mješovitost,** *n.* miscellaneousness, mixture.

**mještanin,** *n.* inhabitant, dweller; colonist; native.

**mještanski,** *a.* domestic, native, home-born, home-bred; vernacular.

**mjezimac,** *vidi:* **mezimac.**

**mjezimica,** *vidi:* **mezimica.**

**mlačan,** *a.* lukewarm, tepid.

**mlačiti,** *v.* to tepefy, to cool.

**mlačenica,** *n.* butter-milk.

**mlaćve,** *vidi:* **naćve.**

**mlad,** *a.* young, youthful, juvenile; (*nov*) new, novel; (*svjež*) fresh; (*zelen*) green, unripe.

**mlada,** *n.* bride, fiancee, young wife; — **nedjelja,** first Sunday after new-moon.

**mlade,** *n.* young animals.

**mladenac,** *n.* young man, youth, lad; (*novoženja*) bridegroom.

**mladenački,** *a.* juvenile, youthful.

**mladenaštvo,** *n.* youth, youthfulness; chastity.

**mladenci,** *n.* young couple, newly-weds (*pl.*).

**mladenka,** *vidi:* **mlada.**

**mladež,** *n.* youth, young people, juvenility.

**mladica,** *n.* young woman; (*o biljki*) young shoot; offspring, sucker, twig.

**mladić,** *n.* young man, youth, juvenile.

**mladika,** *vidi:* **mladica.**

**mladikovina,** *n.* young tree.

**mladina,** *n.* (*perad*) poultry; (*mladež*) youth, young people; youthfulness.

**mladiti (se),** *v.* to make young, to grow young again; (*zemlju*) to loosen.

**mladolik,** *a.* youthful, young, juvenile.

**mladost,** *n.* youth, young people; boyhood, girlhood; adolescence, juvenility.

**mladovanje,** *n.* state of being young; betrothed; (time of) courtship, time of youth.

**mladovati,** *v.* to be a bride; to be promised, engaged, betrothed.

**mladoženja,** *n.* bridegroom, groom.

**mladunče,** *vidi:* **mlade.**

**mlađ,** *n.* new moon.

**mlađahan,** *vidi:* **mlad.**

**mlađak,** *vidi:* **mlađ.**

**mlađan**, *a.* young, youthful, juvenile, adolescent; tender, youngish.

**mlađen**, *vidi*: **mlađan**.

**mlađi**, *a.* younger, junior; later (*in date*); minor; (*sluge*),*n.* household servants, domestics, attendants.

**mlaj**, *n.* new moon.

**mlak**, *a.* lukewarm, tepid; indifferent.

**mlaka**, *n.* pool, puddle, slough, lake.

**mlakaica**, *n.* hot weather.

**mlakar**, *n.* water rat, craber, muskrat.

**mlakav**, *a.* flat, tasteless; insipid; tepid, lukewarm.

**mlako**, *adv.* lukewarmly.

**mlakoća**, *n.* lukewarmness, tepidity, tepidness.

**mlakonja**, *n.* a lazy fellow.

**mlat**, *n.* flail; breakers (*pl.*); surf, surge, billow.

**mlatac**, *n.* thrasher, barnman.

**mlatati**, *v.* to shake, to swing, to totter, to be loose; to kick about.

**mlatenje**, *n.* thrashing.

**mlatić**, *n.* hammer-oyster.

**mlatilo**, *n.* flail; thrashing machine, thrasher; bar; beam.

**mlatiti**, *v.* to thrash; to beat, to whip.

**mlatnja**, *n.* usual time for thrashing.

**mlatnjak**, *n.* hammer-headed shark, balance-fish.

**mlaviti**, *v.* to hew, to cut, to beat, to strike.

**mlavljenje**, *n.* chastisement, punishment.

**mlaz**, *n.* flash of water, stream, gush.

**mlazovina**, *n.* veined wood.

**mlećak**, *a.* weak, feeble, infirm, sickly.

**mledan**, *a.* lean, thin, poor, meager, weak, feeble.

**Mletci**, *n.* Venice.

**mliječ**, *n.* (*bil.*) sycamore-maple; wolf's milk, milk-weed, poison-bush, sea-lettuce.

**mliječac**, *n.* soft roe.

**mliječan**, *a.* milky, lacteal, lacteous; abounding with milk.

**mliječer**, *n.* (*bil.*) wolf's milk, milkweed, poison-bush, sea-lettuce.

**mliječni put**, *n.* (*zviježde*) milky-way.

**mliječnica**, *n.* dairy-room, milkroom.

**mliječnjak**, *n.* (*zub*) milktooth.

**mlijeko**, *n.* milk.

**mlin**, *n.* mill; — na paru, steammill; — na vjetar, wind-mill; — na vodu, water-mill.

**mlinac**, *n.* (*za kavu*) coffee-mill.

**mlinar**, *n.* miller, grinder; (*kukac*) meal-worm; slow-legged beetle.

**mlinarica**, *n.* miller's wife.

**mlinarina**, *n.* miller's-trade.

**mlinčić**, *n.* hand-mill.

**mlinica**, *n.* mill.

**mlinski**, *a.* mill—; mlinska kesa, mill-hopper; — kamen, mill-stone; — mlinsko kolo, mill-wheel.

**mlitav**, *a.* lax, slack, languid; loose, flabby, weak; drowsy, sleepy, indolent.

**mlitaviti**, *v.* to get lazy, to be sleepy, drowsy; to slacken.

**mlitavost**, *n.* laziness, slackness, looseness; weakness, abatement, lassitude, indolence.

**mlitonja**, *n.* weak, feeble person.

**mlitva**, *n.* knee-pan.

**mlivo**, *n.* meal, flour.

**mlohav**, *a.* tired, feeble, languid; faint, limp, slack; flabby, weak, indolent.

**mlohavost**, *n.* faintness, weakness; insipidity, slackness, flabbiness; laxity; indolence.

**mlječar**, *n.* milkman; dairy-room, milk-room.

**mlječika**, *n.* (*bil.*) euphorbia; milkwort.

**mlječovod**, *n.* lactiferous-duct.

**mljekar**, *n.* milkman, dairyman.

**mljekarica**, *n.* milkwoman, milkmaid.

**mljekarna**, *n.* dairy; dairy-farm.

**mljekarstvo**, *n.* dairy (farm), milkfarm, dairying.

**mljekomjer**, *n.* lactometer.

**mljekovitost**, *n.* milkiness.

**mljeskati**, *v.* to smack, to buss; to smack one's lips.

**mljeti**, *v.* to grind, to mill.

**mljevenje**, *n.* grinding.

**mnijenje**, *n.* opinion, thought; advice, counsel, judgment; notion, thinking, view; estimation, idea, sentiment.

**mniti**, *v.* to mean, to think; to intend, to suppose, to conjecture; to judge, to discern, to distinguish; to imagine, to suppose.

**mnivati**, *vidi*: **mniti**.

**mnogašt**, *adv.* many times, often.

**mnogi**, *a*. many, numerous, several, diverse, sundry.

**mnogo**, *adv*. much, a great deal, plenty; — **manje**, *a* great deal less; — **puta**, many times; — **više**, much more.

**mnogobožac**, *n*. polytheist.

**mnogoboštvo**, *n*. polytheism.

**mnogobrojan**, *a*. numerous, multitudinous.

**mnogobrojnost**, *n*. numerousness, plurality; multiplicity, multitude.

**mnogocjen**, *a*. valuable, precious, costly, dear.

**mnogoglasan**, *a*. many-voiced.

**mnogogodišnji**, *a*. of many years, of long, old standing.

**mnogoimeni**, *a*. polynomial.

**mnogojezičan**, *a*. polyglot.

**mnogokratni**, *a*. frequent.

**mnogokut**, *n*. polygon.

**mnogokutan**, *a*. multangular, polygonal.

**mnogokutnik**, *n*. polygon.

**mnogolik**, *a*. multiversant.

**mnogonog**, *a*. multiped.

**mnogook**, *a*. multiocular, many-eyed.

**mnogoputa**, *adv*. often, many times.

**mnogorječiv**, *a*. eloquent, talkative.

**mnogosložan**, *a*. polysyllabic.

**mnogostran**, *a*. many-sided, multilateral; manifold, various.

**mnogostranost**, *n*. many-sidedness, variety.

**mnogostručan**, *a*. manifold, multifarious, multifold.

**mnogostruk**, *vidi*: **mnogostručan**.

**mnogostruko**, *adv*. manifoldly.

**mnogovrsnost**, *n*. variety, manifoldness, multiplicity.

**mnogovrstan**, *a*. of many kinds (*ili*) sorts, various, multifarious, multigenerous; polygenous.

**mnogoznali**, *a*. knowing much, polymathic.

**mnogoznali(ca)**, *n*. man of varied learning.

**mnogoznanstvo**, *n*. polymathy.

**mnogožen**, *a*. polygynous.

**mnogoženstvo**, *n*. polygamy, plurality of wives.

**mnogoženja**, *n*. polygamist.

**mnogožičan**, *a*. polychord.

**mnoštvo**, *n*. multitude; great deal, plurality; immense number, no end (of); — **ljudi**, crowd, gang.

**množenik**, *n*. multiplicand, multiplier.

**množenje**, *n*. multiplication; increase, augmentation, rise, progression.

**množidba**, *n*. multiplication.

**množilac**, *n*. multiplier; augmenter, increaser.

**množina**, *n*. multitude, great deal, fullness; plenty, immense number; (*u gramatici*) plural.

**množitelj**, *n*. multiplier, multiplicator.

**množiti (se)**, *v*. to multiply; to augment, to increase; to accumulate.

**moba**, *n*. threshing, garnering.

**mobilizacija**, *n*. mobilization.

**mobilizirati**, *v*. to mobilize.

**moča**, *n*. relish, sauce.

**močalina**, *vidi*: **pištalina**.

**močar**, *n*. morass, swamp.

**močaran**, *a*. boggy, swampy, marshy; wet, moist, watery; (*o vremenu*) humid, moist, wet, damp.

**močarina**, *n*. dampness (*ili*) damp weather.

**močati**, *v*. to make water, to urinate.

**močenje**, *n*. watering, irrigation, soaking, wetting; urination.

**močiti**, *v*. to steep, to soak, to make wet (*ili*) moist.

**močvara**, *n*. marsh, bog, swamp, quagmire.

**močvaran**, *a*. marshy, boggy, swampy, quaggy; **močvarni zrak**, malaria.

**močvarnica**, *n*. (*ptica*) fen bird; fen fowl.

**moć**, *n*. force, strength, power, vigor; energy, stoutness, capability; powerfulness, influence.

**moćan**, *a*. strong, stout, robust, vigorous; powerful, impetuous, energetic; forcible, puissant, penetrant.

**moći**, *v*. can, to be able, to have the power to; — *n*. (*kosti svetaca*) relics.

**moćno**, *adv*. ably, capably, mightily; potently, influentially; forcibly.

**moćnost**, *n*. power, force, capability; mightiness, powerfulness.

**moda**, *n*. mode, fashion, prevailing style; custom, way, vogue; wear, shape, form.

**modar,** *n.* blue; blue color; livid.
**model,** *n.* model.
**modelirati,** *v.* to model.
**moderan,** *a.* modern, stylish, fashionable.
**modrak,** *n.* (*riba*) cackerel.
**modrica,** *n.* blue mark, stripe, weal, bruise.
**modričav,** *a.* streaked.
**modrikast,** *a.* bluish, bluey.
**modrina,** *n.* blue color, azure.
**modriti (se),** *v.* to make blue, to blue, to dye (*ili*) wash blue.
**modrook,** *a.* blue-eyed.
**modrovoljka,** *n.* (*ptica*) blue-throated, redstart.
**mogila,** *n.* mound, hillock; grave, tomb; sepulchral monument.
**mogranj,** *n.* pomegranate; pomegranate-tree; (*divlji*) balaustine.
**moguć,** *a.* possible, able; (*bogat*) rich, wealthy, substantial, well off, well-to-do; (*moćan*) powerful, mighty; potential.
**mogućan,** *vidi:* **moguć.**
**moguće,** *adv.* may-be, probably, perhaps.
**mogućnost,** *n.* possibility, ability, faculty; potentiality, probability, eventuality.
**mogućstvo,** *vidi:* **mogućnost.**
**mohuna,** *vidi:* **mahuna.**
**moj,** *pron.* my; of me; — **Bože!** *interj.* good God!
**mojemuča,** *n.* ape, monkey.
**mokar,** *a.* wet; moist, slushy, soaky; (*vlažan*) humid, moist, damp, watery.
**mokrača,** *n.* urine.
**mokračovod,** *n.* ureter.
**mokrenje,** *n.* urination.
**mokrina,** *n.* humidity, moisture; dampness, wetness.
**mokriti,** *v.* to wet, to moisten; (*pišati*) to urine, to urinate.
**molba,** *n.* prayer, request, entreaty, petition; application, postulation, invocation.
**molben,** *a.* humble, suppliant, supplicatory.
**molbenica,** *n.* petition, application.
**molekula,** *n.* molecule.
**molekularan,** *a.* molecular.
**molibog,** *n.* one that prays.
**molitelj,** *n.* petitioner, applicant; suitor, asker.
**moliteljica,** *vidi:* **molitelj.**

**moliti,** *v.* to beg, to pray, to request; to implore, to beseech, to entreat; to ask, to conjure; (**se**) to pray; to say one's prayers; (*molbenicom*) to petition.
**molitva,** *n.* prayer, devotion; rogation.
**molitveni,** *a.* prayer —, prayerful.
**molitvenik,** *n.* prayer-book.
**moljac,** *n.* moth.
**moljak,** *n.* cheese-mite, tick.
**moljakanje,** *n.* begging, praying.
**moljakati,** *v.* to beg, to ask alms.
**moljenje,** *n.* praying, supplication, entreaty; public prayer.
**moljnica,** *n.* chapel.
**moma,** *n.* girl, lass, maid, maiden, virgin.
**momak,** *n.* youth, young man, youngster; (*sluga*) servant, waiter.
**momčad,** *n.* (*vojništvo*) force, troops; (*na brodu*) crew; (*mladi ljudi*) young people.
**momče,** *n.* stripling, lad.
**momčić,** *vidi:* **momče.**
**momica,** *n.* girl, lass, maid, virgin; (*sluškinja*) serving-maid.
**momkinja,** *n.* maid, virgin; female servant.
**monah,** *n.* monk, friar.
**monarh,** *n.* monarch, king.
**monarhija,** *n.* monarchy.
**monarhista,** *n.* monarchist.
**monastir,** *vidi:* **manastir.**
**Mongol,** *n.* Mongol, Mongolian.
**monitor,** *n.* (*bojna lađa*) monitor.
**monogamija,** *n.* monogamy.
**monogram,** *n.* monogram.
**monokel,** *n.* monocle, quizzing-glass.
**monolog,** *n.* monologue.
**monopol,** *n.* monopoly.
**monoton,** *a.* monotonous.
**monotonija,** *n.* monotony.
**monsun,** *n.* (*vjetar*) monsoon.
**monument,** *n.* monument.
**mor,** *n.* dying, death; mortality, epidemic.
**mora,** *n.* nightmare; bore; nuisance.
**morac,** *n.* turkey (-cock).
**morač,** *n.* fennel.
**moral,** *n.* morality.
**moralan,** *a.* moral.
**moralisati,** *v.* to moralize.
**moralist,** *n.* moralist.
**moralnost,** *n.* morality.
**moranje,** *n.* necessity; fate; constraint.
**morast,** *a.* dark-blue, deep-blue.

**morati,** *v.* to be obliged, to be forced, to be constrained, must.

**more,** *n.* sea, ocean; **Crveno more,** Red Sea; **Mrtvo more,** Dead Sea; **Jadransko more,** Adriatic Sea; **Sredozemno more,** Mediterranean Sea; **Crno more,** Black Sea.

**morenje,** *n.* slaughtering, killing; massacre, mortification.

**moreplovac,** *n.* mariner, sailor, navigator.

**moreplovstvo,** *n.* navigation.

**morfij,** *n.* morphine.

**morija,** *n.* pest, plague, pestilence; epidemic (disease).

**morina,** *vidi*: **more.**

**moriti,** *v.* (*mučiti*) to tire, to fatigue; (*ubijati*) to murder, to commit murder, to kill, to assassinate; to plague; **-gladom,** to enfamish, to starve.

**mormeneviš,** *a.* violet (-colored), purple.

**mornar,** *n.* seaman, sailor, mariner, navigator.

**mornarica,** *n.* fleet, marine, navy.

**mornarski,** *a.* nautical, naval.

**mornarstvo,** *n.* marine, maritime (*ili*) naval affairs (*pl.*), navy.

**morokvaša,** *n.* splint of the axle-tree.

**moronj,** *n.* sea-maid, mermaid.

**morski,** *a.* oceanic, of sea; nautical, marine, naval; — **čovjek,** merman; — **jež,** porcupine-fish; — **kraj,** seacoast; — **ledenjak,** ice-berg; — **pas,** sea-dog, shark; — **zmaj,** sea-serpent, sea-monster; — **djeva,** mermaid, sea-maid; — **milja,** sea-league, knot.

**mort,** *n.* mortar.

**moruna,** *n.* sturgeon.

**morž,** *n.* morse, walrus.

**moskit,** *n.* mosquito.

**Moskva,** *n.* Moscow.

**mosni,** *a.* bridge —.

**most,** *n.* bridge; — **lančanik,** suspension-bridge.

**mostarina,** *n.* bridge-toll, pontage.

**mostić,** *n.* little-bridge.

**mostiti,** *v.* to bridge over (*ili*) across.

**mostobran,** *n.* bridge-head; (*vojnički*) barbacan.

**mostovina,** *n.* pontage, bridge-toll.

**mošak,** *n.* musk.

**moškatast,** *a.* musky.

**mošeja,** *n.* mosque.

**mošnja,** *n.* purse, pouch, bag.

**mošnjica,** *n.* (alms-) bag.

**mošt,** *n.* must, stum; juice of fruit; (*od jabuka*) cider.

**moštanica,** *n.* path; small bridge, foot-bridge.

**mošti,** *n.* relics.

**mošutnjak,** *n.* musk-rat; musk (-cat, -deer), Thibet musk.

**mošus,** *n.* musk.

**motač,** *n.* hand of a clock.

**motanje,** *n.* rolling, winding, spooling.

**motati,** *v.* to reel, to wind on a reel, to wind (up); to wrap up; to roll, to curl, to wind, to wring; to twist; — **se** to go (*ili*) walk round (*ili*) about; to turn (round), to whirl about.

**motičar,** *n.* hewer, cutter.

**motičica,** *n.* little hoe (*ili*) mattock.

**motika,** *n.* hoe, mattock.

**motka,** *n.* pole, perch; bar; stick, staff.

**motor,** *n.* motor.

**motoruga,** *n.* spoke.

**motovilac,** *n.* (*bil.*) prickly-lettuce, corn-valerian.

**motovilo,** *n.* reel, spindle.

**motovioce,** *vidi*: **motovilo.**

**motrenje,** *n.* observation, notice, observance, contemplation.

**motrika,** *n.* (*bil.*) sea-fennel, samphire, crest martin.

**motrilac,** *n.* observer, watcher, spectator, contemplator, viewer; (*zvijezda*) astroscope.

**motritelj,** *vidi*: **motrilac.**

**motriti,** *v.* to observe, to note, to see: to watch, to be watchful over (*ili*) of; to contemplate, to look at.

**mozak,** *n.* brain, brains (*pl.*); marrow.

**mozaik,** *n.* mosaic.

**mozganje,** *n.* speculation, thinking.

**mozgati,** *v.* to brood, to rack one's brain; to invent; to compose, to contrive.

**mozol,** *n.* boil, ulcer.

**možan,** *vidi*: **moguć.**

**možda,** *adv.* perhaps, may-be, probably, by chance, perchance, possibly.

**moždani,** *n.* brains (*pl.*).

**moždina,** *n.* marrow; (*od drveta*) pitch (*of a tree*).

**moždinast,** *a.* marrowish.

**možditi,** *v.* to tread (grapes).

**moždani,** *vidi*: **moždani.**

**možebitan,** *a.* possible, probable.

**možni,** *a.* mighty; potential.

**možnost,** *n.* possibility, mightiness.

**mračak,** *n.* twilight, dawn, darkness, duskiness.

**mračan,** *a.* dark, dusky, gloomy; obscure; mysterious, dim.

**mračenje,** *n.* darkening, obscuration.

**mračiti se,** *v.* to get dark.

**mračnost,** *n.* darkness, somberness.

**mračnjak,** *n.* (*neznalica*) ignorant person, ignoramus; (*natražnjak*) reactionary.

**mračnjaštvo,** *n.* gloom, gloominess; (*neznanje*) obscurity, ignorance; (*natražnjaštvo*) reaction.

**mrak,** *n.* darkness, obscurity, nightfall, somberness; gloom, gloominess.

**mramor,** *n.* marble.

**mramoran,** *a.* marble; — **pločnik,** marble-floor; — **ploča,** marble-slab; — **kip,** marble-statue.

**mramorar,** *n.* marble-cutter.

**mramorisati,** *v.* to marble, to grain; to vein.

**mramoriti,** *vidi:* **mramorisati.**

**mramornica,** *n.* marble-quarry.

**mramornik,** *n.* marble-cave.

**mrasa,** *n.* measles (*pl.*).

**mrasav,** *a.* spotted, speckled.

**mrase,** *n.* mark, scar; spot, speckle, streak, vein.

**mrav,** *n.* ant, emmet.

**mravak,** *n.* little ant.

**mravar,** *n.* ant-bear; ant-eater.

**mravinjak,** *n.* ant-hill.

**mravinji,** *vidi:* **mravlji.**

**mravlji,** *a.* formic, antlike, of ant.

**mravojed,** *vidi:* **mravar.**

**mravožder,** *vidi:* **mravar.**

**mraz,** *n.* frost; chill, cold; frigidity.

**mrazan,** *a.* frosty; chilly; frigid.

**mraziti,** *v.* to make enemies; (**se**) to make an enemy of, to fall out with.

**mrazovac,** *n.* (*bil.*) meadow-saffron.

**mrazovit,** *a.* cold; cool; frigid, indifferent.

**mrazovito,** *adv.* coolly, frostily.

**mrazovnik,** *vidi:* **mrazovac.**

**mrcina,** *n.* carrion, carcass.

**mrcinjaš,** *n.* raven.

**mrcvariti,** *v.* to massacre, to butcher; to plague, to trouble, to vex; to rack, to torture, to maltreat, to torment.

**mrča,** *n.* myrtle.

**mrčan,** *a.* dark, obscure.

**mrčati,** *v.* to have head-ache; (*grditi*) to chide, to scold at, to grumble, to growl; to bear a grudge (*ili*) illwill; (*grmjeti*) to rumble; (*tamniti*) to become dark.

**mrčava,** *n.* thicket.

**mrčela,** *n.* (*drvo*) box, box-tree, tree-box.

**mrčev,** *a.* myrtle.

**mrčika,** *vidi:* **mrča.**

**mrčiti,** *v.* (*ocrniti*) to blacken, to stain, to defame; (*onečistiti*) to foul, to soil, to sully, to stain; to contaminate, to blemish, to profane.

**mrčnjak,** *n.* myrtle-grove.

**mrči,** *n.* to grow dark, to get dark, to darken.

**mrdalo,** *n.* unskilled (*ili*) unhandy workman.

**mrdan,** *a.* heavy, weighty; difficult, hard, grave, grievous; slow; dull.

**mrdati,** *v.* to swing, to totter, to be loose, to reel, to stagger, to waver.

**mren,** *n.* (*riba*) barbel.

**mrena,** *n.* thin skin, cuticle, membrane, pellicle, tunicle, film; (*oka*) retina, albuginea.

**mrenica,** *n.* (*ptica*) grossbeak.

**mreža,** *n.* net, netting; screen.

**mrežast,** *a.* netted, reticular.

**mrežica,** *n.* retina, reticle.

**mrežnica,** *n.* retina (of the eye).

**mrežnjača,** *vidi:* **mrežotina.**

**mrežokrilac,** *n.* neuropter.

**mrežotina,** *n.* wrinkle, rumple.

**mrgodan,** *vidi:* **mrgodast.**

**mrgodast,** *a.* gloomy, dismal, sad, mournful; melancholic.

**mrgodite se,** *v.* to frown, to scowl, to sulk.

**mrgodljiv,** *a.* frown, froward, cross, sulky.

**mrgođenje,** *n.* sulking, sullenness, sternness.

**mrha,** *n.* mare, jade.

**mrijest,** *n.* roe, spawn (of fish).

**mrijestiti se,** *v.* to spawn, to milt.

**mrijeti,** *v.* to die, to pass away, to expire.

**mrina,** *n.* muraena.

**mrk,** *a.* black, dark-brown, dun, fuscous, dingy, obscure; gloomy, dim, stern, lowering.

**mrkao,** *vidi:* **mrk.**

**mrkatunja,** *n.* quince.

**mrkli,** *vidi:* **mrk.**

**mrklica,** *n.* darkness, obscurity; eclipse.

**mrknuti,** *v.* to grow dark, to darken.

**mrkolast,** *a.* blackish.

**mrkonja,** *n.* brown-bull.

**mrkost,** *n.* ungraciousness, unwillingness.

**mrkov,** *n.* brown-horse.

**mrkulja,** *n.* brown-cow.

**mrkuša,** *n.* brown-mare.

**mrkva,** *n.* carrot.

**mrlja,** *n.* spot, stain; blot, mark, smear.

**mrljanje,** *n.* spotting.

**mrljati,** *v.* to soil, to dirty, to foul; to sully, to tarnish, to blot, to blotch.

**mrljav,** *a.* snotty, dirty, soiled.

**mrmljanje,** *n.* murmur, mutter.

**mrmljati,** *v.* to murmur, to mutter, to grumble, to growl; to hum; to mumble.

**mrmljavac,** *n.* mumbler.

**mrmoljak,** *n.* tadpole.

**mrmor,** *n.* murmur, grumbling, muttering.

**mrmoriti,** *v.* to murmur, to grumble; to whisper.

**mrnar,** *n.* sailor, seaman, mariner.

**mrjaukanje,** *n.* mew.

**mrnjaukati,** *v.* to mew, to miaow.

**mrnjkati,** *vidi*: **mrmljati.**

**mrož,** *vidi*: **morž.**

**mrs (ak),** *n.* flesh-day.

**mrsan,** *a.* fat, fleshy, carnal, of flesh.

**mrsiti,** *v.* to eat meat.

**mrska,** *n.* wrinkle, fold, plait, crease; (*oko oka*) crow's feet (*pl.*).

**mrsko,** *adv.* obnoxiously, hatefully.

**mrskost,** *n.* hatefulness.

**mrša,** *n.* leanness; carcass, carrion.

**mršati,** *v.* to become thin (*ili*) slender.

**mršav,** *a.* lean; slender, meager; fleshless, skinny.

**mršaviti,** *v.* to grow meager (*ili*) lean; to fall away, to emaciate.

**mršavost,** *n.* meagerness, leanness, thinness, skinniness.

**mršo,** *n.* skinny fellow.

**mrštalica,** *n.* cartilage, gristle.

**mrštati,** *v.* to growl, to snarl, to gnarl.

**mrština,** *n.* wrinkle, rumple.

**mrštiti,** *v.* to frown, to rumple, to wrinkle.

**mrtac,** *vidi*: **mrtvac.**

**mrtav,** *a.* dead, deceased, lifeless, inanimate; **Mrtvo More,** Dead Sea; — **kopriva;** dead (*ili*) white nettle.

**mrtavština,** *n.* funeral smell of a corpse, dead spot.

**mrtvac,** *n.* dead (*ili*) deceased person; corpse; dead body.

**mrtvačina,** *n.* mortuary.

**mrtvački,** *a.* funeral, mournful; — **kola,** hearse; — **oprava,** shroud; — **soba,** dead-chamber; — **škrinja,** coffin, casket; — **odar,** bier; — **koračnica,** funeral-march.

**mrtvačnica,** *n.* (*gradska*) morgue, mortuary.

**mrtvež,** *n.* lethargy, apathy.

**Mrtvi dan,** *n.* All Soul's Day.

**mrtvi porod,** *n.* stillbirth; **mrtvo puhalo,** a man without energy.

**mrtvilo,** *n.* lethargy, stupor, deadness.

**mrtvina,** *n.* mortuary.

**mrtvorođen,** *a.* stillborn.

**mrtvoud,** *n.* apoplexy, paralysis.

**mrtvoudan,** *a.* paralytic.

**mrtvozornik,** *n.* coroner.

**mrva,** *n.* crumb (of bread), small crumb, little bit.

**mivica,** *n.* small crumb.

**mrviti,** *v.* to crumble; to cut up, to parcel out.

**mrvljenje,** *n.* trituration, crumbling.

**mrzak,** *a.* hateful, odious, abominable; detestable, repugnant, opposite; contrary, tedious, obnoxious, revolting.

**mrzan,** *vidi*: **mrzak.**

**mrzav,** *a.* cold, cool, chilly; indifferent.

**mrzeći,** *vidi*: **mrzak.**

**mrzitelj,** *n.* hater.

**mrziti,** *v.* to hate, to abominate; to detest.

**mrzlica,** *n.* cold fever; ague.

**mrznuti se,** *v.* to freeze, to feel cold.

**mrzost,** *n.* hate, hatred; grudge.

**mrzovolja,** *n.* moroseness, antipathy, frowardness.

**mrzovoljan,** *vidi*: **mrzovoljast.**

**mrzovoljast,** *a.* ill-humored, ill-tempered; cranky, sulky, froward.

**mržnja,** *n.* hate, hatred; spite, rancour; grudge, antipathy, aversion; animosity, detestation; odium; — **na ljude,** misanthropy.

**muasera,** *n.* siege, blockade.

**muca,** *n.* stutterer, stammerer.

**mucanje,** *n.* stammering, stuttering.

**mucati,** *v.* to stutter to stammer.

**mucav**, *a.* stuttering, stammering.
**mucavac**, *n.* stutterer, stammerer.
**mučaljiv**, *a.* taciturn, silent, secretive.
**mučaljivost**, *n.* stillness, taciturnity, silence.
**mučan**, *a.* painful, laborious, difficult; grievous, afflicting; hard, grave.
**mučanje**, *n.* silence, reticence, peace.
**mučati**, *v.* to remain silent, to be silent, to keep silence; to hush.
**muče**, *adv.* tacitly, silently, secretly.
**mučeći**, *a.* silent, still, noiseless; dumb, mute.
**mučenica**, *n.* martyr.
**mučenički**, *a.* martyr's; excruciating, painful.
**mučenik**, *n.* martyr.
**mučeništvo**, *n.* martyrdom.
**mučenje**, *n.* torture, tantalization; mortification, persecution, excruciation.
**mučilac**, *n.* tormentor, torturer; hangman, tantalizer, crucifier.
**mučilo**, *n.* instrument of torture; missile, torture; torment, anguish.
**mučilište**, *n.* rack, torture-chamber.
**mučitelj**, *vidi*: **mučilac.**
**mučiteljica**, *n.* tormentress.
**mučiti (se)**, *v.* to torment, to torture, to rack, to plague, to trouble, to vex; to toil, to suffer, to slave, to cruciate; to struggle, to hustle.
**mučkati**, *v.* to shake.
**mučke**, *adv.* tacitly, silently, implicitly, secretly.
**mučnica**, *n.* flour-tub; (*u mlinu*) bolting-hutch.
**mučno**, *adv.* painfully, laboriously; (*teško*) hardly, heavily; (*zlo*) ill, badly.
**mučnost**, *n.* tediousness, toilsomeness.
**mučnjak**, *n.* bolting-hutch.
**mućak**, *n.* bad egg.
**mućkati**, *v.* to shake, to toss, to stir.
**mućurla**, *n.* awkward fellow, clown, lubber.
**muda**, *n.* testicles.
**mudar**, *a.* prudent, wise, sapient; sensible, canny, clever; philosophic, rational; discreet, intelligent.
**mudo**, *n.* testicle, cod.
**mudrac**, *n.* wise man, philosopher.
**mudrati**, *v.* to become wise (*ili*) prudent.
**mudrijaš**, *n.* sciolist, sophist.

**mudrina**, *n.* learning, erudition; knowledge; wisdom, sageness, sapience; philosophy.
**mudro**, *adv.* wisely, sagely, prudently; sensibly, sapiently, philosophically.
**mudrolija**, *n.* subtility, sagacity; sophism, sapience.
**mudroslov (ac)**, *n.* philosopher.
**mudroslovan**, *a.* philosophic.
**mudroslovlje**, *n.* philosophy.
**mudroslovni**, *a.* scholastic, philosophic.
**mudrost**, *n.* wisdom, prudence; sageness, knowledge.
**mudrovanje**, *n.* sophistry, refinement; minute inquiry (*ili*) investigation.
**mudrovati**, *v.* to philosophize, to scrutinize.
**muha**, *n.* fly; freak.
**Muhamed**, *n.* Mohammed.
**Muhamedovac**, *n.* Mohammedan; — **vjera**, Mohammedanism.
**muhar**, *n.* (*bil.*) Italian panic grass, millet.
**muhara**, *n.* (*gljiva*) toad-stool.
**muharnica**, *n.* fly-trap.
**muhobran**, *n.* (*prozor*) window-screen; (*vrata*) screen-door.
**muholovka**, *n.* fly-trap.
**muhomor**, *n.* fly-bane.
**mujezin**, *n.* muezzin, caller to prayer (*ili*) devotion.
**muk**, *n.* silence, stillness.
**muka**, *n.* pain; labor, toil; torment, difficulty; grief, trouble, torture; suffering, rack; (*brašno*) meal, flour.
**mukač**, *n.* toad; water-snake.
**mukanje**, *n.* bleating (of sheep), bellowing, lowing (of oxen, *itd.*).
**mukao**, *a.* hoarse, husky; hollow, dull.
**mukati**, *v.* to bellow, to roar, to low, to moo.
**muklo**, *adv.* tacitly, impliedly, silently.
**muknuti**, *v.* to raise a roaring; to awake by roaring; to moo.
**mukom**, *adv.* silently.
**mukotrpan**, *a.* suffering.
**mukotrpnost**, *n.* suffering, sufferance.
**muktadžija**, *vidi*: **muktaš.**
**muktariti**, *v.* to sponge.
**muktaš**, *n.* sponger, parasite, hanger-on, feeder, smell-feast.
**mukte**, *adv.* gratis; for nothing, free of charge.
**mula**, *n.* mule
**mulac**, *n.* mule, hinny.

**mulad,** *n.* bastard.
**multiplikacija,** *n.* multiplication.
**multiplikant,** *n.* multiplicand.
**mulj,** *n.* mire, mud, dirt, slime.
**muljati,** *v.* to press, to squeeze; to tread, to stamp upon, to crush; to bruise.
**muljevan,** *a.* slimy, muddy; mucous, pituitous; mucilagious, muculent.
**muljevit,** *vidi*: **muljevan.**
**muljić,** *n.* (*riba*) mud-fish.
**mumija,** *n.* mummy.
**mumlati,** *vidi*: **mumljati.**
**mumljanje,** *n.* muttering, hum, murmur.
**mumljati,** *v.* to mutter, to mumble, to muffle, to mump; (*žuboriti*) to murmur, to purl, to bubble, to hum.
**mumonja,** *n.* grumbler, growler, snarler.
**mumonjiti,** *v.* to murmur, to mutter, to grumble, to snarl, to repine.
**muna,** *n.* ape, monkey.
**munara,** *n.* minaret.
**mundir,** *n.* habit, dress, coat; uniform.
**municipij,** *n.* free town.
**munta,** *n.* auction, (public) sale.
**munuti,** *v.* to dash, to rush, to bolt in (*ili*) into.
**munja,** *n.* lightning; flash of lightning, thunderbolt.
**munjara,** *n.* power-house.
**munjevit,** *a.* like lightning, quick as lightning.
**munjina,** *n.* electricity.
**munjokaz,** *n.* electroscope.
**munjovod,** *n.* lightning-rod, conductor, thunder-rod, lightning-conductor.
**muo,** *n.* mole (-head), pier, dock.
**mur,** *n.* seal.
**mura,** *n.* loam, clay, mud.
**murdar,** *a.* careless, negligent, slovenly, disorderly; unclean, foul, filthy, dirty, untidy.
**murgast,** *a.* olive-green, olive-colored, olivaceous.
**murina,** *n.* muraena.
**murtatin,** *n.* traitor, betrayer, treacherous person.
**murva,** *n.* (*stablo*) mulberry-tree; (*plod*) mulberry.
**murvac,** *n.* wild mulberry-tree.
**musa,** *n.* sap, juice of trees.

**museveda,** *n.* calumniation, calumny, slander, defamation, detraction, backbiting.
**musevediti,** *v.* to calumniate, to slander, to defame, to asperse, to belie, to backbite.
**musevedžija,** *n.* calumniator, slanderer, detractor, defamer.
**muslin,** *n.* muslin.
**mustač,** *n.* mustache; (*kod životinja*) whiskers (*pl.*).
**musti,** *v.* to milk.
**mušica,** *n.* gnat, fly, midge; whim.
**mušičav,** *a.* whimsical, capricious, cranky.
**mušičavost,** *n.* crankiness, capriciousness.
**muškara,** *n.* hermaphrodite; virago.
**muškarac,** *n.* man, a male person, male.
**muškarača,** *vidi*: **muškara.**
**muškat,** *n.* muscadel, muscatel, muscat, muskadine.
**muškatnjak,** *n.* (*drvo*) nutmeg-tree.
**mušket,** *n.* musket, gun, firelock, fusil.
**mušketati,** *v.* to shoot to death, to fusillade.
**muški,** *a.* male, masculine, mannish, manlike.
**muško,** *n.* man, male person.
**muškobana,** *vidi*: **muškara.**
**mušmula,** *n.* (*plod*) medlar; (*drvo*) medlar-tree.
**muštarda,** *n.* mustard.
**mušterija,** *n.* customer, client.
**muštra,** *vidi*: **uzorak.**
**muštrati,** *v.* to drill, to exercise; (**se**) to be drilled, to muster.
**muštuluk,** *n.* reward; wages, pay, salary, fee.
**mušulin,** *n.* muslin.
**mutaf,** *n.* cover; lid.
**mutan,** *a.* (*voda*) thick, muddy; (*staklo*) dull, leaden; (*vrijeme*)cloudy, gloomy; darkish.
**mutav,** *a.* stammering, stuttering.
**mutavac,** *n.* deaf-mute.
**mutež,** *n.* settlings (*pl.*), sediment, lees, dregs (*pl.*).
**mutikaša,** *n.* mischief-maker, troublemaker, marplot, disturber, troublefeast.

**mutiti,** *v.* to trouble, to disturb, to render (*ili*) make turbid; (*tekućinu*) to muddle; (*oblačiti*) to cloud, to overcloud, to overcast, to darken; (*staklo*) to dull, to dim, to tarnish; (**se**) to become (get (*ili*) grow) troubled, to turbid, to get perplexed.

**mutlak,** *n.* blockhead, dullhead, thickhead, dunce, dolt, simpleton.

**multljag,** *vidi*: **mutež.**

**mutljiv,** *a.* tumultuous, turbulent, uproarious; riotous, seditious, mutinous.

**mutljivac,** *n.* stirrer, kindler of riots, putter on, rioter, incendiary, botherer.

**mutnoća,** *n.* muddiness; cloudiness.

**mutvica,** *n.* vine-shoot, vine-branch.

**muza,** *n.* milking time; (*božica*) muse.

**muzara,** *n.* (*krava*) milk-cow, milker.

**muzej,** *n.* museum.

**muzga,** *n.* spot, place; patch, blot, stain; stripe, streak.

**muzgav,** *a.* spotted, speckled, stained.

**muzički,** *a.* musical; poetical.

**muzika,** *n.* music.

**muzikalan,** *a.* musical.

**muzikant,** *n.* musician.

**muzilja,** *n.* milker.

**muzlica,** *n.* milk-pail.

**muznica,** *n.* dairy.

**muž,** *n.* man; (*suprug*) husband; (*seljak*) peasant, farmer.

**mužača,** *n.* peasant (*ili*) countrywoman.

**mužar,** *n.* mortar.

**muževan,** *a.* manly, manful; valiant, courageous, brave.

**muževno,** *adv.* manfully.

**muževnost,** *n.* manliness, manhood, virilty; courage, bravery.

**mužić,** *vidi*: **mužjak.**

**mužik,** *n.* moujik.

**mužjak,** *n.* little man; (*kod životinja*) male, mate; (*kod ptica*) cock.

**mužoženac,** *n.* hermaphrodite.

**mužoženski,** *a.* hermaphroditic.

# N

**na**, *prep.* on, upon, in, at, to, up, into, by, near, against, about; — *interj.* here!

**nabacati**, *v.* to throw at; to rough-cast, to plaster.

**nabaciti**, *v.* to throw on *(ili)* against.

**nabacivanje**, *n.* throwing *(ili)* casting on.

**nabacivati**, *v.* to throw on *(ili)* against, to cast, to fling, to toss up.

**nabadati**, *v.* to prick; to stick to, to pierce, to broach, to pin up.

**nabahivati**, *v.* to arrive at, to come close to.

**nabahnuti**, *vidi*: **nabahivati**.

**nabajati**, *v.* to humbug one, to impose upon one.

**nabanuti**, *vidi*: **nabahivati**.

**nabasanje**, *n.* finding, getting by chance.

**nabasati**, *v.* to find, to discover; to get to accidentally *(ili)* by chance.

**nabava**, *n.* acquisition, getting; purchase, supply; order, provision; procuration.

**nabaviti**, *v.* to procure, to furnish with, to provide; to buy, to purchase, to order; to supply, to maintain.

**nabavka**, *n.* delivery; supply, provision; purveyance.

**nabavljač**, *n.* purveyor, furnisher, supplier, provider, victualer.

**nabavljanje**, *vidi*: **nabava**.

**nabavljati**, *vidi*: **nabaviti**.

**nabavnik**, *vidi*: **nabavljač**.

**nabijač**, *n.* stamper, rammer, loader.

**nabijača**, *n.* round-stick, fagot-stick; club, cudgel; bat, truncheon, bludgeon.

**nabijanje**, *n.* stamping, hammering, striking, batting; *(cijene)* bidding.

**nabijati**, *v.* to strike at, to strike against, to beat, to knock; to spear, to pierce, to empale; *(cijenu)* to bid; *(pušku)* to load, to charge, to stuff; *(bačvu)* to tap, to broach.

**nabijeliti**, *v.* to whiten, to bleach; to wash, to clear; to grow white *(ili)* gray.

**nabijediti**, *v.* to denounce, to inform against.

**nabijen**, *a* beaten; loaded; stuffed up.

**nabirač**, *n.* plaiter; gatherer, gleaner; collector.

**nabiračiti**, *v.* to glean, to scrape up; to collect.

**nabiranje**, *n.* picking, gathering; collection.

**nabirati**, *v.* to gather, to collect, to pick; to gain, to get; to wrinkle, to plait.

**nabiti**, *vidi*: **nabijati**.

**nabježati se**, *v.* to run enough.

**nablagovati se**, *v.* to eat to satiety, to eat to the full.

**nablijed**, *a.* pale, pallid, van, bluish.

**nablizu**, *adv.* near, nigh, contiguous, close, adjoining, neighboring, approaching, at hand.

**nabljuvati**, *v.* to vomit, to spit.

**nabod**, *n.* bayonet.

**nabodica**, *n.* trouble-feast, cribbiter, quarreler.

**naboj**, *n.* charge, cartridge, shot; wadding; *(bolest konja)* wind-gall.

**nabojadisati**, *v.* to color, to tinge, to dye; *(papir)* to stain.

**nabojit**, *a.* dense, solid, compact, close, thick.

**nabokati se**, *v.* to cram with food.

**nabor**, *n.* fold, plait, crease; wrinkle.

**naborati**, *v.* to fold, to wrinkle; to plait, to furbelow.

**naboričast**, *a.* wrinkled, plaited.

**nabosti**, *v.* to spit, to pierce, to bore, to broach; to go through; to drill, to stick; *(na kolac)* to impale.

**nabožan**, *a.* pious, godly, religious, devotional.

**nabožnost**, *n.* piety, godliness, devotion, devoutness, religious feeling, spirituality.

**nabrajanje,** *n.* enumeration, counting.

**nabrajati,** *v.* to count down; to number, to enumerate, to reckon up.

**nabran,** *a.* wrinkled; corrugate;plaited.

**nabrati,** *v.* (*sakupiti*) to gather, to crop; (*nagomilati*) to heap (*ili*) hoard up, to collect, to stock; (*namrštiti*) to corrugate; (*u bore*) to plait, to crimple, to fold; to wrinkle, to shrivel; to ripple.

**nabrčica,** *n.* trouble-feast, crib-biter.

**nabrčiti,** *v.* to spoke.

**nabrčko,** *vidi:* **nabrčica.**

**nabrecit,** *a.* violent, impetuous, ardent, vehement; vigorous, powerful, strong.

**nabrecivati se,** *v.* to drive against; to arrive; to stop, to drive up, to come close to.

**nabrekao,** *a.* swollen; bloated; distended, turgid, turgescent.

**nabreknuti,** *v.* to bloat, to swell, to rise; to intumesce; to spring forth (*ili*) up; to be swollen (*ili*) puffed up; (*o vimenu*) to be distended (*with milk*).

**nabrenditi,** *v.* to begin to run, to take a run, to start; to swell, to rise, to intumesce.

**nabrizgati,** *v.* to squirt, to eject; to spatter.

**nabrkati,** *v.* to inveigle; to deceive, to fool.

**nabrojiti,** *v.* to count down; to number, to enumerate.

**nabrstiti,** *v.* to bud, to shoot.

**nabrusiti,** *v.* to whet, to sharpen.

**nabrzo,** *adv.* soon, shortly; nearly, almost.

**nabubati,** *v.* to cram.

**nabubriti,** *v.* to swell, to rise, to intumesce; to spring forth (*ili*) up, to be swollen (*ili*) puffed up.

**nabuhlost,** *n.* swell, tumefaction, tumidity.

**nabuhnuti,** *v.* to bloat, to swell.

**nabujati,** *v.* to swell, to puff up; to inflate, to grow big, to spring up.

**nabuna,** *n.* instigation.

**nabusit,** *a.* wrathful, angry; passionate, hot-headed.

**nabušiti,** *v.* to bore, to pierce, to perforate.

**nacakliti,** *v.* to polish, to burnish.

**nacifran,** *vidi:* **nakićen.**

**nacifrati (se),** *v.* to decorate, to adorn to ornament.

**nacijepati,** *v.* to split, to cleave to slit.

**nacmakati,** *v.* to grease, to make greasy, to oil.

**nacrn,** *a.* blackish.

**nacrpsti,** *v.* to draw up, to fetch up (*water*); to imbibe.

**nacrt,** *n.* drawing, design, sketch; diagram, projection, outline, lineation, plan.

**nacrtati,** *v.* to draw, to delineate, to mark; to design, to sketch, to plan, to project; (*opisati*) to describe.

**nacrtkati,** *v.* to streak, to stripe.

**nacvrkati se,** *v.* to get drunk, to booze.

**načekati se,** *v.* to wait enough.

**načelan,** *a.* principal, prime; chief; essential.

**načelnik,** *n.* mayor, chief, burgomaster.

**načelništvo,** *n.* mayoralty.

**načelo,** *n.* principle, maxim, rule, tenet; fundamental idea (*ili*) main condition; element, rudiment, beginning, motive; (*političko*) plank.

**načetak,** *n.* commencement, beginning, opening; first cut.

**načeti,** *v.* to cut, to cut into; to tap, to broach, to begin.

**načeto,** *adv.* abroach.

**načičkati,** *v.* to adorn, to decorate, to ornament.

**način,** *n.* manner, way, custom; sort, kind; style, mode, method; form, usage, mood.

**načiniti,** *v.* to make, to do, to perform; to execute, to accomplish, to build, to fix; (*prirediti*) to prepare, to fit, to make ready, to arrange; (*dogotoviti*) to finish, to end, to complete.

**načinjati,** *v.* to cut, to make the first cut, to break, to open; to begin, to enter upon.

**načitan,** *a.* well-read, deep-read.

**načitanost,** *n.* extensive reading, book-learning.

**načrčkati,** *v.* to scribble, to scrawl.

**načuditi,** *v.* to be astonished; to wonder at.

**načupati,** *v.* to pluck, to pick; to twitch.

**načuti,** *v.* to hear something.

**načuvati,** *v.* to spare, to save; to protect.

naćati, *vidi*: noćivati.

naći, *v.* to find, to find out, to contrive, to discover; to meet; (se) to find oneself; to be; to be found; to meet, to meet together, to agree.

naćuliti, *v.* — uši, to prick out one's ears.

naćve, *n.* kneading-trough, hutch.

nad, *prep.* over, above; beyond, by; upon, in, at, to, into, overhead; nada sve, above all.

nada, *n.* hope; expectation; view, prospect; encouragement, expectance.

nadahnuće, *n.* inspiration; suggestion; illumination, infusion.

nadahnuti, *v.* to inspire, to animate, to enliven; to encourage.

nadaleko, *adv.* far, far off, distant, at a distance, extensively.

nadalje, *adv.* farther, further, furthermore, again, moreover, then.

nadaljni, *a.* ulterior.

nadanđeoski, *a.* superangelic.

nadanuti, *vidi*: nadahnuti.

nadanje, *vidi*: nada.

nadarbenik, *n.* prebendary; commendator; beneficiary.

nadarbina, *n.* prebend, benefice.

nadaren, *a.* presented with, endowed with; (*umom*) talented, gifted.

nadarenost, *n.* (*umom*) talent, gift.

nadariti, *v.* to present with, to gift, to endow; to distribute, to bestow.

nadarje, *vidi*: nagrada.

nadasjati, *v.* to outshine.

nadati (se), *v.* to hope, to expect; to wait for, to await.

nadavati, *v.* to give enough; to lay (*ili*) put under; to give into the bargain, to add.

nadbaciti, *v.* to throw, to cast, to fling, to pitch.

nadbacivati, *vidi*: nadbaciti.

nadbijati, *vidi*: nadbiti.

nadbiskup, *n.* archbishop, metropolitan.

nadbiskupija, *n.* archbishopric, archiepiscopal palace.

nadbiskupski, *a.* archiepiscopal.

nadbiti, *v.* to vanquish, to conquer, to overcome; to gain, to overtrump; (*cijenu*) to overbid.

nadčovječan, *a.* superhuman.

nadćutan, *a.* supersensible, supersensual.

nadebeliti se, *v.* to become fat.

naderati se, *v.* to get drunk, to booze; (*navikati se*) to cry enough.

nadesiti, *v.* to hit; to meet with, to find at home, to befall.

nadesno, *adv.* on the right hand.

nadglasati, *v.* to outvote.

nadglasiti, *v.* to outcry, to exceed in clamor.

nadglavlje, *n.* entablature.

nadgled, *n.* inspection, superintendence; charge, control.

nadgledan, *a.* supervisory.

nadgledanje, *n.* inspection, control, supervision; superintendence, charge.

nadgledati, *v.* to look at, to view; to superintend, to control, to inspect; to oversee.

nadgledavanje, *n.* supervision, inspection.

nadglednik, *n.* inspector, overseer, superintendent; prefect; supervisor; warden.

nadgradnja, *n.* superstructure.

nadgroban, *a.* sepulchral; funeral; mournful; — kamen, tombstone; — slovo, funeral speech, eulogy; — natpis, epitaph.

nadgrobnica, *n.* grave (*ili*) tombstone, monument; (*pjesma*) funeral song, dirge.

nadići, *v.* to lift up, to raise, to elevate; (se) to get up, to stand up, to rise.

nadignut, *a.* raised; lifted, elevated.

nadigrati, *v.* to obtain a play; to win.

nadijevati, *v.* (*pričvrstiti*) to attach, to fasten, to join, to tie, to apply, to fix; -ime, to call names, to give a name.

nadilaziti, *v.* to surpass, to excel, to transgress, to exceed, to go beyond; to overdraw (one's account); to surmount.

nadimak, *n.* nickname, surname.

nadimanje, *n.* inflation.

nadimati se, *v.* to swell, to puff up, to inflate.

nadimiti, *v.* to smoke, to besmoke; to smoke a little, to fumigate, to cure.

nadimljen, *a.* smoky, smoked, cured.

nadirati, *v.* to begin, to tear; to take off, to pull (*ili*) pluck out.

naditi, *v.* to steel, to harden, to temper, to sharpen.

**nadivaniti se,** *v.* to converse at length.

**nadizati,** *v.* to set up; to erect, to lift.

**nadjačati,** *v.* to overcome, to vanquish, to overpower, to subdue, to conquer.

**nadjeljati,** *v.* to fit to, to adapt, to accommodate; to make right.

**nadjenuti,** *vidi*: **nadijevati.**

**nadjesti,** *vidi*: **nadijevati.**

**nadjeti,** *vidi*: **nadijevati.**

**nadjev,** *n.* stuffing, filling; (*imena*) *vidi*: **nadjevak.**

**nadjevac,** *n.* name-giver.

**nadjevak,** *n.* surname, nickname.

**nadjunačiti,** *v.* to vanquish.

**nadkukurijekati,** *v.* to overcrow.

**nadlagati,** *v.* to surpass in lying; (se) to vie in lying.

**nadlajati,** *v.* to barken; to argue one out.

**nadlakat,** *vidi*: **nadlaktica.**

**nadlaktica,** *n.* upper arm.

**nadletjeti,** *v.* to overfly.

**nadležan,** *vidi*: **nadležni.**

**nadležni,** *a.* competent, qualified, appertaining, authorized, juridical, jurisdictional.

**nadležnost,** *n.* competence, competency, appurtenance, jurisdiction.

**nadliječnik,** *n.* chief-physician.

**nadmah,** *n.* excellence, advantage, superiority; desirable quality, merit; (*o konju*) points.

**nadmašan,** *a.* preponderant, prevailing.

**nadmašiti,** *v.* to surpass, to excel, to exceed; to beat, to outvie, to outgo, to outdo; to predominate, to preponderate, to overbalance.

**nadmašni,** *a.* predominant, superior.

**nadmašnost,** *n.* superiority, preponderance, mastery; advantage, transcendence, prevalence.

**nadmetanje,** *n.* contest, emulation, rivalry, rivalship; competition, wager.

**nadmetati (se),** *v.* to compete, to rival, to vie with; to prefer, to overbid, to outbid.

**nadmetnuti,** *vidi*: **nadmetati.**

**nadmoć,** *n.* superiority, transcendence.

**nadmoćan,** *a.* transcendent, superior.

**nadmoćnik,** *n.* superior man.

**nadmoćnost,** *n.* mastery, superiority, preponderance, overweight.

**nadmudriti,** *v.* to outwit, to dupe; to overreach, to trick, to circumvent; to surpass.

**nadmudrivanje,** *n.* outwitting, circumvention.

**nadmudrivati,** *v.* to outwit.

**nadnaravan,** *a.* supernatural, preternatural; unearthly.

**nadnaravno,** *adv.* supernaturally, preternaturally.

**nadnevak,** *n.* date.

**nadnica,** *n.* daily wages (*pl.*), perdiem.

**nadničar,** *n.* day-laborer, hireling, journey-man.

**nadničarka,** *n.* charwoman, daywoman.

**nadničarski,** *a.* day-laborer's.

**nadničiti,** *v.* to work as a day-laborer; to do odd jobs.

**nadnijeti,** *v.* to carry over.

**nadno,** *adv.* below; down-stairs; at the bottom.

**nadnositi,** *v.* to bear, to sustain, to support (*something*).

**nado,** *n.* steel.

**nadoći,** *v.* to come up, to come on (*ili*) near; to approach, to advance, to draw near; to arrive unexpectedly, to happen to arrive (*ili*) be present.

**nadodadba,** *n.* addition, adjunct; make-weight; supplement.

**nadodati,** *vidi*: **nadodavati.**

**nadodavanje,** *n.* superaddition, adding.

**nadodavati,** *v.* to add, to superadd; to give into the bargain.

**nadodvjetnik,** *n.* attorney general; **pomoćni-,** assistant (deputy) attorney.

**nadograditi,** *v.* to add, to build to; to wall up (*ili*) in.

**nadojiti,** *v.* to suckle, to nurse; to milk.

**nadoknaditi,** *v.* to replace, to repair; to compensate; to refund; to restore, to reward, to recompense; to make up.

**nadoknadiv,** *a.* supplemental, reparable.

**nadoljeti,** *v.* to defend oneself, to offer resistance; to overpower, to overcome, to overwhelm, to subdue.

**nadolaziti,** *v.* to come flocking, to come to; to approach, to arrive at.

**nadomak**, *a.* near (*in place*), nigh, contiguous, close, handy; near (*in time*), at hand, approaching, imminent.

**nadometak**, *n.* addition.

**nadometanje**, *n.* addition, higher bidding.

**nadometati**, *v.* to add, to give, to bring to, to say in addition; to subjoin.

**nadometnuti**, *vidi*: **nadometati**.

**nadomjestiti**, *v.* to make up, to compensate; to refund, to supersede.

**nadoplatak**, *n.* perquisite.

**nadopuniti**, *v.* to complete, to supply; to fill up.

**nadopunjak**, *n.* supplement.

**nadopunjiv**, *a.* supplemental, supplementary.

**nadostaviti**, *v.* to add, tŏ subjoin.

**nadostavljati**, *vidi*: **nadostaviti**.

**nadošlica**, *n.* foreigner, stranger; new-comer.

**nadovezati**, *v.* to tie; to bind, to fasten, to annex.

**nadovezivati**, *vidi*: **nadovezati**.

**nadovoljiti**, *v.* to content, to satisfy; (**se**) to be tired of, to be sick of.

**nadprirodan**, *a.* supernatural.

**nadprirodno**, *adv.* supernaturally.

**nadranar**, *n.* surgeon-mayor (*ili*) general.

**nadrasti**, *v.* to overgrow.

**nadražiti**, *v.* to incite, to instigate; to excite, to stimulate.

**nadraživati**, *vidi*: **nadražiti**.

**nadrepak**, *n.* backbone, spine; chine; vertebral column.

**nadrepina**, *vidi*: **nadrepak**.

**nadrijeti**, *v.* to tear off; to tear out, to pull out.

**nadriknjiga**, *n.* half-scholar, sciolist.

**nadriliječnik**, *n.* quack, quacksalver, mountebank, charlatan.

**nadriliječništvo**, *n.* quackery, empiricism.

**nadripisar**, *n.* scribbler; pettifogger.

**nadripjesnik**, *n.* poetaster, rimer.

**nadriučenjak**, *n.* half-scholar, sciolist; pretender of learning.

**nadrljanje**, *n.* scribbling.

**nadrljati**, *v.* to scrawl, to scribble.

**nadrobiti**, *v.* to crumble, to crumb up.

**nadrobno**, *adv.* in detail.

**nadrškati**, *v.* to stir up; to instigate.

**nadsjati**, *v.* to outshine.

**nadskakivati**, *v.* to outjump, to skip.

**nadskočiti**, *vidi*: **nadskakivati**.

**nadstojnica**, *n.* directress, conductress, forewoman; — **samostana**, prioress, abbess.

**nadstojnik**, *n.* director, principal, superior, manager, warden; — **samostana**, prefect, abbot.

**nadstojništvo**, *n.* office of a director, administration; priorate.

**nadstrešnica**, *n.* projecting roof, penthouse; fore-roof (*of a coach*).

**nadšumar**, *n.* chief-forester (*ili*) ranger.

**nadtrbušni**, *a.* epigastric.

**nadučitelj**, *n.* head-master; principal.

**naduha**, *n.* (*u konja*) brokenwind.

**naduhanje**, *n.* inflation.

**naduhati**, *v.* to swell, to puff up; to inflate, to blow, to bloat.

**nadušiti (se)**, *v.* to break (*ili*) burst out into a laugh; to laugh out; to awake by laughing.

**nadut**, *a.* bloated, sodden, swollen; puffed up; inflated; arrogant, conceited.

**naduti(se)**,*v.* to swell up, to puff up, to bloat; to tumefy, to bulge.

**naduto**, *adv.* proudly, haughtily, arrogantly.

**nadutost**, *n.* haughtiness, vainglory; inflation, tumidness, conceitedness, arrogance, presumption.

**naduvati**, *vidi*: **naduhati**.

**naduven**, *vidi*: **nadut**.

**naduvenost**, *vidi*: **nadutost**.

**nadveden**, *a.* coving.

**nadvesti (se)**, *v.* to cove.

**nadvezati**, *v.* to tie up, to bind, to fasten.

**nadvezivati**, *vidi*: **nadvezati**.

**nadvikati**, *v.* to outcry, to outbellow, to outroar.

**nadviri (va)ti (se)**, *v.* to peep in.

**nadvisivač**, *n.* surmounter.

**nadvisi (va)ti**, *v.* to surpass; to exceed; to excell; to overreach, to overtop, to surmount.

**nadvišiti**, *vidi*: **nadvisi (va)ti**.

**nadviti (se)**, *v.* to overcast, to get cloudy; to overspread.

**nadvjesiti**, *v.* to overhang.

**nadvladanje**, *n.* struggle, effort; predominance; hegemony. .

**nadvladati,** *v.* to overcome, to vanquish, to subdue, to master; to outdo; to conquer; to triumph, to exult; to surmount; to rise above; to overmatch.

**nadvlast,** *n.* supremacy, predominance.

**nadvoditi (se),** *v.* to come over (*ili*) across.

**nadvojvoda,** *n.* archduke.

**nadvojvodina,** *n.* archdukedom.

**nadvojvotkinja,** *n.* archduchess.

**nadvor,** *adv.* out; — *interj.* come out!

**nadvorni,** *a.* external, outward.

**nadvornik,** *n.* steward; private tutor, governor.

**nadvući,** *v.* to drag over.

**nadzemaljski,** *a.* above the earth; superterrestrial, unearthly; celestial, supernatural, divine.

**nadzemni svijet,** *n.* the gods above, celestial deities.

**nadziranje,** *n.* inspection, superintendence, charge, supervision.

**nadziratelj,** *n.* inspector, overseer, superintendent; warden.

**nadzirati,** *v.* to inspect, to oversee, to superintend; to watch, to control, to supervise.

**nadzor,** *n.* inspection, superintendence; watch, guard; control.

**nadzorni,** *a.* supervisory; proctorial.

**nadzornik,** *n.* superintendent; controller, manager, inspector, supervisor.

**nadzorništvo,** *n.* superintendence, mastership; inspection; inspectorate, inspectorship.

**nadžagbaba,** *n.* ill-natured, peevish, cross woman.

**nadžak,** *n.* club; battle-ax, war-ax, broad-ax, bill.

**nadživjeti,** *v.* to outlive, to survive.

**nađubriti,** *v.* to manure.

**nafta,** *n.* (*petroleum*) naphtha.

**nag,** *a.* naked, bare, uncovered, nude.

**nagađač,** *n.* guesser, conjecturer.

**nagađanje,** *n.* conjecture, presumption; guess, hypothesis.

**nagađati,** *v.* to conjecture, to guess, to divine, to surmise; to presume, to suspect, to infer, to suppose.

**naganjati,** *v.* to chase; to urge.

**nagao,** *a.* impetuous; (*nepromišljen*) inconsiderate; rash; (*brz*) in a hurry; urgent, anxious; precipitate, rapid, speedy; quick-tempered, snappish.

**nagariti,** *v.* to besmear with soot, to blacken.

**nagaziti,** *v.* to run in, to stamp in; to run against; to rush upon.

**nagib,** *n.* declevity, propensity, proneness, inclination; slope, dip, gradient.

**nagibač,** *n.* tilter.

**nagibanje,** *n.* inclination, tilting.

**nagibati,** *v.* to incline, to bend; to tilt; to bow; (**se**) to bow, to feel inclined.

**naginjanje,** *vidi:* **nagibanje.**

**naginjati,** *vidi:* **nagibati.**

**nagizdati (se),** *v.* to adorn, to decorate, to ornament, to deck, to embellish.

**nagladovati,** *v.* to starve.

**naglas (ak),** *n.* sound; tone; note; accent; accentuation; (*izrazitost*) emphasis; — *adv.* loudly.

**naglasiti,** *v.* to accent, to accentuate; (*osobito naglasiti*) to emphasize.

**naglasivanje,** *n.* accentuation.

**naglavak,** *n.* upper-leather (*of a shoe*), cap of the boot.

**naglavce,** *adv.* headlong; hastily; swiftly.

**naglaviti,** *v.* to vamp (*boots*); to push, to shove on (*ili*) forward.

**nagledati se,** *v.* to look to satiety.

**nagliti,** *v.* to hasten; to make haste; to hurry; to overtake, to spoil by hurry; to precipitate; (**se**) to be over-hasty, to be in a hurry.

**naglo,** *adv.* hastily; in haste, in a hurry, quickly; rapidly; precipitately, violently.

**naglost,** *n.* haste, rapidity, hurry, precipitation; (*nepromišljenost*) inconsiderateness, rashness.

**nagluh,** *a.* hard of hearing, thick of hearing.

**nagljenje,** *vidi:* **naglost.**

**nagnati,** *v.* to force, to compel, to urge, to necessitate.

**nagnijezditi se,** *v.* to make a nest.

**nagnojiti,** *v.* to manure, to dung, to muck; to fertilize.

**nagnuće,** *n.* inclination; bias, affection; dip, slope; proneness, bent, propensity; kindness.

**nagnut,** *a.* inclined, bent, atilt; (*o biljkama*) declinate, declinous.

**nagnuti,** *v.* to incline, to bow, to slope, to bend; (**se**) to stoop, to verge; to list.

**nagnječiti,** *v.* to bray, to grind, to pound; to bruise; to tread, to stamp upon, to press; to squeeze, to oppress.

**nagnjen,** *vidi:* **nagnut.**

**nagnjenost,** *n.* obliquity.

**nagnjesti,** *v.* to stuff, to cram.

**nagoda,** *n.* settlement, agreement; compromise, adjustment; arrangement, arbitration.

**nagodba,** *vidi:* **nagoda.**

**nagoditi se,** *v.* to agree, to settle; to compromise, to adjust.

**nagojiti,** *v.* to foster, to nurse, to take care of, to attend to.

**nagomilati,** *v.* to heap up, to accumulate, to pile; to stock, to treasure.

**nagomilavanje,** *n.* heaping together (*ili*) up.

**nagomilavati,** *vidi:* **nagomilati.**

**nagon,** *n.* instinct, impulse; desire; motive, constraint; coercion, stimulation, propulsion.

**nagonica,** *n.* throng, crowd; (*bolest*) determination of blood to the head.

**nagoniti,** *vidi:* **nagnati.**

**nagonski,** *a.* instinctive, spontaneous.

**nagorice,** *adv.* most, mostly, for the most (*ili*) greatest part.

**nagorjeti,** *v.* to burn.

**nagorkinja,** *n.* mountaineer, highlander.

**nagost,** *n.* nakedness, bareness, nudity.

**nagota,** *vidi:* **nagost.**

**nagovaranje,** *n.* exhorting, exhortation, persuasion, encouragement; instigation.

**nagovaratelj,** *n.* persuader; addresser.

**nagovarati,** *v.* to talk over, to persuade, to encourage.

**nagovijest,** *n.* allusion, hint, reference; warning.

**nagovijestiti,** *v.* to indicate, to signify, to point out, to show; to prognosticate, to announce.

**nagovješćivanje,** *n.* signifying; indication, sign, token; warning.

**nagovješćivati,** *vidi:* **nagovijestiti.**

**nagovještanje,** *n.* allusion, hint; intimation, suggestion.

**nagovor,** *n.* persuasion, conviction; influence; invocation.

**nagovoriti,** *v.* to persuade, to induce, to advise, to prevail, to engage; to enlist, to instigate.

**nagrabiti,** *v.* to gather hastily; to collect in haste, to snatch up (*ili*) together, to hurry together; (**se**) to collect (*ili*) recover by an effort; to make a desperate exertion.

**nagrada,** *n.* reward, recompense, compensation; return; premium, prize, present, retribution; tip; (*plaća*) wages, pay, salary, fee.

**nagraditi,** *v.* to reward; to compensate, to remunerate; to gratify; to tip.

**nagradni,** *a.* remunerative, remuneratory.

**nagrađivač,** *n.* recompenser; rewarder.

**nagrađivanje,** *n.* recompense, reward.

**nagrađivati,** *vidi:* **nagraditi.**

**nagrajsati,** *v.* to run against, to get in trouble.

**nagrcati se,** *v.* to swallow enough (*water*); to heap together (*ili*) up.

**nagrda,** *n.* monster, monstrosity; deformity, disfiguration, defacement; caricature.

**nagrditi,** *v.* to disfigure, to deform, to distort, to deface, to misshape; (*izgrditi*) to insult, to affront.

**nagrđen,** *a.* disfigured, defaced; misshapen, deformed.

**nagrđivač,** *n.* caricaturist; garbler.

**nagrđivanje,** *n.* disfiguring, distortion; misrepresentation; disfigurement.

**nagrepsti,** *v.* to scratch up.

**nagristi,** *v.* to bite on; to nibble, to take the bait; (*o kiselini*) to corrode.

**nagrizati,** *vidi:* **nagristi.**

**nagrižen,** *a.* nibbled, corroded.

**nagrk,** *a.* bitterish.

**nagrkost,** *n.* bitterishness.

**nagrnuti,** *v.* to heap up, to accumulate, to agglomerate; to press forward.

**nagroban,** *vidi:* **nadgroban.**

**nagrobnica,** *vidi:* **nadgrobnica.**

**nagromadati,** *v.* to conglomerate.

**nagrtač,** *n.* accumulator.

**nagrtanje,** *n.* accumulation.

**nagubac,** *n.* muzzle.

**naguliti,** *v.* to rub upon, to gall; to apply by rubbing; to consume in rubbing.

**naguljez,** *n.* crab's walker.

**naguske,** *adv.* backward; from behind.

**nagutati se,** *v.* to swallow up.

**nagužvati,** *v.* to rumple up, to ruffle up.

**nagvaždati,** *v.* to behave affectedly, to affect shyness.

**naheren** *a.* oblique, wry; slanting; 'slant, sloping; crooked, awry.

**naherenost,** *n.* obliquity; wryness.

**naheriti (se),** *v.* to oblique, to slant.

**nahero,** *adv.* obliquely, aslant, awry, slantwise, sideways.

**nahija,** *n.* district, territory; department; province, sphere.

**nahiljivati,** *v.* to be half-blind.

**nahlada,** *n.* cold; catarrh; rheum.

**nahladiti (se),** *v.* to catch cold.

**nahod,** *n.* find, thing found; (*dijete*) foundling.

**nahodati se,** *v.* to grow tired by walking.

**nahodište,** *n.* foundling hospital; foundling home.

**nahoditi,** *v.* to find, to find out, to meet with; to contrive, to discover; (**se**) to find oneself, to be present; — *vidi*: **nahodati se.**

**nahodnik,** *n.* foundling.

**nahramivati,** *v.* to limp a little.

**nahranče,** *n.* foster-child.

**nahraniti,** *v.* to feed, to nourish, to satiate, to support; to foster.

**nahranka,** *n.* foster-daughter.

**nahrupiti,** *v.* to make a rush (*ili*) dash; to drive against; to surprise, to attack suddenly.

**nahuckati,** *v.* to stir up.

**nahuditi,** *v.* to hurt, to harm, to injure; to impair, to mar.

**nahuškati,** *v.* to suborn, to goad on; to instigate, to incite.

**nahvalice,** *adv.* on purpose.

**nahvaliti,** *v.* to praise, to eulogize.

**nahvatati,** *v.* to catch, to apprehend, to entrap.

**naići,** *v.* to meet, to find; to run against; to swell.

**naigrati se,** *v.* to play enough.

**naijedati,** *v.* to bite, to nibble.

**naijediti,** *v.* to make angry.

**naijest,** *n.* satiating; satiety; (*kemički*) saturation.

**nailaziti,** *vidi*: **naići.**

**nailaženje,** *n.* supervention.

**naimanje,** *n.* hiring, farming.

**naimati,** *v.* to farm, to rent, to take on lease, to hire, to take up.

**naime,** *adv.* namely; particularly; especially; viz, to-wit; that is.

**naimenovati,** *v.* to nominate, to name, to appoint.

**naiskap,** *adv.* to the last drop.

**naisti,** *vidi*: **naići.**

**naivan,** *a.* ingenuous; naive.

**naivnost,** *n.* ingenuousness; naivete.

**naizmjence,** *adv.* alternatively, alternately, by turns, by rotation, by spells (*ili*) course, interchangeably.

**naizmjenični,** *a.* alternate, rotatory, subalternate; changeable, variable, various, varied.

**naizredice,** *adv.* by ranks, by files.

**naizust,** *adv.* by heart; **znati naizust,** to know by heart, to have by rote; **učiti naizust,** to learn (*ili*) get by heart, to commit, to memory.

**najahati,** *v.* to attack, to assail, to assault, to aggress; (**se**) to have enough riding.

**najam,** *n.* letting out; hiring; renting; **dati u najam,** *v.* to hire, to let, to rent.

**najamiti,** *v.* to get on, to bring up; to produce, to procure.

**najamlik,** *vidi*: **najamnik.**

**najamnica,** *n.* workwoman for pay.

**najamniče,** *n.* young hired servant.

**najamnik,** *n.* hired servant, laborer, jobber; hireling, mercenary, tenant.

**najamnina,** *n.* hiring, hire, hire (price), rent; rent of farm.

**najavi** (*na javi*), *adv.* before the public, publicly.

**najaviti,** *v.* to notify, to announce; to mention, to inform (a person of); to give notice of; (**se**) to present oneself; to announce oneself; to report, to make a call.

**najaziti,** *v.* to conduct, to derive.

**najbliže,** *adv.* nearest, very near, next, proximately.

**najbliži,** *a.* next, nearest, closest, approximate.

**najbolji,** *a.* best, very-best.

**najdalje,** *adv.* furthest, furthermost.

**najdaljnji,** *a.* furthermost, furthest.

najdonji, a. lowermost.

najdulje, adv. longest.

najedanput, adv. at once, suddenly, unexpectedly, extempore.

najedati, v. to corrode, to nibble.

najediti, vidi: naijediti.

najednako, adv. equally, just as, equitably; in like manner, as well; evenly.

najednom, adv. at once, at the same time; abruptly, suddenly.

najedrati, v. to grow big, to grow; to augment, to increase, to swell, to rise.

najemnik, vidi: najamnik.

najest, vidi: naijest.

najesti, v. to bite, to satiate; (kemički) to saturate; (se) to eat to satiety; to eat to the full.

najezda, n. irruption, invasion.

najezditi, v. to invade, to intrude, to break in, to encroach upon.

najeznički, a. invasive, encroaching, intruding.

najeznik, n. invader encroacher, intruder.

naježen, a. bristly.

naježiti se, v. to bristle up; to shudder, to shiver; to stand erect.

najgore, adv. worst.

najkrajnji, a. utmost, extreme.

najlak, adv. slowly; tardy.

najmanji, a. the least; minimum.

najmanje, adv. least, very little; not at all.

najme, vidi: naime.

najmenik, vidi: najamnik.

najmilije, adv. most lovely, delightfully, best.

najmitelj, n. tenant, lodger; lessee; freighter, charterer.

najmiti, v. to hire, to rent; to take, to farm, to take on lease; to charter, to engage.

najmljen, a. hired, mercenary.

najmodavac, n. lessor.

najmovina, n. letting out, hiring; renting; freighting of a ship; rent of a farm.

najniži, a. lowest, last; basest; undermost, lowermost.

najnoviji, a. latest.

najpogubniji, a. worst, most pernicious.

najposlije, adv. at last, finally, after all, lastly.

najposljedni, a. extreme, last.

najprije, adv. first, at first, first of all; for the present.

najprvi, a. first.

najstražnji, a. last; hindmost.

najudaljenji, a. farthest, uttermost, furthermost.

najveć, adv. mostly, for the most part.

najveći, a maximum, greatest; highest, very great; chief, principal; the farthest, utmost.

najvećma, vidi: najveć.

najviše, adv. mostly, uppermost, at the most.

najviši, a. supreme, highest, tallest; uppermost, extreme, uttermost.

najvoljeti, v. to like most.

najzad, adv. at last, finally, after all.

najzadnji, a. last; lowest; worst; utmost; rearmost.

nakaditi, v. to smoke up, to besmoke; to dun; (tamjanom) to incense.

nakajati, v. to avenge, to revenge; (se) to take vengeance.

nakalamiti, v. to ingraft; to implant.

nakan, a. determined, resolved, resolute.

nakana, n. intention, intent, purpose, design; (odluka) decision; resolution, determination.

nakaniti, v. to intend, to make up one's mind, to have in view, to resolve, to take to task.

nakanjiti se, v. to get cloudy; to darken.

nakanjivati se, v. to prepare; to intend.

nakapati, v. to drop in, to instil, to dribble.

nakapnica, n. cistern; pit, reservoir.

nakarade, n. preparations (pl.), preparatives (pl.); silliness.

nakarati, vidi: karati.

nakastiti, v. to resolve on, to intend.

nakaz (a), n. monster; prodigy; ugly girl; crippled (ili) maimed man.

nakazan, a. deformed, monstrous, misbegot, unshaped.

nakazati, v. to deform, to distort, to disfigure; to deface, to mar, to mutilate; to mangle, to cripple, to stunt, to misshape; (se) to become deformed.

nakazivanje, n. mutilation.

nakaznost, n. monstrosity, monstrousness.

**nakićen,** *a.* decorated, ornate, sparkish, prim.

**nakidati,** *v.* to tear, to rend, to pull.

**nakinđuriti se,** *v.* to equip, to fit out; to dress up, to rig out; to clean, to polish.

**nakinjiti,** *v.* to torment, to vex; to knock up, to overtask.

**nakiseliti,** *v.* to leaven; to pickle.

**nakiseo,** *a.* sourish, tartish; (*kemički*) acidulous, acetous, subacid, acescent.

**nakisnuti,** *v.* to get sour, to be sourish.

**nakišati,** *vidi:* **nakvasiti.**

**nakit,** *n.* ornament, jewels; attire; finery, adornment.

**nakititi,** *v.* to adorn; to dress; to trim; to attire, to deck, to embellish.

**naklad,** *n.* shipment, (*lađe*) cargo.

**naklada,** *n.* publication, edition.

**nakladač,** *n.* packer.

**nakladati,** *v.* to stock; to load.

**nakladnik,** *n.* publisher.

**nakladom,** *adv.* published by.

**naklanjati se,** *v.* to bend, to bow.

**naklapalo,** *n.* babbler, gossip, chatterer, tattler.

**naklapanje,** *n.* chatter, tittle-tattle, talk, babble.

**naklapati,** *v.* to chatter, to gossip, to chat, to drivel, to twaddle.

**naklati,** *v.* to kill enough, to finish killing.

**naklon,** *n.* bow; curtsy; compliment; — *a.* (*sklon*) inclined, indulgent; favorable, propitious.

**nakloniti se,** *v.* to nod, to bow, to curtsy; (*nakriviti se*) to bend, to stoop.

**naklonost,** *n.* kindness, goodwill, predisposition, favor; grace, interest; affection; tendency; inclination, propension.

**naklonjen,** *a.* rakish; turned; inclined.

**naklonjenost,** *n.* inclination, partiality.

**naklopiti,** *v.* to come off, to come untied, to be undone; to work off, to loosen; (**se**) to pursue; to persecute; to follow up, to fall (*ili*) to pounce upon.

**nakljukati,** *v.* to cram; to pick at.

**nakljuvati,** *v.* to pick at.

**naknada,** *n.* indemnification, indemnity; amends; recompense, reward; reimbursement, restitution; bonus; reparation.

**naknadan,** *a.* supplementary, supplemental, additional.

**naknaditi,** *v.* to replace, to repair; to compensate; to refund; to repay, to indemnify.

**naknadiv,** *a.* reparable.

**naknadno,** *adv.* additionally, by way of addition; further, afterwards.

**naknađivanje,** *n.* requittal; compensation, retrieval.

**naknađivati,** *vidi:* **naknaditi.**

**nako,** *conj.* unless, except that, but that, why.

**nakon,** *prep. i adv.* after, behind; then.

**nakopati,** *v.* to dig out (up).

**nakopavati,** *vidi:* **nakopati.**

**nakositi,** *v.* to mow (down).

**nakostriješiti se,** *v.* to bristle, to stand erect.

**nakotiti,** *v.* to bring forth many young ones.

**nakovalo,** *vidi:* **nakovanj.**

**nakovanj,** *n.* anvil.

**nakovati,** *v.* to forge on.

**nakraj,** *prep.* at the end, by.

**nakrasiti se,** *v.* to adorn, to decorate, to ornament, to deck, to embellish, to trim.

**nakrasti,** *v.* to collect (*ili*) amass by theft; to steal.

**nakratko,** *adv.* shortly.

**nakrcan,** *a.* laden, loaded, full, fraught.

**nakrcati,** *v.* to load up, to freight; (*lađu*) to lade (*a ship*).

**nakremiti,** *v.* to bend, to bow; to incline, to turn.

**nakresati,** *v.* to poll (*trees*), to lop off; to clip.

**nakretati,** *v.* to incline, to bend; to tilt, to turn.

**nakriv,** *a.* crooked, oblique.

**nakriviti,** *v.* to slope, to crook, to bend, to oblique, to incurvate.

**nakrivljen,** *a.* slant, incurvate.

**nakrivljeno,** *adv.* slantingly, slantwise.

**nakrivljenost,** *n.* wryness; crookedness.

**nakrivo,** *adv.* askew, awry, obliquely; indirectly; unfairly.

**nakrmiti,** *v.* to replace, to repair, to compensate; to refund; (*nahraniti*) to feed, to nourish.

**nakropiti,** *v.* to besprinkle, to water.

**nakrpiti,** *v.* to repair, to patch up.

**nakrstan,** *a.* crosswise, diagonal.

**nakruniti,** *v.* to shell, to pick; to clean; to gin cotton.

**naksjutra,** *adv.* the day after tomorrow.

**nakudraviti,** *v.* to curl, to frizzle.

**nakuhati,** *v.* to cook plenty.

**nakup,** *n.* purchase.

**nakupiti,** *v.* to gather, to collect, to purchase; (**se**) to flock together; to shrink; to curdle.

**nakupovanje,** *n.* shopping; gathering.

**nakupovati,** *v.* to buy, to purchase; to acquire.

**nakvasiti,** *v.* to water, to irrigate; to macerate, to soak, to moisten.

**nakvašen,** *a.* soak, wet, juicy, pultaceous, soppy.

**nakvašenost,** *n.* moistness, moisture.

**nalaganje,** *n.* ordering, prescription; putting on; laying.

**nalagatelj,** *n.* imposer; loader.

**nalagati,** *v.* to lay on, to put on, to load; (*naložiti*) to order, to command, to ordain; to prescribe; (*komu što*) to give orders; (*potvoriti*) to lie, to tell lies.

**nalaštiti,** *v.* to shine up, to brighten up.

**nalaz (ak),** *n.* finding, find, thing found; (*otkriće*) discovery.

**nalazište,** *n.* habitat, whereabouts.

**nalaziti,** *v.* to find, to discover; to meet with, to perceive; to reside; (**se**) to find oneself, to be at, to be present.

**nalaznik,** *n.* finder, discoverer.

**nalecanje,** *n.* obstrusion, encroachment, intrusion.

**naleći se,** *v.* to lean upon (*ili*) against; to lean one's back against; to rely upon.

**naleđaške,** *adv.* supinely, lying on the back.

**naleđba,** *n.* indorsement.

**naleđice,** *adv.* on the back.

**naleđiti,** *v.* to indorse, to back.

**naleđivač,** *vidi:* **naleđnik.**

**naleđnik,** *n.* indorser, endorser.

**nalet,** *n.* rush, flush; concussion, impact.

**naletica,** *n.* hot-headed (*ili*) hotbrained person, hotspur, split-fire, fume.

**naletjeti,** *v.* to fly against; to appear suddenly, to rush at; to approach galloping, to run against; to fall against.

**naležati se,** *v.* to lie (*ili*) rest enough.

**nalicati,** *vidi:* **naličiti.**

**naličan,** *a.* (*o osobi*) resembling, like; (*o stvari*) like, alike, similar; (*o pojmu*) analogous, analogical.

**naličiti,** *v.* to resemble, to be like; *namazati*) to paint; to smear.

**naličje,** *n.* backside; reverse; image, similitude.

**nalično,** *adv.* in like manner, similarly.

**naličnost,** *n.* analogy.

**nalijecanje,** *n.* intrusion, encroachment.

**nalijegati,** *v.* to belong; to belong to, to appertain, to be requisite.

**nalijepiti,** *v.* to post, to stick up; to stick to, to adhere; to paste, to glue.

**nalijetati (se),** *v.* to fly against; to fall against, to drive against.

**nalijevati,** *v.* to pour at, to pour against; to water (*plants, lime, mortar*).

**nalik,** *vidi:* **naličan.**

**nalikost,** *n.* likeness, resemblance; similarity, similitude; analogy, agreement; **čudnovata nalikost,** a striking likeness.

**nalikovati,** *vidi:* **naličiti.**

**naliti,** *vidi:* **nalijevati.**

**nalog,** *n.* order, precept, command; dictation, direction, injunction; **platežni —,** order of payment; (*uhitnica*) warrant.

**naloga,** *n.* crowd, throng; tumult, row; attack, onset; (*bolest*) determination of blood to the head.

**nalojiti,** *v.* to tallow.

**nalomiti,** *v.* to break up a little; to break off.

**naloš,** *a.* not entirely good.

**naložen,** *a.* ordered, directed; loaded.

**naložiti,** *v.* (*zapovjediti*) to order, to dictate, to instruct, to command, to direct; (*nametati*) to put on, to load; to impose; (*vatru*) to heat, to warm, to get up steam.

**nalupati,** *v.* to beat, to cudgel.

**nalužac,** *n.* islet, ait.

**naljeći,** *vidi:* **naljesti.**

**naljesti,** *v.* to come by (*ili*) past; to pass near; to go through; to happen, to come to.

**naljev,** *n.* infusion; drink-offering, libation.

**naljevanje,** *n.* pour, pouring, watering.

**naljevati,** *vidi:* **nalijevati.**

**nalježba,** *n.* reward to the finder.

**naljoskati se,** *v.* to get drunk (*ili*) tipsy.

**naljubiti se,** *v.* to love, to hug plenty.

**naljut,** *a.* acidulous, subacid; sourtempered.

**naljutiti,** *v.* to make angry, to drive one frantic, to provoke, to anger; (**se**) to grow angry; to quarrel, to fall out.

**nam (a),** *pron.* us, to us.

**namaći,** *v.* to produce, to procure; to raise money.

**namagliti,** *v.* to cover with mist.

**namah,** *adv.* instantly; just now, at once, immediately.

**namahivati,** *v.* to wave with hand.

**namakanje,** *n.* irrigation; immersion.

**namakati,** *v.* to dip, to immerse; to percolate, to pervade.

**namaknuti,** *vidi:* **namaći.**

**namama,** *n.* lure, enticement; bait, decoy, allurement.

**namamiti,** *v.* to lure, to allure, to decoy, to bait; to attract, to entice, to bring over; (*zavađati*) to seduce, to mislead, to delude.

**namarica,** *n.* hatchet, ax.

**namastiti,** *v.* to grease, to make greasy.

**namatati,** *v.* to spool, to wind on.

**namazati,** *v.* to smear, to daub, to besmear; to paint.

**namečiti se,** *v.* to get used, to accustom, to habituate.

**namekšati,** *v.* to make soft, to tender.

**namen,** *n.* mission.

**namet,** *n.* impost, tax, duty, toll, contribution, imposition.

**nametak,** *n.* delivery; agio, premium.

**nametan,** *a.* troublesome, offensive; shameless, impudent.

**nametanje,** *n.* obtrusion, intrusion; infliction.

**nametati,** *v.* to lay on, to put on; to impose.

**nametkinja,** *vidi:* **nametnica.**

**nametljiv,** *a.* importunate, troublesome, obtrusive; forward, officious.

**nametljivost,** *n.* obtrusiveness, officiousness, importunacy.

**nametnica,** *n.* obtruder, parasite.

**nametnički,** *a.* parasitic.

**nametnik,** *n.* parasite, obtruder; intruder, sponger, interloper.

**nametnuti,** *vidi:* **nametati.**

**namežuranost,** *n.* rugosity

**namežurati,** *v.* to wrinkle; (**se**) to get wrinkles.

**namicati,** *v.* to produce, to procure.

**namigivač,** *n.* winker.

**namigivalo,** *vidi:* **namigivač.**

**namigivanje,** *n.* winking, flirting, ogling; intimation, nictation.

**namigivati,** *v.* to beckon to; to make a sign; (*okom*) to wink, to ogle.

**namigljaj,** *n.* wink, twinkle.

**namigljiv,** *a.* coquettish, flirting.

**namignuti,** *v.* to wink, to beckon to, to nod at (*ili*) to.

**namiguša,** *n.* coquette, flirt; courtesan.

**namijeniti,** *v.* to destine for, to intend for; to dedicate, to inscribe; to devote; to appoint; to determine.

**namira,** *n.* acquittance, discharge, receipt.

**namirba,** *n.* settling.

**namiren,** *a.* settled, paid.

**namirenje,** *n.* reimbursement, cash; payment.

**namirisati,** *v.* to perfume, to sweeten.

**namiritelj,** *n.* adjuster.

**namiriti,** *v.* to satisfy, to pay, to pay off; to reimburse, to repay; to receipt, to balance; (**se**) to compound (with), to make a settlement.

**namirivanje,** *n.* satisfaction; compromise.

**namisao,** *n.* intention, intent, purpose, design, idea, thought, notion, project, object.

**namisliti,** *v.* to intend, to resolve; to decide.

**namišljen,** *a.* intended.

**namjena,** *n.* view, intention; purpose, determination.

**namjeniti,** *vidi:* **namjenjivati.**

**namjenjivati,** *v.* to appoint, to define; to determine; to destine (for), to purpose; to dedicate.

**namjer (a),** *n.* intention, intent, purpose, design; mark, aim, prospect, consideration, notion, object, designation.

**namjeran,** *a.* intentional.

**namjeravan,** *vidi*: **namjeran.**

**namjeravanje,** *n.* plan, intention, design, purpose.

**namjeravati,** *v.* to intend, to be about; to purpose, to design, to contemplate, to plan.

**namjerenje,** *n.* plan; design, scheme, intention, purpose.

**namjerice,** *adv.* intentionally, willfully.

**namjeriti,** *vidi*: **namjeravati (se),** to meet by chance.

**namjernik,** *n.* chance visitor.

**namjerno,** *adv.* on purpose.

**namjernost,** *n.* design, forethought, premeditation.

**namjesni,** *a.* vicarial, vicegerent, vicarious.

**namjesnik,** *n.* substitute, deputy; trustee, administrator; appointee, vicar; (*provincije*) governor; proconsul.

**namjesništvo,** *n.* deputation, proxy, representation, vicariate, vicarship; governorship, proconsulate, vicegerency.

**namjestiti,** *v.* (*smjestiti*) to place, to posture, to set; to dispose, to rank; to install, to inaugurate, to establish; (*srediti*) to put in order, to adjust; (*uposliti*) to employ, to put to work.

**namjesto,** *adv.* instead, in place of.

**namještaj,** *n.* contrivance; arrangement, institution; suit; (*kućni*) furniture, household furniture, piece of furniture.

**namještalac,** *n.* furnisher.

**namještati,** *vidi*: **namjestiti.**

**namljeti,** *v.* to mill, to grind up.

**namnožiti,** *v.* to increase, to augment; (**se**) to multiply.

**namočiti,** *v.* to wet, to moisten, to soak, to macerate, to steep.

**namoljen,** *a.* obtained by prayer.

**namorina,** *n.* influenza.

**namotati,** *v.* to spool, to wind up, to roll up, to coil, to furl.

**namotriti,** *v.* to see, to discover.

**namračiti se,** *v.* to get dark, to darken.

**namrgoditi (se),** *v.* to frown, to scowl, to gloom; (*čelo*) to wrinkle, to knit.

**namrgođen,** *a.* morose, surly, peevish, cross; (*o vremenu*) dark, cloudy, overcast, dull.

**namrgođeno,** *adv.* morosely, peevishly.

**namrgođenost,** *n.* moroseness, sulkiness, frowardness.

**namrijeti,** *v.* to entail, to bestow.

**namršten,** *a.* wrinkled, ugly.

**namrštenost,** *n.* ugliness, frown.

**namrštiti se,** *vidi*: **namrgoditi. se.**

**namrviti,** *v.* to crumb, to crumble.

**namučiti (se),** *v.* to torture; to vex, to plague; to worry, to torment, to excruciate.

**namuljiti,** *v.* to deposit; to float.

**namusti,** *v.* to milk.

**nana,** *n.* mother; (*bil.*) peppermint.

**nanašanje,** *n.* bringing on, conveying; accumulation, gathering; collecting, depositing.

**nanašati,** *vidi*: **nanijeti.**

**nanesti,** *vidi*: **nanijeti.**

**nanijeti,** *v.* to bring, to carry, to convey; (*nakupiti*) to accumulate; to heap (*ili*) hoard up; to gather, to collect, to stock; (*naložiti*), to depose, to deposit.

**nanišaniti,** *v.* to aim, to take aim.

**nanititi,** *v.* to thread (a needle).

**naniz,** *n.* necklet; necklace; beads; string.

**nanizati,** *v.* to string (together); to file.

**nanos,** *n.* alluvium, alluvion; deposit, drift.

**nanositi,** *v.* to deposit; to heap up; to accumulate.

**nanovo,** *adv.* anew, afresh, once more, again.

**nanj,** *pron.* on him; to him.

**nanjegovati,** *v.* to foster, to rear, to cherish, to promote.

**nanjušiti,** *v.* to scent, to smell; to find out; to track, to hunt out.

**naoblačen,** *a.* cloudy, obscure; gloomy; sullen.

**naoblačiti se,** *v.* to cloud, to overcloud, to overcast, to becloud; to obscure.

**naobrazba,** *n.* education, training; culture.

**naobraziti,** *v.* to educate; to cultivate.

**naobrazovanje,** *vidi*: **naobrazba.**
**naobražen,** *a.* educated, cultured.
**naobručati,** *v.* to hoop; to encircle.
**naobručiti,** *vidi*: **naobručati.**
**naočali,** *n.* eyeglasses, spectacles, goggles.
**naočari,** *vidi*: **naočali.**
**naočarka,** *n.* hooded snake, cobra.
**naočice,** *vidi*: **naočigled.**
**naočigled,** *adv.* evidently, plainly, visibly, ocularly.
**naočit,** *a.* evident; undeniable.
**naočnik,** *n.* (pair of) spectacles; binocle, folders (*eye-glass*); monocle.
**naočnjaci,** *n.* goggles; blinkers, winklers.
**naoko,** *adv.* formally, apparently.
**naokolo,** *adv.* around, round about, all around.
**naopačke,** *vidi*: **naopako.**
**naopak,** *a.* inverted, upside down, reversed; wrong; contrary; sinistrous, sinister.
**naopako,** *adv.* the wrong way, awry, backward, topsy-turvy; wrongly; invertedly, inversely, conversely; reversely.
**naoputiti,** *v.* to clasp; to comprise, to include; to surround; to border, to trim; to lace,
**naorati,** *v.* to plow, to till, to cultivate.
**naoružan,** *a.* armed, equipped.
**naoružanje,** *n.* armament; warlike preparation.
**naoružati,** *v.* to arm, to equip.
**naoružavanje,** *vidi*: **naoružanje.**
**naoštren,** *a.* sharpened.
**naoštriti,** *v.* to whet, to sharpen; to set, to grind.
**napačen,** *a.* perverse; contrary.
**napad,** *n.* insult; attack; (*o bolesti*) seizure, fit, spell.
**napadač,** *n.* assailant, aggressor.
**napadaj,** *n.* attack, assault; rush.
**napadanje,** *n.* offensive, attack, assault.
**napadati,** *v.* to fall against; to attack, to invade, to assault, to drive against.
**napadni,** *a.* aggressive.
**napadnik,** *n.* assailant, aggressor.
**napajalac,** *n.* drinker.
**napajanje,** *n.* fetching of water; watering place; watering.
**napajati,** *v.* to water, to give to drink, to soak, to drench, to steep.
**napaka,** *n.* shortcoming, fault.

**napaliti,** *v.* to light, to kindle; to excite.
**napamet,** *adv.* by heart; outwardly.
**napanjkati,** *v.* to calumniate, to backbite, to slander.
**napariti,** *v.* to fumigate, to penetrate (*as vapor*).
**napasnica,** *n.* temptress.
**napasnik,** *n.* tempter; trier.
**napast,** *n.* temptation; disturbance; inconvenience, trouble; (*nesreća*) mischance, accident, misfortune, disgrace; ill-fortune.
**napastan,** *a.* tempting, alluring.
**napasti,** *v.* to attack, to assault; to assail, to insult.
**napastovanje,** *n.* temptation.
**napastovati,** *v.* to tempt, to try, (*dosađivati*) to importunate, to molest, to incommode, to annoy, to trouble, to embarrass.
**napašnjak,** *vidi*: **napasnik.**
**napatiti,** *v.* to torment, to vex, to distress, to worry; (**se**) to suffer.
**napecati,** *v.* (*ribe*) to angle enough.
**napečati,** *v.* to press, to squeeze.
**napeći,** *v.* to bake plenty; to roast-, to boil-, to fry well.
**naperak,** *n.* annexation.
**naperen,** *a.* aimed, pointed, leveled, directed.
**naperiti,** *v.* to point, to turn, to aim at; -**pušku,** to point a gun at; -**topove,** to level at; (*upraviti*) to direct.
**napet,** *a.* stretched; strained; taut; tight; intense, intent; **napeti odnošaji,** strained relations.
**napeti,** *v.* to draw up, to pull up; to tighten, to stretch; to span, to exert; (**se**) to erect oneself; to swell up.
**napeto,** *adv.* tensely.
**napetost,** *n.* tension; strain; close attention, strained terms (*ili*) relations; curiosity; tenseness, intensity, intensiveness.
**napijač,** *n.* toaster, toastmaster.
**napijalica,** *n.* toast; sentiment.
**napijati,** *v.* to drink to, to pledge, to toast.
**napijevka,** *n.* drinking song, toast, sentiment.
**napinjač,** *n.* span-frame, stretcher, spanner.
**napinjanje,** *n.* exertion, straining, tension; (*vjetrova*) flatulence.
**napinjati,** *vidi*: **napeti.**

**napipati,** *v.* to feel out, to grope; to fumble.

**napiriti,** *v.* to blow up, to inflate.

**napis,** *n.* inscription, direction; address.

**napisan,** *a.* written, inscribed.

**napisati,** *v.* to write; to score up; to compose, to inscribe.

**napit,** *a.* drunk, tipsy, intoxicated.

**napitak,** *n.* potion, draught, drink, toast.

**napitati,** *v.* to fatten, to nourish; to support; (*ispitati*) to ascertain by inquiry.

**napiti,** *v.* to drink to, to pledge, to toast; (**se**) to get drunk.

**napitnica,** *n.* drinking-song; (*nazdravica*) toast.

**napitost,** *n.* drunkenness, intoxication.

**napjev,** *n.* air, melody, tune, chant, rhyme.

**naplaćivati,** *vidi:* **naplatiti.**

**naplakati se,** *v.* to weep much, to have a good cry.

**naplat,** *n.* upper-leather (of a shoe).

**naplata,** *n.* payment, reimbursement, repayment, compensation; settlement.

**naplatak,** *n.* felly, jaunt; (*nadoplatak*) bonus, extra allowance.

**naplatiti,** *v.* to compensate; to pay in full, to reward, to remunerate.

**naplava,** *n.* float, alluvium, alluvion.

**naplavak,** *vidi:* **naplava.**

**naplaviti,** *v.* to deposit; to flow against.

**naplavljen,** *a.* inundated, flooded, alluvial.

**naplesti,** *v.* to knit on; to add in knitting; to foot, to twist, to joint to.

**napletati,** *vidi:* **naplesti.**

**naplijeniti,** *v.* to plunder, to pillage, to capture.

**naplivati,** *v.* to swim to.

**naploditi se,** *v.* to grow to, to grow up, to increase; to multiply.

**naploviti,** *vidi:* **naplivati.**

**napljačkati,** *vidi:* **naplijeniti.**

**napljuvati,** *v.* to spit upon, to expectorate.

**napo,** *adv.* by half; **napo puta,** half way.

**napoj,** *n.* drink, drinking, potion, drench.

**napojište,** *n.* watering-place (*for animals*).

**napojiti,** *v.* to water (*cattle*), to give to drink; to soak; to drench.

**napojnica,** *n.* tip, gratuity.

**napokon,** *adv.* at last, finally, after all, lastly.

**napo**(**lak**), *adv.* in half; by half.

**napoličar,** *n.* small farmer.

**napolje,** *adv.* out, forth, outside, on the outside, out of doors.

**napolju,** *adv.* without, out, out of doors.

**napomena,** *n.* mention; warning; advice; notice, observation, remark.

**napomenuti,** *v.* to mention; to remind, to notice.

**napomol,** *adv.* in face (*ili*) sight of; considering.

**napon,** *n.* exertion, effort.

**napopasti,** *v.* to fall against; to seize, to take up; to affect.

**napor,** *n.* exertion, effort, endeavor.

**napora,** *vidi:* **navora.**

**naporan,** *a.* fatiguing, trying; painful, laborious.

**naporedan,** *a.* parallel, collateral.

**naporednica,** *n.* parallel.

**naporedno,** *adv.* side by side, abreast, together.

**napose,** *adv.* separately, especially, singly, singularly, aside, apart.

**napostiti,** *v.* to fast, to starve.

**napovijed,** *n.* (*ženitbena*) bans of marriage.

**napram**(**a**), *prep.* towards; opposite; against.

**naprasan,** *vidi:* **naprasit.**

**naprasit,** *a.* violent; fierce, passionate, fiery, hot-headed, impetuous.

**naprasito,** *adv.* violently, vehemently, irritably; suddenly.

**naprasitost,** *n.* violence, passion; suddenness, abruptness.

**naprašiti,** *v.* to get dusty, to powder.

**naprava,** *n.* preparation; machinery.

**napravac,** *adv.* straight-forward, directly.

**napravica,** *n.* work; action, deed; workmanship.

**napraviti,** *v.* to make; to do; to construct; to manufacture; to prepare, to fabricate.

**napravljati,** *vidi:* **napraviti.**

**naprazno,** *adv.* gratis, for nothing, in vain, to no purpose.

**naprćen,** *a.* snobbish, arrogant, haughty, chesty.

**naprćenac,** *n.* snob.
**naprćeno,** *adv.* snobbishly.
**naprćiti,** *v.* to throw up; to pout, to sulk (*usta, nos*); (se) to grow angry; to quarrel, to fall out.
**naprečac,** *adv.* straight-forward, immediately.
**napreći,** *v.* to strain; to exert; (se) to exert oneself.
**napredak,** *n.* progress, improvement, prosperity; advance; well-being.
**napredan,** *a.* progressive, successful, onward, prosperous.
**napredati,** *v.* to contrive, to plot.
**naprednjak,** *n.* progressive.
**napredovanje,** *n.* advance, progress, progressing, advancement.
**napredovati,** *v.* to proceed; to make progress; to improve; (*tjelesno*) to develop; (*u poslu*) to prosper, to thrive.
**napredujući,** *a.* onward, progressive.
**napregnut,** *a.* intense, strained.
**napregnuti,** *v.* to strain; to constrain; to apply.
**naprešit,** *a.* hasty; speedy; pressing, urgent, instant.
**naprezanje,** *n.* exertion, effort; strain, struggle; intension, laboring.
**naprezati,** *v.* to strain, to overstrain; to exert, to labor.
**naprijed (a),** *adv.* before, in front, on, ahead, forward.
**na primjer,** *adv.* for instance, for example, namely.
**naprkonjiti se,** *v.* to grow angry; to quarrel, to fall out.
**naprositi,** *v.* to collect by begging.
**naprosto,** *adv.* plainly, simply, absolutely.
**naprotiv,** *prep.* against; contrary to; — *adv.* on the contrary, vis-a-vis.
**naprsnik,** *n.* breast-bone.
**naprstak,** *n.* thimble; (*bil.*) digitalis, fox-glove.
**napršče,** *n.* infant, child of the breast, nursling, nurse-child; baby, babe; sucker.
**napršnjak,** *n.* thimble.
**naprtiti,** *v.* to load on; (se) to take charge of, to be answerable for.
**naprugati,** *v.* to stripe.
**naprvo,** *adv.* ahead, forward, on.
**naprženica,** *n.* spit-fire, hotspur; hot-headed (*ili*) hot-brained person.

**napržit,** *a.* hot, ardent, warm; zealous, eager, keen, fervid; hot-blooded, hot-headed, passionate, hasty.
**napržiti,** *v.* to roast plenty.
**napsovati se,** *v.* to rebuke, to abuse; to insult, to call names.
**naptati,** *v.* to trace out, to track.
**napučati se,** *v.* to grow angry, to quarrel, to fall out.
**napučen,** *a.* populous, peopled.
**napučiti,** *v.* to people, to populate; to settle.
**napući,** *vidi:* napuknuti.
**napučiti se,** *v.* to pout, to sulk; to bear a grudge (*ili*) ill-will.
**napučivanje,** *n.* instruction, education; guidance.
**napučivati,** *v.* to guide, to instruct, to point out; to assign; to direct; to advise; -na zlo, to misguide.
**napuhati,** *v.* to puff up; to blow up, to inflate.
**napuhnjen,** *a.* blown; replete, puffy.
**napuhnjenost,** *n.* puffiness, repletion.
**napuhnuti,** *v.* to pump, to blow up.
**napujdati,** *v.* to stir up; to instigate.
**napukao,** *a.* leaky, cleft, split.
**napuknuti,** *v.* to become leaky, to crack, to burst; to spring.
**napuniti,** *v.* to fill (up); to stuff; to replenish; to load; to charge.
**napunjati,** *vidi:* napuniti.
**napunjen,** *a.* full, filled.
**napunjivanje,** *n.* replenishment.
**napupčiti,** *vidi:* napupiti.
**napupio,** *a.* budded; swollen.
**napupiti,** *v.* to bud, to put forth (buds), to burgeon; to gem.
**napustiti,** *v.* to leave, to forsake, to give up; to part with, to desert, to quit; to withdraw, to relinquish.
**napušćati,** *vidi:* napustiti.
**napuštenje,** *n.* desertion, abandonment; abdication, relinquishment; departure, forsaking.
**naputak,** *n.* instruction, mandate, information; order, direction.
**naputiti,** *v.* to instruct, to inform, to advise, to direct; to assign, to point out, to admonish.
**naputnica,** *n.* instruction, advice; -bankovna, bank-advice; -novčana, money-order; trgovačka, assignment.
**naradalo,** *n.* fabler, tale-teller.
**naradaljka,** *n.* tattler, talker.

**naradati**, *v.* to talk, to tattle, to twaddle, to prate, to chatter.

**naraditi**, *v.* to do much, to make plenty.

**narađati**, *v.* to bring forth many.

**naramak**, *n.* pack, package, parcel, bundle; armful.

**naramenica**, *n.* epaulet, shoulderpiece.

**naramnica**, *n.* braces, suspenders *(pl.)*.

**naranča**, *n.* *(plod)* orange; *(drvo)* orange-tree.

**narančast**, *a.* orange.

**narandža**, *vidi*: **naranča**.

**naraslica**, *n.* bronchocele, trancheocele.

**narast**, *n.* growth, formation; tread, treadle.

**narastak**, *n.* increase, increment.

**narastao**, *a.* grown up.

**narasti**, *v.* to increase; to grow, to thrive; to swell, to grow up; to rise; to germinate.

**narastven**, *a.* customary; moral, ethical.

**naraštaj**, *h.* generation, race; posterity, descent.

**narav**, *n.* *(čovjeka)* temper; constitution; nature; genius; disposition of mind; character; *(priroda)* nature.

**naravan**, *a.* natural; plain, simple, unaffected; genuine, artless, unartificial; *(iskren)* ingenuous, sincere, frank, open.

**naravnati**, *v.* to straighten.

**naravno**, *adv.* naturally, of course; simply; innately, unaffectedly.

**naravnost**, *n.* simplicity; plainness, frankness; naturalness, innateness.

**naravoslovlje**, *n.* knowledge of nature; physics, natural philosophy, natural science.

**naravski**, *vidi*: **naravan**.

**naravstven**, *vidi*: **narastven**.

**naravstvenost**, *n.* manners *(pl.)*; morals, customs, ways *(pl.)*.

**nareći**, *v.* to destine for, to intend for.

**nared**, *n.* domestic establishment, (household) furniture; household stuff, furnishing, movables *(pl.)*.

**naredan**, *a.* *(slijedeći)* following; *(udesan, zgodan)* convenient, comfortable; fit; easy; easy to deal with, handy, *(gotov)* ready, prepared; disposed, willing.

**naredba**, *n.* order, command; proclamation, regulation, rule; statute, law, ordinance; prescript, commandment.

**narediti**, *v.* to order; to regulate; to direct, to command; to prescribe; to dispose.

**narednik**, *n.* sergeant.

**naredno**, *adv.* conveniently, easy.

**naređivanje**, *n.* regulation, ordering.

**naređivati**, *vidi*: **narediti**.

**naresiti**, *v.* to adorn, to deck, to adjust, to fit up; to trim.

**nareskan**, *a.* serrate (d).

**nareskati**, *v.* to cut into, to slice up.

**narezanci**, *n.* *(rezanci)* noodles.

**narezati**, *v.* to cut into, to slice up.

**nareznica**, *n.* slice, cut, chip, shred.

**naricaljka**, *n.* funeral dirge.

**naricanje**, *n.* bewailing, mourning.

**naricatelj**, *n.* mourner.

**naricati**, *v.* to lament, to mourn, to bewail, to deplore.

**narikača**, *n.* wailing woman *(at funeral)*.

**narinuti**, *v.* to crowd against, to obtrude, to bring up.

**narisati**, *v.* to design, to draw, to delineate.

**narječje**, *n.* dialect, idiom.

**narkotičan**, *a.* narcotic.

**narkoza**, *n.* narcosis.

**naročit**, *a.* special, particular, singular, peculiar; explicit, declaratory.

**naročito**, *adv.* expressly, explicitly.

**naročitost**, *n.* explicitness.

**narod**, *n.* people, nation; public, population; *(svjetina)* crowd, throng.

**narodan**, *a.* national; *(veoma poznat)* popular.

**naroditi se**, *v.* to be born.

**narodni**, *vidi*: **narodan**.

**narodnost**, *n.* nationality.

**narodnjak**, *n.* patriot.

**narodoljubac**, *n.* friend of (to) the people, a popular man.

**narodoljubiv**, *a.* popular; democratic.

**narodopis**, *n.* history of nations; ethnography.

**narodoznanstvo**, *n.* folk-lore.

**narođenje**, *n.* birth; extraction; descent.

**narok**, *n.* fate, destiny; lot, chance.

**narovašen**, *a.* jagged.

**narovašiti**, *v.* to indent, to jag.

**narozati (se)**, *v.* to wrinkle.

**naručaj,** *n.* armful, armhold.
**naručan,** *a.* handy; convenient.
**naručati se,** *v.* to eat to satiety.
**naručba,** *n.* order.
**naručbina,** *vidi*: **narudžbina.**
**naručitelj,** *n.* ordering party, consignee.
**naručiti,** *v.* to order.
**naručje,** *n.* armful.
**naručka,** *n.* cuffs, manacle.
**naručnik,** *n.* customer; buyer (*of goods*); (*kod svećenika*) maniple.
**narudan,** *a.* frizzly, crinkled, crisped.
**narudati,** *v.* to frizzle, to crinkle.
**narudžbina,** *n.* order.
**narugati se,** *v.* to deride, to mock; to scoff, to jeer; to ridicule.
**naruka,** *vidi*: **narudžbina.**
**narukvica,** *n.* bracelet, armlet.
**narumeniti (se),** *v.* to paint, to rouge.
**narušavanje,** *n.* disturbance, interruption; violation, infraction.
**narušitelj,** *n.* disturber; breaker, interrupter; molester, intruder; violator.
**narušiti,** *v.* to impair; to violate; to disturb, to infringe; — **zakon,** to violate the law.
**naružiti,** *v.* to insult, to affront, to outrage, to abuse; to disgrace.
**nasad,** *n.* planting; plantation; park, garden.
**nasaditi,** *v.* to plant, to settle; to place; (**se**) to be wrecked, to miscarry, to fail.
**nasađivanje,** *n.* planting, sowing.
**nasađivati,** *vidi*: **nasaditi.**
**nasamariti,** *v.* to impose upon, to dupe, to mystify, to trick.
**nasamo,** *adv.* alone, solitarily; aside.
**nasap,** *n.* dam, dike; causeway; (*željeznički*) embankment.
**nasapunati,** *vidi*: **nasapuniti.**
**nasapuniti,** *v.* to soap; to wash with soap, to lather.
**nase,** *adv.* back, backwards.
**naselac,** *n.* immigrant.
**naselan,** *a.* populous.
**naselbina,** *n.* settlement, colony.
**naselište,** *n.* settlement.
**naseliti,** *v.* to colonize, to populate, to settle.
**naselje,** *n.* dwelling; habitation; houserent.

**naseljen,** *a.* populated, peopled, settled.
**naseljenik,** *n.* settler, colonist; planter.
**naseljenost,** *n.* population, inhabitation.
**naseljivanje,** *n.* colonization, settlement.
**naseobeni,** *a.* colonial.
**naseobina,** *n.* settlement, colony.
**nasijati,** *v.* to sow.
**nasijecati,** *v.* to begin to cut, to cut a little of.
**nasilan,** *a.* forcible, violent, outrageous; despotic, suppressive, oppressive.
**nasilice,** *adv.* forcibly.
**nasiliti,** *v.* to press forward; to force, to compel.
**nasilnik,** *n.* despot, tyrant, encroacher.
**nasilnost,** *n.* violence, outrage; despotism, tyranny.
**nasilje,** *vidi*: **nasilnost.**
**nasip,** *n.* dike, dam.
**nasipati,** *v.* to pour against, to throw against; to heap up; to pour upon; to strew on.
**nasisati se,** *v.* to suck, to suckle.
**nasititi,** *v.* to satiate, to satisfy; to sodden.
**nasjecati,** *v.* to cut enough.
**nasjeći,** *v.* to cut a little of, to cut on; to begin to cut; (*drva*) to cleave.
**nasjedati,** *vidi*: **nasjesti.**
**nasjesti,** *v.* to strand, to be stranded, (*ili*) beached, to run ashore; to run against; (*biti nasamaren*) to be imposed upon; to get stung.
**naskakivati,** *vidi*: **naskočiti.**
**naskočiti,** *v.* to fall against; to attack, to invade; to assault; to sally.
**naskok,** *n.* sally.
**naskoro,** *adv.* soon, shortly; nearly, almost; as soon as possible.
**naskvariti,** *v.* to corrupt, to spoil, to decay.
**naslada,** *n.* pleasure, delight, joy, gratification, enjoyment.
**nasladan,** *a.* pleasant, delightful, salacious.
**nasladiti,** *vidi*: **naslađivati.**
**naslađivati (se),** *v.* to delight, to rejoice, to gladden, to give joy, to enjoy, to be delighted with.

**naslaga,** *n.* layer, bed, stratum, sediment, pile.

**naslagan,** *a.* set up, piled up, stacked.

**naslagati,** *v.* to pile up, to stack, to set up.

**naslanjanje,** *n.* recumbency, leaning.

**naslanjati,** *v.* to lean upon (*ili*) on, to lean against; to recline.

**naslati,** *v.* to send to; to send enough.

**naslijediti,** *v.* to inherit; to succeed.

**naslijeđen,** *a.* hereditary.

**naslikan,** *a.* painted.

**naslikati,** *v.* to paint a picture; to depict, to portray.

**naslon,** *n.* support; back (of a chair); balustrade, banister.

**nasloniti,** *v.* to lean upon (*ili*) against.

**naslonjač,** *n.* elbow-chair, arm-chair.

**naslonjenje,** *n.* reclination, leaning.

**naslov,** *n.* title, head; superscription; direction; address; (*na novčanicama*) indorsement; (*na stvarima*) label; (*na spomenicama, itd.*) inscription.

**naslovni,** *a.* titular, titled.

**naslovnik,** *n.* consignee, addressee.

**naslućivati,** *v.* to anticipate, to feel; to prognosticate; to presume, to sense.

**naslušati se,** *v.* to have listened enough.

**naslutiti,** *vidi*: **naslućivati.**

**naslužiti,** *v.* to serve (out) one's time; to hand.

**nasljedak,** *n.* inheritance, heritage; succession; estate.

**nasljedan,** *vidi*: **nasljedni.**

**nasljediv,** *a.* heritable.

**nasljedni,** *a.* hereditary, inheritable; secondary, subsequent.

**nasljednica,** *n.* heiress.

**nasljednik,** *n.* heir, successor; follower; (*prijestolja*) heir to the throne.

**nasljedovanje,** *n.* succession; imitation.

**nasljedovati,** *vidi*: **naslijediti.**

**nasljedstvo,** *n.* inheritance; succession, heirship, heirdom.

**nasljedstvom,** *adv.* through inheritance (*ili*) succession, patrimonially.

**nasljeđe,** *vidi*: **nasljedstvo.**

**nasljeđivati,** *vidi*: **nasljedovati.**

**nasmijati se,** *v.* to burst out laughing.

**nasmjeh,** *n.* smile.

**nasmjehivati se,** *vidi*: **nasmjehnuti se.**

**nasmjehnuti se,** *v.* to smile.

**nasmješiti se,** *v.* to smile; to sneer.

**nasmoliti,** *v.* to pitch.

**nasnovati,** *v.* to plan, to contrive, to devise, to invent.

**nasočiti,** *v.* to soak, to steep.

**nasoliti,** *v.* to salt; to cure; to pickle.

**naspa (va)ti se,** *v.* to sleep enough.

**naspor,** *n.* gain, profit, advantage; prize, winnings (*pl.*); accretion; increase, rise.

**nasporan,** *a.* productive, prosperous; wholesome.

**nasporit,** *vidi*: **nasporan.**

**nasporiti,** *v.* to make prosperous, to make productive; to increase; to multiply.

**naspram,** *prep.* towards; against; to; contrary to.

**nasrditi,** *v.* to make angry; (**se**) to grow angry; to quarrel, to fall out, to exasperate.

**nasred,** *adv.* in the midst (*ili*) middle of.

**nasrkati se,** *v.* to sip enough.

**nasrljati,** *v.* to fall on by chance, to come to accidentally.

**nasrnuti,** *v.* to rush out, to attack, to aggress, to invade.

**nasrsiti se,** *v.* to bristle up, to stand on end; to struggle.

**nasrt,** *n.* sudden attack, surprise; attack, assault; attempt.

**nasrtač,** *vidi*: **nasrtalo.**

**nasrtaj,** *vidi*: **nasrt.**

**nasrtalo,** *n.* agressor, attacker, invader, encounterer.

**nastanje,** *vidi*: **nasrt.**

**nasrtati,** *v.* to attack, to assault; to dart.

**nasrtljiv,** *a.* brawling, quarrelsome, contentious, litigious, wranglesome, petulant.

**nastajati,** *v.* (*započimati*) to begin, to start; (*postati*) to be made, to become; (*biti*) to result; to follow; to appear.

**nastajući,** *a.* coming; rising; future.

**nastaniti,** *v.* to lodge, to harbor, to house; to reside, to live; to settle at, to quarter, to locate, to domicile.

**nastanuti,** *vidi*: **nastati.**

**nastanje,** *n.* coming into existence.

**nastanjen,** *a.* resident; settled; domiciled.

**nastati,** *v.* to begin; to originate; to arise; to result, to spring (from).

**nastava,** *n.* instruction, tuition, teaching lessons (*pl.*); education, pedagogy.

**nastavak,** *n.* continuation.

**nastavalište,** *n.* dwelling (-place), abiding place, habitation; home, domicile; residence, settlement.

**nastavan,** *a.* habitable, inhabitable, continual.

**nastavanje,** *n.* quartering.

**nastavati,** *v.* to dwell, to abide, to reside, to lodge; to quarter, to room; to live, to inhabit.

**nastaviti,** *v.* to continue, to go on with, to prolong; to proceed, to resume; (*zamku*) to trap.

**nastavljač,** *n.* continuator; (*zamke*) trapper.

**nastavljanje,** *n.* continuation; succession.

**nastavljati,** *vidi:* **nastaviti.**

**nastavni,** *a.* pedagogic, tuitional, tuitionary.

**nastavnica,** *n.* (female) teacher, governess, tutoress.

**nastavnik,** *n.* teacher, tutor, pedagog.

**nastojanje,** *n.* effort, endeavor; exertion, diligence.

**nastojati,** *v.* to endeavor, to try; to struggle.

**nastojba,** *n.* care.

**nastojnik,** *n.* director, manager; inspector, overseer, superintendent.

**nastojništvo,** *n.* presidency, superintendency, prefecture; provostship.

**nastran,** *a.* singular; peculiar, particular; strange, odd.

**nastrance,** *adv.* sideways, sideward.

**nastranu,** *adv.* aside.

**nastrešnica,** *vidi:* **nadstrešnica.**

**nastrijeti,** *v.* to strew; to sprinkle; to spread.

**nastroj,** *n.* instrument, tool.

**nastup,** *n.* entrance (upon) beginning, commencement; (*bolesti*) attack, fit, seizure, (*službe*) entering.

**nastupati,** *vidi:* **nastupiti.**

**nastupiti,** *v.* to begin; to assume; to begin again; to set out, to start; to enter.

**nastupni,** *a.* inaugural.

**nasukan,** *a.* stranded, wrecked; (*of ships*) high and dry.

**nasukanje,** *n.* stranding, ship-wreck.

**nasukati,** *v.* to twist on (*ili*) to; (**se**) to be stranded (*ili*) wrecked, to strand, to go ashore (*ili*) aground, to shipwreck.

**nasumce,** *adv.* at random, at hazard, at all adventures, at all hazards (*ili*) risks.

**nasumoriti se,** *v.* to cloud; to be overcast, to break upon.

**nasumporiti,** *v.* to impregnate with sulphur, to sulfurate; to fume with burning brimstone; to match (*casks*).

**nasuprot,** *adv.* counter; — *prep.* against, contrary to; opposite.

**nasuprotan,** *a.* opposite; repugnant.

**nasuprotje,** *n.* repugnance.

**nasusred,** *vidi:* **nasuprot;** — **poći,** to encounter.

**nasušiti,** *v.* to dry, to dry up; to parch, (*rublje*) to air.

**nasuti,** *v.* to pour against, to throw against; to fill; to replenish; to strew on.

**nasvjetljati,** *v.* to polish, to shine up.

**nasvjetovati,** *v.* to give advice.

**naš,** *pron.* our, ours.

**našaliti se,** *v.* to jest, to joke.

**našarati,** *v.* to variegate, to dapple, to checker, to mottle, to bepaint.

**našast,** *n.* invention.

**našastar,** *n.* schedule; inventory.

**našetati se,** *v.* to walk enough.

**našibati,** *v.* to flagellate, to whip.

**našinac,** *n.* our countryman.

**našinka,** *n.* our countrywoman.

**našinstvo,** *n.* our own, our property (*ili*) fortune.

**našiti,** *v.* to sew on.

**našivati,** *vidi:* **našiti.**

**naški,** *adv.* in our language.

**naškoditi,** *v.* to hurt, to injure; to damage, to harm.

**naškrbiti,** *v.* to provide, to procure, to buy.

**naškrobiti,** *v.* to starch.

**našozemski,** *a.* from our country.

**naštampati,** *v.* to impress, to imprint, to print; to stamp.

**našto,** *adv.* whereto, what for, to what purpose, whereupon, on which, on what.

**našupljiti,** *v.* to pit, to hollow.

**nataći,** *v.* to pierce with a spear, to stick upon, to pin up.

**natajno,** *adv.* secretly, privately.

**natakanje,** *n.* pouring.

**natakati,** *v.* to pour into (*ili*) upon.
**nataknuti,** *v.* to spit, to impale.
**natančen,** *a.* proper, precise; scholastic, thorough.
**natančiti,** *v.* to mislead; to prevail upon, to seduce, to betray.
**natančno,** *adv.* precisely, fully, thoroughly.
**natančnost,** *n.* precision, thoroughness.
**natanko,** *adv.* in detail.
**natapač,** *n.* waterer.
**natapanje,** *n.* irrigation, watering.
**natapati,** *v.* to water; to sprinkle, to irrigate; to soak, to imbue.
**natašte,** *adv.* jejunely, with an empty stomach.
**nateći,** *v.* (*steći*) to acquire, to gain, to obtain, to get; to heap (*ili*) hoard up; (*nabuhnuti*) to swell, to puff up; to enlarge.
**nateg,** *n.* wine-taster; siphon; bottle of Seltzerwater; lever; crowbar; strain.
**nategljaj,** *n.* gulp, dram, draught, potion.
**nategnut,** *a.* strained, tight.
**nategnuti,** *v.* to pull on; to tighten; to stretch.
**nategnuto,** *adv.* tightly.
**natenani,** *adv.* commodiously, conveniently, with ease.
**natentati,** *v.* to mislead, to seduce.
**nateretiti,** *v.* to freight, to load.
**natezalac,** *n.* strainer.
**natezanje,** *n.* exertion; contest, fight; dispute.
**natezati,** *v.* to extend, to spread, to stretch out, to expand; to lengthen, to dilate, (**se**) to exert oneself.
**natezavica,** *n.* nipple; tenesmus, arctasion, diarrhea.
**nathvatiti,** *v.* to surmount; to surpass, to exceed.
**naticati,** *v.* to pierce with a spear; to spit; to stick on; to pin; (*o bolesti*) to swell, to infect.
**natikača,** *n.* gaiters, spatter dashers (*pl.*), rubber-shoe; (*igla*) hair-pin.
**natirati,** *vidi*: **natrti**.
**natiskati,** *v.* to imprint, to print, to press; (*natrpati*) to fill (up); to stuff, to cram.
**natisnuti,** *v.* to press, to squeeze.

**natjecalac,** *n.* applicant, candidate, seeker, striver; claimant; competitor, rival.
**natjecanje,** *n.* competition, race, contest, match; rivalry; exertion.
**natjecatelj,** *vidi*: **natjecalac**.
**natjecateljica,** *n.* competitress.
**natjecati se,** *v.* to rival, to vie with, to compete, to contest, to match.
**natječaj,** *n.* application, contest, competition.
**natječajni,** *a.* competitive, rival.
**natjerati,** *v.* to drive on; to impel, to force, to urge, to constrain; to compel, to necessitate.
**natjerivati,** *vidi*: **natjerati**.
**natkačiti,** *v.* to surpass, to excel, to outwit, to dupe.
**natkati,** *v.* to weave.
**natkriliti,** *v.* to outflank; to surpass, to outstrip, to excel.
**natkriti,** *v.* to cover.
**natkrivati,** *vidi*: **natkriti**.
**natlačen,** *a.* crowded, cramped, pressed.
**natmuren,** *a.* glum, sullen.
**natmuriti se,** *v.* to cloud; to be overcast, to become glum; (*lice, čelo*) to wrinkle.
**natmušiti,** *vidi*: **natmuriti**.
**natnuti,** *v.* to stick on; to pin; to pierce with a spear.
**natočiti,** *v.* to fill up, to pour in (*ili*) out.
**natopiti,** *v.* to water, to irrigate; to imbibe; to soak, to imbue; to drench.
**natopljen,** *a.* watered, irrigated.
**natoprčiti se,** *v.* to run against; to rush upon.
**natovaren,** *a.* fraught, loaded, freighted.
**natovariti,** *v.* to charge, to load, to burden, to pack, to encumber.
**natpijevati,** *v.* to chant, to carol.
**natpis,** *n.* inscription, title, writing; (*cimer*) sign;—**knjige**, title, heading; — **novca**, circumscription;—**pisma**, address, direction; **nadgrobni** —, epitaph.
**natpisati,** *v.* to write in (*ili*) upon, to inscribe; to enroll; to superscribe; to mark.
**natpisni,** *a.* inscriptive, written on.
**natpjevati,** *vidi*: **natpijevati**.
**natporučnik,** *n.* first lieutenant.
**natra,** *n.* loom.

**natrag**, *adv.* back, backward (s), behind, supine; — *interj.* back! away! out of the way!

**natraga**, *n.* increase, growth.

**natragati se**, *v.* to grow again (*ili*) to, to grow up; to increase; to swell.

**natragođa**, *n.* reactionist.

**natrapati**, *v.* to catch, to ensnare; to cheat, to take in; to obtain, to gain, to arrive at; to bring upon oneself.

**natraške**, *adv.* backwards; from behind.

**natražnjački**, *a.* reactionary.

**natražnjak**, *n.* reactionist, reactionary.

**natražnjaštvo**, *n.* reaction.

**natrbuške**, *adv.* pronely, lying on the stomach.

**natrčati**, *v.* to run against; to rush upon.

**natrčavati**, *vidi*: **natrčati**.

**natresti**, *v.* to shake off.

**natrgati**, *v.* to pluck; to pick; to gather.

**natrkivati**, *v.* to fall against, to run against, to rush upon.

**natrljati**, *v.* to rub; to grate; to grind.

**natron**, *n.* natron.

**natrošiti**, *v.* to crumble (*away* (*ili*) *off*); (**se**) to squander, to dissipate, to waste.

**natrpan**, *a.* serried; crammed; replete, stocked.

**natrpanost**, *n.* repletion; surfeit; cramming; overstock (ing); overcrowding; overfilling; (*želudca*) surfeiting.

**natrpati**, *v.* to heap up, to accumulate, to amass; to fill to excess, to replete.

**natrti**, *v.* to rub (against).

**natrunuti**, *v.* to decay, to rot, to putrefy.

**natruo**, *a.* carious.

**natrušen**, *a.* maudlin, tipsy.

**natucanje**, *n.* intimation, suggestion, hint, allusion.

**natucati**, *v.* to hint; to intimate; to mangle (*a language*); to talk broken.

**natući**, *v.* to beat hard.

**natuknuti**, *v.* to signify, to hint; to intimate.

**natura**, *vidi*: **narav**.

**naturalist**, *n.* naturalist.

**naturalizacija**, *n.* naturalization.

**naturalizam**, *n.* naturalism.

**naturati**, *v.* to throw on (*ili*) against.

**naturiti**, *v.* to force upon, to throw on (*ili*) against.

**natuštiti se**, *v.* to become (*ili*) get overcast (*ili*) cloudy.

**natutkati**, *v.* to start; to turn out; to instigate, to stir up.

**naučan**, *a.* learned, erudite, expert, doctrinal, scientific; (*vičan*) customary, accustomed, usual.

**naučati**, *vidi*: **naučavati**.

**naučavanje**, *n.* indoctrination, teaching.

**naučavatelj**, *n.* teacher; propagator.

**naučavati**, *v.* to teach, to lecture.

**naučen**, *a.* learned, versed, experienced; skilled; studied.

**naučenjak**, *vidi*: **naučnjak**.

**naučiti**, *v.* to learn; to inform; to instruct; (**se**) to accustom, to get used to, to habituate.

**naučljiv**, *a.* teachable, docile.

**naučnik**, *n.* apprentice, learner, novice, tyro.

**naučnikovanje**, *n.* probationership, apprenticeship.

**naučno**, *adv.* scientifically.

**naučnjak**, *n.* scholar, learned man; scientist.

**nauditi**, *v.* to hurt, to injure; to damage, to prejudice.

**nauk** (**a**), *n.* (*navika*) habit, custom, use, usage; (*propis*) precept, instruction, theory; (*znanost*) science, knowledge, learning, doctrine.

**naukoljubiv**, *a.* philomatic (al).

**naukovina**, *n.* (*školarina*) apprenticefee, tuition; fee for instruction.

**nauljiti**, *v.* to oil.

**naum**, *n.* purpose, design, intention; view, plan, mind.

**nauman**, *a.* resolute, determined; intentional, intent, designed.

**naumice**, *adv.* on purpose, intentionally.

**naumiti**, *v.* to have in view, to intend, to plan.

**naumljen**, *a.* determined, intended, resolved.

**naustice**, *adv.* orally, verbally, by word of mouth.

**naušnica**, *n.* earring.

**nautički**, *a.* nautical.

**nautika**, *n.* nautics, art of navigation.

**nauznačice**, *vidi*: **nauznak** (**o**).

**nauznak** (**o**), *adv.* backward; from behind.

**naužiti se,** *v.* to enjoy, too have the use (*ili*) the benefit of.

**navabiti,** *v.* to allure, to entice, to bait.

**navada,** *n.* habit, custom, use, usage, wont; practice, manner.

**navadan,** *a.* accustomed; conventional, habitual; usual, ordinary.

**navaditi,** *v.* to accustom, to inure; (se) to become accustomed, to get used to; to contract (*bad habits, etc.*).

**navadno,** *adv.* usually, as a rule, generally, habitually.

**navađanje,** *n.* leading; command; deception; quotation.

**navađati,** *v.* to lead, to conduct, to command; to impose upon, to dupe; to cite, to quote; to mislead; to seduce.

**navala,** *n.* concourse, crowd; pressure, impulse; attack, assault, invasion; — **krvi,** rush of the blood, congestion.

**navalan,** *a.* urgent, pressing; aggresive.

**navalice,** *adv.* on purpose, intentionally, designedly, purposely, by design.

**navalitelj,** *n.* aggressor, assailant.

**navaliti,** *v.* to rush at, to run on, to storm at, to assail, to assault; to mob; to urge, to push, to throng, (se) to lean against, to recline, to rest.

**navalni,** *a.* attacking, aggressive.

**navaljati,** *v.* to roll up.

**navaljivanje,** *n.* attacking, assault-(ing); urging.

**navaljivati,** *vidi*: **navaliti.**

**navarati,** *v.* to cheat, to deceive, to defraud.

**navažanje,** *n.* carrying to; landing.

**navažati,** *v.* (*zemlju*) to carry to, to land.

**navečerati se,** *v.* to finish one's supper.

**navečerje,** *n.* eve, dusk.

**navediv,** *a.* mentionable.

**navesliti se,** *v.* to rejoice, to be amused.

**navesti,** *v.* to mention, to state, to quote, to cite; to convey, to lead, to guide; to mislead, to. seduce, (*oplesti*) to embroider.

**navezati** (se), *v.* to tie; to bind, to fasten; to patch, to piece.

**navičaj,** *n.* custom, habit; mode, fashion.

**navičan,** *a.* wont, wonted, accustomed, used to; usual.

**navići,** *vidi*: **naviknuti.**

**navijač,** *n.* winder.

**navijalo,** *n.* windlass; twisting-machine.

**navijaljka,** *vidi*: **navijalo.**

**navijanje,** *n.* winding.

**navijati,** *v.* to wind up, to take up; to crank; to lift up.

**navijek,** *adv.* forever; always.

**navijestiti,** *v.* to announce, to publish, to proclaim; — **zaruke,** to publish bans of marriage.

**navika,** *n.* habit, custom; use, usage, wont; practice, inurement.

**navikao,** *a.* accustomed, used, habitual, usual.

**naviknut,** *vidi*: **navikao.**

**naviknuti,** *v.* to accustom, to use, to inure, to habituate; (se) to accustom oneself to, to get accustomed (*ili*) used to, to grow familiar to (*ili*) with; (*privikivati*) to call to, to shout to.

**navirati,** *v.* to press forward; to swell on; to gush out.

**naviti,** *vidi*: **navijati.**

**navjek,** *adv.* eternally; ever, forever, forever and ever, forevermore.

**navjesiti,** *v.* to hang up; to suspend.

**navjesnik,** *n.* annunciator, messenger, courier; forerunner, herald.

**navjestiti,** *vidi*: **navijestiti.**

**navješćivanje,** *n.* announcement, proclamation; prediction.

**navješćivati,** *v.* to announce, to publish, to proclaim.

**navještaj,** *n.* announcement, proclamation.

**navještenje,** *n.* annunciation, proclamation; **Navještenje Marijino,** Annunciation-day.

**navlačak,** *n.* gaiters, spatterdashes (*pl.*).

**navlačiti,** *v.* to pull on, to draw up, to drag, to pull over.

**navlaka,** *n.* pillow-case; tick; cover; wrapper; casing.

**navlast,** *vidi*: **navlastito.**

**navlastice,** *vidi*: **navlastito.**

**navlastito,** *adv.* particularly, chiefly, specially.

**navlaš,** *adv.* on purpose, intentionally, purposely.

**navlašni,** *a.* willful, intentional.

**navlašnost,** *n.* deliberateness.

**navlažiti,** *v.* to moisten, to bedew, to bedrench, to water, to dampen.

**navlum,** *n.* charges of transport.

**navod,** *n.* quotation, statement, allegation.

**navodadžija,** *n.* match-maker.

**navodilac,** *n.* citer.

**navoditi,** *vidi:* **navesti.**

**navodiv,** *a.* citable, adducible.

**navodljiv,** *a.* shaky, rickety, tottering.

**navodni,** *a.* alleged, presumed.

**navodnica,** *n.* aqueduct, conduit, canal.

**navodnjača,** *n.* water-canal.

**navođenje,** *n.* quotation.

**navojak,** *n.* screw-head.

**navor,** *n.* lever.

**navora,** *n.* anaphora.

**navoštiti,** *v.* to wax.

**navraćanje,** *n.* instigation, leading; guidance; deviation.

**navraćati,** *vidi:* **navratiti.**

**navraniti,** *v.* to make black; to color oneself black.

**navranjati (se),** *v.* to accustom, to inure.

**navranjiti,** *vidi:* **navranjati.**

**navratiti,** *v.* to lead to, to guide, to conduct; to persuade, to convince, to mislead; to deviate; **(se)** to call, to visit.

**navratnik,** *n.* necklace.

**navrći,** *vidi:* **nametati.**

**navreti,** *v.* to crowd, to rush, to press.

**navrgnuti,** *vidi:* **navrći.**

**navrh,** *adv.* at the top, on top, above, aloft; on the surface.

**navrkati,** *v.* to stir up; to instigate.

**navrlje,** *adv.* askew, awry.

**navrnuti,** *v.* to turn in; to screw on; to fasten; **(se)** to stop at, to call, to visit.

**navršiti,** *v.* to terminate, to limit, to end, to complete, to finish, to pass; **(se)** to become; to be fulfilled.

**navrt,** *n.* graft, grafting, scion.

**navrta,** *n.* fool, madman, madwoman; jester; blockhead, dolt, fop, coxcomb.

**navrtalac,** *n.* grafter.

**navrtati,** *v.* to bore, to pierce, to screw on; to cram; to graft; to cork.

**navrtjeti,** *vidi:* **navrtati.**

**navrvjeti,** *v.* to flock together; to heap up; to accumulate.

**navući,** *v.* *(haljinu)* to dress; to clothe; *(privući)* to attract, to allure, to entice; to gain, to bring over; *(zavesti)* to seduce, to mislead, to delude, to bewitch.

**nazad (a),** *adv.* back, backwards; — *interj.* stand back! get back!

**nazadačke,** *adv.* backwards.

**nazadak,** *n.* retrogression; decline; falling-off; reaction; diminution, decrease.

**nazadan,** *a.* retrograde, retrogressive; behindhand.

**nazadnjak,** *n.* reactionary.

**nazadnjaški,** *a.* reactionary.

**nazadovanje,** *n.* recess; retrogression; retrograde step.

**nazadovati,** *v.* to fall off, to decrease; to go backward; to revert; to deteriorate, to degenerate, to retrograde.

**nazalud,** *adv.* in vain, to no purpose.

**Nazaren,** *n.* Nazarene.

**nazboriti se,** *v.* to talk sufficiently.

**nazdravica,** *n.* toast.

**nazdravičar,** *n.* toastmaster.

**nazdraviti,** *v.* to drink to one, to pledge one, to drink to one's health.

**nazdravljanje,** *n.* pledge, drinking to one's health.

**nazdravljati,** *vidi:* **nazdraviti.**

**na zdravlje!** *interj.* good luck!

**nazeb (a),** *n.* cold, catarrh; rheum.

**nazeban,** *a.* rheumatic, chilly.

**nazepsti,** *v.* to catch cold.

**nazidati,** *v.* to build on, to erect.

**naziđivati,** *vidi:* **nazidati.**

**nazima,** *n.* cold, catarrh.

**nazimac,** *n.* sucking-pig; one year old boar.

**nazirati,** *vidi:* **nazreti.**

**naziv,** *n.* *(ime)* name; denomination; *(izraz)* term, word, expression.

**nazivalac,** *n.* denominator.

**nazivalo,** *n.* name, appellation; title.

**nazivanje,** *n.* denomination, name, appellation; call (ing), naming.

**nazivati,** *v.* to name, to call; to mention, to denominate, to title, to entitle; **(se)** to call oneself, to title oneself.

**nazivlje,** *n.* terminology, nomenclature.

**nazivoslovlje,** *vidi:* **nazivlje.**

**nazivnik,** *n.* denominator.

**nazlija,** *n.* villain; miscreant, malefactor, criminal.

**nazloba,** *vidi*: **zloba.**

**nazloban,** *a.* malevolent, wicked, malicious, envious.

**naznačenje,** *n.* designation, naming, marking, signifying.

**naznačiti,** *v.* to designate, to describe, to denote, to point out; to assign, to appoint, to mark, to stamp, to be marked, to signify, to outline.

**naznačivanje,** *n.* indication, pointing, denoting; designation.

**naznanilo,** *n.* sign, notice.

**naznaniti,** *v.* to report, to notify, to proclaim, to pronounce, to presage, to indicate.

**nazobati (se),** *v.* to eat (*grapes, berries, cherries*).

**nazobiti,** *v.* to feed (with oats).

**nazočan,** *a.* present, attendant.

**nazočnost,** *n.* presence, attendance.

**nazor,** *n.* view; meaning, notion, regard, opinion; thought.

**nazorce,** *vidi*: **nazorice.**

**nazorice,** *adv.* at a distance; in view.

**nazorljiv,** *a.* (*konj*) skittish.

**nazovi —,** *a.* so-called, pretended, would-be; self-styled; supposed.

**nazreti,** *v.* to perceive, to descry, to remark, to have a glimpse of, to foresee.

**nazuban,** *a.* refractory, adverse, hostile; jagged, indented; toothed.

**nazubiti,** *v.* to tooth, to dent; to indent.

**nazubljen,** *a.* toothed; (*o bilj.*) denticulated.

**nazubljenost,** *n.* crenature, jaggedness, denticulation.

**nazuti,** *v.* to pull on (boots).

**nazuvača,** *n.* gaiters (*pl.*); spatterdashes (*pl.*); boot-hose; gamashes (*pl.*).

**nazuvnik,** *n.* shoehorn.

**nazvati,** *v.* to name, to call; to mention, to qualify; to denominate; to title, to entitle; (**se**) to call oneself, to title, to write oneself.

**nažanj,** *n.* incision; notch.

**nažderati se,** *v.* to surfeit, to overfeed oneself, to cram oneself to satiety.

**naželjeti,** *v.* to wish for, to desire, to long for.

**nažeti,** *v.* to reap (*ili*) gather in, to harvest.

**nažgati,** *v.* (*upaliti*) to light, to kindle.

**nažigač,** *n.* lamp-lighter, lighter.

**nažigati,** *v.* to light, to kindle.

**nažikati,** *v.* to give to drink; to soak.

**nažimati,** *v.* to press out, to squeeze out.

**naživjeti se,** *v.* to live out.

**naživovati, se** *vidi*: **naživjeti.**

**nažižati,** *vidi*: **nažigati.**

**nažmirati,** *v.* — pušku, to aim, to point, to level a gun.

**nažnjeti,** *vidi*: **nažeti.**

**nažuljati,** *vidi*: **nažuljiti.**

**nažuljen,** *a.* callous; chafed.

**nažuljiti,** *v.* to rub open, to gall, to chafe.

**nažut,** *a.* yellowish.

**nažvaliti,** *v.* to bridle.

**ne,** *adv.* no, not, nay.

**neatan,** *a.* negligent, remiss.

**neatost,** *n.* negligence, remissness.

**nebesa,** *n.* heaven; firmament; paradise; Providence.

**nebeski,** *a.* heavenly, celestial, heavenborn; ethereal; firmamental; — **svod,** sky, firmament.

**nebesni,** *vidi*: **nebeski.**

**nebesnik,** *n.* celestial being, divinity.

**nebistven,** *a.* non-essential, unessential, immaterial.

**nebistvenost,** *n.* unsubstantiality.

**nebit,** *n.* nonexistence, nonentity.

**nebitan,** *a.* unsubstantial, immaterial.

**nebitnost,** *n.* immateriality, unsubstantiality.

**neblagorječan,** *a.* of disagreeable sound.

**neblagorodan,** *a.* ungrateful.

**neblagorodnost,** *n.* ingratitude.

**neblagorodnost,** *n.* ingratitude, ungratefulness, thanklessness.

**nebnica,** *n.* canopy; baldachin.

**nebo,** *n.* heaven; sky; (*raj*) paradise, firmament; (*crkveno*) canopy; baldachin.

**nebog,** *a.* poor; indigent.

**nebojadisan,** *a.* uncolored.

**nebojazan,** *a.* fearless, intrepid, undaunted.

**nebojažljivost,** *n.* fearlessness, intrepidity, undauntedness.

**nebojevit,** *a.* unwarlike; fond of peace; weak; cowardly.

**nebojša,** *n.* fearless fellow, brave; dreadnaught.

**nebore,** *adv.* really, actually, positively, deliberately; indeed.

**nebran,** *a.* ungathered.

**nebranjen,** *a.* undefended; unforbidden.

**nebrat,** *n.* wretch, a man of unbrotherly actions.

**nebratski,** *a.* unbrotherly, unfraternal.

**nebratstvo,** *n.* unbrotherliness.

**nebriga,** *n.* carelessness; negligence, indolence.

**nebrižan,** *a.* indolent, unconcerned, careless, thoughtless, reckless, negligent.

**nebrižljivost,** *vidi:* **nebriga.**

**nebrodiv,** *a.* unnavigable, unsailable.

**nebrojan,** *a.* innumerable, numberless; no end of, uncounted.

**nebrojen** (i), *vidi:* **nebrojan,**

**nebuča,** *n.* niece.

**nebuh,** *n.* **iz nebuha,** all of a sudden, suddenly.

**nebunjen,** *a.* untroubled, unvexed.

**nebušica,** *vidi:* **nebuh.**

**necijenjen,** *a.* valueless; beyond all price; inestimable; unhonored, unappreciated.

**necijepan,** *a.* unchopped, uncut.

**necijepljen,** *a.* unvaccinated.

**neciviliziran,** *a.* uncivilized.

**nečast,** *n.* dishonor.

**nečastan,** *a.* dishonorable, shameful; ungenerous, discreditable; lowlived.

**nečastiv,** *a.* godless.

**nečastivi,** *n.* demon, devil.

**nečastno,** *adv.* dishonorably, ungenerously.

**nečastohlepan,** *a.* unambitious, unaspiring.

**nečašćen,** *a.* unworshipped; unhonored.

**nečedan,** *a.* immodest; ill-bred; illbehaved, naughty.

**nečedno,** *adv.* immodestly, indiscreetly.

**nečednost,** *n.* indiscretion, immodesty.

**nečesto,** *adv.* unfrequently, seldom.

**nečešljan,** *a.* unkempt, uncombed.

**nečiji,** *a.* some one's, any one's.

**nečist,** *a.* unclean, impure, dirty, slovenly, nasty; sordid; — *n.* dirtiness, nastiness, filthiness, filth, dirt; excrement.

**nečisto,** *adv.* uncleanly, sordidly.

**nečistoća,** *n.* uncleanliness, impurity, unchasteness, slovenliness, dirtiness, squalidness.

**nečitak,** *a.* unreadable.

**nečitan,** *a.* unread.

**nečitljiv,** *a.* unreadable, illegible.

**nečitljivo,** *adv.* illegibly.

**nečitljivost,** *n.* unreadableness, illegibility.

**nečlankovit,** *a.* unarticulate.

**nečovječan,** *a.* inhuman; brutal, barbarous, cruel.

**nečovječnost,** *n.* inhumanity, barbarity, brutality, cruelty.

**nečovjek,** *n.* barbarian; monster, brute.

**nečovještvo,** *n.* inhumanity, cruelty.

**nečujno,** *adv.* inaudibly, silently.

**nečustven,** *a.* insensible, indifferent.

**nečustvenost,** *n.* insensibility, indifference.

**nečuvan,** *a.* unwatched, unguarded.

**nečuven,** *a.* unheard of, unprecedented; unparalleled, unexampled; incredible; extraordinary.

**nečuveno,** *adv.* unprecedently, extraordinarily, incredibly.

**nećak,** *n.* nephew.

**nećaka,** *vidi:* **nećakinja.**

**nećakinja,** *n.* niece.

**nećkati se,** *v.* to be reluctant, to decline, to refuse.

**nećudoredan,** *a.* immoral; immodest, impure, profligate.

**nećudoredno,** *adv.* immorally.

**nećudorednost,** *n.* immorality.

**nećutljiv,** *a.* impassible, impassive, apathetic.

**nećutljivost,** *n.* apathy; impassibleness, impassibility.

**nećutnost,** *n.* unfeelingness, insensibility, indifference.

**nedaća,** *n.* failure of crops, bad year, scarcity, dearth; misfortune; unhappiness; ill-luck.

**nedaleko,** *prep.* not far from; near; — *adv.* not far off.

**nedarežljiv,** *a.* ungenerous, illiberal.

**nedarovit,** *a.* not gifted, not endowed, not talented, ungifted.

**nedati,** *v.* not to give, to refuse.

**nedavni,** *a.* late, recent.

**nedavno,** *adv.* recently, lately, not long ago.

**nedavnost,** *n.* recentness, recency.

**nedijeljen,** *a.* undivided, unshared.
**nedionik,** *n.* unparticipator.
**nedirnut,** *a.* untouched, unhandled, unmoved.
**nedjeliv,** *a.* indivisible.
**nedjelo,** *n.* misdeed, great crime, bad action; wrongdoing.
**nedjelja,** *n.* Sunday; *(sedmica)* week; *(prva poslije Uskrsa)* low Sunday.
**nedjeljak,** *n.* week.
**nedjeljica,** *vidi:* **nedjelja.**
**nedjeljni,** *a.* Sunday's dominical; *(tjedni)* weekly, *(sedmični)* hebdomadal.
**nedjeljno,** *adv.* on *(ili)* of Sunday; *(sedmično)* weekly, every week, by the week, a *(ili)* per week.
**nedjetinski,** *a.* unfilial.
**nedjevičanski,** *a.* unmaidenly, unchastely.
**nedjevojački,** *a.* unmaidenly.
**nedobitan,** *a.* unobtainable; invincible; *(o poteškoći)* insuperable; impregnable.
**nedobiven,** *a.* unobtained.
**nedodijeljen,** *a.* unattached; unadded.
**nedogled,** *n.* *(neizmjernost)* immensity; *(daljina)* background, distance.
**nedogledan,** *a.* *(neizmjeran)* immense, indefinite; *(udaljen)* far, remote, distant.
**nedogotovljen,** *a.* unfinished.
**nedohodan,** *a.* impassable; untrodden, pathless, endless, infinite.
**nedojen,** *a.* unsucked.
**nedokazan,** *a.* unproved.
**nedokučljiv,** *a.* unfathomable, unattainable, incomprehensible, impenetrable.
**nedokučljivo,** *adv.* inconceivably.
**nedokučljivost,** *n.* inscrutability, unattainableness, unfathomableness.
**nedoličan,** *a.* improper, unbecoming; indecent.
**nedoličnost,** *n.* indecency, impropriety, unbeseemingness.
**nedomoljuban,** *a.* unpatriotic.
**nedonošče,** *n.* abortive child; dwarf; *(kod životinja)* castling.
**nedonošnji,** *a.* unripe, abortive; — **porod,** abortion; *(kod životinja)* castling.
**nedopasti se,** *v.* to displease; to be displeased, to be disliked.
**nedopitan,** *a.* indefinite, undetermined; ungiven.

**nedopustiti,** *v.* to disallow, to forbid.
**nedopustiv,** *vidi:* **nedopušten.**
**nedopustivost,** *n.* inadmissibility, inadmissibleness.
**nedopušten,** *a.* not permitted, unallowed, illicit; unauthorized, unlawful, prohibited.
**nedopušteno,** *adv.* illicitly, unlawfully.
**nedopuštenost,** *n.* forbiddance, illicitness, unlawfulness.
**nedoraslost,** *n.* pupilage, immaturity, immatureness, infancy.
**nedorastao,** *a.* under age; youthful; unripe, immature.
**nedosežan,** *a.* unatainable, incomprehensible; unreached.
**nedosjetljiv,** *a.* uningenious, unimaginable, unwitty.
**nedoskudica,** *n.* want; deficiency; defect; indigence; default; insufficiency.
**nedosljedan,** *a.* inconsistent, illogical, inconsequent, changeable, fickle.
**nedosljedno,** *adv.* inconsistently, illogically.
**nedosljednost,** *n.* inconsistency, inconsequence, incongruity.
**nedosta (ja)ti,** *v.* to want, to be wanting, to be without.
**nedostatak,** *n.* want, lack, deficiency; scarcity, shortcoming.
**nedostatan,** *a.* insufficient, inadequate, incompetent, deficient; incomplete, defective.
**nedostatno,** *adv.* insufficiently, defectively.
**nedostatnost,** *n.* insufficiency, defectiveness, inadequacy; unsatisfactoriness.
**nedostignut,** *vidi:* **nedostižan.**
**nedostižan,** *a.* unattainable, unapproachable.
**nedostojan,** *a.* unworthy, undeserving.
**nedostojno,** *adv.* unworthily; basely.
**nedostojnost,** *n.* unworthiness, indignity, worthlessness.
**nedotupavan,** *a.* void of reason, irrational, senseless.
**nedouk,** *n.* smatterer.
**nedovoljan,** *a.* insufficient, deficient, scanty, inadequate, unsatisfactory.
**nedovoljno,** *adv.* unsuitably; inadequately.

**nedovoljnost,** *n.* deficiency, scantiness, unsatisfactoriness, insufficiency.

**nedovršen,** *a.* unaccomplished, unfinished, incomplete, inconsummate.

**nedozrelost,** *n.* immaturity, immatureness; unripeness, crudity.

**nedozreo,** *a.* unripe, green; immature.

**nedrag,** *a.* disagreeable, unpleasant.

**nedragovoljnost,** *n.* involuntariness.

**nedražestan,** *a.* ungraceful.

**nedrug,** *n.* enemy; adversary, foe.

**nedruštven,** *a.* unsocial, unsociable.

**nedruževan,** *a.* inaffable.

**nedruževno,** *adv.* unsociably.

**nedruževnost,** *n.* unsociableness, reservedness.

**nedržavnički,** *a.* unstatesmanlike.

**nedugo,** *adv.* recently, shortly.

**neduh,** *n.* asthma; breathlessness.

**neduhovit,** *a.* uningenious, unwitty; vapid.

**nedušljiv,** *a.* asthmatic.

**nedušljivac,** *n.* asthmatic.

**nedužan,** *a.* innocent, guiltless,blameless; simple.

**nedužnost,** *n.* innocence, guiltlessness; harmlessness, simplicity.

**nedvojben,** *a.* doubtless, undoubted, indubitable, unambiguous.

**nedvojbeno,** *adv.* indubitably, undoubtedly.

**nedvoličan,** *a.* unambiguous.

**neelegantan,** *a.* inelegant.

**neevanđeoski,** *a.* unevangelical.

**nefaljen,** *a.* unmissed; sure.

**neformalan,** *a.* informal.

**negacija,** *n.* negation, negative.

**neganut,** *a.* unmoved, unperturbed.

**negativan,** *a.* negative, subtractive.

**negativnost,** *n.* negativeness.

**negda,** *adv.* at one time, some times, once upon a time.

**negdašnje,** *adv.* formerly, in olden time.

**negdašnji,** *a.* former, bygone, of old, late, pristine, ancient.

**negdje,** *adv.* anywhere, somewhere, at some place; by the way, incidentally.

**negibiv,** *a.* immovable, unbending; motionless; inflexible, immobile.

**neglazben,** *a.* unmusical.

**negled,** *n.* negligence, remissness.

**negledan,** *a.* homely; poor-looking, plain, unsightly.

**negleduša,** *a.* unseen; without having seen; blind, sightless.

**negnječen,** *a.* unpressed.

**nego,** *conj.* but; as; then; of course.

**negodovanje,** *n.* disapproval, disapprobation, displeasure.

**negodovati,** *v.* to disapprove, to blame.

**negostoljubiv,** *a.* inhospitable.

**negostoljubivo,** *adv.* inhospitably.

**negostoljubivost,** *n.* inhospitableness, inhospitality.

**negovati,** *vidi:* **njegovati.**

**negramatičan,** *a.* ungrammatical.

**negve,** *n.* chains (*for prisoners*),irons; fetters, trammels (*pl.*).

**nehaj,** *n.* indifference, apathy; indolence, laziness; (*nemar*) negligence, carelessness.

**nehajan,** *a.* indifferent, unconcerned; indolent, lazy; (*nemaran*) negligent, neglectfull; careless.

**nehajnost,** *vidi:* **nehaj.**

**nehajstvo,** *vidi:* **nehaj.**

**nehar,** *n.* ingratitude.

**neharan,** *a.* unthankful, ungrateful, thankless.

**neharnik,** *n.* ingrate.

**neharnosŧ,** *n.* ingratitude.

**nehimbeno,** *adv.* sincerely.

**nehinjen,** *a.* unfeigned.

**nehistorički,** *a.* unhistorical.

**nehote,** *vidi:* **nehotice.**

**nehotice,** *adv.* involuntarily, undesignedly; unconsciously, unwillingly.

**nehotičan,** *a.* involuntary, spontaneous, undesigned, unintentional.

**nehotimično,** *adv.* unwillingly, involuntarily.

**nehotimičnost,** *n.* involuntariness, unwillingness.

**nehraniv,** *a.* innutritious.

**nehranivost,** *n.* innutrition.

**neidealan,** *a.* unideal.

**neimanje,** *n.* lack, want, indigence, dearth.

**neimar,** *n.* builder, master-builder, architect.

**neimaština,** *n.* neediness, indigence, necessity; lack, want.

**neimenit,** *a.* unnamed, anonymous.

**neimenovan,** *a.* unnamed, unappointed.

**neimenjak,** *n.* anonymous writer.

**neiscrpljen,** *a.* inexhausted, not spen t

**neiscrpljiv,** *a.* inexhaustible, inexhaustive, exhaustless.
**neiscrpljivost,** *n.* inexhaustibleness.
**neiskazan,** *a.* unspeakable, unutterable, ineffable, inexpressible.
**neiskorjeniv,** *a.* uneradicable.
**neiskren,** *a.* insincere, false.
**neiskreno,** *adv.* insincerely, falsely.
**neiskrenost,** *n.* insincerity, falsehood.
**neiskrivljen,** *a.* undistorted.
**neiskupljen,** *a.* unredeemed.
**neiskusan,** *a.* inexperienced, unversed, unskilled, inexpert; fresh, green, new, raw; — **čovjek,** green-horn.
**neiskustvo,** *n.* inexperience, inexpertness.
**neiskušan,** *a.* untested, untried.
**neiskvaren,** *a.* unadulterated, uncorrupted, unspoiled.
**neispaljen,** *a.* unburnt; *(o pušci)* unshot, undischarged, unfired.
**neispisan,** *a.* unwritten.
**neispitan,** *a.* untested, unexamined, uninvestigated.
**neispitljiv,** *a.* unquestioned, unquestionable.
**neisplaćen,** *a.* outstanding, unliquidated; unpaid.
**neispostavljen,** *a.* unexposed; unissued.
**neispravan,** *a.* incorrect, inexact; mistaken.
**neispravljen,** *a.* uncorrected.
**neispravno,** *adv.* incorrectly.
**neispravnost,** *n.* incorrectness, wrongfulness, inexactness, unsoundness.
**neispražnjen,** *a.* unemptied, unvacated.
**neispunjen,** *a.* unfulfilled; unfilled.
**neispunjenje,** *n.* nonfulfillment; *(dužnosti)* shortcoming.
**neistina,** *n.* falsity, falseness, falsehood, fib, lie, untruth.
**neistinit,** *a.* false, untrue, deceitful, fictitious, pretended.
**neistinito,** *adv.* untruly, falsely.
**neistinitost,** *n.* untruth, falsehood.
**neistražen,** *a.* unexplored.
**neistražljiv,** *a.* unexplorable.
**neiščekivano,** *adv.* unawares, unexpectedly.
**neizabran,** *a.* unelected.
**neizazvan,** *a.* unprovoked.
**neizberiv,** *a.* ineligible.
**neizberivost,** *n.* ineligibility.
**neizbježiv,** *a.* unavoidable, inevitable; unescapable.

**neizbježivost,** *n.* inevitableness, unescapableness.
**neizbrisiv,** *a.* indelible, ineffaceable.
**neizbrisivo,** *adv.* indelibly.
**neizbrisivost,** *n.* indelibility.
**neizbrojen,** *a.* innumerable; boundless; endless; infinite.
**neizdan,** *a.* unspent; inedited; *(o književnom djelu)* unpublished.
**neizdjelan,** *a.* unfinished.
**neizdržljiv,** *a.* untenable.
**neizgoren,** *a.* unburned, unburnt.
**neizgoriv,** *a.* incombustible.
**neizgotovljen,** *a.* unfinished, unaccomplished.
**neizgovoren,** *a.* unpronounced, unexpressed.
**neizgovoriv,** *a.* unpronounceable.
**neizgrađen,** *a.* unformed; unbuilt.
**neizgubljen,** *a.* unmissed; unlost.
**neizležen,** *a.* unhatched.
**neizliječen,** *a.* uncured, unhealed.
**neizlječiv,** *a.* incurable, insanable, irremediable, past cure *(ili)* recovery, unrecoverable, unhealable.
**neizlječivo,** *adv.* incurably.
**neizlječivost,** *n.* incurability, insanableness, insanability.
**neizložen,** *a.* unexposed.
**neizmijenjen,** *a.* unexchanged.
**neizmjenljiv,** *a.* inconvertible, inexchangeable.
**neizmjeran,** *a.* immeasurable, immensurable, immense; dimensionless, vast, huge; *(beskrajan)* endless, unbounded, numberless.
**neizmjeriv,** *a.* immensurable.
**neizmjerno,** *adv.* without end, infinitely; immensely, vastly, immensurably.
**neizmjernost,** *n.* immeasurability, immensity, infinity, infiniteness; vastness.
**neiznajmljen,** *a.* untenanted, unrented.
**neizobražen,** *a.* uncivilized, uneducated, uncultivated, unschooled, illiteral.
**neizopačen,** *a.* unperverted.
**neizoran,** *a.* unplowed.
**neizrađen,** *a.* unformed; undone.
**neizrastao,** *a.* ungrown, undergrown.
**neizravan,** *a.* indirect, oblique; circuitous.
**neizravno,** *adv.* indirectly.
**neizravnost,** *n.* indirection; obliquity.

**neizreciv,** *a.* unpronounceable, ineffable, inexpressible, unspeakable, unmentionable, unutterable.

**neizrecivo,** *adv.* unutterably, unspeakably, inexpressibly.

**neizrecivost,** *n.* unutterableness, inexpressibleness.

**neizrečen,** *vidi:* **neiskazan.**

**neizuzetan,** *a.* unexceptionable.

**neizuzetno,** *adv.* unexceptionably.

**neizveden,** *a.* underived, unexecuted.

**neizvediv,** *a.* impracticable, impossible.

**neizvedivo,** *adv.* impracticably.

**neizvidan,** *a.* incurable, inscrutable, inexplorable.

**neizvjedljiv,** *a.* incurious.

**neizvjesnost,** *n.* uncertainty; doubt, suspense, abeyance.

**neizvjestan,** *a.* uncertain, indeterminate; undefined, vague, doubtful, dubious.

**neizvodiv,** *a.* unachievable, unperformable.

**neizvršen,** *a.* unfinished, unexecuted, unperformed.

**neizvršivanje,** *n.* inobservance, unperformance.

**neizvučen,** *a.* undrawn.

**nejač,** *n.* weaklings; children (*pl.*).

**nejačak,** *vidi:* **nejak.**

**nejačica,** *n.* weakness.

**nejak,** *a.* feeble, weak; poor; — *n.* infant, child; weak, feeble person.

**nejasan,** *a.* not clear, confused, indeterminate; undefined, vague, unclear; (*taman*) obscure, dark.

**nejasno,** *adv.* indistinctly; (*tamno*) darkly.

**nejasnoća,** *n.* indistinctness, obscurity, confusedness, obscureness, obstruseness.

**nejednak,** *a.* unequal, uneven; irregular, different, various, unlike.

**nejednako,** *adv.* unequally, unevenly, unlikely, awry.

**nejednakost,** *n.* inequality, oddness, odds; uneveness.

**nejednoličan,** *a.* uneven, irregular.

**nejednolik,** *a.* unequal, uneven, irregular.

**nejunaštvo,** *n.* cowardice.

**nek** (a), *interj.* let, may; **neka bude,** let it be, may it be.

**nekad** (a), *adv.* once; one day, formerly, sometime.

**nekadašnji,** *vidi:* **negdašnji.**

**nekakav,** *pron. a.* some, any, whatever, whatsoever; certain.

**nekako,** *adv.* anyhow, somehow, anywise, (in) any way, in a certain way; about.

**nekakov,** *vidi:* **nekakav.**

**nekamo,** *adv.* somewhere, anywhere, to some place (*ili*) other.

**nekažnjen,** *a.* unpunished; safe.

**nekažnjeno,** *adv.* safely, with impunity.

**nekažnjenost,** *n.* impunity.

**nekažnjiv,** *a.* unpunishable, inculpable.

**nekažnjivost,** *n.* impunity, inculpableness.

**nekdanji,** *a.* olden, late, ancient.

**neki,** *a. art. & pron.* a, an, any; one; some; somebody, someone; certain.

**neklonuo,** *a.* undepressed.

**nekmoli,** *conj.* much less, still less; not to say.

**neko,** *pron.* somebody, any one.

**nekoć,** *adv.* once, once upon a time, of old, formerly.

**nekoji,** *vidi:* **neki.**

**nekolicina,** *a.* several, some, few.

**nekoliko,** *pron.* some, several; a few; any.

**nekoristan,** *a.* useless; unprofitable; unproductive, profitless.

**nekoristnost,** *n.* uselessness.

**nekoristoljubiv,** *a.* unselfish.

**nekoristoljublje,** *n.* unselfishness.

**nekošen,** *a.* unmown, unmowed.

**neko vrijeme,** *adv.* for some time.

**nekraljevski,** *a.* unkingly, unkinglike.

**nekretan,** *a.* immovable, motionless; firm, steadfast, inflexible.

**nekretnina,** *n.* immovable possession; real estate, real property.

**nekrijepostan,** *a.* unvirtuous.

**nekritičan,** *a.* uncritical.

**nekriv,** *vidi:* **nedužan.**

**nekrst,** *n.* an unbaptized person; demon.

**nekršćanski,** *a.* unchristian.

**nekršten,** *a.* unbaptized, unchristened.

**nekrštenik,** *n.* unbaptized, unchristened person.

**nekrvan,** *a.* bloodless, unbloody, without shedding of blood.

**nektar,** *n.* the drink of the gods; anything sweet; pleasant (*ili*) delicious drink.

**nekud** (a), *adv.* somewhere; any where.
**nekuhan**, *a.* uncooked, unboiled.
**nekupljen**, *a.* unbought, unpurchased.
**nekušan**, *a.* untasted; untried.
**nelagod**, *n.* troublesomeness, trouble, hardship, toil, labor, fatigue; inconvenience, illness, indisposition.
**nelagodan**, *a.* tired, feeble, languid; faint, indisposed, unwell.
**neličan**, *a.* amorphous, formless, anomalous.
**nelihoper**, *a.* unwarped.
**nelijep**, *a.* unhandsome, uncomely, inclement.
**nelijepo**, *adv.* ungracefully, unhandsomely; unfairly; uncharitably.
**nelikvidiran**, *a.* unliquidated.
**nelišen**, *a.* undeprived.
**nelojalan**, *a.* disloyal.
**nelojalnost**, *n.* disloyalty.
**neljubak**, *a.* unlovely; disagreeable, unpleasant.
**neljubezan**, *a.* unamiable, untender.
**neljubljen**, *a.* unbeloved, loveless.
**neljubomoran**, *a.* unjealous.
**neljudi**, *n.* inhuman creatures; savages; barbarians; monsters (*pl.*).
**neljudski**, *a.* inhuman, brutal.
**neljudstvo**, *n.* inhumanity.
**neljupkost**, *n.* uncomeliness.
**nemaknut**, *a.* unmoved.
**nemalac**, *n.* needy (*ili*) poor fellow.
**nemalo**, *adv.* nearly, almost, well nigh, all but.
**neman**, *n.* monster.
**nemar**, *n.* negligence, carelessness; indolence, laziness; recklessness, neglect, indifference, unconcern.
**nemaran**, *a.* negligent, neglectful; careless, indolent, lazy; listless, perfunctory, inattentive.
**ne mareći**, *vidi:* **nemaran.**
**nemarljiv**, *a.* negligent, neglectful, careless; slothful, lazy, sluggish.
**nemarljivost**, *n.* slothfulness; laziness.
**nemarnik**, *n.* careless, lazy, naughty person.
**nemarno**, *adv.* heedlessly, negligently, lovely, carelessly, neglectfully, supinely, thoughtlessly, unconcernedly, listlessly.
**nemarnost**, *vidi:* **nemar.**
**nematerinski**, *a.* unmotherly.

**nemati**, *n.* unnatural mother; — *v.* (*ne imati*) to be without, to want, to lack; to be absent from.
**nemetodičan**, *a.* immethodical, unsystematic.
**nemilice**, *adv.* mercilessly; pitilessly.
**nemilo**, *vidi:* **nemilice.**
**nemilosnost**, *n.* uncharitableness.
**nemilosrdan**, *a.* cruel, unmerciful, merciless; incompassionable, pitiless; uncharitable, heartless.
**nemilosrdno**, *adv.* remorselessly, ruthlessly; unmercifully, uncharitably.
**nemilosrdnost**, *n.* unmercifulness; ruthlessness, barbarity; ' uncharitableness.
**nemilost**, *n.* disgrace, disfavor, displeasure.
**nemilostiv**, *vidi:* **nemilosrdan.**
**nemio**, *a.* disagreeable, unpleasant, unpleasing; bitter; unwelcome.
**nemir**, *n.* disquiet, disquietude, inquietude; uneasiness, restlessness; trouble, disorder, excitement; worry.
**nemiran**, *a.* unquiet, restless, agitated, disturbed; disquieting, uneasy, tempestuous; turbulent, stirring, tumultous, in commotion; (*more*) rough.
**nemirko**, *n.* restless man.
**nemirnjak**, *n.* restless fellow; botherer, troubler, troublemaker, perturber; disquieter.
**nemirno**, *adv.* unquietly, restlessly, turbulently.
**nemirnoća**, *vidi:* **nemir.**
**nemirnost**, *vidi:* **nemir.**
**nemjeren**, *vidi:* **bezmjeran.**
**nemoć**, *n.* feebleness, weakness, faintness, languor; swoon, fainting fit; impotence, inability, powerlessness; incapacity, incompetence; (*bolest*) malady.
**nemoćan**, *a.* feeble, weak; languishing; impotent, powerless, inefficacious; (*bolestan*) sick, ill.
**nemoćnik,-ica**, *n.* sick person; patient, invalid.
**nemoćnost**, *n. vidi:* **nemoć.**
**nemoguć**, *a.* impossible, unable, infeasible.
**nemoguće**, *adv.* impossibly.
**nemogućnost**, *n.* impossibility.
**nemoj, nemojte!** *interj.* do not, don't!
**nemoralan**, *a.* immoral.
**nemoralnost**, *n.* immorality.

nemotnik, *vidi*: nemoćnik.
nemuzen, *a.* unmilked.
nemuzikalan, *a.* unmusical.
nemuževan, *a.* unmanly, womanish, effeminate.
nemuževnost, *n.* unmanliness.
nenabran, *a.* unwrinkled.
nenačet, *a.* unopened, unbroken.
nenačinjen, *a.* unmade.
nenačitan, *a.* unlettered.
nenadahnut, *a.* uninspired.
nenadan, *a.* unexpected, unforeseen, sudden, abrupt.
nenadanost, *n.* suddenness.
nenadaren, *a.* talentless, ungifted.
nenadležan, *a.* incompetent.
nenadmašen, *a.* unexcelled.
nenadno, *adv.* unexpectedly, suddenly, surprisingly.
nenadoknadiv, *a.* irretrievable, irreparable.
nenadoknadivost, *n.* irretrievableness, irreparableness.
nenadoknađen, *a.* uncompensated.
nenadziran, *a.* unconstrained, uncontrolled.
nenađen, *a.* unfound.
nenaglašen, *a.* unaccented, unstressed.
nenagrađen, *a.* unrewarded, unrecompensed, unrequitted.
nenagrnut, *a.* unracked.
nenahranjen, *a.* unfed.
nenakažen, *a.* undeformed.
nenakićen, *a.* unattired, unadorned.
nenaklon, *a.* disaffected.
nenaklonost, *n.* disinclination, disaffection, disfavor, unwillingness.
nenaklonjen, *a.* uninclined; contrary, averse, hostile.
nenaknadiv, *vidi*: nenadoknadiv.
nenaknadivo, *adv.* irreparably.
nenaličan, *a.* unlike, dissimilar.
nenamazan, *a.* unpainted.
nenametljiv, *a.* unobtrusive.
nenametljivost, *n.* unobtrusiveness.
nenamiren, *a.* unpaid, unliquidated.
nenamišljen, *a.* undesigned, unthought.
nenamjeran, *a.* undesigned, unintended.
nenamješten, *a.* unengaged; (*neuposlen*) unemployed.
nenaoblačen, *a.* unclouded.

nenaobražen, *a.* untaught, unlearned, ignorant; unskilful, uncultured.
nenaoružan, *a.* unarmed, defenseless, weaponless.
nenapisan, *a.* unwritten.
nenapučen, *a.* tenantless, unsettled.
nenapunjen, *a.* unfilled; incomplete.
nenapušten, *a.* unabandoned.
nenaravan, *a.* unnatural, monstrous, portentous, revolting.
nenaravno, *adv.* unnaturally.
nenaravnost, *n.* unnaturalness; strangeness.
nenaručan, *a.* inconvenient, troublesome.
nenaručen, *a.* unordered.
nenaručno, *adv.* incommodiously; unfortunately.
nenaseljen, *a.* unsettled, tenantless.
nenasićen, *a.* unfed.
nenasit, *n.* greedy fellow, snap; (*ptica*) tantalus.
nenaslikan, *a.* unpainted.
nenastanjen, *a.* unsettled, tenantless.
nenatapan, *a.* unwatered.
nenategnut, *a.* slack, loose.
nenatkriljen, *a.* unexcelled.
nenatkriljiv, *a.* superlative.
nenaučen, *a.* unstudied, unlearned; ignorant.
nenavadan, *a.* strange, unwonted.
nenavadnost, *n.* unwontedness, disuse.
nenavidan, *a.* envious, invidious.
nenavidjeti, *v.* to envy; to hate.
nenavidnik,-ica, *n.* envier, hater; loather.
nenavidno, *adv.* invidiously.
nenavidnost, *n.* envy, hate, hatred, detestation, rancour, odium, invidiousness.
nenavikao, *a.* not accustomed to; unacquainted with; unusual, unaccustomed (to); strange.
nenavist, *n.* envy, hatred.
nenaznanjen, *a.* unnoticed.
nenažuljen, *a.* unwrung.
nenošen, *a.* unworn.
neobaviješćen, *a.* unapprised, uninformed.
neobećan, *a.* unpromised.
neobičan, *a.* extraordinary, unusual; strange, odd, uncommon; remarkable.

**neobično**, *adv.* remarkably, unusually, strangely.

**neobičnost**, *n.* an unusual thing, remarkableness; rarity, novelty.

**neobika**, *n.* want of habit (*ili*) practise, unwontedness, disuse.

**neobitavan**, *a.* disolate; unsettled, tenantless.

**neobjavljen**, *a.* unpublished, unrevealed.

**neobjelodanjen**, *vidi:* **neobjavljen.**

**neobješen**, *a.* unhanged.

**neobljubljen**, *a.* unpopular.

**neobnovljen**, *a.* unrenewed.

**neobojen**, *a.* uncolored.

**neoboriv**, *a.* irrefutable, incontestable, indisputable; immutable, unchangeable; irrefragable, firm.

**neoboružan**, *a.* unarmed.

**neobožavan**, *a.* unworshipped.

**neobraćen**, *a.* unconverted.

**neobrađen**, *a.* uncultivated, uncultured; raw, wild, waste, unimproved.

**neobraniv**, *a.* indefensible.

**neobrašten**, *a.* herbless.

**neobrazovan**, *a.* uncultivated; rude; unlearned, ignorant; unskilful.

**neobrezan**, *a.* uncircumcised.

**neobrijan**, *a.* unshaved.

**neobrisan**, *a.* unwiped.

**neobrnut**, *a.* unturned.

**neobučen**, *a.* undressed, nude.

**neobustavljiv**, *a.* checkless.

**neobuven**, *a.* unshod.

**neobuzdan**, *a.* unbridled, violent, checkless; ungoverned, uncontrollable.

**neobuzdanost**, *n.* ungovernableness, unboundedness.

**neobvladan**, *a.* uncontrolled.

**neobzidan**, *a.* unwalled.

**neočajan**, *a.* undespairing.

**neočekivan**, *a.* unexpected, unhoped.

**neočekivanost**, *n.* unexpectedness.

**neočešljan**, *a.* uncombed, unkempt.

**neočevidan**, *a.* unobvious.

**neočinski**, *a.* unfatherly.

**neočišćen**, *a.* uncleanly, uncleansed.

**neočupan**, *a.* unplucked.

**neodabran**, *a.* unelected; unsorted.

**neodan**, *a.* unattached, undevoted.

**neodgođen**, *a.* unrespited.

**neodgonetljiv**, *a.* unsolvable, undecipherable.

**neodgovoran**, *a.* unanswerable, unaccountable, unresponsible, irresponsible.

**neodgovorno**, *adv.* unanswerably.

**neodgovornost**, *n.* irresponsibility, unaccountability, unanswerableness.

**neodijeljen**, *a.* undivided, unsevered.

**neodjeliv**, *a.* inseparable.

**neodlikovan**, *a.* undistinguished.

**neodložan**, *a.* immediate, not to be delayed, without delay.

**neodlučan**, *a.* undecided, undetermined; doubtful, irresolute, hesitant, fluctuant.

**neodlučno**, *adv.* doubtfully, irresolutely.

**neodlučnost**, *n.* doubtfulness, suspense, hesitancy, vacillation, irresolution, indecision.

**neodobravanje**, *n.* discountenance, disapprobation, reprobation.

**neodobravati**, *v.* to discountenance, to disapprove, to discourage.

**neodobren**, *a.* unapproved, unconfirmed.

**neodoljiv**, *a.* irresistible, resistless, uncontrollable; cogent.

**neodoljivo**, *adv.* uncontrollably, irresistibly.

**neodoljivost**, *n.* resistlessness.

**neodpustljiv**, *a.* unforgiving.

**neodrastao**, *a.* under age; youthful.

**neodređen**, *a.* indetermined, undecided, unsettled; unlimited, indefinite, indeterminate.

**neodređeno**, *adv.* indefinitely, indeterminately.

**neodređenost**, *n.* indefiniteness, vagueness.

**neodrezan**, *a.* uncut.

**neodsuđen**, *a.* unsentenced.

**neodučen**, *a.* unweaned.

**neoduševljen**, *a.* uninspired, unanimated.

**neodvažan**, *a.* cowardly.

**neodvisan**, *a.* independent.

**neodvisnost**, *n.* independence; civil freedom; liberty.

**neoglašen**, *a.* unpublished, unannounced.

**neograđen**, *a.* unfenced, fenceless.

**neograničen**, *a.* unlimited; absolute; arbitrary; boundless, unbounded.

**neograničenost**, *n.* boundlessness, unlimitedness; absoluteness.

**neokajan**, *a.* unatoned.

**neokaljan,** a. stainless, spotless, taintless, unblemished.
**neokaljanost,** n. stainlessness, unspottedness.
**neokamenjen,** a. unpetrified.
**neoklijevajuć,** adv. instanter.
**neokonjen,** a. unmounted.
**neokovan,** a. chainless.
**neokrenut,** a. unturned.
**neokretan,** a. clumsy, slow.
**neokrijepljen,** a. unrefreshed.
**neokrnjen,** a. whole; entire, inviolate.
**neokrunjen,** a. uncrowned.
**neokus,** n. distaste.
**neokužen,** a. uninfected.
**neokvašen,** a. undipped.
**neopaljen,** a. uninflamed.
**neopasan,** a. ungirdled; (bez opasnosti) undangerous, safe.
**neopažen,** a. unnoticed, undetected, unobserved; imperceptible, unminded, unmarked.
**neophodan,** a. indispensable, necessary, unavoidable.
**neophodno,** adv. unavoidably; **-nužno,** indispensably.
**neophodnost,** n. necessity, indispensability; unavoidableness.
**neopisan,** a. undescribed, not to be related, indescribable, incredible, extraordinary, unique.
**neopisiv,** a. indescribable, nondescript; odd.
**neopisivo,** adv. indescribably.
**neopisivost,** n. indescribableness.
**neopjevan,** a. unsung.
**neopkopan,** a. unintrenched.
**neoplakan,** a. unlamented, undeplored.
**neoplemenjen,** a. uncultivated, ignoble.
**neoplijenjen,** a. unrifled.
**neoplijevljen,** a. unweeded.
**neopomenut,** a. unwarned, unforewarned.
**neoporavljiv,** a. irretrievable; incurable.
**neoporeciv,** a. irrefutable, incontestable, incontrovertible, indisputable.
**neoporecivo,** adv. indisputably, incontestably,
**neoporezovan,** a. untaxed, scotfree.
**neoporučan,** a. intestate; — **neoporučno umrijeti,** to die intestate.
**neopozvan,** a. irrepealable, unrecalled.

**neopran,** a. unwashed, uncleanly, uncleansed.
**neopranština,** n. dirt, soil, filth, uncleanliness.
**neopraština,** n. squalidness, squalidity, squalor, slovenliness.
**neopravdan,** a. unwarrantable.
**neopravdano,** adv. unwarrantably.
**neopravdanost,** n. unwarrantableness, inexcusableness, unjustifiableness.
**neopredjeljen,** a. undefined, vague.
**neopredjeljiv,** a. indefinable.
**neoprezan,** a. incautious, heedless, improvident; careless, unwary.
**neoprezno,** adv. carelessly, incautiously, inconsiderately, heedlessly, by chance, rashly.
**neopreznost,** n. unwariness, invigilance, improvidence; carelessness, inattention.
**neoproban,** a. untried.
**neoprostiv,** a. inexcusable, unpardonable; irremissible.
**neoprostivo,** adv. unpardonably, inexcusably.
**neoprostivost,** n. unpardonableness, inexcusableness.
**neoprošten,** a. unpardoned.
**neoprovrgnut,** a. unanswered; irrefutable.
**neopstanak,** n. inexistence.
**neopstojan,** a. inexistent.
**neopstojnost,** n. inexistence.
**neopterećen,** a. unencumbered.
**neoptužen,** a. unarraigned.
**neopunovlašten,** a. unempowered, unauthorized.
**neopustošen,** a. unwasted.
**neorganizovan,** a. unorganized.
**neorganski,** a. inorganic.
**neoružan,** a. unarmed, defenceless.
**neosakaćen,** a. uncrippled, unmutilated.
**neosedlan,** a. unsaddled.
**neosiguran,** a. uninsured.
**neosjenjen,** a. unshaded, unshadowed.
**neosjetljiv,** a. senseless; imperceptible; unaprehensive, insensible; insusceptible.
**neosjetljivost,** n. insensibility, insusceptibility.
**neoskvrnjen,** a. inviolate, uninjured, immaculate, unblemished.
**neoskvrnjenost,** n. spotlessness, immaculateness.

**neoslabljen**, *a.* unweakened.
**neoslobođen**, *a.* undelivered.
**neosloniv**, *a.* unreliable.
**neosnovan**, *a.* groundless, foundationless, baseless; causeless.
**neosnovanost**, *n.* causelessness, groundlessness.
**neosoban**, *a.* impersonal.
**neosobnost**, *n.* impersonality.
**neosporan**, *a.* indisputable, uncontested.
**neosporiv**, *vidi*: **neosporan**.
**neosporivost**, *n.* indisputableness, unquestionableness.
**neosposobljen**, *a.* disabled; disqualified.
**neosramoćen**, *a.* unshamed, undishonored.
**neostrižen**, *a.* unshorn.
**neosušen**, *a.* undried.
**neosvećen**, *a.* unrevenged; unpunished.
**neosvjedočen**, *a.* unconvinced.
**neosvojen**, *a.* unconquered.
**neosvojiv**, *a.* unimpregnable.
**ñeoštećen**, *a.* unscathed, undamaged, unharmed, unhurt, unmarred.
**neotesan**, *a.* unplaned, coarse; uncultured, rough; lowbred, rugged, uncivilized.
**neotesanac**, *n.* lubber, chuff.
**neotesanka**, *n.* tomboy, hoiden.
**neotesano**, *adv.* rawly, ruggedly.
**neotesanost**, *n.* roughness, rawness; vileness, naughtiness, scurrilousness.
**neothranjen**, *a.* unnurtured.
**neotkriven**, *a.* undetected, undiscovered; unsolved, unrevealed.
**neotkupiv**, *a.* irredeemable.
**neotkupljen**, *a.* unredeemed.
**neotkupljivost**, *n.* irredeemableness.
**neotmenost**, *n.* inelegance.
**neotpušten**, *a.* undismissed.
**neotrcan**, *a.* unhackneyed.
**neotrt**, *a.* unwiped.
**neotuđiv**, *a.* inalienable, indefeasible.
**neotuđivost**, *n.* inalienableness.
**neotvoren**, *a.* unopened.
**neotvrdnut**, *a.* unhardened, unhardy.
**neovisno**, *adv.* independently.
**neovisnost**, *n.* independence.
**neovjerovljen**, *a.* unaccredited, unlegalized, uncertified.
**neovlašten**, *a.* unauthorized; incompetent, unqualified.

**neozbiljan**, *a.* careless, thoughtless; insignificant.
**neozbiljnost**, *n.* thoughtlessness, carelessness.
**neozlijeđen**, *vidi*: **neoštećen**.
**neoznačen**, *a.* unspecified, undesignated, unmarked.
**neožalošćen**, *a.* unafflicted.
**neoženjen**, *a.* unmarried, single, unwedded.
**neoženjenost**, *n.* celibacy, bachelorship.
**nepamćen**, *a.* immemorial.
**nepamet**, *n.* imprudence, want of judgment; indiscretion, folly.
**nepametno**, *adv.* unwisely, imprudently.
**neparan**, *a.* odd; uneven.
**neparlamentaran**, *a.* unparliamentary.
**nepatriotičan**, *a.* unpatriotic (al).
**nepatvoren**, *a.* unsophisticated; genuine; (*o piću*) undiluted.
**nepažljiv**, *a.* inattentive, careless; reckless, neglectful, negligent; unthinking, unobservant, unobserving.
**nepažljivo**, *adv.* thoughtlessly, listlessly, inattentively, inadvertently.
**nepažljivost**, *vidi*: **nepažnja**.
**nepažnja**, *n.* inattention, inadvertency, heedlessness; negligence, unobservance; carelessness, listlessness, regardlessness.
**nepce**, *n.* palate.
**nepčan**, *a.* palatal; **nepčani glas**, palatal.
**nepečen**, *a.* unburned, unburnt, unroasted, unfried.
**nepisan**, *a.* unwritten; — **zakon**, common law.
**nepismen**, *a.* illiterate.
**nepitak**, *a.* undrinkable.
**nepitan**, *a.* unquestioned, unasked.
**nepjegav**, *a.* unspotted.
**nepjegavost**, *n.* unspottedness.
**nepjesnički**, *a.* unpoetic (al), prosaic.
**nepjevan**, *a.* unsung.
**neplaćen**, *a.* unpaid, undefrayed; outstanding.
**neplemenit**, *a.* ungenerous, sordid; mean, ignoble; illiberal, base, undignified.
**neplemenito**, *adv.* ungenerously.
**neplemenitost**, *n.* ignobleness.
**neplodan**, *a.* unfruitful, sterile, infertile; infecund, unproductive.

**neplodno,** *adv.* unfruitfully, barrenly, unproductively.

**neplodnost,** *n.* barrenness, sterility; unfruitfulness; scarcity, infecundity.

**neplovan,** *a.* unnavigable.

**nepobijeđen,** *a.* unconquered; invincible, impregnable; firm, undefeated.

**nepobitan,** *a.* irrefutable, incontestable, unanswerable, incontrovertible; evident.

**nepobitnost,** *n.* irrefragableness, irrefragability.

**nepobjediv,** *vidi:* **nepobijeđen.**

**nepobjedivo,** *adv.* invincibly.

**nepobjedivost,** *n.* invincibleness, insuperableness.

**nepobožan,** *a.* indevout, impious.

**nepobožnost,** *n.* indevotion, impiety.

**nepočašćen,** *a.* unhonored.

**nepočesan,** *a.* unkempt, uncombed.

**nepodijeljen,** *a.* undivided; undisposed.

**nepodjarmljen,** *a.* unenslaved, unsubdued; unconquered.

**nepodkupljiv,** *vidi:* **nepodmitljiv.**

**nepodložan,** *a.* unsubdued, unsubordinated.

**nepodmićen,** *a.* unbribed.

**nepodmitljiv,** *a.* incorruptible, bribeless, unbribable, incorrupt.

**nepodmitljivost,** *n.* incorruptibility.

**nepodnosiv,** *a.* unendurable, intolerable, insufferable.

**nepodnosljiv,** *vidi:* **nepodnosiv.**

**nepodoba,** *n.* monster; monstrosity.

**nepodoban,** *a.* improper, unseemly, indecent; unlike, dissimilar.

**nepodobnost,** *n.* shapelessness; unlikeliness.

**nepodobština,** *n.* mischief, baseness, shamefulness, disgrace, infamy; turpitude.

**nepodređen,** *a.* unsubordinated.

**nepodređenost,** *n.* liberty.

**nepodupiran,** *a.* uncountenanced, unseconded, unsupported.

**nepoduprt,** *a.* unseconded; unpropt.

**nepoduzetan,** *a.* unenterprising.

**nepodvržen,** *a.* unsubdued, unsubjected.

**nepogoda,** *n.* thunderstorm, tempest; inclemency, thunder-shower.

**nepogodan,** *a.* unbecoming, improper, disagreeable; inclement, inconvenient; unfavorable, inauspicious, unaccommodating; (*vrijeme*) stormy.

**nepogođen,** *a.* unshot, unhit, missed.

**nepogodnost,** *n.* disadvantage, inauspiciousness.

**nepogrješiv,** *a.* infallible, impeccable, unmistakable.

**nepogrješivost,** *n.* impeccability, infallibility, unmistakableness.

**nepojmljiv,** *a.* inexplicable, unimaginable, inconceivable.

**nepojmljivost,** *n.* inconceivableness, incredibleness, incredibility.

**nepokajan,** *a.* impenitent.

**nepokajnik,** *n.* impenitent (person).

**nepokoj,** *n.* unrest, agitation.

**nepokojan,** *a.* restless, restive.

**nepokolebljiv,** *a.* unshaken, immovable, imperturable; steady, firm; faithful.

**nepokolebljivost,** *n.* firmness, steadiness, constancy, immovableness, inflexibleness.

**nepokopan,** *a.* unburied, uninterred.

**nepokoran,** *a.* disobedient, indocile; ungovernable, untractable, insubordinate.

**nepokornik,** *n.* insubordinate man, disobedient person; impenitent sinner (person).

**nepokornost,** *n.* disobedience, insubordination.

**nepokraćen,** *a.* unabbreviated.

**nepokretan,** *a.* immovable; unmoved, motionless; **nepokretni zajam,** mortgage; **nepokretno imanje,** real estate.

**nepokretnost,** *n.* immobility, immovableness, immovability; immovable possession; real estate; (*dobara*) realty.

**nepokriven,** *a.* uncovered; nude.

**nepokunjen,** *a.* undepressed.

**nepokupljen,** *a.* ungathered.

**nepokušan,** *a.* unattempted, unessayed; untasted.

**nepokvaren,** *a.* unspoiled, uncorrupted; undamaged; undebased, unperverted; unmarred.

**nepokvarenost,** *n.* incorruptibility, innocence; simplicity.

**nepokvariv,** *a.* corruptless, incorruptible.

**nepolitičan,** *a.* impolitic.

**nepoložen,** *a.* unlaid.
**nepomagan,** *a.* unsupported; unbacked.
**nepomazan,** *a.* unanointed.
**nepomenica,** *n.* snake, serpent.
**nepomičan,** *a.* immovable, motionless, immobile, unmoved, unremovable, still.
**nepomično,** *adv.* immovably.
**nepomičnost,** *n.* immovableness, immobility; stability; firmness; inflexibility.
**nepom(i)ješan,** *a.* pure, unmixed; genuine, unalloyed.
**nepom(i)ješanost,** *n.* immiscibility.
**nepomilovan,** *a.* unpardoned.
**nepomiren,** *a.* irreconciled, unappeased.
**nepomirljiv,** *a.* irreconcilable, implacable; unforgiving, uncompromising.
**nepomirljivost,** *n.* unforgivingness, irreconcilableness, implacability.
**nepomućen,** *a.* undisturbed, untarnished; undimmed.
**neponašanje,** *n.* misconduct, misbehavior.
**neponižen,** *a.* undegraded, undebased; unhumbled.
**neponuđen,** *a.* unoffered.
**nepopisan,** *a.* unwritten, unlisted, blank.
**nepopločen,** *a.* unpaved.
**nepopravan,** *vidi:* **nepopravljiv.**
**nepopravljen,** *a.* uncorrected; unreformed; unimproved.
**nepopravljiv,** *a.* unimprovable, incorrigible, unreformable; unreclaimable, irredeemable.
**nepopravljivost,** *n.* incorrigibleness, irremediableness; unimprovableness.
**nepopularan,** *a.* unpopular.
**nepopularnost,** *n.* unpopularity.
**nepopustljiv,** *a.* relentless, uncompromising; inexorable, unbending, incompliant; unyielding, unabating; inflexible, insistent.
**nepopustljivost,** *n.* obstinacy; inflexibleness, inflexibility.
**neporabljen,** *a.* unused.
**neporeciv,** *a.* irrevocable.
**neporecivost,** *n.* irrevocableness.
**neporočan,** *a.* irreproachable, blameless, honest.
**neporočnost,** *n.* integrity, honesty.
**neposijan,** *a.* unseeded, unsown.

**neposječen,** *a.* unfrequented, unvisited.
**neposlan,** *a.* unsent.
**neposluh,** *n.* disobedience, inobservance, insubordination.
**neposlušan,** *a.* disobedient, listless, unobservant; undutiful, refractory.
**neposlušnost,** *n.* disobedience, indocility; insubjection.
**neposoljen,** *a.* unsalted.
**neposredan,** *a.* immediate, direct; proximate.
**neposredno,** *adv.* immediately, directly; proximately.
**neposrednost,** *n.* immediacy, directness.
**nepostignut,** *a.* unobtained; unaccomplished.
**nepostižan,** *a.* unattainable.
**nepostižnost,** *n.* unattainableness.
**nepostojan,** *a.* inconstant, unsteady; variable, fickle, changeable; (*o vremenu*) unsettled, changeable.
**nepostojnost,** *n.* inconstancy, instability; fickleness, vacillation, irresoluteness.
**neposvećen,** *a.* unhallowed, unsanctified, unconsecrated.
**neposvjedočen,** *a.* unwitnessed.
**nepošteđen,** *a.* unspared.
**nepošten,** *a.* dishonest, dishonorable; false, crooked.
**nepošteno,** *adv.* dishonestly, unfairly.
**nepoštenjak,** *n.* dishonest person, wretch.
**nepoštenje,** *n.* dishonesty, falseness.
**nepoštovanje,** *n.* disrespect, discourtesy.
**nepotican,** *a.* unstimulated, unspurred, unurged.
**nepotkovan,** *a.* unshod.
**nepotkupljen,** *a.* unbribed, unbought.
**nepotlačen,** *a.* unoppressed; irrepressible.
**nepotpisan,** *a.* unsigned, unsubscribed.
**nepotpun,** *a.* unfinished; incomplete; (*nesavršen*) imperfect.
**nepotpuno,** *adv.* incompletely; (*nesavršeno*) imperfectly.
**nepotpunost,** *n.* incompleteness; imperfection; deficiency.
**nepotreban,** *a.* needless, unnecessary; useless, fruitless; unserviceable.
**nepotrebit,** *vidi:* **nepotreban.**

**nepotrebno,** *adv.* needlessly, unnecessarily.

**nepotrebnost,** *n.* needlessness, unnecessariness.

**nepotresen,** *a.* unshaken; unstruck.

**nepotrošen,** *a.* unspent, unwasted; unconsumed.

**nepotučen,** *a.* undefeated, unbeaten.

**nepotvrđen,** *a.* unsanctioned; unconfirmed, unverified; uncertified.

**nepoučen,** *a.* uninstructed; unapprised, uninformed.

**nepouzdan,** *a.* unreliable; untrustworthy.

**nepouzdanje,** *n.* untrustworthiness; mistrust; diffidence.

**nepouzdati se,** *v.* to suspect, to mistrust, to disbelieve, to doubt.

**nepovjeren,** *a.* distrusted; uncommitted.

**nepovjerenje,** *n.* distrust, mistrust; suspicion, diffidence.

**nepovjerljiv,** *a.* distrustful, mistrustful; suspicious, diffident.

**nepovjerljivo,** *adv.* mistrustfully.

**nepovlašten,** *a.* unprivileged, unauthorized.

**nepovodljivost,** *n.* uncontrollableness, unruliness.

**nepovoljan,** *a.* disagreeable, unpleasant; unwelcome, unacceptable; contrary, unfavorable; (*vrijeme*) inclement.

**nepovoljno,** *adv.* unfavorably, disagreeably.

**nepovoljnost,** *n.* disagreeableness, discomfort; inconvenience.

**nepovrat,** *n.* oblivion.

**nepovratan,** *a.* irreclaimable.

**nepovrediv,** *a.* inviolable; invulnerable; sacred.

**nepovredivost,** *n.* inviolableness, sacredness.

**nepozdravljen,** *a.* unsaluted, ungreeted.

**nepozlaćen,** *a.* ungilded, ungilt.

**nepoznat,** *a.* unknown; unacquainted with; obscure, incognito.

**nepoznavanje,** *n.* unacquaintance; ignorance.

**nepozvan,** *a.* uninvited, uncalled (for).

**nepoželjan,** *a.* undesirable.

**nepraćen,** *a.* unaccompanied, unescorted.

**nepraktičan,** *a.* impractical.

**nepraktičnost,** *n.* impracticability.

**neprav,** *a.* unjust; illegal, unlawful; wrong; unfair.

**nepravda,** *n.* injustice; iniquity, unrighteousness; grievance.

**nepravedan,** *a.* unjust, unfair, wrongful; iniquitous, unrighteous.

**nepravednik,** *n.* unjust person, unfair man.

**nepravedno,** *adv.* unjustly, wrongfully, unrighteously.

**nepravednost,** *n.* injustice; iniquity; wrongfulness, unrighteousness.

**nepravi,** *a.* unreal; erroneous.

**nepravičan,** *a.* injust, unfair.

**nepravično,** *adv.* unjustly, unequally.

**nepravilan,** *a.* irregular; abnormal; formless; uneven.

**nepravilno,** *adv.* irregularly; abnormally; unequally.

**nepravilnost,** *n.* irregularity; obliquity, anomaly; — **oblika,** amorphy.

**nepravo,** *adv.* unjustly, wrongfully, unfairly.

**neprebran,** *a.* unsorted; unselected.

**nepredan,** *a.* undelivered.

**nepredložen,** *a.* unproposed.

**nepredstavljen,** *a.* unintroduced.

**nepredviđen,** *a.* unforeseen, unanticipated.

**nepregledan,** *a.* boundless; infinite; immense, vast.

**nepregoriv,** *a.* fireproof.

**neprekidan,** *a.* continual; successive; perpetual; ceaseless.

**neprekidno,** *adv.* constantly, uninterruptedly; perpetually, continually.

**neprekidnost,** *n.* continuity.

**neprekinut,** *a.* unbroken; uninterrupted.

**neprekrižen,** *a.* uncrossed.

**neprekršen,** *a.* unviolated.

**neprelazan,** *a.* (*glagol*) intransitive; impassable, impenetrable.

**neprenosiv,** *a.* untransferable.

**nepreodjeven,** *a.* undisguised.

**nepreokrenut,** *a.* unconverted.

**neprepriječen,** *a.* unobstructed.

**neprerađen,** *a.* raw, unprepared; unfinished.

**neprestan,** *a.* incessant, unceasing; continual, constant.

**neprestano,** *adv.* incessantly, continually; successively, constantly.

**neprestanost,** *n.* permanence; continuity, continuance.
**neprestrašen,** *a.* undaunted, bold.
**nepretražljiv,** *a.* unsearchable.
**neprevaren,** *a.* undeceived.
**nepreveden,** *a.* untranslated.
**neprevodiv,** *a.* untranslatable.
**nepridržan,** *a.* unreserved; undetained.
**neprihvatljiv,** *a.* unacceptable.
**neprihvatljivost,** *n.* unacceptableness.
**neprijatan,** *a.* unfriendly, unpleasant; disagreeable; inclement; comfortless; ungraceful, unhandsome; ungenial.
**neprijatelj,** *n.* enemy; adversary, foe.
**neprijateljica,** *vidi:* **neprijatelj.**
**neprijateljski,** *a.* inimical, hostile, adverse; malevolent, unfriendly.
**neprijateljstvo,** *n.* enmity, unfriendliness, hostility, animosity.
**neprijatno,** *adv.* disagreeably, ungraciously; repulsively.
**neprijatnost,** *n.* disagreeableness, unpleasantness; disgust; unkindness.
**neprijazan,** *a.* unamiable, unkind; inaffable, disobliging.
**neprijazno,** *adv.* unkindly, unfriendly.
**neprijaznost,** *n.* unkindness, illnature; ill-humor.
**nepriječen,** *a.* unprevented.
**neprikladan,** *a.* inapt, inconvenient, unbecoming, improper.
**neprikladno,** *adv.* inaptly, improperly.
**neprikladnost,** *n.* impropriety, inaptness, inexpediency.
**nepriličan,** *a.* incommodious, inconvenient, troublesome; pestering, inopportune; uncomfortable; awkward, unsuitable; improper, unapt.
**neprilično,** *adv.* inconveniently, uncomfortably, unaptly.
**nepriličnost,** *n.* impropriety; inaptitude, inconvenience; uncomfortableness.
**neprilika,** *n.* embarrassment; accident; trouble; disappointment; inconvenience; mishap, predicament.
**nepriložen,** *a.* unenclosed, unattached.
**nepriljubljen,** *a.* unpopular.
**neprimjeren,** *a.* inadequate.
**neprimjerno,** *adv.* inadequately.
**neprimjetan,** *a.* unperceivable.

**neprimjetljiv,** *a.* imperceptible, indiscernible.
**neprimjetljivost,** *n.* indiscernibleness.
**neprimljen,** *a.* unreceived; unaccepted.
**nepripadnik,** *n.* outsider; foreigner; alien.
**nepripadnost,** *n.* foreignness.
**nepripitomiv,** *a.* indomitable; untameable.
**nepripoznat,** *a.* unacknowledged, ignored, rejected.
**nepripoznati,** *v.* to deny, to disavow, to repudiate, to disapprove, to disagree, to ignore, to reject.
**nepripravan,** *a.* unprepared, unprovided; unfurnished.
**nepripravno,** *adv.* unreadily.
**nepripravnost,** *n.* unpreparedness, unreadiness; inaptitude; extemporaneousness.
**nepripuštenje,** *n.* inadmissibility.
**nepriručan,** *a.* unhandy.
**neprisiljen,** *a.* unaffected, unrestrained; informal.
**neprisiljenost,** *n.* unrestraint, familiarity, easiness.
**npristao,** *a.* unfit, unsuitable, inappropriate, inapt.
**nepristojan,** *a.* impolite, unbecoming; improper, unbeseeming; undecorous; uncivil.
**nepristojati se,** *v.* to misbecome.
**nepristojno,** *adv.* impolitely, uncivilly.
**nepristojnost,** *n.* impoliteness, unmannerliness; impertinence; impropriety.
**nepristran,** *a.* impartial, fair, unprejudiced, unbiased; disinterested, neutral.
**nepristrano,** *adv.* impartially, neutrally.
**nepristranost,** *n.* impartiality, disinterestedness, neutrality.
**nepristupačan,** *vidi:* **nepristupan.**
**nepristupačnost,** *n.* inaccessibility, unapproachableness.
**nepristupan,** *a.* unaccessible, unapproachable.
**neprisvojen,** *a.* unappropriated.
**nepritiskan,** *a.* unpressed.
**nepriviknut,** *a.* unused, unaccustomed.
**neprivlačan,** *a.* unattractive.

**neprivlačiv,** *a.* unattractive, uninteresting, uninviting.

**nepriznanje,** *n.* disavowal, disowning; denial.

**nepriznat,** *a.* unappreciated, unaccredited; denied, unacknowledged.

**neprobava,** *n.* indigestion.

**neprobavan,** *a.* indigestible.

**neprobavljen,** *a.* indigested, undigested.

**neprobavljiv,** *a.* undigestible.

**neprobavnost,** *n.* indigestion, dyspepsia.

**neprobitačan,** *a.* unadvisable.

**neprobođen,** *a.* ungored, unpierced.

**neprobojan,** *a.* hermetic, impenetrable.

**neprobojnost,** *n.* imperviousness.

**neprobušiv,** *a.* imperforable.

**neprocjeniv,** *a.* precious, priceless, inestimable, invaluable.

**neprocjenivo,** *adv.* preciously, invaluably. inestimably.

**neprodan,** *a.* unsold.

**neprodiran,** *a.* impervious, impenetrable, dense.

**neprodirnost,** *n.* impenetrability; impassableness; denseness.

**neprofućkan,** *a.* unwasted, unsquandered.

**neprohodan,** *a.* impassable; impenetrable.

**neprohodno,** *adv.* impenetrably.

**neprohodnost,** *n.* impassableness, impenetrability, imperviousness.

**neproizvodan,** *a.* unproductive.

**neprokrčen,** *a.* untraced; unbroken.

**neprolazan,** *a.* impassable; impenetrable.

**neprolaznost,** *n.* impassableness, impenetrability.

**neproliven,** *a.* unshed.

**nepromatran,** *a.* unwatched, unseen.

**nepromijenjen,** *a.* unchanged, unaltered, unvaried.

**nepromišljen,** *a.* heedless, rash, improvident; thoughtless, foolhardy, imprudent.

**nepromišljeno,** *adv.* rashly, heedlessly, inconsiderately; inadvertently, imprudently, thoughtlessly.

**nepromišljenost,** *n.* rashness, heedlessness, temerity, imprudence; unwariness, inconsiderateness.

**nepromjenit,** *a.* unchanged; immutable.

**nepromjenljiv,** *a.* invariable; immutable, unchangeable; inalterable, inconvertible.

**nepromjenljivost,** *n.* invariability, immutability, unchangeableness.

**nepromočan,** *a.* water-proof, watertight.

**nepronađen,** *a.* unfound, uninvented, undiscovered.

**nepropadljiv,** *a.* imperishable; indestructible.

**nepropadljivost,** *n.* imperishableness, indestructibility.

**nepioročki,** *a.* unprophetic.

**neprorokovan,** *a.* unforetold.

**neprostran,** *a.* incapacious.

**neprosvijetljen,** *a.* uncivilized; unenlightened.

**neprotumačiv,** *a.* unaccountable, inexplicable, unexplained.

**neprotumačivo,** *adv.* inexplicably.

**neprotumačivost,** *n.* inexplicableness, inexplicability.

**neproziran,** *a.* opaque.

**neprozirnost,** *n.* opacity.

**neprozračen,** *a.* unventilated, unaired.

**Neptun,** *n.* Neptune.

**neptunski,** *a.* Neptunian.

**nepušen,** *a.* unsmoked.

**nerabljen,** *a.* unused; waste.

**nerad,** *a.* reluctant, averse, unwilling, loath; — *n.* idleness, laziness; inaction.

**neradin,** *a.* idle, inert, sluggish; lazy, inactive.

**neradinost,** *n.* idleness, inertness, inaction.

**neradnja,** *vidi:* **nerad.**

**nerado,** *adv.* unwillingly, reluctantly involuntarily.

**neradost,** *n.* joylessness, cheerlessness, mirthlessness; reluctancy.

**neradostan,** *a.* without joy, joyless, delightless, cheerless.

**neranjen,** *a.* uninjured; unwounded.

**neranjiv,** *a.* invulnerable.

**nerasjeckan,** *a.* unhacked.

**neraskalašen,** *a.* undissipated.

**neraspoložen,** *a.* indisposed.

**neraspoloženje,** *n.* indisposition.

**nerast,** *n.* wild-boar.

**nerastavan,** *a.* indissoluble, inseparable.

**nerastavljen,** *a.* unsevered; unparted; (*u braku*) undivorced.

**nerastavnost**, *n*. indissolubleness, indissolubility.

**nerasteziv**, *a*. inductile, unelastic.

**nerastezivost**, *n*. inductility; unelasticity.

**nerastopljen**, *a*. unliquefied, undissolved.

**nerastopljiv**, *a*. insoluble, undissolving.

**nerastopljivost**, *n*. insolubleness, insolubility.

**nerastresen**, *a*. undistracted; undissipated.

**nerastumačen**, *a*. unsolved, unexplained.

**nerastumačiv**, *a*. unexplainable; inconceivable.

**nerasudljiv**, *a*. undiscriminating.

**nerasvijetljen**, *a*. unlighted.

**neratoboran**, *a*. unwarlike; fond of peace.

**neravan**, *a*. unequal; uneven; irregular.

**neravno**, *adv*. awry; unevenly, irregularly.

**neravnost**, *n*. uneveness, irregularity.

**nerazbijen**, *a*. unbroken, unshattered, unsmashed.

**nerazblažen**. *a*. undiluted.

**nerazborit**, *a*. inconsiderate, thoughtless, imprudent; incautious; unreasonable, injudicious, unadvised.

**nerazborito**, *adv*. unreasonably, imprudently, injudiciously; foolishly.

**nerazboritost**, *n*. imprudence; ignorance; stupidity; temerity.

**nerazdijeljen**, *a*. undivided, unseparated.

**nerazdjeljiv**, *a*. indivisible; inseparable.

**nerazdjeljivost**, *n*. indivisibleness, indivisibility.

**nerazdruživ**, *a*. inseparable, indivisible.

**nerazdruživo**, *adv*. indivisibly, inseparably.

**nerazduživost**, *n*. inseparableness, indivisibility, indivisibleness.

**nerazdvojiv**, *a*. inherent; inseparable.

**nerazglašen**, *a*. undivulged.

**nerazgovijetan**, *a*. indistinct; unintelligible, inarticulate, ambiguous.

**nerazgovijetnost**, *n*. indistinctness; obscurity.

**nerazjašnjiv**, *a*. unaccountable, inexplicable.

**nerazjašnjivost**, *n*. unaccountableness, unaccountability, inexplicableness.

**nerazlikovan**, *a*. undistinguished.

**nerazlikovanje**, *n*. undistinction.

**nerazlučen**, *a*. unsevered, unseparated.

**nerazlučiv**, *a*. insoluble; indiscernible.

**nerazmišljen**, *a*. inconsiderate, thoughtless, unconsidered.

**nerazmjeran**, *a*. disproportional, inadequate; unsymmetrical, unequal.

**nerazmjerno**, *adv*. unproportionably, unsymmetrically, inadequately.

**nerazmjernost**, *n*. disproportion, inadequacy, imparity.

**nerazoriv**, *a*. indestructible.

**nerazorivost**, *n*. indestructibility.

**nerazrješiv**, *a*. inseparable; insolvable; inextricable.

**nerazrješivost**, *n*. inseparability; insolubility.

**nerazuman**, *a*. imprudent, injudicious; unintelligent, unwise; irrational, senseless.

**nerazumjeti**, *v*. to misunderstand, to misapprehend.

**nerazumljiv**, *a*. unintelligible, abstruse, inapprehensible; obscure.

**nerazumljivost**, *n*. abstruseness, obscureness, senselessness.

**nerazumno**, *adv*. foolishly, silly, irrationally, unreasonably.

**nerazumnost**, *n*. unreasonableness; (*tupoglavost*) silliness, foolishness; stupidity; nonsense.

**nerazvijen**, *a*. primitive, rudimentary; undeveloped; unexpanded.

**nerazvitost**, *n*. primitiveness; undevelopment.

**nerazvođen**, *a*. undiluted.

**nered**, *n*. disorder, confusion, disarrangement; misgovernment; letter; riot.

**nereformiran**, *a*. unreformed.

**nerezan**, *a*. uncut.

**neriješen**, *a*. unsolved; undelivered; problematic.

**neriješeno**, *adv*. problemtically.

**nerijetko**, *adv*. often.

**nerječit**, *a*. ineloquent.

**nerodan**, *a*. sterile, barren, unfruitful, unproductive, infertile.

**nerodica**, *n*. bad year, sterile year; failure of crops; scarcity, dearth; unfruitfulness.

**nerodnost,** *n.* sterility, barrenness; unproductiveness.
**nerođen,** *a.* unborn.
**nerotkinja,** *n.* a sterile woman.
**neruka,** *n.* misfortune, disaster, adversity; ill-luck, calamity.
**nervozan,** *a.* nervous.
**nesablažnjen,** *a.* unshocked.
**nesabran,** *a.* uncollected.
**nesačuvan,** *a.* unpreserved.
**nesagnut,** *a.* unbowed.
**nesagrađen,** *a.* unbuilt.
**nesakriven,** *a.* unhid, unhidden.
**nesakupljen,** *a.* uncollected.
**nesamoljublje,** *n.* unselfishness.
**nesamoljubljen,** *a.* unselfish.
**nesan,** *n.* sleeplessness, restlessness, insomnia.
**nesanan,** *a.* sleepless, restless, insomnious.
**nesapet,** *a.* loose, untied, unchained.
**nesaslušan,** *a.* unheard.
**nesašiven,** *a.* unstitched.
**nesavjesnost,** *n.* unscrupulousness, want of principle; unconscionableness.
**nesavjestan,** *a.* conscienceless, unconscionable; unscrupulous, unprincipled; unmerciful.
**nesavladiv,** *a.* unconquerable, invincible.
**nesavladivo,** *adv.* invincibly, insuperably, unconquerably.
**nesavladivost,** *n.* insuperability, invincibility.
**nesavršen,** *a.* imperfect; unfinished; incomplete.
**nesavršeno,** *adv.* imperfectly; incompletely.
**nesavršenost,** *n.* imperfection; incompleteness; incompletion.
**nesavršenstvo,** *vidi*: **nesavršenost.**
**nesažaljevan,** *a.* incompassionate.
**nesebeznalo,** *adv.* harmlessly; innocently.
**nesebeznalost,** *n.* disinterestedness; unselfishness.
**nesebičan,** *a.* unselfish, disinterested.
**nesebičnost,** *n.* unselfishness, disinterestedness.
**nesestrinski,** *a.* unsisterly.
**neshodan,** *a.* unadvisable, inexpedient.
**neshodnost,** *n.* inexpedience,-ency.
**neshvaćati,** *v.* to mistake, to misunderstand.

**neshvatljiv,** *a.* incomprehensible, inconceivable, abstruse.
**nesiguran,** *a.* uncertain; doubtful; unsafe, insecure.
**nesigurno,** *adv.* uncertainly, insecurely, doubtfully, unsafely.
**nesigurnost,** *n.* uncertainty, insecurity; suspense, vagueness; unsafety.
**nesimetričan,** *a.* unsymmetrical.
**nesisan,** *a.* unsucked.
**nesit,** *n.* greedy fellow; (*ptica*) pelican; — *a.* insatiable.
**nesitost,** *n.* insatiability, insatiety.
**nesklad,** *n.* discord, disagreement; (*u glazbi*) discordance, disharmony; variance, unharmoniousness.
**neskladan,** *a.* discordant, disharmonious, cacophonic; proportionless; unmelodious.
**neskladnost,** *vidi*: **nesklad.**
**nesklanjan,** *a.* (*u slovnici*) undeclined, undeclinable.
**nesklapan,** *a.* absurd, preposterous.
**neskrušen,** *a.* impenitent.
**neskrušeno,** *adv.* impenitently.
**neskučen,** *a.* unbowed; unoppressed.
**nesladak,** *a.* unsweet.
**neslagati se,** *v.* to disagree.
**neslan,** *a.* unsalted; insipid, saltless; tasteless.
**neslano,** *adv.* tastelessly.
**neslanost,** *n.* insipidity; tastelessness.
**neslastan,** *a.* unpalatable; tasteless.
**neslavan,** *a.* inglorious, fameless; unknown; ignoble.
**neslavljen,** *a.* unpraised.
**neslavno,** *adv.* ingloriously.
**nesličan,** *a.* unlike, dissimilar.
**nesličnost,** *n.* unlikeness, dissimilarity.
**neslijeđen,** *a.* unfollowed.
**neslobodan,** *a.* unfree.
**neslobodouman,** *a.* illiberal.
**nesloga,** *n.* discord, disunion; disagreement, dissent, dissension.
**neslomiv,** *a.* irrefrangible; obstinate.
**neslomljen,** *a.* unbroken.
**nesložan,** *a.* discordant, disagreeing; inharmonious; unsociable; incompatible.
**neslutice,** *adv.* unexpectedly, suddenly.
**neslužben,** *a.* inofficial.
**neslužbeno,** *adv.* inofficially.

**nesmetan,** *a.* undisturbed, unannoyed.

**nesmeten,** *a.* unconfused.

**nesmiljen,** *a.* unmerciful, merciless; pitiless; unsparing; (*okrutan*) cruel.

**nesmiljeno,** *adv.* mercilessly, pitilessly; (*okrutno*) cruelly.

**nesmiljenost,** *n.* mercilessness, unmercifulness, pitilessness; (*okrutnost*) cruelty.

**nesmisao,** *n.* nonsense; absurdity; unreasonableness.

**nesmislen,** *a.* nonsensical, absurd; unmeaning; irrational.

**nesmotren,** *a.* inattentive, imprudent, inconsiderate; incautious, indiscreet, heedless, negligent, rash, careless.

**nesmotreno,** *adv.* rashly, precipitately, unadvisedly; incautiously, inconsiderately, heedlessly.

**nesmotrenost,** *n.* imprudence, inconsiderateness; rashness, temerity, heedlessness; unadvisedness.

**nesmrtnost,** *n.* immortality.

**nesmrznut,** *a.* unfrozen.

**nesnabdjeven,** *a.* unfurnished; unendowed.

**nesnaga,** *n.* uncleanliness, squalor; grime, dross.

**nesnažan,** *a.* unclean, impure; filthy.

**nesniziv,** *a.* irreducible.

**nesnosan,** *a.* intolerable; unbearable; insufferable; importune, troublesome; provoking; tedious; revolting.

**nesnosljiv,** *a.* intolerable; unbearable.

**nesnosljivo,** *adv.* intolerably, insufferably, importunately.

**nesnosnost,** *n.* intolerability, tediousness, wearisomeness, unsufferableness.

**nespavanje,** *n.* sleeplessness, restlessness, insomnia.

**nespodoban,** *a.* dissimilar; unlike.

**nespodobnost,** *n.* dissimilarity; unlikeness; difference.

**nespojen,** *a.* unsoldered; unconnected, irrelative.

**nespokojan,** *a.* unquiet, uneasy; restless, anxious.

**nespokojnost,** *n.* unrest.

**nespomenut,** *a.* unmentioned, unnamed.

**nesporazum** (ljenje), *n.* misunderstanding; disagreement; difference, dissension; misapprehension.

**nesposoban,** *a.* unqualified, unfit; incompetent.

**nesposobnost,** *n.* incapacity, inability; incompentence, unskilfulness; disability, unaptness, disqualification, unfitness, inaptitude.

**nespreman,** *a.* extemporaneous; unprepared.

**nespretan,** *a.* unhandy, awkward, clumsy.

**nespretno,** *adv.* awkwardly, unaptly, unskilfully, unsuitably.

**nespretnost,** *n.* awkwardness, clumsiness, uncouthness, indexterity.

**nesraman,** *a.* shameless, nefarious; infamous.

**nesramno,** *adv.* nefariously, shamelessly, infamously.

**nesramnost,** *n.* shamelessness; obscenity, impudence; infamy.

**nesravnjiv,** *a.* matchless, unequaled, incomparable, unparalleled.

**nesravnjivost,** *n.* matchlessness, peerlessness, incomparableness.

**nesreća,** *n.* misfortune; disaster; adversity; ill-luck, misadventure, unhappiness, calamity; damage, mishap, accident, reverse.

**nesrećan,** *a.* unlucky, unhappy, unfortunate, wretched.

**nesrećnica,** *n.* unlucky woman, poor wretch.

**nesrećnik,** *n.* unlucky fellow.

**nesrećom,** *adv.* by misfortune, unfortunately, unluckily.

**nesređen,** *a.* unsettled; unadjusted.

**nesređenost,** *n.* unsettledness.

**nesretan,** *vidi:* **nesrećan.**

**nesretno,** *adv.* woefully, wofully, unhappily, unluckily, unfortunately.

**nesretnjica,** *vidi:* **nesrećnica.**

**nesretnjić,** *n.* mischievous person, child of misfortune, person born under an evil star.

**nesretnjik,** *vidi:* **nesrećnik.**

**nesrodan,** *a.* unrelated.

**nestajanje,** *n.* decrement, default; wane, decreasing.

**nestajati,** *v.* to disappear, to vanish; to decrease, to wane, to go, to diminish; to shorten; to fade.

**nestalan,** *a.* inconstant, unsteady; variable, fickle, uncertain; doubtful; unbalanced; transitive.

**nestalno,** *adv.* unsteadily, uncertaintly, inconstantly.

**nestalnost,** *n.* uncertainty, instability; infirmness, variableness; transitoriness.

**nestaša,** *n.* departure; loss, waste.

**nestašan,** *a.* waggish, frolicsome, playful, fidgety; restless.

**nestašica,** *n.* want, failure, destitution; default, indigence; absence, scarceness.

**nestaško djevojče,** *n.* tomboy, hoiden.

**nestašno,** *adv.* pertly, petulantly.

**nestašnost,** *n.* playfulness, sauciness, petulance, frolic, roguish trick.

**nestatak,** *n.* (*oskudica*) disappearance, want, lack.

**nestati,** *vidi:* **nestajati.**

**nestečen,** *a.* ungained, unacquired.

**nesti,** *v.* (*jaja*) to lay eggs.

**nestrastven,** *a.* dispassionate; calm.

**nestrpljenje,** *vidi:* **nestrpljivost.**

**nestrpljiv,** *a.* impatient; insufferable.

**nestrpljivost,** *n.* impatience; weariness.

**nestručan,** *a.* unprofessional.

**nestručnjački,** *a.* unprofessional.

**nestvaran,** *a.* unreal, imaginary; irrelevant; immaterial.

**nestvarnost,** *n.* irrelevancy; imagery, immateriality.

**nestvoren,** *a.* uncreated, unmade.

**nesućutan,** *a.* incongenial, unsympathetic.

**nesuđen,** *a.* not predestined; unjudged, unsentenced.

**nesuđenica,** *n.* not intended.

**nesuđenik,** *n.* not intended.

**nesuglasan,** *a.* disharmonious; inharmonious; disagreeable.

**nesuglasica,** *n.* misunderstanding, disagreement.

**nesuglasje,** *n.* disharmony, dissonace, disagreement, discord, variance.

**nesumnjiv,** *a.* unquestionable, undoubted; unequivocal.

**nesumnjivo,** *adv.* undoubtedly, unequivocally.

**nesusjedan,** *a.* unneighborly.

**nesustavan,** *a.* unsystematic.

**nesuvišan,** *a.* unsuperfluous.

**nesvet,** *a.* unholy.

**nesvetost,** *n.* unholiness.

**nesvidjeti se,** *v.* to displease, to be displeased, to dislike.

**nesvijesnost,** *n.* unconsciousness; insensibility.

**nesvijest,** *n.* swoon, swooning, fainting-fit, syncope; (*pasti u nesvijest*), *v.* to swoon, to faint.

**nesvijestan,** *a.* irrational; unconscious.

**nesvjestica,** *vidi:* **nesvijest.**

**nesvjetovni,** *a.* unworldly.

**nesvladan,** *a.* unfoiled, unconquered, unsubdued.

**nesvojevoljan,** *a.* involuntary.

**nesvojevoljnost,** *n.* involuntariness.

**nešatiran,** *a.* unshaded, unshadowed.

**neškodljiv,** *a.* unharmful, hurtless, unhurtful, innoxious, harmless, innocuous.

**neškodljivost,** *n.* harmlessness, innocuousness, innoxiousness.

**neškolovan,** *a.* unschooled, untrained

**neštampan,** *a.* unprinted.

**neštedice,** *adv.* unsparingly.

**nešteđen,** *a.* unspared.

**nešto,** *pron.* something; some, any; — **malo,** a little.

**neštovan,** *a.* unhonored, unrespected.

**neštovanje,** *n.* irreverence.

**nešupljikav,** *a.* imporous.

**netačan,** *a.* incorrect, inexact, inaccurate.

**netaknut,** *a.* intact, untouched; pure.

**netaracan,** *a.* unpaved.

**netačan,** *a.* tasteless, stale, unsavory.

**netečnost,** *n.* tastelessness, unsavoriness.

**netek,** *n.* (*bilj.*) caper-spurge; noli-metangere, touch-me-not.

**netemeljit,** *a.* unfounded, groundless, baseless; unsolid, inconclusive.

**netiskan,** *a.* unprinted.

**netjelesan,** *a.* unbodied, unsubstantial; immaterial, incorporeal.

**netjelesnost,** *n.* unsubstantiality, incorporeity, immateriality.

**netko,** *pron.* somebody; someone.

**netočan,** *a.* unprecise, incorrect, inexact, inaccurate.

**netočno,** *adv.* inaccurately, incorrectly, inexactly.

**netočnost,** *n.* inaccuracy, incorrectness.

**netom,** *adv.* scarcely, hardly, recently, lately; **netom sada,** just now.

**netopir,** *n.* cheiropter, aliped; bat, flitter-mouse.

**netragičan,** *a.* untragic.

**netražen,** *a.* unclaimed; unwanted; unsought.
**netrgan,** *a.* unplucked, unpicked.
**netrgovački,** *a.* uncommercial, unbusinesslike.
**neubavost,** *n.* inelegance.
**neubijen,** *a.* unslain, unkilled.
**neublažen,** *a.* untempered, unassuaged, unalleviated.
**neublaživ,** *a.* implacable, unmitigable, immitigable.
**neubran,** *a.* unpicked.
**neučan,** *a.* unwonted, unaccustomed, unfamiliar.
**neučen,** *a.* unlearned, illiterate, unlettered.
**neučenost,** *n.* unlearnedness, illiteracy.
**neučinjen,** *a.* unperformed, undone; unfinished.
**neučtiv,** *a.* impolite, irreverent, ungallant.
**neučtivo,** *adv.* impolitely, irreverently.
**neučtivost,** *n.* ungallantness, disrespect, irreverence, impoliteness.
**neudata,** *a.* single, unwedded, unmarried.
**neudesan,** *a.* untidy; unhandy.
**neudoban,** *a.* uncomfortable, unhandy, uneasy, inconvenient.
**neudobno,** *adv.* incommodiously; uncomfortably, inconveniently.
**neudobnost,** *n.* uncomfortableness, discomfort, inconvenience, incommodiousness.
**neudovoljen,** *a.* unsatisfied.
**neudvoran,** *a.* impolite, unofficious.
**neugasiv,** *a.* quenchless, inextinguishable, unquenchable.
**neugasivost,** *n.* quenchlessness, unquenchableness.
**neugašen,** *a.* unquenched, unextinguished.
**neuglađen,** *a.* rough, bristly, unpolished; uncivil, uncivilized.
**neuglađenost,** *n.* roughness.
**neugledan,** *a.* disreputable, discreditable; unknown, ignoble.
**neuglednost,** *n.* lowness; meanness; insignificance.
**neugodan,** *a.* disagreeable, unpleasant, uncomfortable; inconvenient, troublesome, unwelcome; incommodious.

**neugodno,** *adv.* unpleasantly, disagreeably, uncomfortably.
**neugodnost,** *n.* unpleasantness, displeasure, discomfort, disagreeableness, inconvenience.
**neugrijan,** *a.* unwarmed, unheated.
**neugušen,** *a.* unstifled, unsmothered.
**neuhvaćen,** *a.* unapprehended.
**neuk,** *a.* illiterate, ignorant; unlettered, unlearned; inexperienced.
**neukinut,** *a.* unrepealed; unrescinded.
**neukloniv,** *a.* unremovable; unavoidable, inevitable.
**neuklonivost,** *n.* unavoidableness, unremovableness.
**neukost,** *n.* ignorance.
**neukrašen,** *a.* undecorated, ungraced.
**neukroćen,** *a.* untamed; unbroken.
**neukroćenost,** *vidi:* **neukrotljivost.**
**neukrotljiv,** *a.* untamable, unmanageable, unmitigable; unruly, uncontrollable.
**neukrotljivost,** *n.* uncontrollableness, tamelessness.
**neukusan,** *a.* tasteless, unpalatable; inelegant.
**neuleknut,** *a.* undepressed.
**neulovljen,** *a.* uncaught.
**neuljen,** *a.* unoiled.
**neuljepšan,** *a.* ungraced.
**neuljudan,** *a.* uncivil, impolite, illbred, discourteous, disobliging, unpolite, lowbred.
**neuljudno,** *adv.* uncivilly, impolitely.
**neuljudnost,** *n.* impoliteness, incivility, rudeness; discourtesy, disrespect, unmannerliness.
**neumanjen,** *a.* unlessened, undiminished.
**neumijeće,** *n.* ignorance; awkwardness, inaptitude.
**neumiještina,** *vidi:* **neumijeće.**
**neumiren,** *a.* unappeased, unhushed.
**neumirovljen,** *a.* unpensioned.
**neumitan,** *a.* inexorable, unyielding.
**neumitnost,** *n.* inexorability.
**neumjeren,** *a.* immoderate, intemperate, excessive.
**neumjereno,** *adv.* intemperately, excessively, immoderately.
**neumjerenost,** *n.* intemperateness, immoderateness, excess, intemperance.
**neumjestan,** *a.* unsuitable, improper, out of place.

**neumjetan,** *a.* artless, inartificial; natural; simple.

**neumjetno,** *adv.* simply, plainly, naturally; directly; candidly.

**neumnožen,** *a.* unincreased, unmultiplied.

**neumočen,** *a.* undipped.

**neumolan,** *vidi*: **neumoljiv.**

**neumoljen,** *a.* unbesought, unasked, unbidden.

**neumoljiv,** *a.* inexorable, unmerciful, merciless; pitiless; unsparing, flinty, unpersuasible.

**neumoljivo,** *adv.* inexorably.

**neumoljivost,** *n.* relentlessness, inexorability.

**neumoran,** *a.* indefatigable; strenuous; tireless; untired, unresting.

**neumorno,** *adv.* indefatigably; actively, quickly.

**neumornost,** *n.* tirelessness, sedulousness, indefatigableness.

**neumrli,** *a.* immortal, undying.

**neumrlo,** *adv.* immortally.

**neumrlost,** *n.* immortality.

**neumrljan,** *a.* unstained, unsoiled.

**neuništiv,** *a.* indestructible.

**neunosan,** *a.* profitless.

**neuokviren,** *a.* unframed.

**neupaljen,** *a.* unlighted, unfired.

**neupaljiv,** *a.* uninflammable, fireproof, incombustible.

**neupisan,** *a.* unrecorded; unregistered.

**neupitan,** *a.* unasked, unquestioned.

**neuplaćen,** *a.* unpaid.

**neuplašen,** *a.* fearless, intrepid, undaunted, unshrinking.

**neuplata,** *n.* non-payment.

**neupleten,** *a.* unimplicated.

**neuporabiv,** *a.* inapplicable; useless.

**neupotrebljen,** *a.* unemployed, unused.

**neupotrebljiv,** *a.* inapplicable, unserviceable, irrelevant.

**neupotrebljivost,** *n.* irrelevancy, unserviceableness, inapplicability.

**neupravljen,** *a.* undirected.

**neupravljiv,** *a.* ungovernable.

**neuprljan,** *a.* unsoiled, unstained.

**neupućen,** *a.* ignorant, unapprised.

**neupućenost,** *n.* ignorance.

**neuralgija,** *n.* neuralgia.

**neuredan,** *a.* disorderly, slovenly, untidy, sloppy; unorderly; negligent.

**neuredno,** *adv.* heedlessly; negligently, confusedly, without order.

**neurednost,** *n.* disorder, irregularity confusion; untidiness.

**neureden,** *a.* unsettled, unadjusted; unsorted, unordered; untrimmed.

**neuredenost,** *n.* unsettledness; disorder.

**neurešen,** *a.* untrimmed, unadorned.

**neusaden,** *a.* unimpressed; unimplanted.

**neusiljen,** *a.* unconventional, unaffected, free, unconstrained, informal.

**neusiljenost,** *n.* unconstraint; naturalness, unaffectedness.

**neusiljiv,** *a.* unobtrusive.

**neuslužan,** *a.* ungenerous; mean; unofficious, incompliant.

**neusmiljen,** *a.* uncharitable, inclement.

**neusmiljenost,** *n.* uncharitableness, inclemency.

**neuspjeh,** *n.* failure, unsuccess, unsuccessfulness, fizz (le).

**neuspješan,** *a.* unsuccessful; ineffective, fruitless; ineffectual.

**neuspješnost,** *n.* failure, inefficiency.

**neuspjeti,** *v.* to fail, to miss; to founder, to miscarry.

**neusporediv,** *a.* incomparable; unequalled, unparalleled.

**neusporedivost,** *n.* incomparableness.

**neustavan,** *a.* unconstitutional.

**neustrašiv,** *a.* fearless, unappalled; undaunted, dauntless; brave, venturesome; unafraid, valiant.

**neustrašivo,** *adv.* fearlessly, intrepidly, valiantly.

**neustrašivost,** *n.* dauntlessness, bravery; valiantness, intrepidity.

**neustrojen,** *a.* unorganized, unsettled.

**neustrpljiv,** *a.* impatient; fidgety.

**neustrpljivo,** *adv.* impatiently.

**neustrpljivost,** *vidi*: **nestrpljivost.**

**neušutkan,** *a.* unhushed.

**neutaživ,** *a.* unappeasable, implacable.

**neutemeljen,** *a.* unfounded, groundless.

**neutisnut,** *a.* unimpressed.

**neutjeriv,** *a.* uncollectable.

**neutjerivost,** *n.* uncollectability.

**neutješan,** *a.* disconsolate, inconsolable.

**neutješivo,** *adv.* inconsolably.

**neutješivost,** *n.* disconsolateness, inconsolableness.

**neutješno,** *adv.* inconsolably, disconsolately.

**neutralan,** *a.* neutral.

**neutralnost,** *n.* neutrality.

**neutrudljiv,** *a.* tireless, indefatigable.

**neutvrđen,** *a.* defenceless; unfenced.

**neuvažavan,** *a.* unregarded; disdainful.

**neuvažavanje,** *n.* disavowal; disrespect, contempt.

**neuvaženje,** *n.* refusal, rejection.

**neuvelost,** *n.* unfadingness.

**neuvenut,** *a.* unfaded.

**neuveo,** *a.* undecaying, fadeless, unwithered, unfading.

**neuvezan,** *a.* unbound.

**neuvježban,** *a.* untrained, unexercised.

**neuvreban,** *a.* unespied, undiscovered, unnoticed.

**neuvrijediv,** *a.* inoffensive.

**neuvrijeđen,** *a.* unoffended.

**neuzbuđen,** *a.* unruffled, unperturbed.

**neuzbunjen,** *a.* unstirred.

**neuzdrman,** *a.* unshaken.

**neuzdržanje,** *n.* want of moderation, intemperance; insolence; incontinence; slipperiness.

**neuzdržljiv,** *a.* immoderate, intemperate; unreasonable; slippery; delicate.

**neuzdržljivost,** *vidi:* **neuzdržanje.**

**neuzet,** *a.* untaken; unaccepted.

**neuznemiren,** *a.* peaceful, calm; selfpossessed.

**neuznemirenost,** *n.* composure, selfpossession.

**neuznemirivan,** *a.* unmolested, undisturbed.

**neuzvraćen,** *a.* unrequitted.

**neuživan,** *a.* unenjoyed.

**neva,** *vidi:* **nevjesta.**

**nevaljalac,** *n.* good-for-nothing fellow; rogue, idle (*ili*) lazy fellow; profligate, scapegrace.

**nevaljalica,** *n.* good-for-nothing woman; idle (*ili*) lazy woman.

**nevaljalo,** *adv.* worthlessly, badly, improperly, dishonestly, wickedly.

**nevaljalstvo,** *vidi:* **nevaljanština.**

**nevaljan,** *a.* wrongful; false, reprobate, improper; null, void.

**nevaljanac,** *vidi:* **nevaljalac.**

**nevaljanost,** *n.* badness, incongruity, turpitude; impracticableness, flaw.

**nevaljanština,** *n.* worthlessness; infamy.

**nevaljao,** *a.* bad, ill, evil; wicked, wretched, mischievous; scampish, naughty.

**nevažan,** *a.* unimportant, weightless, inessential.

**neven,** *n.* evergreen; African marigold.

**neveselo,** *adv.* joylessly; mournfully.

**neveselost,** *n.* joylessness; infelicity; unhappiness.

**neveseo,** *a.* sad; sorrowful; afflicted; melancholy, gloomy, cheerless; mournful, joyless.

**nevesilj,** *n.* (*bil.*) fennel giant.

**nevezan,** *a.* unconnected, unbound; unattached.

**nevid (i),** *n.* infusory, infusoria; monad.

**nevidljiv,** *a.* invisible; inconspicuous, unapparent; latent.

**nevidljivo,** *adv.* invisibly.

**nevidljivost,** *n.* invisibleness.

**neviđen,** *a.* unseen; unlooked.

**nevin,** *a.* innocent, guiltless, simple; (*djevičanski*) virginal, maidenly, chaste.

**nevino,** *adv.* innocently.

**nevinost,** *n.* innocence; simplicity, guiltlessness; (*čistoća*) virginity, chastity, purity, maidenhood.

**nevitak,** *a.* inflexible.

**neviteški,** *a.* ungallant.

**nevjera,** *n.* infidelity, unfaithfulness, disloyalty, unbelief, deceit; treason, treachery.

**nevjeran,** *a.* unfaithful, disloyal; false; unbelieving, perfidious, traitorous; trustless; apostate.

**nevjernica,** *n.* traitress.

**nevjernički,** *a.* infidel; recreant.

**nevjernik,** *n.* unbeliever, disbeliever, infidel; (*izdajica*) traitor.

**nevjerno,** *adv.* untruly, perfidiously, unfaithfully.

**nevjernost,** *n.* disloyalty, trustlessness; treachery, treacherousness, infidelity, unfaithfulness.

**nevjernjak,** *n.* infidel, unbeliever.

**nevjerojatan,** *a.* incredible, improbable; unlikely.

**nevjerojatno,** *adv.* unlikely, incredibly, improbably.

**nevjerojatnost,** *n.* incredibility, incredibleness; improbability.

**nevjerovanje,** *n.* disbelief, unbelief; incredulousness, incredulity.
**nevjerovati,** *v.* to disbelieve.
**nevjerski,** *a.* impious, ungodly.
**nevjerstvo,** *n.* impiety; faithlessness; treachery, perfidy.
**nevjerujući,** *a.* doubting.
**nevjesta,** *n.* bride; newly married woman.
**nevješt,** *a.* awkward; unhandy, unskilful, inexperienced, ignorant.
**nevještina,** *n.* awkwardness, clumsiness, unskilfulness.
**nevješto,** *adv.* awkwardly, clumsily; unskilfully, incapably.
**nevođen,** *a.* unguided, undirected.
**nevojnički,** *a.* unsoldierlike, unsoldierly.
**nevolja,** *n.* misery, trouble, poverty, distress; wretchedness, helplessness.
**nevoljan,** *a.* miserable, disastrous, calamitous.
**nevoljnica,** *n.* beggar woman, wretch.
**nevoljnik,** *n.* poor man, beggar, wretch.
**nevoljno,** *adv.* miserably.
**nevrijedan,** *a.* unworthy, reprobate, worthless; undeserving.
**nevrijedno,** *adv.* unworthily, undeservingly.
**nevrijednost,** *n.* unworthiness, worthlessness.
**nevrijeme,** *n.* wrong time; (*oluja*) tempest, storm, inclement weather, bad weather.
**nezabavan,** *a.* unentertaining.
**nezabilježen,** *a.* unregistered.
**nezaborav,** *n.* remembrance, memory.
**nezaboravan,** *a.* unforgetful; indelible.
**nezaboravljen,** *a.* not to be forgotten, memorable, unforgetful.
**nezabranjen,** *a.* unprohibited, unforbidden.
**nezačinjen,** *a.* unseasoned.
**nezadovoljan,** *a.* dissatisfied, malcontented, discontent, discontented, unsatisfied.
**nezadovoljiv,** *a.* unsatisfying.
**nezadovoljnik,** *n.* malcontent.
**nezadovoljnost,** *vidi*: **nezadovoljstvo.**
**nezadovoljstvo,** *n.* discontent, dissatisfaction; displeasure, discontentedness.
**nezadušljiv,** *a.* unsmotherable.

**nezahtijevan,** *a.* unclaimed, unrequested.
**nezahvalan,** *a.* unthankful, ungrateful, thankless, ingrate.
**nezahvalnik,** *n.* ingrate.
**nezahvalno,** *adv.* ungratefully, unthankfully.
**nezahvalnost,** *n.* ingratitude, thanklessness, unthankfulness, ungratefulness.
**nezajamčen,** *a.* unwarranted, unvouched.
**nezajednički,** *a.* separate.
**nezakonit,** *a.* illegal, unlawful; illegitimate, lawless.
**nezakonito,** *adv.* unlawfully, illegally; — čedo, illegitimate child, bastard.
**nezakonitost,** *n.* illegality, lawlessness, unlawfulness.
**nezakopan,** *a.* unburied.
**nezakrabuljen,** *a.* undisguised.
**nezalivan,** *a.* unwatered.
**nezaložen,** *a.* unpawned.
**nezamijenjen,** *a.* unchanged.
**nezamračen,** *a.* undimmed.
**nezamršen,** *a.* unperplexed, unconfused, unentangled.
**nezanesljiv,** *a.* untrustworthy; unsafe.
**nezanimljiv,** *a.* prosaic, uninteresting.
**nezanimljivo,** *adv.* uninterestingly.
**nezanimljivost,** *n.* uninterestedness.
**nezapečaćen,** *a.* unsealed; unclosed.
**nezapisan,** *a.* unregistered.
**nezapleten,** *a.* unentangled; unimplicated.
**nezaposlen,** *a.* unoccupied; unemployed.
**nezapriječen,** *a.* unprevented, unobstructed.
**nezaprisegnut,** *a.* unsworn.
**nezaručen,** *a.* unengaged.
**nezasitan,** *a.* insatiable, gluttonous.
**nezasitnik,** *n.* glutton.
**nezasjenjen,** *a.* unshadowed.
**nezaslijepljen,** *a.* unblinded, undazzled.
**nezaslužan,** *a.* unworthy.
**nezaslužen,** *a.* undeserved, unearned, unmerited.
**nezasluženost,** *n.* undeservedness, unmeritedness.
**nezaspan,** *a.* sleepless.
**nezapremljen,** *a.* unoccupied.
**nezastario,** *a.* valid; recent.
**nezastarjelost,** *n.* validity, recency.

**nezaštićen,** *a.* unprotected, unsheltered, unguarded, unfenced.

**nezategnut,** *a.* unstrung; undelayed.

**nezatomljen,** *a.* unsuppressed.

**nezatvoren,** *a.* unclosed; unobstructed.

**nezaustavljen,** *a.* unchecked.

**nezauzet,** *a.* untaken; unoccupied.

**nezaveden,** *a.* unseduced, undebauched.

**nezavidan,** *a.* unenvious.

**nezaviđen,** *a.* unenvied.

**nezavisan,** *a.* independent, free; — **vladar,** sovereign.

**nezavisnost,** *n.* independence, independency.

**nezavrnut,** *a.* unwrung.

**nezazoran,** *a.* irreproachable, reproachless, blameless, stainless, faultless.

**nezaželjen,** *a.* undesirable, undesired.

**nezbunjen,** *a.* unconfused.

**nezdrav,** *a.* unhealthy, unsound, sickly; unwholesome; insalubrious, insalutary.

**nezdravlje,** *n.* ill-health.

**nezdravo,** *adv.* unsoundly, unhealthily, morbidly.

**nezdravost,** *n.* unhealthiness; unsoundness, sickliness, morbidness.

**nezdružljiv,** *a.* separating; incompatible.

**nezgoda,** *n.* misfortune; disaster; adversity, ill-luck; mischance, accident; inconvenience, trouble, misadventure.

**nezgodan,** *a.* impracticable, inopportune; unseasonable; inconvenient, incommodious; awkward, unhandy, unsuitable; undesired, inappropriate.

**nezgodno,** *adv.* inconveniently, inopportunely.

**nezgodnost,** *n.* inconvenience, uncomfortableness, inaptitude, incommodiousness.

**nezgotovljen,** *a.* unfinished, unprepared.

**nezgrapan,** *a.* ill-bred, rude; naughty, clumsy; awkward; unhandy.

**nezgrapno,** *adv.* clumsily, rudely, awkwardly, coarsely.

**nezgrapnost,** *n.* awkwardness, clumsiness, lumpishness.

**nezmožan,** *a.* unable.

**neznaboški,** *a.* ungodly, impious.

**neznaboštvo,** *n.* paganism, heathenism, atheism, idolatry; ungodliness.

**neznabožac,** *n.* pagan, heathen, idolater, atheist.

**neznabožački,** *a.* heathenish, heathen, pagan, godless, idolatrous.

**neznajući,** *a.* ignorant (of), inexperienced, not knowing; — *adv.* unconsciously.

**neznalica,** *n.* ignoramus.

**neznan,** *a.* unknown; ignorant; strange.

**neznanac,** *n.* stranger.

**neznano,** *adv.* unconsciously.

**neznanost,** *n.* unconsciousness.

**neznanstven,** *a.* unscientific.

**neznanje,** *n.* ignorance, unskilfulness, unacquaintance; illiteracy, unlearnedness.

**neznatan,** *a.* insignificant, trifling; unimportant, inconsequent; small, slight.

**neznati,** *v.* to be ignorant of, not to know.

**neznatiželjan,** *a.* incurious.

**neznatiželjnost,** *n.* incuriosity.

**neznatno,** *adv.* slightly, little.

**neznatnost,** *n.* insignificance, smallness, pettiness, trivialness, triviality, unimportance.

**nezrelost,** *n.* immaturity, unripeness; greenness.

**nezreo,** *a.* immature, unripe; raw; green.

**nezvan,** *a.* uncalled.

**nezvanice,** *adv.* without invitation.

**nezvaničan,** *a.* unprofessional; private.

**nezvezan,** *a.* discontinuous; unconnected.

**nezvjezdan,** *a.* starless.

**nežaljen,** *a.* unmourned, unregretted.

**neželjen,** *a.* undesirable, uncoveted, unwished.

**neženja,** *n.* bachelor, unmarried person.

**neženjen,** *a.* unmarried, single.

**neženski,** *a.* unwomanly.

**neženstvo,** *n.* bachelorship, bachelorhood; (*redovnika*) celibacy.

**nežiriran,** *a.* unendorsed.

**nežuđen,** *a.* uncoveted.

**ni,** *conj.* not; nor.

**nicanje,** *n.* sprouting, germinating, shooting.

**nicati,** v. to germinate, to sprout, to shoot, to spring up.

**nicina,** n. bump, bruise; (prišt) tumor.

**ničesov,** a. of no sort.

**ničice,** adv. on knees; ahead, forward (s), on.

**ničiji,** a. nobody's; no one's.

**ničim,** adv. nowise.

**ničke,** vidi: **ničice.**

**nići,** vidi: **nicati.**

**nigda,** adv. never, at no time.

**nigdje,** adv. nowhere.

**nihati,** v. to rock; to dandle; to swing.

**nihilista,** n. nihilist.

**nihilizam,** n. nihilism.

**niječan,** a. negative.

**niječno,** adv. negatively; in the negative.

**niječnost,** n. negation, denial.

**nijedan,** num. none, no one, nobody, neither; — **ni drugi,** neither of them.

**nijednostran,** a. neuter.

**nijek,** n. negation; denial.

**nijekalac,** n. denier; gainsayer.

**nijekanje,** n. negation; denial; disclaimer, disavowal.

**nijekati,** v. to deny, to disown; to negative.

**nijem,** a. mute, dumb; speechless, silent.

**Nijemac,** n. German.

**nijemčiti,** v. to germanize.

**nijemjeti,** v. to grow dumb.

**nijemljeti,** vidi: **nijemjeti.**

**nijemo,** adv. dumbly.

**nijemost,** n. dumbness, muteness; silence, speechlessness.

**nijet,** n. plan; draft, design, project.

**nik,** n. lowering, abatement; humiliation.

**nikad (a),** adv. never.

**nikakav,** a. of no sort; no, none.

**nikaki,** vidi: **nikakav.**

**nikako,** adv. nohow, by no means, noway, nought, nowise.

**nikakov,** vidi: **nikakav.**

**nikamo,** adv. nowhither.

**nikel,** n. nickel.

**niknuti,** vidi: **nicati.**

**niko** (nitko), pron. nobody; no one.

**nikojako,** vidi: **nikako.**

**nikoji,** pron. not any, none, no.

**nikoliko,** adv. not at all, no way.

**nikom,** adv. ahead, forward (s), on.

**nikotin,** n. nicotine.

**nikud (a),** adv. nowhere, nowhither.

**nimalo,** adv. not a bit, not at all.

**nimfa,** n. nymph.

**ninati,** v. to rock, to lull asleep.

**nipošto,** adv. by no means, under no consideration, nohow, noway, nowise, in no wise.

**nisko,** adv. low, meanly, basely.

**niskost,** n. lowliness, baseness, inferiority, turpitude.

**nišador,** n. (salmiak) ammonia.

**nišadorov,** a. ammoniac.

**nišan,** n. aim; goal.

**nišandžija,** n. gun-smith.

**nišaniti,** v. to aim, to take aim, to point at.

**nišeste,** n. starch-flour, fecula.

**niška,** n. niche.

**ništ,** a. poor; needy; indigent; wretched, beggarly.

**ništa,** pron. nothing; naught, none; — **manje,** no less.

**ništarija,** n. (čovjek) good-for-nothing (fellow), scamp, blackguard; scapegrace; infamy, worthlessness, vileness, mean action.

**ništav (an),** a. worthless, wretched; contemptible, vile; frivolous, futile; null, idle.

**ništavac,** vidi: **ništarija** (čovjek).

**ništavilo,** n. nullity, nothingness, vainness.

**ništavost,** vidi: **ništavilo.**

**ништetan,** a. null, void, vain, futile, naught.

**ништetnost,** n. nullity, nothingness, nihility; vainness, futility.

**ništica,** n. cipher, nought, zero.

**ništiti,** v. to destroy, to annihilate; (se) to degrade oneself.

**nit,** n. thread, filament.

**nitast,** a. stringy.

**niti,** adv. neither, nor; **niti najmanje,** not in the least.

**nitko,** vidi: **niko.**

**nitkov,** n. rascal, ragamuffln, scamp, rogue, knave, sharper, thief.

**nitković,** n. worthless fellow, nobody.

**nitrat,** n. nitrate.

**nitrogen,** n. nitrogen.

**niz,** n. row, series; necklace of pearls; (nizina) low land (ili) ground, flat; — prep. downward.

**niza,** prep. down by; alongside.

**nizak,** a. low; mean, vile, base; petty, paltry.

**nizati,** *v.* to file; to run through; to range, to rank, to arrange; to set in order.

**nizbrdica,** *n.* slope, declivity.

**nizbrdit,** *a.* sloping, downwards, steep.

**nizbrdo,** *adv.* down-hill.

**nizdoli,** *vidi:* **nizbrdo.**

**nizdolica,** *vidi:* **nizbrdica.**

**nizgorica,** *vidi:* **nizbrdica.**

**nizija,** *n.* necklace of pearls.

**nizina,** *n.* low-land; lowness; baseness; meanness; (*glasa*) deepness.

**nizozemlje,** *n.* low-land.

**Nizozemska,** *n.* Holland.

**nizvodica,** *n.* sailing (*ili*) passage down a stream.

**niže,** *prep.* under, below; lower, underneath.

**niži,** *a.* inferior, lower, minor, lesser.

**no,** *conj.* than; as; like; when; but; yet; — *interj.* now! now then!

**noć,** *n.* night; **laku noć,** good-night.

**noćas,** *adv.* to-night, overnight.

**noćaske,** *vidi:* **noćas.**

**noćašnji,** *a.* of this night.

**noćca,** *n.* night.

**noćište,** *n.* night's lodging, night-quarters, bed.

**noćiti,** *v.* to pass (*ili*) stay the night, to sleep.

**noćivati,** *vidi:* **noćiti.**

**noćni,** *a.* nightly, nocturnal.

**noćnica,** *n.* night (*ili*) sleep-walker, noctambulist, somnambulist.

**noćnik,** *n.* night-wind; night (*ili*) sleep-walker, noctambulist, somnambulist; night-pot.

**noću,** *adv.* by night, nightly, anight.

**noga,** *n.* foot; leg.

**nogači,** *n.* frame; rack, stand; trestle; bier; truckle-bed.

**nogavica,** *n.* stocking; legging.

**nogobolja,** *n.* gout.

**nogomet,** *n.* football.

**nogostup,** *n.* foot-path, foot-way, flag-way, pavement.

**noj,** *n.* ostrich.

**nojca,** *n.* night.

**nokat,** *n.* nail; hoof; claw.

**nokatac,** *n.* shamrock.

**noktić,** *n.* little nail, tack.

**nomad,** *n.* nomad.

**nominalan,** *a.* nominal.

**nona,** *n.* little foot.

**nor,** *a.* lunatic, insane, crazy.

**norac,** *n.* (*bena*) idiot, fool; half-wit; (*ptica*) diver, plungeon.

**noriti,** *v.* to be crazy, to be insane.

**normalan,** *a.* normal.

**norost,** *n.* lunacy, insanity.

**Norveška,** *n.* Norway.

**norveški,** *a.* Norwegian.

**Norvežanin,** *n.* Norwegian.

**nos,** *n.* nose;— **kukast,** aquiline nose; —**plosnat,** flat-nose; —**rimski,** Roman nose.

**nosac,** *vidi:* **nosač.**

**nosač,** *n.* bearer, carrier, porter.

**nosat,** *a.* long nosed; nosed.

**nosati,** *vidi:* **nositi.**

**nosatica,** *n.* (*riba*) smooth ray.

**noseć,** *a.* pregnant, gravid.

**nosećnost,** *n.* gestation, pregnancy.

**nosić,** *n.* little nose.

**nosila,** *n.* barrow; (*mrtvačka nosila*) bier.

**nosilac,** *n.* bearer, carrier, porter; wearer, sustainer; (*pogrebni*) pall-bearer.

**nosiljka,** *n.* stretcher, sedan-chair, litter.

**nosina,** *n.* large nose.

**nositi,** *v.* to carry, to bear, to support; to wear, to bring, to take; (*jaja*) to lay (eggs); (**se**) to dress, to wear.

**nosni,** *a.* nasal.

**nosnica,** *n.* spiracle.

**nosorog,** *n.* rhinoceros.

**nosorožac,** *n.* (*kukac*) nasicornous beetle.

**nostvica,** *n.* (*riba*) sturgeon, acipenser, huso.

**nosvica,** *vidi:* **nostvica.**

**noša,** *vidi:* **nošnja.**

**nošaj,** *n.* load; litter; fashion, cost me.

**nošenje,** *n.* portage; wear; bearing, carriage, carrying.

**nošljivost,** *n.* portableness, portability.

**nošnja,** *n.* costume, fashion, wear, style; bearing.

**nota,** *n.* note.

**notar,** *n.* notary.

**notarski,** *a.* notarial.

**notirati,** *v.* to note.

**notorni,** *a.* notorious.

**nov,** *a.* new, recent; novel; (*moderni*) modern; (*neupotrebljen*) raw, inexperienced; (*svjež*) fresh.

**novac,** *n.* money, (*kovni*) coin, coinage.

**novačenje**, *n.* recruiting, recruitment; conscription.

**novačilac**, *n.* recruiter.

**novačiti**, *v.* to recruit, to enlist, to conscript.

**novajlija**, *n.* novice, beginner; freshman, greenhorn, tyro.

**novak**, *n.* (*vojnik*) recruit; greenhorn; freshman, neophyte; (*mjesec*) new-moon.

**novcat**, *a.* (*noj novcat*) brand-new, quite new.

**novčan**, *a.* moneyed, monetary, pecuniary, financial; **novčana doznačnica**, money-order.

**novčanica**, *n.* bank-note, bill, currency.

**novčar**, *n.* banker, cashier, purser.

**novčara**, *n.* bank.

**novčarka**, *n.* pocketbook, purse.

**novčarstvo**, *n.* money (*ili*) monetary affairs, money-matters (*ili*) concerns; banking.

**novčić**, *n.* kreutzer; farthing.

**novela**, *n.* novel.

**novelist**, *n.* novelist.

**novembar**, *n.* November.

**novica**, *n.* news.

**novicijat**, *n.* novitiate; novice.

**novina**, *n.* news-paper, news; intelligence, tidings.

**novinar**, *n.* journalist, publicist; newspaperman; political writer.

**novinarstvo**, *n.* journalism, newspaper-business.

**novine**, *n.* news-paper, paper, journal, gazette.

**novljak**, *n.* new moon, prime of the moon.

**novo**, *adv.* new, anew.

**novokrštenik**, *n.* neophyte.

**novoobraćenik**, *n.* neophyte.

**novorođen** (**i**), *a.* new born.

**novost**, *n.* news, novelty, newness; freshness; originality.

**novotar**, *n.* innovator.

**novotarija**, *n.* novelty, neology, novel; lateness, modernism, innovation.

**novovječan**, *a.* fashionable.

**novovječno**, *adv.* fasionably.

**novovjek**, *a.* modern; up-to-date.

**novovjeki**, *a.* modern.

**novov.erac**, *n.* catechumen.

**nozdra**, *vidi*: **nozdrva**.

**nozdrva**, *n.* nostril.

**nož**, *n.* knife; poniard; dagger; (*žepni*) pocket knife, whittle, penknife.

**nožar**, *n.* cutler, knifesmith.

**nožarnica**, *n.* cutlery, cutler-shop.

**nožarstvo**, *n.* cutlery.

**nožica**, *n.* little foot.

**nožice**, *n.* scissors; forceps.

**nožić**, *n.* little knife; (*periš*) penknife.

**nožni prst**, *n.* toe.

**nožnica**, *n.* scabbard, case.

**nožnice**, *n.* sheath, scabbard; boundary; vagina.

**nu**, *vidi*: **no**.

**nude** (**r**), *interj.* do, go, well.

**nudilac**, *n.* bidder, offerer; proposer, tenderer, presenter, profferer.

**nuditelj**, *vidi*: **nudilac**.

**nuditi**, *v.* to offer, to tender, to present, to bid; (*predložiti*) to propose, to suggest, to motion.

**nuđenje**, *n.* offering, tender.

**nujan**, *a.* melancholic, dull, sad; mournful, mirthless, sombre, sombrous.

**nujno**, *adv.* sadly; in a melancholy manner.

**nujnost**, *n.* melancholy.

**nukanje**, *n.* incitation, instigation.

**nukati**, *v.* to excite, to stimulate, to urge; to stir up, to incite, to persuade.

**nula**, *n.* zero.

**nuna**, *n.* sister.

**nuncij**, *n.* nuncio.

**nuncijatura**, *n.* nunciature.

**nurija**, *n.* parish.

**nurijaš**, *n.* parishioner, parochian.

**nuspotpis**, *n.* countersignature.

**nutarnji**, *a.* interior, internal; inward, inner; inland.

**nutarnjost**, *n.* interior, inside.

**nutkati**, *vidi*: **nukati**.

**nuto!** *interj.* lo! behold! see there!

**nutrašnje**, *adv.* within.

**nutrašnji**, *vidi*: **nutarnji**.

**nutrašnjost**, *vidi*: **nutarnjost**.

**nutrnji**, *vidi*: **nutarnji**.

**nuz**, *vidi*: **uz**.

**nuzbiljeg**, *n.* countermark.

**nuzgredan**, *a.* irrelevant, incidental.

**nuzgrednost**, *n.* irrelevancy, incident.

**nuzla**, *n.* diseases of gum (s).

**nuzležeći**, *a.* adjacent.

**nuzljub,** *n.* rival, corival.

**nuzljublje,** *n.* rivalry.

**nužda,** *n.* (*neophodnost*) necessity, need, exigence, indigence, want; urgency, constraint, compulsion, restraint; (*siromaštvo*) distress, emergency, misery, poverty, wretchedness, needfulness.

**nuždan,** *a.* necessary; requisite; needful, indigent.

**nužni,** *vidi*: **nuždan.**

**nužnik,** *n.* water-closet, urinal; nightpot.

**nužno,** *adv.* needfully, necessarily.

**nužnost,** *n.* necessariness.

# Nj

njedra, *n.* bosom; breast; heart.
njedrast, *a.* high-breasted.
njega, *n.* care; fostering, nursing; cultivation; charge, attendance.
njegda, *vidi*: negda.
njegdašnji, *vidi*: negdašnji.
njegdje, *adv.* somewhere.
njegov, *pron.* his, of him; its, of it.
njegovanje, *n.* fosterage, cultivation, nursing, attendance; (*nokta*) manicure.
njegovatelj, *n.* nurser, fosterer; cultivator.
njegovateljica, *n.* nurse.
njegovati, *v.* to nurse, to foster, to tend; to cultivate, to attend.
njegve, *vidi*: negve.
njek, *vidi*: nek.
Njemačka, *n.* Germany.
njemački, *a.* German.
njemak, *n.* dumb person, mute.
njemota, *n.* dumbness, muteness; silence.
njen, *vidi*: njezin.
njetko, *vidi*: neko.
njezin, *pron.* her, her's.
nježan, *a.* tender, soft, delicate, fine; female feminine, gentle; (*ćutljiv*) sensible; easily affected.
nježno, *adv.* tenderly, delicately, softly.

nježnost, *n.* tenderness; delicateness, softness, fineness; mildness, dearness; (*ćutljivost*) sensibility, sensitiveness, feeling.
njihajuć se, *a.* oscillatory.
njihajući, *a.* pendulous.
njihalac, *n.* swinger.
njihalka, *n.* swing.
njihalo, *n.* pendulum.
njihanje, *n.* oscillation, rocking, swing.
njihati, *vidi*: nihati.
njihov, *pron.* their, theirs.
njisak, *n.* neighing.
njiska, *vidi*: njisak.
njiskati, *v.* to neigh.
njištati, *v.* to neigh.
njiva, *n.* field, tilled plain; acre.
njivica, *n.* small field.
njiviti, *v.* to look after, to take care of; to attend, to nurse; to cultivate.
njoriti, *v.* to dive; to steep, to dip.
njuh, *n.* smell, smelling; scent, odor; (*osjetilo*) sense of smelling.
njunjoriti, *v.* to murmur; to mutter; to grumble.
njušenje, *n.* sniffing, scenting, smelling.
njušiti, *v.* to scent, to smell; (*o psu*) to sniff.
njuška, *n.* snout; nose; muzzle.
njuškati, *v.* to scent, to smell; (*o psu*) to sniff.

# O

**o,** *prep.* about, by; — *interj.* o! oh!
**oba,** *num.* both, either.
**obabinjati,** *v.* to be confined; to bear (a child), to give birth to.
**obabiti,** *vidi*: **obabinjati.**
**obaći,** *vidi*: **obići.**
**obad,** *n.* (*konjska muha*) horse-fly, gad-fly; ox-fly.
**obadriti,** *vidi*: **obodriti.**
**obadva,** *num.* both, either.
**obadvjeručke,** *adv.* with both hands.
**obadvoje,** *vidi*: **oba.**
**obadvoji,** *num.* both, either.
**obadvojica,** *n.* both.
**obagnjiti,** *v.* to rot, to putrefy.
**obajan,** *a.* enchanted, charmed.
**obajanje,** *n.* enchantment.
**obajati,** *v.* to enchant.
**obakriti,** *v.* to copper, to be coppery.
**obal,** *vidi*: **obao.**
**obala,** *n.* bank, shore, coast, beach.
**obaliti,** *v.* to beat down, to fell; to cut down, to demolish; to throw down, to cast down; (*cijenu*) to diminish, to decrease, to reduce.
**obamiranje,** *n.* extinction, dying out.
**obamirati,** *vidi*: **obamrijeti.**
**obamrijeti,** *v.* to deaden; to faint, to swoon; to vanish; to die out; to become ex inct.
**obamrlost,** *n.* lethargy; numbness.
**obangaviti,** *v.* to be lame.
**obanjati,** *v.* to bathe, to wash off; (**se**) to wash oneself.
**obao,** *a.* round, spherical; cylindrical.
**obapeti,** *v.* to span, to encompass; to change horses.
**obapinjati,** *vidi*: **obapeti.**
**obarača,** *n.* trigger; jerk, fillip, flirt.
**obarati,** *v.* to throw down, to fell; to cut down, to overthrow, to pull down.
**obariti,** *v.* to seethe, to boil, to decoct.
**obarivati,** *vidi*: **obariti.**
**obasipati,** *v.* to throw, to cast, to pour on; to cover with, to flood with, to swamp with.

**obasjati,** *v.* to shine upon, to enlighten, to illuminate.
**obasjavanje,** *n.* illumination, enlightening.
**obasjavati,** *vidi*: **obasjati.**
**obastirati,** *vidi*: **obastrijeti.**
**obastrijeti,** *v.* to spread; to wrap in, to involve; to envelop.
**obasuti,** *v.* to fall (*ili*) rush over; to overwhelm; to overthrow; to over-crowd, to pour upon.
**obaška,** *adv.* separately, asunder, apart.
**obataliti,** *v.* to beat down, to fell; to cut down, to cut off, to demolish.
**obavezan,** *a.* obligatory, compulsory, binding; (*dužan*) bound.
**obavezati,** *v.* to oblige, to obligate, to bind, to compel; (**se**) to engage oneself, to pass one's word, to be found, to take charge of, to be answerable for.
**obaveznica,** *n.* obligation, duty; bond.
**obavijati,** *v.* to wrap up (*ili*) around; to wind.
**obavijen,** *a.* wrapped up, folded.
**obavijest,** *n.* information, report, intelligence; reference.
**obavijestiti,** *v.* to inform, to advise, to announce, to report.
**obaviješten,** *a.* informed, notified,
**obavit,** *n.* crookedness; bend, winding; curve, curvature.
**obaviti,** *v.* to wrap up; (*obavljati*) to perform, to dispose;—**ranu,** to dress a wound.
**obavjesnik,** *n.* announcer, informer.
**obavješćenje,** *n.* annunciation.
**obavješćivati,** *vidi*: **obavijestiti.**
**obavljač,** *n.* performer, doer.
**obavljati,** *vidi*: **obaviti.**
**obavreti,** *v.* to seethe, to boil, to decoct.
**obazirati** (**se**), *v.* to look back, to look around, to retrospect, to look about to searchin ly.

**obazna i,** *v.* to learn, to hear, to experience.

**obazreti se,** *vidi:* **oba-irati (se).**

**obazrivost,** *n.* foresight; intelligence, prudence; discretion.

**obdan,** *adv.* during the day.

**obdaren,** *a.* endowed with; rewarded, gifted; talented.

**obdarenik,** *n.* donee, grantee.

**obdariti,** *v.* to present with, to endow, to favor; to reward.

**obdarivanje,** *n.* donation, presentation.

**obdarivati,** *vidi:* **obdariti.**

**obdjelati,** *v.* to work, to fashion; to cultivate, to till.

**obdržati,** *vidi:* **održati.**

**obduga,** *n.* credit; tick, borrowing.

**obdulja,** *n.* price of contest; victory.

**obečiti,** *v.* to cocker, to coddle, to spoil.

**obećan,** *a.* promised.

**obećanje,** *n.* promise, (*riječ*) word, parole.

**obećati,** *v.* to promise; to engage; to vow.

**obećavanje,** *vidi:* **obećanje.**

**obećavati,** *vidi:* **obećati.**

**obelisk,** *n.* obelisk.

**ober,** *n.* crest; plume (*of a helmet*).

**oberberiti,** *v.* to shave.

**obeskrijepiti,** *v.* to enervate;to cancel, to annul.

**obestrviti (se),** *v.* to go down, to set; to sink; to perish.

**obeščastiti,** *v.* to dishonor, to disgrace; to profane.

**obeščašćen,** *a.* dishonored, wronged, abused.

**obeščašćenje,** *n.* dishonoring; degradation; violation; profanation.

**obezbijediti,** *v.* to assure; to affirm; to encourage; to insure, to secure, to provide.

**obezbijeđen,** *a.* assured, well-provided.

**obeznaniti se,** *v.* to be without knowledge (*ili*) knowing; to be unconscious, to be senseless (*ili*) insensible.

**obezobraziti (se),** *v.* to become shameless.

**obezoružati,** *v.* to disarm.

**obezumiti,** *v.* to become stupid; to render stupid; to stultify.

**obgnati,** *v.* to drive in a circle, to chase around.

**obgraditi,** *v.* to hedge, to fence (round).

**obgrađivati,** *vidi:* **obgraditi.**

**obica,** *n.* (*top*) howitzer.

**običaj,** *n.* habit, custom, use, usage, wont; practice, vogue.

**običajan,** *vidi:* **običan.**

**običan,** *a.* habitual, usual, customary, accustomed; ordinary, common.

**običati se,** *v.* to accustom, to inure.

**običavati,** *v.* to have habit; to use, to be accustomed.

**obično,** *adv.* ordinarily; commonly; usually; most often, habitually, generally.

**obići,** *v.* to go around; (*posjetiti*) to call upon, to visit; (*izbjeći*) to avoid, to shun, to save.

**ovidivati,** *vidi:* **obilaziti.**

**obijač,** *n.* breaker; tramp, beggar.

**obijati,** *v.* (*vrata*) to break in, to split, to crush; to go around.

**obijediti,** *v.* to calumniate, to slander, to defame, to detract; to traduce; to accuse falsely; to impute; to implicate.

**obijeliti,** *v.* to whitewash, to whiten over, to bleach; (*žetom*) to calcimine.

**obijeljen,** *a.* white, whitened, bleached.

**obijeljeti,** *v.* to become white; to get gray hair.

**obijesan,** *vidi:* **obijestan.**

**obijest,** *n.* roguishness, frolic, insolence, arrogance.

**obijestan,** *a.* waggish, insolent, arrogant, frolicsome.

**obikao,** *a.* customary, accustomed, usual, habitual.

**obiknuti se,** *v.* to get used, to get accustomed, to familiarize.

**obilan,** *a.* copious, plentiful, abundant, productive; fertile; fruitful; rich; ample.

**obilaziti,** *v.* to go around; (*posjetiti*) to visit, to call (upon).

**obilno,** *adv.* abundantly; bountifully, liberally; in great abundance; diffusely.

**obilnost,** *n.* abundance, plenty; (*plodnost*) fertility, fruitfulness.

**obilovati,** *v.* to abound, to superabound.

**obilje,** *vidi:* **obilnost.**

**obilježiti,** *v.* (*naznačiti*) to mark, to note, to denote; (*karakterisati*) to characterize.

**obilježje,** *n.* mark; sign; token; symbol; creed; (*karakter*) character, temper, humor, genius; dignity, quality.

**obim,** *n.* circuit, circumference, dimension; amplitude.

**obinja,** *n.* lying, lie; hypocrisy.

**obirač,** *n.* voter, constituent, elector; skimmer.

**obirak,** *n.* outcast, trash, rebuff.

**obirati,** *v.* to pluck, to gather; to skim.

**obiska,** *adv.* really, actually, positively, in truth, verily.

**obiskati,** *v.* to search around.

**obisti,** *vidi:* **obići.**

**obistinba,** *n.* realization.

**obistiniti,** *v.* to realize, to accomplish, to perform; (**se**) to be (*ili*) become realized, to become true, to be carried out.

**obitavalac,** *n.* inhabitant; (*kućni*) resident, inmate.

**obitavalište,** *n.* (*stan*) lodging, residence, apartment; accommodation; quarters (*pl.*); home, dwelling, house; (*zemlja*) domicile.

**obitavati,** *v.* to inhabit, to live at, to dwell, to stay, to remain, to lodge, to reside.

**obitelj,** *n.* family.

**obiteljski,** *a.* of the family; familiar intimate.

**obiti,** *v.* to thrust, to drive into, to beat in, to break, to split, to crush.

**objačati,** *v.* to grow strong; to invigorate.

**objagnjiti,** *vidi:* **ojagnjiti.**

**objam,** *n.* circuit, circumference, dimension, amplitude, fullness.

**objasniti,** *v.* to explain, to declare, to expound, to illustrate, to interpret.

**objašnjavanje,** *vidi:* **objašnjenje.**

**objašnjenje,** *n.* interpretation; construction, explanation; commentary, comment.

**objava,** *n.* announcement, publication; (*oglas*) advertisement, bill, placard.

**objaviti,** *v.* to announce, to publish, to notify, to inform.

**objavljivati,** *v.* to make known, to publish, to proclaim, to promulgate, to advertise.

**obje,** *num.* both.

**objed,** *n.* dinner.

**objeda,** *n.* calumny, slander, detraction, defamation, libel (ling), slandering.

**objednom,** *adv.* at once.

**objedovati,** *v.* to dine, to eat dinner.

**objeđivati,** *v.* to calumniate, to backbite, to slander, to blame.

**objekat,** *n.* object.

**objekoliti (se),** *v.* to run against; to rush upon, to fall against; to throng, to press, to crowd; to urge; to distress.

**objektivan,** *a.* objective.

**objektivnost,** *n.* objectivity.

**objelodaniti,** *v.* to manifest, to reveal; (*djelo*) to publish.

**objeručke,** *adv.* with both hands.

**objesiti,** *v.* .to suspend, to hang, to hang up; (**se**) to hang oneself.

**objesti,** *v.* to eat up; to waste.

**obješen,** *a.* hung up; suspended.

**obješenjak,** *n.* hangdog, rogue, villain; gallow-bird.

**obješnjaković,** *vidi:* **obješenjak.**

**objetelica,** *n.* cramp, cramp-iron; clasp.

**oblačak,** *n.* (little) cloud, cloudlet.

**oblačan,** *a.* cloudy; misty, foggy.

**oblačić,** *vidi:* **oblačak.**

**oblačina,** *n.* large cloud.

**oblačionica,** *n.* dressing-room.

**oblačiti (se),** *v.* (*odijevati*) to dress; to clothe; (*navući ob!ake*) to cover with clouds.

**obladati,** *v.* to conquer, to capture; to gain; to overcome, to vanquish.

**oblagati,** *v.* to wrap up, to envelop; (*okladiti*) to wager, to bet, to lay a wager; (*lagati na koga*) to calumniate, to backbite, to slander, to defame.

**oblagivati,** *v.* to calumniate, to backbite, to slander, to defame.

**oblajati,** *v.* to bark about.

**oblak,** *n.* cloud.

**oblaka,** *n.* clothing, habit, dress; casing.

**oblakšati,** *vidi:* **olakotiti.**

**oblakšica,** *vidi:* **olakšica.**

**oblasnik,** *n.* magistracy; magistrate.

**oblast,** *n.* (*vlast*) authority; power; jurisdiction; (*zemlja*) province, country, territory.

**oblatiti,** *v.* to soil with dirt (*ili*) mud.

**oblazak,** *n.* going around; procession; roundabout way.

**oblaziti,** *vidi:* **obilaziti.**

**oblaznica,** *n.* refreshment, recreation.

**oblaznuti,** *v.* to lick, to lap.

**oblažaj,** *n.* going around, circuit; circumference.

**oblenjak,** *n.* round worm, ascaris.

**obletjeti,** *v.* to fly around.

**obležati,** *v.* to sleep upon.

**obličiti,** *v.* to resemble; to assign; to impute to, to tax (with).

**obličje,** *n.* physiognomy, countenance, face, look; visage; (*oblik*) form, shape.

**oblić,** *n.* (*grašak*) pea.

**oblijediti,** *v.* to turn pale, to grow pale.

**oblijekoliti se,** *vidi:* **objekoliti se.**

**oblijeniti se,** *v.* to become lazy, to be idle.

**oblijepiti,** *v.* to glue (*ili*) paste around.

**oblijetati,** *v.* to fly around, to ramble.

**oblijevati,** *v.* to refound, to recast, to cast anew; to deluge.

**oblik,** *n.* form, shape, figure, fashion, feature; physiognomy, human face, outside appearance.

**oblikoslovlje,** *n.* morphology.

**oblina,** *n.* round.

**obliti,** *v.* to refound, to recast, to cast anew; to deluge.

**oblivati,** *vidi:* **oblijevati.**

**oblizak,** *n.* delicacy, delicate piece, tid-bit.

**oblizati,** *v.* to lick up, to polish; to finish.

**obližnji,** *a.* neighboring, bordering, adjacent, contiguous, bordering upon, near, next.

**oblog,** *n.* poultice, cataplasm, plaster, compress.

**oblok,** *n.* window; (*od kola*) glass.

**obložen,** *a.* incased, enveloped, folded.

**obložiti,** *v.* to envelop, to wrap up, to fold up; to involve; to furnish, to provide with; to adorn, to decorate, to trim, to bestow.

**obluk,** *n.* bow; arch; arc; vault.

**oblutak,** *n.* flint-stone, pebble, pebble-stone.

**obljepljivati,** *v.* to paste upon, to paste over.

**obljetan,** *a.* annual, yearly, anniversary.

**obljetnica,** *n.* anniversary.

**obljevati,** *vidi:* **oblijevati.**

**obljubiti,** *v.* to embrace; to hug; to kiss heartily; (*zavoliti*) to become attached.

**obljubljenost,** *n.* attachment, fondness.

**obljuštiti,** *v.* to peel, to pare; (*jaje*) to shell.

**obljutaviti,** *v.* to become tasteless.

**obmana,** *n.* illusion, delusion; fascination; (*prijevara*) deceit, imposture, cheat, trick.

**obmanuti,** *v.* to deceive, to delude, to dupe, to cheat, to divert, to lie, to fib; (*zavesti*) to seduce, to mislead, to delude; to bewitch, to fascinate.

**obmotati,** *v.* to wind, to twist round.

**obnarodovati,** *v.* to publish, to proclaim.

**obnašati,** *v.* (*kakvu čast, službu*) to hold office.

**obnavljanje,** *n.* renewal; renovation.

**obnavljati,** *v.* to renew, to make new; to refresh, to revive; to repair, to restore; to do again; to make again.

**obnesvjesnuti,** *v.* to faint, to swoon.

**obnevidjeti,** *v.* to grow blind.

**obneznaniti se,** *v.* to become weak (*ili*) powerless; to faint, to swoon.

**obnijemjeti,** *vidi:* **onijemjeti.**

**obnijeti,** *v.* to carry about (*ili*) around; to spread about, to divulge.

**obnoć,** *adv.* nightly, at night; in the night, by night.

**obnositi,** *vidi:* **obnijeti.**

**obnova,** *n.* renovation; renewal; revival; restoration, re-establishment.

**obnovitelj,** *n.* renovator.

**obnoviti,** *v.* to renew, to make anew; to refresh, to revive; (*popraviti*) to repair, to restore.

**obnovljenje,** *vidi:* **obnova.**

**obnjušiti,** *v.* to smell, to sniff about.

**obod,** *n.* border, edge, brim.

**obodac,** *n.* (*naušnice*) earring.

**obodrenje,** *n.* encouragement.

**oboditi,** *v.* to rouse, to awake; to encourage, to cheer up.

**obođe,** *n.* rein, bridle.

**obogaćenje,** *n.* enrichment.

**obogatiti,** *v.* to enrich; (**se**) to grow rich (*ili*) wealthy.

**obojadisati,** *v.* to paint over; to color, to tinge; to dye; (*papir*) to stain.

**obojak,** *n.* foot-rag.

**oboje,** *a.* both, either.

**oboji(ca),** *n.* both.
**obojiti,** *v.* to color; to dye.
**obolestiti se,** *v.* to fall ill, to become sick.
**oboljeti,** *v.* to get ill, to become sick.
**obor,** *n.* cattle-yard, enclosure, fence; yard; court.
**obora(va)ti,** *v.* to plough up.
**oborina,** *n.* (*vode*) cascade, waterfall, cataract; (*kiša*) rain; fall.
**oboriti,** *v.* to beat down, to fell, to throw down, to overthrow; (*oči*) to cast down (*the eyes*).
**oboružan,** *a.* armed.
**aboružati,** *v.* to arm; to equip; (*se*) to arm oneself, to take up arms; to provide against.
**obositi,** *v.* to become barefooted.
**obosti,** *v.* to spur; to furnish spurs; to stimulate, to incite.
**obostran,** *a.* on both sides; reciprocal, mutual.
**obožavalac,** *vidi*: **obožavatelj.**
**obožavanje,** *n.* adoration, worship; (*kumira*) idolatry.
**obožavatelj,** *n.* adorer, worshiper; (*kumira*) idolater.
**obožavati,** *v.* to adore, to worship; to idolize.
**obračun,** *n.* reckoning; discount; settlement.
**obračunati,** *v.* to settle up, to discount; to make even.
**obraćati,** *v.* to turn (over), to convert.
**obraćenik,** *n.* convert, proselyte.
**obraćenje,** *n.* conversion.
**obradak,** *n.* chin.
**obradati,** *v.* to become bearded.
**obraditi,** *v.* to cultivate; (*štogod pismeno*) to write, to compose.
**obradovanje,** *n.* joy, gladness; delight; rejoicing.
**obradovati (se),** *v.* to rejoice; to cheer, to delight.
**obrađenje,** *n.* cultivation.
**obrađivanje,** *n.* working; revision, treatment; cultivation.
**obrađivati,** *vidi*: **obraditi.**
**obrana,** *n.* defense; guard, security; justification, apology; protection.
**obranica,** *n.* (*rasudnica*) arbitratrix.
**obranički,** *a.* by arbitration.
**obranik,** *n.* (*rasudnik*) arbitrator.
**obraniti,** *v.* to defend, to protect; (*raniti*) to wound, to hurt, to injure; to violate.

**obranjivanje,** *n.* protecting, defending.
**obrastati,** *vidi*: **obrasti.**
**obrasti,** *v.* to be overgrown; to overgrow.
**obraščić,** *n.* small (*ili*) little face.
**obrat,** *n.* turn.
**obratan,** *a.* inverse, inverted, contrary, opposite.
**obrati,** *v.* to gather, to collect; to reap, to skim; to pluck up.
**obratiti (se),** *v.* to turn, to turn up, to return, to go back, to come back; to revert; (*na drugu vjeru*) to convert.
**obratnica,** *n.* tropic.
**obratnik,** *vidi*: **obratnica.**
**obratno,** *adv.* against; opposite to; on the contrary; otherwise; reversely; vice-versa.
**obravljati,** *ʋ.* to dig up.
**obraz,** *n.* cheek, face; countenance; visage; surface, front; picture.
**obrazac,** *n.* formulary; model, pattern, copy, design; blank.
**obrazan,** *a.* honorable, gallant, delicate.
**obrazditi,** *v.* to furrow.
**obrazina,** *n.* mask; face.
**obrazloženje,** *n.* demonstration, explanation.
**obrazložiti,** *v.* to explain, to demonstrate; to allege, to assign, to state the motive (or reasons) of, to found; (*tužbu*) to sustain (*a charge*).
**obrazovalište,** *n.* educational institution.
**obrazovan,** *a.* learned, versed accomplished; civilized, skilled.
**obrazovanost,** *n.* culture, cultivation, civilization, education.
**obrazovanje,** *n.* accomplishment, intelligence, civilization, education.
**obrazovati,** *v.* to civilize; to form, to shape; to cultivate, to instruct, to educate, to inform.
**obraždivati,** *v.* to furrow, to ridge; to channel; to groove; to wrinkle (*the face*).
**obreći (se),** *v.* to promise, to pledge.
**obred,** *n.* ceremony, rite.
**obredan,** *a.* ritual.
**obrednik,** *n.* ritualist.
**obredoslovlje,** *n.* liturgy, ritualism.

**obresti,** *v.* (*izumiti*) to invent, to contrive; (*otkriti*) to uncover; to unmask, to discover, to reveal.

**obret,** *n.* (*izum*) invention, contrivance; (*otkriće*) discovery.

**obretnica,** *n.* inventress.

**obretnik,** *n.* inventor, contriver.

**obretnost,** *n.* shrewdness, ingenuity; skill, expertness.

**obrezak,** *n.* shred, chip, clipping.

**obrezanje,** *n.* circumcision; (*drveta*) lopping.

**obrezati,** *v.* to cut, to clip; (*kod židova*) to circumcise; (*drveta*) to lop; to trim.

**obrezivanje,** *vidi:* **obrezanje.**

**obrezivati,** *vidi:* **obrezati.**

**obrezotina,** *n.* cut; section, chip, shred.

**obrežak,** *n.* hill, hillock, knoll, mound.

**obricanje,** *n.* promise.

**obricati,** *v.* to promise, to engage; to bespeak.

**obričiti,** *v.* to shave.

**obrijan,** *a.* shaved.

**obrijati,** *v.* to shave; (**se**) to get shaved.

**obrijedak,** *a.* thin, fine, slender; rare, scarce.

**obrisač,** *n.* towel; napkin; dish-clout, duster.

**obrisati,** *v.* to wipe (off); (*osušiti*) to dry up.

**obriti,** *v.* to shave; to raze, to level.

**obrkatiti,** *v.* to get moustache.

**obrlatiti,** *v.* to convert, to turn, to change.

**obrljati,** *v.* to dirty, to soil, to foul; (**se**) to soil oneself.

**obrljuga,** *n.* dirty woman.

**obrnuti,** *v.* to turn, to turn up, to go back, to revert, to turn up ide down; to subvert; (**se**) to turn o :eself.

**obročno,** *adv.* on installme t plan.

**obrok,** *n.* (*jela*) portion, ι art, piece; share; allowance; (*vrijeme*) term, period; (*otplata*) installment, payment.

**obronak,** *n.* steep, declivity, slope; (*strmina*) precipice.

**obroniti se,** *v.* to roll down.

**obrosjeti,** *v.* to become wet of dew.

**obroviti,** *v.* to dig around.

**obrt,** *n.* (*zvanje*) trade, handicraft, craft; (*industrija*) industry, ingenuity, dexterity.

**obrtač,** *n.* (*ražnja*) turnspit.

**obrtaljka,** *n.* cross-beam, traverse; torsion balance; turnpike, turnstile.

**obrtan,** *a.* industrial; active, bustling; industrious.

**obrtati,** *v.* to turn around, to wind, to tack about, to revolve, to convert.

**obrtnica,** *n.* license, trade-license.

**obrtnik,** *n.* handicraftsman, craftsman, tradesman, mechanic; artisan, trader.

**obrtnina,** *n.* tax paid for carrying on a trade.

**obrtništvo,** *n.* trade, profession, handicraft, business.

**obrtnost,** *n.* industry.

**obrub,** *n.* border, edge, edging, frame; hem, seam.

**obrubiti,** *v.* to hem, to border, to edge, to trim, to seam.

**obruč,** *n.* hoop, circle, tire, ring.

**obručati,** *v.* to hoop.

**obručiti,** *vidi:* **obrukati.**

**obručje,** *n.* hoops, rings; tires (*of a wheel*).

**obrukanac,** *n.* dishonorable, infamous person.

**obrukati,** *v.* to insult, to disgrace, to injure, to affront, to reprimand; (**se**) to expose oneself.

**obruniti,** *v.* to shake off; (**se**) to fall off; to slope; to desert.

**obrusiti,** *v.* to grind off.

**obružiti,** *v.* to outrage, to abuse, to insult, to affront, to disgrace.

**obrva,** *n.* eye-brow.

**obrvati,** *v.* to overcome, to vanquish, to throw down.

**obrvica,** *n.* small eye-brow.

**obubožati,** *v.* to become poor.

**obučavanje,** *n.* instruction, tuition, teaching, lessons (*pl.*).

**obučavati,** *v.* to teach, to instruct, to tutor, to educate; to inform.

**obuća,** *n.* foot-wear; shoes, boots, *etc.*

**obući,** *v.* to dress, to put on (dress), to attire, to clothe; (**se**) to dress oneself, to put one's clothes on.

**obudovjeti,** *v.* (*za muža*) to become widower; (*za ženu*) to become widow.

**obuhvatanje,** *n.* encloure; embrace, grasp, grip; comprising.

**obuhvatati,** *vidi:* **obuhvatiti.**

**obuhvatiti,** *v.* to clasp; to comprise, to include; to surround; to encircle; to embrace, to encompass.

**obujmiti,** *vidi*: **obuhvatiti.**

**obuka,** *n.* instruction; precept, information, tuition; teaching, lessons.

**obuljiti,** *v.* to oil, to grease.

**obumirati,** *vidi*: **obamrijeti.**

**obumjera,** *n.* measure, rule, proportion; limit, boundary.

**obumrijeti,** *v.* to faint, to swoon, to vanish, to benumb, to die out, to become extinct.

**oburvati,** *v.* to destroy, to ruin.

**obustava,** *n.* suspension; seizure, distress, distraint, sequestration; stoppage.

**obustaviti,** *v.* to hold up; to stop, to delay, to detain, to forbid, to retain, to keep back, to hinder.

**obustavljati,** *vidi*: **obustaviti.**

**obuti,** *v.* to vamp (*shoes*), to shoe, to put the shoes on; to furnish with shoes; (**se**) to put on one's shoes, *etc.*

**obuvača,** *n.* shoe-tie (*ili*) string.

**obuvati,** *vidi*: **obuti.**

**obuzbijati,** *v.* to push back; to drive back (*the enemy*), to repel; to fall violently backward.

**obuzdati,** *v.* to restrain, to curb; to bridle; to temper, to tame; to refrain.

**obuzdavanje,** *n.* taming; limitation, restriction.

**obuzdavati,** *vidi*: **obuzdati.**

**obuzeti,** *v.* to seize, to catch, to grip, to lay hold on, to snatch.

**obuzimati,** *vidi*: **obuzeti.**

**obvesti,** *v.* to guide around.

**obveza,** *n.* duty, obligation, task, bond.

**obvezan,** *a.* obliged, bound, binding.

**obvezatan,** *a.* obligatory, binding.

**obvezati,** *v.* to oblige, to obligate, to bind, to compel; to tie up; (**se**) to engage oneself, to pass one's word, to be bound; to hire oneself out; to enlist; to bail.

**obveznica,** *n.* bond (*of obligation*), obligation, note; obligatory bill, bill of debt, promisory note.

**obvijati,** *vidi*: **obavijati, obaviti.**

**obvoditi,** *v.* to guide around.

**obvoj,** *n.* cover, wrapper, envelop.

**obzidati,** *v.* to wall in; to surround, to enclose, to environ, to shut in.

**obzir,** *n.* consideration, regard, esteem; respect; account; attention; relation.

**obziran,** *a.* circumspect, cautious, prudent, considerate.

**obzirati se,** *v.* to look back; to consider, to examine; to sift; to value, to esteem.

**obzirište,** *n.* horizon.

**obzirno,** *adv.* considerately, cautiously.

**obzirnost,** *n.* consideration; circumspection; prudence, caution.

**obzirom,** *adv.* in consideration, regard of, on account of, considering.

**obznana,** *n.* notification, announcement, publication, proclamation, promulgation; advertisement, warning; notice.

**obznaniti,** *v.* to notify, to announce, to inform, to mention; to publish; to advertise.

**obznanjivanje,** *n.* promulgation, statement, declaration.

**obznanjivati,** *vidi*: **obznaniti.**

**obzor,** *n.* horizon; range of vision.

**obživak,** *n.* scar; cicatrice.

**ocal,** *n.* steel.

**ocao,** *vidi*: **ocal.**

**ocat,** *n.* (*sirće*) vinegar.

**ocean,** *n.* ocean.

**oceanski,** *a.* oceanic.

**ocijediti,** *v.* to strain, to filter; to drain.

**ocijeniti,** *v.* to value, to appraise, to estimate; to criticize.

**ocijepiti,** *v.* to detach, to loosen; to separate; to disengage (from); to disjoin, to disunite, to set apart.

**ocile,** *n.* steel.

**ocjedit,** *a.* sloping, steep, hanging, declivous.

**ocjeđivati,** *vidi*: **ocijediti.**

**ocjena,** *n.* valuation, estimate; criticism.

**ocjenitelj,** *n.* appraiser.

**ocjenjivati,** *vidi*: **ocijeniti.**

**ocjepljivati,** *vidi*: **ocijepiti.**

**ocoubica,** *n.* parricide.

**ocoubijstvo,** *n.* parricide.

**ocrniti,** *v.* to blacken; to calumniate, to backbite, to slander.

**ocrnjivanje,** *n.* accusation; calumny.

**ocrnjivati,** *vidi*: **ocrniti.**

**ocrt,** *n.* sketch, outline, contour.

**ocrveniti,** *v.* to color red, to redden, to make red; to grow red; to blush; to be ashamed.

octiti, *v.* to sour with vinegar.
ocvasti, *v.* to nip the blossoms; to lose the blossoms; (*povenuti*) to fade.
ocvirki, *n.* greaves (*pl.*).
ocvjeće, *n.* perianth (ium).
očaditi, *v.* to get sooty.
očađati, *vidi:* očaditi.
očajan, *a.* desperate, hopeless.
očajanje, *n.* despair, desperation.
očajati, *v.* to despair; to bereave of all hopes; to give up all hope; (se) to fall into despair.
očajavati, *vidi:* očajati.
očajnik, *n.* desperate fellow, madman, desperado.
očajnost, *n.* despair, desperation, hoplessness.
očali, *n.* eye-glasses.
očar, *n.* (*optičar*) oculist.
očarati, *v.* to bewitch, to enchant, to charm.
očari, *n.* (pair of) spectacles (*pl.*).
očatiti, *v.* to gather; to recite.
očehnuti, *v.* to pluck off.
očekivanje, *n.* expectation, waiting; hope.
očekivati, *v.* to expect, to wait for, to await.
očeličiti, *v.* to strengthen; to steel.
očemeriti se, *v.* to make disgusted (with), to get sore.
Očenaš, *n.* the Lord's prayer, pater noster.
očenaši, *n.* (*krunica*) rosary.
očenuti, *vidi:* očehnuti.
očepiti, *v.* to unstop, to open; to step on (*toes*).
očerupati, *v.* to pluck, to plume, to fleece.
očešati, *v.* to scratch gently; to scrape; (*vunu*) to card.
očešljati, *v.* to comb (out); (*vunu*) to card.
očetkati, *v.* to brush off, to brush.
očev, *a.* fatherly, paternal.
očevid, *n.* evidence; appearance; view, inspection.
očevidac, *n.* eye-witness.
očevidan, *a.* evident, apparent.
očevidno, *adv.* evidently, apparently, plainly.
očevidnost, *n.* evidence, clearness.
očevina, *n.* patrimony.
očice, *n.* little eyes.
očigled, *n.* view, appearance; inspection, evidence; eyesight.

očigledan, *vidi:* očigledni.
očigledni, *a.* visible, evident; apparent; manifest, obvious, demonstrable; ocular.
očigledno, *adv.* evidently, apparently.
očijukanje, *n.* ogling, flirting.
očijukati, *v.* to flirt, to look amorously; to ogle.
očimkati, *v.* to pluck, to pull off.
očin, *vidi:* očev.
očiniti, *v.* to unbewitch.
očinski, *a.* fatherly, paternal; hereditary, innate.
očinstvo, *n.* patrimony.
očinje, *a.* of eye, ocular.
očistiti, *v.* to clean, to purify, to cleanse; to refine.
očišća(va)nje, *n.* *vidi:* očišćenji.
očišćenje, *n.* purification, cleaning; Očišćenje Marijino, Feast of the Purification.
očit, *a.* evident, manifest; open, candid, sincere.
očito, *adv.* evidently, notoriously; openly.
očitovanje, *n.* revelation; manifestation; disclosure, explanation, declaration; statement; affidavit.
očitovati, *v.* to declare, to proclaim; to denounce, to explain, to manifest; to state.
očni, *a.* ocular.
očnjak, *n.* eye-tooth, dog-tooth.
oćuh, *n.* step-father.
oćupati, *v.* to pluck off (*ili*) up.
oćuvati, *v.* to keep, to guard, to preserve.
očvrsnuti, *v.* to harden, to inure.
oćelaviti, *v.* to become bald.
oćoraviti, *v.* to become blind on one eye; to put out one eye.
oćušiti se, *v.* to practice, to exercise; to train; to discipline.
oćutjeti, *v.* (*fizično*) to perceive, to descry, to remark; (*duševno*) to feel; to smell; to scent; to savor.
od, *prep.* of, from, than, since.
oda, *vidi:* od; — *n.* oda, lirska pjesma.
odabranje, *n.* selection.
odabrati, *v.* to choose, to select; (*glasanjem*) to elect.
odadirati, *vidi:* odadrijeti.
odadrijeti, *v.* to thrash, to tear out, to pluck up; to wrest out, to root up; to extort.

**odadžija,** *n.* chamberlain; steward; waiter.

**odagnati,** *v.* to expel, to drive out; to discharge; to dislodge; to dispel.

**odagoniti,** *vidi:* **odgoniti.**

**odahnuti,** *v.* to breathe again; to breathe out; to recover breath.

**odaja,** *n.* room, chamber; apartment.

**odajati,** *v.* to suck; to wean (a child).

**odajica,** *n.* cabinet, little room, cabin.

**odajnik,** *n.* author, inventor; informer, denouncer.

**odakle,** *adv.* where from, whence, from whence, from what part.

**odaliti,** *vidi:* **udaljiti.**

**odalje,** *adv.* farther, further, more distant (*ili*) largely, more fully.

**odaljen,** *vidi:* **udaljen.**

**odaljiti se,** *v.* to depart, to leave.

**odan,** *a.* devoted; addicted; obedient.

**odande,** *vidi:* **odanle.**

**odanle,** *adv.* thence, from that place; thenceforth.

**odanost,** *n.* devotion, devotedness; attachment, affection.

**odapeti,** *v.* to unbend, to slacken, to take down; (*pušku*) to discharge, to unload; (*umrijeti*) to die, to expire, to perish.

**odapinjati,** *vidi:* **odapeti.**

**odapirati,** *v.* (*vrata*) to open; (*nasloniti*) to prop up, to stay, to support; to defend; to lean, to press, to rest.

**odaprijeti,** *vidi:* **odapirati.**

**odar,** *n.* (*mrtvački*) bier, coffin; (*postelja*); bed; bedstead.

**odasipati,** *v.* to pour away, to throw taway.

**odasjeći,** *vidi:* **odsijecati.**

**odaslanik,** *n.* deputy, delegate, representative; commissary; emissary, ambassador.

**odaslanstvo,** *n.* deputation; committee, delegation.

**odaslati,** *v.* to send away; to despatch.

**odastrijeti,** *v.* to uncover; to unmask; to reveal.

**odasuti,** *v.* to pour, to spill, to shed; to throw (away, out, down); to cast, to hurl, to fling.

**odasvud,** *adv.* from everywhere.

**odašiljati,** *vidi:* **odaslati.**

**odati,** *v.* (*osobu*) to denounce, to inform against; to accuse, to impeach; (*tajnu*) to reveal, to discover, to disclose; (*izdati*) to betray; to belie; to frustrate.

**odatle,** *adv.* from this place; henceforth; from here, hence.

**odavanje,** *n.* accusation; denunciation.

**odavati,** *vidi:* **odati.**

**odavde,** *adv.* from here, hence, from hence.

**odavle,** *vidi:* **odavde.**

**odavno,** *adv.* long ago, in former time.

**odazivanje,** *n.* recall; response.

**odazivati,** *vidi:* **odazvati.**

**odazvati,** *v.* to recall, to call back, to call home, (**se**) to answer, to reply; to correspond, to be answerable for, to be security for.

**odbaci(va)ti,** *v.* to throw (*ili*) cast away; (**se**) to deny, to disavow; to fall off; to slope; to desert; to apostatize.

**odbijati,** *vidi:* **odbiti.**

**odbirak,** *n.* refuse, rubbish, damaged goods (*pl.*).

**odbirati,** *v.* to pick out.

**odbitak,** *n.* deduction; discount, deficiency; (*od plate*) stoppage (*of payment*); (*od težine*) tare, waste; defect.

**odbitba,** *n.* subtraction.

**odbiti,** *v.* (*otkinuti*) to cut out, to cut off; to divide; (*nekome molbu*) to refuse, to deny, to withhold, to reject; (*dijete*) to wean; to deprive; (*od svote*) to lower, to lessen, to discount, to deduct; (*u računu*) to subtract.

**odbjeći,** *v.* to desert, to leave; to quit, to abandon.

**odbočiti se,** *v.* to rely upon, to lean.

**odboj,** *n.* reflection; rebounce; repulsion.

**odbojan,** *a.* repulsive, forbidding.

**odbolovati,** *v.* to recover from sickness.

**odbor,** *n.* committee; (*općinski*) councilboard; (*glavni*) board of directors.

**odbornik,** *n.* member of committee, officer, committeeman.

**odbrajati,** *v.* to count out, to number; to tell.

**odbraniti,** *v.* to defend, to protect.

**odbrati,** *vidi:* **odabrati.**

**odbroditi,** *v.* to sail away, to navigate.

**odbrojiti**, *v.* to count over.
**odbrusiti**, *v.* to grind off, to polish; to grind sufficiently.
**odbuciti**, *v.* to depart, to set out, to start.
**odebeo**, *a.* thickish; somewhat fat.
**odebljati**, *v.* to become fat, thick; to fatten.
**oderati**, *v.* to flay, to skin; to gall.
**odgađanje**, *n.* delay, procrastination.
**odgađati**, *v.* to adjourn; to procrastinate, to put off, to delay; to prorogue.
**odgajanje**, *n.* education, bringing up, rearing.
**odgajatelj**, *n.* raiser, keeper; tutor, educator.
**odgajati**, *v.* to educate, to cultivate; (*hraniti*) to nourish, to nurture, to nurse, to feed; to maintain, to keep.
**odglasanje**, *n.* (*nepovjerenja*) a vote of distrust; (*povjerenja*) a vote of confidence.
**odglasovati**, *v.* to vote on.
**odgoditi**, *v.* to adjourn; to put off, to delay; to prorogue, to postpone, to procrastinate.
**odgoj**, *n.* education, rearing; (*lijepo ponašanje*) good manners.
**odgojilište**, *n.* educational institution.
**odgojitelj**, *n.* tutor, fosterer, educator; teacher, instructor.
**odgojiteljica**, *n.* governess; bonne.
**odgojiti**, *v.* to educate; to cultivate, to raise, to bring up; (*hraniti*) to nourish, to nurture, to nurse, to feed.
**odgonenuti**, *vidi*: **odgonetati**.
**odgonetati**, *v.* to decipher, to unriddle.
**odgonetka**, *n.* solution, explanation.
**odgonetnuti**, *vidi*: **odgonetati**.
**odgoniti**, *v.* to drive away.
**odgovaranje**, *n.* answer, reply; refutation.
**odgovarati**, *v.* to answer, to reply; to correspond; to be answerable for, to be security for; (**se**) to excuse (*ili*) exculpate oneself.
**odgovor**, *n.* answer, reply; objection, exception.
**odgovoran**, *a.* answerable, responsible; accountable, amenable.
**odgovoriti**, *v.* to answer, to reply, to respond.
**odgovornost**, *n.* responsibility; liability.
**odgristi**, *v.* to bite off.

**odgrizati**, *vidi*: **odgristi**.
**odgrnuti**, *v.* to uncover; to remove, to disclose.
**odgrtati**, *vidi*: **odgrnuti**.
**odići**, *vidi*: **odignuti**.
**odignuti**, *v.* to take up, to pick up, to raise up, to lift.
**odigrati**, *v.* to play, to perform.
**odijeliti**, *v.* to separate, to disjoin, to disunite, to set apart, to sunder; to divide; to divorce; to part.
**odijelo**, *n.* dress; suit of clothes; vestment; garment, attire.
**odijeljen**, *a.* separated; distinct, isolated.
**odijevati**, *v.* to dress, to clothe, to attire.
**odilaziti**, *v.* to go away, to go off, to leave; to depart.
**odimiti**, *v.* to smut; to smoke up.
**odio**, *vidi*: **odjel**.
**odir**, *n.* plunderer.
**odirati**, *vidi*: **odadrijeti**.
**odista**, *adv.* really, actually, positively; indeed.
**odizati**, *v.* to raise, to lift (up); to lift from, to take up, to elevate, to uplift.
**odjačati**, *v.* to grow strong (*ili*) stronger, to strengthen.
**odjahati**, *v.* to ride off; to alight (*from a horse*), to dismount.
**odjahivati**, *vidi*: **odjahati**.
**odjava**, *n.* notice; countermand.
**odjaviti**, *v.* to countermand, to give notice; — **posjet**, to cancel a visit.
**odjaziti**, *v.* to open wide.
**odjeća**, *vidi*: **odijelo**.
**odjedriti**, *v.* to put to sea; to sail away.
**odjek**, *n.* echo, resounding.
**odjeknuti**, *v.* to resound, to re-echo.
**odjel**, *n.* (*vladin*) section; (*vojske*) detachment; (*učenika*) class.
**odjelit**, *a.* sectional, separate.
**odjeljak**, *n.* division, partition; compartment; (*vojnika*) detachment.
**odjeljenje**, *vidi*: **odjel**.
**odjenuti**, *vidi*: **odjesti**.
**odjesti**, *v.* to clothe, to dress; (*pojesti*) to eat off; to have done eating, to eat up.
**odjeven**, *a.* dressed, clothed, vested.
**odjezditi**, *v.* to ride off.

**odjuriti**, *v*. to chase (*ili*) scare away; to ride (*ili*) drive away in haste; to run away.

**odlaganje**, *n*. adjournment; delay, postponement.

**odlagati**, *v*. to adjourn; to put off, to delay, to prorogue, to defer.

**odlahnuti**, *v*. to lighten, to ease, to make easy; to lessen; to feel better.

**odlajati**, *v*. to bark away.

**odlakšati**, *vidi*: **olakotiti**.

**odlamati**, *v*. to break off, to pluck off; to break down, to pull down.

**odlanuti**, *vidi*: **odlahnuti**.

**odlazak**, *n*. departure.

**odlaziti**, *v*. to go away, to go off, to leave, to proceed, to depart.

**odleći se**, *v*. to re-echo, to resound, to reverberate.

**odletjeti**, *v*. to fly away.

**odležati**, *v*. to lie (*u bolesti*); to be confined; (*o vinu*) to mellow.

**odležavati**, *vidi*: **odležati**.

**odlibati**, *v*. to pour off, to decant; to facilitate; to lighten, to ease, to alleviate.

**odličan**, *a*. distinguished; eminent, gentlemanly; illustrious, egregious, notorious; excellent.

**odličje**, *vidi*: **odličnost**.

**odličnik**, *n*. distinguished person.

**odličnost**, *n*. distinction; nobility, excellence.

**odlijeganje**, *n*. reverberation of sound, resonance.

**odlijegati**, *v*. to hold back, to restrain; (**se**) to re-echo, to resound, to reverberate.

**odlijepiti**, *v*. to loosen, to unglue, to unpaste; to unsolder.

**odlijetati**, *v*. to fly away.

**odlijevati**, *vidi*: **odliti**.

**odlika**, *n*. distinction, deference, superiority; (*vrst*) species, sort, kind, race, tribe; (*u nauku*) honor.

**odlikaš**, *n*. eminent student.

**odlikovanje**, *n*. distinction, superiority; honor.

**odlikovati**, *v*. to distinguish; to single out; to treat with regard; (*medaljom*) to decorate; to confer; (**se**) to distinguish oneself; to be distinguished.

**odliti**, *v*. to pour off, to decant, to pour away.

**odlomak**, *n*. fragment; piece, scrap.

**odlomiti**, *v*. to break, to split, to crush; to break through; to detach, to separate.

**odložiti**, *v*. to delay, to defer, to put off, to adjourn; to suspend.

**odlučan**, *a*. resolute, determined, determinate, bold, decisive; **odlučan čas**, critical moment; **odlučna pobjeda** decisive victory.

**odlučenje**, *n*. determination, decision; separation, division, disconnection.

**odlučiti**, *v*. to resolve, to determine, to decree, to conclude; to dissolve, to decide; (*dijeliti*) to separate, to disjoin, to disunite, to set apart, to sunder, to divide.

**odlučiv**, *a*. decidable, determinable.

**odlučivanje**, *n*. decision, determination, resolution; verdict; (*dijeljenje*) separation, disjunction, division.

**odlučivati**, *vidi*: **odlučiti**.

**odlučno**, *adv*. decisively; with determination.

**odlučnost**, *n*. decisiveness, determination; firmness, steadiness, resoluteness.

**odluka**, *n*. resolution, determination, firmness; solution.

**odlupati**, *v*. to strike (*ili*) knock off; to smite off, to beat off; to cut, to clip.

**odlupiti**, *v*. to peel, to pare; (*jaje*) to shell.

**odljeplivati**, *v*. to loosen, to unglue, to unpaste; to unsolder.

**odljud**, *n*. inhuman creature, cruel wretch; savage, barbarian; monster.

**odljusak**, *n*. stump; (*drveta*) splint, splinter; chips.

**odljusnuti se**, *v*. to break, to crack, to burst, to fly; to snap off; to chip off.

**odma**, *vidi*: **odmah**.

**odmaći**, *v*. to remove, to withdraw, to draw away; to sneak off.

**odmagati**, *v*. to impede, to thwart, to obstruct.

**odmah**, *adv*. immediately, at once, instantly, forthwith.

**odmahnuti**, *v*. to relax; to yield, to give way; to give one a ride (*ili*) drive.

**odmaknuti**, *vidi*: **odmaći**.

**odmamiti**, *v*. to entice away.

**odmaranje,** *n.* rest, repose, quiet, tranquility.

**odmarati se,** *v.* to repose, to rest; to sleep; to take rest; to lie still.

**odmatati,** *v.* to unwind, to reel off.

**odmazda,** *n.* retribution; requittal; revenge; turn; retaliation; recompense.

**odmazditi,** *v.* to requite, to return, to repay; to render, to give back; to recompense.

**odmeknuti,** *v.* to soften, to mollify.

**odmet,** *n.* refusal, denial; contempt; scorn, disdain, castaway.

**odmetačina,** *n.* fall; offal; refuse; apostasy; revolt; decline.

**odmetanje,** *n.* failure, deficiency; defection, revolt, desertion; — **od vjere,** apostasy.

**odmetati,** *v.* to put away, to lay aside.

**odmetnički,** *a.* factious, mutinous, seditious.

**odmetnik,-ica,** *n.* deserter, forsaker, revolter, turncoat; backslider; recreant; — **vjere,** apostate.

**odmetništvo,** *n.* desertion, revolt, defection, failure, deficiency; — **vjere,** apostasy.

**odmetnuti se,** *vidi:* **odmetati.**

**odmicanje,** *n.* dislocation; displacing; deranging.

**odmicati,** *v.* to move away; to displace, to transpose; to misplace; to remove.

**odmijeniti,** *v.* to loosen; to redeem.

**odmiljeti,** *v.* to creep away.

**odminuti,** *v.* to slacken, to release, to loosen, to weaken, to yield, to abate.

**odmirati,** *v.* to die out, to perish.

**odmjena,** *n.* loosening; relief; exchange, barter.

**odmjenjivati,** *v.* to loosen; to redeem.

**odmjerenost,** *n.* strictness, precision.

**odmjeriti,** *v.* to measure off, to survey; to weigh out; to proportion, to mete out.

**odmladak,** *n.* after-growth; new generation.

**odmoći,** *vidi:* **odmagati.**

**odmoliti,** *v.* to beg a person's release, to obtain one's release by entreaties.

**odmor,** *n.* recreation; rest, repose, recess.

**odmoran,** *a.* fresh, restful.

**odmoriti (se),** *v.* to rest (from), to repose, to sleep.

**odmotati,** *v.* to unroll, to spread out, to untwist; to unfold, to unwind.

**odmotavati,** *vidi:* **odmotati.**

**odmrsiti,** *v.* to disentangle, to unravel.

**odmrznuti se,** *v.* to thaw.

**odmučati,** *v.* to get (*ili*) wear off by working, to take off, to work off.

**odmučiti,** *vidi:* **odmučati.**

**odnašati,** *vidi:* **odnositi.**

**odnedavna,** *adv.* since recently.

**odnekle,** *vidi:* **odnekud (a).**

**odnekud (a),** *adv.* from some place, from somewhere.

**odnesti,** *vidi:* **odnijeti.**

**odnići,** *v.* to turn away, to avert; to disengage.

**odnijeti,** *v.* to take (*ili*) carry away, to abduct, to take off, to deprive off, to remove.

**odnikud,** *adv.* from nowhere.

**odnos,** *n.* rate, ratio, proportion; circumstance; state, situation; relation; reference, respect.

**odnosti,** *vidi:* **odnijeti.**

**odnositi se,** *v.* to relate, to have a reference to, to concern; to allude to, to resort to, to refer.

**odnosni,** *a.* relative; relating, respective.

**odnosno,** *adv.* relatively, respectively, in reference.

**odnošaj,** *n.* relation, reference; acquaintance; communication; dependency.

**odnjihati,** *v.* to bring up, to rear, to foster, to nurture, to educate, to disciple.

**odnjijati,** *vidi:* **odnjihati.**

**odobravanje,** *n.* approbation, confirmation; (*pljeskanje*) applause.

**odobravati,** *v.* to approve (of); (*potvrditi*) to confirm; (*pljeskati*) to applaud; **ne odobravati,** to disapprove, to blame.

**odobrenje,** *n.* approval, sanction.

**odobriti,** *vidi:* **odobravati.**

**odobrovoljiti se,** *v.* to be in good humor.

**odocniti,** *v.* to be late (*ili*) behind time, to retard.

**odojak,** *n.* (*odojče*) farrow, sucking-pig.

**odojiti,** *v.* to suckle, to suck; to milk.

**odolijevati,** *v.* to resist, to oppose; to withstand, to overcome; to overpower.

**odoljen,** *n.* (*bilj.*) valerian, enchanter's night-shade.

**odoljeti,** *vidi*: odolijevati.

**odoljivost,** *n.* resistance.

**odomaćiti se,** *v.* to be familiar with (*ili*) versed in; to domesticate, to naturalize, to be a native.

**odonda,** *adv.* since then.

**odonud (a),** *adv.* thence, from that place, henceforth.

**odor,** *n.* plundering.

**odora,** *n.* costume, dress, uniform, equipment.

**odovud (a),** *adv.* hence; henceforth; hereupon.

**odozdo,** *adv.* from below.

**odozgo,** *adv.* from above.

**odračunanje,** *vidi*: odračunavanje.

**odračunati,** *vidi*: odračunavati.

**odračunavanje,** *n.* discount; settlement.

**odračunavati,** *v.* to settle (accounts), to discount, to deduct; to make even.

**odraditi,** *v.* to work off, to pay off by labor.

**odrađivati,** *vidi*: odraditi.

**odraniti,** *vidi*: othraniti.

**odranjati,** *v.* to roll off.

**odrapanac,** *n.* ragamuffin.

**odrapati,** *v.* to tear.

**odrastao,** *a.* grown up, of ripe age, adult.

**odrasti,** *v.* to grow up, to grow; to increase; to rise.

**odraz,** *n.* reflex, reflection.

**odraziti,** *v.* to reflect (*rays*); to throw back.

**odražavati,** *vidi*: odraziti.

**odreći (se),** *v.* to renounce, to give up, to resign, to abdicate; (*nijekati*) to deny, to disown.

**odredba,** *n.* ordinance, ordering; disposition, prescript; decree, regulation, rule, order, statute, law; (*odluka*) decision; resolution.

**odredbina,** *n.* duty, tax.

**odrediti,** *v.* to order, to regulate, to direct, to command, to prescribe, to rule, to set in order; to settle, to arrange; (*odlučiti*) to decide, to determine.

**određen,** *a.* definite; destined; determined.

**određenje,** *n.* determination, destination, order; arrangement, disposition.

**određivati,** *vidi*: odrediti.

**odreknuće,** *n.* renunciation, resignation, abdication.

**odrešito,** *adv.* energetically, strongly.

**odrezak,** *n.* clipping, cut, slit; (*geometrijski*) segment; (*kupon*) coupon.

**odrezati,** *v.* to cut off, to clip.

**odrezivati,** *vidi*: odrezati.

**odricanje,** *n.* renunciation; refusal.

**odricati,** *v.* to deny, to revoke, to recall, to recant, to retract; (se) to renounce, to abdicate.

**odriješenje,** *n.* (*od grijeha*) indulgence, forbearance, forgiveness of sins; remission, absolution.

**odriješiti,** *v.* to unite; to release, to detach, to loosen; (*od grijeha*) to absolve.

**odrijeti,** *v.* to flay, to skin; to gall.

**odrina,** *n.* vine-branch.

**odrinuti,** *v.* to push away, to press forward, to push off; to repulse, to repel, to drive back.

**odrište,** *vidi*: odar.

**odrješito,** *adv.* energetically; vigorously; forcibly.

**odrješivati,** *v.* to untie, to release; to detach, to loosen.

**odrod,** *n.* renegade.

**odroditi se,** *v.* to degenerate.

**odroniti (se),** *v.* to roll off, to roll down.

**odrpan,** *a.* ragged, tattered.

**odrpanica,** *n.* ragged person.

**odrpanost,** *n.* raggedness.

**odrpati,** *v.* to scratch away.

**odrpaviti,** *v.* to roughen.

**odrpina,** *n.* shred, tatter, rag.

**odrtina,** *n.* sorry jade.

**odrubiti,** *v.* to cut, to cut up, to cut off; to carve;— **glavu,** to decapitate, to behead.

**odrveniti,** *v.* to turn into wood, to lignify; (*uprepastiti*) to stupefy.

**održanje,** *vidi*: održavanje.

**održati,** *v.* to maintain; to sustain; to preserve, to obtain; to keep; — **pobjedu,** to conquer, to vanquish, to be victorious (over); to win the day.

**održavanje,** *n.* keeping, maintaining.

**održavati,** *vidi*: održati.

**odsada,** *adv.* henceforth, from now (on).

**odsedlati,** *v.* to unsaddle.

**odsedlaviti**, *vidi*: **odsedlati**.
**odsele**, *adv.* for the future; henceforth, from now on.
**odseliti (se)**, *v.* (*iz stana*) to move, to change one's lodging; to dislodge; (*iz domovine*) to emigrate.
**odsijecati**, *v.* to chop off, to cut off, to clip; to pare; to cut short, to crop.
**odsijevanje**, *n.* reflex.
**odsijevati**, *v.* to reflect; to reflect upon.
**odsipati**, *vidi*: **odasipati**.
**odsjaivati**, *vidi*: **odsijevati**.
**odsječak**, *n.* segment, sector.
**odsjeći**, *vidi*: **odsijecati**.
**odsjedati**, *v.* to descend; to put up at.
**odsjek**, *n.* section; department, province; branch, lodge; (*u knjizi*) chapter, part; (*povjesti*) period.
**odsjekom**, *adv.* on an average.
**odsjesti**, *v.* to stop, to descend, to put up at.
**odsjev**, *n.* reflection; image, reflex.
**odskakati**, *v.* to leap off, to jump off.
**odskočiti**, *v.* to spring off; (*odbiti se*) to rebound; to spout (*ili*) gush out; to be reflected; to jump.
**odskok**, *n.* rebound, gambol; jump.
**odskora**, *adv.* of late, the other day.
**odslužiti**, *v.* to pay off by service, to serve for a debt; to serve one's time.
**odsluživati**, *vidi*: **odslužiti**.
**odspavati**, *v.* to relax; to slacken.
**odstraga**, *a.* from behind.
**odstraniti**, *v.* to set aside, to remove, to divert, to alienate; (**se**) to withdraw.
**odstranjivati**, *vidi*: **odstraniti**.
**odstružiti**, *v.* to let, to go out; to slip out.
**odstup**, *n.* exit, departure, withdrawal, resignation, retreat, retirement.
**odstupanje**, *vidi*: **odstup**.
**odstupati**, *vidi*: **odstupiti**.
**odstupiti**, *v.* to retire, to withdraw from; to retreat.
**odsuda**, *n.* judgment, sentence; decree, decision; (*porote*) verdict.
**odsuditi**, *v.* to sentence, to condemn; to decide (hastily); to decide finally; to adjudicate (to *ili* from); to give a verdict against.
**odsuđenik**, *vidi*: **osuđenik**.
**odsukati**, *vidi*: **osukati**.
**odsustvo**, *n.* absence.

**odsutan**, *a.* absent.
**odsuti**, *vidi*: **odasuti**.
**odsutnost**, *n.* absence.
**odsvakud (a)**, *adv.* from all sides (*ili*) places, from every quarter; on all sides, everywhere.
**odsvuda**, *vidi*: **odsvakud (a)**.
**odšetati**, *v.* to go (*ili*) walk about; to take a walk; to ramble.
**odšiti**, *v.* to unsew, to unstitch.
**odštampati**, *v.* to impress, to imprint, to print, to stamp.
**odšteta**, *n.* indemnification, indemnity, damages, compensation.
**odštetiti**, *v.* to indemnify, to make amends for.
**odšuljati se**, *v.* to steal away.
**odtada**, *vidi*: **otada**.
**od tuda**, *vidi*: **otuda**.
**odučavati**, *vidi*: **odučiti**.
**odučiti**, *v.* to disaccustom, to wean from; (**se**) to leave off.
**odudarati**, *v.* to strike (*ili*) knock off; to refuse, to deny.
**odug**, *a.* oblong.
**oduhati**, *v.* to blow away; to puff.
**odujmiti**, *v.* to take away, to seize, to snatch away, to remove.
**oduka**, *n.* disusage, desuetude.
**oduljati**, *v.* to lengthen, to stretch out, to prolong.
**oduljiti**, *vidi*: **oduljati**.
**oduminuti**, *v.* to leave; to slacken, to relax; to yield; to allow.
**odunuti**, *v.* to blow away; to puff.
**odupirati (se)**, *v.* to oppose, to be against, to be contrary to, to resist; to withstand.
**oduran**, *a.* ugly; deformed; villainous, base, wicked; nasty, abominable, detestable.
**odurnost**, *n.* ugliness, deformity; wickedness.
**odustajati**, *vidi*: **odustati**.
**odustati**, *v.* to abandon, to forsake, to give over; to desist, to quit, to give up.
**odustaviti**, *v.* to leave; to quit, to abandon; to stand off, to stand far from; to desist from; to give up.
**odušak**, *n.* respiration, breathing; pause, stop; rest, relief.
**oduševiti**, *v.* to animate, to enliven; to encourage, to excite, to inspire.
**oduševljen**, *a.* enthusiastic, animated.

**oduševljenje,** *n.* inspiration, enthusiasm.

**oduška,** *n.* air-hole, ventilator, breathing-hole.

**oduvati,** *v.* to blow away; to puff.

**oduzdati,** *v.* to unbridle.

**oduzeti,** *v.* to subtract, to deduct, to take away; to seize, to snatch away; to withdraw, to deprive.

**oduzimanje,** *n.* subtraction; abstraction; seizure; capture; taking.

**oduzimati,** *vidi:* **oduzeti.**

**odužiti (se),** *v.* to repay; to acquit, to discharge, to pay off; (*oduljiti*) to prolong.

**odvabiti,** *v.* to entice away.

**odvaditi,** *v.* to take off (*ili*) away; (*od sise*) to wean.

**odvađati,** *v.* to carry away, to convey, to abduct, to lead away; to turn aside (*water*).

**odvagnuti,** *v.* to weigh off.

**odvajanje,** *n.* severing, separation.

**odvajati,** *v.* to separate, to disjoin, to disunite, to set apart, to sunder, to take asunder; to divide; to divorce; to disconnect.

**odvajkada,** *adv.* since long ago.

**odvala,** *n.* precipice, steep.

**odvaliti,** *v.* to roll off.

**odvaljati,** *vidi:* **odvaliti.**

**odvariti,** *v.* to boil, to decoct.

**odvarivati,** *vidi:* **odvariti.**

**odvažan,** *a.* resolute, determined, brave, determinate, bold; audacious, courageous; spirited.

**odvažanje,** *n.* removal by carriage; cartage.

**odvažiti se,** *v.* to resolve, to make up one's mind, to decide; to determine.

**odvažno,** *adv.* courageously, powerfully; strongly; bravely, valiantly, briskly, strenuously.

**odvažnost,** *n.* decision, resolution; determination, firmness; bravery, boldness, courage; valor, audacity.

**odveć (e),** *adv.* too much, too many, exceedingly; very, most; excessively, immoderately.

**odveslati,** *v.* to row off.

**odvesti,** *v.* to conduct, to lead; to guide, to lead off, to take away; (**se**) to carry away; to drive off, to start.

**odvezati,** *v.* to untie, to release, to loosen, to undo.

**odvezavati,** *vidi:* **odvezati.**

**odveznica,** *n.* release; (*zemljišta*) quit-claim deed.

**odvići,** *v.* to disuse, to disaccustom, to wean.

**odvijati,** *v.* to untwist, to unroll; to spread out; to unfold; (*vijak*) to reel.

**odvika,** *n.* disusage, desuetude, disuse; (*dojenčeta*) weaning.

**odvikati,** *v.* to shout back.

**odviknuti,** *vidi:* **odvići.**

**odvir (ak),** *n.* flowing down (*ili*) off, running down, discharge, issue.

**odvirati,** *v.* to flow down (*ili*) off, to ebb, to run down, to drain, to overflow.

**odvisan,** *a.* dependent, contingent on, subject to.

**odvisiti,** *v.* to depend, to be subject of.

**odviše,** *adv.* too much, too many, exceedingly.

**odviti,** *vidi:* **odvijati.**

**odvitlati,** *v.* to chase (*ili*) scare away; to run, ride (*ili*) drive away in haste.

**odvjetak,** *n.* sprout, shoot; offspring.

**odvjetnik,** *n.* lawyer, councel, attorney-at-law; barrister; pleader.

**odvjetništvo,** *n.* law-practise, attorneyship.

**odvlačiti,** *v.* to pull away, to drag away.

**odvlaka,** *n.* delay, adjournment; drag.

**odvod,** *n.* carrying off; purge; conveying, leading away.

**odvoda,** *n.* bough, branch; limb, arm.

**odvoditi,** *v.* to lead (*ili*) carry away, to turn aside (*water*), to derive.

**advodnica,** *n.* branch, limb; arm, bough; knot (*in wood*).

**odvojak,** *n.* unfolding, development.

**odvojiti,** *v.* to separate, to disjoin, to disunite, to set apart, to sunder, to take asunder, to divide.

**odvoziti,** *v.* to carry away (*on wagon*).

**odvraćanje,** *n.* dissuasion, dehortation; diverting; deflection.

**advraćati,** *v.* to turn aside, to avert; to take away, to divert; to dissuade.

**odvrakati,** *v.* to hew off.

**odvranjivati,** *v.* to take the bung out of (*casks*).

**odvratan,** *a.* loathsome, disgusting; mawkish; repulsive, abominable.

**odvratiti,** *vidi:* **odvraćati.**

**odvratnost,** *n.* loathing, disgust.

**odvrći,** *v.* to put away, to lay aside; to reject; **(se)** to be untrue *(ili)* faithless, to desert, to fall *(ili)* fly off, to revolt; to apostatize.

**odvrgnuti,** *vidi:* **odvrći.**

**odvrknuti,** *v.* to leap *(ili)* jump off.

**odvrnuti,** *v.* to unscrew, to turn aside, to put out of the way, to avert; to divert.

**odvrsti,** *v.* to unfold, to reel off, to disentangle.

**odvrtač,** *n.* turnscrew, screw-driver; *(za boce)* cork-screw; ringlet.

**odvrtati,** *v.* to break loose *(ili)* off, to unscrew.

**odvrvjeti,** *v.* to swarm away.

**odvući,** *v.* to cart; to. carry by wagon; to draw away, to draw along.

**odvugnuti,** *v.* to become damp, moist.

**odzada,** *adv.* backward, behind, in the rear, from behind.

**odzdrav,** *n.* salute returned, reciprocal greeting, return *(ili)* exchange of salutation.

**odzdraviti,** *v.* to return the salute *(ili)* greeting.

**odziv,** *n.* answer, reply; echo; response, resound.

**odzivati se,** *v.* to (re-)echo, to respond, to answer; to sound, to resound.

**odzvati,** *vidi:* **odazvati.**

**odzvoniti,** *v.* to toll off.

**odžačar,** *n.* chimney-sweeper.

**odžak,** *n.* chimney.

**odžulusiti,** *v.* to extort; to lay under contribution.

**oficijal,** *n.* official, functionary.

**oficir,** *n.* officer.

**ogaditi,** *v.* to disgust (one) with.

**oganj,** *n.* fire; heat; flame; combustion, conflagration; *(groznica)* fever, ague.

**ogar,** *n.* hunting dog; hound; hunter.

**ogaraviti,** *v.* to besmear with coal *(ili)* soot; to blacken; to smut.

**ogaren,** *a.* *(od sunca)* sunburnt.

**ogarina,** *n.* place where there has been a fire; fire-place.

**ogavan,** *a.* loathsome, disgusting; mawkish, filthy; abominable, detestable.

**ogavnost,** *n.* nauseousness, loathsomeness, abhorrence.

**ogladniti,** *vidi:* **ogladnjeti.**

**ogladnjeti,** *v.* to famish, to get hungry.

**oglas,** *n.* advertisement, announcement.

**oglasiti,** *v.* to announce, to make known, to inform, to warn; to publish; to advertise; **(se)** to become known, exposed *(ili)* discovered.

**oglasnik,** *n.* messenger, runner, carrier, announcer, declarer, herald.

**oglašenje,** *n.* announcement.

**oglati,** *vidi:* **ogledati.**

**oglav,** *n.* halter; cord.

**oglavak,** *n.* hill, ascent, knoll.

**oglavar,** *vidi:* **oglav.**

**oglavina,** *vidi:* **oglav.**

**oglaviti,** *v.* to put on the halter.

**oglavlje,** *n.* kerchief.

**oglavnik,** *n.* halter, cord.

**ogled,** *n.* essay; trial, proof, experiment, sample; test, examination, inspection.

**ogledalo,** *n.* mirror, looking-glass.

**ogledanje,** *n.* contest, struggle; battle, combat; examination; inspection.

**ogledati,** *v.* to examine, to inquire into; to inspect, to scrutinize; to assay, to try; to be sensible of; **(se)** to look at looking-glass *(ili)* mirror; to encounter.

**oglobiti,** *v.* to fine, to exort, to exact.

**ogloblje,** *n.* comb-tray.

**oglodati,** *v.* to gnaw, to nibble off.

**ogluha,** *n.* default, non-appearance.

**ogluhnuti,** *v.* to get deaf, to deafen.

**oglušiti se,** *v.* to disobey, to default, to turn deaf ear to.

**ognojiti,** *v.* to manure; **(se)** to suppurate.

**ognusiti,** *v.* to dirty, to soil, to foul.

**ognjan,** *vidi:* **ognjen.**

**ognjanit,** *vidi:* **ognjen.**

**ognjen,** *a.* fiery, flaming, ardent.

**ognjica,** *n.* burning fever.

**ognjić,** *vidi:* **ognjica.**

**ognjilo,** *n.* fire-steel.

**ognjište,** *n.* fire-side, fire-place; hearth; *(dom, kuća)* house, home; habituation.

**ognjusiti,** *v.* to pollute.

**ognjuština,** *n.* typhoid-fever; burning-fever.

**ogoja,** *n.* care, fostering, nursing; cultivation; charge.

**ogoljeti,** *v.* to become bare.

**ogorak,** *n.* log, billet.

**ogorčavati,** *vidi:* **ogorčiti.**

**ogorčen,** *a.* infuriated, furious; exasperated, enraged, indignant.

**ogorčenost,** *n.* exasperation, animosity, bitterness, sourness, irritation, indignation.

**ogorčiti,** *v.* to sour; to exasperate, to irritate; to anger, to excite, to embitter, to exacerbate.

**ogorjelina,** *n.* fire ruins (*ili*) remnants.

**ogorjelište,** *vidi*: ogorjelina.

**ogorjeti,** *v.* to burn all around; to scorch.

**ogovaranje,** *n.* calumny, slander, defamation, libel(ling); slandering, detraction.

**ogovarati,** *v.* to defame, to slander; to libel; to detract; to traduce, to calumniate.

**ogovor,** *n.* calumny, slander.

**ograda,** *n.* fence, enclosure; grate; palisade, paling; stockade.

**ogradak,** *n.* rent.

**ograditi,** *v.* to hedge, to fence (round), to enclose.

**ograda,** *vidi*: ograda.

**ograđivati,** *v.* to hedge, to fence (around), to enclose.

**ogranak,** *n.* bough, branch, sprout; vein; (*gore*) spur; (*roda*) collateral line; (*izlaz sunca*) sunrise.

**ograničen,** *a.* limited, bounded, restricted.

**ograničenost,** *vidi*: ograničenje.

**ograničenje,** *n.* limitation, restriction, restraint, reduction; retrenchment; reduction of expenses; modification.

**ograničiti,** *v.* to bound, to limit; to restrain, to restrict, to confine.

**ogranuti,** *v.* (*sunce*) to rise.

**ograšiti (se),** *v.* to rejoice; to cheer.

**ograšje,** *n.* combat, fight, conflict; struggle, engagement.

**ogrbaviti,** *v.* to get hunchbacked.

**ogrditi,** *v.* to defame, to detract.

**ogreb,** *n.* tow, oakum, scratch; sore; rubbing off of the skin.

**ogrebača,** *n.* ripple.

**ogrebati,** *v.* to draw off, to skin, to scratch.

**ogrebina,** *n.* scratch.

**ogrepsti,** *v.* to scratch, to scrape, to grate; to card, to comb wool.

**ogreznuti,** *v.* to sink, to be submerged, to go down.

**ogrijati,** *v.* to warm, to heat; (**se**) to warm oneself, to bask.

**ogriješiti se,** *v.* to sin (against).

**ogristi,** *v.* to bite off.

**ogrizak,** *n.* bite.

**ogrizine,** *n.* remains (*pl.*), ruins (*pl.*); wreck (*of a ship*).

**ogrjev,** *n.* fuel.

**ogrknuti,** *v.* to become bitter.

**ogrlica,** *n.* collar; necklet; necklace.

**ogrlina,** *n.* horse-collar.

**ogrliti,** *v.* to embrace; to hug; to kiss.

**ogrljaj,** *n.* embrace.

**ogrljak,** *n.* collar (*for dogs*).

**ogrnač,** *vidi*: ogrnjač.

**ogrnuti (se),** *v.* to wrap up, to envelop, to put round (*ili*) on.

**ogrnjač,** *n.* cover; mantilla.

**ogroman,** *a.* enormous, huge, colossal, gigantic, immense, infinite.

**ogromnost,** *n.* enormity, hugeness, immensity, vastness.

**ogrozd,** *n.* gooseberry; currant; (*drvo*) currant-tree; gooseberry-bush.

**ogrozničaviti,** *v.* to get feverish.

**ogrtač,** *n.* cloak; great-coat; overcoat; shawl, wrapper.

**ogrtati,** *v.* to cover, to wrap, to envelop; to clothe; (*zemlju*) to shovel up; to bare (*the roots*).

**ogrubiti,** *v.* to disfigure; to grow ugly; to get a rough appearance (*ili*) look.

**ogruhati,** *v.* to strike (*ili*) knock off; to shell, to pick.

**ogruvati,** *vidi*: ogruhati.

**ogubaviti,** *v.* to scab.

**oguglati,** *v.* to habituate, to accustom, to inure; to get used.

**oguliti,** *v.* to flay, to skin; to gall; to fray; to rind, to peel, to bark.

**ogumak,** *n.* little underwood (*ili*) bushes (*pl.*).

**oguraviti,** *v.* to get hunchbacked.

**ogušaviti,** *v.* to get goitre.

**oguža (va)ti,** *v.* to hesitate, to delay, to loiter, to linger, to tarry.

**oh!** *interj.* oh! hah!

**ohći,** *vidi*: ostve.

**ohlada,** *n.* cooling.

**ohladiti,** *v.* to refresh, to refrigerate, to cool off; to make cold; to grow cool, to grow cold.

**ohladnjeti se,** *v.* to cool down, to get cool.

**ohođa,** *n.* roundabout way; by-way; detour.

**ohol,** *n.* proud, haughty; arrogant.

**ohola,** *vidi*: **oholost.**

**oholica,** *n.* haughty person.

**oholit,** *vidi*: **ohol.**

**oholiti se,** *v.* to grow *(ili)*.be proud, to disdain.

**oholo,** *adv.* proudly, haughtily; arrogantly.

**oholost,** *n.* haughtiness, pride, arrogance, vanity.

**ohotan,** *a.* compliant, complaisant.

**ohrabriti,** *v.* to animate, to enliven; to encourage; to excite; to cheer up.

**ohromiti,** *v.* to cripple; to lame; to become lame.

**oj!** *interj.* oh! ah! ha!

**ojačanje,** *n.* invigoration, refreshment; reinforcement.

**ojačati,** *v.* to grow strong; to fortify, to strengthen, to invigorate; to reinforce.

**ojaditi,** *v.* to afflict, to grieve, to sadden.

**ojađeli,** *a.* afflicted, sad.

**ojađelica,** *n.* intestinal worm, ascaris.

**ojađenica,** *vidi*: **jadnik (ica).**

**ojađenik,** *vidi*: **jadnik.**

**ojagniti (se),** *v.*·to bring forth *(from sheep).*

**ojca,** *vidi*: **oje.**

**oje,** *n.* beam, pole; shaft.

**ojediniti,** *v.* to become an orphan.

**ojište,** *n.* pole *(of a cart)*; *(u rudniku)* pump-gear; *(puške)* rifling-rod.

**oka,** *n.* *(mjera)* half-peck.

**okač,** *n.* *(leptir)* Argus-butterfly.

**okačenjak,** *n.* gallows *(ili)* goal-bird, hang-gallows, scape-gallows, hangdog.

**okačiti,** *v.* to graze, to touch.

**okaditi,** *v.* *(dimom)* to smoke, to besmoke; to dung; to fumigate; *(tamjanom)* to incense.

**okagača,** *n.* architrave, binder, binding, joist, girder, beam.

**okajanje,** *n.* expiation, atonement.

**okajati,** *v.* to atone, to expiate, to satisfy, to repent.

**okaljanje,** *n.* tainture, defilement.

**okaljati,** *v.* to soil, to spot, to stain; to dirt, to foul, to sully; to taint, to besmear, to tarnish; to pollute, to defile.

**okamenina,** *n.* petrifying, pet ification, lapidescence, fossilisation, fossil.

**okameniti se,** *v.* to petrify, to fossilize, to lapidify; to turn into stone; to gorgonize.

**okamenjen,** *a.* fossil, lapidific, petrifactive, petrific, stony.

**okamina,**·*vidi*: **okamenina.**

**okance,** *n.* casement.

**okančina,** *n.* stump, end; bit of a candle, pipe; cigar-end.

**okaniti se,** *v.* to get rid of, to dismiss (from one's mind); to give up, to quit; to forbear.

**okapati,** *v.* to drop off; to drip down.

**okapina,** *n.* niche, break; recess.

**okarati,** *v.* to reprimand, to give one a set-down.

**okarjati,** *v.* to recover, to indemnify oneself, to make amends.

**okašati se,** *v.* to snub, to blow up.

**okašljaviti,** *v.* to have a cough.

**okat,** *a.* eyed; *(vidovit)* clear-sighted.

**okatranjen,** *a.* tarred.

**okce,** *n.* cell.

**okefati,** *v.* to brush off *(ili)* up *(the dust)*; to brush away.

**okesiti se,** *v.* to sneer, to scoff.

**okidati,** *v.* to unhook, to take down, to unbend, to unloosen, to slacken; *(raskidati)* to tear out, to pluck up, to wrest out, to root up; to pull away.

**okilaviti,** *v.* to be affected with hernia *(ili)* rupture.

**okinčati** *vidi*: **okititi.**

**okinuti,** *v.* to unhook, to take down, to unbend, to unloosen.

**okisati,** *v.* to sour.

**okiseliti,** *vidi*: **okisati.**

**okisnuti,** *v.* to be wet *(from rain).*

**okišati se,** *v.* to be rainy *(ili)* showery.

**okititi,** *v.* to adorn, to ornament, to beautify, to decorate, to garnish, to embellish.

**okivanje,** *n.* shoeing; mounting; setting.

**okivati,** *v.* to mount; *(konja)* to shoe; *(sa čavlima)* to nail; to stud.

**oklada,** *n.* bet, wager.

**okladiti se,** *v.* to wager, to bet, to lay a wager.

**okladnik,** *n.* bettor, wagerer.

**oklagija,** *n.* rolling-pin, roller; coil.

**oklapiti,** *v.* to win (by speculation).

**oklati,** *v.* to bite to pieces; to crush with the teeth.

**oklaštriti,** *v.* to prune, to trim.

**okle (n)**, *adv.* whence, from what place; from where, from what source, how.

**oklepan**, *a.* very old.

**oklepati se**, *v.* to get drunk.

**oklepine**, *n.* broken straw.

**oklesati**, *v.* (*kamen*) to carve, to sculpture; to tally.

**oklevetati**, *v.* to calumniate, to slander, to defame, to traduce, to asperse, to belie, to backbite; to disgrace.

**oklijevalo**, *n.* loiterer, dilatory person, demurrer, delayer, laggard.

**oklijevanje**, *n.* delay, hesitation, doubt, hesitancy, dilatoriness, demur, tardiness, procrastination.

**oklijevati**, *v.* to tarry, to stay, to delay to linger, to dally, to temporize, to hesitate, to procrastinate.

**oklinjati se**, *v.* to swear.

**oklizati se**, *v.* to slip.

**oklizivati se**, *v.* to glide, to slide; to slip.

**okliznuće**, *n.* slide, slip.

**okliznuti se**, *v.* to slip, to slide, to glide.

**oklizotine**, *n.* delicacy; delicate piece, tid-bit, relish.

**oklop**, *n.* cuirass, breast-plate, shield, harness; panoply; (*životinje*) shell.

**oklopiti**, *v.* to cover; to protect.

**oklopljen**, *a.* iron-plated, breast-plated.

**oklopnik**, *n.* cuirassier.

**oklopnjača**, *n.* ironclad, monitor.

**okljastiti**, *v.* to cripple.

**oknežiti**, *v.* to raise to the dignity of a prince.

**okno**, *n.* window; pane; window-pane; (*u rudniku*) pit, shaft, groove.

**oko**, *n.* eye; (*tabor*) camp, encampment; (*u mreži*) mesh; — *prep.* about, round, around, round about, thereabouts.

**okolica**, *n.* (*kraj, prijedjel*) country, neighborhood, region; scenery, landscape, surroundings, suburb; (*društvo*) associates; company; circle; attendants.

**okolina**, *vidi:* **okolica**.

**okoliš**, *n.* district; rounding; (*kraj*) country round; neighborhood, region, landscape, surrounding; scenery.

**oko išanje**, *n.* vacillation, hesitation.

**okolišiti**, *v.* to vacillate, to hesitate.

**okolišni**, *vidi:* **okolni**.

**okolišnice**, *n.* drum-box.

**okoliti**, *vidi:* **opkoliti**.

**okolni**, *a.* neighboring, bordering, surrounding, circumjacent, roundabout.

**okolnost**, *n.* circumstance; occasion; (*položaj*) position, situation.

**okolo**, *prep.* around, about, round.

**okoločep**, *n.* (*bilj.*) star-thistle.

**okomak**, *n.* cob.

**okomica**, *n.* (*na zemlju*) vertical; (*na ravninu*) perpendicular.

**okomice**, *adv.* (*na zemlju*) vertically, (*na ravninu*) perpendicularly.

**okomit**, *a.* (*na zemlju*) vertical, (*na ravninu*) perpendicular.

**okomiti**, *v.* (*oljuštiti*) to shell, to pick.

**okomito**, *vidi:* **okomice**.

**okomitost**, *n.* verticality, verticalness, perpendicularity.

**okomni**, *vidi:* **okolni**.

**okončati**, *v.* to terminate, to limit, to bound, to end, to complete, to finish.

**okonjiti se**, *v.* to be mounted.

**okopati**, *v.* to dig up, to hoe, to spade.

**okopavanje**, *n.* (*zemlje*) hoeing.

**okopavati**, *vidi:* **okopati**.

**okopirkati se**, *v.* to recover.

**okopnjeti**, *v.* to thaw; to melt; to dissolve.

**okoraн**, *a.* accusatory; reproachful, slanderous; blameworthy; invidious.

**okorio**, *a.* stiff; rigid; strong; awkward, formal; hard; severe, austere; (*nepopravljiv*) incorrigible.

**okoristiti (se)**, *v.* to make use of, to take advantage of.

**okoristovati se**, *vidi:* **okoristiti se**.

**okorjelost**, *n.* hardness, induration, callosity, crustiness; rigidity, stiffness; (*nepopravljivost*) incorrigibility.

**okorjeti (se)**, *v.* to harden, to inure, to indurate, to stiffen; to tighten; to get stiff.

**okornost**, *n.* vehemence, stubborness.

**okosan**, *a.* offensive, abusive; biting; sharp, satirical, snappish.

**okositi se**, *v.* to snarl.

**okosnica**, *n.* skeleton.

**okostje**, *n.* skeleton.

**okošt**, *a.* bony.

**okotiti**, *v.* (*o psu ili mački*) to bring forth.

**okovan**, *a.* banded; fettered.

**okovati**, *v*. to shackle, to fetter, to gyre, to bind, to enchain, to forge, to chain; to garnish, to stud.

**okovi**, *n*. fetters, shackles (*pl.*), chains; ties (*pl.*).

**okovica**, *n*. (*broda*) embargo; (*konja*) shoeing.

**okoziti** (**se**), *v*. to kid.

**okrabuljiti se**, *v*. to mask.

**okračati**, *v*. to be short.

**okrajak**, *n*. border, edge, brim, hem; bordure.

**okrajati**, *v*. to hesitate, to linger, to tarry, to delay, to loiter.

**okrajčiti**, *vidi*: **okrajati**.

**okrasiti**, *v*. to garnish, to feather, to flourish, to trim.

**okrasti**, *v*. to steal, to rob.

**okratak**, *n*. rather short.

**okratiti**, *v*. to shorten, to abridge, to abbreviate.

**okrčiti**, *v*. to root out; to clear; (*zemlju*) to reclaim.

**okrečiti**, *v*. to whitewash.

**okrenut**, *a*. turned, reversed.

**okrenuti**, *v*. to turn, to turn around, to revolve, to convert; (**se**) to turn oneself; to look behind.

**okrenuto**, *adv*. reversely.

**okrenutost**, *n*. inversion.

**okrepa**, *n*. refreshment, suppliance; strengthening.

**okrepan**, *a*. refreshing, nourishing, analeptic.

**okrepljujući**, *a*. cardiac, refreshing.

**okresati**, *v*. to lop, to prune.

**okresine**, *n*. trash, waste timber, chippings, shavings; (*od kože*) parings.

**okresivač**, *n*. pruner.

**okret**, *n*. turn, turning; revolution, circumference, circuit, decline; circumrotation, conversion.

**okretaljka**, *n*. turnplate, turntable, turnrail.

**okretan**, *a*. alert, brisk, agile, nimble; dexterous, skillful; sly, cunning; handy, active.

**okretanje**, *n*. turn; revolution; rotation, turning, gyration.

**okretati** (**se**), *v*. to turn, to turn around, to wind, to revolve, to revert, to circumgyrate, to rotate.

**okretni**, *a*. rotative, circumgyratory.

**okretno**, *adv*. swiftly, quickly, speedily; skillfully, nimbly.

**okretnost**, *n*. dexterity, adroitness, skill; swiftness, nimbleness, agility; handiness.

**okrezubiti**, *v*. to get gap-teethed (*ili*) toothless.

**okrhati**, *v*. to curse; to swear, to execrate; (**se**) to dirty oneself; to pollute oneself.

**okrijek**, *n*. (*bilj.*) water-moss.

**okrijepiti**, *v*. to fortify, to strengthen, to refresh, to recreate; (**se**) to invigorate, to brace; to recover (one's health).

**okrijepljenje**, *n*. recreation.

**okrijepljiv**, *a*. corroborant, recreative.

**okrilaćen**, *a*. winged.

**okrilatiti**, *v*. to wing, to furnish with wings, to fledge.

**okrilje**, *n*. (*zaštita*) protection, defence; tuition, patronage; shelter, safeguard; auspice.

**okriviti**, *v*. to charge (with), to accuse of; to impeach, to indict.

**okrivljenik**, *n*. defendant; prisoner; criminal.

**okrivljenje**, *n*. accusation; fault; scandal; repraoch; judgment, imputation.

**okrivljivati**, *vidi*: **okriviti**.

**okrljati**, *v*. to recover, to become composed, to recover oneself; to fall again to; (*otkinuti*) to cut, to break; to open.

**okrnuti**, *v*. to break off, to pluck off; to break down, to pull down.

**okrnjak**, *n*. stump, remnant; short pipe; cigar-end.

**okrnjčina**, *vidi*: **okrnjak**.

**okrnjiti**, *v*. to mutilate; to notch, to make a gap in; to break the gullet (*ili*) neck of a pot (*ili*) glass vessel.

**okročiti**, *v*. to stride, to step, to place, to march; to step upon; to ascend.

**okrojiti**, *v*. to cut, to clip, to trim; to clasp, to comprise; to include; to surround.

**okrom**, *prep*. except, save, but, saving.

**okropiti**, *v*. to sprinkle.

**okrp**, *n*. patchwork, patchery, botchery, patch.

**okrpiti**, *v*. to mend, to repair, to piece, to patch, to botch, to piece all over.

**okrš**, *vidi*: **okršaj**.

**okršaj**, *n*. (*krvoproliće*) massacre, butchery, carnage, slaughter; (*bitka*) battle, fight, skirmish.

**okrućati,** *v.* to grow; to increase; to rise, to thicken, to make bigger, to enlarge, to augment, to swell.

**okrug,** *n.* (*krug*) circle, hoop, ring; (*kotar*) ward, district.

**okrugav,** *a.* circular, round, spherical, globular, rotund.

**okruglast,** *a.* roundish.

**okruglica,** *n.* (*riba*) menow, min- (n)ow.

**okruglina,** *vidi:* okruglost.

**okrugliti,** *v.* to make round.

**okruglo,** *adv.* roundly.

**okruglost,** *n.* rotundity; plumpness; roundness; sphericity.

**okruniti,** *v.* to crown; to crest, to top.

**okrunjen,** *a.* diademed, crowned.

**okrutan,** *a.* cruel, barbarous, inhuman; unmerciful, merciless; pitiless; unsparing, tyrannous, ferocious.

**okrutnički,** *vidi:* okrutno.

**okrutnik,** *n.* cruel man, barbarian, tyrant.

**okrutno,** *adv.* cruelly; inhumanly, mercilessly; ruthlessly, outrageously.

**okrutnost,** *n.* cruelty, barbarity, barbarous act; severity, inhumanity, ferocity, ruthlessness.

**okružiti,** *v.* to round, to enlarge; to surround, to enclose, to environ, to shut in; to encompass.

**okruživati,** *vidi:* okružiti.

**okružje,** *n.* district, circuit; enclosure, department; county; ward.

**okružni,** *a.* circumferential; regional; cantonal, district.

**okružnica,** *n.* circular-letter; bull.

**okružnik,** *n.* prefect.

**okrvariti,** *v.* to stain with blood; to splash with blood.

**okrvaviti,** *vidi:* okrvariti.

**okrvavljen,** *a.* bloodstained, gory, begored.

**okrznuće,** *n.* grazing.

**okrznuti,** *v.* to scratch, to graze, to touch slightly; to stripe, to streak.

**oksid,** *n.* oxide.

**oksidacija,** *n.* oxidation.

**oksidirati,** *v.* to oxidize.

**oksigen,** *n.* oxygen.

**oksigenski,** *a.* oxygenic.

**oktaedar,** *n.* octachedron.

**oktava,** *n.* octave.

**oktobar,** *n.* October.

**okučiti,** *v.* to turn, to shift; (*na nekoga*) to address, to apply to, to face.

**okuditi,** *v.* to blame, to censure, to scold.

**okuk,** *n.* (*riba*) chavender.

**okuka,** *n.* curve; knee; curvity, crookedness; sinuosity, windings (*pl.*).

**okular,** *n.* eye-glass.

**okulista,** *n.* oculist.

**okun,** *n.* (*grgeč*) perch-fish; barse.

**okup,** *n.* concentration; reunion, junction; meeting, assembly.

**okupacija,** *n.* occupation.

**okupati,** *v.* to bathe; (se) to bathe oneself, to lave, to take a bath.

**okupiti,** *v.* to assemble, to collect; to join; to gather, to reunite, to join again; to reconcile, to combine; to concentrate.

**okupljanje,** *n.* concentration.

**okupljati,** *vidi:* okupiti.

**okus,** *n.* taste; savor, flavor, relish; liking, fancy, style; (*organ*) sense of taste.

**okušak,** *n.* bite; lunch; gulp, dram, draught.

**okusan,** *a.* tasteful, tasty.

**okusiti,** *v.* to taste, to smell, to like, to relish; to foretaste, to savor; to try, to attempt; to assay; (*podrezati*) to shorten, to bob.

**okusoslovlje,** *n.* gastronomy.

**okušan,** *a.* tried, tested.

**okušati,** *v.* to try, to attempt; to taste.

**okužen,** *a.* infective; corrupt.

**okuženje,** *n.* infection; contagion; taint, tainture.

**okužiti,** *v.* to infect, to poison; to stink horribly; to plague; to corrupt.

**okuživ,** *a.* infectious, pestiferous.

**okvasiti,** *v.* to wet, to soak, to moisten, to dip, to steep, to drench.

**okvir,** *n.* frame; (*prozora*) window-frame; (*za vezivo*) tambour.

**okviriti,** *v.* to frame; to enchase; to set.

**ol,** *conj.* whether; if; or; or else.

**olabaviti,** *v.* to become loose; to be limp, slack (*ili*) flabby; to relax.

**olabavljen,** *a.* relaxed.

**olaj,** *n.* linseed-oil.

**olakotiti,** *v.* to facilitate; to lighten, to alleviate; to relieve; to mitigate; to moderate.

**olakšajući,** *a.* mitigant, lenitive.
**olakšanje,** *n.* mitigation, relief; solace.
**olakšati,** *vidi:* **olakotiti.**
**olakšica,** *n.* relief, ease; facilitation, mitigation, alleviation.
**oleander,** *n.* (*bilj.*) oleander.
**olediti se,** *v.* to get icy, to freeze, to ice, to glaciate.
**oleđivanje,** *n.* glaciation, freezing.
**oli,** *vidi:* **ol.**
**oliganj,** *n.* (*riba*) blackfish.
**oligarhija,** *n.* (*vlada nekolicine*) oligarchy.
**olijeniti se,** *v.* to get lazy.
**olijepiti,** *v.* to paste upon, to paste over.
**Olimpijada,** *n.* Olympiad.
**olimpijski,** *a.* Olympian.
**olina,** *n.* quantity; abundance, multitude; (*broj*) number.
**olinjati se,** *v.* to moult, to cast one's feathers.
**olistati,** *v.* to leaf, to frondesce.
**olizati,** *v.* to lick off.
**olomača,** *vidi:* **lomača.**
**olomak,** *n.* fragment, scrap, fraction, breaking.
**ološ,** *n.* (*zemlja*) alluvium; bad material.
**ološati,** *v.* to get bad appearance.
**olovan,** *a.* leaden, plumbous; — *n.* (*sjujnik*) lead-ore.
**olovka,** *n.* (lead) pencil, black crayon, graphite.
**olovnat,** *vidi:* **olovan.**
**olovnica,** *n.* plumb, plumb-line, perpendicle.
**olovnjača,** *n.* lead-ore.
**olovo,** *v.* lead; saturn.
**oltar,** *n.* altar, communion-table.
**oltarišta,** *n.* chancel.
**oluja,** *n.* tempest, storm; whirlwind; tornado; thunder-shower, thunder-storm, hurricane.
**oluk,** *n.* gutter.
**olupati,** *v.* to shatter, to smash, to break (by striking).
**olupiti,** *v.* to peel off, to pare, to shell.
**olupljenje,** *n.* paring.
**oljetiti se,** *v.* to become summer.
**oljuštine,** *n.* shells (*pl.*); husks (*pl.*).
**oljuštiti,** *v.* to peel, to pare; (*jaja*) to shell.
**omaciti se,** *v.* to kitten, to bring forth kittens.

**omaći,** *v.* to slip, to slide, to glide; to drop.
**omagnetiti,** *v.* to magnetize.
**omahivati,** *v.* to swing, to rinse, to flourish, to brandish.
**omahnuti,** *vidi:* **omahivati.**
**omaka,** *n.* sauce.
**omaknuti se,** *vidi:* **omaći.**
**omalen,** *a.* smallish.
**omaliti,** *v.* (*umanjiti*) to lessen, to reduce, to diminish.
**omalovažavanje,** *n.* undervalue.
**omalovažavati,** *v.* to undervalue, to belittle, to disdain, to scorn.
**omalovažiti,** *vidi:* **omalovažavati.**
**omama,** *n.* giddiness, dizziness.
**omamica,** *vidi:* **omama.**
**omamiti,** *v.* to stun, to benumb; (*zavesti*) to entice, to seduce.
**omanji,** *a.* rather small.
**omara,** *n.* sultriness.
**omaran,** *a.* sultry, close.
**omastiti,** *v.* to grease, to make greasy.
**omašan,** *a.* bulky.
**omašit,** *vidi:* **omašan.**
**omašnost,** *n.* bulkiness.
**omatoriti,** *v.* to become old.
**omazati,** *v.* to besmear, to soil.
**omečiti,** *v.* to bruise, to squash.
**omeđašiti,** *v.* to limit, to border.
**omeđenost,** *n.* limitation.
**omeđina,** *n.* abuttal, demarcation.
**omeđiti,** *v.* to bound, to set bounds to, to limit; to circle in, to confine.
**omekoputiti,** *v.* to effeminate, to enervate.
**omekšati,** *v.* to soften, to make tender; to move; to affect.
**omesiti,** *v.* to kill.
**omesti,** *v.* to sweep off, to brush off, to brush; to turn off, to avert.
**ometati se,** *v.* to err, to go astray, to be mistaken.
**omicati se,** *v.* to slide, to glide.
**omickivati,** *vidi:* **omicati.**
**omijeniti,** *v.* to change, to alter.
**omijerka,** *n.* measure; moderation.
**omiliti,** *v.* to endear.
**omilovati,** *v.* to caress, to fondle.
**omilje,** *n.* love, favorite, pet, darling.
**omiljelost,** *n.* favor, grace.
**omiljen,** *a.* beloved; favorable.
**omiljeti,** *v.* to get fond of, to like.
**omirisati,** *v.* to smell; to perfume.
**omitariti se,** *v.* to moult; to rebound, to be elastic.

**omiti,** *v.* to wash off.

**omjediti,** *v.* to copper.

**omjer,** *n.* proportion.

**omjera,** *n.* proportion; measure.

**omjeriti,** *v.* to measure up, to size up.

**omladak,** *n.* youth, junior order, juvenile generation; after-growth.

**omladina,** *n.* youth, young people.

**omladiti (se),** *v.* to grow younger, to make younger.

**omlađivati se,** *vidi:* **omladiti se.**

**omlatiti,** *v.* to thrash off, to beat.

**omlednjeti,** *v.* to fall away, to grow lean.

**omlitaviti,** *v.* to slack, to get flabby, to grow indolent; to get drowsy.

**omlohaviti,** *v.* to weaken; to discourage.

**omnibus,** *n.* omnibus.

**omodriti,** *v.* to blue, to azure, to make blue.

**omogućiti,** *v.* to enable, to make possible.

**omorika,** *n.* pine-tree.

**omorje,** *n.* pine.

**omot,** *n.* package, wrapper; (*listovni*) envelope.

**omotak,** *n.* package, bundle.

**omotati,** *v.* to wrap, to envelope, to entwine.

**omotavati,** *vidi:* **omotati.**

**omrza,** *n.* hate; variance.

**omrazan,** *a.* hateful, odious, loathsome.

**omrazit,** *a.* disgusting, repulsive, odious.

**omraziti,** *v.* to hate, to envenom.

**omražen,** *vidi:* **omrazit.**

**omrciniti,** *v.* to die, to croak.

**omrčiti,** *v.* to blacken, to infuscate, to darken, to sully.

**omrći,** *v.* to dim.

**omrijestiti,** *v.* to pair, to copulate; to spawn.

**omrknuti,** *vidi:* **omrći.**

**omrsak,** *n.* taking, use (of food, drinking, *etc.*).

**omrsiti se,** *v.* to eat meat; to use habitually.

**omršaj,** *n.* a piece of meat.

**omršaviti,** *v.* to get thin, to grow meager, to fall away, to grow lean.

**omrtviti,** *v.* to benumb, to deaden.

**omrznuti,** *v.* to dislike, to disgust.

**omućine,** *n.* sediment, dregs.

**omudriti,** *v.* to become clever (*ili*) intelligent, to get wise.

**omušičaviti se,** *v.* to get whimsical.

**on, on sam,** *pron.* he, himself; (*ona, ona sama*) she, herself; (*ono, ono samo*) it, itself.

**onais,** *n.* (*januš*) anise, anise-seed.

**onaj,** *pron.* that.

**onaki,** *pron.* of that kind.

**onako,** *adv.* like, as.

**onamo,** *adv.* thereto, over there.

**ončas,** *adv.* immediately, directly.

**onda,** *adv.* then.

**ondale,** *vidi:* **odanle.**

**ondan,** *adv.* the day after to-morrow.

**ondašnji,** *a.* then, of that time.

**ondje,** *adv.* there, over there.

**ondješnji,** *a.* of that place.

**onečastiti,** *v.* to foul; to ravish.

**onemoći,** *v.* to weaken, to enfeeble, to get weak.

**onemogućiti,** *v.* to frustrate, to incapacitate.

**onesposobiti,** *v.* to unfit, to disqualify; to disable.

**onesvijestiti (se),** *v.* to faint, to swoon.

**onesviješćen,** *a.* unconscious.

**onesviješćenje,** *n.* unconsciousness, swooning.

**oneveseliti se,** *v.* to become sad (*ili*) mournful.

**onijemjeti,** *v.* to become dumb (*ili*) speechless; (*koga udarcem*) to strike dumb, to stun.

**onizak,** *a.* rather small, little, short, young, petty, low.

**onkraj,** *adv.* yonder.

**ono,** *prep.* that.

**onoliki,** *a.* this big.

**onoliko,** *adv.* as much, as many, so much, so many.

**onomad,** *adv.* lately, recently.

**onomadašnji,** *a.* late, recent.

**onomadne,** *adv.* recently, lately.

**onomadnji,** *a.* late, recent.

**onostran,** *a.* ulterior, opposite, being on the other side.

**onostranac,** *n.* stranger, foreigner.

**onostranski,** *a.* ulterior, opposite.

**onovečeri,** *adv.* the evening before yesterday.

**onud (a),** *adv.* there, in that direction.

**onjušiti,** *v.* to smell at, to sniff at, to scent at.

**opačina,** *n.* vice, wickedness, corruption, depravity.
**opačiti se,** *v.* to be corrupted, to be depraved.
**opad,** *n.* water-fall, cataract, cascade.
**opadač,** *n.* slanderer, calumniator.
**opadan,** *a.* (*klevetnički*) calumnious, slanderous, defamatory.
**opadanje,** *n.* (*klevetanje*) calumny, slander, defamation; (*otekline*) delitescence; decrease, diminution.
**opadati,** *v.* (*ocrnjivati*) to attack, to blacken; (*smanjivati*) to abate, to diminish.
**opadljiv,** *vidi:* **opadan.**
**opadni most,** *n.* drawbridge.
**opadnik,** *vidi:* **opadač.**
**opadno,** *adv.* slanderously.
**opadnuti,** *vidi:* **opasti.**
**opahati,** *v.* to dust.
**opak,** *a.* felonious, bad, wicked.
**opakivati,** *v.* to rage, to rave.
**opaklija,** *n.* sheepskin-coat.
**opakliti,** *v.* to pitch.
**opako,** *adv.* viciously, wickedly.
**opakost,** *n.* viciousness, malice, malevolence, depravity.
**opal,** *n.* (*dragi kamen*) opal.
**opala,** *vidi:* **upala.**
**opaliti,** *v.* to singe, to scorch, to scald; (*pušku*) to discharge, to fire.
**opaljen,** *a.* parched, singed, scorched; (*od sunca*) sunburnt.
**opamećen,** *a.* wiser, shrewder, wittier.
**opametiti se,** *v.* to become wise, to get sense.
**opanak,** *n.* sandal, moccasin.
**opančar,** *n.* moccasin-maker.
**opančić,** *n.* small moccasin (*ili*) sandal.
**opanjkati,** *v.* to blacken, to slander.
**opapriti,** *v.* to pepper; to devil; to thrash.
**opariti,** *v.* to scald, to parboil, to burn.
**opasan,** *a.* dangerous, risky, hazardous, perilous.
**opasati,** *v.* to encompass, to surround, to girdle.
**opaska,** *n.* remark, observation, perception, note.
**opasnost,** *n.* danger, risk, peril, jeopardy.
**opasti,** *v.* to fall (away), to collapse; (*omršaviti*) to grow lean.

**opat,** *n.* abbot, abbe.
**opatica,** *n.* nun, abbess.
**opatija,** *n.* abbey.
**opatski,** *a.* abbatial.
**opaučiti,** *v.* to displace, to transplaint; to pawn, to pledge; to transfer, to remove; to mix.
**opaz,** *n.* attention, care, watchfulness.
**opazan,** *a.* cautious, circumspect, prudent, wary.
**opaziti,** *v.* to remark, to observe, to perceive, to note.
**opažanje,** *n.* perceptibility; observation.
**opažati,** *v.* to perceive, to note, to observe.
**opčaranje,** *n.* bewitching.
**opčarati,** *v.* to bewitch, to enchant, to charm, to fascinate.
**opčiniti,** *v.* to enchant, to bewitch.
**opčinjavati,** *vidi:* **opčiniti.**
**opčinjen,** *a.* enchanted, bewitched.
**opčuvati,** *v.* to preserve, to guard; to keep, to save; to watch.
**općeni (t),** *a.* general, universal; common, prevailing.
**općenito,** *adv.* generally, everywhere, commonly.
**općenitost,** *n.* generality, universality, prevalence.
**općenje,** *n.* (*druženje*) association, mingling; **spolno —,** sexual connection; intercourse.
**općerati,** *vidi:* **optjerati.**
**opći,** *a.* general, universal, common; **— potop,** deluge; flood.
**općina,** *n.* municipality, community, district; parish; township; congregation.
**općinar,** *n.* parishioner; commoner; congregationalist.
**općinski,** *a.* municipal, communal, public.
**općinstvo,** *n.* public, community.
**općiti,** *v.* (*družiti*) to associate, to mingle; **spolno —,** to have sexual intercourse.
**opeći,** *v.* to burn, to scald.
**opeka,** *n.* brick.
**opekar,** *n.* brick-maker (*ili*) burner.
**opeklina,** *n.* burn, scald, inflammation.
**opepeliti,** *v.* to ash.
**opepeljaviti,** *v.* to reduce to ashes.
**opera,** *n.* opera.
**operacija,** *n.* operation.

**operator**, *n.* operator.
**operirati**, *v.* to operate.
**operjati se**, *v.* to feather.
**opernatiti**, *vidi:* **operjati.**
**operušati**, *v.* to pluck, to plume; to fleece.
**opervaziti**, *v.* to border, to edge, to trim.
**opet**, *adv.* again, anew, afresh.
**opetak**, *n.* sole, substratum.
**opetovanje**, *n.* review, repetition; reprise.
**opetovati**, *v.* to repeat, to reiterate.
**opetovnica**, *n.* repetition school; Sunday-school.
**opetovnik**, *n.* repeater.
**opetovno**, *adv.* repeatedly, over and over again.
**ophađati**, *v.* to go about, to go around; to ramble, to circumambulate.
**uphod**, *n.* procession, parade; intercourse.
**ophodni**, *a.* processional; wandering.
**ophodnica**, *n.* (*zvijezda*) planet.
**ophodnja**, *n.* round, guard, sentry; parade.
**uphodno**, *adv.* round-about.
**opica**, *n.* ape, monkey.
**opijati (se)**, *v.* to tipple, to get drunk; to booze.
**opijelo**, *n.* dirge, funeral-song; requiem.
**opijevati**, *v.* to chant, to sing, to celebrate.
**opijum**, *n.* opium.
**opiljci**, *n.* scobs, filings, sawdust, shavings.
**opip**, *n.* feel, touch, feeling; sense of touch.
**opipati**, *v.* to feel, to touch, to handle.
**opipavanje**, *n.* feeling, palpation.
**opipavati**, *vidi:* **opipati.**
**opipljiv**, *a.* palpable; tangible.
**opipljivost**, *n.* tangibility.
**opiranje**, *n.* resistance, opposition.
**opirati**, *v.* to prop, to struggle, to stem, to mortise; (**se**) to resist.
**opirnjača**, *n.* dishcloth, dishclout.
**opis**, *n.* description; picture.
**opisan**, *a.* descriptive.
**opisati**, *v.* to describe, to circumscribe, to paraphrase.
**opišivač**, *n.* describer, definer, paraphrast.
**opisivanje**, *n.* description, paraphrase.

**opit**, *n.* experiment, trial, essay; attempt.
**opiti**, *v.* to intoxicate; (**se**) to get drunk.
**opjaniti**, *vidi:* **opijati se.**
**opjeniti**, *v.* to foam; to skim, to scum.
**opjevati**, *v.* to sing, to poetize; to celebrate.
**opkoliti**, *v.* to encompass, to encircle, to surround; (*s vojskom*) to beseige.
**opkoljavati**, *vidi:* **opkoliti.**
**opkoljenje**, *n.* surrounding, encircling.
**opkop**, *n.* foss, trench, redoubt, retrenchment, intrenchment.
**opkopati**, *v.* to retrench, to entrench.
**opkopavanje**, *n.* fortifying, fortification; wall.
**opkoplje**, *n.* entrenchment.
**opkopnik**, *n.* pioneer.
**oplačina**, *n.* dish-water; hog-wash, swill.
**oplakati**, *v.* to deplore, to bewail, to weep for; (*isprati*) to wash, to rinse, to lave.
**oplakivanje**, *n.* lamentation.
**oplakivati**, *v.* to deplore, to sorrow.
**oplata**, *n.* disguise; lining, wainscoting.
**oplatiti**, *v.* to furnish with a shell (*ili*) cover, to line with boards; to wainscot.
**oplaviti**, *v.* to flood, to inundate, to submerge; (*omodriti*) to paint in blue.
**oplaziti**, *v.* to crawl.
**oplećak**, *n.* (*opleće*) chemisette.
**opleće**, *vidi:* **oplećak.**
**oplemeniti**, *v.* to dignify, to ennoble, to exalt.
**oplemenjivati**, *vidi:* **oplemeniti.**
**oplesti**, *v.* to braid, to plait; — (*vijenac*) to wreathe; (*čarapu*) to knit.
**opletati**, *v.* to twist; to plait; (*opletena boca*), *n.* demijohn.
**oplijeniti**, *v.* to despoil, to ransack, to plunder, to pill ge.
**oplijeviti**, *v.* to weed.
**opljačkati**, *v.* to rob, to plunder.
**oplješiviti**, *v.* to become bald.
**opljuckivati**, *vidi:* **otpljuckivati.**
**oploditi**, *v.* to fructify, to fertilize; to impregnate.
**oplođenje**, *n.* fructification, fertilization.
**oplođivanje**, *n.* fructification, fertilization.

**oplošje**, *n.* superficies, surface; superficial area.

**oploviti**, *v.* to surround, to circumnavigate, to sail around.

**opna**, *n.* membrane, pellicle, cuticle.

**opnica**, *vidi*: **opna**.

**opničav**, *a.* filmy.

**opnokrilac**, *n.* (*šišmiš*) bat.

**opoganiti**, *v.* to profane; to tarnish, to infect; to besmear.

**opojan**, *a.* soporiferous; stormy.

**opojati**, *v.* to sing; to celebrate; to chant.

**opojen**, *a.* elated, exalted; drunk.

**opojenost**, *n.* intoxication.

**opojiti**, *v.* to intoxicate; (**se**) to get drunk.

**opoldanski**, *a.* meridian.

**opomena**, *n.* warning; exhortation, admonishment; reminder.

**opomenica**, *n.* monitory letter, note, (*za dug*) dunning letter.

**opomenuti**, *v.* to remind, to admonish, to warn.

**opominjač**, *n.* admonisher, warner, reminder, monitor.

**opominjanje**, *n.* admonition, warning.

**opominjati**, *vidi*: **opomenuti**.

**oponac**, *n.* trigger.

**oponašanje**, *n.* imitation.

**oponašati**, *v.* to simulate, to imitate; to mimic, to ape, to copy.

**oporan**, *a.* tart, acrid; harsh, rough, rude.

**oporaviti se**, *v.* to recover, to recuperate.

**oporavljenje**, *n.* recovery; cure.

**oporba**, *n.* opposition.

**oporbenik**, *n.* opponent, antagonist.

**oporeciv**, *a.* revocable, repealable.

**oporeći**, *v.* to revoke, to retract, to recall, to countermand, to recant.

**oporeziv**, *a.* excisable, ratable, taxable.

**oporezivost**, *n.* ratableness.

**oporezovati**, *v.* to excise, to tax.

**oporina**, *n.* acerbity, sharpness, bitterness, harshness.

**oporit**, *a.* tart; harsh; peevish.

**oporiti**, *v.* to separate, to rip, to unstitch.

**opornjak**, *n.* pluck; (*teleći*) calf's pluck; (*od guske*) giblets.

**opornost**, *n.* acerbity, roughness, harshness, rudeness.

**oporočavati**, *v.* to blame, to censure.

**oporost**, *n.* roughness, severity, harshness, tartness.

**oporučan**, *a.* testamentary.

**oporučitelj**, *n.* testator, devisor.

**oporučiteljica**, *n.* testatrix.

**oporučiti**, *v.* to bequeath, to make one's will.

**oporučni**, *a.* testamentary.

**oporučnik**, *n.* testator.

**oporučno**, *adv.* by will, testamentarily.

**oporuka**, *n.* testament, last will, devise.

**opostiti**, *v.* to fast.

**opošteniti se**, *v.* to make good; to honor.

**opoštiti**, *v.* to honor, to reflect credit upon.

**opotiti se**, *v.* to sweat, to perspire.

**opotraga**, *n.* reclamation, claim.

**opozicija**, *n.* opposition.

**opoziv**, *n.* revocation, retraction, recantation, recall.

**opozivanje**, *vidi*: **opoziv**.

**opozivati**, *vidi*: **opozvati**.

**opozniti**, *v.* to be late (*ili*) behind time.

**opozvati**, *v.* to countermand, to revoke, to call back, to retract, to recall.

**opran**, *a.* washed; pure, clean.

**oprasiti**, *v.* to pig, to farrow.

**oprašak**, *n.* snow flurry.

**oprašica**, *vidi*: **oprašak**.

**oprašiti**, *v.* to dust, to strew, to sprinkle; (**se**) to dust off.

**opraštanje**, *n.* forgiving; pardon, forgiveness.

**opraštati**, *v.* to forgive, to pardon; (*puštati na slobodu*) to disengage, to free, to loosen; (**se**) to bid farewell, to take leave.

**oprati**, *v.* to wash, to cleanse.

**oprava**, *n.* dress, attire, clothing, clothes.

**opravdan**, *a.* vindicated, justified; excused.

**opravdanje**, *n.* justification; apology, excuse, pardon; defence.

**opravdanost**, *n.* warrantableness.

**opravdati** (**se**), *v.* to apologize; to justify, to warrant; to vindicate.

**opravdavanje**, *vidi*: **opravdanje**.

**opravdavati** (**se**), *vidi*: **opravdati se**.

**opraviti**, *v.* to make, to perform, to do; to restore, to repair.

**opravka,** *n.* re-establishment; repair.

**opravljati,** *vidi:* **opraviti.**

**opravnik,** *n.* forwarding agent, shipping clerk.

**opravnina,** *n.* factorage.

**opravništvo,** *n.* shipping business (*ili*) department.

**opraznjeti,** *v.* to become poor.

**opražiti,** *v.* (*kruh*) to toast.

**oprčiti,** *v.* to throw up; (*usne*) to make faces.

**oprčiti se,** *v.* to make faces.

**oprčito,** *adv.* indignantly, reluctantly.

**oprečan,** *a.* adverse, opposite.

**opredijeliti,** *v.* to determine, to fix, to designate, to assign, to appoint.

**opredijeljenje,** *n.* destination, determination; appropriation, appointment; designation.

**opregača,** *n.* apron; mantle-piece.

**opreka,** *n.* opposition, contrast, antithesis.

**oprema,** *n.* preparation, expedition, consignment, shipping; (*miraz*) dowry, portion, outfit.

**opremač,** *n.* fitter, outfitter.

**opremati,** *v.* to prepare, to make, to forward, to ship; (*djevojku*) to endow; (**se**) to get ready.

**opremiti,** *vidi:* **opremati.**

**opremljen,** *a.* furnished; adorned.

**oprez,** *n.* caution, foresight, circumspection; discretion, prudence.

**oprezan,** *a.* cautious, considerate, careful, prudent, provident.

**oprezno,** *adv.* cautiously, carefully, prudently.

**opreznost,** *n.* caution, carefulness, foresight, circumspection; prudence; discretion; providence.

**oprijateljiti se,** *v.* to befriend, to make friends.

**oprijeti se,** *v.* to lean (against); to resist.

**oprišten,** *a.* blistered; pimply.

**oprištiti se,** *v.* to blister.

**oprjeka,** *vidi:* **opreka.**

**oprljati,** *v.* to contaminate, to soil, to befoul.

**oprosni,** *a.* farewell; — **cjelov,** farewell-kiss; — **govor,** farewell-speech, valedictory; — **objed,** valedictory dinner.

**oprost,** *n.* forgiveness, dispensation; **crkveni** —, absolution.

**oprostiti,** *v.* to forgive, to pardon, to dispense, to excuse; (**se**) to excuse oneself; (*osloboditi se*) to get rid of.

**oprostiv,** *a.* excusable, pardonable, remissible.

**oprostivost,** *n.* pardonableness, remissibility.

**oproštaj,** *n.* (*na odlasku*) leave, parting; (*oproštenje*) forgiveness, pardon.

**oproštenje,** *n.* forgiveness, pardon; (*od grijeha*) remission; dispensation, exemption.

**oprovrći,** *vidi:* **oprovrgavati.**

**oprovrgavanje,** *n.* refutation; flat contradictim (*ili*) denial; disappointment.

**oprovrgavati,** *v.* to refute; to give lie; to belie, to contradict.

**oprovrgnuće,** *n.* refutation.

**oprovrgnuti,** *vidi:* **oprovrgavati.**

**opržiti,** *v.* to singe, to scorch, to burn.

**opsada,** *n.* siege, blockade.

**opsaditi,** *v.* to besiege, to beset, to blockade, to surround.

**opsadni,** *a.* besieging; — **stanje,** state of siege.

**opsadnik,** *n.* besieger, attacker.

**opseg,** *n.* circuit, volume; periphery, circumference, compass.

**opsezati,** *v.* to clasp around, to encompass, to embrace, to lay hold of, to contain.

**opsežan,** *a.* voluminous, spacious, diffuse.

**opsežnost,** *n.* spaciousness, capaciousness; volume, dimension.

**opsijecati,** *v.* to prune, to trim; to cut off, to clip.

**opsijedanje,** *vidi:* **opsada.**

**opsipati,** *vidi:* **obasipati.**

**opsjeći,** *v.* to cut, to cut off, to carve.

**opsjedati,** *v.* to besiege, to beleaguer, to lay siege.

**opsjena,** *n.* sham, trick, fascination; illusion, fallacy, beguilement.

**opsjenar,** *n.* sham, trickster.

**opsjeniti,** *v.* to sham, to fascinate, to beguile.

**opsjesti,** *vidi:* **opsjedati.**

**opsjev,** *n.* halo.

**opskakivati,** *v.* to veer (round), to turn; to deal arbitrarily (*ili*) roughly.

**opskrba,** *n.* provision, maintenance, nursing; board and lodging.

**opskrbiti,** *v.* to provide, to furnish; to tend, to feed, to board.

opskrbljen, *a.* provided, supplied, furnished.
opslužiti, *v.* to serve, to subserve.
opsluživanje, *n.* service.
opsovati, *v.* to insult, to outrage, to defame, to curse.
opsovka, *n.* calumny, slander, curse.
opstajati, *vidi:* opstati.
opstanak, *n.* existence, subsistence; permanence, stability; continuance, duration.
opstati, *v.* to exist, to subsist, to withstand.
opstojan, *a.* existent.
opstojnost, *n.* circumstance, subsistence, stability.
opsuti, *vidi:* obasuti.
opšav, *n.* trimming, bordering.
opširan, *a.* detailed; spacious; diffuse, ample.
opširno, *adv.* in detail; diffusely, amply.
opširnost, *n.* diffuseness; extensiveness, copiousness.
opšiti, *v.* to sew around, to border, to stitch, to tack.
opšivati, *v.* to hem.
opšti, *vidi:* opći.
optakati, *v.* to border, to trim, to lace.
opteći, *v.* to outflank, to surpass, to outstrip.
opterećen, *a.* loaded, loaden; filled, full.
opterećenje, *n.* loading, surcharge, additional charge.
opterećivanje, *vidi:* opterećenje.
opteretiti, *v.* to tax, to surcharge, to overcharge, to overload.
optičan, *a.* optic, optical.
optik, *n.* optician.
optimist, *n.* optimist.
optimizam, *n.* optimism.
optjecanje, *n.* circulation.
optjecati, *v.* to circulate.
optjerati, *v.* to drive, to turn round.
optočen, *a.* set, inlaid, bordered, trimmed.
optočiti, *v.* to border, to trim, to lace; to set; (*haljinu*) to garnish.
optok, *n.* circulation; (*obrub*) bordering, trimming, setting; embankment.
optika, *n.* circulation, rotation.
optrčati, *v.* to run down, to circulate; to take a circuitous road.

optužba, *n.* accusation, charge, complaint.
optužen, *a.* accused.
optuženik, *n.* the accused, defendant; prisoner.
optužitelj, *n.* accuser, plaintiff, impeacher.
optužiti, *v.* to sue, to prosecute, to accuse, to charge, to impeach.
optuživanje, *n.* accusation.
optuživati, *vidi:* optužiti.
optužnica, *n.* complaint, plaintiff's statement; bill.
opučati, *v.* to loosen, to untie, to dissolve; to melt, to analyze.
opučiti, *vidi:* opučati.
opunomoćenik, *n.* attorney-in-fact, plenipotentiary, authorized agent.
opunomoćenje, *n.* authorization.
opunomoćitelj, *n.* constituent, warranter, employer.
opunomoćiti, *v.* to authorize, to empower.
opunovlastiti, *vidi:* opunomoćiti.
opunovlašćenje, *n.* authorization; delegation, authority.
opustiti, *vidi:* opustošiti.
opustjeti, *v.* to desolate, to lay waste.
opustošen, *a.* waste, desolate.
opustošenje, *n.* desolation, devastation.
opustošiti, *v.* to desolate, to devastate, to ravage, to lay waste.
oputa, *n.* lace, cordon; (*od opanka*) leather-string; (*od broda*) rigging.
opuznuti, *v.* to turn out, to come off, to slip away.
orač, *n.* plowman, rustic.
oračica, *n.* plowwoman.
orači, *a.* plowable, arable.
orah, *n.* walnut, nut, hickory-nut; (*stablo*) walnut tree.
orahov, *a.* nutty.
orahovina, *n.* nut-wood, walnut-tree.
oralo, *n.* coulter, colter.
oran, *a.* ready, prepared, prompt.
orangutan, *n.* orangutang.
oranica, *n.* arable ground, plow-field.
oranje, *n.* plowing.
orao, *n.* eagle; standard of a Roman legion.
orašac, *n.* (*muškat*) nutmeg.
oraščic, *n.* nutmeg.
orašić, *n.* small walnut; nutmeg.
orašje, *n.* nut-forest.
orati, *v.* to plow.

oratorij, *n.* oratorio.
ordinalni, *a.* ordinal.
orezati, *v.* to cut, to clip, to prune, to lop.
orezivati, *vidi*: orezati.
organ, *n.* organ.
organizacija, *n.* organization.
organizam, *n.* organism.
organizirati, *v.* to organize.
organski, *a.* organic.
orgija, *n.* orgy.
orguljar, *n.* organist; organ-builder.
orguljaš, *vidi*: orguljar.
orguljati, *v.* to play on the organ.
orgulje, *n.* organ.
oribati, *v.* to scrub off.
original, *n.* original.
originalan, *a.* original.
originalnost, *n.* originality.
orijaš, *n.* giant.
orijaški, *a.* herculean, colossal, gigantic, titanic.
orijent, *n.* orient.
orijentalan, *a.* oriental.
oris, *n.* outline, sketch, design.
orisati, *v.* to outline, to sketch, to design.
oriti se, *v.* to resound, to re-echo, to reverberate.
oriz, *n.* (*riža*) rice.
orkestar, *n.* orchestra.
orlić, *n.* eaglet.
orlov, *a.* of eagle; -gnjezdo, *n.* airy.
orlović, *n.* young eagle.
orlušica, *n.* female of eagle.
orlušić, *vidi*: orlović.
orlušina, *n.* golden eagle.
ormar, *n.* locker, chest;— sa zrcalom, dresser; — za izloge, show case; — za knjige, book case;—za kuhinju, cupboard;— za tkaninu, chiffonier, press; — zidni, wall case, cabinet.
ornamenat, *n.* ornament.
ornamentalan, *a.* ornamental.
orni, *a.* plow.
ornica, *n.* arable land.
ornitolog, *n.* ornithologist.
ornitologija, *n.* ornithology.
oro, *n.* round dance.
orobiti, *v.* to rob.
orografija, *n.* (*opis gora*) orography.
orositi (se), *v.* to bedew.
oroz, *n.* rooster; (*na puški*) cock.
ortačica, *n.* partner, companion.
ortačiti, *v.* to associate.

ortak, *n.* associate, companion, partner, comrade, pal; (*u zločinu*) accomplice.
ortakluk, *n.* company, association, band.
ortaštvo, *n.* association, company; partnership, alliance.
ortopedički, *a.* orthopedic.
oruđe, *n.* tool, instrument.
orunjaviti, *v.* to become hairy (*ili*) hirsute.
orutaviti, *vidi*: orunjaviti.
oružan, *a.* armed, weaponed.
oružana, *n.* arsenal, armory.
oružanik, *n.* gendarme, armed soldier.
oružanje, *n.* armament, equipment.
oružar, *n.* armorer.
oružati, *v.* to arm, to equip.
oružje, *n.* arms, weapon.
oružnica, *n.* arsenal, armory.
oružnik, *n.* trooper, constable, gendarme.
oružništvo, *n.* constabulary, gendarmerie.
oružnjeti, *v.* to disfigure, to grow ugly.
os, *n.* axis, axle; (*kola*) axle-tree.
osa, *n.* wasp.
osahnuti, *v.* to dry up, to wither.
osakaćenje, *n.* mutilation, maiming.
osakatiti, *v.* to cripple, to maim, to mutilate.
osam, *n.* eight.
osama, *n.* solitariness, solitude, isolation, loneliness.
osamariti, *v.* to saddle.
osamdeset, *num.* eighty.
osamdeseti, *a.* eightieth.
osamiti, *v.* to isolate, to insulate.
osamljen, *a.* secluded, isolated, solitary, recluse.
osamljenost, *n.* lonesomeness, isolation, solitude.
osamnaest, *num.* eighteen.
osamnaesti, *a.* eighteenth.
osao, *n.* ass; donkey; (*oslić*) cod-fish.
osapunati, *v.* to soap.
oseban, *a.* special, private; (*odijeljen*) separated, distinct; (*osamljen*) isolated, solitary, lonely.
osebina, *n.* peculiarity, singularity.
osebnik, *n.* private person, gentleman at large.
osebnost, *n.* specialty, special line.
osebujan, *a.* peculiar, proper; singular, strange; characteristic.

**osebujnik**, *n*. odd fellow, odd character; crotchet-monger.
**osebujno**, *adv*. properly; singularly, specially.
**osebujnost**, *n*. originality, peculiarity, characteristic.
**osedlati**, *v*. to saddle.
**osele**, *adv*. from now on.
**osidrati**, *v*. to moor, to drop anchor.
**osiguranje**, *n*. insurance, assurance, confidence, security.
**osiguratelj**, *n*. insurer, securer.
**osigurati**, *v*. to insure, to assure, to consolidate.
**osijecati**, *v*. to hew off; to value, to estimate.
**osijedjeti**, *v*. to grow gray.
**osiliti**, *v*. to grow strong, to become powerful.
**osim**, *prep*. except; unless, besides.
**osinac**, *n*. (*ruda*) asbestos.
**osinjak**, *n*. wasp's nest.
**osip**, *n*. rash, eruption.
**osipati (se)**, *v*. to break out, to erupt.
**osiromašenje**, *n*. pauperism, impoverishment.
**osiromašiti**, *v*. to pauperize, to get poor, to impoverish.
**osirotjeti**, *v*. to pauperize, to become poor, to become an orphan.
**osječak**, *n*. segment.
**osjećaj**, *n*. sentiment, feeling, sense; perception, sensation.
**osjećajući**, *a*. feeling.
**osjećalo**, *n*. faculty of feeling, perception; sense.
**osjećanje**, *n*. sensation, feeling, sense, sensibility, touch.
**osjećati**, *v*. to feel, to perceive.
**osjeći (se)**, *v*. to hew off, to cut off, to chop off, to strike off; to disbranch.
**osjegurati**, *vidi*: **osigurati**.
**osjek**, *n*. declivity, slope.
**osjeka**, *n*. reflux, ebb, ebb-tide; low water.
**osjeknuti se**, *vidi*: **osjeći se**.
**osjena**, *n*. adumbration; — **sunca**, ecliptic.
**osjeniti**, *v*. to overshade, to overshadow; to eclipse.
**osjenjivati**, *v*. to shade.
**osjesti**, *vidi*: **odsjesti**.
**osjet**, *n*. sense, sensation, feeling.
**osjetan**, *a*. sensible, perceptible; obvious.

**osjetilo**, *n*. organ.
**osjetiti**, *v*. to feel, to perceive, to be sensible (of).
**osjetljiv**, *a*. sensitive, feeling, perceptible; tender, sentimental.
**osjetljivica**, *n*. sensitive plant.
**osjetljivo**, *adv*. feelingly, sensibly; perceivably.
**osjetljivost**, *n*. sensibility, tenderness, susceptibility.
**oskakivati**, *v*. to leap off, to jump off, to rebound, to hop.
**oskoruša**, *n*. (*drvo*) service-tree, sorb; (*plod*) service-berry.
**oskorušica**, *n*. burnet.
**oskorušovac**, *n*. brandy (*ili*) whisky of service berry.
**oskorušovača**, *vidi*: **oskorušovac**.
**oskorušovina**, *n*. service-tree, sorbwood.
**oskrba**, *n*. endowment, maintenance, support.
**oskrbiti**, *v*. to endow, to provide with, to support, to supply, to provide for, to take care of, to maintain.
**oskrbljen**, *a*. provided, supplied, furnished.
**oskudan**, *a*. indigent, penurious; needy, scanty.
**oskudica**, *n*. poverty, indigence, penury, scantiness, privation, lack.
**oskudijevati**, *v*. to lack, to be in want.
**oskudno**, *adv*. scantily, stingily, niggardly, shabbily.
**oskudnost**, *vidi*: **oskudica**.
**oskupjeti**, *v*. to become dear (*ili*) expensive.
**oskupsti**, *v*. to displume, to pluck out.
**oskvrnuće**, *n*. dishonoring, violation, rape.
**oskvrnuti**, *v*. to dishonor, to defile, to soil, to contaminate; (*djevojku*) to deflour; (*dan gospodnji*) to break.
**oslabiti**, *v*. to weaken, to slacken, to relax.
**oslabljen**, *a*. weakened.
**oslabljenje**, *n*. debilitation, weakening.
**oslad**, *n*. polypody.
**osladiti (se)**, *v*. to sweeten, to candy.
**osladoren**, *a*. candied, candy.
**oslađeno voće**, *n*. candied fruit.
**oslanjati se**, *v*. to rely (*ili*) to depend (on); to trust, to confide.
**oslar**, *n*. ass-driver, donkey-boy.

**oslastan**, *a.* palatable, savory.
**oslica**, *n.* female of a donkey.
**oslić**, *n.* young donkey; *(riba)* cod-fish.
**oslijepiti**, *v.* to blind, to blindfold,to make blind, to become blind.
**osliniti se**, *v.* to slobber, to slabber, to salivate.
**oslobodilac**, *n.* deliverer, liberator.
**osloboditelj**, *vidi*: **oslobodilac**.
**osloboditi (se)**, *v.* to deliver, to save, to release, to free.
**oslobođen**, *a.* free, exempt.
**oslobođenik**, *n.* freeman.
**oslobođenje**, *n.* liberation, deliverance, exemption, manumission, emancipation, affranchisement.
**oslon**, *n.* support, protection, prop, stay.
**oslonac**, *n.* lever; *vidi*: **oslon**.
**osloniti se**, *v.* to depend, to entrust, to confide; to rely upon; to lean against.
**oslonjač**, *n.* arm-chair, easy-chair.
**osloviti**, *v.* to address, to accost.
**osluhivati**, *v.* to eavesdrop, to overhear.
**osluškivati**, *vidi*: **osluhivati**.
**oslušnik**, *n.* listner, eavesdropper.
**osluziti se**, *v.* to slime.
**osmerac**, *n.* octagon, octahedron.
**osmero**, *adv.* eightly.
**osmerokut**, *n.* octagon.
**osmerokutan**, *a.* octagonal, octangular.
**osmeronožica**, *n.* louse.
**osmerostran**, *a.* octuple.
**osmi**, *a.* eighth.
**osmica**, *n.* *(u kartama)* eight spot.
**osmijeh**, *n.* smile.
**osmijevati se**, *v.* to smile.
**osmina**, *n.* octave.
**osmjehnuti se**, *vidi*: **osmijevati se**.
**osmjeliti (se)**, *v.* to encourage, to cheer up; to embolden.
**osmo**, *adv.* eightly.
**osmokutan**, *a.* octangular, octagonal.
**osmorica**, *n.* eight.
**osmoro**, *vidi*: **osmorica**.
**osmosložan**, *a.* octosyllabic.
**osmostruki**, *a.* eightfold.
**osmougalan**, *a.* octagonal.
**osmraditi**, *v.* to soil, to dirty, to sully, to contaminate.
**osmuditi (se)**, *v.* to burn, to scorch, to blast.
**osmuđenje**, *n.* scorching, blasting.

**osnažiti (se)**, *v.* to strengthen; to purge.
**osniježiti**, *v.* to snow.
**osnivač**, *n.* founder, establisher, builder, author.
**osnivanje**, *n.* foundation, establishment, plan.
**osnivati**, *v.* to establish, to found, to lay the foundation.
**osnov(a)**, *n.* project, scheme; foundation, base.
**osnovalac**, *n.* founder; author.
**osnovan**, *a.* fundamental, basic, profound.
**osnovanje**, *n.* establishment, foundation.
**osnovatelj**, *vidi*: **osnovalac**.
**osnovati**, *v.* to found, to settle.
**osnovica**, *vidi*: **osnovka**.
**osnovka**, *n.* base, basis, foundation.
**osnovni**, *vidi*: **osnovan**.
**osnutak**, *n.* foundation; establishment.
**osoba**, *n.* person, individual; personage, character; part.
**osoban**, *a.* personal, private, individual.
**osobina**, *n.* characteristic, personal property.
**osobit**, *a.* distinct, special, particular, singular.
**osobito**, *adv.* especially, specially, particularly.
**osobitost**, *n.* particularity, propriety, singularity.
**osoblje**, *n.* persons, people employed, staff, attendants, personnel.
**osobni**, *a.* particular; personal.
**osobnik**, *n.* private man.
**osobno**, *adv.* personally, in person, in the presence of.
**osobnost**, *n.* personality, individuality; person.
**osočan**, *a.* succulent, juicy, nutritious.
**osoje**, *n.* shadow-place.
**osokoliti**, *v.* to encourage, to inspire.
**osoliti (se)**, *v.* to salt, to season with salt.
**osoran**, *a.* brusk, rough, harsh, bitter, rude.
**osornost**, *n.* fretfulness, roughness, harshness, bitterness.
**osovan**, *a.* perpendicular.
**osovina**, *n.* axle; *(zemlje)* axis.
**osoviti se**, *v.* to straighten up, to erect, to arise, to grow up.

**osovljen,** *a.* erect, upright.
**ospa,** *n.* rash, cutaneous eruption.
**ospice,** *n.* smallpox, measles, variola; (*divlje*) chicken-pox.
**ospičav,** *a.* measly, pock-marked.
**ospina,** *vidi:* **ospa.**
**osposobiti,** *v.* to qualify, to enable, to fit.
**osposobljenje,** *n.* qualification, capacity.
**osramoćenje,** *n.* vilification.
**osramotiti (se),** *v.* to disgrace, to shame, to dishonor; to defile.
**osrednji,** *a.* mediocre, medium, middling, moderate.
**osrkivati,** *v.* to sip, to absorb.
**ost,** *n.* point; pivot.
**ostajati,** *v.* to remain, to remain behind; to hold out, to last.
**ostali,** *a.* remaining, superfluous, left.
**ostan,** *n.* prong pointed stake; spur, impetus.
**ostanak,** *n.* remaining; abode; stay.
**ostaniti se,** *v.* to remain, to stay; to lodge, to stay behind.
**ostanj,** *vidi:* **ostan.**
**ostanuti (se),** *v.* to live in (*ili*) at, to dwell, to stay, to remain; to delay, to last.
**ostar,** *a.* aged, elderly.
**ostario,** *a.* old, aged, out of fashion, obsolete.
**ostariti,** *v.* to make old, to grow old, to become obsolete.
**ostarjelost,** *n.* old age; decrepitude; obsoleteness.
**ostarjeti,** *vidi:* **ostariti.**
**ostatak,** *n.* remainder, remnant; rest, residue.
**ostati,** *v.* to remain, to stay; to continue.
**ostava,** *n.* consignation; deposit.
**ostavina,** *n.* inheritance, bequest, legacy; consignment.
**ostaviti,** *v.* to leave, to forsake, to quit, to abandon, to entail.
**ostavka,** *n.* resignation; abdication.
**ostavljač,** *n.* abandoner, forsaker; deponent.
**ostavljanje,** *n.* leaving; departure.
**ostavljati,** *vidi:* **ostaviti.**
**ostavština,** *n.* inheritance, legacy, bequest.
**osti,** *n.* harpoon, trident.
**ostika,** *n.* (*ocat*) vinegar.
**ostracizam,** *n.* (*progonstvo*) ostracism.

**ostrag (a),** *adv.* behind, in the rear, back.
**ostraguša,** *n.* breech-loader.
**ostrići,** *v.* to shear, to clip, to shave; to crop, to pare.
**ostriga,** *n.* oyster.
**ostriž,** *n.* (*ptica*) sparrow-hawk, musket; tree-hawk.
**ostrižak,** *n.* chip, cut.
**ostrižina,** *n.* shred, chip.
**ostruga,** *n.* spur; stimulus.
**ostrugati,** *v.* to shave off, to scrape, to grate; to clean, to rake.
**ostružine,** *n.* scrapings, shavings, parings.
**ostružiti,** *vidi:* **odstružiti.**
**ostrvce,** *n.* islet, small island.
**ostrvljanin,** *n.* islander.
**ostrvlje,** *n.* archipelago.
**ostrvo,** *n.* island.
**ostublje,** *n.* bannister.
**ostudeniti,** *v.* to cool.
**ostupati,** *v.* to cede, to retire, to retreat; to stamp, to tread down.
**ostupiti,** *vidi:* **odstupiti.**
**ostvarenje,** *n.* realization.
**ostvariti,** *v.* to realize, to materialize, to substantiate.
**ostve,** *n.* harpoon, trident.
**osuda,** *n.* verdict, sentence; condemnation, judgment.
**osudan,** *a.* decisive, condemnatory.
**osudbina,** *n.* judgment; sentence; verdict.
**osuditi,** *v.* to sentence, to prejudicate, to judge; to decide finally; (*globiti*) to fine; (*na smrt*) to sentence to death; (*u naprijed*) to foredoom.
**osuđen,** *a.* condemned, sentenced.
**osuđenica,** *n.* condemned woman.
**osuđenik,** *n.* condemned man.
**osuđenje,** *n.* condemnation.
**osuđivalac,** *n.* condemner.
**osuđivanje,** *vidi:* **osuđenje.**
**osuječenje,** *n.* frustration, disappointment; defeat.
**osujetiti,** *v.* to frustrate, to disappoint, to baffle.
**osukati,** *v.* to thrash (grain) partly, to thrash soundly; to unwind.
**osukivati,** *vidi:* **osukati.**
**osumnjičiti,** *v.* to suspect.
**osumporiti,** *v.* to smoke with brimstone, to sulphur.
**osupnuti se,** *v.* to dismay.
**osušen,** *a.* dry, parched, fleshless.

**osušiti (se),** *v.* to dry, to dry up; (*omršaviti*) to get meager, to become thin; (*ruho*) to air.

**osuti,** *v.* to sprinkle; to set.

**osužnjeti,** *v.* to captivate, to capture, to imprison.

**osvada,** *n.* accusation, charge, impeachment; slander.

**osvaditi,** *v.* to incriminate, to inculpate, to impute.

**osvajač,** *n.* conqueror.

**osvajačica,** *n.* conqueress.

**osvajanje,** *n.* conquest.

**osvajajući,** *a.* winning.

**osvajati,** *v.* to conquer, to capture; to gain.

**osvanuće,** *n.* daybreak, dawn; sudden appearance.

**osvanuti,** *v.* to appear, to dawn, to break.

**osvanjivati,** *vidi:* **osvitati.**

**osvećivanje,** *n.* revenge.

**osvećivati (se),** *v.* to avenge, to revenge, to retaliate, to requite.

**osveta,** *n.* vengeance, revenge, retaliation.

**osvetan,** *vidi:* **osvetljiv.**

**osvetiti (se),** *v.* to revenge, to avenge.

**osvetljiv,** *a.* revengeful, vindictive.

**osvetljivo,** *adv.* vindictively, revengefully.

**osvetljivost,** *n.* revengefulness, vindictiveness.

**osvetni,** *a.* vengeful; vindictive.

**osvetnik,** *n.* avenger, revenger, vindicator.

**osvijestiti (se),** *v.* to come to; to become reasonable again, to bring to sense.

**osvijetliti,** *v.* to illuminate, to illumine, to illustrate; to brighten, to polish.

**osvit,** *n.* dawn, day-break, prime.

**osvitati,** *v.* to dawn, to appear, to begin, to break.

**osvjedočavati,** *vidi:* **osvjedočiti.**

**osvjedočen,** *a.* convinced, satisfied.

**osvjedočenje,** *n.* conviction, firm belief; persuasion.

**osvjedočiti (se),** *v.* to convince, to persuade.

**osvjetlati,** *v.* to clear, to polish, to burnish, to shine; — **lice,** to distinguish.

**osvježiti,** *v.* to refresh, to refreshen.

**osvježujući,** *a.* refreshing, recreative.

**osvojenje,** *n.* capture, taking by storm, conquest.

**osvojitelj,** *n.* conqueror, capturer.

**osvojiti,** *v.* to conquer, to capture.

**osvrnuti se,** *v.* to look about, to consider, to look back, to look to (*ili*) for, to regard.

**osvrt,** *n.* retrospection, retrospect.

**osvrtanje,** *n.* retrospection.

**osvrtati se,** *vidi:* **osvrnuti se.**

**ošce,** *n.* window-pane.

**ošće,** *vidi:* **osti.**

**ošećeriti,** *v.* to candy, to sugar, to sweeten, to sugar over.

**ošepaviti,** *v.* to become lame.

**ošestariti,** *v.* to measure with compass; to be precise.

**ošinuti,** *v.* to strike, to hit.

**ošišati,** *v.* to shear, to shave off, to cut.

**ošit,** *n.* midriff.

**oškrinuti,** *v.* to open half-way, to open a little.

**oškrt,** *n.* chisel.

**ošmrk,** *n.* waterspout.

**ošokati se,** *v.* to get tipsy, to intoxicate, to get drunk.

**oštar,** *a.* sharp, penetrant; peremptory; (*ljut*) bitter; — **vjetar,** stormy wind; **oštra kazna,** severe punishment; **-zima,** severe winter; **riječ,** harsh word.

**oštećen,** *a.* damaged, injured, spoiled.

**oštećenik,** *n.* loser.

**oštećivanje,** *vidi:* **oštećivanje.**

**oštećivanje,** *n.* damage, injury; wear and tear.

**ošteniti (se),** *v.* to pup.

**ošteta,** *n.* damage, compensation, reimbursement.

**oštetitelj,** *n.* spoiler; injurer.

**oštetiti,** *v.* to injure, to damage, to spoil, to hurt.

**oštrac,** *n.* point, edge, peak, top.

**oštrica,** *n.* point; sharpness.

**oštriga,** *n.* oyster.

**oštrika,** *n.* prickle, thorn.

**oštrilac,** *n.* whetter.

**oštrina,** *n.* sharpness; sagacity, keenness.

**oštriti,** *v.* to sharpen, to whet; to aggravate.

**oštrljat,** *a.* pointy, pointed, sharp; poignant.

**oštro,** *adv.* sharply, keenly.

**oštrokutan,** *a.* angled.

**oštrouman,** *a.* sagacious, perspicacious, penetrant, acute, shrewd, keen.

**oštroumlje,** *n.* sagacity, perspicacity, acumen, smartness.

**oštroumno,** *adv.* sagaciously, keenly; ingeniously, penetratively.

**oštroumnost,** *vidi*: **oštroumlje.**

**oštrovidan,** *a.* keensighted; penetrative.

**oštrovidnost,** *n.* keensightedness; acuteness, perspicacity.

**ošugati,** *v.* to become scabby.

**ošugaviti,** *vidi*: **ošugati.**

**ošumiti,** *v.* to forest.

**ošuriti,** *v.* to scald.

**ošve,** *n.* shirt-cuff.

**ošvice,** *n.* collar; necklace.

**otac,** *n.* father.

**otački,** *a.* fatherly, paternal.

**otada,** *adv.* thencefrom, from that time on.

**otadžbenik,** *n.* patriot.

**otadžbina,** *n.* native country, fatherland; patrimony.

**otadžbinski,** *a.* patriotic; patrimonial.

**otajstven,** *a.* mystic, mystical, anagogical.

**otajstvenost,** *n.* anagoge; oracularness.

**otajstvo,** *n.* sacrament, divine mystery, secret.

**otakanje,** *n.* racking off, letting off.

**otakati,** *v.* to rack, to draw off; to distil.

**otale,** *interj.* begone; *vidi*: **odatle.**

**otaljati,** *v.* to lead out.

**otančati,** *v.* to become thinner, to thin, to attenuate.

**otančiti,** *v.* to make thin.

**otapati,** *v.* to melt, to cast; to liquify, to dissolve.

**otapljati se,** *vidi*: **otapati.**

**otarasiti,** *v.* to dispatch, to send off.

**otava,** *n.* after-match, second crop (of hay).

**otcijepiti,** *v.* to rip up, to unstitch; to secede.

**otcijepljenje,** *n.* secession.

**otečen,** *a.* swollen, turgid; protuberant.

**oteći,** *v.* to swell up.

**otega,** *n.* delay, hindrance.

**otegnuti (se),** *v.* to prolong, to lengthen, to extend, to produce, to protract.

**otegotiti,** *v.* to burden, to load, to render difficult, to aggravate.

**oteklina,** *n.* protuberance, tumor; swelling.

**oteliti (se),** *v.* to calve.

**otesati,** *v.* to hew off, to hew; to trim.

**oteščati (se),** *v.* to aggravate, to make more difficult.

**oteti,** *v.* to grab, to take, to seize.

**otezalac,** *n.* protractor, procrastinator.

**otezanje,** *n.* procrastination, delay, hesitation.

**otezati (se),** *v.* to stretch (out); to tarry, to delay, to linger.

**otežati,** *v.* to aggravate; to load, to burden; to oppress.

**othod,** *vidi*: **odlazak.**

**othoditi,** *v.* to go away, to go off, to leave.

**othramati,** *v.* to limb (*ili*) to lame away.

**othranitelj,** *n.* nourisher; foster-father.

**othraniti,** *v.* to nourish, to raise; to educate, to cultivate.

**othranjen,** *a.* raised; educated, brought up.

**othranjivanje,** *n.* bringing up; education.

**othranjivati,** *vidi*: **othraniti.**

**othrliti,** *v.* to hasten away.

**oticanje,** *n.* swelling, protuberation.

**oticati,** *vidi*: **oteći.**

**otići,** *v.* to go away, to depart.

**otijesniti,** *v.* to tighten; to narrow.

**otimač,** *n.* robber, brigand, bandit.

**otimačina,** *n.* robbery, prey; brigandage.

**otimanje,** *n.* seizure, capture, deprivation.

**otimariti,** *v.* to curry, to comb, to dress.

**otimati (se),** *v.* to take away, to seize, to snatch away.

**otipati,** *v.* to finger.

**otirač,** *n.* (*ubrus*) towel, wiper.

**otiranje,** *n.* wiping, dusting.

**otirati,** *v.* to wipe (off), to dust.

**otisak,** *n.* copy, type, proof-sheet; impression, mark; stereotype plate.

**otiskivati,** *v.* to print off, to copy, to take a copy.

**otisnuti,** *vidi*: **otiskivati.**

**otjecaj,** *n.* efflux, efflusion, emanation.

**otjecanje,** *n.* flowing off; discharge; drainage.

**otjecati,** *v.* to swell, to flow out, to run away.

**otjeranje,** *n.* expulsion.

**otjerati,** *v.* to chase, to drive away, to expel.

**otješnjati,** *v.* to narrow, to make narrower, to shrink, to contract.

**otkad (a),** *adv.* since when.

**otkako,** *adv.* since.

**otkale,** *vidi:* **odakle.**

**otkapati,** *vidi:* **otkopati.**

**otkati,** *v.* to weave.

**otkaz,** *n.* notice, warning, revocation, counter-order, refusal.

**otkazati,** *v.* to give notice, to refuse, to countermand.

**otkazivanje,** *n.* notice, warning countermand.

**otkidanje,** *n.* breaking.

**otkidati,** *v.* to break away, to pull off.

**otkinuti,** *v.* to break off.

**otklanjati,** *v.* to turn away; to prevent, to avert.

**otklapati,** *v.* to open wide, to uncover; to unroof.

**otkle,** *adv.* whence, from what place; how, from what source.

**otklon,** *n.* refusal; declination, aversion; inflection.

**otkloniti,** *v.* to refuse, to reject, to dismiss, to decline; **(se)** to give away, to yield, to go away.

**otklonjenje,** *n.* rejection, dismissal.

**otklopiti,** *v.* to open up, to uncover.

**otključan,** *a.* unlocked.

**otključati,** *v.* to unlock.

**otključavati,** *vidi:* **otključati.**

**otkop,** *n.* exhumation.

**otkopati,** *v.* to dig away, to remove by digging; — **mrtvaca,** to exhume.

**otkopčati,** *v.* to unpin, to unbutton, to unbuckle.

**otkos (je),** *n.* swath.

**otkositi,** *v.* to mow down *(ili)* away.

**otkotrljati se,** *v.* to roll down; to run off.

**otkovati,** *v.* to unnail, to detach, to loosen, to separate; to hammer off.

**otkraviti (se),** *v.* to thaw; to dissolve; to warm, to heat.

**otkrhnuti,** *v.* to chip.

**otkriće,** *n.* discovery; invention; *(spomenika)* unveiling of monument.

**otkriti,** *v.* to discover, to uncover; to unroof.

**otkrivač,** *n.* finder, discoverer.

**otkrivanje,** *n.* unveiling, uncovering.

**otkrivati,** *vidi:* **otkriti.**

**otkrnjiti,** *v.* to mutilate, to mangle.

**otkrojiti,** *v.* to cut; to divide.

**otkučiti,** *v.* to unhook.

**otkud (a),** *adv.* from where, from whence.

**otkup,** *n.* redemption, repurchase ransom.

**otkupitelj,** *n.* savior, redeemer.

**otkupiti,** *v.* to redeem, to deliver, to buy off, to purchase.

**otkupljenik,** *n.* redeemed person, one for whom ransom was paid.

**otkupljenje,** *n.* salvation, redemption, buying up.

**otkupljivanje,** *vidi:* **otkupljenje.**

**otkupni,** *a.* redeemable.

**otkupnina,** *n.* ransom; redemptory price.

**otkvačiti,** *v.* to unclasp; to unbuckle.

**otle,** *adv.* thence, therefore.

**otmen,** *a.* noble, distinguished, distinct.

**otmenost,** *n.* nobleness, distinction stylishness.

**otmica,** *n.* elopement, abduction, rape *(djeteta)* kidnapping; *(djevojke)* elopement.

**otmičar,** *n.* eloper, abductor; *(djeteta)* kidnapper.

**otoboliti (se),** *v.* to leave pendent.

**otoboljen,** *a.* mitant, coving.

**otoboljenost,** *n.* slouch.

**otočanin,** *n.* islander.

**otočić,** *n.* small island, islet.

**otočiti,** *v.* to draw off, to distil.

**otočje,** *n.* archipelago, cluster of is lands.

**otočki,** *a.* insular.

**otok,** *n.* island; *(čir)* tumor, swelling.

**otoka,** *n.* adjoining branch, watershoot; ramification.

**otopina,** *n.* solution.

**otopiti (se),** *v.* to melt, to thaw, dissolve; *(ugrijati)* to warm up.

**otovariti,** *v.* to discharge, to unload.

**otpaci,** *n.* garbles; refuse.

**otpad,** *n.* defection, fall, revolt; decline; *(od vjere)* apostasy.

**otpadak,** *n.* refuse, garble, rubbish, waste.

**otpadanje,** *n.* fall.

**otpadati,** *v.* to fall off, to slope, to desert, (*od vjere*) to apostatize.

**otpadnik,** *n.* renegade, deserter; (*vjere*) apostate.

**otpadništvo,** *n.* defection, desertion.

**otparati,** *v.* to ravel, to rip; to unstitch.

**otpasati,** *v.* to ungirdle.

**otpasti,** *v.* to fall away, to abandon, to be omitted (*ili*) dropped, to cease.

**otpečatiti,** *v.* to unseal, to break seal, to open.

**otpeljati,** *vidi:* **odvesti.**

**otpijati,** *v.* to drink off.

**otpijevati,** *v.* to sing, to chant.

**otpiliti,** *v.* to saw off.

**otpinjati,** *vidi:* **odapeti.**

**otpirač,** *n.* jimmy; pick-lock, skeleton-key.

**otpirati,** *v.* to open; to unlock, to pick a lock.

**otpiriti,** *v.* to blow off.

**otpis,** *n.* answer, rescript, circular; pardon, decree.

**otpisati,** *v.* to answer, to reply.

**otpiti,** *v.* to drink off.

**otpjevati,** *v.* to sing off, to carol, chant.

**otplaćivati,** *v.* to pay off, to repay.

**otplakati,** *v.* to rinse.

**otplata,** *n.* repayment, installment, partial payment.

**otplatiti,** *vidi:* **otplaćivati.**

**otplaviti,** *v.* to wash away.

**otplesti,** *v.* to disentwine.

**otplivati,** *v.* to swim away.

**otploviti,** *v.* to sail off (*ili*) away.

**otpljuckivati,** *v.* to spit (out).

**otpočeti,** *v.* to commence, to start, to begin; to open.

**otpočinak,** *n.* rest, repose.

**otpočinuti,** *v.* to repose, to rest.

**otpočinjati,** *v.* to begin, to start, to commence; to open.

**otpojati,** *vidi:* **otpjevati.**

**otponac,** *n.* little tongue, tonguelet.

**otpor,** *n.* opposition, resistance; antagonism.

**otporan,** *a.* renitent; resistant.

**otporiti,** *v.* to rip, to unstitch.

**otpornik,** *n.* resistant, opposer; rebel.

**otpornost,** *n.* resistance; rebellion.

**otporučiti,** *v.* to reply, to respond.

**otporuka,** *n.* reply, answer.

**otposlati,** *v.* to send, to forward, to ship; to relegate.

**otpošiljanje,** *n.* shipping, forwarding, sending.

**otpošiljati,** *vidi:* **otposlati.**

**otpovijed,** *n.* countermand, notice.

**otpratiti,** *v.* to accompany.

**otprava,** *n.* despatch, shipping.

**otpraviti,** *v.* to transport, to expedite, to despatch; to send off, to ship.

**otpravljač,** *n.* forwarder, sender, shipping clerk; commission agent.

**otpravljanje,** *n.* forwarding, remittance; shipping, transportation.

**otpravnik,** *n.* shipping-clerk, dispatcher.

**otpravnina,** *n.* (*novčana*) final settlement payment; (*miraz*) dowry, endowment.

**otpravništvo,** *n.* shipping department.

**otprema,** *n.* expedition, shipping, forwarding.

**otpremanje,** *n.* forwarding, shipping.

**otpremati,** *v.* to expedite, to dispatch, to forward, to ship; to convey.

**otpremiti,** *vidi:* **otpremati.**

**otpremnik,** *vidi:* **otpravnik.**

**otpremnina,** *n.* shipping-charges, charges of transmission.

**otpremništvo,** *n.* shipping department, forwarding-house, transmission business.

**otprije,** *adv.* before, formerly.

**otprijeti,** *v.* to open.

**otprkositi,** *v.* to spite.

**otprtiti,** *v.* to unload.

**otprvo,** *adv.* of late, lately, recently.

**otpučati,** *v.* to unbutton.

**otpučiti,** *vidi:* **otpučati.**

**otpuhnuti,** *v.* to blow away.

**otpusna svjedodžba,** *n.* certificate of leave.

**otpusnica školska,** *n.* school testimonial.

**otpust,** *n.* dismissal, discharge; leave.

**otpustiti,** *v.* to dismiss, to discharge, to let off, to let go.

**otpušćati,** *vidi:* **otpuštati.**

**otpuštanje,** *vidi:* **otpust.**

**otpuštati (se),** *v.* to dismiss, to discharge, to leave; to slacken, to relax; to yield.

**otpuštenje,** *n.* leave, acquittal, pardon, forgiveness.

**otpuštenik,** *n.* discharged person.

**otputiti se,** *v.* to go to, to resort; to start.

**otputovati,** *v.* to depart, to set out, to travel.

**otpuzati,** *v.* to crawl (*ili*) creep forth.

**otraga,** *adv.* behind, backwards, rear, back.

**otraguša,** *n.* (*puška*) breech-loader.

**otražbine,** *n.* remnants, remains.

**otražnji,** *a.* latter; inferior.

**otrcan,** *a.* ragged, tattered, shabby.

**otrcanost,** *n.* shabbiness, raggedness.

**otrcati (se),** *v.* to whet off, to rub off, to wear out.

**otrčati,** *v.* to run away, to flee.

**otrebine,** *n.* refuse, trash, rubbish.

**otresati,** *v.* to shake off.

**otresen,** *a.* intelligent, sensible.

**otresine,** *n.* windfall.

**otresit,** *a.* harsh, sharp, rough, rude, abrupt.

**otresitost,** *n.* roughness, harshness, abruptness.

**otresti (se),** *v.* to shake off, to resist.

**otrgati,** *v.* to break, to tear off, to pull off.

**otrgnuti,** *vidi*: **otrgati.**

**otrijebiti (se),** *v.* to pick off, to pluck off.

**otrijezniti (se),** *v.* to sobber off.

**otrnuša, drhtulja,** *n.* (*riba*) cramp-fish.

**otrov,** *n.* poison, bane, toxin.

**otrovan,** *a.* poisonous, venomous, baneful, toxic.

**otrovanje,** *n.* poisoning.

**otrovati,** *v.* to poison.

**otrovnica,** *n.* poisoner.

**otrovnik,** *n.* poisoner.

**otrovnost,** *n.* virulence, venomousness, poisonousness.

**otrpjeti,** *v.* to support, to tolerate; to endure.

**otrti (se),** *v.* to wipe (off).

**otruhliti,** *v.* to rot, to decay, to putrefy.

**otruliti,** *vidi*: **otruhliti.**

**otrušnica,** *n.* biscuits (*for dogs*).

**otrzito,** *adv.* distinctly, plainly, obviously.

**otud (a),** *adv.* hence, from that place, thenceforth.

**otuđenje,** *n.* estrangement, alienation.

**otuđiti (se),** *v.* to alienate, to estrange.

**otuđivati,** *vidi*: **otuđiti.**

**otupaviti,** *v.* to stupefy, to dull, to blunt, to besot.

**otupiti,** *vidi*: **otupaviti.**

**oturati,** *v.* to push away, to throw (*ili*) cast away.

**oturnuti,** *vidi*: **oturati.**

**otužan,** *a.* disagreeable.

**otvarati,** *vidi*: **otvoriti.**

**otvor,** *n.* opening, aperture; dissection.

**otvoren,** *a.* open, unlocked; frank, outspoken, candid.

**otvoreno,** *adv.* frankly, openly, clearly.

**otvorenost,** *n.* frankness, candor.

**otvorenje,** *n.* opening.

**otvoriti,** *v.* to open, to set open; to unbosom.

**otvrdnuće,** *n.* hardness, obduracy.

**otvrdnuti,** *v.* to harden, to become hard.

**ovacija,** *n.* ovation.

**ovaj,** *pron.* this.

**ovakav, ovaki,** *pron.* such, of such a kind.

**ovako,** *adv.* so, thus, in this manner.

**ovalan,** *a.* oval.

**ovamo,** *adv.* hereto.

**ovan,** *n.* ram, buck, tup.

**ovas,** *n.* oats.

**ovca,** *n.* sheep.

**ovčar,** *n.* shepherd.

**ovčara,** *n.* sheep-cote, sheeps-fold.

**ovčarica,** *n.* shepherdess.

**ovčarnica,** *vidi*: **ovčara.**

**ovčarski,** *a.* shepherdish.

**ovčarstvo,** *n.* sheep-breeding, sheep-farming.

**ovčas,** *adv.* just now, this very minute.

**ovčevina,** *n.* mutton.

**ovčica,** *n.* lamb, lambkin.

**ovčina,** *n.* sheepskin.

**ovčji,** *a.* sheepish.

**ovdašnji,** *a.* of this place.

**ovdje,** *adv.* here.

**ovejanac,** *n.* cunning fellow.

**ovelik,** *a.* rather big.

**oveseliti,** *v.* to rejoice, to cheer.

**ovesti,** *v.* to embroider.

**ovijan,** *a.* clean, pure, clear, orderly, tidy; usual, ordinary.

**ovijati,** *v.* to winnow, to fan.

**ovijci,** *n.* chaff.

**ovisan,** *a.* dependent.

**ovisnost,** *n.* dependency.

**ovisok,** *a.* pretty high.

**oviti,** *v.* to entwine, to circumvolute.

**ovjekovječiti,** *v.* to perpetuate, to immortalize, to eternalize.

**ovjenčan,** *a.* wreathy, garlanded.

**ovjenčati**, *v.* to crown, to adorn with a wreath, to wreathe.

**ovjerenje**, *n.* attestation, authentication, verification; credentials.

**ovjerovitelj**, *n.* verifier.

**ovjeroviti**, *v.* to attest, to certify, to confirm, to authenticate, to verify, to prove, to acknowledge, to accredit.

**ovjerovljenje**, *n.* verification, legalization, confirmation, approbation.

**ovjeriti se**, *v.* to affiance, to betroth, to become engaged.

**ovlastiti**, *v.* to empower, to authorize, to entitle.

**ovlašten**, *a.* authorized; entitled.

**ovlaštenik**, *n.* representative, agent, plenipotentiary.

**ovlaštenje**, *n.* authority, authorization; power; command.

**ovlažiti**, *v.* to wet, to moisten.

**ovneči**, *a.* ram's.

**ovnič**, *n.* young ram.

**ovnina**, *n.* old ram.

**ovnovina**, *n.* mutton.

**ovnijski**, *vidi*: **ovneći**.

**ovogodišnji**, *a.* of this year.

**ovoj**, *n.* binding, envelop, wrapper; poultice, compress.

**ovolički**, *a.* as big, so large.

**ovoliki**, *vidi*: **ovolički**.

**ovoliko**, *adv.* as much.

**ovostran**, *vidi*: **ovostranski**.

**ovostranski**, *a.* on this side, hithermost, nearer.

**ovoštenje**, *n.* inceration.

**ovoštiti**, *v.* to cere, to wax; to polish, to shine.

**ovraniti**, *v.* to blacken, to smut.

**ovrata**, *vidi*: **ovratnica**.

**ovratnica**, *n.* neckerchief.

**ovratnik**, *n.* collar, scarf, tie.

**ovrha**, *n.* levy, execution.

**ovrhovoditelj**, *n.* executor.

**ovršak**, *n.* upper part (*ili*) side, top; advantage, superiority.

**ovršitelj**, *n.* executor.

**ovršiti**, *v.* to levy, to execute; to sell, to finish, to exact, to spend.

**ovršje**, *n.* top, summit.

**ovsen**, *a.* oats.

**ovsenica**, *n.* oats-bread.

**ovsište**, *n.* oat-field; oat-loft.

**ovsjak**, *n.* oat-soup.

**ovud (a)**, *adv.* hereby, this way.

**ovzovina**, *n.* elder-wood.

**ozad**, *adv.* behind.

**ozbiljan**, *a.* serious, earnest, grave.

**ozbiljno**, *adv.* seriously, earnestly, in earnest.

**ozbiljnost**, *n.* seriousness, earnestness, gravity.

**ozbiljski**, *vidi*: **ozbiljan**.

**ozdo**, *adv.* below, underneath, at the bottom.

**ozdraviti**, *v.* to recover.

**ozdravljenik**, *n.* convalescent.

**ozdravljenje**, *n.* recovery, convalescence.

**ozebao**, *a.* frost nipped; chilly, frozen.

**ozebina**, *n.* chilblain; kibe.

**ozeleniti**, *v.* to green, to paint green; to grow green.

**ozelenjeti**, *v.* to become green.

**ozemlje**, *n.* territory.

**ozepsti**, *v.* to freeze.

**ozgo (r)**, *prep.* above; aloft, on the surface; upstairs.

**ozid**, *n.* (*poluga*) lever, crank.

**ozidati**, *v.* to erect, to build up.

**oziđe**, *n.* town-walls, ramparts.

**ozim (ac)**, *n.* winter-corn.

**ozimača**, *n.* (*kruška*) winter-pear.

**ozimće**, *n.* winter-calf.

**ozimi**, *n.* winter-fruit; winter-corn.

**ozimica**, *n.* winter-fruit; winter-crop.

**ozimkulja**, *n.* winter-cow.

**ozir**, *n.* view, view-point.

**ozirati**, *v.* to regard.

**ozivač**, *n.* crier; bell-man.

**ozivati (se)**, *v.* to answer, to respond; (*mladence*) to proclaim the bans.

**ozleda**, *n.* hurt, injury.

**ozlijediti**, *v.* to injure, to damage, to hurt.

**ozloglasiti**, *v.* to calumniate, to slander.

**ozloglašen**, *a.* disreputable, infamous.

**ozlojediti**, *v.* to embitter, to exasperate.

**ozlovoljiti**, *v.* to anger, to put in ill humor.

**ozlovoljiv**, *a.* peevish, ill-humored.

**označen**, *a.* designated, defined, determined.

**označenje**, *n.* designation; definition, characterization.

**označiti**, *v.* to designate, to mark, to define, to characterize.

**označiv**, *a.* definable, denotable.

**označivalac**, *n.* designator.

**oznaka**, *n.* mark, sign, quality.

**oznojiti (se),** *v.* to perspire, to sweat.
**ozobati,** *v.* to pick off, to peck off.
**ozon,** *n.* ozone.
**ozov,** *n.* public call; bans (of marriage).
**ozreti se,** *v.* to look about (*ili*) round.
**ozrnica,** *n.* small number (*ili*) quantity, paucity.
**ozrniti se,** *v.* to granulate.
**ozvanjati,** *v.* to reverberate, to sound, to resound, to clang.
**ozvati se,** *v.* to respond.
**ozvežđe,** *n.* orb.
**ožagrina,** *n.* burn; blast.
**ožagriti,** *v.* to burn, to scorch; to blast, to heat.
**ožaliti,** *v.* to mourn for.
**ožalostiti (se),** *v.* to sadden, to mourn for; to be afflicted, to afflict, to grieve.
**ožalošćen,** *a.* sad, afflicted, grieved.
**ožara,** *n.* (*groznica*) nettle-fever.
**ožariti (se),** *v.* to burn, to catch fire, to kindle.
**oždrijebiti (se),** *v.* to foal.
**ožeći,** *v.* to burn, to light, to set fire to.
**ožednjeti,** *v.* to get thirsty.
**ožeg,** *n.* fire-shovel, poker.
**ožeglina,** *n.* brand, stigma.
**ožegotina,** *vidi:* **ožeglina.**

**oženiti,** *v.* to marry, to wed; (**se**) to be married.
**oženjen,** *a.* married.
**ožeti,** *v.* to press (out), to squeeze (out), to crush (out), to express.
**ožica,** *n.* spoon.
**ožičar,** *n.* spoon-maker.
**ožičnjak,** *n.* spoon-shelf.
**ožigosati,** *v.* to stigmatize, to brand.
**ožiljak,** *n.* scar, cicatrice.
**ožimač,** *n.* wringer.
**ožimanje,** *n.* wringing, pressing.
**ožimati,** *v.* to wring, to press.
**oživiti,** *v.* to revive, to resuscitate; to enliven, to animate.
**oživjeti,** *vidi:* **oživiti.**
**oživljen,** *a.* revived, enlivened, vivid.
**oživljavati,** *vidi:* **oživiti.**
**oživljenje,** *n.* revival, resuscitation, animation.
**oživotvorenje,** *n.* realization.
**oživotvoriti,** *v.* to realize, to substantiate, to accomplish.
**ožučiti,** *v.* to embitter; to disgust.
**ožujak,** *n.* March.
**ožuliti,** *v.* to bark, to decorticate.
**ožuljati se,** *v.* to rub, to pinch, to gall.
**ožutiti,** *v.* to yellow, to make yellow, to grow yellow, to dye yellow.
**ožutjeti,** *vidi:* **ožutiti.**

# P

**pa, pak,** *conj.* but; — *adv.* again; however.
**pabirak,** *n.* gleanings.
**pabirčenje,** *n.* gleaning.
**pabirčiti,** *v.* to glean, to gather.
**pabirkač,** *n.* gleaner.
**pabirkovanje,** *n.* gleaning.
**packa,** *n.* blot, ink-spot.
**pačati se,** *v.* to interfere, to mix in, to intermingle.
**pačaura,** *n.* dishclout; (*fig.*) mollycoddle.
**pače,** *n.* (*mala patka*) duckling.
**pače,** *adv.* rather, even, also, very; — *n.* jelly; potted meat.
**pačiti,** *v.* to hinder, to impede, to hurt, to damage.
**pačji,** *a.* duck's.
**paćenik,** *n.* martyr; sufferer.
**pad,** *n.* fall, downfall, ruin; cadence.
**padanje,** *n.* falling, fall.
**padati,** *v.* to fall, to drop.
**padavica,** *n.* falling-sickness, epilepsy.
**padavičav,** *a.* epileptic.
**padavina,** *n.* sediment; moisture, rain.
**padež,** *n.* fall; misfortune; (*u gramatici*) case.
**padina,** *n.* ridge; declivity.
**padiša,** *n.* Grand Turk; Turkish Sultan.
**padnuti,** *vidi:* **pasti.**
**paguba,** *n.* damage, injury, hurt, harm; waste.
**pahalica,** *n.* duster, feather-broom.
**pahati,** *v.* to dust, to blow, to puff away.
**pahuljica,** *n.* flake.
**paja,** *n.* strip, slice, slit, rib; stripe; streak, band.
**pajanta,** *n.* lath, shingle.
**pajdaš,** *n.* comrade, mate, companion, partner.
**pajdašica,** *vidi:* **pajdaš.**
**pak,** *conj.* and; — *adv.* then, afterwards; but, why.
**pakao,** *n.* hell.

**paklara,** *n.* (*riba*) lamprey, lampern.
**pakleni,** *a.* hellish, infernal.
**paklenik,** *n.* demon, devil, Satan.
**paklenjača,** *n.* axle-grease.
**paklina,** *n.* pitch and tar, tar; grease.
**pakliti,** *v.* to tar, to grease, to make greasy.
**pako,** *adv.* then, afterwards.
**pakosnik,** *n.* mischievous person; maligner.
**pakosno,** *adv.* mischievously, malignantly, wickedly.
**pakost,** *n.* malignity, malice, mischief, wickedness, roguishness.
**pakostan,** *a.* mischievous, malicious, wicked, envious.
**pakostiti,** *v.* to hurt, to injure, to spite.
**pakrug,** *n.* ellipse.
**pala,** *n.* scoop, leather-bottle.
**palac,** *n.* (*na ruci*) thumb; (*na nozi*) big toe; (*mjera*) inch.
**palacka,** *n.* cartridge-pouch.
**palača,** *n.* palace.
**palačinka,** *n.* pancake.
**palanka,** *n.* market-town, borough.
**palata,** *vidi:* **palača.**
**palčić,** *n.* wren; kinglet.
**palenta,** *n.* corn-mush.
**palež,** *n.* conflagration, combustion, burning; incendiarism.
**palica,** *n.* cane, walking-stick, reed.
**paličica,** *n.* small cane.
**palidrvce,** *n.* match; fuse.
**paligorka,** *n.* Xantippe.
**palije,** *n.* rafter, beam, mote.
**palijer,** *n.* gun-powder.
**palikuća,** *n.* incendiary.
**palilo,** *n.* fuse; match.
**palionica,** *n.* venting-frame.
**palisada,** *n.* palisade, paling, stockade.
**palište,** *n.* fire-place, hearth.
**paliti,** *v.* to kindle, to light, to set on fire.
**palivo,** *n.* fuel; firing.
**palma,** *n.* palm-tree.
**paluba,** *n.* deck.

**palucati,** *v.* to draw (*a sword*); to shrug; to flash.

**palučak,** *n.* small meadow, pasture-ground.

**palj,** *n.* stamping, stamper; water-shovel, scoop.

**palja,** *n.* torch, link.

**paljavac,** *n.* brown bread, graham bread.

**palje,** *n.* bran.

**paljenica,** *n.* burnt-offering, holocaust.

**paljenje,** *n.* burning.

**paljetak,** *n.* gleaning; gleanings.

**paljetkovanje,** *n.* gleaning.

**paljetkovati,** *v.* to glean.

**paljevina,** *n.* smell of burning; conflagration.

**paljika,** *n.* forest-fire; conflagration.

**paljikovača,** *n.* stick, cudgel, club.

**pamćenje,** *n.* memory, remembrance; reminiscence.

**pamet,** *n.* memory; sense.

**pametan,** *a.* sensible, rational, reasonable; judicious, intelligent.

**pametar,** *n.* memorandum-book, sketch-book, album.

**pametnik,** *n.* (*spomenik*) monument.

**pametno,** *adv.* sensibly, wisely, prudently; judiciously, intelligently.

**pametovati,** *v.* to remember, to memorize, to think of.

**pamflet,** *n.* pamphlet.

**pamtiti,** *v.* to remember, to commit to memory.

**pamtivijek,** *n.* immemorial; **od pamtivijeka,** from times immemorial.

**pamučak,** *n.* cotton.

**pamučan,** *a.* cotton; made of cotton.

**pamučar,** *n.* cotton-merchant.

**pamučika,** *n.* cotton-plant.

**pamuk,** *n.* cotton.

**panađur,** *n.* fair, market.

**panađurište,** *n.* market-place.

**pandur,** *n.* policeman, constable, guard, keeper, officer.

**pandurija,** *n.* police-duty, police-service.

**pandurnica,** *n.* police-station, watch-box, guard-box.

**pandurovati,** *v.* to perform the duties of a policeman.

**pandža,** *n.* claw, paw, talon.

**pangalos,** *n.* vagrant, vagabond, tramp.

**panta,** *n.* lath.

**pantljika,** *n.* ribbon, fillet, headband, hair-lace.

**pantljikara,** *n.* (*trakavica*) tape-worm.

**pantomina,** *n.* pantomime.

**panuti,** *v.* to fall, to drop.

**panj,** *n.* stump, trunk, log, block.

**paočanica,** *n.* trigger; break, rope-drag.

**paočiti,** *v.* to apply the barnacles to (*a horse*); to put the drag to (*a wheel*); to put on the brake.

**paoma,** *n.* palm.

**papa,** *n.* pope.

**papak,** *n.* hoof, claw, paw.

**papar,** *n.* pepper.

**paperje,** *n.* soft feathers, down.

**papiga,** *n.* parrot.

**papin,** *a.* papal; pontifical.

**papinski,** *vidi*: **papin.**

**papinstvo,** *n.* pontificate.

**papir,** *n.* paper.

**papirni,** *a.* paper.

**papirnica,** *n.* stationery; paper-mill; paper-trade.

**papirnjak,** *n.* (*bilj.*) paper-mulberry, paper-tree.

**papornjak,** *n.* claw, talon, paw, clutch.

**paprac,** *n.* yarrow, milfoil.

**paprat,** *n.* fern.

**papren,** *a.* peppery.

**paprenica,** *n.* pepper-box.

**paprenjak,** *n.* pepper-cake; (pepper-) ginger-bread.

**paprika,** *n.* paprika, red pepper.

**paprikaš,** *n.* stew.

**papriti,** *v.* to pepper.

**papuča,** *n.* slipper; sandal (of the pope).

**papučar,** *n.* slipper-maker, sandal-maker.

**papučica,** *n.* small slipper; (*bilj.*) columbine.

**par,** *n.* pair, couple; brace.

**para,** *n.* vapour, fume, steam, damp, smoke; (*novac*) para.

**parac,** *n.* plaintiff, complainant.

**parabola,** *n.* parabole.

**parada,** *n.* parade, show, ostentation.

**paradajsija,** *n.* tomato.

**paradan,** *a.* ostentatious, showy, pompous.

**paraditi,** *v.* to parade.

**paralaža,** *n.* braggart, boaster; bully.

**paralela,** *n.* parallel.

**paralelan,** *a.* parallel.

**paran,** *a.* even, equal, alike.

**paranje,** *n.* dissection, anatomy.

**parasit**, *n.* parasite.
**parasitski**, *a.* parasitic.
**parastos**, *n.* requiem, funeral-mass, funeral-service.
**parati**, *v.* to unstitch, to unsew; to dismember, to take to pieces; to dissect, to anatomize.
**parba**, *n.* process, lawsuit, action, trial.
**parben**, *a.* litigable; —**stranke**, parties to the suit.
**parbiti (se)**, *v.* to litigate, to sue, to prosecute; to argue.
**parcov**, *n.* rat.
**parče**, *n.* small piece; bit; morsel, fragment.
**parenica**, *n.* bucking (*ili*) leach-tub.
**parenje**, *n.* coupling, pairing, copulation; heating; steaming.
**parionica**, *n.* wash-tub.
**parip**, *n.* horse.
**paripče**, *n.* young horse.
**pariti**, *v.* to scald, to heat, to warm; to match, to pair; to couple.
**parlamenat**, *n.* parliament.
**parlamentaran**, *a.* parliamentary.
**parni**, *a.* (*broj*) even; (*od pare*) vaporous.
**parnica**, *n.* lawsuit; trial, process; controversy.
**parničar**, *n.* litigant, suitor; party.
**parnični**, *vidi*: **parben**.
**parnuti**, *v.* to die, to expire, to croak.
**parnjača**, *n.* steamer, steamvessel; boat.
**parnjak**, *n.* chum; of equal age.
**parobrod**, *n.* steamvessel, steamer, steamship.
**parobrodarstvo**, *n.* steamnavigation.
**parog**, *n.* point; indentation, tooth; trochings.
**paroh**, *n.* parson, pastor; vicar, rector.
**parohija**, *n.* parish, parish-house; parishioners.
**parohijski**, *a.* parochial, curial.
**parok**, *vidi*: **paroh**.
**parokija**, *vidi*: **parohija**.
**parokret**, *n.* steam-engine.
**parokrug**, *n.* atmosphere.
**paromjer**, *n.* manometer.
**paromlin**, *n.* steam-mill.
**paroplov**, *a.* steamer, steamvessel.
**parostroj**, *n.* steam-engine.
**parotina**, *n.* scratch, slight wound.
**parovoz**, *n.* locomotive, steam-engine, steam-carriage.
**parožak**, *n.* trochings.

**parta**, *n.* head-dress.
**pas**, *n.* (*životinja*) dog; (*pojas*) girdle, belt.
**pasaći**, *a.* fitting.
**pasanac**, *n.* flounder, shrad.
**pasati**, *v.* to gird, to overgird, to encompass, to surround.
**pasenje**, *n.* pasturing, grazing.
**pasha**, *n.* Easter.
**pasište**, *n.* pasture (-ground).
**pasivan**, *a.* passive.
**pasji**, *a.* doggish.
**paska**, *n.* attention, watch; esteem, regard; observation.
**pasmina**, *n.* race; family, breed.
**pasmo**, *n.* skein, hank; lock.
**pasoš**, *n.* passport.
**pasti**, *v.* to fall, to drop; (*o stoki*) to pasture, to graze.
**pastir**, *n.* shepherd, herdsman.
**pastirica**, *n.* shepherdess.
**pastirski**, *a.* shepherdish, pastoral.
**pastor**, *n.* pastor.
**pastorak**, *n.* step-son.
**pastorčad**, *n.* step-children.
**pastorče**, *n.* step-child.
**pastorka**, *n.* step-daughter.
**pastrnjak**, *n.* (*bilj.*) parsnip.
**pastrva**, *n.* (*riba*) trout.
**pastuh**, *n.* stallion.
**pasulj**, *n.* bean.
**paša**, *n.* pasture (-ground); (*Turski*) Pasha.
**pašaluk**, *n.* pashalic.
**pašanac**, *n.* brother-in-law.
**paščad**, *n.* dogs (*pl.*).
**pašće**, *n.* doggy.
**pašinica**, *n.* wife of a Pasha.
**pašiti**, *v.* to smell rotten.
**pašnik**, *n.* pasture (-ground).
**pašnjak**, *vidi*: **pašnik**.
**pašovati**, *v.* to be a Pasha.
**paštiti se**, *v.* to hasten, to make haste, to hurry.
**pata**, *n.* duck.
**patak**, *n.* drake; (*divlji*) mallard.
**patenat**, *n.* patent.
**patetičan**, *a.* pathetic, impassioned; pitiful.
**patetično**, *adv.* pathetically, pitifully.
**patisak**, *n.* literary piracy, plagiarism, counterfeit, spurious edition.
**patisati**, *v.* to cease, to discontinue, to finish; to leave, to allow, to slacken.
**patiskar**, *n.* piratical printer.

**p atiskati**, *v.* to pirate, to counterfeit; to reprint.
**patiti se**, *v.* to suffer; to labor.
**patka**, *n.* duck.
**patlidžan**, *n.* mad-apple.
**patnja**, *n.* pain, grief, trouble, torment, anguish.
**patos**, *n.* floor, pavement; (*čuvstvenost, osjećaj*) pathos.
**patosati**, *v.* to board; to floor.
**patrijark**, *n.* patriarch.
**patrijaršija**, *n.* patriarchate.
**patriot**, *n.* patriot.
**patriotizam**, *n.* patriotism.
**patriotski**, *a.* patriotic.
**patriti**, *v.* to belong, to appertain.
**patrlj**, *n.* club, cudgel.
**patrola**, *n.* patrol, night-round.
**patroliti**, *v.* to patrol; to paddle, to paw.
**patroljenje**, *n.* patroling.
**patuljak**, *n.* dwarf, pigmy.
**paučina**, *n.* cobweb, spiderweb.
**paučljiv**, *a.* cobweb, spiderweb.
**pauk**, *n.* spider.
**paulj**, *n.* blade of grass.
**paun**, *n.* peacock.
**paunče**, *n.* young peacock; (*leptir*) peacock butterfly.
**paunica**, *n.* peahen.
**paun-pero**, *n.* peacock's feather.
**pauznica**, *n.* lath, shingle.
**paužina**, *n.* afternoon-tea, late lunch.
**pavit (ina)**, *n.* clematis.
**pavlaka**, *n.* cream.
**pazar**, *n.* market.
**pazarija**, *n.* manufactured goods.
**pazarište**, *n.* market (-place).
**pazariti**, *v.* to do business, to bargain, to chaffer, to trade, to deal.
**pazarski**, *a.* market.
**pazikuća**, *n.* door-keeper, janitor.
**pazitelj**, *n.* overseer, inspector, caretaker, surveyor, warden.
**paziti**, *v.* to pay attention.
**pazuho**, *n.* armhole, armpit.
**pažljiv**, *a.* attentive.
**pažljivo**, *adv.* attentively.
**pažnja**, *n.* attention, attentiveness, carefulness.
**pčela**, *n.* bee; (*matica*) queen-bee.
**pčelar**, *n.* bee-keeper, apiarist.
**pčelariti**, *v.* to keep bees.
**pčelarstvo**, *n.* bee-rearing, apiculture.
**pčelinjak**, *n.* bee-house, apiary, bee-hive.

**pecanje**, *n.* fishing, angling.
**pecara**, *n.* distillery.
**pecariti**, *v.* to fish, to angle; to distil.
**pecati**, *v.* to fish, to angle; to sting, to bite; to pester.
**pecav**, *a.* wanton, frolicsome; stinging; pestering.
**pecivo**, *n.* batch; rolls, pastry.
**peckalo**, *n.* taunter, scoffer, gibber, jeerer.
**peckanje**, *n.* quibbling, shuffling, banter, jeering.
**peckati**, *v.* to provoke, to excite, to allure, to tease, to taunt, to gibe, to jeer.
**peckav**, *a.* inclined to tease, teasing, provoking.
**pecnuti**, *v.* to sting, to prick; to stick, to stab.
**peča**, *n.* kerchief; head dress.
**pečal**, *n.* grief, sorrow, vexation, affliction.
**pečalan**, *a.* sad, sorrowful, afflicted.
**pečaliti**, *v.* to grieve, to afflict, to crush.
**pečat**, *n.* seal.
**pečatiti**, *v.* to impress, to imprint, to print, to stamp, to seal.
**pečaliti**, *vidi*: **pečatiti**.
**pečatnja**, *n.* printing, typography.
**pečen**, *a.* roasted, fried.
**pečenka**, *n.* roast-meat.
**pečenjak**, *n.* roast-corn.
**pečenje**, *n.* roast-meat.
**pečiti (se)**, *v.* to coddle, to caress, to fondle; to prick, to peck, to stimulate.
**pečurka**, *n.* mushroom.
**peč**, *n.* stove, oven, furnace.
**pećar**, *n.* stove-maker; baker.
**pećarica**, *n.* baker.
**pećati**, *v.* to bake.
**peći**, *v.* to roast, to boil, to grill, to fry.
**pećina**, *n.* grotto, grot.
**pećnjak**, *n.* Dutch tile.
**ped (alj)**, *n.* span.
**pedagog**, *n.* pedagogue.
**pedagogija**, *n.* pedagogy.
**pedepsa**, *n.* (*kazna*) punishment, chastisement.
**pedepsati**, *v.* to punish.
**pedeset**, *num.* fifty.
**pedesetero**, *vidi*: **pedesetoro**.
**pedesetgodišnji**, *a.* fifty years old, quinquagenarian.
**pedeseti**, *a.* fiftieth.

**pedesetoro**, *num.* fifty.
**pedica**, *n.* point, dot.
**pedičavka**, *n.* anaconda, boa-constrictor.
**pegaz**, *n.* Pegasus.
**pehar**, *n.* drinking cup, goblet, beaker, bowl.
**peharnik**, *n.* cup-bearer.
**pekar**, *n.* baker.
**pekarica**, *n.* baker.
**pekarna**, *n.* 'bakery, bakehouse.
**pekarnica**, *vidi*: **pekarna**.
**pekmez**, *n.* jam, marmalade.
**peksimet**, *n.* biscuit, sponge-cake.
**pelen**, *n.* wormwood.
**pelena**, *n.* swaddling-cloth, swaddle.
**peleš**, *n.* braid, curl, plait, twist.
**pelin**, *n.* wormwood.
**pelinkovac**, *n.* vermouth, wormwood wine.
**pelivan**, *n.* acrobat.
**pelud**, *n.* pollen.
**pendže**, *n.* sole.
**pendžer**, *n.* (*prozor*) window.
**penjač**, *n.* climber.
**penjati (se)**, *v.* to climb, to mount.
**pepeliti**, *vidi*: **pepeljiti**.
**pepelnica**, *n.* Ash-Wednesday.
**pepeljar**, *n.* ash-pan, ash-hole.
**pepeljast**, *a.* ash-colored
**pepeljav**, *a.* ashy, full of ashes.
**pepeljik**, *n.* potash.
**pepeljiti (se)**, *v.* to strew with ashes.
**pepeljuga**, *n.* Cinderella.
**pepeo**, *n.* ash.
**perad**, *n.* poultry, fowls.
**peraica**, *n.* flax-comb, hatchel; ripple.
**peraja**, *n.* fin.
**perajar**, *n.* impennate.
**perajica**, *vidi*: **peraica**.
**perce**, *n.* feather, pen, plume; spring.
**perčin**, *n.* braid of hair, plait, tress; pig-tail.
**perda**, *n.* wall; partition wall; (*koprena*) veil.
**pergamenat**, *n.* parchment.
**perilo**, *n.* sink, scullery.
**perilja**, *n.* laundress.
**periljac**, *n.* washer.
**perina**, *n.* feather-broom; feather mattress.
**perioda**, *n.* period.
**periodičan**, *a.* periodic.
**perionica**, *n.* laundry, scullery.
**periš**, *n.* penknife, pocketknife.
**perivoj**, *n.* park, garden.

**perjanica**, *n.* plume, bunch of feathers.
**perjanik**, *n.* personal guard.
**perjatan**, *a.* feathered.
**perjati**, *v.* to feather.
**perje**, *n.* feathers, plumes.
**pernat**, *a.* feathered.
**pero**, *n.* plume, feather; quill; (*pisaće*) pen.
**perovođa**, *n.* secretary, clerk, register.
**peršin**, *n.* parsley.
**peruka**, *n.* periwig, wig.
**peruljati**, *v.* to unplume, to pluck; to cheat.
**perunika**, *n.* (*bilj.*) iris.
**perušati**, *vidi*: **peruljati**.
**perušina**, *n.* coach-house, shed.
**peruška**, *n.* pen-wiper.
**perut**, *n.* cuticle, pellicle; wing.
**perutati**, *v.* to unplume, to pluck.
**perutka**, *n.* winged fruit.
**pervaz**, *n.* border, edge, edging, frame.
**pervaziti**, *v.* to border, to edge, to trim.
**pesnica**, *n.* fist, hand.
**pest**, *n.* fist.
**pestić**, *n.* pistil.
**peškeš**, *n.* gift, present.
**peškir**, *n.* towel.
**pet**, *num.* five.
**peta**, *n.* heel.
**petak**, *n.* Friday.
**petar**, *n.* main-beam.
**peteljka**, *n.* stem, stalk, pedicle.
**petero**, *vidi*: **petoro**.
**petgodišnji**, *a.* of five years, five years old; quinquennial.
**peti**, *a.* fifth.
**peti, penjem**, *vidi*: **penjati (se)**.
**petica**, *n.* five-spot.
**petina**, *n.* fifth, fifth part.
**petlja**, *n.* hinge, hasp, clamp.
**petljanac**, *n.* intriguer, liar.
**petljanija**, *n.* trick, artifice, intrigue, plot.
**petljati**, *v.* to beg, to ask alms; to bungle, to botch, to cobble, to dabble.
**petnaest**, *num.* fifteen.
**petnaesti**, *a.* fifteenth.
**petnaestina**, *n.* fifteenth (part).
**petnaestoro**, *n.* fifteen.
**petolist**, *n.* (*bilj.*) cinquefoil, five-leaf, finger-grass.
**petorica**, *n.* five.
**petoro**, *num.* five.
**petorogub**, *a.* quintuple, five-fold.
**petorostruk**, *a.* fivefold, quintuple.

petrolej, *n.* petroleum, kerosene.
petrovača, *n.* early apple; early pear.
petrusin, *n.* parsley.
pića, *n.* food, feed, forage; pasture, pasturage, nutriment.
piće, *n.* drink, beverage.
pijaca, *n.* market (-place).
pijan, *a.* drunk, intoxicated.
pijanac, *n.* drunkard, toper.
pijančina, *n.* drunkard.
pijančiti, *v.* to drink, to tripple, to booze.
pijančovanje, *n.* revelling, immoderate drinking, drinking-bout, boozing.
pijančovati, *v.* to drink, to revel, to booze.
pijandura, *n.* toper, drunkard.
pijanica, *vidi*: pijandura.
pijanka, *vidi*: pijančovanje.
pijanstvo, *n.* drunkenness, intoxication.
pijavica, *n.* leech; sanguisuge.
pijavka, *n.* leech.
pijenje, *n.* drinking, potation.
pijesak, *n.* sand.
pijetao, *n.* cock, rooster.
pijevac, *vidi*: pijetao.
pijucati, *v.* to drink, to sip; to suck in.
pijuk, *n.* pick-axe, peak.
pijukati, *v.* to pule, to whine.
pikalj, *n.* thigh; leg, shank.
pikast, *a.* dotted; spotty.
piknja, *n.* dot, point, period.
piknuti, *v.* to sting.
pila, *n.* saw; bore; (*riba*) sawfish.
pilac, *n.* drinker, toper, drunkard.
pilač, *n.* sawyer, wood-cutter.
pilad, *n.* poultry.
pilan, *n.* (*riba*) sawfish.
pilana, *n.* saw-mill.
pilar, *n.* sawyer, file-cutter.
pile, *n.* chicken, chick.
pileći, *a.* chicken.
pilence, *n.* young chick.
pilež, *n.* poultry.
pilica, *n.* young hen, pullet.
pilića, *n.* chicks, chickens; poultry.
piliti, *v.* to saw, to file.
pilo, *n.* drink, beverage.
pilotina, *n.* sawdust.
piljak, *n.* flint-stone, pebble.
piljar, *n.* huckster, higgler.
piljarica, *n.* huckstress.
piljariti, *v.* to huckster.
piljevina, *n.* sawdust.
piljiti, *v.* to stare at.
piljuga, *n.* sparrow-hawk.

pipa, *n.* spiggot, faucet.
pipac, *n.* sparrow.
pipanje, *n.* feeling; groping.
pipati, *v.* to feel; to grope.
pipnuti, *v.* to feel, to touch.
pipun, *n.* melon.
pir, *n.* wedding-feast; (*žitarica*) spelt.
piramida, *n.* pyramid.
pirevina, *n.* couch-grass, dog's-grass.
pirinač, *n.* rice.
piriti, *v.* to blow, to sound.
pirovati (se), *v.* to feast, to banquet; to marry.
pisac, *n.* writer, copyist; author.
pisaći, *a.* writing;—stol, writing-desk.
pisak, *n.* reed, miller's scuttle.
pisalica, *n.* pencil, crayon.
pisaljka, *vidi*: pisalica.
pisamce, *n.* note; billet, bill.
pisanica, *n.* Easter-egg.
pisanka, *n.* writing-book, composition-book, note-book.
pisanje, *n.* writing, handwriting.
pisar, *n.* writer, copyist, clerk.
pisarnica, *n.* office.
pisati, *v.* to write, to spell.
piska, *n.* hissing, hiss; whistle.
piskaralo, *n.* scribbler.
piskarati, *v.* to scribble, to write.
piskati, *v.* to hiss, to whiz, to whistle.
piskor, *n.* lamprey.
pismen, *a.* written, in writing; literate.
pismeno, *adv.* in writing.
pismenost, *n.* literacy; art of writing, penmanship.
pismo, *n.* letter, communication.
pismohrana, *n.* archives, record-office.
pisnik, *n.* reed.
pisnuti, *v.* to whisper, to utter a sound, to hiss.
pišaća, *n.* urine.
pišati, *v.* to urinate.
piščev, *a.* writer's, authorial.
piškor, *n.* lamprey.
piškot, *n.* biscuit.
pištalina, *n.* moor, fen, bog.
pištati, *v.* to hiss, to whistle, to warble.
pištolj, *n.* pistol.
pita, *n.* pastry, cake.
pitač, *n.* questioner, interrogator.
pitak, *a.* potable, drinkable.
pitalac, *n.* questioner, interrogator.
pitalica, *n.* question and answer; riddle.

**pitanje**, *n.* question; demand, request, claim; (*hranjenje*) feeding; food.
**pitati**, *v.* to ask, to question, to interrogate, to examine, to quiz; (*hraniti*) to feed.
**piti**, *v.* to drink.
**pitije**, *n.* jelly, potted meat.
**pitom**, *a.* tame, domesticated; gentle.
**pitomac**, *n.* alumnus, pupil, scholar.
**pitomiti**, *v.* to tame, to domesticate.
**piva**, *n.* beer.
**pivana**, *n.* ale-house, beer-house.
**pivar**, *n.* brewer.
**pivara**, *n.* brewery.
**pivarstvo**, *n.* brewery.
**pivnica**, *n.* cellar.
**pivničar**, *n.* butler; cellarer.
**pivo**, *n.* beer.
**pivopija**, *n.* drinker of beer (*ili*) ale, beer-bibber.
**pivovarstvo**, *n.* brewery.
**pizma**, *n.* vindictiveness; revengefulness.
**pizmen**, *a.* vindictive, revengeful.
**pjega**, *n.* speck, spot, stain, blot.
**pjegast**, *a.* spotted, speckled, stained.
**pjegav**, *vidi*: **pjegast**.
**pjena**, *n.* foam, froth, scum.
**pjenezi**, *n.* money.
**pjeneznica**, *n.* money-box, till.
**pjenica**, *n.* barm; yeast.
**pjeniti (se)**, *v.* to foam, to spume.
**pjesan**, *n.* poem, song, hymn.
**pjeskovit**, *a.* sandy.
**pjeskovnica**, *n.* sand-pit.
**pjeskulja**, *n.* sand-worm.
**pjeskuša**, *vidi*: **pjeskulja**.
**pjesma**, *n.* song, poem, hymn.
**pjesmarica**, *n.* song-book.
**pjesmica**, *n.* little song.
**pjesmotvor**, *n.* poem.
**pjesmotvorac**, *n.* poet.
**pjesna**, *vidi*: **pjesma**.
**pjesnički**, *a.* poetic (al).
**pjesnik**, *n.* poet.
**pjesništvo**, *n.* poesy, poetry.
**pješačiti**, *v.* to go on foot, to walk, to tramp.
**pješački**, *a.* on foot, pedestrian.
**pješadija, pješačtvo**, *n.* infantry.
**pješak**, *n.* foot-soldier.
**pješčan**, *a.* sandy.
**pješčar**, *n.* (*kukac*) sand-beetle, sparkler.
**pješčara**, *n.* sand-soil.
**pješice**, *vidi*: **pješke**.

**pješke**, *adv.* on foot.
**pjetao**, *n.* cock, rooster.
**pjeti**, *v.* to sing.
**pjetlić**, *n.* cockerel.
**pjevač**, *n.* singer, singing-man, vocal performer, vocalist, chanter.
**pjevačica**, *n.* singer, singing-woman, vocal performer, vocalist; (*ptica*) singing (*ili*) song-bird, songster, warbler.
**pjevalište**, *n.* singing-academy, singing-school.
**pjevanka**, *n.* sing-song.
**pjevanje**, *n.* singing.
**pjevati**, *v.* to sing, to carol, to warble.
**pjevica**, *n.* singer; (*ptica*) singing-bird.
**pjevuckati**, *v.* to hum.
**placarina**, *n.* market tax.
**plač**, *n.* weeping, cry, crying, tears.
**plačan**, *a.* weeping; pathetic.
**plačidrug**, *n.* companion in sorrow.
**plačka**, *n.* weeping, crying.
**plačkav**, *a.* inclined to weep, lachrymose, lamentable.
**plačljiv**, *a.* weeping, pathetic; lamentable.
**plaća**, *n.* pay, wages, salary.
**plaćanje**, *n.* payment, reimbursement, repayment; **dan plaćanja**, pay-day.
**plaćati**, *v.* to pay, to reimburse, to repay.
**plaćenik**, *n.* mercenary, hireling.
**pladanj**, *n.* plate.
**plah**, *a.* timorous, timid, shy.
**plaho**, *adv.* timidly, shyly.
**plahost**, *n.* timidity, timorousness, shyness.
**plahovit**, *vidi*: **plah**.
**plahta**, *n.* sheet; shroud.
**plakanje**, *n.* weeping, crying.
**plakati**, *v.* to weep, to cry; (*prati*) to wash, to rinse.
**plam**, *n.* flame; blaze, flash.
**plamati**, *vidi*: **plamtjeti**.
**plamen**, *a.* flaming; — *n.* flame; blaze, flash.
**plamenac**, *n.* red ibis, flamingo.
**plamenast**, *a.* flaming, blazing.
**plamenik**, *n.* (*kožna bolest*) erysipelas, St Anthony's fire.
**plamenit**, *a.* flaming, blazing.
**plamenjača**, *n.* sun-burning; sultry air.
**plamičak**, *n.* flamelet.

**plamteći,** *a.* blazing.
**plamtjeti,** *v.* to flame, to blaze.
**plandište,** *n.* shady place, shady region.
**plandovanje,** *n.* leisure, rest, peace, ease.
**plandovati,** *v.* to rest.
**planet,** *n.* planet.
**planetski,** *a.* planetary.
**planika,** *n.* (*bilj.*) arbute-berry.
**planimetrija,** *n.* planimetry.
**planina,** *n.* highland, mountain.
**planinac,** *n.* mountaineer.
**planinar,** *n.* tourist, excursionist.
**planinka,** *n.* mountaineer.
**planinski,** *a.* mountainous, hilly.
**planuti,** *v.* to flash up, to flare up, to blaze up; to down; to break out.
**plasa,** *n.* icicle, piece of ice, floe.
**plasina,** *n.* glacier.
**plasovit,** *a.* glacial.
**plast,** *n.* hay-rick, haystack.
**plastiti,** *v.* to stack.
**plašće,** *n.* hay-rick.
**plašilo,** *n.* scarecrow; fright, terror.
**plašiti (se),** *v.* to frighten, to intimidate, to alarm, to terrify.
**plašiv,** *vidi*: **plašljiv.**
**plašivica,** *n.* coward, dastard, poltroon.
**plašljiv,** *a.* fearful, timid, timorous, faint-hearted.
**plašljivac,** *n.* coward.
**plašljivo,** *adv.* fearfully, timidly, timorously.
**plašljivost,** *n.* timidity; cowardice, timorousness.
**plašnja,** *n.* dread, terror, fright.
**plašt,** *n.* cloak, mantel, coverlet.
**plata,** *n.* pay, wages, salary, compensation, reward.
**platac,** *n.* payer.
**platežan,** *a.* payable.
**platina,** *n.* platinum.
**platiša,** *n.* payer.
**platiti,** *v.* to pay.
**platnar,** *n.* linen-draper.
**platnarnica,** *n.* linendrapery; linen-trade.
**platnen,** *a.* linen.
**platno,** *n.* linen.
**plav,** *a.* blue; (*kosa*) blonde.
**plavac,** *n.* pumice-stone.
**plavati,** *v.* to swim, to float.
**plavetan,** *a.* bluish.
**plavetnilo,** *n.* blue.

**plavetniti se,** *v.* to blue.
**plavetnjak,** *n.* blue vitriol.
**plavica,** *n.* corn-flower; blue-bottle.
**plavilo,** *n.* bluing.
**plaviti,** *v.* to blue.
**plavjeti (se),** *v.* to blue.
**plavka,** *n.* blonde.
**plavkast,** *a.* bluish.
**plavljenje,** *n.* bluing; (*plovljenje*) swimming.
**plavojka,** *vidi*: **plavka.**
**plavokos,** *a.* blond, light-haired, fair- (*ili*) yellow-haired.
**plavook,** *a.* blue-eyed.
**plavuša,** *n.* blonde.
**plazati (se),** *v.* to slip, to slide, to glide.
**plazavac,** *n.* creeper, crawler, cringer.
**plaziti,** *v.* to creep, to crawl, to cringe, to grovel.
**pleć,** *n.* back.
**pleća,** *n.* back, shoulder.
**plećat,** *a.* broad-shouldered.
**pleće,** *n.* shoulder-blade.
**pleći,** *n.* shoulders (*pl.*).
**pleme,** *n.* tribe, clan; (*ljudsko*) race, family.
**plemenit,** *a.* noble, gentle; precious; (*darežljiv*) generous.
**plemenitaš,** *n.* nobleman.
**plemenito,** *adv.* nobly, gently.
**plemenitost,** *n.* nobleness, nobility, gentleness; (*darežljivost*) generosity.
**plemenski,** *a.* tribal, racial, clannish.
**plemić,** *n.* nobleman, aristocrat; cavalier, gentleman.
**plemićki,** *a.* noble, aristocratic.
**plemkinja,** *n.* lady, noblewoman.
**plemstvo,** *n.* nobility, nobleness.
**ples,** *n.* dance, dancing, ball.
**plesač,** *n.* dancer.
**plesačica,** *n.* dancer.
**plesati,** *v.* to dance.
**plesti (se),** *v.* to knit, to weave, to plait.
**plešivica,** *n.* bald-, naked-, sterile mountains.
**plet,** *n.* garland, wreath.
**pletarica,** *n.* knitter.
**pletenica,** *n.* plait, plaited hair; hassock; mat.
**pletenje,** *n.* knitting.
**pleter,** *n.* platting, wicker-work, basket-work; trellis, lattice; glazed calico.
**pletaća** (*igla*), *n.* knitting-needle.
**pletikoš,** *n.* basket-maker.

**pletilja,** *n.* knitter.
**pletivo,** *n.* (*konac*) knitting-wool; (*djelo*) knitting.
**pletka,** *n.* plot, intrigue.
**pletkar,** *n.* intriguer, plotter.
**pletkaš,** *vidi:* **pletkar.**
**pličina,** *n.* shallowness, shallow place, shoal.
**plijen,** *n.* prey, booty, spoil.
**plijeniti,** *v* to pillage, to plunder; (*sudbeno*) to distrain; to levy.
**plijenjenje,** *n.* pillage, plunder, robbery.
**plijesan,** *a.* mouldiness, mustiness.
**pliveviti,** *v.* to weed.
**plima,** *n.* tide, flux.
**plimica,** *n.* tide, flux.
**plin,** *n.* gas; (*plinsko svjetlo*) gaslight.
**plinara,** *n.* gas-works.
**plinomjer,** *n.* gasometer; gas-tank.
**plinovit,** *a.* gaseous, gasiform, aeriform.
**plinski,** *vidi:* **plinovit.**
**plinuti,** *v.* to flood, to inundate, to submerge.
**pliska,** *n.* wag-tail.
**pliskati,** *v.* to fillip.
**pliskavica,** *n.* dolphin.
**plitak,** *a.* shallow, shoal; (*površan*) superficial.
**pliti,** *v.* to swim; to float.
**plitica,** *n.* plate.
**plitkouman,** *a.* shallow-brained, shallow-witted.
**plivač,** *n.* swimmer.
**plivačica,** *n.* swimmer.
**plivalište,** *n.* swimming pool.
**plivalište,** *n.* swimming pool; (*škola*) swimming school.
**plivanje,** *n.* swimming, floating.
**plivati,** *v.* to swim, to float.
**ploča,** *n.* plate; board; disc.
**pločast,** *a.* flat, level.
**pločica,** *n.* small plate; slate.
**pločnik,** *n.* pavement, sidewalk.
**plod,** *n.* fruit, product; production.
**plodan,** *a.* fruitful, fertile, abundant, plentiful, productive; (*o ženama*) prolific, fecund.
**plodina,** *n.* product, produce.
**ploditi se,** *v.* to multiply, to increase, to breed.
**plodnica,** *n.* seed-bud; ovary.
**plodno,** *adv.* fruitfully, abundantly.
**plodnost,** *n.* fertility, fruitfulness, productiveness, richness.

**plodonasan,** *vidi:* **plodan.**
**ploha,** *n.* superficies, surface; area; face.
**plosan,** *a.* flat, smooth; level, flattened.
**ploska,** *n.* flagon, decanter; scentbottle.
**plosnat,** *vidi:* **plosan.**
**plosnina,** *n.* surface.
**plosnoglav,** *a.* flat-headed.
**plošta,** *n.* pool, puddle.
**ploština,** *n.* surface.
**plot,** *n.* fence; pallisade.
**plovac,** *n.* swimmer; navigator.
**plovan,** *a.* navigable; — *n.* (*župnik*) clergyman, vicar, rector, parson.
**plovanija,** *n.* (*župništvo*) parish; (*čast*) ministry.
**plovče,** *n.* duckling.
**plovidba,** *n.* navigation, voyage, sailing; (*zračna plovidba*) air navigation.
**plovilac,** *n.* navigator.
**ploviti,** *v.* to navigate; to sail.
**plovka,** *n.* duck.
**plovljenje,** *n.* navigation, sailing.
**plovnost,** *n.* navigableness, navigability.
**pluća,** *n.* lungs; (*životinska*) lights.
**plućni,** *a.* pulmonary.
**plućnjak,** *n.* (*bilj.*) lung-wort, Lady's glove.
**plug,** *n.* plow, plough.
**plural,** *n.* plural.
**pluskvamperfekat,** *n.* pluperfect.
**plut,** *vidi:* **pluto.**
**plutača,** *n.* buoy.
**plutnjak,** *n.* cork.
**pluto,** *n.* cork; stopple.
**plutovina,** *n.* cork-tree.
**plužina,** *n.* cow-hut; cheese-dairy.
**plužiti,** *v.* to plow, to plough.
**pljačka,** *n.* plunder, booty, spoil, prize.
**pljačkadžija,** *n.* plunderer.
**pljačkanje,** *n.* plundering.
**pljačkaš,** *n.* plunderer, robber.
**pljačkati,** *v.* to pillage, to plunder.
**pljasnuti,** *vidi:* **pljesnuti.**
**pljenidba,** *n.* distraint, levy, seizure.
**pljes,** *interj.* flap! smack!
**pljesak,** *n.* clapping, snapping.
**pljeskanje,** *n.* applause.
**pljeskati,** *v.* to applaud, to clap; to flap.
**pljesniv,** *a.* mouldy, musty, hoary.

**pljesniviti (se)**, *v.* to mould, to get mouldy.
**pljesnuti**, *v.* to clap, to flap; to smack, to clack.
**plješiv**, *a.* bald; bare; hairless.
**plješivac**, *n.* bald-head.
**plješiviti**, *v.* to get bald.
**plješivost**, *n.* baldness.
**pljeti**, *v.* to weed.
**pljetva**, *n.* weeding.
**pljetvar**, *n.* weeder.
**pljetvarica**, *n.* weeder.
**pljeva**, *n.* chaff; tailings.
**pljevara**, *n.* chaff-chamber.
**pljevni**, *a.* chaff.
**pljevnjak**, *vidi*: **pljevara**.
**pljosan**, *vidi*: **plosan**.
**pljoska**, *vidi*: **ploska**.
**pljošta**, *vidi*: **plošta**.
**pljoštimice**, *adv.* sidewise.
**pljucati**, *v.* to spit, to expectorate.
**pljucnuti**, *vidi*: **pljucati**.
**pljunuti**, *v.* to spit, to sputter.
**pljusak**, *n.* shower; (*pljuska*) box on the ear, slap in the face.
**pljuska**, *n.* slap, smack.
**pljuskanje**, *n.* slapping, smacking.
**pljuskati**, *v.* to splash, to dabble; (*po licu*) to slap.
**pljuskavica**, *n.* (*bilj.*) perforated Saint John's wort.
**pljusnuti**, *v.* to box on the ear, to slap.
**pljuštati**, *v.* to shower, to pour out.
**pljuvača**, *n.* spittle, saliva.
**pljuvačnica**, *n.* spittoon.
**pljuvalo**, *n.* spottoon, cuspidor.
**pljuvanak**, *n.* spittle, saliva.
**pljuvaonica**, *n.* spittoon, cuspidor.
**pljuvati**, *v.* to spit, to expectorate.
**po**, *prep.* about; round; at; by; for; concerning on; upon, in, up; into; after.
**po, pol**, *adv.* half; semi-.
**pobabiti se**, *v.* to deliver (a child).
**pobacati**, *v.* to throw, to cast, to hurl, to fling.
**pobaciti**, *v.* to miscarry, to bring forth prematurely.
**pobadati**, *v.* to drive in, to thrust in; to fasten in, to fix upon.
**pobaskijati**, *v.* to lath, to fit with laths.
**pobaška**, *adv.* separately; distinctly.
**pobaučke**, *adv.* on all fours.
**pobijanje**, *n.* refutation, disproof.

**pobijati (se)**, *v.* (*cijenu*) to depreciate, to undervalue; (*mnijenje*) to refute, to contest; to fight.
**pobijediti**, *v.* to conquer, to vanquish, to overcome; to defeat, to subdue; to win, to triumph.
**pobijeđen**, *a.* defeated, conquered, vanquished.
**pobijeđenik**, *n.* defeated person, conquered man (*ili*) enemy.
**pobijeliti**, *v.* to whiten; to whitewash; to bleach.
**pobijeljeti**, *v.* to become white, to whiten; to bleach.
**pobilježiti**, *v.* to mark, to note.
**pobirati**, *v.* to gather, to collect, to reap; to glean.
**pobiti (se)**, *v.* to clash, to collide; to dash over; (*pobijati*) to refute; (*poubijati*) to kill, to slaughter; to butcher, to massacre.
**pobjeći**, *v.* to run away, to flee, to escape; to elope.
**pobjeda**, *n.* victory; triumph; conquest.
**pobjedan**, *a.* victorious, conquering, triumphant.
**pobjedilac**, *vidi*: **pobjeditelj**.
**pobjeditelj**, *n.* conqueror, victor, subduer.
**pobjedljiv**, *a.* conquerable, vanquishable, vincible.
**pobjedni**, *a.* victorious, conquering; triumphant.
**pobjednica**, *n.* conqueress, victoress.
**pobjednički**, *vidi*: **pobjedni**.
**pobjednik**, *n.* conqueror, victor, vanquisher; (*u športskim igrama*) champion.
**pobjedonosan**, *a.* victorious, triumphant.
**pobjedonosno**, *adv.* victoriously.
**pobjeđivati**, *vidi*: **pobijediti**.
**pobjegljiv**, *a.* evanescent; fleeting.
**pobjegnuti**, *vidi*: **pobjeći**.
**pobjesniti**, *v.* to get mad, to rage, to be furious, to rave.
**poblijediti**, *v.* to pale, to turn pale.
**poblizu**, *prep.* near.
**pobliže**, *adv.* nearly, approximately.
**pobljuvati (se)**, *v.* to vomit, to spew; to cast forth.
**pobočan**, *a.* adjacent, contiguous; subordinate, assistant.
**pobočina**, *n.* flank; lint; switch; side-face, lateral face.

**pobočke,** *adv.* sidewise.
**pobočnik,** *n.* adjutant.
**pobojati se,** *v.* to fear, to dread, to be afraid, to dislike.
**pobolijevati,** *v.* to be ailing, to be sickly.
**pobolje,** *adv.* somewhat better.
**poboljeti se,** *v.* to fall ill, to become sick.
**poboljšanje,** *n.* improvement, amelioration; betterment; restoration, recovery.
**poboljšati,** *v.* to improve, to better; to mend, to ameliorate.
**poboljšica,** *vidi*: **poboljšanje.**
**poboraviti,** *v.* to forget.
**pobornik,** *n.* defender, champion.
**pobosti,** *v.* to plant, to fix, to settle, to thrust.
**pobožan,** *a.* pious, devout, religious, fervent.
**pobožićni,** *a.* after-Christmas.
**pobožnica,** *n.* religious woman.
**pobožnik,** *n.* religious man, pietist.
**pobožno,** *adv.* piously, devoutly, fervently.
**pobožnost,** *n.* piety, devotion, devoutness, religiousness.
**pobranati,** *v.* to harrow.
**pobrati,** *v.* to gather, to glean, to collect; to skim.
**pobratim,** *n.* chum, fellow-man, friend.
**pobratimiti,** *vidi*: **pobratiti.**
**pobratimstvo,** *n.* fraternity, brotherhood.
**pobratiti (se),** *v.* to fraternize.
**pobrđe,** *n.* mountainous country.
**pobre,** *vidi*: **pobratim.**
**pobrežje,** *n.* border, edge, skirt; shore.
**pobrijati,** *v.* to shave; to scrape.
**pobrinuti se,** *v.* to take care of, to attend; to provide.
**pobrisati,** *v.* to absterge, to wipe off (*ili*) clean.
**pobrkan,** *a.* confused; entangled; embarrassed, puzzled.
**pobrkanost,** *n.* confusion, entanglement; embarrassment, perplexion.
**pobrkati (se),** *v.* to mix, to confuse, to perplex, to confound, to puzzle.
**pobrljati,** *v.* to dirt, to foul, to soil, to sully, to contaminate.
**pobro,** *vidi*: **pobratim.**
**pobrojati,** *v.* to number, to count, to tell off.

**pobrvnati,** *v.* to bridge; to erect passage across a waterway (*ili*) gorge.
**pobuda,** *n.* impulse, incitement, instigation; (*uzrok*) motive, reason, cause.
**pobudaliti,** *v.* to become foolish.
**pobuditi,** *v.* to awaken, to stir up, to excite; to provoke, to rouse.
**pobuđaviti,** *v.* to get mouldy, to mould.
**pobuđivanje,** *n.* incitement, stimulation; motion.
**pobuđivati,** *vidi*: **pobuditi.**
**pobuna,** *n.* insurrection, rebellion, riot, mutiny, rising.
**pobuniti (se),** *v.* to excite to insurrection, to rouse, to stir.
**pobunjenik,** *n.* revolutionist, rioter, mutineer.
**pobunjivanje,** *n.* sedition; tumult.
**pociganiti,** *v.* to gyp.
**pocijepati (se),** *v.* to cut, to split, to cleave, to crack, to rend, to break.
**pocikivanje,** *n.* shouting, exultation.
**pocikivati,** *v.* to shout, to cry out, to exclaim, to scream.
**pociknuti,** *vidi*: **pocikivati.**
**pocikuša,** *n.* screamer.
**pocmiljeti,** *vidi*: **pocviljeti.**
**pocrkati,** *v.* to die, to perish; to croak.
**pocrnjeti,** *v.* to blacken, to become black, to darken.
**pocrpsti,** *v.* to draw out, to absorb; to obtain.
**pocrvati se,** *v.* to be pierced by worms, to be worm-eaten, to get rotten.
**pocrvenjeti (se),** *v.* to blush, to redden.
**pocrvljati se,** *vidi*: **pocrvati se.**
**pocviljeti,** *v.* to moan aloud.
**počađaviti,** *vidi*: **počađiti.**
**počađiti,** *v.* to soot.
**počasiti,** *v.* to stop, to detain; to remain, to stay, to lodge.
**počasni,** *a.* honorary, honorable.
**počast,** *n.* honor, respect, credit, homage.
**počastiti,** *v.* (*štovati*) to honor; (*pogostiti*) to treat, to entertain.
**poček,** *n.* (*zajam*) loan, money lent, credit; (*čekanje*) waiting, expectation, hope.
**počekati,** *v.* to wait, to stay, to tarry.
**počelo,** *n.* element.

**počem,** *adv.* at some time or other, perhaps, nearly, about.
**počesto,** *adv.* often, frequently.
**počešati,** *v.* to scratch, to scrape, to rub.
**počešljati,** *v.* to comb, to drub.
**početak,** *n.* beginning, start, commencement; first appearance, origin, source.
**početi (se),** *v.* to begin, to start, to commence; to undertake, to attempt.
**početni,** *a.* starting, primary; preparatory, preliminary; original.
**početnica,** *n.* (*osoba*) beginner, novice; (*knjiga*) abecedary, primer.
**početnik,** *n.* beginner, novice.
**početvorke,** *adv.* on all fours.
**počinak,** *n.* rest, repose; quiet, tranquillity.
**počiniti,** *v.* to make, to do, to commit, to perform, to execute.
**počinuti,** *v.* to rest, to take rest; (*umrijeti*) to die, to expire, to perish.
**počinjač,** *n.* beginner, starter; (*činitelj*) doer, performer.
**počinjanje,** *n.* beginning, starting; undertaking.
**počinjati se,** *v.* to begin, to start, to commence; to undertake.
**počinjenje,** *n.* doing, perpetration.
**počistiti,** *v.* to clean, to cleanse, to scour, to sweep; (*uškopiti*) to castrate, to geld.
**počitanje,** *n.* reverence, courtesy; respect, bow.
**počitavati,** *v.* to revere, to reverence, to respect, to honor.
**počivalište,** *n.* resting-place.
**počivanje,** *vidi*: **počinak.**
**počivati,** *v.* to rest, to take rest; to sleep.
**počivka,** *n.* rest, repose, quiet, tranquillity; intermission.
**počupati,** *v.* to plum, to pluck, to fleece; (**se**) to fight, to quarrel.
**počuti,** *v.* to hear, to listen.
**poći,** *v.* to go, to walk; to depart.
**poćudan,** *a.* agreeable, pleasant.
**poćuliti,** *v.* to drop one's ears.
**poćušnuti,** *v.* to push away, to repulse, to repel; to rebuff, to recoil.
**poćutjeti,** *v.* to feel, to sense.
**pod, poda,** *prep.* under, below, beneath, during; — *n.* floor, flooring.

**podagnati,** *v.* to dash along; to hunt, to chase.
**podajnica,** *n.* subject.
**podajnik,** *n.* subject.
**podaleko,** *adv.* pretty far, at some distance.
**podanak,** *n.* foot of a mountain; cudgel, root-stock.
**podanik,** *n.* subject.
**podaništvo,** *n.* subordination; serfdom.
**podao,** *a.* base, vile, mean, abject, contemptible.
**podariti,** *v.* to present with, to donate.
**podastrijeti,** *v.* to spread under; (*podnijeti*) to submit, to file.
**podašan,** *a.* liberal, munificent.
**podatak,** *n.* information; (*pl.*) data.
**podati (se),** *v.* to apply oneself, to become attached, to be addicted; to submit.
**podatljiv,** *a.* liberal, munificent, yielding, complying; submissive.
**podatljivost,** *n.* compliance; yielding temper; submissiveness.
**podavati se,** *vidi*: **podati se.**
**podaviti (se),** *v.* to slaughter, to strangle.
**podavno,** *adv.* some time ago, long ago.
**podbaciti,** *v.* to throw, to cast; to hurl, to fling; to toss, to strike, to shed.
**podbadač,** *n.* instigator, inciter; rioter, agitator.
**podbadanje,** *n.* agitation, provocation.
**podbadati,** *v.* to provoke, to rouse, to stir up, to instigate.
**podbijati,** *v.* to strike under.
**podbijeliti,** *v.* to whiten, to bleach below; to mark.
**podbiti,** *vidi*: **podbijati.**
**podbjel,** *n.* (*bilj.*) colt's foot.
**podbočiti (se),** *v.* to prop up, to lean; to have hands akimbo.
**podboj,** *n.* abutment.
**podbosti (se),** *v.* to stimulate, to excite, to provoke, to animate, to stimulate, to urge, to stir up.
**podbradak,** *n.* double-chin.
**podbrijati,** *v.* to shave; to raze.
**podbuniti,** *v.* to rouse, to excite; to awake, to insurrection.
**podbuo,** *a.* bloated, swollen, sodden.
**poderati,** *v.* to tear, to rend, to destroy,
**poderina,** *n.* rag, tatter.

podglavak, *n.* aft, tail (of a sluice).
podgorac, *n.* woodman, mountaineer.
podgorje, *n.* foot of the mountain.
podgovarati, *v.* to contrive, to insti-
gate, to set on, to persuade.
podgrađe, *n.* suburb, outskirts.
podgrijati, *v.* to warm up, to heat
again.
podgristi, *v.* to bite, to gnaw; to cor-
rode, to nibble; to torment.
podgrizati, *vidi*: podgristi.
podgrnuti, *v.* to poke (the fire), to stir
up, to fan, to incite.
podičiti (se), *v.* to adorn, to orna-
ment, to deck, to decorate; to be
proud of, to take pride in.
podići, *v.* to lift, to raise up, to gather;
to pass, to go along with.
podignuti, *vidi*: podići.
podijeliti (se), *v.* to divide, to sepa-
rate, to part; to distribute, to dis-
pose, to share.
podijevati (se), *v.* to dissipate, to
waste, to squander.
podilaziti, *v.* to get under.
podina, *n.* base; shoal, sandbank;
foot, bed.
poditi, *v.* to floor, to pave, to board.
podivljao, *a.* wild, savage; cruel.
podivljati, *v.* to get wild.
podizanje, *n.* lifting, raising; erecting,
elevation.
podizati (se), *v.* to set up, to erect; to
elevate.
podjamčiti se, *v.* to guarantee, to
warrant.
podjariti, *v.* to rouse, to stir up; to
inflame.
podjarivanje, *n.* provocation, excite-
ment.
podjarmiti, *v.* to subjugate, to sub-
due, to enslave.
podjedati, *v.* to gnaw, to nibble, to
corrode.
podjednako, *adv.* likewise.
podjedno, *adv.* at once, together, at
the same time, simultaneously.
podjela, *n.* division, distribution,
share, portion.
podjeljenje, *n.* distribution, grant,
bestowal; collation.
podjeljivati, *v.* to distribute, to grant;
to bestow.
podjesti, *vidi*: podjedati.
podlagati, *v.* to lay (*ili*) put under.
podlaktica, *n.* fore-arm.

podlanica, *n.* palm of the hand.
podleći, *v.* to succumb, to sink under,
to yield, to be overcome.
podletjeti, *v.* to slip in; to pass under,
to lunge under.
podli, *vidi*: podao.
podlijevati, *vidi*: podljevati.
podliti, *v.* to pour under, to spill, to
shed; to decant.
podlo, *adv.* meanly, villainously,basely.
podloga, *n.* base, basis; support; prop,
stay.
podlogač, *vidi*: podloga.
podlost, *n.* baseness, meanness.
podložan, *a.* subject, subordinate,
subaltern.
podložiti, *v.* to lay (*ili*) put under.
podložnik, *n.* subject.
podložnost, *n.* subordination, subjec-
tion, submissiveness.
podljevati, *v.* to pour under, to
sprinkle.
podmaći, *v.* to trip up.
podmaršal, *n.* field-marshal.
podmažati, *v.* to grease.
podmet, *n.* subject (*gram.*).
podmetač, *n.* something laid under.
podmetak, *n.* substratum.
podmetanje, *n.* showing under; sub-
stitution.
podmetati, *vidi*: podmetnuti.
podmetnuti, *v.* to lay (*ili*) put under.
podmićivanje, *n.* bribery, graft.
podmićivati, *v.* bribe, to graft, to
corrupt.
podmigivač, *n.* winker.
podmigivanje, *n.* winking.
podmigivati, *v.* to wink, to flirt.
podmigljiv, *a.* winking; ironical,mock-
ing.
podmijesiti, *v.* to leaven.
podmiri (va)ti, *v.* to pay, to defray, to
recompense, to satisfy.
podmita, *n.* bribery, graft, corruption.
podmititi, *v.* to bribe, to suborn, to
corrupt.
podmitljiv, *a.* bribable, venal, cor-
ruptible.
podmitljivost, *n.* bribery, corrupti-
bility, venality.
podmjeravati, *v.* to gauge, to meas-
ure, to survey.
podmijeriti, *vidi*: podmjeravati.
podmladak, *n.* young-generation,
youthfulness, junior order, young-
people.

**podmladiti se,** *v.* to make young again, to grow young again.
**podmostiti,** *v.* to line with planks, to board.
**podmukalac,** *n.* perfidious person, hypocrite; sly person.
**podmukao,** *a.* sly, cunning, perfidious.
**podmuklica,** *vidi*: **podmukalac.**
**podmuklo,** *adv.* maliciously, spitefuly, perfidiously.
**podmuklost,** *n.* malice, mischief, wickedness, cunning.
**podnarednik,** *n.* sergeant.
**podnašati,** *vidi*: **podnijeti.**
**podne,** *n.* midday, noon, meridian; **prije podne,** before-noon; **o podne,** at noon; **poslije podne,** after-noon.
**podneblje,** *n.* climate, clime.
**podnesak** *n.* (*službeni*) statement, account, report; (*molba*) petition, demand, address, request.
**podnesti,** *vidi*: **podnijeti.**
**podnevni,** *a.* meridian.
**podnevnica,** *n.* meridian.
**podnevnik,** *vidi*: **podnevnica.**
**podnica,** *n.* (*geom.*) base, basis.
**podnijeti (se),** *v.* (*izvještaj*) to report, to submit, to produce, to refer; (*trpjeti*) to suffer, to tolerate.
**podnimiti se,** *v.* to support one's head with the hand.
**podnipošto,** *adv.* positively not, by no means, nowise.
**podnos,** *n.* tray, waiter, salver.
**podnositi (se),** *v.* to bear, to endure; (*bolest*) to suffer.
**podnožje,** *n.* footstool; (*kipa*) pedestal; (*brda*) foot of the mountain.
**podoba,** *n.* analogy; (*lica*) resemblance, likeness.
**podoban,** *a.* analogous; (*u licu*) like, alike, such.
**podobar,** *a.* pretty good.
**podobnost,** *vidi*: **podoba.**
**podobrano,** *adv.* pretty well, well enough.
**podocno,** *adv.* rather late.
**podojiti,** *v.* to milk.
**podolje,** *adv.* further down; — *n.* vale, valley, glen.
**podorati,** *v.* to plow in.
**podosta,** *adv.* enough, sufficient.
**podoštravati,** *vidi*: **podoštriti.**
**podoštriti,** *v.* to sharpen.
**podranak,** *n.* early rise.
**podraniti,** *v.* to rise early.

**podražavati,** *v.* to provoke, to excite; to stimulate, to irritate; (*nagnati*) to incite.
**podrediti,** *v.* to subordinate.
**podređen,** *a.* subordinate, subaltern, inferior.
**podređenost,** *n.* subordination, subalternation.
**podrepak,** *n.* crupper.
**podrezati,** *v.* to crop, to cut short.
**podrezivati,** *vidi*: **podrezati.**
**podrig,** *n.* belch, belching, ructation.
**podrigavati se,** *v.* to belch, to eruct.
**podrignuti se,** *vidi*: **podrigavati se.**
**podrijetlo,** *n.* origin, descent; birth, extraction, family.
**podriti,** *v.* to hollow out, to undermine, to excavate.
**podrivati,** *vidi*: **podriti.**
**podrljati,** *v.* to harrow.
**podroban,** *a.* detailed, itemized.
**podrobiti,** *v.* to crumble; to disintegrate.
**podrobno,** *adv.* particularly, in detail.
**podrobnost,** *n.* detail, particulars.
**podroniti,** *v.* to dip, to immerse; to dive.
**podrtina,** *n.* ruin, wreck.
**podrub,** *n.* seam, hem; border, edge.
**područan,** *a.* territorial, provincial.
**područje,** *n.* province; territory, jurisdiction.
**područnik,** *n.* subject, subaltern, subordinate; pupil, disciple.
**podrug,** *a.* one and a half.
**podrugati se,** *v.* to mock, to scoff at; to deride.
**podrugivanje,** *n.* mocking, mockery.
**podrugljiv,** *a.* ironical, scornful, mocking.
**podrugljivo,** *adv.* ironically, scornfully.
**podrum,** *n.* cellar.
**podržati,** *v.* to support, to sustain; to uphold; to favor.
**podržnik,** *n.* inhabitant, inmate, tenant.
**podsada,** *n.* siege, besiegement.
**podsijecati,** *v.* to crop, to cut short.
**podsiriti,** *v.* to coagulate.
**podsjećati,** *v.* to remind; to remember, to recollect.
**podsjeći,** *v.* to crop, to cut short.
**podsjedati,** *v.* to besiege, to beset, to beleaguer, to lay siege to.

**podsjesti,** *v.* to reign over, to rule over, to govern, to lord.

**podsjetiti,** *v.* to remember, to recollect; to remind.

**podskakivati,** *v.* to jump, to skip, to hop, to spring.

**podsmijeh,** *n.* derision, frown; smile.

**podsmijevanje,** *vidi:* **podsmijeh.**

**podsmijevati (se),** *v.* to laugh, to smile.

**podsmjehnuti se,** *v.* to laugh at, to smile.

**podstava,** *n.* lining.

**podstaviti,** *v.* to line, to lay (*ili*) put under, to underlay.

**podsticati,** *v.* to incite, to instigate.

**podstrešje,** *n.* roof; dripping-eaves.

**podstrići,** *v.* to undercut (with shears).

**podšav,** *n.* upper leather, (boot-) vamp.

**podučavati,** *v.* to teach, to instruct; to advise.

**podučiti,** *vidi:* **podučavati.**

**podudaranje,** *n.* agreement, unanimity.

**podudarati se,** *v.* to consent, to agree.

**poduhvaćati (se),** *v.* to undertake, to attempt, to seize.

**poduka,** *n.* instruction, education.

**podulje,** *a.* pretty long.

**podupirač,** *n.* support, prop, stay; protection.

**podupirati,** *v.* to support, to sustain, to bear; to uphold, to assist.

**poduporanj,** *n.* prop, support.

**poduprijeti se,** *v.* to prop up, to stay, to support; to favor, to defend.

**podurati,** *v.* to last, to continue; to abide.

**podušiti,** *v.* to damp, to quell.

**podušje,** *n.* funeral service; (*misa*) requiem.

**poduzeće,** *n.* enterprise; attempt.

**poduzetan,** *a.* enterprising, venturous, daring.

**poduzeti,** *v.* to undertake, to attempt, to contract for.

**poduzetnik,** *n.* enterpriser; contractor.

**poduzimati,** *v.* to undertake, to attempt; to contract for.

**poduži,** *a.* longish.

**podužiti,** *vidi:* **produžiti.**

**podvala,** *n.* insinuation.

**podvalak,** *n.* substratum.

**podvaliti,** *v.* to insinuate, to deceive; to defraud.

**podvariti,** *v.* to warm up, to heat again.

**podvesti,** *v.* to garter, to couple; to pimp, to pander.

**podveza,** *n.* garter, knee-string.

**podvezača,** *n.* band, cord, rope.

**podvezati,** *v.* to bind, to attach, to fasten, to join.

**podvijati,** *v.* to envelop, to fold up, to involve, to wrap, to twist, to entangle.

**podvik,** *n.* cry, shriek, scream.

**podvikivanje,** *n.* acclamation, shout, crying.

**podvikivati,** *v.* to shout, to exclaim.

**podviti,** *v.* to roll up, to wind up (off).

**podvlačiti (se),** *v.* to draw under, to put under; (*podcrtati*) to underline, to underscore.

**podvodan,** *a.* submersed, submarine.

**podvoditi,** *v.* to lead under; to pimp.

**podvodnica,** *n.* procuress, bawd; go-between.

**podvodnik,** *n.* procurer, pimp, pander.

**podvoriti,** *v.* to serve, to attend, to wait on.

**podvornica,** *n.* courtyard; (*bilj.*) knot-grass.

**podvornik,** *n.* servant, domestic; janitor, lackey, footman, flunkey.

**podvostručenje,** *n.* duplication, doubling.

**podvostručiti,** *v.* to double, to duplicate, to redouble.

**podvoz,** *n.* carriage, vehicle, conveyance, cart, transport.

**podvoznica,** *n.* freight, load, cargo.

**podvrći,** *v.* to subdue, to submit; to master, to overcome.

**podvrgnuti,** *vidi:* **podvrći.**

**podvrnuti,** *v.* to turn up; to tuck up; to cock up.

**podvržen,** *a.* liable, addicted; weak, submissive, obliged.

**podvući,** *vidi:* **podvlačiti.**

**podzemlje,** *n.* under ground, subterranean place, tunnel, basement.

**podzemni,** *a.* subterranean, subterraneous; (*pakleni*) infernal, hellish.

**podzidati,** *v.* to underpin.

**podžeći,** *v.* to add fuel, to feed a fire; to inflame.

**podžizati,** *vidi:* **podžeći.**

**poetički,** *a.* poetical.

**poezija,** *n.* poetics, poetry.

**pogača,** *n.* cake; honeycomb.

**pogađač,** *n.* guesser; aimer, person that scores in a target.

**pogađačica,** *vidi:* **pogađač.**

**pogađanje,** *n.* guess, aiming; negotiation.

**pogađati (se),** *v.* to guess, to divine; to aim; to negotiate.

**pogan,** *a.* dirty, filthy, nasty, foul; slovenly; — *n.* filth, dirt, excrement; corruption; heathen.

**poganac,** *n.* carbuncle.

**pogančina,** *n.* erysipelas, St. Anthony's fire.

**poganica,** *n.* gout, arthritis.

**poganija,** *n.* rabble, mob.

**poganin,** *n.* pagan, heathen.

**poganiti (se),** *v.* to soil, to infect, to corrupt; to paganize.

**poganski,** *a.* pagan, nefarious, impious.

**poganstvo,** *n.* paganism.

**pogasiti,** *v.* to extinguish, to quench.

**pogaziti,** *v.* to crush, to break by treading on, to trample down.

**pogibao,** *n.* peril, danger, risk, jeopardy.

**pogibati,** *v.* to perish, to die.

**pogibelj,** *vidi:* **pogibao.**

**pogibeljan,** *a.* perilous, dangerous, risky.

**pogibeljno,** *adv.* perilously, dangerously.

**pogibija,** *vidi:* **pogibao.**

**poginjati se,** *v.* to stoop, to lean forward, to bow.

**poginuti,** *v.* to die, to be killed; to succumb.

**pogladiti,** *v.* to caress, to fondle; to smooth over.

**poglavar,** *n.* superior, chief; overseer, inspector.

**poglavarica,** *n.* superioress, chief.

**poglavarstvo,** *n.* authority; power; **gradsko —,** municipality; town-hall.

**poglavica,** *n.* chief, head; leader, commander, foreman, principal.

**poglavit,** *a.* principal, prime, chief; essential; honorable.

**poglavito,** *adv.* principally, chiefly, assentially, materially.

**poglavlje,** *n.* (*u knjizi*) chapter.

**pogled,** *n.* view; sight; look.

**pogledan,** *a.* visible, evident.

**pogledati,** *v.* to behold, to look, to glance.

**pogledivati,** *vidi:* **pogledati.**

**pogledom,** *adv.* in consideration (*ili*) regard of, on account of, considering.

**pognati se,** *v.* to drive, to chase.

**pognječiti,** *v.* to crush, to press, to mash, to squash.

**pognuti se,** *vidi:* **poginjati se.**

**pogoda,** *n.* clement weather; opportunity, occasion.

**pogodan,** *a.* favorable, clement, propitious; suitable; reasonable.

**pogodba,** *n.* contract, agreement, treaty; (*uvjet*) condition, term.

**pogoditi se,** *v.* to guess; to hit, to strike, to agree, to come to terms.

**pogodnost,** *n.* favor, privilege, concession, permission.

**pogodovati,** *v.* to favor, to protect.

**pogolem,** *a.* pretty large; rather big.

**pogon,** *n.* impulse, impetus; drive.

**pogonić,** *n.* driver; beater.

**pogoniti,** *v.* to drive, to chase, to impel.

**pogorelica,** *vidi:* **pogorjelac.**

**pogorje,** *n.* mountainous country (*ili*) region.

**pogorjelac,** *n.* sufferer from fire, a person ruined by fire.

**pogorjeti,** *v.* to burn down; to blast, to scorch.

**pogoropaditi se,** *v.* to become insolent, to be arrogant.

**pogoršati,** *v.* to aggravate, to make worse, to grow worse.

**pogospoditi se,** *v.* to domineer.

**pogostiti,** *v.* to entertain, to treat; to banquet, to feast.

**pogovaranje,** *n.* talk, report; rumor, whispers.

**pogovarati,** *v.* to tell, to relate; (**se**) to rumor.

**pogovor,** *n.* epilogue.

**pogovoriti,** *v.* to talk a little.

**pograbiti,** *v.* to take hold of, to seize, to grab, to catch.

**pograbljati,** *v.* to rake, to scrape over.

**pograditi,** *v.* to build, to raise, to repair, to mend.

**pogranični,** *a.* adjacent, contiguous, bordering, neighboring.

**pogrda,** *n.* insult, outrage, disgrace.

**pogrdan,** *a.* shameful, scandalous, disgraceful, ignominious, infamous.

**pogrditi,** *v.* to outrage, to abuse, to insult; (*obešćastiti*) to dishonor, to disgrace.

**pogrdno,** *adv.* shamefully, ignominiously.

**pogreb,** *n.* funeral, burial, interment.

**pogrebni,** *a.* funeral, sepulchral.

**pogrepsti,** *v.* (*pokopati*) to bury, to inter; to scratch.

**pogreznuti,** *vidi*: **ogreznuti.**

**pogrijati,** *v.* to warm up, to heat again.

**pogriješiti,** *v.* to err, to be mistaken, to fail.

**pogrješan,** *a.* erroneous, wrong, mistaken; incorrect, defective.

**pogrješivati,** *v.* to err, to commit error, to mistake, to be mistaken.

**pogrješka,** *n.* error, mistake; fault, defect.

**pogrješno,** *adv.* erroneously, incorrectly, mistakenly.

**pogrješnost,** *n.* incorrectness; unsoundness.

**pogrubjeti,** *v.* to get rough; to get coarse.

**poguba,** *vidi*: **pogibao.**

**poguban,** *a.* dangerous, perilous, injurious.

**pogubiti,** *v.* to kill, to slaughter, to butcher, to massacre; (*glavu odsjeći*) to behead, to decapitate.

**pogubno,** *adv.* dangerously, perilously, noxiously, injuriously.

**pogubnost,** *n.* noxiousness, injuriousness.

**poguren,** *a.* bent, crooked.

**poguriti se,** *v.* to bend, to crook, to bow, to inflect.

**pogušiti,** *v.* to stifle, to suffocate, to choke, to smother; to extinguish.

**pohabati,** *v.* to wear out; to spot, to stain.

**pohađač,** *n.* visitor; frequenter.

**pohađanje,** *n.* visiting, frequenting.

**pohađati,** *v.* to visit, to frequent, to call upon.

**pohajdučiti (se),** *v.* to become a brigand.

**pohapsiti,** *v.* to arrest, to apprehend.

**pohara,** *n.* pillage, plunder, sacking, plundering.

**poharati,** *v.* to pillage, to plunder.

**pohitati,** *v.* to hasten, to hurry, to speed.

**pohititi,** *v.* to throw, to cast, to fling.

**pohitjeti,** *vidi*: **pohitati.**

**pohlepa,** *n.* desire, eagerness; longing, craving.

**pohlepan,** *a.* greedy, eager, covetous; ambitious.

**pohlepiti,** *v.* to desire, to wish for, to long for.

**pohlepno,** *adv.* eagerly, greedily.

**pohlepnost,** *vidi*: **pohlepa.**

**pohod,** *n.* visit; call.

**pohoditi,** *v.* to visit, to call upon; to pay a visit.

**pohodnja,** *n.* visit, call.

**pohota,** *n.* avidity, greediness, covetousness.

**pohotan,** *a.* desirous, longing (for), greedy, eager, ambitious (for).

**pohotljiv,** *vidi*: **pohotan.**

**pohrana,** *n.* safe keeping, custody.

**pohraniti,** *v.* to deposit, to give for safe keeping, to store; (*čuvati*) to conserve, to preserve.

**pohrdati,** *vidi*: **po'rdati.**

**pohrliti,** *v.* (*potrčati*) to run, to hasten, to speed.

**pohrptina,** *n.* sirloin, chine.

**pohrvati,** *v.* to wrestle, to grapple.

**pohuliti,** *v.* to slander, to defame, to revile.

**pohumlje,** *n.* hill-country.

**pohvala,** *n.* praise, commendation.

**pohvalan,** *a.* praiseworthy, commendable, plausible, laudable.

**pohvaliti,** *v.* to praise, to commend, to laud.

**pohvalno,** *adv.* laudably; plausibly, praiseworthily.

**pohvalnost,** *n.* laudableness, praiseworthiness; eulogy.

**pohvatati,** *v.* to seize, to catch, to grip.

**poigrati,** *v.* to play.

**poigravati,** *v.* to frisk, to frolic, to skip, to hop, to jump.

**poigrište,** *n,* play-ground; wrestling-place.

**poimanje,** *n.* conception, comprehension.

**poimati,** *v.* to conceive, to comprehend, to understand.

**poimence,** *adv.* namely, particularly, especially.

**poimiti,** *v.* to undertake, to take upon oneself.

**poiskati,** *v.* to ask, to call for, to inquire after, to crave; to look for, to search.

**poizbor,** *a.* select, choice, excellent.

**poj,** *n.* singing, song, tune, air.

**pojac,** *n.* singer; (*ptić*) songster.

**pojač,** *n.* singer.

**pojačalo,** *n.* amplifier.

**pojačanje,** *n.* reinforcement, succor, strengthening.

**pojačati,** *v.* to strengthen, to reinforce, to make (*ili*) render stronger, to amplify.

**pojaditi se,** *v.* to trouble, to afflict, to grieve.

**pojagmiti,** *v.* to seize, to take, to snatch; to be after.

**pojahati,** *v.* to get (*ili*) mount on horseback, to mount, to have a short ride.

**pojam,** *n.* idea, conception, thought, notion.

**pojanje,** *n.* singing, song.

**pojas,** *n.* girdle, sash, waistband, belt; circle, enclosure; (*geog.*) zone.

**pojasar,** *n.* belt-maker.

**pojasast,** *a.* girdle, striped; brindled.

**pojata,** *n.* stable, cattle-shed, sty, hay-loft.

**pojatak,** *n.* sleeping-room, bed-room.

**pojati,** *v.* to sing; to warble.

**pojav,** *n.* phenomenon, apparition, appearance; ghost.

**pojava,** *n.* scene; stage, scenery; occurrence; phenomenon; (*osoba*) person.

**pojaviti (se),** *v.* to appear; to be evident.

**pojedin,** *a.* individual, particular, single.

**pojedinac,** *n.* individual, single person.

**pojedince,** *adv.* individually, singly, separately, by detail, one by one.

**pojedini,** *vidi:* **pojedin.**

**pojedinost,** *n.* individuality, singleness; detail, particular.

**pojedljiv,** *a.* greedy, gluttonous.

**pojedljivac,** *n.* greedy fellow, epicure, gastronomist, good liver, glutton.

**pojeftiniti,** *vidi:* **pojevtiniti.**

**pojesti,** *v.* to eat, to consume.

**pojevtiniti,** *v.* to cheapen.

**pojezditi,** *v.* to mount, to ride.

**pojezerje,** *n.* lake-region.

**pojilo,** *n.* watering-place, horse-pond.

**pojimanje,** *n.* comprehension, understanding, knowledge.

**pojište,** *vidi:* **pojilo.**

**pojiti,** *v.* to water; to soak.

**pojmiti (se),** *v.* to conceive, to understand, to comprehend.

**pojmljiv,** *a.* comprehensible, conceivable.

**pojuriti,** *v.* to dart, to rush.

**pokaditi,** *v.* to incense, to burn; to perfume, to smoke-dry, to fumigate.

**pokajan,** *a.* repentant, penitent.

**pokajanje,** *n.* repentance, penitence.

**pokajati (se),** *v.* to repent, to rue.

**pokajnica,** *vidi:* **pokajnik.**

**pokajnički,** *a.* repentant, contrite.

**pokajnik,** *n.* penitent, repenter.

**pokaldrmiti,** *v.* to pave, to plaster, to patch.

**pokaluđeriti (se),** *v.* to become monk.

**pokaniti,** *v.* to offer; (se) to offer oneself, to volunteer.

**pokapati,** *v.* to sprinkle, to drop, to trickle, to drip; (*mrtvaca*) to bury.

**pokarati se,** *v.* to quarrel, to rebuke, to chide, to reprimand.

**pokarljiv,** *a.* quarrelsome, contentious, brawling.

**pokasati,** *v.* to trot.

**pokašljivati,** *v.* to cough slightly.

**pokazan,** *a.* indicative, demonstrative.

**pokazati (se),** *v.* to show, to exhibit; to demonstrate, to indicate.

**pokazivanje,** *n.* demonstration, exhibition, show.

**pokazni,** *a.* demonstrative, indicative.

**pokaznik,** *n.* exhibiter, demonstrator, indicator.

**pokćerka,** *n.* adopted daughter.

**pokidati se,** *v.* to break, to tear up, to wear out.

**pokilaviti,** *v.* to rupture, to get hernia.

**pokipjeti,** *v.* to boil out, to run over.

**pokiseliti,** *v.* to soak, to steep, to drench; to buck.

**pokisnuti,** *v.* to get wet.

**poklade,** *n.* carnival, shrove-tide.

**pokladnica,** *n.* carnival-feast.

**pokladovati,** *v.* to keep up Shrove-Tuesday, to keep carnival.

**poklanjanje,** *n.* donation, gift, present; adoration; reverence.

**poklanjati,** *v.* to present, to donate; (se) to honor, to venerate, to respect, to adore, to worship.

**poklapati se,** *v.* to harmonize, to conform, to agree.
**poklati,** *v.* to slaughter, to butcher; to kill.
**poklecivati,** *v.* to kneel (down).
**poklečke,** *adv.* kneelingly.
**poklēći,** *vidi*: **pokleknuti.**
**pokleknuti,** *v.* to kneel (down).
**poklič,** *n.* call, cry.
**pokliknuti,** *v.* to cry out, to exclaim, to shout.
**poklisar,** *n.* envoy, ambassador, messenger; (*papinski*) nuncio.
**poklisarstvo,** *n.* ambassy, legation; (*papinsko*) nunciature.
**pokliznuti (se),** *v.* to slip, to slide.
**poklon,** *n.* (*dar*) present, donation, gift; (*naklon*) bow, compliment.
**poklonik,** *n.* pilgrim.
**pokloniti,** *v.* to present, to donate; (se) to bow, to render homage.
**poklonstvo,** *n,* salutation, homage.
**poklopac,** *n.* cover, lid, top.
**poklopiti (se),** *v.* to cover up; to wrap, to envelop.
**poklopnica,** *n.* cover, lid.
**pokoj,** *n.* rest, repose; — **vječni,** eternal rest.
**pokojan,** *a.* tranquil, quiet; deceased; defunct, late.
**pokojnik,-ica,** *n.* deceased, the dead.
**pokolj,** *n.* slaughter, massacre.
**pokoljenik,** *n.* napkin.
**pokoljenje,** *n.* generation, posterity, descent.
**pokop,** *n.* funeral, burial, interment.
**pokopan,** *a.* buried.
**pokopati,** *v.* to bury, to inter.
**pokor,** *n.* fault; blame, censure, rebuke, reproach.
**pokora,** *n.* penitence, repentance; penance, expiation, atonement.
**pokoran,** *a.* abedient, humble; docile, submissive.
**pokoravanje,** *n.* obedience, subjection; submission, resignation.
**pokoravati se,** *vidi*: **pokoriti.**
**pokoriti,** *v.* to subdue, to tame; to vanquish, to subjugate; (se) to obey.
**pokornik,-ica,** *n.* penitent.
**pokornost,** *n.* obedience, submission; meekness, humility.
**pokositi,** *v.* to mow.
**pokosnica,** *n.* periosteum.
**pokošen,** *a.* mowed.

**pokračenica,** *n.* abbreviation.
**pokraćivanje,** *n.* shortening, abbreviation.
**pokraćivati,** *v.* to shorten, to abbreviate.
**pokraj,** *prep.* near, by, beside, along.
**pokrajina,** *n.* province, country.
**pokrajinski,** *a.* provincial.
**pokrasiti,** *v.* to adorn, to decorate.
**pokrasti,** *v.* to steal, to rob.
**pokratiti,** *v.* to shorten, to abbreviate; to contract.
**pokrenuti,** *v.* to move; to displace, to stir, to start.
**pokrepa,** *n.* confirmation; corroboration, strengthening.
**pokrepljivati,** *vidi*: **potkrepljivati.**
**pokret,** *n.* motion; movement; impulse; (*osjećanja*) emotion.
**pokretač,** *n.* agitator; author; starter.
**pokretan,** *a.* movable; unsteady; (*pokretno imanje*) personal property.
**pokretanje,** *n.* moving, starting; emotion.
**pokretati,** *v.* to move, to stir, to agitate, to incite, to instigate; to start.
**pokretnica,** *n.* (*zvijezda*) planet.
**pokretnost,** *n.* mobility, motion.
**pokriće,** *n.* covering; (*duga*) payment.
**pokrijepiti,** *v.* to strengthen, to confirm, to corroborate.
**pokriti (se),** *v.* to cover, to veil, to wrap up; to disguise.
**pokriv,** *vidi*: **pokrivač.**
**pokrivač,** *n.* cover, wrapper, blanket; — **za postelju,** bed-cover, quilt.
**pokrivanje,** *n.* covering.
**pokrivati,** *vidi*: **pokriti.**
**pokrojiti,** *v.* to cut.
**pokropiti,** *v.* to sprinkle, to water.
**pokrov,** *n.* cover, lid; shroud.
**pokrovac,** *n.* cover, wrapper, blanket; roof.
**pokrovitelj,** *n.* protector, defender, patron.
**pokroviteljica,** *n.* protectress, patroness.
**pokroviteljstvo,** *n.* protectorate, protectorship, patronage.
**pokrpati,** *v.* to patch up, to mend; (*cipele*) to cobble.
**pokrpiti (se),** *v.* to patch, to mend, to repair.
**pokrstiti,** *v.* to baptize, to christen; (se) to become a Christian.

**pokršiti,** *v.* to break, to split, to crush, to shatter, to destroy.

**pokrštenik,-ica,** *n.* convert.

**pokucati,** *v.* to knock, to rap.

**pokućan,** *n.* domestic.

**pokućar (ac),** *n.* peddler, news-vender.

**pokućariti,** *v.* to peddle, to hawk about.

**pokućstvo,** *n.* household-goods, furniture.

**pokuda,** *n.* blame, censure, fault, reproof.

**pokudan,** *a.* blameable;wrong; faulty.

**pokuditi,** *v.* to blame, to reprimand, to reprove, to chide, to scold.

**pokudljiv,** *a.* fault-finding, censorious, critical.

**pokudljivost,** *n.* censoriousness, criticsm.

**pokuljati,** *v.* to rush, to bolt forth, to shoot out *(ili)* forth.

**pokumiti,** *v.* to be sponsor.

**pokunjen,** *a.* dejected, low-spirited.

**pokunjiti se,** *v.* to become dejected; to cringe.

**pokupiti (se),** *v.* to gather, to collect, to reap; to compile; to pick up; to re-assemble.

**pokupovati,** *v.* to buy up.

**pokus,** *n.* trial, proof, experiment; sample; *(proba)* rehearsal.

**pokušač,** *n.* experimenter, tester.

**pokušaj,** *n.* attempt, trial; essay.

**pokušati,** *v.* to try, to attempt; to assay; to experience.

**pokvaren,** *a.* spoiled, ruined, corrupt; demoralizing.

**pokvarenost,** *n.* corruption, bribery; demoralization, depravity.

**pokvariti,** *v.* to spoil, to corrupt, to deprave, to impair.

**pokvasiti,** *v.* to wet, to soak, to moisten, to drench.

**pol,** *adv.* half.

**pola,** *n.* half, moiety.

**polag,** *prep.* near, beside, by, along.

**polagač,** *n.* layer, depositor, investor.

**polagan,** *a.* slow, easy, sluggish, tardy.

**polaganje,** *n.* placing, laying; — **računa,** accounting, — **zakletve,** taking of an oath.

**polagano,** *adv.* slow, slowly, easily.

**polaganost,** *n.* slowness.

**polagati,** *v.* to put, to place; to lay, to deposit.

**polak,** *vidi:* **pol.**

**polako,** *adv.* slowly, softly; gently, patiently.

**polakomiti (se),** *v.* to get greedy.

**polakšanje,** *n.* relief, alleviation.

**polakšati,** *v.* to lighten, to ease, to relieve, to facilitate.

**polakšica,** *n.* relief, alleviation.

**polamati,** *v.* to break, to smash, to tear.

**polarnica,** *n.* polar circle; *(zvjezda)* polar star, north star.

**polastica,** *n.* expedient, help, relief; comfort, ease; alleviation.

**polazak,** *n.* departure, setting out *(ili)* off, starting.

**polaziti,** *v.* to depart, to go away, to proceed, to leave.

**polaznik,** *n.* attendant, frequenter, visitor.

**polaženje,** *n.* visiting, frequenting; departure.

**poldan,** *n.* noon, midday.

**poldrug,** *a.* one and a half.

**poledica,** *n.* sleet, glazed frost.

**polediti se,** *v.* to sleet, to ice, to get icy.

**poleđina,** *n.* back-piece; chine, chinepiece *(af pork)*; sirloin *(of beef)*; backbone *(of a hare, rabbit)*.

**poleguša,** *n.* *(ptica)* grossbeak.

**polet,** *n.* flight, flying; flock; *(ambicija)* ambition.

**poletan,** *a.* ambitious, ideal, animated.

**poletarac,** *n.* fledgeling.

**poletjeti,** *v.* to fly up.

**poležati,** *v.* to lie a little.

**polgođe,** *n.* half year.

**polica,** *n.* cupboard, closet, shelf, mantle-piece; *(osjeguravanja)* insurance-policy *(ili)* certificate.

**policija,** *n.* police.

**polić,** *n.* quart; pot.

**polijegati,** *v.* to lay (down), to put.

**polijetati,** *v.* to fly.

**polijevati,** *v.* to water, to sprinkle,to moisten, to pour, to squirt.

**polijevka,** *n.* sauce.

**politi,** *vidi:* **polijevati.**

**politčan,** *a.* political.

**politički,** *a.* political.

**politika,** *n.* politics, policy.

**polivka,** *n.* soup, porridge, potage.

**polizati,** *v.* to lick.

**polka,** *n.* polka.

**polnoć,** *n.* midnight.
**polnoćka,** *n.* midnight-mass.
**polog,** *n.* deposit; investment.
**poloj,** *n.* marsh, fen, bog; market-garden.
**polokati,** *v.* to swallow, to drink up, to lap, to lick up.
**polom,** *n.* defeat, rout; break-down.
**polomiti,** *v.* to break, to split, to crush, to shatter, to destroy, to ruin.
**polomljen,** *a.* broken.
**polovica,** *n.* half.
**polovičan,** *a.* half, halfway.
**poloviti,** *v.* to divide in two parts; (*uhvatiti*) to catch, to round up.
**polovnik,** *n.* wine of the second press.
**položaj,** *n.* situation, position; posture, station; circumstances.
**položak,** *n.* nest-egg; deposit.
**položen,** *a.* laid, placed; horizontal.
**položiti,** *v.* to lay down, to deposit; to put to bed; (**se**) to lie down, to go to bed.
**položnica,** *n.* horizontal line.
**polubog,** *n.* half god, demigod.
**polubožica,** *n.* demigoddes.
**polubrat,** *n.* stepbrother, half-brother.
**polučiti,** *v.* to obtain, to acquire, to gain, to get, to receive, to reach.
**polučovjek,** *n.* half man and half beast.
**poludivlji,** *a.* half-wild.
**poludjeti,** *v.* to become insane, to be crazy.
**poludnevnik,** *n.* meridian.
**poluga,** *n.* pole, bar; lever, crowbar.
**poluglas,** *n.* (*u glazbi*) half-tone, flat.
**poluglasan,** *a.* half-aloud.
**poluglasnik,** *n.* semi-vowel.
**poluglasno,** *adv.* in an undertone.
**polugodišnji,** *a.* semi-annual
**polugodišnjica,** *n.* half year.
**polugodište,** *n.* half-year, six months; (*školsko*) semester.
**polugol,** *a.* half-naked.
**polukrug,** *n.* semi-circle.
**polukruglja,** *n.* hemisphere.
**polukrugljast,** *a.* hemispheric.
**polukružan,** *a.* semi-circular.
**polumjer,** *n.* radius.
**polumjesec,** *n.* half-moon; (*turski*) crescent.
**polumrtav,** *a.* half-dead.
**poluostrvo,** *vidi:* **poluotok.**
**poluotok,** *n.* peninsula.

**polupati (se),** *v.* to break, to rend, to smash, to destroy, to ruin.
**polurodan,** *a.* half-blood, uterine.
**polusestra,** *n.* step-sister, half-sister.
**polusvijet,** *n.* underworld.
**polusvjetlost,** *n.* dimness.
**polutan,** *n.* bastard, mulatto.
**polutka,** *n.* hemisphere.
**polutnik,** *n.* equator.
**poluvača,** *n.* brush (-wood), copse, sticks, spray.
**polužiti,** *v.* to wash (*ili*) steep (in lye), to lixiviate.
**poljačina,** *n.* scurvy.
**poljak,** *n.* field-watchman, outpost.
**poljana,** *n.* field, plain.
**poljanica,** *n.* small plain.
**poljar,** *n.* field-watchman.
**poljarina,** *n.* field-watchman's wages.
**polje,** *n.* field, plain, land.
**poljepšanje,** *n.* embellishment, ornament.
**poljepšati,** *v.* to embellish, to beautify.
**poljice,** *n.* small field.
**poljodjelac,** *n.* farmer, agriculturer, agriculturist.
**poljodjelski,** *a.* agricultural.
**poljodjelstvo,** *n.* farming, agriculture, tillage.
**poljski,** *a.* field.
**poljubac,** *n.* kiss, smack.
**poljubiti,** *v.* to kiss, to smack.
**pomaći,** *vidi:* **pomaknuti.**
**pomagač,-ica,** *n.* helper, assistant.
**pomagalo,** *n.* help, aid, assistance auxiliary forces.
**pomaganje,** *n.* help, aid, assistance.
**pomagati,** *v.* to help, to aid, to assist.
**pomahnitati,** *v.* to get mad, to become furious, to rage.
**pomajka,** *n.* foster-mother.
**pomaknuti,** *v.* to displace, to transpose, to misplace, to move, to stir.
**pomalo,** *adv.* slowly, gradually.
**pomaljati,** *v.* to thrust out, to stretch out, to reach out; to project, to protuberate.
**pomama,** *n.* fury, frenzy, madness, violent desire, passion, greediness.
**pomaman,** *a.* furious, violent, raging, mad.
**pomamilo,** *n.* rage, fury.
**pomamiti,** *v.* to madden, to enrage, to get greedy.

**poman**, *a.* assiduous, eager, careful, attentive.
**pomanji**, *a.* rather small.
**pomanjkanje**, *n.* want, lack, deficiency, defect, indigence, default.
**pomanjkati**, *v.* to miss, to fail, to want, to neglect, to miscarry.
**pomast**, *n.* ointment, salve.
**pomaz**, *n.* painting, color, varnish, tincture, dye, appearance.
**pomazanik**, *n.* Anointed.
**pomazanje**, *n.* unction, nointing; (*kralja*) coronation; (*biskupa*) consecration.
**pomazati**, *v.* to anoint; to embalm.
**pomedaš**, *n.* neighbor, fellow-borderer.
**pomen**, *n.* mention, commemoration.
**pomenik**, *n.* album.
**pomenut**, *a.* mentioned.
**pomenuti**, *v.* to mention.
**pomesti (se)**, *v.* to sweep, to clean; (*smesti*) to confound; to puzzle; to disconcert.
**pomet**, *n.* snowdrift.
**pometač**, *n.* sweeper, scavenger.
**pometati (se)**, *v.* to sweep, to clean.
**pometina**, *n.* after-birth.
**pometnuti**, *v.* to abort, to miscarry.
**pometnja**, *n.* confusion, error, mistake.
**pomicati se**, *v.* to move, to displace, to transpose, to misplace, to advance, to forward.
**pomičan**, *a.* movable, unsteady, moving, shifting, animated.
**pomičnost**, *n.* motion, movableness.
**pomijara**, *n.* rinsing-tub; slop-pail.
**pomije**, *n.* swill, hogwash, dish-water, slops.
**pomijerati**, *v.* to displace, to transpose, to derange, to misplace, to disorder, to disturb.
**pomiješan**, *a.* mixed, mingled, blended.
**pomiješati**, *v.* to mix, to mingle, to blend.
**pomilati se**, *v.* to be prominent, to project, to overlook, to overtop, to exceed.
**pomilovan**, *a.* pardoned.
**pomilovanje**, *n.* pardon, amnesty.
**pomilovati**, *v.* to pardon, to grant an amnesty; (*pogladiti*) to caress, to fondle, to pat.
**pominjanje**, *n.* mention.

**pominjati**, *v.* to mention, to cite, to summon, to quote.
**pomirati**, *v.* to die, to expire; to die away, to become extinct.
**pomirba**, *n.* reconciliation; pacification.
**pomirben**, *a.* conciliatory.
**pomirenje**, *n.* reconciliation.
**pomirisati**, *v.* to smell, to sniff; to snuff, to scent.
**pomirište**, *n.* reconciliation, reconcilement, accord.
**pomiritelj**, *n.* reconciler, pacifier, peace-maker.
**pomiriti (se)**, *v.* to reconcile, to pacify.
**pomirljiv**, *a.* reconcilable, peaceable, peaceful, placable.
**pomirljivo**, *adv.* gently, calmly, placidly.
**pomirljivost**, *n.* reconcilableness, placableness.
**pomisao**, *n.* idea, thought, opinion, notion, mind, fancy.
**pomisliti**, *v.* to conceive, to think, to consider, to imagine.
**pomišljaj**, *n.* thought, idea, design, imagination.
**pomišljanje**, *n.* consideration, reflection, thinking, meditation, thought.
**pomišljati**, *vidi:* **pomisliti.**
**pomjediti**, *v.* to copper.
**pomjeriti**, *v.* to weigh, to weigh out.
**pomjesni**, *a.* local.
**pomjestiti**, *v.* to displace, to remove, to move, to arrange.
**pomladiti (se)**, *v.* to rejuvenate.
**pomlatiti**, *v.* to break in pieces, to crash, to beat, to thrash.
**pomnja**, *n.* attention, carefulness, attentiveness, assiduity; advertence.
**pomnjiv**, *a.* attentive, careful, circumspect, cautious.
**pomnjivo**, *adv.* attentively, carefully.
**pomnjivost**, *vidi:* **pomnja.**
**pomnožiti**, *v.* to multiply, to increase; (*povećati*) to augment.
**pomočiti**, *v.* to moisten, to wet.
**pomoć**, *n.* help, relief, succor, assistance.
**pomoćan**, *a.* helpful, auxiliary, accessory.
**pomoći**, *v.* to help, to aid, to assist, to avail, to remedy.

**pomoćnik,-ica,** *n.* assistant, helper, co-operator, adjunct.

**pomodan,** *a.* modern, fashionable, up-to-date.

**pomodriti,** *v.* to become blue.

**pomol,** *n.* appearance.

**pomolak,** *n.* face, visage, sight.

**pomoliti (se),** *v.* to say prayer, to pray, to implore, to supplicate, to entreat; (*pokazati se*) to break out; to appear.

**pomor,** *n.* mortality; epidemic, pestilence.

**pomorac,** *n.* seaman, sailor, mariner, navigator.

**pomorčica,** *n.* sea-serpent.

**pomoriti,** *v.* to kill, to slaughter, to massacre.

**pomorje,** *n.* sea-country.

**pomorski,** *a.* naval, maritime.

**pomorstvo,** *n.* marine, navy, navigation.

**pomotriti,** *v.* to look at, to contemplate, to view.

**pomračiti se,** *v.* to darken, to obscure, to dim, to sully, to become dark.

**pomrčanje,** *n.* darkening, dimness; obscuration; (*astr.*) eclipse.

**pomrčati,** *v.* to eclipse.

**pomrčina,** *n.* eclipse.

**pomrčiti,** *v.* to obscure, to darken, to dim, to sully.

**pomrijeti,** *v.* to die, to expire, to perish.

**pomrljati,** *v.* to besmear, to spot, to soil.

**pomrsiti,** *v.* to entangle, to confuse, to complicate; to confuse, to perplex; to foil, to frustrate.

**pomrznuti se,** *v.* to freeze, to congeal.

**pomusti,** *v.* to milk.

**pomutiti (se),** *v.* to trouble, to disorder, to confuse, to confound; to disconcert, to agitate.

**pomutnja,** *n.* misunderstanding, error, confusion.

**ponajbolji,** *a.* the best, one of the best.

**ponajprije,** *adv.* first, in the first place.

**ponajviše,** *adv.* mostly, chiefly, for the most part.

**panakvasiti,** *v.* to soak, to steep, to drench; (*rublje*) to buck.

**ponamještati,** *v.* to place in order; to provide for, to arrange.

**ponapiti se,** *v.* to get drunk a little.

**ponaprijed,** *adv.* before, in front, on, ahead.

**ponarasti,** *v.* to grow, to increase, to arise, to spring, to appear.

**ponašanje,** *n.* conduct, behavior, demeanor.

**ponašati se,** *v.* to behave, to conduct, to demean.

**ponavljanje,** *n.* repetition, reiteration, rehearsal.

**ponavljati,** *v.* to repeat, to reiterate, to renew, to rehearse.

**ponedjeljak,** *n.* Monday.

**ponekad,** *adv.* sometimes.

**ponestati,** *v.* to disappear, to be lost, to vanish.

**ponesti,** *vidi:* **ponijeti.**

**ponešto,** *adv.* partly, in part.

**ponići,** *v.* to sprout, to shoot.

**ponijeti,** *v.* to carry, to bear, to take; (se) to behave; to be proud.

**ponikao,** *a.* sprouted.

**poniknuti,** *vidi:* **ponići.**

**ponikva,** *n.* deep valley.

**poniranje,** *n.* sinking, submersion, immersion.

**ponirati,** *v.* to sink, to founder, to fall into an abyss.

**poništavati se,** *vidi:* **poništiti.**

**poništiti,** *v.* to destroy, to cancel, to annul.

**ponizak,** *a.* rather low, small.

**ponizan,** *a.* humble, lowly; meek, submissive.

**poniziti se,** *v.* to humble, to lower; to diminish, to reduce, to decrease.

**ponizno,** *adv.* humbly, submissively.

**poniznost,** *n.* humility, humbleness; meekness, subjection, submissiveness.

**poniživati,** *vidi:* **poniziti.**

**poniženje,** *n.* humiliation; lowering; abatement; disgrace.

**ponjati,** *v.* to comprehend, to understand, to conceive.

**ponjava,** *n.* bed-sheet, blanket; caparison.

**ponjegovati,** *v.* to foster, to cherish, to favor.

**ponoć,** *n.* midnight.

**ponoćnik,** *n.* night-watchman.

**ponor,** *n.* gulf, abyss, precipice, chasm.

**ponos,** *n.* pride, haughtiness, arrogance.

**ponosan,** *a.* proud, haughty, arrogant.

**ponosit,** *vidi*: **ponosan.**
**ponositi (se),** *v.* to be proud of; (*istro-šiti*) to wear out.
**ponositost,** *n.* pride, haughtiness, arrogance.
**ponosno,** *adv.* proudly, arrogantly, haughtily.
**ponošljiv,** *a.* haughty, proud, arrogant.
**ponova,** *n.* renovation, revival, renewal.
**ponoviti se,** *v.* to renew, to make anew, to refresh, to revive.
**ponovno,** *adv.* repeatedly.
**ponovo,** *adv.* newly, anew.
**pontifikalan,** *a.* pontifical.
**pontifikat,** *n.* pontificate.
**ponuda,** *n.* offer, proposal, bid; proposition; motion.
**ponuditi,** *v.* to offer, to propose, to bid.
**ponuđaj,** *n.* offer, bid, proposition.
**ponuka,** *n.* proposition, proposal; incitement, stimulation.
**ponukati,** *v.* to induce, to advise; to prevail, to incite, to suggest.
**ponukivalac,** *n.* inciter.
**poočim,** *n.* foster-father.
**poodjutriti se,** *v.* to advance, to proceed.
**poodmaći,** *v.* to forward, to advance, to hasten.
**poodrasti,** *v.* to grow up; to increase.
**pooštrenje,** *n.* aggravation; augmentation.
**pooštriti,** *v.* to whet, to sharpen; to aggravate.
**pop,** *vidi*: **svećenik.**
**popadati,** *v.* to fall, to drop.
**popadija,** *n.* wife of a preacher.
**popaliti,** *v.* to burn, to set fire to, to scorch.
**popara,** *n.* toasted bread.
**poparati,** *v.* to scald, to smother with boiling water.
**popasti,** *v.* to seize, to catch, to grip, to grab, to take; (*travu*) to graze, to browse.
**popaša,** *n.* money paid for pasturage, grass (*ili*) grazing-money.
**popašan,** *a.* desirous; lascivious, lustful.
**popaštiti se,** *v.* to get busy, to hasten.
**popeći,** *v.* to roast, to grill; (*kruh*) to toast.

**popeti (se),** *v.* to climb, to go up, to ascend.
**popijevati,** *v.* to sing, to warble, to praise.
**popijevka,** *n.* song, ballad, ditty.
**popipati,** *v.* to feel, to touch; to grope.
**popis,** *n.* roll, census; enumeration; enrolling, recruiting, conscription; (*listina*) list, inventory.
**popisati,** *v.* to make an inventory, to list.
**popisivati,** *v.* to note, to write down.
**popišati se,** *v.* to urinate, to piss, to pass water.
**popitati se,** *v.* to inquire, to ask.
**popiti,** *v.* to drink out, to empty.
**popjevati,** *v.* to sing.
**poplaćati,** *v.* to pay.
**poplakati,** *v.* to wash away, to wash out, to rinse.
**poplakivati,** *v.* to weep, to cry.
**poplašen,** *a.* frightened, terrified, scared.
**poplašiti (se),** *v.* to frighten, to terrify, to scare.
**poplat,** *n.* sole.
**poplatiti,** *v.* to pay, to defray.
**poplav (a),** *n.* flood, deluge, inundation; overflow.
**poplavetnjeti,** *v.* to turn blue, to make blue.
**poplavica,** *n.* inundation, submersion, flood.
**poplaviti,** *v.* to deluge, to inundate, to overflow, to submerge.
**poplavjeti,** *v.* to make blue, to turn blue.
**poplesti,** *v.* to cover with braids, to enclose in wickerwork.
**poplijeniti,** *v.* to pillage, to plunder, to ravage, to strip.
**popločen,** *a.* paved.
**popločiti,** *v.* to pave.
**popločivati,** *vidi*: **popločiti.**
**poplun,** *n.* blanket, comfort.
**popljesniviti,** *v.* to get mouldy.
**popljuvati,** *v.* to spit out.
**popo,** *vidi*: **pop.**
**popoditi,** *v.* to floor, to board.
**popola,** *adv.* in two, broken in two; half and half.
**popolako,** *adv.* slowly.
**popovski,** *a.* sacerdotal, priestly.
**popovstvo,** *n.* priesthood.
**poprašiti,** *v.* to dust.
**poprati,** *v.* to wash, to cleanse.

**popratiti,** *v.* to accompany, to escort, to guide, to lead, to conduct.

**popratnica,** *n.* (letter of) safe-conduct, passport.

**poprava,** *n.* repair, reparation.

**popravak,** *n.* (*ispravak*) correction; repair, mending, repairing; amends, satisfaction.

**popravan,** *a.* reparable; corrigible.

**popravdati se,** *v.* to litigate; to quarrel, to wrangle.

**popravilište,** *n.* house of correction, reformatory.

**popravitelj,** *n.* repairer, repairman; corrector, improver.

**popraviti (se),** *v.* to correct, to reform; to mend, to repair; to reestablish, to recover.

**popravka,** *n.* correction, reparation; repairing; amends, re-establishing; restoration.

**popravljač,** *n.* repairman, repairer; corrector, reformer.

**popravljanje,** *n.* repairing, reparation; improvement, amendment.

**popravljati (se),** *v.* to repair, to mend; to correct.

**poprečan,** *a.* transverse, crossing; (*srednji*) middle, average.

**poprečke,** *adv.* across, crosswise, sidewise, askance.

**poprečni,** *a.* cross, oblique, transverse.

**poprečnica,** *n.* cross-line, transversal, diagonal.

**poprečno,** *adv.* about, across, approximately.

**poprijeko,** *adv.* transversely, crosswise, diagonally.

**poprijetiti,** *v.* to menace, to threaten.

**poprilici,** *adv.* about, almost, nearly, in general.

**poprimati,** *vidi:* **poprimiti.**

**poprimiti,** *v.* to accept, to receive; to undertake; to approve, to allow, to admit.

**poprište,** *n.* theatre, stage, playhouse, arena; scene.

**poprsje,** *n.* bust, portrait (of a bust).

**poprskati,** *v.* to splash, to spill, to scatter, to squirt.

**poprštiti,** *v.* to crush by treading, to trample down.

**poprug,** *n.* belly-band.

**popržiti,** *v.* to roast, to grill; (*kruh*) to toast.

**popucati,** *v.* to fire away; to spend in shooting; to split, to break, to rend, to burst.

**popudbina,** *n.* messenger's fee.

**popularan,** *a.* popular; common, general.

**popularno,** *adv.* popularly; commonly, generally.

**popularnost,** *n.* popularity.

**popuniti,** *v.* to fill up, to complete; to supplement.

**popunjavanje,** *n.* filling; repletion, completing; supplement.

**popust,** *n.* discount, deduction, abatement; diminution.

**popustiti (se),** *v.* to relax, to slacken, to release, to loosen, to yield; to abate, to weaken.

**popustljiv,** *a.* yielding, easy; flexible, pliant, complying.

**popustljivost,** *n.* yielding; compliance.

**popušiti,** *v.* to smoke out.

**popuštanje,** *n.* relaxing, yielding; diminution, decrease, abatement.

**popuštati,** *v.* to slacken, to relax, to yield; to give up.

**popuštenik,** *n.* fattened ox; hog.

**poput,** *prep.* like, as, even, similar.

**poputbina,** *n.* traveling-provision; **sveta poputbina,** last sacraments.

**poputnica,** *n.* marching-hymn.

**poputnina,** *n.* mileage, traveling fees.

**popuzljiv,** *a.* slippery, lubricous.

**popuznuti,** *v.* to slip.

**por (a),** *n.* pore.

**poraba,** *n.* usage, use; practice, custom.

**poradi,** *prep.* on account, for.

**poraditi,** *vidi:* **nastojati.**

**poradovati se,** *v.* to rejoice, to be pleased (with), to delight (in), to be glad of.

**porađanje,** *n.* throes; pains of childbed, labor.

**porađati se,** *v.* to bear a child, to give birth to.

**poramenice,** *n.* suspenders; strap.

**poraniti,** *v.* to rise early.

**porano,** *adv.* early.

**porast,** *n.* growth; stature.

**porasti,** *v.* to grow, to increase, to rise, to thrive, to swell.

**poravnanje,** *n.* adjustment, settlement; liquidation, equalization.

**poravnati** (se), *v.* to plane, to level, to smooth; to equalize, to square, to straighten, to make even; to settle.

**poravniti,** *v.* to level, to smooth.

**poravnjivati,** *vidi:* **poravniti.**

**poraz,** *n.* defeat, overthrow, rout.

**porazan,** *a.* pernicious; destructive, destroying.

**porazdijeliti,** *v.* to divide, to distribute, to apportion.

**porazgovoriti** (se), *v.* to converse, to talk together.

**poraziti,** *v.* to defeat, to ruin.

**porazmjestiti,** *v.* to distribute, to set in order; to arrange, to rearrange, to appoint.

**porazmještenje,** *n.* rearrangement.

**poražen,** *a.* defeated, ruined.

**porculan,** *n.* porcelain, china; **porculansko posuđe,** china-ware.

**po'rđati,** *v.* to gnaw; to corrode.

**po'rđati,** *v.* to rust.

**porebarke,** *adv.* sideways, aside.

**porebrina,** *n.* rib-roast.

**porečan,** *a.* revocable, repealable.

**poreći,** *v.* to revoke, to recall, to repeal, to retract; to recant, to disown.

**pored,** *prep.* beside, aside; sideways.

**poredak,** *n.* order; harmony.

**poredan** *a.* coordinate, parallel; little, small.

**poredati,** *v.* to line up, to arrange, to assort.

**porediti** (se), *v.* to compare, to parallel.

**porednik,** *n.* arranger, adjuster, regulator.

**poredno,** *adv.* in order.

**porednost,** *n.* parallelism.

**poredo,** *adv.* side by side, abreast.

**poredom,** *adv.* by the side of each other, side by side, abreast; together.

**poređanje,** *n.* co-ordination.

**poređati,** (se), *v.* to arrange; to rank, to set in order.

**poređenje,** *n.* order, lining-up, arrangement.

**poreklo,** *vidi:* **podrijetlo.**

**poreknuti,** *vidi:* **poreći.**

**poremećen,** *a.* confused; deranged.

**poremećenje,** *n.* confusion; derangement.

**poremetiti se,** *v.* to displace, to remove, to put out of order; to derange.

**porez,** *n.* tax, duty, impost, toll.

**porezati** (se), *v.* to cut; to slash; to carve; to trim.

**porezivati,** *vidi:* **porezati.**

**porezni ured,** *n.* tax-office.

**poreznik,** *n.* tax-collector, tax-receiver.

**poricanje,** *n.* retraction, denial, disavowal.

**poricati,** *v.* to retract, to deny; to abnegate, to contradict, to belie.

**poriječje,** *n.* system of rivers.

**porijetlo,** *n.* descent; birth, derivation, origin.

**poriluk,** *n.* leek.

**porinuti,** *v.* to push, to shove, to drive.

**poriti,** *v.* to dissect, to rip up, to cut open.

**porivati,** *vidi:* **porinuti.**

**porječkati se,** *v.* to quarrel, to fall out.

**porluk,** *vidi:* **poriluk.**

**porobiti,** *v.* to rob, to steal, to pillage.

**poročan,** *a.* culpable, guilty of.

**poročnost,** *n.* culpability, sinfulness.

**porod,** *n.* birth, childbirth; childbed, confinement, delivery.

**porodica,** *n.* family.

**porodičan,** *a.* familiar, domestic.

**porodično,** *adv.* familiarly, intimately.

**porodilja,** *n.* woman confined.

**poroditi** (se), *v.* to beget, to procreate; to be confined.

**porođaj,** *n.* childbirth, childbed; confinement, delivery.

**porođajni,** *a.* birth; born.

**porok,** *n.* vice, defect, fault, imperfection; error, sin.

**poronuti,** *v.* to go down; to immerse.

**porosica,** *n.* thaw-rain.

**porositi,** *v.* to bedew, to dew.

**porosnica,** *vidi:* **porosica.**

**porota,** *n.* jury; (*porota glavna*) grand jury; (*porota istražna*) inquest jury; (*porota kod organizacija*) trial board; (*porota raspravna*) trial jury.

**porotnik,** *n.* juryman, juror.

**porozan,** *a.* porous.

**porta,** *n.* churchyard; port.

**porub,** *n.* border, edge, brim, hem.

**porubiti,** *v.* to edge, to hem, to trim.

**porubljivati,** *vidi:* **porubiti.**

**poručanstvo,** *n.* bail, surety, guaranty.

**poručati,** *v.* to lunch.

**poručiti,** *v.* to let know; to command, to order.

**poručivati,** *vidi*: **poručiti.**

**poručnik,** *n.* lieutenant.

**poruga,** *n.* mockery, scorn, sneer, scoff.

**porugivati se,** *v.* to laugh at, to mock, to ridicule; to scorn, to despise.

**porugljiv,** *a.* scornful, contemptuous, derisive, ironical.

**poruh,** *n.* bail, surety, security; bondsman, bailsman, warranter.

**poruka,** *n.* message; order, command.

**porumenjeti,** *v.* to blush, to redden; to be ashamed.

**porušenje,** *n.* demolition, ruination.

**porušiti se,** *v.* to demolish, to destroy, to ruin.

**poružiti,** *v.* to abuse, to insult, to affront, to scoff, to sneer.

**poružnjeti,** *v.* to disfigure, to grow ugly.

**po'rvati (se),** *v.* to wrestle, to fight.

**posad,** *adv.* henceforth.

**posada,** *n.* garrison; *(u zatvoru)* guard, ward.

**pasaditi se,** *v.* to plant, to place; *(posjesti)* to set down, to put down.

**pasagnuti (se),** *v.* to bend, to bow, to weigh down, to depress, to stoop.

**posahnuti,** *v.* to wither, to dry up.

**posakrivati,** *v.* to conceal, to hide.

**posamce,** *adv.* separately, singly, one by one, one after another, severally, by detail.

**posao,** *n.* labor, toil, work, industry.

**posavjetovati (se),** *v.* to consult, to confer, to deliberate.

**poseban,** *a.* separate (d), distinct; extra; by itself, isolated.

**posebice,** *adv.* especially, particularly; singly, one by one.

**posebnik,** *n.* private person, individual.

**posebno,** *adv.* separately, particularly, specially, privately.

**posebnost,** *n.* singularity, peculiarity.

**poseći,** *v.* to extend; to reach, to hand.

**posegnuti,** *vidi*: **poseći.**

**posele,** *adv.* henceforth.

**posestrima,** *n.* chum, sister by choice.

**posestrimiti,** *v.* to chum, to befriend a girl, to adopt as sister.

**posestriti,** *vidi*: **posestrimiti.**

**posezati,** *vidi*: **poseći.**

**posijati,** *v.* to sow, to spread, to scatter, to plant; to sprinkle, to strew.

**posije,** *n.* bran.

**posijecati,** *v.* to cut to pieces, to massacre, to butcher.

**posijediti,** *v.* to grow gray, to get gray-haired.

**posijelo,** *n.* club; circle; society, party; performance.

**posiliti se,** *v.* to get powerful.

**posinak,** *n.* foster-son, adopted son.

**posiniti,** *v.* to adopt, to affiliate.

**posinjenje,** *n.* adoption, adopting of a child.

**posipač,** *n.* strew-sand.

**posipati,** *v.* to scatter, to strew, to sprinkle.

**posipka,** *n.* fire-shovel; peel, scoop.

**posirotjeti,** *v.* to impoverish, to pauperize, to grow poor.

**posisati,** *v.* to suck; to drain; to absorb, to imbibe.

**posizati,** *v.* to reach, to grasp, to extend.

**posjeći (se),** *v.* to cut, to cut out, to fell; to carve, to chop.

**posjećivati,** *vidi*: **posjetiti.**

**posjed,** *n.* possession; enjoyment, occupation; ownership, property.

**posjedak,** *n.* circle, party, visit.

**posjedati,** *v.* to sit, to sit down.

**posjediti,** *v.* to sit, to wait, to stay; to attend to.

**posjednik,-ica,** *n.* owner, possessor, proprietor.

**posjedništvo,** *n.* ownership, possession, estate.

**posjednuće,** *n.* occupation.

**posjednuti,** *v.* to occupy, to hold, to inhabit; to besiege, to beset.

**posjedovanje,** *n.* possession; estate.

**posjedovati,** *v.* to possess, to own, to have, to hold, to enjoy.

**posjesti,** *v.* to occupy; to seat, to place.

**posjet,** *n.* visit; attendance; call.

**posjetiti,** *v.* to visit, to call upon; to frequent, to attend.

**posjetnica,** *n.* calling card; visiting card.

**posjetnik,** *n.* visitor, attendant, caller.

**poskakati,** *v.* to skip, to leap, to jump.

**poskakivati,** *vidi*: **poskakati.**

**poskapati,** *v.* to perish, to die, to succumb.

**poskidati,** *v.* to remove, to take off; to pull off.

**poskikivati,** *v.* to cry out, to scream.

poskitati, *v.* to vagabondize, to wander.
poskočica, *n.* dance.
poskočiti, *v.* to leap, to jump, to skip, to hop, to spring.
poskok, *n.* jump, leap, skip, hop.
poskrbiti se, *v.* to provide; to foresee.
poskupiti, *v.* to increase in price, to enhance the price; to grow dearer.
poskupsti, *v.* to plume, to pluck, to fleece.
poskura, *n.* host, wafer.
posladiti, *v.* to sweeten.
poslagati, *v.* to lay together, to fold up, to arrange.
poslanica, *n.* epistle, letter, communication, message; bull (*papal*).
poslanički, *a.* ambassadorial.
poslanik, *n.* (*narodni*) deputy; (*državni*) envoy, ambassador; (*papinski*) nuncio.
poslaništvo, *n.* embassy, legation.
poslanstvo, *vidi:* poslaništvo.
poslastica, *n.* confection, tidbit, dessert, delicacy.
poslastičar, *n.* confectioner.
poslati, *v.* to send, to dispatch.
poslen, *a.* active, busy.
poslenica, *n.* workwoman.
poslenik, *n.* workingman, laborer, painstaker; craftsman.
poslenost, *n.* industry, diligence, assiduity.
poslije, *adv. and prep.* after, next to, upon, behind, back, afterward, subsequently.
poslijepjeti, *v.* to blind.
poslovač, *n.* laborer, workman, painstaker.
poslovanje, *n.* activity, work, labor.
poslovati, *v.* to act, to labor, to work, to toil.
poslovica, *n.* proverb, adage, maxim, saying.
poslovičan, *a.* proverbial.
poslovni, *a.* business, business-like, relating to business.
poslovnica, *n.* office.
poslovnik, *n.* order of business, order of proceedings; order; agent.
posluga, *n.* service; application, use.
posluh! *interj.* attention! — *n.* obedience, allegiance, attention, hearing.
poslušan, *a.* obedient, tractable, docile, dutiful.
poslušanje, *vidi:* posluh.

poslušati (se), *v.* to hear, to listen to, to hearken, to obey.
poslušnik, *n.* obedient person.
poslušnost, *n.* obedience; allegiance; docility.
poslužan, *vidi:* uslužan.
poslužitelj, *n.* servant, domestic, valet.
poslužiti (se), *v.* to serve, to help, to attend, to wait upon.
posluživanje, *n.* service, waiting, offer.
posluživati, *vidi:* poslužiti.
posljedak, *n.* result, effect; consequence, conclusion.
posljedica, *n.* consequence, conclusion, end; result, effect.
posljednji, *a.* last, final; extreme, highest, utmost.
posmatrač, *n.* observer, spectator, watcher, viewer;—zvjezda, astronomer.
posmatranje, *n.* observation.
posmatrati, *v.* to observe; to examine, to consider.
posmijeh, *n.* (*veseo*) smile; (*podrugljiv*) sneer, frown.
posmijevati se, *v.* (*radosno*) to smile; (*podrugljivo*) to frown, to laugh at, to make fun of.
posmjehivati se, *vidi:* posmijevati se.
posmjehnuti se, *vidi:* posmijevati se.
posmrče, *n.* posthumous child.
posmrtni, *a.* posthumous; after death.
posmrtnina, *n.* death benefit, death indemnity.
posnimati, *vidi:* poskidati.
posoliti, *v.* to salt.
posoljen, *a.* salted.
pospan, *a.* sleepy, drowsy, sluggish.
pospanac, *n.* sleepy fellow.
pospanost, *n.* sleepiness, drowsiness.
pospati, *vidi:* pospavati.
pospavati, *v.* to sleep, to fall asleep.
pospješenje, *n.* acceleration, speed.
pospješiti, *v.* to accelerate, to hasten, to hurry, to despatch, to urge.
posprdan, *a.* disdainful, scornful; ironical, cynical.
pospremiti, *v.* to put in order, to arrange; to clear.
posramiti, *v.* to make ashamed, to shame; to confound.
posramljen, *a.* ashamed.

**posrebriti**, *v.* to silver (over), to silver-plate.

**posred**, *prep.* amidst; in the middle of.

**posredan**, *a.* indirect, mediate; collateral.

**posrednica**, *n.* mediatrix.

**posrednik**, *n.* mediator, conciliator, interceder, negotiator.

**posredništvo**, *n.* mediation, intervention, intercession; agency.

**posredno**, *adv.* indirectly.

**posredovanje**, *vidi*: **posredništvo**.

**posredovati**, *v.* to intervene, to interfere, to interpose, to intercede, to mediate, to negotiate.

**posredovno**, *vidi*: **posredno**.

**posredstvom**, *adv.* by means of.

**posrkati**, *v.* to sip, to suck in, to inhale.

**posrnuti**, *v.* to stumble, to stagger.

**posrtaj**, *n.* stagger, stumble.

**posrtati**, *v.* to stagger, to totter, to reel, to waver, to stumble; to blunder.

**post**, *n.* fast, fasting; (*veliki post*) Lent.

**postaja**, *n.* station, stand; stay.

**postajanje**, *n.* origin, source, beginning, arising, descent.

**postajati**, *v.* to become, to grow, to arise, to originate, to begin, to commence; to stop a little.

**postajkivati**, *v.* to stop a little.

**postanak**, *n.* origin, source, beginning, birth, extraction, formation.

**postar**, *a.* oldish, elderly.

**postarati se**, *v.* to become old; (*pobrinuti se*) to take care of.

**postati**, *v.* to become, to grow, to be.

**postav**, *n.* lining; cloth.

**postava**, *n.* lining; fur, felt.

**postaviti**, *v.* to put, to set, to lay, to place; to line.

**postavljen**, *a.* situate (d), placed; set.

**postelja**, *n.* bed, bedstead.

**posteljica**, *n.* small bed; crib.

**posteljina**, *n.* bedding, bed clothes.

**posteljnik**, *n.* chamberlain.

**postepen**, *a.* progressive, gradual.

**postepeno**, *adv.* progressively, gradually, by degrees.

**postići**, *v.* to attain, to acquire, to obtain, to accomplish.

**postidan**, *a.* chaste, modest, innocent.

**postidjeti (se)**, *v.* to abash, to confound, to make ashamed.

**postidnost**, *n.* modesty; chastity, bashfulness, decency.

**postignuti**, *vidi*: **postići**.

**postiti**, *v.* to fast.

**postizati**, *vidi*: **postići**.

**postojan**, *a.* stable, constant, steady, certain.

**postojanost**, *n.* stability, constancy, steadiness, duration.

**postojanstvo**, *n.* steadfastness, firmness, constancy, perseverance.

**postojati**, *v.* to exist, to be, to live, to subsist, to last, to continue.

**postojbina**, *n.* home, hearth, birthplace, native country, native land.

**postola**, *n.* shoe.

**postolar**, *n.* shoe-maker.

**postolka**, *n.* (*ptica*) kestrel.

**postolje**, *n.* trestle, frame of a table.

**postotak**, *n.* percentage, per cent, interest.

**postradati**, *v.* to suffer damage; to be a sufferer (*ili*) loser by.

**postrići**, *v.* to shear, to fleece, to cut (*hair, wool*).

**postrijeljati**, *v.* to shoot down; to kill, to slaughter.

**postrugati**, *v.* to scrape, to grate, to clean; to rake, to scratch, to rub.

**postup (ak)**, *n.* proceeding, procedure, action; treatment; (*sudbeni*) proceedings.

**postupan**, *a.* progressive, gradual.

**postupanje**, *n.* treatment; usage.

**postupati**, *v.* to act, to do, to operate, to treat, to proceed.

**postupice**, *adv.* gradually, progressively.

**postupnik**, *n.* procedure, rules of practice.

**postupno**, *vidi*: **postupice**.

**postupnost**, *n.* pace, rank; succession, series, chain.

**posuda**, *n.* dish; vase; vessel.

**posudba**, *n.* loan.

**posuditi**, *v.* (*komu*) to lend, to loan; (*od koga*) to borrow.

**posuđe**, *n.* dishes, utensils.

**posukljati**, *v.* to issue, to get out, to emerge; to rise.

**posumnjati**, *v.* to doubt, to suspect; to question.

**posumporiti**, *v.* to smoke with brimstone.

**posumračiti**, *v.* to dawn, to grow twilight, to become dusky.

**posustati,** *v.* to relax, to get tired.
**posušiti se,** *v.* to dry up, to wither.
**posuti,** *v.* to scatter, to strew over, to spread; to spill, to diffuse.
**posvaditi (se),** *v.* to quarrel, to fall out.
**posvajati,** *v.* to appropriate, to lay claim to; to pretend.
**posve,** *adv.* totally, wholly, quite, entirely.
**posvema,** *vidi:* posve.
**posvećen,** *a.* consecrated, dedicated.
**posvećenje,** *n.* consecration; dedication.
**posveta,** *n.* consecration, dedication; (*svećenika*) ordination.
**posvetilište,** *n.* holy receptacle.
**posvetiti (se),** *v.* to consecrate, to devote, to hallow, to sanctify.
**posvetnica,** *n.* dedicatory epistle.
**posvijetliti,** *v.* to light, to illuminate, to enlighten.
**posvjedočenje,** *n.* testimony, affirmation, attestation.
**posvjedočitelj,** *n.* witness.
**posvjedočiti,** *v.* to testify, to witness; to attest, to give evidence, to corroborate.
**posvjet,** *n.* light.
**posvoditi,** *v.* to vault, to arch.
**posvojiti,** *vidi:* prisvajati.
**posvuda,** *adv.* everywhere, throughout, all over.
**poša,** *n.* neck-cloth, scarf.
**pošalica,** *n.* joke, jest, jesting, banter, fun.
**pošalina,** *n.* typhus fever.
**pošaliti se,** *v.* to jest, to joke, to play, to jeer, to banter.
**pošast,** *n.* epidemic (disease), plague.
**pošastan,** *a.* epidemic.
**pošašoljiti,** *v.* to flatter, to caress, to coax, to wheedle.
**pošenuti,** *v.* to become insane;to move, to impel, to stir, to induce.
**pošetati,** *v.* to walk, to stroll.
**pošiljač,** *n.* sender, shipper.
**pošiljanje,** *n.* sending, forwarding, shipping.
**pošiljati,** *v.* to send, to forward, to dispatch.
**pošiljka,** *n.* invoice, shipment; (*novčana*) remittance.
**pošiti,** *v.* to sew, to stitch.
**poškropiti,** *v.* to sprinkle, to water.

**pošta,** *n.* post, mail; (*ured*) post-office; (*poštivanje*) respect, reverence, homage.
**poštanski,** *a.* postal.
**poštar,** *n.* (*listonoša*) mailman, letter-carrier; postmaster.
**poštarica,** *n.* postmistress.
**poštarina,** *n.* postage.
**poštarski,** *a.* postal.
**poštedjeti,** *v.* to spare, to save, to economize.
**pošten,** *a.* honest; equitable, sincere.
**pošteno,** *adv.* honestly; rightly, sincerely.
**poštenjak,** *n.* an honest man, man of honor, gentleman.
**poštenje,** *n.* honesty; fairness, integrity.
**pošteti (se),** *v.* to spoil, to corrupt, to hurt, to impair, to injure.
**pošto,** *conj.* because, since; whereas; — **poto,** *adv.* by all means.
**poštovalac,** *n.* admirer, worshipper, adorer.
**poštovan,** *a.* respectable, honorable, venerable, just.
**poštovanje,** *n.* respect; reverence.
**poštovatelj,** *vidi:* poštovalac.
**poštovati,** *v.* to respect, to esteem, to value, to revere.
**pošunjiti se,** *v.* to stoop, to bend down.
**pošurica,** *n.* anecdote; little story.
**pot,** *n.* sweat, perspiration.
**potaći,** *v.* to move, to incite, to impel. to stimulate; to stir; to poke.
**potaja,** *n.* concealment, latency, secrecy, obscurity, hiding.
**potajan,** *a.* secret, hidden, latent, obscure; privy.
**potajati se,** *v.* to hide oneself, to live retired, to disappear, to shun.
**potajice,** *adv.* secretly, privately.
**potajiti,** *v.* to conceal, to hide.
**potajni,** *vidi:* potajan.
**potajnica,** *n.* (*bilj.*) tooth-wort.
**potajno,** *adv.* secretly, privately, inwardly.
**potaknuti,** *v.* to stir, to instigate, to move.
**potamaniti,** *v.* to destroy, to annihilate.
**potamnjeti,** *v.* to obscure, to darken, to dim; to sully, to bedim.
**potan,** *a.* sweaty; perspiring; moist.
**potančati,** *v.* to make thinner, to thin.

**potanko,** *adv.* in detail, fully.
**potankost,** *n.* detail, particular; particularity.
**potapati,** *v.* to drown, to dip; to immerse, to steep.
**potapkati,** *v.* to pat, to tap; to hit, to beat, to strike lightly.
**potaracati,** *v.* to pave, to plaster.
**potaša,** *n.* potash.
**potavnjeti,** *vidi*: **potamnjeti.**
**potcikivanje,** *n.* shouts of joy.
**potcikivati,** *v.* to shout, to rejoice.
**potčiniti,** *v.* to subdue, to subordinate, to master, to overcome.
**potčinjen,** *a.* subordinate; inferior, lower.
**potčinjenik,** *n.* subordinate, subject.
**potčinjenost,** *n.* subordination, subjection, bondage.
**poteći,** *v.* to flow, to run.
**poteg,** *n.* (*uteg*) weight; drag; drawnet.
**potega,** *n.* inconvenience, trouble, incommodiousness.
**potegliti,** *v.* to pull, to attract, to allure, to entice; to gain.
**potegnuti,** *v.* to draw, to pull, to drag; to pluck, to take off, to trail.
**potepsti se,** *v.* to stumble, to trip.
**potepuh,** *n.* tramp, vagabond, vagrant.
**poteškoća,** *n.* difficulty, hardship, embarrasment.
**potez,** *n.* stroke, line.
**potezati (se),** *v.* to draw, to pull; to lug, to pluck.
**potežnica,** *vidi*: **potega.**
**pothranjivati,** *v.* to nourish, to nurture, to nurse, to feed, to maintain.
**pothvaćati se,** *v.* to undertake, to take in hand, to engage in, to enterprise, to attempt.
**pothvat,** *n.* enterprise; undertaking, attempt; expedition, operation.
**pothvatan,** *a.* enterprising.
**pothvatiti se,** *vidi*: **pothvaćati.**
**pothvatnik,** *n.* contractor, undertaker, purveyor.
**poticaj,** *n.* incentive, stimulus; enticement, motive.
**poticalo,** *n.* spring, motive; drift.
**poticanje,** *n.* incentive, stimulus, enticement.
**poticati,** *v.* to incite, to encourage, to induce.

**potiskati,** *v.* to press, to push; to squeeze, to crowd.
**potiskivanje,** *n.* pressing, pushing, squeezing, crowding.
**potiskivati,** *vidi*: **potiskati.**
**potisnuće,** *vidi*: **potiskivanje.**
**potisnuti,** *vidi*: **potiskati.**
**potištati,** *v.* to aim, to take aim.
**potišten,** *a.* dejected, depressed, disheartened.
**potišteno,** *adv.* dejectedly.
**potištenost,** *n.* dejection, depression, disheartening; melancholy.
**potiti se,** *v.* to perspire, to sweat.
**potjecati,** *v.* to descend, to bring down.
**potjera,** *n.* pursuit; persecution, hunting.
**potjerati (se),** *v.* to chase, to drive; to dispel, to pursue.
**potješiti,** *v.* to console, to encourage, to cheer, to alleviate.
**potkaditi,** *v.* to smoke, to fumigate to disinfect, to smut.
**potkađivati,** *vidi*: **potkaditi.**
**potkapati,** *v.* to undermine; to sap.
**potkivač,** *n.* farrier, horse-shoer.
**potkivati,** *v.* to shoe (*a horse*); to tag.
**potkop,** *n.* mine, tunnel.
**potkopati,** *v.* to undermine, to dig, to tunnel, to excavate.
**potkov,** *n.* shoeing.
**potkova,** *n.* horse-shoe.
**potkovan,** *a.* shod.
**potkovati,** *v.* to shoe.
**potkožnjak,** *n.* (*čir*) carbuncle.
**potkralj,** *n.* viceroy.
**potkrasti,** *v.* to sneak, to slip, to steal (*ili*) creep in.
**potkratiti,** *v.* to shorten, to abbreviate; to contract, to crop.
**potkrepa,** *n.* confirmation; assurance.
**potkrepljivati,** *vidi*: **potkrijepiti.**
**potkresati,** *v.* to lop, to prune.
**potkrijepiti,** *v.* to invigorate, to strengthen; to confirm, to corroborate; to affirm, to fortify.
**potkrižati,** *v.* to underline, to underscore.
**potkupiti,** *v.* to bribe, to suborn, to corrupt.
**potkuplje,** *n.* ground, bottom, floor; base.
**potkupljiv,** *a.* bribable; corrupt.
**potkupljivanje,** *n.* corruption, bribery.

potkupljivati, *vidi*: potkupiti.

potkupljivost, *n.* bribery.

potlačitelj, *n.* oppressor.

potlačiti, *v.* to oppress, to subdue; to trample; to depress.

potleuša, *n.* hovel.

potmuo, *a.* dull, obscure; musty, damp.

potmuran, *a.* sad, sorrowful, afflicted; gloomy, melancholy, dull.

potočić, *n.* brook, rivulet.

potočiti, *v.* to draw out, to stretch out, to extend.

potočnica, *n.* (*cvijet*) forget-me-not.

potok, *n.* brook, rivulet, creek.

potom, *adv.* afterwards, subsequently.

potomak, *n.* descendent; offspring; issue.

potomstvo, *n.* descent; posterity; generation.

potonuti, *v.* to sink, to go down.

potonji, *a.* posterior, later, hind; the last; following, subsequent, next.

potop, *n.* deluge, flood, inundation.

potopiti se, *v.* to plunge, to dip, to immerse, to sink; to drench, to soak.

potopnica, *n.* (*ronilica lađa*) submarine.

potpadati, *v.* to be subjected to, to belong; to undergo, to succumb.

potpala, *n.* fuel, kindling.

potpaliti, *v.* to light, to kindle; to excite; to burn.

potpasač, *n.* truss, belt, girdle; suspender, bandage.

potpasati (se), *v.* to girdle; to surround.

potpasti, *vidi*: potpadati.

potpirač, *n.* support, prop, stay.

potpiriti, *v.* to stir up, to provoke; to animate, to stimulate; to urge.

potpirivati, *vidi*: potpiriti.

potpis, *n.* signature; signing; seal.

potpisati se, *v.* to sign, to subscribe.

potpisivatelj, *n.* subscriber, signer.

potpisnik, *vidi*: potpisavatelj.

potplaćivati, *v.* to pay off, to defray, to bribe.

potplat, *n.* sole.

potplatiti, *v.* (*cipele*) to sole, to line; (*potkupiti*) to corrupt, to taint, to bribe; (*isplatiti*) to defray, to pay off.

potpomaganje, *n.* assistance, support; (*novcem*) relief.

potpomagati, *v.* to support, to help, to relieve; (*novcem*) to subsidize.

potpomoćnik, *n.* helper, assistant.

potpor, *n.* prop, support; help, aid, subsidy.

potpora, *n.* aid, benefit, relief.

potporanj, *n.* prop, support, stay.

potporište, *vidi*: potporanj.

potprašiti, *v.* to dust.

potpreći, *v.* to yoke; to harness.

potpredsjednik, *n.* vice-president.

potpregnuti, *v.* to put (*the horses*) to, to harness.

potpukovnik, *n.* lieutenant-colonel.

potpun, *a.* complete, perfect; utter, entire, whole; full.

potpuniti, *v.* to complete; to supply, to fill up; to make up; to furnish; to even up.

potpuno (ma), *adv.* entirely; utterly, wholly.

potpunost, *n.* completeness, fullness; integrity.

potpunjati, *v.* to complete, to perfect; to supply.

potraga, *n.* search, quest, pursuit; investigation, inquiry.

potrajan, *a.* lasting, durable.

potrajati, *v.* to last, to endure, to continue.

potratiti, *v.* to waste, to spend, to use up, to consume.

potražiti, *v.* to search, to inquire, to seek, to look for, to apply for, to petition for.

potraživanje, *n.* search, inquiry; seeking, investigation; claim, demand.

potražnik, *n.* repertory; seeker, investigator.

potrbušice, *vidi*: potrbuške.

potrbušina, *n.* abdomen, belly.

potrbuške, *a.* pronely.

potrčati, *v.* to run; to race.

potreba, *n.* need, want, necessity, neediness.

potreban, *a.* indispensable, necessary, requisite; needy, needful.

potrebno, *adv.* necessarily, needily.

potrebnost, *n.* necessity, indigence, need, want.

potrebnjak, *n.* person in want of, needy person.

potreboća, *vidi*: potreba.

potrebovati, *v.* to need, to be in want of, to require; to use.

potrepština, *n.* necessity, necessary.

**potres,** *n.* earthquake, tremor; shaking.

**potresati,** *v.* to shake; to move, to convulse.

**potrgati,** *v.* to break, to tear, to rend; to destroy.

**potrijemak,** *n.* hall, porch.

**potrijeti,** *vidi*: **potrti.**

**potrk,** *n.* run, race; course, current.

**potrkušica,** *n.* trifle, small matter, detail.

**potrljati,** *v.* to rub.

**potrnuti,** *v.* to stiffen, to become stiff, benumbed, chilled, to become motionless.

**potrošak,** *n.* expense, expenditure, outlay; consumption.

**potrošarina,** *n.* expenditure, expense.

**potrošiti (se),** *v.* to spend, to consume, to expend; to waste.

**potrošljiv,** *a.* consumable; wasteful.

**potrpati,** *v.* to press, to compress; to heap up, to gather.

**potrpjeti (se),** *v.* to have patience, to wait patiently.

**potrti (se),** *v.* to break, to shatter; to destroy.

**potruditi (se),** *v.* to endeavor, to take pains.

**potsjećati,** *v.* to remind; to remember.

**potsjetiti,** *vidi*: **potsjećati.**

**potsmijeh,** *n.* (*podrugljiv*) mockinglaugh, frown; (*veseo*) smile.

**potucanje,** *n.* straying about, wandering, rambling.

**potucati (se),** *v.* to tramp, to rove, to ramble, to wander.

**potucanje,** *n.* vagrancy; rambling.

**potući (se),** *v.* to slaughter, to fight, to beat soundly; to overpower.

**potuđiti se,** *v.* to estrange; to alienate.

**potuliti (se),** *v.* to smother, to stifle; to subdue; to duck, to crouch, to stoop.

**poturati,** *v.* to push, to force; to press forward, to urge.

**poturica,** *n.* renegate.

**potužiti se,** *v.* to complain.

**potvarati,** *vidi*: **potvoriti.**

**potvora,** *n.* calumny, slander, defamation, libel, slandering, disparagement, insinuation.

**potvorati,** *vidi*: **potvoriti.**

**potvoriti** *v.* to calumniate, to slander; to accuse, to impute falsely.

**potvornik,** *n.* calumniator, slanderer.

**potvrda,** *n.* receipt, acknowledgment; approval, legalization; confirmation.

**potvrditi,** *v.* to confirm, to affirm, to acknowledge; to ratify.

**potvrdnica,** *n.* receipt, certificate; testimonial letter.

**potvrđenje,** *vidi*: **potvrda.**

**poubijati,** *v.* to slaughter, to kill.

**poučan,** *a.* instructive.

**poučati,** *vidi*: **poučavati,**

**poučavanje,** *n.* instruction, teaching, education.

**poučavati (se),** *v.* to instruct, to educate, to teach.

**poučenje,** *n.* sermon, discourse, preaching; lecture.

**poučiti,** *v.* to instruct, to advise; to teach.

**poučljiv,** *a.* docile, tractable.

**poudati se,** *v.* to marry; to match.

**pouka,** *n.* instruction, information; advice.

**pouliti se,** *v.* to become bad, to deteriorate.

**poumirati,** *v.* to die out, to expire; to fade.

**poustajati,** *v.* to raise up, to erect, to arise; to spring.

**poutjecati,** *v.* to come out, to escape, to avoid.

**pouzdan,** *a.* reliable, certain, authentic, trustworthy, confident.

**pouzdanik,** *n.* confidential person; proxy.

**pouzdanica,** *n.* expression of confidence, letter of confidence.

**pouzdano,** *adv.* confidently, reliably.

**pouzdanost,** *n.* confidence, reliance, trust, certainty.

**pouzdanje,** *n.* trust, confidence, faith.

**pouzdati (se),** *v.* to trust, to entrust; to rely upon, to confide.

**pouzdavati (se),** *vidi*: **pouzdati se.**

**pouzeće,** *n.* reimbursement; (*na pouzeće*) C. O. D. (collect on delivery).

**pouzeti,** *v.* to reimburse, to repay; to take after.

**pouzimati,** *vidi*: **pouzeti.**

**pouziti,** *v.* to straighten; to contract, to make narrow.

**povabiti,** *v.* to lure, to entice; to tempt.

**povaditi (se),** *v.* to take out, to draw, to pull; to quarrel, to fall out.

**povađati se,** *v.* to imitate; to mimic, to ape; to follow.

**povala,** *n.* throw, fall, attack, assault.
**povaliti,** *v.* to throw down, to beat down, to fell; **(se)** to lie down, to stretch.
**povaljati,** *vidi:* **povaliti.**
**povampiriti se,** *v.* to become vampire.
**povariti,** *v.* to make red-hot, to lute, to seal, to (fix with) putty.
**povarivati,** *vidi:* **povariti.**
**povazdan,** *adv.* all day long.
**povečerati,** *v.* to have supper.
**povečerje,** *n.* vesper, evening-prayers.
**povećalo,** *n.* magnifying-glass.
**povećanje,** *n.* enlargement.
**povećati,** *v.* to enlarge, to magnify; to augment, to increase.
**poveće,** *adv.* more.
**poveći,** *a.* rather large (*ili*) big.
**povelik,** *vidi:* **poveći.**
**povelja,** *n.* diploma, charter; indenture, document.
**povenuti,** *v.* to wither, to fade.
**povesti,** *v.* to lead away, to take along, to drive, to convey; **(se)** to conform to, to comply with; to go by.
**povez,** *n.* binding (of a book); bandage.
**povezača,** *n.* shawl; neckerchief.
**povezati (se),** *v.* to tie, to bind, to fasten; to unite, to bandage.
**povezivati,** *vidi:* **povezati.**
**povijak,** *n.* swaddle, diaper.
**povijati (se),** *v.* to swathe, to swaddle; to wrap up.
**povijedati,** *v.* to say, to tell.
**povijest,** *n.* history, record.
**povijestan,** *a.* historic (-al).
**povijestno,** *adv.* historically.
**povik,** *n.* outcry, exclamation, call, appeal.
**povikati,** *v.* to exclaim, to scream.
**povikivati,** *v.* to cry out, to scream.
**poviknuti,** *vidi:* **povikati.**
**povisiti,** *v.* to raise, to elevate, to erect; to promote, to exalt.
**povisok,** *a.* rather high.
**poviše,** *adv.* higher up; pretty well; sufficiently.
**povišenje,** *n.* raise, increase; elevation, eminence.
**povišica,** *vidi:* **povišenje.**
**povišivati,** *v.* to raise, to enhance; to increase.
**poviti (se),** *v.* to swathe, to swaddle; to wrap up.

**povjeravati,** *v.* to believe, to trust, to entrust.
**povjeren,** *a.* confided, trusted.
**povjerenik,** *n.* confidant; emissary; commissioner, proxy; (*redarstveni*) police-commissioner.
**povjerenje,** *n.* trust, reliance; confidence.
**povjerenstvo,** *n.* commission, board; (*u parlamentu*) committee.
**povjeritelj,** *n.* creditor.
**povjeriti,** *v.* to entrust, to confide.
**povjerljiv,** *a.* confidential, trustworthy; familiar, intimate.
**povjerljivost,** *n.* confidence, trust; intimacy.
**povjerovati,** *v.* to believe, to entrust, to confide.
**povjesmo,** *n.* (*klupko*) skein, hank.
**povjesni,** *a.* historic, (-al).
**povjesnica,** *n.* history; book of history.
**povjesničar,** *n.* historian.
**povjest,** *n.* history.
**povjestan,** *vidi:* **povjesni.**
**povješati,** *v.* to hang up, to suspend.
**povjetarac,** *n.* breeze, zephyr.
**povlačiti (se),** *v.* to draw, to pull, to drag; to redeem.
**povladiti,** *vidi:* **povlađivati.**
**povlađivanje,** *n.* apllause, approval, cheering.
**povlađivati,** *v.* to applaud, to approve of, to cheer, to spirit up.
**povlaka,** *n.* drawer; (*mlijeka*) cream.
**povlast,** *n.* authority; power.
**povlastica,** *n.* privilege, license, grant, franchise.
**povlastiti,** *v.* to privilege, to authorize, to empower.
**povlašten,** *a.* privileged; (*o dionicama*) preferred.
**povod,** *n.* cause, motive, reason, object.
**povodan,** *a.* watery, well-watered.
**povodanj,** *n.* flood, inundation, overflowing.
**povoditi (se),** *v.* to conform to, to comply with, to go by; to imitate.
**povodljiv,** *a.* manageable, tractable, docile.
**povodljivost,** *n.* flexibility; manageableness, tractability.
**povodnja,** *n.* inundation, flood.
**povodom,** *adv.* as to, on account of, by reason of.
**povoj,** *n.* bandage, swaddling-band.

**povojnica,** *n.* swaddling-band.
**povoljan,** *a.* agreeable, pleasant, convenient; favorable, propitious.
**povoljiti,** *v.* to content, to satisfy.
**povoljno,** *adv.* favorably, agreeably, propitiously.
**povoljnost,** *n.* convenience, kindness, compliance, complaisance.
**povonjati,** *v.* to scent, to smell, to savor.
**povorka,** *n.* procession; array, parade.
**povraćaj,** *n.* return, returning.
**povraćanje,** *vidi:* **povraćaj.**
**povraćati,** *vidi:* **povratiti.**
**povraniti,** *v.* to black (en), to smut, to stain.
**povrat,** *vidi:* **povratak.**
**povratak,** *n.* return; conversion.
**povratan,** *a.* recurrent, periodic, (-al); returned.
**povratiti (se),** *v.* to return, to go back; to revert; to vomit.
**povratljiv,** *a.* reconcilable, placable, propitiable.
**povraz,** *n.* handle, strap.
**povrće,** *n.* vegetable, greens.
**povrći (se),** *v.* to throw away, to disapprove; to refute; to miscarry.
**povreda,** *n.* wrong, damage; hurt, injury; offense, violation.
**povređivati,** *vidi:* **povrijediti.**
**povremeni,** *a.* timely; periodical.
**povrgnuti,** *vidi:* **povrći.**
**povrh,** *prep.* above, over, beyond.
**povrijediti,** *v.* to violate, to offend, to wrong; to damage, to injure, to harm.
**povrnuti,** *vidi:* **povratiti.**
**površan,** *a.* superficial, perfunctory.
**površina,** *n.* surface, area, superficies.
**površno,** *adv.* superficially, perfunctorily.
**površnost,** *n.* superficiality, perfunctoriness.
**povrtarstvo,** *n.* horticulture.
**povrtati,** *vidi:* **povratiti.**
**povrtnica,** *n.* radish.
**povući,** *v.* to pull, to draw out; to entice.
**pozabacati,** *v.* to cast away, to reject.
**pozabaviti (se),** *v.* to stay; to entertain.
**pozaboraviti,** *v.* to forget.
**pozadina,** *n.* background.
**pozadrijemati,** *v.* to take a nap, to doze.

**pozadugo,** *adv.* long, enough.
**pozaimanje,** *n.* loan, borrowing.
**pozaimati (se),** *v.* to borrow, to lend.
**pozajmenik,** *n.* lender.
**pozajmice,** *adv.* adversely, mutually, reciprocally.
**pozajmiti,** *v.* (*od-koga*) to borrow; (*kome*) to lend, to loan.
**pozakoniti (se),** *v.* to legitimate; to recognize; to legalize.
**pozan,** *a.* late, dilatory, tardy, slow.
**pozdrav,** *n.* greeting, salutation, salute; compliment.
**pozdraviti (se),** *v.* to greet, to salute; to bid.
**pozdravljanje,** *n.* greeting, salutation; bowing.
**pozdravljati (se),** *vidi:* **pozdraviti (se).**
**pozdravlje,** *n.* salutation, salute, greeting; compliment.
**pozdravljenje,** *n.* (*andeosko*) angelus; Ave Maria.
**pozelenjeti,** *v.* to become green, to grow green.
**pozepsti,** *v.* to freeze, to be killed by frost.
**pozitiv,** *n.* positive.
**pozitivan,** *a.* positive, absolute; real, actual.
**pozitivno,** *adv.* positively, absolutely.
**pozitivnost,** *n.* positiveness, absoluteness; reality.
**poziv,** *n.* call, invitation; citation; summons, subpena.
**pozivač,** *n.* summoner; caller; crier.
**pozivanje,** *n.* invitation, call.
**pozivati (se),** *v.* to invite, to call; (*sudbeno*) to summon, to subpena.
**pozivnica,** *n.* invitation card; **sudbena —,** summons, subpena.
**pozlaćen,** *a.* gilded, gold-plated.
**pozlaćenje,** *n.* gilding.
**pozlaćivati,** *v.* to gild.
**pozlata,** *n.* gilding, gold-plate.
**pozlatar,** *n.* gilder.
**pozlatiti,** *v.* to gild.
**pozlijediti,** *v.* to injure, to violate.
**pozliti,** *v.* to get ill, to become sick; to grow worse.
**pozljeđivati,** *vidi:* **pozlijediti.**
**poznaja,** *n.* notion.
**poznanica,** *n.* acquaintance.
**poznanik,** *n.* acquaintance.
**poznanstvo,** *n.* acquaintance (ship); familiarity; knowledge.

**poznanje**, *vidi*: **poznavanje**.
**poznat**, *a*. known, acquainted; familiar; famous.
**poznati (se)**, *v*. to know, to be acquainted with; to distinguish.
**poznavalac**, *n*. connoisseur, judge.
**poznavanje**, *n*. knowledge; familiarity; skill; notion.
**poznavati**, *vidi*: **poznati**.
**pozno**, *adv*. late; tardily.
**pozobati**, *v*. to peck (*ili*) pick up, to chip.
**pozoj**, *n*. dragon.
**pozor**, *n*. attention, attentiveness; carefulness.
**pozoran**, *a*. attentive; mindful, regardful.
**pozorišni**, *a*. theatrical.
**pozorište**, *n*. theater, stage; scene.
**pozorje**, *n*. spectacle, show, play, theatrical representation.
**pozornica**, *n*. stage, scene; scenery.
**pozorno**, *adv*. attentively, watchfully, with attention.
**pozornost**, *n*. attention, care, advertence; assiduity, regard.
**pozubati (se)**, *v*. to harrow, to drag.
**pozubiti**, *vidi*: **pozubati**.
**pozvanik**, *n*. caller, visitor.
**pozvati (se)**, *v*. to invite, to call, to name; to refer; to pledge.
**pozvekivati**, *v*. to sound, to ring, to toll, to resound.
**pozvoniti**, *v*. to ring.
**požala**, *n*. pain, grief, sorrow; trouble, complaint, hardship.
**požaliti (se)**, *v*. to regret, to pity; to compassionate, to commiserate; to complain.
**požar**, *n*. fire, conflagration.
**požderati**, *v*. to devour, to eat greedily, to eat up.
**požderuh**, *n*. glutton.
**požeći**, *v*. to burn, to scorch, to heat, to inflame, to blast; to dry.
**požednjati**, *v*. to thirst, to be thirsty.
**požeg**, *n*. fire, conflagration; combustion; incendiarism.
**požega**, *n*. arson; incendiarism.
**poželjeti**, *v*. to desire, to wish for, to long for.
**poženiti se**, *v*. to get married (one after another).
**požeti**, *v*. to reap, to crop.
**požgati**, *vidi*: **požeći**.
**požiljak**, *n*. stripe, weal; mark, scar.

**požirak**, *n*. (*grlo*) throat.
**poživiti**, *v*. to live.
**poživjeti**, *vidi*: **poživiti**.
**požnjeti**, *vidi*: **požeti**.
**požrtvovati**, *v*. to immolate, to sacrifice, to offer.
**požrtvovno**, *adv*. with sacrifice.
**požrtvovnost**, *n*. sacrifice, devotion, devotedness, self-denial.
**požuda**, *n*. eagerness, desire, greed, avidity, passion.
**požudan**, *a*. desirous, anxious, eager; covetous, greedy, passionate.
**požudjeti**, *v*. to desire, to wish for, to long for.
**požudno**, *adv*. eagerly, anxiously; passionately.
**požudnost**, *n*. greediness, avidity, cupidity, covetousness.
**požuriti (se)**, *v*. to hasten, to hurry; to urge, to push on; to accelerate.
**požutiti**, *v*. to become yellow, to grow yellow.
**požutjeti**, *vidi*: **požutiti**.
**prababa**, *n*. great-grandmother.
**praća**, *n*. sling; stirrup.
**praćakanje**, *n*. struggling, kicking about, jumping.
**praćakati se**, *v*. to struggle, to kick about, to flounder.
**praćar**, *n*. slinger, hurler.
**praćati**, *v*. to sling; to send.
**praćati se**, *vidi*: **praćakati se**.
**praćica**, *vidi*: **praća**.
**praćka**, *n*. sling.
**praćkar**, *n*. slinger.
**praćkati se**, *vidi*: **praćakati se**.
**pradjed**, *n*. great-grandfather.
**pradjedovina**, *n*. ancestral estate.
**pradjedovni**, *a*. ancestral.
**pradoba**, *n*. antiquity, ancient times.
**prag**, *n*. threshold, sill; door-step.
**prah**, *n*. powder, dust; **pušćani —**, gun-powder.
**praksa**, *n*. usage, use; practice, experience.
**prakticirati**, *v*. to practice; to exercise.
**praktičan**, *a*. practical.
**praktično**, *adv*. practically.
**praktičnost**, *n*. practicalness.
**pralja**, *n*. laundress, washerwoman.
**pram**, *n*. tuft, bunch, cluster, tress, flock; — *prep*. (*prama*) toward, against, to.
**pramajka**, *n*. great-grandmother.

**pramaljeće**, *n.* spring, springtime.
**pramati**, *v.* to shun, to avoid; to flee, to run away, to escape, to evade.
**pramen**, *n.* tuft, bunch, cluster, tress.
**pramenje**, *n. plural od* **pram**.
**pramičak**, *n.* small tuft, bunch.
**prangija**, *n.* mortar.
**pranica**, *n.* monthly courses; purification.
**pranik**, *n.* phosphorus.
**pranje**, *n.* washing, bleaching.
**praonica**, *n.* laundry; (*za ljude*) wash-room, lavatory.
**praotac**, *n.* grandfather, ancestor.
**praporac**, *n.* hand-bell, little-bell; toy.
**prapradjed**, *n.* great-grandfather.
**prapradjedovi**, *n.* ancestors.
**praroditelj**, *n.* patriarch.
**pras**, *n.* leek; wart.
**prasac**, *n.* hog, pig, pork, swine.
**prasad**, *n.* swine.
**prasak**, *n.* crack, cracking noise, clap.
**prase**, *vidi*: **praščić**.
**praseći**, *a.* piggish.
**prasetina**, *n.* pork.
**prasica**, *n.* sow.
**prasiti** (**se**), *v.* to farrow.
**prasjedilac**, *n.* aborigines, ancestor.
**praska**, *n.* crash, crack, explosion, clap.
**praskanje**, *n.* crackling; clatter.
**praskati**, *v.* to crack; to detonate, to clap.
**praskav**, *a.* explosive.
**praskozorje**, *n.* morning-twilight, dawn.
**praskva**, *vidi*: **breskva**.
**prasnuti**, *v.* to crack, to explode; to split.
**prastar**, *a.* very old, ancient.
**prasvijet**, *n.* primitive world.
**prašak**, *n.* powder, dust; **cvjetni —**, pollen.
**prašan**, *a.* dusty, powdery.
**praščevina**, *n.* pork.
**praščić**, *n.* suckling-pig, young pig.
**praščati**, *vidi*: **praštati**.
**prašina**, *n.* dust; powder.
**prašionica**, *n.* dust-box.
**prašiti**, *v.* to dust, to raise dust.
**praška**, *n.* particle of dust; mote, atom.
**prašljiv**, *vidi*: **prašan**.
**prašnica**, *n.* stamens, stamina.

**prašnik**, *n.* touchpan, priming; stamen.
**praštanje**, *n.* forgiveness, pardon.
**praštati**, *v.* to forgive, to pardon, to excuse; (**se**) to part, to bid farewell.
**prašuma**, *n.* primitive wood, primeval forest, virgin-forest.
**pratežar**, *n.* soldier's boy, low servant.
**prati**, *v.* to wash, to clean; to whiten, to bleach.
**pratilac**, *n.* companion, associate; attendant, guide; accompanist.
**pratilica**, *n.* female companion; spouse.
**pratiti**, *v.* to escort, to guide, to accompany.
**pratljača**, *n.* beater, mallet.
**pratnja**, *n.* escort, retinue; company; (*uz glazbu*) a companiment.
**praunuk**, *n.* great-grandson.
**praunuka**, *n.* great-granddaughter.
**prav**, *a.* right, just, correct; (*nedužan*) innocent.
**pravac**, *n.* direction, aim; (*crta*) straight line.
**pravcat**, *a.* right, just; correct; honest.
**pravce**, *adv.* directly; exactly.
**pravda**, *n.* justice, right; truth; lawsuit, action, trial.
**pravdanje**, *n.* quarrel, row, dispute, wrangle, discussion; litigation, lawsuit.
**pravdaš**, *n.* quarrelsome person. litigant.
**pravdati**, *v.* (*opravdati*) to justify, to vindicate, to exculpate; (**se**) to quarrel; (*sudbeno*) to litigate, to sue.
**pravdoljublje**, *n.* equity, conformity; righteousness.
**pravedan**, *a.* just, righteous; impartial; lawful, rightful.
**pravednik**, *n.* just man, righteous man.
**pravedno**, *adv.* justly, rightfully; impartially; lawfully.
**pravednost**, *n.* justice, righteousness, right.
**pravi**, *a.* true, genuine, real; pure, regular.
**pravica**, *n.* justice, right.
**pravičan**, *a.* just, righteous, equitable; impartial; honest; fair.
**pravičnost**, *n.* justice, right, righteousness; equity, impartiality.
**pravila**, *n.* by-laws, rules; regulations.

**pravilan,** *a.* regular, correct; exact; equitable, impartial; normal.

**pravilnik,** *n.* set of rules (*ili*) laws.

**pravilno,** *adv.* regularly; correctly.

**pravilnost,** *n.* regularity; symmetry; harmony.

**pravilo,** *n.* rule, regulation; by-law; precept.

**pravitelj,** *n.* doer, maker.

**praviti,** *v.* to make, to do, to perform, to create; to build; to erect; (se) to appear.

**pravljenje,** *n.* doing, making.

**pravni,** *a.* juridical, legal.

**pravnički,** *a.* juridical, legal.

**pravnik,** *n.* jurist, lawyer; (*dak*) student at law, law-student.

**pravništvo,** *n.* jurisprudence.

**pravno,** *adv.* juridically, legally; lawfully.

**pravo,** *n.* right, justice, equity; law, jurisprudence; — *adv.* right, exactly.

**pravokut,** *n.* rectangle.

**pravokutan,** *a.* rectangular.

**pravom,** *adv.* by right, rightly.

**pravomoćan,** *a.* valid; lawful, legal; authorized.

**pravomoćnost,** *n.* legal validity, legality, authorization.

**pravopis,** *n.* orthography.

**pravopisac,** *n.* orthographer.

**pravopisni,** *a.* orthographic, (-al).

**pravorijek,** *n.* verdict, adjudication; sentence; award.

**pravoslavan,** *a.* Greek orthodox.

**pravoslavlje,** *n.* Greek orthodox church (religion).

**pravoslovac,** *n.* jurist, lawyer.

**pravoslovlje,** *n.* jurisprudence.

**pravosuđe,** *n.* department of justice.

**pravotisak,** *n.* copyright.

**pravovjerac,** *n.* orthodox.

**pravovjeran,** *a.* orthodox.

**pravovjerje,** *n.* orthodoxy.

**pravovjerni,** *vidi*: **pravovjeran.**

**pravovjernik,** *n.* orthodox.

**pravoznanstvo,** *n.* jurisprudence.

**praz,** *n.* ram, aries.

**prazan,** *a.* empty, vacant; blank.

**praznica,** *n.* empty bee-hive.

**praznik,** *n.* holiday; (*školski*) vacation; play-day.

**praznikovati,** *v.* to spend vacation; (*blagdan*) to keep holiday.

**praznina,** *n.* emptiness, vacancy; vacuum.

**prazniti,** *v.* to empty, to evacuate; to clear, to empty a little.

**praznoća,** *vidi*: **praznina.**

**praznoruk,** *a.* with empty hands.

**praznoslov,** *n.* tattler, babbler, twaddler.

**praznosloviti,** *v.* to chatter, to talk idly.

**praznovanje,** *n.* want of work; stoppage, rest.

**praznovati,** *v.* to celebrate; to solemnize; to rest; to be on vacation.

**praznovjerac,** *n.* superstitious person.

**praznovjeran,** *a.* superstitious.

**praznovjerje,** *n.* superstition.

**pražetina,** *n.* omelet.

**pražiti,** *v.* to fry.

**prč,** *n.* mutton, buck.

**prčetina,** *vidi*: **prčevina.**

**prčevina,** *n.* mutton meat.

**prćija,** *n.* (*miraz*) dowry, portion.

**prćiti** (se), *v.* to pout, to sulk; to frown.

**prdačina,** *n.* derision, raillery, mockery.

**prdaćiti se,** *v.* to deride, to scoff at.

**prdavac,** *n.* (*ptica*) land-rail.

**pre,** *prep.* over; before.

**prebaciti,** *v.* to overthrow; to cast over; to upset.

**prebijati** (se), *v.* to break, to split; to crush.

**prebiranje,** *n.* selection; choosing, picking.

**prebirati,** *v.* to select, to choose, to sort; to match, to pick.

**prebiti,** *vidi*: **prebijati.**

**prebivalište,** *n.* residence, dwelling; abode, habitation; whereabouts.

**prebivanje,** *n.* dwelling, habitation; stay, sojourn.

**prebivati,** *v.* to live, to· dwell, to reside; to stay, to sojourn.

**prebjeći,** *v.* to run over, to come over; to desert; to escape, to run away.

**prebjeg** (a), *n.* fugitive, runaway, deserter.

**prebjegavati,** *vidi*: **prebjeći.**

**prebjegnuti,** *vidi*: **prebjeći.**

**prebježati,** *vidi*: **prebjeći.**

**preblažen,** *a.* blessed, blissful.

**preblijeđeti,** *v.* to turn pale, to pale.

**prebol,** *n.* convalescence, recovery.

**prebolijevati,** *vidi*: **preboljeti.**

**preboljeti,** *v.* to recover, to convalesce; to get well.

**prebor,** *n.* weaving; web, tissue.
**preboraviti,** *v.* to live through, to go through; to pass, to spend.
**prebrajati,** *vidi*: **prebrojiti.**
**prebrati,** *v.* to select, to pick out; to sort, to match.
**prebroditi,** *v.* to sail over; to pass.
**prebrojiti,** *v.* to count over, to enumerate.
**prebujati,** *v.* to flow over, to desert, to run over.
**precijediti,** *v.* to filter, to strain.
**precijeniti,** *v.* to overcharge, to overrate; to overestimate.
**preciknuti,** *v.* to dry up, to wither.
**precjena,** *n.* overcharge; overrating.
**precrtati,** *v.* to cross over.
**precvjetati,** *v.* to bloom.
**prečac,** *vidi*: **naprečac.**
**prečaga,** *n.* round, rung; step.
**prečanica,** *vidi*: **prečaga.**
**prečasni,** *vidi*: **prečastan.**
**prečasnost,** *n.* Your Reverence.
**prečastan,** *a.* right (very) reverend, venerable.
**prečesto,** *adv.* very often.
**preči,** *a.* indispensable, necessary.
**prečiniti,** *v.* to do over, to make over; (*kožu*) to tan.
**prečistiti,** *v.* to purify, to refine.
**prečišćanje,** *n.* purification, cleaning.
**prečitati,** *v.* to read over, to read through.
**prečnica,** *n.* cross-bar, round; rung.
**prečuti,** *v.* to overhear.
**preći,** *v.* to go over, to go through; to transgress.
**prečutjeti,** *v.* to keep a secret, to conceal, to suppress.
**pred,** *prep.* ahead, afore, before; above.
**predahnuti,** *v.* to breathe (again), to inhale.
**predaja,** *n.* delivery, surrender; (*tradicija*) tradition.
**predak,** *n.* ancestor.
**predaleko,** *adv.* too far.
**predan,** *a.* devoted to, fond of; given, delivered.
**predaniti,** *v.* to dawn.
**predanje,** *n.* delivery, surrendering.
**predanje,** *n.* (*strah*) fear, fright, dread, apprehension.
**predatelj,** *n.* deliverer.

**predati (se),** *v.* to deliver, to give up, to surrender, to abandon, to betray, to devote; (*plašiti se*) to fear, to be afraid of.
**predavač,** *n.* deliverer; (*učitelj*) lecturer, instructor, teacher.
**predavanje,** *n.* delivery, surrender; (*u školi*) lecture.
**predavaonica,** *n.* class-room, auditory, lecture-hall.
**predavati,** *v.* to lecture; (se) to surrender.
**predbaci (va)ti,** *v.* to cast up; to reproach, to upbraid, to rebuke; to object.
**predbacivanje,** *n.* reproach, upbraiding, objection.
**predbježan,** *a.* provisional, preliminary, previous, foregoing.
**predbježno,** *adv.* provisionally, previously.
**predbježnost,** *n.* previousness, preliminary; antecedent.
**predbrežje,** *n.* foreland, cape.
**predbrojdba,** *n.* subscription.
**predbrojiti,** *v.* to subscribe, to reserve.
**predbrojnik,** *n.* subscriber.
**predeno,** *n.* hank, skein.
**predenje,** *n.* spinning.
**prederati,** *v.* to penetrate; to tear, to rend.
**predgorje,** *n.* cape, foreland.
**predgovor,** *n.* preface, preamble; introduction.
**predgovornik,** *n.* preceding speaker.
**predgrađe,** *n.* suburb, outskirt.
**predidući,** *a.* preceding.
**predignuti,** *v.* to lift up, to raise; (*karte*) to cut.
**predigra,** *n.* prelude; (*kazališna*) short introductory performance.
**predika,** *n.* sermon, lecture.
**predikaonica,** *n.* pulpit.
**predikat,** *n.* predicate.
**predikativan,** *a.* predicative.
**predikator,** *n.* preacher, minister, chaplain.
**predikovati,** *v.* to preach, to lecture.
**predionica,** *n.* spinning-mill, spinning-room, spinnery.
**predivan,** *a.* admirable, marvelous, wonderful.
**predivno,** *adv.* marvelously, wonderfully.
**predivo,** *n.* flax, lint.
**predizbor,** *n.* primaries.

**predjel**, *n.* region, district; part, section, quarter; country.

**predlagač**, *n.* proposer, proponent, mover, offerer.

**predlaganje**, *n.* submitting, exhibiting; proposing; motion.

**predlagati**, *v.* to propose, to present, to put before, to offer; to move, to suggest.

**predlog**, *n.* proposition, proposal, motion; offer.

**predloženik**, *n.* candidate, nominee.

**predložiti**, *vidi*: **predlagati**.

**predmet**, *n.* subject, matter, thing; business.

**predmijevati**, *v.* to presume, to suppose, to guess; to imply.

**prednaveden**, *a.* mentioned, aforesaid, said.

**prednik**, *n.* predecessor.

**prednost**, *n.* preference, precedence, first place; superiority.

**prednjačiti**, *v.* to precede, to have precedence, to lead, to go before.

**prednjak**, *n.* predecessor; foreman, frontman.

**prednji**, *a.* previous, former; fore.

**prednost**, *n.* preference, privilege; advantage.

**predobiti**, *v.* to win, to get; to overcome, to vanquish.

**predočenje**, *n.* presentation, exhibition; introduction.

**predočiti**, *v.* to represent, to describe; to show, to exhibit; to produce.

**predodredba**, *n.* predestination.

**predodžba**, *n.* presentation; idea, notion; expostulation, conception.

**predoljeti**, *vidi*: **podnijeti**.

**predomisliti**, *v.* to change one's mind.

**predomišljavanje**, *n.* consideration.

**predomišljavati**, *v.* to consider, to conjecture.

**predradnja**, *n.* preliminary work.

**predrag**, *a.* dearest, beloved.

**predrasuda**, *n.* prejudice; prepossession, bias.

**predrijeti**, *v.* to tear asunder; to rend, to break through.

**predručak**, *n.* lunch.

**predrugojačiti**, *v.* to alter, to change, to exchange.

**predsjedanje**, *n.* presiding, presidency.

**predsjedatelj**, *n.* president, chairman.

**predsjedateljstvo**, *n.* chairmanship; chair.

**predsjedati**, *v.* to preside, to be chairman, to govern.

**predsjednički**, *a.* presidential.

**predsjednik**, *n.* president, chairman, chair.

**predsjedništvo**, *n.* presidency; chair, chairmanship.

**predsoblje**, *n.* antechamber, hall, ante-room; reception-room.

**predstava**, *n.* performance, show, act, presentation.

**predstaviti** (**se**), *v.* to introduce, to present.

**predstavka**, *n.* memorial; address.

**predstavljač**, *n.* introducer; performer, representative; (*kazališni*) actor.

**predstavljati** (**se**), *v.* to present, to offer, to expose, to show; to introduce; (*u kazalištu*) to act.

**predstavnik**, *n.* representative.

**predstojati**, *v.* to exist; to be imminent.

**predstojeći**, *a.* imminent, impending; approaching.

**predstojnik**, *n.* superintendent, inspector; chief, commander; foreman, principal.

**predstojništvo**, *n.* superintendency.

**predsuda**, *n.* prejudice, bias.

**predsudan**, *a.* prejudicial, biased.

**predsuditi**, *v.* to prejudicate, to prejudice.

**predšastnik**, *n.* predecessor.

**predug**, *a.* too long.

**predujam**, *n.* advanced money, cash advances.

**predujmiti**, *v.* to advance; to loan.

**predurati**, *v.* to hold out, to last; to persevere.

**preduslov**, *a.* prerequisite.

**predusresti**, *v.* to obviate, to prevent; to anticipate, to outstrip.

**predusretljiv**, *a.* obliging, compliant, complaisant.

**predusretljivost**, *n.* kindness, compliance, complaisance, obligingness.

**predušak**, *n.* respiration, breathing.

**preduzeće**, *n.* undertaking, venture; intention, purpose.

**preduzeti**, *v.* to intend; to undertake, to attempt.

**preduzetno**, *adv.* purposely, intentionally.

**preduzimač**, *n.* contractor.

**preduzimanje,** *n.* enterprise, undertaking.

**preduzimati,** *vidi*: **preduzeti.**

**predvađati,** *vidi*: **predvoditi.**

**predvajati,** *v.* to divide, to separate, to part; to share, to parcel.

**predvečerje,** *n.* eve.

**predvesti,** *v.* to bring before, to produce, to trot out; (*optuženika*) to bring in.

**predvidjeti,** *v.* to foresee, to anticipate; to foreknow, to forebode.

**predviđanje,** *n.* foresight, forethought, anticipation.

**predviđen,** *a.* foreseen, fore-known, anticipated.

**predviđenje,** *vidi*: **predviđanje.**

**predvodilac,** *n.* leader, guide; commander.

**predvoditelj,** *vidi*: **predvodilac.**

**predvoditi,** *v.* to lead, to guide; to command.

**predvodnica,** *n.* vanguard, van.

**predvođenje,** *n.* leading, lead.

**predvojiti,** *v.* to break (set) apart, to separate.

**predvorje,** *n.* fore-court, entrance-court, vestibule, foreyard.

**predzadnji,** *a.* next to the last.

**predženidben,** *a.* antenuptial.

**pređa,** *n.* yarn, thread, twine.

**pređašnji,** *a.* precedent, preceding, past, former.

**pređi,** *n.* forefathers, ancestors.

**pređica,** *n.* buckle, clasp.

**pregača,** *n.* apron; pinafore.

**pregalac,** *n.* striver, endeavorer.

**preganjati,** *vidi*: **pregoniti.**

**pregaziti,** *v.* to wade over; to trample over.

**pregažen,** *a.* waded; trampled.

**pregaženje,** *n.* wading; trampling.

**pregib (ak),** *n.* joint, juncture.

**pregibalo,** *n.* joint; articulation.

**pregibanje,** *n.* bending, stooping.

**pregibati,** *v.* to bend, to bow, to stoop.

**preginjati,** *v.* to open; to resolve.

**pregled,** *n.* review, inspection, summary, synopsis.

**pregledan,** *a.* revised, reviewed; clear, distinct; (*neopažen*) overlooked, omitted; disregarded.

**pregledanje,** *n.* inspection, review.

**pregledati,** *v.* to inspect, to examine; (*neopaziti*) to omit, to overlook; to disregard.

**pregledno,** *adv.* distinctly, summarily.

**preglednost,** *n.* clearness, distinctness.

**preglodati,** *v.* to gnaw through; to corrode.

**pregnati,** *v.* to exaggerate, to overdo, to overact.

**pregnuće,** *n.* resolution, determination; decision.

**pregnuti,** *v.* (*nakriviti*) to fold, to bend, to bow, to inflect; (*težiti za*) to strive; to decide, to resolve.

**pregoniti,** *v.* to drive across.

**pregorjeti,** *v.* to burn, to scorch, to inflame; (*bol*) to get over.

**pregovarač,** *n.* spokesman; mediator.

**pregovaranje,** *n.* conference, discussion; negotiation.

**pregovarati,** *v.* to confer, to negotiate, to parley; to debate, to discuss; (**se**) to quarrel, to argue.

**pregovor,** *n.* dispute, negotiation; discussion, debate.

**pregrada,** *n.* partition-wall; boundary.

**pregradak,** *n.* division, partition; compartment.

**pregraditi,** *v.* to partition, to divide.

**pregrijati,** *v.* to warm, to overheat.

**pregristi,** *v.* to bite through; to corrode.

**pregrizati,** *vidi*: **pregristi.**

**pregršt,** *n.* handful.

**prehlada,** *n.* cold.

**prehladiti se,** *v.* to catch cold.

**prehoditi,** *v.* to pass, to go over; to exceed, to surpass.

**prehodni,** *a.* planetary.

**prehodnica,** *n.* planet; guiding-star, polar-star.

**prehodnik,** *n.* bell-wether.

**prehodnjak,** *vidi*: **prehodnik.**

**prehrana,** *n.* sustenance, maintenance.

**prehraniti,** *v.* to nourish, to nurse; to feed, to maintain.

**prehujati,** *v.* to pass, to go over; to vanish; to cease.

**preimućstvo,** *n.* preference, excellence, advantage; prerogative, privilege.

**preinačiti,** *v.* to mend, to refresh, to restore; to change, to alter.

**preinačivanje,** *vidi*: **preinaka.**

**preinaka,** *n.* change, alteration; transformation.

**preiskati,** *v.* to search.

**prejahati,** *v.* to ride through, to ride over.

**prejasan,** *a.* Most Serene, most high, august.

**prejasnost,** *n.* Highness, eminence, Serene Highness.

**prejaziti,** *v.* to dam, to stop; to confine.

**prejedriti,** *v.* to pass over the water.

**prejesti (se),** *v.* to overeat.

**prejezditi,** *vidi:* **prejahati.**

**prejuriti,** *v.* to run over, to travel over, to rush through.

**prekaditi,** *v.* to fumigate, to perfume, to smut over.

**prekasati,** *v.* to trot.

**prekasno,** *adv.* too late.

**prekid,** *n.* interruption, discontinuance, interception, suspension; disconnection (*of wires*).

**prekidanje,** *vidi:* **prekid.**

**prekidati,** *v.* to interrupt, to discontinue; to break, to rend.

**prekinuče,** *vidi:* **prekid.**

**prekinuti,** *vidi:* **prekidati.**

**prekipjeti,** *v.* to boil-over.

**prekisnuti,** *v.* to sour, to turn sour.

**prekjuče (r),** *adv.* the day before yesterday.

**prekjučeranji,** *a.* of the day before yesterday.

**preklani,** *adv.* the year before last.

**preklanjski,** *a.* of the year before last.

**preklinjanje,** *n.* cursing, swearing; adjuration, conjuration.

**preklinjati (se),** *v.* to curse, to swear; to adjure, to conjure.

**prekloniti (se),** *v.* to bend down, to incline.

**preklopiti,** *v.* to fold, to cover.

**preko,** *prep.* over, through, across.

**prekobaciti (se),** *v.* to tumble over, to turn over; to fall over; to throw over.

**prekobrojan,** *a.* innumerable, supernumerary.

**prekomjeran,** *a.* excessive, immoderate; boundless; extreme.

**prekomjerno,** *adv.* exceedingly, excessively; extremely.

**prekomjernost,** *n.* excess.

**prekomorac,** *n.* transatlantic-man.

**prekomorski,** *a.* transatlantic, transmarine.

**prekonačiti,** *v.* to pass the night.

**prekopati,** *v.* to dig through; to hoe over.

**prekopavati,** *vidi:* **prekopati.**

**prekor,** *n.* rebuke, reproach.

**prekoračiti,** *v.* to step over, to transgress, to trespass; to exceed, to cross.

**prekoramenica,** *n.* suspenders.

**prekoravati,** *v.* to reprimand, to censure, to rebuke; to blame.

**prekoredan,** *a.* extraordinary, excessive; out of order.

**prekoriti,** *vidi:* **prekoravati.**

**prekositi,** *v.* to mow through; to cut up.

**prekosjutra,** *adv.* the day after tomorrow.

**prekosjutrašnji,** *a.* of the day after to-morrow.

**prekosutra,** *vidi:* **prekosjutra.**

**prekovati,** *v.* to forge over.

**prekraćivati,** *vidi:* **prekratiti.**

**prekrajati,** *v.* to cut again.

**prekrasan,** *a.* splendid, beautiful, admirable, charming; magnificent, excellent.

**prekratiti,** *v.* to curtail, to cut short, to abbreviate.

**prekrcati,** *v.* to overfreight; to surcharge; to unload.

**prekrenuti,** *v.* to turn over.

**prekret,** *n.* change, alteration; periodical return, revolution.

**prekretati (se),** *v.* to turn around, to wheel around.

**prekriliti,** *v.* to cover, to hide, to conceal; to defend, to guard, to protect.

**prekriti,** *v.* to veil, to cover, to conceal.

**prekrivalo,** *n.* curtain, veil, cloth; awning.

**prekrivati,** *vidi:* **prekriti.**

**prekriviti,** *v.* to curve, to bend; to wring.

**prekrižiti,** *v.* to cross, to cancel, to erase, to efface; **(se)** to make a sign of the cross.

**prekrojiti,** *v.* to reshape; to transfigure.

**prekrstiti se,** *vidi:* **prekrižiti (se).**

**prekršaj,** *n.* violation, breach; trespass, offence.

**prekršitelj,** *n.* transgressor, violator; trespasser; offender.

**preksinoć,** *adv.* the night before last.

**preksinoćnji,** *a.* of the night before last.

**prekuhati,** *v.* to cook again; to boil over.

**prekupac,** *n.* huckster, higgler.

**prekupiti**, *v.* to buy over, to purchase again.

**prelac**, *n.* spinner, spinster.

**prelamati**, *v.* to break; to split, to crush.

**prelastiti**, *v.* to allure, to tempt, to mislead; to dupe, to cheat; to divert, to defraud; to smuggle.

**prelat**, *n.* prelate.

**prelatski**, *a.* prelatic.

**prelaz**, *n.* transition, transit, passage, change; (*željeznički*) crossing.

**prelazak**, *n.* passage, passing, gateway; road.

**prelazan**, *a.* (*gram.*) active, transitive.

**prelaziti**, *v.* to pass, to go over; to exceed, to surpass.

**prelažljiv**, *a.* contagious.

**prelazno**, *adv.* provisionally; temporarily.

**prelediti se**, *v.* to freeze over (*ili*) up.

**preletjeti**, *v.* to fly over, to soar; to flutter, to run by.

**preležati**, *v.* to lay over (*ili*) upon.

**prelijetati**, *v.* to fly over; to glance over.

**prelijevati**, *v.* to pour (over); (**se**) to change in colors.

**prelistati**, *v.* to peruse, to read cursorily.

**preliti**, *vidi*: **prelijevati**.

**preliv**, *n.* refounding, new cast (ing); transfusion; changeable color, shocolor.

**prelivati** (**se**), *v.* to run away, to be leaky; to spread, to spill; to difluse, to scatter.

**prelo**, *n.* spinning-room; (*društvo*) company (of spinners).

**prelom**, *n.* break, breach; rupture, fracture.

**prelomiti**, *v.* to break (off); to rend; to destroy.

**prelja**, *n.* spinner.

**preljetiti**, *v.* (*ljetovati*) to spend the summer.

**preljub**, *n.* adultery.

**preljubiti**, *v.* to commit adultery.

**preljubnica**, *n.* adulteress.

**preljubnik**, *n.* adulterer.

**prem** (**da**), *conj.* though, although.

**prema**, *prep.* against, towards.

**premac**, *n.* rival, match, equal, peer.

**premaći se**, *v.* to go out, to proceed.

**premalen**, *a.* too little, too small.

**premalo**, *adv.* too little, not enough.

**premaljeće**, *n.* spring.

**premaljetni**, *a.* spring.

**premamiti**, *v.* to seduce, to mislead; to entice, to allure.

**premašati**, *vidi*: **premašiti**.

**premašiti**, *v.* to miss the mark, to be mistaken, to fail; to degrade.

**premazati**, *v.* to smear over, to plaster; to coat.

**premda**, *conj.* though, although.

**premetačina**, *n.* searching, rummaging; search.

**premetanje**, *n.* throwing around, transposition; rummage, rummaging.

**premetati** (**se**), *v.* to rummage, to rake, to search.

**premetnuti** (**se**), *v.* to transpose, to fall out; to turn into.

**premija**, *n.* premium.

**premijesiti**, *v.* to knead over.

**premili**, *a.* dearest, most beloved.

**premilostiv**, *a.* gracious, benignant.

**premilostivan**, *a.* most-gracious.

**premilostivost**, *n.* benignancy.

**preminuti**, *v.* to die, to expire, to perish.

**premisliti se**, *v.* to change one's mind; to think over.

**premišljati**, *v.* to meditate, to reflect; to muse.

**premišljavanje**, *n.* reflection, consideration; meditation.

**premjena**, *n.* change, variation.

**premjeriti**, *v.* to measure, to weight, to consider; to compare; to survey.

**premjestiti** (**se**), *v.* to remove, to transfer, to replace, to transpose, to change places.

**premještaj**, *n.* replacing; removal, transfer.

**premještanje**, *vidi*: **premještaj**.

**premještati**, *vidi*: **premjestiti**.

**premlatiti**, *v.* to beat down, to thrash; to knock down.

**premljeti**, *v.* to grind completely; to chew the cud.

**premnogi**, *a.* very many, too many.

**premnogo**, *adv.* too much.

**premoć**, *n.* superiority, preponderance; overweight.

**premoći**, *v.* to attain, to raise; to gain.

**premoguć**, *a.* able, mighty, powerful.

**premogućan**, *a.* almighty.

**premostiti** (**se**), *v.* to bridge over (*ili*) across.

**premučanje,** *n.* concealing; silence.

**premučati,** *v.* to conceal, to keep secret.

**premudar,** *a.* omniscient, all-knowing, wise, judicious.

**premudro,** *adv.* omnisciently, wisely.

**premudrost,** *n.* prudence, wisdom, omniscience.

**prenačiniti,** *v.* to modify,.to change, to alter; to turn, to shift.

**prenagao,** *a.* overhasty, inconsiderate.

**prenagliti,** *v.* to overhasten, to precipitate.

**prenaglo,** *adv.* rashly, heedlessly; inconsiderately, prematurely.

**prenaglost,** *n.* overhastiness, precipitation.

**prenagljenost,** *n.* rashness, heedlessness.

**prenapet,** *a.* overstrained.

**prenapetost,** *n.* overstrain.

**prenapraviti,** *vidi*: **prenačiniti.**

**prenapravljen,** *a.* made over, repaired, changed, altered.

**prenarediti,** *vidi*: **prenačiniti.**

**prenaređenje,** *n.* alteration, repairing, changing.

**prenašati,** *v.* to transfer, to convey over, to carry.

**prenatrpati,** *v.* to overcrowd; to overfill; to stuff.

**preneraziti,** *v.* to stun, to astound.

**prenesti,** *v.* to transport, to transfer, to transmit; to convey, to carry over.

**prenoćište,** *n.* night's lodging.

**prenoćiti,** *v.* to sleep for the night.

**prenos,** *n.* conveyance, transfer; assignment; transmission.

**prenositi,** *v.* to transfer, to convey; to assign, to transmit.

**prenuti se,** *v.* (*iz sna*) to wake up, to awake.

**preobilan,** *a.* superabundant.

**preobilnost,** *n.* superabundance.

**preobilje,** *vidi*: **preobilnost.**

**preoblačiti,** *v.* to dress,• to cover; (**se**) to change clothes.

**preobladati,** *v.* to overcome; to vanquish, to overpower.

**preoblaka,** *n.* clothing, dress, clothes (*pl.*); casing.

**preobraćenje,** *vidi*: **preobražaj.**

**preobratiti,** *v.* to turn round; to convert, to transform, to change.

**preobraziti** (**se**), *v.* to transform, to transfigure; to alter, to change.

**preobražaj,** *n.* transformation, transfiguration; change.

**preobražavati,** *vidi*: **preobraziti.**

**preobraženje,** *n.* (*Kristovo*) Transfiguration.

**preobrnuti,** *v.* to turn round, to invert, to turn inside out (*ili*) upside down.

**preobući** (**se**), *v.* to dress anew, to put on clothes, to change clothes.

**preobuka,** *n.* linen, cloth; changing one's dress.

**preobuti** (**se**), *v.* to put on stockings (*ili*) shoes again, to put on other shoes.

**preodjenuti,** *v.* to clothe, to coat, to dress.

**preodjevati,** *vidi*: **preodjenuti.**

**preokrenuti** (**se**), *v.* to change, to overthrow, to turn upside down, to subvert, to invert, to upset.

**preokret,** *n.* change; evolution; revolution.

**preopširan,** *a.* too long, too extensive.

**preopterećivanje,** *n.* overburdening, overwork; surcharge.

**preopterećenje,** *vidi*: **preopterećivanje.**

**preopteretiti,** *v.* to overburden, to overload, to surcharge; to overwork.

**preorati,** *v.* to plough up, to plow over.

**preostao,** *a.* remaining, the other.

**preostatak,** *n.* rest, remnant, remainder; residue.

**preostati,** *v.* to remain, to be left; to stay behind.

**preoteti,** *v.* to seize, to recapture, to take back.

**prepadati se,** *v.* to frighten, to startle.

**prepasti** (**se**), *v.* to startle, to surprise, to amaze, to astonish; to be frightened, to be alarmed.

**prepatiti,** *v.* to suffer, to endure.

**prepeći,** *v.* to roast over, to burn over; to boil over.

**prepeka,** *n.* sunburn; sultry air.

**prepelica,** *n.* quail.

**prepeličar,** *n.* (*pas*) spaniel, setter.

**prepicati,** *vidi*: **prepeći.**

**prepiliti,** *v.* to saw, to saw through.

**prepirač,** *n.* wrangler, quarreler.

**prepiranje,** *n.* quarrel, fight, dispute; lawsuit; strife.

**prepirati (se)**, *v.* to quarrel, to wrangle, to fight, to dispute; (*ispirati*) to wash over.

**prepirka**, *n.* quarrel, dispute, strife, conflict.

**prepis**, *n.* copy, transcription; (*grunta*) transfer of real estate.

**prepisati**, *v.* to copy, to transcribe; (*grunt*) to transfer; — **lijek**, to prescribe.

**prepisivač**, *n.* copyist, transcriber.

**prepisivanje**, *n.* copying, transcribing.

**prepisna knjiga**, *n.* copy-book.

**prepjevati**, *v.* to sing.

**preplaćivati**, *vidi:* **preplatiti**.

**preplakati**, *v.* to pass (*ili*) spend weeping (*ili*) tears; (*isprati*) to wash, to rinse.

**preplašiti**, *v.* to scare, to frighten, to intimidate.

**preplata**, *n.* payment in advance; subscription.

**preplatiti**, *v.* to prepay; to subscribe.

**preplaviti**, *v.* to inundate, to overflow.

**preplesti**, *v.* to interweave; to enclose in wicker-work.

**prepletati**, *vidi:* **preplesti**.

**preplivati**, *v.* to swim through (*ili*) across.

**preploviti**, *v.* to sail over (*ili*) across.

**prepoloviti**, *v.* to divide in two parts; to break in two.

**prepona**, *n.* obstacle, stop; last.

**preporod**, *n.* revival, regeneration; reformation.

**preporoditi**, *v.* to regenerate, to revive; (se) to be born again, to appear again.

**preporučen**, *a.* recommended; (*pismo*) registered (*letter*).

**preporučeno**, *adv.* (*pismo*) by registered mail.

**preporučiti**, *v.* to recommend; (*pismo*) to register.

**preporučivanje**, *vidi:* **preporuka**.

**preporuka**, *n.* recommendation; reference.

**prepošt**, *n.* provost.

**prepoznan**, *a.* recognized.

**prepozna(va)ti**, *v.* to recognize, to discern; to understand; to know.

**prepreči(va)ti**, *v.* to hinder, to bar; to stop.

**prepredati**, *v.* to spin over.

**prepreden**, *a.* (*lukav*) cunning, crafty, sly, foxy.

**prepredenost**, *n.* cunning, craft, foxiness.

**prepredenjak**, *n.* wag, fox.

**prepreka**, *n.* obstacle, impediment, obstruction, barrier.

**prepriječiti**, *v.* to hinder, to prevent; to stop, to prohibit, to bar.

**preprodaja**, *n.* re-sale; sale.

**preprodati**, *v.* to sell over again; to huckster, to retail.

**preprodavalac**, *n.* huckster, higgler, dealer, retailer.

**preprodavanje**, *n.* huckster's trade.

**preprodavati**, *vidi:* **preprodati**.

**prepući**, *v.* to burst, to crack.

**prepuknuti**, *vidi:* **prepući**.

**prepun**, *a.* too full, brimful.

**prepuniti**, *v.* to overload, to overfill; to overstock.

**prepustiti**, *v.* to leave, to give up, to yield up; to cede.

**preraditi**, *v.* to do over, to remake, to reshape; to mend, to improve.

**prerađivanje**, *n.* working-up, re-cast, alteration; remaking, remodelling.

**preran**, *a.* premature, too early.

**prerano**, *adv.* prematurely, too early.

**prerastao**, *a.* overgrown.

**prerezati**, *v.* to cut up, to carve.

**prerisati**, *v.* to mark (out), to draw, to trace out, to delineate; to copy, to design; to chalk.

**preriti**, *v.* to dig through, to work through; to turn up, to root; to harrow, to ransack.

**prerovati**, *v.* to turn, to dig, to rake up.

**prerušiti (se)**, *v.* to clothe, to cover, to disguise.

**presada**, *n.* transplanting.

**presaditi**, *v.* to transplant.

**presađivanje**, *n.* transplanting.

**presahnuti**, *v.* to dry up, to parch; to drain, to wither.

**presekati**, *v.* to scoop, to draw, to drain, to empty.

**preseliti (se)**, *v.* to move, to change one's residence, to transfer, to remove; to migrate.

**preseljenje**, *n.* moving, migration; transferring.

**presenećenje**, *n.* amazement, astonishment.

**presenetiti**, *v.* to surprise, to startle, to amaze, to astonish; (se) to be surprised.

**presijati,** v. to sift; to riddle.

**presijecati,** v. to intersect, to cut (out).

**presilan,** a. arrogant, insolent, haughty.

**presilno,** adv. arrogantly, impetuously, ardently, violently, vehemently.

**presipati,** v. to spill, to shed; to decant, to spread, to diffuse.

**presisati,** v. to wither, to dry up; to become drained.

**presjeći,** v. to cut through.

**presjeka,** n. clearing, digging, trench, drain.

**preskakati,** v. to leap over, to jump over; (u knjizi) to skip.

**preskočiti,** vidi: **preskakati.**

**preskok,** n. jump.

**preskup,** a. too dear, too expensive.

**presladak,** a. too sweet.

**presladiti,** v. to sweeten too much.

**preslan,** a. too salty.

**preslica,** n. distaff.

**preslikati,** v. to paint, to portray; to copy.

**preslušavanje,** n. hearing, examination.

**presluša (va)ti,** v. to hear; to examine, to inquire into.

**preslužiti,** v. to overfill (a glass).

**presmičav,** a. great and lean.

**presoliti,** v. to salt too much.

**prespavati,** v. to oversleep.

**presresti,** v. to come to meet, to meet half way.

**presrt,** n. chain of mountains.

**presrtan,** a. steep, declivitous.

**presrtno,** adv. downhill, slopingly.

**prestajanje,** n. stopping, discontinuance.

**prestajati,** v. to cease, to leave off, to stop; to discontinue.

**prestanak,** n. end, stop; intermission.

**prestar,** a. too old.

**prestati,** v. to stop, to quit, to cease, to discontinue; to finish, to end.

**prestaviti,** v. to represent, to describe; to exhibit; (se) to introduce.

**presti,** v. to spin, to weave.

**prestići,** v. to overtake, to pass; to surpass, to excel.

**prestignuti,** vidi: **prestići.**

**prestojati,** vidi: **prestajati.**

**prestrašen,** a. scared, frightened, terrified.

**prestrašiti,** v. to frighten, to terrify, to scare.

**prestraviti,** vidi: **prestrašiti.**

**prestrog,** a. very strict, austere, stern.

**prestrogo,** adv. severely, sternly.

**prestrti,** v. to cover, to roof; to spread over; (stol) to set the table.

**prestrugati,** v. to shave off, to scrape off.

**prestup (ak),** n. violation, transgression; offence, trespass.

**prestupanje,** n. trespassing, violation.

**prestupati,** vidi: **prestupiti.**

**prestupiti,** v. to violate, to transgress; to infringe; to overstep.

**prestupna godina,** n. leap-year.

**prestupnik,** n. transgressor, trespasser, violator.

**presuda,** n. prejudice, bias; judgment, sentence; prejudication.

**presuditi,** v. to prejudicate, to judge; to sentence.

**presuđivanje,** n. prejudication; judgment, condemnation.

**presuđivati,** vidi: **presuditi.**

**presušiti,** v. to dry up, to parch, to drain, to wither.

**presuti,** v. to spread, to spill, to shed, to diffuse, to scatter.

**presvet,** a. most holy.

**presvijetli,** a. (naslov) illustrious, excellent.

**presvijetlost,** n. excellence, excellency.

**presvlačiti se,** vidi: **presvući se.**

**presvlaka,** n. cover.

**presvući se,** v. to change clothes; to clothe, to dress.

**preša,** n. press; (za vino) wine-press; (prešnost) hurry, haste, urgency.

**prešan,** a. urgent; hasty.

**prešati,** v. to press, to squeeze.

**preširok,** a. large, spacious; too wide.

**prešiti,** v. to sew; to stitch; to urge, to hasten.

**prešno,** adv. urgently.

**prešnost,** n. urgency; pressure.

**prešutiti,** v. to conceal, to keep secret.

**preštampati,** v. to reprint.

**pretakati,** v. to rack, to draw off.

**pretapati,** v. to melt again, to cast again, to re-mould; to reform.

**pretati,** v. to rake up, to stir up.

**preteča,** n. forerunner, precursor; herald, harbinger.

**pretečan,** *a.* preliminary.
**preteći,** *v.* to go before, to outstrip, to surpass; to prevent.
**pretega,** *n.* over-weight; preponderance.
**pretegnuti,** *v.* to overweigh; to preponderate (over); to overpoise.
**pretek,** *n.* abundance, profusion, exuberance.
**preterećenje,** *n.* overburden; surcharge, additional charge.
**preteretiti,** *v.* to overburden, to overload; to surcharge, to overcharge.
**pretezati,** *v.* to outweigh, to preponderate.
**pretežan,** *a.* preponderating, predominant.
**pretežno,** *adv.* predominantly.
**pretežnost,** *n.* preponderance, overweight; majority; superiority.
**prethodan,** *a.* provisional, preceding, foregoing; preliminary.
**prethoditi,** *v.* to go before, to precede.
**prethodni,** *a.* preceding, foregoing, preliminary.
**prethodnik,** *n.* predecessor, forerunner, harbinger.
**prethodnost,** *n.* precedence; foregoing.
**preticati,** *vidi*: **pretjecati.**
**pretilina,** *n.* fat; grease.
**pretilost,** *n.* corpulence, stoutness.
**pretin,** *n.* partition, separation; side, wall.
**pretinac,** *n.* drawer; box, shelf.
**pretio,** *a.* fat, greasy.
**pretiskati,** *v.* to reprint, to copy.
**pretjecati,** *v.* to be left; to come before one, to obviate, to prevent.·
**pretjeran,** *a.* exaggerated, excessive.
**pretjeranac,** *n.* exaggerator; ultraist, boaster.
**pretjerano,** *adv.* excessively, extravagantly.
**pretjeranost,** *n.* exaggeration, excess, abuse, extravagance.
**pretjera(va)ti,** *v.* to exaggerate, to exceed; to force, to compel, to urge.
**pretjerivati,** *vidi*: **pretjeravati.**
**pretkućnica,** *n.* beggar-woman.
**pretočiti,** *v.* to pour over, to draw off.
**pretopiti,** *v.* to melt, to re-found, to mould anew.
**pretor,** *n.* pretor, leader; president.
**pretorski,** *a.* pretorial.

**pretovariti,** *v.* to surcharge, to overcharge; to overload.
**pretplata,** *n.* subscription, payment in advance.
**pretplatiti,** *v.* to subscribe, to pay in advance.
**pretplatnik,** *n.* subscriber.
**pretposljednji,** *a.* the one before last.
**pretpostaviti,** *v.* to presuppose, to suppose; to presume.
**pretpostavka,** *n.* supposition, presumption; hypothesis.
**pretpostavljati,** *vidi*: **pretpostaviti.**
**pretpostavljeni,** *a. i n.* superior.
**pretprega,** *n.* relay, additional horses.
**pretraga,** *n.* search; rummage.
**pretražiti,** *v.* to search (over), to rake, to rummage.
**pretraživanje,** *n.* search, rummaging.
**pretraživati,** *vidi*: **pretražiti.**
**pretrčati,** *v.* to run over, to overrun.
**pretres,** *n.* discussion, dispute, debate; sifting.
**pretresati (se),** *v.* to discuss, to debate, to treat, to negotiate, to discourse.
**pretresivanje,** *n.* discussion, debating.
**pretresti (se),** *v.* to pour out; to search, to ransack.
**pretrg,** *n.* interruption, pre-emption.
**pretrgnut,** *a.* broken, interrupted.
**pretrgnuti,** *v.* to break, to tear, to rend; to destroy.
**pretrnuti,** *vidi*: **protrnuti.**
**pretrpati,** *v.* to surcharge, to overcharge; to overload, to overfill.
**pretrpjeti,** *v.* to suffer, to bear; to endure, to tolerate, to sustain.
**pretući,** *v.* to beat to death, to kill.
**pretura,** *n.* praetorship.
**preturati,** *v.* to throw over, to traverse; to pass over.
**preturiti,** *vidi*: **preturati.**
**pretvaralica,** *n.* simulant, hypocrite, pretender.
**pretvaranje,** *n.* simulation, pretending.
**pretvarati (se),** *v.* to simulate, to feign, to disguise; to transform; to change to.
**pretvorba,** *n.* change, transformation.
**pretvoran,** *a.* hypocritical, dissembling, feigned.
**pretvorica,** *n.* hypocrite, simulant.
**pretvoriti,** *v.* to transform, to change to.
**pretvornost,** *n.* hypocrisy.

**preudaja,** *n.* re-marriage.
**preudati se,** *v.* to re-marry.
**preustrojiti,** *v.* to reorganize, to reform; to improve.
**preustrojstvo,** *n.* reorganization; reform, reformation.
**preuzetan,** *a.* arrogant, bold, daring, haughty.
**preuzeti,** *v.* to take over; to succeed, to take possession; to undertake, to contract.
**preuzetnost,** *n.* arrogance, haughtiness, boldness.
**preuzimač,** *n.* contractor; undertaker.
**preuzimanje,** *n.* taking possession of, taking charge of; entering upon (duties); acception, acceptance.
**preuzimati,** *v.* to receive, to take over, to take possession of; to undertake.
**preuzvišen,** *a.* excellent, most eminent.
**preuzvišenost,** *n.* excellence.
**prevađati,** *v.* to translate.
**prevaga,** *n.* overweight, preponderance.
**prevagnuti,** *v.* to overweigh.
**prevala,** *n.* defile, narrow passage.
**prevaliti,** *v.* to upset, to overthrow, to overturn, to till over; — **put,** to cover, to make.
**prevaljivati,** *vidi*: **prevaliti.**
**prevara,** *n.* fraud, deceit, swindle.
**prevariti,** *v.* to deceive, to cheat, to defraud; (*prekuhati*) to boil over.
**prevarljiv,** *a.* deceiving, deceitful, fraudulent.
**preveć,** *adv.* too much, excessively, extremely.
**prevejan,** *a.* cunning, foxy, sly.
**prevejanac,** *n.* cunning fellow, fox.
**prevejanost,** *n.* foxiness, craftiness, cunningness.
**prevelik,** *a.* too big, enormous, huge.
**prevesti,** *v.* to carry over, to conduct; to transport; to translate.
**prevezati,** *v.* to tie, to bind.
**previdjeti,** *v.* to overlook, to omit; to disregard.
**previjan,** *vidi*: **prevejan.**
**previjanac,** *vidi*: **prevejanac.**
**previjati (se),** *v.* to bend, to bow; to curve, to envelope, to fold.
**previnuti,** *v.* to bend, to fold.
**previrati,** *v.* to boil, to seethe; to run over, to overflow.
**previsok,** *a.* too high.

**previše,** *adv.* too much, too many, exceedingly.
**previšnji,** *a.* most high, supreme, highest.
**previti,** *v.* to bend, to bow, to curve; to warp up, to bandage.
**prevjera,** *n.* apostasy.
**prevjeriti,** *v.* to apostatize; to forsake.
**prevjesa,** *n.* veil; curtain.
**prevjesiti,** *v.* to hang over, to veil, to cover with hangings.
**prevlačiti,** *v.* to cover; (**se**) to crawl through.
**prevladati,** *v.* to overcome, to vanquish, to beat.
**prevlaka,** *n.* cover; coating; — **za jastuk,** pillow-case; isthmus.
**prevod,** *n.* translation.
**prevodičan,** *vidi*: **prevodljiv.**
**prevodilac,** *n.* translator.
**prevoditi,** *v.* to lead over, to conduct over; to transport, to translate.
**prevodljiv,** *a.* translatable; yielding, complying.
**prevođenje,** *n.* translation, version; passage, road.
**prevoz,** *n.* transport, passage; ferry.
**prevoziti,** *v.* to transport, to transfer; to remove; (*ladom*) to ferry over.
**prevoznina,** *n.* passage-money, fare.
**prevoženje,** *n.* passage, crossing (*ili*) passing over.
**prevraćati,** *v.* to turn round, to invert, to turn inside (*ili*) upside down.
**prevrat,** *n.* overthrow, revolution; complete change.
**prevratan,** *a.* revolutionary.
**prevratiti,** *v.* to turn round, to invert.
**prevratnik,** *n.* revolter, revolutionist.
**prevreti,** *v.* to boil over, to run over, to outstrip.
**prevrnuti,** *v.* to upset, to overturn.
**prevršiti,** *v.* to surpass, to exceed, to excel.
**prevrtati,** *vidi*: **prevraćati.**
**prevrtljiv,** *a.* unsteady, fickle, changeable.
**prevrtljivost,** *n.* inconstancy, fickleness, changeableness.
**prevući,** *v.* to draw through; to spread over, to put over.
**prezadužiti se,** *v.* to get overindebted.
**prezati,** *v.* to stretch; (*konja*) to put to; (**se**) to be frightened, to be alarmed, to startle.
**prezepsti,** *v.* to freeze.

**prezid,** *n.* partition, wall.
**prezidati,** *v.* to partition; to build anew.
**preziđivati,** *vidi:* **prezidati.**
**prezime,** *n.* surname, family name.
**prezimiti,** *v.* to winter, to pass the winter.
**prezir,** *n.* contempt, scorn, disdain.
**preziran,** *a.* despicable, contemptible, scornful.
**preziranje,** *n.* contempt, scorn, disdain.
**preziratelj,** *n.* despiser, hater, scorner.
**prezirati,** *v.* to hate, to despise, to scorn.
**prezirno,** *adv.* contemptuously, scornfully.
**prezivati,** *v.* to call over.
**prezreo,** *a.* overripe, mellow.
**prezreti,** *v.* to despise, to scorn, to condemn.
**prezvati,** *v.* to call over; (*za vjenčanje*) to announce the banns.
**prežaliti,** *v.* to console oneself for, to endure patiently.
**prežati,** *v.* to watch, to lie in wait for.
**prežeg,** *n.* redistillation, redistilled liquor.
**prežestiti se,** *v.* to get angry, to be inflamed.
**prežeti,** *v.* to press (*ili*) squeeze once again.
**prežimati,** *vidi:* **prežeti.**
**prežina,** *n.* apron, pinafore.
**preživač,** *n.* ruminant, masticator.
**preživanje,** *n.* chewing of the cud, ruminating.
**preživati,** *v.* to ruminate, to masticate, to chew the cud.
**preživjeti,** *v.* to outlive, to survive, to live on.
**prhati,** *v.* to flit, to flutter.
**prhnuti,** *v.* to fly away; to dart.
**prhut,** *n.* dandruff, pellicle, cuticle.
**pri,** *prep.* by, at, near.
**prianjati,** *v.* to stick to, to take hold; to endeavor.
**pribadati,** *v.* to stick on; to pierce with a spear.
**pribava,** *n.* procuring.
**pribaviti,** *v.* to procure, to get, to furnish; to provide, to supply.
**pribavljač,** *n.* procurer, provider.
**pribijač,** *n.* hammer.
**pribijati,** *v.* to beat, to strike, to nail.

**pribiranje,** *n.* collecting, accumulation, compiling.
**pribirati (se),** *v.* to heap up, to gather, to collect, to stock; to accumulate, to compile.
**pribiti,** *vidi:* **pribijati.**
**pribivati,** *v.* to dwell, to reside, to stay, to live.
**pribjeći,** *v.* to seek shelter; to retire, to resort; to run to.
**pribjeglica,** *n.* refugee.
**pribježište,** *n.* refuge, shelter; asylum.
**približan,** *a.* approximate, somewhat like.
**približavati,** *vidi:* **približiti.**
**približiti,** *v.* to approach, to bring near, to draw near.
**približno,** *adv.* approximately.
**približnost,** *n.* approximation.
**pribodača,** *n.* pin; broach.
**pribojavati se,** *v.* to fear, to be afraid of, to dread.
**pribor,** *n.* set; trimming; equipment.
**pribosti,** *v.* to stick on, to pin; to pierce with, to spear.
**pribrajati,** *v.* to add, to subjoin.
**pribrati,** *vidi:* **pribirati.**
**pribrojiti,** *vidi:* **pribrajati.**
**pricijepiti,** *v.* to graft, to cork; to vaccinate, to inoculate.
**priča,** *n.* tale, story.
**pričanje,** *n.* narration, relating.
**pričati,** *v.* to relate, to tell, to narrate.
**priček,** *n.* reception, welcome; (*trgovački*) credit.
**pričekati,** *v.* to wait, to receive, to welcome; (*trgovački*) to honor, to credit.
**pričesnik,** *n.* communicant.
**pričest,** *n.* communion; sacrament.
**pričestiti se,** *v.* to take communion, to receive the sacrament.
**pričešćivati,** *vidi:* **pričestiti.**
**pričeti,** *v.* to begin, to commence, to start.
**pričica,** *n.* anecdote, fable, tale.
**pričina,** *n.* appearance, likelihood; source, occasion, motive.
**pričiniti se,** *v.* to appear, to seem.
**pričinjati se,** *v.* to feign, to bluff.
**pričuti,** *v.* to hear.
**pričuva,** *n.* reserve, reservation; limitation.
**pričuvati,** *v.* to reserve; to store up.
**pričuvnik,** *n.* reserve soldier.
**pričvrstiti,** *v.* to fasten, to attach.

**prići,** *v.* to come (*ili*) go to, to approach.

**prid,** *n.* agio, premium, surplus; bounty.

**pridajati,** *v.* to suckle, to nurse.

**pridatak,** *n.* makeweight, addition, adjunct.

**pridati,** *v.* to add, to subjoin, to put to, to give, to bestow.

**pridavak,** *n.* makeweight, addition, adjunct, supplement.

**pridavanje,** *n.* adjunction, annexation; attachment.

**pridavati,** *v.* to contribute; (**se**) to thrive, to prosper.

**pridavnički,** *a.* adjective.

**pridavnik,** *n.* adjective, attribute.

**pridesiti se,** *v.* to occur, to happen.

**pridići** (**se**), *v.* to lift (up), to raise (up).

**pridignuti,** *vidi:* **pridići.**

**pridijeliti,** *vidi:* **pridijevati.**

**pridijevati,** *v.* to add, to subjoin; to join, to unite, to connect.

**pridizati,** *vidi:* **pridići.**

**pridjenuti,** *v.* to fasten to; to attach.

**pridjev,** *n.* adjective; attribute.

**pridjevak,** *n.* surname, family-name, nickname, epiteth.

**pridobijati,** *vidi:* **pridobiti.**

**pridobiti,** *v.* to win, to obtain, to get, to earn, to receive.

**pridoći,** *v.* to come to, to come unexpectedly; to approach.

**pridodati,** *v.* to add, to subjoin, to give to.

**pridolaziti,** *vidi:* **pridoći.**

**pridonijeti,** *v.* to contribute, to bring to, to supply.

**pridori,** *n.* bubonocele, inguinal hernia.

**pridošlica,** *n.* new-comer, stranger.

**pridružiti se,** *v.* to associate, to join, to unite, to attach.

**pridruživati,** *vidi:* **pridružiti.**

**pridržanje,** *n.* retaining, keeping; reservation.

**pridržati,** *v.* to retain, to keep (back); to reserve; to seize.

**pridvorica,** *n.* courtier; (*ulizica*) flatterer, wheedler.

**priganica,** *n.* omelet.

**prigati,** *v.* to roast, to grill.

**prigibati** (**se**), *v.* to fold (up), to bend, to bow, to inflect.

**priginjati,** *vidi:* **prignuti.**

**prigledati,** *v.* to inspect, to superintend, to watch, to overlook.

**priglednik,** *n.* inspector, overseer, warden.

**prignati,** *v.* to force, to drive.

**prignuti,** *v.* to bend, to bow; (**se**) to stoop down.

**prignjaviti,** *v.* to suppress, to crush, to press; to suffocate, to smother.

**prignječiti,** *v.* to press in, to impress on.

**prigoda,** *n.* chance, occasion, opportunity.

**prigodan,** *a.* occasional, casual.

**prigodno,** *adv.* occasionally.

**prigodom,** *adv.* by chance, by occasion.

**prigoniti,** *v.* to drive in, to force.

**prigorje,** *n.* foothill.

**prigospodariti,** *v.* to save; to earn, acquire; to gain, to attain.

**prigotavljanje,** *n.* preparation.

**prigotoviti,** *v.* to prepare, to fit, to make ready.

**prigovaranje,** *n.* reproaching, upbraiding.

**prigovarati,** *v.* to rebuke, to reproach; to object.

**prigovor,** *n.* reproach, objection; exception.

**prigraditi,** *v.* to build to, to add to, to adjoin.

**prigrijati,** *v.* to warm over, to heat.

**prigrijevati,** *vidi:* **prigrijati.**

**prigrliti,** *v.* to embrace, to hug; to encompass.

**prigrljenje,** *n.* embracing; encompassing.

**prigrnuti** (**se**), *v.* to take in, to gather, to pick up, to collect.

**prigušiti,** *v.* to check, to curb, to restrain; to stifle, to smother.

**prihod,** *n.* income, revenue; proceeds.

**prihodak,** *vidi:* **prihod.**

**prihodarina,** *n.* income-tax.

**prihoditi,** *v.* to arrive, to come, to land, to approach; to happen, to befall.

**prihraniti** (**se**), *v.* to nourish, to support.

**prihranjivati** (**se**), *vidi:* **prihraniti.**

**prihvaćati,** *vidi:* **prihvatiti.**

**prihvaćen,** *a.* accepted.

**prihvat,** *n.* acceptance, acceptation.

**prihvatati,** *vidi:* **prihvatiti.**

**prihvatiti** (**se**), *v.* to accept, to receive; to take, to seize, to lay hold of.

**prijak**, *n.* friend, comrade.

**prijam**, *n.* receipt, reception.

**prijamni**, *a.* (*ispit*) preliminary, preparatory.

**prijamnik**, *n.* novice; accepter, receiver, collector.

**prijan**, *vidi*: **prijak**.

**prijašnji**, *a.* former, previous, bygone.

**prijatan**, *a.* agreeable, pleasant; favorable, propitious.

**prijatelj**, — **ica**, *n.* friend, chum.

**prijateljevanje**, *n.* companionship, friendship.

**prijateljiti se**, *v.* to chum, to associate, to be (*ili*) become friends, to make friends of (*ili*) with.

**prijateljski**, *a.* amicable, friendly.

**prijateljstvo**, *n.* frienship, amity.

**prijati**, *v.* to please, to suit, to gratify.

**prijatno**, *adv.* gracefully, pleasantly.

**prijatnost**, *n.* kindness, affability, grace, gracefulness, amiability.

**prijava**, *n.* information, report; denunciation.

**prijaviti**, *v.* to report, to inform; to advise; to sue.

**prijazan**, *a.* kind, friendly, pleasant, courteous, amiable.

**prijazno**, *adv.* kindly, courteously, pleasantly.

**prijaznost**, *n.* kindness, affection, affability, goodwill, amiability.

**prije**, *prep.* before, formerly, previously.

**prijeboj**, *n.* partition-wall.

**priječac**, *n.* crosscut.

**priječenje**, *n.* preventing, prohibiting.

**priječiti**, *v.* to hinder, to obstruct, to prevent, to prohibit.

**priječnik**, *n.* diameter.

**prijeći**, *v.* to pass, to go over; to exceed, to surpass; to cross; to omit.

**prijedjel**, *n.* region, district, section; part, country.

**prijedlog**, *n.* proposition, proposal, motion; (*gram.*) preposition.

**prijedor**, *n.* trench, drain, breach, gap.

**prijegled**, *n.* view, review.

**prijek**, *a.* transverse, crossing; sudden, summary; **prijeka osuda**, summary conviction; **prijeki sud**, martial law, court-martial.

**prijeko**, *adv.* over, across; suddenly, summarily.

**prijekop**, *n.* tunnel.

**prijekor**, *n.* reprimand, rebuke, reproach.

**prijekoran**, *a.* blamable, reprehensible.

**prijelaz**, *n.* passage, transition, change; **željeznički** —, crossing.

**prijelazan**, *a.* transient, provisional, temporary.

**prijelom**, *n.* breach, break, burst, rupture, fracture, disruption; (*gore*) steep side of a mountain.

**prijem**, *n.* receipt.

**prijenos**, *n.* transfer, assignment, conveyance.

**prijenosan**, *a.* transferable, assignable; **prijenosna isprava**, deed.

**prijepis**, *n.* transcription, copy, duplicate.

**prijesan**, *a.* crude, raw, uncooked, unripe.

**prijestol**, *n.* throne.

**prijestolnica**, *n.* capital, chief city, metropolis; Capitol.

**prijestolje**, *vidi*: **prijestol**.

**prijestup**, *n.* trespass, violation, transgression.

**prijeteći**, *a.* threatening, menacing, impending.

**prijetiti**, *v.* to menace, to threaten.

**prijetnja**, *n.* menace, threat.

**prijevara**, *n.* fraud, cheat, deceit, trickery.

**prijevaran**, *a.* fraudulent, deceitful, • false.

**prijevarno**, *adv.* fraudulently, falsely.

**prijevjes**, *n.* veil; drapery.

**prijevod**, *n.* translation; version.

**prijevoj**, *n.* ridge.

**prijevor**, *n.* traverse, cross-piece.

**prijevornica**, *n.* cross-beam.

**prijevoz**, *n.* transport; carriage.

**prikaz**, *n.* (*dar*) gift, present; (*prikazivanje*) representation, spectacle, play, drama; exhibition.

**prikaza**, *n.* apparition, vision, ghost.

**prikazanje**, *n.* presentation, exhibition, display; spectacle, play; statement.

**prikazati**, *v.* to represent, to describe, to show, to exhibit; to perform; (**se**) to appear, to personate.

**prikazivač**, *n.* representer; performer; demonstrator; (*darovatelj*) donor, dispenser.

**prikazivanje,** *n.* presentation, representation; performance.

**prikazivati,** *vidi:* **prikazati.**

**prikivati,** *v.* to forge on to, to chain up.

**prikladan,** *a.* proper; convenient, suitable.

**prikladno,** *adv.* properly; conveniently, suitably.

**prikladnost,** *n.* suitableness, convenience; usefulness, fitness.

**priklanjati (se),** *v.* to turn to (*ili*) towards, to move, to impel, to induce.

**priklapalo,** *n.* chatter, tattler.

**priklapati,** *v.* to cover up, to conceal, to draw over.

**priklinčiti,** *v.* to nail to, to spike down.

**priklon,** *n.* inclination.

**prikloniti,** *vidi:* **priklanjati.**

**priklonost,** *n.* yielding, surrender, abandon; devotion, submission.

**priklopiti,** *v.* to add, to enclose, to inclose, to cover.

**priključiti,** *v.* to add, to join, to put together, to unite, to connect.

**prikopčati,** *v.* to pin, to clasp, to hook, to button up; to attach, to fasten, to tie, to join.

**prikor,** *vidi:* **prijekor.**

**prikoriti,** *v.* to rebuke, to censure, to reprimand.

**prikovati,** *v.* to nail, to chain up, to forge on to.

**prikrajak,** *n.* side, edge, margin, border.

**prikrasti se,** *v.* to sneak, to steal towards.

**prikriti,** *v.* to cover (up), to wrap, to envelop; to clothe, to disguise, to conceal.

**prikrpiti,** *v.* to patch up, to mend.

**prikučiti (se),** *v.* to approach, to bring near, to draw near, to border (upon).

**prikupiti,** *v.* to reunite, to join again; to combine; to gather, to collect, to re-assemble.

**prilagati,** *v.* to add, to subjoin, to connect, to adhere; to lay by.

**prilagoditi,** *v.* to accommodate, to adapt, to apply; to fit, to adjust.

**prilagođen,** *a.* suitable; adapted, adjusted.

**prilagođenje,** *n.* accommodation; adaptness.

**prilaz,** *n.* access, approach, entrance.

**prilazan,** *a.* accessible, approachable.

**prilaziti,** *v.* to approach, to step near.

**prileći,** *v.* to lie close to, to join; (*o odijelu*) to fit well; (*graničiti*) boarder upon, to be adjacent.

**priletjeti,** *v.* to fly to (*ili*) towards.

**priležnica,** *n.* concubine, paramour.

**priležnik,** *n.* paramour.

**priličan,** *a.* fair, reasonable, tolerable; proper.

**priličiti,** *v.* to resemble, to be like; to equal.

**prilično,** *adv.* fairly, pretty, passably; nearly.

**prilijegati,** *v.* to lay oneself down, to lie down, to repose, to couch.

**prilijepiti (se),** *v.* to paste, to glue, to stick.

**prilijetati,** *vidi:* **priletjeti.**

**prilijevati,** *v.* to pour (more) on, to add, to pour to.

**prilika,** *n.* (*zgoda*) occasion, opportunity; circumstance; (*slika*) picture, resemblance.

**prilikom,** *adv.* occasionally, by chance.

**prilikovati,** *v.* to agree, to fit, to be suitable.

**priliti,** *vidi:* **prilijevati.**

**prilog,** *n.* appendix, supplement; (*pridjev*) adverb.

**priložak,** *n.* addition, appendage, appendix; (*kod vage*) makeweight.

**priložiti,** *v.* to add, to increase; to enclose.

**prilud,** *a.* mad, foolish, senseless.

**priljepak,** *n.* sticker.

**priljepčiv,** *a.* contagious, epidemic; sticky; — **bolest** contagious disease, epidemic.

**priljepčivost,** *n.* contagion, infection.

**priljepljiv,** *a.* sticky, gluey.

**priljepljivati,** *v.* to stick, to glue.

**priljevati,** *vidi:* **prilijevati.**

**priljležan,** *a.* assiduous, active, industrious, busy.

**priljležnost,** *n.* sssiduity, industry, activity, application.

**priljubiti se,** *v.* to adapt, to apply, to fit.

**primac,** *n.* receiver, accepter.

**primaći (se),** *v.* to approach, to bring near, to draw to, to come closer.

**primaknuti,** *v.* to move to; to add to; (**se**) to approach.

**primalac,** *n.* receiver, payee.

**primalja,** *n.* midwife.

**primaljstvo,** *n.* midwifery.
**primamiti,** *v.* to attract, to allure, to entice; to bring over; (*zavesti*) to seduce.
**primamljiv,** *a.* attractive, seductive; captivating.
**primamljivanje,** *n.* allurement, inducement; invitation.
**primamljivati,** *vidi*: **primamiti.**
**priman,** *a.* agreeable, pleasant, acceptable.
**primanje,** *n.* receiving, reception, admittance; (*soba za primanje*) reception room.
**primati (se),** *v.* to accept, to receive, to approve; to take.
**primetati,** *v.* to add, to subjoin, to join.
**primetnuti,** *vidi*: **primetati.**
**primicati,** *vidi*: **primaći.**
**primijeniti,** *v.* to apply, to put, to lay on (*ili*) upon, to adjust.
**primiješati,** *v.* to admix, to blend.
**primiren,** *a.* peaceful, calm.
**primirisati,** *v.* to smell, to sniff, to snuff; to sense.
**primiriti (se),** *v.* to quiet, to calm, to still, to appease.
**primirje,** *n.* armistice, truce, cessation of hostilities.
**primitak,** *n.* receipt; reception, admittance.
**primiti,** *vidi*: **primati.**
**primjećivati,** *v.* to remark, to observe, to perceive; to note.
**primjedba,** *n.* remark, note.
**primjena,** *n.* application, practice; use, employment.
**primjenjivati,** *vidi*: **primijeniti.**
**primjer,** *n.* example.
**primjerak,** *n.* sample, specimen; pattern, copy.
**primjeran,** *a.* exemplary.
**primjeren,** *a.* adequate, suitable, proper; proportionate.
**primjerenost,** *n.* adequacy, proportion, suitableness, conformity, propriety.
**primjeriti,** *v.* to measure one (for).
**primjesa,** *n.* admixture, ingredient; addition.
**primjetiti,** *v.* to remark, to notice, to note; to observe.
**primorac,** *n.* inhabitant of the coast.
**primoran,** *a.* compelled, forced.

**primorati,** *v.* to compel, to force; to oblige, to obligate; to bind.
**primorčica,** *n.* (*rijeka*) coasting-river.
**primorje,** *n.* sea-coast, coast-land, coast.
**primorkinja,** *n.* woman-inhabitant of the coast.
**primorski,** *a.* littoral coast.
**primozak,** *n.* cerebellum.
**prinadležati,** *v.* to be within jurisdiction (*ili*) scope; to appertain, to belong.
**prinadležnost,** *n.* jurisdiction; scope, sphere; competence.
**prinadoći,** *v.* to go (*ili*) come to, to draw to, to approach.
**prinašati,** *vidi*: **prinijeti.**
**princip,** *n.* principle.
**prinesak,** *n.* contribution, share.
**prinesti,** *vidi*: **prinijeti.**
**prinijeti,** *v.* to present, to offer up; to bring on; to contribute.
**prinos,** *n.* contribution; share; offer.
**prinositi,** *vidi*: **prinijeti.**
**prinovak,** *n.* innovation; addition.
**prinoviti,** *v.* to innovate.
**prinuda,** *n.* coercion, compulsion, constraint.
**prinuditi,** *v.* to compel, to force, to constrain; to obligate.
**prinukati,** *v.* to persuade, to impel, to incite.
**prinužden,** *a.* necessitated, compelled.
**prinužditi,** *v.* to necessitate, to compel, to urge.
**prinjušiti,** *v.* to sniff at, to snuff.
**priodjenuti,** *v.* to clothe, to dress; to vest, to robe.
**priodjeti,** *vidi*: **priodjenuti.**
**priokupiti,** *v.* to gather, to assemble, to convoke; to collect.
**prionljiv,** *a.* adhesive; sticky; clinging.
**prionljivost,** *n.* adhesiveness, stickiness.
**prionuti,** *v.* to adhere, to stick, to paste, to glue; to attach.
**priopćiti,** *v.* to report, to communicate, to inform, to impart, to advise.
**priorati,** *v.* to plow to, to plough towards.
**pripadak,** *n.* belonging, asset, addition; fortune.
**pripadati,** *v.* to belong; to appertain.
**pripadnik,** *n.* subject.

**pripadnuti,** *vidi:* **pripadati.**
**pripadom,** *adv.* occasionally, incidentally, at convenience.
**pripajati,** *v.* to solder, to connect, to join, to annex.
**pripaliti,** *v.* to light, to kindle, to inflame.
**pripaljivati,** *vidi:* **pripaliti.**
**pripanuti,** *vidi:* **pripadati.**
**pripasak,** *n.* girdle, belt.
**pripasati,** *v.* to girdle on (*a sword*); to encompass, to encircle.
**pripasivati,** *vidi:* **pripasati.**
**pripasti,** *vidi:* **pripadati.**
**pripaštiti se,** *v.* to hasten, to speed; to apply to, to strive after, to be studious.
**pripaziti,** *v.* to take care, to watch, to look out; to inspect, to superintend.
**pripaznik,** *n.* caretaker, watchman; overseer, inspector.
**pripeći,** *v.* to burn, to heat, to scorch, to inflame.
**pripeka,** *n.* scorching heat, sultriness; sunburn.
**pripeti (se),** *v.* to fasten; to tie, to bind.
**pripetiti (se),** *v.* to happen, to occur; to occasion, to cause.
**pripijevati,** *vidi:* **pripjevati.**
**pripijevka,** *n.* refrain.
**pripinjati,** *vidi:* **pripeti.**
**pripisati,** *v.* to attribute, to ascribe, to impute.
**pripisivanje,** *n.* atribution, ascription, imputation.
**pripit,** *a.* intoxicated.
**pripitati,** *v.* to ask, to question, to interrogate, to examine.
**pripiti,** *v.* to drink to; to pledge.
**pripitomiti se,** *v.* to tame, to make sociable; to subdue.
**pripjev,** *n.* refrain.
**pripjevati,** *v.* to repeat a strain, to accompany (singing).
**priplod (ak),** *n.* (*o ljudima*) increase; accretion; (*o voću, žitu*) crop.
**priploditi se,** *v.* to increase, to augment; to enhance.
**pripojiti,** *v.* to attach, to fasten, to join, to unite, to couple; to solder, to weld.
**pripomagati,** *vidi:* **pripomoći.**
**pripomenuti,** *v.* to remark, to note; to remind.

**pripomoć,** *n.* help, aid, relief, succor, assistance.
**pripomoći,** *v.* to assist, to help, to aid.
**priposlati,** *v.* to send, to forward, to ship.
**pripovijedač,** *n.* narrator, teller, relator, reciter.
**pripovijedanje,** *n.* relating; narration.
**pripovijedati,** *v.* to relate, to tell, to narrate.
**pripovijest,** *n.* story, tale, narrative.
**pripovijetka,** *vidi:* **pripovijest.**
**pripovjedač,** *vidi:* **pripovijedač.**
**pripovjediti,** *vidi:* **pripovijedati.**
**pripoznat,** *a.* recognized, acknowledged; (*cijenjen*) notable, remarkable.
**pripoznati,** *v.* to recognize, to acknowledge; to recompense.
**pripoznavanje,** *n.* acknowledgment, recognition.
**pripoznavati,** *vidi:* **pripoznati.**
**priprava,** *n.* preparation, readiness.
**pripravan,** *a.* ready, prepared; willing; preparatory, preliminary.
**pripraviti,** *v.* to prepare, to make ready, to fit.
**pripravljač,** *n.* preparer.
**pripravljanje,** *n.* preparation, getting ready.
**pripravljati,** *vidi:* **pripraviti.**
**pripravnik,** *n.* candidate, aspirant; contestant; junior teacher.
**pripravnost,** *n.* readiness, preparedness; willingness.
**priprega,** *n.* relay, change of horses.
**priprema,** *n.* preparation; arrangement.
**pripremati,** *v.* to prepare, to make ready; to fit, to arrange.
**pripremiti,** *vidi:* **pripremati.**
**pripremnost,** *n.* readiness, preparation.
**priprost,** *a.* simple, ingenuous, frank
**pripuniti,** *v.* to fill, to replenish.
**pripust,** *n.* admission, admittance, leave.
**pripustiti,** *v.* to admit, to let in, to permit, to allow.
**pripuz,** *n.* toad-eater, toady.
**priračunati,** *v.* to add to account.
**priraditi,** *v.* to earn; to save.
**prirađivati,** *vidi:* **priraditi.**
**prirasao,** *a.* increased, enhanced, augmented; grown to.

**prirast,** *n.* increase, accretion, augmentation.

**prirasti,** *v.* to increase, to augment, to enhance, to enlarge; to swell.

**prireditelj,** *n.* arranger, adjuster, preparer; dresser.

**prirediti,** *v.* to arrange, to adjust, to prepare, to place in order.

**priređivač,** *n.* arranger, director.

**priređivanje,** *n.* preparation, adjustment, arrangement.

**prirez,** *n.* impost, tax, duty, toll.

**prirezivati,** *v.* to tax, to impose duty upon.

**prirod,** *n.* produce, product.

**priroda,** *n.* nature, constitution; (*ćud*) temper.

**prirodan,** *a.* natural; physical, plain, sincere.

**priroditi,** *v.* to bear fruit; to be of use; to produce, to yield.

**prirodnine,** *n.* natural products.

**prirodno,** *adv.* naturally, easily, frankly, of course.

**prirodnost,** *n.* naturalness, nature, temper, disposition of mind.

**prirodnjak,** *n.* naturalist.

**prirodopis,** *n.* natural history.

**prirodopisac,** *n.* natural historian.

**prirodoslovac,** *vidi*: **prirodopisac.**

**prirodoslovlje,** *n.* natural science.

**prirođen,** *a.* innate, inborn, original.

**prirok,** *n.* attribute, predicate.

**priručan,** *a.* manual.

**priručnik,** *n.* (*knjiga*) manual.

**prisad,** *n.* plant, plantation; set.

**prisaditi,** *v.* to sow, to plant.

**prisađivati,** *vidi*: **prisaditi.**

**priseći,** *v.* to swear, to take oath, to declare.

**prisega,** *n.* oath, swearing; **kriva—**, perjury.

**prisezati,** *vidi*: **priseći.**

**prisežnik,** *n.* juryman, juror.

**prisiliti,** *v.* to force, to compel; to constrain.

**prisilni,** *a.* forcible, forced.

**prisiniti,** *vidi*: **posiniti.**

**prisipati,** *v.* to pour upon, to add to.

**prisizati,** *v.* to swear, to take oath.

**prisjedati,** *v.* to sit by, to have a seat in.

**prisjednik,** *n.* assessor, juryman, juror.

**prisjesti,** *v.* to establish oneself, to settle; to set up in business; to choke.

**priskakivati,** *v.* to run to (*ili*) up; to rush upon, to dash.

**priskrbiti,** *v.* to furnish, to supply, to provide, to procure.

**prislanjati,** *v.* to lean against; to incline, to set back, to back.

**prislon,** *n.* parapet, parapet-wall, breast-work.

**prisloniti,** *vidi*: **prislanjati.**

**prislov,** *n.* adverb.

**prisluškivalac,** *n.* eavesdropper, listener.

**prisluškivalo,** *n.* listener; ear-trumpet, eavesdropper.

**prisluškivanje,** *n.* eavesdropping, listening.

**prisluškivati,** *v.* to eavesdrop, to overhear.

**prislušnik,** *n.* eavesdropper, listener, hearkener.

**prismok,** *n.* by-meat, vegetable.

**prisni,** *a.* intimate, close.

**prisniti se,** *v.* to dream, to imagine, to muse.

**prisoje,** *n.* place exposed to the sun, sunny region.

**prispijevati,** *vidi*: **prispjeti.**

**prispjelost,** *n.* (*mjenice*) maturity; (*dolazak*) arrival, landing.

**prispjeti,** *v.* to arrive, to come to, to land; — **u pravo vrijeme**, to come in time.

**prispodabljati,** *vidi*: **prispodobiti.**

**prispodoba,** *n.* comparison, analogy.

**prispodobiti,** *v.* to compare.

**prisresti,** *v.* to meet, to encounter; to happen.

**prisrkivati,** *v.* to sip, to imbibe; to absorb.

**pristajanje,** *n.* consent, assent, agreement; fitness.

**pristajati,** *v.* to consent, to assent, to agree; to fit.

**pristalica,** *n.* partisan, adherent, follower.

**pristan (ak),** *n.* consent, assent.

**pristanište,** *n.* port, haven, wharf, harbor, landing-place; terminus.

**pristao,** *a.* conformable, agreeable, suitable, fit, able, convenient.

**pristaša,** *n.* partisan, adherent, follower.

**pristati,** *vidi*: **pristajati.**

**pristav,** *n.* assistant judge, adjunct.
**pristaviti,** *v.* to add, to put on, to stake higher.
**pristavljati,** *vidi:* **pristaviti.**
**pristići,** *vidi:* **pristignuti.**
**pristignuti,** *v.* to reach, to overtake, to retake.
**pristojan,** *a.* polite, courteous, decent, becoming, mannerly.
**pristojati (se),** *v.* to be becoming, to be proper, to agree, to suit; to fit.
**pristojba,** *n.* fee, charges, dues; tax, duty.
**pristojbina,** *vidi:* **pristojba.**
**pristojnost,** *n.* politeness, decency, elegance of manners, good breeding.
**pristor,** *n.* fishing-net.
**pristran,** *a.* partial, one-sided.
**pristranak,** *n.* rising ground, hill.
**pristrano,** *adv.* partially.
**pristranost,** *n.* partiality, bias.
**pristup,** *n.* access, approach, admittance; entrance, entry; introduction.
**pristupačan,** *a.* accessible, approachable; affable.
**pristupačnost,** *n.* approachableness, access; susceptibility.
**pristupan,** *vidi:* **pristupačan.**
**pristupati,** *v.* to approach, to step to, to join; to come (*ili*) go forward.
**pristupište,** *n.* access; admittance.
**pristupiti,** *vidi:* **pristupati.**
**prisustvo,** *n.* (*nazočnost*) presence; attendance.
**prisustvovati,** *v.* to stand by, to attend, to be present.
**prisušiti se,** *v.* to get dry.
**prisutan,·** *a.* present.
**prisutnost,** *n.* presence; — **duha,** presence of mind.
**prisvajanje,** *n.* appropriation, taking-over.
**prisvajati,** *v.* to appropriate, to take over.
**prisvojan,** *a.* possessive.
**prisvojavati,** *vidi:* **prisvajati.**
**prišapnuti,** *v.* to whisper; to prompt.
**prišaptati,** *vidi:* **prišapnuti.**
**prišipetlja,** *n.* servile follower, obsequious, adherent.
**prišiti,** *v.* to sew (on), to stitch.
**prišivati,** *vidi:* **prišiti.**
**pr022škrinuti,** *v.* to squeeze; to compress.
**prišt,** *n.* pimple, boil, tumor, furuncle.

**prišteda,** *n.* parsimony, saving, economy, frugality.
**prištedjeti,** *v.* to spare, to save, to economize.
**prištednja,** *n.* savings.
**prišteđivati,** *vidi:* **prištedjeti.**
**pritaći,** *v.* to touch; to pin up.
**pritajiti se,** *v.* to hide, to mask, to dissemble, to keep secret.
**pritaknuti,** *v.* to touch, to stir, to poke.
**priteći,** *v.* to run to; — **u pomoć,** to succor.
**pritega,** *n.* drawing power.
**pritegnuti,** *v.* to tie down, to attach, to fasten; to attract.
**pritezanje,** *n.* drawing, tightening.
**priticati,** *vidi:* **pritaknuti.**
**pritijesniti,** *v.* to tighten, to clasp, to press, to squeeze; to fasten.
**pritisak,** *n.* pressure; oppression.
**pritiskivanje,** *vidi:* **pritisak.**
**pritiskivati,** *v.* to press, to squeeze, to urge, to oppress, to pinch.
**pritjecati,** *v.* to flow into; to abound; to run to.
**pritjerati,** *v.* to drive, to urge, to force; to push, to bring together.
**pritka,** *n.* plug, peg.
**pritok (a),** *n.* afflux, influx, tributary (river).
**pritoman,** *a.* present; actual; instant.
**pritrčati,** *v.* to run to (*ili*) up.
**pritrpjeti (se),** *v.* to suffer; to have patience; to expect, to wait, to suffer.
**pritužba,** *n.* complaint, grievance.
**pritužiti se,** *v.* to complain, to make complaints, to file grievance against.
**pritvor,** *n.* arrest, imprisonment, jail.
**pritvorati,** *vidi:* **pritvoriti.**
**pritvoriti,** *v.* to lock up, to imprison, to arrest.
**pritvrditi,** *v.* to fasten, to attach; to fortify.
**priučen,** *a.* accustomed, used to.
**priučiti (se),** *v.* to accustom, to get used; to familiarize.
**priugotoviti,** *v.* to prepare; to fit; to make ready.
**priupitati,** *v.* to inquire, to ask; to call for.
**priušak,** *n.* slap, box on the ear; affront.
**priušiti,** *v.* to slap on the face, to box the ears of.

**privabiti,** *v.* to allure, to entice, to attract; to bring over; to bait.

**privaga,** *n.* makeweight.

**privatan,** *a.* private, confidential; personal.

**privatno,** *adv.* privately, confidentially; personally.

**privatnik,** *n.* private person; individual.

**privesti,** *v.* to induce, to draw on; to bring; to introduce.

**privezač,** *n.* kerchief.

**privezati,** *v.* to tie, to bind, to fasten.

**privići se,** *v.* to accustom one's self to, to get accustomed (*ili*) used to, to grow familiar to (*ili*) with.

**prividan,** *a.* apparent, seeming.

**prividjeti (se),** *v.* to seem, to appear, to imagine; to suppose, to fancy.

**prividan,** *a.* apparent, seeming.

**prividno,** *adv.* apparently, seemingly.

**prividnost,** *n.* appearance, seemingness; illusion, pretence.

**priviđati,** *v.* to foresee, to anticipate; to fancy, to figure; to think.

**priviđenje,** *n.* vision, apparition, phantom, illusion; hallucination.

**privijati,** *v.* to inweave; —**ranu,** to bandage, to dress.

**privikivati se,** *v.* to accustom, to get accustomed (*ili*) used to; to grow familiar to (*ili*) with.

**priviknuće,** *n.* custom, habit, use; familiarity.

**priviknuti se,** *v.* to get used to, to accustom, to inure.

**priviti,** *v.* to fold, to enclose; (*na grudi*) to embrace.

**privjenčati,** *v.* to marry to.

**privjesiti,** *v.* to hang on, to join, to annex; to affix, to suspend.

**privlačan,** *a.* attractive.

**privlačiti (se),** *v.* to attract; to draw, to pull.

**privlačiv,** *vidi:* **privlačan.**

**privlačivost,** *n.* attractiveness, attractive power.

**privoditi,** *v.* to bring to, to introduce, to conduct; to lead, to guide.

**privola,** *n.* consent, assent, approbation.

**privoljeti (se),** *v.* to consent, to assent, to agree.

**privonjati,** *v.* to scent, to smell, to sniff.

**privoziti,** *v.* to carry, to bring (*ili*) convey up.

**privrći,** *v.* to add, to put to; to join, to admit.

**privreda,** *n.* profit, acquisition, saving, husbandry; earnings.

**privrediti,** *v.* to acquire, to earn, to profit; to save, to gain.

**privredni,** *a.* profitable, economical.

**privređivati,** *vidi:* **privrediti.**

**privremen,** *a.* temporary, provisional; transient.

**privremeno,** *adv.* temporarily, provisionally.

**privrijediti,** *v.* to acquire, to gain, to obtain; to save; to earn.

**privrnuti,** *v.* to stuff, to engraft, to inoculate, to squeeze into.

**privrtati,** *vidi:* **privrnuti.**

**privržen,** *a.* devoted, addicted, obedient, attached (to).

**privrženik,** *n.* partizan, adherent, follower.

**privrženost,** *n.* devotion, attachment, loyalty.

**privući (se),** *v.* to draw towards; to attract, to allure, to entice.

**prizemlje,** *n.* ground-floor; basement.

**prizemni,** *a.* ground-floor, low.

**prizidati,** *v.* to wall up (*ili*) in.

**priziv,** *n.* appeal; challenge, call.

**prizivati,** *v.* to appeal; to invite; to call.

**prizivni,** *a.* appellate; — **sud,** court of appeals, appellate court.

**prizivnica,** *n.* (*sudbena*) summons, subpena.

**prizivnik,** *n.* appellant.

**priznan,** *a.* acknowledged, recognized, proved.

**priznanica,** *n.* (*namira*) receipt, aquittance; (*pohvala*) recognition, avowal.

**priznanje,** *n.* admission, avowal; (*zahvalnost*) recognition, gratitude.

**priznati,** *v.* to acknowledge, to admit, to confess.

**priznavanje,** *vidi:* **priznanje.**

**prizor,** *n.* scene, stage; aspect, spectacle; view; appearance.

**prizvanik,** *n.* appellee.

**prizvati,** *v.* to appeal; to call; to name; (*pozvati*) to invite; to engage.

**prižariti,** *v.* to heat, to burn; (*suncem*) to sun-burn.

**prižditi,** *vidi:* **prižeći.**

**prižeći,** *v.* to light, to kindle, to excite.
**prižega,** *n.* heat of sun, solar-heat.
**priženiti,** *v.* to marry, to wed.
**prižgati,** *vidi:* **prižeći.**
**prižimati,** *v.* to ruminate, to chew the cud.
**prižižak,** *n.* wick.
**prkno,** *n.* rectum, arse; buttock.
**prkos,** *n.* spite, spitefulness; defy, insolence.
**prkosan,** *a.* spiteful, defying; insolent.
**prkosenje,** *vidi:* **prkos.**
**prkositi,** *v.* to spite; to brave; to defy.
**prkosno,** *adv.* spitefully, obstinately, stubbornly.
**prlja,** *n.* spot, stain, blot; dirt.
**prljati,** *v.* to dirty, to stain, to sully, to soil, to besmear.
**prljav,** *a.* dirty, filthy, foul.
**prljavo,** *adv.* nastily, dirtily.
**prljavost,** *n.* dirtiness, nastiness, filthiness.
**prljiti,** *v.* to scald, to smother, to seethe; to burn, to prick.
**prljuša,** *n.* sand-field.
**prnja,** *n.* rag, tatter.
**prnjar,** *n.* rag-picker, ragman.
**prnjav,** *a.* ragged, tattered.
**prnjavac,** *n.* rascal, scurvy fellow, ragamuffin.
**proba,** *n.* trial, proof, test; sample, rehearsal.
**probadač,** *n.* hat-pin; borer, perforator.
**probadalo,** *n.* awl, borer, perforator.
**probadanje,** *n.* perforation, piercing, transfixion; cutting.
**probadati,** *v.* to pierce (through), to bore, to perforate, to drill.
**probati,** *v.* to try, to experience; to attempt, to assay; to taste; to rehearse.
**probava,** *n.* digestion.
**probavan,** *a.* digestive, digestible.
**probavilo,** *n.* digestive organ.
**probavljati,** *v.* to digest.
**probdjeti,** *v.* (*noć*) to pass the night.
**probesjediti,** *v.* to address, to speak.
**probijati,** *v.* to penetrate, to pierce, to beat through; to seep; to burst.
**probir,** *n.* choice, selection; option.
**probirač,** *n.* chooser, picker.
**probirati,** *v.* to choose, to elect; to select, to sort.
**probisvijet,** *n.* vagabond, vagrant; adventurer, intriguer.

**probit,** *a.* pierced, perforated; broken.
**probitačan,** *a.* profitable, lucrative; useful, advantageous.
**probitačnost,** *n.* profitableness, advantage; usefulness.
**probitak,** *n.* profit, advantage, gain; prosperity; interest.
**probiti,** *v.* to beat through, to break through, to burst; to perforate, to pierce; (*uspijevati*) to thrive, to prosper, to grow.
**problijediti,** *v.* to become pale, to turn pale.
**probod,** *n.* stitch, puncture, stab, prick.
**probojac,** *n.* piercer, priming-iron, bodkin; puncheon, punch.
**probojan,** *a.* piercing, penetrating, permeable.
**probojnost,** *n.* penetration, permeableness.
**proboraviti,** *v.* to spend (*ili*) pass; to live; to stay at.
**probosti,** *v.* to pierce, to stab; to perforate.
**probrati,** *v.* to choose, to select, to pick, to sort.
**probuditi,** *v.* to wake up, to awaken, to arouse from sleep; to revive, to animate.
**probuđen,** *a.* awake, vigilant, aroused.
**proburaziti,** *v.* (*rasporiti*) to rip up, to slit up, to run through, to transfix.
**probušen,** *a.* stabbed, pierced; full of holes, porous.
**probušiti,** *v.* to bore, to perforate, to pierce, to drill, to make holes; to tunnel.
**proces,** *n.* process, lawsuit, action; trial.
**procijediti,** *v.* to filter, to strain, to percolate.
**procijeniti,** *v.* to appraise, to estimate, to value, to prize, to tax.
**procijep,** *n.* cleft, slit, log, block.
**procijepak,** *n.* (*bilj.*) sea-onion (*ili*) leak.
**procijepati,** *v.* to cleave, to split, to crack, to cut, to rend, to rift.
**procjeđivati,** *vidi:* **procijediti.**
**procjena,** *n.* valuation, appraisal, estimate.
**procjenbeni,** *a.* appraisable.
**procjenitelj,** *n.* appraiser, estimator; valuer, valuator, rater.
**procjeniv,** *a.* appraisable.

**procjenjivanje,** *vidi*: **procjena.**

**procjenjivati,** *v.* to value, to appraise, to estimate; to rate, to tax.

**procuriti,** *v.* to strain, to flow, to run; to drop, to gutter, to leak out.

**procvasti,** *v.* to bloom out, to blossom up, to flower.

**procviljeti,** *v.* to wail; to scream.

**procvjetati,** *vidi*: **procvasti.**

**proč!,** *interj.* away! begone!

**pročačkati,** *v.* to pick; to rummage, to rake, to ransack.

**pročelnik,** *n.* principal, head.

**pročelje,** *n.* front, forehead, forepart; (*kod stola*) place of honor.

**pročešljati,** *v.* to comb.

**pročistiti,** *v.* to purify, to refine, to clean out, to cleanse, to scour.

**pročitanje,** *n.* reading, perusal.

**pročitati,** *v.* to read through.

**pročupati,** *v.* to pluck, to pull, to tear out.

**pročuti,** *v.* to hear, to hearken, to listen; (**se**) to be talked of, to become public.

**proćeretati,** *v.* to chatter; to talk idly.

**proći,** *v.* to go away; to pass through, to peruse; (*proći se čega*) to give up, to leave off.

**proću,** *prep.* opposite (to), face to face.

**prodaja,** *n.* sale, market; (*dražba*) auction.

**prodajan,** *a.* saleable, marketable; venal.

**prodati,** *v.* to sell.

**prodavač,** *n.* seller, vendor, dealer.

**prodavanje,** *n.* sale, selling.

**prodavaonica,** *n.* market, store.

**prodavati,** *vidi*: **prodati.**

**proder,** *n.* hernia, rupture; (*prelom*) burst.

**proderati (se),** *v.* to tear, to rend, to destroy; (*vikati*) to scream, to scold.

**prodika,** *n.* sermon.

**prodikaonica,** *n.* pulpit.

**prodikovati,** *v.* to preach.

**prodirati (se),** *v.* to break through, to penetrate.

**prodo,** *vidi*: **prodol.**

**prodol,** *n.* dale, vale, valley.

**prodrijemati,** *v.* to slumber, to doze.

**prodrijeti,** *v.* to break through, to penetrate; to tear, to rend.

**prodrmati,** *v.* to shake, to bolt; to sift; to affect.

**produljenje,** *n.* prolongation, lengthening.

**produljiti,** *v.* to lengthen, to extend, to elongate.

**produljivati.** *vidi*: **produljiti.**

**produženje,** *n.* lengthening, prolonging; continuance.

**produžiti,** *v.* to lengthen, to stretch out, to prolong; (*nastaviti*) to continue.

**produživati,** *vidi*: **produžiti.**

**prođa,** *n.* sale, market.

**profesor,** *n.* professor, teacher.

**profućkati,** *v.* to squander, to dissipate, to waste.

**proganjanje,** *n.* pursuit, prosecution; chase, persecution.

**proganjati,** *v.* to prosecute, to persecute; to follow, to run after, to chase.

**progaziti,** *v.* to tread, to step, to trample (upon).

**progladiti,** *v.* to caress, to pat.

**proglas,** *n.* proclamation, declaration; manifesto.

**proglasiti,** *v.* to proclaim, to publish; to declare.

**proglašenje,** *vidi*: **proglašivanje.**

**proglašivanje,** *n.* proclamation, publication.

**proglašivati,** *vidi*: **proglasiti.**

**progledalo,** *n.* seeing through, looking-over; inspection; perusal, revision.

**progledan,** *a.* transparent, pellucid, limpid, clear.

**progledati,** *v.* to look through; to peek through, to see through; to open one's eyes, to obtain vision.

**proglednost,** *n.* transparency; (*vode*) limpidness.

**prognanik, — ica,** *n.* exile, refugee; outcast.

**prognanstvo,** *n.* banishment, exile; proscription; deportation.

**prognati,** *v.* to exile, to banish, to proscribe; to outlaw.

**prognjeviti,** *v.* to make angry, to quarrel.

**prognjiti,** *v.* to rot, to putrefy, to decay.

**progon,** *n.* banishment, ostracism, exile, persecution.

**progonitelj,** *n.* persecutor, prosecutor, pursuer.

**progoniti,** *v.* to-exile, to banish; to prosecute, to persecute, to expel; to outlaw; to proscribe.

**progonstvo,** *n.* exile, banishment; deportation.

**progonjen,** *a.* exiled.

**progonjenje,** *vidi*: **progonstvo.**

**progorjeti,** *v.* to burn through.

**progovarati,** *v.* to speak, to talk, to address.

**progovor,** *n.* speech, oration, address.

**progovoriti,** *v.* to begin to speak; to address.

**program,** *n.* program, programme.

**progristi,** *v.* to bite through, to pierce through, to corrode.

**progrmjeti,** *v.* to thunder.

**progrušati,** *v.* to coagulate, to curdle, to clot.

**progrušiti,** *v.* to break through.

**progurati,** *v.* to break by thrusting, to pierce, to run through the body.

**progušiti,** *v.* to strangle, to throttle, to kill.

**progutati,** *v.* to swallow up, to devour.

**progutnuti,** *vidi*: **progutati.**

**proha,** *n.* millet.

**prohibicija,** *n.* prohibition.

**prohin,** *a.* millet.

**prohladiti (se),** *v.* to cool (off), to grow cool.

**prohlađivati se,** *vidi*: **prohladiti se.**

**prohod,** *n.* passage; walk.

**prohodan,** *a.* passable.

**prohoditi (se),** *v.* to begin walking, to go (*ili*) walk about, to take a walk, to ramble.

**prohodnja,** *n.* procession; passage.

**prohrupiti,** *v.* to break out, to sally forth.

**prohtjeti se,** *v.* to long for, to hanker after, to desire.

**prohujati,** *v.* to pass, to whiz.

**proigrati (se),** *v.* to lose at play, to gamble away; to squander.

**proinatiti se,** *v.* to quarrel, to wrangle, to dispute.

**proishod,** *n.* origin, beginning, source; spring, fountain.

**proishoditi,** *v.* to descend, to be derived, to arise.

**proizići,** *v.* to proceed, to follow; to descend, to go forth; to arise, to issue.

**proizlaziti,** *vidi*: **proizići.**

**proiznaći,** *v.* to discover, to reveal, to invent, to contrive, to find out.

**proiznašašće,** *n.* invention, discovery, find.

**proizvesti,** *v.* to produce, to create, to settle, to raise.

**proizvod,** *n.* product, produce, production.

**proizvoditi,** *v.* to produce, to create; to fabricate, to manufacture.

**proizvodnik,** *n.* producer, manufacturer; generator; procreator; breeder.

**proizvodnja,** *n.* production, manufacture.

**proja,** *vidi*: **proha.**

**projahati,** *v.* to ride through.

**projahivati,** *vidi*: **projahati.**

**proječati,** *v.* to resound, to reverberate.

**projedriti,** *v.* to sail through.

**projesti se,** *v.* to eat greedily, to devour, to gluttonize.

**projezditi,** *v.* to ride through.

**projuriti,** *v.* to run through, to dash, to rush.

**prokapati,** *v.* to drip through; to penetrate.

**prokarati,** *v.* to reprimand, to rebuke, to reproach; to chide.

**prokasati,** *v.* to trot.

**prokašljati,** *v.* to cough.

**prokaz,** *n.* manifesto.

**prokaza,** *n.* (*bolest*) dropsy.

**prokazan,** *a.* dropsical.

**prokazalac,** *n.* denouncer, informer, reporter.

**prokazati,** *v.* to denounce, to report, to inform against; to impeach.

**prokidati,** *v.* to tear open, to tear asunder; to break, to rend.

**prokisao,** *a.* sourish; (*od kiše*) soaking wet.

**prokisivati,** *vidi*: **prokisnuti.**

**prokisnuti,** *v.* to become sour; (*od kiše*) to get soaked, to get wet.

**proklamacija,** *n.* proclamation; manifesto.

**proklet,** *a.* damned, cursed; confounded.

**prokleti,** *v.* to course, to damn; to anathematize.

**prokletnik,** *n.* anathema; coursed man.

**prokletstvo,** *n.* curse, damnation, impecation, malediction, anathema.
**proklijati,** *v.* to germinate, to sprout, to shoot, to spring up, to jut out.
**proklinjanje,** *vidi:* **prokletstvo.**
**proklinjati,** *vidi:* **prokleti.**
**prokljuvati,** *v.* to peck through.
**prokop,** *n.* canal, channel; (*za vodu*) water-conduit; (*željeznice*) tunnel.
**prokopan,** *a.* dug through; hoed through; cut through; broken through.
**prokopati,** *v.* to dig through, to hoe through; to break through.
**prokopnjeti,** *v.* to melt off, to thaw.
**prokoriti,** *v.* to censure, to criticise, to reprehend, to blame.
**prokositi,** *v.* to mow through.
**prokrasti se,** *v.* to sneak, to steal through.
**prokrčiti,** *v.* (*put*) to open the road; to break the road through.
**prokuhati,** *v.* to boil thoroughly; (*u želudcu*) to digest.
**prokukati,** *v.* to complain, to lament.
**prokule,** *n.* broccoli.
**prokuljati,** *v.* to get out, to come out, to emerge, to issue.
**prokupati se,** *v.* to take a bath.
**prokušan,** *a.* tried, tested, approved excellent.
**prokušati,** *v.* to try, to test, to attempt.
**prolamati,** *v.* to break (off), to break through, to destroy, to ruin.
**prolaz,** *n.* passage, passing; gate-way.
**prolazak,** *vidi:* **prolaz.**
**prolazan,** *a.* passable, transitory.
**prolaziti,** *v.* to pass away, to traverse, to go through, to perish.
**prolaznica,** *n.* pass-bill.
**prolaznost,** *n.* transience, evanescence, fleeting.
**proletarac,** *n.* proletarian.
**proletarijat,** *n.* proletariat.
**proletarski,** *a.* proletarian.
**proletjeti,** *v.* to fly over, to fly away; to pass away.
**prolijetati,** *vidi:* **proletjeti.**
**prolijevanje,** *n.* pouring forth; prodigality, excess, waste.
**prolijevati (se),** *v.* to pour out, to shed, to discharge, to waste.
**prolistati,** *v.* to leave, to put forth leaves.

**proliti (se),** *v.* to pour out, to spill, to shed, to decant.
**proliv,** *vidi:* **proljev.**
**proliven,** *a.* spilled, decanted.
**prolog,** *n.* prologue.
**prolokati,** *v.* to spend on drinking.
**prolom,** *n.* burst, breach; rupture, breaking.
**prolomiti,** *vidi:* **prolamati.**
**prolupati (se),** *v.* to break, to smash.
**proljeće,** *n.* spring (time).
**proljepšati,** *v.* to beautify; (se) to embellish, to grow handsome.
**proljetni,** *a.* spring, belonging to the spring, vernal.
**proljetos,** *adv.* this spring.
**proljetošnji,** *a.* of this spring.
**proljev,** *n.* diarrhea, dysentery.
**proljevati,** *vidi:* **prolijevati.**
**promaći,** *v.* to advance, to promote; to enhance, to raise.
**promaha,** *n.* draft, current of air.
**promahivati,** *vidi:* **promahnuti.**
**promahnuti,** *v.* to blow through; to beat.
**promaja,** *vidi:* **promaha.**
**promaknuće,** *n.* promotion, advancement, furtherance.
**promaknuti,** *v.* to promote, to advance, to further.
**promašaj,** *n.* failure, mistake, blunder.
**promašiti,** *v.* to miss, to fail.
**promatranje,** *n.* observation, beholding; consideration.
**promatrati,** *v.* to observe, to inspect, to examine; to consider.
**promet,** *n.* traffic, commerce, trade; communication, intercourse.
**prometan,** *a.* commercial, busy, active.
**prometati,** *v.* to cast, to throw through; to ransack, to rummage.
**prometnuti (se),** *v.* to turn into.
**promicatelj,** *n.* propagator, promoter.
**promicati,** *v.* to promote, to further; to forward.
**promijeniti (se),** *v.* to exchange, to change, to alter, to transform.
**promiješati,** *v.* to mix, to blend, to mingle.
**promisao,** *n.* foresight, precaution; providence.
**promisliti (se),** *v.* to consider, to reflect, to deliberate.

**promišljanje,** *n.* deliberation, consideration; meditation.
**promišljati,** *v.* to meditate; to consider; to reflect upon.
**promišljavati,** *vidi*: **promišljati.**
**promišljen,** *a.* cautious, considerate.
**promišljeno,** *adv.* considerately, cautiously.
**promišljenost,** *n.* caution, heedfulness, consideration, prudence, discretion.
**promjena,** *n.* change, alteration; mutation; exchange.
**promjenjivati,** *vidi*: **promjeniti.**
**promjenljiv,** *a.* changeable, fickle, unsteady; (*o vremenu*) unsettled.
**promjenljivost,** *n.* fickleness, changeableness; variableness, inconstancy.
**promjer,** *n.* diameter.
**promjeriti,** *v.* to size up, to measure up, to rate; to appraise; to judge.
**promjerno,** *adv.* diametrically.
**promočiti,** *v.* to permeate, to get soaked.
**promoliti,** *v.* to stick through.
**promotriti,** *v.* to look at, to behold, to observe, to view; to examine, to consider.
**promozgati,** *v.* to think over, to reflect, to meditate.
**promrmljati,** *v.* to grumble, to growl, to mutter.
**promrznuti,** *v.* to freeze (*to death*), to perish with cold.
**promučiti se,** *v.* to toil; to suffer.
**promući,** *vidi*: **promuknuti.**
**promućkati;** *v.* to shake up.
**promukao,** *a.* hoarse.
**promuklost,** *n.* hoarseness.
**promuknuti,** *v.* to become hoarse.
**promumljati,** *vidi*: **promrmljati.**
**promutiti,** *v.* to stir (up); to muddy, to muddle.
**pronaći,** *v.* to invent, to contrive; to find out, to discover.
**pronalazač,** *n.* finder, discoverer; inventor; contriver.
**pronalazak,** *n.* invention, contrivance, discovery, find.
**pronalaziti,** *vidi*: **pronaći.**
**pronalaženje,** *vidi*: **pronalazak.**
**pronesti,** *vidi*: **pronijeti.**
**pronevaljaviti se,** *v.* to become mean (*ili*) bad.
**pronevjerenje,** *n.* embezzlement, defrauding.

**pronevjeritelj,** *n.* embezzler, defrauder.
**pronevjeriti,** *v.* to embezzle, to defraud.
**pronicati,** *vidi*: **proniknuti.**
**pronicav,** *a.* keen, sagacious, intuitive; penetrating.
**pronicavo,** *adv.* keenly, sagaciously.
**pronicavost,** *n.* insight, intuition, sagacity, keenness.
**pronijeti,** *v.* to carry through, to convey, to bring out.
**proniknuti,** *v.* to penetrate; to search, to enter into.
**pronos,** *n.* the first egg of a hen.
**pronositi (se),** *v.* to carry, to be reported; (*glas*) to make public.
**propad (anje),** *n.* fall, failing, bankruptcy; abyss, precipice.
**propadati,** *v.* to fall through, to fail; (*u trgovini*) to become bankrupt.
**propadljiv,** *a.* ready to fall, failing; perishable; transitory.
**propadljivost,** *n.* decay, decline; perishableness.
**propalica,** *n.* rogue, bankrupt.
**propalost,** *n.* fall; failure.
**propanuti,** *vidi*: **propasti.**
**propast,** *n.* fall, decline; ruin, loss; decay.
**propasti,** *v.* to fall (through), to fail; to perish.
**propatiti,** *v.* to suffer, to toil.
**propeće,** *n.* crucifixion; mortification.
**propelo,** *n.* crucifix, cross.
**propeti,** *v.* to crucify, to mortify (*the flesh*); (se) to rise, to stand up.
**propijevati,** *v.* to start singing.
**propinjati se,** *v.* to get chesty, to rise above others; to jump.
**propiriti,** *v.* to blow (*the fire*), to set ablaze.
**propis,** *n.* ordinance, decree, regulation, rule, statute.
**propisan,** *a.* prescribed, according to directions; compulsory; (*obvezan*) obligatory.
**propisati,** *v.* to prescribe, to direct, to order, to regulate; to command.
**propisno,** *adv.* duly; according to rules (*ili*) to instruction.
**propištati,** *v.* to lament, to wail.
**propitati (se),** *v.* to inquire, to question, to ask, to ascertain by inquiry.
**propiti (se),** *v.* to become a drunkard.
**propitkivati,** *vidi*: **propitati.**

**propjevati**, *v.* to begin singing.
**proplakati se**, *v.* to begin crying.
**proplanak**, *n.* glade, vista.
**propljuvati**, *v.* to spit, to vomit.
**propojati**, *v.* to begin singing.
**propovijed**, *n.* sermon; lecture.
**propovijedati**, *v.* to preach, to lecture; to teach.
**propovjedaonica**, *n.* pulpit; cathedra.
**propovjednik**, *n.* preacher; lecturer.
**propratiti**, *v.* to accompany, to escort, to attend.
**propuh**, *n.* draft; current of air.
**propuhati**, *v.* to blow through, to draft.
**propući**, *v.* to burst (*ili*) split asunder.
**propuknuti**, *vidi*: **propući**.
**propupčati**, *v.* to bud, to put forth (buds), to sprout.
**propust**, *n.* failure, neglect, omission.
**propustiti**, *v.* to fail, to omit; to let pass, to let through.
**propuštanje**, *vidi*: **propust**.
**propuštati**, *vidi*: **propustiti**.
**proputovati**, *v.* to travel (over).
**proračiti se**, *v.* to be inclined, to wish, to desire.
**proračun**, *n.* previous estimate, budget, rough estimate.
**proračunati**, *v.* to calculate, to reckon, to count, to value, to estimate; to purpose.
**proračunavati**, *vidi*: **proračunati**.
**proraditi se**, *v.* to start working.
**prorast**, *n.* cancerous ulcer, erosion; sprouting, excrescence, protuberance.
**prorasti**, *v.* to drive, to urge, to impel, to incite, to whip; to spring up; to germinate, to sprout, to come up.
**prorašće**, *n.* growing, growth; plant, vegetable.
**prorašljika**, *n.* shoot, sprout, scion, offspring, stalk, stem.
**proreći**, *v.* to prophesy, to predict, to foretell.
**prorešetati**, *v.* to examine by turns, to go over, to censure, to criticise.
**prorevati**, *v.* to break, to burst (*ili*) sally forth (*ili*) out, to dash from, to issue out; (*o magarcu*) to bray.
**prorez**, *n.* cut, slit; section.
**prorezati**, *v.* to cut, to carve; to divide.
**proricanje**, *n.* prediction, prophecy, divination.

**proricati**, *v.* to predict, to foretell, to prophesy.
**prorijediti**, *v.* to thin, to dilute, to rarefy.
**proročanski**, *a.* prophetic.
**proročanstvo**, *n.* prophecy, prediction.
**proročica**, *n.* prophetess.
**proročište**, *n.* prophecy, oracle.
**prorok**, *n.* prophet, foreteller, predictor.
**prorokinja**, *n.* prophetess.
**prorokovati**, *v.* to predict, to prophesy, to foretell.
**proroštvo**, *n.* prophecy, divination.
**prorov**, *n.* tunnel.
**prosac**, *n.* wooer, suitor.
**prosanjkati se**, *v.* to ride on sleighs.
**prosen**, *a.* millet.
**prosenica**, *n.* millet-bread.
**prosidba**, *n.* wooing, suing.
**prosijati**, *v.* to sift through; to riddle.
**prosijecati**, *v.* to cut through; to flog.
**prosijek**, *n.* cut, section; (*u gori*) passage through a wood, vista, glade.
**prosilac**, *n.* suitor, wooer.
**prosinac**, *n.* December.
**prosipati**, *v.* to spill, to shed; to spread, to scatter; to squander.
**prositelj**, *n.* applicant, petitioner, supplicant.
**prositi**, *v.* (*milostinju*) to beg (*alms*); (*moliti*) to pray, to ask for, to implore; (*djevojku*) to woo, to court, to ask in marriage.
**prosjačenje**, *n.* begging, mendicity.
**prosjačiti**, *v.* to ask alms, to beg.
**prosjački**, *a.* beggarly, poor.
**prosjak**, *n.* beggar.
**prosjakati**, *vidi*: **prosjačiti**.
**prosjakinja**, *n.* beggar-woman.
**prosjaštvo**, *n.* begging.
**prosjati**, *v.* to shine through.
**prosječno**, *adv.* average.
**prosjeći**, *v.* to cut through, to carve.
**prosjed**, *a.* greyish.
**prosjek**, *n.* passage through a wood, vista, glade.
**prosjeka**, *n.* gap, cleft, cut; intersection, profile.
**proskakati**, *v.* to jump through, to spring over.
**proskitati se**, *v.* to rove, to roam, to ramble about, to wander, to be (a) vagabond.

proskribirati, *v.* to proscribe.
proskura, *n.* host.
proslava, *n.* celebration, anniversary.
proslaviti, *v.* to celebrate, to feast, to glorify; (se) to become famous.
proslov, *n.* prologue.
prosloviti, *v.* to make a speech, to address.
proso, *n.* millet.
prospavati (se), *v.* to sleep a little, to slumber.
prost, *a.* mean, low, vulgar; (*običan*) common, simple; (*slobodan*) free; prosti puk, common people.
prostačina, *n.* vulgarity; vulgarism.
prostački, *a.* vulgar, low, ordinary.
prostak, *n.* mean fellow, vulgar person.
prostakinja, *n.* mean woman.
prostaštvo, *n.* vulgarity, baseness; dirty trick.
prostirač, *n.* table-cloth; spread.
prostirača, *n.* cover, spread, blanket.
prostirati (se), *v.* to spread, to extend, to divulge; — stol, to set the table.
prostirka, *vidi:* prostirač.
prostiti, *v.* to pardon, to forgive, to excuse; to spare.
prostitucija, *n.* prostitution.
prostituisati, *v.* to prostitute.
prostitutkinja, *n.* prostitute.
prosto, *adv.* freely, simply.
prostodušan, *a.* artless, ingenuous, innocent, unaffected, simple, openhearted.
prostodušnost, *n.* openheartedness, frankness, ingenuity.
prostolatičan, *a.* polypetalous.
prostolatičnica, *n.* polypetalous flower.
prostonarodan, *a.* popular.
prostonarodnost, *n.* popularity.
prostor, *n.* space, room.
prostoran, *vidi:* prostran.
prostorija, *n.* locality, room; (*prostorije*) premises.
prostoriječje, *n.* prose.
prostornost, *n.* roominess, spaciousness.
prostota, *n.* vulgarity; simplicity.
prostran, *a.* spacious, roomy, wide.
prostrano, *adv.* spaciously, widely.
prostranost, *n.* spaciousness, capacity.
prostrići, *v.* to cut through (*with shears*); to cross.

prostrijeliti, *v.* to shoot through.
prostrijeti, *v.* to spread, to stretch, to extend, to expand.
prostrugati, *v.* to scrape through.
prosuditi, *v.* to judge, to criticize; to decide.
prosuđivanje, *n.* judgment; criticism.
prosuđivati, *vidi:* prosuditi.
prosukati, *v.* to shoot through, to bore through, to drill through.
prosulja, *n.* frying-pan, pan.
prosušiti, *v.* to dry up.
prosut, *a.* scattered, spread; spilled.
prosuti se, *v.* to strew out, to pour, to shed.
prosvijetiti, *v.* to educate, to instruct, to teach, to civilize.
prosvijetliti, *v.* to light, to enlighten, to illuminate; to civilize.
prosvjećivati, *vidi:* prosvijetiti.
prosvjed, *n.* protest; objection.
prosvjedovati, *v.* to protest; to object.
prosvjeta, *n.* enlightenment, instruction, education; civilization, culture.
prosvjetljivati, *vidi:* prosvijetliti.
prošaliti se, *v.* to jest a little, to joke.
prošao, *a.* past, gone.
prošaptati, *v.* to whisper.
prošarati (se), *v.* to variegate.
prošasnost, *n.* (*vrijeme*) past.
prošasti, *a.* past, gone, last, bygone.
prošen, *a.* prayed for; begged.
prošenje, *n.* praying, begging.
prošetati, *v.* to go (*ili*) walk about, to take a walk.
prošetnja, *n.* walk, stroll.
proševina, *n.* recruiting, enlistment, levy; courting, suit.
prošibati, *v.* to flog, to whip, to lash.
proširiti, *v.* to spread, to widen; to quilt on both sides.
proširivanje, *n.* enlargement, increase.
proširivati, *vidi:* proširiti.
prošiti, *v.* to sew through, to fasten, to pin, to stitch.
prošli, *vidi:* prošao.
prošlost, *n.* past, time past; (*u slovnici*) preterite.
prošnja, *n.* begging, mendicity; petition.
prošnjevina, *n.* alms, charity.
proštac, *n.* plank, board.
proštenje, *n.* (*oprost*) pardon, forgiveness, forgiving; (*papinsko*) indulgence; (*crkveno*) church feast; (*hodočašće*) pilgrimage.

prošuljati (se), v. to sneak through, to crawl through.
prošupljiti, v. to perforate, to pierce, to make holes.
prota, vidi: proto.
protakati, v. to sift, to bolt.
protanjiti, v. to thin, to attenuate; to rarefy.
proteći, v. to run through, to flow through.
protega, n. extension, stretching, dimension.
protegliti (se), v. to draw; to cultivate; to stretch, to extend.
protegljast, a. long; tall.
protegnuti se, v. to stretch, to extend, to expand; to spread.
protekcija, n. protection, defense.
protepati, vidi: protepsti.
protepsti, v. to squander, to waste, to spend.
protesati, v. to hew, to trim.
protest, vidi: prosvjed.
protestirati, vidi: prosvjedovati.
protestovati, vidi: prosvjedovati.
protezati (se), v. to extend, to stretch, to spread; to reach.
proti, prep. towards, against.
proticati, vidi: proteći.
protimba, n. contrast, opposition.
protiskati, v. to push through.
protiskivati, vidi: protisnuti.
protisnuti, v. to press through, to squeeze through.
protiv, adv. against, opposite to, on the contrary, otherwise.
protivan, a. contrary, opposed, adverse; offensive, repulsive.
protiviti (se), v. to oppose, to be against, to be contrary to, to resist, to counteract.
protivljenje, n. (suproćenje) objection, opposition.
protivnički, a. adverse, refractory, contrary.
protivnik, n. adversary, enemy, foe, opponent, antagonist.
protivno, adv. adversely, contrary.
protivnost, n. opposition, resistance, contrast, antagonism.
protjecati, v. to flow through, to stream, to pass away.
protjeranik, n. exile.
protjerati, v. to exile, to banish; to chase, to drive away.
protjerivati, vidi: protjerati.

proto, n. priest, minister; archpriest; dean.
protoč, n. diarrhea.
protočiti, v. to purge (the intestines).
protokol, n. protocol; record, registry.
protokolirati, v. to record, to register, to enroll.
protopop, vidi: proto.
protrčati, v. to run through.
protresati, vidi: protresti.
protresti, v. to shake out, to sift; to discuss, to debate.
protrljati (se), v. to rub, to grade, to grind.
protrnuti, v. to stiffen, to become motionelss (with terror).
protrti, vidi: protrljati.
protući, v. to cudgel, to thrash.
protudokaz, n. counter-proof.
protuha, n. loafer, tramp, vagabond, vagrant.
protuljeće, n. spring.
protumačenje, n. interpretation, explanation; translation.
protumačiti, v. to explain, to interpret; to construe.
protunaravan, a. contrary to nature, unnatural.
protunaravno, adv. unnaturally.
protunavala, n. counter-attack.
protunožac, n. antipode.
proturati, v. to work through, to press through; (se) to pass with difficulty.
protuslovan, a. contradictory, inconsistent.
protuslovitelj, n. contradictor; gainsayer.
protusloviti, v. to contradict, to refute; to gainsay.
protuslovlje, n. contradiction; gainsaying.
protustaviti, v. to oppose, to be against, to be contrary to.
protustruja, n. counter-current.
protuteža, n. counterbalance, counterpoise.
protutražbina, n. counter-claim, offset.
protutužba, n. countercharge.
protuustavan, a. unconstitutional.
protuzakonit, a. contrary to law, illegal.
protuzakonito, adv. illegally.
protuzakonitost, n. illegality, unconstitutionality.

**protuzapovjed,** *n.* (*otkaz*) countermand; notice.
**proučati,** *v.* (*proujati*) to blow through, to whiz.
**proučavanje,** *n.* study, learning.
**proučiti,** *v.* to learn, to study; to become acquainted with.
**proučavati,** *vidi:* **proučiti.**
**proujati,** *vidi:* **proučati.**
**proulja,** *n.* wild millet.
**prouzročiti,** *v.* to cause, to occasion.
**prova,** *n.* prow.
**provađanje,** *n.* enforcing, execution, accomplishment.
**provađati,** *v.* to enforce, to execute.
**provala,** *n.* break, burglary, rush, invasion; (*vulkana*) eruption.
**provalija,** *n.* gap, cleft; chasm, abyss, ravine, gulf.
**provaliti,** *v.* to rush through, to break in, to invade; to go through.
**provaljivati,** *vidi:* **provaliti.**
**provedenje,** *n.* enforcement, execution; accomplishment; conveying.
**provedriti se,** *v.* to clear up.
**provenuti,** *v.* to dry up, to wither.
**proveseliti (se),** *v.* to rejoice, to be amused.
**provesti (se),** *v.* to carry through, to bring about, to lead; to drive, to manage.
**providan,** *a.* transparent; clear, limpid.
**providjeti (se),** *v.* to see through, to provide, to penetrate, to pierce, to see through.
**providnost,** *n.* transparency;—**božja,** providence, divine ordinance; dispensation.
**providen,** *a.* provided for, taken care of.
**provijati (se),** *v.* to blow through, to beat, to pervade.
**provijuša,** *n.* fashionmonger.
**provincija,** *n.* province, administration.
**provincijal,** *n.* provincial.
**provincijalan,** *a.* provincial, local.
**provincijalizam,** *n.* provincialism.
**proviriti,** *v.* to peep through.
**provirivati,** *vidi:* **proviriti.**
**provisor,** *n.* provisor; headman; chemist's assistant.
**provizoran,** *a.* provisory; apparent; temporary.
**provjekovati,** *v.* to live through.

**provjetrenje,** *n.* ventilation, airing, winnowing.
**provjetriti,** *v.* to air, to ventilate, to fan, to winnow.
**provlačiti,** *v.* to traverse, to cross; to get over, to pass over.
**provod,** *n.* train, retinue, suite, attendance; company; (*vojske*) escort.
**provodati,** *v.* to walk, to lead about, to take for a walk.
**provodić,** *n.* guide, leader.
**provoditi (se),** *v.* to carry through; (*vrijeme*) to spend time.
**provodnik,** *n.* leader, guide; guide book.
**provoz,** *n.* passage, transit.
**provozati se,** *v.* to take a ride.
**provoziti se,** *vidi:* **provozati se.**
**provozni,** *a.* transitive.
**provoznina,** *n.* transit-duty, fare.
**provrći,** *v.* to refute; (**se**) to change, to transform, to convert; to turn.
**provreti,** *v.* to seethe, to boil.
**provrgnuti,** *vidi:* **provrći.**
**provrijediti (se),** *v.* to be industrious, to be active.
**provrijeti,** *v.* to sting, to prick, to stab.
**provrtan,** *a.* bored through, pierced, perforated, busy, active, industrious.
**provrtati,** *v.* to bore through, to pierce, to perforate.
**provrtina,** *n.* aperture, hole.
**provrtjeti (se),** *vidi:* **provrtati.**
**provrvjeti,** *v.* to swarm with, to abound, to be plentiful; to gush out, to bubble.
**provući se,** *v.* to pull through, to squeeze through, to sneak through.
**proza,** *n.* prose.
**prozaičan,** *a.* prosaic.
**prozaički,** *vidi:* **prozaičan.**
**prozboriti,** *v.* to address, to say, to speak.
**prozepsti,** *v.* to freeze, to get cold.
**proziran,** *a.* transparent, limpid, clear.
**prozirati,** *v.* to penetrate, to pierce, to foresee.
**prozirnost,** *n.* transparency, limpidity; perspicuity.
**proziv (anje),** *n.* calling, call, roll-call.
**prozivati,** *v.* to call by name, to call the roll.
**prozor,** *n.* window.

**prozorje,** *n.* dawn.

**prozorni kapak,** *n.* window shutter; — **zastor,** window shade, window-curtain.

**prozornica,** *n.* window-sill.

**prozračan,** *a.* transparent, translucent, clear, limpid.

**prozračnica,** *n.* ventilator; (*na vratima*) transom.

**prozračnost,** *n.* transparence, translucence.

**prozreti,** *v.* to look through, to see through.

**prozujati,** *v.* to whiz, to hum through.

**prozvan,** *a.* denominated; called; announced.

**prozvati,** *vidi:* **prozivati.**

**prožderati,** *v.* to devour; to eat, to consume.

**proždirati,** *vidi:* **prožderati.**

**proždrijeti,** *v.* to swallow up, to devour.

**proždrljiv,** *a.* voracious, gluttonous, greedy.

**proždrljivac,** *n.* glutton, voracious eater, devourer.

**proždrljivost,** *n.* voracity, greediness, gluttony.

**prožeći,** *v.* to burn through.

**prožeti,** *v.* to permeate, to penetrate, to pierce.

**proživjeti,** *v.* to live through, to live to see, to go through, to survive, to outlive.

**prožvakati,** *v.* to chew through.

**prporiti se,** *v.* to couple, to copulate (*o ribama*).

**prpošan,** *n.* pert, impertinent, saucy.

**prsa,** *n.* breast, chest.

**prsak,** *n.* splash.

**prsat,** *a.* chesty, breasted.

**prsi,** *n.* breast, chest, bosom; udder.

**prsimice,** *adv.* breast to breast.

**prsina,** *n.* breast (*of a horse*), breast leather.

**prskati,** *v.* to splash, to sprinkle; to spout, to squirt.

**prskavac,** *n.* rocket, cracker.

**prsluk,** *n.* vest, waistcoat.

**prsni,** *a.* breast-, chest-; — **koš,** breast-plate.

**prsnuti,** *v.* to burst, to explode, to split, to sparkle; to splash.

**prsobolja,** *n.* breast-ache, pain in the chest.

**prsobran,** *n.* breast-work, parapet.

**prst,** *n.* finger; (*nožni*) toe.

**prsten,** *n.* ring; **zaručni** —, engagement ring.

**prstenje,** *n.* rings (*pl.*).

**prstenovan,** *a.* engaged.

**prstenovanje,** *n.* engagement.

**prstenovati,** *v.* to betroth; (se) to engage, to promise in marriage.

**prstić,** *n.* little finger.

**pršljen,** *n.* vertebra.

**pršnjak,** *n.* breast (*of a horse*); chest, breast-leather; apron, bib.

**prštati,** *v.* to crack, to sparkle, to decrepitate.

**prštiti,** *v.* to crash, to burst, to explode.

**pršut,** *n.* ham.

**prten,** *a.* of linen, linen.

**prtenina,** *n.* linen goods.

**prtina,** *n.* way, road; path; means.

**prtište,** *n.* linen cloth, linen sail.

**prtiti,** *v.* to burden, to load; to charge, to entrust.

**prtljaga,** *n.* baggage, luggage.

**prtljanac,** *vidi:* **prtljaš.**

**prtljaš,** *n.* tattler, babbler, twaddler, bother.

**prtljati,** *v.* to blab, to chatter, to talk idly, to blotch.

**prtljavac,** *n.* blabber.

**pručati se,** *vidi:* **praćakati se.**

**pruće,** *n.* brushwood.

**pručiti se,** *v.* to shoot, to rush upon, to dash; to give jerk.

**prud,** *n.* sand-shelf, sand-hill.

**prudina,** *n.* shallowness.

**prudište,** *vidi:* **prud'na.**

**pruditi,** *v.* (*koristiti*) to make use of, to be of use, to profit; to improve; to be a gainer.

**prudovit,** *a.* shallow, fordable.

**pruga,** *n.* line, stripe, streak, furrow; **željeznička** —, railroad track.

**prugast,** *a.* striped.

**pruglo,** *n.* moose, snare, trap.

**prut,** *n.* pole, rod, club.

**prutak,** *n.* small rod, small pole; — *a.* flexible, supple, pliant.

**prutarast,** *vidi:* **prugast.**

**prutast,** *a.* made of twings; spotted, streaked, striped.

**prutika,** *n.* (*bilj.*) marsh-moss.

**pružan,** *a.* elastic; extensible, ductile.

**pružanje,** *n.* extending, stretching; offer, tender.

**pružati (se),** *vidi:* **pružiti (se).**

**pružiti (se),** *v.* to stretch (out), to extend, to tender.

**pruživ,** *a.* elastic, flexible, pliant; extensible, ductile.

**pruživost,** *n.* elasticity, flexibility.

**prvačiti,** *v.* to lead.

**prvak,** *n.* leader, head; foreman.

**prvašnji,** *a.* former, previous.

**prvenac,** *n.* first-born, firstling.

**prvenstvo,** *n.* priority, preference, privilege, superiority, precedence.

**prvi,** *a.* first, prior, prime.

**prvijenac,** *vidi*: **prvenac.**

**prvina,** *n.* first-fruits, early flower (*ili*) vegetable, early part of the season.

**prvo,** *adv.* recently, before; first, firstly, formerly.

**prvobitan,** *a.* original, primitive.

**prvobitno,** *adv.* first, originally, primarily.

**prvobitnost,** *n.* originality, primariness.

**prvom,** *adv.* (*prvi put*) firstly, first.

**prvorodstvo,** *n.* primogeniture, first-born.

**prvorođen,** *a.* first-born.

**prvorođenče,** *vidi*: **prvenac.**

**prvostolni,** *a.* metropolitan; **prvostolna crkva,** cathedral.

**prvotni,** *a.* original, primitive.

**prznica,** *n.* mischief-maker, marplot, trouble; crib-biter.

**pržen,** *a.* toasted, fried.

**prženica,** *n.* toast.

**pržilica,** *n.* broiler, griddle.

**pržina,** *n.* sandbank.

**pržiti,** *v.* to broil, to toast; (**se**) to burn.

**pržnica,** *n.* pan, frying-pan.

**pržolica,** *n.* steak; (*goveđa*) beef-steak; (*svinjeća*) pork-chop; (*teleća*) veal-cutlet.

**ps!** *interj.* silence! hush! hist!

**psalam,** *n.* psalm.

**psalter,** *n.* psalter, psalm book.

**psaltirac,** *n.* psalmodist.

**pseći,** *a.* canine, doggish.

**psetašce,** *vidi*: **psić.**

**pseto,** *n.* dog.

**psić,** *n.* puppy.

**psina,** *n.* cur, a big dog.

**psoglav,** *n.* dog's head; (*bilj.*) vegetable, ivory.

**psovač,** *n.* reviler, railer, curser.

**psovanje,** *n.* scolding, cursing, abuse.

**psovati,** *v.* to revile, to scold, to curse to insult.

**psovka,** *n.* curse, invective, abuse.

**pst!** *interj.* hist! hush!

**pšenica,** *n.* wheat.

**pšeničan,** *a.* wheaten.

**pšeničište,** *n.* wheat-field.

**pšeničnjak,** *n.* wheat-bread.

**pšeno,** *n.* corn.

**ptica,** *n.* bird.

**ptičar,** *n.* bird-catcher, fowler; (*jastreb*) vulture, hawk.

**ptičarenje,** *n.* bird-catching, fowling.

**ptičarica,** *n.* shot-case.

**ptičariti,** *v.* to catch birds; to bring up birds.

**ptiče,** *vidi*: **ptić.**

**ptičica,** *n.* little bird, birdie.

**ptičji,** *a.* bird-.

**ptić,** *n.* young bird.

**publika,** *n.* public, people; crowd.

**pucaljka,** *n.* pop-gun.

**pucanj,** *n.* crash, crack(ing), detonation.

**pucanje,** *n.* shooting, cracking.

**pucarati,** *v.* (*bičem*) to crack a whip.

**pucati,** *v.* to shoot, to crack; to fire, to discharge.

**puce,** *n.* (*gumb*) button.

**puckar,** *n.* (*kukac*) bombardier.

**puckarati,** *v.* to crack, to crash, to detonate.

**pucnjava,** *n.* shooting, detonation; thunder; bombardment.

**puč,** *n.* cistern, pit; (*ponor*) gulf, abyss, whirlpool.

**pučanin,** *n.* citizen, townsman.

**pučanstvo,** *n.* population; citizenship.

**pučina,** *n.* surface of the sea.

**pučiti,** *v.* to split, to cleave, to slit.

**pučki,** *a.* public, vulgar, common, vile, trivial; **pučka škola,** public school.

**puć!** *interj.* slap! bang!

**pućak,** *n.* turkey (-cock).

**pućenje,** *n.* sneering, sneer.

**pući,** *v.* to split, to crack, to burst.

**pućiti se,** *v.* to bear a grudge (*ili*) ill-will; to look sulky.

**pućka,** *n.* turkey-hen.

**pućkati,** *v.* to pop, to bang; to whiff, to puff (*tobacco*).

**pućki,** *a.* public.

**pućpura,** *n.* quail.

**pudar,** *n.* vineyard-guard.

**pudarica** *vidi*: **pudar.**
**pudarina,** *n.* keeper's wage.
**puditi,** *v.* to drive out, to discharge, to dislodge; to dispel.
**pudljiv,** *a.* fearful, timid, timorous.
**pudljivac,** *n.* coward, poltroon.
**puh,** *n.* hazel-mouse.
**puhač,** *n.* blower.
**puhalica,** *n.* blow-pipe; pea-shooter.
**puhalo,** *n.* bellows, blast-engine.
**puhaljka,** *n.* pea-shooter.
**puhanje,** *n.* blowing, fanning.
**puhara,** *n.* (*spužva*) sponge.
**puhati,** *v.* to blow; (*trublju*) to sound.
**puhnuti,** *v.* to blow out.
**puhor,** *n.* glowing ashes, embers.
**pujka,** *n.* turkey-hen.
**pujkati,** *v.* to bait; to run; to hound; to set the dogs on.
**puk,** *n.* people; crowd; regiment.
**puki,** *a.* accidental, casual, incidental.
**puklina,** *n.* cleft, slit, crevice, fissure.
**puknuti,** *vidi*: **puči.**
**pukotina,** *n.* cleft, crevice, rent, tear.
**pukovnija,** *n.* regiment.
**pukovnik,** *n.* colonel.
**pulak,** *n.* ass's colt, young-ass.
**pun,** *a.* full, entire, complete; **pun-puncat,** full to the brim.
**punac,** *n.* father-in-law.
**punan,** *a.* full, brimful.
**punica,** *n.* mother-in-law.
**puniti se,** *v.* to fill (up), to stuff; to load.
**puno,** *adv.* much, many.
**punobrojan,** *a.* numerous.
**punoća,** *n.* fullness, plentitude.
**punodoban,** *a.* of age, of full age.
**punodobnik,** *n.* major; person of full age.
**punodobnost,** *n.* majority, full age.
**punokrvan,** *a.* full-blooded; plethoric.
**punokronost,** *n.* plethora.
**punoljetan,** *vidi*: **punodoban.**
**punoljetnost,** *n.* full age, majority.
**punomoć (je),** *n.* power of attorney, letters of attorney, full power.
**punomoćnik,** *n.* attorney-in-fact; plenipotentiary; authorized agent.
**punorodan,** *a.* whole-blood.
**punoruk,** *a.* with full hands.
**punost,** *n.* plentitude, fullness.
**punovlast,** *n.* full power; power of attorney.
**punjenje,** *n.* filling, stuffing.
**pup,** *n.* bud, eye; sprig.

**pupa,** *vidi*: **pup.**
**pupak,** *n.* navel.
**pupav,** *a.* big-bellied.
**pupavac,** *n.* lap-wing, tuft; (*ptica*) peewit.
**pupčast,** *a.* vaulted, arched; concave.
**pupčiti,** *v.* to bud.
**pupiti,** *vidi*: **pupčiti.**
**pupoljak,** *n.* bud.
**pura,** *n.* turkey-hen.
**purak,** *n.* musket-ball, bullet.
**puran,** *n.* turkey, gobbler.
**puriti,** *v.* to grate, to broil, to scorch, to toast, to parch.
**pusat,** *a.* harness, horse-trappings.
**pusnik,** *n.* cursed person, damned person.
**pust,** *a.* forlorn, forsaken; desolated, solitary; abandoned, wild, waste; (*zemlja*) uncultivated; — *n.* felt.
**pustahija,** *vidi*: **pustaija.**
**pustaija,** *n.* robber, ruffian, bandit, highwayman.
**pustailuk,** *n.* highway-robbery, robbery.
**pustara,** *n.* desert, waste, wild land.
**pustinik,** *n.* hermit, solitaire, anchorite.
**pustinja,** *n.* desert, wilderness.
**pustinjački,** *a.* solitary.
**pustinjak,** *n.* hermit, solitaire, anchoret.
**pustiti,** *v.* to leave; to let, to allow; to suffer; (*vodu*) to urinate.
**pustolov,** *n.* adventurer, intriguer, vagabond.
**pustolovina,** *n.* adventure.
**pustolovstvo,** *vidi*: **pustolovina.**
**pustopaš,** *n.* pasture, grazing ground, pasture ground.
**pustopašan,** *a.* wild; rompish, frolicksome; wanton.
**pustopašina,** *n.* heath, thicket, woodland; grass.
**pustopašnost,** *n.* frolicsomeness, extravagance.
**pustopoljina,** *vidi*: **pustopašina.**
**pustoruk,** *a.* empty-handed; void, vacant.
**pustoš,** *n.* heath, devastated land, waste.
**pustošan,** *a.* waste, desolute, deserted.
**pustošenje,** *n.* devestation, ravage, havoc.

**pustošiti,** *v.* to devastate, to ravage, to pillage, to plunder; to strip.
**pustovolja,** *n.* self-will, arbitrariness.
**pušač,** *n.* smoker.
**pušćani,** *a.* gun-.
**puščati,** *vidi:* **puštati.**
**pušenje,** *n.* smoking.
**pušiti (se),** *v.* to smoke, to steam, to fume.
**puška,** *n.* gun-.
**puškar,** *n.* gunsmith, gun-maker.
**puškaranje,** *n.* shooting; skirmishing.
**puškarati (se),** *v.* ro shoot, to skirmish; to fire.
**puškarica,** *n.* pop-gun.
**puškarinica,** *n.* gun-factory; loophole.
**puškomet,** *n.* range.
**pušljiv,** *a.* wormy, worm-eaten, vermiceous; vermiculous.
**pušljivost,** *n.* vermiculation.
**pušnica,** *n.* fruit-kiln; oven.
**puštati,** *v.* to let, to leave, to allow; to cause.
**puštiti,** *vidi:* **puštati.**
**put,** *n.* (*staza*) road, path.
**putan,** *a.* right, straight, just, honest, upright.
**putanja,** *n.* path, pathway, footway, road.
**putašce,** *n.* small button, little knob.

**puten,** *a.* carnal, sensual, lascivious.
**putenost,** *n.* sensuality, lechery, lasciviousness.
**putilo,** *n.* trap, fetters.
**putina,** *n.* trifling; toying, dalliance.
**putir,** *n.* (*kalež*) chalice.
**putiti,** *v.* to teach, to inform; to direct, to coax, to persuade.
**putni,** *a.* traveling.
**putnica,** *n.* passport.
**putnik,** *n.* traveler; commercial traveler, drummer.
**putnina,** *n.* traveling-money.
**puto,** *n.* trap, fetters.
**putokaz,** *n.* way-mark, guide, finger-post.
**putopis,** *n.* description of journey; travelog (ue).
**putopisac,** *n.* voyage-writer, writer of travels.
**putovanje,** *n.* traveling, journey, voyage.
**putovati,** *v.* to travel, to journey.
**putovnica,** *vidi:* **putnica.**
**puzati,** *v.* to creep, to crawl, to cringe.
**puzavac,** *n.* creeper, crawler; (*beznačajnik*) cringer, sneak.
**puzavice,** *n.* (*ptice*) scansorials.
**puzećke,** *adv.* creepingly, crawlingly.
**puziti,** *v.* to crawl, to creep, to climb.
**puž,** *n.* snail, slug.

# R

**rabin,** *n.* rabbi, rabin.
**rabiti,** *v.* to use, to employ.
**raboš,** *n.* tally, score.
**rabota,** *n.* business, work, toil, labor.
**rabotan,** *a.* laborious, working, industrious, assiduous.
**rabotar,** *n.* laborer, workman, pioneer, painstaker.
**rabotati,** *v.* to toil, to labor, to work.
**rabotnica,** *n.* workwoman.
**rabotnik,** *vidi:* **rabotar.**
**rabuš,** *vidi:* **raboš.**
**raca,** *n.* duck.
**racman,** *n.* drake.
**račar,** *n.* crab-catcher.
**račarica,** *vidi:* **račar.**
**rače,** *n.* duckling, young duck.
**račica,** *n.* small duck, duckling.
**račić,** *n.* small crab; shrimp.
**račilo,** *n.* crabs-net.
**račiti se,** *v.* to be willing, to have a desire.
**račun,** *n.* account, calculation, computation; (*trgovački*) bill, invoice, statement; (*kao predmet*) arithmetic.
**računanje,** *n.* calculation, figuring.
**računar,** *n.* calculator, reckoner.
**računstvo,** *n.* accounts, affairs of account, book-keeping.
**računati,** *v.* to count, to reckon, to calculate; to figure, to account.
**račundžija,** *n.* mathematician, calculator, reckoner; accountant.
**računica,** *n.* arithmetic, cipheringbook, account-book.
**računovodstvo,** *n.* book-keeping; accountancy.
**računovođa,** *n.* financial secretary; accountant, account-keeper.
**računstvo,** *n.* arithmetic, accountantship.
**račvast,** *a.* forked, forky, bifurcate.
**račve,** *n.* splitting, forks, prongs.
**rad,** *a.* willing; — *n.* work, labor, task, toil.
**radi,** *prep.* (*poradi*) on account of, because of, by reason of.

**radijum,** *n.* radium.
**radilica,** *n.* (*pčela*) honey-bee, working-bee.
**radin,** *a.* laborious, industrious, assiduous, active.
**radinost,** *n.* industry, laboriousness, activity.
**radio,** *n.* radio.
**radionica,** *n.* workshop.
**radiša,** *n.* laborious person, industrious person, diligent man.
**raditi,** *v.* to work, to toil, to labor; to act.
**radljiv,** *a.* laborious, industrious, diligent, active.
**radljivost,** *n.* laboriousness, industry, activity.
**radni,** *a.* working; — **narod,** working people; — **dan,** working day.
**radnica,** *n.* workwoman.
**radnik,** *n.* laborer, worker, workman; (*u tvornici*) factory-hand.
**radništvo,** *n.* working-class; proletariat.
**radnja,** *n.* work, action; workmanship; labor; occupation.
**rado,** *adv.* with pleasure, willingly, readily, gladly.
**radost,** *n.* joy, enjoyment; pleasure; delight; gladness.
**radostan,** *a.* joyful, joyous, cheerful, merry, jovial, delighted, rejoicing.
**radosno,** *adv.* cheerfully, delightfully, merrily, joyfully.
**radovanje,** *n.* gladness, delight, rejoicing.
**radovati (se),** *v.* to rejoice, to enjoy.
**radoznalost,** *n.* curiosity, inquisitiveness, desire of knowledge.
**radoznao,** *a.* curious, inquisitive, eager for knowledge.
**rađa,** *vidi:* **rad;** — *n.* (*riba*) ray.
**rađanje,** *n.* childbirth, delivery, childbed, confinement; (*sunca*) sunrise, dawn.
**rađati,** *v.* (*djecu*) to beget; (*o rastlinama*) to produce, to bring forth.

**raj,** *n.* paradise.
**raja,** *n.* (*prosti puk*) proletariat, low class people, slaves.
**rajčica,** *n.* tomato; (*ptica*) bird of paradise.
**rajski,** *a.* paradisiacal.
**rak,** *n.* crab, crawfish, lobster; (*bolest*) cancer, carcinoma.
**raka,** *n.* tomb, grave, sepulchre; pit, hole.
**raketa,** *n.* rocket.
**rakidžija,** *n.* distiller.
**rakija,** *n.* brandy, whiskey, gin, spirits.
**rakijaš,** *n.* whiskey-drinker, drunkard, toper.
**rakijašnica,** *n.* dram-shop, gin-shop, public-house; (*pecara*) distillery.
**rakijati,** *v.* to tipple, to drink gin.
**rakita,** *n.* wicker, osier; purple-willow.
**rakitovina,** *vidi*: **rakita.**
**rakljast,** *a.* forked, forky.
**raklje,** *n.* forks, prongs.
**rakovica,** *n.* crab.
**rakovnica,** *n.* lobster.
**rakun,** *n.* raccoon.
**ral,** *n.* (*jutro*) acre.
**ralica,** *n.* plow-handle; snow-plough.
**ralo,** *n.* plowshare.
**ralje,** *n.* throat; gulf, abyss.
**ramazan,** *n.* Ramadan; month of fasting by Turks.
**rame,** *n.* shoulder, back.
**ramena,** *n.* (*lopatica*) shoulder-blade.
**rana,** *n.* injury, wound, hurt, bruise.
**ranar,** *n.* surgeon.
**ranarstvo,** *n.* surgery.
**rani,** *a.* early, in the morning; premature.
**ranica,** *n.* early pear; early fruit.
**ranilac,** *n.* early riser.
**raniti,** *v.* to wound, to hurt, to injure; (*uraniti*) to rise early.
**rano,** *adv.* early, prematurely, in the morning.
**ranoranilac,** *n.* early riser.
**ranjav,** *a.* sore, wounded, injured.
**ranjavanje,** *n.* wounding, injuring.
**ranjavati,** *v.* to wound, to hurt, to injure.
**ranjen,** *a.* wounded, sore, hurt, injured.
**ranjenik,** *n.* wounded-man.
**raonik,** *n.* plow, plough, coulter.

**rapav,** *a.* (*neravan*) rough, rugged; hard, sharp; (*glas*) hoarse.
**rapavost,** *n.* roughness, harshness, ruggedness; (*glas*) hoarseness.
**rapsod,** *n.* rhapsody.
**rasa,** *n.* race, kind; generation.
**rasad,** *n.* seed-plot, sowing, seedling, nursery.
**rasaditi,** *v.* to transplant, to disseminate.
**rasadnik,** *n.* propagator, nurseryman.
**rasađivati,** *vidi*: **rasaditi.**
**rasahnuti se,** *v.* to dry up, to wither.
**rasap,** *n.* revolution; dissolution.
**rascar,** *n.* ex-emperor.
**rascijeniti,** *v.* to reduce in value, to depreciate.
**rascijepiti,** *v.* to cleave, to split, to crack, to cut, to rend, to rift, to break.
**rascvasti se,** *vidi*: **rascvjetati.**
**rascviliti,** *v.* to grieve, to afflict.
**rascviljen,** *a.* afflicted, grieved.
**rascvjetanje,** *n.* flourishing.
**rascvjetati,** *v.* to bloom, to blossom, to flower.
**rascvrljeti se,** *v.* to dissolve; to disperse.
**rasčešljati,** *v.* to comb apart.
**rasedlati,** *v.* to unsaddle.
**raseliti (se),** *v.* to depopulate; to unstock; to emigrate.
**raselje,** *n.* emigration.
**raseljivanje,** *vidi*: **raselje.**
**rashlada,** *n.* cooling.
**rashladiti (se),** *v.* to refresh; to refrigerate, to cool off, to cool.
**rashlađivanje,** *n.* cooling; refrigeration.
**rashod,** *n.* expense, expenditure; outlay, outgo.
**rashodnica,** *n.* report.
**rasijač,** *n.* disseminator, disperser.
**rasijati (se),** *v.* to sow, to spread, to scatter; to sprinkle, to strew; to disseminate, to disperse.
**rasijavanje,** *n.* dissemination.
**rasijecati,** *v.* to cut asunder, to cut up, to slash.
**rasipač,** *n.* squanderer, prodigal, spendthrift.
**rasipan,** *a.* prodigal, extravagant, lavish, wasteful, profuse.
**rasipanje,** *n.* dissipation, squandering; dispersion.

**rasipati,** *v.* to disperse; to squander, to spend, to dissipate.

**rasipnik,** *n.* spendthrift, squanderer, prodigal.

**rasipno,** *adv.* excessively, extravagantly, prodigally; profusely.

**rasipnost,** *n.* pouring forth, prodigality, extravagance; excess, profusion.

**rasjeći,** *v.* to cut asunder, to cut up; to slash, to split.

**rasjelina,** *n.* chasm, abyss, ravine, gulf; log.

**rasjesti se,** *v.* to split, to cleave, to crack.

**raskačkati,** *v.* to crush by treading, to trample down.

**raskajati se,** *v.* to repent, to regret.

**raskalašan,** *a.* dissolute, licentious; frisky, exuberant.

**raskalašen,** *vidi:* **raskalašan.**

**raskalašenost,** *n.* wantonness, dissoluteness, exuberance.

**raskalašiti se,** *v.* to become frisky *(ili)* exuberant.

**raskaljati se,** *v.* to muddy, to dirty.

**raskidati,** *v.* to break (off), to rend, to pull down, to ruin, to tear.

**raskinuti,** *vidi:* **raskidati.**

**raskiseliti,** *v.* to soak in vinegar; (se) to get sour.

**raskivati,** *v.* to forge up.

**rasklamati,** *v.* to shake, to affect strongly, to shock.

**rasklapati,** *vidi:* **rasklopiti.**

**rasklasti,** *v.* to unload; to smooth, to plane.

**rasklimati,** *v.* to loosen, to put out of joint.

**rasklopiti,** *v.* to break open, to open by force.

**rasknez,** *n.* ex-prince.

**raskol,** *n.* chism, heresy; dissension, discord.

**raskoliti,** *v.* to split, to slit, to cleave; to crack, to rend, to rift; to break.

**raskolnički,** *a.* schismatic.

**raskolnik,** *n.* heretic, schismatic.

**raskolništvo,** *n.* schism, heresy.

**raskomadanje,** *n.* dismemberment.

**raskomadati (se),** *v.* to dismember, to cut up, to cut in pieces, to parcel out.

**raskopati,** *v.* to excavate, to rummage, to dig up.

**raskopčati,** *v.* to unbutton, to unbuckle.

**raskoračiti se,** *v.* to bestraddle.

**raskoš,** *n.* luxury, display; *(slast)* voluptuousness, sensual pleasure.

**raskošan,** *a.* luxurious, voluptuous, delicious.

**raskošiti (se),** *v.* to amuse, to delight, to be pleased, to enjoy oneself.

**raskošje,** *vidi:* **raskoš.**

**raskošnik,** *n.* spendthrift.

**raskošno,** *adv.* luxuriously.

**raskošnost,** *vidi:* **raskoš.**

**raskotiti se,** *v.* to breed, to multiply.

**raskovati,** *v.* to batter.

**raskralj,** *n.* ex-king.

**raskraviti,** *v.* to thaw, to melt.

**raskrčiti,** *v.* to root out, to extirpate.

**raskrečiti,** *v.* to stretch asunder, to stretch out, to extend.

**raskrhati,** *v.* to smash, to break, to shatter.

**raskriliti,** *v.* to spread wings; to spread, to extend.

**raskrinkati,** *v.* to unmask, to expose.

**raskrivati,** *v.* to uncover, to unmask, to discover, to reveal.

**raskrižiti,** *v.* to cross, to set across.

**raskrižje,** *n.* crossroads, cross-way, crossing.

**raskrstiti se,** *v.* to part, to break apart, to fall out.

**raskršće,** *n.* crossroads, crossway, crossing.

**raskruniti** *v.* to dethrone.

**raskrupnati se,** *v.* *(u visini)* to grow, to increase; *(u debljinu)* to grow fat, to grow bulky.

**raskrvariti,** *v.* to bleed, to stain with blood.

**raskučiti,** *v.* to dissipate, to disperse, to waste, to dispel, to squander.

**raskuhati,** *v.* to boil through.

**raskuštrati,** *v.* to dishevel, to rumple up.

**raskužiti,** *v.* to disinfect; to deodorize.

**raskvasiti,** *v.* to soften, to mollify; to wet, to moisten.

**raskvocati se,** *v.* to start clucking, to chuckle.

**raslabiti,** *v.* to weaken, to enfeeble.

**raslati,** *v.* to send, to forward, to dispatch.

**rasohe,** *n.* forks, prongs.

**rasol,** *n.* *(slana voda)* brine, pickle.

**rasovast,** *a.* forked, forky.

**raspačan,** *a.* out of print; sold out.

**raspačati,** *v.* to sell out.

**raspad,** *n.* decomposition, dissolution, fall.

**raspadati se,** *v.* to fall to pieces, to decay, to crumble into dust, to decompose.

**raspadnuti se,** *vidi:* **raspadati se.**

**raspaliti,** *v.* to heat, to excite; to inflame, to incense; to exasperate.

**raspaljen,** *a.* inflamed, wrathful, angry.

**raspanuti se,** *vidi:* **raspadati se.**

**raspara,** *n.* buttered eggs.

**rasparati,** *v.* to rip, to tear (open), to rend, to destroy.

**raspariti,** *v.* to uncouple, to disconnect.

**raspasati,** *v.* to ungird.

**raspasti se,** *v.* to fall to pieces, to decay; to perish; to decompose.

**raspazariti (se),** *v.* to undo the purchase (*ili*) bargain.

**raspečatiti,** *v.* to unseal.

**raspečiti,** *v.* to fondle, to spoil, to pamper.

**raspeće,** *n.* crucifixion.

**raspelo,** *n.* crucifix, cross.

**raspeti,** *vidi:* **razapeti.**

**raspikuća,** *n.* squanderer, prodigal, spendthrift.

**raspiliti,** *v.* to saw through.

**raspinjati,** *vidi:* **razapinjati.**

**raspiriti,** *v.* to blow into a flame; to inflame, to incite.

**raspis,** *n.* circular, publication; remission, pardon; order.

**raspisati,** *v.* to notify, to make known, to publish, to declare.

**raspit,** *n.* (*braka*) divorce.

**raspitati se,** *v.* to ascertain by inquiry; to separate, to divorce, to obtain divorce.

**raspitivati,** *vidi:* **raspitkivati.**

**raspitkivati,** *v.* to search, to inquire, to investigate.

**rasplakati,** *v.* to cry, to weep.

**rasplamtjeti,** *v.* to inflame, to kindle, to incense; to exasperate.

**rasplastiti,** *v.* to cleave, to split.

**rasplašiti,** *v.* to scare, to terrify, to frighten away.

**rasplesti,** *v.* to untwist, to unweave, to loosen, to untie, to dissolve, to solve, to disentangle.

**rasplet,** *n.* disentanglement; solution.

**raspletati,** *vidi:* **rasplesti.**

**rasplinuti se,** *v.* to evaporate, to, evanesce; to disappear.

**rasplod,** *n.* dissemination, propagation, breeding.

**rasploditi se,** *v.* to increase, to multiply, to disseminate, to propagate.

**rasplođivanje,** *n.* propagation, dissemination.

**raspljeskati,** *v.* to clap hands, to applaud.

**raspljoštiti,** *v.* to flatten.

**raspojas,** *a.* girdless, without a belt.

**raspojiti (se),** *v.* to unsolder, to disconnect, to disjoin, to sever.

**raspolaganje,** *n.* disposition, arrangement; order; disposal.

**raspolagati,** *v.* to dispose; to adjust, to prepare.

**raspoloviti,** *v.* to divide in two, to cut in two, to bisect; to split.

**raspoložen,** *a.* disposed, ready, inclined, willing.

**raspoloženje,** *n.* disposition, arrangement, frame of mind, order, aptitude, inclination, disposal.

**raspoložiti,** *v.* to dispose, to adjust, to prepare, to arrange.

**raspoloživ,** *a.* disposable, accommodating.

**raspoloživost,** *vidi:* **raspoloženje.**

**raspomamiti se,** *v.* to extravagate, to rave, to talk idly.

**raspon,** *n.* props of a bridge, support.

**raspop,** *n.* ex-priest.

**raspopiti (se),** *v.* to quit priesthood.

**raspor,** *n.* slit, split, rip.

**raspored,** *n.* arrangement, program, order; disposition.

**rasporediti,** *v.* to order, to dispose, to arrange.

**rasporez,** *n.* assessment, dues.

**rasporiti,** *v.* to rip up, to slit, to unstitch, to dissolve, to disunite.

**rasposlati,** *v.* to send off, to expedite, to forward, to send off.

**rasposiljati,** *vidi:* **rasposlati.**

**raspoznati,** *v.* to recognize, to discern; to distinguish, to single out.

**raspra,** *n.* quarrel, altercation, discord, strife.

**rasprava,** *n.* trial, hearing, case, argument, debate, negotiation, treatise.

**raspravljanje,** *n.* discussion, dispute, debate.

**raspravljati,** *v.* to negotiate, to discuss, to debate.

**raspreći,** *v.* to unharness.

**raspredati,** *vidi:* **raspresti.**

**raspremati,** *v.* to clear away, to clear from rubbish, to put in order.

**raspremiti,** *vidi:* **raspremati.**

**raspresti,** *v.* to untwist.

**raspretati,** *v.* to stir up; to poke, to rake.

**rasprijateljiti (se),** *v.* to estrange; to alienate.

**rasprodaja,** *n.* clearance sale, sale, liquidation; settlement.

**rasprodati,** *v.* to sell out.

**rasprostirati,** *vidi:* **rasprostrijeti.**

**rasprostraniti,** *v.* to spread, to spill, to shed, to diffuse, to scatter, to propagate.

**rasprostranjenost,** *n.* spreading, diffusion, dissemination; circulation.

**rasprostranjenje,** *n.* divulging, propagation; diffusion, spreading; extension.

**rasprostranjivanje,** *vidi:* **rasprostranjenje.**

**rasprostrijeti,** *v.* to spread, to extend, to divulge, to diffuse.

**rasprosuti,** *v.* to scatter, to spread; to sow, to disperse.

**rasprsnuti (se),** *v.* to burst, to explode, to disperse, to scatter; (*lagumom*) to blast.

**raspršati (se),** *v.* to scatter about, to disperse, to dissipate.

**raspršiti,** *vidi:* **raspršati.**

**rasprštati se,** *v.* to fall in dust, to be scattered, to disperse; to vanish.

**rasprtiti,** *v.* to discharge, to unload, to release; to ease.

**raspučati,** *v.* to tear open, to rend up, to break up.

**raspuće,** *n.* cross-road; moment of decision.

**raspući se,** *v.* to break, to rend, to burst, to split.

**raspuditi,** *v.* to put to flight, to drive out, to discharge, to dislodge, to dispel.

**raspuknuti,** *vidi:* **raspući.**

**raspust,** *n.* (*vojske*) disbanding of soldiers; (*skupštine*) dissolution; (*braka*) divorce; (*škole*) closing.

**raspustiti,** *v.* to dismiss, to discharge, to dissolve.

**raspušten,** *a.* dissolute, licentious; ungovernable, wild, frisky.

**raspuštenik,** **-ica,** *n.* dissolute person.

**raspuštenost,** *n.* extravagance, wantonness.

**rasputica,** *vidi:* **raspuće.**

**rasrditi,** *v.* to make angry, to exasperate; (**se**) to become angry.

**rasrđen,** *a.* angry, excited.

**rast,** *n.* growth; stature, size.

**rastajanje,** *n.* separation; parting.

**rastajati se,** *v.* to part, to separate, to divide; to depart.

**rastakati,** *v.* to pour (off), to decant.

**rastanak,** *n.* parting, leave; separation.

**rastanjiti,** *v.* to thin, to dilute.

**rastapati,** *v.* to melt, to thaw, to dissolve; to cast; to liquify.

**rastati (se),** *v.* to separate, to disjoin, to part, to disunite, to set apart.

**rastava,** *n.* (*braka*) divorce.

**rastaviti,** *v.* to separate, to part, to sever, to disjoin, to disunite.

**rasteći,** *v.* to waste; to lavish, to squander, to dissipate; to disperse.

**rastega,** *n.* extension.

**rastegljaj,** *vidi:* **rastega.**

**rastegljiv,** *a.* expansible, extensible.

**rastegljivost,** *n.* expansibleness, expansibility.

**rastegnuti,** *v.* to stretch, to extend, to expand.

**rastenje,** *n.* growth, increase.

**rastepsti,** *v.* to squander, to waste; to scatter, to rout.

**rasterećenje,** *n.* exoneration, disencumbrance, release, discharge.

**rasteretiti,** *v.* to discharge, to disburden, to exonerate; to disencumber.

**rastezati,** *v.* to lengthen, to stretch, to extend; to spread.

**rastezljiv,** *a.* dilatable, extensible, expansible.

**rastezljivost,** *n.* extensibility, dilatance, expansion, distention.

**rasti,** *v.* to grow, to wax; to increase; (*razvijati se*) to develop; to unfold.

**rastilo,** *n.* nursery (-garden).

**rastirati,** *v.* to triturate, to grind to powder, to pulverize.

**rastjecati,** *vidi:* **rasteći.**

**rastjerati,** *v.* to drive away, to expel, to scatter; to banish.

**rastlina,** *n.* vegetable, plant.
**rastoč,** *n.* mite, acarus, handworm.
**rastočiti,** *v.* to decant, to pour out; to destroy, to annihilate, to undo.
**rastoj,** *n.* distance, interval.
**rastojati,** *v.* to stand off, to elongate.
**rastoka,** *n.* mouth (of a river).
**rastopina,** *n.* solution.
**rastopiti (se),** *v.* to melt, to dissolve, to cast, to liquify, to become liquid.
**rastopljiv,** *a.* soluble.
**rastopljivost,** *n.* solubleness, solubility.
**rastovariti,** *v.* to unload, to discharge, to release.
**rastrći,** *vidi:* **rastrgati.**
**rastresti,** *v.* to distract, to scatter.
**rastrešen,** *a.* distracted, dissipated, absent-minded.
**rastrešenost,** *n.* absent-mindedness, dissipation, distraction.
**rastrgan,** *a.* torn, tattered.
**rastrgati,** *v.* to tear, to rend, to wear out.
**rastrijebiti,** *v.* to pick, to· sort, to scour, to clean, to separate.
**rastrijezniti,** *v.* to sober up.
**rastrkan,** *a.* scattered, dispersed.
**rastrkati (se),** *v.* to scatter, to disperse, to dissipate, to dispel.
**rastrojiti,** *v.* to disorganize.
**rastrojstvo,** *n.* disorganization.
**rastrošiti,** *v.* to spend, to consume, to waste, to destroy.
**rastrošnik,** *n.* squanderer, prodigal; spendthrift.
**rastrti,** *v.* to extend, to spread, to stretch, to expand, to lengthen, to unfold.
**rastrubiti,** *v.* to divulge.
**rastruhliti,** *v.* to rot, to putrefy.
**rastući,** *v.* to batter, to break, to pound; to smash, to shatter.
**rastumačiti,** *v.* to interpret, to explain, to illustrate, to demonstrate; to declare, to expound.
**rasturati,** *v.* to disperse, to scatter; to spread.
**rasturiti,** *vidi:* **rasturati.**
**rastužen,** *a.* sorrowful, sad, dejected.
**rastužiti,** *v.* to afflict, to grieve.
**rastvaranje,** *n.* solution, dissolving.
**rastvarati (se),** *v.* to dissolve, to melt, to decompose.
**rastvorba,** *n.* decomposition.

**rastvoriti,** *v.* to dissect; to analyze.
**rasuda,** *n.* judgment, criticism; (*obranička*) arbitration.
**rasuditi,** *v.* to decide, to arbitrate, to judge, to estimate; to argue, to answer.
**rasudljiv,** *a.* prudent, ·premeditated, cautious, circumspect.
**rasudnica,** *n.* arbitratrix.
**rasudnik,** *n.* (*obranik*) arbitrator.
**rasudnost,** *n.* judgment, criticism.
**rasuđivanje,** *n.* judicial investigation, judgment.
**rasuđivati,** *v.* to judge, to arbitrate, to decide.
**rasulo,** *n.* ruin, decay; decline, fall.
**rasušiti se,** *v.* to dry up, to wither.
**rasuti,** *v.* (*prosuti*) to disperse, to scatter, to spill; to shed; to diffuse; (*imetak*) to waste, to squander.
**rasvanuti se,** *v.* to dawn.
**rasvijetliti,** *v.* to illuminate, to illumine, to enlighten; to illustrate.
**rasvijetljen,** *a.* lit; lighted.
**rasvitak,** *n.* day-break, dawn.
**rasvitati se,** *v.* to dawn.
**rasvjeta,** *n.* illumination, lightening.
**rašak,** *n.* reel, windlass, winch.
**raščepiti se,** *v.* to straddle, to spread the legs.
**raščešati,** *v.* to scratch up.
**raščešljati,** *v.* to comb upward, to comb afresh.
**raščiniti (se),** *v.* to dissolve, to undo; to loosen, to untie.
**raščistiti,** *v.* to clean, to scour, to pick, to clear away; to free from.
**raščovjek,** *n.* monster, barbarian, brute.
**raščupati,** *v.* to tear off, to pull off, to disorder, to ruffle, to pick (out).
**rašće,** *n.* plants, herbage; growing, growth.
**rašćerdati,** *v.* to dissipate, to disperse, to waste, to dispel, to squander.
**rašepiriti se,** *v.* to flaunt, to strut.
**rašiljati,** *v.* to send around, to dispatch; (*robu*) to forward, to transmit, to ship.
**raširen,** *a.* spread.
**raš< renje,** *n.* spreading, enlargement, amplification.
**raširiti,** *v.* to spread, to extend, to divulge, to enlarge.

**raširivanje,** *n.* enlargement; circulation, spreading; diffusion, dissemination.

**rašiti,** *v.* to unsew, to unstitch.

**rašljast,** *a.* forked, bifurcate.

**rašlje,** *n.* forks.

**rašta,** *adv.* why, wherefore, on what account.

**raštrkan,** *a.* dispersed, scattered.

**raštrkati,** *v.* to disperse, to scatter.

**rat,** *n.* war; fight.

**ratar,** *n.* farmer, agriculturist, husbandman.

**ratarstvo,** *n.* agriculture, tillage, husbandry, farming.

**ratište,** *n.* battlefield, theatre (*ili*) seat of war.

**ratni,** *a.* warlike, military; — **brod,** man-of-war, battle-ship, war-ship; — **sud,** court martial.

**ratnik,** *n.* warrior.

**ratništvo,** *n.* military concerns, military system.

**ratoboran,** *a.* warlike, bellicose; pugnacious.

**ratobornost,** *n.* bellicosity, belligerency; eager desire of fight.

**ratovanje,** *n.* warfare, war.

**ratovati,** *v.* to wage war, to make war (upon).

**ravak,** *n.* pure honey.

**ravan,** *a.* even, straight, level, plane.

**ravanica,** *n.* plain, field.

**ravnalo,** *n.* rule, ruler; regulator.

**ravnanje,** *n.* regulation, management.

**ravnatelj,** *n.* director, principal, manager.

**ravnateljstvo,** *n.* directorship, management, direction.

**ravnati,** *v.* to direct, to regulate, to manage, to straighten, to even, to level.

**ravnica,** *n.* plain, prairie.

**ravnina,** *n.* plane, plain, surface, flatness.

**ravniti,** *v.* to plane, to level, to smooth.

**ravno,** *adv.* just, exactly, directly, straight, equally; — *n.* table-land, plateau.

**ravnodušan,** *a.* indifferent, composed, calm.

**ravnodušje,** *vidi*: **ravnodušnost.**

**ravnodušno,** *adv.* indifferently.

**ravnodušnost,** *n.* indifference, unconcernedness, insensibility, equanimity.

**ravnopravan,** *a.* entitled to the same privilege (*ili*) right.

**ravnopravnost,** *n.* equality by privilege.

**ravnotežje,** *vidi*: **ravnovesje.**

**ravnovesje,** *n.* balance, equipoise, equilibrium.

**ravnjača,** *n.* head-covering, headgear.

**ravnjak,** *n.* plateau, table-land.

**raz,** *n.* level.

**razabirati,** *vidi*: **razbirati.**

**razabranje,** *n.* distinction, discrimination.

**razabrati,** *v.* to discern, to find out, to understand.

**razagnati,** *v.* to dispel, to put to flight, to drive out, to discharge.

**razan,** *a.* different, divers, various; sundry.

**razapeti,** *v.* to stretch, to extend, to spread, to crucify.

**razapinjati,** *vidi*: **razapeti.**

**razaranje,** *n.* destruction, ruination.

**razarati,** *v.* to destroy, to demolish, to ruin, to devastate, to lay waste.

**razasipati,** *v.* to scatter, to disperse.

**razasjati,** *v.* to shine forth.

**razaslati,** *v.* to send, to forward, to ship, to dispatch, to expedite.

**razastirati,** *v.* to spread, to extend, to divulge.

**razasuti,** *v.* to scatter, to spill.

**razašiljati,** *vidi*: **razaslati.**

**razaznati,** *v.* to recognize, to discern, to distinguish, to perceive.

**razbacati,** *v.* to scatter about, to disperse, to throw around, to cast.

**razbacivati se,** *v.* to dissipate, to squander; to brag.

**razbaštiniti,** *v.* to disinherit.

**razbibriga,** *n.* diversion, pastime.

**razbiguz,** *n.* glazed frost, sleet.

**razbijanje,** *n.* breaking, smashing.

**razbijati,** *v.* to shatter, to smash, to break.

**razbijen,** *a.* broken; wrecked; — **brod, vlak,** wreckage.

**razbirati,** *v.* to pick out; to apprehend; to comprehend, to conceive.

**razbistrenje,** *n.* clearing up.

**razbistriti,** *v.* to clear up, to clarify, to brighten; to explain, to instruct.

**razbiti,** *v.* to shatter, to smash, to break.

**razbjeći se,** *v.* to run asunder, to run apart; to disappear, to flee asunder.

**razblažiti,** *v.* to mitigate, to dilute; to appease, to calm.

**razbluda,** *n.* delight, bliss, rapture; lust, sensuality.

**razbludan,** *a.* voluptuary, lustful, profligate, licentious, lascivious, sensual.

**razbluditi,** *v.* to spoil; to prostitute.

**razbludnica,** *n.* prostitute.

**razbludnik,** *n.* lecher.

**razboj,** *n.* weaver's frame, loom; breaking in, irruption, invasion; (*mekanički*) power-loom.

**razbojište,** *n.* arena.

**razbojnički,** *a.* like a robber, piratical, predatory, rapacious.

**razbojnik,** *n.* robber, highwayman, thief, bandit.

**razbojništvo,** *n.* robbery.

**razboljeti se,** *v.* to get ill, to be taken ill, to become sick.

**razbor,** *n.* understanding, intellect; judgment, sense; prudence.

**razboran,** *a.* rational, prudent, intelligent; reasonable, sensible.

**razborit,** *vidi:* **razboran.**

**razboritost,** *n.* prudence, understanding, intellect.

**razbrajanje,** *n.* counting apart.

**razbrajati,** *v.* to tell off, to number, to count apart.

**razbrkati,** *v.* to confuse, to intermix, to mingle, to throw asunder.

**razbroj,** *n.* balance, counting off.

**razbrojiti,** *vidi:* **razbrajati.**

**razbuditi,** *v.* to awaken; to raise.

**razdaleko,** *adv.* far, far off, at a distance.

**razdaniti se,** *v.* to grow bright again, to shine out, to dawn.

**razdati,** *v.* to give away, to distribute, to deal out; to dispose.

**razdavač,** *n.* distributor, dispenser.

**razdavanje,** *n.* giving away.

**razderati,** *v.* to tear, to rend; to wear out.

**razdijeliti,** *v.* to distribute, to deal out, to dispose; to divide, to separate.

**razdio,** *n.* section, compartment, class.

**razdioba,** *n.* division, separation; assessment.

**razdjel,** *vidi:* **razdio.**

**razdjelan,** *a.* divisible, divided.

**razdjeljak,** *n.* parting.

**razdjeljiv,** *a.* divisible, separable.

**razdjeljivanje,** *n.* classification.

**razdjeljivati,** *v.* to distribute, to divide, to classify.

**razdjeljivost,** *n.* divisibility, separableness.

**razdoblje,** *n.* interval, time, occasion, measure.

**razdolje,** *n.* valley, vale, dale, dell.

**razdor,** *n.* dissension, disagreement, discord, dissent; strife, variance.

**razdragati,** *v.* to amuse, to divert; to rejoice, to be amused, to please.

**razdražen,** *a.* irritated, stirred up.

**razdraženje,** *n.* irritation, provocation.

**razdraženost,** *n.* excitement.

**razdražiti,** *v.* to irritate, to exasperate, to anger, to excite, to stir up, to provoke.

**razdražljiv,** *a.* irritable.

**razdrešivati,** *v.* to loosen, to untie.

**razdrijemati,** *v.* to awake; to rouse.

**razdriješiti,** *vidi:* **razriješiti.**

**razdrijeti,** *v.* to tear, to rend, to wear out.

**razdrmati,** *v.* to shake, to affect strongly.

**razdrobiti,** *v.* to crumble, to crumble away; to break, to smash.

**razdrozgati,** *v.* to crush, to shatter.

**razdrpati,** *v.* to rend, to tear up.

**razdružiti,** *v.* to separate, to sever, to rip; to dissolve, to disunite.

**razduhati,** *v.* to blow away.

**razdvajanje,** *n.* severing, separation, halving, dividing, division.

**razdvajati,** *v.* to halve, to bisect, to disconnect, to divide into two.

**razdvoj,** *n.* separation, partition, division, disconnection.

**razdvojen,** *a.* divided, disunited, separated.

**razdvojiti,** *v.* to divide, to disunite, to separate; (*bračno*) to divorce, to be divorced.

**razgaliti (se),** *v.* to open, to bare, to denude; to divest, to uncover.

**razgaziti,** *v.* to crush by treading on, to tread under feet, to trample upon.

**razglabati,** *v.* to parse, to discuss; to analyze.

**razglasiti,** *v.* to announce, to ma known, to circulate, to publish.   ke

**razgled,** *n.* view, examination.

**razgledalac,** *n.* viewer, beholder; examiner.

**razgledati,** *v.* to view, to behold, to look at (upon); to examine; to observe.

**razglednica,** *n.* souvenier card, postal card.

**razglobiti,** *v.* to analyze, to dismember.

**razgnječiti,** *v.* to crush (in pieces), to squash, to mash.

**razgnjeviti,** *v.* to make angry; (se) to grow angry, to quarrel, to fall out.

**razgoniti,** *v.* to disperse, to scatter, to drive (asunder).

**razgonjenje,** *n.* dispersion.

**razgorjeti se,** *v.* to catch fire; to grow hot, to burn.

**razgoropaditi (se),** *v.* to fly into a passion, to become furious.

**razgovaranje,** *n.* conversion, discourse.

**razgovarati se,** *v.* to converse, to speak, to talk.

**razgovijetan,** *a.* clear, distinct, evident, plain, comprehensible; (*čitljiv*) legible, readable.

**razgovijetno,** *adv.* comprehensibly, clearly, evidently; (*čitljivo*) legibly.

**razgovijetnost,** *n.* distinctness, clearness.

**razgovor,** *n.* conversation, talk; dialogue.

**razgovoran,** *a.* talkative, communicative, affable.

**razgovoriti,** *v.* to converse, to talk, to speak.

**razgovorljiv,** *a.* talkative, communicative, affable.

**razgrabiti,** *v.* to take (*ili*) carry away; to take by assault; to grab.

**razgraditi,** *v.* to demolish, to undo; to destroy.

**razgranati se,** *v.* to branch, to ramify.

**razgrepsti,** *v.* to scratch.

**razgrijati,** *v.* to warm, to heat; to excite, to grow warm.

**razgristi,** *v.* to corrode, to bite into pieces; to crack, to crunch.

**razgrizati,** *vidi:* **razgristi.**

**razgrnuti,** *v.* to spread; to shake over.

**razi,** *adv.* even, just, precisely; equally, presently, immediately.

**razići se,** *v.* to go asunder, to part; to march off; to be divided, to separate.

**razigran,** *a.* cheerful, brisk, active, eager, ready; excited.

**razigranost,** *n.* cheerfulness, eagerness, briskness; irritableness.

**razigrati,** *v.* to become gay, to rejoice, to cheer; (se) to get excited, to be irritated.

**razilaziti se,** *v.* to part from one, to separate, to break up; (*u mnijeniu*) to dissent.

**razilaženje,** *n.* digression, separation; departure, marching off.

**razina,** *n.* level, hydrometer, plain, air-level.

**razit,** *a.* horizontal.

**razizemlje,** *n.* ground-floor.

**razjaditi,** *v.* to anger, to provoke, to exasperate.

**razjagmiti,** *v.* to force away, to tear away; to snatch away, to pluck away.

**razjaren,** *a.* angry, furious, wrathful.

**razjarenost,** *n.* irascibility, wrath, fury, passion, rage.

**razjariti,** *v.* to irritate, to exasperate, to anger, to excite; (se) to fly into passion.

**razjasniti,** *v.* to explain, to interpret, to declare, to account for.

**razjašnjenje,** *n.* explanation.

**razjedati,** *v.* to gnaw, to corrode, to eat away.

**razjediti,** *v.* to make angry, to vex.

**razjesti,** *v.* to eat away, (se) to gnaw; to torment.

**razlagač,** *n.* illustrator, explainer.

**razlaganje,** *n.* exposition, exhibition, explanation.

**razlamati,** *v.* to break (to pieces), to smash.

**razlaz,** *n.* going away, digression; close; departure.

**razlaziti se,** *vidi:* **razilaziti.**

**razleći se,** *v.* to resound, to re-echo, to repeat.

**razletjeti se,** *v.* to fly about, to fly asunder.

**različak,** *n.* (*modrac*) blue-bottle.

**različan,** *a.* different, various, unlike, divers, several.

**različno,** *adv.* differently, severally, unlikely.

**azličnost,** *n.* diversity, variety, difference, unlikeness.

**razlijeganje,** *n.* resound, reverberation.

**razlijegati se,** v. to resound, to ring, to re-echo.

**razlijeniti se,** v. to get lazy.

**razlijetati se,** v. to fly asunder.

**razlijev,** n. overflow; deluge.

**razlijevati,** v. to pour out, to spill.

**razlika,** n. difference, distinction.

**razlikost,** n. distinction, difference; superiority, discernment.

**razlikovanje,** n. distinction, discrimination.

**razlikovati,** v. to distinguish, to discern; to discriminate.

**razlistati,** v. to leave, to put forth leaves, to draw (ili) paint leaves.

**razlit,** a. different, divers, sundry.

**razliti,** v. to spill, to shed; to pour out.

**razlizati,** v. to lick up, to lap up.

**razlog,** n. reason; cause, motive.

**razlomak,** n. fraction; breaking.

**razlomiti,** v. to break, to crush.

**razložan,** a. reasonable, rational, just, explanatory, proper, competent.

**razložiti,** v. to explain, to demonstrate, to illustrate.

**razložito,** adv. thoroughly, excessively.

**razložno,** adv. reasonably, rationally; justly; moderately; wisely.

**razlučiti,** v. to separate, to disjoin, to disunite, to set apart; to dissolve, to analyze; (razlikovati) to distinguish, to discern.

**razlupati,** v. to break, to smash.

**razljutiti,** v. to anger, to make angry; (se) to grow angry, to fall out.

**razma,** prep. except, besides, but.

**razmaći,** v. to remove, to separate, to disjoin, to disunite; to divide, to extend.

**razmahivati,** vidi: razmahnuti.

**razmahnitati se,** v. to grow angry.

**razmahnuti,** v. to brandish, to swing, to flourish.

**razmak,** n. internal, space; parting; distance.

**razmaknuti,** vidi: razmaći.

**razmatati,** v. to unwind.

**razmatranje,** n. meditation, reflection, consideration, view, contemplation.

**razmatrati,** v. to examine, to inquire into; to meditate; to inspect, to scrutinize; to reflect, to consider.

**razmazati,** v. to soil, to sully, to stain; to smear.

**razmaziti,** v. to spoil, to cocker, to coddle.

**razmažen,** a. cockered, spoiled.

**razmaženost,** n. bad education (of children), spoiling; spoiled nature.

**razmeđe,** n. confines, limit, boundary.

**razmekšati,** v. to soften, to mollify.

**razmesti,** v. to sweep, to scour.

**razmetan,** a. extravagant, wasteful, prodigal; lavish.

**razmetati,** v. to disperse, to scatter; (karte) to deal; (se riječima) to pun.

**razmetljiv,** a. boasting, bragging.

**razmetnik,** n. squanderer, prodigal, spendthrift.

**razmetništvo,** n. luxury; debauchery; extravagance.

**razmetnost,** n. prodigality, extravagance.

**razmetnuti (se),** vidi: razmetati.

**razmicati (se),** v. to extend, to disjoin; to remove, to separate.

**razmijeniti,** v. to exchange, to change, to alternate.

**razmijesiti,** n. to knead; to distribute.

**razminuti, se** v. to separate, to disjoin, to part with.

**razmirica,** n. feud, quarrel, discord, dissension, dispute.

**razmisliti,** v. to consider, to ponder, to reflect upon, to think (over), to meditate.

**razmišljanje,** n. thinking, reflection, meditation, thought.

**razmišljati,** vidi: razmisliti.

**razmjena,** n. exchange, barter; conversion.

**razmjenitelj,** n. exchanger.

**razmjenjivati,** vidi: razmijeniti.

**razmjer,** n. (matematički) proportion, ratio; average; (snošaj) relation, reference; account.

**razmjera,** n. balance.

**razmjeran,** a. proportional, comparative.

**razmjeriti,** v. to measure off, to survey, to weight (out).

**razmjerno,** adv. proportionally, comparatively.

**razmjestiti,** v. to readjust, to dislocate, to displace.

**razmještaj,** n. distribution, readjustment, rearrangement, dislocation, displacement, dismemberment.

**razmještati,** vidi: razmjestiti.

**razmočiti**, *v.* to melt, to dissolve, to liquify.

**razmotati**, *v.* to unroll, to spread out, to unfold, to unwrap, to unwind.

**razmotavanje**, *n.* unfolding; unwinding.

**razmotavati**, *vidi*: **razmotati**.

**razmotriti**, *v.* to scrutinize, to look at, to view; to contemplate.

**razmrsiti**, *v.* to disentangle, to unravel.

**razmrsivanje**, *n.* disentangling.

**razmrskati**, *v.* to crush, to shatter, to smash, to break.

**razmrviti**, *v.* to crumb, to crush.

**razmrznuti se**, *v.* to thaw, to melt.

**razmučivati**, *v.* to stir, to beat (*jaja*).

**razmutiti**, *v.* to defile, to sully.

**raznašanje**, *n.* carrying around, delivery; distribution; (*glasina*) spreading (*of rumors*).

**raznašati**, *v.* to carry; to deliver; to spread; to distribute.

**raznesti**, *vidi*: **raznašati**.

**razni**, *a.* different, divers, sundry, various, several.

**raznijeti**, *v.* to take (*ili*) carry away, to wear out; to misplace.

**raznizati**, *v.* to unthread, to unstring; to sort, to classify, to assort.

**raznobojan**, *a.* variegated.

**raznoličan**, *a.* manifold, heterogeneous.

**različnost**, *n.* variety, diversity.

**raznolik**, *a.* diverse, various, different, heterogeneous.

**raznolikost**, *vidi*: **raznovrstnost**.

**raznosač**, *n.* porter; agent.

**raznositi**, *v.* to carry, to bear; to wear; to bring, to convey.

**raznovrstan**, *vidi*: **raznolik**.

**raznovrstnost**, *n.* manifoldness, variety, diversity.

**razočaranje**, *n.* disappointment.

**razočarati**, *v.* to disappoint.

**razom**, *adv.* horizontally.

**razor**, *n.* destruction, demolition; ruin; overthrow.

**razorati**, *v.* to plough, to plow.

**razorenje**, *vidi*: **razor**.

**razoritelj**, *n.* destroyer, demolisher; exterminator.

**razoriti**, *v.* to destroy, to demolish; to ruin; to overthrow.

**razortačiti**, *v.* to part, to break partnership (company).

**razoružanje**, *n.* disarming; disarmament.

**razoružati**, *v.* to disarm.

**razračiti se**, *v.* to air, to get air, to ventilate.

**razred**, *n.* class, division; partition; compartment.

**razredba**, *n.* distribution; allotment; classification.

**razrediti**, *v.* to divide, to partition off; to distribute, to classify.

**razrednica**, *n.* class-book.

**razrednik**, *n.* class-master, director of the class.

**razređivanje**, *n.* classification.

**razrez**, *n.* cut, slit.

**razrezati**, *v.* to cut to pieces, to cut up, to carve.

**razrijediti**, *v.* to rarefy, to thin; to make scarce.

**razrješenje**, *n.* (*zagonetke*) solution.

**razriješiti**, *v.* to dispense, to absolve, to excuse; to exempt, to loosen, to untie; (*zagonetke*) to solve.

**razriješiv**, *a.* soluble, solvable; absolvable.

**razrogačiti**, *v.* to goggle, to stare.

**razrok**, *n.* squint-eyed, squinting.

**razrušiti**, *v.* to destroy, to demolish, to ruin.

**razudba**, *n.* dissection.

**razuditi**, *v.* to dissect, to anatomize, to analyze.

**razudnik**, *n.* anatomist.

**razulja**, *n.* water-level.

**razum**, *n.* sense, reason, understanding; intellect, judgment.

**razuman**, *a.* intelligent, sensible; reasonable, rational.

**razumijevanje**, *n.* comprehensive, agreement, understanding.

**razumijevati**, *vidi*: **razumiti**.

**razumiti**, *v.* to understand, to comprehend, to conceive.

**razumjeti**, *vidi*: **razumiti**.

**razumljiv**, *a.* clear, distinct, evident, plain, comprehensible, intelligible.

**razumljivati**, *vidi*: **razumiti**.

**razumljivo**, *adv.* intelligently, knowingly.

**razumljivost**, *n.* understanding, intellect; comprehension, perception.

**razumno**, *adv.* cautiously, prudently, learnedly, intelligently.

**razumnost**, *n.* reasonableness, intelligence; intellectual function.

**razumrijeti,** *v.* to die out.
**razuzdan,** *a.* undisciplined; dissolute; licentious, unruly.
**razuzdano,** *adv.* unrestrainedly, violently; dissolutely.
**razuzdanost,** *n.* dissoluteness; unrestraint, unruliness; licentiousness, dissipation.
**razuzdati,** *v.* (*konja*) to unbridle.
**razuzlati,** *v.* to unknit.
**razvaditi,** *v.* to break a fight, to settle quarreling.
**razvađač,** *n.* mediator, go-between.
**razvalina,** *n.* ruins, wreckage; fragments.
**razvaliti,** *v.* to destroy, to demolish, to ruin, to crush, to wreck.
**razvaljen,** *a.* ruined, wrecked, destroyed.
**razvažanje,** *n.* delivery, conveying.
**razvažati,** *v.* to convey as freight, to deliver; to carry away.
**razvedba,** *n.* systematical arrangement.
**razvedrenje,** *n.* clearing up, brightening up.
**razvedriti,** *v.* to clear up, to brighten; to cheer up; to clarify.
**razveseliti,** *v.* to rejoice, to cheer, to delight, to cheer up, to clear up; (**se**) to be happy.
**razvesti,** *v.* to deviate; (**se**) to divorce, to be divorced; to separate, to disjoin, to disunite.
**razvezati,** *v.* to untie, to unbind, to loosen, to undo.
**razvidjeti,** *v.* to examine, to inquire into, to inspect, to scrutinize, to re-revise, to correct.
**razvijanje,** *n.* development; unfolding; evolution.
**razvijati,** *v.* to develop; to unfold, to unroll, to spread out.
**razvikan,** *a.* reputed; decried.
**razvikati,** *v.* to decry.
**razvitak,** *n.* development; unfolding, display.
**razvitati,** *v.* to scatter, to disperse; to bruise.
**razviti,** *v.* to unfold, to spread; to develop, to explain.
**razvjenčan,** *a.* divorced.
**razvjenčati,** *v.* to divorce.
**razvlačen,** *a.* diffused; stretched, expanded; drawn out.

**razvlačiti,** *v.* to expand, to extend, to stretch; to delay, to tarry; to draw out.
**razvlažiti,** *v.* to moisten, to bedew.
**razvod,** *n.* divorce.
**razvoditi,** *v.* to widen, to stretch; to divorce.
**razvodnica,** *n.* watershed.
**razvodniti,** *v.* to water, to irrigate; to mix with water.
**razvodnjak,** *n.* bitter-sweet.
**razvođe,** *n.* watershed.
**razvoj,** *n.* evolution, development.
**razvojačenje,** *n.* disbandment (of an army).
**razvojačiti,** *v.* to disband (an army).
**razvoz,** *n.* transport, export.
**razvoziti,** *v.* to transport, to convey
**razvrat,** *n.* anarchy, destruction.
**razvratan,** *a.* destructive; depraved, immoral; unmannerly.
**razvratiti,** *v.* to destroy, to corrupt, to taint, to spoil; to bribe; to debauch, to demoralize.
**razvratnik,** *n.* anarchist, debauchee, voluptuary.
**razvratnost,** *n.* immorality, depravity; voluptuousness, sensual pleasure.
**razvrći,** *v.* to dissolve, to break; (*brak*) to divorce; (**se**) to be divorced.
**razvrstati,** *v.* to distribute, to divide, to rearrange, to sort, to assort; to match.
**razvrtati,** *v.* to bore through; to break open, to burst open.
**razvući,** *v.* to stretch, to expand, to extend, to draw out; to delay, to postpone.
**raž,** *n.* rye.
**ražaliti (se),** *vidi:* **ražolostiti (se).**
**ražalostiti (se),** *v.* to afflict, to grieve; to desolate.
**ražanj,** *n.* spit, broach, dart, javelin.
**ražariti,** *v.* to make redhot.
**ražeći,** *v.* to kindle, to set on fire, to inflame.
**raženiti se,** *v.* to get divorced.
**ražestiti se,** *v.* to get inflamed; to become enraged.
**ražnjati,** *v.* to run around, to rove, to roam, to ramble about.
**ražovit,** *a.* of rye, rye.
**ražovnica,** *n.* rye bread.
**r'dati,** *v.* to gnaw; to corrode.
**rđa,** *n.* rust; (*čovjek*) wretch.

rđati, *v.* to rust, to grow rusty.
rđav, *a.* rusty; (*čovjek*) miserable, wretched.
realac, *n.* collegian.
realka, *n.* middle-class school; high-school.
rebarce, *n.* small rib; (*praseće*) pork-chop; (*škopca*) mutton-chop; (*teleći*) veal-chop.
rebreni, *a.* ribbed.
rebraši, *n.* (*klobučnjaci*) Beroida.
rebro, *n.* rib; (*broda*) ship-wall.
recept, *n.* prescription, recipe; order, direction.
rečenica, *n.* sentence; proverb; phrase.
reći, *v.* to say, to tell.
red, *n.* order, arrangement; class; row; turn; rank; file.
redak, *n.* line, verse.
redar, *n.* policeman, constable; director.
redarstveni ured, *n.* police station.
redarstvo, *n.* police.
redatelj, *n.* manager; (*kazališni*) stage-manager; usher.
redati, *v.* to file, to range; to rank.
rediti, *v.* to manage, to regulate, to order; (*svećenika*) to ordain; (*mućkati*) to churn.
redni broj, *n.* cardinal number.
rednik, *n.* regulator.
rednja, *n.* epidemic (disease).
redom, *adv.* successively, in turn, and so forth; morever.
redovan, *a.* regular, ordinary, orderly, usual, steady.
redovit, *vidi:* redovan.
redovito, *adv.* regularly, usually.
redovitost, *n.* regularity.
redovnik, *n.* clergyman, priest, monk.
redovništvo, *n.* clergy.
reďati, *v.* to file, to string; to arrange, to place in order, to dispose.
regetaljka, *n.* rattle; (*ptica*) mistle-bird.
regetati, *v.* to rattle.
registar, *n.* register, record.
registracija, *n.* registry, entry; order-book; enrollment, registration.
registrator, *n.* register, registrar, recorder; enroller; actuary.
registratura, *n.* registry, register-office, enrollment-office.
registrirati, *v.* to register, to record, to enroll.
rekla, *n.* petticoat.

rekrutovanje, *vidi:* novačenje.
rekrutovati, *vidi:* novačiti.
rektor, *n.* rector, parson.
religija, *n.* religion.
religiozan, *a.* religious.
remek-djelo, *n.* master-piece, specimen of skill.
remen, *n.* strap, thong; (*brijaći*) strop; (*pojas*) belt; (*ženski pas*) sash.
remenar, *n.* harness-maker, saddler.
remenje, *n.* straps.
remik, *n.* strap, thong.
ren, *n.* (*hren*) horseradish.
renda, *vidi:* renta.
rende, *n.* plane.
rendeisati, *v.* to plane.
renta, *n.* rent.
rep, *n.* tail; train.
repa, *n.* turnip, rape; (*žuta*) carrot; (*crvena*) beet-root.
repača, *n.* (*zvijezda*) comet.
repat, *a.* tailed.
repatica, *vidi:* repača.
repica, *n.* rape-seed, colza.
repić, *n.* small tail.
repište, *n.* beet-field.
republika, *n.* republic.
republikanac, *n.* republican.
republikanski, *a.* republican.
republikanstvo, *n.* republicanism.
resa, *n.* tress, fringe; (*maca*) catkin.
resast, *a.* fringed.
resica, *n.* (*jezičac*) uvula.
resiti, *v.* to adorn, to decorate, to ornament.
reskati, *v.* to carve, to whittle.
reskoća, *n.* sharpness.
resulja, *n.* heather, heath; (*borovnica*) bilberry.
rešetar, *n.* sieve-maker.
rešetati, *v.* to sift, to riddle.
rešetka, *n.* trellis; grate; lattice; bars.
rešeto, *n.* sieve, riddle; winnowing-basket.
retor, *n.* rhetorician.
retorika, *n.* rhetoric.
retorski, *a.* rhetorical; — *adv.* rhetorically.
revan, *a* eager, zealous, anxious, hasty, forward; — *n.* (*ruža*) chrysanthemum, corn-marigold.
revati, *v.* to proclaim, to promulgate, to scold; (*za magarca*) to bray.
reved, *n.* (*bilj.*) rhubarb.

**revno**, *adv.* eagerly, zealously, carefully, studiously.
**revnost**, *n.* zeal, eagerness, ardor, passion, fervency, vehemence.
**revnostan**, *a.* zealous, ardent, eager.
**revnovati**, *v.* to be zealous; to affect.
**revolver**, *n.* revolver.
**rez**, *n.* cut, incision, slice.
**reza**, *n.* bolt, flat-bolt.
**rezač**, *n.* carver, cutter.
**rezak**, *a* pungent, sharp; sharp-edged.
**rezanci**, *n.* noodles, vermicelli.
**rezati**, *v.* to cut, to carve, to saw, to reap; (*lozu*) to prune (*vine*).
**rezba**(**rija**), *n.* carved work.
**rezbar**, *n.* engraver, carver; (*nožić*) carving-knife.
**rezbarstvo**, *n.* carved work, carving.
**rezeda**, *n.* (*katančica*) mignonette.
**rezena**, *n.* rail, bar, bolt.
**rezidba**, *n.* cut, cutting; edge (*of a sword*).
**rezotina**, *n.* notch, slash, gash.
**rezultat**, *n.* result.
**režanj**, *n.* slice, chip.
**režanje**, *n.* snarl, grunting, grumbling, growling.
**režati**, *v.* to grunt, to grumble, to growl, to snarl.
**riba**, *n.* fish.
**ribanje**, *n.* fishing, fishery; (*trvenje*) rubbing, friction; (*poda*) scrubbing.
**ribaonica**, *n.* cabbage-slicer.
**ribar**, *n.* fisherman; (*trgovac*) · fishmonger.
**ribarica**, *n.* fisher-woman, fisher-maid.
**ribarina**, *n.* right of fishing.
**ribariti**, *v.* to fish, to angle.
**ribarnica**, *n.* fishery, place for fishing.
**ribarski**, *a.* fishing, fish-.
**ribati**, *v.* to grate, to rub, to grind, to scrub; (*loviti ribe*) to fish, to angle; (*zelje*) to cut.
**ribež**, *n.* grater, cabbage-slicer.
**ribica**, *n.* small fish.
**ribice**, *n.* fry.
**ribič**, *n.* young fish; muscle.
**riblji trg**, *n.* fish market.
**ribni**, *a.* fish-, fishing.
**ribnjak**, *n.* fish-pond.
**ribolov**, *n.* fishing, fishery.
**ričet**, *n.* (*pobrkanost*) pell-mell; mixture.
**ridanje**, *n.* lamentation, bewailing.

**ridati**, *v.* to lament, to mourn, to bewail, to wail.
**rid**, *a.* reddish brown, red-haired, brownish; fox-colored.
**riđa**, *vidi*: **riđo**.
**riđan**, *n.* sorrel horse.
**riđast**, *a.* reddish, sorrel.
**riđo**, *n.* sorrel horse.
**riđokos**, *a.* red-hair.
**riđovka**, *n.* viper, adder, copper-head.
**rif**, *n.* yard, ell.
**riganje**, *n.* (*vulkana*) eruption; (*bluvanje*) vomiting, belching.
**rigati**, *v.* to vomit, to throw out; (*o vulkanu*) to erupt; (*izrigavati*) to belch.
**rigavica**, *n.* belch, ructation.
**riječ**, *n.* word, expression, term.
**riječati se**, *v.* to bicker, to dispute, to quarrel.
**riječca**, *n.* small word.
**riječje**, *n.* system of rivers.
**riječni**, *a.* river-.
**rijedak**, *a.* rare, scarce, thin, fine.
**rijeka**, *n.* river.
**riješenje**, *n.* decision, decree, solution, determination.
**riješiti**, *v.* (*tvorno*) to loosen, to untie; (*umno*) to solve; to absolve, to decide, to determine; (**se**) to get rid of.
**rijeti**, *vidi*: **reći**.
**rijetko**, *adv.* seldom; rarely; thinly.
**rijetkost**, *n.* rareness, scarcity; curiosity.
**rik** (**a**), *n.* roar, roaring, lowing.
**rikati**, *v.* to roar, to bellow, to low; to brawl.
**rikavac**, *n.* whooping-cough.
**rilač**, *n.* radiary.
**rilast**, *a.* snouty.
**rilica**, *n.* snout, trunk, proboscis.
**rilo**, *n.* snout; (*slona*) trunk.
**riljati**, *v.* to rake, to dig up.
**rintati**, *v.* to labor, to work, to toil, to disorder, to trouble, to ferment.
**rinuti**, *v.* to push, to shove; to repulse, to repel, to rebuff.
**ris**, *n.* lynx.
**risač**, *n.* draughtsman, pattern-drawer.
**risaći papir**, *n.* drawing paper.
**risanje**, *n.* drawing, delineation.
**risar**, *vidi*: **risač**.
**risati**, *v.* to draw, to design; to sketch, to set off.
**rit**, *n.* reed, cane, tube, barrel; (*trščak*) reed-bank; (*zadnjica*) arse, hinder.

**ritanje,** *n.* kicking.
**ritati se,** *v.* to kick, to resist.
**ritav,** *a.* ragged; shabby, paltry.
**riti,** *v.* to rake, to dig up; (*fig.*) to agitate, to excite.
**ritinar,** *n.* vagabond, vagrant.
**ritno crijevo,** *n.* rectum.
**rivati,** *v.* to push, to thrust, to shove.
**riza,** *n.* habit, dress, coat, suit of clothes.
**rizičan,** *a.* hazardous, risky.
**rizik,** *n.* risk, hazard, peril.
**rizma,** *n.* (*papira*) ream.
**riznica,** *n.* treasure; (*engleska*) Exchequer.
**rizničar,** *n.* treasurer.
**riža,** *n.* rice.
**rječica,** *n.* rivulet, little river.
**rječina,** *n.* river, great stream.
**rječit,** *a.* eloquent, oratorical.
**rječito,** *adv.* eloquently, oratorically.
**rječitost,** *n.* eloquence, oratory.
**rječnik,** *n.* dictionary, lexicon; vocabulary.
**rješavati,** *vidi*: **riješiti.**
**rješenje,** *vidi*: **riješenje.**
**rješidba,** *n.* solution, decision, resolution.
**rkati,** *v.* to snore.
**rnjica,** *n.* (*zečja usna*) hare-lip.
**rob,** *n.* slave, helot, serf.
**roba,** *n.* stuff, merchandise, ware, goods.
**robija,** *n.* slavery, servitude; compelled service.
**robijaš,** *n.* prisoner; slave.
**robinja,** *n.* female slave.
**robinjica,** *n.* young female slave.
**robiti,** *v.* (*zarobiti*) to enslave, to subdue; (*plijeniti*) to pillage, to plunder, to rob.
**roblje,** *n.* slaves; drudge.
**robovanje,** *n.* slavery, servitude.
**robavati,** *v.* to slave, to be slave.
**ročište,** *n.* meeting-place, day of appearance, summons; (*sudbeno*) hearing, trial.
**ročiti,** *v.* to order, to come, to send for.
**rod,** *n.* sex; race; kind, genus; generation; gender; fruit; (*obitelj*) family; (*rodbina*) relation; kinsfolk.
**roda,** *n.* stork.
**rodakva,** *n.* radish.
**rodan,** *a.* fertile, fruitful, fecund, prolific, productive.

**rodbina,** *n.* relation, kin, kindred, relationship.
**rodbinski,** *a.* related.
**rodbinstvo,** *vidi*: **rodbina.**
**rodica,** *n.* relation, relative, kinsman, kinswoman.
**rodilica,** *vidi*: **rodilja.**
**rodilja,** *n.* woman lying-in, woman confined.
**rodina,** *n.* abundance, plenty; fertility, fruitfulness.
**roditelj,** *n.* parent; procreator.
**roditelji,** *n.* parents.
**roditeljka,** *n.* mother.
**roditeljski,** *a.* parental.
**roditi,** *v.* to give birth, to deliver, to bring forth; (*kod voća*) to bear; (**se**) to be born.
**rodljiv,** *a.* fertile, fruitful, fecund, productive.
**rodni,** *a.* fatherly, paternal, hereditary, innate; **rodni list,** birth certificate.
**rodnost,** *n.* fertility, fecundity.
**rodoljub,** *n.* patriot.
**rodoljuban,** *a.* patriotic.
**rodoljublje,** *n.* patriotism.
**rodoljubno,** *adv.* patriotically.
**rodoljupka,** *n.* patriotic woman.
**rodom,** *adv.* born, native.
**rodoskvrnost,** *n.* incest.
**rodoslov,** *n.* genealogist.
**rodoslovan,** *a.* genealogical.
**rodoslovlje,** *n.* genealogy; pedigree.
**rodovnica,** *n.* registrary paper.
**roda,** *n.* relation, relative; kinsman, kinswoman.
**rodaj,** *n.* relative, relation.
**rodak,** *n.* relation, relative, kinsman.
**rodakinja,** *n.* relation, kinswoman, cousin.
**roden,** *a.* born, native.
**rodendan,** *n.* birthday.
**rodenje,** *n.* birth, delivery, confinement; rise, spring.
**rodo,** *vidi*: **roda.**
**rog,** *n.* horn.
**rogač,** *n.* stag-beetle; (*karuba*) St. John's bread; (*drvo*) carob-tree.
**rogalj,** *n.* corner, nook.
**rogast,** *a.* hornshaped.
**rogat,** *a.* horned, antlered, horny.
**rogata marva,** *n.* horned-cattle.
**roglje,** *vidi*: **rogulje.**
**rogobor,** *n.* noise, din, crashing, rustling.

**rogoboran,** *a.* roaring, turbulent; tumultuous.
**rogoboriti,** *v.* to make a noise, to rumble; to murmur; to roar, to vociferate.
**rogoborno,** *adv.* tumultuously, noisily.
**rogobornost,** *n.* grumbling, noise.
**rogoz,** *n.* reed, rush, sedge.
**rogozan,** *a.* sedged, reedy.
**rogožar,** *n.* mat-maker.
**rogožina,** *n.* reed-mat, rush-mat.
**rogulja,** *n.* witch, sorceress; hag.
**rogulje,** *n.* pitchfork, forks, prongs.
**rogušiti (se),** *v.* to curtail, to prune, to clip, to lop.
**rohav,** *a.* scarred, pock-marked.
**roj,** *n.* swarm; crowd, flight.
**rojenje,** *n.* swarming.
**rojiti se,** *v.* to swarm.
**rojte,** *n.* fringe.
**rok,** *n.* term, limit; date; time.
**roktanje,** *n.* grunting, grumbling.
**roktati,** *v.* to grunt, to grumble, to growl, to snarl.
**rokva,** *n.* radish.
**rolja,** *n.* roll, roller.
**roljati,** *v.* to roll.
**roman,** *n.* romance, novel.
**romanika,** *n.* chamomile.
**romanopisac,** *n.* novelist.
**romantičan,** *a.* romantic.
**rominjati,** *v.* to drizzle.
**romon,** *n.* murmur, murmuring, muttering, whispering.
**romoniti,** *v.* to murmur, to whisper, to purl.
**ronac,** *vidi*: **ronilac.**
**ronilac,** *n.* diver, plunger; (*ptica*) plungeon, sea-diver.
**ronilo,** *n.* diving-bell.
**roniti,** *v.* to dip, to steep, to plunge; (*suze*) to shed tears.
**ropac,** *n.* rattle, rail; crake (*bird*).
**ropče,** *n.* young-slave.
**ropkinja,** *n.* female slave, bondswoman.
**ropot,** *n.* noise; clatter.
**ropotarnica,** *n.* rummage-room.
**ropski,** *a.* slavish, slave.
**ropstvo,** *n.* slavery, serfdom.
**roptati,** *v.* to grumble, to growl, to make a noise (*ili*) roar.
**rosa,** *n.* dew.
**rosan,** *a.* dewy.
**rositi,** *v.* to bedew.

**rosnat,** *a.* dewy, covered with dew; moisten.
**rosnica,** *n.* fumitory.
**rosopas,** *n.* celandine, swallow-wort.
**rosulja,** *n.* thaw-wind.
**roščić,** *n.* small horn; carob.
**roštilj,** *n.* gridiron.
**rotiti se,** *v.* to conspire, to plot.
**rotkva,** *n.* radish; turnip.
**rotkvica,** *n.* radish.
**rotkvište,** *n.* radish-field.
**rov,** *n.* mine; ditch; trench.
**rovar,** *n.* agitator, conspirator.
**rovarenje,** *n.* agitation, conspiration, plotting.
**rovariti,** *v.* to agitate, to plot.
**rovaš,** *n.* notch, tally, score.
**rovašiti,** *v.* to mark, to keep score; to stamp, to brand.
**rovati,** *v.* to undermine, to dip up, to delve, to stab; (*proti komu*) to incite, to agitate; (*po džepovima*) to search; (*po papirima*) to rummage.
**rovit,** *a.* soft, mellow, tender.
**roviti,** *v.* to dig, to engrave, to cut.
**rovka,** *n.* shrew-mouse.
**rovo,** *n.* pock-marked man.
**rozga,** *n.* perch, pole, stick, plug, peg.
**rozgva,** *n.* vine-shoot, vine.
**rožak,** *n.* cornet coffin; horn.
**rožan,** *a.* of horn, horny.
**roždanik,** *n.* horoscope.
**rožić,** *n.* small horn; inkhorn, cornet.
**rožina,** *n.* horn-matter, horn-substance.
**rožnica,** *n.* cornea, hard flesh, horny tunicle; callousness.
**rožnjak,** *n.* little finger, small finger.
**rpa,** *n.* heap, pile; lot; set.
**rs,** *n.* force, strength, power, vigor; violence; energy.
**rskati,** *vidi*: **hrskati.**
**rskavača,** *vidi*: **rskavica.**
**rskavica,** *n.* cartilage.
**rt,** *n.* cape, headland, promontory; point.
**rtanj,** *n.* pick-axe; peak.
**rtnik,** *n.* vanguard, van.
**rub,** *n.* hem, seam; edge, border.
**rubac,** *n.* kerchief, cloth; (*džepni*) handkerchief.
**rubača,** *n.* shirt.
**rubalj,** *n.* rouble, ruble.
**rubenina,** *n.* linen; underwear.
**rubež,** *n.* hem, seam, border, edge, frame.

**rubin,** *n.* (*dragi kamen*) ruby.
**rubina,** *n.* shirt.
**rubiti,** *v.* to hem, to seam.
**rublje,** *n.* linen; clothes; underwear.
**rucelj,** *n.* handle; brace.
**ručak,** *n.* breakfast, meal, repast.
**ručanica,** *n.* dinner-time.
**ručati,** *v.* to dine, to eat. to feed, to lunch.
**ručica,** *n.* handle, finger board.
**ručiti,** *v.* to present, to give one's hand.
**ručka,** *n.* handle.
**ručni,** *a.* manual, handy; — **rad,** handiwork; manual labor; (*rad ženski*) fancy work.
**ručnik,** *n.* towel.
**rud,** *a.* reddish; crisp; fizzled.
**ruda,** *n.* ore, mineral; (*na kolima*) beam, pole, shaft.
**rudača,** *n.* ore, unrefined metal.
**rudar,** *n.* miner.
**rudarski,** *a.* mining.
**rudarstvo,** *n.* mining (affairs); (*znanost*) metallurgy.
**rudast,** *a.* curly, crisped, frizzled.
**rudilo,** *n.* curling-iron.
**rudina,** *n.* field, tilled plain.
**ruditi,** *v.*. (*vlasi*) to curl, to frizzle; (*crveniti se*) to make look red, to redden.
**rudjeti,** *vidi*: **ruditi.**
**rudnik,** *n.* mine.
**rudnjak,** *n.* wheel-horse; steersman; (*košara*) basket, hamper, crate.
**rudokop,** *n.* mine; (*bakreni*) copper-mine; (*olovni*) lead-mine; (*srebrni*) silver-mine; (*ugljenokop*) coal-mine; (*zlatni*) gold-mine; (*željezni*) iron-mine.
**rudokos,** *a.* curly-headed, having curly hair.
**rudoslovlje,** *n.* mineralogy.
**rug (a),** *n.* mockery, derision, scorn, scoff.
**rugač,** *n.* mocker, jeerer; joker, banterer.
**ruganje,** *vidi*: **rug (a).**
**rugati (se),** *v.* to mock, to deride, to scoff, to sneer; to laugh at, to deride.
**ruglo,** *n.* jeering, mockery; shame, disgrace; infamy.
**rugoba,** *n.* ugliness, deformity; caricature.
**rugoban,** *a.* ugly; deformed.

**ruho,** *n.* clothes, dress, attire, garment, apparel; (*nevjeste*) trousseau.
**ruj,** *n.* yellow wood, fustic.
**ruja,** *n.*.pot.
**rujan,** *a.* (*žućkast*) yellowish, light bay, dun; — *n.* September.
**rujba,** *n.* chilblain.
**rujevika,** *n.* myrtle.
**rujevina,** *vidi*: **ruj.**
**ruka,** *n.* arm; (*pest*) hand; (*buka*) roar, lowing.
**rukat,** *a.* large handed.
**rukati,** *v.* to roar, to bellow, to low.
**rukav,** *n.* sleeve.
**rukavac,** *n.* (*rijeke*) arm of the river.
**rukavica,** *n.* glove, gauntlet.
**rukavičar,** *n.* glover.
**ruknuti,** *v.* to roar, to bellow, to low.
**rukoblud,** *n.* self-abuse, masturbation.
**rukobludnik,** *n.* self-abuser, masturbator.
**rukodjelac,** *n.* hand-worker, mechanic, artisan.
**rukodjelan,** *a.* hand-made.
**rukodjelstvo,** *n.* handicraft.
**rukodrž,** *n.* handle; plow-handle.
**rukoljub,** *n.* hand kissing.
**rukopis,** *n.* hand-writing; manuscript.
**rukopolaganje,** *n.* consecration.
**rukopolagati,** *v.* to consecrate, to ordain.
**rukotvor,** *n.* handiwork; manual labor.
**rukotvorac,** *n.* handicraftsman.
**rukotvorina,** *n.* manufacture; workmanship.
**rukovanje,** *n.* hand-shaking; (*poslom*) manipulation; administration; management.
**rukovati (se),** *v.* to shake hands; (*poslom*) to manipulate, to administer, to manage, to conduct.
**rukovet,** *n.* handful; (*ruža*) bunch, bouquet.
**rukovoditi,** *v.* to manage, to administer, to govern; to officiate, to manipulate.
**rukovodnik,** *n.* manager; manipulator.
**rukovodstvo,** *n.* management, guidance, instruction.
**rulja,** *n.* crowd, throng, common herd, rabble.
**ruljati,** *v.* to blubber, to roar, to bellow, to blare, to drawl.
**rum,** *n.* rum.

**rumen,** *a.* red, reddish, — *n.* (*crvena boja*) red color; blush; red paint.
**rumenica,** *n.* (*crvena rudača*) cinnabar; vermilion.
**rumenika,** *n.* (*vino*) red-wine.
**rumenilo,** *n.* rouge.
**rumenit,** *a.* red, reddish.
**rumeniti se,** *v.* to redden; to paint with rouge, to lay on rouge.
**rumenitost,** *n.* rosiness.
**rumenkast,** *a.* reddish.
**rumetin,** *n.* maize, Indian corn.
**runo,** *n.* fleece.
**runolist,** *n.* (*biljka*) lion's foot, everlasting cudweed.
**runja,** *n.* shag, curl.
**runjast,** *a.* shaggy, curled.
**runjav,** *a.* shaggy, ragged; curly.
**runjavica,** *n.* (*bilj.*) hawk-weed.
**runjavost,** *n.* shagginess, curliness.
**runje,** *n.* tuft, lock, curls.
**rupa,** *n.* hole, ditch.
**rupičav,** *a.* full of holes, perforated.
**rupičavka,** *n.* polyporus.
**rus,** *a.* red, ruddy.
**rusa,** *n.* (*med.*) ecchymosis.
**rusaljka,** *n.* water-fairy.
**ruskati,** *v.* to gnaw; to corrode.
**rusvaj,** *n.* wonder, marvel, miracle; spectacle.
**rušenje,** *n.* demolition, destruction.
**ruševina,** *n.* ruins, wreckage.
**rušitelj,** *n.* wrecker, destroyer; disturber.

**rušiti,** *v.* to demolish, to destroy, to ruin, to wreck.
**rušt,** *n.* cartilage-cherry.
**ruta,** *n.* tuft-hair, lock, shag.
**rutav,** *a.* rough, rugged, shaggy; hairy, furred.
**rutavost,** *n.* roughness, ruggedness; hairiness, shagginess.
**rutvica,** *n.* rue.
**ruža,** *n.* rose; (*divlja ruža*) wild rose, sweet-briar.
**ružan,** *a.* ugly, deformed; obscene, naughty.
**ruženje,** *n.* abusing, scolding; abusive language.
**ružica,** *n.* rosette, rose.
**ružičast,** *a.* rosy, ruddy.
**ružičnjak,** *n.* rose-garden.
**ružično ulje,** *n.* rose-oil.
**ružina voda,** *n.* rose-water.
**ružiti,** *v.* to scold, to deride, to scoff, to outrage, to abuse, to insult.
**ružmarin,** *n.* rosemary.
**ružno,** *adv.* nastily, uglily; badly.
**ružnost,** *n.* ugliness.
**rvač,** *n.* wrestler, fighter.
**rvalište,** *n.* ring, arena, tilt-yard.
**rvanje,** *n.* wrestling.
**rvati se,** *v.* to wrestle.
**rzanje,** *n.* neighing.
**rzati,** *v.* to neigh.
**rž,** *n.* rye.
**ržanica,** *n.* rye-bread.

# S

**s (a),** *prep.* with; from; through.
**sabijač,** *n.* stopper; compressor.
**sabijati,** *v.* to stuff, to cram; to press, to crowd; to compress, to put close together.
**sabirač,** *n.* gatherer, collector; gleaner.
**sabiranje,** *n.* collection, collecting; gathering, gleaning.
**sabiratelj,** *n.* collector; gatherer, gleaner.
**sabirati (se),** *v.* to gather, to collect; to assemble, to glean.
**sabiti,** *vidi:* **sabijati.**
**sablast,** *n.* ghost, phantom, apparition, specter.
**sablazan,** *n.* scandal; shock.
**sablazniti (se),** *v.* to scandalize; to shock.
**sablažnjiv,** *a.* scandalous; shocking, unbecoming.
**sablažnjivost,** *n.* scandalousness, indecency.
**sablja,** *n.* saber, broad sword.
**sabljak,** *n.* two-handed sword; (*riba*) sword-fish.
**sabljič,** *n.* sword-grass.
**sabor,** *n.* parliament, congress, assembly; skupshtina; (*crkveni*) synod, council.
**saborisati,** *v.* to hold parliament.
**saborište,** *vidi:* **sabor.**
**sabornica,** *n.* parliament building.
**sabornik,** *n.* representative, delegate, congressman.
**sabran,** *a.* collected, gathered, gleaned; (*duhom*) composed.
**sabranje,** *n.* meeting, assembly; congregation.
**sabrati (se),** *v.* to assemble, to congregate; to gather.
**sabur,** *n.* (*bilj.*) aloes.
**sačekati,** *v.* to catch up, to intercept; to snatch from.
**sačinitelj,** *n.* author; composer; writer.

**sačiniti,** *v.* to compose, to write; to invent, to make up, to perform; to accomplish.
**sačinjavati,** *v.* to consist of, to be composed of.
**sačma,** *n.* small shot.
**sačuti,** *v.* to hear, to give ear, to listen.
**sačuvati,** *v.* to preserve; to guard, to keep, to protect.
**saće,** *n.* honey-comb.
**saćerdati,** *v.* to lose, to waste, to squander.
**saći,** *vidi:* **sići.**
**saćura,** *n.* bread-basket.
**sad,** *adv.* now, at present, this time; (*sada ako ikada*) now if ever; (*sada ili nikada*) now or never; — *n.* planting, plantation, plot.
**sadaljka,** *n.* dibble.
**sadanje,** *a.* present; actual.
**sadašnji,** *vidi:* **sadanji.**
**sadašnjost,** *n.* presence, present time.
**saderati,** *v.* to tear, to rend, to dilacerate; to wear out; to grate on.
**sadijevati,** *v.* to cock; to mow.
**sadilac,** *n.* planter.
**sadilica,** *n.* dibble.
**sadirati,** *v.* to tear off, to pull off.
**saditi,** *v.* to plant, to set, to lay out, to cultivate.
**sadjenuti,** *vidi:* **sadjesti.**
**sadjesti,** *v.* to cock; to mow.
**sadjeti,** *vidi:* **sadjesti.**
**sadnica,** *n.* shoot, twig; set.
**sadra,** *n.* (*gips*) gypsum; plaster, plaster cast; plaster of Paris.
**sadrenina,** *n.* plaster merchandise.
**sadrenjak,** *n.* gypsum-stone.
**sadrijeti,** *vidi:* **saderati.**
**sadržaj,** *n.* contents; tenor; substance; volume.
**sadržati,** *v.* to contain; to maintain, to sustain, to preserve.
**sadržavati,** *vidi:* **sadržati.**
**sadržina,** *n.* contents; tenor; substance, volume.

**sadžak**, *n.* tripod, trivet.
**sadžija**, *n.* watchmaker; clockmaker.
**sađe**, *n.* plants.
**sag**, *n.* carpet, rug, tapestry; (*prigib*) bending, curve.
**sagafilja**, *n.* blue bottle-flower.
**sagib**, *n.* bow, bend, curve; flexion.
**sagibati** (**se**), *v.* to bend down, to depress; to bow.
**saginjati**, *vidi*: **sagibati**.
**sagledati**, *v.* to see; to discover, to notice.
**sagnati**, *v.* to drive; to chase; to lead back.
**sagnut**, *a.* stooped, bowed down.
**sagnuti** (**se**), *v.* to bend down, to depress; to stoop down.
**sagnjili**, *a.* rotten, putrified.
**sagnjiti**, *v.* to rot, to putrefy, to decay.
**sagnjivati**, *vidi*: **sagnjiti**.
**sagoniti**, *v.* to drive together.
**sagorjeti**, *v.* to burn out.
**sagraditelj**, *n.* builder; founder; author.
**sagraditi**, *v.* to build, to erect.
**sagrađenje**, *n.* building up, erection.
**sagriješiti**, *v.* to sin, to commit sin; to trespass, to transgress.
**sagrjeha**, *vidi*: **sagrješenje**.
**sagrješenje**, *n.* fault, error; sin.
**sagrnuti**, *v.* to roll up; to lift up, to raise; to turn back (*ili*) down.
**sagubiti**, *v.* to kill, to slay; to make away with.
**sahat**, *n.* hour.
**sahnuti**, *v.* to dry up, to wither; to parch.
**sahrana**, *n.* preservation, protection; safe keeping; (*pogreb*) burial, interment.
**sahranište**, *n.* depository, repository.
**sahranitelj**, *n.* depositor; preserver.
**sahraniti**, *v.* to deposit, to preserve; (*pokopati*) to bury.
**sahranjivanje**, *n.* funeral, burial.
**sahranjivati**, *v.* to deposit, to preserve; (*pokopati*) to bury, to inter.
**sajam**, *n.* fair, market, market-place.
**sajmar**, *n.* market-visitor, marketman.
**sajmarina**, *n.* market-dues.
**sajmište**, *n.* market (-place).
**sajmovati**, *v.* to market.
**sak**, *vidi*: **krošnja**.
**sakat**, *a.* lame, crippled, limping.

**sakatiti**, *v.* to cripple, to lame, to paralyze.
**sakloniti**, *v.* to conceal, to hide, to guard.
**sakovati**, *vidi*: **skovati**.
**sakristija**, *n.* sacristy, vestry.
**sakriti**, *v.* to hide, to conceal, to save.
**sakrivač**, *n.* hider, concealer.
**sakrivati**, *vidi*: **sakriti**.
**sakriven**, *a.* hidden, concealed.
**sakriviti**, *vidi*: **skriviti**.
**sakrojiti**, *v.* to cut out, to cut on.
**sakup**, *n.* assembly, meeting.
**sakupiti**, *v.* to collect, to assemble, to gather, to congregate, to meet.
**sakupljati**, *vidi*: **sakupiti**.
**sala**, *n.* hall, large room.
**salamun**, *n.* salmon.
**salamura**, *n.* brine, pickle, souse.
**salaš**, *n.* farm, homestead; dairy-farm.
**salata**, *n.* salad, lettuce.
**salaukovina**, *n.* snow-storm, snow-drift.
**salaziti**, *vidi*: **silaziti**.
**salep**, *n.* (*korijen*) salep.
**saletjeti**, *v.* to rush upon; to run on; (*napasti*) to attack, to assail.
**salijetati**, *v.* to fall against, to attack, to invade, to storm, to assault.
**saliti**, *v.* to pour; (*kovinu*) to cast, to found.
**salitra**, *n.* saltpeter, niter.
**salivati**, *vidi*: **saliti**.
**salma**, *n.* whirl-bat.
**salo**, *n.* lard, fat; (*sirovo*) leaf-lard.
**salomiti**, *v.* to break (to pieces).
**saljevati**, *vidi*: **saliti**.
**sam**, *a.* alone, single, sole, solitary, the only one.
**samac**, *n.* solitary-man, single-man.
**samar**, *n.* pack-saddle.
**samardžija**, *n.* saddle-packer.
**samariti**, *v.* to bridle; to truss up; to saddle
**samaruša**, *n.* pack-needle.
**samcat**, *vidi*: **sam**.
**samica**, *n.* single woman; (*sobica*) solitary cell.
**samiti**, *v.* to isolate, to insulate, to detach, to separate; to single out.
**samljeti**, *v.* to grind, to mill.
**samljeven**, *a.* ground; crushed.
**samljevina**, *n.* grinding, miller's pay.
**samo**, *adv.* only, just, but.
**samoblud**, *n.* self-abuse, onanism, self-pollution.

**samoća,** *n.* solitude, solitariness; retreat, retiring.
**samoćovati,** *v.* to live alone.
**samodržac,** *n* autocrat, monarch; monopolist.
**samogiban,** *a.* automatic, -al.
**samoglasan,** *a.* vocal.
**samohran,** *a.* self-supporting.
**samokov,** *n.* hammer, knocker (*of a door*).
**samokres,** *n.* revolver, pistol.
**samokret,** *n.* automaton.
**samoljub (ac),** *n.* selfish person, egoist.
**samoljuban,** *a.* selfish, egoistic (al).
**samoljublje,** *n.* selfishness, egotism.
**samoobmana,** *n.* illusion, delusion.
**samoobrana,** *n.* self-defense.
**samopouzdanje,** *n.* self-confidence, self-reliance.
**samostalan,** *a.* independent; (*politički*) autonomous.
**samostalno,** *adv.* independently.
**samostalnost,** *n.* independence; self-dependence; (*politička*) autonomy.
**samostan,** *n.* monastery, convent, cloister, nunnery.
**samostanac,** *n.* monk, friar.
**samostavnik,** *n.* noun, substantive; (*u rečenici*) subject.
**samostvoritelj,** *n.* self-creator.
**samotan,** *a.* lonely, solitary, alone, recluse.
**samotinja,** *n.* solitude; desert, hermitage.
**samotok,** *n.* wine of unpressed grapes, rape-wine.
**samotovanje,** *n.* salitary living, lonely life.
**samotovati,** *v.* to live solitarily.
**samotvor,** *n.* self-creator.
**samotvoran,** *a.* self-created; clear, pure, mere; ingenuous.
**samoubica,** *vidi:* **samoubojica.**
**samoubistvo,** *n.* suicide; (*počiniti*) to commit suicide.
**samoubojica,** *n.* suicide.
**samoubojstvo,** *vidi:* **samoubistvo.**
**samouk,** *a.* self-educated; — *n.* self-made-man.
**samouprava,** *n.* autonomy.
**samovar,** *n.* coffee-(tea) percolator.
**samovati,** *vidi:* **samotovati.**
**samovlada,** *n.* autocracy, monarchy.
**samovladar,** *n.* monarch, autocrat.
**samovlast,** *n.* absolutism.

**samovlastan,** *a.* arbitrary, autocratic.
**samovolja,** *n.* self-will, wilfulness, arbitrariness, despotism.
**samovoljan,** *a.* wilful; arbitrary, capricious, despotic.
**samozataja,** *n.* self-abnegation, self-denial.
**samozvan,** *a.* uninvited.
**samoživ,** *a.* selfish, egotistic (al).
**samoživac,** *n.* selfish person, egotist.
**samrijeti,** *vidi:* **pomrijeti.**
**samrt,** *n.* death.
**samrtan,** *a.* mortal, deadly; — **soba,** death-chamber.
**samrtnik,** *n.* dead person.
**samsar,** *n.* licensed broker.
**samsarina,** *n.* brokerage.
**samsov,** *n.* butcher-dog.
**sam svoj,** *a.* independent.
**samur,** *n.* sable.
**samurovina,** *n.* sable, sable-fur.
**san,** *n.* sleep, dream; reverie.
**sanak,** *vidi:* **san.**
**sanan,** *a.* sleepy, sluggish, half-awake.
**sandala,** *n.* sandal, fencing-shoe, foot-stall.
**sanduk,** *n.* trunk, chest; (*škrinja*) box, case.
**sanen,** *a.* drowsy, somnolent, sleepy.
**sanovnik,** *n.* book of dreams, dream-book.
**santa,** *n.* flake of ice, floe.
**sanja,** *n.* dream; reverie.
**sanjanje,** *n.* dreaming
**sanjar,** *n.* dreamer; visionary.
**sanjarenje,** *n.* dreaming.
**sanjarija,** *n.* vision, fancy, musing, dream, delirium; (*iluzija*) illusion, delusion.
**sanjati,** *v.* to dream, to think, to muse, to consider.
**sanjivost,** *n.* somnolence, drowsiness.
**sanjkanje,** *n.* sleighing, sleigh-riding.
**sanjkati se,** *v.* to sled.
**sanjljiv,** *a.* sleepy, dreaming.
**sanljivo,** *adv.* dreamingly.
**saobraćaj,** *n.* relation, intercourse, connection, communication.
**saobražaj,** *n.* fancy, imagination.
**saone,** *n.* sled, sledge, sleigh.
**saonice,** *vidi:* **saone.**
**saonik,** *n.* sledging-coarse, sleigh-road.
**saopćenje,** *n.* communication, information, report.

**saopćiti,** *v.* to communicate, to impart.

**saopćiv,** *a.* communicative.

**sapa,** *n.* vapor, steam, fume.

**sapet,** *a.* tied, bound, chained.

**sapeti,** *v.* to buckle, to button up; to tie up, to chain.

**sapetost,** *n.* tightness.

**sapi,** *n.* crupper; croup.

**sapinjača,** *n.* lace, string; band, buckle, clasp.

**sapinjati,** *vidi*: **sapeti.**

**sapirati,** *v.* to charge with, to accuse of; (*prati*) to rinse.

**saplesti,** *vidi*: **splesti.**

**sapun,** *n.* soap.

**sapunar,** *n.* soap-maker, soap-boiler; (*bilj.*) soapberry-tree.

**sapunarija,** *n.* soap-house, soap-manufacture, soap-factory.

**sapunati,** *v.* to soap, to wash with soap.

**sapunica,** *n.* soap-sud, lather.

**sapunjav,** *a.* soapy.

**saputnik,** *n.* fellow-traveler, fellow-passenger.

**sara,** *n.* bootleg, leg of a boot.

**sarač,** *n.* saddler.

**saradnik,** *n.* co-operator, helper, assistant, fellow-laborer, associate, contributor.

**saradništvo,** *n.* co-operation, aid, contribution.

**saraj,** *n.* seraglio.

**sardelja,** *n.* sardel.

**sardina,** *n.* sardine.

**sarezati,** *vidi*: **srezati.**

**sarka,** *n.* merganser; little grebe.

**sarkastičan,** *a.* sarcastic.

**sarkazam,** *n.* sarcasm.

**sarma,** *n.* stuffed-cabbage.

**saruk,** *n.* turban.

**sasa,** *n.* anemone, windflower.

**sasijecati,** *v.* to hew off, to cut up.

**sasipati,** *v.* to dump, to pour, to spill, to shed, to decant.

**sasjecanje,** *n.* cutting-up.

**sasjecati,** *v.* to cut out, to cut off, to fell, to divide, to carve.

**sasjeći,** *v.* to cut up.

**saslušanje,** *n.* hearing, examination, interrogation, trial.

**saslušati,** *v.* to examine, to listen to, to hear, to give ear to; to obey.

**sasma,** *adv.* entirely, totally, very, much, greatly.

**sasred,** *adv.* from the midst.

**sastajanje,** *n.* meeting; congregation.

**sastajati se,** *v.* to meet, to congregate, to assemble.

**sastanak,** *n.* meeting, interview; (*potajni*) conventicle; engagement, date.

**sastanište,** *n.* meeting-place.

**sastati se,** *v.* to meet; to coincide, to encounter.

**sastav,** *n.* construction, composition; (*tijela*) constitution of the body.

**sastavak,** *n.* composition, outline, sketch, draft, rough-copy; connection, relation, junction, union.

**sastavan,** *a.* constituent, component, integral.

**sastavina,** *n.* ingredient, constituent, element.

**sastaviti,** *v.* to join, to unite, to put together, to compose; to outline; to draft, to draw up.

**sastavljač,** *n.* composer, drafter.

**sastavljati,** *v.* to draft, to compose, to outline, to sketch; to collect, to join, to unite.

**sastavni,** *vidi*: **sastavan.**

**sastojan,** *vidi*: **sastavan.**

**sastojati se,** *v.* to consist of, to be composed of.

**sastojina,** *n.* (*sastavni dio*) ingredient, component part; contents.

**sastrugati,** *v.* to shave off, to scrape, to grate, to rasp.

**sasušiti (se),** *v.* to dry up; to become exhausted.

**sasuti,** *v.* to pour, to shed, to heap.

**sasvim,** *a.* whole, entire, all, total, complete; — *adv.* quite, entirely, wholly, totally.

**sašiti,** *v.* to sew together, to stitch up.

**sat,** *n.* (*ura*) hour; (*žepni*) watch; (*zidni*) clock; (*saće*) honey-comb.

**satara,** *n.* chopper, cleaver, chopping knife.

**satira,** *n.* satire.

**satiričan,** *a.* satiric,-al.

**satiričnost,** *n.* satiricalness.

**satirik,** *n.* satirist.

**satjerati,** *vidi*: **sagnati.**

**satkati,** *v.* to weave.

**satnija,** *n.* company.

**satnik,** *n.* captain.

**satrap,** *n.* satrap, prefect, director, president.

**satrapija**, *n.* satrap, prefecture, superintendence.

**satrti**, *v.* to grind, to powder, to destroy, to rub off, to crush.

**satrudnik**, *n.* fellow-worker, colleague, contributor.

**satvoriti**, *vidi*: **stvoriti**.

**saučenik**, *n.* school-mate.

**saučesnik**, *n.* accomplice, accessory; co-respondent (*in divorce cases*); (*u dobitku*) participant.

**saučešće**, *n.* participation; complicity; (*smilovanje*) compassion, commiseration, condolence, regret, grief, sorrow, lamentation.

**sav**, *a.* all, whole, every, entire, total, complete; — *adv.* quite, entirely, wholly, very, totally.

**savat**, *n.* anamel, anamelling.

**savatleisati**, *v.* to enamel.

**savez**, *n.* alliance, league, relationship, confederation, coalition, combination, association.

**savezati**, *vidi*: **svezati**.

**Savezne Države**, *n.* United States.

**savezni**, *a.* confederate, allied; united, federal; associated, partaking.

**saveznički**, *vidi*: **savezni**.

**saveznik**, — **ica**, *n.* confederate, ally; partner, companion, associate, accomplice.

**savezništvo**, *n.* association, company, partnership, society; alliance, confederacy.

**savijanje**, *n.* bending, twisting, bend, curve, contortion.

**savijati** (**se**), *v.* to bend, to bow, to curve, to turn.

**savit**, *a.* bent, curved, incurvated.

**savitak**, *n.* roll, volume, wreath, fold; bow, bend, curve, turn; coil, bundle.

**saviti**, *v.* to fold, to bend.

**savjesno**, *adv.* conscientiously.

**savjesnost**, *n.* conscientiousness.

**savjest**, *n.* conscience, consciousness.

**savjestan**, *a.* conscientious.

**savjet**, *n.* counsel, advice, consultation; council, senate.

**savjetnik**, *n.* adviser, counselor; councilor.

**savjetovanje**, *n.* consultation.

**savjetovati**, *v.* to counsel, to advise; (**se**) to consult.

**savkolik**, *a.* whole, entire, total.

**savladati**, *v.* to overcome, to subdue, to subjugate; (**se**) to overcome oneself.

**savremen**, *vidi*: **suvremen**.

**savremenik**, *vidi*: **suvremenik**.

**savremenost**, *n.* contemporaneousness.

**savrijeti se**, *v.* to hide oneself, to live retired.

**savršen**, *a.* perfect, accomplished, mastered.

**savršeno**, *adv.* perfectly; completely, absolutely.

**savršenost**, *n.* perfection.

**savršenstvo**, *vidi*: **savršenost**.

**savršiti**, *vidi*: **svršiti**.

**savurna**, *n.* ballast.

**sazdanje**, *n.* (*stvaranje*) creation; work.

**sazdatelj**, *n.* (*stvoritelj*) creator, maker, author.

**sazdati**, *v.* (*stvoriti*) to create, to make, to build.

**sazidanje**, *n.* construction, building, erection.

**sazidati**, *v.* to construct, to build, to erect; to construe.

**saziv**, *n.* call, invocation, convocation, requisition, summons, appeal.

**sazivač**, *n.* caller; summoner.

**sazivati**, *v.* to call, to invite; to summon; to convene (*a meeting*).

**saznati**, *v.* to learn; to experience; to hear.

**sazreti**, *v.* to ripen, to mature.

**sazvati**, *v.* to call, to convoke, to summon; to convene.

**sažaliti**, *v.* to deplore, to regret, to pity, to commiserate.

**sažalnica**, *n.* condolence.

**sažaljavati**, *v.* to pity, to regret, to commiserate.

**sažaljenje**, *n.* commiseration, compassion, pity, regret, grief, sorrow.

**sažaljevati**, *v.* to commiserate with, to deplore, to regret.

**sažaljivanje**, *n.* deploring, regreting, commiseration.

**sažeti**, *v.* to burn (off) to combust, to scorch; (*ramenima*) to shrug one's shoulders.

**sažganje**, *n.* combustion, burning-up.

**sažgav**, *a.* (*goriv*) combustible.

**sažimanje**, *n.* shrug, shrugging.

**sažimati**, *vidi*: **sažeti**.

**sažizanje**, *vidi*: conflagration, scorching.

sažizati, *vidi*: **sažeći.**
sažvatati, *v.* to chew, to masticate.
sciptar, *n.* scepter; (*poet.*) kingdom, authority.
se, sebe, sebi, *pron.* oneself, itself, himself, herself, themselves.
sebeznao, *a.* selfish, egotistic.
sebičan, *a.* selfish, egotistic, egoistic.
sebičnost, *n.* selfishness, egotism.
sebičnjak, *n.* selfish person; egoist.
sedam, *num.* seven.
sedamdeset, *num.* seventy.
sedamdeseti, *num.* seventieth.
sedamnaest, *num.* seventeen.
sedamnaesti, *num.* seventeenth.
sedef, *n.* mother-of-pearl.
sedlanje, *n.* saddling.
sedlar, *n.* saddler.
sedlarnica, *n.* saddle-room, saddlery.
sedlarstvo, *n.* saddlery.
sedlast, *a.* saddle-backed.
sedlati, *v.* to saddle.
sedlenik, *n.* saddle-horse.
sedlo, *n.* saddle; stool; (*brda*) top, ridge.
sedmerica, *num.* seven.
sedmero, *num.* seven.
sedmi, *num.* seventh.
sedmica, *n.* (*karta*) seven-spot; (*tjedan*) week.
sedmično, *adv.* weekly.
sedmina, *n.* seventh part.
sedmorica, *n.* seven.
sedmorostruk, *a.* sevenfold.
sedra, *n.* stalactite.
segnuti (se), *v.* to reach, to pass.
seisana, *n.* bathorse.
seja, *vidi*: **seka.**
seka, *n.* sister.
selen, *n.* lovage.
selica *n.* (*ptica*) migratory bird, bird of passage.
selište, *n.* farm, homestead, farmhouse.
seliti, *v.* (*napučiti*) to people, to multiply; (*prenositi*) to transport, to transfer, to remove; (*u drugi stan*) to move; (*u drugu zemlju*) to migrate, to emigrate.
seljački, *a.* rural, rustic; (*prost*) vulgar.
seljačtvo, *n.* peasantry, peasants.
seljak, *n.* peasant, villager, farmer.
seljakinja, *n.* contry-woman, village-girl.
seljanin, *vidi*: **seljak.**
seljanka, *vidi*: **seljakinja.**

seljski, *vidi*: **seoski.**
senat, *n.* senate.
senator, *n.* senator.
senatorski, *a.* senatorial.
senatorstvo, *n.* senatorship.
seoba, *n.* emigration, migration; (*iz kuće*) moving, removal.
seoce, *n.* little village, hamlet.
seoski, *a.* rustic, peasant-like, rural, clownish, rude; (*dvorac*) country-house.
sepet, *n.* basket, hamper, crate.
sepetka, *vidi*: **sepet.**
septembar, *n.* September.
seremija, *n.* ability, faculty, power, fortune, property.
serum, *n.* serum.
sestra, *n.* sister.
sestrica, *n.* little sister.
sestričić, *vidi*: **sestrić.**
sestričina, *vidi*: **sestrična.**
sestrična, *n.* niece.
sestrić, *n.* cousin.
sestrimiti, *vidi*: **sestriti.**
sestrinski, *a.* sisterly.
sestrinstvo, *n.* sisterhood.
sestriti, *v.* to name the sister.
sezati (se), *v.* to reach, to hand, to give.
sežanj, *n.* cord; fathom.
shlapiti, *v.* to lay hold of, to seize, to grasp, to attack, to bend.
shodan, *a.* fit, convenient, opportune, seasonable, timely, agreeable, expedient.
shodno, *adv.* opportunely, seasonably, agreeably.
shodnost, *n.* opportunity, opportuness, conformity, expediency.
shranište, *n.* receptacle, box; reservoir, storehouse.
shraniti, *v.* to lay up, to preserve, to keep, to take charge of; to deposit.
shrvati, *v.* to conquer, to overpower, to subdue.
shvaćanje, *n.* comprehension, conception, understanding.
shvaćati, *v.* to comprehend, to conceive, to understand; to include, to contain, to comprise.
shvatljiv, *a.* comprehensive, conceivable.
sičan, *n.* arsenic.
sičija, *n.* consumption.
sićan, *vidi*: **sićušan.**

**sići,** *v.* to step down, to alight; to descend.

**sićušan,** *a.* very little, petty, small, insignificant, paltry, little.

**sićušnost,** *n.* paltriness, insignificance, smallness.

**sidrati,** *v.* to anchor.

**sidrište,** *n.* anchorage.

**sidro,** *n.* anchor.

**siga,** *n.* stalactite; calc-sinter.

**siglo,** *n.* copper-pail.

**sigrati (se),** *v.* to play, to gamble, to toy.

**siguran,** *a.* certain, sure, secure, safe.

**sigurati,** *v.* to secure, to insure, to assure; to guarantee, to warrant; to prepare, to dress.

**sigurno,** *adv.* certainly, surely, safely.

**sigurnost,** *n.* certainty, security, surety, safety.

**sijač,** *n.* sower; spreader.

**sijanje,** *n.* sowing; spreading.

**sijaset,** *n.* inconvenience, incommodiousness.

**sijati,** *v.* to sow; to spread, to scatter, to strew; to cultivate; (*sjati*) to shine, to glitter, to glisten.

**sijavica,** *n.* lightning.

**siječanj,** *n.* January.

**sijed,** *a.* gray, grey, grizzled.

**sijedjeti,** *v.* to become gray-haired.

**sijelo,** *n.* evening party, company; evening performance; circle, meeting.

**sijeno,** *n.* hay, hay-rick.

**sijevak,** *n.* flash of lightning, sheet-lightning, summer lightning.

**sijevanje,** *n.* lightning.

**sijevati,** *v.* to shine, to flash, to lighten; to glitter, to glisten.

**sijevnuti,** *vidi:* **sijevati.**

**sikavac,** *n.* thistle.

**sila,** *n.* force, strength, power, vigor, violence; necessity, compulsion; virtue, efficacy.

**silan,** *a.* powerful, energetic, vigorous, strong, mighty, vehement; enormous, huge.

**silazak,** *n.* descent, going down, alighting; declivity; landing.

**silaziti,** *v.* to descend, to alight, to bring down, to go down, to invade.

**silaženje,** *vidi:* **silazak.**

**siledžija,** *n.* tyrant.

**sileni,** *vidi:* **silan.**

**silesija,** *n.* multitude, immensity.

**silimice,** *adv.* by force, violently; immensely.

**siliti (se),** *v.* to force, to compel, to constrain.

**silnik,** *n.* tyrant.

**silništvo,** *n.* tyranny.

**silno,** *adv.* very much, greatly, exceedingly.

**silom,** *adv.* by force, violently, forcibly.

**silovanje,** *n.* rape, ravishment, violation.

**silovati,** *v.* to rape, to ravish; to dishonor, to disgrace.

**silovit,** *a.* powerful, mighty, vehement, enormous, huge, violent, forcible.

**silovitost,** *n.* violence, forcibleness, force.

**simbol,** *n.* standard, token, sign, mark, ensign, signal, watchword, seal.

**simo,** *adv.* here, hither, this way.

**simpatičan,** *a.* sympathy.

**simpatizirati,** *v.* to sympathize.

**simptom,** *n.* (*znak*) symptom, mark; sign.

**sin,** *n.* son.

**sinak,** *n.* little son.

**sinčić,** *vidi:* **sinak.**

**sindžir,** *n.* chain, weaver's warp.

**singular,** *n. i a.* singular; alone, single, solitary.

**siniti,** *v.* to adopt.

**sinko,** *n.* little son.

**sinoć,** *adv.* last night.

**sinoćni,** *a.* of last night.

**sinod,** *n.* Synod; meeting, assembly.

**sinonim,** *n.* synonym.

**sinoniman,** *a.* synonimous.

**sinor,** *n.* limit, boundary, extremity; post, mile stone.

**sinoriti,** *v.* to bound, to limit, to confine, to post.

**sinovac,** *n.* nephew.

**sinovica,** *n.* niece.

**sinuti,** *v.* to shine forth, to flash.

**sinjast,** *vidi:* **sinjav.**

**sinjav,** *a.* ash-colored.

**sinjaviti,** *v.* to discolor, to fade, to lose color.

**sinji,** *a.* grayish, grizzly; (*za more*) blue.

**sip,** *n.* rubbish, dam; bank of earth.

**sipa,** *n.* cuttle-fish, sepia.

**sipati,** *v.* to pour, to shed, to spread, to spill, to diffuse.

**sipiti,** *v.* to drizzle.

**sipljiv,** *a.* asthmatic.

**sipnja,** *n.* (*naduh*) asthma.

sir, *n.* cheese.
sirac, *n.* a loaf of cheese.
sirak, *n.* orphan, poor-man, beggar, beggar-woman.
sirće, *n.* vinegar.
sirevina, *n.* caseine, galactin.
sirište, *n.* rennet-bag.
siriti, *v.* to cheese.
sirnica, *n.* cheese-dairy.
sirnjača, *n.* cheese-cake.
siročad, *n.* orphans.
siroče, *n.* orphan.
siromah, *n.* poor man, beggar.
siromašak, *vidi*: siromah.
siromašan, *a.* poor, pauper, indigent; miserable, wretched; necessitous, needy.
siromašica, *n.* beggar-woman.
siromaški, *a.* poor, needy, needily, indigent, wretched, beggarly, penuriously.
siromaština, *n.* poverty, indigence; the poor.
siromaštvo, *n.* poverty, pauperism.
sirota, *n.* orphan, beggar.
sirotan, *vidi*: sirota.
sirotica, *n.* beggar-woman, beggar, orphan.
sirotinja, *n.* (*ljudi*) paupers; (*siromaštvo*) misery, affliction.
sirotište, *n.* orphan asylum; (*za starije*) poor-house.
sirotovati, *v.* to be poor, to lack means.
sirov, *a.* crude, raw, uncooked, undigested, rough, unripe.
sirovina, *n.* raw material.
sirup, *n.* syrup.
sirutka, *n.* whey, cheese-running.
sisa, *n.* breast, bosom, chest; (*u krave*) teat, udder.
sisač, *vidi*: sisavac.
sisak, *n.* mouth-piece, bridle-bit.
sisaljka, *n.* sucking-pump.
sisanje, *n.* sucking; imbibing; absorption.
sisati, *v.* to suck; to imbibe, to absorb.
sisavac, *n.* mammal, sucker.
sistem, *n.* system; plain.
sistematičan, *a.* systematic.
sit, *a.* satiated, full; satisfied; (*zlovoljan*) cross, ill-humored.
sitan, *a.* small, fine, trivial; (*zlovoljan*) cross, ill-humored.
sitance, *n.* little sieve.
sitar, *n.* sieve-maker.

sititi, *v.* to satiate, to fill; to satisfy, to cloy, to surfeit; to tire.
sitka, *n.* sieve.
sitnarija, *n.* small matter, trifle, detail.
sitnica, *n.* trifle, small matter; detail.
sitničar, *n.* punctilious fellow, retailer, fribbler; (*trgovac*) merchant, dealer.
sitničarija, *n.* retail-store.
sitniti, *v.* to crumble, to moulder; to comminute.
sitniž, *n.* small matter, trifle, detail; (*novac*) small change.
sitnogorica, *n.* brush (-wood), underwood, copse.
sitnozor, *n.* microscope.
sito, *n.* sieve.
sitost, *n.* satiety, satiation.
siv, *a.* gray, grey.
sivac, *n.* (*konj*) a gray horse; (*kamen*) graywacke, graystone.
sivalj, *vidi*: sivac.
sivast, *vidi*: siv.
sivkast, *a.* greyish.
sizati, *v.* to reach, to stretch; to pass.
sjahati, *v.* to dismount.
sjaj, *n.* lustre, gloss, polish, shine, brightness, splendor, brilliancy.
sjajan, *a.* brilliant, bright, glittering; splendid; shining, luminous.
sjajnost, *n.* brightness, splendor, brilliancy.
sjariti, *v.* to kindle, to stir (up).
sjati se, *v.* to glitter, to glisten, to shine.
sjecalica, *n.* chopping knife.
sjecalina, *n.* chopper, cleaver.
sjecara, *n.* chopping-board.
sjecati, *v.* to chop, to cut, to hack, to mince.
sjeckanje, *n.* chopping, cutting.
sjeckati, *vidi*: sjecati.
sječa, *n.* cutting, felling; (*pokolj*) slaughter, massacre.
sječiva, *n.* cutting-instruments.
sječivica, *n.* chisel.
sječka, *n.* chopping straw, chaff.
sjećanje, *n.* remembrance, recollection, memory, memorandum.
sjećati (se), *v.* to remember, to recollect; to bear in mind.
sjeći, *v.* to cut, to chop, to beat, to knock, to strike.
sjedalište, *n.* resting-place, couch.

**sjedalo,** *n.* seat, chair, settee; tribunal.
**sjedati,** *v.* to sit (down).
**sjedba,** *n.* planting, sowing.
**sjedećke,** *adv.* sittingly.
**sjedenje,** *n.* sitting.
**sjedilac,** *n.* sitter.
**sjediniti,** *v.* to unite, to join, to agree.
**sjedinjenje,** *n.* union; consolidation, merger, amalgamation.
**sjedište,** *n.* residence; seat; tribunal; (*poslovno*) place of business.
**sjediti,** *v.* to sit; to fit; to be imprisoned.
**sjednačiti,** *v.* to even, to straighten; to level.
**sjednica,** *n.* meeting, session, sitting; conference.
**sjednuti,** *vidi:* **sjesti.**
**sjedoglav,** *a.* gray, grey-headed.
**sjedokos,** *a.* gray-haired.
**sjek,** *n.* cut, incision, slice.
**sjekač,** *n.* feller, cutter, chopping-knife, chopper.
**sjekira,** *n.* ax(e), hatchet.
**sjekirica,** *n.* hatchet.
**sjeknuti,** *v.* to prick, to puncture, to bite, to sting, to vex.
**sjekotina,** *n.* gash, wound by a cut, sword-wound.
**sjekutić,** *n.* (*zub*) incissor, cutting tooth.
**sjeme,** *n.* seed, grain; sperm, spawn; progeny.
**sjemenarac,** *n.* seminarian.
**sjemenište,** *n.* seminary.
**sjemeniti se,** *v.* to seed, to shed the seed.
**sjemenka,** *n.* seed-corn (*ili*) grain.
**sjena,** *n.* shadow, shade; ghost, umbrage.
**sjenar,** *n.* hay-merchant.
**sjenara,** *n.* hay-loft.
**sjenast,** *a.* shady, shadowy.
**sjenica,** *n.* (*ptica*) tom-tit (*bird*), titmouse, muskin; (*kućica*) arbour, bower.
**sjenište,** *n.* hay-market.
**sjeniti (se),** *v.* to shade, to cast a shadow.
**sjenka,** *n.* penumbra, shadow; (*u slikarstvu*) mezzotinto.
**sjenokoša,** *n.* meadow, hay-field.
**sjenovit,** *a.* shady.
**sjenjak,** *n.* hay-loft, granary, loft, garret, cornhouse, lumber-room.

**sjesti,** *v.* to sit down; (*zapasti, za sunce*) to set.
**sjeta,** *n.* sadness, dejection, melancholy, sorrowfulness.
**sjetan,** *a.* sad, melancholic; sorrowful.
**sjetilo,** *n.* faculty of feeling; perception, sensation; sense.
**sjetiti,** *v.* to remind; (**se**) to remember, to recollect.
**sjetno,** *adv.* melancholically, sadly.
**sjetnost,** *vidi:* **sjeta.**
**sjetovati,** *vidi:* **svjetovati.**
**sjetva,** *n.* sowing, seed; standing corn.
**sjever,** *n.* north.
**sjeverac,** *n.* (*čovjek sa sjevera*) northerner.
**sjeverni,** *a.* northerly, northern, arctic; — **medvjed,** polar-bear; —**zvjezda,** north star; — **širina,** Northern latitude; — **zora;** polar-lights.
**sjevernica,** *n.* compass; quide.
**sjeverno,** *adv.* northward; **Sjeverno More,** North Sea.
**sjevernjača,** *n.* (*zvijezda*) polar-star.
**sjevernjak,** *n.* northerner, Northman; (*vjetar*) north wind.
**sjeveroistočni,** *a.* north-eastern.
**sjeveroistočno,** *adv.* north-easterly.
**sjeveroistok,** *n.* north-east.
**sjeverozapad,** *n.* north-west.
**sjeverozapadno,** *adv.* north-westerly.
**sjutra,** *adv.* to-morrow; (*prije podne*) to-morrow morning; (*naveče*) to-morrow evening.
**sjutradan,** *vidi:* **sjutra.**
**sjutrašnji,** *a.* of to-morrow.
**skakač,** *n.* jumper, leaper, tumbler, quack.
**skakalište,** *n.* jumping place.
**skakalo,** *n.* leaper, jumper, springer.
**skakan,** *n.* (*klokan*) kangaroo.
**skakanje,** *n.* leaping, jumping, springing.
**skakati,** *v.* to spring, to leap, to jump.
**skakavac,** *n.* grasshopper, locust; (*vodopad*) cascade, waterfall.
**skakavica,** *n.* bolt (of a lock).
**skakutanje,** *n.* hopping, jumping.
**skakutati,** *v.* to hop, to spring, to skip.
**skala,** *n.* precipitous cliff, bluff, rock, steep rock.
**skalaburiti,** *v.* to muddle, to confuse; to mix.
**skaline,** *n.* (*stube*) stairs, steps.

**skameniti (se),** v. to petrify, to turn into stone.

**skanjivanje,** n. delay, hesitation; doubt.

**skanjivati se,** v. to hesitate, to linger, to tarry.

**skapati,** v. to perish, to die, to be destroyed.

**skapavati,** v. to perish; to starve.

**skazaljka,** n. hand, finger (of a clock).

**skela,** n. ferry-boat; traject.

**skelarina,** n. freight of passengers.

**skele,** n. scaffolding; frame (work).

**skeledžija,** n. ferryman.

**skeljiti,** v. to glue together, to conglutinate, to paste together.

**skerlet,** n. scarlet.

**skerletan,** a. of the scarlet.

**skićati,** v. to grunt, to grumble, to growl, to snarl.

**skidati,** v. to take away, to take off, to remove, to bring down.

**skinuće,** n. deprivation, removal; degradation, tearing off.

**skinuti,** v. to remove, to deprive, to take down, to tear off; (sa časti) to degrade.

**skiseliti,** v. to sour, to turn sour.

**skisnuti (se),** v. to get wet, to ferment.

**skitač,** n. vagrant, vagabond, tramp.

**skitački,** a. wandering, vagrant; unsettled, nomadic.

**skitalac,** vidi: **skitač.**

**skitalica,** vidi: **skitač.**

**skitanje,** n. vagrancy, loafing.

**skitati se,** v. to loaf, to tramp, to ramble, to rove, to stroll, to roam, to wander.

**skitnja,** n. vagrancy; loafing.

**sklad,** n. harmony, accord, connection, coherence; (sloga) concord, harmony.

**skladalac,** n. composer.

**skladan,** a. comformable, harmonious.

**skladanje,** n. composing.

**skladatelj,** n. composer.

**skladati,** v. to compose, to write, to invent, to compound.

**skladba,** n. composition, construction; agreement, accommodation.

**skladište,** n. store-house, ware-house, deposit.

**skladno,** adv. harmoniously, agreeably.

**skladnost,** n. unison, harmony, conformity.

**skladnja,** n. composition, construction; framing; syntax.

**sklanjanje,** n. declension.

**sklanjati,** v. to decline.

**sklapati,** v. to join together, to unite (ili) to put together, to compact.

**sklat,** n. (riba) angel-fish, maid, monk-fish, scate.

**sklata,** n. dupe, fool, gull.

**sklenica,** n. drinking glass.

**sklepati** v. to pair, to copulate.

**skleptati (se)** v. to press hard, to oppress, to afflict.

**sklesati,** v. to hew up.

**sklizak,** a. slippery.

**sklizalica,** n. glazed frost.

**sklizalište,** n. skating-rink, skating-course.

**sklizaljka,** n. skate, slide.

**sklizati (se),** v. to skate; to slide, to glide.

**sklizavica,** n. glazed frost.

**skliznuti se,** v. to slip, to slide, to glide.

**sklon,** a. inclined, disposed, willing, prone, favorable, friendly.

**sklonidba,** n. declension; alteration, change, variation.

**sklonište,** n. shelter; asylum, refuge.

**sklonit,** a. remote, distant; retired, solitary.

**skloniti (se),** v. to shelter, to take refuge; to conceal, to place; to induce.

**skloniv,** a. declinable; alterable, changeable, modifiable.

**sklonost,** n. inclination, proneness, affection, bias.

**sklonuti,** v. to persuade.

**sklop,** n. joint, connection.

**sklopiti,** v. to connect, to unite with, to join, to bind up, to combine; (ugovor) to contract, to enter into agreement.

**skljukati,** v. to put in (ili) into.

**skobiti,** v. to cramp, to fasten with a cramp-iron, to rivet.

**skočiti,** v. to jump, to leap, to rush; to vault; to crack, to burst.

**skok,** n. jump, leap, skip, hop; bound.

**skokimice,** adv. by leaps.

**skoknica,** n. springing-board.

**skoknuti,** v. to skip, to jump up.

**skokom,** adv. with a jump.

**skomine,** n. tartness; desire.

**skončanje,** n. finish; execution; death.

**skončati,** *v.* to end, to finish, to terminate, to conclude.

**skopati,** *v.* to dig, to dig out; to hoe.

**skopčati,** *v.* to fasten, to clasp, to button, to couple, to connect.

**skopčica,** *n.* couple, clasp.

**skor,** *a.* quick, speedy, early, recent.

**skorak,** *n.* insect.

**skorašnji,** *a.* recent, new, fresh, late; impending.

**skorim,** *adv.* shortly, soon.

**skoriti,** *v.* to press, to urge; to accelerate, to hasten.

**skoro,** *adv.* soon, nearly, lately.

**skorost,** *n.* nimbleness, quickness, agility, dexterity.

**skoroteča,** *n.* runner, racer, courier, post-boy, messenger, messenger-boy.

**skorpion,** *n.* scorpion.

**skorup,** *n.* cream.

**skorušiti,** *v.* to freeze (cream).

**skot,** *n.* beast, animal; fool, hatch, brood, brute; bastard.

**skotan,** *a.* big with young, pregnant.

**skotrljati se,** *v.* to roll down.

**skotski,** *a.* beastly, brutal, bestial.

**skoturati,** *v.* to roll down, to roll away.

**skovati,** *v.* to forge, to extend by hammering, to beat out, to stretch.

**skovija,** *n.* cap, bonnet.

**skovrljati se,** *vidi:* **skoturati.**

**skraćen,** *a.* shortened, abbreviated, abridged.

**skraćivanje,** *n.* shortening, cutting short, curtailing, abridgement, diminution; (*riječi*) abbreviation.

**skraćivati,** *v.* to shorten, to abbreviate, to abridge.

**skrajni,** *a.* extreme, high, last; **skrajno vrijeme,** high time.

**skrajnost,** *n.* limit, extremity.

**skrama,** *n.* membrane, film, pellicle, cuticle.

**skrasiti,** *v.* to embellish, to adorn, to ornament; to glue together, to paste together.

**skratiti,** *v.* to shorten, to abbreviate, to contract, to curtail.

**skrb,** *n.* concern, grief, trouble, distress, vexation, affliction; care, anxiety.

**skrban,** *a.* heedful, careful, anxious, apprehensive, uneasy; industrious.

**skrbiti (se),** *v.* to be anxious, to worry, to apprehend, to care, to provide, to take care of.

**skrbljiv,** *vidi:* **skrban.**

**skrbnik,** *n.* guardian, warden, protector, defender, prop, curator, provider.

**skrbništvo,** *n.* guardianship, wardship, trusteeship, protection.

**skrbnja,** *n.* guardianship, trusteeship, thriftiness.

**skrenuti,** *v.* to displace, to transpose, to misplace, to turn aside, to delay, to put back; (*pažnju*) to divert.

**skresati,** *v.* to hew off, to cut off, to disbranch, to lop, to beat down.

**skretalište,** *n.* turning point.

**skretaljka,** *n.* (*kod željeznice*) switch.

**skretanje,** *n.* dislocation; putting aside, removal.

**skretati,** *v.* to set aside, to remove, to divert.

**skrgut,** *n.* gnashing, grating (with teeth).

**skrgutati,** *v.* to gnash (one's teeth), to grate.

**skrhati (se),** *v.* to break, to splint, to crush, to shatter, to stop, to rend, to destroy, to ruin.

**skrinja,** *n.* box, chest, casket.

**skriti se,** *vidi:* **sakriti.**

**skrivati,** *vidi:* **sakriti.**

**skriviti,** *v.* (*savinuti*) to bend, to bow, to inflect; (*sagriješiti*) to be guilty of, to blunder, to sin.

**skrižaljka,** *n.* table, index; board.

**skrlet,** *n.* (*boja*) purple; (*bolest*) scarlet.

**skrob,** *n.* starch; paste.

**skrobiti,** *v.* to starch, to paste; (*rublje*) to stiffen.

**skrobut,** *n.* clematis, virgin's bower, bend-with, traveler's joy.

**skroj,** *n.* cut.

**skrojiti,** *v.* to cut, to hew; to carve.

**skroman,** *a.* modest, reserved, discreet, prudent, reserved, moderate.

**skromnost,** *n.* modesty, humility, discretion, moderation, temper, abatement.

**skrovište,** *n.* shelter, asylum, refuge, hiding-place.

**skrovit,** *a.* hidden, clandestine, humble, remote, distant.

**skroz,** *prep.* through, by; — *adv.* throughout, absolutely.

**skrpiti,** *v.* to patch, to piece up, to mend, to cobble up.

**skrstiti,** *v.* to cross.

**skršen,** *a.* broken.

**skršiti,** *v.* to break, to split, to crush, to shatter, to stop, to fracture.

**skršten,** *a.* crossed.

**skrušen,** *a.* penitent, repentant, contrite, humble, suppliant, repenting.

**skrušenje,** *vidi*: **skrušenost.**

**skrušenost,** *n.* submission, humility, repentance.

**skrušiti,** *v.* to bruise, to crush, to triturate, to grind to powder.

**skružen,** *a.* rounded, circled.

**skružiti,** *v.* to bound, to border, to limit; to round up, to encircle.

**skrvariti,** *vidi*: **okrvariti.**

**skucati,** *v.* to obtain, to knock (*ili*) break together; (*štucati se*) to hiccough.

**skuckati,** *vidi*: **skucati.**

**skučiti,** *v.* to bend, to bow, to turn in, to incurvate.

**skuhati,** *v.* to cook, to boil sufficiently.

**skunjen,** *a.* dejected, low-spirited, downcast.

**skunjenost,** *n.* dejection, low spirits.

**skunjiti (se),** *v.* to be dejected, to get disheartened.

**skup,** *n.* accumulation; (*grupa*) group, assembly, meeting; — *a.* dear, expensive, high-priced; (*škrt*) stingy, avaricious, niggardly, miserly.

**skupa,** *adv.* together, collectively, jointly, conjunctively.

**skupac,** *n.* niggard, miser, skin-flint.

**skupina,** *n.* group, flock.

**skupiti (se),** *v.* to gather, to collect, to assemble, to congregate, to meet.

**skupljač,** *n.* collector; gatherer.

**skupljanje,** *n.* collection, collecting, assembling, gathering.

**skupljina,** *vidi*: **skupoća.**

**skupni,** *a.* common, collective, mutual, joint, familiar.

**skupno,** *adv.* jointly, in common, collectively.

**skupnost,** *n.* collectiveness, whole; association.

**skupo,** *adv.* dearly, expensively.

**skupocjen,** *a.* valuable, precious, costly, dear, expensive, high-priced.

**skupocjenost,** *n.* dearness, expensiveness, costliness.

**skupoća,** *n.* dearness, costliness, expensiveness.

**skupost,** *n.* stinginess, avarice.

**skupsti,** *v.* to pluck, to pick; to strip.

**skupština,** *n.* skupshtina; assembly, meeting.

**skupštinar,** *n.* assemblyman; deputy.

**skut,** *n.* skirt; train.

**skutonoša,** *n.* train-bearer, tail-carrier.

**skvariti,** *v.* to spoil, to ruin, to hurt, to damage, to corrupt, to demoralize.

**skvasiti,** *v.* to moisten, to water, to wet, to soak.

**skvorac,** *n.* (*ptica*) starling, stare.

**skvrčati,** *v.* to growl, to grumble, to hum, to mumble, to snarl.

**skvrčiti,** *v.* to shrink up, to shrivel.

**skvrniti,** *v.* to profane, to desecrate, to pollute, to soil, to besmear.

**slab,** *a.* weak, feeble, infirm, faint; (*krhak*) fragile, brittle.

**slabić,** *n.* weakling, imbecile.

**slabina,** *n.* side, flank; groin.

**slabiti,** *v.* to weaken, to enfeeble, to debilitate.

**slabljenje,** *n.* weakening; maiming.

**slabo,** *adv.* weakly, slightly faintly.

**slaboća,** *n.* weakness, feebleness; infirmity.

**slabodušan,** *a.* pusillanimous; despondent.

**slabodušnost,** *n.* pusillanimity, discouragement, despondency.

**slabokrvan,** *a.* deficient of blood; bloodless.

**slabokrvnost,** *n.* anaemia, bloodlessness.

**slabost,** *n.* weakness, feebleness, infirmity, debility, frailty.

**slabotinja,** *vidi*: **slabost.**

**slabouman,** *a.* weak-minded, imbecile, silly, stupid, simple.

**slaboumnost,** *n.* idiocy, weak-mindedness, imbecility, silliness, folly.

**slačica,** *n.* (*gorušica*) mustard.

**slad,** *n.* malt.

**sladak,** *a.* sweet; lovely, charming.

**sladić,** *n.* licorice, sweet-root.

**sladiti,** *v.* to sweeten, to soften.

**sladokus (ac),** *n.* gormand.

**sladoled,** *n.* ice, ice-cream.

**slador,** *n.* sugar; (*glava sladora*) loaf of sugar, lump sugar.

**sladorača,** *n.* syrup, molasses.

**sladorana,** *n.* sugar-refinery.

**sladorni,** *a.* sugared, sugary, sweet.

**sladornica,** *n.* sugar-basin, sugar-bowl.

**sladorovac,** *n.* cane-sugar.

**sladost,** *n.* sweetness.

**sladostan,** *a.* sweetish; tender.

**slađan,** *a.* sweetish.

**slaganje,** *n.* setting, composing.

**slagar,** *n.* setter; (*slovoslagar*) typographer, typesetter; composer, compositor.

**slagati,** *v.* (*slova*) to set, to compose; (*se, lagati*) to lie, to tell a lie.

**slahak,** *a.* equitable, just, fair, reasonable.

**slak,** *n.* knot-grass, bindweed, dragon's wort.

**slakoper,** *n.* ortolan.

**slama,** *n.* straw.

**slaman,** *vidi:* **slamnat.**

**slamčica,** *n.* little straw.

**slamište,** *n.* barn.

**slamka,** *n.* straw.

**slamnat,** *a.* straw-, of straw; (*šešir*) straw-hat.

**slamnica,** *vidi:* **slamnjača.**

**slamnjača,** *n.* straw-bed, straw-mattress, pallet.

**slamnjak,** *n.* straw-mat; (*šešir*) straw-hat.

**slan,** *a.* salt, briny, salted, salty.

**slana,** *n.* hoar frost, frost and snow, rime.

**slanac,** *n.* salt-spring; alum.

**slanača,** *vidi:* **slanac.**

**slanica,** *n.* small salt-cellar.

**slanik,** *n.* salt-pit, salt-box, salt-cellar.

**slanina,** *n.* bacon, lard, pig's fat.

**slaninar,** *n.* pork-butcher.

**slankamen,** *n.* rocksalt.

**slanutak,** *n.* chick-pea.

**slap,** *n.* waterfall, cascade, cataract.

**slast,** *n.* pleasure, delight, sweetness; (*raskošje*) voluptuousness, sensual pleasure.

**slastan,** *a.* delicious, palatable, delicate, savory, nice.

**slastice,** *n.* jams, sweetmeats, tidbit, sugar-works, dainties.

**slastičar,** *n.* confectioner.

**slastičarna,** *n.* confectionary, confectioner's shop.

**slati,** *v.* to send, to despatch, to expedite, to forward, to hasten, to address, to direct, to dedicate.

**slatina,** *n.* salt-spring.

**slatkiš,** *n.* dainty, delicacies, tidbit, dainty bit, sweetmeat.

**slatkoća,** *n.* sweetness.

**slava,** *n.* glory, honor, respect, credit; (*svetkovina*) feast, festival, festivity.

**slavan,** *a.* glorious, celebrated, famous, illustrious, renowned.

**Slaven,** *n.* Slav.

**slavenski,** *a.* Slavish.

**slavičan,** *a.* ambitious of glory.

**slavičnost,** *n.* love of fame, ambition, inordinate desire of glory.

**slavina,** *n.* spigot, cock, spout.

**slavitelj,** *n.* braggart, boaster.

**slaviti (se),** *v.* to glorify, to celebrate, to praise, to extol, to boast of.

**slavlje,** *n.* feast, festival, festivity, triumph, celebration.

**slavljen,** *a.* glorified, celebrated, solemn.

**slavljenje,** *n.* glorification, solemnity, celebrity.

**slavnost,** *n.* feast, festival, celebration.

**slavodobiće,** *n.* triumph; victoriousness.

**slavodobitan,** *a.* triumphant, victorious.

**slavodobitnik,** *n.* triumpher, victor, conqueror, vanquisher.

**slavodobitno,** *adv.* triumphantly.

**slavohlepan,** *a.* vainglorious.

**slavohleplje,** *n.* vainglory; vain pomp.

**slavoluk,** *n.* triumphal arch.

**slavoljublje,** *n.* thirst for glory; vanity.

**slavospjev,** *n.* hymn, eulogy, praise, festive song, panegyric.

**slavuj,** *n.* nightingale.

**slavulj,** *vidi:* **slavuj.**

**slaziti,** *v.* to descend; (*sa konja*) to dismount.

**sleći,** *v.* to couple, to unite; (*s ramenima*) to shrug one's shoulders.

**slediti (se),** *v.* to freeze, to ice, to chill, to glaze; (*krv u žilama*) to paralyze.

**sleđ,** *n.* herring.

**slegnuti,** *vidi:* **sleći.**

**sleka,** *n.* flux, flood, tide, flush.

**sletjeti,** *v.* to fly down.

**slezena,** *n.* spleen, milt.

**slezovača,** *n.* mallow.

**sličan,** *a.* like, resembling, similar, alike, likewise, analogous.

**sličica,** *n.* small picture.

**sličiti,** *v.* to resemble.

**sličnost,** *n.* resemblance, likeness, similarity; analogy.

**slijed,** *n.* trace, track, vestige, way, means, road.

**slijedba,** *n.* succession, result.

**slijedeći,** *a.* following, subsequent, next, attending.

**slijeditelj,** *n.* follower; successor.

**slijediti,** *v.* to follow; to succeed; to result, to ensue; to obey.

**slijep,** *n.* blind; dull.

**slijepac,** *n.* blind person.

**slijepi miš,** *n.* bat; (*ugor*) sand-eel.

**slijepjeti,** *v.* to blind.

**slijepo,** *adv.* blindly, blindfold; (*oko*) temple.

**slijepoća,** *n.* blindness.

**slijepost,** *vidi*: **slijepoća.**

**slijetati,** *v.* to fly down.

**slijevati,** *vidi*: **saliti.**

**slik,** *n.* rhyme.

**slika,** *n.* picture, portrait, painting, colors; (*fotografična*) photograph; (*uljena*) oil-painting.

**slikanje,** *n.* painting, photographing.

**slikar,** *n.* painter, artist, photographer.

**slikara,** *n.* picture-gallery.

**slikarica,** *n.* lady artist.

**slikarija,** *n.* painting, picture, description.

**slikarstvo,** *n.* art of painting, painting, colors, picture.

**slikati,** *v.* to paint, to portray, to represent, to delineate, to copy; to photograph.

**slikovit,** *a.* picturesque, figurative, allegorical.

**slikovito,** *adv.* figuratively, allegorically.

**slikovnica,** *n.* picture-book.

**slina,** *n.* spittle, saliva, slaver, slime.

**slinav,** *a.* slavered, snotty, glandered.

**sline,** *n.* mucus; (*konja*) glanders.

**sliniti,** *v.* to spittle, to slaver, to salivate.

**slinkati,** *v.* to snot.

**slišalac,** *n.* hearer, auditor.

**slišati,** *v.* to hear (*ili*) attend to; to examine.

**sliti,** *v.* to melt, to cast, to liquefy, to dissolve, to blend, to become liquid.

**sliva,** *vidi*: **šljiva.**

**slivati,** *vidi*: **sliti.**

**sloboda,** *n.* liberty, freedom, independence.

**slobodan,** *a.* free, independed, courageous, spirited.

**slobodica,** *n.* freedom, liberty, immunity.

**sloboditi,** *v.* to encourage, to animate, to enliven, to excite.

**slobodno,** *adv.* freely, frankly, openly; **slobodno zidarstvo,** free-masonry.

**slobodnost,** *n.* freedom, frankness.

**slobodnjak,** *n.* free peasant, liberal, free-thinker, freeman.

**slobodnjaštvo,** *n.* liberalism.

**slobodoljubiv,** *a.* liberty loving.

**slobodouman,** *a.* liberal-minded.

**slobodoumlje,** *n.* liberalism.

**slobodoumnjak,** *n.* freethinker.

**slog,** *n.* style, language, manner; type, form; (*srok*) rhyme; (*slovka*) syllable.

**sloga,** *n.* harmony, concord; conjunction, unity.

**sloj,** *n.* deposit, stratum, layer.

**slom,** *n.* fall, break; rupture, fracture.

**slomak,** *n.* (*matematički*) fraction; (*decimalni*) decimal fraction.

**slomiti (se),** *v.* to break, to fracture, to rend, to destroy, to ruin.

**slon,** *n.* elephant.

**slonova kost,** *n.* ivory.

**slota,** *n.* monster.

**slovar,** *n.* (*rječnik*) dictionary, lexicon.

**slovce,** *n.* voice, sound, tone, cry, call, word, speech.

**slovčan,** *a.* syllabic.

**Slovenac,** *n.* Slovenian.

**slovenački, slovenski,** *a.* Slovenian.

**Slovenija,** *n.* Slovenia.

**sloviti,** *v.* to be of repute, to have reputation.

**slovka,** *n.* syllable.

**slovnica,** *n.* grammar.

**slovnik,** *n.* dictionary, lexicon.

**slovo,** *n.* letter, type, character, mark; **veliko slovo,** capital letter; (*govor*) speech, discourse.

**složan,** *a.* conformable, unanimous, harmonious.

**složen,** *a.* compound, complex, stiff, affected, laid, put together, composed, united.

**složiti (se),** *v.* to lay together, to put together, to cohere, to compose, to compound, to harmonize, to agree; (*sjediniti*) to unite, to join together, to combine; (*pomiriti*) to conciliate, to reconcile.

**složno,** *adv.* harmoniously, jointly, harmony, in accord.

**složnost,** *n.* agreement, accord, harmony, union.

**slučaj,** *n.* chance, accident; incident, event, occurrence; affair.

**slučajan,** *a.* casual, accidental, unexpected.

**slučajno,** *adv.* accidentally, casually, by chance, unexpectedly.

**slučajnost,** *n.* casualty, contingency, eventuality, accident, mischance.

**slučavati se,** *v.* to happen, to come to pass.

**slućenje,** *n.* anticipation, foreboding.

**sluga,** *n.* servant, attendant, valet, manservant, footman, groom.

**sluh,** *n.* hearing, sense of hearing.

**slupati,** *v.* to break.

**slušač,** *vidi:* **slušatelj.**

**slušalac,** *n.* hearer, listener; student.

**slušanje,** *n.* hearing, listening.

**slušaonica,** *n.* auditory.

**slušatelj,** *n.* auditor, hearer; student.

**slušateljstvo,** *n.* audience; students.

**slušati,** *v.* to listen, to hearken, to hear; (*pokoravati se*) to obey.

**sluškinja,** *n.* servant-girl, hired-girl, maid-servant.

**sluta,** *n.* blockhead; (*gatalac*) soothsayer.

**slutiti,** *v.* to feel, to anticipate, to forebode, to auger.

**slutnja,** *n.* presentiment, foreboding, anticipation, conjecture.

**slutov,** *n.* boder of evil.

**sluz,** *n.* slime; mucus, phlegm.

**sluzav,** *a.* slimy, mucous.

**sluzavci,** *n.* shell-fish, mollusc.

**sluzavica,** *n.* mucous membrane.

**sluzavost,** *n.* sliminess.

**sluzina,** *n.* slime.

**sluziti,** *v.* to drip, to trickle, to leak.

**sluzotok,** *n.* blennorrhoea, catarrh.

**služavaka,** *n.* domestic servant, maidservant, servant-girl.

**služavnik,** *n.* coffee-tray, salver.

**služba,** *n.* service, office, employment, duty; (*činovnička*) function, employ, application, occupation; (*crkvena*) divine worship, service.

**služben,** *a.* official; serviceable.

**službenik,-ica,** *n.* servant; clerk, official.

**službovati,** *vidi:* **služiti.**

**službovnik,** *n.* regulation, rule, order, statute, law.

**služenje,** *n.* serving, officiating.

**služinčad,** *n.* servants, attendants, persons, hands.

**služitelj,** *n.* servant.

**služiti,** *v.* to serve, to wait upon, to attend; (*kod stola*) to help at table; (*u crkvi*) to worship; (*se čime*) to use.

**služnik,** *n.* porter; servant.

**sljedba,** *n.* party, followers; sect.

**sljedbenik,** *n.* sectarian; (*pristaša stranke*) partisan, adherent, follower.

**sljeme,** *n.* summit, top, edge of a mount.

**sljepački,** *a.* blind; — **zavod,** institution for the blind.

**sljepar,** *n.* quack, deceiver, cheat, juggler, tricker, swindler.

**sljeparenje,** *n.* blinding, dazzling; cheating.

**sljeparija,** *n.* quackery, trick, humbug, deceit, cheat.

**sljepariti,** *v.* to blind, to blindfold, to make blind, to dazzle, to trick, to swindle.

**sljepčovođa,** *n.* guide of a blind man.

**sljepica,** *n.* blind-woman.

**sljepić,** *n.* slow-worm, blind-worm.

**sljepljivati,** *vidi:* **slijepjeti.**

**sljepočica,** *n.* temple (of the head).

**sljepoća,** *n.* blindness.

**sljesti,** *v.* to descend; (*s konja*) to dismount.

**sljez,** *n.* marsh-mallow.

**sljezovača,** *vidi:* **sljez.**

**sljubiti,** *v.* to become accustomed, to cohere, to bind up, to join, to unite, to combine, to oblige.

**smaći,** *v.* (*skinuti*) to take away, to take off, to deprive of, to remove; (*pogubiti*) to kill, to slaughter, to massacre, to assassinate, to murder.

**smagati,** *v.* to afford, to hand, to offer.

**smak,** *n.* end, death; conclusion.

**smaknuće,** *n.* execution; decapitation, death.

**smaknuti,** *v.* to execute, to put to death, to kill, to murder.

**smanjiti,** *v.* to diminish, to decrease, to shorten; to sink, to fall; to lessen, to reduce.

**smanjivanje,** *n.* diminishing, lessening; reduction.

**smanjivati,** *vidi:* **smanjiti.**

**smaragd,** *n.* emerald, jasper.

**smatranje,** *n.* estimation, consideration, esteem.

**smatrati,** *v.* to look at, to contemplate, to consider, to esteem, to regard.

**smazati,** *v.* to soil, to besmear; to destroy; to scribble together, to compile carelessly.

**smečiti,** *v.* to crush, to bruise, to crumple.

**smeće,** *n.* rubbish, sweepings, dust.

**smeđ,** *a.* brown, brownish.

**smeđiti,** *v.* to brown.

**smekšati,** *v.* to soften, to mollify, to touch.

**smesti,** *v.* to perplex, to disconcert, to prevent; **(se)** to confuse, to confound, to entangle oneself; (*pomesti*) to sweep.

**smet,** *n.* rubbish, trash, sweepings.

**smetanje,** *n.* hindrance, obstruction.

**smetati,** *v.* to hinder, to prevent, to impede, to bother, to incommode.

**smeten,** *a.* confused, overpowered, jumbled, troubled, thick, muddy, entangled, perplexed.

**smetenjak,** *n.* block-head, puzzle-head.

**smetenost,** *n.* prejudice, confusion, embarassment.

**smetlište,** *n.* dunghill, heap of manure.

**smetljika,** *n.* sprouting, spiring of grain; excrescence, protuberance.

**smetnuti,** *v.* to raise, to lift up, to heave up; (*s uma*) to forget, to omit; to neglect.

**smetnja,** *n.* obstacle, impediment, embarrassment; hinderance, confusion.

**smežurati se,** *v.* to wrinkle, to shrivel, to ripple, to shrink.

**smicalica,** *vidi:* **smicaljka.**

**smicaljka,** *n.* double mill.

**smicati (se),** *v.* to slide, to descend, to bring down, to go down.

**smijanje,** *n.* laughing, laughter, smile.

**smijati se,** *v.* to laugh, to smile.

**smijeh,** *n.* laugh, laughter.

**smiješan,** *a.* laughable, ridiculous, comical, funny.

**smiješati (se),** *v.* to mix, to mingle, to blend, to entangle, to interfere, to unite, to join.

**smiješiti se,** *v.* to smile.

**smiješno,** *adv.* ridiculously, funnily.

**smiješnost,** *n.* absurdity, ridiculousness, fun.

**smiliti se,** *v.* to feel pity, to pity, to have mercy on.

**smilovanje,** *n.* pity, mercy, compassion, pathos, unhappiness.

**smilovati (se),** *v.* to feel pity, to pity, to have mercy on.

**smilje,** *n.* (*bilj.*) everlasting flower, sandy everlasting, cud-weed.

**smion,** *a.* intrepid, bold, daring, fearless, brave.

**smionost,** *n.* boldness, audacity, intrepidity, impudence, courage, bravery, valor.

**smiriti (se),** *v.* to calm, to appease, to tranquillize, to quiet, to still.

**smirna,** *n.* myrrh-tree, myrrh.

**smirom,** *adv.* quietly, peacefully; continuously, always.

**smisao,** *n.* sense, meaning, significance, understanding, thought, idea.

**smisliti,** *v.* to invent, to imagine, to conceive; (*odlučiti*) to decide, to determine; to find out.

**smišljanje,** *n.* invention, contrivance, discovery.

**smišljati,** *v.* to imagine, to conceive, to invent, to contrive.

**smišljen,** *a.* fictitious, feigned, framed up.

**smjel,** *vidi:* **smion.**

**smjelost,** *n.* audacity, boldness, impudence.

**smjer,** *n.* direction, view, intention, sense; (*nakana*) plan, pattern, intention, design.

**smjeran,** *a.* modest, humble; meek, submissive.

**smjeranje,** *n.* plan, intention, design, purpose, way.

**smjerati,** *v.* to have in view, to be about; to intend, to think of.

**smjeriti,** *v.* to resolve upon, to propose, to design, to make up one's mind, to aim, to take aim.

**smjerno,** *adv.* humbly, submissively, respectfully.

**smjernost,** *n.* meekness, modesty, humility, humbleness.

**smjesa,** *n.* mixture, medley; composition.

**smjesta,** *adv.* forthwith, at once, immediately, instantly.

**smjestiti,** *v.* to place, to shelter, to set, to dispose, to rank.

**smješljiv,** *a.* laughing, smiling, cheerful.

**smještaj,** *n.* installation.

**smještati,** *v.* to place, to install, to shelter, to provide with a situation.

**smjeti,** *v.* to dare, to venture, to be allowed, to be permitted.

**smlačiti,** *v.* to heat, to warm, to get up steam, to get hot (*ili*) warm.

**smlatiti,** *v.* to thrash, to beat down, to demolish, to destroy, to ruin.

**smlaviti,** *v.* to pound, to crush in pieces, to dash to pieces.

**smočac,** *n.* juice, by-meat; vegetable.

**smočan,** *a.* savory, juicy, fat, spicy, seasoned.

**smočiti (se),** *v.* to wet, to soak, to moisten, to get wet.

**smoći,** *v.* to acquire, to obtain, to afford.

**smok,** *n.* juice, fat, lard, spice.

**smokovina,** *n.* fig-wood.

**smokriti (se),** *vidi:* **smočiti (se).**

**smokva,** *n.* (*plod*) fig; (*stablo*) fig-tree.

**smokvar,** *n.* fig-dealer, fig-tradesman.

**smokvara,** *n.* fig-house.

**smokven list,** *n.* fig-leaf.

**smokvik,** *n.* fig-garden, fig-orchard.

**smola,** *n.* resin, pitch, wax; (*postolarska*) cobbler-wax.

**smolav,** *a.* pitchy, resinous.

**smolenica,** *n.* fire-brand, torch.

**smoliti,** *v.* to pitch, to glue, to pitch over.

**smot(ak),** *n.* bundle, parcel, package.

**smotati,** *v.* to envelop, to wrap up, to fold up, to involve, to roll.

**smotka,** *n.* cigar.

**smotkovnik,** *n.* cigar-case.

**smotra,** *n.* review; servey, mustering.

**smotren,** *a.* circumspect, cautious, prudent, careful.

**smotrenost,** *n.* precaution, caution, care, prudence, watchfullness, circumspection.

**smotriti,** *v.* to observe, to perceive, to note, to discover, to remark.

**smotuljak,** *n.* bundle, parcel, mail, mass, lump.

**smožditi,** *v.* to bruise, to crush, to press, to smash.

**smračiti se,** *v.* to darken, to grow dark, to obscure.

**smrad,** *n.* stench, filth, stink, bad smell.

**smradan,** *a.* fusty, stinking, fetid, filthy, dirty.

**smraditi,** *v.* to infect, to taint, to dirty, to pollute, to defile, to stink horribly.

**smradljiv,** *vidi:* **smradan.**

**smraziti (se),** *v.* to disunite, to set in variance, to fall out, to set (one) against.

**smrcnuti,** *v.* to pass quickly, to pop, to whisk, to slip, to glide.

**smrč,** *n.* juniper.

**smrčak,** *n.* (*vrganj*) morel (*mushroom*).

**smrći se,** *v.* to dusk, to darken, to obscure, to dim, to sully, to become dark.

**smrdeći,** *vidi:* **smrdljiv.**

**smrdež,** *n.* stink, stench.

**smrdibaba,** *n.* (*ptica*) hoopoe.

**smrdibuba,** *n.* water-bug, water-boatman, boat-fly (*ili*) insect.

**smrdjeti,** *v.* to stink.

**smrdljiv,** *a.* stinking.

**smrdljivac,** *n.* stinker.

**smrduh,** *n.* (*tvor*) skunk.

**smreka,** *n.* juniper.

**smrekinja,** *n.* juniper-berry.

**smrekovina,** *n.* juniper-wood.

**smrkavanje,** *n.* darkening; obscuring.

**smrkavati (se),** *v.* to darken, to obscure, to dusk, to become dark.

**smrknjivati se,** *vidi:* **smrkavati (se).**

**smrknuti se,** *vidi:* **smrkavati (se).**

**smrsiti,** *v.* to entangle, to perplex; to disorder, to confound.

**smrskati,** *v.* to crush, to bruise.

**smrt,** *n.* death, decease, demise.

**smrtan,** *a.* mortal, deadly; — **čas,** death-hour; — **postelja,** death-bed; — **rana,** deadly wound; — **osuda,** death-sentence.

**smrtnik,-ica,** *n.* mortal.

**smrtno,** *adv.* mortally, deadly; — **zvono,** death-bell.

**smrtnjak,** *n.* boat, wherry, punt skiff.

**smrtonosan,** *a.* deadly, mortal.

**smrtonosno,** *adv.* mortally.

**smrtovnica,** *n.* certificate of death, death-certificate.

**smrviti,** *v.* to smash, to powder, to triturate, to bruise, to crush.

**smrzao,** *a.* frozen, frosty; — *n.* frost, chill, cold.

**smrzavati se,** *v.* to freeze, to congeal; (*pretvoriti u led*) to ice, to cover with ice.

**smrznut,** *a.* frozen, congealed.

**smrznuti,** *v.* to freeze, to congeal.

**smucati se,** *v.* to rove, to roam, to ramble about, to wander.

**smučiti se,** *v.* to feel ill, to get nauseated.

**smućen,** *a.* confused, entangled, embarrassed, puzzled, perplexed.

**smućkati,** *v.* to shake up, to rinse.

**smud,** *n.* smell of burning.

**smuditi,** *v.* to singe, to scorch, to scald.

**smuđ,** *n.* squint, perch, pole.

**smuk,** *n.* serpent, snake.

**smuknuti,** *v.* to escape, to avoid, to slip.

**smuljati,** *v.* to bruise, to squash.

**smumljati,** *v.* to grumble out, to growl.

**smušen,** *a.* insane, senseless, mad, crazy, lunatic.

**smušenjak,** *n.* silly person, lunatic-person.

**smušenost,** *n.* imprudence, craziness, madness.

**smušiti,** *v.* to go crazy.

**smuta,** *n.* snow-storm, snow-weather.

**smutiti,** *v.* to confuse, to puzzle, to trouble, to disorder, to confound, to disconcert.

**smutljiv,** *vidi:* **smušen.**

**smutljivac,** *n.* intriguer, agitator, mutinous person, factionist.

**smutnja,** *n.* scandal, offence, tumult, agitation, uneasiness.

**snabdjeti,** *v.* to provide, to supply, to furnish.

**snabdijevanje,** *n.* providing, furnishing; supply.

**snabdjevati,** *vidi:* **snabdjeti.**

**snaći,** *v.* to find, to befall, to discover; (**se**) to see one's way; to recover.

**snaga,** *n.* strength, vigor, force, power.

**snaha,** *n.* daughter-in-law.

**snahoditi,** *v.* to find, to befall.

**snalaziti,** *vidi:* **snaći.**

**snaša,** *n.* young married-woman; daughter-in-law.

**snašati,** *v.* to tolerate, to sustain, to uphold, to bear, to suffer, to help, to assist.

**snažan,** *a.* strong, stout, robust, vigorous, powerful, violent, impetuous.

**snažiti,** *v.* to clean; to strengthen, to invigorate.

**snažnost,** *n.* strength, force, power, vigor, energy.

**snebiti (se),** *v.* to wonder, to be perplexed.

**snebivanje,** *n.* embarrassment, perplexity, puzzle, confusion, abashment.

**snebivati se,** *vidi:* **snebiti (se).**

**sneruke,** *a.* inconvenient, uncomfortable.

**snesti,** *vidi:* **snijeti.**

**sneveseliti se,** *v.* to get sad, to grieve.

**snići,** *v.* to descend, to bring down, to go down.

**snijeg,** *n.* snow.

**snijet,** *n.* mildew, blight.

**snijeti,** *v.* to descend, to bring down; (*jaja*) to lay.

**snijevati,** *vidi:* **snivati.**

**sniježiti,** *v.* to snow.

**sniježnica,** *n.* snow-drop, snow-flake.

**snimak,** *n.* copy, duplicate, image, fac-simile.

**snimati,** *v.* to copy, to imitate, to take down; (*slikati*) to paint, to draw, to describe; (*fotografirati*) to photograph.

**snimiti,** *vidi:* **snimati.**

**snimka,** *n.* copy, fac-simile.

**sniti,** *v.* to dream; to appear in a dream.

**snivanje,** *n.* dreaming, sleeping.

**snivati,** *v.* to dream, to sleep.

**snizak,** *a.* low, shallow; mean, cheap, short.

**snizati,** *v.* to unstring.

**sniziti (se),** *v.* to lower, to humble; (*sa časti*) to degrade oneself; to stoop.

**snizivati,** *vidi:* **sniziti.**

**sniženost,** *n.* lowliness.

**snop,** *n.* sheaf.

**snopak,** *n.* bunch, tuft, aigret.

**snoplje,** *n.* sheaves; — **vexati,** to sheaf.

**snosan,** *a.* tolerable, bearable; compatible.

**snositi,** *v.* to bear, to endure, to tolerate.

**snošaj,** *n.* relation, reference, account, communication, correspondence.

**snošljiv,** *a.* tolerable, sufferable, bearable.

**snošljivost,** *n.* tolerance, tolerableness, peaceable disposition, compatibility.

**snova,** *adv.* anew, afresh, again.

**snovanje,** *n.* planning, contriving.

**snovati,** *v.* to plain, to contrive, to warp, to plot.

**snubac,** *n.* wooer, suitor.

**snubitelj,** *vidi:* **snubac.**

**snubiti,** *v.* to woo, to sue, to court; to apply for; *(za vojsku)* to recruit; to raise soldiers.

**snuboci,** *n.* *(prošenje)* wooing.

**snubok,** *n.* wooer, suitor.

**snužden,** *a.* sad, sorrowful, mournful, dejected, melancholy, miserable, gloomy, ill-humored.

**snuždenost,** *n.* sadness, grief, melancholy, gloominess.

**snužditi (se),** *v.* to sadden, to deject.

**snježan,** *a.* snowy.

**snježnica,** *n.* snow-water, slush.

**snježnik,** *n.* *(gora)* glacier.

**so,** *n.* salt.

**sob,** *n.* reindeer.

**soba,** *n.* room, chamber, apartment; *(dvorana)* hall, parlor, saloon, drawing-room; *(blagovaonica)* dining-room; *(na tavanu)* garret; *(spavaća)* bed-room; *(na brodu)* cabin; *(za oblačenje)* dressing-room; *za primanje)* parlor, reception-room.

**sobar,** *n.* waiter, manservant.

**sobarica,** *n.* chamber-maid.

**sobica,** *n.* small-room, closet, cabinet, cabin.

**sočan,** *a.* juicy, succulent; nutritious.

**sočica,** *n.* hail, small shot.

**sočiti,** *v.* to find out; to give an account; to specify; to suggest, to declare, to assert.

**sočivica,** *n.* duckweed.

**sočivo,** *n.* lentil, legume, leguminous plant.

**sofa,** *n.* sopha.

**sofista,** *n.* sophist.

**sofra,** *n.* dining-table.

**soha,** *n.* forked branch, fork.

**soj,** *n.* race, rank, family, line, breed, cast, tribe, stock.

**sojka,** *n.* jay.

**sok,** *n.* juice; *(od mesa)* gravy; *(prijavitelj)* informer, accuser, denouncer, reporter, tell-tale, protractor.

**sokač,** *n.* (man-) cook.

**sokak,** *n.* street, lane.

**soko (1),** *n.* falcon, hawk.

**sokolar,** *n.* falconer.

**sokolić,** *n.* young falcon.

**sokoliti,** *v.* to encourage, to animate, to incite, to revive.

**sol,** *n.* salt.

**solana** *vidi:* **solara.**

**solar,** *n.* salter.

**solara,** *n.* salt-magazine.

**solarna,** *vidi:* **solara.**

**soldačija,** *n.* militia, military, soldiery.

**soldačina,** *n.* military life.

**soldat,** *n.* soldier.

**soldateska,** *vidi:* **soldatija.**

**soldatija,** *n.* (brutal) soldiery; militia.

**solenka,** *n.* salt-cellar.

**solik,** *n.* chlorine.

**solika,** *n.* sleet.

**solilo,** *n.* salt-work, saltern.

**soliti,** *v.* to salt; to corn.

**soljenje,** *n.* salting.

**som,** *n.* silure, sheath-fish.

**somin,** *n.* oriel, bay-window.

**somovina,** *n.* silure-meat.

**somun,** *n.* fresh-bread.

**sopa,** *n.* stick, cudgel, crook, sheet-hook, trowel; *(vrsta ribe)* stock-fish.

**sopilka,** *n.* flute, long roll, thin shank.

**sopiti,** *v.* to pant, to puff, to be out of breath; to whistle, to hiss.

**sopljenje,** *n.* panting, snorting; wheeze.

**sopot,** *n.* crater.

**sopra,** *vidi:* **sofra.**

**sopstven,** *a.* own, peculiar, singular; characteristic.

**sopstvenost,** *n.* propriety, particularity, peculiarity.

**soptiti,** *v.* to snort, to puff and blow.

**sošičav,** *a.* forked, forky.

**soška,** *n.* lentil.

**sotona,** *n.* Satan, devil, deuce.

**sotonski,** *a.* devilfish, diabolical, fiendish.

**sova,** *n.* owl, owlet.

**sovilja,** *n.* shuttle.

**sovjet,** *n.* soviet.

**sovoljuga,** *n.* owl, horn-owl, owlet.

**spadalo,** *n.* jovial fellow *(ili)* companion; scurvy fellow, scoundrel.

**spadati,** *v.* (*padati*) to fall, to drop; to dwindle; (*postati mršav*) to grow lean, to fall away; (*pripadati*) to appertain, to belong.

**spahija,** *n.* lord of the manor.

**spahijnica,** *n.* lady of the manor.

**spahiluk,** *n.* manor; lord and lady of a manor.

**spajanje,** *n.* connection, joining.

**spajati,** *v.* to bind up, to join, to unite, to combine, to oblige, to annex, to connect.

**spalište,** *n.* combustion-tube, crematory, funeral-pile; grave, destruction.

**spaliti,** *v.* to burn, to be burnt (down), to set fire to; (*mrtvaca*) to cremate.

**spaljivanje,** *n.* combustion, burning; (*mrtvaca*) cremation.

**spaljivati,** *vidi*: spaliti.

**spametan,** *a.* smart, clever, intelligent, prudent, judicious, wise, sensible, sharp.

**spanač,** *n.* spinach.

**spandati se,** *v.* to intrude, to curry favor, to creep in.

**sparan,** *a.* sultry, close; vaporous, hazy.

**sparina,** *n.* sultriness, closeness.

**spariti,** *v.* to couple, to yoke, to match; to pair; (se) to fade, to tarnish, to stain.

**sparivanje,** *n.* matching, pairing, coupling; vaporizing, steaming.

**sparivati se,** *v.* to vaporize, to exhalate.

**spas,** *n.* salute, salvation, salvage, escape, rescue.

**spasavanje,** *n.* rescue, saving, deliverance, delivery.

**spasavati,** *v.* to save, to rescue, to preserve.

**spasen,** *a.* safe, saved, secure.

**spasenje,** *n.* salvation, salvage, escape, deliverance.

**Spasitelj,** *n.* (*Hrist*) Savior; (*čovjek*) liberator, deliverer.

**spasiti,** *v.* to save, to rescue; (*osloboditi*) to deliver, to free; to rid.

**spasonosan,** *a.* salutary, saving, wholesome, sanative; **spasonosna vojska,** Salvation Army.

**Spasov dan,** *vidi*: Spasovo.

**Spasovo,** *n.* Ascension-day, Holy Thursday.

**spasti,** *v.* (*spasiti*) to save, to rescue; (*pasti*) to fall down, to decay, to drop, to dwindle.

**spati,** *vidi*: spavati.

**spavač,** *n.* sleeper; sluggard.

**spavaći,** *a.* sleeping.

**spavačica,** *n.* (*košulja*) night-gown.

**spavanje,** *n.* sleep.

**spavaonica,** *n.* bed-room, sleeping-room.

**spavati,** *v.* to sleep, to be sleeping, to be stagnant (*ili*) still.

**spaziti,** *v.* to remark, to observe, to perceive, to note, to discover, to discern, to mind, to notice.

**specijalni,** *a.* special, particular.

**spečaliti,** *v.* to gain, to obtain, to get, to receive, to acquire, to win, to earn; to reach, to persuade.

**spečen,** *a.* done, roasted.

**speći,** *v.* to fry, to roast, to bake.

**speti,** *v.* to shackle, to fetter, to hinder, to chain, to connect, to charm.

**spetljati,** *v.* to entangle, to confuse, to clasp, to hook, to button.

**spica,** *n.* spoke (of a wheel), ray, beam, radius, furrow.

**spila,** *vidi*: spilja.

**spilja,** *n.* cavern, cave, den; haunt.

**spirati,** *v.* to rinse, to wash, to clean; to absolve.

**spirine,** *n.* slops, hogwash, dish-water.

**spiriti,** *v.* to consummate, to consume, to spend.

**spis,** *n.* writing, document, act, written agreement, pamphlet; (*djelo*) article, composition, production.

**spisak,** *n.* list, roll, panel; catalog(ue); inventory, register; record.

**spisatelj, -ica,** *n.* author, writer.

**spisati,** *v.* to write, to compose.

**spisavno,** *adv.* documentary.

**spisi,** *n.* public papers, records, roll.

**spisivati,** *v.* to write; to scribble.

**spiskati,** *v.* to dissipate, to dispsere, to waste, to dispel, to squander.

**spješati,** *v.* to become weak (*ili*) feeble, to get tired.

**spjev,** *n.* song; poem.

**spjevati,** *v.* to write poetry, to compose a poem.

**splačine,** *n.* dish water, hog-wash, swill.

**splahati,** *v.* to overcome, to conquer, to master, to get under.

**splaka,** *n.* puddle, slough, splash, mire.

**splakati,** *v.* to wash, to clean, to rinse, to absolve.

**splasnuti,** *v.* to decrease, to remove (*ili*) reduce a swelling, to get less swollen.

**splav,** *n.* raft, float.

**splavar,** *n.* raftsman, buoy.

**splaviti,** *v.* to wash away, to rinse.

**splavnica,** *n.* dike, dam, mole, bank; coffer-dam, stoppade.

**splesti,** *v.* to twist, to interlace, to interknit.

**splet,** *n.* texture, wicker-work; braid of hair; instep.

**spletati,** *v.* to entwine, to twist.

**spletavati,** *v.* to twist, to plant; (*vijenac*) to wreathe.

**spleten,** *a.* woven, interlaced; contrived.

**spletka,** *n.* intrigue, plot, scheme.

**spletkar,** *n.* intriguer, schemer, plotter.

**spletkarenje,** *n.* scheming, intrigue, plot.

**spletkariti,** *v.* to intrigue, to scheme, to plot, to contrive.

**sploške,** *adv.* in general, at all.

**splovac,** *n.* (*kamen*) pumice-stone.

**splošten,** *a.* flat, flattened, levelled.

**spljoštiti,** *v.* to make flat, to flatten; to crush, to squash.

**spočitavanje,** *n.* reproach, reprimand.

**spočitavati,** *v.* to reproach; to upbraid, forth.

**spod,** *prep.* under, beneath.

**spodbiti,** *v.* to seize, to take up, to affect.

**spodoba,** *n.* similitude, simile, parable, likeness, comparison, parallel.

**spodoban,** *a.* resembling, similar, alike.

**spodobnost,** *n.* analogy, resemblance, likeness, similitude.

**spoj,** *n.* junction, connection, relation, union, alliance, communication.

**spojen,** *a.* joined, connected, coherend.

**spojiti,** *v.* to bind up, to dress (*a wound*), to join, to unite, to combine, to oblige, to connect, to cohere.

**spojnik,** *n.* hyphen.

**spokojan,** *a.* content, satisfied, pleased, sedate, quiet, tranquil, peaceful.

**spokojno,** *adv.* tranquilly, quietly, peacefully, calmly, sedately.

**spokojnost,** *n.* sedateness, peace, rest, repose, quiet, tranquility.

**spol,** *n.* sex, genus, kind, sort, species, family.

**spolni,** *a.* sexual, genital; generative.

**spolnik,** *n.* article.

**spolnost,** *n.* sexuality.

**spolja,** *adv.* autward, outwards, abroad, exterior, outer.

**spoljašnji,** *a.* exterior, external, outward, foreign.

**spoljašnost,** *n.* exterior, outside, outward surface, appearance.

**spoljni,** *vidi:* **spoljašnji.**

**spomen,** *n.* memory, remembrance; keepsake, recollection; memorandum.

**spomenak,** *vidi:* **spomen.**

**spomenar,** *n.* memorial, inscription; (*kolajna*) medal.

**spomenik,** *n.* monument, memorial, token.

**spomenploča,** *n.* memorial, monument.

**spomenuti,** *v.* to mention, to remember, to admonish.

**spominjanje,** *n.* mention; remembrance, memory.

**spominjati,** *vidi:* **spomenuti.**

**spona,** *n.* loop, noose, knot, snare; (*kopča*) clasp, locket.

**sponka,** *vidi:* **spona.**

**spopadati,** *v.* to grasp, to lay hold of, to seize, to attack, to assault.

**spopaseti,** *v.* to fall against, to attack, to invade, to grasp, to seize.

**spor,** *a.* slow, forbearing, long-suffering, dull; — *n.* controversy, dispute, strife, conflict, clashing.

**sporazum,** *n.* understanding, agreement.

**sporazuman,** *a.* agreed upon; harmonious.

**sporazumiti se,** *v.* to agree, to understand.

**sporečkati se,** *vidi:* **sporiječiti se.**

**spored,** *adv.* parallel; sideways, aside.

**sporedan,** *a.* of no consequence, parallel, secondary.

**sporedica,** *n.* parallel (-line).

**sporediti,** *v.* to compare, to parallel, to correspond to; to place oneself on a par with.

**sporiječiti** **(se)**, *v.* to quarrel, to argue.

**sporiti**, *v.* to further, to promote, to advance; to dispatch, to hasten.

**sporiš**, *n.* (*bilj.*) milfoil.

**sporo**, *adv.* slowly, tardily, backwardly.

**sporost**, *n.* tardiness, dilatoriness, slowness, backwardness, reluctance.

**sposoban**, *a.* able, capable, fit, skilful; qualified.

**sposobnost**, *n.* ability, capability, aptitude, aptness, competence, capacity; genius.

**spotaći se**, *v.* to stumble, to trip up; to blunder.

**spoticanje**, *n.* striking against, stumbling; reproach, reprimand.

**spoticati**, *v.* to censure, to upbraid, to reproach; **(se)** to stumble, to trip; to blunder.

**spotiti se**, *v.* to perspire, to sweat, to exude.

**spotvarati se**, *v.* to falsify, to forge, to counterfeit, to adulterate, to imitate.

**spoznaja**, *n.* notion, knowledge, skill, acquaintance, familiarity, cognition.

**spoznanje**, *n.* recognition, reception, confession, creed.

**spoznati**, *v.* to perceive, to discern, to understand, to know, to recognize.

**spram**, *prep.* towards, against, to, contrary to.

**spraskati**, *v.* to dissipate, to waste in luxury, to squander.

**sprašiti**, *v.* to·beat (*carpets*), to dust.

**sprat**, *n.* story, floor.

**sprati**, *v.* to wash, to clean, to absolve.

**spratiti**, *v.* to escort, to accompany.

**sprava**, *n.* machine, device, machinery, instrument, engine, tool, implement; deed.

**spravan**, *a.* ready, prepared, prompt.

**spravište**, *n.* assembly, meeting, parliament.

**spraviti**, *v.* (*prirediti*) to prepare, to fit out, to equip, to get ready; to save; to accomplish.

**spravljati**, *vidi:* **spraviti.**

**spravnost**, *n.* readiness, preparation, disposition, arrangement, order, aptitude, inclination, tendency.

**sprčiti**, *v.* to cripple, to stunt, to pitch, to deform; to distort.

**sprdalo**, *n.* jeerer, joker, banterer, mocker.

**sprdati** **(se)**, *v.* to deride, to mock, to talk foolishly, to babble.

**sprdnja**, *n.* mockery, derision, scorn, scoff, joke, jest, raillery.

**sprečavati**, *v.* to hinder, to prevent, to impede, to obstruct.

**sprečica**, *n.* hindrance, impediment, obstacle.

**spreći**, *v.* to put to the same carriage.

**sprega**, *n.* team; strain; (*volova*) yoke (*of oxen*); relay, stage; (*gram.*) conjugation.

**spregnuti**, *vidi:* **spreći.**

**sprema**, *n.* (*soba*) magazine, storehouse, warehouse; (*priprava*) readiness, preparedness.

**spreman**, *a.* prepared, ready, prompt, ready-made, finished; (*uljudan*) eager, anxious, forward.

**spremanje**, *n.* preparation, provision.

**spremati** **(se)**, *v.* (*pripraviti*) to prepare, to fit, to make ready, to dress; (*odrediti*) to dispose, to adjust; (*urediti*) to clear, to disencumber.

**spremica**, *vidi:* **sprema.**

**spremište**, *n.* storage, magazine, store-house, warehouse, store-room.

**spremiti** **(se)**, *v.* to prepare, to make ready, to dress; (*sahraniti*) to keep, to save, to put up.

**spremno**, *adv.* readily, promptly, eagerly; keenly.

**spremnost**, *n.* readiness, preparation; (*uljudnost*) eagerness, earnestness, zeal, keenness, courtesy.

**spreša**, *n.* throng, crowd, pressure, distress, urgency.

**sprešan**, *a.* urgent, pressing.

**sprešno**, *adv.* urgently, quickly, swiftly, hastily.

**sprešnost**, *n.* urgency, pressure.

**spretan**, *a.* skilful, clever, proper, fit, able, dexterous, handy.

**spretno**, *adv.* ably, skilfully, quickly, cunningly, dexterously.

**spretnost**, *n.* ability, cleverness, skill, address, direction, petition, dexterity.

**sprez**, *n.* hellebore, veratrum.

**sprezanje**, *n.* conjugation.

**sprezati**, *v.* to put to the same carriage; (*gram.*) to conjugate.

**sprhnuti**, *v.* to rot, to decay, to moulder.

**sprigibati,** *v.* to fold together *(ili)* up.

**sprijateljiti (se),** *v.* to befriend, to make friends (with).

**spriječiti,** *v.* to prevent, to hinder.

**sprijed (a),** *adv.* before, in front, on, ahead, fore, afore.

**sprljiti,** *v.* to singe off, to flame, to blaze; to fade, to tarnish.

**sproči se,** *v.* to stroll, to saunter.

**sproću,** *adv.* opposite (to), against, in return, on the other hand.

**sprovađati,** *v.* to accompany, to escort; to spend (time).

**sprovesti,** *vidi:* **sprovoditi.**

**sprovod,** *n.* funeral; cortege, train; retinue.

**sprovoditelj,** *vidi:* **sprovodnik.**

**sprovoditi,** *v.* to accompany, to escort; to attend.

**sprovodnik,** *n.* conductor, guide, director.

**sprovođenje,** *n.* conduct, behavior, management, leading, driving.

**spršiti,** *v.* to crush, to shatter.

**sprtiti,** *v.* to discharge, to unload, to release.

**sprtljati,** *v.* to confuse, to bungle, to make a mess of, to be wasted.

**sprtva,** *vidi:* **kotarica.**

**sprva,** *adv.* from the first.

**spržiti,** *v.* to fry, to roast, to burn, to bake, to broil.

**spučalica,** *n.* button-hook.

**spučati,** *v.* to button, to bud; to tie (up).

**spučavati,** *vidi:* **spučati.**

**spučiti,** *v.* to fasten with a hook *(ili)* clasp, to hook up, to clasp.

**spuhati se,** *v.* to sink in, to fall in, to cave in; to blow off.

**spuriti (se),** *v.* to singe, to scorch.

**spust,** *n.* start, setting out; fall, accident; decline, sinking, depression.

**spustiti (se),** *v.* to lower, to pull down, to let off; to condescend.

**spuštanje,** *n.* condescension.

**spuštati,** *vidi:* **spustiti.**

**sputiti (se),** *v.* to tie, to bind, to fasten, to chain, to fetter, to connect.

**spuziti (se),** *v.* to crawl down, to slip down, to descend.

**spuž,** *n.* snail, slug, slug-snail.

**spužva,** *n.* sponge.

**spužvast,** *a.* spongeous, spongy.

**srab,** *n.* itch, scab, mange.

**srabljiv,** *a.* itchy, scabby, mangy.

**sračunati,** *v.* to count, to reckon, to calculate, to add up; to estimate, to settle accounts.

**sračunavanje,** *n.* calculation.

**sraćka,** *n.* diarrhea.

**sraka,** *n.* magpie, pie.

**srakoper,** *n.* strike-bird.

**sram,** *n.* shame, dishonor, disgrace, bashfulness.

**sraman,** *a.* shameful, scandalous, disgraceful, ignominious, infamous.

**srameč,** *vidi:* **sramežljiv.**

**sramež,** *n.* shame, dishonor, disgrace.

**sramežljiv,** *a.* bashful, shy, chaste; *(bojažljiv)* timid, timorous.

**sramežljivost,** *n.* bashfulness, shyness; *(bojažljivost)* timidity, chastity.

**sramiti se,** *v.* to be ashamed, to blush, to feel embarrassed, to be shy.

**sramoćenje,** *vidi:* **sramota.**

**sramota,** *n.* shame, infamy, disgrace, dishonor; ignominy, turpitude.

**sramotan,** *vidi:* **sraman.**

**sramotice,** *adv.* unwillingly, reluctantly.

**sramotiti,** *v.* to disgrace, to shame, to slander.

**sramotno,** *adv.* shamefully, infamously.

**sramotnjak,** *n.* slanderer.

**sramotovati se,** *vidi:* **sramiti se.**

**sraslica,** *n.* fillipeen.

**sraslost,** *n.* cohesion, growing over; cicatrisation; coalescence.

**srastati se,** *vidi:* **srasti se.**

**srasti se,** *v.* to coalesce, to grow over.

**srašljika,** *vidi:* **sraslica.**

**sravnati,** *v.* to adjust; to even, to level, to plane (off).

**sravniti,** *v.* to compare; to equal, to match.

**sravnjenje,** *n.* leveling; comparison.

**sravnjivanje,** *vidi:* **sravnjenje.**

**sraz,** *n.* collision, clashing.

**sraziti se,** *v.* to strike, to collide, to bump.

**srazmjeran,** *a.* proportional; equal.

**srazmjerno,** *adv.* proportionally; equally.

**Srbadija,** *n.* Serbian people *(ili)* nation.

**srbež,** *n.* itching.

**Srbija,** *n.* Serbia.

**Srbijanac,** *n.* Serb, Serbian.

srbijanski, *a.* Serb, Serbian.
Srbin, *vidi*: Srbijanac.
srbjeti, *v.* to itch; to bite.
srcast, *a.* heart-shaped.
srce, *n.* heart; core.
srcobolja, *a.* heart-disease.
srcolik, *a.* heart-shaped.
srč, *n.* oak; marrow, pith (*of a tree*), pus, matter.
srča, *n.* glass, glass-case, glass-shade.
srčan, *a.* courageous, spirited, bold, intrepid, hardy, fearless.
srčana, *n.* dysentery.
srčanica, *n.* (*žila*) vein; (*u kolima*) beam.
srčanik, *n.* carotid artery, principal artery; (*bilj.*) gentian.
srčanost, *n.* boldness, courageousness, intrepidity.
srčenica, *n.* great artery, aorta.
srčika, *n.* marrow, pith.
srčiti (se), *v.* to make angry, to grow angry, to quarrel, to fall out.
srda, *n.* fury.
srdačan, *a.* cordial, hearty, sincere, true, truly, affectionate, kind.
srdačno, *adv.* heartily, cordially; sincerely, kindly, affectionately.
srdačnost, *n.* cordiality, heartiness, affection.
srdašce, *n.* little heart.
srdit, *a.* angry, irascible, violent, provoking, vexatious, peevish.
srditi (se), *v.* to anger, to vex, to fret, to make angry, to be angry.
srdito, *adv.* angrily, fretfully.
srditost, *n.* anger, ire, wrath, passion.
srdnja, *vidi*: srditost.
srdobolja, *n.* bloody flux; dysentery, lientery.
srdžba, *vidi*: srditost.
srđela, *n.* sardel.
srebriti, *v.* to silver (over), to silverplate.
srebrn (ast), *a.* (of) silver, silvery, made of silver.
srebrnik, *n.* silver-mine; (*novac*) silver coin.
srebrnina, *n.* silver ware, silver plate.
srebrnjak, *n.* silverling.
srebro, *n.* silver.
srebrokos, *a.* silver-haired.
srebrokosa, *n.* silver-white hair.
srebroljublje, *n.* avarice.

sreća, *n.* fortune, happiness, prosperity; destiny, chance.
srećan, *a.* lucky, fortunate, happy, successful, propitious, favorable.
sreći, *v.* to spell.
srećka, *n.* lottery-ticket.
srećno, *adv.* fortunately, successfully, happily, safely.
sred, *adv.* amidst.
sredica, *n.* (*salate*) heart (*of salad*).
sredina, *n.* middle, centre, midst, mean.
središnji, *a.* central, middle.
središte, *n.* center.
srediti, *v.* to put right, to arrange, to settle.
srednjak, *n.* (*prst*) middle finger.
srednji, *a.* medium.
srednjoškolac, *n.* high-school pupil.
sredobježan, *a.* centrifugal.
sredokraća, *n.* central point, center.
sredomjera, *n.* diameter.
sredotočan, *a.* centripetal.
sredovijećan, *a.* in middle-age.
sredovječan, *a.* medieval, middle-aged.
sredozeman, *a.* mediterraneous, mediterranean; midland; Sredozemno more, Mediterranean sea.
sredozimni, *a.* in middle of winter.
sredstvo, *n.* means, way, expedient, assistance, medium, resource, shift.
sređivati, *v.* to arrange, to place in order, to dispose, to settle, to class, to range; to subdue.
sreski, *a.* district, circuit; sectional.
sresti (se), *v.* to meet, to meet together, to agree.
sretan, *a.* fortunate, lucky, happy, enviable.
sretanje, *n.* accidental meeting, encounter, engagement.
sretati, *v.* to meet (with); to happen (to), to befall, to hit.
sretenje, *n.* feast of the Visitation.
sretnik, *n.* lucky person.
srez, *n.* (*okružje*) district, section.
srezati, *v.* to slice, to cut (out), to clip.
srezivati, *v.* to cut off, to clip, to pare.
srg, *n.* pole, perch, bar, stick, curb-bit.
srh, *n.* corner, edge, brim.
sricanje, *n.* spelling.
sricati, *v.* to spell.
srijeda, *n.* Wednesday,
sriješ, *n.* tartar.
srijež, *vidi*: sriješ.

srinuti se, v. to fall away, to grow thin.
srk, n. draught, mouthful.
srkanje, n. sipping; absorbing.
srkati, v. to suck in, to inhale, to sip, to lap.
srknuti, vidi: srkati.
srljati, v. to run, to race, to rush along.
srma, n. pure silver.
srna, n. roe, deer, doe.
srnadica, vidi: strnadica.
srnče, n. young roe.
srndač, n. roebuck.
srnetina, n. roe-flesh; (pečena) roast venison.
srnina, n. doe-skin; roe-buck.
srnuti, v. to rush, to dash, to hasten, to make haste.
sročan, a. accordant, corresponding, consistent; (sličan) analogical.
sročiti, v. to accord, to coincide, to tally; (pjesnički) to rhyme.
sročno, adv. in conformity.
sročnost, n. conformity.
srodan, a. relative; (sličan) likę, alike, such, analogous.
sroditi se, v. to conspire, to plot.
srodnica, n. kinswoman, relation.
srodnik, n. relation, relative, kinsman.
srodnost, n. relation, affinity.
srodstvo, n. consanguinity, relationship, kin, kindred.
srok, n. rhymę, cadence.
srotiti se, v. to plot, to conspire; to protest.
srozati, v. to roll down, to fall.
srp, n. sickle; (mjesec) crescent.
srpanj, n. July.
srpski, a. Serbian.
Srpstvo, n. Serbian nationality (ili) dignity.
srsi, n. — me prolaze, my blood runs cold.
srš, n. (srč) marrow, pitch (of a tree), core.
sršen, vidi: stršen.
sršljen, n. hornet.
srtati, v. to run, to race, to rush along, to hasten.
srubiti, v. to chop off, to cut off; (glavu) to behead, to decapitate.
sručiti, v. to empty, to evacuate.
srušiti (se), v. to overthrow, to upset, to fall down, to be upset; to throw down, to demolish.

srvati, v. to break, to crush, to weaken, to wear out; to vanquish.
srž, vidi: srčika.
stabar, n. stem, stalk, trunk, body.
stablik, n. tuft of trees, wood, thicket, boscage.
stablika, n. nut-gall, oak-apple.
stablo, n. tree, beam; stalk, stem.
stabljika n. stalk, stem.
stad n. stand (ing) standing-place; state, station, situation.
stadij, n. stadium, race-course.
stado, n. flock, herd, drove.
staglina, n. stable, sty, stall, building, edifice.
staja, n. stable; (za konje) equipage.
stajaći, a. standing, stagnant; dull.
stajačica, n. (zvijezda) fixed star; (voda) stagnant water.
stajalište, n. stand, station; standpoint, point of view; stop, halt.
stajanje, n. standing; attitude, posture; condition, circumstance, state, prosperity.
stajati, v. to stand; (biti) to be, to exist; (o odijelu) to suit, to become, to fit; (koštati) to cost, to be expensive.
stajnica, vidi: staja.
stakalce, n. small glass.
stakati se, v. to run down.
staklac, n. (rudača) glazed frost; hyaloid.
staklana, n. glass-works, glass-factory, glass-manufacturing, glass-making, glass-wares.
staklar, n. glazier.
staklara, n. glass-magazine.
staklen, a. glassy, glass, made of glass.
staklenica, n. bottle.
staklenina, n. glass-ware.
staklenka, vidi: staklenica.
stakliti se, v. to glaze, to shine, to be bright, to glitter, to glisten.
staklo, n. glass.
stalac, n. go-cart.
stalak, n. stand, frame, pedestal.
stalan, a. constant, steady, certain; faithful, stable; (čvrst) strong, compact, solid, firm; (trajan) durable, lasting, permanent; (nepromjenljiv) invariable; (neprekidan) continual.
stalež, n. class, order, rank, state; trade, business, profession.
stalno, adv. certainly; firmly, steadily.

**stalnost**, *n*. steadfastness, firmness, constancy, perseverance.

**staložiti (se)**, *v*. to appease, to calm; to quench, to quell.

**staman**, *a*. old, ancient, aged.

**stamaniti**, *v*. to destroy, to extinguish, to exterminate.

**stamen**, *a*. sure, certain, secure, firm.

**stan**, *n*. habitation, residence, abode, home, dwelling, lodging, house.

**stanac**, *n*. rock, stone.

**stanak**, *n*. lodging, apartment, quarters; (*dom*) habitation, abode, dwelling.

**stanar**, *n*. dweller; tenant, lodger.

**stanarina**, *n*. rent, house-rent.

**stančiti**, *v*. to thin, to dilute.

**stanica**, *n*. cell; (*željeznička*) station, stop; (*bilj*.) cell, cellule.

**staničav**, *a*. cellulated.

**staničevina**, *n*. cellulose.

**stanični**, *a*. cellular.

**stanište**, *n*. establishment, settlement.

**staniti se**, *v*. to remain quiet, to remain standing.

**stanka,** *n*. pause; intermission, recess; interval.

**stanodavac**, *n*. landlord, proprietor, owner.

**stanoreda**, *n*. housekeeper.

**stanovan**, *a*. tenantable.

**stanovanje**, *n*. lodging, dwelling, habitation.

**stanovati**, *v*. to inhabit, to dwell, to live in, to reside, to lodge.

**stanovište**, *n*. point of view, standpoint.

**stanovit**, *a*. certain, sure; some; firm, fixed, stable.

**stanovitost**, *n*. firmness, strength.

**stanovnik,-ica**, *n*. inhabitant, resident.

**stanovništvo**, *n*. population, populace.

**stanuti**, *vidi*: **stati**.

**stanje**, *n*. condition, situation, state (of affairs).

**stanjiti**, *v*. to thin, to dilute.

**stap**, *n*. churn, butter-tub.

**stapati**, *v*. to blend, to amalgamate, to melt, to cast, to liquefy.

**stapčica**, *n*. small stalk.

**stapka**, *n*. handle, helve; (*u biljke*) stalk, pedicel, leaf-stalk.

**star**, *a*. old, aged, ancient.

**stara**, *n*. old-woman, grandmother.

**starac**, *n*. old-man; (*djed*) grandfather.

**starački**, *a*. aged, senile.

**staratelj**, *n*. guardian, trustee, warden, protector, defender, prop.

**starati (se)**, *v*. to care for, to mind, to provide; (*u godinama*) to grow old, to look old, to make one old, to make one look aged.

**staretinar**, *n*. furniture-broker, old clothes-man, dawdler.

**staretine**, *n*. frippery, old rubbish, antiquity.

**starež**, *n*. antiquity.

**stari**, *n*. senior, elder; predecessor; ancestor.

**starica**, *n*. old-woman; grandmother.

**stariji**, *a*. older, elder; — *n*. superior.

**starina**, *n*. antiquity; (*čovjek*) old man.

**starinar**, *n*. antiquarian, dealer in second-hand goods; (*arkeolog*) archeologist.

**starinski**, *a*. antique, old-fashioned, ancient, old.

**stariti se**, *v*. to grow old, to age.

**starješina**, *n*. headman, chief, superior.

**starješinstvo**, *n*. chieftaincy; higher (*ili*) superior rank, priority, pre-eminence.

**starjeti**, *vidi*: **stariti se**.

**starka**, *n*. old woman.

**starkelja**, *n*. old man.

**starmali**, *a*. forward, precocious.

**starodnevan**, *a*. old fashioned, antique, ancient.

**starodrevnost**, *n*. old fashion, antiquity.

**starolik**, *a*. elderly, oldish.

**starosjedilac**, *n*. aboriginal.

**starosjedilački**, *a*. aboriginal, indigenous, primeval.

**staroslavenski**, *a*. old Slavic.

**staroslovlje**, *n*. archeology.

**starost**, *n*. old age, antiquity, oldness, old people.

**starostavan**, *a*. old, ancient, aged.

**starovječan**, *a*. ancient, olden.

**starovjerski**, *a*. orthodox; old-fashioned, antique.

**starovremešan**, *a*. aged, elderly.

**stas**, *n*. stature, shape, size.

**stasati**, *vidi*: **prispjeti**.

**stasit**, *a*. of fine stature, shaped, well-grown, robust, vigorous.

**stati,** *v.* to stay, to stand, to stop.
**statua,** *n.* statue, figure.
**stavak,** *n.* sentence, chapter, paragraph.
**staviti (se),** *v.* to put, to place, to set, to lay.
**stavka,** *n.* account; run; start; enclosure; deposit, investment; sentence; paragraph.
**stavljati se,** *vidi:* **staviti.**
**staza,** *n.* path, pathway, footway, road, way.
**stazica,** *n.* foot-path.
**stečaj,** *n.* bankruptcy, insolvency; concourse, competition.
**stečen,** *a.* acquired, obtained.
**stečevina,** *n.* acquisition; saving.
**stečnik,** *n.* acquirer; saver.
**stećak,** *n.* tombstone, grave-stone; tomb, sepulchre.
**steći (se),** *v.* to acquire, to gain, to earn, to save.
**stega,** *n.* limitation, restriction; *(vojnička)* discipline.
**stegača,** *n.* (screw-) clamp, holdfast.
**stegno,** *n.* upper-thigh, leg.
**stegnuti (se),** *v.* to restrain, to restrict, to limit, to confine, *(vezati)* to tie, to bind, to fasten.
**stekao,** *a.* mad, furious, enraged.
**steklina,** *n.* madness, fury, frenzy, violent passion, rage, raging; *(pasja)* hydrophobia.
**stelja,** *n.* litter, bed of straw.
**steijka,** *n.* frame, rack, stand, trestle.
**stenjanje,** *n.* sobbing, sighing, sigh, groan.
**stenjati,** *v.* to groan, to sob, to sigh, to moan, to bewail.
**steon,** *a.* big with young, pregnant.
**stepalo,** *n.* churn-staff, dasher.
**stepen,** *n.* degree, grade; rate; step.
**stepenica,** *n.* butter-vat *(ili)* tub; *(stuba)* step, stair.
**stepka,** *vidi:* **stap.**
**stepke,** *n.* butter-milk.
**stepsti (se),** *v.* to churn; to shake.
**sterati,** *v.* to spread, to extend, to expand, to cover, to stretch, to lengthen.
**stesati,** *v.* to hew (off), to square, to trim, to carve, to tally, to sculpture.
**stezalica,** *n.* holdfast, hook, rivet, clasp, cramp-iron.
**stezalo,** *n.* *(uzda)* bridle.
**stezanje,** *n.* contraction, limitation, restriction.

**stezati (se),** *v.* to restrain, to restrict, to limit, to confine, to stint, to shrink.
**steznik,** *n.* corset, bodice; stays.
**sticati,** *v.* to acquire, to gain, to earn; to scrape, to rake together *(ili)* up, to obtain, to gather.
**stići,** *v.* to arrive; to catch up with, to overtake.
**stid,** *n.* shame, bashfulness, disgrace.
**stidan,** *a.* shameful, disgraceful, shy; bashful.
**stidjeti se,** *v.* to be ashamed, to be shy *(ili)* bashful; to grow red.
**stidljiv,** *vidi:* **stidan.**
**stidljivost,** *n.* bashfulness, shyness; decency.
**stidnica,** *n.* sharebone, pubic-bone.
**stidnoća,** *n.* shame; privates, privy parts.
**stignuće,** *n.* arrival; overtaking.
**stignuti,** *vidi:* **stići.**
**stih,** *n.* verse, stanza.
**stihotvorac,** *n.* versifier, rhymer.
**stihotvorstvo,** *n.* versifying, versification; metrical composition.
**stijeg,** *n.* banner, flag, standard.
**stijena,** *n.* rock, wall; quartz.
**stijenj,** *n.* wick, match, tinder.
**stijenjak,** *vidi:* **stijenje.**
**stijenje,** *n.* rock, crag.
**stijesniti,** *v.* to shrink, to get narrower, to restrict, to make tighter, to shut up closer, to compress.
**stil,** *n.* style; type.
**stinuti se,** *v.* to freeze; to congeal.
**stipsa,** *n.* alum.
**stisak,** *n* pressure, compression, oppression, print, impression; *(ruke)* squeeze.
**stiska,** *n.* crowd, throng, rush; *(briga)* pinch, anxiety.
**stiskati (se),** *v.* to compress, to press, to squeeze.
**stisnut,** *a.* contracted, confined, pressed, squeezed, restricted.
**stisnuti (se),** *v.* to press, to squeeze, to press together, to compress, to condense.
**stišati,** *v.* to calm, to still; to allay, to assuage; to pacify, to appease.
**stiva,** *n.* sea-foam, meerschaum.
**stizanje,** *n.* reaching, reach; attainment, accomplishment; arrival.
**stizati,** *v.* to overtake, to reach; to arrive; to attain, to obtain.

stjegonoša, *n.* standard-bearer.
stjenica, *n.* bed-bug, bug.
stjenjak, *n.* precipitouscliff, bluff, rock.
stjerati, *v.* to put to flight, to drive out, to chase; to discharge, to dislodge; to dispel.
stjerivati, *vidi*: stjerati.
sto, *num.* hundred.
sto, *n.* table, board; (*pisaći*) desk.
stobor, *n.* court, court-yard, courtship, yard.
stoborje, *n.* hedge, fence (around the yard).
stočan, *a.* rich with cattle.
stočar, *n.* cattle-breeder; ranchman.
stočarstvo, *n.* cattle-breeding.
stočić, *n.* chair, seat.
stog, *n.* stack, heap; milestone, grindstone.
stoga, *adv.* therefore, on that account.
stogodišnji, *a.* centennial, centenary.
stogodišnjica, *n.* centenary, centennial.
stoički, *a.* stoical.
stoik, *n.* Stoic.
stojati, *v.* (*postojati*) to exist, to be, to live; (*koštati*) to cost, to be expensive.
stoječke, *adv.* standing, up, upright.
stojnica, *n.* standing, stand.
stoka, *n.* domestic animal, beast, cattle, flock, herd, drove.
stol, *n.* table, board.
stolac, *n.* chair, seat, stool; bench.
stolar, *n.* joiner, cabinet-maker.
stolarski zanat, *n.* joiner's trade, cabinet-making.
stolčić, *n.* stool.
stolica, *vidi*: stolac.
stolni, *a.* — crkva, cathedral; — grad, metropolis; — nož, table knife; — rublje, table linen; — posuđe, table-ware; — vino, table wine.
stolnica, *n.* side-board, cup-board, buffet.
stolnjak, *n.* table-cloth.
stoloravnatelj, *n.* toastmaster.
stolovati, *v.* to reside, to keep court.
stoljeće, *n.* century.
stoljetan, *a.* centenary, centennial; secular, old.
stonoga, *n.* centiped, wood-louse.
stook, *n.* argus.
stopa, *n.* foot, step; (*trag*) trace, mark, footstep.
stopalo, *n.* foot.

stopanica, *n.* lady of the house, housewife.
stopiti (se), *v.* to melt together, to unite closely, to coalesce; (*sagrijati*) to warm.
stopram, *adv.* just, only, not until, just awhile ago.
stostruk, *a.* hundredfold.
stoti, *num.* hundredth.
stotina, *n.* hundred.
stotinar, *n.* commander of a century, captain.
stotnik, *n.* centurion, captain.
stovarište, *n.* warehouse, depot, store-room.
stovariti, *v.* to dump, to unload, to discharge.
stožac, *n.* cone.
stožer, *n.* pole.
stožerni, *a.* polar, cardinal.
stožernica, *n.* axle-line; compass; (*zvijezda*) Polar Star.
stožernik, *n.* cardinal.
stračiti, *v.* to lose, to waste, to squander, to lavish, to throw away.
stradalac, *n.* sufferer, patient.
stradanje, *n.* suffering, pain, affliction, trouble, torment, loss.
stradati, *v.* to suffer, to endure, to tolerate, to admit, to permit; to starve.
stradnja, *n.* suffering, pain, affliction, misery; (*gubitak*) loss, damage, ruin.
straga, *adv.* behind, back, after.
straguša, *n.* (*puška*) breech-loader.
strah, *n.* fright, terror, fear, dread.
strahopočitanje, *n.* profound respect, reverence, veneration; awe.
strahota, *n.* horror, terror, dread, abomination, detestation, fright.
strahotan, *vidi*: strašan.
strahotinja, *n.* bugbear, fright, scare-crow.
strahovanje, *n.* reign of terror, terrorism.
strahovati, *v.* to terrorize.
strahovit, *a.* frightful, dreadful, awful; horrible, shocking, terrible.
strahovlada, *n.* reign of terror.
stramputica, *n.* detour, by-way; wrong-way.
stramputice, *adv.* astray.
stran, *a.* foreign, strange, exotic, extraneous.
strana, *n.* side, part, flank; (*stranica*) page; (*stranka*) party.

**stranac,** *n.* foreigner, stranger, alien; guest, visitor.

**stranački,** *a.* partial, factious.

**strance,** *adv.* sideways, aside.

**strančar,** *n.* biased person.

**strančarenje,** *n.* bias; party-spirit, factious fury.

**strančarstvo,** *vidi:* **strančarenje.**

**stranica,** *n.* page.

**stranka,** *n.* party, faction.

**stranom,** *adv.* partly, in part.

**stranovit,** *a.* steep, precipitous.

**stranjski,** *a.* strange, foreign, outlandish; exotic; extraneous.

**strast,** *n.* passion, emotion; desire; appetite.

**strastan,** *vidi:* **strastven.**

**strastven,** *a.* passionate, emotional.

**strastvenost,** *vidi:* **strast.**

**strašan,** *a.* dreadful, terrible, horrible, terrific.

**strašenje,** *n.* fright, terror.

**strašilo,** *n.* apparition, appearance, ghost, phantom, specter, fancy, scarecrow, bug-bear.

**strašiti,** *v.* to frighten, to scare, to terrify; (**se**) to be terrified (*ili*) frightened, to fear.

**strašiv,** *a.* easily frightened, timid, timorous, cowardly.

**strašivac,** *n.* coward, poltroon; hare's foot.

**strašljiv,** *vidi:* **strašiv.**

**strašljivac,** *vidi:* **strašivac.**

**strašljivica,** *vidi:* **strašivac.**

**strašljivost,** *n.* timidity, fear, dread, awe.

**stratište,** *n.* scaffold, place of execution.

**strava,** *n.* panic, sudden fright, terror, consternation, dismay.

**stravičan,** *a.* terrible, horrible, frightful.

**straviti se,** *v.* to frighten, to startle, to be frightened (*ili*) startled.

**straža,** *n.* guard, keeper; watch, sentinel.

**stražar,** *n.* watchman; policeman, protector, guardian.

**stražara,** *n.* guard-house, watchtower.

**stražarnica,** *n.* watch-box.

**stražarski,** *a.* guard-, police-.

**stražiti,** *v.* to guard, to watch; to preserve, to keep, to save, to protect, to defend.

**stražmeštar,** *n.* cavalry sergeant, sergeant-major.

**stražnjak,** *n.* backside; rear-end.

**stražnji,** *a.* hind, rear; latter

**stražnjica,** *n.* backside, hinder, posterior.

**strcaljka,** *n.* squirt, syringe; fire-engine, pump.

**strcati (se),** *v.* to spout, to squirt, to syringe.

**strcnuti,** *vidi:* **strcati.**

**strčati (se),** *v.* to flock together.

**strčiti,** *v.* to project, to tower, to be prominent, to stand out, to stand forth.

**strecati,** *v.* to run against, to swell, to swell on to.

**streha,** *n.* eaves.

**streka,** *n.* stripe, streak.

**strelimice,** *adv.* swiftly, quickly, speedily.

**strelovit,** *a.* speedy, swift.

**streljana,** *n.* shooting-gallery, rifle-range.

**streljivo,** *n.* ammunition.

**stremen,** *n.* stirrup, stirrup-leather, stirrup-strap.

**strepet,** *n.* trembling.

**strepiti,** *v.* to tremble, to quiver, to quake.

**stresati (se),** *v.* to shake, to shudder, to shiver.

**stresti,** *v.* to shake off.

**streva,** *n.* gutter, spout, roof.

**strgnuti,** *v.* to pull off, to grab, to snatch.

**stric,** *n.* uncle, cousin; relation.

**strickati,** *vidi:* **strići.**

**stričević,** *n.* cousin.

**strići,** *v.* to shear, to clip, to crop; to pare.

**striga,** *n.* wood-louse, centiped.

**strijeka,** *n.* (*pruga*) stripe, streak, fissure, cleft.

**strijela,** *n.* arrow; bolt; (*grom*) lightning, thunderbolt.

**strijelac,** *n.* archer, rifleman, huntsman, sportsman.

**strijeljati,** *v.* to shoot, to discharge, to fire, to fling.

**strijež,** *n.* wren, hedge-sparrow.

**striježić,** *vidi:* **strijež.**

**striko,** *vidi:* **stric.**

**strina,** *n.* aunt.

**strijelica,** *n.* arrow; bolt.

**strijelimice,** *adv.* swiftly, swiftly as lightning.

**strijeljač,** *n.* archer, rifleman.

**strijeljana,** *n.* rifle-range, shooting-gallery.

**strka,** *n.* riot, crowd, mob; tumult, uproar.

**strkati,** *v.* to run, to hunt after, to pursue; to drive fast; to ramble.

**strljati,** *v.* to rub (out), to remove by rubbing.

**strm,** *a.* steep, precipitous.

**strmac,** *n.* slope, declivity.

**strmašce,** *n.* stirrup.

**strmen,** *n.* steep, precipice, descent; (*kod konja*) stirrup, strap.

**strmenica,** *n.* steep place (*ili*) region.

**strmenit,** *vidi*: **strmen.**

**strmina,** *n.* steepness, declivity.

**strmo,** *adv.* precipitously, abruptly.

**strmoglavce,** *adv.* headlong, headfirst, precipitately, head-foremost.

**strmoglaviti se,** *v.* to precipitate, to fall head-foremost.

**strmogled,** *n.* weeping-willow.

**strmost,** *n.* declivity, steepness.

**strn,** *n.* haulm; stubble.

**strnadica,** *n.* yellow-hammer, yellow-bunting.

**strni,** *a.* stubbly.

**strnište,** *n.* stubble (-field).

**strog,** *a.* strict, severe, rigid, austere.

**strogo,** *adv.* strictly, severely, rigorously, sternly, harshly.

**strogost,** *n.* rigor, severity, harshness; precision.

**stroj,** *n.* machine, engine; machinery; apparatus.

**strojar,** *n.* machinist, engineer, mechanician.

**strojarna,** *n.* tannery.

**strojarstvo,** *n.* construction of machines.

**strojbar,** *n.* tanner; currier.

**strojiti,** *v.* to tan, to prepare, to dress; (*kožu*) to curry.

**strojovcđa,** *n.* engineer; machinist, engine-driver.

**stronica,** *n.* straw-band.

**strop,** *n.* ceiling, floor.

**stropoštati se,** *v.* to tumble down, to collapse, to be overwhelmed; to precipitate, to fall down.

**strošiti,** *v.* to spend, to waste; to give out; to wear out.

**strovaliti,** *v.* to overthrow, to pull down; to subvert, to fell, to ruin; (**se**) to fall.

**strovaljivati,** *vidi*: **strovaliti.**

**strpati,** *v.* to heap (*ili*) hoard up, to gather, to collect; to cram, to stock.

**strpjeti (se),** *v.* to hold out, to last; to bear, to endure, to suffer, to be patient.

**strpljenje,** *n.* patience, forbearing, long-suffering.

**strpljiv,** *a.* patient, forbearing, long-suffering.

**strpljivo,** *adv.* patiently; calmly.

**strpljivost,** *n.* patience, forbearance; long-suffering.

**stršen,** *n.* hornet.

**stršiti,** *v.* to stand out, to jut out; to rise, to arise.

**stršljen,** *vidi*: **stršen.**

**strti,** *v.* to crush, to break, to weaken, to wear out, to vanquish, to tame.

**struckati se,** *v.* to shake out.

**stručak,** *n.* stalk, stem, stump; nosegay, bunch.

**stručan,** *a.* expert, competent, suitable.

**stručni,** *a.* professional; special.

**stručnjak,** *n.* expert, specialist, competent judge.

**strug,** *n.* plane.

**struga,** *n.* water-course, channel, river-bed.

**strugač,** *n.* scraper, rasp.

**strugača,** *n.* scraper, card, plane.

**struganje,** *n.* scraping.

**strugati,** *v.* to scrape, to rub, to scratch, to erase, to etch.

**strugnuti,** *vidi*: **strugati.**

**strugotina,** *n.* shavings, chipping, paring, shreds.

**struhnuti,** *v.* to rot, to putrefy, to decay.

**struja,** *n.* stream; current, tide.

**strujati,** *v.* to stream, to circulate, to flow, to pour, to move around.

**struk,** *n.* (*stabljika*) stalk, haulm; stem; (*tijela*) form, shape, waist.

**struka,** *n.* profession, calling, business, occupation; (*djelokrug*) sphere, province, department; (*vrst*) sort, kind, species.

**strukovnjak,** *n.* expert, specialist; competent judge.

**struna,** *n.* string, chord, cord; horsehair.

**strunar,** *n.* string-maker.
**strunilo,** *n.* string-instrument.
**strunja,** *vidi:* **struna.**
**strunjača,** *v.* mattress, pad; mat.
**strunjara,** *vidi:* **strunjica.**
**strunjav,** *a.* of the horse-hair.
**strunjica,** *n.* knapsack, haversack, satchel.
**strup,** *n.* erruption, rash.
**stružnica,** *n.* work-bench; counter; joiner's bench.
**stružnjak,** *n.* milk-pail.
**strvina,** *n.* carrion, dead body; carcass.
**strž,** *n.* oak.
**stržaja,** *n.* tendril, shoot; runner; creeper.
**stub,** *n.* pillar, column, pier.
**stuba,** *n.* ladder, scale; sea-port.
**stubalj,** *n.* water-trough.
**stube,** *n.* stairs, staircase, steps.
**stubište,** *n.* well (of a staircase), staircase.
**stući,** *v.* to pound, to triturate; to bruise, to beat.
**stud,** *n.* cold, coldness, frigidity.
**studan,** *vidi:* **studen.**
**studen,** *a.* cold, chilly; — *n.* coldness, cold, frigidity, chill.
**studenac,** *n.* well, spring, fountain.
**studeni,** *n.* November.
**studjeti,** *v.* to become chilly.
**stup,** *n.* post, pillar, column.
**stupa,** *n.* mortar, press; break; stamper.
**stupac,** *n.* peg, pillar, pier; (*u novini*) column; (*za svjetiljku*) lamp-post.
**stupaj,** *n.* tread, step, pace; foot-stool.
**stupanj,** *n.* degree, step, stage; extent; grade.
**stupanje,** *n.* marching, march, pacing.
**stupati,** *v.* to march, to step, to pace; to stamp, to tread, to trample.
**stupica,** *n.* snare, gin, trap, pitfall.
**stupiti,** *v.* to tread, to step, to trample.
**stupnjevati,** *v.* to graduate, to enhance, to increase.
**stura,** *n.* mat, rush-mat.
**sturati,** *v.* to throw (*ili*) turn out, to push out.
**sturiti,** *vidi:* **sturati.**
**stuštiti se,** *v.* to become dark, to darken, to get gloomy.
**stužiti,** *v.* to be in a sad plight, to feel disgusted.
**stvar,** *n.* thing, matter; affair, concern; business; article; end, object; theme.

**stvaran,** *a.* real, true, positive genuine; serious, exact; essential.
**stvaranje,** *n.* creation, making; building.
**stvarati,** *v.* to create; to build.
**stvarca,** *n.* triffle, toy; nonsense, little thing.
**stvarni,** *vidi:* **stvaran.**
**stvarnost,** *n.* reality, existence; corporeity.
**stvor,** *n.* creature, being; existence; person.
**stvorenje,** *n.* creation; creature.
**stvoritelj,** *n.* creator, author.
**stvoriti (se),** *v.* to create, to make, to do, to perform, to execute, to accomplish.
**stvrdnuti se,** *v.* to become hard, to harden.
**su,** *prep.* with, by.
**subaštinica,** *n.* co-heiress.
**subaštinik,** *n.* co-heir; joint-heir.
**subjekat,** *n.* subject.
**subjel,** *a.* whitish.
**suborac,** *n.* fellow-soldier, comrade.
**subota,** *n.* Saturday.
**sučeliti,** *v.* to confront, to face.
**sućut,** *n.* sympathy, compassion, commiseration; condolence.
**sućutan,** *a.* sympathetic.
**sućutjeti,** *v.* to sympathize, to commiserate.
**sud,** *n.* judgment, understanding; sentence; (*sudište*) court, courthouse, tribunal, bench; bar; (*posuda*) barrel, vessel, cask; (*parnica*) trial, hearing; (*kritika*) criticism.
**sudac,** *n.* judge, justice; (*mirovni*) justice of the peace.
**sudar,** *n.* collision; clash, conflict.
**sudariti se,** *v.* to strike against, to collide, to hit against; to clash, to knock, to shock; (*podudarati se*) to be in accord, to agree; to correspond.
**sudba,** *n.* fate, destiny; (*sreća*) fortune.
**sudben (i),** *a.* judicial, legal, forensic, judiciary, court.
**sudbeno,** *adv.* judicially, legally, at law.
**sudbenost,** *n.* jurisdiction.
**sudbina,** *n.* fate, destiny.
**sudbonosan,** *a.* fatal, eventful.
**sudić,** *n.* small barrel (*ili*) vessel.
**sudija,** *n.* judge, justice.

**sudionik,** *n.* participant, partaker, sharer.
**sudište,** *n.* court, tribunal, bench.
**suditi,** *v.* to judge, to decide; to discern, to distinguish.
**sudjelovanje,** *n.* participation; cooperation; presence, attention.
**sudjelovati,** *v.* to cooperate, to participate, to partake; to attend, to assist.
**sudni,** *a.* — **dan,** day of judgment, doomsday.
**sudnica,** *n.* court-house.
**sudnik,** *n.* judge.
**sudoper (a),** *n.* dish-washer.
**sudrug,** *n.* partner, comrade, colleague, companion, associate.
**sudružan,** *a.* pregnant, big with child.
**sudski,** *a.* legal, judicial, court.
**sudstvo,** *n.* judiciary; judgeship.
**suđe,** *n.* utensils, implements, tools, casks, barrels.
**suđen,** *a.* determined; judged, sentenced, fixed; fatal.
**suđenik, -ica,** *n.* defendant.
**suđenje,** *n.* judgment, sentence.
**suglas,** *n.* consonant, accord.
**suglasan,** *a.* conformable, agreeable, suitable; harmonious.
**suglasje,** *n.* accordance, agreement; harmony.
**suglasnik,** *n.* consonant.
**suglasno,** *adv.* conformably, suitably, in accordance, accordingly.
**suglasnost,** *n.* accord, agreement, concord; harmony; consent.
**sugrađanin,** *n.* fellow-citizen.
**sugub,** *a.* double.
**sugupka,** *n.* duplicate.
**suh,** *a.* dry, barren, arid, withered; (*mršav*) thin, meager, lean; —**bolest,** consumption.
**suhad,** *n.* wood blown down.
**suho,** *n.* (*kopno*) land, continent; country, ground; — **grožđe,** raisin, — **meso,** smoked meat; — **zlato,** pure gold; — *adv.* dryly; bluntly; plainly.
**suhoća,** *n.* aridity, dryness; drought, barrenness.
**suhonjav,** *a.* lean, gaunt, meager.
**suhoparan,** *a.* unseasoned, dull; insipid, flat, tasteless.
**suhoparnost,** *n.* insipidity, dullness.
**suhor,** *n.* withered branch.

**suhota,** *n.* dryness, drought; barrenness.
**suhotan,** *a.* needy; miserable, paltry, wretched.
**suhovica,** *n.* drought, barrenness.
**suhovina,** *n.* dry-wood.
**suhozemni,** *a.* continental.
**sujeta,** *n.* vanity, conceit, frivolty.
**sujetan,** *a.* empty, idle; frivolous, futile, fruitless, vain, conceited.
**sujevjeran,** *a.* superstitious.
**sujevjerje,** *n.* superstition, simple, childlike faith.
**sujevjerstvo,** *vidi:* **sujevjerje.**
**sujma,** *n.* anxiety, trouble, fright, fear.
**sukalo,** *n.* spool-wheel.
**sukati,** *v.* to twist, to bend, to roll.
**sukija,** *n.* cow's hair, wadding, trash.
**sukljanje,** *n.* surge, surging.
**sukljati,** *v.* to surge, to rise high.
**suknar,** *n.* cloth-maker, cloth-dealer, woolen-draper.
**suknara,** *n.* cloth-manufactory.
**suknen,** *a.* cloth, made of cloth.
**sukno,** *n.* cloth, stuff.
**suknuti,** *v.* to quiver, to wince; to surge.
**suknja,** *n.* petticoat, skirt.
**sukob,** *n.* conflict, clashing, shock; collision, attack, onset.
**sukobiti (se),** *v.* to clash, to knock (*ili*) to dash one against another; to contradict.
**sukrivac,** *n.* accomplice, accessory.
**sukrivnja,** *n.* complicity.
**sukrvica,** *n.* pus, matter, sanies.
**suktati,** *vidi:* **sukljati.**
**suledica,** *n.* glazed frost.
**sulica,** *n.* spear, lance.
**suložnica,** *n.* concubine.
**suložnik,** *n.* concubine.
**sultan,** *n.* sultan.
**sultanija,** *n.* sultana, sultaness.
**sulud,** *a.* silly, mad, foolish, imprudent, senseless; insane, lunatic.
**suludnica,** *n.* silly woman.
**suludnik,** *n.* fool, madman, blockhead.
**suludost,** *n.* silliness, folly, foolishness, stupidity. foolish trick.
**sumaglica,** *n.* mist, fog.
**sumahnit,** *a.* stupid, silly, foolish.
**sumeđa,** *n.* demarcation.
**sumjesa,** *n.* mixture, medley, blend.

**sumnja,** *n.* suspicion, doubt, distrust, conjecture.
**sumnjanje,** *vidi*: **sumnja.**
**sumnjati (se),** *v.* to suspect, to doubt.
**sumnjičav,** *vidi*: **sumnjiv.**
**sumnjičenje,** *vidi*: **sumnja.**
**sumnjičiti,** *v.* to cast suspicion on, to reflect on, to doubt, to suspect.
**sumnjiv,** *a.* doubtful, suspected, suspicious.
**sumnjivac,** *n.* suspicious person.
**sumnjivost,** *vidi*: **sumnja.**
**sumor,** *n.* gloom; darkness.
**sumoran,** *a.* gloomy, dusky, sullen, melancholy; dark, dim,cloudy.
**sumornost,** *n.* gloominess, darkness, duskiness; sadness, obscurity, obscureness, gloom.
**sumpor,** *n.* sulphur, brimstone.
**sumporača,** *n.* lucifer-match.
**sumporan,** *a.* sulphuric, sulphureous.
**sumporiti,** *v.* to smoke with brimstone, to dip in brimstone.
**sumporna kiselina,** *n.* sulphuric acid.
**sumporovina,** *n.* sulphuric acid.
**sumporovit,** *a.* sulphurous.
**sumračak,** *n.* twilight, dusk.
**sumračan,** *a.* crepuscular, dark, dim, dull, cloudy; gloomy.
**sumračiti se,** *v.* to become dark (*ili*) gloomy, to dusk.
**sumračje,** *vidi*: **sumrak.**
**sumrak,** *n.* twilight, dusk, gloaming, evening-twilight.
**sumrtav,** *a.* half-dead, benumbed.
**sunarodnik,** *n.* fellow-countryman.
**sunasljednica,** *n.* co-heiress, joint-heiress.
**sunasljednik,** *n.* co-heir, joint-heir.
**sunašce,** *n.* sun.
**sunce,** *n.* sun.
**suncobran,** *n.* parasol.
**suncogled,** *n.* helioscope.
**suncokret,** *n.* sunflower.
**suncovrat,** *n.* solstice, summer-time.
**sunčani,** *a.* sunny.
**sunčanica,** *n.* sunflower; (*bolest*) sunbeam, sunstroke, siriasis.
**sunčanik,** *n.* (*sunčana ura*) sun-dial; (*cvijet*) sunflower.
**sunčanje,** *n.* exposure to the sun, basking.
**sunčati se,** *v.* to sun (oneself), to bask (in the sun).
**sunder,** *n.* sponge, mushroom.
**sunečenje,** *vidi*: **sunet.**

**sunet,** *n.* circumcision, cutting.
**sunetiti,** *v.* to cut, to clip; (*kod židova*) to circumcise.
**sunica,** *n.* (*malina*) raspberry.
**sunovrat,** *n.* narcissus.
**sunovratice,** *adv.* precipitately, hurridly, hastily.
**sunovratiti se,** *v.* to precipitate.
**sunuti,** *v.* to thrust, to push; to hasten, to hurry, to run.
**suočenje,** *n.* confrontation, facing; collation (*of writings*).
**suočiti,** *v.* to confront, to face, to compare.
**suodžba,** *vidi*: **suočenje.**
**suparnik, -ica,** *n.* rival, adversary, competitor; (*neprijateljica*) enemy, foe.
**suparništvo,** *n.* rivalry, competition.
**superlativ,** *n.* superlative.
**supijan,** *a.* half-drunk.
**supka,** *n.* acrospire.
**supotpis,** *n.* countersignature.
**supotpisatelj,** *n.* countersigner.
**supotpisati,** *v.* to countersign.
**supozicija,** *n.* supposition, conjecture, idea.
**suproć,** *prep.* towards, against, to; compared with.
**suproćenje,** *n.* incompatibility.
**suprot,** *prep.* opposite, towards; against.
**suprotan,** *vidi*: **suprotivan.**
**suprotiti se,** *v.* to resist, to oppose.
**suprotivan,** *a.* adverse, contrary, refractory, opposite.
**suprotiviti se,** *v.* to oppose, to be against, to be contrary to; to resist, to withstand.
**suprotivljenje,** *n.* opposition; contrast.
**suprotivština,** *n.* stubbornness, firmness, refractoriness.
**suprotnost,** *n.* opposition, resistance; protestation, contrariety; annoyance, antagonism.
**suprotstaviti,** *v.* to put against (*ili*) before, to oppose; to offer, to pledge.
**suprug,** *n.* husband.
**supruga,** *n.* wife, spouse.
**supstantiv,** *n.* substantive, noun.
**suputnik,** *n.* fellow traveler.
**sur,** *a.* brown, tawny, gray.
**suradnik,** *n.* fellow-laborer, assistant, associate; contributor.
**surkast,** *a.* gray, grey, grizzled.

**surla,** *n.* snout, trunk, proboscis.
**surma,** *n.* (*ruda*) antimony.
**surodica,** *n.* relation, relative, kinsman, kinswoman, collateral relation.
**suronja,** *n.* cudgel; clown, booby; rude fellow.
**surov,** *a.* coarse, gross, thick; clumsy, rude; insolent, rough; raw.
**surovina,** *n.* crude product, raw material.
**surovost,** *n.* rawness, rudeness, brutality, barbarity, roughness.
**suručica,** *n.* meadow-sweet (*ili*) wort.
**surutka,** *n.* whey.
**survati se,** *v.* to precipitate, to fall (*ili*) tumble down.
**susjed** (a), *n.* neighbor.
**susjedan,** *a.* neighboring.
**susjedstvo,** *n.* neighborhood, vicinity.
**susnježica,** *n.* sleet, snow storm with rain.
**susresti,** *v.* to meet (with), to encounter; to happen (to).
**susret,** *n.* meeting, accidental meeting, encounter; occasion.
**susretanje,** *n.* meeting, encountering.
**susretati,** *vidi*: **susresti.**
**susretljiv,** *a.* obliging, complaisant.
**susretljivost,** *n.* kindness.
**sustajati,** *v.* to tire, to fatigue, to get tired, to grow tired, to relax.
**sustalost,** *n.* weariness.
**sustao,** *a.* weary, tired, fatigued.
**sustati,** *vidi*: **sustajati.**
**sustav,** *n.* system.
**sustavan,** *a.* systematic.
**sustaviti,** *v.* to arrest, to stop, to detain, to withhold, to hinder.
**sustavno,** *adv.* systematically.
**sustavljanje,** *n.* stopping, hindering, delay.
**sustići,** *v.* to overtake; to go to meet, to get, to reach, to attain.
**sustizati se,** *vidi*: **sustići.**
**sustopice,** *adv.* in interrupted succession.
**sušci,** *n.* drought, barrenness, dryness, aridity; (*za sušenje žita*) barn.
**sušan,** *a.* dry, dried, sapless; lean, arid, barren.
**suša,** *n.* raisins.
**sušenje,** *n.* drying up, draining, withering; smoking, curing.
**sušica,** *n.* phthisis, tuberculosis, consumption.
**sušilo,** *n.* drier.

**sušiti,** *v.* to dry, to air; (*na zraku*) to air-dry; (*na suncu*) to dry on the sun, to insolate.
**sušnica,** *n.* dryer, drying-room.
**sušnik,** *n.* drier.
**sušten,** *a.* big with young.
**sušti,** *a.* whole, entire, all, total, complete.
**suština,** *n.* reality, essence, existence, being, subsistance.
**suton,** *n.* evening, twilight.
**sutra,** *adv.* to-morrow.
**sutradan,** *adv.* to-morrow.
**sutrašnji,** *a.* to-morrow's, of to-morrow.
**sutraveče,** *adv.* to-morrow evening.
**sutuk,** *n.* antidote; remedy.
**sututor,** *n.* co-guardian, joint guardian.
**suučenik,** *n.* class-mate, school-fellow.
**suvača,** *n.* horse-mill.
**suvarak,** *n.* piece of dry wood.
**suvat,** *n.* pasture, pasture ground.
**suvisli,** *a.* coherent, logically consistent.
**suvislost,** *n.* affinity, relation, connection.
**suvišak,** *n.* surplus, moreover, overplus, excess.
**suvišan,** *a.* superfluous; excessive.
**suviše,** *adv.* too, too much, too many, exceedingly, excessively.
**suvišnost,** *n.* excess, superfluity, super-abundance.
**suvladalac,** *n.* co-regent.
**suvlasnik,** *n.* joint owner.
**suvlasništvo,** *n.* joint ownership.
**suvratiti,** *v.* to turn up, to tuck up, to cock up, to beat back, to repulse.
**suvremen,** *a.* contemporaneous, contemporary.
**suvremenik,** *n.* contemporary.
**suvremenost,** *n.* contemporaneousness, contemporaneity.
**suvrst,** *n.* subspecies.
**suza,** *n.* tear; drop.
**suzan,** *a.* tearful, weeping, in tears; pathetic.
**suzbijati,** *v.* to beat back, to repulse; (*neprijatelja*) to repel.
**suzbiti,** *vidi*: **suzbijati.**
**suzdržavanje,** *n.* holding back; detaining.

**suzdržavati,** *v.* to hold (*ili*) keep back, to detain, to preserve; to maintain, to restrain.

**suziti,** *v.* to constrain; to shrink, to make narrower; (*oči*) to shed tears, to weep.

**sužanj,** *n.* prisoner, captive, slave.

**sužanjstvo,** *n.* captivity, confinement, slavery.

**sužavati,** *vidi*: **suživati.**

**suživati,** *v.* to make narrower, to contract.

**sužnjevati,** *v.* to be enslaved; to be confined.

**sužnjičar,** *vidi*: **sužanj.**

**svabiti,** *v.* to call together, to convoke, to assemble.

**svačiji,** *a.* everybody's, everyone's.

**svaća,** *n.* sister-in-law, stepsister.

**svaćati,** *vidi*: **shvaćati.**

**svadba,** *n.* wedding, nuptials, marriage, wedding feast, nuptials.

**svadbarina,** *n.* wedding-fee; marriage-due.

**svadbeni,** *a.* nuptial, bridal.

**svadbovati,** *v.* to weed, to celebrate.

**svaditi (se),** *vidi*: **svađati.**

**svadljiv,** *a.* quarrelsome, contentious, litigious.

**svadljivac,** *n.* trouble-maker, cribbiter, quarreler.

**svadljivost,** *n.* quarrelsomeness, passion for wrangling, litigiousness.

**svadnja,** *vidi*: **svađa.**

**svađa,** *n.* quarrel, brawl, altercation; dispute, strife.

**svađanje,** *n.* quarreling, disagreement.

**svađati (se),** *v.* to quarrel (with), to argue, to dispute; to altercate.

**svagda,** *adv.* always, ever, every time, all the time, (at) any time.

**svagda(š)nji,** *a.* daily, trite, everyday, commonplace; (*vječiti*) perpetual.

**svagdje,** *adv.* everywhere, all over, throughout.

**svak,** *pron.* each, every (body); — *n.* brother-in-law.

**svakad,** *vidi*: **svagda.**

**svakako,** *adv.* at all events, perhaps, certainly, by all means, indeed, to be sure, of course.

**svakakov,** *a.* of every kind.

**svakamo,** *adv.* everywhere.

**svaki,** *pron.* each, everyone.

**svakida (š)nji,** *a.* daily, trivial, everyday, commonplace.

**svakojak,** *a.* of all kinds, of all sorts.

**svakojako,** *adv.* in any way, so so.

**svakoji,** *vidi*: **svaki.**

**svakovstan,** *vidi*: **svakojak.**

**svakud (a),** *adv.* everywhere, all over.

**svaliti,** *v.* to throw down, to overthrow, to roll down, to pull down, to subvert.

**svaljati,** *vidi*: **svaliti.**

**svaljivati,** *vidi*: **svaliti.**

**svanuće,** *n.* daybreak, (first) rise.

**svanuti,** *v.* to dawn, to rise.

**svanjivanje,** *vidi*: **svanuće.**

**svanjivati,** *vidi*: **svanuti.**

**svarati,** *vidi*: **prevariti.**

**svariti,** *v.* to boil, to cook, to boil down.

**svast,** *n.* sister-in-law.

**svastika,** *vidi*: **svast.**

**svašta,** *adv.* everything, anything.

**svat,-ica,** *n.* wedding-guest.

**svatko,** *prep.* every, every one, each, everybody.

**svatovac,** *n.* nuptial song.

**svatovati,** *v.* to attend wedding.

**svatovi,** *n.* wedding-party.

**sve,** *pron.* all, everything.

**svečan (i),** *a.* solemn, festive, ceremonious, formal; — **dan,** holiday, festive-day.

**svečanica,** *n.* almanac, calendar.

**svečanik,** *n.* feast, festival, holiday, festive day.

**svečano,** *adv.* solemnly.

**svečanost,** *n.* celebration, festivity, festival, feast, solemnity, ceremony.

**svečar,** *n.* celebrator.

**svećenički,** *a.* priestly, sacerdotal, vestal, pontifical, ministerial.

**svećenik,** *n.* priest, clergyman.

**svećenstvo,** *n.* clergy, priesthood.

**svećenje,** *n.* consecration, ordination.

**svedar,** *n.* auger, borer, bore, gimlet.

**svedba,** *n.* sanctification, consecration.

**sveden,** *vidi*: **svodan.**

**sveđ,** *vidi*: **svagda.**

**svejednako,** *adv.* no matter, all the same, of no consequence, just the same.

**svekar,** *n.* father-in-law.

**svekoliko,** *prep.* throughout.

**svekrva,** *n.* mother-in-law.

**svekrvica,** *vidi*: **svekrva.**

**svemir,** *n.* the universe.

**svemoć,** *n.* omnipotence, almightiness.
**svemoćan,** *a.* omnipotent, almighty.
**svemogući,** *vidi:* **svemoćan.**
**svemogućnost,** *n.* omnipotence, almightiness.
**svemožni,** *vidi:* **svemoćan.**
**sveopći,** *a.* universal, general, common.
**svesilni,** *a.* omnipotent, all-powerful, most powerful.
**sveska,** *n.* volume, book.
**sveskupa,** *adv.* altogether.
**Sveslaven,** *n.* Panslavist.
**sveslavenski,** *a.* Panslavistic.
**svesrdan,** *a.* generous, compassionate.
**svesrdno,** *adv.* cordially, with all heart.
**svesrdnost,** *n.* cordiality.
**svesti,** *v.* to set, to lead (*ili*) draw down, to deduct, to derive, to withdraw.
**svestran,** *a.* in all respects, universal; versatile; through.
**svestrano,** *adv.* universally; thoroughly.
**svestranost,** *n.* thoroughness; universality.
**sveštenik,** *vidi:* **svećenik.**
**svet,** *a.* saint, sacred, holy, pious.
**svetac,-ica,** *n.* saint, patron; (*dan*) holiday.
**sveti,** *a.* holy; — **pismo,** holy writ; — **križ,** the holy rood.
**svetilište,** *n.* sanctuary.
**svetinja,** *n.* relic, sanctuary, shrine, holy thing, holy relic.
**svetinjak,** *n.* saint, patron.
**svetište,** *vidi:* **svetilište.**
**svetitelj,** *vidi:* **svetac.**
**svetiti,** *v.* to sanctify, to hallow, to keep holy.
**svetkovanje,** *n.* celebration, feast, festival, festivity.
**svetkovati,** *v.* to hallow, to solemnize, to celebrate.
**svetkovina,** *n.* feast, festival, festivity, celebration, holiday.
**svetogrđe,** *n.* sacrilege, heinous offence.
**svetokradica,** *n.* sacrilegious person, church-robber.
**svetost,** *n.* holiness, sanctity, sacredness.
**svetotajstvo,** *n.* sacrament.
**sveto-trojstvo,** *n.* Holy Trinity.
**sveučilištarac,** *n.* university student.
**sveučilište,** *n.* university.

**sveudilj,** *adv.* always, ever, evermore, continually; nevertheless, all the same; without interruption, perpetually, everlastingly.
**sveudiljan,** *a.* continual, successive, uninterrupted, entire; constant, continuous.
**sveukupan,** *a.* total, whole, general, universal.
**sveukupno,** *adv.* totally, in general, generally.
**svevišnji,** *a.* most high, supreme; — *n.* The Almighty.
**sveza,** *n.* connection, relation, union, alliance, junction, society, communication, association.
**svezak,** *n.* (*knjiga*) volume.
**svezati,** *v.* to bind, to tie; to fasten, to connect.
**sveznajući,** *a.* omniscient.
**sveznalica,** *n.* pretender of knowing all.
**sveznanstvo,** *n.* omniscience.
**svežanj,** *n.* bunch, bundle, pack, package.
**svežčić,** *n.* parcel, package; (*knjižica*) booklet.
**svi,** *vidi:* **sav.**
**svibanj,** *n.* May.
**svička,** *n.* tube, pipe, funnel, conduit, fistula.
**svići,** *v.* to accustom, to use, to inure, to get used, to habituate.
**svidjeti se,** *v.* to please, to gratify, to agree; to like, to be fond of.
**sviđati,** *v.* to take care of, to attend to, to look after, to manage, to provide for; — (**se**) to please, to suit.
**svijati,** *vidi:* **savijati.**
**svijeća,** *n.* candle, taper, light.
**svijećnica,** *n.* Candlemass.
**svijećnjak,** *n.* candlestick, candelabrum.
**svijesan,** *a.* rational, sensible, reasonable.
**svijest,** *n.* consciousness, conscience; recollection.
**svijestan,** *a.* conscious, sensible, aware, intelligent, prudent.
**svijet,** *n.* world; people; universe; earth; mankind, folks.
**svijetao,** *a.* brilliant, luminous, clear, bright, light, glossy.
**svijetlati,** *v.* to shine, to polish.
**svijetliti (se),** *v.* to light, to lighten, to glisten, to shine, to glitter.

**svijetlo,** *n.* light, day-light, day; lamp; torch; bright color; life.
**svijetnjak,** *vidi:* **svijećnjak.**
**svikati,** *v.* to convoke, to summon.
**sviknuti,** *vidi:* **svići.**
**svila,** *n.* silk.
**svilac,** *n.* (*buba*) silk-worm, lint.
**svilača,** *n.* silk shirt.
**svilan,** *a.* silk (en), silky.
**svilana,** *n.* silk-manufactory, silk-spinnery.
**svilar,** *n.* silkman, silkdealer, silk-weaver.
**svilara,** *vidi:* **svilana.**
**svilarica,** *n.* pustule.
**svilarstvo,** *n.* sericulture, rearing of silk-worms.
**svilen,** *a.* silken, silk, silky.
**svilenina,** *n.* silk (-goods).
**svilokos,** *a.* silken-haired.
**svilorun,** *a.* silken-woolly.
**svinuti,** *v.* to bend, to bow, to crook.
**svinj,** *vidi:* **svinjac.**
**svinja,** *n.* hog, pig, swine, sow; (*divlja*) wild-boar.
**svinjac,** *n.* pig-sty, hog-sty, hog-pen.
**svinjar,** *n.* swine-herd, hog-herd.
**svinjarija,** *n.* hoggery, filth, mess, filthiness,piggery;dirty work(*ili*)trick.
**svinjarstvo,** *vidi:* **svinjarija.**
**svinjče,** *n.* hog, swine.
**svinjeći,** *a.* swinish, filthy; — **koža,** pig-skin.
**svinjetina,** *n.* pork, pork-meat.
**svinjski,** *a.* swinish, hoggish; — **mast,** lard; — **trg,** hog-market.
**svioni,** *vidi:* **svilen.**
**svirač,** *n.* flute-player.
**svirala,** *n.* flute, wind-pipe.
**sviraljka,** *vidi:* **svirka.**
**sviranje,** *n.* playing.
**svirati,** *v.* to play music.
**sviriti,** *vidi:* **svirati.**
**svirka,** *n.* music, blast-engine.
**svisnuti,** *v.* to break, to rend; to pine.
**svit,** *n.* band, tie; league, alliance, confederacy; covenant.
**svita,** *n.* cloth, sheet, stuff, matter; (*prijatelji kod slave*) party.
**svitac,** *n.* glow-worm.
**svitak,** *n.* cover, veil, wrapper; coil.
**svitaljka,** *n.* glow-worm, June-bug.
**svitan,** *a.* of (the) cloth.
**svitanje,** *n.* dawn.
**svitati,** *v.* to dawn.
**svite,** *n.* dress, gown, garment.

**sviti,** *vidi:* **saviti.**
**svitica,** *n.* curl.
**svitlati,** *v.* to expel, to drive together.
**svitnjak,** *n.* drawers' band, belt, string.
**svizac,** *n.* marmot.
**svjedočanstvo,** *n.* testimony, evidence; proof, certificate.
**svjedočenje,** *n.* testimony, evidence, attestation, certificate, proof.
**svjedočiti,** *v.* to witness, to testify, to depose.
**svjedodžba,** *n.* certificate, testimonial, evidence; character.
**svjedok,** *n.* witness, deponent.
**svještavati,** *v.* to sanctify, to hallow, to keep holy, to bless, to consecrate, to dedicate.
**svještenik,** *vidi:* **svećenik.**
**svještenstvo,** *vidi:* **svećenstvo.**
**svjet,** *n.* counsel, advice, counsellor, advocate, council, council-board.
**svjetiljka,** *n.* lamp, lantern, hanging-lamp.
**svjetina,** *n.* crowd, throng, common herd, mob, people.
**svjetionik,** *n.* light-house, beacon, light, watch-light.
**svjetlac,** *n.* anthracite; (*fosfor*) phosphor.
**svjetlati,** *v.* to illumine, to purify, to shine.
**svjetlica,** *n.* lightning, flash.
**svjetlo,** *n.* light, candle, flame.
**svjetlost,** *n.* light, lustre, brightness, clearness, splendor; (*dan*) day.
**svjetlucanje,** *n.* glimmer (ing), glitter (ing).
**svjetlucati se,** *v.* to glimmer, to flicker, to glitter, to sparkle, to scintillate, to flash, to gleam.
**svjetnik,** *vidi:* **savjetnik.**
**svjetovati,** *v.* to advise, to recommend, to counsel.
**svjetovni,** *a.* worldly, lay, secular, temporal; profane, unholy; — **stalež,** secularity; — **imetak,** temporals.
**svjetovnjak,** *n.* man of the world, layman, laic.
**svjetski,** *a.* worldly, temporal, secular; universal.
**svjež,** *a.* fresh, new.
**svježina,** *vidi:* **svježost.**
**svježost,** *n.* freshness, coolness, chill, vigor, bloom.

**svlačenje**, *n.* undressing.
**svlačiti**, *v.* to undress, to take off.
**svladanje**, *n.* conquering, conquest.
**svladatelj**, *n.* conqueror, vanquisher, victor.
**svladati**, *v.* to master; to vanquish, to conquer, to overcome, to subdue.
**svlak**, *n.* large plane, jointer.
**svod**, *n.* vault, arched roof; sky; arch, arc, semicircle; *(nebeski)* firmament.
**svodan**, *a.* vaulted; crooked; arched.
**svodilac**, *n.* pander, pimp.
**svodilja**, *n.* procuress.
**svodište**, *n.* arch-hall.
**svoditi**, *v.* to vault, to arch; *(sjediniti)* to reunite, to join again, to reconcile, to combine, to rejoin, to assemble; *(zavoditi)* to pimp, to pander.
**svodnica**, *n.* procuress, bawd, go-between.
**svodnik**, *n.* pander, pimp, seducer.
**svodstvo**, *n.* match-making, pimping.
**svođenje**, *n.* allurement, enticement; coaxing, cajoling.
**svoj**, *n.* turning, volt, facing; — *pron.* own; belonging to.
**svoja**, *n.* *(riba)* sole.
**svojatanje**, *n.* pretension, usurpation, appropriation.
**svojatati**, *v.* to appropriate, to claim, to arrogate, to usurp; to pretend.
**svojdba**, *n.* kinship.
**svojeglav**, *a.* capricious, obstinate, stubborn.
**svojeglavost**, *n.* obstinacy, stubbornness, capriciousness.
**svojeručan**, *a.* with one's own hand, autographic.
**svojevolja**, *n.* arbitrariness, willfulness.
**svojevoljan**, *a.* voluntary, spontaneous, willful; arbitrary.
**svojevoljno**, *adv.* voluntarily, willfully, spontaneously.
**svojeznanje**, *n.* *(samosvijest)* self-consciousness.
**svojina**, *n.* property, ownership, copyright, interest.
**svojski**, *a.* able, apt; proper, regular; thorough, downright; — *adv.* thoroughly.
**svojstven**, *a.* characteristic, peculiar, singular; one's own.
**svojstvo**, *n.* quality, property, attribute; peculiarity, individuality.

**svojta**, *n.* relationship, relation, kinsfolk, kindred.
**svornik**, *n.* bolt, strong peg, wedge.
**svota**, *n.* sum, amount, allowance.
**svotnik**, *n.* removal, review, survey, summary. ·
**svoziti**, *v.* to bring together.
**svrab**, *n.* *(srbež)* itch, itching, pruriency; *(bolest)* scab, mange.
**svrabati** (**se**), *v* to scratch, to scrape, to rub.
**svrabljiv**, *a.* itchy, scabby, mangy.
**svračak**, *n.* ortolan.
**svraćanje**, *n.* averting; diverting, drawing off.
**svraćati**, *v.* to avert, to divert, to turn off, to draw; (**se**) to go to, to call on, to visit, to frequent.
**svraka**, *n.* magpie.
**svrakoper**, *n.* cinereous shrike.
**svratište**, *n.* hotel, inn, tavern.
**svratiti se**, *v.* to visit, to call on, to frequent, to go to.
**svrbež**, *n.* itching.
**svrbjeti**, *v.* to bite, to itch.
**svrći**, *v.* *(sa službe)* to suspend, to remove; to overthrow; *(s prijestolja)* to dethrone; *(s uma)* to forget, to omit.
**svrdao**, *n.* auger, drill, bore, borer, piercer, tendril; *(mali)* gimlet.
**svrdlar**, *n.* auger-smith.
**svrdlić**, *n.* gimlet, small borer.
**svrdlo**, *vidi:* **svrdao.**
**svrgnuće**, *n.* deposition, removal; dethronement.
**svrgnuti**, *vidi:* **svrći.**
**svrh**, *prep.* *(svrhu)* over, above, about, beyond; on, upon; more than; — *adv.* over, remaining.
**svrha**, *n.* purpose, object, aim, end; result, issue.
**svrnuti**, *v.* to twist off, to avert, to divert, to turn off; (**se**) to call on, to lodge, to visit, to go to.
**svršati**, *vidi:* **svršiti.**
**svršen**, *a.* finished, done, completed, complete, accomplished, perfect, ended.
**svršenost**, *vidi:* **svršetak.**
**svršetak**, *n.* finish, completion, end, extremity, conclusion, termination, expiration.
**svršitelj**, *n.* finisher, accomplisher.

**svršiti,** *v.* to end, to finish, to accomplish; to perfect, to close, to terminate, to complete.

**svrtati (se),** *v.* to turn aside, to put out of the way, to avert, to divert; (*bušiti*) to bore, to drill, to pierce.

**svručiti (se),** *v.* to heat, to grow hot; to glow.

**svrviti se,** *v.* to flock, to crowd.

**svrzimantija,** *n.* ex-priest, ex-parson.

**svrž,** *n.* (*grana*) branch, arm, bough.

**svržak,** *n.* (*na drvetu*) gnarl, knot.

**svržkav,** *a.* knaggy.

**svući (se),** *v.* to undress, to take off; to take away, to deprive of.

**svud (a),** *adv.* everywhere, throughout, all over, generally, universally.

# Š

**šačica,** *n.* small palm; (*ljudi*) a few, several.
**šafran,** *n.* (*bil.*) saffron.
**šafranov,** *a.* of saffron, saffron-colored; golden.
**šajka,** *n.* boat, canoe; sloop.
**šajkaš,** *n.* boatman, rower.
**šajkašica,** *n.* boatwoman.
**šajtov,** *n.* screw; (*kod broda*) propeller.
**šaka,** *n.* fist, hand; palm; (*nečesa*) handful.
**šakački,** *a.* boxing; pugilistic.
**šakalac,** *n.* boxer, pugilist.
**šakanje,** *n.* boxing, pugilism.
**šakati (se),** *v.* to box, to wrestle; to struggle.
**šal,** *n.* shawl, scarf.
**šala,** *n.* joke, jest, fun; pleasantry, raillery.
**šale,** *adv.* jestingly, in fun.
**šalica,** *n.* cup.
**šaliti se,** *v.* to jest, to joke, to banter, to play.
**šaljiv,** *a.* jocose, playful, funny, joking, burlesque, comic, droll, odd.
**šaljivac,** *n.* jester, joker, farce-player.
**šaljivdžija,** *vidi:* **šaljivac.**
**šaljivost,** *n.* jocosity.
**šampanjac,** *n.* champagne.
**šanac,** *n.* trench, redoubt, earthwork, entrenchment.
**šandati,** *v.* to saunter.
**šandrati,** *v.* to divulge.
**šantati,** *v.* (*šepati*) to limp, to halt; to go lame.
**šantav,** *a.* lame, limping, paralytic.
**šanuti,** *v.* to lisp, to whisper.
**šap,** *n.* alum; (*bolest papaka*) claw-sickness.
**šapa,** *n.* paw, foot, claw; flap.
**šapat,** *n.* whisper, whispering.
**šaptač,** *vidi:* **šaptalac.**
**šaptalac,** *n.* whisperer, prompter.
**šaptanje,** *n.* whispering, whisper, prompting; humming.

**šaptati,** *v.* to whisper; to prompt; to hum, to buzz, to murmur.
**šaputati,** *vidi:* **šaptati.**
**šar,** *a.* variegated, motley, parti-colored, spotted.
**šara,** *n.* ornament, various colors, divers-colors.
**šarac,** *n.* (*konj*) streaky-horse, dappled horse.
**šaraf,** *n.* screw; (*broda*) propeller.
**šarafiti,** *v.* to screw; to cheat.
**šaraglje,** *n.* trestle, bier, trucklebed; (*mrtvačke*) bier.
**šaran,** *n.* (*riba*) carp.
**šaranje,** *n.* (*šarovitost*) variegation.
**šarati,** *v.* to variegate, to dapple, to speckle; (*lagati*) to lie, to fib.
**šaren,** *a.* variegated, motley, spotted, speckled.
**šarenica,** *n.* partly-colored carpet.
**šareniti,** *v.* to dapple, to variegate, to spot, to streak.
**šarenjak,** *n.* false-man.
**šarkast,** *vidi:* **šaren.**
**šarke,** *n.* hinge.
**šarlah,** *n.* scarlatina, scarlet-fever.
**šaroper,** *a.* spotted-feathered.
**šarov,** *n.* partly-colored dog.
**šarovit,** *vidi:* **šaren.**
**šaš,** *n.* reed-grass, bur-grass, sedge.
**šaša,** *vidi:* **šaš.**
**šašav,** *a.* half-witted, silly, simple-minded.
**šatra,** *n.* booth, stall, stand.
**šatrašće,** *n.* stall-money, stallage.
**šav,** *n.* stitch, seam, sewing, suture.
**šavac,** *n.* tailor, cutter.
**šavran,** *vidi:* **šafran.**
**ščekati,** *v.* to expect, to wait for, to await.
**ščepati,** *v.* to catch, to seize, to take up; to lay hold of.
**ščetinje,** *n.* bristle.
**ščinjati se,** *vidi:* **oklijevati.**
**ščučunjiti se,** *v.* to crouch, to cring, to shirk work (*ili*) payment.
**ščapiti,** *v.* to catch, to seize, to grab.

**šćerdati,** *v.* to lose, to dissipate, to disperse, to waste, to dispel, to squander.

**šćita,** *n.* umbrella, parasol.

**šćućuriti se,** *v.* to crouch, to squat, to cower down.

**šćuhati se,** *vidi:* **raspasti se.**

**šeboj,** *n.* gum-lac, varnish, lacquer; gilliflower, stock, wall-flower.

**šećer,** *n.* sugar.

**šećeriti,** *v.* to sugar (over).

**šećerni,** *a.* sweet as sugar, sugar, honeyed, sugary, sweet.

**šećernica,** *n.* sugar-bowl.

**šedrvan,** *n.* fountain, jet.

**šega,** *n.* custom, habit, use.

**šegac,** *n.* hand-saw.

**šegrt,** *n.* apprentice, novice.

**šegrtovati,** *v.* to be apprentice.

**šemišljika,** *n.* blue-bottle, corn-flower.

**šenac,** *n.* (*uš*) louse.

**šenica,** *n.* wheat.

**šenluk,** *vidi:* **veselje.**

**šenut,** *a.* demented, deranged, insane, crazy, mad.

**šenuti,** *v.* to avert, to divert; to stir, to move, to strike, to touch; (*pameću*) to become crazy, insane (*ili*) mad.

**šepanje,** *n.* limping.

**šepati,** *v.* to limp, to halt, to go lame.

**šepav,** *a.* limping, halting.

**šepeljiti,** *v.* to waddle.

**šepesati,** *v.* to limp, to halt, to go lame.

**šepirenje,** *n.* strutting, flaunting.

**šepiriti se,** *v.* to strut, to flaunt, to walk about with free and easy step.

**šeprtlja,** *n.* bungler, shuffler, botcher, weathercock.

**šeprtljati,** *vidi:* **šeprtljiti.**

**šeprtljiti,** *v.* to bungle, to botch, to shuffle, to dabble, to juggle.

**šepurika,** *n.* dog-rose, wild-rose, sweet brier.

**šepuriti se,** *vidi:* **šepiriti se.**

**šeput,** *n.* knot, joint, tie, knuckle; mesh, stitch (in knitting).

**šeputika,** *n.* virgin's, lady's (*ili*) vine-bower, bend-with, traveler's joy, old man's beard.

**šerit,** *n.* border, edging, lace.

**šerpa,** *n.* tripod, trivet.

**šesnaest,** *num.* sixteen.

**šesnaesti,** *a.* sixteenth.

**šesnaestina,** *n.* sixteenth part.

**šest,** *num.* six.

**šestac,** *n.* (*astr.*) sextant.

**šestar,** *n.* compass, pair of compasses, circle.

**šestariti,** *v.* to measure, to arrange, to regulate, to operate with compass (*ili*) circle.

**šesterostruk,** *a.* sixfold.

**šesti,** *a.* sixth.

**šestilo,** *vidi:* **šestar.**

**šestina,** *n.* sixth part, sixth.

**šestorica,** *n.* six of them, six.

**šestoro,** *num.* six.

**šestorogub,** *vidi:* **šestorostruk.**

**šešana,** *n.* gun, musket.

**šešir,** *n.* hat, bonnet; (*mekani*) soft hat; (*slamnati*) straw hat; (*tvrdi*) stiff hat.

**šeširdžija,** *n.* hatter.

**šeta,** *vidi:* **šetnja.**

**šetalac,** *n.* walker, promenader, pedestrian.

**šetalica,** *n.* (*ura*) clock, time-piece.

**šetalište,** *n.* park, promenade-place, walking-place.

**šetanje,** *n.* walking, promenade, stroll.

**šetati (se),** *v.* to go (*ili*) walk about, to take a walk, to stroll, to ramble, to cruise.

**šetnja,** *n.* promenade, walk, walking, stroll, pleasure-trip, airing, procession.

**ševa,** *n.* lark, field-lark.

**ševar,** *n.* reed, cane, rush.

**ševarik,** *n.* thicket, bushes, shrubs.

**ševrdalo,** *n.* inconstant man, fickle person.

**ševrdanje,** *n.* inconstancy, fickleness, unsteadiness, uncertainty.

**ševrdati,** *v.* to turn aside, to shuffle, to warp, to botch.

**ševrljuga,** *n.* lark.

**ševrtelija,** *n.* (*plod*) peach; (*stablo*) peach-tree.

**šezdeset,** *num.* sixty.

**šezdeseti,** *num.* sixtieth.

**šib,** *n.* underwood, copse, bushes, thicket, shrubs.

**šiba,** *n.* rod, wand, twig; switch.

**šibati,** *v.* to flog, to whip.

**šibica,** *n.* (*žigica*) match.

**šibičnjak,** *n.* match-box.

**šibika,** *n.* rod, wand, twig, switch, ramrod, drum-stick.

**šibljak,** *n.* thicket, bunch, tuft.

**šiblje,** *vidi:* **šibljak.**

**šibljika,** *n.* rod, wand, twig, switch.
**šićar,** *n.* booty, prize, prey; (*korist*) profit, gain, interest.
**šićariti,** *v.* to capture; to profit.
**šija,** *n.* shrub, nape of the neck.
**šik,** *n.* tinsel, foil.
**šikara,** *n.* coppice, copse, bush, shrub.
**šikarje,** *n.* shrubbery, brush-wood.
**šikati (se),** *v.* to rock, to whistle, to hiss, to warble, to spout out, to spurt out, to burst out.
**šikljati,** *v.* to spout out, to spurt out, to burst out.
**šiknuti,** *v.* to rock, to hiss, to whiz; *vidi:* **šikljati.**
**šilar,** *n.* awl-maker.
**šiliti,** *v.* to sharpen, to point.
**šilo,** *n.* awl.
**šilj(ak),** *n.* point, sharp end, pointed tool, promontory.
**šiljanje,** *n.* sending, mission; parcel, consignment; (*robe*) forwarding.
**šiljast,** *a.* pointed, sharp, sharp-edged; (*kut*) acute; — **lice,** weasel-face.
**šiljati,** *v.* (*slati*) to send, to forward, to dispatch, to expedite.
**šiljeg,** *n.* mutton, wether, sheep.
**šiljiti,** *v.* to sharpen, to point.
**šiljkast,** *vidi:* **šiljast.**
**šimšir,** *n.* box, box-wood, box-tree.
**šimširovina,** *n.* box-wood.
**šindra,** *n.* shingle.
**šinuti (se),** *v.* to strike, to whip, to fling to, to dash off.
**šip,** *n.* piles, pile-work, hawthorn.
**šipa,** *n.* blackfish.
**šipak,** *n.* pomegranate; (*ruža*) wild rose, sweet-briar; (*stablo*) pomegranate-tree.
**šipka,** *n.* stick, rod, pole, perch, bar, curb-bit; (*od puške*) gun-rod.
**šiprag,** *n.* bush, thicket.
**šira,** *n.* must, wort.
**širenje,** *n.* spreading, stretching, widening.
**širimice,** *vidi:* **širom.**
**širina,** *n.* breadth, width; (*geografska*) latitude; (*prostor*) amplitude.
**širitelj,** *n.* propagator, divulger, spreader.
**širiti (se),** *v.* to spread, to extend, to expand, to widen, to enlarge, to amplify, to propagate.
**širok,** *n.* broad, wide, large; (*prostran*) ample; **široka ulica,** broadway.

**širokogrudan,** *a.* broad-minded.
**širokogrudnost,** *n.* broad-mindedness.
**širom,** *adv.* far, widely.
**šišak,** *n.* wild plum.
**šišanje,** *n.* hair-cut; shearing.
**šišarica,** *n.* gall-nut, pine-cone, fir-cone, oak-apple.
**šišati,** *v.* to shear, to shave off, to cut hair, to curtail, to prune, to clip, to lop, to poll.
**šiška,** *vidi:* **šišarica.**
**šiškanje,** *n.* lulling to sleep; silencing.
**šiškar,** *n.* gall-insect.
**šiškati,** *v.* to lull to sleep, to soothe, to allay, to still, to silence.
**šišmiš,** *n.* bat.
**šišnjati,** *v.* to ferret, to hunt with a ferret, to search; to dig, to investigate, to fumble; to rummage.
**šiti,** *v.* to sew, to stitch.
**šivaći,** *a.* sewing; — **stroj,** sewing machine.
**šivalo,** *n.* sewing machine.
**šivaljka,** *n.* sewing needle.
**šivanka,** *n.* needle, pin, bodkin.
**šivanje,** *n.* sewing, stitching.
**šivati,** *v.* to sew, to stitch.
**šivatka,** *vidi:* **šivanka.**
**šiveta,** *n.* mat, hassock, plaited hair.
**škaf,** *n.* water-bucket; water-pail.
**škakljanje,** *n.* tickling, titillation.
**škakljati,** *v.* to tickle; to titillate.
**škakljiv,** *a.* ticklish, difficult; — **stvar,** delicate affair, critical matter.
**škanjac,** *n.* vulture (bird).
**škare,** *n.* scissors, shears.
**škatulja,** *n.* box.
**škiljav,** *a.* squint-eyed, squinting, cross-eyed.
**škiljenje,** *n.* blink, blinking.
**škiljiti,** *v.* to squint, to have a cast in one eye, to leer, to blink.
**škiljo,** *n.* squinter, squint-eyed person.
**škip,** *n.* tray, trough, hod, wide, valley, pig (of lead), washing-trough.
**škloca,** *n.* pocket-knife.
**šklocati,** *v.* to snap, to snatch, to clap, to clatter.
**šklopac,** *n.* bite, flea-bite, puncture, stab, prick.
**škoda,** *n.* (*šteta*) damage, loss, waste; injury.
**škoditi,** *v.* to hurt, to injure, to damage, to prejudice.

**škodljiv,** *a.* hurtful, noxious, injurious, harmful.

**škodljivost,** *n.* hurtfulness, injuriousness.

**škola,** *n.* school, school-house; **viša-,** college, high-school, gymnasium.

**školar,** *n.* schoolboy, pupil, scholar, disciple.

**školarica,** *n.* schoolgirl.

**školarina,** *n.* tuition, school-fees ·

**školati (se),** *v.* to school.

**školnik,** *n.* school-master, teacher, instructor, director, tutor.

**školovanje,** *n.* schooling.

**školovati,** *v.* to school.

**školstvo,** *n.* school-management, education; system.

**školj,** *n.* island, isle, reef, ridge.

**školjar,** *n.* islander.

**školjka,** *n.* shell, mussel.

**škopac,** *n.* wether, mutton, gelded ram; simpleton.

**škopčevina,** *n.* mutton.

**škopica,** *n.* castration knife.

**škopiti,** *v.* to clip, to pare, to prune, to castrate.

**škopljenje,** *n.* castration.

**škorav,** *a.* (*škornjav*) wrinkled.

**škornje,** *n.* (*čižme*) boots.

**škorpijon,** *n.* scorpion.

**škrabica,** *n.* (*za milodare*) alms-box, case, box.

**škrabija,** *n.* drawer.

**škrabnica,** *n.* alms-box.

**škrba,** *n.* tooth-gap, gap in the teeth.

**škrbast,** *a.* gap-teethed, toothless.

**škrbav,** *a.* notched, jagged.

**škrbina,** *n.* stump, remnant.

**škrbotina,** *vidi:* **škrbina.**

**škrebetaljka,** *n.* rattle; flax-brake.

**škrebetati,** *v.* to rattle.

**škrga,** *n.* partridge.

**škrge,** *n.* gills, branchiae.

**škrgut,** *n.* gnashing, grating, crepitation, rattling.

**škrgutati,** *v.* to gnash (one's teeth), to grate.

**škriljak,** *vidi:* **klobuk.**

**škriljavac,** *n.* slate; splinter.

**škrinati,** *vidi:* **škripati.**

**škrinja,** *n.* chest, case, box, trunk.

**škrip,** *n.* log, block, pulley; straits, difficulty; scrape.

**škripa,** *n.* rattle, rustling of silk, gnashing.

**škripac,** *n.* embarrassment, pinch, hindrance, rack, dilemma; torture; (*bolest konja*) spavin.

**škripanje,** *n.* gnashing, creaking.

**škripati,** *v.* to gnash, to creak, to gnarl, to crackle.

**škripavac,** *n.* coral clavaria.

**škripiti,** *vidi:* **škripati.**

**škrljac,** *n.* lark, skylark.

**škrljak,** *n.* hat; bonnet.

**škrob,** *n.* starch

**škrobataljka,** *n.* rattle; flax-brake.

**škrobiti,** *v.* to starch.

**škrobut,** *n.* (*bil.*) clematis.

**škropac,** *n.* sprinkle, shower, rain.

**škropilica,** *n.* holy-water sprinkler, sprinkler, aspergilum.

**škropiti,** *v.* to water, to sprinkle.

**škropnica,** *n.* holy-water fount.

**škrt,** *a.* stingy, avaricious, covetous, greedy.

**škrtac,** *n.* niggard, miser, curmudgeon, skinflint.

**škrtarenje,** *n.* stinginess, niggardliness, avarice.

**škrtariti,** *v.* to be stingy.

**škrtost,** *n.* stinginess, avarice.

**škuda,** *n.* shield, crown.

**škulj,** *n.* coarse sand.

**škulja,** *n.* hole, dungeon, prison.

**škver,** *n.* warf, ship-yard.

**škvorac,** *n.* starling, silly coxcomb.

**šlaknja,** *n.* dross, slag, cinder.

**šljaka,** *n.* crutch.

**šljapati,** *v.* to wade.

**šljapiti,** *v.* to box (one's) ears.

**šljednik,** *n.* (*pas*) blood-hound.

**šljem,** *n.* helmet.

**šljeme,** *n.* top, summit, ridge of a roof.

**šljez,** *vidi:* **sljez.**

**šljiva,** *n.* (*plod*) plum; (*stablo*) plum-tree; (*suha šljiva*) dried plum, prune.

**šljivar,** *n.* plum-dealer.

**šljivarka,** *n.* cockchafer.

**šljivik,** *n.* orchard of plum-trees, plum orchard.

**šljivovača,** *n.* plum-wood.

**šljivovica,** *n.* plum-brandy.

**šljivovik,** *vidi:* **šljivik.**

**šljoka,** *n.* spangle, tinsel.

**šljuka,** *n.* woodcock, idiot.

**šljunak,** *n.* flint-stone, pebble, gravel, grint.

**šmignuti,** *v.* to steal away.

**šmitati,** *v.* to saunter, to lounge.

**šmokljan,** *n.* blockhead, awkward fellow, booby.

**šmrk,** *n.* squirt, syringe, spout, fire-engine.

**šmrkalj,** *n.* mucus, snot; (*konjski*) glanders.

**šmrkati,** *v.* to snuff; (*burmut*) to take a snuff.

**šmrkav,** *a.* snotty, glandered.

**šmrkavac,** *n.* snot-nose, brat, slut.

**šmrknuti,** *v.* to snuff, to take a snuff.

**šmuknuti,** *v.* to slip, to escape; to avoid, to shun; to drop; to make one's escape.

**šmurnuti,** *vidi:* **šmuknuti.**

**šobot,** *n.* noise, sound, rattling, clashing, rustling.

**šogor,** *n.* brother-in-law.

**šogorica,** *n.* sister-in-law.

**šojka,** *n.* jay.

**šolja,** *n.* list-slippers, slip-shoe.

**šopati,** *v.* to feed, to fatten.

**šor,** *n.* street, lane.

**šorak,** *n.* lot, destiny, fate, chance, lottery-ticket, hazard.

**šorati,** *v.* to repulse, to repel, to drive back, to rebuff, to recoil; to bud again, to shoot again.

**šorav,** *a.* full of pits (*ili*) holes, pitted, dotted.

**šotka,** *n.* duck.

**špag,** *n.* pocket, bag, sack.

**špaga,** *n.* sword, packthread, twine, string, cord.

**špagarica,** *n.* pocket-pistol.

**špale,** *n.* acquisition, gain, profit, earnings.

**špan,** *n.* steward, overseer, manager; bailiff.

**Španjolac,** *n.* Spaniard.

**Španjolska,** *n.* Spain.

**španjolski,** *a.* Spanish.

**šparoga,** *n.* asparagus.

**špica,** *n.* staff, rod, spoke (of a wheel) semi-diameter, shuttle, beam, ray.

**špijun,** *n.* spy.

**špijuniti,** *v.* to spy.

**špilja,** *n.* grotto, cave, cavern.

**špinat,** *n.* spinach.

**šprih,** *n.* small-shot.

**špug,** *n.* snail, slug.

**špurak,** *n.* scorpion.

**šta,** *vidi:* **što.**

**štacija,** *n.* (*stanica*) station, stopping-place.

**štagalj,** *n.* barn, shed.

**štaka,** *n.* crutch; (*biskupska*) crosier.

**štake,** *n.* still, wooden leg.

**štakor,** *n.* rat.

**štala,** *n.* stable, sty, stall.

**štampa,** *n.* print, printing press; press, journalism.

**štampanje,** *n.* printing; pressing.

**štampar,** *n.* printer; presser.

**štamparija,** *n.* printing-office, typography.

**štamparski,** *a.* typographic (-al), printing.

**štamparstvo,** *n.* typography.

**štampati,** *v.* to print, to impress, to imprint; to stamp.

**štap,** *n.* cane, staff, stick, bar, rod, mace.

**štaviti,** *v.* to tan, to vex.

**štedionica,** *n.* savings-bank.

**štediša,** *n.* saver, economist; housekeeper.

**štedjeti,** *v.* to save, to spare, to lay by.

**štedljiv,** *a.* saving, sparing, thrifty, economical; **štedljivo živjeti,** to be thrifty.

**štedljivost,** *n.* economy, frugality, saving, thriftiness, parsimoniousness.

**štednja,** *n.* saving, economy, thriftiness, frugality; **ušteđeni novci,** savings.

**štednjak,** *n.* economical kitchen-range.

**štehtati,** *v.* to bark.

**štekavica,** *n.* bolt (*of a lock*).

**štektati,** *v.* to gape, to yelp; to scold.

**štene,** *n.* puppy, young dog.

**šteniti (se),** *v.* (*o kuji*) to bring forth.

**šteta,** *n.* damage, detriment, loss, disadvantage.

**štetan,** *a.* damaging, hurtful, harmful, injurious, disadvantageous; prejudicial; detrimental.

**štetiti,** *vidi:* **kvariti.**

**štetnik,** *n.* injurer, damager, spoiler.

**štetnost,** *n.* noxiousness, injuriousness, perniciousness.

**štetonosan,** *vidi:* **štetan.**

**štetovati,** *v.* to cause damage, to injure.

**štićenik,-ica,** *n.* ward, protege, client, vassal, dependent.

**štikla,** *n.* heel (*at the shoes*).

**štipalica,** *n.* nippers, pincers, tweezers.

**štipaljka,** *n.* snuffers.

**štipati,** *v.* to pinch, to nip, to snuff.
**štipavac,** *n.* scorpion.
**štipkati,** *vidi*: **štipati.**
**štipnuti,** *v.* to pinch.
**štir,** *n.* armaranth, strawberry, spinach.
**štirka,** *vidi*: **škrob.**
**štirkati,** *vidi*: **škrobiti.**
**štit,** *n.* shield, buckler, escutcheon.
**štiti,** *v.* to pick out, to gather, to glean; to read, to lecture.
**štititi,** *v.* to protect, to defend, to shield, to uphold.
**štitnik,** *n.* guardian, warden; protector, defender.
**štitništvo,** *n.* guardianship, wardship, trusteeship; protection, protectorate.
**štitonoša,** *n.* shield-bearer, armed person.
**štivo,** *n.* reading, literature, books.
**što,** *pron.* what, why, which, something, that.
**štogdje,** *adv.* here and there.
**štogod,** *pron.* whatever, whatsoever.
**štokad,** *adv.* sometimes, now and then.
**štokoji,** *pron.* some, any, several.
**štono,** *adv.* what.
**štošta,** *n.* (*štočega*) *pron.* all kind.
**štotko,** *pron.* somebody, any one.
**štovalac,** *n.* respecter, worshipper, admirer.
**štovan,** *a.* respectable, honorable, creditable, esteemed.
**štovanje,** *n.* respect, esteem, regard, attention, consideration; (*svetaca*) veneration.
**štovatelj,** *vidi*: **štovalac.**
**štovati,** *v.* to respect, to esteem, to honor; (*sveca*) to venerate.
**štraptati,** *vidi*: **kropiti.**
**štrcalica,** *n.* squirt, syringe; fire-engine.
**štrcaljka,** *vidi*: **štrcalica.**
**štrcanje,** *n.* squirting.
**štrcati,** *v.* to squirt, to spray, to syringe.
**štrk,** *n.* (*roda*) stork; (*muha*) gadfly.
**štrkalj,** *n.* gadfly; (*zapor*) brake.
**štrkljast,** *a.* long-legged, spindle-shanked.
**štrojiti,** *v.* to cut (*hair*); to clip, to pare, to prune; to castrate.
**štropot,** *n.* rumbling noise, rattling, clanking, din.
**štropotan,** *a.* noisy.

**štropotati,** *v.* to make a noise (*ili*) row.
**štruklji,** *n.* cheese-cake.
**štucanje,** *n.* hiccup, hiccough.
**štucati se,** *v.* to hiccup.
**štucavica,** *n.* hiccup.
**štuk,** *n.* putty.
**štuka,** *n.* (*riba*) pike; jack (*fish*).
**štuknuti,** *v.* to smack, to crack (a whip).
**štula,** *n.* stone, bottle; crutch.
**štur,** *a.* stunted, abortive stinted (child); — *n.* water-newt, triton.
**šturak,** *n.* (*cvrčak*) cricket (*insect*), field-cricket.
**šuba,** *n.* fur, fell.
**šubara,** *n.* fur-cap.
**šučenje,** *n.* silence, stillness.
**šuga,** *n.* (*bolest*) itch, scab, mange.
**šugav,** *a.* itchy, scabby, mangy
**šugavac,** *n.* leper, scabby man.
**šukunbaba,** *n.* great-grandmother.
**šukundjed,** *n.* great-grandfather.
**šulj,** *n.* block, lump; dog-yoke, clog.
**šuljevi,** *n.* hemorrhoids, piles.
**šum,** *n.* rustling noise; tingling (*of the ears*), bustle, buzzing, humming.
**šuma,** *n.* forest, wood (s), woodland.
**šumadija,** *n.* woodland.
**šumar,** *n.* forester, forest-keeper, ranger.
**šumarica,** *n.* cabbage, cole-wort.
**šumarija,** *n.* ranger's lodge (*ili*) house, forester's district (*ili*) office.
**šumarnik,** *n.* forest-inspector.
**šumarstvo,** *n.* forestry, forest-culture.
**šumati se,** *v.* to find; to meet with; to find out, to discover, to invent.
**šumica,** *n.* (*gaj*) grove, little wood.
**šumiti,** *v.* to buzz, to hum, to bustle; to murmur, to whisper.
**šumnat,** *a.* leafy, foliate, foliaceous.
**šumnjača,** *n.* green arbor, tabernacle.
**šumovit,** *a.* wooden, woody.
**šumski,** *a.* woody, forest-like, sylvan.
**šunka,** *n.* ham; buttocks.
**šunjalo,** *n.* (*njuškalo*) sniveler, spy.
**šunjati (se),** *v.* to scent, to smell, to spy, to curry favor, to creep in.
**šupa,** *n.* coach-house, shed.
**šupalj,** *a.* hollow, empty.
**šupeljak,** *n.* blockhead.
**šuper,** *n.* calker, caulker.
**šuperiti,** *v.* to calk, to make tight.
**šupljača,** *n.* strainer, filter; passage.

**šupljika,** *n.* (*na koži*) pore.
**šupljikast,** *a.* porous, full of holes; perforated.
**šupljina,** *n.* cavity, hollowness, pit, hole, excavation.
**šupljiti,** *v.* to perforate, to punch, to hollow out.
**šura,** *n.* brother-in-law.
**šurak,** *vidi*: **šura.**
**šuriti,** *v.* to scald.
**šurjak,** *n.* brother-in-law.
**šuřjakinja,** *n.* sister-in-law.
**šurovati,** *v.* to conspire, to plot.
**šuša,** *n.* trifling-man, hornless cow, goat, *etc.*
**šušanj,** *n.* rustling, noise, bustle.
**šušav,** *a.* hornless.
**šuškanje,** *n.* rushing, whistling, rustling, roaring.
**šuškati,** *v.* to lisp, to whisper, to rush, to whistle, to rustle, to roar.
**šušketati,** *vidi*: **šuškati.**

**šušnuti,** *v.* (*o vjetru*) to murmur, to whisper; (*o odjelu*) to graze.
**šušnjat,** *a.* leafy, leafed.
**šuštanje,** *vidi*: **šuškanje.**
**šuštati,** *vidi*: **šuškati.**
**šut,** *vidi*: **šušav.**
**šutjeti,** *v.* to be silent, to hold one's tongue.
**šutkati,** *v.* to silence, to make silent.
**šutljiv,** *a.* taciturn, reticent, silence.
**šutljivost,** *n.* silence, taciturnity, stillness, reticence.
**šutnja,** *n.* silence.
**šuvak,** *n.* left-handed person.
**šuvaka,** *n.* left-hand.
**švelja,** *n.* seamstress, dress-maker.
**švraka,** *n.* magpie.
**švrća,** *n.* dainty person, mollycoddle.
**švrljati,** *v.* to lounge, to saunter, to stroll, to idle.
**švrljuga,** *n.* (*zimovka, ptica*) lark, skylark.
**švrndati,** *vidi*: **švrljati.**

# T

**ta!** *interj.* but; — *conj.* then, therefore, accordingly, as.
**tabak,** *n.* (*papira*) sheet.
**tabakana,** *n.* tannery, tan-yard.
**taban,** *n.* sole.
**tabarka,** *n.* refrigerator, freezing machine.
**tabati,** *v.* to stamp, to ram down, to pound; to tread, to trample (upon).
**tabla,** *n.* table, board; index.
**tablica,** *n.* table, small table; lozenge, cake.
**tablja,** *n.* case for the cannon.
**tabor,** *n.* camp, encampment.
**taboriti,** *v.* to intrench, to encamp, to fortify.
**taclija,** *n.* wristband; cuff.
**tačan,** *a.* exact, accurate, precise, correct, punctual, prompt.
**tačka,** *n.* point, period, dot.
**tačke,** *n.* wheel-barrow.
**tačni,** *a.* punctual, exact.
**tačno,** *adv.* punctually, sharply.
**tačnost,** *n.* punctuality, exactness, accuracy, precision.
**taći,** *vidi:* **taknuti.**
**tad (a),** *adv.* then, at that time.
**tadašnji,** *a.* then, of that time.
**tadbina,** *vidi:* **krađa.**
**taj,** *pron.* this.
**tajan,** *a.* secret, clandestine; private, intimate; concealed.
**tajati,** *v.* to secrete, to hide, to conceal.
**tajinstven,** *a.* mysterious, mystic.
**tajinstvenost,** *n.* mystery; enigma.
**tajiti,** *v.* to keep a secret; to deny, to conceal.
**tajna,** *n.* secret, mystery, concealment.
**tajni,** *a.* secret, clandestine, hidden.
**tajnik,** *n.* secretary.
**tajništvo,** *n.* secretaryship, secretary's office.
**tajno,** *adv.* secretly, privately, inwardly.
**tajnost,** *n.* secrecy, secret, privacy.
**tajom,** *adv.* secretly, stealthily.

**tak,** *vidi:* **tako.**
**tak,** *n.* beam.
**takav,** *pron.* such, the same.
**taki,** *adv.* (*odmah*) immediately, presently, directly.
**takma,** *n.* rivalry, match, contest, competition, race.
**takmac,** *n.* rival, competitor, contestant.
**takmen,** *a.* equal, like, straight, direct, even, level.
**takmica,** *vidi:* **takma.**
**takmiti (se),** *v.* to rival, to vie with, to compete, to contest, to race.
**taknuti,** *v.* to touch, to feel, to handle; to stir, to move.
**tako,** *adv.* so, thus, in such a manner; — *conj.* consequently.
**također,** *conj.* also, too, even, likewise, equally.
**takov,** *vidi:* **takav.**
**taksa,** *n.* tax; dues; price.
**takum,** *n.* tool, implement (s), utensil (s); crockery, earthenware.
**talac,** *n.* hostage; (*zarobljenik*) prisoner.
**talambas,** *n.* kettle-drum, cup, battledore.
**talas,** *n.* wave, surge, tide, billow.
**talasati se,** *v.* to surge, to rise in waves, to undulate.
**talenat,** *n.* talent, gift.
**talentiran,** *a.* talented, gifted.
**Talijan,** *n.* Italian.
**talijanski,** *a.* Italian.
**talionica,** *n.* foundry, melting-house, smeltery, smelting-furnace.
**talioničar,** *n.* smelter.
**talir,** *n.* crown, shield.
**taliti,** *v.* to melt, to smelt; to dissolve.
**talog,** *n.* sediment, dregs, lees; deposit, settling.
**taložina,** *vidi:* **talog.**
**taložiti,** *v.* to settle down, to deposit.
**talpa,** *n.* plank, board.
**taljenje,** *n.* melting, dissolving.
**taljigaš,** *n.* cart horse; shaft-horse.

**taljige,** *n.* one-horse-carriage, one-horse-vehicle.

**tama,** *n.* obscurity, obscureness, darkness, gloom; doubt, intricacy.

**taman,** *a.* obscure, dark, dim, dull; cloudy, gloomy; (*neproziran*) opaque; (*zagasit*) of a deep color; — *adv.* just, exactly, just now.

**tamaniti,** *v.* to exterminate, to destroy; to ruin, to devastate.

**tamanjenje,** *n.* extermination, annihilation, extinction, destruction.

**tambura, -ica,** *n.* tamburitsa.

**tamburaš,** *n.* tamburitsa-player.

**tamburati,** *v.* to play tamburitsa.

**tamjan,** *n.* incense.

**tamnica,** *n.* prison, penitentiary, dungeon.

**tamničar,** *n.* jailer, turnkey.

**tamnina,** *n.* darkness, obscurity, eclipse.

**tamno,** *adv.* darkly, obscurely, dimly, confusedly.

**tamnovanje,** *n.* languishing, imprisonment.

**tamnovati,** *v.* to languish in prison.

**tamnjan,** *vidi*: **tamjan.**

**tamnjeti,** *v.* to become dark (*ili*) gloomy.

**tamo,** *adv.* thither, there, yonder, in that place; thereby, near.

**tamošnji,** *a.* of that place, residing, there.

**tanac,** *n.* dance.

**tanahan,** *vidi*: **tanak.**

**tanak,** *a.* thin, slender, slim; fine.

**tanan,** *a.* thin, fine, slender.

**tancati,** *v.* to dance.

**tančina,** *n.* thinness.

**tančiti,** *v.* to thin.

**tandara,** *n.* eating-house; **tandara mandara,** promiscuously, pell-mell.

**tandrk,** *n.* rumbling noise.

**tandrkati,** *v.* to racket, to rattle, to bluster.

**tane,** *n.* bullet, ball.

**taneče,** *n.* sheet-metal, tin plate, tin.

**tankoća,** *n.* thinness, tenuity, fineness, subtility.

**tankonjast,** *a.* slender, slim, tall.

**tankost,** *vidi*: **tankoća.**

**tankovit,** *a.* slender, slim, tall.

**tanjir,** *n.* plate; **pun** —, plateful.

**tanjiti,** *v.* to thin; to dilute.

**taoc,** *n.* hostage.

**taostvo,** *n.* hostage.

**tapati,** *v.* to grope, to tap.

**tapetar,** *n.* upholsterer.

**tapetarstvo,** *n.* upholstery.

**tapir,** *n.* (*morska svinja*) tapir, water-hog.

**tapkati,** *vidi*: **tabati.**

**tar,** *n.* litter, short straw.

**tara,** *n.* tar, waste, defect.

**tarababa,** *n.* plank, board, bed, wooden fence, board fence.

**tarac,** *n.* pavement, paving-stone, plaster.

**taracanje,** *n.* paving.

**taracar,** *n.* paver.

**taracati,** *v.* to pave.

**tarlabuka,** *n.* noise, din, rumbling noise.

**tarlabukati,** *v.* to make noise.

**tarnice,** *n.* wagon, cart, carriage, coach, equipage.

**tast,** *n.* father-in-law.

**tašće,** *adv.* fasting, without a breakfast.

**tašt,** *a.* vain, frivolous, triflling; haughty.

**tašta,** *n.* mother-in-law.

**taština,** *n.* vanity, frivolity.

**tat,** *n.* thief, robber.

**tata,** *n.* dad, daddy.

**tatbina,** *n.* theft, larceny.

**tatski,** *a.* thievish.

**tava,** *n.* (*prosulja*) frying-pan, pan.

**tavan,** *a.* vidi: **taman;** — *n.* garret, attic, loft.

**tavanica,** *n.* ceiling beam.

**tavnik,** *n.* mine (*of minerals*); tunnel.

**tavoriti,** *v.* to live from hand to mouth.

**tazbina,** *n.* parents-in-law.

**taze,** *adv.* freshly, coolly; newly, recently.

**tažiti,** *v.* to moderate, to alleviate, to ease, to relieve, to comfort, to soften; (*umiriti*) — to calm, to appease, to quit.

**te,** *conj.* and; — *pron.* thee, you.

**teatar,** *n.* theater.

**teca,** *n.* aunt.

**tecivarina,** *n.* revenue.

**tečaj,** *n.* course; current, way, currency.

**tečan,** *a.* savory, tasty, palatable.

**tečevina,** *n.* acquisition, gain, profit, earnings.

**tečić,** *n.* cousin.

**tečnost,** *n.* taste, savoriness, relish, palatableness.

**teći,** *v.* to flow, to run, to trickle down.

**tefter,** *n.* reckoning-book.

**teg (a),** *n.* weight; heaviness; gravity, pull, draught.

**tegleći,** *a.* draught.

**teglica,** *n.* (*nateg*) siphon.

**teglić,** *n.* one who draws, drawer; (*crtama*) tracer.

**tegliti,** *v.* to drive, to draw, to pull, to cultivate, to grow, to breed.

**tegljenje,** *n.* drawing, draught, drawing-out.

**tegnuti,** *v.* to stir, to move, to strike, to touch.

**tegoba,** *n.* torment, difficulty, trouble, toil, labor, grief, pain.

**tegoban,** *a.* difficult, hard, toilsome, painful, ticklish.

**tegota,** *vidi*: **tegoban.**

**tehničar,** *n.* technologist, technician.

**tehnički,** *a.* technic (-al).

**tehnika,** *n.* technics.

**tej,** *n.* (*čaj*) tea.

**tek,** *adv.* (*tekar*) only, hardly, scarcely; — *n.* appetite, taste, savor, relish.

**teklić,** *n.* runner, courier, messenger-boy.

**teklina,** *n.* gum, Indian-rubber.

**tekne,** *n.* trough.

**teknuti,** *v.* to touch, to feel, to handle; to move, to agitate, to stir up.

**tekovina,** *vidi*: **tečevina.**

**tekući,** *a.* liquid, fluid, flowing, 'fluent, current; (*sljedeći*) ensuing; — **broj,** serial (number).

**tekučica,** *n.* flowing water.

**tekućina,** *n.* fluid, liquid, liquor.

**tekut,** *n.* (*kokošja uš*) hen-louse, (*ptičja*) bird-louse; (*pasja*) dog-louse.

**telac,** *n.* calf; (*posprdno o čovjeku*) imbecile, silly, fool.

**telad,** *n.* calves.

**telal,** *n.* public crier, auctioneer, herald.

**telaliti,** *v.* to cry out, to call out; to proclaim.

**telar,** *n.* calf-herd.

**tele,** *n.* calf.

**teleban,** *n.* block-head.

**telećak,** *n.* knapsack, haversack; (*za školu*) satchel, book bag.

**teleći,** *a.* calf's, of a calf, of veal.

**telešce,** *n.* small calf.

**teletina,** *n.* veal.

**teliti,** *v.* to calve.

**temelj,** *n.* foundation, basis, ground, groundwork.

**temeljan,** *a.* fundamental, principal, solid, stable, substantial, profound, thorough.

**temeljit,** *vidi*: **temeljan.**

**temeljiti,** *v.* to base, to found.

**temeljitost,** *n.* thoroughness, solidity, profoundness.

**tenan,** *n.* leisure, comfort, convenience, accommodation.

**tenfati,** *v.* to stew.

**tentati,** *v.* to try, to attempt, to taste, to tempt.

**teoretičan,** *vidi*: **teoretički.**

**teoretičar,** *n.* theorist.

**teoretički,** *a.* theoretic (al).

**teoretika,** *n.* theoretics.

**teorija,** *n.* theory.

**tepac,** *n.* little blackguard, vagabond, vagrant.

**tepalo,** *n.* stammerer.

**tepati,** *v.* to stammer, to stutter.

**tepav,** *a.* stuttering, stammering.

**tepavac,** *n.* stammerer, stutterer.

**tepka,** *n.* (*kruška*) pear.

**tepsija,** *n.* bowl.

**tepsti (se),** *v.* to loaf, to lounge, to loiter; to beat, to knock, to strike.

**ter,** *vidi*: **te.**

**teret,** *n.* burden, load, weight, charge, freight.

**teretan,** *a.* difficult, burdensome, heavy, weighty.

**teretiti,** *v.* to load, to burden, to freight, to weigh; to aggravate.

**teretni,** *a.* freight.

**terminologija,** *n.* terminology.

**terzija,** *n.* tailor, cutter.

**tesač,** *vidi*: **tesar.**

**tesanje,** *n.* hewing; trimming; constructing.

**tesar,** *n.* carpenter.

**tesarstvo,** *n.* carpentry.

**tesati,** *v.* to hew, to timber; to trim; to build, to construct (of wood).

**tesla,** *n.* adz.

**testamenat,** *n.* testament, last will.

**teste,** *n.* dozen.

**testera**, *n.* saw.
**testerati**, *v.* to saw.
**testerisati**, *v.* to saw.
**testija**, *n.* pitcher, jug.
**testir**, *n.* permission, leave.
**teško**, *adv.* hardly, with difficulty.
**teškoća**, *n.* difficulty, hardship, impediment, embarrassment.
**teta**, *n.* ant, auntie.
**tetak**, *n.* uncle, lubber, clown, lout.
**tetica**, *n.* auntie.
**tetić**, *n.* cousin.
**tetiva**, *n.* cord, line, string; thread of cloth; (*u geometriji*) chord.
**tetka**, *vidi*: **teta**.
**tetošenje**, *n.* attention, care; nursing, fostering.
**tetošiti**, *v.* to nurse, to foster, to take care of, to attend to.
**tetrijeb**, *n.* black-cock, capercaillie, mountain-cock.
**tetrijebica**, *n.* mountain-hen.
**teturanje**, *n.* staggering, reeling.
**teturati**, *v.* to stagger, to reel, to be giddy.
**tezga**, *n.* work-bench, counter.
**teznik**, *n.* (*mjenice*) drawee.
**tezovnik**, *n.* (*mjenice*) drawer.
**tezulja**, *n.* balance; (pair of) scales; weighing-office.
**teža**, *n.* weight; gravitation; (*zemlje*) gravity.
**težačiti**, *v.* to till, to plow, to toil, to drudge, to cultivate.
**težački**, *a.* agricultural, rustic.
**težak**, *n.* agriculturist; (*seljak*) peasant, farm-hand; (*nadničar*) day-laborer, laborer, worker, working-man.
**težakinja**, *n.* working-woman.
**težaštvo**, *n.* tillage, farming.
**težatnik**, *n.* working-day.
**teženje**, *n.* (*želja*) desire, wishing, longing for, love; (*obdjelavanje*) agriculture.
**težidba**, *n.* culture, cultivation, tillage.
**težina**, *n.* gravity, heaviness, weight.
**težište**, *n.* gravitation, center of gravity.
**težiti**, *v.* (*težak biti*) to weight, to be heavy, to be a burden to; (*razmišljati*) to ponder, to dwell upon; (*za čim*) to aspire, to strive, to long; (*zemlju*) to cultivate, to till.

**težnja**, *n.* striving, aspiration, endeavor, tendency.
**ti**, *pron.* you, thou; (*tebi*) to thee, to you.
**tica**, *n.* bird.
**ticanje**, *n.* contact, touch, touching.
**ticati**, *v.* to touch, to feel, to handle; (*ticati se koga*) to concern, to regard.
**tić**, *n.* young bird.
**tiganj**, *n.* cooking-pan, pan, tile, crucible, saucepan, stewpan.
**tigar**, *n.* tiger.
**tigla**, *n.* tile, brick.
**tigrica**, *n.* tigress.
**tih**, *a.* quiet, tranquil, calm, still, sedate; (*glas*) low.
**tihan**, *vidi*: **tih**.
**tiho**, *adv.* quietly, silently, lowly.
**tijek**, *n.* flow, flowing, flux, course.
**tijelce**, *n.* corpuscle, cell, atom.
**tijelo**, *n.* body; (*trgovačko*) corporation, company.
**Tijelovo**, *n.* Corpus Christi.
**tijesak**, *n.* press, crowd.
**tijesan**, *a.* tight, strait, narrow, close, scanty; strict, limited; intimate, close.
**tijesniti**, *v.* to make narrower, to contract, to shrink, to make tighter, to compress.
**tijesno**, *n.* straits; **morsko**-, channel, narrow passage;—*adv.* narrowly; hardly.
**tijestiti**, *v.* to knead.
**tijesto**, *n.* paste, dough.
**tijestovit**, *a.* doughy.
**tik**, *adv.* nearly, hand-by, close-to, next to.
**tikač**, *n.* weaver.
**tikati (se)**, *v.* to thou, to thee and thou, to thou each other.
**tikva**, *n.* gourd, pumpkin, calabash.
**tikvan**, *n.* black-head.
**tikvina**, *n.* skull.
**tikvište**, *n.* pumpkin-field, gourd-field.
**tili**, *vidi*: **tinji**.
**tim**, *adv.* herewith, therefore, consequently.
**timar**, *n.* taking care of, attending to, fostering, currying, combing.
**timarenje**, *vidi*: **timar**.
**timariti**, *v.* to take care of, to attend to, to nurse, to foster, to curry.
**timor**, *n.* rock, quartz.
**tin**, *n.* partition-wall, partition-box

**tiniti,** *v.* to strike too far, to disperse, to scatter.

**tinta,** *n.* ink.

**tintarnica,** *n.* inkstand, inkwell.

**tinj,** *n.* coast of cobweb.

**tinjac,** *n.* mica.

**tinjanje,** *n.* glittering, glimmer.

**tinjati,** *v.* to glimmer, to glow, to smoulder.

**tinji,** *a. i. adv.* quick (ly) ready, speedy, speedily, sudden, passionate.

**tinjiti,** *v.* to case, to line, to feed, to eat; to peg away.

**tip (ak),** *n.* key.

**tipalo,** *n.* key.

**tipav,** *a.* slow and clumsy.

**tipka,** *n.* key.

**tipkalo,** *n.* key-board.

**tipografija,** *n.* typography.

**tipografski,** *a.* typographic (al).

**tipsa,** *n.* alum.

**tir,** *n.* thrust, push, shock, hit, jolt.

**tiranin,** *n.* tyrant, despot.

**tiranski,** *a.* tyranic.

**tiranstvo,** *n.* tyranny.

**tis,** *n.* jew (-tree); lamp-stand (*for illumination*).

**tisa,** *n.* larch-tree.

**tisak,** *n.* pressure, compression, oppression, print, impression.

**tiska,** *n.* crowd, throng; crush.

**tiskanje,** *n.* printing; crowding, pressing.

**tiskar,** *n.* printer.

**tiskara,** *n.* printing, printing-house, printing-office; typography.

**tiskarski,** *a.* printing; (*stroj*) printing press.

**tiskarstvo,** *n.* typography.

**tiskati,** *v.* to print; to press, to squeeze, to oppress; to pinch, to throng, to crowd.

**tisnuti (se),** *v.* to crowd, to press, to stick.

**tisovina,** *n.* larch-wood.

**tisuća,** *num.* thousand.

**tisući,** *a.* thousandth.

**tisućina,** *n.* thousandth.

**tisućnica,** *n.* millennium.

**tišina,** *n.* calmness, calm; (*mir, šutnja*) silence, stillness, pause, tranquility.

**tišma,** *n.* crowd, throng; common herd.

**tišnja,** *n.* pain in the side.

**tištati (se),** *v.* to press, to squeeze, to crowd, to lay heavy, to tighten, to fasten, to clasp.

**tištiti,** *v.* to press, to squeeze, to impress; to alarm, to render uneasy.

**titraj,** *n.* vibration; flicker; flutter.

**titranje,** *n.* flickering; fluttering; (*omalovažavanje*) trifling.

**titrati,** *v.* to vibrate, to quake, to shake, to flicker; to flutter; (*se s kim*) to trifle with.

**titrica,** *n.* camomile.

**titula,** *n.* title; glory, renown.

**tižika,** *n.* consumption.

**tja,** *adv.* quite, very, fully, till, up to.

**tjedan,** *n.* (*sedmica*) week.

**tjednik,** *n.* (*novine*) weekly paper.

**tjelesan,** *a.* corporal, material, bodily; temporal, natural, one's own; **tjelesna straža,** body-guard.

**tjelesnina,** *n.* volume.

**tjelesno,** *adv.* corporeally, materially.

**tjelovježba,** *n.* gymnastics, exercise.

**tjelovježbati,** *v.* to exercise.

**tjeme,** *n.* crown (of the head), top, vertex; (*brda*) summit, peak, top.

**tjemenjača,** *n.* occiput, back part of the head.

**tjena,** *n.* membrane, film.

**tjeralica,** *n.* warrant of apprehension, warrant of caption; hue-and-cry.

**tjeranje,** *n.* chase, driving, pursuing; expulsion, rejection, dismission.

**tjerati (se),** *v.* to drive, to urge, to chase, to pursue, to force.

**tjeskoba,** *n.* anguish, pang, anxiety, trouble, fright, fear.

**tjeskoban,** *a.* afraid, alarmed, uneasy, anxious.

**tjesnac,** *n.* strait, channel; defile, narrow passage.

**tjesnoća,** *n.* narrowness, straitness, tightness.

**tjesten,** *a.* doughy.

**tješenje,** *n.* consolation, comfort.

**tješitelj,** *n.* comforter, consoler.

**tješiti (se),** *v.* to comfort, to console, to relieve.

**tkalac,** *n.* weaver.

**tkalački,** *a.* weaver's.

**tkanica,** *n.* scarf, sash.

**tkanina,** *n.* texture, tissue, cloth, web, fabric.

**tkanje,** *n.* weaving, web, texture, weft.

**tkaonica,** *n.* textile mill.

**tkati,** *v.* to weave.
**tko,** *pron.* who, which.
**tkogod,** *pron.* whoever, whosoever.
**tlačenje,** *n.* oppression, suppression.
**tlačiti,** *v.* to oppress, to press; to squeeze, to pinch.
**tlak,** *n.* pressure, compression, oppression, impression; (*plina*) expansion; (*teže*) gravitation.
**tlaka,** *n.* (*robota*) socage, compelled service.
**tlakomjer,** *n.* barometer.
**tlapiti,** *v.* to chatter, to gossip, to chat.
**tlapnja,** *n.* fancy, chimera, dream, dreaming; raving.
**tle,** *n.* ground, soil; bottom.
**tlo,** *vidi*: **tle.**
**tloris,** *n.* map, chart, ground-plan.
**tlovid,** *n.* plan of a site.
**tmast,** *a.* dark, dim, dull; cloudy.
**tmica,** *n.* obscurity, obscureness, darkness, gloom.
**tmičan,** *a.* dark, dusky; obscure, gloomy; mysterious.
**tmina,** *n.* darkness, obscurity.
**tmuran,** *a.* gloomy, cloudy.
**tmuriti se,** *v.* to becloud; to sadden.
**tmuša,** *vidi*: **tmina.**
**to,** *pron.* that, it.
**tobolac,** *n.* purse, pouch, bag.
**tobože,** *adv.* pretendedly, presumably.
**tobožnji,** *a.* pretended, supposed, so-called, would-be.
**tocilj,** *n.* (*brus*) whetstone, flint; gem.
**tociljajka,** *n.* slide, skating-course.
**tociljati se,** *v.* to skate; to slide, to glide.
**tociljiti,** *v.* to whet, to sharpen.
**točak,** *n.* wheel.
**točan,** *a.* punctual, exact, precise, accurate; strict, correct.
**točenje,** *n.* pouring; retail-bar.
**točilo,** *n.* funnel.
**točiti,** *v.* to retail (liquor); to pour out, to fill.
**točka,** *n.* point, period, dot, stitch made with a needle.
**točkast,** *a.* dotted, pointed.
**točno,** *adv.* punctually, exactly, precisely, sharply, accurately, promptly.
**točnost,** *n.* exactness, punctuality, precision, accuracy, promptness.
**toga,** *n.* toga, outer garment of a Roman citizen in time of peace.

**tok,** *n.* course, current; stream; way, running; march, journey; (*kutija*) case, box, sheath, pincase; scabbard, holster.
**tokar,** *n.* turrier, turner.
**tokara,** *n.* lathe.
**toke,** *n.* clasps, lockets.
**tokmak,** *n.* beater, mallet, mall, maul, beetle; clown, booby.
**toli,** *adv.* so much, to say nothing of, let alone, so far from, much less.
**tolicina,** *n.* so much.
**tolicni,** *a.* so small.
**toliki,** *a.* so great.
**toliko,** *adv.* so much, in such a manner, to such a degree.
**tolkovati,** *v.* to lay out; — *vidi*: **tumačiti.**
**tolmač,** *n.* interpreter; dragoman.
**tolmačiti,** *v.* to explain, to interpret, to declare.
**toljaga,** *vidi*: **batina.**
**ton,** *n.* (*glas*) tune, note, sound, voice; accent; style.
**tona,** *n.* ton.
**tonuti,** *v.* to sink, to founder.
**tonjati,** *v.* to stink, to smell strong.
**top,** *n.* cannon.
**topao,** *a.* warm; ardent, passionate.
**topaz,** *n.* (*dragi kamen*) topaz.
**topčija,** *n.* cannoneer, artilleryman, gunner.
**topionica,** *n.* smelting-furnace, melting-house.
**topir,** *n.* bat.
**topiti (se),** *v.* to melt, to cast, to liquefy, to dissolve, to become liquid.
**toplice,** *n.* hot bath, hot springs.
**toplik,** *n.* South-wind, warm-wind.
**toplina,** *n.* warmth, heat; ardor of temper; **jedinica topline,** calorie.
**topliti,** *v.* to heat, to warm, to give heat.
**toplo,** *adv.* warmly, eagerly, ardently.
**toplomjer,** *n.* termometer.
**toplota,** *vidi*: **toplina.**
**topljenica,** *n.* buttered bread.
**topljenje,** *n.* heating, warming; (*rastapanje*) melting, dissolving.
**topljiv,** *a.* fusible.
**topljivost,** *n.* fusibility.
**topnica,** *n.* battery.
**topnik,** *n.* cannoneer, gunner, artilleryman.
**topništvo,** *n.* cannonry, artillery.
**topola,** *n.* aspen-tree, poplar-tree.

**topolik,** *n.* poplar forest, aspen-forest.

**topolov,** *a.* poplar-, of a poplar.

**topolovina,** *n.* poplar-wood, aspen-wood.

**topoljak,** *vidi:* **topolik.**

**topomet,** *n.* cannon-range, within gun-shot.

**topot,** *n.* stamping; kicking.

**topotanje,** *vidi:* **topot.**

**topotati,** *v.* to tap on the ground with one's feet, to drum, to stamp.

**toptati,** *vidi:* **tabati.**

**topuz,** *n.* club, butt-end.

**topuzina,** *n.* bludgeon.

**tor,** *n.* pen, fold.

**toranj,** *n.* tower, steeple, belfry.

**torba,** *n.* knapsack, bag, sack, satchel.

**torbak,** *n.* knapsack.

**torbar,** *n.* shopkeeper, retailer, mercer, peddler, hawker, news-vender.

**torbičar,** *n.* peddler, hawker.

**torbonoša,** *n.* sack-bearer, porter.

**torlak,** *n.* braggart, boaster.

**tornjati se,** *v.* to make off, to pack away (*ili*) off, to cut and run.

**torokati,** *v.* to make a noise (*ili*) row, to cry, to scream, to call out.

**torokuša,** *n.* alarm-bell, cannon, gun, drum signal).

**torta,** *n.* tart.

**toskati,** *v.* to push (*ili*) thrust back.

**tov,** *n.* fatness, greasiness, fat, grease.

**tovan,** *a.* fat, greasy, corpulent, stout.

**tovar,** *n.* load, freight, cargo; shipment; (*magare*) donkey, ass; (*riba*) haddock.

**tovariti,** *v.* to load, to charge, to freight.

**tovarni,** *a.* freight; — **list,** bill of lading.

**tovarnina,** *n.* freightage, freight-charge.

**toviti,** *v.* to fat, to fatten, to feed.

**tovljenje,** *n.* fattening, cramming.

**trabant,** *n.* attendant, life-guard; retinue.

**trabunjanje,** *n.* raving; fooleries, trifles, absurdities.

**trabunjiti,** *v.* to dally, to sport, to dote, to rave, to dream, to be delirious, to muse.

**tračak,** *n.* beam, ray, flash.

**tračnica,** *n.* rail.

**tradicija,** *n.* tradition.

**trag,** *n.* trace, trail, track; clew, mark; step, footstep; vestige.

**traga,** *n.* stroke, blow, shock, fit; breed, race.

**tragedija,** *n.* tragedy, tragical event; spectacle.

**tragičan,** *a.* tragic.

**trajan,** *a.* durable, lasting, stable, firm, steady, steadfast, permanent; (*čvrst*) solid.

**trajanje,** *n.* duration, time.

**trajašan,** *vidi:* **trajan.**

**trajati,** *v.* to last, to continue, to exist.

**trajno,** *adv.* lastingly, permanently, perpetually; steadily.

**trajnost,** *n.* duration, lastingness, stability, firmness, permanence; (*gradevine*) solidity.

**trak,** *n.* ribbon, band, loop, tape; (*sunca*) ray, beam.

**trakavica,** *n.* tapeworm, taenia.

**traljav,** *a.* negligent, neglectful, careless, shabby; (*loš*) bad, ill, wicked, wretched.

**traljavac,** *n.* ragamuffin, rascal, scamp, blackguard.

**traljavost,** *n.* shabbiness.

**tralje,** *n.* shreds, tatters, rags.

**tram,** *n.* beam.

**tramp,** *n.* exchange, barter, interchange.

**trampiti,** *v.* to exchange, to barter, to reciprocate.

**trandovilje,** *n.* poplar rose.

**tranja,** *n.* hand-barrow.

**tranjav,** *a.* negligent, neglectful, careless, idle, lazy, sluggish.

**trap,** *n.* rut, track (*of a wheel*), old track, beaten path; (*graba*) pit, hole; grave.

**trapati,** *v.* to saunter, to loiter.

**trapeza,** *n.* table, board; altar.

**trapiti,** *v.* to set, to put, to place; to plant, to erect.

**tratina,** *n.* turf, pasture, drift, pasturage; common.

**tratiti,** *v.* to spend, to waste, to squander, to consume.

**trator,** *n.* amaranth.

**tratorak,** *n.* bear's breech, brankursine, acanthus.

**trava,** *n.* grass.

**travanj,** *n.* April.

**travar,** *n.* herbalist.

**travarina,** *n.* pasture-duty.

**travište,** *n.* lawn.

**travka,** *n.* grass, herb, grass-blade.

**travnik,** *n.* meadow, plain, grass-plot, savanna.

**travnina,** *vidi*: **travarina.**

**tražba,** *n.* (*tražbina*) search, demand, claim.

**traženje,** *n.* investigation, searching, questing.

**tražina,** *n.* plath.

**tražioc,** *n.* (*zahtjevalac*) claimant.

**tražiti,** *v.* to search, to look for, to ask, to call for; to demand, to claim.

**trbobolja,** *n.* belly-ache.

**trbuh,** *n.* belly.

**trbušast,** *a.* bellied, big-bellied, pouch-bellied.

**trbušni,** *a.* intestinal.

**trčalac,** *n.* runner; (*konj*) race-horse.

**trčanje,** *n.* running, race, hunting, chase, journey.

**trčati,** *v.* to run, to flow, to leak, to race, to rush along.

**trčka,** *n.* quail.

**trčkarati,** *v.* to run.

**trčke,** *adv.* running.

**trebati,** *v.* to neèd, to want, to be in want of; to use, to employ, to require.

**trebežina,** *vidi*: **krčevina.**

**trebežnik,** *vidi*: **krčilac.**

**trebnik,** *n.* missal, mass-book, manual.

**trebovati,** *vidi*: **trebati.**

**trećak,** *a.* triennial.

**treći,** *a.* third.

**trećina,** *n.* one-third.

**tren,** *n.* moment, twinkling, jiffy, instant.

**trenica,** *n.* (*ribež*) joist, rasp, grater.

**trenutak,** *n.* (*trenuće*) moment, twinkling; instant.

**trenutan,** *a.* instantaneous, momentary.

**trenuti,** *v.* to wink; to be convulsed, to quiver.

**trenje,** *n.* friction, rubbing.

**trepavica,** *n.* eye-lash.

**trepčanica,** *n.* egrette.

**trepeljka,** *n.* podocarp.

**treperiti,** *v.* to flicker, to flutter; to scintillate.

**trepet,** *n.* tremble, tremor, trembling, trepidation, tremulousness (*in the voice*).

**trepetanje,** *n.* confusion, trepidation, fear; shaking, trembling.

**trepetati,** *v.* to vibrate, to tremble, to shiver, to quake, to shake.

**trepetljika,** *n.* egrette.

**treptati,** *v.* to blink, to wink, to twinkle.

**treptjeti,** *v.* to flint, to flutter, to glisten, to glitter, to twinkle.

**tresak,** *n.* stroke, bump, jolt; shiver, tremble.

**tresavica,** *n.* shivering, shaking with cold (*ili*) fear, chilliness.

**tresenje,** *n.* shaking, trembling.

**treset,** *n.* peat, turf, peat-earth.

**treska,** *n.* noise, bustle; chip, splinter; (*riba*) stock-fish.

**treskati,** *v.* to shake, to jolt.

**treskavica,** *n.* turf, peat; mob, tempest.

**treslovac,** *n.* dwarf-tree.

**tresnuti,** *v.* to throw down, to dash, to shatter, to fling, to hurl.

**tresti (se),** *v.* to shake, to quake, to tremble, to shiver, to jolt.

**trešnja,** *n.* (*drvo*) cherry-tree; (*plod*) cherry; (*tresak*) trembling, shaking, shivering.

**trešnjak,** *n.* (*grah*) roman bean.

**trešnjovac,** *n.* (*rakija*) cherry-brandy.

**trešnjovača,** *n.* cherry-wood.

**trešnjovina,** *n.* cherry-wood.

**trešten,** *a.* tipsy, drunk, intoxicated.

**treština,** *n.* splinter, chip.

**trg,** *n.* market, public square.

**trgalac,** *n.* picker, vintager.

**trganje,** *n.* tearing, pulling; (*grožđa, berba*) vintage; (*u tijelu*) gripes, colic; (*u kostima*) rheumatism.

**trgati,** *v.* to pull, to tear, to pluck, to wrest out, to root up; (*brati*) to gather, to crop, to pluck, to pick.

**trgnuti (se),** *v.* to tear, to rend, to pull; to wince; (*probuditi*) to awake, to wake up.

**trgovac,** *n.* dealer, trader, merchant, shop-keeper, tradesman, seller; (*na malo*) retailer, retail-dealer; — **ugljenom,** coal-dealer; — **vinom,** winedealer; — **žitom,** corndealer.

**trgovački,** *a.* commercial, mercantile, merchant-like; **trgovačka komora,** Chamber of Commerce; — **brod,** merchantman.

**trgovanje,** *n.* commerce, trade, traffic, trading.

**trgovati,** *v.* to trade, to deal, to do business.

trgovina, *n.* trade, traffic, commerce; bargain.

trgovište, *n.* (*općina*) borough, township, small borough.

trgovkinja, *n.* trading woman, trade's-woman.

trh, *n.* load, charge, burden, tonnage.

trhonoša, *n.* porter.

tri, *num.* three.

tribun, *n.* tribune, military tribune.

tribunal, *n.* tribunal, judgment-seat.

tribunat, *n.* tribuneship.

trica, *n.* trifle, idle talk, toy, nonsense, bauble.

tričarija, *n.* trifle, silliness, simplicity, foolery.

tričav, *a.* insignificant.

trideset, *num.* thirty.

trideseti, *num.* thirtieth.

trijebiti, *v.* to clean, to purify, to cleanse, to refine, to winnow.

trijebljenje, *n.* cleaning, assorting.

trijem, *n.* portal, front gate, hall, porch, parvis; fore-house.

trijes, *n.* thunderbolt; crack, crash, thunder.

trijesak, *n.* thunder-clap.

trijeska, *n.* splinter, chip; (*divlja trešnja*) wild cherry.

triješće, *n.* chips, splinters; shavings.

trijezan, *a.* sober, earnest, serious, grave, moderate.

trijezniti se, *v.* to sober; to get serious.

trijeznost, *n.* sobriety, soberness, temperance, moderation.

trina, *n.* track, trace, vestige.

trinaest, *num.* thirteen.

trinaesti, *num.* thirteenth.

trine, *n.* offal, refuse.

triput, *adv.* thrice, three times.

trista, *num.* three hundred; na trista čuda, dumbfounded.

triumf, *n.* triumph, triumphal procession.

triumfator, *n.* triumpher.

triumfatorski, *a.* triumphal.

triumvir, *n.* triumvir.

triumvirat, *n.* triumvirate.

trk, *n.* course, run, race, current.

trka, *n.* horse-race; running.

trkač, *n.* runner, racer.

trkalište, *n.* race-course, race-track.

trkati, *v.* to run, to hunt after, to frequent, to pursue, to drive fast, to walk fast.

trkulj, *n.* husks of grapes (*pl.*)

trlac, *n.* flax-breaker.

trlica, *n.* brake for flax, brake.

trliti, *v.* to brake, to split, to crush, to shatter; to grind, to pound.

trljak, *n.* cushion, rubber.

trljanje, *n.* rubbing; friction; grinding.

trljati, *v.* to rub, to grate, to grind.

trmka, *vidi*: košnica.

trn, *n.* thorn, prickle, sting.

trniti, *v.* to grow thorny; to purify.

trnokop, *n.* cramp, cramp-iron, clasp, hoe.

trnovit, *a.* spiny, thorny, prickly, intricate, difficult.

trnuće, *n.* sleeping.

trnuti, *v.* to stiffen, to become motionless (with terror), to benumb; (*ugasiti*) to extinguish; to put out.

trnjak, *n.* thornbush, brambles, brushwood.

trnjan, *a.* spiny, thorny, prickly; intricate, difficult, ticklish.

trnje, *n.* briers, thorns, prickle, brake.

trnjina, *a.* sloe, wild plum; blackthorn.

trobojan, *a.* tricolored, three-colored.

trobojnica, *n.* tricolored flag, tricolor.

trodnevni, *a.* lasting three days.

troglav, *a.* three-headed.

trogub, *a.* triple.

troha, *n.* crumb of bread, small crumb, little bit, morsel.

Trojaci, *n.* Pentecost, Whitsuntide.

trojak, *a.* of three kinds, of three different sorts, threefold.

trojan, *a.* triple.

trojci, *n.* triplets.

troje, *num.* three.

trojedan, *a.* triune.

trojednica, *n.* triunity.

Trojica, *n.* (*Duhovi*) Whitsuntide, Trinity.

Trojice, *n.* Pentecost, Whitsuntide.

trojka, *n.* tree.

Trojstvo, *n.* Trinity.

trokatnica, *n.* three story building.

trokolica, *n.* tricycle.

trokrak, *a.* three-pronged.

trokratan, *a.* triple.

trokut, *n.* triangle.

trokutan, *a.* triangular.

troljetni, *a.* three years old, triennial.

trom, *a.* idle, lazy, slothful, sluggish, phlegmatic.

**tromost,** *n.* laziness, sluggishness, indolence, sloth.

**tronožac,** *n.* tripod, trivet.

**tronut,** *a.* moved, affected, agitated.

**tronuti,** *v.* to stir, to move, to agitate.

**trop,** *n.* dregs, grape-cake, refuse.

**tropine,** *n.* grape-waste.

**tropski,** *a.* tropic (al).

**troska,** *n.* dross, slag.

**troskav,** *a.* drossy.

**troskot,** *n.* March bent grass, grostis.

**troslovčan,** *a.* trisyllabic.

**trostran,** *a.* trilateral, threesided.

**trostruk,** *a.* threefold, triple.

**trošadžija,** *n.* squanderer, prodigal, spendthrift.

**trošak,** *n.* cost, expense, expenditure, outlay.

**trošan,** *a.* fragile, brittle, weak, feeble, frail.

**trošenje,** *n.* spending, expending; lavishing, wear and tear, wearing out, wasting.

**trošiti (se),** *v.* to spend; (*u ludo*) to waste, to squander, to lay out; (*po malo*) to consume.

**troškovnik,** *n.* expense account.

**trouglast,** *a.* three-cornered.

**trovanje,** *n.* poisoning.

**trovatelj, - ica,** *n.* poisoner.

**trovati,** *v.* to poison, to envenom, to embitter.

**trpak,** *a.* tart, acrid, bitter, harsh, rough.

**trpati (se),** *v.* to cram, to load, to charge.

**trpeza,** *n.* dining-table, table.

**trpezar,** *n.* butler.

**trpezarija,** *n.* dining-room.

**trpež,** *n.* patience, forbearance.

**trpežnjak,** *n.* table-cloth.

**trpjeti,** *v.* to bear, to suffer, to endure, to tolerate.

**trpkost,** *n.* tartness, bitterness.

**trpljenje,** *n.* toleration; (*strpljivost*) patience, forbearance, indulgence, submissiveness.

**trpljiv,** *vidi*: **strpljiv.**

**trpljivost,** *n.* tolerance, endurance.

**trpni,** *a.* passive.

**trputac,** *n.* plantain; fir-grove.

**trs,** *n.* vine, vine-branch.

**trsiti se,** *v.* to endeavor, to strive.

**trsje,** *n.* vineyard; vines.

**trska,** *n.* reed-grass.

**trskovac,** *n.* bamboo.

**trskovina,** *n.* cane-sugar, sugar-cane.

**trsnat,** *a.* stout, strong.

**trst,** *vidi*: **trstika.**

**trstenjak,** *n.* reed-plot.

**trstika,** *n.* reed, cane.

**trstina,** *n.* bamboo.

**tršćak,** *n.* thicket of reeds.

**trti,** *v.* to rub, to grate, to grind; to scour, to scrub, to wipe.

**trtica,** *n.* hind part of the body.

**truba,** *n.* trumpet.

**trubač,** *n.* trumpeter.

**trubeljika,** *n.* water-hemlock.

**trubilo,** *n.* awkward fellow, clown, blockhead.

**trubiti,** *v.* to trumpet.

**trublja,** *n.* trumpet.

**trubljač,** *n.* trumpeter.

**trubljenje,** *n.* trumpeting.

**trubnja,** *vidi*: **praska.**

**trubnjak,** *n.* (*brnjica*) muzzle.

**truckati,** *v.* to shake, to toss, to jog.

**trud,** *n.* trouble, pains, toil, hardship, endeavor; (*upalak*) tinder.

**trudan,** *a.* tired, fatigued, weary; (*trudna žena*) pregnant, big with child.

**trudba,** *n.* pain; labor, toil; torment, difficulty; endeavor.

**trudbenik,** *n.* zealot, zealous man, ardent (*ili*) eager fellow.

**truditi (se),** *v.* to take pains, to endeavor; (*raditi*) to work, to labor, to work.

**trudnica,** *n.* pregnant woman, a woman in family way.

**trudnoća,** *n.* pregnancy, child-bearing.

**trudovi,** *n.* after-pains.

**truhlež,** *vidi*: **trulež.**

**truhli,** *a.* rotten; foul.

**truhlina,** *n.* decay, putrefaction.

**truhliti,** *v.* to rot, to decay, to putrefy.

**truhlost,** *n.* rottenness, putrefaction, putridness; decay.

**truhnuti,** *vidi*: **truhliti.**

**trulež,** *n.* rottenness, putridity.

**truliti,** *vidi*: **truhliti.**

**trulo,** *n.* (*kupula*) cupola, dome.

**trulost,** *vidi*: **truhlost.**

**trun,** *n.* splinter, chip, slate, mote.

**truniti,** *v.* to defile, to soil, to contaminate; to putrefy, to decay.

**trunuti,** *vidi*: **truhliti.**

**trunjav,** *a.* splintery.

**trunje,** *n.* dust, powder, splinters.

**truo,** *a.* rotten, decayed, putrid, putrefied.
**trup,** *n.* trunk, carcass, torso, body.
**trupac,** *n.* trunk, stump, stem.
**trupina,** *n.* block, log, trunk.
**truplo,** *n.* corpse, dead body, cadaver.
**trut,** *n.* drone; idler.
**trvenje,** *n.* friction, rubbing.
**trzanje,** *n.* vibration.
**trzati (se),** *v.* to convulse, to quiver, to vibrate, to wince; to pull, to tug.
**trzavica,** *n.* tremble, tremor; convulsion; panic.
**tržariti,** *v.* to rummage, to deal, to trade, to do business, to sell.
**tržište,** *n.* market, market-place.
**tržiti,** *vidi:* **tržariti.**
**tržnica,** *n.* market, market-hall.
**tu,** *adv.* here, in that very place.
**tubast,** *a.* obtuse, blunt, dull.
**tubeljak,** *n.* stump.
**tubok,** *n.* caseine.
**tucak,** *n.* rambler, rover, stroller, wanderer, roamer, prowler, vagabond.
**tucalo,** *n.* pestle.
**tucanje,** *n.* thrust, push, shock, hit, jolt.
**tucati,** *vidi:* **tući.**
**tuce (t),** *n.* dozen.
**tuckati,** *vidi:* **tući.**
**tuč,** *n.* (*mjed*) bronze, brass.
**tuča,** *n.* hail, hailstorm; (*tučnjava*) scuffle, conflict.
**tučak,** *n.* mortar, stamping, stamper, rammer.
**tučan,** *a.* well-fed, corpulent.
**tučnjava,** *n.* fight, scuffle, row, brawl, fray.
**tući (se),** *v.* to beat, to cudgel, to strike, to fight.
**tud (a),** *adv.* by this, hereby, this way, thereby.
**tuđ,** *vidi:* **tuđi.**
**tuđa,** *n.* foreign country, strange country.
**tuđi,** *a.* strange, foreign, outlandish, extraneous.
**tuđin,** *n.* foreigner, stranger, alien.
**tuđina,** *n. vidi:* **tuđa.**
**tuđinac,** *vidi:* **tuđin.**
**tuđinka,** *n.* foreign born woman.
**tuđinski,** *a.* outlandish, strange, foreign, exotic.
**tuđinstvo,** *n.* foreign country.

**tuđiti (se),** *v.* to avoid, to shun, to estrange.
**tuđozemac,** *n.* stranger, alien, foreigner.
**tuđozemka,** *n.* foreign born woman.
**tuđozemski,** *a.* strange, foreign, outlandish.
**tufekčija,** *n.* gunsmith, sword-cutler, armorer.
**tuga,** *n.* grief, sorrow, trouble, distress, affliction, mourning.
**tugaljiv,** *a.* grieved, afflicted; sad.
**tugovanje,** *n.* lamentation, wailing, mourning, grieving.
**tugovati,** *v.* to lament, to wail, to mourn, to be in mourning, to grieve, to be afflicted.
**tuj,** *vidi:* **tu.**
**tuka,** *n.* (*pura*) turkey-hen.
**tukac,** *n.* (*puran*) turkey-cock; (*bena*) ninny.
**tuknuti,** *v.* to stir, to move, to strike, to touch.
**tulac,** *n.* tube, case, quiver.
**tulanj,** *n.* seal, sea-calf.
**tulipan,** *n.* tulip.
**tuliti,** *v.* to howl, to roar, to yell.
**tulum,** *n.* (*cijev*) pipe; leather-bottle.
**tulumina,** *n.* duty on wine.
**tuluz,** *vidi:* **okomak.**
**tuljac,** *n.* box, case; husk, pod, legume.
**tuljiti se,** *v.* to restrain oneself, to put oneself about.
**tumač,** *n.* interpreter.
**tumačenje,** *n.* interpretation, illustration; comment.
**tumačiti,** *v.* to interpret, to explain; to account for; to comment.
**tumara (lo),** *n.* rambler; way-layer.
**tumaranje,** *n.* wandering, straying about; distraction of the mind.
**tumarati,** *v.* to ramble, to rove, to wander, to grope, to fumble.
**tumbak,** *n.* latten, brass.
**tumbas,** *n.* pontoon, hulk.
**tuna,** *vidi:* **tunina.**
**tunel,** *n.* tunnel.
**tunina,** *n.* tunny (-fish).
**tunirati,** *v.* to tune.
**tunja,** *n.* quince.
**tunjav,** *a.* stupid, dull.
**tunjavost,** *n.* stupidity, dullness.
**tup,** *a.* dull, blunt, obtuse.
**tupan,** *n.* idiot, simpleton.
**tupara,** *n.* dull hoe.

**tupav,** *vidi:* **tupoglav.**

**tupiti,** *v.* to blunt, to dull, to weaken.

**tupkati,** *v.* to stamp one's foot.

**tupoća,** *n.* bluntness, dullness.

**tupoglav,** *a.* stupid, dull.

**tupoglavost,** *n.* stupidity, dullness.

**tupost,** *vidi:* **tupoća.**

**tur,** *n.* flap (of the breeches).

**tura,** *n.* knotted handkerchief; bundle, bunch.

**turati (se),** *v.* to push, to thrust, to force, to press forward, to urge, to drive, to crowd, to crush.

**turban,** *n.* turban; tiara.

**Turčin,** *n.* Turk.

**turiti,** *vidi:* **turati.**

**turnuti,** *v.* to thrust, to push.

**turoban,** *a.* gloomy, sad, melancholic, sorrowful.

**turobnost,** *n.* sadness, grief; melancholy, gloominess.

**turpija,** *n.* file, rasp, grater.

**turpijati,** *v.* to file, to polish.

**Turska,** *n.* Turkey.

**turski,** *a.* Turkish.

**tuska,** *n.* dross, slag, trotter (*horse*).

**tust,** *a.* fat, fleshy, plump.

**tustina,** *n.* grease, fat, dripping.

**tuš,** *n.* (*napitnica*) flourish, fanfare; (*kupka*) shower-bath.

**tušiti,** *v.* to stew.

**tuškinja,** *vidi:* **narikača.**

**tušta,** *adv.* much, many.

**tutanj,** *n.* rambling, roaring, booming, roar.

**tutija,** *n.* zinc.

**tutkalo,** *n.* (*kelje*) glue, lime.

**tutkati,** *vidi:* **drškati.**

**tutljav,** *a.* lazy, inert, idle, indolent.

**tutnuti,** *vidi:* **drškati.**

**tutnjava,** *n.* rumbling, roaring, booming, roar, tumult.

**tutnjiti,** *v.* to roar, to boom, to bellow.

**tutor,** *n.* guardian, warden; protector.

**tutorstvo,** *n.* guardianship, wardship, trusteeship, protection.

**tutumiš,** *n.* bat.

**tuviti,** *v.* to mark, to note, to mind, to remember.

**tuzemac,** *n.* native, inlander.

**tuzemni,** *a.* inland; indigenous.

**tuzemstvo,** *n.* inland, native land.

**tužakati,** *vidi:* **tužiti.**

**tužaljka,** *n.* lamentation, bewailing, elegy, threnody, dirge.

**tužan,** *a.* mournful, sad, afflicted, sorrowful.

**tužba,** *n.* complaint, charge; (*sudbena*) suit, action; plaintiff's statement.

**tužbalica,** *n.* lamentation, threnody, dirge.

**tuženik,** *n.* defendant, accused, culprit.

**tuženje,** *n.* complaint, accusation; lamentation.

**tužilac,** *vidi:* **tužitelj.**

**tužitelj,** *n.* plaintiff, complainant, accuser.

**tužiti,** *v.* (*za kim*) to weep, to lament, to cry; (*nekoga*) to accuse, to charge; (*kod suda*) to sue, to bring suit; (**se**) to complain.

**tužljiv,** *a.* loathsome, disgusting, mawkish.

**tužnost,** *n.* sadness, sorrow.

**tužnjava,** *n.* lamentation, wailing.

**tvar,** *n.* matter, subject; (*gnoj*) pus, stuff; (*stvor*) creature.

**tvaran,** *a.* material, real.

**tvoj,** *pron.* thy, thine, your, yours.

**tvor,** *n.* polecat; (*melem*) plaster.

**tvorac,** *n.* creator, producer; (*životinja*) skunk.

**tvorački,** *a.* skilful, clever, intelligent, sagacious.

**tvoran,** *a.* crative, active.

**tvorevina,** *n.* structure, formation, product, organization.

**tvorilo,** *n.* cheese-mould.

**tvoriti,** *v.* to create, to form, to produce, to manufacture.

**tvornica,** *n.* factory, shop, mill, works.

**tvorničar,** *n.* manufacturer, mill-owner.

**tvorničarstvo,** *n.* manufacture.

**tvrd,** *a.* hard, close, firm, steadfast; **tvrda srca,** hard-hearted.

**tvrdac,** *n.* (*skupac*) miser, niggard, curmudgeon.

**tvrdina,** *n.* hardness; severity, cruelty.

**tvrditi,** *v.* to affirm, to assert, to claim; (*utvrđivati*) to harden, to fortify.

**tvrdnuti**, *v.* to harden.

**tvrdnja**, *n.* assertion, averment, allegation, affirmation.

**tvrdoća**, *n.* hardness.

**tvrdoglav**, *a.* stubborn, headstrong, obstinate.

**tvrdoglavost**, *n.* stubbornness, obstinacy.

**tvrdokoran**, *a.* stubborn, obdurate, impenitent.

**tvrdokornost**, *n.* obduracy, stubbornness.

**tvrdoust**, *a.* hard-mouthed, hard of mouth; unruly.

**tvrdovati**, *v.* to be stingy, to higgle.

**tvrđa**, *vidi:* **tvrđava**.

**tvrđava**, *n.* fortress, stronghold.

**tvrđenje**, *n.* (*utvrđivanje*) fortifying, fortification; wall.

**tvrtka**, *n.* firm.

**tvrtkast**, *a.* (*otvrd*) somewhat hard.

# U

**u,** *prep.* in, within; at; on.

**uapsiti,** *v.* to arrest, to imprison, to apprehend.

**ubaciti,** *v.* to throw in, to pitch in.

**ubav,** *a.* charming, graceful, pretty, comely, handsome.

**ubavijest,** *n.* information, report, explanation.

**ubavijestiti,** *v.* to inform, to advise; to report.

**ubavost,** *n.* grace, charm, elegance.

**ubezeknuti (se),** *vidi:* **prepasti (se).**

**ubica,** *n.* murderer, slayer; murderess, assassin.

**ubiće,** *n.* murder, homicide, killing.

**ubijanje,** *n.* slaughter, killing, murdering.

**ubijati,** *v.* to kill, to slaughter; to butcher, to massacre; to slay.

**ubijediti,** *v.* to convince, to persuade, to induce, to prevail.

**ubijeliti,** *v.* to whiten, to bleach; to wash, to clear; to grow white (*ili*) gray.

**ubilac,** *n.* murderer, slayer, killer.

**ubilježba,** *n.* booking, entering, recording, noting.

**ubilježiti,** *v.* to book, to enter, to record, to mark; to inscribe.

**ubistvo,** *n.* murder, homicide, manslaughter; slaying.

**ubitačan,** *a.* pernicious, noxious, periious, dangerous, fatal.

**ubitačno,** *adv.* perniciously, noxiously.

**ubitačnost,** *n.* perniciousness, deadliness.

**ubiti (se),** *v.* to kill, to slaughter, to butcher; to massacre, to murder, to slay; **počiniti samoubojstvo,** to commit suicide.

**ubjeći,** *v.* to fly, to flee, to take to flight.

**ublatiti,** *v.* to muddy, to bedaub, to stain, to pollute.

**ublažiti,** *v.* to soothe, to appease, to alleviate; to soften, to moderate, to calm; **ublažujuća okolnost,** extenuating circumstance; **ublažujući lijek,** soothing medicine, pain expeller.

**ublizu,** *adv. i a.* near, close, nigh; nearly, closely.

**ubljuvati,** *v.* to vomit, to spit on.

**ubod,** *n.* stab, thrust; sting.

**ubog,** *a.* needy, indigent, scanty, insufficient, poor.

**ubogac,** *n.* poor devil.

**ubogar,** *n.* poor man, wretch, beggar.

**ubogarka,** *n.* begger-woman.

**ubogi,** *vidi:* **ubog.**

**uboj,** *n.* stroke, blow, shock; (*omečina*) contusion.

**ubojica,** *n.* assassin, slayer, murderer, assassinator.

**ubojit,** *a.* murderous, deadly.

**ubojstvo,** *n.* murder, slaying, assassination, manslaughter.

**uboljeti,** *v.* to fall ill.

**ubosti,** *v.* to sting, to prick, to stab, to stick, to pierce.

**uboški,** *a.* poor, indigent.

**uboština,** *vidi:* **uboštvo.**

**uboštvo,** *n.* poverty, indigence; misery, wretchedness; the poor.

**ubožak,** *n.* beggar, poor man.

**ubožan,** *a.* poor, needy, indigent.

**ubožnica,** *n.* alms-house, poor-house, asylum.

**ubrajati,** *v.* to count into, to include, to insert.

**ubrati,** *v.* to pick, to pluck (off), to gather, to tear off, to collect.

**ubrazditi,** *v.* to furrow, to plow.

**ubrinuti se,** *vidi:* **zabrinuti se.**

**ubrisati,** *v.* to wipe (off, away), to rub off, to dust.

**ubrljati,** *v.* to dirty, to stain, to sully, to contaminate, to blemish, to soil.

**ubrojiti,** *vidi:* **obrajati.**

**ubrus,** *n.* napkin; (*ručnik*) towel.

**ubrzati,** *vidi:* **ubrziti.**

**ubrziti**, *v.* to accelerate, to hasten.
**ucijediti**, *v.* to strain into.
**ucijeniti**, *v.* to ransom, to extort money, to overcharge, to appraise, to estimate.
**ucijepiti**, *v.* to vaccinate.
**ucjena**, *n.* estimation, valuation; (*odkupnina*) ransom.
**ucjenjivanje**, *vidi*: **ucjena.**
**ucrvati se**, *v.* to become wormy.
**ucvast**, *n.* inflorescence.
**ucvasti**, *v.* to blossom, to flourish.
**ucvijeliti**, *v.* to afflict, to grieve.
**ucviljen**, *a.* afflicted: grieved.
**ucviljenost**, *n.* bereavement.
**učan**, *a.* acquainted, skilled, versed, experienced, expert, conversant (with).
**učašiti**, *v.* to dislocate, to sprain.
**učen**, *a.* learned, scholarly, erudite; scientific, skilled.
**učenik,-ica**, *n.* pupil, student, scholar.
**učenost**, *n.* erudition, knowledge, learning.
**učenjak**, *n.* scientist, learned man, scholar, man of letters.
**učenje**, *n.* study, learning; teaching; apprenticeship.
**učesnik**, *n.* participator, participant, associate, partner, accessory, interested party.
**učestan**, *a.* participant, accessory, interested.
**učestanje**, *n.* frequency.
**učestati**, *v.* to become frequent; to increase; to happen often.
**učestvovanje**, *n.* participation.
**učestvovati**, *v.* to participate, to have a share in, to partake.
**učešće**, *n.* participation, interest, concern; (*smilovanje*) compassion, commiseration; (*saučešće*) condolence.
**učevan**, *a.* learned, erudite, scholarly.
**učilište**, *n.* school, academy; institution.
**učilo**, *n.* appliances for teaching, means of instruction.
**učin**, *n.* commission, commitment, perpetration.
**učinak**, *n.* effect, result, consequence.
**učiniti (se)**, *v.* to do, to make, to render; (*sagraditi*) to fabricate, to manufacture; to build; (*pretvarati se*) to feign.

**učiona**, *n.* school, academy, schoolhouse.
**učionica**, *vidi*: **učiona.**
**učitelj**, *n.* teacher, schoolmaster, instructor; private tutor.
**učiteljica**, *vidi*: **učitelj.**
**učiteljište**, *n.* academy, school.
**učiteljka**, *vidi*: **učitelj.**
**učiteljovati**, *v.* to be teacher.
**učiteljstvo**, *n.* teaching, body of instructors.
**učiti (se)**, *v.* (*podučavati*) to teach, to instruct, to direct, to educate; (*naučiti*) to learn, to understand; — **napamet**, to learn by heart, to memorize.
**učivo**, *n.* object of instruction.
**učka**, *n.* noise, din, alarm.
**učtiv**, *a.* polite, well-bred, affable, courteous, pleasant, civil.
**učtivo**, *adv.* gently, politely, courteously, affably.
**učtivost**, *n.* politeness, courtesy, elegance of manners, good breeding, civility, courteousness.
**učuvati**, *v.* to preserve, to guard, to keep.
**učvrstiti**, *v.* to strengthen, to secure, to harden, to fix firmly, to fortify.
**učvršćenje**, *n.* strengthening, fortifying.
**ući**, *v.* to enter, to come in, to get in, to step in, to march into; to drop in; to penetrate.
**ućutjeti**, *v.* to be silent, to become dumb.
**ućutkati**, *vidi*: **ušutkati.**
**ud**, *n.* limb, member.
**udahnuće**, *n.* breathing in; inspiration.
**udahnuti**, *v.* to breathe in (to), to inspire (into one).
**udaja**, *n.* marriage; wedding.
**udaljen**, *a.* far, remote, distant.
**udaljenost**, *n.* distance, remoteness, interval.
**udaljiti (se)**, *v.* to remove, to withdraw; to put away, to drive away.
**udaljivanje**, *n.* removal, distance, withdrawing.
**udar**, *n.* blow, hit, stroke.
**udarac**, *vidi*: **udar.**
**udaranje**, *n.* blow, stroke; beating, hitting.
**udarati (se)**, *v.* to strike, to beat, to tap, to knock, to hit, to stamp.
**udariti** *vidi*: **udarati.**

**udata**, *a.* married.
**udati (se)**, *v.* to marry, to get married, to give in marriage.
**udav**, *n.* boa constrictor.
**udavača**, *n.* bride, intended, fiancee.
**udavanje**, *n.* marrying, marriage.
**udavati**, *v.* to marry, to wed.
**udaviti**, *v.* to choke, to strangle, to be choked.
**udebljati (se)**, *v.* to get fat, to become stout.
**udes**, *n.* fate, destiny, lot; chance, fortune.
**udesan**, *a.* suitable, proper, convenient.
**udesiti (se)**, *v.* to adapt, to apply, to fit, to adjust.
**udešenje**, *n.* adaptation, accommodation.
**udica**, *n.* hook, fish-hook, angle.
**udijeliti**, *v.* to distribute, to bestow; to administer.
**udijevati**, *v.* to thread, to file, to run through, to enter intd.
**udilj**, *adv.* (*sveudilj*) all the time; instantly, just now.
**udioničtvovanje**, *n.* participation.
**udioničtvovati**, *v.* to participate.
**udisanje**, *n.* inhalation.
**udisati**, *v.* to inhale.
**uditi**, *v.* to articulate, to dismember, to cut up, to parcel out.
**udiviti (se)**, *v.* to wonder, to be surprised.
**udivljenje**, *n.* admiration, wonder, surprise, astonishment.
**udjelak**, *n.* gift, donation, alms; mite.
**udjenuti**, *v.* to thread, to file, to run through, to enter into, to pocket, to put in.
**udno**, *adv.* below, down-stairs, at the bottom.
**udo**, *n.* limb, member.
**udoban**, *a.* comfortable, commodious.
**udobno**, *adv.* comfortably, conveniently.
**udobnost**, *n.* comfort, convenience.
**udobriti**, *v.* to make good, to credit.
**udobrovoljiti (se)**, *v.* to get in good humor.
**udomaćen**, *a.* domesticated.
**udomaćenje**, *n.* domestication.
**udomaćiti (se)**, *v.* to domesticate; to make oneself at home.
**udomiti (se)**, *v.* to build a home, to settle down.

**udostajati**, *v.* to deign, to condescend.
**udovac**, *n.* widower.
**udovanje**, *n.* widowhood.
**udovica**, *n.* widow; (*visokog stališa*) dowager.
**udovištvo**, *n.* widowhood; bereavement.
**udovoljenje**, *n.* compliance, satisfaction.
**udovoljiti**, *v.* to appease, to satisfy, to gratify, to please, to fulfil.
**udragivati se**, *v.* to fawn, to flatter.
**udriti**, *vidi*: **udarati**.
**udrobiti**, *v.* to crumble into.
**udružen**, *a.* associate; united, joined.
**udruženost**, *n.* association, union.
**udruženje**, *n.* association, union.
**udružiti (se)**, *v.* to associate, to join in company, to take into partnership, to unite, to combine.
**udržati**, *v.* to maintain, to sustain, to preserve, to receive.
**uduljiti (se)**, *v.* to lengthen, to prolong, to become longer, to lengthen out.
**udunuti**, *v.* to blow out.
**udušiti se**, *v.* to suffocate, to choke, to be suffocated.
**udužiti (se)**, *vidi*: **zadužiti se.**
**udvajanje**, *n.* doubling.
**udvajati**, *v.* to double.
**udvaranje**, *n.* courting, fawning, flattery, flattering assent; flirting.
**advarati (se)**, *v.* to court, to flirt.
**udvoj**, *n.* single combat, duel.
**udvoje**, *adv.* doubly.
**udvojen**, *a.* duplicated.
**udvojiti**, *v.* to double, to duplicate.
**udvoran**, *a.* courteous, polite, well-bred, civil, kind, friendly, affable.
**udvoravati (se)**, *v.* to court; to flatter.
**udvorica**, *n.* courtier; flatterer.
**udvornost**, *n.* politeness, courtesy, gallantry, civility, favor.
**ufanje**, *n.* (*nada*) hope, expectation.
**ufati**, *v.* to hope, to expect.
**ufatiti**, *vidi*: **uhvatiti.**
**ugađač**, *n.* adulator.
**ugađanje**, *n.* pleasing, adulation, yielding.
**ugađati**, *v.* to please, to delight; to suit, to gratify; to adulate.
**ugalj**, *n.* coal; ember.
**uganuti**, *v.* to luxate, to disjoint, to dislocate.

**uganjati**, *v.* to find, to discover, to meet with.

**ugao**, *n.* corner, angle, nook.

**ugar**, *n.* fallow (ground).

**ugara**, *n.* guara.

**ugarak**, *n.* brand, fire-brand, coal-coke.

**ugarica**, *n.* (*požar*) burning, combustion, fire, conflagration.

**ugariti**, *v.* to tear open, to fallow, to break.

**ugarnica**, *n.* fallow; felly.

**ugasit**, *a.* brown, tawny.

**ugasiti**, *v.* to extinguish, to put out; (*žeđu*) to quench.

**ugašenje**, *n.* extinction.

**ugaziti**, *v.* to wade into, to get in, to step in, to march into, to penetrate.

**ugib**, *n.* joint.

**ugibati se**, *v.* to avoid, to evade, to shun, to turn aside.

**uginuti**, *v.* to perish, to die, to be destroyed.

**uginjati (se)**, *v.* to bend inward, to turn in, to incurvate.

**uglačati**, *v.* to. smooth, to press, to iron (out).

**ugladiti**, *v.* to file; to refine, to polish, to finish off; to smooth.

**uglađen**, *a.* polite; smooth, sleek, polished; becoming, proper, respectable.

**uglađenost**, *n.* smoothness; politeness, refinement; decorum, decency, polite manners.

**uglast**, *a.* angular, cornered.

**uglaviti**, *v.* to fix, to settle; to appoint, to conclude.

**uglavljenje**, *n.* settling; conclusion; proof.

**uglavničiti**, *v.* to capitalize.

**ugled**, *n.* repute, reputation, dignity, respect, credit.

**ugledan**, *a.* respectable, reputable, distinguished, eminent, notable.

**ugledanje**, *n.* perception, observation, seeing.

**ugledati**, *v.* to remark, to observe, to perceive, to note; (**se**) to take example.

**uglednost**, *n.* respectableness, distinction, reputation.

**uglibiti se**, *v.* to engulf, to absorb.

**uglična kiselina**, *n.* carbolic acid.

**uglobiti**, *v.* to insert.

**ugljana**, *n.* colliery, coal-mine, coal-yard.

**ugljar**, *n.* charcoal-burner, coal-burner.

**ugljen**, *n.* coal; (*drvo*) charcoal; (*mekani*) soft-coal, bituminous coal; (*tvrdi*) hard coal, anthracite.

**ugljenik**, *vidi*: **ugljenokop**.

**ugljenokop**, *n.* coal-mine.

**ugljenokopač**, *n.* coal-miner.

**ugljeviti**, *v.* to carbonize.

**ugljevlje**, *n.* coal, ember.

**ugnati**, *v.* to drive out; to discharge, to dislodge; to dispel.

**ugnijezditi se**, *v.* to nestle, to set, to instal, to establish.

**ugnusiti**, *v.* to dirty, to soil, to foul.

**ugnut**, *a.* bent, arcuate.

**ugnuti se**, *vidi*: **ugibati se**.

**ugnjaviti**, *v.* to strangle, to stifle, to choke; to kill, to slaughter.

**ugnječiti**, *v.* to knead, to squeeze into.

**ugnjesti**, *v.* to depress.

**ugnjetavanje**, *n.* oppression, ill-treatment, vexation.

**ugnjetavati**, *v.* to oppress, to ill-treat, to treat harshly, to suppress, to smother.

**ugnjiliti**, *v.* to putrefy, to decay, to rot.

**ugodan**, *a.* agreeable, pleasant; convenient, comfortable.

**ugodba**, *n.* gratification, satisfaction.

**ugoditi**, *v.* to please, to make happy, to satisfy.

**ugodljiv**, *a.* obliging, compliant, complaisant; pleasing, agreeable, officious.

**ugodljivost**, *n.* kindness, courteousness, friendliness.

**ugodnik**, *n.* saint.

**ugodno**, *adv.* agreeably, pleasantly, conveniently, comfortably.

**ugodnost**, *n.* pleasure, comfort, convenience; accommodation.

**ugojiti**, *v.* to fatten, to feed; to enrich; to grow fat.

**ugon**, *n.* driving in; exaction.

**ugonetnuti**, *vidi*: **odgonetati**.

**ugoniti**, *v.* to drive away, to drive in, to chase.

**ugor**, *n.* eel.

**ugorak**, *n.* cucumber; pickle.

**ugorjeti se**, *v.* to fallow.

**ugostiti**, *v.* to entertain, to treat.

**ugotoviti**, *v.* to prepare, to dress.

**ugovaralac,** *n.* deliberator, negotiator; party to a contract.

**ugovaranje,** *n.* deliberation, negotiation, conference; contracting.

**ugovarati,** *v.* to negotiate, to deliberate, to agree upon, to make an appointment.

**ugovor,** *n.* contract, agreement; stipulation, covenant; treaty.

**ugovorenje,** *n.* arrangement, agreement; contract.

**ugovoriti,** *v.* to agree; to contract; to stipulate, to make an appointment.

**ugovornik,** *n.* contractor; party to an agreement.

**ugrabiti,** *v.* to snatch away, to catch, to seize, to grab.

**ugraditi,** *v.* to build in, to build up.

**ugreznuće,** *n.* sinking, foundering.

**ugreznuti,** *v.* to sink, to founder, to sink into.

**ugrijanje,** *n.* heating; over-excitement.

**ugrijati,** *v.* to warm up, to heat, to excite, to get hot *(ili)* warm.

**ugristi,** *v.* to bite.

**ugriz (ak),** *n.* bite.

**ugrizati,** *v.* to bite.

**ugriznuće,** *n.* biting.

**ugrižljiv,** *a.* malignant, biting.

**ugrk,** *n.* grub of the may-bug.

**ugrudati (se),** *v.* to lump.

**ugrušati se,** *v.* to coagulate, to curdle, to clot.

**ugrušiti,** *v.* to pound, to triturate, to bruise.

**ugurzuz,** *n.* rascal, idler, babbler; scoundrel.

**ugušiti se,** *v.* to suffocate, to choke, to be suffocated, to strangle, to throttle, to smother.

**ugužvati,** *v.* to displace by pressing, to force away; to rumple up.

**uh!** *interj.* ah! oh!

**uhabati,** *v.* to spoil, to corrupt, to mar.

**uhač,** *n.* great ear.

**uhapiti,** *v.* to arrest, to seize.

**uhar,** *n.* gain, profit, advantage; prize, winnings, interest.

**uharačiti,** *v.* to profit, to gain, to get.

**uhat,** *a.* ear-shaped, auriform.

**uhićenje,** *vidi:* **uhit.**

**uhinjiti se,** *v.* to dissemble, to displace, to disguise.

**uhit,** *n.* arrest, seizure.

**uhititi,** *v.* to arrest, to take into custody, to catch, to seize, to apprehend.

**uhitnica,** *n.* warrant.

**uho,** *n.* ear; *(igle)* eye of a needle.

**uhobolja,** *n.* ear-ache.

**uhoda,** *n.* spy; eavesdropper.

**uhoditi,** *v.* to spy, to espy.

**uhodnik,** *vidi:* **uhoda.**

**uhođenje,** *n.* espionage; exploration.

**uholaža,** *n.* earwig.

**uhraniti,** *v.* to feed, to fatten.

**uhvaćenik,** *n.* prisoner, captive.

**uhvaćenje,** *n.* catching, seizing, apprehending, arrest.

**uhvat,** *n.* catch; grab.

**uhvatiti,** *v.* to catch, to seize, to take; to apprehend; to arrest, to take into custody; **(se)** to get caught, to take up.

**uistinu,** *adv.* truly, in fact, really.

**uja,** *n.* rest, repose, halt, recovery, recreation.

**ujac,** *vidi:* **ujak.**

**ujagmiti,** *v.* to catch, to snatch.

**ujak,** *n.* uncle.

**ujaloviti,** *v.* to clip, to pare, to prune; to castrate; to spoil in cutting.

**ujamčiti,** *v.* to propose, to warrant.

**ujarmiti,** *v.* to yoke.

**ujati,** *v. (vjetar)* to groan, to roar; to bellow, to low.

**ujed,** *n.* bite, sting; taunt.

**ujedanje,** *n.* bite, sting; anguish; taunt, vexation.

**ujedati,** *vidi:* **ujesti.**

**ujedina,** *n.* bite, sting.

**ujediniti,** *v.* to unite, to joint, to combine, to merge, to amalgamate.

**ujedinjen,** *a.* united.

**ujedinjenje,** *n.* merger, amalgamation, alliance, union, uniting, association.

**ujedljiv,** *a.* biting, waspish, cross; sarcastic.

**ujednačiti,** *v.* to equalize, to level, to square, to even, to straighten.

**ujedno,** *adv.* together, at the same time; jointly.

**ujedriti,** *v.* to sail into (a port).

**ujesti,** *v.* to bite, to be poignant.

**ujna,** *n.* aunt.

**ujutro,** *adv.* in the morning.

**uk (a),** *n.* cry, clamor, shriek, outcry, scream.

**ukač,** *n.* crier, bawler; squalling child.

**ukaljati,** *v.* to dirty, to soil, to foul.

**ukamatiti,** *v.* to put on interest, to deposit; to invest.

**ukaniti se,** *vidi*: **nakaniti (se)**.

**ukapiti,** *v.* to kill, to knock on the head, to slay.

**ukaz,** *n.* ukase.

**ukazati,** *v.* to show, to point out; (se) to appear.

**ukebati,** *v.* to catch, to seize; to ensnare, to take in; to gain.

**ukečiti,** *vidi*: **ukebati**.

**ukidanje,** *n.* annulment; canceling, revocation.

**ukidati, ukinuti,** *v.* to cancel, to revoke, to abolish; to remove, to annul, to repeal.

**ukinuće,** *n.* abolishment, abolition, repealing.

**ukinuti,** *vidi*: **ukidati**.

**ukipiti se,** *v.* to evaporate, to vapor away, to evaporize; to stiffen, to become motionless (with terror).

**ukiseliti (se),** *v.* to become sour, to leaven, to pickle.

**ukivati,** *v.* to forge out, to chain up.

**uklanjanje,** *n.* shunning, avoiding; removal.

**uklanjati,** *v.* to set aside, to remove, to put away, to evade; (se) to shun, to avoid.

**uklapati** *v.* to unite; to articulate.

**uklesati,** *v.* to hew in.

**ukleti,** *v.* to curse, to swear, to execrate; to enchant.

**ukletva,** *n.* curse, malediction, enchantment.

**uklinjati se,** *v.* to swear.

**uklonište,** *n.* shelter; asylum.

**ukloniti (se),** *v.* to remove, to put away; to drive away.

**uklopiti,** *v.* to insert, to enclose.

**uključiti,** *v.* to enclose, to include.

**uključivo,** *adv.* inclusively.

**uključno,** *adv.* inclusively.

**uključkati,** *v.* to put in (*ili*) into.

**uključnuti,** *v.* to peck, to pick.

**uknjižba,** *n.* record, entry; registration.

**uknjižen,** *a.* recorded, entered.

**uknjiženje,** *vidi*: **uknjižba**.

**uknjižiti,** *v.* to record, to enter, to register, to book.

**ukočen,** *a.* stiff, rigid, fixed, numb.

**ukočenost,** *n.* stiffness, numbness.

**ukočiti (se),** *v.* to benumb, to enervate, to grow numb, to get stiff.

**ukoliko,** *adv.* inasmuch as, as far as.

**ukonačenje,** *n.* quartering; lodging.

**ukonačiti (se),** *v.* to quarter, to billet, to take up lodging with.

**ukop,** *n.* interment, burial.

**ukopati (se),** *v.* to bury, to inter, to hide in, to earth.

**ukopnica,** *n.* shroud, winding-sheet.

**ukopnina,** *n.* mortuary.

**ukopnjeti,** *v.* to melt, to dissolve.

**ukor,** *n.* reproach, reproof, reprimand, censure.

**ukoran,** *vidi*: **prijekoran**.

**ukoričiti,** *v.* to bind.

**ukorijeniti se,** *v.* to take root, to strike root; to be inveterate.

**ukorijenjen,** *a.* rooted.

**ukoriti,** *v.* to blame, to reproach, to upbraid, to rebuke, to taunt, to reprimand, to censure.

**ukositi,** *v.* to mow.

**ukosnica,** *n.* (*igla*) pin, peg, scarf-pin; hair-pin, hair-comb.

**ukotviti,** *v.* to anchor.

**ukovati,** *v.* to forge on to, to chain up, to hammer in.

**ukovica,** *n.* (*nakit*) trinket.

**ukraj,** *adv.* near, by, beside, at, next to.

**ukras,** *n.* finery, ornament, decoration.

**ukrasiti (se),** *v.* to embellish, to adorn, to deck.

**ukrašivati,** *vidi*: **ukrasiti**.

**ukratiti,** *v.* to shorten, to abridge, to stint, to curtail, to lessen.

**ukrcanje,** *n.* embarkation.

**ukrcati se,** *v.* to embark; to go on board; (*natovariti*) to load.

**ukresati,** *v.* to make fire, to strike fire.

**ukrhati,** *v.* to slay, to kill; to smite.

**ukrijepiti,** *v.* to strengthen, to invigorate.

**ukriviti,** *v.* to bend, to crook.

**ukrotitelj,** *n.* tamer, subjugator.

**ukrotiti,** *v.* to tame, to domesticate; (*konja*) to break in.

**ukrotljiv,** *a.* tamable.

**ukrst,** *vidi*: **unakrst**.

**ukrstiti,** *v.* to cross, to set across; to cancel.

**ukršćavati,** *vidi*: **ukrstiti**.

**ukrutiti,** *v.* to stiffen, to starch.

**ukucati,** *v.* to beat something into (one).

**ukućanin,** *n.* domestic, member of the household.

**ukućanka,** *vidi*: **ukućanin.**

**ukućanstvo,** *n.* house-tax.

**ukućnica,** *n.* house-keeper.

**ukuhati,** *v.* to cook, to boil (down), to inspissate by boiling.

**ukupan,** *a.* total, whole, entire, all; general, universal.

**ukupno,** *adv.* totally; jointly.

**ukupnost,** *n.* totality.

**ukus,** *n.* taste, savor, flavor; liking; fancy; style.

**ukusan,** *a.* savory, tasty, palatable, tasteful.

**ula,** *n.* scoundrel, rascal.

**ulaganje,** *n.* depositing, placing.

**ulagati,** *v.* to place in, to lay in, to set in; (*novac*) to deposit, to invest.

**ulagivanje,** *n.* flattery, adulation, obsequiousness.

**ulagivati se,** *v.* to flatter, to fawn upon.

**ulak,** *n.* courier, post-boy, messenger, express-messenger.

**ulakšati,** *v.* to facilitate, to lighten, to ease, to alleviate.

**ular,** *n.* halter, cord, thong.

**ulaskati se,** *v.* to ingratiate.

**ulaštiti,** *v.* to polish, to shine.

**ulaz,** *n.* entrance, entry; admission; door.

**ulazak,** *vidi*: **ulaz.**

**ulaziti,** *v.* to enter, to go in.

**ulaznica,** *n.* ticket, admission-ticket, pass.

**ulaznina,** *n.* admission-fee, gate-money.

**ulaženje,** *n.* going into, entering, entry.

**ulažica,** *n.* flatterer.

**uleći se,** *v.* to nestle, to put, to set.

**ulediti se,** *v.* to freeze; to get icy, to crystallize.

**uleknuti se,** *v.* to let down, to sink, to lower.

**uletjeti,** *v.* to fly in; to rush in.

**ulibati se,** *v.* to feel embarrassed; to bother.

**ulica,** *n.* street, avenue.

**uličiti (se),** *v.* to form, to figure, to shape, to mould, to fashion.

**uličnjak,** *n.* street boy, street urchin.

**uliganj,** *n.* cuttle-fish.

**ulijegati,** *v.* to slacken, to relax; to yield, to abate.

**ulijeniti (se),** *v.* to get lazy.

**ulijepiti,** *v.* to paste in, to glue in.

**ulijevati,** *v.* to pour in, to pour into.

**ulistati,** *v.* to leave, to get (*ili*) grow leaves, to cover with leaves.

**ulište,** *n.* bee-hive.

**uliti,** *vidi*: **ulijevati.**

**ulizak,** *n.* salt of Vichy.

**ulizati (se),** *v.* to lick off, to wear out by use.

**ulizica,** *n.* lickspittle, sycophant, toady, toad-eater.

**ulog,** *n.* putting in, setting in, insertion, inserting; deposit, investment.

**uloga,** *n.* role, part; act.

**ulogoriti se,** *v.* to encamp, to form a camp.

**ulom,** *n.* breaking, breach, rupture; (*kosti*) fracture; (*matematički*) fraction.

**ulomak,** *n.* fragment, piece.

**ulomiti,** *v.* to break off, to pluck off, to break down, to pull down.

**uloviti,** *v.* to catch (up), to lay hold of, to seize, to nab, to snatch.

**ulozi,** *n.* gout, arthritis.

**uložak,** *n.* investment, deposit; (*u igri*) stake.

**uložiti,** *v.* to put in, to place, to deposit, to invest; (*u igri*) to stake.

**uložnica,** *n.* certificate of deposit, bank-book.

**ulučiti,** *v.* to seize, to take up; to affect.

**uljani,** *a.* oily.

**uljanica,** *n.* oil-lamp.

**uljanik,** *n.* stock of bees.

**uljarica,** *n.* oil-cruet, cruet-stand.

**ulje,** *n.* oil.

**uljenica,** *vidi*: **uljanica.**

**uljenje,** *n.* oiling; anointment.

**uljepša(va)ti (se),** *v.* to embellish, to improve in appearance, to beautify.

**uljepšavanje,** *n.* ornament, embellishment.

**uljesti,** *v.* to go in (*ili*) into, to go within, to enter, to move (*ili*) turn in.

**uljevi,** *n.* the embryos of bees.

**uljevina,** *n.* oleic acid.

**uljez,** *n.* upstart, snob.

**uljika,** *n.* olive-tree.

**uljiti,** *v.* to oil, to anoint.

**uljubiti se,** *v.* to fall in love (with), to take a fancy to.

**uljudan,** *a.* courteous, polite, cultured, orderly, well-bred, civil.

**uljudba,** *n.* civilization, culture.

**uljudno,** *adv.* politely, courteously.

**uljudnost,** *n.* politeness, courtesy, courteousness.

**uljuljati,** *v.* to rock, to sleep.

**um,** *n.* intellect, understanding, judgment, sense, mind; (*zdrava pamet*) common sense.

**umackati,** *vidi:* **umazati.**

**umaći,** *v.* to escape; (se) *vidi:* **pomaći se.**

**umah,** *adv.* immediately, at once.

**umahati,** *v.* to blow into flame.

**umaka,** *n.* sauce, gravy.

**umakanje,** *n.* dipping.

**umakati,** *v.* to dip, to steep.

**umaknuti,** *v.* to escape, to run away, to desert.

**umaliti** (**se**), *v.* to diminish, to lessen, to reduce, to grow less, to decrease, to belittle; to depreciate.

**umalo,** *adv.* soon, shortly, nearly, almost.

**umaljivanje,** *n.* diminution, decrease, extenuation, depreciation.

**umamiti,** *v.* to attract, to allure, to entice, to bring over.

**uman,** *a.* wise, intellectual, rational; sensible, reasonable; ingenious, gifted.

**umanjiti,** *v.* to diminish, to lessen, to reduce; to moderate, to temper; to depreciate.

**umanjivanje,** *n.* reduction, diminution, depreciation.

**umaranje,** *n.* tiring, wearing out, fatiguing, exhaustion.

**umarati,** *v.* (*utruditi*) to weary, to tire, to fatigue; to vex, to harass.

**umavica,** *n.* (*sumornost*) mortification of the spleen, anthrax, hypochondria.

**umazati,** *v.* to dirty, to soil, to foul.

**umecati,** *v.* to soften.

**umeknuti,** *v.* to be touched (affected, moved), to relent.

**umekšati,** *v.* to soften, to mollify.

**umet,** *vidi:* **ulog.**

**umeta,** *n.* mop, scovel.

**umetak,** *vidi:* **ulog.**

**umetanje,** *vidi:* **ulaganje.**

**umetati,** *v.* to interpose, to interpolate, to insert, to place, to set.

**umetnuti,** *v.* to put in, to place in, to insert, to enclose.

**umicati,** *v.* to escape, to evade; to avoid, to shun.

**umijeće,** *n.* skill, art; work of art, master-piece.

**umijesiti,** *v.* to knead.

**umiješan,** *a.* mixed, blended; implicated, involved.

**umiješati,** *v.* to mix, to blend; to mingle, to intermix; to entangle, to interpose; to implicate, to involve.

**umiliti se,** *v.* to ingratiate oneself, to win confidence for (oneself).

**umilno,** *adv.* gracefully, charmingly.

**umilostiviti,** *v.* to be gracious (*ili*) merciful.

**umiljat,** *a.* amiable, gentle, charming, gracious, pleasing, affable, kindly.

**umiljato,** *adv.* amiably, courteously, charmingly, gracefully, beautifully.

**umiljatost,** *n.* amiability, lovableness, sweetness; pleasantness, agreeableness, charm; gentleness, loveliness, grace.

**umiljavanje,** *n.* flattering, courtship, blandishment; ingratiating of (oneself).

**umiljavati se,** *v.* to flatter, to fawn upon, to ingratiate.

**umiljivati se,** *vidi:* **umiljavati se.**

**umilje,** *n.* sweetness, charm, grace, gentleness.

**umiljeti,** *v.* to creep in (*ili*) into, to steal into; to insinuate oneself.

**uminuti,** *v.* to pass away, to go before.

**umir,** *n.* peace, rest, repose.

**umiranje,** *n.* dying, passing away, perishing; death; (*od ljubavi za kim*) pining; (*jenjanje*) ceasing.

**umirati,** *v.* to die, to expire; to fade; (*naravnom smrću*) to die a natural death; (*od ljubavi*) to pine; (*jenjati*) to cease, to fade; (*sušiti se*) to wither.

**umiritelj,** *n.* peacemaker, pacificator.

**umiriti,** *v.* to quiet, to calm, to appease; to reconcile; to reassure.

**umiroviti,** *v.* to retire, to pension.

**umirovljen,** *a.* retired, pensioned.

**umirovljenik,** *n.* pensioner, pensionary; retired person.

**umirovljenje,** *n.* retirement, pension.

**umirući,** *a.* dying; languishing, fading, pining.

**umišljanje,** *n.* imagination, conceit.

**umišljati,** *v.* to imagine, to conceive; (**se**) to be conceited.

**umišljen,** *a.* imaginary; (*uobražen*) conceited.

**umiti,** *v.* to wash; (*razmišljati*) to reflect upon, to consider; (*znati*) to know.

**umivanje,** *n.* washing, bathing.

**umivaonica,** *n.* wash-basin.

**umivaonik,** *n.* wash-stand.

**umivati,** *v.* to wash.

**umjeren,** *a.* moderate, temperate; reasonable.

**umjereno,** *adv.* moderately, temperately.

**umjerenost,** *n.* temperance, moderation, abstemiousness.

**umjeriti,** *v.* to measure off, to survey.

**umjesnost,** *n.* appropriateness, propriety, suitableness; relevancy; pertinence.

**umjestan,** *a.* appropriate, proper; in place, relevant, pertinent, admissible.

**umješaj,** *n.* mixture, intermixture; implication.

**umještati,** *v.* to put, to place; to set, to regulate.

**umještina,** *n.* art, skill.

**umjetan,** *a.* artificial, artful; artistic, elaborate.

**umjeti,** *v.* to understand, to comprehend, to see, to know (how); to mean.

**umjetnički,** *a.* artistic (al).

**umjetnik, - ica,** *n.* artist, performer.

**umjetnina,** *n.* work of art.

**umjetništvo,** *n.* art.

**umjetno,** *adv.* artificially, artfully.

**umjetnost,** *n.* art, skill.

**umlatiti,** *v.* to knock down, to kill, to beat down (soundly), to overpower.

**umlje,** *n.* reason, sense; judgment.

**umljeti,** *vidi*: **samljeti.**

**umnik,** *n.* intelectualist; intelectual giant.

**umno,** *adv.* intelectually, ingeniously.

**umnost,** *n.* intelect.

**umnožavanje,** *n.* augmentation, increase.

**umnožiti,** *v.* to increase, to multiply, to augment.

**umobolan,** *a.* insane.

**umobolnost,** *n.* insanity.

**umočiti,** *v.* to deep, to steep.

**umok,** *n.* sauce, gravy.

**umoliti (se),** *v.* to request, to solicit, to obtain by entreaties, to beg, to pray.

**umoliv,** *a.* exorable.

**umor,** *n.* fatigue, weariness, exhaustion; (*smrtni*) agony, death-struggle.

**umoran,** *a.* weary, tired, fatigued; feeble, languid, faint.

**umoriti,** *v.* to tire, to exhaust; (*ubiti*) to kill, to murder.

**umornost,** *n.* fatigue, weariness, exhaustion.

**umorstvo,** *n.* murder, homicide, manslaughter, assassination.

**umoslovac,** *n.* logician.

**umoslovlje,** *n.* logic.

**umotak,** *n.* packet, parcel.

**umota (va)ti,** *v.* to wrap up, to envelop; (*povezati*) to bandage.

**umotriti,** *v.* to see, to notice, to choose, to watch.

**umotvor,** *n.* masterpiece, production of mind, peace of art.

**umotvorina,** *vidi*: **umotvor.**

**umovanje,** *n.* meditation, reflection; induction, deduction.

**umovati,** *v.* to reason, to argue; to reflect, to meditate.

**umrači (va)ti (se),** *v.* to darken, to become dark, to obscure.

**umrijeti,** *v.* to die, to expire, to pass away.

**umrli,** *a.* dead, mortal.

**umrlost,** *n.* mortality; deadness.

**umrljati,** *v.* to besmear, to soil.

**umrtviti,** *v.* to mortify; to deaden, to benumb.

**umučati,** *v.* to keep silence, to become still, to hush up.

**umučkati,** *v.* to make still, to keep silent.

**umući,** *vidi*: **umuknuti.**

**umudriti,** *v.* to enlighten, to make clear.

**umuknuti,** *v.* to silence, to quiet.

**umusan,** *vidi*: **zamusan.**

**unakrst,** *adv.* across, crosswise, crossways.

**unaokolo,** *adv.* (all) around, everywhere.

**unapred,** *adv.* in advance, beforehand.

**unaprediti,** *v.* to advance; to forward, to further, to promote; to raise.

**unapređenje,** *n.* advancement, promotion, progress, improvement.

**unaprijed,** *adv.* in advance, beforehand.

**unašanje,** *n.* bringing in, carrying in; entering.

**unašati,** *v.* to bring in, to carry in; to enter.

**unatoč,** *adv.* contrary to, against.

**unazad,** *adv.* backward.

**unča,** *n.* ounce.

**unesrečiti (se),** *v.* to make unlucky *(ili)* unhappy, to be unfortunate, to meet with an accident.

**unići,** *v.* to enter, to come in, to get in, to march in, to drop in, to penetrate.

**unijat,** *n.* Greek-Catholic.

**unijeti,** *v.* to carry in, to bring in, to yield; *(upisati)* to register, to enter.

**uništavati,** *vidi*: **uništiti.**

**uništenje,** *n.* annihilation, destruction, extinction; overthrowing.

**uništiti (se),** *v.* to annihilate, to destroy; to extinguish, to efface, to annul.

**univerza,** *n.* university.

**unoćiti,** *v.* to pass the night; to sleep.

**unosan,** *a.* profitable, yielding, rich.

**unositi (se),** *v.* to carry in, to bring into; to produce, to cause; to inflict.

**unošenje,** *n.* bringing in, importing, introducing.

**unovačiti,** *v.* to enlist, to enroll, to recruit.

**unovčiti,** *v.* to capitalize, to convert into money, to realize, to utilize, to sell.

**unučad,** *n.* grandchildren.

**unuče,** *n.* grandchild, grandson.

**unuk,** *n.* grandson.

**unuka,** *n.* granddaughter.

**unutar,** *adv.* in, within, inside, inward, inwards.

**unutarnji,** *a.* inward, internal, intrinsic, interior.

**unutrašnji,** *vidi*: **unutarnji.**

**unutrašnjost,** *n.* interior, inside.

**uobičajiti (se),** *v.* to accustom, to get used to.

**uobraziti,** *v.* to fancy, to imagine.

**uobražavanje,** *n.* conceit, imagination.

**uobražavati se,** *v.* to be conceited.

**uoctiti se,** *v.* to become vinegar.

**uoči,** *adv.* in the face of, considering.

**uočiti,** *v.* to face, to see; to discover, to perceive.

**uokviriti,** *v.* to frame, to insert.

**uopće,** *adv.* generally, universally, usually, in fact.

**uortačiti (se),** *v.* to associate, to enter into partnership.

**upadak,** *n.* cattle-plague, mortality.

**upadan,** *a.* conspicuous, obvious; visible.

**upadanje,** *n.* interruption, interference; conspicuousness.

**upadati,** *v.* to fall in; to interrupt, to interfere; to be evident.

**upala,** *n.* inflammation; combustion; *(dušnika)* inflammation of the bronchia; *(grla)* inflammation of the pharynx; *(hrskavice)* inflammation of the cartilage; *(krvnih žila)* vascular inflammation; *(moždana)* cerebral inflammation; *(plodnice)* inflammation of the ovary; *(pluća)* pneumonia; *(podrebrice)* inflammation of the pleura; *(slezena)* inflammation of the spleen; *(slijepog crijeva)* appendicitis; *(žabica)* tonsillitis.

**upaliti,** *v.* to kindle, to set fire to, to fire, to light; **(se)** to inflame.

**upaljen,** *a.* inflamed, overheated; lit.

**upaljenje,** *n.* inflammation.

**upaljiv,** *a.* inflammable, combustible; *(govor)* inflammatory speech.

**upaljivost,** *n.* inflammability.

**upamtiti,** *v.* to remember, to memorize, to commit to memory, to mind, to bear in mind.

**upanjiti se,** *v.* to stiffen, to become motionless; to become surprised, to be amazed.

**upasti,** *v.* to fall in; — **u riječ,** to interrupt, to cut short.

**upeći (se),** *v.* to sting, to prick; *(o suncu)* to burn.

**upepeljavati,** *v.* to soil *(ili)* dirty with ashes.

**upeti se,** *v.* to exert, to strain.

**upicati se,** *v.* to shrink in roasting.

**upijanje,** *n.* absorption.

**upijati,** *v.* to suck in, to absorb.

**upiliti,** *v.* to saw in; — **si u glavu,** to get into one's mind.

**upinjanje,** *n.* exertion, effort.

**upinjati,** *v.* to strain, to exert, to exert oneself, to make an effort, to prop, to lean (against).

**upirati se,** *v.* to lean against, to prop, to stem.

**upis,** *n.* inscription, title; registering, enrollment, entry, record, enlistment.

**upisati,** *v.* to register, to enter, to book, to inscribe.

**upisivanje,** *n.* registration, enrollment, matriculation, enlistment, booking, entry, entering.

**upisnica,** *n.* matriculation-certificate.

**upisnik,** *n.* register, record.

**upisnina,** *n.* registration-fee.

**upit,** *n.* inquiry, interrogation; application.

**upitati,** *v.* to ask, to interrogate, to question, to inquire, to demand.

**upiti (se),** *v.* to drink in, to suck in, to sponge, to imbibe; to absorb.

**upitni,** *a.* questionable.

**upitnik(?),** *n.* interrogation mark, question mark, note of interrogation.

**upitomiti,** *v.* to tame.

**uplastiti,** *v.* to stack (hay).

**uplašiti (se),** *v.* to scare, to frighten, to startle; to be frightened (*ili*) startled.

**uplata,** *n.* part-payment, payment.

**uplatiti,** *v.* to pay.

**uplesti (se),** *v.* to inweave, to interlace, to insert, to interpolate, to involve.

**upletak,** *n.* fillet, snood.

**upletanje,** *n.* interweaving, implication, involving.

**upletati (se),** *v.* to weave into, to interweave, to interlace; to involve; to implicate.

**upliv,** *n.* influence.

**uplivan,** *a.* influential, important.

**uplivati,** *v.* to have influence over, to influence.

**upljačkati,** *v.* to plunder, to take as booty, to capture.

**upljesniviti se,** *v.* to get mouldy, to become mouldy.

**upljuvak,** *n.* fly-speck.

**upoj,** *n.* absorption.

**upokojiti se,** *v.* (*umrijeti*) to expire; to perish; (*smiriti se*) to live at rest.

**upoloviti,** *v.* to break in half; to double up.

**upor,** *n.* resistance, opposition, repugnance; support, prop, stay.

**uporaba,** *n.* use, usage, utility.

**uporabiti,** *v.* to use, to employ, to utilize.

**uporabljivost,** *n.* use, applicability.

**uporan,** *a.* stubborn, obstinate, inflexible, defiant; sulky.

**uporaviti,** *v.* to make use of, to employ, to apply.

**upored,** *adv.* at the same time, in company, together; in addition to, all at once.

**uporediti,** *v.* to compare.

**uporedo,** *adv.* side by side, abreast.

**uporedivati,** *v.* to compare.

**uporište,** *n.* point of rest, point of support.

**upornost,** *n.* obstinacy; stubborness, resistance, opposition, stoppage.

**uposlen,** *a.* busy, employed.

**uposred,** *adv.* amidst.

**upotpuniti,** *v.* to complete, to fill up, to supply; to fulfil.

**upotreba,** *n.* usage, use, employ.

**upotrebiti,** *v.* to use, to make use of, to employ.

**upotrebljaviti,** *vidi*: **upotrebiti.**

**upotrebljiv,** *a.* useful, applicable.

**upotrebljivost,** *n.* usefulness, applicability.

**upoznati (se),** *v.* to know, to understand, to discern, to recognize, to get acquainted.

**upozoravati,** *vidi*: **upozoriti.**

**upozoriti,** *v.* to caution, to warn, to admonish; to inform.

**uprašen,** *a.* dusty.

**uprava,** *n.* administration, management, direction.

**upravan,** *a.* administrative, managerial.

**upravice,** *adv.* directly, straight.

**upravitelj,** *n.* manager, administrator, director; chief, commander; foreman, principal.

**upraviteljica,** *n.* administratrix.

**upraviteljstvo,** *n.* direction, management, directorship.

**upraviti,** *v.* to direct, to manage, to guide, to administer, to govern.

**upravljač,** *n.* director, administrator, manager, leader, conductor.

**upravljanje,** *n.* guidance, management, direction, administration.

**upravljati,** *v.* to guide, to direct, to conduct, to lead, to manage, to administer, to hold (an office).

**upravni,** *a.* erect, upright; administrative, business-.

**upravnica,** *n.* administratrix.

**upravnik,** *n.* managing director, administrative functionary.

**upravništvo,** *n.* administration, management.

**upravo,** *adv.* just, directly, straightforward.

**upreći,** *vidi:* **upregnuti.**

**upredati,** *v.* to contrive, to plot.

**upregnuti,** *v.* to strain, to stretch, to put to; to harness, to hitch.

**upreko,** *adv.* across, sidewise.

**uprepastiti se,** *v.* (*prestraviti se*) to shudder, to be terrified, to be shocked.

**upresti,** *vidi:* **upredati.**

**upretati,** *vidi:* **zapretati.**

**uprezanje,** *n.* putting into.

**uprezati,** *v.* to put into, to put (the horses) to.

**uprijeko,** *adv.* across, athwart, diagonally.

**uprijekrst,** *vidi:* **unakrst.**

**uprijeti (se),** *v.* to stem, to press against, to prop, to exert; (*oči*) to fix one's eye upon; to stare.

**upriličiti,** *v.* to adapt, to prepare.

**uprljati,** *v.* to dirty, to soil, to foul.

**upropastiti (se),** *v.* to ruin, to destroy, to demolish, to lay waste, to ruin.

**upropašćenje,** *n.* ruin, downfall.

**upropašćivanje,** *n.* overthrowing, destruction, extinction, annihilation.

**uprositi,** *v.* to woo, to ask in marriage.

**uprosnik,** *n.* match-maker, marriage-broker.

**uprskati,** *v.* to sprinkle, to splash.

**uprt,** *adv.* pointed, fixed at.

**uprta,** *n.* strap, thong, band, ribbon.

**uprtiti (se),** *v.* to charge, to load, to burden, to shoulder, to undertake, to take upon oneself.

**uprtnjača,** *n.* satchel, knapsack.

**upržiti,** *vidi:* **popržiti.**

**upućivanje,** *n.* instruction, teaching, advice, directing, assignment.

**upućivati,** *v.* to instruct, to teach, to point out, to assign, to direct, to advise, to refer.

**upustiti (se),** *v.* to let in, to admit, to engage in, to meddle with, to join (in); (*u razgovor*) to enter into conversation.

**upuštati (se),** *v.* to let in, to admit; to enter into, to speak one's mind.

**uputa,** *n.* instruction, information, education, order, direction, guidance.

**uputan,** *a.* advisable, expedient.

**uputitelj,** *n.* adviser, instructor.

**uputiti (se),** *v.* to instruct, to direct, to advise, to point out, to assign; to learn.

**uputnica,** *n.* letter of advice.

**upuzati,** *v.* to creep in (*ili*) into, to steal into, to crawl in.

**ura,** *n.* (*vrijeme*) hour; (*budilica*) alarm-clock; (*džepna*) watch; (*zidna*) clock.

**uračunati,** *v.* to include to reckon in.

**uraditi,** *v.* to make, to do, to construct, to prepare, to arrange.

**uranak,** *n.* early rise.

**uranitelj,** *n.* early riser.

**uraniti,** *v.* to rise early.

**urar,** *n.* watchmaker, clockmaker.

**uravniti,** *v.* to equalize, to level, to even up, to square.

**ureći,** *v.* to fix, to appoint; (*začarati*) to bewitch.

**ured,** *n.* office.

**uredan,** *a.* orderly, regular, methodical; neat.

**uredba,** *n.* arrangement, setting, order, regulation, precept.

**urediti,** *v.* to order, to arrange, to regulate, to adjust.

**urednik,** *n.* (*novina*) editor; manager, official, functionary.

**uredništvo,** *n.* editorship, editor's office, editorial staff.

**urednost,** *n.* orderliness, neatness.

**uredovanje,** *n.* administration, management.

**uredovati,** *v.* to administer, to manage, to conduct, to perform one's office duties, to officiate.

**uredovni,** *a.* official, office-.

**uredovnik,** *n.* officer, office-holder.

**uredovno,** *adv.* officially.

**uređenje,** *vidi:* **uređivanje.**

**uređivanje,** *n.* ordering, settlement, arrangement, adjustment, regulation; (*novina*) editing.

**uređivati,** *v.* to edit; to put in order.

**ures,** *n.* ornament, decoration, finery.

**uresan,** *vidi:* **lijep.**

**uresiti,** *v.* to adorn, to trim, to decorate, to deck.

**urešen,** *a.* decorous, trimmed, graceful, handsome.

**urez,** *n.* notch, slash, gash, cut, incision.

**urezati,** *v.* to make an incision, to notch, to cut in, to engrave.

**urezivati,** *vidi:* **urezati.**

**ureznik,** *n.* selvage.

**urijezan,** *a.* sharp, keen, acute, acrid, pungent, piercing.

**urinuti,** *v.* to thrust, to push in, to drive.

**urlanje,** *vidi:* **urlikanje.**

**urlati,** *v.* to howl, to yell.

**urlikanje,** *n.* howling, wailing, warwhoop; shouting.

**urlikati,** *v.* to howl, to yell, to cry, to whine.

**urma,** *n.* (*datulja*) date.

**urmetin,** *n.* maize, Indian corn.

**urnebes,** *n.* noise, din, tumult, shout, bustle, uproar.

**urnebesan,** *a.* noisy, turbulent, tumultuous.

**uroci,** *n.* bewitching, enchantment, witchcraft, witchery.

**uročen,** *a.* set, fixed, appointed, stated, certain.

**uročiti,** *v.* to fix, to settle, to appoint; to determine, to decide.

**urodica,** *n.* cow-wheat, purple cow-wheat.

**uroditi,** *v.* to be effectual, to yield fruit, to thrive, to prosper.

**urođen,** *a.* indigenous, native; (*prirođen*) innate, inborn.

**urođenik,-ica,** *n.* native.

**urok,** *n.* bewitching.

**uroniti,** *v.* to dive, to dip, to steep, to plunge.

**urositi,** *v.* to bedew.

**urota,** *n.* conspiracy, plot, entreaty.

**urotiti (se),** *v.* to conspire, to plot.

**urotnik,** *n.* conspirator, plotter.

**urovanj,** *n.* pale, post, pole, stake.

**uroviti,** *v.* to dig in; to enter, to engrave.

**urtija,** *n.* roof.

**uručba,** *n.* delivery, consignment.

**uručiti,** *v.* to hand (over), to transmit, to transfer, to convey, to deliver, to consign.

**urudžba,** *n.* delivery, presentation; tradition.

**urvati,** *v.* to grind, to polish, to cut (glass).

**urvina,** *n.* precipice, steep descent, rush of water, cataract.

**usačmiti (se),** *v.* to granulate, to get grain.

**usad,** *n.* (*puške*) stock; bordering, trimming, setting.

**usaditi,** *v.* to furnish with a handle, to put in place, to fix in; (*zasaditi*) to plant.

**usahnuti,** *v.* to dry up, to be drained (*ili*) exhausted; to wither.

**usamiti,** *v.* to forsake, to desert, to give up, to leave, to abandon, to isolate, to insulate.

**usavršavanje,** *n.* perfecting, improvement.

**usavršavati,** *v.* to perfect, to improve, to accomplish.

**usekač,** *n.* snuffers.

**useknuti (se),** *v.* to snuff (a candle); — **nos,** to blow one's nose.

**useliti se,** *v.* to colonize, to settle, to move in, to immigrate.

**ushićenje,** *vidi:* **ushit.**

**ushit,** *n.* enthusiasm, rapture, elation.

**ushititi (se),** *v.* to elate, to enrapture.

**ushodati se,** *v.* to start to walk.

**ushtjeti,** *vidi:* **htjeti.**

**usičiti se,** *v.* to roar, to bear a grudge (*ili*) ill-will.

**usidjelica,** *n.* spinster, old maid.

**usidren,** *a.* anchored.

**usidriti,** *v.* to anchor, to cast anchor.

**usijan,** *a.* burning, glowing; fiery, ardent.

**usijati,** *v.* to make redhot, to glow.

**usiliti,** *vidi:* **usilovati.**

**usilovati,** *v.* to constrain, to compel, to force.

**usiljen,** *a.* forced, cramped, unnatural, constrained.

**usiljenost,** *n.* coercion, violence, constraint; affectation, pretension.

**usirčiti se,** *v.* to turn into vinegar.

**usiriti (se),** *v.* to turn into cheese, to coagulate, to curdle.

**usisati,** *v.* to suck in; to imbibe, to absorb, to swallow up, to be absorbed (*ili*) swallowed up.

**usitniti,** *v.* to make small, to refine, to become refined.

**usjati (se),** *v.* to make redhot, to glow.

**usjecati,** *v.* to cut into.

**usjeći,** *v.* to hew in, to cut in.

**usjed,** *n.* lumbago, sudden rheumatic pang.

**usjedati,** *v.* to sit upon, to sit up.

**usjeka,** *n.* spunk, German tinder.

**Usjekovanje,** *n.* Beheading of St. John.

**usjelina,** *n.* steep place.

**usjemeniti se,** *v.* to get seedy.

**usjesti (se),** *v.* to sit upon, to sit up.

**usjev,** *n.* crops.

**uskakati,** *v.* to leap into (*ili*) upon, to spring at.

**uskidati,** *v.* (*uskinuti*) to pluck off.

**uskipjeti,** *v.* to boil up, to bubble up, to effervesce.

**uskisnuti,** *v.* to ferment, to turn into vinegar.

**usklični,** *a.* exclamatory.

**uskličnik** (!), *n.* exclamation mark.

**usklik,** *n.* exclamation, shout.

**uskliknuti,** *v.* to exclaim, to shout, to call (*ili*) cry out.

**uskočiti,** *v.* to jump, to spring.

**uskoća,** *n.* (*tjesnoća*) narrowness.

**uskok,** *n.* fugitive, refugee, runaway, deserter.

**uskolebati (se),** *v.* to shake, to move, to shock, to disturb, to waver.

**uskomešan,** *a.* perplexed, disturbed, agitated, troubled; disarranged.

**uskomešati,** *v.* to disturb, to agitate, to trouble; to disquiet, to disarrange, to disorder.

**uskopati,** *v.* to dig up.

**uskoristiti,** *vidi:* **koristiti.**

**uskoriti,** *v.* to hasten, to accelerate.

**uskos,** *adv.* opposite to, against; — *prep.* towards, before.

**uskraćivanje,** *n.* refusal, denial, disavowal, rejection, deprivation.

**uskrata,** *vidi:* **uskraćivanje.**

**uskratiti,** *v.* to deny, to refuse, to disallow.

**uskrisiti,** *vidi:* **uskrsnuti.**

**Uskrs,** *n.* Easter.

**uskrsenje,** *vidi:* **uskrsnuće.**

**uskrsnuće,** *n.* resurrection.

**uskrsnuti,** *v.* to rise from the dead; to restore; (*oživjeti*) to resuscitate.

**uslijed,** *prep.* according to, in view of, in consequence of.

**uslišanje,** *n.* granting.

**uslišati,** *v.* to hear, to grant.

**uslišiti,** *vidi:* **uslišati.**

**uslov,** *n.* condition, term, stipulation.

**uslovan,** *a.* conditional.

**usluga,** *n.* favor, benefit, kindness; service.

**uslužan,** *a.* obliging, pleasant, courteous, polite, complaisant.

**uslužnost,** *n.* kindness, complaisance, obligingness, courtesy.

**usmen,** *a.* verbal, oral; "viva voce."

**usminarstvo,** *n.* tanner's trade.

**usmjeliti se,** *v.* to dare, to venture.

**usmrćenje,** *n.* execution; killing; murdering; massacre, slaughter.

**usmrćivanje,** *vidi:* **usmrćenje.**

**usmrćivati,** *vidi:* **usmrtiti.**

**usmrdjeti se,** *v.* to stink, to rot.

**usmrtiti,** *v.* to slaughter, to kill, to murder, to mortify, to assassinate.

**usna,** *n.* lip; (*donja*) underlip; (*gornja*) upperlip.

**usnat,** *a.* thick-lipped, labiate.

**usnica,** *n.* lip.

**usniti (se),** *v.* to dream; to think, to muse, to consider.

**usnuti,** *v.* to fall asleep; (*umrijeti*) to pass away.

**usoliti,** *v.* to salt, to pickle.

**usopiti,** *v.* to puff.

**usov,** *n.* (*ledenjak*) avalanche, glacier.

**usovan,** *a.* morose, surly, peevish.

**uspaliti (se),** *vidi:* **upaliti se.**

**uspanje,** *vidi:* **uspavanje.**

**uspavajući,** *a.* soporific, narcotic.

**uspavalo,** *n.* soporific.

**uspavanka,** *n.* lullaby, cradle-song.

**uspavanje,** *n.* lulling asleep.

**uspavati,** *v.* to lull to sleep, to benumb, to fall asleep, to be lulled asleep; (*hipnozom*) to hipnotize; (*narkozom*) to narcotize.

**uspeti se,** *v.* to climb, to ascend.

**uspijevanje,** *n.* prosperity, progress, thriving, success, improvement.

**uspijevati,** *v.* to prosper, to thrive, to progress, to improve.

**uspinjača,** *n.* incline.

**uspinjanje,** *n.* climbing, rising, ascension.

**uspinjati se,** *vidi:* **penjati se.**

**uspiriti,** *v.* to rouse up, to raise, to arouse.

**uspjeh,** *n.* success; victory.

**uspješan,** *a.* successful; victorious; propitious, favorable.

**uspješno,** *adv.* successfully, prosperously, well.

**uspjeti,** *v.* to succeed, to win, to achieve, to thrive.

**usplahiriti,** *v.* to disturb, to confuse, to achieve, to thrive.

**usplamtjeti,** *v.* to catch fire, to grow hot, to flame up, to inflame, to incense.

**uspodobiti,** *v.* to compare.

**uspomena,** *n.* remembrance, reminiscence, token, memory, souvenir, memento.

**uspomenak,** *n.* keep-sake.

**uspomenica,** *n.* memorandum.

**uspomenik,** *n.* album.

**uspon,** *n.* rising, ascent; (*željeznički*) incline, gradient; grade.

**usporedan,** *a.* parallel.

**usporediti,** *v.* to compare, to parallel; to contrast, to liken.

**usporedo,** *adv.* side by side, abreast, along, parallelly.

**usporednost,** *n.* parallelism.

**uspoređivanje,** *n.* comparison; analogy, simile.

**uspoređivati,** *vidi*: **usporediti.**

**usporen,** *a.* delayed, retarded.

**usposobiti,** *v.* to·qualify; to entitle; to enable.

**usposobljen,** *a.* qualified, enabled.

**uspostava,** *n.* re-establishment, reinstatement; recovery.

**uspostaviti,** *v.* to re-establish; to restore, to re-instate; to recover.

**uspostavljenje,** *vidi*: **uspostava.**

**uspravan,** *a.* upright, erect, straight.

**uspraviti,** *v.* to set up, to erect, to raise.

**uspravnost,** *n.* erectness, uprightness.

**uspregnuti,** *vidi*: **uzmaće.**

**usprema,** *n.* order, arrangement, class.

**uspremati,** *v.* to order, to arrange, to regulate, to set in order.

**usprežnost,** *n.* abstinence.

**usprkos,** *adv.* in spite, nevertheless, notwithstanding.

**usprotiviti se,** *v.* to resist, to withstand; to object.

**usput,** *adv.* on the way.

**usrdan,** *a.* fervent, ardent; frank, hearty, affectionate.

**usrdno,** *adv.* fervently, ardently, sincerely.

**usrdnost,** *n.* fervor, ardency, complaisance.

**usrđe,** *n.* obligingness, cordiality.

**usrećen,** *a.* fortunate, made happy.

**usrećiti,** *v.* to bestow wealth upon, to make happy; to enrapture.

**usred,** *prep.* amidst.

**usredotočen,** *a.* concentrated, centered.

**usredotočenje,** *n.* concentration.

**usredotočiti,** *v.* to concentrate, to center.

**usurnuti,** *v.* (*usrtati*) to break (*ili*) burst (*ili*) rush into, to interrupt.

**usta,** *n.* mouth; mouth-piece.

**ustajanje,** *n.* rising.

**ustajati (se),** *v.* to get up, to rise, to stand up.

**ustanak,** *n.* insurrection, sedition, rebellion, revolt, revolution, rising.

**ustanova,** *n.* institution, establishment; regulation, rule; order, statute, law.

**ustanoviti,** *v.* to establish; to settle, to erect; to found, to fix, to appoint, to create, to institute.

**ustanovljen,** *a.* established, founded.

**ustanovljenje,** *n.* establishment.

**ustanuti,** *vidi*: **ustati.**

**ustaša,** *n.* rebel, insurgent, revolt.

**ustašca,** *n.* little mouth.

**ustati,** *v.* to stand up, to raise, to get up; (*pobuniti se*) to revolt, to rebel, to mutiny.

**ustav,** *n.* constitution.

**ustava,** *n.* sluice, dam, wear, flood. gate, stoppage.

**ustavan,** *a.* constitutional.

**ustavica,** *n.* (*riba*) suctorian.

**ustaviti (se),** *v.* to stop, to arrest, to seize, to hold up, to delay, to detain.

**ustavnost,** *n.* constitutionality.

**ustegnuti,** *v.* to subtract, to deduct; to keep back; (**se**) to refrain, to be reserved.

**ustezanje,** *n.* forbearance, reserve, reservedness.

**ustezati se,** *vidi*: **ustegnuti se.**

**ustoka,** *n.* east wind.

**ustoličenje,** *n.* installation, inauguration; initiation.

**ustoličiti,** *v.* to install, to inaugurate, to initiate.

**ustoličiti,** *vidi*: **ustoličiti.**

**ustopce,** *adv.* one after another, repeatedly.

**ustra,** *vidi*: **britva.**

**ustrajan,** *a.* steadfast, firm, constant, tenacious; perseverant, persistent.

**ustrajati,** *v.* to last to the end, to hold out; to endure, to persevere.

**ustrajno,** *adv.* perseveringly.

**ustrajnost,** *n.* perseverance, endurance; constancy.

**ustrašiti,** *v.* to frighten, to terrify, to intimidate, to scare.

**ustrčati,** *v.* to run, to rush at.

**ustrebati,** *v.* to lack, to need.

**ustreptati,** *v.* to tremble, to quiver, to shiver.

**ustresti,** *vidi*: **ustreptati.**

**ustrijeliti,** *v.* to shoot (to death); (se) to shoot oneself.

**ustrižak,** *n.* shred; chip; clipping.

**ustroj,** *n.* organism.

**ustrojavanje,** *n.* organization.

**ustrojavati,** *vidi*: **ustrojiti.**

**ustrojitelj,** *n.* founder, originator.

**ustrojiti,** *v.* to organize, to establish, to erect, to found.

**ustrojni,** *a.* organic.

**ustrojstvo,** *n.* organization; organism.

**ustrpjeti se,** *v.* to be patient, to wait patiently.

**ustrpljenje,** *n.* patience.

**ustrpljiv,** *a.* patient.

**ustrpljivo,** *adv.* patiently, calmly.

**ustrpljivost,** *n.* patience, forbearance.

**ustručak,** *n.* fold, channel, groove.

**ustručavanje,** *n.* hesitance, bashfulness, coyness; reserve, reservedness.

**ustručavati (se),** *v.* to hesitate, to restrain oneself, to keep back.

**ustuk,** *n.* antidote; repartee, reply.

**ustuknuti,** *v.* to recede, to give way, to yield.

**ustup,** *n.* distance.

**ustupanje,** *n.* cession; resignation.

**ustupati,** *v.* to cede, to give up, to yield; to transfer; to abandon, to forsake, to give over, to withdraw.

**ustupitelj,** *n.* grantor, disclaimer.

**ustupni,** *a.* cessionary.

**ustupnica,** *n.* deed of cession.

**usturati,** *v.* to beat back, to repulse, to turn back (*ili*) down, to strike in.

**ustvrditi,** *v.* to assert, to aver, to affirm, to state.

**usud,** *n.* destiny, fate, lot, chance.

**usuditi (se),** *v.* to dare, to venture.

**usuđivati,** *vidi*: **usuditi.**

**usukati,** *v.* to twist, to wring.

**usuprot,** *adv.* on the contrary; across.

**ususiti se,** *v.* to dry up, to wither.

**usuti,** *v.* to scatter into, to intersperse, to strew in.

**usutoniti (se),** *v.* to get dark.

**usvajati,** *vidi*: **usvojiti.**

**usvista,** *n.* monster, wonder; marvel, miracle.

**usvojenje,** *n.* appropriation.

**usvojiti,** *v.* to appropriate, to acquire, to adopt.

**uš,** *n.* louse; (*drveća*) plant-louse; (*vinove loze*) aphis.

**ušan,** *n.* wood-demon, satyr; lop-eared.

**ušančiti (se),** *v.* to entrench, to fortify.

**ušara,** *n.* short-eared owl.

**ušat,** *a.* lop-eared, long-eared.

**uščuvati,** *v.* to save, to preserve, to protect; to keep, to retain, to lay up.

**ušće,** *n.* mouth (of a river).

**ušećeriti se,** *v.* to turn into sugar.

**ušenac,** *n.* plant-louse.

**uši,** *n.* (*od uha*) ears; (*pl. od uš*) lice.

**ušiljiti,** *v.* to sharpen, to·point.

**ušiškati,** *v.* to soften, to soothe, to mitigate; to quiet, to reassure, to appease.

**ušiti,** *v.* to sew in, to stitch in, to sew together.

**ušiv,** *a.* lousy.

**ušivac,** *n.* lousy scoundrel, blackguard.

**ušivati,** *vidi*: **ušiti.**

**ušivost,** *n.* lousiness.

**uškopiti,** *v.* to castrate; to geld.

**uškopljenik,** *n.* mutton, wether, rammer; eunuch, castrate.

**ušljiv,** *a.* lousy.

**ušljivac,** *n.* lousy-fellow, blackguard.

**ušnica,** *n.* acoustic passage.

**uštap,** *n.* full-moon.

**uštapiti se,** *v.* to stiffen, to become motionless (with terror).

**ušteda,** *n.* savings.

**uštedjeti,** *v.* to save, to spare.

**uštednja,** *n.* parsimony, savings, economy, frugality.

**uštinuti,** *v.* to pinch, to nip.

**uštipak,** *n.* morsel.

**uštrob,** *n.* prejudice, detriment, damage, injury, wrong.

**uštrcanje,** *n.* injection.

**uštrcati,** *v.* to inject, to syringe, to squirt.

**uštrcnuti,** *vidi:* **uštrcati.**

**uštrojiti,** *v.* to castrate.

**ušutjeti,** *vidi:* **ušutkati.**

**ušutkati,** *v.* to silence, to hush up.

**utabati,** *v.* to ram in, to stamp in.

**utaboriti se,** *v.* to (en)camp, to be stored.

**utajati (se),** *v.* to keep a secret, to feign, to simulate, to pretend.

**utakmica,** *n.* race, (running-) match, contest, contention.

**utaknuti,** *v.* to stick in, to put in.

**utaložiti se,** *v.* to lie down; to abate, to mitigate.

**utaman,** *adv.* useless, without design, to no purpose.

**utamanitelj,** *n.* extirpator, destroyer, exterminator.

**utamaniti,** *v.* to destroy, to exterminate, to extirpate.

**utamničiti,** *v.* to incarcerate, to imprison.

**utanačenje,** *n.* arrangement; agreement.

**utanačiti,** *v.* to arrange, to fix; to set, to close, to decide, to infer (from), to bargain, to agree.

**utanjiti,** *v.* to make thinner, to thin, to become thinner, to attenuate.

**utapanje,** *n.* drowning.

**utapkati,** *v.* to stamp, to ram down, to pound.

**utažiti,** *v.* to soften, to mitigate, to alleviate, to calm, to appease, to quiet, to soothe.

**utecište,** *n.* asylum, refuge, shelter.

**uteći,** *v.* to run away, to flee away, to escape, to make one's escape.

**uteg,** *n.* weight, heaviness; gravity.

**utega,** *n.* bandage, truss.

**utegnuti,** *v.* to lengthen.

**utemeljen,** *a.* founded, established.

**utemeljenje,** *n.* foundation, establishment.

**utemeljitelj,** *n.* founder; — **ica,** foundress.

**utemeljiti,** *v.* to establish, to found; to ground, to erect.

**utez,** *n.* weight; heaviness, gravity.

**utezati,** *v.* to pull on; to tighten, to stretch.

**uticaj,** *n.* influence, contact, touch.

**uticati,** *v.* to exert influence upon.

**utija,** *n.* tailor's goose, flat-iron.

**utijeliti,** *v.* to embody.

**utina,** *n.* owl, owlet.

**utirač,** *n.* towel, dish-clout, duster, wiper.

**utiranje,** *n.* wiping, dusting; (*puta*) breaking of the road.

**utirati,** *v.* to wipe (off); (*utirati si put*) to break the road.

**utisak,** *n.* impression; stamp.

**utiskivati,** *v.* to impress, to imprint, to set a mark, to stamp.

**utisnuti,** *vidi:* **utiskivati.**

**utišanje,** *n.* hushing up, silencing; appeasing.

**utišati,** *v.* to silence, to hush up, to appease, to soothe, to allay, to still.

**utišiti,** *v.* to press into, to impress on, to stamp on.

**utjecaj,** *n.* influence; influx.

**utjecanje,** *n.* influence, influx.

**utjecati (se),** *v.* to influence; to fall into.

**utjecište,** *n.* place of refuge, asylum.

**utjeha,** *n.* consolation, comfort.

**utjeloviti,** *v.* to incorporate, to embody.

**utjelovljenje,** *n.* incorporation.

**utjerati,** *v.* to urge, to prosecute; to collect, to enforce payment of; to recover.

**utjerivanje,** *n.* driving in; (*dugova*) collection, exaction.

**utjerivatelj,** *n.* (*dugova*) collector, exactor.

**utješitelj,** *n.* comforter, consoler, consolator.

**utješiti,** *v.* to console, to comfort, to soothe.

**utješljiv,** *a.* consolatory, consolable.

**utka,** *n.* protection, shelter, cover; prejudice, detriment.

**utkati,** *v.* (*utkivati*) to weave into, to interweave.

**utočište,** *n.* place of refuge, asylum, refuge, recourse.

**utočiti,** *v.* to pour into (*ili*) upon.

**utok,** *n.* (*rijeke*) mouth (of a river), influx; (*sudbeni*) appeal; recourse.

**utoka,** *n.* effluent, tributary.

**utoliti,** *v.* to ease, to relieve, to disburden, to alleviate, to comfort.

**utomiti,** *v.* to immerse, to plunge, to sink, to drown.

**utopiti (se),** *v.* to drown (oneself), to be drowned.

utopliti (se), v. to warm, to heat; to warm oneself, to bask.

utopljenik, -ica, n. drowned.

utor, n. notch, edge, groove; gutter.

utorak, n. Tuesday.

utoviti se, v. to feed, to fatten, to grow fat.

utrapiti, v. to dig in, to inter, to engrave.

utrčati, v. to run in.

utrenik, n. road, path; (željeznički) railway.

utrgnuti se, vidi: pretrgnuti se.

utrina, n. pasture, pasture-ground.

utrka, n. race, horse-race.

utrkivanje, n. race, running-match.

utrkivati se, v. to run a race, to race.

utrliti, v. to wait for.

utrnuće, n. extinction, extinguishing.

utrnulost, n. (obamrlost) torpidity, tetanus.

utrnuo, a. stiff, numb.

utrnut, a. extinct, extinguished, put out.

utrnuti, v. to extinguish, to quench, to wipe off.

utrnjivati, vidi: trniti.

utroba, n. entrails, intestines.

utrostručiti, v. to treble.

utrti, v. to wipe (away), to dry up, to wipe (off); utrti si put, to break the road.

utruditi se, v. to fatigue oneself, to tire.

utruđen, a. wearied, tired, feeble.

utržak, n. money obtained for goods.

utržiti, v. to buy.

utući, v. to beat, to bruise; to kick, to knock; to slay; (u mužaru) to pound.

utuk, n. antidote, remedy.

utuknut, a. dull, stupid, foolish, mad; odd, queer.

utuliti, v. to extinguish, to blot out, to efface.

utupiti, v. to blunt, to stupefy, to grow blunt (ili) dulled.

uturati se, v. to force oneself to.

uturiti, v. to push in, to get in.

utušiti, vidi: utuliti.

utuviti, v. to imprint, to impress, to inculcate.

utva, n. duck.

utvara, n. imagination, fancy, vision, phantom.

utvaranje, n. imagination.

utvarati se, v. to imagine.

utvor, vidi: utvara.

utvoriti se, vidi: utvariti si.

utvrda, n. stronghold, fort, castle.

utvrditi, v. to fasten, to fortify; to harden, to strengthen; to secure; (potvrditi) to corroborate.

utvrđenje, vidi: utvrđivanje.

utvrđivanje, n. fortification, strengthening.

uvađanje, n. introduction.

uvala, n. mountain-ridge, vale, valley.

uvaliti, v. to roll, to turn about (ili) round, to tumble, to lay.

uvaljati, vidi: uvaliti.

uvaljivati, vidi: uvaliti.

uvardati, v. to consider, to mind, to reflect upon; to deliberate, to weigh, to ponder.

uvaren, a. boiled.

uvarisati, v. to guess, to divine.

uvažanje, n. importation, bringing in, importing.

uvažati, v. to bring into, to import.

uvažavanje, vidi: uvaženje.

uvažavati, vidi: uvažiti.

uvažen, a. famous, celebrated; highborn, superior; favorably passed (acted) upon, given due consideration.

uvaženje, n. regard, respect, consideration, attention; observance; favorable action (decision).

uvažiti, v. to consider, to give due consideration; to value, to esteem; to pass (act) favorably upon; to appreciate.

uveče, adv. in the evening.

uvećati, v. (uvećavati) to enlarge, to magnify, to aggrandize; to raise, to increase.

uvehao, a. (uvehnuo) withered, blasted, blighted.

uvehlost, n. withering, blight.

uvehnuti, vidi: uvenuti.

uveličati, v. to exaggerate, to overdo, to overact; to magnify, to enlarge, to increase.

evenuti, v. to wither, to fade (away), to wilt, to dry up.

uveresijati, v. to credit.

uvesti, v. to lead into, to install, to import, to introduce, to show in; (u društvo) to initiate.

uvezati, v. (uvezivati) to bind.

**uvidjeti**, *v.* to look into, to look over; to understand, to see, to notice.

**uvidljiv**, *a.* considerate, judicious, sensible; thoughtful; careful.

**uvijač**, *n.* cigar.

**uvijača**, *vidi*: **olovnica**.

**uvijati se**, *v.* to cringe, to bend, to bevel; to cling, to yield; to twist, to entangle.

**uvijek**, *adv.* always, ever, continually.

**uvirati (se)**, *v.* to boil down.

**uvitak**, *n.* small parcel.

**uvititi**, *v.* to envelop, to wrap up, to fold up, to bend, to bow.

**uvjeravanje**, *n.* persuasion; conviction, belief, assurance.

**uvjeravati (se)**, *v.* to assure, to convince, to affirm, to satisfy.

**uvjeren**, *a.* assured, convinced, sure, certain, confident.

**uvjerenje**, *n.* conviction, persuasion, firm belief.

**uvjerica**, *n.* armistice.

**uvjeriti (se)**, *v.* to assure, to affirm, to convince, to satisfy.

**uvještiti se**, *v.* to familiarize oneself (with).

**uvjet**, *n.* condition, stipulation, term.

**uvjetan**, *a.* conditional.

**uvjetno**, *adv.* conditionally.

**uvjetnost**, *n.* conditionality.

**uvježban**, *a.* trained, versed, skilled.

**uvježbanost**, *n.* training, skill.

**uvježbati**, *v.* to train, to practice, to exercise.

**uvlačenje**, *n*, drawing in; inhaling.

**uvlačiti**, *v.* to draw in, to drag in, to smuggle; to inhale.

**uvod**, *n.* introduction; preface.

**uvoditi (se)**, *v.* to introduce, to present; to initiate; to install.

**uvodni**, *a.* introductory, prefatory.

**uvodnik**, *n.* preface, preamble; (*članak*) editorial.

**uvođenje**, *n.* introduction, installation, initiation.

**uvojak**, *n.* lock of hair, curl, ringlet.

**uvojnica**, *n.* hair-ribbon.

**uvojnati se**, *vidi*: **usmrdjeti se**.

**uvor**, *n.* insertion, intercalation, interpolation; involution.

**uvoz**, *n.* import, importation.

**uvoziti**, *v.* to import.

**uvozni**, *a.* import-; **uvozna carina**, import-duty, custom.

**uvoznik**, *n.* importer.

**uvoznina**, *n.* duty, toll, impost, peddler's tax.

**uvoženje**, *vidi*: **uvoz**.

**uvrebati**, *v.* to watch, to lie in wait for, to obtain by lying in wait, to snatch.

**uvreda**, *n.* offense, insult, affront.

**uvredljiv**, *a.* offensive, insulting, outrageous, abusive, adverse.

**uvreti**, *v.* to boil, to seethe.

**uvrh**, *prep.* upper, higher.

**uvrijediti**, *v.* to offend, to insult; to affront.

**uvrijedljiv**, *vidi*: **uvredljiv**.

**uvrijeđen**, *a.* offended, insulted.

**uvriježiti se**, *v.* to inhere in, to cleave to, to adhere, to stick in.

**uvrstati (se)**, *v.* to get in line, to put in order.

**uvrsta**, *n.* insertion.

**uvrsti**, *v.* to thread; to contrive, to scheme.

**uvrstiti**, *v.* to insert, to enclose; to interpolate, to intercalate; to hand in.

**uvršan**, *a.* acervate, aggregate.

**uvrtati**, *v.* to bore into, to twist into.

**uvući**, *v.* to draw, to pull in (*ili*) into; to implicate, to involve, to inhale.

**uz**, *prep.* along, beside, close to; in addition to.

**uza**, *prep.* along, beside; — (*zatvor*), *n.* prison, jail, prison cell.

**uzabrati**, *v.* to pluck, to pick, to gather.

**uzaći**, *v.* to mount up, to ascend; to surpass.

**uzagrepce**, *adv.* in gallop, at full speed, whip and spur.

**uzaimati (se)**, *v.* to borrow; to lend.

**uzajam**, *adv.* alternately, mutually.

**uzajamni**, *a.* reciprocal, mutual.

**uzajamno**, *adv.* mutually, reciprocally.

**uzajamnost**, *n.* mutuality, reciprocity.

**uzajedno**, *adv.* together, jointly, at the same time.

**uzajmice**, *adv.* mutually, reciprocally.

**uzajmitelj**, *n.* lender.

**uzajmiti**, *v.* to borrow; to lend.

**uzajmljivanje**, *n.* borrowing; lending.

**uzak**, *a.* narrow, small, scanty, slim, tight.

**uzakoniti**, *v.* to sanction, to enact.

**uzalud,** *adv.* in vain, to no purpose, gratis, for nothing.

**uzaludan,** *a.* vain, fruitless, unprofitable.

**uzamance,** *adv.* one after another, successively.

**uzan,** *a.* close, tight, narrow, scarce, scanty; — *adv.* scarcely.

**uzanj,** *prep.* near, by, besides, at, next to.

**uzao,** *n.* knot; node.

**uzapčenje,** *n.* sequestration, arrest.

**uzaptiti,** *v.* to seize, to catch, to grip, to lay hold on, to distrain, to sequester; arrest.

**uzastopce,** *adv.* one after another, successively.

**uzašašće,** *n.* ascension.

**uzavirati,** *vidi:* **uzavreti.**

**uzavreti,** *v.* to boil again, to boil up, to bubble up.

**uzbaciti,** *v.* to throw out, to turn out, to eject, to expel.

**uzbezočiti se,** *v.* to be impudent.

**uzbijati,** *vidi:* **uzbiti.**

**uzbiti,** *v.* to beat back, to repulse, to turn back (*ili*) down.

**uzbjeći,** *v.* to flee back, to take to flight; to retire, to withdraw.

**uzbrati,** *vidi:* **uzabrati.**

**uzbrdica,** *n.* rising, ascent, acclivity.

**uzbrdice,** *adv.* up-hill.

**uzbuditi,** *v.* to stir up, to rouse, to incite, to excite, to wake up.

**uzbuđenost,** *n.* (*uzbuđenje*) emotion, excitement; agitation, bustle.

**uzbuđivati,** *vidi:* **uzbuditi.**

**uzbújati,** *v.* to run up; (*o moru*) to swell, to rise.

**uzbuna,** *n.* tumult, riot, revolt, rebellion, uproar, sedition.

**uzbuniti,** *v.* to incite (*to mutiny*), to stir up, to alarm, to agitate, to mutiny.

**uzburkan,** *a.* stormy, tempestuous, agitated, impetuous, turbulent.

**uzburkati,** *v.* to stir up, to agitate.

**uzda,** *n.* rein, bridle.

**uzdah,** *n.* sigh, gasp.

**uzdahnuti,** *v.* to sigh, to gasp.

**uzdaja,** *n.* confidence, trust, reliance.

**uzdan,** *a.* cordial, intimate.

**uzdanica,** *n.* confidence, trust.

**uzdanik,** *n.* confidant.

**uzdanje,** *vidi:* **uzdanica.**

**uzdar,** *n.* harness-maker, saddler.

**uzdarje,** *n.* donation, return-present, reciprocal-donation, gift in return.

**uzdati,** *v.* to bridle, to restrain.

**uzdati se,** *v.* to rely (*ili*) depend (on), to entrust, to confide, to rely upon.

**uzdica,** *vidi:* **uzda.**

**uzdići,** *v.* to raise up, to take up, to pick up; to elevate, to extol; to praise.

**uzdignuće,** *n.* elevating, raising.

**uzdignuti,** *vidi:* **uzdići.**

**uzdisaj,** *n.* sigh, groan.

**uzdisanje,** *n.* sighing, sigh, groaning.

**uzdisati,** *v.* to sigh, to groan.

**uzdisanje,** *n.* raising, exaltation, elevation.

**uzdizati,** *vidi:* **uzdići.**

**uzdražiti,** *v.* to excite, to inflame; to exasperate.

**uzdrhtati se,** *v.* to tremble, to quiver.

**uzdrmati,** *v.* to shake; to affect strongly, to shock.

**uzdržanje,** *n.* abstinence, fasting, moderation, temperance.

**uzdržati,** *v.* to maintain, to sustain, to preserve; (*zadržati*) to keep, to retain; (*se nečesa*) to obstain from.

**uzdržavanje,** *n.* preservation, conservation, maintenance, provision; abstinence.

**uzdržavatelj,** *n.* preserver; supporter; maintainer.

**uzdržavati,** *v.* to save, to preserve, to deliver, to protect, to support, to keep, to maintain.

**uzdržljiv,** *a.* abstemious, temperate.

**uzdržljivost,** *n.* abstemiousness, abstinence.

**uzduh,** *n.* air, atmosphere, breeze.

**uzdušiti,** *v.* to swell (on, to).

**uzdušni,** *a.* airy, aerial, high, atmospherical.

**uzduž,** *prep.* along; — *adv.* at full length.

**uzdužan,** *a.* longitudinal.

**uze,** *n.* prison, jail, imprisonment, confinement.

**uzeće,** *n.* seizure, capture.

**uzepsti,** *v.* to freeze (*to death*).

**uzet,** *a.* paralytic (al), palsied.

**uzeti (se),** *v.* to take, to take away, to receive.

**uzetnik,** *n.* paralytic, gouty person.

**uzetost,** *n.* paralysis, palsy.

**uzgajanje,** *n.* bringing up, education; cultivation, culture, care; agriculture.

**uzgajati,** *v.* to bring up, to educate; to cultivate, to take care of.

**uzglavak,** *n.* pillow, cushion.

**uzglavlje,** *n.* pillow, cushion.

**uzglavnica,** *vidi*: **uzglavlje.**

**uzgoj,** *n.* education, bringing up.

**uzgojitelj,** *n.* one who rears; educator, tutor, preceptor, cultivator.

**uzgojiteljica,** *n.* governess.

**uzgojiti,** *v.* to bring up, to educate.

**uzorica,** *n.* rising ground, hill.

**uzgred,** *adv.* by the side, along with, besides, by the way.

**uzgredan,** *a.* accessory; incidental, contributory.

**uzgredni,** *vidi*: **uzgredan.**

**uzgrnuti,** *v.* to scrape up, to rake up, to gather.

**uzgrtati,** *v.* to push back, to put back.

**uzhićen,** *a.* ravished, elated.

**uzhititi,** *v.* to ravish, to elate.

**uzica,** *n.* lace, string, band, packthread, line.

**uzići,** *v.* to rise, to arrive, to go up, to ascend, to mount.

**uzidan,** *a.* immured, walled in; enclosed.

**uzidati,** *v.* to immure, to wall in.

**uzigrati,** *v.* to tremble, to quiver.

**uzilaziti,** *v.* to ascend, to step up.

**uzilaženje,** *n.* ascending, ascent; climbing.

**uzimati,** *v.* to take, to accept, to receive.

**uzina,** *n.* (*klanac*) narrow passage; (*svojstvo*) narrowness.

**uziti,** *v.* to narrow, to make narrower, to contract, to shrink, to straighten, to lessen.

**uzjahati,** *v.* to mount, to sit upon.

**uzječati,** *v.* to resound.

**uzjogunuti se,** *v.* to be stubborn, to become obstinate.

**uzlat,** *a.* knotty.

**uzlati,** *v.* to knot.

**uzlaz,** *n.* rising, rise, ascent, ascension.

**uzlaziti,** *v.* to mount up, to ascend, to surpass.

**uzletjeti,** *v.* to fly up; to float up.

**uzma,** *n.* paralysis, palsy.

**uzmaći,** *v.* to retreat, to fall back, to draw back, to delay.

**uzmah,** *n.* swinging, soaring up; flight, impulse.

**uzmahnuti,** *v.* to brandish, to swing; to fan, to winnow.

**uzmak,** *n.* retreat, retiring.

**uzmaknuti,** *vidi*: **uzmaći.**

**uzmanjkati,** *v.* to be short of, to be depleted.

**uzmicanje,** *vidi*: **uzmak.**

**uzmicati,** *vidi*: **uzmaći.**

**uzmiješati,** *v.* to stir up.

**uzmlačiti,** *v.* to become lukewarm, to grow cool.

**uzmoći,** *v.* to afford, to be able.

**uzmučiti se,** *v.* to trouble, to confound, to disconcert; to agitate.

**uznemiren,** *a.* disturbed, perturbed; alarmed, agitated.

**uznemirenje,** *vidi*: **uznemirivanje.**

**uznemiriti (se),** *v.* to disquiet, to trouble; to harass, to alarm; to feel uneasy, to fret; to disturb.

**uznemirivanje,** *n.* disturbance, alarm; trouble, agitation.

**uznesti (se),** *vidi*: **uznijeti.**

**uznešenje,** *n.* assumption; (*B. D. M.*) Assumption of the Virgin Mary.

**uznica,** *n.* prison, jail, dungeon.

**uzničar,** *n.* jailer, jail-keeper, turnkey.

**uznići,** *v.* to get up, to set up; (*o bilju*) to sprout.

**uznijeti (se),** *v.* to carry up; to grow haughty (*ili*) arrogant, to get proud.

**uznik,** *n.* prisoner, captive.

**uznositi (se),** *vidi*: **uznijeti.**

**uznositost,** *n.* pride, insolence, presumption.

**uznošljiv,** *a.* proud, wanton, arrogant.

**uzobijestiti se,** *v.* to become insolent (*ili*) arrogant; to get chesty.

**uzobraziti,** *v.* to perfect, to bring up, to train.

**uzoholiti se,** *vidi*: **uznijeti se.**

**uzor,** *n.* ideal, example; prototype, model; pattern; copy.

**uzorak,** *n.* sample, pattern, specimen.

**uzoran,** *a.* exemplary, model; classical.

**uzorati,** *v.* to plow up.

**uzorit,** *vidi*: **ugledan.**

**uzoritost,** *n.* eminence.

**uzorno,** *adv.* exemplarily, wonderfully.

**uzov,** *n.* invitation, engagement, bidding.

**uzraditi,** *v.* to work, to fashion; to accomplish.

**uzradovati se,** *v.* to rejoice, to cheer.

**uzrast,** *n.* stature, shape, size, growth.

**uzrasti,** *v.* to grow up.

**uzresti,** *v.* to ripen, to grow ripe.

**uzročan,** *a.* causal; causative.

**uzročiti,** *vidi*: **uzrokovati.**

**uzročnost,** *n.* causality, predicament.

**uzrok,** *n.* cause, motive, reason; source.

**uzrokovati,** *v.* to cause, to occasion.

**uzrujan,** *a.* excited, flurried, nervous, agitated.

**uzrujanost,** *n.* excitement, agitation, emotion, nervousness.

**uzruja(va)ti,** *v.* to make nervous, irritate, to exasperate, to excite, to stir up; (**se**) to be nervous.

**uzvati,** *v.* to call (*ili*) ask in, to invite, to bid.

**uzveličati,** *v.* to glorify, to celebrate.

**uzvesti,** *v.* to lead up.

**uzvijati,** *v.* to lift (*ili*) raise up; (*zastavu*) to unfurl.

**uzvik,** *n.* scream, shriek; interjection.

**uzvikivanje,** *n.* exclamation.

**uzvikivati,** *v.* to call (*ili*) cry out, to exclaim, to shout.

**uzvisiti,** *v.* to heighten, to enhance, to raise; to increase; to elevate; to glorify.

**uzvišak,** *n.* (*brežuljak*) hill, hillock, knoll, mound.

**uzvišen,** *a.* raised, elevated; sublime.

**uzvišenost,** *n.* magnificence, splendor, glory; excellence.

**uzvišivati,** *vidi*: **uzvisiti.**

**uzvitlati,** *v.* to stir, to disturb.

**uzvjerati se,** *v.* to be scared, to be frightened.

**uzvoditi,** *vidi*: **uzvesti.**

**uzvraćati,** *vidi*: **povratiti.**

**uzvrat,** *n.* return, consideration.

**uzvratan,** *a.* regressive, retroactive.

**uzvratiti,** *vidi*: **povratiti.**

**uzvrdati se,** *v.* to become timid, to be bashful; to entangle oneself.

**uzvrnuti,** *v.* (*rukave*) to roll up, to pull up.

**uzvrpoljiti se,** *v.* to fret at, to get uneasy, to be anxious.

**uzvrtjeti se,** *vidi*: **uzvrpoljiti se.**

**užapnuti se,** *v.* to restrain oneself, to incommode oneself.

**užar,** *n.* rope-maker.

**užariti,** *v.* to make redhot, to glow, to inflame, to set aglow.

**užarna,** *n.* rope-factory.

**užas,** *n.* horror, terror, dread; abomination.

**užasan,** *a.* horrible, frightful, shocking; dreadful, abominable, detestable.

**užasno,** *adv.* horribly, frightfully, abominably.

**uže,** *n.* rope, cord, line.

**užeći (se),** *v.* to fire, to set fire to, to kindle, to light, to catch fire.

**užeg,** *n.* (*požar*) burning, combustion, fire, conflagration.

**užega,** *n.* spunk, German tinder.

**uželjiti se,** *v.* to long (for), to wish, to desire.

**užestiti se,** *v.* to become enraged, to get furious, to get hot.

**užežen,** *a.* lit; fired; hot.

**užgati,** *vidi*: **užeći.**

**užigač,** *n.* lighter, kindler, fuse.

**užina,** *n.* lunch, afternoon tea, supper.

**užinati,** *v.* to lunch, to have one's tea (*ili*) supper.

**užiriti,** *v.* to fatten with corn.

**užitak,** *n.* enjoyment; happiness; satisfaction; use, usufruct; possession.

**užiti,** *v.* to enjoy; to have the use of.

**uživalac,** *n.* enjoyer.

**uživanje,** *n.* enjoyment, pleasure, delight; use, profit.

**uživati,** *v.* to enjoy, to have the use of.

**užizati,** *v.* to kindle, to set fire to, to light.

**užlijebiti,** *v.* to hollow, to channel; to insert, to fit, to fit in.

**užovka,** *n.* porcelain-shell, Argusshell.

**užvrvnjati,** *v.* to grind coarsely.

**užutjeti,** *v.* to make yellow, to grow yellow, to dye yellow; to ripen;to wither.

# V

**vab,** *n.* decoy, lure; enticement.
**vabac,** *n.* bird-call, decoy-bird.
**vabilac,** *n.* allurer, enticer.
**vabiti,** *v.* to decoy, to allure, to lure; to call.
**vabljenje,** *n.* allurement, enticement; inducement.
**vabljiv,** *a.* attractive, alluring.
**vada,** *n.* term, appointed day.
**vadičep,** *n.* cork-screw.
**vaditi,** *v.* to draw, to pull, to take out, to pull out.
**vađevina,** *n.* advanced money.
**vag,** *n.* lever, crowbar.
**vaga,** *n.* scale, pair of scales.
**vagan,** *n.* bushel.
**vagaš,** *n.* track; rut.
**vagati,** *v.* to weigh; (*u glavi*) to ponder.
**vagnuti,** *v.* to weigh.
**vagon,** *n.* car; (*za pušaće*) smoking car; (*za spavanje*) pullman.
**vagov,** *n.* awkward fellow, clown, lubber.
**vaj!** *interj.* woe to me! alas! oh!
**vajač,** *n.* screw-driver.
**vajar,** *n.* (*kipar*) sculptor, carver; chaser.
**vajarstvo,** *n.* sculpture, carving; statuary.
**vajat,** *n.* room, chamber, bedroom.
**vajda,** *n.* use; profit; benefit.
**vajdisati,** *v.* to make use of, to use, to turn to account; to be of use, to serve.
**vajkada,** *adv.* always, ever, evermore, long ago.
**vajkati se,** *v.* to apologize, to excuse oneself; to make one's excuses.
**vajme!** *interj.* woe to me! alas!
**vaklja,** *n.* torch-light.
**vakup,** *n.* church-property.
**val,** *n.* wave, billow.
**valčik,** *n.* waltz; — **plesati,** to waltz.
**valov,** *n.* hog-trough.
**valovica,** *n.* wave-line.
**valovit,** *a.* wavy; sinuous; undulated.
**valovlje,** *n.* waves, billows.

**valuta,** *n.* rate of exchange.
**valj,** *n.* roller, cylinder, pin.
**valja,** *n.* light, candle, flame, fire.
**valjak,** *vidi:* **valj.**
**valjalica,** *n.* pulling-mill.
**valjan,** *a.* valid, good; useful; able, fit; proper, apt.
**valjanost,** *n.* validity; goodness; fitness; aptness.
**valjanje,** *n.* rolling about, wallowing.
**valjaonica,** *vidi:* **valjarica.**
**valjarica,** *n.* pulling-mill.
**valjati (se),** *v.* to roll; to wallow; (*vrijediti*) to be worth, to be valid; to be apt.
**valjda,** *adv.* probably, presumably, perhaps.
**valje,** *adv.* presently, immediately, directly.
**valjka,** *n.* mangle, roll.
**valjkovast,** *a.* (*valjkovit*) cylindrical.
**valjušak,** *n.* dumpling; pudding.
**vampir,** *n.* vampire, blood-sucker.
**van,** *prep.* out of, out; except; out of doors.
**vani,** *adv.* (*vanka*) out, on the outside, outside.
**vanredan,** *a.* extraordinary; extra, out of the common course.
**vanjkuš,** *n.* pillow, cushion.
**vanjkušnica,** *n.* pillow-slip, pillow case.
**vanjski,** *a.* exterior, outside, outward.
**vanjština,** *n.* exterior.
**vapaj,** *n.* cry, scream, ejaculation; lamentation, bewailing.
**vapiti,** *v.* to cry, to call out; to ejaculate.
**vapn**‸ *n.* lime-burner.
**vapn** ‸ *a.* calcareous, limy.
**vapn** ‸ **ac,** *n.* limestone.
**vapn** ‸**nica,** *n.* lime-kiln.
**vapno,** *n.* lime; **gašeno-,** slaked lime; **žeženo-,** quick lime; **gasiti-,** to slake; **žeći-,** to burn.
**vapnovit,** *a.* limy, calcareous.
**var,** *n.* fire, heat, glowing fire.

**varagovati,** *v.* to flesh hides, to pick (a bone).
**varak,** *n.* tinsel, foil.
**varakati,** *v.* to get out of the way, to avoid, to evade.
**varalica,** *n.* sharper, impostor, cheater, swindler.
**varanje,** *n.* cheating, swindling, defrauding, sharp practises.
**varati (se),** *v.* to deceive, to delude, to defraud, to cheat, to swindle; to be mistaken.
**varav,** *a.* deceitful, fallacious, fradulent.
**varavo,** *adv.* deceitfully, fallaciously.
**varavost,** *n.* deceitfulness, fallaciousness, fraudulence.
**varen,** *a.* boiled.
**varenik,** *n.* mulled wine.
**varenika,** *n.* warm milk, sweet milk.
**variti (se),** *v.* to boil, to cook; to seethe; (*pivo*) to brew; (*vino*) to mull.
**varivo,** *n.* vegetables, greens.
**varjača,** *n.* pot-ladle.
**varka,** *n.* deceit, deception, fraud, trick; illusion, delusion.
**varljiv,** *vidi:* **varav.**
**varmeđa,** *n.* (*varmeđija*) county.
**varnica,** *n.* spark, tinder, spunk, touchwood.
**varničav,** *a.* emitting sparks.
**varoš,** *n.* town, city.
**varošanin,** *n.* townsman, inhabitant of a town.
**varošče,** *n.* town-child.
**varošica,** *n.* market town, small town, borough.
**varoški,** *a.* town-like, urban, municipal.
**varvarin,** *n.* barbarian.
**vas,** *a.* (*sva, sve*) whole, entire, all, total, complete.
**vasion,** *a.* universal, general; whole.
**vasiona,** *n.* universe.
**vaskolik,** *vidi:* **vas.**
**vaskrsnuti,** *vidi:* **uskrsnuti.**
**vaspitač,** *n.* pedagogue; *vidi:* **odgajatelj.**
**vaspitan,** *a.* educated, learned.
**vaspitanje,** *n.* (*izobraženje*) education.
**vaspitati,** *v.* to bring up, to educate.
**vaš,** *pron.* your, yours.
**vašar,** *n.* fair, market.
**vašardžija,** *n.* marketer.
**vašarište,** *n.* market-place.

**vašariti,** *v.* to hold a market, to trade, to purchase, to buy, to sell.
**vaška,** *n.* dog, hound.
**vatra,** *n.* fire, conflagration, combustion, burning; (*groznica*) fever.
**vatralj,** *n.* fire-pan, scoop.
**vatren,** *a.* fiery, ardent.
**vatrenost,** *n.* glowing, ardor, fieriness.
**vatrenjača,** *n.* (*gora*) volcano.
**vatrište,** *n.* fireplace, conflagration place.
**vatrogasac,** *n.* fireman.
**vatroložac,** *n.* fireman.
**vatromet,** *n.* fireworks.
**vatrosipan,** *a.* volcanic.
**vatruština,** *n.* typhoid-fever.
**vavijek,** *adv.* always, ever.
**Vazam,** *n.* ( *Uskrs*) Easter.
**vazda,** *adv.* always, ever, evermore, continually, at all times.
**vazdan,** *adv.* all day long.
**vazdašnji,** *a.* perpetual, everlasting.
**vazduh,** *n.* air, atmosphere.
**vazdušni,** *a.* airy, aerial, atmospheric, high.
**Vazmenac,** *n.* Easter-Monday.
**važan,** *a.* weighty, ponderous, important, of consequence, considerable, essential.
**važiti,** *v.* to be important, to weigh.
**važnost,** *n.* importance, weight, urgency.
**večati,** *v.* to bleat.
**veče (r),** *n.* evening, eve, night.
**večera,** *n.* supper.
**večeras,** *adv.* to-night, this evening-.
**večerati,** *v.* to sup, to eat one's supper.
**večerin,** *n.* west wind.
**večernica,** *n.* vespers, evening-prayers.
**večernjača,** *n.* (*zvijezda*) evening star, Vesper.
**večernji,** *a.* of the evening, evening-.
**večerom,** *adv.* in the evening.
**već,** *adv.* already; — *conj.* but.
**većati,** *v.* (*povećati*) to augment, to increase.
**veće,** *adv.* more.
**veći,** *a.* larger, bigger, major.
**većina,** *n.* majority, plurality.
**većinom,** *adv.* usually, to a great extent, ordinarily, commonly.
**većma,** *adv.* more, any more, most, over, no more, not any more.
**vedar,** *a.* serene, clear, bright, fair, cheerful.
**vedrenjak,** *n.* clear ice.

**vedrica,** *n.* pail, bucket, water-pail.
**vedrina,** *n.* serenity, clearness, fairness; hilarity.
**vedriti (se),** *v.* to clear up.
**vedro,** *n.* pail, bucket.
**veđa,** *n.* eye-lid.
**vegetabilan,** *a.* vegetative.
**vegetacija,** *n.* vegetation.
**vegetirati,** *v.* to vegetate.
**vehnuti,** *vidi:* **venuti.**
**veknuti,** *v.* to bleat.
**vele,** *adv.* much, a great deal, very.
**veleban,** *a.* magnificent, splendid, majestic.
**velebno,** *adv.* magnificently, splendidly.
**velebnost,** *n.* magnificence, grandeur, splendor, brightness, lustre, excellence, great display.
**velečasni,** *a.* right reverend.
**veledušan,** *a.* generous, magnanimous, liberal.
**veledušnost,** *n.* magnanimity, generousness, generosity, liberality.
**veleiždaja,** *n.* high-treason.
**veleizdajica,** *vidi:* **veleizdajnik.**
**veleizdajnički,** *a.* treasonable; — **rad,** treasonable practices.
**veleizdajnik,** *n.* person guilty of high treason, one guilty of high-treason.
**veleizdajstvo,** *n.* high-treason.
**velelijep,** *a.* stately, magnificent, sumptuous, eminent, noble.
**veleporeznik,** *n.* taxpayer.
**veloposjed,** *n.* vast estate.
**veleposjednik,** *n.* capitalist, owner of vast estate.
**veleprodaja,** *n.* wholesale-business.
**velesrdno,** *adv.* with all one's heart.
**veletržac,** *n.* wholesale-dealer, trader, merchant.
**veleučen,** *a.* learned.
**veleum,** *n.* genius.
**veleuman,** *a.* learned, wise.
**velevlast,** *n.* great power.
**veličanstven,** *a.* magnificent, splendid, majestic.
**veličanstvo,** *n.* majesty; (*u govoru*) sire.
**veličanje,** *n.* aggrandizement, exaltation.
**veličatelj,** *n.* exalter, aggrandizer.
**veličati (se),** *v.* to glorify, to pride in, to take glory in, to boast of; to aggrandize, to praise; to magnify, to extol.

**veličav,** *a.* glorious, famous, vainglorious, boasting.
**veličina,** *n.* greatness; tallness; size, largeness, bulkiness, magnitude; hugeness, enormity; grandeur, magnificence.
**velik,** *a.* grand, great, large; tall, high; broad, wide; eminent, important, illustrious, principal; **Velika Gospa,** Assumption; **Velika misa,** High Mass; **Velika nedjelja,** passion-week; **Veliki petak,** Good Friday; **veliko slovo,** capital-letter.
**velikan,** *a.* great man, colossus.
**velikaš,** *n.* aristocrat, magnate, lord.
**velikodušan,** *vidi:* **veledušan.**
**velikodušje,** *vidi:* **veledušnost.**
**velikodušnost,** *n.* generosity, liberality, bounty, magnanimity.
**velmoža,** *vidi:* **velikaš.**
**velo,** *n.* (*koprena*) veil.
**veljača,** *n.* February.
**velji,** *a.* great, large, big, tall, high, eminent.
**veno,** *n.* dowry, portion.
**venuti,** *v.* to whither, to fade; to decay.
**venja,** *n.* juniper-tree, juniper-berries.
**veo,** *n.* (*velo*) veil; mask, disguise.
**veoma,** *adv.* very, much, greatly.
**vepar,** *n.* (*pitomi*) boar; (*divlji*) wild boar.
**veprovina,** *n.* boar-meat.
**verati (se),** *v.* to clamber, to climb up, to creep.
**veresija,** *n.* credit, trust, reputation.
**vergija,** *n.* delivery, tax, duty, fees, contribution, impost.
**vergijaš,** *n.* tax-payer.
**veriga,** *n.* chain.
**veruganje,** *n.* meander (ing); winding.
**verugati se,** *v.* to meander; to wind.
**ves,** *n.* sound, tone, note.
**veselik,** *n.* poor devil.
**veseliti se,** *v.* to rejoice, to cheer, to delight.
**veselost,** *n.* gaiety, mirth, hilarity, merriment, cheerfulness.
**veseljak,** *n.* jolly fellow; brick.
**veselje,** *n.* cheerfulness, gaiety, mirth, joy, delight.
**veseo,** *a.* gay, merry, cheerful, droll, joyous, jovial.
**veslač,** *vidi:* **veslar.**
**veslanje,** *n.* rowing.
**veslar,** *n.* rower, oarsman.

**veslati,** *v.* to row, to propel, to drive (*ili*) push forwards.
**veslo,** *n.* oar, scull.
**Vesna,** *n.* (*božica proljeća*) goddess of spring.
**vesti,** *v.* to embroider.
**veteran,** *n.* veteran, old soldier.
**vez,** *n.* embroidery, fancy-work; connection, union.
**veza,** *n.* band; (*svilena*) ribbon.
**vezac,** *n.* embroiderer.
**vezač,** *vidi:* **vezilac.**
**vezan,** *a.* bound.
**vezanje,** *n.* binding, joining; union, connection; relation, copulation.
**vezati (se),** *v.* to bind, to tie, to fasten; to copulate, to join, to unite, to combine.
**vezenje,** *n.* embroidery.
**vezi,** *n.* temple (s).
**vezica,** *n.* lace; (*stanka*) hyphen.
**vezilac,** *n.* embroiderer; binder.
**vezilja,** *n.* embroideress.
**vezir,** *n.* vizir.
**vezivo,** *n.* needle-work, fancy-work; (*vezilo*) embroidery-cotton.
**veznik,** *n.* conjunction, copula.
**vezovina,** *n.* elm-tree.
**veža,** *n.* vestibule.
**vežanj,** *n.* package.
**vi,** *pron.* you.
**vickast,** *a.* slender, graceful, slim.
**vičan,** *a.* used, accustomed.
**vid,** *n.* sight, eye-sight, sense of sight; view.
**vida,** *n.* nail, peg.
**vidan,** *a.* visible, discernible, perceivable, plain.
**vidanje,** *n.* nursing; healing, cure.
**vidar,** *n.* surgeon.
**vidarski,** *a.* surgical; — **oruđe,** surgical instruments; — **stol,** operating table.
**vidarstvo,** *n.* surgery.
**vidati,** *v.* to cure, to heal, to nurse.
**vidica,** *n.* (*oka*) pupil.
**vidik,** *n.* view, aspect, sight; prospect.
**vidiv,** *a.* visible, conspicuous, evident.
**vidjelac,** *n.* observer, looker-on, spectator.
**vidjelica,** *n.* light, candle; loop-hole.
**vidjelo,** *n.* light, flame, luminary.
**vidjeti,** *v.* to see, to look, to behold.
**vidljiv,** *vidi:* **vidan.**
**vidnik,** *n.* seer; (*organ*) visual organ; prophet.

**vidnost,** *n.* visibleness, visibility.
**vidokrug,** *n.* horizon.
**vidovica,** *n.* St. Vitu's dance.
**vidovid,** *a.* visible, evident.
**vidra,** *n.* otter.
**vidulinka,** *n.* lark, skylark.
**viđati (se),** *v.* to see, to behold, to look, to perceive, to discern, to consider, to observe, to look at (*ili*) upon oneself, to visit one another.
**viđen,** *a.* distinguished, eminent; considerable; (*gledan*) seen, looked upon.
**viđenje,** *n.* seeing, discerning; **do viđenja,** so long; till we meet again.
**viganj,** *n.* smithy, smith's forge.
**vihar, vihor,** *n.* gale, whirlwind, storm, tempest.
**vijač,** *n.* screw-driver.
**vijača,** *n.* fan; winnow, swingle-staff.
**vijak,** *n.* screw.
**vijanje,** *n.* winding, screwing.
**vijati (se),** *v.* (*goniti*) to put to flight, to drive out, to discharge; to fly about; to wind; to screw.
**vijavica,** *n.* snow-storm, snow-drift.
**vijeća,** *n.* conference, lecture.
**vijećanje,** *n.* deliberation, consultation, conference.
**vijećati,** *v.* to deliberate, to consult, to confer.
**vijeće,** *n.* (*državno*) senate; (*gradsko*) council.
**vijećnica,** *n.* (*gradska*) town-hall, city-hall.
**vijećnik,** *n.* (*državni*) senator; (*gradski*) councilman, alderman.
**vijek,** *n.* century; (*doba*) age; (*život*) life, lifetime; days.
**vijenac,** *n.* wreath, garland, crown.
**vijesnik,** *n.* informer, messenger, courier; (*novina*) advertiser.
**vijest,** *n.* news, intelligence, tidings, information.
**vijor,** *vidi:* **vihar.**
**vijoriti se,** *v.* to flit, to flutter; (*o zastavi*) to wave, to stream.
**vijugast,** *a.* meandering, tortuous.
**vijugati se,** *v.* to meander, to wind, to twist; to reel; to wring.
**vijuknuti,** *v.* to howl, to yell, to cry, to whine; (*o vjetru*) to roar.
**vika,** *n.* noise, cry, scream, shriek, lamentation, clamor, outcry.
**vikač,** *n.* crier, bawler, squalling child, screamer.
**vikanje,** *vidi:* **vika.**

**vikati,** *v.* to cry, to scream, to call, out to yell.

**viknuti,** *v.* to cry out, to scream, to shriek.

**vikom,** *adv.* through noise.

**vila,** *n.* fairy, nymph; (*kuća*) villa.

**vilajet,** *n.* land, country; people.

**vilajetlija,** *n.* countryman.

**vilast,** *a.* forked.

**vildiš,** *n.* ivory.

**vile,** *n.* pitchfork, hay-fork.

**vilenik,** *vidi:* **vilenjak.**

**vilenjak,** *n.* sorcerer, wizard.

**vilica,** *n.* fork; (*usna, čeljust*) jaw.

**viličiti,** *v.* to halter, to put a halter (on a horse).

**vilinski,** *a.* fairy, fairy-tale.

**vilovan,** *a.* (*vilovit*) marvelous, wonderful, fairy-like; (*konj*) quick.

**viljav,** *a.* winking, blinking.

**viljuška,** *n.* fork.

**vime,** *n.* udder, dug.

**vinar,** *n.* wine-dealer, wine-grower.

**vinara,** *n.* (*vinarstvo*) winery.

**vinarina,** *n.* duty on wine.

**vinkot,** *n.* wine-must.

**vino,** *n.* wine.

**vinober,** *n.* (*berba*) vintage.

**vinograd,** *n.* vineyard, vinehill.

**vinogradar,** *n.* wine-grower, wine-dresser.

**vinogradarstvo,** *n.* cultivation (*ili*) culture of vine.

**vinopija,** *n.* wine-drinker, wine-bibler.

**vinorodan,** *a.* abounding in vines.

**vinova loza,** *n.* vine, vine-stock.

**vinovan,** *vidi:* **vinorodan.**

**vinovica,** *n.* spirit of wine, alcohol.

**vinski,** *a.* vinous, — **prijedjel,** vinous country, wine-district.

**vinuti (se),** *v.* to fan, to wag; to vibrate; to fly up.

**vinjaga,** *n.* black-bryony.

**vir,** *n.* whirl, eddy; whirlpool; vortex.

**viriti,** *v.* to jut out, to protrude, to stand out.

**virovit,** *a.* full of springs, whirling, vortical.

**vis,** *n.* height, altitude, hill.

**viseći,** *a.* hanging, dangling; pending.

**visibaba,** *n.* snow-drop.

**visina,** *n.* height, altitude; hill.

**visiti,** *v.* to hang, to be suspended; to be pending.

**visjeti,** *vidi:* **visiti.**

**viska,** *n.* neighing.

**visnuti,** *vidi:* **vriskati.**

**visočanstvo,** *n.* grandeur; (*naziv*) Highness.

**visočina,** *n.* highland.

**visok,** *a.* high, lofty, sublime, eminent; tall.

**visoravan,** *n.* highland.

**visost,** *n.* highness, loftiness, grandeur; (*naziv*) Highness.

**viš,** *n.* pea.

**višak,** *n.* surplus, excess; remainder, balance.

**više,** *adv.* more; — *comp.* higher.

**višebroj,** *n.* (*množina*) plural.

**višebrojni,** *a.* plural.

**višekrat,** *adv.* often, manytimes.

**višina,** *n.* height, altitude; hill.

**višnja,** *n.* sour cherry, egriot, mazard.

**višnji,** *a.* supreme, almighty, omnipotent.

**višnjikast,** *a.* egriot red.

**višnjovac,** *n.* cherry-wood.

**višnjovica,** *n.* cherry-wood.

**višnjovik,** *n.* wildcherry-wine.

**vitak,** *a.* slender, slim, tall; pliant, flexible.

**vitalac,** *n.* entrails, intestines, bowels.

**vitao,** *n.* reel, spindle, crane, windlass.

**viteški,** *a.* chivalrous, knightly, gallant.

**viteštvo,** *n.* chivalry, knighthood; (*junaštvo*) bravery.

**vitez,** *n.* knight, chevalier, cavalier.

**viti (se),** *v.* to wind, to twist, to reel, to wring, to meander, to writhe.

**vitica,** *n.* lock, curl; (*stržaja, biljka*) tendril; (*prsten*) ring.

**vitkost,** *n.* suppleness, slimness, slenderness.

**vitlati (se),** *v.* to shake, to disturb; to rove, to roam, to ramble about; to chase.

**vitoperiti se,** *v.* to warp.

**vitorog,** *a.* with spiral horns.

**vitost,** *vidi:* **vitkost.**

**vivak,** *n.* lapwing; hoopoe.

**vižao,** *n.* setter, spaniel.

**vižlast,** *a.* curious, inquisitive.

**vižle,** *n.* setter, spaniel.

**vječan,** *a.* eternal, everlasting, perpetual.

**vječit,** *vidi:* **vječan.**

**vječno,** *adv.* always, ever, forever.

**vječnost,** *n.* eternity, perpetuity.

**vjedogonja,** *n.* vampire.

**vjeđa,** *vidi:* **obrva.**

**vjekopis,** *n.* biography.
**vjekovanje,** *n.* life, living, subsistence.
**vjekovati,** *v.* to perpetuate.
**vjekovit,** *a.* durable, lasting, eternal, everlasting, perpetual.
**vjenčan,** *a.* wedding, matrimonial; — **list,** marriage-certificate.
**vječanje,** *n.* wedding, marriage.
**vjenčati,** *v.* to marry, to join in wedlock, to wed.
**vjenčić,** *n.* little garland, wreath.
**vjera,** *n.* faith, belief, religion, creed, credit.
**vjeran,** *a.* faithful, true, loyal.
**vjerenica,** *n.* bride, fiancee, intended.
**vjerenik,** *n.* bridegroom, fiance, intended.
**vjeresija,** *n.* faith, trust, confidence, creed; commercial credit.
**vjeridba,** *vidi:* **prosidba.**
**vjeriti (se),** *v.* to affiance, to betroth, to expouse, to engage, to promise in marriage; to bind by a vow.
**vjernost,** *n.* loyalty, faithfulness.
**vjerodajnica,** *n.* credentials.
**vjerodostojan,** *a.* credible, authentic.
**vjerodostojnost,** *n.* credibility, trustworthiness, authenticity.
**vjeroispovijest,** *n.* religion, creed, faith.
**vjerojatan,** *a.* probable, likely, credible.
**vjerojatno,** *adv.* probably.
**vjerojatnost,** *n.* probability.
**vjeroloman,** *a.* faithless, disloyal, perfidious, treacherous, traitorous.
**vjerolomnost,** *n.* disloyalty, treachery, breach of promise; transgression; treason.
**vjeronauk,** *n.* catechism.
**vjeroučitelj,** *n.* catechist.
**vjerovanje,** *n.* creed, religion, faith, trust, confidence, loyalty, allegiance, protection.
**vjerovatan,** *a.* probable, credible, likely.
**vjerovati,** *v.* to believe, to trust, to think, to suppose; to have faith.
**vjerovjesnik,** *n.* missionary.
**vjerovnik,** *n.* creditor; believer.
**vjerozakon,** *n.* religion.
**vjerozakonski,** *a.* religious.
**vjerski,** *vidi:* **vjerozakonski.**
**vjesnik,** *n.* messenger, courier.
**vješač,** *n.* hangman, executioner.
**vješala,** *n.* gallows, gibbet.

**vješanje,** *n.* hanging.
**vješati,** *v.* to hang (up), to gibbet.
**vješt,** *a.* skilful, skilled, dexterous, expert, able, capable.
**vještac,** *n.* witch, sorcerer, wizard, enchanter, magician, conjurer, diviner.
**vještački,** *a.* skilful, ingenious, dexterous.
**vještak,** *n.* expert, master, artist.
**vještica,** *n.* witch, sorceress, hag.
**vještina,** *n.* skill, skilfulness, dexterity, adroitness.
**vjetar,** *n.* wind, breeze.
**vjetarce,** *n.* breeze.
**vjetren,** *a.* windy, breezy; airy.
**vjetrenica,** *n.* weathercock.
**vjetrenjača,** *n.* wind-mill.
**vjetrenjak,** *n.* bragger, boaster, farceplayer, buffoon, droll person.
**vjetrenjast,** *vidi:* **vjetren.**
**vjetrenjost,** *n.* fickleness, unsteadiness, instability, inconstancy.
**vjetrić,** *n.* breeze.
**vjetriti,** *v.* to air, to ventilate.
**vjetrogonja,** *n.* swaggerer, humbug.
**vjetrokaz,** *n.* weathercock.
**vjetrovit,** *a.* full of wind, windy, swift (as the wind).
**vjeverica,** *n.* squirrel.
**vježba,** *n.* exercise, practice; training.
**vježbalište,** *n.* exercising ground, wrestling-school, gymnastics.
**vježbanje,** *n.* drilling, training, exercise.
**vježbati,** *v.* to exercise, to practice; (*vojnika*) to drill, to discipline, to train.
**vježbenica,** *n.* exercise book.
**vlača,** *n.* harrow.
**vlačiti,** *v.* to harrow.
**vlačuga,** *n.* drag, brake, trigger.
**vlače,** *n.* (*coll.*) culms.
**vlada,** *n.* government, management, reign, regency, mastership.
**vladalac, vladar,** *n.* sovereign, regent, ruler; governor.
**vladalački,** *a.* reigning.
**vladanje,** *n.* domination, dominion, government, reign, ruling, (*ponašanje*) conduct, behavior; management.
**vladar,** *vidi:* **vladalac.**
**vladarstvo,** *n.* regency; reign.
**vladati (se),** *v.* to rule, to govern; to demean, to conduct oneself.

**vladavina,** *n.* government; royalty, sovereignty.
**vladičanski,** *a.* episcopal.
**vladičanstvo,** *n.* bishopric, episcopate.
**vladika,** *n.* bishop.
**vlaga,** *n.* moisture, humidity, dampness.
**vlak,** *n.* train.
**vlaka,** *n.* train (of a dress).
**vlakance,** *n.* fiber, filament.
**vlaknast,** *a.* filamentous, filaceous, stringy, fibrous.
**vlakno,** *n.* fiber, flax, lint.
**vlakovođa,** *n.* conductor, engineer.
**vlas,** *n.* (*kosa*) hair.
**vlasast,** *a.* hairy, haired, hirsute.
**vlasenica,** *n.* coverlet made of hair, hair-quilt.
**vlasi,** *n.* hair.
**vlasnat,** *a.* hairy.
**vlasnik,** *n.* owner, proprietor, landlord; — **ica,** landlady.
**vlasništvo,** *n.* property, ownership.
**vlast,** *n.* authority, (*moć*) power; might, ability.
**vlastan,** *a.* authorized, empowered, entitled.
**vlastelin,** *n.* lord, nobleman, squire.
**vlastelinstvo,** *n.* manor.
**vlastelj,** *n.* potentate, ruler, lord.
**vlasteoski,** *a.* noble, aristocratic.
**vlasteostvo,** *n.* nobility, peerage, nobleness.
**vlastit,** *a.* own; peculiar, singular; proper.
**vlastitost,** *n.* peculiarity, quality, ownership, property, singularity, nature.
**vlastoručan,** *a.* with one's own hand, personal, authographic; — **potpis,** one's own signature.
**vlastoručno,** *adv.* with one's own hand, personally.
**vlasulja,** *n.* wig, periwig.
**vlasuljar,** *n.* wig-maker, hair-dresser.
**vlašac,** *n.* chives (*pl.*).
**vlašići,** *n.* (*zviježde*) Pleiades (*pl.*).
**vlat,** *n.* ear, spike; blade, stalk, staple.
**vlatak,** *n.* small blade.
**vlatati,** *v.* to ear.
**vlažan,** *a.* moist, wet, damp.
**vlažiti,** *v.* to moisten, to wet.
**vo, vol,** *n.* ox.
**voćar,** *n.* fruiterer.
**voćarica,** *n.* fruiteress.
**voćarstvo,** *n.* culture of fruit, fruitery.

**voće,** *n.* fruit, fruits.
**voćka,** *n.* fruit-tree.
**voćnjak,** *n.* orchard.
**vod,** *n.* detachment; guidance, management.
**voda,** *n.* water.
**vodac,** *vidi:* **vođa.**
**vodar,** *n.* water-carrier.
**vodarenje,** *n.* fetching of water, watering-place.
**vodarina,** *n.* water-tax.
**vodati (se),** *v.* to convey, to lead, to guide; to manage, to conduct, to direct.
**voden,** *a.* watery; **vodena bolest,** dropsy; **vodena bolest u glavi,** hydrocephalus; — **ptica,** waterfowl.
**vodenica,** *n.* water-mill.
**vodeničar,** *n.* miller, miller's thumb.
**vodenjak,** *n.* waterman.
**vodenjaka,** *n.* (*vrč*) water-pail, ewer.
**vodica,** *n.* holy-water, blessed-water.
**vodić,** *n.* guide, leader.
**vodik,** *n.* hydrogen.
**vodilac,** *vidi:* **vođa.**
**vodilja,** *n.* leader, guide, commander, general.
**voditi,** *v.* to lead, to conduct, to draw, to bring, to derive.
**vodiv,** *a.* conductible.
**vodnik,** *n.* chief, conductor; fileleader.
**vodniti,** *v.* to water.
**vodnjikast,** *a.* watery, waterish.
**vododerina,** *n.* hole filled with water, cess-pool.
**vodokršće,** *n.* Epiphany.
**vodomet,** *n.* fountain, jet, waterspout.
**vodomjer,** *n.* hydrometer.
**vodonoša,** *n.* water-carrier.
**vodopad,** *n.* water fall, cataract, cascade.
**vodopija,** *n.* water-drinker, teetotaller; (*biljka*) succory, chicory.
**vodoplavan,** *a.* liable to inundation (*ili*) to be flooded.
**vodopoj,** *n.* watering-place (*for animals*).
**vodoravan,** *a.* horizontal, level.
**vodovod,** *n.* aqueduct, water-conduct, conduit.
**vodstvo,** *n.* leadership, generalship, conducting.
**vođ(a),** *n.* leader, guide; guide-book.

**vođenje,** *vidi:* **vodstvo.**
**vođice,** *n.* rein, bridle.
**voga,** *n.* sea-grass, sea-wrack (*ili*) weed.
**voj,** *n.* army-division.
**vojački,** *a.* military.
**vojak,** *vidi:* **vojnik.**
**vojevanje,** *n.* waging war, warfare, military service.
**vojevati,** *v.* to wage war, to make war (upon).
**vojište,** *n.* theatre (*ili*) seat of war.
**vojke,** *n.* reins, bridles.
**vojna,** *n.* war, battle, campaign; expedition.
**vojni,** *a.* military, warlike, martial, soldierlike, soldierly; — **sud,** court martial; — **zapt,** military discipline.
**vojnica,** *n.* war; contest, quarrel.
**vojnički,** *vidi:* **vojni.**
**vojnik,** *n.* soldier; (*prosti*) private (*soldier*).
**vojništvo,** *n.* military (affairs).
**vojno,** *n.* consort, spouse, husband.
**vojska,** *n.* military, army, troops, forces, soldiery, militia.
**vojskovođa,** *n.* general commander, commander in chief; (*pomorski*) commodore.
**vojštiti,** *v.* to war, to make war (upon), to wage war.
**vojujući,** *part.* at war, belligerent.
**vojvoda,** *n.* marshall, duke.
**vojvodina,** *n.* dukedom, duchy.
**vojvodkinja,** *n.* duchess.
**vojvodstvo,** *n.* dukedom.
**vol,** *n.* ox.
**volar,** *n.* ox-driver, plowman.
**volovski,** *a.* ox-.
**volja,** *n.* will, mind, wish, design, intention, purpose.
**voljan,** *a.* willing, ready, docile, gentle.
**voljeti,** *v.* to love, to like, to be fond of, to prefer.
**voljno,** *adv.* willingly, voluntarily, spontaneously.
**vonj,** *n.* odor, smell, scent, fragrance.
**vonjati,** *v.* to smell, to scent, to snuff, to sniff.
**vosak,** *n.* wax; — **pečatni,** sealing-wax.
**vošće,** *n.* shave-grass.
**voštan,** *a.* waxy.
**voštanica,** *n.* wax-candle.
**voštar,** *n.* wax-chandler, wax-shrub.
**voštara,** *n.* wax-factory.

**voštarnica,** *vidi:* **voštara.**
**voština,** *n.* dross of wax.
**voštiti,** *v.* to wax, to polish, to shine.
**voz,** *n.* wagon, cart, carriage, load, truck, van.
**vozač,** *n.* wagoner, carrier, teamster.
**vozar,** *n.* driver; drayman.
**vozarina,** *n.* cartage, carriage, fare.
**vozati (se),** *v.* to convey, to drive, to cart; to have a ride.
**vozidba,** *n.* riding, driving; (*po moru*) navigation.
**vozilac,** *n.* driver, helmsman, the wagoner.
**voziti (se),** *v.* to carry, to convey, to ride, to drive; (*po moru*) to sail.
**voženje,** *vidi:* **vozidba.**
**vožnja,** *n.* ride (*in carriage*), drive, journey; (*po moru*) voyage, row.
**vrabac,** *n.* sparrow.
**vrač,** *n.* fortune-teller, sooth-sayer.
**vračanje,** *n.* prophesying, prediction.
**vračara,** *n.* fortune-teller, sooth-sayer.
**vračarica,** *vidi:* **vračara.**
**vračarski,** *a.* soothsaying, divinatory.
**vračarstvo,** *n.* sorcery, witchery, witchcraft, fortune-telling.
**vračati,** *v.* to tell fortune, to prophesy; to practice magic, to conjure.
**vraća,** *n.* (*povrat*) restitution, return.
**vraćanje,** *n.* turning back, returning.
**vraćati (se),** *v.* to give back, to return, to turn around; to go back.
**vradžbina,** *n.* sorcery, witchcraft.
**vrag,** *n.* devil, Satan, demon.
**vragolan,** *n.* rogue, knave, villain.
**vragolast,** *a.* waggish, roguish, knavish.
**vragolije,** *n.* devil's trick, devilry, deviltry.
**vragolisati,** *vidi:* **vragovati.**
**vragoljan,** *n.* wag, jovial fellow (*ili*) companion, devil of a fellow.
**vragoljast,** *a.* waggish, frolicsome, roguish.
**vragovati,** *v.* to be mischievous, to fool.
**vran,** *a.* black.
**vrana,** *n.* crow.
**vranac,** *n.* black horse.
**vrancati,** *v.* to infect with a venereal disease.
**vrancav,** *a.* venereal.
**vrancljiv,** *vidi:* **vrancav.**
**vranilo,** *n.* blackness, blacking; printer's ink.

**vraniti,** *v.* to black (en), to smuggle.

**vranj,** *n.* bung, stopple.

**vraški,** *a.* devilish, diabolical, fiendish.

**vrat,** *n.* neck.

**vrata,** *n.* door; (*velika*) gate.

**vratar,-ica,** *n.* porter, door-keeper, janitor.

**vratić,** *n.* (*bilj.*) tansy.

**vratilo,** *n.* (breast-) beam.

**vratiti (se),** *v.* to turn (up), to return, to go back, to come back, to revert, to give back.

**vratlo,** *n.* mouth (of a river); mouthpiece; bridle-bit.

**vratnice,** *n.* grated door; door-post.

**vratnik,** *n.* portal.

**vratoloman,** *a.* dangerous, perilous, hazardous.

**vratolomija,** *n.* foolhardiness.

**vratolomnost,** *n.* hazardousness, venture, adventurousness.

**vratolomstvo,** *vidi:* **vratolomncst.**

**vražić,** *n.* devilkin, imp.

**vražji,** *a.* devilish, diabolical, satanic.

**vrba,** *n.* willow, willow-tree.

**vrbica,** *n.* palm-branch.

**vrbik,** *vidi:* **vrbljak.**

**vrbljak,** *n.* willow-plot (*ili*) bush.

**vrbov,** *a.* of willow (-wood).

**vrbovanje,** *vidi:* **novačenje.**

**vrbovati,** *vidi:* **novačiti.**

**vrcati (se),** *v.* to spring forth; (med), to extract; (*krv*) to gush out.

**vrč,** *n.* pitcher, pot.

**vrčanje,** *n.* roaring, shouting; muttering.

**vrčati,** *v.* to chide, to scold at, to grumble, to growl.

**vrčina,** *n.* chamber-pot.

**vrći (se),** *v.* to put, to place, to set.

**vrdati,** *v.* to get out of the way; to avoid, to evade.

**vrebac,** *n.* sparrow.

**vrebač,** *n.* lurker, spy, watcher.

**vrebanje,** *n.* ambush, watching, plot, spying.

**vrebati,** *v.* to espy, to watch, to lie in wait for; to spy.

**vreća,** *n.* sack, bag.

**vrednoća,** *n.* value, worth, rate, price, worthiness.

**vredovac,** *n.* (*biljka*) wild-rue.

**vrelo,** *n.* well, spring, source.

**vremen (it),** *a.* temporal, temporary; earthly, early, timely.

**vremenoslovlje,** *n.* chronology.

**vremešan,** *a.* aged, elderly, old; out of fashion, obsolete, worn out, of old standing.

**vrenje,** *n.* (*o moštu*) fermentation, fermenting; (*vode*) boiling, bubbling, ebullition.

**vreo,** *a.* boiling, hot; fiery; hasty.

**vretenar,** *n.* spindelmaker.

**vretenka,** *n.* driving wheel.

**vreteno,** *n.* spindle.

**vreti,** *v.* to boil, to seethe; (*o vinu*) to ferment.

**vreva,** *n.* tumult, riot, uproar; crowd, throng; (*mnoštvo*) multitude.

**vrg, paljuk,** *n.* scoop.

**vrganj, gljiva,** *n.* mushroom, toadstool, fungus.

**vrgnuti,** *vidi:* **staviti.**

**vrh,** *n.* top, summit, peak, apex, climax, acme, highest pitch;— (*povrh*) *prep.* over, above, beyond, by, on, upon.

**vrhnje,** *n.* cream.

**vrhovit,** *a.* peakish.

**vrhovni,** *a.* supreme, sovereign, chief; uppermost, highest, greatest; **vrhovna vlast,** supreme authority.

**vrhunac,** *n.* top, summit, peak.

**vrhunaravan,** *a.* supernatural, preternatural.

**vrijeći,** *v.* to wear away; to weaken.

**vrijedan,** *a.* valuable, worthy, deserving; praiseworthy, laudable.

**vrijediti,** *v.* to be worth, to deserve, to be of value, to cost, to be expensive.

**vrijednost,** *n.* value, price; worth, worthiness, merit, signification; (*tečaj*) course.

**vrijeđanje,** *n.* offense, injury.

**vrijeđati,** *v.* to offend, to insult, to injure, to affront.

**vrijeme,** *n.* weather; (*doba*) time, season; age; course (*ili*) lapse of time, space of time; — **dospjetka,** maturity of a bill.

**vrijesak,** *n.* (*bil.*) marshy heath.

**vriježa,** *n.* (*vitica*) tendril; step; round, rung.

**vrisak,** *n.* scream, shriek, cry.

**vriska,** *n.* cry, clamor, shriek, outcry, scream.

**vriskanje,** *n.* screaming, crying.

**vriskati,** *v.* to cry out, to exclaim, to scream.

**vrisnuti,** *vidi:* **vriskati.**

**vrištanje,** *vidi*: **vrisak.**

**vrištati,** *v.* scream, to exclaim, to shout, to cry, to squall.

**vrkati,** *v.* to stir up.

**vrkoč,** *n.* (*gizdelin*) dandy, coxcomb, beau.

**vrkočenje,** *n.* dandyism.

**vrkočiti se,** *v.* to behave affectedly, to affect shyness, to adorn.

**vrkuta,** *n.* mourning-cloak.

**vrlet,** *n.* (*klisura*) escarpment, steepness, rock, cliff.

**vrletan,** *a.* steep.

**vrletnost,** *n.* precipitousness.

**vrli,** *a.* excellent, superior, exquisite, first rate.

**vrlina,** *n.* virtue, excellence, aptness, fitness, excellency.

**vrlo,** *adv.* very, much, greatly, particularly, chiefly, especially.

**vrloća,** *vidi*: **vrlina.**

**vrludanje,** *n.* wandering, roaming.

**vrludati,** *v.* to vacillate, to reel, to waver; to roam, to wander.

**vrljati,** *v.* to saunter, to lounge, to wag the tail; to fawn upon, to cringe to; to swarm, to riot.

**vrljika,** *n.* perch, pole.

**vrnčati,** *v.* to grumble, to nag.

**vrndalac,** *n.* rattle, drollery, capital joke.

**vrndaljka,** *n.* top, whirligig, teetotum.

**vrndati,** *v.* to spin, to hum, to whiz, to whir; to chatter, to gossip, to chat.

**vrnuti,** *v.* to turn around, to turn back; to return.

**vrpca,** *n.* string, cord, lace, band, ribbon.

**vrpoljenje,** *n.* impatience.

**vrpoljiti se,** *v.* to wiggle.

**vrsnica,** *n.* of the same age.

**vrsnik,** *n.* contemporary, generation.

**vrsnoća,** *n.* orderliness, regularity, excellency, quality.

**vrst (a),** *n.* species, sort, kind.

**vrstan,** *a.* capable, able, fit, qualified, excellent.

**vrstati (se),** *v.* to range, to rank, to put in ranks, to arrange, to set in order; to class, to lay out in line, to string together.

**vrsti se,** *v.* to adhere, to stick, to cling to, to be fixed.

**vršaj,** *n.* layer, bed, stratum, sheaf.

**vršak,** *vidi*: **vrh.**

**vršenje,** *n.* (*vršidba*) execution, performance; (*žita*) trituration, thrashing.

**vršika,** *n.* vine-branch (*full of leaves*).

**vršiti,** *v.* (*dužnost*) to execute, to perform, to effect, to complete, to accomplish, to do; (*žito*) to triturate; (se) to be fulfilled, to come true.

**vrška,** *n.* wear ( *fish*); wear, snare.

**vršnik,** *n.* vertex, zenith.

**vršnjak,-inja,** *n.* contemporary, of the same age.

**vrt,** *n.* garden.

**vrtača,** *n.* eddy, whirlpool.

**vrtalo,** *n.* borer, gimlet.

**vrtalj,** *n.* fourth part, quarter.

**vrtao,** *vidi*: **vrt.**

**vrtar,** *n.* gardener.

**vrtarica,** *n.* gardener's wife (*ili*) daughter.

**vrtati,** *v.* to bore, to drill; to screw; (se) *vidi*: **vračati se.**

**vrteno,** *n.* spindle.

**vrtjeti (se),** *v.* to turn, to form on a lathe, to change, to veer.

**vrtlar,** *n.* gardener.

**vrtlarica,** *n.* gardener's wife (*ili*) daughter.

**vrtlarstvo,** *n.* gardening, horticulture.

**vrtlog,** *n.* turning, whirlpool, eddy.

**vrtljati se,** *vidi*: **vrsti se.**

**vrtnja,** *n.* rotation, gyration.

**vrtoglav,** *a.* vertiginous, giddy, dizzy, reeling, whirling.

**vrtoglavac,** *n.* giddy-brained fellow.

**vrtoglavica,** *n.* giddiness, dizziness.

**vrtoglavka,** *n.* (*ptica*) wood-pecker.

**vrtuljak,** *n.* merry-go-round.

**vruć,** *a.* warm, hot, torrid, fervent, ardent.

**vrućica,** *n.* burning fever.

**vrućina,** *n.* heat, hot weather.

**vrutak,** *n.* bubbling, spring, fountain-head; first source.

**vrva,** *vidi*: **vrpca.**

**vrvjeti,** *v.* to swarm, to riot, to revel, to wave, to fluctuate.

**vrzati,** *v.* to lurk, to lie in wait.

**vrzina,** *n.* hedge, fence, row.

**vrzino kolo,** *n.* dance of witches.

**vucibatina,** *n.* good-for-nothing fellow, vagabond, vagrant, lounger, rover, rambler.

**vucinjati se,** *v.* to sneak, to steal; to slink.

**vučac,** *n.* burning, fire, conflagration; (*mač*) sword; (*vuk*) wolf.

**vučad,** *n.* young wolf.

**vučenje,** *n.* pull, draught, procession, drawing, dragging.

**vučica,** *n.* she-wolf.

**vučina,** *n.* skin of a wolf.

**vući (se),** *v.* to draw, to pull, to lug; to drag, to trail.

**vuga,** *n.* (*ptica*) oriole, witwall, loriot.

**vugast,** *a.* ash-colored.

**vuk,** *n.* wolf.

**vukodlak,** *n.* werewolf, vampire.

**vukodržica,** *n.* Christ's dorn.

**vulkan,** *n.* volcano.

**vuna,** *n.* wool.

**vunara,** *n.* woolen-mill, woolen-cloth manufactory.

**vunast,** *a.* woolly, fleecy, cottony, downy.

**vunen,** *a.* woolen, worsted.

**vunica,** *n.* woolen yarn.

**vuruna,** *n.* stove, oven, furnace, kiln.

**vuškrija,** *n.* urine of a horse.

# Z

**za,** *prep.* during; for, about, concerning; after; instead; in exchange for.
**zabaciti,** *v.* to reject; to mislay; to put off.
**zabaćen,** *a.* rejected; mislaid; to put off.
**zabaćenje,** *n.* rejection; misplacing.
**zabadati,** *v.* to thrust in, to stick in, to put into; to pick on, to tease, to bother.
**zabadava,** *adv.* gratis, for nothing; in vain, to no purpose.
**zabasati,** *v.* to lose one's way, to go astray; to deviate, to wander; to err.
**zabašuren,** *a.* hushed up.
**zabašurenje,** *n.* hushing up.
**zabašuriti,** *v.* to hush up, to conceal, to hide.
**zabat,** *n.* shield, buckler, excutcheon; (*od kuće*) gable, top.
**zabataliti,** *v.* to neglect, to ignore.
**zabava,** *n.* entertainment; pleasure, amusement, diversion, pastime, recreation.
**zabavan,** *a.* entertaining, amusing.
**zabaviti (se),** *v.* to amuse, to entertain, to play with; (*zadržati*) to delay, to tarry, to retard.
**zabavljati,** *vidi*: **zabaviti.**
**zabavnik,** *n.* entertainer.
**zabezeknuti se,** *v.* to be astonished, to be amazed, to wonder at, to be surprised.
**zabijanje,** *n.* ramming, hammering, nailing, driving.
**zabijati,** *v.* to hammer, to ram in, to drive in, to thrust in, to fasten in, to nail.
**zabijeljeti (se),** *v.* to become white, to shine forth.
**zabilježba,** *n.* notation, mark; registration; lien.
**zabilježiti,** *v.* to note, to mark, to register.
**zabit,** *n.* solitude, solitariness.
**zabitan,** *a.* lonely, solitary, retired, recluse.

**zabiti,** *v.* to nail, to hammer, to ram, to beat in; (*zaboraviti*) to forget.
**zabitnost,** *vidi*: **zabit.**
**zablatiti,** *v.* to mud, to soil.
**zablažiti,** *v.* to still, to quiet, to appease, to quench, to suppress.
**zablejati (se),** *v.* (*zaljubiti se*) to fall in love (with); (*blejati*) to bleat out, to baa.
**zablenut,** *a.* perplexed, perplexing, stupefied.
**zabliještiti,** *v.* to glisten, to glare.
**zabluda,** *n.* error, mistake, aberration, blunder. misunderstanding; illusion, delusion.
**zabludíti,** *vidi*: **zabasati.**
**zaboljeti,** *v.* to hurt, to ache; to grieve, to afflict.
**zaborav,** *n.* oblivion, forgetfulness.
**zaboravan,** *a.* forgetful, oblivious.
**zaboraviti,** *v.* to forget.
**zaboravljen,** *a.* forgotten.
**zabosti,** *v.* to thrust, to drive in, to fasten in, to stitch in.
**zabrana,** *n.* prohibition, injunction.
**zabraniti,** *v.* to prohibit, to forbid.
**zabraviti,** *v.* to lock, to bar.
**zabrazditi,** *v.* to lose one's way, to go astray, to deviate, to err.
**zabrbljati se,** *v.* to prattle away, to blab out.
**zabrđe,** *n.* region behind the mountain.
**zabređati,** *v.* to get with child, to become pregnant, to impregnate.
**zabreknuti,** *v.* (*zabreći*) to swell up; to close by swelling.
**zabrinut,** *a.* anxious, uneasy, concerned, curious, apprehensive.
**zabrinuti (se),** *v.* to fret at, to be anxious, to care, to mind, to regard, to be uneasy about.
**zabrinutost,** *n.* anxiety, apprehension, concern, fear, worry.
**zabrkan,** *a.* confounded, mixed up.
**zabrkati,** *v.* to mix, to confound, to intermingle.

**zabrojiti se,** *v.* to miscount.

**zabrujati,** *v.* to roar, to growl, to rage, to murmur, to mutter.

**zabulati,** *v.* to seal up, to stamp.

**zabuna,** *n.* embarassment, confusion.

**zabuniti (se),** *v.* to confuse, to confound, to perplex, to embarrass, to baffle, to blunder.

**zabunjen,** *a.* confused, baffled, perplexed, embarrassed.

**zabunjenje,** *n.* confusion, embarrassment, commotion.

**zabušen,** *a.* running through (*ili*) over.

**zabušiti (se),** *v.* to run into, to rush at.

**zacijeliti,** *v.* to heal up; to remedy.

**zacijelo,** *adv.* certainly, no doubt, surely.

**zacijeniti,** *v.* to value, to estimate.

**zacrljeniti (se),** *v.* to redden, to make red, to get red, to blush, to be ashamed.

**zacrniti,** *v.* to blacken, to make black.

**zacrvenjeti se,** *vidi*: **zacrljeniti se.**

**zacviljeti,** *v.* to bewail, to lament; to exclaim.

**začamati,** *v.* to tarry, to retard, to be late (*ili*) behind time.

**začaran,** *a.* bewitched; fascinated, charmed.

**začaranje,** *n.* bewitchment, enchantment; witchcraft.

**začarati,** *v.* to bewitch, to enchant, to fascinate.

**začasni,** *a.* honorary, honorable, respectful.

**začeće,** *n.* conception; — **Marijino,** Immaculate Conception.

**začelje,** *n.* uppermost place at table.

**začepiti,** *v.* to stop, to cork, to plug; (*o tijelu*) to constipate.

**začepljen,** *a.* stiffed, corked, stoppled; (*želudac*) constipated.

**začepljenje,** *n.* stoppling; (*želudca*) constipation.

**začetak,** *n.* commencement, beginning, opening, origin, start; (*riječi*) prefix.

**začeti (se),** *v.* to begin, to commence, to resolve on, to intend, to start, to originate; to arise, to spring (from); (*zatrudnjeti*) to become pregnant; to beget.

**začetnik,** *n.* beginner, tyro; author, originator, founder.

**začin,** *n.* spice, seasoning; (*za šalatu*) dressing.

**začiniti,** *v.* to season, to spice; to grease, to butter.

**začinka,** *n.* love-song.

**začinjanje,** *n.* beginning, undertaking.

**začinjen,** *a.* seasoned.

**začuditi se,** *v.* to wonder, to be surprised, to be astonished; to surprise.

**začuđen,** *a.* surprised, bewildered, astonished.

**začuđenje,** *n.* surprise, astonishment, admiration, wonder (ing).

**začuti,** *v.* to hear, to learn.

**zaći,** *v.* to go, to walk; to lead to; (*o suncu*) to set.

**začutjeti,** *v.* to hold one's tongue (*ili*) peace, to keep silence.

**zadaća,** *n.* lesson, problem, theme, task; proposition.

**zadaćnica,** *n.* (*pisanka*) composition book, writing book.

**zadah,** *n.* smell, scent, odor.

**zadahnuti,** *v.* to breathe upon, to blow (*ili*) breathe on; to inspire.

**zadajati,** *v.* to suckle; to emit a scent, to diffuse an odor.

**zadak,** *n.* background.

**zadatak,** *n.* problem, theme, task, question, exercise.

**zadati,** *v.* to give, to deliver, to cause; (*posao*) to impose; (*pitanje*) to propose.

**zadaviti,** *v.* to strangle to throttle, to choke.

**zadavljen,** *a.* strangled, choked.

**zadaždjeti,** *v.* to rain.

**zaderati,** *v.* to tear, to rend.

**zadesiti,** *v.* to befall, to happen, to occur, to overtake.

**zadihati se,** *v.* to pant, to gasp.

**zadijati se,** *v.* to begin, to originate, to arise; to result, to spring (from).

**zadijevati (se),** *v.* to stick in, to put in, to insert, to apply; (*bockati*) to tease, to bother; (*u govoru*) to stammer.

**zadimiti (se),** *v.* to smoke, to reek.

**zadirati,** *v.* to ramble, to range; to scour, to strip.

**zadirivati,** *vidi*: **zadirkivati.**

**zadirkivanje,** *n.* teasing, raillery.

**zadirkivati,** *v.* to tease, to chaff, to banter, to taunt.

**zadisati,** *v.* to breathe upon.

**zadiviti se,** *vidi*: **začuditi se.**

**zadjenuti,** v. to put, to place, to lay, to plant, to lay aside, to stumble, to offend.

**zadjesti (se),** vidi: **zadjenuti.**

**zadjetinjiti,** vidi: **zatrudnjeti.**

**zadjeva,** n. quarrel, strife, hindrance, impediᵣen , obstacle.

**zadno,** n. loft; garret.

**zadnji,** a. last, extreme, final, hindmost.

**zadnjica,** n. backside; back.

**zadobiti,** v. to win, to gain, to get, to sustain; to receive, to accept.

**zadocniti,** v. to retard, to be late (ili) behind time, to come too late.

**zadojiti,** v. to suck, to suckle.

**zador,** n. encroachment.

**zadorica,** n. discord, dispute, quarrel.

**zadosta,** vidi: **dosta.**

**zadostajati,** v. to suffice, to be sufficient.

**zadovoljan,** a. contented, content, satisfied, pleased.

**zadovoljiti (se),** v. to satisfy, to content, to be satisfied.

**zadovoljstvo,** n. satisfaction, contentment, contentedness, gratification.

**zadovoljština,** n. satisfaction.

**zadrhtati,** v. to tremble, to quiver, to shiver.

**zadrigao,** a. strong, robust, stout.

**zadrijemati,** v. to fall asleep.

**zadrijeti,** v. to stripe, to flay.

**zadrmati (se),** v. to shake, to affect strongly, to shock, to quake, to tremble.

**zadrobiti,** v. to crum (b), to crumble into.

**zadruga,** n. company, partnership, association, fellowship; (kućna) tenancy in common.

**zadružan,** a. common, joint.

**zadržati (se),** v. to hold up, to stop, to retain, to detain, to hinder; to uphold; to remain.

**zadubljen,** a. (u mislima) wrapped up in thoughts, meditating; thoughtful.

**zaduh,** n. smell, scent, odor.

**zaduha,** n. asthma.

**zaduhati se,** v. to pant, to puff.

**zaduhnuti,** v. to breathe upon; to inspire.

**zadupsti (se),** v. to dig in; to engrave; to be absorbed in, to deepen.

**zadušiti (se),** v. to suffocate, to choke; to be suffocated.

**zadušljiv,** a. suffocating, smothery, mephitic (al).

**zadušnice,** n. requiem; mass for the dead.

**zadužbina,** n. endowment, donation; foundation.

**zadužen,** a. indebted, involved in debt; (o imanju) encumbered.

**zaduženje,** n. indebtedness; encumbrance.

**zaduži (va)ti (se),** v. to indebt, to be indebted, to involve in debt.

**zadužnica,** n. obligatory note, bond, note, promissory note; (na nekretnine) mortgage.

**zagačivati,** v. to dam, to embank.

**zagalamiti,** vidi: **galamiti.**

**zagaliti (se),** v. to bare, to deprive.

**zagar,** vidi: **ogar.**

**zagariti se,** v. to darken; to brown.

**zagasit,** a. brown, dark, of a deep color.

**zagasiti,** v. to extingusih, to blot out, to efface; (žedu) to quench; (vapno) to slake.

**zagašen,** a. extinguished, quenched.

**zagaziti,** v. to wade into, to drop in.

**zagladiti,** v. to polish, to smoothe.

**zaglavak,** n. conclusion, end; epilogue.

**zaglaviti,** v. to fasten with wedges, to nail up; to perish.

**zaglavni,** a. conclusive, final, ultimate.

**zaglavrnjati,** v. to lose one's way, to go astray.

**zagledač,** n. viewer, looker-on, spectator; (mornar) searcher.

**zagledati se,** v. to stare; (u djevojku) to fall in love.

**zaglibiti se,** v. to sink, to fonder.

**zagluh,** n. deafening, stupor, bewilderment.

**zagluhnuti,** v. to deafen, to stun; to deaden.

**zaglušan,** a. deafening.

**zaglušiti,** v. to deafen, to stun.

**zagnati (se),** v. to drive in.

**zagnjuriti (se),** v. to dip, to immerse, to dive, to plunge, to immerge.

**zagođe,** n. occasion, opportunity.

**zagojatiti,** v. to dirty, to soil.

**zagon,** n. attack, assault.

**zagonenuti.** vidi: **zagonetati.**

**zagonetan**, *a.* enigmatic, puzzling; unintelligible.

**zagonetati**, *v.* to propose a riddle (*ili*) puzzle.

**zagonetka**, *n.* riddle, puzzle, enigma; mystery.

**zagoniti**, *vidi*: **zagnati.**

**Zagorac**, *n.* inhabitant of Zagorje.

**zagorijevati**, *v.* to light, to set fire to, to set alight, to take fire.

**zagoriti**, *v.* to scorch.

**zagorje**, *n.* the country behind the mountains.

**zagorjeti** (**se**), *v.* to burn off (away, down).

**zagovaranje**, *n.* pleading; favoring; intercession.

**zagovarati**, *v.* to intercede, to plead.

**zagovor**, *n.* pledge, intercession; (*zavjet*) vow.

**zagovoriti se**, *v.* to pledge oneself, to vow.

**zagovornik**, *n.* intercessor, mediator, advocate, interceder; vower.

**zagrabiti**, *v.* to grab, to take a handful, to sieze.

**zagrada**, *n.* fencing in, hedge, fence, barricade; (*zaporka*) parenthesis.

**zagraditi**, *v.* to hedge in, to fence; to bracket, to enclose in brackets.

**zagrađa**, *vidi*: **zagrada.**

**zagrađe**, *n.* suburb.

**zagrajati**, *vidi*: **zagraktati.**

**zagraktati**, *v.* to utter a shriek.

**zagranak**, *n.* branch, bough.

**zagrčiti**, *v.* to embitter; to exasperate.

**zagrditi**, *v.* to spoil, to corrupt, to mar.

**zagrepsti**, *v.* to scratch slightly, to graze.

**zagrgutati**, *v.* to coo.

**zagrijati** (**se**), *v.* to warm, to heat· to excite; to interest (oneseli).

**zagristi**, *v.* to bite in.

**zagrizak**, *n.* bite; lunch.

**zagrizati**, *v.* to torment, to vex, to taunt, to pester.

**zagrižljiv**, *a.* biting, waspish, cross.

**zagrliti**, *v.* to embrace, to hug.

**zagrljaj**, *n.* embrace, embracing, hug.

**zagrmjeti**, *v.* to thunder, to thunderstrike, to storm; to roar.

**zagrnuti**, *v.* to shovel up, to cover up.

**zagroktati**, *vidi*: **zagraktati.**

**zagroziti se**, *v.* to threaten, to menace.

**zagrtati**, *vidi*: **zagrnuti.**

**zagruvati**, *v.* to roar out.

**zagubiti** (**se**), *v.* to lose, to be neglected, to perish.

**zagudjeti**, *v.* to fiddle.

**zaguši** (**va**)**ti**, *v.* to suffocate, to choke; to be suffocated.

**zagušljiv**, *a.* suffocating, sultry.

**zagušljivost**, *n.* closeness, sultriness.

**zahajkati**, *v.* to start (with hunting).

**zahladiti**, *v.* to grow cool.

**zahladnjeti**, *vidi*: **zahladiti.**

**zahlađe**, *n.* shade.

**zahlađivati**, *v.* to grow cool.

**zahod**, *n.* water-closet, toilet.

**zahoditi**, *v.* to go down, to settle down, to set down.

**zahraniti** (**se**), *v.* to nourish, to feed; to maintain.

**zahrđan**, *a.* rusty.

**zahrđati**, *v.* to rust.

**zahtijevati**, *v.* to request, to require, to wish for, to ask.

**zahtjeti**, *v.* to desire, to request, to wish for.

**zahtjev**, *n.* request, demand, requirement, claim, challenge.

**zahukati**, *v.* to hoot.

**zahuktati** (**se**), *v.* to pant up.

**zahvala**, *n.* thanks, gratitude, thankfulness, gratefulness.

**zahvalan**, *a.* thankful, grateful, obliged, bound; **zahvalni dan,** Thanksgiving-day.

**zahvaliti** (**se**), *v.* to thank, to return thanks, (*otkloniti*) to decline, to refuse.

**zahvalnica**, *n.* letter of thanks, thanksgiving.

**zahvalnost**, *n.* thankfulness, gratitude.

**zahvaljivati**, *v.* to thank, to return thanks.

**zahvat**, *n.* grasp; clutch.

**zahvatati**, *v.* to draw (water), to obtain, to get, to lay hold of, to seize.

**zahvatiti**, *vidi*: **zahvatati.**

**zaići**, *vidi*: **zaći.**

**zaigra** (**va**)**ti**, *v.* to play; to put in motion; to bestir oneself.

**zaigumaniti** (**se**), *v.* to become a monk.

**zailaziti**, *vidi*: **zalaziti.**

**zaimati**, *v.* to borrow, to lend.

**zainatiti** (**se**), *v.* to quarrel.

**zaintačiti**, *v.* to repeat, to reiterate.

zaira, *vidi*: hrana.
zaiskati (se), *v.* to demand, to request.
zaista, *adv.* truly, in truth, really, actually, surely.
zajam, *n.* loan; credit.
zajamčenje, *n.* guaranty; security.
zajamčiti, *v.* to guarantee, to vouch for, to warrant, to pledge.
zajaukati, *v.* to cry out, to scream, to lament, to wail.
zajaziti (se), *v.* to satiate; to fill.
zajecati, *v.* to sob.
zaječati, *v.* to resound; to roar.
zajedati, *v.* to tease, to chaff, to taunt.
zajedin, *n.* community of goods, partnership, association, society.
zajedljiv, *a.* biting, waspish, cross, sarcastic, mordacious.
zajednica, *n.* society, organization, order, association; (*društva*) fraternity.
zajedničar, *n.* member of a society.
zajednički, *a.* society's; common, mutual, joint, public, general, in company.
zajedno, *adv.* together, jointly.
zajedriti, *v.* to set sail, to sail, to make for (a port).
zajesti, *v.* to offend, to insult, to affront.
zajmiti, *v.* to lend, to borrow.
zajutrak, *n.* breakfast.
zakačiti, *v.* to hook (on); to grapple.
zakaditi, *v.* to cure, to color by smoking.
zakaluđeriti, *v.* to cloister, to vow.
zakameniti se, *v.* to petrify, to turn into stone.
zakaniti se, *v.* to resolve, to make up one's mind.
zakanuti, *v.* to drop upon, to bedrop, to drip.
zakanjivati se, *vidi*: zakaniti se.
zakasniti, *v.* to retard, to be late (*ili*) behind the time.
zakašnjenje, *n.* delay, lateness.
zakazati, *v.* to say, to tell, to designate, to appoint.
zakazivati, *vidi*: zakazati.
zakidati, *v.* (*zakinuti*) to abolish, to annul, to nullify.
zakinuti, *vidi*: zakidati.
zakiseliti, *v.* to sour; to leaven.
zakisivati, *v.* to become wet (*ili*) moist.

zakisnuti se, *v.* to become wet.
zakititi, *vidi*: nakititi.
zakivati, *v.* (*zakovati*) to forge on to, to chain up; to weld.
zaklad, *n.* jewel, treasure, trinkets, pledge, pawn, mortgage.
zaklada, *n.* fonds, capital, stocks; foundation, donation.
zakladnik, *n.* founder.
zakladnjak, *n.* stipendiary.
zaklanjač, *n.* protector, defender, guardian, curator, tutor, champion.
zaklanjati, *v.* to protect, to guard, to shelter, to shield.
zaklanje, *n.* killing, slaughtering, massacre, butchering.
zaklapati (se), *v.* to cover (up), to shut, to close, to lock, to lock oneself in (*ili*) up.
zaklapiti, *v.* to become foamy.
zaklati (se), *v.* to slaughter, to kill, to butcher; to commit suicide.
zaklatiti, *v.* to beat something into (one).
zaklepak, *vidi*: priušak.
zaklet, *a.* cursed; enchanted.
zakleti se, *v.* to swear; to declare; to curse, to blaspheme, to conjure.
zakletva, *n.* oath, swearing.
zakliktati, *v.* to shout.
zaklinčiti, *v.* to nail up.
zaklinjač, *n.* swearer, conjurer, exorcist.
zaklinjanje, *n.* oath; supplication, entreaty, asseveration; public prayer.
zaklinjati, *vidi*: zakleti.
zaklipiti, *v.* to bolt, to bar.
zaklon, *n.* place of refuge, asylum, refuge.
zaklonište, *n.* shelter.
zaklonit, *a.* protected, safe. secure, out of danger.
zakloniti (se), *v.* to shelter, to protect, to guard.
zaklop, *n.* cover, lid, clamp.
zaklopac, *vidi*: zaklop.
zaklopiti (se), *v.* to cover (up), to shut, to close, to lock, to lock oneself in (*ili*) up.
zaključak, *n.* conclusion, end, ending; final inference; termination.
zaključati, *v.* to shut, to close, to lock (up).
zaključavati, *vidi*: zaključati.

**zaključi(va)ti**, *v.* to terminate, to end, to complete; to conclude, to finish; to close; (*račune*) to balance accounts.

**zakon**, *n.* law, statute, rule, act; (*vjera*) religion, faith; (*pravilo*) rule, precept, maxim.

**zakonik**, *n.* code, statute-book; (*gradanski*) code of civil law; (*kriminalni*) code of criminal law.

**zakonit**, *a.* legal, lawful; legitimate.

**zakonito**, *adv.* legally, lawfully; legitimately.

**zakonitost**, *n.* legality, lawfulness.

**zakonodavac**, *n.* legislator.

**zakonodavan**, *a.* legislative; **zakonodavno tijelo**, legislative body.

**zakonodavstvo**, *n.* legislation, legislature, law-giving.

**zakonoslovac**, *n.* jurist.

**zakonoša**, *n.* legislator.

**zakonoznanstvo**, *n.* jurisprudence.

**zakonski**, *a.* legal, lawful, forensic; — *adv.* legally, lawfully; forensically.

**zakop**, *n.* burial, funeral.

**zakopa(va)ti (se)**, *v.* to bury, to inter; to intrench, to fortify.

**zakopča(va)ti**, *v.* to button, to clasp, to hook.

**zakopina**, *n.* breaking, beginning, opening; virgin (*ili*) new land.

**zakopititi**, *v.* to acquire, to gain, to earn.

**zakošak**, *n.* forage-ladder; basket.

**zakotiti (se)**, *vidi*: **zaleći se.**

**zakovan**, *a.* forged.

**zakovati**, *v.* to forge.

**zakovrčiti**, *v.* to curl, to ring.

**zakračunati**, *v.* to bolt.

**zakraćivanje**, *n.* prohibition.

**zakraćivati**, *v.* to hinder, to prohibit, to refuse.

**zakrajniti**, *v.* to make war (upon).

**zakraljiti**, *v.* to make one a king.

**zakratiti**, *v.* to forbid, to prohibit; to hinder, to refuse.

**zakrcka**, *n.* stake; pool.

**zakrčen**, *a.* blocked, barricaded.

**zakrčenje**, *n.* (*zagrada*) barricade, bar.

**zakrči(va)ti**, *v.* to barricade, to bar, to block up.

**zakrenuti**, *v.* (*zakretati*) to avert, to divert, to turn off.

**zakretaj**, *n.* bend, turning, curve.

**zakrhati**, *vidi*: **zabiti.**

**zakrič**, *n.* prohibition, defence; interdict.

**zakričati**, *v.* to cry out, to scream; to prohibit, to forbid.

**zakriliti**, *v.* to protect, to patronize; to cover; to favor.

**zakrilje**, *n.* (*okrilje*) shelter, cover.

**zakri(va)ti**, *v.* to cover (up).

**zakrktati**, *v.* to scratch open.

**zakrmeljiti**, *v.* to blear.

**zakročiti**, *vidi*: **okročiti.**

**zakrpa**, *n.* patch.

**zakrpiti**, *v.* to mend, to patch (up), to botch.

**zakrstiti**, *v.* to cross; to make the sign of the cross, to cross oneself; to consecrate, to dedicate.

**zakršća(va)ti**, *vidi*: **zakrstiti.**

**zakršlja(vi)ti**, *v.* to pine away, to fall away.

**zakruži(va)ti**, *v.* to revolve (*ili*) fly round, to encircle, to enclose.

**zakrvaviti**, *v.* to bleed.

**zakržljati**, *v.* to stunt, to dwarf, to cramp, to stop the growth; to emaciate, to pine away.

**zakucati**, *v.* to rap, to knock (at the door); to thump.

**zakučiti**, *v.* to overreach, to take in.

**zakuha(va)ti**, *v.* to plot, to contrive.

**zakuka**, *vidi*: **okuka.**

**zakukati**, *v.* to lament, to wail.

**zakukuljiti se**, *v.* to change to a chrysalis.

**zakumiti**, *v.* to implore.

**zakup**, *n.* tenure, lease, rent.

**zakupiti**, *v.* to farm, to rent, to take lease, to lease.

**zakupljivanje**, *n.* renting, leasing.

**zakupnik**, *n.* farmer, tenant, lessee.

**zakupnina**, *n.* rent, quit-rent.

**zakupština**, *n.* farm, leasehold estate.

**zakusiti**, *v.* to taste, to cost, to bear a price, to take, to require.

**zakutak**, *n.* recess, niche.

**zakutnjak**, *n.* (*zub*) molar tooth.

**zakvačiti**, *v.* to hook in, to fasten with a hook; to hitch; to grapple.

**zalagač**, *n.* pawner.

**zalagaonica**, *n.* pawn-shop, pawn-brokery, pawnbroker's office, loan-office.

**zalagati**, *v.* to pawn, to pledge, to mortgage.

**zalagivati**, *v.* to flatter, to fawn upon.

**zalajati**, *v.* to bark, to clamor.

**zalamati,** *v.* to cut off the tendrils, to break (off), to begin to cut off, to begin to appear.

**zalaz,** *n.* decline, fall; (*sunca*) setting, sunset.

**zalazak,** *vidi:* **zalaz.**

**zalaziti,** *v.* to go round, to lose one's way; to frequent.

**zaleći (se),** *v.* to nestle; to build a nest.

**zalediti (se),** *v.* to freeze over (*ili*) up.

**zaleđe,** *n.* backing.

**zaleđen,** *a.* frozen.

**zalet,** *n.* start, running, race.

**zaletjeti (se),** *v.* to rush upon, to dash, to shoot, to give a jerk, to dart.

**zaležaj,** *n.* soreness by lying too long.

**zaležati se,** *v.* to be (*ili*) become spoiled by lying too long; to repose.

**zaligivati,** *v.* to flatter, to fawn upon.

**zalih,** *a.* unoccupied, idle, useless.

**zaliha,** *n.* store, stock, provision.

**zaliječiti,** *v.* to heal up, to remedy.

**zalijegati,** *vidi:* **zaleći.**

**zalijeniti se,** *v.* become lazy, to be idle.

**zalijepiti,** *v.* to paste up; (*zaušnicu*) to box a person's ears.

**zalijetati (se),** *v.* to fly astray; to run against.

**zalijevati,** *v.* to water, to wet, to irrigate, to sprinkle, to moisten.

**zalisci,** *n.* whiskers, sideburns.

**zalistak,** *n.* flap, valve, damper.

**zališan,** *a.* superfluous, needless, abundant, profuse.

**zališnošt,** *n.* superfluity.

**zaliti,** *vidi:* **zalijevati.**

**zaliv,** *n.* bay, gulf.

**zalivati,** *vidi:* **zalijevati.**

**zalizati,** *v.* to lick up.

**zalog,** *n.* pledge, pawn, mortgage.

**zaloga,** *n.* pawning, pledging, mortgaging.

**zalogaj,** *n.* morsel, bit.

**zalomak,** *n.* stump, remnant.

**zalomiti,** *v.* to cut off the tendrils, to break (off), to begin to cut off.

**založiti,** *v.* to pawn, to mortgage; to put in, to place; to eat, to dine, to feed; (*riječ*) to pledge.

**založnica,** *n.* pawn-shop, loan-bank; (*cedulja*) pawn-ticket.

**zalučiti,** *v.* to disaccustom, to wean (a child); to set down, to dismiss.

**zalučivati,** *vidi:* **zalučiti.**

**zalud,** *adv.* in vain, vainly; — *vidi:* **uzalud.**

**zaludan,** *a.* useless, unprofitable; vain.

**zaludjeti,** *v.* to become crazy, to infatuate.

**zaludnik,** *n.* idler, drone.

**zaludnji,** *a.* vain, fruitless, void, empty.

**zaluđenje,** *n.* infatuation.

**zaluđivati,** *vidi:* **zaludjeti.**

**zalupan,** *a.* obdurate, hardened, stubborn, stupid.

**zalupanac,** *n.* dunce.

**zalupati,** *vidi:* **zabiti.**

**zalutati,** *v.* to go astray; to deviate, to wander.

**zaljeći,** *vidi:* **zaći.**

**zaljesti,** *vidi:* **zaći.**

**zaljevati,** *v.* to water, to wet, to irrigate.

**zaljubiti se,** *v.* to fall in love (with).

**zaljubljen,** *a.* amorous, enamored; charmed, inflamed.

**zaljuljati,** *v.* to swing, to rock.

**zaljuštiti,** *v.* to peel, to pare; (*jaje*) to shell.

**zamaći (se),** *v.* to remove, to snatch away, to untie; to go out of sight.

**zamagliti (se),** *v.* to grow foggy, to becloud, to be dizzy (*ili*) giddy.

**zamah,** *n.* swing, sway.

**zamahivati,** *v.* to swing, to sway.

**zamahnitati,** *v.* to get crazy (*ili*) mad

**zamahnuti,** *v.* to swing, to sway.

**zamak,** *n.* fortress; citadel.

**zamakati,** *v.* to dip, to steep.

**zamaknuti,** *vidi:* **zamaći.**

**zamama,** *n.* lure, bait, enticement.

**zamamiti,** *v.* to allure, to entice, to curl, to bait.

**zamamljiv,** *a.* seductive, alluring, tempting, captivating.

**zamamljivati,** *vidi:* **zamamiti.**

**zaman,** *adv.* (*uzalud*) in vain, to no purpose.

**zamandaliti,** *v.* to bolt.

**zamastiti,** *v.* to grease, (*jelo*) to butter, to make greasy.

**zamašaj,** *n.* (*važnost*) importance, weight, consequence.

**zamašan,** *a.* important, weighty, grave; momentous, material.

**zamašit,** *vidi:* **zamašan.**

**zamatanje,** *n.* packing, wrapping.

**zamatati,** *v.* to wrap, to envelop.

**zamatoriti,** *v.* to become obsolete.
**zamavica,** *n.* giddiness, dizziness.
**zamazan,** *a.* dirty, soiled.
**zamazati,** *v.* to smear up, to besmear, to plaster.
**zamazivati,** *vidi*: **zamazati.**
**zamediti,** *v.* to honey.
**zamesti,** *v.* to sweep, to brush, to turn, to blow away, to delude; (*trag*) to mislead.
**zamet,** *n.* inconvenience, trouble; loss of time.
**zametak,** *n.* foetus, embryo; germ; bud, sprout.
**zametan,** *a.* slow, dull.
**zametanje,** *n.* germination.
**zametati (se),** *v.* to germinate.
**zametljiv,** *vidi*: **zametan.**
**zametnuti,** *v.* to misplace, to mislay; (*porod*) tò miscarry.
**zamicati,** *v.* to remove, to snatch away, to unite.
**zamijeniti (se),** *v.* to replace, to serve as a substitute, to succeed, to substitute, to exchange.
**zamijesiti,** *v.* to knead.
**zamijetiti,** *v.* to remark, to observe, to perceive, to note.
**zamilovati,** *v.* to grow fond of.
**zaminuti,** *v.* to deceive, to circumvent, to pass by; to be over.
**zamirisati,** *v.* to smell, to scent.
**zamiriti (se),** *vidi*: **zamirivati (se).**
**zamirivati (se),** *v.* to still, to quiet, to appease.
**zamisao,** *n.* thought, idea, conception, apprehension, conception.
**zamisliti (se),** *v.* to imagine, to conceive; to invent, to contrive; to be absorbed in thought.
**zamišljen,** *a.* pensive, thoughtful.
**zamišljenost,** *n.* thoughtfulness, cogitation.
**zamjena,** *n.* exchange, barter; substitution.
**zamjenica,** *n.* pronoun; substitute.
**zamjenik,** *n.* representative, substitute, assistant.
**zamjenit,** *a.* reciprocal, mutual.
**zamjenjivati,** *vidi*: **zamijeniti.**
**zamjera,** *n.* offence, injury, umbrage.
**zamjeran,** *a.* considerable.
**zamjera(va)ti,** *v.* to take amiss, to take umbrage.
**zamjeriti,** *vidi*: **zamjera (va)ti.**
**zamka,** *n.* trap, snare.

**zamlaćivati,** *v.* to blunt, to stupefy.
**zamladiti se,** *v.* to heal up, to close.
**zamlađivati se,** *vidi*: **zamladiti se.**
**zamoćiti,** *v.* to dip in, to steep.
**zamoliti (se),** *v.* to beg, to request, to pray, to invite.
**zamoriti,** *v.* to tire, to fatigue, to get tired.
**zamorje,** *n.* the country beyond the sea, transatlantic country.
**zamotak,** *n.* bundle, package; parcel.
**zamotati,** *v.* to wrap up, to envelop, to fold up.
**zamotriti,** *v.* to see, to discover, to behold; to perceive.
**zamotuljak,** *vidi*: **zamotak.**
**zamotuljati,** *vidi* **zamotati.**
**zamračiti (se),** *v.* to darken, to obscure, to eclipse, to grow dark (*ili*) dusky.
**zamrčati,** *vidi*: **zamrći.**
**zamrčiti,** *v.* to write down.
**zamrći,** *v.* to becloud, to obscure, to darken.
**zamrežiti,** *v.* to throw a net around.
**zamrijeti,** *v.* to benumb; to die away, to become extinct.
**zamrknuti,** *vidi*: **zamrći.**
**zamrljan,** *a.* besmeared, stained.
**zamrljati,** *v.* to soil, to besmear, to spread dirt over.
**zamrmljati,** *v.* to murmur.
**zamrsak,** *vidi*: **zamršaj.**
**zamrsiti,** *v.* to entangle; to complicate.
**zamršaj,** *n.* entanglement, complication, confusion; (*u igrokazu*) plot.
**zamršen,** *a.* complicated; confused; entangled.
**zamršenost,** *n.* perplexity, confusion.
**zamršivati,** *v.* to entangle, to perplex.
**zamrzavati (se),** *v.* to freeze over (*ili*) up.
**zamrziti,** *v.* to hate, to despise.
**zamrznuti,** *v.* to freeze over (*ili*) up.
**zamučati,** *v.* to keep secret, to conceal, to suppress; to keep silent.
**zamučiti,** *v.* to take pains; to gain, to earn.
**zamući,** *vidi*: **zamuknuti.**
**zamuka,** *n.* gain, earnings.
**zamuknuti (se),** *v.* to become dumb (*ili*) speechless, to become still.
**zamusti,** *v.* to milk.
**zamutiti,** *v.* to make thick (*ili*) muddy, to disorder, to confound; to spoil.

**zanaditi**, *v.* to steel, to harden.
**zanadžija**, *vidi*: **zanatlija.**
**zanat**, *n.* trade, handicraft, profession.
**zanatlija**, *n.* tradesman, craftsman, mechanic, artizan.
**zanatnik**, *vidi*: **zanatlija.**
**zanavljati**, *v.* to renew, to renovate, to be renewed, to begin afresh.
**zanemaren**, *a.* neglected; omitted.
**zanemariti** (**se**), *v.* to neglect, to omit, to miss, to let slip.
**zanemarivanje**, *n.* neglect, neglecting.
**zanemoći**, *v.* to fall ill.
**zanesen**, *a.* enthusiastic, fanatic, exalted, excited.
**zanesenost**, *n.* enthusiasm, fanaticism, passionate devotion.
**zanesenjak**, *n.* enthusiast, fanatic, dreamer.
**zanijekati**, *v.* to deny, to decline; to refuse, to say no.
**zanijemiti**, *v.* to become dumb (*ili*) speechless.
**zanijeti** (**se**), *v.* to carry away, to wear out, to bear, to endure.
**zanimanje**, *n.* vocation, calling, trade, profession, occupation, employment, business.
**zanimati** (**se**), *v.* to interest, to concern, to take an interest (in).
**zanimljiv**, *a.* interesting; curious.
**zanimljivost**, *n.* interest, curiosity.
**zanoćiti**, *v.* to stay over night.
**zanoktica**, *n.* felon.
**zanoriti**, *vidi*: **zaroniti.**
**zanos**, *n.* inspiration, enthusiasm, fantasy, fancy, whim.
**zanosan**, *vidi*: **zanosit.**
**zanosit**, *a.* enthusiastic, spurred on, elated.
**zanositi**, *v.* to bring (*ili*) carry down (off), to enthuse, to inspire with; (*postati trudnom*) to become pregnant.
**zanovijet**, *n.* cytisus, bean trefoil, goat's rice.
**zanovijetalo**, *n.* chatterbox, driveler, fool, silly fellow.
**zanovjetaš**, *vidi*: **zanovijetalo.**
**zanovijetati**, *v.* to prattle, to chatter, to blab, to babble, to gossip.
**zanj**, for him, after him.
**zanjihati** (**se**), *vidi*: **zaljuljati.**
**zao**, *a.* bad, evil, wicked, angry.
**zaobliti**, *v.* to round off.

**zaodijevati**, *vidi*: **zaodjenuti.**
**zaodjenuti** (**se**), *v.* to clothe, to attire, to dress, to cover.
**zaodjeti**, *vidi*: **zaodjenuti.**
**zaogrnuti**, *v.* to wrap (up), to enshroud.
**zaokrenuti**, *v.* to turn (over), to turn round, to invert, to turn inside out (*ili*) upside down, to turn back.
**zaokružiti**, *v.* to round off, to circle.
**zaokruživanje**, *n.* rounding off, finishing.
**zaokupiti**, *v.* to drive together, to gather, to encompass.
**zaorati**, *v.* to plow over.
**zaoriti se**, *v.* to (re-) echo, to resound.
**zaosob**, *adv.* one after another.
**zaostajanje**, *n.* remaining behind, remaining, stay.
**zaostajati**, *vidi*: **zaostati.**
**zaostatak**, *n.* rest, residue, remnant, remainder, relic.
**zaostati**, *v.* to remain behind, to fall short of; (*sat*) to be slow.
**zaostavština**, *n.* remainder, remains, relic, inheritance, estate.
**zaošinuti**, *v.* to wheel around.
**zaoštiti**, *v.* to point, to sharpen; (**se**) to become acute.
**zaoštren**, *a.* sharp, sharpened, pointed.
**zaoštrljat**, *vidi*: **zaoštren.**
**zaova**, *n.* sister-in-law, stepsister.
**zapačati**, *v.* to bring up, to rear, to acquire, to gain, to earn.
**zapad**, *n.* West, Occident; (*sunca*) sunset.
**zapadati**, *vidi*: **zapasti.**
**zapadni**, *a.* occidental, Western, westerly.
**zapadno**, *adv.* westward.
**zapadnuti**, *vidi*: **zapasti.**
**zapadnjak**, *n.* (*čovjek*) westerner; (*vjetar*) western wind.
**zapaha**, *n.* breath.
**zapahati**, *vidi*: **zapahnuti.**
**zapahnuti**, *v.* to blow (the fire); to set ablaze.
**zapajati**, *v.* to water (cattle), to give to drink, to soak.
**zapala**, *n.* (*upala*) inflammation.
**zapaliti**, *v.* to kindle; to set fire to, to light; (**se**) to inflame, to catch fire; to grow hot.
**zapaljanje**, *n.* inflammation.
**zapaljiv**, *a.* inflammable.

**zapaljivati,** *vidi:* **zapaliti.**
**zapamtiti,** *v.* to remember, to bear in mind; **(si)** to commit to memory.
**zapanjenost,** *n.* astonishment, surprise, amazement.
**zapanjiti se,** *v.* to be stupified, to be astonished, to be amazed.
**zapapriti,** *v.* to pepper, to devil.
**zapara,** *n.* sultriness, heat.
**zaparan,** *a.* sultry, suffocating.
**zaparati,** *v.* to slit, to scratch.
**zapasati,** *v.* to encircle, to surround.
**zapasti,** *vidi:* **zapadati.**
**zapatak,** *n.* breeding (of cattle).
**zapatiti,** *v.* to bring up, to rear, to acquire, to gain, to earn.
**zapaziti,** *v.* to remark, to observe, to perceive, to note, to descry, to discover.
**zapčija,** *n.* disciplinarian.
**zapečatiti,** *v.* to seal (up).
**zapećak,** *n.* chimney-corner; hidden place.
**zapeći se,** *v.* to heat, to burn.
**zaperak,** *n.* small twig; tendril, curl, clasper.
**zapeti (se),** *v.* to stretch, to be stuck, to exert, to strain, to stick fast.
**zapetljati,** *v.* to tie up, to lace.
**zapijevka,** *n.* lamentation song, dirge.
**zapinjač (a),** *n.* stopper, brake.
**zapinjati,** *v.* to stretch, to strain, to extend, to span, to retard.
**zapirati,** *v.* to block up, to barricade, to bar, to stop; *(ispirati)* to wash off.
**zapis,** *n.* talisman, amulet, charm.
**zapisati,** *v.* to prescribe, to register, to enroll, to enlist.
**zapisci,** *n.* note-book, memorandum, commentary, brief.
**zapisivati,** *vidi:* **zapisati.**
**zapisnik,** *n.* minutes, record, protocol; *(knjiga)* minute-book.
**zapištati,** *v.* to cry out painfully.
**zapitati,** *v.* to inquire, to ask, to demand.
**zapiti,** *v.* to spend for drink.
**zapitivanje,** *n.* question, inquiry, interrogation, argument.
**zapitkivati,** *vidi:* **zapitati.**
**zapjeniti,** *v.* to foam, to froth.
**zapjenušiti,** *vidi:* **zapjeniti.**
**zapjevati,** *v.* to start to sing.
**zaplakan,** *a.* tearful.
**zaplakati,** *v.* to cry, to shed tears, to weep.

**zaplamtjeti,** *v.* to flame up, to blaze.
**zaplašiti,** *v.* to frighten, to startle, to scare.
**zaplavati,** *v.* to flood, to inundate, to submerge.
**zaplavjeti,** *v.* to dye blue.
**zaplavljivati,** *vidi:* **zaplavjeti.**
**zapleće,** *n.* reserve, support, assistance, backing.
**zaplesti (se),** *v.* to interweave; to embroil; to confuse, to entangle, to get confused; to become intricate, to get implicated.
**zaplet,** *n.* entanglement, complication, imbroglio; *(u igrokazu)* plot.
**zapletati (se),** *v.* *(u govoru)* to stutter.
**zapletenost,** *n.* entanglement, intricacy.
**zaplijeniti,** *v.* to capture, to seize, to confiscate; *(stoku)* to impound; *(sudbeno)* to distrain.
**zaplijenjen,** *a.* captured, distrained, confiscated.
**zaplivati,** *v.* to swim in *(ili)* upon, to swim into.
**zaploviti,** *v.* to set sail, to sail.
**zapljačkati,** *vidi:* **zaplijeniti.**
**zapljena,** *n.* capture, confiscation, distraint.
**zapljenitelj,** *n.* distrainer, confiscator.
**zapljeskati,** *v.* to clap, to applaud, to flatter.
**zapljunuti,** *v.* to spit upon.
**zapljuskivati,** *vidi:* **zapljusnuti.**
**zapljusnuti,** *v.* to strew, to scatter, to bestrew.
**zapljuvati,** *vidi:* **zapljunuti.**
**započet,** *a.* begun, commenced, started.
**započetak,** *n.* commencement, beginning, opening, start.
**započeti (se),** *v.* to begin, to start, to commence, to undertake.
**započinjanje,** *vidi:* **započetak.**
**započinjati,** *vidi:* **započeti.**
**zapodjeti (se),** *v.* to evoke, to originate, *(kavgu)* to start *(a quarrel)*.
**zapoj,** *n.* drink, beverage, potion, decoction.
**zapojati,** *vidi:* **zapjevati.**
**zapojiti,** *v.* to water (cattle), to give to drink, to soak.
**zapomagaj,** *n.* help, cry for help.
**zapomagati,** *v.* to cry out to, to call upon, to chide, to rebuke.
**zapon,** *n.* pride, haughtiness; pomp.

**zaponac,** *n.* little chain, clamp.
**zaponka,** *n.* noose, knot; sling.
**zapopiti (se),** *v.* to enter into the priesthood.
**zapor,** *n.* bolt, slide-valve, rail, bar.
**zaporanj,** *vidi:* **zapor.**
**zaporka,** *n.* parenthesis, bracket.
**zaposjednuće,** *n.* occupation, seizure, possession.
**zaposjednuti,** *vidi:* **zaposjesti.**
**zaposjesti,** *v.* to occupy, to seize, to hold, to overspread, to fill, to take possession.
**zapost,** *n.* beginning of Lent.
**zapostat,** *n.* farmer.
**zapostaviti,** *v.* to ignore, to disregard, to neglect, to slight.
**zapostavljanje,** *n.* ignoring, disregarding, neglect.
**zapostavljati,** *vidi:* **zapostaviti.**
**zapotiti,** *vidi:* **oznojiti.**
**zapovijed,** *n.* command, order, decree.
**zapovijedanje,** *vidi:* **zapovijed.**
**zapovijedati,** *v.* to command, to order, to direct.
**zapovijediti,** *vidi:* **zapovijedati.**
**zapovijest,** *vidi:* **zapovijed.**
**zapovjedni,** *a.* imperative; — **način,** imperative.
**zapovjednički,** *a.* imperious, dictatorial, despotic.
**zapovjednik, -ica,** *n.* commander, chief, governor, commandant.
**zapovjedništvo,** *n.* command, word of command.
**zapoznati se,** *v.* to become acquainted.
**zapožariti se,** *v.* to burn, to scorch.
**zapraćati,** *v.* to send away, to transmit.
**zapraći,** *v.* to dry up, to be drained (*ili*) exhausted.
**zaprašiti,** *v.* to raise dust.
**zapratiti,** *v.* to send away, to transmit.
**zapražiti,** *vidi:* **zapržiti.**
**zaprčiti,** *v.* to blow up, to inflate.
**zaprdica,** *n.* troublesome question.
**zapreći (se),** *v.* to tuck up, to stretch; (*konje*) to put to, to harness.
**zapredati,** *v.* to close (*ili*) cover with a web.
**zapregnuti,** *vidi:* **zapreći.**
**zapreka,** *n.* obstacle, hindrance, impediment.

**zapremati,** *v.* to occupy, to hold, to take up.
**zapresti,** *v.* to hasten, to make haste, to require haste.
**zapret,** *n.* fire covered with ashes.
**zapretati,** *v.* to cover with ashes.
**zaprezati,** *v.* to gird, to girdle.
**zapriječati,** *v.* to interlace, to entangle in.
**zapriječen,** *a.* prevented, hindered, checked.
**zapriječiti,** *v.* to bolt, to bar, to prevent, to check, to thwart.
**zaprijeti,** *v.* to lock, to bar, to close.
**zaprijetiti,** *v.* to menace, to threaten.
**zapriličiti,** *v.* to take appearance.
**zapriseći,** *v.* to take oath, to swear.
**zaprljati,** *v.* to besmirch.
**zaprositi,** *v.* to court, to woo, to ask in marriage; to apply for.
**zapržiti,** *v.* to burn in, to brand.
**zapt,** *n.* discipline, education.
**zaptiti,** *v.* to cork, to stopper; to discipline, to train, to school.
**zaptivač,** *vidi:* **zapušač.**
**zapucati,** *v.* to crack (a whip), to detonate.
**zapučati,** *vidi:* **zapučiti.**
**zapučiti,** *v.* to button up.
**zapućak,** *n.* button-hole.
**zapuhati,** *v.* to blow, to sound.
**zapupati,** *v.* to cry, to scream, to call out.
**zapuriti se,** *vidi:* **zacrljeniti se.**
**zapustiti (se),** *v.* to leave, to quit, to abandon, to desert, to forsake, to neglect one's self.
**zapustjeti,** *v.* to desolate, to lay waste, to become desolate (*ili*) desert, to forsake.
**zapušač,** *n.* stopple, stopper.
**zapušavati,** *v.* to smoke (*ili*) perfume slightly.
**zapuštati,** *v.* to neglect; to abandon, to quit.
**zapušten,** *a.* neglected, abandoned, deserted.
**zapuštenost,** *n.* desolation, abandonment.
**zaputiti se,** *v.* to start, to go.
**zaračunati,** *v.* to charge; to take into account.
**zarada,** *n.* gain, earnings, acquisition, profit.
**zaradi,** *prep.* because of, on account of, for the sake of.

**z araditi**, *v.* to gain, to earn, to deserve, to merit.

**zaradovati (se)**, *v.* to rejoice, to cheer.

**zaradivati**, *vidi*: **zaraditi**.

**zarana**, *adv.* early in the morning.

**zaranak**, *n.* the time of twilight.

**zarar**, *n.* loss.

**zarariti**, *v.* to suffer a loss.

**zarasti**, *v.* to grow together; to outgrow; (*o rani*) to heal up, to close.

**zarašta**, *adv.* why.

**zaratiti**, *v.* to make war (upon), to go to war with.

**zaravanak**, *n.* terrace, plateau.

**zaraza**, *n.* (*pošast*) epidemic (*disease*), contagion, infection.

**zarazan**, *a.* contagious, infectious, infective.

**zaraziti**, *v.* to infect; to taint, to stink horribly.

**za'rdati**, *v.* to rust (all over).

**zareći se**, *v.* to make a slip of the tongue.

**zaredati**, *v.* to follow.

**zarediti**, *v.* to ordain.

**zaredivati**, *vidi*: **zarediti**.

**zarez**, *n.* cut, incision, notch; (*črknja*) comma.

**zarezati**, *v.* to make an incision, to notch, to cut into.

**zarezivati**, *vidi*: **zarezati**.

**zareznik**, *n.* insect.

**zarezotina**, *n.* incision, notch.

**zarf**, *n.* cup (and saucer), dish.

**zaricati se**, *v.* to make a slip of the tongue.

**zaridati**, *v.* to lament, to bemoan, to cry out.

**zarikati**, *v.* to raise a roar, to roar.

**zarinuti**, *v.* to stick in, to drive in, to push in.

**zariti**, *v.* to roar.

**za'rkati**, *v.* to snore.

**zarobiti (se)**, *v.* to captivate, to enslave.

**zarobljenik**, *n.* captive, prisoner of war, prisoner.

**zaroga**, *n.* mouth-piece.

**zaroniti**, *v.* to dip, to immerse, to dive, to dive into, to immerge.

**zarositi se**, *v.* to become dewy.

**zarub**, *n.* hem.

**zarubast**, *a.* flat, plain, level, shallow.

**zarubiti**, *v.* to seam, to hem.

**zaručan**, *a.* prepossessed, prejudiced; in love.

**zaručiti**, *v.* to engage; (**se**) to become engaged, to affiance, to betroth.

**zaručni**, *a.* betrothing; — **prsten**, engagement ring.

**zaručnica**, *n.* fiancee, bride.

**zaručnik**, *n.* fiance, groom.

**zaruditi**, *v.* to dawn.

**zarukavlje**, *n.* embroidery on sleeves.

**zaruke**, *n.* betrothal, engagement.

**zarumeniti se**, *v.* to redden, to make red, to grow red, to blush, to be ashamed, to color.

**za'rzati**, *v.* to neigh aloud.

**zasaditi**, *v.* to plant, to fix, to settle, to place.

**zaseban**, *a.* private, separate, peculiar, particular, special, singular.

**zasebice**, *adv.* separately. individually.

**zaselak**, *n.* village, hamlet.

**zasijati**, *v.* to saw; (*zasjati*) to shine forth.

**zasijecati**, *v.* to cut, to cut a little out.

**zasijevati**, *v.* to lighten, to flash, to sparkle.

**zasiliti**, *v.* to become powerful.

**zasipati**, *v.* to spill; to fill with earth; to fill up.

**zasiriti**, *v.* to turn sour; to coagulate.

**zasititi**, *v.* to satiate, to fill, to satisfy, to cloy, to surfeit, to tire.

**zasjati (se)**, *vidi*: **zasijati se**.

**zasjeći**, *v.* to cut into.

**zasjeda**, *n.* embuscade, ambush.

**zasjedač**, *n.* assassinator.

**zasjedanje**, *n.* session, sitting, meeting.

**zasjedati**, *v.* to lurk, to lie in wait.

**zasjek**, *n.* cut.

**zasjenac**, *n.* shade, shadow.

**zasjenak**, *n.* moon-shade.

**zasjeniti**, *v.* to dazzle; to darken; to shade.

**zasjesti**, *v.* to sit down; to set in.

**zaskočiti (se)**, *v.* to jump, to rush.

**zaslada**, *n.* desert.

**zasladiti**, *v.* to sweeten; to become sweet.

**zasladivati**, *vidi*: **zasladiti**.

**zaslanjati**, *vidi*: **zasloniti**.

**zaslijepiti**, *v.* to dazzle, to blind, to delude.

**zaslijepjeti**, *v.* to infatuate, to blind, to grow blind.

**zasliniti**, *v.* to salivate.

**zaslon**, *n.* screen, shelter.

**zaslonik**, *n.* folding-screen.

**zasloniti,** *v.* to cover, to hide, to protect.

**zasluga,** *n.* merit, worth; gain, earnings, profit.

**zaslužan,** *a.* meritorious, full of merit, deserved, worthy.

**zaslužba,** *n.* gain, earnings, wages, salary.

**zaslužen,** *a.* deserving, deserved, due, merited.

**zaslužiti,** *v.* to deserve, to merit, to earn, to gain.

**zasluživanje,** *n.* gaining, acquiring, deserving, meriting.

**zasluživati,** *vidi:* **zaslužiti.**

**zasljepljivati,** *vidi:* **zaslijepiti.**

**zasmočak,** *vidi:* **začin.**

**zasmočiti,** *vidi:* **začiniti.**

**zasmoliti,** *v.* to pitch.

**zasmraditi,** *v.* to infect, to defile, to pollute.

**zasmrdjeti,** *v.* to stink.

**zasnovati,** *v.* to project, to scheme, to contrive; to plan; to found; to think of.

**zasob,** *adv.* one after another, successively.

**zasobice,** *vidi:* **zasob.**

**zasopiti (se),** *v.* to pant, to puff.

**zasovnica,** *n.* rail, bar.

**zaspati,** *v.* to lull to sleep, to fall asleep, to be lulled asleep.

**zasramati (se),** *v.* to make ashamed, to shame, to be ashamed.

**zastajati (se),** *v.* to stay, to abide, to delay, to tarry, to sojourn.

**zastaniti,** *vidi:* **zastati.**

**zastarati se,** *vidi:* **zabrinuti se.**

**zastario,** *a.* worn out, old, out of use, antiquated; — **pravo,** prescriptive right, prescription.

**zastarjelost,** *n.* obsoleteness, prescription, inveterateness.

**zastarjeti,** *v.* to become (*ili*) grow obsolete, superannuated (*ili*) antiquated, to be lost by limitation, to become antiquated.

**zastati,** *v.* to meet, to find at home.

**zastava,** *n.* colors, flag, banner, standard.

**zastaviti,** *v.* to pawn, to pledge; to mortgage.

**zastavka,** *n.* stopper, lever; (*zastava*) brake.

**zastavnik,** *n.* standard-bearer, ensign, color-bearer.

**zastavnjak,** *n.* (*zub*) wisdom-tooth.

**zastenjati,** *v.* to groan.

**zastidjeti (se),** *v.* to make ashamed, to shame, to blush.

**zastirač,** *n.* cover, veil; blind.

**zastirati (se),** *v.* to wrap up, to veil; to cover.

**zastoj,** *n.* standstill.

**zastor,** *n.* curtain, shade, veil, screen, blind.

**zastraniti,** *v.* to deviate, to differ, to swerve.

**zastranjivanje,** *n.* digression, wandering, diversion (from); going away.

**zastranjivati,** *vidi:* **zastraniti.**

**zastrašiti,** *v.* to frighten, to scare, to intimidate.

**zastrijeliti,** *v.* to shoot; (dead); (**se**) shoot oneself.

**zastrijeti,** *v.* to wrap up, to veil, to muffle up, to shade.

**zastrt,** *a.* veiled, covered.

**zastrti,** *vidi:* **zastrijeti.**

**zastru (ga),** *n.* wooden dish.

**zastrugati,** *v.* to scrape, to rub, to shave.

**zastudjeti,** *v.* to grow cold, to become cold.

**zastupati,** *v.* to represent, to intercede.

**zastupnik,** *n.* representative, deputy; (*odaslanik*) delegate; (*na američkom saboru*) congressman, senator; (*na sudu*) attorney, counsel; (*trgovački*) agent.

**zastupništvo,** *n.* representation; (*trgovačko*) agency.

**zastupstvo,** *vidi:* **zastupništvo.**

**zasukač,** *n.* roll(er), curl-paper, cotton-winder.

**zasukati,** *v.* to roll up, to turn up, to tuck up, to cock up.

**zasun,** *n.* rail, bar, bolt.

**zasunka,** *vidi:* **zasun.**

**zasunuti,** *v.* to bolt, to bar.

**zasušiti,** *v.* to dry up, to wither.

**zasuti,** *v.* to heap (up), to fill (up), to overwhelm (with); to clog, to stop.

**zasužnjeti,** *v.* to enslave.

**zasvijetliti (se),** *v.* to illuminate, to illumine, to shine forth, to flash up.

**zasvirati,** *v.* to start to play music, to pipe, to whistle.

**zasvjedočiti,** *v.* to attest, to testify, to certify; to bear witness.

**zasvrbjeti,** *v.* to itch.

**zašačiti**, *v.* to box a person's ears.
**zašećeriti**, *v.* to sugar (over).
**zašiljiti**, *v.* to point, to sharpen.
**zašiljivati**, *vidi*: **zašiljiti**.
**zašiti**, *v.* to sew up.
**zašivati**, *vidi*: **zašiti**.
**zaškiljiti**, *v.* to blink, to wink, to twinkle, to squint.
**zaškripati**, *v.* to creak, to jar.
**zaškripiti**, *vidi*: **zaškripati**.
**zaštedjeti**, *v.* to spare, to save.
**zaštićenik**, *n.* protegee, client; ward.
**zaštićivati**, *v.* to screen, to shelter, to shield, to protect, to defend.
**zaštita**, *n.* protection, defense, guard, patronage.
**zaštititi se**, *v.* to shelter, to protect, to defend oneself.
**zaštitni svetac**, *n.* patron saint.
**zaštitnica**, *n.* protectress, patroness.
**zaštitnik**, *n.* defender, guardian, protector, patron, advocate.
**zaštitništvo**, *n.* protectorate, tutelage, guardianship.
**zašto**, *adv.* why, what for.
**zašuškati**, *v.* to rustle, to murmur.
**zašuštati**, *vidi*: **zašuškati**.
**zašutjeti**, *v.* to silence, to become dumb (*ili*) speechless.
**zašutkati**, *v.* to hush up.
**zataći**, *v.* to put, to set, to lay, to stick to, to attack, to fasten, to insert.
**zataja**, *n.* concealment.
**zatajiti**, *v.* to deny, to renounce, to conceal.
**zataknuti**, *vidi*: **zataći**.
**zatamaniti (se)**, *v.* to destroy, to exterminate, to root out (*ili*) up, to extirpate.
**zatapati**, *v.* to solder, to weld; to join, to unite.
**zatapkati**, *v.* to step (*ili*) come up to (one), to stamp down.
**zatavanak**, *n.* platform.
**zateći**, *v.* to hit, to meet with, to find at home; to catch.
**zateg**, *n.* tension, strain, stretching, cocking.
**zategnuti**, *v.* to pull on, to tighten, to stretch, to extend, to span.
**zatesati**, *v.* to begin to cut, to cut a little of.
**zateščati**, *v.* to get pregnant, to quicken, to take.

**zatezanje**, *n.* delay, hindrance; doubt, hestitation, irresolution, procrastination.
**zatezati**, *v.* to tarry, to linger, to hesitate, to delay, to procrastinate.
**zatežljiv**, *a.* dilatory, refractory.
**zaticati**, *v.* to stick upon, to pin up, to thrust in.
**zatiljak**, *n.* nape; scruff, neck.
**zatim**, *adv.* subsequently, from thence, afterward, hereafter.
**zatirač**, *vidi*: **zatornik**.
**zatiranje**, *n.* massacre, utter destruction, extinction, annihilation, overthrow, destruction.
**zatirati**, *v.* to root out (*ili*) up, to exterminate, to extirpate.
**zatisak**, *vidi*: **zapušač**.
**zatiskati**, *v.* to stop, to constipate.
**zatiskivati**, *vidi*: **zatiskati**.
**zatisnuti**, *vidi*: **zatiskati**.
**zatjecati (se)**, *v.* to step upon, to tread upon, to find oneself, to be, to vow, to promise solemnly.
**zatjerati (se)**, *v.* to drive in, to beat something into (one).
**zatjerivati**, *vidi*: **zatjerati**.
**zatka**, *n.* summons, call; challenge.
**zato**, *adv.* therefore, for that reason.
**zatoč**, *n.* bet, wager.
**zatočen**, *a.* banished, ostracized, exiled.
**zatočenje**, *n.* banishment, exile, ostracism.
**zatočiti**, *v.* to banish, to exile, to ostracize.
**zatočje**, *n.* exile (*place*).
**zatočnik**, *n.* exile (*person*), prisoner.
**zatomiti**, *v.* to press down, to suppress, to hide, to conceal.
**zaton**, *n.* gulf, bay.
**zatopiti**, *v.* to solder, to weld, to close by melting.
**zator**, *n.* annihilation, destruction, extermination, ruin.
**zatornik**, *n.* destroyer, exterminator.
**zatrajati**, *v.* to stay, to abide, to tarry, to sojourn.
**zatraviti**, *v.* to bewitch, to enchant, to charm.
**zatražiti**, *v.* to demand, to request, to ask, to require, to inquire after, to call for.
**zatrčati (se)**, *v.* to run against; to dart, to dash.

**zatrepetati,** *v.* to tremble, to quiver, to twinkle.

**zatreptati,** *vidi:* **zatrepetati.**

**zatreptjeti,** *vidi:* **zatrepetati.**

**zatresti (se),** *v.* to shake, to affect strongly, to shock, to tremble.

**zatrijeti,** *vidi:* **zatrti.**

**zatrka,** *n.* dash, leap, attack, onset.

**zatrkati se,** *vidi:* **zatrčati se.**

**zatrkljati,** *vidi:* **pritaći.**

**zatrniti,** *v.* to surround with thorns.

**zatrnuti,** *v.* to extinguish, to quench; to efface; to go out.

**zatrovati,** *v.* to poison, to envenom, to embitter.

**zatrpati,** *v.* to bury, to inter.

**zatrpavati,** *vidi:* **zatrpati.**

**zatrti (se),** *v.* to root out (*ili*) up, to exterminate, to extirpate, to destroy, to annihilate.

**zatrubiti,** *v.* to trumpet, to blow horn.

**zatruditi (se),** *v.* to take pains, to tire, to fatigue, to get tired.

**zatrudnjeti,** *v.* to impregnate, to become pregnant.

**zatruđivati,** *vidi:* **zatruditi (se).**

**zatubast,** *a.* blunted, dull.

**zatucan,** *a.* obdurate, hardened.

**zatući,** *v.* to beat something into one; to slay, to kill.

**zatupiti,** *v.* to blunt, to dull, to stupefy; to grow blunt (*ili*) dulled.

**zatupljen,** *a.* dull, blunt.

**zaturati,** *vidi:* **zaturiti.**

**zaturiti (se),** *v.* to mislay; to deviate, to wander; to rave.

**zatutnjiti,** *v.* to rumble, to roar.

**zatvor,** *n.* prison, jail, lockup, arrest, custody; (*zatvor stolice*) constipation.

**zatvoren,** *a.* locked up, shut up, arrested.

**zatvorenik,** *n.* captive, prisoner.

**zatvoriti,** *v.* to close, to shut up, to lock up, to imprison, to arrest, to take into custody; (*utrobu*) to constipate.

**zaučati,** *v.* to howl, to yell, to cry, to whine; (*od vjetra*) to roar.

**zaudaranje,** *n.* smelling, stinking, rank.

**zaudarati,** *v.* to smell, to stink, to emit a scent, to diffuse an odor.

**zaudariti,** *v.* to get scent (*ili*) odor.

**zaujati,** *v.* to howl, to yell, to cry, to whine; (*o vjetru*) to roar.

**zaujesti se,** *vidi:* **zavaditi se.**

**zaukati,** *v.* to cry, to scream, to call out.

**zaulariti,** *v.* to halter, to put a halter (on a horse).

**zaupiti,** *v.* to cry out.

**zaurlariti,** *v.* to put a halter on, to halter.

**zaurlati,** *v.* to roar out, to howl out.

**zaustava,** *n.* stoppage.

**zaustaviti (se),** *v.* to hold up, to stop, to delay, to check.

**zaustavljanje,** *n.* stoppage, detaining, stopping, checking.

**zaustegnuti,** *v.* to hold back, to restrain.

**zaustezati,** *vidi:* **zaustegnuti.**

**zaušak,** *vidi:* **priušak.**

**zaušiti se,** *v.* to turn, to twist, to wring.

**zaušnica,** *n.* box on the ear, slap.

**zaušnice,** *n.* (*ušne žlijezde*) parotids.

**zauzbijati,** *vidi:* **zauzbiti.**

**zauzbiti,** *v.* to drive back, to thrust back, to repulse, to repel.

**zauzdanje,** *n.* bridling.

**zauzdati,** *v.* to bridle, to restrain.

**zauzdavanje,** *n.* bridling.

**zauzdavati,** *vidi:* **zauzdati.**

**zauzeće,** *n.* taking by storm, occupation.

**zauzeti (se),** *v.* to take (away), to receive, to occupy.

**zauzimati se,** *v.* to take interest in, to intercede.

**zauzlati,** *v.* to knot, to tie.

**zavabiti,** *v.* to allure.

**zavada,** *n.* quarrelling, discord, dissension, disagreement; quarrel, strife, feud.

**zavaditi (se),** *v.* to set (one) against, to fall out with, to set to fight; to quarrel.

**zavaliti (se),** *v.* to roll round, to twine around.

**zavaljivati,** *vidi:* **zavaliti.**

**zavapiti,** *v.* to cry out, to scream.

**zavarati,** *v.* to deceive, to delude; (**se**) to be deceived.

**zavaravanje,** *n.* delusion, fallacy, deceiving.

**zavaravati,** *vidi:* **zavarati.**

**zavedenje,** *n.* seduction, enticement.

**zavesti,** *v.* to mislead, to seduce, to corrupt, to spoil, to bribe.

**zavez,** *n.* tie.

**zavezak,** *n.* tie.

**zavezati,** *v.* to tie, to bind (up); to dress (a wound); to join, to unite, to combine; (*oči*) to blindfold.

**zavezice,** *n.* manacles.

**zavežljaj,** *vidi*: **zavezak.**

**zavičaj,** *n.* home, native place, native country, domicile.

**zavičajan,** *a.* native, domiciliary.

**zavičajnost,** *n.* birth place, domicile.

**zavidan,** *a.* envious, jealous, grudging.

**zavidjeti,** *v.* to envy, to grudge.

**zavidljiv,** *a.* envious.

**zavidnik,** *n.* envious person, envier, grudger.

**zavidnost,** *n.* envy, grudge.

**zavijač (a),** *n.* bandage; head-cover.

**zavijanje,** *n.* howling, wailing; (*rane*) bandaging, dressing.

**zavijati,** *v.* to bind up; to bandage, to dress (a wound), to join, to unite; (*tuliti*) to howl, to yell, to cry, to whine; (*o vjetru*) to roar.

**zavikati,** *v.* to shout, to yell, to cry.

**zaviličiti,** *v.* to halter, to put a halter (on a horse).

**zavinut,** *a.* curved, bent.

**zavinuti,** *v.* to bend, to bow, to curve, to turn, to warp.

**zavirati (se),** *v.* to conceal, to hide.

**zaviriti,** *v.* to look in, to peep in, to peer.

**zavirivati,** *vidi*: **zaviriti.**

**zavisan,** *a.* dependent, conditional.

**zavisiti,** *v.* to depend (upon).

**zavisjeti,** *vidi*: **zavisiti.**

**zavisnost,** *n.* dependency; reliance.

**zavist,** *n.* envy, grudge.

**zavitak,** *n.* packet, parcel; small package.

**zaviti,** *v.* to bind up, to wrap up, to envelop; (*ranu*) to dress (a wound), to bandage.

**zavitlati,** *v.* to brandish; to winnow; to swing.

**zavjera,** *n.* plot, conspiracy; vow, pledge.

**zavjeriti se,** *v.* to vow, to pledge solemnly.

**zavjesa,** *n.* curtain.

**zavjesiti,** *v.* to hang, to cover, to cover with hangings.

**zavjet,** *n.* vow, pledge, solemn promise.

**zavjetan,** *a.* pledged by a vow.

**zavjetina,** *n.* solemn promise.

**zavjetnik,** *n.* pledger, vower.

**zavjetovati se,** *v.* to vow, to promise solemnly, to take a vow, to take a pledge.

**zavjetrina,** *n.* !ee.

**zavlačiti,** *v.* to draw, to pull in (*ili*) into, to implicate; to delay, to retard.

**zavladati,** *v.* to conquer, to capture, to gain, to rule.

**zavod,** *n.* institution, establishment, academy; boarding-school.

**zavoditelj,** *n.* seducer.

**zavoditi,** *v.* to seduce, to mislead.

**zavodljiv,** *a.* seductive, enticing; misleading.

**zavodnik,-ica,** *n.* seducer.

**zavoj,** *n.* (*puta*) turn of a road; (*crte*) curve; (*rane*) bandage.

**zavojak,** *vidi*: **uvojak.**

**zavojica,** *n.* serpentine road, winding course; spiral.

**zavojit,** *a.* spiral, spiry, coiled.

**zavojštiti,** *v.* to make war (upon), to wage war.

**zavoljeti,** *v.* to love passionately, to grow fond; to fall in love.

**zavonjati,** *v.* to stink, to funk.

**zavor,** *n.* bolt, bar, rail.

**zavoziti,** *v.* to spend on riding (*ili*) traveling.

**zavraćati,** *v.* to draw back, to withdraw, to lift (*ili*) turn up (*one's eyes*).

**zavranjiti,** *v.* to bung (*ili*) close up.

**zavrat,** *n.* return, returning.

**zavratiti,** *vidi*: **zavraćati.**

**zavrći se,** *v.* to originate, to arise, to result, to spring (from).

**zavreti,** *v.* to seethe, to boil up.

**zavrgnuti,** *vidi*: **zavrći.**

**zavrijediti,** *v.* to deserve, to merit, to earn.

**zavrijeti (se),** *v.* to bar, to barricade, to block up, to close, to lock (*wheels*).

**zavrisnuti,** *v.* to cry out, to scream.

**zavrištati,** *vidi*: **zavrisnuti.**

**zavrnuti,** *v.* to turn, to twist, to wring.

**završak,** *n.* end, conclusion, closing.

**završiti,** *v.* to finish, to end, to conclude.

**završivati,** *vidi*: **završiti.**

**završni,** *a.* last, utmost; furthest.

**zavrtaljka,** *n.* screw-driver.

**zavrtati,** *v.* to shut by turning, to turn (about), to drill in.

**zavrtjeti (se),** *v.* to bore, to drill; to whirl, to revolve.

**zavrzati (se),** *v.* to bind, to tie, to fasten, to engage; to become complicated, to get involved.

**zavući (se),** *v.* to draw, to pull in (*ili*) into; to implicate, to involve; to creep.

**zazelenjeti,** *v.* to grow green (*ili*) verdant.

**zazidati,** *v.* to wall up, to immure, to block up (*a window*).

**zazimiti,** *v.* to become wintry, to get cold.

**zazirati,** *v.* to detest, to abominate, to shun.

**zazivati,** *v.* to challenge, to summon; to ask, to invite; to request; to bid, to call out.

**zaznati,** *v.* to understand, to know.

**zazor,** *n.* avoidance, dislike, odium.

**zazoran,** *a.* detestable, abominable.

**zazorljiv,** *a.* shy, timid, bashful; (*konj*) skittish.

**zazreti,** *v.* to look bashful (*ili*) shy.

**zazubica,** *n.* abscess in the gums, ulcer in the teeth, gumboil.

**zazubno,** *adv.* with reluctance, reluctantly; with a bad grace.

**zazujati,** *v.* to buzz, to hum.

**zazukati,** *vidi:* **zazujati.**

**zazvati,** *v.* to call, to cry.

**zazvečati,** *v.* to resound, to ring.

**zazveketati,** *vidi:* **zazvečati.**

**zazviždati,** *v.* to whistle.

**zazvoniti,** *v.* to ring, to sound, to strike; to toll; — **na misu,** to toll to service.

**zažaliti,** *v.* to pity, to commiserate, to sympathize.

**zažariti,** *v.* to make redhot, to glow, to heat.

**zažeći,** *v.* to kindle, to set fire to.

**zaželjeti (se),** *v.* to demand, to desire, to long (for), to wish.

**zažeti,** *vidi:* **zažimati.**

**zažimati,** *v.* to wring, to close (by pressure), to squeeze.

**zažizati,** *v.* to kindle, to set fire to.

**zažmiriti,** *v.* to close the eyes, to blink, to connive at, to wink.

**zažuboriti,** *v.* to murmur, to babble.

**zažutiti,** *v.* to be yellow (*ili*) gold-colored.

**zažutjeti,** *v.* to grow yellow.

**zažvaliti,** *v.* to bridle.

**zbaban,** *a.* pregnant, with child.

**zbabast,** *a.* wrinkled; shriveled up.

**zbabati se,** *v.* to wrinkle, to shrivel up.

**zbaciti,** *v.* to throw off, to cast off; —**jaram,** to shake off the yoke;— **krinku,** to throw off the disguise, to unmask; — **iz službe,** to dismiss, to discharge; — **s prestolja,** to dethrone.

**zbijati,** *v.* to drive together, to hammer together; to drift (clouds); to gather.

**zbijen,** *a.* compact, solid, dense; beaten up, congested, crowded.

**zbijenost,** *n.* congestion.

**zbilja,** *adv.* in truth, truly, really, actually, positively; indeed; — *n.* reality, real existence, truth.

**zbiljski,** *a.* real, actual; effective; — *adv.* actually, positively.

**zbirati,** *v.* to gather, to collect; to assemble, to add; to sort, to assort; to pick.

**zbirka,** *n.* collection;—**zakona,** code.

**zbiti,** *vidi:* **sabijati.**

**zbiti se,** *v.* (*dogoditi*) to come to pass, to chance, to happen, to take place, to occur.

**zbivati se,** *vidi:* **zbiti se.**

**zbjeći se,** *v.* to flock together; to shrink; to curdle.

**zbjeg,** *n.* alarm, crowd, mob; concourse.

**zbježati se,** *v.* to run to, to flock together.

**zbog,** *prep.* on account of, by reason of.

**zbogom,** *interj.* good-bye! farewell!, adieu!

**zbor,** *n.* assembly, meeting, society, company, party, convention; (*pjevački*) choir, chorus, singing society, glee-club.

**zborište,** *n.* place of meeting; convention hall.

**zboriti,** *v.* to speak, to talk; to pronounce; (*kod suda*) to plead.

**zbornica,** *n.* meeting-hall, conference-room.

**zbornik,** *n.* code.

**zborovođa,** *n.* choir-director, leader of the chorus.

**zbrajati,** *v.* to sum up, to add up.

**zbrati,** *vidi:* **sabrati.**

**zbratiti se,** *v.* to fraternize.

**zbrijati,** *v.* to shave off.

**zbrisati,** *v.* to wipe (off), to wipe away; to efface.

**zbrka,** *n.* confusion, jumble, hurly-burly, pellmell.

**zbrkati,** *v.* to entangle, to embarrass, to perplex; to complicate.

**zbroj,** *n.* sum, amount, burden.

**zbrojidba,** *n.* addition, summing-up.

**zbrojiti,** *v.* to cast (*ili*) add up, to sum up.

**zbubati,** *v.* to cram.

**zbuniti,** *v.* to entangle, to embarrass, to perplex, to dumbfound, to startle.

**zbunjenost,** *n.* confusion; trepidation, fear.

**zdenac,** *n.* well, pit, cistern.

**zdepast,** *a.* thick-set, short and squarebuilt, dumpy, plump, thick and short.

**zderati,** *vidi:* **zguliti.**

**zdjela,** *n.* dish, platter, bowl; (*za juhu*) tureen.

**zdjelar,** *n.* platter- (*ili*) dish-maker.

**zdjelica,** *n.* saucer, bowl.

**zdrav,** *a.* healthy, sound, well, in good health.

**zdravica,** *n.* toast.

**zdraviti se,** *v.* to exchange greetings.

**zdravlje,** *n.* health.

**zdravo,** *adv.* healthfully.

**zdravstven,** *a.* sanitary, hygienic.

**zdravstvo,** *n.* sanitation; sanity.

**zdravstvovati,** *v.* to be healthy; to be strong (*ili*) vigorous.

**zdravstvuj!,** *interj.* farewell! good-by!

**zdreo,** *vidi:* **zreo.**

**zdrobiti,** *v.* to crumble, to crumble away, to crush, to break.

**zdrozgati,** *v.* to crush, to shutter.

**zdrpiti se,** *v.* to fall out (with).

**zdruzgati,** *vidi:* **zdrozgati.**

**združenje,** *n.* meager, amalgamation; association, union; fellowship.

**združiti,** *v.* to unite, to join together; to associate; to merge, to combine; to confederate.

**združivanje,** *n.* association, merging, uniting.

**zdržati,** *v.* to hold up, to delay, to detain.

**zdur,** *n.* public crier, auctioneer.

**zdurati,** *vidi:* **podnijeti.**

**zdušan,** *a.* conscientious, scrupulous, devout.

**zdušnost,** *n.* conscientiousness, scrupulousness.

**zdvajanje,** *n.* despair.

**zdvajatelj,** *n.* despairer.

**zdvajati,** *v.* to despair, to fall into despair, to give up all hope.

**zdvojan,** *a.* desperate, despairing.

**zdvojenje,** *vidi:* **zdvajanje.**

**zdvojnost,** *n.* despair; desperation, desperateness.

**zeba,** *n.* chaffinch (bird), finch.

**zebnja,** *n.* fear, anxiety; religious awe.

**zebra,** *n.* zebra.

**zec,** *n.* hare; (*domaći, kunić*) rabbit.

**zečar,** *n.* greyhound.

**zečevina,** *n.* hare-meat; (*pečevina*) roast hare.

**zečica,** *n.* doe-hare.

**zečić,** *n.* leveret.

**zečji,** *a.* of hare, hare-.

**zečir,** *n.* fingering.

**zeitin,** *n.* oil.

**zeitiniti,** *v.* to oil, to anoint.

**zeka,** *vidi:* **zelenko.**

**zelembać,** *n.* green lizard.

**zelen,** *a.* green; (*nezreo*) unripe, immature.

**zelenac,** *n.* depth of a river.

**zelenika,** *n.* greenness, verdure, box-tree.

**zelenilo,** *n.* green color.

**zelenina,** *vidi:* **zelenje.**

**zeleniš,** *n.* greenhorn.

**zeleniti,** *v.* to color green, to green.

**zelenkast,** *a.* greenish.

**zelenko,** *n.* green-finch.

**zelenook,** *n.* green-eyed.

**zelenjak,** *n.* green maizen.

**zelenje,** *n.* verdure, greens, herbage, green-crop.

**zelenjeti (se),** *v.* to become green, to grow green; to flourish.

**zeljan,** *a.* from vegetable (*ili*) greens.

**zelje,** *n.* cabbage; (*glavato*) headed cabbage; (*kiselo*) sourcrout.

**zemaljski,** *a.* earthly; temporal; terrestrial; **zemaljska kruglja,** terrestrial globe.

**zeman,** *n.* (*vrijeme*) time, season; opportunity, occasion; leisure.

**zemlja,** *n.* globe; earth; world; ground, soil, land; (*kopno*) land; (*kraj*) country.

**zemljak,** *n.* countryman.

**zemljakinja,** *n.* countrywoman.

**zemljan,** *a.* earthen; **zemljano suđe,** pottery.

**zemljanica,** *n.* potter's ware.

**zemljarina,** *n.* land-tax, ground-tax.

**zemljička,** *n.* roll, small loaf.

**zemljište,** *n.* piece of ground, property, real estate, field.

**zemljodjelac,** *n.* tiller, land-tiller, farmer, husbandman.

**zemljomjer,** *n.* geometer.

**zemljomjerstvo,** *n.* geometry.

**zemljopis,** *n.* geography.

**zemljopisac,** *n.* geographer.

**zemljopisni,** *a.* geographical.

**zemljoradnja,** *n.* agriculture.

**zemljoslovlje,** *n.* geology.

**zemljovid,** *n.* map, atlas.

**zemni,** *a.* earthly.

**zenit,** *n.* zenith.

**zenuti,** *v.* to sprout, to shoot, to germinate.

**zepsti,** *v.* to freeze, to feel cold.

**zera,** *n.* little bit.

**zerdav,** *n.* sable; (*krzno*) sable-cloak.

**zerde,** *n.* gingerbread.

**zet,** *n.* son-in-law.

**zgad,** *n.* disgusting thing (*ili*) matter.

**zgaditi (se),** *v.* to disgust, to take a dislike to, to get disgusted.

**zgađati,** *v.* to hit, to meet with; to befall, to take effect; — **se,** *vidi*: **događati se.**

**zgaziti,** *v.* to tread down, to crush by treading.

**zgeba,** *n.* pigmy, dwarf, nipper.

**zgecati se,** *v.* to become lean (*ili*) thin, to fall away, to emaciate.

**zgib,** *n.* joint; link.

**zginuti,** *v.* to perish, to die; to disappear, to vanish.

**zglavak,** *n.* joint; link.

**zglaviti,** *v.* to rivet, to clinch.

**zgledati (se),** *v.* to see, to discover, to look at (upon), to consider, to regard.

**zglob,** *n.* joint, link.

**zgloba,** *n.* texture, tissue; articulation; connection, junction.

**zglobari,** *n.* articulated animals.

**zglobiti,** *v.* to joint, to unite, to lay together, to fold up, to conjoin, to combine.

**zglobljavati,** *vidi*: **zglobiti.**

**zgnati,** *vidi*: **sagnati.**

**zgnjaviti,** *v.* to strangle, to kill.

**zgnječiti,** *v.* to kneed up, to press.

**zgoda,** *n.* occasion, opportunity, chance, event.

**zgodan,** *a.* convenient, apt, fit, suitable, proper.

**zgoditak,** *n.* (*na lutriji*) prize.

**zgoditi,** *v.* to touch, to reach, to attain; to strike; — **se,** *vidi*: **dogoditi se.**

**zgodno,** *adv.* opportunely, seasonably.

**zgolja,** *adv.* by all means, quite, absolutely, totally, wholly.

**zgoljan,** *a.* bare, only.

**zgoniti,** *vidi*: **sagoniti.**

**zgorjeti (se),** *v.* to burn, to be burnt (down), to burn (*ili*) scald oneself.

**zgoropaditi se,** *v.* to go mad.

**zgotoviti,** *v.* to finish; to manufacture.

**zgrabiti,** *v.* to seize, to catch, to grip, to lay hold on, to take; to snatch, to grasp.

**zgrada,** *n.* building, edifice.

**zgradarina,** *n.* building-tax.

**zgraditi,** *v.* to build, to erect, to edify.

**zgradurina,** *n.* large building.

**zgranjivati se,** *vidi*: **zgranuti se.**

**zgranuti se,** *v.* to get furious, enraged (*ili*) mad.

**zgražanje,** *n.* shivering, shuddering, horror, abomination, detestation.

**zgražati se,** *v.* to shudder, to quake, to tremble.

**zgrčen,** *a.* bent, arcuate, cambered, crooked.

**zgrčenost,** *n.* contraction, shrinking.

**zgrčiti se,** *v.* to shrink, to compress; to become tighter.

**zgrijati,** *v.* to warm, to heat, to excite; (**se**) to overheat oneself, to get warm.

**zgriješiti,** *v.* to sin (against), to trespass, to err, to transgress.

**zgristi,** *v.* to bite into pieces, to chew up, to munch, to crunch.

**zgrnuti,** *v.* to scrape, to rake together (*ili*) up; — (**se**) to run, to flock (*ili*) throng together, to collect (*ili*) gather in a mob.

**zgroziti se,** *v.* to frighten, to startle; to terrify, to shudder.

**zgrtati,** *v.* to scrape, to rake together (*ili*) up, to accumulate.

**zgruhati (se),** *v.* to pound, to triturate, to bruise.

**zgrušati se,** *v.* to coagulate, to curdle; (*o krvi*) to run cold.

**zgrušiti,** *v.* to pound, to triturate, to bruise.

**zgubiti,** *vidi*: **sagubiti.**

**zgučiti,** *v.* to form into a ball, to make into a ball; (**se**) *vidi*: **zguriti se.**

**zguliti,** *v.* to tear (off), to pull off; to break.

**zguljivati,** *v.* to bare, to deprive.

**zguriti se,** *v.* to stoop.

**zgusnuti se,** *v.* to thicken, to condense.

**zgustiti,** *v.* to curdle.

**zgužvati,** *v.* to bruise, to rumple, to wound, to hurt, to clash, to ruffle.

**zibanje,** *n.* rocking, swing, balancing, waving.

**zibati,** *v.* to rock, to balance.

**zid,** *n.* wall, partition.

**zidanje,** *n.* building, construction.

**zidar,** *n.* mason, bricklayer.

**zidarstvo,** *n.* bricklaying, masonry.

**zidati,** *v.* to build, to construct.

**zidina,** *n.* wall.

**zidine,** *n.* ruins, fragments.

**zidni,** *a.* of walls, mural; **zidna ura,** clock.

**zijak,** *n.* gaper, gazer.

**zijanje,** *n.* gape, gaze, gaping, gazing.

**zijati,** *v.* to gape, to gaze, to leave a hiatus; (*derati se*) to cry, to scream.

**zijehavica,** *n.* yawning.

**zijev,** *vidi:* **zijevanje.**

**zijevalica,** *n.* (*bilj.*) lion's mouth, calf's (*ili*) calves' snout, snapdragon.

**zijevanje,** *n.* yawning.

**zijevati,** *v.* to yawn.

**zima,** *n.* winter.

**zimi,** *adv.* in wintertime, in winterseason.

**zimica,** *n.* cold, coldness, frigidity; (*groznica*) fever.

**zimiti,** *vidi:* **zimovati.**

**zimni,** *a.* of winter, wintry.

**zimnica,** *n.* fever, ague, chill.

**zimno,** *adv.* ćoldly.

**zimovalište,** *n.* winter-quarters.

**zimovanje,** *n.* wintering.

**zimovati,** *v.* to pass the winter, to hibernate.

**zimovište,** *n.* winter-quarter, winterresort, winter-abode.

**zimski,** *a.* wintry, winter.

**zimus,** *adv.* this winter.

**zimuske,** *vidi:* **zimus.**

**zimušnji,** *adv.* of this winter.

**zimzelen,** *n.* evergreen, periwinkle.

**zinuti,** *v.* to open one's mouth wide; to gape.

**zipka,** *n.* cradle, crib.

**zjalo,** *n.* opening, aperture, dissection, gullet, gulley.

**zjati,** *vidi:* **zijati.**

**zjenica,** *n.* pupil, eye-ball.

**zlaćen,** *a.* gold, golden.

**zlamenje,** *n.* sign, mark, omen, portent, foretoken.

**zlamenovati,** *v.* to signify, to mean, to indicate.

**zlatan,** *a.* gold, golden, of gold.

**zlatar,** *n.* (*kukac*) golden beetle, rosechafer, brass-beetle.

**zlatiti,** *v.* to gild, to make golden.

**zlatnica,** *n.* flesh-fly.

**zlatnina,** *n.* jewelry.

**zlatniti se,** *v.* to shine like gold.

**zlatnokos,** *vidi:* **zlatokos.**

**zlatnorog,** *a.* with gold-colored horns.

**zlatnoruk,** *vidi:* **zlatoruk.**

**zlato,** *n.* gold.

**zlatoglav,** *a.* giltheaded; — *n.* asphodel, daffodil.

**zlatokos,** *a.* flavicomous.

**zlatokrili,** *a.* goldenwinged.

**zlatoperni,** *a.* with golden feather.

**zlatoruk,** *a.* goldhanded.

**zlatorun,** *a.* with golden fleece.

**zlatoust,** *a.* goldtongued.

**zlić,** *n.* inflammation of the milt (*ili*) spleen, spleenitis.

**zlikovac,** *n.* malefactor, criminal, villain.

**zlo,** *n.* evil, mischief, harm, trouble, misfortune; — *adv.* ill, badly, wrongly.

**zloba,** *n.* ill-will, malevolence, malice, spite, rancor, grudge, resentment, malignity.

**zloban,** *a.* malicious, mischievous, spiteful, malignant, waggish, wicked, hateful.

**zlobnik,** *n.* malicious person, mischief, maligner, envious person, malefactor.

**zlobno,** *adv.* maliciously, mischievously, spitefully.

**zlobnost,** *vidi:* **zloba.**

**zločest,** *a.* mean, base, bad; mischievous, ill.

**zločin,** *n.* crime, offense, sin, misdeed.

**zločinac,** *n.* malefactor, criminal, offender, culprit.

**zločinački,** *a.* wicked, vicious; criminal, abominable.

**zločinski,** *vidi:* **zločinački.**

zločinstvo, *n.* crime, great crime; offense, sin.
zloća, *n.* malice, spite, wickedness.
zloćudan, *a.* malignant, malicious, virulent, ill-natured.
zloćudnost, *n.* malignity, ill-nature.
zloduh, *n.* evil spirit.
zloglasan, *a.* notorious, ill-reputed, disreputable.
zloglasnica, *n.* prostitute.
zloglasnik, *n.* defamer.
zloglasnost, *n.* disrepute, ill repute.
zlogub, *n.* boder of evil.
zlohran, *a.* innutritive; poor, hard, digestible.
zlokob, *n.* bad omen.
zlokoban, *a.* fatal, ominous.
zlomišljenik, *n.* evil-minded person.
zlopak, *vidi*: opak.
zlopata, *n.* misery, affliction.
zlopatiti, *v.* to suffer want, to starve.
zlopatnik, -ica, *n.* sufferer, patient.
zloraba, *n.* misuse, abuse.
zlorabiti, *v.* to misuse, to abuse; —ime Božje, to take in vain.
zlorabljenje, *n.* misuse, misusage.
zlorad, *a.* enjoying another's misfortune, mischievous.
zloradost, *n.* malignant joy, ill-will, spite, malevolence.
zlosluh, *vidi*: zlogub.
zloslutan, *a.* foreboding.
zloslutnica, *n.* (*female*) boder of evil, prophetess of evil.
zloslutnik, *vidi*: zlogub.
zlosreća, *n.* mischievous person, child of misfortune, person born under an evil star.
zlosrećan, *vidi*: zlosretan.
zlosretan, *a.* unfortunate, unhappy, miserable; disastrous, fatal, pernicious.
zlosretnji, *vidi*: zlosretan.
zlosretnjica, *n.* unhappy woman, unlucky woman.
zlosretnjik, *n.* unhappy (*ili*) unlucky person.
zlostaviti, *v.* to do wrong, to treat ill, to maltreat, to abuse, to misuse.
zlostavljanje, *n.* ill-treatment, abuse.
zlostavljati, *vidi*: zlostaviti.
zlotvor, *n.* malefactor, criminal, convict, misdoer.
zloupotrebljenje, *n.* misuse, misusage.
zlotvoran, *vidi*: zao.

zlotvorski, *a.* inimical.
zlovolja, *n.* ill-humor, discontent, indignation.
zlovoljan, *a.* ill-humored, peevish, displeased, fretful, morose, angry, cranky, cross.
zlovoljnost, *n.* peevishness, displeasure, crankiness.
zmaj, *n.* dragon; (*papirnati*) kite.
zmajevit, *a.* powerful (*ili*) strong, as a dragon.
zmija, *n.* snake, serpent; viper, adder.
zmijoglav, *a.* with head of a snake.
značaj, *n.* character; temper, humor; quality.
značajan, *a.* of character, reputable, moral, characteristic; significant, expressive.
značajnost, *n.* characteristic, steadfastness, firmness, constancy, perseverance, agreement, authority.
značenje, *n.* meaning, ense; importance, significance.
značiti, *v.* to signify, to mean, to betoken, to express; to indicate.
znak, *n.* time, mark, sign, token, criterion, badge; target.
znalac, *n.* one who knows; connoisseur; judge.
znaličan, *a.* inquisitive, curious.
znaličnost, *n.* inquisitiveness, curiosity.
znamen, *n.* symbol, emblem.
znamenit, *a.* remarkable, conspicuous, distinguished, eminent, famous.
znamenitost, *n.* importance, remarkableness.
znamenka, *n.* characteristic, mark; token; indication.
znamenovanje, *n.* sign, signification, signifying; meaning, indication.
znamenovati, *v.* to signify; to mean; to indicate.
znamenje, *n.* sign, token, mark, symptom, omen; badge; signal.
znan, *a.* known, well-known, acquainted (with).
znanac,-ica, *n.* acquaintance, well-known person.
znanost, *n.* knowledge, science.
znanstven, *a.* scientific.
znanje, *n.* knowledge, science.
znatan, *a.* considerable, significant, important.
znati, *v.* to know, to be aware of; to be able.

**znatiželjan,** *a.* curious, inquisitive.
**znatiželjnost,** *n.* curiosity.
**znoj,** *n.* sweat, perspiration.
**znojan,** *a.* sweaty, perspiring.
**znojenje,** *n.* sweating, perspiration.
**znojiti se,** *v.* to sweat, to perspire.
**zob,** *n.* oats.
**zobanje,** *n.* picking up.
**zobati,** *v.* to pick (up), to peck.
**zobenica,** *n.* oat-bread, oaten bread.
**zobište,** *n.* oat-field.
**zobiti,** *v.* to case, to line, to feed.
**zobnica,** *n.* oat-sack.
**zobovi,** *n.* oat-seed.
**zobovina,** *n.* elder-wood.
**zobunac,** *n.* bodice, corset; jacket.
**zodijak,** *n.* zodiac.
**zolja,** *n.* wasp.
**zona,** *n.* zone.
**zor,** *n.* violence, vehemence; intensity.
**zora,** *n.* dawn, aurora, blush of dawn, morning-light.
**zoran,** *a.* intuitive, evident; **zorna obuka,** demonstrative instruction.
**zoren,** *a.* ripe, mature.
**zoriti,** *v.* to ripen, to mature, to become ripe.
**zorli,** *a.* violent, vehement, passionate.
**zornica,** *n.* matins, morning-service.
**zorno,** *adv.* intuitively, demonstratively.
**zornjača,** *n.* morning-star.
**zorom,** *adv.* at morning-twilight, at dawn.
**zov,** *n.* call.
**zova,** *n.* elder; (*španjolska*) lilac.
**zovina,** *n.* elder-wood.
**zovnuti,** *v.* to call, to cry.
**zračan,** *a.* airy, clear, bright.
**zračnost,** *n.* airiness.
**zrak,** *n.* air, breath, breeze, atmosphere.
**zraka,** *n.* beam, ray, flash; (*u geometriji*) radius; (*sunčana*) sun-beam; (*x'-zraka*) x'-ray, Roentgen-ray.
**zrakav,** *a.* squint-eyed, squinting.
**zrakoplov,** *n.* air-plane, aeroplane; airship; balloon.
**zrakoplovac,** *n.* aviator, aeronaut, aerial navigator.
**zrcalo,** *n.* mirror, looking-glass; speculum.
**zrelost,** *n.* maturity; ripeness.
**zrenuti,** *vidi:* **zreti.**
**zreo,** *a.* ripe, mature.

**zreti,** *v.* to mature, to ripen, to grow ripe.
**zrijevati,** *vidi:* **zreti.**
**zrnat,** *a.* granulous, granular, corny.
**zrnce,** *n.* granule.
**zrniti (se),** *v.* to seed, to produce seeds; to granulate, to grain.
**zrno,** *n.* grain, seed.
**zrnje,** *n.* grains.
**zub,** *n.* tooth; — **očnji,** eye-tooth; —**kutnjak,** molar-tooth;—**pameti,** wisdom-tooth.
**zubac,** *n.* cog.
**zubača,** *n.* harrow.
**zubar,** *n.* dentist.
**zubarski,** *a.* dentical.
**zubat,** *a.* cogged; (*bilj.*) dentated.
**zubatac,** *n.* dentex.
**zubati,** *v.* to scratch gently, to harrow; (se) to quarrel, to wrangle, to dispute.
**zubatka,** *n.* bite, sting.
**zuberina,** *n.* gum.
**zubiti,** *v.* to tooth, to indent; to jag; to sharpen, to whet.
**zublja,** *n.* flambeau, torch.
**zubljonoša,** *n.* torch-bearer.
**zubni,** *a.* dental; — **prašak,** tooth-powder.
**zubobolja,** *n.* tooth-ache.
**zubun,** *n.* jacket.
**zucnuti,** *v.* to whisper.
**zučati,** *vidi:* **zujati.**
**zuđur,** *a.* poor, indigent.
**zuj,** *n.* buzz, buzzing.
**zujača,** *n.* humming top.
**zujanje,** *n.* buzzing, humming; tingling.
**zujati,** *v.* to buzz, to hum; to whiz.
**zujelka,** *n.* (*pjesma*) sonnet.
**zuk,** *vidi:* **zujača.**
**zuknuti,** *v.* to buzz, to hum.
**zukvan,** *vidi:* **zvekan.**
**zulovi,** *n.* lock, curl, ringlet.
**zulum,** *n.* tyranny, cruelty.
**zulumčar,** *n.* tyrant.
**zulumčariti,** *v.* to tyrannize.
**zumba,** *n.* punch.
**zumbul,** *n.* hyacinth.
**zupčast,** *a.* dented; notched; cogged; denticulated, jagged.
**zuriti,** *v.* to gape, to stare, to gaze at.
**zurla,** *n.* gaper, gazer.
**zvaničan,** *a.* official, professional.
**zvaničnik,** *n.* professional man.
**zvanik,** *n.* invited guest.

**zvanje,** *n.* occupation, profession; vocation; trade; office, duty; function.

**zvati,** *v.* to call, to name; **(se)** to be called.

**zveckati,** *vidi:* **zvečati.**

**zvecnuti,** *vidi:* **zveknuti.**

**zvečak,** *n.* sweep of a bell.

**zvečanje,** *n.* noise, sound; din.

**zvečati,** *v.* to ring, to sound; to tingle, to din.

**zvek,** *n.* rogue, wag.

**zveka,** *n.* sound, ring.

**zvekan,** *n.* simpleton, ninny; fool, dunce.

**zveket,** *n.* clashing, rattle, jingling; (*zvona*) tinkling.

**zveketati,** *v.* to jingle, to tinkle, to rattle, to clash.

**zvekir,** *n.* door-bell, door-knocker.

**zveknuti,** *v.* to resound, to ring.

**zvektati,** *v.* to ring, to clink, to sound.

**zvijer,** *n.* beast, beast of prey.

**zvijere,** *vidi:* **zvijer.**

**zvijezda,** *n.* star.

**zviježđe,** *n.* stars, constellation.

**zvijuk,** *n.* whistle.

**zvijuknuti,** *v.* to whistle.

**zvizga,** *n.* continual whistling.

**zviznuti,** *v.* to pipe, to whistle.

**zviždalica,** *n.* whistle.

**zviždati,** *v.* to whistle, to pipe.

**zvižduk,** *n.* whistle.

**zvižduka ti,** *v.* to whistle, to pipe.

**zvjerad,** *n.* game, beasts.

**zvjerinjak,** *n.* menagerie, zoo.

**zvjerinje,** *n* .wild animals.

**zvjerka,** *n.* little animal.

**zvjerokradica,** *n.* poacher.

**zvjerski,** *a.* beastly, brutish, brute.

**zvjezdan,** *a.* starred, starry.

**zvjezdar,** *n.* astronomer.

**zvjezdarnica,** *n.* observatory.

**zvjezdarstvo,** *n.* astronomy.

**zvjezdast,** *a.* starred, starry.

**zvjezdica,** *n.* small star; — (*) aster- isk; (*riba*) star-fish.

**zvjezdoznastvo,** *n.* astronomy.

**zvonar,** *n.* bell-founder; sacristan, sexton.

**zvonara,** *n.* steeple, belfry.

**zvoncati,** *vidi:* zvoniti.

**zvonce,** *n.* small bell, hand bell; (*cvijet*) blue-bell, bell-flower.

**zvonik,** *n.* steeple, belfry.

**zvoniti,** *v.* to ring, to toll; to sound; — **na misu,** to toll to service.

**zvono,** *n.* bell.

**zvonolijevac,** *n.* bell-founder.

**zvrcati,** *v.* to fillip, to let fly, to jerk; to toss, to snap.

**zvrcnuti,** *vidi:* zvrcati.

**zvrčak,** *n.* rattle, drollery, capital joke.

**zvrčati,** *v.* to hum, to whiz, to purr.

**zvrčka,** *n.* snap, fillip.

**zvrk,** *n.* top, whirligig, teetotum.

**zvrka,** *n.* distaff; humming, purring.

**zvrketnuti,** *v.* to hit on the head.

**zvrknuti,** *v.* to hum, to whiz, to whir.

**zvučan,** *a.* resonant, sonorous, melodious.

**zvučnost,** *n.* sonorousness, melody.

**zvuk,** *n.* sound, ring; tune, note.

# Ž

**žaba,** *n.* frog.
**žabac,** *n.* male frog.
**žabica,** *n.* little frog; (*kod čovjeka*) mumps; (*bil.*) lion's mouth, calf's snout; (*praskavica*) cracker.
**žabljak,** *n.* camomile, pile-worth.
**žabnjak,** *n.* place full of frogs, spawn of frogs.
**žacanje,** *n.* hesitation, lingering.
**žacati se,** *v.* to hesitate, to linger, to lag, to recoil (from).
**žacnuti (se),** *vidi*: **žacati se.**
**žal,** *n.* bank, shore, beach, coast.
**žalac,** *n.* sting, prickle, thorn.
**žalba,** *n.* complaint; groan, deep sigh.
**žalfija,** *n.* sage.
**žalibože,** *adv.* unfortunately.
**žaliti,** *v.* to mourn for, to weep for; to pity, to commiserate; to regret.
**žaloban,** *vidi*: **žalostan.**
**žalost,** *n.* sadness, melancholy, affliction, grief, sorrow, mourning.
**žalostan,** *a.* sad, sorrowful, mournful, woeful, afflicted, lamentable.
**žalostiti,** *v.* to afflict, to grieve, to become mournful (*ili*) sad.
**žalostiv,** *a.* compassionate, pitiful.
**žalovanje,** *n.* mourning, grieving.
**žalovati,** *vidi*: **žaliti.**
**žamor,** *n.* rustling, lisping; babble.
**žamoran,** *a.* noisy, murmuring.
**žamoriti,** *v.* to murmur, to mutter, to grumble.
**žandar,** *n.* gendarme, policeman, constable.
**žao,** *adv. žao mi je,* — I am sorry; — *a.* sorry.
**žaoka,** *vidi*: **žalac.**
**žapa,** *n.* shame, privy parts (*pl.*).
**žapati se,** *v.* to feel embarrassed, to be shy.
**žapnuti se,** *vidi*: **žapati se.**
**žar,** *n.* ardor, fervency; embers, live coal.
**žara,** *n.* urn, ballot-box.
**žarač,** *n.* poker, fire-poker, coal-rake.
**žarilo,** *vidi*: **žarač.**

**žariti,** *v.* to make redhot, to glow.
**žarkast,** *a.* redhot.
**žarki,** *a.* fervent, ardent; glowing, torrid, redhot.
**žarkost,** *n.* incandescence.
**žavka,** *n.* hide, skin.
**žban,** *n.* wooden bucket.
**žbanja,** *n.* wooden bucket.
**žbica,** *n.* spoke (of a wheel).
**žbuka,** *n.* rough-cast.
**žbukati,** *v.* to rough-cast.
**žbun,** *n.* shrub, bush.
**žderalica,** *n.* glutton, devourer.
**žderanje,** *n.* devouring.
**žderati,** *v.* to eat, to devour, to eat greedily.
**žderonja,** *n.* glutton, devourer.
**ždraknuti,** *v.* to beam, to radiate; to stream, to glare, to effulge.
**ždral,** *n.* (*ptica*) crane.
**ždraljika,** *n.* (*bil.*) melilot, sweet trefoil.
**ždrebad,** *n.* foals, colt.
**ždrebanje,** *n.* drawing lots.
**ždrebati,** *v.* to draw lots, to raffle.
**ždrebica,** *n.* filly.
**ždrepčanik,** *n.* whipple-tree, spring-tree.
**ždrijeb,** *n.* lot; lottery-ticket.
**ždrijebac,** *n.* stallion.
**ždrijebanje,** *vidi*: **ždrebanje.**
**ždrijebe,** *n.* foal, colt; filly.
**ždrijebiti (se),** *v.* to foal.
**ždrijelo,** *n.* throat, gorge; (*ponor*) gullet, gulf, abyss.
**ždrijeti,** *v.* to eat greedily, to devour.
**ždrkljaj,** *n.* gulp, dram; draugh , sip.
**ždrknuti,** *v.* to swallow.
**ždrlo,** *vidi*: **ždrijelo.**
**žeći,** *v.* to burn, to scorch, to fire off, to discharge.
**žedan,** *a.* thirsty.
**žeda,** *n.* thirst.
**žeđati,** *v.* to thirst, to be thirsty; (*za čime*) to thirst for, to thirst after.
**žega,** *n.* heat, hot weather.

**želud,** *n.* acorn, glans.
**želudac,** *n.* stomach; maw.
**želva,** *n.* turtle, tortoise.
**želja,** *n.* wish, desire, claim, demand.
**željan,** *a.* desirous, eager, desirable.
**željeti,** *v.* to wish (for), to desire, to long for; to request, to demand.
**željezan,** *a.* of iron, iron; **željezna roba,** hardware.
**željezar,** *n.* hardware-dealer.
**željezara,** *n.* iron-monger; iron-works.
**željezarija,** *n.* hardware.
**željezni,** *vidi:* **željezan.**
**željeznica,** *n.* railroad, railway; **podzemna željeznica,** underground railroad; — **površna,** surface railroad; **željeznička kola,** railway-car; **-postaja,** railway-station; **-pruga,** railroad line.
**željezo,** *n.* iron; (*kovano*) wrought iron; (*ljevano*) cast iron; (*sirovo*) raw iron; (*u šipkama*) pig iron.
**željkovanje,** *n.* desire, wishing, longing for; love, want.
**željkovati,** *v.* to wish for, to desire, to want, to long for.
**željno,** *adv.* anxiously.
**žemička,** *n.* roll.
**žena,** *n.* woman, female, spouse; (*supruga*) wife.
**ženar,** *n.* woman-friend, lover of the female sex, friend to women.
**ženidba,** *n.* marriage; wedlock, matrimony.
**ženidbeni,** *a.* nuptial, marriage-.
**ženik,** *n.* bridegroom, intended, fiance.
**ženinstvo,** *n.* dowry.
**ženiti (se),** *v.* to give in marriage, to marry, to get married, to wed; — **ponovno,** to remarry.
**ženka,** *n.* female.
**ženska,** *n.* female, woman, lady.
**ženskar,** *n.* woman-friend, lover of the female sex, friend to women.
**ženski,** *a.* female, feminine; **rod,** female sex; (*u gramatici*) feminine gender.
**ženstven,** *a.* effeminate.
**ženstvo,** *n.* womanhood, womanliness, female nature.
**žep,** *n.* pocket.
**žerav,** *n.* gray (*ili*) white horse.
**žerava,** *vidi:* **žeravica.**
**žeravica,** *n.* ember (s).
**žesta,** *n.* spirit, alcohol.
**žestika,** *n.* maple-tree, mustard-sauce.

**žestina,** *n.* vehemence, fury; ardor.
**žestiti se,** *v.* to inflame; to exasperate, to rage.
**žestok,** *a.* fiery, ardent; violent, vehement; passionate, intense.
**žetelac, -ica,** *n.* reaper, harvesthand.
**žeteoc,** *vidi:* **žetelac.**
**žeti,** *v.* to reap, to harvest.
**žetva,** *n.* harvest.
**žezlo,** *n.* scepter.
**žežen,** *a.* scorched.
**žeženje,** *n.* burning.
**žganci,** *n.* corn mush.
**žganica,** *n.* spirit, brandy; whisky, gin.
**žgaravica,** *n.* heart-burn.
**žgati,** *vidi:* **žeći.**
**žica,** *n.* thread; (*glazbala*) string, chord.
**žiće,** *n.* life, lifetime, stir, animation.
**židak,** *a.* fluid, liquid, clear, flexible. pliant.
**židina,** *n.* thinness.
**židov,** *n.* Jew; **vječni žid,** the wandering Jew.
**židovka,** *n.* Jewess.
**židovski,** *a.* Jewish.
**židovstvo,** *n.* Hebraism, Judaism.
**žig,** *n.* mark, token; brand, marking iron; distinction; (*pečat*) stamp, seal, signet; (*poštanski*) postmark; (*urez*) mark of burning, stigma, brand.
**žigati,** *v.* to sting, to prick, to stab; (*o suncu*) to burn.
**žigerica,** *n.* liver.
**žigica,** *n.* match.
**žigosanje,** *n.* branding, marking with hot iron.
**žigosati,** *v.* to brand, to stigmatize; to stamp.
**žik,** *n.* tinsel, orsidew, brass-leaf.
**žila,** *n.* vein, artery; tendon, sinew; — **srca,** main root; **zlatna —,** hemorrhoids.
**žilav,** *a.* sinewy, veined; tough.
**žilavost,** *n.* toughness, tenacity; muscularity; brawn.
**žiliti,** *v.* to tie up (an artery).
**žilj,** *n.* crevice, chink, cleft, rent, tear.
**žiljer,** *n.* co-(in) habitant.
**žiočiti,** *v.* to lath.
**žioka,** *n.* lath, shingle.
**žir,** *n.* acorn.
**žiriti,** *v.* to feed with acorn.
**žirka,** *vidi:* **žir.**

**žirovan,** *a.* fruitful with acorn.
**žiska,** *n.* knopfern, valonia.
**žitak,** *n.* life, animation; provision, victuals, grain.
**žitan,** *a.* rich (*ili*) abounding in fruit (*ili*) grain; fertile.
**žitar,** *n.* grain-merchant.
**žitara,** *n.* granary.
**žitarica,** *n.* granary.
**žitarstvo,** *n.* corn-growing.
**žitelj,** *n.* inhabitant, dweller, planter, colonist.
**žitkoća,** *n.* liquidity.
**žitkost,** *vidi*: **žitkoća.**
**žitni,** *a.* belonging to grain (*ili*) forage.
**žitnica,** *n.* barn-floor, granary, grain-loft.
**žito,** *n.* corn, grain, crop, field-produce.
**žitovod,** *n.* grain field.
**žitorodan,** *a.* rich (*ili*) abounding in grain, fertile.
**živ,** *a.* living, alive; quick, lively, brisk; animated, vivacious.
**živa,** *n.* quicksilver, mercury.
**živac,** *n.* nerve.
**živad,** *n.* poultry; fowls.
**živahan,** *a.* quick, lively, brisk; animated, frisky.
**živahnost,** *n.* vivacity, animation, liveliness, briskness.
**živalj,** *n.* element.
**živariti,** *v.* to live scantily (*ili*) miserably, to live from hand to mouth; to vegetate.
**živčani,** *a.* nervous; — **sustav,** nervous-system.
**živež,** *n.* provision, victuals (*pl.*); article of food.
**živica,** *n.* hedge, hedge of thorns, quick-hedge.
**živina,** *n.* animal, beast.
**živinar,** *n.* veterinarian, veterinary surgeon.
**živinarski,** *a.* veterinary.
**živinče,** *n.* domestic animal.
**živinski,** *a.* beastly.
**živio!** *interj.* long live!
**živjeti,** *v.* to live, to be alive, to exist.
**življenje,** *n.* life, living, subsistence, mode (*ili*) manner of life.
**živnuti,** *v.* to revive, to come to life again.
**živo,** *adv.* quickly, speedily, lively, promptly.

**živoder,** *n.* knacker, flayer, fleecer.
**živost,** *n.* life, animation; existence.
**životan,** *a.* vital; corpulent; stout.
**životarenje,** *n.* living from hand to mouth, miserable living.
**životariti,** *v.* to live scantily (*ili*) miserably, to live from hand to mouth; to vegetate.
**životinja,** *n.* animal, beast.
**životinjski,** *a.* animal, bestial; (*o čovjeku*) brutal, brutish.
**životopis,** *n.* biography.
**životopisac,** *n.* biographer.
**živototvoran,** *a.* animated, vivific.
**životvoriti,** *v.* to animate, to vivify.
**životvorstvo,** *n.* vivification.
**živovati,** *vidi*: **živjeti.**
**živucati,** *vidi*: **životariti.**
**žižak,** *n.* night-light, burner; calandre, weevil.
**žlica,** *n.* spoon; ladle.
**žličar,** *n.* spoon-maker.
**žličica,** *n.* tea-spoon.
**žlijeb,** *n.* groove; gutter, spout.
**žlijebac,** *n.* tile, pipe.
**žlijebiti,** *v.* to dig, to excavate, to deepen.
**žlijebnjak,** *n.* gutter-tile.
**žlijezda,** *n.* gland.
**žmirati,** *v.* to blink, to wink.
**žmirav,** *a.* blinking, twinkling, winkling.
**žmirećke,** *adv.* blindfold.
**žmirenje,** *n.* twinkling of eye-lids, winkling.
**žmiriti,** *v.* to blink, to wink.
**žmulj,** *n.* (*čaša*) goblet, drinking-cup, juggler's box, cup; bottle.
**žmuriti,** *v.* to keep one's eyes closed.
**žnjetar,** *n.* reaper.
**žnjeti,** *vidi*: **žeti.**
**žnjetva,** *vidi*: **žetva.**
**žohar,** *n.* cockroach.
**žrebati,** *vidi*: **ždrebati.**
**žrtva,** *n.* victim; sacrifice; offering, oblation.
**žrtvenik,** *n.* altar.
**žrtvovanje,** *n.* immolation, sacrifice, offering.
**žrtvovati (se),** *v.* to immolate; to sacrifice; to offer up.
**žrtvovni,** *a.* sacrificial.
**žrvanj,** *n.* grinding-mill, millstone.
**žrvnjati,** *v.* to grind.
**žuber,** *n.* murmuring, rustling, babble; — **voda,** murmuring water.

**žubor,** *n.* bustle, warbling, purling (*of a stream*), prattle.

**žuborenje,** *n.* babbling, murmuring, muttering.

**žuboriti,** *v.* to warble, to chirp, to purl, to prattle.

**žuč,** *n.* gall, bile, spleen.

**žučnik,** *n.* gall-bladder.

**žučak,** *n.* gold coin.

**žučarina,** *n.* chicory.

**žučkast,** *a.* yellowish.

**žudan,** *a.* desirous, covetous, eager.

**žudjeti,** *v.* to long for, to covet.

**žudnja,** *n.* desire, wish, covetousness, intense longing; yearning, ardent desire.

**žuja,** *n.* golden oriole, loriot, witwall.

**žuka,** *n.* broom, furze.

**žukoća,** *n.* bitterness.

**žukva,** *vidi:* **žuka.**

**žuliti,** *vidi:* **guliti.**

**žulj,** *n.* callus, callosity; (*na nozi*) corn.

**žuljati,** *vidi:* **guliti.**

**žuljav,** *a.* callous, horney.

**žuljavost,** *n.* callosity.

**žuljiti,** *v.* to rub, to grate.

**žumanac,** *n.* yolk; (*bil.*) dodder.

**žumance,** *vidi:* **žumanac.**

**žumanjak,** *vidi:* **žumanac.**

**žuna,** *n.* woodpecker.

**žunja,** *vidi:* **žuna.**

**župa,** *n.* parish; **župna crkva,** parish-church.

**župan,** *n.* district-judge, district chief.

**županija,** *n.* country, circuit, district.

**župljanin,** *n.* parishioner.

**župljanka,** *vidi:* **župljanin.**

**župni,** *a.* parochial, parish-.

**župnik,** *n.* pastor, parish priest, rector, parson, clergyman; vicar, curate.

**žuran,** *a.* pressing, urgent; hasty, quick, fast.

**žurba,** *n.* haste, speed; hurry, bustle, turmoil, hurly-burly.

**žuriti se,** *v.* to make haste, to require haste, to hasten, to hurry, to be in a hurry.

**žurno,** *adv.* quickly, speedily; nimbly.

**žurnost,** *n.* urgency, pressure.

**žustar,** *a.* brisk, quicker, nimble.

**žut,** *a.* yellow.

**žutac,** *n.* yolk.

**žutelj,** *vidi:* **neven.**

**žutica,** *n.* jaundice; (*zemlja*) yellow ground (*ili*) soil; clay.

**žutilo,** *n.* yellow color.

**žutilovka,** *n.* (*bil.*) green-broom.

**žutina,** *n.* yellowness.

**žutjeti,** *v.* to yellow, to make yellow, to grow yellow, to dye yellow; (*o plodinama*) to ripen; to wither.

**žutokljun,** *n.* yellow-beak, callow-bird.

**žutovoljka,** *n.* yellow-hammer.

**žuvance,** *n.* yolk.

**žvakanje,** *n.* mastication, chewing.

**žvakati,** *v.* to chew, to masticate.

**žvale,** *n.* bit, bridle.

**žvaliti,** *v.* to bridle; to restrain.

**žvalo,** *n.* mouth (of an animal), jaws, back part of the mouth; abyss.

**žvatanje,** *vidi:* **žvakanje.**

**žvatati,** *v.* to chew, to masticate.

**žviždati,** *v.* to pipe, to whistle.

**žvižduk,** *n.* whistle.

**žvrk,** *n.* top.

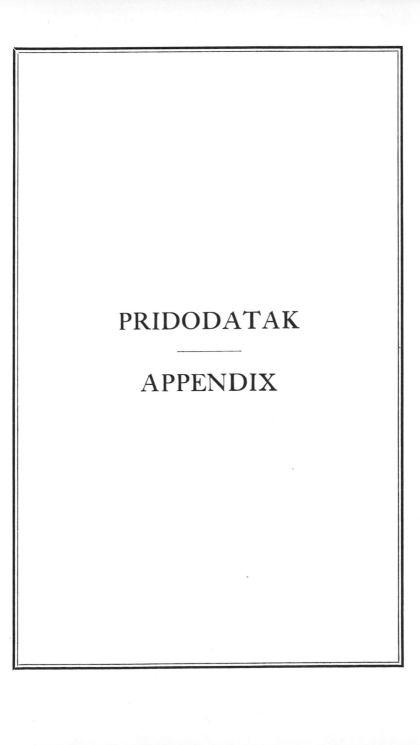

# PRIDODATAK

# APPENDIX

# KRATKA GRAMATIKA ENGLESKOGA JEZIKA

U engleskom jeziku, kao i u hrvatskom, dijele se riječi na: imenice, glagole, pridjeve, zamjenice, brojeve, prislove, prijedloge, veznike i usklike.

## I. IMENICA

Imenica je riječ, koja označuje osobu, stvar, mjesto, živo biće *ili* pojam. Imenice su muškoga, ženskoga ili srednjega roda.

Muškoga su roda sva živa bića muškog spola; ženskog su roda sva živa bića ženskog spola; sve ostale imenice su srednjeg roda. Imena zemalja i brodova obično su ženskog roda.

### Član

U engleskom jeziku upotrebljava se pred imenicama član, bez razlike na spol. Član je određen ili neodređen. Određeni član **the** isti je u jednini i množini. Neodređeni član **a** ili **an** upotrebljava se samo u jednini.

Određeni član upotrebljava se uvijek ispred rednih brojeva (**the first**), ispred superlativa (**the best**), i uz oznake strana svijeta (**the South**), te uz imena rijeka, gora ili mora. Kad se označuje nešto stalna ili određena, uvijek se upotrebljava određeni član.

Neodređeni član **a** rabi se sa riječima, koje počinju sa suglasnikom ili sa samoglasnikom **u**, koji se izgovara kao **ju** (**a union**), dočim se neodređeni član **an** rabi sa riječima, koje počinju sa samoglasnikom ili sa slovom **h**, koje se ne izgovara (**an heir**).

Primjeri: **a bird, a cat, an apple, an hour.**

### Sklonidba imenica

Imenice u engleskom jeziku imadu samo četiri padeža u jednini i množini, a sklanjaju se na primjer:

| Jednina: | | Množina: | |
|---|---|---|---|
| the mother | majka | the mothers | majke |
| of the mother | majke | of the mothers | majkâ |
| to the mother | majci | to the mothers | majkama |
| the mother | majku | the mothers | majke |

U padežima jednine oblik se imenica ne mijenja, a u množini dodaje se imenici slovo **s** ili **es**.

Primjeri: **father—fathers, rat—rats, horse—horses.**

Imenice, koje svršavaju sa **s, ss, sh, ch** ili **x**, uzimaju u množini dodatak **es**.

Primjer: **church—churches, box—boxes, dish—dishes, lass—lasses, gas—gases.**

Imenice, koje svršavaju sa **f** ili **fe**, mijenjaju u množini **f** u **v** i uzimlju dodatak **es**.

Primjer: **knife—knives, leaf—leaves.**

Nekoje imenice, koje svršavaju na **o** prave množinu sa dodatkom **s** ili **es**. Na primjer: **tomato—tomatoes, hero—heroes, piano—pianos.**

Imenice, koje svršavaju na **y**, pred kojim je suglasnik, mijenjaju **y** u slovo **i**, te primaju dodatak **es**.

Primjer: **study—studies, copy—copies.**

Nepravilno prave množinu sljedeće riječi:

| Man— men | woman—women | child—children |
|---|---|---|
| ox— oxen | goose— geese | foot— feet |
| tooth—teeth | mouse— mice | louse—lice |

Kao iznimka, nekoje riječi imadu isti oblik za jedninu i množinu, kao: **fish, sheep,** a nekoje se opet upotrebljavaju samo u obliku množine, kao: **ashes, scissors, mathematics.**

Mjesto drugog padeža sklonidbe može se u posvojnom smislu upotrebljavati apostrof ('), iza kojega se stavi slovo **s.** Tako se mjesto **of the father** može kazati **father's—očev.**

## II. GLAGOLI

Neodredeni oblik glagola (infinitiv) ima pred sobom riječ **to.**

Kod glagola upotrebljavaju se u glavnom tri vremena: sadašnjost, prošlost i budućnost. Glagoli su prelazni ili neprelazni, pravilni, nepravilni, bezlični, pomoćni i nepotpuni.

U sadašnjem vremenu oblik glagola se u sprezanju ne mijenja, osim što se u trećem licu jednine glagolu dodaje **s** (ili **es**).

Na primjer:

### Sadašnje vrijeme

| Jednina: | | Množina: | |
|---|---|---|---|
| I start | počimam | We start | počimamo |
| You start | počimaš | You start | počimate |
| He (she, it) starts | počima | They start | počimlju |

Buduće vrijeme pravi se uz pomoć oblika budućnosti pomoćnog glagola **to be—biti;** I shall, you will, he will, we shall, you will, they will, dočim glagol ostaje u neodređenom obliku (infinitivu) kroz sva lica u jednini i množini.

Na primjer:

### Buduće vrijeme

| Jednina: | | Množina: | |
|---|---|---|---|
| I shall start | počet ću | We shall start | počet ćemo |
| You will start | počet ćeš | You will start | počet ćete |
| He will start | počet će | They will start | počet će |

Prošlost pravilnih glagola, koji svršavaju u neodređenom obliku (infinitivu) na samoglasnik, pravi se dodatkom slova **d.** Na primjer: **to believe—believed, to stare—stared.**

Pravilni glagoli, koji svršavaju na suglasnik, čine prošlost dodatkom **ed.** Na primjer: **to start—started, to kill—killed.**

Pravilni glagoli, koji svršavaju na **y,** čine prošlo vrijeme tako, da **y** mijenjaju u **i,** i primaju dodatak **ed.** Na primjer: **to study—studied, to carry—carried.**

Prošli oblik glagola ostaje nepromijenjen u svim licima jednine i množine. Na primjer:

### Prošlo vrijeme

| Jednina: | | Množina: | |
|---|---|---|---|
| I started | počeo sam | We started | počeli smo |
| You started | počeo si | You started | počeli ste |
| He started | počeo je | They started | počeli su |

Prošlo vrijeme pravi se takodjer pomoću pomoćnog glagola **to have** i prošlog oblika (participa) glagola. Ovo se upotrebljava za oznaku prošlog trajnog ili svršenog vremena. Na primjer:

| Jednina: | | Množina: | |
|---|---|---|---|
| I have started | počeo sam | We have started | počeli smo |
| You have started | počeo si | You have started | počeli ste |
| He has started | počeo je | They have started | počeli su |

Kod oznaka prošlog trajnog i budućeg svršenog vremena upotrebljavaju se najviše pomoćni glagoli **to have**—imati i **to be**—biti, koji se sprežu kako slijedi:

### To have—imati
### Sadašnje vrijeme

| Jednina: | | Množina: | |
|---|---|---|---|
| I have | imam | We have | imamo |
| You have | imaš | You have | imate |
| He (she, it) has | ima | They have | imadu |

### Buduće vrijeme

| I shall have | imati ću | We shall have | imati ćemo |
|---|---|---|---|
| You will have | imati ćeš | You will have | imati ćete |
| He will have | imati će | They will have | imati će |

### Prošlo vrijeme

| I had | imao sam (imah) | We had | imali smo (imasmo) |
|---|---|---|---|
| You had | imao si (imaše) | You had | imali ste (imaste) |
| He had | imao je (imaše) | They had | imali su (imaše) |

*ili*

| I have had | imao sam | We have had | imali smo |
|---|---|---|---|
| You have had | imao si | You have had | imali ste |
| He has had | imao je | They have had | imali su |

### To be—biti
### Sadašnje vrijeme

| Jednina: | | Množina: | |
|---|---|---|---|
| I am | ja sam | We are | mi smo |
| You are | ti si | You are | vi ste |
| He (she, it) is | on (ona, ono) | They are | oni su |

### Buduće vrijeme

| I shall | ja ću | We shall | mi ćemo |
|---|---|---|---|
| You will | ti ćeš | You will | vi ćete |
| He will | on će | They will | oni će |

### Prošlo vrijeme

| I was | bijah | We were | bijasmo |
|---|---|---|---|
| You were | bijaše | You were | bijaste |
| He was | bijaše | They were | bijahu |

*ili*

| I have been | bio sam | We have been | bili smo |
|---|---|---|---|
| You have been | bio si | You have been | bili ste |
| He has been | bio je | They have been | bili su |

Zapovjedni način (imperativ) je kod svih glagola jednak neodređenom obliku (infinitivu) ispustiv riječ **to**. Na primjer: **To go**—ići, **go!**—idi!; **to make**—učiniti, **make!**—učini!

Glagolski pridjev sadašnjosti pravi se dodatkom **ing**: to start—starting, početi—počinjući.

Glagol **to do**—činiti, koji se mnogo upotrebljava kao pomoćni glagol, imade ove oblike u sprezanju:

### Sadašnje vrijeme

| Jednina: | | Množina: | |
|---|---|---|---|
| I do | činim | We do | činimo |
| You do | činiš | You do | činite |
| He (she, it) does | čini | They do | čine |

### Buduće vrijeme

I shall do, you will do, he will do, we shall do, you will do, they will do. (činit ću, činit ćeš, itd.).

### Prošlo vrijeme

| I did | učinih | We did | učinismo |
|---|---|---|---|
| You did | učini | You did | učiniste |
| He did | učini | They did | učiniše |

*ili*

| I have done | ja sam učinio | We have done | mi smo učinili |
|---|---|---|---|
| You have done | ti si učinio | You have done | vi ste učinili |
| He has done | on je učinio | They have done | oni su učinili |

### Pomoćni i nepotpuni glagoli

Drugi pòmoćni i nepotpuni glagoli jesu kako slijedi:

| I can | mogu | I could | mogah |
|---|---|---|---|
| I may | smijem (mogu) | I might | smio bi (mogao bi) |
| I will | hoću | I would | htio bi (ja bi) |
| I must | moram | I ought | morah (morao bi) |
| I shall | hoću (mora da) | I should | trebao sam (morah) |

U sadašnjem i u prošlom vremenu, u svim licima jednine i množine, ostaju oblici gore navedenih nepotpunih i pomoćnih glagola nepromijenjeni. Na primjer: I may, you may, he may, we may, you may, they may, *ili* I would, you would, he would, we would, you would, they would, *itd.*

Povratni glagoli su oni, koji upotrebljavaju povratne zamjenice za razna lica, da označe stanovitu radnju. Na primjer:

| I dress myself | oblačim se | We dress ourselves | oblačimo se |
|---|---|---|---|
| You dress yourself | oblačiš se | You dress yourselves | oblačite se |
| He dresses himself | oblači se | They dress themselves | oblače se |

Bezlični glagoli su oni, koji se upotrebljavaju samo u trećem licu jednine, kao n. pr.: **it snows**—sniježi, **it rains**—kiša pada.

Veliki broj glagola u engleskom jeziku pravi prošlo vrijeme i glagolski pridjev prošlosti (particip) nepravilno. U slijedećoj listini nalaze se svi nepravilni glagoli sa oznakom prošlog vremena i glagolskog pridjeva prošlosti. Ovi oblici ostaju nepromijenjeni u svim licima jednine i množine. Na primjer: I went, you went, he went, we went, you went, they went. Proučavanje ove listine mnogo će pomoći k pravilnom govoru engleskog jezika, jer se baš u oblicima nepravilnih glagola najviše griješi.

# Nepravilni glagoli

| Sadašnjost | Prošlost | Particip prošlosti | Sadašnjost | Prošlost | Particip prošlosti |
|---|---|---|---|---|---|
| abide | abode | abode | cost | cost | cost |
| arise | arose | arisen | creep | crept | crept |
| awake | awoke | ⎰awoke | cut | cut | cut |
| | | ⎱awaked | dare | durst | durst |
| be | was | been | deal | dealt | dealt |
| beaɪ ⎱ | bore | born | dig | dug | dug |
| (roditi) ⎰ | | | do | did | done |
| bear ⎱ | bore | borne | draw | drew | drawn |
| (nositi) ⎰ | | | dream | dreamt | dreamt |
| beat | beat | beaten | dress | dress | drest |
| become | became | become | drive | drove | driven |
| befall | befell | befallen | dwell | dwelt | dwelt |
| beget | begot | begotten | eat | ⎰ate | eaten |
| begin | ⎰begun | begun | | ⎱eat | |
| | ⎱began | | fall | fell | fallen |
| behold | beheld | beheld | feed | fed | fed |
| belay | belaid | belaid | feel | felt | felt |
| bend | bent | bent | fight | fought | fought |
| bereave | bereft | bereft | find | found | found |
| beseech | besought | besought | flee | fled | fled |
| bet | bet | bet | fling | flung | flung |
| | ⎰bid | | fly | flew | flown |
| bid | ⎰bad | ⎰bidden | forbear | forbore | forborne |
| | ⎱bade | ⎱bid | forbid | forbade | forbidden |
| bind | bound | bound | forget | forgot | ⎰forgotten |
| bite | bit | ⎰bit | | | ⎱forgot |
| | | ⎱bitten | forsake | forsook | forsaken |
| bleed | bled | bled | freeze | froze | frozen |
| bless | ⎰blest | ⎰blest | get | got | ⎰got |
| | ⎱blessed | ⎱blessed | | | ⎱gotten |
| break | broke | ⎰broken | gild | gilt | gilt |
| | | ⎱broke | gird | girt | girt |
| breed | bred | bred | give | gave | given |
| bring | brought | brought | go | went | gone |
| build | built | built | grind | ground | ground |
| burn | burnt | burnt | grow | grew | grown |
| burst | burst | burst | hang | hung | hung |
| buy | bought | bought | have | had | had |
| cast | cast | cast | hear | heard | heard |
| catch | caught | caught | heave | hove | hove |
| chide | ⎰chid | ⎰chidden | hew | hewed | hewn |
| | ⎱chode | ⎱chid | hide | hid | hidden |
| choose | chose | chosen | hit | hit | hit |
| cleave | ⎰cleaved | ⎰cleaved | hold | held | ⎰held |
| (prianjati) | ⎱clave | ⎱clave | | | ⎱holden |
| cleave ⎱ | ⎰cleft | ⎰cleft | hurt | hurt | hurt |
| (raskoliti) ⎰ | ⎱clove | ⎱cloven | keep | kept | kept |
| cling | clung | clung | kneel | knelt | knelt |
| clothe | ⎰clothed | ⎰clothed | knit | knit | knit |
| | ⎱clad | ⎱clad | know | knew | known |
| come | came | come | lade | laded | laden |

| Sadašnjost | Prošlost | Particip prošlosti | Sadašnjost | Prošlost | Particip prošlosti |
|---|---|---|---|---|---|
| lay | laid | laid | shoe | shod | shod |
| lead | led | led | shoot | shot | shot |
| lean | leant | leant | show | showed | shown |
| leap | leapt | leapt | shred | shred | shred |
| learn | ⎰learnt ⎱learned | ⎰learnt ⎱learned | shrink | ⎰shrank ⎱shrunk | ⎰shrunk ⎱shrunken |
| leave | left | left | shut | shut | shut |
| lend | lent | lent | sing | ⎰sang ⎱sung | sung |
| let | let | let | | | |
| lie (ležati) | lay | lain | sink | ⎰sank ⎱sunk | sunk |
| light | ⎰lit ⎱lighted | ⎰lit ⎱lighted | sit | sat | sat |
| lose | lost | lost | slay | slew | slain |
| make | made | made | sleep | slept | slept |
| mean | meant | meant | sling | slung | slung |
| meet | met | met | slink | slunk | slunk |
| mow | mowed | mown | slit | slit | slit |
| pass | ⎰past ⎱passed | ⎰past ⎱passed | smell | ⎰smelt ⎱smelled | ⎰smelt ⎱smelled |
| pay | paid | paid | smite | ⎰smote ⎱smit | ⎰smitten ⎱smit |
| pen | ⎰pent ⎱penned | ⎰pent ⎱penned | sow | sowed | .sown |
| plead | ⎰plead ⎱pleaded | ⎰plead ⎱pleaded | speak | spoke | spoken |
| | | | speed | sped | sped |
| put | put | put | spell | ⎰spelt ⎱spelled | ⎰spelt ⎱spelled |
| quit | quit | quit | | | |
| rap | rapt | rapt | spend | spent | spent |
| read | read | read | spill | ⎰spilt ⎱spilled | ⎰spilt ⎱spilled |
| reave | reft | reft | | | |
| rend | rent | rent | spin | ⎰spun ⎱span | spun |
| rid | rid | rid | | | |
| ride | rode | ridden | spit | spit | spat |
| ring | ⎰rang ⎱rung | rung | split | split | split |
| | | | spoil | ⎰spoilt ⎱spoiled | ⎰spoilt ⎱spoiled |
| rise | rose | risen | | | |
| rive | rived | riven | spread | spread | spread |
| run | ran | run | spring | sprang | sprung |
| saw | sawed | sawn | stand | stood | stood |
| say | said | said | stave | ⎰stove ⎱stoved | ⎰stove ⎱stoved |
| see | saw | seen | | | |
| seek | sought | sought | stay | ⎰staid ⎱stayed | ⎰staid ⎱stayed |
| seethe | ⎰sod ⎱seethed | ⎰sodden ⎱seethed | steal | stole | stolen |
| set | set | set | stick | stuck | stuck |
| shake | shook | shaken | sting | stung | stung |
| shape | shaped | ⎰shapen ⎱shaped | strew | strewed | strewn |
| | | | stride | strode | stridden |
| shave | shaved | ⎰shaven ⎱shaved | strike | struck | ⎰stricken ⎱struck |
| shear | ⎰shore ⎱sheared | ⎰shorn ⎱sheared | string | strung | strung |
| | | | strive | strove | striven |
| shed | shed | shed | strow | strowed | strown |
| shine | ⎰shone ⎱shined | ⎰shone ⎱shined | swear | swore | sworn |
| | | | sweat | sweat | sweat |

7

| Sadašnjost | Prošlost | Particip prošlosti | Sadašnjost | Prošlost | Particip prošlosti |
|---|---|---|---|---|---|
| sweep | swept | swept | wax | waxed | waxen |
| swell | swelled | swollen | wear | wore | worn |
| swim | swam | swum | weave | wove | woven |
| swing | swung | swung | wed | wed / wedded | wed / wedded |
| take | took | taken | | | |
| teach | taught | taught | weep | wept | wept |
| tear | tore | torn | wet | wet | wet |
| tell | told | told | whet | whet / whetted | whet / whetted |
| think | thought | thought | | | |
| thrive | throve / thrived | thriven / thrived | win | won | won |
| throw | threw | thrown | wind | wound | wound |
| thrust | thrust | thrust | work | wrought / worked | wrought / worked |
| tread | trod | trodden | | | |
| wake | woke / waked | woke / waked | wring | wrung | wrung |
| | | | write | wrote | written |

## III. PRIDJEVI

Pridjevi se u engleskom jeziku ne mijenjaju ni u rodu, ni u padežu, niti u jednini ni množni. Na primjer:

**Nice** man—dobar čovjek, **nice** girl—dobra djevojka, **nice** cities—lijep gradovi.

### Poredba

Pridjevi se mijenjaju u poredbi tako, da se u drugom stupnju dodaje **r** ili **er**, a u trećem stupnju **st** ili **est**. Na primjer:

Nice lijep nicer ljepši nicest najljepši
Hard tvrd harder tvrđi hardest najtvrđi

Dodatci **r** i **st** davaju se pridjevima, koji svršavaju na samoglasnik, a **er est** pridjevima, koji svršaju na suglasnik.

Nekoji jednosložni pridjevi podvostručuju zadnji suglasnik kod poredbe, kad je samoglasnik u riječi kratak. Na primjer:

Sad žalostan sadder žalosniji saddest najžalosniji
Hot vruć hotter vrući hottest najvrući

Višesložni pridjevi (sa tri, četiri, ili više slogova) prave poredbu pomo riječi **more** i **most,** kao:

Intemperate more intemperate most intemperate
Neumjeren neumjereniji najneumjereniji

Nepravilno prave poredbu slijedeći pridjevi:

| good | dobar | better | bolji | best | najbolji |
|---|---|---|---|---|---|
| bad | zao | worse | gori | worst | najgori |
| much | mnogo | more | više | most | najviše |
| little | malo | less | manje | least | najmanje |
| late | kasan | later / latter | kasniji / zadnji | latest / last | najkasniji / najzadnji |
| far | dalek | farther / further | dalji | farthest / furthest | najdalji |
| near | bliz | nearer | bliži | nearest / next | najbliži / slijedeći |
| old | star | older / elder | stariji | oldest / eldest | najstariji |

## IV. ZAMJENICE

Zamjenice su u engleskom jeziku:

Lične: I, you (thou), he, we, you, they—ja, ti, on, mi, vi, oni. Za drugo lice jednine upotrebljava se u engleskom jeziku oblik poštovanja, koji je jednak drugom licu množine: You—ti *ili* vi.

Posvojne: my (mine), thy (thine), his, hers, its, our (ours), your (yours), their (theirs).

Oblici u zagradama upotrebljavaju se samo na koncu rečenica ili ako je dotična zamjenica naglašena u posvojnom smislu. Na primjer:

My house—moja kuća.

The house is mine—kuća je moja.

Pokazne: **this, that,** za jedninu i **these, those,** za množinu.

**This** se upotrebljava za stvari ili osobe u neposrednoj blizini, a **that** za stvari ili osobe udaljene.

Povratne: myself, yourself, himself, herself, itself, ourselves, yourselves, themselves.

Upitne: who, what, which. Zamjenica **who** sklanja se ovako: who, tko, of whom *ili* whose, koga, to whom, komu, whom, koga.

Odnosne: that, who, which.

Neodređene: each, any, either, other, another, every, everyone, everybody, nothing.

## V. BROJEVI

Brojevi se dijele u glavne i redne, a slažu se na način jednak u hrvatskom jeziku, tek se kod pisanja između sastavljenih brojeva (od 21 do 99) stavlja crtica. Na primjer: Thirty-seven, ninety-five, eighty-nine.

## VI. PRISLOVI

Prislovi se dijele na prislove mjesta, vremena, načina, uzroka, količine i kakvoće. Mnogi pridjevi postaju prislovi, ako im se na kraju doda **ly, kao: nice,** lijep, **nicely,** lijepo, **bad,** zao, **badly,** zlo.

## VII. PRIJEDLOZI

Prijedlozi pokazuju odnašaj izmedju jednih prema drugim riječima u rečenici. Prijedlozi se dijele na prijedloge mjesta, vremena, načina, broja, sredstva i uzroka.

## VIII. VEZNICI

Veznici su riječi, koje spajaju dijelove rečenice. Dijele se na zavisne i nezavisne.

Zavisni veznici su: if, as, that, though, because, unless.

Nezavisni su: and, but, however, nor, yet, therefore, still.

## IX. USKLICI

Usklici su kratke riječi, koje označuju čuđenje, žalost, bol, veselje, strah *itd.* Na primjer: Oh! , alas!, pshaw!, hark!

# PREGLED
## najooičnijih pogrješaka u govoru i izrazima

**A, An.**—**A** (*neodređeni član*) stoji uvijek ispred riječi, koja počinje sa suglasnikom. **An** stoji pred riječima, koje počinju sa samoglasnikom ili pred riječima, koje počinju sa slovom **h**, koje se ne izgovara, n. pr.: **an honor.** Riječi, koje počimlju sa slovom **u**, koje se izgovara kao **ju**, imadu za neodređeni član **a**; n. pr.: **a university.**

**Accept—Except. To accept**, primiti, često se u pisanju zamijenjuje sa riječju **to except**, izlučiti, odbiti.

**Admissible** ne smije se nikako pisati **Admissable.**

**Adverbi** (prislovi) treba da su uvijek što bliže riječi, na koju se odnose. "I wanted to write to my friend immediately"—*bolje je*: "I wanted to write immediately to my friend."

**Affect—Effect.** Značenje i uporaba ovih dviju glagola često se miješa. **To affect** znači: **uplivisati**, dočim **to effect** znači: **postići, učiniti.**

**A half an hour** je loš izraz. Točno je samo **half an hour.** "I will do it in half an hour," *a ne*: "I will do it in a half an hour."

**Ain't** je pokvarena kratica za **am not** *ili* **are not,** koja se mnogo upotrebljava u prostom govoru. Napose je to loš oblik, kad se rabi umjesto: **is not** *ili* **has not.** Umjesto, "I ain't" kaži: "I am not"; umjesto "we ain't," "We are not"; umjesto "ain't you?" "Are you not?" *itd.*

**All of,** kao: "He drank all of it" nije točan izraz. Bolje je: "He drank it all." **All of** se pravilno rabi samo u opreci sa **part of** *ili* **some of.**

**And** imade često drugačije značenje kod spajanja riječi, nego li je to u hrvatskom jeziku. Na primjer: "A language like the French and German" znači, da je isti jezik jednak i njemačkom i francuskom. Zato se u gornjem primjeru mora kazati: "A language like the French or the German."

**Any** treba često puta popuniti sa **other one:** "The mother is better than any other one in the family," *umjesto* "any in the family." "The blacksmith is stronger than any man" značilo bi, da kovač nije čovjek. Zato se mora kazati **any other** *ili* **any other one.**

**Aren't** je pokvareni oblik mjesto **are not** i treba se što više izbjegavat i u govoru i u pismu.

**Back** u savezu sa glagolom **return** je suvišna riječ. Ne valja kazati "He returned back," već samo: "He returned."

**Between you and I** ne valja nipošto, jer predlog **between** zahtijeva četvrti padež; dakle se veli pravilno: "Between you and me."

**Bit** se upotrebljava mjesto riječi **bite** (zagriz, nešto malo) i odnosi se samo na nešto, što se može da zagrizne, kao: "a bit of bread." Nikako ne valja kazati: "a bit of soup" *ili* "a bit of water."

**Blame on** se upotrebljava pogrješno zajedno sa predlogom **on.** Ne valja kazati: "He blames that on me." Točno je: "He blames me for that."

**Bring—Carry.** Obadva glagola znače **nositi, donašati,** ali se razlikuju u engleskom u tome, da se **carry** upotrebljava, kad se nešto odnaša sa mjesta, gdje se mi nalazimo, a **bring,** kad se nešto donosi na mjesto, gdje se nalazimo.

**Can—May.** Valja razlikovati ova dva glagola. **Can** označuje mogućnost, a **may** dozvolu: "Can I come in?" ne valja, već: "May I come in?"

**Can but—Cannot but.** Obadva oblika su pravilna, ali im je značenje različito. "I can but protest" znači: Ja mogu samo da prosvjedujem. "I cannot but protest" znači: Ja moram da prosvjedujem *ili*: Prisiljen sam da prosvjedujem.

**Considerable** se često upotrebljava namjesto prislova **considerably,** kao: "considerable hot," *mjesto*: "considerably hot."

**Don't** je skraćeno od **do not** i može se rabiti samo za prvo lice jednine ili za sva tri lica u množini. Nikada ne reci: "He don't" *ili* "It don't."

**Each** je zamjenica, koja imade uza se glagol u jednini. Ne valja kazati: "Each of the men were paid a dollar," već je pravilno: "Each of the men was paid a dollar."

**Else but** je vrlo loš oblik. Mjesto toga kaži **else than,** n. pr.: "It is nothing else but pride," *ne valja*, već: "It is nothing else than pride."

**Expect** se po svom značenju odnosi na budućnost. Prema tome ne valja kazati: "I expect it is," *ili* "I expect it was," jer sadašnjost ili prošlost ne možemo očekivati. Bolje je reći: "I think it is," *ili* "I believe," *ili* "I suppose."

**For, at, to dinner.** "We will have a friend for dinner" znači, da ćemo prijatelja jesti za ručak. Zato valja kazati: "We will have a friend at *ili* to dinner."

**Had—have** ne valja upotrebljavati zajedno u prošlim oblicima. N. pr.: "Had I have known this," "Had we have done that" *ne valja*, već: "Had I known this," "Had we done that."

**Hope.** "I hope he arrived on time," ne valja, jer se **hope** odnosi na budućnost. Bolje je kazati: "I trust he arrived on time."

**However** je prislov, koji se ne može upotrebljavati na mjesto riječi **how** *i* **ever** u značenju **kako** i **ikada.** "However did you come here?" *ne valja*, već: "How did you ever come here?"

**I am—I remain** su zaključne riječi kod pisanja listova. **I am** se upotrebljava, kad se nekome piše prvi puta, a **I remain,** kad smo dotičnoj osob već prije pisali.

**If I were you.** U ovoj frazi se riječ **were** odnosi na **I,** jer je to podređeni oblik, koji je jednak u svim licima jednine i množine. Glagol **were** u tom obliku i uporabi uvijek označuje, da je činjenica protivna onome, o čemu je govor. Na pr.: "If I were a dog", kad bih bio pas *(ali nijesam i ne mogu biti).*

**In—into** treba razlikovati u toliko, da se **in** upotrebljava za oznaku mjesta ili položaja, a **into** za oznaku pravca, naklonosti ili odredišta. "He fell into the pond." Ne bi valjalo reći: "He fell in the pond." I obratno: "The stone lies in the water", "The house is in the city."

**Know—know of** imadu razno značenje. "I know my friend," ali "I know of a stranger." **To know** se odnosi na nešto, što dobro poznamo, a **to know of** na nešto, što ne poznajemo dobro.

**Lay—lie.** Mnogo se griješi u oporabi ovih dviju glagola. Jednakost oblika sadašnjeg vremena glagola **lay,** koji je prelazan glagol, sa prošlim oblikom glagola **lie,** koji je neprelazan, uzrokom je, se ova dva glagola zamjenjuju i krivo upotrebljavaju. Glavni oblici ovih glagola jesu:

| *Sadašnjost*: | | *Prošlost*: | | *Particip prošlosti*: | |
|---|---|---|---|---|---|
| **lay** | položiti | **laid** | položih | **laid** | položen |
| **lie** | leći (se) | **lay** | ležah (legoh) | **lain** | ležavši |

"I lay upon you no burden," (sadašnjost glagola **lay**).

"I lay under the tree," (prošlost glagola **lie**).

**Learn—teach.** Valja razlikovati, da **learn** znači: učiti se, a **teach** znači: podučavati drugoga. "The instructor teaches; the pupils learn."

**Most** se nesmije nikad upotrebljavati na mjesto **almost.** Mjesto **most everybody, most always,** valja reći: **almost everybody, almost always** *itd.*

**Neither** u savezu sa **nor** imade uvijek glagol u jednini. "Neither he nor his wife was there." Isto vrijedi za **either** u savezu sa **or**.

**New beginner** se čuje vrlo često, ali je loš izraz. **New** je uključeno u riječi **beginner** i zato valja reći: "I am a beginner," a ne "I am a new beginner."

**Of—Off** se često puta krivo upotrebljava ili zamjenjuje jedno za drugo. **Of** znači izvor ili izlazište, dočim **off** naznačuje oduzimanje od nečesa. Na pr.: "To take the crop off the land," "to cut a slice off the ham." Također ne valja, kad se upotrebljava zajedno **off** i **of**, kao: "Cut a yard off of the cloth." **Of** u to j rečenici jest suvišno, jer **to cut off** jasno označuje smisao.

**Or** kod spajanja osoba, koje su različnog broja (u jednini i množini) zahtijeva, da se glagol slaže sa osobom, koja mu je najbliža, t. j. zadnja u rečenici. "Either you or I am wrong," a ne: "Either you or I are wrong." **Or** ne traži glagol u množini, kad spaja imenice, kako to čini **and.** Na primjer: "A woman or a child is lost," a ne bi valjalo: "A woman or a child are lost," dočim je pravilno: "A woman and a child are lost."

**Ought,** koji naznačuje, da se nešto valja učiniti, nikad nesmije uza se imati drugi pomoćni glagol kao **to have, to be** ili **to do.** Ne valja, na primjer: "I had ought," "You don't ought," itd.

**Place** se mnogo puta rabi kao prislov, što je pogrješno. Ne valja reći: "Any place," "no place," već kaži: "anywhere," "nowhere."

**Plural**—množina dviju imenica, koje su spojene u jednu riječ, kao: **woman-hater, child-nurse,** itd., pravi se tako, da prva riječ ostane nepromijenjena i samo druga se mijenja u množini, dakle: **woman-haters, child-nurses,** itd.

Kad je koja riječ spojena sa brojnikom, makar se nalazi na kraju složene riječi, ostaje nepromijenjena u množini, kao na pr.: **ten-foot pole, two-mile race,** a ne: **ten-feet** ili **two-miles.**

**Possessive**—posvojni oblik sa apostrofom (') i slovom **s,** pravi se kod imenica, koje svršavaju na slovo **s,** tako, da se dodaje apostrof i još jedan **s,** ili se stavi samo apostrof iza zadnjeg slova **s** u riječi. No kod riječi u množini stavlja se samo apostrof bez slova **s.** Na primjer: "Father's book" (očeva knjiga), "Fathers' books," (knjige otaca).

**Quantity** imade uza se glagol uvijek u jednini, akoprem ta riječ označuje množinu. Na primjer: "A great quantity of merchandise was sold," a ne "were sold."

**Raise—rise** valja razlikovati u toliko, što je **raise** prelazan, a **rise** neprelazan glagol. Nepravilno: "He was so weak that he could not raise"—pravilno: "—that he could not rise."

**Raise children** je vrlo loš oblik, ma da se često čuje: "I was raised and born here." **Raise** se nikad ne smije rabiti za ljude, već samo za životinje ili biline. "Cattle are raised; human beings are brought up ili reared."

**Saleslady** je nedopustiva kovanica. Pravilno je kazati **saleswoman** u opreci sa **salesman.** Nikad se ne kaže **salesgentleman** i prema tome ne valja **saleslady.**

**Shall—will** se vrlo mnogo zamjenjuje. Za jasnoću značenja valja imati na umu ove oblike:

| *Budućnost*: | *Namjera, zapovjed ili obveza*: |
|---|---|
| I shall | I will |
| You will | You shall |
| He, she, it will | He, she, it shall |
| We shall | We will |
| You will | You shall |
| They will | They shall. |

**Will** se nikad ne smije upotrebljavati u pitanju u prvoj osobi, kao: "Will I come?" Mjesto toga mora se reći: "Shall I come?" Ne valja kazati: "Will we go in?" već: "Shall we go in?" U upitnim rečenicama **shall** pokazuje pitanje za dozvolu ili odobrenje.

**Sort of** nije lijepi izraz. Bolje je kazati **rather** *ili* **somewhat**. Reci: "I feel rather weak," mjesto "I fell sort of weak."

**Splendid—Awful** se često upotrebljavaju na krivim mjestima. **Splendid** valja rabiti, kad je govor o nečemu, što se odlikuje sjajem, a ne valja tu riječ primijeniti, kad se misli bilo šta dobra ili lijepa. "Splendid hat," "Splendid meal" *itd.* vrlo su loši izrazi.

Isto tako ne valja kazati: "Awful nice," "Awful good," jer nešto ne može da je "strašno lijepo" ili "strašno dobro," kad **strašno** označuje nešto odvratna ili zla.

**Stop—Stay.** To **stop** znači prestanak gibanja, protivno od **to start**, dočim **to stay** znači: boravak, kraći *ili* dulji. Mjesto: "He is stopping in New York" *kaži:* "He is staying in New York." "I shall stop in Pittsburgh on my way to New York" je pravilno, dočim "How long will you stop in Pittsburgh" je isto tako neumjestno, kao što bi bilo: "How long will you start." Pravilno je: "How long will you stay in Pittsburgh?"

**Sure** je pridjev, a ne prislov, zato ne valja kazati: "It sure was" *ili* "I sure did," već se mjesto **sure** ima rabiti prislov **surely**.

**Went—gone** se katkada zamjenjuje, što nije pravilno. "If I had went" *ne valja*, već: "If I had gone." **Went** je prošlo vrijeme (imperfekt) i ne može se složiti sa pomoćnim glagolom **to have** mjesto participa prošlosti **gone**.

**Where, at, to.** Ne valja kazati: "Where to, Where at?" kao "Where is it at?" "Where are you going to?" ne valja, već samo: "Where is it?" "Where are you going?"

**Who—Whom** se mnogo zamjenjuje, što je pogrješno. Mjesto: "Who do you refer to?" reci: "Whom do you refer to?"

Slično se griješi u zamjenici **I—me**. Na pitanje: "Who is it?" ne valja reći "It is me," već: "It is I." Ne valja: "John and me are going," već: "John and I are going."

**Without.** Ne valja reći: "I will come without it rains," već: "I will come unless it rains."

## PRAVILA O INTERPUNKCIJAMA

### Točka

Točka (.) se stavlja na koncu svake proste ili sastavljene rečenice, koja nije upitna ili usklična.

Sve skraćene riječi svršavaju sa točkom.

Točka se također stavlja kod decimalnih brojeva i za oznaku razlike između desetica i jedinica, kao: 0.75, $3.25.

Točka se ne upotrebljava na kraju naslova ili imena knjiga, poglavlja u knjizi ili naslova u novinama kao ni iza rimskih brojeva, osim ako se isti nalaze na kraju rečenice.

### Zarez

Zarez (,) se stavlja iza riječi, koje se nižu redom u opisivanju potankosti u rečenici, kao: "Father, mother, brother, and sister are at home".

## 13

Za razliku od pravila u hrvatskom jeziku, da se zarez ne stavlja pred veznik i *te* **ili,** valja imati na umu, da se zarez pred "and" i pred "or" može ili staviti ili ne. Standard Dictionary engleskog jezika naginje uporabi zareza pred spomenutim veznicima.

Zarez se stavlja pred i iza svake sporedne rečenice ili sporednog izraza u složenim rečenicama. Na primjer: "His father's house, like all those near it, is old."

Izrazi kao "for instance," "for example," "as it were," *itd.,* smatraju se sporednima i moraju biti rastavljeni zarezima od ostalih dijelova rečenice, kao: "He stated, for instance, that his mother was dead."

Zarez se stavlja pred izraze u navodnim znakovima, koji su usko vezani sa predidućim dijelom rečenice. Na primjer: "He said, "I will go."

Izrazi, koji se opetuju, treba da su rastavljeni sa zarezom, kao: "The good, the good alone, is beautiful."

Izraz ili rečenica, koja na bilo koji način razjašnjuje koji drugi izraz ili rečenicu, dijeli se od iste zarezom, kao: "His Majesty, the king."

Zarez se u opće upotrebljava, kad bi smisao rečenice, bez podjelbe iste sa zarezima, postao nejasan ili bi rečenici dao drugi smisao.

Za što jasnije razumijevanje najbolje je, da se piše u kratkim i jasnim rečenicama.

### Dvotočka

Dvotočka (:) se stavlja iza rečenice, koja najavljuje, da slijedi nešto posebna ili nešto, što se navodi kao posebna rečenica ili izjava.

Dvotočka se također stavlja iza izraza, koji naznačuju, da nešto slijedi, kao što su: "the following," "as follows," "namely," "viz," *itd.,* kao i iza rečenica, koje sadržavaju u sebi oznaku, da nešto slijedi. Na primjer: "I hold this to be true for several reasons: First, etc."

### Točka-zarez

Znak (;) upotrebljava se za podjelbu rečenica na dijelove onda, kad samo zarez ne bi dovoljno naznačivao podjelu. Točka-zarez mnogo se upotrebljava u dugim rečenicama, u kojima su kraći dijelovi rastavljeni zarezima, a same rečenice rastavljaju se točkom i zarezom.

U slučaju, kad se više sporednih rečenica niže jedna za drugom, a sve ovise o jednom glavnom predmetu, taj se glavni predmet rastavlja od slijedećih rečenica dvotočkom, a same rečenice među sobom rastavljaju se točka zarezom.

### Navodni znak

Navodni znak (") stavlja se na početku i na kraju riječi ili rečenica, koje se žele istaknuti kao tuđe riječi ili navod. Na primjer: He said: "I am a man of honor."

Navodni znak se upotrebljava i onda, kad se želi navesti naslov ili ime knjige, pjesme *itd.,* u toku rečenice, kao: We bought "David Copperfield," "Oliver Twist," and some other books.

Pojedine riječi, kojima se želi dati obratni ili porugljivi smisao, također se stavljaju u navodni znak. Na primjer: I am "very sorry" to hear that your mother-in-law died.

## Upitnik

Upitnik se stavlja na kraju svake upitne rečenice. Upitnik u zaporcima (?) stavlja se u rečenici za oznaku sumnje. Na primjer: "He said he was sure (?) to pay me back."

## Uskličnik

Uskličnik (!) stavlja se na kraju usklične rečenice ili zapovjednih izraza. Stavi li se uskličnik u zaporke u sredini rečenice, onda označuje osobito čuđenje.

## Stanka

Stanka (—) se stavlja u rečenici za oznaku nenadanog preokreta u slijedu rečenice, ili kad se u rečenicu umetne nešto sasvim novoga, što sa tokom rečenice nije u tijesnom savezu. Kao na primjer: "He was going slowly but—believe it or not—started to run."

Stanke se također upotrebljavaju za oznaku početka govora ili riječi pojedinih osoba u razgovoru, kao:

—Are you there?

—Yes, come here!

U takovim razgovorima stoje stanke mjesto navodnih znakova.

## Zaporka

Zaporke ( ) upotrebljavaju se u rečenici, kad se nešto želi spomenuti kao manje važni dio rečenice, koji se može ispustiti, bez da se smisao rečenici mijenja. "He said (if I may be allowed to repeat a hasty remark) that all his friends deserted him."

# STRANE RIJEČI, FRAZE I POSLOVICE OBIČNE U ENGLESKOJ KNJIŽEVNOSTI

## A

**Ab**—od.
**A bas**—dolje!
**Ab extra**—iz vana, **ab intra**—iz nutra.
**Ab origine**—od početka.
**Ab urbe condita**—od osnutka grada (Rima).
**Ad**—k, prema, **ad infinitum**—bez kraja; **ad interim**—međutim; **ad libitum**—po volji; **ad nauseam**—do nesvjestice, do gnjušanja; **ad rem**—što se tiče stvari, izravno.
**A fin**—do konca.
**A la**—po, na način, kao; **a la mode**—po modi.
**Allons**—ajdmo! napred!
**Alter ego**—drugi ja, iskreni prijatelj.
**Anno aetatis suae**—u godini svog života; **anno Domini**—godine gospodnje (piše se i **A. D.** godina poslije Krista).
**A priori**—iz prvine, od uzroka na učinak.
**A propos**—što se tiče, odnosi.
**Argumentum ad hominem**—dokaz prema načelima protivnika.
**A rivederci**—do viđenja.
**Audiatur et altera pars**—neka se čuje i druga strana.
**Au fait**—za čin ili činjenicu; vješt.
**Auf Wiedersehen**—do vidova, s bogom!
**Auri sacra fames**—kleta lakomost za zlatom.
**Aut Caesar aut nihil**—ili Cezar ili ništa.
**Avec plaisir**—sa veseljem, rado.
**A vinculo matrimonii**—od bračne veze.

## B

**Beau monde**—pomodan svijet, ljudi.
**Ben trovato**—dobro iznađeno, izumljeno.
**Bete noire**—crna životinja, nešto odurna.
**Bienvenu**—dobro došao!
**Bis dat qui cito dat**—dva put daje, tko brzo daje.
**Bon ami**—dobar prijatelj.
**Bon jour**—dobar dan!
**Bon soir**—dobar večer!

## C

**Causa sine qua non**—bezuvjetna stvar.
**Caveat emptor**—kupac treba da je na oprezu.
**Ceteris paribus**—dok su ostale stvari jednake, bez razlike u drugom.
**Chemin de fer**—željeznica.
**Cher ami**—dragi prijatelju!
**Cogito, ergo sum**—mislim, dakle jesam.
**Comme il faut**—kako treba.
**Corpus delicti**—stvar, koja dokazuje zločin (sredstvo).
**Cui bono?**—za čiju korist? čemu?
**Cum grano salis**—sa zrnom soli, s potrebnim obzirom na.

## D

**De gustibus non est disputandum**—o ukusima nema rasprave.
**De mortuis nil nisi bene**—o mrtvima se govori samo dobro.
**Deus ex machina**—Bog (spušten) sa stroja, nešto neočekivana.
**Dies irae**—dan srdžbe.
**Dieu et mon droit**—Bog i moja desnica.
**Disjecta membra**—raštrkani dijelovi.
**Divide et impera**—podijeli i vladaj.
**Dolce far niente**—ugodno je ništa ne raditi.
**Dominus vobiscum**—Gospodin s vama.
**Dulce et decorum est pro patria mori**—ugodno i časno je umrijeti za domovinu.
**Dum vivimus, vivamus**—uživajmo dok smo živi.

## E

**Ecce homo?**—evo čovjeka.
**Edition de luxe**—skupocjeno izdanje (knjige).
**En avant**—naprijed.
**En deshabile**—bez odjeće.
**Enfant terrible**—strašno dijete.
**En passant**—mimoidući, nuzgredice.
**En route**— na putu.

## E—Cont'd

**Entre nous**—među nama.
**E pluribus unum**—Iz više njih jedno (geslo Sjedinjenih Država).
**Errare humanum est**—pogriješiti je ljudski (svojstvo čovjeka).
**Est modus in rebus**—svaka stvar ima svoje granice.
**Eureka?**—našao sam!
**Ex cathedra**—službeno, s punim pravom.
**Exceptis excipiendis**—izuzev, što se mora da izuzme.
**Ex uno disce omnes**—iz jednoga se uči sve.

## F

**Facta, non verba**—djela, a ne riječi.
**Factum est**—učinjeno je, svršeno je.
**Fata obstant**—usud priječi.
**Festina lente**—žuri se polagano.
**Fete champetre**—zabava, svečanost u prirodi.
**Fiat justicia, ruat coelum**—neka se čini pravda, ma i nebo palo.

## G

**Gloria in excelsis Deo**—slava Bogu na visini.
**Gnothi seauton**—poznaj samoga sebe.
**Grand prix**—prva nagrada.

## H

**Hinc ille lacrimae**—odatle one suze.
**Hoi polloi**—svjetina, rulja.
**Homme d' esprit**—uman čovjek.
**Honi soit qui mal y pense**—zlo na onoga, koji zlo misli.
**Honores mutant mores**—časti mijenjaju običaje.
**Horribile dictu**—strašno da se kaže.
**Hors de combat**—izvan borbe, onesposobljen.

## I

**Ich dien**—ja služim (geslo engleske vladalačke porodice).
**Id est**—to jest.
**In articulo mortis**—u smrtni čas.
**In hoc signo vinces**—u tom znaku ćeš pobijediti.

**In memoriam**—na uspomenu.
**In pace**—u miru.
**In propria persona**—sam osobno, glavom.
**Inter alia**—među ostalim.
**Inter se**—međusobno.
**In transitu**—na prolazu.
**In vino veritas**—u piću je istina.
**Iterum**—opet, ponovno.

## J

**Jeunesse doree**—zlatna mladež, djeca bogataša.
**Jubilate Deo**—veselite se u Gospodu.
**Juppiter tonans**—Jupiter gromovnik.
**Juste millieu**—zlatna sredina.

## L

**Labor omnia vincit**—rad svladava sve.
**Laesa majestas**—uvrijeda veličanstva.
**Laissez-faire**—pusti na miru.
**Lapsus lingue**—nehotimična riječ u govoru (kad se netko zareče).
**Lares et Penates**—kućni bogovi.
**Laus Deo**—slava Bogu.
**Lite pendente**—u toku parnice.
**Lucus a non lucendo**—nešto, čije svojstvo ne odgovara imenu.

## M

**Ma chere**—moja draga.
**Ma foi**—vjere mi.
**Magnum opus**—veliko djelo.
**Malum in se**—stvar zla sama po sebi.
**Mare clausum**—zatvoreno more.
**Me judice**—po mojem sudu.
**Memento mori**—sjeti se, da ti je umrijeti.
**Mens sana in corpore sano**—zdrav duh u zdravom tijelu.
**Mirabile dictu**—divno da se kaže, nešto čudnovatoga.
**Mirabile visu**—divno da se vidi.
**Modus vivendi**—način života.
**Modus operandi**—način poslovanja.
**Mon ami**—moj prijatelj.
**Mon cher**—moj dragi.
**Mutatis mutandis**—promijenivši, što treba da se promijeni.

## N

**Necesitas non habet legem**—nužda ne ima zakona.
**Nemine contradicente**—dok nitko ne govori protivno.
**Nil admirari**—čuditi se ničemu.
**N' importe**—ne važi ništa.
**Noli me tangere**—ne diraj me.
**Nom de plume**—ime po peru (ime pod kojim tko piše).
**Non est inventus**—nije nađen, nema ga.
**Nota bene (N. B.)**—pazi dobro.

## O

**Obiter dictum**—gore spomenut.
**Omnia vincit amor**—ljubav svladava sve.
**Onus probandi**—težina dokaza.
**Ora pro nobis**—moli za nas.
**O tempora? O mores?**—kakovi dani, kakovi običaji?

## P

**Par excellence**—izvrsno.
**Pax vobiscum**—mir s vama.
**Peccavi**—sagriješio sam.
**Per diem**—po danu, dnevno.
**Per fas et nefas**—po pravu i nepravu.
**Poste restante**—ostati na pošti (za list).
**Prima facie**—na prvi pogled.
**Principiis obsta**—odupiri se iz početka.
**Pro aris et focis**—za oltare i ognjišta.
**Profanum vulgus**—prosti puk, rulja.
**Pro tempore**—privremeno.

## Q

**Quid pro quo**—nešto za nešto.
**Quien sabe**—tko znade.
**Quoad hoc**—što se toga tiče.
**Quod erat demonstrandum**—što je trebalo dokazati.

## R

**Reductio ad absurdum**—svađanje do besmislice (dokazivanje besmislenosti oprečne tvrdnje).
**Repondez s'il vous plait (R.S.V.P.)**—izvolite odgovoriti.
**Requiescat in pace**—neka počiva u miru.
**Res gestae**—gotove, svršene stvari.

## S

**Sapienti sat**—mudrome dosta.
**Savoir faire**—znati, kako se nešto čini.
**Scripsit**—napisao je.
**Secundum naturam**—po naravi.
**Semper idem**—uvijek isto.
**Sic semper tyrannis**—tako neka uvijek bude silnicima.
**Sic transit gloria mundi**—tako prolazi slava svijeta.
**Sine qua non**—bezuvjetno.
**Si vis pacem, para bellum**—ako želiš mir, pripravljaj se za rat.
**Status quo ante**—položaj kao i prije.
**Sui generis**—svoje vrsti.
**Summum bonum**—najveće dobro.
**Sursum corda**—gore srca.
**Sutor ne ultra crepidam**—postolar neka ne sudi osim o cipelama.
**Suum cuique**—svakomu svoje.

## T

**Tabula rasa**—čista ploča.
**Tant mieux**—tim bolje.
**Tempora mutantur, et nos mutamus in illis**—vrijeme se mijenja, a s njim i mi.
**Tempus fugit**—vrijeme leti.
**Tercium quid**—nešto trećega.
**Timeo Danaos et dona ferentes**—bojim se Grka i onda, kad donose darove.
**Totidem verbis**—u toliko riječi.
**Tout-a-fait**—posvema.

## U

**Ubi supra**—gdje je gore spomenuto.
**Una voce**—jednoglasno.
**Usus loquendi**—način govora.
**Ut infra**—kako je dolje (naznačeno).
**Ut supra**—kako je gore (naznačeno).

## V

**Vade in pace**—idi u miru.
**Vade mecum**—pođi s menom.
**Vae victis**—jao pobijeđenima.
**Veni, vidi, vici**—došao sam, vidio sam i pobijedio sam.
**Vinculum matrimonii**—bračna veza.
**Volente Deo**—uz božju volju.
**Vox populi, vox Dei**—glas naroda, glas božji.
**Vulgo**—prosto.

# KRSNA IMENA MUŠKARACA I ŽENA

Krsna imena muškaraca i žena izvedena su iz raznih jezika i imadu razna prvobitna značenja. Najveći dio imena imade svoj izvor u slijedećim jezicima: židovskom, latinskom, grčkom, staro-njemačkom, francuskom, perzijskom, keltskom, sirijskom, ruskom, talijanskom i danskom. Imena u zaporci su skraćena imena ili imena od milja.

## IMENA MUŠKARACA

### A

**Aaron**—gorštak, prosvjetitelj.
**Abel**—dah, nepouzdan, tašt.
**Abiel**—otac snage.
**Abihu**—Bog je otac.
**Abijah**—komu je Bog otac.
**Abner**—otac svjetla.
**Abraham**—otac mnoštva (Abe, Abbie).
**Abram**—otac uzvišenosti.
**Adalbert**—vidi Ethelbert.
**Adam**—čovjek, čovjek od zemlje.
**Adolph**—plemeniti vuk.
**Adolphus**—plemeniti junak (Dolph).
**Adoniram**—Bog visine.
**Alan**—lovski pas.
**Alaric**—bogati vladar.
**Albert**—sjajan (Bert, Bertie).
**Albion**—zemlja bijelih stijena.
**Alexander**—pomagač ljudi (Aleck, Sandy).
**Alexis**—pomagač, obrana.
**Alfred**—dobar savjetnik (Alf).
**Alfonso**—vidi: **Alphonso**.
**Algernon**—brkati.
**Alonzo**—isto kao: **Alfonso**.
**Alphonso**—pripravan, voljan.
**Alpheus**—zamjena.
**Alvah**—nepravda.
**Alvin**—voljan, pripravan.
**Amadeus**—ljubitelj Boga.
**Amariah**—obećan od Boga.
**Amasa**—teret.
**Ambrose**—besmrtan, božanstven.
**Amos**—jak, hrabar.
**Anastasius**—ustajući.
**Andrew**—jak, muževan (Andy).
**Anslem**—zaštita božja.
**Anthony**—bescjen, hvalevrijedan (Tony).
**Archibald**—osobito smjel (Archie).
**Armand**—vidi: **Hermann**.
**Artemas**—dar Artemide.
**Arthur**—visok, plemenit (Art).

**Asa**—liječitelj, liječnik.
**Asahel**—stvoren od Boga.
**Asaph**—sabiratelj.
**Asher**—sretan, veseo.
**Ashur**—crn, crnoća.
**Arnold**—jak kao orao.
**Athelstan**—plemeniti kamen.
**Aubrey**—vladar duhova.
**Augustin** } —pripadajući Augustu.
**Augustine** }
**Augustus**—uzvišen, kraljevski (Gus).
**Aurelius**—zlatan.
**Azariah**—pomagan od Boga.

### B

**Baldwin**—smjel, pobjednik.
**Baptist**—krstitelj.
**Barabbas** } —sin utjehe.
**Barnaby** }
**Bartholomew**—sin ratnika (Bart).
**Barzillai**—božje žezlo.
**Basil**—kraljevski.
**Benedict**—blagoslovljen.
**Benjamin**—sin desnice.
**Beriah**—u nevolji.
**Bernard** } —jak, čvrst.
**Barnardin** }
**Bertram**—jasan, svjetao (Bert, Bertie).
**Blaise**—rastući.
**Boniface**—dobročinitelj.
**Brian**—jak.
**Bruno**—smeđe boje.

### C

**Cadwallader**—priređivač bitke.
**Caesar**—rutav ili plavook.
**Caleb**—pas (Cale).
**Calvin**—plješiv.
**Casper**—vidi: **Jasper**.
**Cecil**—slabog vida.
**Cephas**—kamen.

## C—Con't

**Charles**—jak, muževan (Charlie, Charley).
**Christian**—Kristov.
**Christopher**—nositelj Krista (Kester, Kit, Chris, Christie).
**Clarence**—sjajan (Clarry, Clara).
**Claudius**⎫—hrom.
**Claude** ⎭
**Clement**—blage ćudi (Clem).
**Conrad**—dobar savjetnik.
**Constant**—postojan.
**Constantine**—odlučan, čvrst.
**Cornelius**—rogat.
**Crispin**—kovrčaste kose.
**Cuthbert**—odlični sjaj.
**Cyprian**—sa Cipra.
**Cyrus**—sunce (Cy).

## D

**Daniel**—božanski sudac (Dan).
**Darius**—sačuvatelj.
**David**—ljubljeni (Davy, Dave).
**Demetrius**—iz zemlje.
**Dennis**—vidi: **Dionysius**.
**Derrik** ⎫
**Diedrik** ⎬—vidi: **Tneodoric**.
**Dietrich** ⎭
**Dexter**—desna ruka.
**Dionysius**—pripadajući bogu vina.
**Donald**—oholi prvak (Don).
**Duncan**—smeđi vodja (Dunc).

## E

**Eben**—kamen (Eb).
**Ebenezer**—kamen pomoći.
**Edgar**—davatelj sreće.
**Edmund**—branitelj sreće (Ed, Ned).
**Edward**—čuvar sreće (Ed, Eddy, Ned, Neddy, Teddy).
**Edwin**—sticatelj sreće (Ed, Eddy).
**Egbert**—sjaj mača (Bert).
**Elbert**—vidi: **Albert**.
**Eldred**—strašan.
**Eli**—pastorak.
**Elias**—vidi: **Elijah**.
**Elihu**—Bog gospodar.
**Elijah**—Bog je moj gospodar.
**Eliphalet**—Bog spasenja.
**Elisha**—Bog je moj spas.
**Elizur**—Bog je moj kamen zaštite.
**Eliis**—isto kao **Elisha**.
**Elmer**—plemenit.

**Elnathan**—Bog je dao.
**Emmanuel**—Bog s nama.
**Emery** ⎫—moćan, bogat.
**Emory** ⎭
**Enoch**—posvećan.
**Enos**—čovjek.
**Ephraim**—plodan.
**Erasmus**—ljubljen.
**Eric**—bogat, hrabar.
**Ernest**—ozbiljan.
**Ethan**—čvrstoća.
**Ethelbert**—plemenit sjaj.
**Eugene**—dobro rođen (Gene).
**Eustace**—zdrav.
**Evan**—mlad borac.
**Ezekiel**—snaga božja.
**Ezra**—pomoć (Ez).

## F

**Felix**—sretan.
**Ferdinand**—hrabar.
**Francis**—slobodan (Frank).
**Frederic** ⎫—obilan mirom (Fred,
**Frederick** ⎭ Freddy).

## G

**Gabriel**—jakost, božji čovjek.
**Gamaliel**—božja odšteta.
**Garret**—vidi: **Gerald**.
**Geoffrey**—vidi: **Goldfrey**.
**George**—vlastnik zemlje (Georgie).
**Gerald** ⎫—jak kopljem (Jerry).
**Gerard** ⎭
**Gershom**—prognanik.
**Gideon**—razoritelj.
**Gilbert**—svjetlo žut (Bert).
**Giles**—janje.
**Given**—dar božji.
**Godard**—pobožan.
**Godfrey**—u miru s Bogom.
**Godwin**—dobar borac.
**Gregory**—pazljiv, budan (Greg).
**Griffith**—jake vjere.
**Gustavus**—borac, junak.
**Guy**—vođa.

## H

**Hannibal**—milost Baala.
**Harold**—prvak (Harry).
**Heman**—vjeran.
**Henry**—glavar kuće (Hal, Hank).
**Herbert**—slava vojske (Bert, Bertie).
**Herma**—borac.

## H—Con't

**Hezekiah**—božja snaga.
**Hilary**—veseo.
**Hiram**—vrlo plemenit (Hi).
**Horace**—vidi: **Horatio.**
**Horatio**—živahan.
**Hosea**—spas.
**Howell**—zdrav, čitav.
**Hubert**—vedre duše (Bert).
**Hugh** ⎫
**Hugo** ⎭—um, duh.
**Humphrey**—branitelj doma (Hump).

## I

**Ichabod**—slava je prošla.
**Ignatius**—žarki, vatren.
**Immanuel**—vidi: **Emmanuel.**
**Ingram**—gavran.
**Inigo**—vidi: **Ignatius.**
**Ira**—pažljiv.
**Isaac**—smijeh (Ike, Ikey).
**Isaiah**—spasenje božje.
**Israel**—božji vojnik (Izzy).
**Ivan**—vidi: **John.**

## J

**Jabez**—boliti će.
**Jacob**—nadomjestitelj (Jake).
**Jairus**—osvjetliti će.
**James**—vidi: **Jacob** (Jim, Jimmey).
**Japeth**—povećanje.
**Jared**—spuštanje.
**Jason**—ozdravitelj.
**Jasper**—sebičan.
**Jeffrey**—vidi: **Goldfrey.**
**Jeremiah** ⎫
**Jeremias** ⎬—uzvišen po Bogu
**Jeremy** ⎭
**Jerome**—sveto ime (Jerry).
**Jesse**—bogatstvo.
**Joab**—Bog mu je otac.
**Job**—progonjen.
**Joel**—Bog je gospodin.
**John**—dar božje milosti (Johnny, Jack, Jock).
**Jonah** ⎫
**Jonas** ⎭—golubica.
**Jonathan**—božji dar.
**Joseph**—dodati će (Joe).
**Joshua**—bog spasenja (Josh).
**Josiah**—dan po Bogu.
**Jotham**—Bog je pravedan.
**Judah**—ispovjed.

**Julian**—ishodeći od Julija (Jule).
**Justin** ⎫
**Justus** ⎭—pravedan.

## K

**Kenelm**—branitelj svoje braće.
**Kenneth**—voditelj.

## L

**Laban**—bijel.
**Lambert**—bogat posjedima.
**Lancelot**—malo koplje, borac.
**Laurence** ⎫—okrunjen lovorikom
**Lawrence** ⎭ (Larry).
**Lazarus**—bez pomoći.
**Leander**—lav-čovjek.
**Lemuel**—stvoren Bogom (Lem).
**Leo** ⎫
**Leon** ⎭—lav.
**Leonard**—jak kao lav.
**Leopold**—smjel za narod.
**Levi**—prianjalo.
**Lewis**—smjeli borac.
**Linus**—plave kose.
**Lionel**—mladi lav.
**Llewellyn**—munja.
**Lorenzo**—vidi: **Lawrence.**
**Lot**—koprena.
**Louis**—vidi: **Lewis.**
**Lucian** ⎫
**Lucien** ⎭—potičući od svjetla.
**Lucius**—rođen u zori.
**Ludovic**—vidi: **Lewis.**
**Luther**—odlični borac.

## M

**Madoc**—dobar.
**Malachi**—božji glasnik.
**Manasseh**—zaboravnost.
**Marcellus**—vidi: **Marcus.**
**Marcius**—vidi: **Marcus.**
**Marcus** ⎫
**Mark** ⎭—kladivo.
**Marmaduke**—vrlo odličan.
**Martin**—ratoboran.
**Matthew**—dar Jehove.
**Mathias**—vidi: **Matthew.**
**Maurice**—tamne boje.
**Maximilian**—najveći (Max).
**Micah**—tko je poput Boga.
**Michael**—tko je sličan Bogu (Mike).
**Miles**—vojnik.
**Moses**—izvučen iz vode (Mose).

# N

**Nahum**—utjeha.
**Napoleon**—šumski lav.
**Nathan**—darovan.
**Nathaniel** }
**Nathanael** }—dar od Boga (Nat).
**Neal** }
**Neil** }—taman.
**Nehemiah**—utjeha božja.
**Nicholas**—pobjeda naroda (Nick).
**Nicodemus**—pobjednik naroda.
**Noah**—počinak.
**Noel**—božić, rođen na božić.
**Norman**—sjevernjak.

# O

**Obadiah**—sluga božji.
**Obed**—služeći Bogu.
**Octavius** }
**Octavus** }—rođen osmi.
**Oiver**—maslinovo drvo (Noel).
**Orestes**—gorštak.
**Orlando**—vidi: **Roland**.
**Oscar**—skačući ratnik.
**Osmund**—zaštita božja.
**Oswald**—božja moć.
**Otto**—div.
**Owen**—janje.

# P

**Patrick**—plemenit (Pat, Paddy).
**Paul**—malen.
**Pelegrine**—stranac.
**Peter**—stijena (Pete).
**Philander**—ljubitelj ljudi.
**Philemon**—prijateljski.
**Philip**—ljubitelj konja (Phil, Pip).
**Phineas**—usta od mjedi.
**Pius**—pobožan.

# Q

**Quentin** }
**Quintin** }—peti.

# R

**Ralph**—vidi: **Rodolphus**.
**Raphael**—ozdravljenje božje.
**Raymond**—mudra zaštita (Ray).
**Reginald**—jaki vladar (Reggie).
**Reuben**—gledaj sina.
**Reynold**—vidi: **Reginald**.

**Richard**—jaki kralj (Dick).
**Robert**—sjajan slavom (Bob, Rob).
**Roderic**—bogat slavom (Rurik).
**Rodolph** }
**Rodolphus** }—glasoviti vuk.
**Roger**—slavan kopljanik.
**Roland**—slava zemlje.
**Rudolph** }
**Rudolphus** }—vidi: **Rodolphus**.
**Rufus**—crvenokosan.
**Rupert**—vidi: **Robert**.

# S

**Salmon**—sjenovit.
**Sampson** }
**Samson** }—sjajno sunce.
**Samuel**—čuven od Boga (Sam, Sammy).
**Saul**—pitan.
**Sebastain**—častan.
**Serenus**—miran.
**Seth**—imenovan.
**Sigismund**—osvajačka zaštita.
**Silas**—vidi: **Silvanus**.
**Silvanus**—živeći u šumi.
**Silvester**—rođen na selu.
**Simeon** }
**Simon** }—uslišanje.
**Solomon**—miroljubiv (Sol).
**Stephen**—kruna (Steve).
**Sylvan**—vidi: **Silvanus**.
**Sylvester**—vidi: **Silvester**.

# T

**Thaddeus**—mudrac (Thad).
**Theobold**—smjel za narod.
**Theodore**—dar od Boga.
**Theophilus**—ljubitelj Boga.
**Theron**—lovac.
**Thomas**—dvojci (Tom, Tommy).
**Timothy**—bogobojazan (Tim).
**Titus**—strašljiv.
**Tobiah** }—odličan pred Bogom
**Tobias** } (Toby).
**Tristan**—zamišljen, žalostan.

# U

**Ulysses**—mrzitelj.
**Urban**—gradski.
**Uriah**—božja vatra.
**Uriel**—svjetlo božje.

**V**

**Valentine**—zdrav, jak (Val).
**Victor**—pobjednik.
**Vincent**—pobjeđujući.
**Vivian**—živahan.

**W**

**Walter**—gospodar šuma (Walt).
**Wilbert**—dobro rođen.

**William**—šljem odlučnosti (Will, Bill, Billy).
**Winfred**—dobitelj mira.

**Z**

**Zachariah**⎱—sjećajući se.
**Zachary** ⎰
**Zebadiah**—dar od Boga.
**Zechariah**—vidi: **Zachariah.**
**Zedekiah**—pravda božja.
**Zenas**—dar Jupitrov.
**Zephaniah**—skriven od Boga.

## IMENA ŽENA

**A**

**Abigail**—radost mog oca (Abby, Abbie).
**Ada**—vidi: **Edith.**
**Adaline**—vidi: **Adeline.**
**Adela**—vidi: **Adeline.**
**Adelaide**—vidi: **Adeline.**
**Adeline** ⎫—plemenitog roda.
**Adelina** ⎭
**Agatha**—dobra, plemenita.
**Agnes**—čista. -
**Alberta**—žensko za Albert.
**Alethea**—istina.
**Alexandra, Alexandrina**—žensko za Alexander.
**Alice** ⎫—vidi: **Adeline** (Elsie).
**Alicia**⎭
**Almira**—uzvišena.
**Althea**—liječiteljica.
**Amabel**—ljubazna.
**Amalia**⎫—odrješita.
**Amelia**⎭
**Amy**—ljubljena.
**Angelica** ⎫—kao anđeo.
**Angelina**. ⎭
**Ann** ⎫
**Anna, Anne**⎬—milostiva (Annie, Nina, Nancy).
**Annette** ⎭
**Antoinette**—vidi: **Antonia.**
**Antonia**—bescjeniva.
**Arabella**—lijepi oltar (Bella, Bel).
**Ariana**—vidi: **Ariadna.**
**Ariadna**—pjevačica.
**Agusta**—žensko za August, uzvišena.
**Aurelia**—zlatna.
**Aurora**—rumenilo zore, zora.

**B**

**Barbara**—strana, čudnovata (Bab, Babsy).
**Beatrice**⎫—sretna.
**Beatrix** ⎭
**Belinda**—ljepotica.
**Berenice**⎫—pobjedonosna.
**Bernice** ⎭
**Bertha**—slavna, sjajna.
**Beulah**—zemlja odmora.
**Bianca** ⎫—bijelka.
**Blanch, Blanche**⎭
**Bridget**⎫—sjajna (Biddy).
**Brigit** ⎭

**C**

**Camilla**—žrtvovana.
**Caroline**—žensko za Charles, jaka (Carrie).
**Cassandra**—uspaljujući ljubavlju.
**Catharina, Catherine**—čista (Cassie, Kate, Kit, Kitty).
**Cecilia**⎫—slabog vida (Cis, Sis).
**Cecily** ⎭
**Celestine**—nebeska.
**Celia**—nebeska.
**Charlotte**—jaka (Lottie).
**Chloe**—zelena grančica.
**Christiana**⎫—Kristova.
**Christina** ⎭
**Clara**—jasna (Clare).
**Claribel**—sjajno lijepa.
**Clarice**—vidi: **Clara.**
**Clarissa**—vidi: **Clara.**
**Claudia**—hroma.

## C—Con't

Clementina, Clementine—blaga, nježna (Tina).
Constance—čvrsta (Connie).
Cora—služavka.
Cordelia—toplog srca.
Corinna—vidi: Cora.
Cornelia—rogata (Nellie).
Cynthia—s visoke gore.

### D

Deborah—pčela.
Delia—otočanka.
Diana—lovica (Dim, Di).
Dinah—suđena.
Dora—vidi: Dorothea.
Dorcas—košuta.
Dorinda—vidi: Dorothea.
Dorothea—dar božji.
Dorothy—vidi; Dorothea (Dol, Dolly)
Drusilla—suzooka.

### E

Edith—sretna, dar bogatstva.
Edna—naslada.
Eleanor⎫—laka, (Ella, Nell, Nellie,
Elinor ⎭     Nora).
Elena—vidi: Helen.
Elizabeth⎫—štovateljica Boga (Bess,
Eliza    ⎭ Betty, Lizzy).
Ella—vidi: Eleanor.
Ellen—vidi: Eleanor.
Elsa—vidi: Alice.
Elvira—bijelka.
Emeline—odlučna.
Emily—vidi: Emeline.
Emma—vidi: Emeline.
Ernestine—ozbiljna.
Esther—zvijezda (Tess, Tessie).
Ethel—plemenita.
Ethelind, Ethelina—plemenita zmija.
Eudora—dobar dar.
Eugenia—dobro rođena.
Eulalia—lijep govor.
Eunice—sretna pobjeda.
Euphemia—dobar glas (Effie).
Eva—život.
Evangeline—donoseći dobre vijesti.
Eve—vidi: Eva.
Evalina, Eveline—vidi: Eva.

### F

Faustina—sretna.
Felicia—sretna.
Fidelia—vjerna.
Flora—cvjetna (Flo, Flossie).
Florence—cvjeteći (Florrie, Flossie).
Frances—žensko za Francis (Fannie).
Frederica—obilna mirom (Frieda).

### G

Georgiana—vlasnica zemlje.
Georgina—vidi: Georgiana.
Geraldine—kopljanica.
Gertrude—djevojka s kopljem (Gertie, Truda).
Grace—milost.
Griselda—kamena junakinja.

### H

Hannah—vidi: Jane.
Hariet, Hariot—glavarica kuće, (Hattie).
Helen—svjetla (Nell, Nellie, Lena).
Helena—vidi: Helen.
Henrietta—žensko za Henry.
Hester—vidi: Esther.
Hilaria—vesela.
Honoria—časna.
Hortensia—vrtljarica.
Hortense—vidi: Hortensia.
Huldah—lasica.

### I

Ida—poput Boga.
Idabell—slična Bogu.
Inez—vidi: Agnes.
Irene—mirna.
Isabel   ⎫—vidi: Elizabeth (Bella,
Isabella ⎭     Belle).

### J

Jacqueline—žensko za James.
Jane—žensko od John.
Janet—Ivanka.
Jean, Jeanne⎫—žensko od Ivan.
Jeannette   ⎭
Jemima—grlica.
Jerusha—udata.
Jesse—bogata.
Josepha—žensko od Josip.

## J—Con't

Josephine—vidi: **Josepha** (Josie).
Joyce—veselasta.
Judith—hvaljena.
Julia—žensko za Julije.
Juliana, Juliette—vidi: **Julia**.
Justina—pravedna.

## K

Kate—vidi: **Katherine**.
Katharina—isto kao: **Catherina**.
Keturah—tamjan.

## L

Laura—lovorika.
Lavinia—ljepušasta.
Lena—vidi: **Helen**.
Leonora—isto kao: **Eleanor**.
Letitia—veselje.
Lillian—ljiljan, (Lily, Lilly).
Livio—vidi: **Oliva**.
Lois—dobra, poželjna.
Louisa, Louise—žensko za Ljudevit.
Lucia, Lucy—svjetla.
Lucinda—vidi: **Lucia**.
Lucretia—dobitak.
Lucille—isto kao: **Lucy**.
Lydia—iz Lidije.

## M

Mabel—skraćeno od: **Amabel**.
Madeline—vidi: **Magdalene**.
Magdalene—iz Magdalena (Maud, Lena).
Marcella—žensko za Marcel.
Margaret—biser (Greta, Maggie, Peg, Peggy, Marjory).
Maria, Mary, Marion—gorka.
Martha—gospodarica kuće.
Mathilda—moćna pobornica.
May—skraćeno od Mary.
Melicent, Milicent—slatka (Millie).
Melissa, Melita—pčela.
Mildred—blagoriječna (Millie).
Miranda—divan.
Myra—plačući.

## N

Nancy—skraćeno od: **Anne** (Nina, Nance, Nan).
Nellie—vidi: **Eleanor**.
Nora—časna.

## O

Octavia—osma.
Olive—uljika.
Ophelia—pomoćnica.
Olympia—nebeska.

## P

Paula—žensko od Pavao.
Paulina, Pauline—vidi: **Paula**.
Penelope—tkalja.
Persis—persijska žena.
Phebe—vidi: **Phoebe**.
Philippa—žensko za Philip.
Phoebe—čista.
Phyllis—zelena grančica.
Polly—miljenica mjesto: **Mary**.
Priscilla—pristara.

## R

Rachel—ovca.
Rebecca—ljepotica (Beckie).
Rhoda—ruža.
Rosa—ruža.
Rosabel, Rosabelle—ružica.
Rosalia, Rosalie—cvatuća ružica.
Rosalind—krasna poput ruže.
Rosamond—slavna zaštita.
Roxana—zora dana.
Ruth—ljepota.

## S

Sabina—sabinska žena.
Salome—miroljubiva.
Sara, Sarah—kraljevna (Sadie, Sal, Sally).
Selina—peršun (Lina).
Serena—bistra.
Sibyl, Sybilla—proročica.
Silvia—vidi: **Sylvia**.
Sophia—mudrost (Sophie).
Sophronia—zdrave pameti.
Stella—zvijezda.
Stephana, Stephania—žensko od Stjepan.
Susan, Susanna—ljiljan (Sue, Susie).
Sylvia—iz šume.

## T

Theodora—dar božji (Dora).
Theodosia—darovana od Boga.
Theresa, Therese—kukuruzni klas (Tessie, Tess).

**U**

**Ulrica**—bogata.
**Urania**—nebeska.
**Ursula**—medvjedica.

**V**

**Valeria**—žensko od Valerije.
**Veronica, Vera**—milosrdna.
**Victoria**—pobjednica.
**Vida**—žensko od David.
**Viola**—ljubica (Vi).

**Virginia**—djevica (Jennie).
**Vivian**—živahna (Vivie).

**W**

**Wilhemina**—žensko od Vilim (Mina).
**Winifred**—ljubiteljica mira (Winnie).

**Z**

**Zenobia**—imajući život od Jupitra.
**Zoe**—život.

## ZAKONSKA VISINA KAMATA U POJEDINIM DRŽAVAMA

U svim državama Sjeverne Amerike postoje zakoni o visini kamatnjaka na zajmove. U nekojim državama označena je visina kamatnjaka, koja se dozvoljava izvan sudbenih ili zakonskih slučajeva, dočim nekoje države nemaju označenu granicu kamatnjaka za vansudbene slučajeve. Potonje su označene sa (*).

| Država | Zakonski kamatnjak | Dozvoljen kamatnjak |
|---|---|---|
| Alabama | 8 | 8 |
| Arkansas | 6 | 10 |
| Arizona | 6 | * |
| California | 7 | * |
| Colorado | 8 | * |
| Connecticut | 6 | 6 |
| Delaware | 6 | 6 |
| Dist. Columbia | 6 | 10 |
| Florida | 8 | 10 |
| Georgia | 7 | 8 |
| Idaho | 7 | 12 |
| Illinois | 5 | 7 |
| Indiana | 6 | 8 |
| Iowa | 6 | 8 |
| Kansas | 6 | 10 |
| Kentucky | 6 | 6 |
| Louisiana | 5 | 8 |
| Maine | 6 | * |
| Maryland | 6 | 6 |
| Massachusetts | 6 | * |
| Michigan | 5 | 7 |
| Minnesota | 7 | 10 |
| Mississippi | 6 | 10 |
| Missouri | 6 | 8 |
| Montana | 8 | * |
| Nebraska | 7 | 10 |
| Nevada | 7 | * |
| New Hampshire | 6 | 6 |
| New Jersey | 6 | 6 |
| New Mexico | 6 | 12 |
| New York | 6 | 6 |
| North Carolina | 6 | 6 |
| North Dakota | 7 | 12 |
| Ohio | 6 | 8 |
| Oklahoma | 7 | 12 |
| Oregon | 6 | 10 |
| Pennsylvania | 6 | 6 |
| Rhode Island | 6 | * |
| South Carolina | 7 | 8 |
| South Dakota | 7 | 12 |
| Tennessee | 6 | 6 |
| Texas | 6 | 10 |
| Utah | 8 | * |
| Vermont | 6 | 6 |
| Virginia | 6 | 6 |
| Washington | 6 | 12 |
| West Virginia | 6 | 6 |
| Wisconsin | 6 | 10 |
| Wyoming | 8 | 12 |

## PREDSJEDNICI SJEDINJENIH DRŽAVA

| | | | |
|---|---|---|---|
| George Washington | 1789–1797 | Ulysses S. Grant | 1869–1877 |
| John Adams | 1797–1801 | Rutherford B. Hayes | 1877–1881 |
| Thomas Jefferson | 1801–1809 | James A. Garfield | |
| James Madison | 1809–1817 | | 1881 umro iste godine |
| James Monroe | 1817–1825 | Chester A. Arthur | 1881–1885 |
| John Quincy Adams | 1825–1829 | Grover Cleveland | 1885–1889 |
| Andrew Jackson | 1829–1837 | Benjamin Harrison | 1889–1893 |
| Martin Van Buren | 1837–1841 | Grover Cleveland | 1893–1897 |
| William H. Harrison | | William McKinley | 1897–1901 |
| | 1841 umro iste godine | Theodore Roosevelt | 1901–1909 |
| John Tyler | 1841–1845 | Wm. Howard Taft | 1909–1913 |
| James K. Polk | 1845–1849 | Woodrow Wilson | 1913–1921 |
| Zachary Taylor | 1849–1850 | Warren G. Harding | 1921–1923 |
| Millard Fillmore | 1850–1853 | Calvin Coolidge | 1923–1929 |
| Franklin Pierce | 1853–1857 | Herbert C. Hoover | 1929–1933 |
| James Buchanan | 1857–1861 | Franklin D. Roosevelt | 1933–1945 |
| Abraham Lincoln | 1861–1865 | Harry S. Truman | 1945–1953 |
| Andrew Johnson | 1865–1869 | Dwight D. Eisenhower | 1953– |

## HRVATSKI BANOVI

*Izradio: Dr. Rudolf Horvat, profesor u Zagrebu*

Isprvice bijahu banovi samostalni vladari poput knezova i vojvoda u Njemačkoj. Otkako se ban Tomislav godine 925. krunio za kralja hrvatskoga, dobiše banovi u Hrvatskoj onakav položaj, kakav su kasnije imali palatini u Ugarskoj. Ban je naime mjesto kralja obavljao sudbene, upravne i vojničke poslove. Zato je u Hrvatskoj i nastala riječ: "Kralj kraljuje, a ban vlada." To se najbolje opažalo iza godine 1102. kada je Hrvatska imala zajedničke vladare s Ugarskom. Od onda je kralj redovito boravio u Ugarskoj, a ban ga je samjenjivao u Hrvatskoj. Gdjekada je kralj u Hrvatsku pošiljao svoga sina ili drugoga rođaka, da ga zamijeni. Takav je onda kraljev zamjenik nosio naslov "dux," što su Hrvati zvali "herceg" ili vojvoda. Ali i takav herceg ipak ima uza se bana, koji faktično vrši svu vlast.

Pape su cijelu Hrvatsku običavali nazivati imenom "Slavonija." Ovaj naziv za Hrvatsku uzela je kasnije i kraljevska kancelarija u Budimu. Isprvice su pod imenom "Slavonija" razumijevali sve hrvatske zemlje od rijeke Drave do Jadranskoga mora. Kasnije pak dadoše ime "Slavonija" samo sjevernoj Hrvatskoj, koja se prostirala od Drave i Dunava do Save i Kupe. Tako je ime "Slavonija" dobilo i teritorijalno, a ne samo narodno značenje. Južne hrvatske zemlje sačuvaše ipak i nadalje ime "Hrvatska." Otoci pak i neki primorski gradovi (Zadar, Trogir, Šibenik i Split) razumijevahu se pod imenom "Dalmacija."

Ako je koji ban nosio naslov "ban cijele Slavonije," onda je to značilo, da on vlada u svim hrvatskim zemljama. Često ima južna Hrvatska posebnoga svoga bana, koji se gdjekada zove "primorski ban," a najobičnije nosi naslov "ban Hrvatske i Dalmacije." Više puta se događalo, da je kralj imenovao dva bana za sjevernu ili za južnu Hrvatsku. Ako se pak za hrvatsko prijestolje bore dva protukralja, onda obadva obično imenuju banove. Zato u slijedoredu banova hrvatskih opažamo za iste godine po dva bana. Tekar od godine 1596. uvriježilo se načelo, da kralj imenuje za Hrvatsku samo jednoga bana. Ako ban umre, onda ga podban zamijenjuje dotle, dok kralj ne imenuje novoga bana. Potraje li takva "sedisvakancija" dulje vremena, tada kralj postavi "banskoga namjesnika," koji privremeno vrši banske poslove. Obično je u starije doba zagrebački biskup obavljao dužnost "banskoga namjesnika." Triput je Hrvatska mjesto bana imala "kr. komesara" (povjerenika). Kad je pak vidovdanskim ustavom bila 28. lipnja 1921. ukinuta čast bana hrvatskoga, onda je predbježno Hrvatskom i Slavonijom upravljao "pokrajinski namjesnik."

## NAJSTARIJI HRVATSKI BANOVI

*(Samostalni vladari prije proglašenja kraljevstva hrvatskog)*

### U dalmatinskoj Hrvatskoj

1. **Borna,** vlada godine 819. i 820.
2. **Vladislav,** od g. 820. vjerojatno do g. 839.
3. **Mislav,** g. 839. i vjerojatno do g. 852.
4. **Trpimir,** g. 852. i vjerojatno do g. 865.
5. **Domagoj,** od g. 865. do g. 876.
6. **Inoslav,** od g. 876. do g. 878.
7. **Sedeslav,** godine 878. i 879.
8. **Branimir,** od g. 879. do g. 887.
9. **Mutimir,** g. 892, a vjerojatno od g. 888. do g. 913.
10. **Tomislav,** od g. 914. do g. 925. ban, a od g. 925. kralj.

### U posavskoj Hrvatskoj

1. **Vojnomir,** spominje se kao ban g. 792.
2. **Ljudevit Posavski,** vodi borbu s Francima od g. 818. do 822.
3. **Ratimir,** od g. 827. do 843.
4. **Mutimir,** spominje se kao ban oko g. 870.
5. **Braslav,** spominje se kao ban g. 884. i 892.

### BANOVI ZA KRALJEVA HRVATSKE KRVI

1. **Pribina,** vjerojatno od g. 949. do g. 970.
2. **Godimir,** oko g. 970. do 995.
3. **Gvarda,** oko g. 995. do go. 1000.
4. **Božeteh,** oko g. 1000. do 1030.
5. **Stjepan Praska,** oko g. 1035. do 1058.
6. **Gojko,** od g. 1059. do 1069.
7. **Dmitar Zvonimir,** g. 1070. do 1073. a zatim kralj hrvatski od g. 1076.–1088.
8. **Petar,** godine 1074.

### BANOVI ZA HRVATSKIH KRALJEVA IZ ARPADOVE KUĆE

*(Od godine 1102. do godine 1301.)*

**Ugra,** spominje se godine 1102. i 1103.
**Sergije,** spominje se g. 1105.
**Bezimeni,** (anonymus) spominje se g. 1116.
**Aleksije,** spominje se godine 1141.
**Bjeloš,** vlada od g. 1144. do 1158.
**Arpa,** spominje se godine 1158.

**Bjeloš,** vlada opet godine 1163.
**Ampodin,** vlada 1164.–1174.
**Mavro,** spominje se g. 1181.
**Dioniz,** vlada 1181.–1184. u Primorju.
**Suban,** spominje se g. 1185.
**Kalan,** vlada 1190.–1193.
**Dominik,** vlada g. 1194 i 1195.
**Andrija,** za istoimenoga hercega g. 1198.
**Nikola,** 1199. i 1200.
**Benko,** istodobno (1199. i 1200.).
**Martin,** spominje se g. 1202.
**Hipolit,** spominje se g. 1204.
**Merkurije,** vlada 1205. i 1206.
**Stjepan Mihaljev,** 1206. i 1207.
**Banko,** vlada 1208. i 1209.
**Tomo,** vlada 1209.
**Bertold,** 1209.–1211.
**Mihalj,** spominje se g. 1212.
**Martin,** vlada godine 1213.
**Jula,** spominje se g. 1213.
**Simon,** 1212.–1214.
**Okić,** spominje se g. 1214.
**Ivan,** vlada g. 1215. u Slavoniji.
**Poza,** vlada godine 1216.
**Poncije de Cruce,** vlada g. 1217.
**Banko,** vlada g. 1217. i 1218.
**Jula,** vlada godine 1219.
**Ernej,** vlada godine 1220. i 1221.
**Okić,** vlada g. 1220. do g. 1222.
**Salamon,** vlada godine 1224.
**Aladar,** ban "cijele Slavonije," vlada g. 1225.
**Vojnić,** primorski ban, vlada g. 1225.

## BANOVI "ČITAVE SLAVONIJE"

**Dionizije,** vlada 1242.–1245.
**Ladislav iz Erdelja,** 1245.–1248.
**Stjepan Gutkeled,** 1248.–1260.
**Roland,** vlada od g. 1261. do 1265. i vjerojatno do g. 1269.
**Henrik Gising,** od 1. kolovoza 1269.
**Joakim Pektar,** 1270.–1272.
**Matej Čak,** vlada g. 1272. i 1273.
**Henrik Gising,** 1273. i 1274.
**Dioniz Babonić,** 1274.–1275.
**Ivan Gising,** sin Henrikov, 1275.–1277.
**Toma,** vlada godine 1275. i 1276.
**Stjepan,** sin Haholta, vlada g. 1278.
**Nikola,** brat Ioakima Pektara, 1278.–1288.
**Radoslav,** brat bana Dioniza, 1288.–1290.
**Nikola Gising,** 1290.–1294.
**Ivan Gising,** 1295.–1299.
**Stjepan Babonić,** vlada g. 1299.

## POSEBNI "BANOVI PRIMORJA," *kasnije zvani* "BANOVI HRVATSKE I DALMACIJE"

**Stjepan Babonić,** 1243.–1249.
**Butko i Aleksandar od Podgorja,** g. 1259.
**Stjepan,** knez od Klisa, 1263.–1266.
**Nikola od Gacke,** vlada g. 1275.
**Pavao Šubić,** knez bribirski, 1278.–1312.

## BANOVI ZA HRVATSKIH KRALJEVA IZ DINASTIJE ANJOU

*(Godine 1301.–1387.)*

### 1. Banovi "čitave Slavonije"

1. **Henrik Gising,** 1301.–1309.
2. **Stjepan Babonić,** 1310.–1316.
3. **Ivan Babonić,** 1316.–1322.
4. **Nikola Omedejev,** 1322.–1324.
5. **Mikac Prodavić,** 1324.–1343.
6. **Nikola Banić (Banfi),** 1343.–1346.
7. **Nikola Seč,** 1346.–1349.
8. **Pavao Ugal,** 1350.
9. **Stjepan Lacković,** 1351.–1352.
10. **Nikola Banić,** 1353.–1356.
11. **Leustahije Ratot,** 1356.–1361.
12. **Stjepan Kanižaj,** 1362.–1366.
13. **Nikola Seč,** 1366.–1368.
14. **Petar Cudar,** 1368.–1380.
15. **Ivan Banić od Lendave,** 1381.–1385.
16. **Stjepan Banić od Lendave,** 1385.–1387.

### 2. Posebni "banovi Hrvatske i Dalmacije"

1. **Pavao Šubić,** 1274.–1312.
2. **Mladen Šubic,** 1312.–1322. *(Istodobno i "ban čitave Bosne")*
3. **Ivan Čuz,** 1356.–1358.
4. **Nikola Seč,** 1358.–1366.
5. **Konja Tomin Sečenj,** 1366.–1367.
6. **Mirko Lacković od Šimontornje,** g. 1368.
7. **Simon Mauricijev,** 1360.–1371.
8. **Karlo Drački** (podjedno herceg), 1371.–1376.
9. **Nikola Seč,** 1377.–1380.
10. **Mirko Bubek,** 1380.–1383.
11. **Stjepan Lacković,** 1383.–1384.
12. **Toma od Sv. Jurja,** 1384.–1385.
13. **Ladislav Lacković,** godine 1387.

## BANOVI ZA HRVATSKIH KRALJEVA IZ RAZLIČITIH DINASTIJA

*(Godine 1387.–1526.)*

### 1. Banovi "Čitave Slavonije"

1. **Ladislav od Lučenca,** 1387.–1389.
2. **Detrik Bubek,** 1389.–1392.
3. **Ladislav Petrov,** godine 1392.
4. **Ivan Frankopan,** 1392.–1393.
5. **Detrik Bubek,** 1395.–1397.

6. **Nikola Gorjanski,** 1397.–1401.
7. **Mirko Bubek,** godine 1402.
8. **Ladislav od Grdjevca,** 1403. i 1404.
9. **Pavao Bisen,** 1404.–1406.
10. **Herman Celjski,** 1406. i 1407.
11. **Pavao Čupor od Moslavine,** 1412.–1415.
12. **David Lacković,** 1416.–1418.
13. **Dionizije Marcali,** 1419.–1421.
14. **Herman Celjski,** 1423.–1435.
15. **Matko Talovac,** 1435.–1444.
16. **Fridrik Celjski,** 1445.–1454.
17. **Ulrik Celjski,** 1454.–1456.
18. **Ivan Marcali,** godine 1457.
19. **Ivan Vitovec,** 1457.–1463.
20. **Istodobno i Nikola Iločki.**
21. **Mirko Zapolja,** 1464. i 1465.
22. **Ivan Tuz od Laka,** 1466.–1470.
23. **Blaž Podmanicki,** 1470.–1472.
24. **Damjan Horvat od Litve,** 1472 i 1473.
25. **Ivan Ernušt,** 1473.–1476.
26. **Andrija Banić** (Banfi), godine 1476.
27. **Ladislav od Egervara,** 1477.–1481.
28. **Blaž Podmanicki,** godine 1482.
29. **Matija Gereb,** 1483.–1489.
30. **Ladislav od Egervara,** 1489.–1492.
31. **Ivan Rot,** 1492. i 1493.
32. **Mirko Derenčin,** 1492. i 1493.
33. **Ladislav Kanižaj,** od 22. studenoga 1493. do 1. ožujka 1495.
34. **Ivan Korvin,** od g. 1495. do 28. listopada 1497.
35. **Juraj Kanižaj,** godine 1498.
36. **Ivan Korvin,** od 5. siječnja 1499. do 12. listopada 1504.
37. **Andrija Bot od Bajne,** 1504.–1507.
38. **Franjo Balaša,** godine 1505.
39. **Marko Horvat Mišljenović,** 1506. i 1507.
40. **Ivan Ernušt,** 1508.–1510.
41. **Juraj Kanižaj,** 1508.–1510.
42. **Andrija Bot od Bajne,** od 1510. do 13. rujna 1511.
43. **Mirko Perenj,** od 25. ožujka 1512. do proljeća 1513.
44. **Petar Berislavić,** od g. 1513. do 20. svibnja 1520.
45. **Ivan Karlović,** od studenoga 1520. do kolovoza 1524.
46. **Ivan Tahi,** 1524. i 1525.
47. **Franjo Bačan,** od 12. ožujka 1525. do 30 rujna 1531.

## 2. Posebni "Banovi Hrvatske i Dalmacije"

1. **Dionizije od Lučenca,** od god. 1387. do god. 1390.
2. **Butko Kurjaković Krbavski,** god. 1394.
3. **Nikola Gorjanski,** 1395.–1397.
4. **Karlo Kurjaković Krbavski,** 1408. i 1409.
5. **Ivan i Pavao Kurjaković,** 1410. i 1411.
6. **Petar Alben od Medvedgrada,** 1412. i 1413.
7. **Ivan Alben of Medvedgrada,** 1414.–1419.
8. **Albert Ung,** 1419.–1426.
9. **Nikola Frankopan I.** 1426.–1432.
10. **Ivan Frankopan,** 1434.–1436.
11. **Stjepan Frankopan,** 1434.–1437.

12. **Petar Talovac,** 1438.–1453.
13. **Franko Talovac,** 1444.–1448.
14. **Ladislav Hunjad,** godine 1453.
15. **Pavao Horvat Špirančić,** 1459.–1463.
16. **Stjepan Frankopan,** godine 1463.
17. **Damjan Horvat od Litve,** 1473.–1476.

## BANOVI ZA HRVATSKIH KRALJEVA IZ DINASTIJE HABSBURG

**Knez Krsto Frankopan,** od konca 1526. do 26. rujna 1527.
**Knez Ivan Karlović,** od srpnja 1527. do 9. kolovoza 1531.
**Grof Franjo Bačan,** od 12. ožujka 1525. do 30. rujna 1531.
**Grof Tomo Nadaždi,** od 9. prosinca 1537. do konca g. 1539.
**Barun Petar Keglević,** od 9. prosinca 1537. do 1. studenoga 1542.
**Knez Nikola Zrinski stariji,** od 24. prosinca 1542. do 27. prosinca 1556.
**Grof Petar Erdedi,** od 27. prosinca 1556. do 26. travnja 1567.
**Biskup Juraj Drašković,** od g. 1567. do g. 1578.
**Knez Franjo Frankopan Slunjski,** od 1567. do 2. prosinca 1572.
**Knez Gašpar Alapić,** od 15. listopada 1574. do g. 1578.
**Barun Krsto Ungnad,** od g. 1578. do 25. rujna 1583.
**Grof Tomo Erdedi,** od 25. rujna 1583. do 15. svibnja 1595.
**Biskup Gašpar Stankovački,** od 11. siječnja 1596. do 30. lipnja 1596.
**Barun Ivan Drašković I.,** od 11. siječnja 1596. do 10. travnja 1606.
**Grof Tomo Erdedi,** od g. 1608. do 27. studenoga 1614.
**Knez Benko Turoc,** od 16. veljače 1615. do 8. studenoga 1616.
**Knez Nikola Frankopan Tržački,** od 5. travnja 1617. do 10. svibnja 1622.
**Knez Juraj Zrinski,** od g. 1622. do 18. prosinca 1626.
**Grof Sigismund Erdedi,** od 20. svibnja 1627. do 3. ožujka 1639.
**Grof Ivan Drašković II.,** od 10. srpnja 1640. do 22. rujna 1646.
**Knez Nikola Zrinski mlađi,** od 27. prosinca 1647. do 18. studenoga 1664.
**Knez Petar Zrinski,** od g. 1665. do 29. ožujka 1670.
**Grof Nikola Erdedi,** od 10. travnja 1680. do 7. lipnja 1693.
**Grof Adam Bačan,** od 26. kolovoza 1693. do rujna 1703.
**Grof Ivan Palfi,** od 24. siječnja 1704. do 17. veljače 1732.
**Grof Ivan Drašković III.,** od 17. veljače 1732. do 4. siječnja 1733.
**Grof Josip Esterhazi,** od 13. kolovoza 1733. do 25. lipnja 1741.
**Grof Karlo Bačan,** od 16. ožujka 1743. do 6. srpnja 1756.
**Grof Franjo Nadaždi,** od god. 1756. do god. 1783.
**Grof Franjo Esterhazi,** od god. 1783. do god. 1785.
**Grof Franjo Balaša,** od god. 1785. do god. 1790.
**Grof Ivan Erdedi,** od god. 1790. do 30. ožujka 1806.
**Grof Ivan Gjulaj,** od god. 1806. do god. 1831.
**Barun Franjo Vlašić,** od god. 1832. do 16. svibnja 1840.
**Grof Franjo Haller,** od 16. lipnja 1842. do jeseni god. 1845.
**Barun (kasnije grof) Josip Jelačić,** od 23. ožujka 1848. do 19. svibnja 1859.
**Grof Ivan Coronini,** od 28. srpnja 1859. do 19. lipnja 1860.
**Barun Josip Šokčević,** od· 19. lipnja 1860. do 27. lipnja 1867.
**Barun Levin Rauch,** od 8. prosinca 1868. do 26. siječnja 1871.
**Koloman pl. Bedeković,** od 26. siječnja 1871. do 18. veljače 1872.
**Ivan Mažuranić,** od 20. rujna 1873. do 21. veljače 1880.
**Grof Ladislav Pejačević,** od 21. veljače 1880. do 4. rujna 1883.
**Grof Dragutin Khuen-Hedervary,** od 1. prosinca 1883. do 27. lipnja 1903.
**Grof Teodor Pejačević,** od 4. srpnja 1903. do 26. lipnja 1907.
**Dr. Aleksandar pl. Rakodczaj,** od 26. lipnja 1907. do 8. siječnja 1908.
**Barun Pavao Rauch,** od 8. siječnja 1908. do 5. veljače 1910.
**Dr. Nikola pl. Tomašic,** od 5. veljače 1910. do 19. siječnja 1912.

Slavko pl. Čuvaj, od 10. siječnja 1912. do 5. travnja 1912.
Dr. Ivan barun Škrlec (Skerlecz), od 27. studenoga 1913. do 29. lipnja 1917.
Anton pl. Mihalović, od 29. lipnja 1917. do 20. siječnja 1919.
Dr. Ivan Paleček, od 20. siječnja 1919. do 24. studenoga 1919.
Dr. Tomislav Tomljenović, od 24. studenoga 1919. do 22. veljače 1920.
Dr. Matko Laginja, od 22. veljače 1920. do 11. prosinca 1920.
Dr. Tomislav Tomljenović, od 2. ožujka 1921. do 3. srpnja 1921.

## BANSKI NAMJESNICI (ZAMJENICI BANSKE ČASTI)

Barun Petar Keglević, od 25. svibnja 1533. do 9. prosinca 1537.
Biskup Gašpar Stankovački, od 15. svibnja 1595. do 11. siječnja 1596.
Barun Ivan Drašković, od 15. svibnja 1595. do 11. siječnja 1596.
Biskup Martin Borković, od 3. travnja 1670. do god. 1674.
Grof Nikola Erdedi, od 3. travnja 1670. do 10. travnja 1680.
Biskup Juraj Haulik, od godine 1840. do 16. lipnja 1842.
Biskup Juraj Haulik, opet od jeseni g. 1845. do 23. ožujka 1848.
Barun Levin Rauch, od 27. lipnja 1867. do 8. prosinca 1868.
Antun pl. Vakanović, od 18. veljače 1872. do 20. rujna 1873.
Dr. Teodor Bošnjak, od 23. prosinca 1920. do 2. ožujka 1921.

## KRALJEVSKI KOMESARI (POVJERENICI)

Barun Herman Ramberg, od 4. rujna 1883. do 1. prosinca 1883.
Slavko pl. Čuvaj, od 5. travnja 1912. do 21. srpnja 1913.
Dr. Ivan pl. Škrlec, od 21. srpnja 1913. do 27. studenoga 1913.

## POKRAJINSKI NAMJESNICI U HRVATSKOJ I SLAVONIJI

Juraj Demetrović, od 3. sprnja 1921. do 23. prosinca 1922.
Dr. Ernest Čimić, od 31. prosinca 1922. do 1. ožujka 1924.

## HRVATSKI HERCEZI (VOJVODE)

Andrija, brat kralja Mirka, od g. 1197. do g. 1202.
Bela prvi, sin kralja Andrije, od 1220. do g. 1226.
Koloman, drugi sin kralja Andrije, 1226.–1241.
Dioniz, ban "čitave Slavonije," 1242.–1245.
Ladislav, ban "čitave Slavonije," godine 1245.
Stjepan, prvi sin kralja Bele III., 1245.–1260.
Bela, drugi sin kralja Bele III., 1261.–1269.
Ladislav, prvi sin kralja Stjepana VII., god. 1270.
Andrija, drugi sin kralja Stjepana VII., 1274.–1278.
Elizabeta, mati kralja Ladislava "Kumanca," 1280.–1283.
Tomasina Morosini, majka kralja Andrije "Mlečanina," 1292.–1296.
Albertin Morosini, ujak kralja Andrije "Mlečanina," 1297.–1301.
Stjepan, najmlađi sin kralja Karla Roberta, 1349.–1354.
Margareta, udova hercega Stjepana, 1354.–1356.
Ivan, sin hercega Stjepana, 1356.–1360.
Karlo Drački, kasniji kralj, 1369.–1376.
Ivan Korvin, sin kralja Matije Korvina, 1490.–1493.

## HRVATSKI KRALJEVI

1. **Tomislav,** od godine 925. do iza god. 928.
2. **Trpimir,** oko god. 928. do 935.
3. **Krešimir,** oko god. 935. do 945.
4. **Miroslav,** oko god. 945. do 949.

5. **Mihajlo Krešimir,** oko god. 949. do 970.
6. **Stjepan Držislav,** oko god. 970. do 995.
7. **Svetoslav,** oko god. 995. do 1000.
8. **Krešimir "Surinja,"** od god. 1000. do iza 1030.
9. **Gojslav suvladar,** od g. 1000. do iza g. 1019.
10. **Stjepan I.,** oko god. 1030. do 1058.
11. **Petar Krešimir,** od god. 1058. do 1074.
12. **Slavić,** 1074.–1075.
13. **Dmitar Zvonimir,** 1076.–1088.
14. **Stjepan II.,** 1089.–1090.
15. **Almo,** 1091.–1095.
16. **Petar (Svačić),** 1093.–1097.
17. **Koloman,** 1102.–1116.
18. **Stjepan III.,** (u Ugarskoj II.), 1116.–1131.
19. **Bela I.** (u Ugarskoj II.), 1116.–1131.
20. **Gejza,** 1141.–1162.
21. **Stjepan IV.,** (III.), 1162. i 1163. do 1172.
22. **Ladislav I.** (II.), 1162.–1163.
23. **Stjepan V.** (IV.), 1163.
24. **Bela II.** (III.), 1172.–1196.
25. **Mirko,** 1196.–1204.
26. **Ladislav II.** (III.), 1204.–1205.
27. **Andrija I.** (II.), 1205,–1235.
28. **Bela III.** (IV.), 1235.–1270.
29. **Stjepan VI.** (V.), 1270.–1272.
30. **Ladislav III.** (IV.), "Kumanac," 1272.–1290.
31. **Andrija II.** (III.) "Mlečanin," 1290.–1301.
32. **Karlo I. Roberto,** 1301.–1342.
33. **Ljudevit I. Veliki,** 1342.–1382.
34. **Marija,** 1382. do 1385. i 1386.
35. **Karlo II. "Drački,"** 1385. i 1386.
36. **Sigismund,** 1387.–1437.
37. **Albert Austrijski,** 1438. i 1439.
38. **Vladislav I. "Varnenčik,"** 1440.–1444.
39. **Ladislav IV.** (V.) "Posmrtni," 1445.–1457.
40. **Matija I. "Korvin,"** 1458.–1490.
41. **Vladislav II.,** 1490.–1516.
42. **Ljudevit II.,** 1516.–1526.
43. **Ferdinand I.,** 1527.–1564.
44. **Maksimilijan,** 1564.–1576.
45. **Rudolf,** 1576.–1608.
46. **Matija II.,** 1608.–1619.
47. **Ferdinand II.,** 1619.–1637.
48. **Ferdinand III.,** 1637.–1657.
49. **Leopold I.,** 1657.–1705.
50. **Josip I.,** 1705.–1711.
51. **Karlo III.,** 1711.–1740.
52. **Marija Terezija,** 1740.–1780.
53. **Josip II.,** 1780.–1790.
54. **Leopold II.,** 1790.–1792.
55. **Franjo,** 1792.–1835.
56. **Ferdinand V.,** 1835.–1848.
57. **Franjo Josip, I.,** 1848.–1916.
58. **Karlo IV.,** 1916.–1918.

# SRPSKI VLADARI (1169-1918)

1. **Stevan Nemanja,** veliki župan, 1169.–1196.
2. **Stevan Prvovjenčani,** župan od g. 1196. a zatim kralj 1217.–1228.
3. **Stevan Radoslav,** kralj 1228.–1234.
4. **Stevan Vladislav,** kralj 1234.–1243.
5. **Uroš I. Veliki,** kralj 1243.–1276.
6. **Stevan Dragutin,** kralj 1276.–1282.
7. **Stevan Uroš II. Milutin,** kralj 1282.–1321.
8. **Stevan Uroš III. "Dečanski,"** kralj, 1321.–1331.
9. **Stevan Dušan Silni,** kralj od 1331, a car od 1345.–1355.
10. **Stevan Uroš IV.,** car 1355.–1371.
11. **Vukašin,** suvladar Stevana Uroša IV., kao "kralj."
12. **Lazar (Hrebljanović),** knez 1371.–1389.
13. **Stevan Lazarević,** despot 1389.–1427.
14. **Gjorgje Branković,** despot 1427.–1456.
15. **Lazar Gjorgjević,** despot 1456.–1458.
16. **Miloš Obrenović,** knez 1817.–1839. i 1858.–1860.
17. **Mihajlo Obrenović,** knez 1840.–1842. i 1860.–1868.
18. **Aleksandar Karagjorgjević,** knez 1842.–1858.
19. **Milan Obrenović,** knez od g. 1868. a kralj od 1882.–1889.
20. **Aleksandar Obrenović,** kralj 1889.–1903.
21. **Petar Karagjorgjević,** kralj 1903.–1918.

## CRNOGORSKI VLADARI

U Crnoj Gori od g. 1499 vladahu Turci. Njihove se vlasti oslobodiše Crnogorci g. 1697. Od onda su Crnom Gorom upravljali vladike (biskupi), a zatim svjetovni knezovi iz obitelji **Njegoš** (bratstva Petrović).

1. **Danilo I. Petrović,** vladika 1697.–1737.
2. **Sava Petrović,** vladika 1737.–1782.
3. **Vasilije Petrović,** suvladar Savin 1750.–1766.
4. **Šćepan Mali,** ruski pustolov, suvladar Savin, 1766.–1774.
5. **Petar I. Petrović,** vladika 1782.–1830.
6. **Petar II. Petrović,** vladika 1830.–1851.
7. **Danilo II. Petrović,** knez 1851.–1860.
8. **Nikola I.,** knez 1860. a kralj od 1910.–1918.

## BOSANSKI VLADARI

1. **Kulin,** ban 1180.–1204.
2. **Matej Ninoslav,** ban 1232.–1250.
3. **Prijezda,** ban 1250.–1272.
4. **Stjepan Kotroman,** ban oko 1272.–1298.
5. **Pavao Šubić,** gospodar Bosne, 1299.–1302.
6. **Mladen Šubić,** ban 1302.–1322.
7. **Stjenan Kotromanić,** ban 1322.–1353.
8. **Stjepan Tvrtko I.,** ban od g. 1353., a kralj 1377.–1391.
9. **Stjepan Dabiša,** kralj 1391.–1395.
10. **Jelena "Gruba,"** kraljica 1395.–1398.
11. **Stjepan Ostoja,** kralj 1398.–1404., te 1408.–1418.
12. **Stjepan Tvrtko II.,** kralj 1404.–1408. i 1421.–1443.
13. **Stjepan Ostojić,** kralj 1418.–1421.
14. **Stjepan Toma,** kralj 1444.–1461.
15. **Stjepan Tomašević,** kralj 1461.–1463.

## SLOVENSKI VLADARI

Slovenci nijesu mogli stvoriti samostalnu državu Sloveniju. Donekle se njihovom državom može smatrati Karantanija (Koruška), pod koju su osim današnje Koruške spadale također Kranjska i Štajerska. U Koruškoj se tečajem 7. i 8. vijeka spominju domaći vladari (vojvode): **Borut, Gorazd, Hotimir** i **Volkun**. Da se obrani od Avara, priznao je Borut vrhovnu vlast vojvode bavarskoga. Uz Bavarsku ostade Karantanija sve do godine 976., kada ju je car Oton II. odijelio od Bavarske i proglasio posebnom vojvodinom.

## VLADARI DRŽAVE S. H. S.

1. **Petar I. Karagjorgjević**, kralj 1918.–1921.
2. **Aleksandar I.**, regent od 1918., a kralj od 1921.

## STANOVNIŠTVO KRALJEVINE SHS

*Izradio:* Dr. *Rudolf Horvat, profesor u Zagrebu*

Prigodom popisa žiteljstva, koji se je obavio 31. siječnja 1921., brojila je kraljevina SHS ukupno 12,017,323 stanovnika, od čega bijaše 5,893,547 muških, a 6,123,776 ženskih osoba.

### I. Po vjeri i narodnosti

Po vjeroispovjesti se nabrojilo: 5,602,227 pravoslavnih, 4,735,154 rimokatolika, 1,337,687 muslimana, 216,847 protestanata, 64,159 izraelićana, 41,597 grkokatolika, 17,636 nazarenaca i pripadnika drugih vjera, a 2,016 bezvjeraca.

Po materinskom jeziku bijaše: 8,946,884 Srba i Hrvata, 1,024,761 Slovenac, 513,472 Nijemaca, 472,409 Madžara, 441,740 Arnauta, 229,398 Rumunja i Cincara, 174, 466 drugih Slavena (Česi, Šlovaci, Rusi, *itd.*), 12,825 Talijana i 201,368 pripadnika drugih naroda (Turci, Grci, *itd.*).

Brojem žitelja na prvom mjestu stoji **Hrvatska,** pod kojom se u popisu razumijevaju: Hrvatska, Slavonija, Međimurje i nama pripali komadić Istre, t. j. otok Krk i općina Kastav. U toj Hrvatskoj stanovahu 2,739,593 žitelja. Po vjeroispovjesti bijaše tu 1,991,168 rimokatolika, 660,234 pravoslavna, 46,677 protestanata, 20,338 izraelićana, 16,537 grkokatolika, 2,495 muslimana, 1,850 nazarenaca i pripadnika drugih vjera, te 294 bezvjeraca. Po materinjskom jeziku nabrojilo se u Hrvatskoj 2,445,429 Hrvata i Srba, 122,836 Nijemaca, 70,555 Madžara, 67,051 Slaven (Česi, Šlovaci, Rusi, Ukrajinci i Poljaci), 21,847 Slovenaca, 5,046 Talijana, 1,992 Rumunja i Cincara, 660 Arnauta i 4,177 pripadnika drugih naroda (većinom Cigana).

**Sjeverna Srbija** brojila je 2,655,078 žitelja, od kojih bijaše po vjeroispovjesti 2,612,889 pravoslavnih, 18,666 rimokatolika, 15,533 muslimana, 5,994 izraelićana, 304 grkokatolika, 1,392 protestanta, 206 pripadnika drugih vjera i 94 bezvjeraca. Po materinskom jeziku nabrojilo se je u sjevernoj Srbiji 2,475,478 Srba i Hrvata, 142,773 Rumunja i Cincara, 5,589 Slavena, 5,110 Nijemaca, 3,402 Slovenca, 3,552 Arnauta, 2,056 Madžara, 413 Talijana i 16,705 pripadnika drugih naroda.

**Bosna i He*o*cegovina** brojile su 1,889,929 stanovnika, od kojih bijaše po vjeroispovjesti 829,162 pravoslavna, 588,247 muslimana, 443,914 rimokatolika, 12,028 izraelićana, 9,297 grkokatolika, 6,649 protestanata, 538 pripadnika drugih vjera i 94 bezvjeraca. Po materinskom jeziku živjela su u Bosni i Hercegovini 1,826,173 Hrvata i Srba, 27,875 Slavena (Čeha, Rusina, Poljaka, *itd.*), 16,461 Nijemac, 4,682 Slovenca, 2,638 Madžara, 1,770 Talijana, 1,333 Rumunja i Cincara, 623 Arnauta i 8,374 pripadnika drugih naroda, većinom Cigana.

**Južna Srbija** s Macedonijom brojila je 1,474,560 stanovnika. Po vjeroispovjesti bijahu 743,872 žitelja pravoslavne, 705,554 muslimanske, 17,699 rimokatoličke, 5,737 izraelitske, 884 protestantske, 694 grkokatoličke, a 112 druge vjere, uz 8 bezvjeraca. Po materinskom jeziku govorila su 879,784 žitelja srpski ili hrvatski, 418,937 arnautski, 9,056 rumunjski i cincarski, 746 slavenski (češki, ruski, *itd.*), 510 slovenski, 176 njemački, 109 madžarski, 44 talijanski, a 165,198 druge jezike (ponajviše turski i grčki jezik).

**Vojvodina,** pod kojom se razumijevaju Bačka, Banat i Baranja, brojila je 1,380,413 žitelja. Po vjeri bijaše u Vojvodini 720,306 rimokatolika, 475,485 pravoslavnih, 133,886 protestanata, 18,777 izraelićana, 14,169 grkokatolika, 1,700 muslimana, 14,739 pripadnika drugih vjera (većinom nazarenaca), te 1,351 bezvjerac. Po narodnosti bijahu u Vojvodini 514,124 Srba i Hrvata, 382,070 Madžara, 328,173 Nijemca, 74,099 Rumunja i Cincara, 67,886 Slavena (najviše Slovaka i Ukrajinaca), 7,949 Slovenaca, 831 Arnaut, 249 Talijana i 5,032 pripadnika drugih naroda (najviše Cigana).

**Slovenija,** pod kojom se razumijevaju Kranjska, južna Štajerska i Prekomurje, brojila je 1,056,464 stanovnika. Po vjeroispovjesti živjelo je u Sloveniji 1,020,287 rimokatolika, 27,253 protestanata, 6,627 pravoslavnih, 946 izraelićana, 650 grkokatolika, 59 pripadnika drugih vjera i 141 bezvjerac. Po narodnosti bijaše u Sloveniji 985,155 Slovenaca, 39,631 Nijemac, 14,897 Madžara, 10,721 Hrvat i Srbin, 4,196 drugih Slavena, 680 Talijana, 126 Arnauta, 39 Rumunja i 1,019 pripadnika drugih naroda.

**Dalmacija** broji 621,429 stanovnika, a od kojih su po vjeroispovjesti 514,607 rimokatolika, 105,560 pravoslavnih, 652 muslimana, 322 izraelićana, 73 grkokatolika, 64 protestanta, 129 pripadnika drugih vjera i 22 bezvjerca. Po narodnosti živu u Dalmaciji 612,493 Hrvata i Srba, 4,586 Talijana, 1,155 Slovenaca, 1,056 Nijemaca, 1,036 drugih Slavena, 185 Arnauta, 100 Rumunja, 71 Madžar i 747 pripadnika drugih naroda.

**U Crnoj Gori** nabrojilo se samo 199,857 stanovnika, od kojih bijaše po vjeroispovjesti 168,398 pravoslavnih, 22,856 muslimana, 8,507 rimokatolika, 42 protestanta, 22 grkokatolika, 17 izraelićana, 3 inovjerca i 12 bezvjeraca. Po materinskom jeziku govorila su 182,682 Crnogorca srpski ili hrvatski, 16,826 arnautski, 87 slavenski, 61 slovenski, 37 talijanski, 29 njemački, 13 madžarski, 6 rumunjski, a 116 druge jezike.

# II. ŽITELJSTVO GRADOVA I VEĆIH MJESTA U HRVATSKOJ

## Gradovi:

| | | | |
|---|---:|---|---:|
| Bakar | 2,405 | Petrovaradin | 5,101 |
| Bjelovar | 7,859 | Požega | 7,023 |
| Brod | 10,621 | Senj | 3,037 |
| Ivanićgrad | 888 | Sisak | 8,802 |
| Karlobag | 688 | Srijemski Karlovci | 5,709 |
| Karlovac | 16,827 | Sušak | 5,508 |
| Koprivnica | 8,096 | Varaždin | 13,592 |
| Kostajnica | 1,872 | Vinkovci | 10,173 |
| Križevci | 4,695 | Virovitica | 9,366 |
| Mitrovica | 11,848 | Vukovar | 10,244 |
| Osijek | 34,412 | Zagreb | 140,000 |
| Petrinja | 5,544 | Zemun | 18,524 |

## Trgovišta i sela:

| | | | |
|---|---:|---|---:|
| Babinagreda | 3,568 | Jastrebarsko | 1,498 |
| Batajnica | 2,435 | Kalinovac | 2,194 |
| Beočin | 3,342 | Kotoriba | 4,128 |
| Beška | 3,505 | Kraljevica | 2,585 |
| Bošnjaci | 4,388 | Krapina | 1,470 |
| Budjanovci | 2,525 | Krčedin | 3,202 |
| Cerna | 2,097 | Kukujevci | 2,287 |
| Crikvenica | 5,030 | Kuzmin | 3,709 |
| Čakovac | 5,762 | Laćarak | 4,681 |
| Čepin | 3,413 | Legrad | 2,921 |
| Čerević | 2,150 | Lokve | 2,154 |
| Dalj | 5,003 | Ludbreg | 1,724 |
| Daruvar | 2,762 | Martinci | 4,224 |
| Delnice | 3,615 | Molve | 2,290 |
| Dobanovci | 3,272 | Mrkopalj | 2,914 |
| Doljni Miholjac | 3,676 | Našice | 2,202 |
| Drenovci | 2,575 | Nijemci | 2,298 |
| Djakovo | 6,077 | Nikinci | 2,005 |
| Erdevik | 3,898 | Nova Gradiška | 3,652 |
| Feričanci | 2,140 | Nova Pazova | 4,149 |
| Fužine | 1,868 | Novi Karlovci | 3,533 |
| Gjurgjevac | 6,904 | Novi Slankamen | 4,137 |
| Glina | 1,839 | Ogulin | 5,362 |
| Gola | 2,140 | Orahovica | 2,367 |
| Golubinci | 4,593 | Otočac | 3,442 |
| Gospić | 4,061 | Otok | 3,568 |
| Gradište | 3,002 | Pakrac | 3,131 |
| Grubišnjopolje | 2,229 | Peteranec | 2,446 |
| Gundinci | 2,101 | Petrijevci | 2,437 |
| Hlebine | 2,050 | Pitomača | 4,478 |
| Hrtkovci | 2,491 | Podravske Sesvete | 2,688 |
| Ilog | 5,476 | Prelog | 4,506 |
| Indjija | 7,688 | Ravnagora | 2,644 |
| Irig | 5,311 | Ruma | 12,467 |
| Ivankovo | 2,818 | Samobor | 2,786 |

## Trgovišta i sela:

| | | | |
|---|---|---|---|
| Sigetec | 2,049 | Veliki Grdjevac | 1,851 |
| Slatina | 3,604 | Virje | 5,467 |
| Stara Pazova | 7,791 | Vočin | 1,884 |
| Šarengrad | 1,330 | | |
| Šid | 5,296 | Voka | 4,011 |
| Tenja | 3,239 | Vrbanja | 2,680 |
| Tovarnik | 2,431 | Vrbovsko | 1,949 |
| Valpovo | 3,979 | Županja | 3,265 |

## III. GRADOVI U DALMACIJI

| | | | |
|---|---|---|---|
| Budva | 583 | Pag | 3,717 |
| Dubrovnik | 8,239 | Perast | 355 |
| Ercegnovi | 2,260 | Rab | 753 |
| Hvar | 2,054 | Skradin | 800 |
| Korčula | 2,157 | Split | 25,042 |
| Kotor | 2,379 | Stari grad | 2,469 |
| Makarska | 1,917 | Ston | 437 |
| Nin | 811 | Šibenik | 12,588 |
| Omiš | 1,469 | Trogir | 3,354 |

## IV. GRADOVI I VAROŠICE U BOSNI I HERCEGOVINI

| | | | |
|---|---|---|---|
| Banjaluka | 18,176 | Konjic | 2,310 |
| Bihać | 6,372 | Kotor Varoš | 1,428 |
| Bijeljina | 11,013 | Kreševo | 870 |
| Bileća | 1,937 | Kulen Vakuf | 1,206 |
| Bosanska Dubica | 3,754 | Livno | 4,822 |
| Bosanska Gradiška | 4,157 | Ljubinje | 1,108 |
| Bosanska Kostajnica | 1,437 | Ljubuski | 2,655 |
| Bosanska Krupa | 2,940 | Maglaj | 1,952 |
| Bosanski Brod | 4,110 | Modriča | 2,454 |
| Bosanski Novi | 3,582 | Mostar | 18,176 |
| Bosanski Petrovac | 2,832 | Nevesinje | 1,754 |
| Bosanski Šamac | 2,031 | Orašje | 1,062 |
| Brčko | 6,832 | Prijedor | 5,596 |
| Bugojno | 2,021 | Prnjavor | 1,916 |
| Cazin | 1,998 | Prozor | 1,122 |
| Čajniče | 1,307 | Rogatica | 3,190 |
| Čapljina | 1,781 | Sanski most | 2,411 |
| Derventa | 6,176 | Sarajevo | 66,317 |
| Doboj | 3,846 | Srebrenica | 1,242 |
| Donji Vakuf | 1,817 | Stari Majdan | 992 |
| Drvar | 1,966 | Stolac | 2,677 |
| Duvno | 1,552 | Tešanj | 2,781 |
| Foča | 3,459 | Travnik | 6,334 |
| Fojnica | 1,195 | Trebinje | 5,188 |
| Gacko | 1,819 | Tuzla | 13,354 |
| Glamoč | 1,802 | Varcar Vakuf | 2,796 |
| Goražde | 1,608 | Vareš | 2,650 |
| Gornji Vakuf | 1,444 | Visoko | 4,062 |
| Gračanica | 4,058 | Višegrad | 2,474 |
| Gradačac | 3,471 | Vlasenica | 1,766 |
| Jajce | 4,132 | Zenica | 7,632 |
| Kladanj | 1,197 | Zvornik | 3,139 |
| Ključ | 1,540 | Žepče | 1,878 |

## V. GRADOVI U SJEVERNOJ SRBIJI

| | | | |
|---|---|---|---|
| Aleksinac | 4,756 | Niš | 25,096 |
| Beograd | 111,740 | Paraćin | 5,207 |
| Bosiljgrad | 1,230 | Pirot | 10,462 |
| Čačak | 5,671 | Požarevac | 10,625 |
| Ćuprija | 5,356 | Prokuplje | 5,774 |
| Gornji Milanovac | 2,186 | Smederevo | 6,296 |
| Jagodina | 4,847 | Svilajnac | 5,204 |
| Knjaževac | 3,445 | Šabac | 9,224 |
| Kragujevac | 15,664 | Užice | 4,893 |
| Kruševac | 6,499 | Valjevo | 9,768 |
| Leskovac | 13,721 | | |
| Loznica | 4,019 | Vranje | 7,522 |
| Negotin | 5,872 | Zaječar | 8,995 |

## VI. GRADOVI U JUŽNOJ SRBIJI

| | | | |
|---|---|---|---|
| Berane | 2,772 | Peć | 14,762 |
| Bijelo Polje | 3,297 | Pljevlja | 6,360 |
| Bitolj | 28,418 | Prijepolje | 2,899 |
| Debar | 7,060 | Prilep | 18,532 |
| Djakovica | 12,724 | Priština | 14,290 |
| Gjevgjelija | 2,792 | Prizren | 16,433 |
| Gnjilane | 6,725 | Sjenica | 3,498 |
| Kavadar | 5,525 | Skoplje | 41,066 |
| Kosovska Mitrovica | 9,981 | Strumica | 6,143 |
| Kumanovo | 13,372 | Štip | 11,191 |
| Novi Pazar | 11,207 | Tetovo | 15,109 |
| Ohrid | 9,603 | Veleš | 14,183 |

## VII. GRADOVI I VAROŠICE U CRNOJ GORI

| | | | |
|---|---|---|---|
| Andrijevica | 488 | Plav | 1,381 |
| Bar | 1,639 | Podgorica | 8,727 |
| Cetinje | 5,473 | Rijeka | 558 |
| Danilov Grad | 829 | Šavnik | 195 |
| Gusinje | 2,950 | | |
| Kolašin | 1,355 | Ulcinj | 3,074 |
| Nikšić | 3,942 | Žabljak | 167 |

## VIII. GRADOVI U VOJVODINI

| U Bačkoj: | | U Banatu: | |
|---|---|---|---|
| Novi Sad | 39,147 | Bela Crkva | 9,642 |
| Senta | 30,697 | Pančevo | 20,808 |
| Sombor | 31,332 | Velika Kikinda | 25,809 |
| Stara Kanjiža | 18,060 | Veliki Bečkerek | 27,511 |
| Subotica | 101,857 | Vršac | 26,975 |

## IX. GRADOVI U SLOVENIJI

| | | | |
|---|---|---|---|
| Brežice | 1,135 | Metlika | 1,435 |
| Celje | 7,754 | Novo Mesto | 2,394 |
| Črnomelj | 978 | Ormož | 1,095 |
| Kamnik | 2,262 | Ptuj | 4,631 |
| Kočevje | 2,531 | Radovljica | 758 |
| Kostanjevica | 2,765 | Slovenjgradec | 1,186 |
| Kranj | 2,580 | Slovenska Bistrica | 1,607 |
| Krško | 5,416 | Škofja Loka | 2,211 |
| Ljubljana | 53,306 | Šoštanj | 1,341 |
| Lož | 636 | | |
| Maribor | 30,641 | Višnja Gora | 335 |

## PITANJA I ODGOVORI ZA MOLITELJE
## AMERIČKOG GRAĐANSTVA

(**Q.** znači **Question**, Pitanje; **A.** znači **Answer,** Odgovor. Iza svakog pitanja u engleskom jeziku, kako se zapravo piše, nalazi se izgovor tog pitanja; ispod toga pako, nalazi se značenje tog pitanja. To isto vrijedi i za odgovore).

**Q.** How many states are there in the United States of America?
(Ha̱'u̱ me'ni stēc ar der in di Juna'jted Stēc âv Ame'rikö?)
Koliko država imade u Sjedinjenim Državama Amerike?

**A.** Forty-eight.
(Fo'rti-e'jt).
Četrdeset osam.

**Q.** What form of government has the United States?
(Hu̱'a̱t form âv ga'vörnment hăz di Juna'jted Stēc?)
Kakav oblik vladavine imadu Sjedinjene Države?

**A.** Republican.
(Ripa̱'blikön).
Republikanski.

**Q.** What does the republican form of government mean?
(Hu̱a̱'t da̱z di ripa̱'blikön form âv ga'vörnment mīn?)
Što znači republikanski oblik vladavine?

**A.** It means government by the people through their elected representatives.
(It mīns ga'vörnment baj di pīpl tru dēr ile'kted re'prize'ntötivs).
To znači vladu naroda po njegovim izabranim zastupnicima.

**Q.** Who is the Head of the United States government?
(Hu iz di hed âv di Juna'jted Stēc ga'vörnment?)
Tko je na čelu vlade Sjedinjenih Država?

**A.** The President.
(Di Pre'zident).
Predsjednik.

**Q.** Who is the President of the United States now?
(Hu iz di Pre'zident âv di Juna'jted Stēc na̱'u̱?)
Tko je predsjednik Sjedinjenih Država sada?

**A.** ........................

**Q.** What is the Constitution of the United States?
(Hu̱a̱'t iz di Kâ'nstitju'šön âv di Juna'jted Stēc?)
Što je Ustav Sjedinjenih Država?

**A.** Constitution is the written instrument agreed upon by the people of the United States as the absolute rule of action and decision for all departments and officers of the government in respect to all the points covered by it, which must control until it shall be changed by the authority which established it, and in opposition to which any act or ordinance of any such department or officer is null and void.

(Kȧ'nstitju'šön iz di ritn i'nstrument ȧgrī'd apa'n baj di pīpl ȧv di Juna'jted Stēc ȧz di ȧ'bsoljut rūl ȧv ȧ'kšön ȧnd disi'žön for ȧl dipa'rtmenc ȧnd ȧ'fisörs ȧv di ga'vörnment in rispe'kt tu ȧl di pojnc ka'vörd baj it, hu̱i'č mu̱st kȧntrō'l anti'l it šȧl bi čejnd̄d baj di ȧtȧ'riti hu̱i'č estȧ'blišt it, ȧnd in ȧ'pozi'šön tu hu̱i'č e'ni ȧkt or o'rdinöns ȧv e'ni sa̱č dipa'rtment or ȧ'fisör iz na̱l ȧnd vojd).

Ustav je pismena isprava utvrđena po narodu Sjedinjenih Država kao bezuslovni propis rada i odlučivanja za sve odjele i službenike vlade u odnosu na sve točke, koje se istom pokrivaju, te koja (isprava) ostaje u moći dotle, dok ne bude promijenjena od vlasti, koja ju je stvorila, i svaki čin ili naredba bilo kojeg odjela ili službenika, koja dolazi u sukob sa istom, jest ništetna i beskreposna.

**Q.** Who makes laws for the United States?
(Hu mejks lȧz for di Juna'jted Stēc?)
Tko stvara zakone za Sjedinjene Države?

**A.** Congress.
(Kȧ'ngres).
Kongres.

**Q.** Of what does Congress consist?
(Av hu̱a't da̱z Kȧ'ngres kȧnsi'st?)
Od česa se Kongres sastoji?

**A.** Of the Senate and the House of Representatives.
(Av di Se'net ȧnd di Ha̱'u̱s ȧv Re'prize'ntetivs).
Od Senata i zastupničke kuće.

**Q.** How many Senators has each state?
(Ha̱'u̱ me'ni Se'nötörs hȧz ič stēt?)
Koliko senatora imade svaka država?

**A.** Two.
(Tu).
Dva.

**Q.** For how many years are the Senators elected?
(For ha̱'u̱ me'ni jīrs ār di Se'nötörs ile'kted?)
Za koliko godina su senatori izabrani?

**A.** For six years.
(For siks jīrs).
Za šest godina.

**Q.** How are the Representatives elected?
(Ha̱'u̱ ār di Re'prize'ntetivs ile'kted?)
Kako se biraju zastupnici?

**A.**   By the people, who elect one Representative for each congressional district of a state.
(Baj di pīpl, hu ile′kt u̯a′n Re′prize′ntetiv for ič kȧngre′šönöl di′strikt ȧv e stēt).
Po narodu, koji bira jednog zastupnika za svako kongresno okružje pojedine države.

**Q.**   For how many years are the Representatives elected?
(For ha̱′u̱ me′ni̱ jīrs ār di Re′prize′ntetivs ile′kted?)
Za koliko godina se biraju zastupnici?

**A.**   For two years.
(For tu jīrs).
Za dvije godine.

**Q.**   Who presides in the Senate?
(Hu priza′jdz in-di Se′net?)
Tko predsijeda u Senatu?

**A·**   Vice-President of the United States.
(Va′js-Pre′zident ȧv di Juna′jted Stēc).
Podpredsjednik Sjedinjenih Država.

**Q.**   Who presides in the House of Representatives?
(Hu priza′jdz in di Ha̱′u̱s ȧv Re′prise′ntetivs?)
Tko predsijeda u Zastupničkoj Kući?

**A.**   The Speaker of the House.
(Di Spi′kör ȧv di Ha̱′u̱s).
Predsjednik (zastupničke) Kuće (kojeg zastupnici izmedu sebe izaberu).

**Q.**   Where is the seat of Congress?
(Hu̱e̱′r iz di sīt ȧv Kȧ′ngres?)
Gdje je sjedište Kongresa?

**A.**   In Washington, in the District of Columbia.
(In U̱a̱′šingtön, in di Di′strikt ȧv Kola̱′mbiö).
U Washingtonu, u Distriktu Kolumbia.

**Q.**   Can a foreign-born citizen become President?
(Kăn e fȧ′ren-bō′rn si′tizen bika̱′m Pre′zident?)
Može li građanin rođen u inostranstvu postati Predsjednik?

**A.**   No, but only one who was born in this Country.
(No, ba̱t o′nli u̱a′n hu u̱a′z bōrn in dis Ka̱′ntri).
Ne, već jedino onaj, koji je rođen u ovoj zemlji.

**Q.**   For how long is the President elected?
(For ha̱′u̱ lȧng iz di Pre′zident ile′kted?)
Za kako dugo se bira Predsjednik?

**A.**   Four years.
(Fōr jīrs).
Četiri godine.

**Q.** If the President dies, who takes his place?
(If di Pre'zident dajs, hu tekjs his plejs?)
Ako li predsjednik umre, tko zauzimlje njegovo mjesto?

**A.** The Vice-President of the United States.
(Di Va'js-Pre'zident àv di Juna'jted Stēc).
Podpredsjednik Sjedinjenih Država.

**Q.** If the Vice-President dies, who then takes his place?
(If di Va'js-Pre'zident dajs, hu den tejks hiz plejs?)
Ako li podpredsjednik umre, tko tada dolazi na njegovo mjesto?

**A.** The Secretary of State.
(Di Se'kriteri àv Stēt).
Ministar vanjskih posala.

**Q.** What is the highest court in the United States?
(Hu̯a't iz di ha'jest kort in di Juna'jted Stēc?)
Koje je najviše sudište u Sjedinjenim Državama?

**A.** The Supreme Court of the United States.
(Di Sjuprī'm Kort àv di Juna'jted Stēc).
Vrhovni Sud Sjedinjenih Država.

**Q.** How many judges has the Supreme Court?
(Ha̱'u̱ me'ni ḍa'ḍes hăz di Sjuprī'm Kort?)
Od koliko se sudaca sastoji Vrhovni Sud?

**A.** Nine, one of whom is Chief Justice.
(Najn, u̱a'n àv hum is Čif Ḍa'stis).
Devet, od kojih je jedan Vrhovni Sudac.

**Q.** Who makes laws for each state?
(Hu mejks làz for ič stēt?)
Tko čini zakone za pojedinu državu?

**A.** The State Legislature.
(Di Stēt Le'ḍisle'čur).
Državna Skupština (sabor).

**Q.** Where is the seat of a State Legislature?
(Hu̱e'r iz di sīt àv e Stēt Le'ḍisle'čur?)
Gdje je sjedište Državne Skupštine?

**A.** In the Capitol of each State.
(In di Kă'pitàl àv ič Stēt).
U glavnom gradu pojedine države.

**Q.** Who is the chief executive officer in each state?
(Hu iz di čif egze'kjutiv à'fisor in ič stēt?)
Tko je vrhovni izvršni časnik u pojedinoj državi?

**A.** The Governor.
(Di Ga̱'vörnör).
Guverner.

**Q.** Who is the head of the city government?
(Hu iz di hed àv di siti ga′vörnment?)
Tko je na čelu gradske uprave?

**A.** The Mayor.
(Di Me′ör).
Načelnik.

**Q.** Are you a Bolshevik, anarchist, communist or polygamist?
(Ar ju e Bà′lševik, ă′nörkist, kà′mjunist or poli′gömist?)
Jeste li boljševik, anarhist, komunist ili mnogoženja?

**A.** No.
(No).
Ne.

**Q.** What does the Decoration Day mean?
(Hu̯a′t da̲z di De′kore′jšön Dej mïn?)
Što znači Dan Kićenja?

**A.** It means the day (May 30) for decorating the graves of fallen soldiers in
the Civil War.
(It mïns di dej (Mej tö′rtiet) for de′korejting di grevjz àv fàln so′ldörs
in di Si′vil U̯â′r).
Znači dan (30. svibnja), kada se kite grobovi palih vojnika u građanskom
ratu.

**Q.** What does Thanksgiving Day mean?
(Hu̯a′t da̲z Tă′nksgi′ving dej mïn?)
Što znači Zahvalni Dan?

**A.** Thanksgiving Day—last Thursday in November—means giving of thanks
for the year's blessings.
(Tă′nksgi′ving Dej—lăst Tö′rzdi in Nove′mbör—mïns gi′ving àv tănks
for di jïrs ble′sings).
Zahvalni Dan—zadnji četvrtak u studenom—znači zahvaljivanje za
godišnje blagodati.

**Q.** What does Labor Day mean?
(Hu̯a′t da̲z Le′jbör Dej mïn?)
Što znači Radnički Dan?

**A.** Labor Day—first Monday in September—means a holiday for laboring
classes.
(Le′jbör Dej—först Ma̲′ndi in Sipte′mbör—mïns e hà′lidej for le′jböring
klă′ses).
Radnički Dan—prvi ponedjeljak u rujnu—znači svetkovni dan za radni
stalež.

**Q.** What does Independence Day (July 4th) mean?
(Hu̯a′t da̲z I′ndipe′ndens Dej (Đula′j fört) min?)
Što znači Dan Neovisnosti (4. srpnja)?

**A.** It commemorates the date of the Delcaration of Independence by the 13 Colonies.
(It kame'morejc di dejt àv di De'klöre'jšön àv I'ndipe'ndens baj di törtī'n Kå'loniz).
Na taj dan slavi se uspomena na Proglašenje Nezavisnosti po trinaest kolonija.

**Q.** How many stars are there on the American flag?
(Ha̧'u̧ me'ni stārs ār dēr an di Ame'rikön flȧg?)
Koliko imade zvijezda na američkom barjaku?

**A.** Forty-eight, and they represent the forty-eight states.
(Fo'rti-e'jt, ănd dej re'prize'nt di fo'rti-e'jt stēc).
Četrdeset i osam, i one zastupaju četrdeset i osam država.

**Q.** How many stripes are there on the American flag?
(Ha̧'u̧ me'ni strajps ār dēr an di Ame'rikön flȧg?)
Koliko pruga imade na američkoj zastavi?

**A.** Thirteen, and they represent the thirteen original states.
(Törtī'n, and dej re'prize'nt di törtī'n ori'ďinöl stēc).
Trinaest, i one znače trinaest prvotnih država.

**Q.** Name the two Senators in your state?
(Nejm di tu Se'netörs in jur stēt?)
Imenujte dva senatora u vašoj državi?

**A.** ........................

# CORRECTIONS

# ISPRAVCI

# SUPPLEMENTARY-ADDITIONAL WORDS
# PRIDODACI

asthenia (ăstínia), n. oslabjelost

bather (bejdör), n. kupač
behemoth (bíhimat), n. orijaš, zvjerska neman
blackout (blăkaut), n. zamračenje
blitzkrieg (blíčkrig), n. munjevit rat
blood-pressure (blăd-prešör), n. krvni tlak
boredom (bordöm), n. dosada
brother-in-law (bradör-in-lá), n. svak, šurjak

cache (kăš), v. zakopati, sakriti u zemlju; - n. jama u zemlji
caecum (síköm), n. kuljen (crijevo)
camouflage (kamoflaž), n. varka
carapace (kărapejs), n. gornji štit (raka, kornjače)
chauffeur (šoför), n. šofer
codger (kadör), n. škrtica, čudak, dečko
contraption (kontrăpšön), n. izum, sprava
Corpus-Christi (korpus-kristi), n. Tijelovo
denouement (denumăn), n. ispadak
disbarment (disbărment), n. isključenje iz advokatske prakse, lišenje
                                   pravnog opstanka
dotage (doted), n. staračka (duševna) nemoć

eerie, eery (íri), a. strahovit
ersatz (örzac), n. naknada, zamjena
ersatz-reserve (örzac-rizörv), n. naknadna pričuva
evaluate (ivăljuejt), v. prosuditi, procijeniti

faux pas (fo pa), krivi korak, pogreška
fangle (făngl), n. novotarija
fifth-columnist (fíft-kăljumnist), n. petokolonaš
fingerprint (fingörprint), n. prstotisak; - v. prstotiskati
flabbergast (flăbörgăst), v. zbuniti, smesti
flair (fler), n. njuh, vonj

gadget (gădet), n. nješto čemu se imena nemože sjetiti
gangster (găngstör), n. razbojnik, lupez
gawn (gan), n. brenta
gullible (gălibl), a. lakovjeran
gullibility (galibiliti), n. lakovjernost

half-witted (hăfuited), a. smušen, luckast
halitosis (hălitósis), n. zadah
holograph (hálogrăf), n. holograf, vlastoručno napisana isprava,
                                   posebice oporuka
holographic (halogrăfik), a. vlastoručno ispisan
hypertension (hajportenšön), n. krvni pritisak

ileum (íliam), n. sukano crijevo
impasse (impas), n. ćorsokak
incensation (insensejšön), n. kadjenje
includible (inkljudibl), a. uključiv

-1-

jerry (džèri), a. slab, površan
jitter (džitòr), v. biti nervozan
jitters (džitòrs), n. trzajevi, krajna nervoznost
judgment note (džadment-nôt), n. mjenica

lack-beard (lǎk-bírd), n. ćoso, golobradica
lactometer (lǎktàmitòr), n. mljekomjer
lime-tree (lajm-tri), n. lipa
livestock (lajvstak), n. živa stoka
loco (lòko), loco weed (lòko uid), n. loko (vrst otrovne biljke)
lynx-eyed (linksajd), a. oštrovidan
meticulous (metíkjulas), a. do skrajnosti pažljiv, poman
milktooth (mílktut), n. mliječnjak (zub)
minutes (minic), n. pl. zapisnik
mishandle (mishǎndl), v. zlorukovoditi
money-order (mǎni-ordòr), n. poštanska doznačnica
moron (mòran), n. šašavac
moronic (morǎnik), a. šašav
Morpheus (morfjus), n. bog sna (spavanja) ili sanja

nifty (nifti), a. lijep, fin
non-committal (nan-ķamitöl), a. neodredjen
numerosity (njumòrasiti), n. brojčanost
numerousness (njumòrasnes), n. vidi: numerosity
numerously (njumòrasli), adv. brojčano

oldster (oldstòr), n. starčić, starašna osoba
oodles (udls), a. mnogo, svu silu
outmode (autmôd), v. staviti izvan mode
outworn (autuòrn), a. iznošen, istrošen

panhandle (panhǎndl), n. ruča od prosulje
panhandler (panhǎndlòr), n. poulični prosjak
panzer troops (panzor trups), n. oklopljene čete, motorizirane čete
parachutist (pǎrašutist), n. padobranaš
poilus (pojlǒs), n. franceski vojnik (pješak)
postmark (pòstmark), n. poštanski žig

quisling (kuizling), n. izdajica

rededicate (ridedikejt), v. ponovno posvetiti
regurgitation (rigördžitejšòn), n. preljevanje, strujanje natrag
revolter (rivoltòr), n. ustaša
rookie (ruki), n. zeleniš, neiskusan mladić

self-indulgence (self-indǎldens), n. podavanje nasladama
self-effacement (self-ifejsment), n. čednost
shell-fire (šel-faer), n. lumbardanje granatama
slavdom (slǎvdom), n. Slavenstvo
Slavistics (slǎvistiks), n. Slavistika
Slovenia (Slovinija), n. Slovenija
snoop (snup), v. nalukavati se, njuškati, šuljati se; - n. njuškalo
snooper (snupòr), n. njuškalo
strafe (strejf), v. kazniti, teško bombardirati
stukas (stukas), n. ronioci bombaši (ratni eroplani)

visualize (vižuolajz), v. učiniti vidljivim; stvoriti si sliku

warmonger (u̇e̊rmáng̊ȯr), n. ratni profitirac
watercress (u̇àtȯr-kres), n. dragušac, grbač (biljka)
wryly (rájli), adv. namrgodjeno

\*\*\*\*\*\*\*\*\*\*\*\*\*\*\*\*\*\*\*\*\*\*\*\*\*\*\*\*\*\*\*\*

abiturijent, n. a college graduate
advokatura, n. law-practice
amputacija, n. amputation
atentat, n. assassination
avijon, n. aeroplane

bača, n. father-in-law
bahuljati, v. to crawl, to creep
bajačica, n. sorceress, witch
bajunet, n. bayonet
balanca, n. balance
barba, n. uncle
bazilika, n. basilica
bešćedan, a. immodest
beščinje, vidi: bezakonje
beščovječan, a. inhuman
beščustvo, n. vidi: beščustvenost
bezakonički, a. lawless, illegal, mischievous
bezodvlačno, adv. without delay
bezžični brzojav, n. aerogram
blagopokojni, a. of good memory
blokada, n. blockade
bomba, n. bomb
boran, a. fighting; borna kola, n. tank
brčji (krajnji), a. extreme
brojčan, a. numberous
brojčano, adv. numerously
brojcanost, n. numerousness, numerosity
brzi zrakoplov (za Europu), n. Trans-Atlantic clipper
brzi zrakoplov (za Aziju), n. Trans-Pacific Clipper
brzoplovka, n. clipper
budenje, n. awakening, arousing
bukva, n. beech
busola, n. compass; izgubiti busolu (u prenesenom smislu) to lose
          sense of proportion
butelja, n. bottle
buržoa, n. bourgeois
buržoazija, n. bourgeoisie

cjepidlačarski, a. carping
cesija, n. assignment, deed of cession
cipov, n. white bread
cvijet mladosti, n. heyday
čamljenje, n. languishing
čašćenje, n. entertainment, treating, honoring
čeoce, n. little forehead
čepnuti, v. to crouch
čerija, n. virginity
četverokutan, a. quadrangular

-3-

četveropjev, n. quartet
čik, n. (od cigare) cigar-butt; (od cigarete) cigaret-butt
čikanje, n. chewing (tobacco)
činodejstvovati, v. to officiate
čuba, n. lip
čušljav, a. vidi: čupav
ćehaja, n. vidi: ćaja
čedan (tjedan), n. week
ćesma, n. hole
ćifta, ćivta, n. merchant, dealer
ćosav, a. lackbeard, beardless, young
ćošak, n. corner
ćorsokak, n. blind-alley, impasse
ćuljenje, n. pricking up (one's ears)
ćurdija, n. sheepskin coat
ćurdijica, n. small sheepskin coat
ćuslav, a. close-cropt, close-shaved

dabogme, dabome, adv. of course
dalekosežan, a. far-reaching
današnjica, n. the present
dandanas, adv. these days
dano, (vezn.) a. dated
daždenje, n. raining
delirijum, n. delirium
dete (uzvik) excl. go-ahead, come-on
devetnica, n. novena
Devič, n. monastery
diftong, n. diphtong
dug, n. debt
dupljast, a. ventricular
dvopis, n. copy
džinovski, a. gigantic

egzekutiva, n. executive
eminentan, a. eminent
eminentno, adv. eminently

famozan, a. notorious
fašnik, n. Shrove-Tuesday
ferije, n. vacation
filatelista, n. phlatelist
flagrantan, a. flagrant
futur, n. future

gadarija, n. filth, sordid matter
gamaša, n. legging
garnizona, n. army
gripa, n. grip
gvardijan, n. guardian
gvecav, a. gummy

hazarder, n. adventurer
hazarderstvo, n. hazardousness
hegemonija, n. hegemony
hodočastiti, v. to pilgrim
holograf, n. holograph

intervju, n. interview; intervjuisati, v. to interview

-4-

iskoristiti, v. to take advantage of, to abuse
ispatiti, v. to suffer
istaknut, a. prominent, distinct, salient, protuberant
istrijebljenje, n. extermination
izvršni, a. executive

jadljivac, n. sore-head
jednač dana i noći, n. equinox
južni stožer, n. South Pole

kamoflaža, n. camouflage
kartača, n. canister
kasapluk, n. slaughter
komemoracija, n. commemoration
komemorirati, v. to commemorate
komesarijat, n. commissariat
konzorcij, n. consort
korepnjak (rak), n. shell-fish
korespondencija, n. correspondence
kožuh, n. sheepskin coat
kriterij, n. criterion
krpač, n. piecer
krvni tlak, n. blood pressure
kupač, n. bather
kuršum, n. ammunition
kratkotrajnost, n. short duration

legatar, n. legatee
leperiti, v. to flop
ljepenka, n. mucilage, agglutinant
ljuckast, a. feeble-minded, gawky, stupid
loko, n. loco, loco weed

manevar, n. maneuver
manifestacija, n. manifestation
marijoneta, n. marionette
mauzolej, n. mausoleum
meduza, n. jelly-fish
meko, adv. softly, leniently
mitraljez, n. mitrailleuse
mizantrop, n. misanthrope, misanthropist
moćnica (u crkvi), n. apsis
mogućnik, n. potentate
mrgodljivo, adv. wryly

nadasve, adv. above all
nadiranje, n. invasion
nadodvjetništvo, n. office of attorney general
napon muževnosti, n. heyday
nalukavati se, v. to snoop
natiperka, n. apricot
nazbilj, adv. really, truly, in fact
neboder, n. skyscraper
neizreciv, a. ineffable

nepoćudan, a. disliked
neprodušno, adv. air-tight
nepripadan, a. foreign, alien
neprispodobiv, a. incomparable
nesebičnik, n. altruist
njuškalo, n. snoop, snooper

obeshrabriti, v. to discourage
odzvanjati, v. to re-echo, to reverberate
očevinski, a. patrimonial
olujni, a. stormy
omaška, n. error, blunder, mistake
odricanje zakletvom, n. abjuration
otpadnik n. apostate
otpust (uvjetni), n. parole
odrazivanje, n. reflection
odstranjenje, n. ablation
odstrugati, v. abrade
osmrtnina, n. death-benefit

parničenje, n. litigation
paroksizam, n. parozysm
pastva, n. service
patarenski, a. Bosnian
padobran, n. parachute
padobranaš, n. parachutist
patrona, n. shell
penzija, n. (mir) retirement; (novac) pension
pegav, a. spotted
petokolonaš, n. fifth-columnist
pismara, n. archives
piskarač, n. scribbler, pettifogger
platežni nalog, n. voucher for payment
plutokracija, n. plutocracy
počam, adv. beginning
počivši, a. late, dead, deceased
počinitelj, n. doer, performer, perpetrator
podlac, n. villain
podmitanje, n. insinuation
podmitati, v. to insinuate
pokladni utorak, n. Shrove Tuesday
pokusni, a. tentative, experimental
polučenje, n. achievement, accomplishment
pomno, adv. meticulously
pompozan, a. pompous
poništenje, n. annulment
ponistitelj (kao zlocestih zakona), n. abolitionist
ponistiv, a        annulable
porga, n. credit, charge, account
popodne, n. afternoon
popravljiv, a. ameliorable e
porazdjeljenje, n. allocation
porobljen, a. pillaged, robbed
posvojprilici, adv. most likely
povratnica, n. return-receipt
požurnica, n. urgency
potstrekavati, potstreknuti, v. vidi: podbadati,(ili) podbosti
pridodatak, n. appendix, amendment
propagirati, v. to apropagate, to, spread
propusnica, n. passe par-tout (pas par tu)

rabat, n. rebate, discount, commission
računalo, n. abacus
rascijepanost, n. disruption, split, Schism
rakrana, n. cancer
razarač, n. destroyer
rastrojen, a. disorganized; (zivcano) unnerved
razgranjenje, n. ramification
refektorij, n. refectory, dining-room
regrutacija, n. vidi: novačenje

sabotaža, n. sabotage
sadnja, n. planting, plantation
saldo, n. balance
samovlasništvo, n. sole ownership
samoubilački, a. suicidal
samohvalisanje, n. bragging
sijalica, n. electric lamp (bulb)
siloslovan, a. dynamic
sjeverni stožer, n. North Pole
skućen, a. narrowminded
slijedored, n. chronological order,—list,—roll
spackati, v. to spoil, to impair
socijalan, a. social
socijalista, n. socialist
socijalizam, n. socialism
sranje, n. defecation
staleški, a. class, trade, professional
stanohran, n. boarding-house
strujanje, n. circulation
stav, n. attitude, stand
stražariti, v. to police
streljač, n. shooter; (iz zasjede) sniper
strujanje, n. circulation
suzločinac, n. partner-in-crime
šišan (otrov), n. arsenic
štipanje, n. pinching
štipalac, n. pincher
šuljati se, v. to snoop, to pry about
šupirati, v. to expel, to force away

tiskanica, n. blank, form
tonaža, n. tonnage
tripartitan, a. tripartite
trofeja, n. trophy
trupa, n. troop
turist, n. tourist

učbenik, n. text-book
uckati, v. to sick on, to urge forward, to incite to attack
uglednik, n. celebrity
ugroziti, ugrožavati, v. to jeopardize
ugroženje, ugrožavanje, n. jeopardy, jeopardizing
unakrstan, a. cross, opposite; unakrsna pitanja, cross examination,
                                           interrogatories
ukratko, adv. briefly
unifikacija, n. merger, amalgamation
uperiti, v. to aim at, to level at, to direct
upućenost, n. vidi: uputa

ustupovnik, n. assignee
uvid, n. inspection
uvaljen, a. ventricular
uvećanje, n. amplification
uži (comp.) - izbor, n. continued election

vanbacitelj, n. bouncer
vanbračni, a. out of wedlock, illegitimate
vajarski, a. sculptural
velikaški, a. aristocratic
Vidovdan (i) Vidov dan, n. Saint Vitus Day
vršidba, n. trituration

zabrinjujući, a. worrisome
zagranična vlada, n. government in exile
zakulisan, a. deceptive
zakusak, n. tidbit, choice morsel
zaostajući, adv. laggingly
zaplitati (se), v. to complicate, to interfere, to meddle in the
                    affairs of others
zasebnost, n. individuality
zasukanac, n. narrow-minded person
zbivanje, n. happening event
zavojevač, n. invader
žarulja, n. incandescent lamp
žetelica. n. harvest-woman
žarište, n. incandescence
živa stoka, n. livestock